Duden Band 9

Der Duden in zwölf Bänden
Das Standardwerk zur deutschen Sprache

Herausgegeben vom Wissenschaftlichen Rat
der Dudenredaktion:
Dr. Matthias Wermke (Vorsitzender)
Dr. Annette Klosa
Dr. Kathrin Kunkel-Razum
Dr. Werner Scholze-Stubenrecht

Duden

Richtiges und gutes Deutsch

Wörterbuch der sprachlichen Zweifelsfälle

5., neu bearbeitete Auflage

Herausgegeben von der Dudenredaktion

Auf der Grundlage der neuen
amtlichen Rechtschreibregeln

Duden Band 9

Dudenverlag

Mannheim · Leipzig · Wien · Zürich

Redaktionelle Bearbeitung Dr. Annette Klosa
unter Mitarbeit von Anette Auberle

Herstellung Monika Schoch
Typographisches Konzept Iris Farnschläder, Hamburg
Umschlaggestaltung Bender + Büwendt, Berlin

Die Duden-Sprachberatung beantwortet Ihre
Fragen zur Rechtschreibung, Zeichensetzung, Grammatik
u. Ä. montags bis freitags zwischen 9.00 und 17.00 Uhr
unter der Telefonnummer (01 90) 87 00 98
(3,63 DM pro Minute, deutschlandweit).

Die Deutsche Bibliothek – CIP-Einheitsaufnahme
Ein Titeldatensatz für diese Publikation ist bei der Deutschen Bibliothek erhältlich.

© Bibliographisches Institut & F. A. Brockhaus AG, Mannheim 2001
Satz Bibliographisches Institut & F. A. Brockhaus Setzerei GmbH
(PageOne, alfa Media Partner GmbH)
Druck und Bindearbeit Graphische Betriebe Langenscheidt, Berchtesgarden
Printed in Germany
ISBN 3-411-04095-5

Vorwort

Der Dudenband »Richtiges und gutes Deutsch« ist aus der täglichen Arbeit der Dudenredaktion entstanden und gibt als alphabetisch nach Stichwörtern angeordnete Grammatik Auskunft zu sprachlichen Zweifelsfällen. Er beantwortet vor allem Fragen zu grammatischen, stilistischen und orthographischen Problemen, die häufig an die Sprachberatungsstelle der Dudenredaktion gerichtet werden. Solche typischen Fragen sind erstmals in dieser Auflage zu Beginn umfangreicherer Kapitel aufgeführt, damit die Benutzerinnen und Benutzer schneller die richtige Antwort finden können.

Dieses Buch ist in erster Linie ein Ratgeber, der jedem die Möglichkeit bietet, sich über den richtigen Sprachgebrauch zu informieren. Die alphabetische Anordnung soll dabei ein rasches und müheloses Auffinden der Antworten auf Zweifelsfragen ermöglichen. Auch in dieser Auflage blieb die bewährte Konzeption des Nachschlagewerks unverändert: Neben Artikeln, die – vom einzelnen Wort ausgehend – einen bestimmten Zweifelsfall in knapper und möglichst allgemein verständlicher Form erklären, stehen ausführlichere Überblicksartikel, die eine Darstellung des Problembereichs in größerem Zusammenhang enthalten. Da sich nicht alle Zweifelsfragen von einem Wort oder von einer Wendung her erfassen lassen, wurden auch grammatische Artikel wie Apposition oder Konjunktiv aufgenommen. Ein umfassendes Verweissystem führt auch in schwierigen Fällen rasch zur gewünschten Information.

Besonders viele Fragen verursacht nach wie vor die 1996 beschlossene Neuregelung der deutschen Orthographie. Insbesondere die Bereiche der Groß- oder Kleinschreibung und der Getrennt- oder Zusammenschreibung sind erklärungsbedürftig. So hat auch die Zwischenstaatliche Kommission für deutsche Rechtschreibung gerade zu diesen Bereichen seit 1996 verschiedene Empfehlungen ausgesprochen, die in dieser Neubearbeitung berücksichtigt werden.

Außerdem wurde das Werk an vielen weiteren Stellen aktualisiert und verbessert, z. B. im Bereich der politischen Korrektheit, der sprachlichen Gleichstellung der Geschlechter oder neuer Anglizismen.

Auch mit der 5. Auflage des Dudenbandes »Richtiges und gutes Deutsch« möchte die Dudenredaktion einen Beitrag zur Pflege der deutschen Sprache und zur Verbesserung der sprachlichen Fähigkeiten leisten. Unsere Gesellschaft kommt ohne eine normativ geregelte Standardsprache nicht aus, da diese die unverzichtbare Grundlage für die allgemeine Verständigung im Zeitalter der Kommunikations- und Informationsgesellschaft ist. Mundarten, lokale Umgangssprachen oder Gruppensprachen werden damit nicht abgewertet; sie haben ihre eigenen wichtigen Funktionen und tragen auf ihre Weise zur Lebendigkeit und Vielfältigkeit der Sprache bei. Ein vernünftiger Umgang mit sprachlichen Normen und eine aufgeschlossene Beurteilung von Regelabweichungen sind mit dem Ziel der Vermittlung und Verbreitung dieser Normen durchaus vereinbar.

Mannheim, im März 2001
Der Wissenschaftliche Rat der Dudenredaktion

Inhalt

Zur Wörterbuchbenutzung

I. Auswahl und Anordnung der Stichwörter

Der Dudenband »Richtiges und gutes Deutsch« bietet Antworten auf Fragen, die häufig an die Sprachberatungsstelle der Dudenredaktion gestellt werden. Hierbei handelt es sich insbesondere um sprachliche Zweifelsfälle aus den Bereichen Grammatik, Stilistik und Orthographie. Die Einträge in diesem Nachschlagewerk sind nach Stichwörtern alphabetisch geordnet. Die Stichwörter benennen entweder den konkreten Einzelfall (so wird z. B. unter **Kommas/Kommata** gesagt, wie der Plural des Wortes »Komma« lautet), oder sie geben ein übergeordnetes Thema an (so findet man z. B. unter **Komma** alle wichtigen Regeln zur Verwendung des Satzzeichens »Komma«).

1. Die Stichwörter sind **halbfett** gedruckt.

2. Die Anordnung der Stichwörter ist alphabetisch.

a) Mehrteilige Stichwörter wie **in Kraft treten** oder **meines Erachtens** werden so eingeordnet, als seien sie ein einziges Wort.

Beispiele:

inklusive	Mehrwertsteuer
in Kraft treten	Mehrzahl
in Kürze	mein
in längstens zwei	meinem Vater sein
Jahren	Freund
in memoriam	meiner Tante ihr
inmitten	Auto
	meines Erachtens

b) Bei mit Schrägstrich zusammengefassten Alternativen wird nur die Buchstabenfolge vor dem Schrägstrich für die Alphabetisierung berücksichtigt.

Beispiele:

wieder	als/wenn
wieder/wider	als/wie
wiederholen	als/wo
	als als/denn als
	als dass

c) Wortbildungselemente wie **-ist** oder **Jahr-** werden wie Wörter eingeordnet.

Beispiele:

-ismus	Jacht/Yacht
Israeli/Israelit	Jahr
-ist	Jahr-/Jahres-
ist/sei/wäre	Jahreszahl

II. Suchmöglichkeiten

1. Zunächst sollte man überprüfen, ob der gesuchte Einzelfall als entsprechendes Stichwort vorhanden ist.

Beispiele:

Frage: Heißen die Einwohner von Bingen eigentlich »Binger« oder »Bingener«? → *Stichwort:* **Binger**

Frage: Wie beugt man das Adjektiv »nobel«? → *Stichwort:* **nobel**

Frage: Darf man »schnellstmöglichster« bilden? → *Stichwort:* **schnellstmöglich**

Frage: Steht »wurmen« mit Dativ oder Akkusativ? → *Stichwort:* **wurmen**

2. Dies gilt auch, wenn die Frage zwei Alternativen betrifft. Diese sind dann mit Schrägstrich im Stichwort zusammengefasst, wobei die alphabetisch vorangehende Alternative vor dem Schrägstrich steht.

Beispiele:

Frage: Was ist der Unterschied zwischen »Beilage« und »Beilegung«? → *Stichwort:* **Beilage/Beilegung**

Frage: Heißt es »für was« oder »wofür«? → *Stichwort:* **für was/wofür**

Frage: Ist »Speisekarte« oder »Speisenkarte« üblich? → *Stichwort:* **Speisekarte/Speisenkarte**

Frage: Wann benutzt man »verständig«, wann »verständlich«? → *Stichwort:* **verständig/verständlich**

3. Führt die Suche nach einem bestimmten Einzelfall nicht gleich zu einem entsprechenden Stichwort, so sollte man zunächst versuchen, Auskunft zu einem ähnlichen oder allgemeineren Fall zu finden.

Beispiele:

Frage: Schreibt man »blutsaugend« oder »Blut saugend«? → *Stichwort:* **blutstillend/Blut stillend**

Frage: Wie beugt man das Adjektiv »reparabel«? → *Stichwort:* **respektabel** oder **rentabel**

Frage: Wann sagt man »das Griechisch« und wann »das Griechische«? → *Stichwort:* **Deutsch, das/Deutsche, das**

Frage: Wie lautet der Plural von »Stadtpark«? → *Stichwort:* **Park**

4. Führt die Suche nach einem ähnlichen Stichwort nicht zum Ziel, so sollte man überlegen, worum es bei dem

Zweifelsfall geht, wenn man an die übergeordnete Frage denkt.

Beispiele:

Frage: Was ist der Unterschied zwischen »Integration« und »Integrierung«?
übergeordnete Frage: Was ist der Unterschied zwischen den Wortbestandteilen »-ation« und »-ierung«?
Stichwort: **-ation/-ierung**

Frage: Heißt es »Zuletzt war ich angestellt bei der Deutsche Telekom AG...« oder »Zuletzt war ich angestellt bei der Deutschen Telekom AG...«?
übergeordnete Frage: Werden Firmennamen gebeugt?
Stichwort: **Firmennamen** (1)

Frage: Heißt es »Durch die Zusammenarbeit mit XY als kompetenter externer Dienstleister war es möglich...« oder »Durch die Zusammenarbeit mit XY als kompetentem externem Dienstleister war es möglich...«?
übergeordnete Frage: Wie beugt man eine durch »als« angeschlossene nähere Bestimmung (= Apposition)?
Stichwort: **als** (2); **Apposition** (3)

Häufig wird man bei Fragestellungen wie diesen in den umfangreicheren Überblicksartikeln wie **Abkürzungen, Doppelpunkt** oder **Konjunktiv** nachschlagen müssen. Um die Suche hierin zu erleichtern, sind vielen dieser Artikel Tabellen mit besonders häufig in der Sprachberatung vorkommenden Fragen vorangestellt. Schnell findet man dann unter den angegebenen Unterpunkten die entsprechenden Antworten. Außerdem steht fast allen dieser Überblicksartikel ein Inhaltsverzeichnis voran, das ebenfalls beim schnellen und gezielten Nachschlagen hilft. Ein Verzeichnis aller Überblicksartikel findet sich auf S. 17.

5. Generell ist es nützlich, den in vielen Artikeln gegebenen Verweisen zu folgen. Sie dienen entweder der Hinführung auf das Stichwort, unter dem die gesuchte Antwort zu finden ist, stellen das behandelte Stichwort in einen größeren Erklärungszusammenhang oder weisen auf ergänzende Informationen in anderen Stichwörtern hin.

Beispiele:

Stichwort: **dasselbe**
Verweis auf: **derselbe**
Grund: Hier stehen alle Informationen, die für »derselbe«, »dasselbe« und »dieselbe« gleichermaßen zutreffen.

Stichwort: **da stehen/dastehen**
Verweis auf: **da** (4)
Grund: Hier wird auch die Schreibung anderer Verben mit »da« gezeigt.

Stichwort: **Dativ**
Verweis auf: **Dativ-e**
Grund: Hier wird erläutert, ob man das Dativ-e weglassen darf oder nicht.

Stichwort: **Datum**
Verweis auf: **Brief** (2)
Grund: Hier wird die häufige Frage beantwortet, welche Gestaltungsmöglichkeiten es für die Datumsangabe im Briefkopf gibt.

III. Im Wörterverzeichnis verwendete Abkürzungen

Abk.	Abkürzung
a. c. i.	accusativus cum infinitivo (Akkusativ + Infinitiv)
ahd.	althochdeutsch
Akk.	Akkusativ
Bd.	Band
bes.	besonders
bzw.	beziehungsweise
Dat.	Dativ
d. h.	das heißt
d. i.	das ist
etw.	etwas
FAZ	Frankfurter Allgemeine Zeitung
Fem.	Femininum
franz.	französisch
frühnhd.	frühneuhochdeutsch
frz.	französisch
geh.	gehoben
Gen.	Genitiv
Ggs.	Gegensatz
griech.	griechisch
ital.	italienisch
Jh.	Jahrhundert
jmd.	jemand
jmdm.	jemandem
jmdn.	jemanden
jmds.	jemandes
kaufm.	kaufmännisch
landsch.	landschaftlich
lat.	lateinisch

Mask.	Maskulinum
mhd.	mittelhochdeutsch
mittellat.	mittellateinisch

Neutr.	Neutrum
nhd.	neuhochdeutsch
niederd.	niederdeutsch
nordd.	norddeutsch

o. Ä.	oder Ähnliches
oberd.	oberdeutsch
o. dgl.	oder dergleichen
österr.	österreichisch

Pers.	Person
Plur.	Plural

s.	siehe
S.	Seite
schweiz.	schweizerisch
Sing.	Singular
sog.	so genannt
standardspr.	standardsprachlich
südd.	süddeutsch

u.	und
u. Ä.	und Ähnliches
u. dgl.	und dergleichen
ugs.	umgangssprachlich
usw.	und so weiter

veralt.	veraltet
vgl.	vergleiche

z. B.	zum Beispiel

IV. Zeichen der Lautschrift, Beispiele und Umschreibung

a	hat	hat
a:	Bahn	ba:n
ɐ	Ober	o:bɐ
ɐ̯	Uhr	u:ɐ̯
ã	Pensee	pã'se:
ã:	Gourmand	gʊr'mã:
ai̯	weit	vai̯t
au̯	Haut	hau̯t
b	Ball	bal
ç	ich	ıç
d	dann	dan
dʒ	Gin	dʒɪn
e	Methan	me'ta:n
e:	Beet	be:t
ɛ	hätte	'hɛtə
ɛ:	wähle	'vɛ:lə
ɛ̃	timbrieren	tɛ̃'bri:rən
ɛ̃:	Timbre	'tɛ̃:brə
ə	halte	'haltə
f	Fass	fas
g	Gast	gast
h	hat	hat
i	vital	vi'ta:l
i:	viel	fi:l
i̯	Studie	'ʃtu:di̯ə
ɪ	bist	bɪst
j	ja	ja:
k	kalt	kalt
l	Last	last
l̩	Nabel	'na:bl̩
m	Mast	mast
m̩	großem	'gro:sm̩
n	Naht	na:t
n̩	baden	'ba:dn̩
ŋ	lang	laŋ
o	Moral	mo'ra:l
o:	Boot	bo:t
o̯	loyal	lo̯a'ja:l
õ	Fondue	fõ'dy:
õ:	Fond	fõ:
ɔ	Post	pɔst
ø	Ökonom	øko'no:m
ø:	Öl	ø:l
œ	göttlich	'gœtlıç
œ̯	Lundist	lœ̯'dɪst
œ̃:	Parfum	par'fœ̃:
ɔy̯	Heu	hɔy̯
p	Pakt	pakt

pf	Pfahl	pfa:l		y:	Rübe	'ry:bə
r	Rast	rast		ÿ	Tuilerien	tÿilə'ri:ən
s	Hast	hast		ʏ	füllt	fʏlt
ʃ	schal	ʃa:l		z	Hase	'ha:zə
t	Tal	ta:l		ʒ	Genie	ʒe'ni:
ts	Zahl	tsa:l		l	beamtet	bə'lamtət
tʃ	Matsch	matʃ				
u	kulant	ku'lant				
u:	Hut	hu:t				
u̯	aktuell	ak'tu̯ɛl				
ʊ	Pult	pʊlt				
u̯i	pfui!	pfu̯i				
v	was	vas				
x	Bach	bax				
y	Mykene	my'ke:nə				

Die verwendete Lautschrift folgt dem Zeichensystem der International Phonetic Association (IPA). Ein Doppelpunkt nach dem Vokal bezeichnet dessen Länge, z. B. Ökonom [...'no:m]. Der Hauptakzent ['] steht vor der betonten Silbe, z. B. vital [vi'ta:l].

Wichtige grammatische Fachausdrücke

In diesem kurzen Verzeichnis sind die wichtigsten grammatischen Fachwörter verzeichnet, die in diesem Dudenband zur Erklärung bestimmter Sachverhalte verwendet werden. Es stellt keine Einführung in die Grammatik dar und ist auch nicht vollständig. Es soll aber dabei helfen, rasch die Bedeutung jener grammatischen Ausdrücke zu erfassen, die zur Erklärung anderer Stichwörter dienen.

Im Übrigen enthält das Wörterverzeichnis selbst viele Stichwörter, in denen auch anhand zahlreicher Beispiele grammatische Sachverhalte dargestellt werden; im Buchstaben »A« sind dies u. a. die Stichwörter **Ablaut, Ableitung, Abstraktum, adversativ.**

Adjektive (Eigenschaftswörter) sind z. B. *schön, dick, alt.* Sie verändern ihre Form nach Geschlecht, Zahl und Fall und können in der Regel Steigerungsformen bilden: *schön* (Positiv/Grundstufe) – *schöner* (Komparativ/1. Steigerungsstufe) – *am schönsten* (Superlativ/2. Steigerungsstufe).

Adverbien (Umstandswörter) sind z. B. *dahin, heute, sofort.* Ihre Form ist nicht veränderbar. Sie geben die näheren Umstände eines Geschehens an.

Akkusativ Vgl. ↑ Substantive.

Artikel (Geschlechtswörter) verändern ihre Form nach Geschlecht, Zahl und Fall. Sie sind Begleiter des Substantivs. Unterschieden werden zwei Arten: die bestimmten Artikel (z. B. *der* Hund, *die* Katze, *das* Haus) und die unbestimmten Artikel (z. B. *ein* Mann, *eine* Geschichte, *ein* Haus).

Beugung Unter Beugung versteht man die Veränderung/Konjugation von Verben (z. B. *sie sitzt, ihr gabt*) sowie die Veränderung/Deklination von Substantiven (z. B. *in Häusern*), Artikeln (z. B. *dem* Mann), Pronomen (z. B. *ihrer* Mutter) oder Adjektiven (z. B. der *teure* Wein).

Dativ Vgl. ↑ Substantive.

Genitiv Vgl. ↑ Substantive.

Infinitive (Nenn- oder Grundformen) sind z. B. *kommen, lesen, denken.* Sie sind die Formen, in denen Verben genannt und in denen sie auch in Wörterbüchern angeführt werden.

Konjunktionen (Bindewörter) gehören zu den unveränderlichen Wörtern. Sie haben die Aufgabe, Sätze, Satzteile und Wörter miteinander zu verbinden (z. B. *und, oder, weil, dass*). Manchmal lässt sich nicht ohne weiteres feststellen, ob es sich bei einem Wort um eine Konjunktion oder um ein Adverb handelt. Hier hilft ein Blick auf die Wortstellung: Adverbien können in einem einfachen Satz allein vor das gebeugte Verb treten, Konjunktionen nicht. Bisweilen kann ein Wort sowohl als Konjunktion als auch als Adverb gebraucht werden:
(*doch* ist Konjunktion:) *Wir möchten gerne bleiben, doch wir haben keine Zeit.*
(*doch* ist Adverb:) *Wir möchten gerne bleiben, doch haben wir keine Zeit.*

Konjunktiv (Möglichkeitsform) stellt als Aussageweise (Modus) des Verbs ein Geschehen als erwünscht, möglich oder nicht wirklich dar, z. B. *er habe* (so behauptet er) *das Buch gelesen; ich käme* *gerne* (aber ich kann nicht, da ich keine Zeit habe); *Würde sie mir doch helfen!*

Konsonanten (Mitlaute) sind z. B. *m, p, s.* Gegensatz: ↑ Vokale.

Nominativ Vgl. ↑ Substantive.

Partizipien (Mittelwörter) Bei Partizipien unterscheidet man zwischen 1. Partizip (Mittelwort der Gegenwart), z. B. *hoffend, weinend, bindend, lügend,* und 2. Partizip (Mittelwort der Vergangenheit), z. B. *gehofft, geweint, gebunden, gelogen.*

Plural (Mehrzahl) Vgl. ↑ Substantive.

Präpositionen (Verhältniswörter) sind z. B. *auf, aus, in, nach, über, von, zu.* Sie kennzeichnen die Beziehung, das Verhältnis zwischen Wörtern: *Sie sitzt auf dem Stuhl. Er geht in den Garten.* Präpositionen sind in ihrer Form unveränderlich (nicht beugbar) und bestimmen den Fall des folgenden Substantivs.

Pronomen (Fürwörter) sind z. B. *er, sie; mein Auto, dieses fröhliche Kind.* Sie vertreten oder begleiten ein Substantiv (bzw. eine Substantivgruppe) und verändern ihre Form nach Fall, Geschlecht und Zahl.

Singular (Einzahl) Vgl. ↑ Substantive.

Substantive (Nomen, Hauptwörter) sind z. B. *Meer, Tag, Luft, Richtung, Wetterlage.* Sie haben in der Regel ein festes Geschlecht, verändern ihre Form aber nach Zahl und Fall:

Geschlecht

maskulin/männlich	*der Regen*
weiblich/feminin	*die Luft, die See*
neutral/sächlich	*das Wetter, das Meer*

Zahl

Singular/Einzahl	*die Richtung*
Plural/Mehrzahl	*die Richtungen*

Fall

Nominativ/1. Fall (wer oder was?)	*der Tag*
Genitiv/2. Fall (wessen?)	*des Tages*
Dativ/3. Fall ▸ (wem?)	*dem Tag*
Akkusativ/4. Fall (wen oder was?)	*den Tag*

Substantivierungen sind z. B. *das Lesen, das Schöne, etwas Neues.* Bei einer Substantivierung wird also aus einem Wort, das einer anderen Wortart angehört, ein ↑ Substantiv gebildet.

Superlativ (2. Steigerungsstufe/Höchststufe) Vgl. ↑ Adjektive.

Verben (Zeitwörter) sind z. B. *geben, werden, wünschen.* Sie können ihre Form meist nach Person und Zahl verändern und verschiedene Zeitformen bilden (z. B. *gab – gegeben – wird geben, wünschte – gewünscht – wird wünschen*).

Vokale (Selbstlaute) sind *a, e, i, o, u.* Gegensatz: ↑ Konsonanten.

Zahladjektive/Zahlwörter bezeichnen entweder eine Zahl (z. B. *ein, vier, drittel, achtel*) oder geben eine unbestimmte Menge bzw. ein unbestimmtes Maß an (z. B. *viel, wenig*). Die letzteren werden unbestimmte Zahladjektive genannt.

Verzeichnis der Überblicksartikel

In dieses Verzeichnis sind alle im folgenden Wörterbuchteil enthaltenen Überblicksartikel aufgenommen. Es soll einen Eindruck darüber verschaffen, bei welchen Fragestellungen das Nachschlagen nicht unter einem speziellen Stichwort,
sondern in diesen Artikeln schneller zur gesuchten Information führen kann.

Neben grammatischen Artikeln (z. B. **Adverb** oder **Ellipse**) finden sich auch
solche zu den Satzzeichen (z. B. **Apostroph** oder **Komma**), zu Fragen des Stils
(z. B. **Nominalstil** oder **Wiederholung**), zu Fragen der Rechtschreibung (z. B.
Groß- oder Kleinschreibung), zu allgemeinen Sprachproblemen (z. B. **Amerika-
nismen/Anglizismen**) und schließlich solche, die beim Verfassen spezieller Texte
helfen (z. B. **Anzeigen** oder **Lebenslauf**).

Den meisten dieser Überblicksartikel sind Inhaltsverzeichnisse vorangestellt;
viele beginnen mit einer tabellarischen Nennung von Fragen zum behandelten
Thema, die in der Sprachberatung besonders häufig gestellt wurden.

Abkürzungen	Fragezeichen
Adjektiv	Fremdwort
Adverb	Fugen-s
Alphabetisierung	Fußnoten
Amerikanismen/Anglizismen	
Anführungszeichen	Gedankenstrich
Anzeigen	gehabt
Apostroph	Genitivattribut
Apposition	Genitiv-s
Artikel	geographische Namen
Attribut	Getrennt- oder Zusammenschreibung
Auslassungspunkte	Gleichstellung von Frauen und Männern
Ausrufezeichen	in der Sprache
Aussprache	Groß- oder Kleinschreibung
Bewerbung	haben
Bindestrich	
Brief	Imperativ
	Indikativ
Datum	indirekte Rede
Demonstrativpronomen	Infinitiv
Doppelpunkt	
	Klammern
Einwohnerbezeichnungen auf -er	Komma
Ellipse	Kompositum
erstes Partizip	Konditionalsatz
	Kongruenz
Farbbezeichnungen	Konjugation

A*a*

a: Zur Schreibung und Deklination ↑ Bindestrich (2.4) *(a-Laut);* ↑ Einzelbuchstaben *(des A, zwei A);* ↑ Groß- oder Kleinschreibung (1.2.5) *(von A bis Z, das a in Rad).*

à: Die aus dem Französischen übernommene Präposition wird vor allem in der Kaufmannssprache und umgangssprachlich anstelle von *zu [je]* zur Angabe des Stückpreises, der Stückzahl o. Ä. verwendet: *10 Kisten à 50 Zigarren. Das Lexikon hat 8 Bände à 1 000 Seiten.* Das Substantiv, das von *à* abhängt, steht im Akkusativ: *ein Karton à 40 Musterbeutel* (nicht: *Musterbeuteln). 10 Dosen à einen halben Liter.*

ä / e: 1. Schreibt man mit *ä* oder mit *e*?: Das umgelautete *a* wurde im Mittelhochdeutschen durch *e* und nicht wie heute durch *ä* wiedergegeben: *kreftig* (zu: *kraft*), heute *kräftig.* In vielen älteren Bildungen steht deshalb auch heute noch ein *e*, wo nach der neueren Regel ein *ä* stehen müsste. Auffällig ist es besonders in den Fällen, in denen Wörter noch deutlich als umgelautete Bildungen empfunden werden, z. B.: *überschwenglich* (mhd. *überswenclich*), abgeleitet von *Überschwang* (mhd. *überswanc*), oder *behende* (mhd. *behende*, eigtl. »bei der Hand«) zu *Hand* (mhd. *hant*). Nach der Neuregelung der deutschen Rechtschreibung wird häufiger als bisher *ä* statt *e* geschrieben, wenn es eine Grundform mit *a* gibt; neu schreibt man also jetzt *überschwänglich* und *behände.* Im Fall von *Eltern* (mhd. *altern* und *eltern*), dem substantivierten Komparativ von *alt* (mhd. *alt*), hat sich die Schreibung mit *e* besonders auch deshalb gehalten, weil der Begriff »alt« gegenüber der Vorstellung »Vater und Mutter« verblasste;

ebenso trat bei *edel* (mhd. *edel[e]*) die Verbindung zum Substantiv *Adel* (mhd. *adel*), von dem es abgeleitet ist, immer mehr in den Hintergrund; hier wird die Schreibung mit *e* beibehalten. Das Adjektiv *aufwendig,* das dem Verb *aufwenden* oder dem Substantiv *Aufwand* zugeordnet werden kann, darf in neuer Rechtschreibung auch *aufwändig* geschrieben werden. Ebenso gilt in neuer Rechtschreibung für das Substantiv *Schenke* auch die Schreibung *Schänke,* je nachdem, ob man es dem Verb *schenken* (mit der ursprünglichen Bedeutung »zu trinken geben«) oder dem Substantiv *[Aus]schank* zuordnet. **2.** ↑ Aussprache (1).

Aachener: Die Einwohner von Aachen heißen *Aachener* (nicht: *Aacher*). Die Einwohnerbezeichnung *Aachener* wird immer großgeschrieben, auch wenn das Wort wie ein flexionsloses Adjektiv vor einem Substantiv steht: *die Aachener Zeitungen, Stadtväter, Fußballspieler.* ↑ Einwohnerbezeichnungen auf -er (1).

Aas: Das Wort hat zwei Pluralformen: *die Aase* und *die Äser.* Die Form *Äser* ist umgangssprachlich; sie wird gewöhnlich nur gebraucht, wenn *Aas* als Schimpfwort verwendet wird.

ab: 1. ab unserem Werk · ab erstem / ersten Mai · ab letztem / letzten Montag: Bei Raumangaben steht die Präposition *ab* nur mit dem Dativ: *ab unserem Werk; ab welcher Station?; ab allen deutschen Flughäfen.* Bei Zeitangaben, Mengenangaben o. Ä. steht *ab* auch mit dem Akkusativ: *ab erstem Mai* oder: *ab ersten Mai; ab letztem Montag* oder: *ab letzten Montag; ab Mittwoch, dem 3. April* oder: *den 3. April. Ab 50 Exemplaren* oder: *ab 50 Exemplare wird Rabatt gewährt. Dieser*

A

Film ist jugendfrei ab zwölf Jahren oder: *ab zwölf Jahre.* Nur der Dativ ist möglich, wenn diese Angaben mit dem Artikel oder einem Pronomen auftreten: *ab dem 15. Mai; ab der dritten Runde; ab meinem 18. Lebensjahr.*

2. ab Hamburg / von Hamburg [an] · **ab morgen / von morgen an:** Die räumliche Präposition *ab* ist im heutigen Sprachgebrauch, vor allem in der Kaufmanns- und Verwaltungssprache, wieder üblich geworden, nachdem sie durch *von [– an]* verdrängt worden war: *ab Werk, frei ab Hafen; ab Autobahnausfahrt Hannover; ab Flughafen Tempelhof; ab 50 Kisten.* Auch bei Zeitangaben wird *ab* – in einigen Verwendungsweisen alltags- oder umgangssprachlich wirkend – neben *von – an* gebraucht: *ab morgen / von morgen an; ab der vierten Stunde / von der vierten Stunde an; ab Ostern / von Ostern an.* Da hier mit *ab* und *von – an* immer ein zeitlich fortdauerndes Geschehen eingeleitet wird, können sie nicht in Verbindung mit Verben gebraucht werden, die ein Augenblicksgeschehen ausdrücken. Also nur: *Unser Geschäft ist ab Mai / von Mai an wieder geöffnet.* Aber nicht: *Wir eröffnen unser Geschäft ab Mai / von Mai an.*

3. ab Montag, dem / den ...: ↑ Datum.

4. der ab[b]e Knopf: Das Adverb *ab* darf nicht attributiv (als Beifügung) gebraucht werden. Nicht korrekt: *Sie nähte den ab[b]en Knopf an.* ↑ Adverb (1).

5. Rechtschreibung: ↑ ab sein; ↑ Getrennt- oder Zusammenschreibung (1.5); ↑ Bindestrich (1.1).

6. von – ab / von – an: ↑ von (6).

Abbau: Das Wort hat zwei Pluralformen: *die Abbaue* und *die Abbauten.* In der Bergmannssprache ist *die Abbaue* üblich. Der landschaftlichen Verwendung im Sinne von »abseits gelegenes Anwesen« entspricht die Pluralform *die Abbauten.*

abbuchen: ↑ buchen / verbuchen / abbuchen.

Abc: ↑ Alphabet; ↑ Alphabetisierung.

abdanken: Dieses Verb hatte ursprünglich zwei Verwendungsweisen. Neben der heute üblichen intransitiven Verwendung im Sinne von »ein Amt niederlegen« *(er dankt ab)* stand die transitive Verwendung im Sinne von »jmdn. aus dem Dienst entlassen« *(einen Offizier abdanken).* Das 2. Partizip des transitiven Verbs *abdanken* konnte, wie alle 2. Partizipien von transitiven Verben, attributiv verwendet werden. So hat sich bis heute die richtige Fügung *der abgedankte* (= entlassene) *Offizier* erhalten, obwohl das Verb nicht mehr transitiv gebraucht wird. In Analogie hierzu wird nun gelegentlich fälschlich auch das 2. Partizip des intransitiven Verbs *abdanken* attributiv verwendet: *der freiwillig abgedankte Monarch.* Die nähere Bestimmung *freiwillig* lässt hier eindeutig erkennen, dass es sich um das intransitive Verb *abdanken* handelt. ↑ zweites Partizip (2.2).

Abdruck: Die Pluralform von *Abdruck* im Sinne von »das Abdrucken, Wiedergabe von Text und Bild im Druck« lautet *die Abdrucke: Von dem Bild wurden mehrere Abdrucke hergestellt.* Die Pluralform von *Abdruck* im Sinne von »Nachbildung; hinterlassene Spur« lautet *die Abdrücke: Der Zahnarzt fertigte mehrere Abdrücke an. In Kohle finden sich manchmal Abdrücke von Pflanzen und Insekten.* ↑ Druck, ↑ Plural (1).

-abel: Über den Ausfall des *e* bei Adjektiven auf *-abel* ↑ Adjektiv (1.2.13). Vgl. auch ↑ Vergleichsformen (2.2).

Abend / abends: Groß schreibt man das Substantiv: *es wird Abend, am / gegen Abend, eines Abends, guten Abend, zu Abend essen;* in neuer Rechtschreibung auch: *heute / morgen Abend.* Klein schreibt man das Adverb *abends: von morgens bis abends, abends um 8 Uhr, dienstags abends.* Zu *dienstagabends, dienstags abends* und *Dienstagabend* ↑ Adverb (3).

abendelang / Abende lang: Zusammen schreibt man das zusammengesetzte Adjektiv: *Er trieb sich abendelang in Kneipen herum. Nach abendelangem Warten sah ich sie endlich.* Getrennt und groß schreibt man, wenn *Abende* durch eine nähere Bestimmung als Substantiv zu erkennen ist: *Er trieb sich mehrere Abende lang herum. Drei Abende lang plagte er mich.* ↑ Getrennt- oder Zusammenschreibung (2.3).

Abenteurerin / Abenteuerin: Zu *Abenteurer* gibt es zwei weibliche Formen: *die Abenteurerin* und *die Abenteuerin.* Beide Bildungen sind korrekt. ↑ Substantiv (3).

aber: 1. Komma vor *aber:* Vor *aber* steht immer ein Komma, gleichgültig ob es Sätze oder nur Satzteile miteinander verknüpft: *gut, aber teuer; ich habe davon gehört, aber ich glaube es nicht.* **2. Wortstellung bei *aber:*** Im Gegensatz zu *und, oder, sondern* und einigen anderen Konjunktionen braucht *aber* nicht an der Spitze des Satzes zu stehen, den es mit dem vorhergehenden verbindet; *aber* hat, auch wenn es im Ablauf des Satzes eingefügt ist, keinen Einfluss auf die Wortstellung des betreffenden Satzes: *Er war ein begabter Junge, aber in der Schule versagte er / in der Schule aber versagte er.* In der Stellung hinter der finiten Verbform wirkt *aber* am wenigsten nachdrücklich: *Sie hörte Schritte, es öffnete aber niemand.* Steht *aber* jedoch unmittelbar hinter einem anderen Satzteil (Subjekt, Umstandsbestimmung o. Ä.), dann verleiht es diesem besonderes Gewicht: *Er war klein und dick, sein Bruder aber war groß und schlank. Ich suchte sie im Büro. Dort aber war sie nicht.*

abergläubig / abergläubisch: Die Form *abergläubig* ist seltener und wird meist von Personen gebraucht: *Sie ist ziemlich abergläubig.* Die Form *abergläubisch* ist häufiger und kann auch ohne Bezug auf Personen erscheinen: *abergläubische Scheu.* ↑ -ig / -isch / -lich (3).

aberkennen: Der Verbzusatz *ab-* wird in den finiten Formen gewöhnlich getrennt und nachgestellt: *Das Gericht erkannte ihm die bürgerlichen Ehrenrechte ab* (selten: *... aberkannte ihm die bürgerlichen Ehrenrechte*). ↑ Tmesis (3) und ↑ Verb (2.4).

abermalig / abermals: Das Adjektiv *abermalig* sollte nur attributiv (als Beifügung) beim Substantiv stehen: *eine abermalige Operation.* Nicht korrekt ist es, *abermalig* anstelle des Adverbs *abermals* zu gebrauchen: *Sie wurde abermals* (nicht: *abermalig*) *operiert.*

Abfahrt[s]-: Bei einigen Zusammensetzungen mit *Abfahrt* ist das Fugen-s fest, bei anderen schwankt der Gebrauch. Fest mit Fugen-s: *Abfahrtshang, -lauf, -läufer, -piste, -rennen, strecke* (alle Skisport). Schwankend: *Abfahrt[s]befehl, -gleis, -signal, -tag, -zeichen, -zeit.* ↑ Fugen-s.

Abfahrt[s]zeit nach ...: Fügungen wie *die Abfahrtszeit nach Kassel* gelten als standardsprachlich nicht korrekt, weil das Präpositionalattribut *(nach Kassel)* fälschlicherweise vom Grundwort *(-zeit)* statt vom Bestimmungswort *(Abfahrt-)* abhängig gemacht wird. Richtig ist eine Formulierung wie *die Abfahrtszeit für den Zug nach Kassel.* ↑ Kompositum (8).

Abflug- / Abflugs-: Die Zusammensetzungen mit *Abflug* haben kein Fugen-s: *Abfluggeschwindigkeit, -ort, -tag, -termin, -zeit* (nicht: *Abflugsgeschwindigkeit* usw.).

abfragen: Die beiden Verben *abfragen* und *abhören* gehören zu den wenigen Verben, die mit doppeltem Akkusativobjekt stehen können: *Der Lehrer fragte ihn das Einmaleins ab. Er hörte sie die französischen Vokabeln ab.* Aber auch bei diesen Verben wird häufig die sonst übliche Verbindung Dativobjekt + Akkusativobjekt gebraucht: *Der Lehrer fragt ihm das Einmaleins ab.* Beide Konstruktionen sind korrekt. Hat *abfragen* nur eine Ergänzung bei sich, dann steht diese immer im Akkusativ: *Der Lehrer fragt die*

Geschichtszahlen ab. Der Lehrer fragt die Klasse ab. – Im Passiv heißt es: *Sie wird die Vokabeln abgefragt* oder: *Ihr werden die Vokabeln abgefragt.*

abfrottieren: ↑ Verb (3).

abgedankt: ↑ abdanken.

abgenommen: Das zweite Partizip des Verbs *abnehmen* darf nicht attributiv (als Beifügung) gebraucht werden, wenn das Verb intransitiv in der Bedeutung »leichter, geringer werden« gebraucht wird. Falsch: *die abgenommenen Zuschauerzahlen, Vorräte; die abgenommene Stärke.* ↑ zweites Partizip (2.2).

Abgeordnete, der und die: **1.** oben genanntem Abgeordneten / Abgeordnetem · ihr als Abgeordneten / Abgeordneter: Im Allgemeinen wird *Abgeordnete* wie ein attributives Adjektiv dekliniert: *Er war früher Abgeordneter. Eine Abgeordnete verließ den Saal. Der Abgeordnete hat das Wort. Die Abgeordneten treten zusammen. Zwei Abgeordnete stimmten dagegen.* ↑ substantiviertes Adjektiv (2.1). **a)** Im Genitiv Plural ist heute nach einem stark deklinierten Adjektiv die starke Beugung üblich, es wird also parallel gebeugt: *Es wurde über die Versorgung ausscheidender Abgeordneter* (veraltend: *Abgeordneten*) *gesprochen.* **b)** Nach einem stark deklinierten Adjektiv wird im Dativ Singular heute schwach gebeugt: *Oben genanntem Abgeordneten* (veraltet: *Abgeordnetem*) *habe ich meine Stimme gegeben. Oben genannter Abgeordneten* (veraltet: *Abgeordneter*) *habe ich meine Stimme gegeben.* **c)** In der Apposition (im Beisatz) kommt im Dativ Singular neben der starken Deklination häufig die schwache vor: *Mir als Abgeordneten ...* neben: *Mir als Abgeordnetem ... Ihr als Abgeordneten ...* neben: *Ihr als Abgeordneter ...* **d)** Nach *Herrn* ist heute die schwache Deklination üblich: *Ich habe gestern mit Herrn Abgeordneten Schmidt gesprochen.* Nach *Frau* kommen schwache und starke Deklinationsformen vor: *Ich habe*

gestern mit Frau Abgeordneten / Abgeordneter Schmidt gesprochen.* Fehlt *Herr* bzw. *Frau,* wird stark dekliniert: *Mit Abgeordnetem / Abgeordneter Schulze stimmt etwas nicht.* **2.** einige Abgeordnete · alle Abgeordneten · solche Abgeordnete[n]: Zur Deklination von *Abgeordnete* nach *alle, beide, einige* usw. ↑ all- usw. **3.** des Abgeordneten Schmidt: Zur Deklination des Namens nach *Abgeordnete* ↑ Titel und Berufsbezeichnungen (1.3).

abgesagt: Entgegen der Regel, dass das zweite Partizip intransitiver Verben, die ihr Perfekt mit *haben* bilden, nicht attributiv gebraucht werden kann, kommt das zweite Partizip von *absagen* in der Fügung *ein abgesagter Feind* »ein erklärter Feind« als Attribut vor. ↑ zweites Partizip (2.2).

Abgesandte, der und die: **1.** oben genanntem Abgesandten / Abgesandtem · ihr als Abgesandten / Abgesandter: Im Allgemeinen wird *Abgesandte* wie ein attributives ↑ Adjektiv dekliniert: *ein Abgesandter, die Abgesandte, zwei Abgesandte, die Abgesandten des Königs* usw. Ausnahmen und Schwankungen treten beim Dativ Singular auf: **a)** Nach einem stark deklinierten Adjektiv wird heute schwach gebeugt: *oben genanntem Abgesandten* (veraltet: *Abgesandtem*); *oben genannter Abgesandten* (veraltet: *Abgesandter*). **b)** In der Apposition (im Beisatz) kommt neben der starken Deklination häufig die schwache vor: *mir als Abgesandten des Königs ...* neben: *mir als Abgesandtem des Königs ...; ihr als Abgesandten ihrer Herrin ...* neben: *ihr als Abgesandter ihrer Herrin ...* ↑ substantiviertes Adjektiv (2.1). **2.** einige Abgesandte · alle Abgesandten · solche Abgesandte[n]: Zur Deklination von *Abgesandte* nach *alle, beide, einige* usw. ↑ all- usw.

abgesehen davon[,] dass ...: In neuer Rechtschreibung kann das Komma vor *dass* weggelassen werden, wenn die gesamte Fügung als Einheit verstanden wird: *Abgesehen davon[,] dass der Strom vorübergehend ausfiel, hat es keine Störungen gegeben. Es hat keine Störungen gegeben, abgesehen davon[,] dass vorübergehend der Strom ausfiel. Davon abgesehen[,] dass der Strom vorübergehend ausfiel, hat es keine Störungen gegeben.* Sonst gelten für *abgesehen* die allgemeinen Kommaregeln für die Partizipialgruppe (↑ Komma [4]): *Abgesehen vom Preis[,] waren wir mit dem Hotel zufrieden.*

abhalten: Wenn von *abhalten* ein Nebensatz oder eine Infinitivgruppe abhängt, dürfen diese nicht verneint werden. Nicht korrekt: *Ich muss ihn davon abhalten, nicht noch mehr zu trinken.* Korrekt: *Ich muss ihn davon abhalten, noch mehr zu trinken.* Nicht korrekt: *Sie hielt ihn davon ab, keinen Lärm zu machen.* Korrekt: *Sie hielt ihn davon ab, Lärm zu machen.* Nicht korrekt: *Seine Frau hielt ihn davon ab, sich niemandem anzuvertrauen.* Korrekt: *Seine Frau hielt ihn davon ab, sich jemandem anzuvertrauen.* ↑ Negation (1).

abhängig: Das Adjektiv *abhängig* wird gewöhnlich in der Verbindung *von jmdm. / von einer Sache abhängig sein* gebraucht: *Diese Entwicklung ist vom Zufall abhängig. Er ist [finanziell] von seinen Eltern abhängig. Sie ist vom Alkohol abhängig.* Daran schließt sich die attributive Verwendung an: *Wir sind gegen eine vom Zufall abhängige Entwicklung. Man muss den vom Alkohol abhängigen Menschen helfen.*

abhauen: ↑ hauen.

abheften: Nach *abheften in* steht gewöhnlich der Dativ: *Sie heftete das Schriftstück im Ordner ab.*

Abhilfe: Nach *Abhilfe* kann kein attributiver Genitiv (Genitivus obiectivus) stehen, weil dieses Verbalsubstantiv zu dem intransitiven Verb *abhelfen* gehört. Nicht korrekt also: *die Abhilfe eines*

Übelstandes, eines Mangels, eines Fehlers o. Ä. ↑ Genitivattribut (1.5.2).

abhören: Die beiden Verben *abhören* und *abfragen* gehören zu den wenigen Verben, die mit doppeltem Akkusativ stehen können: *Der Lehrer hört die Schüler die französischen Vokabeln ab. Er fragt ihn das Einmaleins ab.* Aber auch bei diesen Verben wird häufig die sonst übliche Verbindung Dativobjekt + Akkusativobjekt gebraucht: *Der Lehrer hört den Schülern die französischen Vokabeln ab. Er fragt ihm das Einmaleins ab.* Beide Konstruktionen sind korrekt. Hat *abhören* nur eine Ergänzung bei sich, dann steht diese immer im Akkusativ: *Der Lehrer hört die Vokabeln ab. Der Lehrer hört die Klasse ab.* Im Passiv heißt es: *Sie wird die Vokabeln abgehört* oder: *Ihr werden die Vokabeln abgehört.*

abisolieren: In dem Bemühen, den Wortinhalt zu verdeutlichen, wird oft ein fremdes Verb mit einem deutschen Verbzusatz versehen (vgl. *aufoktroyieren*). Diese oft pleonastischen Mischbildungen haben nur dann eine Berechtigung, wenn sie gegenüber dem einfachen Verb an Verständlichkeit gewinnen. Bei dem Verb *isolieren* ist dies jedoch nicht der Fall. Im Gegenteil: Das Verb wird durch den Zusatz *ab-*, der wohl nach dem Vorbild von *abdichten* zugefügt worden ist, nur missverständlich. In dem Satz *Die Leitung wurde abisoliert* bleibt unklar, ob die Leitung isoliert worden ist oder ob man sie von ihrer Isolierung befreit hat. – In der Fachsprache hat sich die Verwendung von *abisolieren* im Sinne von »die Isolierhülle auf eine gewisse Länge von der Spitze einer Kabelader abstreifen« durchgesetzt. ↑ Pleonasmus.

Abitur: Nach den neuen Regeln zur Worttrennung kann das Wort nach den Sprechsilben *A-bi-tur* oder wie bisher etymologisch nach den Bestandteilen *Ab-itur* getrennt werden. ↑ Worttrennung (2.2).

A

Abkürzungen

Häufig gestellte Fragen zu Abkürzungen	
Frage	**Antwort unter**
Welche Abkürzungen stehen mit Punkt, welche ohne?	dieser Artikel, Punkte (1.1), (1.2)
Muss eine kleingeschriebene Abkürzung in der Verbindung mit einem Substantiv großgeschrieben werden oder bleibt ihre Schreibung unverändert, z. B. *km-Zahl* oder *Km-Zahl?*	dieser Artikel, Punkt (2.1), Bindestrich (2.5)
Wie bildet man den Plural von Abkürzungen?	dieser Artikel, Punkte (3.1), (3.2)
Welchen Artikel haben Firmennamen mit Zusätzen wie AG, KG oder GmbH?	dieser Artikel, Punkt (6.1), Firmennamen, Kongruenz (1.2.8)

Abkürzungen haben die Aufgabe, ein Gespräch oder einen Text zu entlasten; sie dienen der knapperen und schnelleren Information, und man kann sie daher nicht grundsätzlich ablehnen. Es wäre überaus umständlich und zeitraubend, würden zum Beispiel Teilnehmer an einer Diskussion über Fernsehprogramme immer wieder *Arbeitsgemeinschaft der öffentlich-rechtlichen Rundfunkanstalten der Bundesrepublik Deutschland* statt *ARD* und *Zweites Deutsches Fernsehen* statt *ZDF* sagen.

Abkürzungen sollten aber immer dann vermieden werden, wenn sie die Verständigung beeinträchtigen oder gar zu Missverständnissen führen. Man sollte stets darauf achten, dass man einen Text nicht mit Abkürzungen überlädt und damit das Verständnis erschwert, und man sollte nur Abkürzungen verwenden, die den Gesprächspartnern oder Adressaten vertraut sind, z. B. innerbetriebliche Abkürzungen nicht Außenstehenden zumuten.

Auch so häufig abgekürzte Wörter wie *Seite, Band, Nummer, Anmerkung* sollten in Verbindung mit dem Artikel oder bei vorangestellter Zahl ausgeschrieben werden: *die Seite 16, im 8. Band, vgl. die Nummer 14 und die 3. Anmerkung von unten.* Im Einzelnen vgl. die folgenden Punkte:

1   Punkt bei Abkürzungen
1.1 Abkürzungen mit Punkt
1.2 Abkürzungen ohne Punkt
1.3 Schwankungsfälle

1   Punkt bei Abkürzungen

Steht eine Abkürzung mit Punkt am Satzende, dann ist der Abkürzungspunkt zugleich der Schlusspunkt des Satzes: *In diesem Buch stehen Gedichte von Goethe, Schiller, Heine u. a.*

1.1 Abkürzungen mit Punkt:

Der Punkt steht im Allgemeinen nach Abkürzungen, die nur geschrieben, nicht aber gesprochen werden, z. B.: *betr.* (für: *betreffend, betreffs*), *Dr.* (für: *Doktor*), *Ggs.* (für: *Gegensatz*), *i. A.* (für: *im Auftrag*), *Frankfurt a. M.* (für: *Frankfurt am Main*), *a. G.* (für: *als Gast*), *ü. d. M.* (für: *über dem Meeresspiegel*), *usw.* (für: *und so weiter*), *z. T.* (für: *zum Teil*), *Ztr.* (für: *Zentner*). Das gilt auch für die Abkürzungen der Zahlwörter: *Tsd.* (für: *Tausend*), *Mio.* (für: *Million*) und *Mrd.* (für: *Milliarde*).
Ausnahmen: Der Punkt steht auch nach einigen Abkürzungen, die heute gewöhnlich – vor allem in der Alltagssprache – nicht mehr im vollen Wortlaut gesprochen werden, z. B. *a. D.* (für: *außer Dienst*), *i. V.* (für: *in Vertretung*), *ppa.* (für: *per procura*), *h. c.* (für: *honoris causa*); auch *i. A.* wird heute häufig schon nicht mehr im vollen Wortlaut gesprochen.

1.2 Abkürzungen ohne Punkt:

Der Punkt steht im Allgemeinen nicht nach Abkürzungen, die als solche auch gesprochen werden: *BGB, AG, PC, Kripo, Akku, UNO, GmbH & Co KG.*

A

Besonderheiten:

1. Fachliche, innerbetriebliche u. ä. Regelungen: In vielen Fachbereichen (z. B. Verwaltung, Fernmeldewesen) erhalten Abkürzungen längerer Zusammensetzungen und Fügungen auch dann keinen Punkt (und ↑ Bindestrich [2.5]), wenn sie nur geschrieben, nicht aber auch gesprochen werden: *RücklVO* (für: *Rücklagenverordnung*), *JArbSchG* (für: *Jugendarbeitsschutzgesetz*), *BStMdI* (für: *Bayerisches Staatsministerium des Innern*). Außerhalb der Fachbereiche sollten solche Abkürzungen möglichst vermieden werden. Auch die punktlosen Abkürzungen in Fernsprechbüchern, Kursbüchern und anderen Druckwerken der Deutschen Post AG und der Deutschen Bahn AG entsprechen nur einer internen Regelung und sind nicht allgemein verbindlich.

2. Abkürzungen für Maß- und Gewichtseinheiten, chemische Grundstoffe, Himmelsrichtungen und die meisten Münzbezeichnungen: Die Abkürzungen der Einheiten des metrischen Systems (*m, km, kg, l* usw.) sind Symbole oder Zeichen und werden – bis auf herkömmliche Einheiten wie *Pfd.* (= Pfund) und *Ztr.* (= Zentner) – ohne Punkt geschrieben. Ohne Punkt stehen auch die Zeichen für die Himmelsrichtungen, für die chemischen Elemente und für die meisten Münzbezeichnungen (↑ aber 1.3): *SW* (= Südwesten), *Cl* (= Chlor), *DM* (= Deutsche Mark) usw. Eine Ausnahme ist die Abkürzung *Pf.* (= Pfennig), die mit Punkt geschrieben wird. Alle diese Abkürzungen bleiben stets unverändert: *10 000 DM, die Eigenschaften des Cl, über 5 m hoch.*

1.3 Schwankungsfälle:

Bei ausländischen Maß- und Münzbezeichnungen wird im Deutschen gewöhnlich die landesübliche Form der Abkürzung gebraucht: *ft* (= Foot), *yd* (= Yard), *L.* (= Lira), *Fr.* und *sFr.* (= Schweizer Franken). Doch kommen z. B. im Bankwesen auch andere Schreibungen vor: *FRF, GBP, ITL* (= europäische Währungscodes für: französischer Franc, britisches Pfund, italienische Lira).

Ein Sonderfall ist die Abkürzung *Co.* (= Compagnie / Kompanie), die heute in der Alltagssprache meist nur [ko:] ausgesprochen wird. Sie kommt fast ausschließlich in Firmennamen vor und kann je nach der Schreibung des Firmennamens mit oder ohne Punkt stehen.

Zu Abkürzungen mit Bindestrich *(UKW-Sender, Reg.-Rat)* ↑ Bindestrich (2.5).

2 Groß- oder Kleinschreibung von Abkürzungen

A

2.1 Abkürzungen in Zusammensetzungen:

Zwischen der Abkürzung und dem Grundwort steht immer ein Bindestrich. Die Groß- oder Kleinschreibung von Abkürzungen bleibt auch in Zusammensetzungen erhalten: *Tbc-krank, US-amerikanisch, km-Zahl*.
Zusammensetzungen, bei denen das letzte abgekürzte Wort noch einmal ausgeschrieben wird, sind stilistisch nicht schön (z. B. *ABM-Maßnahme, ISBN-Nummer*). Man sollte in der geschriebenen Sprache entweder nur die Abkürzung verwenden oder die ganze Abkürzung auflösen.

2.2 Abkürzungen am Satzanfang:

Stehen einfache Abkürzungen am Satzanfang, dann werden sie großgeschrieben, z. B.: *Vgl.* (für: *vgl.* = vergleiche), *Ebd.* (für: *ebd.* = ebenda), *Ib.* oder *Ibd.* (für: *ib.* oder *ibd.* = ibidem). Eine mehrteilige, mit kleinem Buchstaben beginnende Abkürzung sollte am Satzanfang besser ausgeschrieben werden, da die ungewohnte Großschreibung der Abkürzung verständnishemmend wirken könnte, z. B.: *Mit anderen Worten ...* (und nicht: *M. a. W.*); *Meines Erachtens ...* (und nicht: *M. E.*).
Die Abkürzungen *i. A. (im Auftrag[e])* und *i. V. (in Vertretung)* werden in ihrem ersten Bestandteil großgeschrieben *(I. A., I. V.)*, wenn sie nach einem abgeschlossenen Text oder allein vor einer Unterschrift stehen. Im Text, nach Grußformeln, nach dem Namen einer Firma, Behörde o. dgl. wird der erste Bestandteil dieser Abkürzungen dagegen kleingeschrieben, z. B.: *Mit vorzüglicher Hochachtung i. V. Karl Müller.* ↑ Brief (5).

2.3 Groß- oder Kleinbuchstaben?

Abkürzungen, die ohne Punkt geschrieben werden, können Merkmale eines richtigen Wortes annehmen, indem sie eine eigene Aussprache und einen Artikel erhalten und gebeugt werden: *die UNO, der LKW, die NATO, der PC*. So kommt es dazu, dass für manche auch die Schreibung mit Kleinbuchstaben im Wortinneren zulässig ist: *UNO,* (auch:) *Uno, NATO,* (auch:) *Nato*. Daneben gibt es Abkürzungswörter, die immer nur mit Kleinbuchstaben im Wortinneren geschrieben werden dürfen: *Aids, Azubi, Akku, Kripo*.

A

3   Deklination

3.1 Abkürzungen, die nicht gesprochen, sondern nur geschrieben werden:

Bei diesen Abkürzungen wird die Deklinationsendung im Schriftbild oft nicht wiedergegeben: *am 2. Dezember lfd. J.* (= laufenden Jahres); *gegen Ende d. M.* (= dieses Monats). Wird die Deklinationsendung jedoch gesetzt, gilt Folgendes: Endet eine Abkürzung mit dem letzten Buchstaben der Vollform, wird die Endung unmittelbar angehängt: *Hrn.* (= Herrn), *Bde.* (= Bände); sonst steht sie nach dem Abkürzungspunkt: *mehrere Jh.e* (= Jahrhunderte), *B.s* (= Bismarcks) *Reden.*

Bei weiblichen Formen wird mitunter die Endung *-in* bzw. auch nur der letzte Buchstabe *-n* nach dem Abkürzungspunkt ergänzt: *Verf.in/Verf.n* (= Verfasserin), *Prof.in* (= Professorin). Da die Abkürzungen *Verf., Prof., Dipl.-Ing.* usw. aber sowohl für die männliche als auch die weibliche Form stehen können, ist diese Verdeutlichung, sofern der Kontext es nicht erforderlich macht, unnötig.

Der Plural wird gelegentlich durch Buchstabenverdopplung ausgedückt: *Mss.* (= Manuskripte), *Jgg.* (= Jahrgänge), *ff.* (= folgende).

3.2 Abkürzungen, die als solche auch gesprochen werden:

Grundsätzlich ist es auch bei diesen Abkürzungen (*PKW, BGB* usw.) nicht nötig, die Deklinationsendung im Schriftbild wiederzugeben, vor allem dann nicht, wenn der Kasus durch den Artikel oder den Satzzusammenhang deutlich wird: *des PKW* (seltener: *des PKWs*), *des BGB* (seltener: *des BGBs*). Im Plural erscheint allerdings häufiger die Endung *-s*, und zwar auch bei solchen Abkürzungen, deren Vollform im Plural nicht so ausgeht: *die PKWs* (neben: *die PKW;* nicht: *PKWen*), *die MGs* (neben: *die MG;* nicht: *die MGe*), *die AGs* (nicht: *AGen*), *die THs* (nicht: *THen*). Bei weiblichen Abkürzungen sollte im Plural immer dann ein *-s* angefügt werden, wenn eine Verwechslung mit dem Singular möglich ist: *die GmbHs* (nicht gut, da mit dem Singular übereinstimmend: *die GmbH*). Abkürzungen, die auf Zischlaute enden, bleiben stets unverändert *(50 PS).*

Etwas anders ist es mit den Silben- und Kurzwörtern, die nicht buchstabiert, sondern als Wörter ausgesprochen werden. Bei ihnen überwiegt die Deklinationsendung *-s:*

der Akku, des Akkus, die Akkus; das Foto, des Fotos, die Fotos; die Uni, der Uni, die Unis; die Lok, der Lok, die Loks; der Bus, des Busses, die Busse.

A

4 Genus

Das Genus (Geschlecht) der Abkürzungen stimmt im Allgemeinen mit dem der Vollformen überein:

der LKW (*der* Lastkraftwagen), *der* Akku (*der* Akkumulator), *die* Lok (*die* Lokomotive), *die* Kripo (*die* Kriminalpolizei), *der* Bus (*der* Auto-, Omnibus), *die* Uni (*die* Universität), *das* Labor (*das* Laboratorium) usw.

Ausnahmen: *das* Kino (obwohl: *der* Kinematograph), *das* Foto (obwohl: *die* Fotografie), *die* Taxe, *das* Taxi (obwohl: *der* Taxameter).

5 Betonung

Abkürzungen, die buchstabiert werden, haben Endbetonung: *ADAC* [aːdeːaːˈt͡seː], *UKW* [uːkaːˈveː]. Demgegenüber haben Abkürzungs-, Silben- und Kurzwörter, die wie ein Wort ausgesprochen werden, Anfangsbetonung: *A̲PO, Schu̲po, De̲mo*. ↑ Wortbetonung (2).

6 Abkürzungen als Apposition
(beigefügte nähere Bestimmung)

6.1 An das / die Euro-Kreditinstitut AG:

Treten Abkürzungen wie *AG, GmbH, KG, e. V.* in einer Firmenbezeichnung o. Ä. auf, handelt es sich gewöhnlich um Appositionen. Zahl und Geschlecht der Firmenbezeichnung richten sich dann nicht nach der Apposition, sondern nach dem Grundwort der Firmenbezeichnung, z. B.: *An das Euro-Kreditinstitut AG* (Grundwort: *das Institut*) und nicht: *An die Euro-Kreditinstitut AG* mit falschem Bezug auf *AG (die Aktiengesellschaft)*. Liegt jedoch der Nachdruck auf der betreffenden Gesellschaftsform (*AG, GmbH* usw.), dann richten sich Geschlecht und Zahl des Firmennamens nach dieser; sie sollte dann allerdings besser ausgeschrieben werden: *An die Aktiengesellschaft Hüttenwerk Oberhausen; die Produktion der Dichtungsring-Gesellschaft mbH.*

Zu *Die Flottmann-Werke GmbH sucht / suchen ...* ↑ Kongruenz (1.2.8).

6.2 Zeichensetzung:

Gehören Abkürzungen als nachgestellte Appositionen zu einem Namen, dann werden sie nicht durch ein Komma abgetrennt: *Stahlwerke AG, Verei-*

A

nigte Papiermühlen GmbH. Nachgestellte Abkürzungen von Titeln, akademischen Graden u. dgl. werden ebenfalls nicht durch Komma abgetrennt: *Vera Müller M. A.*

Ablaut: Unter Ablaut versteht man den gesetzmäßigen Vokalwechsel in der Stammsilbe etymologisch verwandter Wörter, z. B. *werfen, warf, geworfen, Wurf* oder *singen, sang, gesungen.* Innerhalb der gesamten Sprachentwicklung kommt dem Ablaut große Bedeutung zu, weil er die Bildung zahlreicher Wörter ermöglicht hat und damit zur Vergrößerung des Wortschatzes beigetragen hat. Der Ablaut darf nicht mit dem ↑ Umlaut verwechselt werden.

Ableitung: Die Ableitung ist neben der Zusammensetzung (↑ Kompositum) und der Wortbildung mit Präfixen das wichtigste sprachliche Mittel zur Neubildung von Wörtern. Die Bildungsmittel der Ableitung sind ↑ Ablaut und ↑ Suffixe. Die Ableitung von Wörtern durch Ablaut nennt man auch innere Ableitung, z. B. *Trank* von *trinken; Wuchs* von *wachsen.* Der Ableitung mithilfe von Suffixen, der so genannten äußeren Ableitung, können sowohl Einzelwörter zugrunde liegen, z. B. *Schönheit* von *schön, feindlich* von *Feind,* als auch Wortgruppen, z. B. *blauäugig* aus *mit blauen Augen.* Diese Art der Ableitung nennt man auch ↑ Zusammenbildung.

ablöschen: ↑ Verb (3).

ABM-Maßnahme: ↑ Abkürzungen (2.1).

abnehmen: ↑ abgenommen.

Abneigung: Nach *Abneigung* wird gewöhnlich mit der Präposition *gegen* angeschlossen: *eine Abneigung gegen einen Menschen* (nicht: *vor einem Menschen*) *haben.*

abnorm / abnormal / anomal /anormal: Der Gebrauch dieser Wörter liegt nicht eindeutig fest; scharfe Abgrenzungen sind nicht möglich. Gemeinsam ist allen die Kernbedeutung »vom Normalen, von der Regel abweichend«. Das Adjektiv *abnorm* ist entlehnt aus lat. *abnormis* »von der Regel abweichend«. Das Wort wird im Bereich der Medizin und der Psychologie im Sinne von »krankhaft« gebraucht: *eine abnorme Persönlichkeit; abnorme Anlagen haben; abnorm veranlagt sein / reagieren.* Außerhalb der Medizin und Psychologie wird *abnorm* im Sinne von »ungewöhnlich« verwendet: *abnorm große Füße, ein abnorm kalter Winter.* Das Adjektiv *abnormal* ist von *abnorm* abgeleitet. Es bedeutet »krank, nicht normal, unsinnig«: *ein abnormales Kind; sein Benehmen ist abnormal; das ist völlig abnormal.* Das Adjektiv *anomal* geht auf griech.-lat. *anomalus* »ungleichmäßig, nicht regelmäßig« zurück. Es wird, wie *abnorm,* ebenfalls im Bereich der Medizin und Psychologie im Sinne von »krankhaft« gebraucht; es bezieht sich besonders auf ins Auge fallende Abweichungen im Wachstum und lässt das Missverhältnis erkennen: *eine anomale Entwicklung; ein geistig anomales Kind; sich anomal verhalten.* Häufig wird es übertragen im Sinne von »ungewöhnlich, nicht normal« verwendet: *anomales Wirtschaftswachstum; anomale Verkehrsverhältnisse.* Das Adjektiv *anormal* beruht auf einer Zwitterbildung aus griech.-lat. *anomalus* und mittellat. *normalis* und bedeutet »nicht normal«: *anormal veranlagt sein; ein anormales Gedächtnis haben; ein anormal kalter Frühlingstag.*

abnutzen / abnützen: Neben *abnutzen* ist, besonders in Süddeutschland und in Österreich, die umgelautete Form *abnützen* gebräuchlich.

A

abonnieren: Das transitive Verb *abonnieren* steht heute im Allgemeinen nur noch mit dem Akkusativ der Sache, die abonniert wird: *Ich abonniere eine Zeitung.* Früher konnte *abonnieren* mit dem Akkusativ der Person verbunden werden, also im Sinne von »jmdn. für ein Abonnement gewinnen, ihn auf ein Abonnement festlegen« gebraucht werden. Die Sache, die man abonniert, wurde dabei mit der Präposition *auf* angeschlossen: *jmdn. auf eine Zeitung abonnieren.* Heute begegnet man dieser Konstruktion nur gelegentlich. Gebräuchlich ist dagegen noch die Form des Zustandspassivs *abonniert sein,* die sich von dieser alten Verwendungsweise herleitet: *Ich bin auf diese Zeitung seit Jahren abonniert.* Man kann also entweder sagen *Ich habe diese Zeitung abonniert* oder *Ich bin auf diese Zeitung abonniert.*

abpatrouillieren: ↑ Verb (3).

abraten: Wenn von *abraten* ein Nebensatz oder eine Infinitivgruppe abhängt, dürfen diese nicht verneint werden. Korrekt: *Sie riet ihrem Sohn davon ab, allein dorthin zu gehen.* Nicht korrekt: *Sie riet ihrem Sohn davon ab, nicht allein dorthin zu gehen.* ↑ Negation (1).

Abreißblock: Der Plural zu *Abreißblock* lautet *die Abreißblocks,* seltener *die Abreißblöcke.* ↑ Block.

abrunden / aufrunden: Eine Zahl kann man sowohl nach oben als auch nach unten abrunden (»durch Abziehen oder Hinzufügen auf die nächste runde Zahl bringen«), denn *ab-* bezeichnet hier nicht eine Richtung nach unten, wie etwa in *abfallen* oder *absteigen,* sondern verdeutlicht lediglich den Vorgang des Rundens oder Glattmachens. Obwohl deshalb *aufrunden* im Sinne von »durch Hinzufügen auf die nächsthöhere runde Zahl bringen« eigentlich überflüssig ist, hat es sich heute dennoch, besonders in der Technik, weitgehend durchgesetzt und *abrunden* auf die Bedeutung »durch

Abziehen auf die nächstniedrigere runde Zahl bringen« festgelegt.

Abscheu: Es heißt sowohl *der Abscheu* als auch (seltener) *die Abscheu.*

abschildern: ↑ Verb (3).

Abschluss: Das Funktionsverbgefüge *zum Abschluss bringen* ist nachdrücklicher als das einfache Verb *abschließen.* ↑ Nominalstil.

Abschnittsnummern: Zu Abschnittsnummern wie *1, 1.1, 1.2* usw. ↑ Punkt (2).

abschrecken: ↑ schrecken.

abschwören: ↑ schwören.

ab sein (ugs.): In neuer Rechtschreibung wird immer getrennt geschrieben, also auch im Infinitiv und 2. Partizip: *Der Knopf wird bald ab sein. Ich bin sehr ab gewesen* (= abgespannt, müde gewesen). ↑ Getrennt - oder Zusammenschreibung (1.5).

abseits: Die Präposition *abseits* steht mit dem Genitiv: *abseits des Weges; abseits größerer Städte; abseits allen Trubels.* In Verbindung mit der Präposition *von (abseits von jeder menschlichen Behausung)* ist *abseits* Adverb.

absenden: Die Formen des Präteritums und zweiten Partizips lauten: *sandte / sendete ab* und *abgesandt / abgesendet.* Die Formen mit *-a-* sind häufiger.

absichern: ↑ Verb (3).

absieben: ↑ Verb (3).

absieden: ↑ Verb (3).

absolut: Das Adjektiv *absolut* hat selbst schon superlativische Bedeutung. Es ist also überflüssig, um *absoluteste Ruhe* statt um *absolute Ruhe* zu bitten. ↑ Vergleichsformen (3.1).

absoluter Superlativ: ↑ Elativ, ↑ Vergleichsformen (3.5).

absolutes Verb: ↑ Verb.

abspalten: ↑ spalten.

abstellen: Nach *abstellen auf / in /unter* steht gewöhnlich der Dativ: *Sie stellte das Gepäck auf dem Bürgersteig ab. Er stellte seinen Wagen in der Parkverbotszone ab.*

abstempeln: ↑ stempeln.

A

Abstraktum: Unter einem Abstraktum (Begriffswort) versteht man ein Substantiv, das nichtgegenständliche, bloß gedachte Erscheinungen, Eigenschaften, Gefühle, Vorgänge, Handlungen, Zustände, Beziehungen, Zeitangaben usw. benennt, z. B. *Grausamkeit, Leid, Treue, Nähe, Jugend, Musik.* Zur Pluralbildung bei Abstrakta ↑ Plural (5 und 6).

Abszess: Außer in Österreich heißt es standardsprachlich nur *der Abszess.* Dort ist daneben auch das Neutrum *das Abszess* gebräuchlich.

Abt / Äbtissin: Zur Anschrift ↑ Brief (7).

abtauen: ↑ Verb (3).

abtrocknen: Das intransitive Verb *abtrocknen* »trocken werden« gehört zu den Verben, die eine allmähliche Veränderung ausdrücken. Diese Verben können ihr Perfekt sowohl mit *sein* als auch mit *haben* bilden: *Nach dem Regen ist es schnell wieder abgetrocknet / hat es schnell wieder abgetrocknet.* Die Verbindung mit *sein* ist die häufigere. ↑ haben (1).

abvermieten: ↑ Verb (3).

abwägen: Das Verb *abwägen* »genau bedenken, überlegen« wird unregelmäßig (stark) und regelmäßig (schwach) gebeugt: *Sie wog / wägte das Für und Wider ab. Wir haben die Gründe gegeneinander abgewogen / (selten:) abgewägt.* Der Konjunktiv II lautet *abwöge.* ↑ wägen (1).

abwärts: Man schreibt *abwärts* immer getrennt vom folgenden Verb: *Wir werden den Fluss abwärts fahren. Er ist diesen Weg abwärts gegangen.* In neuer Rechtschreibung auch: *Mit ihm ist es immer weiter abwärts gegangen.* ↑ Getrennt- oder Zusammenschreibung (1.4).

Abwasser: Der Plural lautet *die Abwässer.* ↑ Wasser.

abwenden: Die Formen des Präteritums und 2. Partizips lauten sowohl *wendete ab, abgewendet* als auch *wandte ab, abgewandt: Er wendete / wandte seinen Blick ab. Sie hatte sich rasch abgewendet / abgewandt.*

Abziehen / Abziehung / Abzug: ↑ Verbalsubstantiv.

abzüglich: Die Präposition *abzüglich,* die vor allem in der Kaufmannssprache gebräuchlich ist, wird mit dem Genitiv verbunden: *abzüglich der Unkosten; abzüglich des gewährten Rabatts.* Ein folgendes allein stehendes, stark dekliniertes Substantiv im Singular bleibt gewöhnlich ungebeugt: *abzüglich Rabatt; die Kosten abzüglich Porto.* Im Plural wird *abzüglich* mit dem Dativ verbunden, wenn der Genitiv nicht erkennbar ist: *der Preis für die Mahlzeiten abzüglich Getränken.*

abzugsfähig: ↑ -fähig.

ach / Ach: Klein schreibt man die Interjektion: *ach so!, ach ja!, ach je!* Groß schreibt man die Substantivierung: *Er hat es schließlich mit Ach und Krach geschafft. Wir hörten den ganzen Tag ihr Ach und Weh.* ↑ Groß- oder Kleinschreibung (1.2).

Achlaut: Der Achlaut ist im Gegensatz zum ↑ Ichlaut das durch die Artikulation der Hinterzunge gegen den weichen Gaumen gesprochene *ch* z. B. in *Bach.*

Achse / axial: ↑ axial.

Acht: 1. Rechtschreibung: In neuer Rechtschreibung wird das Substantiv *Acht* auch in stehenden Verbindungen mit Verben immer großgeschrieben: *Er hat dies ganz außer Acht gelassen. Wir werden uns in Acht nehmen.* In Verbindung mit den Verben *geben* und *haben* wird *Acht* ebenfalls nur noch groß- und vom Verb getrennt geschrieben: *Acht geben, Acht haben: Du hast Acht zu geben. Darauf habe ich leider nicht Acht gehabt. Habt Acht!* ↑ Getrennt- oder Zusammenschreibung (2.1).

2. Verneinung: Wenn *sich in Acht nehmen* in Verbindung mit der Präposition *vor* im Sinne von »sich vor etwas hüten« gebraucht wird, darf der abhängige Nebensatz oder die abhängige Infinitivgruppe nicht verneint werden: *Sie nahm sich davor in Acht, zu schnell zu fahren* (nicht korrekt: ... *nicht zu schnell zu fahren*). Im Sinne von »aufpassen, auf etwas achten« ohne die Präposition *vor* ist die Verneinung dagegen korrekt: *Nimm dich in Acht, dass du dich nicht erkältest! Sie nahm sich in Acht, dass sie keinen Fehler machte.* ↑ Negation (1).

acht / Acht: Klein schreibt man das Zahlwort: *wir sind zu acht; die letzten acht; acht und acht macht sechzehn; die Zahlen von acht bis zwölf; das Mädchen ist erst acht; es war um acht [Uhr]; es schlägt eben acht; ein Viertel nach acht; Punkt acht; sie kam auf Platz acht.* Groß schreibt man das Substantiv: *die Zahl (Ziffer) Acht; eine Acht schreiben; eine Acht schießen / auf dem Eis laufen; mit der Acht* (= Straßenbahnlinie) *fahren; eine Acht im Rad haben.* ↑ Groß- oder Kleinschreibung (1.2.4).

achte / Achte: Klein schreibt man das Zahlwort in adjektivischer Verwendung: *das achte Kapitel. Jeder achte Bundesbürger hat diesen Film gesehen.* Groß schreibt man das substantivierte Zahlwort (= bestimmter substantivischer Begriff). Dies gilt in neuer Rechtschreibung auch für die Fälle, in denen eine Reihenfolge angegeben wird: *Er ist der Achte* (= der Zählung, der Reihe nach). *Nur jeder Achte* (= in der Reihe) *erhielt eine Karte. Er ist der Achte* (= der Leistung nach) *in der Klasse. Heute ist der Achte [des Monats].* Groß schreibt man das Zahlwort in Namen: *Heinrich der Achte.* ↑ Namen (4), ↑ Groß- oder Kleinschreibung (1.2.4).

achtel / Achtel: Klein schreibt man, wenn *achtel* vor Maß- und Gewichtsangaben attributiv (als Beifügung) steht: *ein achtel Zentner, ein achtel Liter Milch.* Groß schreibt man die Substantivierung: *Ein Achtel des Weges haben wir zurückgelegt. Er hat zwei Achtel des Betrages gezahlt.* Zusammen schreibt man, wenn *achtel* zum Bestimmungswort allgemein gebräuchlicher Zusammensetzungen, vor allem fester Maß- und Gewichtsangaben, geworden ist: *ein Achtelliter Milch;*

eine Achtelnote. ↑ Getrennt- oder Zusammenschreibung (4.1).

achten: 1. auf jmdn., auf etwas achten / jmds., einer Sache achten / jmdn., etwas achten: Im Sinne von »Acht geben, sein Augenmerk auf jmdn. oder etwas richten« wird *achten* im heutigen Sprachgebrauch gewöhnlich mit der Präposition *auf* verbunden: *Sie achtete nicht auf den Weg / auf die Schmerzen. Er achtete auf die Kinder. Der Chef achtet auf Pünktlichkeit.* Die früher häufige Konstruktion mit dem Genitiv kommt noch in der gehobenen Sprache (im Allgemeinen nur in verneinten Sätzen) vor: *Er läuft wie einer, der auf der Flucht ist und der Gefahr nicht achtet, welche ihm überall droht* (Langgässer). Anstelle des Genitivs kommt in gehobener Sprache vereinzelt auch noch der Akkusativ vor: *Die Gefahr nicht achtend, war sie ins Wasser gesprungen.*

2. achten / beachten: *auf etwas achten* und *etwas beachten* können gleiche Bedeutung haben: *Sie sprach weiter, ohne auf die Zwischenrufe zu achten / ohne die Zwischenrufe zu beachten.* In diesem Satz haben *achten* und *beachten* den Sinn »einer Sache Aufmerksamkeit schenken« und sind austauschbar. Wird *achten* jedoch transitiv gebraucht, dann hat es meist die Bedeutung von »etwas respektieren, davor Achtung haben, es ehren, schätzen«, während *beachten* im Sinne von »etwas zur Kenntnis nehmen und danach handeln« verwendet wird. Man beachtet deshalb Gesetze, Vorschriften, Regeln, Hinweise usw., aber man achtet Rechte, Wünsche, Ansprüche, Beweggründe, Gesinnungen, das Alter, die Gefühle anderer usw. Die im Verkehrswesen häufig gebrauchte Verbindung *Vorfahrt achten* hieß ursprünglich *das Vorfahrtsrecht achten* und bedeutete »das Recht eines andern auf Vorfahrt respektieren«. Die Verkürzung von *Vorfahrtsrecht* zu *Vorfahrt* bewirkt, dass man weniger an das Respektieren eines

A

Rechtes als vielmehr an das Beachten, Befolgen eines Gesetzes denkt. Es ist deshalb besser, *achten* hier durch *beachten* zu ersetzen.

Acht geben: ↑ Acht.

Acht haben: ↑ Acht.

Achtung: Richtig heißt es *Achtung vor jmdm. / vor etwas haben*, also z. B. *Sie hatte keine Achtung vor ihren Großeltern.* Neben der Präposition *vor* war früher auch der Anschluss mit *für* durchaus üblich: *Dazu habe ich viel zu viel Achtung für einen Offizier* (Lessing).

Achtung gebietend / achtunggebietend: Nach den neuen Rechtschreibregeln wird *Achtung gebietend* oder *achtunggebietend* geschrieben: *eine Achtung gebietende / achtunggebietende Leistung.* Die Fügung wird jedoch immer zusammengeschrieben, wenn sie durch ein Adverb näher bestimmt wird: *eine überaus achtunggebietende Leistung.* Die Zusammenschreibung gilt auch dann, wenn die Fügung als Ganzes gesteigert wird: *Sie beeindruckte durch diese achtunggebietendere Leistung.* ↑ Getrennt- oder Zusammenschreibung (3.1.1).

Achtzig / achtzig: Groß schreibt man nur das Substantiv *Achtzig: Bei der Lotterie wurde die Achtzig gezogen.* Immer klein schreibt man in neuer Rechtschreibung das Zahlwort *achtzig*, also auch in den Fällen, in denen es als Substantivierung aufgefasst werden könnte: *die Zahlen von zehn bis achtzig; wir waren achtzig Mann; er ist achtzig; Wein aus dem Jahre achtzig* (= eines Jahrhunderts); *wir fahren achtzig, gehen mit achtzig in die Kurve; Tempo achtzig; auf achtzig kommen, auf achtzig sein* (»wütend werden, sein«). Jetzt ebenso: *Ende / Mitte der achtzig; der Mensch über achtzig; mit achtzig kannst du das nicht mehr.* ↑ Groß- oder Kleinschreibung (1.2.4).

achtziger / Achtziger: Das von ↑ *achtzig* abgeleitete Wort schreibt man klein, wenn es attributiv (als Beifügung) gebraucht wird: *achtziger* (in Ziffern: *80er*) *Jahr-*

gang; die achtziger Jahre (= eines Jahrhunderts); in neuer Rechtschreibung auch: *die achtziger Jahre* (= die Lebensjahre von 80 bis 89); *eine achtziger Briefmarke.* Groß schreibt man die Substantivierungen: *ein Mann um die Mitte der Achtziger; in den Achtzigern sein; eine Achtziger* (= Glühbirne) *einschrauben; einen milden Achtziger* (= Wein) *trinken; ein rüstiger Achtziger* (= Mann von 80 Jahren und darüber). ↑ Achtzigerjahre, Groß- oder Kleinschreibung (1.2 und 1.2.4), ↑ Getrennt- oder Zusammenschreibung (4.1).

Achtzigerjahre: Die Zusammensetzung *Achtzigerjahre* bedeutet »die Lebensjahre von 80 bis 89«. In neuer Rechtschreibung kann sie auch für »die achtziger Jahre eines bestimmten Jahrhunderts« stehen: *Eingeladen sind nur Frauen in den Achtzigerjahren. Gezeigt wird die Mode der Achtzigerjahre.* ↑ achtziger / Achtziger.

a. c. i. (accusativus cum infinitivo): ↑ Akkusativ mit Infinitiv.

Ackerbauer: Das Wort kann sowohl schwach als auch stark dekliniert werden: *des Ackerbauern* neben: *des Ackerbauers; die Ackerbauern* neben: *die Ackerbauer.* In der Völkerkunde ist es üblich, *Ackerbauer* als Bildung mit *-bauer (er baut* [= bestellt] *den Acker)* aufzufassen und wie *Orgelbauer, Städtebauer* usw. stark zu deklinieren: *Die Bewohner dieses Landes sind vorwiegend Ackerbauer und Viehzüchter.*

a. D.: Nach dieser Abkürzung stehen Punkte, auch wenn *a. D.* heute häufig nicht nur *außer Dienst*, sondern auch *a de* gesprochen wird. ↑ Abkürzungen (1.1).

Adelsnamen: 1. Deklination: a) *die Bilder Leonardo da Vincis / Leonardos da Vinci · die Lieder Walthers von der Vogelweide / Walther von der Vogelweides Lieder · die Schriften Christian Knorrs von Rosenroth / Christian Knorr von Rosenroths Schriften:* Bei Adelsnamen und ähnlich gebildeten anderen Namen wird heute meist der Familienname gebeugt: *die Werke Ludwig van Beethovens; Gerda von Falkensteins beste Freundin.* Setzt sich der Familienname aus mehreren Bestandteilen zusammen, wird nur der erste gebeugt: *die Schriften Christian Knorrs von Rosenroth.* Ist der Familienname jedoch noch deutlich als Ortsname zu erkennen, dann wird der Vorname gebeugt: *die Lieder Walthers von der Vogelweide; der Parzival Wolframs von Eschenbach.* Wo Zweifel bestehen, neigt man zur Beugung des Ortsnamens: *die Erfindungen Leonardo da Vincis; der Wahlspruch Ulrich von Huttens;* daneben auch: *der Wahlspruch Ulrichs von Hutten.* Steht der Ortsname unmittelbar vor dem dazugehörigen Substantiv, dann wird heute im Allgemeinen der Ortsname gebeugt: *Walther von der Vogelweides Lieder; Hoffmann von Fallerslebens Gedichte; Christian Knorr von Rosenroths Schriften.* Als Grundregel gilt, dass der neben dem regierenden Wort stehende Name die Genitivendung erhält (↑ Personennamen [2.2.1]). **b) die Memoiren Baron Grotes / des Barons Grote:**

Adelsbezeichnungen sind heute keine Titel mehr, sondern Bestandteile des Namens. Ohne Artikel oder Pronomen beugt man den Familiennamen: *die Memoiren Baron Grotes; die Verdienste Graf Schönecks; das Werk Freiherr von Taubes.* Geht der Artikel oder ein Pronomen unmittelbar voraus, dann wird die Adelsbezeichnung gebeugt: *die Memoiren des Barons Grote; die Verdienste des Grafen Schöneck; das Werk des Freiherrn von Taube.* Geht der Adelsbezeichnung eine Berufsbezeichnung oder ein Titel voraus, dann bleibt sie ungebeugt: *die Memoiren des Professors Baron Grote; das Werk des Dichters Freiherr von Taube.*

2. Schreibung des *von* in Adelsnamen am Satzanfang: Am Satzanfang schreibt man *von* groß: *Von Gruber erschien zuerst.*

Ad-hoc-Entscheidung: ↑ Bindestrich (3.1).

Adieu / adieu sagen: Nach den neuen Regeln zur Rechtschreibung schreibt man groß oder wie bisher klein in Fällen wie: *Sie mussten einander Adieu /* (auch:) *adieu sagen.*

A

Adjektiv

Häufig gestellte Fragen zum Adjektiv	
Frage	Antwort unter
Wann wird ein Adjektiv stark und wann schwach gebeugt?	dieser Artikel, Punkt (1.1)
Wie werden zwei Adjektive vor einem Substantiv gebeugt bzw. heißt es *bei dunklem bayrischem Bier* oder *bei dunklem bayrischen Bier?*	dieser Artikel, Punkt (1.2.1)
Wie schreibt man Verbindungen aus zwei Adjektiven, z. B. *bittersüß, schaurig-schön, deutschamerikanisch?*	dieser Artikel, Punkt (2.2), Bindestrich (4, 6.4)

1   Deklination
1.1   Deklinationsarten
1.1.1 Starke Deklination
1.1.2 Schwache Deklination
1.1.3 Gemischte Deklination
1.1.4 ein rosa Kleid / die lila Hüte
1.2   Besonderheiten der Adjektivdeklination
1.2.1 nach langem, schwerem Leiden / nach langem schweren Leiden (Deklination mehrerer attributiver Adjektive oder Partizipien)
1.2.2 frohen Sinnes / frohes Sinnes (Deklination des Adjektivs im Genitiv Singular ohne vorangehenden Artikel)
1.2.3 unser von mir selbst abgeschickter Bericht · euer von allen unterschriebener Brief (Deklination des Adjektivs oder Partizips nach einem Possessivpronomen)
1.2.4 mir jungem / jungen Menschen · wir Deutsche /Deutschen (Deklination des Adjektivs oder Partizips nach Personalpronomen)
1.2.5 einige schöne Bücher / alle schönen Bücher (Deklination des Adjektivs oder Partizips nach Pronominaladjektiven wie *alle, einige, manche*)
1.2.6 ein Besuch der Stadt und deren herrlicher Umgebung · der Mann, auf dessen erschöpftem Gesicht ... (Deklination des Adjektivs oder Partizips nach *dessen* und *deren*)
1.2.7 in schlechtem Zustand / im schlechten Zustand (Deklination des Adjektivs oder Partizips nach einer Präposition)
1.2.8 mir als jüngerer / jüngeren Schwester · ihm als bekanntem / bekannten Künstler (Deklination des Adjektivs oder Partizips in der Apposition)

Wörter wie *einsam, flott, schön, blau* und *ungeschickt,* mit denen man Lebewesen, Dinge und Begriffe, Zustände, Vorgänge und Tätigkeiten charakterisieren kann, nennt man Adjektive (Eigenschaftswörter). Sie sind deklinierbar
(s. u.) und im Allgemeinen zur Bildung von ↑ Vergleichsformen fähig. Ein Substantiv können sie unmittelbar *(schöne Jacke, blaue Augen)* oder in Verbin-

A

dung mit *sein, werden, bleiben* u. a. näher bestimmen *(Sie ist / wird krank)*. Im ersten Fall spricht man von attributiver, im zweiten von prädikativer Verwendung des Adjektivs. Attributive Verwendung liegt darüber hinaus auch in Verbindung mit Adverbien *(weit draußen)* und anderen Adjektiven *(abscheulich kalt;* ↑ 1.2.10) vor. Adverbial nennt man demgegenüber den Gebrauch eines Adjektivs, das ein Verb näher bestimmt *(Der Motor läuft gleichmäßig)*.

In älteren Grammatiken wurde ein Adjektiv, wenn es zu einem Verb gehört *(Sie läuft schnell. Er spricht laut.)*, auch Adverb genannt. Die neueren Grammatiken tun dies zum großen Teil nicht mehr, weil die in althochdeutscher Zeit noch vorhandenen Adverbformen der Adjektive heute geschwunden sind. Wichtig für die Abgrenzung des Adjektivs vom Adverb ist es, zwischen der Einteilung der Wortarten und der syntaktischen Verwendung, d. h. der Verwendung im Satz, zu unterscheiden.

Einteilung der Wortarten: Verb, Substantiv, Adjektiv (z. B. *schön, laut, schnell*), Adverb (z. B. *dort, oft, sehr*), Pronomen usw.

Verwendung im Satz: attributiv: *das hübsche Mädchen;* prädikativ: *das Mädchen ist hübsch;* adverbial: *das Mädchen singt hübsch.*

Die folgenden Abschnitte behandeln die Deklination des Adjektivs, seine Bildung und Verwendung im Satz sowie die Stilistik:

1 Deklination

1.1 Deklinationsarten

1.1.1 Starke Deklination

		Maskulinum	Femininum	Neutrum
Singular	Nom.	weich-er Stoff	warm-e Speise	hart-es Metall
	Gen.	(statt) weich-en Stoff[e]s	(statt) warm-er Speise	(statt) hart-en Metalls
	Dat.	(aus) weich-em Stoff	(mit) warm-er Speise	(aus) hart-em Metall
	Akk.	(für) weich-en Stoff	(für) warm-e Speise	(für) hart-es Metall
Plural	Nom.	weich-e Stoffe	warm-e Speisen	hart-e Metalle
	Gen.	(statt) weich-er Stoffe	(statt) warm-er Speisen	(statt) hart-er Metalle
	Dat.	(aus) weich-en Stoffen	(mit) warm-en Speisen	(aus) hart-en Metallen
	Akk.	(für) weich-e Stoffe	(für) warm-e Speisen	(für) hart-e Metalle

Ein Adjektiv wird stark dekliniert, wenn ihm weder Artikel noch Pronomen, noch Zahlwort vorausgeht oder wenn das vorausgehende Pronomen oder Zahlwort endungslos ist.

1.1.2 Schwache Deklination

		Maskulinum	**Femininum**	**Neutrum**
Singular	Nom.	der schnell-e Wagen	die schnell-e Läuferin	das schnell-e Auto
	Gen.	des schnell-en Wagens	der schnell-en Läuferin	des schnell-en Autos
	Dat.	dem schnell-en Wagen	der schnell-en Läuferin	dem schnell-en Auto
	Akk.	den schnell-en Wagen	die schnell-e Läuferin	das schnell-e Auto
Plural	Nom.	die		
	Gen.	der		
	Dat.	den schnell-en Wagen	schnell-en Läuferinnen	schnell-en Autos
	Akk.	die		

Ein Adjektiv wird schwach dekliniert, wenn ihm der bestimmte Artikel oder – bis auf das Possessivpronomen (s. u.) – ein Pronomen mit Endung vorausgeht.

1.1.3 Gemischte Deklination

		Maskulinum	**Femininum**	**Neutrum**
Singular	Nom.	kein schnell-er Wagen	keine schnell-e Läuferin	kein schnell-es Auto
	Gen.	keines schnell-en Wagens	keiner schnell-en Läuferin	keines schnell-en Autos
	Dat.	keinem schnell-en Wagen	keiner schnell-en Läuferin	keinem schnell-en Auto
	Akk.	keinen schnell-en Wagen	keine schnell-e Läuferin	kein schnell-es Auto
Plural	Nom.	keine		
	Gen.	keiner		
	Dat.	keinen schnell-en Wagen	schnell-en Läuferinnen	schnell-en Autos
	Akk.	keine		

Ein Adjektiv gehört zu diesem Deklinationstyp, wenn ihm der unbestimmte Artikel, *kein* oder ein Possessivpronomen vorausgeht.

Pronomen und Zahlwörter, nach denen die Deklination des Adjektivs schwankt, sind in diesem Buch gesondert behandelt (↑ all-, beide, solcher usw.).

1.1.4 ein rosa Kleid / die lila Hüte: ↑ Farbbezeichnungen (2.2).

1.2   Besonderheiten der Adjektivdeklination

1.2.1 nach langem, schwerem Leiden / nach langem schweren Leiden (Deklination mehrerer attributiver Adjektive oder Partizipien): Stehen bei einem Substantiv zwei oder mehrere Adjektive oder Partizipien, dann werden diese in gleicher Weise (parallel) gebeugt: *ein breiter, tiefer Graben*. Das gilt auch für den von einer Präposition abhängenden Dativ Singular: *auf bestem, holz-*

A

freiem Papier; nach langem, schwerem Leiden. Auch wenn das unmittelbar vor dem Substantiv stehende Adjektiv mit dem Substantiv einen Gesamtbegriff (eine so genannte Einschließung) bildet und deshalb kein Komma zwischen dieser Fügung und dem zusätzlichen Adjektiv steht, wird parallel gebeugt: *bei dunklem bayrischem Bier; auf mit schwarzem Samt bespanntem rundem Tablett; nach anerkanntem internationalem Strafrecht.*

Die frühere Regel, dass in diesen Fällen beim Dativ Singular das zweite Adjektiv schwach gebeugt werden müsse *(bei dunklem bayrischen Bier)* gilt nicht mehr. Im Dativ Singular Maskulinum und Neutrum wird allerdings das zweite Adjektiv gelegentlich schwach gebeugt: *eine Flut von weißem elektrischen Licht ergoss sich breit in den Saal* (Th. Mann); *auf schwarzem hölzernen Sockel* (Carossa); *mit frischem, roten Gesicht* (Döblin); *nach schnellem materiellen Erfolg* (Mannheimer Morgen).

1.2.2 frohen Sinnes / frohes Sinnes (Deklination des Adjektivs im Genitiv Singular ohne vorangehenden Artikel): Steht das Adjektiv allein, dann müsste es eigentlich im Genitiv Singular des Maskulinums und Neutrums stark dekliniert werden: *frohes Sinnes, gutes Mutes, trauriges Herzens.* Im heutigen Sprachgebrauch wird es jedoch schwach gebeugt. Diese Ersetzung von *-es* durch *-en* beginnt schon im 17. Jahrhundert. Man dekliniert heute also: *frohen Sinnes, guten Mutes, traurigen Herzens, die Abfüllung jungen Weines.* Erhalten hat sich die starke Deklination nur noch in einigen fest gewordenen Fügungen sowie innerhalb von Zusammensetzungen: *reines Herzens* (neben: *reinen Herzens*), *geradeswegs* (neben: *gerade[n]wegs*).

1.2.3 unser von mir selbst abgeschickter Bericht · euer von allen unterschriebener Brief (Deklination des Adjektivs oder Partizips nach einem Possessivpronomen): Das in der Deklination von einem Possessivpronomen abhängende Adjektiv oder Partizip wird stark gebeugt, wenn das vorausgehende Possessivpronomen selbst endungslos ist: *Ihr an das Finanzamt gerichtetes Schreiben.* Nicht schwach: *Ihr an das Finanzamt gerichtete Schreiben.*

Fügungen dieser Art stehen in der Regel ohne Komma; ↑ Komma (1).

Unsicherheit besteht vor allem bei den Possessivpronomen *unser* und *euer,* deren auf *-er* ausgehender Stamm oft fälschlich als starke Endung angesehen wird. Es muss richtig heißen: *unser von mir selbst abgeschickter* (nicht: *abgeschickte*) *Bericht; euer von allen unterschriebener* (nicht: *unterschriebene*) *Brief.*

1.2.4 mir jungem / jungen Menschen · wir Deutsche / Deutschen (Deklination des Adjektivs oder Partizips nach Personalpronomen): Ein [substantiviertes] Adjektiv oder Partizip, dem ein Personalpronomen vorangeht, wird im Allgemeinen stark gebeugt, weil diese Pronomen keine starke Endung aufweisen: *ich altes Kamel; du großer Held; du Geliebter.*

Es treten jedoch gewisse Schwankungen im Dativ Singular aller drei Geschlechter auf: Neben *mir jungem Menschen, dir altem Mann, dir Geliebtem* stehen auch *mir jungen Menschen, dir alten Mann, dir Geliebten.* Im Dativ Femininum wird sogar weitgehend die schwache Beugung bevorzugt, wodurch der Anklang an das Maskulinum vermieden wird: *mir alten Frau, dir treuen Seele, dir Geliebten.* Selten noch: *mir alter Frau, dir treuer Seele, dir Geliebter.* Der Grund dafür ist wohl auch in dem Bestreben zu suchen, den zweimaligen gleichen Wortausgang auf *-r (mir alter Frau)* zu vermeiden (vgl. *alles Ernstes, allen Ernstes;* ↑ all- [5]).

Auch im Nominativ Plural wird heute im Allgemeinen schwach gebeugt: *wir alten Kameraden, ihr treulosen Väter, wir deutschen Steuerzahlerinnen.* Nach *wir* kommt bei substantivierten Adjektiven oder Partizipien auch die starke Beugung vor: *wir Deutschen* / (seltener stark:) *Deutsche; wir Grünen* / (seltener stark:) *Grüne; wir Fußballbegeisterten* / (seltener stark:) *Fußballbegeisterte.*

Beim Akkusativ Plural gibt es nur die starke Beugung (Akkusativ: *für uns Deutsche; für uns fortschrittliche Studierende*), wohl deshalb, weil er sich sonst nicht vom Dativ unterscheiden würde (Dativ: *von uns Deutschen, von uns fortschrittlichen Studierenden*).

1.2.5 einige schöne Bücher / alle schönen Bücher (Deklination des Adjektivs oder Partizips nach Pronominaladjektiven wie *alle, einige, manche*): Die Deklination nach Pronominaladjektiven schwankt, je nachdem, ob diese Wörter als Pronomen oder als Adjektiv behandelt werden. Adjektive oder Partizipien werden schwach dekliniert, wenn das vorangehende Pronominaladjektiv als Pronomen behandelt wird: *alle guten Tipps.* Wird es als Adjektiv behandelt, dann werden beide parallel gebeugt: *einige schöne Bücher.* Vgl. die einzelnen Pronominaladjektive an der jeweiligen alphabetischen Stelle. Zur Deklination des Adjektivs nach *zweier, dreier* ↑ zwei (2).

1.2.6 ein Besuch der Stadt und deren herrlicher Umgebung · der Mann, auf dessen erschöpftem Gesicht … (Deklination des Adjektivs oder Partizips nach *dessen* und *deren*): Nach den Demonstrativ- und Relativpronomen *dessen* und *deren* wird das folgende Adjektiv oder Partizip stark gebeugt, weil die Pronomen als attributive Genitive keinerlei Einfluss auf die Deklination ausüben: *Ein Besuch der Stadt und deren herrlicher* (nicht: *herrlichen*) *Umgebung lohnt sich. Der Mann, auf dessen erschöpftem* (nicht: *erschöpften*) *Gesicht sich Enttäuschung malte, gab das Rennen auf.*

A

1.2.7 in schlechtem Zustand / im schlechten Zustand (Deklination des Adjektivs oder Partizips nach einer Präposition): Wird eine Präposition mit dem bestimmten Artikel verschmolzen, dann wird das Adjektiv oder Partizip schwach gebeugt: *im schwarzen Kleid, im getrockneten Zustand, zur gewohnten Stunde.* Nach der Präposition allein (ohne Artikel) wird stark gebeugt: *in schwarzem Samt, in getrocknetem Zustand, zu früher Stunde.* – Beide Ausdrucksweisen besagen nicht das Gleiche. Der Satz *Das Haus ist in schlechtem Zustand* enthält eine allgemeine Feststellung. Aber der Satz *Wir haben das Haus schon im schlechten Zustand übernommen* bezieht sich auf den bestimmten und schon bekannten Zustand des Hauses. ↑ Präposition (1.2.5).

1.2.8 mir als jüngerer / jüngeren Schwester · ihm als bekanntem / bekannten Künstler (Deklination des Adjektivs oder Partizips in der Apposition): Als Grundregel gilt, dass das artikellose Adjektiv oder Partizip in einer Apposition (Beisatz) stark gebeugt wird: *ein Blatt weißes Papier; von Frau Dr. Schneider, ordentlicher Professorin an der Universität Trier; mit Herrn Meier, ordentlichem Professor an der Universität Mainz; mir als jüngerer Schwester; ihm als bekanntem Künstler.* Im Dativ wird das Adjektiv oder Partizip gelegentlich so sehr auf den Artikel des Bezugswortes oder auf das Pronomen bezogen, dass es schwach gebeugt wird: *mir als jüngeren Schwester; ihm als bekannten Künstler; mit einer Art blauen Glasur.* ↑ Apposition (4).

1.2.9 Das Urteil des Richters war ein mildes / war mild · Diese Lage war eine ungewöhnliche / war ungewöhnlich: Gelegentlich wird ein prädikativ gebrauchtes [mit dem unbestimmten Artikel verbundenes] Adjektiv dekliniert: *Das Urteil des Richters war ein mildes,* statt: *Das Urteil des Richters war mild. Die Folgen für die Wirtschaft werden katastrophale sein,* statt: *Die Folgen für die Wirtschaft werden katastrophal sein.*

Solche Formulierungen sind sinnvoll, wenn das Adjektiv klassifizierend gebraucht wird: *Diese Linie ist eine gerade, jene eine gekrümmte. Diese Frage ist eine politische, keine pädagogische.* Klassifizierend stehen immer prädikativ gebrauchte Adjektive, die sich auf Besitz, Herkunft, Zugehörigkeit oder Stoff beziehen. Sie gehören zu jenen Adjektiven, die sonst nur attributiv gebraucht werden können: *Der Wein ist ein spanischer, der andere ein italienischer. Dieser Teppich ist ein orientalischer, jener ein chinesischer.* Stilistisch besser: *Dies ist ein orientalischer, das ein chinesischer Teppich. Dies ist eine politische und keine pädagogische Frage* usw.

Die Formulierung ist auch dort möglich, wo ein prädikativ gebrauchtes Adjektiv in Gegensatz zu einem vorangegangenen attributiven Adjektiv gestellt wird, wenn es besonderen Nachdruck erhält. Auch hier wird eine Klas-

A

sifizierung empfunden: *Ein neues Buch ist nicht immer ein gutes.* Man kann aber auch sagen: *Ein neues Buch ist nicht immer gut.*

1.2.10 in einer ähnlich schwierigen Lage / in einer ähnlichen schwierigen Lage (das Adjektiv oder Partizip als Attribut eines anderen Adjektivs oder Partizips): Ein Adjektiv oder Partizip, das ein Substantiv näher bestimmt, muss normalerweise gebeugt werden: *ein altes, dürres Männchen.* Wenn es dagegen ein anderes Adjektiv oder Partizip näher bestimmt, bleibt es ungebeugt: *ein frisch gebackenes Brot; ein schneidend kalter Wind.*

Man muss also darauf achten, dass eine Aussage mit ungebeugtem Adjektiv (z. B. *in einer ähnlich schwierigen Lage*) etwas anderes beinhaltet als eine Aussage mit gebeugtem Adjektiv *(in einer ähnlichen schwierigen Lage).* In dem Satz *Ich befand mich in einer ähnlich schwierigen Lage* ist *ähnlich* ein Attribut zu *schwierig,* es wird also die Schwierigkeit der Lage als ähnlich bezeichnet. In dem Satz *Ich befand mich in einer ähnlichen schwierigen Lage* ist *ähnlich* wie *schwierig* Attribut zu *Lage* und wird genauso wie das Wort *schwierig* gebeugt. Es wird also die schwierige Lage als ähnlich bezeichnet.

Die Beugung eines Adjektivs, das ein anderes näher bestimmt, gilt standardsprachlich als nicht korrekt, z. B.: *Du hast schöne warme Hände* anstatt richtig: *Du hast schön warme Hände.* Ist ein Mensch einem anderen ausgesprochen, d. h in besonders spürbarer Weise, unsympathisch, dann kann es nur heißen *Er ist ein ausgesprochen unsympathischer Mensch* (nicht: *Er ist ein ausgesprochener unsympathischer Mensch*).

1.2.11 die chronisch Kranke: Ein ungebeugtes Adjektiv oder Partizip, das ein anderes Adjektiv oder Partizip näher bestimmt, bleibt bei dessen Umwandlung in eine Personenbezeichnung o. Ä. ungebeugt:

chronisch krank – die chronisch (nicht: chronische) Kranke; geistig behindert – ein geistig Behinderter; einschlägig vorbestraft – der einschlägig Vorbestrafte; ewig nörgelnd – ewig Nörgelnder; unmittelbar vergangen – unmittelbar Vergangenes.

In diesem Sinne ist die Übersetzung von »Le malade imaginaire« (Molière) mit »Der eingebildete Kranke« unzutreffend, denn der Dargestellte ist eingebildet[ermaßen] krank und nicht eingebildet.

1.2.12 sich höflich Mühe geben (das Adjektiv als Zusatz bei festen Verbindungen): Enge Verbindungen aus Substantiv und Verb *(sich Mühe geben; von etwas Kenntnis nehmen; Gefahr laufen)* können in der Regel nur als Ganzes durch ein Adjektiv erweitert werden; das Adjektiv bleibt dann ungebeugt: *Sie gab sich höflich Mühe, ihm den Weg zu erklären. Er nahm nur flüchtig Kenntnis von dem Brief.* Wenn man das Adjektiv beugt, dann kennzeichnet es nicht die Art und Weise des ganzen Geschehens, sondern nur das Substantiv. Eine

A

höfliche Mühe gibt es nicht, und *flüchtige Kenntnis* kann man nur sagen, wenn das Wort in der Bedeutung »Wissen, Erfahrung« gemeint ist. Eine solche Kenntnis kann man aber nicht nehmen, man kann sie nur haben.

1.2.13 ein ebenes / ebnes Gelände · ein dunkeler / dunkler Gang (Ausfall des *e*): Bei den Adjektiven auf *-el* fällt das *e* dieser Buchstabenverbindung in der Deklination und im Komparativ aus. Dadurch wird das Auftreten einer Häufung unbetonter Silben vermieden: *ein dunkler Gang, ein nobles Angebot, eine eitle Frau.* Früher fiel bei solchen Adjektiven statt dessen häufig das *e* der Flexionsendung *-en* aus: *im dunkeln Hain* usw.

Auch die Adjektive auf *-abel* und *-ibel* verlieren, wenn sie dekliniert oder gesteigert werden, das *e* der Endsilbe: *eine respektable Leistung, ein flexibles Buch, eine praktikablere Lösung.*

Demgegenüber behalten die Adjektive auf *-er* und *-en* (in der geschriebenen Sprache) gewöhnlich das *e* bei: *ein finsteres Gesicht, ein ebenes Gelände.* Endet jedoch der Stamm des Adjektivs auf *-au-* oder *-eu-*, dann wird das *e* ausgestoßen: *saures Bier, teure Zeiten.* Dasselbe gilt auch für fremde Adjektive: *eine illustre Gesellschaft, integre Beamte, eine makabre Geschichte.* Früher fiel bei den Adjektiven auf *-er* häufig das *e* der Flexionsendung aus: *mit düstern Mienen, einen muntern Knaben.*

Bei den deklinierten zweiten Partizipien auf *-en* fällt aus metrischen Gründen oder zur Erleichterung des Sprechens das *e* der Endung *-en* gelegentlich weg: *gefrornes Wasser* statt *gefrorenes Wasser; zerbrochner Krug* statt *zerbrochener Krug; gezogne Linie* statt *gezogene Linie; gelungner Abend* statt *gelungener Abend.*

1.2.14 blöd / blöde · dick / dicke · mild / milde (Adjektive mit oder ohne *e* im Auslaut): Viele Adjektive hatten früher im Auslaut ein *-e.* Bei einigen ist es im Lauf der Zeit abgefallen; bei anderen kommen Formen mit *-e* neben solchen ohne *-e* vor: *blöd / blöde; trüb / trübe; feig / feige; zäh / zähe; mild / milde; öd / öde.* Bei manchen Adjektiven ist die Form mit dem auslautenden *e* die standardsprachlich übliche: *leise, trübe, feige,* bei anderen die Form ohne *e*: *dünn, dick* (gegenüber den umgangssprachlichen Wendungen *sich dünne machen, es nicht dicke haben*).

1.2.15 Steigerung des Adjektivs: ↑ Vergleichsformen.

2 Wortbildung des Adjektivs

2.1 pflegeleicht · schaumgebremst · winterfest:

Die Kompositionsfreudigkeit der deutschen Sprache – d. h. die starke Neigung, Zusammensetzungen zu bilden – zeigt sich auch im Adjektivbereich. Viele Adjektivkomposita bleiben nur Augenblicksbildungen, andere werden lexikalisiert, d. h., sie werden zu festen Bestandteilen des Wortschatzes. Beliebte Kompositionstypen sind die Zusammensetzungen Substantiv + Adjektiv *(halsfern, preisgünstig, motivgleich, strukturelastisch, erntefrisch, säurefest, parteioffiziell, regenkühl, verkaufsoffen)*, Substantiv + 1. Partizip *(spanabhebend, wetterbestimmend, abendfüllend, gesundheitsschädigend, parteischädigend, satzschließend)* und Substantiv + 2. Partizip *(sonnengereift, eisgekühlt, gasvergiftet, glasfaserverstärkt, wertgemindert, schaumgebremst, unfallgeschädigt, schulentlassen)*.

Diese Flut von Adjektivkomposita ist verschiedentlich von sprachpflegerischer Seite kritisiert worden – nicht immer zu Recht, denn Bildungen dieser Art stellen ein wirkungsvolles Mittel der Ausdruckskürzung dar *(Der Kühlschrank hat türbreite Fächer / Fächer, die so breit wie die Tür sind)* und können eine stilistische Bereicherung sein *(Diese Generation ist fernsehmüde / des vielen Fernsehens müde / vom vielen Fernsehen müde)*. Nicht nur die Werbung, auch Industrie und Wissenschaft bedienen sich dieser Wortbildungsmöglichkeit, weil sie sich vor die Aufgabe gestellt sehen, komplizierte Vorgänge und Sachverhalte in knapper Form sprachlich zu bewältigen.

Im Übrigen sind diese Arten der Wortbildung keineswegs neu. Früher waren sie vor allem im dichterischen Bereich üblich *(früchteschwer, unheilschwanger; herzbewegend, himmelschreiend, freudestrahlend, unheildrohend; siegestrunken, unheilgefasst, unglückverfolgt, herzbetrübt)*. Wurden früher weitgehend Stimmungen und Gefühle auf diese Art dichterisch eingefangen, so werden heute mit den gleichen Mitteln sachliche Aussagen gemacht. Selbst die Adjektivkomposita, die einen Vergleich enthalten und im Allgemeinen eine schmückende Funktion erfüllen, wie z. B. *taufrisch* (= frisch wie der Tau), *hauchzart* (zart wie ein Hauch), *grasgrün* (= grün wie das Gras), werden von der Sprache der Technik zur sachlichen Aussage verwendet, z. B. *körperwarmes* (= so warm wie der Körper) *Wasser, eine handtellergroße* (= so groß wie ein Handteller) *Entzündung.*

A

2.2 schaurig-schön · melancholisch-heiter
(gekoppelte Adjektive):

Zu den Möglichkeiten, den Adjektivbestand zu vergrößern, gehört auch die Kopplung von zwei Adjektiven. Durch die Kopplung soll eine besondere Wirkung oder Stimmung hervorgerufen werden, vor allem dann, wenn inhaltlich entgegengesetzte Adjektive miteinander verbunden werden *(schaurig-schön, melancholisch-heiter, bittersüß / bitter-süß)*. Solche Kopplungen werden gern in dichterischer Sprache verwendet: *ein grausam-süßes Lächeln. Herr v. Pasenow wurde ... wie ein Vorgesetzter mit schmal-steifer Verbeugung ... begrüßt* (Broch). Sie können durch die Verschmelzung beider Wortinhalte eine bestimmte schillernde, schwebende Vorstellung erzeugen und dadurch die Aussage bereichern.

2.3 Verweise:

Zu Verbindungen wie *Ekel erregend, Eisen verarbeitend* ↑ Getrennt- oder Zusammenschreibung (3.1.1). Zur Kopplung von Adjektiven ↑ Bindestrich (4); ↑ Farbbezeichnungen (3.1). Zum Nebeneinander von Adjektiven auf *-al* und *-ell (personal / personell)* ↑ -al / -ell. Zum Bedeutungsunterschied der Adjektivbildungen auf *-ig* und *-lich (vierwöchig / vierwöchentlich)* und der Adjektive auf *-lich* und *-isch (kindlich / kindisch)* ↑ -ig / -isch / -lich. Zum Bedeutungsunterschied der Adjektivbildungen auf *-bar* und *-lich (unaussprechbar / unaussprechlich)* ↑ -lich / -bar. Zur Ableitung der Adjektive von Personennamen mit dem Suffix *-[i]sch* ↑ Personennamen (4).

3 Die Verwendung des Adjektivs im Satz

3.1 der sich im Schrank befindende Schmuck · die ihr gehörenden Sachen:

Adjektive, die von einem Verb abgeleitet sind, werden gelegentlich in Anlehnung an den Gebrauch des Verbs falsch verwendet. Nicht korrekt ist z. B. die Verbindung mit dem Reflexivpronomen: *Der sich im Schrank befindliche Schmuck wurde gestohlen.* Richtig: *Der im Schrank befindliche Schmuck wurde gestohlen* oder: *Der sich im Schrank befindende Schmuck wurde gestohlen.* Nicht korrekt: *Auf das Material wird eine sich lösbare Schicht aufgetragen.* Richtig: *Auf das Material wird eine lösbare Schicht aufgetragen.*

Der häufiger zu beobachtende Gebrauch von »gehörig« anstelle von »gehörend« gilt nicht als standardsprachlich: *Die Mutter räumte die in den*

Schrank gehörige Wäsche weg. Besser: *Die Mutter räumte die in den Schrank gehörende Wäsche weg.* Nicht: *Der meiner Freundin gehörige Koffer wurde gestohlen.* Besser: *Der meiner Freundin gehörende Koffer wurde gestohlen.*

3.2 ein neues Paar Schuhe / ein Paar neue[r] Schuhe · ein kaltes Glas Milch / ein Glas kalte Milch:

Wenn eine Mengen- oder Maßangabe und eine Stoffbezeichnung als eine Einheit *(Paar Schuhe, Glas Wein, Tasse Kaffee)* aufgefasst werden, dann kann das eigentlich zur Stoffbezeichnung gehörende Adjektiv auch vor dieser Einheit *(ein neues Paar Schuhe)* stehen, sofern es sich auf beide Wörter gleichermaßen beziehen kann, ohne dass dadurch der Sinn verändert wird: *ein Paar neue[r] Schuhe, ein neues Paar Schuhe, ein neues Paar; ein Glas guter Wein / guten Weines, ein gutes Glas Wein, ein gutes Glas; eine Tasse dampfender Kaffee / dampfenden Kaffees, eine dampfende Tasse Kaffee, eine dampfende Tasse.*

Manchmal ergeben sich jedoch Sinnänderungen. So besteht zwischen *ein Glas frische[r] Milch* und *ein frisches Glas Milch* ein inhaltlicher Unterschied insofern, als *ein frisches Glas Milch* mehr den Sinn von »ein neues, noch ein Glas Milch« hat. Nicht sagen kann man z. B. *eine schwarze Tasse Kaffee* für *eine Tasse schwarzen Kaffees.*

3.3 kleines Kindergeschrei · anorganischer Chemieprofessor:

Steht ein Adjektiv als Attribut (Beifügung) vor einer Zusammensetzung, dann bezieht es sich inhaltlich auf den letzten Bestandteil (auf das Grundwort) oder auf die Zusammensetzung insgesamt. Man kann also nicht zu einer Zusammensetzung ein Adjektiv fügen, das inhaltlich lediglich zum ersten Bestandteil passt. Solche (wohl meist scherzhaft gebildeten) Fügungen wie *kleines Kindergeschrei* oder *anorganischer Chemieprofessor* sind also nicht korrekt, denn nicht das Geschrei ist klein, sondern es handelt sich um das Geschrei kleiner Kinder, und nicht der Professor ist anorganisch, sondern er lehrt anorganische Chemie. ↑ Kompositum (6).

3.4 ein glitzernder goldener Ring / ein goldener glitzernder Ring
(Reihenfolge attributiver Adjektive):

Das Adjektivattribut, das einem Substantiv am engsten verbunden ist, steht ihm auch am nächsten. Besonders gilt das in sachlichen Beschreibungen für klassifizierende, verschiedene Arten oder Sorten unterscheidende Adjektive:

ein glitzernder goldener Ring; herrliches weißes Mehl; buschige schwarze Haare.

Soll auf keine besondere Unterart, wie z. B. *weißes Mehl, schwarze Haare,* hingewiesen werden, sollen also nur Merkmale aufgezählt werden, von denen keines dem anderen untergeordnet ist, dann lässt sich die Reihenfolge auch vertauschen. Oder will man beispielswiese *Haar* nicht im Hinblick auf die Farbe, sondern im Hinblick auf den Wuchs betrachten und somit eine andere Unterart aufstellen, dann würde man von *schwarzen buschigen Haaren* sprechen, wobei *schwarz* nur eine weitere Kennzeichnung der buschigen Haare wäre.

Es ist aber falsch, die Adjektive dort zu vertauschen, wo sich das eine Adjektiv auf die Fügung aus Adjektivattribut und Substantiv bezieht. Wer z. B. sagen will, dass die alte Zeit gut war, kann nur von *guter alter Zeit,* aber nicht von *alter guter Zeit* sprechen.

3.5 Fußball brutal · Sport total · Urlaubssonne satt:

Das attributive Adjektiv steht in der Regel vor dem Substantiv und wird flektiert: *eine milde Herbstsonne, verrostete Nägel, die kulturelle Entwicklung.*

In der Sprache der Werbung und in Fachsprachen steht das unflektierte Adjektiv auch nach dem Substantiv: *Krönung light; Henkell trocken; Whisky pur; Aal blau; 70 Nadelfeilen rund nach DIN 8342.*

In der Umgangssprache findet sich dieser Gebrauch als ausdrucksverstärkendes Stilmittel: *Das war Leben pur* (Hörzu). *Sport total im Fernsehen* (Mannheimer Morgen). *Über Fußball brutal reden alle* (Hörzu).

3.6 eine starke Raucherin / ein schlechter Esser:

Eine Bezeichnung für eine Person, die eine bestimmte Tätigkeit ausführt (ein Nomen Agentis), kann das ursprünglich zum Verb gehörende Adjektiv als Attribut übernehmen: *Ingrid raucht stark. / Ingrid ist eine starke Raucherin. Klaus isst schlecht. / Klaus ist ein schlechter Esser. Melanie schwimmt gut. / Melanie ist eine gute Schwimmerin. Die Einwanderer arbeiteten fleißig. / Die Einwanderer waren fleißige Arbeiter.* Attribuierungen dieser Art, bei denen das Attribut nicht die Person, sondern ihr Verhalten kennzeichnet, sind durchaus korrekt.

4 Stilistik des Adjektivs

A

4.1 fachliche Bildung / Fachbildung · weihnachtliche Musik / Weihnachtsmusik · väterliches Geschäft / Geschäft des Vaters
(Das Adjektiv anstelle eines Bestimmungswortes oder eines Genitivattributes):

Während auf der einen Seite in der Sprache die Tendenz zur Kürze und Knappheit, also eine gewisse Sprachökonomie, deutlich zu erkennen ist, ist auf der anderen Seite eine gegenläufige Entwicklung zu beobachten. So kommt es, dass sich im Deutschen neben der Bildung von Substantivkomposita häufig die Verwendung von Adjektivattribut + Substantiv findet: *berufliche Erfahrung* statt *Berufserfahrung, terminliche Schwierigkeiten* statt *Terminschwierigkeiten, weihnachtliche Musik* statt *Weihnachtsmusik.*

In den meisten Fällen bestehen zwischen den beiden Ausdrucksweisen stilistische oder Bedeutungsunterschiede. Wer z. B. *gewebliche Veränderung* statt *Gewebeveränderung* oder *terminliche Schwierigkeiten* statt *Terminschwierigkeiten* sagt, lenkt die Aufmerksamkeit auf das Grundwort der Zusammensetzung *Veränderung* oder *Schwierigkeiten.* Im Gegensatz zum Kompositum stellt das Attribut dabei nur eine zusätzliche Charakterisierung dar. Zusammensetzung und Fügung können bedeutungsunterscheidend gebraucht werden: Eine *winterliche Landschaft* braucht keine *Winterlandschaft* zu sein, sie braucht nur den Anschein des Winterlichen (= wie im Winter) zu haben. Zusammensetzung und Fügung bringen feste Bedeutungsunterschiede zum Ausdruck: *schulische Aufgaben* sind Aufgaben, die der Schule, der Schulbehörde zukommen; *Schulaufgaben* sind Aufgaben, die die Schülerinnen und Schüler zu erledigen haben.

Oft wird das Adjektivattribut auch anstelle eines Genitivattributes gesetzt: *das väterliche Geschäft* statt *das Geschäft des Vaters* oder *polizeiliche Anordnungen* statt *Anordnungen der Polizei.* Nicht immer ist klar zu entscheiden, wofür das Adjektiv steht, ob z. B. *erzieherische Fragen* für ein Bestimmungswort *(Erziehungsfragen)* oder für ein Genitivattribut *(Fragen der Erziehung).* Gelegentlich werden solche adjektivischen Attribute für ein Genitivattribut scherzhaft gebraucht: *töchterliches Benehmen, brüderliches Fahrrad, schwesterliche Kekse.*

A

4.2 Stil: blutiger Ernst · hell begeistert
(abgegriffene Adjektive):

Bestimmte sehr häufig gebrauchte Verbindungen von Adjektiv und Substantiv werden bei stilkritischer Betrachtung oft als klischeehaft angesehen, so z. B. *blutiger Ernst, dunkle Ahnung, brennende Frage, nachtwandlerische Sicherheit, bleibende Erinnerung, wohlverdiente Ruhe, wechselvolles Schicksal.* Das Hauptwort kann ohne Adjektiv in vielen Fällen durchaus wirkungsvoller sein. Entsprechendes gilt auch für die floskelhaften Verbindungen von Adjektiv und Adjektiv (Partizip), wie z. B. *hell begeistert, diametral entgegengesetzt.*

5 Verweise

Zu Fragen der Groß- oder Kleinschreibung von Adjektiven ↑ Groß- oder Kleinschreibung (1.2.1 und 1.2.2), ↑ substantiviertes Adjektiv (1). Zur Deklination bei Verwendung als Substantiv ↑ substantiviertes Adjektiv (2).

Admiral: Neben der Pluralform *die Admirale* ist heute auch die Form mit Umlaut *die Admiräle* gebräuchlich, wenn auch seltener. Beide Formen sind korrekt.
Adress- / Adressen-: Üblich ist heute die Zusammensetzung mit *Adressen-,* z. B. *Adressenänderung* oder *Adressenverzeichnis.* Auch ein Büchlein, das sich jemand mit wichtigen Adressen anlegt, heißt heute meist nur *Adressenbuch.* Die Zusammensetzung *Adressbuch* für das amtliche Einwohnerverzeichnis stammt aus älterer Zeit. In der Schweiz sind Bildungen mit *Adress-* gebräuchlich, z. B. *Adressänderung* oder *Adressliste.* ↑ Fugenzeichen.
Adresse: ↑ Brief.
A-Dur / a-Moll: ↑ Dur / Moll.

Adverb

Wörter wie *hier, bald, trotzdem, eilends,* die das im Satz genannte Geschehen räumlich und zeitlich, im Hinblick auf Gründe und Folgen, Qualität und Intensität u. Ä. näher bestimmen, nennt man Adverbien (Umstandswörter). Wie das Adjektiv kann auch das Adverb in Verbindung mit Substantiven *(das Haus dort),* Adjektiven *(sehr schnell),* anderen Adverbien *(besonders gern)* und Verben *(unten anstoßen)* gebraucht werden; es ist aber nicht deklinierbar und im Allgemeinen nicht zur Bildung von Vergleichsformen fähig.

A

In älteren grammatischen Darstellungen wird auch ein Adjektiv, wenn es beim Verb steht (z. B. *Er lief schnell. Sie singt schön.*) Adverb genannt. In diesem Falle bezeichnet der Terminus Adverb nicht die Wortart, sondern die Verwendung im Satz (vgl. dazu die Vorbemerkung zum Artikel ↑ Adjektiv).

1. **eine zu[n]e Flasche · das beinahe Scheitern**
(attributiv vor Substantiven verwendete Adverbien): Adverbien können – anders als ↑ Adjektive – im Allgemeinen nicht als Attribut (Beifügung) einem Substantiv vorangestellt werden. Daher ist diese in volkstümlicher Redeweise gelegentlich vorkommende Verwendung des Adverbs nicht korrekt: *eine zu[n]e Flasche, ein aufes Fenster, ein ab[b]er Knopf, eine balde Rückantwort, die bislangen Lehren, die insgeheime Abneigung, die sogleiche Erledigung, das beinahe Zustandekommen.* Schriftsteller verwenden solche Formen manchmal zur Kennzeichnung umgangssprachlicher Ausdrucksweise oder in besonderer stilistischer Absicht: *... das aber, was immer da war, ist müde von zu oftem Erinnern* (Rilke). Zur attributiven Verwendung von Adverbien, die mit *-weise* gebildet sind (*probeweise, schrittweise, teilweise* usw.) ↑ -weise.

2. **öfter / öfters · durchweg / durchwegs · weiter / weiters:**
Da viele Genitive auf *-s* als Adverbien gebraucht werden *(des Abends / abends),* wird dieses *-s* als Kennzeichen der Adverbien angesehen und oft rein mechanisch auch dort angefügt, wo es eigentlich nicht hingehört, z. B. *öfters, weiters, durchwegs.* Diese Formen gehören meist der Umgangssprache an oder sind landschaftliche Eigenart. In Österreich sind die Formen *weiters* und *durchwegs* allgemein üblich.

3. **Mittwoch / mittwochs · Dienstagabend / dienstagabends / dienstags abends usw.:**
Ob bei Zeitangaben das Substantiv (z. B. *Mittwoch*) oder das Adverb (z. B. *mittwochs*) gebraucht wird, hängt davon ab, was ausgedrückt werden soll. In dem Satz *Er ist Mittwoch zu Hause* ist von einem bestimmten Mittwoch die Rede, während der Satz *Sie ist mittwochs zu Hause* besagt, dass die Betreffende an jedem Mittwoch zu Hause ist. Der einmalige Zeitabschnitt wird durch das Substantiv, die Wiederholung durch das Adverb ausgedrückt. Nach den neuen Rechtschreibregeln werden Verbindungen aus Wochentag und Tageszeitangabe wie die folgenden nur noch zusammengeschrieben: *Am nächsten Dienstagabend treffen wir uns. Eines schönen Dienstagabends war sie plötzlich verschwunden.* Tageszeitadverbien in Verbindung mit einem bestimmten Wochentag können in neuer Recht-

A

schreibung zum einen als Ableitung des Substantivs (z. B. *dienstagabends* von *Dienstagabend*), zum anderen als zwei selbstständige Adverbien – beide auf *-s* endend – (z. B. *dienstags abends*) gebildet werden. Beide Schreibweisen bedeuten »an jedem wiederkehrenden Dienstag zur Abendzeit«. Die früher als Adverbien angesehenen Bezeichnungen für Tageszeiten in Verbindung mit *gestern, heute* und *morgen* werden nach der neuen Rechtschreibregelung den Substantiven zugeordnet und deshalb großgeschrieben: *heute Morgen, gestern Nachmittag, morgen Abend*. (Ebenso bei *vorgestern* und *übermorgen*.) ↑ Dienstag (2), ↑ Abend / abends, ↑ morgen (1), ↑ Mittag / mittags.

4. **Spätestens in einer Stunde / in spätestens einer Stunde · ungefähr nach acht Tagen / nach ungefähr acht Tagen · fast in allen Fällen / in fast allen Fällen** (Stellung des Adverbs bei Präpositionalgefügen): Wenn Adverbien vor dem Präpositionalgefüge stehen, beziehen sie sich auf die gesamte Angabe: *(spätestens) in einer Stunde, (ungefähr) nach acht Tagen, (frühestens) in zwanzig Minuten, (fast) in allen Fällen*. Stehen sie dagegen innerhalb des Präpositionalgefüges, beziehen sie sich stärker auf das unmittelbar folgende [Zahl]wort: *(in) spätestens einer (Stunde); (in) frühestens zwanzig (Minuten); (nach) ungefähr acht (Tagen); (in) fast allen (Fällen)*.

5. **Verweis:**
Zur Verwendung von Adverbien als Konjunktion ↑ Konjunktion (1).

---

adverbial / adverbiell: Zwischen den beiden Formen besteht kein Bedeutungsunterschied. Die Form *adverbiell* ist jedoch weniger gebräuchlich. ↑ -al / -ell.

adverbiale Bestimmung: ↑ Umstandsbestimmung.

Adverbialsatz: Adverbial- oder Umstandssätze sind mit einer Konjunktion eingeleitete Nebensätze anstelle adverbialer Bestimmungen. ↑ Finalsatz, ↑ Kausalsatz, ↑ Komparativsatz, ↑ Konditionalsatz, ↑ Konsekutivsatz, ↑ Konzessivsatz, ↑ Lokalsatz, ↑ Modalsatz, ↑ Temporalsatz.

afroamerikanisch: Das Wort wird nach den neuen Rechtschreibregeln nur noch ohne Bindestrich geschrieben. Die alte Rechtschreibung macht einen Unterschied zwischen *afro-amerikanisch* (= Afrika und Amerika betreffend) und *afroamerikanisch* (= die Amerikaner afrikanischer Abstammung betreffend).

AG: 1. Deklination: Der Plural von *AG* lautet die *AGs*, nicht die *AGen*. ↑ Abkürzungen (3.2).

2. *AG* in Firmenbezeichnungen: Tritt *AG* in Firmennamen auf, ist die Abkürzung Bestandteil des Namens und wird nicht durch ein Komma abgetrennt: *Badenwerk AG, Vereinigte Stahlwerke AG*. Zahl und Geschlecht der Firmenbezeichnung richten sich meistens nicht nach dem Namensbestandteil *AG*, sondern nach dem Grundwort des Firmennamens: *An das Euro-Kreditinstitut AG* (nicht: *An die*

Euro-Kreditinstitut AG). An die Vereinigten Stahlwerke AG (nicht: *An die Vereinigte Stahlwerke AG*). Dagegen heißt es *Bilanz der Deutschen Milchhof AG,* weil hier *AG* das Grundwort des Firmennamens bildet. Allerdings sollte man in diesen Fällen die Abkürzung besser ausschreiben: *die Produktion der Dichtungsring-Aktiengesellschaft.* ↑ Abkürzungen (6.1).

Ahn: Das früher nur stark gebeugte Substantiv *der Ahn* hat heute im Singular auch schwache Formen; Genitiv: *des Ahns* oder *des Ahnen,* Dativ und Akkusativ: *dem, den Ahn* oder *dem, den Ahnen.* Der Plural wird nur schwach gebeugt: *die Ahnen.* ↑ Unterlassung der Deklination (2.1).

ähnlich: 1. Deklination: Das auf *ähnlich* folgende [substantivierte] Adjektiv wird in gleicher Weise (parallel) gebeugt: *ähnliche schöne Bilder, ein ähnliches großes Haus, mit ähnlichen alten Bildern; mit ähnlichem Gescheitem, ähnliche Bekannte.*

2. Rechtschreibung: Das substantivierte Adjektiv wird nach der neuen Rechtschreibung immer großgeschrieben: *Ähnliches und Verschiedenes, das / alles Ähnliche, [etwas] Ähnliches [erkennen], nichts / viel / wenig Ähnliches.* Das gilt künftig also auch dann, wenn *ähnlich* im Sinne von »solches« allein stehend gebraucht wird: *Wir haben schon Ähnliches erlebt; Zeitschriften und / oder Ähnliches* (Abk.: *u. Ä. / o. Ä.*).

Ahrweiler: Die Einwohner von Ahrweiler heißen *die Ahrweiler* (nicht: *Ahrweilerer*). ↑ Einwohnerbezeichnungen auf -er (1).

Akkusativ: Zum Akkusativ (Wenfall, vierter Fall) ↑ Kasus; ↑ Akkusativobjekt; ↑ Unterlassung der Deklination (2.1).

Akkusativ oder Dativ: ↑ Rektion.

Akkusativ mit Infinitiv (lat. = accusativus cum infinitivo [a. c. i.]): Diese Konstruktion des Akkusativs mit Infinitiv, die im Lateinischen sehr verbreitet war, wird als eine Vereinigung zweier Geschehens-

kerne angesehen, bei der das Akkusativobjekt des ersten Verbs zugleich als Subjekt des zweiten Verbs auftritt: *Stefan hört seine Schwester. Seine Schwester singt;* a. c. i.: *Stefan hört seine Schwester singen.* Auch zwei Handlungssätze können auf diese Weise zusammengefügt werden. *Stefan hört seine Schwester. Seine Schwester singt ein Lied;* a. c. i.: *Stefan hört seine Schwester ein Lied singen.* Der Akkusativ mit Infinitiv ist auf die Verben *sehen, hören, fühlen, lassen, heißen, machen* und *spüren* beschränkt. Bei *finden (Man fand ihn am Boden liegen)* und *wissen (Weißt du irgendwo ein schönes Plätzchen liegen?)* ist er unüblich geworden. Zur Wortstellung beim Akkusativ mit Infinitiv ↑ lassen (2).

Akkusativobjekt: Das Akkusativobjekt ist eine Ergänzung im 4. Fall (Frage: wen / was?): *Der Bauer pflügt den Acker. Sie besucht ihren Vater. Ich weiß, dass du tüchtig bist. Sie beschloss eine kleine Atempause einzulegen.* ↑ Objekt.

Akkusativobjekt, doppeltes: zum doppelten Akkusativobjekt ↑ abfragen, ↑ kosten, ↑ lehren.

Akt / Akte: Als *eine Akte* bezeichnet man die schriftliche[n] Unterlage[n] in einem geschäftlichen oder gerichtlichen Vorgang. Der Plural *Akten* bezeichnet dagegen Schriftstücke ganz allgemein, auch ohne gemeinsamen Bezug auf einen besonderen Fall: *Hier ist die Akte* [zum Fall Meier]! *Hier sind die Akten* (= die Unterlagen)! Besonders in der südd. und österr. Verwaltungssprache wird gelegentlich auch *der Akt* für *die Akte* gebraucht. Mit *Akt* in den Bedeutungen »Handlung«, »Teil eines Dramas« und »künstlerische Darstellung des nackten Körpers« hat dieser Ausdruck der Verwaltungssprache nichts zu tun.

¹Aktiv: Das Wort *Aktiv* »Arbeitsgruppe zur Beratung und Erfüllung besonderer Aufgaben« hat zwei Pluralformen: *die Aktivs* und (seltener) *die Aktive.*

²Aktiv: Unter dem Aktiv, der Tat- oder Tä-

A

tigkeitsform des Verbs, versteht man die für den deutschen Satz charakteristische Blickrichtung, die den Träger (»Täter«), den Urheber des Geschehens zum Ausgangspunkt macht und das erfasst, was über ihn ausgesagt wird. Dabei muss das Subjekt keineswegs »tätig« im engeren Sinne sein *(Der Reiter schlägt das Pferd. Der Hund bellt.)*; auch in folgenden Fällen handelt es sich um Aktivsätze: *Der Kranke leidet. Sie bekommt keine Post.* Unter dem Aktiv versteht man also eine Sehweise, die von der Bedeutung des Verbs unabhängig ist.

Aküsprache: So bezeichnet man eine Ausdrucksweise mit [auffällig] vielen Abkürzungen und Kurzwörtern. ↑ Abkürzungen.

Akzent: ↑ Wortbetonung.

akzeptabel: Wenn *akzeptabel* dekliniert oder gesteigert wird, fällt das *e* der Endungssilbe aus: *ein akzeptabler Vorschlag.* ↑ Adjektiv (1.2.13).

-al: Zum Plural substantivischer Fremdwörter auf *-al* vgl. die einzelnen Wörter (↑ Admiral, ↑ General usw.).

-al / -ell: Die Adjektivsuffixe *-al* und *-ell* treten gelegentlich konkurrierend nebeneinander auf: *personal – personell; adverbial – adverbiell; virtual – virtuell.* Da die Sprache Doppelformen auf die Dauer im Allgemeinen nicht bewahrt, tritt eine von beiden Formen allmählich zurück, z. B. *adverbiell* gegenüber *adverbial,* oder es tritt eine Bedeutungsdifferenzierung ein: *formal* »auf die Form bezüglich«, *formell* »die [Umgangs]formen beachtend, förmlich«; *rational* »vernunftgemäß«, *rationell* »wirtschaftlich«; *ideal* »den höchsten Vorstellungen entsprechend, vollkommen«, *ideell* »die Idee betreffend«; *real* »vorhanden, wirklich«, *reell* »ehrlich, redlich«.

Alb / Alp: Die neue Rechtschreibung hat die Verwirrung um die Wortstämme *Alb-* und *Alp-* zugunsten der Schreibung mit *b* beseitigt. Mit *Alb* bezeichnet man danach sowohl den unterirdischen Natur-

geist als auch das gespenstische Wesen. Damit ist die Verwechslung mit *Alp* (= Bergweide) ausgeschlossen. Bei den Komposita bleibt in neuer Rechtschreibung neben der Schreibung mit *b* auch die alte Schreibung mit *p* zugelassen: *Albtraum, Alptraum; Albdrücken, Alpdrücken.*

all-: 1. Rechtschreibung: Auch in Verbindung mit dem Artikel oder einem Pronomen wird *all-* kleingeschrieben: *Dem allem setzte sie nichts entgegen* (vgl. 4). *Es kamen alle. Es geht um alle.* Nach der neuen Rechtschreibung wird jedoch großgeschrieben, wenn eine Substantivierung vorliegt, in der *alle* als Begriff genannt wird: *mein Ein und [mein] Alles.* ↑ Groß- oder Kleinschreibung (1.2.4).

2. aller übertriebene / übertriebener Aufwand · die Beteiligung aller interessierten / interessierter Kreise: Das auf *all-* folgende Adjektiv oder Partizip wird heute gewöhnlich schwach gebeugt: *aller übertriebene Aufwand; trotz allem guten Willen; die Beteiligung aller interessierten Kreise.* Die schwache Deklination wird manchmal fälschlicherweise auch auf die starken Formen des Demonstrativ- und Possessivpronomens ausgedehnt: *alle seinen* (statt richtig: *seine*) *verzweifelten Anstrengungen.* Die starke Beugung des Adjektivs nach *all-* ist veraltet und kommt heute nur noch selten vor: *aller übertriebener Aufwand; die Beteiligung aller interessierter Kreise.* ↑ Adjektiv (1.2.5). Zur Deklination von *halb* nach *all-* ↑ halb (1).

3. alle Anwesenden / Anwesende · für alle Reisenden / Reisende: Im Singular wird das substantivierte Adjektiv oder Partizip nach *all-* immer schwach gebeugt: *alles Fremde; die Beseitigung alles Trennenden; trotz allem Schönen.* Auch im Plural wird im Allgemeinen schwach gebeugt: *alle Abgeordneten, Angehörigen, Anwesenden, Beamten; aller Unzufriedenen, Beteiligten, Reisenden* usw. Starke Formen kommen nur noch selten vor:

alle Anwesende, alle Reisende, für alle Magenkranke.

4. dem allem / allen · **diesem allem / allen:** Nach Demonstrativ-, Personal-, Relativ- und Fragepronomen wird *all-* im Allgemeinen stark gebeugt: *das / dieses alles; die / diese alle; ihr alle, euer aller Wohl; was alles; welche alle.* Nur beim Demonstrativpronomen steht im Dativ Singular Neutrum neben der starken häufig auch die schwache Form: *dem allem* oder (häufiger): *dem allen; diesem allem* oder: *diesem allen;* bei Voranstellung: *allem dem, allem diesem* (auch: *all[e]dem, all[e] diesem*).

5. die Grenzen allen / alles Wissens · **trotz allen / alles Fleißes:** Vor artikellosen Substantiven wird *all-* in der Regel stark gebeugt: *alle Freude, aller Schmerz, alle guten Menschen; aller Wahrscheinlichkeit nach; aus aller Welt; wider alles Erwarten.* Eine Ausnahme bildet nur der Genitiv Singular Maskulinum und Neutrum, wo *all-* aus klanglichen Gründen heute meist schwach gebeugt wird: *allen Ernstes; die Grenzen allen Wissens; trotz allen Fleißes.* Die starke Beugung hat sich hier vor allem in alten Redewendungen und Sprichwörtern *(Geiz ist die Wurzel alles Übels)* erhalten und in solchen Fällen, in denen zwischen den Genitiv Singular von *all-* und das maskuline bzw. neutrale Substantiv ein Adjektiv tritt: *trotz allen / alles guten Willens* (vor einem substantivierten Adjektiv oder Partizip wird *all-* jedoch stark gebeugt, weil der Genitiv deutlich werden muss: *der Urheber alles Bösen).*

6. all die Mühe / alle die Mühe · **all meine Freunde / alle meine Freunde:** Vor einem Substantiv mit Artikel oder Pronomen kann *all-* sowohl gebeugt als auch ungebeugt stehen. Im Plural stehen die Formen im Nominativ und Akkusativ bei allen drei Geschlechtern gleichberechtigt nebeneinander, während im Genitiv und Dativ die ungebeugte Form üblicher ist: *all / alle meine Hoffnungen, Wünsche;*

das Kreischen all / aller ihrer Fans; bei all / allen seinen Misserfolgen. Im Singular ist bei maskulinen und neutralen Substantiven heute die ungebeugte Form in allen Fällen üblich: *All der Fleiß war vergebens. All mein Zureden half nichts. Es bedurfte all meines Mutes.* Die gebeugte Form wird dagegen kaum mehr gebraucht: *Wozu alles dieses Geschwätz* (Lessing). Bei femininen Substantiven stehen im Nominativ und Akkusativ Singular beide Möglichkeiten gleichberechtigt nebeneinander *(all / alle meine Arbeit),* während im Genitiv und Dativ die ungebeugten Formen vorherrschen *(all dieser Arbeit war er überdrüssig; ich in all meiner Unschuld und Unwissenheit).* Ganz allgemein kann gesagt werden, dass im Falle einer Konkurrenz zwischen *all* und *alle* usw. die ungebeugte Form gewöhnlich persönlicher erscheint, stärker den Sprecher hervorkehrt.

7. alle zehn Schritte / aller zehn Schritte · **alle drei Minuten / aller drei Minuten:** Standardsprachlich korrekt ist heute der Akkusativ: *Er drehte sich alle zehn Schritte um. Alle drei Minuten klingelte das Telefon.* Der Genitiv *(aller zehn Schritte, aller drei Minuten)* ist noch landschaftlich, bes. in Sachsen, gebräuchlich.

8. alle Schüler: Das Wort *all-* kann nicht mit einem Genitivus partitivus verbunden werden. Nicht korrekt: *alle der Schüler* bzw. *alle von den Schülern* (hier liegt möglicherweise ein Anglizismus nach englisch *all of the pupils* vor), sondern nur: *alle Schüler.*

9. alles, was: Richtig heißt es *alles, was: Er glaubte alles, was sie ihm erzählte. Alles, was ihm gefiel, kaufte er.* Nicht korrekt: *Alles, das ihm gefiel …* ↑ Relativpronomen (4).

10. alle Kinder / die ganzen Kinder: Der Gebrauch von *ganze* anstelle von *alle* vor Substantiven im Plural kommt in der gesprochenen Sprache häufig vor. Zumin-

A

dest in der geschriebenen Sprache sollte er vermieden werden: *alle* (nicht: *die ganzen*) *Bewohner, Kinder* usw.
11. alles Politiker von hohem Rang: Zusammenfassendes unveränderliches *alles* hat stets den Nominativ nach sich: *Die Delegation bestand aus Schweden, Franzosen, Schweizern und Österreichern, alles Politiker* (nicht: *Politikern*) *von hohem Rang.*

allein: 1. allein / alleine: Von den Doppelformen *allein* und *alleine* gehört die kürzere der standardsprachlichen Stilschicht an, während die Form *alleine* im Allgemeinen als umgangssprachlich empfunden wird.
2. Zeichensetzung: Vor *allein* im Sinne von »aber« steht immer ein Komma: *Ich hoffte darauf, allein ich wurde bitter enttäuscht.*
3. Getrennt- oder Zusammenschreibung: In der neuen Rechtschreibung schreibt man *allein* immer getrennt vom folgenden Verb oder Partizip: *allein sein, allein stehen, allein reisen, allein lassen, allein erziehen; eine allein erziehende Mutter; eine allein stehende Frau.* Bei Substantivierungen ist daneben aber auch weiterhin die Zusammenschreibung erlaubt: *die allein Stehenden,* auch: *die Alleinstehenden.* ↑ Getrennt- oder Zusammenschreibung (1.2).
4. Worttrennung: Man trennt im Allgemeinen nach Sprechsilben *al-lein,* nicht: *all-ein.*

allemal: Die korrekte Form ist *allemal* (nicht: *allemals*). ↑ Adverb (2).

allerart / aller Art: Das unbestimmte Zahlwort *allerart* »allerlei, vielerlei« steht vor seinem Bezugswort *(allerart Dinge),* das getrennt geschriebene Genitivattribut *aller Art* »von vielerlei Sorte, Gattung« folgt seinem Bezugswort *(Mäntel aller Art, Tiere aller Art).* ↑ Getrennt- oder Zusammenschreibung (2.3).

allerbeste / Allerbeste: In der neuen Rechtschreibung schreibt man das substantivierte Adjektiv immer groß: *Es ist das Allerbeste, was ich je gesehen habe.* Auch: *Es ist das Allerbeste* (= sehr gut), *dass ... Klein* schreibt man den Superlativ mit »am«, nach dem man mit »wie?« fragen kann: *Es ist am allerbesten, wenn ...* ↑ Groß- oder Kleinschreibung (1.2.1).

aller guten Dinge sind drei: Richtig ist diese Wendung nur mit dem Genitiv *aller.* Der Nominativ *alle* ist nicht korrekt, da er die Aussage nicht nur verändern, sondern sogar unsinnig machen würde.

alles, was: ↑ all- (9).

Allgäuer: Die Einwohnerbezeichnung *Allgäuer* wird immer großgeschrieben, auch wenn das Wort wie ein flexionsloses Adjektiv vor einem Substantiv steht: *der Allgäuer Abgeordnete; die Allgäuer Berge.* ↑ Einwohnerbezeichnungen auf -er (7).

allgemein: Klein schreibt man das Adjektiv: *die allgemeine Wehr-, Dienstpflicht, das allgemeine Wahlrecht, allgemeine Hinweise* usw. In der neuen Rechtschreibung wird *allgemein* bei substantivischem Gebrauch immer großgeschrieben: *etwas Allgemeines, das Allgemeine, im Allgemeinen.* Die alte Rechtschreibung macht einen Unterschied zwischen der Kleinschreibung *im allgemeinen* im Sinne von »ganz allgemein, gewöhnlich« *(Im allgemeinen geht es mir gut)* und der Großschreibung *im Allgemeinen: Er bewegte sich stets im Allgemeinen* (= ohne das Besondere zu beachten). Weiterhin groß schreibt man das Adjektiv auch, wenn es Bestandteil eines Namens ist: *Allgemeiner Deutscher Automobil-Club; Allgemeiner Studentenausschuss; Frankfurter Allgemeine Zeitung.* ↑ Groß- oder Kleinschreibung (1.2.1).

Allotria: Das Wort war früher ein Plural; man sagte *die Allotria* (= Unfug, Dummheiten). Mit der Zeit ging jedoch die pluralische Vorstellung verloren; das Wort wird heute weitgehend als Neutrum im Singular aufgefasst: *das Allotria.*

alltags / Alltags: Klein schreibt man das

Adverb (Frage: wann?): *alltags wie feiertags. Du kannst diesen Rock nur noch alltags tragen.* Groß schreibt man den Genitiv des Substantivs *der Alltag: die Sorgen des Alltags.* ↑ Groß- oder Kleinschreibung (1.1 und 1.2.1).

allzu: Das Adverb *allzu* schreibt man in der neuen Rechtschreibung von einem folgenden Adverb oder Adjektiv immer getrennt: *Er beschäftigte sich allzu sehr mit seinem Auto. Damit hat es nicht allzu viel auf sich. Er hätte allzu gern ja gesagt. Sie hatte allzu viele Bedenken. Wir hatten allzu schlechte Erfahrungen gemacht. Zuerst hatte die Sache keine allzu große Bedeutung für mich.* Nach der alten Rechtschreibregelung gilt Getrenntschreibung nur, wenn die Wörter durch die Betonung deutlich voneinander abgesetzt sind oder wenn das zweite Wort gebeugt wird. Zusammen schreibt man weiterhin das veraltete Wort *allzumal* (= alle zusammen, immer).

Alp: ↑ Alb / Alp.

Alphabet

Das deutsche Alphabet weist 26 Buchstaben in der folgenden Reihenfolge auf:

a b c d e f g h i j k l m n o p q r s t u v w x y z
A B C D E F G H I J K L M N O P Q R S T U V W X Y Z

Hinzu kommen *ß* (↑ s-Laute) und die Umlautbuchstaben

ä ö ü
Ä Ö Ü

Vergleiche auch ↑ Schrift.

Alphabetisierung

Die alphabetische Anordnung der Stichwörter in Wörterbüchern, Lexika, Nachschlagewerken allgemeiner Art und Registern folgt im Einzelnen folgenden Grundsätzen:

1. Bei Wörtern, die sich nur durch die Groß- bzw. Kleinschreibung des Anfangsbuchstabens unterscheiden, steht das kleingeschriebene Wort voran *(mal – Mal).*

A

2. Die alphabetische Anordnung gilt nicht nur für Einzelwörter, sondern auch für Abkürzungen, feste Verbindungen, Zusammensetzungen mit Bindestrich u. Ä. *(abbürsten – Abc-Buch – abchecken; Achim – Achlaut – a. Chr.; Cherbourg – cherchez la femme – Cherrybrandy).*

3. Die Namenzusätze *von, van, de* usw. bleiben bei der Alphabetisierung unberücksichtigt *(Stapler – Stappen – van Star),* es sei denn, sie werden großgeschrieben *(Vanbrugh – Van Buren – Vance)* oder sind Bestandteil einer Zusammensetzung *(Vanadiumstahl – Van Allen – Van-Allen-Gürtel).*

4. Auch akademische Grade, Dienstbezeichnungen und Adelstitel sind im Zusammenhang mit Personennamen beim Alphabetisieren nicht zu berücksichtigen *(Hatz – Hatzfeld, Franz Freiherr von – Hatzrüde),* es sei denn, sie sind Bestandteil einer Zusammensetzung *(Drogerie – Dr.-Otto-Müller-Straße – Dr. paed.).* In Namenslisten werden akademische Grade hinter den Namen gestellt *(Braun, Karin, Dr. – Braune, Wilhelm, Prof. Dr. – Bruhns, Mechtild, M. A.).*

5. Diakritische Zeichen wie Umlautpunkte oder Akzente bleiben grundsätzlich unberücksichtigt, sodass *ä, ö, ü, äu* wie *a, o, u, au* behandelt werden *(Harke – Härlein – Harlekin);* nur in Konkurrenzfällen steht der einfache Buchstabe vor dem gleichen Buchstaben mit diakritischem Zeichen *(Bar – Bär, schon – schön).* Namenschreibungen mit *ae, oe, ue* stehen nach *ad, od, ud (Godel – Goethe – Gof).* (Hier machen Adress- und Fernsprechbücher, Karteien und Bibliothekskataloge insofern eine Ausnahme, als sie *ä, ö, ü* wie *ae, oe, ue,* also hinter *ad, od, ud* einordnen.)

6. *ß* wird wie *ss* eingeordnet, bei sonst gleicher Schreibung steht das Wort mit *ß* vor dem mit *ss (Neiße – Neisse).*

---

als: 1. Als / Wie ich das Fenster öffne …: In einem temporalen Satzgefüge mit Vergangenheitstempus wirkt *wie* im Gegensatz zu standardsprachlichem *als* umgangssprachlich, salopp: *Als / (ugs.:) Wie sie aus dem Haus kam, fing es zu regnen an.* Liegt dagegen Gegenwartstempus vor, sind beide Konjunktionen gebräuchlich: *Als / Wie ich das Fenster öffne, schlägt mir heftiger Lärm entgegen.*
2. die Verhaftung des Generals als Drahtzieher / als Drahtziehers · ihm als politischem / politischer Flüchtling: ↑ Apposition (3).
3. Er betrachtet sich als großer Held / als großen Helden: Über den *als*-Anschluss nach *sich ansehen, sich betrachten, sich*

erweisen, sich zeigen usw. vgl. die einzelnen Stichwörter und ↑ Kongruenz (4.2).

4. das Vermögen dieses als eiserner Sparer / als eisernen Sparers bekannten Mannes: ↑ Attribut (1).

5. Zeichensetzung: Vor der Konjunktion *als* steht ein Komma, wenn sie einen Nebensatz einleitet: *Sie sah das Unglück, als sie das Fenster öffnete. Sein Herz schlug schneller, als er sie sah.* Vor der Vergleichspartikel *als* steht ein Komma, wenn ein vollständiger Satz folgt: *Vera ist größer, als Wilhelm im gleichen Alter war.* Wenn eine Infinitivgruppe folgt, ist das Komma in der neuen Rechtschreibung freigestellt: *Du brauchst nichts zu tun als ruhig zuzusehen. Du brauchst nichts zu tun, als ruhig zuzusehen.* Zu Einzelheiten der Kommasetzung bei *als* vgl. die unten stehende Tabelle.

Kommasetzung bei *als*

1. Die Konjunktion *als* leitet einen untergeordneten Zeitsatz (Temporalsatz) ein, der durch Komma abgetrennt wird:	**1.** Die Konjunktion *als* ist Teil einer Fügung, die als Einheit empfunden und nicht durch ein Komma geteilt wird:
Wir kehrten zurück, *als* es Abend wurde.	Wir kehrten zurück, *gerade als* es Abend wurde.
Als es Abend wurde, kehrten wir zurück.	*Doch als* es Abend wurde, kehrten wir zurück.
Wir kehrten, *als* es Abend wurde, zurück.	*Erst als* es Abend wurde, kehrten wir zurück.
Damals, *als* Jörg Examen machte, war ich verreist.	
2. Die Konjunktion *als* leitet mit Komma einen untergeordneten Vergleichssatz oder eine diesem entsprechende Infinitivgruppe ein. In der neuen Rechtschreibung ist das Komma bei der Infinitivgruppe freigestellt.	**2.** Die Konjunktion *als* steht ohne Komma vergleichend zwischen Satzteilen:
Er ist klüger, *als* du denkst.	Er ist klüger *als* du.
Es ging besser, *als* sie erwartet hatte/*als* [es] zu erwarten war.	Es ging besser *als* erwartet.
Das ist mehr, *als* ich brauche.	Das ist mehr *als* genug.
Sie ist reicher, *als* man angenommen hat/*als* angenommen wurde.	Sie ist reicher *als* angenommen.
Ich bleibe nicht länger hier, *als* bis sie kommt.	Ich bleibe nicht länger *als* bis zu ihrer Ankunft hier.
Er konnte nichts Besseres tun[,] *als* zu reisen.	Er konnte nichts Besseres tun *als* reisen.
Du brauchst nichts [anderes] zu tun[,] *als* ruhig abzuwarten.	Hier hilft nichts *als* ruhiges Abwarten.

Zu arbeiten ist besser[,] *als* in der Lotterie zu spielen.	Arbeiten ist besser *als* in der Lotterie spielen.
Da das Wirtschaftswachstum niedriger ist, *als* es vorausgesagt wurde, sinkt auch die Arbeitslosenzahl langsamer.	Da das Wirtschaftswachstum niedriger ist *als* vorausgesagt, sinkt auch die Arbeitslosenzahl langsamer.
Man kann dem Frierenden keine größere Wohltat erweisen[,] *als* ihn in einen geheizten Raum zu führen.	Man kann dem Frierenden keine größere Wohltat erweisen *als* ihn in einen geheizten Raum führen.
Er kleidet sich, *als* wäre er ein Künstler.	
Sie tut immer so, *als* hätte sie kein Geld und keine Zeit.	

3. Die Konjunktion *als* leitet nach einem Komma einen aufzählenden Satz ein:	
Was helfen uns jetzt unsere geheiligten Wohlstandsgüter, *als* da sind Auto und Videogerät?	

4. Ein mit *als* angeschlossener Beisatz kann als Einschub in Kommas eingeschlossen werden:	**4. Die Konjunktion *als* schließt ohne Komma einen Beisatz an (Frage: als wer/was?):**
Dr. Schäfer, als Vertreter des Nebenklägers, beantragte die Vernehmung eines weiteren Zeugen.	Dr. Schäfer *als* Vertreter des Nebenklägers beantragte die Vernehmung eines weiteren Zeugen.
	5. Die Konjunktion *als* schließt – immer ohne Komma! – eine Umstandsbestimmung an (Frage: wie?, als was?):
	Frau Dr. Meier wirkte lange *als* Strafverteidigerin in Köln.
	Er gilt *als* unzuverlässig.

als / denn: ↑ als als / denn als.

als / für / wie: Es besteht bei manchen Verben eine gewisse Unsicherheit, mit welcher dieser Partikeln ein folgendes Adjektiv oder Substantiv angeschlossen wird. Oft gibt es mehrere Möglichkeiten, doch handelt es sich dann im Allgemeinen um Bedeutungsvarianten:
1. ansehen als (= betrachten als): *Sie wurden zeitlebens als Fremde angesehen. Er sah diese Nachricht als verbürgt an.*
2. ansehen für (= halten für): *Sehen Sie denn dieses Schreiben für echt an?*
3. betrachten als (= ansehen als): *Man betrachtete es als etwas Unumgängliches. Ich betrachte die Frage als erledigt. Sie betrachtet ihn als Feind.*
4. betrachten wie: *Sie betrachtete ihn wie*

ein unbekanntes Insekt, wie ein seltenes Tier.
5. empfinden als: *Ich empfinde das als Beleidigung. Er empfand den Aufwand als albern.* Als nicht korrekt gilt die Weglassung des *als: Sie haben es lächerlich empfunden, dass die Älteren am Bestehenden hingen* (Musil).
6. erklären als: *Er erklärte sich höhnisch als »theoretischen Anarchisten«* (Musil). *... in der Frage ... des Privateigentums, das jene respektvoll noch als »unverletzlich« erklärten* (St. Zweig).
7. erklären für: *... jeden für einen Trottel erklärend* (Kästner). *Der Vermisste wurde von der Polizei für tot erklärt. Er erklärte sich für besiegt.* In allen vorausgehenden Beispielen sagt der *als*-Anschluss aus, dass dem Bezugswort eine bestimmte Eigenschaft zukommt, und der *für*-Anschluss, dass die Eigenschaft, die dem Bezugswort zugeschrieben wird, nur die Meinung des Subjekts ist. Dagegen ist *wie* die Partikel des Vergleichs.
als / wenn: Temporale Nebensätze können mit *wenn* eingeleitet werden, wenn es sich um wiederholte Vorgänge in der Gegenwart, in der Vergangenheit und in der Zukunft oder um bestimmte einmalige Vorgänge in der Gegenwart und in der Zukunft handelt: *Wenn ich nach Hause komme, ist [gewöhnlich] niemand da.* Werden dagegen bestimmte einmalige Vorgänge in der Vergangenheitsform berichtet, wird *als* gebraucht: *Als ich nach Hause kam, war niemand da.*
als / wie: 1. Sie ist älter als / wie ich · Die Sache ist anders, als / wie er sie dargestellt hat: Die Vergleichspartikel beim Komparativ ist in der heutigen Standardsprache *als* (nicht *wie*). Es muss also heißen: *Sie ist älter als ich. Es ist schlimmer als gestern. Besser etwas als gar nichts. Ich reise lieber heute als morgen. Sie wollten lieber sterben als unfrei sein.* (In der Alltagssprache ist der Gebrauch von *wie* anstelle von *als* allerdings weit verbreitet.) Die Vergleichspartikel *als wie* statt des

bloßen *als (geschwinder als wie der Wind)* gilt ebenfalls nicht mehr als standardsprachlich. Die Vergleichspartikel *als* steht standardsprachlich auch nach *anders, niemand, keiner, nichts, umgekehrt: Er ist anders als ich. Die Sache ist umgekehrt, als man sie dargestellt hat. Es sind nichts als fadenscheinige Ausreden. Ich habe mit keinem Menschen als ihm darüber gesprochen.*
2. so bald als / wie möglich · doppelt so groß als / wie ...: Während in der heutigen Standardsprache *als* die Ungleichheit, das Anderssein bezeichnet, kennzeichnet *wie* die Gleichheit. Deshalb steht *wie* nach dem Positiv, besonders in Wechselbeziehung mit *so: Das Pferd ist weiß wie Schnee. Er ist so alt wie ich. Sie ist [eben]so schön wie ihre Schwester. Die Sache ist so, wie er sie dargestellt hat. Diese Firma bietet die gleichen Aufstiegsmöglichkeiten wie die frühere.* Aber auch beim Positiv – bei der Grundstufe des Vergleichs – treten Schwankungsfälle auf. In einigen Verbindungen gelten *wie* und *als* beide als korrekt: *sowohl – als [auch]* oder *sowohl – wie [auch]; so bald wie möglich* oder *so bald als möglich; so wenig wie möglich* oder *so wenig als möglich; doppelt so ... wie ...* oder (seltener) *doppelt so ... als ... (Die Ernte ist doppelt so groß wie / als im vorigen Jahr).* Landschaftlich und umgangssprachlich wird *als* auch noch außerhalb dieser Verbindungen anstelle von *wie* gebraucht: *Kommt so schnell als möglich. Mir geht es ebenso schlecht als ihm. Er pflegte die Freundschaft so lange, als es ihm nützlich schien.*
3. Als / Wie ich im Krankenhaus war, hat sie mich oft besucht: ↑ als (1).
als / wo: ↑ wo (2).
als / denn als: Die Aufeinanderfolge von *als* und *als*, die nach einem Komparativ mit *als*-Anschluss eintreten kann, wird in gehobener Ausdrucksweise gern vermieden. Für das erste, vergleichende *als* wird dann das sonst veraltete *denn* ein-

gesetzt: *Er ist als Schriftsteller bedeutender denn als Kaufmann. Lieber sterben,
denn als Sklave leben.* Selten erscheint
denn allein: *Montan-Europa scheint uns
eher ein Kartenhaus denn ein wachs-
tumsfähiges Gebilde* (R. Augstein). Der
Ersatz des *als* durch *wie* ist standardsprachlich nicht korrekt.

als dass: Das Komma steht vor *als dass*
(wie vor dem einfachen *dass*), weil beide
Partikeln wie eine einfache Konjunktion
eingesetzt sind: *Der Plan ist viel zu einfach, als dass man sich davon Hilfe versprechen könnte.*

Als letzter Gruß / Als letzten Gruß: Beide
Formulierungen sind richtig. Beschrif-
tungen auf Kranzschleifen sind als verkürzte Sätze aufzufassen. Die vollständigen Sätze könnten etwa lauten: *Wir
bringen diesen Kranz als letzten Gruß*
(= Akkusativ) und *Dieser Kranz ist als
letzter Gruß gedacht* (= Nominativ). Das
Adjektiv *letzter / letzten* ist hier kleinzuschreiben.

also: Vor *also* steht ein Komma, wenn es
einen Nachtrag in Form eines nachgestellten attributiven Adjektivs einleitet:
*Das ist ein veraltetes, also ungebräuchli-
ches Wort.* Vor *also* steht auch ein
Komma, wenn es einen satzförmigen
Nachtrag anschließt: *Sie antwortete, also
schien sie interessiert zu sein.* Ebenso
wird das bekräftigend aus dem Satz herausgehobene *also* durch ein Komma abgetrennt: *Also, es bleibt dabei! Also, bis
morgen!* In Kommas eingeschlossen wird
ein durch *also* als Nachtrag angeschlossenes Adjektiv dann, wenn der Satz wei-
tergeht: *Er hat alle Kinder, also auch die
frechen, gern gehabt.*

Als-ob: Die zweiteilige Konjunktion *als ob*
ist in Aneinanderreihungen wie *Als-ob-
Philosophie* und Substantivierungen wie
Hier gibt es kein Als-ob mit ↑ Bindestrich
(3.1) zu schreiben. In neuer Rechtschreibung wird auch bei anderen mehrteiligen substantivierten Konjunktionen, die
mit einem Bindestrich geschrieben wer-

den, nur das erste Wort großgeschrieben: *das Entweder-oder, das Sowohl-als-
auch.*

als [ob] / als wenn / wie wenn: Mit *als* bei
folgender Verbform *(Ihm war, als wäre er
durch die Prüfung gefallen)* oder mit *als
ob (Ihm war, als ob er durch die Prüfung
gefallen wäre),* seltener mit *als wenn*
oder *wie wenn* werden Sätze eingeleitet,
in denen ein Konditionalsatz (Bedingungssatz) mit einem Vergleich gekoppelt wird. Man nennt sie irreale Vergleichssätze. Diese Sätze werden häufig
in den Konjunktiv II gesetzt, um die
Nichtwirklichkeit, die Irrealität des Vergleichs zu unterstreichen (↑ Konditionalsatz [2]): *Nach der Prüfung war ihm, als
hätte er sie nicht bestanden. Er sah aus,
als ob / als wenn er krank wäre.* Neben
dem Konjunktiv II wird – allerdings seltener – auch der Konjunktiv I gebraucht:
*Ihm war, als habe er die Aufnahmeprü-
fung nicht bestanden. Er benahm sich, als
ob er behext sei.* Beide Konjunktive sind
standardsprachlich korrekt, ein Bedeutungsunterschied ist nicht feststellbar.
↑ Konjunktiv (2.1).

als wie: ↑ als / wie (1).

alt: Klein schreibt man *alt* in folgenden
Verwendungen: *ein altes Kleid, das älteste Haus. Sie ist die älteste von uns Ge-
schwistern. Ich sammle Bücher – besonders die alten gefallen mir.* Groß schreibt
man *alt* z. B. in allen folgenden Verwendungen, da es sich hier um das substantivierte Adjektiv handelt: *die Alte* (= alte
Frau), *Streit zwischen Alt[en] und
Jung[en]* (= älterer und jüngerer Generation), *etwas / nichts Altes kaufen, aus Altem Neues machen, der Älteste (im Saal),
meine Älteste* (= älteste Tochter). In
neuer Rechtschreibung wird *alt* entsprechend auch in folgenden Verwendungen
großgeschrieben: *Er ist immer noch der
Alte* (= derselbe), *ein Buch für Alt und
Jung* (= jedermann), *aus Alt Neu machen, immer beim Alten bleiben, am Alten hängen.* Groß schreibt man das Ad-

jektiv auch, wenn es Bestandteil eines Namens oder einer namenähnlichen Wortgruppe ist: *der Alte Bund* (= biblisch), *meine Alte Dame* (= Mutter), *der Alte Fritz, Alte Geschichte* (= Geschichte des Altertums), *mein Alter Herr* (= Vater), *Alter Herr* (= Altmitglied eines Vereins oder einer Studentenverbindung), *das Alte Testament, die Alte Welt* (= Europa). ↑ Groß- oder Kleinschreibung (1.2.1).

Altbau: ↑ Bau.

älter: Als Komparativ (1. Vergleichsstufe) von *alt* braucht sich *älter* nicht immer auf dieses Adjektiv zu beziehen, sondern kann auch im Sinne von »nicht mehr ganz jung« gebraucht werden: *Er ist ein älterer Herr. Sie waren schon älter, als sie heirateten.* ↑ Vergleichsformen (1).

altern: Das intransitive Verb *altern* drückt eine allmähliche Veränderung aus. Solche Verben können ihr Perfekt sowohl mit *sein* als auch mit *haben* bilden: *In letzter Zeit ist sie / hat sie stark gealtert.* Die Verbindung mit *sein* ist die häufigere. ↑ haben (1).

Alternative: Das Wort wird nicht nur im Sinne von »Entscheidung zwischen zwei Möglichkeiten« (*vor die Alternative gestellt sein*) verwendet, sondern auch allgemeiner im Sinne von »Möglichkeit des Wählens zwischen zwei oder mehreren Dingen«: *Es gibt verschiedene Alternativen zur Lösung dieses Problems.*

alters: Die Fügung *seit alters her* ist eine ↑ Kontamination aus *seit alters* und *von alters her*. Standardsprachlich korrekt kann es nur heißen: *Seit alters wird ...* oder *Von alters her wird dieses Fest im Herbst gefeiert.* Aber nicht: *Seit alters her wird dieses Fest im Herbst gefeiert.*

Altertumskunde: ↑ Fugen-s (1.3).

altsprachig / altsprachlich: ↑ -sprachig / -sprachlich.

alttestamentarisch / alttestamentlich: Während *alttestamentlich* »das Alte Testament betreffend, auf ihm beruhend«

bedeutet (*alttestamentliche Schriften, alttestamentliche Theologie*), drückt *alttestamentarisch* »nach Art des Alten Testaments« einen Vergleich aus: *alttestamentarische Strenge.* ↑ -ig / -isch / -lich (2).

altväterisch / altväterlich: Diese Wörter werden gelegentlich verwechselt. Das Adjektiv *altväterisch* bedeutet »altmodisch, altertümelnd«: *altväterische Anschauungen. Er ist recht altväterisch gekleidet.* Dagegen bedeutet *altväterlich* »ehrwürdig, patriarchalisch«: *Sein altväterliches Auftreten flößte allen Respekt ein.*

am / an: *sich am köstlichen Wein / an köstlichem Wein laben:* ↑ Adjektiv (1.2.7), ↑ Präposition (1.2.5).

am / beim / im + Infinitiv + sein: In Verbindung mit *sein* und einem substantivierten Infinitiv bilden *am, beim* und *im* die so genannte Verlaufsform, die einen Vorgang oder Zustand ohne zeitliche Begrenzung erscheinen lässt (»dabei sein, etwas zu tun«). Nur *beim* und *im* sind in dieser Verwendung standardsprachlich: *beim Arbeiten, Schreiben, Gemüseputzen sein, beim / im Weggehen sein. Das Fieber ist im Abklingen.* Dagegen gehört die Verlaufsform mit *am* der landschaftlichen Umgangssprache (vor allem im Rheinland und in Westfalen) an: *am Arbeiten, am Weggehen sein. Das Feuer ist am Ausgehen.*

am / vom: Man kann sagen *in der Sitzung am 3. Mai* oder *in der Sitzung vom 3. Mai*, Letzteres aber nur mit Bezug auf die Vergangenheit.

amen / Amen: Klein schreibt man *amen* als Schlusswort im Gebet (*Herr, wir danken dir, amen!*). Groß schreibt man das Substantiv: *Er sagte sein Amen dazu. Das ist so sicher wie das Amen in der Kirche.* Klein oder groß kann man in der neuen Rechtschreibung in der Wendung *ja und amen / Ja und Amen* sagen (= mit allem einverstanden sein) schreiben.

A

Amerikanismen / Anglizismen

Als Amerikanismen oder Anglizismen bezeichnet man sprachliche Eigentümlichkeiten oder Wörter, die aus dem amerikanischen bzw. britischen Englisch in eine andere Sprache übernommen wurden. Nicht immer ist jedoch genau festzustellen, ob diese Eigentümlichkeiten oder Wörter aus dem amerikanischen Englisch gekommen sind oder aus dem britischen, ob es sich also um Amerikanismen oder um Anglizismen handelt. Englische Wörter oder vom Englischen beeinflusste Wendungen, die nach 1945 in die deutsche Sprache Eingang gefunden haben, stammen in der Regel aus dem amerikanischen Englisch.

Die folgenden Beispiele erstrecken sich auch auf die Zeit vor 1945.

1 Wortschatz

1.1 Direkte (äußere) Entlehnungen

aus dem Englischen finden sich in allen Lebens- und Sprachbereichen:

(Politik, Wirtschaft:) Boom, Job, Hearing, Telebanking, Outsourcing; (Forschung, Technik:) Blackout, Update, Hotline, E-Mail; (Kultur, Freizeit usw.:) Sitcom, Inlineskate, Surfing, Jogging, Skateboard, Drop-out, Freak, Vamp, Patchwork, Gameshow, Rave, Wellness, Rooming-in, Groupie, Babysitter.

Manche dieser Entlehnungen kamen mit der Sache selbst ins Deutsche und füllten eine Wortlücke aus *([Blue]jeans, Surfing, Skateboard)*, andere treten in Konkurrenz zu deutschen Wörtern, verdrängen diese oder aber bereichern das jeweilige Wortfeld in inhaltlicher oder stilistischer Hinsicht. Man denke etwa an *Teenager (Teenie, Teeny)* und *Backfisch, Hobby* und *Steckenpferd, Job* und *Arbeit(splatz), Jogging* und *Dauerlauf.*

Von diesen echten Entlehnungen sind die so genannten Scheinentlehnungen zu unterscheiden, die zwar aus englischem Wortmaterial gebildet wurden, aber nicht Bestandteil der englischen Sprache sind *(Twen, Dressman, Showmaster, Handy, Pullunder)*.

1.2 Innere Entlehnungen

(↑ Lehnbildungen) aus dem Englischen zeigen sich einmal in den deutschen Wörtern oder Wendungen, die als Lehnübersetzungen anzusprechen sind:

Gehirnwäsche (brainwashing), nasse Farbe (wet paint), Geburtenkontrolle (birth control), Kabelfernsehen (cable television), schweigende Mehrheit (silent majority),

Halbleiter (semiconductor), einmal mehr (once more); (ebenso:) Kalter Krieg, Flutlicht, Selbstbedienung.

Um Lehnübertragungen aus dem Englischen handelt es sich bei

Luftbrücke (airlift), Untertreibung (understatement), Titelgeschichte (cover story), gleitende Arbeitszeit (flexitime), Pferdeschwanz (ponytail), Schlafstadt (dormitory town), Marschflugkörper (cruise missile), Urknalltheorie (big bang theory).

Als Lehnschöpfungen sind Wörter anzusehen wie

Nietenhose (blue jeans), kopflastig (top-heavy), Blockfreiheit (non-alignment), Konterschlag (backlash), Helligkeitsregler (dimmer), Luftkissenboot (hovercraft), Wasserglätte (aquaplaning).

Als Lehnwendungen sind zu betrachten:

im gleichen Boot sitzen (be in the same boat), jemandem die Schau stehlen (steal the show), das Gesicht wahren (save one's face), das Licht am Ende des Tunnels sehen (see the light at the end of the tunnel).

Manche Wörter haben durch Einfluss des Englischen eine weitere Bedeutung, eine Lehnbedeutung, erhalten. So hat *realisieren* durch *realize* neben seinen Bedeutungen »verwirklichen« und »in Geld umwandeln« noch die Bedeutung »sich etwas ins Bewusstsein bringen, sich einer Sache bewusst werden« bekommen; *kontrollieren* hat über *control* die Bedeutung »beherrschen« hinzugewonnen, *dekorieren* über *decorate* die Bedeutung »[militärisch] auszeichnen« und *feuern* über *fire* die Bedeutung »entlassen«. Das Adjektiv *vital* bedeutet neben »voller Lebenskraft« auch »lebenswichtig« (vgl. *vital interests*), und *hässlich* im Sinne von »böse« in Verbindung mit Nationalitätsbezeichnungen ist beeinflusst von *ugly*.

Doppelentlehnungen liegen z.B. in *Hobby* und *fashionabel* vor. Das sind Wörter, die zuerst übersetzt oder eingedeutscht in die deutsche Sprache gekommen sind (*Steckenpferd [= hobby horse]* und *fesch*) und später noch einmal, und zwar unübersetzt, im Deutschen Aufnahme gefunden haben.

2 Wortbildung

Manche (Halb)präfixe und (Halb)suffixe werden unter dem Einfluss des Englischen besonders produktiv, z.B.:

best-: bestbekannt, bestinformiert, bestbezahlt, bestgehasst;

Ex-: Exaußenminister, Exweltmeister, Exgattin;

Mini-: Minigolf, Minikleid, Minibus, Ministaubsauger;

Monster-: Monsterprogramm, Monsterprozess, Monsterschau, Monsterveranstaltung;

A

super- / Super-: superschnell, supersanft; Superbombe, Supermacht, Supermarkt;

Top-: Toplage, Topausstattung, Topleistung;

-bewusst (nach: *-conscious*): preisbewusst, körperbewusst, modebewusst;

-weit (nach: *-wide*): weltweit, bundesweit.

Im Bereich der Wortzusammensetzung ist einmal auf englisch-deutsche Mischbildungen wie

Livesendung, Popsänger, Fußballfan, Discountladen, Werbespot, Spikesreifen, Mauspad

hinzuweisen. Ferner gehen auf englischen Einfluss direkte Zusammensetzungen anstelle präpositionaler Fügungen zurück (↑Kompositum 3):

Ministerreise / die Reise des Ministers nach Tokio, Berlinbesuch / Besuch in Berlin, Helsinkikonferenz / Konferenz in Helsinki, EU-Beitritt / Beitritt in die EU.

Schließlich haben auch Verbableitungen aus Substantiven wie

leitartikeln, lichthupen, dauerparken, bausparen, not- / zwischenlanden, schutzimpfen

Parallelen in der Wortbildung des Englischen.

3 Syntax

Als Einzelerscheinung ist hier die vom Englischen beeinflusste Fügung *in* + Jahreszahl *(in 1997)* für *im Jahre* + Jahreszahl anzuführen. Auch die besonders in Pressepublikationen zu beobachtende Umstellung von Subjekt und Prädikat (↑Inversion) in Formulierungen wie *Schimpfte Dortmunds Trainer H. Z.: ... Schwärmte Regisseurin Agnes Varda schon jetzt: ...* hat Parallelen im Englischen.

Sodann wird die transitive Verwendung einiger eigentlich intransitiver Verben auf englischen Einfluss zurückgeführt *(einen Wagen fahren, jemanden boxen* [für: *gegen jmdn. boxen*]. *Was fliegen deutsche Manager?).*

Imperative wie *Fliegen Sie ...!* für *Fliegen Sie mit ...!* o. Ä., die verstärkt in der Werbesprache auftauchen, lassen sich ebenfalls mit englischen Vorbildern in Zusammenhang bringen.

Auch vorangestellte ↑Genitivattribute (2.1) wie *Bayerns große Familienbrauerei, Stuttgarts beliebteste Showband, Roms Priester* wären ohne die entsprechende englische Konstruktion gewiss seltener in der deutschen Zeitungssprache anzutreffen.

Schließlich kann auch der Ersatz des Passivs oder einer passivischen Ersatzkonstruktion durch das Aktiv bei einigen Verben mit der Einwirkung des Englischen erklärt werden:

Die BZ *verkauft* 160 000 Exemplare (nach: the book *sells* 10 000 copies). (Ähnlich:) Das Geschäft *öffnet* morgen.

---

am Montag (Dienstag, Mittwoch usw.), dem / den: Man kann sagen *Die Konferenz findet am Montag, dem 1. März 1997[,] statt* oder: *Die Konferenz findet am Montag, den 1. März 1997 statt.* Im ersten Satz ist der Monatstag *(1. März 1997)* eine nachgetragene ↑ Apposition und kann in neuer Rechtschreibung durch ein schließendes Komma vom übrigen Satz getrennt werden. Im zweiten Satz ist der Monatstag eine selbstständige Zeitangabe im Akkusativ. Es handelt sich also um eine Aufzählung, wobei nach der Angabe des Monatstages kein Komma steht. Die erste Formulierung wird häufig als stilistisch schöner angesehen, die zweite ist jedoch ebenso korrekt. ↑ Datum.

Ampere: ↑ Personennamen (2.1.4).

Amsterdamer: Die Einwohnerbezeichnung *Amsterdamer* (nicht: *Amsterdammer*) wird immer großgeschrieben, auch wenn das Wort wie ein flexionsloses Adjektiv vor einem Substantiv steht: *der Amsterdamer Hafen.* ↑ Einwohnerbezeichnungen auf -er (5 und 7).

Amt: Zu *ein Amt bekleiden* ↑ begleiten (2).

Amtmann / Amtmännin / Amtfrau: Zu *Amtmann* gibt es die beiden Plurale *Amtmänner* und *Amtleute* (↑ Mann [2]). Die weibliche Entsprechung lautet *Amtmännin* oder *Amtfrau.* In der Anrede kann man also wahlweise *Frau Amtmännin* oder *Frau Amtfrau* verwenden.

Amtssprache: ↑ Papierdeutsch.

an: 1. Die Präposition *an* kann mit dem Dativ oder Akkusativ verbunden werden. Der Dativ ist kennzeichnend für die

Lage *(Ich stehe* [wo?] *an der Tür),* der Akkusativ für die Richtung *(Ich gehe* [wohin?] *an die Tür).* Manche Verben mit *an* können sowohl mit einem Dativ als auch mit einem Akkusativ verbunden werden (↑ *anbauen, anbringen, anheften, ankleben, anlöten* usw.).

2. von – an / ab: ↑ von (6).

an / am: *sich am köstlichen Wein / an köstlichem Wein laben* ↑ Adjektiv (1.2.7), ↑ Präposition (1.2.5).

an / auf: Die Berührung von oben, das Verhältnis zu einem Ganzen als Basis wird heute meist durch *auf* ausgedrückt: *auf dem Wasser, auf der Straße, auf dem Dach* usw. Mittelhochdeutsches und frühneuhochdeutsches *an* hat sich in dieser Verwendung in bestimmten Fügungen erhalten: *an der Erde, am Boden, am Lager.* Weiter gehender Gebrauch von *an* für *auf* ist landschaftlich sowie vor allem schweizerisch und österreichisch: *… eine offene Lade, wie sie die Verkäufer an Jahrmärkten tragen* (H. Hesse). *Die Veilchen standen am Tisch und dufteten ein wenig müde* (V. Baum). *… während sie … auf einem Bett am Rücken lag* (R. Musil).

an / auf / in: Bei Straßennamen mit *Straße, Gasse, Allee* wird die Wohnung oder Lage mit *in* angegeben: *Ich wohne in der Hebelstraße, mein Freund in der Brunnengasse. Das Geschäft liegt in der Frankfurter Allee.* Bei *Damm* steht *an,* seltener auch *auf: Ich wohne am* (seltener: *auf dem) Kurfürstendamm.* Bei *Markt* und *Platz* steht *an: Ich wohne am Altmarkt. Das Geschäft befindet sich am*

Herderplatz. Tritt bei einer Ortsangabe die konkrete Ortsvorstellung zurück, dann sind oft mehrere Präpositionen möglich: *Ich arbeite zurzeit auf dem / im / beim Finanzamt. Zur Frage der Mengenlehre an / auf / in der Hauptschule.*

an / auf / zu Ostern usw.: Der Gebrauch von *an* in Verbindung mit den Namen der Feste ist regional begrenzt. Er kommt vor allem in Süddeutschland vor, während in Norddeutschland *zu* gebräuchlich ist: *an Ostern / Pfingsten* gegenüber *zu Ostern / Pfingsten, an Weihnachten* gegenüber *zu Weihnachten.* Vereinzelt wird statt *an* oder *zu* die Präposition *auf* gebraucht. Dies ist nicht standardsprachlich.

Anakoluth (griech. *anakólouthon* »das [der Satzkonstruktion] nicht Folgende oder Entsprechende«): Beim Anakoluth oder Satzbruch verlässt der Sprechende die begonnene Satzkonstruktion und fährt mit einer neuen fort. Dies geschieht besonders häufig, um einem Nebensatz – besonders nach Zwischensätzen – das Gewicht eines Hauptsatzes zu verleihen: *... der Oheim habe sich durch den Abbé überzeugen lassen, dass, wenn man an der Erziehung des Menschen etwas tun wolle, müsse man sehen* (statt: *dass ... man sehen müsse*), *wohin ...* (J. W. v. Goethe). So auch in der Umgangssprache: *Wenn ich nach Hause komme, und der Vater ist noch da, dann ...* (statt: *Wenn ich nach Hause komme und [wenn] der Vater noch da ist, dann ...*). Schriftsteller verwenden das Anakoluth oft als Stilmittel, um Umgangssprache oder sprunghaftes Denken anzudeuten: *Da trat der Leutnant einen Schritt zurück, steckte die Daumen vorn unter das Koppel und sagte mit listigem Lächeln, das stand ihm nicht schlecht in der schmalen Visage ...* (H. Kolb). – Als Anakoluth bezeichnet man auch die Heraushebung eines Satzgliedes und dessen Wiederaufnahme oder Vorausnahme durch ein Pronomen. Solche Fügungen gelten als standardsprachlich: *Der ernste, kühle Knabe, wäre er nicht ein guter Mit- und Gegenspieler im Kreis der Kräfte?* (H. Carossa). *Dir helfen, das ist jetzt unsere Aufgabe* (E. Graf v. Keyserling). *Es war gut, das Bild* (H. Hesse). Von diesen Satzbrüchen heben sich deutlich solche ab, bei denen jemand »den Faden verloren hat«, so etwa in längeren mündlichen Äußerungen oder in privaten Briefen.

analog: Nach *analog* kann ein Dativobjekt oder ein Präpositionalobjekt mit *zu* stehen: *Wir arbeiten analog [zu] den bisherigen Richtlinien; analog [zu] diesem Fall.*

Analyse: Das substantivische Attribut bei *Analyse* steht im Genitiv und wird nicht mit der Präposition *über* angeschlossen. Richtig: *Die Analyse des Marktes ergab Folgendes.* Nicht korrekt: *Die Analyse über den Markt ...* Auch der Anschluss mit *von* ist möglich und stilistisch einwandfrei, wenn das folgende Substantiv im Plural steht und keinen Artikel und kein Adjektivattribut bei sich hat: *die strukturelle Analyse von Wählergruppen.*

Ananas: Das Wort hat zwei Pluralformen: *die Ananas* und *die Ananasse.*

anaxial (nicht: anachsial): ↑ axial.

anbauen: 1. anbauen an: *anbauen an* wird im Allgemeinen mit dem Akkusativ verbunden: *eine Veranda an das Haus anbauen.* Die Verbindung mit dem Dativ ist seltener: *Die Garage, die an dem Häuschen angebaut war, ist abgebrannt.* **2. anbauen / bauen:** Getreide, Weizen, Mais, Kartoffeln, Kohl, Wein, Tabak kann man sowohl *anbauen* als auch *bauen; anbauen* wird jedoch heute häufiger gebraucht.

anbaufähig: ↑ -fähig.

anbei: Das Substantiv in Verbindung mit *anbei* »als Anlage, in der Anlage« kann sowohl im Nominativ als auch im Akkusativ stehen: *Anbei gewünschter Verrechnungsscheck / Anbei [übersenden wir Ihnen den] gewünschten Verrechnungsscheck. Gewünschter / (seltener:) Ge-*

wünschten Verrechnungsscheck anbei.
Vgl. auch ↑ anliegend.

anbelangen / anlangen – anbetreffen / betreffen: *anbetreffen* ist entstanden aus *betreffen* durch Hinzufügung des Verbzusatzes *an-*, der von dem bedeutungsverwandten *anlangen* herübergenommen wurde. Man kann also sagen: *Was mich / was diese Sache betrifft, so bin ich einverstanden* oder: *Was mich / was diese Sache anbetrifft, so bin ich einverstanden; anlangen* seinerseits hat die Vorsilbe *be-* von *betreffen* übernommen, wodurch die Form *anbelangen* entstanden ist. Diese Form hat *anlangen* in der Gegenwartssprache stark zurückgedrängt. Zu der Fügung *Die letzte Lieferung [an]betreffend / an[be]langend* ↑ erstes Partizip (2).

anberaumen: Der Verbzusatz *an-* wird hier in den finiten Formen meist vom Verb getrennt und nachgestellt: *Sie beraumte eine Krisensitzung an.* Die Nichttrennung *(Sie anberaumte eine Krisensitzung)* kommt gelegentlich vor, hat sich aber noch nicht so durchgesetzt wie z. B. bei ↑ *anerkennen.* ↑ Tmesis (3).

anbeten: ↑ Verb (2.4).

anbetreffen / betreffen: ↑ anbelangen / anlangen.

anbinden: ↑ Verb (2.4).

anbringen: Nach *anbringen an* steht vorwiegend der Dativ: *Er brachte die Lampe an der Decke an.* Der Akkusativ ist jedoch auch möglich, wenn die Vorstellung der Richtung (Frage: wohin?) vorherrscht: *Das Bücherbrett lässt sich an die Wand anbringen.*

-and / -ant: Es bestehen oft Zweifel darüber, ob Personenbezeichnungen mit dem Suffix *-and* oder *-ant* gebildet werden sollen. Das Suffix *-and* hat (entsprechend dem lateinischen Gerundiv) passivische Bedeutung. Es steht in Bezeichnungen für eine Person, mit der etwas geschehen soll: *Konfirmand, Diplomand, Habilitand, Rehabilitand* (= jemand, der konfirmiert / diplomiert / habilitiert / re-

habilitiert werden soll oder der zu konfirmieren-usw. ist). Das Suffix *-ant* (entsprechend dem lateinischen Partizip Präsens) hat dagegen aktivische Bedeutung: *Fabrikant, Musikant, Intrigant, Kommunikant, Duellant, Emigrant, Sympathisant* u. a. (= jemand, der etwas fabriziert, der musiziert, intrigiert, kommuniziert usw.). Vgl. auch ↑ Informand / Informant.

andere: 1. **aus anderem wertvollen / wertvollem Material** · **mit anderem Neuen / Neuem:** Das auf *ander-* folgende [substantivierte] Adjektiv oder Partizip wird heute überwiegend in gleicher Weise (parallel) gebeugt: *anderes gedrucktes Material, bei anderer seelischer Verfassung, eine Menge anderer wertvoller Gegenstände; ein anderer Abgeordneter, die anderen Beamten, die Forderungen anderer Betroffener.* Nur im Dativ Singular Maskulinum und Neutrum wird noch überwiegend schwach gebeugt: *aus anderem wertvollen Material, zwischen anderem wertlosen Gerümpel, mit anderem Neuen.* Sonst ist die schwache Beugung veraltet und kommt nur noch selten vor: *anderes alte Zeug.* **2a)** **wer anders / and[e]res / anderer:** In Verbindung mit *wer, jemand, niemand* wird heute überwiegend die Form *anders* (der adverbial erstarrte neutrale Genitiv) gebraucht: *wer / jemand / niemand anders; mit wem anders; sie kennt hier niemand anders als dich.* Der Gebrauch des Neutrums *and[e]res* nach *wer, jemand, niemand* veraltet allmählich. Daneben werden, vor allem in Süddeutschen, *wer, jemand, niemand* auch mit dem Maskulinum *anderer* verbunden, und zwar seltener im Nominativ, häufiger in den anderen Kasus: *wer / jemand / niemand anderer; mit jemand / niemand anderem; wen / jemand / niemand anderen. ... dass niemand anderer ... erben werde als Mila* (F. Werfel). **b)** **nicht viel anders:** Nach *nicht viel* wird immer die Form *anders*

A

verwendet: *Das ist heute nicht viel anders.*

3. Vergleichspartikel nach *ander-*: Nach *ander-* steht beim Vergleich die Partikel *als* (nicht: *wie*): *Es war alles andere als schön. Er konnte nichts anderes tun als rufen. Sie war ganz anders als bei unserer ersten Begegnung.*

4. falscher Bezug: Steht *ander-* bei einem Substantiv, so muss dieses immer etwas von der gleichen Art bezeichnen wie das vorher genannte, zu dem es in Beziehung gesetzt wird. Es kann also z. B. nur gesagt werden: *Amseln und andere Singvögel,* nicht aber: *Tauben und andere Singvögel,* weil Tauben nicht zu den Singvögeln gehören.

5. Rechtschreibung: Die verschiedenen Formen von *ander-* werden im Allgemeinen, auch in Verbindung mit einem Artikel, kleingeschrieben: *der / die / das andere, die anderen, ein anderer, alles andere, nichts anderes, keine andere, jemand anders / anderer, zum einen – zum andern, wie andere meinen* ... Nach den neuen Rechtschreibregeln kann man auch großschreiben, wenn hervorgehoben werden soll, dass *andere* nicht als unbestimmtes Zahlwort gemeint ist: *die Suche nach dem Anderen* (= nach einer neuen Welt), *der Dialog mit dem Anderen* (= dem Gegenüber). ↑ Groß- oder Kleinschreibung (1.2.4).

6. an einem Tag wie jedem anderen / wie jeder andere: ↑ Apposition (3.5).

andere / Dritte: Die Bezeichnungen *der andere* und *der Dritte* werden fälschlicherweise oft unterschiedslos gebraucht. *Der andere* bedeutet »der Zweite«, wird also in Beziehung zu *der eine* gesetzt: *Der eine spielte Klavier, der andere Flöte.* Mit *der Dritte* ist häufig »der Außenstehende, Unbeteiligte« gemeint: *Er ist der lachende Dritte. Sie haben sich auf Kosten eines Dritten geeinigt.* Auch der Plural *Dritte* kommt vor: *Sie hat Dritten* (= Außenstehenden) *gegenüber geäußert* ... Der Satz *Durch Verschulden eines Drit-*

ten ist er verunglückt ist nur dann richtig, wenn beispielsweise zwei Autos wegen Sichtbehinderung, die ein Bauer durch Kartoffelfeuer verursacht hatte, zusammenstießen. Nicht korrekt ist es zu sagen: *Durch Verschulden eines Dritten ist er an einen Baum gefahren,* wenn nur eine einzige weitere Person an diesem Unfall beteiligt ist. Es muss dann heißen: *Durch Verschulden eines anderen ist er an einen Baum gefahren.*

ander[e]norts / anderorts: Beide Formen des Adverbs sind richtig; *anderorts* ist die ältere Form. In der jüngeren Bildung *ander[e]norts* ist der Genitiv Singular Maskulinum von *ander-* fest geworden (= anderen Ortes).

and[e]rerseits / anderseits: Beide Formen des Adverbs sind üblich und richtig; *anderseits* ist die ältere Form. In der jüngeren Bildung *and[e]rerseits* ist der Genitiv Singular Femininum von *ander-* fest geworden (= anderer Seite). Zum Komma ↑ einerseits – andererseits.

anderes als: Wird nach *anderes* ein pluralisches Attribut mit *als* angeschlossen, dann kann das folgende Verb sowohl im Plural als auch im Singular stehen; der Plural wird im Allgemeinen bevorzugt. Singular: *Anderes als leere Kartons fand sich nicht in dem Verschlag.* Plural: *Anderes als leere Kartons fanden sich nicht in dem Verschlag.* ↑ Kongruenz (1.1.7).

anders: ↑ andere (2, 3 und 5).

anders als: ↑ andere (3).

anders Denkende / Andersdenkende: Nach den neuen Rechtschreibregeln wird *der* oder *die anders Denkende* wie die zugrunde liegende Fügung *anders denken* getrennt geschrieben. Die Zusammenschreibung *der* oder *die Andersdenkende* ist jedoch auch weiterhin möglich und korrekt.

anderssprachig: ↑ -ig / -isch / -lich (1).

anderthalbmal: Zu *anderthalb* oder *ein[und]einhalb* ↑ halb (2); zu *anderthalbmal so groß / anderthalbmal größer* ↑ -mal so groß / -mal größer.

an [die]: Wenn *an [die]* als Adverb im Sinn von »ungefähr, etwa« gebraucht wird, übt es keinen Einfluss auf den Kasus des folgenden Substantivs aus, wie dies *an* als Präposition tut: *An die zwanzig Bekannten* (nicht: *Bekannte*) *bin ich begegnet. Sie half an die 50 Kindern* (nicht: *Kinder*). Dies gilt auch für *an [die]* in einem Präpositionalattribut: *Gemeinden von an die 10 000 Einwohnern* (nicht: *Einwohner;* der Dativ *Einwohnern* hängt von der Präposition *von* ab).

aneinander: Man schreibt *aneinander* immer getrennt vom folgenden Verb: *Es ist schön, dass sie aneinander denken. Sie haben die Teile aneinander angefügt.* In neuer Rechtschreibung auch: *Wir wollen die Teile aneinander fügen. Wir sind aneinander geraten. Er hat die Zahlen aneinander gereiht.* ↑ Getrennt- oder Zusammenschreibung (1.4).

Aneinanderreihungen: ↑ Bindestrich (3).

an einem Tag wie jeder andere / wie jedem anderen: ↑ Apposition (3.5).

an einer / eine Sache rühren: ↑ rühren.

anempfehlen / empfehlen: Das Verb *anempfehlen* wird gelegentlich anstelle des einfachen *empfehlen* gebraucht, in der Absicht, einer Aussage besonderen Nachdruck zu verleihen. Dabei ist in den finiten Formen die Nichttrennung ebenso häufig wie der Gebrauch mit nachgestelltem Verbzusatz: *Er anempfahl seiner Schwester dringend / Er empfahl seiner Schwester dringend an einen Arzt aufzusuchen.* ↑ Tmesis (3), ↑ Verb (2.4 und 3).

-aner: ↑ Einwohnerbezeichnungen auf -er (2).

anerkennen: Das Verb *anerkennen* gehört (wie *anberaumen* und *anvertrauen*) zu den Verben, bei denen der Verbzusatz in den finiten Formen im Allgemeinen vom Verb getrennt und nachgestellt wird: *Er erkennt einige ihrer Forderungen uneingeschränkt an.* Es besteht jedoch in heutigen Sprachgebrauch die Neigung, den Verbzusatz – besonders in prägnanter Ausdrucksweise – nicht zu trennen: *Die Indios ... anerkannten Herbert sofort als ihren nächsten Herrn* (M. Frisch). ↑ Tmesis (3), ↑ Verb (2.4).

Anfahrts-: Die Zusammensetzungen mit *Anfahrt* sind mit Fugen-s gebräuchlich: *Anfahrtskosten, Anfahrtsstraße, Anfahrtsweg.*

anfällig: Das Adjektiv wird meist mit der Präposition *für,* seltener mit *gegen* verbunden: *Er ist anfällig für /* (seltener:) *gegen Erkältungen.* Beide Anschlüsse sind korrekt.

Anfang / anfangs: Das Substantiv *Anfang* kann mit einer nicht flektierten Zeitangabe (Monatsname, Jahreszahl) oder mit einer Zeitangabe im Genitiv (z. B. *Jahr, Monat, Woche*) stehen: *Anfang Februar, Anfang 1998, Anfang des Monats Mai, Anfang des Jahres.* Das Adverb *anfangs* »zuerst, im Anfang« steht ohne weitere Zeitangabe: *Anfangs war alles gut. Sie war anfangs sehr zurückhaltend.* Nur in der Umgangssprache wird *anfangs* auch als Präposition mit dem Genitiv gebraucht und wie das Substantiv *Anfang* mit einer Zeitangabe verbunden, also nicht korrekt: *Er kam anfangs des Jahres zurück. Wir werden anfangs der Woche tagen.* Standardsprachlich gilt nur: *Er kam Anfang des Jahres zurück. Wir werden Anfang der Woche tagen.*

anfangen: 1. Stellung von *an-:* Wenn der Verbzusatz *an-* in den finiten Formen vom Verb getrennt und nachgestellt wird, dann kann der abhängige Infinitiv (mit den zugehörigen Gliedern) aus der Umklammerung herausgenommen werden: *Danach fing sie an bitterlich zu weinen.* Neben: *Danach fing sie bitterlich zu weinen an.* Aber nicht: *Danach fing sie bitterlich an zu weinen.* Oder: *Wir fingen an ein Haus zu bauen.* Neben: *Wir fingen ein Haus zu bauen an.* Aber nicht: *Wir fingen ein Haus an zu bauen.* Nicht korrekt ist der Verbzusatz auch im folgenden Beispiel abgetrennt: *Man wird uns entdecken, wenn der Hund an zu bellen*

A

fängt. Richtig: *... zu bellen anfängt /... anfängt zu bellen.* ↑ Ausklammerung (2).

2. Perfektbildung: Das Perfekt von *anfangen* darf standardsprachlich nur mit *haben* gebildet werden: *Ich habe bei ihm angefangen.* Nicht korrekt: *Ich bin bei ihm angefangen.*

3. Zeichensetzung: Wenn *anfangen* mit einer Infinitivgruppe verbunden ist, kann man in neuer Rechtschreibung das Komma setzen: *Er fing an die Steine zu sortieren / Er fing an, die Steine zu sortieren.* ↑ Komma (5.1.4).

anfliegen: ↑ Verb (3).

Anfrage: 1. Präposition nach *Anfrage:* *Anfrage* wird in der Regel mit der Präposition *wegen* verbunden: *Ihre Anfrage wegen des Termins haben wir erhalten.* In der Amts- und Kaufmannssprache wird auch mit der Präposition *bezüglich* angeschlossen: *Ihre Anfrage bezüglich der Lieferungen beantworten wir folgendermaßen ...*

2. Rechtschreibung: *eine kleine / große Anfrage* (= Interpellation) *im Parlament.* In diesen Fügungen werden die Adjektive immer kleingeschrieben, weil es sich nicht um Namen handelt.

anfragen: Das Verb *anfragen* ist intransitiv und steht, wenn eine Person gefragt wird, mit der Präposition *bei: Sie fragte telefonisch bei ihm wegen der Bücher an.* (Nicht: *Sie fragte ihn telefonisch wegen der Bücher an.*) Das zweite Partizip *angefragt* kann nicht als Adjektiv gebraucht und nicht substantiviert werden, sodass die Bildungen *die angefragten Bücher* oder *der Angefragte* nicht korrekt sind. ↑ zweites Partizip (2).

anführen: ↑ Verb (2.2).

Anführungszeichen

1 Formen

Die Anführungszeichen (ugs. »Gänsefüßchen«) haben in Hand- und Maschinenschrift folgende Formen: „ " oder " ", als halbe Anführungszeichen: ‚ ' oder ' '. Im deutschen Schriftsatz werden vornehmlich die Anführungszeichen „ "und » «, als halbe Anführungszeichen ‚ ' und › ‹ gebraucht. (Die französische Form « » ist im Deutschen weniger gebräuchlich; in der Schweiz hat sie sich für den Antiquasatz eingebürgert.)

Während bei einzelnen aus fremden Sprachen angeführten Wörtern oder Wendungen deutsche Anführungszeichen stehen, werden fremdsprachige Sätze oder Abschnitte im Allgemeinen in die in der betreffenden Sprache geltenden Anführungszeichen gesetzt.

2 Gebrauch

2.1 Direkte Rede:

Anführungszeichen stehen bei der direkten Rede und bei direkt wiedergegebenen Gedanken am Anfang und am Ende der Aussage:

> »Es ist unbegreiflich, wie ich das hatte vergessen können«, sagte er zu mir. »So – das war also Paris«, dachte sie.

2.2 Anführung von Zitaten:

Anführungszeichen stehen bei wörtlicher Anführung einer Textstelle aus einem Buch, Schriftstück, Brief u. Ä. am Anfang und Ende des Zitates:

> Über das Ausscheidungsspiel zur Fußballweltmeisterschaft berichtet ein Journalist: »Das Stadion glich einem Hexenkessel; Flaschen und faule Orangen und Tomaten flogen auf das Spielfeld, das Publikum drängte bis an den Spielfeldrand und mit erhobenen Fäusten und wüsten Beschimpfungen drohten sie dem Schiedsrichter und den Spielern der gegnerischen Mannschaft.«

Dies gilt auch bei der Einfügung eines Zitats in eine andere Formulierung:

> Die Frage »Ist Rauchen gesundheitsschädlich?« wurde lange diskutiert.

Wird das Zitat durch einen Einschub unterbrochen, dann wird jeder der getrennten Teile in Anführungszeichen gesetzt:

> »Der Mensch«, so heißt es in diesem Buch, »ist ein Gemeinschaftswesen.«

2.3 Anführung von einzelnen Wörtern, Buchtiteln u. Ä.:

Hervorhebende Anführungszeichen stehen bei einzelnen Wörtern, kurzen Aussprüchen und Titeln von Büchern, Zeitungen, Kunstobjekten, Rundfunk- und Fernsehsendungen u. Ä.:

Das Wort »Doktorand« wird am Schluss mit »d« geschrieben. Mit den Worten »Mehr sein als scheinen« hat Schlieffen Moltke charakterisiert. Die beste Aufführung von Mozarts »Così fan tutte« haben wir in Salzburg erlebt. »Die Zeit« ist eine Wochenzeitung. Der Film »Einer flog über das Kuckucksnest« erhielt fünf Oscars.

Wird dabei der zu dem Titel o. ä. gehörende Artikel gebeugt und verändert, muss er außerhalb der Anführungszeichen stehen:

Der Umfang des Magazins »Der Spiegel« hat zugenommen. (Aber:) Der Umfang des »Spiegels« hat zugenommen.

Auch bestimmte Arten von Eigennamen, z. B. die Namen von Gaststätten und Schiffen, können durch Anführungszeichen hervorgehoben werden:

Hotel Europäischer Hof oder Hotel »Europäischer Hof« / Forschungsschiff Meteor oder Forschungsschiff »Meteor« / die Reise der Bremen / der »Bremen«.

Besondere Arten der Hervorhebung belegen die folgenden Beispiele, in denen die Anführungszeichen Ironie, Distanzierung, übertragenen oder wortspielerischen Sprachgebrauch anzeigen:

Ihr »treuster« Freund verriet sie als Erster. Das hat mit »Polizeiaktionen« nichts mehr zu tun. Der Aufschwung ist »müde« geworden. Auf der Landwirtschaftsschau gab es allerhand »Schweinereien« zu sehen.

2.4 Halbe Anführungszeichen:

Halbe Anführungszeichen werden bei der Anführung innerhalb eines bereits in Anführungszeichen stehenden Textes verwendet:

Goethe schrieb: »Wielands ›Oberon‹ wird als ein Meisterwerk angesehen werden.« (Oder:) »... dann verließ sie das Zimmer mit den Worten: ›Sie werden noch von mir hören!‹«

2.5 Das Fehlen der Anführungszeichen:

Anführungszeichen brauchen nicht gesetzt zu werden, wenn die hervorzuhebenden Textteile bereits auf andere Weise (durch den Zusammenhang, die Schriftart, Sperrung, Farbigkeit) kenntlich gemacht sind:

Die Klasse liest Goethes Faust. *Badetuch* ist ein dreisilbiges Wort. Was für die einen Kitsch ist, ist den anderen Kunst.

3 Das Zusammentreffen von Anführungszeichen und Satzzeichen

Punkt, Fragezeichen und Ausrufezeichen stehen vor dem schließenden Anführungszeichen, wenn sie selbst zu dem angeführten Textteil gehören. Nach dem Schlusszeichen wird dann kein Punkt mehr gesetzt:

> Er sagte:»Diese Behauptung ist unwahr!« Die kritisierte Textstelle lautet:»Ich muss gestehen, dass mir die Nachricht über den Anschlag insgeheim Schadenfreude bereitet hat.« Hat sie wirklich gefragt:»Kommt Monika morgen?«? Er kennt nicht den Roman»Quo vadis?«!

Sonst stehen Punkt, Fragezeichen und Ausrufezeichen nach dem schließenden Anführungszeichen:

> Er soll gesagt haben, die Nachricht habe ihm»insgeheim Schadenfreude bereitet«. Ist dies ein Zitat aus»Wallenstein«?

Das Komma steht immer nach dem schließenden Anführungszeichen:

> »Es ist möglich«, sagte sie,»dass ich morgen verreise.«

Auf einen Textteil mit Frage- oder Ausrufezeichen folgt in neuer Rechtschreibung nach dem schließenden Anführungszeichen ebenfalls immer ein Komma:

> Als sie ihn fragte:»Weshalb darf ich das nicht?«, wurde er sehr verlegen. (Und:)»Weshalb darf ich das nicht?«, fragte sie ihn. Obwohl es aus dem Lautsprecher getönt hatte:»Achtung, alles sofort zurücktreten!«, rührte sich niemand von der Stelle. (Und:)»Achtung, alles sofort zurücktreten!«, tönte es aus dem Lautsprecher.

Angebinde / Gebinde: ↑ Blumenangebinde / Blumengebinde.

Angebot: Das Wort hat mehrere Bedeutungen und wird jeweils mit anderen Präpositionen verbunden. In der Bedeutung »angebotene Warenmenge« wird *Angebot* mit *von* oder *an* verbunden: *Das Angebot von / an Gemüse war gering.* In der Bedeutung »schriftliche oder mündliche Bekanntgabe der Bedingungen, unter denen man zu einer Warenlieferung oder Arbeitsleistung bereit ist« kann *Angebot* mit *über* oder *für* verbunden werden: *Wir bitten Sie um Ihr Angebot über / für die Lieferung von ...* Im Sinne von »Anerbieten, Preisvorschlag« kann

Angebot die Präpositionen *auf* oder *für* nach sich haben: *Ich habe ein Angebot auf das Haus erhalten. Der Antiquar machte ihr ein günstiges Angebot für das seltene Buch.*

angehen: In der Bedeutung »betreffen« muss *angehen* mit dem Akkusativ der Person verbunden werden: *Das geht dich nichts an.* Die Verbindung mit dem Dativ *(Das geht dir nichts an)* ist landschaftlich, bes. norddeutsch; sie gilt standardsprachlich als nicht korrekt.

Angehörige, der und die: **1.** oben genanntem Angehörigen / Angehörigem · ihr als Angehörigen / Angehöriger einer angesehenen Familie: Im Allgemeinen wird *An-*

gehörige wie ein attributives ↑ Adjektiv (1) dekliniert: *Sie war früher Angehörige des Betriebsrates. Ein Angehöriger dieser Adelsfamilie lebt noch. Der Angehörige der Schlichtungskommission stimmte dagegen. Die Angehörigen des Verstorbenen trafen sich beim Begräbnis. Zwei Angehörige der Bundeswehr betraten das Lokal* usw. Im Genitiv Plural ist heute nach einem stark deklinierten Adjektiv die parallele Beugung üblich: *Sie sprach sich für die Teilnahme ehemaliger Angehöriger* (veraltend: *Angehörigen*) *der Firma aus.* Ausnahmen und Schwankungen treten beim Dativ Singular auf: **a)** Nach einem stark deklinierten Adjektiv wird heute schwach gebeugt: *Oben genanntem Angehörigen* (veraltet: *Angehörigem*) *der Firma ist gekündigt worden. Oben genannter Angehörigen* (veraltet: *Angehöriger*) *der Firma ist gekündigt worden.* **b)** In der Apposition (im Beisatz) kommt im Dativ Singular neben der starken Deklination häufig auch die schwache vor: *Mir als Angehörigen* (neben: *als Angehörigem*) *des Vereinsvorstands ... Ihr als Angehörigen* (neben: *als Angehöriger*) *des Betriebsrates ...* **2. einige Angehörige · alle Angehörigen · solche Angehörige[n]:** Zur Deklination von *Angehörige* nach *alle, beide, einige* usw. ↑ all- usw.

Angeklagte, der und die: **1. die Angeklagte Schmidt / die angeklagte Firma:** Wie *Beklagte* und *Beschuldigte* wird auch *Angeklagte* in der Sprache des Gerichts und der Verwaltung als Substantiv gebraucht. Das Wort bezeichnet die Person, Firma, Behörde o. dgl., gegen die Anklage erhoben worden ist. Obwohl in Verbindung mit dem Familiennamen überwiegend das Substantiv (*Der / Die Angeklagte Schmidt sagt aus ...*) gebraucht wird, ist auch die Formulierung *Der angeklagte Herr Uwe Meyer/Die angeklagte Frau Ilse Schmidt ...* gebräuchlich. Ist eine Firma gemeint, dann heißt es: *Die Angeklagte behauptet ...* oder mit

dem 2. Partizip: *Die angeklagte Firma behauptet ...* **2. der Angeklagte Schmidt / der Angeklagte, Schmidt:** In dem Satz *Der Angeklagte Schmidt behauptete ...* ist der Name *Schmidt* das betonte Subjekt, die Bezeichnung *Angeklagter* geht als ↑ Apposition ohne Komma voran. Will man dagegen *Angeklagter* hervorheben, dann macht man dieses Wort zum Subjekt des Satzes, wobei der Name als nachgetragene Apposition durch Komma abgetrennt werden kann, nach der neuen Regelung aber nicht abgetrennt werden muss: *Der Angeklagte[,] Schmidt[,] behauptete ...* **3. oben genannten Angeklagten / Angeklagtem · ihr als Angeklagten / Angeklagter:** Im Allgemeinen wird *Angeklagte* wie ein attributives ↑ Adjektiv (1) dekliniert: *Angeklagter behauptet ... Eine Angeklagte hat sich erhängt. Der Angeklagte leugnet weiter. Die Angeklagten wurden freigesprochen. Zwei Angeklagte konnten überführt werden* usw. Im Genitiv Plural ist heute nach einem stark deklinierten Adjektiv oder Zahlwort die parallele Beugung üblich: *die Verurteilung sämtlicher Angeklagter* (veraltend: *Angeklagten*). Ausnahmen und Schwankungen treten beim Dativ Singular auf: **a)** Nach einem stark deklinierten Adjektiv wird heute schwach gebeugt: *Oben genanntem Angeklagten* (veraltend: *Angeklagtem*) *wurde mitgeteilt ...* **b)** In der Apposition kommt neben der starken Deklination häufig auch die schwache vor: *Ihm als Angeklagten ...* neben: *Ihm als Angeklagtem ... Ihr als Angeklagten ...* neben: *Ihr als Angeklagter ...* **4. einige Angeklagte · alle Angeklagten · solche Angeklagte[n]:** Zur Deklination von *Angeklagte* nach *alle, beide, einige* usw. ↑ all- usw.

Angel: *Angel* ist heute nur noch als Femininum gebräuchlich: *die Angel.* Das ursprüngliche, noch im 18. Jh. übliche Maskulinum *der Angel* (Goethe: *... sah* *nach dem Angel ruhevoll*) ist heute veraltet.

angemessen: ↑ Adjektiv (1.2.13), ↑ Vergleichsformen (2.2).

angenehm enttäuscht: Die scherzhafte Wendung *Ich bin angenehm enttäuscht* (statt: *Ich bin angenehm überrascht*), die den negativen Sinn des Verbs *enttäuschen* bewusst außer Acht lässt, soll zum Ausdruck bringen, dass man in dem betreffenden günstig verlaufenen Fall eigentlich mit einer Enttäuschung gerechnet hatte.

angenommen: Nach *angenommen* steht im Allgemeinen ein Komma: *Angenommen, sie kommt erst morgen, wer soll dann heute die Sitzung leiten?* In der Fügung *angenommen dass* braucht nach den neuen Regeln vor *dass* kein Komma gesetzt zu werden (man setzt es vorzugsweise dann, wenn die Fügung nicht als Einheit empfunden wird): *Angenommen[,] dass morgen gutes Wetter ist, wohin wollen wir fahren? Wohin wollen wir fahren, angenommen[,] dass morgen gutes Wetter ist?*

Angermünder: Die Einwohner von Angermünde heißen *Angermünder* (nicht: *Angermündener*). ↑ Einwohnerbezeichnungen auf -er (3).

angesehen: ↑ Adjektiv (1.2.13), ↑ Vergleichsformen (2.2).

Angestellte, der und die: **1.** **oben genanntem Angestellten / Angestelltem · ihr als Angestellten / Angestellter:** Im Allgemeinen wird *Angestellte* wie ein attributives ↑ Adjektiv (1) dekliniert: *Sie war früher Angestellte. Vor der Tür stand ein Angestellter, der Angestellte der Stadtwerke. Die Angestellten demonstrierten mit den Arbeitern. Zwei Angestellte der Firma sind entlassen worden* usw. Im Genitiv Plural ist heute nach einem stark deklinierten Adjektiv die parallele Beugung üblich: *Er umriss die Aufgaben leitender Angestellter* (veraltend: *Angestellten*). Ausnahmen und Schwankungen treten beim Dativ Singular auf: **a)** Nach einem stark deklinierten Adjektiv wird heute schwach gebeugt: *Oben genanntem Angestellten* (veraltend: *Angestelltem*) *ist gekündigt worden. Oben genannter Angestellten* (veraltet: *Angestellter*) *ist gekündigt worden.* **b)** In der Apposition (im Beisatz) kommt im Dativ Singular neben der starken Deklination häufig auch die schwache vor: *Ihm als Angestellten ...* neben: *Ihm als Angestelltem ... Ihr als Angestellten ...* neben: *Ihr als Angestellter ...* **2. einige Angestellte · alle Angestellten · solche Angestellte[n]:** Zur Deklination von *Angestellte* nach *alle, beide, einige* usw. ↑ all- usw.

angewandt / angewendet: ↑ anwenden.

angleichen, sich: Das Verb *sich angleichen* kann mit einem Dativobjekt oder mit einem Präpositionalobjekt verbunden werden: *Er gleicht sich seiner Umgebung, seinen Mitmenschen an.* Oder: *Er gleicht sich an seine Umgebung, an seine Mitmenschen an.*

Anglizismus: ↑ Amerikanismen / Anglizismen.

angrenzen: In der Gegenwartssprache wird *angrenzen* nur noch mit der Präposition *an* verbunden: *Das Grundstück grenzt an den Garten an.* Früher konnte es mit dem Dativ konstruiert werden: *Das Grundstück grenzt dem Garten an.*

Angriff: Nach *Angriff* kann mit der Präposition *auf* oder *gegen* angeschlossen werden, die Präpositionen sind aber nicht in allen Fällen austauschbar: *Der Angriff auf* (selten: *gegen*) *die feindlichen Stellungen brach zusammen. Sie flogen Angriffe auf / gegen Nachschubwege. Der Gegner trug einen Angriff gegen die Befestigungen am Kanal vor.* Wird *Angriff* im Sinne von »heftige Kritik, Anfeindung« gebraucht, dann ist heute die Präposition *gegen* üblich: *Das sind massive Angriffe gegen das Fernsehen. Sie richtete Angriffe gegen die Opposition.*

angst / Angst: Klein schreibt man, wenn das Substantiv in stehender Verbindung mit einem Verb wie ein Adjektiv ge-

A

braucht wird (Frage: wie?): *mir ist / wird angst.* Groß schreibt man das Substantiv: *er hat Angst / ist in Angst; aus Angst fliehen; vor Angst fast vergehen.* Entsprechend gilt die Großschreibung in der neuen Rechtschreibung auch in der Wendung *Angst [und Bange] machen.* ↑ Groß- oder Kleinschreibung (1.1). Im Übrigen wird diese Wendung mit dem Dativ gebildet. Es heißt also richtig: *jemandem* (nicht: *jemanden*) *Angst machen.*

anhaben: Das umgangssprachliche *anhaben* »ein Kleidungsstück tragen« schreibt man im Infinitiv *(einen Mantel anhaben),* im 2. Partizip *(Wer hat meine Jacke angehabt?)* und in der Personalform im Nebensatz *(... weil sie Schuhe anhat)* zusammen.

anhand: Konnte man bisher sowohl *an Hand* als auch *anhand* schreiben, so ist in der neuen Rechtschreibung nur noch die Zusammenschreibung korrekt: *... anhand des Buches. Er kam anhand der Unterlagen zu dem Schluss, dass ...* Neben dem Genitiv ist im Plural auch der Anschluss mit *von* möglich *(anhand von Unterlagen).* ↑ Hand (3), ↑ Verblassen des Substantivs.

Anhang: Zu *als / im Anhang* ↑ Anlage.

anhängig / anhänglich: Die Adjektive *anhängig* und *anhänglich* sind nicht gleichbedeutend. Während *anhänglich* »treu ergeben« bedeutet *(Sein anhänglicher kleiner Freund begleitete ihn. Der Hund ist sehr anhänglich),* kommt *anhängig* nur in bestimmten Verbindungen in der Rechtssprache vor: *ein anhängiges* (= schwebendes) *Verfahren; ein Verfahren ist anhängig* (= steht vor Gericht zur Entscheidung).

anheben: Wird *anheben* in gehobener Sprache im Sinne von »beginnen« gebraucht, dann lautet das Präteritum *hob an: Die Glocken hoben gegen Mittag zu läuten an. Der Geistliche hob an zu sprechen.* Veraltet ist die Form *hub / huben an (Die Glocken huben zu läuten an).*

anheften: In Verbindung mit der Präposition *an* kann *anheften* mit dem Dativ oder mit dem Akkusativ verbunden werden, je nachdem, ob die Vorstellung des Ortes, wo etwas angeheftet wird (Frage: wo?), oder die Vorstellung der Richtung (Frage: wohin?) vorherrscht: *Sie wollte eine Schleife an das / an dem Kleid anheften. Er hatte einen Zettel an die / an der Tür angeheftet. Wir heften frische Blüten an den / am Hut an.* ↑ Rektion (1).

anheim: Das Adverb *anheim* wird in der neuen Rechtschreibung nur noch getrennt vom Verb geschrieben: *anheim fallen* (= zufallen, zum Opfer fallen), *anheim geben* (= anvertrauen, überlassen), *anheim stellen* (= überlassen).

anheischig machen, sich: Die Fügung *sich anheischig machen* im Sinne von »sich erbieten, sich verpflichten« kann sich nur auf ein in der Zukunft liegendes, nicht auf ein bereits abgeschlossenes Geschehen beziehen. Es kann also nicht heißen: *Ich mache mich anheischig, diese Aufgabe richtig gelöst zu haben,* sondern nur: *Ich mache mich anheischig, diese Aufgabe richtig zu lösen.*

ankaufen / kaufen: Im Unterschied zu *kaufen* »für Geld erwerben« wird *ankaufen* nur dann verwendet, wenn es sich um den Kauf von Wertobjekten oder von größeren Mengen handelt: *Grundstücke, Aktien, Getreide ankaufen. Die Galerie hat mehrere kostbare Gemälde angekauft.*

anklagen: Das Verb *anklagen* kann mit dem Akkusativ der Person + Genitivobjekt oder mit dem Akkusativ der Person + Präpositionalobjekt mit *wegen* verbunden werden: *Man hat ihn des Diebstahls angeklagt.* Oder: *Man hat ihn wegen Diebstahls angeklagt.* ↑ Rektion (4).

anklagen, sich: Bei *sich anklagen als* steht heute das auf *als* folgende Substantiv gewöhnlich im Nominativ, d. h., es wird auf das Subjekt bezogen: *Er klagte sich als der eigentliche Schuldige an.* Der Akkusativ *(Er klagte sich als den eigentlichen*

Schuldigen an) ist seltener. ↑ Kongruenz (4.2).

anklammern: In Verbindung mit *an* kann *anklammern* sowohl mit dem Akkusativ als auch mit dem Dativ verbunden werden: *Das Kind klammerte sich ängstlich an die / an der Mutter an. Er klammerte eine Fotokopie an das / an dem Schreiben an.*

ankleben: In Verbindung mit *an* kann *ankleben* sowohl mit dem Akkusativ der Bewegung als auch mit dem Dativ des Ortes verbunden werden: *Sie klebte einen kleinen Zettel an die / an der Tür an.*

ankommen: 1. Das Verb *ankommen* im Sinne von »befallen, überkommen« wird heute gewöhnlich mit dem Akkusativ der Person verbunden; der Dativ ist hier veraltet: *Ein unbehagliches Gefühl kam mich an* (veraltet: *kam mir an*). *Sie* (veraltet: *Ihr*) *kam die Lust zu lachen an.* **2.** In Sätzen wie *Es kommt ganz auf die jeweiligen Umstände an* oder *Auf dich allein kommt es jetzt an* wird in der Umgangssprache oft fälschlich *darauf* oder *drauf* hinzugefügt. (Nicht korrekt also: *Es kommt ganz auf die jeweiligen Umstände darauf an* oder: *Auf dich allein kommt es jetzt drauf an.*)

Anlage: 1. **als Anlage / in der Anlage:** Beide Formulierungen sind möglich: *Als Anlage* oder: *In der Anlage übersende ich Ihnen zwei Gutachten.* **2. Kongruenz:** Bei Formulierungen wie *Anlage 1 bis 2* oder *Anlage 1 und 2* kann das Verb im Singular oder Plural stehen: *Anlage 1 und 2 enthält / enthalten alles Wichtige zur Klärung all dieser Fragen.* Aber: *[Die] Anlagen 1 und 2 enthalten …* **3. Anlage / Anlegung:** ↑ Verbalsubstantiv. **4.** ↑ Brief (5).

anlangen: ↑ anbelangen.

anlässlich: Die Präposition *anlässlich* »bei Gelegenheit, aus Anlass« wird mit dem Genitiv verbunden: *Anlässlich des Jahrestages der Befreiung waren alle Gebäude beflaggt.* Die Präposition wird besonders in der Amts- und Verwaltungs-

sprache verwendet. Andere, stilistisch oft bessere Möglichkeiten sind *bei, zu* und *aus Anlass: Er sprach bei seinem Besuch auch mit dem Oppositionsführer. Zum Jahrestag der Befreiung waren alle Gebäude beflaggt. Aus Anlass ihres Jubiläums erhielt sie ein wertvolles Buch.* Nicht korrekt ist die Vermischung von zwei Konstruktionen: *Über die uns anlässlich zu unserer Silberhochzeit übermittelten Glückwünsche haben wir uns sehr gefreut.* Richtig: *… anlässlich unserer Silberhochzeit …* oder: *… zu unserer Silberhochzeit …*

Anlaut: Der Anlaut ist der erste Laut eines Wortes oder einer Silbe. ↑ Aussprache.

anlegen: Im Sinne von »investieren« wird *anlegen in* mit dem Dativ verbunden: *Er legte sein Geld in Wertpapieren* (nicht: *Wertpapiere*) *an.* Auch *anlegen an* »landen, [am Ufer] festmachen« wird gewöhnlich mit dem Dativ verbunden: *Das Boot legte langsam am Ufer / an der Schiffsbrücke an.* Die Verbindung mit dem Akkusativ (*an die Schiffsbrücke anlegen*) ist nicht falsch, aber weniger gebräuchlich. ↑ Rektion (1).

Anlegung / Anlage: ↑ Verbalsubstantiv.

anleimen: Bei *anleimen an* kann sowohl der Akkusativ als auch der Dativ stehen: *Er leimte das abgeplatzte Stück an das /* (seltener:) *an dem Brett an.*

anlernen: ↑ lehren (5).

anliefern: ↑ Verb (3).

anliegen: Das Verb *anliegen,* das in gehobener Sprache noch im Sinne von »behelligen, zusetzen« vorkommt, wird mit dem Dativ und nicht mit dem Akkusativ verbunden: *Er lag dem Vater mit Bitten an.*

anliegend: Die in Geschäftsbriefen häufig gebrauchte Formulierung *Anliegend übersende ich Ihnen …* ist zwar grammatisch nicht eindeutig, kann aber nicht in dem Sinne missverstanden werden, dass der Absender »anliegt«. Eindeutig sind z. B. *als Anlage, in der Anlage* oder *anbei.* ↑ satzwertiges Partizip (1).

A

anlöten: Bei *anlöten an* kann sowohl der Akkusativ als auch der Dativ stehen: *Das eine Ende des Drahtes muss fest an die / an der Platte angelötet werden.*

anmahnen: ↑ Verb (3).

anmieten: ↑ Verb (3).

anmontieren: Bei *anmontieren an* kann sowohl der Akkusativ als auch der Dativ stehen: *Er montierte eine Steckdose an die / an der Wand an.*

anmuten: In der Bedeutung »erscheinen, vorkommen« wird *anmuten* mit dem Akkusativ der Person und nicht mit dem Dativ verbunden: *Diese Vorgänge muteten ihn* (nicht: *ihm*) *seltsam an.*

an'n: Umgangssprachlich und mundartlich für *an den*. ↑ Präposition (1.2.1), ↑ Apostroph (1.2).

anno / Anno: Das aus dem Lateinischen übernommene Wort für »im Jahre« kann sowohl klein- als auch großgeschrieben werden: *anno,* (auch:) *Anno elf, anno* (auch:) *Anno 1789, anno,* (auch:) *Anno dazumal, anno,* (auch:) *Anno Tobak.* Für *Anno Domini (A. D.)* gilt nur die Großschreibung, ↑ Fremdwort (4.2). In der Geschichtswissenschaft kommt zur Kennzeichnung von Jahreszahlen die Abkürzung *a.* vor: *a. 1232.*

Annoncen: ↑ Anzeigen.

anomal / anormal: ↑ abnorm / abnormal / anomal / anormal.

Anrede: 1. Anredepronomen: Die heute im Deutschen üblichen Anredepronomen sind: die Höflichkeitsanrede *Sie* (3. Person Plural des Personalpronomens) im Singular und im Plural *(Waren Sie schon einmal in Berlin, Herr Müller? Jetzt dürfen Sie alle hereinkommen)* und die Anrede *du,* im Plural *ihr,* zwischen miteinander vertrauten Personen *(Das darfst du nicht tun! Habt ihr eure Schularbeiten gemacht?).* In verschiedenen Mundarten ist es üblich, zwei oder mehr Personen mit *ihr* anzusprechen, auch wenn man sie einzeln nicht duzt. Die Anrede in der 3. Person Singular *(Schweig Er! Höre Sie!)* ist veraltet.

2. Groß- oder Kleinschreibung: Die Anredepronomen *Sie* und das entsprechende Possessivpronomen *Ihr* schreibt man immer, d. h. nicht nur in Briefen, sondern auch in der wörtlichen Rede im Prosatext, groß: *Lieber Herr Meier, ich danke Ihnen für Ihren Brief und freue mich, dass Sie ... Er sagte: »Das kann ich Ihnen nicht versprechen.«* *Wir danken Ihnen allen und wünschen Ihnen ein gutes neues Jahr.* (Aber klein, weil keine Anrede: *Wir danken allen Freunden und wünschen ihnen ein gutes neues Jahr* oder: *Wir bitten alle Betriebsangehörigen, dass sie ihre Anträge rechtzeitig einreichen.* In diesen beiden Beispielen sind *ihnen* und *sie* 3. Person Plural.) Die Anredefürwörter *du, ihr* und die entsprechenden Possessivpronomen *dein, euer* werden in neuer Rechtschreibung immer kleingeschrieben, d. h. also auch dann, wenn eine Person oder eine Gruppe unmittelbar angesprochen wird, wie z. B. in Briefen, in feierlichen Aufrufen und Erlassen, in Wahlaufrufen, Grabinschriften, Widmungen, auf Kranzschleifen, in Bemerkungen des Lehrers unter Klassenarbeiten, auf Fragebogen (z. B. bei schriftlich fixierten Prüfungsfragen). Groß schreibt man das Pronomen bei historischen Titeln wie *Exzellenz, Hoheit, Durchlaucht* u. Ä.: *Euer (Eure) Exzellenz, Euer (Eure) Hoheit, Euer (Eure) Durchlaucht;* ebenso in der 3. Person: *Seine Majestät, Seine Heiligkeit, Ihre Königliche Hoheit.* – Das Reflexivpronomen *sich* wird immer kleingeschrieben: *Machen Sie sich bitte keine Mühe!* Auch die Pronomen *alle* und *beide* dürfen nicht großgeschrieben werden: *Ich grüße euch alle herzlich. Ich möchte Sie gern beide einmal wieder bei uns willkommen heißen dürfen.* (↑ Groß- oder Kleinschreibung [1.2.4]).

3. Formen der Anrede: Die Frage, ob man eine Person mit ihrem Namen oder (auch) mit ihrem Titel, akademischen Grad o. Ä. ansprechen soll, kann allgemein nicht beantwortet werden. Im

Zweifelsfall entscheide man sich für die Verwendung bzw. Hinzufügung des (höchsten) Titels. ↑ Titel und Berufsbezeichnungen; zu Anreden im Brief ↑ Brief (4).

Anredenominativ: Der Anredenominativ (Vokativ) ist ein Satzglied im Nominativ, das in seiner Stellung frei ist und außerdem auch weggelassen werden kann, ohne dass dies für die Satzstruktur von Bedeutung ist. Der Anredenominativ bezeichnet die angeredete Person oder die angeredeten Personen: *Junge, pass bloß auf! Kommst du mit, Mutter? Liebe Verwandte, es geht mir gut. Ich freue mich, Kolleginnen und Kollegen, Sie begrüßen zu können.* Veraltet sind Pluralformen wie *Lieben Freunde! Lieben Brüder und Schwestern!*

Anredepronomen: ↑ Anrede (1).

anrufen: In der Standardsprache wird *anrufen* nur mit dem Akkusativ verbunden. Die Verbindung mit dem Dativ ist landschaftliche Umgangssprache, besonders in Südwestdeutschland und der Schweiz. Es heißt also: *Ich rufe dich morgen an* (nicht: *Ich rufe dir morgen an*).

ans: Diese Verschmelzung aus *an* und *das* wird ohne Apostroph geschrieben. ↑ Apostroph (1.2), ↑ Präposition (1.2.1).

anscheinend / scheinbar: In der Alltagssprache wird der Bedeutungsunterschied zwischen *anscheinend* und *scheinbar* häufig außer Acht gelassen und *scheinbar* fälschlich im Sinne von *anscheinend* gebraucht. Mit *anscheinend* wird die Vermutung zum Ausdruck gebracht, dass etwas so ist, wie es erscheint: *Er ist anscheinend krank. Anscheinend ist niemand im Haus. Sie hat anscheinend Schweres erlebt.* Das Adjektiv *scheinbar* sagt, dass etwas nur dem äußeren Eindruck nach, aber nicht in Wirklichkeit so ist, wie es sich darstellt: *Die Zeit stand scheinbar still. Der Widerspruch ist nur scheinbar.* Nicht korrekt ist z. B. der Gebrauch von *scheinbar* in folgenden Sätzen: *Du hast mich schein-*

bar (statt: *anscheinend*) *vergessen. In diesem Gehege sind scheinbar* (statt: *anscheinend*) *Mufflons.* – Die Unterscheidung zwischen den beiden Wörtern ist relativ jung, sie wurden erst im 18. Jh. gegeneinander abgegrenzt und differenziert.

anschließen: Bei *anschließen an* in der Bedeutung »an etwas anbringen und dadurch eine Verbindung herstellen« kann der Dativ oder der Akkusativ stehen, je nachdem, ob beim Sprecher die Vorstellung des Ortes, wo etwas angeschlossen wird, oder die der Richtung vorherrscht. Der Akkusativ ist hier allerdings häufiger: *Sie schloss den Schlauch an den* (auch:) *am Wasserhahn an. Das Haus wurde an die Fernheizung angeschlossen.* Nur im Sinne von »mittels eines Schlosses sichern« steht gewöhnlich der Dativ: *Er schloss sein Fahrrad am Zaun / an der Straßenlaterne an.* ↑ Rektion (1).

anschreiben: Der Gebrauch von *anschreiben* im Sinne von »sich [mit einem Anliegen] schriftlich an jmdn. wenden« findet sich vornehmlich im Behörden- und Geschäftsbereich: *eine Behörde, eine Firma, einen Antragsteller anschreiben. 40 Prozent aller angeschriebenen Personen bejahten die Frage.* ↑ Verb (3).

Anschrift: ↑ Brief (1).

anschweißen: Bei *anschweißen an* kann sowohl der Akkusativ als auch der Dativ stehen: *Der Bügel wird an die / an der Schiene angeschweißt.*

anschwellen: ↑ schwellen.

Ansehen: Über die Apposition mit *als* nach dem Verbalsubstantiv *Ansehen* (*das Ansehen des Mannes als Kaufmann / als ehrbarer Kaufmann* oder *ehrbaren Kaufmanns / als eines ehrbaren Kaufmanns* usw.) ↑ Apposition (3.2 und 3.3).

ansehen, sich: 1. Bei *sich ansehen als* steht heute das dem *als* folgende Substantiv gewöhnlich im Nominativ, d. h., es wird auf das Subjekt bezogen: *Er sieht sich als guter Autofahrer an.* Der Akkusativ (*Er* *sieht sich als guten Autofahrer an)* ist seltener. ↑ Kongruenz (4.2).

2. ↑ als / für / wie.

an sein (ugs.): In neuer Rechtschreibung wird immer getrennt geschrieben, also auch im Infinitiv und Partizip: *Das Licht muss immer an sein. Das Radio ist nicht an gewesen.* Dasselbe gilt weiterhin bei den Personalformen: *Ich glaube, dass das Licht noch an ist / dass die Maschine an war.* ↑ Getrennt- oder Zusammenschreibung (1.5).

Anspruch auf / an: Es heißt *Anspruch auf etwas haben / erheben: Er hat Anspruch auf Krankengeld. Wir erheben Anspruch auf dieses Gebiet.* Mit *an* wird die Person[engruppe] oder Sache angeschlossen, von der etwas gefordert oder erwartet wird: *Er hat / stellt hohe Ansprüche an seine Mitarbeiterinnen und Mitarbeiter / an das Leben.*

anstatt: 1. Rektion: Die Partikel *anstatt* kann sowohl Präposition (= anstelle) als auch Konjunktion (= und nicht) sein. Als Präposition hat sie den Genitiv nach sich: *Anstatt des Geldes gab sie ihm ihren Schmuck. Er wies die Schwester anstatt des Stationsarztes zurecht.* (Nicht korrekt: *Anstatt dem Geld ...*, *anstatt dem Stationsarzt ...*) Nur wenn der Genitiv formal nicht zu erkennen ist oder wenn ein weiteres starkes Substantiv im Genitiv Singular hinzutritt, wird *anstatt* mit dem Dativ verbunden: *Anstatt Worten will ich Taten sehen.* Als Konjunktion regiert *anstatt* keinen Kasus, d. h., dass der folgende Kasus nicht von *anstatt*, sondern vom Verb abhängt: *Er reichte ihr anstatt ihrem Begleiter die Rechnung. Man zeichnete sie anstatt ihn aus.* – Schwankungen im Kasus erklären sich demnach daraus, dass man *anstatt* sowohl als Präposition wie als Konjunktion verwenden kann, je nachdem, ob man ein Verhältnis ausdrücken will oder Satzteile (oder Sätze) verbinden will: *Er nahm seinen Freund anstatt seiner mit* (= Präposition), aber: *Er nahm seinen*

Freund anstatt ihn mit (= Konjunktion). Oder: *Er traf den Pfahl anstatt der Konservendose* (= Präposition), aber: *Er traf den Pfahl anstatt die Konservendose* (= Konjunktion). ↑ Präposition (2).

2. Komma: Das Komma vor *anstatt dass* steht wie vor dem einfachen *dass*, weil beide Wörter wie eine einfache Konjunktion eingesetzt sind: *Sie lobte ihn, anstatt dass sie ihn tadelte. Anstatt dass der Minister kam, erschien nur sein Staatssekretär.* Die Fügung *anstatt zu* + Infinitiv gilt als Infinitivgruppe, die in der neuen Rechtschreibung nicht mehr durch Komma abgetrennt zu werden braucht: *Er spielte[,] anstatt zu arbeiten. Anstatt sich zu beeilen[,] bummelte sie. Er ging[,] anstatt nach Hause zu kommen[,] in eine Kneipe.* Aber weiterhin nur mit Komma, wenn die Infinitivgruppe eindeutig als nachgetragener Zusatz anzusehen ist: *Er, anstatt nach Hause zu kommen, ging in eine Kneipe.*

anstelle / an Stelle: Beide Schreibungen sind korrekt: *Der Staatssekretär nahm anstelle / an Stelle der Ministerin an den Besprechungen teil.* Neben dem Genitiv ist auch der Anschluss mit *von* möglich: *Die meisten Kundinnen kauften Geflügel anstelle / an Stelle von Schweinefleisch.* ↑ Verblassen des Substantivs.

anstoßen: Für *anstoßen* in den Bedeutungen »zufällig an etwas stoßen« und »Anstoß, Ärgernis erregen« ist die Perfektumschreibung mit *sein* und nicht mit *haben* zu wählen: *Er ist im Dunkeln an den Schrank* (alltagssprachlich auch: *am Schrank*) *angestoßen. Er ist bei seiner Abteilungsleiterin angestoßen.* In allen anderen Bedeutungen (»die Gläser vor dem Trinken aneinander stoßen«, »durch einen Stoß in Bewegung setzen«, »lispeln« usw.) wird *anstoßen* im Perfekt mit *haben* umschrieben: *Wir haben auf euer Wohl angestoßen.* ↑ haben (1).

-ant / -and: ↑ -and / -ant.

antelefonieren: Das Verb *antelefonieren* ist eine umgangssprachliche, oft als unschön empfundene ↑ Kontamination aus *anrufen* und *telefonieren.*

Antibiotikum: Der Plural von *das Antibiotikum* lautet *die Antibiotika.* Nicht korrekt ist die Pluralform *die Antibiotikums* oder gar *die Antibiotikas.*

Antonym: Ein Antonym (Gegen[satz]-, Oppositionswort) ist ein Wort, das einem anderen entgegengesetzt ist. Es gibt verschiedene Arten von Gegensätzen: kontradiktorische oder polare wie *Möglichkeit / Unmöglichkeit;* konträre wie *Maximum / Minimum;* korrelative oder komplementäre wie *Ebbe / Flut.* Weitere Beispiele für Antonympaare: *gesund / krank; schwarz /weiß; schmutzig / sauber; hell / dunkel; dick / dünn; tot / lebendig; starten / landen; ablehnen / genehmigen; hassen / lieben; Himmel / Hölle; Tag / Nacht; morgens / abends; mit / ohne; Morgenrot / Abendrot; Mann / Frau; Bruder / Schwester; Angebot / Nachfrage.* Wörter mit mehreren Bedeutungen haben oft verschiedene Antonyme, z. B. *alt / jung, alt / frisch, alt / neu; gehen / kommen, gehen / stehen.* Die Verwendung von Gegenwörtern dient oft als Stilmittel. Es werden auch immer wieder neue Gegenwörter gebildet, zu *Landstreicher* beispielsweise *Stadtstreicher.* Der Gegensatz zum Antonym ist das ↑ Synonym.

Antrag: Nach *Antrag* wird mit der Präposition *auf* (nicht *um* oder *nach*) angeschlossen: *Er stellte einen Antrag auf Fahrpreisermäßigung.*

Antragsteller: Auf Antragsformularen und -vordrucken war früher fast ausschließlich die maskuline Form zu finden. Gegen diese in der Rechtssprache übliche Gepflogenheit wird immer häufiger eingewandt, sie berücksichtige nicht, dass Antragsformulare und -vordrucke sich auch an Frauen richten. Daher gibt es Empfehlungen, hier auch die feminine Form zu nennen *(Antragstellerin/Antragsteller)* oder die Texte zu ändern, z. B. durch Formulierungen wie *Der Antrag*

wird gestellt von ... ↑ Gleichstellung von Frauen und Männern in der Sprache.

antwortlich: Die veraltete Präposition der Amts- und Kaufmannssprache *antwortlich* regiert den Genitiv: *Antwortlich Ihres Schreibens ...* Stilistisch besser ist: *Auf Ihr Schreiben ...*

anvertrauen: Der Verbzusatz *an-* wird in den finiten Formen meist vom Verb getrennt und nachgestellt: *Ich vertraue dir dieses Geheimnis an.* Die Unterlassung dieser ↑ Tmesis ist seltener: *Ich anvertraue dir dieses Geheimnis.*

anvisieren: ↑ Verb (3).

anwandeln: Das Verb wird heute nur noch mit dem Akkusativ gebraucht: *Ein Gefühl der Entmutigung wandelte ihn an.* Der Dativ *(... wandelte ihm an)* ist veraltet.

an was / woran: Standardsprachlich ist in der Regel das Pronominaladverb *woran: Woran hast du das erkannt? Ich frage mich, woran das liegt.* Die Verbindung *an + was (An was hast du das erkannt? Ich frage mich, an was das liegt)* kommt in der Umgangssprache recht häufig vor; sie gilt als stilistisch unschön. ↑ Pronominaladverb (5).

anwenden: Die Formen des Präteritums und zweiten Partizips lauten: *wendete an / wandte an* und *angewendet / angewandt.* Häufiger gebraucht werden die Formen *wandte an* und *angewandt.* ↑ wenden.

Anwesende: Es muss heißen: *Verehrte Anwesende!* (nicht: *Anwesenden*). ↑ substantiviertes Adjektiv (2.2.1).

Anzahl: 1. **Eine Anzahl Studierende stand / standen vor dem Haupteingang:** Auch wenn nach *Anzahl* das Gezählte im Plural folgt, steht in der Regel das Verb im Singular, weil das Subjekt *(Anzahl)* formal ein Singular ist: *Eine Anzahl Studierende stand vor dem Haupteingang. Eine Anzahl kostbarer Gegenstände wurde gestohlen.* Häufig wird aber auch nach dem Sinn konstruiert und das Verb in den Plural gesetzt: *Eine*

A

Anzahl Studierende standen vor dem Haupteingang. Eine Anzahl kostbarer Gegenstände wurden gestohlen. Der Plural findet sich vor allem dann häufig, wenn das Gezählte als ↑ Apposition im gleichen Kasus wie *Anzahl* steht: *Es liegen eine Anzahl Bauaufträge vor.* ↑ Kongruenz (1.1.3).

2. eine Anzahl hübscher / hübsche Sachen · eine Anzahl Abgeordneter / Abgeordnete: Nach *Anzahl* kann das Gezählte im Genitiv oder als Apposition stehen: *eine Anzahl Kinder; mit einer Anzahl Schafe. Er hat mit einer Anzahl Abgeordneter / Abgeordneten gesprochen. Eine Anzahl [steinreicher] Industrieller /* (seltener:) *[steinreiche] Industrielle stimmte dagegen. Sie hat eine Anzahl hübscher Sachen / hübsche Sachen.* ↑ Apposition (2.2).

3. Anzahl / Zahl: Die alte Unterscheidung, dass *Zahl* die Gesamtzahl, die Gesamtmenge ausdrückt, *Anzahl* dagegen einen Teil davon, ist auch im heutigen Sprachgebrauch noch nicht verloren gegangen und sollte überall da beachtet werden, wo es auf präzise Aussage ankommt. In der Alltagssprache werden beide Wörter häufig gleichbedeutend gebraucht.

Anzeigen

Der Zwang zur Kürze führt in Anzeigentexten nicht selten zu Verstößen gegen die Grammatik, zu mehrdeutigen Konstruktionen, stilistischen Entgleisungen, unverständlichen Abkürzungen u. dgl. Auf einige besonders häufige Fälle dieser Art gehen die folgenden Bemerkungen ein:

1 Preiswerter Plattenspieler gesucht / Preiswerten Plattenspieler gesucht
2 Die Geburt unserer Jennifer freuen wir uns / freuen sich anzuzeigen
3 Buchhändler(in) gesucht
4 Babysitter sucht F. Müller
5 Abgebe Waschmaschine / Gebe Waschmaschine ab
6 Todesanzeigen
7 Groß- oder Kleinschreibung

1. Preiswerter Plattenspieler gesucht / Preiswerten Plattenspieler gesucht:
Anzeigen sind häufig elliptische (unvollständige) Sätze. Ergänzt man diese Sätze, dann erkennt man gewöhnlich sofort, ob z. B. der Akkusativ oder der Nominativ, die 1. oder die 3. Person stehen muss. So muss es z. B. heißen:

Qualifizierter Koch gesucht.

Hotel »Continental«, Braunschweig, Wallstraße 5

A

Oder:

Preiswerter Plattenspieler gesucht.

Franz Müller, Berlin, Bachstraße 4

In beiden Anzeigen kann nur *wird* ergänzt werden. Man fragt: Wer oder was wird gesucht? Nicht korrekt ist der Akkusativ *(Qualifizierten Koch gesucht. Preiswerten Plattenspieler gesucht).*
Schwankungen treten dann auf, wenn der unvollständige Satz auf zweierlei Art ergänzt werden kann:

Preiswerter Plattenspieler zu verkaufen.

Franz Müller, Berlin, Bachstraße 4

Plattenspieler ist in dieser Anzeige Subjekt (= ein preiswerter Plattenspieler ist zu verkaufen.)

Preiswerten Plattenspieler zu verkaufen.

Franz Müller, Berlin, Bachstraße 4

In dieser Anzeige ist *Plattenspieler* Objekt (= einen preiswerten Plattenspieler habe ich zu verkaufen).
Die Anzeige

Tüchtigen Setzer stellt ein.

Reproprint AG, Hannover, Spohrstr. 4

ist nicht korrekt. Richtig muss es heißen:

Wir stellen tüchtigen Setzer ein.

Reproprint AG, Hannover, Spohrstraße 4

Richtig ist auch die Formulierung:

Tüchtigen Setzer stellt ein

Reproprint AG, Hannover, Spohrstraße 4

Bei dieser Anzeige handelt es sich um einen fortlaufenden Text; nach *stellt ein* darf also kein Punkt gesetzt werden.

2. Die Geburt unserer Jennifer freuen wir uns / freuen sich anzuzeigen:
Auch in Anzeigentexten müssen wie in gewöhnlichen Sätzen die zusammengehörigen Satzglieder oder Gliedteile formal übereinstimmen (↑ Kongruenz). Deshalb sind zwar die Formulierungen

Die Geburt *unserer* Jennifer freuen *wir uns* anzuzeigen

Die Geburt *ihrer* Jennifer freuen *sich* anzuzeigen

korrekt, nicht aber die ↑ Kontamination aus beiden:

Die Geburt *unserer* Jennifer freuen *sich* anzuzeigen.

A

Wird die Anzeige in der 3. Person abgefasst, dann stellt sie einen fortlaufenden Text dar; nach *anzuzeigen* darf also kein Punkt stehen:

Die Geburt ihrer Jennifer freuen sich anzuzeigen

Eva Wolf-Müller und Hans Müller

Nicht korrekt ist auch folgender Text:

Wir bieten technisch interessierten Schulabgängern,
auch *weibliche*, attraktive Ausbildungsplätze

weiblich ist, auch wenn es hier nachgestellt erscheint, wie *interessiert* Attribut zu *Schulabgänger* und muss dieselbe Endung aufweisen, also nur:

Wir bieten technisch interessierten Schulabgängern, auch *weiblichen*, attraktive Ausbildungsplätze

3. Buchhändler(in) gesucht:

Geschlechtsneutrale Stellenausschreibungen lassen sich durch die Verwendung von ↑ Klammern und ↑ Schrägstrich wie folgt gestalten:

Schweizer Verlag sucht zum 1. April 1997 eine(n) Mitarbeiter(in), der/die ...

Spätestens zum 1. September 1997 ist die Stelle einer *Abteilungsleiterin/eines Abteilungsleiters* neu zu besetzen. *Ihr/Sein* Organisations- und Verkaufstalent ...

Auch hier ist auf die formale Übereinstimmung (↑ Kongruenz) der zusammengehörenden Teile zu achten:

Wir suchen zum nächstmöglichen Termin *einen Redakteur(in)*

ist wegen der fehlenden Kongruenz zwischen *einen* und *Redakteurin* also nicht korrekt; richtig ist dagegen *eine(n) Redakteur(in)*.

↑ Gleichstellung von Frauen und Männern in der Sprache.

4. Babysitter sucht F. Müller:

Auch in einem Anzeigentext müssen wie in einem gewöhnlichen Satz die Beziehungen zwischen Subjekt, Prädikat und Objekt unmissverständlich ausgedrückt sein. Deshalb ist die Anzeige

Babysitter sucht

F. Müller, Berlin, Bachstraße 4

unglücklich formuliert (sucht hier der Babysitter oder F. Müller?). Besser:

Babysitter gesucht.

F. Müller, Berlin, Bachstraße 4

Ähnlich ist es mit

Boten sucht

Intertrans-Spedition, Frankenthal

Sucht die Firma einen oder mehrere Boten? Besser:

Bote gesucht.

Intertrans-Spedition, Frankenthal

5. Abgebe Waschmaschine / Gebe Waschmaschine ab:
In Anzeigen (und Telegrammen; z. B. *ankomme/eintreffe morgen*) wird die
Trennung (↑ Tmesis) des Verbzusatzes häufig unterlassen:

Abgebe Waschmaschine ... (statt:) Gebe Waschmaschine ab ...

Anbiete Kofferradio ... (statt:) Biete Kofferradio an ...

Da der Inserent auf diese Weise nicht nur ein Wort, sondern auch Kosten
spart, werden solche Formulierungen in Anzeigentexten im Allgemeinen
toleriert, zumal viele davon überzeugt sind, durch die unterlassene Tmesis
eine prägnantere Ausdrucksweise zu erreichen.

6. Todesanzeigen:
In Todesanzeigen finden sich häufig Formulierungen wie

Am 13. 2. 1996 starb *mein geliebter* Mann, Vater, Bruder, Onkel ...

Letzte Nacht entschlief nach schwerer Krankheit *meine liebe, unvergessliche* Frau,
Mutter und Schwester ...

Sie wären nur dann korrekt, wenn jede Verwandtschaftsbezeichnung nur
für einen einzigen der namentlich aufgeführten Angehörigen zuträfe. Pronomen und Adjektiv[e] vor der ersten Bezeichnung könnten dann bei den
übrigen erspart werden (*... mein geliebter Mann, [mein geliebter] Vater ...*).
Da aber meist mehrere Kinder, Geschwister usw. genannt werden, schreibt
man richtig:

... starb *mein* geliebter Mann, *unser* Vater, Bruder, Onkel ...

... entschlief *meine* liebe, unvergessliche Frau, *unsere* Mutter und Schwester ...

In diesen Anzeigen wird die Witwe/der Witwer besonders hervorgehoben.
Richtig ist auch:

... starb *unser* geliebter Mann, Vater, Bruder ...

... entschlief *unsere* liebe, unvergessliche Frau, Mutter und Schwester ...

wenn die Leidtragenden nicht einzeln genannt werden, wenn die Anzeige
also z. B. mit *Die trauernden Hinterbliebenen* unterzeichnet ist.
Zu der Fügung *nach langem, schwerem/schweren Leiden* ↑ Adjektiv (1.2.1).

A

7. Groß- oder Kleinschreibung:
Der Artikel vor Unterschriften in Anzeigen wird mit großem Anfangs-buchstaben geschrieben, wenn die Unterschrift nach einem abgeschlossenen Text (mit schließendem Punkt) steht. Handelt es sich dagegen um einen fortlaufenden Text, in den die Schlussformel o. Ä. einbezogen ist, richtet sich ihre Groß- oder Kleinschreibung nach der Wortart des ersten Wortes:

Für die erwiesene Anteilnahme sagen herzlichen Dank

die trauernden Hinterbliebenen

Für die selbstlose Einsatzbereitschaft danken wir allen.

Der Vorstand

Anzug[s]-: Die Zusammensetzungen mit *Anzug* im Sinne von »Kleidungsstück« haben kein Fugen-s, z. B. *Anzugjacke, Anzugstoff.* Sonst schreibt man mit Fugen-s: *Anzugsvermögen* (= des Motors), *Anzugskraft* usw. ↑ Fugen-s (3.3).

Anzug / Verzug: Die Wendungen *[Eine] Gefahr ist im Anzug* und *Es ist Gefahr im Verzug* bedeuten im heutigen Sprachge-brauch beide »[eine] Gefahr droht«. Ursprünglich meinte jedoch *Gefahr ist im Verzug* so viel wie »Im Zögern, im Hi-nausschieben liegt Gefahr.«

Apartment / Appartement: Die beiden Wörter unterscheiden sich nicht nur in der Schreibung, sondern auch in der Aussprache und in der Bedeutung. Das

aus dem Englischen entlehnte *Apartment* wird [a'partmənt] (engl.: [ə'pa:t-mənt]) ausgesprochen und bedeutet »kleinere Wohnung (in komfortablem Mietshaus)«. Dagegen stammt *Apparte-ment* aus dem Französischen, wird [apart[ə]'mã:] (schweiz. auch: [...'ment]) ausgesprochen und bedeutet in der neuen Rechtschreibung nur noch »Zimmerflucht in einem größeren [luxuriösen] Hotel«.

Apfelwein / Äpfelwein: Standardsprachlich ist nur das Wort *Apfelwein* korrekt; *Äpfelwein* ist eine häufiger gebrauchte landschaftliche Nebenform. ↑ Komposi-tum (2).

Apokope: ↑ Elision.

Apostroph

Häufig gestellte Fragen zum Apostroph	
Frage	Antwort unter
Muss bei der verkürzten Form von *das* oder *es* ein Apostroph gesetzt werden, z. B. bei *gehts, hats, aufs?*	dieser Artikel, Punkt (1)
Ist der Apostroph bei Befehlsformen wie *geh, such* usw. korrekt?	dieser Artikel, Punkt (2.1), Imperativ (1.1)
Wie schreibt man Ableitungen von Personennamen auf *-sche*, z. B. *mozartsche, Grimm'sche?*	dieser Artikel, Punkt (3.2), Groß- oder Kleinschreibung (1.2.2)
Muss der Apostroph bei Genitivformen wie z. B. *Hans' Auto, Fritz' Beruf* gesetzt werden?	dieser Artikel, Punkt 4.1, Personennamen (2.1.3)

Mit dem Apostroph (dem Auslassungszeichen) zeigt man an, dass man in einem Wort einen Buchstaben (oder mehrere) weggelassen hat. Nach der Neuregelung der deutschen Rechtschreibung gibt es nur noch wenige Fälle, in denen der Apostroph vorgeschrieben ist (vgl. 3.3 und 4.1). Im Einzelnen sind folgende Fälle zu unterscheiden:

1 Der Apostroph beim Ausfall von Buchstaben am Anfang eines Wortes
1.1 Mir geht's / gehts gut · komm raus / 'raus!
1.2 aufs · hinterm · übern
2 Der Apostroph beim Ausfall von Buchstaben am Ende eines Wortes
2.1 Das Schluss-e bei Verben
2.2 Das Schluss-e bei anderen Wortarten
2.3 Andere Buchstaben am Ende eines Wortes
3 Der Apostroph beim Ausfall von Buchstaben im Wortinnern
3.1 einige / ein'ge · irdische / ird'sche Güter
3.2 mozartsche / Mozart'sche Sonaten · heusssche / Heuss'sche Schriften
3.3 M'gladbach · Ku'damm
3.4 stehen / stehn · gegorener / gegorner Saft · Brettl
4 Der Apostroph bei der Bildung des Genitivs
4.1 Grass' Blechtrommel · Andrić' Romane
4.2 Ingeborg Bachmanns Lyrik
5 er Apostroph bei der Deklination von Abkürzungen
6 Der Apostroph bei Jahreszahlen

A

1 Der Apostroph beim Ausfall von Buchstaben am Anfang eines Wortes

1.1 Mir geht's / gehts gut · komm raus / 'raus!

Der Apostroph steht häufig, wenn Buchstaben am Anfang eines Wortes ausgelassen werden und das Wort dadurch schwer lesbar oder missverständlich ist. Dabei erscheint vor dem Apostroph der gewöhnliche Wortzwischenraum. Die verkürzten Formen sind auch am Satzanfang kleinzuschreiben:

> Wirf die Decken und 's (= das) Gepäck ins Auto. Wer 's (= das) Geld hat, kann sich das erlauben. 's (= Es) ist nun mal nicht zu ändern. So 'n (= ein) Blödsinn! Sie hat 'ne (= eine) Menge erlebt. Wir steigen 'nauf (= hinauf).

Man kann ohne Apostroph schreiben, wenn die Kurzform des Pronomens *es* mit dem vorangehenden Wort (Verb, Pronomen, Konjunktion) verschmilzt. Diese Verbindungen sind im Allgemeinen nicht schwer lesbar. Der Wortzwischenraum wird in diesen Fällen nicht gesetzt.

> Mir *geht's / gehts* gut. Er macht *sich's / sichs* gemütlich. *Nimm's / Nimms* nicht so ernst.

Im Gegensatz zu *'nauf, 'naus, 'nein* usw. werden die mit *r*- anlautenden Kürzungen *ran, rauf, raus, rein, rüber, runter* im heutigen Sprachgebrauch meist als selbstständige Nebenformen von *heran, herauf* usw. empfunden und ohne Apostroph geschrieben. Das gilt auch am Satzanfang und bei Zusammensetzungen mit diesen Formen: *Runter vom Balkon! Er ließ ihn rauswerfen. Sie hat ihn reingelegt. Reich mir mal das Buch rüber. Er ist Rausschmeißer. War das ein Reinfall!* Nur wenn eine dieser Formen ganz bewusst als Auslassung gekennzeichnet werden soll, kann der Apostroph stehen. Auch bei ugs. *mal* (= einmal) und *was* (= etwas) steht kein Apostroph:

> Kommen Sie *mal* rüber! Hast du noch *was* auf dem Herzen?

1.2 aufs · hinterm · übern

Der Apostroph steht im Allgemeinen nicht, wenn es sich um allgemein übliche Verschmelzungen aus Präposition und Artikel handelt:

> ans, aufs, durchs, fürs, hinters, ins, übers, ums, unters, vors; am, beim, hinterm, im, überm, unterm, vorm, zum; hintern, übern, untern, vorn.

Umgangssprachliche und mundartliche Verschmelzungen, die zu unüblichen Konsonantenverbindungen führen, werden dagegen häufiger mit Apostroph geschrieben:

> Er sitzt *auf'm* Tisch. Wir treffen uns *nach'm* Essen. Wir gehen *in'n* Zirkus.

2 Der Apostroph beim Ausfall von Buchstaben am Ende eines Wortes

2.1 Das Schluss-e bei Verben

Nach den neuen Rechtschreibregeln muss kein Apostroph für das weggelassene -e in bestimmten Formen des Verbs gesetzt werden:

> Ich *find* das schön. Ich *lass* es bleiben. Das *hab* ich nicht getan. *Küss* die Hand! *Hab* ich nur deine Liebe!

Bei schwer lesbaren oder missverständlichen Formen allerdings wird der Apostroph gesetzt. Solche Formen treten besonders in dichterischen Texten auf:

> Das Grauen *packt'* ihn und ließ ihn nicht los. Das Wasser *rauscht',* das Wasser schwoll (Goethe). Ich *schnitt'* es gern in alle Rinden ein.

Kein Apostroph steht in der Regel bei festen Grußformeln und bei allgemein üblichen verkürzten Imperativformen (Befehlsformen):

> *Grüß* Gott!, *bleib!, geh!, trink!, lass!, leg* den Mantel *ab!, führ* den Hund *aus!*

Unübliche Imperative, die gelegentlich in der Dichtung auftreten, haben dagegen einen Apostroph: *Fordr'* ihn *auf!, Handl'* gefälligst danach!

2.2 Das Schluss-e bei anderen Wortarten

Kein Apostroph steht nach den neuen Rechtschreibregeln im Allgemeinen für das weggelassene Schluss-e bei Substantiven (↑ Elision) wie *Lieb, Gebirg, Näh, Freud, Hos, Treu, Sünd, Füß.* Dies gilt wie bisher schon auch für Doppelformen wie *Bursch / Bursche, Hirt / Hirte* und Substantive in festen Verbindungen wie *auf Treu und Glauben, Hab und Gut, mit Müh und Not.* Ebenfalls keinen Apostroph haben die verkürzten Formen von Adjektiven und Adverbien auf -e, weil sie als selbstständige Nebenform empfunden werden und allgemein üblich sind:

> blöd, bös, fad, gern, heut, leis, öd, trüb, eh usw.

2.3 Andere Buchstaben am Ende eines Wortes

Der Apostroph kann stehen, wenn (umgangssprachlich) Buchstaben am Ende eines Wortes oder Beugungsendungen weggelassen werden:

> Schauen *S'* (= Sie) zu, dass es klappt. Sie begehrt *kein'* (= keinen) Dank. Er ist *gericht'* (= gerichtet).

A

Das gilt auch für das weggelassene *-o* von *Santo* und für das weggelassene *-a* von *Santa* vor männlichen bzw. weiblichen italienischen Namen, die mit Vokal anlauten:

> *Sant' Angelo, Sant' Agata* usw.

Kein Apostroph steht im Allgemeinen bei ungebeugt verwendeten Adjektiven und Indefinitpronomen:

> *gut* Wetter, *solch* Glück, *manch* schöne Stunde, ein *einzig* Wort, *welch* Freude usw.

3 Der Apostroph beim Ausfall von Buchstaben im Wortinnern

Da der Apostroph in den folgenden Gruppen ausgefallene Buchstaben im Wortinneren vertritt, darf er, wenn solch ein Wort am Ende einer Zeile getrennt werden muss, nicht wegfallen:

> ein'-ge, Grimm'-sche [Märchen], Ku'-damm.

3.1 einige / ein'ge · irdische / ird'sche Güter

Der Apostroph steht heute im Allgemeinen für das ausgelassene *-i-* der mit *-ig* und *-isch* gebildeten Adjektive und Pronomen:

> *ein'ge* Leute, *wen'ge* Stunden, *heil'ge* Eide, *ew'ger* Bund, *ird'sche* Güter, *märk'sche* Heimat usw.

3.2 mozartsche / Mozart'sche Sonaten · heusssche / Heuss'sche Schriften

Ein Apostroph kann bei Ableitungen aus Eigennamen stehen, der Eigenname wird dann großgeschrieben:

> *mozartsche / Mozart'sche* Sonate
>
> *heusssche / Heuss'sche* Schriften
>
> *grimmsche / Grimm'sche* Märchen
>
> *schulze-delitzschsches / Schulze-Delitzsch'sches* Gedankengut
>
> *hannoversche / Hannover'sche* Industrie

3.3 M'gladbach · Ku'damm

Der Apostroph wird gesetzt, wenn – der Kürze wegen – größere Buchstabengruppen von Namen weggelassen werden:

> Lu'hafen (= Ludwigshafen), Borussia M'gladbach (= Mönchengladbach),
> D'dorf (= Düsseldorf), Ku'damm (= Kurfürstendamm in Berlin) usw.

3.4 stehen / stehn · gegorener / gegorner Saft · Brettl

A

Der Apostroph steht nicht, wenn im Wortinnern ein unbetontes -*e*- ausfällt und die entstehende Wortform allgemein gebräuchlich ist (↑ Elision):

stehn, sehn, befrein; ich wechsle, ich lindre; auf verlornem Posten, gegorner Saft; Abrieglung, Reglung, Wandrer, Englein; wacklig, wässrig (= wässerig); finstre Gestalten, edle Menschen; ebnes Gelände; trockner, raschste; unsre, andre usw.

Dies gilt auch für Wörter und Namenformen mundartlicher Herkunft:

Brettl, Dirndl, Rosl usw.

Bei ungebräuchlichen Auslassungen dagegen setzt man einen Apostroph:

Well'n, g'nug, Bau'r usw.

4 Der Apostroph bei der Bildung des Genitivs

4.1 Grass' Blechtrommel · Andrić' Romane

Der Apostroph steht zur Kennzeichnung des Genitivs von Namen, die auf -*s*, -*ss*, -*ß*, -*tz*, -*z*, -*x*, -*ce* enden und keinen Artikel o. Ä. bei sich haben:

Hans *Sachs'* Gedichte, *Le Mans'* Umgebung; *Grass'* Blechtrommel; *Voß'* Übersetzungen; *Leibniz'* Philosophie, *Bregenz'* Lage; *Ringelnatz'* Gedichte; *Giraudoux'* Werke, *Bordeaux'* Hafenanlagen; das Leben *Johannes'* des Täufers.

(aber:) die Gedichte des Hans *Sachs,* das Leben des *Johannes.*

Der Apostroph steht heute im Allgemeinen auch zur Kennzeichnung des Genitivs von nichtdeutschen Namen, die in der Aussprache auf einen der oben angegebenen Zischlaute enden:

Andrić' Romane, Anatole *France'* Werke, *Mendès-France'* Politik, *Cyrankiewicz'* Staatsbesuch usw.

4.2 Ingeborg Bachmanns Lyrik

Kein Apostroph steht in der Regel vor dem Genitiv-s von Namen, auch nicht, wenn sie abgekürzt werden:

Ingeborg *Bachmanns* (nicht: Bachmann's) Lyrik, *I. B.s* Lyrik, *Brechts* Dramen, *Bismarcks* Politik, *Hamburgs* Hafen, *Shelleys* Briefe, Margaret *Thatchers* Europapolitik usw.

Gelegentlich wird in solchen Fällen ein Apostroph gesetzt, um die Grundform eines Namens zu verdeutlichen:

Andrea's Boutique, *Carlo's* Taverne usw.

5 Der Apostroph bei der Deklination von Abkürzungen

Der Apostroph steht nicht bei Abkürzungen mit der Genitiv- oder Pluralform -s (↑ Abkürzungen [3]):

des Jh.s, des PKWs, die LKWs, GmbHs usw.

6 Der Apostroph bei Jahreszahlen

Die im angelsächsischen Bereich verbreitete Schreibung der verkürzten Jahreszahl mit Apostroph ist im Deutschen nicht üblich:

Im *Februar 97* stieg die Arbeitslosenzahl noch einmal kräftig an.

Appartement / Apartment: ↑ Apartment / Appartement.

applaudieren: Das Verb *applaudieren* steht heute im Allgemeinen nur noch mit dem Dativ: *jemandem applaudieren.* Der Akkusativ gilt als veraltet, ebenso das persönliche Passiv *(Der Künstler wurde applaudiert).*

Apposition

Häufig gestellte Fragen zur Apposition	
Frage	**Antwort unter**
In welchen Fällen muss die Apposition nicht im selben Fall stehen wie das Bezugswort?	dieser Artikel, Punkte (1.1), (1.2), (2), (3.3), (3.5)
Heißt es *eine Gruppe Neugierige* oder *eine Gruppe Neugieriger, ein Glas guter Wein* oder *ein Glas guten Weines?*	dieser Artikel, Punkt (2.2), Maß-, Mengen- und Münzbezeichnungen (2.2)

Unter Apposition (Beisatz) versteht man ein substantivisches ↑ Attribut (Beifügung), das mit seinem Bezugswort (Substantiv, Pronomen) gewöhnlich kongruiert (↑ Kongruenz), also in ↑ Genus, ↑ Numerus und ↑ Kasus übereinstimmt. Eine Apposition kann unmittelbar bei ihrem Bezugswort stehen (in der Regel nachgestellt) oder mit *als* oder *wie* angeschlossen sein, sie kann aber auch dem Bezugswort nachgetragen sein und wird dann durch Komma abgetrennt:

> der Regierungsbezirk *Kassel;* sein Besuch bei Katharina *der Großen;* mit mir *armem Kerl;* Rechtsanwältin Klein *als Vertreterin* des Nebenklägers; ihr Status *als Expertin;* mit einem Kandidaten *wie ihm.* Gestern habe ich mich mit Cornelius, *meinem einstigen Schulfreund,* getroffen. Die Firma Maier, *München,* behauptet in ihrem Brief...

Zum grammatischen Zweifelsfall wird die Apposition dadurch, dass es von der oben genannten Kongruenzregel zahlreiche – teilweise standardsprachlich durchaus korrekte – Abweichungen gibt: Zu Genusabweichungen *(sie als Minister/Ministerin)* ↑ Kongruenz (3). Im Numerus besteht meist Kongruenz, doch ist es üblich und möglich, dass auf ein pluralisches Bezugswort als Apposition eine singularische Sammelbezeichnung folgt (und umgekehrt; ↑ Kongruenz 1.1.5):

> Wir verdanken *den Franzosen, der großen Nation,* Werke von unschätzbarem Wert. *Die Schwarzen, ihr Mittelstand,* stellen eine Minorität dar. Die *moderne Literatur,* besonders die *verschiedenen Formen* der Poesie, sind schwerer zugänglich. *Kohlehydrate, ein wichtiger Energiespender,* sollten in keiner Hauptmahlzeit fehlen.

Zahlreicher sind die Kasusabweichungen zwischen Apposition und Bezugswort. Sie werden in den folgenden Abschnitten behandelt:

1   Die nachgetragene Apposition
1.1 der Tod dieses Gelehrten, Begründer / Begründers der Strahlenheilkunde
1.2 am Ufer der Enns (eines Nebenflusses / ein Nebenfluss der Donau)
1.3 der Preis für Brot, das Grundnahrungsmittel der Bevölkerung
1.4 Ein gern gesehener Gast, betraute man ihn ...
1.5 am Mittwoch, dem ... / am Mittwoch, den ...
2   Die unmittelbar beim Bezugswort stehende Apposition
2.1 Magistrat Berlin / Magistrat von Berlin · das Problem Drogenabhängige / der Drogenabhängigen · Franz Meyer Nachfolger
2.2 ein Glas Wein / Weines · eine Gruppe Neugierige / Neugieriger · für 10 Jahre treue Mitarbeit / treuer Mitarbeit
3   Die mit *als* oder *wie* angeschlossene Apposition
3.1 ich als Verantwortlicher · von dir als dem Verantwortlichen · für Peter als den Verantwortlichen
3.2 die Besteigung des Berges als des schwierigsten Gipfels des Massivs · mit der Überschreitung des Flusses als einer scharf bewachten

A

Grenze · es schadet der Stellung des Landes als eines wichtigen
Handelspartners

3.3 die Besteigung des Berges / seine Besteigung als schwierigster Gipfel
des Massivs · mit der Überschreitung des Flusses / mit seiner
Überschreitung als scharf bewachte/bewachter Grenze · es schadet
der Stellung des Landes / seiner Stellung als wichtiger Handelspartner

3.4 die Verhaftung von General Gomez als eigentlichem Drahtzieher

3.5 an einem Tag wie jedem anderen / wie jeder andere · Es gibt nichts
Schlimmeres als einen betrunkenen Mann / als ein betrunkener
Mann · die Verdienste eines Politikers wie er · das Werk eines großen
Dichters wie Hölderlin

4 Die Deklination des Adjektivs in der Apposition

5 Verweise

1 Die nachgetragene Apposition

1.1 der Tod dieses Gelehrten, Begründer /
Begründers der Strahlenheilkunde

Die nachgetragene Apposition steht häufig im Nominativ, wenn sie ohne Artikel angeschlossen wird. Dies ist besonders dann der Fall, wenn das Bezugswort der Apposition ein attributiver Genitiv ist:

das Wirken dieses Mannes, *Vorkämpfer* (seltener: *Vorkämpfers*) für die Rassengleichheit; nach Meinung des Parteivorsitzenden, Bundesaußenminister *Schulze*
(seltener: *Schulzes*), wurde die Konferenz … (↑ Titel und Berufsbezeichnungen [1]).

Sind jedoch Missverständnisse möglich, muss die nachgetragene Apposition
ohne Artikel Kasusgleichheit mit dem Bezugswort aufweisen:

der Sohn des Grafen, *Günstling* des Herzogs (= der Sohn ist Günstling) – der Sohn des
Grafen, *Günstlings* des Herzogs (= der Graf ist Günstling).

Folgt die nachgetragene Apposition mit Artikel, dann steht sie im gleichen
Kasus wie das Bezugswort:

Das Wirken dieses Mannes, *eines [mutigen] Vorkämpfers* (nicht: *ein [mutiger]
Vorkämpfer*) für die Rassengleichheit; nach Meinung des Parteivorsitzenden,
des *Bundesaußenministers* Schulze, wurde … Man ernannte eine Frau zur Richterin
am Supreme Court, *einem* (nicht: *ein*) *Hort* amerikanischer Männlichkeit.

1.2 am Ufer der Enns (eines Nebenflusses / ein Nebenfluss der Donau)

Die in Klammern statt in Kommas eingeschlossene Apposition steht im gleichen Kasus wie das Bezugswort:

> Am Ufer der Enns *(eines Nebenflusses der Donau)* machten sie Rast. Die Sitte, dem Gast Tee mit Kluntjes *(weißem Kandiszucker)* zu servieren ... Mit diesem Buch *(ihrem besten Werk)* hatte sie auch den größten Erfolg.

Häufig wird jedoch das Eingeklammerte nicht als Apposition, sondern als erklärender Zusatz (elliptischer Schaltsatz) aufgefasst und in den Nominativ gesetzt. Während sich die eingeklammerte Apposition harmonisch in das Satzgefüge eingliedert, wenn man die Klammern durch Kommas ersetzt, hat der nachgestellte erklärende Zusatz keine syntaktische Bindung:

> Am Ufer der Enns *([ein] Nebenfluss der Donau)* machten sie Rast. Die Sitte, dem Gast Tee mit Kluntjes *(weißer Kandiszucker)* zu servieren ... Mit diesem Buch *(ihr bestes Werk)* hatte sie auch den größten Erfolg.

Diese syntaktische Isolierung des Schaltsatzes im Nominativ wird durch Gedankenstriche anstelle von Klammern noch stärker hervorgehoben:

> Mit diesem Buch – *ihr bestes Werk* – hatte sie auch den größten Erfolg.

1.3 der Preis für Brot, das Grundnahrungsmittel der Bevölkerung

Häufig wird die Apposition fälschlich in den Dativ gesetzt, obwohl das Bezugswort in einem anderen Kasus steht. Richtig muss es heißen:

> Der Preis für Brot, *das* (nicht: *dem*) Grundnahrungsmittel der Bevölkerung, ist gestiegen. Der Verkauf des Grundstücks an die Künstlerin, *die spätere* (nicht: *der späteren*) Ehrenbürgerin der Stadt, hatte ein Nachspiel. Dies lässt sich am besten am Beispiel Brasiliens, *des größten Landes* (nicht: *dem größten Land*) des Subkontinents, zeigen. Es geschah unweit der alten Festung Germersheim, *jenes traditionellen Manöverfeldes* (nicht: *jenem traditionellen Manöverfeld*) der Kaiserzeit.

Dieses nicht korrekte Ausweichen auf den Dativ, das sich übrigens schon für die erste Hälfte des 19. Jh.s belegen lässt, kommt auch bei der mit *als* angeschlossenen Apposition (↑3.3) vor:

> Die Bedeutung des Rheins *als internationaler* (nicht: *internationalem*) *Handelsweg* ist bekannt.

A

1.4 Ein gern gesehener Gast, betraute man ihn ...

Wenn die Apposition in gehobener Sprache von ihrem Bezugswort getrennt und zur Hervorhebung vorangestellt wird, dann muss sie im Nominativ stehen:

> In zahlreichen vornehmen Familien *ein gern gesehener Gast,* betraute man *ihn* mit dieser Aufgabe (statt: *Ihn, einen gern gesehenen Gast, ...*).

1.5 am Mittwoch, dem ... / am Mittwoch, den ...

Der Wochentag in Datumsangaben kann als nachgetragene Apposition (mit Kasusgleichheit) oder als selbstständige Zeitangabe im Akkusativ behandelt werden. ↑ Datum.

2 Die unmittelbar beim Bezugswort stehende Apposition

2.1 Magistrat Berlin / Magistrat von Berlin · das Problem Drogenabhängige / der Drogenabhängigen · Franz Meyer Nachfolger

In der zur Kürze drängenden Gegenwartssprache werden Namen o. Ä., die eigentlich als Attribut im Genitiv oder mit einer Präposition stehen müssten, häufig als Apposition gesetzt. Sie zeigen keine Kongruenz im Kasus:

> der Fall [des Hauptmanns] *Dreyfus,* Technische Hochschule [in] *Hannover,* Magistrat [von] *Berlin,* Antrag *Müller* (statt: *des [Herrn] Müller*), Streitsache *Huber–Häberle* (statt: *von Huber gegen Häberle*), die Begegnung *Bush–Putin* (statt: *zwischen Bush und Putin*), das Problem [der] *Drogenabhängige[n]*.

Hierher gehört auch der in der Geschäftswelt geübte Brauch, bei Firmennamen oder Geschäftsbezeichnungen *Nachfolger / Sohn / Witwe* usw. als Apposition hinter den Eigennamen zu setzen:

> Franz Meyer *Nachfolger* (= F. Meyers Nachfolger), Hans Allgaier *Söhne,* Karl Bauer *sel. Witwe* (= K. Bauers sel. Witwe).

Nicht eindeutige Fälle dieser Art wie *Fotowettbewerb Berlin* (= über / in / veranstaltet von Berlin?) sollte man vermeiden.

2.2 ein Glas Wein / Weines · eine Gruppe Neugierige / Neugieriger · für 10 Jahre treue Mitarbeit / treuer Mitarbeit

Während substantivierte Adjektive und Partizipien nach Mengenangaben heute gewöhnlich im Genitiv stehen:

eine große Zahl *[klagender] Industrieller,* in einer Menge *[tanzender] Jugendlicher,* aus Rücksicht auf eine Gruppe *[raunender] Neugieriger,* den Ansturm eines Pulks *[aufgebrachter] Protestierender,*

weisen singularische Substantive nach Mengen- und Maßangaben heute gewöhnlich denselben Kasus wie diese auf (= appositionelles Verhältnis). Der früher übliche Genitiv wird nur noch vereinzelt bei solchen Substantiven im Singular verwendet, die durch ein Adjektiv näher bestimmt sind; er wird meist als gehoben oder gespreizt empfunden:

ein Glas *Wein / guter Wein /* (geh.:) *guten Wein[e]s;* von den zwei Glas *Rotwein / schwerem Rotwein /* (geh.:) *schweren Rotweins;* ein Pfund *Fleisch / schieres Fleisch /* (geh.:) *schieren Fleisches;* für einen Zentner *Weizen / kanadischen Weizen /* (geh.:) *kanadischen Weizens;* bei einer Tasse *Kaffee / duftendem Kaffee /* (geh.:) *duftenden Kaffees;* eine Schüssel *Wasser / frisches Wasser /* (geh.:) *frischen Wassers;* mit einer Menge *Geld / großem Geld /* (geh.:) *großen Geldes;* zwei Tropfen *Öl / erstklassiges Öl /* (geh.:) *erstklassigen Öls;* bei einem Stück *Kuchen / frischem Kuchen /* (geh.:) *frischen Kuchens;* für zehn Jahre *treue /* (geh.: *treuer) Mitarbeit;* mit einem Strauß *weißem Flieder /* (geh.:) *weißen Flieders;* mit 30 Fässern *hochprozentigem Rum /* (geh.:) *hochprozentigen Rums;* vier Tage *absolute* (geh.: *absoluter) Ruhe;* auf einem Block *weißem Papier /* (geh.:) *weißen Papier[e]s.*

Zum Kasus der Apposition nach Mengen- oder Maßangaben, die im Genitiv stehen – *der Preis eines Pfundes / Pfund schieres Fleisches* – ↑ Maß-, Mengen- und Münzbezeichnungen (2.1).

Pluralische Substantive nach Maß- und Mengenangaben im Dativ stehen häufig im Genitiv (oder Nominativ):

mit einem Korb *reifer (reife) Äpfel* (statt: *mit einem Korb reifen Äpfeln*), von einem Strauß *roter (rote) Rosen,* mit einem Dutzend *frischer (frische) Eier,* aus vier Zentnern *neuer (neue) Kartoffeln,* von zwei Kisten *geräucherter (geräuchterte) Flundern.*

Dagegen weisen pluralische Substantive nach festen, häufig mit Zahlen gebrauchten Mengen- und Maßangaben im Nominativ, Genitiv oder Akkusativ fast immer denselben Kasus wie diese auf (= appositionelles Verhältnis):

ein Dutzend *frische* (selten: *frischer) Eier,* sie liefern vier Zentner *neue* (selten: *neuer) Kartoffeln,* wegen zweier Kisten *geräucherter Flundern.*

Nach weniger präzisen Maß- und Mengenangaben wie *Strauß, Schar, Reihe* wird allerdings auch hier häufig der Genitiv bevorzugt:

A

ein Strauß *duftender* (seltener: *duftende*) *Rosen,* ein Schwarm *wilder* (seltener: *wilde*)
Tauben, eine Schar *spielender* (seltener: *spielende*) *Kinder,* eine Reihe wichtiger
(seltener: *wichtige*) *Themen,* ein Haufen *neugieriger* (seltener: *neugierige*) *Menschen,*
eine Menge *hübscher* (seltener: *hübsche*) *Sachen.*

3 Die mit *als* oder *wie* angeschlossene Apposition

3.1 ich als Verantwortlicher · von dir als dem Verantwortlichen · für Peter als den Verantwortlichen

Die an ein Substantiv oder Pronomen im Nominativ, Dativ (↑ aber 3.4) oder
Akkusativ angeschlossene *als*-Apposition (mit oder ohne Artikel) weist immer Kasuskongruenz auf:

ich als Verantwortlicher, von dir als dem Verantwortlichen, mir als Abgeordneten /
Abgeordnetem (↑ Abgeordnete), für Peter als den Verantwortlichen, bei ihm
als einem gläubigen Christen, ihm als dem Angeklagten, mit Französisch als zweiter
Fremdsprache, an Sie als Linksunterzeichneten, Ihnen als dem scheidenden
Präsidenten.

Das Ausweichen auf den Nominativ *(von dir als Verantwortlicher, mit Französisch als zweite Fremdsprache)* ist hier also nicht korrekt.

Nur scheinbar weicht die Apposition im Kasus in folgenden Fällen ab:

mir als Dozent, ihm als Held, mit dem Sänger Meier als Graf von Luxemburg.

Bei diesen Appositionen handelt es sich um schwach gebeugte männliche
Substantive, bei denen die Beugung im Dativ und Akkusativ Singular häufig
unterlassen wird (wie z. B. auch bei *Bursch, Fürst, Geck, Soldat, Präsident, Vagabund* (↑ Unterlassung der Deklination). *Dozent, Held, Graf* sind also keine
Nominative, sondern Dative. Korrekt muss es auch in diesen Fällen heißen:

mir als Dozenten, ihm als Helden, mit dem Sänger Meier als Grafen von Luxemburg.

3.2 die Besteigung des Berges als des schwierigsten Gipfels des Massivs · mit der Überschreitung des Flusses als einer scharf bewachten Grenze · es schadet der Stellung des Landes als eines wichtigen Handelspartners

Die an einen attributiven Genitiv angeschlossene *als*-Apposition steht ebenfalls im Genitiv, wenn sie den Artikel bei sich hat:

Die Besteigung des Berges *als des schwierigsten Gipfels des Massivs* kam nicht infrage.
Mit der Überschreitung des Flusses *als einer scharf bewachten Grenze* war ein
Wagestück gelungen. Man versuchte die Organisation zur Anerkennung des Landes

A

als eines selbstständigen Staates zu bewegen. Mit der Verhaftung des Generals *als des eigentlichen Drahtziehers der Erhebung* begann sich die Lage wieder zu normalisieren. Das beeinträchtigt die Stellung des Landes *als eines wichtigen Handelspartners* dieser Staatengruppe. Die Würdigung Georges *als eines großen Schauspielers;* das Auftreten des Mannes *als eines Beraters* der Regierung. Das schadet dem Ansehen des Kunsterziehers *als des beliebtesten Lehrers* der Schule.

In Fällen, in denen die *als*-Gruppe nicht (nur) als Apposition auf den attributiven Genitiv, sondern (auch) als Attribut auf das übergeordnete (Verbal)substantiv bezogen werden kann, ist statt des Genitivs auch der Nominativ möglich (↑ auch 3.4):

die völkerrechtliche Anerkennung des Landes *als eines selbstständigen Staates* (= das Land als selbstständiger Staat [= Apposition, Genitiv] wird völkerrechtlich anerkannt);

die völkerrechtliche Anerkennung des Landes *als ein selbstständiger Staat* (= das Land wird völkerrechtlich anerkannt *als ein selbstständiger Staat* [= Satzglied, Nominativ]).

3.3 die Besteigung des Berges / seine Besteigung als schwierigster Gipfel des Massivs · mit der Überschreitung des Flusses / mit seiner Überschreitung als scharf bewachte / bewachter Grenze · es schadet der Stellung des Landes / seiner Stellung als wichtiger Handelspartner

Hat die an einen attributiven Genitiv angeschlossene *als*-Apposition keinen Artikel bei sich, dann steht sie heute gewöhnlich im Nominativ (nur bei Appositionen mit beigefügtem Adjektiv kommt gelegentlich auch der Genitiv vor):

Die Besteigung des Berges *als schwierigster Gipfel* des Massivs kam nicht infrage. Mit der Überschreitung des Flusses *als scharf bewachte* (auch: *bewachter*) *Grenze* war ein Wagestück gelungen. Die Bedeutung des Passes *als wichtige* (auch: *wichtiger*) *Handelsstraße* hat sich abgeschwächt. Mit der Verhaftung des Generals *als eigentlicher Drahtzieher* der Erhebung begann sich die Lage wieder zu normalisieren. Das schadet der Stellung des Landes *als wichtiger Handelspartner* dieser Staatengruppe. Über Rolfs Einsatz *als Schauspieler* ist noch nicht entschieden. Der Ruf Jesse Owens *als Sportsmann,* das Wirken Albert Schweitzers *als Tropenarzt,* die Würdigung ihres Werkes *als Ganzes* (↑ Ganzes), die Geltung des Landes *als bedeutende* (auch: *bedeutender*) *Wirtschaftsmacht,* das Auftreten des Mannes *als Berater* der Regierung, die Berufung Müllers *als [neuer] Vorsitzender* des Vereins. Die Annahme ihres Sohnes *als Auszubildender* enthob sie mancher Sorgen. Das schadet dem Ansehen des Kunsterziehers *als [beliebtester] Lehrer* der Schule.

A

Die *als*-Apposition steht auch dann im Nominativ, wenn statt des attributiven Genitivs ein Possessivpronomen verwendet wird:

> mit der Verhaftung des Generals / mit *seiner* Verhaftung *als eigentlicher Drahtzieher;*
> über Rolfs Einsatz / *seinen* Einsatz *als Schauspieler* ist noch nicht entschieden;
> das Wirken Albert Schweitzers / *sein* Wirken *als Tropenarzt;* das Auftreten des
> Mannes / *sein* Auftreten *als Berater;* es schadet dem Ansehen des Kunsterziehers /
> *seinem* Ansehen *als [beliebtester] Lehrer* der Schule.

3.4 die Verhaftung von General Gomez als eigentlichem Drahtzieher

Wenn anstelle des attributiven Genitivs (↑3.2 und 3.3) ein Präpositionalgefüge mit *von* steht, wird die *als*-Apposition (mit oder ohne Artikel) gewöhnlich in den Dativ gesetzt:

> die Verhaftung von General Gomez *als eigentlichem Drahtzieher* der Erhebung, die
> Bestrafung von Weidmann und Barns *als [den] Hauptschuldigen* des Verfahrens, die
> Stellung von Schweden und der Schweiz *als neutralen Ländern,* der Anbau von Reis *als*
> *dem wichtigsten Nahrungsmittel* der Bevölkerung.

In Fällen, in denen die *als*-Gruppe nicht nur auf das *von*-Gefüge, sondern auch auf das übergeordnete (Verbal)substantiv bezogen werden kann, ist statt des Dativs auch der Nominativ möglich (↑3.2):

> die Einstufung von Studenten *als Intellektuellen* ins Bildungsbürgertum
> (= die Studenten als Intellektuelle werden ins Bildungsbürgertum eingestuft);
> die Einstufung der Studenten *als Intellektuelle* ist weit verbreitet (= die Studenten
> werden als Intellektuelle eingestuft).

> das Auftreten von Bergson *als dem Schirmherrn* eines arbeitgeberfreundlichen
> Verbandes auf dem Gewerkschaftstag (= Bergson als Schirmherr eines arbeitgeber-
> freundlichen Verbandes tritt auf dem Gewerkschaftstag auf); das Auftreten von
> Bergson *als [der] Schirmherr* des Verbandes war ein Erfolg (= Bergson tritt erfolgreich
> als Schirmherr auf).

> die Berufung von Dr. Radcliff *als leitendem Arzt* in den Personalrat (= Dr. Radcliff
> als leitender Arzt wird in den Personalrat berufen); die Berufung von Dr. Radcliff *als*
> *leitender Arzt* (= Dr. Radcliff wird durch die Berufung leitender Arzt).

3.5 an einem Tag wie jedem anderen / wie jeder andere ·
Es gibt nichts Schlimmeres als einen betrunkenen Mann /
als ein betrunkener Mann · die Verdienste eines Politikers wie er ·
das Werk eines großen Dichters wie Hölderlin

Appositionelle Glieder mit vergleichendem *wie* oder *als* werden bisweilen so empfunden, als seien sie elliptische Vergleichssätze. Anstelle der Kasusgleichheit mit dem Bezugswort findet sich daher auch der Nominativ:

Es geschah an einem Tag *wie jeder andere [ist]* / (statt:) *wie jedem anderen*. In Zeiten *wie die heutigen [sind]* / (statt:) *wie den heutigen* ist vieles möglich. Zwischen zwien *wie du und ich [es sind]* / (statt:) *wie dir und mir* sollte es keinen Streit geben. Das ist nichts für Leute *wie wir [es sind]* / (statt:) *wie uns*. Bei einer Frau *wie Sie [eine sind]* / (statt:) *wie Ihnen* würde ich mir das nie erlauben.

Das Gleiche kann beim Komparativ auftreten:

Es gibt nichts Schlimmeres *als ein betrunkener Mann [es ist]* / (statt:) *als einen betrunkenen Mann.*

Der Nominativ steht immer, wenn das Bezugswort im Genitiv steht und das mit *wie* angeschlossene appositionelle Glied ein Personalpronomen oder ein Eigenname ist:

die Verdienste eines Politikers *wie er* (nicht: *wie seiner*); die Anteilnahme guter Bekannter *wie Sie* (nicht: *wie Ihrer*); das Werk eines großen Dichters *wie Hölderlin* (nicht: *wie Hölderlins*).

Zu einem Fall wie *Er behandelt ihn wie ein Schurke / einen Schurken* ↑ Kongruenz (4.1).

4 Die Deklination des Adjektivs in der Apposition

Das Adjektiv in der Apposition ohne Artikel wird gewöhnlich stark gebeugt (↑ Adjektiv [1.1.1]):

mit Frau Inge Zenz, *ordentlicher* Professorin in Mainz; ein Stück *brüchiges* Eisen; seine Ehefrau Elisabeth, *geborene* Schäfer; Herr Meier, *ordentliches* Mitglied des Fechtclubs; mit einer Art *blauer Glasur;* mit mir *alter* Frau / *armem* Kerl, bei dir *jungem* Ding; dir als *jüngerem* Bruder / *starkem* Raucher.

Lediglich im Dativ tritt gelegentlich – besonders nach einem unmittelbar vorangehenden Personalpronomen (↑ Adjektiv [1.2.4]), aber auch nach einem substantivischen Bezugswort mit vorangehendem Artikel oder Pronomen – neben der starken auch die schwache Deklination mit der Endung *-en* auf:

mit *mir alter / alten* Frau, mit *dir armem / armen* Kerl; mit *einer* Art *blauer / blauen* Glasur; von *seiner* Ehefrau Elisabeth, *geborener / geborenen* Schäfer (↑ geboren [2]); ihm als *notorischem / notorischen* Raucher.

5 Verweise

Zu *einem als Angsthase / Angsthasen bekannten Schüler* ↑ Attribut (1); zu *Einer Position als wissenschaftliche / wissenschaftlicher Hilfskraft könnte sie nichts abgewinnen* ↑ Attribut (2); zur Beugung von *Herr* in der Apposition ↑ Herr (2c und d); zu Komma und Apposition ↑ Komma (3.3).

A

April: ↑ Monatsnamen.

Ar: Die Bezeichnung des Flächenmaßes hat gewöhnlich sächliches Geschlecht: *das Ar.* Doch es kommt auch die männliche Form *der Ar* vor.

Araber: Die übliche Aussprache ist [ˈaːrabər] oder [ˈarabər], also mit langem oder kurzem Anfangsvokal, der betont ist. Besonders in der Schweiz und teilweise in Österreich gilt die Aussprache [aˈraːbər].

arabisch: Klein schreibt man das Adjektiv: *die arabischen Ziffern, die arabischen Völker, das arabische Vollblut.* Groß schreibt man das Adjektiv in ↑ Namen: *die Arabische Liga, das Arabische Meer, Arabische Republik Ägypten, die Vereinigten Arabischen Emirate.*

Arbeit suchend / arbeitssuchend: Nach den neuen Rechtschreibregeln wird *Arbeit suchend* wie die zugrunde liegende Fügung *Arbeit suchen* getrennt geschrieben, z. B. *Arbeit suchende Menschen.* Dagegen muss zusammengeschrieben werden, wenn die Fügung mit Fugen-s gebildet wird: *arbeitssuchend.*

Arbeit Suchende / Arbeitsuchende / Arbeitssuchende: Nach den neuen Rechtschreibregeln wird *der* oder *die Arbeit Suchende* wie die zugrunde liegende Fügung *Arbeit suchen* getrennt geschrieben. Die Zusammenschreibung *der* oder *die Arbeitsuchende* ist jedoch weiterhin möglich und korrekt. Nur Zusammenschreibung ist möglich, wenn die Fügung mit Fugen-s gebildet wird: *Arbeitssuchende.*

Architekt: Das Substantiv *Architekt* wird schwach gebeugt (↑ Substantiv [1.2]), weist also in allen Kasus bis auf den Nominativ die Endung *-en* auf (nicht: *dem / den Architekt*). Zur Deklination in Verbindung mit *Herr* und / oder einem Namen ↑ Herr (2); ↑ Brief (7).

arg: Klein schreibt man das Adjektiv: *ein arger Sünder. Der Streich war sehr arg.* Groß schreibt man Substantivierungen wie *vor dem Ärgsten bewahren, das Ärgste verhüten, an nichts Arges denken, Arges im Sinne haben.* Nach neuer Rechtschreibung auch: *Die Dinge lagen im Argen. Das Ärgste war, dass ...* ↑ Groß- oder Kleinschreibung (1.2.1).

Arg: Das Substantiv hat sächliches Geschlecht. Es heißt also: *Sie fand kein* (nicht: *keinen*) *Arg daran, dass er so spät kam.*

ärgern, sich: Nach *sich ärgern* wird heute mit der Präposition *über* angeschlossen: *sich über jmdn. / über etwas ärgern: Wir ärgerten uns über ihn.* Die Verknüpfung mit *an* (*sich an jmdm. / an etwas ärgern*) gilt als veraltet.

Argot: Es kann sowohl *der Argot* als auch *das Argot* heißen.

arm: Klein schreibt man das Adjektiv: *arme Leute, arme Ritter* (= ein Gericht), *der arme Lazarus* usw. Groß schreibt man das substantivierte Adjektiv: *Die Arme ist krank. Reiche und Arme freuten sich darüber. Wir Armen leiden immer darunter. Die Kluft zwischen Arm und Reich* (= zwischen Armen und Reichen) *ist sehr groß.* In neuer Rechtschreibung auch: *Das gilt für Arm und Reich* (veraltet = für jedermann, für alle Menschen, ohne Unterschied). ↑ Groß- oder Kleinschreibung (1.2.1).

Arm: Der Gebrauch von *Arm* im Sinne von »Ärmel« ist aus der Fachsprache des Textilgewerbes auch in die Umgangssprache gedrungen: *ein Kleid mit halbem Arm, ein Oberhemd mit langem Arm.*

Armbrust: Das Wort hat die Pluralformen *Armbrüste* und *Armbruste.* Die Form *Armbruste* ist seltener.

armdick, armlang: Zusammen schreibt man die adjektivische Zusammensetzung: *Der Ast ist armdick / armlang.* Getrennt schreibt man, wenn zu *Arm* noch ein Attribut tritt: *das einen Arm lange Tau.* ↑ Getrennt- oder Zusammenschreibung (4.2).

Arm[e]sünderglocke / Arme-Sünder-Glocke: Bei Schreibung ohne Bindestriche wird folgendermaßen gebeugt: *die*

Arm[e]sünderglocke, wegen / mit der Arm[e]sünderglocke; die Arm[e]sünderglocken. Nach der neuen Rechtschreibung muss bei Beugung des ersten Bestandteiles mit Bindestrichen durchgekoppelt werden: *die Arme-Sünder-Glocke, wegen / mit der Arme[n]-Sünder-Glocke; die Arme[n]-Sünder-Glocken.* ↑ Kompositum (7).

Armutszeugnis: Die Zusammensetzung ist nur mit ↑ Fugen-s (1.1) gebräuchlich.

Arm voll: Diese Mengenangabe schreibt man in neuer Rechtschreibung nur noch getrennt: *ein Arm voll Holz, zwei Arm voll Reisig.* ↑ Getrennt- oder Zusammenschreibung (4.2).

Aroma: Das Wort hat die Pluralformen *Aromen, Aromas* und (bildungssprachlich, älter:) *Aromata.*

Arrhythmie: Das Wort ist mit zwei *r* zu schreiben (griech. ἀρρυθμία).

Art: An die Fügung *eine Art ...* kann das folgende Substantiv mit *von* + Dativ angeschlossen werden, es kann aber auch unmittelbar als ↑ Apposition oder (seltener, gehoben) im Genitiv folgen: *Es war eine Art hölzernes Gestell / von hölzernem Gestell.* Seltener und gehoben: *Es war eine Art hölzernen Gestells.* Im Dativ wird das beigefügte Adjektiv häufig so sehr auf den unbestimmten Artikel bezogen, dass es schwach gebeugt wird: *Der Topf war mit einer Art blauen* (statt: *blauer*) *Glasur überzogen.* Auch die schwache Beugung ist korrekt (↑ Apposition [4]). Zu einem Kongruenzproblem wie *welche Art Übungen zu absolvieren ist / sind* ↑ Kongruenz (1.1.3).

Artangabe / Artergänzung: ↑ Umstandsbestimmung.

Artikel

Häufig gestellte Frage zum Artikel	
Frage	Antwort unter
In welchen Fällen muss kein Artikel gesetzt werden?	dieser Artikel, Punkt (2)

Der Artikel (das Geschlechtswort) stimmt mit dem Substantiv, dessen Begleiter er ist, im ↑ Genus, ↑ Numerus und ↑ Kasus überein. Man unterscheidet den bestimmten Artikel *der, die, das* und den unbestimmten Artikel *ein, eine, ein.*

A

		Maskulinum	Femininum	Neutrum
Singular	Nom.	*der/ein* Tisch	*die/eine* Mütze	*das/ein* Brett
	Gen.	*des/eines* Tisch[e]s	*der/einer* Mütze	*des/eines* Brett[e]s
	Dat.	*dem/einem* Tisch	*der/einer* Mütze	*dem/einem* Brett
	Akk.	*den/einen* Tisch	*die/eine* Mütze	*das/ein* Brett
Plural	Nom.	*die* Tische/Mützen/Bretter		
	Gen.	*der* Tische/Mützen/Bretter		
	Dat.	*den* Tischen/Mützen/Brettern		
	Akk.	*die* Tische/Mützen/Bretter		

1. Bestimmter oder unbestimmter Artikel

Im Allgemeinen steht vor einem Substantiv der unbestimmte Artikel (im Plural die artikellose Form des Substantivs), wenn etwas zum ersten Mal genannt, etwas Unbekanntes eingeführt wird:

Stephans Mutter hat *ein* neues Auto. Vera hat mir gestern *ein* Buch geschenkt.
Im Garten standen *Bäume*.

Demgegenüber ist der bestimmte Artikel dem in der jeweiligen Sprech- oder Schreibsituation bereits Bekannten vorbehalten:

Das Buch, das sie mir geschenkt hat, ist ausgezeichnet. *Der* Monat Mai ist vielen besonders lieb. *Die* Bäume im Garten stehen in voller Blüte.

Darüber hinaus kann sowohl durch den bestimmten als auch den unbestimmten Artikel ausgedrückt werden, dass mit einem Substantiv alle Exemplare einer Gruppe von Lebewesen oder Dingen gemeint sind (generalisierende Funktion):

Der/Ein Baum ist eine Pflanze. Auch *der/ein* Mensch ist leider sterblich.

2. Die artikellose Verwendung des Substantivs

Im Allgemeinen ohne Artikel stehen Substantive in folgenden Fällen: Abstrakta, die ganz allgemein eine Eigenschaft, einen Zustand oder Vorgang bezeichnen:

Tugend besteht, *Schönheit* vergeht. *Widerstand* ist zwecklos. Er braucht *Ruhe*.
Sie hatte *Geduld*.

Zeitbegriffe mit Adjektiv, aber ohne Präposition; präpositionslose Wochentagsangaben:

Ihre Lehre beginnt *nächstes Jahr, nächsten Herbst* (aber: *im nächsten Jahr*).
Mitte Oktober, Ende der Woche beginnt die Tagung. *Nächsten Dienstag* bekommen wir Besuch. Es wird *Winter*. Morgen ist *Freitag*.

A

Feste Wendungen, Wortpaare und -gruppen, Aufzählungen, Sprichwörter:

Fuß fassen, Widerstand leisten, Frieden schließen, Feuer machen, Atem holen, Wurzeln schlagen, Verdacht schöpfen, Vertrauen fassen, Hunger haben, Schritt fahren usw.;

höheren Orts, frohen Mutes, guter Laune sein, schnellen Schrittes über die Straße gehen usw.;

guten Tag sagen, auf Wiedersehen!, jmdm. frohe Feiertage wünschen;

Mann und Frau, Haus und Hof, Ebbe und Flut, in Form und Inhalt ungenügend, weder Baum noch Strauch, Woge auf Woge; in Büro und Werkstatt.
Der Beruf ist ihr wichtiger als Privatleben, Familie, Partner und Kinder.

Not kennt kein Gebot. Zeit ist Geld. Reden ist Silber, Schweigen ist Gold.

Angeführte Wörter, Kommandos, Ausrufe, Anrufe:

Wie heißt *Auto* im Italienischen? »Liebe« hat viele Bedeutungen.

Hände hoch! Kopf hoch! Hilfe! Feuer!

Er hat gelogen, Chef! Sehr wohl, gnädige Frau!

Hallo, Alter! He, Junge!

Über- und Aufschriften, Titel, Schlagzeilen, Anzeigen, Telegramme:

Saal im Schloss (Szenenanweisung).

Lok wirft Intercity *aus Gleis.* Dreister Raub *an Kasse.* (Schlagzeilen)

Werkswohnung in gesunder Großstadt.

Unterredung mit *Direktor* günstig verlaufen – stop – Erbitte *Weisung* für *Abschluss geplanter Verträge.*

Zu Wörtern mit schwankendem Artikel *(der / die Abscheu)* vgl. die einzelnen Stichwörter an der entsprechenden Alphabetstelle und unter ↑ Fremdwort (2). Zum Gebrauch des Artikels vor ↑ Verwandtschaftsbezeichnungen *([die] Tante),* ↑ Personennamen *([die] Heidrun),* ↑ Titeln und Berufsbezeichnungen *([die] Ministerpräsidentin Schneider),* ↑ geographischen Namen *([der] Iran)* und in Verbindung mit ↑ Präpositionen *(auf [die] Jagd gehen, an dem / am, nach dem / nach'm)* vgl. die einzelnen Stichwörter.

Arzt: *Meine beiden Töchter sind Ärztinnen/* (seltener:) *Ärztin. Alle drei sind Arzt / Ärzte geworden.* ↑ Kongruenz (1.4.6). Zur Anschrift ↑ Brief (7).
Arzt / Ärztin: Eine verkürzte Schreibung mit Schrägstrich oder Klammern, die so

genannte Sparschreibung, die häufig dann angewendet wird, wenn weibliche und männliche Personen gleichermaßen gemeint sind, ist im Falle von *Arzt* und *Ärztin* wegen des Umlauts und der unterschiedlichen Beugungsendungen

A

nicht möglich. In Fällen wie diesen müssen beide Personenbezeichnungen ausgeschrieben werden. ↑ Gleichstellung von Frauen und Männern in der Sprache (2.1).

Asch- / Asche- / Aschen-: Die Zusammensetzungen mit *Asche* als Bestimmungswort haben teils kein Fugenzeichen, teils *-e* (Endung des Nominativs Singular) und teils das Fugenzeichen *-en:* 1. *Aschbecher, Aschkasten, aschblond* usw. 2. *Aschegehalt, Aschefangschieber* usw. 3. *Aschenbecher, Aschenbahn, Aschenregen, aschenfarbig* usw. Eine alte Form ist *Aschermittwoch.*

Ass: Das Substantiv *das Ass* wird in der neuen Rechtschreibung jetzt auch im Nominativ, Dativ und Akkusativ Singular (wie vorher schon in den übrigen Beugungsformen) mit zwei *s* geschrieben.

Assoziation / Assoziierung: ↑ Verbalsubstantiv (1.5).

assoziieren: Das Verb *assoziieren* »verbinden, verknüpfen, hervorrufen« kann transitiv (mit dem Akkusativ), aber auch in Verbindung mit den Präpositionen *bei* und *mit* (seltener: *zu*) gebraucht werden: *Dieser Name assoziiert [in mir] liebe Erinnerungen. Mit / Bei der Farbe Schwarz assoziiert man oft Tod und Verwesung. Der Redakteur assoziierte zu »klammheimlich« sofort »hinterrücks«.* In Verbindung mit *sich* kann *assoziieren* mit dem Dativ oder mit den Präpositionen *mit* und *an* gebraucht werden: *sich einer Gemeinschaft assoziieren; sich mit einer* oder *an eine Gemeinschaft assoziieren; die der EG assoziierten Staaten; die mit* der oder *an die EG assoziierten Staaten.*

AStA: Das Kurzwort für *Allgemeiner Studentenausschuss* hat den Genitiv *des AStA[s]* und den Plural *die AStA[s],* auch: *die ASten.*

Asylant: Diese Bezeichnung für »Asylbe-

werber« ist Ende der 70er-Jahre gebräuchlich geworden. Gelegentlich werden damit auch »Asylbewerber« und »Asylberechtigte« ohne die nötige Differenzierung gleichermaßen angesprochen. In jüngerer Zeit gibt es vereinzelt Kritik an der Verwendung des Wortes; man ist der Meinung, es sei zu einer Art Schimpfwort geworden, und möchte es deshalb im Sinne der ↑ Political Correctness nicht mehr gebrauchen.

-at: Von den Fremdwörtern auf *-at,* die aus dem Lateinischen, und zwar aus den auf *-atus* ausgehenden Maskulina, entlehnt sind, werden einige mit männlichem und sächlichem Geschlecht gebraucht, z. B. *der / das Episkopat, Pontifikat, Primat, Prinzipat, Zölibat.*

atemberaubend / atemraubend: Von den beiden bedeutungsgleichen Wörtern ist *atemberaubend* das allgemein üblichere.

Äther / Ether: In der Fachsprache der Chemie wird – im Unterschied zu der Gemeinsprache – die Bezeichnung für eine bestimmte Verbindungsklasse häufig *Ether* geschrieben. Die Schreibung mit *e* gilt aber auch in der chemischen Fachsprache nicht für das Adjektiv *ätherisch* in der Verbindung *ätherische Öle,* da diese Öle nichts mit dem chemischen Ether zu tun haben.

-ation / -ierung: Bei den Verben auf *-ieren* stehen häufig Bildungen auf *-ation* und *-ierung* nebeneinander, teils gleichbedeutend, teils in der Bedeutung differenziert. Im Allgemeinen bringen die Bildungen auf *-ierung* stärker das Geschehen zum Ausdruck als die Bildungen auf *-ation: Konzentrierung – Konzentration, Kanalisierung – Kanalisation, Restaurierung – Restauration.* ↑ Verbalsubstantiv (1.5).

Atlas: Der Genitiv Singular lautet *des Atlas* oder *des Atlasses,* der Plural *die Atlasse* oder *die Atlanten.*

Attribut

Attribute (Beifügungen) sind nähere Bestimmungen zu Substantiven *(das alte Haus, das Haus dort)*, Pronomen *(keine von beiden)*, Adjektiven *(außerordentlich schöne Tage)* und Adverbien *(ein Schmerz tief innen)*. Nach Form und Stellung handelt es sich dabei besonders um

- vorangestellte Adjektive und Partizipien:
  aufgebrachte Bürger, *schreibende* Frauen, die *einzuziehenden* Steuern.

(Zu Zweifelsfragen wie *der chronisch/chronische Kranke, sich höflich/höfliche Mühe geben, in einer ähnlich/ähnlichen schwierigen Lage* ↑ Adjektiv [1.2.10–12]; zum nachgestellten Adjektiv *[Fußball total]* ↑ Adjektiv [3.5]).

- voran- und nachgestellte Adverbien:
  nur ein Versehen, die Museen *dort,* das Wetter *heute,* du bist *sehr* zuvorkommend.

- nachgestellte Substantive:
  der Süden *Europas,* ihr Ruf als *Mathematikerin,* die Museen *in München,* Katharina *die Große;* Cornelius, *mein Schulfreund.*

Zu Stellungsbesonderheiten ↑ Apposition (2.1), ↑ Genitivattribut (2).

- nachgestellte Infinitivkonstruktionen und Teilsätze (↑ Attributsatz):
  die Unfähigkeit *zu trauern;* die Schmerzen, *die ich im Rücken spüre.*

Für mehrere vorangestellte Attribute gilt die Regel, dass das Attribut zu einem attributiven Adjektiv/Partizip vor diesem steht:

mit *vor Freude* hochrotem Gesicht (nicht: mit hochrotem Gesicht vor Freude); der *an diesen Zuständen allein* Schuldige (kaum: der allein Schuldige an diesen Zuständen).

1. Das Vermögen dieses als eiserner Sparer geltenden Mannes

Die im Attribut von einem Partizip abhängende *als*-Gruppe weist denselben Kasus auf wie in der entsprechenden Satzaussage:

Der Mann gilt *als eiserner Sparer.* – Das Vermögen dieses *als eiserner Sparer/*(nicht:) *eisernen Sparers* geltenden Mannes.

Ein Schüler ist *als Angsthase* bekannt. – Wir haben einen *als Angsthase/*(nicht:) *Angsthasen* bekannten Schüler in der Klasse.

Der Kasus des Bezugswortes, zu dem das gesamte Attribut gehört (hier: [dieses] ... Mannes, [einen] ... Schüler, ist also für die *als*-Gruppe nicht maßgebend.

A

2. **Er sucht eine Stelle als technischer Zeichner**

Die *als*-Attribute dieser Art stehen immer im Nominativ, und zwar unabhängig vom Kasus ihres Bezugsworts:

Einer Position *als wissenschaftliche /* (nicht:) *wissenschaftlicher Hilfskraft* könnte sie nichts abgewinnen. Das kommt ihrer Aufgabe *als Umweltbeauftragte /* (nicht:) *Umweltbeauftragter* entgegen.

3. **Verweise**

Zu *vierköpfiger Familienvater* und *Meldepflicht der Berufskrankheiten* ↑ Kompositum (6 bzw. 8); zu *ein neues Paar Schuhe / ein Paar neue[r] Schuhe* ↑ Adjektiv (3.2).

---

attributiv: Das Wort bedeutet »in der Rolle eines Attributs«; ↑ Attribut.

Attributsatz: Unter einem Attributsatz (Beifügungssatz) versteht man einen Nebensatz in der Rolle eines Attributs: *Diejenigen Hunde, die bellen, beißen nicht* (Relativsatz). *Die Ungewissheit, ob sie kommt, beunruhigt mich* (indirekter Fragesatz). *Oft erschienen mir Gestalten, wie ich sie im Traum gesehen habe* (Vergleichssatz). *Das geschah zu der Zeit, als man noch zu Pferde ritt* (Temporalsatz).

auch im Namen ...: 1. Komma: ↑ Komma (3.3).

2. **Kongruenz:** In Sätzen wie *Ich sage auch im Namen meiner Frau unseren* (nicht: *meinen*) *Dank* steht das Possessivpronomen im Plural, weil das Subjekt als pluralisch aufgefasst wird: *Wir* (= meine Frau und ich) *sagen ...*

auch wenn: Das Komma vor *auch wenn* steht wie vor dem einfachen *wenn,* wenn beide Partikeln wie eine einfache Konjunktion eingesetzt sind: *Er freut sich über jede Nachricht, auch wenn du ihm nur eine Karte schreibst.* Ist aber das *auch* betont, dann gehört es zum Hauptsatz, und das Komma steht vor *wenn: Er freut sich auch, wenn du ihm nur eine Karte schreibst.*

auf: 1. **Rektion:** Die Präposition *auf* kann mit dem Dativ oder mit dem Akkusativ verbunden werden, je nachdem, ob das mit dem beteiligten Verb ausgedrückte Verhalten lagebezogen (= Dativ) oder richtungsbezogen (= Akkusativ) bestimmt ist: *Ich sitze auf dem Stuhl. Ich setze mich auf den Stuhl. Er baute die Geschenke auf dem Tisch auf. Er legte die Geschenke auf den Tisch.* Manche Verben können sowohl mit dem Dativ als auch mit dem Akkusativ verbunden werden, z. B. *aufprallen: Die Maschine prallte auf dem / auf das Wasser auf.*

2. **Rechtschreibung:** Getrennt schreibt man das selbstständige Adverb: *... während sie auf und ab gingen.* Getrennt schreibt man in neuer Rechtschreibung auch *auf sein: Soll die Tür auf sein? Muss das Kind jetzt noch auf sein? Bist du gestern noch lange auf gewesen?* Zusammen schreibt man, wenn *auf* Verbzusatz ist: *Der Mond wird bald aufgehen. Wir werden heute auf- und absteigen.* Groß schreibt man die Substantivierung: *Das ständige Auf und Ab ließ ihn gleichgültig. Es war ein ewiges Auf und Nieder.* ↑ Getrennt- oder Zusammenschreibung (1.3), ↑ aufhaben, ↑ auf sein, ↑ Groß- oder Kleinschreibung (1.2).

auf / an: ↑ an / auf.

auf / für / zu: ↑ Aufgaben auf / für / zu.

auf / in / zu: Vor den Bezeichnungen von Behörden und anderen Dienststellen steht auf die Frage »wohin?« meist nicht *in*, sondern *auf* oder *zu: ich gehe aufs / zum Rathaus, auf die / zur Post, aufs / zum Amtsgericht, auf die / zur Wache.* Aber: *Ich gehe auf / in mein Zimmer, aufs / ins Gymnasium. Gehst du schon in die / zur Schule?* Auch auf die Frage »wo?« steht hier gewöhnlich *auf,* nicht *in: Ich habe noch etwas auf dem Rathaus, auf der Post, auf dem Arbeitsamt zu erledigen.* Aber: *Wie gefällt es dir denn auf dem / im Gymnasium / in der Schule?* In Verbindung mit Länder- und Städtenamen steht auf die Frage »wo?« die Präposition *in (in England, in Paris),* bei Inselnamen steht *auf (auf Sylt, auf der Mainau),* bei Inselnamen, die zugleich Ländernamen sind, kann *auf* oder *in* stehen *(auf/in Jamaika).* ↑ in / nach / zu / bei.

auf / offen: Während *auf* in Verbindung mit Verben den Vorgang des Auseinandergehens, Sichöffnens oder die Tätigkeit des Öffnens ausdrückt *(aufgehen, -platzen, -brechen, -drehen),* bedeutet *offen* »geöffnet, nicht geschlossen oder verschlossen«; es drückt das Ergebnis des Öffnens aus und steht dementsprechend bei Zustandsverben: *offen stehen, offen bleiben, offen lassen, offen sein.* – In der Umgangssprache ist diese Unterscheidung allerdings weitgehend aufgegeben worden. Neben *aufgehen* und *aufmachen* werden auch *aufstehen, aufbleiben, auflassen, auf sein* usw. gebraucht, in denen *auf* wie *offen* den bleibenden Zustand bezeichnet. Diese Entwicklung ist so weit gegangen, dass *auf* in salopper Umgangssprache (ebenso wie ↑ zu) sogar als Adjektiv verwendet wird: *das Fenster / die Flasche ist auf; eine aufe Flasche, ein aufes Fenster.* ↑ Adverb (1).

auf / um: In Fällen, bei denen es um ein Erhöhen oder Senken, ein Aufwerten oder Abwerten o. Ä. geht, bezieht sich die Präposition *auf* auf das Ergebnis, den Endwert u. dgl., die Präposition *um* bezieht sich dagegen auf das, worum etwas zu- oder abnimmt, erhöht oder gesenkt wird. *Die Dividende wurde um 5 % erhöht* besagt, dass die Dividende jetzt 5 % mehr beträgt als vorher. Wie hoch sie genau ist, geht daraus nicht hervor. *Die Dividende wurde auf 5 % erhöht* besagt dagegen, dass die Dividende jetzt 5 % beträgt, aber nicht, um wie viel Prozent sie erhöht worden ist. Nicht korrekt: *Die Gebühren wurden von 3,– DM auf 10,– DM, also um mehr als das Dreifache erhöht.* Richtig: *Die Gebühren wurden von 3,– DM auf 10,– DM, also um mehr als das Doppelte* (oder: *auf mehr als das Dreifache) erhöht.*

aufbauen: Bei *aufbauen auf* steht heute üblicherweise der Dativ, weil beim Sprecher die Vorstellung der Lage oder des Ortes vorherrscht (Frage: wo?): *Geschenke auf dem Präsentiertisch aufbauen; ein System auf einer Annahme aufbauen.*

auf das / darauf: ↑ Pronominaladverb (4 und 5).

aufdrängen / aufdringen: ↑ drängen / dringen.

Aufdruck: Der Plural lautet *die Aufdrucke.* ↑ Druck.

aufeinander: Man schreibt *aufeinander* immer getrennt vom folgenden Verb: *Sie sollen aufeinander achten. Sie mussten sich erst aufeinander einstellen.* In neuer Rechtschreibung auch: *Du musst die Zähne aufeinander beißen. Es sind drei Tage, die unmittelbar aufeinander folgen. Wir wollen die Steine aufeinander häufen.* ↑ Getrennt- oder Zusammenschreibung (1.4).

auferlegen: Der Verbzusatz *auf-* in *auferlegen* wird in den finiten Formen im Allgemeinen vom Verb getrennt und nachgestellt: *Man erlegte mir eine harte Prüfung auf.* Nur gelegentlich unterbleibt diese ↑ Tmesis (3): *Eine zur Herrschaft gelangte Gruppe von Menschen auferlegt den anderen einfach die Vorschriften und Grundsätze* (Musil).

auf es / darauf: ↑ Pronominaladverb (4 und 5).

Auffahrts-: Die Zusammensetzungen mit *Auffahrt* sind mit Fugen-s gebräuchlich, z. B. *Auffahrtsrampe* und *Auffahrtsstraße.* ↑ -fahrt[s]-.

auffallen: 1. Rechtschreibung: Da der Verbzusatz aus selbstständigen Satzgliedern hervorgegangen ist, kann er gelegentlich wieder als Satzglied verwendet werden. Daher werden gebeugte Formen von *auffallen* in Satzanfängen wie *Auf fällt, dass ...* getrennt geschrieben. ↑ Verbzusatz (2).

2. Präposition: Nach *auffallen* wird gewöhnlich mit der Präposition *durch* angeschlossen: *Er fiel durch seinen Fleiß, durch sein sonderbares Benehmen auf.* Neben *durch* ist in einigen Fällen die Präposition *mit* möglich: *Er fiel überall durch seine hohe Stimme / mit seiner hohen Stimme auf.*

Aufforderungssatz: Der Aufforderungssatz drückt eine Aufforderung oder Bitte, eine Anweisung oder einen Befehl (↑ Imperativ) aus und wird gewöhnlich durch ein ↑ Ausrufezeichen abgeschlossen; lediglich ohne Nachdruck gesprochene und abhängige Aufforderungssätze schließen mit einem ↑ Punkt: *Folge ihr! Fangen wir jetzt an!* Aber: *Vergleiche Artikel 15. Bitte geben Sie mir das Buch. Er rief ihr zu, sie solle sich nicht sorgen.* Das Ausrufezeichen **steht** aber auch hier, wenn der übergeordnete Satz Aufforderungscharakter hat: *Sage ihr, sie solle sich nicht sorgen!* In aneinander gereihten Aufforderungssätzen darf das Anredepronomen *Sie* nicht erspart werden (↑ Ellipse 11): *Bitte schnallen Sie sich an und stellen Sie das Rauchen ein!* (Nicht: *... und stellen das Rauchen ein!*) ↑ Satzarten.

aufführen, sich: Das Substantiv nach *sich aufführen wie* (oder *als*) steht heute im Nominativ (nicht im Akkusativ): *Er führte sich wie ein Narr auf. Er führt sich als großer Schlaumeier auf.*

Aufführung: Über die Fügung *zur Aufführung gelangen* ↑ gelangen.

Aufgaben auf / für / zu: Man sagt: *Aufgaben für,* seltener auch *zu Dienstag aufhaben. Keine [Schul]aufgaben für den,* seltener *zum 3. Februar aufhaben* usw. Der Gebrauch von *auf* in diesem Zusammenhang ist landschaftlich.

aufgehen: Im Sinne von »seine Erfüllung finden, mit jmdm. / etwas eins werden« wird *aufgehen* in mit dem Dativ verbunden: *in den Kindern, in der Familie, im Beruf aufgehen. Sie wollte nicht in der Masse aufgehen.* Ebenso: *Eine Zahl geht in einer anderen auf,* d. h., es bleibt kein Rest. Bedeutet aber *aufgehen in* »sich in etwas auflösen, in etwas übergehen«, dann steht es mit dem Akkusativ: *in blauen Dunst, in weiße Dämpfe aufgehen. Das Pulver ging in duftenden Schaum auf.*

aufgrund / auf Grund: Beide Schreibungen sind korrekt (↑ Verblassen des Substantivs). Die Präposition steht gewöhnlich mit dem Genitiv; nur ein Substantiv ohne Artikel oder Attribut wird mit *von* angeschlossen: *Er wurde aufgrund / auf Grund zahlreicher Indizien verurteilt,* aber: *Er wurde aufgrund / auf Grund von Indizien verurteilt. Es geschah aufgrund / auf Grund von Nachlässigkeit und Unachtsamkeit.*

aufgrund / durch / infolge / von / vor / wegen / zufolge: Diese kausalen Präpositionen werden häufig falsch angewendet oder verwechselt: **1. aufgrund (auf Grund)** gibt an, worauf etwas basiert, nennt den bewegenden Grund eines Vorgangs, einer Erkenntnis, aus dem etwas gefolgert wird, bezeichnet also eine Motivierung: *jmdn. aufgrund bestimmter Aussagen verhaften. Aufgrund der Tatsache, dass ...* Es kann daher weder einen Sachgrund direkt bezeichnen (wie *durch*) noch die Quelle für eine Angabe einführen (wie *nach, laut, gemäß*). Also nicht: *Aufgrund des Blitzschlages wurde das Haus zerstört,* sondern: *Durch den Blitzschlag ...*

Nicht: *Aufgrund seiner Aussage wurden ihm 100 DM entwendet,* sondern: *Laut seiner Aussage* ... Nicht: *Aufgrund amtlicher Erhebungen wurden fast 10 kg Fleisch je Kopf der Bevölkerung verzehrt,* sondern: *Gemäß / Laut amtlichen Erhebungen* ...

2. durch gibt Mittel, Werkzeug oder Ursache an. Die Verknüpfung der Vorgänge ist unmittelbar: *Durch den Blitzschlag wurde das Haus zerstört. Wir haben durch die Zeitung von dem Unglück erfahren.* Also nicht: *Durch den Kälteeinbruch werden wir den Saisonstart verschieben müssen,* sondern: *Wegen / Infolge des Kälteeinbruchs* ... Nicht: *Diese Anthologie, herausgegeben durch O. Meyer,* sondern: *... herausgegeben von O. Meyer.* ↑ Passiv (1).

3. infolge weist mittelbar auf den zurückliegenden Grund. Das von ihm abhängende Substantiv darf nur ein Geschehen, keine Sache oder Person bezeichnen: *Infolge dichten Schneetreibens konnte die Maschine nicht starten. ... so leicht war er infolge seiner Abmagerung geworden* (Nigg). Also nicht: *Infolge des genossenen Weines schwankte er hin und her,* sondern: *Wegen des genossenen Weines* ...

4. von nennt die bewirkende Ursache, den Täter oder Urheber einer Handlung oder eines Geschehens. Es steht deshalb in der Passivkonstruktion: *Er wurde von ihr gelobt. Ich bin von Eifersucht gepeinigt. Die Brücke ist von Pionieren gesprengt worden.* ↑ Passiv (1).

5. vor nennt in festen Verbindungen den Beweggrund für Zustände und Gemütslagen: *vor Kälte zittern, glänzend vor Sauberkeit, starr vor Schreck; vor Sorge keinen Schlaf finden, vor Hunger umkommen.*

6. wegen bezeichnet den Sachgrund ganz allgemein, ohne Rücksicht auf zeitliche Verknüpfung: *Er wurde wegen des Mangels an Beweisen freigesprochen. Wegen Umbau ist das Geschäft geschlossen.* Sei-

ner Gläubigkeit wegen begegnet man ihm mit Respekt.

7. zufolge weist mittelbar auf die Veranlassung, gibt an, dass etwas die Folge von etwas ist: *Einer internen Regelung zufolge darf er das Fabrikgelände nicht mehr betreten.*

aufhaben: Das umgangssprachliche Verb wird im Infinitiv *(den Mund aufhaben),* im 2. Partizip *(er hat den Hut aufgehabt)* und im Nebensatz *(weil der Laden noch aufhat; wenn wir Schulaufgaben aufhaben)* zusammengeschrieben. ↑ Getrennt- oder Zusammenschreibung (1.5).

aufhängen: Die Formen von aufhängen lauten: *hängte auf, hat aufgehängt.* Es muss also heißen: *Ich hängte* (nicht: *hing) die Wäsche auf. Ich habe die Wäsche aufgehängt* (nicht: *aufgehangen).* ↑ hängen (2).

aufhauen: ↑ hauen.

Aufheben: In der Wendung *[nicht] viel Aufhebens machen* ist *Aufhebens* ein alter partitiver Genitiv (↑ Genitivattribut [1.2]), der außerhalb solcher festen Wendungen kaum noch gebräuchlich ist. Hier kann statt des Genitivs der Akkusativ stehen: *Sie machten von dem Missgeschick nicht viel Aufheben[s].*

aufhören: 1. Die Verwendung von *sich* in der umgangssprachlichen Wendung *Da hört [sich] doch alles auf* ist landschaftliche Ausdrucksweise, die vielleicht auf gelegentlichen reflexiven Gebrauch des spätmittelhochdeutschen *ūfhœren* zurückgeht.

2. Wenn *aufhören* mit einer Infinitivgruppe verbunden ist, kann man das Komma setzen oder weglassen: *Er hörte endlich auf, den Vorgesetzten zu spielen / Er hörte endlich auf den Vorgesetzten zu spielen.* ↑ Komma (5.1.4). Das Komma muss jedoch gesetzt werden, wenn ein Wort auf die Infinitivgruppe hinweist: *Er hörte endlich damit auf, den Vorgesetzten zu spielen.* ↑ Komma (5.1.3).

aufladen: ↑ ¹laden.

auflauern: Das Verb wird standardsprach-

A

lich mit dem Dativ verbunden: *Er hat ihm auf dem Heimweg aufgelauert.* Der Akkusativ *(jemanden auflauern)* ist landschaftlich bzw. umgangssprachlich.

auflösen, sich: Im Sinne von »sich zerteilen, zergehen« wird *sich auflösen in* mit dem Dativ verbunden: *Die Tablette löst sich in lauwarmem Wasser auf.* Bedeutet aber *sich auflösen* »in etw. übergehen, sich in etw. verwandeln«, steht es mit dem Akkusativ: *Wolken lösen sich in prasselnden Regen auf.*

auf'm, auf'n: ↑ Apostroph (1.2), ↑ Präposition (1.2.1).

Aufnahme- / Aufnahms-: Statt der Wortzusammensetzungen mit *Aufnahme-* wie *aufnahmefähig, Aufnahmeprüfung* u. a. werden in Österreich entsprechende Formen mit Fugen-s *(aufnahmsfähig, Aufnahmsprüfung* u. a.) gebraucht.

Aufnahmefähigkeit: Zur Beurteilung von Fügungen wie *die Aufnahmefähigkeit der Luft für Wasserdampf* ↑ Kompositum (8).

Aufnahmeprüfung: In Fügungen wie *die Aufnahmeprüfung ins Gymnasium* wird fälschlicherweise das Präpositionalattribut *(ins Gymnasium)* vom Grundwort *(-prüfung)* statt vom Bestimmungswort *(Aufnahme-)* abhängig gemacht. Richtig muss es heißen: *die Prüfung zur Aufnahme ins Gymnasium.* ↑ Kompositum (8).

aufnehmen: Nach *jmdn. / etwas aufnehmen in / unter / auf* ... kann sowohl der Akkusativ (Frage: wohin?) als auch der Dativ (Frage: wo?) stehen; der Akkusativ ist häufiger: *Ich werde das Gedicht in meine* (seltener: *in meiner*) *Sammlung aufnehmen. In die Frachtbriefe* (seltener: *In den Frachtbriefen*) *ist folgender Vermerk aufzunehmen.* In bestimmten Fällen ist jedoch nur einer der beiden Kasus möglich. Während der Akkusativ im Allgemeinen das Aufgehen des Aufgenommenen im Aufnehmenden ausdrückt, bezeichnet der Dativ eine weniger enge Bindung. Man vergleiche: *Ich nahm den jungen Mann als Schwiegersohn in meine Familie auf.* Aber: *Ich nahm ihn als Feriengast in meiner Familie auf.* In beiden Beispielen sind die Kasus nicht austauschbar. Beispiele für den Akkusativ: *jemanden in die eigenen Reihen, in einen Chor, unter die Heiligen, in den Schoß der Familie aufnehmen; Angaben in ein Adressbuch, in eine Liste, in einen Text, in ein Stenogramm, in die Ladepapiere aufnehmen; ein Theaterstück in das Repertoire aufnehmen; etwas in seinen Plan aufnehmen; etwas auf [ein] Band aufnehmen.* Beispiele für den Dativ: *in keinem Krankenhaus aufgenommen werden; einen Flüchtling in der Wohnung, im Haus aufnehmen. Ich werde zu so später Stunde in keinem Hotel mehr aufgenommen.*

aufoktroyieren: Die Neigung, fremde Verben durch den Gebrauch deutscher Verbzusätze in der Bedeutung zu verdeutlichen, zeigt sich auch bei *aufoktroyieren*, das den Verbzusatz *auf-* von Verben wie *aufzwingen* und *aufdrängen* übernommen hat. Diese Mischbildung wird häufiger gebraucht als das einfache, aber für viele schwerer verständliche fremde Verb *oktroyieren.* ↑ Verb (3).

Aufprall: Nach *Aufprall auf* kann sowohl der Akkusativ als auch der Dativ stehen: *Die Maschine explodierte beim Aufprall auf das Wasser / auf dem Wasser.* Der Dativ kommt seltener vor.

aufprallen: Nach *aufprallen auf* kann sowohl der Akkusativ als auch der Dativ stehen, je nachdem, ob beim Sprecher die Vorstellung der Stelle, wo etwas aufprallt, oder die Vorstellung der Richtung vorherrscht. *Das Flugzeug prallte auf das Wasser / auf dem Wasser auf und zerschellte.* Der Dativ kommt seltener vor.

aufrecht: Getrennt vom folgenden Verb schreibt man *aufrecht* im Sinne von »gerade, in aufrechter Haltung« und »ungebeugt, nicht mutlos«. *Er soll aufrecht sitzen. Ich konnte mich nicht mehr aufrecht halten. Diese Hoffnung hat ihn bis zuletzt aufrecht gehalten.* Zusammen schreibt man, wenn *aufrecht* in Verbindung mit dem Verb die Bedeutung »bestehen lassen, an etwas festhalten« hat: *Er wird seine Meinung aufrechterhalten. Sie versuchte den Kontakt, die Verbindung, ihre Ansprüche aufrechtzuerhalten.* ↑ Getrennt- oder Zusammenschreibung (1.4).

aufrunden / abrunden: ↑ abrunden / aufrunden.

aufs: Diese Verschmelzung aus *auf* und *das* wird ohne Apostroph geschrieben. ↑ Apostroph (1.2); ↑ Präposition (1.2.1).

Aufsatzgliederung: ↑ ¹Punkt (2).

aufschlagen: 1. In der Bedeutung »sich erhöhen, teurer werden« wird *aufschlagen* meistens mit *haben,* seltener mit *sein* verbunden: *Die Preise haben /* (seltener:) *sind aufgeschlagen. Wieder hatte /* (seltener:) *war die Butter aufgeschlagen.* ↑ haben (1).
2. Bei *aufschlagen auf* kann der Dativ oder der Akkusativ stehen, je nachdem, ob beim Sprecher die Vorstellung des Ortes, wo etwas aufschlägt, oder die Vorstellung der Richtung, wohin etwas aufschlägt, vorherrscht: *Er ist beim Sturz mit dem Kopf auf die / auf der Bordkante aufgeschlagen. Das Flugzeug schlug auf der Wasseroberfläche / auf die Wasseroberfläche auf.* ↑ Rektion (1).

aufschrecken: Bei dem intransitiven Verb *aufschrecken* lauten die Konjugationsformen *schreckte / schrak auf, ist aufgeschreckt: Er schreckte / schrak aus seinen Gedanken auf. Die Rehe waren aufgeschreckt.* Das transitive Verb hat die Formen *schreckte auf, hat aufgeschreckt: Ein Geräusch schreckte ihn auf. Er hatte das Wild aufgeschreckt.*

Aufschwellung: Der sprachlichen Erscheinung der Aufschwellung begegnen wir nicht nur im Satz (↑ Nominalstil), sondern auch bei der Wortbildung. Meist handelt es sich hier um Vor- oder Nachsilben, die als überflüssig betrachtet werden können, weil sie zum Wortsinn nichts beitragen und einer prägnanten Ausdrucksweise entgegenstehen. Das

trifft zu bei Verben wie *anempfehlen* (für: *empfehlen*), *eine Summe einbezahlen* (für: *einzahlen*), *verbescheiden* (für: *bescheiden*) oder Substantiven wie *Eiligkeit* (für: *Eile*) und *Dichtigkeit* (für: *Dichte*). Die Grenze, die die Aufschwellung von der sprachlichen Verstärkung trennt, ist im Einzelnen oft schwer zu ziehen (vgl. z. B. *auserlesen, auserkoren, auserwählt*). Der Rückgriff auf kürzere Bildungen kann in besonderen Fällen zu dem stilistischen Mittel werden, den Ausdruck zu straffen: *Helle* (für: *Helligkeit*), *Feuchte* (für: *Feuchtigkeit*), *Starre* (für: *Starrheit*) u. a. Man beachte aber, dass einige dieser Bildungen verschiedene Bedeutungen entwickelt haben, vgl. *Zähheit* (des Fleisches) – *Zähigkeit* (des Willens). In manchen Fällen hat die Endung *-ieren* von der kürzeren deutschen *-en* Konkurrenz erhalten: *pulsen* (für: *pulsieren*) oder *normen* (für: *normieren*). Eine unnötige Aufschwellung kann auch die Ersetzung eines einfachen Adverbs durch eine Wortgruppe sein: *zu wiederholten Malen* oder *des Öfteren* (für: *mehrmals, oft*), *in Bälde, in Kürze* (für: *bald*), *in / zur Gänze* (für: *ganz* oder *gänzlich*) u. Ä.

Aufsehen erregend / aufsehenerregend: Nach den neuen Rechtschreibregeln kann *Aufsehen erregend* oder *aufsehenerregend* geschrieben werden: *ein Aufsehen erregender / aufsehenerregender Fall.* Die Fügung wird jedoch immer zusammengeschrieben, wenn sie durch ein Adverb näher bestimmt wird: *ein äußerst aufsehenerregender Fall.* Die Zusammenschreibung gilt auch dann, wenn die Fügung als Ganzes gesteigert wird: *Es trat ein aufsehenerregenderer Fall ein.* ↑ Getrennt- oder Zusammenschreibung (3.1.1).

auf sein (ugs): In neuer Rechtschreibung wird in allen Formen getrennt geschrieben, also auch im Infinitiv und im 2. Partizip: *Das Fenster muss auf sein. Die Kranke ist gestern schon auf gewesen. Ich* *weiß nicht, ob die Tür auf war.* ↑ Getrennt- oder Zusammenschreibung (1.5).

aufseiten / auf Seiten: In der neuen Rechtschreibung gelten diese beiden Schreibungen als korrekt. Die bisherige Schreibung *auf seiten* hat keine Geltung mehr. ↑ Verblassen des Substantivs.

aufsetzen: Bei transitivem Gebrauch steht *aufsetzen auf* üblicherweise mit dem Akkusativ, weil die Vorstellung der Richtung vorherrscht: *ein Stockwerk, den Dachstuhl auf das Haus aufsetzen. Sie setzte den Hut auf den Kopf auf. Der Pilot setzte die Maschine sicher auf die Piste auf.* Bei intransitivem Gebrauch steht meist der Dativ, seltener der Akkusativ: *Das Flugzeug setzte sanft auf dem Boden auf. Das Beiboot setzte hart aufs Wasser auf.* ↑ Rektion (1).

Aufsicht: Nach *Aufsicht* wird gewöhnlich mit der Präposition *über* angeschlossen: *Sie hat die Aufsicht über die Schulklasse. Er führt die Aufsicht über die Bauarbeiten.*

Aufsichtführende, der und die: Es heißt *der / die Aufsichtführende,* nicht: *Aufsichtsführende.* ↑ Fugen-s (3.4). In neuer Rechtschreibung ist auch die Getrenntschreibung *der/die Aufsicht Führende* korrekt.

Aufsichtsrat[s]-: Das ↑ Fugen-s (3) steht hier nicht in allen Zusammensetzungen. So heißt es zwar *Aufsichtsratsvorsitzende[r],* aber überwiegend *Aufsichtsratvergütung.*

aufspalten: ↑ spalten.

aufspielen, sich: Bei *sich aufspielen als / wie* steht heute das dem *als* oder *wie* folgende Substantiv im Nominativ, d. h., es wird auf das Subjekt bezogen: *Er spielte sich auf wie ein Narr. Glaub nicht, dass ich mich vor dir als der Gerechte aufspielen möchte* (Musil). Der Akkusativ ist hier veraltet *(Er spielte sich als Helden auf).* ↑ Kongruenz (4.2).

aufständisch / aufständig: Die Form *aufständig* ist heute veraltet.
↑ -ig / -isch / -lich (3).

aufstützen: Bei *[sich] aufstützen auf* steht heute gewöhnlich der Akkusativ, selten der Dativ: *Die Ellenbogen auf den* (selten: *dem) Tisch aufstützen.* ↑ Rektion (1).

aufteilen: Bei *aufteilen in* steht der Akkusativ (nicht der Dativ): *Die Spieler wurden in zwei große Gruppen aufgeteilt. Der Teppich ist in gleich große Felder aufgeteilt.*

Auftrag: 1. Auftrag über: Im Geschäftsverkehr ist es üblich, *Auftrag* mit der Präposition *über* zu verbinden: *ein Auftrag über Maschendraht.* Daneben kommt aber auch der Anschluss mit *auf* vor: *Wir haben Ihren Auftrag auf Lieferung von 10 Schreibtischen erhalten.*

2. die erteilten Aufträge: In bestimmten Zusammenhängen wird *Auftrag* pleonastisch mit dem zweiten Partizip *erteilt* verbunden: *Wir danken Ihnen für den erteilten Auftrag* statt lediglich: *... für den Auftrag.* ↑ zweites Partizip (2.4).

auftragen: Bei *auftragen auf* kann sowohl der Akkusativ als auch der Dativ stehen. Üblicher ist heute der Akkusativ, weil die Vorstellung der Richtung (Frage: wohin?) überwiegt: *Sie trug die Salbe auf die* (seltener: *auf der) Wunde auf.*

auftreffen: Nach *auftreffen auf* steht der Akkusativ (nicht der Dativ): *Kleine Meteoriten trafen auf das Raumschiff auf.*

Auftreten / Auftritt: ↑ Verbalsubstantiv.

Auf und Ab: Die Substantivierung (↑ auf [2]) bleibt im Genitiv meist ungebeugt: *des ewigen Auf und Ab überdrüssig sein* (selten: *des ewigen Auf und Abs ...).* ↑ Unterlassung der Deklination (1.1).

auf Urlaub / im Urlaub / in Urlaub: ↑ Urlaub.

aufwändig / aufwendig: Man kann *aufwendig* in neuer Rechtschreibung auch mit *ä* schreiben, weil das Wort als Ableitung von *aufwenden* oder von *Aufwand* betrachtet werden kann. ↑ ä / e (1).

aufwärts: Man schreibt *aufwärts* immer getrennt vom folgenden Verb: *Wir wollen den Fluss aufwärts fahren. Der Weg wird aufwärts führen. Wir mussten ständig aufwärts gehen.* In neuer Rechtschreibung auch: *Es wird auch mit uns wieder einmal aufwärts gehen* (= besser werden). ↑ Getrennt- oder Zusammenschreibung (1.4), ↑ -wärts.

auf was / worauf: Als standardsprachlich gilt hier das Pronominaladverb *worauf: Worauf stützt sich Ihre Annahme?* Die Verbindung *auf* + *was (Auf was stützt sich Ihre Annahme?)* kommt in der gesprochenen Sprache recht häufig vor, ist aber stark umgangssprachlich gefärbt. ↑ Pronominaladverb (5).

Aufweis / Aufweisung: ↑ Verbalsubstantiv.

aufwenden: Die Formen des Präteritums und des zweiten Partizips lauten sowohl *wendete auf, aufgewendet* als auch *wandte auf, aufgewandt: Er wendete / wandte sein ganzes Geld auf, um ihm zu helfen. Sie hatte sehr viel Mühe dafür aufgewendet / aufgewandt.*

aufwendig / aufwändig: ↑ aufwändig / aufwendig.

aufwerfen, sich: Das reflexive Verb *sich aufwerfen* wird mit *zu* verbunden (nicht mit *als*): *sich zum Richter / zum Vormund aufwerfen.*

Aufzählung: Unter einer Aufzählung versteht man die Aneinanderreihung gleichartiger und gleichwertiger Satzteile. Zur Zeichensetzung bei Aufzählungen, Tabellen, Listen, Gliederungen u. Ä. ↑ Komma (3.1), ↑ Punkt (2), ↑ Doppelpunkt (2), ↑ Semikolon (4).

Augenbank: Der Plural lautet *die Augenbanken* (nicht: *Augenbänke*). ↑ Bank.

Augenblick: *In dem Augenblick, wo ...* ↑ da / wo.

Augenzeuge: Wenn *Augenzeuge* Gleichsetzungsglied ist, steht es auch bei einem pluralischen Subjekt überwiegend im Singular: *Die drei Männer waren Augenzeuge* (seltener: *Augenzeugen*) *des Vorfalls.* ↑ Kongruenz (1.4.7).

Augsburger: Die Einwohnerbezeichnung wird immer großgeschrieben, auch wenn das Wort wie ein flexionsloses Adjektiv vor einem Substantiv steht: *ein Augsburger Kennzeichen, die Augsburger Bevölke-*

rung. ↑ Einwohnerbezeichnungen auf -er (7).

August: ↑ Monatsnamen.

aus: 1. Rechtschreibung: Getrennt schreibt man *aus* in den Wendungen *bei jmdm. aus und ein gehen* »verkehren« und *nicht aus und ein / weder aus noch ein wissen* »ratlos sein«: *Die Typen, die ständig bei ihr aus und ein gingen, gefielen ihm nicht. Es sind arme Menschen, die weder ein noch aus wissen.* Anders ist es bei der zusammenfassenden Verbindung von Verben mit dem Verbzusatz *aus-*, wo ein ↑ Bindestrich (1.1) gesetzt werden muss: *die ausgehenden und eingehenden / die aus- und eingehenden Sendungen; tief ausatmen und tief einatmen / tief aus- und einatmen.* Getrennt schreibt man in neuer Rechtschreibung jetzt auch *aus sein: Das Licht muss um 10 Uhr aus sein. Er wird wohl auf die Belohnung aus sein. Sie sind gestern aus gewesen.* ↑ Getrennt- oder Zusammenschreibung (1.5). Groß schreibt man die Substantivierung *das Aus: Der Ball ging ins Aus / ist im Aus. Der Schiedsrichter pfiff Aus.*

2. aus ... heraus: Verstärkendes *heraus* kann nur zu loseren Gefüge aus *aus* + Substantiv hinzutreten *(aus einer Notlage, aus einer Laune heraus),* nicht aber zu festen Verbindungen wie *aus Erfahrung, aus Liebe.*

3. aus / von: Länder- und Städtenamen stehen als Herkunftsangaben mit der Präposition *aus,* besonders wenn mit ihnen der Lebensbereich oder Geburtsort eines Menschen gemeint ist: *Ich komme aus Stuttgart, bin aus Bayern. Sie ist aus Sachsen.* Die Präposition *von (ich bin von Mannheim)* ist in dieser Verwendung landschaftlich. Jedoch wird *von* mit Städtenamen gelegentlich dann verbunden, wenn es um die Angabe eines (kürzlich) verlassenen Aufenthaltsortes geht: *Ich komme gerade aus Remscheid / von Remscheid.*

aus aller Herren Ländern / aus aller Herren Länder: Heute wird im Allgemeinen die ungebeugte Form *aus aller Herren Länder* gebraucht. ↑ Unterlassung der Deklination (2.3).

ausbaufähig: ↑ -fähig.

ausbedingen: Das zusammengesetzte Verb wird unregelmäßig konjugiert: *Er bedang sich einige Tage Bedenkzeit aus. Sie hat sich ausbedungen, dass nichts von den Vorfällen in die Presse gelangt.* ↑ bedingen.

ausbezahlen / auszahlen: Die Bedeutungen »einen Geldbetrag aushändigen« und »finanziell abfinden« haben *ausbezahlen* und *auszahlen* gemeinsam: *Gehälter, Prämien, ein Erbteil ausbezahlen / auszahlen; Teilhaber, Erben ausbezahlen / auszahlen.* Dagegen kann im Sinne von »entlohnen« standardsprachlich nur *auszahlen* gebraucht werden: *Die Saisonarbeiter wurden ausgezahlt und entlassen.* Auch in reflexivem Gebrauch gilt nur *auszahlen: Verbrechen zahlen sich nicht aus.*

ausbleiben: Wenn von einem verneinten *ausbleiben* ein Nebensatz mit *dass* abhängt, darf dieser nicht verneint werden: *Es konnte nicht ausbleiben, dass an der Stelle gelacht wurde.* Nicht: *Es konnte nicht ausbleiben, dass an der Stelle nicht gelacht wurde.* ↑ Negation (1).

ausbleichen: ↑ bleichen.

ausbreiten: Nach *ausbreiten auf* steht meist der Dativ, weil die Vorstellung des Ortes, wo etwas ausgebreitet wird, bestimmend ist: *die Decke auf dem Rasen, eine Straßenkarte auf dem Tisch ausbreiten.* Bei *sich ausbreiten über* kommt auch die Richtung ins Spiel, daher kommen sowohl der Dativ als auch der Akkusativ vor: *Nebel breitete sich über dem / über das Land aus.* Im Sinne von »sich über etwas weitschweifig äußern« steht *sich ausbreiten über* nur mit dem Akkusativ: *Stundenlang breitete er sich über die Schädlingsbekämpfung aus.*

aus dem / daraus: ↑ Pronominaladverb (4).

ausdienen: ↑ ausgedient.

Ausdruck: 1. In der Bedeutung »Wort, Be-

zeichnung« hat *Ausdruck* den Plural *die Ausdrücke,* in der Bedeutung »fertig gedrucktes Werk, ausgedruckter Text« den Plural *die Ausdrucke.* ↑ Druck.
2. Zu *zum Ausdruck bringen* ↑ Nominalstil.

auseinander: Man schreibt *auseinander* immer getrennt vom folgenden Verb: *weit auseinander wohnen, liegen; Schüler auseinander setzen* (= getrennt setzen), *Betten auseinander stellen, Wörter auseinander schreiben; Zähne, die auseinander stehen. Die beiden werden bald auseinander sein* (= sich getrennt haben; ugs.). In neuer Rechtschreibung auch: *Sie wollen auseinander gehen* (= sich trennen). *Die Enden müssen auseinander gebogen werden. Sie hat mir das auseinander gesetzt* (= erklärt). *Ich habe mich mit ihm auseinander gesetzt* (= strittige Fragen geklärt). *Sie haben sich auseinander gelebt.* ↑ Getrennt- oder Zusammenschreibung (1.4).

auserkoren: ↑ kiesen / küren.

Ausfahrt[s]-: Bei einigen Zusammensetzungen mit *Ausfahrt* ist das Fugen-s fest, bei anderen schwankt der Gebrauch. Fest mit Fugen-s: *Ausfahrtsschild, Ausfahrtsstraße.* Schwankend: *Ausfahrt[s]erlaubnis, Ausfahrt[s]gleis, Ausfahrt[s]signal, Ausfahrt[s]weiche.*

Ausfall von Lauten: ↑ Elision.

Ausflucht: ↑ Flucht.

ausführen / durchführen: Das Verb *ausführen* bedeutet »etwas [auftragsgemäß] verwirklichen, erledigen«, es betont gegenüber *durchführen* mehr, dass das erwartete Ergebnis, der weisungsgemäß herzustellende Zustand usw. erreicht wird. Dagegen richtet *durchführen* den Blick mehr auf das Organisatorische einer erforderlichen Tätigkeit, die etwas verwirklichen und zu Ende bringen will oder soll. In manchen Fällen kann man beide Verben einsetzen: *Es sind regelmäßige Messungen und Prüfungen auszuführen / durchzuführen. Die Vorschriften für die Ausführung / Durchführung der*

Messungen sind auf der Karte angegeben. Ebenso kann man *ein Vorhaben, eine Aufgabe, Arbeit, Operation, Untersuchung, Analyse, einen Plan, Beschluss ausführen* oder *durchführen.* Aber *Bauten* z. B. kann man nur *ausführen, nicht durchführen lassen.* Ebenso nur: *eine Bestellung, einen Befehl, Auftrag, Entschluss, Weisungen ausführen.*

Ausführungen: 1. In bestimmten Zusammenhängen wird *Ausführung* pleonastisch mit dem zweiten Partizip *gemacht* verbunden: *Die [vom Vorsitzenden] gemachten Ausführungen beeindruckten die Zuhörer* statt: *Die Ausführungen [des Vorsitzenden]* ... ↑ zweites Partizip (2.4). **2.** Zu *zur Ausführung gelangen* ↑ gelangen.

ausgedient, ausgelernt: Diese Partizipien können auch attributiv gebraucht werden: *ein ausgedienter Kinderwagen, ein ausgelernter Bäcker.* Vgl. aber ↑ zweites Partizip (2.2).

ausgenommen: 1. Stellung und Rektion: Das dem Wort *ausgenommen* vorangestellte Substantiv (die Bezeichnung der ausgenommenen Person oder Sache) steht meist im Akkusativ, weil *ausgenommen* bei dieser Stellung noch als zweites Partizip des Verbs *ausnehmen* betrachtet wird, das den Akkusativ regiert. Die Konstruktion entspricht dann einer gewöhnlichen Partizipialkonstruktion: *Ich muss dem ganzen Buch widersprechen, den Schluss ausgenommen.* (Entsprechend: *Sie stand da, den Arm ausgestreckt.*) Der Nominativ steht bei dieser Konstruktion nur, wenn auch das zugehörige vorangehende Wort diesen Kasus aufweist: *Alle sind da, er* (veraltet: *ihn) ausgenommen.* Demgegenüber ist die Nachstellung des Substantivs ein Zeichen dafür, dass *ausgenommen* nicht mehr als Partizip, sondern als Konjunktion empfunden wird, die auf die Deklination des Substantivs keinen Einfluss hat. Das Substantiv wird dann vom Verb des Satzes regiert: *Ich muss dem ganzen*

Buch widersprechen, ausgenommen dem Schluss. **2. Zeichensetzung:** Wenn *ausgenommen* als Konjunktion im Sinne von »außer« gebraucht wird, steht immer ein Komma davor: *Alle sind da, ausgenommen er. Sie kommt bestimmt, ausgenommen es regnet. Ich muss dem ganzen Buch widersprechen, ausgenommen dem Schluss.* Steht die Fügung mit *ausgenommen* jedoch als Partizipialgruppe am Satzanfang, dann braucht nach den neuen Regeln das Komma vor dem folgenden Hauptsatz nicht mehr gesetzt zu werden: *Ausgenommen bei starkem Regen[,] ging sie täglich spazieren.* − In den Fügungen *ausgenommen dass* und *ausgenommen wenn* braucht nach den neuen Regeln vor *dass* oder *wenn* ebenfalls kein Komma gesetzt zu werden (man setzt es vorzugsweise dann, wenn die Fügung nicht als Einheit empfunden wird): *Er ist ganz nett, ausgenommen[,] dass er gern übertreibt. Sie kommt bestimmt, ausgenommen[,] wenn es regnet.*

ausgeruht: Das Wort gehört zu den zweiten Partizipien, die aktivischen Sinn bekommen haben und zu Adjektiven geworden sind, weil sie prädikativ mit *sein* verbunden werden können: *Der Wanderer hat sich ausgeruht. − Der Wanderer ist ausgeruht. − Der ausgeruhte Wanderer.* ↑ zweites Partizip (2.2).

ausgiebig: 1. Schreibung: Das lange *i* in den mit *geben* zusammenhängenden Formen und Ableitungen wurde früher mit *ie* geschrieben: (*du giebst, er giebt, ausgiebig, ergiebig, nachgiebig* u. a.). Als 1901 auf der staatlichen Rechtschreibkonferenz die *i*-Schreibung für verbindlich erklärt wurde, nahm man die adjektivischen Ableitungen von dieser Bestimmung aus, sodass gilt: *du [um]gibst, er [um]gibt, [um]gib!,* aber: *ausgiebig, ergiebig* usw. **2. ausgiebig / ergiebig:** Ursprünglich bezeichnete *ausgiebig* etwas, was gut ausgibt, d. h. reichen Ertrag, Gewinn gibt: *eine ausgiebige Sorte. Dieses Fett ist sehr*

ausgiebig. In dieser Bedeutung veraltet *ausgiebig;* an seine Stelle ist *ergiebig* getreten. Heute wird *ausgiebig* gewöhnlich verstärkend im Sinne von »reichlich, recht viel« gebraucht.
Aushängeschild: ↑ Schild.

Ausklammerung

Unter Ausklammerung versteht man die sprachliche Erscheinung, dass Satzteile oder Nebensätze, die üblicherweise vor dem schließenden Prädikat oder Prädikatsteil stehen, hinter dieses rücken. Sie treten damit aus der so genannten Satzklammer (↑ verbale Klammer) heraus.
Übliche Wortstellung:

> Susanne *sucht* für ihren Freund ein Geschenk *aus.* Susanne *hat* für ihren Freund ein Geschenk *ausgesucht.* ... *dass* Susanne für ihren Freund ein Geschenk *aussucht.*

Ausklammerung:

> Susanne *sucht* ein Geschenk *aus für ihren Freund.* Susanne *hat* ein Geschenk *ausgesucht für ihren Freund.* ... *dass* Susanne ein Geschenk *aussucht für ihren Freund.*

Weitere Beispiele mit Ausklammerungen:

> Sie *hat* die Gewohnheit *beibehalten, vor dem Frühstück zu joggen.*
> Ich *kann* nicht *verreisen in diesem Sommer.*

Grammatisch notwendig ist diese – keineswegs auf Texte der Gegenwartssprache beschränkte – Ausklammerung nie, doch besonderer stilistischer Ausdruckswille und das Bestreben, den Satz übersichtlicher und leichter verständlich zu machen, haben ihren Gebrauch stark gefördert. Im Einzelnen gilt Folgendes:

1. Besonders umfangreiche Satzglieder werden gerne ausgeklammert, um dem Hörer oder Leser das vollständige Prädikat nicht zu lange vorzuenthalten:

> Der Einfluss der Kunst *dauert* jedoch *fort in der Gefühlsstruktur des Publikums, der großen und der kleinen Diktatoren, der demokratischen Politiker und Regierungsleute.*

2. Nebensätze (in attributiver Funktion) und satzwertige Infinitive mit besonderem Eigengewicht werden häufig ausgeklammert:

> Man *ließ* die Nachricht *verbreiten, dass er gestorben sei.* Danach *fing* er *an, bitterlich zu weinen.*

A

Mit dem Nebensatz kann auch sein Bezugswort ausgeklammert werden:
Sie *nahm* die Hände *weg vom Gesicht, das nicht starr war.*

3. Einzelne Satzglieder können ausgeklammert werden, wenn man sie (als nebensächlich) nachtragen oder aber besonders hervorheben will:
Viel Zeit *ging verloren bei der Suche.* Ich *habe* lange *gewartet auf diesen Brief.* Sie *kann* einfach nicht *froh sein über ihren Erfolg.*

4. Wie die Beispiele zeigen, handelt es sich bei den ausgeklammerten Satzgliedern vielfach um Präpositionalgefüge. Das Subjekt dagegen und die reinen Objekte (d. h. Objekte ohne Präposition) können nicht ausgeklammert werden. Man kann also nicht sagen:
Ich *habe getroffen die Chefin.* Er geht, wenn bei der Versammlung *eingebracht wird eine Resolution.*

---

ausklingen: In konkreter Bedeutung wird *ausklingen* im Perfekt mit *haben* oder *sein* umschrieben: *Der Ton war / hatte ausgeklungen.* Wenn das Verb übertragen im Sinne von »enden« gebraucht wird, ist dagegen nur *sein* möglich: *Alles ist in eine freundliche und versöhnliche Stimmung ausgeklungen. Seine Rede war in der Mahnung ausgeklungen ...* ↑ haben (1).
Auslad: ↑ Verbalsubstantiv (1.4).
Auslands-: Zusammensetzungen mit *Ausland* als erstem Glied werden im Allgemeinen mit ↑ Fugen-s geschrieben: *Auslandsabteilung, Auslandsbeziehungen, Auslandsgeschäft, Auslandsschule* usw.
Auslassung: ↑ Ellipse.
Auslassungspunkte: Drei Auslassungspunkte werden gesetzt, wenn eine Rede abgebrochen oder ein Gedankenabschluss verschwiegen wird: *Der Horcher an der Wand ... Sie sagte:»Am besten wäre es, ich würde ...« »Du bist ein verdammtes A...!«, brüllte er.* (Vor und nach den Auslassungspunkten lässt man den normalen Wortzwischenraum, wenn sie

für ein oder mehrere Wörter stehen. Bei Auslassung eines Wortteils schließt man sie unmittelbar an den Rest des Wortes an.) Die Auslassungspunkte stehen ferner bei Zitaten, um die Weglassung von entbehrlichen Wortteilen, Wörtern, Satzteilen oder Sätzen zu bezeichnen. Mit Auslassungszeichen also: »*Ich heiße Paul!«, schloss er seinen Bericht ... und schritt ... hinaus.* Ohne Auslassungszeichen: »*Ich heiße Paul!«, schloss er seinen Bericht, den er mit lexikalischer Sachlichkeit gab, lächelte gewinnend, machte einen gezierten, ironischen Diener und schritt mit steigenden, gleichwie aufgezogenen Schritten vogelartig hinaus* (Erhart Kästner). Hinter den Auslassungspunkten steht kein besonderer Satzschlusspunkt: *Ehen werden im Himmel geschlossen ...* Aber mit Klammern: *Sie erinnerte sich an die Redensart (Ehen werden im Himmel geschlossen ...).* Der Schlusspunkt eines vorangehenden Satzes darf nicht in die Auslassungspunkte einbezogen werden: *Der Kontokorrentkredit wird ... als gedeckter Kredit gewährt. ... ein Kredit,*

A

der in laufender Rechnung ... zur Verfügung gestellt wird. Dasselbe gilt für den Abkürzungspunkt: *Frankfurt a. M. ...*

Auslassungssatz: ↑ Ellipse.

Auslassungszeichen: ↑ Apostroph.

Auslassung von Lauten: ↑ Elision.

auslaufen: Bei *auslaufen in* steht der Akkusativ, nicht der Dativ, weil die Vorstellung der Richtung bestimmend ist: *Der Krug läuft in einen engen Hals aus.*

Auslaut: Der Auslaut ist der Laut, mit dem ein Wort oder eine Silbe endet. ↑ Aussprache (4).

auslernen: ↑ ausgedient, ausgelernt.

aus'm: ↑ Apostroph (1.2), ↑ Präposition (1.2.1).

ausmünden: Bei *ausmünden in* kann der Akkusativ oder der Dativ stehen: *Der Gang mündet in ein Gewölbe / in einem Gewölbe aus.*

ausnutzen / ausnützen: Neben *ausnutzen* ist, besonders in Süddeutschland und in Österreich, die umgelautete Form *ausnützen* gebräuchlich.

Auspuffflamme: Die Zusammensetzung aus *Auspuff* und *Flamme* wird mit drei *f* geschrieben. Zur besseren Lesbarkeit kann ein Bindestrich gesetzt werden: *Auspuffflamme,* auch: *Auspuff-Flamme.* ↑ Zusammentreffen dreier gleicher Buchstaben.

ausreichend: ↑ Zensuren.

ausringen / auswringen: ↑ auswringen / ausringen.

Ausrufesatz: Im Ausrufesatz wird ein Sachverhalt mit starker innerer Anteilnahme zum Ausdruck gebracht. Das Finitum (die Personalform des Verbs) kann dabei an zweiter, erster oder letzter Stelle stehen: *Du hast aber lange Skier! Hast du aber lange Skier! Wie schön das alles ist!* Das übliche ↑ Ausrufezeichen steht nicht, wenn der Ausrufesatz abhängig gemacht wird: *Sie rief ihm zu, wie schön es heute sei.* ↑ Satzarten.

Ausrufewort: ↑ Interjektion.

Ausrufezeichen

Das Ausrufezeichen ist ein Ton- und ein Schlusszeichen. Es macht den lebhaften Ton einer Aussage deutlich. Das Ausrufezeichen dient zur Kennzeichnung besonders eindringlich gemeinter, mit Nachdruck zu betonender Wörter und Sätze.

1. Das Ausrufezeichen steht nach Interjektionen:

Ach! Oh! Au! Na! Hallo! Pfui! Buh! Ahoi! Pst! Brr! – Na! Na! Passen Sie doch auf! Nein! Nein! Und noch einmal: Nein!

Liegt kein Nachdruck auf der einzelnen Interjektion, dann tritt das Ausrufezeichen ans Ende des Satzes:

Na, na, na! Doch, doch! Ach, das ist schade!

2. Das Ausrufezeichen steht nach Aufforderungs-, Wunsch- und Ausrufe-sätzen:

Komm sofort zurück! Nehmen Sie doch bitte Platz! Legen Sie ab und fühlen Sie sich wie zu Hause! Hätte ich ihm doch nicht geglaubt! Rauchen verboten! Einfahrt frei-halten! Bitte nicht stören! Einsteigen! Ruhe!

Kein Wunder! Das hätte ich nicht gedacht! Achtung! Kein Kommentar! Vertraulich! Vorsicht, bissiger Hund! Guten Tag! Guten Appetit! Alles Gute! (In Fragesatzform:) Wie lange soll ich denn noch warten! Was erlauben Sie sich!

Abhängige Aufforderungs- und Ausrufesätze und solche ohne besonderen Nachdruck werden jedoch ohne Ausrufezeichen geschrieben:

Man befahl ihm, sofort zu kommen. Sie wünschte, alles wäre vorbei.

Vergleichen Sie die Anmerkung 5 auf Seite 60. Geben Sie mir bitte das Buch.

3. Das Ausrufezeichen steht nach der Anrede bei Reden und Ansprachen (zur Anrede im Brief ↑ Brief [4]):

Liebe Mitbürgerinnen und Mitbürger!

Sie alle sind dazu aufgerufen, ...

Verehrte Frau Vorsitzende, meine Damen und Herren!

Es ist mir eine Ehre ...

4. Das Ausrufezeichen steht eingeklammert innerhalb eines Satzes nach Angaben, die man als fraglich oder beachtenswert besonders kennzeich-nen will:

Er will 100 Meter in 10,2 (!) gelaufen sein. Der Einbrecher arbeitete früher als Schweißer (!).

5. Beim Zusammentreffen von Ausrufezeichen mit anderen Satzzeichen ist das Folgende zu beachten:

Ausrufezeichen und Anführungszeichen

Das Ausrufezeichen steht vor dem schließenden Anführungszeichen, wenn es zur Anführung gehört. Danach steht am Satzende kein Punkt mehr; wenn jedoch der übergeordnete Satz folgt oder weitergeführt wird, dann muss nach den neuen Regeln ein Komma gesetzt werden:

»Komme mir nicht mehr unter die Augen!«, rief sie wütend. »Entweder der Plan wird angenommen«, rief er den Vereinsmitgliedern zu, »oder ich lege sofort mein Amt nieder!«

Das Ausrufezeichen steht nach dem schließenden Anführungszeichen, wenn es nicht zur Anführung, sondern zum ganzen Satz gehört:

Spiel doch nicht immer Franz Liszts »Ungarische Rhapsodie«!

A

Gehört sowohl zur Anführung als auch zum übergeordneten Satz ein Ausrufezeichen, dann müssen beide gesetzt werden:

Lass doch dieses ewige »Ich will nicht!«!

Ausrufezeichen und Gedankenstrich

Das Ausrufezeichen steht vor dem zweiten Gedankenstrich, wenn es zu dem eingeschobenen Satz oder Satzteil gehört:

Ich fürchte – hoffentlich zu Unrecht! –, dass du krank bist.

Ausrufezeichen und Klammern

Das Ausrufezeichen steht vor der schließenden Klammer, wenn es zum eingeklammerten Text gehört:

Der Antrag ist vollständig ausgefüllt an die Bank zurückzusenden (bitte deutlich schreiben!).

Gehört ein Ausrufezeichen zu einem Satz und nicht zu einem am Satzende in Klammern stehenden Text, dann steht das Ausrufezeichen vor dem eingeklammerten Text. Nach der schließenden Klammer steht dann noch ein Punkt:

Wie herrlich leuchtet mir die Natur! Wie glänzt die Sonne, wie lacht die Flur! (Goethe).

Ausrufezeichen und Fragezeichen

Nach einem Fragezeichen kann noch ein Ausrufezeichen stehen, wenn der Fragesatz gleichzeitig als Ausrufesatz verstanden werden soll:

Warum denn nicht?! Das soll auch für mich gelten?!

---

ausruhen: ↑ ausgeruht.

Aussagesatz: Der Aussagesatz gibt einen Sachverhalt einfach berichtend wieder: *Die Sonne scheint. Der Himmel ist blau. Karl trägt den Koffer zum Bahnhof. Ilse fährt morgen nach Frankfurt.* Er wird durch einen Punkt abgeschlossen und hat das Finitum (die Personalform des Verbs) an zweiter Stelle. ↑ Satzarten.

Aussageweise: ↑ Modus.

Ausscheid / Ausscheidung: ↑ Verbalsubstantiv (1.4).

ausschenken: ↑ ä / e.

ausscheren: Das Perfekt von *ausscheren* wird mit *sein* umschrieben: *Der Wagen ist / war aus der Kolonne ausgeschert.*

ausschließlich: Das Adjektiv *ausschließlich* »alleinig, uneingeschränkt« gehört zu den Adjektiven ohne ↑ Vergleichsformen (3.1); also nicht: *das ausschließlichste Recht auf etwas haben.* Das Adverb *ausschließlich* wird im Sinne von »nichts als, ganz allein, nur« gebraucht: *Das ist ausschließlich ihr Verdienst. Er war ausschließlich Gelehrter.* Die Präposition *ausschließlich* »ohne, außer« wird mit dem Genitiv verbunden, wenn der Kasus durch ein Begleitwort des abhängigen Substantivs deutlich wird: *die Kosten* *ausschließlich des genannten Betrags, die Miete ausschließlich der Heizungskosten.* Das allein stehende starke Substantiv nach *ausschließlich* bleibt im Singular im Allgemeinen ungebeugt: *die Kosten ausschließlich Porto.* Im Plural weicht man bei allein stehenden stark deklinierten Substantiven auf den Dativ aus, wenn der Genitiv nicht erkennbar ist: *der Preis für die Mahlzeiten ausschließlich Getränken* (statt: *Getränke*), *das Mobiliar ausschließlich Tischen und Stühlen* (statt: *Tische und Stühle*). ↑ Präposition (2).

Ausschließung / Ausschluss: ↑ Verbalsubstantiv (1.4).

aus sein (ugs.): In neuer Rechtschreibung wird in allen Formen getrennt geschrieben, also auch im Infinitiv und im Partizip: *Das Kino wird etwa um 23 Uhr aus sein, ist um 23 Uhr aus gewesen. Er wird wohl auf die Belohnung aus sein. Wir sind gestern aus gewesen. Ich weiß nicht, ob sie aus waren.* ↑ Getrennt- oder Zusammenschreibung (1.5).

außen: Klein schreibt man das Adverb: *von außen her; eine Farbe für außen und innen; er spielt außen.* Groß schreibt man die sportsprachliche Substantivierung *der Außen: Er spielt in unserer Mannschaft als Außen.*

aussenden: Die Formen des Präteritums und zweiten Partizips lauten: *sendete aus / sandte aus* und *ausgesendet / ausgesandt.* ↑ senden.

außer: Die Präposition *außer* regiert in der Bedeutung »ausgenommen, abgesehen von« den Dativ: *Man hörte nichts außer dem Ticken der Uhr.* Auch in der Bedeutung »außerhalb« regiert *außer* gewöhnlich den Dativ: *Sie können auch außer der Zeit kommen. Der Kranke ist außer aller Gefahr. Ich bin außer mir über sein Verhalten.* Der veraltete Genitiv kommt nur noch in den Verbindungen *außer Landes gehen, außer Landes sein / leben* und *außer Hauses*

sein (selten neben: *außer Haus[e] sein*) vor. In Verbindung mit Verben der Bewegung hat sich in neuerer Zeit der Akkusativ durchgesetzt: *etwas außer jeden Zusammenhang, außer jeden Zweifel stellen; jemanden außer allen Stand setzen, etwas zu tun.* Bei *geraten* allerdings steht der Dativ noch mit dem Akkusativ in Konkurrenz: *Ich geriet außer mich / außer mir vor Wut.* Wenn das Bezugswort des auf *außer* folgenden Substantivs im Nominativ, Genitiv oder Akkusativ steht, ist es möglich, dieses in den gleichen Kasus zu setzen; *außer* ist dann Konjunktion. Nominativ: *Niemand kann es herausbekommen außer ich selbst.* Genitiv: *Ich entsinne mich all dieser Vorfälle nicht mehr außer eines einzigen.* Akkusativ: *Ich kenne niemanden außer ihn. Auf Bettwäsche, außer Streifsatin und Matratzenschonbezüge, gewähren wir Rabatt.* In allen diesen Beispielen könnte man *außer* auch als Präposition (mit dem Dativ) verwenden: *Niemand kann es herausbekommen außer mir* usw.

außer dass; außer wenn; außer um u. a.: Das Komma steht wie vor dem einfachen *dass, wenn* oder *um*, weil diese Fügungen wie eine einfache Konjunktion eingesetzt sind: *Wir gehen täglich spazieren, außer wenn es regnet. Ich habe nichts erfahren können, außer dass sie abgereist ist. Er ist, außer um Freunde zu besuchen, nie im Krankenhaus gewesen.*

Äußeres: Wenn *Äußeres* einem stark deklinierten Adjektiv folgt, dann wird es heute gewöhnlich ebenfalls stark gebeugt: *ein anmutiges Äußeres* (nicht mehr sehr üblich: *Äußere*). Im Dativ Singular kommt neben der starken auch noch die schwache Beugung vor: *mit jugendlichem Äußerem / (*seltener schwach:*) Äußeren.*

außerhalb: Die Präposition *außerhalb* wird heute mit dem Genitiv (nicht mehr mit

A

dem Dativ) verbunden: *außerhalb des Hauses, außerhalb des Bereichs, außerhalb der Landesgrenzen.* Das gilt auch für Orts- und Landesnamen: *außerhalb Bayerns, außerhalb Kölns.* In diesen Fällen kann man jedoch ein *von* einschalten, *von* ist dann Adverb: *außerhalb von Bayern, von Köln.* Der Dativ nach *außerhalb* ist nur in Ausnahmefällen zulässig, z. B., wenn einem stark gebeugten Substantiv im Singular, das von *außerhalb* abhängt, ein ebensolches vorausgeht: *außerhalb des Nachbars großem Garten.* – Mit der Präposition *außerhalb* und den mit ihr verbundenen Verben ist gewöhnlich die Vorstellung der Lage (Frage: wo?) verknüpft: *Der Flugplatz liegt außerhalb dieses Geländes. Sie möchte außerhalb der Parteien arbeiten.* Zuweilen jedoch wird *außerhalb* mit Richtungsverben (Frage: wohin?) verbunden: *Er stellte sich außerhalb der Gesellschaft.* Man kann als Erklärung für diesen korrekten Gebrauch eine Ellipse

annehmen: ... *[in den Raum] außerhalb* ...

außer Kraft setzen / sein: In diesen Fügungen wird *außer Kraft* immer getrennt und mit großem *K* geschrieben: *eine Verordnung außer Kraft setzen.* Die Zusammenschreibung *außerkraft* ist also nicht korrekt.

außerstande / außer Stande: ↑ Verblassen des Substantivs.

äußerste: Klein schreibt man das Adjektiv: *die äußerste Grenze, im äußersten Fall, mit äußerster Konzentration.* Groß schreibt man die Substantivierung: *Sie muss das Äußerste befürchten. Er ging bis zum Äußersten. Es ist das Äußerste, was sie zugestehen will. Sie war auf das Äußerste gefasst.* In neuer Rechtschreibung auch: *Er war bis zum Äußersten erregt.* Groß oder klein: *Er war auf das / aufs Äußerste* oder (wie bisher) *auf das / aufs äußerste* (= sehr) *erschrocken.* ↑ Groß- oder Kleinschreibung (1.2.1).

Aussprache

Im Folgenden werden einige immer wiederkehrende Fehler und Zweifelsfälle auf dem Gebiet der Aussprache behandelt. (Ein Verzeichnis der Lautschriftzeichen findet sich am Anfang des Buches unter den Hinweisen für die Benutzung.)

1. Langes *ä*

Das lange *ä* darf nicht wie ein langes *e* gesprochen werden, also *Träne* nicht wie ['tre:nə], sondern wie ['trɛ:nə]. (Die Aussprache von langem *ä* wie *e* ist vor allem eine norddeutsche Eigentümlichkeit.)

2. Die Aussprache von *oi* und *oe*

In Fremdwörtern und Namen spricht man *oe* wie den Buchstaben *ö: Foerster, Goetheanum.* In bestimmten norddeutschen Namen spricht man langes, geschlossenes *o* [o:]: *Coesfeld, Itzehoe, Soest.* Die Schreibung *oi* spricht

A

man entweder als Diphthong (Zwielaut) [ɔy]: *ahoi!, Konvoi,* in französischen Wörtern [o̯a:] oder [o̯a]: *Memoiren, Toilette,* und in bestimmten, besonders rheinischen Ortsnamen als langes, geschlossenes *o* [o:]: *Grevenbroich, Roisdorf, Voigt.*

3. Nasalvokale

Weil die französische Aussprache in vielen Fällen allzu gekünstelt klingt, werden die Nasalvokale in französischen Fremdwörtern heute schon vielfach, selbst in gehobener Umgangssprache, wie *-eng / -ang / -öng / -ong* gesprochen. Allerdings hat dieser Vorgang nicht alle Fremdwörter gleichmäßig und gleichzeitig ergriffen. Es sind vor allem die viel gebrauchten, stark eingedeutschten Fremdwörter, die so gesprochen werden, während seltenere Fremdwörter noch die französische Aussprache verlangen: *Beton* lautet gewöhnlich [be'tɔŋ] und würde in der französischen Aussprache [be'tõ:] bei vielen Sprechern geziert klingen, aber *Impromptu,* das die Umgangssprache nicht kennt, kann man nur französisch aussprechen [ɛ̃prõ'ty:]. Die Grenze ist im Einzelfall schwer zu ziehen.

4. Die Aussprache von *g* als *j* oder *ch*

Nicht korrekt ist die in der Umgangssprache und in Mundarten häufig anzutreffende Aussprache von *g* als *j*: *Gans* wie [jans], *lege* wie ['le:jə], *Sorge* wie ['zɔrjə]. Auch die Aussprache von *g* als Ich- oder Achlaut ist inkorrekt: *lege* wie ['le:çə], *Waage* wie ['va:xə], *gelegt* wie [gə'le:çt], *Sarg* wie [zarç], *Zug* wie [tsu:x].

5. Die Aussprache von auslautendem *-ng* und *-ig*

Auslautendes *-ng* wird fälschlicherweise am Ende oft mit [k] gesprochen. Also nicht ['tsaitʊŋk] *(Zeitung),* sondern ['tsaitʊŋ], nicht [rɪŋk] *(Ring),* sondern [rɪŋ]. Dasselbe gilt für die Buchstabenfolge *-ig.* Also nicht ['ainɪk] *(einig),* sondern ['ainɪç], nicht ['tsvantsɪkstə] *(zwanzigste),* sondern ['tsvantsɪçstə], nicht ['kø:nɪk] *(König),* sondern ['kø:nɪç]. Wenn jedoch die Ableitungssilbe *-lich* oder ein Wort mit [ç] in der ersten Silbe unmittelbar folgt, dann wird [k] gesprochen: *königlich* ['kø:nɪklɪç], *Königreich* ['kø:nɪkraiç].

6. Die Aussprache von auslautendem *-ow*

↑ *-ow.*

7. Die Aussprache von *n* vor *f*

Ein sehr häufiger, beim schnellen Sprechen unwillkürlich unterlaufender Fehler ist die Aussprache von *n* vor [f] wie [m], also [fʏmf] *(fünf)* statt [fʏnf], ebenso die Aussprache von *n* als velarer Nasal vor [k] oder [g] in Zusammensetzungen, also ['ainkau̯f] *(Einkauf)* statt richtig ['ainkau̯f].

8. Stimmhaftes *s* am Wortanfang und im Wortinnern

Die Standardlautung fordert ein stimmhaftes (»weiches«) *s* am Wortanfang vor Vokalen (*Saal* [zaːl]) und im Wortinnern zwischen Vokalen (*Base* ['baːzə]), ferner wenn ein *l/m/n/r* vor dem *s* steht (*Bremse* ['brɛmzə]), in den Ableitungssilben *-sal* und *-sam* (*Mühsal* ['myːzaːl], *langsam* ['laŋzaːm]) und in der Ableitungssilbe *-sel* nach Vokal sowie nach *l/m/n/ng/r* (*Gerinnsel, Streusel*). Das Gesagte gilt auch für eingedeutschte Fremdwörter wie *System, Satellit* u. a.

Landschaftlich (besonders im Süden des deutschen Sprachgebietes) wird das in allen diesen Fällen geforderte stimmhafte *s* allerdings meist durch ein stimmloses (»hartes«) *s* ersetzt.

9. Stimmhaftes *sch* in Fremdwörtern

Es ist darauf zu achten, dass in englischen und französischen Fremdwörtern ein stimmhaftes *sch* gesprochen wird (in deutschen Wörtern gibt es diesen Laut **nicht**). Es heißt also [blaˈmaːʒe] *(Blamage),* nicht [blaˈmaːʃə].

10. Stimmhaftes *dsch* in Fremdwörtern

Ebenso wie *sch* muss *dsch* in Fremdwörtern stimmhaft sein, also ['dʒʊŋkə] *(Dschunke),* nicht ['tʃʊŋkə]; [dʒɪn] *(Gin),* nicht [tʃɪn].

11. *pf-* im Anlaut

Die Buchstabenfolge *pf-* wird im Anlaut nicht wie bloßes [f] ausgesprochen, also nicht [fail] *(Pfeil),* sondern [pfail].

12. *ch* in [fremden] Namen und Fremdwörtern

Das *ch* in [fremden] Namen und Fremdwörtern macht oft Schwierigkeiten, besonders im Anlaut. Man spricht den Ichlaut [ç] meist in Fremdwörtern griechischer Herkunft am Wortanfang, besonders vor *e/i/y*, also [çiˈrʊrk] *(Chirurg),* nicht [kiˈrʊrk]. Den k-Laut spricht man in den bekannteren Fremdwörtern griechischer Herkunft, besonders am Wortanfang vor *a/l/o/r*, also ['koːlera] *(Cholera),* [kroːm] *(Chrom)* u. a. In deutschen geographischen Namen wie ['kɛmnɪts] *(Chemnitz),* ['kiːmze:]

(Chiemsee), [ka:m] *(Cham)* wird ebenfalls [k] gesprochen. Man spricht dagegen ['çi:na] *(China)*, nicht ['ki:na].

13. Die Aussprache von *r*

Nach den kurzen Vokalen *i, ä, a, ü, ö, u, o* soll *r* am Wortende oder vor Konsonant tatsächlich als [r] und nicht nur als abgeschwächtes *a* [ɐ] ausgesprochen werden, also [vɪr] *(wirr)* und nicht [vɪɐ]. Unkorrekt ist auch die Aussprache von *r* als Achlaut [x]; also nicht [fɔxt] *(fort)*, sondern [fɔrt].

14. Die Aussprache von *v*

In deutschen Wörtern und einigen häufig gebrauchten Fremdwörtern wird der Buchstabe *v* als [f] gesprochen: *Vater, Vogel, viel, hieven; Nerven, Vers;* ebenso im Auslaut aller Wörter und vor stimmlosem Konsonant: *aktiv, Luv, hievt.* Die Aussprache [f] gilt auch in Ortsnamen wie *Hannover, Villach* (aber: *Greven* mit [v]). In den meisten Fremdwörtern wird jedoch der w-Laut [v] gesprochen: *nervös, aktive, Vokal, Malve.* Bei einigen Fremdwörtern (Namen) schwankt der Gebrauch: *Kurve* ['kʊrfə] / (selten:) ['kʊrvə], *evangelisch* [evaŋ'ge:lɪʃ] / [efaŋ'ge:lɪʃ]; *Eva* ['e:fa] / ['e:va], *David* ['da:fɪt / 'da:fi:t] / (seltener:) ['da:vɪt / 'da:vi:t].

15. Die Aussprache von *sp/st/sk*

Anlautendes *sp-* und *st-* in deutschen Wörtern sprechen einige Norddeutsche, entgegen dem Gebrauch in der Standardlautung, als [sp] / [st], nicht als [ʃp] / [ʃt]. Statt [ʃpi:l] *(Spiel)* und [ʃtai̯n] *(Stein)* [spi:l] bzw. [stai̯n]. Es ist dies ein typisches Merkmal niederdeutscher Aussprache.

Bei Fremdwörtern ist es gelegentlich schwierig, zu entscheiden, ob anlautendes [sp] / [st] oder [ʃp] / [ʃt] gesprochen werden soll. Es gilt die Faustregel, dass Fremdwörter, die bei uns schon lange im Gebrauch sind und nicht mehr als fremd empfunden werden, wie deutsche Wörter behandelt werden, also [ʃpetsi̯ali'tɛ:t] *(Spezialität)*, [ʃtu'dɛnt] *(Student)*, aber [spi:tʃ] *(Speech)*, ['strɛto] *(stretto)*. Allerdings ist die Frage, ob ein Wort als völlig heimisch betrachtet werden darf, gar nicht so leicht zu entscheiden, weil hier subjektiver Auffassung ein weiter Spielraum gewährt ist. Die Folge ist, dass für viele Fremdwörter beide Aussprachen als gleich korrekt angesehen werden müssen:

['spa:hi] / ['ʃpa:hi] *(Spahi)*, [spɛk'tra:l] / [ʃpɛk'tra:l] *(spektral)*, ['spi:na] / ['ʃpi:na] *(Spina)*, [sple'ni:tɪs] / [ʃple'ni:tɪs] *(Splenitis)*, [spɔn'de:ʊs] / [ʃpɔn'de:ʊs] *(Spondeus)*, ['spʊtnɪk] / ['ʃpʊtnɪk] *(Sputnik)*, [sta'ka:to] / [ʃta'ka:to] *(staccato)*, [ste'no:zə] / [ʃte'no:zə] *(Stenose)*, ['sti:mulans] / ['ʃti:mulans] *(Stimulans)*, ['sto:la] / ['ʃto:la] *(Stola)*.

A

In anderen Fällen ist die eingedeutschte Aussprache schon häufiger, z. B. bei *spinal, splendid, Stil, stupid* u. a.

Inlautendes *-sp-/-st-* wird in Standardlautung nie [ʃp]/[ʃt] gesprochen, also nur [proˈspɛkt] *(Prospekt)*, nicht [proˈʃpɛkt], nur [kɔnˈstant] *(konstant)*, nicht [kɔnˈʃtant].

Auch die Buchstabenfolge *Sk-* wird in Standardlautung fast ausschließlich [sk], nicht [ʃk] gesprochen, also [skaːt] *(Skat)*, nicht [ʃkaːt], [skanˈdaːl] *(Skandal)*, nicht [ʃkanˈdaːl]. Eine Ausnahme ist das Wort *Ski* [ʃiː] mit seinen Ableitungen und Zusammensetzungen.

---

austeilen: In Verbindung mit *unter* regiert *austeilen* gewöhnlich den Akkusativ: *Sie teilten die Lebensmittel unter die Flüchtlinge aus.* Der Dativ ist auch möglich, er kommt aber seltener vor: *Sie teilten die Lebensmittel unter den Flüchtlingen aus.*

auswärts: Zur Bedeutung von *auswärts* ↑ -wärts; zur Schreibung von *auswärts* in Verbindung mit Verben oder Partizipien ↑ Getrennt- oder Zusammenschreibung (1.4 und 3.1.3).

aus was/woraus: Standardsprachlich ist hier in der Regel das Pronominaladverb *woraus: Woraus folgerst du das? Woraus diese Legierung besteht, weiß ich nicht. Das sind alles Dinge, woraus man schließen kann, dass ...* Die Verbindung *aus + was (Aus was folgerst du das?)* kommt in der gesprochenen Sprache recht häufig vor, ist aber stark umgangssprachlich gefärbt. ↑ Pronominaladverb (5).

ausweisen, sich: Bei *sich ausweisen als* steht heute das dem *als* folgende Substantiv gewöhnlich im Nominativ, d. h., es wird auf das Subjekt bezogen: *Er wies sich als Kriminalbeamter aus.* Der Akkusativ *(Er wies sich als Kriminalbeamten aus)* ist seltener. ↑ Kongruenz (4.2).

ausweislich/nach Ausweis: Die im Amtsdeutsch noch vereinzelt gebrauchte Präposition *ausweislich* »wie aus den Unterlagen o. Ä. ersichtlich ist« regiert wie das gleichbedeutende *nach Ausweis* den Ge-

nitiv: *Sie war ausweislich/nach Ausweis der vorliegenden Akten vorbestraft.*

auswiegen: ↑ wägen/wiegen.

auswringen/ausringen: Als standardsprachlich gilt heute nicht *ausringen*, sondern *auswringen*. Das Verb *wringen* »nasse Wäsche auswinden« stammt, wie andere mit *wr-* anlautende Wörter (z. B. *Wrack*), aus dem Niederdeutschen.

auszahlen/ausbezahlen: ↑ ausbezahlen/auszahlen.

auszeichnen, sich: Bei *sich auszeichnen als* steht heute das dem *als* folgende Substantiv im Nominativ, d. h., es wird auf das Subjekt bezogen: *Er zeichnete sich als umsichtiger Politiker aus.* Der Akkusativ *(Er zeichnete sich als umsichtigen Politiker aus)* ist veraltet. ↑ Kongruenz (4.2).

Autobus: Der Genitiv lautet *des Autobusses*, der Plural lautet *die Autobusse*. ↑ Omnibus.

Auto fahren: ↑ Getrennt- oder Zusammenschreibung (2.1).

Automat: Das Substantiv wird nur schwach dekliniert, bis auf den Nominativ Singular müssen also alle Formen immer die Endung *-en* haben, z. B.: *Sie zog sich Zigaretten am Automaten* (nicht: *Automat*). ↑ Unterlassung der Deklination (2.1.2).

Automation/Automatisierung: Während *Automatisierung* heute gewöhnlich im Sinne von »Vorgang der Umstellung auf

Mechanisierung in technischen Bereichen« gebraucht wird, bezeichnet *Automation* eher den erreichten Zustand, eine Entwicklungsstufe der Mechanisierung.

Autor: 1. Deklination: Das Substantiv wird im Singular stark, nicht schwach gebeugt. Es heißt also *des Autors, dem Autor, den Autor,* nicht: *des Autoren, dem Autoren, den Autoren.* ↑ Fremdwort (3.2).
2. Zusammensetzungen mit *Autor:* Die Zusammensetzungen mit *Autor* als Bestimmungswort sind fast ausschließlich mit dem Fugenzeichen -*en* gebräuchlich. Es heißt: *Autorenverzeichnis, Autorenverband, Autorenregister,* aber auch: *Autorenlesung, Autorenexemplar, Autorenhonorar, Autorenabend,* auch *Autorenkorrektur.* Zusammensetzungen ohne Fugenzeichen liegen vor in *Autorkorrektur* (neben: *Autorenkorrektur*), in *Autorkollektiv* (neben: *Autorenkollektiv*) und in *Autorreferat.* ↑ Fugenzeichen.
Autorenplural: ↑ Plural (7).
Autotypenbezeichnungen: 1. Schreibung: Autotypenbezeichnungen wie *VW Golf, Opel Astra, Ford Mondeo* u. a. werden ohne Bindestrich geschrieben (↑ Apposition).
2. Deklination: Auch im Genitiv Singular und im Plural stehen Autotypenbezeichnungen in der Regel ohne Deklinationsendung, also: *des Opel Astra, des Fiat Panda, 5 VW Golf; die Innenausstattung des Fiesta; die neuen Passat.*
3. Genus: Autotypenbezeichnungen bzw. Markennamen von Autos sind – von wenigen Ausnahmen (*die Dauphine* [Renault], *die Isabella* [Borgward], *das Goggomobil*) abgesehen – männlich: *der Ford Mondeo, der Opel Astra, der VW, der Mercedes, der BMW.* Die Bezeichnungen

von Motorradtypen bzw. Markennamen von Motorrädern sind dagegen weiblich: *die Zündapp, die Honda, eine schwere BMW 500.*
Auto und Rad fahren: ↑ Getrennt- oder Zusammenschreibung (2.1).
axial: Der Grund, warum wir *Achse,* aber *axial* schreiben, liegt darin, dass *Achse* schon im Althochdeutschen als *ahsa* belegt ist, während *axial* eine fachsprachliche Bildung neuerer Zeit zu lat. *axis* »Achse« ist.
Azalee / Azalie: Die Fachleute sagen *Azalee* (Plural: *die Azaleen*) entsprechend der linnéschen Form *Azalea.* Vermutlich ist die Nebenform *Azalie* (Plural: *die Azalien*) in Analogie zu den vielen auf -*ie* endenden Blumennamen entstanden. Sie ist schon im 19. Jh. belegt.
@-Zeichen: Das heute im Internetjargon auch als »Klammeraffe« bezeichnete @-Zeichen hat, so vermutet man, seinen Ursprung im Mittelalter in der handschriftlichen Verschmelzung (Ligatur) der Buchstaben *a* und *d* des lateinischen Wortes *ad* »zu; zu etwas hin«. Mit der Verbreitung des Buchdrucks wurden etliche Ligaturen nicht mehr benötigt. Das @-Zeichen allerdings überlebte in einigen Kulturkreisen. So wurde es in der spanisch-portugiesischen Kaufmannsschrift für die Maßeinheit *arroba* benutzt. Über diese Schrift ist das @ unter anderem auf eine amerikanische Schreibmaschinentastatur geraten, und zwar als Zeichen für »(commercial) at«, d. h. *à,* das man bei Preisauzeichnungen benutzte (z. B. in *10 Säcke à 5 $*). Im Laufe der Sechzigerjahre wurde es in den Computerzeichensatz ASCII aufgenommen. Heute dient es der Gliederung von E-Mail-Adressen.

B

B *b*

b: Zur Schreibung und Deklination ↑ Bindestrich (2.4) *(b-Laut);* ↑ Einzelbuchstaben *(des B, zwei B);* ↑ Groß- oder Kleinschreibung (1.2.5) *(Wer A sagt, muss auch B sagen; das b in gab).*

Baby: Der Plural von *Baby* lautet *die Babys.* ↑ y.

Babysitter: ↑ Amerikanismen / Anglizismen (1.1).

Backe / Backen: In der Standardsprache heißt das Wort mit der Bedeutung »Wange« *die Backe.* Landschaftlich – besonders in Süddeutschland – wird auch noch das männliche Substantiv *der Backen* (Genitiv: *des Backens*) gebraucht.

backen: Das ursprünglich unregelmäßige Verb *(buk; gebacken)* zeigt schwankende Konjugation. Die unregelmäßigen Präteritumsformen *buk* usw. sind durch die regelmäßigen Formen *backte* usw. fast völlig verdrängt worden. Als Folge davon werden auch in der 2. und 3. Person Singular Präsens statt der umgelauteten Formen des unregelmäßigen Verbs *du bäckst, er bäckt* immer häufiger die nicht umgelauteten Formen *du backst, er backt* gebraucht: *Der Kuchen bäckt / backt bereits 20 Minuten. Dieser Herd bäckt / backt ganz hervorragend.*

backpfeifen: Die Formen von *backpfeifen* lauten: *er backpfeifte ihn; er hat ihn gebackpfeift; um ihn zu backpfeifen.*

Bad: Die Ableitungen von Ortsnamen mit vorangehendem *Bad* werden nach den neuen Rechtschreibregeln mit Bindestrich geschrieben; die Schreibung ohne Bindestrich ist aber auch weiterhin zulässig: *Bad-Hersfelder /* (auch:) *Bad Hersfelder Festspiele.*

Bad[e]-: Zusammensetzungen mit dem Verbalstamm von *baden* haben den Fugenvokal *-e: Badeanstalt, Badeanzug,* *Badehose, Bademeister.* Landschaftlich, besonders in Süddeutschland, sowie in der Schweiz sind Formen ohne Fugen-*e* gebräuchlich: *Badanstalt, Badzimmer. Noch im Badkleid sieht man ihnen an, dass sie Dollar haben ...* (Frisch).

Baden-Badener: Die Einwohnerbezeichnung *Baden-Badener* wird immer großgeschrieben, auch wenn das Wort wie ein flexionsloses Adjektiv vor einem Substantiv steht: *die Baden-Badener Einwohner, die Baden-Badener Rennwochen.* ↑ Einwohnerbezeichnungen auf -er (7).

Badenweilerer: Die Einwohner von Badenweiler heißen *Badenweilerer.* ↑ Einwohnerbezeichnungen auf -er (1).

Baedeker: ↑ Personennamen (2.1.4).

bairisch: ↑ bayerisch / bayrisch / bairisch.

bald: 1. **Vergleichsformen:** Das Adverb *bald* hat unregelmäßige Vergleichsformen: *bald – eher – am ehesten.* Die regelmäßigen Vergleichsformen *bälder / balder – am bäldesten / am baldesten* (vgl. z. B. aus der älteren Literatur: *Ich sterbe. Das ist bald gesagt und bälder noch getan* [Goethe]) kommen heute gelegentlich noch in landschaftlicher Umgangssprache vor. Sie gelten nicht mehr als korrekt. ↑ Vergleichsformen (5).
2. **Komma bei *bald – bald*:** Die mehrgliedrige Konjunktion *bald – bald* verbindet aufgezählte Satzteile oder Sätze. Vor dem zweiten (und jedem weiteren) *bald* steht immer ein Komma: *Bald ist er hier, bald dort. Bald lachte das Kind, bald weinte es, bald schrie es nach der Mutter.*

baldmöglichst: Das zusammengesetzte Adjektiv ist aus der Fügung *so bald wie möglich* entstanden. Es gilt als stilistisch unschön und tritt hauptsächlich in der

Amts- und Kaufmannssprache auf: *Antworten Sie bitte baldmöglichst.* Stilistisch besser: *Antworten Sie bitte möglichst bald.*

Balg: In der abwertenden Bedeutung »[unartiges] Kind« hat *Balg* sächliches, seltener auch männliches Geschlecht: *das* (seltener: *der*) *Balg.* Der Plural lautet *die Bälger.* Im Sinne von »Tierhaut« hat das Wort männliches Geschlecht: *der Balg.* Der Plural lautet *die Bälge.*

Balkon: Das Wort kann französisch [bal'kõ:], eindeutschend [bal'kɔŋ] oder eingedeutscht (vor allem in Süddeutschland) [bal'ko:n] ausgesprochen werden. Bei eingedeutschter Aussprache ist die Pluralform *die Balkone* gebräuchlich, sonst die Pluralform *die Balkons.* ↑ Fremdwort (3.4).

Balletttheater: Die Zusammensetzung aus *Ballett* und *Theater* schreibt man in neuer Rechtschreibung mit drei *t.* Zur besseren Lesbarkeit kann ein Bindestrich gesetzt werden: *Balletttheater,* auch: *Ballett-Theater.* ↑ Zusammentreffen dreier gleicher Buchstaben.

Balletttruppe: Die Zusammensetzung aus *Ballett* und *Truppe* schreibt man mit drei *t.* Zur besseren Lesbarkeit kann ein Bindestrich gesetzt werden: *Balletttruppe,* auch: *Ballett-Truppe.* ↑ Zusammentreffen dreier gleicher Buchstaben.

Ballon: Das Wort kann französisch [ba'lõ:], eindeutschend [ba'lɔŋ] oder eingedeutscht (vor allem in Süddeutschland) [ba'lo:n] ausgesprochen werden. Bei eingedeutschter Aussprache ist die Pluralform *die Ballone* gebräuchlich, sonst die Pluralform *die Ballons.* ↑ Fremdwort (3.4).

Bamberger: Diese Einwohnerbezeichnung wird immer großgeschrieben, auch wenn das Wort wie ein flexionsloses Adjektiv vor einem Substantiv steht: *die Bamberger Bevölkerung.* ↑ Einwohnerbezeichnung auf -er (7).

Bambino: Der Plural dieses Substantivs aus dem Italienischen lautet *die Bambini.*

Umgangssprachlich ist auch *die Bambinos* gebräuchlich.

Band: Im konkreten Sinne von »Gewebestreifen (zum Binden)« hat *Band* sächliches Geschlecht: *das Band.* Der Plural dazu lautet *die Bänder: ein Kleid mit Bändern und Schleifen.* Auch im übertragenen Sinne von »Bindung, enge Beziehung« hat *Band* sächliches Geschlecht: *das Band.* Der Plural dazu lautet aber *die Bande: verwandtschaftliche Bande; die Bande der Liebe.* Dieser Plural wird außerdem (in der älteren Literatur) als gehobener Ausdruck für »Fesseln« verwendet: *Ihn schlugen die Häscher in Bande* (Schiller). Im Sinne von »Eingebundenes, Buch« hat *Band* männliches Geschlecht: *der Band.* Der Plural dazu lautet *die Bände.* ↑ Abkürzungen (3.1).

Bändel: Man schreibt *Bändel* in neuer Rechtschreibung mit einem *ä,* weil es zu *Band* gehört. Dies betrifft auch Zusammensetzungen wie *Hutbändel, Schuhbändel.*

bang[e]: 1. banger / bänger · bangste / bängste: Der Komparativ und Superlativ von *bang[e]* können ohne und mit Umlaut gebildet werden. In der Standardsprache werden die nicht umgelauteten Formen *banger, bangste* vorgezogen. ↑ Vergleichsformen (2.1).

2. bange / Bange: Neben *bang[e]* existiert auch das Substantiv *die Bange* »Angst, Furcht«, das in Verbindung mit *haben* und nach neuer Regelung mit *machen* gebraucht wird: *Ich habe keine Bange, dass ... Nur keine Bange! Sie hat mir ganz schön Bange gemacht!* Sonst schreibt man weiterhin klein: *Mir ist angst und bang[e]. Ihm wird bang.*

3. Ich mache ihm Bange: Die Fügung *Bange machen* wird in der Regel mit dem Dativ verbunden: *Ich mache ihm Bange. Willst du mir Bange machen?* ↑ angst / Angst.

bangen: In Verbindung mit der Präposition *um* wird *bangen* persönlich gebraucht (im Sinne von »in großer Sorge

B

sein um ...«): *Wir bangen um sein Leben. Ich bange um die Flüchtlinge.* Landschaftlich kommt auch reflexiver Gebrauch vor (das Reflexivpronomen steht dabei im Akkusativ): *Ich bange mich um das Kind.* In Verbindung mit der Präposition *vor* wird *bangen* dagegen unpersönlich mit dem Dativ gebraucht (im Sinne von »Angst haben vor ...«): *Ihm bangt [es] vor der Zukunft. Es bangt mir / mir bangt vor diesem Unternehmen.*

Bank: Das heimische Wort *Bank* »Sitzgelegenheit« hat die Pluralform *die Bänke.* Zu dem aus dem Italienischen entlehnten Wort *Bank* »Geldinstitut« lautet der Plural *die Banken.* Moderne Zusammensetzungen wie *Blutbank, Organbank, Datenbank,* die Aufbewahrungsstellen für bestimmte auf Abruf verfügbare Dinge bezeichnen, schließen an *Bank* »Geldinstitut« an; ihr Plural lautet deshalb *die Blutbanken, Organbanken, Datenbanken.*

bankrott / Bankrott: Das Adjektiv *bankrott* bedeutet »zahlungsunfähig« und wird kleingeschrieben: *Er ist, wird bankrott. Solche Maßnahmen machen die Wirtschaft bankrott.* Das Substantiv *der Bankrott* bedeutet »Zahlungsunfähigkeit«, man schreibt es groß: *Das ist betrügerischer Bankrott. Die Firma steht vor dem Bankrott. Der Kaufmann hat Bankrott gemacht.* In neuer Rechtschreibung wird auch *Bankrott gehen* großgeschrieben: *Die Firma ist Bankrott gegangen.*

Bär: Der Tiername wird nur schwach dekliniert, bis auf den Nominativ Singular müssen also alle Formen die Endung *-en* haben. Der Genitiv lautet *des Bären* (nicht: *des Bärs*), der Dativ und Akkusativ lauten *dem, den Bären* (nicht: *dem, den Bär*). ↑ Unterlassung der Deklination (2.1.1); ↑ Rammbär.

-bar: Adjektive auf *-bar* werden heute fast ausschließlich zu transitiven Verben (d. h. Verben, die ein persönliches Passiv bilden können, ↑ transitiv) gebildet. Das Suffix *-bar* gibt an, was mit dem im Be-

zugssubstantiv genannten Wesen oder Ding getan werden kann: *lieferbare Waren* sind Waren, die geliefert werden können, *befahrbare Wege* sind Wege, die befahren werden können. Die Beliebtheit solcher Bildungen rührt daher, dass sie überaus sprachökonomisch sind, z. B.: *Die Firma stellt abwaschbare Tapeten her* gegenüber *Die Firma stellt Tapeten her, die abgewaschen werden können.* Daneben gibt es eine Reihe von meist älteren oder fachsprachlichen *-bar*- Adjektiven, die zu intransitiven Verben (d. h. Verben, die kein persönliches Passiv bilden können, ↑ intransitiv) gebildet sind: *verfügbare Mittel* sind z. B. Mittel, über die verfügt werden kann, *unverzichtbare Forderungen* sind Forderungen, auf die nicht verzichtet werden kann. Teilweise haben diese Bildungen auch aktivische Bedeutungen: *brennbares Material* ist z. B. Material, das brennen kann, ein *unsinkbares Schiff* ist ein Schiff, das nicht sinken kann. In der Gegenwartssprache ist die Bildung von *-bar*-Adjektiven zu intransitiven Verben – von fachsprachlichen Ausnahmen abgesehen – weitgehend blockiert.

-bar / -fähig: Die von Verben abgeleiteten Adjektive auf ↑ *-bar* haben meist passivischen Sinn, die auf ↑ *-fähig* sind im Allgemeinen aktivisch: *Die Ware ist nicht lieferbar* besagt, dass die Ware nicht geliefert werden kann, dagegen wird mit dem Satz *Die Firma ist nicht lieferfähig* ausgedrückt, dass die Firma nicht liefern kann. Dieser Unterschied muss beim Gebrauch der Adjektive auf *-bar* und *-fähig* beachtet werden. Man kann also z. B. nicht sagen: *ein lenkfähiger* (richtig: *lenkbarer*) *Schlitten* oder *ein leicht beeinflussfähiges* (richtig: *beeinflussbares*) *Kind.* ↑ -fähig.

-bar / -lich: ↑ -lich / bar.

Barbar: Das Substantiv wird nur schwach dekliniert, bis auf den Nominativ Singular müssen also alle Formen die Endung *-en* haben. Der Genitiv lautet *des Barba-*

ren (nicht: *des Barbars*), der Dativ und Akkusativ lauten *dem, den Barbaren* (nicht: *dem, den Barbar*). ↑ Unterlassung der Deklination (2.1.2).

Barmer: Die Einwohner von *Barmen* heißen *Barmer* (nicht: *Barmener*). ↑ Einwohnerbezeichnungen auf -er (1 und 7).

Barock: Das Substantiv kann Maskulinum *(der Barock)* oder Neutrum *(das Barock)* sein. Der Genitiv Singular von *Barock* lautet *des Barocks,* in der Kunstwissenschaft meist ohne Genitiv-s *des Barock.* ↑ Unterlassung der Deklination (2.2.2).

Barometer: Es heißt *das,* landschaftlich sowie in Österreich und der Schweiz auch *der Barometer.*

Baron: Als Bestandteil des Familiennamens steht *Baron* hinter dem Vornamen: *Hans Baron von Grote.* Das Genitiv-s wird nur an den eigentlichen Namen angehängt: *der Wagen Hans Baron von Grotes; Baron von Grotes Wagen.* Nur wenn der Artikel unmittelbar vorangeht, wird *Baron* selbst gebeugt: *der Wagen des Barons von Grote.* – Die Frau eines Barons wird *Baronin,* eine unverheiratete Angehörige der Familie *Baronesse* genannt. Diese Bezeichnungen werden im Familiennamen wie die männliche Form eingesetzt: *Eva Baronin / Baronesse von Grote; Baronin / Baronesse von Grotes Wagen.* Die persönliche Anrede lautet (offiziell) *Herr Baron von Grote* oder *Herr Baron.* Jedoch lässt man das *Herr* heute gewöhnlich weg; man schreibt im Brief: *Sehr geehrter Baron von Grote* und sagt im Gespräch *Baron Grote.* ↑ Brief (7).

basieren: Nach *basieren auf* im Sinne von »fußen, beruhen, sich stützen auf« steht der Dativ: *Ihre Ausführungen basierten auf genauer Kenntnis der Verhältnisse.* Im Sinne von »gründen auf, aufbauen« kann sowohl der Dativ als auch der Akkusativ stehen: *Er basierte seine Theorie auf zahlreichen Versuchen / auf zahlreiche Versuche.*

Basler: Die Einwohner von Basel heißen *Basler.* In der Schweiz gilt nur diese Form, sonst ist auch die dreisilbige Form *Baseler* gebräuchlich. Die Einwohnerbezeichnung *Basler* wird immer großgeschrieben, auch wenn das Wort wie ein flexionsloses Adjektiv vor einem Substantiv steht: *die Basler Straßenbahn; Basler Leckerli.* ↑ Einwohnerbezeichnungen auf -er (7).

Bau: 1. Plural: Das Substantiv hat in der Bedeutung »Bauwerk« den Plural *die Bauten,* der eigentlich zu dem veralteten Kanzleiwort *die Baute* »das Gebäude« gehört. Es heißt daher auch: *die Neubauten, Altbauten, Hochbauten.* Im Sinne von »Erdwohnung bestimmter Tiere« lautet dagegen der Plural *die Baue; Fuchsbaue, Dachsbaue.* Auch die Fachausdrücke des Bergbaus haben diesen Plural: *die Tagebaue, die Abbaue.* ↑ Bauten.

2. in / im Bau: Beide Formen sind üblich und bedeuten das Gleiche: *die Brücke ist bereits in / im Bau.* ↑ in / im (1).

bauchreden: Von *bauchreden* wird im Allgemeinen nur der Infinitiv gebraucht: *Er kann bauchreden.* Vereinzelt kommen auch andere Formen vor: *Es war sehr lustig, wenn er bauchredete.* ↑ Getrennt- oder Zusammenschreibung (2.1).

Baudenkmal: Der Plural lautet *die Baudenkmäler,* gehoben auch *die Baudenkmale.* ↑ Denkmal.

bauen: Nach *bauen auf* im Sinne von »sich verlassen auf, sein Vertrauen setzen in« steht der Akkusativ: *Du kannst auf mein Wort bauen. Ich baue auf ihn.* ↑ Rektion (1).

bauen / anbauen: ↑ anbauen (2).

Bauer: 1. Bauer / Bäuerin: In der Bedeutung »Landwirt« wird *der Bauer* im Singular im Allgemeinen schwach, selten auch stark gebeugt. Im Singular lauten die Formen also *des, dem, den Bauern,* selten mit starker Deklination: *des Bauers, dem/den Bauer.* Der Plural lautet *die Bauern,* die feminine Form *die Bäuerin.*

2. Bauer / Bauerin: *Der Bauer* im Sinne

B

von »Bauender, Erbauer« – in Zusammenbildungen wie »Städtebauer, Orgelbauer, Tiefbauer« – hat starke Deklination. Der Genitiv Singular lautet *des Bauers*, der Plural *die Bauer*. Hierzu lautet die feminine Form *die Bauerin*, also z. B. *die Städtebauerin, die Obstbauerin*. ↑ Ackerbauer.

3. das / der Bauer: Auch im Sinne von »Vogelkäfig« wird *Bauer* stark dekliniert. In dieser Bedeutung hat es im Allgemeinen neutrales, selten auch maskulines Genus: *das* (selten: *der*) *Bauer.*

Bauklotz: Der Plural lautet *die Bauklötze*, umgangssprachlich auch *Bauklötzer*. Die umgangssprachliche Wendung *Bauklötze[r] staunen* bedeutet »äußerst erstaunt sein«.

Baulichkeit: ↑ Gebäulichkeiten.

bausparen: Von *bausparen* wird im Allgemeinen nur der Infinitiv gebraucht: *Wir wollen bausparen*. In der Sprache der Werbung kommen auch andere Formen vor: *Bausparen auch Sie! Wer bauspart, ist klug.* ↑ Getrennt- oder Zusammenschreibung (2.1).

Bauten: *Bauten* ist der Plural zu *der Bau* in der Bedeutung »Gebäude« (↑ Bau). Es heißt richtig: *In einem der Bauten befand sich die Verwaltung* (nicht: *in einer der Bauten*). ↑²ein (1).

Bayer: Der Volksname *die Bayern* wird schwach gebeugt. Es heißt darum im Singular richtig *des Bayern* (nicht: *des Bayers*), *dem, den Bayern* (nicht: *dem, den Bayer*).

bayerisch / bayrisch / bairisch: Das Adjektiv zu *Bayern* lautet *bayerisch* oder *bayrisch*. Die Form mit -e- wird in der Standardsprache und in offiziellen Namen bevorzugt verwendet: *eine bayerische Tracht, die bayerische Regierung; der Bayerische Rundfunk, der Bayerische Wald, Bayerisch Eisenstein*. In der Sprachwissenschaft wird *bairisch* mit -i- verwendet, wenn es um die Sprache des Bayern und Österreich umfassenden Dialektraumes geht.

Bayerland: Richtig ist die Form *Bayerland* (nicht: *Bayernland*). Es handelt sich hierbei um eine ältere Bildung, die auf althochdeutsch *Baiero lant* zurückgeht.

beachten / achten: ↑ achten (2).

Beamte, der: **1. tüchtigem Beamten / Beamtem · ihm als Beamten / Beamtem:** Das Wort *Beamte* ist eine Substantivierung des 17. Jhs von frühnhd. *beam[p]t* »mit einem Amt betraut, beamtet«. Wegen dieser ursprünglichen Verwendung als substantiviertes Partizip wird *Beamte* noch heute im Allgemeinen wie ein attributives ↑ Adjektiv (1.1) dekliniert: *Er ist Beamter geworden. Ein Beamter prüft den Fall. Der Beamte wurde versetzt. Die Beamten waren nicht einverstanden. Zwei Beamte erstatteten Bericht.* Im Genitiv Plural ist heute nach einem stark deklinierten Adjektiv die parallele Beugung üblich: *die Ernennung städtischer Beamter* (veraltend: *Beamten*). Ausnahmen und Schwankungen treten beim Dativ Singular auf: **a)** Nach einem stark deklinierten Adjektiv wird heute schwach gebeugt: *Tüchtigem Beamten* (veraltet: *Beamtem*) *wurde Auszeichnung verliehen.* **b)** In der Apposition (im Beisatz) kommt neben der starken Deklination häufig auch die schwache vor: *Ihm als Beamten ...* neben: *Ihm als Beamtem ...* ↑ substantiviertes Adjektiv (2.1.3).

2. einige Beamte · alle Beamten · solche Beamte[n]: Zur Deklination von *Beamte* nach *alle, einige, beide* usw. ↑ all- usw.

3. Beamte / Beamtin: Die weibliche Form zu *der Beamte* wird mit der Endung -in gebildet. Es heißt also: *die Beamtin* (nicht: *die Beamte*).

Beantwortung: Die Fügung *in Beantwortung Ihres Schreibens* gehört der Amts- und Kaufmannssprache an und gilt als stilistisch unschön. Man kann stattdessen formulieren: *Auf Ihr Schreiben* oder *Zu Ihrem Schreiben vom ... teilen wir Ihnen mit ...*

Bebraer: Die Einwohnerbezeichnung *Bebraer* wird immer großgeschrieben, auch wenn das Wort wie ein flexionsloses Adjektiv vor einem Substantiv steht: *der Bebraer Bahnhof*. ↑ Einwohnerbezeichnungen auf -er (7).

Becher: ↑ Glas, ↑ Apposition (2.2).

bedanken: Die passivische Form *Sei bedankt!* gehört nicht zu dem Verb *sich bedanken*, das als reflexives Verb kein persönliches Passiv bilden kann. Sie gehört vielmehr zu dem veralteten, noch landschaftlich gebräuchlichen transitiven Verb *jmdn. bedanken* (vgl. noch: *Der Künstler wurde herzlich bedankt*) und ist durchaus korrekt.

Bedarf: 1. Es heißt richtig: *Bedarf an* (nicht: *für*) etwas: *Wir haben keinen Bedarf an Getränken.* In der Kaufmannssprache wird hier auch mit *in* angeschlossen: *Bedarf in Kohlen, in Schmiermitteln haben.*
2. Das Wort wird fachsprachlich auch im Plural gebraucht: *die Bedarfe.* ↑ Plural (5).

Bedenken: Ein Satz wie *Ich habe Bedenken den Brief zu schreiben* drückt aus, dass ich den Brief lieber nicht schreiben möchte. Der Satz *Ich habe Bedenken den Brief nicht zu schreiben* besagt dagegen, dass es doch für besser halte, wenn der Brief geschrieben wird. Die Verneinung der abhängigen Infinitivgruppe ist also keine Verstärkung. In der Infinitivgruppe steht immer das Gegenteil von dem, was der Zweifelnde für richtig hält.

bedeuten: 1. Diese Ernennung bedeutet schnellen Aufstieg / schneller Aufstieg: Im Sinne von »besagen, heißen, einen bestimmten Sinn haben« hat *bedeuten* gewöhnlich den Akkusativ bei sich: *Dieses Engagement bedeutete für sie den ersten Erfolg. Das bedeutet einen Eingriff in meine Rechte.* Wenn solche Sätze den bestimmten oder unbestimmten Artikel enthalten, darf nach *bedeuten* kein Nominativ stehen (also nicht: *Das bedeutet der erste Erfolg. Dieses bedeutet ein Eingriff*). Weil aber *bedeuten* auch im Sinn von »so viel sein wie« eine Gleichsetzung ausdrücken kann *(round table be-*

deutet »runder Tisch«), kommen Sätze ohne Artikel auch mit dem Nominativ vor, z. B. *Mord bedeutet elektrischer Stuhl. Diese Ernennung bedeutet für sie schneller Aufstieg.* Der Nominativ ist hier korrekt.
2. er bedeutete mir / er bedeutete mich ...: Im Sinne von »zu verstehen geben« steht *bedeuten* mit dem Dativ: *Er bedeutete mir zu schweigen. Sie bedeutete ihm, er solle den Wagen holen.* Die Verbindung mit dem Akkusativ im Sinne von »belehren« ist heute veraltet: *Jedenfalls will er mich dahin bedeuten, die Myrte sei ein Opferschmuck ...* (Th. Mann).

bedeutend: Groß schreibt man das substantivierte Adjektiv: *das Bedeutende; etwas Bedeutendes.* Die Großschreibung gilt nach neuer Regelung auch dann, wenn *bedeutend* mit vorangehendem Artikel für ein einfaches Adverb steht: *Das hat um ein Bedeutendes* (= sehr) *zugenommen.* ↑ Groß- oder Kleinschreibung (1.2.1).

bedeutend / bedeutsam: Das Adjektiv *bedeutend* heißt so viel wie »bemerkenswert, groß, außergewöhnlich, hervorragend« und drückt Wertschätzung, Anerkennung und Lob aus: *Sie ist eine bedeutende Verlegerin. Dies war ein bedeutendes Ereignis.* Das Adjektiv *bedeutsam* gebraucht man in Bezug auf etwas, was sich als wichtig erweist. Es wird in der Regel nicht auf Personen bezogen: *Das ist eine bedeutsame Entdeckung. Die Rede des Präsidenten war für uns alle bedeutsam.*

Bedeutung: Nach *Bedeutung* mit attributivem Genitiv steht die unmittelbar mit *als* angeschlossene Apposition in der Regel im Nominativ: *die Bedeutung Gandhis als [großer] Staatsmann.* Der Genitiv *(als [großen] Staatsmannes)* ist selten. Steht nach dem *als* ein Artikel, dann ist nur der Genitiv zulässig: *die Bedeutung Gandhis als eines großen Staatsmannes.* Dasselbe gilt, wenn von Sachen gesprochen wird: *die Bedeutung der*

B

Krebsvorsorge als soziale (selten: *sozialer*) *Maßnahme,* aber nur: ... *als einer sozialen Maßnahme.* ↑ Apposition (3.2 und 3.3).

bedienen, sich: Bei *sich jmds., einer Sache als etwas bedienen* muss das unmittelbar mit *als* angeschlossene Substantiv im Nominativ stehen: *Sie bedienten sich dieser Wiese als Flugplatz. Er bediente sich seines Bruders als Dolmetscher.* Mit Artikel und / oder adjektivischem Attribut steht es dagegen im Genitiv: *Sie bedienten sich dieser Wiese als eines Flugplatzes. Er bediente sich seines Bruders als geschickten Dolmetschers.* ↑ Apposition (3). Zu einem Satz wie *Er lässt sich bedienen wie ein Fürst / wie einen Fürsten* ↑ Kongruenz (4.2).

Bedienstete, der und die: **1. tüchtigem Bediensteten / Bedienstetem · ihr als Bediensteten / Bediensteter:** Im Allgemeinen wird *Bedienstete* wie ein attributives ↑ Adjektiv (1.1) dekliniert: *Er ist Bediensteter der Stadt. Ein [städtischer] Bediensteter, zwei Bedienstete, die Bediensteten der Bundeswehr* usw. Im Genitiv Plural ist heute nach einem stark deklinierten Adjektiv die parallele Beugung üblich: *die Einstellung verheirateter Bediensteter* (veraltend: *Bediensteten*). Ausnahmen und Schwankungen treten beim Dativ Singular auf: **a)** Nach einem stark deklinierten Adjektiv wird heute schwach gebeugt: *Tüchtigem Bediensteten* (veraltet: *Bedienstetem*) *wird eine Chance geboten.* **b)** In der Apposition (im Beisatz) kommt neben der starken Deklination häufig auch die schwache vor: *Mir als Bediensteten* ... neben: *Mir als Bedienstetem* ... *Ihr als Bediensteten* ... neben: *Ihr als Bediensteter* ... ↑ substantiviertes Adjektiv (2.1.3). **2. einige Bedienstete · alle Bediensteten · solche Bedienstete[n]:** Zur Deklination von *Bedienstete* nach *alle, beide, einige* usw. ↑ all- usw.

bedingen: In den Bedeutungen »voraussetzen« und »zur Folge haben« wird *be-*

dingen heute nur regelmäßig konjugiert: *Diese Aufgabe bedingte Fleiß und Können. Der Produktionsausfall ist durch den Streik bedingt. Er gab uns nur eine bedingte* (= eingeschränkte) *Zusage.* In der veralteten Bedeutung »als Bedingung stellen, vereinbaren« wird *bedingen* dagegen unregelmäßig konjugiert. Üblich ist allerdings nur noch das 2. Partizip: *der bedungene Lohn.* Sonst wird statt des einfachen Verbs die Zusammensetzung ↑ ausbedingen gebraucht.

Bedingungssatz: ↑ Konditionalsatz.

bedünken: ↑ dünken (2).

bedürfen: Das Verb *bedürfen* gehört zu den wenigen Verben, die ein Genitivobjekt bei sich haben: *Er bedarf der Schonung. Es bedurfte nur eines Wortes und alles war gut.* Selten (wenn dem Objekt kein Artikel vorangeht [und in Verbindung mit *es*]) wird *bedürfen* mit dem Akkusativ verbunden: *Dazu bedarf es vor allem [viel] Geld.*

beeiden, beeidigen / vereidigen: Die Verben *beeidigen* und *beeiden* werden ohne Bedeutungsunterschied im Sinne von »durch einen Eid bekräftigen, beschwören« gebraucht. Darüber hinaus wird *beeidigen* in der österr. Amtssprache auch wie *vereidigen* »unter Eid nehmen« verwendet, allerdings meist als 2. Partizip: *einen Zeugen beeidigen; eine beeidigte Sachverständige.* Sonst ist dieser Gebrauch veraltet.

beeinflussbar oder beeinflussfähig: ↑ -bar / -fähig.

beerben: Das Verb *beerben* wird heute allgemein in der Bedeutung »jemandes Erbe antreten, bekommen« gebraucht: *Der Neffe hat seinen verstorbenen Onkel beerbt.* In der Rechtssprache hat sich vereinzelt auch der ältere Gebrauch von *beerben* im Sinne von »jemanden zum Erben einsetzen« erhalten *(Der Verstorbene hat seine einzige Tochter beerbt).*

Beete: ↑ Bete / Beete.

befäle / befehle: Die Form des Konjunktivs I ist *befehle.* Der Konjunktiv I steht vor allem in der indirekten Rede (↑ indirekte Rede [2]). Es muss also heißen: *Er sagte, er befehle ihm mitzuhelfen. Er fragte, zu welchem Zeitpunkt er die Sprengung der Brücke befehle.* Die Form des Konjunktivs II ist *befähle.* Der Konjunktiv II steht vor allem im Konditionalsatz (↑ Konditionalsatz [2–7]). Daher heißt es: *Der Vormarsch könnte gestoppt werden, wenn er ihm befähle, die Brücke zu sprengen.* – Der Konjunktiv II *befähle* bzw. *beföhle* (↑ befehlen [2]) tritt auch in der indirekten Rede auf, wenn in der direkten Rede schon *befähle* bzw. *beföhle* steht oder wenn etwas als zweifelhaft hingestellt wird. ↑ indirekte Rede (3.3).

befallen: Das 2. Partizip von *befallen* darf als Beifügung (attributiv) nur in passivischem Sinn verwendet werden: *Die [von der Seuche] befallenen Schweine wurden geschlachtet.* Aktivischer Gebrauch ist nicht korrekt. Also nicht: *die ihn befallene Krankheit,* sondern: *die Krankheit, die ihn befallen hat.* ↑ zweites Partizip (2.1).

befassen: Das Verb *befassen* wird heute nicht nur reflexiv gebraucht *(sich mit jemandem, mit etwas befassen),* sondern kommt nach dem Muster von *beschäftigen* auch transitiv vor. Diese Verwendung gehört der Amtssprache an und gilt als stilistisch unschön, z. B.: *Sie befasste die Gerichte mit Klagen. Ein junger Beamter wurde mit dieser Aufgabe befasst.*

befehlen: 1. befehlen / befiehl!: Im Indikativ des Präsens heißt es: *ich befehle, du befiehlst, er befiehlt.* Der Imperativ lautet: *befiehl!* (nicht: *befehle!*). ↑ e / i-Wechsel.
2. beföhle / befähle: Im Konjunktiv II werden heute sowohl *beföhle* als auch *befähle* gebraucht. Die zweite Form ist etwas seltener. ↑ Konjunktiv (1.3).
3. befehle / befähle: ↑ befähle / befehle.
Befehlsform: ↑ Imperativ.
Befehlssatz: ↑ Aufforderungssatz.
befestigen: Nach *befestigen an* ... und *befestigen auf* ... steht heute der Dativ (Frage: wo?): *Sie befestigte die Girlande an der Wand. Die Decke wird auf dem Sattel befestigt.*

befinden / finden: Die beiden Verben kommen sich in der Bedeutung nahe, werden aber unterschiedlich gebraucht. Das Verb *befinden* bedeutet »nach eingehender Prüfung zu einer Erkenntnis kommen« und wird mit *für* oder *als* verbunden: *Der Verräter wurde für / als schuldig befunden. Man befand mich für / als würdig, in die Gemeinschaft aufgenommen zu werden.* Das Verb *finden* hat mehr den Sinn »eine bestimmte persönliche Ansicht über jemanden oder etwas haben«: *Ich finde ihn wirklich entsetzlich langweilig. Er fand das ganz in [der] Ordnung.*

befindlich: Das Adjektiv *befindlich* gehört zwar zu *sich befinden,* es darf aber nicht wie dieses Verb mit *sich* verbunden werden. Also nicht: *der sich im Kasten befindliche Schmuck,* sondern: *der im Kasten befindliche Schmuck* oder (stilistisch weniger schön): *der sich im Kasten befindende Schmuck.* ↑ Adjektiv (3.1).

befleißen / befleißigen: Statt *sich einer Sache befleißigen* »sich eifrig um etwas bemühen« kommt in der Literatur vereinzelt auch noch das unregelmäßige Verb *sich befleißen (er befliss sich, hat sich beflissen)* vor: *Und gerade dann, wenn Julika sich besonderer Zärtlichkeit befliss ...* (Frisch).

befriedigend: ↑ Zensuren.
Befriedigung / Befriedung: *Befriedigung* entspricht in der Bedeutung dem Verb *befriedigen* »zufrieden stellen«, *Befriedung* dagegen entspricht *befrieden* »einem Land den Frieden geben«. Die beiden Verbalsubstantive werden gelegentlich miteinander verwechselt, so in folgendem Beispiel: *Die Glaubwürdigkeit internationaler Aussprachen ... werde gewinnen, wenn das Eingreifen der UN zu einer Befriedigung auch für die Zukunft führe* (Wiesbadener Kurier). Richtig

B

muss es heißen: ... *wenn das Eingreifen der UN zu einer Befriedung ... führe.*

begegnen / treffen: Bei der Verwendung von *begegnen* und *treffen* ist Folgendes zu beachten: Mit *begegnen* wird immer ein zufälliges Zusammentreffen bezeichnet: *Wir begegneten uns auf der Straße. Ich bin ihm erst kürzlich begegnet.* Das Verb *treffen* kann dagegen sowohl eine zufällige als auch eine beabsichtigte Begegnung bezeichnen: *Ich habe im Urlaub einen alten Bekannten getroffen. Wo kann ich dich morgen treffen? Sie trafen sich zu einer Unterredung.*

Begehr: Es heißt sowohl *das Begehr* als auch (seltener) *der Begehr.*

beginnen: 1. Konjunktiv: Im Konjunktiv II wird heute meist die Form *begänne*, seltener *begönne* gebraucht. ↑ Konjunktiv (1.3).

2. Gebrauch des zweiten Partizips: Das zweite Partizip kann nicht in aktivischer Bedeutung verwendet werden. Man kann zwar sagen die *begonnene Arbeit* (= die begonnen worden ist; passivisch), aber nicht die *begonnene Vorstellung* (= die begonnen hat; aktivisch). Es ist also nicht korrekt zu sagen: *Der im April 1958 begonnene Konjunkturaufschwung* (FAZ). Man muss in diesem Fall das erste Partizip einsetzen, das sich auch auf etwas in der Vergangenheit Liegendes beziehen kann: *der im April 1958 beginnende Konjunkturaufschwung.* ↑ zweites Partizip (2.2).

3. Komma: Wenn *beginnen* mit einer Infinitivgruppe verbunden ist, kann man nach neuer Regelung ein Komma setzen: *Er begann ein Loch zu bohren / Er begann, ein Loch zu bohren.* ↑ Komma (5.1.4).

begleichen: Das Verb *begleichen* mit der Bedeutung »bezahlen« kann sich nur auf etwas beziehen, was durch die damit bezeichnete Handlung erfüllt oder ausgeglichen wird, also z. B. auf eine noch offene Rechnung oder eine Summe, die man für etwas entrichtet, nicht aber auf die Ware oder die Leistung, die man be-

zahlt: Man sagt also richtig: *eine Rechnung, einen Betrag begleichen, seine Schulden begleichen, die Zeche begleichen,* aber nicht: *die Lebensmittel, die Lieferung, die Reparatur begleichen.*

begleiten: 1. jemanden auf einer Reise begleiten / auf eine Reise begleiten: Bei *begleiten* steht die Angabe des Ortes oder des Ziels gewöhnlich im Akkusativ (Frage: wohin?): *Er begleitete mich auf die Straße, vor das Tor, in den Park.* In Verbindung mit der Präposition *auf* steht jedoch meist der Dativ, wenn gesagt werden soll, dass man eine Reise o. Ä. gemeinsam unternimmt: *Ich begleite ihn auf dieser* (seltener: *auf diese*) *Reise.* Das gilt besonders für bildlichen Gebrauch: *Unsere besten Wünsche begleiten ihn auf seinem ferneren Lebensweg.* In der Bedeutung »ein Solo auf einem oder mehreren Instrumenten unterstützen« ist nur der Dativ möglich: *Er begleitete den Sänger auf dem Klavier.*

2. begleiten / bekleiden: Es heißt *ein Amt (eine Stellung, einen Posten u. Ä.) bekleiden* (nicht: *... begleiten*).

begriffliches Substantiv: ↑ Abstraktum.

begründen / gründen: Zwischen beiden Verben besteht ein Bedeutungsunterschied, der vielfach nicht beachtet wird. Das Verb *begründen* hat – abgesehen von anderen Verwendungsweisen – die Bedeutung »eine Grundlage schaffen für etwas«. Es wird im Allgemeinen auf etwas Abstraktes bezogen: *jmds. Ruhm, Reichtum, Ruf, eine Theorie, Herrschaft, Schule* (= Denkrichtung) *begründen.* Dagegen hat *gründen* die Bedeutung »ins Leben rufen, etwas neu schaffen«. Es wird im Allgemeinen auf Einrichtungen, auf Formen menschlicher Gemeinschaft u. Ä. bezogen: *eine Stadt, ein Geschäft, einen Verein, eine Familie, einen Hausstand, eine Existenz gründen.* Anstelle von *gründen* wird in diesen Fällen häufig auch *begründen* gebraucht, wobei dann die Vorsilbe *be-* nur im Sinne einer Verstärkung zu verstehen ist. So z. B.: *einen*

Hausstand, einen Verein gründen / be-
gründen.

Begründungsangabe / Begründungsergän-
zung: ↑ Umstandsbestimmung.

Begründungssatz: ↑ Kausalsatz.

begrüßen: Bei *begrüßen als* muss das dem
als folgende Substantiv im Akkusativ
stehen, wenn es sich auf den Begrüßten
bezieht: *Wir begrüßen Sie als neuen Kun-*
den (nicht: *als neuer Kunde*) *unseres*
Hauses. ↑ Apposition (3.1).

behänd[e]: 1. Rechtschreibung: Man
schreibt *behände* nach den neuen Regeln
mit *ä*, weil es zu *Hand* gehört. ↑ ä / e.
2. Ausfall des *e*: Der Superlativ von *be-*
händ[e] lautet *behändeste, am behändes-*
ten. Das *e* der vorletzten Silbe fällt im
Allgemeinen nicht aus. ↑ Vergleichsformen (2.3).

behangen / behängt: Das 2. Partizip des
transitiven Verbs *behängen* lautet *be-*
hängt (nicht: *behangen*): *Sie hatten den*
Vorbau mit bunten Girlanden behängt
(nicht: *behangen*). *Seine Frau hatte sich*
mit Schmuck behängt (nicht: *behangen*).
Es gibt aber ein isoliertes 2. Partizip *be-*
hangen, das adjektivisch im Sinne von
»mit etwas Herabhängendem ausgestat-
tet oder versehen« gebraucht wird. Man
kann also z. B. sagen: *Die Wände waren*
mit Teppichen behangen oder: *Die*
Wände waren mit Teppichen behängt, je
nachdem, was man ausdrücken will. Es
kann aber z. B. nur heißen: *Die Dach-*
rinne war mit Eiszapfen behangen (nicht:
behängt). *Dort stand ein über und über*
mit Kirschen behangener Baum (nicht:
... behängter Baum; denn die Kirschen
sind gewachsen und nicht aufgehängt
worden). ↑ hängen.

beharren: In Verbindung mit der Präposition *auf* steht nach *beharren* nur der Dativ. Es muss also richtig heißen: *Ich be-*
harre auf meinem Anspruch (nicht: *Ich*
beharre auf meinen Anspruch).

beheizen / heizen: Man kann nur das Verb
heizen verwenden, wenn kein Objekt genannt ist: *Wir heizen* (nicht: *beheizen*)

elektrisch. Bei uns wird ab 15. September
geheizt. Die Verwendung von *beheizen*
statt *heizen* ist dann üblich, wenn angegeben wird, womit oder auf welche Art
geheizt wird, oder wenn ausgedrückt
werden soll, dass etwas mit Wärmeener-
gie versorgt wird. Es gehört also vor allem der technischen und der Verwaltungssprache an: *Der Kessel kann mit Öl*
oder Kohle beheizt werden. Es waren 13
Räume zu beheizen. Man beheizte das
Haus durch Fernheizung. Sonst ist auch
heizen gebräuchlich: *Der Vater heizt den*
Ofen. Der Saal war schlecht geheizt.

behelfen: Während *helfen* mit dem Dativ
verbunden wird *(ich helfe dir; ich helfe*
mir selbst), darf bei *sich behelfen* das Reflexiv nur im Akkusativ stehen: *Ich be-*
half mich (nicht: *mir*) *notdürftig mit ei-*
nem alten Mantel. Kannst du dich (nicht:
dir) *so lange behelfen?*

behend[e]: Alte Schreibung für ↑ behänd[e].

behindern / hindern / verhindern: Beim Gebrauch dieser Verben treten gelegentlich
Schwierigkeiten auf. Das Verb *behindern*
bedeutet »hemmen; störend aufhalten«;
es drückt aus, dass etwas erschwert
wird, aber nicht, dass es unmöglich gemacht wird: *Der Betrunkene behinderte*
den Verkehr. Die Spielerinnen behinder-
ten sich gegenseitig. Das Verb *verhindern*
bedeutet dagegen »bewirken, dass etwas
nicht geschieht oder getan wird«. Wer
etwas verhindert, macht es unmöglich:
Sie verhinderte ein Unglück. Der Chef war
dienstlich verhindert (= er konnte nicht
kommen). Das einfache Verb *hindern*
schließlich kann sowohl im Sinne von
»behindern« als auch im Sinne von »verhindern« eingesetzt werden: *Der Ver-*
band hinderte sie sehr beim Schreiben.
Der Nebel hinderte ihn schneller zu fah-
ren. In Verbindung mit der Präposition
an hat *hindern* immer die Bedeutung
»verhindern«: *Der Lärm hinderte mich*
am Einschlafen. Niemand kann mich da-
ran hindern, morgen abzureisen.

B

B

bei: 1. *bei* mit dem Dativ: Die Präposition *bei* regiert heute standardsprachlich ausschließlich den Dativ. Landschaftlich und umgangssprachlich kommt noch der (früher gebräuchliche) Akkusativ vor: *Komm bei mich! Die Fliegen gehen bei die Wurst! Heute gehen wir bei Tante Emma.* Richtig muss hier *zu* oder *an* verwendet werden: *Komm zu mir! Die Fliegen gehen an die Wurst.* ↑ in/nach/zu/bei. **2. bei dem, bei der/wobei:** Bei relativischem Gebrauch steht *bei* mit dem Relativpronomen, nicht das Pronominaladverb *wobei.* Es muss also z. B. heißen: *Der Freund, bei dem* (nicht: *wobei*) *ich wohnte. Die Fahrt, bei der* (nicht: *wobei*) *er verunglückte.* ↑ Pronominaladverb (4). **3. bei was/wobei:** Die Verbindung von *bei* mit *was* (*Bei was hast du dich denn verletzt?*) kommt in der gesprochenen Sprache recht häufig vor; sie gilt als stilistisch unschön. Standardsprachlich ist in der Regel das Pronominaladverb *wobei: Wobei hast du dich denn verletzt?* ↑ Pronominaladverb (5).
beide: 1. Deklinationsschwierigkeiten: a) wir beide / wir beiden · ihr beide / ihr beiden: Nach den verschiedenen Formen des Personalpronomens wird *beide* stark dekliniert, nur im Nominativ nach *wir* und *ihr* tritt daneben die schwache Beugung auf. Nach *wir* ist sie seltener: *Wir beide* (seltener: *wir beiden*) *werden jetzt die Sache bereinigen.* Nach *ihr* hat *beide* meist die schwache Form, besonders wenn es als Anrede herausgehoben ist: *Ihr beiden, seid ihr wieder versöhnt? Seid ihr beiden / ihr beide wieder versöhnt?* Zwischen *wir* bzw. *ihr* und einem Substantiv wird *beide* wie ein gewöhnliches Adjektiv schwach dekliniert: *wir beiden Armen, ihr beiden Diebe.* Die übrigen Formen lauten: Nominativ: *sie beide.* Genitiv: *unser, euer, ihrer beider.* Dativ: *uns, euch, ihnen beiden.* Akkusativ: *uns, euch, sie beide.* Beispiele: *Sie beide waren schuld. Mit unser beider Hilfe. Euer beider Anteilnahme wird sie getröstet ha-

ben. Der Gegenstand ihrer beider Interesses. Für uns beide allein. Euch beide unartigen Kinder kann ich nicht mitnehmen.* **b) dies[es] beides, diese beiden / alles beides, alle beide:** Nach dem Neutrum Singular *dies[es]* und *alles* sowie nach *alle* wird *beide* stark dekliniert: *dies[es] beides, alles beides, alle beide.* Man bedarf *aller beider.* Nach den Pluralformen *diese, jene* wird dagegen schwach dekliniert: *Diese beiden habe ich gesehen. Jene beiden kamen zurück.* **c) beide jungen Mädchen / beide junge Mädchen · beide Abgeordneten / beide Abgeordnete:** Ein attributives (beigefügtes) Adjektiv wird nach *beide* meist schwach dekliniert: *beide jungen Mädchen; die Mitglieder beider großen Parteien.* Die starke Beugung (*beide junge Mädchen, beider großer Parteien*) ist selten. Das Gleiche gilt für die substantivierten Adjektive und Partizipien. Meist wird schwach gebeugt: *beide Abgeordneten, Angestellten, Beamten, Gefangenen; beide Reisenden, Vortragenden; beider Kranken, Toten, Verstorbenen, Geistlichen* (selten stark: *beide Angestellte, Beamte* usw., *beider Kranker, Reisender* usw.). ↑ Adjektiv (1.2.5), ↑ substantiviertes Adjektiv (2.1.1). **2. a) beide / die beiden:** Sowohl *beide* wie *die beiden* bezieht sich auf zwei schon bekannte oder genannte Wesen oder Dinge. Die Form *beide* wird im Satz besonders betont und drückt aus, dass die Aussage die zwei in gleicher Weise betrifft: *Beide Brüder sind gefangen* (= alle zwei, nicht nur einer). *Es gibt darüber zwei Theorien; sie sind beide falsch.* Die Form *die beiden* ist weniger betont und fasst die Aussage über die zwei nur zusammen: *Die beiden Brüder sind gefangen* (nicht entkommen). *Ich habe die beiden* (= sie, die zwei) *gestern gesehen.* **b) wir zwei beide[n]:** Da *zwei* und *beide* gleichbedeutend sind, sind Fügungen wie *die zwei beiden* oder *wir zwei beide[n]* eine ↑ Tautologie. Sie werden manchmal verstärkend oder auch scherzhaft in der nord- und mitteldeutschen Umgangssprache gebraucht.

3. beide / beides: In bestimmten Fällen (aber nicht, wenn es sich um Personen handelt) kann man statt der allein stehenden Pluralform *beide* den neutralen Singular *beides* verwenden. Er betont dann die kollektive Einheit nachdrücklich: *Hut und Regenschirm, beides hatte er im Abteil liegen lassen.* Werden dagegen die betreffenden Dinge für sich gesehen, dann gebraucht man *beide: Das Werk und die Aufführung, beide gaben den Kritikern Rätsel auf.*

4. die beiden ersten … / die ersten beiden …: Die Fügung *die beiden ersten …* bezieht sich auf das erste Element zweier verschiedener Größen: *die beiden ersten Strophen zweier Gedichte.* Im Gegensatz dazu bezieht sich *die ersten beiden …* auf die Elemente eins und zwei einer einzigen Größe: *die ersten beiden Gesänge der Odyssee; die ersten beiden Verse* (= das erste Verspaar) *eines Gedichts.* Nicht so stark ausgeprägt ist der Unterschied, wenn die zeitliche Reihenfolge gemeint ist: *die ersten beiden Besucher / die beiden ersten Besucher.* Die zweite Form drückt aus, dass die beiden Besucher etwa gleichzeitig gekommen sind, bei der ersten kann der Abstand auch größer gewesen sein.

5. Rechtschreibung: Das Wort *beide* wird auch in Verbindung mit einem Artikel immer kleingeschrieben: *Es waren die beiden dort. Einer von beiden / Einer von den beiden muss es gewesen sein.* Auch bei der Anrede im Brief ist *beide* kleinzuschreiben: *Ich grüße Sie beide herzlich.* ↑ Groß- oder Kleinschreibung (1.2.4).

beiderseitig / gegenseitig: Das Adjektiv *beiderseitig* drückt aus, dass etwas für zwei Partner in gleicher Weise gilt, *gegenseitig* drückt aus, dass zwischen zwei Partnern eine Wechselbezüglichkeit besteht, d. h., es setzt zwei Partner unmittelbar zueinander in Beziehung. So sagt z. B. der Satz *Sie handelten in gegenseitigem Einverständnis* aus, dass zwei Partner wechselseitig mit ihrem Handeln einverstanden sind. Dagegen meint der Satz *Wir lösen den Vertrag in / mit beiderseitigem Einverständnis,* dass beide Partner mit der Lösung des Vertrages einverstanden sind; *beiderseitig* bezieht sich also auf das Verhältnis zweier Partner zu einer Sache, *gegenseitig* bezieht sich auf das Verhältnis zweier Partner zueinander in Bezug auf eine Sache. Es ist zu beachten, dass *beiderseitig* im Unterschied zu *gegenseitig* nicht als Umstandsbestimmmung verwendet werden kann; in diesem Fall muss *beiderseits* gebraucht werden: *Sie beschuldigten sich gegenseitig des Verrats.* Aber: *Man war beiderseits* (nicht: *beiderseitig*) *nicht bereit nachzugeben.* ↑ beiderseits.

beiderseits: Als Präposition wird *beiderseits* mit dem Genitiv verbunden: *beiderseits des Weges, des Flusses, die Autobahnen, die Wälder beiderseits Heidelbergs.* Nicht korrekt ist es, einen Ortsnamen ungebeugt zu lassen. Man kann aber ein *von* einschalten: *die Wälder beiderseits von Heidelberg.* In diesem Falle ist *beiderseits* Adverb. ↑ geographische Namen (1.1.1), ↑ beiderseitig / gegenseitig.

beieinander: Man schreibt *beieinander* immer vom folgenden Verb getrennt: *Wir werden heute beieinander sein.* In neuer Rechtschreibung auch: *Wir wollen gemütlich beieinander sitzen. Sie werden das Geld bald beieinander haben. Sie soll noch gut beieinander sein* (ugs. für: »gesund sein«). ↑ Getrennt- oder Zusammenschreibung (1.4).

Beifügung: ↑ Attribut.

Beifügungssatz: ↑ Attributsatz.

beige: 1. ein beige Kleid / ein beigefarbenes Kleid: Es ist standardsprachlich nicht korrekt, das Farbadjektiv *beige* zu beugen (nicht: *ein beiges Kleid*). Will man beim attributiven Gebrauch die unflektierte Form umgehen, kann man auf Zusammensetzungen mit *-farben* oder *-farbig* ausweichen: *ein beigefarbenes Kleid,* *beigefarbige Schuhe.* ↑ Farbbezeichnungen (2.2).

2. in Beige: In Verbindung mit einem Artikel oder einer Präposition wird *beige* großgeschrieben: *Kostüme in Beige.* ↑ Farbbezeichnungen (3.2).

beigefügt: Die in Geschäftsbriefen häufig gebrauchte Formulierung *Beigefügt erhalten Sie* ... ist zwar grammatisch nicht eindeutig, kann aber nicht in dem Sinne missverstanden werden, dass der Empfänger beigefügt ist. Andere Formulierungen sind: *Hiermit übersende ich Ihnen* ... oder: *Anbei erhalten Sie* ... ↑ satzwertiges Partizip (1).

Beilage / Beilegung: Die beiden Wörter dürfen nicht verwechselt werden. *Beilage* bedeutet »Zutat zu einem Gericht« (z. B. Gemüsebeilage) und »beigelegtes Blatt oder Heft« (z. B. Heimatbeilage einer Zeitung), österr. auch »Anlage zu einem Brief«. *Beilegung* schließt sich in der Bedeutung an *beilegen* »schlichten, aus der Welt schaffen« an *(einen Streit beilegen).* Daher heißt es: *Die Beilegung* (nicht: *Beilage) des Streites ist gelungen.* Sonst empfiehlt es sich, als Bezeichnung des Vorgangs den substantivierten Infinitiv zu verwenden: *Das Beilegen von Briefen ist nicht erwünscht.* ↑ Verbalsubstantiv.

beiliegend: Die in Geschäftsbriefen häufig gebrauchte Formulierung *Beiliegend übersende ich Ihnen* ... ist zwar grammatisch nicht eindeutig, kann aber nicht in dem Sinne missverstanden werden, dass der Absender beigelegt ist. Andere Formulierungen sind: *Hiermit / Als Anlage übersende ich Ihnen* ... ↑ satzwertiges Partizip (1).

beim: Diese Verschmelzung aus *bei* und *dem* wird ohne Apostroph geschrieben. ↑ Apostroph (1.2); ↑ Präposition (1.2.1).

beinhalten: Das Verb *beinhalten* wird regelmäßig konjugiert. Es muss also heißen: *Der Vertrag beinhaltete den Austausch diplomatischer Vertretungen. Sein Vorschlag hat beinhaltet, dass* ... Die Bildung *beinhalten* lässt sich im Allgemeinen durch stilistisch besseres *enthalten, umfassen* oder *einschließen* ersetzen.

beisammen: Getrennt schreibt man *beisammen* in Verbindung mit *sein* nach neuer Regelung auch dann, wenn durch diese Verbindung ein neuer Begriff entsteht: *Wir werden bald beisammen sein. Sie sind beisammen gewesen. Die alte Dame soll noch gut beisammen sein* (ugs. für: »noch rüstig sein«). Zusammen schreibt man *beisammen* in Verbindung mit anderen Verben: *Wir wollen gemütlich beisammensitzen. Wir werden das Geld bald beisammenhaben. Er kann sie nicht alle beisammenhaben* (ugs. für: »kann nicht richtig bei Verstand sein«). ↑ Getrennt- oder Zusammenschreibung (1.4).

Beisatz: ↑ Apposition.

beiseite: Das Adverb *beiseite* wird in einem Wort geschrieben, es bleibt aber von einem nachfolgenden Verb immer getrennt: *beiseite stehen, beiseite treten; indem sie beiseite sprang.* ↑ Verblassen des Substantivs.

beißen: 1. Der Hund beißt ihm / ihn ins Bein: Wird *beißen* auf einen Körperteil bezogen, dann kann die betroffene Person im Dativ oder im Akkusativ stehen. Der Dativ ist üblicher: *Der Hund beißt dem Fremden ins Bein. Ich habe mir auf die Lippe gebissen.* Im Gegensatz zum Dativ (Dativ der Beteiligung) drückt der Akkusativ stärker aus, dass die Person unmittelbar betroffen ist. Jedoch liegt auch bei diesen Sätzen der Hauptton immer auf der Angabe des Körperteils: *Der Hund beißt den Fremden ins Bein. Ich habe mich auf die Lippe gebissen.*

2. Der Rauch beißt mir / mich in die Augen: Auch bei bildlichem oder übertragenem Gebrauch wird meist der Dativ verwendet: *Der Rauch biss mir* (selten: *biss mich) in die Augen.* Vgl. auch ↑ schlagen, ↑ schneiden, ↑ treten u. a.

beistehen: Das Perfekt wird mit *haben* umschrieben: *Er hat mir beigestanden.*

Süddeutsch, österreichisch und schweizerisch ist jedoch die Perfektbildung mit *sein* gebräuchlich. ↑ haben (1).

Beistrich: ↑ Komma.

beitragen: In den Verbindungen *das Seine / das Seinige* (= seinen Teil) *beitragen* und *das Ihre / das Ihrige beitragen* kann man das Pronomen nach den neuen Rechtschreibregeln sowohl wie bisher groß- als auch (neu) kleinschreiben: *das seine/seinige* oder *das ihre/ihrige beitragen.*

bekannt: 1. bekannt wegen /durch / für: Wie *berüchtigt* und *berühmt* wird *bekannt* mit der Präposition *wegen* verbunden, wenn der bloße Grund für die Bekanntheit angegeben werden soll: *Er ist wegen seines Ehrgeizes bekannt.* Die Präposition *durch* bezeichnet dagegen das Mittel oder Werkzeug, in diesem Zusammenhang das Mittel, mit dem sich eine Person bekannt gemacht hat oder durch das sie bekannt geworden ist: *Er ist durch seinen Ehrgeiz bekannt geworden, hat sich durch seinen Ehrgeiz bekannt gemacht.* Eigentlich nicht richtig steht *durch* demnach dort, wo der Zustand des Bekanntseins bereits erreicht ist. Hier muss wieder der bloße Grund des Bekanntseins eintreten: *Er ist wegen seines Ehrgeizes bekannt.* Auf diesen feinen Unterschied wird oft nicht geachtet. Auch die Präposition *für* wird bei den genannten Adjektiven häufig gebraucht: *Er ist bekannt für seine gute Ware. Sie ist bekannt dafür, dass sie geizig ist.* **2. die Maßnahmen des als harter Sparer bekannten Ministers:** ↑ Attribut (1). **3. Rechtschreibung:** In Verbindung mit einem Verb wird *bekannt* immer getrennt geschrieben: *Sie soll mich mit ihm bekannt machen. Der Verlag hat den jungen Schriftsteller bekannt gemacht. Ich bin bald mit ihm bekannt geworden. Diese Melodie ist durch den Rundfunk [allgemein] bekannt geworden.* In neuer Rechtschreibung auch: *Das Gesetz wurde bekannt gemacht* (= veröffentlicht). *Der*

Wortlaut darf nicht bekannt werden (= in die Öffentlichkeit dringen). *Sie haben ihre Verlobung in der Tageszeitung bekannt gegeben* (= öffentlich mitgeteilt). ↑ Getrennt- oder Zusammenschreibung (1.2).

Bekannte, der und die: **1. oben genanntem Bekannten / Bekanntem · ihr als Bekannten / Bekannter:** Im Allgemeinen wird *Bekannte* wie ein attributives ↑ Adjektiv dekliniert: *Ein Bekannter, zwei Bekannte, die Bekannten meiner Eltern* usw. *Er hatte dort Bekannte* (nicht: *Bekannten*). Im Genitiv Plural ist heute nach einem stark deklinierten Adjektiv die parallele Beugung üblich: *einige Briefe alter Bekannter* (veraltend: *Bekannten*). Ausnahmen und Schwankungen treten beim Dativ Singular auf: **a)** Nach einem stark deklinierten Adjektiv wird heute schwach gebeugt: *oben genanntem Bekannten* (veraltet: *Bekanntem*) *wurde gekündigt.* **b)** In der Apposition (im Beisatz) kommt neben der starken Deklination häufig auch die schwache vor: *Dir als Bekannten des Ministers* neben: *Dir als Bekanntem ... Ihr als Bekannten ...* neben: *Ihr als Bekannter ...* ↑ substantiviertes Adjektiv (2.1.3). **2. einige Bekannte · alle Bekannten · solche Bekannte[n]:** Zur Deklination von *Bekannte* nach *alle, beide, einige* usw. ↑ alle usw.

bekennen, sich: Bei *sich bekennen als* steht das dem *als* folgende Substantiv heute gewöhnlich im Nominativ, d. h., es wird auf das Subjekt bezogen: *Er bekannte sich als eigentlicher Urheber des Streites.* Der Akkusativ, d. h. die Beziehung auf *sich,* veraltet allmählich: *Er bekannte sich als eigentlichen Urheber.* ↑ Kongruenz (4.2).

Beklagte, der und die: ↑ Angeklagte.

bekleiden / begleiten: ↑ begleiten (2).

bekommen: In Verbindung mit dem 2. Partizip bestimmter Verben kann *bekommen* anstelle eines Passivs gebraucht werden: *Die Bücher wurden ihm ge-*

B

schenkt – *Er bekam die Bücher geschenkt.* ↑ Passiv (3.1).

Belag: Der Plural zu *Belag* lautet *die Beläge.*

belämmert: Das umgangssprachliche Adjektiv *belämmert* »verlegen, betreten; übel, schlimm« *(Er macht ein belämmertes Gesicht. Die Sache ist ziemlich belämmert)* hat eigentlich nichts mit *Lämmern* zu tun, sondern ist das 2. Partizip des niederdeutschen Verbs *belemmern* »hindern, in Verlegenheit bringen«. Trotzdem wird es nach den neuen Regeln mit *ä* geschrieben, da der sprachhistorische Hintergrund nicht allgemein bekannt ist und das Wort deshalb mit *Lamm* in Verbindung gebracht wird.

belasten: Das transitive Verb *belasten* bedeutet »beschweren, mit einer Last versehen«, in der Kaufmannssprache »mit einem Sollbetrag belegen«. Man kann deshalb nicht *Wir haben diesen Betrag Ihrem Konto belastet* schreiben, denn man kann nur das Konto, aber nicht den Betrag belasten. Hier liegt eine unrichtige Analogie zu *gutschreiben* vor *(Wir haben diesen Betrag Ihrem Konto gutgeschrieben).* Bei *belasten* kann es nur heißen: *Wir haben Ihr Konto mit diesem Betrag belastet.*

belemmert: Alte Schreibung für ↑ belämmert.

beleuchten / erleuchten: Das Verb *beleuchten* wird gelegentlich mit *erleuchten* verwechselt, etwa: *die Fenster des Hauses waren noch beleuchtet* (statt richtig: ... *erleuchtet*). Das Verb *beleuchten* bedeutet »[von außen] Licht auf etwas werfen« *(Die Bühne wird mit Scheinwerfern beleuchtet)* oder »etwas mit Licht versehen« *(ein Fahrzeug beleuchten).* Dagegen ist *erleuchten* zu verwenden, wenn man sagen will, dass etwas von innen mit Licht erfüllt wird: *Der Saal war festlich erleuchtet.* Im Unterschied zu *beleuchten* kann bei *erleuchten* nicht der Mensch, sondern nur die Lichtquelle im Subjekt stehen. Nicht richtig: *Der Mann erleuch-*

tete das Zimmer. Richtig ist: *Viele Kerzen erleuchteten das Zimmer.*

belieben: Das Verb *belieben* kann man persönlich *(ich beliebe)* oder unpersönlich *(es beliebt mir)* gebrauchen. Es wirkt leicht gespreizt und wird heute im Allgemeinen nur noch ironisch verwendet. *Es beliebt mir* heißt so viel wie »es gefällt mir, es macht mir Spaß oder Freude« (z. B.: *Ihr könnt meinetwegen tun, was euch beliebt*); *ich beliebe* bedeutet dagegen »ich wünsche, ich pflege, ich lasse mich herbei« (z. B.: *Er beliebte lange zu schlafen. Sie beliebte, sich meiner zu erinnern*). ↑ Komma (5.1.4).

beliebig: In neuer Rechtschreibung werden nicht nur Fälle wie *Du kannst dir etwas Beliebiges* (= etwas nach deinem Belieben) *aussuchen* großgeschrieben; auch wenn *beliebig* vor vorangehendem Artikel oder Pronomen steht, wird großgeschrieben: *ein Beliebiger, jeder Beliebige, alle Beliebigen, alles Beliebige.* ↑ Groß- oder Kleinschreibung (1.2.4).

Bendel: Alte Schreibung für ↑ Bändel.

benedeien: Das zweite Partizip zu *benedeien* lautet *gebenedeit* oder *benedeit.* Als Bezeichnung für die Jungfrau Maria ist nur *die Gebenedeite* gebräuchlich.

Bengel: Standardsprachlich lautet der Plural *die Bengel.* Die Pluralform *die Bengels* ist umgangssprachlich.

Benummerung: ↑ ¹Punkt (2).

benutzen: 1. benutzen / benützen: Zwischen diesen beiden Formen besteht in der Bedeutung kein Unterschied; die Form mit Umlaut *(benützen)* wird bes. in Süddeutschland und in Österreich gebraucht. ↑ nutzen / nützen.

2. benutzen / gebrauchen / verwenden: Das Verb *benutzen* hat drei voneinander abweichende Bedeutungen: 1. »sich einer Sache ihrem Zweck entsprechend bedienen«: *ein Handtuch benutzen; jmds. Telefon benutzen; den Vordereingang benutzen; die Bahn benutzen* (= mit der Bahn fahren). 2. »jemanden oder etwas für einen bestimmten Zweck einsetzen«: *ei-*

nen Jungen als Boten benutzen; eine Pause zum Rauchen benutzen; eine Idee für einen Film benutzen. 3. »jemanden oder etwas für seine Zwecke ausnutzen«: *eine Krankheit als Vorwand benutzen; ein Kind als Alibi benutzen.* Soweit Personen das Objekt sind, stehen sich die Bedeutungen 2 und 3 sehr nahe; man sollte daher *benutzen* vermeiden, wenn nur gemeint ist, dass man eine Person für eine bestimmte Aufgabe einsetzt. Hier sagt man besser *verwenden* (oder *einsetzen*): *Er verwendete ihn als Boten.* Das Verb *verwenden* wird vor allem dann gewählt, wenn es um den Gebrauch in einem bestimmten Zusammenhang geht *(ein Buch im Unterricht verwenden)* oder wenn ein Zweck angegeben wird. Wieder anders ist es mit *gebrauchen*. Dieses Verb bezieht sich meist auf Dinge, die jemand selbst besitzt oder zur Verfügung hat. Dabei wird der Zweck jedoch nicht angegeben: *Er gebraucht einen Kugelschreiber. Sie gebrauchte ihren Verstand.* Auch: *Er gebrauchte harte Worte, als er davon sprach.* Man kann *gebrauchen* nicht mit allen Objekten verbinden, die bei *benutzen* möglich sind. Man sagt z. B. nicht: *Er gebrauchte die Bahn* oder: *Kann ich ihr Telefon gebrauchen?*
Bereich: Sowohl *der Bereich* wie *das Bereich* sind richtig. Im heutigen Sprachgebrauch überwiegt jedoch das Maskulinum: *der private Bereich, der Bereich des Erotischen.*
bereit: In Verbindung mit folgenden Verben schreibt man zusammen, weil *bereit* hier nicht gesteigert oder erweitert werden kann: *Ich habe das Buch bereitgelegt. Wir haben alles bereitgemacht. Er muss das Geld bereithalten. Sie hat die Sachen bereitgestellt. Die Bücher werden bereitliegen.* In neuer Rechtschreibung auch: *Wir wollen uns bereithalten. Wir werden alles rechtzeitig bereithaben.* In Verbindung mit *sein* schreibt man dagegen getrennt; genauso behandelt werden *sich bereit erklären, sich bereit finden: Wir*

werden bereit sein. Er hat sich bereit erklärt. Sie wird sich nicht bereit finden. ↑ Getrennt- oder Zusammenschreibung (1.2).
bereits schon: Die Verwendung von *bereits schon* sollte vermieden werden, da beide Wörter dieselbe Bedeutung haben. ↑ Pleonasmus. Man kann also nicht sagen: *Sie ist bereits schon angekommen,* sondern nur *Sie ist bereits angekommen* oder *Sie ist schon angekommen.*
bereit- und zur Verfügung halten: ↑ Bindestrich (1.1).
Berg- / Berges-: In Zusammensetzungen mit dem Substantiv *Berg* schwankt bei einigen Wörtern die Bildungsweise mit oder ohne Fugenzeichen. So stehen *Berggipfel, Berghalde, Berghang, Bergkette, Bergrücken, Bergzinne* neben *Bergesgipfel, Bergeshalde* usw. Die Formen ohne *-es* werden im Allgemeinen sachlich feststellend gebraucht, während die Formen mit *-es* dichterisch wirken. Nur mit Fugenzeichen ist *Bergeshöhe* gebräuchlich, auch das übertragen gebrauchte Substantiv *Bergeslast* wird nur mit *-es* gebraucht. Keine Fugensilbe enthalten u. a. folgende Substantive: *Bergadler, Bergbahn, Bergbau, Bergbehörde, Bergfahrt, Bergfex, Bergführer, Berghotel, Bergknappe, Bergkrankheit, Bergkristall, Bergkuppe, Bergmann, Bergpredigt, Bergrutsch, Bergschäden, Bergsteiger, Berg- und-Tal-Bahn, Bergwacht, Bergwerk.* ↑ Fugen-s.
bergab, bergan, bergauf: Diese drei Wörter sind selbstständige Adverbien, sie dürfen nicht mit einem Verb zusammengeschrieben werden: *Wir sind bergab gelaufen; … weil es hinter dem Dorf bergauf geht. Wir müssen eine halbe Stunde bergan steigen.*
bergen: 1. bergen / birg!: Im Indikativ des Präsens heißt es: *ich berge, du birgst, er birgt.* Der Imperativ lautet: *birg!* (nicht: *berge!*). ↑ e / i-Wechsel.
2. Konjunktiv: Im Konjunktiv II wird heute ausschließlich die Form *bärge* ge-

B

braucht. Die Formen *börge* und *bürge* sind veraltet. ↑ Konjunktiv (1.3).

Bergmann: Als Plural wird gewöhnlich *die Bergleute* (selten: *die Bergmänner*) gebraucht. ↑ Mann (2).

Bergnamen: ↑ Gebirgsnamen.

bergsteigen: Von *bergsteigen* werden im Allgemeinen nur der Infinitiv und das 2. Partizip gebraucht: *Wollen wir in diesem Urlaub bergsteigen? In meiner Jugend bin / habe ich auch berggestiegen.* Vereinzelt kommen auch andere Formen vor: *Wenn ich bergsteige, bekomme ich Herzklopfen.* ↑ Getrennt- oder Zusammenschreibung (2.1).

Bericht: Die Person oder Sache, auf die sich ein Bericht bezieht, wird mit der Präposition *über* oder auch mit *von* angeschlossen: *Der Reporter gab einen Bericht über das Derby, von dem Derby. Er las den neuesten Bericht über die Astronauten* (seltener: *von den Astronauten*). ↑ berichten (2). Nicht korrekt ist der Anschluss mit *für* oder die Verbindung mit dem Genitiv, zumal sie zu Missverständnissen führen können. Man kann also nicht sagen: *Er gab einen Bericht für die Exkursion,* sondern nur: *... über die Exkursion.* Ebenso wenig ist es richtig, vom *Bericht des Patienten* zu sprechen, wenn man den Bericht meint, den ein anderer über den Patienten erstattet. ↑ Genitivattribut (1.5.2).

berichten: 1. Dativ oder Akkusativ?: Das Verb *berichten* kann nur mit dem Dativ der Person verbunden werden: *Er hat seinem Vater alles berichtet. Mir wurde berichtet, dass ...* Früher wurde *berichten* mit dem Akkusativ der Person verbunden: *jmdn. berichten* (= jmdn. unterrichten oder informieren). Auf diesen Gebrauch geht die Verwendung des 2. Partizips in Verbindung mit *sein* zurück: *Wenn ich recht berichtet bin, ist der Minister erkrankt. Da bist du falsch berichtet.*

2. berichten über / berichten von: Der Unterschied im Gebrauch der beiden Prä-positionen ist nur gering. Man kann sagen, dass *über jemanden, über etwas berichten* einen umfassenden, eingehenden Bericht meint, während *von jemandem, von etwas berichten* sich mehr auf Einzelheiten bezieht.

Berliner / berlinerisch / berlinisch: Die Zugehörigkeit zu Berlin und den Berlinern wird heute überwiegend mit dem Wort *Berliner* ausgedrückt, das wie ein flexionsloses attributives Adjektiv gebraucht, aber immer großgeschrieben wird: *der Berliner Verkehr, die Berliner Mundart, eine Berliner Weiße, eine Berliner Firma* (↑ Einwohnerbezeichnungen auf -er [7]). Die Adjektive *berlinisch* und *berlinerisch* beziehen sich dagegen immer auf charakteristische Eigentümlichkeiten des Berliners, vor allem auf seine Sprache. Die Form *berlinisch* ist die ältere, sie wird besonders in der Sprachwissenschaft gebraucht: *Berlinisch, das Berlinische, die berlinische Mundart, ein berlinischer Ausdruck.* Allgemeiner gebräuchlich ist *berlinerisch: ein typisch berlinerisches Wort; er spricht ganz berlinerisch.*

Berner: Die Einwohner von *Bern* heißen *Berner.* Die Einwohnerbezeichnung *Berner* wird immer großgeschrieben, auch wenn das Wort wie ein flexionsloses Adjektiv vor einem Substantiv steht: *die Berner Altstadt.* ↑ Einwohnerbezeichnungen auf -er (7).

bersten: 1. bersten / birst: Im Indikativ des Präsens heißt es: *ich berste, du birst, er birst.* Der selten gebrauchte Imperativ lautet: *birst!* (nicht: *berste!*). ↑ e / i-Wechsel.

2. Konjunktiv: Im Konjunktiv II wird heute ausschließlich die Form *bärste* gebraucht; die Form *börste* ist veraltet.

berüchtigt: berüchtigt wegen / durch / für: Wenn der Grund für das Berüchtigtsein genannt werden soll, dann wird *berüchtigt* mit der Präposition *wegen* verbunden: *Er ist wegen seiner Brutalitäten berüchtigt.* Die Präposition *durch* bezeichnet dagegen das Mittel oder Werkzeug, wodurch eine Person berüchtigt wurde *(Er wurde durch seine Brutalitäten berüchtigt)*, aber nicht, wenn der bereits erreichte Zustand gemeint ist: *Das Viertel ist wegen seiner Kneipen* (nicht: *durch seine Kneipen*) *berüchtigt*. Statt *wegen* wird gelegentlich auch die Präposition *für* gebraucht: *Sie war berüchtigt für ihre scharfen Fragen.*

Berufsbezeichnungen: ↑ Titel und Berufsbezeichnungen.

Berufung: Zu *die Berufung des Mannes als neuer Vorsitzender / als neuen Vorsitzenden* ↑ Apposition (3.3).

beruhen: In Verbindung mit der Präposition *auf* wird *beruhen* heute nur mit dem Dativ verbunden: *Seine Ansicht beruht auf einem Irrtum. Ihr Aufsatz beruht auf gründlicher Kenntnis des Materials.* Früher war auch der Akkusativ gebräuchlich: *Denn die beruht ... nicht auf äußerliche Verbindungen ..., sondern auf das Gefühl gemeinschaftlich sympathisierender Geister* (Lessing).

berühmt: 1. berühmt wegen / durch / für: Wenn der Grund für das Berühmtsein genannt werden soll, dann wird *berühmt* mit der Präposition *wegen* verbunden: *Das Lokal ist wegen seiner guten Küche berühmt.* Die Präposition *durch* bezeichnet dagegen das Mittel oder Werkzeug, wodurch eine Person oder Sache berühmt geworden ist *(Sie wurde durch ihre Romane berühmt)*, aber nicht, wenn der bereits erreichte Zustand gemeint ist: *Das Lokal ist wegen seiner Küche* (nicht: *durch seine Küche*) *berühmt.* Statt *wegen* wird gelegentlich auch die Präposition *für* gebraucht: *Sie war berühmt für ihre treffenden Antworten.*
2. ↑ Vergleichsformen (2.3).

besagt: Das aus der Kanzleisprache stammende *besagt* »genannt, bereits erwähnt« wird wie ein gewöhnliches Adjektiv behandelt; das folgende Adjektiv wird deshalb parallel gebeugt: *besagter äußerer Umstand; besagte äußere Umstände; aus besagter wichtiger Ursache,*

aus besagtem wichtigem Grund. ↑ Adjektiv (1.2.1).

Besäufnis: Das umgangssprachliche Substantiv *Besäufnis* kann feminines oder neutrales Geschlecht haben. In der Bedeutung »Sauferei, Zechgelage« ist sowohl *die Besäufnis* als auch *das Besäufnis* gebräuchlich. In der selteneren Bedeutung »[Voll]trunkenheit« heißt es aber nur *die Besäufnis: In seiner Besäufnis hat er die Türen verwechselt.*

Bescheid: Das Substantiv *Bescheid* wird immer großgeschrieben, auch in Verbindungen wie *Bescheid erhalten, geben, sagen, tun, wissen: Hast du schon Bescheid erhalten? Bitte sage mir gleich Bescheid* usw.

bescheiden oder verbescheiden: ↑ Aufschwellung.

bescheren: Wir bescheren den Kindern / Wir bescheren die Kinder: Das Verb *bescheren* wird in der Regel mit dem Dativ der Person und dem Akkusativ der Sache verbunden: *Das Christkind hatte dem Jungen eine Eisenbahn beschert.* In übertragener Verwendung: *Das Schicksal hat ihnen keine Kinder beschert.* Nach dem Vorbild von *beschenken* wird *bescheren* häufig auch mit dem Akkusativ der Person verbunden, jedoch wird dann das Geschenk meist nicht genannt: *Wir bescheren die Kinder um 5 Uhr.* Selten, aber korrekt: *Die Waisenkinder wurden mit Spielsachen beschert.*

beschließen / schließen: Das Verb *beschließen* bedeutet nicht nur »entscheiden«, sondern wie das einfache *schließen* auch so viel wie »beenden«. Die Vorsilbe *be-* verleiht dem Verb dabei besonderen Nachdruck. (Das Gleiche gilt für die Substantive *Beschluss* und *Schluss*.) Man kann also durchaus sagen: *eine Versammlung beschließen; seine Tage beschließen, sein Leben beschließen.*

Beschreibung und Arbeitsweise ...: Eine Formulierung wie *Beschreibung und Arbeitsweise der Maschine* ist nicht korrekt, weil darin zwei verschiedenartige

B

Genitivverhältnisse zusammengefasst werden: *Beschreibung der Maschine* (= ich beschreibe die Maschine) und *Arbeitsweise der Maschine* (= die Maschine hat eine bestimmte Arbeitsweise). Richtig muss es heißen: *Beschreibung der Maschine und ihrer Arbeitsweise,* denn auch die Arbeitsweise wird ja beschrieben. ↑ Ellipse (3).

Beschuldigte, der und die: ↑ Angeklagte.

beschützen: Das Verb *beschützen* kann nur mit der Präposition *vor* verbunden werden: *Er beschützte ihn vor* (nicht: *von*) *seinen Feinden.*

beschweren: Gelegentlich wird die Ansicht vertreten, dass das Verb *sich beschweren* eigentlich *sich beschwerden* lauten müsste, weil man Beschwerde erhebe, wenn man sich über etwas beschwere. In Wirklichkeit ist aber *Beschwerde* von *beschweren* abgeleitet, ähnlich wie *Gebäude* zu *bauen* und *Gemälde* zu *malen* gebildet worden sind. Die Beugungsformen des Verbs werden nach dem normalen Konjugationsschema mit *-t* gebildet: *er beschwert sich, ihr beschwert euch, sie hat sich beschwert.*

beschwören: Die Vergangenheitsformen von *beschwören* lauten *beschwor* und *beschworen: Er beschwor sie nicht abzureisen. Er hat seine Aussage beschworen.* ↑ schwören.

besessen: Das zweite Partizip von *besitzen* »als Besitz haben, zu Eigen haben« darf nicht attributiv (als Beifügung) gebraucht werden. Also nicht: *Sie verkaufte das zwanzig Jahre besessene Haus,* sondern: *Sie verkaufte das Haus, das sie zwanzig Jahre lang besessen hatte.* Das Verb *besitzen* kann, obwohl es ein Akkusativobjekt bei sich hat, nicht passivisch gebraucht werden. ↑ zweites Partizip.

besinnen: 1. Formen: Die Vergangenheitsformen von *sich besinnen* lauten *er besann sich, er hat sich besonnen.* Der Konjunktiv II lautet *besänne;* die Form *besönne* ist veraltet. ↑ sinnen.

2. sich auf etwas / sich einer Sache besin-

nen: Das Verb wird im Allgemeinen mit der Präposition *auf* verbunden: *Ich kann mich nicht mehr auf diesen Namen besinnen.* Der Genitiv kommt nur in bestimmten Verbindungen vor: *sich eines Besseren besinnen. Jetzt besinne ich mich dessen wieder.*

besitzanzeigendes Fürwort: ↑ Possessivpronomen.

besitzen: 1. zweites Partizip: ↑ besessen.

2. besitzen / haben: Die Grundbedeutung von *besitzen* ist »auf etwas sitzen«. Die Bedeutungsentwicklung zu »als Eigentum, als Besitz haben« geht von Fällen aus, wo diese Grundbedeutung noch durchschimmert: *einen Hof, Land, ein Haus besitzen.* Schließlich bezieht sich *besitzen* auf alles, was man als materiellen oder geistigen Besitz erwerben und zu Eigen haben kann und worüber man mehr oder minder frei verfügen kann. Dazu gehören auch Eigenschaften meist positiver, aber auch negativer Art, sofern sie nur fest mit dem betreffenden Menschen verbunden sind und ihn für die Dauer oder wenigstens für eine gewisse Zeit charakterisieren: *viele Bücher, ein Auto, eine Waschmaschine, Wertpapiere, die Mittel besitzen, Talent, Fantasie, jemandes Vertrauen, Geschmack, die Frechheit, die Dreistigkeit besitzen.* Das Verb *haben* stellt zunächst nur ein Vorhandensein fest und sagt über den Besitz als solchen nichts aus: *Er hat Geld bei sich* (= dabei), aber: *Er besitzt viel Geld* (= er ist reich). Es tritt überall dort auf, wo die Vorstellung eines Besitzes (gleich welcher Art) nicht zutreffend ist. So sagt man nicht: *Sie besitzt einen guten Posten,* sondern: *Sie hat einen guten Posten.* Nicht: *Er besitzt eine nette Frau und drei reizende Kinder,* sondern: *Er hat eine nette Frau und drei reizende Kinder.* In den meisten Fällen kann *haben* für *besitzen* eintreten, wenn es auch ausdrückt, dass die Verbindung des Objekts mit dem Subjekt lockerer, weniger eng ist. Nicht korrekt ist es, *besitzen* statt *haben* zu verwenden, wenn die Vorstellung des Besitzes offensichtlich sinnwidrig erscheint oder wo nur ein zufälliges oder einmaliges Vorhandensein ausgedrückt werden soll, das nicht wesensmäßig zur Person oder Sache gehört. Man kann also nicht sagen: *Er besaß Schulden. Sie besitzt blaue Augen. Er besitzt Feinde. Sie besaß eine Verletzung am rechten Arm. Das Zimmer besitzt drei Fenster.* Die folgenden zwei Beispiele verstoßen ebenfalls gegen diese Auffassung: *Angeblich besaß er keine Angehörigen* (Ott). *... zum Beispiel besaß Winckler eine Schwester von elf Jahren* (Gaiser). Auch in festen Wendungen kann man *haben* nicht durch *besitzen* ersetzen. Also nicht: *Er besaß ein Ohr / kein Herz für die Not des einfachen Mannes. Sie besitzt keine Ahnung.*

besondere / Besondere: Klein schreibt man das Adjektiv *besondere: ganz besondere Stücke; zur besonderen Verwendung* (Abk.: z. b. V.). Groß schreibt man Substantivierungen: *Sie liebt das Besondere. Bei uns finden Sie nur das Besondere. Es war nichts Besonderes an ihm.* Nach den neuen Regeln jetzt auch groß: *Wir interessierten uns im Besonderen* (= vornehmlich) *für die Bilder Goyas. Sie prüfte alles bis aufs Einzelne und Besondere* (= ganz genau). ↑ Groß- oder Kleinschreibung (1.2.1).

besonders: Vor *besonders* steht ein Komma, wenn es einen Zusatz einleitet: *Er liebt den Alkohol, besonders den Wein. Äpfel und Nüsse, besonders aber Feigen[,] isst sie gern.* Tritt zu diesem *besonders* noch ein *wenn* (*als, weil* o. Ä.), dann steht zwischen *besonders wenn* im Allgemeinen kein Komma: *Sie geht gern spazieren, besonders wenn die Sonne scheint.* In Ausnahmefällen kann auch hier ein Komma stehen, und zwar dann, wenn *besonders* nachdrücklich hervorgehoben wird: *Ganz besonders, wenn Nebel aufkommt, kann diese Strecke gefährlich werden.*

Besorgnis erregend / besorgniserregend: Nach den neuen Rechtschreibregeln kann *Besorgnis erregend* oder *besorgniserregend* geschrieben werden: *ein Besorgnis erregender,* (auch:) *besorgniserregender Zustand.* Die Fügung wird jedoch immer zusammengeschrieben, wenn sie durch ein Adverb näher bestimmt wird: *ein äußerst besorgniserregender Zustand.* Die Zusammenschreibung gilt auch dann, wenn die Fügung als Ganzes gesteigert wird: *Es trat ein besorgniserregenderer Zustand ein.* ↑ Getrennt- oder Zusammenschreibung (3.1.1).

besorgt: Präpositionen, die sich mit *besorgt* »von [Für]sorge erfüllt« verbinden, sind *um, wegen,* seltener auch *für* oder *über.* Die Präposition *um* steht dann, wenn das Objekt genannt ist, auf das sich die Sorge bezieht: *Die um ihr Kind besorgten Eltern riefen einen Arzt.* Im Schweizerischen steht gelegentlich anstelle von *um* auch *für: Wir ersuchen Sie, für eine baldige Regelung besorgt zu sein.* Die Präposition *wegen* steht dann, wenn der Grund der Sorge genannt ist: *Sie wich Tag und Nacht nicht von ihres Großvaters Seite, denn sie war sehr besorgt wegen seiner Krankheit. Die Eltern waren wegen der schlechten Leistungen ihres Sohnes besorgt.* Anstelle von *wegen* steht gelegentlich auch *über: Sie war besorgt über sein langes Ausbleiben.* ↑ aufgrund / durch / infolge / von / vor /wegen / zufolge.

besser: 1. Rechtschreibung: a) besser gehen: Die Verben *besser gehen, besser stellen* usw. werden nach den neuen orthographischen Regeln nur noch getrennt geschrieben: *Mit den neuen Schuhen wirst du bestimmt besser gehen. Dem Kranken wird es bald besser gehen* (= sein Zustand wird sich bessern). *Mit der Gehaltserhöhung werde ich mich etwas besser stellen als vorher* (= in eine bessere finanzielle Lage kommen). ↑ Getrennt- oder Zusammenschreibung (1.2). **b) besser / das Bessere:** Klein schreibt man das

Adjektiv: *Es ist besser, wenn ...; ein viel besseres Argument.* Groß hingegen schreibt man die Substantivierung des Adjektivs: *Es ist das Bessere, wenn ...; jemanden eines Besseren belehren; sich eines Besseren belehren lassen; sich eines Besseren besinnen. Das Bessere ist des Guten Feind. Ich habe etwas Besseres.* ↑ Groß- oder Kleinschreibung (1.2.1).

2. bessere / bessre Pläne: Bei den deklinierten Formen von *besser* wird das *e* der zweiten Silbe gewöhnlich nicht ausgestoßen: *bessre Pläne.* ↑ s-Laute (1.1., Punkt 5), ↑ Adjektiv (1.2.13).

3. ein besseres Buch / bessere Leute: Die Komparativform zu *gut* braucht sich nicht immer auf dieses Adjektiv zu beziehen, z. B. *einfache Leute – bessere Leute.* Ironisch: *Diese Abhandlung ist auch nur ein besserer Schulaufsatz* (= nicht viel mehr als ein gewöhnlicher Schulaufsatz).

bestanden: 1. das bestandene Examen: Das zweite Partizip von *bestehen* kann nur in passivischem Sinn verwendet werden, d. h. nur im Zusammenhang mit dem transitiven *bestehen* »etwas erfolgreich hinter sich bringen«: *das bestandene Examen; bestandene Kämpfe.* Nicht korrekt ist der aktivische Gebrauch: *der bestandene Kandidat* (richtig: *der Kandidat, der das Examen bestanden hat*) oder *die siegreich bestandenen Truppen* (richtig: *die Truppen, die die Kämpfe siegreich bestanden haben*). Es ist auch falsch, zu sagen: *der 15 Jahre bestandene Verein* oder *die bis 1989 bestandenen Verhältnisse,* weil hier das intransitive *bestehen* »existieren, vorhanden sein« zugrunde liegt. Auch in diesen Fällen muss man einen Nebensatz bilden: *der Verein, der 15 Jahre lang bestanden hat; die Verhältnisse, wie sie bis 1989 bestanden haben.* ↑ zweites Partizip (2.2).

2. das mit Schilf bestandene Ufer: In dieser Verwendung ist *bestanden* das zweite Partizip eines nicht mehr gebräuchlichen transitiven Verbs *bestehen* mit der Bedeutung »auf, an, in etwas stehen«: *das mit Schilf bestandene Ufer, mit Wald bestandene Berghänge.*

bestätigen: In der Kaufmannssprache wird *bestätigen* im Sinne von »mitteilen, dass man etwas erhalten hat« verwendet: *Wir bestätigen den Eingang Ihres Briefes vom ...* Dabei ist es üblich geworden, die Bezeichnung des Vorgangs auszulassen: *Wir bestätigen dankend Ihr Schreiben vom ...*

Bestätigung: Man sagt richtig: *die Bestätigung seines Bruders als [neuer] Bürgermeister* oder *die Bestätigung Lafontaines als [neuer] Parteivorsitzender.* Der Genitiv *(als [neuen] Bürgermeisters* bzw. *als [neuen] Parteivorsitzenden)* ist selten. Steht aber nach dem *als* ein Artikel, dann ist nur der Genitiv zulässig: *die Bestätigung seines Bruders als des neuen Bürgermeisters* oder *die Bestätigung Lafontaines als des neuen Parteivorsitzenden.* ↑ Apposition (3.2 und 3.3).

bestbewährt: Da *bestbewährt* bereits einen Superlativ enthält, darf es nicht nochmals gesteigert werden: *die bestbewährte* (nicht: *bestbewährteste*) *Waschmaschine.* ↑ Vergleichsformen (2.5.4).

bestbezahlt: Da *bestbezahlt* bereits einen Superlativ enthält, darf es nicht nochmals gesteigert werden: *der bestbezahlte* (nicht: *bestbezahlteste*) *Job.* ↑ Vergleichsformen (2.5.4).

beste: 1. das beste / das Beste: Klein schreibt man *beste* dann, wenn es als adjektivisches Attribut verwendet wird: *ihre besten Freundinnen; das beste [Buch] seiner Bücher. Dieses Restaurant ist das beste in der Stadt.* Groß hingegen schreibt man die substantivierten Formen: *Es ist das Beste in seiner Art. Das Beste ist für sie gut genug. Das Beste in unserem Urlaub waren die Spaziergänge am Meer. Sie ist die Beste in der Klasse. Das ist zu deinem Besten. Er hat sein Bestes getan. Es wird sich noch alles zum Besten wenden.* In neuer Rechtschreibung jetzt auch groß: *Es ist das Beste* (= am besten), *du schweigst!* Dies gilt auch für feste Wendungen: *jemanden zum Besten halten / haben; etwas zum Besten geben; nicht zum Besten stehen.* In festen adverbialen Wendungen aus »auf das« oder »aufs« und Superlativ, nach denen man mit »wie?« fragen kann, kann das Adjektiv in neuer Rechtschreibung auch großgeschrieben werden: *Es war alles auf das / aufs Beste* oder *auf das / aufs beste bestellt. Ich bin auf das / aufs Beste* oder *auf das / aufs beste vorbereitet.* ↑ Groß- oder Kleinschreibung (1.2.1).

2. bei weitem das Beste / das bei weitem Beste: Die Umstandsangabe *bei weitem* (ähnlich: *weitaus, mit Abstand*) sollte nach Möglichkeit nicht zum Attribut von *das Beste* gemacht, d. h. zwischen *das* und *Beste* gestellt werden: *Das war bei weitem das Beste, was ich gesehen habe* (nicht: *das war das bei weitem Beste, was ...*). ↑ weit (3).

3. Steigerung von Bildungen mit *best-* **als erstem Bestandteil:** ↑ Vergleichsformen (2.5.4).

Besteck: Der Plural lautet korrekt: *die Bestecke.* Die Pluralform auf *-s (die Bestecks)* ist umgangssprachlich. ↑ Plural (4).

bestehen: 1. Konjunktiv: Der Konjunktiv II von *bestehen* kann *bestünde* oder *bestände* lauten.

2. Er besteht auf seiner Forderung / auf seine Forderung: Wer *auf etwas besteht,* der beharrt auf einem Standpunkt. Deshalb wird *bestehen auf* heute überwiegend mit dem Dativ (Frage: wo?) verbunden: *Ich bestehe auf meinem Recht. Sie bestanden auf der Erfüllung des Vertrages.* Gelegentlich, wenn es um etwas Gewolltes, Beabsichtigtes, Erstrebtes geht, wird auch der Akkusativ verwendet: *Sie bestand auf* (= drang auf, forderte, verlangte) *sofortige Entlassung des Chauffeurs.* ↑ Rektion (1).

3. ↑ bestanden.

bestehen bleiben; bestehen lassen: Die Verben *bestehen bleiben* und *bestehen*

lassen werden nach den neuen orthographischen Regeln immer getrennt geschrieben: *bestehen zu bleiben, bestehen bleibend, bestehen geblieben; wenn die Vereinbarung bestehen bleibt; bestehen zu lassen, bestehen lassend, bestehen [ge]lassen; wenn wir dies bestehen lassen.* ↑ Getrennt- oder Zusammenschreibung (1.1).

bestellen: Die Person oder Firma, an die man eine Bestellung richtet, kann nicht im Dativ stehen. Es heißt also nicht: *Wir bestellen Ihnen folgende Waren,* sondern: *Wir bestellen bei Ihnen folgende Waren.* Man kann das *bei Ihnen* auch ganz weglassen. Der Dativ bei *bestellen* kann nur den Sinn haben, dass man etwas für jemanden bestellt: *Bestellst du mir* (= für mich) *auch ein paar Hemden?*

Bestellliste: Nach der neuen Rechtschreibung darf beim Zusammentreffen dreier gleicher Konsonanten keiner entfallen, es wird also *Bestellliste* geschrieben. Zur besseren Lesbarkeit kann ein Bindestrich gesetzt werden: *Bestell-Liste.* ↑ Zusammentreffen dreier gleicher Buchstaben.

Bestellung: Das Substantiv *Bestellung* wird in der Kaufmannssprache mit den Präpositionen *auf, über* und *von,* seltener mit der Präposition *für* verbunden. Wenn vor dem Bestellten eine Zahlangabe steht, kann *für* nicht verwendet werden: *Wir danken Ihnen für Ihre Bestellung von 5 000 Exemplaren. Wir haben eine Bestellung auf / über 3 000 Liter Heizöl erhalten* (nicht: *für 3 000 Liter*). *Es sind viele Bestellungen für Bücher eingegangen.*

beste Lösung / Bestlösung: Zum Nebeneinander von *Bestlösung* und *beste Lösung* ↑ Kompositum (4).

Bestimmungswort: Als *Bestimmungswort* bezeichnet man das erste Glied (Vorderglied) einer Zusammensetzung, das das Grundwort des Kompositums näher »bestimmt«: *Kraft*wagen, *Selbst*sucht,

B

*Speise*karte, *mond*hell, *hell*gelb. ↑ Kompositum.

bestmöglich: Da *bestmöglich* bereits einen Superlativ enthält, darf es nicht nochmals gesteigert werden: *mit bestmöglicher* (nicht: *mit bestmöglichster*) *Genauigkeit.* ↑ möglich (1), ↑ Vergleichsformen (2.5.4).

Bestrafung: Zu *die Bestrafung des Generals als eigentlicher Drahtzieher / als eigentlichen Drahtziehers* ↑ Apposition (3.3).

bestreiten: Wenn von *bestreiten* ein Nebensatz oder eine Infinitivgruppe abhängt, dürfen diese nicht verneint werden; also: *Sie bestritt immer wieder, diese Äußerung getan zu haben* (nicht: *Sie bestritt immer wieder, diese Äußerung nicht getan zu haben.* ↑ Negation (1).

Bete / Beete: Die Bezeichnung für die Rübenart *Rote Be[e]te* (von lat. *beta* »rote Rübe«) schreibt man nach der neuen Rechtschreibung mit großem *R* und entweder mit einem oder mit zwei *e: Rote Bete / Rote Beete.*

beteiligen: Nach *beteiligen* wird mit der Präposition *an* angeschlossen: *Er hat sich nicht an dem Überfall beteiligt. Wer war daran beteiligt?* Mit dem mit *an* angeschlossenen Präpositionalobjekt kann manchmal auch eine Umstandsbestimmung konkurrieren: *Die Schülerin beteiligt sich nicht am Unterricht* (woran?) / *nicht im Unterricht* (wo?).

Beteiligte, der und die: **1. oben genanntem Beteiligten / Beteiligtem · ihr als Beteiligten / Beteiligter:** Im Allgemeinen wird *Beteiligte* wie ein attributives ↑ Adjektiv dekliniert: *ein Beteiligter, zwei Beteiligte; die an dem Unfall Beteiligten* usw. Im Genitiv Plural ist heute nach einem stark deklinierten Adjektiv die parallele Beugung üblich: *die Vernehmung genannter Beteiligter* (veraltend: *Beteiligten*). Ausnahmen und Schwankungen treten beim Dativ Singular auf: **a)** Nach einem stark deklinierten Adjektiv wird heute schwach gebeugt: *Oben genanntem Beteiligten* (veraltet: *Beteiligtem*)

wurde eine Blutprobe entnommen.
b) In der Apposition (im Beisatz) kommt neben der starken Deklination häufig die schwache vor: *Dir als Beteiligten* ... neben: *Dir als Beteiligtem* ... *Ihr als Beteiligten* ... neben: *Ihr als Beteiligter* ... ↑ substantiviertes Adjektiv (2.1.3).
2. einige Beteiligte · alle Beteiligten · solche Beteiligte[n]: Zur Deklination von *Beteiligte* nach *alle, beide, einige* usw. ↑ all- usw.
3. die an etwas Beteiligten: Nach *Beteiligte* wird mit der Präposition *an* angeschlossen. Es muss also heißen: *Die an dem Unfall Beteiligten wurden vernommen.* Nicht korrekt ist die Verbindung mit dem Genitiv: *Die Beteiligten des Unfalls wurden vernommen.* ↑ substantiviertes Partizip (3).
4. der Beteiligte Schmidt / der beteiligte Fußgänger: Zu der wenig gebräuchlichen Verbindung mit einem Familiennamen ↑ Angeklagte (1 und 2).

Beton: 1. Aussprache: Das Wort kann französisch [be'tõ:] oder eindeutschend [be-'tɔŋ] ausgesprochen werden. Es kommt auch die eingedeutschte Aussprache [be-'to:n] vor.
2. Plural: *Beton* wird in der Allgemeinsprache nur im Singular gebraucht. In den Fachsprachen kommen auch Pluralformen vor: *die Betons* oder (bei eingedeutschter Aussprache) *die Betone.* ↑ Plural (5).

Betonblock: Der Plural lautet *die Betonblöcke.* ↑ Block.

Betonung: ↑ Wortbetonung.

Betr.: ↑ Betreff.

betrachten: 1. betrachten als / betrachten wie: In Verbindung mit *als* wird *betrachten* im Sinne von »für etwas ansehen, halten« gebraucht: *Er betrachtete sie als seine Feindin. Ich betrachte das als einen misslungenen Versuch.* In Verbindung mit *wie* kann *betrachten* dagegen nur im eigentlichen Sinne von »ansehen, anblicken« gebraucht werden: *Sie betrachte-*

ten ihn wie ein Wundertier (= wie man ein Wundertier betrachtet).

2. Er betrachtet sich als mein Freund / als meinen Freund: Bei *sich betrachten als ...* (= sich halten für) steht heute das dem *als* folgende Substantiv gewöhnlich im Nominativ, d. h., es wird auf das Subjekt bezogen: *Er betrachtet sich als mein Freund, als großer Künstler. Er betrachtet sich als Verbündeter der Regierung.* Der Akkusativ *(Er betrachtet sich als meinen Freund, als Verbündeten)* ist seltener, aber auch richtig. ↑ Kongruenz (4.2).

betrachtet: Zum Komma bei formelhaften Partizipialgruppen wie *so betrachtet* und *anders betrachtet* ↑ zweites Partizip (2.5).

beträchtlich: Klein schreibt man das Adjektiv: *Es handelt sich um eine beträchtliche Summe.* Groß schreibt man die Substantivierungen: *etwas Beträchtliches, nichts Beträchtliches.* Nach neuer Rechtschreibung jetzt auch groß: *Der Weg ist um ein Beträchtliches* (= bedeutend) *weiter.* ↑ Groß- oder Kleinschreibung (1.2.1).

Betrag: Es heißt richtig: *ein Betrag von* (nicht: *über*) *200,– DM.* Die Übereinstimmung der beiden Begriffe kann nicht durch *über* ausgedrückt werden. Wohl aber kann man sagen *ein Scheck über 200,– DM,* weil mit dem Scheck »über« diesen Betrag verfügt wird.

betragen: Die auf *betragen* folgende Maßangabe steht im Akkusativ: *Die Summe beträgt den vierten Teil der vorgesehenen Ausgaben.*

Betreff: Das Leitwort *Betreff* (Abkürzung: *Betr.*) ist heute für den Schriftverkehr in Wirtschaft und Verwaltung nicht mehr üblich. In der Betreffzeile des Schreibens sollte ein eindeutiger Hinweis auf den Briefinhalt stehen: *Unser Werbetext »Autolacke«; Beschwerde über ...; Ihre Bestellung vom 22. 04. 1997.* ↑ Brief (3).

betreffen: ↑ betreffend, ↑ betroffen.

betreffend: Dieses erste Partizip ist – wie *entsprechend* – auf dem Wege, eine Präposition zu werden. Kennzeichen dafür

ist die häufige Voranstellung: *Unser letztes Schreiben betreffend den Bruch des Vertrages ist ...* Die normale Wortstellung wäre: *Unser letztes Schreiben den Bruch des Vertrages betreffend ist ...* Hier gewinnt *betreffend* die Bedeutung von Präpositionen wie *über, hinsichtlich* oder *in Bezug auf;* es steht mit dem Akkusativ. Nach den neuen orthographischen Regeln kann man die Partizipialgruppe mit *betreffend* durch Komma abtrennen, um die Gliederung des Satzes deutlich zu machen: *Unser letztes Schreiben[,] den Bruch des Vertrages betreffend[,] ist ...* ↑ erstes Partizip (2).

betreffs: Die schwerfällige Präposition des Kanzleistils und der Kaufmannssprache, die leicht durch *wegen* zu ersetzen ist, steht mit dem Genitiv: *Betreffs des Bahnbaues teilen wir Ihnen mit, dass ...*

Betrieb: Es heißt *in Betrieb setzen, in Betrieb nehmen, in Betrieb sein.*

Betrieb[s]-: Zusammensetzungen mit *Betrieb* als erstem Bestandteil werden überwiegend mit Fugen-s geschrieben: *Betriebsangehörige, Betriebsfest, Betriebsnudel, Betriebsverfassung; betriebsblind.* Eine Ausnahme ist etwa das behördliche *Betriebstätte* neben gemeinsprachlich *Betriebsstätte.* ↑ Fugen-s (3).

betroffen: 1. die vom Erdbeben betroffenen Gebiete: In der Bedeutung »widerfahren, heimsuchen« wird das transitive Verb *betreffen* heute nur noch in Formen mit dem 2. Partizip gebraucht: *Das Land wurde von einem schweren Erdbeben betroffen. Ein schweres Unglück hat, hatte die Familie betroffen* (nicht mehr üblich: *ein Unglück betrifft, betraf die Familie*). Dieses zweite Partizip kann nur in passivischem Sinn verwendet werden: *die vom Erdbeben betroffenen Gebiete* (aber nicht aktivisch: *das ihn betroffene Unglück,* sondern: *das Unglück, das ihn betroffen hat*).

2. ein betroffenes Gesicht; betroffen aussehen: In der Bedeutung »bestürzt, unangenehm überrascht« hat *betroffen* keine Beziehungen zum heutigen Gebrauch des Verbs *betreffen* – es ist eine isolierte Form. Man kann deshalb *betreffen* nicht im Sinne von »betroffen machen« verwenden; also nicht: *Ein Unglück betraf mich* (= machte mich betroffen).

Betroffene, der und die: **1. oben genanntem Betroffenen / Betroffenem · ihr als Betroffenen / Betroffener:** Im Allgemeinen wird *Betroffene* wie ein attributives ↑ Adjektiv dekliniert: *ein Betroffener, zwei Betroffene; die von der Enteignung Betroffenen* usw. Im Genitiv Plural ist heute nach einem stark deklinierten Adjektiv die parallele Beugung üblich: *die Einsprüche oben genannter Betroffener* (veraltend: *Betroffenen*). Ausnahmen und Schwankungen treten beim Dativ Singular auf: **a)** Nach einem stark deklinierten Adjektiv wird heute schwach gebeugt: *Oben genanntem Betroffenen* (veraltet: *Betroffenem*) *wurde mitgeteilt ...* **b)** In der Apposition (im Beisatz) kommt neben der starken Deklination häufig die schwache vor: *Dir als Betroffenen ...* neben: *Dir als Betroffenem ... Ihr als Betroffenen ...* neben: *Ihr als Betroffener ...* ↑ substantiviertes Adjektiv (2.1.3). **2. einige Betroffene · alle Betroffenen · solche Betroffene[n]:** Zur Deklination von *Betroffene* nach *alle, beide, einige* usw. ↑ all- usw. **3. die von der Maßnahme Betroffenen:** Nach *Betroffene* muss mit *von* angeschlossen werden: *Die von der Maßnahme Betroffenen haben Einspruch erhoben.* Nicht richtig ist dagegen die Verbindung mit dem Genitiv: *Die Betroffenen dieser Maßnahme haben Einspruch erhoben.* ↑ substantiviertes Partizip (3). **4. der Betroffene Dr. Meyer / der betroffene Hausbesitzer:** Zu der wenig gebräuchlichen Verbindung mit einem Familiennamen ↑ Angeklagte (1 und 2).

Bett: Die heute übliche Singularform ist *Bett.* Die ältere Form *Bette* (mhd. *bette*), bei Goethe noch vorkommend, ist heute nicht mehr lebendig. ↑ Substantiv (2.3). Auch der starke Plural *die Bette* ist durch die schwache Form *die Betten* verdrängt worden. In Zusammensetzungen wie *Flussbett* und *Nagelbett* hält sich neben dem schwachen Plural auch noch die starke Pluralform: *die Flussbette, die Nagelbette.*

betten: Nach *betten an / auf / in* steht gewöhnlich der Akkusativ, seltener der Dativ: *Sie betteten den Toten in die geweihte Erde. Man bettete den Kranken auf das* (seltener: *dem*) *Sofa. Sie bettete ihren Kopf an seine* (seltener: *seiner*) *Schulter.*

Betttruhe: Das Wort *Betttruhe* wird mit drei *t* geschrieben. Nach der neuen Rechtschreibung kann zur besseren Lesbarkeit auch ein Bindestrich gesetzt werden: *Bett-Truhe.* ↑ Zusammentreffen dreier gleicher Buchstaben.

Betttuch: 1. Das aus *Bett* und *Tuch* zusammengesetzte, besonders süd- und mitteldeutsche Wort *Betttuch* »Laken« wird nach den neuen Regeln mit drei *t* geschrieben. Auch die Schreibung mit Bindestrich *(Bett-Tuch)* zur besseren Lesbarkeit ist möglich. Um eine Verwechslung zwischen der nach alter Orthographie verbindlichen Schreibung mit zwei *t* (*Bettuch*) und dem *Bettuch* der Juden (aus *bet[en]* und *Tuch*) zu vermeiden, kann auch in diesem Fall mit Bindestrich geschrieben werden: *Bet-Tuch.* ↑ Zusammentreffen dreier gleicher Buchstaben.

2. ↑ Bindestrich (2.2).

beugen / biegen: Im heutigen Sprachgebrauch wird als deutscher grammatischer Terminus für *flektieren, deklinieren, konjugieren* das Verb *beugen* verwendet. Der Gebrauch von *biegen* in diesem Sinne gilt nicht mehr als korrekt: *Das Substantiv beugt* (nicht: *biegt*) *stark. Das Wort wird wie ein Adjektiv gebeugt* (nicht: *gebogen*). ↑ konjugieren, ↑ deklinieren, ↑ flektieren.

Beugung: ↑ Konjugation, ↑ Deklination, ↑ Flexion.

Beugungsendung: Hierunter versteht man die Endung, die bei der ↑ Flexion angefügt wird.

Bevollmächtigte, der und die: **1.** oben genanntem Bevollmächtigten / Bevollmächtigtem · ihr als Bevollmächtigten / Bevollmächtigter: Im Allgemeinen wird *Bevollmächtigte* wie ein attributives ↑ Adjektiv dekliniert: *ein Bevollmächtigter, zwei Bevollmächtigte, die Bevollmächtigten.* Im Genitiv Plural ist heute nach dem stark deklinierten Adjektiv die parallele Beugung üblich: *die besagten Maßnahmen erfahrener Bevollmächtigter* (veraltend: *Bevollmächtigten*). Ausnahmen und Schwankungen treten beim Dativ Singular auf: **a)** Nach einem stark deklinierten Adjektiv wird heute schwach gebeugt: *oben genanntem Bevollmächtigten* (veraltet: *Bevollmächtigtem*). **b)** In der Apposition (im Beisatz) kommt neben der starken Deklination häufig die schwache vor: *Dir als Bevollmächtigten steht das Geld zu,* neben: *Dir als Bevollmächtigtem … Ihr als Bevollmächtigten steht das Geld zu,* neben: *Ihr als Bevollmächtigter …* ↑ substantiviertes Adjektiv (2.1.3). **2.** einige Bevollmächtigte · alle Bevollmächtigten · solche Bevollmächtigte[n]: Zur Deklination von *Bevollmächtigte* nach *alle, beide, einige* usw. ↑ all- usw.

bevor: 1. bevor / bevor nicht: Die Konjunktion *bevor* drückt aus, dass etwas noch nicht ist oder geschieht, wenn ein anderes Geschehen bereits eintritt: *Ich kam nach Hause, bevor Vater da war* (d. h., Vater war noch nicht da, als ich nach Hause kam). Die Konjunktion *bevor* enthält also schon eine negative Aussage und es ist deshalb nicht korrekt, wenn man nach einem verneinten Hauptsatz auch den *bevor*-Satz zusätzlich verneint. Also nicht: *Mutter legt sich nie zu Bett, bevor Vater nicht da ist,* sondern: *…, bevor Vater da ist.* Also nicht: *Ich treffe keine Entscheidung, bevor ich mit ihm nicht gesprochen habe,* sondern: *…, bevor ich mit ihm gesprochen habe.* Wenn der Nebensatz dem Hauptsatz vorangeht (und außer der zeitlichen Aussage auch eine Bedingung zum Ausdruck gebracht wird), wird dagegen die Negation gesetzt: *Bevor du nicht unterschrieben hast, lasse ich dich nicht fort.* (= Wenn du nicht vorher …) ↑ Negation (2). **2.** drei Wochen bevor …: Ein mit *bevor* eingeleiteter Nebensatz wird immer durch Komma vom Hauptsatz getrennt. Zu Einzelheiten vgl. die unten stehende Tabelle.

Kommasetzung bei *bevor*

1. Die Konjunktion *bevor* leitet einen untergeordneten Temporalsatz ein, der durch Komma abgetrennt wird:	**1.** Die Konjunktion *bevor* ist Teil einer Fügung, die als Einheit empfunden und nicht durch ein Komma geteilt wird:
Ruf mich bitte an, *bevor du kommst.*	Sie rief mich an, *schon bevor du kamst.*
Bevor du noch kamst, rief er mich schon an.	*Schon bevor du kamst,* rief sie mich an.
Er musste sich, *bevor er schreiben konnte,* erst Papier suchen.	*Denn bevor er schreiben konnte,* musste er sich erst Papier suchen.

B

Ein ganzes Jahr, *bevor* ich die Rente bekam, habe ich von meinen Ersparnissen gelebt.	*Drei Wochen bevor* der Sohn zurückkehrte, starb die Mutter (= Die Mutter starb, *Wochen bevor* der Sohn zurückkehrte, nicht: Die Mutter starb drei Wochen, bevor …).
Die Gurte nicht lösen, *bevor* die Maschine ausgerollt ist.	*Lange bevor* es Autos gab, ist diese Geschichte passiert.

2. In einigen Fügungen kann vor *bevor* ein zusätzliches Komma gesetzt werden:

Ich habe sie öfter gesehen, *zum Beispiel[,] bevor* wir gestern ins Kino gingen.

Weitere Beispiele für solche Fügungen:
besonders[,] bevor; beispielsweise[,] bevor; nämlich[,] bevor; vor allem[,] bevor

---

bewahren: Das Verb *bewahren* drückt aus, dass etwas unterbleibt, unterlassen oder verhindert wird, also nicht eintritt. Das Verb enthält demnach bereits eine negative Aussage. Wenn von ihm ein Nebensatz oder eine Infinitivgruppe abhängt, dürfen diese nicht auch noch verneint werden. Korrekt ist also: *Er bewahrte mich davor, einen falschen Schritt zu tun* (aber nicht: *Er bewahrte mich davor, keinen falschen Schritt zu tun*). Ebenso: *Ihr guter Rat bewahrte uns alle davor, uns auf dieses Abenteuer einzulassen* (nicht: *Ihr guter Rat bewahrte uns alle davor, uns nicht auf dieses Abenteuer einzulassen*). Oder: *Das Geländer bewahrte ihn davor, dass er ins Wasser fiel* (nicht: *Das Geländer bewahrte ihn davor, dass er nicht ins Wasser fiel*). ↑ Negation (1).

bewähren, sich: Bei *sich bewähren als* steht das dem *als* folgende Substantiv heute gewöhnlich im Nominativ, d. h., es wird auf das Subjekt bezogen: *Er hat sich als zuverlässiger Mitarbeiter bewährt.* Der Akkusativ ist veraltet: *Er hat sich als zuverlässigen Mitarbeiter bewährt.* ↑ Kongruenz (4.2).

bewegen: Das regelmäßig gebeugte *bewegen (bewegte, bewegt)* hat die Bedeutung »eine Orts- oder Lageveränderung bewirken oder vornehmen«, übertragen »eine Gemütsbewegung hervorrufen«: *Der Wind bewegte die Fahnen. Sie hatte kaum die Hand bewegt. Er hat sich stets völlig ungezwungen auf dem diplomatischen Parkett bewegt. Seine Worte bewegten uns tief.* Das unregelmäßig gebeugte *bewegen (bewog, bewogen)* hat die Bedeutung »jmdn. zu einem Entschluss bestimmen, zu etwas veranlassen«: *Ihre Mahnungen bewogen ihn zum Verzicht. Diese Vorgänge haben ihn bewogen seinen Dienst zu quittieren. Was hat dich zu diesem Urteil bewogen?* Die beiden Verben dürfen also nicht verwechselt werden.

-bewehrt: In der juristischen Fachsprache übliche Zusammensetzungen wie *strafbewehrt, bußgeldbewehrt* werden mit *e* geschrieben. Sie gehen zurück auf *bewehren* in der veralteten Bedeutung »zum Schutz (gegen etwas) mit etwas versehen«.

Beweis: Die Fügung *unter Beweis stellen* wird gelegentlich anstelle des einfachen Verbs *beweisen* gebraucht, um einer Aussage mehr Nachdruck zu verleihen. ↑ Nominalstil.

Bewerbung

B

Zu einer schriftlichen Bewerbung gehören im Allgemeinen neben dem Bewerbungsschreiben selbst der ↑ Lebenslauf und ein möglichst neues Lichtbild, Zeugniskopien, eventuell vorhandene Referenzen und eigene Arbeiten, sofern sie in einem Zusammenhang mit der angestrebten Position stehen.

Das Schreiben (zur äußeren Form vgl. außer den Mustern unten auch ↑ Brief) nennt in der Betreffzeile üblicherweise die angestrebte Position. Im folgenden Hauptteil sollte begründet werden, warum man sich bewirbt (und den bisherigen Arbeitsplatz aufgeben will) und weshalb man glaubt für die angebotene Stelle geeignet zu sein. Dabei kann man neben bisher ausgeübten Tätigkeiten durchaus auch persönliche Motive, Eigenschaften und Interessen anführen.

Andreas Weber   Mainz, 17. 06. 2001
Werderplatz 5
55138 Mainz
Tel. (0 61 31) 7 92 42

Spedition Intertram
Postfach 4 42 28

55123 Mainz

Bewerbung um einen Ausbildungsplatz

Sehr geehrte Damen und Herren,

durch Zufall habe ich erfahren, dass die Spedition Intertram noch Auszubildende für den Beruf des Speditionskaufmanns einstellt. Da mich dieser Beruf sehr interessiert, möchte ich mich bei Ihnen um einen Ausbildungsplatz bewerben. Ich arbeite zurzeit als Verkäufer in einem großen Kaufhaus, bin aber mit dieser Tätigkeit nicht zufrieden.

Ich würde mich sehr freuen, wenn ich mich bei Ihnen persönlich vorstellen dürfte. Meinen Lebenslauf, ein Lichtbild und Zeugniskopien füge ich diesem Schreiben bei.

Mit freundlichen Grüßen

Anlagen

B

Vera Konen   Worms, 12. 03. 2001
Burgstr. 14
67551 Worms
Tel. (O 62 41) 3 45 67

Allvogel AG
Peterstr. 15

67547 Worms

Bewerbung um die ausgeschriebene Stelle als Sekretärin

Sehr geehrte Damen und Herren,

ich habe Ihre Anzeige in der »Rhein-Zeitung« vom 8. März 2001 gelesen und
möchte mich um die von Ihnen ausgeschriebene Stelle bewerben. Ich arbeite seit
drei Jahren als Stenokontoristin im Sanitärhandel und würde mich gern beruflich
verbessern. In Stenografie und Maschineschreiben bin ich perfekt, auch mit allen
Sekretariatsarbeiten bin ich vertraut. Außerdem verfüge ich über kaufmännische
Kenntnisse.

Mein derzeitiges Gehalt beträgt 3 200 DM. Als frühester Eintrittstermin käme der
1. Juni 2001 in Betracht. Ich wäre Ihnen sehr dankbar, wenn Sie mir Gelegenheit
zu einem persönlichen Gespräch geben würden.

Mit freundlichen Grüßen

Anlagen
1 Lebenslauf
1 Lichtbild
3 Zeugniskopien

bewohnt: Das 2. Partizip *bewohnt* hat als Attribut präsentische Bedeutung, d. h., dass die in einem Satz genannte Handlung gleichzeitig mit dem Bewohnen vor sich gehen muss. Richtig: *Das von mir bewohnte Haus wird renoviert. Das von meinen Großeltern bewohnte Haus wurde damals renoviert.* Aber nicht: *Das von dem Verstorbenen bewohnte Haus wird heute abgerissen.* Will man *bewohnt* auf eine abgeschlossene Handlung beziehen, dann muss man es zeitlich eingrenzen: *Das von dem Verstorbenen bis zu seinem Tode / lange Jahre bewohnte Haus wird heute abgerissen.*

Bewunderer / Bewundrer: Die weibliche Form zu *Bewunderer* lautet *Bewunderin*. Lässt man beim Maskulinum das e der dritten Silbe ausfallen *(Bewundrer)*, dann lautet die weibliche Form *Bewundrerin.* Beide Formen sind korrekt, das e der dritten Silbe bleibt jedoch meist erhalten. ↑ Substantiv (3).

bewusst machen, bewusst werden: Getrennt schreibt man: *sich einer Sache bewusst sein, werden: … weil ich mir dessen bewusst war. Ich bin mir der Bedeutung der Sache zu spät bewusst geworden. Du willst den Fehler bewusst* (= mit Absicht) *gemacht haben?* Nach neuer Rechtschreibung schreibt man *bewusst machen* auch im Sinne von »klarmachen, vergegenwärtigen« getrennt: *Ich hoffe, du hast dir deinen Fehler bewusst gemacht.*

bezahlen / zahlen: Zwischen *bezahlen* und *zahlen* besteht ein Bedeutungsunterschied, der jedoch vielfach nicht mehr empfunden wird, sodass beide Verben weitgehend unterschiedslos gebraucht werden; *bezahlen* kann man eine Ware, eine [Arbeits]leistung o. Ä., indem man einen Geldbetrag dafür hingibt: *Er hat die Bücher bezahlt. Diese Arbeit wird schlecht bezahlt.* Demgegenüber wird *zahlen* sinngemäß nur auf Wörter bezogen, die einen Geldbetrag bezeichnen, einen Preis, eine Summe o. Ä.: *Sie zahlte*

einen hohen Preis. *Die Stadt zahlte Unsummen für Gemälde und Skulpturen berühmter Meister.* In manchen Fällen kommt es auf die Sehweise des Sprechers an, der etwas als zu bezahlende Leistung oder als zu zahlende Summe ansehen kann. Dann sind beide Verben möglich und zulässig: *Herr Ober, ich möchte zahlen / bezahlen. Ich habe die Steuern schon gezahlt / bezahlt. Haben wir die Miete schon gezahlt / bezahlt?* Umgangssprachlich wird *zahlen* auch gebraucht, wenn die Ware oder [Arbeits]leistung das Objekt ist: *eine Reparatur, das Taxi, seinen Kaffee zahlen.*

bezeichnen: Bei *sich bezeichnen als* steht heute das dem *als* folgende Substantiv gewöhnlich im Nominativ, d. h., es wird auf das Subjekt bezogen: *Er bezeichnete sich als der Retter der Kinder.* Der Akkusativ *(Er bezeichnete sich als den Retter …)* ist seltener. ↑ Kongruenz (4.2). Nach *sich bezeichnen* kann nur mit *als,* nicht mit *für* angeschlossen werden: *Sie bezeichnete sich als* (nicht: *für*) *unzuständig.*

bezeigen / bezeugen: Die beiden Verben werden sowohl ihrer lautlichen als auch ihrer Bedeutungsähnlichkeit wegen häufig nicht streng auseinander gehalten. Während *bezeigen* im Sinne von »zeigen, ausdrücken, zu erkennen geben« gebraucht wird, hat *bezeugen* den Sinn »Zeugnis ablegen von etwas«: *jmdm. Respekt, Ehrerbietung, seine Teilnahme bezeigen* (= zeigen, erweisen); *Freude, Furcht, Respekt bezeigen* (= ausdrücken, zu erkennen geben), aber: *jmds. Unschuld, die Wahrheit, einen Tatbestand unter Eid bezeugen* (= davon Zeugnis ablegen). In einigen Fällen berühren sich *bezeigen* und *bezeugen* inhaltlich so eng, dass der Gebrauch beider Verben möglich ist: *Er bezeigte mir seine Dankbarkeit* (= gab seiner Dankbarkeit Ausdruck). *Er bezeugte* (= legte Zeugnis ab, bekundete) *auf diese Art seine Dankbarkeit.*

Beziehung / Bezug: Die beiden Substantive sind auch in der Bedeutung »wechselseitiges Verhältnis, Zusammenhang« nur bedingt austauschbar. *Beziehung* meint im Allgemeinen die vorhandene oder andauernde Verbindung als solche, *Bezug* dagegen drückt stärker den Vorgang des Sichbeziehens, also die Herstellung der Beziehung, aus. Man sagt demnach: *die Beziehung* (nicht: *der Bezug*) *zwischen Angebot und Nachfrage. Er hat keine Beziehung* (nicht: *keinen Bezug*) *zur Kunst.* Ebenso nur: *In dieser Beziehung* (= was dies betrifft) *hat sie Recht.* Dagegen heißt es: *auf etwas Bezug nehmen* (nicht: *Beziehung nehmen*); *mit Bezug auf* (nicht: *mit Beziehung auf*) *Ihr Schreiben* ... Auch in der Bedeutung »das Beziehen, das regelmäßige Empfangen« ist nur *Bezug* zulässig: *der Bezug von Zeitungen und Zeitschriften durch die Post.* ↑ Verbalsubstantiv (1.4).

beziehungsweise: 1. beziehungsweise / oder vielmehr / genauer gesagt: Die aus der Kanzleisprache stammende Konjunktion *beziehungsweise* (abgekürzt: *bzw.*) kann in den meisten Fällen – meist stilistisch besser – durch *oder, [oder] vielmehr, genauer / besser gesagt* ersetzt werden: *Er war mit ihm bekannt beziehungsweise befreundet.* Besser: *Er war mit ihm bekannt oder vielmehr befreundet. Sie wohnt in Frankfurt beziehungsweise in einem Vorort von Frankfurt.* Besser: *Sie wohnt in Frankfurt oder genauer gesagt in einem Vorort von Frankfurt. Die Firma Müller bzw. die Firma Meier wird die Ware liefern.* Besser: *Die Firma Müller oder die Firma Meier wird die Ware liefern.* (↑ Kongruenz 1.3.12). In Fällen, wo ein wirklicher Bezug auf zwei verschiedene Substantive vorliegt, kann *beziehungsweise,* wenn man es vermeiden will, durch *und im andern Fall* oder einfach durch *und* ersetzt werden: *Die Fünf- und Zweipfennigstücke waren aus Nickel bzw. aus Kupfer / ... waren aus Nickel und im andern Fall aus Kupfer. Ihr Sohn und*

ihre Tochter sind 10 bzw. 14 Jahre alt / ... sind 10 und 14 Jahre alt.
2. Komma bei *beziehungsweise:* Die Kommasetzung bei *beziehungsweise* ist die gleiche wie bei *und* und *oder.*

beziffern, sich: Die Fügung *sich beziffern auf* im Sinne von »sich belaufen auf, betragen« sollte nicht bei unbestimmten Angaben gebraucht werden. Also: *Der Sachschaden beziffert sich auf 3 Millionen Mark.* Aber nicht: *Der Betrag beziffert sich auf eine große Summe.*

bezirzen / becircen: Das Verb, das auf den Namen der sagenhaften griechischen Zauberin Circe zurückgeht, wird in eingedeutschter Form mit *z* geschrieben. Richtig sind die folgenden Beugungsformen: *du bezirzt / becirct. Er ist bezirzt / becirct worden.*

Bezug / Beziehung: ↑ Beziehung / Bezug.
bezüglich: Die besonders in der Amtssprache gebräuchliche Präposition *bezüglich* »in Bezug auf«, die in vielen Fällen durch *wegen, in, über, nach, von* u. a. ersetzt werden kann, steht mit dem Genitiv: *Ihre Anfrage bezüglich / wegen der Bücher. Mehr kann ich bezüglich dieser Angelegenheit / in dieser Angelegenheit nicht sagen.* Zu dem korrekten Ausweichen auf den Dativ in Fällen wie *bezüglich Entwicklungsprogrammen* ↑ Präposition (2).
bezügliches Fürwort: ↑ Relativpronomen.
Bezug [nehmend] / in Bezug: Das Substantiv *Bezug* wird in neuer Rechtschreibung immer großgeschrieben, also auch in der Wendung *in Bezug auf: Sie war in Bezug auf ihre Kleidung nicht sehr sorgfältig.* Wie bisher schon: *Mit Bezug auf / Bezug nehmend auf unser Schreiben* ... Weder *Bezug nehmend* noch *in Bezug* dürfen zusammengeschrieben werden. ↑ Getrennt- oder Zusammenschreibung (2.2.1).
Bezugswortsatz: ↑ Relativsatz.
bezweifeln / zweifeln: Das Verb *bezweifeln* bedeutet »an einem Sachverhalt Zweifel hegen, ihn infrage stellen«: *Ich bezweifle*

seine Angaben. Dagegen bedeutet *zweifeln* »sich in Bezug auf etwas im Zustand der Unsicherheit befinden«. Nach *bezweifeln* darf ein Nebensatz nur mit *dass* (nicht mit *ob*) angeschlossen werden: *Ich bezweifle, dass sie das getan hat.* Auf *zweifeln* kann dagegen sowohl ein indirekter (mit *ob* angeschlossener) Fragesatz als auch ein mit *dass* eingeleiteter Inhaltssatz folgen: *Ich zweifle daran, ob sie kommt / dass sie kommt.*
BGB: ↑ Wortbetonung (2).

Bibliophile, der und die: Das substantivierte Adjektiv *Bibliophile* »Bücherliebhaber[in]« wird im Allgemeinen wie ein attributives ↑ Adjektiv gebeugt: *ein Bibliophiler, eine Bibliophile, zwei Bibliophile, die Bibliophilen* usw. In der Fachsprache der Antiquare kommt jedoch auch die schwache Beugung nach dem Muster von ↑ Invalide vor: *ein Bibliophile, zwei Bibliophilen.*

Bibliothekar: Das Substantiv wird stark, nicht schwach gebeugt: *der Bibliothekar, des Bibliothekars, dem, den Bibliothekar.* Der Plural lautet: *die Bibliothekare.* ↑ Substantiv (1).

bieder: Bei *bieder* bleibt, wenn es dekliniert oder gesteigert wird, das *e* der Endungssilbe gewöhnlich erhalten: *ein biederer Mensch. Sie war noch biederer.* ↑ Adjektiv (1.2.13), ↑ Vergleichsformen (2.2).

Biedermann: Der Plural lautet: *die Biedermänner.* ↑ Mann (2).

Biedermeier: Diese kunst- und literaturwissenschaftliche Bezeichnung hat sächliches Geschlecht: *das Biedermeier.* Der Genitiv Singular lautet gemeinsprachlich *des Biedermeiers*, in der Kunstwissenschaft meist ohne Genitiv-s *des Biedermeier.*

biegen: ↑ beugen.

Bielefelder: Die Einwohnerbezeichnung *Bielefelder* wird immer großgeschrieben, auch wenn das Wort wie ein flexionsloses Adjektiv vor einem Substantiv steht: *Bielefelder Leinen.* ↑ Einwohnerbezeichnungen auf -er (7).

Bildbruch: Als Bildbruch, Bildmischung oder Katachrese bezeichnet man die Verquickung nicht zusammenpassender bildlicher Ausdrücke (Metaphern), wodurch die Aussage unsinnig oder zum Mindesten schief wird: *Herr K. versuchte uns einen braunen Fleck anzuhängen* (Vermischung von *jmdm. etwas anhängen* und *einen Fleck auf der Weste haben*). Der Bildbruch wird gelegentlich mit Absicht angewandt, um komische Wirkungen zu erzielen: *Der Zahn der Zeit, der schon manche Träne getrocknet hat, wird auch über diese Wunde Gras wachsen lassen.*

Bildunterschrift: Kurze Bildunterschriften – auch wenn sie aus einem ganzen Satz bestehen – werden in Bezug auf die Interpunktion wie ↑ Überschriften behandelt und ohne Schlusspunkt gesetzt. Sie erhalten jedoch die erforderlichen Kommas. Bildunterschriften, die aus mehreren Sätzen bestehen, erhalten die üblichen Kommas und Schlusspunkte, sie werden also wie gewöhnlicher Text behandelt. Haben sie eine Überschrift, dann steht diese ohne Punkt. Das erste Wort einer Bildunterschrift wird immer großgeschrieben.

Billett: Das Wort hat zwei Pluralformen: *die Billetts* und *die Billette.* Heute wird die Pluralform auf -*s* bevorzugt. Das Wort *Billeteur* (schweizerisch für: Schaffner, österreichisch für: Platzanweiser) schreibt man französierend mit einem *t* (nach frz. *billet*).

Binde-s: ↑ Fugen-s.

Bindestrich

B

Häufig gestellte Fragen zum Bindestrich	
Frage	**Antwort unter**
Sind Fügungen wie *Privat- und öffentliche Mittel* zulässig?	dieser Artikel, Punkt (1.1), Ellipse (8)
Sind Fügungen wie *Textilgroß- und -einzelhandel,* bei denen beiden Zusammensetzungen ein Bestandteil fehlt, überhaupt korrekt?	dieser Artikel, Punkt (1.2)
Ab wie vielen Bestandteilen muss bei einer Zusammensetzung ein Bindestrich gesetzt werden?	dieser Artikel, Punkt (2), Fremdwort (4)
Wie schreibt man Verbindungen aus Zahlen und einem Wort, z. B. *5-mal, 17-jährig?*	dieser Artikel, Punkt (2.4)
Wie schreibt man Verbindungen aus Abkürzungen und einem Wort, z. B. *Kfz-Papiere, US-amerikanisch?*	dieser Artikel, Punkt (2.5), Abkürzungen (2.1)
Wo setzt man Bindestriche bei Verbindungen aus mehreren Wörtern und einem Grundwort, z. B. *Friedrich-Schiller-Straße, Do-it-yourself-Bewegung, 2-kg-Dose?*	dieser Artikel, Punkt (3), Zahlen und Ziffern (3)
Wird das erste Wort in solchen Verbindungen auch dann großgeschrieben, wenn es kein Substantiv ist?	dieser Artikel, Punkte (3.1), (3.2)
Werden bei Verbindungen aus zwei Adjektiven Bindestriche gesetzt, z. B. *griechisch-orthodox, bitterböse, deutschamerikanisch?*	dieser Artikel, Punkte (4), (6.4)
Setzt man bei Verbindungen aus einem Namen und einem anderen Substantiv, z. B. *Opel-Vertretung, Schiller-Museum,* einen Bindestrich?	dieser Artikel, Punkte (5.1), (5.2), Personennamen (5.1.1)
In welchen Fällen setzt man bei geographischen Namen einen Bindestrich?	dieser Artikel, Punkt (6)

Der Bindestrich stimmt in seiner Form mit dem Trennungsstrich überein (↑ Worttrennung). Muss ein mit Bindestrich geschriebenes Wort am Bindestrich getrennt werden, dann wird kein besonderer Trennungsstrich gesetzt. In folgenden Abschnitten werden Besonderheiten der Bindestrichschreibung behandelt:

B

1 Ergänzungsstrich (Ergänzungsbindestrich)
1.1 Feld- und Gartenfrüchte · Privat- und öffentliche Mittel · Geld- und andere Sorgen
1.2 Textilgroßhandel und Textileinzelhandel / Textilgroß- und -einzelhandel
2 Der Bindestrich zur Hervorhebung
2.1 Stadtverwaltungs-Oberinspektorin
2.2 Druck-Erzeugnis / Drucker-Zeugnis
2.3 Teeernte / Tee-Ernte · Schifffahrt / Schiff-Fahrt
2.4 i-Punkt · n-fach · CO_2-gesättigt · 3-Tonner
2.5 km-Zahl · Lungen-Tbc · PAL-gerecht
2.6 Ichlaut / Ich-Laut · Dasssatz / dass-Satz
2.7 Hochzeit / Hoch-Zeit
2.8 Kl.-A. · röm.-kath.
3 Der Bindestrich zur Aneinanderreihung
3.1 September-Oktober-Heft · DIN-A4-Blatt
3.2 das In-den-April-Schicken
3.3 2-kg-Dose · 4×100-m-Staffel · 5 %-Klausel
3.4 Verlagsnamen
4 Der Bindestrich bei Zusammensetzungen aus Adjektiven
5 Der Bindestrich bei Zusammensetzungen mit einem Personennamen
5.1 Schillermuseum / Schiller-Museum
5.2 Mozart-Konzertabend
5.3 Max-Planck-Gesellschaft
5.4 Möbel-Meier
6 Der Bindestrich in Zusammensetzungen mit einem geographischen Namen
6.1 Nildelta · Großglocknermassiv
6.2 Bodensee-Interessengemeinschaft
6.3 Dortmund-Ems-Kanal
6.4 deutschschweizerisch / deutsch-schweizerisch · frankokanadisch

B

1 Ergänzungsstrich (Ergänzungsbindestrich)

1.1 Feld- und Gartenfrüchte · Privat- und öffentliche Mittel · Geld- und andere Sorgen

Der Bindestrich steht als Ergänzungs[binde]strich bei zusammengesetzten oder abgeleiteten Wörtern, wenn ein gemeinsamer Bestandteil nur einmal genannt wird:

Feld- und Gartenfrüchte, Hin- und Rückfahrt, Lederherstellung und -vertrieb, Balkon-, Garten- und Campingmöbel, Geld- und andere Sorgen, kraft- und saftlos, vor- oder rückwärts, ab- und zunehmen, drei- und mehrfach, ein- bis zweimal (in Ziffern: 1- bis 2-mal), Gemeinde-(Amts-)Vorsteher (= Gemeindevorsteher oder Amtsvorsteher), Polyethylen(PE)- und Polypropylen(PP)-Weichschaum.

Ein solcher Ergänzungsstrich darf nicht stehen, wenn gemeinsame Wortbestandteile hinsichtlich Zusammen- oder Getrenntschreibung nicht übereinstimmen, beispielsweise, wenn eine getrennt geschriebene Fügung (z. B. *öffentliche Mittel, zur Verfügung halten*) vorliegt und diese in Verbindung mit einer Zusammensetzung (z. B. *Privatmittel, bereithalten*) als erste steht. Man schreibt demnach:

öffentliche und Privatmittel, aber: Privat- und öffentliche Mittel; ebenso: synthetische und Naturgewebe / Natur- und synthetische Gewebe; die Mittel zur Verfügung und bereithalten / bereit- und zur Verfügung halten; individuelle und Standardlösungen / Standard- und individuelle Lösungen; abwärts, voraus- oder zurückfahren / zurück-, voraus- oder abwärts fahren; mittelständische und Kleinunternehmen / Klein- und mittelständische Unternehmen (= Kleinunternehmen und mittelständische Unternehmen; aber: klein- und mittelständische Unternehmen = kleinständische und mittelständische Unternehmen).

Abgeleitete Wörter sollten im Allgemeinen nicht mit dem Ergänzungsstrich verkürzt, sondern ausgeschrieben werden (↑ Ellipse [7]). Also besser nicht: *Bekannt- und Freundschaften, Klar- und Wahrheit,* sondern: *Bekanntschaften und Freundschaften, Klarheit und Wahrheit.* Auch Schreibungen wie *be- und verarbeiten* (statt: *bearbeiten und verarbeiten*) sollten Ausnahme bleiben.

Zu Verbindungen wie *Geld- und andere Sorgen* ↑ Ellipse (8).

1.2 Textilgroßhandel und Textileinzelhandel / Textilgroß- und -einzelhandel

Stimmen bei drei- und mehrgliedrigen Zusammensetzungen die ersten und die letzten Glieder überein, so können beide erspart werden (↑ Ellipse [7]). In

diesem Fall muss nach dem zweiten Ergänzungsstrich kleingeschrieben werden:

> Textilgroß- und -einzelhandel, Warenein- und -ausgang, Bundeswirtschafts- und
> -finanzminister, Werkzeugmaschinen-Import- und -Exportgeschäfte.

2 Der Bindestrich zur Hervorhebung

Zusammensetzungen werden im Allgemeinen zusammengeschrieben, ganz
gleich, ob sie aus einfachen oder bereits zusammengesetzten Wörtern bestehen. Das gilt nach den neuen Regeln auch für Wörter aus dem Englischen
(zur Schreibung mit Bindestrich vgl. ↑ Fremdwort [4]):

> Klimaanlage, Rotwild, Unfallversicherung, Unfallversicherungsgesetz, Windschutz-
> scheibe, Fahrkartenschalter, Leinenjeans, Ichsucht, Jawort, Dreikönigsfest,
> Diplomingenieur, Happyend, Cornedbeef.

Zu unterscheiden sind jedoch im Einzelnen folgende Fälle:

2.1 Stadtverwaltungs-Oberinspektorin

In unübersichtlichen Zusammensetzungen kann ein Bindestrich gesetzt
werden. Der Bindestrich ist in solchen Wörtern dort zu setzen, wo sich bei
sinngemäßer Auflösung der Zusammensetzung die Fuge ergibt. In neuer
Rechtschreibung darf diese Regel auch bei Zusammensetzungen aus weniger
als vier Wortgliedern angewendet werden:

> Stadtverwaltungs-Oberinspektorin, Haftpflicht-Versicherungsgesellschaft, Gemeinde-
> grundsteuer-Veranlagung; jetzt auch: Umsatzsteuer-Tabelle, Lotto-Annahmestelle,
> Midlife-Crisis, Desktop-Publishing.

Bei der Bindestrichschreibung von unübersichtlichen adjektivischen Zusammensetzungen mit einem Substantiv ist besonders auf die Großschreibung
am Wortanfang zu achten:

> Videonorm-gerecht, Datenbank-gestützt.

2.2 Druck-Erzeugnis / Drucker-Zeugnis

Um Missverständnisse zu vermeiden, können Grund- und Bestimmungswort
voneinander getrennt werden, z. B. beim *Druckerzeugnis,* das sowohl *Druck-
Erzeugnis* wie *Drucker-Zeugnis* bedeuten könnte.

B

2.3 Teeernte / Tee-Ernte · Schifffahrt / Schiff-Fahrt

Beim Zusammentreffen von drei gleichen Vokalen in substantivischen Zusammensetzungen darf in neuer Rechtschreibung auch ohne Bindestrich geschrieben werden:

Kaffeeersatz / Kaffee-Ersatz, Teeernte / Tee-Ernte, Seeelefant / See-Elefant, Hawaiiinsel / Hawaii-Insel.

Bei zusammengesetzten Adjektiven und Partizipien darf hier in neuer Rechtschreibung ein Bindestrich stehen:

seeerfahren / See-erfahren, schneeerhellt / Schnee-erhellt.

Treffen verschiedene Vokale oder nur zwei gleiche Vokale zusammen, steht im Allgemeinen kein Bindestrich:

Gewerbeinspektor, Seeufer, Bauausstellung, Reimport, polizeiintern, Klimaanlage, Werbeetat.

Beim Zusammentreffen von drei gleichen Konsonanten darf nach den neuen Regeln ebenfalls ein Bindestrich gesetzt werden; bei Zusammenschreibung bleibt in neuer Rechtschreibung der dritte Konsonant auch dann erhalten, wenn ihm ein Vokal folgt:

Schifffahrt / Schiff-Fahrt, Auspuffflamme / Auspuff-Flamme, Betttuch / Bett-Tuch, sauerstofffrei / Sauerstoff-frei.

Auf den Bindestrich sollte aber verzichtet werden, wenn die sich ergebende Auflösung der Verbindung das Lesen erschwert oder zu Missverständnissen führen kann (z. B. nicht: Mess-Stabzusatz, Seeschiff-Fahrt).

2.4 i-Punkt · n-fach · CO_2-gesättigt · 3-Tonner

Ein Bindestrich steht in Zusammensetzungen mit einzelnen Buchstaben, mit Formelzeichen und in neuer Rechtschreibung auch mit Ziffern:

i-Punkt, A-Dur, a-Moll, Es-Dur, fis-Moll, O-Beine, V-Ausschnitt, x-beliebig, T-förmig, n-Eck, y-Achse, pH-Wert, CO_2-gesättigt, u-Laut, Fugen-s, Zungen-R. Jetzt ebenso: 3-Tonner, 8-Zylinder, 5-mal, 100-prozentig, 17-jährig, mehrere 17-Jährige.

Vor Nachsilben steht nur dann ein Bindestrich, wenn sie mit einem Einzelbuchstaben verbunden werden:

n-fach, 2π-fach, n-tel, die x-te Wurzel.

Ohne Bindestrich jedoch:

8fach, 10^6fach, 1,5fach, 5%ig, ver307fachen, der 68er, 32stel.

Zu *5%-Klausel, $^3/_8$-Takt* ↑ 3.3.

2.5 km-Zahl · Lungen-Tbc · PAL-gerecht

Bei Zusammensetzungen mit Abkürzungen:

B

UKW-Sender, Kfz-Papiere, NATO-Staaten, UN-Vollversammlung, Lungen-Tbc,
Rohstoffverwertungs-AG, Tbc-krank, US-amerikanisch, PAL-gerechtes Farbsignal,
K.-o.-Schlag, Blitz-K.-o., km-Zahl, dpa-Meldung.

Keinen Bindestrich haben dagegen fachsprachliche Fälle wie *BStMdI*,
RücklVO usw. und Ableitungen von Abkürzungen wie *FKKler*, *ÖVPler*.

2.6 Ichlaut / Ich-Laut · Dasssatz / dass-Satz

Bestimmte zweigliedrige Zusammensetzungen, die bislang mit Bindestrich
geschrieben wurden, werden in neuer Rechtschreibung zusammengeschrieben. Die bisherige Schreibung mit Bindestrich ist aber auch korrekt:

Ahaerlebnis / Aha-Erlebnis, Ichlaut / Ich-Laut, Sollstärke / Soll-Stärke, Kann-
bestimmung / Kann-Bestimmung, Dasssatz / dass-Satz.

2.7 Hochzeit / Hoch-Zeit

Einen Bindestrich kann man setzen um Teile eines Wortes besonders hervorzuheben:

die Hoch-Zeit der Renaissance, etwas be-greifen, ein bisschen ver-rückt.

2.8 Kl.-A. · röm.-kath.

Werden Zusammensetzungen oder Teile von ihnen abgekürzt, so steht ein
Bindestrich:

Reg.-Rat (Regierungsrat), Abt.-Leiter (Abteilungsleiter), Kl.-A. (Klassenaufsatz),
Bestell-Nr. (Bestellnummer); röm.-kath. (römisch-katholisch), ev.-luth. (evangelisch-
lutherisch).

3   Der Bindestrich zur Aneinanderreihung

3.1 September-Oktober-Heft · DIN-A4-Blatt

Wenn mehrere Wörter oder Buchstaben vor einem Grundwort stehen, dann
wird die ganze Fügung durch Bindestriche verbunden (durchgekoppelt):

September-Oktober-Heft, Preis-Leistungs-Verhältnis, Rhein-Main-Halle,
Goethe-Schiller-Denkmal, Mitte-links-Regierung, Frage-und-Antwort-Spiel,
Meyer-&-Neumann-Gruppe (↑ Et-Zeichen), Hals-Nasen-Ohren-Arzt,

B

Sankt-Josefs-Kirche, S-Bahn-Wagen (aber: S-Bahnhof), ↑DIN-A4-Blatt,
A-Dur-Tonleiter, E.-T.-A.-Hoffmann-Straße, K.-o.-Schlag, CO-Gehalt-geführte
Feuerung, Chrom-Molybdän-legiert, Vitamin-C-haltig.

In substantivischen Aneinanderreihungen wird das erste Wort auch dann
großgeschrieben, wenn es kein Substantiv ist:

Do-it-yourself-Bewegung, Ad-hoc-Bildung, In-dubio-pro-reo-Grundsatz.

Übersichtliche Aneinanderreihungen dieser Art kann man jedoch zusammenschreiben: *Rotgrünblindheit.*

Werden die Bestimmungswörter in Anführungszeichen gesetzt, kann auf
die Durchkoppelung ebenfalls verzichtet werden:

»25 Jahre CCI«-Feier.

3.2 das In-den-April-Schicken

Stehen mehrere Wörter als Bestimmung vor einem substantivisch gebrauchten Infinitiv, dann wird die ganze Fügung durchgekoppelt:

das In-den-April-Schicken, das Auf-die-lange-Bank-Schieben, das Ins-Blaue-Fahren,
das Für-sich-haben-Wollen, das Außer-Acht-Lassen.

Einfache Zusammensetzungen mit nur zwei Bestandteilen schreibt man jedoch zusammen:

das Sichausweinen, das Motorradfahren, das Menschsein, das Infragestellen (zu: infrage stellen).

Vgl. ↑substantivierter Infinitiv (1).

3.3 2-kg-Dose · 4×100-m-Staffel · 5%-Klausel

Aneinanderreihungen mit Zahlen (in Ziffern) werden durch Bindestriche
verbunden:

5%-Klausel, $^3/_8$-Takt, 10-Pfennig-Marke, 2-kg-Dose, 40-PS-Motor, 1.-Klasse-Kabine,
Formel-1-Rennwagen, 4- bis 5-Zimmer-Wohnung, 4–5-Zimmer-Wohnung,
3:1(2:0)-Sieg, 400-m-Lauf, 4×100-m-Staffel, 5-km-Gehen, $^3/_4$-Liter-Flasche
(aber: $^1/_2$ Flasche, $^1/_1$ Flasche).

Zusammen schreibt man hingegen, wenn die Zahl in Buchstaben geschrieben und nicht zu unübersichtlich ist:

Dreiachteltakt, Fünfprozentklausel, Zehnpfennigmarke, Dreikaiserjahr; (aber:) Null-
Komma-sieben-Liter-Flasche.

Vgl. 2.4

3.4 Verlagsnamen

Auch Verlagsnamen sollten durchgekoppelt werden: *Emil-Meyer-Verlag*. Aus typographischen Gründen unterbleibt dies jedoch häufig.

B

4   Der Bindestrich bei Zusammensetzungen aus Adjektiven

Bei der Verbindung von zwei Adjektiven, die beide ihre Eigenbedeutung bewahren, zusammen aber eine Gesamtvorstellung ausdrücken, kann der Bindestrich in neuer Rechtschreibung auch weggelassen werden, sofern der erste Bestandteil keine Ableitung auf -*ig, -isch* oder -*lich* ist:

süßsauer / süß-sauer; aber nur: schaurig-schön.

Bei längeren Zusammensetzungen ist der Bindestrich einer Zusammenschreibung vorzuziehen:

heiter-verspielt, griechisch-orthodox, südost-nordwestlich.

Es steht aber kein Bindestrich, wenn ein Fugenzeichen wie -*o*- erscheint oder das erste Wort verstärkende Wirkung hat bzw. das zweite näher bestimmt:

audiovisuell, bitterböse, lauwarm.

Zu *blaurot* / *blau-rot* ↑ Farbbezeichnungen (3.1). Zu *original französisch* / *original-französisch* ↑ original.

5   Der Bindestrich bei Zusammensetzungen mit einem Personennamen

5.1 Schillermuseum / Schiller-Museum

Zusammensetzungen, deren Bestimmungswort ein Personenname ist, werden im Allgemeinen zusammengeschrieben (↑ Kompositum [3]). Das gilt besonders, wenn es sich um üblich gewordene Bezeichnungen handelt:

Goethehaus, Schillermuseum, Hermannsdenkmal, Barbarazweige, Bachkantate, Marshallplan, Dieselmotor, Thomasmehl, Röntgenstrahlen, Litfaßsäule.

Zusammensetzungen mit Personennamen können aber mit einem Bindestrich geschrieben werden, wenn der Name hervorgehoben werden soll. Das ist besonders der Fall, wenn die ganze Zusammensetzung als Name eines Gebäudes, einer Organisation o. dgl. gebraucht wird oder wenn der Personenname zum Firmennamen geworden ist:

Schiller-Museum, Lessing-Gymnasium, Humboldt-Gesellschaft, Paracelsus-Ausgabe, Opel-Vertretung, Leitz-Ordner, Dior-Modell.

5.2 Mozart-Konzertabend

Mit Bindestrich kann man – um die Übersichtlichkeit zu erhöhen – eine Zusammensetzung schreiben, in der dem Personennamen als Bestimmungswort ein zusammengesetztes Grundwort folgt (in alter Rechtschreibung wurde hier ein Bindestrich ausdrücklich empfohlen):

Mozart-Konzertabend, Beethoven-Festhalle.

5.3 Max-Planck-Gesellschaft

Mit Bindestrich schreibt man eine Zusammensetzung, wenn die Bestimmung zu dem Grundwort aus mehreren oder aus einem mehrgliedrigen Namen besteht:

Max-Planck-Gesellschaft, Johannes-Gutenberg-Universität, Goethe-und-Schiller-Gedenkstunde, Sankt-(St.-)Marien-Kirche, Van-Allen-Gürtel, Annette-von-Droste-Hülshoff-Ausgabe.

Auf die Durchkoppelung wird häufig verzichtet, wenn der Name in Anführungszeichen steht:

»Johnny Cash«-Videokassette, »Herman van Veen«-Fanklub.

5.4 Möbel-Meier

Mit Bindestrich schreibt man Geschäftsbezeichnungen, in denen der Name als Grundwort steht:

Möbel-Meier, Tapeten-Weber.

Ein Bindestrich steht auch, wenn Vor- und Familienname umgestellt sind und der Artikel vorangeht *(die Hofer-Marie, der Huber-Anton)*. Zu weiteren Einzelheiten ↑ Personennamen (5.1).

6 Der Bindestrich bei Zusammensetzungen mit einem geographischen Namen

6.1 Nildelta · Großglocknermassiv

Im Allgemeinen schreibt man Zusammensetzungen aus Grundwort und einfachem oder zusammengesetztem Bestimmungswort zusammen:

Rheinwein, Manilahanf, Nildelta, Großglocknermassiv, Rapallovertrag, Koreakrieg. Aber mit Hervorhebung des Namens: Jalta-Abkommen.

6.2 Bodensee-Interessengemeinschaft

Einen Bindestrich setzt man oft bei einem zusammengesetzten Grundwort, um die Übersichtlichkeit der Zusammensetzung zu erhöhen:

Donau-Dampfschifffahrtsgesellschaft, Bodensee-Interessengemeinschaft.

Bleibt die Übersicht gewahrt, dann schreibt man zusammen:

Weserbergland, Rheinseitenkanal.

6.3 Dortmund-Ems-Kanal

Bindestriche setzt man, wenn die Bestimmung zu dem Grundwort aus einem mehrteiligen Namen oder aus mehreren geographischen Namen besteht:

Dortmund-Ems-Kanal, Rhein-Main-Flughafen, Rio-de-la-Plata-Bucht, Sankt-(St.-)Gotthard-Gruppe, König-Christian-IX.-Land.

6.4 deutschschweizerisch / deutsch-schweizerisch · frankokanadisch

Bei adjektivischen Zusammensetzungen aus geographischen Namen, in denen jedes der beiden Adjektive seine Eigenbedeutung bewahrt, beide zusammen aber eine Gesamtvorstellung ausdrücken, darf der Bindestrich in neuer Rechtschreibung auch weggelassen werden:

deutschamerikanische / deutsch-amerikanische Beziehungen, deutschschweizerische / deutsch-schweizerische Wirtschaftsverhandlungen.

Kein Bindestrich steht, wenn ein Fugenzeichen wie -o- erscheint oder das zweite Adjektiv durch das erste näher bestimmt wird:

schweizerdeutsche Mundart, deutschamerikanisches Schrifttum, frankokanadische Familien; indogermanisch, baltoslawisch, finnougrisch, serbokroatisch, tschechoslowakisch.

Zu weiteren Einzelheiten ↑ geographische Namen (3.2), ↑ Straßennamen (1.4), ↑ Völker- und Stammesnamen (4). Vgl. auch ↑ Unterführung. Zum Aufeinandertreffen von Bindestrich und Fugen-s ↑ Fugen-s (3.6). Zur Worttrennung am Zeilenende ↑ Worttrennung (1.2).

Bindewort: ↑ Konjunktion.
Bindewortsatz: ↑ Konjunktionalsatz.
Binger: Die Einwohner von Bingen heißen *Binger* (nicht: *Bingener*). *Binger* wird immer großgeschrieben, auch wenn das Wort wie ein flexionsloses Adjektiv vor

einem Substantiv steht: *das Binger Loch.*
↑ Einwohnerbezeichnungen auf -er (1 und 7).

binnen: Die Präposition *binnen* regiert überwiegend den Dativ: *binnen wenigen Augenblicken, binnen drei Jahren, binnen*

B

kurzem. Das gilt vor allem dann, wenn der Kasus nicht an einem Attribut deutlich werden kann. Ist dies jedoch der Fall, dann wird in gehobener Sprache gelegentlich auch der Genitiv gebraucht: *binnen knapper zwei Stunden; binnen eines Jahres.*

Binnen-I: ↑ Gleichstellung von Frauen und Männern in der Sprache (2.3).

Binnenmajuskel: ↑ Großschreibung im Wortinnern.

Biografie / Biographie: ↑ f / ph.

Birma / Burma: Bei beiden Schreibungen handelt es sich um Entstellungen des einheimischen Namens *Myanmar.* *Burma* ist die Schreibung des angelsächsischen Sprachraums, dem sich ganz Skandinavien, die Schweiz und Ungarn angeschlossen haben, *Birma* die des romanischen Sprachraums. Die Form *Birma* ist derzeit in Deutschland am geläufigsten; für den amtlichen Gebrauch wird *Myanmar* empfohlen. Die Einwohner von Birma heißen *Birmanen,* das zugehörige Adjektiv lautet *birmanisch.* Zu der Namensform *Burma* dagegen lautet der Einwohnername *die Burmesen,* das Adjektiv *burmesisch.*

Birne / Lampe: ↑ Glühbirne / Glühlampe.

bis: 1. a) **bis Berlin · bis nächsten Sonntag:** Gewöhnlich steht *bis* als Adverb vor Präpositionen, die den Kasus des folgenden Substantivs bestimmen: *bis zum Abend, bis an den Hals, bis über die Mauer.* Es wird aber auch selbst in bestimmten Fällen als Präposition gebraucht, und zwar mit dem Akkusativ. Diese bestimmten Fälle sind artikellose Fügungen mit Ortsnamen *(bis Berlin),* Ortsadverbien *(bis hierher)* und Zeitbestimmungen *(bis jetzt, bis sechs Uhr, bis Ende August, bis nächsten Sonntag, von 16 bis 18 Uhr).* Der Akkusativ wird dabei nur deutlich, wenn zu einem substantivischen Zeitbegriff wie *Monat, Jahr* oder zu den Namen der Wochentage, Monate und Feste ein Attribut tritt: *bis nächste Woche, bis kommenden Sonntag, bis nächsten Mo-*

nat, bis fünfzehnten Januar, bis letztes Jahr, bis vorige Ostern, bis diese Weihnachten u. a. Die Zahl dieser substantivischen Zeitbegriffe, die sich mit *bis* verbinden können, ist jedoch begrenzt. Schon die Verbindung mit *Tag (bis diesen Tag)* ist wenig üblich. Auch eine nachgetragene Apposition bei *bis* steht, wenn es sich um eine substantivische Zeitbestimmung handelt, im Akkusativ: *bis [nächsten] Dienstag, den 3. September.* In anderen Fällen wird jedoch der Dativ vorgezogen, besonders bei Ortsnamen: *bis heute, dem 29. September 1950* (Kantorowicz); *bis 1954 (dem Jahr des Todes)* (F. Maurer); *bis Landquart, einer kleinen Alpenstation* (Th. Mann). Das einfache *bis* wird hier so empfunden, als stünde *bis zu* oder *bis nach.* **b) vom 1. bis 15. April:** In Verbindung mit *von* ist *bis* Präposition mit dem Akkusativ, wenn Anfang und Ende eines Zeitabschnitts, einer Zahlenreihe u. dgl. angegeben werden: *vom 1. (ersten) bis 15. (fünfzehnten) April; von Freitag, dem 1. Oktober, bis Montag, den 4. Oktober. Der Apparat ist regulierbar von 3500 bis 10 000 Drucke je Stunde.* Vgl. aber das Folgende.

2. Städte von 20 000 bis 100 000 Einwohnern · Artikel 22, erster bis dritter Absatz: Keine Rektion übt *bis* aus, wenn es als nebenordnende Konjunktion (wie *und*) auftritt und einen ungefähren Wert, einen Zeitabschnitt, den Umfang eines Zitats o. Ä. angibt: *Ich komme in zwei bis drei Stunden. Städte von 20 000 bis 100 000 Einwohnern. Der Baum hat eine Höhe von 4 bis 6 Metern.* (Der Dativ *Einwohnern* bzw. *Metern* ist von der Präposition *von* abhängig.) *Jugendliche im Alter von 11 bis 17 Jahren.* (Der Dativ *Jahren* ist von der Präposition *von* abhängig.) *Bündel mit 20 bis 30 Stäben* (der Dativ *Stäben* ist von der Präposition *mit* abhängig). *Deutsche Dichter des 10. bis 15. Jahrhunderts* (der Genitiv *Jahrhunderts* gehört zu *des* und bildet zusammen mit dem Artikel ein Attribut zu

Dichter). *Artikel 22, erster bis dritter Absatz* (Nominativ bei einfacher Aufzählung). – Nicht korrekt ist es, *bis* mit *zwischen* zu verbinden. Nicht: *Die Bewerber sind zwischen 25 bis 40 Jahre alt*, sondern: ... *sind 25 bis 40 Jahre alt* oder: ... *sind zwischen 25 und 40 Jahre alt* oder: ... *sind zwischen 25 und 40 Jahren.*

3. bis, bis auf, bis zu: einschließend oder ausschließend?: Da *bis* die räumliche oder zeitliche Erstreckung (wie weit?, wie lange?) ausdrückt, kann es in bestimmten Fällen zweifelhaft sein, ob der dem *bis* folgende Begriff ein- oder ausgeschlossen ist. Bei Zeitangaben ist es heute allgemein üblich, *bis* einschließend zu verstehen: *Weihnachtsferien vom 22. Dezember bis [zum] 5. Januar* (der 5. Januar ist letzter Ferientag). *Der Schlosspark ist von April bis Oktober geöffnet* (im Oktober ist er noch geöffnet). *Der Rasen muss bis Mittwoch gemäht werden* (es kann auch noch am Mittwoch geschehen). Hier treten keine Zweifel auf, jeder versteht es im angegebenen Sinn. Kaum Schwierigkeiten machen auch feste Redewendungen, deren Sinn von vornherein bekannt ist: *Sie wurden bis auf den letzten Mann niedergemacht* (auch der letzte Mann wurde niedergemacht). *Sie hat alles bis auf den letzten Pfennig bezahlt. Wir wurden nass bis auf die Haut.* Es gibt aber Fälle, die durchaus zweifelhaft sind: *Das umfangreiche Gedicht ist bis auf die letzte Strophe vorzüglich gelungen.* Ist die letzte Strophe nicht gelungen? Ist das ganze Gedicht gelungen? Hier kann nur eine andere Formulierung Klarheit schaffen. Besonders bei Zeit- und Reihenfolgeangaben ist auch ein zusätzliches *einschließlich* (landsch., bes. in Bayern auch: *mit*) verdeutlichend: *Die Ausstellung ist bis einschließlich* (landsch. *[bis] mit*) *15. Mai geöffnet. Die Mannschaft ist in den Zimmern 20 bis einschließlich 35 untergebracht.* ↑ mit (4).

4. Jugendliche bis zu 17 Jahren · bis zu 8

Mitglieder: In Verbindung mit *zu* gibt *bis* vor Zahlen die obere Grenze einer unbestimmten Zahl an. Dabei steht gewöhnlich der Dativ, den die Präposition *zu* verlangt: *Die Lehrgänge dauerten bis zu einem Jahr. Gemeinden bis zu 10 000 Einwohnern. Jugendlichen bis zu 17 Jahren ist der Zutritt verboten. Darauf steht Gefängnis bis zu zehn Jahren.* In der Umgangssprache wird das *zu* in solchen Sätzen oft weggelassen; dann tritt der Akkusativ ein: *Kinder bis 12 Jahre zahlen die Hälfte.* – Anders steht es mit einem Satz wie: *Der Vorstand kann bis zu 8 Mitglieder umfassen.* Hier ist *bis zu* eine adverbiale Fügung, die einen nicht genau angegebenen Wert begrenzt: Es können 3, 5 oder mehr, im Höchstfall aber 8 Mitglieder sein. Der Kasus wird dann nicht von *bis zu* in seiner Eigenschaft als präpositionale Verbindung bestimmt, sondern vom Verb *umfassen*. Wenn die Unbestimmtheitsangabe wegfällt, bleibt der Satz völlig erhalten: *Der Vorstand kann 8 Mitglieder umfassen.* Gelegentlich werden auch andere Präpositionen so eingesetzt: *Die Auflage der Zeitung betrug 1981 bis über eine halbe Million Exemplare.* Weitere Beispiele mit *bis zu*: *Wir können nur bis zu zehn Schülern Prämien geben. Bis zu sechs Kinder schlafen in einem Zimmer. Viele Elefanten verfügen über bis zu 3 m lange Stoßzähne.*

5. bis zu ... und mehr o. Ä.: Die Wendung *bis zu* gibt schon die obere Grenze an, sodass der Anschluss mit *und mehr, und öfter* o. Ä. nicht möglich ist. Unlogisch sind daher Sätze wie: *Mit dieser Rasierklinge können Sie sich bis zu 15-mal und öfter perfekt rasieren.* Oder: *Bis zu fünfhundert Besucher und mehr haben in dem Saal Platz.*

6. a) *bis* steht falsch auf die Frage »wann?«: Da *bis* immer eine Erstreckung ausdrückt, antwortet auch das zeitliche *bis* nur auf die Frage »wie lange?«: *Die Tagung dauert bis Sonnabend.* Es ist da-

her falsch, mit *bis* auf die Frage »wann?« zu antworten, wie es umgangssprachlich noch geschieht: *Er hoffte, dass bis Dienstag in einer Woche die Trauung sein könnte.* **b) *bis* steht falsch für *sobald* oder *wenn*:** Standardsprachlich nicht korrekt ist die Verwendung von *bis* im Sinn von *sobald* oder *wenn*, wie sie umgangssprachlich in Österreich vorkommt. Es heißt also nicht: *Sie soll mich anrufen, bis sie wieder da ist,* sondern: *..., wenn (sobald) sie wieder da ist.*
7. bis / bis nicht: Als unterordnende Konjunktion kennzeichnet *bis* die zeitliche Grenze, an der ein Vorgang endet: *Warte, bis ich komme.* Enthält der Hauptsatz einen Komparativ, dann wird *bis* mit *als* verbunden: *Das Kind hörte nicht eher zu weinen auf, als bis es vor Müdigkeit einschlief.* Neben der zeitlichen Aussage kann *bis* aber nach einem verneinten Hauptsatz auch eine Bedingung zum Ausdruck bringen. Nur in diesem Fall ist es zulässig, aber nicht notwendig, auch den *bis*-Satz zu verneinen: *Du darfst nicht gehen, bis [nicht] die Arbeit gemacht ist.* ↑ Negation (2). Vgl. auch ↑ bis-Zeichen.
Bischof: Zur Anschrift ↑ Brief (7).
bisher: 1. bisher / seither, seitdem: Der Gebrauch von *seither* oder *seitdem* anstelle von *bisher* beruht auf einer Vertauschung der verschiedenen Zeitaspekte dieser Wörter. Die Adverbien *seither* und *seitdem* verlangen den deutlichen, bestimmten Ausgangspunkt eines Geschehens in der Vergangenheit: *Ich habe sie im April gesprochen, seitdem habe ich sie nicht mehr gesehen.* Dagegen gibt *bisher* die Erstreckung von einem nicht näher genannten, ganz unbestimmten Ausgangspunkt bis zu einem ganz bestimmten Zeitpunkt, bis zur Gegenwart an: *alle bisher untersuchten Fälle. Sie war bisher* (nicht: *seither*) *Professorin in Münster und ist jetzt in Bonn.* Dasselbe gilt für die Adjektive *bisherig* und *seitherig: Der bisherige* (nicht: *seitherige*) *Post-*

minister trat zurück. So ist es auch nicht richtig, von *seitherigen Erfolgen* zu reden, wenn gar kein Ausgangspunkt in Betracht kommt.
2. bisher / bis heute: Da das Adverb *bisher* sich auf den Ablauf der Zeit in der Vergangenheit bezieht, sollte es nicht mit dem Präsens verbunden werden. Also nicht: *Die Presse schweigt bisher zu diesen Ereignissen,* sondern: *Die Presse schwieg bisher, hat bisher geschwiegen.* Will man deutlich den gegenwärtigen Zeitpunkt betonen, so heißt es *bis heute: Die Presse schweigt bis heute zu diesen Ereignissen.*
bislang: Das Adverb *bislang* (= bis jetzt) darf nicht als Attribut (Beifügung) vor einem Substantiv verwendet werden; also nicht: *die bislangen Ergebnisse,* sondern: *die bisherigen Ergebnisse.* ↑ Adverb (1).
bisschen: 1. Schreibung: Das Wort bedeutet eigentlich »kleiner Bissen« und wird in neuer Rechtschreibung mit Doppel-*s* geschrieben. Die Kleinschreibung ist die Folge davon, dass der ursprünglich substantivische Begriff zu einem Indefinitpronomen im Sinne von »wenig« wurde.
2. Deklination: Auch in Verbindung mit dem bestimmten und unbestimmten Artikel bleibt *bisschen* immer ungebeugt: *das / ein bisschen Stoff, des / eines bisschen Stoffes, dem / einem bisschen Stoff; wegen des bisschen schmutziger Arbeit, nur ein klein bisschen / ein kleines bisschen Geduld!; mit ein / einem bisschen Geduld.*
bis-Zeichen: Das *bis*-Zeichen, ein Strich (–), kann gesetzt werden, wenn ein Zwischenwert angegeben wird: *Man braucht ein Brett mit 6–8 Meter[n] Länge. Er hat 4–5-mal angerufen.* Wenn der *bis*-Strich an das Ende oder an den Anfang einer Zeile zu stehen käme, wird *bis* ausgeschrieben. Das *bis*-Zeichen ist nicht zulässig, wenn *bis* in Verbindung mit *von* die Erstreckung eines Zeitraumes bezeichnet: *Die Tagung dauert vom 5. bis*

9. Mai (nicht: *vom 5.–9. Mai*). *Sprech-stunde von 9 bis 11 Uhr* (nicht: *von 9–11 Uhr*). Bei verkürzter Wiedergabe eines Zeitraums ohne die Präposition *von* kann dagegen der Strich gesetzt werden: *Sprechstunde täglich 8–10, 15–17 Uhr.*

bis zu 12 Jahren / bis 12 Jahre: Zur Beugung in Fällen wie *bis zu 12 Jahren / bis 12 Jahre* ↑ bis (4).

bitte: 1. Stellung und Komma: Das auffordernd betonte *bitte* kann als Auslassungssatz aufgefasst werden; es ist ja aus *ich bitte* entstanden. In diesem Sinn kann *bitte* zu Beginn des Satzes, innerhalb des Satzes oder am Ende des Satzes stehen. Es wird dann durch ein Komma abgetrennt oder in Kommas eingeschlossen. Meist aber wird *bitte* als bloße Höflichkeitsformel gebraucht und steht dann ohne Komma zu Beginn des Satzes

oder innerhalb des Satzes (vgl. unten stehende Tabelle).

2. *bitte* + Infinitivgruppe: Da es ganz ungewöhnlich ist, *bitte* als Verbform zu behandeln, steht in der Regel kein *zu* danach (vgl. *Ich bitte Sie, nicht zu rauchen.* Aber: *Bitte nicht rauchen*). Man sagt und schreibt also: *Nach dem Verlassen der Kabine bitte die Kabinentür offen lassen! Bitte Adressenänderungen sofort der Zentrale melden. Bitte die Rückseite beachten!* Der Gebrauch von *zu* in solchen Sätzen ist selten: *Bitte die Rückseite zu beachten!*

3. Bitte[,] seien Sie so freundlich: Es muss heißen: *Bitte[,] seien Sie so freundlich und öffnen Sie mir die Tür.* Die Formulierung *Bitte[,] sind Sie so freundlich …* ist nicht korrekt. ↑ Imperativ (3).

Kommasetzung bei *bitte*

Betontes *bitte* wird durch Komma[s] abgetrennt:	Formelhaftes *bitte* ist ohne Komma in den Ablauf des Satzes einbezogen:
Bitte, kommen Sie einmal herüber.	Bitte kommen Sie einmal herüber.
Legen Sie, bitte, einige Entwürfe vor.	Legen Sie bitte einige Entwürfe vor.
Unterschreiben Sie, bitte!	Unterschreiben Sie bitte!
	Bitte die Rückseite beachten!
	Bitte nicht rauchen!

bitten: 1. doppelter Akkusativ: Gewöhnlich steht *bitten* mit der Präposition *um: Ich bitte dringend um Ruhe. Ich muss Sie um eine kleine Gefälligkeit bitten.* In bestimmten Fällen hat sich jedoch neben dem Akkusativ der Person ein Akkusativ der Sache erhalten, der anstelle eines alten Genitivs getreten ist und meist aus einem Pronomen oder einer pronominalen Fügung besteht: *Ich habe dich vorhin etwas gebeten. Eines bitte ich euch in-*

ständig … *Ich bitte dich nur dies* (Goethe).

2. Zustandspassiv: Nicht korrekt ist es, *bitten* im ↑ Zustandspassiv (3) zu verwenden: *Die Herren werden* (nicht: *sind*) *gebeten, pünktlich um 20 Uhr zu erscheinen.*

3. Komma: Wenn *bitten* mit einer Infinitivgruppe verbunden ist, kann man nach neuer Regelung das Komma setzen: *Ich bitte die Türen zu schließen / Ich* bitte, die Türen zu schließen. ↑ Komma (5.1.4).

bitter: Bei *bitter* bleibt, wenn es dekliniert oder gesteigert wird, das *e* der Endungssilbe gewöhnlich erhalten: *ein bitterer Geschmack, bittere Tränen; die Not wurde noch bitterer.* Nur in der deklinierten Form des Komparativs wird das erste der drei Endungs-e manchmal ausgeworfen: *eine noch bitt[e]rere Not.* ↑ Adjektiv (1.2.13), ↑ Vergleichsformen (2.2).

bitterböse, bitterernst, bitterkalt: Die verstärkten Adjektive *bitterböse* und *bitterernst* werden heute sowohl in attributiver Stellung als auch in der Aussage zusammengeschrieben: *ein bitterböser Blick; er ist bitterböse; eine bitterernste Situation; es ist bitterernst.* Auch das Adjektiv *bitterkalt,* das bisher nur in attributiver Stellung zusammengeschrieben wurde *(ein bitterkalter Morgen),* wird in neuer Rechtschreibung in der Aussage zusammengeschrieben: *Es war bitterkalt.*

bitter Klage führen: Die feste Verbindung *(über etwas) Klage führen* kann nur als Ganzes durch ein Adjektiv erweitert werden: *Er führte bitter* (= verbittert) *Klage über die Behandlung in der Anstalt.* In dieser festen Verbindung kann *bitter* nicht als Attribut (Beifügung) von *Klage (bittere Klage)* stehen. ↑ Adjektiv (1.2.11).

bituminieren: Dieses fachsprachliche Verb geht in seiner Form auf lat. *bituminare* »mit Pech ausstreichen« zurück.

Blackout / Black-out: Bei Substantivierungen aus dem Englischen, die auf eine Verbindung aus Verb *(black)* und Partikel *(out)* zurückgehen, kann man in neuer Rechtschreibung einen Bindestrich setzen, wobei der erste Bestandteil groß-, der zweite kleingeschrieben wird: *Black-out.* Daneben ist aber auch weiterhin die Zusammenschreibung möglich: *Blackout.* ↑ Fremdwort (4).

blamabel: Bei *blamabel* fällt, wenn es dekliniert oder gesteigert wird, das *e* der Endungssilbe aus: *ein blamables Ergebnis. Etwas Blamableres kann man sich kaum denken.* ↑ Adjektiv (1.2.13), ↑ Vergleichsformen (2.2).

blank: 1. Umlaut: Die Vergleichsformen von *blank* werden ohne Umlaut gebildet: *blanker, blankste.* ↑ Vergleichsformen (2.1).
2. Rechtschreibung: Getrennt vom folgenden Verb und 2. Partizip schreibt man, wenn *blank* gesteigert oder erweitert werden kann: *das Messer blank reiben, die Fenster blank putzen. Alles muss sauber und blank sein. Ich bin völlig blank* (ugs. für: ohne Geld) *gewesen. Die Dose ist blank poliert.* Jetzt auch: *Die blank polierte Dose.* Zusammen schreibt man jedoch weiterhin *blankziehen* (= aus der Scheide ziehen): *Sie haben [die Säbel] blankgezogen.* ↑ Getrennt- oder Zusammenschreibung (1.2).

Blasebalg: Es heißt *der* (nicht: *das) Blasebalg.* Der Plural lautet *die Blasebälge.* ↑ Balg.

blasen: Im Indikativ des Präsens heißt es: *ich blase, du bläst, er bläst.* Der Stammvokal *a* wird also bei diesem Verb umgelautet. ↑ Verb (1). Die Form *du bläsest* ist veraltet, aber im Präteritum darf das *-e-* nicht ausfallen, hier ist nur *du bliesest* richtig. ↑ Indikativ (5). Das Präteritum *blus* (statt: *blies)* wird gelegentlich scherzhaft gebraucht, es beruht aber auf mundartlichen Quellen (Schweiz, Obersachsen, Schleswig-Holstein).

blass: In neuer Rechtschreibung wird auch der Positiv mit Doppel-*s* geschrieben: *blass.* Komparativ und Superlativ von *blass* können ohne und mit Umlaut gebildet werden. Neben *blasser* steht die Form *blässer.* In der Standardsprache werden heute fast nur noch die Formen *blasser, blassest* gebraucht. ↑ Vergleichsformen (2.1).

Blässhuhn / Blesshuhn: In neuer Rechtschreibung gilt für beide Varianten die Schreibung mit Doppel-*s.* Obwohl es sich bei dem Bestimmungswort dieses Vogelnamens um das Substantiv *Blesse* »weißer [Stirn]fleck« handelt, hat sich im 18. Jh. in Anlehnung an *blass* die Schreibung mit *ä* durchgesetzt. In der Fachsprache wird allerdings *Blesshuhn* bevorzugt.

Blatt: Nach Mengenangaben mit Zahlen hat das Substantiv die numeruslose Form *Blatt: zwanzig Blatt Schreibmaschinenpapier.* Sonst lautet der Plural *die Blätter: Er riss zwei Blätter aus dem Heft.* ↑ Maß-, Mengen- und Münzbezeichnungen (1). Nach *Blatt* ist heute das appositionelle Verhältnis üblich: *100 Blatt holzfreies Papier* (ungebräuchlich: *holzfreien Papiers*). ↑ Apposition (2.2).

blau: 1. der blaue Montag · der Blaue Nil · in, mit Blau: Klein schreibt man das Adjektiv *blau: sein blaues Wunder erleben, die blaue Blume der Romantik, ein blauer Brief, unsere blauen Jungs, die blaue Mauritius, der blaue Montag. Die Farbe seiner Augen ist* (wie?) *blau.* Groß schreibt man jedoch das Adjektiv, wenn es Teil eines Namens ist: *das Blaue Band des Ozeans, die Blaue Grotte von Capri, der Blaue Nil, der Blaue Reiter, die Blaue Division, das Blaue Kreuz.* In neuer Rechtschreibung jetzt auch: *der Blaue Planet.* ↑ Namen (4). Groß schreibt man auch die substantivierte Farbbezeichnung *Blau: ein helles Blau; Berliner Blau. Meine Lieblingsfarbe ist* (was?) *Blau. Modelle in Blau und Schwarz; weißes, mit Blau abgesetztes Leder.* Ebenso *das Blaue: Die Farbe spielt ins Blau / ins Blaue. Wir fahren ins Blaue. Er lügt das Blaue vom Himmel herunter.*

2. blau machen / blaumachen: Getrennt vom folgenden Verb und 2. Partizip schreibt man, wenn *blau* gesteigert oder erweitert werden kann: *Wir werden das Kleid [ganz] blau färben. Er hat sich mit Tinte blau gemacht. Er ist [ziemlich] blau* (ugs. für: betrunken) *gewesen.* Ebenso *die blau gefärbten Kleider; blau gefiederte Vögel; ein blau gestreifter Stoff.* Zusammen schreibt man dagegen das umgangssprachliche *blaumachen,* da *blau* hier weder steigerbar noch erweiterbar ist: *Wir haben heute blaugemacht* (= sind nicht zur Arbeit, zur Schule o. Ä. gegangen).

3. des Blaus · die beiden Blau: Das Substantiv *das Blau* erhält nur im Genitiv Singular ein *-s: des Blaus, eines tiefen Blaus.* Alle anderen Kasus sind in der Standardsprache endungslos: *die beiden Blau, das Nebeneinander verschiedener Blau* (besser: *Blautöne*). Die Pluralform mit *-s (die beiden Blaus)* ist umgangssprachlich. ↑ Farbbezeichnungen (2.3).

4. ein blauweißes Kleid: Zusammensetzungen von *blau* mit einer anderen Farbbezeichnung können in neuer Rechtschreibung unabhängig von der Bedeutung der Farbbezeichnung ohne oder – vor allem bei unübersichtlichen Zusammensetzungen – mit Bindestrich geschrieben werden: *ein blauweißes Kleid; die blauweißrote* (auch:) *blau-weiß-rote Fahne.* Allerdings setzt man bei übersichtlichen Zusammensetzungen den Bindestrich eher dann, wenn verdeutlicht werden soll, dass es sich um zwei verschiedene Farben und nicht um eine Farbmischung handelt. Zusammen schreibt man in der Regel Substantive wie *Blauweißporzellan.* ↑ Farbbezeichnungen (3.1).

bläuen: Neben dem Verb *bläuen* mit der Bedeutung »blau machen, färben« verbindet man im heutigen Sprachgebrauch auch das bisher nur mit *e* geschriebene Verb *bleuen* für »schlagen« mit dem Adjektiv *blau* (vgl. die Fügung *jemanden grün und blau schlagen*). Nach der neuen Rechtschreibung wird deshalb auch dieses Verb mit *äu* geschrieben: *bläuen.* Dies gilt künftig entsprechend auch für die Verben *durchbläuen, einbläuen* und *verbläuen.*

bläulich: Adjektive auf *-ig, -isch* und *-lich* werden von einem folgenden Adjektiv immer getrennt geschrieben. In neuer Rechtschreibung auch: *bläulich rot,* *bläulich grün, gelblich grün, rötlich blau, grünlich gelb* usw.

blaurot / blau-rot: ↑ blau (4).

Blauweißporzellan: ↑ blau (4).

Blei: Als Bezeichnung des Metalls ist Blei sächlich: *das Blei.* Die umgangssprachliche Kurzform für ↑ *Bleistift* dagegen kann männlich oder sächlich sein: *ein harter Blei / ein hartes Blei.*

bleiben lassen: Getrennt schreibt man: *Er wird uns nicht länger bei sich bleiben lassen.* In neuer Rechtschreibung werden auch bisher zusammengeschriebene Verben mit *bleiben* als erstem Bestandteil nur noch getrennt geschrieben: *Er soll das Rauchen bleiben lassen* (= unterlassen). Im 2. Partizip: *Das hat er hübsch bleiben lassen* (seltener: *bleiben gelassen*; ugs. für: nicht getan). ↑ Getrennt- oder Zusammenschreibung (1.1).

bleichen: Das transitive Verb *bleichen* »bleich machen, aufhellen« wird regelmäßig gebeugt: *Man bleichte die Wäsche.* Die unregelmäßigen Formen des intransitiven Verbs *bleichen* »bleich werden, Farbe verlieren« (Präteritum *blich,* 2. Partizip *geblichen*) sind heute veraltet. Hier treten meist ebenfalls die regelmäßigen Formen ein: *Muschelschalen bleichten rings auf dem Gerölle* (Carossa). *Sie hatte früh gebleichtes Haar* (R. Herzog). Aber auch unregelmäßig: *Noch war das Gras ... fahl geblichen* (Viebig). Auch bei den Zusammensetzungen und Präfixbildungen mit *-bleichen* gewinnt die regelmäßige Konjugation mehr und mehr an Boden: *ausbleichen: Das Mittel bleichte die Farben aus, hat die Farben ausgebleicht.* Aber: *Der Teppich blich aus, ist ausgeblichen.* Dagegen schon regelmäßig: *... des ausgebleichten Anstaltsanzugs* (Zuckmeyer). Bei *erbleichen* sind heute nur noch regelmäßige Formen üblich: *Der aber erbleichte wie Kalk* (Winckler). *»Was ist geschehen?« – und er war tief erbleicht* (H. Mann). *Auf ihren erbleichten Gesichtern schwankte der Flammen-*

schein (Doderer). Dagegen hat *verbleichen* die unregelmäßige Konjugation besser bewahrt, besonders im 2. Partizip: *... dieser Gedanke ... verblich vor dem Scheinwerfer des Ruhms* (Thieß). *Ich sah sie liegen ... in verblichenen Soldatenröcken* (Schnabel). Das 2. Partizip *verblichen* im Sinn von »gestorben« wird in gewählter Sprache noch gern in substantivierter Form verwendet: *der liebe Verblichene.*

Bleistift: Es heißt standardsprachlich *der Bleistift,* nicht *das Bleistift,* wie mundartlich und umgangssprachlich oft, besonders in Süddeutschland, gesagt wird. Vgl. aber ↑ Blei.

Blesshuhn / Blässhuhn: ↑ Blässhuhn / Blesshuhn.

bleu: Das aus dem Französischen entlehnte Farbadjektiv *bleu* kann nicht dekliniert oder gesteigert werden. Will man beim attributiven Gebrauch die unflektierte Form umgehen, kann man auf Zusammensetzungen mit *-farben* oder *-farbig* ausweichen: *ein bleufarbenes Kleid, bleufarbige Handschuhe.* ↑ Farbbezeichnungen (2.2). In Verbindung mit einem Artikel oder einer Präposition wird *bleu* großgeschrieben: *ein zartes Bleu; Stoffe in Bleu und Rosé.* ↑ Farbbezeichnungen (3.2).

bleuen: Alte Schreibung für ↑ *bläuen.*

blind: Das Adjektiv *blind* wird vom folgenden Verb getrennt geschrieben, weil es durch ein Adjektiv erweitert werden kann *[ganz] blind sein, werden;* (neu auch:) *Die Pilotin musste wegen des dichten Nebels [völlig] blind fliegen; auf der Computertastatur blind schreiben; blind spielen* (im Schach). Fachsprachlich ist jedoch auch die Zusammenschreibung zulässig: *Die Pilotin musste wegen des dichten Nebels blindfliegen; auf der Computertastatur blindschreiben; blindspielen.* ↑ Getrennt- oder Zusammenschreibung (1.2).

Blitzesschnelle / blitzschnell: Es heißt *Blitzesschnelle* (in *Blitzesschnelle war er da*), aber *blitzschnell (er reagierte blitzschnell)*. ↑ Fugen-s (2.4).

Block: 1. Blöcke / Blocks: Das Substantiv hat zwei verschiedene Plurale, einen umgelauteten mit der Endung *-e (Blöcke)* und einen nicht umgelauteten auf *-s (Blocks)*. Wie meist in der Sprache, werden auch hier die Doppelformen zur Bedeutungsdifferenzierung benutzt. Die Tendenz geht dahin, den Plural *Blöcke* für klotzförmige, kompakte Gegenstände oder massive Brocken, den Plural *Blocks* für zusammengesetzte, komplexe Dinge, insbesondere für zusammengeheftete, geschichtete Papiere jeder Art und (nach englisch-amerikanischem Vorbild) für Gebäudekomplexe zu verwenden. Man gebraucht also *-blöcke* vorzugsweise in Zusammensetzungen mit *Beton-, Eis-, Eisen-, Fels[en]-, Gesteins-, Granit-, Holz-, Lava-, Marmor-, Metall-, Motor-, Richt-, Stahl-, Stein-, Zylinder-* sowie in der Fügung *erratische Blöcke*. Man bevorzugt dagegen *-blocks* in Zusammensetzungen mit *Abreiß-, Brief[bogen]-, Briefmarken-, Durchschreibe-, Formular-, Kalender-, Karten-, Kassen-, Marken-, Notiz-, Papier-, Rechnungs-, Rezept-, Schreib-, Steno[gramm]-, Zeichen-*, ebenso in Zusammensetzungen mit *Gebäude-, Häuser-, Kasernen-, Miet-, Wohn-*. Schwankungen kommen gelegentlich vor, besonders aber bei einer letzten, vierten Gruppe von Zusammensetzungen, in denen *-block* die Bedeutung »Zusammenschluss politischer oder wirtschaftlicher Einheiten« angenommen hat. In Verbindung mit *Bündnis-, Macht-, Militär-, Staaten-, Währungs-, Wirtschafts-* u. a. gilt sowohl *-blöcke* als auch (seltener) *-blocks*. ↑ Plural (1).
2. fünf Block[s] / Blöcke Schreibpapier: ↑ Maß-, Mengen- und Münzbezeichnungen (1).

blöd / blöde: Beide Formen sind gebräuchlich. Bei der umgangssprachlichen Bedeutung »dumm, töricht« überwiegt die Form ohne *-e*. ↑ Adjektiv (1.2.14).

blond: Das Adjektiv *blond* schreibt man in neuer Rechtschreibung immer getrennt von dem folgenden 2. Partizip: *die blond gefärbten Haare, blond gelocktes Haar*. ↑ Getrennt- oder Zusammenschreibung (1.2 und 3.1.2).

Blonde: Sowohl *der / die Blonde* »blonder Mensch« als auch ugs. *das / die Blonde* »helles Bier, [Berliner] Weißbier« werden wie ein attributives ↑ Adjektiv gebeugt: *eine Blonde, zwei kleine Blonde* (nicht: *Blonden*). *Sie tanzte mit einem Blonden. Er trank ein kühles Blondes / eine kühle Blonde*. Das feminine Genus bei der Bedeutung »Weißbier« ist von dem gleichbedeutenden Berliner Ausdruck *die Weiße* beeinflusst.

Blondine: Im Gegensatz zu *die Blonde* ist *Blondine* ein echtes Substantiv. Der Genitiv Singular lautet *der Blondine*, der Nominativ Plural *die Blondinen*. Es heißt also auch *zwei Blondinen*.

Bluejeans / Blue Jeans: Bei Fremdwörtern wird eine Verbindung aus Adjektiv und Substantiv nach der neuen Rechtschreibung zusammengeschrieben. Man kann aber auch getrennt schreiben. Dabei tritt für das Substantiv die Großschreibung ein: *Bluejeans,* auch: *Blue Jeans.* ↑ Fremdwort (4).

Blumenangebinde / Blumengebinde: Die beiden Wörter bedeuten nicht das Gleiche, obwohl sie häufig dieselbe Sache bezeichnen. Der Unterschied liegt in dem jeweiligen Grundwort: *das Angebinde* ist ein Geschenk, *das Gebinde* ein [vom Gärtner] sorgfältig, fachmännisch gebundener Strauß.

Blut: Das Substantiv *das Blut* wird in der Allgemeinsprache nur im Singular gebraucht. In den Fachsprachen kommt auch der Plural *die Blute* vor. ↑ Plural (5).

Blut- / Bluts-: Zusammensetzungen mit *Blut* in der konkreten Bedeutung »zirkulierende Flüssigkeit in den Adern des menschlichen oder tierischen Organismus« haben kein Fugen-s: *Blutader, Blutarmut, Blutdruck, Blutvergiftung* usw.

B

(Ausnahme: *Blutstropfen*). Dasselbe gilt für Übertragungen, denen der konkrete Begriff noch zugrunde liegt: *Blutbuche, Blutsauger, blutvoll* usw. Auch in Wörtern, bei denen *blut-, Blut-* nur verstärkend gebraucht wird, steht kein Fugen-s: *blutarm* (= sehr arm), *blutjung*. Dagegen steht das Fugen-s überall dort, wo es sich um [verwandtschaftliche] Bindungen durch das Blut handelt: *Blutsbande, Blutsbrüderschaft, blutsverwandt* usw. (Ausnahme: *Blutschande*).

blutiger Ernst: ↑ Adjektiv (4.2).

Blut stillend / blutstillend: Nach den neuen Rechtschreibregeln kann *Blut stillend* oder *blutstillend* geschrieben werden: *ein Blut stillendes / blutstillendes Mittel*. Die Fügung wird jedoch immer zusammengeschrieben, wenn sie durch ein Adverb näher bestimmt wird: *ein besonders blutstillendes Mittel*. Die Zusammenschreibung gilt auch dann, wenn die Fügung als Ganzes gesteigert wird: *dieses Mittel hat eine blutstillendere Wirkung als jenes*. ↑ Getrennt- oder Zusammenschreibung (3.1.1).

Bochumer: Die Einwohner von Bochum heißen *Bochumer*. Die Einwohnerbezeichnung wird immer großgeschrieben, auch wenn das Wort wie ein flexionsloses Adjektiv vor einem Substantiv steht: *das Bochumer Rathaus, die Bochumer Universität*. ↑ Einwohnerbezeichnungen auf -er (7).

Boden: Die nicht umgelautete ältere Pluralform *(die Boden)* ist nicht mehr üblich. Heute wird nur noch die umgelautete Form *die Böden* gebraucht, die seit dem 15. Jahrhundert belegt ist.

Bogen: Dem Substantiv kommt der Umlaut im Plural ursprünglich nicht zu. Die Form *die Bögen* ist seit dem 17. Jahrhundert belegt und heute vor allem in Süddeutschland, Österreich und der Schweiz gebräuchlich. Sie kommt auch in der Literatur vor: *durch die Bögen der Loggia* (Th. Mann); *Maria, die ... Lebensmittelmarken auf Zeitungsbögen klebte*

(Grass). Die übliche Pluralform der heutigen Standardsprache ist aber *die Bogen: ... die großen Bogen auf der Via triumphalis* (Winckler). *Ein Füllhorn ... warf den krachenden Regen der Sterne in riesigen Bogen empor* (Langgässer). ↑ Plural (1). Die Zusammensetzung *Ell[en]bogen* hat nur die alte Pluralform *die Ell[en]bogen*.

bohnen / bohnern: Die ältere Form *bohnen* wird heute mundartlich und umgangssprachlich im nördlichen und mittleren Deutschland gebraucht. Die ursprünglich nordostdeutsche Iterativbildung *bohnern* ist heute die standardsprachlich übliche Form: *gebohnertes Parkett. Er bohnert die Fußböden*.

Bolz / Bolzen: Die standardsprachlich übliche Form ist heute *Bolzen*. Das ältere *Bolz* wird nur noch vereinzelt als historische Bezeichnung für »Geschoss der Armbrust« verwendet.

Bonbon: Es heißt *der* oder (österr. nur) *das Bonbon*. Beides ist korrekt.

Bonner: Die Einwohnerbezeichnung *Bonner* wird immer großgeschrieben, auch wenn das Wort wie ein flexionsloses Adjektiv vor einem Substantiv steht: *das Bonner Münster*. ↑ Einwohnerbezeichnungen auf -er (7).

Bonus: Das Wort kann in allen Kasus unverändert gebraucht werden: *des, dem, den Bonus*, Plural: *die Bonus*. Mit deutschen Endungen heißt es daneben im Genitiv Sing.: *des Bonusses*, im Plural: *die Bonusse*. Schließlich gibt es noch den aus dem Lateinischen stammenden Plural *die Boni*.

Boot: 1. die Boote / die Böte: Neben dem standardsprachlichen Plural *die Boote* kommt landschaftlich in Norddeutschland auch *die Böte* vor.

2. im gleichen Boot sitzen: Diese Redensart ist aus dem amerikanischen Englisch entlehnt worden *(to be in the same boat)*. ↑ Amerikanismen / Anglizismen (1.2).

Bord: Man unterscheidet heute *der Bord* »Schiffsrand, Schiffsdeck« und *das Bord*

»Bücher-, Wandbrett«. Zusammensetzungen mit dem Maskulinum *Bord* »Schiffsrand« sind dagegen wieder Neutra: *das Steuerbord, das Backbord.*

borgen / leihen: Beide Verben werden seit langem gleichbedeutend sowohl im Sinne von »etwas mit dem Versprechen der Rückgabe von jemandem nehmen« als auch im Sinne von »etwas unter dem Versprechen der Rückgabe jemandem geben« gebraucht: *Ich habe mir das Geld für die Reise [bei ihr] geborgt / geliehen. – Kannst du mir 20 Mark leihen / borgen?* Ein Unterschied besteht lediglich insofern, als nur *leihen,* nicht aber *borgen* im übertragenen Sinn von »gewähren« gebraucht wird. Es heißt (in gehobenem Stil): *jmdm. seinen Beistand leihen, jmdm. seine Aufmerksamkeit, sein Ohr leihen* (= jmdm. zuhören).

Bosch: Das zum Namen des Erfinders Robert Bosch gebildete Adjektiv auf -*sch* wird in neuer Rechtschreibung nicht mehr ohne Apostroph und großgeschrieben; vielmehr schreibt man klein: *die boschsche Zündkerze.* Man kann jedoch auch einen Apostroph setzen, um die Grundform des Namens zu verdeutlichen; dann schreibt man groß: *die Bosch'sche Zündkerze.* ↑ Apostroph (3.2).

böse: 1. Rechtschreibung: Klein schreibt man das Adjektiv: *die bösen Buben, der böse Blick, böses Wetter; der böseste meiner Feinde.* Klein schreibt man *böse* in neuer Rechtschreibung auch in der Wendung *Er steht jenseits von gut und böse.* Groß schreibt man das substantivierte Adjektiv: *jmdm. [etwas] Böses wünschen; das Böseste, was mir passieren kann; nichts Böses ahnen. Er kann nicht Gut und Böse unterscheiden.* In neuer Rechtschreibung auch: *im Bösen* (= böse, im Streit) *auseinander gehen; im Guten wie im Bösen.* ↑ Groß- oder Kleinschreibung (1.2.1).

2. böse auf / böse mit: Wird *böse* im Sinn von »ärgerlich« gebraucht, dann kann die Person, gegen die sich der Ärger richtet, im Dativ stehen oder mit den Präpositionen *auf* und *mit* angeschlossen werden: *Sie war ihm böse. Er ist böse auf mich, mit mir, weil …* Richtet sich der Ärger gegen eine Sache, so ist nur die Präposition *über* möglich: *Sie war böse über mein langes Fortbleiben.*

Bösewicht: Das Wort hat zwei Pluralformen: *die Bösewichter* und (seltener) *die Bösewichte.* Es besteht kein Bedeutungsunterschied zwischen den beiden Formen.

Botschaft: Zur Schreibung des Adjektivs in *deutsche Botschaft* ↑ Namen (5).

Botschafter / Botschafterin: Zur Anschrift eines Botschafters / einer Botschafterin ↑ Brief (7).

bourgeois: Das aus dem Französischen stammende Adjektiv *bourgeois* »bürgerlich« wird wie ein deutsches Adjektiv dekliniert: *Deine Ansichten sind ziemlich bourgeois! Ist die Gewaltenteilung ein bourgeoises Prinzip?*

boxen: 1. Er boxte ihm / ihn in den Magen: Wird *boxen* auf einen Körperteil bezogen, dann kann die betroffene Person im Dativ oder im Akkusativ stehen. Der Dativ ist üblicher: *Er boxte ihm in den Magen.* Im Gegensatz zum Dativ drückt der Akkusativ stärker aus, dass die Person unmittelbar betroffen ist. Jedoch liegt auch in diesem Fall der Hauptton immer auf der Angabe des Körperteils: *Er hat mich in den Magen geboxt.* Ähnlich wie *boxen* werden auch andere Verben der körperlichen Berührung behandelt, vgl. im Einzelnen z. B. ↑ schlagen, ↑ schneiden, ↑ treten.

Bozner: Die Einwohner von Bozen heißen *Bozner.* Das -*n*- gehört hier zum Stamm des Ortsnamens (8. Jahrhundert: *Bauzanum*). Die Einwohnerbezeichnung *Bozner* wird immer großgeschrieben, auch wenn das Wort wie ein flexionsloses Adjektiv vor einem Substantiv steht: *die Bozner Industrie.* ↑ Einwohnerbezeichnungen auf -er (1 und 7).

Brandmal: Der Plural von *Brandmal* lautet

die Brandmale, selten *die Brandmäler.*
↑ ¹Mal.

braten: Im Indikativ des Präsens heißt es:
ich brate, du brätst, er brät. Der Stammvokal *a* wird also bei diesem Verb umgelautet. ↑ Verb (1).

**brauchen: 1. Dazu braucht es keines Bewei-
ses / keinen Beweis:** Bei der unpersönlichen Konstruktion von *brauchen* steht
das Objekt im Genitiv: *Dazu braucht es
keines Beweises. Es brauchte keiner weiteren Worte.* Diese Ausdrucksweise ist
heute selten, sie gehört der gehobenen
Sprache an. Landschaftlich kommt auch
der Akkusativ vor: *Dazu braucht es keinen Wahrsager* (Frisch). *Dazu braucht es
einfach wieder einen Glauben oder eine
Überzeugung* (Musil).
**2. Du brauchst nicht zu kommen / Du
brauchst nicht kommen:** Verneintes oder
durch *nur, erst* u. a. eingeschränktes
brauchen + Infinitiv mit *zu* drückt aus,
dass ein Tun oder Geschehen nicht oder
nur unter bestimmten Bedingungen nötig ist: *Du brauchst nicht zu kommen*
(= hast es nicht nötig zu kommen, es
besteht für dich keine Notwendigkeit zu
kommen). Besonders in der gesprochenen Sprache wird das *zu* vor dem Infinitiv oft weggelassen, d. h., verneintes oder
eingeschränktes *brauchen* wird wie verneintes oder eingeschränktes *müssen*
verwendet: *Du brauchst nicht kommen =
Du musst nicht kommen. Du brauchst
erst morgen anfangen = Du musst erst
morgen anfangen.* Damit schließt sich
brauchen an die Reihe der Modalverben
*(müssen, dürfen, können, sollen, wollen,
mögen)* an, die ebenfalls mit dem reinen
Infinitiv verbunden werden (↑ auch 3
und 4). In der geschriebenen Sprache
wird das *zu* vor dem Infinitiv meistens
noch gesetzt: *Du brauchst nicht zu kommen. Du brauchst erst morgen anzufan-
gen.*
3. Das hättest du nicht zu tun brauchen:
Wie bei den Modalverben wird *brauchen*
nach dem Infinitiv eines Vollverbs nicht

im zweiten Partizip, sondern im Infinitiv
eingesetzt: *Das hättest du nicht zu tun
brauchen* (nicht: *gebraucht*). *Er hat nicht
zu schießen brauchen.* ↑ Infinitiv (4).
4. er braucht: In der gesprochenen Sprache wird zuweilen das *-t* der 3. Person
Singular *(er brauch* statt *er braucht)* weggelassen. Obwohl *brauchen* dadurch
ebenfalls den Modalverben angeglichen
wird (vgl. die *t*-losen Formen *er darf, er
muss, er soll),* ist diese Form doch nicht
zulässig. Es kann nur heißen: *Er braucht
das nicht [zu] bezahlen.*
5. brauchte / bräuchte: Da der Konjunktiv II der regelmäßigen Verben keinen
Umlaut hat, sind die Formen *bräuchte,
bräuchtest* usw. (statt: *brauchte, brauch-
test* usw.) nicht standardsprachlich. Der
(vor allem südd.) Gebrauch der umgelauteten Formen entspringt wohl dem Bestreben, den Konjunktiv II vom gleich
lautenden Indikativ Präteritum abzuheben.
6. brauchen / gebrauchen: Das Verb *brauchen* wird außer im Sinne von »nötig haben, benötigen« auch im Sinne von »benutzen, von etwas Gebrauch machen«
verwendet: *seine Ellbogen, seinen Verstand brauchen.* Nicht korrekt ist dagegen die Verwendung des Verbs *gebrauchen* im Sinne von »nötig haben, benötigen, bedürfen«. Es heißt richtig: *ich
brauche* (nicht: *gebrauche) noch etwas
Geld zum Ankauf des neuen Baugrund-
stückes.*
braun: 1. Rechtschreibung: In neuer Rechtschreibung schreibt man *braun* von dem
folgenden 2. Partizip immer getrennt:
die braun (und nicht etwa *grau) gefärbten Kleider; ein braun gestreiftes Tuch;
eine braun gebrannte Frau.* ↑ blau (2).
2. des Brauns · die beiden Braun: Das
Substantiv *das Braun* erhält nur im Genitiv Singular ein *-s: des Brauns, eines
hellen Brauns.* Alle anderen Kasus sind
endungslos: *die beiden dunkleren Braun,
das Nebeneinander verschiedener Braun*
(besser: *Brauntöne).* Die Pluralform mit

-s *(die beiden Brauns)* ist umgangssprachlich. ↑ Farbbezeichnungen (2.3).

3. das braungrüne/braun-grüne Kleid: Zusammensetzungen von *braun* mit einer anderen Farbbezeichnung können in neuer Rechtschreibung unabhängig von der Bedeutung der Farbbezeichnung ohne oder – vor allem bei unübersichtlichen Zusammensetzungen – mit Bindestrich geschrieben werden: *ein braungrünes* oder *braun-grünes Kleid; ein braunweißrotes* oder *braun-weiß-rotes Tuch.* Allerdings setzt man den Bindestrich eher, wenn verdeutlicht werden soll, dass es sich um zwei verschiedene Farben und nicht um eine Farbmischung handelt. ↑ Farbbezeichnungen (3.1).

Braunschweiger: Die Einwohnerbezeichnung *Braunschweiger* wird immer großgeschrieben, auch wenn das Wort wie ein flexionsloses Adjektiv vor einem Substantiv steht: *eine Braunschweiger Bürgerinitiative* ↑ Einwohnerbezeichnungen auf -er (7).

Braut: Zu *Ihr Fräulein Braut* ↑ Fräulein (3).

Bräutigam: Der Plural lautet *die Bräutigame* (umgangssprachlich auch *die Bräutigams*).

Brautpaar: Die Anschrift *An das Brautpaar* sollte man nur bei einer Hochzeit und nicht bei einer Verlobungsfeier verwenden.

brav: Die Vergleichsformen von *brav* werden ohne Umlaut gebildet: *braver, bravste* (nicht: *brävste*). ↑ Vergleichsformen (2.1).

brechen: 1. brechen/brich!: Im Indikativ des Präsens heißt es: *ich breche, du brichst, er bricht.* Der Imperativ lautet: *brich!* (nicht: *breche!*). ↑ e / i-Wechsel.

2. In der Wendung *den Stab über jemanden brechen* »jemanden [voreilig] verurteilen« wird heute der Akkusativ gesetzt, weil die Präposition *über* im übertragenen Gebrauch den Akkusativ regiert. In älteren Texten, wenn an die ursprüngliche Handlung des Stabbrechens als Rechtsbrauch angeknüpft wird, findet sich vereinzelt der Dativ: *den Stab über jemandem brechen.*

Breisgau: Es heißt *der* (landsch. auch: *das*) *Breisgau.*

breit: 1. Groß- oder Kleinschreibung: Das Adjektiv wird kleingeschrieben: *ein breiter Wagen, eine breite Straße, ein breites Band.* Groß schreibt man das substantivierte Adjektiv: *ins Breite fließen.* In neuer Rechtschreibung auch: *Sie wollte den Vorgang des Breiteren* (= ausführlich) *darlegen. Er erläuterte diesen Vorgang des Langen und Breiten* (= umständlich); *ein Langes und Breites* (= viel) *sagen.* ↑ Groß- oder Kleinschreibung (1.2.1).

2. Getrennt- oder Zusammenschreibung: Getrennt vom folgenden Verb und 2. Partizip schreibt man in neuer Rechtschreibung, wenn der erste Bestandteil gesteigert oder erweitert werden kann: *Ihr sollt den Weg breit (breiter, am breitesten) machen. Er hat die Schuhe breit (breiter) getreten. Sie hat den Nagel breit (breiter) geschlagen. Er wollte sich breit (breiter) machen* (= ungebührlich viel Platz beanspruchen; ugs.). Jetzt auch: *ein breit getretener Schuh; ein breit gefächertes Angebot.* Zusammen schreibt man dagegen weiterhin: *Sie ließ sich nicht breitschlagen* (= durch Überredung beeinflussen; ugs.). *Warum musste er immer alles so breittreten?* (= weitschweifig darlegen; ugs.). ↑ Getrennt- oder Zusammenschreibung (1.2 und 3.1.2); ↑ fingerbreit / einen Finger breit / einen Fingerbreit.

Breite: Es heißt *Das Tor misst 3 m in der* (nicht: *in die*) *Breite.* ↑ messen (2).

Bremer: Die Einwohner von Bremen heißen *Bremer* (nicht: *Bremener*). *Bremer* wird immer großgeschrieben, auch wenn das Wort wie ein flexionsloses Adjektiv vor einem Substantiv steht: *der Bremer Senat, die Bremer Stadtmusikanten.* ↑ Einwohnerbezeichnungen auf -er (1 und 7).

brennbar: ↑ -bar.

brennen: 1. Beugung: Bei dem Verb *brennen* ändert sich der Stammvokal: *brennen, brannte, gebrannt.* Der Konjunktiv II lautet jedoch *ich brennte* usw. (nicht *ich brännte* usw.).

2. Die Füße brennen mir: Nennt das Subjekt zu *brennen* (im übertragenen Sinne von »schmerzen«) einen Körperteil, dann regiert *brennen* den Dativ: *Die Füße brennen mir* (nicht: *mich*). *Mir* (nicht: *Mich*) *brennen die Augen. Ihm* (nicht: *Ihn*) *brannte der Kopf.*

3. Der Pfeffer brennt mir auf der Zunge: Auch wenn *brennen* im übertragenen Sinne auf einen Körperteil bezogen wird, steht heute der Dativ: *Die scharfe Tunke brennt mir auf der Zunge. Der Schnaps brannte mir wie Feuer im Hals.*

brennende Frage: ↑ Adjektiv (4.2).

Brennnessel: Wenn bei Zusammensetzungen drei gleiche Buchstaben zusammentreffen, darf nach den neuen Rechtschreibregeln keiner von ihnen wegfallen. Die Zusammensetzung aus *Brenn-* und *Nessel* wird also mit drei *n* geschrieben. Zur besseren Lesbarkeit kann ein Bindestrich gesetzt werden: *Brennnessel,* auch: *Brenn-Nessel.* ↑ Zusammentreffen dreier gleicher Buchstaben.

Breslauer: Die Einwohner von Breslau heißen *Breslauer.* Die Einwohnerbezeichnung *Breslauer* wird immer großgeschrieben, auch wenn das Wort wie ein flexionsloses Adjektiv vor einem Substantiv steht: *das Breslauer Rathaus.* ↑ Einwohnerbezeichnungen auf -er (7).

Brief

Häufig gestellte Fragen zu Briefen	
Frage	**Antwort unter**
Schreibt man in der Anschrift *Herr Meier* oder *Herrn Meier?*	dieser Artikel, Punkt (1)
Wie gestaltet man die Anschrift bei Briefen an ein Ehepaar oder eine Familie?	dieser Artikel, Punkt (1.1)
Wird in Firmenanschriften zuerst die Person oder die Firma genannt?	dieser Artikel, Punkt (1.2)
Wie erreicht man, dass ein Brief in einer Firma nur von der Person geöffnet wird, an die er gerichtet ist?	dieser Artikel, Punkt (1.2)
Wie gestaltet man die Datumsangabe?	dieser Artikel, Punkt (2), Datum
Wird nach der Grußformel (z. B. *Mit freundlichen Grüßen*) ein Komma gesetzt?	dieser Artikel, Punkt (5)
Wie spricht man einen Bischof, eine Professorin, einen Fürsten usw. an?	dieser Artikel, Punkt (7)

1 Anschrift

Die Anschrift steht heute gewöhnlich im Akkusativ. Der Dativ ist weithin unüblich, er kommt nur noch im diplomatischen Schriftverkehr vor und hat sich bei bestimmten Ehrentiteln erhalten *(Seiner Hochwürden Monsignore…)*. Bei Anschriften, die einer oder mehreren Personen gelten, wird heute auf *An, An den/die/das* verzichtet, in der Regel auch bei Anschriften in Schreiben an Firmen. Trotzdem sollte man die Form *Herrn* (früher: *An Herrn …*) verwenden. Bei Anschriften, die einem Amt, einer Institution und dergleichen gelten, wird dagegen *An den/die/das* noch häufiger gesetzt. Titel und Berufsbezeichnungen sind dabei nur zu beugen, wenn sie vor dem Namen stehen. Bis auf *Dr.* und die üblichen Abkürzungen der Diplomgrade (*Dipl.-Ing., Dipl.-Kfm.* u. Ä.) sollte man Abkürzungen vermeiden:

Herrn Werner Müller Prokurist	Frau Studienrätin Dr. Vera Scholz	Frau Abgeordnete Eva Meier-Schulze
An das Finanzamt Mitte Kassenabteilung	Firma Hesselbach GmbH	Amt für Wohnen und Stadterneuerung Nürnberg

1.1 Mehrere Personen

Schwierigkeiten bereitet oft die Anschrift von Ehepaaren. Die allgemein üblichen Formen sind in der folgenden Tabelle aufgelistet. Dabei ist grundsätzlich zu beachten: Wenn man es als unhöflich empfindet, den Mann vor der Frau zu nennen, kann man auch zuerst die Frau nennen (*Frau Eva und Herrn Hans Richter usw.*):

Hans und Eva Richter	Herrn Hans und Frau Eva Richter	Herrn Hans Richter Frau [Dr.] Eva Richter
Herrn und Frau Hans Richter und Eva Richter		Eheleute Hans und Eva Richter

Trägt einer der Ehepartner einen Doppelnamen, kann man folgendermaßen schreiben:

Herrn Hans Richter und Frau Eva Hansen-Richter

B

Haben die Eheleute keinen Familiennamen vereinbart, so ist auch die folgende Anschrift möglich:

Herrn und Frau Hans Richter und Eva Lose

Die folgenden Formen werden heute auch noch vereinzelt gebraucht:

Herrn Hans Richter und Frau	Herrn Dr. Hans Gerster und [Frau] Gemahlin

Will man einen Brief an eine Familie mit mehreren Mitgliedern richten, kann man die Anschrift folgendermaßen gestalten:

Familie Richter	
Familie Hans [und Eva] Richter	Familie Hans, Eva, Michael und Sonja Richter

Schwierig ist es auch, wenn z. B. mehrere Rechtsanwältinnen und Rechtsanwälte in der Adresse erfasst werden sollen. Dies kann entweder über den Kanzleinamen (ohne Nennung der einzelnen Namen) geschehen oder man verwendet eines der folgenden Muster:

Herren Rechtsanwälte Dres. H. Meier und M. Schulze	Frau Vera Vogel Frau Dr. Inge Schubert Rechtsanwältinnen

1.2 Firmen usw.

Bei Firmenanschriften kann das Wort *Firma* fehlen, wenn diese Information aus dem Namen selbst hervorgeht. Wenn der Personenname (mit oder ohne den Zusatz ↑*z.H., z.Hd.*) nach der Firmenadresse steht, darf das betreffende Schreiben auch von einem anderen als dem genannten Firmenangehörigen geöffnet werden. Durch die Voranstellung des Personennamens wird das verhindert. Eine zweite Möglichkeit ist, Sendungen mit dem Vermerk »persönlich« oder »vertraulich« zu markieren; auch sie dürfen dann ausschließlich von dem benannten Empfänger geöffnet werden. (↑ *i. H., i. Fa.* und *c / o* können dabei als funktionsgleich gelten; sie geben keine eindeutige Auskunft über die Position des Empfängers):

Metzgerei Hans Fleischer	Vereinigte Stahlwerke GmbH Berlin
Herrn Bankdirektor Dipl.-Kfm. Wolfgang Berger i. H. (i. Fa., c/o) Regionalbank AG	Ortmann & Philipp KG [z. H./z. Hd.] Frau Dr. Erika Müller
Reisebüro Hansen Herrn Ewald Schuster (persönlich)	

2 Datumsangabe

Zwischen Orts- und Zeitangabe steht ein Komma; nach den Zahlen für Tag und Monat setzt man einen Punkt; bei internationaler Datumsangabe sind Jahr, Monat und Tag durch Bindestriche verbunden. Ein Schlusspunkt wird nicht gesetzt. Der Anschluss *Berlin, dem* … ist nicht korrekt (↑ Datum).

Berlin, den 10. November 2000	Berlin, [den] 20.06.2001	Berlin, 5. Sept. 2001
Berlin, am 13.02.01	Berlin, im Juli 2000	2000-07-19

3 Betreff

Unser Werbetext »Autolacke«	Beschwerde über …
Ihre Bestellung vom …	Unser Gespräch vom …

Der Betreff ist eine stichwortartige Inhaltsangabe, die in Geschäftsbriefen u. Ä. über der Anrede steht. Das Leitwort *Betreff* ist heute im Schriftverkehr in Wirtschaft und Verwaltung nicht mehr üblich. Das erste Wort der Betreffzeile wird großgeschrieben, ein Schlusspunkt wird nach dem Betreff nicht gesetzt.

4 Anrede

Sehr geehrte Damen! Sehr geehrte Herren! Sehr geehrte Damen und Herren!	Firmen o. Ä. mit ausschließlich weiblichem bzw. männlichem und mit gemischtem Personal
Sehr geehrte Frau Dr. Schulze, sehr geehrter Herr Schulze!	[Ehe]paar
Sehr geehrte Frau Meier! Sehr geehrte gnädige Frau! Sehr geehrter Herr Meier! Sehr geehrte Frau Präsidentin! Sehr geehrte Frau Dr. Schmidt! Sehr verehrter Herr Professor!	Einzelpersonen

Statt des Ausrufezeichens wird heute nach der Anrede meist ein Komma gesetzt. In diesem Fall schreibt man das erste Wort des eigentlichen Briefes klein, wenn es kein Substantiv oder Anredepronomen ist:

Sehr geehrte Herren! Hiermit bestätige ich ...	Sehr geehrte Herren, hiermit bestätige ich ...
Liebe Eltern! Heute erhielt ich ...	Liebe Eltern, heute erhielt ich ...

Als Anreden sind das vertraute *Liebe[r]* und das neutrale *Sehr geehrte[r]* üblich. Die Anrede *Sehr verehrte[r]* sollte man nur verwenden, wenn man den Adressaten persönlich kennt und ihm gegenüber besonders ehrerbietig sein möchte. Veraltet ist die Anrede mit *Werte[r]*.

Gebraucht man den Titel des Adressaten, so wird der Name meist weggelassen: *Sehr geehrter Herr Professor / Sehr geehrte Frau Senatorin!* Der Titel darf nicht abgekürzt werden, nur der Doktorgrad wird gewöhnlich abgekürzt vor den Familiennamen gesetzt (↑ Doktor [2]). Redet man mehrere Doktorinnen und Doktoren (z. B. in einer Gemeinschaftspraxis) an, lautet die Anrede *Sehr geehrte Damen und Herren Doktoren,* handelt es sich nur um Männer, heißt die Anrede *Sehr geehrte Herren Doktoren.*

Ein Adjektiv in der Anrede sollte sich nicht auf mehrere Namen o. Ä. beziehen, wenn es grammatisch nur zu einem passt (↑ Ellipse [2]):

Nicht:	Sondern:
Sehr geehrte Frau und Herr Müller!	Sehr geehrte Frau Müller, sehr geehrter Herr Müller!
Liebe Erika und Peter!	Liebe Erika, lieber Peter!
Liebe Tante und Cousinen!	Liebe Tante, liebe Cousinen!
Liebe[r] Klaus und Peter!	Lieber Klaus, lieber Peter!
Meine lieben Inge und Sonja!	Meine liebe Inge, meine liebe Sonja!

5   Briefschluss

Mit freundlichem Gruß	Mit freundlichen Grüßen	Mit den besten Grüßen
Hochachtungsvoll	Freundliche Grüße	Mit bester Empfehlung

Die Grußformel beginnt normalerweise mit einem großen Anfangsbuchstaben und steht ohne Punkt, Komma oder Ausrufezeichen. Wird sie jedoch in den Briefschluss einbezogen, gilt die reguläre Zeichensetzung und Groß- und Kleinschreibung:

Ich hoffe Ihnen damit gedient zu haben und grüße Sie

mit vorzüglicher Hochachtung.

Bilden Schlusssatz und Unterschrift[en] eine grammatische Einheit, ist auf die ↑ Kongruenz zwischen Subjekt und Prädikat zu achten:

Ein gutes neues Jahr *wünscht* Ihnen

Fritz Müller *mit* Frau und Tochter

Ein gutes neues Jahr *wünschen* Ihnen

Eva Müller und Familie

Bei Geschäftsbriefen kann der Briefschluss folgende Form haben (der Ranghöhere unterschreibt gewöhnlich links):

B

Mit verbindlichen Grüßen	Mit freundlichen Grüßen
PRINTA	Karl Meier GmbH
Druckerei und Verlagshaus KG	ppa. i. V.
im Auftrag	
	Walter Schneider
Schulze	
	6 Anlagen
Anlage	
Hochachtungsvoll	
Buchhandlung	
Thekla Schiller	
gez. Dr. Thekla Schiller	
(nach Diktat verreist)	
i. A.	
(Sekretärin)	
Anlagen	
Auftragserteilung	
Freiumschlag	

Wie in der Anrede (↑4) darf auch im Briefschluss die Ersparung von Pronomen usw. nicht zu ungrammatischen Formulierungen führen (↑Ellipse [2]):

Nicht:	Sondern:
deine Mutter und Vater	deine Mutter und dein Vater
eure Renate und Peter	eure Renate und euer Peter
dein Klaus und Rolf	dein Klaus, dein Rolf
Ihre Eva Müller und Max Müller	Ihre Eva Müller und Ihr Max Müller/ (auch:) Ihre Eva und Max Müller

Wird dagegen die an zweiter Stelle genannte Person[engruppe] auf den Brief-
schreiber (und nicht auf den Empfänger) bezogen, gilt das Pronomen nur für
diesen:

dein Onkel Emil und Familie	(elliptisch für: ... und seine Familie)
eure Renate und Kinder	(elliptisch für: ... und ihre Kinder)
Ihre Vera Bellmer und Sohn	(elliptisch für: ... und ihr Sohn)

6 Elliptische Formulierungen

Zu Formulierungen wie *Für Ihre Sendung danken wir und [wir] bestellen ...*
↑ Ellipse (11).

7 Wichtige Adressaten in Auswahl

Die folgende alphabetische Liste (X = Vorname, Y = Familienname) kann
nicht vollständig sein; es gibt aber spezielle Literatur zum Thema, auf die hier
verwiesen sei. Zusammengesetzte Titel und Berufsbezeichnungen *(Vizekon-
sul)* findet man unter dem Grundbestandteil *(Konsul)*. Zu ihrer Beugung in
der Anschrift ↑ 1; zu den femininen Formen auch ↑ Titel und Berufsbezeichnungen (3). Im Übrigen sind in den meisten Fällen die im Folgenden genannten Formen der Anschrift und der brieflichen Anrede korrekt. Soweit – etwa
bei Adelstiteln – noch eine andere Form der Anrede angegeben ist, kann man
auswählen, welche man benutzen möchte.

Anschrift	Anrede
Frau/Herrn [akad. Grad] X Y Titel/Berufsbezeichnung im Nominativ	Sehr geehrte Frau + Titel/Berufs- bezeichnung/Sehr geehrter Herr + Titel/Berufsbezeichnung
An die/den Abgeordnete(n) des Deutschen Bundestages/des Landtages von ... Frau/Herrn X Y	Sehr geehrte Frau Bundestags-/Land- tagsabgeordnete/Sehr geehrter Herr Bundestags-/Landtagsabgeordneter
[Sr. Gnaden dem Hochwürdigsten] Herrn Abt von ... X Y	Euer Gnaden

B

Anschrift	Anrede
Wohlehrwürdige Frau Äbtissin X Y	Wohlehrwürdige Frau Äbtissin
Frau Architektin/ Herrn Architekten (BDA) X Y	Sehr geehrte Frau Y/ Sehr geehrter Herr Y
Frau/Herrn Dr. med. XY [Fachärztin/Facharzt für ...]	Sehr geehrte Frau Dr. Y/ Sehr geehrter Herr Dr. Y
Frau/Herrn X Baronin/Baron von Y	Sehr geehrte Baronin von Y/ Sehr geehrter Baron von Y (oder: Frau von Y/Herr von Y)
[Sr. Exzellenz dem Hochwürdigsten] Herrn Bischof X Y (kath.)	Euer [Hochwürdigsten] Exzellenz
Frau [Landes]bischöfin/Herrn Landesbischof X Y (evang.)	Sehr geehrte Frau [Landes]bischöfin/ Sehr geehrter Herr [Landes]bischof
Frau/Herrn X Y Botschafterin/Botschafter von .../ der .../des ...	Sehr geehrte Frau Botschafterin/ Sehr geehrter Herr Botschafter
Frau/Herrn Bundeskanzlerin/Bundeskanzler der Bundesrepublik Deutschland X Y	Sehr geehrte Frau Bundeskanzlerin/ Sehr geehrter Herr Bundeskanzler
Frau/Herrn Bundespräsidentin/Bundespräsident der Bundesrepublik Deutschland X Y	Sehr geehrte Frau Bundespräsidentin/Sehr geehrter Herr Bundespräsident
Frau/Herrn X Y Bürgermeisterin/Bürgermeister der Stadt ...	Sehr geehrte Frau Bürgermeisterin/ Sehr geehrter Herr Bürgermeister
Frau Dekanin/Herrn Dekan X Y (evang.)	Sehr geehrte Frau Dekanin/ Sehr geehrter Herr Dekan

Anschrift	Anrede
An die/den Dekanin/Dekan der ...-Fakultät der ...-Universität Frau Professor[in]/Herrn Professor Dr. X Y	Sehr geehrte Frau Professor[in]/ Sehr geehrter Herr Professor
Herrn Diakon X Y	Sehr geehrter Herr Y
Frau/Herrn Dipl.-Ing. X Y	Sehr geehrte Frau Y/Sehr geehrter Herr Y
Frau Direktorin/Herrn Direktor X Y	Sehr geehrte Frau Direktorin/ Sehr geehrter Herr Direktor
Frau/Herrn Dr.-Ing. X Y	Sehr geehrte Frau Dr. Y/ Sehr geehrter Herr Dr. Y
Frau X Freifrau von Y	Sehr geehrte Frau Freifrau von Y (oder: Sehr geehrte Frau von Y/ Sehr geehrte Baronin von Y)
Herrn X Freiherr von Y	Sehr geehrter Herr Freiherr von Y (oder: Sehr geehrter Herr von Y/ Sehr geehrter Baron von Y)
Frau X Freiin von Y	Sehr geehrte Frau von Y (oder: Sehr geehrte Baronesse von Y)
Ihrer/Seiner Hoheit X Fürstin von Y/X Fürst von Y	Euer Hoheit (oder: Sehr geehrte Fürstin [von] Y/ Sehr geehrter Fürst [von] Y)
Herrn General X Y	Sehr geehrter Herr General X
Ihrer/Seiner Hoheit Frau X Gräfin von Y/Herrn X Graf von Y	Sehr geehrte Gräfin Y/ Sehr geehrter Graf Y (oder: Sehr geehrte Frau Gräfin [von Y]/ Sehr geehrter Herr Graf [von Y])
Herrn Hauptmann X Y	Sehr geehrter Herr Hauptmann Y
Ihrer/Seiner Hoheit Frau X Herzogin von Y/Herrn X Herzog von Y	Euer Hoheit (oder: Sehr geehrte Frau Herzogin [von] Y/ Sehr geehrter Herr Herzog [von] Y)
H. H. P. (= Hochwürdig[st]en Herrn Pater, oder: Herrn Pater) X Y	Euer Hochwürden (oder: Hochwürdig[st]er Herr Pater/ Sehr geehrter Pater Y)

B

Anschrift	Anrede
An die/den Kanzlerin/Kanzler der ...-Universität Frau/Herrn X Y	Sehr geehrte Frau Kanzlerin/ Sehr geehrter Herr Kanzler
H. H. (= Hochwürden Herrn, oder: Herrn) Kaplan X Y	Sehr geehrter Herr Kaplan
[Sr. E. (= Seiner Eminenz) dem Hochwürdigsten] Herrn X Kardinal Y	Euer Eminenz (oder: Sehr geehrter Herr Kardinal)
Frau Konsulin/Herrn Konsul X Y	Sehr geehrte Frau Konsulin/ Sehr geehrter Herr Konsul
Herrn Major X Y	Sehr geehrter Herr Major Y
Frau ...ministerin/Herrn ...minister X Y	Sehr geehrte Frau ...ministerin/ Sehr geehrter Herr ...minister
Frau/Herrn X Y Ministerpräsidentin/Ministerpräsident des Landes ...	Sehr geehrte Frau Ministerpräsidentin/ Sehr geehrter Herr Ministerpräsident
Ehrwürdige Frau (oder: Schwester/Mutter) Oberin [Y]	Ehrwürdige Frau (oder: Schwester/Mutter) Oberin
Oberstudiendirektorin/-direktor: s. Studiendirektorin/-direktor	
Oberstudienrätin/-rat: s. Studienrätin/ -rat	
Pater: s. H. H. P., s. Prior	
H. H. (= Hochwürdig[st]en Herrn, oder: Herrn) Pfarrer X Y (kath.)	Sehr geehrter Herr Pfarrer
Frau Präsidentin/Herrn Präsidenten der ... X Y	Sehr geehrte Frau Präsidentin/ Sehr geehrter Herr Präsident
Ihrer/Seiner Hoheit X Prinzessin/Prinz von Y	Euer Hoheit (oder: Sehr geehrte Prinzessin Y/Sehr geehrter Prinz Y)
H. H. (= Hochwürdigsten Herrn, oder: Herrn) Pater Prior	Hochwürdiger [Herr] Pater Prior (oder: Sehr geehrter Herr Prior)

Anschrift	Anrede
Frau Professor[in]/Herrn Professor X Y	Sehr geehrte Frau Professor[in]/ Sehr geehrter Herr Professor
Frau Prokuristin/Herrn Prokuristen X Y	Sehr geehrte Frau Y/Sehr geehrter Herr Y
Herrn Rabbiner X Y	Sehr geehrter Herr Rabbiner
Frau Rechtsanwältin/Herrn Rechtsanwalt X Y	Sehr geehrte Frau Y/Sehr geehrter Herr Y
An die Rektorin der ...-Universität/An den Rektor der ...-Universität Frau Professor[in]/Herrn Professor Dr. X Y	Sehr geehrte Frau Professor[in]/ Sehr geehrter Herr Professor
Schwester X Y	Sehr geehrte Schwester X
Ehrwürdige Schwester X (kath.)	Ehrwürdige Schwester
Frau/Herrn X Y Staatssekretärin/-sekretär im Ministerium	Sehr geehrte Frau Staatssekretärin/ Sehr geehrter Herr Staatssekretär
Frau Stadträtin/Herrn Stadtrat X Y	Sehr geehrte Frau Stadträtin/ Sehr geehrter Herr Stadtrat
Frau Studiendirektorin/ Herrn Studiendirektor X Y	Sehr geehrte Frau Studiendirektorin/ Sehr geehrter Herr Studiendirektor
Frau Studienrätin/Herrn Studienrat X Y	Sehr geehrte Frau Y/ Sehr geehrter Herr Y
Frau Superintendentin/ Herrn Superintendenten X Y	Sehr geehrte Frau Superintendentin/ Sehr geehrter Herr Superintendent
Herrn Vikar X Y	Sehr geehrter Herr Vikar
Frau [Erste] Vorsitzende/ Herrn [Ersten] Vorsitzenden des ... X Y	Sehr geehrte Frau Vorsitzende/ Sehr geehrter Herr Vorsitzender

Brief[bogen]block: Der Plural lautet *die Brief[bogen]blocks.* ↑ Block.

Brigadier: Das Wort hat zwei Pluralformen: *die Brigadiers* [brigadiˈeːs] und *die Brigadiere* [brigaˈdiːrə]. Im ursprünglichen Sinn von »Befehlshaber einer Brigade« wird nur die Pluralform *Brigadiers* gebraucht. Im Sinn von »Leiter einer Arbeitsbrigade« sind beide Pluralformen gebräuchlich.

bringen: 1. Konjugation: Das Verb hat Wechsel des Stammvokals und Veränderung des Stammauslautkonsonanten: *bringen, brachte, gebracht.*
2. bringen / erbringen: Zwischen den beiden Verben besteht ein feiner Unterschied. Das Präfixverb *erbringen* drückt besonders die Erzielung eines Ergebnisses aus und wird immer sachlich feststellend (amtlich) gebraucht: *Die Lotterie erbrachte* (= brachte als Ergebnis) *einen Reingewinn in Höhe von ... Die Untersuchung erbrachte den Nachweis* (= wies nach), *dass ...*
3. etwas zum Abschluss bringen · etwas in Erfahrung bringen: Das Verb *bringen* steht oft verblasst in Nominalfügungen: *etwas zum Abschluss bringen* (= abschließen); *etwas in Erfahrung bringen* (= durch Nachforschen erfahren). Zur stilistischen Bewertung dieser Fügungen ↑ Nominalstil.

Brösel: Es heißt im Singular *der Brösel,* im Plural *die Brösel* (nicht: *Bröseln*); *das Brösel* ist landschaftlich (besonders österreichisch).

Brot: Der Plural lautet *die Brote.* In der Umgangssprache wird – meist scherzhaft – bisweilen die Pluralform *die Bröter* gebraucht.

Bruch: Das Wort *Bruch* »Sumpfland, sumpfige Niederung« kann männlich *(der Bruch)* oder sächlich *(das Bruch)* sein. Der Plural lautet *die Brüche,* landschaftlich auch: *die Brücher.*

bruchlanden: Von *bruchlanden* wird im Allgemeinen nur der Infinitiv und das 2. Partizip gebraucht: *Wir mussten bruchlanden, sind bruchgelandet; die bruchgelandete Do 27.* ↑ Getrennt- oder Zusammenschreibung (2.1).

bruchrechnen: Von *bruchrechnen* ist nur der Infinitiv gebräuchlich: *Ich kann gut bruchrechnen.* Vereinzelt können auch andere Formen vorkommen: *Störe sie nicht, wenn sie bruchrechnet!* ↑ Getrennt- oder Zusammenschreibung (2.1).

Bruchteil: Das Wort hat nur maskulines Genus: *Sie zögerte nur den Bruchteil* (nicht: *das Bruchteil*) *einer Sekunde. Die Einnahmen deckten nur einen Bruchteil* (nicht: *ein Bruchteil*) *der Kosten.*

Bruchzahlen: 1. ein Viertel des Weges / ein viertel Zentner: Groß schreibt man, wenn die Bruchzahl als Substantiv gebraucht wird: *ein Drittel, drei Fünftel, ein Achtel des Betrages, ein Viertel des Weges, drei Tausendstel von dieser Summe* usw. Klein schreibt man, wenn die Bruchzahl vor Maß- und Gewichtsangaben attributiv (als Beifügung) gebraucht wird: *ein viertel Zentner Mehl, ein achtel Kilo, drei tausendstel Sekunden* usw.
2. drei achtel Liter / drei Achtelliter: Zusammen schreibt man, wenn Bruchzahlen zum Bestimmungswort allgemein gebräuchlicher fester Maßbezeichnungen geworden sind: *ein Viertelpfund, drei Achtelliter, eine Viertelstunde, drei Zehntelsekunden* usw. Die Getrenntschreibung bleibt aber immer möglich, wenn man einzelne Bruchteile zählen will: *drei achtel Liter; zwei viertel Zentner.*
3. Ein Drittel der Mitglieder stimmte nicht ab · Zwei Fünftel Kernenergie decken / deckt den Bedarf: Wenn das Subjekt des Satzes aus einer Bruchzahl und einem Substantiv im Genitiv besteht, dann richtet sich das Verb in seinem Numerus gewöhnlich nach der Bruchzahl (der Numerus des Substantivs im Genitiv spielt keine Rolle). Es heißt also standardsprachlich: *Ein Drittel der Mitglieder stimmte nicht ab. Zwei Drittel der Mannschaft wurden gerettet. Sieben Achtel der Energie gingen verloren.* Folgt dagegen

das Substantiv im Nominativ Singular, dann kann auch bei pluralischer Bruchzahl das Verb im Singular stehen: *Zwei Fünftel Kernenergie decken / deckt den Bedarf.* ↑ Kongruenz (1.2.3). Zur Deklination von *Drittel, Viertel* u. a. *(mit zwei Drittel / Dritteln der Summe kommen wir nicht aus)* ↑ Drittel, ↑ Maß-, Mengen- und Münzbezeichnungen (1).

Bruder: 1. Ihres Herrn Bruders: In der (gehobenen) Verbindung mit *Herr* muss *Bruder* im Genitiv immer gebeugt werden: *der Besuch Ihres Herrn Bruders;* ↑ Herr (2 b).

2. Brüder / Gebrüder: Während *Brüder* lediglich die Mehrzahl bezeichnet, bezieht sich *Gebrüder* auf die Gesamtheit der Brüder einer Familie (veraltet) bzw. (kaufmännisch) auf Brüder, die gemeinsam ein Unternehmen leiten. Es heißt im Übrigen richtig *die Brüder* (nicht: *Gebrüder*) *Grimm,* denn Jacob und Wilhelm Grimm waren die beiden ältesten von fünf Brüdern und nannten sich selbst nur Brüder Grimm.

Bruderschaft / Brüderschaft: Die beiden Wörter werden nur selten gleichbedeutend verwendet. Im Allgemeinen bedeutet *Bruderschaft* »kirchliche Körperschaft (von Geistlichen und Laien)«, *Brüderschaft* wird dagegen im Sinne von »enge Freundschaft« gebraucht: *mit jemandem Brüderschaft schließen* oder *trinken* usw. Nur landschaftlich, vor allem in Österreich, wird auch *Bruderschaft* in diesem Sinne gebraucht.

Brünette: Dieses Wort kann auf zweierlei Weise dekliniert werden. Fasst man es als Substantivierung von *brünett* auf, dann wird es wie ein attributives ↑ Adjektiv gebeugt: *der* oder *die Brünette, ein Brünetter. Er tanzte mit einer Brünetten. Er sah zwei Brünette.* Gewöhnlich wird das Femininum *Brünette* jedoch wie ein echtes Substantiv behandelt und nach dem Muster von ↑ Blondine im Singular endungslos, im Plural schwach dekliniert: *am Arm einer Brünette, mit einer*

Brünette, zwei reizende Brünetten. ↑ substantiviertes Adjektiv (2.2.2).

Brunft / Brunst: Beide Wörter bedeuten »Zeit der Paarung[sbereitschaft] bei Säugetieren«. Das jägersprachliche Wort *die Brunft* (bes. vom Schalenwild) geht zurück auf mhd. *bremen,* ahd. *breman* »brummen, brüllen«. Dagegen gehört *die Brunst* zu mhd., ahd. *brunst* »Brand, Glut«; dieses Wort wird auch allgemein im Sinne von »geschlechtliche Erregung« gebraucht.

brustschwimmen: Von *brustschwimmen* wird im Allgemeinen nur der Infinitiv gebraucht: *Sie kann gut brustschwimmen.* Vereinzelt können auch andere Formen vorkommen: *Er ist nicht schnell genug, wenn er brustschwimmt.* ↑ Getrennt- oder Zusammenschreibung (2.1).

Bub / Bube: Die beiden Nominativformen haben sich in der Bedeutung so stark differenziert, dass sie im heutigen Sprachgebrauch als zwei verschiedene Wörter empfunden werden: 1. *Bub* (südd., österr., schweiz. für:) »Junge, Knabe«. 2. *Bube* (veraltend für:) »Schurke, Schuft«. Allgemein üblich ist die Verwendung von *Bube* als Spielkartenbezeichnung. Auch die kürzere Form *Bub* wird aber schwach gebeugt. Es heißt richtig *dem, den Buben* (nicht: *dem, den Bub*). ↑ Unterlassung der Deklination (2.1.1).

buchen / verbuchen / abbuchen: Die Verben überschneiden sich teilweise. Sowohl *buchen* als auch *verbuchen* können im Sinne von »[in die Geschäftsbücher] eintragen, registrieren« verwendet werden: *einen Betrag auf ein Konto buchen, eine Summe im Haben verbuchen.* Dabei betont *verbuchen* stärker die (Rechts)verbindlichkeit des Vorgangs. Auch *abbuchen* wird gelegentlich in diesem Sinne verwendet; seine Hauptbedeutung ist jedoch »von einem Konto wegnehmen«: *Die Bank buchte den Betrag von meinem Konto ab.* – Im Sinne von »vorbestellen, reservieren lassen« wird nur *buchen* gebraucht: *Ich habe einen Schiffsplatz ge-*

bucht. Sie hat den Flug nach Rom bereits gebucht.

Buchfink: ↑ Unterlassung der Deklination (2.1).

Buch führen: Man schreibt getrennt: *Buch führen* (nicht: *buchführen*). Nach den neuen Rechtschreibregeln schreibt man deshalb auch das 1. Partizip nur noch getrennt: *die Buch führende Geschäftsstelle.* ↑ Getrennt- oder Zusammenschreibung (3.1.1).

Buchloer: Die Einwohner der bayerischen Stadt Buchloe ['buːxloːə] heißen *Buchloer.* Das Endungs-*e* des Ortsnamens fällt also aus. ↑ Einwohnerbezeichnungen auf -er (3).

Buchse / Büchse: Die beiden Wortformen (*Buchse* ist eigentlich eine umlautlose oberdeutsche Mundartform von *Büchse*) haben sich in der Bedeutung so stark differenziert, dass sie als zwei verschiedene Wörter empfunden werden. Das technische Fachwort *Buchse* bedeutet »Hohlzylinder zur Aufnahme eines Zapfens o. Ä.; Steckdose« (z. B. *Schmierbuchse,* nicht: *-büchse*). Das Wort *Büchse* wird dagegen für »verschließbares, zylinderartiges Gefäß, Dose« und für »Jagdgewehr (mit gezogenem Lauf)« gebraucht.

Buchstabe: Das Wort *Buchstabe* wird im Genitiv Singular heute meist stark *(des Buchstabens),* selten schwach *(des Buchstaben)* dekliniert. Zur Groß- und Kleinschreibung und zur Beugung einzelner Buchstaben *(des, die A[s])* ↑ Einzelbuchstaben, ↑ Alphabet, ↑ Groß- oder Kleinschreibung (1.2.5).

buchstabieren: Zum Buchstabieren von Eigennamen und schwierigen Wörtern (besonders beim Fernsprechen und beim Sprechfunk) verwendet man folgende Buchstabiertafel:

Fernsprech-Buchstabiertafel (Inland)

A =	Anton, Anna[1]	O =	Otto
Ä =	Ärger	Ö =	Ökonom, Österreich[2]
B =	Berta	P =	Paula, Peter[1]
C =	Cäsar	Q =	Quelle
Ch =	Charlotte, Christine[2]	R =	Richard, Rosa[1]
D =	Dora, Daniel[1]	S =	Samuel, Sophie[1], Siegfried[2]
E =	Emil	Sch =	Schule
F =	Friedrich	T =	Theodor
G =	Gustav	U =	Ulrich
H =	Heinrich	Ü =	Übermut, Übel[2]
I =	Ida	V =	Viktor
J =	Julius, Jakob[1]	W =	Wilhelm
K =	Kaufmann, Kaiser[1], Konrad[2]	X =	Xanthippe, Xaver[1, 2]
L =	Ludwig, Leopold[1]	Y =	Ypsilon, Yverdon[1]
M =	Martha, Marie[1]	Z =	Zacharias, Zürich[1]
N =	Nordpol, Niklaus[1], Norbert[2]		

[1] = in der Schweiz, [2] = in Österreich

Buchtitel: 1. Anführungszeichen: a) Zitierte Buchtitel werden in Anführungszeichen gesetzt, wenn sie hervorgehoben werden sollen oder in Verbindung mit einem Substantiv (*Roman, Werk* usw.) stehen: *Er kaufte sich den Roman »Das Boot«. Der Gedichtband »Die gestundete Zeit« fand viel Beachtung. Er las gerade »Billard um halb zehn«. Sie schenkte ihm »Die Blechtrommel«.* Bei bekannten Buchtiteln können die Anführungszeichen auch fehlen: *Heinrich Bölls Billard um halb zehn lag auf dem Tisch.* **b)** Der zu einem Buchtitel gehörende Artikel wird in die Anführungszeichen einbezogen, wenn er im Nominativ steht: *Anna Seghers' bekanntestes Werk ist »Das siebte Kreuz«.* Er kann einbezogen oder ausgeschlossen werden, wenn Akkusativ und Nominativ des Artikels gleich lauten: *Er las »Die Blechtrommel«* oder: *Er las die »Blechtrommel«.* Ändert sich der Artikel durch die Beugung des Buchtitels (↑ 3), dann bleibt er außerhalb der Anführungszeichen und wird kleingeschrieben: *Der Verfasser des »Grünen Heinrichs« ist Gottfried Keller.* **2. Groß- oder Kleinschreibung:** Groß schreibt man das erste Wort eines Buchtitels, wenn er in Anführungszeichen gesetzt wird: *Sie schenkte ihm Frischs Roman »Mein Name sei Gantenbein«. Er kaufte sich »Das Glasperlenspiel« von Hermann Hesse.* Adjektive, Zahlwörter und Pronomen, die im Innern des Buchtitels stehen, werden gewöhnlich kleingeschrieben: *Das siebte Kreuz, Das verlorene Paradies, Die drei Musketiere.* Fällt aber der Artikel aus und rückt dadurch das Adjektiv usw. an den Anfang des Titels, dann wird es – mit oder ohne Anführungszeichen – großgeschrieben: *Sie las das »Siebte Kreuz«* (oder: *»Das siebte Kreuz«*) *von Anna Seghers. Kennst du Miltons Verlorenes Paradies? Das ist eine Episode aus den Drei Musketieren.* **3. Deklination:** Buchtitel sollten stets gebeugt werden, auch dann, wenn sie in

Anführungszeichen stehen: *Sie las aus dem »Dreißigsten Jahr« von Ingeborg Bachmann vor. Er fand das Zitat in Büchmanns »Geflügelten Worten«.* Will man einen solchen Titel unverändert wiedergeben, dann sollte er mit einem entsprechenden Substantiv umschrieben werden: *Er fand das Zitat in Büchmanns Werk »Geflügelte Worte«.* Dies gilt insbesondere für Titel, die mit einem Possessivpronomen (besitzanzeigendes Fürwort) beginnen: *Er liest aus dem Buch »Mein Leben«* (statt: *Er liest aus »Meinem Leben«*). **4. Kongruenz:** Ein pluralischer Buchtitel mit Artikel verlangt auch ein pluralisches Prädikat: *»Die Räuber« haben* (nicht: *hat*) *eine starke Wirkung ausgeübt.* Anders ist es, wenn ein Titel mehrere Einzelsubjekte enthält. Er wird dann gewöhnlich als Einheit aufgefasst und das Prädikat steht im Singular: *»Romeo und Julia« wird* (nicht: *werden*) *neu inszeniert.* ↑ Kongruenz (1.2.5 und 1.3.6). **5. Zeichensetzung:** Bei der Angabe von Buchtiteln kann nach dem Verfassernamen entweder ein Komma oder ein Doppelpunkt stehen: *Franz Kafka, Das Urteil, Frankfurt a. M.[,]* 1958 (oder: *Franz Kafka: Das Urteil ...*).

bummeln: Das Perfekt von *bummeln* im Sinne von »langsam, ziellos spazieren gehen« wird heute überwiegend mit *sein* umschrieben: *Wir sind durch die Straßen, über den Markt gebummelt.* Dagegen wird das Perfekt mit *haben* gebildet, wenn *bummeln* die Bedeutung »trödeln« oder »faulenzen« hat: *Sie hat bei den Schularbeiten gebummelt. Er hat mehr als ein Semester lang gebummelt.* ↑ haben (1).

Bund: Im heutigen Sprachgebrauch werden *der Bund* und *das Bund* in der Bedeutung und in der Pluralbildung genau unterschieden. **1. der Bund (Plural: die Bünde):** Dieses Wort bedeutet »enge Verbindung mit einer gleich gesinnten Person oder einer Anzahl von Personen; or-

ganisierter Zusammenschluss, Bündnis« und »das Verbindende, Bindestück, bes. oberer, fester Rand an Röcken und Hosen«. Dazu gehören die gleichfalls männlichen Zusammensetzungen *Freundschafts-, Ehe-, Geheim-, Sport-, Staaten-, Völkerbund* usw. und *Hosen-, Hemden-, Rockbund.*
2. das Bund (Plural: die Bunde): Dieses Wort bedeutet »etwas, was zu einem Bündel zusammengebunden ist«, z. B. *ein Bund Stricke, ein Bund Radieschen.* Dazu gehören die sächlichen Zusammensetzungen *Reisig-, Stroh-, Garbenbund* usw. und als Ausnahme *der* und *das Schlüsselbund.* Zur Beugung des Gemessenen nach *Bund (der Preis eines Bund[e]s Rettich)* ↑ Bündel.
Bündel: Das Gemessene nach *Bündel: ein Bündel Reisig* (nicht: *Reisigs*); *ein Bündel trockenes Heu* (geh.: *trockenen Heu[e]s*); *der Preis eines Bündels Heu* (nicht: *Heu[e]s*); *mit 10 Bündeln langem Stroh* (geh.: *langen Strohs*); *von einem Bündel karierter Handtücher* oder *karierte Handtücher.* ↑ Apposition (2.2).
Bundeskanzler: Zur Anschrift ↑ Brief (7).
Bundespräsident: ↑ Präsident; ↑ Brief (7).
Bundestagsabgeordnete, der und die: ↑ Abgeordnete; ↑ Brief (7).
Bündnisblock: Der Plural lautet *die Bündnisblöcke* oder *die Bündnisblocks.* ↑ Block.
bunt: 1. der bunte Abend · Abzüge in Bunt: Klein schreibt man das Adjektiv *bunt* auch in Fügungen wie *ein bunter Abend, der bunte Teller, bekannt wie ein bunter Hund.* Groß schreibt man die substantivierte ↑ Farbbezeichnung: *Stoffe in Grau und Bunt; Vergrößerungen in Bunt.*
2. die bunt gefärbten Kleider: Nach den neuen Rechtschreibregeln schreibt man *bunt* vom folgenden 2. Partizip immer getrennt: *die bunt gefärbten Kleider; bunt gefiederte Vögel; ein bunt gestreiftes Tuch.* ↑ Getrennt- oder Zusammenschreibung (3.1.2).
3. bunteste / buntste: Das *-e-* des Superlativs fällt bei *bunt* gelegentlich aus. Besser ist es, die volle Form, also *bunteste,* zu verwenden. ↑ Vergleichsformen (2.3).
Bürgerliches Gesetzbuch: Das Adjektiv in dieser Fügung wird großgeschrieben, weil es sich um den Namen der Gesetzessammlung handelt (Abk.: *BGB*). Vgl. auch ↑ Kompositum (6).
Bürgermeister: Zu *des Bürgermeisters Schneider / Bürgermeister Schneiders* ↑ Titel und Berufsbezeichnungen (1.2 und 1.3); zur Anschrift ↑ Brief (7).
Burma: ↑ Birma / Burma.
Büro: Das Wort wird standardsprachlich auf der zweiten Silbe betont, landschaftlich auch auf der ersten Silbe.
Bursch / Bursche: Neben *der Bursche* kommt landschaftlich und im Verbindungswesen auch *der Bursch* vor; ↑ Substantiv (2.3). Beide Formen werden schwach gebeugt: *des Burschen, dem / den Burschen* (nicht: *dem / den Bursch*). ↑ Unterlassung der Deklination (2.1.1).
Bus: Der Genitiv der Kurzform lautet *des Busses,* der Plural *die Busse.* ↑ Omnibus.
Busch: Das zum Namen des Dichters Wilhelm Busch gebildete Adjektiv auf *-sch* wird in neuer Rechtschreibung nicht mehr ohne Apostroph und großgeschrieben; vielmehr schreibt man klein: *die buschschen Bildergeschichten.* Man kann jedoch auch, um die Grundform des Personennamens zu verdeutlichen, einen Apostroph setzen; dann schreibt man groß: *die Busch'schen Bildergeschichten.* ↑ Apostroph (3.2).
bzw.: ↑ beziehungsweise.

Chemie

C c

c: Zur Schreibung und Deklination ↑ Bindestrich (2.4; *c-Schreibung*), ↑ Einzelbuchstaben *(des C, zwei C),* ↑ Groß- oder Kleinschreibung (1.2.5; *das c in Sauce*).

Cabrio[let]: ↑ Kabrio[lett].

Café / Kaffee: Mit dem Wort *das Café* wird eine Gaststätte bezeichnet, die in erster Linie Kaffee und Kuchen anbietet (die Schreibung *das Kaffee* ist in diesem Zusammenhang nicht mehr üblich). Demgegenüber bezieht sich *der Kaffee* (mit Betonung auf der ersten oder zweiten Silbe) auf die Kaffeepflanze bzw. deren bohnenförmigen Samen und das daraus gewonnene Getränk und auch auf die Kaffeemahlzeit am Morgen oder am Nachmittag.

Calwer: Die Einwohner von *Calw* [kalf] heißen *Calwer* [ˈkalvɐ]. Die Einwohnerbezeichnung *Calwer* wird immer großgeschrieben, auch wenn das Wort wie ein flexionsloses Adjektiv vor einem Substantiv steht: *die Calwer Bibel; eine Calwer Firma.* ↑ Einwohnerbezeichnungen auf *-er* (7).

Cartoon: Es heißt sowohl *der Cartoon* als auch *das Cartoon.*

cc: Diese Abkürzung aus dem Englischen (= *carbon copy*) bedeutet »Durchschlag, Kopie« und wird besonders in geschäftlicher Korrespondenz verwandt. ↑ Abkürzungen.

Cedille: Die Cedille ist ein kommaähnliches ↑ diakritisches Zeichen unter einem Buchstaben; vgl. franz. ç, das vor *a, o, u* als [s] gesprochen wird (↑ c, k oder z), oder rumän. ş für [ʃ]. In der internationalen Lautschrift bezeichnet das Zeichen [ç] den Ichlaut.

Cello: Der Plural von *Cello* lautet *die Cellos* oder *die Celli* (nicht: *die Cellis*).

Celsius: ↑ Grad.

Centrecourt / Centre-Court: Bei Fremdwörtern wird eine Verbindung aus zwei Substantiven nach den neuen Rechtschreibregeln zusammengeschrieben. Man kann aber auch mit Bindestrich schreiben. Bei der Bindestrichschreibung tritt auch für das zweite Substantiv die Großschreibung ein: *Centrecourt /* (auch:) *Centre-Court* (bisherige Schreibweise: *Centre Court*). ↑ Fremdwort (4).

chamois: 1. ein chamois Hemd / ein chamoisfarbenes Hemd: Das Farbadjektiv *chamois* »gämsfarben, gelbbräunlich« kann nicht gebeugt werden. Will man beim attributiven Gebrauch die unflektierte Form umgehen, kann man auf die Zusammensetzung mit *-farben* ausweichen: *ein chamoisfarbenes Leder, Hemd.* ↑ Farbbezeichnungen (2.2). **2. in Chamois:** In Verbindung mit einem Artikel oder einer Präposition wird *chamois* großgeschrieben: *eine Vergrößerung in Chamois. Das Chamois gefiel mir nicht.* ↑ Farbbezeichnungen (3.2).

Chanson: Es heißt *das Chanson,* aber: *die Chanson de Geste* (altfranzösisches episches Heldenlied).

ch-, Ch-: ↑ Aussprache (10).

checken: Das aus dem Englischen übernommene Verb *checken* [ˈtʃɛkn̩] hat zwei Bedeutungen: »anrempeln, behindern« (Eishockey) und »nachprüfen, kontrollieren« (besonders in der Technik: *Das Flugzeug wurde vor dem Start gründlich gecheckt*). In salopper Ausdrucksweise wird es auch im Sinne von »begreifen, kapieren« verwendet: *Hast du das nicht gecheckt?*

Chemie: Die Wörter *Chemie, Chemiker* usw. werden in der Standardlautung mit dem Ichlaut [ç] ausgesprochen: [çeˈmiː], [ˈçeːmikɐ] usw. Die Aussprache mit [k],

C

also [ke'mi:] usw., ist in Süddeutschland und in Österreich üblich.

Chemnitz: Dieser Ortsname wird mit [k] ausgesprochen: ['kɛmnɪts].

-chen / -lein: Substantive auf -chen und -lein sind Neutra und haben neben dem Bedeutungselement »klein« auch Merkmale wie »bekannt« und »vertraut«, die eine besondere gefühlsmäßige Einstellung, eine persönliche Beziehung zum Ausdruck bringen (das Häuschen, Städtchen; Lämmlein, Wässerlein). Häufiger als das ursprünglich oberdeutsche -lein (vgl. schwäbisch -le, schweizerisch -li) ist heute -chen. ↑ Diminutiv.

chic, Chic / schick, Schick: ↑ schick, Schick / chic, Chic.

Chiemsee: Der Name wird anlautend mit [k] gesprochen: ['ki:mze:]. Die Schreibung des k-Lautes mit ch, Ch war in alt- und mittelhochdeutscher Zeit im Bairischen und Alemannischen nicht selten und hat sich in einigen Namen bis heute gehalten.

China: Die Wörter China, Chinese usw. werden in der Standardlautung mit dem Ichlaut [ç] ausgesprochen: ['çi:na], ['çine:zə] usw. Die Aussprache mit [k], also ['ki:na] usw., ist in Süddeutschland und in Österreich üblich.

Chinchilla: Das südamerikanische Pelztier heißt die Chinchilla (in Österreich nur: das Chinchilla). Sein Fell wird als das Chinchilla bezeichnet. Sächlich ist auch der Name der Kaninchenrasse das Chinchilla.

Chinin: Das Wort wird in der Standardlautung mit dem Ichlaut gesprochen: [çi-'ni:n]. ↑ Chemie, ↑ China.

Chirurg: Nach den neuen Regeln zur Worttrennung kann das Wort nach den Sprechsilben Chi-rurg oder wie bisher etymologisch nach den Bestandteilen Chir-urg getrennt werden. ↑ Worttrennung (2.2).

ch-Laut: ↑ Aussprache (10).

Chor: Das Wort hat verschiedene Bedeutungen. In der Bedeutung »[Sänger]ge-meinschaft; Komposition für gemeinsamen, mehrstimmigen Gesang« heißt es der Chor, Plural: die Chöre. In der Bedeutung »erhöhter Kirchenraum, Orgelempore« kommt neben der maskulinen Form der Chor selten auch noch die neutrale Form das Chor vor. Der Plural lautet auch hier die Chöre. Die Form die Chore ist veraltet.

Chor / Korps: Die beiden Homophone (gleich lautenden Wörter) sind nach Schreibung, Bedeutung und Herkunft deutlich unterschieden. **1. Chor** (↑ Chor): Das Wort kommt von griechisch chorós »Tanz, Reigen«, das über lat. chorus ins Deutsche entlehnt wurde. Es entwickelte im Althochdeutschen aus einer erweiterten Bedeutung »singende und tanzende Schar« ein in den sakralen Bereich übertragenes chōr »gemeinsamer Gesang der Geistlichen in der Kirche«. Im Mittelhochdeutschen (kōr) bezeichnete das Wort einerseits den Chorraum (als den Ort, an dem sich der Chor aufstellt), andererseits allgemein jede Sängerschar.

2. Korps (das Korps [ko:r], Plural: die Korps [ko:rs]): Das Wort ist entlehnt aus französisch corps »Körper; Körperschaft; Heerhaufen; Abteilung«, das auf lateinisch corpus »Körper« zurückgeht. Ein Korps ist ein durch Gesetz, Beruf oder Gebräuche fest verbundener Personenkreis oder ein größerer Truppenverband: Offizierskorps, diplomatisches Korps; Korps (= eine Studentenverbindung).

Choral: Der Plural lautet die Chorāle.

Christus: Zur Beugung dieses Namens ↑ Jesus Christus.

Chronometer: Es heißt das Chronometer, umgangssprachlich auch der Chronometer.

cif: Die Abkürzung cif (= cost, insurance, freight »[Verlade]kosten, Versicherung, Fracht [im Preis eingeschlossen]«) wird im Überseehandel wie eine Präposition mit dem Akkusativ gebraucht: cif deutschen Bestimmungshafen. ↑ frei / fob.

City: Der Plural von *City* lautet *die Citys.* ↑ *-y.*

c, k oder z: 1. *c* in Fremdwörtern: Mit *c* schreibt man Fremdwörter wie *Café, Comic, Copyright, comme il faut, Cornflakes, Crack, Annonce, Service,* die oft noch andere, dem Deutschen fremde Buchstaben[verbindungen] bewahrt haben und meist auch anders als deutsche Wörter ausgesprochen werden. **2. die Aussprache des *c:* a)** wie *k* [k] vor *a, o, u* und vor den Konsonanten *l, r: Camcorder, clever, Crew, Curé;* auch am Wortende: *Mac, Aerobic.* **b)** wie *ß* [s] vor *e, i, y* in englischen, französischen und spanischen Wörtern (Namen) und in der Schreibung ç (↑ Cedille) vor *a, o, u: Aktrice, Aperçu, Cedille, Cent, Cinéma, City, Curaçao, Brabançonne.* **c)** wie *tsch* [tʃ] vor *e* und *i* in Fremdwörtern italienischer Herkunft: *Cello, Cembalo, Cicerone, Cinquecento.* **d)** verschiedentlich wie *z* [ts̱] vor *ä (ae), e, i, ö (oe), y* vor allem in Wörtern (Namen), die aus dem Griechischen oder Lateinischen kommen oder nach dem Griechischen oder Lateinischen gebildet sind: *Cäsar, Caesium, Cellophan, Celsius, Cicero, Circe, Coelestin, Cyclonium.* **3. eingedeutschte Schreibung von Fremdwörtern:** Fremdwörter, die im Deutschen häufig gebraucht werden, werden oft schon eingedeutscht geschrieben. Das gilt besonders für deutsche Neubildungen aus fremden Stämmen. Das *c* wird dann je nach der Aussprache durch *k, z, ß* oder *ss* ersetzt. **a)** *k* für *c* vor *a, o, u* und den Konsonanten *l, r: Kaffee, Kopie, akut, exklusiv, Kruzifix.* **b)** *ß* für *c* vor *e* und *i: Soße.* **c)** *z* für *c* vor *ä, e, i, ö, y: Zäsur, Akzent, Fazit, Zölibat, Zyklus.* **d)** *ss* für *ç: Fasson.* **4. Die Schreibung der Fremdwörter in den Fachsprachen:** Die Fachsprachen weichen – oft im Rahmen der Entwicklung von Nomenklaturen – häufig von der üblichen Rechtschreibung ab. Damit die Schreibungen international verständlich sind, wird das *c* in Fremdwörtern weitgehend erhalten: *Cadmium, Calcium, Carotin, cyclisch, Nicotin, Silicon.* **5. Fremdwörter und ihre Abkürzungen in verschiedener Schreibung:** Häufiger haben Abkürzungen, denen ein Fremdwort zugrunde liegt, die ursprüngliche Schreibung bewahrt, während die ausgeschriebenen Wörter jetzt eingedeutscht geschrieben werden: *Tbc / Tuberkulose, WC / Wasserklosett, Co. / Kompanie.*

ck: Bei der Worttrennung wird *ck* nach den neuen Regeln nicht mehr in *k-k* aufgelöst, sondern bleibt ungetrennt: *Zu-cker, ba-cken, fle-ckig,* in Namen: *Ha-ckendörfer.*

Club / Klub: Sowohl die eingedeutschte Schreibung mit *K (Klub)* als auch die Schreibung mit *C* sind korrekt. Vor allem in Vereinsnamen wird das Wort oft mit *C* geschrieben, weil zur Zeit der Vereinsgründung diese Schreibung üblich war.

c / o: Zu dieser englischen Abkürzung (= *care of* »[wohnhaft] bei, per Adresse«) ↑ Brief (1.2).

Co. / Co: Diese Abkürzung für *Kompanie* in Firmennamen kann mit oder ohne Punkt geschrieben werden. ↑ Abkürzungen (1.1 und 1.2). Die Schreibung mit *C* rührt von der alten Schreibung *Compagnie* her.

Cognac: ↑ Kognak.

Cola: Es heißt *das* oder *die Cola.* Richtig ist also sowohl *ein Cola* wie *eine Cola* bestellen.

Comeback / Come-back: Bei Substantivierungen aus dem Englischen, die auf eine Verbindung aus Verb *(come)* und Partikel *(back)* zurückgehen, kann man in neuer Rechtschreibung einen Bindestrich setzen, wobei der erste Bestandteil groß-, der zweite kleingeschrieben wird: *Come-back.* Daneben ist aber auch weiterhin die Zusammenschreibung möglich: *Comeback.* ↑ Fremdwort (4).

Concerto grosso: Der Genitiv der Fügung *das Concerto grosso* lautet *des Concerto*

C

grosso, der Plural lautet *die Concerti grossi.*

Consecutio Temporum: ↑ Zeitenfolge.

Constructio ad Sensum: ↑ Kongruenz.

Cornedbeef / Corned Beef: Bei Fremdwörtern kann eine Verbindung aus Adjektiv und Substantiv nach der neuen Rechtschreibung zusammengeschrieben werden. Man kann aber auch getrennt schreiben. Dabei tritt für das Substantiv die Großschreibung ein: *Cornedbeef /* (auch:) *Corned Beef* (bisher: *Corned beef*). ↑ Fremdwort (4).

Corpus / Korpus: Das Neutrum *das Corpus* bzw. (eindeutschend) *das Korpus* (Plur.: *die Corpora / Korpora*) bedeutet (in der Medizin) »Hauptteil eines Organs oder Körperteils« und (in der Sprachwissenschaft) »Sammlung einer Anzahl von Texten, Äußerungen o. Ä. als Grundlage für sprachwissenschaftliche Untersuchungen«; im Singular wird das Wort auch als Bezeichnung für den Klangkörper, besonders eines Saiteninstruments, verwendet. Demgegenüber bedeutet das Maskulinum *der Korpus* (Plur.: *die Korpusse*) »menschlicher Körper« (scherzhaft) und »Christusfigur am Kruzifix« (bildende Kunst); im Singular wird diese Form auch als Bezeichnung des Grundteils eines Möbelstücks verwendet.

Cottbusser / Cottbuser: 1. Das stimmlose auslautende s im Ortsnamen *Cottbus* wird bei der Einwohnerbezeichnung auf -er mit Doppel-s geschrieben: *Cottbusser.* Die mit einem s geschriebene Form *(Cottbuser)* wird genauso gesprochen. 2. *Cottbu[s]ser* wird immer großgeschrieben, auch wenn das Wort wie ein flexionsloses Adjektiv vor einem Substantiv steht: *das Cottbu[s]ser Tor; die Cottbu[s]er Innenstadt; die Cottbu[s]ser Industrie.* ↑ Einwohnerbezeichnungen auf -er (5 und 7).

Countdown / Count-down: 1. **Rechtschreibung:** Bei Substantivierungen aus dem Englischen, die auf eine Verbindung aus Verb *(count)* und Partikel *(down)* zurückgehen, kann man in neuer Rechtschreibung einen Bindestrich setzen, wobei der erste Bestandteil groß-, der zweite kleingeschrieben wird: *Count-down.* Daneben ist aber auch weiterhin die Zusammenschreibung möglich: *Countdown.* ↑ Fremdwort (4). 2. **Genus:** Es heißt *der* oder *das Countdown.* Beides ist korrekt.

creme: 1. **ein creme Hut / ein cremefarbener Hut:** Es ist standardsprachlich nicht korrekt, das Farbadjektiv *creme* zu beugen. Will man beim attributiven Gebrauch die unflektierte Form umgehen, kann man auf Zusammensetzungen mit -*farben* oder -*farbig* ausweichen: *ein cremefarbener Hut, cremefarbige Schuhe.* ↑ Farbbezeichnungen (2.2). 2. **in Creme:** In Verbindung mit einem Artikel oder einer Präposition wird die Farbbezeichnung *Creme* großgeschrieben: *Handschuhe in Creme.* ↑ Farbbezeichnungen (3.2).

Creme / Krem: Das Wort kommt in zwei verschiedenen Formen vor: **a)** *die Creme,* Plural: *die Cremes,* österreichisch und schweizerisch *die Cremen.* **b)** *die Krem,* Plural: *die Krems,* (umgangssprachlich auch *der Krem,* Plural: *die Kreme* oder *Krems*). Heute wird sowohl für die Bedeutung »Salbe, Paste« als auch für die Bedeutung »feine Tortenfüllung; Süßspeise« meist die Schreibung *Creme* vorgezogen; die Form *Krem* ist aber auch korrekt. Man schreibt im Allgemeinen nur mit *C die Creme der Gesellschaft* (ironisch für »die Oberschicht«, nach französisch *crème* »Rahm, Sahne«).

Curry: Als Name der Gewürzmischung ist *das* oder *der Curry* gebräuchlich.

D d

d: Zur Schreibung und Deklination ↑ Bindestrich (2.4) *(d-Laut);* ↑ Einzelbuchstaben *(des D, zwei D);* ↑ Groß- oder Kleinschreibung (1.2.5) (das *d* in *Rad*).

-d-: Zum Gleitlaut *-d-* ↑ zweites Partizip (2.6), ↑ morgendlich.

da: 1. da bleiben / dableiben: Im Allgemeinen schreibt man die Adverbien *da, daher, dahin* usw. mit dem folgenden Verb zusammen: *Du sollst dableiben. Sie will die Bücher dabehalten. Er muss noch etwas dahaben. Wir wollen den Koffer dalassen. Sie haben faul dagelegen, untätig dagesessen. Wie die Tage nur dahingehen! Er hat nur so dahergeredet.* Verbindungen mit *sein* dagegen werden nach den neuen Regeln immer getrennt geschrieben: *Sie wird bald da sein. Ihr seid nie da gewesen.* Als Wortgruppe angesehen und deshalb getrennt geschrieben werden Fälle wie die folgenden: *Du sollst da* (= an dieser Stelle) *bleiben. Wenn ihr nicht dabei* (= bei dieser Behauptung) *bleibt! Sie wird daher* (= aus dieser Richtung) *kommen. Er hat den Stein bis dahin* (= bis zu der Stelle dort) *gebracht. Es wird daher kommen, dass ...* ↑ Getrennt- oder Zusammenschreibung (1.3).

2. Kommasetzung: Als Konjunktion leitet *da* kausale oder (gehoben) temporale Nebensätze ein, die durch Komma vom Hauptsatz abgetrennt werden: *Ich kann nicht laufen, da ich mich verletzt habe. Da er schon älter war, wollte ihn niemand anstellen* (↑ da / weil). *Jetzt, da sie* (geh. für: *wo sie*) *alles verloren hat, kümmert sich niemand um sie* (↑ da / wo).

3. ↑ nun [da], ↑ zumal.

4. Da kann ich nichts für / Dafür kann ich nichts: Die mit *da* zusammengesetzten Pronominaladverbien dürfen standardsprachlich nicht getrennt werden. Die

Trennung kommt vor allem in der norddeutschen Umgangssprache vor. Es muss also heißen: *Dabei habe ich mir nichts gedacht* (nicht: *Da habe ich mir nichts bei gedacht*). ↑ Pronominaladverb (2).

da / weil: Zwischen den kausalen Konjunktionen *da* und *weil* bestehen im Gebrauch feine Unterschiede, die sich auch auf die Stellung der von ihnen eingeleiteten Nebensätze auswirken können. Die Konjunktion *da* wird meist verwendet, wenn das Geschehen im Nebensatz ohne besonderes Gewicht ist. Das ist besonders dann der Fall, wenn es bereits bekannt ist. Der Nebensatz ist dann oft Vordersatz: *Es ist kurz vor Mittag, und da heute Sonnabend ist, mache ich Schluss* (Remarque). *Da Fiechtner schon bald von Verlobung und Hochzeit sprach, hatte Maria ... keine Bedenken, dem Deutschen in seine Heimat zu folgen* (Jens). Durch Wörter wie *ja, doch, bekanntlich* und durch Bemerkungen wie *wie schon gesagt* oder *wie bereits bemerkt* kann dabei auf die Bekanntheit verstärkt hingewiesen werden. Auch wenn der Hauptsatz mit *so* eingeleitet wird, steht *da: Da du einmal angefangen hast davon zu sprechen, so kann ich dir auch alles berichten.* Die Konjunktion *weil* wird überwiegend verwendet, wenn das Geschehen im Nebensatz verhältnismäßig gewichtig und neu ist. Der Nebensatz ist dann meist Nachsatz: *Sie mussten sich melden, weil sie durch den Häuptling in Acht und Bann geworfen waren: der eine, weil er während der Liegestunde gesprochen, der andere, weil er gepetzt, der Dritte, weil er den ihm ... zuerteilten Dienst ... vernachlässigt hatte* (Jens). Wenn im Hauptsatz durch Wör-

D

ter wie *darum, deshalb, deswegen, beson-*
ders, vor allem auf die Gewichtigkeit des
Grundes verstärkt hingewiesen wird,
steht nur *weil:* ... *wenn man bedenkt,*
dass er das Französische schon deshalb
beherrschen musste, weil er das Werk
Marcel Prousts im Urtext lesen wollte
(Jens). Auch auf die direkte Frage mit
warum? antwortet man mit *weil* (nicht
mit *da*): *Warum hat sie nicht wenigstens*
die Rechnung bezahlt? Weil sie kein Geld
mehr hat.

da / wo: Beide Relativadverbien müssen
sich auf ein Substantiv (oder Adverb) beziehen, das entweder Ort oder Zeit bezeichnet: ... *im Meer, da es am tiefsten ist*
(Matth. 18, 6; revidierter Text von 1956:
wo es am tiefsten ist). *Kein Tag vergeht,*
da du nicht weinst (Frisch). *Ein Torweg,*
wo Antiquare ihre Tische aufgestellt ha-
ben ... (Koeppen). *Es kommt die Stunde,*
wo es keine Lösung mehr gibt (Frisch).
Das Relativadverb *da* ist allerdings im
Veralten begriffen und wird nur noch in
gewählter Sprache gebraucht; gelegentlich auch, weil die Meinung besteht, man
dürfe *wo* nicht bei Zeitangaben verwenden. Das ist nicht richtig. Verbindungen
wie *in dem Augenblick, wo ...; zu dem*
Zeitpunkt, wo ...; der Tag, wo ...; jetzt,
wo ... sind durchaus korrekt. Auch
Schriftsteller verwenden dieses temporale *wo: An Abenden, wo ... der Mond*
seine Bahn beschrieb (Hesse). ... *als lebte*
er im 14. Jahrhundert, wo das Handwer-
kertum ... (Th. Mann). *Nun, wo es mit*
dem Kunstfahren für immer vorbei war,
verlor Carlo das Interesse (Jens). *Und*
jetzt schreien sie, wo es zu spät ist!
(Musil). ↑ wo (2).

da- / dar-: 1. dabei / daran: In zusammengesetzten Adverbien steht *dar-* heute nur
noch, wenn der zweite Bestandteil mit
einem Vokal beginnt: *daran, darein, da-*
rin, darüber usw. Formen wie *darnach,*
darneben, darnieder sind heute nicht
mehr gebräuchlich. Nach den neuen Regeln zur Worttrennung kann man diese

Wörter nach Sprechsilben oder wie bisher nach ihren Bestandteilen trennen:
da-ran / dar-an, da-rüber / dar-über.
↑ Pronominaladverb (1), ↑ Worttrennung
(1.2).
2. dableiben, darbieten: In zusammengesetzten Verben steht *da-*, wenn die Lage
ausgedrückt werden soll (Frage: wo?):
dableiben, dasitzen, dastehen. Es steht
dar-, wenn eine Richtung ausgedrückt
werden soll (Frage: wohin?): *darbieten,*
darreichen. Diese räumliche Beziehung
ist aber vielfach schon verblasst, so bei
darlegen, dartun »erklären«, *darstellen*
»abbilden, schildern, bedeuten«.

dabehalten / da behalten: Zusammenschreibung: *Sie haben ihn gleich dabe-*
halten. Getrenntschreibung: *Sie werden*
sie da (= dort) *behalten, wo sie jetzt ist.*
↑ da (1).

dabei: Getrenntschreibung: *Sie will unbe-*
dingt dabei sein. Er wird unter allen Um-
ständen dabei (= bei seiner Meinung)
bleiben. Sie muss dabei (= bei dieser Arbeit u. Ä.) *sitzen / stehen.* Zusammenschreibung: *Hoffentlich kann ich dabei-*
bleiben. Sie wird das Geld dabeihaben. Er
hat während der Unterhaltung dabeige-
sessen / dabeigestanden. ↑ da (1).

dabei / da ... bei: ↑ da (4), ↑ Pronominaladverb (2).

dableiben / da bleiben: Zusammenschreibung: *Wir sollten dableiben.* Getrenntschreibung: *Wären wir nur da* (= dort)
geblieben! ↑ da (1).

-dachig: In Zusammenbildungen mit *Dach*
(Adjektiv + *Dach* + *-ig*) ist die umlautlose Form üblich: *flachdachig* (nicht:
flachdächig).

dadurch, dass / dadurch, weil: ↑ dass (4).

dafür: 1. Vor *dafür* steht ein Komma, wenn
es Sätze verbindet: *Hans ist begabt, da-*
für ist Karl viel fleißiger. Häufig steht in
diesen Fällen aber auch ein Semikolon:
Anna ist ungeschickt; dafür tanzt Regine
umso besser.
2. Nach den neuen Rechtschreibregeln
können Verbindungen aus *dafür* und

Verb sowohl getrennt als auch zusammengeschrieben werden: *dafür halten / dafürhalten; sie behauptet, nichts dafür zu können / dafürzukönnen.*

dafür / da ... für: ↑ da (4), ↑ Pronominaladverb (2).

dafürkönnen / dafür können: Neben dem ugs. *Er kann nichts dafür* gibt es landsch. (nordd.) auch *Er kann nichts dazu.*

dagegen: 1. **dagegen halten / dagegenhalten:** Getrenntschreibung: *Er wird dagegen sein. Sie wird nichts dagegen haben. Er wird dagegen kämpfen. Du sollst das Brett dagegen halten.* Zusammenschreibung: *Sie hat mir dagegengehalten* (= erwidert), *dass ... Wir wollen uns dagegenstellen und für unsere Freiheit kämpfen.* ↑ da (1).
2. **Zeichensetzung:** Vor *dagegen* steht ein Komma, wenn es Sätze verbindet: *Er ist leichtsinnig, dagegen lässt sich nichts machen.* Häufig steht in diesen Fällen aber auch ein Semikolon: *Sie gibt sich viel Mühe; dagegen kann man nichts sagen.*

dagegen / da ... gegen: ↑ da (4), ↑ Pronominaladverb (2).

dahaben / da haben: Zusammenschreibung: *Ich weiß nicht, ob wir noch genug Honig dahaben. ... weil wir zwei Wochen lang meine Mutter dahatten.* Getrenntschreibung: *Ich habe sie endlich da gehabt, wo ich sie haben wollte.* ↑ da (1).

daher: 1. **daher kommen / daherkommen:** Getrenntschreibung: *Er soll auch daher sein. Sie ist daher* (= aus der Richtung) *gekommen. Es wird daher kommen, dass ...* Zusammenschreibung: *Ich sah ihn lässig daherkommen. Wie sie immer daherredet!* ↑ da (1).
2. **Zeichensetzung:** Vor *daher* steht ein Komma, wenn es Sätze verbindet: *Ich kenne ihn zu gut, daher traue ich ihm alles zu.* Häufig steht in diesen Fällen aber auch ein Semikolon: *Sie war sehr müde; daher ist sie verunglückt.*

daher, dass / daher, weil: ↑ dass (4).

dahin: Getrenntschreibung: *Er hat den Stein bis dahin* (= bis zu der Stelle dort) *gebracht. Sie wird dahin fliegen und nicht nach London. Sie hat die Leiter dahin* (= dorthin) *gestellt. Er muss dahin* (= in diese Richtung) *schießen.* Zusammenschreibung: *die Zeit nutzlos dahinbringen. Wie die Stunden dahinfliegen! Das bleibt dahingestellt. Er sah es dahinschießen* (= sich schnell einherbewegen). ↑ da (1).

dahin fahren / fliegen / gehen usw. / da hinfahren / hinfliegen / hingehen usw.: Anstelle von standardsprachlich *dahin* (Richtungsadverb) + Bewegungsverb wird umgangssprachlich häufig *da* (Lageadverb) + Bewegungsverb mit *hin-* gebraucht: *Im Engadin ist es schön. Da solltet ihr auch einmal hinfahren. Das ist eine nette Bar. Da werde ich öfter einmal hingehen.*

dahin gehend: Man schreibt getrennt: *Sie äußerte sich dahin gehend, dass ...*

dahinter: Nach den neuen Rechtschreibregeln schreibt man *dahinter* vom folgenden Verb immer getrennt: *Die Wiesen sollen dahinter* (= hinter dem eben Erwähnten) *kommen. Der Besen wird dahinter stehen. Jetzt ebenso: Sie wird schon noch dahinter kommen. Ich möchte wissen, was dahinter steckt.* ↑ Getrennt- oder Zusammenschreibung (1.4).

dalassen / da lassen: Zusammenschreibung: *Sie hat ihren Mantel dagelassen.* Getrenntschreibung: *Kann ich den Wagen da* (= dort) *lassen, wo er jetzt steht?* ↑ da (1).

daliegen / da liegen: Zusammenschreibung: *Er hat völlig erschöpft dagelegen.* Getrenntschreibung: *Lass das Buch da* (= an dieser Stelle) *liegen!* ↑ da (1).

damit / da ... mit: ↑ da (4), ↑ Pronominaladverb (2).

damit / mit ihm / mit dem: ↑ Pronominaladverb (3).

danach / da ... nach: ↑ da (4), ↑ Pronominaladverb (2).

danach / darnach; daneben / darneben; danieder / darnieder: ↑ da- / dar- (1).

Dandy: Der Plural lautet *die Dandys.* ↑ -y.

daneben: Das Adverb *daneben* schreibt man mit dem folgenden Verb zusammen in Fällen wie: *Er hat danebengehauen* (z. B. am Nagel vorbei). *Sie hat danebengeschossen. Der Kuchen wird danebengeraten* (= missglücken). *Der Versuch ist danebengegangen. Sie hat mit dieser Bemerkung danebengegriffen. Er darf sich nicht danebenbenehmen. … wenn man das vorjährige Ergebnis danebenhält.* Dagegen tritt Getrenntschreibung ein, wenn *daneben* mit dem folgenden Verb als Wortgruppe angesehen wird: *Er wollte daneben* (z. B. an der Seite von / neben seinem Vater) *gehen. Es wird sicher daneben* (= neben den anderen Sachen) *liegen. Das Auto soll daneben halten.* ↑ da (1).

dank: 1. dank seinem Einfluss / dank seines Einflusses: Der Dativ bei *dank* entspringt dem besonderen syntaktischen Verhältnis, das hier zugrunde liegt: *Dank sei seinem Einfluss* wurde zu *dank seinem Einfluss.* Da man aber bei einer unechten, aus einem Substantiv entstandenen Präposition den Genitiv erwartet (vgl. *kraft, laut, statt, infolge* u. a.), wird dieser vielfach auch bei *dank* angewendet: *Dank eines Zufalls … kam ich rasch und mühelos voran* (Jens). Im Plural überwiegt heute der Genitiv: *dank sehr komplizierter Verfahren* (seltener: *dank sehr komplizierten Verfahren); dank der Fortschritte der Wissenschaft* (seltener: *dank den Fortschritten der Wissenschaft).* Dieser Genitiv gilt auch standardsprachlich als korrekt. Folgt auf *dank* ein allein stehendes stark gebeugtes Substantiv im Plural, dann wird allerdings der Dativ gewählt, weil der Genitiv den Kasus nicht deutlich erkennen lässt: *dank Fortschritten der Wissenschaft.*
2. dank seiner Fehler: Im Zusammenhang mit etwas Negativem sollte *dank* nur ironisch verwendet werden: *Dank deiner Hilfe haben wir es nicht geschafft.*

dankbar: Die Fügung *dankbar sein* kann nur dann mit einem Infinitiv mit *zu* verbunden werden, wenn das Subjekt das gleiche bleibt: *Ich bin dankbar, das erleben zu können* (= dass ich das erleben kann). Wechselt das Subjekt, dann muss man einen Nebensatz anschließen: *Wir wären Ihnen dankbar, wenn Sie uns die Unterlagen sofort übersenden würden* (nicht: *Wir wären Ihnen dankbar, uns die Unterlagen sofort zu übersenden).*

danke schön / Dankeschön: Man schreibt getrennt: *Er sagte: »Danke schön!« Ich möchte ihr nur danke schön sagen.* Man schreibt zusammen, wenn die Formel substantiviert wird: *Er lässt dir ein herzliches Dankeschön für deine Hilfe sagen.*

danksagen / Dank sagen: Sowohl die Zusammenschreibung *danksagen* als auch die Getrenntschreibung *Dank sagen* ist korrekt: *Sie wollten Gott danksagen* oder: *Dank sagen. Sie danksagte allen Teilnehmenden.* Oder: *Sie sagte allen Teilnehmenden Dank.* Hat *Dank* eine nähere Bestimmung (Attribut) bei sich, dann muss getrennt geschrieben werden: *Ich will ihm meinen Dank sagen. Er hat mir aufrichtigen Dank gesagt.* ↑ Getrennt- oder Zusammenschreibung (2.1).

dann / denn: *Denn* und *dann* dürfen nicht verwechselt werden in Sätzen wie *Na, dann geht es eben nicht!* (Norddeutsch umgangssprachlich: *Na, denn geht es eben nicht!).*

dar- / da-: ↑ da- / dar.

daran: 1. daran gehen / darangehen: Getrenntschreibung: *Sie soll daran gehen und nicht hieran. Wir können nichts daran machen. Sie soll sich daran* (z. B. an diesen Tisch) *setzen. Er soll nicht daran rühren.* Zusammenschreibung: *Wir wollen darangehen / uns daranmachen* (= damit beginnen). *Sie hat alles, alle Kräfte darangesetzt* (= aufgeboten). ↑ da (1).
2. Worttrennung: Nach den neuen Regeln kann *da-ran* oder wie bisher *dar-an* getrennt werden. ↑ da- /dar- (1).
3. daran / dran: Die Form *dran* ist umgangssprachlich. Das gilt auch für Ver-

ben wie *drangehen, drannehmen, dransetzen*.

darauf: 1. darauf gehen / draufgehen: In Verbindung mit Verben wird *darauf* immer getrennt geschrieben: *Das Buch wird darauf* (auf dem eben Erwähnten) *liegen. Was wird darauf folgen? Ihr Schreiben und der darauf folgende Briefwechsel;* (nach den neuen Regeln auch getrennt: *am darauf folgenden* [= nächsten] *Tag). Er wird nicht darauf* (= auf diesen Gedanken) *kommen. Er muss darauf losgehen.* Zusammen schreibt man die verkürzte umgangssprachliche Form *drauf* in Verben wie den folgenden: *Sie muss noch etwas draufgeben / drauflegen* (= etwas hinzugeben, erhöhen). *Er ist draufgegangen* (= zugrunde gegangen). *Kannst du mal den Finger draufhalten? Sie wird drauflosgehen / drauflosarbeiten / drauflosschimpfen.*
2. Worttrennung: Nach den neuen Regeln kann *da-rauf* oder wie bisher *dar-auf* getrennt werden. ↑ da- / dar- (1).
3. darauf / drauf: Die Form *drauf* ist umgangssprachlich: *Weil sie drauf und dran war, sich zu verlieren. Es kommt drauf an, was er sagt.* Das gilt auch für die Verben *draufgehen, draufknallen, draufhauen, drauflegen* usw.
4. darauf / auf dem, auf das: ↑ Pronominaladverb (4).

daraufhin: Zusammen schreibt man, wenn es sich um das Pronominaladverb (im Sinne von »unter diesem Gesichtspunkt; infolgedessen, danach«) handelt: *Wir haben unsere Kartei daraufhin überprüft, ob sie noch vollständig ist. Ihr Vermögen wurde daraufhin beschlagnahmt.* Getrennt schreibt man, wenn es sich um das Pronominaladverb *darauf* und den Verbzusatz *hin-* handelt: *Alles wird darauf hindeuten. Er wies darauf hin, dass alle zu erscheinen hätten.*

daraus: 1. Worttrennung: Nach den neuen Regeln kann *da-raus* oder wie bisher *dar-aus* getrennt werden. ↑ da- / dar- (1).
2. daraus / draus: Die Form *draus* ist um-

gangssprachlich: *Ich mache mir nichts draus.*
3. daraus, dass / daraus, wenn: Die Verbindung von *daraus* und *wenn* ist nicht korrekt. Es kann nur heißen: *Der Streit entsteht daraus, dass die Begriffe missverstanden werden.* ↑ dass (4).

darein: 1. sich darein ergeben / sich dareinfinden: Getrenntschreibung: *Sie wollte sich nicht darein* (= in ihr Schicksal) *ergeben. Sie versprach, sich noch einmal darein zu vertiefen.* Zusammenschreibung: *Er soll mir nicht dareinreden. Sie wird sich schon dareinfinden. Sie hat ihren Ehrgeiz dareingesetzt.* ↑ da (1).
2. Worttrennung: Nach den neuen Regeln kann *da-rein* oder wie bisher *dar-ein* getrennt werden. ↑ da- /dar- (1).
3. darein / drein: die Form *drein* ist umgangssprachlich: *Sie hat sich drein ergeben.* Das gilt auch für Verben wie *dreinhauen, dreinschlagen, [verdutzt] dreinschauen.*

darein / darin, worein / worin: Die Adverbien *darin* und *worin* bezeichnen die Lage. Sie können nicht zur Angabe der Richtung verwendet werden wie früher und z. T. auch noch heute in gehobener Sprache *darein* und *worein.* Man kann also nicht sagen: *Hier ist das Papier, worin ich Geld gewickelt hatte,* sondern: *das Papier, in das* (geh.: *worein*) *ich Geld gewickelt hatte.* Nicht: *Das ist nun einmal mein Los. Ich muss mich darin fügen,* sondern (geh.): *... darein fügen.* Ebenso auch: *sich dareinfinden; seinen Stolz dareinsetzen, -legen; sich dareinmengen; dareinreden* u. a.

darf: ↑ ich darf / möchte / würde sagen ...

darin: 1. darin sitzen / drinsitzen: In Verbindung mit Verben wird *darin* immer getrennt geschrieben: *Wir haben darin* (z. B. im Boot, im Wagen) *gesessen. Sie hat auch darin* (z. B. in dem Haus) *gewohnt.* Zusammen schreibt man die verkürzte umgangssprachliche Form *drin* in Verben wie den folgenden: *Sie hat ganz schön dringesessen* (= in der Patsche ge-

D

sessen). *Er hat bis über die Ohren dringe-steckt* (= viel Arbeit gehabt). *Es soll ein Bericht drinstehen* (= in der Zeitung zu lesen sein). **2. Worttrennung:** Nach den neuen Regeln kann *da-rin* oder wie bisher *dar-in* getrennt werden. ↑ da- / dar- (1).
3. darin / drin: Die Form *drin* ist umgangssprachlich: *Es ist schon jemand drin. In dem Spiel ist noch alles drin* (= noch nichts entschieden).
4. darin / in ihm / in dem: Zum relativischen Gebrauch von *darin* ↑ Pronominaladverb (3 und 4).

Darlehen / Darlehn: Die Vollform *Darlehen* ist heute üblicher als die kürzere Form *Darlehn*. Diese trifft man aber noch häufig in Zusammensetzungen: *Darlehnsvertrag, Darlehnshingabe, Spar- und Darlehnskasse* u. a. Beide Formen sind richtig.

Darmstädter: Die Einwohnerbezeichnung *Darmstädter* wird immer großgeschrieben, auch wenn das Wort wie ein flexionsloses Adjektiv vor einem Substantiv steht: *eine Darmstädter Buchhandlung.* ↑ Einwohnerbezeichnung auf -er (7).

darnach, darneben, darnieder: ↑ da- / dar.

darstellen: Bei *sich darstellen als* steht das dem *als* folgende Substantiv heute gewöhnlich im Nominativ, d. h., es wird auf das Subjekt bezogen: *Er stellt sich uns als hervorragender Fachmann dar.* Der Akkusativ veraltet, wenn er auch noch hier und da vorkommt: *Bunyan selbst hat sich ... als einen von den finsteren Mächten äußerst gefährdeten Menschen dargestellt* (Nigg). In diesem Zusammenhang hat *sich darstellen* etwa den Sinn »sich selbst schildern«. ↑ Kongruenz (4.2).

darüber: 1. darüber stehen. Man schreibt *darüber* immer getrennt vom folgenden Verb: *Darüber stehen die Bücher. Er hat darüber* (= über dieses Thema) *geschrieben.* In neuer Rechtschreibung auch: *Sie hat mit ihrer Anschauung weit darüber gestanden. Sie hat eine Bemerkung darü-*

ber geschrieben. *Ich wollte mit der Hand darüber fahren.* ↑ da (1).
2. Worttrennung: Nach den neuen Regeln zur Worttrennung kann *da-rüber* oder wie bisher *dar-über* getrennt werden. ↑ da- / dar- (1).
3. darüber / drüber: Die Form *drüber* ist umgangssprachlich: *Ich habe noch mal drüber nachgedacht.* Das gilt auch für Verben wie *drüberschreiben.*

darüber hinaus: Die Fügung *darüber hinaus* wird immer getrennt geschrieben: *Er wird längst darüber hinaus sein. Sie hat darüber hinaus* (= außerdem) *viel Neues zu sagen.* Das gilt auch für zusammengesetzte Verben: *Alles, was darüber hinausweist / darüber hinausführt.*

darum: 1. darum kommen / darumkommen: In der Bedeutung »deshalb« wird *darum* immer von einem nachfolgenden Verb getrennt geschrieben: *Darum kommen sie alle.* Man schreibt auch getrennt: *Ich werde ihn darum* (z. B. um einen Gefallen) *bitten.* Man schreibt zusammen: *Sie ist darumgekommen* (= hat es nicht bekommen). Ebenso: *Er hat den Verband darumgelegt / darumgewickelt.* ↑ da (1)
2. Worttrennung: Nach den neuen Regeln kann *da-rum* oder wie bisher *dar-um* getrennt werden. ↑ da- / dar- (1).
3. darum / drum: Die Form *drum* ist umgangssprachlich. Das gilt auch für *drumlegen, drumwickeln, das ganze Drum und Dran* usw.
4. Zeichensetzung: Vor *darum* steht ein Komma, wenn es Sätze verbindet. *Sie kennt alle Wege hier, darum haben wir sie mitgenommen.* Häufig steht in diesen Fällen aber auch ein Semikolon oder ein Punkt: *Hoffentlich schreibt er bald; darum habe ich ihn dringend gebeten* (oder: *... bald. Darum habe ...*).

darum, dass / darum, weil: ↑ dass (4).

darunter: 1. in verschiedenen Ländern, darunter der / darunter die Bundesrepublik: Das Pronominaladverb *darunter* übt keine Rektion aus. Das Schwanken zwischen Dativ und Nominativ in einem

Satz wie *In verschiedenen Ländern, darunter der / darunter die Bundesrepublik, ist das beobachtet worden* hat also andere Gründe. Bei der ersten Form des Satzes (Dativ) wurde die Präposition *in* erspart: *In verschiedenen Ländern, darunter [in] der Bundesrepublik.* Bei der zweiten Form (Nominativ) leitet das Pronominaladverb einen elliptischen Satz (Auslassungssatz) ein, der vollständig etwa so lauten würde: *In verschiedenen Ländern, darunter [befindet sich] die Bundesrepublik ...* Beide Konstruktionen sind korrekt. Ebenso: *Mehreren Schülern, darunter zwei Zehnjährige[n], wurden Buchpreise verliehen.*

2. darunter liegen: Man schreibt *darunter* immer getrennt vom folgenden Verb: *Der Ball hat darunter gelegen* (z. B. unter der Bank). *Es sollen auch Kinder darunter sein.* In neuer Rechtschreibung auch: *Ihre Schätzungen werden darunter liegen* (= sie werden niedriger sein). *Du hast mit deinen Leistungen darunter gelegen* (= sie waren schlechter). *Du solltest einen Pullover darunter ziehen.* ↑ da (1).

3. Worttrennung: Nach den neuen Regeln zur Worttrennung kann *da-runter* oder wie bisher *dar-unter* getrennt werden. ↑ da- / dar- (1).

4. darunter / drunter: Die Form *drunter* ist umgangssprachlich: *Es ging alles drunter und drüber.* Das gilt auch für Verben wie *drunterlegen, druntersitzen.*

das / dass: Im Unterschied zu *das,* der sächlichen Form des Artikels, des Demonstrativ- und Relativpronomens, wird die gleich lautende Konjunktion *dass* seit der Mitte des 16. Jahrhunderts mit *ß,* in neuer Rechtschreibung mit *ss* geschrieben. Verwechslungsmöglichkeiten ergeben sich besonders in *dass*-Sätzen, die mit Frage- oder Relativsätzen verbunden sind: *Was glaubst du, dass sie gesagt hat? Was ratet ihr, dass ich tun soll?* Die Konjunktion *dass* wird hier undeutlich, weil das Pronomen *was* vorangeht, das der Leser oder Hörer spontan mit *das* fort-

setzen will. Wer unsicher in der Schreibung ist, kann sich merken: Für *das* kann man auch *dieses* oder *welches* sagen, für *dass* nicht. Da diese Einsetzprobe bei den oben genannten Sätzen keinen Sinn ergibt, kann es dort nur *dass* heißen. Ähnlich ist es mit der bekannten Lebensregel *Was du nicht willst, dass man dir tu', das füg auch keinem andern zu* (nach Tobias 4,16). Hier entspricht dem *was* am Anfang das *das* des nachgestellten Hauptsatzes *(was du nicht willst, ... das füge ...),* und ein eingeschobener *dass*-Satz erläutert als Nebensatz 2. Grades den vorangestellten *was*-Satz (eigentlich: *Was du nicht willst, dass man es dir tue ...).* Anders ist es in dem Satz *Was ist es, das ich tun soll?* Hier ist *das* nicht Konjunktion, sondern Pronomen. Das kann man erkennen, wenn man die Antwort gibt: *Das, was du tun sollst, ist ...*

da sein: In neuer Rechtschreibung wird unabhängig von der Bedeutung und in allen Formen getrennt geschrieben, also auch im Infinitiv und im 2. Partizip: *Er soll pünktlich da* (= an der bezeichneten Stelle) *sein. Sie ist schon oft da* (= dort) *gewesen. Man muss nur da sein* (= zugegen sein). *Sie ist nicht da gewesen* (= anwesend gewesen). *Das ist noch nicht da gewesen* (= vorgekommen). *Wenn er da ist / da war. Weil so etwas noch nicht da war.* ↑ da (1); ↑ Getrennt- oder Zusammenschreibung (1.5).

das gleiche / dasselbe: ↑ der gleiche / derselbe.

das heißt (d. h.): Vor *das heißt* steht immer ein Komma, wenn es Zusätze einleitet: *Wir werden sie am 2. Mai, das heißt an ihrem Geburtstag, besuchen.* Nach *das heißt* steht dann ein Komma, wenn ein bei- oder untergeordneter Satz folgt: *Wir besuchen sie am 2. Mai, d. h., wenn sie Geburtstag hat.* Kein Komma steht nach *das heißt,* wenn nur ein erläuternder Satzteil folgt: *Wenn ich das Bild, das heißt seinen oberen Rand, betrachte ...* Zu Weiterem vgl. die folgende Tabelle.

D

Kommasetzung bei *das heißt* und *das ist*

Auf *das heißt* oder *das ist* folgt ein erläuternder Satzteil, der ohne Komma an *das heißt/das ist* anschließt:	Auf *das heißt* (seltener *das ist*) folgt ein erläuternder bei- oder untergeordneter Satz. Er wird durch Komma abgetrennt:
Am frühen Abend, *d. h. nach Büroschluss*, ist der Verkehr besonders stark.	Am frühen Abend, *d. h., sobald die Büros geschlossen haben*, ist der Verkehr besonders stark.
Wir werden ihn am 27. August besuchen, *das heißt an seinem Geburtstag*.	Wir werden ihn am 27. August besuchen, *das heißt, wenn er Geburtstag hat*.
Dies war nur ein schwacher, *d. h. untauglicher Versuch*.	
Wir werden den Vorfall nicht weitermelden, *d. h. keine Strafanzeige erstatten*.	Wir werden den Vorfall nicht weitermelden, *d. h., wir haben kein Interesse an einer Strafanzeige*.
Im Juni, *das ist nach meinem Examen*, wollen wir heiraten.	Im Juni, *d. i., wenn ich mein Examen hinter mir habe*, wollen wir heiraten.

das ist (d. i.): Ein Komma steht vor *das ist*, wenn es Zusätze einleitet: *Ein Düker, das ist eine im Flussbett verlegte Rohrleitung, verbindet die Insel mit dem Ufer.* Zu Weiterem vgl. oben stehende Tabelle.

da sitzen / dasitzen: Getrenntschreibung: *Er soll nicht hier, sondern da sitzen. Sie hat vorher da* (= dort) *gesessen.* Zusammenschreibung: *Wie der Kerl wieder dasitzt! Er hat faul dagesessen.* ↑ da (1).

dasjenige: ↑ derjenige.

dasjenige, was: Dem allein stehenden ankündigenden Demonstrativpronomen *dasjenige* entspricht das Relativpronomen *was* (nicht *das*): *Dasjenige, was sie am liebsten tun, ist ihnen verboten.* (Aber: *Dasjenige Kind, das die richtige Lösung hat, bekommt einen Preis.*)

dass: 1. Häufung von *dass*: Treppensätze mit der Konjunktion *dass* sollte man vermeiden, weil die mehrfache Wiederholung der gleichen Konjunktion eintönig ist. Also nicht: *Ich bitte dich, dass du, wenn du P. anrufst, ihm sagst, dass ich in* der Zeitung gelesen hätte, dass zu befürchten sei, dass das schlechte Wetter noch länger anhält. Besser ist hier eine Infinitivgruppe oder ein Nebensatz ohne Einleitewort: *Ich bitte dich, wenn du P. anrufst, ihm zu sagen, ich hätte in der Zeitung gelesen, es sei zu befürchten, dass das schlechte Wetter noch länger anhält.* ↑ Treppensatz.

2. dass / dass nicht: ↑ Negation (1).

3. dass / ob: Die Konjunktion *ob* leitet indirekte Fragesätze ein: *Sie fragt, ob es wahr ist* (für: *Sie fragt: »Ist es wahr?«*). *Ich will wissen, ob es stimmt* (für: *Ich will wissen: »Stimmt es?«*). Die Konjunktion *dass* dagegen dient zur Einleitung von Inhaltssätzen, und zwar auch dann, wenn im Vordersatz die Tatsächlichkeit des Geschehens nur als möglich hingestellt, bezweifelt oder gar verneint wird: *Ich weiss, dass sie kommt* (= sie kommt). *Ich bezweifle* (= setze in Zweifel), *dass sie kommt. Ich leugne, dass es so ist. Ich weiss nicht, dass sie kommt.* In Fällen, in denen Möglichkeit, Wahrscheinlichkeit oder Zweifel vorliegt, ist der Sprecher leicht geneigt, *ob* an die Stelle von *dass* zu setzen, weil er die Unsicherheit des Geschehens mit der Frage nach dem Geschehen verwechselt (↑4). Dies ist ein Fehler. Also nicht: *Für den Fall, ob er wichtige Mitteilungen zu machen hat, kannst du ... Ob man das später einmal nachweisen wird, ist nicht ganz ausgeschlossen. Ich bezweifle, ob die Erde rund ist.* In allen diesen Fällen steht korrekt *dass.* ↑ bezweifeln / zweifeln.

4. dass / weil / ob / wenn: Die Pronominaladverbien *dadurch, darum, davon* u. a. sind ein Ersatz für das Gefüge Präposition + Pronomen: *dadurch = durch das; darum = um das; davon = von dem.* Da die Verhältnisse des Mittels, des Grundes usw. bereits durch die betreffende Präposition ausgedrückt werden, würde es genügen, den folgenden durch das Korrelat angedeuteten Sachverhalt mit einem *dass*-Satz auszuführen: *Das hängt davon ab, dass das Wetter gut ist.* Es wird aber vom Sprecher oft in einer Art Pleonasmus eine Konjunktion gewählt, die den Sinn noch verstärkt, den man ausdrücken will, z. B. den Sinn des Fraglichen durch die Wahl von *ob: Das hängt davon ab, ob das Wetter gut ist.* Oft wird die Konjunktion *weil* gewählt, weil sie den kausalen Sinn verstärkt, der durch das etwas farblose *dass* nicht genügend ausgedrückt erscheint: *Dieser Schritt wird dadurch notwendig, dass / weil sich die Verhältnisse grundlegend geändert haben.* Gegen eine solche Verstärkung ist auch bei *daher* nichts einzuwenden: *Das kommt daher, dass / weil du nicht auf mich gehört hast.* Nicht korrekt ist allerdings der Ersatz von *dass* durch eine Konjunktion, die keine Verstärkung, sondern eine Verunklarung des im Pronominaladverb liegenden Sinnes bedeutet: so z. B. wenn *daraus* mit *wenn* gekoppelt wird: *Der Streit entsteht daraus, dass* (nicht: *wenn*) *die beiden Begriffe*

nicht scharf genug präzisiert werden (↑ daraus [3]). Kein Schwankungsfall, sondern einfach eine doppelte Möglichkeit ist die Setzung von *dass* oder *weil* besonders nach Verben der Gemütsbewegung, weil bei diesen sowohl die Tatsache als auch der Grund der Gemütsbewegung angeschlossen werden können: *Ich freue mich, dass / weil schönes Wetter ist. Er ärgerte sich, dass / weil er diesen Fehler gemacht hatte.* Der Einsatz von *wenn* für *dass* ist in den Fällen berechtigt, in denen die Möglichkeit besteht, anstatt der Tatsächlichkeit des Geschehens seine bedingte Annahme zu setzen: *Das ist die Folge, wenn man so gutmütig ist.* Die Tatsache der Gutmütigkeit wird durchkreuzt von der Vorstellung: Wenn man in dieser Weise gutmütig ist, dann sind das eben die Folgen. Die Möglichkeit dieses Wechsels ist nicht gegeben, wenn das Geschehen in die Vergangenheit gerückt wird. Damit wird die Tatsächlichkeit des Geschehens so sehr außer Zweifel gesetzt, dass seine nur bedingte Annahme sinnwidrig wird. Also nicht: *Es ist kaum zu verstehen, wenn X damals diese Lage nicht für sich ausnutzte.* Etwas anderes ist es, wenn in der Vergangenheit des Geschehens der temporale Aspekt überwiegt: *... und dann schliefen sie ..., und es störte sie nicht, wenn man über sie hinwegschritt* (Koeppen). Entsprechend in der Gegenwart: *Es stört mich nicht, dass / wenn man über mich redet.*

5. dass / wie: Auch *wie* sollte nach Verben des Erkennens, Bemerkens usw. und des Mitteilens nicht für *dass* eintreten, wenn nur eine reine Tatsache festgestellt werden soll. Also nicht: *Ich bemerkte, wie ganz hinten ein lang aufgeschossenes Wesen saß.* Man kann prüfen, ob *wie* berechtigt ist, indem man es durch *auf welche Weise* ersetzt. In dem letzten Beispielsatz passt es nicht, aber in dem folgenden Satz von St. Zweig ist das *wie* berechtigt: *Fouché hat ... zu spät bemerkt,* *wie in zäher, beharrlicher Selbstarbeit ... aus einem Demagogen Robespierre ein Staatsmann ... geworden ist.* Hier soll nicht die bloße Tatsache registriert werden, sondern die Art und Weise, wie Robespierre ein Staatsmann geworden ist. **6. Kommasetzung: a)** Ein mit *dass* eingeleiteter Nebensatz wird immer durch ein Komma abgetrennt: *Die Hauptsache ist, dass du kommst. Dass du so schnell kommst, habe ich nicht geglaubt.* **b)** Steht *dass* hinter einer beiordnenden Konjunktion (z. B. *aber, auch, denn, und*), so steht das Komma vor dieser Konjunktion: *Du sagst mir nichts Neues, denn dass sie zugestimmt hat, wusste ich schon gestern. Ich habe alles gesehen, auch dass sie das Geld eingesteckt hat.* **c)** Mit einigen Adverbien bildet *dass* konjunktionale Fügungen, die als Einheit empfunden werden. Das Komma steht dann gewöhnlich vor der ganzen Fügung: *als dass, ohne dass, so dass (sodass).* **d)** In anderen Verbindungen dagegen kann zwischen den Teilen, d. h. vor der eigentlichen Konjunktion, noch ein Komma gesetzt werden, wenn die Teile der Fügung nicht als Einheit angesehen werden: *geschweige[,] dass; kaum[,] dass;* neu auch: *angenommen [,] dass; vorausgesetzt[,] dass* u. a.

dasselbe: ↑ derselbe.

dasselbe / das gleiche: ↑ der gleiche / derselbe.

dasselbe, was: Dem allein stehenden ankündigenden Demonstrativpronomen *dasselbe* entspricht das Relativpronomen *was* (nicht: *das*), also: *Sie hat mir dasselbe gesagt, was du mir gesagt hast.* (Aber: *Es ist dasselbe Kleid, das ich gestern getragen habe.*)

Dasssatz / dass-Satz: In neuer Rechtschreibung ist sowohl *Dasssatz* als auch wie bisher *dass-Satz* korrekt. Vgl auch ↑ dass.

da stehen / dastehen: Getrenntschreibung: *Er soll nicht hier, sondern da stehen. Sie hat eben noch da* (= dort) *gestanden.* Zusammenschreibung: *Wie der Kerl wieder dasteht! Die Firma hat glänzend dagestanden. Das Kind hat allein dagestanden* (= hatte keine Angehörigen mehr). ↑ da (1).

das / was: Es heißt richtig: *Das Boot, das* (nicht: *was*) *gekentert ist.* Aber: *Es ist das Tollste, was* (nicht: *das*) *ich je erlebt habe.* ↑ Relativpronomen (4).

Daten verarbeitend: Nach den neuen Rechtschreibregeln wird *Daten verarbeitend* wie die zugrunde liegende Fügung *Daten verarbeiten* nur noch getrennt geschrieben: *die Daten verarbeitenden Maschinen.* ↑ Getrennt- oder Zusammenschreibung (3.1.1).

datieren: Man sagt: *Sie hat den Brief auf den 4. Juli datiert,* aber: *Der Brief ist vom 4. Juli datiert, der Brief datiert vom 4. Juli.* Bei archäologischen Funden heißt es: *Die Vase wurde auf 250 n. Chr., auf / in das 3. Jahrhundert datiert. Die Vase datiert aus dem 3. Jahrhundert, aus spätrömischer Zeit, vom Jahre 250 n. Chr.* In anderer Bedeutung sagt man: *Unsere Bekanntschaft datiert* (= besteht) *seit 1945, seit Kriegsende.* ↑ vordatieren / vorausdatieren; nachdatieren / zurückdatieren.

Dativ (Wemfall, dritter Fall): Der Dativ ist bei den starken Maskulina und Neutra im Singular im Allgemeinen endungslos. Nur noch selten wird er mit der Endung *-e* gebildet: *dem Tische, dem Lande.* Bei den schwachen Maskulina wird der Dativ durch die Endung *-[e]n* gekennzeichnet: *dem Menschen, dem Hasen.* Der Singular der Feminina ist in allen Kasus endungslos *(der Frau).* Im Plural endet der Dativ stets auf *-en* oder *-n,* abgesehen von den im Plural auf *-s* ausgehenden Substantiven *(den Tischen, den Ländern, den Müttern, den Menschen, den Frauen,* aber: *den Uhus, den Nackedeis).* ↑ Dativ *-e.* Zum falschen Gebrauch des Dativs in der Apposition ↑ Apposition (1.3). ↑ Unterlassung der Deklination.

Dativ oder Akkusativ: Zu Fügungen wie *mir / mich schmerzen die Füße; in das / in dem Krankenhaus einliefern* ↑ Rektion;

vgl. die einzelnen Verben mit schwankender Rektion.

Dativ oder Genitiv bzw. Nominativ: Zu Fügungen wie *die Bedeutung des Flusses, des wichtigsten Handelswegs / dem wichtigen Handelsweg; mir als leitendem Arzt / als leitender Arzt* ↑ Apposition (1.1, 1.3 und 3.1).

Dativ-e: Die Endung *-e* im Dativ Singular starker Maskulina und Neutra (↑ Substantiv [1.1]) ist nicht mehr erforderlich und wird auch nur selten gesetzt. In festen Redewendungen und formelhaften Verbindungen hat sie sich noch ziemlich fest gehalten: *im Grunde genommen, zu Stande kommen, zu Rate ziehen, zu Pferde sitzen, zu Kreuze kriechen, im Zuge sein, zu Buche schlagen* u. Ä. Fast immer ohne *-e* stehen Substantive, die auf Diphthong enden *(dem Bau, dem Ei)*, und mehrsilbige Substantive, die nicht auf der letzten Silbe betont werden *(dem Frühling, dem Ausflug)*. Immer ohne *-e* stehen Substantive auf *-en, -em, -el, -er (dem Garten, dem Atem, dem Gürtel,* *dem Lehrer),* Substantive, die auf Vokal enden *(dem Hurra, dem Schnee),* die Kurzformen der Himmelsrichtungen und der danach benannten Winde *(von Nord nach Süd, vom West getrieben),* Substantive, die ohne Artikel stehen und von einer Präposition abhängen *(aus Holz, in Öl),* und stark gebeugte Fremdwörter *(dem Hotel).* In den übrigen Fällen, in denen das *-e* fakultativ ist, hängt seine Setzung vom Satzrhythmus, vom rhythmischen Gefühl des Schreibers oder Sprechers ab: *dem Kind[e], im Haus[e], in seinem Sinn[e], auf demselben Weg[e], auf dem Land[e], im Raum[e].* ↑ Dativ.

Dativobjekt: Das Dativobjekt ist eine Ergänzung im Dativ (Frage: wem?), die vorwiegend jemand oder etwas nennt, dem sich ein Geschehen zuwendet: *Der Sohn dankt* _dem Vater_. *Ich zürnte* _ihr_. *Sie misstraute* _diesen Worten_ *gründlich. Sie hilft,* _wem sie helfen kann_. ↑ Objekt, ↑ Rektion.

Dativus ethicus: ↑ freier Dativ.

Datum

Häufig gestellte Fragen zum Datum	
Frage	**Antwort unter**
Wie gestaltet man die Datumsangabe im Brief?	dieser Artikel, Punkt (1), Brief (2)
Wo werden bei der mehrteiligen Datumsangabe Kommas gesetzt?	dieser Artikel, Punkt (2)

1. Die reine Datumsangabe kann z. B. folgende Formen haben:

04.08.1998   04.08.98   4.8.98   4.8.1998   4. August 1998   4. Aug. 98

Nach den Empfehlungen der International Organization for Standardization (ISO) für die numerische Angabe von Kalenderdaten (vgl. DIN 5008)

D

sollen die Angaben in der Reihenfolge Jahr, Monat, Tag durch Mittestrich gegliedert werden:

1998–08–24   98–08–24.

(Zum Datum im Briefkopf ↑ Brief [2]; zum Apostroph bei Jahreszahlen ↑ Jahreszahl [3].)

2. Im Satzzusammenhang und in Verbindung mit Orts- und Uhrzeitangaben gibt es folgende Möglichkeiten:

a) Sie rief ihn am 3. Juli kurz vor 18 Uhr an. Wir haben [am] Mittwoch um 10 Uhr eine wichtige Besprechung.

b) Wir kommen am 30. Oktober, 16.15 Uhr[,] in der Kantine zusammen. Am Freitag, dem 6. April 1984, gegen 15 Uhr[,] fielen in der Innenstadt die Verkehrsampeln aus.

c) Meine Freundin kommt nächsten Freitag, den 17. Juli[,] an. [Spätestens] Montag, den 5. November[,] reisen wir ab. Die Tagung findet Donnerstag, 15. 4.[,] im Rosengarten statt.

d) Am Montag, dem 10. Juli 1960[,] lief das Schiff vom Stapel. – Am Montag, den 10. Juli 1960 lief das Schiff vom Stapel. Die Familie kommt am Dienstag, dem 5. September, um 14 Uhr[,] an. – Die Familie kommt am Dienstag, den 5. September[,] um 14 Uhr an. Bis zum Freitag, dem 15. Oktober[,] hast du Zeit. – Bis zum Freitag, den 15. Oktober hast du Zeit.

Nur eine zweigliedrige Tages- und Uhrzeitangabe mit Präpositionen steht gewöhnlich ohne Komma (↑ a), bei allen anderen Formen der Zeitangabe wird dieses Satzzeichen gesetzt. Nach den neuen Regeln zur Zeichensetzung kann auch nach der Uhrzeit als letztem Datumsbestandteil ein Komma stehen, wenn der Satz weitergeführt wird (↑ b). Bei einer Datumsangabe im Akkusativ (ohne *am*) kann der Monat ein Komma (= Aufzählung) oder zwei Kommas (= Apposition) aufweisen (↑ c). Steht der Wochentag im Dativ (mit *am;* ↑ d), dann wird die Monatsangabe gewöhnlich durch zwei Kommas abgetrennt, wenn sie ebenfalls in diesem Kasus steht (= Apposition); nach den neuen Regeln zur Zeichensetzung kann allerdings das schließende Komma auch in diesen Fällen entfallen. Wird die Monatsangabe als Aufzählungsglied im Akkusativ angegeben, setzt man nur ein Komma.

Dauer: Das Substantiv *die Dauer* wird allgemeinsprachlich nur im Singular gebraucht. In den Fachsprachen kommt auch der Plural *die Dauern* vor (z. B. *Vorgangsdauern, Tätigkeitsdauern*). ↑ Plural (5).

Dauphiné: Obwohl dieser Landschaftsname im Französischen ein Maskulinum ist, heißt es im Deutschen *die Dauphiné*, weil auf *-e* endende Länder- und Gebietsnamen im Deutschen gewöhnlich feminin sind.

Daus: Das sächliche Substantiv *Daus* in der Bedeutung »Ass« oder »zwei Augen im Würfelspiel« hat die Pluralformen *die Däuser*, seltener *die Dause*.

davon: Getrenntschreibung: *Er will nichts davon abgeben. Sie kann nicht davon lassen. Davon kommen alle Laster. Davon trage ich zwei Säcke auf einmal. Sie wollte auf und davon laufen.* Zusammenschreibung: *Du sollst davonbleiben* (= etwas nicht anfassen). *Sie ist davongegangen / davongelaufen. Er hat sich heimlich davongemacht. Sie hat den Sack davongetragen. Sie wird ihn davonjagen. Er ist dem Hauptfeld davongezogen.* ↑ da (1).

davon, dass: In der Verbindung *davon, dass* steht nach *davon* immer ein Komma: *Das hast du nun davon, dass du so lange gefaulenzt hast. Davon, dass du jammerst, kommt das verlorene Geld nicht wieder.* ↑ dass (4).

davon / da … von: ↑ da (4), ↑ Pronominaladverb (2).

davonfliehen: ↑ Verb (3).

davor: Nach den neuen Rechtschreibregeln schreibt man *davor* vom folgenden Verb immer getrennt: *Der Teppich hat davor gelegen. Sie hat schweigend davor gestanden.* Entsprechend: *davor halten, legen, schieben, setzen, sitzen, stellen.* ↑ da (1).

davor / dafür: ↑ dafür / davor.

davor/da … vor: ↑ da (4), ↑ Pronominaladverb (2).

dazu: Getrenntschreibung: *Dazu halte ich das Licht nicht hoch. Dazu komme ich nicht hierher. Sie hat mir einen langen Brief dazu* (= zu dieser Frage) *geschrieben. Was kann ich dazu tun? Er war nicht dazu gekommen, zu antworten.* Zusammenschreibung: *Er muss sich dazuhalten* (= beeilen). *Er ist endlich dazuge*

kommen (= hinzugekommen). *Er hat einige Zeilen dazugeschrieben* (= hinzugefügt). *Er hat viele Äpfel dazugetan* (= hinzugetan). *Sie hat sich etwas dazuverdient.* ↑ da (1).

dazu / da … zu: ↑ da (4), ↑ Pronominaladverb (2).

dazugehörend / dazugehörig: Beide Formen sind möglich: *die Pläne und die dazugehörenden / dazugehörigen Zeichnungen.*

dazukönnen: ↑ dafürkönnen / dafür können.

dazwischen: Getrenntschreibung: *Wir durften dazwischen rauchen. Dazwischen rufen immer wieder Kinder.* Zusammenschreibung: *Du musst einmal ordentlich dazwischenfahren. Es ist etwas dazwischengekommen. Sie hat ständig dazwischengerufen. Er ist mutig dazwischengetreten.* ↑ da (1).

de: Dieser Namenszusatz (frz., ital., span. *de* »von«, niederl. *de* »der«) wird am Satzanfang und in substantivischen Aneinanderreihungen wie *De-Sica-Filme, De-Gaulle-Rede, De-Kooning-Ausstellung, De-Beauvoir-Briefe* großgeschrieben. ↑ van.

Deck: Die übliche Pluralform zu *das Deck* lautet *die Decks.* Diese niederdeutsche Pluralform ist im Hochdeutschen durch die Seemannssprache bekannt geworden. Die hochdeutsche Pluralform auf *-e* (*die Decke*), die neben der niederdeutschen auf *-s* steht, kommt dagegen nur selten vor.

dein: 1. in Briefen: Das dem Anredefürwort *du* entsprechende Possessivpronomen *dein* wird nach den neuen Rechtschreibregeln immer kleingeschrieben, also auch in Briefen und ähnlichen schriftlichen Äußerungen wie Widmungen, feierlichen Aufrufen, Erlassen, schriftlichen Prüfungsaufgaben u. Ä.: *Als ich deinen Brief erhielt, war ich glücklich.* Mitteilungen des Lehrers unter einem Aufsatz: *Du hast auf deine Arbeit viel Mühe verwendet.* In Fragebogen: *Was sind deine Be-*

D.

rufswünsche? usw. ↑ Anrede (2), ↑ Brief (5).

2. Groß- oder Kleinschreibung von *dein, deine, deinig:* Klein schreibt man das Fürwort: *dein Buch, deine Brille. Ich gedenke deiner.* Klein schreibt man *dein, deinig* auch dann, wenn es mit dem Artikel steht, sich aber auf ein vorausgegangenes Substantiv bezieht: *Wessen Buch ist das? Ist es das dein[ig]e?* Groß schreibt man das substantivierte Pronomen: *Dies war ein Streit über das Mein und das Dein. Er hat das Mein und das Dein verwechselt.* Groß schreibt man in neuer Rechtschreibung auch ohne Artikel: *ein Streit über Mein und Dein, Mein und Dein verwechseln.* Groß oder klein schreibt man in neuer Rechtschreibung: *Wie geht es den Deinen/ den deinen? Das Deine/das deine* (= das dir Gehörende) *habe ich zur Seite gelegt. Und auch du musst das Dein[ig]e/dein[ig]e dazu tun.* ↑ Groß- oder Kleinschreibung (1.2.4).

deine Karte / deinen Brief habe ich erhalten und freue mich ...: Die Ersparung des Pronomens *ich* wirkt hier stilistisch unschön. Besser: *... habe ich erhalten. Ich freue mich ...* ↑ Ellipse (1).

deinem Vater sein Haus: ↑ Genitivattribut (1.3.2).

deiner Mutter ihr Auto: ↑ Genitivattribut (1.3.2).

deinerseits / deinesgleichen /deinetwegen / deinetwillen: Bei Anreden in Briefen usw. werden diese Wörter nach den Regeln der neuen deutschen Rechtschreibung immer kleingeschrieben. ↑ Anrede (2).

deinetwegen / wegen dir: In der Standardsprache heißt es *deinetwegen; wegen dir* ist umgangssprachlich. ↑ wegen (2).

deinige / Deinige: ↑ dein (2).

Dekan: Zur Anschrift ↑ Brief (7).

deklinabel: Bei dem Adjektiv *deklinabel* fällt, wenn es dekliniert wird, das *e* der Endungssilbe aus: *ein deklinables* (= deklinierbares) *Wort.* ↑ Adjektiv (1.2.13).

Deklination: Als Deklination (lat. *declina-*

tio »Abbiegung, Beugung«) bezeichnet man die Formveränderung des Substantivs und der anderen deklinierbaren Wortarten, die sich im heutigen Deutsch in vier ↑ Kasus ausdrückt. Vgl. ↑ Substantiv (1), ↑ Artikel, ↑ Adjektiv (1), ↑ Demonstrativpronomen, ↑ Interrogativpronomen, ↑ Personalpronomen (2), ↑ Possessivpronomen (1), ↑ Reflexivpronomen, ↑ Relativpronomen (1), ↑ Numerale.

Deklinationswechsel: ↑ Unterlassung der Deklination (2.1).

deklinieren: Das aus dem Lateinischen stammende Verb *deklinieren* (= beugen) bedeutet, ein Substantiv, Adjektiv, Pronomen oder Zahlwort in seiner Form abwandeln (↑ Deklination). Vgl. auch ↑ konjugieren.

Dekorateurin: Die weibliche Form zu *Dekorateur* lautet *Dekorateurin* (nicht: *Dekorateuse*). ↑ Titel und Berufsbezeichnungen (3).

delegieren: 1. jemanden zu / in etwas delegieren: Eine Person wird *zu* einem Kongress, aber *in* einen Ausschuss o. dgl. delegiert (= als Vertreter abgeordnet): *Wir haben zwei Frauen und einen Mann zu dieser Tagung delegiert. Von jeder Klasse wurden zwei Schülerinnen in das Schülerparlament delegiert.*

2. etwas an / auf jemanden delegieren: Eine vorgesetzte Stelle kann Teile ihres Aufgabenbereichs auf nachgeordnete Stellen oder Personen übertragen. In dieser Bedeutung wird *delegieren* gewöhnlich mit der Präposition *an* verbunden: *Die Direktorin hat diese Kontrollen an die Abteilungsleiter delegiert. Bestimmte Kompetenzen sind von den Landratsämtern an die Gemeinden delegiert worden.* Der Anschluss mit der Präposition *auf* (*auf die Abteilungsleiter, auf die Gemeinden*) ist seltener.

Delegierte: ↑ Abgeordnete.

Delphin / Delfin: In neuer Rechtschreibung kann das Substantiv in eingedeutschter Form mit *f* oder wie bisher mit *ph* geschrieben werden.

DEM: ↑ DM.
dem / den: Zu *am Montag, dem / den 5. 3. 98* ↑ Datum.
dem / ihm: Zu *Das habe ich dem / ihm schon gesagt* usw. ↑ Demonstrativpronomen (5).
dem / ihm: ↑ Relativpronomen (5).
dem ist nicht so: Im Sinne von »so verhält es sich nicht« ist gelegentlich die Wen-

dung *dem ist nicht so* zu hören. Im Sinne von »damit mag es sein, wie es will« heißt es öfter *dem sei, wie ihm wolle.* Der eigentümliche Dativ in diesen Wendungen ist ähnlich zu erklären wie bei *mir ist wohl, ihm war traurig zumute.* Er drückt aus, dass bestimmte Umstände sich auf eine Person oder Sache beziehen.
demjenigen: ↑ derjenige.

D

Demonstrativpronomen

Häufig gestellte Fragen zu den Demonstrativpronomen	
Frage	Antwort unter
Wann wird *deren* und wann *derer* verwendet?	dieser Artikel, Punkt (2)
Welche Beugungsendung des Adjektivs ist korrekt: *Ich sprach mit Margot und deren netten Mann* oder *Ich sprach mit Margot und deren nettem Mann?*	dieser Artikel, Punkt (4)

Die Demonstrativpronomen (hinweisenden Fürwörter) sind im Einzelnen:
der, die, das; ↑ dieser, diese, dieses; , ↑ jener, jene, jenes; ↑ derjenige, diejenige, dasjenige; ↑ derselbe, dieselbe, dasselbe.

Schwierigkeiten macht besonders das Pronomen *der, die, das,* weil es mit dem Relativpronomen und dem bestimmten Artikel gleich lautet.

	Singular Maskulinum	Femininum	Neutrum	Plural für alle drei Genera
Nom.	der	die	das	die
Gen.	dessen/des	deren (der)/derer	dessen/des	deren/derer (der)
Dat.	dem	der	dem	denen
Akk.	den	die	das	die

Zu den Genitiv-Formen *des, der, des* (Sing.) und *der* (Pl.) vgl. unten, Abschnitt 1; zu den Genitivformen *derer* (Sing.) und *derer* (Pl.) vgl. unten, Abschnitt 2.

D

1. dessen / des · deren / der · derer / der:

Die kurzen Genitivformen des Demonstrativpronomens sind heute ungebräuchlich. Sie kommen aber vor einem attributiven Genitiv oder Präpositionalgefüge mit *von* noch vor:

Des freut sich das entmenschte Paar (Schiller). Wes Brot ich ess, *des* Lied ich sing (Sprichwort). Die Karosserie meines Wagens und *des* meiner Freundin. Aufgrund der Eingabe von Böll und *der* von vielen anderen Schriftstellern.

2. deren / derer:

Die Formen *deren* und *derer* werden gelegentlich verwechselt. Es ist zu beachten, dass *deren* bei Rückweisung im Genitiv Singular Femininum und im Genitiv Plural aller drei Geschlechter gebraucht wird *(meine Mutter und deren Freundin; meine Freunde und deren Anschauungen),* während *derer* bei Vorausweisung im Genitiv Plural aller drei Geschlechter steht *(Sie erinnerte sich derer nicht mehr, die ihr früher so nahe gestanden hatten).* Dieses vorausweisende *derer* wird heute gewöhnlich als Pluralform verstanden. Deshalb vermeidet man es besser, diese Form auch noch als Genitiv Singular zu gebrauchen, und ersetzt sie durch ein entsprechendes Substantiv mit einfachem *der:*

(Statt:) Das Schicksal *derer,* die diesen Namen trug ... (Besser:) Das Schicksal *der Frau,* die diesen Namen trug ... Ich erinnerte mich *derer /* (besser:) *der Frau* nicht mehr, die mich angesprochen hatte.

Vergleiche auch ↑ Relativpronomen (2).

3. deren / ihr · dessen / sein:

Die Genitivformen *deren* und *dessen* verwendet man anstelle der Possessivpronomen *ihr* bzw. *sein,* wenn es Missverständnisse geben könnte:

Margot verabschiedete sich von Edith und *deren* Mann *(ihrem Mann* kann sowohl Ediths als auch Margots Mann meinen). Ralf begrüßte seinen Freund und *dessen* Schwester (mit *seine Schwester* könnte auch Ralfs Schwester gemeint sein).

Hierbei beziehen sich *deren* und *dessen* immer auf die letztgenannte Person oder Sache. In unmissverständlichen Fällen ist der Ersatz des Possessivpronomens durch das Demonstrativpronomen unnötig:

Ich begrüßte Klaus und *seine* (unnötig: *dessen*) neue Freundin. Die Wahl des Studentenvertreters und *seines* (unnötig: *dessen*) Stellvertreters zog sich hin.

4. Ich sprach mit Margot und deren nettem Mann:

Da *deren* und *dessen* attributive Genitive sind, haben sie keinen Einfluss auf die Deklination nachfolgender Wortgruppen. Ein nachfolgendes [substantiviertes] Adjektiv oder Partizip muss deshalb stark gebeugt werden:

Ich sprach mit Margot und *deren nettem* (nicht: *netten*) Mann. Vor dem Denkmal und *dessen* mit Figuren *verziertem* (nicht: *verzierten*) Sockel ... Mit Ausnahme unserer Mitarbeiter und *deren Angehöriger* (nicht: *Angehörigen*) ...

Auch ein nachfolgendes Genitivattribut wird durch *deren* oder *dessen* nicht beeinflusst, es muss seine Beugungsendung behalten:

Er freute sich über die Auszeichnung seines Bruders und *dessen Schulfreundes* (nicht: *Schulfreund*).

5. Ich kenne sie. Die wohnt doch ...:

Es gilt im Allgemeinen als unhöflich oder umgangssprachlich, wenn man in Bezug auf Personen die Demonstrativpronomen *der, die, das* statt der Personalpronomen *er, sie, es* im Nominativ, Dativ oder Akkusativ gebraucht, ohne dass ein Anlass zu demonstrativer Hervorhebung vorliegt:

Meine Mutter ist sehr altmodisch. Mit *der* (statt: mit *ihr*) kann ich nicht darüber sprechen. – Ich weiß es von meinem Vater. *Der* (statt: *Er*) hat es im Betrieb gehört. – Das ist mein Bekannter. *Den* habe ich in Berlin getroffen (statt: Ich habe *ihn* in Berlin getroffen).

6. derem, dessem:

Da *deren* und *dessen* Genitivformen sind, dürfen sie nicht gebeugt werden. Es ist falsch, zu diesen Genitiven die Dative *derem* und *dessem* zu bilden. Das wird aber fälschlicherweise manchmal getan, wenn eine Präposition, die den Dativ verlangt, vorangeht. Die Beugung erklärt sich aus der Neigung, die Genitivformen *deren* und *dessen* als selbstständige Pronomen aufzufassen und sie wie *dieser, meiner* o. Ä. zu deklinieren. Nicht korrekt: *Karl sprach mit Klaus und dessem Freund.* Richtig: *Karl sprach mit Klaus und dessen Freund.* Der Genitiv *dessen* hängt nämlich von *Freund* ab und nicht von dem vorangehenden *mit (Klaus und dessen Freund; wegen Klaus und dessen Freund; mit Klaus und dessen Freund. Er sah Klaus und dessen Freund)*. Falsch: *Sie sprach mit Margot und derem Mann.* Richtig: *Sie sprach mit Margot und deren Mann.* ↑ Relativpronomen (3).

---

demselben: ↑ derselbe.
dem unerachtet, dem ungeachtet: ↑ dessen ungeachtet.

Demut: Das Wort *Demut* hat weibliches Geschlecht: die *Demut*. ↑ -mut.
demzufolge / dem zufolge: Zusammen schreibt man, wenn es sich um das Pro-

nominaladverb im Sinne von »infolgedessen, deshalb« handelt: *Die Ware ist beschädigt und wird demzufolge zurückgeschickt. Demzufolge ist die Angelegenheit geklärt.* Getrennt schreibt man, wenn es sich um den Dativ Singular des Relativpronomens (Maskulinum und Neutrum) und die Präposition *zufolge* handelt: *Der Vertrag, dem zufolge sie sich verpflichten, …*

den / ihn: Zu *Das kann ich den / ihn nicht machen lassen* usw. ↑ Demonstrativpronomen (5).

den / ihn: ↑ Relativpronomen (5).

Den Haag: ↑ Haag, Den.

denkbar: Das Adjektiv *denkbar* wird heute oft verstärkend im Sinne von »sehr« gebraucht: *Es geht ihm denkbar gut. Die Arbeiten sind denkbar schwierig.* In dieser Funktion kann *denkbar* nicht gesteigert werden. Also nicht korrekt: *Es geht ihm denkbarst gut.* Dagegen kann *denkbar* mit einem Superlativ verbunden werden und bedeutet dann so viel wie »aller-«: *das denkbar solideste Unternehmen; unter den denkbar schwierigsten Verhältnissen leben.*

denken: 1. Das Verb *denken* hat trotz regelmäßiger Konjugation Wechsel des Stammvokals und Veränderung des Stammauslautkonsonanten: *denken, dachte, gedacht.*
2. Ich denke[,] morgen abzureisen: Wenn *denken* im Sinne von »beabsichtigen« mit einer Infinitivgruppe verbunden ist, kann man zur besseren Gliederung des Satzes und um Missverständnisse zu vermeiden ein Komma setzen. ↑ Komma (5.1.4).

Denkmal: 1. Plural: Neben der Pluralform *die Denkmäler* gibt es auch die (weniger gebräuchliche) Form *die Denkmale.* In Zusammensetzungen wie *Bau-, Grab-, Kunstdenkmal* kommt sie etwas häufiger vor. ↑ ¹Mal.
2. Fugenzeichen: In Zusammensetzungen mit *Denkmal* als Bestimmungswort stehen Formen mit und ohne Fugen-s nebeneinander: *Denkmal[s]kunde, -pflege, -schändung, -schutz, -sockel.* Im Allgemeinen ist die Form ohne Fugenzeichen häufiger.

denn: 1. **Zeichensetzung:** Vor *denn* steht ein Komma, wenn es Sätze verbindet: *Ich machte Licht, denn es war inzwischen dunkel geworden.* Häufig steht in solchen Fällen aber auch ein Semikolon oder ein Punkt: *Er fürchtete sich sehr vor dieser Reise; denn er traute seiner Gesundheit wenig zu. Der Kritiker hatte es leicht. Denn es war eine gelungene Aufführung, die er zu besprechen hatte.*
2. denn / als: Als Vergleichspartikel ist *denn* veraltet, es ist fast durchweg durch *als* ersetzt worden. Verwendet wird es nur noch in bestimmten Verbindungen und aus stilistischen Gründen in gehobener Ausdrucksweise: *Er benimmt sich mehr wie ein Freund denn wie ein Fremder. Er ist mir mehr denn je verhasst* (↑ als / denn). Vor allem gebraucht man *denn,* um doppeltes *als* zu vermeiden. *Er ist als Forscher bedeutender denn als Schriftsteller* (statt: *als als Schriftsteller*). ↑ als als / denn als.
3. denn / dann: Umgangssprachlich wird *denn* manchmal temporal statt *dann* gebraucht: *Na, denn wollen wir mal!* Standardsprachlich ist dieser Gebrauch nicht korrekt. ↑ dann / denn.

dennoch: 1. **Zeichensetzung:** Vor *dennoch* steht ein Komma, wenn es Sätze verbindet: *Der Plan schien aussichtslos, dennoch wollte ich nichts ändern.* Häufig steht in solchen Fällen aber auch ein Semikolon oder ein Punkt: *Niemand glaubte ihr; dennoch harrte man aus* (oder: *… ihr. Dennoch …*).
2. Rechtschreibung: *Dennoch* wird auch in neuer Rechtschreibung mit zwei *n* geschrieben, da das Wort nicht mehr als Zusammensetzung empfunden wird (Worttrennung: *den-noch*).

denselben: ↑ derselbe.

Deodorant / Desodorant: Heute wird meist die Form *Deodorant* (Genitiv: *-s,* Plural:

-e oder -s), seltener *Desodorant* (Genitiv: -s, Plural: -e oder -s) gebraucht. Die Form *Desodorans* (Genitiv: -s, Plural: -anzien oder -antia), früher vor allem im kosmetischen Schrifttum verwendet, ist veraltet.

deplatziert / deplaciert: In neuer Rechtschreibung wird die eingedeutschte Form nach dem etymologischen Prinzip mit *tz* (von *Platz*) geschrieben. Daneben besteht weiterhin die bisherige, aus dem Französischen stammende Schreibweise *deplaciert* [...'si:ɐ̯t].

der: ↑ Demonstrativpronomen, ↑ Relativpronomen.

der / deren: ↑ Demonstrativpronomen (1 und 2), ↑ Relativpronomen (2).

der / die: Das Relativpronomen in Sätzen wie *Einer der Studenten, der* oder *die ...* bezieht sich auf die Gruppe, deren Besonderheiten erläutert werden sollen. Es steht deshalb im Plural: *Ich war einer der vielen Studenten, die dort arbeiteten* (nicht: *der dort arbeitete*). ↑ Relativpronomen (7).

der / er; der / ihr: Zu *Das muss der / er doch selbst wissen* oder *Das habe ich mit der / ihr verabredet* usw. ↑ Demonstrativpronomen (5).

der / ihr: ↑ Relativpronomen (5).

der / welcher: ↑ Relativpronomen (1).

derartig: 1. Beugung: Das Pronominaladjektiv *derartig* und ein folgendes Adjektiv oder substantiviertes Adjektiv (Partizip) werden parallel gebeugt: *derartige schlimme Fehler; mit einem derartigen frechen Betragen; derartige [schwache] Kranke.* Die schwache Beugung des folgenden Adjektivs oder substantivierten Adjektivs (Partizips) *(die Vermeidung derartiger persönlichen Beschuldigungen; derartige Kranken)* ist heute nicht mehr üblich. Oft steht *derartig* auch, wie das Adverb *derart*, unflektiert vor einem Adjektiv: *Mit einem derart / derartig frechen Betragen.*

2. Rechtschreibung: Klein schreibt man das attributive Adjektiv: *derartige Über-*

legungen, etwas derartig Schönes. Groß schreibt man nach neuer Rechtschreibung alle Substantivierungen: *Ich habe Derartiges* (= solches) *noch nie gesehen. Sie habe etwas Derartiges noch nicht erlebt.* ↑ Groß- oder Kleinschreibung (1.2.4).

der / die / das: ↑ Genus.

dereinst[ig] / einst[ig]: Das Adverb *einst* kann sich sowohl auf die Vergangenheit *(Er war einst einer der besten Sprinter)* als auch auf die Zukunft *(Du wirst es einst bereuen)* beziehen. Dagegen wird *dereinst* nur auf die Zukunft bezogen: *Dereinst wird die Menschheit in Frieden leben.* Der Bezug auf die Vergangenheit *(Ich habe sie dereinst geliebt)* ist heute nicht mehr üblich. Das Adjektiv *dereinstig* ist selten und bezieht sich ebenfalls nur auf die Zukunft. Das Adjektiv *einstig* richtet sich im Allgemeinen nur auf die Vergangenheit: *Du wirst dort deinen einstigen* (= früheren) *Chef treffen. ... dass man die einstigen Züge* (= die früheren Gesichtszüge) *kaum darin wieder zu finden imstande war* (Broch).

derem: Die Form *derem* ist falsch, es gibt keinen Dativ zu *deren.* ↑ Demonstrativpronomen (6), ↑ Relativpronomen (3).

deren: Da *deren* ein attributiver Genitiv ist, übt er keinerlei Einfluss auf die Deklination nachfolgender Wortgruppen aus. Ein nachfolgendes [substantiviertes] Adjektiv oder Partizip muss deshalb stark gebeugt werden: *Sie sprach mit Margot und deren nettem* (nicht: *netten*) *Mann. Das ist nur für die Mitglieder und deren Angehörige.* ↑ Adjektiv (1.2.6), ↑ Demonstrativpronomen (4).

deren / derer: ↑ Demonstrativpronomen (2), ↑ Relativpronomen (2).

deren / ihr: ↑ Demonstrativpronomen (3).

dere[n]thalben, dere[n]twegen, dere[n]twillen: Diese Demonstrativ- bzw. Relativadverbien weisen aus Gründen der Ausspracheerleichterung ein -*t*- auf. Die sprachgeschichtlich älteren Formen ohne -*n*- sind heute wenig gebräuchlich.

der gleiche / derselbe: Das Demonstrativpronomen *derselbe, dieselbe, dasselbe* kennzeichnet ebenso wie *der / die / das gleiche* eine Übereinstimmung, eine Gleichheit, die Identität. Es gibt aber nicht nur eine Identität des einzelnen Wesens oder Dings *(Er besucht dieselbe / die gleiche Schule wie ich. Sie tranken alle nacheinander aus demselben / dem gleichen Glas),* sondern auch eine Identität der Art oder Gattung *(Ich möchte denselben / den gleichen Wein wie der Herr am Fenster. Er hat denselben / den gleichen Vornamen wie sein Vater. Sie trafen sich heute um dieselbe / die gleiche Uhrzeit wie gestern).* Im Allgemeinen ergibt sich aus dem Zusammenhang, welche Identität gemeint ist, sodass eine strenge Unterscheidung zwischen *derselbe* und *der gleiche* in diesen Fällen unnötig ist. Sobald aber Missverständnisse möglich sind, sollte man den Unterschied berücksichtigen und für die Identität der Gattung *der gleiche,* für die Identität der Einzelperson und des Einzelgegenstands *derselbe* sagen: *Die beiden Monteure der Firma fahren denselben Wagen* bedeutet, dass beide den einen Firmenwagen abwechselnd benutzen. Aber: *Die beiden Monteure der Firma fahren den gleichen Wagen* sagt aus, dass beide einen Wagen desselben Fabrikats benutzen.

der ihr Auto: ↑ Genitivattribut (1.3.2).

derjenige, diejenige, dasjenige: Dieses Demonstrativpronomen (in Verbindung mit einem Relativsatz) ist nachdrücklicher als einfaches *der, die, das* und zur Verdeutlichung des gemeinten Sinnes gelegentlich nicht zu entbehren. Wenn man schreibt *Der Antiquar verkaufte die Bücher, die beschädigt waren, um die Hälfte ihres Wertes,* dann geht aus dem einfachen *der, die, das* nicht hervor, ob Artikel oder Demonstrativpronomen gemeint ist. Der Artikel besagt, dass es sich nur um beschädigte Bücher und um keine anderen handelt. Das Demonstrativpronomen dagegen, das auswählende, determinierende Kraft hat, hebt die beschädigten unter anderen Büchern heraus. Meint man das Letztere, dann schafft die Wahl von *diejenigen* sofort Klarheit. Die oft als schwerfällig empfundene Fügung *derjenige, der* kann durch einfaches *wer,* seltener durch *der,* ersetzt werden: *Das wird nur derjenige begreifen, der es erlebt hat.* Dafür besser: *Das wird nur begreifen, wer es erlebt hat* oder: *... der es erlebt hat.* Als besonders schwerfällig wird *derjenige, welcher* empfunden, das heute nur noch ironisch etwa im Sinne von »Übeltäter« gebraucht wird: *Du bist also derjenige, welcher [das getan hat]. Sie sind diejenige, welcher, und haben immer gegen ihn gehetzt* (H. Mann).

derselbe, dieselbe, dasselbe: 1. desselben / sein, derselben / ihr (*derselbe* anstelle eines Possessivpronomens): Es ist inhaltlich unnötig und stilistisch unschön, anstelle eines Possessivpronomens das Pronomen *derselbe* zu gebrauchen: *Das höchste Bauwerk von Paris ist der Eiffelturm. Die Höhe desselben* (statt: *Seine Höhe) beträgt 300 m.*

2. derselbe / er, dieselbe / sie, dasselbe / es (*derselbe* anstelle eines Personalpronomens): Es ist auch inhaltlich unnötig und stilistisch unschön, *derselbe* anstelle eines Personalpronomens zu gebrauchen: *Nachdem die Äpfel geerntet worden waren, wurden dieselben* (statt: *sie) auf Horden gelagert.* Manchmal wird *derselbe* gewählt, um ein doppeltes gleich lautendes Pronomen zu vermeiden: *Sie brachte sie* (= die Brieftasche) *ihm unter die Augen und erst nachdem er an den Anblick des Gegenstandes gewöhnt schien, legte sie dieselbe* (statt: *sie sie) am Rande des Schreibtisches nieder* (H. Mann). Stilistisch besser ist dieser Ersatz aber nicht.

3. in demselben / im selben Verlag: Das Pronomen *derselbe, dieselbe, dasselbe* wird immer zusammengeschrieben, auch bei besonderer Betonung darf es nicht getrennt werden. Nur wenn der in *derselbe* enthaltene Artikel *der* mit einer Präposition verschmolzen wird, wird der zweite Bestandteil *(selbe)* abgetrennt: *zur selben* (= zu derselben) *Zeit, ins selbe* (= in dasselbe) *Flugzeug, vom selben* (= von demselben) *Autor.*

4. derselbe / der gleiche: ↑ der gleiche / derselbe.

derweil[en] / dieweil[en]: Die veraltenden Wörter *derweil[en]* und *dieweil[en]* werden nur noch vereinzelt in dichterischer oder altertümelnder Sprache gebraucht; *derweil[en]* ist sowohl Adverb mit der Bedeutung »inzwischen« als auch Konjunktion mit der Bedeutung »während«: *Die anderen suchten derweil[en] den Park ab. Derweil sie sich umkleidete, trat er auf den Balkon hinaus.* Auch *dieweil[en]* wird als Adverb mit der Bedeutung »inzwischen« und Konjunktion mit der Bedeutung »während« verwendet. Es wird jedoch als Konjunktion nicht nur temporal, sondern auch kausal (= weil) gebraucht. Temporal: *... die Kinderlein schlafen in einem Gemüsekorb, dieweil wir oft die halbe Nacht lang schwatzen* (Frisch). Kausal: *Natürlich übten sie ihren Besuchern gegenüber keine Kirchenkritik, dieweil es ihre Aufgabe war aufzubauen und nicht niederzureißen* (Nigg).

derzeit: Das Adverb *derzeit* wird heute weitgehend auf die Gegenwart bezogen und in der Bedeutung »augenblicklich, gegenwärtig, zurzeit« gebraucht: *Ich habe derzeit nichts davon auf Lager.* Das trifft auch für das Adjektiv *derzeitig* zu: *Der derzeitige Direktor ist Herr Mosner.* Früher wurden *derzeit* und *derzeitig* auch auf die Vergangenheit bezogen und im Sinne von »damals, früher« verwendet.

des / dessen: ↑ Demonstrativpronomen (1), ↑ Relativpronomen (1).

deshalb: 1. Zeichensetzung: Vor *deshalb* steht ein Komma, wenn es Sätze verbindet: *Er hatte Angst, deshalb log er.* Häufig steht in diesen Fällen aber auch ein Semikolon oder ein Punkt: *Ich will dir helfen; deshalb bin ich ja gekommen.* (Oder: *... helfen. Deshalb bin ich ...*)

2. Er kommt deshalb, weil ...: Das Adverb *deshalb* weist auf einen Grund, es kann sich daher nur auf einen Kausalsatz (Begründungssatz), nicht auf einen Finalsatz (Zwecksatz) beziehen: *Sie nahm deshalb daran teil, weil ...* (nicht: *um*). Sätze wie der folgende sind also nicht korrekt: *Beim Militär wird Gesang außerdem noch deshalb geübt, um das Marschieren unterhaltsamer zu gestalten* (Kirst; richtig: *..., weil er das Marschieren unterhaltsamer macht*).

3. deshalb / dieserhalb: In einigen Fällen kann ein hinweisendes *deshalb* durch *dieserhalb* ersetzt werden, das deutlicher den Bezug auf eine Sache ausdrückt: *Ich habe deshalb / dieserhalb* (= wegen dieser Sache) *bei ihm angefragt.* Man verwendet – wenn überhaupt – *dieserhalb* in geschriebener Sprache, weil es hier, wo die Betonung wegfällt, nachdrücklicher wirkt als *deshalb.*

Desodorant / Deodorant: ↑ Deodorant / Desodorant.

desselben: ↑ derselbe.

dessem: Die Form *dessem* ist nicht korrekt. ↑ Demonstrativpronomen (6), ↑ Relativpronomen (3).

dessen: 1. Der Mann, auf dessen erschöpftem Gesicht ...: Da *dessen* ein attributiver Genitiv ist, übt er keinerlei Einfluss auf die Deklination nachfolgender Wortgruppen aus. Ein nachfolgendes Adjektiv oder Partizip muss deshalb stark gebeugt werden: *Der Mann, auf dessen erschöpftem* (nicht: *erschöpften*) *Gesicht der Schweiß glänzte, ... Vor dem Denkmal und dessen breitem* (nicht: *breiten*) *Sockel ... Für den Kranken und dessen Angehörige ...* (nicht: *Angehörigen*). ↑ Adjektiv (1.2.6), ↑ Demonstrativpronomen (4).

dessen / sein: ↑ Demonstrativpronomen (3).

D

**dessenthalben, dessentwegen, dessent-
willen:** ↑ dere[n]thalben, dere[n]twegen,
dere[n]twillen.

**dessen ungeachtet / dem ungeachtet / des
ungeachtet:** Nach den neuen Regeln
schreibt man *dessen ungeachtet, dem ungeachtet, des ungeachtet, dem unerachtet*
usw.immer getrennt.

desto: ↑ je (2)

deswegen: Vor *deswegen* steht ein
Komma, wenn es Sätze verbindet: *Er
wurde krank, deswegen musste er den
Vortrag absagen.* Häufig steht in diesen
Fällen aber auch ein Semikolon oder ein
Punkt: *Ich dachte mir schon, dass du
später kommst; deswegen habe ich bis
jetzt gewartet.* (Oder: *... kommst. Deswegen habe ich ...*)

des Weiteren: Die Verbindung *des Weiteren* schreibt man immer getrennt und in
neuer Rechtschreibung nur groß: *des
Weiter[e]n darlegen. Des Weiter[e]n
wurde berichtet, dass ...* ↑ weit (1).

Detektiv: Das Substantiv *Detektiv* wird
stark gebeugt. Es heißt also im Genitiv
Singular: *des Detektivs* (nicht: *Detekti-
ven*), Dativ: *dem Detektiv* (nicht: *Detekti-
ven*), Akkusativ: *den Detektiv* (nicht: *De-
tektiven*). Der Plural lautet *die Detektive.*

deucht: Die Formen *[mir] deucht, deuchte,
[mir hat] gedeucht* sind alte Nebenformen von *dünken.* ↑ dünken (1).

deutlich: In Verbindung mit Verben
schreibt man immer getrennt: *deutlich
sprechen, schreiben; jemandem etwas
deutlich machen. Daraus ist deutlich geworden, dass ...*

**deutsch: 1. Rechtschreibung: a) Kleinschrei-
bung:** Da das Adjektiv *deutsch* nur in
echten Namen und Substantivierungen
großgeschrieben wird, gilt in den folgenden Fällen Kleinschreibung: *das deutsche Recht, die deutsche Sprache, der
deutsche Idealismus, die deutsche Bundesrepublik, die deutsche Einheit, deutscher Schaumwein, der deutsche Michel;
sie ist deutsche Meisterin geworden* (als
Titel auch: *Anton G., Deutscher Meister*

im Eiskunstlauf; ↑ Titel und Berufsbezeichnungen [2]). Kleinschreibung gilt
für *deutsch* auch in Verbindung mit Verben, wenn es mit »wie?« erfragt werden
kann: *Sie wollen sich deutsch unterhalten. Der Brief ist deutsch geschrieben. Ich
kann mit ihm auch deutsch* (= *deutlich,
grob*) *reden. Redet sie jetzt deutsch oder
holländisch?* **b) Großschreibung:** Groß
schreibt man das substantivierte Adjektiv, wenn es im Sinne von »deutsche
Sprache« verwendet wird (und mit
»was?« erfragbar ist): *Sie sprechen kein
Wort Deutsch. Sein Deutsch ist schlecht.
Im älteren Deutsch lautet der Text ... Wir
mussten aus dem Deutschen ins Englische übersetzen. Er hat eine Vier in
Deutsch geschrieben. Sie kann /
lernt / lehrt / versteht Deutsch. Er spricht
nur gebrochen Deutsch. Du verstehst
wohl kein Deutsch* (= *willst nicht hören*)? *Jetzt spricht sie zwar* (wie?) *englisch, aber ihre Muttersprache ist* (was?)
*Deutsch. Am Ende des Artikels steht eine
Zusammenfassung in Deutsch. Der Prospekt erscheint in Deutsch und Englisch*
(= *in den Sprachen Deutsch und Englisch*). Nach den neuen Rechtschreibregeln schreibt man *deutsch* auch groß,
wenn es mit *auf* oder *in* verbunden ist
und man die Fügung mit »wie?« erfra-
gen kann: *Ihre Gedichte schreibt sie auf
Deutsch, ihre Prosatexte auf Englisch.
Das heißt auf gut Deutsch* (= *geradehe-
raus, freimütig*) *Faulheit.* Groß schreibt
man *deutsch* auch als Bestandteil von
↑ Namen (5) und von bestimmten namenähnlichen Fügungen: *Die Deutsche
Bibliothek* (in Frankfurt), *fünftausend
Deutsche Mark, der Deutsch-Französi-
sche Krieg (1870/71), das Deutsche Arzneibuch, Verein Deutscher Ingenieure,
Zweites Deutsches Fernsehen, die Deutsche Bahn AG.* Neu auch: *die Deutsche
Dogge, der Deutsche Schäferhund.* In einzelnen Fällen kann die Schreibung eines
Namens von den Regeln abweichend
festgelegt sein: *Bank deutscher Länder,*

Gesellschaft für deutsche Sprache, Institut für deutsche Sprache.

2. Steigerung: Der Superlativ von *deutsch* lautet *der deutscheste, am deutschesten.* Zum Gebrauch dieser Formen ↑ Vergleichsformen (3.1).

Deutsch, das / Deutsche, das: Die endungslose Form *das Deutsch* bezeichnet immer eine besondere, näher bestimmte Art der deutschen Sprache: *Sein Deutsch ist schlecht. Es gibt viele Fremdwörter im heutigen Deutsch.* Die Form auf -e bezeichnet dagegen die deutsche Sprache allgemein: *Das Deutsche ist eine indogermanische Sprache. Er hat aus dem Englischen ins Deutsche übersetzt.* ↑ Sprachbezeichnungen (1).

deutsche Botschaft: ↑ Namen.

Deutscher: Im Allgemeinen wird heute *wir Deutschen,* seltener *wir Deutsche* gesagt. ↑ Adjektiv (1.2.4).

deutsche Schrift: ↑ Schrift.

deutschsprachig / deutschsprachlich: Das Adjektiv *deutschsprachig* bedeutet »die deutsche Sprache sprechend« *(die deutschsprachige Schweiz)* und »in deutscher Sprache« *(deutschsprachiger Unterricht; deutschsprachige Literatur).* Dagegen bedeutet *deutschsprachlich* »die deutsche Sprache betreffend«, *deutschsprachlicher Unterricht* ist also Unterricht über die deutsche Sprache, z. B. auf Englisch oder Französisch.

Dezember: Der Genitiv des Monatsnamens lautet *des Dezembers* oder (seltener) *des Dezember,* der Plural *die Dezember: im Laufe des Dezembers /* (seltener:) *des Dezember; die kältesten Dezember des Jahrhunderts.* Die ungebeugte Form steht dann, wenn der Monatsname ohne Artikel einem Substantiv folgt *(Anfang Dezember, Mitte Dezember* u. Ä.) oder wenn er in einem appositionellen Verhältnis zu dem Wort *Monat* steht *(des Monats Dezember).* ↑ Monatsnamen.

Dezimalzahlen: 1. ↑ Zahlen und Ziffern (2). **2.** Zu *1,5 ml des Serums wurden / wurde vernichtet* ↑ Kongruenz (1.2.3).

d. h.: ↑ das heißt.

d. i.: ↑ das ist.

Diagonale: Das substantivierte Adjektiv wird überwiegend wie ein echtes Substantiv gebeugt, im Singular endungslos, im Plural schwach auf *-n: die Diagonalen.* Ohne Artikel kommt im Plural auch starke Beugung vor: *zwei Diagonalen* oder *zwei Diagonale.*

Diakon: Zur Anrede und Anschrift ↑ Brief (7).

Diakonat: Das Wort wird gewöhnlich als Neutrum *(das Diakonat),* von Theologen auch als Maskulinum *(der Diakonat)* gebraucht.

Diakonisse / Diakonissin: Das Suffix *-in,* das für die Bildung femininer Substantive zu maskulinen Personenbezeichnungen verwendet wird, ist bei dem Femininum *die Diakonisse* überflüssig, wird aber zur Verdeutlichung häufig gesetzt. Beide Formen gelten als korrekt. ↑ Movierung.

diakritische Zeichen: Unter einem diakritischen Zeichen versteht man ein Zeichen, das die besondere Aussprache eines Buchstabens anzeigt, z. B. die Akzente, die ↑ Cedille und die ↑ Tilde. In der deutschen Rechtschreibung werden nur die Umlautpunkte als diakritische Zeichen verwendet *(ä, ö, ü),* andere Zeichen treten ausschließlich bei bestimmten Fremdwörtern und Eigennamen auf. ↑ Háček und ↑ Trema.

Diät: Man schreibt immer groß: *eine strenge Diät; Diät halten; jemanden auf Diät setzen.* In neuer Rechtschreibung auch: *Diät leben.*

dicht: 1. der dicht behaarte Körper: In neuer Rechtschreibung werden *dicht* und das folgende (wie ein Adjektiv gebrauchte) 2. Partizip immer getrennt geschrieben: *der dicht behaarte Körper, ein dicht bevölkertes Land.* Bei der Steigerung wird nur das erste Wort gesteigert: *das am dichtesten bevölkerte Land.* Das Adjektiv *dichtmaschig* wird dagegen als Ganzes gesteigert: *dichtmaschiger, am dichtma-*

D

schigsten und zusammengeschrieben.
↑ Vergleichsformen (2.5.1) und (2.5.2).

2. dicht halten / dichthalten, dicht machen / dichtmachen: Getrennt vom folgenden Verb schreibt man, wenn *dicht* in der Verbindung erweiterbar oder steigerbar ist: *Das Fass wird [absolut] dicht halten. Sie haben die Isolierung [noch] dichter gemacht.* Zusammen schreibt man, wenn *dicht* nicht erweiterbar oder steigerbar ist: *Er kann einfach nicht dichthalten* (ugs. für: schweigen). *Sie hat ihre Boutique dichtgemacht* (ugs. für: geschlossen). ↑ Getrennt- oder Zusammenschreibung (1.2).

dichtmaschig: ↑ dicht.

dick: Klein schreibt man das Adjektiv in der unveränderlichen Verbindung *durch dick und dünn.* ↑ Groß- oder Kleinschreibung (1.2.1).

die: ↑ Demonstrativpronomen, ↑ Relativpronomen.

die / der: Zu Fällen wie *Einer der Studenten, die / der ...* ↑ der / die.

die / sie: Zu *Das kann die / sie nicht wissen* usw. ↑ Demonstrativpronomen (5).

die / welche: ↑ Relativpronomen.

die gleiche / dieselbe: ↑ der gleiche / derselbe.

diejenige: ↑ derjenige.

Dienstag: 1. Worttrennung: Man trennt *Diens-tag*, weil zusammengesetzte Wörter nach ihren sprachlichen Bestandteilen getrennt werden.
2. Dienstagabend: Verbindungen aus Wochentag und Tageszeitangabe schreibt man in neuer Rechtschreibung wie noch zusammen: *Am Dienstagabend hat sie Ballettstunde, am Mittwochabend Gesangstunde. Am nächsten Dienstagabend gehen wir aus. Meine Dienstagabende sind für die nächste Zeit alle belegt.* Entsprechendes gilt für *Morgen, Mittag* und *Nacht,* nicht aber für *früh,* das als nachgetragenes Adverb nur getrennt geschrieben wird *([am] Dienstag früh).* Zu den Möglichkeiten *Dienstagabend / dienstagabends / dienstags*

abends ↑ Adverb (3); zu *am Dienstag, dem 14. März / den 14. März* ↑ Datum; zur Deklination *(des Dienstag[e]s / des Dienstag)* ↑ Wochentage.

Dienstmann: Der Plural kann *die Dienstmänner* oder *die Dienstleute* heißen. Die erste Form ist üblicher. ↑ Mann (2).

dienstverpflichten: Von *dienstverpflichten* werden im Allgemeinen nur der Infinitiv und das 2. Partizip gebraucht: *Man wollte uns dienstverpflichten. Wir sind dienstverpflichtet worden.* Andere Formen kommen nur gelegentlich vor: *Wenn man uns dienstverpflichtet, dann ...* ↑ Getrennt- oder Zusammenschreibung (2.1).

Die Räuber: Es muss heißen *»Die Räuber« haben* (nicht: *hat*) *immer eine starke Wirkung auf die Jugend ausgeübt* (↑ Kongruenz [1.2.5]) und *»Die Räuber« heißt ein Drama von Schiller* (↑ Kongruenz [1.4.2]).

dies: ↑ dieser, diese, dieses (3).

Diesel: Wird der Eigenname *Diesel* als Kurzform für *Dieselmotor* gebraucht, so lautet der Genitiv *des Diesels* (seltener: *des Diesel*). Beide Formen sind korrekt. ↑ Personennamen (2.1.4).

dieselbe / die gleiche: ↑ der gleiche / derselbe.

dieselbe, dieselben: ↑ derselbe.

dieser, diese, dieses: 1. Anfang dieses Jahres: Das Demonstrativpronomen *dieser, diese, dieses* wird immer stark gebeugt. Auch im Maskulinum und Neutrum heißt es im Genitiv Singular nur *dieses: Anfang dieses* (nicht: *diesen*) *Jahres; am 10. dieses Monats; ein Gerät dieses Typs.*
2. Überbringer dieses Schreibens / Überbringer dieses: Das Pronomen kann allein stehend oder attributiv gebraucht werden. Im Genitiv wird es standardsprachlich jedoch nur noch attributiv verwendet: *die Bewohner dieser Stadt; der Kragen dieses Mantels.* Der substantivische Gebrauch in *der Überbringer dieses* (= dieses Schreibens) gehört der älteren Kanzleisprache an.

3. unflektiertes *dies:* Anstatt des Neutrums *dieses* wird häufig auch das unflektierte *dies* in gleicher Bedeutung gebraucht, vor allem wenn es allein stehend verwendet wird. Entscheidend für die Wahl ist der Satzrhythmus: *Ich wusste, dass es dies gab. Dies alberne Geschwätz widert mich an.*

4. mit diesem [seinem] ersten Buch: Ein Adjektiv nach *dieser* wird schwach gebeugt: *mit diesem ersten Buch ...* Das Possessivpronomen hingegen wird auch nach *dieser* immer stark gebeugt. Es heißt richtig: *Mit diesem seinem ersten Buch* (nicht: *mit diesem seinen ersten Buch*) *hatte er viel Erfolg.* Ebenso: *von dieser seiner neuesten Schöpfung; nach dieser ihrer besten Leistung.*

5. dieser – jener: Ist in einem Satz von zwei Wesen oder Dingen die Rede, auf die man sich mit *dieser – jener* zurückbezieht, dann bezeichnet *dieser* das zuletzt genannte Wesen oder Ding, *jener* das zuerst genannte: *Mutter und Tochter kamen näher, diese trug ein Sommerkleid, jene ein Kostüm.* Da durch *dieser – jener* die Beziehungen nicht allzu deutlich werden, treten an ihre Stelle oft ↑ *ersterer – letzterer,* die eindeutig sind.

dieserart / dieser Art: Von dem unveränderlichen Demonstrativpronomen *dieserart* »so geartet« *(Ich kann mit dieserart Leuten nicht umgehen)* und dem Adverb *dieserart* »auf diese Weise« *(Während ich dieserart weiterschrieb ...)* ist der Dativ bzw. Genitiv der Fügung *diese Art* zu unterscheiden: *Mit dieser Art von Bildern / Mit Bildern dieser Art* (nicht: *dieserart) kann ich nichts anfangen.*

diesseits: Als Präposition wird *diesseits* mit dem Genitiv verbunden: *diesseits des Flusses; die Autobahn diesseits Frankfurts.* Man kann aber auch ein *von* einschalten: *die Autobahn diesseits von Frankfurt.* In diesem Falle ist *diesseits* Adverb.

Die Verlobung (Vermählung) unserer Tochter ...: Zu *Die Verlobung (Vermäh-*

lung) unserer Tochter beehren wir uns anzuzeigen ↑ Anzeigen (2).

Differenzial / Differential: Nach den neuen orthographischen Regeln kann neben der herkömmlichen Schreibung *Differential* auch die Schreibung *Differenzial* benutzt werden.

Diminutiv: Unter einem Diminutiv versteht man die Verkleinerungsform eines Substantivs. Sie wird in der Standardsprache mithilfe der Ableitungssilben *-chen* oder *-lein* gebildet, z. B.: *Fensterchen, Häuschen, Tüchlein, Büchlein.* Vielfach drücken Bildungen dieser Art nicht so sehr die Verkleinerung aus, sondern sind vielmehr Koseformen, die der familiären Ausdrucksweise angehören und die emotionale Beteiligung oder enge Beziehung des Sprechers zu der betreffenden Sache oder Person kennzeichnen *(ein Bierchen trinken; ein Häuschen im Grünen haben).* Die Kleinheit, das geringe Alter o. Ä. wird daher durch das Adjektiv *klein* verdeutlicht, ohne dass ↑ Pleonasmen entstehen: *ein kleines Häuschen, ein kleines Bübchen, mein kleines Mäuschen.* Diminutive wie *Kindchen, Freundchen* können auch vorwurfsvoll oder warnend gegenüber Erwachsenen gebraucht werden: *Nun sei doch vernünftig, Kindchen! Na warte, Freundchen!* Von vornherein nicht als Diminutive empfunden werden einige Bildungen, die die Beziehung zu ihren Grundwörtern verloren oder eine spezielle Bedeutung erworben haben: *Kaninchen, Mädchen, Dämchen, Liebchen.*

[DIN-]A4-Blatt: Bei Aneinanderreihungen wie *[DIN-]A4-Blatt, [DIN-]C6-Umschlag* darf zwischen *A* und *4, C* und *6* usw. kein Bindestrich stehen und kein Zwischenraum gelassen werden, weil Buchstabe und Ziffer hier eine Einheit bilden. ↑ Bindestrich (3.1).

Ding: Der standardsprachliche Plural zu *Ding* lautet *die Dinge: Das sind nützliche Dinge. Aller guten Dinge sind drei.* Der Plural *die Dinger* ist umgangssprachlich und bezieht sich entweder auf junge Mädchen oder auf bestimmte, oft abschätzig betrachtete Gegenstände: *Wie diese jungen Dinger doch alle tanzen können! Oder waren das keine Rosinen, diese angebrannten Dinger?* (Hausmann).

dingen: Das heute veraltende Verb *dingen* »gegen Entgelt in Dienst nehmen« kann sowohl regelmäßig als auch unregelmäßig konjugiert werden. Im Präteritum ist die Form *dingte* gebräuchlicher: *Er dingte* / (seltener:) *dang einen Jungen als Führer.* Im 2. Partizip ist dagegen die unregelmäßige Form geläufiger: *Er hat einen Helfer gedungen. Ein gedungener Mörder sollte die Tat ausführen.* Bei den Zusammensetzungen und Präfixbildungen sind die Formen z. T. anders verteilt. ↑ ausbedingen, ↑ bedingen, ↑ verdingen.

Dingwort: ↑ Substantiv.

Dioxid / Dioxyd: ↑ Oxid / Oxyd.

Diphthong: Unter einem Diphthong (Doppellaut, Zwielaut) versteht man die Verbindung zweier Vokale zu einem langen Laut, z. B. *ei* in *frei, au* in *faulen, eu* in *Freude.* Bei der Worttrennung wird der Diphthong wie ein Laut behandelt: *Bei-ne, grau-sam, freu-en, Kai-ser, beu-gen, säu-men.*

Dipl.-Ing.: Die Abkürzung für Diplomingenieur und Diplomingenieurin ist Dipl.-Ing. Zur Anschrift ↑ Brief (7).

Diplomat: Das Substantiv wird schwach gebeugt. Der Genitiv lautet *des Diplomaten* (nicht: *des Diplomats*), der Dativ und Akkusativ lauten *dem, den Diplomaten* (nicht: *dem, den Diplomat*). ↑ Unterlassung der Deklination (2.1.2).

dir als …: ↑ Apposition (3.1).

direkte Rede (wörtliche Rede): Im Gegensatz zur ↑ indirekten Rede wird in der direkten Rede etwas wörtlich angeführt, d. h. so, wie es gesagt, gedacht, überlegt worden ist. Die direkte Rede steht in Anführungszeichen und hat, wenn sie angekündigt ist, den Doppelpunkt vor sich, z. B.: *Er sagte:* »*Ich komme morgen.*« Der Doppelpunkt steht auch dann, wenn der Satz nach der wörtlichen Rede weitergeführt wird: *Er sagte:* »*Ich komme gleich zu dir*«, *und legte den Hörer auf.* Ist die direkte Rede vorangestellt, wird sie nach den neuen Regeln auch dann durch Komma abgetrennt, wenn sie durch Ausrufe- oder Fragezeichen abgeschlossen ist: »*Ich komme morgen*«, *sagte sie.* »*Kommst du morgen?*«, *fragte sie.* »*Bleib sofort stehen!*«, *brüllte sie.* Das gilt auch, wenn nach der wörtlichen Rede der übergeordnete Satz weitergeführt wird, und zwar gleichgültig, ob die wörtliche Rede ein Satzzeichen enthält oder nicht: *Als er mich fragte:* »*Warum darf ich das nicht?*«, *war ich sehr verlegen. Der Arzt meinte:* »*Die Diagnose ist bedenklich*«, *und schüttelte den Kopf.* Es steht aber weder Komma noch Doppelpunkt, wenn eine direkte Rede in den Satz einbezogen ist: »*Ich gehe jetzt*« *war alles, was sie sagte. Nachdem er* »*Das ist gut*« *gesagt hatte, war ich beruhigt.* ↑ Doppelpunkt (1), ↑ Anführungszeichen (2.1 und 3).

direkter Fragesatz: ↑ Fragesatz.

Direktor / Direktorin: Zu *des Direktors Müller / Direktor Müllers, der Direktorin Müller* ↑ Titel und Berufsbezeichnungen (1.2 und 1.3).

Dirigent: Das Substantiv wird nur schwach gebeugt. Der Genitiv lautet *des Dirigenten,* der Dativ und Akkusativ lauten *dem, den Dirigenten* (nicht: *dem, den Dirigent*). ↑ Unterlassung der Deklination (2.1.2). Zu *des Dirigenten Hofmeyer / Dirigent Hofmeyers* ↑ Titel und Berufsbezeichnungen (1.2 und 1.3).

Discountladen: ↑ Amerikanismen / Anglizismen (2).

Diseur / Diseuse: Die feminine Form zu *Diseur* »Vortragskünstler« ist nur in der französischen Form auf -*euse* (also *Diseuse*) üblich. ↑ Titel und Berufsbezeichnungen (3).

Diskus: Das Substantiv hat zwei Pluralformen: *die Disken* und *die Diskusse.*

diskutabel: Bei *diskutabel* fällt, wenn es

dekliniert oder gesteigert wird, das *e* der Endungssilbe aus: *ein diskutabler Vorschlag. Dieser Umstand macht den Plan auch nicht diskutabler.* ↑ Adjektiv (1.2.13).

distributiver Singular: Zu Sätzen wie *Beschämt senkten sie den Kopf / die Köpfe* ↑ Kongruenz (1.2.9).

Disziplin- und andere Schwierigkeiten: ↑ Bindestrich (1.1).

Divertimento: Der Plural lautet *die Divertimentos*, in der Fachsprache der Musik *die Divertimenti*. Nicht korrekt ist die Pluralform *die Divertimentis*. ↑ Fremdwort (3.4).

DM: Die Abkürzung für Deutsche Mark in Verbindung mit Zahlen ist *DM: 250 DM / DM 250*. Die internationale Abkürzung ist *DEM*, die man z. B. im Schriftverkehr mit dem Ausland verwenden sollte. ↑ Maß-, Mengen- und Münzbezeichnungen (4). Ohne Zahlenangaben wird in der Presse, vor allem in der Wirtschaftspresse, auch *D-Mark* verwendet.

d. M.: Die Abkürzung von *dieses Monats* ist *d. M.* (nicht: *d. M.s*). ↑ Abkürzung (3.1).

doch: Vor *doch* steht ein Komma, wenn es Zusätze einleitet: *Er probierte es oft, doch vergebens.* Es steht auch ein Komma, wenn *doch* Sätze verbindet: *Sie versprach mir zu helfen, doch sie kam nicht.* Häufig steht in solchen Fällen aber auch ein Semikolon oder ein Punkt: *Ich hätte ihm gern geschrieben; doch ich wusste seine Anschrift nicht.* (Oder: *... geschrieben. Doch ich wusste ...*)

doch / ja: Als Antwort auf eine verneinte Entscheidungsfrage wird nicht *ja*, sondern *doch* gebraucht, wenn die Verneinung nicht gelten soll; *ja* ist hier umgangssprachlich: *»Stimmt das etwa nicht?«* – *»Doch«* (= das stimmt)! *»Hast du kein Vertrauen mehr zu mir?«* – *»Doch«* (= ich habe Vertrauen zu dir)! Gelegentlich wird *doch* auch statt *ja* als Antwort auf nicht verneinte Entscheidungsfragen gebraucht, wenn die Erwartung des Fragenden von Ängsten oder

Zweifeln bestimmt ist. Der Fragende soll mit *doch* beruhigt werden: *»Liebst du mich noch?«* – *»Doch«* (= ich liebe dich noch). Bei verneinten Aussagen wird *doch* verwendet um der Aussage zu widersprechen: *»Sie gehört nicht zum engeren Kreis der Bewerber.«* – *»Doch«* (= sie gehört zum engeren Kreis).

doch / jedoch: Wenn *doch* oder *jedoch* an der Spitze eines beigeordneten Satzes stehen, können sie wie jedes Adverb in Spitzenstellung die ↑ Inversion von Subjekt und finiter Verbform bewirken: *Sie fährt gern Auto, [je]doch fliegt sie nur ungern mit dem Flugzeug.* Die Inversion kann aber auch unterbleiben; in diesem Fall fungieren *doch* und *jedoch* als Konjunktionen: *Sie fährt gern Auto, [je]doch sie fliegt nur ungern ...* Beide Wörter stehen in Sätzen wie: *Sie versprach mir zu antworten, [je]doch sie hat nicht geschrieben. Ich hoffte, dass er einwilligte, [je]doch er lehnte ab. Das ist grausam, [je]doch nicht unnütz.* Sie unterscheiden sich aber in der Möglichkeit des Stellungswechsels, wenn sie Hauptsätze miteinander verbinden. In diesem Fall tritt *doch* immer an den Anfang des Satzes: *Man ist arm, aber nicht unglücklich, der Lohn ist karg, doch man genießt die abendlichen Stunden* (Jens). Dagegen ist *jedoch* beweglicher: *Er ist fleißig, jedoch fehlt es ihm an Begabung* oder *... es fehlt ihm jedoch an Begabung.* Andererseits kann nur *doch* Konjunktionen wie *und, aber, oder* folgen: *Und doch ist es ihr nicht gelungen, die Firma zu sanieren.*

Dock: Die übliche Pluralform – nach niederdeutsch-englischem Vorbild – lautet *die Docks*. Die hochdeutsche Form *die Docke* ist selten.

Dogma: Der Plural lautet die *Dogmen*. ↑ Fremdwort (3.4).

Do-it-yourself-Bewegung: ↑ Bindestrich (3.1).

Doktor: 1. Doktor / Doktorin: Nach der Anrede *Frau* ist der Gebrauch schwankend: *Frau Doktor Meier*, (seltener:) *Frau Dok-*

D

torin Meier. Wenn der Titel nachgestellt wird, werden häufig geschlechtsspezifische Bezeichnungen verwendet: *Frau Meier, Doktorin beider Rechte.* Im schriftlichen Gebrauch lassen sich Unsicherheiten durch die Verwendung von Abkürzungen umgehen: *Sehr geehrte Frau Dr. Meier.*

2. Doktor Meiers / des Doktor Meier: Steht *Doktor* in Verbindung mit einem Familiennamen, bleibt das Wort ungebeugt: *der Bericht [Herrn] Doktor / Dr. Meiers. Die Praxis Frau Doktor / Dr. Müllers.* Auch wenn, was selten vorkommt, der Artikel hinzutritt, wird *Doktor* nicht gebeugt: *die Villa des Doktor Meier.* In Anrede und Anschrift wird der Doktortitel gewöhnlich mit dem Namen verbunden: *Herrn Dr. Werner Martens; Frau Dr. Scholz, Sie haben …* Beim Schreiben wird der Doktorgrad gewöhnlich abgekürzt. Nur wer sehr höflich sein will, lässt den Namen weg; er muss dann aber *Doktor* ausschreiben: *Sehr geehrter Herr Doktor!* Redet man mehrere Doktorinnen und Doktoren (z. B. in einer Gemeinschaftspraxis) an, lautet die Anrede *Sehr geehrte Damen und Herren Doktoren,* handelt es sich nur um Männer, heißt die Anrede *Sehr geehrte Herren Doktoren.* Ist eine Person Inhaber mehrerer Doktortitel, führt man diese ohne Komma hintereinander vor dem Namen auf: *Frau Dr. phil. Dr. med. Helga Berner.* Bei mehr als drei Titeln kann man sich mit *Dr. mult.* (= doctor multiplex »mehrfacher Doktor«) helfen. In diesem Fall darf man nicht ↑ Dres. verwenden. ↑ Titel und Berufsbezeichnungen (2); ↑ jur. / iur; ↑ Alphabetisierung (4).

Doktoringenieur / Doktoringenieurin: Die Bezeichnung für den Ingenieur bzw. die Ingenieurin mit Doktor[diplom] schreibt man ohne Bindestrich in einem Wort: *Doktoringenieur, Doktoringenieurin.* In der Abkürzung muss der Regel entsprechend ein ↑ Bindestrich (2.8) stehen: *Dr.-Ing.* (wie *Reg.-Rat* u. a.).

Dollar: Der Plural lautet *die Dollars: Auf seine Dollars kann er verzichten.* Aber: *in Dollar* (nicht: *Dollars*) *zahlen.* Auch in Verbindung mit Zahlwörtern über *eins* steht *Dollar* ungebeugt: *Dieses Auto kostet 5 000 Dollar.* ↑ Maß-, Mengen- und Münzbezeichnungen (1).

Dolmetsch / Dolmetscher: Die Form *Dolmetsch* ist die geradlinige Fortsetzung von mhd. *tolmetsch[e],* dessen auslautendes *e* abfiel. *Dolmetscher* ist eine jüngere Form des 15. Jahrhunderts, die wohl als Ableitung vom Verb *dolmetschen* aufzufassen ist. Beide Formen wurden lange im eigentlichen und übertragenen Sinne unterschiedslos nebeneinander gebraucht. Die Differenzierung von *Dolmetsch* »Fürsprecher, Verkünder« und *Dolmetscher* »Übersetzer« ist eine neuere Entwicklung, die noch nicht ganz abgeschlossen ist. *Dolmetsch* wird außerhalb Österreichs kaum noch im Sinne von »Übersetzer« gebraucht, während bei *Dolmetscher* der übertragene Gebrauch noch häufiger ist.

dominieren: Das Verb *dominieren* »beherrschen« wird mit dem Akkusativ verbunden: *Er dominiert die politische Szene seit längerem.*

Domino: In der Bedeutung »Maskenmantel, Maskenkostüm« hat das Wort maskulines Genus: *der Domino;* als Bezeichnung für ein bestimmtes Gesellschaftsspiel ist es dagegen Neutrum: *das Domino.*

Dompfaff: Der Vogelname kann im Singular schwach oder stark gebeugt werden: Es heißt also: *des Dompfaffen, dem, den Dompfaffen* oder *des Dompfaffs, dem, den Dompfaff.* Der Plural wird nur schwach gebeugt, also *die Dompfaffen.* ↑ Unterlassung der Deklination (2.1).

Dompteurin / Dompteuse: Die feminine Form zu *Dompteur* ist sowohl in der französischen Form auf *-euse* (also *Dompteuse*), als auch in der Form auf *-in* (also *Dompteurin*) üblich. ↑ Titel und Berufsbezeichnungen (3).

Donnerstag: 1. Zu *Donnerstagabend* ↑ Dienstag (2).
2. Zu *Donnerstagabend / donnerstagabends / donnerstags abends* ↑ Adverb (3).
3. Zu *am Donnerstag, dem / den 14. März* ↑ Datum.
4. Zur Deklination *des Donnerstag[e]s / des Donnerstag* ↑ Wochentage.

doof: Zu dem umgangssprachlichen Ausdruck lautet der Komparativ *doofer* (nicht: *döfer*), der Superlativ lautet *doofste* (nicht: *döfste*).
doppelkohlensauer: ↑ doppelt kohlensauer / doppeltkohlensauer.
Doppellaut: ↑ Diphthong.

Doppelpunkt

Häufig gestellte Frage zum Doppelpunkt	
Frage	Antwort unter
Wann schreibt man nach dem Doppelpunkt groß, wann klein?	dieser Artikel, Punkte (2), (3), Groß- oder Kleinschreibung (2.1)

Der Doppelpunkt (das Kolon) ist kein Schlusszeichen, sondern ein Übergangs- und Ankündigungszeichen. Er soll den Leser zu einer Pause veranlassen und zugleich aufmerksam machen auf das, was folgt. Der Doppelpunkt hat also die Aufgabe, einen Satz oder ein Satzstück, die einen Text einleiten oder ankündigen, optisch von dem Folgenden abzuheben. Der Doppelpunkt kann zwischen zwei Sätzen stehen, aber auch innerhalb eines Satzes.

1. Direkte Rede:

Der Doppelpunkt steht vor der direkten Rede, wenn diese vorher angekündigt ist:

Der Präsident sagte:»Ich werde meinem Land treu dienen.« Die Freundin verkündete: »Morgen machen wir einen Ausflug.«

Der Doppelpunkt steht auch dann, wenn der ankündigende Satz nach der direkten Rede weitergeführt wird:

Sie fragte mich:»Weshalb darf ich das nicht?«, und begann zu schimpfen.

Die wörtliche Rede wird nach dem Doppelpunkt immer mit großem Anfangsbuchstaben begonnen (↑ direkte Rede).

D

2. Aufzählungen:

Der Doppelpunkt steht vor angekündigten Aufzählungen. Das erste Wort wird nur dann großgeschrieben, wenn es ein Substantiv ist:

Sie hat schon mehrere Länder besucht: Frankreich, Spanien, Polen, Ungarn.

Folgende Teile werden nachgeliefert: gebogene Rohre, Muffen, Schlauchklemmen und Dichtungen.

Der Doppelpunkt steht aber nicht, wenn einer Aufzählung Wörter wie *nämlich, d. h., d. i., z. B.* vorausgehen. In diesen Fällen steht ein Komma:

Der Teilnehmerkreis setzt sich aus verschiedenen Gruppen zusammen, nämlich Arbeitnehmern und Arbeitnehmerinnen, Angestellten und Unternehmern.

Wir werden Ihnen alle durch die Dienstreise entstehenden Kosten, d. h. Fahrgeld, Auslagen für Übernachtung und Essen, ersetzen.

3. Sätze, Satzstücke, Einzelwörter:

Der Doppelpunkt steht vor Ganzsätzen, Teilsätzen oder einzelnen Wörtern, die ausdrücklich angekündigt sind. Dabei schreibt man das erste Wort eines als Ganzsatz angesehenen Textstücks nach der neuen Rechtschreibung groß, das Einzelwort bzw. das erste Wort eines als Teilsatz angesehenen Textstücks jedoch nur dann, wenn es ein Substantiv ist:

Das Sprichwort lautet: Der Apfel fällt nicht weit vom Stamm. Haus und Hof, Geld und Gut: Alles ist verloren. Rechnen: sehr gut. Nächste TÜV-Untersuchung: im September 2002.

Zweites Konzert des Staatlichen Philharmonischen Orchesters

W. A. Mozart: Symphonie in g-Moll. KV 550

J. Brahms: Konzert für Klavier und Orchester in B-Dur

Franz Liszt: Sinfonie zu Dantes »Divina Commedia«

Dirigent: Carl Schuricht

Solist: Wilhelm Backhaus

Beginn: 20 Uhr

Ende: gegen 22.30 Uhr

Auch nach Angaben in Firmenbriefköpfen wie

Ihr Zeichen, Ihre Nachricht vom, Unser Zeichen, Tag, Datum, Bankkonto, Telefon u. a.

steht, wenn die folgende Mitteilung in der gleichen Zeile gebracht wird, ein Doppelpunkt. Dasselbe gilt für Hinweise z. B. auf Formularen wie

Erfüllungsort: ...	Der Direktor/Die Direktorin: ...
Lieferadresse: ...	Der/Die Erziehungsberechtigte: ...

4. Doppelpunkt und Ziffernschreibung:

In der Mathematik wird der Doppelpunkt als Divisionszeichen verwendet:

16 : 4 = 4   1 : 2 = 0,5

Bei der Angabe von Sport- und Wahlergebnissen, kartographischen Angaben u. a. drückt der Doppelpunkt ein (Zahlen)verhältnis aus:

Hamburger SV – Bayern München 2 : 2. Durch einen klaren 5 : 1-Sieg übernahm der Aufsteiger die Tabellenführung. Der deutsche Tennismeister schlug den Spanier in drei Sätzen 6 : 2, 6 : 3, 7 : 5. Die Erfolgsaussichten stehen 50 : 50. Die Wahlprognosen zeigen ein Verhältnis von 60 : 40 für die Kandidatin der konservativen Partei. Die Karte ist im Maßstab 1 : 5 000 000 angelegt.

Schließlich wird der Doppelpunkt als Gliederungszeichen zwischen Stunden, Minuten und Sekunden bei genauen Zeitangaben verwendet (Sekunden und Zehntelsekunden werden durch ein Komma getrennt):

Die Zeit des Siegers im Marathonlauf beträgt 2 : 35 : 30,2 Stunden (= 2 Stunden, 35 Minuten, 30,2 Sekunden). Mit 8 : 41,7 Minuten (= 8 Minuten, 41,7 Sekunden) stellte sie einen neuen Rekord auf. Die Operation beginnt um 05:30 Uhr.

(Anstelle des Doppelpunktes wird hier gelegentlich auch nur ein Punkt gesetzt: *13.58 Minuten; 4.25.30,9 Stunden;* aber nicht: *4 : 25.30,9 Stunden.*)

5. Doppelpunkt in Verbindung mit anderen Satzzeichen:

↑ Fragezeichen; ↑ Gedankenstrich; ↑ Klammern.

---

doppelt / zweifach: Die beiden Wörter werden heute meist wie folgt unterschieden: *zweifach* (gehoben auch noch: *zwiefach*) bezeichnet zweierlei Verschiedenes: *Er hat ein zweifaches Verbrechen* (z. B. Mord und Raub) *begangen.* Dagegen meint *doppelt* zweimal dasselbe: *Sie muss die doppelte Summe zahlen. Der Koffer hat einen doppelten Boden.*

doppelt so ... wie / doppelt so ... als: Nach *doppelt so* (oder auch *halb so*) kann *wie* oder *als* stehen, je nachdem, ob die (formalgrammatische) Gleichheit oder die (sachliche) Ungleichheit betont wird. Man neigt wegen des vorausgehenden *so* heute jedoch mehr zur Betonung der Gleichheit und bevorzugt *wie: Er ist dop-* *pelt so alt wie sie* (selten: *als sie*). ↑ als / wie.

doppelte Negation (doppelte Verneinung): ↑ Negation.

doppeltes Akkusativobjekt: ↑ kosten, ↑ lehren, ↑ abfragen, ↑ abhören.

doppelt kohlensauer / doppeltkohlensauer: 1. Die Verbindung schreibt man nach den neuen Rechtschreibregeln getrennt: *doppelt kohlensauer,* fachsprachlich ist jedoch auch die Zusammenschreibung richtig: *doppeltkohlensauer.* **2.** Es heißt *doppelt kohlensaures / doppeltkohlensaures Natron* (nicht: *doppelkohlensaures Natron*). Der erste Bestandteil *doppelt* steht hier in einer Reihe mit *einfach-, dreifach-;* das *-t-* muss also sinngemäß stehen (ebenso: *doppelt wirkend*).

Die Neigung, *doppel-* zu sagen, kommt daher, dass Zusammensetzungen gewöhnlich mit *doppel-* gebildet werden: *doppeldeutig, doppelgleisig, doppelreihig, doppelseitig, doppelsinnig, doppelzüngig* u. a.

Doppelzentner: ↑ Zentner.

Dorado / Eldorado: *El Dorado,* wörtlich »das vergoldete [Land]«, ist die spanische Bezeichnung für ein sagenhaftes Gold- und Glücksland. Das Wort *Eldorado* enthält also den spanischen Artikel *el,* der mit dem eigentlichen Substantiv verschmolzen ist. Wir kennen Ähnliches bei Fremdwörtern aus dem Arabischen *(Algebra, Alkohol, Elixier).* Man kann also neben *das Dorado* auch *das Eldorado* verwenden.

Dorn: Im Sinne von »spitzer, harter Pflanzenteil« hat *Dorn* die Pluralform *die Dornen,* als Bezeichnung für ein dornartiges Werkzeug oder Metallstück hat es die Pluralform *die Dorne (Drehdorne, Fräsdorne* usw.).

dorthin fahren, fliegen, gehen usw. / dort hinfahren, hinfliegen: ↑ dahin fahren usw.

Dotter: *Dotter* kann in der Standardsprache maskulines oder neutrales Genus haben. Sowohl *der Dotter* als auch *das Dotter* ist korrekt. Die feminine Form *die Dotter,* die gelegentlich landschaftlich verwendet wird, gilt dagegen als nicht korrekt.

Dozent: 1. Das Substantiv wird schwach gebeugt; es muss also bis auf den Nominativ Singular immer die Endung -*en* haben: *Der Vortrag des jungen Dozenten war schlecht besucht. Er sprach mit dem Dozenten.* ↑ Unterlassung der Deklination (2.1.2). Die Unterlassung der Beugung ist korrekt in Anschriften in Verbindung mit *Herr* und Namen: *Herrn Dozenten Dr. Müller* oder *Herrn Dozent Dr. Müller.*

2. Zu *des Dozenten Meyer / Dozent Meyers* ↑ Titel und Berufsbezeichnungen (1.2 und 1.3).

Dpf: Neben der Abkürzung *Pf* wird gelegentlich auch *Dpf* für *Deutscher Pfennig* gebraucht. Diese Form ist aber nicht amtlich.

Dr.: ↑ Doktor, ↑ Dres.

Drache / Drachen: Man unterscheidet heute *der Drache* (Genitiv: *des Drachen*) »geflügeltes Fabeltier« und *der Drachen* (Genitiv: *des Drachens*) »Kinderspielzeug; zanksüchtige Person; Segelboot; Fluggerät«. Früher wurde diese Unterscheidung nicht gemacht; sie ist auch nur im Nominativ und im Genitiv Singular möglich, weil alle übrigen Kasus übereinstimmen. ↑ Substantiv (2.1).

Drama: Der Plural von *Drama* heißt *die Dramen* (nicht: *die Dramas*). ↑ Fremdwort (3.4).

Dramaturg: Das Substantiv wird schwach gebeugt. Der Genitiv lautet *des Dramaturgen* (nicht: *des Dramaturgs*), der Dativ und Akkusativ lauten *dem, den Dramaturgen* (nicht: *dem, den Dramaturg*). ↑ Unterlassung der Deklination (2.1.2).

dran / daran: ↑ daran (3).

drängen / dringen: Das Verb *dringen* ist das ältere Wort; *drängen* ist erst in mittelhochdeutscher Zeit als Veranlassungswort zu *dringen* entstanden und hat dieses unregelmäßig gebeugte Verb aus dem transitiven Gebrauch verdrängt. Der heutige Stand ist so, dass das transitive *drängen* regelmäßig gebeugt wird: *Obwohl es sie drängte, gegen die Absonderung aufzubegehren* (Apitz). *Von allen Seiten gedrängt, … wird Ludwig XVIII. schwankend* (St. Zweig). Das intransitive *dringen* wird dagegen unregelmäßig gebeugt: *Seine Worte, die … aus der Finsternis drangen* (Langgässer). *Wenn sie nicht darauf gedrungen hätte, einen Spezialisten zu rufen* (Edschmid). Diese klare Trennung war früher noch nicht vorhanden und Schwankungen bestehen bis heute fort, besonders bei *dringen auf etwas.* Hier hat sich *jmdn. zu etwas drängen* eingeschlichen, sodass man jetzt in einer Art ↑ Kontamination *drängen auf*

etwas sagt: *Jede Masse drängt auf Akti-*
vierung (Thieß). ... *denn sonst hätte Lis-*
beth wohl ... auf Abreise gedrängt (Brod).
Diese Kontamination ist seit mehr als
hundert Jahren gebräuchlich. – Von den
Zusammensetzungen mit *drängen* ist
besonders *aufdrängen* zu erwähnen. Neben den korrekten regelmäßigen Formen
dieses Verbs kommen vereinzelt noch
Formen des veralteten unregelmäßigen
Verbs *aufdringen* vor (das auch dem Adjektiv *aufdringlich* zugrunde liegt): *Da*
kam eines Tages ein Agent und drang
ihm ein paar Lose auf (G. Fussenegger).
Diese unregelmäßigen Formen gelten
heute nicht mehr als korrekt. Es heißt
also nicht mehr: *Diese Ansicht hat sich*
mir aufgedrungen, sondern: *aufgedrängt.*
Nicht: *Er drang es mir auf,* sondern: *Er*
drängte es mir auf. Nicht: *Das Buch ist*
ihr aufgedrungen worden, sondern: *auf-*
gedrängt worden.
Drangsal: Es heißt heute in der Regel *die*
Drangsal. Das neutrale Genus *(das*
Drangsal) ist veraltet. Der Plural lautet
die Drangsale.
drauf / darauf: ↑ darauf.
draus / daraus: ↑ daraus.
drei: 1. die Aussage dreier Zeugen / dieser
drei Zeugen: Steht *drei* ohne Artikel oder
vorangehendes Pronomen bei einem
Substantiv, wird es im Genitiv gebeugt:
die Aussagen dreier [einwandfreier] Zeu-
gen. (Aber: *die Aussagen dieser drei Zeu-*
gen.) ↑ zwei (1).
2. der Sieg dreier englischer / englischen
Reiter: Ein auf *dreier* folgendes Adjektiv
wird heute stark, d. h. parallel gebeugt:
der Sieg dreier englischer (nicht mehr:
englischen) Reiter. Folgt dagegen ein substantiviertes Adjektiv oder Partizip, wird
dieses meist schwach gebeugt: *die Ent-*
lassung dreier Angestellten / (seltener:)
Angestellter. ↑ zwei (2).
3. wir drei / wir dreie: Bei substantivischem Gebrauch bleibt *drei* im Nominativ endungslos. Die Form *wir dreie* u. Ä.
ist umgangssprachlich. ↑ Numerale (3).

4. zu dreien / zu dritt: ↑ Numerale (4), ↑ zu
+ Zahlwort.
5. Groß- oder Kleinschreibung: Klein
schreibt man das Zahlwort: *Aller guten*
Dinge sind drei. Wir sind zu dreien oder
zu dritt. Der Junge ist schon drei [Jahre].
Sie kommt um drei [Uhr]. Das Kind ist
auf Platz drei gekommen. Die drei sagen,
dass ...; euch dreien viele Grüße ... (im
Brief); *nicht bis drei zählen können*
(ugs. = nicht sehr intelligent sein); *für*
drei essen / arbeiten o. Ä. (= sehr viel essen usw.). Ebenso: *die drei Grazien; die*
drei Weisen aus dem Morgenlande (aber
als Name: *die Heiligen Drei Könige*).
Groß schreibt man das Substantiv: *die*
Zahl Drei; eine Drei würfeln. Die Drei ist
eine heilige Zahl. Sie hat in Latein eine
Drei geschrieben, die Note »Drei« bekom-
men. ↑ acht / Acht, ↑ Tensuren.
Dreikäsehoch: Der Plural kann mit oder
ohne *-s* gebildet werden: *die Dreikäse-*
hoch oder *die Dreikäsehochs.*
Dreikönigsfest: ↑ Fugenzeichen.
Dreikonsonantenregel: ↑ Zusammentreffen dreier gleicher Buchstaben.
dreimal so groß / dreimal größer: ↑ -mal so
groß / -mal größer.
dreimal so ... wie / als: ↑ doppelt so ...
wie / als.
drein / darein: ↑ darein (3).
dreißig: Der Grund, warum man *dreißig*
mit *ß,* die anderen Zehner aber mit *z*
(zwanzig, neunzig) schreibt, ist folgender: Die Zehnerzahlen werden durch
Anhängen der Nachsilbe *-zig* gebildet,
die auf ein mit *t* anlautendes germani-
sches Wort zurückgeht (vgl. got. *tigus* =
»Dekade, Zehnzahl«). In den Zusammensetzungen der Grundzahlen mit diesem Wort trat das anlautende *t* normalerweise hinter einen Konsonanten
(zwan-, vier-, fünf- usw.) und wurde
dann, entsprechend den Lautgesetzen,
in der hochdeutschen Lautverschiebung
(6.–8. Jahrhundert n. Chr.) zu einem Ver-
schlusslaut mit folgendem Reibelaut
([ts] = *z*) verschoben. Zwischen Vokalen

D

trat dies nicht ein; hier wurde *t* zu einem Reibelaut, einem scharfen *s* ([s] = *ß*) verschoben, daher: *drei-ß-ig.*

dreist: Der Superlativ lautet *der dreisteste, am dreistesten.* ↑ Vergleichsformen (2.3).

Drei und drei ist sechs: Es darf nicht heißen: *Drei und drei sind sechs,* sondern nur: *Drei und drei ist sechs.* ↑ Kongruenz (1.2.4).

drei viertel: 1. drei viertel / Dreiviertel: Nach der neuen Rechtschreibung schreibt man *drei viertel* als Beifügung immer getrennt: *eine drei viertel Stunde* (oder: *eine Dreiviertelstunde*), *ein drei viertel Liter* (oder: *ein Dreiviertelliter*), *in drei Viertel der Länge.* Auch bei Uhrzeitangaben wird getrennt geschrieben: *Es ist drei viertel zwölf.* Ebenso schreibt man (wie bisher) getrennt, wenn *viertel* (oder: *Viertel*) gezählt wird: *in drei viertel Stunden* (mit Ziffern: $^3/_4$ *Stunden,* oder: *in drei Viertelstunden* = dreimal einer Viertelstunde); *ein Viertel des Kuchens, drei Viertel des Kuchens.* **2. drei viertel / drei Viertel:** Klein schreibt man *viertel* in dieser Fügung immer, wenn Maßangaben folgen: *ein drei viertel Kilo, in einer drei viertel Stunde.* Außerdem schreibt man es in Uhrzeitangaben vor einer Zahl klein: *um drei viertel fünf.* Groß schreibt man *Viertel* in allen anderen Fällen: *um drei Viertel größer, ein drei Viertel des Umsatzes, um drei Viertel vor fünf.* **3. drei viertel / drei Viertel der Bevölkerung wohnt / wohnen ...:** ↑ Kongruenz (1.2.3).

Dres.: Die Abkürzung *Dres.* steht für *doctores* und wird zusammenfassend vor eine Aufzählung mehrerer Personen gesetzt, die den Doktorgrad erworben haben, z. B.: *Dres. R. Müller und H. Otto, Rechtsanwälte.* ↑ Doktor.

dreschen: 1. Formen: Im Indikativ des Präsens heißt es: *ich dresche, du drischst, er drischt.* Der Imperativ lautet: *drisch!* (nicht: *dresche!*). ↑ e / i-Wechsel. Das Präteritum lautet heute *ich drosch.* Die Form *ich drasch* ist veraltet. **2. Konjunktiv:** Der selten gebrauchte Konjunktiv II lautet heute *drösche.* Die Form *dräsche* ist veraltet. ↑ Konjunktiv (1.3).

Dresd[e]ner: Die Einwohner von Dresden heißen *Dresdener* oder *Dresdner.* Die Einwohnerbezeichnung *Dresd[e]ner* wird immer großgeschrieben, auch wenn das Wort wie ein flexionsloses Adjektiv vor einem Substantiv steht: *der Dresd[e]ner Zwinger, eine Dresd[e]ner Stolle.* ↑ Einwohnerbezeichnungen auf -er (1 und 7).

drin / darin: ↑ darin (3).

Dr.-Ing.: ↑ Doktoringenieur.

dringen / drängen: ↑ drängen / dringen.

dringlich / vordringlich: Mit *dringlich* wird angegeben, wie jemanden »drängt«, sodass es bald erledigt werden sollte: *eine dringliche Angelegenheit; die Arbeit ist dringlich; etwas als dringlich vormerken; sich etwas dringlich wünschen.* Mit *vordringlich* wird demgegenüber das bezeichnet, was »sich vordrängt«, was das Übergewicht über etwas erlangt, einer Sache vorangeht: *die vordringlichen Bedürfnisse der Wirtschaft befriedigen; unsere vordringliche Sorge muss es jetzt sein ...* Man erkennt daraus, dass die beiden Wörter zwar eine ähnliche, aber doch verschiedene Bedeutung haben und dass es eigentlich nicht ganz korrekt ist, wenn man unterschiedslos *vordringlich* für *dringlich* gebraucht. Aber *die vordringlichen Aufgaben / Fragen / Vorlagen / Anträge / Aufträge / Wohnungsgesuche* usw. sind schon so üblich geworden, dass sich kaum jemand daran stößt.

dritte: Klein schreibt man das Zahlwort in adjektivischer Verwendung: *das dritte Kapitel. Jeder dritte Bundesbürger hat diesen Film gesehen.* Groß schreibt man das substantivierte Zahlwort (= bestimmter substantivischer Begriff). Dies gilt in neuer Rechtschreibung auch für die Fälle, in denen eine Reihenfolge angegeben wird: *Sie ist die Dritte* (= der

Zählung, der Reihe nach). *Nur jeder Dritte* (= in der Reihe) *erhielt die Zulassung. Sie ist die Dritte* (= der Leistung nach) *in der Klasse. Wir warten bis zum Dritten [des Monats].* Groß schreibt man das Zahlwort auch in Namen: *der Dritte Punische Krieg; die Dritte Republik; das Dritte Reich; Richard der Dritte.* Hierzu gehört nach der neuen Rechtschreibung auch der inoffizielle Eigenname *die Dritte Welt.* ↑ Groß- oder Kleinschreibung (1.2.4), ↑ achte / Achte, ↑ Namen (4).

Dritte / andere: ↑ andere / Dritte.

drittehalb: Das veraltete Zahlwort *drittehalb* bedeutet *der, die, das Dritte zur Hälfte. Die Maßangabe drittehalb Liter* meint also nicht dreieinhalb, sondern nur zweieinhalb Liter. ↑ halb (2).

Drittel: 1. Deklination: Im Dativ Plural wird *Drittel* heute meist gebeugt: *Mit zwei Dritteln [der Summe] kommen wir nicht aus. Ich habe die Arbeit zu zwei Dritteln geschafft.* Daneben kommt aber auch die ungebeugte Form vor, besonders dann, wenn auf *Drittel* das Gemessene folgt: *Mit / zu zwei Drittel Kernenergie soll der Bedarf gedeckt werden.* ↑ Maß-, Mengen- und Münzbezeichnungen (1). **2. Ein Drittel der Mitglieder stimmte / stimmten ab.** *Zwei Drittel der Mannschaft wurden / wurde gerettet:* ↑ Kongruenz (1.2.3).

dritter Fall: ↑ Dativ.

dritte Vergangenheit: ↑ Plusquamperfekt.

Drittteil: Nach den neuen Rechtschreibregeln wird das Substantiv mit drei *t* geschrieben. Statt der bisherigen Worttrennung *(Drit-teil)* trennt man dementsprechend *Dritt-teil.* ↑ Zusammentreffen dreier gleicher Buchstaben.

Dr. mult.: Diese Abkürzung steht für *doctor multiplex* »mehrfacher Doktor«. ↑ Doktor.

drohen: Die Kommasetzung bei dem Verb *drohen* ist nach der neuen Rechtschreibung grundsätzlich unabhängig von der Bedeutung des Verbs geregelt. Wenn *drohen* mit einer Infinitivgruppe verbun-

den ist, kann man ein Komma setzen oder es weglassen: *Der Kranke drohte, sich ein Leid anzutun. Der Kranke drohte sich ein Leid anzutun.* Das Komma dient vor allem dazu, den Satz deutlicher zu gliedern oder Missverständnisse zu vermeiden.

Drohn / Drohne: Die Fachsprache der Imker kennt für das nicht arbeitende Bienenmännchen nur *der Drohn* (schwach gebeugt: *des / dem / den Drohnen*). Gemeinsprachlich ist *die Drohne* (Genitiv: *der Drohne,* Plural: *die Drohnen*), das auch die übertragene Bedeutung »Nichtstuer (der andere arbeiten lässt)« hat.

Drops: Das Wort ist eine aus dem Englischen übernommene Mehrzahlform (engl. *drops* »die Tropfen«) und wurde anfänglich auch nur in der Mehrzahl gebraucht. Als man den einzelnen Bonbon bezeichnen wollte, schwankte man längere Zeit zwischen der gebräuchlichen Mehrzahlform *der Drops* und der Einzahlform *der Drop.* Die letztere Form konnte sich aber nicht durchsetzen. Heute wird auch für die Einzahl die Mehrzahlform verwendet, die in allen Kasus unverändert bleibt: *der Drops* (seltener mit neutralem Genus: *das Drops*). *Drops* schließt sich damit der gleichlaufenden Entwicklung von *Keks* an, mit dem Unterschied, dass hier eingedeutschte Beugungsformen gebraucht werden *(des Kekses, die Kekse).*

drüber: ↑ darüber (3).

Druck: Es gibt zwei Substantive der Lautform *Druck.* Sie unterscheiden sich in der Bedeutung und in der Form des Plurals. Das erste ist zu dem Verb *drücken* gebildet und entspricht dessen konkreten und übertragenen Bedeutungen. Sein Plural lautet *Drücke* (mit Umlaut). Diese Form wird im technischen Bereich gebraucht *(Dampf-, Gas-, Über-, Unterdrücke),* im künstlerischen *(Gips-, Wachsabdrücke),* im geologischen *(Tier-, Pflanzenabdrücke)* und sonst *(Finger-, Fuß-, Gebissabdrücke, Händedrücke,*

Ausdrücke [= Wörter, Wendungen], *Eindrücke* u. a.). Das andere Substantiv mit der Pluralform *Drucke* (ohne Umlaut) entspricht in der gleichen Weise dem Verb *drucken*, das die Tätigkeit der Buchdrucker bezeichnet. Dieses Substantiv steht in Zusammensetzungen wie *Abdrucke, Aufdrucke, Firmenaufdrucke, Preisaufdrucke, Ausdrucke, Nachdrucke, Neudrucke, Überdrucke, Vordrucke* u. a. ↑ drucken, ↑ Plural (1).

drucken: In Verbindung mit der Präposition *auf* kann nach *drucken* sowohl der Akkusativ wie der Dativ stehen: Der Akkusativ bezeichnet das Papier als Ziel des Druckvorgangs, während der Dativ das Papier als die Stelle kennzeichnet, wo sich das Drucken abspielt. Der Gebrauch des Dativs überwiegt: *Die Grafik wird auf mattem (auf mattes) Papier gedruckt. ... es war ein dünnes, schlecht auf schlechtem Papier gedrucktes Jahrmarktsbüchlein* (Hesse). Das wirkt sich beim zugehörigen Verbalsubstantiv *der Druck* so aus, dass *Druck auf schlechtes Papier* mehr den Vorgang, die Tätigkeit des Druckens bezeichnet, während *Druck auf schlechtem Papier* auch die konkrete Bedeutung des Substantivs *Druck*, nämlich »Druckwerk«, zum Ausdruck bringen kann.

drücken: 1. etwas drückt mir / mich auf die Schulter: Wird *drücken* auf einen Körperteil bezogen, kann die betroffene Person im Dativ oder im Akkusativ stehen. Der Dativ (Dativ der Beteiligung) ist üblicher: *Die Kiste drückte mir auf die Schulter.* Seltener im Akkusativ: *Der Rucksack drückt mich im Kreuz.* Zwischen Dativ und Akkusativ der Person besteht nur ein formaler, kein grundsätzlicher Unterschied. Der Hauptton liegt immer auf der Angabe des Körperteils.

2. ihn / ihm drückt der Schuh: Bezieht sich *drücken* unmittelbar auf eine Person, steht heute ausschließlich der Akkusativ: *Diese Schuhe haben mich schon immer gedrückt.* Das gilt auch für übertra-

genen Gebrauch: *Ich weiß, wo ihn der Schuh drückt* (= was ihn bedrückt). Hier ist der Dativ der Person veraltet.

3. sich vor / von etwas drücken: Im Sinne von »etwas nicht mitmachen, nicht tun wollen« ist sowohl *vor* wie *von* möglich: *Sie drückt sich gern vor der Arbeit / von der Arbeit.*

Druckerzeugnis / Druck-Erzeugnis: ↑ Bindestrich (2.2).

drunter: ↑ darunter (4).

Dschungel: Das aus dem Englischen entlehnte Substantiv hatte früher alle drei Genera: *der / die / das Dschungel.* Heute sagt man gewöhnlich *der Dschungel,* das Neutrum *das Dschungel* ist selten; die feminine Form *die Dschungel* ist veraltet.

-d / -t: ↑ -and / -ant, ↑ ent- / end-, ↑ seid /seit, ↑ tod- / tot-.

du: ↑ Groß- oder Kleinschreibung (1.2), ↑ Anrede (1 und 2).

du / dich: In dem Satz *Wenn ich du wäre, ...* ist *du* Gleichsetzungsnominativ. Der Akkusativ *(dich)* ist hier nicht korrekt.

dubios / dubiös: Das Wort mit der Bedeutung »unsicher, zweifelhaft« hat zwei Formen, eine mit, eine ohne Umlaut. Die Form ohne Umlaut überwiegt. ↑ -os / -ös.

dumm: Der Umlaut im Komparativ *(dümmer)* und im Superlativ *(dümmste)* zeigt sich erst im 18. Jahrhundert; ist aber heute üblich. Formen ohne Umlaut sind dagegen veraltet.

Dummejungenstreich: Die gebeugten Formen von *Dummejungenstreich* lauten entweder (mit erstarrtem -e): *des Dummejungenstreich[e]s, die Dummejungenstreiche, ein Dummejungenstreich* usw. oder in der Alltagssprache mit durchgehend flektiertem ersten Bestandteil und – in neuer Rechtschreibung – mit Bindestrichen): *des Dummen-Jungen-Streich[e]s, die Dummen-Jungen-Streiche, ein Dummer-Jungen-Streich* usw. ↑ Kompositum (7).

dumpf: Die Vergleichsformen von *dumpf* werden ohne Umlaut gebildet: *dumpfer, der dumpf[e]ste.* ↑ Vergleichsformen (2.1).

dunkel: 1. Ausfall des e: ↑ Adjektiv (1.2.13).
2. Rechtschreibung: Substantivierungen
werden immer großgeschrieben: *das
Dunkle, ein Dunkles.* Nach der neuen
Rechtschreibung schreibt man auch Fügungen aus substantivierten Formen
und Verben immer groß: *im Dunkeln
tappen* (in der Bedeutung »nicht weiter-
wissen« bisher klein, in der Bedeutung
»in der Finsternis« bisher groß), *im Dunkeln lassen, sich im Dunkeln verlieren, im
Dunkeln ist gut munkeln, ein Sprung ins
Dunkle.*
Dunkelmann: Der Plural heißt *die Dunkel-
männer.* ↑ Mann (2).
dünken: 1. dünkt / deucht: Das Verb *dünken*
hat neben den jüngeren regelmäßigen
Formen *dünkte, gedünkt* alte Formen mit
Wechsel des Stammvokals und mit Veränderung des Stammlautes: *deuchte,
gedeucht* (z. T. auch auf das Präsens
übertragen: *mir deucht*). Diese alten Formen werden heute kaum noch gebraucht.
2. mich / mir dünkt: Neben den alten Akkusativ der Person *(mich dünkt)* trat
schon früh der Dativ *(mir dünkt).* Heute
sind zwar beide gleichberechtigt, aber
der Dativ ist seltener: *»Wenn es dich unvermeidlich dünkt!«, rief Agathe* (Musil).
*Mit allen ist er Freund, um ... nur einzig
das zu tun, was ihm persönlich richtig
und nützlich dünkt* (St. Zweig). Bei *bedünken* wird der Dativ heute gar nicht
mehr gebraucht: *... das ... den Menschen
wandellos bedünken mochte* (Schröder).
3. Er dünkt sich ein Held / einen Helden:
Nach *sich dünken* steht heute der Nominativ: *Ich dünke mich / mir ein Held.* Der
früher mögliche doppelte Akkusativ *(Du
dünkst dich einen Helden)* ist heute ungebräuchlich.
dunkle Ahnung: ↑ Adjektiv (4.2).
dünn: 1. Klein schreibt man das Adjektiv
in der unveränderlichen Verbindung
durch dick und dünn.
2. Getrennt vom folgenden Verb schreibt
man, wenn *dünn* gesteigert oder erwei-

tert werden kann: *Du musst den Teig
dünner machen. Du musst dich ganz
dünn machen, damit alle Platz haben.*
Das Gleiche gilt für *dünn* in Verbindung
mit dem 2. Partizip: *[äußerst] dünn be-
völkerte/besiedelte Gebiete.* Dagegen
schreibt man zusammen, wenn *dünn*
nicht gesteigert oder erweitert werden
kann: *Er hat sich dünngemacht* (= ist
weggelaufen; ugs). ↑ Getrennt- oder Zusammenschreibung (1.2).
du oder wir: *Du oder wir haben das getan.*
Nicht: *Du oder wir hast das getan.* ↑ Kongruenz (2.2).
Dur / Moll: Die Bezeichnungen für die beiden Tongeschlechter *Dur* und *Moll* kommen im Deutschen seit dem 16. / 17. Jh.
vor. Sie werden in den frühen Belegen
zum Teil kleingeschrieben entsprechend
ihrer ursprünglichen Zugehörigkeit zur
Wortart Adjektiv (lat. *durus* »hart«, *mol-
lis* »weich«); z. T. sind sie aber auch
großgeschrieben, z. B. bei substantivischer Anwendung. Da beide Wörter
heute im Deutschen immer nur als Substantive und nie als adjektivische Begriffe auftreten, werden sie den Regeln
nach großgeschrieben (wobei die Dur-
tonarten mit einem großen, die Mollton-
arten mit einem kleinen Buchstaben bezeichnet werden): *in Dur / Moll, [in]
A-Dur / a-Moll, A-Dur-Tonleiter, a-Moll-
Tonleiter.*
durch: ↑ aufgrund / durch / infolge / von / vor / wegen / zufolge.
durch-: In Verbindung mit Verben kann
durch- sowohl feste als auch unfeste Zusammensetzungen bilden, z. B. *durchbeißen / durchbeißen, durchblättern / durchblättern, durchfahren / durchfahren.* Die
festen Zusammensetzungen werden auf
dem zweiten, dem verbalen Glied betont: *durchbrechen, ich durchbreche,
durchbrach, habe durchbrochen.* Das *zu*
beim Infinitiv steht frei vor dem Verb: *Er
versuchte die Absperrung zu durchbrechen.* Bei den unfesten Zusammensetzungen wird das erste Glied, also *durch,*

D

betont: *durchbrechen, ich breche durch, brach durch, bin / habe durchgebrochen.* Das *zu* beim Infinitiv wird bei diesen Verben in den Infinitiv einbezogen: *Sie versuchte den Stock durchzubrechen.* ↑ Verb (2). Das zweite Partizip der festen Zusammensetzungen mit *durch* wird ohne *-ge-* gebildet: *Er hat die Absperrung durchbrochen.* Anders bei den unfesten Zusammensetzungen: *Sie hat den Stock durchgebrochen.* ↑ zweites Partizip (1).

durch / von / mit: Zur Verwendung dieser Präpositionen bei der Bildung des Passivs ↑ Passiv (1).

durchbläuen: ↑ bläuen.

durchbohren / durchbohren: Die beiden Formen werden gewöhnlich in der Bedeutung differenziert: *ein Loch durchbohren. Sie bohrte den Lauf durch. Er hat das Brett durchgebohrt.* Aber (im Sinne von »durchdringen«): *mit Blicken durchbohren. Sie durchbohrte die Kastanie mit einer Nadel. Die Kugeln haben das Brett durchbohrt.* ↑ Verb (2).

durchbrechen / durchbrechen: Die beiden Formen der Zusammensetzung werden gewöhnlich in der Bedeutung differenziert. Im Sinne von »entzweibrechen, eine Öffnung brechen« gilt nur die unfeste Form: *Sie bricht die Schokolade durch. Er hat die Wand durchgebrochen. Der Feind ist an zwei Stellen durchgebrochen.* Im Sinne von »gewaltsam überwinden« gilt die feste Form: *Der Feind hat die Front durchbrochen.* ↑ Verb (2).

durchdenken / durchdenken: Die beiden Formen berühren sich zum Teil in ihren Bedeutungen: *Sie hat das Problem lange durchgedacht / durchdacht.* Aber nur: *ein gut durchdachter, ein bis ins Letzte durchdachter Plan.* ↑ Verb (2).

durchdiskutieren: ↑ Verb (3).

durchdringen / durchdringen: Die beiden Formen sind in der Bedeutung differenziert. Die unfeste Form bedeutet »durch etwas hindurchkommen« oder »sich mit etwas durchsetzen«: *Der Regen dringt durch. Mit diesem Vorschlag ist sie*

durchgedrungen. Die feste Form wird im Sinne von »durch etwas dringen, etwas überwinden« gebraucht: *Die Strahlen durchdringen dickste Wände. Der Feuerschein hat die Nacht durchdrungen.* Ferner in der Bedeutung »innerlich erfüllen«: *Sie ist von dem Glauben durchdrungen, dass ...*

durcheinander: In Verbindung mit einem Verb wird *durcheinander* nicht nur als selbstständige Umstandsangabe (Artangabe), sondern nach den neuen Regeln immer getrennt geschrieben: *Alles wird durcheinander sein. Sie muss ja völlig durcheinander* (= verwirrt) *sein. Er darf nicht alles durcheinander essen.* Neu: *Die Sachen sind durcheinander gepurzelt. Sie wird alles durcheinander bringen. Ihr dürft nicht durcheinander reden.* ↑ Getrennt- oder Zusammenschreibung (1.4).

Durchfahrt[s]-: Bei einigen Zusammensetzungen mit *Durchfahrt* ist das Fugen-s fest, bei anderen schwankt der Gebrauch. Fest mit Fugen-s: *Durchfahrtshöhe, -recht, -straße, -verbot.* Schwankend: *Durchfahrt[s]gleis, -signal, -station, -zeit.* ↑ -fahrt[s].

durchfiltrieren: ↑ Verb (3).

durchführen / ausführen: ↑ ausführen / durchführen.

durchgehen / durchgehen: Dieses Verb wird meist als unfeste Zusammensetzung gebraucht (das Perfekt kann mit *haben* und mit *sein* gebildet werden; ↑ haben [1]). In konkretem Sinn heißt es bei unfestem *durchgehen: Sie ist durch den Wald durchgegangen.* Selten noch in fester Zusammensetzung: *Sie hat den Wald durchgangen.* In übertragenem Sinn nur unfest: *Der Lehrer ist* (seltener: *hat*) *die Arbeiten durchgegangen. Ihr Temperament ist mit ihr durchgegangen.* ↑ Verb (2).

durchgehend / durchgehends: Die Form ohne *-s* ist standardsprachlich *Das Geschäft ist durchgehend geöffnet.* Die Form mit *-s* kommt vor allem in Österreich vor. ↑ Adverb (2).

durchkämmen / durchkämmen: In konkretem Sinn ist nur die unfeste Zusammensetzung üblich: *Sie kämmt ihr Haar durch. Ihr Haar wurde noch einmal durchgekämmt.* Bei übertragenem Sinn schwankt der Gebrauch: *Das Technische Hilfswerk hat den Wald durchgekämmt / durchkämmt.* ↑ Verb (2).

Durchkopplung: ↑ Bindestrich (3).

Durchlass: Der Plural heißt *die Durchlässe.* Die Form ohne Umlaut *die Durchlasse* ist veraltet.

Durchlaucht: Das Pronomen wird in der Verbindung mit *Durchlaucht* großgeschrieben: *Euer / Eure Durchlaucht.*

durchlüften / durchlüften: Die beiden Formen berühren sich zum Teil in ihrer Verwendung: *Ich habe das Zimmer gründlich durchgelüftet / durchlüftet.* Aber nur: *Ich habe einmal gründlich durchgelüftet.* ↑ Verb (2).

durch'n: Die umgangssprachliche und mundartliche Form für *durch den* kann mit Apostroph geschrieben werden. ↑ Präposition (1.2.1), ↑ Apostroph (1.2).

durchs: Die Verschmelzung von *durch* und *das* wird ohne Apostroph geschrieben. ↑ Apostroph (1.2), ↑ Präposition (1.2.1).

durchschwimmen / durchschwimmen: Die beiden Formen sind in der Bedeutung differenziert. Die unfeste Form bedeutet »hindurchschwimmen, die ganze Zeit schwimmen«: *Er ist unter der Brücke durchgeschwommen. Sie ist zwei Stunden lang durchgeschwommen.* Die feste Form bedeutet »schwimmend durchqueren«: *Sie hat den See durchschwommen.* ↑ Verb (2).

durchstechen / durchstechen: Die beiden Formen sind in der Bedeutung differenziert. Die unfeste Form bedeutet »hindurchstechen«: *Er hat die Nadel durch das Segeltuch durchgestochen.* Die feste Form bedeutet »stechend durchdringen, durch einen Stich öffnen«: *Sie durchstach das Leder. Sie haben den Damm durchstochen.* ↑ Verb (2).

Durchstechung / Durchstich: Das Substan-

tiv *Durchstechung* bezeichnet den Vorgang des Durchstechens: *die Durchstechung des Trommelfells.* Das Substantiv *Durchstich* kann ebenfalls den Vorgang bezeichnen: *ein Durchstich durch das Trommelfell.* Meist aber wird damit die hergestellte Öffnung, also das Ergebnis des Durchstechens, bezeichnet: *Der Durchstich begann zu heilen.* ↑ Verbalsubstantiv.

durch was / wodurch: Standardsprachlich ist in der Regel das Pronominaladverb *wodurch: Ich weiß nicht, wodurch sie dazu veranlasst wurde.* Die umgangssprachliche Verbindung *durch + was (Ich weiß nicht, durch was sie dazu veranlasst wurde)* ist stilistisch unschön. ↑ Pronominaladverb (5).

durchweg / durchwegs: Die Form *durchwegs* ist landschaftlich, besonders süddeutsch und österreichisch. ↑ Adverb (2).

durchziehen / durchziehen: Die beiden Formen sind in der Bedeutung differenziert. Die unfeste Form bedeutet vor allem »hindurchziehen«: *Wir haben das Kabel durchgezogen. Gestern sind hier Schausteller durchgezogen.* Die feste Form bedeutet »kreuz und quer durchstreifen; in Linien durchlaufen«: *Streunende Hunde durchzogen die Gegend. Viele Flüsse durchziehen die Ebene.* ↑ Verb (2).

dürfen: 1. Das zweite Partizip des Vollverbs *dürfen* heißt *gedurft: Sie hat es nicht gedurft.* Wenn *dürfen* als Modalverb gebraucht wird, steht nach einem Infinitiv nicht das 2. Partizip *gedurft,* sondern der Infinitiv *dürfen: Sie hätte es tun dürfen.* ↑ Infinitiv (4).
2. *Dürfen* sollte nicht zusammen mit anderen Wörtern, die eine Erlaubnis ausdrücken, in pleonastischer Weise verwendet werden. Also nicht: *Ich bitte um die Erlaubnis, das tun zu dürfen.* Sondern entweder: *Darf ich das tun?* Oder: *Ich bitte um die Erlaubnis, das zu tun.* ↑ Pleonasmus.

dürfen / können / müssen: Das Modalverb *dürfen* bedeutet »Erlaubnis haben«, *kön-*

D

nen »vermögen, imstande sein« und *müssen* »gezwungen sein«. Darüber hinaus kann aber auch *können* im Sinne von *dürfen* verwendet werden, besonders wenn die erlaubende Person oder Instanz genannt wird: *Meinetwegen kann* (= *darf*) *sie machen, was sie will. Aufgrund eines Gesetzes können* (= *dürfen*) *Spenden von der Steuer abgesetzt werden.* In verneinenden oder verbietenden Sätzen wurde früher auch häufig *müssen* anstelle von *dürfen* gebraucht: *Der Ernst ... ist etwas sehr Edles und Großes, aber er muss* (= *darf*) *nicht störend in das Wirken im Leben eingreifen. Er bekommt sonst etwas Bitteres* (W. von Humboldt). *Man muss* (= *darf*) *die Leute nicht nach dem Schein beurteilen.* Das klingt noch nach in norddeutschen Verwendungen wie »*Das musst* (= *darfst, sollst*) *du nicht tun, Fritz!*« In Gesprächs- oder Briefformulierungen wie *Wir dürfen Ihnen heute mitteilen, dass ...* oder *Ich darf Ihnen verraten, dass ...* schließlich kommt weniger Erlaubnis als besondere Höflichkeit zum Ausdruck.

dursten / dürsten: In der Bedeutung »Durst haben« ist heute *dursten* üblich: *Das Vieh durstet. Du trinkst und ich muss dursten.* Unpersönlich und in gehobener Sprache kommt auch noch *dürsten* vor: *Weil ihn durstete / dürstete, ging er ins Haus:* In der übertragenen Bedeutung »heftiges Verlangen haben« wird *dürsten* gebraucht: *Unser Jahrhundert dürstet nach einer Tat* (Musil). *... ich dürstete nach Gerechtigkeit* (Roth). Bei *durstig* hat sich die umlautlose Form durchgesetzt, während ein altes *dürstig* in *blutdürstig* erhalten hat.

durstig / dürstig: ↑ dursten / dürsten.

düster: Bei *düster* bleibt, wenn es dekliniert oder gesteigert wird, das *e* der Endungssilbe gewöhnlich erhalten: *ein düsterer Tag. Sie blickte noch düsterer drein.* Nur in den deklinierten Formen des Komparativs wird das erste der drei En-

dungs-*e* manchmal ausgeworfen: *ein noch düst[e]rerer Blick.* ↑ Adjektiv (1.2.13), ↑ Vergleichsformen (2.2).

Dutzend / dutzend: 1. Rechtschreibung: *Dutzend* ist grundsätzlich ein Substantiv und wird deshalb großgeschrieben. Es gibt jedoch Verwendungsweisen, in denen es sich als Zahladjektiv auffassen lässt, sodass hier nach den neuen Rechtschreibregeln kleingeschrieben werden kann. In diesen Fällen bezeichnet das Wort eine unbestimmte, nicht in Ziffern beschreibbare Menge. Also: *einige Dutzend / dutzend Hühner, Dutzende / dutzende von Hühnern;* aber nur: *ein ganzes Dutzend, zwei Dutzend Eier.*

2. Deklination: Als Bezeichnung der Zähleinheit von 12 Stück bleibt *Dutzend* im Plural ungebeugt: *mit zwei Dutzend frischen Eiern.* Als Bezeichnung einer unbestimmten Menge wird es im Nominativ, Dativ und Akkusativ Plural gebeugt, wenn der Kasus nicht durch ein anderes Wort festgelegt ist: *Dutzende / dutzende von Fehlern* (aber: *einige Dutzend / dutzend Fehler*), *zu Dutzenden / dutzenden* usw. Im Genitiv Plural wird *Dutzend* wie ein substantiviertes Adjektiv gebeugt: *die Einsprüche Dutzender / dutzender von Besuchern.*

3. Das Gezählte nach *Dutzend*: Nach *Dutzend* steht das Gezählte in der Regel im gleichen Kasus (↑ Apposition [2.2]), nicht im Genitiv: *ein Dutzend hart gekochte Eier, mit drei Dutzend frischen Eiern.* Bei der Bedeutung »unbestimmte Menge« wird das Gezählte heute meist mit *von* oder im gleichen Kasus (appositionell) angeschlossen; der Genitiv ist dann seltener: *mit Dutzenden / dutzenden [von] kleinen Fahnen /* (seltener:) *kleiner Fahnen.* ↑ Maß-, Mengen- und Münzbezeichnungen.

4. Ein Dutzend Eier kostet / kosten ...: Bei *Dutzend* als Mengeneinheit steht das Prädikat meist im Singular, weil man vor allem die Einheit sieht: *Das / Ein Dutzend Eier kostet 4,20 DM.* Doch ist mit dem Blick auf das Gezählte auch der Plural möglich: *Ein Dutzend Eier kosten 4,20 DM.* ↑ Kongruenz (1.1.3).

Dutzend / dutzend Mal: Nach neuer Rechtschreibregelung schreibt man nicht mehr zusammen und klein, sondern immer getrennt. Wie bisher schon: *viele / einige Dutzend Male.* Neu: *Ich habe sie [viele] Dutzend Mal / Dutzende Mal gewarnt. Er ist ein Dutzend Mal dort gewesen.* Statt groß- kann man aber bei der Bezeichnung für eine unbestimmte Menge auch kleinschreiben: *viele dutzend Mal, einige dutzend Male, dutzend[e] Mal[e].* ↑ Dutzend / dutzend, ↑ ²Mal.

dutzendweise: ↑ -weise.

du und er: *Du und er[, ihr] habt euch gefreut.* Nicht: *du und er haben sich gefreut.* ↑ Kongruenz (2.1).

du und ich: *Du und ich[, wir] haben uns sehr gefreut.* Nicht: *Du und ich haben sich sehr gefreut.* ↑ Kongruenz (2.1).

du und sie (Plural): *Du und sie[, ihr] habt euch gefreut.* Nicht: *Du und sie haben sich sehr gefreut.* ↑ Kongruenz (2.1).

du und wir: *Du und wir[, wir] haben uns sehr gefreut.* Nicht: *Du und wir haben sich sehr gefreut.* ↑ Kongruenz (2.1).

Dynamit: Es heißt *das Dynamit,* (nicht: *der Dynamit*).

Dynamo: Da *Dynamo* eine Kurzform von *die Dynamomaschine* ist, wurde früher die feminine Form *die Dynamo* bevorzugt. Heute ist nur noch das maskuline Genus standardsprachlich *(der Dynamo),* weil sich die Kurzform von der Zusammensetzung völlig gelöst hat.

E

e: Zur Schreibung und Deklination ↑ Bindestrich (2.4) *(e-Laut);* ↑ Einzelbuchstaben *(des E, zwei E);* ↑ Groß- oder Kleinschreibung (1.2.5) *(das e in Lerche).*

-e: 1. Zu *Geschrei / Geschreie, Geheul / Geheule* usw. ↑ Substantiv (2.3).

2. Zu *irr / irre, blöd / blöde, lang / lange* usw. ↑ Adjektiv (1.2.14).

3. Zu *Schütz / Schütze, Hirt / Hirte, Tür / Türe* usw. ↑ Substantiv (2.3).

4. Zu *im Sinn / im Sinne, im Haus / im Hause, auf dem Land / auf dem Lande* ↑ Dativ-e.

5. Zu den verschiedenen Formen des *e*-Ausfalls beim Verb *(gehen / gehn, schrieen / schrien, laufe / lauf, tränkest / tränkst* usw.) ↑ Indikativ, ↑ Imperativ, ↑ Konjunktiv. Vgl. auch ↑ Apostroph.

6. Zum *e*-Ausfall beim Adjektiv *(dunkele / dunkle* usw.) ↑ Adjektiv (1.2.13).

7. Zum *e*-Ausfall bei Vergleichsformen *(finsterer / finstrer* usw.) ↑ Vergleichsformen (2.2).

8. Zum *e*-Ausfall bei Einwohnerbezeichnungen *(Tegernseer* usw.) ↑ Einwohnerbezeichnungen auf -er (3).

9. Zum Ausfall des *e* bei Verben auf *-eln* und *-ern* und zu den dazu gebildeten Verbalsubstantiven: Verben, deren Infinitiv auf *-eln, -ern* ausgeht *(sammeln, wandern),* werfen in der 1. und 3. Person Plural Präsens das Endungs-e aus: *wir sammeln; sie wandern.* In der 1. Person Singular Indikativ Präsens wird bei den mit -*eln* gebildeten Verben das *e* dieser Bildungssilbe häufiger ausgeworfen *(ich sammle* neben: *ich sammele)* als bei den mit -*ern* gebildeten *(ich wandre;* öfter jedoch: *ich wandere).* Die von Verben auf -*eln* abgeleiteten Verbalsubstantive auf -*ung* neigen ebenfalls zur Auswerfung des *e: Wandlung, Sammlung, Entwicklung, Abwechslung, Handlung.* Bei einigen wird die Form mit *e* allerdings vorgezogen: *Besiegelung, Bespiegelung, Gabelung, Bekrittelung.* Die von Verben auf -*ern* abgeleiteten Substantive auf -*ung* haben das *e* zumeist erhalten: *Wanderung, Linderung, Teuerung.*

e / ä: ↑ ä/e, ↑ Aussprache (1).

e / i-Wechsel: Die meisten unregelmäßigen Verben mit dem Stammvokal *e (ä,ö)* haben ein *i (ie)* in der 2. und 3. Person Singular Präsens (und daran angeglichen auch im Imperativ Singular). Man nennt diese Erscheinung e / i-Wechsel: *geben, du gibst, er gibt, gib!; bergen, du birgst, er birgt, birg!; gebären, du gebierst, sie gebiert; erlöschen, du erlischst, es erlischt.* Sie tritt entsprechend in Ableitungen und Zusammensetzungen zu diesen Verben auf: *verbergen, du verbirgst* usw. Den e / i-Wechsel aufgegeben oder nie gehabt haben u. a. *bewegen, denken, gären, stecken, weben* und *gehen, stehen.* Auch die regelmäßigen Verben haben keinen e / i-Wechsel.

Eau de Cologne: Der französische Ausdruck *Eau de Cologne* kann im Deutschen neutrales oder feminines Genus haben. Man sagt jedoch meist *das Eau de Cologne.*

eben: Bei *eben* bleibt, wenn es dekliniert oder gesteigert wird, das *e* in der Endungssilbe gewöhnlich erhalten: *ein ebenes Gelände. Die Landschaft ist hier ebener als im Süden.* ↑ Adjektiv (1.2.13), ↑ Vergleichsformen (2.2).

ebenso: 1. ebenso – wie / ebenso – als: Standardsprachlich heißt es heute *ebenso – wie* (nicht: *ebenso – als): Das ist ein*

ebenso spannendes wie lehrreiches Buch. Sie ist ebenso groß wie ich. Das gilt auch für den Vergleichssatz: *Er muss sich ebenso quälen, wie ich mich früher gequält habe.* Nicht: *... wobei ihn der Chorgesang ebenso entzückte, als ihn die Dialektik ... völlig kalt ließ* (Nigg). ↑ als / wie (2).

2. Rechtschreibung: Nach den neuen Rechtschreibregeln schreibt man *ebenso* von einem folgenden Adverb oder Adjektiv immer getrennt. Wie bisher schon: *Sie spielt ebenso gut Klavier wie ich; ebenso lange Beine; ebenso viele Tage, ebenso wenige Punkte.* In neuer Rechtschreibung auch: *ebenso oft, ebenso weit, ebenso viel, ebenso wenig. Ich hätte ebenso gut zu Hause bleiben können.* In Zusammen- oder Getrenntschreibung ist nach den neuen Rechtschreibregeln dagegen die Fügung *ebensovielmal,* (auch:) *ebenso viel Mal* zulässig.

ebenso auch: ↑ Pleonasmus.

ebensolch: Das folgende [substantivierte] Adjektiv oder Partizip wird im Allgemeinen parallel gebeugt (↑ Adjektiv [1.1]): *nach ebensolcher exakter Zeitnahme.* (Hierbei ist im Singular der Unterschied zu *solch* zu beachten, nach dem das folgende Adjektiv zumeist schwach gebeugt wird: *in solcher angesehenen Stellung.)*

echt: Das Adjektiv *echt* kann in der Bedeutung »rein, nicht imitiert« mit einem folgenden Adjektiv eine Zusammensetzung *(echtsilbern, echtgolden)* oder eine Wortgruppe *(echt silbern, echt golden)* bilden. In neuer Rechtschreibung gilt dies auch für den Gebrauch in der Satzaussage: *Das Besteck ist echtsilbern / echt silbern.* (Bisher wurde in diesem Fall nur getrennt geschrieben.) ↑ Getrennt- oder Zusammenschreibung (3.2).

Eck / Ecke: Standardsprachlich hat sich heute *die Ecke* durchgesetzt; *das Eck* ist süddeutsche und österreichische Umgangssprache, tritt aber auch in Zusammensetzungen wie *Dreieck, Vieleck* auf.

In der Sprache des Sports bezeichnet *das Eck* die Ecke des Tores bei Ballspielen: *Der Ball ging ins untere / ins lange Eck.*

edel: Bei *edel* fällt, wenn es dekliniert oder gesteigert wird, das *e* der Endungssilbe aus: *ein edler Tropfen, Möbel aus edlerem Holz.* ↑ Adjektiv (1.2.13), ↑ Vergleichsformen (2.2).

Edelmann: Der Plural von *Edelmann* lautet *die Edelleute.* ↑ Mann (2).

edieren / editieren: Beiden Verben liegt das lateinische »edere« (= herausgeben) zugrunde. Da *edieren* im heutigen Deutsch fest mit der Bedeutung »Bücher herausgeben« verbunden ist, verwendet man in der Fachsprache der Informatik für die Bedeutung »(Daten) in einen/einem Rechner eingeben, löschen, ändern« meist das Wort *editieren,* das sich unmittelbar vom englischen Verb »edit« herleitet. Letzteres lässt sich über »edition« auf den lateinischen Ursprung »editio, edere« zurückführen.

-ee: Zu *Tegernseer* usw. ↑ Einwohnerbezeichnungen auf -er (3).

Effekte / Effekten: Die starke Pluralform *die Effekte* ist der Plural von *der Effekt* und bedeutet »Wirkungen, Leistungen, Erfolge«, während *die Effekten* die Bedeutung »Wertpapiere« hat und nur im Plural gebraucht wird: *Sie legten ihre Gelder in Effekten an.*

egal: Steht *egal* in Verbindung mit einer Konjunktion oder einem Adverb, ist oftmals zweifelhaft, wo das Komma zu stehen hat. Im Allgemeinen kann man *egal* als Auslassungssatz ansehen; dann steht sowohl zwischen Haupt- und Auslassungssatz als auch zwischen der Fügung ein Komma: *Ich werde gehen, [es ist] egal, ob du mitkommst oder nicht.* Man kann das Komma zwischen der Fügung aber auch weglassen: *Ich werde gehen, egal ob du mitkommst oder nicht.* Genauso: *Bitte schreib mir, egal[,] wo du bist.* In anderer Reihenfolge: *Egal[,] was du tust, ich werde es akzeptieren.*

eGmbH / EGmbH: Man schreibt diese Abkürzung mit großem *E,* weil die Fügung Teil des Firmennamens ist und Partizipien (hier: *Eingetragene*) in Namen großgeschrieben werden. Die Kleinschreibung kommt aber auch häufig vor, weil *eGmbH* als Zusatz, der nicht zum eigentlichen Firmennamen gehört, aufgefasst werden kann. In vielen Fällen liegen wohl auch ältere Festlegungen von Firmennamen zugrunde. ↑ e.V. / E.V.

eh: Das Adverb *eh* schreibt man in den Verbindungen *seit eh und je* und *wie eh und je* ohne Apostroph. ↑ Apostroph (2.2), ↑ ehe.

eh., e. h., E. h.: ↑ ehrenhalber.

ehe: **1. ehe / ehe nicht:** Die Konjunktion *ehe* drückt aus, dass etwas noch nicht ist oder geschieht, wenn ein anderes Geschehen bereits eintritt: *Ich kam nach Hause, ehe das Gewitter begann* (d. h., das Gewitter hatte noch nicht begonnen, als ich nach Hause kam). Die Konjunktion *ehe* enthält also schon eine negative Aussage und es ist nicht korrekt, wenn man nach einem verneinten Hauptsatz auch den Satz mit *ehe* zusätzlich verneint. Also nicht: *Man darf die Wagentür nie öffnen, ehe man sich nicht umgesehen hat.* Sondern: *Man darf die Wagentür nie öffnen, ehe man sich umgesehen hat.* Will man jedoch außer dieser rein zeitlichen Aussage auch eine Bedingung zum Ausdruck bringen, dann ist es zulässig, den verneinten Nebensatz vor den gleichfalls verneinten Hauptsatz zu stellen: *Ehe ihr nicht alle still seid, kann ich euch das Märchen nicht vorlesen* (= wenn ihr nicht vorher ...). ↑ Negation (2).

2. Komma: Ein mit *ehe* eingeleiteter Nebensatz wird immer durch Komma vom Hauptsatz getrennt. Zu Einzelheiten vgl. die Tabelle auf S. 250.

3. Verkürzung: Wird *ehe* zu *eh* verkürzt, dann steht nach den neuen Regeln kein Apostroph mehr: *Eh ich nach Hause gehe, muss ich noch was erledigen.* ↑ Apostroph (2.2).

ehebrechen: Von *ehebrechen* ist nur der Infinitiv gebräuchlich: *Du sollst nicht ehebrechen.* Sonst: *Ich breche / brach die Ehe / habe die Ehe gebrochen; wenn er die Ehe bricht.* ↑ Getrennt- oder Zusammenschreibung (2.1).

Ehemann: Der Plural von *Ehemann* lautet *die Ehemänner.* ↑ Mann (2).

eher: Es heißt *eher ... als* und nicht *eher ... statt.* Nicht korrekt: *... sie* (die Fama) *erhält durch Labres Beziehungslosigkeit ... eher eine Potenzierung statt eine Erhellung* (Nigg). Richtig: *... eher eine Potenzierung als eine Erhellung.* Vgl. ↑ nicht eher, bis.

Kommasetzung bei *ehe*

1. Die Konjunktion *ehe* leitet einen untergeordneten Zeitsatz (Temporalsatz) ein, der durch Komma abgetrennt wird:	1. Die Konjunktion *ehe* ist Teil einer Fügung, die als Einheit empfunden und nicht durch ein Komma geteilt wird:
Er prüfte alle Möglichkeiten, *ehe* er sich entschied.	Er überprüfte alle Möglichkeiten, *noch ehe* der Gegner einen Zug tat.
Sie prüfte, *ehe* sie sich entschied, alle Möglichkeiten.	
Ehe sie eine Entscheidung traf, prüfte sie erst alle Möglichkeiten.	
Wir wohnten drei Jahre lang Haus an Haus, *ehe* wir uns kennen lernten.	*Eine halbe Stunde ehe* ihr Zug kam, fuhr meiner ab.
Wir wohnten, *ehe* wir uns kennen lernten, schon drei Jahre lang Haus an Haus.	Mein Zug fuhr ab, *eine halbe Stunde ehe* ihrer kam.
Ehe wir uns kennen lernten, wohnten wir schon drei Jahre lang Haus an Haus.	Mein Zug ist, *kurz ehe* ihrer kam, abgefahren.
	2. In einigen Fügungen kann vor *ehe* ein zusätzliches Komma gesetzt werden:
	Ich habe ihn öfter angerufen, *zum Beispiel [,] ehe* er ins Krankenhaus kam.
	Weitere Beispiele für solche Fügungen: *besonders[,] ehe; beispielsweise[,] ehe; nämlich[,] ehe; vor allem[,] ehe*

Ehrenbezeigung / Ehrenbezeugung: Für den Ausdruck *Ehrenbezeigung* »militärischer Gruß gegenüber Vorgesetzten« wird gelegentlich auch *Ehrenbezeugung* eingesetzt. ↑ bezeigen / bezeugen.

ehrenhalber: Im Allgemeinen wird *ehrenhalber e. h.* abgekürzt, seltener *eh.* Die Abkürzung *E. h.* geht auf die früher übliche Schreibweise *Ehren halber* zurück; sie ist an den technischen Hochschulen gebräuchlich: *Dr.-Ing. E. h.* ↑ Doktoringenieur.

Ehrenmal: Der Plural lautet *die Ehrenmale* oder *die Ehrenmäler.* ↑ ¹Mal.

Ehrenmann: Der Plural von *Ehrenmann* lautet *die Ehrenmänner.* ↑ Mann (2).

Eid: In neuer Rechtschreibung schreibt man: *an Eides statt* (bisher: *an Eides Statt*). ↑ ²statt.

Eidotter: ↑ Dotter.

Eigelb: 1. Eigelb / Gelbei: Die standardsprachliche Bezeichnung ist *Eigelb.* Die Bildung *Gelbei* (= gelbes Ei) ist landschaftlich, vorwiegend in Norddeutschland, gebräuchlich.
2. Plural: Das substantivierte Farbadjektiv *gelb* ist in der Zusammensetzung *Eigelb* zu einer Gegenstandsbezeichnung geworden, die wie üblich gebeugt und in den Plural gesetzt wird: *des Eigelbs, die Eigelbe, einige Eigelbe.* In Verbindung mit Kardinalzahlen bleibt *Eigelb* gewöhnlich ungebeugt: *3 Eigelb, mit 5 Eigelb.* ↑ Eiweiß.

eigen: 1. Bei *eigen* bleibt, wenn es dekliniert wird, das *e* der Endungssilbe gewöhnlich erhalten: *mein eigenes Zimmer.* ↑ Adjektiv (1.2.13).
2. Groß schreibt man die Substantivierung und das gehobene Substantiv *das Eigen* »Besitztum, Eigentum«: *Sie möchte gern etwas Eigenes haben. Sein Eigen wurde ein Raub der Flammen.* Hierzu zählen nach den neuen Regeln auch die folgenden festen Wortverbindungen: *Er nennt dieses Land, dieses Haus sein Eigen. Sie macht sich diese Argumente, diese Auffassung, diesen Standpunkt zu Eigen. Sie gab ihm das Haus zu Eigen.*

Eigennamen: ↑ Flussnamen, ↑ Gebäudenamen, ↑ geographische Namen, ↑ Personennamen, ↑ Staatennamen.

Eigenschaft: In der Fügung *in seiner Eigenschaft als* steht nach *als* immer der Nominativ: *Ich sprach mit ihm in seiner Eigenschaft als Vorsitzender* (nicht: *als Vorsitzendem*). ↑ Attribut (2)

Eigenschaftswort: ↑ Adjektiv.

eilen: 1. ich bin geeilt / es hat geeilt: In der Bedeutung »laufen, sich schnell irgendwohin begeben« (mit oder ohne Angabe eines Zieles) wird *eilen* im Perfekt mit *sein* umschrieben: *Ich bin sehr geeilt. Wir sind zum Bahnhof geeilt.* Im Sinne von »drängen, dringend erledigt werden müssen« wird *eilen* demgegenüber im Perfekt mit *haben* umschrieben: *Es hat nicht geeilt. Hat die Angelegenheit sehr geeilt?*
2. eilen / sich eilen: Bei der Verwendung von *eilen* und *sich eilen* ist folgender Bedeutungsunterschied zu beachten: Während *eilen* in Bezug auf Personen unmittelbar die schnelle Fortbewegungsart ausdrückt, bezeichnet *sich eilen* allgemeiner die aus irgendeinem Grunde notwendige schnelle Verrichtung eines Tuns und entspricht dem umgangssprachlichen *schnell machen* in der Bedeutung: *Ich werde mich eilen, nach Hause zu kommen.*

¹ein (Artikel): **1. mit lauter Stimme / mit einer lauten Stimme:** Die Erweiterung fester Attribuierungen, fester Verbindungen oder Wendungen durch den unbestimmten Artikel, die gelegentlich bewusst als Stilmittel benutzt wird, um einer Aussage Nachdruck zu verleihen, sollte zurückhaltend angewendet werden, z. B. *mit einer lauten Stimme* statt: *mit lauter Stimme; eine blutige Rache nehmen* statt: *blutige Rache nehmen; einen tätigen Beistand leisten* statt: *tätigen Beistand leisten.* Sie wirkt – zumal gehäuft – manieriert.
2. Das Urteil war mild / ein mildes: ↑ Adjektiv (1.2.9).
3. mit ein paar Bohnen, mit ein wenig Liebe, mit ein[em] bisschen Grieß: *ein paar* und *ein wenig* sind indeklinabel. In der Verbindung *ein bisschen* kann dagegen der unbestimmte Artikel dekliniert werden; in diesen Fällen hat *bisschen,* das ursprünglich »kleiner Bissen« be-

deutet, trotz der Kleinschreibung sub-stantivischen Charakter.

²ein (Indefinitpronomen): **1. der Besuch eines unserer Vertreter / einer unserer Vertreter · bei der Rückkehr eines / einer meiner Mitarbeiter:** Da der Genitiv Singular Maskulinum (und Neutrum) des Indefinitpronomens *eines* lautet, muss es heißen: *der Besuch eines unserer Vertreter* und *bei der Rückkehr eines meiner Mitarbeiter,* aber beim Femininum: *bei der Rückkehr einer meiner Mitarbeiterinnen.* Nicht richtig ist der Nominativ *einer* auch im folgenden Beispiel: *Ein neuer Bestseller steht auf dem Programm einer der erfolgreichsten Verleger der Welt* (Die Zeit). Auch der Dativ *einem* ist hier falsch: *Durch den Ausfall des Abteilungsleiters sowie einem* (richtig: *eines*) *von drei Sachbearbeitern ...* **2. Das ist einer der schönsten Filme, die / den ...:** Das Relativpronomen in Sätzen dieser Art bezieht sich im Allgemeinen nicht auf das eine genannte Beispiel, sondern auf die Gruppe, aus der das Beispiel herausgehoben werden soll: *Er war einer der schönsten Filme, die ich je gesehen habe* (nicht: *den ich je gesehen habe*). ↑ Relativpronomen (7). **3. Rechtschreibung:** Das Indefinitpronomen *ein* wird immer und in allen Formen kleingeschrieben. **4.** Zu *Das soll einer wissen* ↑ man (1).

³ein (Kardinalzahl): **1. ein / eins:** Zum bloßen Zählen und Rechnen wird *eins,* das aus dem Neutrum *eines* hervorgegangen ist, verwendet: *Die Uhr schlägt eins. Eins, zwei, drei. 1,5* (gelesen: eins Komma fünf) *und 2,1* (gelesen: zwei Komma eins). So auch, wenn *hundert-, tausend-* usw. vorangeht: *hundert[und]eins, tausend[und]eins* (aber: *einhundert* usw.). Dagegen wird in Verbindung mit Substantiven (attributiv) *ein* verwendet, und zwar: In Verbindung mit einer vorangehenden größeren Zahl + *und* und dem folgenden Substantiv im Singular wird *ein* gebeugt: *hundertundein Salutschuss,*

hundertundeine Seite, mit tausendundeinem Weizenkorn, ein Märchen aus Tausendundeiner Nacht. Wird dagegen, was ebenfalls möglich ist, das folgende Substantiv in den Plural gesetzt, bleibt *ein* stets ungebeugt (*und* fällt dabei häufig weg): *mit hundert[und]ein Salutschüssen. Es wurden tausend[und]ein Salutschüsse abgefeuert.* Auch vor Bruchzahlen, bei der Wiedergabe von Rechenvorgängen und vor dem Substantiv *Uhr* als Zeitangabe bleibt *ein* im Allgemeinen ungebeugt: *Ein Sechstel multipliziert mit ein Viertel; mit $^1/_5$ (ein Fünftel) des Gewichts* (nur wenn man sich einen Bruchteil konkret vorstellt, zieht man die gebeugte Form vor: *Er ist mit einem Fünftel des Betrages beteiligt*). *Wir treffen uns nach ein Uhr.* Allgemein üblich und korrekt ist ungebeugtes *ein* zwischen Zahl und Bruchzahl in Fügungen wie *ein Weg von fünfeinhalb Kilometern, nach zweieinviertel Jahren.* Dasselbe gilt, wenn *ein* durch *oder, bis, und* u. a. an *zwei* und *ander* gekoppelt ist: *Gedulden Sie sich noch ein bis zwei Tage. Ein und dem andern kann man es schon sagen. Familien mit ein[em] oder zwei Kindern.* Ebenso in *das ist ein und dasselbe* und in *ein[em] und einem halben Jahr.* In Verbindung mit *mehrere* wird *ein* dagegen meist gebeugt: *für einen oder mehrere Betriebe; der Ausfall eines oder mehrerer Konsonanten.*

2. eines Jahres / dieses einen Jahres: Das Zahlwort *ein* wird immer stark gebeugt, wenn es allein vor einem Substantiv steht; das gilt auch für den Genitiv: *die Hälfte eines Brotes, einer Wohnung; binnen eines* (nicht: *einen*) *Jahres* (vgl. die Tabelle im Abschnitt ↑ Artikel). Nur wenn der Artikel oder ein stark gebeugtes Pronomen vorausgeht, wird *ein* schwach gebeugt: *der Ertrag des / dieses einen Jahres.*

3. in einem / ein Meter Höhe: Vor Maß- und Mengenangaben wird *ein* gewöhnlich gebeugt: *mit einem Liter Milch, für*

*einen Zentner Weizen, nach einem Kilo-
meter. Die Öffnung ist einen Fuß breit, der
Stab einen Meter lang. Der Betrag wird
einen Monat nach Lieferung fällig.* Die
Unterlassung der Deklination ist hier
umgangssprachlich.

4. Rechtschreibung: Bis auf *der Eine*
(= Gott) und *jmds. Ein und Alles sein*
wird die Kardinalzahl *ein* kleingeschrieben.

⁴ein (Adverb): Das Adverb *ein* bildet –
abgesehen von Verbindungen wie *bei
jemandem ein und aus gehen* (= verkehren; vgl. aber ↑ eingehen) und *nicht
aus noch ein wissen* (= ratlos sein) –
unfeste Verbzusammensetzungen, die
gewöhnlich richtungsbestimmte Vorgänge bezeichnen und mit der Präposition *in* und dem Akkusativ verbunden
werden: *eintreten in ein Zimmer* (↑ in /
nach / zu / bei). Zum Dativ nach *in* ↑ in
(1).

einander gegenseitig: Die Verwendung
von *einander gegenseitig* ist pleonastisch. Es kann nur heißen *Sie schadeten
einander* oder *Sie schadeten sich gegenseitig* (aber nicht: *Sie schadeten einander
gegenseitig*). ↑ Reflexivpronomen (3);
↑ Pleonasmus.

einarbeiten: Nach *einarbeiten in* steht gewöhnlich der Akkusativ, weil man dabei
die Vorstellung der Richtung hat (Frage:
wohin?): *Sie muss sich in dieses Aufgabengebiet noch einarbeiten.* Es ist aber
auch der Dativ möglich: *Sie muss sich in
diesem Aufgabengebiet* (= innerhalb dieses Gebietes) *noch einarbeiten.*

einbauen: Nach *einbauen in* steht überwiegend der Akkusativ, weil man dabei die
Vorstellung der Richtung hat (Frage: wohin?): *Sie baute einen Widerstand in die
Schaltung ein.* Seltener kommt auch der
Dativ vor: *In der Tür* (statt: *in die Tür*)
wurde ein zweites Schloss eingebaut. So
besonders beim Zustandspassiv: *In diesem Modell ist die besondere Anlage bereits eingebaut.*

einbegriffen: 1. Das Wort *einbegriffen*

(auch *inbegriffen*) steht nach dem Substantiv, das die Person oder Sache, die
eingeschlossen werden soll, bezeichnet:
*Er zahlte alles, den Schnaps des Freundes
einbegriffen.* Dabei steht das Substantiv,
das die Person oder Sache, die eingeschlossen werden soll, bezeichnet, im
Akkusativ, wenn es an ein Objekt im Genitiv, Dativ oder Akkusativ angeschlossen wird: *Er nahm sich der Verletzten an,
den Attentäter einbegriffen. Sie misstraute ihrer Umgebung, ihre Freundin
einbegriffen.* Es steht aber im Nominativ,
wenn es an ein Subjekt angeschlossen
wird: *Alle Menschen, der Pilot einbegriffen, kamen ums Leben. Der Hausrat
wurde vernichtet, der wertvolle Bauern-
schrank einbegriffen.*

2. Nach *einbegriffen in* kann sowohl der
Dativ als auch der Akkusativ stehen: *In
diesem Preis / in diesen Preis sind alle Extras einbegriffen.* Meist wird der Dativ
gewählt: *Frühstück und Bedienung sind
im Preis [mit] einbegriffen.*

einbetten: ↑ eingebettet.

einbezahlen / einzahlen: Vgl. ↑ Aufschwellung.

ein bisschen: Zu *mit ein bisschen / mit einem bisschen Geduld* ↑ ¹ein (3).

einbläuen / einbleuen: Die alte orthogra-
phische Unterscheidung zwischen *einbläuen* = »mit Wäscheblau behandeln«
und *einbleuen* = »jmdm. etwas mit
Nachdruck einprägen oder einschärfen«
gibt es nach den neuen Regeln nicht
mehr; man schreibt neu in beiden Fällen
einbläuen. ↑ bläuen.

einbrechen: In Verbindung mit der Präposition *in* steht bei *einbrechen* der Akkusativ, wenn die Vorstellung der Richtung
vorherrscht, *einbrechen* also im Sinne
von »gewaltsam eindringen (in der Absicht zu stehlen)« gebraucht wird; das
Perfekt wird mit *sein* umschrieben: *Sie
wollen in die Bank einbrechen. Sie sind in
die Bank eingebrochen.* Der Dativ steht,
wenn die Vorstellung des Ortes vorherrscht und *einbrechen* im Sinne von

E

»einen Einbruch verüben« gebraucht wird; das Perfekt wird mit *haben* umschrieben: *Sie wollen in der Bank einbrechen. Sie haben in der Bank eingebrochen.*

eindeutig / unzweideutig: Folgender Unterschied ist zu beachten: *Eindeutig* bedeutet »klar, unmissverständlich« und drückt aus, dass keine andere Deutung möglich ist oder für möglich gehalten wird: *Die Sachlage war mithin so weit eindeutig und das war gut* (Broch). Dagegen drückt *unzweideutig* eine beabsichtigte Eindeutigkeit aus; es setzt die Möglichkeit einer anderen Deutung voraus, verneint sie aber ausdrücklich: *Das Ministerium gab für diesen Fall unzweideutige Bestimmungen heraus. Die Erklärung betonte die Notwendigkeit einer unzweideutigen Stellungnahme* (Rothfels).

eindringen: Nach *eindringen in* steht in der Regel der Akkusativ, weil man dabei die Vorstellung der Richtung hat (Frage wohin?): *in ein Haus, in ein Dickicht eindringen. Das Wasser drang in den Keller ein.* Im Perfekt ist auch der Dativ möglich: *Der Feind ist in die* (selten: *der*) *Stadt eingedrungen.*

Eindruck: **1.** Der Plural lautet *die Eindrücke: Sie konnte neue Eindrücke gewinnen.* Nur im drucktechnischen Bereich (= eingedruckter Text) lautet der Plural *die Eindrucke.* ↑ Druck.

2. Gelegentlich wird *gewonnen* als überflüssiges Attribut von *Eindruck* gebraucht: *Wie sind Ihre gewonnenen Eindrücke?* statt: *Wie sind Ihre Eindrücke?* ↑ zweites Partizip (2.4).

eineinhalb: Das Zahlwort *eineinhalb* bleibt immer unverändert: *nach eineinhalb Jahren* (aber aufgelöst: *nach einem und einem halben Jahr;* diese Form ist selten). Vgl. auch ↑ halb (1).

einer der schönsten ..., die / den: Es heißt: *Es war einer der schönsten Filme, die* (nicht: *den*) *ich je gesehen habe.* ↑ ²ein (2).

einer / eines: Es heißt: *der Besuch eines* (nicht: *einer*) *unserer Vertreter* oder *bei der Rückkehr eines* (nicht: *einer*) *meiner Mitarbeiter.* ↑ ²ein (1).

einerseits – and[e]rerseits / andersseits: **1. Zeichensetzung:** Das Komma steht vor *and[e]rerseits,* gleichgültig, ob Satzglieder oder Sätze gereiht werden. Im Einzelnen vgl. die unten stehende Tabelle.

2. einerseits – im anderen Fall: Die Entsprechung von *einerseits* ist *andererseits,* nicht: *im anderen Fall.*

Kommasetzung bei *einerseits - and[e]rerseits*

1. Die mehrgliedrige anreihende Konjunktion verbindet gleichrangige Sätze oder Satzteile. Vor *and[e]rerseits* steht immer ein Komma:	1. Beide Teile der mehrgliedrigen Konjunktion können in den Ablauf ihrer Teilsätze einbezogen sein:
Einerseits wollte sie sich nicht binden, *andererseits* lag ihr an einem schnellen Abschluss der Verhandlungen.	Sie wollte sich *einerseits* nicht binden, hatte aber *andererseits* großes Interesse an einem schnellen Abschluss der Verhandlungen.
2. Das Wort *einerseits* kann fehlen. Vor *and[e]rerseits* steht auch dann ein Komma:	2. Das Wort *and[e]rerseits* ist in den Ablauf des zweiten Satzes einbezogen:
Er ist sicher sehr fleißig, *andererseits* kann man nicht sagen, dass er sich überarbeitet.	Er ist sicher sehr fleißig. Man kann *andererseits* aber nicht sagen, dass er sich überarbeitet.

einesteils – ander[e]nteils: Das Komma steht wie bei ↑ einerseits – and[e]rerseits / anderseits (1): *Es waren einesteils Fachbücher und Zeitschriften, ander[e]nteils Werke der schönen Literatur.*

eine Zeit lang: Diese Fügung schreibt man immer getrennt: *einige Zeit lang, eine kurze Zeit lang.* In neuer Rechtschreibung auch: *Eine Zeit lang* (= Weile) *konnte er sich konzentrieren.*

Einfahrt- / Einfahrts-: Die Zusammensetzungen mit *Einfahrt* können mit oder ohne Fugen-s gebildet werden: *Einfahrt[s]erlaubnis, -gleis, -weiche, -signal* (fachspr.: *Einfahrsignal*). ↑ -fahrt[s]-.

Einflussnahme: Das Substantiv *Einflussnahme* klingt nach Verwaltungssprache und sollte besser durch *Einfluss, Beeinflussung* oder *Einwirkung* ersetzt werden. ↑ -nahme.

einfügen: Nach *einfügen in* steht gewöhnlich der Akkusativ, weil man dabei die Vorstellung der Richtung hat (Frage: wohin?): *neue Steine in ein Mauerwerk einfügen; ein Zitat in einen Text einfügen.* Lediglich beim Zustandspassiv kommt auch der Dativ vor (Vorstellung des Ortes, der Lage; Frage: wo?): *Wie viel Steinchen sind in diesem Mosaik eingefügt?*

einführen: Nach *einführen in* kann sowohl der Akkusativ als auch der Dativ stehen. Hat man die Vorstellung, dass etwas oder jemand irgendwohin gebracht oder mitgebracht wird, dann gebraucht man den Akkusativ: *Waren, Rohstoffe in ein Land einführen; jemanden in eine Gesellschaft einführen, in ein neues Amt einführen. Die Ärztin führt eine Sonde in den Magen ein.* In diesen Fällen sind der Vorgang des Einführens und die eingeführte Person oder Sache wichtig. Wird aber der Ort herausgehoben, wo etwas oder jemand eingeführt wird, wo etwas Neues üblich wird, so verbindet man *einführen in* mit dem Dativ: *In diesem Land wurde eine neue Währung eingeführt. Du hast dich im Klub sehr geschickt eingeführt. Das Buch kann erst 1998 im Lehr-*

plan eingeführt werden. – Vor allein stehenden Orts- oder Ländernamen wird *in* durch *nach* ersetzt: *Diese Waren müssen nach Österreich* (aber: *in die Schweiz*) *eingeführt werden.* ↑ in / nach / zu / bei.

Einführung: Zu *die Einführung dieses Werkes als verbindlichen Lehrbuchs / als verbindliches Lehrbuch* ↑ Apposition (3.3).

eingebettet: Nach *eingebettet in* kann der Dativ oder der Akkusativ stehen. Bei der Konstruktion mit dem Akkusativ hat man noch die Vorstellung vom Vorgang des Einbettens, eine Richtungsvorstellung (Frage: wohin?): *Eingebettet in den weitläufigen Park des Palais Schaumburg …* (Die Welt). Die Verbindung mit dem Dativ drückt dagegen aus, dass die betreffende Sache in dem, was sie umgibt, ihren Ort hat oder – in übertragenem Gebrauch – fest verankert ist (Vorstellung der Lage; Frage: wo?): *… eingebettet in der schönen Landschaft Oberösterreichs* (Börsenblatt). *Er ist ganz in dieser östlichen Tradition eingebettet* (Nigg).

eingehen: Als transitives Verb müsste *eingehen* eigentlich mit *haben* konjugiert werden, es wird aber – wie *eingehen* im Sinn von »hineingehen« *(Er ist in das Himmelreich eingegangen. Sie ist in die Geschichte eingegangen.)* – im Perfekt mit *sein* umschrieben. Es muss also heißen: *Wir sind Verpflichtungen eingegangen. Der Betrag ist auf unserem Konto eingegangen.* ↑ haben (1).

eingemeinden: Das Verb *eingemeinden* gehört der Verwaltungssprache an. Es kann mit dem Dativ verbunden werden oder mit *in* und dem Akkusativ: *Neckarau wurde am 1. Januar 1899 der Stadt Mannheim / in die Stadt Mannheim eingemeindet.* Vor einem allein stehenden Ortsnamen wird *in* durch *nach* ersetzt: *Höchst ist 1928 nach Frankfurt eingemeindet worden.* ↑ in / nach / zu / bei.

eingeschlossen: Nach *eingeschlossen in* kann sowohl der Dativ als auch der Akkusativ stehen: *Alle Extras sind in diesem Preis / in diesen Preis eingeschlossen.*

E

Meist wird der Dativ gewählt: *Die Bedienung, das Frühstück ist im Preis eingeschlossen.* ↑ einschließen [sich].

eingetragen: Das adjektivische Partizip *eingetragen* (Hinweis auf die Eintragung in ein amtliches Register) wird kleingeschrieben, wenn es allgemein die Rechtsform einer Einrichtung bezeichnet: *Die Stiftungen sind eingetragene Vereine.* Groß schreibt man meist, wenn *eingetragen* Teil eines Vereins- oder Firmennamens ist. ↑ e. V. / E. V., ↑ eGmbH / EGmbH.

eingliedern: Das Verb kann mit dem Dativ oder mit *in* und dem Akkusativ verbunden werden: *Das Dorf wird der / in die Verbandsgemeinde eingegliedert; jemanden in einen Arbeitsprozess eingliedern.*

-einhalb: Zahlwörter auf *-einhalb* bleiben in allen Fällen unverändert: *mit fünfeinhalb Jahren.*

einhauen: ↑ hauen.

einheften: Nach *einheften in / zwischen* kann der Akkusativ oder der Dativ stehen. Der Akkusativ steht, wenn die Vorstellung der Richtung vorherrscht (Frage: wohin?): *Er heftete die Akten in den Ordner ein. Das Faksimile wurde zwischen die Seiten 124 und 125 eingeheftet.* Soll aber der Ort angegeben werden, wo etwas eingeheftet wird, dann schließt man mit dem Dativ an (Frage: wo?): *Die Akte wurde noch im alten Ordner eingeheftet. Man hatte das Faksimile gleich hinter dem abgedruckten Text, zwischen den Seiten 124 und 125, eingeheftet.*

einhüllen: Nach *einhüllen in* steht gewöhnlich der Akkusativ: *Und saßen zusammengekauert, eingehüllt in ihre Fetzen* (Jahnn). *... die Kompaniechefs werden in ihre Zeltbahnen eingehüllt, Mannschaftsgrade in ihre Decken* (Plievier).

einhundert / hundert · eintausend / tausend: Soweit es nicht auf besondere Genauigkeit ankommt, lässt man bei der Wiedergabe der Zahlen von 100 bis 199 *ein-* gewöhnlich weg: *183 = hundertdreiundachtzig* oder *einhundertdreiundacht-*

zig. Steht aber eine größere Einheit davor, muss *ein-* mitgesprochen und auch mitgeschrieben werden: *2 183 = zweitausendeinhundertdreiundachtzig.* Entsprechendes gilt für *[ein]tausend: 3 001 183 = drei Millionen eintausendeinhundertdreiundachtzig.* Zur Groß- und Kleinschreibung von *hundert/tausend* ↑ hundert/Hundert.

einig: 1. [sich] einig sein: Sowohl *einig sein* als auch die reflexive Form *sich einig sein* sind sprachlich korrekt: *Über die Entstehung dieses Schimpfwortes sind sich die beiden Grenzvölker noch nicht einig geworden* (Winckler). *Denn wir waren einig darüber, dass wir Märchen nicht liebten* (Rilke). Allerdings kann *sich einig sein* nur im Hinblick auf mindestens zwei Personen gebraucht werden: *Ich bin mir noch nicht einig* (= noch nicht im Klaren, noch nicht schlüssig), *wohin ich dieses Jahr in Urlaub fahre* ist umgangssprachlich. Gegen die Fügung *mit sich selbst [nicht] einig sein* ist dagegen nichts einzuwenden: *Ich war mit mir selbst noch nicht einig, ob ...*

2. Rechtschreibung: In Verbindung mit einem Verb wird nach den neuen Regeln immer getrennt geschrieben: *einig sein, einig werden*; jetzt ebenso: *einig gehen.* ↑ Getrennt- oder Zusammenschreibung (1.2.3).

einige: 1. einiges altes / alte Gerümpel: Das Adjektiv nach *einige* wird im Plural in der Regel parallel (also stark) gebeugt, während die Beugung im Singular nicht einheitlich ist. Singular: Im Nom. Mask. und im Genitiv / Dativ Fem. wird das Adjektiv stark gebeugt: *einiger poetischer Geist; das Vorhandensein einiger poetischer Begabung.* Im Genitiv Mask. und Neutr. herrscht bei *einige* selbst schon schwache Beugung vor, sodass es heißt: *einigen poetischen Geistes / Verständnisses* (veraltend: *einiges poetischen Geistes / Verständnisses*). Im Nom. und Akk. Neutr. überwiegt die schwache Beugung (*einiges alte Gerümpel*), doch kommt die starke ebenfalls vor *(einiges altes Gerümpel)*. Im Dativ Mask. und Neutr. herrscht schwache Beugung vor: *bei einigem guten Willen; bei einigem poetischen Verständnis.* Plural: Im Plural wird *einige* meist wie ein Adjektiv behandelt. Es wird also stark (parallel) gebeugt: *einige gute Menschen, einiger guter Menschen, einigen guten Menschen.* Nur im Genitiv erscheint noch gelegentlich schwache Beugung: *einiger guten Menschen.* Das substantivierte Adjektiv (Partizip) verhält sich im Singular und im Plural wie das attributive Adjektiv: *einiges Neue* (gelegentlich: *einiges Neues), mit einigem Neuen, einige Angestellte, einiger Angestellter* (gelegentlich auch noch schwache Beugung: *einiger Angestellten*). ↑ Adjektiv.

2. einige hundert: In Verbindung mit Zahlen ist *einige* doppeldeutig. Man sagt in der Umgangssprache z. B. *Es waren einige dreißig Besucher da* und meint damit »etwas mehr als dreißig, dreißig und einige«. Gebraucht man diese Redeweise mit Zahlen, die als Zähleinheiten geläufig sind *(hundert, tausend),* so können Missverständnisse entstehen. Ein Satz wie *Sie hat einige hundert Bücher* wird gewöhnlich so verstanden, dass 200 bis 300 Bücher vorhanden sind. Man sollte diese Redeweise also nicht gebrauchen, wenn man nur »100 und einige« meint. ↑ hundert/Hundert.

einiges, was: Dem ankündigenden *einiges* entspricht als Relativpronomen *was,* nicht *das,* also: *Sie hat einiges, was ich unbedingt kaufen möchte.*

einig gehen: ↑ einig (2).

einkalkulieren: In Verbindung mit der Präposition *in* steht bei *einkalkulieren* überwiegend der Akkusativ, weil die Vorstellung der Richtung vorherrscht (Frage: wohin?): *Aber die ... Techniker kalkulierten das in ihre Berechnungen ... ein* (Menzel). *... er hatte ihn* (= den Erfolg) *psychologisch abwägend in seine Entwicklung einkalkuliert* (Kästner). Beim Zustandspassiv steht jedoch meist der Dativ, weil sich damit stärker die Vorstellung des Ortes (Frage: wo?) verbindet: *Für Sie sind in den Nettopreisen 3 % Sonderrabatt und der Umsatzbonus einkalkuliert. Das ist im Preis selbstverständlich einkalkuliert.*

einkehren: In Verbindung mit der Präposition *in* steht bei *einkehren* überwiegend der Dativ, weil die Vorstellung des Ortes überwiegt (Frage: wo?): *Die beiden waren in der Konditorei eingekehrt* (Musil). *Wir kehrten im »Roten Ochsen« ein.* Der Akkusativ ist seltener: *Wollen wir in dieses Restaurant einkehren?*

Einklang: Man kann sagen *in* oder *im Einklang stehen / sein,* aber nur: *in Einklang bringen.* ↑ in / im.

Einkommensteuer / Einkommenssteuer: ↑ Fugen-s (3.1).

einladen: 1. Sie lud mich in ihr Haus / nach Paris ein: In der Bedeutung »zum Kommen auffordern« wird *einladen in* immer mit dem Akkusativ verbunden, weil man dabei die Vorstellung der Richtung hat (Frage: wohin?): *jemanden in sein Haus / ins Theater einladen.* Ebenso: *Sie hat mich auf ihr Gut eingeladen.* Nach *zu* einer Sache einladen steht die Ortsangabe im Akkusativ: *Er lud mich zu einer Tasse Kaffee in seine Wohnung ein.* Der Dativ ist hier nur möglich, wenn die Ortsangabe als Beifügung behandelt wird; das muss durch die Wortstellung deutlich werden: *Wir laden Sie zu einer Besprechung in unseren Geschäftsräumen für Freitag, 10.30 Uhr, ein.* – Vor allein stehenden Orts- und Ländernamen wird *in* in der Regel durch *nach* ersetzt: *Sie hat mich nach Paris / nach England* (aber: *in die USA / in die Schweiz*) *eingeladen.*

2. Er lädt / er ladet uns ein: Standardsprachlich sind die Formen mit Umlaut: *Du lädst / er lädt uns ein. Zur Hundertjahrfeier lädt herzlich ein der Vorstand.* Die Formen ohne Umlaut *(du ladest / er ladet ein)* sind veraltet, kommen aber

E

landschaftlich noch vor. ↑ ²laden, ↑ Verb (1).

einleben, sich: Bei *sich einleben in* steht der Dativ, wenn eine konkrete Raumangabe folgt: *Ich werde mich in meiner neuen Wohnung schon einleben. Sie hat sich in unserer Stadt gut eingelebt.* Bei übertragener Anwendung, wenn die Raumvorstellung verblasst ist, steht der Akkusativ: *... es wäre mir grässlich, wenn ich mich in ganz neue Verhältnisse einleben müsste* (Musil). *... er müsse sich erst in das Bild einleben* (Geissler).

einlenken: Im eigentlichen Sinne von »einbiegen, einschwenken« wird das Perfekt von *einlenken* mit *sein* umschrieben: *Der Karnevalszug ist gerade in die Hauptstraße eingelenkt.* In übertragener Bedeutung, wenn die Bewegungsvorstellung geschwunden ist, wird dagegen mit *haben* umschrieben. Das ist der Fall bei *einlenken* in der Bedeutung »von Falschem oder allzu scharf Geäußertem abrücken«: *Sie haben sich über irgendetwas gestritten, aber dann hat er wieder eingelenkt.*

einlernen (abwertend): Man kann sich selbst oder einem anderen etwas einlernen (»durch mechanisches [kritikloses] Lernen[lassen] einprägen, beibringen«): *Er hat sich die Antworten gut eingelernt. Das sind alles nur eingelernte Phrasen.* ↑ lehren (5).

einliefern: Nach *einliefern in* steht der Akkusativ, weil man dabei die Vorstellung der Richtung hat (Frage: wohin?): *Der Verletzte wurde ins Krankenhaus eingeliefert. Sie ist in die Charité eingeliefert worden.*

einliegend: Die in Geschäftsbriefen häufig gebrauchte Formulierung *Einliegend übersende ich Ihnen ...* ist zwar grammatisch nicht eindeutig, kann aber nicht in dem Sinne missverstanden werden, dass der Absender eingelegt ist. Andere Formulierungen sind: *als Einlage* oder *anbei.* ↑ satzwertiges Partizip (1).

einmal / das eine Mal: ↑ ²Mal.

einmal – ein andermal: Es muss heißen: *einmal – ein andermal,* nicht: *einmal – ebenso.*

einmal mehr: Diese Lehnübersetzung des englischen *once more* wird – vor allem in der Journalistensprache – anstelle von *wieder einmal, noch einmal* oder *wiederum* gebraucht: *Einmal mehr sind die »Begleitumstände« das Eigentliche* (Augstein). *... während er, die Tasse in der linken Hand, einmal mehr über Algier las* (Frisch). ↑ Amerikanismen / Anglizismen (1.2).

einmarschieren: Nach *einmarschieren in* steht gewöhnlich der Akkusativ, weil man dabei die Vorstellung der Richtung hat (Frage: wohin?): *Die Olympiamannschaften marschieren in das Stadion ein.* Steht *einmarschieren in* vor einem Orts- oder Ländernamen ohne Artikel oder Attribut, dann wird dies gewöhnlich als Angabe der Lage im Dativ empfunden: *Das Söldnerheer Wallensteins marschierte 1625 in Norddeutschland ein* (Frage: wo?). Will man die Richtungsvorstellung deutlich machen, dann muss man den Namen mit dem Artikel (und einem Attribut) versehen: *Das Söldnerheer Wallensteins marschierte 1625 in das protestantische Norddeutschland ein.* Der Anschluss mit *nach* ist bei *einmarschieren* nicht korrekt.

einnähen: Nach *einnähen in* steht gewöhnlich der Akkusativ, weil man dabei die Vorstellung der Richtung hat (Frage: wohin?): *Er hat das Geld in die Jacke eingenäht.* Besonders im Passiv erscheint auch der Dativ: *Das Geld ist in der Jacke eingenäht [worden].*

einordnen: Nach *[sich] einordnen in / hinter* u. Ä. kann sowohl der Akkusativ als auch der Dativ stehen. Es wird mit dem Akkusativ verbunden, wenn die Richtungsvorstellung vorherrscht (Frage: wohin?): *Bücher in einen Schrank einordnen; sich vorsichtig in den Verkehr einordnen; jemanden in eine bestimmte Kategorie einordnen.* Der Dativ betont demgegenüber den Ort, an dem sich der Vorgang des Einordnens abspielt (Frage: wo?): *Der Zettel ist hinter der Seite 10 eingeordnet. Sie kann sich nur schwer in unserer Wohngemeinschaft einordnen.*

ein paar: Die feste Verbindung *ein paar* »einige wenige, etliche« bleibt immer ungebeugt: *Vor ein paar Regentropfen musst du dich nicht fürchten. Ein paar Tausend Mark genügten.*

einpflanzen: Nach *einpflanzen in* steht gewöhnlich der Akkusativ, weil man dabei die Vorstellung der Richtung hat (Frage: wohin?): *Bäumchen in die Erde / Blumen in den Topf einpflanzen.* Will man aber ausdrücken, dass man etwas an einer bestimmten Stelle oder innerhalb eines bestimmten größeren Gebietes einpflanzt, muss man dem Dativ wählen, weil jetzt die Vorstellung der Lage (Frage: wo?) ins Spiel kommt: *Sie hat die Blumen im Topf eingepflanzt. Ich muss die Sträucher heute noch im Garten einpflanzen.* Wenn die Raumvorstellung verblasst ist, schwankt der Gebrauch: *Er wollte Demut in die Herzen* oder *in den Herzen der Menschen einpflanzen.* Beides ist korrekt.

einplanieren: Das Verb ist eine ↑ Kontamination aus *einebnen* und *planieren* und sollte in guter Ausdrucksweise vermieden werden.

einräumend: ↑ Konzessivsatz.

Einräumungssatz: ↑ Konzessivsatz.

einreisen: Steht *einreisen in* vor einem Ländernamen ohne Artikel oder Attribut, dann wird dies gewöhnlich als Angabe der Lage im Dativ verstanden (Frage: wo?): *Die Gesellschaft ist gestern in Frankreich eingereist.* Will man die Richtungsvorstellung deutlich machen, dann muss man den Namen mit einem Attribut und dem Artikel versehen *(in das östliche Frankreich)* oder die Präposition *nach* einsetzen: *Wir sind mit dem Wagen nach Frankreich eingereist.* Bei Ländernamen mit Artikel ist *in* mit dem Akkusativ die beste Lösung: *Wir sind im*

vergangenen Jahr in die Schweiz / die USA eingereist.* ↑ in / nach / zu / bei.

einrichten: Nach *einrichten in* steht der Dativ, weil sich damit die Vorstellung des Ortes verbindet (Frage: wo?): *Im Bücherschrank wurde eine Hausbar eingerichtet.*

eins: Klein schreibt man das Zahlwort und das Indefinitpronomen: *Eins und eins macht / ist* (↑ Kongruenz [1.2.4]) *zwei. Es schlägt eins. Es ist Viertel nach eins / halb eins / gegen eins. Sie ist eins, zwei, drei damit fertig. Aus zwei mach eins. Vergleiche Abschnitt / Nummer / Punkt eins. Endlich steht er auf Platz eins! Ich tue eins nach dem anderen. Wir sind mit ihm eins* (= einig). *Es ist mir alles eins* (= gleichgültig). *Zwei Begriffe in eins setzen* (= gleichsetzen). *Nur eins tut Not. Sie tranken immer noch eins. Gib ihm doch eins* (= einen Schlag; ugs.). *Das ist eins a [I a]* (= ausgezeichnet). Groß schreibt man das Substantiv: *Die Eins steht oben am Rand. Sie hat in Latein eine Eins geschrieben. Er hat die Prüfung mit der Note »Eins« bestanden.* ↑ acht / Acht, ↑ Zensuren. Zu *ein* oder *eins* ↑ ³ein (1).

einsalzen: Das 2. Partizip von *einsalzen* kann *eingesalzen* oder *eingesalzt* lauten: *eingesalzenes* oder *eingesalztes Fleisch.* Die Form mit *-t-* ist weniger gebräuchlich.

Einsatz: Zu *der Einsatz von Studenten als Wahlhelfern / als Wahlhelfer* ↑ Apposition (3.4).

einschalten: 1. Nach *sich einschalten in* steht gewöhnlich der Akkusativ, weil man dabei die Vorstellung der Richtung hat (Frage: wohin?): *Die Ministerin hat sich in die Verhandlungen eingeschaltet.* Es ist aber auch der Dativ möglich, wenn nur der Bereich gemeint ist, in dem das Einschalten geschieht: *Die Regierung hat sich in dieser Angelegenheit eingeschaltet.*

2. Das Partizip II von *einschalten* lautet *eingeschaltet* (nicht: *eingeschalten*): *Sie*

fuhr, ohne das Licht eingeschaltet zu haben.

Einschaltung: ↑ Apposition (1.2).

einschenken: Das Verb *einschenken* ist eine Zusammensetzung mit *schenken* »zu trinken geben«, es darf deshalb nicht mit *ä* geschrieben werden. ↑ ä / e.

einschlafen: Es heißt: *Er ist über seiner* (nicht: *seine*) *Arbeit eingeschlafen,* weil hier der Ort oder die Gelegenheit gemeint ist, aber nicht die Richtung. ↑ über (1).

einschlagen: 1. Der Blitz schlägt in das / in dem Haus ein: In Verbindung mit der Präposition *in* steht bei *einschlagen* gewöhnlich der Akkusativ, weil die Vorstellung der Richtung vorherrscht (Frage: wohin?): *Der Blitz hat in das Haus eingeschlagen. ... wie irgendwo aus der Luft Geschosse heranpfiffen und ins Boot einschlugen* (Ott). Der Dativ steht, wenn das Ziel nicht genau definiert und dann nur der Ort, die Lage als Angabe möglich ist: *Im Haus hat es eingeschlagen. Ein Geschoss schlug in der Nähe ein* (Plievier). Man sagt deshalb auch: *Der Blitz hat irgendwo* (nicht: *irgendwohin*) *eingeschlagen.*

2. etwas in rotes / in rotem Papier einschlagen: Der Akkusativ steht ferner meist, wenn gesagt werden soll, dass etwas in etwas eingeschlagen (= eingehüllt, eingewickelt) wird: *Auf dem Kutschbock saß, ... den kurzen rundlichen Körper in ein schwarzes Dreieckstuch eingeschlagen, Tante Arafa* (S. Lenz). *Ein kleines, in rotes Papier eingeschlagenes Bündelchen* (G. Hauptmann).

3. Perfektumschreibung: Das Perfekt wird überwiegend mit *haben,* seltener mit *sein* gebildet: *Der Blitz hat eingeschlagen. Die Bombe hatte in das Haus eingeschlagen. Sein neuer Roman hat gut eingeschlagen.* Aber auch: *Eine Bombe war in unmittelbarer Nähe des Hauses eingeschlagen. Der Artikel ist gut eingeschlagen.* ↑ haben (1).

einschlägig: Das Adjektiv *einschlägig* darf nicht wie eine Verbform gebraucht werden. Man kann also nicht sagen: *alle in mein Fach einschlägigen Bücher,* sondern nur: *alle einschlägigen Bücher* oder: *alle in mein Fach schlagenden Bücher.*

einschleichen, sich: 1. sich in ein / in einem Haus einschleichen: Nach *sich einschleichen* steht überwiegend der Akkusativ, weil man dabei die Vorstellung der Richtung hat (Frage: wohin?): *Der Dieb schlich sich in das Haus ein. Langsam schlich es sich in sein Bewusstsein ein* (Jahnn). Der seltenere Dativ steht, wenn der Ort genannt wird, wo das Sicheinschleichen stattfindet: *Dass in einem solchen erstklassigen Hotel sich Diebe einschleichen können* (Döblin).

2. Gebrauch des zweiten Partizips: Das zweite Partizip von *sich einschleichen* darf nicht attributiv wie ein Adjektiv verwendet werden, weder mit noch ohne *sich.* Nicht: *der [sich] während meiner Abwesenheit in das Haus eingeschlichene Dieb.* ↑ zweites Partizip (2.3).

einschließen [sich]: In Verbindung mit der Präposition *in* steht bei *einschließen* der Akkusativ, wenn die Richtung ausgedrückt werden soll (Frage: wohin?), d. h., wenn etwas in einen Raum gebracht wird, der dann geschlossen wird: *In dieser Nacht wurde das Kommando in die Schlafräume eingeschlossen* (Apitz). Auch übertragen: *So schließt mich in Eure Fürbitte ein* (Schaper). Der Dativ wird gebraucht, wenn der Ort angegeben wird (Frage: wo?), wo sich das Eingeschlossene befindet: *Die Truppen der Roten Armee haben diese deutsche Heeresgruppe in einem festen Ring eingeschlossen* (Plievier). *... sie begriff es nicht mehr, warum sie in diesen Mauern eingeschlossen war* (R. Schneider). *Der Führer und das Mittagessen sind im Preis eingeschlossen* (Koeppen). Auch bei *sich einschließen* sind beide Fälle möglich und korrekt: *Sie schloss sich in ihr Zimmer / in ihrem Zimmer ein.*

einschließlich: 1. Rektion: Die Präposition

einschließlich wird mit dem Genitiv (nicht mit dem Dativ) verbunden, wenn der Kasus durch ein Begleitwort des abhängigen Substantivs deutlich wird: *Die Aufwendungen einschließlich aller Reparaturen, einschließlich des Portos. ... Rom bei Nacht einschließlich eines spitzen Kelches Asti spumante* (Koeppen). Das gilt auch, wenn Orts- oder Ländernamen folgen: *Brandenburg einschließlich Berlins, Europa einschließlich Englands.* Ein allein stehendes stark dekliniertes Substantiv nach *einschließlich* bleibt dagegen im Singular im Allgemeinen ungebeugt (auch ↑ substantivierte Infinitive [1] und Namen gehören hierher): *einschließlich Porto; einschließlich Brigitte; einschließlich Auf- und Abladen. Das Buch hat 700 Seiten, einschließlich Vorwort.* Demgegenüber weicht man im Plural üblicherweise bei allein stehenden stark deklinierten Substantiven auf den Dativ aus, weil der Genitiv undeutlich ist: *einschließlich Tischen und Stühlen* (statt: *Tische und Stühle*), *einschließlich Gläsern* (statt: *Gläser*). Die Verbindung aus *einschließlich* + Personalpronomen (*einschließlich deiner* [ugs.: *dir*]) kann man vermeiden; z. B.: *Alle meine Freunde, du eingeschlossen / auch du, waren verreist.*

2. Kongruenz: Die finite Verbform richtet sich nach dem Subjekt, an das das präpositionale Attribut mit *einschließlich* angeschlossen ist: *Die Kosten einschließlich des Portos* werden *erstattet. Der Vertrag einschließlich der Nachträge* wird *registriert.*

3. einschließlich / zuzüglich: Die zwei Wörter stehen sich insofern nahe, als beide etwas anschließen, was nicht als selbstverständliches Zubehör empfunden wird. Das Beispiel *ein Betrag von 10 Mark zuzüglich [der] Portokosten* zeigt aber, dass bei bestimmten, festgelegten Beträgen oder Leistungen ein wesentlicher Unterschied zu beachten ist. Denn *einschließlich* würde hier bedeuten, dass

die Portokosten in dem Betrag von 10 Mark enthalten sind, während sie bei *zuzüglich* noch-hinzugerechnet werden müssen. Immerhin sind Sätze denkbar, in denen beide Wörter denselben Sinn haben und gegeneinander ausgetauscht werden können: *Sie beansprucht den Ersatz ihrer Aufwendungen einschließlich / zuzüglich der Fahrtkosten.*

einschreiben: In Verbindung mit der Präposition *in* steht bei *einschreiben* gewöhnlich der Akkusativ, weil die Vorstellung der Richtung vorherrscht (Frage: wohin?): *Der Wachhabende ... schrieb den Namen »Dingelstedt« in sein Notizbuch ein* (Plievier). Im Passiv tritt gelegentlich der Dativ auf, wenn man den Ort angeben will, wo das Einschreiben geschieht: *Die Assistentin wurde in die* (seltener auch: *in der*) *Liste der Teilnehmer eingeschrieben.* Aber: *Ihr Name steht in dem Buch eingeschrieben.*

einsetzen: In Verbindung mit der Präposition *in* (auch: *zwischen*) steht bei *einsetzen* der Akkusativ, wenn die Vorstellung der Richtung vorherrscht (Frage: wohin?): *Ich setzte einen Flicken in die Hose ein. Wir haben den Namen des Begünstigten in die Anträge nicht eingesetzt. ... das zweite Ehrengericht, das mich in meinen Rang wieder einsetzte* (Jünger). Wenn die Vorstellung des Ortes, wo etwas oder jemand eingesetzt wird, vorherrscht oder wenn ein größerer Tätigkeitsbereich genannt wird, dann steht der Dativ (Frage: wo?): *Wir haben keine Möglichkeit, Sie in einer anderen Abteilung einzusetzen. Aber sogleich nach der Grundausbildung bin ich in meinem Fach eingesetzt worden* (Gaiser). Beide Kasus wären möglich in einem Beispiel wie *Zwischen dem / den Zaun und dem / das Beet muss man einen Pfahl einsetzen.*

einsperren: ↑ einschließen [sich].

einst: ↑ dereinst[ig] / einst[ig].

einstecken: Da *einstecken* »in die Tasche o. Ä. stecken, um es bei sich zu haben« einen Vorgang und nicht einen Zustand

E

bezeichnet, sagt man richtig: *Ich habe leider kein Geld eingesteckt* (= und deshalb auch [jetzt] keins bei mir). Die Form mit dem Infinitiv *(Ich habe leider kein Geld einstecken)* ist umgangssprachlich. Vgl. aber ↑ stecken.

einstellen: In Verbindung mit der Präposition *in* steht bei *einstellen* entweder der Akkusativ oder der Dativ, je nachdem, ob die Vorstellung der Richtung (Frage: wohin?) oder der Lage (Frage: wo?) überwiegt: *Wir müssen den Wagen in eine / einer Garage einstellen. Ich soll die Bücher in dieses / diesem Regal einstellen. Wir sollen den Wagen hier* (nicht: *hierher*) *einstellen. Wir stellen Sie ab 1. April 1998 in unserem* (seltener: *in unseren*) *Betrieb ein.*

Einstellung: Zu *die Einstellung meines Sohns als Lehrling / als Lehrlings* ↑ Apposition (3.3).

einst[ig] / dereinst[ig]: ↑ dereinst[ig] / einst[ig].

einstöckig: Als *einstöckiges Haus* wird im Allgemeinen ein Haus mit nur einem (ebenerdigen) Geschoss bezeichnet. Vgl. aber ↑ Stock.

einstufen: Nach *einstufen in* steht entweder der Akkusativ oder Dativ, je nachdem, ob die Vorstellung der Richtung (Frage: wohin?) oder der Lage (Frage: wo?) vorherrscht: *Er wurde in eine andere Gehaltsklasse eingestuft. Sie ist in einer höheren Gehaltsklasse eingestuft als ich.*

einsuggerieren: Das Verb ist eine ↑ Kontamination aus *suggerieren* und *einreden,* wobei der Verbzusatz *ein* den Sinn von *suggerieren* verdeutlichen soll: *Man erzählt, dass er sich seine Mission ... erst habe einsuggerieren lassen* (Goldschnitt). ↑ Verb (3).

-einte: Die Ordinalzahl von *eins* ist in der Standardsprache *erste,* nicht *einte.* Es heißt daher *der hundundunderste Vers* usw. (nicht: *hundertundeinte*). Die Form *-einte* ist landschaftlich.

einteilen: In Verbindung mit der Präposi-

tion *in* steht bei *einteilen* nur der Akkusativ (nicht der Dativ): *Das Buch ist in 10 gleich lange Abschnitte eingeteilt.*

Eintrag / Eintragung: Die Bedeutung der beiden Substantive hat sich differenziert. *Eintrag* steht gewöhnlich im Sinne von »schriftliche Bemerkung«: *Auf Seite 15 stehen zwei Einträge von ihrer Hand. Der Schüler hat einen Eintrag ins Klassenbuch bekommen.* Dagegen bezeichnet *Eintragung* meist den Vorgang des Eintragens: *eine Eintragung vornehmen. Die Eintragung / das Eintragen der Zahlen in die Liste war ihre Aufgabe.* Doch kann *Eintragung* auch den Vermerk selbst bezeichnen. ↑ Verbalsubstantiv.

eintragen: Nach *eintragen in* steht gewöhnlich der Akkusativ, weil man dabei die Vorstellung der Richtung hat (Frage: wohin?): *Die Hypothek wurde in das Grundbuch eingetragen. Außerdem muss er den Vorgang ins Logbuch eintragen* (Bamm). Seltener ist die Verbindung mit dem Dativ (Vorstellung des Ortes, wo etwas eingetragen wird; Frage: wo?): *Während er ... ihren Namen und die Adresse in einem Buch eintrug* (Brecht). Und nur: *Darin* (= in dem Notizbuch; nicht: *darein*) *steht die Uhrzeit eingetragen.*

eintreten: Nach *eintreten in* steht der Akkusativ, weil man dabei die Vorstellung der Richtung hat (Frage: wohin?): *Sie trat leise in das Zimmer ein. Sie treten jetzt in neue Verhandlungen ein. Wir sind in den Turnverein eingetreten.*

ein und aus gehen: ↑ ⁴ein.

ein und dasselbe: ↑ ³ein (1).

einverleiben: Das Verb *einverleiben* gehört zu den unfest zusammengesetzten Verben, die gelegentlich auch wie feste Zusammensetzungen auftreten: *Ich verleibte mir den restlichen Kuchen ein / einverleibte mir den restlichen Kuchen.* Beides ist korrekt. ↑ Verb (2.4).

Einverständnis: Zu *Ihr Einverständnis voraussetzend ...* ↑ erstes Partizip (2).

Einwaage: Dieses fachsprachliche Substantiv bedeutet einmal »Gewichtsverlust beim Wiegen«. Auf Konservendosen bezeichnet es zudem die jeweils eingewogene Menge *(Einwaage 500 g)*. Es wird mit *aa*, nicht mit *a* geschrieben, entsprechend der heutigen Schreibung von *Waage.*

Einwand / Einwendung: Die beiden Substantive stehen sich inhaltlich so nahe, dass sie fast immer gegeneinander ausgetauscht werden können. Dennoch enthält *Einwendung* im Unterschied zu *Einwand* noch stärker den verbalen Charakter, drückt also besonders den Vorgang des Protestierens oder Widersprechens aus und nicht nur das kritische Gegenargument selbst. Für *etwas einwenden* sagt man auch sehr oft *Einwände* oder *Einwendungen machen, vorbringen.* ↑ Verbalsubstantiv (1.4).

einwandern: Steht *einwandern in* vor einem Ländernamen ohne Artikel oder Attribut, dann wird dies gewöhnlich als Angabe der Lage im Dativ verstanden (Frage: wo?): *Sein Großvater war in Kanada eingewandert.* Will man die Richtungsvorstellung deutlich machen, dann muss man den Namen mit einem Attribut und dem Artikel versehen *(in das südliche Kanada)* oder – was allerdings hier weniger üblich ist – die Präposition *nach* setzen. Bei Ländernamen mit Artikel steht *in* meist mit dem Akkusativ: *Sie wanderte in die Schweiz, in die USA ein.*

einwandfrei: Die Zusammensetzung hat kein ↑ Fugen-s: *einwandfrei* (nicht: *einwandsfrei*).

Einwandrerin / Einwanderin: Die feminine Form zu *Einwanderer* lautet *die Einwanderin* (nicht: *Einwandererin*), zu *Einwandrer* dagegen *die Einwandrerin.* ↑ Substantiv (3).

einwärts: ↑ -wärts.

einweihen: Nach *einweihen in* steht heute der Akkusativ: *jemanden in ein Ritual einweihen. Dass Coax ihn nicht in den Plan eingeweiht hatte ... (Brecht).* Der Dativ ist veraltet: *Der Geist, wenn er einmal in den Geheimnissen einer höheren Wollust eingeweiht worden ist ...* (Wieland).

einwenden: ↑ Einwand / Einwendung, ↑ wenden.

ein wenig: In Verbindung mit einem Substantiv bleibt *ein wenig* »etwas« ungebeugt: *Mit ein wenig Geduld hättest du mehr erreicht; bitte ein wenig mehr Freundlichkeit.* Allein stehend kann *wenig* auch gebeugt werden: *Meine Aufzeichnungen sollen dazu ein weniges beitragen* (Hesse).

einwickeln: ↑ einschlagen (2).

Einwohnerbezeichnungen auf -er

Häufig gestellte Frage zu Einwohnerbezeichnungen auf -er	
Frage	**Antwort unter**
Schreibt man *Münchner, Teltower, Schweizer* usw. groß oder klein?	dieser Artikel, Punkt (7), geographische Namen (3.1)

1. **Aacher / Aachener · Simmern – Simmerer · Geldern – Gelderner**
   (Erhalt oder Ausstoßung der Endung von Ortsnamen auf *-en, -ern, -er* und *-eln* vor der Ableitungssilbe *-er*): Früher wurde vor der Ableitungssilbe *-er*

das -en deutscher Ortsnamen im Allgemeinen ausgestoßen (besonders Namen auf -beuren, -brücken, -felden, -hagen, -hausen, -heiden, -hofen, -ingen, -kirchen, -leben, -stetten, -ungen, -wangen waren davon betroffen). Man sagte also

Aacher, Binger, Göttinger, Emder, Gießer, Barmer, Nordhäuser, Saarbrücker, Ellwanger usw.

E

Mehr und mehr ging man jedoch dazu über, die Ortsnamen – vor allem zweisilbige – in der Ableitung auf -er vollständig zu erhalten. Deshalb sagt man heute außerhalb der Mundart nicht mehr *Gießer, Aacher*, sondern *Gießener, Aachener* und nur *Essener, Hagener, Münch[e]ner*. Dennoch haben sich viele Kurzformen ohne -en vor -er erhalten, besonders bei mehrsilbigen Ortsnamen, in den Mundarten und im örtlichen Sprachgebrauch:

Bremer, Lüner, Uelzer (seltener: Uelzener), Emder (seltener: Emdener); Sonthofer, Eisleber, Melsunger, Erlanger, Mühlhäuser, Kirchheimbolander, Saarbrücker, Zweibrücker; Sankt-Galler (= schweiz., binnendt. oft: Sankt-Gallener).

In den folgenden Fällen werden die Kurzformen durch feste Benennungen gestützt:

Binger (Loch), Barmer (Ersatzkasse), Nordhäuser (Branntwein), Steinhäger (Schnaps), Kaufunger (Wald).

Ortsnamen auf -ingen gehen nur gekürzt in eine Einwohnerbezeichnung auf -er ein *(Göttinger, Tübinger)*. Bei solchen auf -hausen, -kirchen, -hagen u. a. treten Schwankungen auf (vgl. *Gelnhäuser* und *Oberhausener, Altenkircher* und *Euskirchener, Stadthäger* und *Langenhagener*); hier richtet man sich am besten nach den jeweils ortsüblichen Formen.

Dieselben Schwankungen zwischen gekürzten und ungekürzten Formen treten auch bei Einwohnerbezeichnungen zu Ortsnamen auf -ern (vgl. *Kaiserslauterer, Simmerer* und *Gelderner, Eberner, Schlüchterner*), -er (vgl. *Eschweiler* und *Badenweilerer, Marienwerderer* und *Lauchhammer*) und -eln (vgl. *Rintelner* und *Rinteler* gegenüber [nur] *Süchtelner*) auf.

In manchen Fällen sind mögliche Missverständnisse für das Nebeneinander von gekürzten und ungekürzten Formen verantwortlich. So sagt man *Neukircher* (zu *Neukirch*), aber *Fünfkirchener* (zu *Fünfkirchen*). Dasselbe gilt teilweise für die Namen auf -weil und -weiler (vgl. *Rottweiler* zu *Rottweil*, aber *Badenweilerer* zu *Badenweiler*). Allerdings wird bei den meisten Ortsnamen auf -weiler auch die Einwohnerbezeichnung lediglich mit -weiler und nicht mit -weilerer gebildet *(der Eschweiler, der Ahrweiler)*. Auch -brück und -brücken, -ing und -ingen, -haus und -hausen könnten so unterschieden werden, jedoch kommen diese Ortsnamentypen meist in getrennten Gebieten vor, sodass vor allem bei kleinen Orten kein Bedürfnis

nach einer Unterscheidung besteht (z. B. ist *-ing* bayerisch *[Freising, Tut-zing]*, *-ingen* schwäbisch und alemannisch *[Memmingen, Villingen]*).
Ursprünglich nicht deutsche Ortsnamen auf *-en* (meist zum Stamm gehö-rend) schließlich gehen immer ungekürzt in die Einwohnerbezeichnung auf *-er* ein (*Dresd[e]ner, Meiß[e]ner, Pils[e]ner, Xantener, Bozner* u. a).

2. Kasseler/Kasselaner · Badener/Badenser:

Die Endungen *-aner* und *-enser* werden meist bei Ortsnamen gebraucht, deren Endsilbe ein unbetontes *e* enthält. Besonders diejenigen auf *-er* ha-ben oft die Endung *-aner*, um doppeltes *-erer* zu vermeiden:

der Hannover-aner, Weißwasser-aner, Wetter-aner, Halver-aner, Hemer-aner, Salz-gitter-aner, Jauer-aner, Jever-aner, Münster-aner, Neumünster-aner, Munster-aner; (auch:) der Kassel-aner (Kasseläner ist mundartlich), (ebenso auch:) der Weimar-aner; Orleaner (zu frz. *Orléanais*, Einwohner der Stadt Orleans).

Ortsnamen auf *-e* und *-a* haben noch gelegentlich die Endung *-enser*, ob-wohl hier keine lautlichen Gründe vorliegen:

der Hallenser, Thalenser, Wernenser, Jenenser.

Ebenso: der Badenser (= Einwohner des früheren Landes Baden).

Im Ganzen aber ist der Gebrauch von *-aner* und *-enser* stark zurückgegan-gen, unbedingt nötig ist er in keinem Fall.

3. Angermünde – Angermünder · Tegernsee – Tegernseer · Fulda – Fuldaer:

Endet ein Ortsname auf *-e (-ee, -oe)*, fällt bei der Bildung der Einwohner-bezeichnung mit *-er* ein *e* aus:

Angermünde – Angermünder; (ebenso:) Haller (Westfalen; ↑ 2), Thaler, Werner, Olper, Klever; Falkenseer, Tegernseer, Hahnenkleer; Itzehoer, Oldesloer, Buchloer, Laboer.

Bei den übrigen Vokalen besteht das Prinzip, den Ortsnamen unverändert zu lassen (*Fuldaer* [nicht mehr: *Fulder*], *Jenaer, Pirnaer, Bebraer, Chica-goer*), wenn nicht lat.-roman. Endungen gebraucht werden wie bei *Luga-nese* (zu *Lugano;* auch: *Luganer*).

4. Osteroder/Osteröder · Darmstädter · Neustadter:

Der Umlaut in Einwohnerbezeichnungen auf *-er* geht immer mehr zurück. Auch hier ist das Bestreben zu beobachten, den Namen unverändert zu lassen (im Zweifelsfall sollte man sich stets nach dem örtlichen Sprachge-brauch richten). Man sagt z. B. *der Wernigeröder*, aber: *der Ebenroder; der Osteroder/Osteröder, der Königshöfer/Königshofener,* aber nur: *der Wöris-hofer; der Mühlhäuser, Nordhäuser, Gelnhäuser,* aber: *der Heiligenhauser* und *der Oberhausener; der Stadthäger, Steinhäger,* aber: *der Greifenhagener* und *der Wolfhager.*

Die Ortsnamen auf *-stadt* bilden ihre Einwohnerbezeichnung überwiegend mit Umlaut (vgl. *der Städter*): *der Darmstädter, Rudolstädter,* aber: *der Neustadter* (a. d. Weinstraße), *der Schifferstadter.*

Ohne Umlaut sind die Einwohnerbezeichnungen zu Ortsnamen auf *-walde: der Arnswalder, der Finsterwalder.*

5. Cottbus – Cottbus[s]er · Amsterdam – Amsterdamer:

Konsonantenverdopplung vor *-er* ist nur bei Ortsnamen auf *-us* (mit kurzem, unbetontem *u*) üblich; aber auch hier sind die Formen mit nur einem Konsonanten als Nebenformen zugelassen:

der Cottbus[s]er, Putbus[s]er, Schwiebus[s]er, Petkus[s]er.

Es heißt aber *der Lebuser,* weil *Lebus* mit langem, betontem *u* gesprochen wird. Darüber hinaus ist die Konsonantenverdopplung noch bei *Lissabonner* üblich, aber nicht mehr bei

Amsterdamer, Rotterdamer, Potsdamer, Nevigeser, Worbiser, Husumer.

6. Tel-tow-er / Tel-to-wer:

Man kann die Buchstabenverbindung *-ow* als einen einzigen Laut [o:] ansehen und ungetrennt lassen oder das *w* (wie das Dehnungszeichen *h*) bei der Worttrennung auf die neue Zeile schreiben: *Tel-tow-er* oder *Tel-to-wer.*

7. Münchener Oktoberfest · deutscher Michel:

Ableitungen von Ortsnamen auf *-er* wie *Münch[e]ner* (zu *München*), *Berliner* (zu *Berlin*), *Frankfurter* (zu *Frankfurt*), *Wiener* (zu *Wien*) werden immer großgeschrieben, d. h. auch in Fügungen wie *Münch[e]ner Oktoberfest, Berliner Zeitung, Frankfurter Würstchen, Wiener Walzer.* Es handelt sich hier um Substantive in der Funktion eines (vorangestellten) Genitivattributs: *Münch[e]ner Oktoberfest – Oktoberfest der Münch[e]ner* (= Genitiv Plural der substantivischen Einwohnerbezeichnung). Diese Bildungen unterscheiden sich damit grundsätzlich von scheinbar gleich gebauten Wörtern wie *deutscher* und *österreichischer* in Fügungen wie *deutscher Michel* und *österreichischer Beitrag,* die Formen der Adjektive *deutsch* bzw. *österreichisch* darstellen und deshalb kleinzuschreiben sind. Also: *eine deutsche* (zu *deutsch*), *eine österreichische* (zu *österreichisch*) und *eine Schweizer* (zu *Schweiz*) *Botschaftsangestellte.*

Wenn ein Bezug auf zwei Ortsnamen gegeben ist, gebraucht man den Bindestrich und setzt die Ableitungssilbe *-er* nur einmal: *der Köln-Bonner Flughafen, die Deutz-Mondorfer Straße.*

Einen Kasus können all diese Formen – da sie flexionslos gebraucht werden – nicht ausdrücken, deshalb sind Fügungen wie *nach Meldungen Berliner Zeitungen* eigentlich nicht korrekt, weil *Berliner* hier so gebraucht wird wie *deutscher* oder *englischer* (als ob es ein im Genitiv Plural stehendes Adjektiv wäre) und *Zeitungen* kein deutlicher Genitiv ist. Zur eindeutigen Kennzeichnung des Genitivs Plural müsste man in solchen Fällen entweder den Artikel, ein Pronomen oder *von* zu Hilfe nehmen *(nach Meldungen der/einiger/von Berliner Zeitungen)*. Da diese Fügungsweise aber sehr bequem und ökonomisch ist, wird sie häufig gebraucht. (Nicht korrekt ist aber die Verwendung im Genitiv Singular Femininum *[Verlockungen Pariser Mode]*, weil hier der artikellose Singular nicht in gleicher Weise wie der artikellose Plural generalisierende Kraft hat.)

E

8. **Sachsen-Anhalter / Sachsen-Anhaltiner:**
Während man früher mit *Sachsen-Anhaltiner* ausschließlich die Angehörigen des Fürstengeschlechts bezeichnete, sind heute sowohl *Sachsen-Anhaltiner* als auch *Sachsen-Anhalter* gebräuchliche Bezeichnungen für die Einwohner Sachsen-Anhalts.

Einzahl: ↑ Singular.
Einzahl oder Mehrzahl?: ↑ Kongruenz.
einzahlen / einbezahlen: ↑ Aufschwellung.
Einzelbuchstaben: Substantivierte Einzelbuchstaben sind Neutra: *das A und das O; einem ein X für ein U vormachen.* Im Genitiv Singular und im Plural darf nicht – wie es häufig in der gesprochenen Sprache geschieht – die Endung -s angefügt werden: *des A, des O, die A, die B* (nicht: *des / die As* usw.). Vgl. auch ↑ Groß- oder Kleinschreibung (1.2.5).
einzeln: 1. Groß- oder Kleinschreibung: Klein schreibt man das Adjektiv: *eine einzelne Seite.* Groß schreibt man die Substantivierung: *vom Einzelnen ins Ganze gehen; vom Einzelnen zum Allgemeinen.* In neuer Rechtschreibung auch: *der / die / das Einzelne; Einzelnes hat mir gefallen; Einzelne sagen, dass ...; jede Einzelne; bis ins Einzelne; ein Einzelner; alles Einzelne; im Einzelnen; zu sehr ins*

Einzelne gehen. ↑ Groß- oder Kleinschreibung (1.2.4).
2. Deklination des folgenden Adjektivs: Das auf *einzeln* folgende Adjektiv wird in gleicher Weise (parallel) dekliniert: *einzelnes verlorenes Gerät; einzelnes Gutes; einzelne mittlere Betriebe; einzelner Geistlicher.* Schwache Beugung im Genitiv Plural *(einzelner Geistlichen)* ist heute ganz selten. ↑ Adjektiv (1.2.1).
einziehen: Nach *einziehen in* steht der Akkusativ, weil man damit die Vorstellung der Richtung verbindet (Frage: wohin?): *Die Olympiamannschaften zogen in das Stadion ein. Sie zogen in drei Kolonnen in den Saal.* Steht *einziehen in* vor einem Orts- oder Ländernamen ohne Artikel oder Attribut, dann wird dies gewöhnlich als Angabe der Lage im Dativ verstanden (Frage: wo?): *Tilly zog in Magdeburg ein.* Will man die Richtungsvorstellung deutlich machen, dann muss man den Namen mit einem Attribut und dem

Artikel versehen: *Tilly zog in das eroberte Magdeburg ein.* (Der Anschluss mit *nach* ist bei *einziehen* nicht zulässig.)

Einziehung / Einzug: Die Bedeutung der beiden Substantive hat sich differenziert. *Einziehung* wird nur als Verbalsubstantiv zu »jemanden / etwas einziehen« gebraucht: *die Einziehung von Auskünften / Steuern, die Einziehung von Reservisten.* Dagegen gehört *Einzug* vor allem zu *einziehen* »einmarschieren, hereinkommen«: *der Einzug der Truppen in die Stadt, der Einzug in die neue Wohnung.* Doch sagt man auch *der Einzug* (= das Einkassieren) *von Beiträgen.* In der Druckersprache bezeichnet das Wort den Abstand vom linken Satzspiegelrand: *Die erste Zeile ist mit Einzug zu setzen.* ↑ Verbalsubstantiv (1.4).

einzig: 1. Vergleichsformen: In seiner ursprünglichen Bedeutung »nur einmal [in seiner Art] vorhanden« darf *einzig* nicht gesteigert werden. Fügungen wie *die einzigste Möglichkeit wäre die ...* oder *das Einzigste wäre, zu ...* sind deshalb nicht korrekt. Bei übertragener Bedeutung (= hervorragend, ausgezeichnet) ist die Steigerung erlaubt, aber sie bleibt auch hier besser beschränkt auf den Ausdruck besonderen Überschwangs: *Gute Nacht, Engel. Einzigstes, einzigstes Mädchen, und ich kenne ihrer viele* (Goethe). ↑ Vergleichsformen (3.1).

2. Groß- oder Kleinschreibung: Klein schreibt man das Adjektiv: *die einzige Lösung. Sie ist einzig in ihrer Art.* Groß schreibt man die Substantivierung: *Sie ist unsere Einzige.* In neuer Rechtschreibung auch: *der / die / das Einzige; das Einzige, was jetzt noch zu tun wäre; kein / etwas Einziges; er als Einziger.* ↑ Groß- oder Kleinschreibung (1.2.1).

Einzug / Einziehung: ↑ Einziehung / Einzug.

Eisenach: Nach den neuen Regeln zur Worttrennung kann der Name nach den Sprechsilben *Ei-se-nach* oder wie bisher etymologisch nach den Bestandteilen *Ei-*

sen-ach getrennt werden. Der zweite Bestandteil *-ach* entspricht einem alten Wort für »Gewässer, Fluss« (mhd. *ahe,* ahd. *aha*), das sich in den Flussnamen *Ache, Aa, Aach, Ach* erhalten hat. ↑ Worttrennung (1.2).

Eisenblock: Der Plural lautet *die Eisenblöcke.* ↑ Block.

eiserner / Eiserner Vorhang: Als Bezeichnung für den feuersicheren Abschluss der Bühne gegen den Zuschauerraum schreibt man *eiserner Vorhang* klein. Die Bezeichnung *Eiserner Vorhang* für die weltanschauliche Grenze zwischen Ost und West in der Zeit des Kalten Krieges schreibt man dagegen groß.

Eis laufen: In neuer Rechtschreibung schreibt man *Eis* groß und auch im Infinitiv und Partizip vom Verb getrennt: *ich laufe, lief Eis / bin Eis gelaufen; um Eis zu laufen.* ↑ Getrennt- oder Zusammenschreibung (2.1).

Eisleber: Die Einwohner von Eisleben heißen *Eisleber* (nicht: *Eislebener*). ↑ Einwohnerbezeichnungen auf *-er* (1 und 7).

Eisschnelllauf: Wenn bei Zusammensetzungen drei gleiche Buchstaben zusammentreffen, darf nach den neuen Regeln keiner von ihnen wegfallen. Die Zusammensetzung *Schnelllauf* aus *schnell* und *Lauf* wird also mit drei *l* geschrieben. Da *Schnelllauf* als Grundwort in der Zusammensetzung *Eisschnelllauf* auftritt, ist ein Bindestrich hier nicht zu empfehlen, also nicht: *Eisschnell-Lauf.* ↑ Bindestrich (2.3.), ↑ Zusammentreffen dreier gleicher Buchstaben.

eitel: Bei *eitel* fällt, wenn es dekliniert oder gesteigert wird, das *e* der Endsilbe aus: *ein eitler / noch eitlerer Mensch.* ↑ Adjektiv (1.2.13), ↑ Vergleichsformen (2.2).

Eiweiß: Das substantivierte Farbadjektiv *Weiß* wird in der Zusammensetzung *Eiweiß* (entsprechend ↑ Eigelb) wie üblich gebeugt und in die Mehrzahl gesetzt: *des Eiweißes, die Eiweiße, einige Eiweiße.* In Verbindung mit Kardinalzahlen bleibt *Eiweiß* gewöhnlich ungebeugt: *drei Ei-*

weiß zu Schnee schlagen; ein Rezept mit 5 Eiweiß.

Ekel: Man unterscheidet *der Ekel* »heftiger Widerwille« und (umgangssprachlich) *das Ekel* (Plural: *die Ekel*) »widerlicher Mensch«.

ekeln: Bei unpersönlicher Konstruktion steht die Person im Akkusativ oder im Dativ: *... bis zu dem Tag, an dem es mich vor seinem Verfall zu ekeln begann* (Rinser). *Mir graute vor Scham ..., ja, mir ekelte vor dir!* (Frisch). Bei transitivem und reflexivem Gebrauch steht die Person dagegen nur im Akkusativ: *Ich hatte Hunger, aber der Hummer ekelte mich* (Frisch).

-el: 1. Die maskulinen und neutralen Substantive auf *-el* werden stark, alle femininen werden schwach gebeugt (Ausnahmen: *Stachel, Muskel, Pantoffel*).
2. Über den Ausfall des *e* bei Adjektiven auf *-el* in attributiver Stellung *(dunkle / dunkle Mächte)* ↑ Adjektiv (1.2.13). Zur Auswerfung des *e* beim Komparativ *(dunkeler / dunkler)* ↑ Vergleichsformen (2.2).

Elativ: Der Elativ ist ein absoluter Superlativ (ohne Vergleich), z. B. *modernste Maschinen* (= sehr moderne Maschinen), *höflichst* (= sehr höflich). ↑ Vergleichsformen (3.5).

Elb[e]-: Zu *Elb-* oder *Elbeschifffahrt* ↑ Flussnamen (2).

Eldorado: ↑ Dorado / Eldorado.

Elefant: Der Genitiv lautet *des Elefanten* (nicht: *des Elefants*), der Dativ und Akkusativ lauten *dem, den Elefanten* (nicht: *dem, den Elefant*). ↑ Unterlassung der Deklination (2.1.2).

Elektrolyt: Das früher im Singular wie im Plural stark oder schwach gebeugte Wort *(des Elektrolyts / Elektrolyten, die Elektrolyte / Elektrolyten)* wird im Singular heute überwiegend schwach gebeugt *(des Elektrolyten usw.)*, während der Plural überwiegend stark ist *(die Elektrolyte)*.

Elision: Unter Elision versteht man die Ausstoßung eines unbetonten Vokals im Inneren eines Wortes (so genannte Synkope: *ew'ger* statt *ewiger*) und am Ende eines Wortes vor einem folgenden, das mit Vokal beginnt (sog. Apokope: *Freud und Leid* statt *Freude und Leid; das Grauen packt' ihn* statt *das Grauen packte ihn*). ↑ Apostroph (2.2).

-ell / -al: ↑ -al / -ell.

Ellbogen / Ellenbogen: Beide Formen sind korrekt.

Elle: Das Gemessene nach *Elle: drei Ellen Stoff* (nicht: *Stoffs*), *fünf Ellen englisches Tuch* (geh.: *englischen Tuch[e]s*), *mit einer Elle feinem Samt* (geh.: *feinen Samt[e]s*). ↑ Apposition (2.2). Als Längenmaß ist *Elle* heute veraltet.

Ellipse

Häufig gestellte Fragen zur Ellipse	
Frage	Antwort unter
Sind Fügungen wie *mit großem Fleiß und Geschick* korrekt, obwohl es *der Fleiß* und *das Geschick* heißt?	dieser Artikel, Punkt (2)
Sind Fügungen wie *öffentliche und Privat-mittel* zulässig?	dieser Artikel, Punkt (8), Bindestrich (1.1)
Darf das Verb eingespart werden, wenn es einmal im Singular und einmal im Plural stehen müsste, wie z. B. *eine Stimme ist dafür, alle anderen dagegen?*	dieser Artikel, Punkt (9)

Ellipse nennt man die Ersparung (Auslassung) von Redeteilen bzw. die davon betroffenen Sätze (Auslassungssätze). Es gibt zwei Arten der Ellipse, einmal die Ersparung von Redeteilen, die nur einmal vorkommen (*[Ich] Danke schön. [Wollen wir] Wetten, dass ich Recht habe? Mein Vater ist 80 Jahre [alt]. Berühren der Ware [ist] verboten. [Du] Kannst ja mitkommen* usw.); zum anderen die Ersparung von Redeteilen, die im gleichen oder in einem benachbarten Satz mehr als einmal vorkommen (*Sie besaß kostbare Teppiche und [kostbare] Gemälde. Er schreibt an seine Freunde und [seine] Bekannten. Sie freute sich über die Blumen und [die] Geschenke*). Schwierigkeiten treten nur im zweiten Fall auf, wo die Regeln der grammatischen Übereinstimmung (↑ Kongruenz) verletzt werden und Missverständnisse entstehen können.

1. **Sie schreibt [die Artikel] und er korrigiert die Artikel · Als er das Licht einschaltete und [als er] sich umblickte ... · Ihre Reklamation haben wir anerkannt und den Betrag [haben wir] überwiesen:**
   Die gemeinsamen Satzteile von Haupt- oder gleichwertigen Nebensätzen können bis auf einen erspart werden:

   Sie schreibt [die Artikel] und er korrigiert *die Artikel*. Als er das Licht einschaltete und [als er] sich umblickte ... Anton *geht* ins Theater, Sophie [geht] in die Disco und Marie [geht] auf die Kirmes. ... *wobei* Herr Meier verabschiedet [werden sollte] und [wobei] Frau Dr. Schneider eingeführt *werden sollte*. Ihre Reklamation *haben wir* anerkannt und den Betrag [haben wir] überwiesen.

   Für das letzte Beispiel könnte man auch von einem Satz mit anderer Wortstellung ausgehen, der ohne Ellipse unbeholfen wirken würde:

   Ihre Reklamation *haben wir* anerkannt und [wir haben] den Betrag überwiesen.

Nicht möglich ist die Ersparung von Satzteilen, wenn im zweiten Teilsatz die Konstruktion gewechselt wird. Also nicht: *Wir danken herzlich für die vielen Kranz- und Blumenspenden und allen, die dem Verstorbenen die letzte Ehre erwiesen haben.* Sondern: *... und wir danken allen, ...* (Wechsel zwischen *für etwas danken* und *jemandem danken*!). Zur Ersparung von Pronomen vgl. auch 11.

E

2. **mit großem Fleiß und [großem] Geschick · in einem gestreiften Hemd und grünen/einer grünen Hose:**
   Ein Attribut (Artikel, Pronomen, Adjektiv) zu zwei oder mehreren Substantiven braucht nur einmal gesetzt zu werden, wenn diese in Numerus (Zahl) und Genus (Geschlecht) übereinstimmen:

   Sie beschäftigt sich mit *französischer* Literatur und Geschichte. *Meine* Bücher und Bilder bereiten mir Freude. *Die* Kraft und Tiefe des Gedankens.

   Das gilt auch, wenn das unterschiedliche Genus des Bezugssubstantivs nicht zum Ausdruck kommt; allerdings muss Übereinstimmung im Numerus bestehen:

   mit *großem* Fleiß (Mask.) und Geschick (Neutr.), die Versorgung *des* Hauses (Neutr.) und *Gartens* (Mask.), *meine* Brüder (Mask.) und Schwestern (Fem.).

   Dagegen darf ein Attribut zu zwei oder mehreren Substantiven, die sich im Numerus bzw. (sichtbar) im Genus unterscheiden, nicht erspart werden:

   in *einem* gestreiften Hemd und *einer* grünen Hose (nicht: ... und grünen Hose), die Reinigung *der* Gartenwege, *der* Garageneinfahrt und *der* Terrasse (nicht: ... der Gartenwege, Garageneinfahrt und Terrasse).

   Sehr häufig kommt die unrichtige Ersparung in den Anrede- und Schlussformeln von Briefen vor. Es muss richtig heißen:

   Sehr *geehrte* Frau Müller, sehr *geehrter* Herr Müller (nicht: Sehr geehrte Frau und Herr Müller). Mit freundlichen Grüßen *deine* Mutter und *dein* Vater (nicht: deine Mutter und Vater). ↑ Brief (4 und 5).

3. **mit Pflanzen [im Moor] und Tieren im Moor · Beschreibung [der Maschine] und Arbeitsweise der Maschine:**
   Ein genitivisches oder präpositionales Attribut zu zwei oder mehreren Substantiven braucht nur einmal gesetzt zu werden:

   Sie beschäftigte sich mit Pflanzen [im Moor] und Tieren *im Moor.* Nur der Pilot [der Maschine], der Funker [der Maschine] und der Mechaniker *der Maschine* konnten sich retten.

   Handelt es sich jedoch um verschiedene Genitivattribute, ist eine Ersparung nicht möglich. Also nicht: *die Beschreibung und Arbeitsweise der*

Maschine, weil bei *Beschreibung der Maschine* der Genitiv das Objekt des zugrunde liegenden Verbs vertritt (= ich beschreibe die Maschine; Genitivus obiectivus), während bei *Arbeitsweise der Maschine* eine Zugehörigkeit ausgedrückt wird (= die Maschine hat eine bestimmte Arbeitsweise; Genitivus possessivus). Es heißt also richtig: *die Beschreibung der Maschine und ihre Arbeitsweise.*

Auch wo sich ein genitivisches oder präpositionales Attribut nur auf eines von zwei oder mehreren Substantiven bezieht, ist eine einfache Ersparung nicht möglich. Hier muss man, um Missverständnisse zu vermeiden, eine andere Formulierung wählen oder die Wortstellung ändern:

Er sah die Feuer *der Wachen* und die Pferde (nicht: ... die Feuer und die Pferde der Wachen). Sie wandten sich gegen die Unterdrückung und Korruption sowie gegen die Machenschaften *der Militärs* (nicht: ... gegen die Unterdrückung, die Korruption und die Machenschaften der Militärs).

4. mit Geld und [mit] guten Worten:

Steht die gleiche Präposition vor zwei oder mehreren nebengeordneten Substantiven, dann braucht sie nur einmal gesetzt zu werden:

mit Geld und [mit] guten Worten; *von seinen* Eltern, [von seinen] Brüdern und [von seinen] Schwestern; vom Glanz und der Pracht des Festes; *durch* Fleiß, [durch] Intelligenz und [durch] Disziplin.

Bei Substantiven und Pronomen, die durch mehrteilige Konjunktionen verbunden sind, wird im Allgemeinen die Präposition nicht erspart:

sowohl für mich als auch für dich; weder mit Geld noch mit guten Worten.

Auf keinen Fall darf die Präposition eingespart werden, wenn Missverständnisse entstehen können. Also nicht: *Sie sprachen über des Ministers Abschiedsgesuch und Politik* für: *Sie sprachen über des Ministers Abschiedsgesuch und über die Politik.*

Zu *vom Glanz und der Pracht des Festes* ↑ Präposition (1.2.4).

5. vor [dem Haus] und hinter dem Haus · mit [Büchern] und ohne Bücher:

Ein Substantiv oder Pronomen kann nach verschiedenen Präpositionen erspart werden, wenn diese den gleichen Kasus regieren:

vor [dem Haus] und *hinter* dem Haus, *auf* [dem Platz] und *neben* dem Platz, *für* [mich] und *gegen* mich.

Darüber hinaus ist die Ersparung auch möglich, wenn die Präpositionen zwar verschiedene Kasus regieren, die jeweils betroffenen Substantive oder Pronomen aber unverändert bleiben *(mit* [Gott = Dativ] *und für Gott*

[= Akkusativ], *in und um sich)*. Trifft dies nicht zu, dann dürfte streng genommen nicht erspart werden:

mit Büchern oder *ohne* Bücher, *auf* dem Grundstück und *um* das Grundstück, *mit* ihm oder *gegen* ihn.

Diese doppelte Setzung des Substantivs oder Pronomens wirkt jedoch so schwerfällig, dass auch hier erspart wird:

mit oder *ohne* Bücher; *auf* und *um* das Grundstück; *mit* oder *gegen* ihn. Stufenlose Geschwindigkeitsregulierung *von* 3 500 [Drucken] *bis* 10 000 Drucke.

Diese Ersparung gilt als korrekt. Es muss aber immer der Kasus gesetzt werden, den die dem Substantiv zunächst stehende Präposition verlangt (nicht: *mit oder ohne Büchern; mit oder gegen ihr; Frauen mit und ohne Kindern*).

Wird innerhalb eines Satzes eine Präposition mit unterschiedlichen Kasus konstruiert, sollte nicht erspart werden: *Sammlung in den Bundesländern und Rückführung in diese/dorthin* für: *Sammlung in den Bundesländern und Rückführung in die Bundesländer* (nicht: Sammlung und Rückführung in die Bundesländer).

6. **der alte [Kanzler] und der neue Kanzler · der [Täter] oder die Täter · das große [Haus] und die kleinen Häuser:**
   Sind in einer Aneinanderreihung von Substantiven mit verschiedenen Attributen die Substantive gleich, können sie bis auf eines eingespart werden:

   der alte [Kanzler] und der neue Kanzler; die weißen [Rosen] und die roten Rosen; die bunten [Steine], die weißen [Steine] und die blauen Steine.

   Der Artikel sollte in solchen Fällen nur erspart werden, wenn es sich um dieselbe Person oder Sache handelt:

   der alte und der neue Kanzler (= 2 Kanzler) – *der alte und neue Kanzler* (= 1 Kanzler). Nur: *Die vordere und die hintere Stoßstange sind verbogen* (↑ Kongruenz [1.3.4]).

   Eine Einsparung ist auch dann möglich, wenn die Substantive in der Form voneinander abweichen. Das erhaltene Substantiv richtet sich dann nach dem zunächst stehenden Attribut:

   eine [Heldengestalt] oder mehrere Heldengestalten; der [Täter] oder die Täter; das große [Haus] und die kleinen Häuser, das große Haus und die kleinen [Häuser], Bewohner des gleichen [Hauses] oder anderer Häuser; Familien mit ein[em Kind] oder zwei Kindern (↑ [3]ein [3]). Der Antrag ist mit einer *[Stimme]* gegen fünf *Stimmen* abgelehnt.

7. **Feld- und Gartenfrüchte · auf- und abladen · Wahr- oder Falschheit · en- und proklitisch:**
Haben aufeinander folgende Zusammensetzungen das Grundwort oder das Bestimmungswort gemeinsam, so wird dieses gewöhnlich nur einmal genannt:

Feld- und Gartenfrüchte, Ein- und Ausgang, Waren auf- und abladen, Lederherstellung und -vertrieb, Bundeswirtschafts- und Finanzminister, Textilgroß- und -einzelhandel.

Man sollte aber zu starke Ersparungen vermeiden, die missverständlich klingen *(Holzbe- und -verarbeitungsanlage)*, und (aus stilistischen Gründen) auch bei der Ersparung übereinstimmender Teile von Ableitungen und Präfixbildungen zurückhaltend sein:

eine dilettanten- und fehlerhafte Arbeit; eine geschmack- und niveaulose Inszenierung; ein Rauf- und Saufbold; sich sowohl vor Über- als auch vor Unterschätzung hüten; ein Wortstamm mit mehreren pro- oder enklitischen Elementen; morgend- und abendliche Zusammenkünfte; Wahr- oder Falschheit, Arbeiter- und Angestelltenschaft.

Bei Verben mit festen Vorsilben kann die Ellipse dazu dienen, Gegensätze hervorzuheben; man vergleiche etwa – nach dem Muster von *auf- und abladen* – *be- und entladen.* Man sollte aber auch dieses Stilmittel nur sparsam anwenden.

8. **öffentliche und Privatmittel · aus Alters- und geschlechtlichen Gründen:**
Das Streben nach Kürze und der Wunsch, Wortwiederholungen zu vermeiden, führen häufig zu Ersparungen der folgenden Art:

öffentliche [Mittel] und Privatmittel; Freie [Stadt] und Hansestadt Hamburg; aus Alters- und geschlechtlichen Gründen; steuerliche Vorteile bei Neu-, d. h. in der Regel: schadstoffarmen Wagen.

Grammatisch sind diese besonders in Zeitungstexten und wissenschaftlichen Schriften verbreiteten Ellipsen aus attributiver Fügung und Zusammensetzung korrekt; aus stilistischen Gründen sollte man aber zurückhaltend mit dieser Form der Ersparung umgehen. Nicht schön sind z. B. *zahme und Wildschweine* oder *Stein- und andere Pilze, Geld- und andere Sorgen.*

9. Eine Stimme ist dafür, alle anderen [sind] dagegen · Erst wurden die Teppiche verkauft[,] und dann [wurde] der Schmuck verhökert · Sie warf einen Blick auf ihn und er [warf] das Fenster zu:

In zusammengefassten Sätzen werden Formen eines Verbs, die im Numerus voneinander abweichen, im Allgemeinen nicht erspart:

Eine Stimme *ist* dafür, alle anderen *sind* dagegen. Erst *wurden* die Teppiche verkauft, und dann *wurde* der Schmuck verhökert. Peter *schläft* im ersten Stock, Ines und Heike *schlafen* im Dachgeschoss. Dann *müssen* die Fehlerquellen gesucht und es *muss* Abhilfe geschaffen werden.

Gelegentlich findet man auch hier Beispiele mit elliptischen Konstruktionen, wobei sich die erhaltene Verbform nach dem Bezugswort richtet, das ihr am nächsten steht:

Glaubst du nicht, dass ich im Vater [bin] und der Vater in mir *ist* (Joh. 14, 10)? Oder *würden* gleich die Sirenen zu heulen anfangen und das Inferno [würde] losbrechen (W. Jens)?

Nicht möglich ist die Ersparung übereinstimmender Verbformen, die unterschiedlichen Konstruktionen oder festen Wendungen mit besonderer Bedeutung angehören; also nicht:

Ich *habe* genügend Geld und die Rechnung zu bezahlen (Vollverb / Modalverb). Sie *ist* Ärztin und schon oft hier gewesen (Vollverb / Hilfsverb). Sie *warf* noch einen Blick auf ihn und er das Fenster zu *(einen Blick auf jemanden werfen / etwas zuwerfen)*. (Ähnlich:) Die Uhr *schlug* Mitternacht und ich mit der Faust auf den Tisch. Sie *nahm* Seife, Schwamm und ein Bad.

Bewusst eingesetzt, stellen diese Ersparungen ein Stilmittel (so genanntes Zeugma) zur Erzielung bestimmter (komischer) Wirkungen dar *(Nimm dir Zeit und nicht das Leben!).*

10. Es begann zu stürmen und zu schneien:

Die Infinitivkonjunktion *zu* darf nicht erspart werden; also nur:

Es begann *zu* stürmen und *zu* schneien. Das Auto ist *zu* waschen und *zu* polieren.

11. ... die uns ablehnend gegenüberstanden, ja [uns] hassten · Seien Sie so freundlich und teilen Sie uns mit ... · Dafür danken wir und [wir] bestellen ...:

Von gleich lautenden Pronomen kann eines nur erspart werden, wenn es mit den anderen im Kasus übereinstimmt. Es kann also nur heißen:

Das waren Menschen, die *uns* (= Dativ) ablehnend gegenüberstanden, ja *uns* (= Akkusativ) hassten. Ich suchte die Geschenke, *die* (= Akkusativ) ich versteckt hatte, aber *die* (= Nominativ) von meinen Kindern bereits entdeckt worden waren.

E

Es ist auch nicht möglich, bei der Reihung von Aufforderungssätzen das *Sie* der Höflichkeitsform nur einmal zu setzen. Man schreibt nur:

Bitte seien *Sie* so freundlich und teilen *Sie* uns mit ... Kommen *Sie* und versuchen *Sie* meinen neuen Kaffee.

Dagegen ist gegen die Einsparung eines Pronomens in den folgenden Fällen weder grammatisch noch stilistisch etwas einzuwenden:

Für Ihre Sendung danken *wir* und [wir] bestellen noch einmal Folgendes ... An Ihrem Angebot bin *ich* interessiert und [ich] bitte um Übersendung weiterer Unterlagen.

Eine Ersparung wie in dem Satz

Für Ihren Bescheid möchten wir Ihnen danken und freuen uns, dass ...

kann man aus stilistischen Gründen umgehen:

Für Ihren Bescheid möchten *wir* Ihnen danken. *Wir* freuen uns, dass ...

12. Verweise:
Zu *an einem Tag wie jeder andere [ist] / wie jedem anderen* usw. ↑ Apposition (3.5); zu *Sehr geehrte Frau und [sehr geehrter] Herr Müller* ↑ Brief (4); zu *Preiswerter Plattenspieler gesucht* ↑ Anzeigen (1).

Ellwanger: ↑ Einwohnerbezeichnungen auf -er (1).

Elsass: Der Genitiv lautet entweder *des Elsass* oder *des Elsasses*. ↑ geographische Namen (1.2).

Eltville: Die Aussprache des Ortsnamens lautet [ɛltˈvɪlə] bzw. [ˈɛltvɪlə] (nicht: [...ˈviːl] oder [...ˈvil]).

E-Mail: 1. Rechtschreibung: Das Substantiv *die E-Mail* schreibt man mit Bindestrich, weil bei Zusammensetzungen mit einzelnen Buchstaben ein Bindestrich stehen muss; ↑ Bindestrich (2.4). Man schreibt das Substantiv *Mail* groß, weil Substantive auch in Zusammensetzungen mit Bindestrich großgeschrieben werden müssen. Der erste Bestandteil ist die Abkürzung von engl. *electronic;* das erste Wort einer substantivischen Zusammensetzung schreibt man auch dann groß, wenn es kein Substantiv ist; ↑ Fremdwort (4.2). **2. Gestaltung:** Schreibt man eine E-Mail als Ersatz für einen Geschäftsbrief (und nicht als unternehmensinterne Mitteilung oder private Nachricht), sollte man sich an bestimmte Richtlinien halten. So ist in der Anschrift eine eindeutige E-Mail-Adresse (z. B. *Frank.Meister@kaeufertraum.de, webmaster@intershop.com*) zu verwenden, unbedingt sollte man auch das Betreff-Feld ausfüllen, weil diese Angabe für die Bearbeitung und Verwaltung der E-Mail eine zentrale Bedeutung hat. E-Mails als Geschäftsbriefe beginnen immer mit der Anrede, der folgende Text wird durch eine Leerzeile abgesetzt und als Fließtext (also ohne Zeilenschaltungen) erfasst. Häufig wird der Briefabschluss als elektronischer Textbaustein hinzugefügt. Man sollte darauf achten, dass dieser außer dem Gruß, dem Absendernamen etc. auch die E-Mail-Adresse des Absenders enthält. Zu Anrede und Briefschluss ↑ Brief (4) und (5).

Email / Emaille: Die Form *Email*, Aussprache: [eˈmaːj / eˈmai / eˈmail], hat neutrales Genus: *das Email*. Der Genitiv Singular und der Plural gehen auf *-s* aus. Die Form *Emaille*, Aussprache: [eˈmaːj / eˈmai /eˈmaljə], hat feminines Genus: *die Emaille*. Der Singular ist endungslos, der Plural geht auf *-n* aus.

Embryo: Das Substantiv hat maskulines Genus: *der Embryo* (österreichisch auch: *das Embryo*). Das Wort hat zwei Pluralformen: *die Embryonen / die Embryos.*

Emder / Emdener: Die Bezeichnung der Einwohner von Emden ist *die Emder*, seltener auch *die Emdener. Emd[en]er* wird immer großgeschrieben, auch wenn das Wort wie ein flexionsloses Adjektiv vor einem Substantiv steht: *der Emder / Emdener Hafen.* ↑ Einwohnerbezeichnungen auf -er (1 und 7).

empfähle / empfehle: *empfehle* ist die Form des Konjunktivs I, der vor allem in der ↑ indirekten Rede (2.1) steht: *Sie fragte den Kellner, welchen Wein er ihr empfehle.* Demgegenüber ist *empfähle* (häufiger: *empföhle*, ↑ empfehlen [2]) die Form des Konjunktivs II, der vor allem im ↑ Konditionalsatz u. Ä. steht: *Ich würde sofort fahren, wenn sie mir das Klima empfähle.* Der Konjunktiv II *empfähle* tritt auch in der indirekten Rede auf, wenn in der direkten Rede schon *empfähle* steht oder etwas als zweifelhaft hingestellt wird. ↑ indirekte Rede (3.3), ↑ empfehlen (2).

empfehlen: 1. empfehlen / empfiehl: Im Indikativ Präsens heißt es: *ich empfehle, du empfiehlst, er empfiehlt.* Der Imperativ lautet: *empfiehl!* (nicht: *empfehle!*). ↑ e / i-Wechsel.

2. empföhle / empfähle: Im Konjunktiv II werden heute sowohl *empföhle* als auch (seltener:) *empfähle* gebraucht. ↑ Konjunktiv (1.3).

3. Er empfahl sich als geeigneter / als geeigneten Mann: Bei *sich empfehlen als* steht heute das folgende Substantiv gewöhnlich im Nominativ, d. h., es wird auf das Subjekt bezogen: *Er empfahl sich als geeigneter Mann.* Der Akkusativ *(Er empfahl sich als geeigneten Mann)* ist seltener. ↑ Kongruenz (4.2).

4. empfehlen / anempfehlen: ↑ Aufschwellung.

empfinden: 1. Er empfand sich als Begnadeter / Begnadeten: Bei *sich empfinden als* steht heute das folgende Substantiv gewöhnlich im Nominativ, d. h., es wird auf das Subjekt bezogen: *Er empfand sich als Begnadeter.* Der Akkusativ *(Er empfand sich als Begnadeten)* ist seltener. ↑ Kongruenz (4.2).

2. etwas als kränkend empfinden: Die Partikel *als*, mit der nach *empfinden* angeschlossen wird, darf nicht weggelassen werden, also nur: *Er empfand es als kränkend, dass man ihn an der Tür warten ließ.* (Nicht: Er empfand es kränkend, dass ...)

Empfindungswort: ↑ Interjektion.

-en: Zu Ableitungen auf *-er* von Ortsnamen auf *-en* (*Emd[en]er, Bremer* usw.) ↑ Einwohnerbezeichnungen auf -er (1). Zum Ausfall des *e* bei Adjektiven auf *-en* (*golden – gold[e]nes*) ↑ Adjektiv (1.2.13). Zu Namenformen wie *Gellerten* ↑ Personennamen (2.1.1).

-[e]n: Die volle Pluralendung *-en* kommt bei Substantiven vor, die auf einen Konsonanten enden (außer *-el* und *-er*): *Mensch-en, Bär-en, Bett-en, Bahn-en.* Die Kurzform *-n* steht nach Vokal (außer *-au* [*Frau-en*] und *-ei* [*Bäckerei-en*]) und *-el, -er: Industrie-n* (nicht: *Industrieen*), *Auge-n, Achsel-n, Feder-n.*

end-: ↑ ent- / end-.

-end / -ig: Zu *gehörend / gehörig* u. Ä. ↑ Adjektiv (3.1).

Ende: Man schreibt nur getrennt *zu Ende: Wir wollen das heute noch zu Ende bringen, führen.* ↑ Getrennt- oder Zusammenschreibung (2.2.1).

Ende dieses Jahres: ↑ dieser, diese, dieses (1).

Energie sparend / energiesparend: Nach den neuen Rechtschreibregeln wird *Energie sparend* wie die zugrunde liegende Fügung *Energie sparen* getrennt geschrieben: *Energie sparende Maßnahmen*. Die Fügung wird jedoch zusammengeschrieben, wenn sie durch ein Adverb näher bestimmt ist, z. B.: *höchst energiesparende Technik*.

eng: 1. Groß- oder Kleinschreibung: Klein schreibt man das Adjektiv: *ein enges Kleid, enge Grenzen. Dort ist die Straße am engsten*. Groß schreibt man die Substantivierung: *Ich hasse alles Enge*. In neuer Rechtschreibung groß oder wie bisher klein: *Sie ist auf das Engste/engste* (= nahe, sehr eng) *mit ihm befreundet*. **2. Getrennt- oder Zusammenschreibung:** In neuer Rechtschreibung schreibt man *eng* vom folgenden 2. Partizip immer getrennt, weil der erste Teil der Fügung gesteigert bzw. erweitert werden kann: *zwei eng befreundete Kolleginnen, ein eng begrenztes Arbeitsgebiet*. ↑ Getrennt- oder Zusammenschreibung (3.1.2).

Engel- / Engels-: Die Zusammensetzungen mit Bestimmungswörtern auf *-el* haben in der Regel kein ↑ Fugen-s (2.3). Bei Zusammensetzungen mit *Engel* zeigt sich jedoch folgende Gruppierung: **1.** Fest mit Fugen-s: *Engelsgeduld, Engelsgesicht, Engelsburg, Engelshaar, Engelszungen*. **2.** Fest ohne Fugen-s: *Engelmacherin, engelschön, Engelsüß, Engelwurz*. Schwankend: *engel[s]gleich, Engel[s]kopf, Engel[s]stimme*.

englisch: Klein schreibt man das Adjektiv: *die englische Politik, englischer Trab* (= Reitart), *in der Art eines englischen Gartens, die englische Krankheit* (= Rachitis), *das englische Vollblut, englische Broschur* (= ein Bucheinband), *der englische Walzer, der englische Fußball, englische Woche* (= im Sport), *englischer Zug* (= halb offener Schubkasten) usw. Groß schreibt man dagegen das Adjektiv in Namen: *der Englische Garten in München, die Englischen Fräulein* (Nonnenorden). Zur Schreibung von *sich englisch unterhalten; [kein] Englisch sprechen* usw. ↑ deutsch.

Englisch, das / Englische, das: ↑ Sprachbezeichnungen.

englischsprachig / englischsprachlich: ↑ deutschsprachig /deutschsprachlich.

Enklave / Exklave: Unter *Enklave* versteht man ein fremdstaatliches Gebiet im eigenen Staatsgebiet, unter *Exklave* ein eigenstaatliches Gebiet in fremdem Staatsgebiet.

-ens: Zu Genitiven wie *Grazens [Umgebung]* usw. ↑ Ortsnamen (2); zu *Fritzens Streiche* ↑ Personennamen (2.1.1).

-enser: Zu den Bildungen auf *-enser (Hallenser, Jenenser* usw.) ↑ Einwohnerbezeichnungen auf *-er* (2).

ent- / end-: Das Präfix *ent-* wird immer mit *t* geschrieben: *entbehren, Entbehrung, [un]entbehrlich; entscheiden, Entscheidung, [un]entschieden* usw. Demgegenüber werden alle Zusammensetzungen mit *Ende* und alle Ableitungen von *Ende* mit *d* geschrieben: *endgültig, [un]endlich, endlos, Endpunkt, Endsumme* usw.

entbehren: Im Sinn von »auf jmdn. / etw. verzichten« steht nach *entbehren* der Akkusativ: *Ich kann das Buch nicht länger entbehren. Ich habe in meiner Jugend viel[es] entbehren müssen*. Im Sinn von »ohne etwas sein« regiert das Verb dagegen den Genitiv: *Diese Behauptung entbehrt jeder Grundlage. Sein Verhalten entbehrt nicht einer gewissen Komik*.

entbinden: Die passivische Konstruktion *Frau X ist entbunden worden* gehört zu transitivem *jemanden entbinden* »Geburtshilfe leisten«. Üblich ist heute die aktivische Form *Frau X hat entbunden*, die zu intransitivem *entbinden* »gebären« gehört.

entblöden: Im heutigen Sprachgebrauch wird *entblöden* nur noch reflexiv und verneint verwendet; *sich nicht entblöden* bedeutet »sich nicht schämen, sich erdreisten«: ... *der sich nicht entblödet, den Vorteil seiner Geburt ... auszunutzen* (K. Mann).

enteisen / enteisenen: Das Verb *enteisen* bedeutet »von Eis befreien« *(eine ent-*

eiste Windschutzscheibe). Dagegen bedeutet *enteisenen* »vom Eisengehalt befreien« *(enteisentes Mineralwasser).*

entflechten: Im Indikativ des Präsens heißt es *entflechtet* oder *entflicht.* In der Fachsprache des Verkehrs und der Wirtschaft ist die Form mit *e* geläufiger.
↑ e / i-Wechsel.

entgegen: Die Präposition (mit dem Dativ) steht in der Regel vor dem Substantiv: *Entgegen meinem Wunsch ist sie nicht abgereist.* Die Nachstellung *(Meinem Wunsch entgegen ist sie nicht abgereist)* ist seltener.

Entgelt: 1. Schreibung: Das Substantiv *Entgelt* gehört zu dem Präfixverb *entgelten* »Ersatz leisten, entschädigen, büßen« und wird deshalb mit *t* geschrieben.
↑ ent- /end-.
2. das / der Entgelt: Ursprünglich hatte *Entgelt* maskulines Genus: *der Entgelt.* Da aber das Wort meist in der Fügung *ohne Entgelt,* in der das Genus nicht zu erkennen ist, verwendet wurde, begann man zu schwanken und gebrauchte es mit neutralem Genus: *das Entgelt.* Dieses hat sich heute in der Standardsprache durchgesetzt.
3. Entgelt[s]-: Zusammensetzungen mit *Entgelt* als Bestimmungswort sind sowohl mit als auch ohne ↑ Fugen-s gebräuchlich: *Entgelt[s]bescheinigung, Entgelt[s]forderung.*

enthalten: Wenn von *sich nicht enthalten können* eine Infinitivgruppe abhängt, darf diese nicht verneint werden: *Sie konnte sich nicht enthalten, ihn zu tadeln* (nicht: *ihn nicht zu tadeln*). ↑ Negation (1).

enthalten / beinhalten: ↑ beinhalten.

entheben: Das Verb *entheben* wird mit dem Akkusativ der Person und dem Genitiv der Sache verbunden: *jemanden seines Amtes entheben, sich aller* (nicht: *allen*) *Sorgen enthoben fühlen* usw.

entladen, sich: Nach *sich entladen über* steht bei konkretem Gebrauch der Dativ:

Das Gewitter entlud sich über dem See. Bei übertragenem Gebrauch, wenn die Raumvorstellung verblasst ist, steht in der Regel der Akkusativ: *Sein Zorn wird sich über mich entladen.* Nach *sich entladen auf* steht immer der Akkusativ: *Das Gewitter entlud sich auf die Stadt.* Nach *sich entladen in* steht der Dativ: *Die Begeisterung der Zuschauer entlud sich in stürmischem Beifall.*

entlang: 1. Stellung und Rektion: Die Präposition kann entweder vor oder nach dem Substantiv stehen: *die Wand entlang / entlang der Wand; den Fluss entlang / entlang dem Fluss* usw. Im heutigen Sprachgebrauch wird *entlang,* wenn es nach dem Substantiv steht, gewöhnlich mit dem Akkusativ und abgesehen vom Schweizerischen nur noch selten mit dem Dativ verbunden: *die Wand / das Seil entlang. Die Grenze verlief von X nach Y den Wald entlang.* Aber: *... die dem blitzenden Strom- und Meeresufer entlang aus der Hauptstadt hinausführte nach Belem* (R. Schneider). Wenn *entlang* vor dem Substantiv steht, dann wird es heute gewöhnlich mit dem Dativ (vereinzelt noch mit dem Genitiv) verbunden: *entlang der Wand / dem Fluss / dem Wald. Entlang den Hecken standen Neugierige.* Aber: *Als er ... durch ein dünnes Glimmerfensterchen entlang des Rohres Alphateilchen hindurchschoss ...* (R. Menzel). Der Akkusativ *(entlang den Wald / das Brückengeländer)* ist veraltet.
2. Rechtschreibung: Bei *entlang* in Verbindung mit einem Verb ist sowohl Getrennt- als auch Zusammenschreibung möglich. Zusammen schreibt man, wenn (betontes) *entlang* Verbzusatz ist: *Wir werden am Ufer und nicht am Waldrand entlanglaufen.* Getrennt schreibt man, wenn *entlang* Teil einer Umstandsbestimmung ist (das Verb wird nicht schwächer betont): *Wir werden am Ufer entlang laufen und nicht fahren.* ↑ Getrennt- oder Zusammenschreibung (1.3).

entnehmen: Zu *entnehmen aus* ↑ Pleonasmus.

entrinnen: Im Konjunktiv II wird heute im Allgemeinen *entränne* gebraucht. Die Form *entrönne* ist veraltet.

entsalzen: Das 2. Partizip von *entsalzen* »vom Salzgehalt befreien« wird nur mit -*t* gebildet: *entsalztes Wasser.* ↑ salzen.

Entscheid / Entscheidung: ↑ Verbalsubstantiv.

entscheiden: 1. **sich entscheiden für / zu:** *sich entscheiden* wird bisweilen fälschlich mit der Präposition *zu* statt mit *für* verbunden: *Sie hat sich für diesen* (nicht: *zu diesem*) *Schritt entschieden* (aber: *zu diesem Schritt entschlossen*). *Ich entscheide mich für diese* (nicht: *zu dieser*) *Möglichkeit. Wir haben uns für die* (nicht: *zu der*) *Wiederwahl entschieden.* **2. entscheiden / entschließen:** Im Gegensatz zu *sich entscheiden* kann *sich entschließen* nicht auf Sachen oder Personen bezogen werden, sondern nur auf Handlungen oder etwas, was eine Handlung ausdrückt. Also nicht: *Ich entschloss mich zu diesem Buch / zu diesem Kandidaten / zu den anderen Münzen* usw. Aber: *Sie entschloss sich zum Aufbruch, zum Studium, zur Scheidung.*

Entscheidung: Es muss heißen *Entscheidung für* (nicht: *zu*) *etwas.* ↑ entscheiden (1).

Entscheidungsfrage: Eine Form des Fragesatzes mit dem Finitum an erster Stelle. Im Unterschied zur Ergänzungsfrage wird ein Sachverhalt als Ganzes infrage gestellt (auch Satzfrage): *Kommst du morgen? Hilft sie mir?*

entschließen: *sich entschließen* wird mit der Präposition *zu* verbunden: *Wir haben uns zum Ankauf* (nicht: *für den Ankauf*) *des Grundstücks entschlossen.* Zu *entschließen / entscheiden* ↑ entscheiden (2).

Entschließung / Entschluss: ↑ Verbalsubstantiv.

entschuldigen: 1. sich entschuldigen wegen / für: Nach *sich entschuldigen* kann sowohl mit der Präposition *wegen* als auch mit *für* angeschlossen werden: *Ich möchte mich für mein Zu-spät-Kommen / wegen meines Zu-spät-Kommens entschuldigen. Sie hat sich für ihr Versehen / wegen ihres Versehens entschuldigen. Ich möchte mich für das, was ich gesagt habe, entschuldigen.*

2. Entschuldigen Sie [bitte] vielmals: Diese in der Alltagssprache häufig gebrauchte Entschuldigungsformel ist eigentlich unsinnig, denn man kann einen Menschen zwar vielmals bitten, etwas zu entschuldigen (daher korrekt: *Ich bitte vielmals um Entschuldigung*), aber nicht von ihm verlangen, dass er etwas vielmals entschuldigt.

entsenden: Die Formen des Präteritums und zweiten Partizips lauten: *entsendete / entsandte* und *entsendet / entsandt.* Die Formen mit e werden jedoch seltener gebraucht: *Jedes Land entsandte /* (seltener:) *entsendete zwei Delegierte. Man hatte sie als Beraterin nach Genf entsandt /* (seltener:) *entsendet.*

entsinnen, sich: 1. entsinne / entsönne: Im Konjunktiv II wird heute im Allgemeinen *entsänne* gebraucht. Die Form *entsönne* ist veraltet.

2. sich jmds. / einer Sache, an jmdn. / an etwas entsinnen: *sich entsinnen* kann mit einem Genitivobjekt oder Präpositionalobjekt gebraucht werden: *Ich kann mich meines Lehrers / an meinen Lehrer, seiner / an ihn, dessen / daran nicht mehr entsinnen.*

entsprechend: Das 1. Partizip des Verbs *entsprechen* wird heute häufig wie eine Präposition mit dem Dativ (nicht: Genitiv) verwendet. Kennzeichnend für diesen Gebrauch ist die mögliche Voranstellung: *entsprechend meinem Vorschlag* (nicht: *meines Vorschlags*), *entsprechend unseren* (nicht: *unserer*) *Anordnungen* usw. (statt der normalen Wortstellung: *meinem Vorschlag entsprechend, unseren Anordnungen entsprechend*). Bei der normalen Wortstellung handelt es sich dagegen um eine Partizipialgruppe, bei der den neuen Regeln nach ein Komma stehen kann, aber nicht muss: *Ich habe[,] ihren Anordnungen entsprechend[,] gehandelt. Meinem Vorschlag entsprechend[,] ist das Haus verkauft worden.*

entstammen: Zu *entstammen aus* ↑ Pleonasmus.

entstehen: Der Konjunktiv II von *entstehen* kann *entstünde* oder *entstände* lauten. Die ältere Form mit *ü* ist auch heute noch die gebräuchlichere.

entweder – oder: 1. Kongruenz: Werden zwei Subjekte durch *entweder – oder* verbunden, dann ist der Bezug auf die Gesamtheit der Subjekte nicht möglich: *Entweder Klaus oder Petra hat* (nicht: *haben*) *Schuld.* Die Personalform des Verbs richtet sich nach der Person des zunächst stehenden Subjekts: *Entweder er oder ich gebe* (nicht: *gibt*) *klein bei.* ↑ Kongruenz (2.2).

2. Komma: Kein Komma steht, wenn *entweder – oder* nur Satzteile verbindet: *Sie sagt jetzt entweder Ja oder Nein! Entweder sie ruft an oder schreibt oder lässt sonst etwas von sich hören.* Auch wenn *entweder – oder* selbstständige gleichrangige Sätze verbindet, steht den neuen Regeln entsprechend kein Komma; ein Komma zu setzen ist aber nicht falsch: *Entweder kommt er sofort nach Hause[,] oder er geht noch ein Glas Bier trinken.* Zwischen gleichrangigen Nebensätzen, wo bisher kein Komma gesetzt wurde, darf nach den neuen Regeln ein Komma stehen: *Die Frage ist, ob ich entweder zu Hause bleibe[,] oder ob ich wegfahre.*

3. Rechtschreibung: Wird *entweder – oder* als Substantiv gebraucht, schreibt man in neuer Rechtschreibung *das Entweder-oder.*

entwenden: Präteritum und zweites Partizip lauten *entwendete* bzw. *entwendet.*

Episkopat: Das Wort ist sowohl mit maskulinem als auch neutralem Genus gebräuchlich: *der Episkopat* oder *das Episkopat.* Im kirchlichen Sprachgebrauch

gilt nur die maskuline Form: *der Episkopat.* ↑ -at.

-er: 1. Zu *Aacher – Aach[en]er* usw. ↑ Einwohnerbezeichnungen auf -er (1).
2. Zu *finster – finst[e]res* usw. ↑ Adjektiv (1.2.13).
3. Zu *Eroberin* usw. ↑ Substantiv (3). Vgl. auch ↑ -schafter / -schaftler.

erachten: Die zu *erachten* gehörende Ergänzung kann mit *als* oder *für* angeschlossen werden: *Ich erachte das als / für überflüssig, als / für zu niedrig. Sie erachtete es als [eine] Zumutung / für eine Zumutung, die Werkstatt auszufegen.*

Erachten: Es heißt *nach meinem Erachten / meinem Erachten nach* oder *meines Erachtens: Nach meinem Erachten ist es für dieses Vorhaben zu spät. Meinem Erachten nach ist das Ergebnis falsch. Meines Erachtens hatte er Angst* (aber nicht: *Meines Erachtens nach hatte er Angst*).

erbarmen, sich: Das reflexive Verb *sich erbarmen* kann ein Genitivobjekt oder ein mit *über* angeschlossenes Präpositionalobjekt nach sich haben: *Niemand erbarmte sich der hungernden Flüchtlinge /* (veraltend:) *über die hungernden Flüchtlinge. Niemand erbarmt sich ihrer ...* (Jens).

Erbe: *Der Erbe* bedeutet »Person, der ein Erbteil zufällt«, *das Erbe* »ererbtes Gut«.

erbleichen: Das Verb *erbleichen* wird heute regelmäßig gebeugt: *Vor Schreck erbleichte* (veraltet: *erblich*) *sie. Der aber erbleichte wie Kalk* (Winckler). *... er war tief erbleicht* (H. Mann). ↑ bleichen.

erbringen / bringen: ↑ bringen / erbringen (2).

Erbteil: In der Gemeinsprache hat *Erbteil* neutrales Genus: *das Erbteil,* in der Rechtssprache (BGB) maskulines Genus: *der Erbteil.*

Erd- / Erden-: Zusammensetzungen mit dem Bestimmungswort *Erde* haben teils kein Fugenzeichen, teils das Fugenzeichen -en- (alte Genitivendung des schwachen Femininums). **1.** Fest ohne

Fugenzeichen: *Erdball, Erdscholle, Erdrutsch, Erdöl, Erdfloh, Erdmaus, Erdapfel, Erdbeben, erdfarben, Erdgeschoss, Erdkreis, Erdkunde, erdnah* usw.
2. Fest mit Fugenzeichen: *Erdental, Erdenrund, Erdengast, Erdenglück, Erdenbürger, Erdenwallen.* Diese Bildungen gehören im Allgemeinen der gehobenen Sprache an.

erdkundliche Namen: ↑ geographische Namen.

erfahren: Das Verb wird in Verbindung mit einem Substantiv (Nomen Actionis) häufig anstelle eines einfachen Verbs im Passiv gebraucht. Diese Konstruktion wirkt außerhalb der Amts- und Geschäftssprache häufig schwerfällig und stilistisch unschön, z. B.: *Die Firma wird eine Erweiterung erfahren* (= wird erweitert werden). *Diese Baustoffe erfuhren keine Verwendung* (= wurden nicht verwendet). ↑ Nominalstil, ↑ Passiv (3.7). Zu *die erfahrenen Neuigkeiten* ↑ zweites Partizip (2.2).

Erfahrung: Zu *in Erfahrung bringen* ↑ Nominalstil.

erfolgen: Das Verb *erfolgen* steht häufig in Verbindung mit einem Substantiv (Nomen Actionis) anstelle des entsprechenden einfachen Verbs (im Passiv). Diese Konstruktion wirkt außerhalb der Amts- und Geschäftssprache häufig schwerfällig und stilistisch unschön, z. B.: *... sobald Ihre Zusage erfolgt ist* (= ... sobald Sie zugesagt haben). *Die Entdeckung dieser Inselgruppe erfolgte im 18. Jahrhundert* (= Diese Inselgruppe wurde ... entdeckt). *Die Verteilung der Preise erfolgt am Sonntag* (= Die Preise werden ... verteilt). In bestimmten Fällen kann die substantivische Ausdrucksweise jedoch auch als Stilmittel gelten, das der Variation des Ausdrucks dient, z. B.: *Ein gewisser Dr. Karl Horn ... wurde von zwei Soldaten ... verhaftet, erhielt dann einen Passierschein, diese Verhaftung sei irrtümlich erfolgt* (Feuchtwanger). ↑ Nominalstil.

erfolgt: Zu *nach erfolgtem Versand* ↑ zweites Partizip (2.4).

erfordern / fordern: Das Verb *erfordern* hat die Bedeutung »zu seiner Verwirklichung bedürfen, notwendig machen«: *Das Projekt erfordert viel Zeit. Eine solche Versicherung zu gründen, würde ... etwas Kapital erfordern* (Brecht). Dagegen bedeutet *fordern* »etwas verlangen, eine Forderung stellen«. Man kann daher sagen: *Der Verkehr fordert viele Opfer,* nicht aber: *Der Verkehr erfordert viele Opfer.*

Erfordernis: Das Wort hat sächliches Geschlecht: *das Erfordernis.* ↑ -nis.

erfreuen, sich: In Verbindung mit einem Präpositionalobjekt mit *an* hat das reflexive Verb *sich erfreuen* die Bedeutung »an etwas seine Freude haben«: *Sie erfreute sich an der Blumenpracht. Es war mir also noch nicht gelungen, mich wunschlos an der reinen Existenz der Vögel zu erfreuen* (Hildesheimer). Dagegen bedeutet *sich erfreuen* mit Genitivobjekt »etwas genießen, im Genuss von etwas sein«: *... die gnädige Frau erfreut sich des besten Wohlbefindens* (Geissler).

Erfurter: Die Einwohnerbezeichnung *Erfurter* wird immer großgeschrieben, auch wenn das Wort wie ein flexionsloses Adjektiv vor einem Substantiv steht: *der Erfurter Dom.* ↑ Einwohnerbezeichnung (7).

Ergänzung: Vom Verb (d. h. von der Valenz des Verbs) gefordertes Satzglied, z. B. *Sie begegnet ihm* (Dativobjekt) oder *Die Sitzung dauert zwei Stunden* (adverbiale Bestimmung).

Ergänzungsbindestrich: ↑ Bindestrich (1).

Ergänzungsfrage: Eine Form des Fragesatzes mit dem Finitum an zweiter und einem Fragewort an erster Stelle. Im Unterschied zur ↑ Entscheidungsfrage wird ein Sachverhalt unter einem bestimmten Gesichtspunkt infrage gestellt (auch Wortfrage): *Wann kommst du? Wer hilft mir?*

Ergänzungssatz: ↑ Objektsatz.

Ergänzungsstrich: ↑ Bindestrich (1).

ergeben: Bei *ergeben* bleibt, wenn es dekliniert oder gesteigert wird, das *e* gewöhnlich erhalten: *Ihr sehr ergebener Diener.* ↑ Adjektiv (1.2.13), ↑ Vergleichsformen (2.2).

ergeben, sich: In Verbindung mit der Präposition *in* steht nach *sich ergeben* der Akkusativ, nicht der Dativ: *sich ins Unvermeidliche ergeben.*

ergiebig: ↑ ausgiebig.

erhaben: In Verbindung mit der Präposition *über* steht nach *erhaben sein* der Akkusativ, nicht der Dativ: *Sie ist über jeden Zweifel / alles Lob erhaben. Die Menschen ... sind über Geld und bürgerliche Auszeichnung erhaben* (Musil).

erhalten: Zu *der Wagen erhielt eine gute Straßenlage bescheinigt* ↑ Passiv (3.1).

erhängen: Das Verb *erhängen* wird im heutigen Sprachgebrauch im Allgemeinen nur als reflexives Verb verwendet: *Heyne hatte sich mit einem Koppel erhängt* (Ott). Sind Subjekt und Objekt verschieden, dann wird *hängen,* gelegentlich auch *henken,* gebraucht: *Er hat viel erlebt ... Sie wollten ihn hängen, glaube ich* (Frisch). *Er wurde zum Tode verurteilt und gehenkt.* Das zusammengesetzte Verb *aufhängen* wird dagegen reflexiv und transitiv gebraucht: *Sie hatte sich aufgehängt. Sie hängten die Deserteure auf.*

erhöht: Das adjektivisch gebrauchte 2. Partizip von *erhöhen* darf nicht gesteigert werden. Man kann also nicht sagen: *in erhöhterem Maße.*

erinnern: Der Gebrauch von *erinnern* mit dem Akkusativ *(jmdn. / etwas erinnern)* statt *sich erinnern* mit dem Genitiv *(sich jmds. / einer Sache erinnern)* oder mit einem Präpositionalobjekt *(sich an jmdn. / an etwas erinnern)* ist landschaftlich begrenzt. Er kommt vor allem in Norddeutschland vor. Standardsprachlich also: *Erinnerst du dich daran?* oder (in gehobener Sprache) *Erinnerst du dich dessen?,* aber nicht: *Erinnerst du das?*

Oder: *Ich erinnere mich an den Vorfall* oder *Ich erinnere mich des Vorfalles,* aber nicht: *Ich erinnere den Vorfall.* (Umgangssprachlich wird in Österreich auch *sich auf etwas / jemanden erinnern* verwendet.)

-erisch: Zu Ableitungen wie *mannheimerisch* ↑ Ortsnamen (3).

erkältet: ↑ zweites Partizip (2.2).

erkennbar / erkenntlich: Die beiden Wörter dürfen nicht miteinander verwechselt werden: *erkennbar* bedeutet »[für das Auge] wahrnehmbar«: *deutlich erkennbare Spuren. Der Fluss war im Dunkel kaum erkennbar.* Dagegen kommt *erkenntlich* (das früher auch im Sinne von *erkennbar* gebraucht wurde) heute nur noch in den Verbindungen *sich erkenntlich zeigen* und *erkenntlich sein* (= dankbar sein) vor: *Wir müssen uns für dein Entgegenkommen unbedingt erkenntlich zeigen.* ↑ -lich / -bar.

erkennen: Bei *sich zu erkennen geben* als steht das folgende Substantiv heute gewöhnlich im Nominativ, d. h., es wird auf das Subjekt bezogen: *Er gab sich als Deutscher zu erkennen.* Der Akkusativ (*Er gab sich als Deutschen zu erkennen*) ist veraltet. ↑ Kongruenz (4.2).

erkenntlich / kenntlich: Die beiden Wörter sind nicht austauschbar, weil *erkenntlich* heute nicht mehr im Sinne von »[für das Auge] wahrnehmbar« gebraucht wird. Es muss also heißen: *Die Tänzerinnen waren an ihrer eigentümlichen Haltung kenntlich* (nicht: *erkenntlich*).

Erkenntnis: Es heißt *die Erkenntnis* (= Einsicht); in der österreichischen Amtssprache kommt auch *das Erkenntnis* im Sinne von »Gerichtsbescheid« vor.

erkiesen: Von diesem Verb sind nur noch die Formen des Präteritums und des zweiten Partizips gebräuchlich: *Sie erkor ihn zu ihrem Begleiter. Er hatte diesen Platz zum Ausruhen erkoren.* ↑ kiesen / küren.

erklären: ↑ als / für / wie.

erklären, sich: Bei *sich erklären als* steht

heute das folgende Substantiv gewöhnlich im Nominativ, d. h., es wird auf das Subjekt bezogen: *Er erklärte sich als pflichttreuer Beamter.* Der Akkusativ *(Er erklärte sich als pflichttreuen Beamten)* ist seltener. ↑ Kongruenz (4.2). Vgl. auch ↑ Passiv (4).

Erklärerin: ↑ Substantiv (3).

erklimmen: Das Verb wird nur unregelmäßig konjugiert: *Er erklomm den Uferrand. Sie hatte die höchste Stufe des Erfolges erklommen.*

erkoren: ↑ erkiesen.

erküren: ↑ küren.

Erlanger: Die Einwohner von Erlangen heißen *Erlanger* (nicht: *Erlangener*). Die Einwohnerbezeichnung *Erlanger* wird immer großgeschrieben, auch wenn das Wort wie ein flexionsloses Adjektiv vor einem Substantiv steht: *die Erlanger Studenten, die Erlanger Universität.* ↑ Einwohnerbezeichnungen auf -er (1 und 7).

Erlass: Der Plural zu *Erlass* lautet standardsprachlich *die Erlasse.* Die ältere Pluralform mit Umlaut *(die Erlässe)* ist heute nur noch in Österreich üblich.

Erlaubnis: Bei Sätzen wie *Sie bat um die Erlaubnis, möglichst bald reisen zu dürfen* handelt es sich eigentlich um einen ↑ Pleonasmus. Ausreichend: *Sie bat um die Erlaubnis, möglichst bald zu reisen.*

erleuchten / beleuchten: ↑ beleuchten / erleuchten.

erlöschen: Das intransitive Verb *erlöschen* wird (im Gegensatz zu transitivem *löschen*) unregelmäßig konjugiert (gebeugt): *erlöschen – erlosch – erloschen.* Im Indikativ Präsens lauten die Formen *ich erlösche, du erlischst, er / sie / es erlischt;* Imperativ: *erlisch!* ↑ e / i-Wechsel.

Ermessen: Es heißt *nach meinem / unserem Ermessen* usw. und nicht *meines / unseres Ermessens [nach].* ↑ Erachten.

Erneuerin: Die weibliche Form zu *Erneuerer* lautet *die Erneuerin,* zu *Erneurer* dagegen *die Erneurerin.* ↑ Substantiv (3).

ernst: 1. Getrennt- oder Zusammenschreibung: Verbindungen aus *ernst* und einem Verb werden immer getrennt geschrieben: *Diesen Fall muss ich ernst nehmen. Ich werde jetzt ernst sein.* In neuer Rechtschreibung schreibt man auch die Verbindungen aus *ernst* und einem 2. Partizip immer getrennt, da *ernst* in diesen Fällen erweiterbar oder steigerbar ist: *Es waren [sehr] ernst gemeinte Vorschläge.* ↑ Getrennt- oder Zusammenschreibung.

2. Groß- oder Kleinschreibung: Das Substantiv *Ernst* steht z. B. in *Ernst machen, Scherz für Ernst nehmen, es ist mir [vollkommener] Ernst damit, es wird Ernst, aus dem Spiel wurde Ernst, etwas im Ernst sagen; das Ernsteste, was mir je begegnet ist.* Das Adjektiv *ernst* steht z. B. in: *Sie nimmt ihn / die Angelegenheit nicht ernst. Die Lage wird ernst. Das ist das ernsteste ihrer Bücher.*

ernstlich / ernstlichen Schaden nehmen: ↑ Adjektiv (1.2.12).

Eroberin: Die weibliche Form von *Eroberer* lautet *die Eroberin.* ↑ Substantiv (3).

er oder ich: *Er oder ich habe das getan.* Nicht: *Er oder ich hat das getan* oder: *... haben das getan.* ↑ Kongruenz (2.2).

eröffnen / öffnen: Die beiden Verben haben heute verschiedene Bedeutungen und Anwendungsbereiche. Man eröffnet eine Sitzung, eine Ausstellung, einen Ball, aber man öffnet eine Tür, einen Raum, einen Brief, eine Kiste usw.: *Ein Laden wird neu eröffnet,* aber *jeden Morgen um 8 Uhr geöffnet.* Der früher besonders in gewählter Sprache übliche Gebrauch von *eröffnen* im Sinne von »aufmachen« ist heute nicht mehr üblich *(und wenn man Tausende und Hunderttausende von Muscheln eröffnete* [Frisch]). Vgl. aber noch die Wendung *ein Testament eröffnen.*

erretten: Das Verb *erretten* kann mit der Präposition *von* oder *vor* verbunden werden: *Sie hat ihn vom sicheren Tode / vor dem sicheren Tode errettet.* ↑ aufgrund / durch / infolge / von / vor / wegen / zufolge.

Ersatzinfinitiv: ↑ Infinitiv (4).

Ersatzmann: Der Plural dieses Wortes lautet *die Ersatzmänner* oder *die Ersatzleute.* ↑ Mann (2).

Ersatzteil: Es heißt *das Ersatzteil* oder (seltener) *der Ersatzteil.*

erschallen: Das Verb *erschallen* wird regelmäßig und unregelmäßig konjugiert. Die Formen lauten also: *erscholl / erschallte* und *erschollen / erschallt.* Die unregelmäßigen Konjugationsformen *(erscholl, erschollen)* werden häufig als gehoben empfunden.

erscheinen / scheinen: *erscheinen* deckt sich inhaltlich nur in einem ganz bestimmten Anwendungsbereich mit *scheinen,* und zwar dann, wenn es im Sinne von »sich jmdm. in bestimmter Weise darstellen, einen bestimmten Eindruck erwecken« gebraucht wird. Die Austauschbarkeit besteht aber nur bei einer bestimmten Konstruktion, nämlich *erscheinen / scheinen* + Artergänzung [+ Dativobjekt], z. B.: *Dies erschien / schien ihr* (= Dativobjekt) *unmöglich* (= Artergänzung). Oder ohne Dativobjekt: *Eine Besserung der Lage erschien / schien aussichtslos* (= Artergänzung). Aber bei folgendem Infinitiv lediglich: *Das scheint* (nicht: *erscheint*) *mir richtig zu sein. Die Zeit scheint stillzustehen.* In Zweifelsfällen ist stets das einfache *scheinen* vorzuziehen.

erschrecken: 1. Konjugation: Das transitive *erschrecken* wird regelmäßig gebeugt *(erschreckte – erschreckt): Das erschreckte die Zuhörer. Ihr Aussehen hat mich erschreckt.* Das intransitive *erschrecken* wird dagegen unregelmäßig gebeugt *(erschrak – erschrocken): Die Kinder erschraken. Ich bin über sein Aussehen erschrocken.* Im Indikativ Präsens lauten die Formen *ich erschrecke, du erschrickst, er erschrickt;* Imperativ: *erschrick nicht!* ↑ e / i-Wechsel.
2. sich erschrecken: Der reflexive Gebrauch von *erschrecken* ist umgangssprachlich. Es treten dabei regelmäßige

und unregelmäßige Beugungsformen auf: *ich erschreckte / erschrak mich; ich habe mich erschreckt / erschrocken.* Dieser Gebrauch gilt nicht als standardsprachlich. ↑ schrecken.

ersinnen: Das Verb wird unregelmäßig gebeugt *(ersinnen – ersann – ersonnen): Sie hat eine Strategie ersonnen* (nicht: *ersinnt). Der Plan ist raffiniert ersonnen* (nicht: *ersinnt).*

Ersparnis: *Ersparnis* hat in der Standardsprache feminines Genus: *die Ersparnis* (Genitiv: *der Ersparnis*). In Österreich wird auch die neutrale Form gebraucht: *das Ersparnis* (Genitiv: *des Ersparnisses*). ↑ -nis.

erste: 1. Rechtschreibung: Klein schreibt man Fügungen wie *erste Klasse fahren, die erste Geige spielen, die erste heilige Kommunion.* Neu ist die Kleinschreibung von *erster Hilfe.* Groß schreibt man das Zahlwort in Namen und bestimmten Fügungen (wie z. B. Titeln, historischen Ereignissen): *Otto der Erste; Vera Schmidt, die Erste Vorsitzende; der Erste Offizier, der Erste Schlesische Krieg, der Erste Mai, die Erste Bundesliga, der Erste Weltkrieg.* Groß schreibt man auch das substantivierte Zahlwort: *Heute ist der Erste* (= Monatstag); *am nächsten Ersten; das Erste und das Letzte* (= Anfang und Ende); *die Erste unter Gleichen* (= dem Range nach); *sie ist die Erste in der Klasse* (= der Leistung nach); *ich wurde Erster* (= Sieger); *die Ersten werden die Letzten sein.* In neuer Rechtschreibung schreibt man jetzt auch groß: *der / die / das Erste* (= der Reihe, der Zählung nach); *sie kam als Erste* (= der Reihe nach) *ins Ziel; er war der Erste, der das erwähnte; das Erste, was ich höre; die Erste von rechts; in Berlin war mein Erstes* (= zuerst) ...; *die Erste und die Letzte* (= zurückweisend für: *jene – diese); die beiden / drei Ersten.* Groß schreibt man nach den neuen Regeln auch bei vorangehendem (mit einer Präposition verschmolzenen) Artikel: *fürs*

Erste (= vorerst), *zum Ersten* (= erstens) usw.

2. die beiden Ersten / die ersten beiden: ↑ beide (4).

3. Herrn Ersten Staatsanwalt: ↑ Herr (4).

4. nach erstem überwundenem / überwundenen Schock: ↑ Adjektiv (1.2.1).

5. beim ersten Mal: ↑ ²Mal.

erstellen: Das häufig in der Amtssprache gebrauchte Verb kann ersetzt werden durch: *errichten, [er]bauen (Häuser, Gebäude erstellen / errichten, [er]bauen)* oder *aufstellen (Listen erstellen / aufstellen)* oder *anfertigen (ein Gutachten erstellen / anfertigen).*

erstere – letztere: *erstere* und *letztere –* eigentlich Komparativbildungen zu *erste* und *letzte –* werden nicht mehr auf die durch eine Zahl ausgedrückte strenge Reihenfolge beliebig vieler Dinge oder Wesen bezogen, sondern auf das Näher- oder Fernerliegen zweier Dinge oder Wesen. Sie werden wie *diese – jene* oder *der / die / das eine – der / die / das andere* gebraucht: *Sie besaß ein Haus in der*

Stadt und eins auf dem Lande. Ersteres / Jenes hatte sie gekauft, letzteres / dieses war ihr durch Erbschaft zugefallen. Man kann *erstere – letztere* nicht gebrauchen, wenn von mehr als zwei Dingen oder Wesen die Rede ist. Also nicht: *Charlotte, Maria und Hans gingen spazieren. Die Erstere war barhäuptig, der Letztere trug eine Pelzmütze.* Auch in reinen Aufzählungen, ohne gegensätzliche Betrachtungsweise, sind *erstere – letztere* fehl am Platze.

erster Fall: ↑ Nominativ.

Erster Vorsitzender: ↑ Titel und Berufsbezeichnungen (2).

ersterer: Das auf *ersterer* folgende Adjektiv wird in gleicher Weise (parallel) gebeugt: *ersteres modernes Hörspiel.* (Vgl. auch ↑ erstere – letztere). Die substantivierte Form wird in neuer Rechtschreibung großgeschrieben: *Ich möchte Ersteres / das Erstere gern näher erläutern.*

erstes Futur: ↑ Futur I.

erstes Mittelwort: ↑ erstes Partizip.

erstes Partizip

Häufig gestellte Fragen zum ersten Partizip	
Frage	Antwort unter
Muss bei Partizipkonstruktionen nach neuer Rechtschreibung ein Komma gesetzt werden?	dieser Artikel, Punkt (2), Komma (4)

Das erste Partizip (erste Mittelwort) ist eine infinite Verbform, die mithilfe der Endung *-end* bzw. (bei Verben auf *-eln* und *-ern*) *-nd* vom Präsensstamm des Verbs abgeleitet wird: *lachend, hungernd, tadelnd.* Es gehört heute nicht mehr zum Konjugationssystem des Verbs, sondern wird wie ein Adjektiv verwendet und stellt ein Sein oder Geschehen als ablaufend, dauernd, unvollendet dar: *Das lachende Kind. Es kam lachend herein.*

1. Steigerung des ersten Partizips:

Das erste Partizip kann nur gesteigert werden, wenn es eine Eigenschaft *(schreiendere Farben)*, nicht wenn es ein Geschehen ausdrückt (nicht möglich: *schreiendere Kinder*). Im Superlativ darf das *-d* der Endung nicht ausgelassen werden; also nur: *in aufopferndster Weise; das bezauberndste Wesen.* ↑ Vergleichsformen (3.1).

E

2. Die letzte Lieferung betreffend[,] möchten wir Ihnen mitteilen ...:

Von einem absoluten oder unverbundenen ersten Partizip spricht man dann, wenn sich das Partizip nicht unmittelbar auf ein Satzglied des übergeordneten Satzes bezieht. Dieser dem Kanzleistil entstammende und oft als steif empfundene Gebrauch beschränkt sich im Wesentlichen auf Formen wie *[an]betreffend, an[be]langend, angehend, folgend, beginnend* u. Ä. *(Die letzte Lieferung betreffend[,] möchten wir Ihnen mitteilen ...)*. Solche Konstruktionen sind unschön und sollten vermieden werden.

Bei *Ihr Einverständnis voraussetzend[,] haben wir ...* handelt es sich übrigens nicht um ein absolutes erstes Partizip, denn *voraussetzend* bezieht sich auf das Subjekt des übergeordneten Satzes *(Indem wir Ihr Einverständnis voraussetzen ...)*.

3. Diese Meinung ist vorherrschend / herrscht vor:

Im Allgemeinen wird das erste Partizip nicht prädikativ gebraucht (also nicht: *Sie ist diskutierend*). Ausgenommen davon ist eine Gruppe von ersten Partizipien, die durch Bedeutungsdifferenzierung oder durch das Absterben der übrigen Konjugationsformen isoliert sind. (Vgl. etwa *Das Buch ist spannend. Du bist reizend. Er ist leidend.* In diesen Sätzen haben die entsprechenden Verben *spannen, reizen, leiden* eine andere Bedeutung.) Gelegentlich wird das erste Partizip auch prädikativ anstelle der Personalform des Verbs eingesetzt. Stilistisch besser ist im Allgemeinen die Personalform des Verbs:

Es überrascht / Es ist überraschend, wie gut sie sich eingefügt hat. Zumindest herrscht diese Meinung vor / Zumindest ist diese Meinung vorherrschend.

4. fahrende Habe · sitzende Lebensweise:

In der Regel hat das erste Partizip aktive Bedeutung, d. h., es sagt etwas aus über Verhalten oder Tätigkeit des im zugeordneten Substantiv Genannten *(ein schlafendes Kind – ein Kind, das schläft)*. Ausnahmen hiervon sind etwa *betreffend* »zuständig; sich auf jmdn. / etw. beziehend; genannt« in Beispielen wie *die betreffende Sachbearbeiterin, die diesen Fall betreffende Regel* oder *fahrend* und *liegend* in den (veralteten rechtssprachlichen) Wendungen *fahrende* bzw. *liegende Habe* »beweglicher Besitz« bzw. »Grundbesitz«.

Eine Besonderheit stellen auch Verbindungen wie *die sitzende Lebensweise* und *die liegende Stellung* dar, in denen das erste Partizip nur attributiv gebraucht werden kann. Das Partizip gibt in diesen Fällen an, welches Verhalten mit dem im Substantiv Genannten verbunden ist, aber nicht von diesem ausgeübt wird: die Lebensweise des Sitzens, die Stellung des Liegens. Demgegenüber wird z. B. mit dem Ausdruck *die am Schreibtisch sitzende Frau* gesagt, dass die Frau am Schreibtisch sitzt, d. h., dass sie sich in bestimmter Weise verhält. In diesem Falle ist das Partizip nicht auf die attributive Stellung beschränkt. Es kann heißen: *Sie verbrachte den Tag am Schreibtisch sitzend* und *Ich fand die Frau am Schreibtisch sitzend.*

5. **ein zu billigender Schritt · ärztlich zu versorgende Personen:**
↑ Gerundiv. Vgl. auch ↑ satzwertiges Partizip.

---

erste Steigerungsstufe: ↑ Komparativ.
erste Vergangenheit: ↑ Präteritum.
erste Zukunft: ↑ Futur I.
erstklassig: Dieses Adjektiv drückt bereits einen höchsten Grad aus und kann deshalb nicht gesteigert werden: *eine erstklassige* (nicht: *erstklassigste*) *Ausführung.* ↑ Vergleichsformen (3.1).
erstmalig / erstmals: *erstmalig* ist ein Adjektiv, das nur attributiv beim Substantiv stehen sollte *(erstmalige Aufführung)* und nicht mit dem Adverb *erstmals* verwechselt werden darf: *Das Stück wurde erstmals* (nicht: *erstmalig*) *gespielt.*
erteilt: Zu *die erteilten Aufträge* ↑ zweites Partizip (2.4).
er und du: *Er und du[, ihr] habt euch gefreut.* Nicht: *Er und du haben sich gefreut.* ↑ Kongruenz (2.1).
er und ich: *Er und ich[, wir] haben uns gefreut.* Nicht: *Er und ich haben sich gefreut.* ↑ Kongruenz (2.1).
er und ihr: *Er und ihr[, ihr] habt euch gefreut.* Nicht: *Er und ihr haben sich gefreut.* ↑ Kongruenz (2.1).
er und wir: *Er und wir haben uns gefreut.*

Nicht: *Er und wir haben sich gefreut.*
↑ Kongruenz (2.1).
erweisen, sich: 1. Bei *sich erweisen als* steht das dem *als* folgende Substantiv heute nur noch im Nominativ, nicht im Akkusativ: *Er hat sich als treuer Freund erwiesen. Die Nachricht erwies sich als Irrtum. Was zunächst als eine Relation ... erschien, erweist sich bei sorgfältigerer Prüfung als ein Spezialfall* (Hofstätter). ↑ Kongruenz (4.2).
2. Das zweite Partizip des reflexiven Verbs *sich erweisen* kann nicht attributiv (als Beifügung) verwendet werden. Also nicht: *die sich als dringend / als richtig erwiesene Maßnahme,* sondern: *die Maßnahme, die sich als dringend / als richtig erwiesen hat.* ↑ zweites Partizip (2.3).
erweiterter Infinitiv: ↑ Infinitiv.
Erwerb / Erwerbung: Die beiden Bildungen haben sich in der Bedeutung z. T. differenziert. So kann man für »Tätigkeit, durch die man seinen Lebensunterhalt verdient« nur *Erwerb* sagen: *Er geht keinem geregelten Erwerb nach.* Auch im

Sinne von »Lohn, Verdienst« ist nur *Erwerb* möglich: *Sie kann von ihrem Erwerb kaum leben.* Dagegen ist die Verwendung von *Erwerb* in der Bedeutung »erworbenes Stück« veraltet. Es heißt heute: *Er zeigte ihr seine neuen Erwerbungen* (nicht: *Erwerbe*). Austauschbar sind die beiden Wörter im Sinne von »das Erwerben, Sichaneignen, Kaufen«: *der Erwerb / die Erwerbung eines Grundstücks, eines Aufführungsrechts; der Erwerb / die Erwerbung von Fertigkeiten, von Kenntnissen.* ↑ Verbalsubstantiv.

es: 1. *es* nach Präpositionen: Das sächliche Personalpronomen *es* sollte nicht nach Präpositionen stehen, weil dem Wörtchen dadurch eine Betonung verliehen wird, die es nicht tragen kann. Für *auf / über / durch / neben es* u. Ä. schreibt man besser *darauf, darüber, dadurch, daneben* u. Ä.: *Das Unglück ist jetzt passiert. Ich habe schon lange darauf* (nicht: *auf es*) *gewartet.* In Fällen, in denen sich die Konstruktion Präposition + *es* nicht auf diese Weise umgehen lässt (z. B. wenn *es* eine Person vertritt oder bei der Präposition *ohne*), sollte man besser ein Synonym einsetzen oder die betreffende Sache oder Person noch einmal nennen: *Die Frau wartete immer noch auf das Kind. Sie wollte nicht ohne es / das Kleine weggehen.*

2. *Es / sie ist eine tüchtige Frau:* *es* kann sich nicht nur auf ein neutrales Substantiv beziehen *(Das Kind schläft. Wecke es nicht auf!),* sondern auch auf ein oder mehrere nicht neutrale Substantive: *Ich kannte seinen Bruder. Es war ein bedeutender Arzt.* (Oder: *Er war ein bedeutender Arzt.*) *An der Ecke standen ein Mädchen und ein Junge. Es waren seine Kinder.* (Oder: *Sie waren seine Kinder.*)

3. *es* als Objektsgenitiv: In einigen Redewendungen ist *es* ein alter Objektsgenitiv, der heute oft für einen Akkusativ oder Nominativ gehalten wird, z. B.: *Er ist es zufrieden. Ich bin es los. Es nimmt mich wunder.*

-esch / -isch: ↑ Ortsnamen (3), ↑ Personennamen (4).

Eschweiler: Die Einwohner von *Eschweiler* heißen *die Eschweiler.* ↑ Einwohnerbezeichnungen auf -er (1).

Es gibt nichts Lustigeres als einen / als ein Karnevalsumzug: ↑ Apposition (3.5).

Es ist / sind zwei Jahre her: Heute wird die erste Ausdrucksweise bevorzugt: *Es ist zwei Jahre her, dass er geschrieben hat.* Das Subjekt des Hauptsatzes ist *es,* das den Singular *ist … her* zur Folge hat; *zwei Jahre* ist eine Adverbialbestimmung der Zeit im Akkusativ. Demgegenüber wird der Plural in dem Satz *Es sind nun schon zwei Jahre her, dass sie geschrieben hat* in Analogie zu Gleichsetzungssätzen wie *Es sind drei Kilometer, Es waren fünf Personen* gebildet.

es sei denn, dass: Das Komma steht wie bei *dass: Ich komme gern, es sei denn, dass ich selbst Besuch bekomme.*

essen: Im Präsens Indikativ lauten die Formen: *ich esse, du isst, er isst; iss!* ↑ e / i-Wechsel.

Essener: Die Einwohner von *Essen* heißen *die Essener. Essener* wird immer großgeschrieben, auch wenn es wie ein flexionsloses Adjektiv vor einem Substantiv steht: *Essener Stahl.* ↑ Einwohnerbezeichnungen auf -er (7).

Essen[s]-: Bei Zusammensetzungen mit diesem Bestimmungswort ist der Gebrauch des ↑ Fugen-s schwankend: *Essenholer, Essen[s]ausgabe, Essen[s]marke* (auch: *Essmarke*), *Essen[s]pause* (auch: *Esspause*), *Essenkarte, Essensentzug, Essenszeit.*

Esslöffel: Zu mit 5 Esslöffel / Esslöffeln Rahm ↑ Maß-, Mengen- und Münzbezeichnungen (1).

-est: ↑ Vergleichsformen.

Es werden acht Stunden dazu benötigt: Es heißt nicht: *Es wird acht Stunden dazu benötigt.* ↑ Kongruenz (1.1.4).

Eszett: ↑ s-Laute.

etc.: Zum Gebrauch dieser Abkürzung bei Aufzählungen und zur Frage der

E

Kommasetzung ↑ u. a., usf., usw., wie, z. B.

Ether: ↑ Äther.

Etikett / Etikette: Die feminine Form *die Etikette* ist die ältere; sie ist seit dem 17. / 18. Jh. bezeugt. Die neutrale Form *das Etikett* erscheint erst im 19. Jh., und zwar ausschließlich in der Bedeutung »aufgeklebtes Schildchen, Zettel mit [Preis]aufschrift«. Seitdem wurden beide Formen in dieser Bedeutung gebraucht. Heute besteht jedoch die starke Tendenz, die feminine Form nur noch in der Bedeutung »Gesamtheit guter gesellschaftlicher Umgangsformen« zu verwenden. Das Neutrum *das Etikett* hat zwei Pluralformen: *die Etikette* und *die Etiketts.* Der Plural von *die Etikette,* wenn es gelegentlich noch (in Österreich und in der Schweiz) im Sinne von »aufgeklebtes Schildchen« gebraucht wird, lautet *die Etiketten.*

etliche: Nach *etliche* (= Plural) wird das folgende [substantivierte] Adjektiv oder Partizip in der Regel in gleicher Weise gebeugt: *etliche erfolgreiche Abschlüsse, mit etlichen Verletzten.* Nur im Genitiv kommt auch noch die schwache Beugung vor: *die Behebung etlicher kleiner /* (selten:) *kleinen Mängel.* Auch im Singular gilt meist gleiche Beugung: *etlicher politischer Zündstoff.* ↑ Adjektiv (1.2.5).

etwaig: *etwaig* wird heute gewöhnlich als Adjektiv, nicht als Pronomen aufgefasst. Das folgende [substantivierte] Adjektiv oder Partizip wird daher in gleicher Weise gebeugt: *etwaiges besseres Material, etwaige verhängnisvolle Folgen, wegen etwaiger kleiner Mängel.* Nur im Dativ Singular Maskulinum und Neutrum wird auch noch schwach gebeugt: *bei etwaigem gemeinsamen Handeln.* ↑ Adjektiv (1.2.1).

etwas, was: In Wechselbeziehung zu *etwas* steht in der Regel *was: Er tat etwas, was man ihm nicht zugetraut hatte. ... und plötzlich wurde Elisabeth Engel bewusst, dass es vielleicht wirklich etwas wie Liebe war, was sie für Sartorik empfand* (Sebastian). Dies gilt auch, wenn *etwas* mit einem substantivierten Adjektiv verbunden ist: *... etwas anderes, Erschütterndes, was er neulich gesehen hatte* (Th. Mann). Aus Gründen des Wohllauts, aber auch, weil der Sprecher etwas Bestimmtes, Einzelnes im Auge hat, wird gelegentlich auch *das* gesetzt: *Ich habe etwas von ihm gehört, das ich einfach nicht glauben kann.*

etwelche: Das veraltete unbestimmte Zahlwort hat die Bedeutung *einige.* Das folgende [substantivierte] Adjektiv wird stark (parallel) gebeugt: *etwelches ökonomisches Interesse* (Th. Mann); *etwelche verrückte Eingebungen.* Die schwache Beugung ist veraltet: *etwelches kleine Geschenk* (H. Hoffmann). ↑ Adjektiv (1.2.5).

Etymologie: Das Substantiv *Etymologie* (= Wissenschaft von der Herkunft und Geschichte der Wörter und ihrer Bedeutungen) wird mit einfachem *t* geschrieben, da es aus griech.-lat. *etymología* entlehnt ist.

Et-Zeichen: Das Zeichen & ist eine verschnörkelte Schreibung des lateinischen Wortes *et,* die schon in mittelalterlichen Handschriften belegt ist. Es bedeutet *und,* darf aber nur bei Firmenbezeichnungen angewendet werden: *Voß & Co., Mayer & Neumann.* Treten solche Firmenbezeichnungen in Aneinanderreihungen auf, dann wird die ganze Fügung durch Bindestriche verbunden (durchgekoppelt): *Mayer-&-Neumann-Gruppe.* ↑ Bindestrich (3.1).

euer: 1. Deklination des Adjektivs oder Partizips nach *euer:* Nach *euer* wird das folgende Adjektiv oder Partizip stark gebeugt: *euer von allen unterschriebener* (nicht: *unterschriebene*) *Brief.* ↑ Adjektiv (1.2.3).

2. Groß- oder Kleinschreibung: Immer klein schreibt man das dem Anredepronomen *ihr* entsprechende Possessivpronomen *euer* nach den neuen Regeln auch in Briefen, feierlichen Aufrufen und

Erlassen, in Wahlaufrufen, Grabinschriften, Widmungen, Kranzschleifen o. Ä. (↑ Anrede [2]): *Mit herzlichen Grüßen eure Inge. Denkt an eure Zukunft.* Klein schreibt man das Pronomen auch, wenn es mit dem Artikel steht, sich aber auf ein vorausgegangenes Substantiv bezieht: *Wessen Bücher sind das? Sind es die euren?* Groß schreibt man *euer* hingegen in Titeln: *Euer Hochwürden, Euer (Ew.) Exzellenz.* Groß oder klein schreibt man in neuer Rechtschreibung: *Ihr müsst das Eure* (oder: *das eure*) oder *das Eurige* (oder: *das eurige*) *tun. Grüßt die Euern / Euren* (oder: *die euern / die euren*) oder *die Eurigen* (oder: *die eurigen*) (= eure Angehörigen)! ↑ Groß- oder Kleinschreibung (1.2.4).
3. Genitiv-Plural-Form: Die richtige Genitiv-Plural-Form des Personalpronomens lautet *euer: Wir haben euer* (nicht: *eu[e]rer) gedacht.* ↑ Personalpronomen (2).
Euer / Eure Exzellenz u. a.: Das Pronomen *euer / eure* muss in Titeln immer großgeschrieben werden (Abk.: *Ew.*). Zum Gebrauch von *Euer / Eure Exzellenz* bzw. *Seine Exzellenz* ↑ Anrede (2).
euere / eure: Über den Ausfall des *e* ↑ Possessivpronomen (1).
euert- / euret-: Beide Formen sind gebräuchlich: *euert- / eurethalben, -wegen, -willen.* Zu *euert- / euretwegen* oder *wegen euch* ↑ wegen (2).
euer von allen unterschriebener Brief: ↑ Adjektiv (1.2.3); vgl. auch ↑ euer (1).
Euphemismus: Unter einem Euphemismus versteht man eine beschönigende, verhüllende, mildernde Umschreibung für etwas Anstößiges oder Unangenehmes, z. B. *heimgehen* für »sterben«, *Preisanpassung* für »Erhöhung der Preise«, *hochpreisig* für »teuer«.
eurer Mutter ihr Auto: ↑ Genitivattribut (1.3.2).
euret- / euert-: ↑ euert- / euret-.
Eurhythmie / Eurythmie: Wörter aus dem Griechischen, die mit *R-* anlauten, werden als Fremdwörter im Deutschen mit *Rh-* geschrieben, weil der griechische Buchstabe *r (ϱ)* im Anlaut stets aspiriert (behaucht) gesprochen wurde (geschrieben: *ῥ*): *Rhapsode, rhetorisch, Rheumatismus, Rhythmus* u. a. Wenn ein solches Wort als Grundwort in einer Zusammensetzung auftrat und das *R* dadurch inlautend wurde, blieb die Behauchung erhalten, auch wenn sie im Schriftbild nicht immer ausgedrückt wurde. Es besteht also keine Veranlassung, solche Wörter wie *Eurhythmie* mit bloßem *r* zu schreiben, weil im Griechischen die Behauchung nicht ausgedrückt wurde. Schon die alte lateinische Transkription griechischer Wörter kennt in solchen Fällen die Schreibung *-rh-* im Wortinnern. So erscheint *Eurhythmie* schon bei Vitruv in der lateinischen Schreibung *eurhythmia.* Von Rudolf Steiner, dem Begründer der Anthroposophie, wurde die Schreibung *Eurythmie* ohne *h* verwendet, die in neuer Rechtschreibung allgemein als Nebenform zu *Eurhythmie* gilt.
eurige / Eurige: ↑ euer (2).
-eurin / -euse: ↑ Titel und Berufsbezeichnungen (3).
e. v. / E. V.: Man schreibt diese Abkürzung mit großem *E,* weil die genannte Fügung Teil des Firmen- oder Vereinsnamens ist und Partizipien in Namen großgeschrieben werden. Die Kleinschreibung kommt auch häufig vor, weil *e. V.* als Zusatz, der nicht zum eigentlichen Firmennamen gehört, aufgefasst werden kann.
evangelisches Pfarrhaus: ↑ Kompositum (6).
Examen: 1. Pluralformen: Das Substantiv hat zwei Plurale, einen älteren: *die Examina,* und einen jüngeren (heute üblicheren), der der unveränderten Singularform entspricht: *die Examen.*
2. Worttrennung: Das Substantiv kann in neuer Rechtschreibung nach Sprechsilben *(E-xa-men)* oder wie bisher nach den ursprünglichen Bestandteilen *(Ex-a-men)* getrennt werden.

E

existenziell / existentiell: Nach den neuen Rechtschreibregeln wird wegen der Nähe zum Substantiv *Existenz* existenziell geschrieben. Die bisherige Schreibung *existentiell* bleibt aber auch korrekt.

Exklave / Enklave: ↑ Enklave / Exklave.

exklusive: Die vor allem in der Geschäftssprache gebrauchte fremde Präposition *exklusive* wird wie *ausschließlich* mit dem Genitiv verbunden, wenn der Kasus durch ein Begleitwort des abhängigen Substantivs deutlich wird: *das gesamte Inventar exklusive der erwähnten Hefte und Bücher.* Das allein stehende starke Substantiv nach *exklusive* bleibt dagegen im Allgemeinen ungebeugt: *exklusive Porto, exklusive Verpackungsmaterial.* Im Plural wird bei allein stehenden stark deklinierten Substantiven der Dativ gesetzt: *exklusive Probeexemplaren* (statt: *Probeexemplare*).

Exlibris: Das Exlibris ist ein meist künstlerisch geschmückter, auf den Buchinnendeckel geklebter Zettel mit dem Wort *Exlibris* und dem Namen des Bucheigentümers. Zugrunde liegt die lateinische Fügung *ex libris* »aus den Büchern« (oft erscheint auch die Fügung *ex bibliotheca* »aus der Bibliothek«). Das Exlibris wird grafisch in ganz verschiedener Weise gestaltet. Meist wird das Wort in Großbuchstaben ausgeführt und zusammen- oder getrennt geschrieben. Der grammatische Anschluss des Namens gibt immer wieder zu Zweifeln Anlass. Früher war es üblich, den Namen in lateinischer Weise zu beugen. Man empfand noch die grammatische Notwendigkeit, nach der Fügung *ex libris* oder *ex bibliotheca* den Namen im Genitiv folgen zu lassen. Man beugte meist den Familiennamen, z. B. *EX BIBLIOTHECA Chr. Got. JOECHERI* (= Christian Gottlieb Jöcher), aber auch den Vornamen, z. B. *EX BIBLIOTHECA Theodori Karajan.* Der Genitiv wurde auch durch *von* ersetzt, z. B. *EX LIBRIS von Peter Mannchen.* Heute empfindet man dieses Bedürfnis nicht mehr. Man fügt den Namen ohne Beugung an, z. B. *EX LIBRIS Hans Müller-Brauel* oder *EXLIBRIS L. Frobenius.*

Exponent: Der Genitiv lautet *des Exponenten,* Dativ und Akkusativ lauten *dem / den Exponenten* (nicht: *dem / den Exponent*). ↑ Unterlassung der Deklination (2.1.2).

Extrakt: Gemäß der Herkunft aus dem Lateinischen (*extractum* »Herausgezogenes«) wurde *Extrakt* früher mit neutralem Genus gebraucht. Das Genus wandelte sich dann (wohl nach Vorbildern wie *der Auszug* oder *der Saft*), und heute ist *der Extrakt* das Übliche. Fachsprachlich aber hat sich das neutrale Genus erhalten: *dickes Tollkirschenextrakt* (Hunnius, Pharmazeutisches Wörterbuch); *weingeistiges Chinaextrakt* (Deutsches Arzneibuch).

extrem: Zur Steigerung von *extrem* ↑ Vergleichsformen (3.1).

Exzellenz: ↑ Euer / Eure Exzellenz u. a.

F *f*

f: Zur Schreibung und Deklination ↑ Bindestrich (2.4) *(f-Laut);* ↑ Einzelbuchstaben *(des F, zwei F);* ↑ Groß- oder Kleinschreibung (1.2.5) *(nach Schema F; die drei f in Schifffahrt).*

f / ph: Der eindeutschenden *f- / F*-Schreibung bei häufig gebrauchten Fremdwörtern mit *ph / Ph* wird durch die neuen Regeln mehr Platz eingeräumt; sie ist jedoch nicht generell zulässig. Neben den bereits etablierten Schreibungen *Telefon* (*telefonisch, telefonieren* usw.), *Telegraf* (*telegrafisch, telegrafieren* usw.) und *Fotografie* (*fotografisch, fotografieren* usw.) kann jetzt z. B. auch *Orthografie, Geografie, Saxofon, Stereofonie, Grafit, Delfin* geschrieben werden. Die alten *ph*-Schreibungen bleiben aber (außer bei *Telefon, telefonieren, Foto, fotografieren*) auch weiterhin gültig. ↑ Fremdwort (4).

Fabrikant: 1. Das Substantiv wird schwach gebeugt. Der Genitiv lautet *des Fabrikanten,* Dativ und Akkusativ lauten *dem / den Fabrikanten* (nicht: *dem / den Fabrikant).* ↑ Unterlassung der Deklination (2.1.2).
2. Zu *des Fabrikanten Müller / Fabrikant Müllers* ↑ Titel und Berufsbezeichnungen (1.2 und 1.3).

Fabrik- / Fabriks-: Die Zusammensetzungen mit *Fabrik* als Bestimmungswort haben kein Fugen-s: *Fabrikanlagen, Fabrikarbeiter, Fabrikbesitzer, Fabrikmarke, fabrikneu, Fabriksirene, Fabriktor, Fabrikzeichen* usw. In Österreich sind diese Zusammensetzungen hingegen mit Fugen-s gebräuchlich: *Fabriksanlagen, Fabriksarbeiter, Fabriksbesitzer* usw.

Facette / Fassette: In neuer Rechtschreibung kann neben der bisherigen Schreibung *Facette* auch die eingedeutschte Schreibung *Fassette* gebraucht werden.

Fachmann: Das Wort hat zwei Pluralformen: *die Fachleute* und selten *die Fachmänner.* ↑ Mann (2).
Fachplural / -singular: ↑ Plural (5).
fad[e]: ↑ Adjektiv (1.2.14).
Faden: Das Wort hat zwei Pluralformen:
1. (in allgemeiner Bedeutung) *die Fäden.*
2. (als Bezeichnung eines Längenmaßes) *die Faden.*

fähig: Nach *fähig sein* kann der Genitiv oder ein Präpositionalobjekt mit *zu* stehen: *Er ist zu einer solchen Gemeinheit nicht fähig.* Oder (in gehobener Ausdrucksweise): *Er ist einer solchen Gemeinheit nicht fähig.*

-fähig: Entsprechend der Bedeutung des selbstständigen Adjektivs *fähig* drücken die Bildungen mit *-fähig* aus, dass jemand über eine Fähigkeit verfügt: *arbeitsfähig* »fähig zu arbeiten«, *lebensfähig* »fähig zu leben« usw. Auf Sachen bezogen, die aufgrund bestimmter Eigenschaften oder Kräfte gewissermaßen über eine Fähigkeit verfügen, ein Vermögen haben: *leistungsfähig* (z. B. von Motoren) »fähig, Leistungen zu vollbringen«, *schwimmfähig* (z. B. von Kränen) »fähig zu schwimmen« usw. Damit berühren sich eng Bildungen, in denen *-fähig* ausdrückt, dass jemand für etwas die Voraussetzungen erfüllt oder aufgrund bestimmter Gegebenheiten berechtigt oder in der Lage ist, etwas zu tun: *heiratsfähig* »die Voraussetzungen erfüllend, eine Ehe einzugehen«, *eidesfähig* »berechtigt, einen Eid zu leisten«, *erbfähig* »berechtigt (alt genug), ein Erbe anzutreten« usw. Alle diese Bildungen haben aktivischen Sinn. Daneben gibt es auch solche (mit einem Substantiv als Bestimmungswort), in denen *-fähig* ausdrückt, dass etwas für etwas geeignet ist, dass etwas getan werden kann oder darf: *anbaufähig*

»zum Anbau geeignet«, *ausbaufähig*
»zum Ausbau geeignet«, *transportfähig*
»zum Transport geeignet, in einer Verfassung, die einen Transport gestattet« usw. Obwohl häufig der Einwand erhoben wird, dass in diesen Bildungen *-fähig* keine (menschliche) Fähigkeit, kein Vermögen ausdrückt, diese Bildungen also im Widerspruch zu der Bedeutung von *fähig* stehen, muss man sie doch anerkennen, denn hier handelt es sich ja kaum noch um Zusammensetzungen, sondern um Ableitungen: Das Adjektiv *fähig* ist zum Suffix verblasst, und seine Funktion hat sich gewandelt (wie sich z. B. auch die Funktion von *-mäßig* gewandelt hat). Außerdem steht kein anderes Suffix mit vergleichbarer Funktion zur Verfügung (mit dem Suffix ↑ *-bar* können Adjektive dieser Art nur zu Verben gebildet werden; vgl. etwa *essbar, lieferbar, tragbar* usw.). Schwieriger ist die Frage, ob man auch *-fähig*-Bildungen mit einem Verb als Bestimmungswort gelten lassen darf, die ausgesprochen passivischen Sinn haben und mit *-bar*-Ableitungen konkurrieren; vgl. *taxierfähig* »sich taxieren lassend«, *beeinflussfähig* »beeinflusst werden könnend«, *strapazierfähig* »geeignet, strapaziert zu werden« usw. Einige dieser Bildungen sind bereits allgemein üblich, und es wäre müßig, *streichfähig* durch *streichbar* oder gar *streichsam*, *strapazierfähig* durch *strapazierbar* oder gar *strapaziersam* ersetzen zu wollen. Auch andere Bildungen dieser Art werden sicherlich sprachüblich werden. Nicht korrekt aber ist es, allgemein übliche Bildungen mit *-bar* durch Bildungen mit *-fähig* zu ersetzen, wie z. B. *beeinflussbar* durch *beeinflussfähig, lenkbar* durch *lenkfähig, verwechselbar* durch *verwechslungsfähig* usw.

fahl: Die Vergleichsformen von *fahl* haben keinen Umlaut: *fahler, fahlste*. ↑ Vergleichsformen (2.1).

Fahr- / Fahrt-: Es gibt Zusammensetzungen sowohl mit *Fahrt-* als auch mit *Fahr-*. Zusammensetzungen mit *Fahr-* sind z. B. *Fahrausweis, Fahrdienst[leiter], Fahrgast, Fahrgeschwindigkeit, Fahrkarte, Fahrplan, Fahrrinne, Fahrwind* (= guter Segelwind). Zusammensetzungen mit *Fahrt-* sind z. B. *Fahrtrichtung, Fahrtschreiber, Fahrtunterbrechung, Fahrtwind* (= Gegenwind). Bei *Fahrkosten / Fahrtkosten* sind beide Formen üblich; bei *Fahrgeld / Fahrtgeld, Fahrtdauer / Fahrdauer* wird jeweils die erste vorgezogen.

fahren: 1. Perfekt mit *sein* oder *haben*: Transitives *fahren* wird im Perfekt mit *haben* gebildet: *Sie hat den Wagen in die Garage gefahren.* Intransitives *fahren*, bei dem die Ortsveränderung im Vordergrund steht, wird mit *sein* umschrieben: *Wir sind von Hamburg nach München gefahren. Sie ist um die Ecke gefahren. Wir sind die ganze Nacht gefahren.* In einigen Fällen kommt auch *haben* vor: *Wir sind / (selten:) haben eine Umleitung gefahren. Er ist / (selten:) hat ein gutes Rennen gefahren.* Wenn intransitives *fahren* sonst mit *haben* umschrieben wird, soll damit zum Ausdruck gebracht werden, dass jemand der Fahrer ist, nicht nur mitfährt: *Er hat gefahren* (= saß am Steuer, war der Fahrer des Wagens, des Bobs o. Ä.). ↑ haben (1). **2. nach Frankreich / in die Schweiz fahren:** ↑ in / nach / zu / bei.

fahrende Habe: ↑ erstes Partizip (4).

Fahrenheit: ↑ Grad.

fahren lassen: In neuer Rechtschreibung schreibt man *fahren lassen* unabhängig von der Bedeutung immer getrennt. Wie bisher schon: *Sie hat ihn ihren Wagen nicht fahren lassen,* künftig also auch: *Sie hat ihr Vorhaben fahren lassen* (= aufgegeben). *Der Dieb wollte die Beute fahren lassen* (= loslassen) *und flüchten.* ↑ Getrennt- oder Zusammenschreibung (1.1). Zu *fahren [ge]lassen* ↑ lassen (2).

Fahrt- / Fahr-: ↑ Fahr- / Fahrt-.

-fahrt[s]-: Bei einigen Zusammensetzungen mit *Abfahrt, Durchfahrt, Vorfahrt* usw. als

Bestimmungswort ist das Fugen-s fest, bei anderen schwankt der Gebrauch. Die Zusammensetzungen ohne Fugen-s sind vor allem im Bereich des Eisenbahnwesens gebräuchlich. **1. Abfahrt:** Immer mit Fugen-s werden benutzt: *Abfahrtshang, -lauf, -läufer, -piste, -rennen, -strecke* (jeweils im Skisport). Schwankenden Gebrauch gibt es bei: *Abfahrt[s]befehl, -gleis, -signal, -tag, -zeichen, -zeit.*
2. Anfahrt: Immer mit Fugen-s werden benutzt: *Anfahrtsgebühr, -kosten, -straße, -weg.*
3. Auffahrt: Immer mit Fugen-s wird benutzt: *Auffahrtsstraße.*
4. Ausfahrt: Immer mit Fugen-s wird benutzt: *Ausfahrtsschild.* Schwankenden Gebrauch gibt es bei: *Ausfahrt[s]erlaubnis, -gleis, -signal, -straße, -weiche.*
5. Durchfahrt: Immer mit Fugen-s werden benutzt: *Durchfahrtshöhe, -recht, -straße, -verbot.* Schwankenden Gebrauch gibt es bei: *Durchfahrt[s]geleise, -signal, -station, -zeit.*
6. Einfahrt: Schwankenden Gebrauch gibt es bei: *Einfahrt[s]erlaubnis, -gleis, -signal, -weiche.*
7. Überfahrt: Immer mit Fugen-s werden benutzt: *Überfahrtsbrücke, -dauer, -gebühr, -geld, -kosten, -preis, -schiff, -vertrag.*
8. Vorfahrt: Schwankenden Gebrauch gibt es bei: *Vorfahrtsrecht* und *Vorfahrtrecht, Vorfahrtsregel* und *Vorfahrtregel,* entsprechend *-straße* usw.
9. Zufahrt: Immer mit Fugen-s werden benutzt: *Zufahrtsgebühr, -rampe, -straße, -weg.*
Fakt: Das Wort wird als Maskulinum *(der Fakt),* seltener auch als Neutrum *(das Fakt)* gebraucht. Der Plural lautet *die Fakten* (seltener auch: *die Fakts*).
Faktotum: Der Plural lautet *die Faktotums* oder *die Faktoten.*
Fakultät: Zusammensetzungen mit *Fakultät* als Bestimmungswort stehen immer mit Fugen-s: *Fakultätssiegel, Fakultäts-*

beschluss, Fakultätssitzung, Fakultätsmitglieder. ↑ Fugen-s (1.3).
Fall: ↑ Kasus.
fallen: Die Formen der 2. und 3. Person Singular Indikativ Präsens haben Umlaut: *du fällst, er fällt.* ↑ Verb (1).
fallen lassen: Nach den neuen Rechtschreibregeln schreibt man *fallen lassen* unabhängig von der Bedeutung immer getrennt: *Das Kind hat die Teller fallen lassen. Sie hat vor Schreck die Maschen fallen lassen. Er hat seine Maske fallen lassen* (= hat seine Verstellung aufgegeben, sein wahres Gesicht gezeigt). In neuer Rechtschreibung jetzt also auch: *Er hat seine Absicht fallen lassen* (= aufgegeben). *Die Ministerin hat ihren Staatssekretär fallen lassen* (= sich von ihm losgesagt). *Sie hat eine ähnliche Bemerkung fallen lassen.* ↑ Getrennt- oder Zusammenschreibung (1.1). Zu *fallen [ge]lassen* ↑ lassen (2).
falls: Unvollständige Nebensätze, die mit *falls* eingeleitet werden (z. B. *falls möglich* = *falls es möglich ist*), sind häufig formelhaft geworden und wirken wie eine einfache Umstandsangabe. Das Komma braucht daher nicht gesetzt zu werden: *Falls möglich, wollen wir alle an dem großen Umzug teilnehmen* oder: *Falls möglich wollen wir alle an dem großen Umzug teilnehmen. Ich werde, falls nötig, selbst kommen* oder: *Ich werde falls nötig selbst kommen.*
falsch: 1. Nach den neuen Rechtschreibregeln schreibt man *falsch* in Verbindung mit Verben immer getrennt: *Sie hat eben falsch* (= unrichtig) *gespielt* (z. B. auf dem Klavier). *Er pflegt falsch zu spielen* (= betrügerisch zu spielen). *Sie hat mit ihrer Schätzung [ganz] falsch gelegen.* ↑ Getrennt- oder Zusammenschreibung (1.2.1).
2. Klein schreibt man das Adjektiv: *falscher Hase* (= Hackbraten), *ein falscher Fuffziger, ein falscher Prophet, falscher Alarm, falsche Zähne, an die falsche Adresse geraten, unter falscher Flagge se-*

geln. Groß schreibt man das Adjektiv in Namen: *Der Falsche Demetrius, Falsche Akazie, Falscher Safran* usw. Groß schreibt man auch die Substantivierung und das Substantiv *der Falsch: Da hast du dich für das Falsche entschieden. Ich habe etwas Falsches gesagt. Er hat nichts Falsches getan. Sie ist an die Falsche geraten. Es ist kein Falsch an ihm.* In neuer Rechtschreibung auch: *Falsch und Richtig nicht unterscheiden können.* ↑ Groß- oder Kleinschreibung (1.2.1).
3. Die Vergleichsformen von *falsch* haben keinen Umlaut: *falscher, falscheste.* ↑ Vergleichsformen (2.1).

Falsch: Das heute kaum noch gebräuchliche Substantiv hat maskulines (nicht neutrales) Geschlecht: *Wer hat keinen Falsch an sich? Er ist ein offener, aufrichtiger Mensch, an ihm ist kein Falsch, er ist ohne Falsch.*

falten: Das 2. Partizip lautet *gefaltet* (nicht: *gefalten*): *eine gefaltete Serviette, ein gefaltetes Stück Papier* usw.

Falz: Der Plural lautet *die Falze* (nicht: *die Fälze*).

falzen: Das 2. Partizip lautet *gefalzt* (nicht: *gefalzen*): *gefalztes Blech, gefalzte Hölzer* usw.

Familienanzeigen: ↑ Anzeigen.

Familiennamen: Zur Deklination, zum Artikelgebrauch und zur Rechtschreibung ↑ Personennamen. Zur Groß- oder Kleinschreibung der zu Familiennamen gebildeten Adjektive ↑ Groß- oder Kleinschreibung (1.2.2). Zur Alphabetisierung von Namenszusätzen wie *von, van* ↑ Alphabetisierung (3).

Famulus: Neben dem deutschen Plural *die Famulusse* ist auch noch der ursprüngliche lateinische Plural *die Famuli* gebräuchlich.

fangen: Die Formen der 2. und 3. Person Singular Indikativ Präsens haben Umlaut: *du fängst, er fängt.* ↑ Verb (1).

Fantasie / Phantasie: Nur als Bezeichnung für ein frei improvisiertes Musikstück wurde bislang die Schreibung *Fantasie* (aus dem italienischen *fantasia*) zugelassen. Nach den neuen Rechtschreibregeln ist diese Schreibung neben der herkömmlichen Schreibung *Phantasie* auch im Sinne von »Vorstellungskraft, Erfindungsgabe; Fiebertraum« korrekt. Entsprechendes gilt auch für die Schreibung des Adjektivs *fantastisch / phantastisch.*

Farbbezeichnungen

Häufig gestellte Fragen zu Farbbezeichnungen	
Frage	**Antwort unter**
Sind Formulierungen wie *noch rötere Wangen* zulässig?	dieser Artikel, Punkt (1)
Ist eine Fügung wie *ein rosanes Kleid, ein oranger Schal* richtig?	dieser Artikel, Punkt (2.2)
Welche Schreibweise ist korrekt: *ein blaurotes Kleid* oder *ein blau-rotes Kleid*?	dieser Artikel, Punkt (3.1)

1 Steigerung

Da es keine absoluten Farben, sondern nur verschiedene Abstufungen und
Helligkeitsgrade gibt, die man miteinander vergleichen kann, können Farbadjektive – auch in übertragener Bedeutung – im Allgemeinen durchaus gesteigert werden:

> Inges Kleid ist röter als Renates Bluse. Das Meer wirkte noch blauer als am Vortag.
> Mit dem neuen Waschmittel wird ihre Wäsche noch weißer. Peter hat das röteste
> Haar. Das ist der schwärzeste Undank. Du bist ja noch blauer (= betrunkener; ugs.) als
> neulich.

Nicht steigerungsfähig sind *lila, beige* usw. (↑ 2.2) und im Allgemeinen auch
zusammengesetzte Farbadjektive wie *dunkelrot* (↑ Vergleichsformen [3.1]).

2 Deklination

2.1 mit blauroter Nase

Bei den zusammengesetzten oder den durch Bindestrich verbundenen Farbadjektiven wird nur der letzte Bestandteil gebeugt:

> mit einer blauroten Nase, ein grüngelbes Hemd, die schwarzrotgoldene / schwarz-rot-
> goldene Fahne.

2.2 ein rosa Kleid · die lila Hüte

Neben den Bezeichnungen für die Grundfarben gibt es mehrere Farbadjektive, die fast alle aus Substantiven hervorgegangen sind und aus anderen
Sprachen stammen:

> rosa, lila, orange, beige, bleu, creme, chamois, oliv, ocker, pensee, reseda, cognac, tür-
> kis usw.

Diese Adjektive können nicht gesteigert werden und dürfen standardsprachlich nicht gebeugt werden:

> ein rosa (nicht: rosa[n]es) Kleid, die lila Hüte, ein orange Chiffontuch, die beige
> Schuhe usw.

In der Standardsprache werden diese Adjektive, abgesehen von *rosa* und *lila,*
nur selten attributiv gebraucht; gewöhnlich hilft man sich durch Zusammensetzungen mit *-farben* oder *-farbig,* um die ungebeugten Formen zu vermeiden:

ein orange[n]farbenes / orange[n]farbiges Kleid, die cremefarbigen / cremefarbenen Hüte, ein beigefarbenes Kleid, die olivfarbenen Schuhe usw.

Bildungen wie *die lilanen Hüte, die beigen Schuhe* sind umgangssprachlich.

2.3 des Blaus · die beiden Blau

Substantivierte Farbbezeichnungen erhalten heute im Genitiv Singular gewöhnlich die Endung *-s.* Alle anderen Kasus sind standardsprachlich endungslos:

des Blaus, des Grüns, des Rots, des Schwarzes (auch: des Schwarz), des Weißes (auch: des Weiß), des Brauns; die beiden Blau (nicht: Blaus), verschiedene Grün, diese Rot.

Pluralformen mit *-s* (*die beiden Blaus, die verschiedenartigen Grüns* usw.) sind umgangssprachlich.

3 Rechtschreibung

3.1 ein blaurotes Kleid / ein blau-rotes Kleid

Zusammengesetzte Farbbezeichnungen aus gleichrangigen (nebengeordneten) Adjektiven kann man in neuer Rechtschreibung mit oder ohne Bindestrich schreiben. Die Schreibung ist in diesen Fällen unabhängig von der Bedeutung der Farbbezeichnung: *ein schwarzweiß,* auch: *schwarz-weiß verzierter Rand, ein blaurotes,* auch: *blau-rotes Kleid.* Der Bindestrich kann gesetzt werden, um zu verdeutlichen, dass es sich um zwei verschiedene gleichrangige Farben handelt und keine Farbmischung gemeint ist. Ist eine Farbmischung gemeint, dann ist nur die Schreibung ohne Bindestrich zulässig: *Der Säufer hatte eine blaurote Nase* (= eine bläulich rote Nase). Auch bei unübersichtlichen Zusammensetzungen können Bindestriche gesetzt werden: *die blauweißrote Fahne / die blau-weiß-rote Fahne.* Adjektive auf *-lich* werden immer von einer folgenden Farbbezeichnung getrennt geschrieben: *grünlich blau; gelblich rot.* ↑ blau (4), ↑ braun (3), ↑ rot (2).

3.2 Die Farbe ist blau · die Farbe Blau

Klein schreibt man die der Wortart Adjektiv angehörenden Farbbezeichnungen in Fällen wie

ein blaues / schwarzes / rotes Kleid, der gelbe Sack, der grüne Punkt, blau / rot / grün färben / machen / streichen / werden, jmdm. blauen Dunst vormachen, grau in grau,

er ist mir nicht grün (= nicht gewogen), der Stoff ist rot gestreift, der Stoff ist rot /
blau / grün, schwarz auf weiß.

Groß schreibt man substantivierte Farbbezeichnungen und solche, die Teil
eines Namens sind:

bis ins Aschgraue (= bis zum Überdruss), Berliner Blau, ins Blaue reden, Fahrt ins
Blaue, die Farbe Blau, mit Blau bemalt, Stoffe in Blau, eine Tischdecke in strahlen-
dem Weiß, ein Auto in Blaumetallic / Blau metallic, ein Stoff in Russischgrün,
Tinte in Preußischblau, das Blau des Himmels, die / der Blonde (= Person), die
Farben Gelb und Rot, bei Gelb ist die Kreuzung zu räumen, dasselbe in Grün, ins
Grüne fahren, bei Grün darf man die Straße überqueren, die Ampel steht auf / zeigt
Grün / Gelb / Rot, das erste Grün, er spielt Rot aus, bei Rot ist das Überqueren der
Straße verboten, Rot auflegen, ins Schwarze treffen, beim Anschluss Farbe beachten
(Rot an Rot, Gelb an Gelb), Farbumschlag von Rot auf Gelb, aus Schwarz Weiß
machen wollen; die Blaue Grotte von Capri, das Rote Kreuz, das Schwarze
Meer.

In einigen Fällen ist sowohl Groß- als auch Kleinschreibung möglich:

Die Farben der italienischen Flagge sind Grün, Weiß, Rot / grün, weiß, rot.
Seine Lieblingsfarbe ist Gelb / gelb. Augenfarbe: Blau / blau.

F

Farben tragend: Nach den neuen Rechtschreibregeln wird *Farben tragend* wie
die zugrunde liegende Fügung *Farben
tragen* immer getrennt geschrieben. Es
heißt also: *die [nicht] Farben tragenden
Studentenverbindungen.*

farbig / farblich / -farben: Das Adjektiv
farblich wird im Sinne von »die Farbe betreffend« gebraucht: *Die Dekorationen
müssen farblich aufeinander abgestimmt
werden. Die Sachen passen farblich nicht
zusammen. Farbig* wird sowohl im Sinne
von »mehrere Farben aufweisend, bunt«
als auch im Sinne von »Farbe aufweisend, nicht schwarz-weiß« gebraucht:
*farbige Abbildungen, farbige Flecke; ein
farbiger Einband.* An den letzteren
Wortgebrauch schließt sich die Verwendung von *-farbig* in Zusammensetzungen an: *orange[n]farbig, cremefarbig* usw.
Für Zusammensetzungen wird heute
aber im Allgemeinen *-farben* gewählt,
womit zum Ausdruck kommt, dass etwas die durch das Bestimmungswort be-

zeichnete Farbe aufweist: *orange[n]far-
ben, beigefarben, fliederfarben, karme-
sinfarben, türkisfarben* usw.

farblos: ↑ Vergleichsformen (3.1).

Fasan: Das Wort hat zwei Pluralformen:
die Fasane (stark) und *die Fasanen*
(schwach). ↑ Fremdwort (3.1).

fashionable: ↑ Amerikanismen / Anglizismen (1.2).

Fass: 1. Als Maßbezeichnung bleibt *Fass*
häufig ungebeugt: *3 Fässer / Fass Bier.*
↑ Maß-, Mengen- und Münzbezeichnungen (1).
2. Das Gemessene nach *Fass: ein Fass
Teer* (nicht: *Teers); ein Fass spanischer
Wein* (geh.: *spanischen Wein[e]s);
der Preis eines Fasses Wein* oder *eines
Fass Wein[e]s; mit dreißig Fässern
hochprozentigem Rum* (geh.: *hochprozentigen Rums); mit einem Fass grüner
Heringe / grüne Heringe.* ↑ Apposition
(2.2).

fassen: Die 2. und 3. Person Singular Präsens Indikativ haben keinen Umlaut: *du*

F

fasst, er fasst. Im Übrigen heißt es: *Ich fasse mir* (seltener: *mich*) *an den Kopf.*

Fasson: Im heutigen Sprachgebrauch unterscheidet man zwischen *die Fasson* »Form, Muster, Art« und *das Fasson* »Revers [an Kleidungsstücken]«.

fast: Zu *fast in allen Fällen / in fast allen Fällen* ↑ Adverb (4).

Fastfood / Fast Food: Nach den neuen Rechtschreibregeln wird bei Fremdwörtern eine Verbindung aus Adjektiv und Substantiv zusammengeschrieben. Man kann aber auch getrennt schreiben. Dabei tritt für das Substantiv die Großschreibung ein: *Fastfood,* auch: *Fast Food.*

Fatzke: Der umgangssprachliche Ausdruck für »von sich eingenommener Mensch, Geck« kann stark und schwach gebeugt werden. Stark: Genitiv Singular: *des Fatzkes,* Plural: *die Fatzkes;* schwach: Genitiv Singular: *des Fatzken,* Plural: *die Fatzken.*

Februar: ↑ Monatsnamen.

fechten: Im Indikativ Präsens heißt es: *ich fechte, du fichtst* (ugs. Erleichterungsform: *fichst*), *er ficht.* Der Imperativ lautet: *ficht!* (nicht: *fechte*). ↑ e / i-Wechsel.

Federlesen: In den Wendungen *nicht viel Federlesens machen* und *ohne viel Federlesens* kann statt des Genitivs auch der Akkusativ stehen: *nicht viel Federlesen machen* und *ohne viel Federlesen.* ↑ Aufheben.

fehlschlagen: Das Perfekt von *fehlschlagen* wird mit *sein* umschrieben: *Der Versuch ist* (nicht: *hat*) *fehlgeschlagen.*

fein: In neuer Rechtschreibung schreibt man das Adjektiv *fein* und das folgende Verb getrennt, weil man das Adjektiv steigern oder erweitern kann: *fein mahlen, schneiden* usw. *Du musst das Garn [ganz] fein spinnen.* Ausnahme ist das Verb *fein schleifen,* das fachsprachlich auch zusammengeschrieben werden kann: *feinschleifen.* Entsprechend schreibt man die aus diesen Fügungen abgeleiteten 2. Partizipien getrennt;

auch hier kann *fein* gesteigert oder erweitert werden: *Dies ist [äußerst] fein gemahlenes Mehl. Dieser Stoff ist feiner gestreift als der andere.* ↑ Getrennt- oder Zusammenschreibung (3.1.2).

Feind: Das Substantiv wird immer großgeschrieben: *Wer soll mein Feind sein? Ich war ein Feind alles Stillosen.* In neuer Rechtschreibung gilt dies auch für die stehenden Verbindungen *jemandem Feind werden / sein / bleiben: Wer soll mir Feind sein / werden? Ich war allem Stillosen Feind.*

Feindschaft: Es heißt: *Feindschaft gegen ...* (nicht: *für* oder *zu*).

Felsblock: Der Plural lautet *die Felsblöcke* (nicht: *die Felsblocks*). ↑ Block.

Fels / Felsen: Das Substantiv *der Fels* »feste Masse harten Gesteins« wird in der Regel ungebeugt gebraucht: *brüchiger Fels, der nackte Fels, beim Graben auf Fels stoßen, das Klettern im Fels;* dagegen wird *der Felsen (des Felsens; die Felsen)* im Sinne von »vegetationslose Stelle, schroffe Gesteinsbildung« verwendet: *ein steiler Felsen, auf einen Felsen klettern.* Das schwach deklinierende *der Fels (des Felsen; die Felsen)* wirkt hier gehoben und stellt übertragenen Gebrauch dar: *wie ein Fels [in der Brandung]* (= unerschütterlich) *dastehen.* ↑ Substantiv (2.2).

feminine Formen: ↑ Gleichstellung von Frauen und Männern in der Sprache.

Femininum: Substantiv mit dem Artikel *die: die Frau, die Tasse, die Beere* (↑ Genus).

Fensterladen: Das Wort hat zwei Pluralformen: *die Fensterläden* und *die Fensterladen.* Die Form ohne Umlaut ist selten. ↑ Lade / Laden.

fern: 1. Klein schreibt man das Adjektiv: *ferne Länder, von fern beobachten, von nah und fern, von fern her.* Groß schreibt man das substantivierte Adjektiv: *Wir suchen das Ferne.* Groß schreibt man auch das Adjektiv in ↑ Namen: *der Ferne Osten, der Ferne Orient.* In neuer Rechtschreibung werden *fern* und das folgende Verb *immer getrennt* geschrieben, wenn *fern* steigerbar oder erweiterbar ist: *eine [ziemlich] fern liegende Siedlung. Wir wollten uns von allem [völlig] fern halten.* Weiterhin zusammen schreibt man aber: *Sie ist dem Unterricht ferngeblieben. Er liebt es fernzusehen.* ↑ Groß- oder Kleinschreibung (1.2.1). **2.** Die Präposition *fern* steht mit dem Dativ *(fern den Meinen)* und nicht mit dem Genitiv (nicht: *fern der Meinen*).

ferner: Die ugs. Wendung *unter »ferner liefen«* bedeutet »nimmt einen untergeordneten Platz ein«: *Das rangiert nur unter »ferner liefen«!*

ferner noch: ↑ Pleonasmus.

ferners: Umgangssprachlich für *ferner* »in Zukunft; außerdem«. ↑ Adverb (2).

fernsehen: Das Verb *fernsehen* ist eine unfeste Zusammensetzung: *ich sehe fern / habe ferngesehen, um fernzusehen* usw. ↑ Getrennt- oder Zusammenschreibung (1.2).

Fernseher: Das Substantiv *Fernseher* wird sowohl für das Fernsehgerät als auch für den, der fernsieht, gebraucht.

fertig: Nach den neuen Rechtschreibregeln schreibt man *fertig* immer getrennt vom nachfolgenden Verb: *mit einer Arbeit fertig sein, einem Problem fertig werden; den Kuchen bereits fertig bringen.* Neu also auch: *Wir müssen es fertig bringen, dass sie kommt. Wie hat er das fertig bekommen? Willst du das Essen nicht erst fertig kochen? Sie muss die Arbeit erst fertig machen. Ich glaube, die wollten mich fertig machen. Das Haus wird im Herbst fertig gestellt. Der fertig gebackene Kuchen sah verlockend aus.* ↑ Getrennt- oder Zusammenschreibung (1.2).

fesch: ↑ Vergleichsformen (2.3).

fest: Getrennt schreibt man *fest* vom folgenden Verb und dem 2. Partizip nach den neuen Regeln, wenn es erweiterbar oder steigerbar ist: *Der Kuchen ist [sehr] fest gebacken. Sie hat das Band [sehr] fest gebunden; die [ziemlich] fest kochenden*

Kartoffeln; die [sehr] fest geschnürte Schlinge. Zusammen schreibt man dagegen, wenn *fest* nicht erweiterbar oder steigerbar ist: *ein festgesetzter Termin. Der Stein ist festgebacken* (= angeklebt). *Wer hat die Haussuchung festgelegt* (= angeordnet)? *Er hat sich festgelegt* (= gebunden). *Es hat festgestanden* (= war sicher), *dass ...* ↑ Getrennt- oder Zusammenschreibung (1.2).

festbinden: Nach *festbinden an* steht der Dativ: *Er band die Ziege an dem Pfahl fest.*

Fest- / Festes-: Die Zusammensetzungen mit *Fest* als Bestimmungswort haben im Allgemeinen kein Fugenzeichen: *Festessen, Festfreude, Festsaal, Feststimmung, Festtag* usw. Zusammensetzungen mit der Endung des Genitivs Singular wie *Festesfreude* und *Festesstimmung* werden nur in gehobener Ausdrucksweise gebraucht.

festhalten: Nach *[sich] festhalten an* steht der Dativ: *Er hielt sich an ihm* (nicht: *ihn*) *fest. Halte dich an mir* (nicht: *mich*) *fest! Wir werden an diesen* (nicht: *diese*) *Vereinbarungen festhalten.*

festrennen: Nach *sich festrennen in* steht der Dativ: *Ich habe mich in dieser Sache festgerannt.*

festsetzen, sich: In Verbindung mit Präpositionen *(in, an, auf* usw.) steht nach *sich festsetzen* im Sinne von »haften, sich einnisten, bleiben« der Dativ: *In den Rillen* (nicht: *In die Rillen*) *setzt sich Schmutz fest. Sie hatten sich an dieser Stelle* (nicht: *an diese Stelle*) *festgesetzt.*

feststehen: Der Verbzusatz *fest-*, aus einem selbstständigen Satzglied hervorgegangen, bekommt in Wendungen wie *Fest steht bisher nur ...; Fest steht, dass ...* diese Selbstständigkeit wieder und wird getrennt geschrieben.

fett: 1. Rechtschreibung: Das Adjektiv *fett* wird vom folgenden zweiten Partizip nach den neuen Regeln *immer getrennt* geschrieben, wenn *fett* gesteigert oder erweitert werden kann: *Das waren fett*

gedruckte, fetter gedruckte Buchstaben.
↑ Getrennt- oder Zusammenschreibung
(1.2 und 3.1.2).

2. fett / fettig: Das Adjektiv *fett* wird im Sinne von »dick, feist«, übertragen im Sinne von »üppig, fruchtbar, ergiebig« gebraucht; *fettig* dagegen bedeutet »mit Fett durchsetzt, bedeckt, beschmiert«. Man kann daher einerseits nur von *fettigem* (nicht: *fettem*) *Papier,* andererseits nur von *fetter* (nicht: *fettiger*) *Ackererde* sprechen. Und *fette Finger* sind dicke, feiste Finger, *fettige Finger* dagegen mit Fett bedeckte, beschmierte Finger.

Fett: ↑ schwimmendes Fett.

Fetttropfen: Die Zusammensetzung aus *Fett* und *Tropfen* schreibt man mit drei *t.* Zur besseren Lesbarkeit kann ein Bindestrich gesetzt werden: *Fetttropfen,* auch: *Fett-Tropfen.* ↑ Zusammentreffen dreier gleicher Buchstaben.

Fetus: Gemeinsprachlich ist die Pluralform *die Fetusse.* In der medizinischen Fachsprache wird auch die Pluralform *die Feten* gebraucht.

feuern: ↑ Amerikanismen / Anglizismen (1.2).

Feuer speiend: In neuer Rechtschreibung schreibt man getrennt: *ein Feuer speiender Vulkan.*

Feuerwehrmann: Das Wort hat zwei Pluralformen: *die Feuerwehrleute* und *die Feuerwehrmänner.* ↑ Mann (2).

Fex: Die starke Beugung *(des Fexes, die Fexe)* ist heute gebräuchlicher als die schwache *(des Fexen, die Fexen).*

Fidel / Fiedel: Die Form *die Fidel* ohne *e* ist die Bezeichnung für eine Vorform der Geige, ein der Geige ähnliches Saiteninstrument des Mittelalters, *die Fiedel* mit *e* ein umgangssprachlicher, leicht abschätziger Ausdruck für die Geige selbst.

Fidibus: Der Genitiv Singular lautet *des Fidibus* oder *des Fidibusses;* der Plural lautet *die Fidibus* oder *die Fidibusse.*

Fiedel / Fidel: ↑ Fidel / Fiedel.

filetieren / filieren: Die Verben *filetieren* und *filieren* werden ohne Bedeutungsunterschied im Sinn von »Filets aus einem Stück Fleisch von Schlachttieren, Fisch o. Ä. herauslösen« gebraucht.

Filius: Der Plural lautet *die Filii* oder *die Filiusse.*

Filter: Das Wort wird sowohl als Maskulinum *(der Filter)* als auch mit neutralem Genus *(das Filter)* gebraucht. In der Technik wird jedoch *das Filter* bevorzugt.

Finalsatz: Der Final- oder Absichtssatz ist ein Teilsatz, der einen Zweck, ein Motiv oder Ziel oder eine angestrebte Wirkung des im anderen Teilsatz genannten Geschehens oder Sachverhalts angibt. Er wird mit den Konjunktionen *damit, auf dass* und (seltener) *dass* angeschlossen:
... stutzte ihr der Knecht die Flügel, damit sie nicht fortfliegen konnte (Rosegger).
... dürfen noch ein wenig aufbleiben, auf dass ihnen das Erwachsenengespräch zum Vorteil gereiche (Böll). *Aber ich musste mich bändigen, dass ich mich nicht verriet* (Raabe).

finden: Es heißt: *etwas gut / nötig / richtig / schön finden: ... dass sie jegliche literarische Beschäftigung eines ernsthaften Christen unwürdig und unpassend fanden* (Nigg). Dagegen gilt *finden* in Verbindung mit *für* nicht als standardsprachlich, kommt aber sogar in dichterischer Sprache vor: *... der unvergleichlich mächtigere Dichter, der sich selbst für würdig fand* (Nigg). *... wenn er es für vorteilhaft fand* (Musil). Zu *Dieser Wunsch fand eine Erfüllung* statt *Dieser Wunsch wurde erfüllt* ↑ Passiv (3.7).

finden / befinden: ↑ befinden / finden.

fingerbreit / einen Finger breit / einen Fingerbreit: Alle drei Schreibweisen sind möglich. Zusammen und klein schreibt man, wenn es sich um die adjektivische Zusammensetzung handelt: *Das ist ein fingerbreiter Saum. Der Saum ist fingerbreit. Die Tür steht fingerbreit offen.* Getrennt schreibt man, wenn *breit* durch *Finger* (mit vorangehendem Artikel, Zahlwort o. Ä.) näher bestimmt wird:

Das ist ein einen Finger breiter Saum. Der Saum ist zwei Finger breit. Die Tür stand kaum einen Finger breit offen. Zusammen und groß schreibt man die Maßangabe *der Fingerbreit: Die Tür stand einen Fingerbreit offen. Es ist nur zwei / keinen Fingerbreit davon entfernt.* ↑ Getrennt- oder Zusammenschreibung (4.2).

Finitum: Das Finitum (finite Verbform, Personalform) ist die nach Person, Numerus, Modus und Tempus bestimmte Verbform (z. B. *du erwachtest*); und zwar im Unterschied zur ↑ infiniten (unbestimmten) Verbform (z. B. *erwachen, erwachend*).

Fink: Der Vogelname wird schwach gebeugt. Genitiv: *des Finken,* Dativ: *dem Finken,* Plural: *die Finken.* ↑ Unterlassung der Deklination (2.1.1).

finster: 1. Klein schreibt man das Adjektiv: *ein finsterer Wald, finstere Gedanken.* Groß schreibt man Substantivierungen wie *Sie tappten im Finstern* (= im Dunkel, ohne Licht) *zum Ausgang.* In neuer Rechtschreibung auch: *Die Polizei tappt noch immer im Finstern* (= im Ungewissen). ↑ Groß- oder Kleinschreibung (1.2.1). **2.** Bei *finster* bleibt, wenn es dekliniert oder gesteigert wird, das *e* der Endungssilbe gewöhnlich erhalten: *ein finsteres Zimmer; noch finsterer dreinblicken.* Nur in den deklinierten Formen des Komparativs wird das erste der drei Endungs-e manchmal ausgeworfen: *eine noch finst[e]rere Höhle.* ↑ Adjektiv (1.2.13), ↑ Vergleichsformen (2.2).

Finsterwalder: Die Einwohner von Finsterwalde heißen *die Finsterwalder.* ↑ Einwohnerbezeichnungen auf -er (4 und 7).

Firma: ↑ Brief (1.2).

Firmennamen: 1. Beugung: Firmennamen sind auch in Anführungszeichen zu beugen: *die Verwaltung der »Deutschen Bank«; die Leistungen des Rheinisch-Westfälischen Elektrizitätswerkes; die Mitarbeiter des Euro-Kreditinstituts AG.* Soll der Firmenname unverändert wie-

dergegeben werden, dann muss mit einem entsprechenden Substantiv umschrieben werden: *die Maschinen der Luftverkehrsgesellschaft »Deutsche Lufthansa AG«; die Aktien der Firma Badische Anilin- & Soda-Fabrik AG.* ↑ AG (2). **2. Kongruenz:** Wenn bei Firmennamen das Genus nicht ersichtlich ist, ergibt sich das Problem der Genuskongruenz. Heißt es *Bosch hat seine / ihre Aktien erhöht* oder *Bosch, die / das neue Märkte sucht...?* In diesen Fällen richtet sich das Genus entweder nach dem vollständigen Firmennamen (also: *[Die Robert] Bosch [GmbH] hat ihre Aktien erhöht. [Die Robert] Bosch [GmbH], die neue Märkte sucht...*) oder auch nach einem in Gedanken zu ergänzenden »das Unternehmen« *([Das Unternehmen] Bosch hat seine Aktien erhöht).* Stilistisch besser ist in diesen Fällen, den vollständigen Firmennamen zu verwenden: *Die Robert Bosch GmbH hat ihre Aktien erhöht.* In anderen Fällen ist unklar, ob in der Einzahl oder Mehrzahl angeschlossen werden soll. Heißt es: *BMW* (= Bayerische Motoren Werke) *hat* oder *haben neue Märkte erschlossen?* Üblich ist hier der Anschluss mit der Einzahl: *[Die] BMW [AG] hat neue Märkte erschlossen.* Zu *An das Euro-Kreditinstitut AG* ↑ Abkürzungen (6.1) und ↑ Kongruenz (3.6). Zu *Die Flottmann-Werke GmbH suchen ...; Müller & Meier suchen ...; »Müller & Meier« sucht ...* ↑ Kongruenz (1.2.7 und 3.6).

Fischotter: ↑ Otter.

Fisimatenten: Die Herkunft des seit dem 16. Jh. in zahlreichen Formen bezeugten Wortes *Fisimatenten* »leere Flausen, Ausflüchte, Faxen« ist umstritten. Möglicherweise geht es auf mittellateinisch *visae patentes [literae]* (= ordnungsgemäß erworbenes, geprüftes [Dokument]) zurück; dazu mag der inhaltliche und formale Einfluss von mhd. *visament[e] / visimente* »Modellierung, Zierrat« gekommen sein.

flachsen: Das umgangssprachliche Wort

für »necken, spotten, scherzen« ist nur mit *ch* zu schreiben *(du flachs[es]t);* also nicht: *flaxen.*

Flasche: Das Gemessene nach *Flasche: eine Flasche Bier* (nicht: *Bier[e]s*); *eine Flasche spanische Wein* (gehoben: *spanischen Wein[e]s*); *mit drei Flaschen hochprozentigem Rum* (gehoben: *hochprozentigen Rums*). ↑ Apposition (2.2).

flattern: Das Verb *flattern* kann im Perfekt sowohl mit *haben* als auch mit *sein* umschrieben werden, je nachdem, ob man den Vorgang, das Geschehen in seiner Dauer *(haben)* oder aber die Ortsveränderung *(sein)* sieht: *Der Vogel hat aufgeregt geflattert. Der Schmetterling ist aus der Stube geflattert.* ↑ haben (1).

flechten: Es heißt: *du flichtst, er flicht; flicht!* (↑ e / i-Wechsel, ↑ entflechten). Die Form *du flichst,* also ohne *t* nach dem *ch,* ist eine umgangssprachliche Erleichterungsform, die der Aussprache folgt.

Fleck / Flecken: Für »beschmutzte oder andersfarbige Stelle« bzw. »Flicken« kann man sowohl *der Fleck (des Fleck[e]s, die Flecke)* als auch *der Flecken (des Fleckens, die Flecken)* verwenden. ↑ Substantiv (2.2).

Fleisch- / Fleisches-: Zusammensetzungen mit *Fleisch* als Bestimmungswort stehen im Allgemeinen ohne Fugen-s, also: *Fleischbank, Fleischbeschau, Fleischbrühe, fleischfarben, fleischfarbig, Fleischgericht, Fleischklößchen, fleischlos, Fleischsalat.* Aber: *Fleischeslust.* ↑ Fugen-s (2.4).

Fleisch fressend: In neuer Rechtschreibung schreibt man getrennt: *eine Fleisch fressende Pflanze.*

Fleisch und Blut: Zu *meines eigenen Fleisch und Blutes* ↑ Wortpaar.

flektieren (beugen): Der Ausdruck *flektieren* wird als Oberbegriff für »deklinieren« und »konjugieren« gebraucht.

flexibel: Bei *flexibel* fällt, wenn es dekliniert oder gesteigert wird, das *e* der Endungssilbe aus: *ein flexibler Kunststoff; eine flexiblere Wirtschaftspolitik.*

↑ Adjektiv (1.2.13), ↑ Vergleichsformen (2.2).

Flexion (Beugung): Der Ausdruck *Flexion* wird als Oberbegriff für »Deklination« und »Konjugation« gebraucht.

fliegen: 1. Perfekt mit *sein* oder *haben*: Transitives *fliegen* mit der Bedeutung »ein Luftfahrzeug steuern« wird im Perfekt mit *haben* gebildet: *Er hat die Maschine geflogen.* In der Bedeutung »fliegend ausführen« wird sowohl mit *haben* als auch mit *sein* umschrieben: *Sie hat / ist eine große Schleife geflogen.* In der Bedeutung »fliegend zurücklegen« wird das Perfekt mit *sein* gebildet: *Sie ist einen Umweg geflogen.* Intransitives *fliegen,* bei dem der Ortsveränderung im Vordergrund steht, wird ebenfalls mit *sein* umschrieben: *Wir sind von London nach New York geflogen. Wir sind fünf Stunden geflogen.* Wenn zum Ausdruck gebracht werden soll, dass jemand Pilot ist, also nicht nur mitfliegt, dann wird auch intransitives *fliegen* mit *haben* umschrieben : *Er hat geflogen* (= saß am Steuerknüppel). *Für den Flugschein habe ich über 800 Stunden geflogen.* ↑ haben (1).

2. nach Amerika / in die USA fliegen: ↑ in / nach / zu / bei.

fliehen: Intransitives *fliehen* »die Flucht ergreifen, davonlaufen« wird im Perfekt mit *sein* umschrieben: *Zwei Häftlinge sind geflohen.* Transitives *fliehen* »meiden« wird dagegen mit *haben* umschrieben: *Sie hatte den Lärm der Stadt geflohen.* ↑ haben (1).

Flitter: Das Substantiv ist nur noch mit männlichem Geschlecht gebräuchlich: *der Flitter,* Plural: *die Flitter.*

Flor: Der Plural zu *das Flor* »dünnes Gewebe« lautet *die Flore,* selten *die Flöre.*

flöten gehen: In neuer Rechtschreibung schreibt man getrennt: *Mein ganzes Vermögen ist flöten gegangen* (= verloren gegangen; ugs.). ↑ Getrennt- oder Zusammenschreibung (1.1).

flott: Man schreibt das Adjektiv *flott* in

neuer Rechtschreibung getrennt von einem folgenden Verb oder Partizip, wenn es in dieser Verbindung gesteigert oder erweitert werden kann: *Sie hatte die Arbeit [sehr] flott* (= flink, schnell) *gemacht. Sie hat ein [ziemlich] flott gehendes Geschäft. Dies ist ein [sehr] flott geschriebenes Buch. Das Buch ist [sehr] flott geschrieben.* Zusammen schreibt man, wenn dies in bestimmten Bedeutungen nicht möglich ist (*flott* ist Verbzusatz): *Das Schiff wurde flottgemacht* (= zur Fahrt fertig gemacht). ↑ Getrennt- oder Zusammenschreibung (1.2).

Flucht: Der Plural lautet *die Fluchten* (entsprechend: *Zimmerfluchten*). Es heißt aber: *die Ausflüchte.* Das Wort *Zuflucht* wird im Allgemeinen nur im Singular gebraucht. Selten: *die Zuflüchte,* dafür eher noch: *die Zufluchtsorte.*

Flugzeugnamen: 1. Genus: Bei den meisten Flugzeugtypen ist das grammatische Genus feminin: *die Ju[nkers] 52, die Do[rnier] X, die Boeing 727, die Caravelle.* Bestimmte Bezeichnungen, denen ein gewöhnliches Substantiv zugrunde liegt, haben dessen Genus: *der [Fieseler-] Storch, der Starfighter, der Airbus.* Es heißt *der Stuka* (Abkürzung für *Sturzkampfflugzeug*), wobei sich der maskuline Artikel wohl aus der volkstümlichen Bezeichnung der *Sturz[kampf]bomber* herleitet.

2. Deklination: Flugzeugnamen sind auch in Anführungszeichen zu beugen: *die Geschwindigkeit des »Starfighters«.*

Fluidum: Der Plural dieses Wortes lautet *die Fluida.*

Flur: Das männliche Substantiv *der Flur* (Plural: *die Flure*) bedeutet »Hausgang, Korridor«. Das weibliche Substantiv *die Flur* (Plural: *die Fluren*) wird als gehobener Ausdruck für »Feld und Wiese« gebraucht.

Flussbett: Der Plural lautet *die Flussbetten,* seltener *die Flussbette.* ↑ Bett.

flüssig: Man schreibt das Adjektiv *flüssig* in neuer Rechtschreibung immer ge-

trennt von einem folgenden Verb: *Man hat das Eisen flüssig gemacht* (= geschmolzen). *Man hat das Kapital flüssig gemacht* (= bereitgestellt). ↑ Getrennt- oder Zusammenschreibung (1.2).

Flussnamen: 1. Genus: Deutsche Flussnamen sind im Allgemeinen Feminina: *die Weser, die Oder, die Elbe, die Neiße, die Spree, die Havel, die Lahn, die Mosel, die Nahe, die Donau.* Die wenigen maskulinen Flussnamen sind meist vorgermanischen Ursprungs: *der Rhein, der Main, der Lech, der Inn, der Neckar, der Regen, der Eisack.* Dies wird damit erklärt, dass in vorgermanischer Zeit die Flüsse als verkörperte Götter betrachtet wurden. Manche dieser vorgermanischen Flussnamen sind später unter germanischem oder slawischem Einfluss Feminina geworden (z. B. *die Elbe, die Oder, die Drau*), enthielten doch die Flüsse in germanischer Zeit oft einen erläuternden Zusatz, der den Begriff »fließendes Wasser« enthielt und sowohl im Lateinischen wie im Gotischen und Althochdeutschen (*aha* »Fluss«) ein Femininum war. (Teilweise hat sich dieser im Allgemeinen wieder geschwundene Zusatz noch in der Endung *-ach* erhalten.) Ausländische Flussnamen sind überwiegend Maskulina: *der Nil, der Kongo, der Amazonas, der Orinoko, der Mississippi, der Jangtsekiang, der Ganges, der Indus, der Euphrat, der Tigris, der Don, der Bug, der Ebro, der Tiber.* Feminina sind die meisten auf *-a* oder *-e* endenden Flussnamen: *die Wolga, die Lena, die Moskwa, die Adda* (aber: *der Paraná*); *die Loire, die Rhone, die Seine, die Themse.*

2. Zusammensetzungen mit *Saal[e]-, Elb[e]-:* Wenn früher *Saale* als Bestimmungswort einer Zusammensetzung gebraucht wurde, entfiel das Auslaut-e: *Saalburg, Saalfeld;* auch: *Saalbrücke, Saaltal.* Heute besteht jedoch die Neigung, das *-e* nicht auszustoßen: *Saaletalsperre, Saaletal, Saalestrand.* Diese Tendenz, das Auslaut-e in Zusammenset-

F

zungen zu erhalten, findet sich dagegen nicht so stark bei *Elbe.* Man sagt: *Elbmündung, Elbtunnel, Elbschifffahrt, elbabwärts* usw. Eine feste Regel gibt es jedoch nicht, sodass man z. B. neben *Elbufer* auch *Elbeufer* bilden kann, wobei allerdings feine Bedeutungsnuancen festgestellt werden können. *Elbufer* hat mehr den Charakter einer festen Zusammensetzung, die man besonders in fachsprachlichen oder amtlichen Texten wählen würde. In *Elbeufer* wird das Bestimmungswort noch stärker hervorgehoben und in Opposition zu anderen Flussnamen gebracht.
3. Deklination: ↑ geographische Namen (1.2 und 2.2).

Flussschifffahrt: Das aus *Fluss* und *Schifffahrt* zusammengesetzte Wort *Flussschifffahrt* wird in neuer Rechtschreibung mit drei *s* geschrieben. Auch die Schreibung mit Bindestrich ist möglich: *Fluss-Schifffahrt.* Das Grundwort *Schifffahrt* dieser Zusammensetzung, das aus *Schiff* und *Fahrt* zusammengesetzt ist, schreibt man in neuer Rechtschreibung mit drei *f.* Allerdings ist die Bindestrichschreibung hier nicht zu empfehlen, also nicht: *Fluss-Schiff-Fahrt* oder *Flussschiff-Fahrt.* ↑ Bindestrich (2.3).

fob: ↑ frei.

Föhn: In neuer Rechtschreibung schreibt man sowohl das Wort für den warmen, trockenen Fallwind wie auch das Wort für den Haartrockner mit *h* (ausgenommen ist nur das eingetragene Warenzeichen *Fön*). Entsprechend schreibt man: *föhniges Wetter; es föhnt; sie föhnt ihr Haar.*

folgen: 1. Perfekt: In den Bedeutungen »nachgehen, nachfahren; danach kommen; später nachkommen« sowie »zuhören« und »sich nach jmdm. richten« wird *folgen* im Perfekt mit *sein* umschrieben: *Er ist ihr heimlich gefolgt. Er war ihr zwei Wochen später in den Tod gefolgt. Das Kind ist dem Unterricht aufmerksam gefolgt. Er war ihr in allen Stü-*

cken *gefolgt.* In der Bedeutung »gehorchen« wird mit *haben* umschrieben: *Warum hast du [mir] nicht gefolgt?*
2. gefolgt von: Zu dem intransitiven *folgen* ist – wohl nach französischem Vorbild – das passivische zweite Partizip *gefolgt von* gebildet worden. Diese Verwendung entspricht zwar nicht den grammatischen Regeln, sie hat sich jedoch aller Kritik zum Trotz durchgesetzt, wie z. B. in *Der Nigerianer setzte zum Zieleinlauf an, dicht gefolgt von seinem hartnäckigsten Verfolger.*

folgend: 1. Deklination des [substantivierten] Adjektivs / Partizips nach *folgend:* Nach *folgend* wird das [substantivierte] Adjektiv oder Partizip im Singular im Allgemeinen schwach gebeugt (*folgend* gilt hier also als Pronomen): *folgender überraschende Anblick* (Werfel); *folgender Angestellte; nach folgendem wirksamen Prinzip* (Kirst). Im Plural wird überwiegend stark gebeugt (*folgend* wird hier also als Adjektiv aufgefasst): *folgende auffallende Fakten* (Bergengruen); *wegen folgender beleidigender Äußerungen; mit folgenden Abgeordneten.* Die schwache Beugung kommt aber noch vor, besonders im Genitiv: *folgende interessanten Sätze* (Kesten); *wegen folgenden wichtigen Ereignisse; wegen folgender wichtigen Abgeordneten.* ↑ Adjektiv (1.2.5).
2. Rechtschreibung: Klein schreibt man *folgend,* wenn es adjektivisch verwendet wird: *die folgenden Monate, folgende Möglichkeiten. Ich möchte Sie auf die neuen Fakten hinweisen – besonders die folgenden sind zu beachten: ...* Groß schreibt man das substantivierte Partizip: *Die Folgenden* (= hinterhergehenden Personen) *wichen entsetzt zurück. Wir konnten das Folgende* (= das spätere Geschehen) *nicht voraussehen.* In neuer Rechtschreibung entsprechend auch: *Wir möchten Ihnen Folgendes* (= dieses) *mitteilen. Alle Folgenden* (= anderen) *werden nicht mehr abgefertigt. Jeder Folgende* (= Weitere) *erhält dieselbe*

Summe. Mit Folgendem (= hiermit) *teilen wir Ihnen das Ergebnis unserer Nachforschungen mit.* Entsprechend ist auch bei den folgenden Beispielen nur noch die Großschreibung richtig: *aus/in/ nach/von/zu Folgendem, im / vom / zum Folgenden.* ↑ Groß- oder Kleinschreibung (1.2.4).

Folgendes, was: Dem Ankündigungswort *Folgendes* entspricht das Relativpronomen *was* (nicht: *das*), also: *Sie hat mir Folgendes gesagt, was du übrigens für dich behalten sollst.* ↑ Relativpronomen (4).

Folgesatz: ↑ Konsekutivsatz.

Fon: In Analogie zur Kurzform *Fax* (zu *Telefax*) ist in jüngerer Zeit auch die Kurzform *Fon* zu *Telefon* üblich geworden, und zwar besonders in Adressenfeldern auf Briefbögen o. Ä.

Fön: ↑ Föhn.

Fond / Fonds: Die Form *der Fond* [fõː] (*des / die Fonds* [fõːs]) bedeutet neben »Rücksitz im Wagen«, »Hinter-, Untergrund« auch »Bratensaft«. Die Form *der Fonds* [fõː] (*des Fonds* [fõː(s)], *die Fonds* [fõːs]) hat dagegen die Bedeutung »(finanzielle und materielle) Reserve, Mittel«. In der übertragenen Bedeutung »[geistige] Grundlage, Basis« berühren sich beide Wörter.

Förder[er]-: Zusammensetzungen wie *Förderkurs, -stufe, -preis, -kreis, -verein* liegt das Verb *fördern* »unterstützen, verstärken« zugrunde (= Kurs usw., der fördern soll). Für Zusammensetzungen wie *Fördererkreis* oder *Fördererverein* ist dagegen von *Förderer* auszugehen (= Kreis usw. von Förderern). Diese Bildungen sind aber selten.

Förderin: Die weibliche Form von *Förderer* lautet *die Förderin.* ↑ Substantiv (3).

fordern / erfordern: ↑ erfordern / fordern.

Forderung: 1. Forderungen an / gegen jmdn.: Nach *Forderung* wird gewöhnlich mit der Präposition *an* angeschlossen: *Forderungen an die Gläubiger. Die fantastische Forderung an die Welt* (Schneider). ... *das Recht auf Forderungen ans Leben* (Thieß). Im juristischen Sprachgebrauch wird auch *gegen* verwendet, wodurch eine Rechtsbeziehung deutlicher, d. h. weniger neutral, ausgedrückt werden soll und das Ziel, die Richtung auf eine andere Partei stärker betont wird: *Forderungen gegen die Gläubiger.*

2. Forderung nach Selbstbestimmung / der Selbstbestimmung: Es kann nur heißen: *Wir unterstützen die Forderung nach Selbstbestimmung,* denn ein von *Forderung* abhängender Genitiv darf nicht ein Objekt *(Selbstbestimmung fordern)* bezeichnen. ↑ Genitivattribut (1.5.1).

Ford Mondeo: ↑ Autotypenbezeichnungen.

formal / formell: Das Adjektiv *formal* bedeutet »die Form betreffend«: *Die Arbeit bereitet ihm manche formale Schwierigkeiten.* Dagegen bedeutet *formell* »den äußeren Formen gemäß; förmlich«: *Er hat sich formell entschuldigt. Sie ist immer sehr formell.* ↑ -al / -ell.

Formel-1-Rennen: ↑ Bindestrich (3.3).

Formular: Zu *Die Antragsteller werden gebeten, ihr Formular / ihre Formulare rechtzeitig einzureichen* ↑ Kongruenz (1.2.9).

Formularblock: Der Plural lautet *die Formularblocks.* ↑ Block.

forsch: ↑ Vergleichsformen (2.3).

Forschung: Zu *Forschung [nach] der Wahrheit* ↑ Genitivattribut (1.5.1).

fort / weg: In der Bedeutung »von einer Stelle weg [und auf ein Ziel zu]« kann *fort* gewöhnlich mit *weg* ausgetauscht werden; *fort* klingt in den meisten Fällen gewählter: *Wir müssen schnell weg / fort. Ich muss noch die Post wegbringen / fortbringen. Das Hochwasser riss die Brücke weg / fort. Sie schickte die anderen weg / fort. Die Männer räumten die Hindernisse weg / fort. Er warf achtlos die Verpackung weg / fort. Sie wischte die Zeichnung wieder weg / fort* usw. Auch wenn das Entferntsein, die Abwesenheit ausgedrückt werden soll, kann *fort* anstelle von *weg* verwendet werden: *Er ist* *schon drei Tage weg / fort. Sie war lange weggeblieben / fortgeblieben.* Dagegen sollte *fort* nicht für *weg* im Sinn von »zur Seite, beiseite« gebraucht werden, wie es bisweilen in gewählter Ausdrucksweise geschieht: *Sie blickte schnell weg* (nicht: *fort*). Auch in den Bedeutungen »vorwärts, voran« und »weiter, auch in Zukunft« ist *fort* nicht mit *weg* austauschbar. Es kann also nur heißen: *Die Bauarbeiten schreiten zügig fort. Er hat das Werk des Vaters fortgeführt* usw.

Forum: Das Wort hat drei Pluralformen: *die Forums, die Foren, die Fora.*

Foto- / Photo-: ↑ Fremdwort (4).

Fötus: ↑ Fetus.

Frack: Dieses Wort hat zwei Pluralformen: *die Fräcke* und *die Fracks.*

Fragefürwort: ↑ Interrogativpronomen.

fragen: 1. doppelter Akkusativ: Das Verb *fragen* kann doppelten Akkusativ (Person und Sache) bei sich haben: *Darf ich Sie etwas fragen?* Im Passiv muss die Sache im Akkusativ stehen bleiben: *Das wurde ich auch gefragt.*

2. fragst / frägst; fragte / frug: Die Formen des regelmäßigen Verbs lauten *fragen, fragte, gefragt.* Die aus dem Niederdeutschen stammende Form *frug*, die im 19. Jahrhundert vorübergehend auch in der Literatur häufiger auftrat, wird heute nur noch selten – vor allem landschaftlich – gebraucht. Dasselbe gilt für die Formen *frägst* und *frägt:* Auch sie sind nicht standardsprachlich. ↑ Verb (1).

3. eine gefragte Ware: *gefragt* ist hier nicht mehr zu beanstanden, denn aus dem eigentlichen *fragen nach* hat sich im Lauf der Zeit *gefragt [sein]* in der Bedeutung »begehrt, viel verlangt [sein]« entwickelt.

Fragesatz: Satz, der einen Sachverhalt insgesamt (↑ Entscheidungsfrage) oder unter einem bestimmten Gesichtspunkt (↑ Ergänzungsfrage) infrage stellt. Neben dem selbstständigen oder direkten Fragesatz steht als Nebensatz der ↑ indirekte Fragesatz. Zu *nicht* im Fragesatz ↑ nicht (2); zur Interpunktion ↑ Fragezeichen, ↑ ¹ Punkt (1).

Frage-und-Antwort-Spiel: ↑ Bindestrich (3.1).

Fragezeichen

Das Fragezeichen hat die Aufgabe, einen Satz als Fragesatz zu kennzeichnen. In den meisten Fällen folgt auf den Fragesatz eine entsprechende Antwort in Form eines Satzes oder eines einzelnen Wortes. Das Fragezeichen kennzeichnet jedoch auch Sätze in Frageform, auf die eine Antwort nicht erwartet wird. Gewöhnlich steht das Fragezeichen als Schlusszeichen am Ende eines Satzes, es kann aber in bestimmten Fällen auch innerhalb eines Satzes stehen. Vgl. im Einzelnen die folgenden Kapitel:

F

1   Sätze, Satzstücke und Wörter mit Fragezeichen

1.1 Das Fragezeichen nach direkten Fragesätzen

Das Fragezeichen steht nach jedem direkten Fragesatz, gleichgültig, ob auf die Frage eine Antwort erwartet wird oder nicht:

> Willst du dieses Kleid kaufen? Können Sie mir bitte sagen, wie ich zum Bahnhof komme? Wer von euch fährt mit? Woher soll ich wissen, dass er krank ist? Würden Sie mir bitte sagen, ob ich den Patienten besuchen kann?

Das Fragezeichen muss auch nach rhetorischen Fragen stehen, auf die keine Antwort erwartet wird:

> Wirst du denn nie vernünftig? Darf ich Ihnen meinen Mann vorstellen? Wer wird sich darüber noch aufregen?

Das Fragezeichen muss auch nach Sätzen mit der Wortstellung des Aussagesatzes stehen, bei denen die Frage allein durch die Betonung zum Ausdruck kommt:

> Du kommst morgen? [Ich dachte, erst übermorgen.] Eine Ölspur hat den schweren Unfall ausgelöst? [Ich nahm an, dass der Fahrer zu schnell gefahren war.]

Das Fragezeichen steht in der Überschrift und in Buchtiteln zur Kennzeichnung eines direkten Fragesatzes:

> Keine Chance für eine diplomatische Lösung?
>
> Stehen neue Verhandlungen bevor?
>
> Wo warst du, Adam? (Romantitel).

1.2 Das Fragezeichen nach Fragewörtern

Das Fragezeichen steht nach Fragewörtern, die allein oder innerhalb eines Satzes stehen:

Wie? Wo? Warum? Wieso? Wie viel? Auf die Fragen »Wem?« und »Wo?« steht der
dritte, auf die Fragen »Wen?« und »Wohin?« der vierte Fall. Mit den Fragen »Wo?,
Wann?, Wie?, Warum?« werden Umstandsangaben erfragt.

Stehen mehrere Fragewörter nebeneinander, die nicht besonders betont werden, dann werden sie durch Kommas getrennt, und das Fragezeichen steht
nur nach dem letzten Fragewort:

Warum, weshalb, wieso?

Werden aber alle Fragewörter mit besonderem Nachdruck gesprochen, dann
steht nach jedem von ihnen das Fragezeichen, und es wird kein Komma gesetzt:

Warum? Weshalb? Wieso?

Wird ein Fragewort am Anfang eines Satzes nicht besonders hervorgehoben,
dann setzt man ein Komma dahinter, und das Fragezeichen steht erst am
Satzende:

Was, du hast gekündigt? Wie, du wohnst nicht mehr in Mannheim?

Wenn ein Satz, zu dem eine Aufzählung von Einzelwörtern als Liste gehört, in
Frageform abgefasst ist, dann steht das Fragezeichen im Allgemeinen am
Ende des eigentlichen Satzes und nicht nach jedem Einzelwort der Aufzäh-
lung:

Mit welchem Motor wird das Spezialfahrzeug geliefert?

Dieselmotor

Benzinmotor

Elektromotor

1.3 Das (eingeklammerte) Fragezeichen nach Einzelwörtern und Satzstücken

Das Fragezeichen steht nach einzelnen Wörtern, die einen Fragesatz vertreten, und nach Satzstücken, die sich im Dialog ergeben:

Fertig (= Bist du / Seid ihr fertig?)? Wirklich (= Stimmt das wirklich?)? Verstanden
(= Hast du / Haben Sie verstanden?)?

Das hat doch keinen Sinn. – Wieso, warum denn?

Bitte ein Stück Obsttorte. – Ohne Sahne?

Zweimal Stuttgart und zurück. – ICE oder Interregio?

Ein eingeklammertes Fragezeichen innerhalb eines Satzes weist auf Unbe-
wiesenes, Fragliches oder Unglaubwürdiges hin:

Die schönsten (?) Bilder der Ausstellung wurden prämiert. Friedrich I. Barbarossa,
geboren in Waiblingen (?) 1122 oder um 1125.

2 Fragesätze ohne Fragezeichen

2.1 Indirekte Fragesätze

Das Fragezeichen steht nicht nach indirekten Fragesätzen:

> Er fragte sie, wann sie kommen könne. (Als direkter Fragesatz: Wann können Sie kommen?)
>
> Ich möchte wissen, ob ich mit einer schnellen Lieferung der Möbel rechnen kann. (Als direkter Fragesatz: Kann ich mit einer schnellen Lieferung der Möbel rechnen?)

2.2 Ausrufesätze in Form eines Fragesatzes

Nicht das Frage-, sondern ein Ausrufezeichen steht nach Fragesätzen, die einen Ausruf des Erstaunens oder eine Aufforderung darstellen:

> Kannst du nicht endlich deinen Mund halten! Was sind denn das für Sachen! Wie lange ist das schon her!

3 Das Fragezeichen in Verbindung mit anderen Satzzeichen

3.1 Anführungszeichen und Fragezeichen

Gehört das Fragezeichen zur Anführung, dann steht es vor dem schließenden Anführungszeichen. Danach steht nach den neuen Regeln zur Zeichensetzung ein Komma, wenn nach der wörtlichen Rede oder nach der angeführten Textstelle der übergeordnete Satz folgt oder weitergeführt wird:

> »Wie geht es dir?«, sprach sie ihn an. Sie fragte: »Weshalb darf ich das nicht?«, und schaute mich wütend an.

Beendet die wörtliche Rede oder die angeführte Textstelle den übergeordneten Satz, dann steht kein Punkt mehr nach dem schließenden Anführungszeichen:

> Sie fragte mich: »Weshalb darf ich das nicht?«

Das Fragezeichen steht nach dem schließenden Anführungszeichen, wenn es nicht zur Anführung, sondern zum ganzen Satz gehört:

> Wer kennt das Gedicht »Der Erlkönig«? Haben Sie noch zwei Karten für »Die Hochzeit des Figaro«?

Gehört sowohl zur Anführung als auch zum übergeordneten Satz ein Fragezeichen, dann müssen beide gesetzt werden:

> Kennst du den Roman »Quo vadis?«?

3.2 Gedankenstrich und Fragezeichen

Das Fragezeichen steht vor dem zweiten Gedankenstrich, wenn es zu dem eingeschobenen Satz oder Satzteil gehört:

Sie empfahl uns immer – erinnern Sie sich noch? –, nachsichtig gegen andere zu sein.

3.3 Klammern und Fragezeichen

F

Das Fragezeichen steht vor der schließenden Klammer, wenn es zum eingeklammerten Text gehört:

Es herrschte damals eine furchtbare Aufregung (erinnerst du dich noch?).

Gehört ein Fragezeichen zu einem Satz und nicht zu einem am Satzende in Klammern stehenden Text, dann steht das Fragezeichen vor dem eingeklammerten Text. Nach der schließenden Klammer steht dann noch ein Punkt:

Hunde, wollt ihr ewig leben? (ein Filmtitel).

3.4 Fragezeichen und Ausrufezeichen

Nach einem Fragezeichen kann noch ein Ausrufezeichen stehen, wenn der Fragesatz gleichzeitig als Ausrufesatz verstanden werden soll:

Auch du, mein Sohn?! Warum denn nicht?!

3.5 Fragezeichen und Doppelpunkt

Das Fragezeichen macht den Doppelpunkt überflüssig, wenn ein Fragesatz gleichzeitig die Ankündigung einer Aufzählung in Form einer Liste ist:

Mit welchem Motor wird das Spezialfahrzeug geliefert?

a) Dieselmotor

b) Benzinmotor

In welcher Stadt steht das abgebildete Gebäude?

Wien

Rom

Paris

Frankfurter: Die Einwohnerbezeichnung *Frankfurter* wird immer großgeschrieben, auch wenn das Wort wie ein flexionsloses Adjektiv vor einem Substantiv steht: *Frankfurter Würstchen, die Frankfurter Bevölkerung.* ↑ Einwohnerbezeichnungen auf -er (7).

franko: Das kaufmannssprachliche Adverb

franko »portofrei« veraltet: *Die Ware wird franko geliefert; franko österreichisch-italienische Grenze.* ↑ frei / fob.

französisch: Klein schreibt man das Adjektiv in attributiver Verwendung: *französische Broschur* (= ein Bucheinband), *der französische Franc, französische Weine* usw. Dies gilt auch für bestimmte feste Verbindungen aus Adjektiv und Substantiv, die keine richtigen Eigennamen sind: *die französische* (= französischsprachige) *Schweiz.* Groß schreibt man das Adjektiv in substantivischen Wortgruppen, die bestimmte historische Ereignisse und Epochen bezeichnen: *die Französische Revolution, die Französische Republik.* Zur Schreibung von *sich französisch unterhalten; [kein] Französisch sprechen. Die Rednerin spricht französisch. Der Prospekt erscheint in Französisch* usw. ↑ deutsch.

Französisch, das / Französische, das: ↑ Sprachbezeichnungen.

französischsprachig / französischsprachlich: ↑ deutschsprachig / deutschsprachlich.

frau: ↑ man (2).

Frau: 1. Frau Minister / Frau Ministerin: Bei Titeln und Berufsbezeichnungen sind in der Anrede heute häufig noch die männlichen Bezeichnungen üblich, obwohl es oft auch die weiblichen Formen gibt: z. B. *Frau Professor* (seltener: *Frau Professorin*), *Frau Doktor* (seltener: *Frau Doktorin*). Bei Titeln, bestimmten Funktions- oder Berufsbezeichnungen besteht dagegen die Neigung, die weiblichen Formen zu benutzen, da dies von vielen Frauen selbst so gewünscht wird: z. B. *Frau Bundestagspräsidentin Süssmuth, Frau Staatssekretärin, Frau Rechtsanwältin.* Teilweise sind nur die weiblichen Entsprechungen gebräuchlich (z. B. *Frau Kammersängerin*).

2. Frau / Gattin / Gemahlin: Wenn man von der eigenen Frau spricht, sagt man *meine Frau* (nicht: *meine Gattin* oder

meine [Frau] Gemahlin). Das Wort *Gattin* gehört der gehobenen Stilschicht an und wird nur auf die Ehefrau eines anderen angewandt und auch dann nur, wenn man sich besonders höflich ausdrücken will: *seine / Ihre Gattin. Frau Gemahlin* (meist in dieser Verbindung) ist ebenfalls gewählt und wird besonders in der geschriebenen Sprache verwendet. Im Unterschied zu *Gattin* wird *[Frau] Gemahlin* im Allgemeinen nur von der Ehefrau des Gesprächspartners, nicht von der Ehefrau eines abwesenden Dritten gesagt, also: *Grüßen Sie bitte Ihre Frau Gemahlin!* Auch *Frau Mutter* ist gehoben und nicht im Zusammenhang mit der eigenen Mutter zu gebrauchen.

3. Frau / Fräulein: Bei der Anrede für eine erwachsene weibliche Person sollte man immer *Frau* wählen, und zwar unabhängig von Alter und Familienstand. *Fräulein* ist nicht mehr üblich, außer wenn die angesprochene Frau sich diese Anrede selbst wünscht.

4. Zu *Frau Abgeordnete / Abgeordneter Eva Meier* ↑ Brief (1), zu *seitens Frau Meyer / Meyers* ↑ seitens.

5. Zu *Frau Müllers Auto / das Auto von Frau Müller* ↑ Genitivattribut (1.3.3).

-frau: ↑ -mann/-frau.

Fräulein: 1. Fräulein als Anrede: Da die Anrede *Fräulein* veraltet ist (↑ Frau [3]), sollte man auch in der gesprochenen Sprache auf eine (titelartige) Anrede mit *Fräulein* verzichten, statt *Fräulein, können Sie mir helfen?* also besser *Können Sie mir helfen?* Das Wort *Fräulein* wird heute ebenso in Zusammensetzungen oft ersetzt, also: *Empfangsangestellte* statt *Empfangsfräulein* usw.

2. Das Fräulein Müller, das: Da das (veraltete) *Fräulein* (Plur.: *die Fräulein*) ein sächliches Substantiv ist, werden in der Standardsprache dementsprechend auch bei Artikel und Pronomen die sächlichen Formen verwendet: *das* (nicht: *die*) *bei uns beschäftigte Fräulein Müller. Sehr*

F

geehrtes (nicht: geehrte) Fräulein Müller.
Steht Fräulein ohne Namen, wird von einem entsprechenden Pronomen im Allgemeinen die sächliche Form gebraucht:
Das Fräulein, das (nicht: *die*) *im 1. Stock wohnt* ... (Nur bei größerem Abstand zwischen *Fräulein* und zugehörigem Pronomen wird entsprechend dem natürlichen Geschlecht dessen weibliche Form gewählt; ↑ Kongruenz [3.2.3].) Die sächliche Form des Pronomens steht gewöhnlich auch nach der Konstruktion Artikel + *Fräulein* + Name: *Das bei uns beschäftigte Fräulein Müller hat seine* (nicht: *ihre*) *Aufgaben zuverlässig erledigt.* Ohne Artikel wird jedoch die weibliche Form des Pronomens gebraucht: *Fräulein Müller erledigte ihre* (nicht: *seine*) *Aufgaben zuverlässig.*

3. Deklination von *Fräulein* [+Name]: In Verbindung mit *Tochter, Schwester, Braut* usw. bleibt das (veraltete) *Fräulein* ungebeugt: *die Adresse Ihres Fräulein Tochter.* Tritt *Fräulein* in Verbindung mit einem Namen auf, dann wird nur der Name gebeugt: *Fräulein Müllers verpasster Zug; die Adresse Fräulein Heidis.* Bei vorangehendem Artikel oder Pronomen wird weder *Fräulein* noch der Name gebeugt: *das Schreiben des Fräulein Müller.*

frei: 1. Groß- oder Kleinschreibung: Klein schreibt man das Adjektiv: *freie Liebe, freie Marktwirtschaft, ein freier Mitarbeiter, freie Wahlen, frei Haus liefern. Das Signal steht auf »frei«.* Groß schreibt man das Adjektiv *frei* in Namen: *die Freie Demokratische Partei; Freie und Hansestadt Hamburg; Freie Hansestadt Bremen; die Freie Universität [Berlin]* usw. ↑ Namen (4). Groß schreibt man auch die Substantivierung: *etwas Freies und Ungezwungenes; Freie und Sklaven; im Freien übernachten. Es gibt nichts Freieres als sie.*

2. Getrennt- oder Zusammenschreibung: Nach den neuen Rechtschreibregeln schreibt man das Adjektiv *frei* von einem folgenden Verb getrennt, wenn es steigerbar oder erweiterbar ist: *Sie hat bei ihrem Vortrag [völlig] frei* (= ohne Manuskript) *gesprochen.* Man schreibt zusammen, wenn dies nicht möglich ist: *Er hat den Angeklagten freigesprochen* (= für nicht schuldig erklärt). *Briefe muss man freimachen* (= frankieren). Wenn nicht eindeutig zu klären ist, ob *frei* in der jeweiligen Verbindung mit einem Verb steigerbar oder erweiterbar ist, kann man getrennt oder zusammenschreiben. ↑ Getrennt- oder Zusammenschreibung (1.2), ↑ Vergleichsformen (2.3).

frei / fob: Nach kaufmannssprachlich *frei* und *fob* (= *free on board* »frei an Bord«) im Sinn von »ohne Beförderungskosten« steht der Akkusativ: *frei / fob deutschen Ausfuhrhafen; frei / fob deutsche Grenze* usw. (Diese Verwendungsweise beruht auf einer Kürzung aus *frei bis an den deutschen Ausfuhrhafen* usw.) ↑ cif.

Freiburger: Die Einwohnerbezeichnung *Freiburger* wird immer großgeschrieben, auch wenn das Wort wie ein flexionsloses Adjektiv vor einem Substantiv steht: *das Freiburger Münster.* ↑ Einwohnerbezeichnungen auf -er (7).

freier Dativ: Der grammatisch nicht notwendige freie Dativ (auch: Dativus ethicus / Dativ des Interesses) bezeichnet eine Person, die nur zusätzlich an einer Handlung beteiligt ist. Meist steht er bei Ausdrücken der Verwunderung, Aufforderung und Frage und drückt emotionale Beteiligung aus: *Dass du mir ja nicht zu spät kommst! Es ist mir ein Vergnügen!* Vgl. auch ↑ Genitivattribut (1.3.1).

freigebig / freigiebig: Sprachgeschichtlich gerechtfertigt ist nur *freigebig,* eine seit dem 16. Jh. belegte Zusammensetzung mit dem alten Adjektiv *gebig / gäbig* »gerne gebend« zu *Gabe.* Demgegenüber ist *freigiebig* in eigentlich falscher Analogie zu *ergiebig, ausgiebig, nachgiebig* usw. gebildet (eigentlich nicht richtig deshalb, weil zwar zu *ergiebig* das Verb *ergeben* existiert, aber kein *freigeben* »gern, reichlich geben« für eine Form *freigiebig*).

frei halten / freihalten: ↑ frei (2).

Freiherr, Freifrau, Freiin: Als Bestandteil des Familiennamens steht *Freiherr* usw. hinter dem Vornamen: *Peter Freiherr von Hartog; Eva Freifrau / Freiin von Hartog*. Das Genitiv-s wird nur an den eigentlichen Namen angehängt: *der Besitz Peter Freiherr von Hartogs* (aber: *der Besitz der Freiin von Hartog*). Die persönliche Anrede lautet (offiziell) *Herr Freiherr von Hartog* oder *Herr Baron*. Jedoch lässt man den Titel *Freiherr* heute gewöhnlich weg; man schreibt im Brief z. B. *Sehr geehrter Herr von Hartog!* Im Gespräch gebraucht man die Anrede *Herr von Hartog* oder *Baron Hartog*. Für *Freifrau* und *Freiin* gilt Entsprechendes. Vgl. auch ↑ Brief (7).

frei lassen / frei machen · freilassen / freimachen: ↑ frei (2).

Freimut: ↑ -mut.

Freisprechung / Freispruch: ↑ Verbalsubstantiv (1.4).

Freitag: Zu *Freitagabend* ↑ Dienstag (2). Zu *Freitagabend / freitagabends / freitags abends* ↑ Adverb (3). Zu *Am Freitag, dem / den 14. 1. …* ↑ Datum; zur Deklination ↑ Wochentage.

fremdsprachig / fremdsprachlich: Die Bildung *fremdsprachig* bedeutet »sich in einer fremden Sprache bewegend«: *fremdsprachiger Unterricht, fremdsprachige Bevölkerungsteile, Literatur, Wörterbücher*. Die Bildung *fremdsprachlich* bedeutet »eine fremde Sprache betreffend«: *Der muttersprachliche Unterricht findet im Raum 106 statt, der fremdsprachliche im Sprachlabor*. Außerdem wird *fremdsprachlich* im Sinn von »zu einer fremden Sprache gehörend, daraus kommend« gebraucht: *fremdsprachliche Wörter im Deutschen, fremdsprachliche Wortbildungsmuster*. ↑ -ig / -isch / -lich (1).

Fremdwort

Häufig gestellte Fragen zu Fremdwörtern	
Frage	**Antwort unter**
Wie ermittelt man den Artikel eines Fremdwortes?	dieser Artikel, Punkt (2)
Wie bildet man den Plural von Fremdwörtern?	dieser Artikel, Punkt (3.4)

1   Allgemeines
2   Genus
3   Deklination
3.1 Starke oder schwache Deklination
3.2 Fremdwörter auf *-or, -ismus, -us*
3.3 Genitiv und Dativ Singular

1 Allgemeines

Wie in allen Kultursprachen, so gibt es auch in der deutschen Sprache eine große Zahl von Wörtern aus anderen, d. h. aus fremden Sprachen. Sie werden üblicherweise Fremdwörter genannt, obgleich sie zu einem großen Teil gar keine fremden, sondern durchaus altbekannte, gebräuchliche und nötige Wörter innerhalb der deutschen Sprache sind.

Da der Begriff »Fremdwort« eigentlich nur für eine historische Sprachbetrachtung brauchbar ist, wurde vorgeschlagen, im Hinblick auf die Gegenwartssprache darauf zu verzichten. Es ist aber bisher keine Bezeichnung gefunden worden, die ihn zufriedenstellend ersetzen könnte.

Woran erkennt man eigentlich ein Fremdwort? Wie kann man es definieren?

Ein Fremdwort ist ein aus einer Fremdsprache übernommenes Wort, das sich in Aussprache, Schreibweise oder Flexion der übernehmenden Sprache nicht angepasst hat. Im Gegensatz zum Lehnwort, das ohne besondere Fachkenntnis nicht mehr als fremdes Wort erkannt wird, trägt das Fremdwort noch deutlich sichtbare Spuren seiner fremdsprachlichen Herkunft. Historisch betrachtet unterscheidet man zwischen Erbwörtern (heimischen Wörtern) einerseits und Lehn- und Fremdwörtern andererseits. Die Grenze zwischen Fremdwort und Lehnwort ist dabei nicht eindeutig. Als Kriterium für ein Fremdwort gilt nur die Angleichung in der Aussprache, Schreibung und Flexion, die Zeit der Übernahme spielt keine Rolle. Haben sich Wörter, auch wenn sie erst in neuerer Zeit entlehnt worden sind, angepasst, gelten sie als Lehnwörter, z. B. *Film* und *Sport.*

Wörter aus anderen Sprachen sind schon immer und nicht erst in der jüngsten Vergangenheit und in der Gegenwart in die deutsche Sprache aufgenommen worden. Im Lauf der Jahrhunderte sind sie ihr jedoch meist in solch einem Maß angeglichen worden, dass man ihnen die fremde Herkunft heute gar nicht mehr ansieht. Das sind beispielsweise Wörter wie *Mauer* (lat. *mūrus*), *Fenster* (lat. *fenestra*), *Ziegel* (lat. *tēgula*), *Wein* (lat. *vīnum*), die man als Lehnwörter bezeichnet. Der Grad der Eindeutschung fremder Wörter hängt aber nicht oder nur zum Teil davon ab, wie lange ein fremdes Wort schon in

der Muttersprache gebraucht wird. Das bereits um 1500 ins Deutsche aufge-
nommene Wort *Bibliothek* beispielsweise hat seinen fremden Charakter bis
heute beibehalten, während Wörter wie *Streik* (engl. *strike*) und *Keks* (engl.
cakes), die erst im 19. bzw. 20. Jh. aus dem Englischen ins Deutsche gekommen sind, aufgrund ihrer raschen Angleichung in der Schreibung längst nicht
mehr als Fremdwörter empfunden werden.

Die wichtigste Ursache für die Übernahme eines Fremdwortes ist die
Übernahme der bezeichneten Sache. Daher spiegeln sich in den Fremdwör-
tern und Lehnwörtern die Kulturströmungen, die auf den deutschsprachigen
Raum gewirkt haben; z. B. aus dem Italienischen Wörter des Geldwesens
(Giro, Konto, Porto) und der Musik *(adagio, Sonate, Violine)*, aus dem Franzö-
sischen Ausdrücke des Gesellschaftslebens *(Kavalier, Renommee, Cousin)*
oder des Kriegswesens *(Offizier, Leutnant, Patrouille)*, aus dem Englischen
Wörter des Sports *(Favorit, Outsider, Derby)* und der Wirtschaft *(Manager,
Floating)*.

Der Anteil der Fremdwörter am deutschen Wortschatz ist nicht gering,
was man in Fernsehen, Rundfunk und Presse beobachten kann. Der Fremd-
wortanteil beläuft sich in fortlaufenden Zeitungstexten beispielsweise auf 8
bis 9 %. Zählt man nur die Substantive, Adjektive und Verben, so steigt der
prozentuale Anteil des Fremdworts auf 16 bis 17 %. In Fachtexten liegt der
prozentuale Anteil des Fremdworts wesentlich höher. Man schätzt, dass auf
das gesamte deutsche Vokabular von etwa 400 000 Wörtern (ohne Fach- und
Sondersprachen) rund 100 000 Fremdwörter kommen. Den größten Anteil
am Fremdwort hat das Substantiv, an zweiter Stelle steht das Adjektiv, dann
folgen die Verben und schließlich die übrigen Wortarten, wobei die Adjektive
aufgrund ihrer stilistischen Funktion inhaltlich am meisten dem Wandel aus-
gesetzt zu sein scheinen.

Die Fremdwörter insgesamt haben eine kürzere Lebensdauer als heimische Wörter; auch ihre Bedeutung kann sich wandeln. Die alten Fremdwör-
terbücher zeigen bei einem Vergleich mit dem gegenwärtigen Fremdwortgut
diese Veränderungen genauso deutlich wie die Lektüre der Literatur der
deutschen Klassik oder die Durchsicht alter Verordnungen und Verfügungen
aus dem vorigen Jahrhundert. In einem Anhang zu Raabes Werken werden
beispielsweise folgende Wörter, die heute weitgehend veraltet oder aber in
anderer Bedeutung üblich sind, aufgeführt und erklärt: *Utilität* (Nützlich-
keit), *prästieren* (an den Tag legen), *Kollaborator* (Hilfslehrer), *Subsellien*
(Schulbänke), *Molestierung* (Belästigung), *Cockpit* (Kampfplatz, [Zir-
kus]arena).

Grundsätzlich findet heute ein sprachliches Geben und Nehmen zwischen
allen Kultursprachen statt, wenn auch gegenwärtig der Einfluss des Englisch-

Amerikanischen dominiert. Das bezieht sich nicht nur auf das Deutsche, sondern ganz allgemein auf die nicht englischen europäischen Sprachen. Gelegentlich werden Wörter auch nur nach englischem Muster gebildet, ohne dass es sie im englischsprachigen Raum überhaupt gibt. Man spricht dann von Scheinentlehnungen *(Twen, Dressman, Showmaster, Handy).* Es gibt jedoch auch den umgekehrten Prozess, dass deutsche Wörter in fremde Sprachen übernommen und dort allmählich angeglichen werden, wie z. b. im Englischen *bratwurst, ersatz, gemütlichkeit, kaffeeklatsch, kindergarten, kitsch, leberwurst, leitmotiv, ostpolitik, sauerkraut, schweinehund, weltanschauung, weltschmerz, wunderkind, zeitgeist.*

Eine besondere Gattung der Fremdwörter bilden die so genannten Bezeichnungsexotismen, Wörter, die auf Sachen, Personen und Begriffe der fremdsprachigen Umwelt beschränkt bleiben, wie *Geisha, Bagno, Iglu, College.*

Viele Fremdwörter sind international verbreitet, man nennt sie Internationalismen. Das sind Wörter, die in gleicher Bedeutung und gleicher oder ähnlicher Form in mehreren europäischen Sprachen vorkommen, wie z. B. *Medizin, Musik, Nation, Radio, System, Telefon, Theater.*

Wenn Wörter in mehreren Sprachen in lautgestaltlich oder schriftbildlich zwar identischer oder nur leicht abgewandelter Form vorkommen, inhaltlich aber mehr oder weniger stark voneinander abweichen, kann man sie leicht missverstehen oder falsch verwenden. Solche Wörter sind z. B. deutsch *sensibel* = engl. *sensitive*; engl. *sensible* = deutsch *vernünftig.* (Man spricht in diesen Fällen von *Fauxamis,* so genannten »falschen Freunden«.)

Die Sprachpflege (Sprachgesellschaften, Sprachvereine) hat dem Fremdwort immer besondere Aufmerksamkeit gewidmet. Hand in Hand mit der Kritik am Fremdwort ging die Suche nach neuen deutschen Wörtern als Entsprechung. Viele an die Stelle fremder Wörter gesetzte deutsche Wörter setzten sich durch (*Bahnsteig* für *Perron, Abteil* für *Coupé, Bürgersteig, Gehweg* für *Trottoir* usw.), während andere wirkungslos blieben. Häufig trat aber auch das deutsche Wort neben das fremde oder bereicherte auf diese Weise das entsprechende Wortfeld inhaltlich oder stilistisch. Fest zum deutschen Wortschatz gehören solche Bildungen wie *Anschrift* (Adresse), *Ausflug* (Exkursion), *Bücherei* (Bibliothek), *Emporkömmling* (Parvenu), *fortschrittlich* (progressiv), *Rechtschreibung* (Orthographie), *Weltall* (Universum). Man kann über Fremdwörter nicht pauschal urteilen. Ein Fremdwort ist immer dann gut und nützlich, wenn man sich damit kürzer und deutlicher ausdrücken kann. Solche Fremdwörter gibt es in unserer Alltagssprache in großer Zahl und diese werden im Allgemeinen auch ohne weiteres verstanden.

Fremdwörter sind also dann nicht empfehlenswert, wenn sie das Verständnis unnötig erschweren oder gar unmöglich machen.

Fragwürdig wird der Gebrauch von Fremdwörtern immer da, wo diese zur Überredung oder Manipulation, z. B. in der Sprache der Politik oder der Werbung, mehr oder weniger bewusst verwendet werden. Fremdwörter zur Imagepflege oder aus Angeberei zu benutzen, ist ohnehin bedenklich.

Dass ein Teil der Fremdwörter vielen Sprachteilhabern Verständnisschwierigkeiten bereitet, liegt daran, dass sie häufig nicht in eine Wortfamilie eingegliedert sind und folglich durch verwandte Wörter inhaltlich nicht ohne weiteres erkärt oder erschlossen werden können. Fremde Wörter bereiten aber nicht nur Schwierigkeiten beim Verstehen, sie bereiten nicht selten auch Schwierigkeiten beim Gebrauch, in Bezug auf die grammatische Einfügung in das deutsche Sprachsystem. Es gibt z. B. Schwankungen vor allem hinsichtlich des Genus (*der* oder *das Curry; das* oder *die Malaise*) und des Plurals (*die Poster* oder *die Posters, die Regime* oder *die Regimes*). Neben vom Deutschen abweichende Flexionsformen (*Atlas / Atlanten; Forum / Fora*) treten im Lauf der Zeit nach deutschem Muster gebildete *(Atlasse, Forums)*. So gibt es im Fremdwortschatz häufig Doppelformen, bis sich nach einiger Zeit eine Form durchsetzt.

Zusammenfassend lässt sich sagen: Fremdwörter können zwar aufgrund ihrer Herkunft aus anderen Sprachen besonders geartete Schwierigkeiten im Gebrauch und im Verstehen bereiten; sie sind aber oft ein unentbehrlicher Bestandteil der deutschen Sprache. Es stellt sich im Grunde nicht die Frage, ob man Fremdwörter gebrauchen soll oder darf, sondern wo, wie und zu welchem Zweck man sie gebrauchen kann oder soll. Ein Fremdwort kann dann nötig sein, wenn es mit deutschen Wörtern nur umständlich oder unvollkommen umschrieben werden kann. Sein Gebrauch ist auch dann gerechtfertigt, wenn man einen graduellen inhaltlichen Unterschied ausdrücken, die Aussage stilistisch variieren oder den Satzbau straffen will. Es sollte aber im sprachlichen Alltag besonders dann vermieden werden, wenn die Gefahr besteht, dass es diejenigen, an die es gerichtet ist, nicht oder nur unvollkommen verstehen, wenn also die Verständigung und das Verstehen erschwert werden.

2   Genus

Für die Festlegung des Genus eines Fremdwortes im Deutschen gibt es keine feste Regel. Bestimmend sind vor allem zwei Faktoren:

1. Das Genus des deutschen Übersetzungswortes bzw. eines sinnverwandten deutschen Wortes:

> *das* Chanson (franz. *la* chanson) nach *das* Lied; *das* Souvenir (franz. *le* souvenir) nach *das* Andenken; *die* High Society nach *die* Gesellschaft; *der* Star »Berühmtheit« nach *der* Stern.

2. Die Bildungsweise des Wortes. Es besteht die Tendenz, allen Wörtern mit derselben Endung auch das gleiche Genus zu geben:

> -age: *die* Menage, Kartonage, Jumelage usw.; -ing: *das* Happening, Petting, Aquaplaning usw.; -ion: *die* Eskalation, Diversifikation, Frustration usw.

Bei einer Reihe von Fremdwörtern lassen sich für die Festlegung des Genus jedoch weder formale noch inhaltliche Kriterien ermitteln; daraus ergeben sich dann häufig Unsicherheiten im Artikelgebrauch *(die/der [?] Couch, der/die/das [?] Joghurt, der/das [?] Dschungel)*. Genusschwankungen treten auch dann auf, wenn es zwei sinnverwandte deutsche Wörter mit verschiedenem Genus gibt (z. B. *der* oder *das Match* nach *der Wettkampf* oder *das Wettspiel*) oder wenn Zweifel bestehen, ob man das fremde Genus beibehalten oder das des entsprechenden deutschen Wortes wählen soll. So heißt es trotz des französischen Femininums *la place* neben *die Place de la Concorde* auch *der Place* ... nach *der Platz*. Ähnlich: *die Banco di Credito* nach *die Bank* neben *der Banco* ... nach dem italienischen Maskulinum *il banco*.

3 Deklination

3.1 Starke oder schwache Deklination

Manche Fremdwörter können im Singular wie im Plural sowohl stark als auch schwach dekliniert werden:

> des Papageis / Papageien, die Papageie / Papageien; des Tribuns / Tribunen, die Tribune / Tribunen; des Magnets / Magneten, die Magnete / Magneten.

Das auslautende Nominativ-e bestimmter Fremdwörter wird heute selten weggelassen, weil durch dieses -e die schwache Beugung deutlich wird (früher wurden die gekürzten Formen häufig gebraucht):

> Pädagoge / (früher:) Pädagog; (entsprechend:) Psychologe / Psycholog, Theologe / Theolog, Demagoge / Demagog; (außerdem:) Invalide, Rivale, Matrose, Sklave, Halunke, Stratege, Rhapsode.

Der Plural der Fremdwörter hat vielfach zwischen der starken und schwachen Deklination geschwankt bzw. tut das noch heute *(die Atlasse / Atlanten, die Globusse / Globen, die Fasane / Fasanen)*. Bei anderen alten Schwankungsfällen *(die Synonyme / Synonymen, die Kataloge / Katalogen)* ist heute die starke Deklination vorherrschend geworden *(die Synonyme, die Kataloge)*. Wieder andere Wörter verbinden mit den verschiedenen Pluralformen auch verschiedene Bedeutungen *(die Effekte* »Wirkungen« / *die Effekten* »Wertpapiere, Besitzstücke«).

Zur Weglassung der Deklinationsendung bei schwach gebeugten Fremdwörtern *(des Präsident[en])* ↑ Unterlassung der Deklination (2.1.2).

3.2 Fremdwörter auf -or, -ismus, -us

Unsicherheit in der Deklination besteht bei den zahlreichen Fremdwörtern mit der Endung *-or.* Werden sie auf der vorletzten Silbe betont, gehören sie zur gemischten Deklination, werden also im Singular stark und im Plural schwach dekliniert: *der Autor, des Autors, dem, den Autor;* Plural: *die, der, den, die Autoren.* Werden sie jedoch auf der letzten Silbe betont, hat auch der Plural starke Formen: *der Major, des Majors, dem, den Major;* Plural: *die Majore, der Majore, den Majoren, die Majore.*

Die Fremdwörter auf *-ismus* und (bis auf wenige Ausnahmen) *-us* werden im Singular nicht dekliniert:

> des Egoismus, Imperialismus, Dualismus; des Rhythmus; (aber:) des Omnibusses.

3.3 Genitiv und Dativ Singular

Der Genitiv wird bei aus dem Englischen entlehnten Wörtern auf *-ing* mit *-s* gebildet: *die Vorzüge des Leasings.* Bei seltener gebrauchten stark deklinierten Fremdwörtern wird das Genitiv-s häufig weggelassen (besser ist die Form mit *-s: die Schreibung des griechischen Beta[s]*). Endet das Fremdwort auf *-s, -ß, -x* oder *-st,* dann wird der Genitiv nur bei Eindeutschung mit *-es* gebildet: *des Prozesses, Komplexes.* In anderen Fällen stehen eingedeutschte gebeugte Formen neben ungebeugten: *des Atlas / Atlasses, des Globus / Globusses.*

Ein Dativ-e haben Fremdwörter im Allgemeinen nicht *(dem Omnibus, dem Team).*

3.4 Besonderheiten der Pluralbildung

Viele Fremdwörter haben dieselben Pluralendungen wie deutsche Wörter:

> *-e:* die Plurale, Telefone; *-(e)n:* die Instanzen, Nationen; *-er:* die Hospitäler, Regimenter; *-s:* die Haziendas, Metros.

Andere weisen Ersatz der fremden durch eine deutsche Pluralendung auf:

> Museum – Museen, Firma – Firmen, Praxis – Praxen, Spirans – Spiranten.

Manche Fremdwörter haben auch ihre fremden Endungen bewahrt:

Appendix – Appendizes, Frater – Fratres, Cello – Celli.

Bei Fremdwörtern aus dem Englischen, die auf -*y* enden, gilt in neuer Rechtschreibung nur noch die Pluralbildung durch Anhängen von -*s*:

die Ponys, die Partys, die Babys.

(Bei Zitatwörtern gilt die englische Schreibung, z. B. *Grand Old Ladies*).

An eine fremde Pluralendung sollte man nicht noch eine deutsche anfügen:

die Soli, Kolli, Porti, Divertimenti (nicht: Solis, Kollis usw.); die Themata, Lexika (nicht: Thematas, Lexikas).

Schließlich kommen (besonders bei weitgehend eingedeutschten Fremdwörtern) Doppelformen vor:

die Themen / Themata, die Synonyme / Synonyma, die Ballons / Ballone, die Balkons / Balkone.

Speziell die Fremdwörter auf -*ma* werden im Plural gewöhnlich schwach dekliniert: *Dramen, Dogmen, Themen;* es kommen jedoch auch (starke) *s*-Formen *(Kommas, Aromas)* oder fremde Endungen vor *(Kommata, Aromata, Themata).*

Zum Plural der Fremdwörter auf -*al* vgl. die Stichwörter (*Admiral, Choral* usw.).

4   Rechtschreibung

4.1 Angleichungen an das deutsche Schriftbild

Häufig gebrauchte Fremdwörter, vor allem solche, die keine dem Deutschen fremden Laute enthalten, gleichen sich nach und nach der deutschen Schreibweise an:

Bluse (für: Blouse), Fassade (für: Façade), Likör (für: Liqueur).

Friseur / Frisör, Photographin / Fotografin, Ghetto / Getto.

Die neue Rechtschreibung lässt in vielen Fällen weitere Eindeutschungen als Varianten zu bisherigen Schreibweisen zu. Man sollte innerhalb eines Textes aber auf eine einheitliche Schreibung achten:

– Das *ph* in den aus dem Griechischen stammenden Wortteilen -*phon*, -*phot* und -*graph* kann über die bisherigen Einzelfälle hinaus generell in allgemein gebräuchlichen Wörtern durch *f* ersetzt werden (↑ f/ph):

Saxophon, neu auch: Saxofon; Geographie, neu auch: Geografie usw.

– Eine Reihe von Wörtern aus dem Französischen, die auf -é enden, dürfen auch mit -ee geschrieben werden:

passé / passee, Exposé / Exposee u. a.

– Daneben gibt es eine begrenzte Anzahl Einzelfestlegungen für weitere Schreibvarianten:

Delphin, neu auch: Delfin; Panther, neu auch: Panter; Spaghetti, neu auch: Spagetti u. a.

– Die Wortteile -tial und -tiell können, wenn zur entsprechenden Wortfamilie ein Wort gehört, das auf -z endet, auch -zial und -ziell geschrieben werden:

essentiell / essenziell (zu Essenz), differential / differenzial (zu Differenz), Potential / Potenzial (zu Potenz) u. a.

Eine kleine Gruppe von Wörtern wird an andere Wörter derselben Wortfamilie angeglichen: So schreibt man beispielsweise statt *Stukkateur* jetzt *Stuckateur* (zu Stuck) und statt *plazieren* jetzt *platzieren* (zu Platz).

Nicht angeglichene Fremdwörter (oft aus dem bildungs- oder fachsprachlichen Wortschatz) behalten ihre fremde Schreibweise bei; Substantive werden großgeschrieben:

Milieu, Jalousie, Moiré, Breakdance; Philosophie, polysynthetisch.

Das Gleiche gilt für reine »Zitatwörter«, die entweder sehr fachspezifisch sind oder kulturelle Einrichtungen, Ereignisse u. Ä. des Herkunftslandes bezeichnen. Sind sie im Deutschen weniger gebräuchlich, sollte man sie mit Anführungszeichen oder anderer Schriftart kenntlich machen; in diesem Fall bleibt die Kleinschreibung der Substantive erhalten:

Carnegie Hall, New Deal, High Church.

Wir wurden zu einem »business lunch« eingeladen. Es ist ein für die englische *detective novel* typisches Handlungsmuster.

4.2 Mehrgliedrige fremdwörtliche Ausdrücke

Für die bislang besondere Schwierigkeiten bereitende Schreibung mehrgliedriger fremdwörtlicher Ausdrücke ist in neuer Rechtschreibung Folgendes zu beachten:

– Bei mehrteiligen Substantiven werden das erste Wort sowie substantivische Bestandteile im Innern der Fügung großgeschrieben (sofern sie nicht ihrerseits Teile einer adverbialen Fügung sind); handelt es sich nicht um eine substantivische Fügung, so bleibt es bei der Kleinschreibung:

Cordon bleu, Status quo, Corpus Delicti, Eau de Toilette, Corned-Beef-Büchse.

de facto, a capella; De-facto-Anerkennung, A-capella-Chor; E-Mail.

– In der Regel werden zusammengesetzte Fremdwörter in einem Wort geschrieben:

Bulldozer, Teamwork, Worldcup, Folksong, Brainstorming, Callcenter.

– Ist der erste Bestandteil ein Adjektiv oder ein Partizip, so gilt neben der Zusammenschreibung auch die Getrenntschreibung:

Happyend / Happy End, Bluejeans / Blue Jeans, Cornedbeef / Corned Beef, Standingovations / Standing Ovations.

– Aus Gründen der besseren Übersichtlichkeit oder zur Hervorhebung eines Bestandteils kann ein Bindestrich gesetzt werden:

Centrecourt / Centre-Court, Callcenter / Call-Center, Desktoppublishing / Desktop-Publishing.

– Bei Fremdwörtern aus dem Englischen, die aus einem Verb und einer Präposition oder einem Adverb bestehen, wird die Bindestrichschreibung bevorzugt:

Break-down / Breakdown, Black-out / Blackout, Count-down / Countdown, Fall-out / Fallout, Feed-back / Feedback.

4.3 Verweise

Zur Schreibung von *c, k,* oder *z* in Fremdwörtern ↑c, k oder z. Darüber hinaus vergleiche man ↑ f / ph, ↑ Worttrennung (2), ↑ Aussprache, ↑ Wortbetonung.

---

fressen: Im Indikativ Präsens heißt es: *ich fresse, du frisst, er frisst.* Der Imperativ lautet *friss!* (nicht: *fresse!*). ↑ e / i-Wechsel. Zu *du frisst / frissest* ↑ Indikativ (2).

-freudig: Zu *-freudig* in Zusammensetzungen ↑ Kompositum (9).

freuen, sich: Statt *sich freuen über* kommt in gehobener Ausdrucksweise auch *sich freuen* + Genitiv vor: *Klenk … freute sich seiner Besucher* (Feuchtwanger). Bezieht sich die Freude auf etwas Zukünftiges, wird die Präposition *auf* gebraucht: *Die*

Kinder freuen sich auf Weihnachten / auf die Ferien. Die Verwendung von *zu* ist nicht korrekt. Zu *Mein Mann und ich würden sich / uns freuen …* ↑ Kongruenz (2.1).

Freund: Das Substantiv *Freund* wird immer großgeschrieben: *Wir bleiben gut Freund. Er ist mein Freund.* In neuer Rechtschreibung auch: *Er ist / bleibt / wird mir Freund* (= freundschaftlich gesinnt).

freundlich: Das von *freundlich* abhängende

Substantiv wird heute im Allgemeinen mit der Präposition *zu* angeschlossen. Der Anschluss mit *gegen[über]* oder *mit* ist veraltet: *... sollte man zueinander freundlich sein* (Koeppen). *Sie war freundlich zu den Fremden* (nicht: *... gegen die Fremden, ... gegenüber* oder *mit den Fremden*). ↑ gegen (2). Zu *-freundlich* in Zusammensetzungen ↑ Kompositum (9).

Friede / Frieden: Beide Nominativformen werden heute ohne stilistischen Unterschied gebraucht, wenn sie die Bedeutung ›Nicht-Kriegszustand‹ haben: *Noch bestand Friede zwischen den beiden Ländern* (Rothfels); *... bei der Absperrung marschierenden Truppen gegenüber war dort auch tiefster Frieden* (Plievier). In der Bedeutung ›Harmonie, Ruhe‹ verwendet man dagegen die Form *Friede: der weihnachtliche Friede; der Friede im Verein war nachhaltig gestört.* Der Genitiv lautet für beide Formen *des Friedens.*↑ Substantiv (2.1).

Friedhof[s]-: ↑ Fugen-s (3.5).

frieren: Das Verb *frieren* wird persönlich *(ich friere)* und unpersönlich *(mich friert / es friert mich)* gebraucht. Wird ein Objekt mit *an* angeschlossen, dann steht es im Dativ: *Ich friere an den Füßen.* Nicht richtig: *Ich friere an die Füße.* Ist eine Körperteilbezeichnung Subjekt des Satzes, dann steht das Objekt gewöhnlich im Dativ: *Mir frieren die Füße.* Landschaftlich kommt, wenn das Subjekt nicht in Anfangsstellung steht, auch der Akkusativ vor: *Mich frieren die Füße.*

frisch: 1. Rechtschreibung: Man schreibt immer getrennt vom folgenden Verb oder Partizip: *Wo kann ich mich frisch machen? Wir werden die Lebensmittel in der Kühltruhe frisch halten. Die frisch gewaschene Wäsche; das frisch gebackene Brot.* In neuer Rechtschreibung ebenso: *ein frisch gebackenes* (= scherzhaft für: gerade erst getrautes) *Ehepaar.* Groß schreibt man das Adjektiv in Namen: *die Frische Nehrung, das Frische Haff.*

2. Steigerung: Der Superlativ von *frisch* lautet *frischeste.* ↑ Vergleichsformen (2.3).

Friseur / Frisör, Friseurin / Frisörin, Friseuse / Frisöse: Alle Schreibweisen dieser Berufsbezeichnung sind korrekt. ↑ Fremdwort (4).

Friseurin / Friseuse: Beide femininen Bildungen zu *Friseur* sind gebräuchlich. In Deutschland wird überwiegend die Form *Friseuse*, in Österreich meist *Friseurin* gebraucht. ↑ Titel und Berufsbezeichnungen (3).

Fritteuse: ↑ frittieren.

frittieren: Das Verb *frittieren* wird ebenso wie die Substantive *Fritteuse* und *Frittüre* in neuer Rechtschreibung mit Doppel-t geschrieben.

froh: 1. Standardsprachlich heißt es *über etwas froh sein*, süddeutsch und schweizerisch auch *um etwas froh sein: Ich war froh über den Erfolg. ... sie war froh um unser Wiedersehen* (Frisch).
2. Es heißt heute richtig: *frohen Mutes, frohen Sinnes* (nicht: *frohes Mutes / Sinnes*). ↑ Adjektiv (1.2.2). Vgl. auch ↑ Vergleichsformen (2.3).

fromm: Der Komparativ und der Superlativ von *fromm* können mit und ohne Umlaut gebildet werden: *frommer / frommste* und (seltener:) *frömmer / frömmste.* ↑ Vergleichsformen (2.1).

Fron, frönen: Man schreibt diese Wörter ohne h.

fruchten: Die Verneinung kann mit *nicht* oder *nichts* ausgedrückt werden: *Alle Ermahnungen haben nichts /* (seltener:) *nicht gefruchtet.*

frugal: Die Bedeutung von *frugal* ist »einfach, nicht üppig«: *sich mit einem frugalen Mahl begnügen; frugal leben.* Die umgangssprachliche Bedeutung »üppig« ist nicht korrekt.

Früh / früh: Im süddeutschen und österreichischen Raum steht neben dem Adverb *früh* das Substantiv *[die] Früh.* Das Adverb schreibt man klein: *morgen früh, Dienstag früh, von früh bis spät* usw. Das

F

Substantiv dagegen schreibt man groß: *in der Früh;* in neuer Rechtschreibung auch: *heute/morgen Früh.*

Frühling- / Frühlings-: Zusammensetzungen mit *Frühling* als Bestimmungswort haben im Allgemeinen das Fugen-s:

Frühlingssturm, Frühlingsahnung, Frühlingsanfang, Frühlingsfest, Frühlingslied usw. Doppelformen liegen bei der Ableitung mit *-haft* vor: *frühlingshaft* neben *frühlinghaft.* ↑ Fugen-s (1.3).

F

Fugen-s

Zur grammatischen Einschätzung des Fugen-s ↑ Fugenzeichen.

1 Zusammensetzungen mit Fugen-s

In folgenden Gruppen von Zusammensetzungen steht im Allgemeinen (!) das Fugen-s:

1.1 Zusammensetzungen mit besonderen Bestimmungswörtern

Zusammensetzungen mit z. B. *Armut, Bahnhof, Liebe, Hilfe, Geschichte* stehen im Allgemeinen mit Fugen-s:

Armutszeugnis, Bahnhofshalle, Liebesgabe, Hilfsarbeiter, Geschichtsbuch.

Zu den Ausnahmen ↑ Hilf- / Hilfe- / Hilfs-, ↑ Lieb- / Liebe- / Liebes-, ↑ Geschichts- / Geschichten-.

1.2 Substantivierter Infinitiv als Bestimmungswort

Steht als Bestimmungswort der Zusammensetzung ein substantivierter Infinitiv, wird das Fugen-s gesetzt *(Schlafenszeit; sehenswert).*

1.3 Bestimmungswörter auf *-tum, -ling, -ion, -tät* usw.

Bestimmungswörter auf *-tum, -ing, -ling, -heit, -keit, -schaft, -ung, -ion, -tät, -at, -um* haben im Allgemeinen das Fugen-s:

Altertumskunde, Heringssalat, Frühlingssturm, Schönheitskönigin, Heiterkeitserfolg, Mannschaftskampf, hoffnungsvoll, Konfessionsstatistik (aber: ↑ Kommunion-), Fakultätssiegel, sensationslüstern, Magistratsbeamter, Museumsleiterin.

2   Zusammensetzungen ohne Fugen-s

In folgenden Gruppen von Zusammensetzungen steht im Allgemeinen (!)
kein Fugen-s:

2.1 Einsilbige feminine Bestimmungswörter und zweisilbige auf *-e*

Hier wird in der Regel (Ausnahmen ↑ 1.1) kein Fugen-s gesetzt:

Nachtwächter, Jagdhund; Wärmeleiter, säurefest.

2.2 Feminine Bestimmungswörter auf *-ur* und *-ik*

Weibliche Fremdwörter auf *-ur* oder *-ik* haben kein Fugen-s:

Kulturfilm, Naturkunde, Musiklehre, kritiklustig.

2.3 Bestimmungswörter auf *-er* und *-el*

Auch hier wird im Allgemeinen kein Fugen-s gesetzt:

Bäckerladen, Marterpfahl, Penduluhr, spindeldürr, engelschön (aber: ↑ Engel-/
Engels-).

Ausnahmen sind hier altertümliche Bildungen wie *Reiters-/Wandersmann*
und Zusammensetzungen mit *Henker, Feier, Müller* (*Henkersmahlzeit* u. a.).

2.4 Bestimmungswörter auf *-sch, -[t]z, -s, -ß, -st*

Hier steht im Allgemeinen kein Fugen-s:

Platzkarte, Fleischgericht, blitzschnell, Blitzstrahl, Preisliste, Fußbett, Verdienstausfall, Herbstanfang.

3   Zusammensetzungen mit schwankendem Gebrauch des Fugen-s

Den Gruppen 1 und 2 steht eine große Zahl von Zusammensetzungen gegenüber, in denen der Gebrauch des Fugen-s schwankt, ohne dass sich eine allgemeine Bildungsregel angeben ließe. Im Zweifelsfall sollte man sich nach Bildungen mit demselben Bestimmungswort richten.

3.1 Zusammensetzungen mit *-steuer* als Grundwort

Durch behördliche Sprachregelung ist in diesen Zusammensetzungen das Fugen-s getilgt worden: *Einkommen-, Grunderwerb-, Körperschaft-, Vermögen-, Versicherungsteuer* u. a. Neben diesem amtlichen Gebrauch sind aber die Formen mit Fugen-s (*Einkommenssteuer* usw.) üblich und berechtigt. (Vgl. auch ↑ Schadenersatz / Schadensersatz.)

3.2 Zusammensetzungen mit *-straße* als Grundwort

Obwohl hier im Allgemeinen die unter 1 und 2 genannten Bedingungen für die Setzung des Fugen-s gelten, begegnen wegen des Anlauts von *-straße* auch (korrekte) Schwankungsfälle:

Bahnhof[s]straße, Frieden[s]straße, König[s]straße, Freiheit[s]straße.

3.3 Verbalsubstantiv als Grundwort

In Zusammensetzungen mit einem ↑ Verbalsubstantiv als Grundwort wirkt das Verb oft nach, sodass häufig kein Fugen-s gesetzt wird (aber: *Beitragszahlung*):

Hilfeleistung, Kriegführung (aber: Kriegserklärung).

3.4 verfassunggebend · staatserhaltend

Bei Zusammensetzungen aus einem Substantiv als Bestimmungswort und einem Partizip als Grundwort wird das Fugen-s häufig ausgelassen, weil das Objektverhältnis der verbalen Fügung auch in der Zusammensetzung noch deutlich spürbar ist:

blutstillend (aus: das Blut stillen), verfassunggebend, herzerquickend; (substantiviert:) Vertragschließender; Gewerbetreibender.

Ausnahmen kommen vor *(kriegsentscheidend, staatserhaltend).*

3.5 Mehrgliedrige Zusammensetzungen

Hier wird häufig, aber nicht immer die Hauptfuge durch das Fugen-s gekennzeichnet. So heißt es *Friedhofstor* gegenüber der zweigliedrigen Bildung *Hoftor, Mitternachtsstunde* gegenüber *Nachtstunde*. Aber ohne Fugen-s: *Fußballmeister, Kindbettfieber* u. a.

3.6 Fugen-s und Bindestrich

Bei Zusammensetzungen, die durch ein Fugen-s gegliedert werden, erübrigt sich im Allgemeinen ein Bindestrich, er kann aus Gründen der Übersichtlichkeit, besonders bei mehrgliedrigen Zusammensetzungen, aber gesetzt werden: *Schulspartagsverlosung / Schulspartags-Verlosung; Stadtverwaltungsoberinspektorin / Stadtverwaltungs-Oberinspektorin.* Zusammensetzungen mit einer Abkürzung erhalten immer einen Bindestrich: *Bauunternehmungs-GmbH.*

Fugenzeichen: Die Fugenzeichen *-[e]s-, -e-, -[e]n-, -er-* usw. kennzeichnen die Verbindungsstelle von Zusammensetzungen (Ableitungen): *Hundehütte, Rosenblatt, Instrumentenbau, Götterspeise, Armutszeugnis, Bundeskanzler, frühlingshaft* u. a. Oft handelt es sich dabei um (erstarrte) Flexionsendungen syntaktischer Fügungen: *Bundeskanzler* aus: *des Bundes Kanzler, Hirtenstab* aus: *des Hirten Stab, Sonnenstrahl* aus: *der Sonnen* (= alter Genitiv Singular) *Strahl* u. a. In vielen Fällen jedoch werden die Zusammensetzungen unabhängig von entsprechenden syntaktischen Konstruktionen lediglich in Analogie zu bereits bestehenden Mustern gebildet: *Bischofskonferenz* (= Konferenz mehrerer Bischöfe) nach *Bischofsmütze.* Ähnlich: *Dreikönigsfest, Liebesdienst* u. a. Hier haben die Fugenzeichen nur Gliederungs-, aber keine grammatische oder inhaltliche Funktion.

fühlen: 1. sich als Held / als Helden fühlen: Bei *sich fühlen als / wie* steht das dem *als* oder *wie* folgende Substantiv im Nominativ, d. h., es wird auf das Subjekt des Satzes bezogen: *Er fühlt sich als Held. Sie fühlte sich wie ein Fisch im Wasser.* Der Akkusativ, d. h. der Bezug auf das Reflexivpronomen *(Er fühlt sich als Helden / wie einen Fisch)* ist veraltet. ↑ Kongruenz (4.2). **2. Er hat sein Ende kommen fühlen / ge-**

fühlt: Nach einem Infinitiv ohne *zu* können heute sowohl der Infinitiv *fühlen* als auch das zweite Partizip *gefühlt* gebraucht werden: *Er hat sein Ende kommen fühlen / gefühlt.* ↑ Infinitiv (4). **3.** Zu *Sie ließ mich ihre Abneigung fühlen* ↑ lassen (5). **Führerin:** ↑ Substantiv (3). **Fuhrmann:** Das Wort hat zwei Pluralformen: *die Fuhrleute* und *die Fuhrmänner.* ↑ Mann (2). **Führung:** Zu *Führung des Museumsleiters / Führung des Staates* ↑ Genitivattribut (1.5.1). **Fuldaer:** Die Einwohner von Fulda heißen *die Fuldaer.* Die Einwohnerbezeichnung wird immer großgeschrieben, auch wenn das Wort wie ein flexionsloses Adjektiv vor einem Substantiv steht: *die Fuldaer Stadtmauern.* ↑ Einwohnerbezeichnungen auf -er (3 und 7). **Fülle:** Auch wenn nach *Fülle* das Gezählte im Plural folgt, steht das Verb gewöhnlich im Singular, weil ja das Subjekt *(Fülle)* formal ein Singular ist: *Eine Fülle von Modellen wurde angeboten.* Es kann aber auch nach dem Sinn konstruiert und das Verb in den Plural gesetzt werden: *Eine Fülle von Modellen wurden angeboten.* ↑ Kongruenz (1.1.3). **Fund:** Der Plural heißt heute nur noch *die Funde;* die ältere Pluralform *die Fünde* ist nicht mehr gebräuchlich. **fünf:** Klein schreibt man das Zahlwort: *die* *ersten fünf. Wir sind heute zu fünfen / zu fünft. Sie ist erst fünf [Jahre]. Es ist fünf [Uhr] / schlägt eben fünf. Er hat fünf gerade sein lassen.* Groß schreibt man das Substantiv: *die Zahl (Ziffer) Fünf. Sie hat eine Fünf gewürfelt / geschossen. Ich habe in Latein eine Fünf / die Note »Fünf« bekommen. Sie ist mit der Fünf* (= Straßenbahnlinie) *gefahren.* ↑ acht / Acht. Zu *fünf weniger drei ist* (nicht: *sind) zwei* ↑ Kongruenz (1.2.4).

Fünfjahrplan / Fünfjahre[s]plan: Alle drei Bildungen sind möglich. *Fünfjahreplan* ist jedoch weniger gebräuchlich als die beiden anderen Formen.

Fünfprozentklausel: Möglich sind auch die Schreibungen *5-Prozent-Klausel, 5 %-Klausel.* ↑ Bindestrich (3.3).

fünfte: Klein schreibt man das Zahlwort in adjektivischer Verwendung: *das fünfte Kapitel; die fünfte Kolonne. Jeder fünfte Teilnehmer musste sich ausweisen.* Groß schreibt man das substantivierte Zahlwort (= bestimmter substantivischer Begriff). Dies gilt in neuer Rechtschreibung auch für die Fälle, in denen eine Reihenfolge angegeben wird: *Er ist der Fünfte* (= der Zählung, der Reihe nach). *Nur jeder Fünfte* (= in der Reihe) *durfte teilnehmen. Sie ist die Fünfte* (= der Leistung nach) *in der Klasse. Heute ist der Fünfte [des Monats]. Sie spielten die Fünfte* (= 5. Sinfonie). Groß schreibt man das Zahlwort auch in Namen: *die Fünfte Republik* (= in Frankreich). ↑ achte / Achte, Groß- oder Kleinschreibung (1.2.4).

Fünftel: Im Dativ Plural wird *Fünftel* heute meist gebeugt: *Mit drei Fünfteln [der Summe] kommen wir nicht aus. Ich habe die Arbeit zu drei Fünfteln geschafft.* Daneben kommt aber auch die ungebeugte Form vor, besonders dann, wenn auf *Fünftel* das Gemessene folgt: *Mit zwei Fünftel Kernenergie soll der Bedarf gedeckt werden.* Kongruenz (1.2.3). ↑ Maß-, Mengen- und Münzbezeichnungen (1).

Funke / Funken: Beide Nominativformen werden heute ohne stilistischen Unterschied gebraucht, jedoch ist die Form *Funke* häufiger. Sie hat die Grundbedeutung ›glimmendes, glühendes Teilchen‹: *Der Funke wird gezündet. Funken stoben, als Stahl auf Stahl klirrte* (Garner). Diese Form tritt auch in übertragener Bedeutung (*göttlicher Funke* usw.) auf. Die Form *Funken* hat die Bedeutung ›geringes Maß von‹: *Er hat keinen Funken Anstand.* Der Genitiv zu beiden Formen lautet *des Funkens.* ↑ Substantiv (2.1).

funktional / funktionell: Die Bedeutung »auf die Funktion bezogen« haben beide Wörter gemeinsam: *nach funktionalen / funktionellen Prinzipien.* Im Sinne von »wirksam« und (medizinisch) »die Leistungsfähigkeit eines Organs betreffend« kann jedoch nur *funktionell* verwendet werden: *funktionelle Störungen, Erkrankungen.* ↑ -al / -ell.

Funktionsverben: ↑ Nominalstil.

für / als / wie: ↑ als / für / wie.

für / gegen: Die früher übliche Verwendung von *für* in der Bedeutung »zum Schutze gegen, wider« gehört heute der Umgangssprache an: *Ich brauche ein Mittel für den Husten.* In der Standardsprache heißt es: *Ich brauche ein Mittel gegen den Husten.* ↑ gut (2).

Furcht: Zu *Furcht des Kindes / Furcht vor dem Tode* ↑ Genitivattribut (1.5.1).

fürchten: Wenn *fürchten* mit einer Infinitivgruppe verbunden ist, kann man nach den neuen Regeln zur Zeichensetzung unabhängig von der Bedeutung des Verbs ein Komma setzen oder es weglassen: *Sie fürchtete[,] den Arbeitsplatz doch noch zu verlieren. Sie fürchtete sehr[,] den Arbeitsplatz zu verlieren.* ↑ Komma (5.1.4).

für das (es) / dafür: ↑ Pronominaladverb (3).

füreinander: Man schreibt *füreinander* immer getrennt vom folgenden Verb: *Sie wollen füreinander leben. Wir wollen immer füreinander einstehen.* ↑ Getrennt- oder Zusammenschreibung (1.4).

für einen Mann o. Ä. wie ihn / wie er: ↑ Apposition (3.5).

für 25 Jahre treue Mitarbeit / treuer Mitarbeit: Beide Formulierungen sind korrekt. Normalsprachlich ist *für 25 Jahre treue Mitarbeit* (= Apposition), während *für 25 Jahre treuer Mitarbeit* (= Genitiv) der gehobenen Stilschicht angehört. ↑ Apposition (2.2).

für'n: Die umgangssprachliche und mundartliche Form für *für den* und *für einen* kann mit Apostroph geschrieben werden. ↑ Präposition (1.2), ↑ Apostroph (1.2).

fürs: Diese Verschmelzung aus *für* und *das* wird ohne Apostroph geschrieben. ↑ Präposition (1.2.1), ↑ Apostroph (1.2).

Fürst: 1. Das Substantiv wird schwach gebeugt, Genitiv: *des Fürsten,* Dativ und Akkusativ: *dem / den Fürsten,* Plural: *die Fürsten.* ↑ Unterlassung der Deklination (2.1.1).
2. Als Bestandteil des Familiennamens steht *Fürst* hinter dem Vornamen: *Heinrich Fürst [von] Sorden.* Das Genitiv-s wird nur an den eigentlichen Namen angehängt: *der Besitz Heinrich Fürst Sordens* (aber: *der Besitz des Fürsten Sorden*). Die Frau eines Fürsten wird *Fürstin* genannt. Diese Bezeichnung wird im Familiennamen wie die männliche Form eingesetzt: *Amalie Fürstin [von] Sorden.* Die persönliche Anrede lautet (offiziell) *Herr Fürst von Sorden.* Jedoch lässt man das *Herr* heute gewöhnlich weg; man schreibt im Brief *Sehr geehrter Fürst [von] Sorden!* oder *Euer Hoheit* und sagt im Gespräch *Fürst Sorden* oder *Hoheit.* Für *Fürstin* gilt Entsprechendes. Vgl. auch ↑ Brief (7) und ↑ Personennamen.

Furunkel: Das Wort wird sowohl mit maskulinem Genus *(der Furunkel)* als auch mit neutralem Genus *(das Furunkel)* gebraucht.

für was / wofür: Standardsprachlich ist in der Regel das Pronominaladverb *wofür:*

Wofür hast du dich entschieden? Die Verbindung *für + was (Für was hast du dich entschieden?)* kommt in der Umgangssprache recht häufig vor; sie gilt als stilistisch unschön. ↑ Pronominaladverb (5).

Fürwort: ↑ Pronomen.

Fuß: 1. Rechtschreibung: Zusammen schreibt man, wenn es sich um eine adjektivische Zusammensetzung handelt: *fußhohes Gras, ein fußlanges Kleid, ein fußtiefes Loch, ein fußbreiter Pfad. Der Pfad ist fußbreit.* Getrennt schreibt man, wenn *breit, hoch, tief, lang* durch *Fuß* (mit vorangehendem Artikel, Zahlwort o. Ä.) näher bestimmt wird: *ein drei Fuß tiefes Loch. Der Pfad war nur zwei Fuß breit.* Zusammen und groß schreibt man das männliche Substantiv *der Fußbreit: Sie wichen keinen Fußbreit.*
2. Beugung: Als Maßbezeichnung bleibt *Fuß* ungebeugt: *drei Fuß lang, 8 000 Fuß hoch.* ↑ Maß-, Mengen- und Münzbezeichnungen (1).

Fußballländerspiel: Wenn bei Zusammensetzungen drei gleiche Buchstaben zusammentreffen, darf nach den neuen Rechtschreibregeln keiner von ihnen wegfallen. Die Zusammensetzung aus *Fußball* und *Länderspiel* wird also mit drei *l* geschrieben. Zur besseren Lesbarkeit kann ein Bindestrich gesetzt werden: *Fußballländerspiel,* auch: *Fußball-Länderspiel.* ↑ Zusammentreffen dreier gleicher Buchstaben.

Fußboden: Der Plural heißt heute *die Fußböden;* die nicht umgelautete Form *die Fußboden* ist veraltet. ↑ Boden.

fußbreit / Fußbreit / zwei Fuß breit: ↑ Fuß (1).

Fussel: Das Wort wird sowohl mit weiblichem Geschlecht *(die Fussel)* als auch mit männlichem Geschlecht *(der Fussel)* gebraucht.

fußen: Nach *fußen auf* steht heute nur noch der Dativ: *Das Urteil fußt auf ihrer* (nicht: *ihre) langjährigen Erfahrung.*

Fußnoten

Häufig gestellte Frage zu Fußnoten	
Frage	**Antwort unter**
Steht die Fußnote vor oder nach dem Punkt bzw. Komma?	dieser Artikel, Punkt (2)

F

1. Als Fußnoten- und Anmerkungszeichen sind hochgestellte Ziffern (auch mit nach links offener Klammer) anderen Möglichkeiten wie Sternen oder Kreuzen vorzuziehen:

   Die verschiedenen Holzsorten[1] werden mit Spezialklebern[2] verarbeitet und später längere Zeit[3] getrocknet.

   _____

   [1] Zum Beispiel Fichte, Eiche, Buche.
   [2] Vorwiegend Zweikomponentenkleber.
   [3] Etwa 4 bis 6 Wochen.

2. Treffen Fußnotenziffern mit Satzzeichen zusammen, gilt Folgendes: Wenn sich die Fußnote auf den gesamten Abschnitt vor einem Satzzeichen bezieht, steht die Ziffer nach dem Satzzeichen:

   In dem Tagungsbericht heißt es, der Vortrag behandele »einige neue Gesichtspunkte der Heraldik«.[1]

   _____

   [1] Ein ergänzendes Referat wurde von Frau Dr. Schneider gehalten.

   Bezieht sich die Fußnote dagegen nur auf das dem Satzzeichen unmittelbar vorangehende Wort (die unmittelbar vorangehende Wortgruppe), steht die Ziffer vor dem Satzzeichen:

   In dem Tagungsbericht heißt es, der Vortrag behandele »einige neue Gesichtspunkte der Heraldik«[1].

   _____

   [1] a. a. O., S. 15.

   Oder:

   In dem Tagungsbericht heißt es, der Vortrag behandele »einige neue Gesichtspunkte der Heraldik[1]«.

   _____

   [1] *Heraldik* = Wappenkunde.

   Fußnoten können ohne Schlusspunkt stehen, wenn sie nur einzelne Wörter umfassen. Man fasst sie aber besser als Auslassungssätze auf und setzt einen Punkt (besonders wenn Fußnoten mit ganzen Sätzen und Schlusspunkt daneben stehen). Vgl. auch ↑ Literaturangaben.

Fußstapfe / Fußstapfen: ↑ Stapfe / Stapfen.

Futur I: Unter dem Futur I (unvollendete Zukunft) versteht man die mit *werden* + Infinitiv umschriebenen Formen des Verbs und ihr Passiv: *Ich werde lesen. Das Kind wird gelobt werden.* Das Futur I drückt aus, dass ein Geschehen vom Standpunkt des Sprechers oder Schreibers aus noch nicht begonnen hat oder vermutlich später eintreten wird. Das Futur I wird heute besonders in der Umgangssprache häufig durch das Präsens (oft in Verbindung mit Zeitangaben, die futurischen Charakter haben) ersetzt: *Ich fahre morgen nach Berlin. Sie geht bald in Urlaub. Er ist dann schon unterwegs.* Statt: *Ich werde morgen nach Berlin fahren. Sie wird bald in Urlaub gehen. Er wird dann schon unterwegs sein.*

Futur II: Unter dem Futur II (vollendete Zukunft) versteht man die mit *werden* + 2. Partizip + *haben* oder *sein* umschriebenen Formen des Verbs und ihr Passiv: *Ich werde gelesen haben. Du wirst gelaufen sein. Wir werden gefahren worden sein.* Das Futur II drückt aus, dass ein Geschehen in der Zukunft abgeschlossen sein wird. In dieser Verwendung ist das Futur II jedoch sehr selten. Es wird meist durch das Perfekt (in Verbindung mit Zeitangaben, die futurischen Charakter haben) ersetzt: *Bis morgen habe ich mir die Sache überlegt.* Statt: *Bis morgen werde ich mir die Sache überlegt haben. – Bald haben wir es geschafft.* Statt: *Bald werden wir es geschafft haben.* Häufiger wird das Futur II verwendet, um eine Vermutung über etwas Vergangenes auszudrücken: *Die Operation wird schon nicht so schlimm gewesen sein. Sie werden mich alle für verrückt gehalten haben.* ↑ Infinitiv (4).

G

g: Zur Schreibung und Deklination ↑ Bindestrich (2.4) *(g-Laut);* ↑ Einzelbuchstaben *(des G, zwei G);* ↑ Groß- oder Kleinschreibung (1.2.5) *(das g in Weg);* ↑ Aussprache (3, 4 und 7).

Gabardine: *Gabardine* wird meist als Maskulinum *(der Gabardine),* selten als Femininum *(die Gabardine)* gebraucht.

gäbe / gebe: Der Konjunktiv I *gebe* steht vor allem in der ↑ indirekten Rede (2.1): *Sie sagte, es gebe keine andere Möglichkeit. Sie fragte, was es zu essen gebe.* Demgegenüber steht der Konjunktiv II *gäbe* vor allem im ↑ Konditionalsatz (2–7): *Gäbe sie mir das Geld, könnte ich verreisen. Ich wäre sofort bereit, wenn es* eine andere Möglichkeit gäbe. Der Konjunktiv II kann auch in der indirekten Rede auftreten, wenn die Form *gebe* nicht eindeutig als Konjunktiv I erkennbar ist: *Er sagte, sie gäben (für nicht eindeutiges geben) ein Fest.* Oder wenn etwas als zweifelhaft hingestellt werden soll: *Sie sagte, es gäbe keine andere Möglichkeit [aber ich glaube es nicht].* ↑ indirekte Rede (3.3).

galoppieren: Das Verb *galoppieren* bildet das Perfekt mit *sein,* wenn die Ortsveränderung ausgedrückt wird: *Sie sind durch das Dorf galoppiert.* Sieht man dagegen den Vorgang, das Geschehen in seiner Dauer, dann wird *galoppieren* im

Perfekt mit *haben* umschrieben: *Wir haben fast eine Stunde galoppiert.* Statt *haben* wird aber auch in diesen Fällen häufig schon *sein* verwendet: *Wir waren einige Minuten galoppiert.* ↑ haben (1).

Gämse: In neuer Rechtschreibung wird *Gämse* mit *ä* geschrieben, weil das Wort zur Wortfamilie des älteren, landschaftlich und in der Jägersprache sehr verbreiteten Wortes *Gams* gehört.

gang und gäbe: *gang und gäbe* kann nur in Verbindung mit *sein* verwendet werden: *Das war damals gang und gäbe.* Nicht korrekt: *... über die jetzt noch bei sämtlichen primitiven Völkern gang und gäbene Zauberei ...* (Bloch).

Gänsefüßchen: ↑ Anführungszeichen.

ganz: 1. Rechtschreibung: a) Klein schreibt man das Adjektiv: *ganz Europa, ganze Zahlen, ganze Noten, die ganze Arbeit, die ganze Zeit über, auf der ganzen Welt.* Groß schreibt man das substantivierte Adjektiv: *das Ganze, ein großes Ganze[s], nichts Halbes und nichts Ganzes, aufs Ganze gehen, fürs Ganze, es geht ums Ganze, das große Ganze, ein Ganzes.* In neuer Rechtschreibung auch: *im Ganzen [gesehen], im großen Ganzen, im Großen und Ganzen.* ↑ Groß- oder Kleinschreibung (1.2.1). **b)** Zusammen schreibt man *ganz* mit einem folgenden Adjektiv, wenn beide das Bezugssubstantiv klassifizieren: *ein ganzleinenes Betttuch* (Gegensatz: *halbleinen*), *eine ganzseidene Krawatte, ein ganzwollenes Tuch, ein ganzlederner Einband.* ↑ Getrennt- oder Zusammenschreibung (3.2).
2. die Kirche als Ganzes: Um etwas in seiner Gesamtheit, die natürliche Einheit einer Sache auszudrücken, setzt man heute die Substantivierung *das Ganze* in die Apposition. Es heißt also: *die Kirche als Ganzes* (nicht: *als ganze [Kirche]*). Als Apposition richtet sich *das Ganze* im Kasus nach dem Bezugswort. Entsprechend heißt es: *von der Schule als Ganzem* (nicht: *als Ganzes*).
3. ein ganz kleines Häppchen: Wenn *ganz*

Attribut (Beifügung) zu einem Adjektiv ist, darf es nicht gebeugt werden: *ein ganz* (nicht: *ganzes*) *kleines Häppchen.*
4. ganze / alle: Zu *die ganzen / alle Bewohner des Hauses stürzten auf die Straße* ↑ all- (10).

Ganzes: ↑ Äußeres.

¹gar: Das Adverb *gar* »ganz, sehr, sogar« schreibt man von *kein* und *nicht[s]* immer getrennt: *Das hat gar keinen Wert. Er hat dort gar nichts zu sagen. Sie ist mit dem Ergebnis gar nicht zufrieden.*

²gar: In neuer Rechtschreibung wird *gar* »fertig gekocht« vom folgenden zweiten Partizip immer, also auch in attributiver Stellung, getrennt geschrieben: *Er hat das gar gekochte Fleisch aufgeschnitten. Das Fleisch ist gar gekocht.* ↑ Getrennt- oder Zusammenschreibung (3.1.2).

gären: 1. Konjugation: *gären* gehört zu den Verben mit schwankender Konjugation: *gärte / gor* und *gegärt / gegoren.* In der konkreten Bedeutung werden in der Regel die unregelmäßigen Formen verwendet *(In den Fässern gor der Wein. Der Saft ist gegoren),* in der übertragenen Bedeutung die regelmäßigen *(Es gärte in der Menge. Im Volk hatte es gegärt).*
2. Perfekt: Das Perfekt von *gären* kann sowohl mit *sein* als auch mit *haben* umschrieben werden, je nachdem, ob man den Vorgang, das Geschehen in seiner Dauer darstellen will oder ob man die Zustandsveränderung, einen neuen erreichten Stand kennzeichnen will: *Der Wein ist* oder *hat gegoren.* ↑ haben (1).

Gasthaus: Zu *Gasthaus zum Schwanen / zum Hirschen* ↑ Schwan.

Gastmahl: ↑ Mahl.

Gattin / Frau: ↑ Frau (2).

Gattungsbezeichnung: Eine Gattungsbezeichnung (Gattungsname, Appellativ) ist eine substantivische Bezeichnung für eine ganze Gattung gleich gearteter Dinge oder Lebewesen und zugleich für jedes einzelne Wesen oder Ding dieser Gattung, z. B. *Handwerker, Vogel, Rose, Tisch.*

Gattungszahlwort: Gattungszahlwörter geben die Zahl der Gattungen oder der Arten an, aus denen etwas besteht; sie sind zusammengesetzt aus dem Genitiv einer Kardinalzahl oder eines unbestimmten Zahlwortes und *-lei* (mhd. *lei[e]* »Art«) und sind indeklinabel: *zweierlei, mancherlei, vielerlei, tausenderlei.*

Gau: Neben standardsprachlich *der* (landschaftlich auch: *das*) *Gau* ist besonders in Österreich und in der Schweiz auch *das Gäu* gebräuchlich (vgl. z. B. den Landschaftsnamen *das Allgäu*).

Gauß: Das zum Namen des Mathematikers Gauß gebildete Adjektiv auf *-sch* wird in neuer Rechtschreibung nicht mehr ohne Apostroph und großgeschrieben; vielmehr schreibt man entweder klein ohne Apostroph *gaußsches Prinzip* oder groß mit Apostroph, um den Namen hervorzuheben *Gauß'sches Prinzip.* Wenn in einer Schrift kein *ß* vorhanden ist, schreibt man *gausssches* oder *Gauss'sches Prinzip.* ↑ Apostroph (3.2), ↑ s-Laute (1.2).

Ge-: Zu *Gewühl / Gewühle, Geschrei / Geschreie, Geheul / Geheule* usw. ↑ Substantiv (2.3).

ge-: ↑ zweites Partizip (1).

geb.: Bei der Verwendung dieser Abkürzung wird in der Regel kein Komma gesetzt: *Maria Schmidt geb. Schulze; Klaus-Peter Bauernschmitt geb. Meister.* ↑ geboren (3).

gebärden, sich: Das auf *sich gebärden wie* (oder *als*) folgende Substantiv steht heute gewöhnlich im Nominativ, d. h., es wird auf das Subjekt bezogen: *Er gebärdete sich wie ein Wilder.* Der Akkusativ, d. h. die Beziehung auf das Reflexivpronomen, ist veraltet. ↑ Kongruenz (4.2).

gebären: 1. **Formen:** Statt der unregelmäßigen Formen *du gebierst, sie gebiert; gebier!* werden heute im Indikativ Präsens gewöhnlich die regelmäßigen Formen *gebärst, gebärt; gebäre!* verwendet.
2. Tempus: Zu *ich bin / wurde geboren* ↑ geboren (4).

Gebäudeblock: ↑ Block.

Gebäudenamen: 1. Genus: Bezeichnungen, mit denen sich zunächst kein Genus verbindet und die als Namen für Hotels, Cafés, Kinos verwendet werden, sind – entsprechend dem Genus dieser drei Wörter – meist Neutra: *das Continental, das Gloria, das Hilton; ich gehe ins Kranzler, ins Blum; das Royal, das Rex.* Aber: *das Schauburg* (weil: *die Burg*), *das Abendstudio* (weil: *das Studio*), *die Kurbel, die Filmbühne.*

2. Deklination: Der Gebäudename wird gebeugt, auch dann, wenn er in Anführungszeichen steht: *die Bilder des Louvres, die Köche des »Nürnberger Hofs«.* Soll der Gebäudename unverändert bleiben, dann muss umschrieben werden: *im Gasthof »Alte Post«, die Köche des Hotels »Nürnberger Hof«.*

Gebäulichkeiten: *Gebäulichkeiten* ist eine fehlerhafte Wortmischung aus *Gebäude* und *Baulichkeiten.* ↑ Kontamination.

gebe / gäbe: ↑ gäbe / gebe.

geben: 1. **geben / gib:** Im Indikativ Präsens heißt es: *ich gebe, du gibst, er gibt.* Der Imperativ lautet: *gib!* ↑ e / i-Wechsel.

2. Er gab sich als ein Kavalier / als einen Kavalier der alten Schule: Bei *sich geben als* steht das dem *als* folgende Substantiv heute im Nominativ, d. h., es wird auf das Subjekt bezogen: *Er gab sich als ein Kavalier der alten Schule.* Der Akkusativ, d. h. die Beziehung auf das Reflexivpronomen, ist veraltet: *Er gab sich als einen Kavalier der alten Schule.* ↑ Kongruenz (4.2).

3. Es gibt kaum etwas Schlimmeres als ein betrunkener / einen betrunkenen Mann: ↑ Apposition (3.5).

4. Zu *Es gibt viel zu tun* (für: *Vieles muss getan werden*) ↑ Passiv (3.4).

Gebetbuch: Die Bildung ist ohne Fugen-s gebräuchlich (nicht: *Gebetsbuch*). ↑ Fugen-s.

Gebietsnamen: ↑ geographische Namen.

Gebinde / Angebinde: ↑ Blumenangebinde / Blumengebinde.

G

G

Gebirgsnamen: 1. Bergnamen: Bergnamen sind im Allgemeinen Maskulina, weil *der Berg* im Bewusstsein mitschwingt: *der Brocken, der Gran Sasso, der Großglockner, der Große Arber, der Kyffhäuser, der Säntis, der Ortler, der Piz Palü, der Monte Rosa, der Montblanc, der Mount Everest, der Olymp, der Pilatus, der Vesuv, der Kilimandscharo, der Popocatepetl, der Nanga Parbat;* aber: *das Matterhorn.* Einige auf *-a* endende Bergnamen sind Feminina: *die Schesaplana, die Marmolata;* aber: *der Ätna.*

2. Gebirgsnamen: Gebirgsnamen sind Maskulina, seltener Feminina: *der Atlas, der Harz, der Taunus, der Hunsrück, der Spessart, der Jura, der Himalaja, der Ural;* aber: *die Rhön, die Hardt, die Eifel, die Silvretta, die Sierra Nevada.* Viele Gebirgsnamen kommen nur im Plural vor: *die Pyrenäen, die Dolomiten, die Alpen, die Ardennen, die Kordilleren, die Anden, die Appalachen, die Rocky Mountains, die Cevennen, die Vogesen, die Karpaten.*

3. Zur Deklination der Gebirgsnamen ↑ geographische Namen (1.2).

gebogen: Zu *gebogene / gebogne Stäbe* ↑ Adjektiv (1.2.13).

geboren: 1. In Hamburg geboren, erhielt er seine Ausbildung in Berlin: Diese in kurzen Lebensabrissen häufig anzutreffende Formulierung gilt als stilistisch unschön, weil satzwertiges Partizip *(in Hamburg geboren)* und Hauptsatz *(Er erhielt seine Ausbildung in Berlin)* inhaltlich in keinem erkennbaren logischen Zusammenhang stehen. Man schreibt besser z. B.: *Er wurde in Hamburg geboren und erhielt seine Ausbildung in Berlin.* ↑ satzwertiges Partizip.

2. von seiner Ehefrau Lisa, geborene / geborener / geborenen Wenzel: Alle drei Möglichkeiten sind grammatisch vertretbar. Der am häufigsten vorkommende Nominativ *geborene / geborener* ist als Ellipse (Auslassung) aus einem Nebensatz zu erklären: *von seiner Ehefrau Lisa, [die eine] geborene Wenzel [ist];*

mit ihrem Ehemann Hannes, [der ein] geborener Lüdke [ist]. In den beiden anderen Fällen fasst man *geboren* als nachgetragene Apposition auf. Steht das artikellose attributive Adjektiv in einer Apposition, dann muss regelgemäß stark gebeugt werden: *von seiner Ehefrau Lisa, geborener Wenzel; mit ihrem Ehemann Hannes, geborenem Lüdke.* Gelegentlich wird aber im Dativ das attributive Adjektiv so sehr auf das Pronomen bezogen, dass es schwach dekliniert wird: *von seiner Ehefrau Lisa, geborenen Wenzel; mit ihrem Ehemann Hannes, geborenen Lüdke.*

3. Frau Martha Schneider, geb. Kühn / Frau Martha Schneider geb. Kühn: Der dem Familiennamen einer Ehefrau mit der Abkürzung *geb.* hinzugefügte Geburtsname wird heute gewöhnlich als Bestandteil des Namens aufgefasst und ohne Komma angeschlossen. Er kann aber auch als nachgestellte Apposition behandelt und mit Komma abgetrennt werden. (Das Gleiche gilt für Männer, die den Familiennamen ihrer Frau angenommen haben.) Auf gleiche Weise werden die mit *verh.* (= verheiratet[e]), *verw.* (= verwitwet[e]), *gesch.* (= geschieden[e]) angeschlossenen Zusätze behandelt. Vgl. die Tabelle auf S. 337.

4. ich bin / wurde geboren: Beide Formen sind möglich: In (detaillierten) Lebensläufen wird gewöhnlich *Ich wurde geboren* verwendet, weil damit außer der Angabe des Ortes auch noch andere Angaben gemacht werden können. *Am 1. Juni 1950 wurde ich als zweites Kind der Eheleute ... in Berlin geboren.* Dagegen kann man bei *Ich bin geboren* nur den Ort angeben, also *Ich bin in Berlin geboren,* aber nicht: *Ich bin am 1. Juni 1950 in Berlin geboren* oder *Ich bin als zweites Kind der Eheleute ... geboren.*

5. geboren / gebürtig: Es heißt: *geboren in Berlin,* aber *gebürtig aus Berlin,* wobei *gebürtig* die Bedeutung »stammend aus« hat. Beachte: Wer in München lebt und auch dort geboren ist, ist im Unterschied zu dem in München lebenden, aber dort nicht geborenen Münchner ein gebore-

ner Münchner. Wer in München geboren ist, aber nicht mehr dort lebt, ist ein gebürtiger Münchner.

Kommasetzung bei Zusätzen mit *geb., verh., verw., gesch.*

1. Der zweite Name kann als nachgestellter Beisatz behandelt und mit Komma abgetrennt werden:	1. Der zweite Name wird in der Regel als Bestandteil des Gesamtnamens behandelt und ohne Komma angeschlossen:
Herr Hans Schneider, geb. Kühn, wurde als Zeuge vernommen.	Herr Hans Schneider geb. Kühn wurde als Zeuge vernommen.
Der Geburtsort seiner Ehefrau Maria, geborener (geb.) Krüger, ist unbekannt.	Der Geburtsort seiner Ehefrau Maria geb. Krüger ist unbekannt.
Seine Tochter Katharina, verheiratete (verh.) König, starb an Lungenentzündung.	Seine Tochter Katharina verheiratete (verh.) König starb an Lungenentzündung.
2. Zwei oder mehrere nachgestellte Namen werden immer als Beisätze behandelt und mit Komma abgetrennt:	
Frau Martha Schneider, geb. Kühn, verw. Schulz, wurde als Zeugin vernommen.	

G

---

gebrauchen: ↑benutzen (2), ↑brauchen (6).

Gebrüder / Brüder: ↑Bruder (2).

gebürtig / geboren: ↑geboren (5).

Geburtstag: 1. Bedeutung: *Geburtstag* bedeutet nicht »Tag der Geburt«, auch wenn das Wort in der Verwaltungssprache gelegentlich so gebraucht wird, sondern »Gedenktag der Geburt«. Seinen ersten Geburtstag feiert man also, wenn man ein Jahr alt wird. Der Tag, an dem jemand 50 Jahre alt wird, ist dessen 50. Geburtstag.

2. fünfzigster Geburtstag: Korrekt ist nur die Formulierung *mein fünfzigster Geburtstag,* nicht *mein fünfzigjähriger Geburtstag.* ↑Numerale (5).

Geck: Der Genitiv lautet *des Gecken* (nicht: *des Gecks*), der Dativ und Akkusativ lauten *dem / den Gecken* (nicht: *dem / den Geck*). ↑Unterlassung der Deklination (2.1.1).

gedacht: Das auf *gedacht* folgende [substantivierte] Adjektiv wird parallel gebeugt: *ein gedachter geometrischer Ort.* Auch im Dativ Singular Maskulinum und Neutrum sollte parallel, nicht schwach gebeugt werden: *an gedachtem geometrischem* (nicht: *geometrischen*) *Ort.*

Gedanke / Gedanken: Als Nominativform wird heute gewöhnlich *der Gedanke* gebraucht; *der Gedanken* ist veraltet: *Dieser Gedanke hat mich anfangs ein wenig bekümmert* (W. Hildesheimer). (Veraltet:) *Schließlich wurde dieser Gedanken fallen gelassen.* Der Genitiv zu beiden Nominativformen lautet *des Gedankens.* ↑Substantiv (2.1).

Gedankenstrich

Häufig gestellte Fragen zum Gedankenstrich	
Frage	Antwort unter
Schreibt man nach dem Gedankenstrich groß oder klein?	Groß- oder Kleinschreibung (2.4)
Steht der Gedankenstrich vor oder nach dem Komma, oder wird das Komma eingespart?	dieser Artikel, Punkt (3)

G

Der Gedankenstrich dient einmal zur Kennzeichnung einer größeren Pause zwischen einzelnen Wörtern oder innerhalb eines Satzes. Weiterhin dient er zur Abgrenzung eines eingebetteten Satzes oder Satzteiles, der Gesagtes unterstreichen soll oder der sich im Satzbau deutlich vom einbettenden Satz abhebt. Schließlich kann der Gedankenstrich auch einen gedanklichen oder thematischen Übergang zwischen Sätzen anzeigen. Eine Häufung von Gedankenstrichen sollte man vermeiden.

1 Der Gedankenstrich zwischen Sätzen und Einzelwörtern

Der Gedankenstrich
– zeigt Themen- oder Gedankenwechsel an und ersetzt so den Absatz:

... weswegen wir leider nicht in der Lage sind, Ihren Wunsch zu erfüllen. –
Der begonnene Bau des neuen Zweigwerkes muss vorerst gestoppt werden, weil ...

– zeigt Sprecherwechsel an:

»Komm bitte einmal her!« – »Ja, sofort.« »Wir haben keine Chance«, prophezeite er. –
»Sei nicht so pessimistisch«, drängte seine Frau. »Mein Sohn, was birgst du so bang
dein Gesicht?« – »Siehst, Vater, du den Erlkönig nicht?« (Goethe).

– trennt Themen in einer Inhaltsangabe:

Inhalt: Rechnungsarten – Zinsrechnung – Rechenhilfen – Zahlenspielereien.

2 Der Gedankenstrich innerhalb eines Satzes

2.1 Der Gedankenstrich bei Kommandos

Der Gedankenstrich steht zwischen Ankündigungs- und Ausführungskommando sowie zwischen den einzelnen Teilen eines Kommandos:

Rumpf vorwärts beugen – beugt! Auf die Plätze – fertig – los!

2.2 Der Gedankenstrich bereitet auf etwas Unerwartetes vor

Der Gedankenstrich steht zur Kennzeichnung einer Pause, die die Erwartung oder Spannung gegenüber dem Folgenden erhöhen soll. Er ersetzt in diesen Fällen das Verb und gibt dem Satz einen schlagwortartigen Charakter:

Plötzlich – ein vielstimmiger Schreckensruf! Ein neues Virus – Gefahr für die Welt? Zwei Worte – ein Bier!

Der Gedankenstrich steht vor dem Schlussteil eines Satzes, der als überraschender Abschluss oder als Satzschluss mit besonderem Nachdruck gedacht ist:

Zuletzt tat sie das, woran niemand gedacht hatte – sie beging Selbstmord.
Ich werde in dieser Sache nichts unternehmen – um keinen Preis.

G

2.3 Der Gedankenstrich bei Gegenüberstellungen

Der Gedankenstrich steht bei der Gegenüberstellung gegensätzlicher oder zusammengehörender Wörter:

bald hier – bald dort, diesseits – jenseits, einerseits – andererseits, arm – reich, jung – alt, nicht nur – sondern auch, entweder – oder.

2.4 Der Gedankenstrich beim Abbruch der Rede

Der Gedankenstrich wird gelegentlich verwendet, um den Abbruch der Rede oder das Verschweigen eines Gedankenabschlusses zu kennzeichnen, wenn keine Auslassungspunkte gesetzt werden:

»Schweig, du – !« schrie er ihn an. Sie können mich mal –

2.5 Der Gedankenstrich bei eingeschobenen Satzteilen oder Sätzen

Der Gedankenstrich steht vor und nach eingeschobenen Satzteilen und Sätzen, die den Nachdruck des Gesagten erhöhen oder das Gesagte näher erklären oder beschreiben sollen. Da dieser Gedankenstrich zum Einschub gehört, sollte er am Zeilenende nicht von diesem getrennt werden:

Wir traten aus dem Wald, und ein wunderbares Bild – die Sonne kam eben durch die Wolken – breitete sich vor uns aus. Aus den genannten Gründen glaube ich, an dieser – für meine weitere Untersuchung sehr wichtigen – Stelle nicht mehr der bisherigen Regelung folgen zu können.

↑ Groß- oder Kleinschreibung (2.4).

3   Der Gedankenstrich in Verbindung mit anderen Satzzeichen

In einem Satz, in den ein vollständiger oder unvollständiger Satz mit Gedankenstrichen eingeschoben ist, müssen die Satzzeichen des einschließenden Satzes genauso stehen, wie wenn der mit Gedankenstrichen eingeschlossene Satz nicht vorhanden wäre.

3.1 Gedankenstrich und Komma

Das Komma steht nach oder vor einem eingeschobenen Satzteil oder Satz außerhalb der Gedankenstriche, wenn es auch ohne den eingeschobenen Satzteil oder Satz stehen muss:

> Sie wundern sich – schreiben Sie –, dass ich so selten von mir hören lasse. Der naturreine Saft sonnengereifter Orangen, konzentriert, – mit frischem Wasser und reinem Kristallzucker zu einem hochwertigen Fruchtsaftgetränk gut verrührt – das ist unser Geheimrezept. Die Frau, die er geheiratet hatte – übrigens gegen den Willen ihrer Eltern –, ist ihm schließlich doch untreu geworden.

Beginnt oder schließt der eingeschobene Satz mit einem Nebensatz, dann steht weder nach dem ersten noch vor dem zweiten Gedankenstrich ein Komma, weil die Gedankenstriche bereits die Trennung vom Hauptsatz übernehmen:

> Deshalb ist der Triumph so groß, weil nichts anderes den Ausgangspunkt für die Forscher bildete als ein paar Bibelworte – abgesehen von den verstreuten Hügeln, die wenig in die Staubebene zwischen den Flüssen passten – und einige Tonscherben vielleicht ... Wenn aber Prescott sagt: »Das alles ist ein Geheimnis, über das die Zeit einen undurchdringlichen Schleier geworfen hat ...« – und wenn er dann hinzufügt: »... einen Schleier, den keine sterbliche Hand zu lüften vermag« –, so zeigt sich der Historiker ... allzu sehr entmutigt (C. W. Ceram).

3.2 Gedankenstrich und Doppelpunkt

Der Doppelpunkt, den eine direkte Rede fordert, steht nach dem zweiten Gedankenstrich eines in Gedankenstriche gesetzten eingeschobenen Satzes:

> Verächtlich rief sie ihm zu – sie wandte kaum den Kopf dabei –: »Was willst du hier?«

3.3 Gedankenstrich und Punkt

Wird ein vollständiger Satz mit Gedankenstrichen in einen Satz eingeschoben, dann wird der eingeschobene Satz ohne Punkt geschrieben:

Wir traten aus dem Wald, und ein wunderbares Bild – die Sonne kam eben durch die Wolken – breitete sich vor uns aus.

3.4 Gedankenstrich und Ausrufe- oder Fragezeichen

Das Ausrufe- oder Fragezeichen steht vor dem zweiten Gedankenstrich, wenn es zu dem eingeschobenen Satz oder Satzteil gehört:

Ich fürchte – hoffentlich zu Unrecht! –, dass du krank bist. Man empfahl uns immer – erinnern Sie sich noch? –, unerbittlich gegen uns selbst, aber nachgiebig gegen andere zu sein.

G

4 Der Gedankenstrich anstelle eines anderen Satzzeichens

4.1 Der Gedankenstrich anstelle des Punktes

Der Gedankenstrich kann anstelle eines Punktes stehen, wenn das im Satz Gesagte gedanklich weitergeführt werden soll:

Überlege dir einmal, was das alles für Folgen haben kann – schließlich sind wir doch alle für unsere Umwelt verantwortlich und nicht nur Einzelne! Zuletzt tat er, woran niemand gedacht hatte – er beging Selbstmord.

4.2 Der Gedankenstrich anstelle des Kommas

Der Gedankenstrich kann statt des zu schwachen Kommas bei besonderer Betonung eines Gegensatzes oder einer Entsprechung stehen:

Komm bald – aber mit ihm. Die Wahl zwischen Gehorsam und Ungehorsam – zwischen Leben und Tod.

4.3 Der Gedankenstrich anstelle des Doppelpunktes

Der Gedankenstrich kann anstelle eines Doppelpunktes stehen, wenn dieser als zu schwach erscheint:

Haus und Hof, Geld und Gut – alles ist verloren. Hier hilft nur noch eins – sofort operieren.

---

gedeihen: Das Verb *gedeihen* gehört zu den Verben mit unregelmäßiger Konjugation. Präteritum und 2. Partizip heißen also *gedieh, gediehen* (nicht: *gedeihte, gedeiht*).

gedenken: 1. Wenn *gedenken* in der Bedeutung »beabsichtigen« mit einer Infinitivgruppe verbunden ist, kann man nach den neuen Rechtschreibregeln ein Komma setzen: *Sie gedachte ein Geschäft zu eröffnen. / Sie gedachte, ein Geschäft zu eröffnen.* ↑ Komma (5.1.4). **2.** In der Bedeutung »sich ehrend an jmdn. erinnern« steht *gedenken* mit dem Genitiv: *Gedenkt der lieben Verstorbenen.* Nur schweizerisch ist die Konstruktion mit dem Dativ: *Sie gedachten dem Toten.*

Gedichtband, -form, -sammlung: Die Zusammensetzungen mit *Gedicht* als erstem Bestandteil sind ohne Fugen-s gebräuchlich (nicht: *Gedichtsband* usw.). ↑ Fugen-s.

gedient: In der (korrekten) Verbindung *ein gedienter Soldat* hat sich das 2. Partizip des intransitiven Verbs *dienen* isoliert. Vgl. dazu: *Er hat acht Jahre [im Heer] gedient.*

geehrt / verehrt / wert: In Anreden wird heute im Allgemeinen als Höflichkeitsausdruck *geehrt* verwendet: *Sehr geehrter Herr ... Meine sehr geehrten Damen und Herren!* usw. Demgegenüber sollte *verehrt* nur dann gebraucht werden, wenn man einem Menschen, den man persönlich kennt und schätzt, seine besondere Ehrerbietung ausdrücken will: *Sehr verehrter Herr Professor! Sehr verehrte gnädige Frau!* usw. Veraltet und nicht mehr angebracht ist *wert* als Höflichkeitsausdruck in Anreden. ↑ Brief (4).

geeignet: ↑ zweites Partizip (2.2).

Gefahr bringend / gefahrbringend: Nach den neuen Rechtschreibregeln kann *Gefahr bringend* oder *gefahrbringend* geschrieben werden: *ein Gefahr bringender / gefahrbringender Vorschlag.* Die Fügung wird jedoch immer zusammengeschrieben, wenn sie durch ein Adverb näher bestimmt wird: *ein äußerst gefahrbringender Vorschlag.* Die Zusammenschreibung gilt auch dann, wenn die Fügung als Ganzes gesteigert wird: *Dieser Vorschlag war noch gefahrbringender als*

jener. ↑ Getrennt- oder Zusammenschreibung (3.1.1).

Gefallen: 1. der / das Gefallen: Das Maskulinum *(der Gefallen)* hat die Bedeutung »Gefälligkeit, Freundschaftsdienst«; das Neutrum *(das Gefallen)* wird im Sinne von »Freude, Wohlgefallen« verwendet. **2. der Gefallen / Gefalle:** Heute hat sich allgemein die Nominativform *der Gefallen* durchgesetzt; *der Gefalle* ist veraltet. Der Genitiv lautet zu beiden Formen: *des Gefallens.* ↑ Substantiv (2.1).

gefalten / gefaltet: ↑ falten.

gefangen: Nach den neuen Rechtschreibregeln schreibt man *gefangen* und die Verben *halten, nehmen, setzen* nur noch getrennt: *Er wurde ein paar Jahre später schließlich gefangen gehalten, gefangen genommen. Man wollte ihn gefangen nehmen, setzen.* ↑ Getrennt- oder Zusammenschreibung (1.2).

gefolgt von: ↑ folgen (2).

gefragt: Zu *die gefragte Ware* ↑ fragen (3).

Gefreite, der und die: **1. oben genanntem Gefreiten / Gefreitem · ihr als Gefreiten / Gefreiter:** Im Allgemeinen wird *Gefreite* wie ein attributives ↑ Adjektiv (1.1) dekliniert: *Er ist Gefreiter. Eine Gefreite betrat die Wachstube. Die Gefreite ließ die Soldaten antreten. Die Gefreiten / Zwei Gefreite mussten das Waffenreinigen beaufsichtigen* usw. Im Genitiv Plural ist heute nach einem stark deklinierten Adjektiv die starke Beugung üblich: *die Beförderung erfahrener Gefreiter* (veraltend: *Gefreiten*). Ausnahmen und Schwankungen treten beim Dativ Singular auf: **a)** Nach einem stark deklinierten Adjektiv wird heute schwach gebeugt: *Oben genanntem / genannter Gefreiten wurde die Auszeichnung verliehen.* **b)** In der Apposition (im Beisatz) kommt neben der starken Deklination häufig auch die schwache vor: *Ihm / Ihr als Gefreiten ... neben: Ihm als Gefreitem / Ihr als Gefreiter ...*

2. einige Gefreite · manche Gefreiten · solche Gefreite[n]: Zur Deklination von

Gefreite nach *alle, beide, einige* usw. ↑ all- usw.

3. des Gefreiten Schmidt / Gefreiten Schmidts: Zur Deklination des Namens nach *Gefreite* ↑ Titel und Berufsbezeichnungen (1.2 und 1.3).

gegeben: Nach den neuen Regeln schreibt man *gegeben* immer dann groß, wenn es substantiviert ist: *Es ist das Gegebene* (= gegeben)… Auch schon früher groß: *Ich nahm das Gegebene gern.* ↑ Groß- oder Kleinschreibung (1.2.1).

gegen: 1. gegen / für: ↑ für / gegen.

2. gegen / gegenüber: Statt älterem *gegen* (+ Akkusativ) im Sinne von »zu jmdm., in Bezug auf jmdn., im Vergleich zu« wird heute zumeist *gegenüber* (+ Dativ) gebraucht: *Er benahm sich wie immer ausgesprochen höflich uns gegenüber,* statt: *gegen uns. Gegenüber ihrem Leid ist dein Kummer doch gering,* statt: *gegen ihr Leid…*

3. gegen / in: Mit *in eine Bahn / einen Wagen / ein Fahrrad o. Ä. laufen* drückt man aus, dass sich das betreffende Fahrzeug in Bewegung befindet und man an- oder umgefahren wird. Mit *gegen eine Bahn / einen Wagen / ein Fahrrad o. Ä. laufen* gibt man dagegen an, dass man im Laufen oder Gehen gegen ein Fahrzeug geprallt ist.

4. gegen das (es) / dagegen: ↑ Pronominaladverb (3).

5. gegen jemanden wie dich / wie du: ↑ Apposition (3.5).

6. gegen was / wogegen: Standardsprachlich ist in der Regel das Pronominaladverb *wogegen: Wogegen wendest du dich?* Die Verbindung *gegen + was (Gegen was wendest du dich?)* kommt allerdings in der Umgangssprache häufig vor. ↑ Pronominaladverb (5).

gegeneinander: Nach den neuen Rechtschreibregeln schreibt man *gegeneinander* immer getrennt vom folgenden Verb oder Partizip: *Sie wollten gegeneinander kämpfen. Wir werden die Bretter gegeneinander stellen. Wir sind an der Tür ge-*

geneinander geprallt. ↑ Getrennt- oder Zusammenschreibung (1.4).

gegens / gegen's: Die umgangssprachliche und mundartliche Verschmelzung von *gegen das* kann mit Apostroph geschrieben werden: *Er ist gegens / gegen's Fenster gerannt.* ↑ Präposition (1.2.1), ↑ Apostroph (1.2).

Gegen[satz]wort: ↑ Antonym.

gegenständliches Substantiv: ↑ Konkretum.

Gegenstandssatz: ↑ Subjektsatz.

gegenüber: 1. Rektion: Standardsprachlich wird *gegenüber* mit dem Dativ, nicht mit dem Genitiv verbunden: *Gegenüber dem Bahnhof* (nicht: *des Bahnhofs*) *befindet sich das Reisebüro.* Bei Ortsnamen kann auch mit *von* angeschlossen werden: *Ludwigshafen liegt gegenüber von Mannheim.* Umgangssprachlich wird auch in anderen Fällen mit *von* angeschlossen: *Gegenüber vom Bahnhof befindet sich das Reisebüro* usw. Stilistisch unschön ist dieser Anschluss bei Pronomen: *Sie sitzt gegenüber von mir.*

2. Stellung: *gegenüber* kann einem Substantiv voran- oder nachgestellt werden: *Gegenüber dem Bahnhof / Dem Bahnhof gegenüber befindet sich das Reisebüro. Man stellt allen Reformen gegenüber / gegenüber allen Reformen sehr zurückhaltend.* Bei Pronomen wird *gegenüber* jedoch immer nachgestellt: *Mir gegenüber wagt man so etwas nicht offen zu sagen.*

3. Rechtschreibung: Getrennt schreibt man *gegenüber* vom folgenden Verb, wenn es als selbstständige Präposition gebraucht wird: *Gegenüber stehen zwei Häuser. Das Schloss soll gegenüber liegen.* Sonst schreibt man zusammen: *Die feindlichen Truppen werden sich bald gegenüberstehen / haben sich gegenübergelegen. Sie pflegt ihren Geschäftspartnern selbstbewusst gegenüberzutreten.* ↑ Getrennt- oder Zusammenschreibung (1.4).

Gegenwart: ↑ Präsens.

gegenzeichnen: Das Verb *gegenzeichnen* bildet die Formen *ich zeichne gegen*

G

(nicht: *ich gegenzeichne*) / *habe gegengezeichnet* (nicht: *habe gegegenzeichnet*). Beim Infinitiv mit *zu* sind sowohl *zu gegenzeichnen* als auch *gegenzuzeichnen* möglich.

Gehabe / Gehaben: *Gehabe* wird gewöhnlich in der Bedeutung »Getue, auffälliges Gebaren« verwendet: ... *mit dem gleichen herausfordernden mokanten Ge* *habe* (Feuchtwanger). ... *auch sein Gehabe war unverändert, elegant und ein bisschen übertrieben* (Härtling). *Gehaben* (mit der Bedeutung »Benehmen, Verhalten«) wird in der Gegenwartssprache nur noch selten benutzt: *Ein ähnliches Gehaben finden wir jedoch bei der Amsel* (Lorenz). Beide Formen sind aber richtig. ↑ Substantiv (2.1).

G

gehabt

Die Doppelumschreibung von Perfekt und Plusquamperfekt durch zusätzliches *gehabt (Ich habe / hatte dir das doch gesagt gehabt* statt: *Ich habe / hatte dir das doch gesagt)* kommt vor allem in der regionalen Umgangssprache und in den süddeutschen Mundarten vor; sie steht außerhalb des üblichen Konjugationssystems. (Hiervon zu unterscheiden sind die korrekten Formen des Vollverbs *haben: Ich habe / hatte ein Haus gehabt.*) Folgende Einzelheiten sind zu beachten:

1. Zusatzumschreibung des Perfekts:

Nicht zulässig ist die Zusatzumschreibung des Perfekts als Ersatz des Plusquamperfekts. Also nicht: *Als er kam, haben wir schon gegessen gehabt. Er legte seinen Mantel ab und setzte sich. Er sagte ...* Korrekt müsste das Beispiel lauten: *Als er kam, hatten wir schon gegessen ...,* denn wenn im Präteritum erzählt wird, muss die Vorvergangenheit durch das Plusquamperfekt ausgedrückt werden.

Besonders im Süden des deutschen Sprachgebietes, wo häufig das Perfekt als Erzähltempus verwendet wird, tritt die Zusatzumschreibung des Perfekts als Ausdruck der Vorvergangenheit in Opposition zum Perfekt als Erzähltempus.

2. Zusatzumschreibung des Plusquamperfekts:

Diese Konstruktion wird gelegentlich dann gebraucht, wenn das Plusquamperfekt das Zeitverhältnis der Vorvergangenheit nicht eindeutig bestimmt:

Als Bressand seine Operntexte schrieb, hatte Herzog Anton das Opernhaus gebaut ... *gehabt.* ... unter dieser Bewegung schloss Amadeus langsam die Augen. Er hatte sie in das Gesicht des Bruders gerichtet *gehabt* (E. Wiechert).

Die Verdeutlichung mit Adverbien wie *bereits, vorher, bis dahin, bis zuletzt* u. a. ist hier vorzuziehen:

Als Bressand seine Operntexte schrieb, hatte Herzog Anton das Opernhaus *bereits* gebaut ...

3. Zusatzumschreibung beim Konjunktiv:

Häufiger kommen die Zusatzumschreibungen beim Konjunktiv vor, weil hier im Allgemeinen der Ausdruck der Zeitverhältnisse völlig zurückgetreten ist:

Wäre gerade jemand unter dem Baum gewesen, er hätte bestimmt sein letztes Brot gegessen *gehabt*. Er sagte, dass der Polizist sofort auf den Mann eingeschlagen habe, nachdem er ihn eingeholt *gehabt* hätte.

Aber auch hier kommt man meist mit den üblichen Sprachmitteln aus (*... nachdem er ihn eingeholt habe / hatte*).

G

Gehalt: *Gehalt* in der Bedeutung »Arbeitsentgelt, Besoldung« ist sächliches Substantiv und hat den Plural *die Gehälter;* in der Bedeutung »Inhalt, Wert« ist *Gehalt* männliches Substantiv und hat den Plural *die Gehalte.*

geheim: 1. Klein schreibt man das Adjektiv: *geheime Wahlen, ein geheimer Nachrichtendienst* usw. Groß schreibt man in neuer Rechtschreibung *geheim* in der Verbindung *im Geheimen: Ich tat dies im Geheimen* (= heimlich). Groß schreibt man *geheim* auch in Titeln und Namen: *Geheimer Rat, Geheimes Staatsarchiv, Geheime Staatspolizei.* ↑ Titel und Berufsbezeichnungen (2).

2. Nach den neuen Regeln schreibt man immer getrennt vom folgenden Verb: *Wir müssen den Plan geheim halten. Er soll nicht immer so geheim tun* (= geheimnisvoll tun). *Das Unternehmen soll geheim bleiben.* ↑ Getrennt- oder Zusammenschreibung (1.2).

geheißen: ↑ heißen (1).

gehen: 1. Imperativ: Nur in gehobener Ausdrucksweise lautet der Imperativ *gehe!* Die allgemein gebräuchliche Imperativform ist *geh!*

2. Perfekt: *gehen* wird immer, auch in übertragener Bedeutung, mit *sein* im Perfekt umschrieben: *Das ist* (nicht: *hat*) *noch einmal gut gegangen.*

3. Zu *zu gehen / zugehen* ↑ zu (11); zu *nach Frankreich / in die Schweiz gehen* ↑ in / nach / zu / bei; zu *Das Bild geht nicht zu befestigen* (ugs. für: *Das Bild kann nicht befestigt werden*) ↑ Passiv (3.4); zu *Ich möchte einmal in Ruhe Rad fahren gehen / Ich möchte endlich zum Radfahren gehen* ↑ substantivierter Infinitiv (1).

gehen lassen: In neuer Rechtschreibung schreibt man *gehen* und *lassen* immer getrennt: *Du sollst ihn gehen lassen* (= in Ruhe lassen). *Er hat sich gehen lassen* (= sich vernachlässigt, sich zwanglos verhalten). *Du sollst ihn nach Hause gehen lassen. Hefeteig muss man immer ausreichend gehen lassen.* ↑ Getrennt- oder Zusammenschreibung (1.1).

geherrscht: Das zweite Partizip von *herrschen* darf nicht attributiv verwendet werden *(die geherrschte Seuche).* Standardsprachlich heißt es: *Die dort herrschende Seuche hat schon viele Menschenleben gekostet.* ↑ zweites Partizip (2.2).

geholfen: Zu der nicht korrekten (passivischen) Verwendung des zweiten Partizips von *helfen (Von den Umstehenden geholfen[,] suchten wir ...)* ↑ helfen (6).

gehören: 1. gehören / sein: Standardsprachlich korrekt sind nur die Fügungen *Das Buch (o. Ä.) gehört mir* oder *Das Buch (o. Ä.) ist mein,* aber nicht die Vermischungen (↑ Kontamination) *Das Buch gehört mein* und *Das Buch ist mir.*
2. eingesperrt gehören: In der Umgangssprache wird anstelle eines mit *müssen* umschriebenen Passivs gelegentlich die Konstruktion *gehören* + 2. Partizip verwendet: *Dem Kerl gehört das Handwerk gelegt* statt: *Dem Kerl muss das Handwerk gelegt werden.*

gehörend / gehörig: Das Adjektiv *gehörig* wird umgangssprachlich häufig wie das erste Partizip *gehörend* verwendet. Standardsprachlich heißt es jedoch: *die in den Schrank gehörende* (nicht: *gehörige*) *Wäsche; die mir gehörenden* (nicht: *gehörigen*) *Bücher.* ↑ Adjektiv (3.1).

Gehörsinn: Bei diesem Wort hat sich die Schreibung ohne Fugen-s allgemein durchgesetzt (also nicht: *Gehörssinn*). ↑ Fugen-s.

gehört / hören: ↑ hören.

gehuldigt: Das zweite Partizip von *huldigen* darf nicht attributiv gebraucht werden *(der gehuldigte Fürst).* Man kann z. B. auf einen attributiven Relativsatz ausweichen: *der Fürst, dem gehuldigt wurde, ...* ↑ zweites Partizip (2.2).

Geisel: Das Wort hat feminines, selten auch maskulines Genus; es heißt also: *die Geisel* (selten: *der Geisel*).

geistig / geistlich: Die beiden Adjektive dürfen nicht miteinander verwechselt werden: *geistig* bedeutet »den Geist betreffend, gedanklich« *(geistige Arbeit, geistige Kräfte)* und hat daneben die Bedeutung »alkoholisch« (da *Geist* auch »Essenz, Alkohol« bedeutet; *geistige Getränke*); *geistlich* dagegen bedeutet »die Religion betreffend, theologisch, kirchlich, gottesdienstlich«: *geistliche Schriften / Musik, geistliche Tracht.*

Geistliche: 1. oben genanntem Geistlichen / Geistlichem · ihm als Geistlichen / Geistlichem: Im Allgemeinen wird *Geistliche* wie ein attributives ↑ Adjektiv (1.1) dekliniert: *Er ist Geistlicher. Ein Geistlicher saß am Bett des Kranken. Der Geistliche verließ die Kirche. Die Geistlichen protestierten gegen diese Maßnahmen. Zwei Geistliche wurden verhaftet* usw. Im Genitiv Plural ist heute nach einem stark deklinierten Adjektiv die starke Beugung üblich: *die Verhaftung katholischer Geistlicher* (veraltend: *Geistlichen*). Ausnahmen und Schwankungen treten beim Dativ Singular auf: **a)** Nach einem stark deklinierten Adjektiv wird heute schwach gebeugt: *Mit oben genanntem Geistlichen* (veraltet: *Geistlichem*) *habe ich gesprochen.* **b)** In der Apposition (im Beisatz) kommt neben der starken Deklination häufig die schwache vor: *Ihm als Geistlichen ...* neben: *Ihm als Geistlichem ...*
2. Einige Geistliche · alle Geistlichen · solche Geistliche[n]: Zur Deklination von *Geistliche* nach *alle, beide, einige* usw. ↑ all- usw.

Geistlicher Rat: ↑ Titel und Berufsbezeichnungen (2).

gekündigt: ↑ kündigen.

gelangen: Die Konstruktion *gelangen + zu + Substantiv* wird zur Umschreibung des Passivs verwendet: *Die Lebensmittel gelangten zur Verteilung* (= wurden verteilt). *Die Beschlüsse gelangten zur Ausführung* (= wurden ausgeführt). *Das Geld soll bald zur Auszahlung gelangen* (= ausgezahlt werden). Diese Fügungen kommen hauptsächlich im Amts- und Geschäftsdeutsch vor und dienen meist der besonderen Verstärkung einer Aussage. Als bloßer Ersatz des Verbs im Passiv wirken sie häufig gespreizt und stilistisch unschön: *Das ist noch nicht zur Erörterung gelangt.* ↑ Papierdeutsch.

gelassen / lassen: ↑ lassen (2).

gelaunt: Da alle Adjektive, mit denen das Partizip *gelaunt* näher bestimmt werden kann, steigerbar oder erweiterbar sind, wird immer getrennt geschrieben: *der [sehr] gut / [sehr] schlecht gelaunte Vater; ich bin [außerordentlich] übel gelaunt.* ↑ Getrennt- oder Zusammenschreibung (3.1.2).

gelb: 1. Rechtschreibung: a) Klein schreibt man das Adjektiv: *das gelbe Fieber, die gelbe Gefahr, die gelbe Karte* (im Fußball), *das gelbe Trikot* (im Radsport). Groß schreibt man das Adjektiv in Namen: *der Gelbe Fluss, das Gelbe Meer; die Gelben Engel* (des ADAC). Neu auch: *die Gelbe Rübe* (südd. für: *Mohrrübe*). Groß schreibt man auch das substantivierte Adjektiv: *die Farbe Gelb, eine Tapete in Gelb, gerne Gelb tragen. Bei Gelb ist die Kreuzung zu räumen. Die Ampel steht auf Gelb* usw. **b)** In neuer Rechtschreibung schreibt man *gelb* immer getrennt vom folgenden 2. Partizip: *die gelb gefärbten Kleider.*
2. ein gelbgrüner Dress / ein gelb-grüner Dress ↑ Farbbezeichnungen (3.1).
3. des Gelb / des Gelbs: Das Substantiv *das Gelb* erhält nur im Singular ein -s. Alle anderen Kasus sind standardsprachlich endungslos: *der Schimmer des Gelbs; die Leuchtkraft der beiden Gelb.* Die Pluralform mit -s *(die beiden Gelbs)* ist umgangssprachlich. ↑ Farbbezeichnungen (2.3).
4. Zur Steigerung von *gelb* ↑ Farbbezeichnungen (1).
gelblich: ↑ bläulich.
Geld- und Münzbezeichnungen: ↑ Maß-, Mengen- und Münzbezeichnungen.
Gelee: Das Wort wird entweder als Neutrum *(das Gelee)* oder als Maskulinum *(der Gelee)* gebraucht. Beides ist korrekt.
gelegentlich: Die Präposition *gelegentlich* steht mit dem Genitiv und gibt an, dass etwas bei einer bestimmten Gelegenheit geschieht, z. B.: *... ich erfuhr das ... gelegentlich eines Besuchs ...* (Jens). Das Wort wird als schwerfällige, amtssprachliche Präposition empfunden; stilistisch besser ist *bei: Ich erfuhr es bei meinem Besuch.*

Gelehrte, der und die: **1. oben genanntem Gelehrten / Gelehrtem · ihr als Gelehrten / Gelehrter:** Im Allgemeinen wird *Gelehrte* wie ein attributives ↑ Adjektiv (1.1) dekliniert: *Er ist Gelehrter. Es sprach eine Gelehrte von internationalem Rang. Der Gelehrte erläuterte die Bedeutung der Raumfahrt. Die Gelehrten diskutierten über Probleme der Umweltverschmutzung. Zwei Gelehrte sprachen sich gegen die Vorschläge aus* usw. Im Genitiv Plural ist heute nach einem stark deklinierten Adjektiv die starke Beugung üblich: *die Auszeichnung namhafter Gelehrter* (veraltend: *Gelehrten*). Ausnahmen und Schwankungen treten beim Dativ Singular auf: **a)** Nach einem stark deklinierten Adjektiv wird heute schwach gebeugt: *Oben genanntem / genannter Gelehrten* (veraltet: *Gelehrtem / Gelehrter*) *ist die Auszeichnung verliehen worden.* **b)** In der Apposition (im Beisatz) kommt neben der starken Deklination häufig die schwache vor: *Ihm/Ihr als Gelehrten ...* neben: *Ihm als Gelehrtem / Ihr als Gelehrter ...*
2. einige Gelehrte · alle Gelehrten · solche Gelehrte[n]: Zur Deklination von *Gelehrte* nach *alle, beide, einige* usw. ↑ all- usw.
Geleise / Gleis: Im Allgemeinen wird heute die kürzere Form *Gleis* bevorzugt; *Geleise* ist österr. bzw. gehoben. ↑ Substantiv (2.3).
gelernt: Die attributive Verwendung des zweiten Partizips von *lernen* in Fügungen wie *eine gelernte Schlosserin* »jemand, der das Schlosserhandwerk gelernt hat« ist eigentlich nicht regelgerecht (↑ zweites Partizip [2.2]). Sie erklärt sich aus der alten Verwendung von *lernen* im Sinne von »lehren«: *ein gelernter Schlosser* ist also ursprünglich »jemand, dem das Schlosserhandwerk gelernt (= gelehrt) worden ist«.
Geliebte, der und die: **1. oben genanntem Geliebten / Geliebtem · ihr als Geliebten / als Geliebter:** Im Allgemeinen wird

Geliebte wie ein attributives ↑ Adjektiv (1.1) dekliniert: *ein Geliebter, eine Geliebte, der Geliebte, die Geliebten, zwei Geliebte* usw. Im Genitiv Plural ist heute nach einem stark deklinierten Adjektiv die starke Beugung üblich: *wegen treuloser Geliebter* (veraltend: *Geliebten*). Ausnahmen und Schwankungen treten beim Dativ Singular auf: **a)** Nach einem stark deklinierten Adjektiv wird heute schwach gebeugt: *Von treulosem / treuloser Geliebten* (veraltet: *Geliebtem / Geliebter*) *verlassen* ... **b)** In der Apposition (im Beisatz) kommt neben der starken Deklination häufig die schwache vor: *Ihm / Ihr als Geliebten* ... neben: *Ihm als Geliebtem / Ihr als Geliebter* ...
2. einige Geliebte · alle Geliebten · solche Geliebte[n]: Zur Deklination von *Geliebte* nach *alle, beide, einige* usw. ↑ all- usw.

gelten: 1. gelten als / für: Beide Anschlüsse sind möglich, der *für*-Anschluss ist allerdings wenig gebräuchlich: *Sie gilt als klug /* (selten:) *für klug.* In Verbindung mit *als* steht das folgende Substantiv – mit oder ohne bestimmten oder unbestimmten Artikel – im Nominativ: *Sie gilt als die Vorzeigefrau der Partei. ... als ein Unnützer galt er ...* (Nigg). *... Hauptlehrer Kuhn, der als Experte galt ...* (Kirst). In der Verbindung mit *für* steht das folgende Substantiv – stets mit bestimmtem oder unbestimmtem Artikel – im Akkusativ: *Er galt für den witzigsten Kopf seiner Zeit.*
2. gelten / gilt · gälte / gölte: Im Indikativ Präsens heißt es: *ich gelte; du giltst; er, sie, es gilt.* ↑ e- / i-Wechsel. Im seltenen Konjunktiv II werden heute sowohl *gälte* als auch *gölte* gebraucht. ↑ Konjunktiv (1.3).
3. geltend / gültig / gegolten: Das erste Partizip *geltend* bezieht sich auf etwas, was zu dem Zeitpunkt, in dem es erwähnt wird, noch gilt. Es heißt also korrekt: *Die [seit 1996] geltenden Bestimmungen,* aber: *die bis 1978 gültigen* (nicht: *geltenden*) *Gesetze.* Das zweite

Partizip *gegolten* kann überhaupt nicht attributiv verwendet werden (nicht: *die gegoltenen Regelungen*), weil *gelten* sein Perfekt mit *haben* bildet (↑ zweites Partizip [2.2]).

gelüsten: Das Verb *gelüsten* wird mit dem Akkusativ (nicht mit dem Dativ) der Person verbunden: *jemanden* (nicht: *jemandem*) *gelüstet [es] nach etwas; ... sie schien nun die Antwort zu haben, nach der es sie gelüstete* (Musil).

Gemach: Das Wort hat neben der Pluralform *die Gemächer* noch den veralteten Plural *die Gemache.*

gemacht: Gelegentlich wird *gemacht* pleonastisch mit *Ausführung* verbunden: *Die gemachten Ausführungen ...* Besser ist: *Die Ausführungen ...* ↑ zweites Partizip (2.4).

gemahlen / gemalt: ↑ mahlen / malen.

Gemahlin: ↑ Frau (2).

gemäß: Die Präposition *gemäß* verlangt den Dativ (nicht den Genitiv) und kann vor oder nach dem Substantiv stehen: *seiner Anweisung gemäß, ihrem Wunsche gemäß; gemäß ihren Plänen.*

-gemäß / -mäßig: Bei der Verwendung von *-gemäß* und *-mäßig* ist Folgendes zu beachten: Das Suffix *-mäßig* wird in der Großzahl der Bildungen in zwei Bedeutungen verwendet: **1.** »in Bezug auf; was ... betrifft«: *qualitätsmäßige Verbesserung; arbeitsmäßig, wohnungsmäßig* usw.
2. »in der Art von, wie«: *robotermäßiges Arbeiten; lehrbuchmäßig, fabrikmäßig* usw. Im Gegensatz dazu hat *-gemäß* die Bedeutung »wie ... verlangt, [genau] entsprechend«: *programmgemäß ablaufen; standesgemäß, wahrheitsgemäß* usw. Deutlich wird dieser Bedeutungsunterschied von *-mäßig* und *-gemäß* etwa bei folgenden Beispielen: *Wir rechnen terminmäßig* (= was den Termin betrifft) *mit keinerlei Schwierigkeiten.* Aber: *Die Arbeiten werden termingemäß* (= wie es der Termin verlangt, dem Termin entsprechend) *abgeschlossen. Lass den be-*

fehlsmäßigen Ton (= in der Art eines Befehls). Aber: *Niemand führte den Auftrag befehlsgemäß* (= wie es der Befehl verlangt, dem Befehl entsprechend) *aus.* Bei einigen Bildungen tritt allerdings *-mäßig* in der Bedeutung von *-gemäß* auf: *fahrplanmäßig, kalendermäßig, rechtmäßig, verfassungsmäßig* (= konstitutionell), *vorschriftsmäßig, zweckmäßig.* Diese Bildungen haben meist keine *-gemäß-*Bildungen neben sich und sind sprachüblich. In einigen Fällen treten aber Bildungen mit *-mäßig* konkurrierend neben *-gemäß-*Bildungen auf, z. B. *ordnungsmäßig* neben *ordnungsgemäß, pflichtmäßig* neben *pflichtgemäß, turnusmäßig* neben *turnusgemäß.* In diesen Fällen sollte man meist, besonders wenn man Wert auf Eindeutigkeit legt, die Bildungen mit *-gemäß* verwenden: *ich habe das ordnungsgemäß* (nicht: *ordnungsmäßig*) *erledigt. Die pflichtgemäße* (nicht: *pflichtmäßige) Benachrichtigung blieb aus. Der nächste Lehrgang findet turnusgemäß am 22. 2. statt.* ↑ *-mäßig* (1).

Gemeinde / Gemeine: Von den beiden gleichbedeutenden Formen ist *die Gemeine* veraltet bzw. nur noch landschaftlich verbreitet (Ausnahme: *Brüdergemeine*).

Gemeinderätin: ↑ Titel und Berufsbezeichnungen (3).

gemischte Deklination: ↑ Substantiv (1.3), ↑ Adjektiv (1.1.3).

Gemse: Alte Schreibung für ↑ Gämse.

genannt: Folgt auf *genannt* ein Adjektiv, dann werden beide Wörter parallel, d. h. in gleicher Weise, gebeugt, z. B.: *die genannten neuen Bücher; die Umschläge genannter neuer* (nicht: *neuen) Bücher; genanntes neues* (nicht: *neue) Buch;* aber im Dativ: *mit genanntem neuem* (auch: *neuen) Buch.* ↑ Adjektiv (1.2.1).

genau: 1. Gebrauch: Der attributive Gebrauch von *genau* im Sinne von »gerade« ist umgangssprachlich: *Das genaue Gegenteil ist der Fall.* Standardsprachlich korrekt ist nur: *Genau das Gegenteil ist*

der Fall. Ebenso: *der genau zulässige Druck,* aber nicht: *der genaue zulässige Druck.*
2. Rechtschreibung: a) Groß schreibt man die Substantivierung von *genau: Er teilte uns mit, dass er nichts Genaues wisse.* Nach den neuen Rechtschreibregeln kann man den Superlativ von *genau* in Verbindungen mit *auf* wie den folgenden groß- oder kleinschreiben: *Wir haben uns auf das Genau[e]ste / aufs Genau[e]ste erkundigt* oder *Wir haben uns auf das genau[e]ste / aufs genau[e]ste erkundigt.* ↑ Groß- oder Kleinschreibung (1.2.1). **b)** Man schreibt *genau nehmen* in zwei Wörtern: *Sie nimmt es sehr genau / hat es nicht so genau genommen.* In neuer Rechtschreibung schreibt man in Anlehnung an die verbale Fügung auch getrennt: *genau genommen.* ↑ genau genommen.

genau genommen: Nach den neuen Rechtschreibregeln wird *genau genommen* (»recht betrachtet, eigentlich«) getrennt geschrieben (↑ genau 2b). Die Verbindung kann durch Komma abgetrennt werden, um die Gliederung des Satzes deutlich zu machen und Missverständnisse auszuschließen: *Sie hat[,] genau genommen[,] ganz Recht. Genau genommen[,] ist das gar kein Kaffee.* ↑ Komma (4.2), ↑ zweites Partizip (2.5).

genauso: 1. genauso / genau so: Wird das (betonte) Adverb *so* »auf diese Art, Weise« durch *genau* »exakt, gerade, eben« näher bestimmt, schreibt man getrennt: *Um dieses Pulverfass zur Explosion zu bringen, genügte ein Funke. Genau so wirkte ...* Sonst (nur *genau-* ist betont) gilt Zusammenschreibung: *Dieses Schnupfenspray wirkt genauso wie jenes.* **2.** In neuer Rechtschreibung schreibt man *genauso* immer getrennt vom folgenden Adverb und allen Formen der unbestimmten Zahlwörter *viel* und *wenig: genauso oft, genauso gern, genauso viel, genauso wenig. Sie spielt genauso gut Klavier wie ihr Bruder. Selbstverständlich* *liefert sie genauso intelligente Beiträge wie er! Wir waren genauso viele Tage unterwegs. Ich bin mit genauso wenigen Menschen zusammengekommen wie du.* In Zusammen- oder Getrenntschreibung ist dagegen die Fügung *genausovielmal,* (auch:) *genauso viel Mal* zulässig.

General: 1. Das Wort hat eine umgelautete und eine nicht umgelautete Pluralform: *die Generale* und *die Generäle.* Beide Formen sind korrekt.

2. Zur Deklination des Namens nach *General (des Generals Steuben / General Steubens)* ↑ Titel und Berufsbezeichnungen (1.2 und 1.3); zur Anschrift ↑ Brief (7).

generalüberholen: Von *generalüberholen* werden nur der Infinitiv und das zweite Partizip gebraucht: *Ich lasse den Wagen generalüberholen. Der Wagen wurde generalüberholt. ... weil er eigentlich in einer ruhigen Gegend seine Motoren generalüberholen ... wollte* (Carell).

generisches Maskulinum: Das generische oder verallgemeinernde Maskulinum ist die Verwendung maskuliner Formen, wenn das natürliche Geschlecht (Sexus) als unwichtig betrachtet wird oder wenn weibliche und männliche Personen gemeint sind: *Keiner hat das gesehen. Jeder muss sein Schicksal tragen. Unser Betrieb beschäftigt 420 Mitarbeiter.* Im Zuge der Bemühungen um sprachliche Gleichbehandlung von Frauen wird das generische Maskulinum häufig abgelehnt. ↑ Genus, ↑ Gleichstellung von Frauen und Männern in der Sprache.

genesen: Die 2. Person Indikativ Präsens lautet im Allgemeinen *du genesest;* die verkürzte Form *du genest* wird seltener gebraucht. In der 3. Person dagegen ist heute nur die verkürzte Form *er / sie / es genest* üblich. Der Imperativ Singular lautet *genese!*

Genitiv: Zum Genitiv (Wesfall, zweiter Fall) vgl. allgemein ↑ Kasus; zur Bildung ↑ Substantiv (1), ↑ Genitiv-s. Zu *ein Strauß rote / roter Rosen* ↑ Apposition (2.2); zu *die Verhaftung des Generals als eigentlicher Drahtzieher / eigentlichen Drahtziehers* ↑ Apposition (3.3).

Genitivattribut

Häufig gestellte Fragen zum Genitivattribut	
Frage	**Antwort unter**
Sind Formulierungen wie *meinem Bruder sein Zimmer* eigentlich zulässig?	dieser Artikel, Punkt (1.3.2)
Darf anstelle des Genitivs auch die Präposition *von* verwendet werden, z. B. *das Haus von meinen Eltern?*	dieser Artikel, Punkt (1.3.3)

Unter einem Genitivattribut versteht man ein Substantiv im Genitiv, das einem anderen, dem Bezugswort, als nähere Bestimmung zugeordnet ist. Nach der inhaltlichen Leistung lassen sich mehrere Typen unterscheiden; außerdem sind Fragen der Stellung und der Häufung von Genitivattributen von Interesse:

1   Die verschiedenen Typen des Genitivattributs

1.1 Genitivus explicativus

Beim Genitivus explicativus (Genitivus definitivus, Genitiv der Identität) stellt das Genitivattribut eine nähere Bestimmung zum allgemeineren Bezugswort dar. Es liegt gleichsam ein »Bedeuten-Verhältnis« vor:

> Irrsinn des Krieges (= Krieg bedeutet Irrsinn), Laster der Trunksucht, Verdienst der Befreiung.

Zum Genitivus explicativus wird auch der Genitiv der Steigerung *(Buch der Bücher)* gerechnet.

1.2 Genitivus partitivus

Beim Genitivus partitivus bezeichnet das Bezugswort gewöhnlich ein Maß oder eine [Teil]menge, während das Genitivattribut zweierlei ausdrücken kann:

1. Das Genitivattribut nennt ein bestimmt umgrenztes, umfassendes Ganzes; als Bezugswort können auch Indefinitpronomen und Zahlwörter stehen:

die Hälfte meines Vermögens, die älteste der Schwestern, 10 % des Gewinns; einige meiner Freunde.

G

Hierher gehören auch Fälle wie *wir waren [unser] vier, sie waren [ihrer] sieben,* in denen das Pronomen jedoch entbehrlich ist. Dieser Genitiv wird heute häufig durch präpositionale Gefüge mit *von* und *unter* ersetzt *(die Hälfte von meinem Vermögen; die älteste unter den Schwestern; 10 % vom Gewinn; einige von meinen Freunden).*

2. Das Genitivattribut nennt die Art des umfassenden Ganzen:

ein Glas [edlen] Wein[e]s, mit einer Schar [fröhlicher] Kinder.

Dieser Genitiv wird heute als gehoben oder gespreizt empfunden. Er wird zum einen durch präpositionale Fügungen ersetzt *(ein Glas mit [edlem] Wein, mit einer Schar von [fröhlichen] Kindern).* Zum anderen wählt man heute sehr häufig die Nebeneinanderstellung von Bezugswort und Attribut in Form der ↑ Apposition (2.2): *ein Glas [edler] Wein, mit einer Schar [fröhlichen] Kindern.*

1.3 Genitivus possessivus

Der Genitivus possessivus drückt ein Besitz- oder allgemeiner ein Zugehörigkeitsverhältnis aus:

der Hut meines Vaters, das Auto der Tante; die Häuser der Stadt, die Tiere des Waldes.

Er steht in Konkurrenz mit verschiedenen anderen Konstruktionen:

1.3.1 Genitivus possessivus und freier Dativ:

Er trägt den Koffer *des Freundes* zum Bahnhof. – Er trägt *dem Freund* den Koffer zum Bahnhof.

Sie rettete das Leben *des Verunglückten.* – Sie rettete *dem Verunglückten* das Leben.

Während der Genitivus possessivus lediglich sachlich das Besitz- bzw. Zugehörigkeitsverhältnis feststellt, rückt der freie (= grammatisch nicht notwendige) Dativ die genannte Person stärker in den Vordergrund des Interesses und der Teilnahme.

1.3.2 Genitivus possessivus und Dativ + Possessivpronomen: Die Ersetzung des Genitivus possessivus durch einen Dativ in Verbindung mit einem Possessivpronomen, wie sie in salopper Umgangssprache vorkommt, gilt standardsprachlich als falsch:

> Das Zimmer *meines Bruders* (nicht: *Meinem Bruder sein* Zimmer) ist groß. Das Auto *meiner Tante* (nicht: *Meiner Tante ihr* Auto) ist gestohlen worden. *Des einen* Kneipe (nicht: *Dem einen seine* Kneipe) ist *des anderen* (nicht: *dem andern* sein) Sterbelager.

Das Possessivpronomen ruft in einigen Fällen den Eindruck hervor, dass der Dativ als Ersatz für den Genitivus possessivus steht, obwohl er in Wirklichkeit als Dativ des Interesses zum Verb gehört. Aus diesem Grunde sollte der Dativ in Verbindung mit einem Possessivpronomen vermieden werden:

> Nicht: *Er holte dem Kind seine Puppe aus dem Wasser.* (Sondern: *Er holte dem Kind die Puppe aus dem Wasser* oder: *Er holte die Puppe des Kindes aus dem Wasser.*) Nicht: *Er baute dem Bürgermeister sein Haus.* (Sondern: *Er baute dem Bürgermeister ein Haus* oder: *Er baute das Haus des Bürgermeisters.*)

1.3.3 Genitivus possessivus und Präpositionalgefüge: Vor allem in der Umgangssprache ist das Präpositionalgefüge mit *von* anstelle eines Genitivus possessivus sehr beliebt. Man sollte es vermeiden, wenn der Genitivus possessivus eindeutig und üblich ist:

> das Haus meiner Eltern (nicht: von meinen Eltern),
> das Gefieder der Vögel (nicht: von den Vögeln).

In einigen Fällen ist jedoch die *von*-Konstruktion üblich und notwendig; etwa wenn vor dem attributiven Substantiv ein ungebeugtes Zahlwort ohne Artikel steht: *der Preis von sechs Häusern.* Aber mit Artikel: *der Preis der sechs Häuser.* Und in Verbindung mit einem Adjektiv: *der Preis sechs stattlicher Häuser / von sechs stattlichen Häusern.*

Auch wenn das attributive Substantiv ein geographischer Name oder ein Personenname in Verbindung mit *Herr* oder *Frau* ist, wird häufig die Konstruktion mit *von* gewählt:

> Münchens Museen (die Museen Münchens) / die Museen von München; Englands Königin (die Königin Englands) / die Königin von England; Herrn Meyers Antrag, der Antrag des Herrn Meyer / der Antrag von Herrn Meyer; Frau Müllers Auto / das Auto von Frau Müller.

Auch um die Aneinanderreihung mehrerer voneinander abhängiger Genitivattribute (↑ 3) zu vermeiden, weicht man häufig auf die Konstruktion mit *von* aus *(das Jahr des Todes des Wilhelm / das Jahr von Wilhelms Tod).*

Neben der *von*-Konstruktion stehen auch andere präpositionale Fügungen in Konkurrenz mit dem Genitivus possessivus:

> die Brücken des Rheins / die Brücken über den Rhein; die Keller des Hauses / die Keller im Haus; die Museen Münchens / die Museen in München.

1.4 Genitivus Qualitatis

Der Genitivus Qualitatis bezeichnet eine Eigenschaft oder Beschaffenheit des im Bezugswort Genannten und kommt – von einigen festen Verbindungen wie

> eine Person *mittleren Alters,* Kunstschätze *aller Art,* ein Mensch *guten Willens*

abgesehen – hauptsächlich in gehobener Sprache vor. Gewöhnlich wird er durch präpositionale Fügungen ersetzt: *eine Frau intelligenten Aussehens / von intelligentem Aussehen;* vor allem dann, wenn der Genitiv den Stoff nennt, aus dem die im Bezugswort genannte Sache besteht: *ein Becher edlen Goldes / aus edlem Gold.* Die präpositionale Ersatzkonstruktion muss stehen, wenn das attributive Substantiv ohne nähere Bestimmung oder ohne Artikel steht: *eine Frau von Geist.*

1.5 Genitivus subiectivus / obiectivus

Der Genitivus subiectivus nennt den Träger des im Bezugswort genannten Geschehens oder Zustands: *die Ankunft des Zuges; die Behauptung der Angeklagten.* Formt man die Konstruktion in einen entsprechenden Satz um, wird aus dem Genitivattribut das Subjekt des Satzes: *der Zug kommt an; die Angeklagte behauptet ...* Demgegenüber nennt der Genitivus obiectivus das Ziel bzw. den Betroffenen des im Bezugswort genannten Geschehens: *die Befreiung der Geiseln; die Verteilung der Medikamente.* Formt man die Konstruktion in einen entsprechenden Satz um, wird aus dem Genitivattribut das Objekt des Satzes: *man befreit die Geiseln / verteilt die Medikamente.*

1.5.1 Genitivus subiectivus / obiectivus zu transitiven Verben: Von einigen Verbalsubstantiven, die als Nomen Actionis zu einem transitiven Verb gehören, kann sowohl ein Genitivus subiectivus als auch ein Genitivus obiectivus abhängen:

> die Regierung *der Präsidentin* (= die Präsidentin regiert; Genitivus subiectivus) / die Regierung *des Landes* (= man regiert das Land; Genitivus obiectivus); die Führung *des Museumsleiters* / die Führung *des Staates;* die Besorgung *der Mutter* / die Besorgung *des Buches;* die Beobachtung *der Physikerin* / die Beobachtung *des Unglücks.*

Der Umstand, dass von einem Verbalsubstantiv zwei verschiedene Genitive abhängen können, führt häufig zur Mehrdeutigkeit, vor allem dann, wenn das Genitivattribut eine Person nennt. In dem Satz *Trotz aller Verleumdungen ihres Mannes ... kehrt sie heim* (Börsenblatt) soll z. B. gesagt werden, dass der Mann verleumdet worden ist (= Genitivus obiectivus), doch wird der Satz leicht so verstanden, als habe der Mann verleumdet (= Genitivus subiectivus). In allen missverständlichen Fällen sollte man deshalb die Genitiv-konstruktion vermeiden und auf andere Formulierungen ausweichen: *trotz aller Verleumdungen durch ihren Mann* (= statt Genitivus subiectivus); *trotz aller Verleumdungen, die ihr Mann hatte erdulden müssen* (= statt Genitivus obiectivus).

Bei einer Reihe von Verbalsubstantiven ist heute nur der Genitivus obiectivus üblich, während anstelle des Genitivus subiectivus zumeist ein präpositionales Gefüge gewählt wird:

> die Belagerung *der Stadt* / (aber:) die Belagerung *durch die Römer* (kaum: *der Römer,* es sei denn, die Römer würden belagert); der Verkauf *des Hauses* / (aber:) der Verkauf *durch die* (nicht: *der*) *Eigentümerin;* die Befragung *des Orakels* / (aber:) die Befragung *durch den Kommissar* (nicht: *des Kommissars,* es sei denn, dieser würde befragt); der Raub *der Helena* / (aber:) der Raub *durch Paris.*

Andererseits gibt es eine Reihe von Verbalsubstantiven, die heute im Allgemeinen nur mit dem Genitivus subiectivus stehen. Der Genitivus obiectivus wird zumeist durch ein präpositionales Gefüge ersetzt; wobei als Präposition gewöhnlich die des zugrunde liegenden Verbs auftritt:

> die Furcht *des Kindes* (= das Kind fürchtet sich) / (aber:) die Furcht *vor dem Tode;* der Rat *des Freundes* / (aber:) der Rat *zum Ausgleich;* die Liebe *des Kindes* / (aber:) die Liebe *zu dem Kind;* der Hass *des Feindes* / (aber:) der Hass *gegen den Feind.*

1.5.2 Genitivus subiectivus zu intransitiven Verben: Gehört ein Verbalsubstantiv als Nomen Actionis zu einem intransitiven Verb, dann ist gewöhnlich nur ein Genitivus subiectivus daneben möglich: *die Tagung der Beamten, die Abdankung der Königin.* Gelegentlich findet man, dass ein Genitivus obiectivus gebildet wird, der nicht einem Akkusativobjekt, sondern einem Genitiv-, einem Dativ- oder einem Präpositionalobjekt entspricht. Diese Konstruktion ist nicht korrekt:

> die Entsagung jeder Politik, die Steuerung des Unfugs, die Beiwohnung des Zwei-kampfes, die Forschung der Wahrheit, der Bericht des Patienten (für: über den Patien-ten), das Zuvorkommen ihres Wunsches, eine wirksame Behandlung oder Vorbeu-gung solcher Erkrankungen, die Abhilfe des Übelstandes.

2   Stellung des Genitivattributs

2.1 der Hut des Vaters / Vaters Hut

Der attributive Genitiv steht heute gewöhnlich nach dem Bezugswort (nur diese Stellung ist möglich, wenn dem Bezugswort ein Artikel oder Pronomen vorangeht):

der Hut *des Vaters,* der Wahnsinn *des Krieges,* das Haus *meiner Schwester,* das Abhören *der Sendung.*

Die Voranstellung des Genitivattributs ist im Allgemeinen nur bei Namen oder namenähnlichen Substantiven und in festen Wendungen gebräuchlich:

Ingeborg Bachmanns Lyrik, *[des] Vaters* Hut, *Teddybärs* Wohnung; *aller Laster* Anfang, *des Tages* Mühen.

Tritt ein Artikel oder ein Pronomen zum Bezugswort, dann wird das Genitivattribut jedoch wieder nachgestellt: *die Lyrik Ingeborg Bachmanns, der Hut des Vaters* usw. Die Voranstellung des namenähnlichen Substantivs wird vor allem dann bevorzugt, wenn das Bezugswort selbst noch durch Appositionen, Präpositionalgefüge u. Ä. näher bestimmt ist, wodurch ein nachgestelltes Genitivattribut zu weit vom Bezugswort getrennt würde:

Nicht: die Nichte Susanne des Vaters, sondern: Vaters Nichte Susanne. Nicht: die Ministerin für Entwicklungshilfe des Bundeskanzlers, sondern: des Bundeskanzlers Ministerin für Entwicklungshilfe.

Die Voranstellung von Substantiven, die nicht Namen usw. sind, kommt [hervorhebend] besonders in der literarischen Sprache vor: *Das Wunder ist des Glaubens liebstes Kind* (Goethe).

2.2 Deines Geistes hab ich einen Hauch verspürt

Gleichfalls der Hervorhebung dient die Trennung von Attribut und Bezugswort. In diesen Fällen wird auch die Umschreibung mit *von* gewählt:

Deines Geistes hab ich einen Hauch verspürt (Uhland). Bela hat mir die Hand geboten von seinem Enkelkind (Grillparzer).

Besonders wo Missverständnisse möglich sind, sollte man auf diese Wortfolge verzichten. Nicht: *die Verdienste um den Wiederaufbau des Vorsitzenden* für: *die Verdienste des Vorsitzenden um den Wiederaufbau.*

3   Häufung voneinander abhängiger Genitivattribute

3.1 der Rand des Hutes des Vaters

Von einem attributiven Genitiv kann ein zweiter, von diesem ein dritter abhängen usw. Aus stilistischen Gründen sollte man jedoch nicht mehr als zwei voneinander abhängige Genitivattribute hintereinander stellen. Also nicht: *die Anerkennung des Beschlusses des Ausschusses des Bundestages.* Zumeist kann man die Häufung der Genitivattribute durch Präpositionalgefüge umgehen: *die Schilderung des Charakters der Personen in diesem Drama, der Rand von Vaters Hut* statt: *der Rand des Hutes des Vaters.* Lässt sich dies nicht vermeiden, dann wählt man möglichst ungleiche Artikel oder Pronomen: *die Schilderung des Charakters der Personen dieses Dramas.*

Die Aneinanderreihung zweier attributiver Genitive ist grundsätzlich möglich: *die Anerkennung des Beschlusses des Ausschusses.* Doch sollte man auch hier nach Möglichkeit ungleiche Artikel und Pronomen setzen.

3.2 das Haus des Vaters meines Freundes / meines Freundes Vaters Haus / das Haus meines Freundes Vaters

G

Aus Gründen der Verständlichkeit ist es nicht üblich, einen attributiven Genitiv einem übergeordneten Genitivattribut voranzustellen:

> Nur: das Haus des Vaters meines Freundes. Nicht: die Tat seines Bruders Mörders / seines Bruders Mörders Tat, sondern: die Tat des Mörders seines Bruders.
> Nicht: Monikas Schwesterchens Puppe, sondern (mit Präposition): die Puppe des Schwesterchens von Monika.

4 Genitivattribute verschiedener Art neben demselben Bezugswort

Man sollte verschiedene Genitivattribute neben demselben Bezugswort vermeiden und z. B. nicht schreiben: *die Bilder des Museums aller Art,* weil hier ein Genitivus possessivus *(des Museums)* und ein Genitivus Qualitatis *(aller Art)* von dem Bezugswort *Bilder* abhängen. Zuweilen finden sich aber ein Genitivus obiectivus und ein Genitivus subiectivus nebeneinander. Dies ist durchaus korrekt, doch muss der Letztere dem Bezugswort vorangehen:

> Nicht: die Beobachtung des Vaters dieses Vorgangs, sondern: Vaters / seine Beobachtung dieses Vorgangs. Nicht: die Entdeckung Röntgens dieser Strahlen, sondern: Röntgens Entdeckung dieser Strahlen.

> Auch präpositionale Gefüge dienen oft als Ersatzkonstruktion für den Genitivus subiectivus *(die Entdeckung der Strahlen durch Röntgen).*

> Korrekt ist auch die Verbindung zweier Genitivattribute im folgenden Fall: *Schillers Geschichte des Dreißigjährigen Krieges,* weil hier der Titel als Einheit gefasst ist. Ebenso: *Goethes Gesang der Geister über den Wassern.*

5 Verweise

Zu *die Meldepflicht der Berufskrankheiten / die Pflicht zur Meldung der Berufskrankheiten* ↑Kompositum (8); zu *Beschreibung [der Maschine] und Ar-*

beitsweise der Maschine ↑ Ellipse (3); zu *behördlicher Erlass / Erlass der Be-hörde* ↑ Adjektiv (4.1); zu *die Niederlage von Drusus und seinen / seiner Solda-ten* ↑ Präpositionalattribut; zum Apostroph bei der Bildung des Genitivs von Namen ↑ Apostroph (4).

G

Genitivobjekt: Das Genitivobjekt ist eine Ergänzung im Genitiv (Frage: wessen?): *Wer nimmt sich des Problems an? Er bedarf dringend meiner Hilfe.* Die Zahl der Verben mit einem Genitivobjekt ist	klein; manche können auch mit einem anderen Objekt, etwa einem Präpositio-nalobjekt, verbunden werden: *Ich erin-nere mich des Vorfalls / an den Vorfall nicht.* ↑ Objekt.

Genitiv-s

Häufig gestellte Fragen zum Genitiv-s	
Frage	**Antwort unter**
Heißt es *des Überflusses* oder *des Überfluss, des Busches* oder *des Busch?*	dieser Artikel, Punkt (1)
Heißt es *des Gemütes* oder *des Gemüts, des Ertrages* oder *des Ertrags?*	dieser Artikel, Punkt (2)

Bei der Bildung des Genitivs Singular der starken männlichen und sächlichen Substantive (die weiblichen sind endungslos) entstehen besonders deshalb Schwierigkeiten, weil sich über den Gebrauch der Endungen *-es* und *-s* keine allgemeinen Regeln aufstellen lassen.

1. **Fester Gebrauch der Endung *-es* oder *-s:***
   Die volle Form *-es* steht immer bei Substantiven, die auf den Zischlaut *-s, -ß, -x, -z, -tz* und (mit Ausnahmen) auf *-sch* und *-st* ausgehen:
   des Glases, des Überflusses, des Reflexes, des Gewürzes, des Sitzes; des Busches, des Zwistes.

   Die kürzere Form *-s* wird immer gesetzt bei Substantiven auf *-en, -em, -el, -er:*
   des Wagens, des Lesens, des Atems, des Gürtels, des Lehrers

und in festen formelhaften Wendungen wie

tags darauf, von Rechts wegen, Manns genug.

Weiterhin findet sich die kürzere Form bei Farbbezeichnungen und stark gebeugten Sprachbezeichnungen, sofern sie nicht überhaupt endungslos stehen (↑ Unterlassung der Deklination [1.5]):

des Schweinfurter Grüns, des prächtigen Purpurrots; die auffällige Eigenart seines umgangssprachlichen Deutschs.

2. Schwankender Gebrauch der Endung *-es* oder *-s:*

Die volle Form *-es* wird – besonders bei Voranstellung des Genitiv(attribut)s – bei einsilbigen und endbetonten deutschen Substantiven bevorzugt (sofern sie nicht auf Zischlaut enden; ↑ 1):

des Gemütes, des Ertrages, des Leibes, des Tages [Hitze], dieses Mannes [Zögern].

Auch bei Zusammensetzungen mit Fugen-s und Substantiven auf mehr als einen Konsonanten wird aus lautlichen Gründen häufiger die *-es*-Form gewählt:

des Kriegsjahres, des Blutsfreundes; des Feldes, des Erfolges, des Kampfes; (aber:) des Lärms, des Quarks, des Ulks.

Die kurze Form *-s* wird bei Substantiven mit unbetonter Endsilbe bevorzugt; besonders bei Zusammensetzungen, sofern sie nicht auf einen Zischlaut enden oder Fugen-s aufweisen (s. o):

des Urteils, des Urlaubs, des Vortrags, des Abends, des Königs; des Dornstrauchs, des Nachtrags, des Herzogs, des Angebots, des Alltags, des Vormittags, des Lombards, des Niedergangs.

Auch Substantive, die auf Vokal (Diphthong) oder auf Vokal + *h* enden, neigen sehr stark zu der kurzen Form *-s:*

des Schnees, des Sees, des Knies; des Uhus, des Mais, des Sofas, des Baus; des Flohs, des Schuhs.

Grundsätzlich ist aber zu beachten, dass die genannten Stellungsbedingungen für *-es* bzw. *-s* aus rhythmischen oder stilistischen Gründen nicht selten außer Acht gelassen werden.

3. Irreguläre Verwendung des Genitiv-s:

Manche weibliche Substantive zeigen in festen Wendungen im Genitiv Singular ein *-s;* entgegen ihrem Deklinationsmuster, aber in Analogie zu ähnlichen Fügungen mit einem starken Maskulinum / Neutrum auf *-s.* Die Feminina verhalten sich in diesen Fällen wie Bestimmungswörter von Zusammensetzungen:

G

an Zahlungs statt (analog zu: an Kindes statt), von Obrigkeits wegen (analog zu: von Amts / Rechts wegen).

Zu den irregulären Formen *(Groß)mutters / Tantes Geburtstag* ↑ Verwandtschaftsbezeichnungen. In der Umgangssprache wird die -*s*-Form gelegentlich für alle Singularkasus gebraucht; standardsprachlich ist diese Verwendung nicht zulässig:

das / dem / das Dings [da]; dieses / diesem / dieses Zeugs [da].

4. Besonderheiten:

Allgemein zur [un]zulässigen Einsparung des Genitiv-s ↑ Unterlassung der Deklination (1.5; 2). Zum Genitiv-s oder dem Apostroph bei Namen ↑ Apostroph (4), ↑ Personennamen (2.1.1; 2.2). Weitere Verweise: ↑ Fremdwort (3.3), ↑ geographische Namen (1.1.2), ↑ Monatsnamen (1).

Genosse: Es kann sowohl *Wir bedauern Genossen Meiers Austritt aus der Partei* als auch *Wir bedauern Genosse Meiers Austritt aus der Partei* heißen. ↑ Personennamen (2.2.2).

Genossenschafter / Genossenschaftler: Im Allgemeinen wird heute *Genossenschaftler* verwendet. In Österreich wird die Form *Genossenschafter* vorgezogen. ↑ -schafter / -schaftler.

genug: 1. Stellung: *genug* steht nicht vor, sondern hinter einem Adjektiv: *Sie ist alt genug. Man kann nicht vorsichtig genug sein. Ein Kind kann nicht fröhlich genug sein.* Beim Substantiv kann es voran- und nachgestellt werden: *Es gibt genug Brot* oder *Es gibt Brot genug. Im Urlaub hat man genug Freizeit* oder *Im Urlaub hat man Freizeit genug.*

2. Rechtschreibung: Man schreibt *genug* vom folgenden Verb getrennt: *Ich habe jetzt genug* (= genügend, ausreichend) *getan.* Zusammen schreibt man nur das veraltende Verb *genugtun* mit den Bedeutungen »Genugtuung gewähren« *(Er soll mir genugtun)* und »aufhören« *(Sie konnte sich nicht genugtun den Film zu*

loben). ↑ Getrennt- oder Zusammenschreibung (1.3).

3. Kongruenz: Zu *Genug [Menschen] waren dort versammelt* (nicht: *Genug [Menschen] war dort versammelt*) ↑ Kongruenz (1.1.8).

Genus: Man unterscheidet drei Genera (grammatische Geschlechter): Maskulinum (männlich), Femininum (weiblich), Neutrum (sächlich). Das im Allgemeinen mit jedem Substantiv verbundene Genus (Ausnahmen s. u.) wird vor allem durch den Artikel angezeigt: *der Kopf, die Nase, das Ohr.* Von dem grammatischen Geschlecht ist das natürliche Geschlecht (Sexus; männlich, weiblich) zu unterscheiden. Eine durchgehende Übereinstimmung zwischen beiden besteht nicht: *der Bruder, der Mann, der Sohn; die Schwester, die Frau, die Tochter;* aber: *das Weib, das Fräulein, das Mädchen, die Wache.* Eine Reihe von Substantiven zeigt bei gleicher Bedeutung schwankendes Genus: *der / die Abscheu, das / der Barock, der / das Curry, der / das / die Dschungel, der / das Joghurt, der / das Liter, der / das Pflichtteil, der / das Radar, der / die Salbei, der / das*

Verhau, der / die Wulst usw; bei anderen ist das schwankende Genus mit einer Differenzierung der Bedeutung verbunden: *der / das Band, der / das Bauer* usw.; eine dritte Gruppe schließlich zeigt neben dem unterschiedlichen Genus auch eine leicht abweichende Form [und verschiedene Bedeutung]: *der Akt / die Akte, die Backe / der Backen* usw. Zu Besonderheiten im Zusammenhang mit dem Genus ↑ Fremdwort (2), ↑ Einzelbuchstaben, ↑ Flugzeugnamen (1), ↑ Schiffsnamen (1), ↑ Titel und Berufsbezeichnungen (1 und 3). Zu *sie ist Helfer / Helferin* u. Ä. ↑ Gleichstellung von Frauen und Männern in der Sprache, ↑ Kongruenz (3).

Genuss: Zu *Genuss der Pilze / von Pilzen* ↑ von (4).

genussfähig: ↑ -fähig.

Genus Verbi: Man unterscheidet beim Verb zwei Genera: das »täterzugewandte« ↑ Aktiv und das »täterabgewandte« ↑ Passiv.

G

geographische Namen

Häufig gestellte Fragen zu geographischen Namen	
Frage	**Antwort unter**
Heißt es *südlich Köln* oder *südlich Kölns?*	dieser Artikel, Punkt (1.1.1), Ortsnamen (2)
Welche Form ist korrekt: *des Kongos* oder *des Kongo, des Sudans* oder *des Sudan?*	dieser Artikel, Punkt (1.2)
Welche geographischen Namen werden mit Artikel gebraucht, welche ohne?	dieser Artikel, Punkt (2.1)
Wie schreibt man *Ulmer, Münchner, Schweizer?*	dieser Artikel, Punkt (3.1), Einwohnerbezeichnungen auf -er (7)
Heißt es *Aachener* oder *Aacher, Erlanger* oder *Erlangener?*	Einwohnerbezeichnungen auf -er (1)

Für weitere Informationen vergleiche man auch ↑ Ortsnamen, ↑ Staatennamen.

1   Deklination
1.1   Ohne Artikel stehende geographische Namen
1.1.1 einschließlich Berlins/Berlin · südlich Kölns
1.1.2 Florenz' Geschichte / Geschichte von Florenz / Florenzens Geschichte
1.2   Mit dem Artikel [und Adjektiv] stehende geographische Namen
1.3   Der Plural von Ländernamen

G

1 Deklination

1.1 Ohne Artikel stehende geographische Namen

Die ohne Artikel gebrauchten Länder- und Ortsnamen sind Neutra; sie erhalten im Genitiv die Endung *-s,* im Übrigen sind sie endungslos:

Preußens Porzellanmanufaktur, Deutschlands Verfassung; die Verhandlungen mit Frankreich, das Gründungsmitglied der Vereinten Nationen ist.

1.1.1 einschließlich Berlins/Berlin · südlich Kölns: Nach ortsangebenden und eine Himmelsrichtung bezeichnenden Präpositionen haben Orts- und Ländernamen ein Genitiv-s; die endungslose Form ist nur nach *einschließlich* korrekt:

einschließlich Berlins/Berlin, innerhalb Deutschlands, oberhalb Straßburgs, südlich Kölns.

1.1.2 Florenz' Geschichte / Geschichte von Florenz / Florenzens Geschichte: Bei Länder- oder Ortsnamen, die auf einen Zischlaut *(s, ß, z, tz, x)* ausgehen, wird die Genitivform zumeist umgangen, d. h., anstelle des durch Apostroph gebildeten Genitivs bei vorangehendem Namen *(Paris' Museen, Florenz' Ge-schichte)* gebraucht man entweder die Umschreibung mit *von (die Museen von Paris, die Geschichte von Florenz)* oder die Voranstellung der Gattungsbe-zeichnung vor den Namen: *die Museen der Stadt Paris, die Fabriken der Stadt Chemnitz.* Die Bildung des Genitivs durch die Endung *-ens (Florenzens Paläste, Chemnitzens Fabriken)* ist als veraltet zu betrachten.

1.2 Mit dem Artikel [und Adjektiv] stehende geographische Namen

Die mit dem Artikel gebrauchten geographischen Namen, soweit es sich um Maskulina und Neutra handelt, erhalten im Genitiv meist die Endung *-s: des Balkans, des Engadins, des Rheins, des Brockens;* es kommen jedoch, beson-ders bei fremden Namen, auch endungslose Formen vor: *des Inn[s], des Ri-gi[s], des Kongo[s], des Sudan[s], des Jemen[s].*

Bei den Namen, die auf Zischlaut ausgehen, gibt es solche, die gebeugt werden, andere, die ungebeugt bleiben, und eine dritte Gruppe, die zwischen beiden Möglichkeiten schwankt: *des Harzes, des Rieses; des Taunus; des Elsass / Elsasses.*

Zusammensetzungen mit *-see, -fluss, -strom, -bach, -berg, -gebirge, -wald* u. a. müssen immer gebeugt werden: *des Kochelsees, des Riesengebirges, des Schwarzwald[e]s.*

In der Verbindung Artikel + Adjektiv + geographischer Name ist das Genitiv-s beim Namen korrekt; daneben gilt aber die endungslose Form, be-sonders bei Ortsnamen, bereits als gleichberechtigt: *die Länder des heutigen Europa[s], des zerstörten München[s], ein lebendiges Bild des modernen Hol-land[s].*

1.3 Der Plural von Ländernamen

Gelegentlich wird ein Plural von einem Ländernamen gebildet (mit oder ohne Plural-s), wenn er in irgendeiner Hinsicht als Zweiheit gesehen wird: *die beiden Amerika[s], die zwei Deutschland[s], Gespräche zwischen den beiden Koreas.*

2 Der Artikel bei geographischen Namen

2.1 Länder-, Gebiets- und Ortsnamen

Länder-, Gebiets- und Ortsnamen haben im Allgemeinen keinen Artikel: *Deutschland, Europa, Thüringen, Mannheim.* Es gibt jedoch eine ganze Reihe

Ausnahmen. Dabei handelt es sich vielfach nicht um politische Bezeichnungen, sondern um Landschaftsnamen:

Männliche Substantive: der Peloponnes, der Balkan, der Sudan.

Weibliche Substantive: die Türkei, die Normandie, die Pikardie, die Bretagne, die Riviera, die Dobrudscha, die Schweiz, die Pfalz, die Lausitz u. a.

Sächliche Substantive: das Elsass, das Engadin, das Tessin u. a.

Mit Artikel stehen pluralische und einige zusammengesetzte geographische Namen:

die USA, die Niederlande, die Azoren, die Alpen, die Bermudas; die Steiermark, die Wetterau, das Vogtland.

Manche Namen werden sowohl mit als auch ohne Artikel gebraucht: *[der] Iran, [der] Irak, [der] Jemen.* Entsprechend schwankt der Gebrauch von *in* (Ländername ohne Artikel) und *im* (Ländername mit Artikel): *im / in Jemen, im / in Sudan.* ↑ Staatennamen (1.4).

Der bestimmte Artikel steht ferner, wenn Länder- oder Ortsnamen mit einem flektierten Adjektiv oder einem Genitivattribut verbunden oder sonst näher bestimmt sind: *das schöne Thüringen, das ganze Deutschland* (aber: *ganz Deutschland*), *das halbe Europa* (aber: *halb Europa*), *das Frankreich Ludwigs XIV., das Berlin von heute.* Geht bei Ortsnamen jedoch eine Apposition voran, dann steht meist kein Artikel: *Schloss Wilhelmshöhe, Burg Stolzenfels, Kap Hoorn.*

Ländernamen, die gewöhnlich einen Artikel haben, stehen ohne ihn, wenn sie in Koppelungen auftreten: *das Rheinland, die Pfalz,* aber: *Rheinland-Pfalz.*

Die Mundart gebraucht manchmal den Artikel, wo ihn die Standardsprache nicht kennt: *ins Tirol, ins Österreich.*

In Aufzählungen, Listen u. Ä. können geographische Namen, die gewöhnlich einen Artikel bei sich haben, auch ohne den Artikel stehen:

Gewinner waren: Frankreich, Schweiz, Türkei. Fulda und Werra. Harz und Schwarzwald.

2.2 Berg-, Fluss-, Seenamen

Die Namen der Berge, Gebirge, Flüsse, Seen und Meere haben einen Artikel:

der Harz, das Rothaargebirge, der Rhein, die Nordsee, der Bodensee.

3   Rechtschreibung

3.1 Groß- oder Kleinschreibung

Während man die von geographischen Namen abgeleiteten Wörter auf *-er* immer großschreibt:

> das Ulmer Münster, der Köln-Bonner Flughafen, das Wiener Schnitzel, die Frankfurter Verkehrsverhältnisse, die Schweizer Industrie, der Holländer Käse,

gilt für Adjektive (auch die von geographischen Namen abgeleiteten auf *-isch*) die Großschreibung nur dann, wenn sie Bestandteil eines geographischen Namens sind:

> das Rote Meer, die Hohen Tauern, der Bayerische Wald, die Holsteinische Schweiz. (Aber:) böhmische Dörfer, chinesische Seide, westfälischer Schinken.

G

3.2 Getrennt- oder Zusammenschreibung oder Bindestrich

3.2.1 Nildelta · Poebene · Schneeeifel: Man schreibt Zusammensetzungen aus Grundwort und einfachem oder zusammengesetztem geographischem Namen im Allgemeinen zusammen. Dies gilt nach den neuen Regeln auch dann, wenn drei gleiche Vokale zusammentreffen; man kann in diesem Fall aber auch wie bisher einen Bindestrich setzen:

> Nildelta, Rheinfall, Großglocknermassiv, Galapagosinseln
> Neu: Schneeeifel / (auch:) Schnee-Eifel, Hawaiiinsel / (auch:) Hawaii-Insel.

3.2.2 Donau-Dampfschifffahrtsgesellschaft: Mit Bindestrich schreibt man eine Zusammensetzung aus einem geographischen Namen und einem zusammengesetzten Grundwort, wenn die Zusammensetzung unübersichtlich ist: *Donau-Dampfschifffahrtsgesellschaft, Mosel-Winzergenossenschaft.* Bleibt die Übersichtlichkeit gewahrt, dann schreibt man zusammen: *Weserbergland, Alpenvorland.*

3.2.3 Dortmund-Ems-Kanal · Rhein-Main-Flughafen: Bindestriche setzt man, wenn die Bestimmung zu dem Grundwort aus mehreren geographischen Namen besteht: *Dortmund-Ems-Kanal, Rhein-Main-Flughafen.* Durchgekoppelt wird auch, wenn die Bestimmung zu einem Grundwort aus mehreren Wörtern besteht: *Kaiser-Franz-Joseph-Land, König-Christian-IX.-Land.*

3.2.4 Wörther See / Wörthersee: Getrennt schreibt man im Allgemeinen, wenn eine Ableitung auf *-er* von einem geographischen Namen die geographische Lage bezeichnet: *Tiroler Alpen, Schweizer Alpen, Vierwaldstätter See.* Es kommt aber auch Zusammenschreibung vor: *Böhmerwald, Wienerwald.*

Besonders in der Schweiz ist die Zusammenschreibung üblich, daher schreibt man dort auch *Vierwaldstättersee* usw.

3.2.5 Südafrika · Nordkorea: Zusammen schreibt man im Allgemeinen Zusammensetzungen aus ungebeugten Adjektiven (*groß, klein, alt, neu* u. a.) oder den Bezeichnungen der Himmelsrichtungen und geographischen Namen:

> Großbritannien, Kleinasien, Mittelfranken, Hinterindien, Oberammergau, Niederlahnstein, Ostindien, Südafrika, Nordkorea, Süddeutschland.

Zusammensetzungen mit nichtamtlichen Zusätzen werden dagegen häufig mit Bindestrich geschrieben: *Groß-London, Alt-Heidelberg;* dies gilt nach den neuen Regeln auch für die Ableitungen: *Groß-Londoner, alt-heidelbergisch.*

Für bestimmte Ortsnamen gibt es eine behördliche Schreibung, die nicht den oben angegebenen Regeln entspricht, die aber trotzdem verbindlich ist. Beispiele hierfür: *Groß-Gerau, Neuwied, Groß Räschen.*

3.2.6 Spanisch-Guinea · Bayrischzell · Schwäbisch Hall: Ein Bindestrich steht bei Zusammensetzungen aus endungslosen Adjektiven auf *-isch,* die von Orts-, Länder- und Völkernamen abgeleitet sind, und geographischen Namen: *Spanisch-Guinea, Britisch-Kolumbien, Französisch-Indochina* usw. (Auch hier weicht die behördliche Schreibung vielfach ab: *Bayrischzell, Bergisch Gladbach, Schwäbisch Hall.*)

3.2.7 Sankt Gallen · Bad Ems · Stuttgart-Bad Cannstatt: Die Wörter *Sankt* und *Bad* stehen vor geographischen Namen meist ohne Bindestrich und getrennt: *Sankt/St. Gallen, Bad Ems.* Nach den neuen Regeln wird bei Ableitungen dagegen ein Bindestrich gesetzt: *sankt/st.-gallisch, Sankt/St.-Galler; Bad-Emser.* Ableitungen auf *-er* können aber auch wie bisher ohne Bindestrich geschrieben werden: *St. Galler, Bad Emser.* Bei Kopplung mit einem anderen Ortsnamen wird nur ein Bindestrich zwischen beide Namen gesetzt: *Stuttgart-Bad Cannstatt.*

3.2.8 Jaltaabkommen / Jalta-Abkommen · Mekongdelta / Mekong-Delta · Cookinsel / Cook-Insel: Soll bei einer Zusammensetzung mit einem geographischen Namen als Bestimmungswort der Name hervorgehoben werden, dann kann man mit Bindestrich schreiben; sonst gilt die Zusammenschreibung: *Jalta-Abkommen / Jaltaabkommen, Mekong-Delta / Mekongdelta.*

Das Gleiche gilt auch für zusammengesetzte geographische Namen mit einem Personennamen als Bestimmungswort: *Cook-Insel / Cookinsel.* Bei manchen Zusammensetzungen ist die eine oder andere Form der Schreibung fest geworden, so z. B. *Beringmeer, Magellanstraße.*

3.2.9 Berlin-Schöneberg · Hamburg-Altona: Ein seinerseits aus geographischen Namen zusammengesetzter geographischer Name wird mit Bindestrich geschrieben; das gilt auch für entsprechende Ableitungen:

Berlin-Schöneberg; Hamburg-Altona; Rheinland-Pfalz; Hessen-Nassau; Schleswig-Holstein, Schleswig-Holsteiner, schleswig-holsteinisch.

3.2.10 Frankfurt-Stadt · Wiesbaden Süd: Einen Bindestrich kann man setzen bei Bestimmungen, die einem Ortsnamen nachgestellt sind: *Frankfurt-Stadt, Frankfurt-Land, Frankfurt-Stadt und -Land.* Aber auch ohne Bindestrich: *Wiesbaden Süd, Mannheim Stadtmitte.*

3.2.11 moskaufreundlich · pekinghörig: Die Verbindung geographischer Name + Adjektiv schreibt man zusammen: *moskaufreundlich, pekinghörig, washingtontreu.* Um den Namen besonders hervorzuheben kann man nach den neuen Rechtschreibregeln aber auch einen Bindestrich setzen: *Moskau-freundlich, Peking-hörig, Washington-treu.*

3.2.12 hallisch / hallesch · friedenauisch / friedenausch: ↑ Ortsnamen (3).

3.3 Worttrennung

Geographische Namen werden nach den allgemeinen Richtlinien getrennt (↑ Worttrennung).

---

gepaart: Zu *Pflege der Pflanzenwelt[,] gepaart mit Schädlingsbekämpfung[,] macht* (nicht: *machen*) ... ↑ Kongruenz (1.1.6).

Gepard: 1. **Deklination:** Der Genitiv lautet *des Gepards* (nicht: *des Geparden*), Dativ und Akkusativ lauten *dem, den Gepard* (nicht: *dem, den Geparden*).
2. **Aussprache:** Standardsprachlich korrekt ist die Betonung auf der ersten Silbe: [ˈgeːpart], regional gibt es jedoch auch die Betonung auf der zweiten Silbe: [geˈpart].

gerade: Das Zeitadverb *gerade* schreibt man vom folgenden Verb getrennt: *Ich habe mich gerade* (= soeben) *gesetzt.* In der Bedeutung »nicht krumm, nicht schief; aufrecht« schreibt man *gerade* in neuer Rechtschreibung vom folgenden

Verb getrennt, wenn *gerade* gesteigert oder erweitert werden kann: *etwas [ganz] gerade biegen, richten, stellen; sich [ganz] gerade halten; [noch] gerade[r] sitzen, stehen [als vorher].* Wie bisher schreibt man zusammen, wenn *gerade* weder gesteigert noch erweitert werden kann: *etwas geradebiegen* (= in Ordnung bringen), *für etwas geradestehen* (= die Konsequenzen auf sich nehmen). ↑ Getrennt- oder Zusammenschreibung (1.3).

Gerade: Mit Artikel wird *Gerade* nur schwach (wie ein Adjektiv) gebeugt. Genitiv: *der Geraden,* Plural: *die Geraden.* Ohne Artikel (in Verbindung mit einer Kardinalzahl z. B.) kommt im Plural auch starke Beugung vor: *zwei Geraden / Gerade.* ↑ substantiviertes Adjektiv (2.2.1).

geradewegs / geradenwegs /geradeswegs: Alle drei Formen sind gebräuchlich; *geradeswegs* ist die ältere Form, in der sich die starke Deklination des Adjektivs vor dem artikellosen Substantiv erhalten hat. ↑ Adjektiv (1.1.1).

geradezu: *in geradezu infamer Weise / geradezu in infamer Weise:* Steht *geradezu* nach der Präposition *in,* dann modifiziert es das Adjektiv. Steht es am Anfang des Präpositionalgefüges, dann bezieht es sich auf die ganze Aussage. ↑ Adverb (4).

geraten: Es kann sowohl heißen *Vor Wut geriet ich außer mich* als auch *außer mir.* ↑ außer.

Geratewohl: Es heißt *aufs Geratewohl* (aus dem Imperativ *gerat[e] wohl!*), nicht: *aufs Geradewohl.*

gerechnet: Adverbial gebrauchte Fügungen wie *grob gerechnet, hoch gerechnet, rund gerechnet* können mit oder ohne Komma in einem Satz stehen: *Das sind[,] grob / hoch / rund gerechnet[,] 60 % der Wähler.* ↑ Komma (4.2), ↑ zweites Partizip (2.5).

gering: 1. Klein schreibt man das Adjektiv: *eine geringe Höhe, ein geringer Hirsch* (Jägerspr.) usw. Groß schreibt man das substantivierte Adjektiv: *Auch der Geringste hat Anspruch darauf. Es war kein Geringerer als ... Etwas Geringeres konntest du nicht mehr anbieten. Sie beachtet auch das Geringste. Es entgeht mir nicht das Geringste. Man muss auch im Geringsten treu sein. Es ist das Geringste, was sie tun kann.* In neuer Rechtschreibung also auch groß: *ein Geringes tun. Das geht dich nicht das Geringste an. Die Preise wurden um ein Geringes erhöht. Ich denke nicht im Geringsten daran.* ↑ Groß- oder Kleinschreibung (1.2.1). **2.** Man schreibt *gering* vom folgenden Verb getrennt, wenn es gesteigert oder erweitert werden kann: *[Sehr] gering geschätzt[,] kostet es zehn Mark. Man soll das nicht gering[er] schätzen[, als es ist]. Sie wurde [allzu] gering geachtet.*

gern[e]: 1. Das Adverb *gern* hat die Vergleichsformen *lieber, am liebsten.* ↑ Vergleichsformen (5).
2. Von den beiden Formen *gern* und *gerne* setzt sich immer mehr die kürzere Form durch.
3. ↑ Apostroph (2.2).

Gernegroß: Der Plural lautet *die Gernegroße.*

Geruch- / Geruchs-: Die Zusammensetzungen mit *Geruch* als Bestimmungswort stehen mit Ausnahme von *geruchlos, Geruchlosigkeit* und *geruchtilgend* mit dem Fugen-s: *Geruchsorgan, Geruchssinn, Geruchsvermögen.* In beiden Formen kommt *geruchfrei / geruchsfrei* vor. ↑ Fugen-s.

Gerundiv: Unter dem Gerundiv (bzw. Gerundivum) versteht man Formen aus dem erstem Partizip + *zu: Das ist ein zu billigender Schritt. Das Finanzamt erfasst alle zu veranlagenden Personen.* Diese Formen bezeichnen ein beginnendes Geschehen und drücken in passivischer Bedeutung stets dessen Möglichkeit oder Notwendigkeit aus: *Dieser Schritt kann / muss gebilligt werden. Diese Personen können / müssen veranlagt werden.* Das Gerundivum kann nur zu Handlungsverben gebildet werden. Seine Flexion deckt sich mit der des attributiv gebrauchten ersten Partizips. Zu Fällen wie *der zu Versichernde, der Aufzunehmende* ↑ zu (5).

gesagt: Adverbial gebrauchte oder formelhaft in den Satz eingeflochtene Fügungen wie *offen gesagt, wie gesagt* können mit oder ohne Komma stehen: *Das ist[,] offen gesagt[,] Betrug. Wie gesagt[,] habe ich keine Zeit.* ↑ Komma (4.2), ↑ zweites Partizip (2.5).

gesalzen / gesalzt: Es gibt beide Formen des Partizips. *Gesalzt* ist jedoch selten und wird nicht übertragen gebraucht: *gesalzenes / (selten:) gesalztes Fleisch. Die Suppe ist stark gesalzen / (selten:) gesalzt. Sie gab mir eine gesalzene Ohrfeige. Die Preise waren gesalzen.*

gesandt / gesendet: ↑ senden.
Gesandte, der und die: **1. oben genanntem Gesandten / Gesandtem · ihm als Gesandten / Gesandtem:** Im Allgemeinen wird *Gesandte* wie ein attributives ↑ Adjektiv (1.1) dekliniert: *ein Gesandter, der Gesandte, zwei Gesandte, die Gesandten* usw. Im Genitiv Plural ist heute nach einem stark deklinierten Adjektiv die starke Beugung üblich: *die Entführung deutscher Gesandter* (veraltend: *Gesandten*). Ausnahmen und Schwankungen treten beim Dativ Singular auf: **a)** Nach einem stark deklinierten Adjektiv wird heute schwach gebeugt: *Oben genanntem Gesandten* (veraltet: *Gesandtem) ist der Orden verliehen worden.* **b)** In der Apposition (im Beisatz) kommt neben der starken Deklination häufig die schwache vor: *Ihm als Gesandten* ... neben: *Ihm als Gesandtem* ... ↑ substantiviertes Adjektiv (2.1.3).
2. einige Gesandte · alle Gesandten · solche Gesandte[n]: Zur Deklination von *Gesandte* nach *alle, beide, einige* usw. ↑ all- usw.
Gesang- / Gesangs-: Die meisten der Zusammensetzungen mit *Gesang* als Bestimmungswort werden ohne Fugen-s gebraucht: *gesangartig, Gesangbuch, Gesanglehrerin, Gesangstück, Gesangstunde, Gesangverein.* Eine Ausnahme bildet *Gesangskunst.* In Österreich wird abweichend von diesem Gebrauch häufig ein Fugen-s gesetzt: *Gesangsbuch, Gesangsstunde, Gesangsverein.* ↑ Fugen-s.
Geschädigte, der und die: **1. oben genanntem Geschädigten / Geschädigtem · ihr als Geschädigten / Geschädigter:** Im Allgemeinen wird *Geschädigte* wie ein attributives ↑ Adjektiv (1.1) dekliniert: *ein Geschädigter, zwei Geschädigte, die Geschädigten* usw. Im Genitiv Plural ist heute nach einem stark deklinierten Adjektiv die starke Beugung üblich: *die Forderungen oben genannter Geschädigter* (veraltend: *Geschädigten*). Ausnahmen und Schwankungen treten beim Dativ

Singular auf: **a)** Nach einem stark deklinierten Adjektiv wird heute schwach gebeugt: *Oben genanntem Geschädigten* (veraltet: *Geschädigtem) wurde zuerkannt* ... **b)** In der Apposition (im Beisatz) kommt neben der starken Deklination häufig die schwache vor: *Ihm als Geschädigten* ... neben: *Ihm als Geschädigtem* ... *Ihr als Geschädigten* ... neben: *Ihr als Geschädigter* ... ↑ substantiviertes Adjektiv (2.1.3).
2. einige Geschädigte · alle Geschädigten: Zur Deklination von *Geschädigte* nach *alle, beide, einige* usw. ↑ all- usw.
3. Groß- oder Kleinschreibung: ↑ Angeklagte (1).
geschaffen / geschafft: ↑ schaffen (2).
geschäftig / geschäftlich: Das Adjektiv *geschäftig* bedeutet »unentwegt tätig«: *geschäftiges Treiben; geschäftig sein. Ich gab mich sehr geschäftig.* Dagegen wird *geschäftlich* im Sinne von »das Geschäft betreffend, dienstlich« gebraucht: *eine geschäftliche Miene; geschäftlich unterwegs sein. Sie hat geschäftlich hier zu tun.* ↑ -ig / -isch / -lich (1).
Geschäftsanzeigen: ↑ Anzeigen.
Geschäftsbrief: ↑ Brief.
Geschäftsinhaberin modischer Artikel: ↑ Kompositum (8).
Geschäftsmann: Als Pluralform wird gewöhnlich *die Geschäftsleute,* selten *die Geschäftsmänner* gebraucht. ↑ Mann (2).
geschehen: Die 3. Person Singular Indikativ Präsens lautet: *es geschieht.* ↑ e / i-Wechsel.
geschient / geschienen: ↑ scheinen.
Geschichts- / Geschichten-: Die Zusammensetzungen mit *Geschichte* als Bestimmungswort stehen mit *-en-,* wenn *Geschichte* die Bedeutung »Erzählung« hat: *Geschichtenerzähler, Geschichtenbuch* (= Buch, das Erzählungen enthält). Dieser Bildung steht die Form mit Fugen-s gegenüber: *Geschichtsbuch* meint ein Werk, das sich mit geschichtlichen (historischen) Vorgängen befasst. Zu diesem Typus gehören *Geschichtsauffas-*

sung, *Geschichtsforscher, Geschichts-*
kunde, Geschichtsschreibung, Geschichts-
unterricht, Geschichtswissenschaft u. a.
Der Gebrauch ohne Fugen-s *(Geschicht-*
buch, Geschichtschreibung) ist veraltet.
↑ Fugen-s (1.1).

Geschichtsschreiber Karls des Großen:
↑ Kompositum (8).

geschieden: ↑ geboren (2 u. 3).

geschienen / gescheint: ↑ scheinen.

Geschirrreiniger: Nach den neuen Rechtschreibregeln darf beim Zusammentreffen dreier gleicher Konsonanten keiner
entfallen. Die Zusammensetzung aus
Geschirr und *Reiniger* wird also mit drei
r geschrieben. Zur besseren Lesbarkeit
kann ein Bindestrich gesetzt werden:
Geschirrreiniger, auch: *Geschirr-Reiniger.*
↑ Zusammentreffen dreier gleicher Buchstaben.

Geschlecht: ↑ Genus.

Geschlecht der Fremdwörter: ↑ Fremdwort
(2).

-geschlechtig / -geschlechtlich: Die beiden
Ableitungen von *Geschlecht* haben verschiedene Bedeutungen. Die Form *-ge-*
schlechtig, die nicht als selbstständiges
Wort auftritt, bedeutet »ein Geschlecht
habend«, sie wird besonders in der Biologie gebraucht: *zweigeschlechtig, ge-*
trenntgeschlechtig, andersgeschlechtig.
Die Form *geschlechtlich* tritt als selbstständiges Adjektiv auf und bedeutet
»das Geschlecht betreffend, sexuell«: *ge-*
schlechtliche Liebe. Als Grundwort einer
Zusammensetzung steht sie z. B. in
gleichgeschlechtlich »auf das eigene Geschlecht bezogen, homosexuell«. Im
Sprachgebrauch werden die beiden Bildungsweisen nicht immer auseinander
gehalten.

Geschlechtsteil: Das Wort wird meistens
im Plural gebraucht: *die Geschlechtsteile.*
Der Singular lautet *das* (auch: *der*) *Ge-*
schlechtsteil.

Geschlechtswort: ↑ Artikel.

geschleift / geschliffen: ↑ schleifen.

Geschmack: Die standardsprachliche Plu

ralform lautet *die Geschmäcke.* In umgangssprachlich scherzhafter Ausdrucksweise kommt die Form *die Ge-*
schmäcker vor: *Die Geschmäcker sind*
verschieden.

Geschmack- / Geschmacks-: Die Zusammensetzungen mit *Geschmack* als Bestimmungswort sind teils mit Fugen-s,
teils ohne Fugen-s gebräuchlich. Fest
ohne Fugen-s: *geschmacklos, Ge-*
schmacklosigkeit und *geschmackvoll.*
Fest mit Fugen-s: *Geschmacksrichtung,*
Geschmacksverirrung. Die beiden Zusammensetzungen *Geschmack[s]sache*
und *Geschmack[s]sinn* werden mit und
ohne Fugen-s gebraucht. Zu *geschmack-*
bildend ↑ Fugen-s (3.4).

geschmeichelt: Die Verwendung von *ge-*
schmeichelt in Beispielen wie *ein ge-*
schmeicheltes Bild, sich geschmeichelt
fühlen geht auf den früher üblichen transitiven Gebrauch von *schmeicheln* zurück. ↑ zweites Partizip (2.2).

geschmolzen oder geschmelzt: ↑ schmelzen (1).

Geschoß / Geschoss: Bei diesem Wort
schwankt die Aussprache. Wird es mit
kurzem *o* gesprochen, schreibt man es
nach den neuen Regeln mit Doppel-s:
Geschoss. Bei der im Süddeutschen sowie im Österreichischen und Schweizerischen üblichen Variante mit langem *o*
bleibt es bei Eszett: *Geschoß.*

-geschossig: Zu *ein eingeschossiges / drei-*
geschossiges Haus ↑ Stock.

geschweige: 1. *geschweige [denn]* in der
Bedeutung »noch weniger« darf nur
nach einer vorangegangenen verneinten
oder eingeschränkten Aussage stehen,
auf die es sich verstärkend bezieht: *Ich*
habe sie nicht sehen, geschweige [denn]
sprechen können. Er kann kaum gehen,
geschweige denn laufen.
2. In den Fügungen *geschweige denn*
dass und *geschweige dass* braucht nach
den neuen Regeln kein Komma mehr zu
stehen: *Ich glaube nicht einmal, dass sie*
anruft, geschweige denn[,] dass sie vor-

beikommt. Ich glaube nicht einmal, dass sie anruft, geschweige[,] dass sie vorbeikommt. Bei der Fügung *geschweige denn* wird das Komma nicht gesetzt: *Diese Leute können ja nicht einmal eine diplomatische Note schreiben, geschweige denn eine Provinz verwalten* (Sieburg).

geschwellt / geschwollen: ↑ schwellen.

Geschwister: Das Wort wird überwiegend im Plural verwendet: *die Geschwister* »[männliche und weibliche] Kinder gleicher Eltern«. Fachsprachlich ist der Singular *das Geschwister* »ein [männlicher oder weiblicher] Geschwisterteil«.

geschworen: Im Sinne von »überzeugt« ist *geschworen* ein vom Verb *schwören* isoliertes, selbstständiges Wort, das nicht mehr mit dem 2. Partizip *geschworen* gleichgesetzt werden kann. Es darf daher attributiv gebraucht werden: *ein geschworener Feind des Alkohols.* ↑ zweites Partizip (2.2).

Geschwulst: Das Substantiv *Geschwulst* ist häufiger Femininum: *die Geschwulst,* doch ist auch *das Geschwulst* möglich.

gesehen: Die adverbial gebrauchte Fügung *so gesehen* kann mit oder ohne Kommas in den Satz eingefügt werden: *So gesehen[,] hat sie eigentlich ganz vernünftig reagiert.* ↑ Komma (4.2), ↑ zweites Partizip (2.5).

Gesell / Geselle: Von den beiden Nominativformen wird heute im Allgemeinen *Geselle* gebraucht, das neben »Bursche, Kerl« auch die Bedeutung »Handwerksgeselle« hat. ↑ Substantiv (2.3).

gesendet / gesandt: ↑ senden.

gesetzt: 1. In der Fügung *gesetzt den Fall* darf nur der Akkusativ, nicht der Nominativ stehen: *Gesetzt den* (nicht: *der*) *Fall, es machte mir jemand ein Angebot …*
2. Nach *gesetzt [den Fall]* braucht nach den neuen Regeln kein Komma mehr zu stehen: *Gesetzt[,] dass er kommt, wie wollen wir uns dann verhalten? Wann brechen wir auf, gesetzt den Fall[,] dass*

sich der Nebel auflöst? Gesetzt den Fall[,] dieses Buch ist vergriffen, dann schenken wir ihr eine Reproduktion.

Gesicht: In den Bedeutungen »Vorderseite des Kopfes; Miene; charakteristisches Aussehen« hat *Gesicht* die Pluralform *die Gesichter;* im Sinne von »Vision« lautet der Plural *die Gesichte.*

gesinnt: 1. Rechtschreibung: Das Partizip *gesinnt* schreibt man in der Regel getrennt von einem vorangehenden Adjektiv oder Adverb: *anders gesinnt, christlich gesinnt, gleich gesinnt, gut / freundlich / schlecht / übel gesinnt.* Vgl. aber ↑ Getrennt- oder Zusammenschreibung (3.1.2).
2. gesinnt / gesonnen: Die beiden Partizipien dürfen nicht verwechselt werden: *gesinnt* bedeutet »von einer bestimmten Gesinnung«: *Ein gleich gesinnter, anders gesinnter, übel gesinnter* (nicht: *gleich gesonnener* usw.) *Mensch. Er ist mir treu gesinnt* (nicht: *treu gesonnen*). *Er ist gut gesinnt* (nicht: *gut gesonnen*); demgegenüber bedeutet *gesonnen* »willens, gewillt« und wird nur in Verbindung mit *sein* gebraucht (*gesonnen sein* »willens, gewillt sein«): *Ich bin nicht gesonnen* (falsch: *gesinnt*) *das zu tun.*

gespalten / gespaltet: ↑ spalten.

gespenstig / gespenstisch: Die beiden Bildungen sind gleichbedeutend; die Form auf -*ig* wird heute jedoch nur noch recht selten gebraucht: *ein gespenstiger Nebelfaden* (Musil). *Gespenstische Sache, wie?* (Langgässer). ↑ -ig / -isch / -lich (3).

gespreizt: ↑ Vergleichsformen (2.3).

-gestalt / gestaltet: Das Wort *gestalt* ist ein altes adjektivisch gebrauchtes zweites Partizip von *stellen* mit der Bedeutung »beschaffen«, das sich in einigen Bildungen wie *wohlgestalt, missgestalt, ungestalt, schöngestalt* u. a. erhalten hat. Daneben stehen die Bildungen mit dem zweiten Partizip von *gestalten: wohlgestaltet, missgestaltet, schön gestaltet* u. a. Beide Formen werden in der Weise unterschieden, dass im Allgemeinen – jedoch nicht durchgängig – die Bildungen mit *-gestalt* in der Bedeutung »von Natur aus in bestimmter Weise beschaffen und gewachsen« und die Bildungen mit *gestaltet* »von Menschenhand geschaffen« gebraucht werden.

gestanden: Das Wort hat im Sinne von »erfahren, erprobt« keinen Zusammenhang mit *stehen.* Es kann attributiv gebraucht werden: *Sie ist eine gestandene Unternehmerin.*

gestehen: Der Konjunktiv II, wenn er überhaupt gebraucht wird, lautet *gestände,* seltener *gestünde.*

Gesteinsblock: Der Plural lautet *die Gesteinsblöcke.* ↑ Block.

gestern: Das Adverb *gestern* wird bei der Erzählung oder Darstellung im Präteritum gelegentlich so gebraucht, dass ein unrichtiger Zeitbezug entsteht: *Sie kamen zu dem Lager, das die Expedition am Vortag / am Tag vorher* (nicht: *gestern*) *verlassen hatte.*

gestreift: Über die Getrenntschreibung von *schwarz* usw. *gestreift* ↑ blau (2).

gesucht: ↑ Vergleichsformen (2.3).

gesund: 1. Umlaut: Komparativ und Superlativ von *gesund* können mit und ohne Umlaut gebildet werden: *gesünder / gesunder* und *gesündeste / gesundeste.* Die umgelauteten Formen sind jedoch üblicher. ↑ Vergleichsformen (2.1).
2. Rechtschreibung: a) Man schreibt *gesund* mit dem folgenden Verb zusammen, wenn *gesund* nicht gesteigert oder erweitert werden kann: *Er hat sich daran gesundgemacht* (= hat daran viel verdient; ugs.). *Sie wird sich daran gesundstoßen* (= wird daran viel verdienen; ugs.). Neu: *Sie wurde gesundgeschrieben.* Man schreibt getrennt, wenn gesteigert oder erweitert werden kann: *Er hat den Kranken wieder [ganz] gesund gepflegt/gesund gemacht.* ↑ Getrennt- oder Zusammenschreibung (1.2). **b)** Nach den neuen Rechtschreibregeln schreibt man *das Gesündeste* auch dann groß, wenn beide Wörter zusammen den Sinn »sehr gesund, am gesündesten« haben: *Es ist das Gesündeste, jeden Tag zu schwimmen.*

getagt: Das zweite Partizip des intransitiven Verbs *tagen,* dessen Perfekt mit *haben* umschrieben wird, kann nicht als attributives Adjektiv gebraucht werden. Nicht richtig also: *Die im April getagte Versammlung beschloss diese Mitglieder auszuschließen.* Richtig: *Die Versammlung, die im April tagte / getagt hat, beschloss …* ↑ zweites Partizip (2.2).

getrauen, sich: Das reflexive Verb *sich getrauen* wird heute im Allgemeinen mit dem Akkusativ verbunden. Der Gebrauch des Dativs ist zwar auch korrekt, ist heute aber seltener: *Ich getraue mich /* (seltener:) *mir das zu tun.* Hängt aber von *sich getrauen* ein Akkusativ der Sache ab, dann muss das Reflexivpronomen im Dativ stehen: *Ich getraue mir* (nicht: *mich*) *diesen Schritt leider doch nicht.*

Getrennt- oder Zusammenschreibung

Häufig gestellte Fragen zur Getrennt- oder Zusammenschreibung	
Frage	**Antwort unter**
Wie schreibt man *zusammenzuarbeiten, totzuschießen, da zu bleiben, Rad zu fahren?*	Infinitiv (8)
Wie schreibt man *getrennt schreiben, verloren gehen, gefangen nehmen?*	dieser Artikel, Punkt (1.2)
Warum schreibt man *schönfärben* zusammen, *leicht fallen* und *heilig sprechen* aber getrennt?	dieser Artikel, Punkte (1.2.1), (1.2.3)
Warum schreibt man *zusammenbauen* in einem Wort, *zusammen sein* aber getrennt?	dieser Artikel, Punkte (1.2.1), (1.2.3)
Warum schreibt man *bergsteigen* zusammen, *Rad fahren* aber getrennt?	dieser Artikel, Punkt (2.1)
Warum wird *wohnungssuchend, freudestrahlend* nach wie vor in einem Wort geschrieben, *Laub tragend* aber getrennt?	dieser Artikel, Punkt (3.1.1)
Wie schreibt man jetzt *weich gekocht, schwer verletzt, dicht besiedelt?*	dieser Artikel, Punkt (3.1.2)

Im Laufe unserer Sprachgeschichte sind zahlreiche heute feste Zusammensetzungen (↑ Kompositum) dadurch entstanden, dass Einzelwörter zusammengerückt wurden. Das geschah besonders bei den Adverbien und Verben:

dahin, obenan, sofort, gegenüber, teilnehmen, feststellen, übereinkommen.

Im Allgemeinen ging diese Zusammenrückung parallel mit der Entwicklung einer neuen Funktion oder eines neuen Begriffs. Das so entstandene Kompositum begann dann in den meisten Fällen ein eigenes Leben als Einzelwort:

so lange – solange, gut schreiben – gutschreiben.

Die auch heute verbreitete Neigung, geläufige Wortverbindungen zusammenzuschreiben, entspricht demnach einem Bildungsgesetz der deutschen Sprache. Doch gerade diese Einsicht darf beim Schreiben nicht zu blinder Nachahmung vorhandener Muster führen; die getrennte Schreibung der Wörter sollte der Normalfall bleiben.

    Es gibt nicht für alle Fälle der Getrennt- oder Zusammenschreibung allgemein gültige Regeln; auch die Neuregelung der deutschen Rechtschreibung lässt häufig Interpretationsspielräume. In einigen Fällen kann die Betonung eine gewisse Orientierungshilfe geben: Starkton auf dem ersten Glied einer Fügung zeigt in der Regel Zusammenschreibung an, Starkton auf beiden Gliedern Getrenntschreibung. Jedoch ist die Betonung nicht immer eindeutig. Sie hilft in Fällen wie

zusammenbauen – zusammen bauen (↑ 1.3), gutschreiben – gut schreiben (↑ 1.2.1).

Sie hilft aber nur wenig oder gar nicht bei

kopfrechnen – Auto fahren (↑ 2.1), vonnöten sein – von Belang sein (↑ 2.2.3).

G Im Einzelnen sind folgende Fälle zu unterscheiden:

1 Verbindungen mit einem Verb als zweitem Glied
1.1 Verb + Verb
1.2 Adjektiv oder Partizip + Verb
1.2.1 Steigerbarkeit und Erweiterbarkeit
1.2.2 Es entsteht eine Reihe analog gebildeter Wörter
1.2.3 Bestimmte Adjektive bleiben vom Verb getrennt
1.3 Einfaches Adverb + Verb *(dableiben - da bleiben)*
1.4 Zusammengesetztes Adverb + Verb *(dahinfliegen – dahin fliegen)*
1.5 Verbindungen mit *sein* und *haben (da sein, zusammen sein, inne sein, aufhaben)*
1.6 Finite Form am Satzanfang *(Fest steht, dass ...)*
2 Verbindungen mit einem Substantiv
2.1 Substantiv + Verb *(bergsteigen – Auto fahren)*
2.2 Präposition + Substantiv *(in Kraft, infrage, beiseite)*
2.3 Substantive in anderen adverbial gebrauchten Verbindungen
3 Verbindungen mit einem Adjektiv oder Partizip als zweitem Glied
3.1 Das zweite Wort der Verbindung ist ein Partizip
3.1.1 Substantiv + Partizip *(Laub tragend, teilnehmend)*
3.1.2 Adjektiv + Partizip *(hell leutend, weich gekocht)*
3.1.3 Adverb + Partizip *(oben erwähnt, dabeistehend)*
3.2 Das zweite Wort der Verbindung ist ein Adjektiv
4 Attributive Fügung oder Zusammenrückung?
4.1 Zahlwort + Substantiv
4.2 Substantiv + Adjektiv als Maß- oder Mengenbezeichnung
4.3 Attribuierte Adjektive oder Adverbien als Konjunktionen
4.4 Getrenntschreibung bei grammatikalischer Veränderung
5 Verweise

1   Verbindungen mit einem Verb als zweitem Glied

Der Grundsatz, dass man eine Verbindung dann zusammenschreibt, wenn ein neuer Begriff entsteht, gilt nach den neuen Rechtschreibregeln nicht mehr.

1.1 Verb + Verb

Frühere Unterscheidungen wie *sitzen bleiben* (= nicht aufstehen) und *sitzenbleiben* (= nicht versetzt werden) sind nach den neuen Regeln aufgehoben. Verbindungen aus Verb + Verb schreibt man jetzt immer getrennt: *liegen bleiben, stehen bleiben, liegen lassen, stehen lassen; kennen lernen, spazieren gehen / fahren / reiten.*

1.2 Adjektiv oder Partizip + Verb

Verbindungen aus Partizip und Verb: Diese Verbindungen schreibt man nach den neuen Rechtschreibregeln immer getrennt:

> *rasend werden, gefangen nehmen, getrennt schreiben, verloren gehen.*

Verbindungen aus Adjektiv und Verb: Bei diesen Verbindungen kommt es darauf an, zu erkennen, ob der erste Bestandteil als Verbzusatz oder als selbstständiges Satzglied (↑ Umstandsbestimmung) geprägt ist. Unauflösbare Bildungen wie *langweilen, frohlocken* sind selten.

Ein Adjektiv kann in folgenden Fällen als Verbzusatz gelten:
- wenn es als selbstständiges Wort nicht mehr oder doch nicht mehr in der gleichen Verwendung vorkommt, z.B. *weismachen, irreführen, fehlschlagen, feilbieten;*
- wenn es nur noch den Ablauf des im Verb bezeichneten Geschehens modifiziert, z.B. *festbinden* »anbinden«, *hochheben* »auf-, emporheben«.

Eine Umstands-, genauer Artangabe (Frage: wie?) ist das Adjektiv dagegen in Fügungen wie

> *fest* glauben = Er glaubt fest an die Wiederaufnahme seines Prozesses.
>
> *hoch* fliegen = Der Adler ist hoch [über dem See] geflogen. (Aber: Der Adler ist hochgeflogen [= emporgeflogen].)

Zwischen diesen beiden Möglichkeiten, die meist mithilfe der Betonung erkannt werden können, liegt eine Zone des Übergangs, in der es schwierig ist, das Adjektiv eindeutig als Teil des Prädikats (= Verbzusatz) oder Satzglied (= Artangabe) zu bestimmen. Vor allem gerät das objektbezogene Adjektiv als Artergänzung leicht in Abhängigkeit vom Prädikat und erhält damit den Charakter eines Verbzusatzes.

Ein Beispiel mag das erläutern: Zwischen den Sätzen *Die Mutter lässt das Fenster offen* und *Der Jäger schießt den Hasen tot* besteht syntaktisch kein Unterschied. Es sind Handlungssätze mit einer Artergänzung und das Ergebnis der Handlung lässt sich bei beiden in gleicher Weise fassen: *Das Fenster ist offen. Der Hase ist tot.* Dennoch wird im ersten Fall getrennt geschrieben *(offen lassen),* im zweiten Fall aber zusammen *(totschießen).*

Vergleicht man diese Beispiele mit anderen aus der großen Zahl der Verbindungen Adjektiv + Verb, so zeigen sich drei Möglichkeiten, die jedoch nicht frei von Übergängen und Widersprüchen sind:

G

1.2.1 Steigerbarkeit und Erweiterbarkeit: Die frühere Grundregel, dass bei übertragener Bedeutung zusammengeschrieben wird, gilt nach neuer Rechtschreibung nicht mehr. Vielmehr hängt die Getrennt- oder Zusammenschreibung davon ab, ob das Adjektiv (der Verbindung Adjektiv + Verb) gesteigert oder durch irgendeinen Zusatz außer *nicht* erweitert werden kann oder ob das nicht der Fall ist. Ist eine Steigerung oder Erweiterung möglich, dann gilt das Adjektiv als selbstständiges Satzglied (= Artangabe) und man schreibt getrennt. Ist jedoch eine Steigerung oder Erweiterung nicht möglich, dann gilt das Adjektiv als bloßer Verbzusatz; man schreibt zusammen. Dabei spielt die übertragene oder konkrete Bedeutung der Verbindung keine Rolle. So kommt es, dass *das Fenster offen lassen* genauso geschrieben wird wie *eine Frage offen lassen.* Man kann nämlich in beiden Fällen erweitern: *das Fenster weit offen lassen, eine Frage völlig offen lassen.* Bei *totschießen* jedoch ist eine Steigerung oder Erweiterung nicht möglich, sodass hier zusammengeschrieben werden muss.

Man unterscheidet demnach Zusammenschreibung bei

kaltstellen »einflusslos machen«, schöntun »schmeicheln «, gutschreiben (kaufm. für:) »anrechnen«, glattstellen (kaufm. für:) »ausgleichen«, stilllegen

und Getrenntschreibung bei:

leicht fallen »keine Anstrengung erfordern«, schwer fallen, fein machen, glatt rühren, offen lassen, sauber halten, frisch halten u. a.

Es gibt einige verbale Verbindungen, bei denen der Komparativ bereits fest ist und somit Getrenntschreibung gilt, z. B. *näher liegen, (jemandem) näher stehen / treten; kürzer treten; sich besser stellen.*

Einige Verben sind von zusammengesetzten Substantiven abgeleitet, werden aber wie unfeste Zusammensetzungen behandelt. Hier ist eine Steigerung oder Erweiterung nicht möglich:

kurzschließen (von: Kurzschluss), hochstapeln (von: Hochstapler), langlaufen (von: [Ski]langlauf), schwarzarbeiten (von: Schwarzarbeit).

Es treten jedoch auch Fälle auf, wo die Getrennt- oder Zusammenschreibung des gleichen verbalen Ausdrucks unterschiedliche Bedeutungen anzeigt:

> Sie soll dafür geradestehen »die Folgen auf sich nehmen« – sie soll [völlig] gerade stehen, noch gerader stehen »nicht krumm stehen«.

1.2.2 Es entsteht eine Reihe analog gebildeter Wörter: Wie das genannte Verb *totschießen* sind zahlreiche andere Wörter mit der gemeinsamen Bedeutung »töten« gebildet:

> totschlagen, -stechen, -drücken, -machen; (übertragen:) sich totlachen, etwas totschweigen u. a.

Dagegen werden analog zu *tot sein* (Frage: wie?) die Fügungen

> tot wirken, sich tot stellen, tot umfallen u. a.

behandelt.

Ähnliche Reihen bildet das Adjektiv *bereit*. Während *etwas bereitlegen, -stellen, -machen* nach dem Muster der Zusammenschreibung bei Nichtsteigerbarkeit und Nichterweiterbarkeit gebildet ist, tritt die Getrenntschreibung nach dem Muster *bereit sein* ein bei *sich bereit erklären, sich bereit finden*.

1.2.3 Bestimmte Adjektive bleiben vom Verb getrennt: Adjektive, die immer vom Verb getrennt geschrieben werden, sind solche, die auf *-ig, -isch* oder *-lich* enden, also:

> fertig bringen, heilig sprechen, müßig gehen, ruhig stellen; logisch denken, spöttisch reden; deutlich machen, heimlich tun.

Man sieht: Bei den Verbindungen aus Adjektiv + Verb gibt es zum einen die Gruppe derjenigen Verbindungen, die von vornherein getrennt geschrieben werden aufgrund ihrer Bildungsweise, zum anderen diejenige Gruppe, wo Steigerbarkeit und Erweiterbarkeit das Kriterium für Getrennt- oder Zusammenschreibung bilden. Lässt sich im Einzelfall keine klare Entscheidung aufgrund der genannten Kriterien fällen, so ist sowohl Getrennt- als auch Zusammenschreibung korrekt. Grundsätzlich ist festzustellen, dass in neuer Rechtschreibung mehr getrennt geschrieben wird als früher.

1.3 Einfaches Adverb + Verb
(dableiben – da bleiben)

Hier handelt es sich zumeist um Zusammensetzungen, in denen das Adverb nur den Ablauf des vom Verb bezeichneten Geschehens bestimmt. Es gibt dabei feste und unfeste Zusammensetzungen (↑Verb [2]). In einigen Fällen kann aber ein Adverb auch selbstständiges Satzglied (Umstandsangabe) sein.

Dann stehen Getrennt- und Zusammenschreibung in der gleichen Verbindung nebeneinander. Die Betonung kann hier gelegentlich helfen:

> Du sollst da bleiben (= dort bleiben), aber: Du sollst dableiben (= nicht weggehen).
> Diese Sandburg haben die Kinder zusammen gebaut (= miteinander gebaut).
> Sie hat das Möbelstück bereits zusammengebaut (= aus den Einzelteilen gebaut).
> Wir müssen den Arzt wieder holen (= nochmals holen), aber: Wir wollen uns das
> Buch wiederholen (= zurückholen) und: Wir wollen die Vokabeln wiederholen
> (= repetieren).

Getrennt schreibt man auch, wenn zwei selbstständige Adverbien zu einer
Umstandsangabe verbunden werden *(auf und ab, aus und ein, hin und her
gehen).*

Aber bei der Zusammenfassung zweier zusammengesetzter Verben:

> Es sind Waren im Wert von 10 000 DM aus- und eingegangen (= ausgegangen und
> eingegangen).

Vgl. auch 1.5, 1.6. und 3.1.3.

1.4 Zusammengesetztes Adverb + Verb
   (dahinfliegen – dahin fliegen)

Ähnlich wie die Adjektive bewahren auch die zusammengesetzten Adverbien
vielfach ihre Funktion als Satzglieder und verbinden sich nicht so eng mit
dem Verb wie die einfachen Adverbien. Überall, wo das Adverb noch in seiner
eigentlichen Bedeutung auftritt, schreibt man daher getrennt. Die Betonung
kann in vielen Fällen Hilfe leisten. Man schreibt z. B.: *Sie will morgen dahin
fliegen* (= dorthin) oder bei Betonung eines Gegensatzes: *Sie will dahin*
(nicht dorthin) *fliegen.* Aber: *Wie doch die Tage dahinfliegen!* und mit Trennung des Adverbs: *Da will sie morgen hinfliegen.* Ähnlich verhalten sich die
Adverbien *daher, wohin* und *woher* (↑ da; ↑ wo).

Nach den neuen Regeln werden die mit *-einander* und *-wärts* gebildeten
Adverbien in Verbindung mit dem folgenden Verb immer getrennt geschrieben:

> Es ist schön, dass sie aneinander denken. Die im Krieg gegeneinander kämpften, sind
> heute oft gute Freunde. Die beiden Läuferinnen sind nacheinander gestartet.
> Wir müssen jetzt aufwärts gehen. ... weil die Straße steil abwärts geht. Er soll jetzt
> rückwärts fahren.

In neuer Rechtschreibung auch:

> Sie sind aneinander geraten, gegeneinander gestoßen. Die Kinder haben durcheinan-
> der geredet. Die Skiläufer sind hintereinander gelaufen. Wir wollen die Teile nebenei-
> nander hinlegen, aufeinander stellen, aneinander fügen.
> Sie stellte fest, dass es mit ihrer Gesundheit abwärts ging.

Bei den Adverbien *dahinter, darin, darüber, darunter, davor* gilt nach den neuen Regeln immer die Getrenntschreibung, bei den umgangssprachlichen Kurzformen dagegen die Zusammenschreibung:

> Lies mal, was darunter steht. (Aber:) Lies mal, was druntersteht. Das Auto ist darüber gefahren. (Aber:) Das Auto ist drübergefahren.

Nach den neuen Rechtschreibregeln werden zusammengesetzte Adverbien wie *anheim, fürlieb, überhand, vorlieb* genauso wie bereits *abhanden, beiseite, vonstatten, zugute, zuhanden, zunichte, zupass, zustatten, zuteil* vom folgenden Verb getrennt geschrieben:

> Die Schlüssel waren abhanden gekommen. Sie hatte ihn beiseite genommen. Das wird ihr zugute kommen.

Vgl. auch 2.2.3 und 3.1.3.

G

1.5 Verbindungen mit *sein* und *haben*
(da sein, zusammen sein, inne sein, aufhaben)

Die Verbindungen mit dem Hilfsverb *sein* schreibt man in neuer Rechtschreibung immer und in allen Formen getrennt:

> da sein; sie ist da gewesen; wenn sie da ist, da war, wenn wir da sind; zusammen sein; wenn wir zusammen sind; wir sind zusammen gewesen; inne sein; ehe sie dessen inne war; jemanden los sein; er ist die Sorgen los gewesen.

Die Verbindungen mit *haben* werden wie normale unfest zusammengesetzte Verben behandelt:

> aufhaben: wenn er den Hut aufhat; innehaben: seit sie diesen Rang innehatte.

1.6 Finite Form am Satzanfang
(Fest steht, dass ...)

Wird bei einem unfest zusammengesetzten Verb eine finite Form am Anfang des Satzes gebraucht, so erhält sie dadurch Satzgliedwert und wird getrennt geschrieben (↑ Tmesis [3]). Diese Wortstellung ist vor allem dichterisch, sie kommt aber auch in der Alltagssprache vor:

> Auf steigt der Strahl (C. F. Meyer). Und entgegen kommt ihm Philostratus (F. Schiller). Fest steht, dass der Minister einen Fehler gemacht hat. Auf fällt, wie schnell er seine Meinung geändert hat. Hinzu kommt, dass die Investitionen sehr groß sind.

2 Verbindungen mit einem Substantiv

Zusammen schreibt man, wenn das Substantiv verblasst ist. Gerade bei den Verbindungen mit Substantiv zeigt sich die Unmöglichkeit, einheitliche Richtlinien aufzustellen. Je nachdem, wie stark das Substantiv verblasst ist, stehen Getrennt- und Zusammenschreibung sowie Groß- und Kleinschreibung nebeneinander.

2.1 Substantiv + Verb
(bergsteigen — Auto fahren)

In dieser Gruppe unterscheidet man feste Bildungen, unfeste Zusammensetzungen und syntaktische Fügungen. Die festen Bildungen sind zumeist von zusammengesetzten Substantiven abgeleitet. Ihre ersten Bestandteile können keine selbstständigen Satzglieder mehr sein:

> maßregeln (von: Maßregel), schutzimpfen (von: Schutzimpfung), wetterleuchten (von: Wetterleuchten), es wetterleuchtet; wetteifern (von: Wetteifer), wir wetteiferten. (Anders gebildet:) nasführen, willfahren: Ich habe ihn genasführt.

Als Verbzusatz kann ein Substantiv auftreten, wenn es selbstständig nicht mehr oder doch nicht mehr in der gleichen Verwendung vorkommt (z. B. *teilnehmen, stattfinden*) oder wenn es zum Bestandteil einer – meist fachsprachlichen – Bezeichnung bestimmter Tätigkeiten wird (z. B. *punktschweißen, sandstrahlen*).

Neben den letztgenannten Bildungen stehen aber syntaktische Fügungen, in denen das Substantiv noch selbstständig ist. Es ist dann Akkusativobjekt (z. B. in *Schach spielen*) oder ursprüngliches Präpositionalobjekt (z. B. in *[auf] Posten stehen*). In vielen Fällen lässt sich der uspüngliche Charakter des substantivischen Satzgliedes nicht mehr erkennen *(Wache gehen, Klavier spielen, Auto fahren, Ski laufen)*. Trotzdem werden diese Fügungen nicht in einem Wort geschrieben, weil die Vorstellung des mit dem Substantiv bezeichneten Dinges noch voll vorhanden ist.

Bei anderen Verben ist nur der Infinitiv [und das Partizip] gebräuchlich, aber es werden gelegentlich auch Formen zusammengeschrieben, die die Wortfolge des Infinitivs haben:

> dienstverpflichten, er ist dienstverpflichtet, (gelegentlich auch:) wenn man uns dienstverpflichtet; prämiensparen (nur im Infinitiv, gelegentlich auch:) wer prämienspart, spart spielend, (aber:) er spart für eine Prämie.

Wieder andere Verben mit festen infiniten Formen nach dem Muster *maß-*
regeln (s. o.) bilden keine finiten Formen:

sandstrahlen »mit einem Sandstrahl auffrischen«: Das Gebäude wurde gesandstrahlt
(auch: sandgestrahlt, nicht: ich sandstrahle, strahle Sand).

Andere haben feste und unfeste Formen nebeneinander *(notlanden, ich not-*
lande, aber: *ich bin notgelandet).*

Die Entwicklung ist bei diesen Fügungen und Wörtern also dauernd im
Fluss. Die neuen Regeln zur Rechtschreibung haben hier in der Weise ein-
gegriffen, dass bisher zusammengeschriebene Verben wie *achtgeben, kopf-*
stehen, maßhalten u. a. oder *radfahren, kegelschieben, probefahren* u. a., die
unterschiedlich geschriebene finite Formen gebildet haben *(ich fahre Rad,*
schiebe Kegel, fahre Probe, aber: *ich gebe acht, ich stehe kopf, ich halte maß),*
jetzt den syntaktischen Fügungen wie *Schach spielen, Auto fahren, Ski laufen*
angeglichen wurden. In Analogie zu diesen Bildungen werden sie jetzt immer
und in allen Formen getrennt geschrieben: *Acht geben, Kopf stehen, Maß hal-*
ten, Rad fahren, Kegel schieben, Probe fahren:

Sie gibt Acht, wir stehen Kopf, sie fahren Rad, ich bin Probe gefahren, sie halten Maß.

Es kommt auch vor, dass Getrennt- und Zusammenschreibung bei der gleichen Fügung nebeneinander stehen:

danksagen: sie danksagt – Dank sagen: sie sagt Dank; gewährleisten: er gewährleistet – Gewähr leisten: er leistet Gewähr; staubsaugen: sie staubsaugt – sie saugt Staub.

2.2 Präposition + Substantiv
(in Kraft, infrage, beiseite)

Bei den häufig gebrauchten Fügungen dieser Art gibt es nach den neuen
Rechtschreibregeln je nach Selbstständigkeit des betreffenden Substantivs
nur noch zwei Formen der Schreibung. Die bisherige Form der Getrenntschreibung mit Kleinschreibung des Substantivs gibt es nicht mehr. Diese
Beschränkung auf nur noch zwei Möglichkeiten hat zu folgender Einteilung
geführt:

2.2.1 Das Substantiv hat seinen vollen Bedeutungsgehalt bewahrt bzw. der
Bedeutungsgehalt des Substantivs kann als solcher noch empfunden werden.
Man schreibt deshalb getrennt, das Substantiv wird dabei großgeschrieben:

in Form [von Glückwünschen]; in / außer Kraft [treten, gesetzt werden, sein]; nach
Hause [gehen], zu Hause [sein] (in Österreich und der Schweiz ist hier auch die Zusammenschreibung korrekt: nachhause, zuhause), von Belang [sein], zu Ende [gehen],
mit / unter Bezug auf [Ihr Schreiben]; (Neu:) in Bezug auf [Ihr Schreiben], zu Eigen
[machen, sein].

2.2.2 Das Substantiv ist verblasst, die beiden Bestandteile werden nicht mehr als eigenständig empfunden. Die Fügung ist zu einem Adverb oder einer Präposition zusammengewachsen, man schreibt deshalb zusammen:

beiseite [stehen], infolge [seines Einspruchs], inmitten [der Kinder], vonnöten [sein] u. a.

Bei einer ganzen Reihe dieser Fügungen ist jedoch nicht ausgeschlossen, dass man die beiden Bestandteile noch als relativ eigenständig betrachtet. Deshalb kann man hier sowohl zusammen- als auch getrennt schreiben:

aufgrund / auf Grund, außerstand / außer Stand, mithilfe / mit Hilfe, infrage / in Frage, instand / in Stand, vonseiten / von Seiten, zugrunde / zu Grunde, zugunsten / zu Gunsten, zuleide / zu Leide, zuschulden / zu Schulden, zuwege / zu Wege usw.

2.2.3 Die auf diese Weise entstandenen Adverbien/adverbialen Fügungen werden ihrerseits nie mit einem Verb zusammengeschrieben; natürlich auch nicht beim Infinitiv mit ↑ zu oder beim Partizip, vgl. 3.1.3; man schreibt also:

instand / in Stand halten, zugrunde / zu Grunde liegen (nicht: instandhalten, zugrundeliegen). Er bemüht sich, den Wagen instand zu halten. Dieser Gedanke scheint dem Buch zugrunde zu liegen.

Zu beachten sind außerdem noch Fälle, wo zu dem Substantiv eine Ergänzung tritt. Dann wird die ursprünglich zusammengeschriebene Fügung wieder getrennt geschrieben:

Sie kommt zuzeiten (= manchmal) hier vorbei. (Aber:) Zu meinen Zeiten war das anders. Er lebte zu Zeiten Karls des Großen.

(Neu:) Sie ist zurzeit (= derzeit, jetzt) beschäftigt. (Aber:) Sie ist zu ihrer Zeit sehr modern gewesen. Sie lebte zur Zeit der Französischen Revolution.

2.3 Substantive in anderen adverbial gebrauchten Verbindungen

Zahlreiche zusammengerückte Adverbien sind aus attributiven Fügungen entstanden, an denen Substantive beteiligt sind, z. B. *jederzeit, kurzerhand, diesmal, bergan, umständehalber* u. a. Manche von ihnen können wieder aufgelöst werden, wenn ein Artikel, eine Präposition oder eine sonstige Erweiterung hinzutritt. Das Substantiv erhält dann seinen ursprünglichen Charakter zurück: *zu jeder Zeit, dies eine Mal, den Berg hinan, besonderer Umstände halber* u. a. Ähnliches gilt für unbestimmte Für- und Zahlwörter, z. B. *allerart Tiere – Tiere aller Art.*

3 Verbindungen mit einem Adjektiv oder Partizip als zweitem Glied

Die alte Regel, dass Verbindungen, deren zweites Wort ein Adjektiv oder Partizip ist, zusammengeschrieben werden, wenn sie zur besonderen Charakterisierung eines Wesens oder Dings dienen, und getrennt bleiben, wenn beide Teile ihren vollen Wert als Satzglieder bewahren, gilt nach den neuen Regeln nicht mehr.

3.1 Das zweite Wort der Verbindung ist ein Partizip

G

3.1.1 Substantiv + Partizip *(Laub tragend, teilnehmend):* Solche Verbindungen richten sich generell nach den zugrunde liegenden Verbindungen mit Verben:

> teilnehmend (wegen: teilnehmen), irregeleitet (wegen: irreleiten), Hilfe suchend (wegen: Hilfe suchen), ein Aufsehen erregendes Programm (wegen: Aufsehen erregen), Laub tragende Bäume (wegen: Laub tragen), Fleisch fressende Pflanzen (wegen: Fleisch fressen).

Dasselbe gilt auch für die entsprechenden Substantivierungen: *die Hilfe Suchenden, das Aufsehen Erregende.* Hier ist neben der Getrenntschreibung jedoch auch die Zusammenschreibung zulässig: *die Hilfesuchenden, das Aufsehenerregende.*

Zusammensetzungen mit einem Substantiv als erstem Bestandteil sind oft Verkürzungen von Wortgruppen. Es wird gegenüber der entsprechenden gebräuchlichen Wortgruppe z. B. eine Präposition oder ein Artikel eingespart. Man schreibt dann zusammen:

> angsterfüllt (= von Angst erfüllt), bahnbrechend (= sich eine Bahn brechend), freudestrahlend (= vor Freude strahlend), herzerquickend (= das Herz erquickend).

Zwei Schreibweisen sind in folgenden Fällen korrekt: *eine Besorgnis erregende Entwicklung* (wegen: *Besorgnis erregen*) und *eine besorgniserregende Entwicklung* (weil man auch steigern oder mit einem Adverb erweitern könnte: *sehr besorgniserregend, noch besorgniserregender*), *ein Aufsehen erregender Fall* (wegen: *Aufsehen erregen*) und *ein aufsehenerregender Fall* (weil man auch steigern oder mit einem Adverb erweitern könnte: *äußerst aufsehenerregend, noch aufsehenerregender*).

Wird das Substantiv durch ein Adjektiv näher bestimmt, gilt nur die Getrenntschreibung: *ein viel Zeit sparendes Verfahren.* Wird die Fügung tatsächlich als Ganzes gesteigert oder mit einem Adverb erweitert, ist nur die Zusammenschreibung richtig: *ein sehr zeitsparendes Verfahren, ein zeitsparenderes Verfahren.*

Wenn der erste Bestandteil der Fügung mit dem zweiten durch ein Fugenzeichen verbunden ist, handelt es sich um eine Zusammensetzung, die man immer zusammenschreibt: *richtungsweisend, wohnungssuchend.*

3.1.2 Adjektiv + Partizip *(hell leuchtend, weich gekocht):* Gelegentliche Verbindungen mit dem ersten Partizip – sie werden nur selten aussagend gebraucht – werden nach den neuen Regeln im Allgemeinen getrennt geschrieben, da eine getrennt geschriebene Wortgruppe (Adjektiv + Verb) zugrunde liegt. Dabei handelt es sich deswegen um eine getrennt geschriebene Wortgruppe, da das betreffende Adjektiv gesteigert oder erweitert werden kann (↑1.2):

> der hell leuchtende Stern (von: ein Stern, der hell, heller leuchtet), die treu sorgende Mutter (von: die Mutter, die [äußerst] treu [für ihre Lieben] sorgt), wild lebende Tiere (von: Tiere, die [völlig] wild leben), eine allein stehende Frau (von: eine Frau, die [vollkommen] allein steht).

Entsprechende Verbindungen mit dem zweiten Partizip schreibt man ebenso getrennt, wenn eine getrennt geschriebene Wortgruppe zugrunde liegt:

> das weich gekochte Ei (von: das Ei [sehr] weich kochen), fein gehackte Kräuter (von: Kräuter fein[er] hacken), der schwer verletzte Mann (von: jmdn. [sehr] schwer verletzen), das viel zitierte Gedicht (von: jmdn./etw. viel zitieren), dicht besiedelte Gebiete (von: [äußerst] dicht besiedeln).

Dasselbe gilt auch für die entsprechenden Substantivierungen: *die allein Stehende, der schwer Verletzte, das viel Zitierte.* Hier ist neben der Getrenntschreibung jedoch auch die Zusammenschreibung zulässig: *die Alleinstehende, der Schwerverletzte, das Vielzitierte.*

Auch Formen wie *der gut gelaunte, übel gesinnte Kritiker,* denen kein Verb zugrunde liegt, schreibt man getrennt, da *gut* bzw. *übel* gesteigert bzw. erweitert werden kann. In den Fällen jedoch, in denen nicht zu entscheiden ist, ob der erste oder ob der zweite Bestandteil zu steigern ist, sind beide Schreibungen zulässig:

> weit greifende, weiter greifende Pläne – weitgreifende[re] Pläne; schwer wiegende, schwerer wiegende Bedenken – schwerwiegende[re] Bedenken.

In manchen Fällen werden auf diese Weise Bedeutungen differenziert:

> ein klein kariertes, noch kleiner kariertes Heft – der kleinkarierteste Mann; die Eier sind noch härter gesotten – die hartgesottensten Sünder.

Wo dagegen eine Zusammensetzung zugrunde liegt, schreibt man auch das Partizip zusammen:

> das großgeschriebene Wort; die weißgenähte Wäsche; freigesetzte Gene.

3.1.3 Adverb + Partizip *(oben erwähnt, dabeistehend):* Die hierher gehörenden Verbindungen werden getrennt geschrieben, wenn eine getrennt geschriebene Wortgruppe zugrunde liegt:

> das oben erwähnte Buch (von: das Buch oben erwähnen); der instand gesetzte Motor
> (von: den Motor instand / in Stand setzen), das auswendig gelernte Gedicht (von: das
> Gedicht auswendig lernen), eine rückwärts gewandte Politik (von: nach rückwärts
> wenden).

Man schreibt dagegen zusammen, wenn eine Zusammensetzung zugrunde
liegt:

> dabeistehende Zuschauer (von: dabeistehen), heruntergefallenes Laub (von: herunter-
> fallen).

Vgl. auch 1.3, 1.4 und 2.2.3.

Zu Partizipien in Verbindung mit *nicht (nichtversicherte – nicht versicherte
Mitglieder)* ↑ nicht (5, b).

3.2 Das zweite Wort der Verbindung ist ein Adjektiv

Auch hier gilt die bereits mehrfach erwähnte Grundregel, dass getrennt zu
schreiben ist, wenn bei der Verbindung Adjektiv + Adjektiv das erste Adjektiv gesteigert oder erweitert werden kann:

> eine leicht / leichter verdauliche Speise, eine [sehr] schwer verständliche Sprache.

Generell getrennt schreibt man, wenn der erste Bestandteil eine Ableitung
auf *-ig, -isch, -lich* ist:

> riesig groß, verführerisch leicht, grünlich gelb.

Das Gleiche gilt für Verbindungen aus Partizip + Adjektiv:

> abschreckend hässlich, blendend weiß, kochend heiß, leuchtend rot, gestochen scharf.

Dagegen schreibt man Zusammensetzungen aus gleichrangigen Adjektiven
zusammen:

> blaugrau, dummdreist, feuchtwarm, nasskalt, taubstumm.

Man schreibt auch zusammen, wenn der erste Bestandteil bedeutungsver-
stärkend oder bedeutungsmindernd ist:

> bitterböse, brandaktuell, dunkelblau, hochgiftig, superschick u. a.

Bei Verbindungen mit *rein* und *echt* als erstem Bestandteil sind je nach Inter-
pretation beide Schreibweisen zulässig:

> ein reinleinenes / rein leinenes, reinseidenes / rein seidenes Hemd;
> ein echtblauer / echt blauer Farbstoff.

Zu Adjektiven in Verbindung mit *nicht (nichtberufstätig / nicht berufstätig)* ↑nicht (5, b).

4 Attributive Fügung oder Zusammenrückung?

4.1 Zahlwort + Substantiv

G

Wörter wie *Achtelliter, Viertelstunde* sind aus attributiven Fügungen zusammengerückt worden und können deshalb auch wieder aufgelöst werden, ohne dass eine lautliche Veränderung eintritt: *drei achtel Liter, in drei viertel Stunden* (↑drei viertel).

4.2 Substantiv + Adjektiv als Maß- oder Mengenbezeichnung

Adjektive wie *armdick (ein armdicker Ast), fingerbreit (ein fingerbreiter Spalt), handgroß (eine handgroße Scheibe), meterhoch (meterhoher Schnee), jahrelang (jahrelange Unterdrückung)* werden getrennt geschrieben, sobald zu dem als Maß genannten Substantiv noch ein Attribut tritt:

Die Schlange war einen Arm dick. Der Baum war drei Meter hoch. Ich wartete viele Jahre lang auf seine Rückkehr. Der Fleck ist kaum eine Hand groß.

In diesen Fügungen werden die Adjektive durch die gezählten Maße näher bestimmt. Soweit Körperteilbezeichnungen als Maße im Spiel sind, können diese Fügungen substantiviert werden. Dann entsteht eine neue Maßbezeichnung, die wieder zusammengerückt wird und das Genus der voranstehenden Körperteilbezeichnung erhält:

Die Tür blieb einen Fingerbreit offen. Er schnitt eine Handbreit Stoff ab.

Verbindungen mit *voll* dagegen werden in neuer Rechtschreibung nur noch getrennt geschrieben: *eine Hand voll, ein Mund voll.*

4.3 Attribuierte Adjektive oder Adverbien als Konjunktionen

Besonders die mit *so-* zusammengesetzten Konjunktionen *(sowie, solang[e], sooft, sobald, soweit)* werden leicht mit den ähnlich klingenden Umstandsangaben oder Adverbien verwechselt, die immer getrennt geschrieben werden. Man beachte den Unterschied in der Konstruktion:

Ich habe dich so lang[e] nicht gesehen! (Aber:) Solange du dableibst, bleibe ich auch. So, wie ich sie kenne, kommt sie nicht. (Aber:) Sowie er kommt, gib mir Nachricht. Es

geht ihr so weit ganz gut. Es ist bald wieder so weit. Er ist so weit gereist, dass ...
(Aber:) Soweit ich es beurteilen kann, ist sie ...

Das Gleiche gilt für *wieweit/wie weit:*

Wie weit ist es noch bis Frankfurt? (Aber: Ich bin im Zweifel, wieweit ich mich auf ihn verlassen kann.)

4.4 Getrenntschreibung bei grammatikalischer Veränderung

Häufig herrscht über die Getrennt-und Zusammenschreibung Unsicherheit, weil Wörter, die als Zusammensetzung bekannt sind, in einem anderen Kontext anders betont werden. Oft ist dies ein Anzeichen dafür, dass sie ihre Funktion geändert haben. Man vergleiche folgende Beispiele:

Das ist nun ebenso, wie ich es mir vorgestellt habe. Sie weiß es, vielmehr will es wissen.

Aber:

Das ist nun eben so. Sie weiß viel mehr als du.

Ohne Änderung der Betonung:

Indem die Maus in einem Loch verschwand, rettete sie ihr Leben. Das Loch, in dem die Maus verschwand, war schwer zu erkennen.

Man kann hieraus unschwer erkennen, dass es sich im ersten Fall um die Adverbien *ebenso, vielmehr* und die Konjunktion *indem* handelt, bei den Gegenbeispielen jedoch nicht. Bei *eben so* handelt es sich nur um das Adverb *so,* das durch die Partikel *eben* nuanciert wird. Bei *viel mehr* wird das Adverb *mehr* durch *viel* verstärkt. Bei *in dem* handelt es sich um die Präposition *in* mit dem Relativpronomen *dem,* das sich auf *Loch* bezieht. Da hier also völlig unterschiedliche Fälle vorliegen, erklärt sich die unterschiedliche Schreibweise von selbst.

Die alte Regel, nach der die Adverbien *ebenso* und *genauso* mit Adverbien, ungebeugten Adjektiven und den ungebeugten Zahlwörtern *viel* und *wenig* zusammenzuschreiben waren, gilt in neuer Rechtschreibung nicht mehr; es wird jetzt getrennt geschrieben (*ebenso oft, ebenso sehr, genauso viel, ebenso gut*). Das Gleiche gilt für andere Verbindungen mit *viel.* Auch hier wird getrennt geschrieben: *wie viel, zu viel, so viel* (aber: *gleichviel* »einerlei, wie dem auch sei«).

G

5 Verweise

Zur Schreibung der Infinitivkonjunktion *zu* ↑ zu (11). Zur Getrennt- oder Zusammenschreibung von Namen und ihren Ableitungen ↑ geographische Namen (3.2) und ↑ Straßennamen (1.2 und 1.3).

getreu: Das bei *getreu* stehende Substantiv muss im Dativ stehen: *getreu meinem Vorsatz, ihrem Versprechen getreu.*

getroffen: Zu *die getroffene Auswahl* ↑ zweites Partizip (2.4).

Getto / Ghetto: Neben der Schreibung *Getto* ist auch die Schreibung *Ghetto* korrekt.

getürkt: ↑ türken, einen Türken bauen.

Gevatter: Eine ältere Form des Genitivs lautet: *des Gevattern,* heute üblicher ist: *des Gevatters.* Der Plural lautet *die Gevattern.*

Gewähr / Gewährung: Die beiden Wörter kann man nicht austauschen: *Gewähr* bedeutet »Garantie«, *Gewährung* ist Verbalsubstantiv zu *gewähren* »geben, bewilligen, erlauben«: *Man rechnete mit der Gewährung* (nicht: *Gewähr*) *eines Zuschusses.*

Gewähr leisten / gewährleisten: *Gewähr leisten* und *gewährleisten* werden heute im Allgemeinen ohne Bedeutungsunterschied gebraucht. Ein Unterschied besteht aber in der Konstruktion. Bei *Gewähr leisten* wird das Objekt mit *für* angeschlossen; *gewährleisten* hat ein Akkusativobjekt, also keine Präposition nach sich. Es heißt daher nicht: *Diese Maßnahme gewährleistet für den Schutz vor Ansteckung,* sondern: *Diese Maßnahme gewährleistet den Schutz* oder *Es wird Gewähr geleistet für ...*

Gewährsmann: Das Substantiv hat die beiden Plurale *die Gewährsmänner* und *die Gewährsleute.* ↑ Mann (2).

gewahr werden: Bei *gewahr werden* kann das Objekt im Genitiv oder im Akkusativ stehen: *Ich ging an ihr vorüber ohne sie / ihrer gewahr zu werden. ... dass die Insekten die Blumen schon von weitem gewahr werden* (Friedel). *... ohne des Inhalts recht gewahr zu werden* (Sieburg).

Gewand: Der Plural heißt *die Gewänder,* selten auch noch *die Gewande.*

gewandt / gewendet: ↑ wenden.

Gewebe- / Gewebs-: Die Zusammensetzungen mit *Gewebe* als Bestimmungswort werden im Textilwesen ohne Fugenzeichen, in der Medizin teils mit, teils ohne Fugenzeichen gebraucht. Textilwesen: *Gewebebreite* (= Stoffbreite) usw.; Medizin: *Gewebebank, Gewebeentzündung, Gewebeerkrankung, Gewebeflüssigkeit, Gewebelehre, Gewebetherapie;* aber: *Gewebstrümmer, Gewebsveränderung, Gewebsverpflanzung, Gewebszerfall* usw.

Gewerkschafter / Gewerkschaftler: Beide Formen sind korrekt. Obwohl die Gewerkschaften selbst meist von Gewerkschaftern sprechen, wird – von Österreich abgesehen – im Allgemeinen die Form *Gewerkschaftler* gebraucht. ↑ -schafter / -schaftler.

gewesen: In der gesprochenen (Umgangs)sprache verwenden manche Sprecher (besonders im süddeutschen Sprachraum) *gewesen* auch in Verbindung mit Zeitwörtern: *Ich war eingeschlafen gewesen.* Diese Verwendung ist standardsprachlich nicht korrekt (richtig: *Ich war eingeschlafen*). Sie ist wie die entsprechenden Fälle der Umschreibung mit *gehabt* zu beurteilen (↑ gehabt). Davon zu unterscheiden ist die (korrekte)

Form des Vollverbs *sein: Er ist verrückt gewesen.*

Gewicht- / Gewichts-: Entsprechende Zusammensetzungen werden überwiegend mit Fugen-s gebildet: *gewichtslos, Gewichtskontrolle, -verlust, -zoll;* aber: *Gewichtheber.*

gewiegt: ↑ wiegen.

Gewinn bringend / gewinnbringend: Nach den neuen Rechtschreibregeln wird *Gewinn bringend* wie die zugrunde liegende Fügung *Gewinn bringen* getrennt geschrieben: *Gewinn bringende Maßnahmen.* Die Fügung wird jedoch zusammengeschrieben, wenn sie durch ein Adverb näher bestimmt ist: *äußerst gewinnbringendes Sparen.*

gewinnen: Der Konjunktiv II kann sowohl *gewänne* als auch *gewönne* heißen. ↑ Konjunktiv (1.3).

gewiss: Das folgende [substantivierte] Adjektiv oder Partizip nach *gewiss* wird heute in gleicher Weise (parallel) gebeugt: *gewisse lebensnotwendige* (veraltet: *lebensnotwendigen*) *Einrichtungen; die Wünsche gewisser Kranker* (veraltet: *Kranken*); *gewisse auf den Universitätsbetrieb beschränkte* (veraltet: *beschränkten*) *Vorkommnisse; die Einstellung gewisser national gesinnter* (veraltet: *gesinnten*) *Kreise.*

gewogen: ↑ wägen.

gewöhnlich pflegen: In Sätzen wie *Sie pflegte gewöhnlich zu sagen: »Berlin ist doch kein Dorf!«* ist das Wort *gewöhnlich* überflüssig, denn *pflegen* dient in diesem Zusammenhang bereits – im Allgemeinen mit dem Infinitiv mit *zu* – zur Umschreibung des üblicherweise, gewöhnlich, in der Regel Geschehenden; *gewöhnlich pflegen* ist also eine pleonastische Ausdrucksweise. ↑ Pleonasmus.

gewohnt / gewöhnt: Diese beiden Wörter werden heute im Allgemeinen folgendermaßen unterschieden: *gewohnt* bedeutet »durch [zufällige] Gewohnheit mit etwas vertraut« und wird nur noch in gehobe-

ner Sprache mit dem Genitiv, sonst mit dem Akkusativ verbunden (vor allem ist die Konstruktion mit *zu* + Infinitiv üblich): *Mister Lewin wurde geradezu amüsant, da er Wein nicht gewohnt war* (Frisch). ... *schon die Frage, wie ich geschlafen habe, verdrießt mich, weil ich in Gedanken schon weiter bin, gewohnt, voraus zu denken* (Frisch). ... *dem Ton seiner Stimme war nur anzumerken, dass sie ... zu befehlen gewohnt war* (Ott). Demgegenüber bedeutet *gewöhnt* »durch [bewusste] Gewöhnung mit etwas vertraut«, womit meist ausgedrückt wird, dass etwas auf jemanden einwirkt, dass etwas bewirkt wird. Heute verbindet man *gewöhnt* mit der Präposition *an:* ... *ich bin an solche Sprache nicht gewöhnt* (Maass). *Belisar ..., der von Constantinopel her an manches gewöhnt war* (Thieß). Nicht korrekt ist es, *gewöhnt –* wie *gewohnt* – mit einem Infinitiv zu verbinden oder mit dem Genitiv oder Akkusativ. Ebenso ist es nicht richtig, *gewöhnt* mit der Präposition *an* zu verbinden. Man unterscheidet heute also: *Die Kinder sind gewohnt* (= es ist ihre Gewohnheit, es ist Brauch bei ihnen) / *daran gewöhnt* (= regelmäßige Wiederholung hat eine Vertrautheit damit bewirkt), *sich regelmäßig die Zähne zu putzen.* Ferner: *Sie ist an schwere Arbeit gewöhnt (worden) / ist schwere Arbeit gewohnt* (= hat Übung, Erfahrung darin).

gewonnen: Zu *die gewonnenen Eindrücke* ↑ zweites Partizip (2.4).

geworden / worden: ↑ werden.

Ghetto: ↑ Getto / Ghetto.

Gießener: Die Einwohner von Gießen heißen *Gießener.* Die Einwohnerbezeichnung *Gießener* wird immer großgeschrieben, auch wenn das Wort wie ein flexionsloses Adjektiv vor einem Substantiv steht: *Gießener Studierende.* ↑ Einwohnerbezeichnungen auf -er (7).

giltig / gültig: Die Form *giltig* ist veraltet,

aber noch mundartlich für heute in der Standardsprache übliches *gültig* gebräuchlich. Das gilt auch für *endgiltig/endgültig*.

Gischt: Das Wort wird sowohl mit maskulinem als auch mit femininem Genus gebraucht: *der Gischt*, Genitiv: *des Gischtes*, Plural: *die Gischte* oder *die Gischt*, Genitiv: *der Gischt*, Plural: *die Gischten*.

glänzend: Man schreibt Verbindungen aus *glänzend* und einem Adjektiv immer getrennt: *Sie hat glänzend schwarze Haare. Ihre Haare sind glänzend schwarz.* ↑ Getrennt- oder Zusammenschreibung (3.2).

Glas: 1. Als Maßbezeichnung bleibt *Glas* meist ungebeugt: *Herr Ober, zwei Glas Bier bitte! Ich habe drei Glas Sekt* oder *drei Gläser Sekt getrunken.* ↑ Maß-, Mengen- und Münzbezeichnungen.
2. Das Gemessene nach *Glas: ein Glas Wein* (nicht: *Wein[e]s*); *ein Glas edler Wein* (gehoben: *edlen Wein[e]s*); *der Preis eines Glases Wein* (nicht: *Wein[e]s*); *mit mehreren Gläsern hochprozentigem Rum* (gehoben: *hochprozentigen Rums*). ↑ Apposition (2.2).
3. Wenn *Glas* mit einer Stoffbezeichnung eine Einheit bildet, dann kann das eigentlich zur Stoffbezeichnung gehörende Adjektiv auch vor der Einheit stehen, sofern es sich auf beide Wörter beziehen kann. Man kann also nicht nur *ein Glas frisches Wasser*, sondern auch *ein frisches Glas Wasser* sagen. ↑ Adjektiv (3.2).

glatt: 1. glatter/glätter: Die Vergleichsformen von *glatt* werden sowohl ohne als auch mit Umlaut gebildet: *glatter/glätter; glatteste/glätteste*. Die Standardsprache bevorzugt heute allerdings die nicht umgelauteten Formen: *Je glatter die Lösungen, umso ferner das Leben* (Sieburg). ↑ Vergleichsformen (2.1).
2. Rechtschreibung: Zusammen schreibt man *glatt* mit einem folgenden Verb,

wenn *glatt* nicht gesteigert oder erweitert werden kann: *eine Rechnung glattmachen* (= bezahlen; ugs.), *eine Buchung glattstellen* (= ausgleichen; Kaufmannsspr.). In den Fällen, in denen man steigern oder erweitern kann, schreibt man in neuer Rechtschreibung getrennt: *ein Brett [ganz] glatt hobeln, die Haare [noch] glatt[er] kämmen, den Teig [besonders] glatt rühren; auf dem Ausflug ist alles äußerst glatt gegangen.* ↑ Getrennt- oder Zusammenschreibung (1.2).

Glaube/Glauben: Das Substantiv hat zwei Nominativformen: *der Glaube* und *der Glauben*. Der Genitiv zu beiden lautet *des Glaubens*. Heute wird im Allgemeinen die ältere Bildung *Glaube* gebraucht. ↑ Substantiv (2.1).

glauben: 1. Komma: Wenn *glauben* mit einer Infinitivgruppe verbunden ist, kann man nach neuer Regelung ein Komma setzen: *Er glaubte den Mann zu kennen/Er glaubte, den Mann zu kennen.* ↑ Komma (5.1.4).
2. Konjunktiv: Zu *Er glaubte, dass er krank sei. Sie glaubte, dass ich käme/kommen würde* ↑ Konjunktiv (2).
3. glauben machen: *glauben machen* verlangt stets den Akkusativ (nicht den Dativ): *Man will die Welt glauben machen, es handele sich um harmlose Versuche. Sie ist böse, ich hasse sie! – und würde doch keinen Menschen so gern an mich glauben machen wie sie!* (H. Mann).
4. glauben lassen: *glauben lassen* verlangt den Akkusativ: *Sie ließ ihn glauben, sie sei noch ein Kind.* ↑ lassen (5).

Gläubige/Gläubiger: Der Gläubige ist jemand, der an etwas glaubt, der Gläubiger ist jemand, der von einem anderen etwas zu bekommen hat, dem also jemand etwas schuldet. Während *der Gläubige* – wie die meisten substantivierten ↑ Adjektive – adjektivisch dekliniert wird *(die Hoffnung der Gläubigen)*, wird *der Gläubiger* substantivisch dekliniert: *Die Hoffnung der Gläubiger, dass sie zahlen würde, wurde bald zunichte.* In dem Satz *Eine große Anzahl Gläubiger hatte sich dort versammelt* kann es sich sowohl um Gläubige als auch um Gläubiger handeln, daher sollte man eine Konstruktion wählen, die keine Verwechslung zulässt; z. B.: *Eine große Anzahl von Gläubigen / von Gläubigern …* ↑ substantiviertes Adjektiv (2.2.2).

gleich: **1. Groß- oder Kleinschreibung:** Klein schreibt man das Adjektiv: *das gleiche Recht; alle Menschen sind gleich.* Groß schreibt man alle Substantivierungen: *Gleiches mit Gleichem vergelten. Es kann uns Gleiches begegnen. Ich lebe als Gleicher unter Gleichen. Gleiches von Gleichem bleibt Gleiches. Ich wünsche Ihnen das Gleiche / ein Gleiches. Wir werden ein Gleiches tun.* In neuer Rechtschreibung jetzt auch: *Sie ist die Gleiche* (= dieselbe) *geblieben. Wenn zwei das Gleiche* (= dasselbe) *tun … Es kommt auf das Gleiche / aufs Gleiche* (= dasselbe) *hinaus. Das Gleiche gilt auch für dich!* Man schreibt jetzt auch groß in unveränderlichen Verbindungen: *etwas ins Gleiche bringen, Gleich und Gleich gesellt sich gern.* ↑ Groß- oder Kleinschreibung (1.1 und 1.2.1).

2. Getrennt- oder Zusammenschreibung: a) Immer getrennt schreibt man *gleich* vom folgenden Verb, wenn *gleich* in der Bedeutung von »sogleich, sofort« gebraucht wird: *Du sollst gleich kommen. Sie ist gleich geblieben, als wir sie darum baten. Das wollen wir gleich machen.* b) In der Bedeutung »unverändert; übereinstimmend« schreibt man getrennt, wenn *gleich* vor einem Adjektiv steht: *Die gleich großen Kinder standen in einer Reihe. Der finanzielle Aufwand ist gleich groß* usw. In Verbindung mit einem Partizip schreibt man in neuer Rechtschreibung jetzt auch getrennt, wenn eine getrennt geschriebene Wortgruppe – *gleich* kann hier als erweiter-

bar angesehen werden – zugrunde liegt: *gleich bleibende Verhältnisse* (= Verhältnisse, die [fast] gleich bleiben); *sie ist gleich bleibend freundlich* (= sie bleibt [immer, stets] gleich freundlich); *gleich lautende Wörter* (= Wörter, die [vollkommen] gleich lauten); ebenso schreibt man getrennt: *zwei [völlig] gleich gesinnte Männer, [absolut] gleich gestimmte Seelen. Gleich* bedeutet hier »in gleicher Weise«. Dagegen schreibt man Verbindungen aus *gleich* mit Formen, die Ableitungen sind und deswegen nicht allein stehen (z. B. *gleichartig, gleichförmig*) zusammen. Ebenso werden die Formen zusammengeschrieben, bei denen *gleich* nicht durch »in gleicher Weise« umgesetzt werden kann: *gleichbedeutende Wörter* (= das Gleiche bedeutende Wörter), *gleichberechtigt* (= die gleichen Rechte habend), *gleichgeschlechtlich* (= auf das gleiche Geschlecht gerichtet). Zusammen schreibt man weiterhin in Analogie zu *gleichkommen* »entsprechen, gleichwertig sein«, wenn man *gleich* als nicht erweiterbar ansieht: *gleichschalten* »parallel schalten; vereinheitlichen, einheitlich durchführen«, *gleichsehen* »ähneln«, *gleichstehen* »gleich sein«, *gleichstellen* »gleichmachen«, *gleichtun* »erreichen« usw. Sofern keine klare Entscheidung über die Erweiterbarkeit oder Nichterweiterbarkeit getroffen werden kann, ist sowohl Getrennt- als auch Zusammenschreibung möglich.

3. Rektion: Wenn *gleich* bei Vergleichen wie eine Präposition verwendet wird, regiert es den Dativ: *Die Sonne ging gleich einem roten Ball / einem roten Ball gleich unter.*

gleiche: ↑ der gleiche / derselbe.

Gleichmut: Das Wort hat maskulines Genus *(der Gleichmut).* Landschaftlich kommt auch *die Gleichmut* vor: *Mit mühsam gespielter Gleichmut häufte Maria den Rest des Waldmeisterbrausepul-*

vers in ihrem … Handteller (Grass).
↑ -mut.

gleichsam als [ob] / [wenn]: In der Fügung braucht vor *als* kein Komma gesetzt zu werden: *Ich hob die Hand, gleichsam als ob ich einen Schlag abwehren wollte.* Werden die Teile der Fügung nicht als Einheit angesehen, dann kann ein Komma gesetzt werden: *Ich hob die Hand, gleichsam, als ob ich einen Schlag abwehren wollte.*

Gleichsetzungsakkusativ: Hierbei handelt es sich um ein Satzglied im Akkusativ in besonders enger Beziehung zum Akkusativobjekt, das fast ausschließlich in Verbindung mit den Verben *nennen,* *schelten, schimpfen, schmähen, heißen* (transitiv) steht: *Man schimpfte ihn ei-nen Faulpelz.*

Gleichsetzungsnominativ: Hierbei handelt es sich um ein Satzglied im Nominativ in besonders enger Beziehung zum Subjekt, das vor allem in Verbindung mit den Verben *sein, scheinen, bleiben, werden, sich dünken* steht: *Du bist ein Faulpelz! Ich möchte ich selbst sein.*

Gleichsetzungssatz: Hierbei handelt es sich um einen Satz mit einem ↑ Gleichsetzungsnominativ oder -akkusativ. Zur Frage des Numerus in dieser Art von Sätzen vgl. ↑ Kongruenz (1.4).

Gleichstellung von Frauen und Männern in der Sprache

Häufig gestellte Fragen zur Gleichstellung von Frauen und Männern in der Sprache	
Frage	**Antwort unter**
Welche sprachlichen Möglichkeiten gibt es, auch Frauen in einem Text explizit anzusprechen?	dieser Artikel, Punkte (1), (2)
Wie bewertet die Dudenredaktion Schreibungen wie *KollegInnen, KundInnen?*	dieser Artikel, Punkt (2.3)

Mit der Forderung nach Gleichberechtigung von Frauen und Männern in der Gesellschaft stellt sich für viele Menschen die Frage nach der sprachlichen Gleichstellung. Als wichtigste Grundsätze zum Erreichen dieser Gleichstellung gelten das sprachliche Sichtbarmachen des Geschlechts – da, wo Frauen beteiligt sind, sollen sie auch genannt werden – und die Symmetrie – wo Frauen und Männer genannt sind, sollen beide sprachlich gleich behandelt werden. Hauptansatzpunkt ist dabei die Ablehnung des generischen Maskulinums, also der Verwendung maskuliner Personenbezeichnungen für beide

Geschlechter. Bei Bezeichnungen wie *Antragsteller, Diplomkaufmann, Kollegen* müssten Frauen sich jeweils fragen, ob sie mitgemeint seien oder nicht. In Parlamenten, Prüfungsordnungen, bei Stellenausschreibungen und bei der Gestaltung von Formularen bemüht man sich bereits vielfach, den Forderungen nach sprachlicher Gleichstellung gerecht zu werden. Auf der anderen Seite gibt es Bereiche, in denen die sprachliche Gleichstellung noch nicht vollzogen wird, wie z. B. bei der Bundeswehr, die keine weiblichen Dienstgrade zulässt (nur: *Frau Major,* nicht: *Frau Majorin*). Möglichkeiten und Schwierigkeiten der Produktion von in diesem Sinne geschlechtergerechten Texten sollen im Folgenden an ausgewählten Beispielen dargestellt werden. Das dabei gelegentlich verwendete Wort »Splitting« hat sich vor allem in der wissenschaftlichen Literatur als Terminus für die explizite (ausführliche oder abgekürzte) Nennung beider Geschlechter eingebürgert.

G

1   Doppelnennung
2   Kurzformen
2.1 Schrägstrich
2.2 Klammern
2.3 Großes I
2.4 Kurzformen im Singular
2.5 Kurzformen im Plural
3   Komposita
4   Ersatzformen
5   Verweise

1 Doppelnennung

Die Doppelnennung femininer und maskuliner Formen *(Kolleginnen und Kollegen, Schülerinnen und Schüler, Assistentin oder Assistent, eine oder einer, jede und jeder)* ist die höflichste und eindeutigste Variante der sprachlichen Gleichstellung. Sie sollte vor allem in der persönlichen Anrede verwendet werden. Frauen sollen in gleicher Weise wie Männer mit Titel, Vor- und Zunamen, Berufsbezeichnung u. Ä. benannt werden. Also nicht: *Frau Meier hat mit Oberstudiendirektor Dr. Lehmann gesprochen.* Sondern: *Studienrätin Dr. Meier hat mit Oberstudiendirektor Dr. Lehmann gesprochen.*

2 Kurzformen

Aus sprachökonomischen Gründen, bei häufigem Auftreten in Texten oder bei gebotener Kürze (z. B. in Formularen) besteht oft das Bedürfnis, die Doppelformen verkürzt darzustellen. Diese so genannte Sparschreibung existiert in mehreren Varianten. (In der gesprochenen Sprache werden solche Kurzformen im Allgemeinen vermieden.)

2.1 Schrägstrich

Der Schrägstrich dient der Angabe mehrerer gleichberechtigter Möglichkeiten: *Frau / Herrn, Arzt / Ärztin, Patientinnen / Patienten, jede / jeder*. Beim Splitting von Wörtern, die sich nur durch die Endung unterscheiden und bei denen sich kein Vokal ändert, kann mithilfe des Schrägstrichs verkürzt geschrieben werden: *Mitarbeiter / -innen* als Kurzform von *Mitarbeiter und Mitarbeiterinnen, Assistent / -in* als Kurzform von *Assistent und Assistentin, jede / -r* als Kurzfom von *jede und jeder*. Wortpaare wie *Arzt / Ärztin, Bauer / Bäuerin* oder *Bischof / Bischöfin* können also nicht verkürzt geschrieben werden. Darüber hinaus soll sich ein grammatisch korrektes und leicht lesbares Wort ergeben, wenn der Schrägstrich weggelassen wird. Wortpaare, bei denen auch die maskuline Form eine Endung aufweist (Kolleg-*en* und Kolleg-*innen*) sollten deshalb nicht mit dem Schrägstrich verkürzt werden (nicht: *Kollegen / -innen*). Auch von der Verwendung zweier Schrägstriche in solchen Fällen ist abzuraten (nicht: *Kolleg / -inn / -en*).

2.2 Klammern

Buchstaben oder Wortteile können zur Kennzeichnung einer Kurzform in Klammern eingeschlossen werden. Dies gilt unabhängig davon, ob die Klammer am Wortende steht wie in *Schüler(in), Friseur(in), Fahrer(innen), eine(r), jede(r)* oder einen Einschub innerhalb des Wortes kennzeichnet: *Kolleg(inn)en, Student(inn)en*. Die Einklammerung der femininen Endung wird jedoch vielfach nicht empfohlen, weil sie den Eindruck erwecke, die feminine Form sei zweitrangig und weniger wichtig.

2.3 Großes I

Die Schreibung mit dem großen I im Wortinnern (auch: Binnen-I, Binnenmajuskel) wie z. B. *KollegInnen, MitarbeiterInnen* ist seit Anfang der 80er-Jahre belegt. Sie tritt häufig auf, wird aber ebenso häufig auch abgelehnt und ist in bestimmten Behörden und Institutionen ausdrücklich verboten. Diese Kurzformen entsprechen weder den alten noch den neuen Rechtschreibregeln. Großschreibung im Wortinnern ist auch nach dem neuen Regelwerk nicht vorgesehen.

2.4 Kurzformen im Singular

Geschlechtergerechte Formulierungen im Singular sind besonders schwierig, da bei den femininen und maskulinen Formen Artikel, Adjektive und Pronomen nicht übereinstimmen: *Jede Mitarbeiterin, die zu spät kommt, muss ihre Verspätung entschuldigen. Jeder Mitarbeiter, der zu spät kommt, muss seine Verspätung entschuldigen.* In solchen Fällen würde jeder Verkürzungsversuch zu stilistisch nicht vertretbaren Ergebnissen führen. Es sollte deshalb immer geprüft werden, ob ein Ausweichen auf den Plural möglich ist: *Alle Mitarbeiter / -innen, die zu spät kommen, müssen ihre Verspätung entschuldigen.* Ausweichen auf die Pluralform mit *alle* bietet sich auch als Strategie zur Vermeidung des Pronomens *jedermann* an, das häufig als besonders geschlechtsspezifisch betrachtet wird. *Gesundheitsvorsorge für jedermann* wird zu: *Gesundheitsvorsorge für alle.* Gibt es keine passenden Pluralformen, bleibt nur die ungekürzte Doppelnennung: *Diese Schreibung soll die Aufmerksamkeit des Lesers / der Leserin* (nicht: *des / -r Lesers / -in*) *wecken. Durchschrift für die Kundin / den Kunden* (nicht: *die / den Kundin / -en*). *Nebenwirkungen teilen Sie bitte Ihrer Ärztin / Ihrem Arzt* (nicht: *Ihrer / -m Ärztin / Arzt*) *mit.*

Ebenfalls zu vermeiden sind Formen wie *eine(n) Lehrer(in),* in denen das Genus der nicht geklammerten Form des unbestimmten Artikels (*eine* = Femininum) nicht mit dem Genus der nicht geklammerten Form des Substantivs (*Lehrer* = Maskulinum) übereinstimmt. Man sollte in solchen Fällen nicht auf die Doppelnennung verzichten: *Wir suchen eine Lehrerin und einen Lehrer* (nicht: *Wir suchen eine[n] Lehrer[in]*). Kurzformen im Singular sollten also grundsätzlich vermieden werden.

Gelegentlich wird der bestimmte Artikel abgekürzt (z. B. *Unterschrift d. Erziehungsberechtigten* für *Unterschrift der oder des Erziehungsberechtigten*), um das Splitting zu vermeiden. Diese Darstellungsform sollte aber nur dann gewählt werden, wenn das Bezugswort in maskuliner und femininer Form gleich bleibt (nicht: *d. Lesers / Leserin*).

2.5 Kurzformen im Plural

Verkürzte Doppelnennungen kommen üblicherweise im Plural vor, da hier in allen Kasus Artikel, abhängige Adjektive und Pronomen die gleichen Endungen haben und grammatische Probleme kaum auftauchen. Welche Kurzform jeweils gewählt werden kann, hängt davon ab, wie die feminine Form gebildet wird.

– die feminine Form wird durch Anhängen von *-innen* gebildet: *Mitarbeiter – Mitarbeiterinnen, Lehrer – Lehrerinnen.* Hier sind alle Kurzformen möglich

- die maskuline Form hat eine Endung, die sich in der femininen wiederholt: *Kollegen – Kolleginnen.* Hier sollte nicht mit dem Schrägstrich verkürzt werden
- maskuline und feminine Formen haben unterschiedliche Endungen: *Beamte – Beamtinnen, Ärzte – Ärztinnen.* Ob eine Kurzform möglich ist oder nicht, hängt in diesen Fällen von der Beugung ab
- die feminine Form hat gegenüber der maskulinen einen Umlaut: *Bauern – Bäuerinnen.* In diesen seltenen Fällen kann überhaupt nicht verkürzt werden

G Die unten stehende Tabelle stellt die Möglichkeiten des Splittings durch Kurzformen anhand ausgewählter Beispiele in alphabetischer Reihenfolge dar. Ein Strich im Kästchen »Kurzform mit Schrägstrich« bedeutet, dass diese nicht möglich oder nicht empfehlenswert ist.

Innerhalb eines Textes sollte nur eine der möglichen Kurzformen gebraucht werden.

maskuline Form	feminine Form	Kurzform mit Schrägstrich	Kurzform mit Klammern	Bemerkungen
Arbeit-nehmer	Arbeitneh-merinnen	Arbeitneh-mer/-innen	Arbeitneh-mer(innen)	
Ärzte	Ärztinnen	–	von Ärzt(inn)en	Kurzform mit Klammern nur im Dativ möglich
Autoren	Autorinnen	–	Autor(inn)en	
Bauherren	Bauherrinnen	–	Bauherr(inn)en	Mögliche Ersatzform: Bauberechtigte (z. T. in Gesetzestexten verwendet)
Beamte	Beamtinnen	–	die Beamt(inn)en; von Beamt(inn)en	Kurzform mit Klammern bei Verwendung ohne Artikel nur im Dativ möglich
Bischöfe	Bischöfinnen	–	von Bischöf(inn)en	Kurzform mit Klammern nur im Dativ möglich
Dozenten	Dozentinnen	–	Dozent(inn)en	
Kollegen	Kolleginnen	–	Kolleg(inn)en	
Lehrer	Lehrerinnen	Lehrer/-innen	Lehrer(innen)	Mögliche Ersatzform: Lehrkräfte

maskuline Form	feminine Form	Kurzform mit Schrägstrich	Kurzform mit Klammern	Bemerkungen
Man-danten	Mandan-tinnen	–	Man-dant(inn)en	Mögliche Ersatz-form: Mandantschaft
Mieter	Mieterinnen	Mieter/-innen	Mieter(innen)	Mögliche Ersatz-form: Mietpartei
Mit-arbeiter	Mitarbeite-rinnen	Mitarbei-ter/-innen	Mitarbei-ter(innen)	
Patienten	Patientinnen	–	Patient(inn)en	
Profes-soren	Professo-rinnen	–	Profes-sor(inn)en	
Rechts-anwälte	Rechtsanwäl-tinnen	–	von Rechtsan-wält(inn)en	Kurzform mit Klam-mern nur im Dativ möglich
Schüler	Schülerinnen	Schüler/-innen	Schüler(innen)	
Sprecher	Spreche-rinnen	Sprecher/-innen	Spre-cher(innen)	
Studenten	Studentinnen	–	Student(inn)en	Mögliche Ersatzform: Studierende

G

3 Komposita

Gelegentlich wird an Komposita Anstoß genommen, deren Bestimmungs-wort aus einem ↑ generischen Maskulinum besteht, z. B. *Arztbesuch, Leser-brief, Bürgerbewegung, Bauherrenmodell, Studentenvertreter, Einwohnerzahl.* Eine Patentlösung für dieses Problem gibt es nicht – Wortbildungen wie *Ärz-tinbesuch, Bürger(innen)bewegung* wurden vorgeschlagen. Als gelungene Lö-sungen werden z. B. das *Redepult* (für *Rednerpult*) und das *Wahlverzeichnis* (für *Wählerverzeichnis*) angesehen. Ob solche Bildungen standardsprachlich fest werden, muss die weitere Sprachentwicklung zeigen. Bei Komposita, de-ren beide Teile aus Personenbezeichnungen bestehen, sollte nach Möglich-keit umformuliert werden. Also nicht: *Student(inn)envertreter(in)* sondern *Studierendenvertreterin, Studierendenvertreter.*

4 Ersatzformen

Besonders im Bereich der Pronomina bieten sich Ersatzformen zur Vermei-dung von generischen Maskulina an, da hier Formulierungen mit femininen

Formen ungrammatisch wären. Beispielsweise kann in dem Satz *Wer noch mitfahren möchte, [der] sollte sich sofort melden* das stellvertretende *der* weggelassen werden, um das Angesprochensein von Frauen deutlicher zu machen.

Weitere Ersatzformen zur Vermeidung von Doppelnennungen sind:
- Bildung von Partizipien wie *Studierende, Lernende, Lehrende; Gewählte, Verwitwete*
- Sachbezeichnung statt Personenbezeichnung: *Leitung* statt *Leiterin oder Leiter*
- Verwendung von Adjektiven, z. B. *ärztlicher Rat* statt *Rat der Ärztin / des Arztes*
- Bildung von Relativsätzen, z. B.: *Wer einen Mord begeht, wird bestraft* statt *Mörderinnen und Mörder werden bestraft; Personen, die einen Antrag stellen* statt *Antragsteller und Antragstellerinnen*.

Die Verwendung solcher Ersatzformen ist abhängig vom jeweiligen Verwendungskontext und von der Kreativität der Formulierenden. Eindeutige Regeln lassen sich nicht aufstellen.

5 Verweise

Zu *Buchhändler(in) gesucht* ↑Anzeigen (3). Zu *Sie ist Besitzer / Besitzerin* ↑Kongruenz (3.1). Zu *Sie ist Herr / Herrin der Lage* ↑Kongruenz (3.1.5). Zu *Dieses Mädchen ist eine gute Rednerin / ein guter Redner* ↑Kongruenz (3.2.2). Zu *man / frau* ↑man (2). Zu *Kaufmann / Kauffrau* ↑-mann / -frau. Zu *Professor / Professorin, Minister / Ministerin, Doktor / Doktorin* ↑Titel und Berufsbezeichnungen (3).

gleichviel[,] ob / wo: Steht *gleichviel* in Verbindung mit einer Konjunktion oder einem Adverb, ist oftmals zweifelhaft, wo das Komma zu stehen hat. Im Allgemeinen kann man *gleichviel* als Auslassungssatz ansehen; dann steht sowohl zwischen Haupt- und Auslassungssatz als auch zwischen der Fügung ein Komma: *Ich werde dies tun, [es ist] gleichviel, ob er darüber böse ist.* Man kann das Komma zwischen der Fügung aber auch weglassen: *Ich werde dir schreiben, gleichviel wo ich auch bin* oder *Ich werde dir schreiben, gleichviel, wo ich auch bin.* In anderer Reihenfolge: *Gleichviel[,] ob du mitkommst oder nicht, ich werde in der nächsten Woche abreisen.*

gleichzeitig / zugleich: Das Adjektiv *gleichzeitig* bedeutet eigentlich nur »zur gleichen Zeit« *(Sie redeten gleichzeitig),* während *zugleich* darüber hinaus – ohne zeitliche Komponente – »in gleicher Weise, ebenso, auch noch« bedeutet: *Diesen Teller können Sie zugleich als Untersatz verwenden.* Im heutigen Sprachgebrauch wird aber auch *gleichzeitig* öfter in dieser nicht zeitlichen Bedeutung verwendet: *Das Rauchertischchen ist gleichzeitig* (für: *zugleich*) *ein Schachspiel.*

Gleis / Geleise: ↑ Geleise / Gleis.

gleiten: Das Verb *gleiten* gehört zu den unregelmäßigen Verben; es muss also heißen: *glitt, geglitten.* Die regelmäßigen Formen *gleitete, gleitet* sind in der Literatur des 18. und 19. Jahrhunderts (auch bei Goethe und Schiller) anzutreffen; sie sind heute veraltet.

Gliedersatz: ↑ Periode.

Gliederung: Zur Groß- und Kleinschreibung und Zeichensetzung ↑ ¹Punkt (2).

Gliedsatz: ↑ Nebensatz.

glimmen: Das ursprünglich unregelmäßige Verb *(glomm, geglommen)* wird heute auch regelmäßig *(glimmte, geglimmt)* konjugiert: *... die Zündschnur glomm weiter* (Broch). *... das letzte Endchen der Zündschnur glimmte gefährlich auf* (Langgässer). Im übertragenen Gebrauch herrschen jedoch die unregelmäßigen Formen vor, die heute weitgehend als gehoben empfunden werden: *... seine Augen glommen gefährlich* (Seidel). *Stacheldraht, hinter dem ein Streifen Abendrot unter schweren Regenwolken glomm* (Remarque). *In ihren prüfenden Blicken, die über die kahlen Köpfe hinwegstrichen, glommen verborgene Gedanken* (Apitz).

Globus: Im Genitiv Singular ist neben *des Globus* auch die gebeugte Form *des Globusses* gebräuchlich. Im Plural wird überwiegend die Form *die Globusse,* seltener *die Globen* gebraucht. ↑ Fremdwort (3.1).

Glosse: Als mhd. *glōse,* aus lat. *glōssa* entlehnt (beide mit langem *o*), die *ss*-Schreibung übernahm, trat in der Folge die auch sonst im Deutschen übliche Kürzung des *o* ein (z. B. *Flosse, Genosse*). *Glosse* wird daher heute überwiegend mit kurzem *o* gesprochen; nur fachsprachlich – in Bezug auf alte Texte – ist langes *o* häufiger.

Glücksache / Glückssache: Im heutigen

Sprachgebrauch wird im Allgemeinen die Form mit Fugen-s *(Glückssache)* verwendet.

Glühbirne / Glühlampe: Allgemeinsprachlich heißt es weitgehend *Glühbirne,* fachsprachlich gilt nur *Glühlampe.*

GmbH: 1. Deklination: Grundsätzlich ist es nicht notwendig, die Abkürzung *GmbH* mit Beugungsendungen zu versehen. Es empfiehlt sich aber, ein -*s* anzufügen, wenn der Plural gemeint ist, eine Verwechslung mit dem Singular jedoch möglich ist: *das Stammkapital der GmbHs ...* ↑ Abkürzungen (3.2).

2. GmbH in Firmenbezeichnungen: Tritt *GmbH* in Firmennamen auf, dann ist die Abkürzung Bestandteil des Namens und wird nicht durch ein Komma abgetrennt. Zahl und Geschlecht der Firmenbezeichnung richten sich nicht nach *GmbH: das Deutsche Reiseunternehmen GmbH; mit den Vereinigten Stahlwerken GmbH.* ↑ Abkürzungen (6.1).

-gn-: ↑ Worttrennung (2.1).

Gnom: Die Formen lauten *des, dem, den Gnomen,* Plural: *die Gnomen.* ↑ Unterlassung der Deklination (2.1.2).

goethesch / Goethe'sch / goethisch: ↑ Apostroph (3.2), ↑ Groß- oder Kleinschreibung (1.2.2), ↑ Personennamen (4).

Go-go-Girl: ↑ Fremdwort (4).

Go-in: ↑ Fremdwort (4).

golden: Klein schreibt man das Adjektiv: *eine goldene Krone, die goldene Hochzeit, die goldene Medaille, eine goldene Lebensregel.* Groß schreibt man das Adjektiv in mehrteiligen Namen: *die Goldene Aue, das Goldene Buch* (= Ehrenbuch), *das Goldene Horn, das Goldene Tor, der Goldene Plan, der Goldene Sonntag, die Goldene Bulle, die Goldene Rose, das Goldene Kalb, das Goldene Vlies.* In neuer Rechtschreibung gilt die feste Verbindung *der goldene Schnitt* nicht mehr als Eigennamen; deshalb schreibt man das Adjektiv *golden* klein. Das Gleiche gilt für die Verbindung *goldenes Zeitalter,* allerdings ist hier auch Großschreibung

G

zulässig, wenn damit eine fiktive historische Epoche bezeichnet wird: *das war damals ein goldenes Zeitalter,* (aber:) *das Goldene Zeitalter.* ↑Namen (4 und 5).

Gondoliere: Der Genitiv lautet *des Gondolieres,* der Plural *die Gondolieri.*

Gong: Das Substantiv wird meist als Maskulinum *(der Gong),* seltener als Neutrum *(das Gong)* gebraucht.

Gott: Die Fügung *Gott[,] der Herr / Allmächtige[,] hat ...* kann mit oder ohne Kommas stehen. Aber nur mit Kommas: *Gott, der Herr über Leben und Tod, hat ...* ↑Komma (3.3.2). Zu *Gott ein guter / einen guten Mann sein lassen* ↑Kongruenz (4.3).

Göttinger: Die Einwohnerbezeichnung *Göttinger* wird immer großgeschrieben, auch wenn das Wort wie ein flexionsloses Adjektiv vor einem Substantiv steht: *die Göttinger Lehrer.* ↑Einwohnerbezeichnungen auf -er (7).

graben: Die Formen der 2. und 3. Person Singular Indikativ Präsens haben Umlaut: *du gräbst; sie gräbt.* ↑Verb (1), ↑Umlaut (1.1).

Grabmal: Die normalsprachliche Pluralform ist *die Grabmäler.* In gehobener Sprache kommt auch die Form *die Grabmale* vor. ↑¹Mal.

Grabscheit: Das landschaftliche Wort für »Spaten« hat den Plural *die Grabscheite;* veraltet, aber noch mundartlich: *die Grabscheiter.*

Grad: 1. Bei Temperaturangaben ist zwischen der Zahl und dem Gradzeichen gefolgt vom Kennbuchstaben ein Zwischenraum zu setzen: − 3 °C; 22 °F; + 17 °C (gemeinsprachlich auch noch: + 17 °C). Bei anderen Gradangaben wird das Gradzeichen ohne Zwischenraum an die Zahl angeschlossen: *ein Winkel von 30°; 50° nördlicher Breite.* 2. Bei einer pluralischen Gradangabe muss auch das Verb im Plural stehen: *Es herrschten* (nicht: *herrschte*) *30 Grad [Wärme].* 3. Als Maßeinheit hat *Grad* überwiegend

neutrales Genus: *Jedes Grad kostet etwa 7 % mehr Energie.*

gradewegs / gradenwegs / gradeswegs: ↑geradewegs / geradenwegs / geradeswegs.

Graf: 1. Deklination: Das Substantiv wird schwach gebeugt, Genitiv: *des Grafen* (nicht: *des Grafs*), Dativ: *dem Grafen* (nicht: *dem Graf*). 2. Als Bestandteil des Familiennamens steht *Graf* hinter dem Vornamen: *Manfred Graf von Senden.* Das Genitiv-s wird nur an den eigentlichen Namen angehängt: *der Besitz Manfred Graf Sendens* (aber: *der Besitz des Grafen Senden*). Die Frau eines Grafen wird *Gräfin,* eine unverheiratete Angehörige der Familie *Komtesse* genannt. Diese Bezeichnungen werden in Familiennamen wie die männliche Form eingesetzt: *Hilda Gräfin von Senden.* Die persönliche Anrede lautet (offiziell) *Herr Graf [von] Senden* oder *Herr Graf.* Jedoch lässt man *Herr* heute gewöhnlich weg; man schreibt im Brief *Sehr geehrter Graf Senden!* (ohne *von*) und sagt im Gespräch *Graf Senden.* ↑Brief (7).

Graffiti: Der Singular von *die Graffiti* lautet *der Graffito.* Da die Form *die Graffiti* schon die Pluralform ist, ist die Form *die Graffitis* nicht korrekt.

Grafik, Grafiker, Grafikerin, grafisch usw.: Zu eindeutschenden Schreibweisen für *Graphik* usw. ↑f / ph.

Grafit / Graphit: ↑Graphit / Grafit.

gram / Gram: Groß schreibt man das Substantiv: *Ich bin von Ekel und Gram erfüllt. Er verging fast vor Gram.* Klein schreibt man das alte Adjektiv, das heute nur noch in Verbindung mit dem Verb *sein* als Angabe der Art verwendet wird: *Er ist mir gram.* ↑Groß- oder Kleinschreibung (1.1).

Gramm: 1. Beugung: In Verbindung mit Zahlwörtern bleibt *Gramm* im Plural ungebeugt: *Zwei Gramm dieses Pulvers genügen. Der Brief ist um acht Gramm zu schwer. Der Preis dreier Gramm Gold ent-*

spricht ... ↑ Maß-, Mengen- und Münzbezeichnungen.

2. Das Gemessene nach Gramm: *ein Gramm reines Heroin* (geh.: *reinen Heroins*); *der Preis eines Gramms Heroin* oder *eines Gramm Heroins; mit 20 Gramm mildem Tabak* (geh.: *milden Tabaks*); *aus einem Gramm pulverisierter Kristalle / pulverisierte Kristalle.* ↑ Apposition (2.2).

3. 100 Gramm Speck werden / wird in kleine Würfel geschnitten: Bei einer pluralischen Grammangabe steht das Verb heute gewöhnlich ebenfalls im Plural: *100 g Speck werden* (selten: *wird*) *in feine Würfel geschnitten.* ↑ Kongruenz (1.2.2). Steht *Gramm* im Plural ohne Angabe des Gewogenen, dann ist nur der Plural des Verbs möglich: *Zehn Gramm sind* (nicht: *ist*) *zu wenig.*

grammatikalisch / grammatisch: Beide Wörter werden heute in gleicher Bedeutung verwendet. Häufig wird das kürzere Wort vorgezogen.

grammatisches Geschlecht: ↑ Genus.

Granitblock: ↑ Block.

Graph: Das Substantiv *der Graph* hat in der Naturwissenschaft den Genitiv *des Graphen* und den Plural *die Graphen.* Das in der Sprachwissenschaft gebräuchliche *das Graph* hat den Genitiv *des Graphs* und den Plural *die Graphe.*

Graphit / Grafit: In neuer Rechtschreibung kann das Substantiv in eingedeutschter Form mit *f* oder wie bisher mit *ph* geschrieben werden. ↑ f / ph.

grau: Klein schreibt man das Adjektiv: *der graue Markt, der graue Star, eine graue Eminenz, grau in grau malen* usw. Groß schreibt man das Adjektiv in Namen: *die Grauen Panther* (= Seniorenschutzbund), *die Graue Eminenz* (= F. v. Holstein). Groß schreibt man auch das substantivierte Adjektiv: *die Farbe Grau, in Grau.* ↑ blau (1).

Gräuel: In neuer Rechtschreibung wird das Substantiv (früher: *Greuel*) mit *äu* geschrieben, weil man es zu *Grauen* stellt.

grauen: Das unpersönlich oder subjektlos *(mir / mich graut)* gebrauchte Verb wird meist mit dem Dativ, seltener mit dem Akkusativ verbunden: *Es graut mir /* (seltener:) *mich; mir /* (seltener:) *mich graut vor ...*

Grauen erregend / grauenerregend: Nach den neuen Rechtschreibregeln kann *Grauen erregend* oder *grauenerregend* geschrieben werden: *ein Grauen erregender / grauenerregender Fall.* Die Fügung wird jedoch immer zusammengeschrieben, wenn sie durch ein Adverb näher bestimmt ist: *ein äußerst grauenerregender Fall.* Die Zusammenschreibung gilt auch dann, wenn die Fügung als Ganzes gesteigert wird: *Sein letzter Fall war noch grauenerregender.* ↑ Getrennt- oder Zusammenschreibung (3.1.1).

gräulich: Das Adjektiv *gräulich* ist von *grau* abgeleitet und bedeutet »etwas grau«; in neuer Rechtschreibung schreibt man auch das Adjektiv mit der Bedeutung »entsetzlich, Schauder erregend, abscheulich« mit *äu* (früher: *greulich*), weil man es zu *Grauen* stellt.

grausen: Das unpersönlich oder subjektlos gebrauchte Verb kann sowohl mit dem Dativ als auch mit dem Akkusativ verbunden werden: *Mir / Mich graust, wenn ich an die Prüfung denke. Zudem graust ihm ein wenig vor den Schwierigkeiten mit der Hafenbehörde* (Bamm). *Es grauste sie, wenn von Menschenfressern die Rede war* (K. Edschmid).

Graveurin: ↑ Titel und Berufsbezeichnungen (3).

Greif: Das Wort kann stark *(des Greif[e]s, die Greife)* oder schwach *(des Greifen, die Greifen)* gebeugt werden.

greifen: Zu *ich greife mir an den Kopf* ↑ fassen.

Greifenhagener: Die Einwohner von Greifenhagen heißen *die Greifenhagener.* ↑ Einwohnerbezeichnungen auf -er (4 und 7).

Greis: *Greis* wird heute nur noch stark dekliniert (Genitiv: *des Greises*, Plural: *die Greise*): *die schlaffe Maske eines hilflosen Greises* (Feuchtwanger). ... *die hilflosen Greise* (Wiechert).

grenzend: In Sätzen wie *Mit an Sicherheit grenzender Wahrscheinlichkeit* ... ist *grenzend* Attribut zu *Wahrscheinlichkeit* und muss dementsprechend auch im Dativ stehen, den die Präposition *mit* verlangt. Der Akkusativ mit Bezug auf die Präposition *an (mit an Sicherheit grenzende Wahrscheinlichkeit)* ist nicht korrekt.

Greuel: Alte Schreibung für ↑ Gräuel.

greulich: Alte Schreibung für ↑ gräulich.

Grieß: Man schreibt das Wort mit *ß*, nicht mit *s*.

grob: Komparativ und Superlativ von *grob* werden mit Umlaut gebildet: *gröber, gröbste*. ↑ Vergleichsformen (2.1).

grob gerechnet: Zur Kommasetzung ↑ gerechnet.

Groll: Üblicherweise wird nach *Groll* mit *über* (Sachen und Personen) oder auch mit *auf* (Personen) angeschlossen: *Der Groll der Lehrerin auf/über die Schüler war verschwunden. ... und selbst wenn ihn eine Kampfabstimmung auf der bürgerlichen Seite sah, empfand man auf der anderen Seite keinen Groll darüber* (Musil). *... (ich) tat allen Groll über seine schnöde Vergesslichkeit beiseite* (Hartung). In Verbindung mit bestimmten Verben wird *Groll* auch mit der Präposition *gegen* verbunden: *Er hegt keinen Groll gegen dich.*

Gros: Zu *Ein Gros Äpfel lag/lagen auf dem Tisch* ↑ Kongruenz (1.1.3). Vgl. auch ↑ Maß-, Mengen- und Münzbezeichnungen.

groß: 1. Steigerung: Der Superlativ heißt *größte*, nicht: *größeste*.

2. Groß- oder Kleinschreibung: Klein schreibt man das Adjektiv: *die große Anfrage* (= im Parlament), *das große Einmaleins, die große Koalition, das große Latinum* usw. In neuer Rechtschreibung auch: *die große Kreisstadt, das große Los.*

Groß schreibt man die Substantivierung: *Große und Kleine, die Großen und die Kleinen, ein Zug ins Große, im Großen wie im Kleinen treu sein, das ist dasselbe in Groß (= im Großen), etwas/nichts/viel/wenig Großes.* In neuer Rechtschreibung auch: *um ein Großes (= viel) verteuert, im Großen und Ganzen, im Großen und im Kleinen betreiben, Groß und Klein* (= jedermann). Groß schreibt man das Adjektiv auch in Namen und bestimmten substantivischen Wortgruppen: *Katharina die Große; der Große Wagen* (= Sternbild); *der Große Krach von Wien* (= 1873); *der Große Belt, der Große Teich* (= Atlantischer Ozean). ↑ Namen.

3. Getrennt- oder Zusammenschreibung: Getrennt schreibt man: *groß sein/werden.* In neuer Rechtschreibung auch: *groß schreiben* »mit sehr großen Buchstaben schreiben; wichtig nehmen«. Zusammen schreibt man: *großtun* »prahlen«, *großziehen* »ein Lebewesen aufziehen«. In neuer Rechtschreibung auch *großschreiben* »mit großem Anfangsbuchstaben schreiben«. Nach den neuen Regeln schreibt man *groß* vom folgenden zweiten Partizip immer getrennt, wenn der erste Teil der Fügung gesteigert bzw. erweitert werden kann: *ein groß angelegter Plan, ein groß gemustertes Kleid* usw. ↑ Getrennt- oder Zusammenschreibung (3.1.2).

4. Zu *größeres/größres Vertrauen* ↑ Vergleichsformen (2.2).

größer: ↑ groß. Zu *größ[e]re Hälfte* ↑ Vergleichsformen (2.2), ↑ Hälfte.

großes I im Wortinnern: ↑ Gleichstellung von Frauen und Männern in der Sprache (2.3).

großmaßstäbig/großmaßstäblich: ↑ -ig/-isch/-lich (1).

Großmut: 1. Präposition nach Großmut: Nach *Großmut* wird mit der Präposition *gegen* (oder *gegenüber*), nicht mit *für* oder *zu* angeschlossen: *Vor allem aber zeigte er ... stets Großmut gegen den Be-*

siegten (Thieß). *Sie zeigten uns gegen-*
über Großmut.
2. Genus: Im Gegensatz zu *der Mut* hat
Großmut feminines Genus: *Unsere Liebe*

ist also ein Akt der Großmut gegen die
Gottheit (Langgässer). ↑ -mut.
Großmutter: Zu *Großmutters Geburtstag*
↑ Verwandtschaftsbezeichnungen.

Groß- oder Kleinschreibung

Häufig gestellte Fragen zur Groß- oder Kleinschreibung	
Frage	**Antwort unter**
In welchen Fällen schreibt man ein Adjektiv groß?	dieser Artikel, Punkt (1.2.1)
In welchen Fällen schreibt man den Infinitiv, also das Verb in der Grundform, groß?	dieser Artikel, Punkt (1.2.3)
Wie schreibt man *der andere, alle fünf, die beiden, die vielen, diese drei?*	dieser Artikel, Punkt (1.2.4)
Schreibt man nach dem Doppelpunkt groß oder klein?	dieser Artikel, Punkt (2.1), Doppelpunkt (2), (3)
Schreibt man das erste Wort nach den Anführungszeichen groß oder klein?	dieser Artikel, Punkt (2.2), Anführungszeichen (2.2), (2.3)
Schreibt man nach dem Gedankenstrich groß oder klein weiter?	dieser Artikel, Punkt (2.4)

Schwierigkeiten bei der Groß- oder Kleinschreibung ergeben sich insbesondere in den Fällen, die in den folgenden Kapiteln behandelt werden:

1   Zweifelsfälle, die sich aus dem Austausch zwischen den Wortarten ergeben
1.1   Der Übergang vom Substantiv zu den anderen Wortarten
1.2   Der Übergang von den anderen Wortarten zum Substantiv
1.2.1 Adjektive, Partizipien und Adverbien
1.2.2 Von Personennamen abgeleitete Adjektive
1.2.3 Infinitiv
1.2.4 Pronomen und Zahlwörter
1.2.5 Einzelbuchstaben und Einzelwörter
1.2.6 Verweise

1   Zweifelsfälle, die sich aus dem Austausch zwischen den Wortarten ergeben

G

Die Zweifelsfälle, die sich aus der Groß- oder Kleinschreibung unserer Wörter ergeben, bestanden früher nicht, weil man erst vom 16. Jahrhundert an verstärkt dazu überging, Substantive und Wörter in der Rolle eines Substantivs *(das Gute, das Lesen und Schreiben, das Weh und Ach)* großzuschreiben. Seit dem 18. Jahrhundert ist diese Großschreibung in der Orthographie zur Regel geworden und seitdem fällt unserer Schrift die Aufgabe zu, eine Wortart, nämlich die Wortart Substantiv, durch einen Großbuchstaben auszuzeichnen. Da nun aber die Wortarten keine in sich abgeschlossenen Einheiten darstellen, sondern in ständigem Austausch untereinander stehen, muss die Schrift dieser Bewegung zwischen den Wortarten folgen, d. h., die Schreibenden sind gezwungen, in jedem Einzelfall des sich vollziehenden Austausches zu interpretieren, ob ein Substantiv vorliegt oder nicht.

1.1 Der Übergang vom Substantiv zu den anderen Wortarten

Substantive können als Adverbien *(anfangs, kreuz und quer, mitten)*, als Konjunktionen *(falls, teils ... teils)*, als Präpositionen *(dank, statt, trotz)*, als unbestimmte Zahlwörter *(ein bisschen, ein paar)* und wie Adjektive in der Rolle von Artangaben *(mir ist angst, wir sind ihr gram, er ist schuld)* verwendet werden. In allen diesen Fällen werden sie kleingeschrieben.

So stehen sich in folgenden festen Fügungen Groß- und Kleinschreibung gegenüber, je nachdem, ob das betreffende Wort als Substantiv oder als Adjektiv auftritt:

angst und bange werden (aber neu: Angst und Bange haben / machen)
ernst bleiben / sein / werden (aber: Ernst machen mit etwas)
jmdm. gram sein (aber: Gram empfinden)
etwas leid sein (aber neu: Leid tun)
pleite sein (aber neu: Pleite gehen usw.)
recht sein (aber neu: Recht haben / geben usw.)
schuld sein (aber neu: Schuld haben / geben usw.)

unrecht sein (aber neu: Unrecht bekommen / geben / haben)
wert sein (aber: auf etwas Wert legen)

1.2 Der Übergang von den anderen Wortarten zum Substantiv

Groß schreibt man Wörter anderer Wortarten, wenn sie als Substantive gebraucht werden:

> das Ja und Nein, das Meine, eine Sechs, das Sichausweinen, das In-den-Tag-hinein-
> Leben, das Schöne, das Gewollte, Großes erleben, Neues berichten, das Lesen, das
> vertraute Du. In neuer Rechtschreibung auch: und Ähnliches (Abk.: u. Ä.), wir haben
> Folgendes/das Folgende geplant, im Voraus.

G

Es gibt aber zahlreiche Fälle (vor allem bei Adjektiven, Pronomen, Zahlwörtern und Infinitiven), wo Zweifel auftreten können, ob ein Wort als Substantiv gebraucht wird oder nicht:

1.2.1 Adjektive, Partizipien und Adverbien (↑ substantiviertes Adjektiv, ↑ substantiviertes Partizip): In festen adverbialen Wendungen aus Präposition
und artikellosem Adjektiv schreibt man dieses weiterhin klein:

> Sie hielten durch dick und dünn zusammen. Über kurz oder lang werden wir uns
> treffen. Ich kenne ihn von klein auf. Von nahem gesehen war die Kapelle noch schöner.
> Wir hätten ohne weiteres ein Darlehen bekommen. Die Schule bleibt bis auf weiteres
> geschlossen.

Nicht deklinierte Adjektive in Paarformeln zur Bezeichnung von Personen
werden dagegen in neuer Rechtschreibung großgeschrieben:

> Jung und Alt, Arm und Reich, Groß und Klein, Gleich und Gleich, Hoch und Niedrig.

Die Großschreibung gilt auch für Adjektive oder Partizipien, die in fester Verbindung mit einem Verb stehen:

> ins Blaue reden, aufs Ganze gehen, zum Guten wenden, ins Lächerliche ziehen, ins
> Schwarze treffen, das Weite suchen. In neuer Rechtschreibung auch: im Argen liegen,
> im Dunkeln tappen, ins Gleiche bringen, den Kürzeren ziehen, auf dem Laufenden
> bleiben, im Reinen sein, auf dem Trockenen sitzen, aus dem Vollen schöpfen usw.

Adjektive und Partizipien schreibt man vor allem dann groß, wenn sie mit
Wörtern wie »allerlei«, »alles«, »etwas«, »genug«, »nichts«, »viel«, »wenig« in
Verbindung stehen:

> allerlei Schönes, etwas derart Banales, nichts Besonderes, wenig Angenehmes.

In neuer Rechtschreibung werden auch solche Adjektive und Partizipien
großgeschrieben, denen ein Artikel oder Pronomen vorausgeht und die ein
adjektivisches Attribut bei sich haben können:

im Allgemeinen (= gewöhnlich), um ein Beträchtliches (= beträchtlich), es ist das Gegebene (= gegeben), aufs Neue (= wiederum), du tust alles Mögliche (= viel, allerlei), des Weiteren (= weiterhin).

Substantivierte Superlative wie die folgenden schreibt man in neuer Rechtschreibung immer groß:

Es ist das Beste, was ich je gegessen habe. Es ist das Klügste, was sie tun konnte. Das war das Geringste. In neuer Rechtschreibung auch: Es ist das Beste, wenn du dich entschuldigst. Es ist das Klügste, sofort zu verschwinden. Du hast nicht das Geringste getan.

G

Klein schreibt man Superlative mit *am,* nach denen man mit »wie?« fragen kann und bei denen »am« nicht durch »an dem« auflösbar ist:

Es ist am nötigsten (= sehr nötig), den Motor wieder in Gang zu bringen. Aber: Es fehlt am (= an dem) Nötigsten.

Klein- oder großgeschrieben werden kann der Superlativ in neuer Rechtschreibung, wenn er in festen adverbialen Wendungen mit »aufs« oder »auf das« steht und durch »wie?« erfragt werden kann:

Sie erschrak aufs / auf das Äußerste / äußerste.

Adjektive und Partizipien, die durch einen Artikel der Form nach substantiviert sind, schreibt man immer dann klein, wenn sie sich direkt auf ein vorangehendes oder nachstehendes Substantiv beziehen:

Alle Kinder fanden ihre Zuneigung; besonders aber liebte sie die aufgeweckten. Er war der aufmerksamste meiner Zuhörer. Wer war die netteste von allen anwesenden Personen?

Schließlich werden auch Adverbien, die mit Präpositionen verbunden sind, dadurch nicht zu Substantiven und müssen kleingeschrieben werden:

die Frau von heute, zwischen gestern und morgen, Farbe für außen und innen.

Zu Ableitungen von Ortsnamen auf *-er* ↑ Einwohnerbezeichnungen auf -er und ↑ geographische Namen (3.1).

1.2.2 Von Personennamen abgeleitete Adjektive: Die von Personennamen abgeleiteten Adjektive werden in neuer Rechtschreibung immer kleingeschrieben:

fast einsteinsche Theorien (= nach der Art von Einstein), neu auch: die einsteinsche Relativitätstheorie (= von Einstein); das elisabethanische Drama (= in der Regierungszeit Elisabeths), neu auch: das elisabethanische England (= unter der Regierung Elisabeths); Gedichte von goethischer Klarheit (= nach der Art von Goethe), neu auch: die goethischen Gedichte (= von Goethe); eine fast heinische Ironie (= nach der Art von Heine), neu auch: die heinischen »Reisebilder« (= von Heine); die Kompositionen wirken mozartisch (= wie Kompositionen Mozarts), neu auch: die mozartschen Kompositionen (= von Mozart); der ohmsche Widerstand (= nach Ohm benannt), neu auch: das ohmsche Gesetz (= von Ohm); die platonische Liebe (= nach den von Platon vertretenen Ansichten benannt), neu auch: die platonischen Schriften (= von Platon) usw.

Großgeschrieben werden diese Formen in neuer Rechtschreibung aber dann, wenn die Grundform des Personennamens durch einen Apostroph verdeutlicht wird (↑ Apostroph 3.2):

das Müller'sche Grundstück, die Einstein'sche Relativitätstheorie, die Goethe'schen Dramen.

Immer klein schreibt man die von Personennamen abgeleiteten Adjektive auf *-istisch, -esk, -haft:*

darwinistische Auffassungen, kafkaeske Gestalten, rilkehafte Metaphern.

G

1.2.3 Infinitiv: Hier ist die Unsicherheit besonders groß (↑ [substantivierter] Infinitiv). Groß schreibt man den substantivierten Infinitiv. Er ist meist durch den Artikel, durch ein Attribut (voran- oder nachgestellt) oder durch eine Präposition gekennzeichnet:

das Lesen und Schreiben, beim Verlegen von Rohren, für Hobeln und Einsetzen der Türen, lautes Schnarchen, sein Schluchzen.

Fehlen Artikel, Attribut oder Präposition, dann ist oft nicht zu entscheiden, ob ein substantivierter Infinitiv oder ein Verb vorliegt *(Das Kind lernt gehen / Gehen. ... weil Geben / geben seliger denn Nehmen / nehmen ist).* In diesen Fällen sind beide Schreibweisen möglich.

1.2.4 Pronomen und Zahlwörter: Substantivierte Pronomen und Zahlwörter schreibt man groß:

ein Er und eine Sie, das eigene Ich, ein gewisser Jemand; eine Eins (= Zensur, Note), das Hundert (= Maßangabe für hundert Einheiten), eine Sechs malen; einem Dritten (= Unbeteiligten) gegenüber, in der Klasse der Erste (= der Leistung nach), der Letzte [des Monats]. In neuer Rechtschreibung auch: jeder Dritte, der Erste (= der Zählung, der Reihe nach).

Die Großschreibung gilt nach den neuen Regeln auch für pronominal gebrauchte Adjektive und Partizipien:

das Gleiche (= dasselbe), der Folgende (= dieser), ein Beliebiger (= irgendeiner), der Nächste (= der Zählung, der Reihe nach), der Nämliche, ein Einzelner, die Einzige.

Sonst schreibt man Pronomen und Zahlwörter klein, in vielen Fällen auch dann, wenn sie mit einem Artikel gebraucht werden:

der andere, die beiden, die drei, der eine, ein jeder; Nummer fünf, Paragraph drei, Größe vierzig; durch vier teilen; Werte von eins bis sieben. Es ist schon zehn nach neun. Das war nur wenigen bekannt. Es gab viele, die nicht mitmachten wollten.

Sie hat alles vergessen. Was manche sich so alles einbilden! Es gab dort mancherlei, vielerlei zu sehen und zu hören.

Pronomen und Zahlwörter (sowie die pronominal gebrauchten Adjektive und Partizipien) werden auch kleingeschrieben, wenn ihnen ein bestimmtes Pronomen oder ein unbestimmtes Pronomen vorangeht oder wenn sie mit den Wörtern »allerlei«, »alles«, »etwas«, »genug«, »nichts«, »viel«, »wenig« u. Ä. in Verbindung stehen:

alle anderen, wir beide, ihr drei, diese fünf; allerlei anderes, etwas anderes, nichts anderes.

G Das gilt ebenfalls, wenn sich ein Pronomen z. B. auf den Empfänger eines Briefes bezieht *(Ich grüße euch beide. Seid alle herzlich gegrüßt).*

Wenn hervorgehoben werden soll, dass ein Zahladjektiv wie »viel«, »wenig«, »eine«, »andere« nicht als ein unbestimmtes Zahlwort zu verstehen ist, kann in neuer Rechtschreibung jedoch auch großgeschrieben werden:

Auf der Suche nach dem Anderen (= nach einer neuen, unbekannten Welt). Das Lob der Vielen (= der breiten Masse) war ihr nicht wichtig.

Die Großschreibung ist in neuer Rechtschreibung auch bei Possessivpronomen (besitzanzeigenden Fürwörtern) in Verbindung mit dem bestimmten Artikel möglich; die Kleinschreibung bleibt daneben gültig:

Jedem das Seine / seine. Wir haben das Unsere / unsere dazu beigetragen. Ihr müsst das Eu[e]re / eu[e]re tun.

Während man Kardinalzahlen unter einer Million immer klein schreibt *(jünger als zwanzig, an die fünfzig, über achtzig),* können »hundert«, »tausend«, »Dutzend «, wenn sie nicht in Ziffern schreibbare Mengen angeben, nach den neuen Regeln auch kleingeschrieben werden:

Dutzende / dutzende von Filmen, mehrere Dutzend / dutzend Leute; Hunderte / hunderte von Menschen, viele Hunderte / hunderte Tauben; mehrere Tausende / tausende von Freiwilligen, einige Tausend / tausend Sterne.

1.2.5 Einzelbuchstaben und Einzelwörter: Substantivierte Einzelbuchstaben schreibt man im Allgemeinen groß:

das A, jemandem ein X für ein U vormachen, ein großes T schreiben.

Meint man aber den Kleinbuchstaben, wie er im Schriftbild vorkommt, schreibt man klein:

der Punkt auf dem »i«; das n in *Land;* ein kleines *t* schreiben.

Einzelbuchstaben, die nicht als Kleinbuchstabe zitiert werden, schreibt man auch als Teile von Zusammensetzungen mit Bindestrich groß: *T-förmig, T-Eisen.* Es gilt allerdings Kleinschreibung, wenn der Einzelbuchstabe als Kleinbuchstabe zitiert wird: *das Dehnungs-h, das n-Eck, das Schluss-s,* neu auch: *der i-Punkt, der s-Laut.* In manchen Zusammensetzungen ist Klein- oder Großschreibung möglich, wenn man sich auf die Form des Klein- bzw. des Großbuchstabens bezieht: *s-förmig / S-förmig* (= in der Form eines kleinen *s* bzw. eines großen *S*), *x-beinig / X-beinig.*

Zu *A-Dur,* aber *a-Moll* ↑ Dur / Moll.

Auch nur zitierte nicht substantivierte Wörter sind kleinzuschreiben:

Du hast das »und« in diesem Satz übersehen.

1.2.6 Verweise: Zur Schreibung der Anredepronomen in Briefen, Aufrufen usw. ↑ Anrede (2); zur Groß- oder Kleinschreibung von Abkürzungen *(Tbc-krank)* ↑ Abkürzungen (2); zur Schreibung fremdsprachlicher Fügungen ↑ Fremdwort (4); zur Schreibung apostrophierter Wörter am Satzanfang ↑ Apostroph (1.1); zur Schreibung von Namen ↑ Namen (4), ↑ geographische Namen (3.1), ↑ Straßennamen; zur Schreibung von nicht substantivierten Wörtern in Namen und Titeln ↑ Titel und Berufsbezeichnungen (2); zur Schreibung in substantivischen Aneinanderreihungen ↑ Bindestrich (3.1 und 3.2); zur Schreibung von Tageszeiten ↑ Abend / abends usw.

G

2   Groß- oder Kleinschreibung nach bestimmten Satzzeichen

2.1 Doppelpunkt

Das erste Wort einer direkten Rede oder eines selbstständigen Satzes schreibt man nach einem Doppelpunkt groß:

Sie rief mir zu: »Der Versuch ist gelungen«. Gebrauchsanweisung: Man nehme alle 2 Stunden eine Tablette. In neuer Rechtschreibung auch: Das Haus, das Wirtschafts-gebäude, die Stallungen: Alles war den Flammen zum Opfer gefallen.

Klein schreibt man nach einem Doppelpunkt, wenn man die Ausführungen nach dem Doppelpunkt nicht als Ganzsatz auffasst. Das kann z. B. bei einer Aufzählung, bei speziellen Angaben oder Erklärungen der Fall sein:

Er hat alles verloren: seine Frau, seine Kinder, seine Habe.
Die Kinder mussten schreiben: der treue Hund. Rechnen: sehr gut.

2.2 Anführungszeichen

Groß schreibt man das erste Wort eines angeführten selbstständigen Satzes sowie die in Anführungszeichen gesetzten Titel von Büchern, Gedichten u. dgl.:

Mit seinem ständigen »Das mag ich nicht!« ging er uns allen auf die Nerven. Welche Schulklasse kennt heute noch »Die Kraniche des Ibykus«, das Gedicht Schillers?

2.3 Frage- und Ausrufezeichen

Nach Frage- und Ausrufezeichen schreibt man klein, wenn diese innerhalb des Satzganzen stehen:

»Wohin des Wegs?«, fragte er. »Grüß dich, altes Haus!«, rief sie mir zu.
Sie schrie: »Niemals!«, und schlug die Tür zu.

2.4 Gedankenstriche und Klammern

Man schreibt das erste Wort eines in Gedankenstrichen oder Klammern eingeschlossenen eingeschobenen Satzes klein, wenn es kein Substantiv, Name o. Ä. ist:

Dieser Schmuck – es ist der kostbarste der Sammlung – wurde letzte Nacht gestohlen.
In ihrer Jugend (nur wenige wussten etwas davon) war sie als Sängerin aufgetreten.

2.5 Semikolon

Trennt das Semikolon gleichrangige Sätze (wo der Punkt zu stark und das Komma zu schwach wäre, ↑ Semikolon), dann schreibt man das erste Wort des neuen Satzes klein, wenn es kein Substantiv, Name o. Ä. ist:

Im Hausflur war es still; ich drückte erwartungsvoll auf die Klingel. Die Familie meiner Mutter stammt aus Frankreich; die Vorfahren meines Vaters sind dagegen aus Ungarn eingewandert.

Großschreibung im Wortinnern: Die Großschreibung im Wortinnern ist auch in neuer Rechtschreibung nicht korrekt. Sie wird aber aus gestalterischen Gründen vor allem in der Werbesprache, bei Firmennamen, Produktnamen o. Ä. verwendet, z. B.: *BahnCard, InterCity, PrivatRente, PopArt, TopWare* usw.
größte: ↑ groß (1).
größtmöglich: ↑ möglich (1), ↑ Vergleichsformen (2.5.4).
Großvater: Zu *Großvaters* Geburtstag ↑ Verwandtschaftsbezeichnungen.
grün: 1. Groß- oder Kleinschreibung: Klein

schreibt man das Adjektiv: *der grüne Star, die grüne Grenze; die grüne Welle, grüne Bohnen, grüne Heringe, die grüne Hochzeit, die grüne Versicherungskarte, die grüne Hölle* (= Urwald), *die grünen Lungen* (= Grünflächen) *der Großstadt, die grüne Minna* (= Polizeiauto; ugs.) usw. Groß schreibt man das substantivierte Adjektiv: *die Farbe Grün, in Grün, bei Grün die Straße überqueren, die Ampel zeigt Grün / steht auf Grün.* Groß schreibt man auch das Adjektiv in Namen: *der Grüne Donnerstag; die Grüne Insel* (= Irland); *die Grüne Woche*

(= Ausstellung in Berlin); *das Grüne Gewölbe* (= Kunstsammlung in Dresden); *der Grüne Plan* (= staatlicher Plan zur Unterstützung der Landwirtschaft); *»Der Grüne Heinrich«* (ein Roman). ↑ Namen.

2. Getrennt- oder Zusammenschreibung: In neuer Rechtschreibung schreibt man *grün* immer getrennt vom folgenden zweiten Partizip: *die grün gefärbten Kleider.* ↑ Getrennt- oder Zusammenschreibung (3.1.2).

3. eine grünblaue Krawatte / eine grün-blaue Krawatte ↑ Farbbezeichnungen (3.1).

4. des Grün / des Grüns: Das Substantiv *das Grün* hat nur im Genitiv Singular ein *-s.* Alle anderen Kasus sind standardsprachlich endungslos: *der Schimmer des Grüns; die Leuchtkraft der beiden Grün.* Die Pluralform mit *-s (die beiden Grüns)* ist umgangssprachlich.

5. Zur Steigerung von *grün* ↑ Farbbezeichnungen (1).

Grund: Zu *Der Wert meines Grund und Bodens ...* ↑ Wortpaar. Vgl. auch ↑ aufgrund / auf Grund.

gründen: Gewöhnlich wird *etwas / sich auf etwas gründen* mit dem Akkusativ verbunden: *Auf diese Einsichten gründen wir unseren Heilungsplan* (S. Freud). *... die Tatsachen, auf die diese Kenntnis sich gründete* (Rothfels). Beim Zustandspassiv *(gegründet sein auf etwas)* kommt daneben auch der Dativ vor. Akkusativ: *Gesetze, die auf die Ehre gegründet waren* (Gaiser). Dativ: *Diese aber sind gegründet auf der Überzeugung vom Menschen als dem Eigentum Gottes* (Thieß). *Die europäische Ordnung stirbt und mit ihr die Gesellschaft, die auf ihr gegründet ist* (Langgässer).

gründen / begründen: ↑ begründen / gründen.

Grunderwerb[s]steuer: ↑ Fugen-s (3.1).

Grundform: ↑ Infinitiv; zur Grundformgruppe ↑ satzwertiger Infinitiv.

grundsätzlich: Das Adjektiv *grundsätzlich*

wird in zwei Bedeutungen verwendet: 1.»einem Grundsatz entsprechend, ihn betreffend; ohne Ausnahme«: *Es ist grundsätzlich* (= ohne Ausnahme) *verboten auf dem Schulhof zu rauchen.* 2.»im Großen und Ganzen, im Allgemeinen« (oft in Verbindung mit einer Einschränkung [mit *aber*]): *Ich habe grundsätzlich [zwar] nichts dagegen, möchte aber darauf hinweisen, dass ... Ich bin grundsätzlich auch dafür, will aber nicht verschweigen, dass Schwierigkeiten zu überwinden sind. Dagegen ist grundsätzlich nichts zu sagen, wenn die anderen einverstanden sind.* Eine Rolle spielt auch die Betonung des Wortes: *Ich habe grundsätzlich nichts dagegen* kann heißen »Ich habe im Großen und Ganzen nichts dagegen, gewisse Vorbehalte sind jedoch nicht ausgeschlossen« (Betonung: *grundsätzlich*). Es kann aber auch bedeuten »Ich habe prinzipiell, aus Grundsatz nichts dagegen, z. B. um mir keinen Ärger zu machen« (Betonung: *grundsätzlich*).

Grundstufe: ↑ Vergleichsformen.

Grundwort: ↑ Kompositum.

Grundzahl: ↑ Kardinalzahl.

Gruppe: 1. eine Gruppe Gelehrter / Gelehrte · mit einer Gruppe diskutierender / diskutierenden Studenten: Nach *Gruppe* steht die Angabe, woraus die Gruppe besteht, meistens im Genitiv. Gelegentlich tritt sie aber auch in Form einer Apposition auf (d. h., sie steht im gleichen Fall wie *Gruppe*): *eine Gruppe Gelehrter* (ungewöhnlich: *Gelehrte*); *eine Gruppe meuternder Sträflinge /* (selten:) *meuternde Sträflinge. Sie sprach mit einer Gruppe diskutierender Studenten /* (selten:) *diskutierenden Studenten. Die Polizei verhaftete eine Gruppe randalierender Jugendlicher /* (selten:) *randalierende Jugendliche.* ↑ Apposition (2.2).

2. Eine Gruppe Reisender stieg / stiegen aus dem Zug: Auch wenn nach *Gruppe* die Angabe, woraus die Gruppe besteht, im Plural folgt, steht in der Regel das Verb im Singular, weil ja das Subjekt

(Gruppe) formal ein Singular ist: *Eine Gruppe Reisender stieg aus.* Oft wird aber auch nach dem Sinn konstruiert und das Verb in den Plural gesetzt: *Eine Gruppe Reisender stiegen aus.* Der Plural findet sich vor allem dann, wenn das appositionelle Verhältnis gewählt wird: *Eine Gruppe englische Reisende* (statt des üblichen Genitivs: *englischer Reisender*) *betraten den Abfertigungsraum.* ↑ Kongruenz (1.1.3). Vgl. auch ↑ Maß-, Mengen- und Münzbezeichnungen (2.2).

gruseln: Das unpersönlich oder subjektlos gebrauchte Verb kann sowohl mit dem Dativ als auch mit dem Akkusativ stehen: *In der Dunkelheit gruselte es ihm / ihn. Mir / Mich gruselte vor dem dunklen Friedhof.*

Guerilla: Das Fremdwort *die Guerilla* ([ge-'rɪlja]; aus span. *guerrilla,* über frz. *guérilla*) bedeutet einerseits »Guerillakrieg« und andererseits »einen Guerillakrieg führende Einheit«. Dagegen wird *der Guerilla* (Plural meist: *die Guerillas*) im Sinne von »Angehöriger einer Guerilla, Partisan« verwendet; diese Bedeutung hat auch das Fremdwort *der Guerillero* ([...je:ro]).

Gulasch: Es heißt *das Gulasch* oder auch *der Gulasch.* In Österreich und in der Schweiz ist nur *das Gulasch* üblich. In Österreich wird neben der eingedeutschten Schreibung auch die ungarische Schreibung *Gulyás* gebraucht.

gültig / giltig: ↑ giltig / gültig.

Gummi: *Gummi* in der Bedeutung »vulkanisierter Kautschuk, Klebstoff« ist neutrales *(das Gummi),* aber auch maskulines Substantiv *(der Gummi);* der Genitiv lautet *des Gummis,* der Plural *die Gummi* oder *die Gummis.* In den Bedeutungen »Radiergummi«, »Präservativ« hat das Wort maskulines Genus *(der Gummi);* der Genitiv lautet *des Gummis;* der Plural *die Gummis.* Die umgangssprachliche Kurzform von *Gummiband* hat neutrales Genus: *das Gummi.*

Gurt: Standardsprachlich heißt es *der Gurt*

(Plural: *die Gurte*), landschaftlich auch *die Gurte* (Plural: *die Gurten*): *... und legt sich in die Gurten* (Waggerl).

gut: 1. **Vergleichsformen:** Die Vergleichsformen lauten: *gut – besser – am besten.*

2. **gut gegen / für etwas:** Der Anschluss mit *für* (im Sinne von »zum Schutz gegen, wider«) ist heute umgangssprachlich: *Das Mittel ist gut für den Husten.* In gutem Deutsch heißt es: *Das Mittel ist gut gegen den Husten.* ↑ für / gegen.

3. **Seien Sie so gut / Sind Sie so gut:** Personen gegenüber, die man siezt, verwendet man die Höflichkeitsform, d. h. die dritte Person Plural des Konjunktivs Präsens: *Seien Sie so gut.* Nicht gebraucht werden sollte der Indikativ *(Sind Sie so gut).* ↑ Imperativ (3).

4. **Sei so gut, mir das Buch zu geben / Sei so gut und gib mir das Buch:** ↑ Infinitiv (5).

5. **Groß- oder Kleinschreibung:** Klein schreibt man das Adjektiv *gut: eine gute Nachricht; jenseits von gut und böse.* Groß schreibt man die Substantivierung: *ein Guter; Gutes und Böses; des Guten zu viel tun; vom Guten das Beste; etwas zum Guten lenken; etwas, nichts, viel, wenig Gutes; alles Gute.* Nach den neuen Regeln schreibt man auch groß: *jmdm. etwas im Guten sagen; im Guten wie im Bösen.* Groß schreibt man *gut* außerdem auch in Namen: *der Gute Hirt[e]* (= Christus); *das Kap der Guten Hoffnung.* ↑ Namen.

6. **Getrennt- oder Zusammenschreibung:** Getrennt schreibt man *gut* vom folgenden Verb, wenn *gut* erweiterbar oder steigerbar ist: *Sie wird es gut, besser haben. Er wird mit ihr [sehr] gut auskommen.* In neuer Rechtschreibung danach auch: *gut gehen* (= in guter gesundheitlicher Verfassung sein; in guten Verhältnissen leben; einen guten Verlauf nehmen): *Es wird ihr bald wieder gut, besser gehen.* Zusammen schreibt man weiterhin: *etwas guthaben* (= zu fordern haben); *etwas gutheißen* (= billigen); *etwas*

gutmachen (= in Ordnung bringen; Überschuss erzielen); *für jmdn. gutsagen, gutsprechen* (= bürgen); *etwas gutschreiben* (= anrechnen). Vom folgenden zweiten Partizip nur noch getrennt schreibt man *gut* in Fällen wie den folgenden: *der gut, besser gelaunte Vater, [sehr] gut gemeinte Ratschläge.* ↑ Getrennt- oder Zusammenschreibung (1.2 und 3.2).

Güte: 1. *Güte* wird mit der Präposition *gegen* (oder *gegenüber*), nicht mit *für* oder *zu* verbunden: *Deine Güte (gegen mich / mir gegenüber) war groß.*
2. Zu *Güte / Gütigkeit* ↑ Aufschwellung.
3. Zu *Haben Sie die Güte und ... / Haben Sie die Güte, zu ...* ↑ Infinitiv (5).

guten Mut[e]s: ↑ Adjektiv (1.2.2).

guten Tag sagen / Guten Tag sagen: In neuer Rechtschreibung ist Groß- oder Kleinschreibung möglich: *jemandem guten Tag sagen / jemandem Guten Tag sagen.*

gütig / gütlich: Das Adjektiv *gütig* bedeutet »voller Güte; freundlich«: *ein gütiger*

Mensch, gütig sein, mit Ihrer gütigen Erlaubnis; dagegen wird *gütlich* im Sinne von »ohne Streit, im Guten« verwendet: *eine gütliche Einigung, einen Streit gütlich beilegen.* Die Wendung *sich an etwas gütlich tun* bedeutet »von etwas mit Genuss und reichlich essen oder trinken«. ↑-ig / -isch / -lich (1).

gut / schön: Der Gebrauch von *schön* statt *gut* bei Geschmacks- und Geruchsempfindungen ist landschaftlich umgangssprachlich und ist vor allem in Norddeutschland verbreitet: *Es riecht (schmeckt) gut /* (landsch.:) *schön.*

gutschreiben: Das Verb *gutschreiben* wird gewöhnlich mit einem Dativ- und Akkusativobjekt verbunden: *Wir werden Ihnen den Betrag gutschreiben* oder: *Wir werden den Betrag Ihrem Konto gutschreiben.* Neben dieser im Bankwesen üblichen Verwendungsweise kommt auch *etwas auf etwas gutschreiben* vor: *Wir werden den Betrag auf Ihr Konto /* (seltener:) *auf Ihrem Konto gutschreiben.*

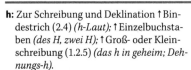

h: Zur Schreibung und Deklination ↑ Bindestrich (2.4) *(h-Laut);* ↑ Einzelbuchstaben *(des H, zwei H);* ↑ Groß- oder Kleinschreibung (1.2.5) *(das h in geheim; Dehnungs-h).*

Haag, Den: Der niederländische Name der Residenzstadt ist *Den Haag.* In Deutschland ist daneben auch *der Haag* gebräuchlich. Mit der Präposition *in* kann man also *in Den Haag* oder *im Haag* (auch: *in Haag*) sagen.

Habe: Zu *fahrende / liegende Habe* ↑ erstes Partizip (4).

habe / hätte: Die Form des Konjunktivs I von *haben (habe)* steht vor allem in der ↑ indirekten Rede (2.1): *Er sagte, dass er kein Geld habe. Sie fragte, ob er schon Antwort bekommen habe.* Wenn sich die Formen des Konjunktivs I nicht von den Formen des Indikativs Präsens unterscheiden oder wenn sie nicht üblich sind, wird *hätte* als Ersatzform für *habe* gebraucht: *Er sagte, dass sie kein Geld hätten* (für: *haben*). *Sie fragte, ob sie schon Antwort bekommen hätten* (für: *haben*). Die Form des Konjunktivs II von *haben (hätte)* steht vor allem im ↑ Konditionalsatz (2–7) und im Wunschsatz: *Hätte ich Geld, würde ich verreisen. Hätte er doch schon unsere Nachricht erhalten!* Der Konjunktiv II tritt auch in der indi-

rekten Rede auf, wenn in der direkten Rede schon ein Konjunktiv II steht oder etwas als zweifelhaft hingestellt wird. ↑ indirekte Rede (3.1).

haben

Häufig gestellte Fragen zum Verb *haben*	
Frage	**Antwort unter**
Wann bildet man das Perfekt mit *haben,* wann mit *sein?*	dieser Artikel, Punkt (1)
Heißt es *ich habe gesessen/gelegen/gestanden* oder *ich bin gesessen/gelegen/gestanden?*	dieser Artikel, Punkt (1)

1. **Perfektumschreibung mit *haben* oder *sein:***
   Das Perfekt der transitiven Verben wird mit *haben* gebildet: *Ich habe [die Skulptur] gesehen. Ich habe [den Wein] getrunken.* Auch das Perfekt der reflexiven Verben wird mit *haben* gebildet, gleichgültig ob sie transitiv oder intransitiv sind: *Ich habe mich geärgert. Ich habe mich geschämt.* Schließlich werden auch diejenigen intransitiven Verben, die ein Geschehen in seinem unvollendeten Verlauf, in seiner Dauer ausdrücken, mit *haben* umschrieben:
   Ich habe lange geschlafen. Die Sonne hat nicht geschienen.

   Intransitive Verben, die eine Zustands- oder Ortsänderung, einen neuen, erreichten Stand bezeichnen, bilden dagegen ihr Perfekt mit *sein:*
   Der Brief ist angekommen. Das Lied ist verklungen.

   Bei der Perfektumschreibung der intransitiven Verben treten jedoch Schwankungen auf, und zwar deshalb, weil über die Zuordnung einiger Verben zu einer der beiden möglichen Gruppen Unsicherheit besteht (z. B. bei Verben wie *abtrocknen, altern, gären,* die eine allmähliche Veränderung ausdrücken) oder aber weil sich die Auffassung der Sprachgemeinschaft über diese Zugehörigkeit wandelt. In besonderem Maße gilt dies für die Verben der Bewegung, bei denen ja zwei Sehweisen möglich sind: Wird die Veränderung in der Bewegung, die Ortsveränderung gesehen, dann wird das Perfekt mit *sein* umschrieben:

Wir sind über das Haff gesegelt. Sie ist vor Freude durch alle Zimmer getanzt.

Wird dagegen der Vorgang, das Geschehen in seiner Dauer gesehen, wird das Perfekt mit *haben* umschrieben:

Wir haben gestern gesegelt. Danke, ich habe eben getanzt.

Insgesamt gesehen nimmt bei den Bewegungsverben die Perfektumschreibung mit *sein* immer mehr zu, und zwar offenbar nicht nur, weil die Ortsveränderung stärker als das Geschehen in seiner Dauer empfunden wird, sondern weil überhaupt eine Neigung besteht, einige Bewegungsverben auch dann nur mit *sein* zu umschreiben, wenn gar keine Ortsveränderung ausgedrückt werden soll. Diese Entwicklung hängt zum Teil mit Bedeutungsdifferenzierungen zusammen. Statt *Wir haben den ganzen Tag geklettert* oder *Wir haben mehrere Stunden geschwommen* wird heute schon häufig *Wir sind den ganzen Tag geklettert* bzw. *Wir sind mehrere Stunden geschwommen* gesagt. Bei *fahren* und *fliegen* stellt sich bei der Perfektumschreibung mit *sein (Ich bin gefahren / geflogen)* die Nebenvorstellung ein, dass der Betreffende als Fahrgast gefahren bzw. geflogen ist, während man bei der Perfektumschreibung mit *haben (Ich habe gefahren / geflogen)* eher an einen Fahrer bzw. einen Piloten denkt. Das Verb *bummeln* »langsam, ziellos spazieren gehen« wird heute im Perfekt überwiegend mit *sein* umschrieben, wenn keine Ortsveränderung empfunden wird: *Wir sind ein bisschen gebummelt.* Dadurch wird eine Verwechslung mit *bummeln* »trödeln, langsam arbeiten« vermieden, das im Perfekt nur mit *haben* umschrieben wird: *Wir haben ein bisschen gebummelt* (= getrödelt). Das Perfekt von *gehen* und *reisen* wird heute nur noch mit *sein* umschrieben; bei *laufen* und *springen* besteht die Neigung dazu (vgl. auch *schwimmen, segeln, springen, tanzen*).

Bei bestimmten Verben gibt es regionale Unterschiede. Während man im Norden z. B. *Ich habe gelegen / gestanden / gesessen* sagt, heißt es in Süddeutschland, Österreich und der Schweiz: *Ich bin gelegen / gestanden / gesessen.*

2. Es gibt / hat viele Fische:

Die Verwendung von unpersönlichem *es hat* für *es gibt* ist schweizerisch, sonst landschaftlich (vor allem süddeutsch):

Es gibt (landsch.: hat) hier noch eine alte Mühle. In diesem See gibt (landsch.: hat) es viele Fische.

3. Verweise:

Zu *ich habe etw. zu liegen, stehen* usw. ↑ zu (1); zu *ich habe kein Geld einstecken / eingesteckt* ↑ einstecken; zu *haben / besitzen* ↑ besitzen (2).

Habenichts: Das Wort hat zwei Genitivformen: *des Habenichts* und *des Habenichtses.*

habilitieren: Das Verb *habilitieren* »die Lehrberechtigung an einer Hochschule erwerben« kann auch reflexiv gebraucht werden: *[sich] in München / bei Prof. X habilitieren; sich für Kunstgeschichte habilitieren.* Transitiv verwendet *(Sie wurde 1995 habilitiert),* bedeutet *habilitieren* »jemandem die Lehrberechtigung erteilen«.

Háček: Unter einem Háček (['haːtʃɛk]; tschech. »Häkchen«; eingedeutscht: *Hatschek*) versteht man das diakritische Zeichen in Form eines Häkchens, das, besonders in den slawischen Sprachen, einen Zischlaut oder einen stimmhaften Reibelaut angibt, z. B. tschech. *č [tʃ]* oder *ž [ʒ].*

Hackblock: Der Plural lautet *die Hackblöcke.* ↑ Block.

Hacke / Hacken: Die landschaftliche Entsprechung zu *die Ferse* ist *die Hacke* oder (seltener:) *der Hacken;* gemeinsamer Plural: *die Hacken.*

Häcksel: Das Substantiv wird sowohl als Neutrum *(das Häcksel)* als auch mit maskulinem Genus *(der Häcksel)* gebraucht.

Hafen: Der Plural hat Umlaut: *die Häfen.*

Haff: Die heute übliche, aus dem Niederdeutschen stammende Pluralform ist *die Haffs.* Die hochdeutsche Pluralform *die Haffe* ist selten.

Hahn: Neben der gemeinsprachlichen Pluralform *die Hähne* kommt in der Fachsprache der Technik auch der schwache Plural *die Hahnen* vor.

Hahnenkleer: ↑ Einwohnerbezeichnungen auf -er (3).

halb: 1. Deklination: *halb* wird wie ein Adjektiv gebeugt: *ein halbes Brot, in einer halben Stunde, zum halben Preis, mit halber Kraft.* Nach *alle* wird *halb* schwach oder stark gebeugt: *alle halbe[n] Jahre, alle halbe[n] Stunden* (oder Singular: *alle halbe Stunde), alle halbe[n] Meter.* Steht *halb* nach dem Zahlwort *ein,* dann wird es entsprechend *ein* entweder gebeugt oder nicht gebeugt, also: *vor zwei und einer halben Stunde, mit drei und einem halben Brot, zwei und ein halber Monat; vor zwei[und]einhalb Stunden, ein Gewicht von drei[und]einhalb Zentner, vier mit ein halb multipliziert.* Auch in formelhaften Wendungen wird *halb* nicht gebeugt: *ein halb Dutzend* (neben: *ein halbes Dutzend).*

2. drittehalb · anderthalb: Die Zusammensetzungen *drittehalb* (= das Dritte nur halb, d. h. zweieinhalb), *viertehalb* usw. sind veraltet. Man gebraucht dafür heute *zweieinhalb, dreieinhalb* usw. Dagegen ist *anderthalb* (= das Zweite [andere] nur halb) neben *ein[und]einhalb* gebräuchlich.

3. halb / halber: Die erstarrte Form *halber* ist heute noch in Süd- und Südwestdeutschland gebräuchlich: *Wir treffen uns um halb* (landsch.: *halber*) acht.

4. Groß- oder Kleinschreibung: Klein (und getrennt) schreibt man *halb* vor Zeitbestimmungen und Maßangaben: *Es ist / schlägt halb eins; alle halbe Stunden; eine viertel und eine halbe Stunde; eine halbe und eine Dreiviertelstunde; [um] voll und halb jeder Stunde; ein halbes Hundert Mal[e]; ein halbes Dutzend Mal[e]; drei[und]einhalb Prozent,* aber: *drei und ein halbes Prozent.* Groß schreibt man die Substantivierung: *ein*

Halbes (= Glas), *einen Halben* (= Schoppen), *eine Halbe* (= halbe Maß, bayrisch); *das ist nichts Halbes und nichts Ganzes.*

5. Getrennt- oder Zusammenschreibung: Zusammen schreibt man, wenn *halb* als bedeutungsabschwächender Zusatz aufgefasst wird: *ein halbhoher* (= nicht sehr hoher) *Zaun; halbbittere* (= nicht sehr bittere) *Schokolade.* Weitere Beispiele für Zusammenschreibung: *halbgebildet, halbleinen, halbtrocken, halbwild.* Wird *halb* nicht als bedeutungsabschwächender Zusatz, sondern als Gegensatz zu »ganz« aufgefasst, so schreibt man getrennt: *das halb offene Fenster; die halb leere Flasche, der halb verhungerte Vogel.* Nur getrennt schreibt man *halb* in der Bedeutung »teils«: *Er machte ein halb freundliches, halb ernstes Gesicht.* In Zweifelsfällen kann man sowohl zusammen- als auch getrennt schreiben: *halbblind / halb blind; halbfertig / halb fertig; halbgar / halb gar.* Mit den Richtungsadverbien *links, rechts* kann *halb* ebenfalls sowohl zusammen- als auch getrennt geschrieben werden: *Das Haus liegt halblinks / halb links.*

6. halb so … wie / halb so … als: ↑ doppelt so … wie / doppelt so … als.

halber: 1. Kasus und Stellung: Die Präposition *halber* verlangt den Genitiv und wird dem Substantiv, auf das sie sich bezieht, immer nachgestellt: *der Ordnung halber, wichtiger Restaurationsarbeiten halber, der politischen Umstände halber* usw.

2. Getrennt- oder Zusammenschreibung: Zusammen schreibt man, wenn *halber* mit einem vorausgehenden Substantiv eine feste Verbindung eingeht und wenn diese Verbindung adverbial gebraucht wird: *Nehmen wir also beispielshalber an … Ich konnte umständehalber nicht kommen.* Getrennt schreibt man, wenn es sich um die nachgestellte Präposition *halber* handelt: Das vorangehende Wort ist durch eine nähere Bestimmung (At-

tribut) als Substantiv zu erkennen: *Ich konnte gewisser Umstände halber / dringender Geschäfte halber nicht kommen. Er tat es seiner Ehre halber.*

halbjährig / halbjährlich: Zum Beispiel bedeutet *halbjährige Kündigung,* dass die Kündigungsfrist ein halbes Jahr beträgt; *halbjährliche Kündigung* besagt dagegen, dass sich die Möglichkeit der Kündigung jedes halbe Jahr wiederholt. ↑ -ig / -isch / -lich (1).

Halbstarke: 1. gewalttätigem Halbstarken / Halbstarkem: Im Allgemeinen wird *Halbstarke* wie ein attributives ↑ Adjektiv dekliniert. ↑ substantiviertes Adjektiv.

2. einige Halbstarke · alle Halbstarken · solche Halbstarke[n]: Zur Deklination von *Halbstarke* nach *alle, beide, einige* usw. ↑ all- usw.

Hälfte: 1. die größere (kleinere) Hälfte / der größere (kleinere) Teil: Obwohl *Hälfte,* rein logisch betrachtet, nur den halben Teil (50 %) eines Ganzen bezeichnet, wird es im heutigen Sprachgebrauch auch allgemeiner im Sinne von »Teil, Stück« verwendet: *die größere / kleinere Hälfte; zwei ungefähr gleiche Hälften* usw.

2. Die Hälfte der Bücher lag / lagen auf dem Boden: Auch wenn nach *Hälfte* das Gezählte oder Gemessene im Plural folgt, steht das Verb in der Regel im Singular, weil ja das Subjekt *(Hälfte)* formal ein Singular ist: *Die Hälfte der Bücher lag auf dem Boden.* Häufig wird aber auch nach dem Sinn konstruiert und das Prädikat in den Plural gesetzt: *Die Hälfte der Bücher lagen auf dem Boden.* ↑ Kongruenz (1.1.3).

Halfter: Im Sinne von »Zaum ohne Gebiss« ist *Halfter* sowohl als Maskulinum *(der Halfter)* als auch mit neutralem Genus *(das Halfter)* gebräuchlich. Dagegen ist *die Halfter,* obwohl das Wort früher nur feminines Genus hatte, heute veraltet. Im Sinne von »Pistolentasche« kommt das Femininum *die Halfter* noch vor, aber in dieser Bedeutung setzt sich immer stärker das neutrale Genus durch: *das [Schulter]halfter umschnallen / abnehmen.*

Hallenser: Die Einwohner von Halle (Saale) heißen *die Hallenser.* ↑ Einwohnerbezeichnungen auf -er (2).

Haller: Die Einwohner von Halle (Westfalen) heißen *die Haller.* ↑ Einwohnerbezeichnungen auf -er (3).

hallesch / hallisch: ↑ Ortsnamen (3).

Hals-Nasen-Ohren-Arzt: ↑ Bindestrich (3.1).

halten: 1. Umlaut: Die Formen der 2. und 3. Person Singular Indikativ Präsens haben Umlaut: *du hältst, er hält.*

2. Kasus nach *halten:* Beim Gebrauch von *halten* mit Präpositionen, die sowohl mit dem Akkusativ als auch mit dem Dativ stehen können, treten Schwankungen auf. Soll das Bringen in eine Lage, in einen Zustand (und dann das Bewahren darin) ausgedrückt werden, dann steht der Akkusativ: *Sie hielt die Zeitung vor das Gesicht / die Hand über das Licht / das Schriftstück hinter den Rücken.* Soll das Bewahren in einer bereits bestehenden Lage, in einem bereits bestehenden Zustand ausgedrückt werden, dann steht der Dativ: *Der Pilot hielt die Maschine auf einer Höhe von 800 m. Das Wasser ist auf einer Temperatur von 60 Grad Celsius zu halten. Ich hielt die Hände vor dem Bauch gefaltet. Sie hielt das Schriftstück hinter dem Rücken versteckt.* – In Fällen, wo theoretisch der Akkusativ oder der Dativ stehen könnte, hat sich heute weitgehend der Akkusativ durchgesetzt: *Ich hielt das Kind über das* (früher auch: *über dem*) *Becken. Gott hält seine Hand über mich* (früher auch: *über mir*).

Halt machen: Nach den neuen Regeln wird *Halt machen* immer getrennt geschrieben: *Halt machen; ich mache Halt; Halt zu machen; Halt gemacht.*

Hamburger: Die Einwohnerbezeichnung *Hamburger* wird immer großgeschrieben, auch wenn das Wort wie ein flexionsloses Adjektiv vor einem Substantiv steht: *der Hamburger Hafen, das Hamburger Stadtbild.* ↑ Einwohnerbezeichnungen auf -er (7).

Hammel: Das Wort hat zwei Pluralformen: *die Hammel* und (seltener:) *die Hämmel.* Beide Plurale gelten als standardsprachlich.

Hämorrhoiden / Hämorriden: Nach den neuen Rechtschreibregeln kann man das ursprünglich zum rein medizinischen Wortschatz gehörende, heute aber allgemein bekannte Fremdwort in der bisherigen oder in einer stärker eingedeutschten Schreibung verwenden: *Hämorrhoiden* oder *Hämorriden.*

Hampelmann: Der Plural lautet: *die Hampelmänner.* ↑ Mann (2).

Hand: 1. eine Hand voll: Getrennt wird geschrieben: *eine Hand voll Muscheln; ich hatte die eine Hand voll Bonbons, die andere voll Nüsse.* In neuer Rechtschreibung schreibt man auch getrennt: *eine Hand voll Salz, zwei Hand voll Erde, ein paar Hand voll Reis.* ↑ Getrennt- oder Zusammenschreibung (4.2), ↑ Kongruenz (1.1.3).

2. zu Händen von / des: Heute wird überwiegend *zu Händen von Herrn / Frau X* oder *zu Händen Herrn / Frau X* gebraucht; der Genitiv *(zu Händen des Herrn / der Frau X)* gilt vielfach als gekünstelt.

3. anhand: Nach den neuen orthographischen Regeln gilt nur noch die Zusammenschreibung als korrekt: *Ich kam anhand der Unterlagen / von Unterlagen zu dem Schluss, dass ...*

4. an die / der Hand nehmen: Beide Varianten treten auf. Bei *jmdn. an die Hand nehmen* wird wohl stärker betont, dass diese Person geführt, geleitet werden soll.

5. Zu *alle hoben die Hand / Hände* ↑ Kongruenz (1.2.9).

handarbeiten: Von *handarbeiten* wird im Allgemeinen nur der Infinitiv gebraucht: *Ich will handarbeiten.* Sonst: *Ich machte Handarbeiten / habe Handarbeiten ge-*

macht. Auch möglich: z. B: *Ich habe gehandarbeitet.* ↑ Getrennt- oder Zusammenschreibung (2.1).

handbreit / eine Hand breit / eine Handbreit: Alle drei Schreibweisen sind möglich. Zusammen schreibt man, wenn es sich um die adjektivische Zusammensetzung handelt: *Das ist ein handbreiter Saum. Der Saum ist handbreit. Die Tür steht handbreit offen.* Getrennt schreibt man, wenn *breit* durch *Hand* (mit vorangehendem Artikel, Zahlwort o. Ä.) näher bestimmt wird: *Das ist ein eine Hand breiter Saum. Der Saum ist zwei Hand breit. Die Tür stand kaum eine Hand breit offen.* Zusammen und groß schreibt man, wenn es sich um das feminine Substantiv handelt, das als Maßangabe steht: *Die Tür stand eine Handbreit offen. Sie stand nur zwei Handbreit, keine Handbreit von ihm entfernt.* ↑ Getrennt- oder Zusammenschreibung (4.2).

Händedruck: Der Plural von *Händedruck* lautet *die Händedrücke.* ↑ Druck.

Handel, handeln: Nach *Handel* und *handeln* schließt man gewöhnlich mit der Präposition *mit* an: *Handel / handeln mit Textilien.* Kaufmännisch wird auch die Präposition *in* verwendet *(Handel / handeln in Textilien).*

Handel treibend: Nach den neuen Rechtschreibregeln wird *Handel treibend* wie die zugrunde liegende Fügung *Handel treiben* nur noch getrennt geschrieben: *die Handel treibenden Kreise.* ↑ Getrennt- oder Zusammenschreibung (3.1.1).

handgearbeitet: Man schreibt: *ein handgearbeitetes Möbelstück.*

handgroß / Hand groß: Zusammen schreibt man, wenn es sich um die adjektivische Zusammensetzung handelt: *ein handgroßer Fleck; der Fleck ist handgroß.* Getrennt schreibt man, wenn *groß* durch *Hand* (mit vorangehendem Artikel, Zahlwort o. Ä.) näher bestimmt wird: *ein zwei Hand großer Fleck; der Fleck ist kaum eine Hand groß.* ↑ Getrennt- oder Zusammenschreibung (4.2).

handhaben: Bei *handhaben* handelt es sich um ein fest zusammengesetztes Verb. Es muss also heißen: *ich handhabe / habe gehandhabt; um zu handhaben.* ↑ Getrennt- oder Zusammenschreibung (2.1).

handlang / Hand lang: Zusammen schreibt man, wenn es sich um die adjektivische Zusammensetzung handelt: *ein handlanger Schnitt; der Schnitt ist handlang.* Getrennt schreibt man, wenn *lang* durch *Hand* (mit vorangehendem Artikel, Zahlwort o. Ä.) näher bestimmt wird: *ein zwei Hand langer Schnitt; der Schnitt ist knapp eine Hand lang.* ↑ Getrennt- oder Zusammenschreibung (4.2).

Hang: Nach *Hang* wird mit der Präposition *zu* (nicht: *nach*) angeschlossen: *einen Hang zur Übertreibung / zur Einsamkeit / zum Nichtstun haben.*

hängen: 1. hängen / hangen: Die Präsensform *hängen* wird heute sowohl intransitiv als auch transitiv verwendet: *Das Bild hängt an der Wand. Sie hängt das Bild an die Wand.* Dagegen wird die weitgehend veraltete und nur noch süddeutsch mundartlich und schweizerisch gebrauchte Präsensform *hangen* nur intransitiv verwendet: *Der Mond hangt wie ein goldener Gong über dem Meer. ... ob ich noch immer an dir hange?* (Frisch). **2. hing / hängte:** In der Umgangssprache werden die Vergangenheitsformen des regelmäßigen und des unregelmäßigen Verbs häufig durcheinander gebracht: *Sie hing* (statt: *hängte*) *das Bild an die Wand. Der Mantel hat lange im Schrank gehängt* (statt: *gehangen*). Für die Standardsprache sind die unregelmäßigen Vergangenheitsformen *hing, gehangen* auf den intransitiven Gebrauch, die regelmäßigen Vergangenheitsformen *hängte, gehängt* auf den transitiven Gebrauch festgelegt: *Sie hängte das Bild an die Wand* (= transitiv). Aber: *Das Bild hing an der Wand* (= intransitiv). *Ich habe den Mantel in den Schrank gehängt* (= transitiv). Aber: *Der Mantel hat lange im Schrank gehangen* (= intransitiv). *Die*

Blumen hängten (nicht: *hingen*) *das Köpfchen* (= transitiv). Diese Regelung gilt auch für die zusammengesetzten Verben und Präfixverben: *Er hängte das Bild ab. Sie hat die anderen Läuferinnen abgehängt.* Aber: *Das hing nur von mir ab. Er hat von ihr finanziell abgehangen. Er hängte die Wäsche auf. Man hat den Täter aufgehängt. Die Kinder behängten den Weihnachtsbaum mit Lametta.* Aber: *Der Baum war über und über mit Äpfeln behangen. Sie verhängten die Fenster mit Decken.* Aber: *Der Himmel war inzwischen völlig mit Wolken verhangen* usw.

3. hängen / henken: Das Verb *henken*, zu dem das Substantiv *Henker* gebildet ist, veraltet allmählich. Es wird heute nur noch vereinzelt im Sinne von »durch den Strang hinrichten« gebraucht: *Die Anführer des Putsches wurden im Hof des Staatsgefängnisses gehenkt.* (Früher bedeutete es auch »schwebend an etwas befestigen, hängen [machen]«; vgl. dazu *Henkel.*) Im heutigen Sprachgebrauch wird für »durch den Strang hinrichten« im Allgemeinen das Verb *hängen* gebraucht: *Darum verbrennt der Bürger heute den als Ketzer, hängt den als Verbrecher, dem er übermorgen Denkmäler setzt* (Hesse).

hängen bleiben: In neuer Rechtschreibung wird *hängen bleiben* immer getrennt geschrieben: *Sie ist [mit der Hose] an einem Nagel hängen geblieben. Er ist zweimal hängen geblieben* (= sitzen geblieben; ugs.). *Von dem Gehörten ist wenig bei ihm hängen geblieben* (= hat er wenig im Gedächtnis behalten; ugs.). Bereits bisher getrennt: *Das Bild soll hängen bleiben.* ↑ Getrennt- oder Zusammenschreibung (1.1).

hängen lassen: In neuer Rechtschreibung schreibt man *hängen lassen* immer getrennt: *Er hat seinen Hut hängen lassen* (= vergessen). *Sie hat ihren Freund hängen lassen* (= im Stich gelassen). Bisher bereits getrennt: *Man hat den Verräter*

hängen lassen. ↑ Getrennt- oder Zusammenschreibung (1.1).

Hannoveraner: Die Einwohner von Hannover heißen *die Hannoveraner.* ↑ Einwohnerbezeichnungen auf -er (2).

happy: Die Vergleichsformen lauten: *happy – happyer – am happysten.*

Happyend / Happy End: Nach den neuen Rechtschreibregeln kann man bei Fremdwörtern eine Verbindung aus Adjektiv und Substantiv zusammenschreiben. Man kann aber auch getrennt schreiben. Dabei tritt für das Substantiv die Großschreibung ein: *Happyend /*(auch:) *Happy End* (bisher: *Happy-End*).

Harmonium: Das Wort hat zwei Pluralformen: *die Harmonien* und – besonders fachsprachlich – *die Harmoniums.*

harren: Das der gehobenen Sprache angehörende Verb *harren* steht gewöhnlich mit einem Genitivobjekt: *Er harrte der Dinge, die da kommen sollten.* Gelegentlich wird es auch mit einem Präpositionalobjekt mit *auf* gebraucht: *Er harrte auf ein Wort von ihr.*

hart: Nach den neuen Regeln schreibt man das Adjektiv *hart* getrennt vom folgenden zweiten Partizip, wenn *hart* erweiterbar oder steigerbar ist: *das [sehr] hart gewordene Brot.* Entsprechend schreibt man: *hart gebrannt, hart gefroren, hart gekocht, hart gesotten* (= hart gekocht). Zusammengeschrieben aber wird *hartgesotten* (= abgebrüht, verstockt). ↑ Getrennt- oder Zusammenschreibung (3.1.2), ↑ hart gesotten / hartgesotten.

Hartbrandziegel / Hartbrannziegel: Vom sprachlichen Standpunkt aus lässt sich lediglich die Schreibung *Hartbrandziegel* rechtfertigen, weil es sich nur um eine Zusammensetzung aus *hart* + *Brand* + *Ziegel* handeln kann. Die Bildung ist zu jung, um sie – wie z. B. *Branntwein* zu mhd. *gebranter wîn* – auf »hart gebrannter Ziegel« zurückzuführen und dementsprechend *Hartbrannziegel* zu schreiben.

hart gesotten / hartgesotten: Ist *hart* in der Verbindung mit einem Partizip erweiterbar oder steigerbar, so darf nach den neuen Regeln nur noch getrennt geschrieben werden. *Das ist ein [sehr] hart gesottene Ei.* Kann *hart* nicht erweitert oder gesteigert werden, so schreibt man zusammen: *Er ist ein hartgesottener Verbrecher.* ↑ Vergleichsformen (2.5.3); zur Rechtschreibung ↑ hart.

Harz: Das Wort für das Stoffwechselprodukt verschiedener Pflanzen hat neutrales Genus: *das Harz.* Der Gebirgsname ist ein Maskulinum: *der Harz.* Die gleich lautenden Wörter sind etymologisch nicht miteinander verwandt.

Haspel: Das Substantiv wird überwiegend als Femininum *(die Haspel),* seltener als Maskulinum *(der Haspel)* gebraucht.

Hass: Nach *Hass* wird mit der Präposition *auf* oder *gegen* (nicht: *für* oder *zu*) angeschlossen: *Hass auf / gegen jemanden schüren.* Zu *Hass des Feindes / Hass gegen den Feind* ↑ Genitivattribut (1.5.1).

hat / haben: ↑ Kongruenz (1.1).

hatte gehabt: ↑ gehabt.

hätte / habe: ↑ habe / hätte.

hauen: 1. hieb / haute: Die unregelmäßige Form *hieb* wird heute im Allgemeinen nur noch in der geschriebenen Sprache verwendet: **a)** wenn es sich um das Schlagen mit einer Waffe (Säbel, Schwert) oder um das Verwunden im Kampf handelt: *Er hieb um sich, hieb mit dem Schwert auf den Angreifer, hieb ihm tiefe Wunden.* (Entsprechend bei den Präfixverben und zusammengesetzten Verben: *Sie hieb ihm das Ohr ab. Sie hieben auf die Verfolger ein. Er zerhieb mit einem Streich die Rüstung.*) **b)** vereinzelt als gehobene Form für *haute,* wenn es sich nicht um das Schlagen mit einer Waffe oder um das Verwunden im Kampfe handelt: *Er hieb mit den Fäusten aufs Wasser* (Ott). *Die derbe Schwarze hieb einem halb Betrunkenen, der sie betastete, den Fächer um den Kopf* (H. Mann). *Während er wie ein Wilder in das knallende Segel hieb ...* (Hausmann). Oft wirkt *hieb* hier aber so gespreizt, dass es besser ist, es durch *schlug* o. Ä. zu ersetzen (wenn man das umgangssprachlich gefärbte *haute* vermeiden will). – Von den Verwendungsweisen a und b abgesehen, wird heute die regelmäßige Form *haute* gebraucht: *Er haute* (= schlug) *mit der Faust auf den Tisch. Sie haute* (= schlug) *alles kurz und klein. Sie hauten* (= schlugen, hackten) *ein Loch ins Eis. Ich haute* (= schlug, stieß) *mit dem Knie gegen den Stuhl. Der Junge haute* (=schlug) *das kleine Mädchen. Die Schüler hauten* (=prügelten) *sich.* Durchweg in Redewendungen: *Man haute mich übers Ohr* (= betrog mich). *Sie hauten auf die Pauke* (= waren ausgelassen, prahlten). *Ich haute mich aufs Ohr, ins Bett* (= legte mich zum Schlafen hin). *Das haute ihn um* (= versetzte ihn in Erstaunen) usw. Auch wenn es sich um handwerkliche Tätigkeiten, um das [Be]arbeiten mit einem Werkzeug handelt, wird landschaftlich und fachsprachlich meist *haute* gebraucht: *Sie hauten* (= hackten los; bergmänn.) *Erz. Er haute* (= mähte; landsch.) *Gras.* Auch bei den Präfixverben und zusammengesetzten Verben wird heute, wenn es sich nicht um das Schlagen mit einer Waffe handelt, im Allgemeinen nur noch *haute* gebraucht: *Die Maurer hauten den Putz ab. Der Steinmetz haute die Inschrift auf dem Grabstein aus. Sie hauten die Fensterscheiben ein.* Bei einigen Verben (z. B. *aufhauen, behauen, verhauen*) ist überhaupt nur das regelmäßige Präteritum gebräuchlich.

2. gehaut / gehauen: Die Form *gehaut* ist nur noch in landschaftlicher Umgangssprache gebräuchlich. Unabhängig davon, ob im Präteritum *hieb* oder *haute* verwendet wird, wird heute im Allgemeinen *gehauen* gebraucht: *In den Marmor gehauen eine Höhle* (Jahnn). *... wenn sie einander vom Pferd gehauen hatten* (Gaiser). *Sie hätten dann nicht das Gefühl ge-*

H

habt, übers Ohr gehauen zu werden
(Brecht).

3. Sie haut ihm/ihn auf die Schulter: Wird
hauen auf einen Körperteil bezogen,
dann steht die betroffene Person in der
Regel im Dativ: *Sie haute ihm auf die
Schulter.* Der Akkusativ ist selten: *Zum
Beispiel würde es doch eigentlich Patricks
Art entsprochen haben, den Mann auf die
Schulter zu hauen und laut zu begrüßen*
(Nossack).

Haufen: 1. Haufe/Haufen: Zwischen diesen
beiden Nominativformen besteht kein
Bedeutungsunterschied; *Haufe* ist aber
wenig gebräuchlich. Der Genitiv zu beiden Formen lautet *des Haufens.* ↑ Substantiv (2.1).

**2. Ein Haufen Kartoffeln lag/lagen auf
dem Boden:** Auch wenn nach *Haufen* das
Gezählte oder Gemessene im Plural
folgt, steht in der Regel das Verb im Singular, weil ja das Subjekt *(Haufen)* formal ein Singular ist: *Ein Haufen Kartoffeln lag auf dem Boden.* Oft wird aber
auch nach dem Sinn konstruiert und das
Verb in den Plural gesetzt: *Ein Haufen
Kartoffeln lagen auf dem Boden.* Der Plural steht meist dann, wenn das appositionelle Verhältnis gewählt wird: *Ein
Haufen meuternde Häftlinge blockierten
den Eingang.* ↑ Kongruenz (1.1.3).

3. Ein Haufen Neugieriger/Neugierige:
Nach *Haufen* kann die Angabe, woraus
der Haufen besteht, im Genitiv oder als
Apposition stehen: *ein Haufen Neugieriger/*(selten:)* Neugierige; ein Haufen randalierender Halbstarker/*(selten:)* randalierende Halbstarke. Die Polizei setzte gegen den Haufen johlender Jugendlicher/*
(selten:)* johlende Jugendliche Wasserwerfer ein.* ↑ Apposition (2.2).

Hauptmann: Der Plural lautet *die Hauptleute.* ↑ Mann (2). Zu *die Beschwerde des
Hauptmanns Rössler/Hauptmann Rösslers* ↑ Titel und Berufsbezeichnungen (1.2
und 1.3). Zur Anschrift ↑ Brief (7).

hauptsächlich: Die Steigerung des Adjektivs *hauptsächlich* ist umgangssprach

lich. Standardsprachlich heißt es: *das
hauptsächliche Argument.* ↑ Vergleichsformen (3.1).

Hauptsatz: In einem Satzgefüge der dem
↑ Nebensatz übergeordnete Satz.

Hauptwort: ↑ Substantiv.

hauptwörtlich gebrauchtes Eigenschaftswort/Mittelwort: ↑ substantiviertes Adjektiv bzw. ↑ substantiviertes Partizip.

Haus: Die präpositionalen Fügungen mit
Haus werden getrennt geschrieben: *au
ßer Haus[e], nach Hause, von Hause, von
Haus[e] aus, zu Haus[e]* (aber: *das Zuhause*), *sich auf einem Gebiet zu Haus[e]
fühlen* usw. Im Österreichischen und
Schweizerischen dürfen in neuer Rechtschreibung *zu Hause* und *nach Hause*
auch zusammengeschrieben werden:
Wir sind zuhause. Wir gehen nachhause.
↑ Getrennt- oder Zusammenschreibung
(2.2.1).

-häuser/-hausener: ↑ Einwohnerbezeichnungen auf -er (1 und 4).

Häuserblock: Der Plural von *Häuserblock*
lautet *die Häuserblocks.* ↑ Block.

haushalten/Haus halten: Auch Infinitiv
und 2. Partizip dürfen in neuer Rechtschreibung getrennt geschrieben werden. Bei Getrenntschreibung schreibt
man das Substantiv jetzt groß: *haushalten/Haus halten; ich halte/hielt Haus;
ich habe hausgehalten/Haus gehalten;
um hauszuhalten/Haus zu halten.* Daneben gibt es für die Zusammenschreibung *haushalten* als feste (untrennbare)
Zusammensetzung folgende Formen: *ich
haushalte, ich haushaltete, ich habe gehaushaltet, um hauszuhalten.* ↑ Getrennt-
oder Zusammenschreibung (2.1).

Haushalt[s]-: Die Zusammensetzungen mit
Haushalt als Bestimmungswort sind sowohl mit als auch ohne Fugen-s gebräuchlich: *Haushalt[s]jahr, Haushalt[s]mittel, Haushalt[s]plan* usw. Im
amtlichen Bereich werden überwiegend
die Formen ohne Fugen-s gebraucht.
↑ Fugen-s (3).

hausschlachten: Von *hausschlachten* wer

den im Allgemeinen nur der Infinitiv und das zweite Partizip gebraucht: *Wir dürfen nicht hausschlachten. Wir haben gerade hausgeschlachtet.* ↑ Getrennt- oder Zusammenschreibung (2.1).

Hawaiiinsel: Wenn bei Zusammensetzungen drei gleiche Vokale zusammentreffen, darf nach den neuen Rechtschreibregeln ohne Bindestrich oder auch wie bisher mit Bindestrich geschrieben werden: *Hawaiiinsel,* auch: *Hawaii-Insel.* ↑ Zusammentreffen dreier gleicher Buchstaben, ↑ Bindestrich (2.3), ↑ geographische Namen (3.2.1).

heben: Die Vergangenheitsformen lauten *hob* (Konjunktiv: *höbe*) und *gehoben.* Die Form *hub* (Konjunktiv: *hübe*) ist nicht mehr gebräuchlich. Sie hat sich nur noch bei dem zusammengesetzten Verb *anheben* im Sinne von »anfangen« gehalten: *... da hub unter ihnen ein großes Trauern an* (Döblin). *Glocken huben zu läuten an* (Seidel). *... was so blutig anhub, wird kaum mit ... Gesängen enden* (Thieß).

Heer: 1. ein Heer grünlicher / grünliche Fliegen: Nach *Heer* kann die Angabe, woraus das Heer besteht, im Genitiv oder als Apposition stehen: *ein Heer Bediensteter* (selten: *Bedienstete*); *ein Heer grünlicher Fliegen /* (selten:) *grünliche Fliegen; der Wirt mit einem Heer schwitzender Kellner /* (selten:) *schwitzenden Kellnern.* ↑ Apposition (2.2).

2. Ein Heer von Ameisen krabbelte / krabbelten quer über den Weg: Auch wenn nach *Heer* die Angabe, woraus das Heer besteht, im Plural folgt, steht in der Regel das Verb im Singular, weil ja das Subjekt *(Heer)* ein Singular ist: *Ein Heer von Ameisen krabbelte quer über den Weg.* Oft wird aber auch nach dem Sinn konstruiert und das Verb in den Plural gesetzt: *Ein Heer von Ameisen krabbelten quer über den Weg.* Der Plural steht meist dann, wenn das appositionelle Verhältnis gewählt wird: *Ein Heer schwitzende Kellner bedienten die Gäste.* ↑ Kongruenz (1.1.3).

Hefe[n]-: Die Zusammensetzungen mit *Hefe* als Bestimmungswort werden heute gewöhnlich ohne Fugenzeichen gebraucht: *Hefekuchen, Hefepräparat, Hefestück, Hefeteig.* Veraltet, aber noch landschaftlich: *Hefenkuchen, Hefenpräparat* usw.

Hehl: Das Wort, das nur noch in festen Wendungen vorkommt, wird sowohl als Neutrum als auch mit maskulinem Genus gebraucht: *kein* (auch: *keinen*) *Hehl aus etwas machen.*

Heide: Es heißt *der Heide* im Sinn von »Nichtchrist«, aber *die Heide* im Sinn von »unbebautes Land, Ödland«. Die gleich lautenden Wörter sind etymologisch nicht miteinander verwandt.

heikel: Bei *heikel* fällt, wenn es dekliniert oder gesteigert wird, das *e* der Endungssilbe aus: *eine heikle Frage, dieser Fall ist noch heikler.* ↑ Adjektiv (1.2.13), ↑ Vergleichsformen (2.2).

heilig: 1. Klein schreibt man das Adjektiv: *der heilige Paulus, das heilige Abendmahl, die heilige Taufe,* in neuer Rechtschreibung: *der heilige Krieg* usw. Groß schreibt man das Adjektiv als Teil eines Namens: *der Heilige Abend, die Heilige Allianz, die Heilige Dreifaltigkeit, die Heilige Familie, der Heilige Geist, das Heilige Grab, die Heilige Jungfrau, die Heiligen Drei Könige, das Heilige Land, die Heilige Nacht, das Heilige Römische Reich Deutscher Nation, die Heilige Schrift, die Heilige Stadt* (= Jerusalem), *der Heilige Vater* (= der Papst). Die Abkürzung lautet für die Singularform *hl.* (= heilig), für die Pluralform *hll.* (= heilige). ↑ Namen. **2.** In Verbindung mit den Verben *sprechen* und *halten* wird nach den neuen Regeln getrennt geschrieben: *Das Mädchen wurde heilig gesprochen. Sie wollten diesen Tag heilig halten.* ↑ Getrennt- oder Zusammenschreibung (1.2).

heimleuchten: Da *heimleuchten* ein intransitives Verb ist, kann man dazu kein persönliches Passiv bilden: *Ihm* (nicht: *Er*) *wurde heimgeleuchtet.*

heimwärts: ↑ -wärts.

heiser: Bei *heiser* bleibt, wenn es dekliniert oder gesteigert wird, das *e* der Endungssilbe gewöhnlich erhalten: *Sie ist noch heiserer.* Nur in den deklinierten Formen des Komparativs wird das erste der drei Endungs-*e* manchmal ausgeworfen: *ein noch heis[e]rerer Tenor.* ↑ Adjektiv (1.2.13), ↑ Vergleichsformen (2.2).

heiß begehrt: Nach den neuen Rechtschreibregeln wird getrennt geschrieben, weil der erste Bestandteil der Fügung gesteigert bzw. erweitert werden kann: *heiß, am heißesten begehrt;* ebenso: *heiß geliebt.* ↑ Getrennt- oder Zusammenschreibung (1.2 und 3.1).

heißen: 1. geheißen / gehießen: Die Vergangenheitsformen lauten standardsprachlich *hieß* und *geheißen.* In landschaftlicher Umgangssprache wird statt *geheißen* häufig *gehießen* gebraucht.

2. Sie hat ihn kommen heißen / geheißen: Nach einem Infinitiv ohne *zu* steht *heißen* überwiegend ebenfalls im Infinitiv: *Sie hat mich kommen heißen* (seltener: *geheißen*). *Sie hat es mich tun heißen* (seltener: *geheißen*). ↑ Infinitiv (4).

3. Er hieß ihn den Raum verlassen / Er hieß ihn[,] den Raum zu verlassen: Nach *heißen* steht, wenn das Verb allein folgt, der Infinitiv ohne *zu: Er heißt mich kommen. Sie heißt ihn gehen.* Der Gebrauch schwankt, wenn zu dem Verb eine Ergänzung oder eine Umstandsangabe tritt: *Er hieß ihn den Raum verlassen.* Oder: *Er hieß ihn[,] den Raum zu verlassen. Sie hieß ihn das Pferd satteln.* Oder: *Sie hieß ihn[,] das Pferd zu satteln.* Treten mehrere Glieder zu dem Verb, sodass der Infinitiv satzwertig wird, dann steht im Allgemeinen der Infinitiv mit *zu: Sie hieß ihn[,] das Pferd sofort in den Stall zu führen. Er hieß ihn[,] den Raum auf der Stelle zu verlassen. Sie hieß ihn[,] das Geschirr abzuräumen und den Kaffee zu servieren. Wasser verschmutzen heißt[,] dem Menschen und allen anderen Lebewesen Schaden zuzufügen. Ein guter Christ sein heißt[,] allen armen Menschen ein stets bereiter Helfer zu sein.* ↑ zu (2). ↑ Komma (5.1).

4. Er hieß ihn ein anständiger Mensch / einen anständigen Menschen werden: Üblicherweise konstruiert man heute mit dem Nominativ: *Er hieß ihn ein anständiger Mensch werden.* Die Konstruktion mit dem Akkusativ ist heute im Veralten begriffen: *Er hieß ihn einen anständigen Menschen werden.* ↑ Kongruenz (4.3).

heiß geliebt: ↑ heiß begehrt.

heiter: Bei *heiter* bleibt, wenn es dekliniert oder gesteigert wird, das *e* der Endungssilbe gewöhnlich erhalten: *ein heiteres Gemüt; sie wurde immer heiterer.* Nur in den deklinierten Formen des Komparativs wird das erste der drei Endungs-*e* manchmal ausgeworfen: *Sie erzählte eine noch heit[e]rere Geschichte.* ↑ Adjektiv (1.2.13), ↑ Vergleichsformen (2.2).

heizen / beheizen: ↑ beheizen / heizen.

Hektar: Es heißt *das* und (schweiz. nur so:) *der Hektar.* Vgl. auch ↑ Maß-, Mengen- und Münzbezeichnungen.

Hektoliter: ↑ Maß-, Mengen- und Münzbezeichnungen.

Held: Dativ und Akkusativ Singular lauten *dem, den Helden* (nicht: *dem, den Held*). ↑ Unterlassung der Deklination (2.1.1).

helfen: 1. e / i-Wechsel: Die 2. und 3. Person Singular Indikativ Präsens und der Imperativ Singular lauten: *du hilfst, er / sie / es hilft, hilf!*

2. hülfe / hälfe: Im Konjunktiv II wird heute überwiegend die Form *hülfe*, seltener der Form *hälfe* gebraucht. ↑ Konjunktiv (1.3).

3. Das hilft mir / mich nichts: Standardsprachlich regiert *helfen* nur den Dativ: *Das hilft mir nichts. Was hilft es ihr?* Früher wurde bei unpersönlichem Subjekt *helfen* außer mit dem Dativ auch mit dem Akkusativ verbunden: *Was helfen mich tausend bessre Empfindungen?* (Schiller). *Was hilfts mich, dass Sie in der Welt sind* (Goethe). Dieser Gebrauch, der heute noch landschaftlich vorkommt, gilt standardsprachlich als nicht korrekt.

4. Sie hat ihm waschen helfen / geholfen: Nach einem Infinitiv ohne *zu* werden heute sowohl der Infinitiv *helfen* als auch das zweite Partizip *geholfen* gebraucht: *Ich habe ihm waschen helfen.* Oder: *Ich habe ihm waschen geholfen. Sie hat mir aufräumen helfen.* Oder: *Sie hat mir aufräumen geholfen.* ↑ Infinitiv (4).

5. Sie half ihm das Gepäck verstauen / Sie half ihm[,] das Gepäck zu verstauen: Nach *helfen* steht, wenn das Verb allein folgt, der Infinitiv ohne *zu: Er hilft mir waschen. Sie hilft ihm aufräumen.* Der Gebrauch schwankt, wenn zu dem Verb eine Ergänzung oder eine Umstandsangabe tritt: *Er half ihr das Feuer anfachen.* Oder: *Er half ihr[,] das Feuer anzufachen. Sie half ihm das Gepäck verstauen.* Oder: *Sie half ihm[,] das Gepäck zu verstauen. Ich denke an alle, die mir halfen, meine Aufgabe zu lösen* (Jens). Treten mehrere Glieder zu dem Verb, dann steht im Allgemeinen der Infinitiv mit *zu: Sie half ihm[,] das Gepäck und den Proviant im Wagen zu verstauen. ... seine Flinte würde ihm helfen[,] sich zu nähren und Vögel zu schießen* (Gaiser). ↑ zu (2). Zur Kommasetzung gilt: Wenn *helfen* mit einer Infinitivgruppe verbunden ist, kann man nach neuer Regelung ein Komma setzen: *Er half[,] den Schrank in die Wohnung zu tragen. Er half mit allen Kräften[,] den Schrank in die Wohnung zu tragen.* ↑ Komma (5.1.4).

6. ein geholfenes Waisenkind: Das zweite Partizip des intransitiven Verbs *helfen* darf nicht im passivischen Sinn gebraucht werden. Man kann also nicht sagen *ein geholfenes Waisenkind* oder: *Von den Umstehenden geholfen, konnte er trotz der Straßensperre flüchten.* ↑ zweites Partizip (2.2).

Helikopter: Nach den neuen Regeln zur Worttrennung kann das Wort nach den Sprechsilben *He-li-kop-ter* oder wie bisher etymologisch nach den Bestandtei-

len *He-li-ko-pter* getrennt werden. ↑ Worttrennung (2.2).

hell leuchtend: Nach den neuen Rechtschreibregeln schreibt man *hell* vom folgenden 2. Partizip immer getrennt, weil die getrennt geschriebene Wortgruppe *hell leuchten* zugrunde liegt. Bisher schon: *Es gibt einige sehr hell leuchtende Sterne. Wir sahen ein sehr hell loderndes Feuer.* Jetzt ebenso: *die hell leuchtenden Sterne; ein hell loderndes Feuer.* ↑ Getrennt- oder Zusammenschreibung (3.1.2).

Helle / Helligkeit: ↑ Aufschwellung.

henken / hängen: ↑ hängen (3).

her: Getrennt vom folgenden Verb schreibt man das selbstständige Adverb: *Wenn es vom Fenster her zieht. Der Wagen ist von der Konzeption her vorbildlich.* Zusammen schreibt man, wenn *her* Verbzusatz ist: *Du sollst nicht über ihn herziehen* (= schlecht von ihm sprechen; ugs.). *Er hat den Sack hinter sich hergezogen. Er musste hinter ihr herlaufen. Wir werden hinter dem Wagen herfahren. Sie wollte noch etwas hinter ihm herrufen.* ↑ Getrennt- oder Zusammenschreibung (1.3).

her / hin: Mit *her* wird im Allgemeinen die Richtung auf den Standpunkt des Sprechers zu ausgedrückt: *Her zu mir! Das Geld muss sofort her! Bier her!* Auch in Verbindung mit Verben: *Komm her! Sie sollen das Gepäck herbringen. Man hat die anderen schon hergeholt.* Das gilt natürlich nicht, wenn die Verben im übertragenen Sinn gebraucht werden: *Sie zogen über ihn her* (= redeten über ihn). *Er fiel über ihn her* (= griff ihn an, überfiel ihn). Im Gegensatz zu *her* drückt *hin* die Richtung vom Standpunkt des Sprechers weg aus: *Zu ihr hin! Wo wollen wir hin?* Auch in Verbindung mit Verben: *Kommst du auch hin? Wir werden nicht hingehen. Er hat ihr das Buch hingehalten. Bring ihr das Geld hin!* Bei den mit *-ab, -aus, -unter* usw. zusammengesetzten Adverbien wird an dieser Unterscheidung häufig (selbst in der Standardsprache) nicht festgehalten. Die Richtung auf den Sprecher zu oder vom Sprecher weg wird nicht deutlich empfunden, weil die Bedeutung des zweiten Bestandteils dieser zusammengesetzten Adverbien dominiert: *Ich würgte den Bissen herunter / versuchte ihn herauszudrängen. Wir stießen es die Treppe herunter. Ich musste ihm das Werkzeug heraufreichen.* Im übertragenen Gebrauch ist fast nur *her-* üblich: *Das Buch wird herausgegeben. Sie wollen die Preise herabsetzen. Du bist völlig heruntergekommen.* – In der norddeutschen Umgangssprache werden nur die verkürzten Formen von *her-* gebraucht: *Geh mal rüber* (= herüber)*! Ich klettere rauf* (= hinauf)*. Wir laufen rein* (= hinein)*.* Demgegenüber wird in der süddeutschen Umgangssprache selbst bei den verkürzten Formen an der Unterscheidung zwischen *her- / hin-* weitgehend festgehalten: *Sie kommt rauf* (= herauf)*. Wir steigen 'nauf* (= hinauf)*. Komm rüber* (= herüber)*. Ich bring es 'nüber* (= hinüber)*.*

herausbilden, sich: Das zweite Partizip des reflexiven Verbs *sich herausbilden* darf nicht attributiv verwendet werden *(die sich herausgebildeten Tendenzen).* ↑ zweites Partizip (2.3).

herauseliminieren: ↑ Verb (3).

herausgeben: Es muss heißen *herausgegeben von* (nicht: *durch*)*.* ↑ aufgrund / durch / infolge / von / vor / wegen / zufolge.

herausstellen, sich: Nach *sich herausstellen* wird heute das dem *als* folgende Substantiv im Nominativ angeschlossen, d. h., es wird auf das Subjekt bezogen: *Die Rede stellte sich als ein übler Angriff auf die Opposition heraus.* Der Akkusativ, d. h. die Beziehung auf das Reflexivpronomen, ist veraltet. Also nicht: *Die Rede stellte sich als einen üblen Angriff auf die Opposition heraus.* ↑ Kongruenz (4.2).

Herbst- / Herbstes-: Die Zusammensetzungen mit *Herbst* als Bestimmungswort

werden im Allgemeinen ohne Fugenzeichen gebraucht: *Herbstanfang, Herbstblume, Herbstfreude* u. a. Die Bildung mit *-es-* ist ungewöhnlich: *Herbstesanfang, Herbstesfreude* u. a. ↑ Fugen-s (3).

herhaben (umgangssprachlich): Man schreibt das Wort in allen Formen zusammen: *Wo sie es wohl herhat?*

Herings-: Zusammensetzungen mit *Hering* als Bestimmungswort stehen immer mit Fugen-s: *Heringsfang, Heringssalat, Heringsfilet, Heringsmilch, Heringsrogen, Heringsladen, Heringstonne, Heringslake.* ↑ Fugen-s (1.3).

Heros: Der Plural von *Heros* lautet *die Heroen.*

Herr: **1. Deklination:** Im Singular lauten die Formen *des, dem, den Herrn* (nicht: *Herren*). Der Plural lautet *die Herren* (nicht: *Herrn*).

2. Deklination in Verbindung mit Namen, Titeln, Berufsbezeichnungen: *Herr* wird vor Namen und Titeln immer gebeugt: *Wir rechnen mit Herrn Müllers Einverständnis. Wir haben das Schreiben Herrn Müller gegeben. Wir werden Herrn Müller anrufen.* Ausnahme ist die direkte Anrede, bei der *Herr* im Nominativ steht: *Ich möchte Ihnen, Herr Müller* (nicht: *Herrn Müller*)*, zum Geburtstag gratulieren.* **a)** Bei *Herr* + Name wird neben *Herr* auch der Name gebeugt: *Wir erwarten Herrn Müllers Besuch. Wir feiern Herrn Meyers Geburtstag.* Das gilt auch für Appositionen: *Die Anordnung des Gerichtsvollziehers, Herrn Müllers, wurde nicht befolgt.* **b)** Bei Artikel (Pronomen) + *Herr* + Name wird der Name nicht gebeugt: *Wir erwarten den Besuch des Herrn Müller. Wir feiern den Geburtstag unseres [lieben] Herrn Meyer.* Dies gilt nur für Namen, nicht aber für Titel und Verwandtschaftsbezeichnungen: *Zum Tode Ihres Herrn Vaters* (nicht: *Vater*) *... Über den Besuch Ihres Herrn Sohnes* (nicht: *Sohn*) *haben wir uns sehr gefreut. Der Brief des Herrn Ministers, des Herrn Oberbürgermeisters.* **c)** Bei *Herr* + Titel + Name wird außer *Herr* nur der Name gebeugt: *Wir erwarten Herrn Professor Müllers Besuch. Wir feiern Herrn Regierungsrat Professor Meyers Geburtstag. Wir stützen uns auf Herrn Rechtsanwalt Dr. Lehmanns Gutachten.* Das gilt auch für Appositionen: *Die Rede des Rektors, Herrn Professor Meyers, wurde beifällig aufgenommen. Die Einführung des neuen Leiters, Herrn Regierungsrat Müllers, findet morgen statt.* Enthält aber der Titel ein attributives Adjektiv, wird auch er gebeugt: *Anlässlich der Verabschiedung von Herrn Leitendem Oberchemiedirektor Beil ...* **d)** Bei Artikel (Pronomen) + *Herr* + Titel + Name wird der Titel überwiegend gebeugt: *Die Rede des Herrn Ministers Müller war sehr eindrucksvoll* (weniger häufig: *... des Herrn Minister Müller ...*). *Die Verhandlungen des Herrn Rechtsanwalts Dr. Meyer waren ergebnislos* (weniger häufig: *... des Herrn Rechtsanwalt Dr. Meyer ...*). In der Apposition: *Die Rede des Herrn Präsidenten, Professor Müller[s], wurde beifällig aufgenommen.* – Substantivierte Partizipien müssen gebeugt werden: *Das Auftreten des Herrn Abgeordneten Müller war skandalös.* Steht der Titel ohne Namen, wird immer gebeugt: *Das Schreiben des Herrn Bürgermeisters wurde positiv aufgenommen.* Beachte: *Doktor (Dr.)* wird als Bestandteil des Namens nicht gebeugt: *Der Vortrag des Herrn Dr. Meyer war schlecht.* ↑ Personennamen (2.2). **3. Guten Tag, die Herren:** In salopper Redeweise wird statt der korrekten Anrede *mein Herr* und *meine Herren* gelegentlich *der Herr* und *die Herren* gebraucht: *Guten Tag, die Herren. Vielen Dank, der Herr.* Diese Anrede ist vertraulich und wirkt oft plump oder etwas leutselig. **4. Briefanschrift:** Hier wird der auf *Herrn* (= Akkusativ) folgende Titel gewöhnlich gebeugt: *Herrn Ersten Vorsitzenden Müller; Herrn Technischen Direktor Schneider; Herrn Regierenden Bürgermeister.* ↑ Brief (1).

5. Herren Eltern: Diese Höflichkeitsfloskel *(Wie geht es Ihren Herren Eltern? Grüßen Sie bitte Ihre Herren Eltern!)* wird heute als gespreizte oder scherzhafte Ausdrucksweise empfunden.

6. seiner Sinne nicht mehr Herr sein: Die Wendung *Herr sein / werden* steht mit dem Genitiv, nicht mit dem Dativ: *Er war seiner Sinne* (nicht: *seinen Sinnen*) *nicht mehr Herr.*

7. Kongruenz: Zu *Wir waren Herr* (nicht: *Herren*) *der Lage* ↑ Kongruenz (1.4.7).

8. Zu *der Antrag des Herrn Meyer / von Herrn Meyer* ↑ Genitivattribut (1.3.3). Vgl. auch ↑ aus aller Herren Länder[n]. Zu *seitens Herrn Meyer* ↑ seitens.

-herr / -herrin: Die entsprechende weibliche Form zu *-herr* (in der Bedeutung »gebieten über«) ist *-herrin,* nicht *-frau: Bauherr / Bauherrin, Dienstherr / Dienstherrin, Hausherr / Hausherrin.* Zu Wendungen wie *Herr / Herrin der Lage sein* ↑ Kongruenz (3.1.5).

herrschen: 1. zweites Partizip: Das zweite Partizip darf nicht attributiv verwendet werden *(die geherrschte Seuche).* ↑ zweites Partizip (2.3).

2. herrschen über: *herrschen über* wird mit dem Akkusativ verbunden, wenn das Verb im Sinn von »regieren« gebraucht wird: *Sie herrschte über ein großes Reich / über viele Völker.* Es wird mit dem Dativ verbunden, wenn das Verb im Sinn von »vorhanden sein, sich befinden, liegen, ruhen« verwendet wird: *Der hohe Sommer herrscht über dem Land. Strenger Frost herrschte über der Taiga.*

Herrschernamen: Zu Deklinationsformen wie *die Feldzüge Gustavs II. Adolfs* ↑ Personennamen (2.2.6).

her sein: ↑ Es ist / sind zwei Jahre her.

herumflanieren: ↑ Verb (3).

herum / umher: Eine scharfe Unterscheidung zwischen *herum* und *umher* ist nicht immer möglich; *herum* bedeutet »rundherum, im Kreise, ringsum«: *Um das Lager herum stellten sie Posten auf. Sie wickelte das Isolierband darum he-*

rum. *Ich lief um den Baum herum.* Dagegen bedeutet *umher* »kreuz und quer, dahin und dorthin, in diese und jene Richtung«: *Ich blickte umher. Sie irrten im Walde umher. Sie lief ein bisschen in dem Städtchen umher.* In der Alltagssprache – aber auch in der Standardsprache (zumal dann, wenn die Richtung einer Bewegung o. dgl. nicht deutlich wird) – wird an dieser Unterscheidung oft nicht festgehalten und *herum* statt *umher* gebraucht: *Sie tollten auf der Wiese herum. Er fuchtelte vor seinem Gesicht herum. Finstere Gestalten lungerten unter den Brücken herum. In Paris irrt ... ein ehrlicher, leidenschaftlicher Republikaner herum* (St. Zweig). *Unsere neapolitanischen Jungen sind daran gewöhnt, viele Stunden mit leerem Magen herumzulaufen* (Thieß). *... den er im Haus herumführen musste* (Plievier). *Die Ziegel da lagen alle auf dem Boden herum* (Gaiser). Wenn es sich um eine erfolglose oder unnütze, aber anhaltende Beschäftigung handelt, wird auch in der Standardsprache heute nur noch *herum* gebraucht: *Er fingerte eine Zeit lang an mir herum* (Bergengruen). *Vergeblich kramte er in seiner Brieftasche herum* (Ott). *... wenn er in seinen Akten herumwühlte* (Gaiser).

hervortun, sich: Nach *sich hervortun als* steht heute das dem *als* folgende Substantiv gewöhnlich im Nominativ, d. h., es wird auf das Subjekt bezogen: *Er tut sich wirklich nicht als Klassenbester hervor.* Der Akkusativ, d. h. die Beziehung auf das Reflexivpronomen *(als Klassenbesten),* veraltet allmählich. ↑ Kongruenz (4.2).

Herz: Die Singularformen lauten im Genitiv: *des Herzens,* im Dativ: *dem Herzen,* im Akkusativ: *das Herz.* Im Plural wird schwach gebeugt: *die Herzen.* In der Umgangssprache und im Bereich der Medizin besteht Tendenz zu starker Beugung: *des Herzes; mit künstlichem Herz; sie hat es am Herz, hat mit dem Herz zu tun* (= ist herzkrank; ugs.), *zwei Herze aus Kunststoff.* Zu *reines / reinen Herzens* ↑ Adjektiv (1.2.2). Zu *Der Kummer brach ihnen das Herz* (nicht: *die Herzen*) ↑ Kongruenz (1.2.9).

herzerfreuend, herzerfrischend: Diese und andere Verbindungen mit *Herz* schreibt man zusammen, wenn ein Artikel eingespart wird: *ein herzerfreuender* (= *das Herz erfreuender*) *Anblick; ein herzerfrischender Ulk; die Tropfen sind herzstärkend; die Szene war herzzerreißend.* Getrennt schreibt man, wenn *Herz* durch einen vorangehenden Artikel, ein Pronomen o. Ä. näher bestimmt ist: *ein mein Herz erfreuender Anblick; dein schwaches Herz stärkende Mittel.* ↑ Getrennt- oder Zusammenschreibung (3.1.1).

Herzog: Heute wird meist die umgelautete Pluralform *die Herzöge,* selten die umlautlose Form *die Herzoge* gebraucht. Zu *des Herzogs Heinrich des Löwen / Herzog Heinrichs des Löwen* ↑ Titel und Berufsbezeichnungen (1.2 und 1.3). Über Anschrift und Anrede eines Herzogs (Hoheit, Königliche Hoheit) sollte man sich im Einzelfall erkundigen. Vgl. auch ↑ Brief (7).

heusssche Schriften: ↑ Groß- oder Kleinschreibung (1.2.2), ↑ Zusammentreffen dreier gleicher Buchstaben.

heute: 1. heut / heute: Standardsprachlich ist die Form *heute: Meine Freunde kommen heute Abend, heute Mittag.* Die Nebenform *heut* ist in der Umgangssprache gebräuchlich, vor allem in festen Fügungen oder in Verbindung mit anderen Zeitadverbien: *von heut an, heut früh* usw.

2. heute / an diesem Tag: Das Zeitadverb *heute* wird bei der Erzählung oder Darstellung im Präteritum gelegentlich so gebraucht, dass ein falscher Zeitbezug entsteht: *Sie brachen in aller Frühe auf, um heute* (statt: *an diesem Tag*) *den Gipfel zu bezwingen. Sie packte nicht einmal die Koffer aus, weil sie noch heute* (statt:

am gleichen / selben Tage) die Untersuchungen einleiten wollte.

Heute starb mein herzensguter Mann / meine herzensgute Frau: ↑ Anzeigen (6).

heutig: Es heißt *heutigentags* und nicht (mehr) *heutigestags.* ↑ Adjektiv (1.2.2).

hie[-] / hier[-]: Gegenüber *hier[-]* ist *hie[-]* veraltet bzw. landschaftlich (südd. und österr.): *hie und da, hiefür, hienach* usw.

hieran / -auf ... hierzu: ↑ Pronominaladverb.

hierein / hierin: ↑ darein / darin, worein / worin.

hier[her, -hin]: Nach den neuen Regeln schreibt man *hier, hierher, hierhin* immer getrennt vom folgenden Verb: *Er soll hier* (= an dieser bezeichneten Stelle) *bleiben. Vera wird bis hierhin* (= bis an diese bezeichnete Stelle) *kommen, wenn sie springt.* Jetzt ebenso: *Er ist heute hier gewesen* (= zugegen gewesen). *Du sollst hier bleiben* (= nicht weggehen)! *Du kannst die Sachen hier lassen* (bei uns lassen). ↑ Getrennt- oder Zusammenschreibung (1.3–1.5).

hierzulande / hier zu Lande: In neuer Rechtschreibung ist auch die Getrenntschreibung zulässig.

Hi-Fi: *Hi-Fi* [ˈhaifi, auch: ˈhaɪˈfaɪ] ist die Kurzform für *Highfidelity* [-fiˈdɛlɪtɪ, auch: -faɪ...], die Gütebezeichnung für hohe Wiedergabetreue bei Schallplatten und elektroakustischen Geräten *(Hi-Fi-Anlage, Hi-Fi-Turm).*

Hilfe: Es heißt *zu* (nicht: *zur*) *Hilfe kommen / eilen / rufen.*

Hilfe bringend, suchend: Getrennt schreibt man schon nach der bisherigen Regelung: *Endlich kamen unsere die lang ersehnte Hilfe bringenden Truppen. Ein rasche Hilfe suchender Programmanwender hatte sich online gemeldet.* Nach den neuen Rechtschreibregeln werden *Hilfe bringend* und *Hilfe suchend* auch ohne entsprechende Erweiterung wie die zugrunde liegenden Fügungen *Hilfe bringen* und *Hilfe suchen* getrennt geschrieben: *die Hilfe bringenden Truppen, ein*

Hilfe bringendes Flugzeug; ein Hilfe suchender Programmanwender, Hilfe suchende Flüchtlinge. ↑ Getrennt- oder Zusammenschreibung (3.1.1).

Hilf- / Hilfe- / Hilfs-: Zusammensetzungen mit *Hilfe* als Bestimmungswort haben in der Regel das Fugen-s: *Hilfsaktion, Hilfsarbeiter, hilfsbedürftig, hilfsbereit, Hilfsbereitschaft, Hilfskraft, Hilfslehrer, Hilfsmittel, Hilfsprediger, Hilfsquelle, Hilfsschiff, Hilfszeitwort.* Ausnahmen sind die Komposita *hilflos* und *hilfreich.* Zu *Hilfeleistung, Hilfestellung* ↑ Fugen-s (3.3).

Hilfsverb: Hilfsverben (-zeitwörter) sind *haben, sein* und *werden* als Bestandteil der umschriebenen Verbformen (↑ Konjugation [2]): *Ich habe geschlafen. Ich war gekommen. Wir werden gehen. Ich würde gehen. Sie wird gewählt werden.* In gehobener Sprache wird – hauptsächlich um des Wohlklangs willen – das Hilfsverb gelegentlich ausgelassen: *Als das Schild seine Wirkung getan [hatte] und niemand ihn mehr beschäftigte, hatte er es wieder entfernt* (Th. Mann). *... dennoch stand es keinen Augenblick in Zweifel für ihn, dass das persönliche Unbehagen, das ihm zugefügt worden [war], mit Arnheim zusammenhängen müsse* (Musil). Auch das hilfszeitwörtliche *sein* (Kopula) kann erspart werden: *Aber im Traum ahnen wir zitternd, wie herrlich eine Welt [ist], die ganz aus Verschwendung besteht!* (Musil). Die Ersparung des Hilfsverbs ist zu vermeiden, wenn Missverständnisse entstehen; etwa wenn das übrig bleibende zweite Partizip mit der 3. Person Singular Präsens übereinstimmt: *Der Tierarzt ließ sich das Tier, das sein Assistent bereits untersucht [hatte], noch einmal bringen.* Die Ersparung ist gleichfalls zu vermeiden, wenn noch ein anderes Hilfsverb vorkommt, weil das zu der Annahme verleitet, dass eins von zwei gleich lautenden Hilfsverben erspart worden sei: *Er begab sich, nachdem er den Auftrag erhalten [hatte]*

H

und in den Besitz der Unterlagen gekommen war, sofort zum Bahnhof.

Himmelfahrts-: Die Zusammensetzungen mit *Himmelfahrt* als Bestimmungswort haben ein Fugen-s: *Himmelfahrtsfest, Himmelfahrtsnase, Himmelfahrtstag.* ↑ -fahrt[s]-.

hin: Getrennt vom folgenden Verb schreibt man *hin,* wenn es den Umstand des Ortes bezeichnet: *Diese Meinung ist über die ganze Welt hin verbreitet. Er soll bis zur Mauer hin Blumen pflanzen. Sie pflegt vor sich hin zu murmeln. Er hat ihm das auf ihr Geheiß hin gegeben. Du sollst nicht immer vor dich hin träumen!* Zusammen schreibt man, wenn *hin* Verbzusatz ist: *Sie hat darauf hingearbeitet. Er hat sein Herz hingegeben. Sie hat ihm das Paket hingebracht.* Der ↑ Bindestrich (1.1) steht, wenn man sagt: *Ich bin hin- und hergelaufen* (= hin- und wieder zurückgelaufen), er steht nicht, wenn es heißt: *Ihr sollt nicht immer hin und her laufen* (= ohne Ziel laufen). Groß schreibt man das substantivische Wortpaar *das Hin und Her: Alles Hin und Her war überflüssig; nach längerem Hin und Her; es gab noch einiges / etwas Hin und Her.*

hin / her: ↑ her / hin.

hinaus: ↑ darüber hinaus.

hinausschießen: ↑ schießen (2).

hindern: 1. Wenn von *hindern* ein Nebensatz oder eine Infinitivgruppe abhängt, dürfen diese nicht verneint werden: *Der Nebel hinderte sie nicht, noch schneller zu fahren* (nicht korrekt: *... nicht noch schneller zu fahren*). *Ich hinderte ihn daran, noch mehr zu trinken* (nicht korrekt: *... nicht noch mehr zu trinken*). ↑ Negation (1).

2. ↑ behindern / hindern / verhindern.

hinken: Wird der Vorgang, das Geschehen in seiner Dauer gesehen, dann wird *hinken* im Perfekt mit *haben* umschrieben: *Sie hat auf dem rechten Fuß gehinkt.* Wird dagegen die Ortsveränderung ausgedrückt, dann umschreibt man mit

sein: Die Sportlerin ist vom Platz, zum Arzt gehinkt. ↑ haben (1).

hinnehmen: Nach *hinnehmen* kann das folgende Adjektiv oder Substantiv mit *als* oder mit *wie* angeschlossen werden: *... (der Hungerkünstler) nahm es als selbstverständlich hin* (Kafka). *Wir müssen ja als Erlebnis hinnehmen, was uns zugeteilt wird* (Jahnn). *»Respektieren nicht«, widersprach sie, »doch hinnehmen wie ein Schicksal«* (Thieß). Der Anschluss mit *für* (es *für selbstverständlich hinnehmen*) ist veraltet. ↑ als / für / wie.

hinsichtlich: Die Präposition *hinsichtlich* steht mit dem Genitiv: *Hinsichtlich des Preises, der Bedingungen wurde keine Einigung erzielt.* Aber: *Hinsichtlich Angeboten und Preisen* (= Dativ) *wurde ...* ↑ Präposition (2).

hinstellen [sich]: Nach *sich hinstellen als* wird heute das dem *als* folgende Substantiv gewöhnlich im Nominativ angeschlossen, d. h., es wird auf das Subjekt bezogen: *Wer stellt sich schon gern als ein Streber hin?* Der Akkusativ, d. h. die Beziehung auf das Reflexivpronomen (*einen Streber*), ist seltener. Nach *[sich] hinstellen vor* steht in der Regel der Akkusativ (Richtungsvorstellung): *Ich stellte die Schüssel vor sie hin. Der Polizist stellte sich vor mich hin.*

hinter: Die Präposition *hinter* kann mit dem Dativ oder mit dem Akkusativ verbunden werden, je nachdem, ob das durch das Verb ausgedrückte Verhalten lagebezogen (= Dativ) oder richtungsbezogen (= Akkusativ) bestimmt ist: *Ich stehe hinter dem Haus. – Ich gehe hinter das Haus. Diese Arbeit habe ich bald hinter mir. – Diese Arbeit habe ich bald hinter mich gebracht.* Bei einigen Verben hat sich ein Kasus stärker durchgesetzt, so z. B. bei *verstecken* der Dativ: *Ich versteckte die Sachen hinter dem* (veraltend: *hinter den*) *Schrank.* ↑ Rektion (1).

hintereinander: Man schreibt *hintereinander* immer getrennt vom folgenden Verb: *Er soll die Briefe hintereinander*

(= in einem Zuge, sofort) *schreiben. Die Schüler sollen hintereinander stehen* (nicht sitzen). In neuer Rechtschreibung auch: *Die Schüler sollen hintereinander stehen* (= in einer Reihe). *Die Wagen sollen hintereinander fahren. Du sollst die Namen in der Liste hintereinander schreiben.*↑ Getrennt- oder Zusammenschreibung (1.4).

hinterm / hintern / hinters: Diese Verschmelzungen werden ohne Apostroph geschrieben. ↑ Apostroph (1.2), ↑ Präposition (1.2.1).

Hintermann: Der Plural lautet *die Hintermänner.* ↑ Mann (2).

Hinterteil: *Das Hinterteil* bedeutet heute zuerst »Gesäß«; die Bedeutung »hinterer Teil« ist selten (dafür veraltet auch: *der Hinterteil*).

hinweisendes Fürwort: ↑ Demonstrativpronomen.

hinzukommen: Da der Verbzusatz aus selbstständigen Satzgliedern hervorgegangen ist, kann er gelegentlich wieder als Satzglied verwendet werden. Deshalb muss *hinzukommen* in den vor allem in der Alltagssprache beliebten Satzanfängen *Hinzu kommt, dass* ... getrennt geschrieben werden.

Hirsch: Über die schwache Beugung dieses Wortes in alten Gasthausnamen *(Gasthaus zum Hirschen)* ↑ Schwan.

Hirt / Hirte: Von den beiden Formen überwiegt in Zusammensetzungen die kürzere *(Schafhirt, Kuhhirt).* Fest ist das *-e* in der Fügung *der Gute Hirte* (= Christus). Der Genitiv lautet für beide Formen *des Hirten* (nicht: *des Hirts*), der Dativ und Akkusativ *dem, den Hirten* (nicht: *dem, den Hirt*). ↑ Unterlassung der Deklination (2.1.1).

hitzefrei / Hitzefrei: Klein schreibt man das Adjektiv *hitzefrei: Wir haben selten hitzefrei. Heute bekommen wir nicht hitzefrei.* Groß schreibt man dagegen das Substantiv *das Hitzefrei: ganztägiges Hitzefrei; Verordnung über Hitzefrei; die Schulleitung erteilt kein Hitzefrei.* In eini-

gen Fällen ist sowohl die Groß- als auch die Kleinschreibung möglich: *Habt ihr [nicht] hitzefrei / [kein] Hitzefrei? Heute bekommen wir bestimmt [nicht] hitzefrei / [kein] Hitzefrei!*

Hobby: Der Plural von *Hobby* lautet: *die Hobbys.* ↑ -y, ↑ Fremdwort (3.4), ↑ Amerikanismen / Anglizismen (1.1).

hoch: 1. Steigerung: Die Steigerungsformen lauten: *höher, höchst.*

2. hoch-: Die Verwendung von *hoch-* in Verbindung mit Verben ist korrekt, wenn es im Sinn von »in die Höhe« gebraucht wird: *Sie hob den Deckel hoch. Die Tauben sind plötzlich hochgeflogen. Er versuchte sich hochzustemmen. Die Fahne stieg am Mast hoch. Sie rissen die Arme hoch. Sie hat sich hochgearbeitet* usw. Als nicht standardsprachlich gilt der Gebrauch von *hoch* im Sinne von »herauf, hinauf«: *Würden Sie mir bitte eine Flasche Wein aus dem Keller hochholen?* (korrekt: *heraufholen*). *Ich gehe mal schnell hoch* (korrekt: *hinauf*) *und hole den Schirm.*

3. Groß- oder Kleinschreibung: Klein schreibt man das Adjektiv: *ein hoher Berg; auf hoher See; das hohe C* (= Tonstufe); *die hohe Jagd* (= Jagd auf Hochwild). *Er sitzt immer auf dem hohen Ross.* In neuer Rechtschreibung ebenso: *die hohe Schule* (= beim Reiten); *das hohe Haus* (= Parlament). Groß schreibt man aber das Adjektiv in Namen und Titeln: *die Hohe Tatra; die Hohen Tauern;* in neuer Rechtschreibung ebenso: *der Hohe Priester; das Hohe Lied.* ↑ Namen.

4. Getrennt- oder Zusammenschreibung in Verbindung mit Verben: Getrennt schreibt man nach den neuen Regeln, wenn *hoch* relativ gebraucht wird, d. h. in der Verbindung erweiterbar oder steigerbar ist: *hoch liegen; hoch / höher springen, fliegen;* in neuer Rechtschreibung auch: *jmdn. hoch achten, hoch schätzen; die Preise hoch / höher schrauben* usw. Weiterhin zusammen schreibt man, wenn *hoch* absolut gebraucht wird,

H

d. h. nicht erweiterbar oder steigerbar ist: *Zahlen statistisch hochrechnen; hochstapeln* (etwas vortäuschen). Außerdem schreibt man zusammen, wenn *hoch* als Richtungsangabe gebraucht wird: *sich [zur Direktorin] hocharbeiten; [vor Schreck] hochfahren; an der Mauer hochspringen; die Treppe hochsteigen* usw. ↑ Getrennt- oder Zusammenschreibung (1.2).

5. Getrennt- oder Zusammenschreibung in Verbindung mit dem 1. / 2. Partizip: Nach den neuen Regeln schreibt man *hoch* vom folgenden Partizip immer getrennt, wenn es relativ gebraucht wird, d. h. der erste Teil der Fügung gesteigert bzw. erweitert werden kann: *eine hoch stehende Persönlichkeit; ein hoch bezahlter Job; hoch empfindliches Filmmaterial; hoch gesteckte Ziele* (aber: *hochgestecke Haare*); *eine hoch gestellte Persönlichkeit* (aber: *eine hochgestellte Zahl*) usw. Weiterhin zusammen schreibt man, wenn *hoch* absolut gebraucht wird, d. h. nicht erweiterbar oder steigerbar ist: *ein hochgeschlossenes Kleid; hochgestochen reden* usw. Außerdem schreibt man zusammen, wenn *hoch* als Richtungsangabe gebraucht wird: *hochfliegende Späne* usw., und wenn *hoch* rein intensivierend gebraucht wird: *hochanständig* (sehr anständig), *hocherfreut, hochglänzend* usw. In Zweifelsfällen ist sowohl Getrennt- als auch Zusammenschreibung möglich: *eine hochbegabte / hoch begabte Frau; eine hochgebildete / hoch gebildete Persönlichkeit.* ↑ Getrennt- oder Zusammenschreibung (3.1.2).

Hoch: Der Plural lautet *die Hochs.*

hoch fliegend / hochfliegend: Ist *hoch* in der Verbindung mit dem Partizip erweiterbar oder steigerbar, darf nach den neuen Regeln nur noch getrennt geschrieben werden: *[sehr] hoch fliegende Flugzeuge; die höher fliegenden Flugzeuge befanden sich über der Wolkendecke.* Weiterhin zusammen aber: *Kurz nach dem Schuss sahen wir eine er-*

schreckt hochfliegende (= auffliegende, ↑ hoch [2]) *Graugans.* Auch im übertragenen Sinn von »ehrgeizig« bleibt es bei der Zusammenschreibung: *hochfliegende, noch hochfliegendere Pläne haben.* ↑ Getrennt- oder Zusammenschreibung (3.1.2), ↑ hoch (5), ↑ Vergleichsformen (2.5.3).

hochachtungsvoll / Hochachtungsvoll: Die Grußformel am Schluss eines Briefes wird großgeschrieben, wenn sie allein steht. Steht sie dagegen im Zusammenhang des Schlusssatzes, dann wird sie kleingeschrieben: *... und erwarten Ihre Antwort. Hochachtungsvoll ...* Aber: *... und verbleiben hochachtungsvoll ...* Nach *hochachtungsvoll* steht weder ein Ausrufezeichen noch ein Punkt. ↑ Brief (5).

hochbetagt: Das Adjektiv *hochbetagt* (= sehr alt) wird immer zusammengeschrieben: *eine hochbetagte Person. Diese Person ist hochbetagt.* ↑ Getrennt- oder Zusammenschreibung (3.1.2).

hochgehen: ↑ hoch (2).

hoch gelegen: Ist *hoch* in der Verbindung mit einem Partizip erweiterbar oder steigerbar, darf nach den neuen Rechtschreibregeln nur noch getrennt geschrieben werden: *eine [sehr] hoch gelegene Ortschaft; ein [noch] höher gelegener Ort. Die höher gelegenen Ortschaften wurden von dem Unwetter besonders schwer betroffen.* Aber wie bisher: *Dürrheim ist das höchstgelegene* oder *am höchsten gelegene* (falsch: *höchstgelegenste*) *Solbad Deutschlands.* ↑ hoch (5), ↑ Vergleichsformen (2.5.1).

hoch gestellt: Ist *hoch* in der Verbindung mit einem Partizip erweiterbar oder steigerbar, darf nach den neuen Rechtschreibregeln nur noch getrennt geschrieben werden: *eine [sehr] hoch gestellte Persönlichkeit; eine [noch] höher gestellte Persönlichkeit; die höher gestellten Persönlichkeiten begrüßen;* aber wie bisher: *Auch die höchstgestellten Persönlichkeiten der Stadt waren zu der Veran-*

staltung eingeladen. ↑ hoch (5), ↑ Vergleichsformen (2.5.1).

hochkommen: ↑ hoch (2).

hoch liegend: Ist *hoch* in der Verbindung mit einem Partizip erweiterbar oder steigerbar, darf nach den neuen Rechtschreibregeln nur noch getrennt geschrieben werden: *Metalle mit [sehr] hoch liegenden Schmelzpunkten; Materialien mit [noch] höher liegenden Schmelzpunkten.* Man steigert: *höher liegend, am höchsten liegend: Metalle mit höher liegendem, noch höher liegendem Schmelzpunkt. Dies sind die in der Brechung am höchsten liegenden Kristalle.* ↑ hoch (5), ↑ Vergleichsformen (2.5.3).

Hochmut: Das Wort *Hochmut* hat männliches Geschlecht: *der Hochmut.* ↑ -mut.

hochschrecken: Zur Konjugation ↑ schrecken.

hochstapeln: Das Verb *hochstapeln* ist eine unfeste Zusammensetzung: *ich staple hoch, ich habe hochgestapelt; um hochzustapeln.* ↑ Getrennt- oder Zusammenschreibung (1.2).

höchste: Klein schreibt man das Adjektiv: *Das ist der höchste Berg Thüringens.* Groß schreibt man die Substantivierung: *den Sinn auf das Höchste / aufs Höchste richten; immer nach dem Höchsten streben.* Groß oder klein nach der neuen Rechtschreibung: *Er war auf das / aufs Höchste oder auf das / aufs höchste überrascht.* ↑ Groß- oder Kleinschreibung (1.2.1).

hoch stehend: Ist *hoch* in der Verbindung mit einem Partizip erweiterbar oder steigerbar, darf nach den neuen Rechtschreibregeln nur noch getrennt geschrieben werden: *Es waren einige [sehr] hoch stehende Persönlichkeiten zu dem Fest geladen. Immer diese so genannten höher stehenden Mitarbeiter!* Aber wie bisher: *Auf die höchststehenden Persönlichkeiten können wir gut verzichten.* ↑ hoch (5), ↑ Vergleichsformen (2.5.1).

höchstens: Man kann sagen: *Das trifft in höchstens drei Fällen zu* oder: *Das trifft höchstens in drei Fällen zu.* Im ersten Satz ist *höchstens* Beifügung (Attribut) zu *drei* (= es sind höchstens drei Fälle), im zweiten Satz bezieht es sich (im Sinne von »allenfalls«, »bestenfalls«) auf das ganze Präpositionalgefüge *in drei Fällen.* ↑ Adverb (4).

höchstens nur: ↑ Pleonasmus.

höchstmöglich: Es heißt *höchstmöglich,* nicht: *höchstmöglichst.* ↑ möglich (1).

Höchststufe: ↑ Vergleichsformen.

hochtrabend: Man steigert: *hochtrabender, hochtrabendste: Sie sprach durchaus nicht hochtrabender als ihr Vorredner. Er gebrauchte die hochtrabendsten Redensarten.* ↑ Vergleichsformen (2.5.2).

Hode / Hoden: Die übliche Singularform ist *der Hoden* (Genitiv: *des Hodens*). Seltener sind die Formen *der Hode* (Genitiv: *des Hoden*) und *die Hode* (Genitiv: *der Hode*). Das Wort wird überwiegend im Plural gebraucht, der immer *die Hoden* lautet. ↑ Substantiv (2.1).

hoffen: 1. Wenn *hoffen* mit einer Infinitivgruppe verbunden ist, kann zur deutlicheren Gliederung des Satzes oder um Missverständnisse zu vermeiden nach der neuen Rechtschreibung ein Komma gesetzt werden. *Ich hoffe sehr[,] dir bald schreiben zu können. Wir hoffen[,] Ihnen damit gedient zu haben[,] und verbleiben ...* ↑ Komma (5.1.4).

Hoffnung: Üblich ist *Hoffnung[en] auf jemanden, etwas setzen.* Zu *die Hoffnung der Seeleute / die Hoffnung auf Rettung* ↑ Genitivattribut (1.5.1).

Hoffnungs-: Zusammensetzungen mit *Hoffnung* als Bestimmungswort stehen immer mit Fugen-s: *hoffnungslos, Hoffnungsschimmer, Hoffnungsstrahl, hoffnungsvoll, hoffnungsfroh.* ↑ Fugen-s (1.3).

Hof halten: In neuer Rechtschreibung wird die Fügung immer getrennt geschrieben: *Die Königin hält Hof, sie hat Hof gehalten.*

hofieren: Das Verb *hofieren* wurde früher nur mit dem Dativ verbunden: *Man hofiert mir. Sie hofieren der Jugend.* Im heu-

H

tigen Sprachgebrauch wird *hofieren* überwiegend mit dem Akkusativ verbunden: *Man hofiert mich / die Jugend.* Beides ist korrekt.

Höflichkeitsform: ↑ Anrede.

Höhe: Zu *etwas misst in der / die Höhe* ↑ messen (2).

Hoheit: Zur Großschreibung von *Eure / Euer Hoheit* ↑ Anrede (2).

Hohelied / Hohe Lied: Bei Zusammenschreibung wird folgendermaßen gebeugt: *des Hoheliedes, dem Hohelied, das Hohelied; ein Hohelied der Treue singen.* Nach der neuen Rechtschreibung wird bei Beugung des ersten Bestandteils nur getrennt geschrieben: *Hohes Lied, des Hohen Liedes, dem Hohen Lied; die ersten Zeilen im Hohen Lied Salomo[n]s.* Entsprechendes gilt für *Hohepriester / Hohe Priester.*

Hohepriester / Hohe Priester: ↑ Hohelied / Hohe Lied.

höher: 1. Klein schreibt man *höher* auch in festen Begriffen: *das höhere Lehramt, höhere Gewalt, die höhere Mathematik, die höhere Schule, die höhere Laufbahn, die höheren Pflanzen.* Aber als Name: *die Höhere Handelsschule II, Mannheim.* **2.** In Verbindung mit Verben und Partizipien schreibt man immer getrennt: *Schließlich wurde sie höher gruppiert, höher gestuft. Er traf sich mit einer höher gestellten Person. Die Musik lässt ihr Herz höher schlagen.*

Höherstufe: ↑ Vergleichsformen.

Hohn lachen / hohnlachen: Nach den neuen Rechtschreibregeln kann getrennt oder zusammengeschrieben werden: *Hohn lachen / hohnlachen.* Entsprechend heißt es: *ich lache Hohn / ich hohnlache; sie lachte ihm Hohn / hohnlachte ihm; ich habe Hohn gelacht / hohngelacht; um Hohn zu lachen / hohnzulachen.* Entsprechendes gilt für *hohnlächeln,* das aber im Allgemeinen nur im Infinitiv gebraucht wird. ↑ Getrennt- oder Zusammenschreibung (2.1).

Hohn sprechen / hohnsprechen: Nach den neuen Rechtschreibregeln kann getrennt oder zusammengeschrieben werden: *Hohn sprechen / hohnsprechen.* Meist wird *Hohn sprechen / hohnsprechen* im Infinitiv oder im Partizip I gebraucht: *jmdm. Hohn sprechen / hohnsprechen; eine allem Recht Hohn sprechende / hohnsprechende Entscheidung.* ↑ Getrennt- oder Zusammenschreibung (2.1).

hold: Der Superlativ lautet *holdeste.* ↑ Vergleichsformen (2.3).

Holzblock: Der Plural lautet *die Holzblöcke.* ↑ Block.

Holzscheit: ↑ Scheit.

Holz verarbeitend: Nach den neuen Rechtschreibregeln wird *Holz verarbeitend* wie die zugrunde liegende Fügung *Holz verarbeiten* getrennt geschrieben: *die Holz verarbeitende Industrie.*

Homonym: Homonyme sind nach Herkunft und Bedeutung verschieden, aber in Schreibung und Lautung übereinstimmende Wörter: *die Bank* »Geldinstitut« – *die Bank* »Sitzgelegenheit«; *der Heide* »Nichtchrist« – *die Heide* »unbebautes Land«; *kosten* »schmecken« – *kosten* »wert sein«.

Horde: 1. eine Horde Halbstarker / Halbstarke · mit einer Horde lärmender Kinder / lärmenden Kindern: Nach *Horde* kann die Angabe, woraus die Horde besteht, im Genitiv oder als Apposition stehen: *eine Horde Halbstarker /* (selten:) *Halbstarke; eine Horde plündernder Landsknechte /* (selten:) *plündernde Landsknechte. Sie lief mit einer Horde lärmender Kinder /* (selten:) *lärmenden Kindern durchs Dorf.* ↑ Apposition (2.2).

2. Eine Horde Halbstarker kam / kamen herein: Auch wenn nach *Horde* die Angabe, woraus die Horde besteht, im Plural folgt, steht das Verb in der Regel im Singular, weil ja das Subjekt *(Horde)* formal ein Singular ist: *Eine Horde Halbstarker kam herein.* Häufig wird aber auch nach dem Sinn konstruiert und das Verb in den Plural gesetzt: *Eine Horde Halbstarker kamen herein.* Der Plural findet sich vor allem dann, wenn das appositionelle Verhältnis gewählt wird: *Eine Horde lärmende Kinder* (statt des üblichen Genitivs: *lärmender Kinder) tobten durch den Garten.*

hören: Nach einem Infinitiv ohne *zu* werden heute sowohl der Infinitiv *hören* als auch das 2. Partizip *gehört* gebraucht: *Ich habe sie nicht kommen hören / gehört. Ich habe ihn in der Küche rumoren hören / gehört. Sie hat ihn klagen hören / gehört.* ↑ Infinitiv (4).

Horizontale: Das substantivierte Adjektiv wird überwiegend wie ein echtes Substantiv gebeugt, im Singular endungslos, im Plural schwach auf *-n (die Horizontalen).* Ohne Artikel (in Verbindung mit einer Kardinalzahl z. B.) kommt im Plural auch starke Beugung vor: *zwei Horizontalen / Horizontale.* ↑ substantiviertes Adjektiv (2.2.1).

Horn: Das Wort hat zwei Pluralformen, die sich in der Bedeutung unterscheiden. Wenn *Horn* im Sinne von »Hornart« (= Stoffbezeichnung) gebraucht wird, lautet der Plural *die Horne,* in allen anderen Bedeutungen dagegen *die Hörner.* Entsprechend werden die Zusammensetzungen behandelt: *die Naturhorne, die Kunsthorne,* aber: *die Jagdhörner, Waldhörner, Alphörner, Nebelhörner, Martinshörner, Pulverhörner, Stierhörner, die Nashörner, Einhörner* usw.

horribel: Bei *horribel* fällt, wenn es dekliniert oder gesteigert wird, das *e* der Endungssilbe aus: *wegen horribler Zustände. Horrible Dinge, Szenen haben sich dort abgespielt.* ↑ Adjektiv (1.2.13), ↑ Vergleichsformen (2.2).

Hosenbund: Das Wort hat männliches Geschlecht: *der Hosenbund.* Der Plural lautet *die Hosenbünde.* ↑ Bund (1).

Hospital: Das Wort hat zwei Pluralformen: *die Hospitale* und *die Hospitäler.* Worttrennung: *Hos-pi-tal.*

Hotdog / Hot Dog: Bei Fremdwörtern kann man eine Verbindung aus Adjektiv und Substantiv nach der neuen Rechtschrei-

bung zusammenschreiben. Man kann aber auch getrennt schreiben. Dabei tritt für das Substantiv die Großschreibung ein: *Hotdog /* (auch:) *Hot Dog* (bisher: *Hot dog).*

Hotelnamen: ↑ Gebäudenamen.

Hrn.: Zu dieser Abkürzung für *Herrn* ↑ Abkürzung (3.1).

hübsch: Der Superlativ lautet *hübscheste: Sie wählte von allen angebotenen Bändern das hübscheste aus.* ↑ Vergleichsformen (2.3).

huldigen: Das 2. Partizip des intransitiven Verbs darf nicht attributiv (als Beifügung) verwendet werden *(der gehuldigte Fürst).* ↑ zweites Partizip (2).

Hummer: Der Plural lautet *die Hummer* (nicht: *die Hummern).*

hundert / Hundert: **1. Groß- oder Kleinschreibung** (das Folgende gilt auch für *tausend / Tausend;* vgl. auch ↑ achtzig / Achtzig): **a)** Klein schreibt man das Zahlwort, das immer ungebeugt (und meist in attributiver Stellung) auftritt: *hundert Zigaretten, tausend Grüße, mehr als hundert Bücher, an die tausend Motorräder, der dritte Teil von hundert. Wer wird schon hundert [Jahre alt]? Sie fuhr hundert [Kilometer pro Stunde].* **b)** Klein- oder Großschreibung ist nach den neuen Rechtschreibregeln möglich, wenn *hundert* unbestimmte, d. h. nicht in Ziffern schreibbare Mengen bezeichnet: *viel[e] hundert / Hundert Lampions, mehrere hundert / Hundert Menschen, einige tausend / Tausend Flaschen, ein paar tausend / Tausend Zuschauer. Die Summe geht in die tausend / Tausende. Viele hunderte / Hunderte fanden keinen Einlass. Einige tausende / Tausende säumten die Straßen. Sie lagerten zu tausenden / Tausenden auf der Wiese. Trotz des Einsatzes tausender / Tausender Freiwilliger brachen die Dämme. Man hörte das Brüllen hunderter / Hunderter von verdurstenden Rindern.* **c)** Groß schreibt man das Zahlsubstantiv (= hundert [tausend] Einheiten): *ein halbes Hun-*

dert, vier vom Hundert (Abkürzung: v. H.), *das zweite Tausend. Das dritte Tausend dieser Lieferung wurde beanstandet.* Auch die Bezeichnung einer Ziffer wird großgeschrieben: *Sie malte eine weiße Hundert an die Wand.*

2. Getrennt- oder Zusammenschreibung: a) Getrennt schreibt man nach unbestimmten Zahlwörtern: *ein paar hundert / Hundert Menschen, mehrere tausend / Tausend Personen.* **b)** Zusammen schreibt man die mit bestimmten Zahlwörtern gebildeten Grund- und Ordnungszahlen: *einhundert, zweihundert, hundert[und]fünfzig, eintausend, zweitausend, [ein]tausenddreihundert[und]zwanzig, anderthalbtausend, zwei[und]einhalbtausend, hundertunderster Tag, tausendunddritter Besucher.* Immer zusammen schreibt man nach den neuen Rechtschreibregeln das Zahlwort in Verbindung mit *aber: Sie strömten zu aberhunderten / Aberhunderten herein. Am Himmel strahlten hundert / Hundert und aberhundert / Aberhundert Sterne.*

3. Beugung: a) Nominativ und Akkusativ: Die Zahlangaben *hundert / Hundert* und *tausend / Tausend* werden im Nominativ und Akkusativ Plural auch unflektiert gebraucht, wenn der Kasus durch ein anderes Wort kenntlich gemacht ist: *Viele hundert[e] / Hundert[e] kamen zu der Veranstaltung. Einige tausend[e] / Tausend[e] standen vor den Fabriktoren.* **b) Genitiv:** Die Zahlangaben *hundert / Hundert* und *tausend / Tausend* werden im Genitiv Plural substantivisch gebeugt, wenn der Fall durch ein anderes Wort kenntlich gemacht ist: *Sie erwarteten die Beteiligung vieler tausende / Tausende. Der Protest einiger hunderte / Hunderte störte sie nicht. Der Abschluss der hunderte / Hunderte von komplizierten Versuchsreihen steht bevor.* Wird der Kasus durch ein anderes Wort nicht kenntlich gemacht, dann wird die Angabe adjektivisch gebeugt: *Sie erwar-*

teten die Beteiligung tausender / Tausender. Der Protest hunderter / Hunderter randalierender Zuschauer störte sie nicht. Der Abschluss hunderter / Hunderter von komplizierten Versuchsreihen steht bevor.

4. hunderte / Hunderte Jugendliche / Jugendlicher: Das Gezählte kann im Genitiv (Genitivus partitivus) stehen, wenn es durch ein Adjektiv näher bestimmt ist: *Sie fanden hunderte / Hunderte toter Fliegen in diesem Raum. Wir befragten hunderte / Hunderte berufstätiger Jugendlicher. Man hörte das Brüllen von hunderten / Hunderten verdurstender Rinder. Der Protest einiger hunderte / Hunderte randalierender Zuschauer störte sie nicht. Sie erwarteten die Beteiligung vieler tausende / Tausende ausländischer Studenten.* Diese Konstruktion ist heute jedoch selten. Im Allgemeinen wird der Genitiv durch den Dativ mit *von* umschrieben, gleichgültig ob das Gezählte durch ein Adjektiv näher bestimmt ist oder nicht: *Sie fanden hunderte / Hunderte von toten Fliegen in diesem Raum. Wir befragten hunderte / Hunderte von [berufstätigen] Jugendlichen. Man hörte das Brüllen von hunderten / Hunderten von [verdurstenden] Rindern. Der Protest einiger hunderte / Hunderte von [randalierenden] Zuschauern störte sie nicht. Sie erwarteten die Beteiligung vieler tausende / Tausende von [ausländischen] Studenten.* Häufig wird auch das appositionelle Verhältnis gewählt. Das Gezählte steht dann im gleichen Fall wie das Zahlsubstantiv: *Sie fanden hunderte / Hunderte tote Fliegen in diesem Raum. Wir befragten hunderte / Hunderte [berufstätige] Jugendliche. Man hörte das Brüllen von hunderten / Hunderten [verdurstenden] Rindern. Der Protest von hunderten / Hunderten [randalierenden] Zuschauern störte sie nicht. Es beteiligten sich tausende / Tausende [ausländische] Studenten.*

hundertjährig: Das Adjektiv wird nur in Namen und bestimmten Fügungen (wie z. B. historischen Ereignissen) großgeschrieben: *der Hundertjährige Krieg, der Hundertjährige Kalender* (als Werktitel). In neuer Rechtschreibung sonst klein: *der hundertjährige Kalender.* Zu *hundertjähriges Jubiläum* ↑ Jubiläum.

hundertste / Hundertste: Klein schreibt man das Zahlwort in adjektivischer Verwendung: *der hundertste Besucher der Ausstellung; zum hundertsten Mal.* Groß schreibt man das substantivierte Zahlwort: *Das weiß auch der Hundertste nicht* (= kaum ein Mensch); *vom Hundertsten ins Tausendste kommen* (= abschweifen). Dies gilt in neuer Rechtschreibung auch für die Fälle, in denen eine Reihenfolge angegeben wird: *der, die, das Hundertste. Er kam als der Hundertste / als Hundertster ins Ziel. Wer war die Hundertste?*

hundert[und]ein[s]: ↑ ³ein (1).

hundert[und]einte / -erste: Standardsprachlich heißt es: *hunderterste* oder *hundertunderste.* Die Formen *hunderteinte* und *hundertundeinte* sind landschaftlich.

hungern: Zu *ich hungere / mich hungert* ↑ unpersönliche Verben.

Hurrikan: Das Wort wird heute gewöhnlich englisch ausgesprochen: [ˈhʌrɪkən], der Plural lautet dann *die Hurrikans.* Bei der weniger üblichen deutschen Aussprache [ˈhʊrɪkan] lautet der Plural *die Hurrikane.*

Husumer: Die Einwohner von Husum heißen *Husumer.* Die Einwohnerbezeichnung wird immer großgeschrieben, auch wenn das Wort wie ein flexionsloses Adjektiv vor einem Substantiv steht: *die Husumer Straßen.* ↑ Einwohnerbezeichnungen auf -er (5 und 7).

Hut: Im Sinne von »Kopfbedeckung« ist *Hut* ein Maskulinum: *der Hut.* Der Plural lautet *die Hüte.* Im Sinne von »Schutz, Aufsicht« ist *Hut* ein Femininum und wird ohne Plural gebraucht: *die Hut (auf der Hut, in guter Hut sein).*

hüten: Nach *sich vor etwas hüten* darf ein Nebensatz oder eine Infinitivgruppe nicht verneint werden: *Sie hütete sich davor, zu schnell zu fahren / dass sie zu schnell fuhr* (nicht: *... nicht zu schnell zu fahren / dass sie nicht zu schnell fuhr*). Die Infinitivgruppe darf auch nicht verneint werden, wenn in solchen Sätzen *davor* ausgelassen wird: *Hüte dich[,] zu schnell zu fahren.* Wird aber *sich hüten* ohne *davor* mit einem *dass*-Satz verbunden, ist die Verneinung korrekt: *Hüte dich, dass man dich nicht übervorteilt. Hüte dich, dass du keinen Fehler machst.* ↑ Negation (1).

Hydrometer, Hygrometer: Beide Wörter haben neutrales Genus: *das Hydrometer* (= Gerät zur Messung der Geschwindigkeit fließenden Wassers) und *das Hygrometer* (= Gerät zur Messung der Luftfeuchtigkeit).

Hypotaxe: Unter Hypotaxe versteht man die Unterordnung von Satzgliedern oder Sätzen (im Gegensatz zur Nebenordnung oder ↑ Parataxe).

H

i: Zur Schreibung und Deklination ↑ Bindestrich (2.4) *(i-Punkt)*; ↑ Einzelbuchstaben *(des I, zwei I)*; ↑ Groß- oder Kleinschreibung (1.2.5) *(das i in Lid)*.

-ia: Weibliche Substantive auf *-ia* bilden im Allgemeinen den Plural mit *-ien (Tertia – Tertien, Intarsia – Intarsien).* Vereinzelt findet sich auch der Plural auf *-s,* und zwar entweder ausschließlich *(Virginia – Virginias)* oder wahlweise neben dem Plural auf *-ien (Razzia – Razzien /* [seltener:] *Razzias).*

i. A. / I. A.: 1. Groß- oder Kleinschreibung: Die Abkürzung für *im Auftrag[e]* wird mit kleinem *i* geschrieben, wenn sie der Bezeichnung einer Behörde, Firma u. dgl. folgt:

> Der Oberbürgermeister
> i. A. Meyer

Sie wird mit großem *I* geschrieben, wenn sie nach einem abgeschlossenen Text oder allein vor einer Unterschrift steht:

> Ihre Unterlagen erhalten Sie mit gleicher Post zurück.
> I. A. Meyer

(↑ Brief [5]).

2. Zeichensetzung: Nach *i. A. / I. A.* stehen Abkürzungspunkte, auch wenn diese Abkürzung heute gewöhnlich nicht mehr im vollen Wortlaut gesprochen wird (↑ Abkürzungen [1.1]).

-ibel: Zum Ausfall des *e* bei den Adjektiven auf *-ibel* ↑ Adjektiv (1.2.13).

ich: 1. Auslassung: In der Umgangssprache spart man *ich* gern ein: *Weiß schon Bescheid. Habe bereits davon gehört.* Die Auslassung von *ich* in Geschäfts- oder Privatbriefen, um nicht mit der ersten Person des Pronomens zu beginnen, ist jedoch veraltet und stilistisch unschön. Statt *Bestätige hiermit dankend den Eingang Ihres Auftrages* schreibt man besser: *Ich bestätige dankend ...* Statt *Bitte zu entschuldigen, dass ...,* besser: *Ich bitte zu entschuldigen, dass ...* Auch Lebensläufe dürfen mit *ich* eingeleitet werden: *Ich wurde am ... geboren* (statt: *Am ... wurde ich geboren*).

2. Ich, der / die ...: Die Personalform des Verbs eines *ich* angeschlossenen Relativsatzes steht in der 3. Person Singular, wenn das Personalpronomen nicht wiederholt wird: *Ich, der / die sich immer bemüht, ...* Wird das Personalpronomen dagegen im Relativsatz wiederholt, erscheint das Verb in der 1. Person Sing.: *Ich, der / die ich mich immer bemühe ...*

Ich: Der Plural lautet *die Ichs,* gelegentlich auch noch *die Ich.*

ich darf / möchte / würde sagen: Diese Floskeln mögen unter inhaltichem Aspekt entbehrlich und in stilistischer Hinsicht blass sein. Da sie eine Äußerung entgegenkommender erscheinen lassen, sind sie jedoch nicht immer überflüssig.

Ichlaut: Der Ichlaut (im Unterschied zum ↑ Achlaut) ist das im vorderen Mund am harten Gaumen gesprochene *ch.* ↑ Aussprache (3 und 10).

ich oder du: *Ich oder du hast* (nicht: *habe*) *das getan.* ↑ Kongruenz (2.2).

ich oder er: *Ich oder er wird* (nicht: *werde*) *daran teilnehmen.* ↑ Kongruenz (2.2). Nicht: *Ich oder er werden daran teilnehmen.* ↑ Kongruenz (1.3.12).

ich und du: *Ich und du [, wir] haben uns sehr gefreut.* Nicht: *Ich und du haben sich sehr gefreut.* ↑ Kongruenz (2.1).

ich und er: *Ich und er [, wir] haben uns sehr gefreut.* Nicht: *Ich und er haben sich sehr gefreut.* ↑ Kongruenz (2.1).

ich und ihr: *Ich und ihr [, wir] haben uns gefreut.* Nicht: *Ich und ihr haben sich ge-*

freut. Nicht: *Ich und ihr habt euch ge-freut.* ↑ Kongruenz (2.1).

ich und sie (Plural): *Ich und sie [, wir] ha-ben uns sehr gefreut.* Nicht: *Ich und sie haben sich sehr gefreut.* ↑ Kongruenz (2.1).

-id: ↑ Oxid / Oxyd.

ideal / ideell: Das Adjektiv *ideal* bedeutet »vollkommen, musterhaft«: *ein idealer Partner, ideale Voraussetzungen, die ideale Waschmaschine. Diese Waschma-schine ist ideal.* Das Adjektiv *ideell* (Ggs.: *materiell*) bedeutet dagegen »auf einer Idee beruhend, geistig«: *ideelle Ziele, Be-dürfnisse, die ideelle Grundlegung eines Systems.* In Zusammensetzungen tritt nur *Ideal-* auf: *Idealbild, Idealzustand.* ↑ al / -ell.

Idyll / Idylle: Das sächliche Substantiv *das Idyll* wird in der Bedeutung »friedliche, anheimelnde [ländliche] Szene« verwen-det, während das weibliche Substantiv *die Idylle* im Allgemeinen eine be-stimmte Dichtungsform bezeichnet (aber auch für *das Idyll* eingesetzt wer-den kann).

-ieren: 1. zweites Partizip: Das zweite Parti-zip der mit dem fremden Suffix *-ieren* gebildeten Verben wird ohne das Präfix *ge-* gebildet: *addieren – addiert, polie-ren – poliert.*

2. -ieren / -en: Einige Verben auf *-ieren,* besonders in den technischen Fachspra-chen, haben gleichbedeutende kürzere Formen auf *-en* neben sich: *filtrieren – filtern, lackieren – lacken, schraffieren – schraffen, normieren – normen.* ↑ Auf-schwellung.

3. -ieren / -isieren: Statt der Endung *-ieren* tritt bei einigen Verben die Erweiterung *-isieren* auf. Verben mit dieser Endung sind gewöhnlich transitiv: *amerikanisie-ren* »nach amerikanischem Vorbild ein-richten«, *pulverisieren* »zu Pulver zerrei-ben, zerstäuben«, *magnetisieren* »magne-tisch machen« usw.; intransitiv sind z. B. *polemisieren, spintisieren, rivalisieren.*

-ierung / -ation: Zu *Restaurierung / Restau-ration* usw. ↑ Verbalsubstantiv (1.5).

i. F. / i. Fa.: Zur Abkürzung *i. F. / i. Fa.* für *in Firma* ↑ Brief (1.2).

-ig: Zur Aussprache der Endsilbe *-ig* in *Kö-nig, gütig, königlich* usw. ↑ Aussprache (4).

-ig / -end: Zu *gehörig / gehörend* usw. ↑ Ad-jektiv (3.1).

-ig / -isch / -lich: 1. -ig / -lich: Die Doppelbil-dungen mit *-ig* und *-lich* sind in der Be-deutung differenziert. Das zeigt sich be-sonders bei den Zeitangaben. Die Zeit-angaben auf *-ig* drücken die Dauer aus, die auf *-lich* dagegen die Wiederholung eines Vorgangs nach Ablauf einer be-stimmten Frist: *dreistündig=* drei Stun-den lang (Dauer), *dreistündlich* = alle drei Stunden (Wiederholung); *eine vier-wöchige* (= vier Wochen dauernde) *Ur-laubsreise, ihre vierwöchentliche* (= alle vier Wochen stattfindende) *Reise nach Bonn; eine vierzehntägige Sendung* (= eine Sendung, die vierzehn Tage lang zu einer bestimmten Zeit ausgestrahlt wird), *eine vierzehntägliche Sendung* (= eine Sendung, die in einem Abstand von jeweils vierzehn Tagen gesendet wird). Entsprechend bedeutet *halbjäh-rige Kündigung,* dass die Kündigungs-frist ein halbes Jahr dauert, *halbjährliche Kündigung* dagegen, dass die Möglich-keit der Kündigung sich jedes halbe Jahr wiederholt (wobei die Kündigungs frist auch länger oder kürzer als ein halbes Jahr sein kann; ↑ -jährig / jährlich). Zu *-sprachig / -sprachlich* ↑ deutschspra-chig / deutschsprachlich, ↑ fremdspra-chig / fremdsprachlich. Auch andere Doppelbildungen sind in der Bedeutung differenziert. Die Bildungen auf *-ig* drü-cken im Allgemeinen eine Eigenschaft, die Bildungen auf *-lich* einen Bezug aus: *ein verständiges Kind* (= ein Kind, das etwas versteht, einsieht), *ein verständli-cher Text* (= ein zu verstehender Text); *sie war sehr geschäftig* (= hatte zu tun und war in entsprechender Eile), *ge-schäftliche Erfolge* (= Erfolge in Bezug auf das Geschäft); *ungeschlechtige Lebe-wesen* (= Lebewesen ohne Geschlecht), *ungeschlechtiges Pronomen* (= Pronomen, bei dem das Genus [Geschlecht] nicht ausgedrückt wird), *ungeschlechtliche Fortpflanzung* (= Fortpflanzung ohne geschlechtliche Befruchtung); *eine unförmige Person* (= eine Person mit plumpem Körperbau), *eine unförmliche Ausdrucksweise* (= eine Ausdrucksweise, die auf die konventionelle oder angemessene Form verzichtet). Kein Bedeutungsunterschied besteht dagegen zwischen *großmaßstäblich* und dem selteneren *großmaßstäbig* (auch: *großmaßstabig*).

2. -lich / -isch: Bei Doppelformen drücken im Allgemeinen die mit *-lich* gebildeten Adjektive die Zugehörigkeit, die Formen auf *-isch* Abwertung und Tadel aus: *bäuerlich – bäurisch, kindlich – kindisch, dörflich – dörfisch.* Doch gibt es Ausnahmen. Zum Beispiel steht *heimisch* »aus der Heimat stammend, bodenständig« ohne abwertenden Sinn neben dem ganz anders gebrauchten Wort *heimlich* »insgeheim«. Vgl. auch ↑ seelsorgerisch / seelsorgerlich / seelsorglich.

3. -ig / -isch: Doppelformen mit *-ig* und *-isch* sind selten (*rassisch* »die Rasse betreffend« – *rassig* »von edler Art, aus edler Zucht«). Vgl. auch ↑ abergläubig / abergläubisch.

i. H.: Zur Abkürzung *i. H.* für *im Haus[e]* ↑ Brief (1.2).

ihm / ihr als ...: ↑ Apposition (3.1 und 4).

ihr / Ihr: 1. Anrede: Als Anredepronomen bezeichnet *ihr* den Nominativ der 2. Person Plural: *Das müsst ihr wissen.* Ein folgendes substantiviertes Adjektiv oder Partizip wird heute schwach gebeugt: *ihr Getreuen, ihr Angestellten* (nicht mehr: *ihr Getreue, ihr Angestellte;* ↑ Adjektiv [1.2.4]). Nach den neuen Rechtschreibregeln wird dieses pluralische *ihr* in Briefen u. Ä. (↑ Anrede [2]) – außer am Satzanfang – kleingeschrieben: *Ihr Lieben! Wann besucht ihr uns einmal?* Als Höflichkeitsanrede an eine einzelne Person (statt: *Sie*) ist *Ihr* (immer großgeschrie-

ben) veraltet und kommt nur noch in landschaftlicher Umgangssprache vor: *Kommt Ihr nun auch, Großvater?*

2. possessives ihr / Ihr: Als Possessivpronomen bezieht sich *ihr* auf die 3. Person Singular Femininum *(der Wagen meiner Schwester – ihr Wagen)* oder auf die 3. Person Plural *(die Integration der Gastarbeiter – ihre Integration).* In dieser Verwendung wird *ihr* – ausgenommen am Satzanfang – immer kleingeschrieben. Bezieht sich aber das Possessivpronomen *ihr* auf die Höflichkeitsanrede *Sie,* wird es immer (nicht nur in Briefen!) großgeschrieben. *Ich bitte Sie, Ihre Uhr morgen abzuholen.* – Manchmal muss man besonders darauf achten, ob dieser Bezug auch wirklich gegeben ist. Im folgenden Satz z. B. bezieht sich *ihrer* auf *die meisten* und wird deshalb kleingeschrieben: *Dieser Vorgang, den die meisten von Ihnen aus ihrer Tätigkeit bei der Firma kennen ...* Anders, wenn es heißt: *... den Sie alle aus Ihrer Tätigkeit bei der Firma kennen ...* Hier ist nur der Bezug auf *Sie* möglich.

3. Ihre Majestät: Auch bei Titeln in der 3. Person wird das Possessivpronomen *ihr* großgeschrieben: *Ihre Exzellenz; für Ihre Majestät die Königin.*

4. Zu *Ihre Eva und Max Müller* ↑ Brief (5).

ihr / sein: Zum Gebrauch der männlichen, weiblichen oder sächlichen Form *(sein / ihr Vater)* ↑ Possessivpronomen (2). Zu *Fräulein Müller hängt an ihrem* (nicht: *seinem) Beruf. Fräulein Müller kam mit ihrem* (nicht: *seinem) Verlobten* ↑ Fräulein (2), ↑ Kongruenz (3.2.3).

ihre, ihrige: Klein schreibt man diese Wörter auch dann, wenn ein Artikel vorangeht, der sich aber auf ein vorausgegangenes Substantiv bezieht: *Wessen Garten ist das? Es ist der ihre / ihrige. Das ist nicht mein Problem, sondern das ihre / ihrige.* Nach den neuen Rechtschreibregeln kann man *ihre* (entsprechend auch *ihrige*), wenn es zum Substantiv geworden ist, groß- oder kleinschreiben:

Alle Mitglieder müssen das Ihr[ig]e oder das ihr[ig]e beitragen. Es war einer der Ihr[ig]en (= ihrer Angehörigen) oder *der ihr[ig]en. Sie nahm alles Ihr[ig]e* (= alles ihr Gehörende) oder *alles ihr[ig]e mit.*

Ihren Brief / Ihr Schreiben haben wir erhalten und freuen uns ...: Die Ersparung des Pronomens *wir* wirkt hier stilistisch unschön. Besser: *... haben wir erhalten. Wir freuen uns ...* ↑ Ellipse (11).

ihrer / unser: Es ist nicht korrekt zu sagen: *Wir waren ihrer drei.* Es muss richtig heißen: *Wir waren unser drei.*

ihrerseits / ihresgleichen / ihrethalben / ihretwegen / ihretwillen: Beziehen sich diese Wörter auf eine mit *Sie* anzuredende Person, dann werden sie in Briefen usw. großgeschrieben.

Ihretwegen / wegen Ihnen: Standardsprachlich heißt es *Ihretwegen; wegen Ihnen* ist umgangssprachlich. ↑ wegen (2).

Ihr Fräulein Schwester: ↑ Fräulein (2).

ihrige: ↑ ihre, ihrige.

ihr oder sie (Plural): *Ihr oder sie haben das getan.* Nicht: *Ihr oder sie habt das getan.* ↑ Kongruenz (2.2).

ihr und er: *Ihr und er [, ihr] habt euch gefreut.* Nicht: *Ihr und er haben sich gefreut.* ↑ Kongruenz (2.1).

ihr und ich: *Ihr und ich [,wir] haben uns sehr gefreut.* Nicht: *Ihr und ich haben sich sehr gefreut.* ↑ Kongruenz (2.1).

ihr und sie (Plural): *Ihr und sie [, ihr] habt euch gefreut.* Nicht: *Ihr und sie haben sich gefreut.* ↑ Kongruenz (2.1).

ihr und wir: *Ihr und wir [, wir] haben uns sehr gefreut.* Nicht: *Ihr und wir haben sich sehr gefreut.* ↑ Kongruenz (2.1).

illuster: Bei *illuster* fällt, wenn es dekliniert oder gesteigert wird, das *e* der Endungssilbe aus: *illustre Gäste; diese Gesellschaft war noch illustrer als die gestrige.* ↑ Adjektiv (1.2.13).

Illustrierte: 1. Wir kauften Illustrierte / Illustrierten: Im Allgemeinen wird *Illustrierte* wie ein attributives ↑ Adjektiv dekliniert: *Wir kauften Illustrierte. Zwei Illustrierte berichteten über die Katastrophe. Das Ti-*

telbild dieser Illustrierten. Im Plural tritt die schwache Beugung gelegentlich auch dann auf, wenn kein Artikel oder stark gebeugtes Attribut vorangeht: *Wir kauften Illustrierten. Zwei Illustrierten ...* ↑ substantiviertes Adjektiv (2.2.1). Im Genitiv Plural überwiegt ebenfalls die schwache Beugung nach einem stark deklinierten Adjektiv: *die Aufmachung verschiedener Illustrierten* (auch: *Illustrierter*). Ebenso im Dativ Singular: *mit aufgeschlagener Illustrierten* (auch: *Illustrierter*). In der Apposition (im Beisatz) herrscht im Dativ ebenfalls die schwache Deklination vor: *Sie hat diesem Blatt als einziger Illustrierten* (seltener: *Illustrierter*) *den Vorabdruck gestattet.*

2. einige Illustrierte · alle Illustrierten · solche Illustrierte[n]: zur Deklination von *Illustrierte* nach *alle, beide, einige* usw. ↑ all- usw.

im: Zur Verschmelzung aus *in* und *dem* ↑ Präposition (1.2.1), ↑ Apostroph (1.2).

im / beim / am: Zu *im / am Abklingen sein* ↑ am / beim / im + Infinitiv + sein.

im / in: ↑ in / im.

im / in Frieden: Die übliche Form ist *in Frieden: Sie sind in Frieden miteinander ausgekommen, auseinander gegangen. Lass mich in Frieden! Ruhe in Frieden!* Ebenso sagt man: *Er ist in Frieden heimgegangen* (= friedlich gestorben). Wird das Wort *Friede* näher bestimmt, dann kann auch *im* verwendet werden: *Er starb im Frieden mit seiner Familie.* ↑ in / im.

im Allgemeinen: ↑ allgemein.

im Auftrag[e]: ↑ i. A. / I. A.

im Besonderen: ↑ besondere

Imbissstand: In neuer Rechtschreibung wird nach kurzem Vokal Doppel-*s* geschrieben. Bei *Imbissstand* treffen also drei gleiche Buchstaben zusammen, von denen keiner wegfallen darf. Zur besseren Lesbarkeit kann ein Bindestrich gesetzt werden: *Imbissstand,* auch: *Imbiss-Stand.* ↑ Zusammentreffen dreier gleicher Buchstaben.

im Einzelnen: ↑ einzeln

im Fall[e], dass / im Fall[e] dass / im Fall[e]:
Bei dieser Wortverbindung gehört *im Fall[e]* gewöhnlich zum Hauptsatz, der *dass*-Satz wird durch Komma abgetrennt: *Ich komme nur im Fall[e], dass ich eingeladen werde. Im Fall[e], dass du kommst, gehen wir ins Theater.* Empfindet man aber die Wortverbindung als Einheit, tritt *im Fall[e]* in den Nebensatz über und das Komma steht davor: *Ich komme nur, im Fall[e] dass ich eingeladen werde. Im Fall[e] dass du kommst, gehen wir ins Theater.* Wenn *dass* wegfällt, leitet *im Fall[e]* allein den Nebensatz ein: *Ich komme nur, im Fall[e] ich eingeladen werde. Im Fall[e] du kommst, gehen wir ins Theater.*

im Folgenden: ↑ folgend (2).

im [Großen und] Ganzen: ↑ ganz.

im Grunde genommen: Die Fügung *im Grunde genommen* kann in Kommas eingeschlossen werden: *Du hast[,] im Grunde genommen[,] völlig Recht.* ↑ Komma (4.2).

im Hause / in Firma: ↑ Brief (1.2).

im Nachhinein: ↑ Nachhinein.

Imperativ

Häufig gestellte Fragen zum Imperativ	
Frage	**Antwort unter**
Wird bei der Befehlsform, wenn das Schluss-e weggelassen wird, ein Apostroph gesetzt?	dieser Artikel, Punkt (1.1), Apostroph (2.1)
Heißt es *helfe* oder *hilf, vergesse* oder *vergiss?*	dieser Artikel, Punkt (1.2)
Wie lautet die Befehlsform, wenn man jemanden siezt?	dieser Artikel, Punkt (3)

Als eine der drei Aussageweisen (↑ Modus) des Verbs drückt der Imperativ (die Befehlsform) eine Aufforderung, einen Befehl, eine Bitte, eine Mahnung oder Warnung u. Ä. aus. Er ist unmittelbar an eine Person oder an mehrere gemeinsam angesprochene Personen gerichtet und wird vom Präsensstamm des Verbs gebildet: *grüße!, gehe!, grüßt!, geht!* Der Imperativ des Passivs wird gewöhnlich mit *sei, seid* gebildet: *sei gegrüßt!, seid gewarnt!* Der Gebrauch aller dieser Formen setzt im Allgemeinen voraus, dass man die angesprochenen Personen duzt. Zur Höflichkeitsform *(Schweigen Sie! Nehmen Sie Platz!)* vgl. Punkt 3.

1 Imperativ Singular

1.1 trink[e]! · hand[e]le! · binde! · atme!

Abgesehen von der gehobenen Sprache *(Reiche mir das Glas! Ziehe dich an!)* wird heute bei den meisten Verben die Form ohne Endungs-e bevorzugt. Sie wird ohne Apostroph geschrieben (↑ Apostroph [2.1]):

> Wasch deine Hände! Steig ein! Sag die Wahrheit!
> Geh, ich bitte dich, gehe und quäle mich nicht länger! (Raabe)

Bei den Verben auf *-ern* und *-eln* sind jedoch die Formen mit *-e* verbindlich (wobei das *e* der Bildungssilbe – besonders bei *-eln–* auch wegfallen kann):

> förd[e]re!, hand[e]le!, samm[e]le!, trau[e]re nicht!

Formen wie *handel!/handl'!, förder!/fördr'!* sind unüblich (↑ Apostroph [2.1]).

> Auch Verben, deren Stamm auf *-d* oder *-t* endet, haben im Allgemeinen das Endungs-e:

> Achte sie! Binde die Schnur! Biete / (auch:) Biet nicht zu viel!

Schließlich stehen auch Verben mit einem Stamm auf Konsonant + *m* oder *n* im Allgemeinen mit dem Imperativ-*e:*

> Atme langsam! Widme ihm das Buch! Rechne sorgfältig!

Ausnahmen sind hier diejenigen Verben, bei denen dem *m* oder *n* ein *m, n, r, l* oder *h* vorausgeht:

> Kämm[e] dich! Qualm[e] nicht so! Lern[e] fleißig! Rühm[e] dich nicht selbst!

1.2 lies! / lese!

Unregelmäßige Verben mit ↑ e / i-Wechsel bilden den Imperativ Singular, indem sie das *e (ä,ö)* des Präsensstamms gegen *i (ie)* auswechseln; ein *-e* wird nicht angehängt (die Ausnahme *siehe* findet sich nur als Ausruf oder als Verweis in Büchern: *siehe S. 50*):

> lies!, wirf!, birg!, stirb!, verdirb!, iss!, miss!, sprich!, vergiss!, hilf!, quill!

Mit Ausnahme von *werde!* (nicht: *wird!*) und dem Imperativ derjenigen unregelmäßigen Verben, die den e / i-Wechsel aufgegeben haben (z. B. *scheren – schere!, melken – melke!*), sind also Formen wie *les[e]!, werf[e], sprech[e]!* nicht standardsprachlich.

1.3 Erschrick nicht! / Erschrecke ihn nicht!

Verben, die sowohl regelmäßig als auch unregelmäßig konjugieren, haben verschiedene Imperativformen, die auseinander zu halten sind:

Erschrick nicht! – Erschrecke mich nicht so! Quill empor! – Quelle die Bohnen! Schwill! – Schwelle den Umfang nicht so auf! Lisch aus, mein Licht! (Bürger) – Lösche das Feuer!

2 Imperativ Plural

Der Imperativ Plural stimmt mit der 2. Person Plural Indikativ Präsens Aktiv überein:

ihr trinkt – trinkt!; zeigt!, wascht!, ruft!, bindet!

Das Endungs-*e* gilt hier als veraltet, außer bei einigen Verben mit schwer aussprechbaren Buchstabenverbindungen *(Atmet durch! Wappnet euch!)* und -*d*- oder -*t*-Stamm *(gründet!, rettet!)* und bis auf einige österreichische Besonderheiten *(Leset das neue Bergland-Buch!)*.

3 Imperativ in der Höflichkeitsform. Seien Sie / Sind Sie so nett

Einer Person oder mehreren Personen gegenüber, die man siezt, verwendet man die Höflichkeitsform, d. h. die dritte Person Plural des Konjunktivs Präsens:

Schweigen Sie! Nehmen Sie Platz! Seien Sie so nett und helfen Sie mir.

Rechnet sich der Sprecher selbst zu den Aufgeforderten, dann wird die Aufforderung mit *wir* formuliert:

Gehen wir! Seien wir doch froh!

Da sich die Formen der dritten Person Plural – außer bei *sein* – nicht von den entsprechenden Formen des Indikativs Präsens unterscheiden, empfindet man sie hier nicht mehr als Konjunktive. Dies führt dazu, dass bei dem Verb *sein* nicht die Form des 1. Konjunktivs *(seien),* sondern die des Indikativs Präsens *(sind)* gebraucht wird. Dies gilt jedoch nicht als korrekt. Nicht korrekt: *Bitte[,] sind Sie so freundlich und schreiben Sie uns* ... Richtig: *Bitte[,] seien Sie so freundlich und schreiben Sie uns.* ↑ Wunschsatz und Begehrenssatz.

4 Ersatzformen des Imperativs

Neben den eigentlichen Imperativformen gibt es zahlreiche andere sprachliche Möglichkeiten, eine Aufforderung auszudrücken, z. B.:
(Infinitiv:) Vorsehen! Langsam fahren! Einsteigen! (2. Partizip:) Vorgesehen! Stillgestanden! (Indikativ Präsens:) Ich bekomme Rumpsteak mit Salat! Du siehst dich vor! Wir tun das nicht wieder, Hans! (Auch als Frage:) Kommt ihr bald? (Indikativ Futur:) Wirst du still sein! Ihr werdet euch hüten! (Verb des Aufforderns:) Ich wünsche, fordere, verlange, dass das geschieht! (Modalverb:) Ihr müsst sofort aufstehen! Du sollst schweigen! (Konjunktiv:) Man nehme täglich dreimal eine Tablette! Man nehme fünf Eier und ...

Imperativsatz: ↑ Aufforderungssatz.
Imperfekt: ↑ Präteritum.
Impersonalia: ↑ unpersönliche Verben.
Import / Importe: Das männliche Substantiv *der Import* bedeutet »Einfuhr« (Plural: *Importe*), das weibliche *die Importe* (Plural: *die Importen*) bedeutet »Importware« und (veraltend) »im Ausland hergestellte Zigarre«.
im Rahmen: In Fällen, in denen man nicht die bildliche Vorstellung eines Rahmens hat, in den etwas eingepasst wird, ersetzt man *im Rahmen* besser durch die Präpositionen *bei, auf* oder *in*, z. B.: *Auf dem letzten Katholikentag sprach ...* statt: *Im Rahmen des letzten Katholikentages sprach ...* Dagegen: *Wenn sie die Beschäftigung mit Platon und Aristoteles zuließ, geschah dies teils im Rahmen ihrer dogmatischen Lehrsätze, teils weil sie ...* (Thieß). ↑ Modewort.
imstande / im Stande: In neuer Rechtschreibung kann man getrennt oder wie bisher zusammenschreiben. ↑ Getrennt- oder Zusammenschreibung (2.2.2).
im Übrigen: ↑ übrig.
im Voraus: ↑ voraus.
im Vorhinein: ↑ Vorhinein.
in: 1. Rektion: Die Präposition *in* kann mit dem Dativ oder mit dem Akkusativ verbunden werden, je nachdem, ob das durch das Verb ausgedrückte Verhalten lagemäßig (Dativ) oder richtungsmäßig

(Akkusativ) bestimmt ist: *Ich sitze im Sessel. Ich setze mich in den Sessel. Die Punkte sind noch in die / in der Zeichnung einzutragen.* Im Sinn von »einen bestimmten Weg einschlagen« heißt es gewöhnlich *in die Richtung gehen: Sie müssen in diese Richtung gehen. Sie erklärte mir, in welche Richtung ich gehen müsse.* Man sagt dagegen gewöhnlich *in der Richtung gehen,* wenn sich jemand bereits auf einem bestimmten Weg befindet: *Sie ging mit uns in der gleichen Richtung. Wir wollen lieber in dieser Richtung weitergehen.* Bei einigen Verben hat sich ein Kasus bereits stärker durchgesetzt, so z. B. bei *einkehren* oder *aufnehmen: Wir kehrten in einem* (selten: *in ein*) *Gasthaus ein. Sie wurde sofort in das* (seltener: *im*) *Krankenhaus aufgenommen.* Vgl. dazu ↑ aufgehen, ↑ auflösen, sich, ↑ aufnehmen und die einzelnen Verben mit *ein-*.
2. in Blau · in Birke Natur: In Bearbeitungs- und Farbangaben zu Möbeln u. dgl. werden nach *in* Substantive groß-, die ihnen vor- oder nachgestellten attributiven Adjektive kleingeschrieben: *in Blau, in Birke Natur, in dunkel Ahorn, in Ahorn dunkel.* Steht anstelle eines Substantivs ein Adjektiv (das also – im Gegensatz zu *in dunkel Ahorn* – nicht attributiv gebraucht wird), dann wird es nach *in* ebenfalls großgeschrieben: *in*

Hell Natur, in Matt Natur; Glasscheiben in Gelb, in Klar. Man sollte in diesen Fällen jedoch besser die Präposition *in* einsparen und das Adjektiv in seiner Rolle belassen: *Schlafzimmer, hell* (oder: *matt, dunkel*)*, Natur. Das Schlafzimmer ist hell* (oder: *matt, dunkel*)*, Natur.* Partizipien können nicht mit *in* angeschlossen, sondern nur durch Komma abgetrennt werden: *Schlafzimmer, naturmattiert; Glasscheiben, getönt; Schlafzimmer in Natur, hochglänzend.*

3. in 1998: Die Präposition *in* wird nach englischem Vorbild – vor allem in der Journalistensprache – öfter mit einer Jahreszahl gebraucht: *In 1998 wird die Staatsverschuldung eine Rekordhöhe erreicht haben.* Standardsprachlich ist die Jahreszahl ohne Präposition oder die Fügung *im Jahre*+ Jahreszahl: *Die Staatsverschuldung wird [im Jahre] 1998 eine Rekordhöhe erreicht haben.* ↑ Amerikanismen / Anglizismen (3).

-in: Zu weiblichen Berufsbezeichnungen und Titeln wie *Professorin, Amtmännin* ↑ Movierung, ↑ Titel und Berufsbezeichnungen (3), ↑ Gleichstellung von Frauen und Männern in der Sprache; zu *Ruderin / Rudrerin* ↑ Substantiv (3); zu *Buchhändler[in]* gesucht ↑ Anzeigen (3).

in / an: ↑ an / auf / in.

in / auf: ↑ auf / in / zu.

in / im: 1. in / im Familienbesitz · in / im Urlaub sein: Man kann sowohl sagen: *Die Firma ist seit 1830 in Familienbesitz* als auch: *… im Familienbesitz.* Im ersten Fall wird nur festgestellt, dass die Firma seit 1830 ununterbrochen einer Familie gehört, während die zweite Ausdrucksweise mit *im* die Familie stärker hervorhebt und hauptsächlich dann gebraucht wird, wenn die Aussage sich auf eine bereits erwähnte Familie bezieht: *Damals war er Lehrling bei Wilhelm Müller, dem Großvater des jetzigen Inhabers. Das Geschäft ist seit 80 Jahren im Familienbesitz* (= im Besitz der Familie Müller). – Der Satz *Sie ist in Urlaub* sagt allgemein aus,

dass sie nicht arbeitet, dass sie Urlaub hat. *Sie ist im Urlaub* bedeutet dagegen, dass sie in ihrem Urlaub ist, ihren Urlaub genommen hat. In vielen Fällen wird allerdings ein Unterschied zwischen *in* und *im* kaum empfunden, sodass beide Formen üblich sind (*in / im Bau sein;* ↑ Betrieb, ↑ Umlauf). Bei Stoffbezeichnungen zieht man das allgemeinere *in* vor: *eine Tablette in Wasser, in Saft auflösen; Salat in Sand vergraben.* Doch ist *im* auch hier nicht falsch.

2. in schlechtem Zustand / im schlechten Zustand: ↑ Präposition (1.2.5).

3. in / im Jemen: ↑ geographische Namen (2.1).

in / nach / zu / bei: Bei der Verwendung dieser Präpositionen zur Angabe einer Richtung treten gelegentlich Schwankungen auf. Die Präposition *in* (mit Akkusativ) bedeutet »in etwas hinein« und steht vor Substantiven (und Namen) mit Artikel: *in den Wald gehen, in die Stadt fahren, in die Schweiz reisen, in die USA fliegen.* – Da *in* jedoch vor artikellosen Siedlungs- und Ländernamen die Ruhelage (Frage: wo?) bezeichnet, tritt bei Richtungsangabe dafür *nach* in der Bedeutung »in eine bestimmte Richtung hin« (eigentlich »in die Nähe von«) ein: *nach Frankfurt fahren, nach Italien reisen, nach Amerika fliegen.* Bei Inselnamen, die nicht gleichzeitig Ländernamen sind, wird die Richtung mit *auf* bzw. bei artikellosem Inselnamen mit *nach* angegeben: *auf die Mainau fahren; auf die Malediven, nach Kreta fliegen.* – Die Präposition *zu* bedeutet »auf ein bestimmtes Ziel zu« und steht zur Kennzeichnung einer Hinwendung vor allem bei Personennamen und -bezeichnungen: *zum Arzt gehen. Tom geht zu Eva. Der Bus fährt zum Zoo.* – Landschaftlich, vor allem im Norddeutschen, findet sich *nach,* wo standardsprachlich bei Personenbezeichnungen *zu,* sonst *zu* oder *in* u. Ä. stehen müssen: *nach dem Fleischer / nach Hagenbeck gehen; …, als wir*

in der Finsternis nach der Bahn gingen
(Gaiser). In diesem Sinne muss es auf
Hinweisschildern u. dgl. auch *Zum*
(nicht: *Nach dem*) *Bahnhof, Aussichts-
turm* heißen. Man sagt allerdings *nach
Hause,* um es so als Richtungsangabe
von *zu Hause,* das die Ruhelage (= im
Hause) bezeichnet, zu unterscheiden. –
In salopper Umgangssprache kommt
landschaftlich in Bezug auf Personen
auch *bei* statt *zu* vor: *Soll ich morgen bei
dich kommen?* Vgl. auch ↑ auf / in / zu.

in / zur Gänze: Diese stilistisch unschöne
Fügung lässt sich in den meisten Fällen
durch einfaches *ganz* oder *gänzlich* ersetzen. ↑ Aufschwellung.

in Ahorn dunkel: ↑ in (2).

in Bälde: Diese stilistisch unschöne Fügung lässt sich in den meisten Fällen
durch einfaches *bald* ersetzen. ↑ Aufschwellung.

in Beantwortung · in Erwartung: Fügungen dieser Art, bei denen *in* mit einem
artikellosen Verbalsubstantiv auf *-ung*
verbunden wird, gehören der Amts- und
Kaufmannssprache an: *In Beantwortung
Ihres Schreibens vom … teilen wir Ihnen
mit …. In Erwartung Ihrer Zusage verbleiben wir …* Sie stehen gewöhnlich am
Satzanfang und vertreten Sätze wie *Wir
beantworten hiermit …* oder *Wir erwarten Ihre Zusage und verbleiben …* Da sie
der Straffung des Ausdrucks dienen, haben sie eine gewisse Berechtigung; man
sollte sie aber nicht außerhalb der Ge-
schäfts- und Amtssprache anwenden.
Auf keinen Fall sollten wesentliche Mitteilungen auf diese Weise zur Nebensa-
che gemacht werden. Also nicht: *In Ablehnung Ihres Gesuches teilen wir Ihnen
mit, dass …,* sondern etwa: *Ihr Gesuch
musste leider abgelehnt werden. Sie können aber …*

inbegriffen: ↑ einbegriffen.

in Betreff: Nach den neuen Regeln wird
das Substantiv *Betreff* auch in dieser Fügung großgeschrieben. *In Betreff* gehört
wie ↑ betreffs der Amtssprache an und

sollte besser durch *wegen* oder *zu* ersetzt
werden. Das abhängige Substantiv steht
im Genitiv: *in Betreff des Bahnbaues.*
↑ Getrennt- oder Zusammenschreibung
(2.2).

in Bezug auf: ↑ Bezug [nehmend] / in Bezug

in Birke Natur: ↑ in (2).

in Blau: ↑ in (2).

Inch: Es heißt *3 Inch* oder *3 Inches.* ↑ Maß-,
Mengen- und Münzbezeichnungen (1).

in das / darein / worein: ↑ Pronominaladverb (4).

Indefinitpronomen: Zu den Indefinitpronomen oder unbestimmten Für- und
Zahlwörtern gehören Wörter wie *jemand, etwas, alle, kein, man, niemand;
viel, wenig, etliche.* Mit ihnen kann man
sich allgemein auf ein Lebewesen, Ding
oder auf eine Gruppe von Lebewesen,
Dingen beziehen.

indeklinabel: Als indeklinabel bezeichnet
man Wörter, die nicht gebeugt werden
können: *bald, nichts, quitt* usw.

indem: 1. Zeichensetzung: Die Konjunktion
indem leitet einen untergeordneten Modalsatz oder Temporalsatz ein, der durch
Komma abgetrennt wird: *Sie trat zurück,
indem sie erblasste. Ich ordnete, indem
(= während) ich das sagte, die Blumen in
der Vase.*

2. indem / weil: Modales *indem* wird oft
im Sinn von »dadurch, dass« gebraucht:
*Man ehrte die Autorin, indem man sie in
die Akademie aufnahm.* Es kann aber
nicht in rein kausalem Sinn für *weil* eingesetzt werden: *Weil* (nicht: *indem*) *sie
keinen Versicherungsschein vorweisen
konnte, wurde ihr die Weiterfahrt verwei-
gert.*

in dem Augenblick, wo …: ↑ wo (2).

in dem / darin / worin: ↑ Pronominaladverb
(4).

in Den Haag / im Haag: Neben der offiziellen Schreibweise *in Den Haag* gibt es
auch die eingedeutschte *im Haag.*
↑ Haag, Den.

**in der Annahme / Erwartung / Hoffnung,
dass:** In diesen Fügungen kann vor *dass*

ein Komma stehen: *In der Annahme / Er-wartung / Hoffnung, dass du am Wochen-ende kommst, habe ich ein Zimmer be-stellt. Ich habe in der Annahme / Erwar-tung / Hoffnung, dass du kommst, ein Zimmer bestellt.* ↑ dass (6 d).

in der Regel / regelmäßig: ↑ regelmäßig / in der Regel.

indes: *indes* ist ein Adverb, kann aber auch als unterordnende Konjunktion im Sinn von »während« gebraucht werden. Vgl. die folgende Tabelle.

Kommasetzung bei *indes*	
1. Als vorangestelltes Adverb schließt *indes* einen beigeordneten Satz oder Satzteil an, der durch Komma oder Semikolon abgetrennt wird:	
Die Alte versuchte zu lachen, *indes* brachte sie nur ein Grinsen zustande.	
2. Das Adverb *indes* kann betont aus dem Satz herausgehoben werden. Dann steht ein Komma dahinter:	**Das Adverb *indes* ist ohne Komma in den Ablauf des Satzes einbezogen:**
Indes, sie brachte nur ein Grinsen zustande.	Sie brachte *indes* nur ein Grinsen zustande.
3. Als Konjunktion leitet *indes* einen unterge-ordneten Temporalsatz (auch entgegenset-zend) ein, der durch Komma abgetrennt wird:	**Die Konjunktion *indes* ist Teil einer Fügung, die als Einheit empfunden und nicht durch ein Komma geteilt wird:**
Marie betrat das Zimmer, *indes* ihr Freund draußen wartete.	
Indes Marie eintrat, blieb ihr Freund vor der Tür stehen.	Aber *indes* Marie eintrat, blieb ihr Freund vor der Tür stehen.

indessen: Das Wort *indessen* wird wie *in-des* gebraucht, tritt aber als unterord-nende Konjunktion seltener auf (↑ in-des).

Index: Der Genitiv Singular lautet *des In-dex* oder *des Indexes,* der Plural *die In-dexe* oder *die Indizes.* ↑ Fremdwort (3.4).

Indikativ

Der Indikativ (Wirklichkeitsform) ist die allgemeine, normale und neutrale Aussageweise (↑ Modus). Er drückt gewöhnlich in allen Zeitstufen aus, dass das mit den entsprechenden Verbformen genannte Geschehen oder Sein tat-

sächlich ist oder doch als tatsächlich und wirklich hingestellt, als gegeben angesehen und ohne Bedenken anerkannt wird:

> Marie hat das Abitur bestanden. Rotkäppchen ging in den Wald. Das Flugzeug wird
> um 18 Uhr landen.

Zum Indikativ in Aufforderungsfunktion ↑ Imperativ (4).

1. ich schreibe / ich schreib:

Ausfall des Endungs-*e* in der 1. Person Singular Präsens Aktiv findet sich
vor allem in der Mundart, in der Umgangssprache und in literarischen
Texten: *Ich schreib dir. Ich wohn in einem steinernen Haus* (Schiller). Sonst
bleibt das *e* im Allgemeinen erhalten *(Ich schreibe einen Brief).* Nach den
neuen Regeln wird sein Ausfall nicht mehr durch einen Apostroph angezeigt. ↑ Apostroph (2.1).

2. du beweist / beweisest; er, ihr beweist / beweiset:

Der Wegfall des *e* in der 2. und 3. Person Singular und in der 2. Person Plural Präsens Aktiv ist heute die Regel:

> du trinkst, er (ihr) trinkt; du liebst, er (ihr) liebt.

Ein Apostroph darf hier nicht gesetzt werden; ↑ Apostroph (3.4). Das *e* in
diesen Formen ist veraltet oder dichterisch und wird als geziert empfunden: *... doch nur die Anmut sieget* (Schiller). *... ihr kehret nun ein* (Greif).
Dies gilt auch bei Verben, deren Stamm auf Zischlaut endet: Das *e* bzw. das
es fällt gewöhnlich weg. Veraltet lautet es: *Wer allzu eiferig bekräftigt sein
Versprechen, beweiset dir damit den Willen, es zu brechen* (Rückert). Heute
heißt es:

> du beweist, ihr reißt, er beherrscht, du sitzt. Nicht: du beweisest, ihr reißet, er beherr-
> schet, du sitzest (auch nicht: du sitzst).

Endet der Verbstamm jedoch auf *-d* oder *-t,* dann bleibt das *e* erhalten (es
sei denn, ein Vokalwechsel liegt vor):

> du findest, er / ihr findet; du bietest, er / ihr bietet; (aber bei Vokalwechsel:) fechten –
> du fichtst (nicht: fichtest) – ihr fechtet.

Der Ausfall des *s* nach *sch* in Formen wie *du wäscht, du nascht, du wischt,
du rutscht* ist standardsprachlich nicht zulässig. Richtig: *du wäschst, du
naschst, du wischst, du rutschst.*

3. ich sammele / sammle; ich ändere / ändre:

In der 1. Person Singular Präsens Indikativ und Konjunktiv I wird bei den
mit *-eln* gebildeten Verben das *e* dieser Silbe heute im Allgemeinen ausge-

worfen *(ich sammle, wechsle);* die mit *-ern* gebildeten Verben behalten es dagegen gewöhnlich bei *(ich wandere, schlenkere).* Ein Apostroph wird hier nicht gesetzt (↑ Apostroph [3.4]).

4. wir, sie schreien / schrein, schrieen / schrien:

Das *e* der Endung *-en* in der 1. und 3. Person Plural Indikativ des Präsens Aktiv sowie des Konjunktivs I kann nach Vokal oder *h* wegfallen; dies geschieht vor allem in der Literatur aus vers- und satzrhythmischen Gründen und in der (gesprochenen) Umgangssprache. Nach den neuen Regeln zur Rechtschreibung fällt es aber weg nach *-ie,* also in der 1. und 3. Person Plural Indikativ des Präteritums Aktiv sowie des Konjunktivs II und im 2. Partizip:

wir (sie) schrein (statt: schreien), wir (sie) fliehn / flohn / flöhn (statt: fliehen / flohen / flöhen); wir (sie) knien, schrien.

In diesen Fällen wird kein Apostroph gesetzt; ↑ Apostroph (3.4).

5. du starbst / starbest; ihr starbt / starbet:

Das *e* in der 2. Person Singular / Plural Präteritum Aktiv der unregelmäßigen Verben fällt heute gewöhnlich weg: *du trankst, ihr trankt;* veraltet: *Drin liegst du, wie du starbest* (Uhland). Geht der Verbstamm jedoch auf *-d* oder *-t* aus, dann muss das *e* in der 2. Person Plural Präteritum aus lautlichen Gründen stehen: *ihr fandet, ihr botet;* in der 2. Person Singular Präteritum bleibt es nur in gewählter Sprache erhalten: *du fand[e]st, du bot[e]st.* Bei unregelmäßigen Verben, deren Stamm auf Zischlaut endet, bleibt das *e* in der 2. Person Singular Präteritum zumeist erhalten: *du lasest, saßest, rissest, wuschest;* in der 2. Person Plural Präteritum kann es wegfallen: *ihr las[e]t, saß[e]t, riss[e]t, wusch[e]t.* Ein Apostroph wird in all diesen Fällen nicht gesetzt; ↑ Apostroph (3.4).

6. ich, er lebte / lebt':

Der Wegfall des *e* in der 1. und 3. Person Singular Präteritum Aktiv der regelmäßigen Verben und entsprechender unregelmäßiger Verben findet sich vornehmlich in dichterischer Sprache. Nach den neuen Regeln setzt man in diesen Fällen nur dann einen Apostroph, wenn die Form schwer lesbar oder missverständlich ist:

... einen vergänglichen Tag lebt' ich (Hölderlin). Was sollt' ich denn sonst auch wohl tun? (Th. Mann). Das Wasser rauscht', das Wasser schwoll (Goethe).

Außerhalb des dichterischen Gebrauchs ist jedoch das *e* allgemein zu setzen *(ich suchte, er suchte).* ↑ Apostroph (2.1).

7. Verweise:
Zu *ich tu[e]* ↑ tun (1); zum Indikativ von *werden* ↑ werden (1); zur Frage Indikativ oder Konjunktiv ↑ Konjunktiv.

indirekte Rede

Häufig gestellte Fragen zur indirekten Rede	
Frage	**Antwort unter**
Welche Verbformen verwendet man für die indirekte Rede?	dieser Artikel, Punkt (2.1)
In welchen Fällen verwendet man Konjunktiv II?	dieser Artikel, Punkte (2.1), (2.2)
Wie bildet man den Konjunktiv?	dieser Artikel, Punkt (3)
Wann umschreibt man mit *würde?*	dieser Artikel, Punkt (3.1), Konjunktiv (2.3)

1   Was ist indirekte Rede?

In der indirekten oder abhängigen Rede wird im Unterschied zur ↑ direkten Rede eine Äußerung (Aussage, Aufforderung, Frage; Gedanke, Überlegung u. Ä.) nicht so angeführt, wie sie tatsächlich gemacht wurde, sondern sie wird mittelbar durch einen Berichter wiedergegeben, es wird von ihr nur berichtet. Dabei drückt der Berichter durch die Wahl des Konjunktivs I oder seiner Ersatzformen aus, dass er die Äußerung lediglich objektiv und neutral wiedergibt, eine Gewähr für ihre Richtigkeit aber nicht übernimmt:

(direkte Rede; Frank sagt:) »*Vera, ich bin krank.*«
(indirekte Rede; Vera berichtet:) Frank sagte zu mir, *er sei krank.*

Die indirekte Rede ist in der Regel von einem Verb des Sagens und Denkens (Verbum Dicendi et Sentiendi) oder einem entsprechenden Substantiv abhängig und wird als indirekter Aussagesatz mit *dass* oder ohne Einleitewort, als indirekter Fragesatz mit *ob* oder einem Fragewort und als indirekter Aufforderungssatz mit *sollen / mögen* oder *haben / sein* + Infinitiv gebildet:

Frank sagte, dass er krank sei / er sei krank. Anton fragt Maria, ob sie mit auf die Reise komme. Hanna fragt Sophie, von wem sie den Wagen geliehen bekommen habe. Laut Aussage der Zeugen habe der Angeklagte an jenem Abend sehr nervös gewirkt. Mein

Freund schrieb mir, ich soll[t]e / möchte nicht vergessen ... Plötzlich rief jemand, dass wir zurückzutreten hätten.

Zu beachten ist, dass in der indirekten Rede die Pronomen auf den Standpunkt des Berichters bezogen werden:

(direkte Rede; Vera sagt:) »Frank, *ich* will *dich* mit *meinen* Eltern besuchen.«
(indirekte Rede; Frank berichtet:) Vera sagte zu *mir,* dass *sie mich* mit *ihren* Eltern besuchen wolle.

2 Regeln zum Gebrauch des Konjunktivs

2.1 Grundregel

Die indirekte Rede sollte im Konjunktiv I stehen, wenn dessen Formen eindeutig sind. Sie sollte im Konjunktiv II stehen, wenn durch eine nicht eindeutige Konjunktiv-I-Form unklar bleibt, dass indirekte Rede vorliegt.

Eindeutig sind von den gebräuchlichen Formen des Konjunktivs I nur die 3. Person Singular aller Verben *(er liebe* gegenüber *er liebt),* die Formen von *sein* sowie die Singularformen von *dürfen, können, mögen, müssen, sollen, wollen* und *wissen:*

Marie sagt, sie *komme* morgen und *bringe* das Buch mit. Trotz seines Alters *habe* er noch etwas von einem Jungen an sich und *freue* sich immer, wenn er der Polizei entwischen *könne.* Sie haben uns wissen lassen, dass Anton krank *sei.*

Aber:

(Stephan berichtet:) Peter sagte, seine Eltern *seien* gestern nicht zu Hause gewesen. Sie *hätten* (= Konjunktiv II) den Abend bei Freunden verbracht.

Wenn hier statt *hätten* die Form *haben* stünde, die Konjunktiv I und Präsens Indikativ sein kann, würde nicht klar, ob der betreffende Satz noch zur indirekten Rede, d. h. zur Aussage Peters, gehört oder ob er eine erklärende Bemerkung des Berichters Stephan ist. Auch in dem folgenden Beispiel wird nur durch die Konjunktiv-II-Formen *wüssten* und *würfen* anstelle der uneindeutigen Konjunktiv-I- und Präsens-Indikativ-Formen *wissen* und *werfen* sofort deutlich, dass indirekte Rede vorliegt:

Bernard Shaw hat einmal gesagt, die Menschen *wüssten* einfach nicht, was dies Wort Kommunismus bedeute; sie *würfen* es ihrem Gegner an den Kopf, wie streitsüchtige Vorstädtler einander tote Katzen übern Zaun *würfen.*

Die genannte Grundregel gilt innerhalb der indirekten Rede für alle Arten und Grade von Nebensätzen:

Ich sagte, er *könne* einen guten Eindruck hinterlassen, indem er sich in seinen Forderungen *bescheide.* Man sagte, Behrens, der sie vergöttert *habe, sei* durch den Schlag so

schwer getroffen, dass er in Wunderlichkeit verfallen *sei* und sich durch Selbstgesprä-
che auffällig gemacht *habe*. Dann meinte Thekla, sie *arbeite* nun schon jahrelang an
diesem Buch, ohne dass sie damit fertig werde.

2.2 Ergänzungen zur Grundregel

Der Indikativ findet sich relativ häufig in abhängigen Sätzen mit Einleitewort, weil durch das Einleitewort die grammatische Abhängigkeit genügend
deutlich gemacht wird:

> Sie sagte, *dass* sie an einem Buch *schreibt*. Er hat gefragt, *ob* er den Kranken besuchen
> *darf* und was er ihm mitbringen *kann*.

Man sollte auch hier immer dann den Konjunktiv I setzen, wenn beim Indikativ unklar bleibt, dass indirekte Rede vorliegt.

2.2.1 Eigene erklärende Bemerkungen des Berichters innerhalb der indirekten Rede stehen im Indikativ. Dadurch bleiben sie als nicht berichtete Einschübe erkennbar:

> (Stephan berichtet:) Peter sagte, seine Eltern *seien* gestern in der Stadt gewesen. Sie
> *hätten* dort ein Fahrrad für ihn gekauft. Das *hat* er sich nämlich schon lange ge-
> wünscht.

Hier wird durch die Form *hat* (= Präsens Indikativ) deutlich, dass der letzte
Satz eine Bemerkung des Berichters Stephan ist. Stünde der Konjunktiv I
(habe), würde damit zum Ausdruck gebracht, dass auch dieser Satz zur Aussage Peters gehört.

2.2.2 Der Konjunktiv II kann gebraucht werden, wenn der Berichtende das
Wiedergegebene für zweifelhaft hält, wenn er skeptisch ist:

> Herr Anton erklärte [zwar], er *hätte* alles getan, was in seiner Macht gestanden
> *hätte* [, aber ich glaube es nicht]. Einige sagen, sie *wäre* 120 Jahre alt [, aber ich glaube
> es nicht].

2.2.3 Vor allem in der Alltags- und Umgangssprache und in einigen Landschaften werden Formen des Konjunktivs II auch dann gebraucht, wenn die
eindeutigen Konjunktiv-I-Formen zur Kennzeichnung der indirekten Rede
zwar genügten, aber als allzu gewählt, als geziert angesehen werden:

> Sie sagte, dass sie die Chefin *wäre* (statt: *sei*) und darüber zu befinden *hätte* (statt:
> *habe*), wer hier eingestellt *würde* (statt: *werde*).

Zum Konjunktiv II in einem Fall wie *gebe / gäbe* (↑ 3.3.)

2.2.4 Formen des Konjunktivs II, die in der direkten Rede – etwa in einem irrealen Konditionalsatz – stehen, bleiben auch in der indirekten Rede erhalten:

> (direkte Rede; Anne sagt:) »Ich *hätte* das Fußballspiel noch gesehen, wenn ich eher gekommen *wäre*.« (Indirekte Rede; Stephan berichtet:) Anne sagte, sie *hätte* das Fußballspiel noch gesehen, wenn sie eher gekommen *wäre*.

2.2.5 Zu *würde* + Infinitiv anstelle des Konjunktivs in der indirekten Rede ↑3.1 und Konjunktiv (2.3).

3 Die wichtigsten Konjunktivformen

Rund 90 % aller Personalformen der indirekten Rede stehen in der 3. Person Singular oder Plural; von den restlichen 10 % steht der größte Teil in der 1. Person Singular. Im Folgenden werden diese Personalformen für die besonders häufig gebrauchten Verben *sein, haben, werden* und *können, müssen, sollen, wollen* angeführt und erläutert:

3.1 sein, haben, werden

	Konjunktiv I	Konjunktiv II
ich	sei/habe*/werde*	wäre/hätte/würde
du	sei[e]st/habest/werdest	wär[e]st/hättest/würdest
er/sie/es	sei/habe/werde	wäre/hätte/würde
wir	seien/haben*/werden*	wären/hätten/würden
ihr	seiet/habet/werdet*	wär[e]t/hättet/würdet
sie	seien/haben*/werden*	wären/hätten/würden

Für die uneindeutigen Konjunktiv-I-Formen (*) werden die entsprechenden Formen des Konjunktivs II gebraucht (↑2.1):

> Ich teilte ihr mit, ich *hätte* (für: *habe*) keine Zeit, weil ich zu beschäftigt sei, und *würde* (für: *werde*) deshalb morgen nicht mitfahren.

Die Formen des Konjunktivs II werden auch dann gebraucht, wenn der Berichtende ausdrücken will, dass er das Berichtete für zweifelhaft hält:

> Sie hat [zwar] gesagt, sie *hätte* keine Zeit, weil sie zu beschäftigt *wäre*, und sie *würde* deshalb morgen nicht mitfahren [, aber ich glaube es nicht.]

oder wenn der Konjunktiv II schon in der direkten Rede steht (↑2.2.5):

> (direkte Rede; Anne sagt:) »Wenn ich Zeit *hätte* und nicht so beschäftigt *wäre*, *würde* ich morgen mitfahren.« (Indirekte Rede; Stephan berichtet:) Anne sagte, wenn sie Zeit *hätte* und nicht so beschäftigt *wäre*, *würde* sie morgen mitfahren.

Mit den Formen von *werden* + Infinitiv wird betont ausgedrückt, dass etwas noch nicht begonnen hat. Ausreichend ist der einfache Konjunktiv:

Er sagte, er *werde / sie würden* (für uneindeutiges *werden*) morgen kommen. (Ausreichend:) Er sagte, er *komme /*sie *kämen* (für uneindeutiges *kommen*) morgen.

Wenn etwas nur als indirekte Rede zu kennzeichnen ist, sollte man *würde* + Infinitiv im Rahmen der Regeln nur bei Zukunftsbezug gebrauchen, weil sonst das Missverständnis nahe liegt, es handele sich um etwas Irreales, Futurisches u. Ä. (↑ Konjunktiv 2.3):

(Zukunftsbezug:) Sie sagt, ihre Gäste *würden* bald *abreisen.* (Gleichzeitigkeit:) Als sie das Geschenk erhielten, sagten sie, sie *freuten* sich (nicht: sie *würden sich freuen*). Aber bei ungebräuchlichen Formen: Sie sagten, sie *würden* ihn schon lange *kennen* (ungebräuchlich: *sie kennten*).

3.2 können, müssen, sollen, wollen

	Konjunktiv I	Konjunktiv II
ich	könne/müsse/solle/wolle	könnte/müsste/sollte*/wollte*
du	könnest/müssest/sollest/ wollest	könntest/müsstest/solltest*/ wolltest*
er/sie/es	könne/müsse/solle/wolle	könnte/müsste/sollte*/wollte*
wir	können*/müssen*/ sollen*/wollen*	könnten/müssten/ sollten*/wollten*
ihr	könnet/müsset/sollet/wollet	könntet/müsstet/ solltet*/wolltet*
sie	können*/müssen*/sollen*/ wollen*	könnten/müssten/sollten*/ wollten*

Zum Gebrauch der eindeutigen und uneindeutigen (*) Konjunktiv-I- und Konjunktiv-II-Formen ↑ 2. Zu *sollte* usw. / *wollte* usw. ↑ 3.3.

3.3 Andere Verben

Regelmäßige Konjugation		
	Konjunktiv I	Konjunktiv II
ich	liebe*	liebte*
du	liebest	liebtest*
er/sie/es	liebe	liebte*
wir	lieben*	liebten*
ihr	liebet	liebtet*
sie	lieben*	liebten*

Unregelmäßige Konjugation		
	Konjunktiv I	Konjunktiv II
ich	trage*/gehe*/wisse	trüge/ginge/wüsste
du	tragest/gehest/wissest	trüg[e]st/gingest/wüsstest
er/sie/es	trage/gehe/wisse	trüge/ginge/wüsste
wir	tragen*/gehen*/wissen*	trügen/gingen*/wüssten
ihr	traget/gehet/wisset	trüg[e]t/ginget/wüsstet
sie	tragen*/gehen*/wissen*	trügen/gingen*/wüssten

Zum Gebrauch der eindeutigen und uneindeutigen (*) Konjunktiv-I- und Konjunktiv-II-Formen vergleiche man allgemein ↑2. Zu weniger gebräuchlichen Konjunktivformen wie *hülfe, schwömme* usw. ↑Konjunktiv (1.3).

Bei unregelmäßigen Verben, die im Konjunktiv I ein *e (gebe)* und im Konjunktiv II ein *ä (gäbe)* haben, wird wegen dieser Lautähnlichkeit oft der deutlicher erkennbare Konjunktiv II gewählt. Zur Kennzeichnung der indirekten Rede sollte jedoch auch hier der Konjunktiv I gebraucht werden, sofern er eindeutig ist:

Sie sagten, sie *lese* (nicht: *läse*) gerade ein Buch. Sie hat gesagt, sie *nehme* (nicht: *nähme*) das Menü. Sie hat beteuert, dass sie nicht *nachgebe* (nicht: *nachgäbe*). Aber: Sie sagten, sie *nähmen* (für uneindeutiges *nehmen*) sehr gern an dem Fest teil.

Obwohl Konjunktiv-II-Formen wie *gingen, bauten, sollte* und *wollte* mit den Formen des Präteritums Indikativ übereinstimmen, geht meist aus dem Zusammenhang hervor, ob im konkreten Fall eine Konjunktiv- oder Indikativform vorliegt:

Wir *sollten* (= Präteritum Indikativ) das Auto zurückbringen, weil wir die Leihfrist überschritten hatten. Sie sagt, wir *sollten* (= Konjunktiv II) das Auto zurückbringen ... Sie *gingen* (= Präteritum Indikativ) erst am späteren Abend nach Hause. Sie sagten uns, sie *gingen* (= Konjunktiv II) erst ...

indirekter Fragesatz: Ein indirekter (abhängiger) ↑Fragesatz ist eine Frage in Gestalt eines Nebensatzes: *Erzähle mir, was / wen du gesehen hast. Sie überlegte, wohin sie gehen sollte. Ich frage mich, ob er wohl vor seinem Urlaub erwartungsgemäß doch noch kommt.* Die indirekten Fragesätze werden zur indirekten Rede gerechnet. ↑indirekte Rede (1). Zur Ver-

wechslung von *dass* und *ob (Ich weiß nicht, dass / ob er kommt)* ↑dass (4).
indiskutabel: Bei *indiskutabel* fällt, wenn es dekliniert wird, das *e* der Endsilbe aus: *ein völlig indiskutabler Vorschlag.* ↑Adjektiv (1.2.13).
individuell: Das Adjektiv *individuell* »die einzelne Person betreffend« wird im Allgemeinen nicht gesteigert. Doch sind

Vergleichsformen möglich, wenn die stärkere oder schwächere Beziehung auf den Einzelnen ausgedrückt werden soll: *Ich wünsche mir eine etwas individuellere Behandlung.* ↑ Vergleichsformen (3.1).

in dunkel Ahorn: ↑ in (2).

ineinander: Man schreibt *ineinander* immer getrennt vom folgenden Verb: *Sie werden ineinander aufgehen. Die Fäden haben sich ineinander verschlungen.* In neuer Rechtschreibung auch: *Die Teile sollen die Schüler ineinander fügen. Die Räder werden ineinander greifen.* ↑ Getrennt- oder Zusammenschreibung (1.4).

in einem Fall wie diesem / wie dieser: ↑ Apposition (3.5).

in Erwartung: ↑ in Beantwortung · in Erwartung.

in etwa: Bei der Verwendung von *in etwa* ist zu beachten, dass es nicht bei Zahlenangaben steht. Also nicht: *Das Gespräch dauerte in etwa fünf Stunden. Sie waren in etwa 40 km vom nächsten Ort entfernt.* Hier kann es nur *etwa* oder *ungefähr* heißen. In Verbindung mit Verben kann *in etwa* dagegen nicht immer durch *etwa* oder *ungefähr* ersetzt werden: *Die Angaben der Zeugen stimmten in etwa überein. Das ist in etwa das, was ich auch sagen wollte.* In diesen Fällen drückt *in etwa* im Unterschied zu *etwa* und *ungefähr* stärker die Einschränkung oder den Vorbehalt aus.

infinite Verbform: Im Unterschied zum ↑ Finitum ist die infinite Verbform eine Form des Verbs, die keine Aussage über Person, Numerus, Modus und Tempus macht. Dazu zählen ↑ Infinitiv *(erwachen)*, ↑ erstes Partizip *(erwachend)* und ↑ zweites Partizip *(erwacht)*.

Infinitiv

Häufig gestellte Fragen zum Infinitiv	
Frage	**Antwort unter**
Wann steht der reine Infinitiv, wann muss *zu* hinzutreten?	dieser Artikel, Punkt (1), zu (1–9)
Wann schreibt man das Verb in der Grundform, also den Infinitiv, groß?	dieser Artikel, Punkt (7), Groß- oder Kleinschreibung (1.2.3)

Der Infinitiv, die Grund- oder Nennform des Verbs, gehört zu den ↑ infiniten Verbformen und weist die Endung *-n (sammeln, ändern)* oder *-en (lesen, laufen, stehen)* auf. Dabei kann das *e* der Endung *-en* aus vers- und satzrhythmischen Gründen und auch in der (gesprochenen) Umgangssprache nach *h* oder Vokal wegfallen (es steht kein ↑ Apostroph [3.4]):

> *freun, blühn.* ... als hörte sie ... die Hahnen *schrein* (Musil). Muss früh *hinuntergehn,* ...
> Die Lust kann nicht *bestehn* (Uhland).

Man unterscheidet Infinitivgruppen vom reinen Infinitiv. Als Infinitivgruppen bezeichnet man Infinitive, die ein *zu* bei sich haben:

> zu backen, gearbeitet zu haben, gelobt zu werden, ins Theater zu gehen, anstatt zu lesen, um nicht abreisen zu müssen.

Infinitive ohne *zu* sind reine Infinitive; sie sind immer einfaches Satzglied oder Teil eines Satzgliedes:

> Roland kann durch das ganze Becken *tauchen*. Roland soll durch das ganze Becken *getaucht sein*. Dostojewski *kennen* heißt gute Literatur *kennen*. Ich will mir lieber die Zunge *abbeißen* als etwas *verraten*.

Die Infinitivgruppe mit *zu* kann noch um weitere Satzteile ergänzt sein *(um zu / ohne zu / statt zu loben; [um] diesen erfolgreichen Künstler zu loben)*. Wenn Infinitivgruppen auf diese Weise umfangreicher ergänzt sind, haben sie häufig eine andere syntaktische Funktion als die Infinitivgruppen nur mit *zu* (↑ satzwertiger Infinitiv).

1 Reiner Infinitiv oder Infinitivgruppe mit *zu*

Während bei manchen Verben der reine Infinitiv *(Sie kann schwimmen)*, bei anderen die Infinitivgruppe mit *zu* steht *(Er verspricht zu kommen)*, treten in bestimmten Fällen Schwankungen auf:

1.1 etwas liegen haben / zu liegen haben

In landschaftlicher Umgangssprache wird bei Verben, die mit *haben* verbunden sind, häufig ein *zu* gesetzt: *Er hat zwei Fässer in seinem Keller zu liegen.* Dies ist standardsprachlich nicht korrekt. ↑ zu (1).

1.2 jmdn. etwas tun heißen / zu tun heißen

Nach *heißen, helfen* und *lehren* kann ein Infinitiv mit oder ohne *zu* stehen: *(Hilf mir schieben!* oder *Hilf mir[,] zu schieben! Helfen Sie mir bitte das Auto in die Garage schieben* oder *Helfen Sie mir bitte[,] das Auto in die Garage zu schieben)*. Vgl. neben ↑ heißen usw. auch ↑ zu (2). Verwendet man die Infinitivgruppe mit *zu,* kann man das Komma nach den neuen Regeln setzen oder es weglassen. ↑ Komma (5.1). Infinitive ohne *zu* sind dagegen immer einfaches Satzglied oder Teil eines Satzgliedes und werden nicht durch Komma abgetrennt. ↑ Komma (5).

1.3 Ein Tier quälen ist böse / Ein Tier zu quälen[,] ist böse

Der Gebrauch von *zu* schwankt, wenn ein ↑ satzwertiger Infinitiv in der Rolle eines Subjekts steht. So heißt es sowohl *Ein Tier quälen ist böse* als auch *Ein Tier zu quälen[,] ist böse.* Entsprechend: *Für dich kochen müsste ein Vergnügen sein* oder *Für dich zu kochen[,] müsste ein Vergnügen sein.* Dasselbe gilt, wenn ein satzwertiger Infinitiv in der Rolle eines ↑ Gleichsetzungsnominativs steht: *Ein guter Christ sein heißt allen Menschen ein Helfer sein* oder *Ein guter Christ sein[,] heißt[,] allen Menschen ein Helfer zu sein.* In allen Sätzen dieser Art ist also die Setzung von *zu* freigestellt. Verwendet man die Infinitivgruppe mit *zu,* kann man das Komma nach den neuen Regeln setzen oder es weglassen. ↑ Komma (5.1). Infinitive ohne *zu* sind dagegen immer einfaches Satzglied oder Teil eines Satzgliedes und werden nicht durch Komma abgetrennt. ↑ Komma (5).

1.4 Das brauchst du nicht tun / zu tun

Zum Gebrauch des *zu* bei *brauchen* + Infinitiv ↑ brauchen (2).

1.5 Der Schmerz ist kaum zu ertragen

Zum passivischen Gebrauch der Infinitivgruppe mit *zu* ↑ Passiv (3.4), ↑ Gerundiv.

2 Infinitivgruppe mit *zu* oder *um zu*

Bei manchen Verben bestehen Zweifel, ob ein Infinitiv mit *zu* oder mit *um zu* angeschlossen werden soll: *Diese Worte genügten[,] um ihn zum Schweigen zu bringen. Diese Worte genügten[,] ihn zum Schweigen zu bringen.* Zu diesem Zweifelsfall ↑ um zu / zu.

3 Zwei Infinitivgruppen mit *zu*

Das Nebeneinander von zwei Infinitivgruppen mit *zu,* die voneinander abhängen, sollte aus Gründen des Wohlklangs und der Deutlichkeit vermieden werden:

(Nicht:) Sie hatte die Gewohnheit[,] ihm zu verstehen zu geben, dass sie ihn für einen Trottel hielt. (Sondern:) Sie hatte die Gewohnheit[,] ihm deutlich zu zeigen, dass ...

(Nicht:) Er glaubt zu gehorchen zu haben. (Sondern:) Er glaubt, dass er zu gehorchen hat / gehorchen zu müssen.

(Nicht:) Sie ist nicht der Ansicht[,] pünktlich zu kommen zu brauchen. (Sondern:) Sie ist nicht der Ansicht[,] pünktlich kommen zu müssen.

4 Infinitiv oder 2. Partizip (Ersatzinfinitiv)

Bestimmte Verben stehen, wenn ihnen ein Infinitiv vorangeht, nicht im 2. Partizip, sondern selbst im Infinitiv (im so genannten Ersatzinfinitiv): *Ich habe kommen müssen* (nicht: *gemusst*). Dieser Gebrauch ist fest bei den ↑ Modalverben und bei *brauchen* (↑ brauchen [3]). Die Verben *heißen, lassen, sehen* stehen überwiegend im Infinitiv, *fühlen, helfen, hören* sowohl im Infinitiv als auch im 2. Partizip und *lehren, lernen, machen* im Allgemeinen nur im 2. Partizip (vgl. die angeführten Verben). Im Infinitiv des Perfekts tritt das 2. Partizip nur dann auf, wenn *haben* am Satzende steht:

Ich erinnere mich[,] ihn laufen *gesehen* zu *haben*. Ich erinnere mich[,] sie früher das Bild sehen *gelassen* zu *haben*.

Anders im Futur II, wo *haben* gewöhnlich voransteht *(Sie wird ihn haben laufen sehen. Er wird ihn haben / kommen lassen).*

5 Ersatz eines Infinitivs durch einen Hauptsatz mit *und*

Am häufigsten ist dieser Ersatz in Wendungen wie *so gut sein, die Güte haben* u. Ä.:

Sei so gut[,] mir das Buch zu geben. – Sei so gut und gib mir das Buch. Haben Sie doch die Güte[,] ihr das mitzuteilen. – Haben Sie doch die Güte und teilen Sie ihr das mit. Sie war so klug[,] in diesem Punkt einzulenken. – Sie war so klug und lenkte in diesem Punkt ein. Er ist imstande[,] dich sofort anzuzeigen. – Er ist imstande und zeigt dich sofort an.

In all diesen gleichermaßen korrekten Parallelkonstruktionen verleiht der selbstständige Hauptsatz der Aussage mehr Eigengewicht und Nachdruck. ↑ Komma (5).

6 Infinitiv im Aufforderungssatz

Wird der Infinitiv im Aufforderungssatz gebraucht, dann fällt bei reflexiven Verben das Reflexivpronomen aus:

Bitte beeilen! (Nicht: Bitte sich beeilen!) Nicht ärgern, nur wundern!

7 Groß- oder Kleinschreibung

Der Infinitiv kann in einem Satz Subjekt oder Objekt sein, ohne dass er deswegen zum Substantiv werden muss. Für die Groß- oder Kleinschreibung ist in solchen Fällen entscheidend, ob die von dem Infinitiv abhängenden Wörter den Kasus beibehalten, den sie bei verbaler Konstruktion des Satzes hätten *(Er quält ein Tier – Ein Tier quälen ist böse),* oder ob sie im Genitiv oder mit *von* angeschlossen werden *([Das] Quälen eines Tieres / von Tieren ist böse).* Im ersten Falle ist der Infinitiv kleinzuschreiben, denn ein Substantiv hat kein Objekt bei sich (also nicht: *ein Tier Quälen,* sondern: *ein Tier quälen.* Nicht: *Rohre Verlegen,* sondern: *Rohre verlegen).* Im zweiten Fall muss dagegen großgeschrieben werden, denn eine Verbform kann kein Attribut im Genitiv oder mit *von* bei sich haben (also nicht: *quälen eines Tieres,* sondern: *Quälen eines Tieres.* Nicht: *verlegen von Rohren,* sondern: *Verlegen von Rohren).* Weiteres ↑ Groß- oder Kleinschreibung (1.2.3), ↑ substantivierter Infinitiv (1).

8 Getrennt- oder Zusammenschreibung

Schreibt man die Grundform zusammen, dann schreibt schreibt man auch den Infinitiv mit *zu* in einem Wort: *Es hat doch keinen Sinn, jetzt wegzugehen* (wegen: *weggehen*); *er versuchte[,] im Unterricht besser mitzudenken* (wegen: *mitdenken*). Schreibt man die Grundform getrennt, dann wird auch der Infinitiv mit *zu* getrennt geschrieben: *Es hat mich gefreut, Sie kennen zu lernen* (wegen: *kennen lernen*); *Sie hätte große Lust gehabt[,] am Sonntag Rad zu fahren* (wegen: *Rad fahren*); *nicht dabei zu sein* (wegen: *dabei sein*), *machte ihr nichts aus.*

9 Verweise

Zum Komma beim Infinitiv ↑ Komma (5); zu *am / beim / im Weggehen sein* ↑ am / beim / im + Infinitiv + sein; zu *das Sichausweinen, das In-die-Knie-Gehen, das Außer-Acht-Lassen* ↑ substantivierter Infinitiv (1).

Infinitivgruppe: ↑ Infinitiv (1 – 3), ↑ Komma (5).

in Firma / im Hause: ↑ Brief (1.2).

infolge: Die Präposition *infolge* regiert den Genitiv: *infolge schlechten Wetters; infolge Versagens der Bremsen.* Wo der Genitiv, z. B. im Plural, nicht deutlich wird, wählt man besser die Konstruktion mit von: *infolge von Materialfehlern*. Vgl. auch ↑ aufgrund /durch / infolge / von / vor / wegen / zufolge.

Informand / Informant: Die beiden Wörter dürfen nicht verwechselt werden. *Der Informand* (Plural: *die Informanden*) ist jemand, der informiert werden soll (z. B. jemand, der einen Betrieb durch Arbeiten in verschiedenen Abteilungen kennen lernen soll). *Der Informant* (Plural: *die Informanten*) ist jemand, der Informationen gibt (z. B. an die Presse, die Polizei). ↑ -and / -ant.

informativ / informatorisch: Die beiden Wörter werden bisweilen verwechselt. Das Adjektiv *informativ* bedeutet »Einblicke, Aufklärung bietend, belehrend, aufschlussreich«: *Das Buch ist auch für den Laien sehr informativ*. Das Adjektiv *informatorisch* bedeutet dagegen »der vorläufigen Unterrichtung dienend, einen allgemeinen Überblick verschaffend«: *Sie gab einen ersten, rein informatorischen Bericht*.

infrage/in Frage: In neuer Rechtschreibung kann man zusammen- oder wie bisher getrennt schreiben. ↑ Getrennt- oder Zusammenschreibung (2.2.2).

in frühestens 20 Minuten / frühestens in 20 Minuten: ↑ Adverb (4).

-ingen: Zu den Ableitungen auf -er von Ortsnamen auf -ingen ↑ Einwohnerbezeichnungen auf -er (1).

Ingenieur: *des Ingenieurs Meyer /Ingenieur Meyers:* ↑ Titel und Berufsbezeichnungen (1.2 und 1.3).

Ingenieurin: ↑ Titel und Berufsbezeichnungen (3).

Inhaltsverzeichnis: Zur Zeichensetzung und zur Groß- oder Kleinschreibung ↑ ¹Punkt (2), ↑ Klammern (1.3).

in Hell Natur: ↑ in (2).

inklusive: Die in der Geschäftssprache übliche fremde Präposition *inklusive* wird nach dem Vorbild des deutschen *einschließlich* mit dem Genitiv verbunden, wenn der Kasus durch ein Begleitwort des abhängigen Substantivs deutlich wird: *inklusive aller Versandkosten, inklusive der genannten Beträge*. Das allein stehende starke Substantiv nach *inklusive* bleibt dagegen ungebeugt: *inklusive Porto, inklusive Behälter*. Im Plural wird bei starken allein stehenden Substantiven gelegentlich der Dativ gesetzt: *inklusive Abfällen, inklusive Gläsern* (statt: *inklusive Abfälle, inklusive Gläser*).

in Kraft treten / sein: In Fügungen dieser Art wird *in Kraft* immer getrennt und mit großem *K* geschrieben: *Die Verfügung tritt sofort in Kraft*. Die Zusammenschreibung *inkraft* ist also nicht korrekt. ↑ Getrennt- oder Zusammenschreibung (2.2).

in Kürze: Diese als stilistisch unschön geltende Fügung lässt sich in den meisten Fällen durch einfaches *bald* oder *demnächst* ersetzen.

in längstens zwei Jahren / längstens in zwei Jahren: ↑ Adverb (4).

in memoriam: Der auf *in memoriam* (= zum Gedächtnis) folgende Name bleibt stets ungebeugt, z. B.: *in memoriam Thomas Mann* (nicht: *in memoriam Thomas Manns*).

inmitten: Die Präposition *inmitten* regiert den Genitiv: *inmitten mächtiger Säulen, inmitten des Waldes*. Wo der Genitiv, z. B. im Plural, nicht deutlich wird, wählt man besser die Konstruktion mit *von*: *inmitten von Wäldern, inmitten von Bekannten und Freunden*.

Inn: Der Genitiv dieses Flussnamens kann mit oder ohne *s* gebildet werden: *des Inns* oder *des Inn*. ↑ geographische Namen (1.2).

in'n: Umgangssprachlich und mundartlich für *in den*. ↑ Präposition (1.2.1), ↑ Apostroph (1.2).

in Natur, hochglänzend: ↑ in (2).

innehaben: Bei dem Verb *innehaben* wird neben dem Infinitiv und dem Partizip auch die Personalform im Nebensatz zusammengeschrieben: *Sie soll diese Stellung noch innehaben. Er hat diese Stellung innegehabt. Wenn sie diese Stellung* *noch innehat ...* ↑ Getrennt- oder Zusammenschreibung (1.5).

innen: Das Adverb *innen* wird auch in Verbindung mit einer Präposition kleingeschrieben: *von innen nach außen; Farbe für außen und innen* (= zum Außen- und Innenanstrich). ↑ Groß- oder Kleinschreibung (1.2.1).

Inneres: Wenn *Inneres* einem stark deklinierten Adjektiv folgt, dann wird es heute gewöhnlich ebenfalls stark gebeugt: *mein ganzes Inneres* (nicht mehr sehr üblich: *Innere*). Im Dativ Singular kommt neben der starken auch noch die schwache Beugung vor: *eine Kutsche mit weißem Innerem* / (seltener schwach:) *Inneren.* ↑ substantiviertes Adjektiv (2.1.5).

innerhalb: 1. innerhalb der Mauern Berlins: Die Präposition *innerhalb* wird heute mit dem Genitiv verbunden: *innerhalb des Hauses, innerhalb dreier Monate, innerhalb Berlins.* Die früher übliche Verbindung mit dem Dativ gilt nicht mehr als korrekt, also nicht: *innerhalb den Mauern, innerhalb drei Monaten* und auch nicht: *innerhalb Berlin.* Bei Orts- und Ländernamen kann man jedoch ein *von* einschalten: *innerhalb von Berlin, von Bayern.* In diesem Falle ist *innerhalb* Adverb. Der Dativ nach *innerhalb* ist nur dann zulässig, wenn der Genitiv formal nicht zu erkennen ist, z. B.: *innerhalb fünf Monaten* (oder auch hier: *innerhalb von fünf Monaten*) oder wenn einem stark gebeugten Substantiv im Singular, das von *innerhalb* abhängt, ein ebensolches vorausgeht, z. B.: *innerhalb Karls schönem Hause.* ↑ Präposition (2).
2. innerhalb / zwischen: Die beiden Präpositionen dürfen nicht verwechselt werden, denn *innerhalb* bezieht sich auf ein größeres Ganzes, *zwischen* auf zwei oder mehrere Ganze. Es heißt also nicht: *die Beziehungen innerhalb der Völker Europas,* sondern: *... zwischen den Völkern Europas.* Richtig ist aber: *die sozialen Abstufungen innerhalb* (nicht: *zwischen*) *der Bevölkerung.*

inne sein: In neuer Rechtschreibung wird in allen Formen getrennt geschrieben, also auch im Infinitiv und im 2. Partizip: *Er wird des Verlustes bald inne sein. Sie ist dieses Erlebnisses inne gewesen. Wenn er des Verlustes inne ist ... Als er des Verlustes inne war ...* ↑ Getrennt- oder Zusammenschreibung (1.5).

innewerden: Bei dem Verb *innewerden* wird neben dem Infinitiv und dem Partizip nach den neuen Rechtschreibregeln auch die Personalform im Nebensatz zusammengeschrieben: *Er wird des Verlustes bald innewerden. Sie ist dieses Erlebnisses innegeworden. Wenn er des Verlustes innewird ... Als er des Verlustes innewurde ...*

in puncto: ↑ punkto.

ins: Diese Verschmelzung aus *in* und *das* wird ohne Apostroph geschrieben. ↑ Apostroph (1.2), ↑ Präposition (1.2.1).

in Sachen: Die Wendung *in Sachen* mit der Bedeutung »bezüglich ..., zum Thema ..., wegen ...« wird gewöhnlich mit dem Genitiv verbunden, wenn dem abhängigen Substantiv ein Artikel oder Pronomen vorangeht: *in Sachen des guten Geschmacks, in Sachen der Arbeitszeitverkürzung.* Fehlt das Begleitwort, steht meist der Nominativ: *in Sachen Umweltschutz, in Sachen neuer Dienstplan, in Sachen ungedeckte Wechsel.* Betrachtet man das abhängige Substantiv als Apposition zum alten Dativ Singular »in Sachen«, kann man jedoch auch auf den Dativ ausweichen: *in Sachen Druckern und Drucksystemen.*

insbesondere: 1. Das Adverb lautet nur *insbesondere.* Nicht korrekt ist die Form *insbesonders* (↑ Kontamination aus *besonders* und *insbesondere*).
2. Das Komma wird wie bei ↑ besonders gesetzt.

Inselnamen: Zu *auf / in Jamaika* ↑ auf / in / zu; zu *nach Kreta / auf die Malediven fliegen* ↑ in / nach / zu / bei.

Inserate: ↑ Anzeigen.

insgeheim: Der attributive Gebrauch ist

nicht zulässig; also nicht: *der insgeheime Beschluss.* ↑ Adverb (1).

insofern, insoweit: 1. zugehörige Konjunktion: Es muss heißen: *insofern – als; insoweit – als,* nicht: *insofern – dass; insoweit – dass : Er hat insofern unklug gehandelt, als er zu voreilig war.* Auch der Ersatz von *als* durch *weil* nach *insofern* gilt nicht als standardsprachlich. Das *als* kann aber ganz wegfallen: *Er hat unklug gehandelt, insofern er zu voreilig war.*
2. Komma: Zwischen *insofern / insoweit* und *als* steht kein Komma, wenn die Fügung als konjunktionale Einheit empfunden wird: *Er hatte unklug gehandelt, insofern als er zu voreilig war.* Wird die Fügung nicht als Einheit betrachtet, so kann ein Komma gesetzt werden, es muss aber nach den neuen Regeln nicht mehr stehen: *Er hatte einen richtigen Instinkt bewiesen, insofern, als er schon vor zwei Tagen darauf hinwies* oder: *... bewiesen, insofern als er schon vor zwei Tagen darauf hinwies.* Fällt *als* weg, dann leitet *insofern* oder *insoweit* als einzelne Konjunktion den Nebensatz ein: *Ich hatte keinen Grund zu Misstrauen, insofern Karl nur selten Geld in die Hand bekam. Insoweit es nur Reisebeschreibung sein will, ist das Buch ganz gut.*

in spätestens einer Stunde / spätestens in einer Stunde: ↑ Adverb (4).
Inspektor: Zu *des Inspektors Schulze / Inspektor Schulzes* ↑ Titel und Berufsbezeichnungen (1.2 und 1.3). Zur Kommasetzung bei der Verbindung von *Inspektor* mit einem Namen ↑ Komma (3.3.2).
instand / in Stand: 1. Rechtschreibung: In neuer Rechtschreibung kann man getrennt oder wie bisher zusammenschreiben. In Verbindung mit einem Verb wird *instand* von diesem Verb immer getrennt geschrieben: *eine Maschine instand / in Stand setzen. Er hat den Auftrag, den Garten instand / in Stand zu halten.* Auch in Verbindung mit einem Partizip wird nach den neuen Rechtschreibregeln immer getrennt geschrie-

ben: *der instand / in Stand zu setzende Motor, das instand / in Stand gebrachte Gerät.* ↑ Getrennt- oder Zusammenschreibung (2.2.3).
2. instand / in Stand setzen / in den Stand setzen: Da *instand / in Stand setzen* gewöhnlich im Sinne von »reparieren« gebraucht wird, ist der Bezug auf Menschen ungewöhnlich und veraltet allmählich: *Das Geld hat ihn instand / in Stand gesetzt, ein Haus zu bauen.* Hier sagt man besser: *... hat ihn in den Stand gesetzt, ein Haus zu bauen.*
Institutionennamen: Zu Problemen der Beugung und Kongruenz bei Namen von Institutionen wie *Deutsches Rotes Kreuz* ↑ Firmennamen.
Instrumenten-: Als Bestimmungswort von Zusammensetzungen erhält *Instrument* das Fugenzeichen *-en-: Instrumentenbau, Instrumentenkunde.* ↑ Fugenzeichen.
integrieren: Bei *integrieren in* steht wie bei *einfügen* im Allgemeinen der Akkusativ, weil man hier die Vorstellung der Richtung hat (Frage: wohin?): *jemanden in eine Gruppe, in ein Land integrieren.* Nur im Zustandspassiv, wo die Lagevorstellung in den Vordergrund tritt (Frage: wo?), kommt gelegentlich auch der Dativ vor: *Die Stahlwerke-AG ist in diesen / (auch:) in diesem Firmenring voll integriert.* Es heißt aber nur (Vorgangspassiv, Frage: wohin?): *Die Stahlwerke-AG ist in diesen Firmenring integriert worden.*
Intendant: 1. Der Genitiv lautet *des Intendanten,* der Dativ und Akkusativ *dem, den Intendanten* (nicht: *dem, den Intendant*). Auch in Verbindung mit *Herrn* und dem Namen ist es besser, den Titel zu beugen: *Herrn Intendanten Meyer.* ↑ Unterlassung der Deklination (2.1.2), ↑ Brief (1).
2. Zu *des Intendanten Meyer / Intendant Meyers* ↑ Titel und Berufsbezeichnungen (1.2 und 1.3).
Interesse: Es heißt *Interesse für* oder *Interesse an: ... der vielleicht einmal so wie er ein tiefes Interesse an der Medizin mit ei-*

nem nicht weniger großen Interesse für ihre Geschichte verbinden würde (Thorwald).

interessieren: Beim Gebrauch dieses Verbs ist die richtige Anwendung der Präpositionen zu beachten: **1. sich interessieren für:** *Ich interessiere mich für ihre Freundin, für dieses Buch, kaum für dieses Projekt.* **2. jemanden interessieren für / an:** *Sie versuchte mich für ihre Freundin, für das neue Buch zu interessieren. Ich konnte ihn nur schwer an diesem / für dieses Projekt* (nicht: *an dieses Projekt*) *interessieren.* **3. interessiert sein an:** *Ich bin an diesem Geschäft nicht interessiert. Er ist an mir interessiert.* Man gebraucht also die Präposition *an* + Dativ nicht in Verbindung mit reflexivem *sich interessieren* (nicht: *Er interessiert sich an diesem Buch,* sondern: *Er ist an diesem Buch interessiert*). Auch wird *an* hier immer mit dem Dativ verbunden. Anderseits gebraucht man die Präposition *für* nicht bei *interessiert sein* (nicht: *Er ist für dieses Buch interessiert*). Vgl. aber ↑ Interesse.

Interjektion: Interjektionen (Ausrufe-, Ausdrucks-, Empfindungswörter) sind Lautgebilde, mit denen Empfindungen und Aufforderungen ausgedrückt oder Laute nachgeahmt werden, z. B. *ach!, ah!, o[h]!, ei!, hu!, pfui!; miau!, muh!, tick-tack!* Außerhalb des Satzverbandes stehend, können sie auch Einwortsätze bilden: *Ach!* (Neben:) *Ach, das ist schade!* Die Schreibung der Interjektionen ist gelegentlich schwankend, oft entziehen sie sich überhaupt einer schriftlichen Fixierung. Großschreibung gilt nur für (meist an Artikel oder Pronomen erkennbare) Substantivierungen wie *dein Weh und Ach, ein erstauntes Oh, dieses politische Trara.* ↑ Ausrufezeichen (1), ↑ Komma (3.2.2).

Interpunktion (Zeichensetzung): ↑ Anführungszeichen, ↑ Auslassungspunkte, ↑ Ausrufezeichen, ↑ Bindestrich, ↑ Doppelpunkt, ↑ Fragezeichen, ↑ Gedankenstrich, ↑ Klammern, ↑ Komma, ↑ ¹Punkt, ↑ Semikolon.

Interrogativpronomen: Unter den Interrogativpronomen (Frage[für]wörtern) versteht man die Wörter *wer, was [für ein], welcher, welche, welches,* die einen Fragesatz einleiten: *Wer war das? Wen willst du einladen? Was ist das? Welches Buch möchtest du haben?* Das Interrogativpronomen *was* hat keine Dativform. Dafür tritt in der älteren Literatursprache und auch heute noch in der Umgangssprache öfter der Akkusativ *was* in Verbindung mit einer Präposition ein: *Zu was soll das denn alles gut sein? Mit was ist sie die ganze Zeit beschäftigt? An was fehlt es dir?* In der Standardsprache müssen diese Verbindungen durch die ↑ Pronominaladverbien *wozu, womit, woran* usw. ersetzt werden: *Wozu soll das denn alles gut sein? Womit ist sie die ganze Zeit beschäftigt? Woran fehlt es dir?*

Interrogativsatz: ↑ Fragesatz.

intervenieren: Bei *intervenieren in* »vermittelnd, protestierend eingreifen; sich einmischen« steht der Dativ (Frage: wo?): *in einem Streit intervenieren, im Kreml, im benachbarten Staat intervenieren.*

intransitiv: Als *intransitiv* (nicht zielend) bezeichnet man diejenigen Verben, die kein Akkusativobjekt nach sich haben können (z. B. *kommen, helfen, blühen*) oder die in einem bestimmten Zusammenhang ohne ihr sonst mögliches Akkusativobjekt stehen: *Er kocht gern* (gegenüber: *Er kocht Gemüse*). Vgl. im Unterschied dazu ↑ transitiv.

Invalide, der und die: Das Wort *Invalide* ist seiner Herkunft nach ein substantiviertes Adjektiv, wird aber als Maskulinum wie ein echtes Substantiv gebeugt: *der / ein Invalide,* Genitiv Singular: *des Invaliden,* Plural: *die zurückkehrenden Invaliden, zwei [alte] Invaliden.* Das Femininum wird dagegen adjektivisch gebeugt: *die / eine Invalide,* Genitiv Singu-

lar: *der Invaliden*, Plural: *die Invaliden*.
↑ substantiviertes Adjektiv (2.2.2).

Inversion: Von *Inversion* (ungerader Wortstellung oder Gegenstellung) spricht man dann, wenn nicht das Subjekt, sondern ein anderes Glied den Satz eröffnet und deshalb Subjekt und Verb (Finitum) den Platz wechseln: *Gestern war sie im Theater* gegenüber: *Sie war gestern im Theater.* Über den Gebrauch der Inversion nach *und* ↑ und (1).

investieren: Nach *investieren in* kann sowohl der Akkusativ als auch der Dativ stehen, je nachdem, ob *investieren* im Sinne von »etwas (meist Geld) in eine Sache hineinstecken« (Akkusativ) oder im Sinne von »etwas in einer Sache anlegen« (Dativ) gebraucht wird: *Sie hat ihr ganzes Geld in dieses Geschäft investiert. Einen Teil seines Kapitals hat er in einem großen Unternehmen investiert.*

in was / worin / worein: ↑ Pronominaladverb (4).

in Zeiten wie den heutigen / wie die heutigen: ↑ Apposition (3.5).

-ion / -ierung: ↑ Verbalsubstantiv (1.5).

i-Punkt: ↑ Bindestrich (2.4), ↑ Einzelbuchstaben, ↑ Groß- oder Kleinschreibung (1.2.5).

Irak, Iran: ↑ Staatennamen (1.4).

irden: Bei *irden* bleibt, wenn es dekliniert wird, das *e* der Endungssilbe gewöhnlich erhalten: *irdene Gefäße.* ↑ Adjektiv (1.2.13).

irgend: In neuer Rechtschreibung schreibt man, wie bisher schon *irgendein[er], irgendwer, irgendwelcher, irgendwas, irgendeinmal, irgendwann, irgendwie, irgendwo, irgendwoher, irgendwohin, irgendworan,* auch *irgendetwas* und *irgendjemand* zusammen.

irgendwelcher: Folgt dem Indefinitpronomen *irgendwelcher* ein [substantiviertes] Adjektiv oder Partizip, dann kann dies stark oder schwach gebeugt werden: *irgendwelches dummes / dumme Zeug; mit irgendwelchem altem / alten Plunder; von irgendwelcher tierischer / tierischen Her-*

kunft; die Meinung irgendwelcher kluger / klugen Leute, irgendwelcher Angestellter / Angestellten.

irgendwo: In der Umgangssprache wird *irgendwo* häufig im Sinne von *irgendwie, auf irgendeine Art oder Weise, in irgendeiner Hinsicht* verwendet *(Das ist doch irgendwo alles verrückt. Ich kann ihn irgendwo schon verstehen. Er tut mir irgendwo Leid).* Dieser Gebrauch ist standardsprachlich nicht korrekt.

irr / irre: Beide Formen sind ohne Bedeutungsunterschied gebräuchlich. Die Form ohne *e* ist etwas seltener. ↑ Adjektiv (1.2.14).

irritieren: Das Verb *irritieren* bedeutete ursprünglich »erregen, reizen, aufbringen, erzürnen«. Daneben kam durch volksetymologischen Anschluss an das deutsche Verb *irren* in der Umgangssprache die Bedeutung »verwirren, unsicher machen, stören« auf. Diese zweite Bedeutung hat sich allgemein durchgesetzt, sodass sie nicht mehr als falsch zu bezeichnen ist, z. B.: »*... der Hund muss weg, hörste? Der irritiert* (= stört) *mich!*« (Grass). *... wenn einmal eine Frau ihre Hand (ohne Handschuh) auf seine Hand legte, ... war er irritiert* (= verwirrt) *wie ein Knabe* (Frisch). *Lassen Sie sich durch die Kritik ihrer Gegner nicht irritieren* (= beirren).

ISBN-Nummer: ↑ Abkürzungen (2.1).

-isch: Die Adjektive auf *-isch* bilden den Superlativ durch Anhängen der Endung *-ste* (nicht: *-este*): *das närrischste, kindischste.* Nicht korrekt sind Formen ohne *s (närrischte).* ↑ Vergleichsformen (2.3).

-[i]sch / -[e]sch / -er[isch]: Zu *hallesch / hallisch, Mannheimer / mannheimerisch* ↑ Ortsnamen (3); zu *goethesch / goethisch* ↑ Personennamen (4).

-isch / -ig / -lich: ↑ -ig / -isch / -lich.

-isieren / -ieren: ↑ -ieren (3).

-ismus: Substantive auf *-ismus* bleiben im Singular ungebeugt, im Plural haben sie, falls der Plural gebräuchlich ist, durchgehend die Endung *-ismen: der Realismus, des Realismus; der Fanatismus, des Fanatismus; der Organismus, des Organismus, die Organismen*. Die Pluralendung *-ismusse*, die in der Umgangssprache gelegentlich auftritt, ist nicht korrekt (also nicht: *die Organismusse*).

Israeli / Israelit · israelisch / israelitisch: Das Wort *der Israeli*, Genitiv: *des Israeli[s]*, Plural: *die Israelis* ist die Bezeichnung für einen männlichen Angehörigen des (modernen) Staates Israel; die entsprechende feminine Form lautet: *die Israeli*, Genitiv: *der Israeli*, Plural: *die Israeli[s]*. Das Adjektiv *israelisch* bedeutet »zum Staat Israel gehörend«. Demgegenüber bedeutet *Israelit* »Angehöriger des Volkes Israel (im Alten Testament)«, das dazugehörige Adjektiv *israelitisch* »die Israeliten und ihre Religion und Geschichte betreffend, jüdisch«. Es heißt also: *das israelische Parlament, die israelische Außenpolitik*, aber: *israelitische Bräuche*.

-ist: Zur Deklination der Substantive auf *-ist* (*Militarist, Polizist, Publizist* usw.) ↑ Unterlassung der Deklination (2.1.2).

ist / sei / wäre: ↑ sei / wäre.

ist / sind: Zu *2 Pfund ist / sind zu viel* und *Drei und drei ist / sind sechs* ↑ Kongruenz (1.2.1 und 1.2.4).

italienisch: Klein schreibt man das Adjektiv: *die italienische Oper, eine italienische Nacht, der italienische Salat.* Groß schreibt man das Adjektiv in Namen: *die Italienische Republik* (amtliche Bezeichnung). Zur Schreibung von *sich italienisch unterhalten, [kein] Italienisch sprechen; etwas auf Italienisch sagen, in Italienisch drucken* usw. ↑ deutsch.

Italienisch[e], das: ↑ Sprachbezeichnungen.

Itzehoer: Die Einwohner von Itzehoe heißen *Itzehoer* (nicht: *Itzehoeer*). ↑ Einwohnerbezeichnungen auf -er (3).

iur. / jur.: ↑ jur. / iur.

i. V. / I. V.: **1. Groß- oder Kleinschreibung:** Die Abkürzung für *in Vertretung, in Vollmacht* wird mit kleinem *i* geschrieben, wenn sie der Bezeichnung einer Behörde, Firma u. dgl. folgt:

    Der Oberbürgermeister
        i. V. Meyer

Sie wird mit großem I geschrieben, wenn sie nach einem abgeschlossenen Text oder allein vor einer Unterschrift steht:

    Herr Direktor Müller wird Sie nach
    seiner Rückkehr sofort anrufen.
        I. V. Meyer

↑ Brief (5).

2. Zeichensetzung: Nach i. V. / I. V. stehen Abkürzungspunkte, auch wenn diese Abkürzung nicht mehr in vollem Wortlaut gesprochen wird. ↑ Abkürzungen (1.1).

j: Zu dem mundartlich wie *j* ausgesprochenen *g* (*Göre* ['jøːrə]) ↑ Aussprache (3). Zur Schreibung und Deklination ↑ Bindestrich (2.4) (*j-Aussprache);* ↑ Einzelbuchstaben (*des J, zwei J*); ↑ Groß- oder Kleinschreibung (1.2.5) (*das j in Boje*).

ja: 1. Klein schreibt man die Partikel: *aber ja, ach ja, nun ja. Das weißt du ja schon. Lass das ja sein.* Groß schreibt man die Substantivierung: *ein eindeutiges Ja, mit [einem] Ja antworten, stimmen, die Folgen ihres Ja[s].* Nach neuer Rechtschrei-

J

bung schreibt man groß oder wie bisher klein in Fällen wie: *Sie sagte, antwortete Ja /* (auch:) *ja. Du musst nicht immer zu allem Ja /* (auch:) *ja sagen. Seine Antwort war Ja /* (auch:) *ja.*
2. Das bekräftigende *ja* kann aus dem Satz herausgehoben und durch Komma abgetrennt werden: *Ja, freilich ist sie das! Ja, das wird gehen.* Aber meist ohne Komma: *ja doch, ja richtig, ja gewiss.* Darüber hinaus kann *ja* auch als ausdruckssteigerndes Adverb einen beigeordneten Satz oder Satzteil anschließen, der durch Komma abgetrennt wird: *Ich schätze sie, ja ich verehre sie. Es blies ein schneidend, ja abscheulich kalter Wind.*

Jacht / Yacht: Beide Schreibungen sind korrekt. Das seit dem 16. Jh. bezeugte deutsche Wort *Jacht* ist eine Kürzung aus älterem *Jagtschiff, Jag[e]schiff* »schnelles Verfolgungsschiff«. Die Schreibung *Yacht* kam durch englischen Einfluss auf. (Das englische *yacht* ist eine Entlehnung aus dem älteren niederländischen *jaght[e]* [= Jacht].)

Jahr: Zu *glückliches neues Jahr* ↑ neu (1).

Jahr- / Jahres-: 1. Zusammensetzungen mit *Jahr* als Bestimmungswort werden teils ohne Fugenzeichen, teils mit *-es-* gebraucht. Fest ohne Fugenzeichen: *Jahrbuch, Jahrgang, Jahrmarkt, Jahrweiser* (= Kalender) u. a. Fest mit Fugenzeichen: *Jahresbericht, Jahreseinkommen, Jahresfrist, Jahrestag, Jahreswende, Jahreszahl, Jahreszeit* u. a. ↑ Fugen-s (3).
2. Zu *Jugendliche bis zu 17 Jahren / bis 17 Jahre* ↑ bis (4); zu *dieses / diesen Jahres* ↑ dieser, diese, dieses (1); zu *es ist / sind 2 Jahre her* ↑ es ist / sind zwei Jahre her; zu *ab 14 Jahren / Jahre* ↑ ab (1).

Jahreszahl: 1. Jahreszahlen werden als Zahlwörter (Numerale [1]) kleingeschrieben: *Wir schreiben [das Jahr] neunzehnhundertneunundneunzig. Es geschah [um das Jahr] zwölfhundert. Die sechziger Jahre* (in neuer Rechtschreibung auch: *Sechzigerjahre*) *werden uns allen unvergesslich bleiben.*
2. Die Jahreszahlen von 1100 bis 1999 werden nach Hundertern zusammengefasst. Man sagt also für *1997 neunzehnhundertsiebenundneunzig* (nicht: *[ein]tausendneunhundertsiebenundneunzig*). Die Jahreszahlen ab 2000 werden dagegen nach Tausendern zusammengefasst. Man sagt also für *2003 zweitausend[und]drei.*
3. Bei Datumsangaben (↑ Datum, ↑ Brief [2]) steht nach der Jahreszahl kein Punkt (nur: *18. 2. 99*). Die im angelsächsischen Bereich verbreitete Schreibung der verkürzten Jahreszahl mit Apostroph ist im Deutschen nicht üblich: *Ende 97 stieg die Arbeitslosenzahl noch einmal an.*
4. Zu der Fügung *in 1999* ↑ in (3), ↑ Amerikanismen / Anglizismen (3).

Jahrhundertwende / Jahrtausendwende: Da unsere Zeitrechnung ein Jahr 0 nicht kennt, sondern mit dem Jahr 1 (nach Christi Geburt) beginnt, endet z. B. das zwanzigste (nachchristliche) Jahrhundert und mit ihm das zweite (nachchristliche) Jahrtausend am 31. Dezember 2000 um 24 Uhr. Das neue Jahrzehnt / Jahrhundert / Jahrtausend beginnt nach dieser Überlegung also erst am 1. Januar 2001 um 0 Uhr. Dennoch hat es sich weithin eingebürgert, die Jahre, in deren Jahreszahlen die letzten Ziffern Nullen sind, als Anfänge des jeweiligen neuen Jahrzehnts, Jahrhunderts oder Jahrtausends anzusehen. Das mag unter anderem vielleicht auch damit zusammenhängen, dass die so genannten »runden« Zahlen traditionell zum Anlass für besondere Geburtstags- oder Jubiläumsfeiern genommen werden und dort tatsächlich die Wende zum neuen Jahrzehnt oder Jahrhundert markieren.

-jährig / -jährlich: Zusammensetzungen mit *-jährig* geben eine Zeitdauer oder das Alter an: *ein zweijähriger Aufenthalt, ein zweijähriges Kind.* Zusammensetzungen mit *-jährlich* geben eine Zeitspanne an, nach deren Ablauf sich etwas wiederholt: *alljährliche Verleihung des*

Preises, halbjährliche Bezahlung. In diesem Sinne bedeutet der Ausdruck *halbjährige Kündigung*, dass die Kündigungsfrist ein halbes Jahr dauert, dagegen besagt *halbjährliche Kündigung*, dass sich die Möglichkeit der Kündigung jedes halbe Jahr wiederholt. ↑ *-ig* / *-isch* / *-lich* (1). Zu der Fügung *das 25-jährige Jubiläum* ↑ Jubiläum.

Jalta-Abkommen: ↑ Bindestrich (6.1).

Januar: ↑ Monatsnamen.

Jauche[n]-: Die Zusammensetzungen mit *Jauche* als Bestimmungswort haben teils das Fugenzeichen *-en-* teils *-e-* (Endung des Nominativs Singular): *Jauchengrube* / *Jauchegrube*, *Jauchenwagen* / *Jauchewagen*.

je: 1. Rektion: Wird *je* als Präposition in der Funktion von *für*, *pro* gebraucht, dann regiert es gewöhnlich den Akkusativ: *je beschäftigten Arbeiter* (= pro beschäftigten Arbeiter), *je berufstätige Frau* (= für jede berufstätige Frau), *je verkaufte Kilowattstunde* (= pro verkaufte Kilowattstunde). Das Wort kann aber in diesem Sinnbereich auch wie ein Adverb gebraucht werden und übt dann keine Rektion aus: *je beschäftigter Arbeiter*.

2. je – desto, je – umso, je – je: Die Korrelate zu der Konjunktion *je* sind *desto* und *umso* sowie das in dieser Stellung seltene und veraltende *je*: *Je intensiver er an dem Roman arbeitete, desto geringer wurde der Einfluss Gustav Bugenhagens* (Jens). *Je weiter südlich und je weiter die durchzuführende Schwenkung, umso weiter war der Weg …* (Plievier). Selten: *Er kann ja nicht dafür, dass die CDU ihn je mehr fürchtet, je unglaublicher seine Geniestreiche werden* (Augstein). Allerdings ist *je – je* noch geläufig in kurzen Verbindungen wie *je länger, je lieber; je länger, je mehr.*

3. je ein Exemplar wurde / wurden an sie geschickt: In Verbindung mit dem Zahlwort *ein* bezieht sich *je* zwar auf mehrere Exemplare, meint aber jedes Exemplar einzeln. Das Prädikat darf deshalb hier nur im Singular stehen: *Je ein Exemplar dieser Bücher wurde an sie geschickt.*

jeder: 1. Deklination des folgenden Adjektivs: Nach *jeder, jede, jedes* wird das folgende Adjektiv schwach dekliniert: *jeder weitere Versuch, jedes einzelne Buch, die Rinde jedes alten Baumes, ein jeder Deutsche, ein jedes Seiende.*

2. jedes / jeden Einflusses: Steht das Pronomen *jeder (jedes)* bei einem stark gebeugten männlichen oder sächlichen Substantiv, dann hat es im Genitiv Singular statt der starken Endung *-es* häufig auch die schwache Endung *-en*. Beides ist korrekt: *jedes / jeden Einflusses bar; am 10. jedes / jeden Monats.* Geht aber der stark gebeugte unbestimmte Artikel voraus, dann wird das Pronomen nur schwach gebeugt: *am 10. eines jeden Monats.* Umgekehrt wird das Pronomen im Genitiv immer stark gebeugt, wenn ihm ein Adjektiv folgt: *die Rinde jedes alten Baumes.*

3. jeder, der / wer: Der auf *jeder, jede, jedes* folgende Relativsatz wird nicht mit *wer / was*, sondern mit *der / das* eingeleitet: *Jeder, der* (nicht: *wer*) *kommt …*

4. Jeder Kunde und jede Kundin ist / sind: Sind singularische Subjekte, denen *jeder, jede, jedes* vorangeht, durch *und* verbunden, dann steht das gemeinsame Verb (Finitum) meist im Singular, weil *jeder* als stark vereinzelnd empfunden wird: *Jeder Junge und jedes Mädchen bekommt ein Eis.* Der Plural des Verbs ist jedoch ebenfalls möglich, weil die beiden Substantive als mehrteiliges Subjekt erscheinen: *Jeder Ehemann und jede Ehefrau durften sich selbst entscheiden, ob …* (Mannheimer Morgen). ↑ Kongruenz (1.3.8).

5. Zu *an einem Tag wie jedem anderen / jeder andere* ↑ Apposition (3.5); zu *jeder / jede* ↑ Gleichstellung von Frauen und Männern in der Sprache.

jeder / jedermann / jemand: ↑ Gleichstellung von Frauen und Männern in der Sprache (2.4).

jeder Achte, jeder Dritte usw.: Hier ist

nach der neuen Rechtschreibung nur die Großschreibung möglich. ↑ achte / Achte.

jedes Mal: In neuer Rechtschreibung wird nur noch getrennt geschrieben: *Er kommt jedes Mal zu spät.* Die bisherige Zusammenschreibung *(jedesmal)* gilt dann nicht mehr als korrekt.

je – desto / je – je / je – umso: Zwischen den mit *je* und *desto, je, umso* verbundenen Sätzen oder Satzteilen steht immer ein Komma: *Er wird desto bescheidener, je älter er wird. Je länger ich sie kenne, umso lieber habe ich sie. Wir sind je länger, je mehr von seiner Ehrlichkeit überzeugt.* ↑ je (2).

jedoch: 1. Inversion: Nach *jedoch* kann Inversion eintreten: *Jedoch eilte er davon.* Aber ebenso ohne Inversion: *Jedoch er eilte davon.* ↑ doch / jedoch.
2. Komma: Vor *jedoch* steht ein Komma, wenn es Satzteile oder Sätze verbindet: *Er strengte sich mächtig an, jedoch vergebens. Er rief sie zwar, jedoch sie hörte ihn nicht.* Ein mit *jedoch* eingeleiteter Satz kann aber auch durch ein Semikolon oder einen Punkt abgetrennt werden: *Ich wollte ihr helfen; jedoch sie ließ es nicht zu.* Oder: *... ihr helfen. Jedoch sie ließ es nicht zu.*
3. jedoch / doch: ↑ doch / jedoch.

jedweder: Das Pronomen *jedweder* steht nachdrücklich für *jeder,* kommt aber nur noch in gehobener Sprache vor. **1. Deklination:** Vor dem Genitiv Singular eines stark gebeugten Maskulinums oder Neutrums wird *jedweder* schwach dekliniert: *jedweden Tisches, jedweden Buches.* Folgt aber ein Adjektiv, dann wird *jedweder* auch stark dekliniert: *jedwedes / jedweden wackeren Mannes.*
2. Deklination des Adjektivs nach *jedweder:* Das auf *jedweder, jedwede, jedwedes* folgende [substantivierte] Adjektiv wird schwach dekliniert: *jedwedes neue Verfahren, jedweder Angestellte.*

jeglicher: Das Pronomen *jeglicher* wird selten und nur in gehobener Sprache für *jeder* gebraucht. **1. Deklination von *jegli-***

cher: Vor dem Genitiv Singular eines stark gebeugten Maskulinums oder Neutrums wird *jeglicher (jegliches)* schwach dekliniert, auch wenn ihm ein Adjektiv folgt: *... Inhaber jeglichen politischen Willens* (Sieburg).
2. Deklination des Adjektivs nach *jeglich:* Das auf *jeglicher, jegliche, jegliches* folgende Adjektiv oder substantivierte Adjektiv wird schwach dekliniert: *jegliches neidische Gefühl, jeglicher Angestellte.*

jeher: Es heißt *von jeher* oder *seit je* (nicht: *seit jeher*). ↑ Kontamination.

jemand: 1. Der Genitiv von *jemand* lautet *jemandes* oder *jemands.* Dativ und Akkusativ können undekliniert, aber auch dekliniert sein *(jemand[em], jemand[en]): Es fiel ihm schwer, jemand / jemandem zu widersprechen. Ich ... tue, als winke ich jemand auf der Straße zu* (Remarque). – Der schwache Dativ *jemanden* ist nicht standardsprachlich: *Nichts, was jemandem* (nicht: *jemanden) etwas bedeuten könnte.* Im Akkusativ wird die endungslose Form oft vorgezogen: *Haben Sie jemand* (seltener: *jemanden) getroffen?*
2. Vor *anders* und vor einem flektierten Adjektiv ist die endungslose Form *jemand* heute üblicher als die deklinierte: *Sie sprach von jemand anders* (↑ andere), *mit jemand Fremdem.*
3. In den Fügungen *jemand anders* und *jemand* + substantiviertes neutrales Adjektiv können *anders* und das Adjektiv unverändert in allen Kasus stehen: *von / an jemand anders, von / an jemand Fremdes.* Das kommt daher, dass diese Formen ursprünglich Genitive des Neutrums waren. Beim substantivierten Adjektiv ist jedoch die Beugung üblicher: *mit jemand Fremdem, an jemand Fremden.* Nicht standardsprachlich ist der Gebrauch des Maskulinums im Nominativ: *Das ist jemand Fremder.*

Jemen: ↑ Staatennamen (1.4).

je nachdem: Bei der Konjunktion *je nachdem* schreibt man *nachdem* in einem Wort: *Je nachdem, wie es mir gefällt.* Anders ist es bei dem Satz *Je nach dem In-halt der Aussage* ... Hier ist *nach* Präposition, der ein Artikel oder Pronomen

folgt. Man schreibt deshalb getrennt. Zur Kommasetzung vgl. die unten stehende Tabelle.

Kommasetzung bei *je nachdem*

In der Verbindung *je nachdem, ob / wie* kann *je nachdem* zum Hauptsatz gehören oder als Auslassungssatz für sich stehen. In beiden Fällen steht vor *ob* oder *wie* ein Komma:	Empfindet man die Wortverbindung als Einheit, dann leitet *je nachdem ob / wie* einen untergeordneten Verhältnissatz ein. Das Komma steht vor der ganzen Fügung:
Wir entscheiden uns *je nachdem, ob* er kommt oder nicht.	Wir entscheiden uns, *je nachdem ob* er kommt oder nicht.
Je nachdem, ob er kommt oder nicht, entscheiden wir uns dann.	*Je nachdem ob* er kommt oder nicht, entscheiden wir uns dann.
Wir gehen aus oder bleiben da, *je nachdem,* wie du willst. (Für: ... das geschieht *je nachdem, wie* ...)	Wir gehen aus oder bleiben da, *je nachdem* wie du willst.

J

Jenaer / Jenenser: Die Einwohner von Jena heißen *Jenaer* oder auch *Jenenser. Jenaer* wird immer großgeschrieben, auch wenn das Wort wie ein flexionsloses Adjektiv vor einem Substantiv steht: *das Jenaer Glas, der Jenaer Marktplatz, die Jenaer Sternwarte.* ↑ Einwohnerbezeichnungen auf -er (2, 3 und 7).

jener: 1. Deklination: Das Pronomen *jener* wird immer stark gebeugt: *Ich erinnere mich jenes* (nicht: *jenen*) *Tages. Die Form jenes* (nicht: *jenen*) *Tisches.*

2. Deklination des folgenden Adjektivs: Das auf *jener* folgende Adjektiv wird immer schwach gebeugt: *mit jenem alten* (nicht: *altem*) *Hut, wegen jenes hübschen* (nicht: *hübsches*) *Kleides, wegen jener guten* (nicht: *guter*) *Freundin.*

3. jener / der[jenige]: Es ist falsch, *jener* anstelle von *derjenige* oder hinweisendem *der* zu gebrauchen. Also nicht: *Jener, der das getan hat* ... Sondern: *Derjenige, der das getan hat* ... Oder: *Der, der das getan hat* ... Nicht: *Das sind meine Absichten und jene meiner Kollegen.* Son-

dern: *Das sind meine Absichten und die meiner Kollegen.*

4. jener / er: Falsch ist auch der Gebrauch von *jener* anstelle eines einfachen Personalpronomens. Also nicht: *Er wird sehr gelobt, obgleich jener es nicht verdient.* Sondern: *Er wird sehr gelobt, obgleich er es nicht verdient.*

5. jener / dieser: Das Pronomen *jener* weist auf ein vom Sprechenden räumlich oder zeitlich entferntes Wesen oder Ding hin, *dieser* dagegen auf ein ihm näheres (↑ dieser, diese, dieses [5]): *Jenes Haus [dort] ist rot. Dieses Haus [hier] ist weiß.* Häufig wird *jener* jedoch auch einfach hinweisend gebraucht, ohne dass Bezug auf etwas Entfernteres genommen werden soll: *Ich kenne ihre Familie seit langem und schätze die Denkungsart jener Menschen sehr.*

jenseits: Als Präposition wird *jenseits* mit dem Genitiv verbunden: *jenseits des Gebirges; jenseits des Burggrabens; die Autobahn jenseits Frankfurts.* Es ist hierbei nicht korrekt, einen Ortsnamen ungebeugt zu lassen. Man kann aber ein *von* einschalten: *jenseits von Frankfurt.* In diesem Falle ist *jenseits* Adverb.

Jesus [Christus]: Die Beugungsformen lauten im Genitiv *Jesu [Christi]*, im Dativ *Jesu [Christo]*, im Akkusativ *Jesum [Christum]* und im Vokativ *Jesu [Christe]*. Der Name bleibt allerdings, außer im Genitiv, heute meist ungebeugt: *mit / für Jesus [Christus]*. Keine Beugung tritt ein, wenn *Herr* vorausgeht: *das Leiden des / unseres Herrn Jesus* (nicht mehr: *Herrn Jesu*); *der Glaube an den / unseren Herrn Jesus* (nicht mehr: *Herrn Jesum*). ↑ Herr (2).

jetzt – jetzt: Wenn *jetzt* mit weiterem *jetzt* in Wechselbeziehung steht, dann muss vor diese ein Komma gesetzt werden: *Jetzt wird er blass, jetzt rot, jetzt wieder blass, jetzt beginnt er zu weinen.*

je – umso: Zum Komma vgl. ↑ je – desto / je – je / je – umso.

Jg. / Jgg. · Jh.: ↑ Abkürzungen (3.1).

Joghurt / Jogurt: 1. Rechtschreibung: In neuer Rechtschreibung ist neben *Joghurt* auch die eingedeutschte Form *Jogurt* korrekt.
2. Genus: Es heißt *der* oder (österr. nur:) *das*, ugs. auch *die Joghurt / Jogurt.*

Jointventure / Joint Venture: In neuer Rechtschreibung kann man bei Fremdwörtern eine Verbindung aus Adjektiv und Substantiv zusammenschreiben. Man kann aber auch getrennt schreiben. Dabei tritt für das Substantiv die Großschreibung ein: *Jointventure /* (auch:) *Joint Venture* (bisher: *Joint-venture*).

Joule: Die Maßeinheit *das Joule* (Genitiv: *des Joule[s]*, Plural: *die Joule*; Zeichen: *J*), wird nach DIN und anderen Organisationen [dʒuːl] ausgesprochen; sonst kommt auch [dʒaul] vor.

Jubiläum: Im Grunde ist es falsch, von einem z. B. *vierzigjährigen Jubiläum* zu sprechen, weil damit eigentlich ausgedrückt wird, das Jubiläum sei vierzig Jahre alt. Diese Fügung hat sich jedoch so sehr eingebürgert, dass sie nicht mehr

als falsch empfunden wird. Besser ist es aber, stattdessen zu sagen: *das Jubiläum der vierzigjährigen Zugehörigkeit, des fünfundzwanzigjährigen Bestehens* u. Ä. Die Verbindung von *Jubiläum* mit einer Ordnungszahl ist nur möglich, wenn ein bestimmtes Jubiläum gemeint ist, das beliebig oft gefeiert werden kann, z. B. *Wir feiern in unserem Betrieb schon das 25. zehnjährige Jubiläum einer Kollegin / eines Mitarbeiters.*

Juchten: Das Substantiv *Juchten* hat männliches oder sächliches Geschlecht. Es heißt *der Juchten* oder *das Juchten.*

jucken: Bei unpersönlichem Gebrauch in der Bedeutung »einen Juckreiz verursachen« steht das Objekt im Akkusativ: *Es juckt mich [am Arm].* Wird als Subjekt ein Körperteil genannt, dann kann das Objekt im Dativ oder im Akkusativ stehen: *die Hand juckt mir / mich.* Beide Formen sind korrekt. Das Gleiche gilt bei übertragenem Gebrauch, wenn ein Körperteil genannt wird: *Es juckt mir / mich in den Beinen* (= ich möchte tanzen). *Es juckt mir / mich in den Fingern, dir eine Ohrfeige zu geben. Sie / Ihr juckt das Fell* (= sie wird übermütig). Wird aber nur die Person genannt, dann muss sie im Akkusativ stehen: *Ihn juckt nur das Geld. Was juckt mich das?*

Jugendliche bis zu 17 Jahren / bis 17 Jahre: ↑ bis (4).

Juli: Die Form *Julei* kann verdeutlichend beim Sprechen gebraucht werden um einer Hörverwechslung zwischen *Juli* und *Juni* vorzubeugen. In geschriebenem Text ist sie sinnlos. ↑ Monatsnamen.

jung: Klein schreibt man das Adjektiv: *das junge Mädchen. Er ist jung.* Groß schreibt man *jung* in Namen: *Jung Siegfried, Lucas Cranach der Jüngere (d. J.), das Junge Deutschland* (= Dichtergruppe des 19. Jh.s). Groß schreibt man das substantivierte Adjektiv: *Streit zwischen Jung[en] und Alt[en]* (= jüngerer und älterer Generation). In neuer Rechtschreibung schreibt man jetzt auch groß in unveränderlichen Verbindungen wie *Jung und Alt* (= jedermann). Dagegen bleibt es bei der Kleinschreibung bei *von jung auf.* ↑ Groß- oder Kleinschreibung (1.2.1).

Junge: In den Bedeutungen »Knabe, junger Mann« ist *Junge* ein Maskulinum: *der Junge.* Der Genitiv lautet: *des Jungen* (nicht: *des Jungens*). Der Plural lautet: *die Jungen,* umgangssprachlich auch: *die Jungens* und *die Jungs.* In der Bedeutung »neugeborenes oder junges Tier« ist *Junge* ein Neutrum: *das Junge.* Der Plural lautet nur: *die Jungen.* ↑ substantiviertes Adjektiv (2.2.2).

jünger: 1. ein jüngerer Herr: Als Komparativ (1. Vergleichsstufe) von *jung* braucht sich *jünger* immer auf dieses Adjektiv zu beziehen, sondern kann auch im Sinne von »noch nicht alt« gebraucht werden: *Ein jüngerer Herr hat nach dir gefragt. Damals waren wir noch jünger.* ↑ Vergleichsformen (1).

2. jüngere / jüngre Menschen: Bei den deklinierten Formen von *jünger* wird das *e* der zweiten Silbe gewöhnlich nicht ausgestoßen: *jüngere Menschen, jüngeren Datums.*

Juni: Die Form *Juno* kann verdeutlichend beim Sprechen gebraucht werden um einer Hörverwechslung zwischen *Juni* und *Juli* vorzubeugen. In geschriebenem Text ist sie sinnlos. ↑ Monatsnamen.

junior / Junior: In Verbindung mit einem Ruf- oder Familiennamen wird *junior* (Abkürzung: *jr.* oder *jun.*) immer kleingeschrieben: *Haben Sie Herrn Becker junior gesehen?* Vor *junior* steht kein Komma (↑ Komma [3.3.2]). Groß schreibt man dagegen das substantivierte Adjektiv *der Junior* (= Juniorchef einer Firma; Sohn; ugs.). Der Genitiv von *Junior* lautet *des Juniors,* der Nominativ Plural lautet *die Junioren.* In der Bedeutung »junger Sportler« wird das Wort meist im Plural gebraucht.

jur. / iur.: Die Abkürzung *jur.* steht nicht nur für *juristisch* oder *juridisch,* sondern auch, wie die Abkürzung *Dr. jur.* (nicht: *iur.*) für *doctor juris* (= Doktor der Rechtswissenschaft) zeigt, für den Genitiv des lateinischen Wortes für »Recht« (ius, Genitiv: iuris). Die Schreibung mit *j* statt *i* (*juris* statt *iuris*) kam bereits im nachklassischen Latein auf und ist dann durch die mittellateinische Rechtssprache üblich geworden.

Juwel: Im Sinne von »Edelstein« heißt es *der Juwel* oder *das Juwel.* Der Plural wird schwach gebeugt: *die Juwelen.* Im übertragenen Sinne von »Wertvolles, Kostbarkeit« hat *Juwel* nur neutrales Genus: *das Juwel (Als Hausmann bist du ein wahres Juwel!).* Der Plural wird hier stark gebeugt: *die Juwele.*

K

k: Zur Schreibung und Deklination ↑ Bindestrich (2.4) *(k-Laut);* ↑ Einzelbuchstaben *(des K, zwei K);* ↑ Groß- oder Kleinschreibung (1.2.5) *(das k in Bake).*

Kabrio / Kabriolett: Die Kurzform *das Ka-*

brio (auch: *Cabrio;* Genitiv: *des Kabrios,* Plural: *die Kabrios*) wird auf dem langen *a* betont, die Vollform *das Kabriolett* (auch: *Cabriolet;* Genitiv / Plural: *des / die Kabrioletts*) bei deutscher Aussprache auf dem kurz gesprochenen *e*, bei französischer Aussprache (besonders österr.) auf dem lang gesprochenen *e* (mit stummem *-t*).

Kaffee: Das Genitiv-s des stark gebeugten Substantivs *Kaffee* darf nicht, wie es gelegentlich geschieht, weggelassen werden: *das Aroma dieses Kaffees* (nicht: *dieses Kaffee*).

Kaffee / Café: ↑ Café / Kaffee.

Kaffeeersatz: ↑ Bindestrich (2.3).

Kaffeehausnamen: ↑ Gebäudenamen.

Kaiser: Zum Genitiv *des Kaisers Karl des Großen / Kaiser Karls des Großen* ↑ Titel und Berufsbezeichnungen (1.2 und 1.3).

Kaiserslauterer: Die Einwohner von Kaiserslautern heißen *Kaiserslauterer* (nicht: *Kaiserslauterner*). *Kaiserslauterer* wird immer großgeschrieben, auch wenn das Wort wie ein flexionsloses Adjektiv vor einem Substantiv steht: *Kaiserslauterer Bürger* ↑ Einwohnerbezeichnungen auf *-er* (1 und 7).

Kajak: Das Substantiv *Kajak* wird als Maskulinum, seltener auch als Neutrum gebraucht: *der Kajak,* auch: *das Kajak.* Der Plural lautet *die Kajaks,* seltener auch *die Kajake.*

Kakerlak: Das Substantiv *der Kakerlak* kann im Singular stark oder schwach dekliniert werden. Genitiv Singular: *des Kakerlaks* oder *des Kakerlaken.* Der Plural ist schwach: *die Kakerlaken.*

Kaktus: Der Genitiv von *Kaktus* lautet *des Kaktus,* der Plural lautet standardsprachlich *die Kakteen.* In der Umgangssprache kommt auch die Pluralform *die Kaktusse* vor, wenn Einzelstücke der Pflanze gemeint sind. In Österreich sagt man *des Kaktus* oder *des Kaktusses,* Plural: *die Kakteen* oder *die Kaktusse.*

Kalb- / Kalbs-: Die meisten Zusammensetzungen mit *Kalb* als Bestimmungswort haben ein Fugen-s: *Kalbsbraten, Kalbsbrust, Kalbshachse, Kalbsleber, Kalbsschnitzel.* Bei *Kalb[s]fell* und *Kalb[s]leder* kann das *s* stehen oder fehlen. Nur *Kalb-*

fleisch wird ohne *s* verwendet. ↑ Fugen-s (3).

Kalenderblock: Der Plural von *Kalenderblock* lautet *die Kalenderblocks.* ↑ Block.

Kalkül: Fachsprachlich im Sinne von »Methode, mit deren Hilfe bestimmte mathematische Probleme systematisch behandelt und automatisch gelöst werden können«, heißt es *der Kalkül* (Genitiv: *des Kalküls,* Plural: *die Kalküle*). Gemeinsprachlich im Sinne von »etwas im Voraus abschätzende Berechnung, Überlegung« wird neben *der* überwiegend *das Kalkül* (Plural: *die Kalküle*) gesagt *(etwas ins Kalkül ziehen).* In Österreich gilt nur *das Kalkül.*

kalt: Getrennt schreibt man *kalt* vom folgenden Verb, wenn das Adjektiv gesteigert oder erweitert werden kann: *Das Wetter war [sehr] kalt geblieben. Er hat den Wein kalt, noch kälter gestellt.* Neu: *Das wird sie [vollkommen] kalt lassen* (= nicht beeindrucken). Zusammen schreibt man, wenn nicht gesteigert oder erweitert werden kann: *Er hat ihn kaltgemacht* (= umgebracht). *Sie haben ihn kaltgestellt* (= einflusslos gemacht). Mit der gleichen Begründung werden die fachsprachlichen Verben *kaltschweißen, kaltwalzen* und das Adjektiv *kaltgepresst* (von Ölen) zusammengeschrieben. ↑ Getrennt- oder Zusammenschreibung (1.2).

kalter / Kalter Krieg: 1. Das Adjektiv *kalt* wird in dieser Fügung kleingeschrieben, wenn es sich ganz allgemein um einen Konflikt ohne Waffengewalt zwischen Staaten unterschiedlicher ideologischer Machtblöcke handelt. Dagegen wird in neuer Rechtschreibung großgeschrieben, wenn der historische Konflikt zwischen den USA und der UdSSR nach dem 2. Weltkrieg gemeint ist.

2. ↑ Amerikanismen / Anglizismen (1.2).

Kamerad: Der Genitiv lautet *des Kameraden,* der Dativ und Akkusativ lauten *dem, den Kameraden* (nicht: *dem, den Kamerad*). ↑ Unterlassung der Deklination (2.1.2).

Kamin: Das Substantiv hat maskulines Genus: *der Kamin.* In der Schweiz ist jedoch das Neutrum *das Kamin* üblich.

Kammersängerin: Die korrekte Anrede lautet *Frau Kammersängerin* (nicht: *Frau Kammersänger*). ↑ Titel und Berufsbezeichnungen (3).

kämpfen: Im Sinne von »seine Kräfte für etwas einsetzen um etwas zu verwirklichen oder zu erhalten« kann *kämpfen* mit den Präpositionen *für* und *um* gebraucht werden. Die Präposition *für* steht dann, wenn das Erreichen einer Sache ausgedrückt werden soll: *Frauen, die für die Gleichberechtigung auch auf diesem Gebiet kämpfen. Man kann eine Sache wollen und für sie kämpfen* (Gaiser). Die Präposition *um* steht oft dann, wenn das Bewahren und Erhalten einer Sache ausgedrückt werden soll: *Wir werden Bürger des Reiches sein, um dessen Sicherheit jetzt von unseren Braven gekämpft wird* (Langgässer). *Es war die gleiche Zeit, zu der Cornils im Wasser um sein Leben kämpfte* (Gaiser). Doch sagt man auch *um mehr Selbstständigkeit, um Anerkennung kämpfen,* wo ein Ziel (der »Kampfpreis«) gemeint ist.

Kanalisation / Kanalisierung: ↑ Verbalsubstantiv (1.5).

Känguru: In neuer Rechtschreibung schreibt man *Känguru* wie andere Tierbezeichnungen aus fremden Sprachen *(Gnu, Kakadu, Emu)* ohne *h* am Ende.

Kanne: Das Gemessene nach *Kanne: eine Kanne Kaffee* (nicht: *Kaffees*); *eine Kanne duftender Kaffee* (gehoben: *duftenden Kaffees*); *mit drei Kannen heißem Tee* (gehoben: *heißen Tees*). ↑ Apposition (2.2), ↑ Maß-, Mengen- und Münzbezeichnungen (1 und 2).

Kanzleisprache: ↑ Papierdeutsch.

Kanzler: ↑ Brief (7).

Kapital: Das Wort hat zwei Pluralformen: *die Kapitale* und (österr. nur so:) *die Kapitalien.*

Kaplan: Der Plural von *Kaplan* lautet *die Kapläne* (nicht: *die Kaplane*).

kaputt: Das umgangssprachliche Wort wurde früher im Allgemeinen nur aussagend (prädikativ) gebraucht: *Meine Schuhe sind kaputt. Ich bin ganz kaputt* (= erschöpft). Der Gebrauch als attributives Adjektiv gilt aber inzwischen auch als korrekt: *der kaputte Fernseher; kaputtes Spielzeug; eine kaputte Ehe.* Dagegen wird die Erweiterung *der kaputtene Fernseher* usw. als nicht standardsprachlich angesehen.

Karamell: 1. Rechtschreibung: In neuer Rechtschreibung schreibt man jetzt mit Doppel-*l* am Ende.
2. Genus: Das Substantiv wird im Allgemeinen als Maskulinum gebraucht: *der Karamell.* In der Schweiz ist aber auch neutrales Genus *(das Karamell)* üblich.

Kardinal: ↑ Brief (7).

Kardinalzahl: Eine Kardinal- bzw. Grundzahl antwortet auf die Frage »wie viele?«. Sie gibt nicht wie die ↑ Ordinalzahl eine bestimmte Reihenfolge, sondern eine bestimmte Anzahl an *(eins, zwei, drei* usw.). Sie wird attributiv *(Die Stunde hat sechzig Minuten. Er musste drei Tage warten)* oder allein stehend *(Es sind dreißig. Es waren ihrer fünf)* gebraucht. ↑ Numerale.

karg: Das Adjektiv *karg* kann seine Vergleichsformen mit oder ohne Umlaut bilden: *karger / kärger, kargste / kärgste.* Die Formen ohne Umlaut *(karger, kargste)* sind heute üblicher. ↑ Vergleichsformen (2.1).

Karre / Karren: Die maskuline Form *der Karren* wird in Süddeutschland, die feminine Form *die Karre* in Norddeutschland für ein einfaches, kleines, ein- bis vierrädriges Fahrzeug und abwertend für ein altes, schlechtes Fahrzeug (bes. Auto) gebraucht. In Norddeutschland wird *der Karren* gewöhnlich als gehobener Ausdruck empfunden und daher nicht im abwertenden Sinne verwendet.

Kartenblock: Der Plural von *Kartenblock* lautet *die Kartenblocks.* ↑ Block.

K

Kartoffel: Da *Kartoffel* ein Femininum ist, hat sich im Plural heute allgemein die schwache Form *die Kartoffeln* durchgesetzt; die starke Form *die Kartoffel* gehört der Umgangssprache oder der Mundart an. In der Standardsprache ist sie nicht korrekt.

Karton: 1. Der allgemein übliche Plural von *Karton* lautet *die Kartons* (mit französischer Aussprache). Der Plural auf *-e* (*die Kartone;* mit deutscher Aussprache) ist selten. Als Maßbezeichnung bleibt *Karton* häufig ungebeugt: *5 Kartons Seife* oder *5 Karton Seife.* ↑ Maß-, Mengen- und Münzbezeichnungen (1).
2. Das Gemessene nach *Karton: ein Karton Wein* (nicht: *Weins*); *ein Karton feine Seife* (gehoben: *feiner Seife*); *der Preis eines Kartons feine Seife; mit 5 Kartons elsässischem Wein* (gehoben: *elsässischen Wein[e]s*). ↑ Apposition (2.2).

Karussell: Das Substantiv *Karussell* bildet den Plural auf *-s* oder auf *-e; die Karussells* ist etwas gebräuchlicher als *die Karusselle.*

Kasernenblock: Der Plural von *Kasernenblock* lautet *die Kasernenblocks* (nicht: *die Kasernenblöcke*). ↑ Block.

kaskoversichert: Das von *Kaskoversicherung* abgeleitete adjektivische Partizip *kaskoversichert* wird in einem Wort geschrieben: *Sind Sie kaskoversichert? Der Wagen ist kaskoversichert.* Entsprechend schreibt man *vollkaskoversichert* (zu: *Vollkaskoversicherung*).

Kasperle: Die Puppenspielfigur kann Maskulinum oder Neutrum sein: *das Kasperle* oder *der Kasperle.* Der Plural lautet *die Kasperle.*

Kasseler / Kasselaner: Die Einwohner von Kassel heißen *Kasseler* oder auch *Kasselaner.* Wenn *Kasseler* wie ein flexionsloses Adjektiv vor einem Substantiv steht, wird das Wort immer großgeschrieben: *die Kasseler Parks.* ↑ Einwohnerbezeichnungen auf *-er* (2 und 7).

Kassenblock: Der Plural von *Kassenblock* lautet *die Kassenblocks.* ↑ Block.

Kassettenrekorder: In neuer Rechtschreibung schreibt man mit *-k-: Kassettenrekorder.* Die bisherige Schreibung *Kassettenrecorder* ist aber auch weiterhin korrekt. ↑ Fremdwort (4).

kassieren: Im Sinne von »Geld einziehen, einnehmen« steht *kassieren* nicht mit dem Akkusativ der Person, sondern nur mit dem Akkusativ der Sache (die kassiert wird): *Er hat die Beiträge kassiert.* Sätze wie *Zuerst kassierte sie die ältere Kundin* oder *Unsere Mitglieder werden morgen kassiert* sind umgangssprachlich.

Kassier / Kassierer: *Kassier* ist die in Süddeutschland und vor allem in Österreich und der Schweiz bevorzugte Form für *Kassierer* »Rechnungsführer, Kassenwart«.

Kasten: 1. die Kästen / die Kasten: Im Plural hat sich heute die umgelautete Form *die Kästen* allgemein durchgesetzt. Die ältere Pluralform ohne Umlaut *die Kasten* wird nur noch selten gebraucht.
2. Das Gemessene nach *Kasten: ein Kasten Bier* (nicht: *Biers*); *ein Kasten bayrisches Bier* (gehoben: *bayrischen Bier[e]s*); *der Preis eines Kastens Bier; mit zwanzig Kästen bayrisches Bier* (gehoben: *bayrischen Bier[e]s*). ↑ Apposition (2.2).

Kasus: Der *Kasus* (Plural: *die Kasus* mit langem *u*) oder *Fall* ist die Beugungsform, in der ein deklinierbares Wort gemäß seiner syntaktischen Rolle im Satz auftritt. In der deutschen Sprache unterscheidet man heute vier Kasus: Nominativ *(der Garten)*, Genitiv *(des Gartens)*, Dativ *(dem Garten)*, Akkusativ *(den Garten)*. Den Nominativ nennt man auch den Casus rectus (lat. »gerader Fall«) im Gegensatz zu den Casus obliqui (lat. *casus obliquus* »schräger, schiefer Fall«) Genitiv, Dativ und Akkusativ. ↑ Rektion.

Katachrese: ↑ Bildbruch.

Katalog: Der Genitiv von *Katalog* lautet *des Katalogs* oder *des Kataloges,* der Plural lautet *die Kataloge.* Die im älteren Deutsch gleichfalls vorkommende schwache Pluralform *die Katalogen* ist veraltet. ↑ Fremdwort (3.1).

Katapult: Es kann sowohl *der Katapult* als auch *das Katapult* heißen. Beide Formen sind korrekt.

Katarrh / Katarr: In neuer Rechtschreibung ist neben der bisherigen Form *Katarrh* auch die Form *Katarr* korrekt.

Käter: ↑ Keder.

Katheder: 1. Genus: Das Substantiv *Katheder* wird als Maskulinum oder Neutrum gebraucht, jedoch ist *das Katheder* gebräuchlicher als *der Katheder*. **2. Katheder / Katheter:** Die beiden Wörter dürfen nicht miteinander verwechselt werden. *Katheder* bedeutet »[Lehrer]pult, Podium«, der *Katheter* dagegen ist ein medizinisches Gerät, ein Röhrchen, das in Körperorgane (z. B. in die Blase) eingeführt wird um diese zu entleeren, zu füllen oder zu untersuchen.

kaufen: Da *kaufen* ein regelmäßiges Verb ist, kann in der 2. und 3. Person Singular des Indikativ Präsens kein Umlaut eintreten. Es muss also heißen: *du kaufst, er kauft*. Die Formen mit Umlaut *du käufst, er käuft* sind landschaftlich.

Kauffrau / Kaufmann: So lauten im Handelsregister die Bezeichnungen für weibliche bzw. männliche Personen, die selbstständig Handel treiben (vgl. auch ↑ Titel und Berufsbezeichnungen [3]). Zum Plural *Kaufleute* (nicht: *-männer*) ↑ Mann (2).

Kaufunger: Die Einwohner von Kaufungen (im Osten der Bundesrepublik) heißen *Kaufunger*. ↑ Einwohnerbezeichnungen auf -er (1).

kaum: Bezieht sich die durch das Adverb *kaum* ausgedrückte Einschränkung auf einen ganzen Satz, dann sollte es möglichst an dessen Anfang stehen. Je weiter man es ans Ende setzt, desto unklarer wird der Sinn der Aussage. Also nicht:*Er wird eine richtige Vorstellung von der Schwierigkeit dieser Aufgabe kaum gehabt haben.* Sondern besser: *Er wird kaum eine richtige Vorstellung von ...*

Nicht:*Der Ausflug ist voraussichtlich ermüdend und langweilig und wird als willkommene Abwechslung kaum zu begrüßen sein.* Sondern:*... und wird kaum als willkommene Abwechslung zu begrüßen sein.*

kaum dass / kaum, dass: Die Konjunktionalfügung *kaum dass* trennt durch Komma einen untergeordneten Nebensatz vom Hauptsatz ab. Wird die Fügung als Einheit angesehen, steht kein Komma vor *dass: Kaum dass sie fort war, begann der Tumult.* Werden die beiden Teile der Fügung jedoch als eigenständig angesehen, steht im Komma: *Kaum, dass sie fort war, begann der Tumult.*

kaum noch / kaum mehr: ↑ nur noch / nur mehr.

Kausalsatz: Der Kausal- oder Begründungssatz ist ein mit *da* oder *weil* eingeleiteter Nebensatz, der den Grund für das im Hauptsatz genannte Geschehen oder Sein angibt: *Da alle Geschworenen einer Meinung sind, wird das Urteil bald zu erwarten sein. Wir können nicht kommen, weil sie krank ist. Weil du böse warst, darum / deshalb / deswegen darfst du nicht mitgehen.* ↑ da / weil, ↑ dass (4).

Kausativ: Unter einem Kausativ oder Veranlassungsverb versteht man ein Verb, das die Veranlassung eines Geschehens ausdrückt: *tränken* (= trinken machen), *fällen* (= fallen machen), *senken* (= sinken machen).

k / c / z: ↑ c / k / z.

Keder: Der im Handel übliche Fachausdruck für »Randverstärkung aus Leder, Gummi oder Kunststoff« taucht in den Schreibweisen *Keder, Köder* oder auch *Käter* auf. Die am häufigsten gebrauchte und als korrekt anzusehende Schreibweise ist *Keder*.

Kegel schieben: Statt der bisherigen Schreibweise *kegelschieben* mit den Formen *ich schiebe, schob Kegel, ich habe Kegel geschoben, um Kegel zu schieben* wird in neuer Rechtschreibung auch im Infinitiv getrennt geschrieben: *Kegel*

K

schieben. ↑ Getrennt- oder Zusammenschreibung (2.1).

kehren: *sich nicht an etwas kehren* darf nur
mit dem Akkusativ stehen: *Ich kehre
mich nicht an das Gerede der Leute*
(falsch: *an dem Gerede*).

Kehricht: Das Substantiv wird vorwiegend
mit männlichem Geschlecht *(der Kehricht),* seltener mit sächlichem Geschlecht *(das Kehricht)* gebraucht.

**kein: 1. Deklination des folgenden Adjektivs
und substantivierten Adjektivs:** Nach unflektiertem *kein,* d. h. im Nominativ Singular Maskulinum und Neutrum und im
Akkusativ Singular Neutrum, wird das
folgende [substantivierte] Adjektiv oder
Partizip stark gebeugt: *Das ist kein guter
Ausweg. Kein Abgeordneter meldete sich.
Das ist kein unterhaltsames Spiel. Sie hat
kein schönes Kleid an.* Nach flektiertem
kein, also in allen übrigen Fällen, steht
heute die schwache Form des [substanti-
vierten] Adjektivs: *keines bösen Gedankens fähig, mit keiner guten Absicht, mit
keinem Bekannten.* Die früher im Nominativ und Akkusativ Plural gelegentlich
vorkommenden starken Formen sind
heute veraltet. Es heißt also: *Es waren
keine guten* (nicht mehr: *gute*) *Aussichten. Er hat keine schönen* (nicht mehr:
schöne) *Bilder gemalt. Es gab keine kom-
munalen Beamten* (nicht mehr: *kommu-
nale Beamte*).

2. keiner, der … / keine, die …: Das Relativpronomen, das sich auf *keiner* bzw.
keine bezieht, ist *der* bzw. *die,* nicht *welcher* bzw. *welche.* Es muss also heißen:
Da war keiner, der ihm half. (Nicht: *Da
war keiner, welcher ihm half.*) Genauso:
Es gab keine, die nicht betroffen war.
(Nicht: *Es gab keine, welche nicht betroffen war.*)

3. kein + als: Die Vergleichspartikel nach
kein ist *als,* da *kein* meist in Verbindung
mit *andere, anderer, anderes* gebraucht
wird: *Es kommt kein [anderes] Haus in
Betracht als* (nicht: *wie*) *dieses.*

4. in keinster Weise: Diese Wendung

wird gelegentlich umgangssprachlich
scherzhaft gebraucht. Da *kein* nicht gesteigert werden darf, kann es nur heißen
*in keiner Weise: Er hat mir in keiner
Weise geholfen.*

5. kein / nicht ein: Das Indefinitpronomen *kein* verneint ein Substantiv mit
unbestimmtem Artikel oder ohne Artikel: *Ich habe einen / keinen Verdacht. Ich
habe Geld / kein Geld.* Ein mit *kein* verneintes Substantiv kann nachdrücklicher auch mit *nicht ein* verneint werden,
wenn ihm ein anderes positiv gegen-
übergestellt wird: *Ich habe kein / nicht
ein Auto, sondern einen Sportwagen gekauft.* Ähnlich im Plural: *Sie hat Brüder / sie hat keine Brüder. Sie hat nicht
Brüder, nur Schwestern.* Im Zusammenhang mit Eigennamen ist nur *nicht* möglich: *Das ist nicht Isabelle* (nicht: *Das ist
keine Isabelle*). In dem Sonderfall *ich
habe nicht ein* (statt: *kein*) *Buch gekauft*
wirkt die Verneinung besonders nachdrücklich (im Sinne von »nicht ein einziges«); das betonte *ein* steht hier nicht als
unbestimmter Artikel, sondern als Zahlwort.

**6. Kein Junge und kein Mädchen will / wol-
len …:** ↑ Kongruenz (1.3.8).

7. keine[r] / niemand: Statt der allein stehenden Formen *keiner* oder *keiner* oder
keine kann man auch *niemand* verwenden: *Keiner / Niemand liebt mich. Ich
kenne keinen / niemanden, der das verstanden hat. Keine oder keiner / (besser:)
Niemand ist bereit …*

Keks: 1. Genus: Das Substantiv *Keks* kann
als Maskulinum oder als Neutrum gebraucht werden: *der Keks* oder *das Keks.*
Der Genitiv lautet *des Keks* oder *des
Kekses.* In Österreich ist *Keks* immer
sächlich, der Genitiv lautet dort nur *des
Keks.*

2. Plural: Da *Keks* aus der englischen Pluralform *cakes* »die Kuchen« eingedeutscht worden ist, lautet der Plural
des Wortes *die Keks* oder mit weiterer
Eindeutschung *die Kekse.*

kennen: Bei dem Verb *kennen* ändert sich der Stammvokal trotz regelmäßiger Beugung: *kennen – kannte – gekannt.* Der Konjunktiv II heißt jedoch *ich kennte* (nicht: *ich kännte*) usw.: *Wenn du sie kenntest, würdest du anders von ihr reden.*

kennen lernen: 1. Rechtschreibung: *kennen lernen* wird nach den neuen Rechtschreibregeln immer getrennt geschrieben: *kennen lernen, kennen gelernt, wenn du sie kennen lernst.* ↑ Getrennt- oder Zusammenschreibung (1.1). **2. Perfekt:** Es heißt richtig: *Ich habe ihn dort kennen gelernt* (nicht: *Ich habe ihn kennen lernen*). ↑ Infinitiv (4).

kenntlich / erkenntlich: ↑ erkenntlich / kenntlich.

Kenntnis: Es muss heißen *Kenntnisse in* (nicht: *Kenntnisse über* oder *für*): *Seine Kenntnisse in der Buchführung sind nicht ausreichend. Sie hat gute Kenntnisse in diesem Fach. Kenntnisse in* (nicht: *über* oder *für*) *Betriebsstatistik werden vorausgesetzt.*

Kennzahl / Kennziffer: ↑ Zahl / Ziffer.

kentern: Das Perfekt von *kentern* wird mit *sein* gebildet: *Das Boot ist* (nicht: *hat*) *im Sturm gekentert.*

Kerl: Der Plural von *Kerl* lautet standardsprachlich *die Kerle.* Die Pluralform *die Kerls* ist umgangssprachlich und wird meist in verächtlichem Sinn gebraucht.

Kessel: Der Plural lautet *die Kessel* (nicht: *die Kesseln*). ↑ -el (1).

Ketschup / Ketchup: Nach den neuen Rechtschreibregeln kann man *Ketschup* schreiben. Daneben bleibt die Schreibweise *Ketchup* weiterhin korrekt.

Kfz-Papiere: ↑ Bindestrich (2.5).

Kiefer: Das Wort *Kiefer* gehört zu der Gruppe gleich lautender nicht verwandter Substantive mit verschiedenem Genus und verschiedener Bedeutung (↑ Homonym): Das Femininum *die Kiefer* (Plural: *die Kiefern*) bezeichnet einen Nadelbaum, das Maskulinum *der Kiefer* (Plural: *die Kiefer*) bezeichnet einen Schädel-

knochen (*Ober-* und *Unterkiefer*). Zu dem ersten Wort gehören Zusammensetzungen wie *Kiefernschonung, Kiefernwald, Kiefernzapfen,* zum zweiten gehören z. B. *Kieferbruch, Kieferhöhle, Kieferklinik.*

kiesen / küren: Das Verb *kiesen* (mit den unregelmäßigen Formen *kor, gekoren,* vgl. auch *auserkoren*) ist veraltet. Es ist seit dem 17. Jh. in den Präsensformen allmählich durch *küren* verdrängt worden, das eine Ableitung von dem Substantiv *Kür* ist. Seitdem wird *küren* unregelmäßig und regelmäßig konjugiert: *küren, kor, gekoren* und *kürte, gekürt.* Die regelmäßige Beugung ist üblicher.

Kilogramm: 1. Zu *1 kg Bohnen wird / werden gekocht* ↑ Kongruenz (1.1.1); zu *2 kg Brot reicht / reichen aus:* ↑ Kongruenz (1.2.2). **2.** Zu *5 kg neue Kartoffeln / neuer Kartoffeln* ↑ Apposition (2.2); zu weiteren Zweifelsfällen vgl. auch ↑ Pfund.

Kilometer: Im Unterschied zu *der* und *das Meter* heißt es in der Regel nur *der Kilometer.* Zu *ein Stau von zehn Kilometern* (aber: *von zehn Kilometer Länge*), *nach drei Kilometern* (aber: *in drei Kilometer Entfernung*) ↑ Meter (4).

Kinder bis zu 12 Jahren / bis 12 Jahre: ↑ bis (4).

Kind- / Kinder- / Kind[e]s-: In entsprechenden Zusammensetzungen kommen alle drei Formen des Bestimmungswortes vor. Mit *Kind- (kind-): Kindbett, -frau; kindgemäß;* schwankend: *Kindstaufe* (bes. südd., österr., schweiz.) / *Kindtaufe.* Mit *Kinder- (kinder-): Kinderdorf, -garten, -hort, -krankheit, -lied, -psychologie; kinderleicht, -lieb;* schwankend: *kinderkopf- / kindskopfgroß, Kinderliebe* »Liebe zu Kindern« / *Kindesliebe* »Liebe eines Kindes zu seinen Eltern«. Mit *Kindes- / Kinds-: Kindesmisshandlung, -mutter, -vater; Kindsbewegung, -lage, -pech;* schwankend: *Kind[e]smörder[in].* ↑ Fugen-s, ↑ Fugenzeichen.

kindlich / kindisch: Das Adjektiv *kindlich*

K

bedeutet »in der Art eines Kindes«, aber auch »naiv«: *ein kindliches Gesicht, eine kindliche Handschrift. Sie sieht noch etwas kindlich aus. Sie freute sich kindlich über das Lob.* Das Adjektiv *kindisch* wird dagegen nur abwertend im Sinne von »albern« gebraucht: *ein kindisches Benehmen. Er ist im Alter kindisch geworden. Sei doch nicht so kindisch!* ↑ -ig / -isch / -lich (2).

Kinonamen: ↑ Gebäudenamen.

-kirchen: Über Ableitungen auf *-er* von Ortsnamen auf *-kirchen* ↑ Einwohnerbezeichnungen auf *-er* (1).

Kiste: Das Gemessene nach *Kiste: eine Kiste Wein* (nicht: *Weins*); *eine Kiste badischer Wein* (gehoben: *badischen Wein[e]s*); *mit zwei Kisten badischem Wein* (gehoben: *badischen Wein[e]s*); *mit einer Kiste guter Zigarren / gute Zigarren.* ↑ Apposition (2.2).

Klafter: Es heißt *der* und *das,* seltener (veraltet) *die Klafter.* Entsprechend anderen Maßbezeichnungen wird bei *Klafter* hinter Zahlen, die größer als 1 sind, der ungebeugte Singular gebraucht: *drei Klafter Holz;* aber im Dativ: *mit drei Klafter / Klaftern Holz.* ↑ Maß-, Mengen- und Münzbezeichnungen (1).

klaftertief: Man schreibt zusammen: *ein klaftertiefes Loch.* Aber: *Das Loch war drei Klafter tief.*

Klage: *Klage* wird mit der Präposition *über* verbunden: *Die Klagen über Herrn Meier verstummen nicht.* Nur im juristischen Bereich ist *Klage gegen* üblich: *Die Klage gegen Frau Schmidt wurde abgewiesen.* Zu der Fügung *bitter Klage führen / bittere Klage führen* ↑ Adjektiv (1.2.12).

klagen: In Verbindung mit der Präposition *gegen* bedeutet *klagen* »einen Prozess anstrengen«: *Er klagt gegen seine Nachbarn.* In Verbindung mit *über* bedeutet es »sich beschweren, seinen Unmut äußern«: *Sie klagt über Kopfschmerzen. Sie klagt über sein schlechtes Benehmen.* Nicht korrekt ist die Fügung *die geklagten Beschwerden.* ↑ zweites Partizip (2.2).

Klammern

Häufig gestellte Fragen zu Klammern	
Frage	**Antwort**
Wird durch die Klammer das Komma eingespart und wenn nicht, an welcher Stelle wird es gesetzt?	Gedankenstrich (3.1)
Wird der Schlusspunkt vor oder nach der Klammer gesetzt?	dieser Artikel, Punkt (1.4.2)
Wann verwendet man runde, wann eckige Klammern?	dieser Artikel, Punkt (2.1)

Allgemein gebräuchlich sind zwei Arten von Klammern: runde Klammern und eckige Klammern. Sie werden zumeist in verschiedenen Funktionen verwendet; diese können sich aber in bestimmten Fällen überschneiden.

1 Allgemeines

1.1 Erklärende Zusätze

Erklärende Zusätze zu einzelnen Wörtern oder zu den Sätzen eines Textes werden im Allgemeinen in runde Klammern gesetzt:

> Frankenthal (Pfalz); Grille (Insekt) – Grille (Laune); Fragen der Orthographie (Rechtschreibung) und Interpunktion (Zeichensetzung). Die Gemälde des Isenheimer Hochaltars (vollendet 1511 oder 1515) sind ...

In Wörterbüchern und anderen Nachschlagewerken werden für die Einschließung von erklärenden Zusätzen u. Ä. gelegentlich auch eckige Klammern oder Winkelklammern (»spitze« oder »gebrochene« Klammern: < >) verwendet. (Zur grammatischen Behandlung des Eingeklammerten ↑ Apposition [1.2].)

1.2 Schaltsätze

In Klammern können auch Schaltsätze stehen, besonders wenn sie ohne Nachdruck gesprochen werden:

> Er verachtete (es sei zu seiner Ehre gesagt) jede Ausrede. Wie die Firma mitteilte, soll mit den Bauarbeiten (die Baugenehmigung wurde schon vor einiger Zeit erteilt) nach Beendigung der Frostperiode (man schätzt Mitte Februar) begonnen werden.

In diesen Fällen können jedoch anstelle der Klammern auch Kommas oder ↑ Gedankenstriche (2.5) gesetzt werden. Zu Fragen der Groß- oder Kleinschreibung bei eingeklammerten Sätzen ↑ Groß- oder Kleinschreibung (2.4).

1.3 Inhaltsverzeichnisse, Gliederungen

Werden die Abschnitte in Inhaltsverzeichnissen, Aufsatzgliederungen u. dgl. mit Zahlen und Buchstaben gekennzeichnet, dann empfiehlt es sich, Klammern nur nach den Kleinbuchstaben zu setzen, sonst aber Punkte zu verwenden:

I.
  A.
    1.
      a)
      b)

Werden solche Abschnittskennzeichen als Hinweise im fortlaufenden Text angeführt, dann erhalten sie meist weder Punkt noch Klammer:

> Wie schon in Kapitel I mitgeteilt, ist die unter 3, a genannte Ansicht überholt.

1.4 Klammern in Verbindung mit anderen Satzzeichen

1.4.1 Klammern und Komma: Für die Verbindung von Klammern und Komma gelten die gleichen Regeln wie für die Verbindung einschließender Gedankenstriche mit einem Komma (↑ Gedankenstrich [3.1]).

1.4.2 Klammern und Punkt: Gehört ein in Klammern stehender Text zu einem ganzen Satz, dann wird der Schlusspunkt hinter die schließende Klammer gesetzt, wenn der eingeklammerte Text am Satzende steht:

> Wie in einer kurzen Mitteilung bekannt gegeben wurde, ist mit der Produktion der neuen Modelle bereits begonnen worden (im Einzelnen werden wir noch darüber berichten).

Der Schlusspunkt steht aber vor der schließenden Klammer, wenn ein ganzer Satz eingeklammert ist, der nicht an den vorangehenden Satz angeschlossen ist:

> Dies ist das wichtigste Ergebnis meiner Ausführungen. (Die Belege für meine Beweisführung finden sich auf Seite 25.)

1.4.3 Klammern und Doppelpunkt: Steht ein eingeklammerter Text am Ende eines einleitenden oder hinweisenden Satzes, dann steht der Doppelpunkt nach der schließenden Klammer:

> Im Allgemeinen gelten folgende Bestimmungen (Sonderfälle sind hier nicht erfasst): Die Anmeldung muss schriftlich erfolgen; die Anmeldefrist beträgt zwei Wochen; ...

1.4.4 Klammern und Ausrufezeichen bzw. Fragezeichen: Das Ausrufe- oder das Fragezeichen steht vor der schließenden Klammer, wenn es zum eingeklammerten Text gehört:

> Der Antrag ist vollständig ausgefüllt an die Bank zurückzusenden (bitte deutlich schreiben!). Es herrschte damals eine furchtbare Aufregung (erinnerst du dich noch?).

Gehört ein Ausrufe- oder Fragezeichen zu einem Satz und nicht zu einem am Satzende in Klammern stehenden Text, dann steht es vor dem eingeklammerten Text. Nach der schließenden Klammer steht dann noch ein Punkt:

> Wie herrlich leuchtet mir die Natur! Wie glänzt die Sonne, wie lacht die Flur! (Goethe). Hunde, wollt ihr ewig leben? (Filmtitel).

2   Eckige Klammern

2.1 Eckige gegenüber runden Klammern

Eckige Klammern stehen in der Regel bei Erläuterungen, die zu einem bereits in runden Klammern stehenden Text gehören:

Mit dem Wort *Bankrott* (vom italienischen *banca rotta* [zusammengebrochene Bank]) bezeichnet man die Zahlungsunfähigkeit. Kassiber (heimliches Schreiben [meist in Geheimschrift] von Gefangenen und an Gefangene).

2.2 Zusätze in Anführungen o. Ä.:

Eckige Klammern stehen in wissenschaftlichen Texten vor allem dann, wenn beim Zitieren von Texten eigene Zusätze oder eigene Ergänzungen nicht lesbarer oder zerstörter Stellen kenntlich gemacht werden sollen.

Sie schrieb: »Als ich die Alpen zum ersten Mal von oben sah [sie war auf dem Flug von Frankfurt nach Rom], war ich von der Großartigkeit der Gebirgslandschaft stark beeindruckt.«

2.3 Weglassbare Teile

Eckige Klammern werden häufig auch verwendet, wenn kenntlich gemacht werden soll, dass ein Buchstabe, Wort- oder Satzteil weggelassen werden kann:

Entwick[e]lung; behänd[e]; acht[und]einhalb; sieb[en]tens. Ich kann kaum gehen, geschweige [denn] laufen. Als Novum bezeichnet man eine neu hinzukommende Tatsache, die die bisherige Kenntnis oder Lage [eines Streitfalles] ändert.

Zur Verwendung von Klammern bei Buchstaben und Wortteilen wie *-in, -innen,* z. B. in *Student(in)en, Bürger(innen)* ↑ Gleichstellung von Frauen und Männern in der Sprache (2.2).

---

klar: 1. Groß- oder Kleinschreibung: Klein schreibt man das Adjektiv: *klare Suppe, klare Verhältnisse. Nach einem Gewitter ist die Luft am klarsten.* Groß schreibt man das substantivierte Adjektiv: *Das Klare an ihren Ausführungen ist ... Sie tranken einen Klaren* (= Schnaps). In neuer Rechtschreibung schreibt man auch groß: *im Klaren sein; ins Klare*

kommen. ↑ Groß- oder Kleinschreibung (1.2.1).
2. Getrennt- oder Zusammenschreibung: Getrennt vom folgenden Verb schreibt man *klar,* wenn es gesteigert oder erweitert werden kann: *Es wird [sehr] klar* (= sonnig) *werden. Ich kann auch ohne Fernglas klar sehen. Sie konnte nicht mehr klar denken.* Neu: *Ihm ist sein fal-*

sches Verhalten [noch] klar[er] geworden [als vorher]. Ich habe bei den Verhandlungen nicht recht klar gesehen. Er hat ihr die Sache klar gemacht. Zusammen schreibt man, wenn eine Steigerung oder Erweiterung nicht möglich ist: *Das wird schon klargehen* (= reibungslos ablaufen; ugs.). *Ich habe ihm den Vorgang klargelegt* (= erklärt). *Sie hat den Tatbestand klargestellt* (= Irrtümer beseitigt). *Das Schiff wurde klargemacht* (= fahrbereit gemacht). ↑ Getrennt- oder Zusammenschreibung (1.2).

klasse / Klasse: Zum umgangssprachlichen Ausdruck von Bewunderung und Anerkennung kann das Substantiv *Klasse* verwendet werden: *Das finde ich [große] Klasse! Das wird Klasse! Die Sängerin war [einsame] Klasse.* Bei attributivem oder adverbialem Gebrauch ist aber nur das Adjektiv *klasse* möglich: *einen klasse Film besuchen; sie hat klasse gespielt.* – Das Gleiche gilt auch für *spitze / Spitze: Die Sendung war Spitze. Das hat er spitze hingekriegt.*

Klassenlehrer(in) / Klasslehrer(in): Die Bezeichnung *Klasslehrer(in)* ist eine süddeutsche landschaftliche Nebenform zu standardsprachlichem *Klassenlehrer(in).* Entsprechendes gilt für *Klasszimmer, Klasssprecher(in)* u. dgl.

-klässer(in) / -klässler(in) / -klassler(in): Die Ableitungen *-klässer(in)* (bes. mitteld.), *-klässler(in)* (südd.; schweiz.) und *-klassler(in)* (österr.) dienen als Grundwort in Zusammensetzungen wie *Erstklässer(in) / -klässler(in) / -klassler(in).*

Klausel: Zur Schreibung von *5 %-Klausel* ↑ Bindestrich (3.3).

kleben bleiben: *kleben bleiben* wird nach den neuen Rechtschreibregeln getrennt geschrieben: *Der Falter wird an diesem Leimstreifen kleben bleiben. Wenn du dich nicht anstrengst, wirst du noch kleben bleiben* (= nicht versetzt werden; ugs.). ↑ Getrennt- oder Zusammenschreibung (1.1).

kleiden: 1. Der Hut kleidet dich gut: Auch in der Bedeutung »etwas steht jemandem, passt zu jemandem« wird *kleiden* standardsprachlich nur mit dem Akkusativ verbunden: *Das Kostüm kleidet sie gut.* Der Dativ ist umgangssprachlich: *Der Hut kleidet dir gar nicht.*
2. in etwas kleiden: Auch die Verbindung *in etwas kleiden* wird mit dem Akkusativ und nicht mit dem Dativ verbunden: *Sie waren in herrliche pelzverbrämte Gewänder* (und nicht: *in herrlichen pelzverbrämten Gewändern*) *gekleidet.* ↑ Rektion.

klein: 1. Groß- oder Kleinschreibung: Klein schreibt man das Adjektiv: *kleine Kinder, ein kleines Stück, die kleine Anfrage* (im Parlament), *das kleine Latinum, der kleine Grenzverkehr, das kleine Schwarze* (= festliches schwarzes Kleid); *ein klein wenig, von klein auf; die Flamme auf klein stellen, drehen. Dieses Häuschen ist am kleinsten.* Groß schreibt man das substantivierte Adjektiv: *Kleine und Große, die Kleinen und die Großen, im Kleinen genau sein, im Kleinen wie im Großen treu sein, vom Kleinen auf das Große schließen; etwas, nichts, viel, wenig Kleines; das ist dasselbe in Klein* (= im Kleinen). In neuer Rechtschreibung auch: *Groß und Klein* (= jedermann), *etwas im Kleinen verkaufen, über ein Kleines* (= bald), *um ein Kleines* (= wenig), *bis ins Kleinste* (= sehr eingehend). Ebenfalls groß schreibt man *klein* wie bisher in Namen: *Pippin der Kleine, Klein Erna, die Kleine Donau, der Kleine Belt, das Kleine Walsertal.* ↑ Groß- oder Kleinschreibung (1.2.1), ↑ geographische Namen (3.1).
2. Getrennt- oder Zusammenschreibung: Man schreibt *klein* vom folgenden Verb getrennt, wenn es gesteigert oder erweitert werden kann: *klein werden, etwas [kurz und] klein schlagen, klein beigeben* (= nachgeben), *die Kosten klein halten* (= niedrig halten). In neuer Rechtschreibung auch: *etwas klein schneiden, klein hacken. In manchen Firmen wird Um-*

weltschutz klein geschrieben (= für unwichtig erachtet). *Wir bitten Sie, besonders klein zu schreiben* (= in kleiner Schrift). Zusammen schreibt man, wenn *klein* nicht gesteigert oder erweitert werden kann: *jemanden kleinkriegen, kleinbekommen.* Neu: *kleinschreiben* (= mit kleinem Anfangsbuchstaben schreiben). Entsprechendes gilt für die Schreibung in Verbindung mit dem 2. Partizip: Man schreibt getrennt, wenn *klein* gesteigert oder erweitert werden kann: *klein gemusterte Stoffe, ein klein gedruckter Text.* Aber: *ein kleingewachsener Mensch, ein kleinkarierter Mensch* (= engstirnig). ↑ Getrennt- oder Zusammenschreibung (1.2).
3. Zu Fügungen wie *ein kleines Häuschen* ↑ Diminutiv.

kleinere Hälfte: ↑ Hälfte (1).

kleines Kindergeschrei: Die Fügung *kleines Kindergeschrei* ist nicht korrekt gebildet. Es kann nur heißen *Geschrei kleiner Kinder* oder *Kleinkindergeschrei.* ↑ Kompositum (6).

Kleinmut: *Kleinmut* (= Mangel an Selbstvertrauen) hat heute im Unterschied zu dem femininen Substantiv *die Großmut* maskulines Genus: *der Kleinmut.* ↑-mut.

Kleinod: Bei *Kleinod* unterscheidet man die schwache Pluralform *die Kleinodien* in der Bedeutung »Schmuckstücke« und die starke Pluralform *die Kleinode* im übertragenen Sinne von »Kostbarkeiten«.

Klein- oder Großschreibung: ↑ Groß- oder Kleinschreibung.

klettern: Das Perfekt von *klettern* wird mit *haben* umschrieben, wenn der Vorgang als bloßes Verhalten in der Dauer gesehen wird: *Ich habe noch nie geklettert. Hättest du nicht den ganzen Tag geklettert, dann wärst du jetzt noch nicht so müde.* Sieht der oder die Sprechende dagegen eine Veränderung in der Bewegung, einen Ortswechsel, dann wird das Perfekt mit *sein* umschrieben: *Wir sind bis zum Gipfel geklettert. Ich bin über den*

Balken geklettert. Bei den Verben der Bewegung umschreibt man das Perfekt heute aber immer häufiger mit *sein* statt mit *haben,* weil die Vorstellung von der Veränderung in der Bewegung die Dauer der Bewegung überwiegt. Es kann also auch heißen: *Wärst du nicht den ganzen Tag geklettert ...* ↑ haben (1).

Klever: Die Einwohner von Kleve heißen *Klever.* ↑ Einwohnerbezeichnungen auf -er (3).

Klima: Der Plural von *Klima* lautet *die Klimata,* seltener: *die Klimas.* Daneben gibt es fachsprachlich in Anlehnung an die ursprüngliche griechische Pluralform *die Klimate.*

klimmen: Das heute wenig gebräuchliche *klimmen* ist ein unregelmäßiges Verb. Neben den unregelmäßigen Formen *klomm, geklommen* werden allerdings gelegentlich auch die regelmäßigen Formen *klimmte, geklimmt* gebraucht. ↑ glimmen.

klingeln: Das Verb *klingeln* kann sowohl ein Dativobjekt als auch ein Präpositionalobjekt mit *nach* als Ergänzung bei sich haben. Die in der gehobenen Sprache gebräuchliche Verbindung mit dem reinen Dativ stellt mehr die Person in den Vordergrund: *Sie klingelte dem Mädchen. Ich ... genierte mich, ihretwegen nach dem Zimmerkellner zu klingeln* (Bergengruen).

klopfen: 1. *Er klopfte mir / mich auf die Schulter:* Wird *klopfen* auf einen Körperteil bezogen, dann kann die betroffene Person im Dativ oder im Akkusativ stehen. Der Dativ ist üblicher: *Ich klopfe meinem Freund auf die Schulter. Sie klopfte ihm auf die Finger.* Im Gegensatz zum Dativ (Dativ der Beteiligung) drückt der Akkusativ stärker aus, dass die Person unmittelbar betroffen ist. Der Hauptton liegt aber immer auf der Angabe des Körperteils: *Die Mutter klopfte* (= schlug) *das Kind auf die Finger.* – Ähnlich wie *klopfen* werden auch andere Verben der körperlichen Berührung behandelt, vgl. z. B. ↑ beißen, ↑ schlagen, ↑ treten.

2. klopfen an: Bei der Verbindung *klopfen an* steht gewöhnlich der Akkusativ, weil die Vorstellung der Richtung überwiegt (Frage: wohin?): *an die Wand, an das Barometer klopfen. Der Specht klopfte mehrere Male an den Stamm der Kiefer.* Es ist aber auch der Dativ möglich, wenn die Stelle angegeben werden soll, wo jemand klopfte: *Du musst am Fenster klopfen. Ein Specht klopfte am Stamm der Kiefer.* Wenn mit dem Geschehen eine Absicht verbunden ist, gebraucht man immer den Akkusativ: *Der Vorsitzende klopfte an sein Glas, um eine Rede zu halten.* Entsprechend steht auch der Akkusativ in der Wendung *an die Tür klopfen* im Sinne von »Einlass begehren«: *Wer klopft an die Tür?* Aber (bei unpersönlichem Gebrauch): *Es klopft an der Tür.*

Klosett: Der Plural heißt *die Klosetts* oder *die Klosette.*

Klotz: Der Plural heißt in der Standardsprache *die Klötze.* Die Pluralform *die Klötzer* gehört der Umgangs- und Kindersprache an (vgl. ugs. *Bauklötzer staunen*).

Klub / Club: ↑ Club / Klub.

Kluft: In der Bedeutung »Spalte« hat *Kluft* den Plural *die Klüfte.* Im Sinne von »[alte] Kleidung, Uniform« heißt der Plural *die Kluften.*

klug: 1. Groß- oder Kleinschreibung: Klein schreibt man das Adjektiv: *ein kluger Kopf. Von allen Schülerinnen ist dieses Mädchen am klügsten.* Groß schreibt man das substantivierte Adjektiv: *Der Klügere gibt nach. Wer ist die Klügste?* Nach den neuen Rechtschreibregeln schreibt man auch groß: *Es ist das Klügste zu schweigen.* ↑ Groß- oder Kleinschreibung (1.2.1).

2. Getrennt- oder Zusammenschreibung: Man schreibt *klug* vom folgenden Verb getrennt, wenn es gesteigert oder erweitert werden kann: *klug, klüger handeln, [sehr] klug reden* (= verständig reden).

Aber zusammen: *Er soll nicht so klugreden* (= alles besser wissen wollen). ↑ Getrennt- oder Zusammenschreibung (1.2).

Klunker: Es heißt sowohl *die Klunker* (Genitiv: *der Klunker,* Plural: *die Klunkern*) als auch *der Klunker (des Klunkers, die Klunker).*

Knabe: Das Substantiv *Knabe* wird schwach gebeugt. Der Genitiv lautet *des Knaben* (nicht: *des Knabens*).

Knäuel: Das Substantiv *Knäuel* wird als Maskulinum *(der Knäuel)* oder als Neutrum *(das Knäuel)* gebraucht.

kneifen: Wird *kneifen (kniff, gekniffen)* auf einen Körperteil bezogen, dann kann die betroffene Person im Dativ oder im Akkusativ stehen. Der Dativ ist üblicher: *Sie kniff dem Kind in den Arm.* Im Gegensatz zum Dativ (Dativ der Beteiligung) drückt der Akkusativ stärker aus, dass die Person unmittelbar betroffen ist. Jedoch liegt auch in diesen Sätzen der Hauptton immer auf der Angabe des Körperteils: *Sie hat das Kind in den Arm gekniffen.* Vgl. auch ↑ beißen, ↑ schneiden, ↑ treten.

kneipen: Das landschaftlich für *kneifen* gebräuchliche Verb *kneipen* hat die regelmäßigen Formen *kneipte, gekneipt* oder die unregelmäßigen Formen *knipp, geknippen.* Das von ugs. *Kneipe* »Gastwirtschaft« abgeleitete ugs. Verb *kneipen* »eine Kneipe besuchen, zechen« wird nur regelmäßig gebeugt: *kneipte, gekneipt.*

kneippen: Das Verb *kneippen* »eine Kneippkur machen« ist von dem Familiennamen des Pfarrers Sebastian Kneipp (1821 – 1897) abgeleitet und wird daher mit zwei *p* geschrieben.

Knick: Die norddeutsche Bezeichnung für »Hecke« hat den Plural *die Knicks.* Im Sinne von »Biegung, Knickung« heißt der Plural *die Knicke.*

Knie: Der Plural von *Knie* wird mit einem *e* geschrieben: *die Knie* (nicht: *die Kniee*); *auf die Knie fallen, auf den Knien liegen.* Die Aussprache der Pluralform kann zweisilbig [kni:ə] oder einsilbig [kni:] sein.

knien: 1. Schreibung: Das Verb *knien* wird im Infinitiv und ersten Partizip und in allen Präsensformen nur mit einem *e* geschrieben: *knien, ich knie, wir / sie knien; kniende Mönche; knie nieder!* Die Aussprache dieser Formen kann zweisilbig ['kni:ən, 'kni:ə] oder auch einsilbig [kni:n, kni:] sein; das erste Partizip wird aber nur zweisilbig ['kni:ənt, 'kni:əndə] gesprochen.

2. knien / sich knien: Das Verb kann mit und ohne Reflexivpronomen gebraucht werden. Während *knien* im Sinne von »sich in kniender Stellung befinden« verwendet wird, also einen Zustand bezeichnet, drückt *sich knien* den Bewegungsvorgang aus und bedeutet »eine kniende Stellung einnehmen«. Um diesen Unterschied deutlicher auszudrücken, ersetzt man *sich knien* meist durch *sich hinknien*.

kniffelig, knifflig: Das Adjektiv *kniff[e]lig* »verwickelt, schwierig« wird mit *-ig* (nicht: *-lich*) geschrieben. Es ist keine Ableitung von *Kniff,* sondern eine Bildung zu dem heute nur noch mundartlichen Verb *kniffeln, knüffeln* »schwierige Arbeit verrichten«.

Knock-out / Knockout: Bei Substantivierungen aus dem Englischen, die auf eine Verbindung aus Verb *(knock)* und Partikel *(out)* zurückgehen, kann man in neuer Rechtschreibung einen Bindestrich setzen, wobei der erste Bestandteil groß-, der zweite kleingeschrieben wird: *Knock-out.* Die bisherige Schreibweise *Knockout* bleibt daneben aber auch richtig. ↑ Fremdwort (4).

Knolle / Knollen: Neben dem femininen Substantiv *die Knolle* wird landschaftlich auch das Maskulinum *der Knollen* gebraucht.

Know-how: ↑ Fremdwort (4).

knuffen: Zu *Er knuffte mir / mich in die Seite* ↑ boxen.

Knust: Das im Norddeutschen landschaft-

lich gebrauchte Wort *Knust* »Brotkrüstchen, Kanten« hat den Plural *die Knuste* oder *die Knüste.* Beide Formen gelten als korrekt.

k. o. / K. o.: Die Abkürzung für engl. *knockout* »kampfunfähig« wird kleingeschrieben in Wendungen wie *k. o. gehen / sein, jemanden k. o. schlagen.* Groß schreibt man die Substantivierung *der K. o.: Er siegte durch technischen K. o.* Entsprechend schreibt man *K.-o.-Schlag.* ↑ Bindestrich (2.5).

kochend heiß: Nach den neuen Rechtschreibregeln wird hier getrennt geschrieben, weil es sich um eine Verbindung aus Partizip + Adjektiv handelt. ↑ Getrennt- oder Zusammenschreibung (3.2).

Köder: Zu *Köder* in der Bedeutung »Randverstärkung« ↑ Keder.

Kodex: Der Genitiv Singular lautet *des Kodex* oder (gebeugt) *des Kodexes.* Der Plural lautet entweder *die Kodexe* oder *die Kodizes.* Die beiden Pluralformen werden heute gewöhnlich in der Bedeutung differenziert: *Die Kodizes* wird im Sinne von »Handschriften«, *die Kodexe* im Sinne von »Gesetze, Prinzipien« gebraucht.

Kognak / Cognac: *Cognac* ist das Warenzeichen für französischen Weinbrand, der nur aus Weinsorten des Gebietes um die französische Stadt Cognac hergestellt wird, *Kognak* dagegen die volkstümliche Bezeichnung für Weinbrand (Schnaps) allgemein.

Kohl- / Kohle- / Kohlen-: Bei den Zusammensetzungen mit *Kohle* als Bestimmungswort kommen drei Formen nebeneinander vor. Neben den Bildungen ohne Fugenzeichen wie *kohlschwarz, Kohlmeise, Kohlrabe, kohlrabenschwarz* finden sich Formen mit *-e-* (Endung des Nominativs Singular) und mit *-en-.* Die Nominativendung *-e-* zeigen die Zusammensetzungen *kohlehaltig, Kohlepapier, Kohleverflüssigungsverfahren, Kohlezeichnung.* Sowohl *-e-* als auch *-en-* sind

K

gebräuchlich in den Bildungen *Kohle[n]faden[lampe]*, *Kohle[n]forschung*, *Kohle[n]hydrat*, *Kohle[n]stift*, *Kohle[n]import*. Bei *Kohlenbecken, Kohlenbergwerk, Kohlenblende, Kohlenbunker, Kohlendunst, Kohlenfeuer, Kohlengas, Kohlengrus, Kohlenhändler, Kohlenmeiler, Kohlensäure, kohlensauer, Kohlenstaub, Kohlenstoff, Kohlentrimmer, Kohlenwasserstoff, Kohlenzeit* ist das *-en-* fest. Die Bildungen mit *-e-* beziehen sich im Allgemeinen auf *Kohle* als Stoffbezeichnung (vgl. *kohlehaltig*), die mit *-en-* auf die aus Stücken bestehende Ware (*Kohlenhändler*). Diese Unterscheidung ist aber nicht konsequent durchgeführt worden. Die früher übliche Form der Zusammensetzung mit dem Wortstamm *Kohl-* wurde wohl wegen des Gleichklangs mit dem Pflanzennamen *Kohl* aufgegeben. ↑ Fugenzeichen.

Kohle führend: Nach den neuen Rechtschreibregeln wird *Kohle führend* wie die zugrunde liegende Fügung *Kohle führen* nur noch getrennt geschrieben: *Kohle führende Flöze;* wie bisher: *nur minderwertige Kohle führend.* ↑ Getrennt- oder Zusammenschreibung (3.1.1).

Kohlendioxid: ↑ Oxid / Oxyd.

Kolleg: Der Genitiv von *das Kolleg* lautet *des Kollegs*, der Plural entweder *die Kollegs* oder – mit einer Form, die eigentlich zu *das Kollegium* gehört – *die Kollegien*.

Kollege / Kollegin: 1. Steht *Kollege* unmittelbar vor einem Familiennamen, so wird es heute meist nicht mehr dekliniert: *Wir bedauern Kollege Meiers* (auch: *Kollegen Meiers*) *Ausscheiden aus der Firma. Haben Sie Kollege* (auch: *Kollegen*) *Meier gesehen?*
2. Entsprechend der Anrede *Sehr geehrter Herr Kollege, sehr geehrten Herren Kollegen* heißt es *Sehr geehrte Frau Kollegin, sehr geehrte Frauen Kolleginnen.*
3. Die Doppelnennung *Kollege/Kollegin* kann nicht verkürzt geschrieben werden. Zu möglichen Kurzformen für *Kolleginnen und Kollegen* ↑ Gleichstellung von Frauen und Männern in der Sprache (2.5).

Kollektiv: Der deutsche Plural *die Kollektive* ist hier häufiger als der Plural auf *-s* (*die Kollektivs*).

Kollektivum: Unter einem Kollektivum (= einem Sammelnamen oder einer Sammelbezeichnung) versteht man ein Substantiv im Singular, mit dem eine Mehrzahl gleichartiger Lebewesen oder Dinge bezeichnet wird (*Wald, Herde*).

Koller: Das neutrale Substantiv *das Koller* bedeutet »Kragen«, es ist heute veraltet. Das maskuline Substantiv *der Koller* bezeichnet eine bestimmte Pferdekrankheit und umgangssprachlich einen Wutausbruch. Die beiden Wörter sind etymologisch nicht miteinander verwandt, es sind so genannte Homonyme. ↑ Homonym.

Kollo: Der Plural von *Kollo* (= Frachtstück) lautet *die Kollos* oder *die Kolli* (nicht: *die Kollis*). ↑ Fremdwort (3.4).

Kolon: Veraltet für ↑ Doppelpunkt.

Komet: Der Genitiv lautet *des Kometen* (nicht: *des Komets*), der Dativ und Akkusativ lauten *dem Kometen, den Kometen* (nicht: *dem Komet, den Komet*). ↑ Unterlassung der Deklination (2.1.2).

komfortabel: Bei *komfortabel* fällt, wenn es dekliniert oder gesteigert wird, das *e* der Endungssilbe aus: *eine komfortable Wohnung. Der Wagen ist viel komfortabler geworden.* ↑ Adjektiv (1.2.13), ↑ Vergleichsformen (2.2).

Komma

Das Komma hat im Deutschen in erster Linie die Aufgabe, den Satz grammatisch zu gliedern. Es soll Haupt- und Nebensatz trennen, es soll Einschübe und Zusätze kenntlich machen, es soll Aufzählungen von Wörtern und Wortgruppen unterteilen und dergleichen mehr. Diesem grammatischen Prinzip entspricht die Gliederung des Kapitels:

1   Sätze ohne Komma
2   Das Komma zwischen Sätzen
2.1   Die Satzverbindung
2.2   Das Satzgefüge
2.3   Komma bei *und* und *oder* in komplexen Satzgefügen
3   Das Komma zwischen Satzteilen
3.1   Aufzählungen von Satzteilen
3.2   Herausgehobene Satzteile
3.2.1 Karl, kommst du heute?
3.2.2 Ach, das ist schade!
3.2.3 Der Tag, er ist nicht mehr fern
3.3   Einschübe und Zusätze
3.3.1 Wahlfreiheit bei der Kommasetzung
3.3.2 Berufs- und Standesbezeichnungen, Beinamen
4   Das Komma bei Partizipialgruppen
4.1   Lachend kam er auf mich zu
4.2   Zurückgewiesen, **ver**suchte er es noch einmal
4.3   Den Kopf im Nacken[,] lachte sie hell auf
5   Das Komma bei Infinitivgruppen
5.1   Der erweiterte Infinitiv mit *zu*
5.1.1 Diesen Vorgang wollen wir zu erklären versuchen / Wir wollen diesen Vorgang zu erklären versuchen
5.1.2 Den Betrag bitten wir auf unser Konto zu überweisen
5.1.3 Sich selbst zu besiegen ist der schönste Sieg / Sich selbst zu besiegen, das ist der schönste Sieg
5.1.4 Wir bitten[,] diesen Auftrag zu erledigen
5.2   Der nicht erweiterte Infinitiv mit *zu*
5.2.1 Zu tanzen, das ist ihre größte Freude
5.2.2 Er war bereit[,] zu raten und zu helfen
5.2.3 Ihre Absicht war[,] zu gewinnen
5.2.4 Ich komme[,] zu helfen
5.2.5 Ich erinnere mich[,] widersprochen zu haben
5.2.6 Wir rieten ihm, zu folgen / Wir rieten, ihm zu folgen

K

Das so genannte rhetorische Prinzip dagegen, durch Kommasetzung die beim Sprechen entstehenden Pausen zu bezeichnen, spielt keine Rolle mehr. Der grammatische Aufbau fordert zuweilen ein Komma, wo der oder die Redende keine Pause macht, und umgekehrt. Auch das grammatische Prinzip allein vermag nicht alle Fälle eindeutig zu bestimmen; das zeigt sich besonders bei den Partizipial- und Infinitivgruppen. Aus diesen Gründen müssen die Schreibenden gerade beim Komma eine gewisse Freiheit haben. Die neuen Regeln zur Zeichensetzung haben dem Rechnung getragen und hier größere Freiräume geschaffen. Es gibt aber bestimmte Regeln, die eingehalten werden müssen, damit ein Satz grammatisch klar bleibt und Missverständnisse nach Möglichkeit vermieden werden.

Zum Plural des Wortes *Komma* ↑ Kommas / Kommata.

Zum Komma bei Konjunktionen ↑ Konjunktion (4); zum Komma in Verbindung mit anderen Satzzeichen ↑ Anführungszeichen (3), ↑ Gedankenstrich (3.1), ↑ Klammern (1.4.1); zum Komma bei Zahlen ↑ Zahlen und Ziffern (2).

K

1 Sätze ohne Komma

Der Satz ist eine gegliederte Sinneinheit. Er soll als einheitliches Gebilde gelesen und gesprochen werden. Seine Teile, die Satzglieder, stehen in enger Verbindung miteinander. Diese Verbindung darf nicht durch Kommas gestört werden, es sei denn, dass einzelne Satzglieder aus mehreren Wörtern gleicher Art und Funktion bestehen (Aufzählung, ↑ 3.1) oder mit nachgestellten genaueren Bestimmungen u. dgl. (↑ 3.3) versehen sind. Auch wenn einzelne Satzglieder durch Beifügungen größeren Umfang erhalten, ist dies kein Grund, den Satz durch Kommas zu unterteilen. Überflüssige Kommas erscheinen z. B. sehr häufig in Sätzen, die mit einer längeren Umstandsangabe beginnen. Das unterstrichene Komma im folgenden Satz ist nicht richtig:

> Beim Transport einer zwei Meter langen Drahtglasscheibe innerhalb eines Gebäudes in der X-Straße, ließ ein 39 Jahre alter Glaser die Scheibe fallen.

Ebenso ist das Komma in folgenden Sätzen nicht richtig, weil hier zwei Umstandsangaben (Art- bzw. Raum- und Zeitangabe) getrennt werden:

> Auch im Winter machte ich bei geöffnetem Fenster, jeden Morgen meine Freiübungen.
> Der Kraftwagen des Angeklagten befand sich im Augenblick des Zusammenstoßes, auf der Gegenfahrbahn.

Auch die Glieder eines einfachen Vergleichs werden oft fälschlicherweise durch ein Komma getrennt, wenn sie nicht unmittelbar nebeneinander stehen:

> Im Fernsehen sind oft bessere Inszenierungen möglich, als im Theater.

Einen Sinnabschnitt versuchte der Schreiber des folgenden Satzes mit dem Komma zu kennzeichnen, das er vor den wichtigsten Teil der Aussage setzte. Auch dieses Komma ist nicht richtig, weil es Zusammengehöriges trennt:

> Mit Recht nennt man dieses schöne, alte Städtchen, das Rothenburg Österreichs.

Man sollte auch nicht Beifügungen von ihren Bezugswörtern trennen, wie es durch die Kommasetzung in folgenden Beispielen geschieht:

> Wir hoffen, dass Sie aufgrund der von uns geschilderten Sachlage unseren Standpunkt, hinsichtlich des Preises, anerkennen werden. Diese, den Betrieb stark belastenden, Abgaben wären vermeidbar gewesen. (Zum letzten Beispiel ↑ 3.3.1, Ende.)

2   Das Komma zwischen Sätzen

2.1 Die Satzverbindung

Hierbei handelt es sich um eine Verbindung aus zwei oder mehreren vollständigen Hauptsätzen, die jeder für sich allein stehen könnten. Diese Hauptsätze werden gleichrangige Teilsätze genannt. Das Komma trennt diese, auch wenn sie durch Konjunktionen verbunden sind:

> Der Vorhang hebt sich, es wird leise, der Film beginnt. Ich wollte ihr helfen, doch sie ließ es nicht zu. Ich komme morgen, aber es kann spät werden.

Sind die Teilsätze jedoch durch *und, oder, entweder – oder, weder – noch* oder *beziehungsweise* verbunden, steht nach den neuen Regeln zur Zeichensetzung kein Komma mehr; man kann es aber setzen um die Gliederung des ganzen Gefüges deutlich zu machen:

> Er bastelt im Keller, sie bereitet eine Arbeitsbesprechung vor[,] und das Kind sieht fern. Du bist jetzt entweder lieb[,] oder du gehst nach Hause. Schreibe den Brief sofort[,] und bringe ihn zur Post! Nach der Arbeit geht sie einkaufen[,] beziehungsweise ihr Mann holt sie ab. Das Mädchen wurde weder schulisch gefördert[,] noch erhielt es Unterstützung vom Elternhaus.

2.2 Das Satzgefüge

Hierbei handelt es sich um eine Verbindung aus Haupt- und Nebensätzen. Das Komma trennt Haupt- und Nebensätze voneinander. Dabei ist es gleichgültig, ob die Sätze vollständig sind oder nicht:

> Ich höre, dass du nicht nur nichts erspart hast, sondern dass du auch noch dein Erbteil vergeudest. Weil ich krank bin, kann ich nicht kommen. Vielleicht [geschieht es], dass er noch eintrifft. [Wenn die] Ehre verloren [ist], [so ist] alles verloren.

Vgl. aber die unter ↑ bitte (1), ↑ wenn (1) und ↑ wie (3) behandelten Ausnahmen.

2.3 Komma bei *und* und *oder* in komplexen Satzgefügen

Wie oben bereits ausgeführt, werden gleichrangige Teilsätze, die durch *und*, *oder* u. dgl. verbunden sind, ohne Komma verbunden, das Komma ist aber nicht falsch. Das gilt auch für Satzverbindungen und Satzgefüge, die von der Struktur her komplexer sind:

> Als das Mädchen in den Hof trat, bellte der Hund[,] und die Gänse schnatterten.

Gleichrangige Nebensätze, die durch *und* usw. verbunden sind, stehen ohne Komma; nach den neuen Regeln darf man aber auch hier ein Komma setzen:

> Sie fragte mich, ob ich mitfahren wolle[,] und ob sie mich dann abholen solle.
> Er sagte, er wisse es[,] und der Vorgang sei ihm völlig klar.

K 3 Das Komma zwischen Satzteilen

Alles, was den ungehemmten Fluss eines Satzes unterbricht, wird durch das Komma abgetrennt. Dies betrifft vor allem Aufzählungen, herausgehobene Satzteile sowie Einschübe und Zusätze aller Art.

3.1 Aufzählungen von Satzteilen

Das Komma steht zwischen aufgezählten Wörtern gleicher Wortart oder zwischen gleichartigen Wortgruppen, wenn sie nicht durch Konjunktionen wie *und* und *oder* verbunden sind:

> Feuer, Wasser, Luft, Erde. Alles rennet, rettet, flüchtet. Die lieben, kleinen Kinder. Er versuchte sein Glück als Handelsvertreter, als Verkaufsfahrer eines Getränkevertriebs, mit einem Zigarrenladen und schließlich mit einer Leihbücherei.

Es steht auch kein Komma vor *und* oder *oder,* wenn in einer Aufzählung Teile von Satzgliedern mit Nebensätzen verbunden sind:

> Sie kaufte sich einen Koffer, einen Mantel, ein Kleid und was sie sonst noch für die Reise brauchte. Außerordentlich bedauert hat er diesen Vorfall und dass er nichts dagegen tun konnte. Das Rauchen ist hier verboten bei großer Dürre oder wenn der Föhn weht.

Zwischen Haupt- und Nebensatz wird allerdings ein Komma gesetzt:

> Bei großer Dürre oder wenn der Föhn weht, ist das Rauchen verboten.
> Das Rauchen ist hier verboten, wenn der Föhn weht oder bei großer Dürre.

Das Komma steht nicht, wenn von zwei oder mehr aufgezählten Adjektiven (oder Partizipien) das letzte mit dem zugehörigen Substantiv einen Gesamtbegriff bildet:

> ein Glas *dunkles bayrisches Bier* (= das *bayrische Bier* ist dunkel, nicht: das Bier ist dunkel und bayrisch). *Sehr geehrte gnädige Frau.* Sie führte *kostspielige wissenschaftliche* Versuche durch.

Mehrteilige Orts- und ↑ Wohnungsangaben und mehrteilige Datumsangaben (↑ Datum) werden durch Kommas gegliedert. Da sie sowohl als Aufzählung als auch als Fügung mit Apposition (Beisatz) aufgefasst werden können, ist das Komma nach dem letzten Bestandteil (bei weitergeführtem Text) freigestellt:

> Frau Dr. Ines Meier, die in Mannheim, Richard-Wagner-Straße 6, I. Stock, links[,] wohnt, hat diesen Antrag gestellt. Gustav Meier, Berlin, Wilhelmstr. 24[,] hat eine Reise gewonnen. Mittwoch, den 25. Juni, 20 Uhr[,] findet die Sitzung statt.
>
> (Aber: Gabi hat lange in Köln am Kirchplatz 4 gewohnt.)

Das Gleiche gilt für mehrteilige Hinweise auf Stellen in Büchern, Zeitschriften o. Ä.:

> Die Zeitschrift Spektrum, Jahrgang 29, Heft 2, S. 134[,] hat darüber berichtet.

Zu Komma oder Punkt in zeilenweise abgesetzten Aufzählungen, Listen u. Ä. ↑ ¹Punkt (2).

3.2 Herausgehobene Satzteile

3.2.1 Karl, kommst du heute?: Die Anrede an eine oder mehrere Personen wird vom übrigen Satz durch Komma getrennt:

> Junge, pass doch auf! Karl, kommst du heute zu uns? Was halten Sie davon, Frau Schmidt? Du, hör mal zu! Hallo, Karin!

Aber ohne Komma, da Subjekt (oder Objekt) des Satzes:

> Du Schafskopf glaubst aber auch alles! Was habt ihr Lieben nicht alles für mich getan! Dich alten Herumtreiber gibt es auch noch!

3.2.2 Ach, das ist schade!: Die Interjektion wird durch Komma abgetrennt, wenn sie betont ist. Das gilt auch für die bekräftigende Bejahung oder Verneinung:

> Ach, das ist schade! Oh, wie schön ist das! Pfui, schäme dich! Ja, das ist wahr.

Aber ohne Komma, wenn sich die Interjektion eng an den folgenden Text anschließt und nicht hervorgehoben ist:

> O wunderbares, tiefes Schweigen! Ach geh doch! Ja wenn sie nur käme! Seine ach so große Vergesslichkeit ...

3.2.3 Der Tag, er ist nicht mehr fern: Herausgehobene Satzglieder, die durch ein Pronomen oder Adverb wieder aufgenommen werden, werden durch Komma abgetrennt:

> Der Tag, er ist nicht mehr fern. Deinen Vater, den habe ich gut gekannt.
> Am Anfang, da glaubte ich noch ...

3.3 Einschübe und Zusätze

In besonders starkem Maße unterbrechen Einschübe und Zusätze zu einzelnen Satzgliedern den Fluss des Satzes. Deshalb werden gerade sie durch das Komma vom übrigen Satz abgetrennt:

> Johannes Gutenberg, der Erfinder der Buchdruckerkunst, wurde in Mainz geboren.
> Das Schiff kam wöchentlich, und zwar sonntags, an. Viele Familienmitglieder, namentlich die älteren, waren anwesend. Da bricht der Abend, der frühe, herein. Dort tanzten Elfen, zart und schön.

Gelegentlich ist es den Schreibenden freigestellt, ob sie einen Satzteil als Einschub werten wollen oder nicht.

K

3.3.1 Wahlfreiheit bei der Kommasetzung: Eine genauere Bestimmung muss nur dann in Kommas eingeschlossen oder durch ein Komma abgetrennt werden, wenn sie hinter ihrem Bezugswort oder am Schluss des Satzes steht. Ist sie aber in den Satz eingeschoben, dann kann sie auch als einfaches Satzglied (Umstandsangabe) behandelt werden und wird dann nicht in Kommas eingeschlossen. Der oder die Schreibende muss selbst entscheiden, welche Stellung und Einordnung der genaueren Bestimmung dem Zweck des Textes am besten entspricht. Die folgende Tabelle soll dazu einige Hinweise geben.

Komma bei genaueren Bestimmungen o. Ä.	
1. Die genauere Bestimmung ist ein Einschub oder Zusatz, der durch Komma abgetrennt wird:	**1. Die genauere Bestimmung wird als einfaches Satzglied (meist als Umstandsangabe) behandelt und nicht abgetrennt:**
Das Schiff fährt wöchentlich einmal, und zwar sonntags, nach Helgoland.	
Sie hat vielen Menschen geholfen, vor allem im Krieg und in der Nachkriegszeit.	
Sie hat, vor allem im Krieg und in der Nachkriegszeit, vielen Menschen geholfen.	Sie hat vor allem im Krieg und in der Nachkriegszeit vielen Menschen geholfen.

Sie hat beachtliche Erfolge errungen, z. B. als Aida.	
Sie hat, z. B. als Aida, beachtliche Erfolge errungen.	Sie hat z. B. als Aida beachtliche Erfolge errungen.
Alle Familienmitglieder waren anwesend, einschließlich der Großmutter.	
Alle Familienmitglieder, einschließlich der Großmutter, waren anwesend.	Alle Familienmitglieder einschließlich der Großmutter waren anwesend.
Der Preis beträgt 89,90 DM, zuzüglich 16 % Mehrwertsteuer.	Der Preis beträgt 89,90 DM zuzüglich 16 % Mehrwertsteuer.
2. Eine Einschränkung oder Bedingung wird als genauere Bestimmung betrachtet, die in den Satz eingeschoben oder ihm nachgestellt ist und durch Komma abgetrennt wird:	**2. Die Einschränkung oder Bedingung wird als Satzglied (meist als Umstandsangabe) behandelt und nicht durch Komma abgetrennt:**
Sie können mich, außer in der Mittagszeit, immer erreichen.	Sie können mich außer in der Mittagszeit immer erreichen.
Ich habe alle Arbeiten erledigt, bis auf die Korrekturen.	Ich habe alle Arbeiten erledigt bis auf die Korrekturen.
Alle, bis auf Jörg, wollen mitfahren.	Alle bis auf Jörg wollen mitfahren.
3. Die genauere Bestimmung wird als Apposition betrachtet und durch Komma abgetrennt:	
Sie liebt die Musik, besonders die Werke der Barockzeit.	
Es gibt vier Jahreszeiten, nämlich Frühling, Sommer, Herbst und Winter.	

Kein schließendes Komma steht, wenn ein erläuterndes Adjektiv oder Partizip in die substantivische oder verbale Fügung einbezogen ist. Man will so den Zusammenhang der Fügung erhalten:

> Ausländische, insbesondere holländische und belgische Firmen traten als Bewerber auf. Das alte Buch enthält viele farbige, und zwar mit der Hand kolorierte Holzschnitte.

Aus dem gleichen Grunde gelten im Allgemeinen auch umfängliche Attribute, die zwischen dem Artikel (Pronomen, Zahlwort) und seinem Substantiv stehen, nicht als Einschübe:

> der dich prüfende Lehrer; diese den Betrieb stark belastenden Ausgaben; mehrere nur mit der Lupe sichtbare Fehler.

Das schließende Komma steht auch dann nicht, wenn ein Teil des Prädikats näher bestimmt und die zugehörige Personalform nur einmal gesetzt wird:

> Er wurde erst wieder ruhiger, als er sein Herz ausgeschüttet, d. h. alles erzählt hatte.

3.3.2 Berufs- und Standesbezeichnungen, Beinamen: Bei der sehr häufigen Verbindung einer Berufs- oder Standesbezeichnung mit einem Personennamen *(der Zahnarzt Müller, die Abgeordnete Meyer)* ist nicht immer eindeutig zu erkennen, welches Wort die Apposition und welches das Bezugswort der Apposition ist. Aus diesem Grund ist es möglich, sowohl Kommas zu setzen als auch sie wegzulassen. Das gilt auch, wenn zusätzlich die Höflichkeitsbezeichnungen *Herr* oder *Frau* vor den Namen treten. Die folgende Tabelle soll dazu einige Hinweise geben.

Komma bei Berufsbezeichnungen o. Ä.	
Die Berufs- oder Standesbezeichnung steht als Bezugswort voran, der Name wird als nachgestellte Apposition in Kommas eingeschlossen:	Der Name ist betontes Bezugswort, die Berufsbezeichnung o. Ä. steht als Apposition ohne Komma voran:
Unsere Referentin, [Frau] Anna Müller, *hat angerufen.*	Unsere Referentin *[Frau] Anna Müller hat angerufen.*
Der Angeklagte, Max Müller, *erschien nicht zur Verhandlung.*	Der Angeklagte *Max Müller erschien nicht zur Verhandlung.*
Der Erfinder der Buchdruckerkunst, Johannes Gutenberg, *wurde in Mainz geboren.*	Der Erfinder der Buchdruckerkunst *Johannes Gutenberg wurde in Mainz geboren.*
Wenden Sie sich bitte an unsere Kollegin, [Frau] Studienrätin Dr. Beck.	*Wenden Sie sich bitte an* unsere Kollegin *[Frau] Studienrätin Dr. Beck.*

Beinamen stehen gewöhnlich ohne Komma. Entsprechendes gilt für römische Zahlen bei Herrschernamen und für Zusätze wie *junior, senior:*

> Katharina die Große. Herzog Heinrich der Löwe. Karl VII. Hans Holbein der Jüngere. Fritz Meier *junior.*

Besteht aber ein solcher Beiname aus einem Substantiv mit Attribut, dann wird er im Allgemeinen in Kommas eingeschlossen:

> Friedrich Wilhelm, der Große Kurfürst, schlug die Schweden bei Fehrbellin.
> Joe Louis, der »braune Bomber«, war 14 Jahre lang Weltmeister im Schwergewicht.

Hat eine Person zwei Beinamen, dann wird meist der zweite Beiname in Kommas eingeschlossen:

Der französische König Ludwig IX., der Heilige, starb auf einem Kreuzzug.

Zu Fügungen wie *Frau Martha Schneider[,] geb. Kühn[,] wurde ...* ↑ geboren (3).

4   Das Komma bei Partizipialgruppen

4.1 Lachend kam er auf mich zu

Die bisherige Unterscheidung zwischen Partizipien ohne nähere Bestimmung und solche mit einer kurzen näheren Bestimmung auf der einen Seite *(Lachend kam er herein. Verschmitzt lächelnd schaute sie zu.)* und Partizipialgruppen größeren Umfangs auf der anderen Seite ist in den neuen Regeln zur Zeichensetzung aufgegeben worden. Man spricht hier nur noch von Partizipialgruppen. Für diese gilt die Grundregel, dass man Kommas setzen kann, es aber nicht muss:

K

Aus vollem Halse lachend[,] kam sie auf mich zu. Er sank[,] zu Tode getroffen[,] auf den Boden. Das Gerät ist[,] gereinigt und eingefettet[,] aufzubewahren.

Ist die Partizipialgruppe aber als Zusatz oder Nachtrag anzusehen, grenzt man sie mit Komma ab bzw. schließt sie mit Kommas ein:

Sie saß auf der Terrasse, ganz in Decken verpackt. Er, aus vollem Halse lachend, kam auf mich zu.

↑ satzwertiges Partizip; vgl. dazu auch die Stichwörter ↑ betreffend und ↑ entsprechend.

4.2 Zurückgewiesen, versuchte er es noch einmal

Ein einfaches Partizip oder ein Partizip mit kurzer näherer Bestimmung kann anstelle eines vollständigen Nebensatzes stehen. Will man diesem Partizip besonderes Gewicht verleihen, ist es sinnvoll, ein Komma zu setzen:

Zurückgewiesen, versuchte er es am folgenden Tage noch einmal. (= Obwohl er zurückgewiesen worden war, ...) Einmal angebrochen, hält sich die Konserve nur wenige Tage. (= Wenn sie einmal angebrochen wurde, ...)

Einige formelhaft gewordene Partizipialgruppen, die eigentlich einen Nebensatz vertreten, sind im Hauptsatz aufgegangen. Trotzdem ist es auch hier möglich, ein Komma zu setzen. Vgl. die folgende Tabelle.

Komma bei Partizipialgruppen	
Die Partizipialgruppe kann durch Komma abgetrennt werden, besonders wenn man sie als Vertretung eines vollständigen Nebensatzes auffasst:	Die Partizipialgruppe ist formelhaft im Hauptsatz aufgegangen:
Streng genommen, ist die Spitzmaus gar keine Maus.	*Streng genommen* ist die Spitzmaus gar keine Maus.
Es war, *im Grunde genommen,* nur ein Scherz.	Es war *im Grunde genommen* nur ein Scherz.
So gesehen, hat sie gar nicht einmal falsch gehandelt.	*So gesehen* hat sie gar nicht einmal falsch gehandelt.
Das sind, *grob gerechnet,* 20 % der Einnahmen.	Das sind *grob gerechnet* 20 % der Einnahmen.
Wie gesagt, habe ich keine Zeit dafür.	*Wie gesagt* habe ich keine Zeit dafür.

K

4.3 Den Kopf im Nacken[,] lachte sie hell auf

Es gibt Wortgruppen, die den Partizipialgruppen gleichzustellen sind, weil man sich die Partizipien *habend, seiend* o. Ä. hinzudenken kann. Für sie gelten die gleichen Richtlinien wie für Partizipialgruppen:

> Den Kopf im Nacken[,] lachte sie hell auf. Vom Alter blind[,] bettelte er sich durch das Land. Stets gerne zu Ihren Diensten[,] zeichnen wir hochachtungsvoll ...

5 Das Komma bei Infinitivgruppen

Als Infinitivgruppen bezeichnet man Infinitive, die ein *zu* bei sich haben (z. B. *zu backen, gearbeitet zu haben, gelobt zu werden, ins Theater zu gehen, anstatt zu lesen, um nicht abreisen zu müssen*). Je nach ihrer Verwendung im Satz müssen oder können sie durch Kommas abgetrennt werden. Manchmal sind sie aber auch so eng mit dem Satz verbunden, dass sie nicht abgetrennt werden können. Infinitive ohne *zu* gehören dagegen nicht zu den Infinitivgruppen; sie sind immer einfaches Satzglied oder Teil eines Satzgliedes und werden deshalb auch dann nicht durch Komma abgetrennt, wenn sie mit Ergänzungen verbunden sind:

> Ein guter Christ *sein* heißt allen Menschen ein stets bereiter Helfer *sein.*
> Ein anderes Kind *schlagen* ist ungezogen. Hilf mir bitte das Mittagessen *kochen!*

5.1 Der erweiterte Infinitiv mit *zu*

Die bisherige Unterscheidung zwischen dem erweiterten Infinitiv mit *zu* und dem nicht erweiterten Infinitiv mit *zu* wird in den neuen Regeln nicht mehr getroffen. In beiden Fällen spricht man jetzt nur noch von Infinitivgruppe (↑Infinitiv). Für Infinitivgruppen gilt: Man kann die Infinitivgruppe durch Komma abtrennen, um die Gliederung des Satzes deutlich zu machen oder um Missverständnisse auszuschließen, man muss es aber nicht:

> Er hatte keine Gelegenheit[,] sich zu waschen. Dir zu folgen[,] bin ich jetzt nicht bereit. Sie ging in die Stadt[,] um einzukaufen. Anstatt zu handeln[,] redest du nur. Ich ging[,] ohne zu zögern[,] auf den Einbrecher zu. Nichts Besseres[,] als zu reisen[,] konnte sie tun.

Ist die Infinitivgruppe aber als Zusatz oder Nachtrag anzusehen, grenzt man sie mit Komma ab bzw. schließt sie mit Kommas ein:

> Er, statt ihr zu Hilfe zu kommen, sah tatenlos zu.

Das Komma ist oft nicht sinnvoll, z. B., wenn es grammatikalisch zusammengehörige Glieder auseinander reißt. Daneben gibt es aber Fälle, in denen das Komma gesetzt werden kann, und auch Fälle, in denen es gesetzt werden muss. Die folgenden Beispiele mögen dies verdeutlichen:

5.1.1 Diesen Vorgang wollen wir zu erklären versuchen / Wir wollen diesen Vorgang zu erklären versuchen: Obwohl nicht ausdrücklich ausgeschlossen, ist von einem Komma abzuraten, wenn die Infinitivgruppe (hier: *diesen Vorgang zu erklären*) mit dem Hauptsatz (hier: *Wir wollen versuchen*) verschränkt ist oder wenn er in die Satzklammer (hier: *wollen ... versuchen*) einbezogen wird.

5.1.2 Den Betrag bitten wir auf unser Konto zu überweisen: Ein Komma zu setzen ist auch kaum sinnvoll, wenn ein Glied der Infinitivgruppe (hier: *den Betrag*) an den Anfang des Satzes tritt. Der kurze Hauptsatz wird dann von der Infinitivgruppe eingeschlossen. Man sollte also nicht schreiben *Das Leergut bitten wir Sie, innerhalb 14 Tagen zurückzusenden.* Sondern ohne Komma und besser auch ohne *Sie: Das Leergut bitten wir innerhalb 14 Tagen zurückzusenden.* Vgl. die folgende Tabelle.

K

Komma bei eingeschlossenem Hauptsatz	
Die Infinitivgruppe steht vor oder nach dem Hauptsatz und kann durch Komma abgetrennt werden:	Ein Glied der Infinitivgruppe tritt in Spitzenstellung (= an den Anfang des Satzes). Ein Komma ist nicht sinnvoll:
Wir bitten[,] *den Betrag auf unser Konto zu überweisen.*	*Den Betrag* bitten wir *auf unser Konto zu überweisen.*
Den Betrag auf unser Konto zu überweisen[,] bitten wir deshalb, weil ...	

5.1.3 Sich selbst zu besiegen ist der schönste Sieg / Sich selbst zu besiegen, das ist der schönste Sieg: Auch wenn die vorangestellte Infinitivgruppe das Subjekt vertritt, ist das Komma freigestellt:

Sich selbst zu besiegen[,] ist der schönste Sieg. Zu arbeiten und in Ruhe zu leben[,] bleibt mein Wunsch.

Wird aber auf die voranstehende Infinitivgruppe mit einem hinweisenden Wort wie *es, das, dies* zurückgewiesen, dann muss ein Komma stehen:

Sich selbst zu besiegen, *das* ist der schönste Sieg. Zu arbeiten und in Ruhe zu leben, *auch das* war mein Wunsch.

Das Gleiche gilt, wenn die Infinitivgruppe dem hinweisenden Wort folgt:

Erinnere mich daran, den Mülleimer auszuleeren. Sie war nicht dazu bereit, die Sache aufzugeben. Sein größter Wunsch ist es, eine Familie zu gründen.

5.1.4 Wir bitten [,] diesen Auftrag zu erledigen: Ein Komma ist nicht sinnvoll, wenn die Infinitivgruppe Hilfsverben oder in der Rolle eines Hilfsverbs stehenden anderen Verben wie z. B. *brauchen, scheinen, pflegen* o. Ä. folgt:

Du brauchst mir nicht zu antworten. Er pflegt uns jeden Sonntag zu besuchen. Sie schien bei dem Anfall zu ersticken. Die Tropfen sind auf Zucker einzunehmen. Sie hat nichts zu verlieren.

Bei einer ganzen Reihe von Verben, die eine Infinitivgruppe anschließen können, ist nicht eindeutig zu entscheiden, ob sie in dieser Verbindung als Hilfsverb (modifizierend) oder als Vollverb aufzufassen sind. Dazu gehören unter anderen:

anfangen, aufhören, beginnen, bitten, denken, fürchten, gedenken, glauben, helfen, hoffen, verdienen, verlangen, versuchen, wagen, wünschen.

Der oder die Schreibende hat bei diesen Verben beide Möglichkeiten. Will er ihre Personalform als volle Satzaussage behandeln, dann setzt er ein Komma:

Er glaubt, mich mit diesen Einwänden zu überzeugen. Wir bitten, diesen Auftrag schnell zu erledigen.

Wer aber mit dem jeweils gebrauchten Verb nur das durch den Infinitiv bezeichnete Geschehen modifizieren will, d. h., wer die Personalform und den
Infinitiv als eng zusammengehörig empfindet, lässt das Komma weg:

> Er glaubt mich mit diesen Einwänden zu überzeugen. Wir bitten diesen Auftrag
> schnell zu erledigen.

Auch wenn zu einem dieser Verben eine Umstandsangabe (auch eine Verneinung) oder ein Objekt tritt, ist das Komma freigestellt. Die bisherige Regel,
dass dann ein Komma stehen muss, gilt nicht mehr:

> Der Arzt glaubte *fest[,]* den Kranken durch eine Operation retten zu können.
> Sie bat *mich[,]* morgen wiederzukommen.

Auch wenn das fragliche Verb seinerseits mit einem modifizierenden Verb
wie *wollen, sollen, können, dürfen, müssen* verbunden ist, ist die Kommasetzung frei:

> Wir *wollen* versuchen[,] diesen Vorgang zu erklären.

Wenn aber die Infinitivgruppe mit Komma abgetrennt werden soll und als
Zwischensatz eingeschoben ist, steht auch vor einem *und*, das zum übergeordneten Satz gehört, ein Komma:

> Wir hoffen, Ihnen hiermit gedient zu haben, und grüßen Sie ... Wir bitten, die Waren
> morgen abzuholen, und werden unsere Marktleiterin verständigen.

Zu Weiterem vgl. die oben angeführten Verben, ferner ↑ suchen, ↑ vermögen,
↑ verstehen, ↑ wissen.

5.2 Der nicht erweiterte Infinitiv mit *zu*

Auch der nicht erweiterte Infinitiv mit *zu* wird in den neuen Regeln als Infinitivgruppe bezeichnet. Es gelten die gleichen Regeln.

> Ich befahl ihm[,] zu gehen. Die Abgeordnete beginnt[,] zu sprechen. Die Schwierig-
> keit[,] unterzukommen[,] war sehr groß. Ich hatte keinen Grund [,] zu glauben,
> dass ich übervorteilt wurde.

5.2.1 Zu tanzen, das ist ihre größte Freude: Ein Komma steht, wenn ein hin-
weisendes Wort wie *es, das, daran, darauf* auf den vorangestellten Infinitiv
hindeutet:

> Zu lesen, das ist ihre größte Freude. Zu rudern, dazu war er nicht imstande.

Das Gleiche gilt, wenn die Infinitivgruppe dem hinweisenden Wort folgt:

> Ich denke nicht daran, einzuwilligen. Es ist verboten, zu rauchen.

5.2.2 Er war bereit[,] zu raten und zu helfen: Ein Komma braucht nicht mehr zu stehen, wenn mehrere Infinitivgruppen dem Hauptsatz folgen oder in ihn eingeschoben sind:

> Er war immer bereit[,] zu raten und zu helfen. Ohne den Willen[,] zu lernen und zu arbeiten[,] wirst du es zu nichts bringen.

Ebenso:

> Es ist sein Wunsch[,] zu arbeiten und in Ruhe zu leben. Seine Bemühungen[,] zu vermitteln und eine Lösung zu finden[,] waren erfolglos.

5.2.3 Ihre Absicht war[,] zu gewinnen: Wenn in einem Gleichsetzungssatz die Infinitivgruppe dem Finitum (*ist, war* u. a.) folgt, ist das Komma nicht mehr zwingend:

> Ihre Absicht war[,] zu gewinnen. Mein Traum ist[,] zu fliegen.

5.2.4 Ich komme[,] zu helfen: Ein Komma ist nach den neuen Regeln jetzt ebenso freigestellt, wenn das *zu* der Infinitivgruppe im Sinne von *um zu* verwendet wird:

> Ich komme, [um] zu helfen. Oder: Ich komme [um] zu helfen.

5.2.5 Ich erinnere mich[,] widersprochen zu haben: Vor den mehrteiligen Formen des Infinitivs ist ein Komma nicht mehr notwendig, es kann aber gesetzt werden:

> Ich bin der festen Überzeugung[,] verraten worden zu sein. Er war begierig[,] gelobt zu werden. Ich erinnere mich[,] widersprochen zu haben.

5.2.6 Wir rieten ihm, zu folgen / Wir rieten, ihm zu folgen: Ein Komma sollte dann gesetzt werden, wenn Missverständnisse entstehen können:

> Wir rieten ihm, zu folgen. (Aber:) Wir rieten, ihm zu folgen. Er fürchtet sich, zu verlieren. (Aber:) Er fürchtet, sich zu verlieren.

Kommandant: Die Formen lauten: Genitiv: *des Kommandanten* (nicht: *des Kommandants*), Dativ und Akkusativ: *dem, den Kommandanten* (nicht: *dem, den Kommandant*). ↑ Unterlassung der Deklination (2.1.2). Zu *des Kommandanten Meyer / Kommandant Meyers* ↑ Titel und Berufsbezeichnungen (1.2 und 1.3).

Kommas / Kommata: Der Plural zu *das Komma* lautet *die Kommas* oder *die Kommata*. Die zweite Form ist weniger gebräuchlich. Nicht korrekt ist *Kommatas*. ↑ Fremdwort (3.4).

Kommazahl: ↑ Zahlen und Ziffern (2).

kommen: 1. kömmst, kömmt: Die umgelauteten Formen *du kömmst* und *er kömmt* sind veraltet; es heißt heute nur *du kommst* und *er kommt.* ↑ Verb (1).

2. zu stehen kommen: Bei Sätzen wie *Das kommt dir / dich teuer zu stehen* ist sowohl der Dativ wie der Akkusativ kor-

rekt. Der Akkusativ ist aber üblicher.
↑ stehen (5).

3. auf die Füße zu stehen kommen · auf den Rücken zu liegen kommen: Lageverben, denen sonst ein Präpositionalgefüge im Dativ folgt *(Ich liege auf dem Rücken),* haben ein Präpositionalgefüge im Akkusativ nach sich, wenn sie im Zusammenhang mit *kommen* gebraucht werden. Hier überwiegt deutlich die Vorstellung der Richtung: *Er kam auf den Rücken zu liegen, auf die Füße zu stehen* (nicht: *auf dem Rücken, auf den Füßen). Das Auto überschlug sich und kam wieder auf die Räder zu stehen. Sie kam neben mich* (nicht: *neben mir) zu sitzen.*
4. zum Ausdruck kommen · zur Entfaltung kommen: Das Verb *kommen* steht oft verblasst in Nominalfügungen: *zum Abschluss kommen* (= beendet werden); *zum Ausdruck kommen* (= gesagt werden); *zur Entfaltung kommen* (= sich entfalten); *zur Zahlung kommen* (= gezahlt werden). ↑ Nominalstil, ↑ Passiv (3.7).
Kommunion-: Die Zusammensetzungen mit fremden Bestimmungswörtern auf *-ion* werden im Allgemeinen mit dem Fugen-s gebildet. Eine Ausnahme bilden die Komposita mit *Kommunion* als Bestimmungswort. So heißt es: *Kommunionbank, Kommunionsonntag, Kommunionkind.* ↑ Fugen-s (1.3).

Kommuniqué / Kommunikee: In neuer Rechtschreibung ist neben der bisherigen Schreibung *Kommuniqué* auch die eingedeutschte Schreibung *Kommunikee* korrekt.

Komparation: ↑ Vergleichsformen.

Komparativ (erste Steigerungsstufe, Höherstufe, Mehrstufe): ↑ Vergleichsformen. Zu *Sie ist älter als / wie ich* ↑ als / wie (1). Zu *Sie war das hübschere der Mädchen* ↑ Kongruenz (3.2.2).

Komparativsatz: Der Komparativ- oder Vergleichssatz enthält einen Vergleich: *Eine halbe Sekunde später folgte dieser Lichterscheinung der dumpfe Knall einer … Explosion, wie ein Trauerspiel mit einer Katastrophe endet* (Raabe). *Margot ist größer, als ihre Mutter im gleichen Alter war.* Zum Komma bei Vergleichssätzen ↑ als (5) und ↑ wie (3).

Kompositum

Häufig gestellte Fragen zu Komposita	
Frage	**Antwort unter**
Müsste der *Apfelwein* nicht eigentlich korrekt *Äpfelwein* heißen, weil er aus vielen Äpfeln gemacht wird?	dieser Artikel, Punkt (2)
Was ist korrekt: *in der Saure-Gurken-Zeit* oder *in der Sauren-Gurken-Zeit, mit der Rote-Kreuz-Schwester* oder *mit der Roten-Kreuz-Schwester?*	dieser Artikel, Punkt (7)

Die Zusammensetzung (Komposition) ist neben der ↑ Ableitung und der Bildung eines Wortes mit einem ↑ Präfix das wichtigste sprachliche Mittel zur

Neubildung von Wörtern. Als Kompositum oder Zusammensetzung bezeichnet man ein Wort, das aus zwei oder mehreren Wörtern zusammengesetzt ist:

> wildes Schwein – Wildschwein, Hundehütte, hilfreich, Einbaum, Selbstsucht, Schweigepflicht, Nachsommer, anführen, dahin, Windschutzscheibe.

In den meisten Komposita nennt das zweite Glied (Grundwort) einen weiteren Begriff (z. B. -schwein), der durch das erste Glied (Bestimmungswort; z. B. Wild-) eingeengt und näher bestimmt wird. Neben diesen bestimmenden oder Determinativkomposita gibt es auch die so genannten Kopulativkomposita, bei denen die Bestandteile gleichgeordnet sind:

> Schürzenkleid – Schürze und Kleid; Hosenrock, Hemdbluse, Strichpunkt, Ofenkamin, Radiowecker, Dichterkomponist.

Im Kompositum wird ein Inhalt in einem Wort verdichtet, der sonst nur durch syntaktische Fügungen unterschiedlichster Art wiedergegeben werden könnte:

> liebeskrank – krank aus Liebe; Rechtsstandpunkt – Standpunkt in Bezug auf das Recht; Lachfalten – Falten, die durch Lachen entstehen; tropfnass – so nass, dass es tropft; punktschweißen – an einzelnen Punkten verschweißen.

Zum Bindestrich bei Zusammensetzungen ↑ Bindestrich (2); zur Verwendung von Fugenzeichen ↑ Fugen-s, ↑ Fugenzeichen.

1. Treibstoffstandschauzeichen:

Eine Zusammensetzung besteht zumindest aus zwei Bestandteilen: *Treibstoff, Schau-zeichen*. Zu Bildungen dieser Art neigen vor allem die Amtssprache und die Sprache der Technik, die es vorziehen, möglichst umfassende substantivische Bezeichnungen anzuwenden, wo auch längere syntaktische Fügungen möglich wären. Dabei entstehen bisweilen überlange Zusammensetzungen, die nur schwer zu überblicken und kaum zu verstehen sind. Man sollte unübersichtliche Bildungen dieser Art vermeiden und durch eine entsprechende Wortgruppe ersetzen:

> Nicht: Geräteunterhaltungsnachweis. Besser: Nachweis für die Geräteunterhaltung oder Nachweis für die Unterhaltung der Geräte. Nicht: Treibstoffzufuhrregulierung. Besser: Regulierung der Treibstoffzufuhr. Nicht: Treibstoffstandschauzeichen. Besser: Schauzeichen für den Treibstoffstand. Nicht: Teilzahlungsfinanzierungsinstitut. Besser: Finanzierungsinstitut für Teilzahlungen.

Zur Setzung des Bindestrichs in langen Zusammensetzungen ↑ Bindestrich (2.1).

2. Apfelwein/Äpfelwein · Schiffsverkehr:

Wenn sich das erste Glied einer Zusammensetzung sachlich auf eine
Mehrzahl von Wesen oder Dingen bezieht, entsteht die Frage, ob es deshalb in die Pluralform zu setzen sei. Soll man den Wein aus Äpfeln *Äpfelwein* oder *Apfelwein* nennen? Es gibt keine ausnahmslos gültige Regel,
nach der in solchen Fällen entschieden werden könnte. Entscheidend für
die Anwendung der Singular- oder Pluralform ist jeweils der Sprachgebrauch im Einzelfall und kein sachlich-logischer Grund. So heißt es standardsprachlich *Apfelwein, Schafstall, Baumschule* und *Flohzirkus,* obwohl
es um Äpfel, Schafe, Bäume und Flöhe geht.

Neben solchen Zusammensetzungen, deren Bestandteile unmittelbar,
d. h. ohne ↑ Fugenzeichen, miteinander verbunden sind, stehen Komposita
mit einem Fugenzeichen. Auch deren erster Bestandteil kann in der Singularform stehen, obwohl sachlich eine Mehrzahl gemeint ist. So heißt es
Bischofskonferenz, obwohl an der Konferenz mehrere Bischöfe teilnehmen.
So heißt es *Schiffsverkehr,* obwohl der Verkehr von Schiffen gemeint ist. So
heißt es *Freundeskreis,* obwohl der Kreis mehrere Personen umfasst. Die
Ausbreitung der Komposita mit Fugenzeichen, die z. T. als Pluralendungen aufgefasst werden wie etwa bei *Lämmerwölkchen, Rosenblatt,
Gänsefeder,* hat jedoch die Bildungen mit der Pluralform des ersten Be-
standteils gefördert:

Motorenlärm, Gästebuch, Bücherstube, Bücherregal, Städtetag, Häusermeer, Ärzte-
kongress.

Häufig finden sich Doppelformen, d. h., Zusammensetzungen mit demselben Bestimmungswort sowohl in der Singular- als auch in der Pluralform stehen nebeneinander, ohne dass damit sachlich Einzahl oder Mehrzahl unterschieden werden soll. So heißt es im Süddeutschen *Rindsbraten,*
im Norddeutschen *Rinderbraten* (↑ Rind- / Rinder- / Rinds-) und neben
Schweinebraten, Schweinefett, Schweinefleisch stehen *Schweinsbraten,
Schweinskopf, Schweinsborste* (↑ Schweine- / Schweins-).

3. Reise Adenauers/Adenauerreise:

Es besteht die Tendenz, anstelle eines Substantivs mit einem Genitiv- oder
Präpositionalattribut eine Zusammensetzung zu verwenden. Dies geschieht vor allem in Fügungen mit Namen. So schreibt man *Adenauerbe-
such* statt *Besuch Adenauers,* so schreibt man *Moskaureise des Kanzlers*
statt *Reise des Kanzlers nach Moskau* usw. Diese knappe, verkürzte Ausdrucksweise findet sich vor allem in den Schlagzeilen und Überschriften
der Presse, die auf möglichst kleinem Raum ein Höchstmaß an Informa-

tion geben will. Auch spielt der Einfluss des Englischen, das die Wörter einfach nebeneinander stellt, eine Rolle.

Es gibt natürlich Zusammensetzungen mit einem Namen als erstem Bestandteil, die im allgemeinen Gebrauch korrekt sind: *Dieselmotor, Röntgenstrahlen, Thomasmehl, Kneippkur* u. Ä. Das Kompositum *Dieselmotor* nennt eine besondere Art oder Gattung von Motoren, die so von anderen unterschieden wird. Das Wort *Kneippkur* nennt eine bestimmte Kurart. In diesen oder ähnlichen Fällen individualisiert also der Name nicht, sondern er klassifiziert, ähnlich wie in dem Kompositum *Waldmaus* durch den ersten Bestandteil *Wald* der im zweiten Bestandteil bezeichnete Begriff *Maus* auf eine bestimmte Art von Mäusen eingeschränkt wird. Dies gilt auch für Zusammensetzungen wie *Mozartabend, Beethovenkonzert, Rembrandtausstellung, Schumannlied* usw., in denen der Name gleichfalls klassifiziert. Daneben tritt ein Name als erster Bestandteil in Zusammensetzungen auf, die ihrerseits als Ganzes Namen sind: *Marshallplan, Youngplan, Köchelverzeichnis* u. a.

Von ganz anderer Art jedoch sind die oben genannten Bildungen: *Weizsäckerrede* (vom 8. 5. 1985), *Brandtbesuch* (in Amerika), *Adenauerreise* (nach Frankreich) u. a. Es handelt sich hier um Verbindungen, die zur Benennung eines einmaligen, zum Zeitpunkt der Benennung aktuellen, jedoch schnell vergangenen Ereignisses, Geschehens u. Ä. geprägt werden. Das Störende an ihnen ist, dass sie formal den Eindruck erwecken, feste Komposita zu sein, tatsächlich aber nur Augenblickskomposita sind.

Wenn diese Bildungen auch im Bereich der Zeitungssprache aus ökonomischen Gründen eine gewisse Berechtigung haben, so sollte man sie doch vermeiden, wenn sie nur aus dem Zusammenhang und nicht aus sich selbst heraus verstanden werden können. *Die Romrede Adenauers* z. B. kann, auf sich gestellt, bedeuten »Rede Adenauers in Rom« oder »Rede Adenauers über Rom«. In der geschriebenen Allgemeinsprache jedenfalls sind solche Gelegenheitsbildungen mit Namen fehl am Platz. Zu ihrer Schreibung mit oder ohne Bindestrich vgl. ↑ Bindestrich (5).

4. Niedrigstpreis / niedrigster Preis:
Heute wird häufig anstelle einer Fügung aus attributivem Adjektiv und Substantiv, z. B. *der niedrigste Preis,* ein Kompositum gebraucht: *der Niedrigstpreis.* Diese Zusammensetzungen sagen zwar vielfach nichts anderes aus als die entsprechenden Fügungen aus Adjektiv und Substantiv, sie unterscheiden sich aber gewöhnlich im Stilwert von ihnen und gehören bestimmten Bereichen (Werbung, Wirtschaft usw.) an; vgl. auch:

die beste Lösung – Bestlösung; die tiefste Temperatur – Tiefsttemperatur; letzte Fragen – Letztfragen; der höchste Preis – Höchstpreis.

5. **das Hohelied / ein Hohes Lied:**

Bestimmte feste Fügungen aus Adjektiv und Substantiv stehen den Zusammensetzungen nahe: *das Schwarze Meer, das Rote Kreuz, der italienische Salat, der schwarze Tee, der Stille Ozean, das schwarze Brett* usw. Diese festen Fügungen bilden als so genannte Mehrwortbezeichnungen ähnlich wie ein Kompositum eine begriffliche Einheit, d. h., die Bedeutung des Gesamtgefüges ergibt sich nicht ohne weiteres aus der Aneinanderreihung der Inhalte der Einzelwörter. Im Unterschied zum Kompositum werden jedoch beide Glieder dekliniert und im Allgemeinen nicht zusammengeschrieben: *im Schwarzen Meer, des Roten Kreuzes, den italienischen Salat, des schwarzen Tees, im Stillen Ozean, des schwarzen Brettes.* In wenigen Fällen findet sich die Zusammenschreibung: *der Hohepriester, das Hohelied,* doch wird bei Beugung des ersten Bestandteils nach den neuen Rechtschreibregeln ebenfalls getrennt geschrieben. ↑ Hohepriester / Hoher Priester, ↑ Hohelied / Hohes Lied.

6. **kleines Kindergeschrei / Geschrei kleiner Kinder:**

Steht ein Adjektiv als Attribut (Beifügung) vor einer Zusammensetzung, bezieht sich das Adjektiv formal auf das Grundwort des Kompositums, inhaltlich aber auf das ganze Kompositum: *die große Eisfabrik* (= die [Eis]fabrik ist groß), *der reiche Fabrikbesitzer* (= der [Fabrik]besitzer ist reich), *der saubere Fischladen* (= der [Fisch]laden ist sauber). Das Grundwort bestimmt die Deklination des beigefügten Adjektivs. Es ist nicht korrekt, wenn man eine Zusammensetzung mit einer Beifügung verbindet, die inhaltlich nur zum ersten Bestandteil des Kompositums gehört; denn die Zusammensetzung ist ein Ganzes, bei dem man nicht einen Teil besonders behandeln kann. Man sollte also nicht schreiben *kleines Kindergeschrei*, weil nicht das [Kinder]geschrei klein ist, sonder die Kinder klein sind, die das Geschrei verursachen. Richtig: *das Geschrei kleiner Kinder.* Die Komik, die in solchen Fügungen liegt, hat zu absichtlichen Erfindungen geführt, die meist leicht durchschaut werden: *der vierstöckige Hausbesitzer, der geräucherte Fischladen, der wilde Schweinskopf, der siebenköpfige Familienvater.* Es gibt aber auch Fälle, die durch Unkenntnis oder Flüchtigkeit entstanden sind: *Das nukleare Brennstoffproblem* ist kein *nukleares Problem*, sondern *das Problem, genug nuklearen Brennstoff zu finden.* Man kann auch nicht einem Kranken *baldige Genesungswünsche* übermitteln, sondern nur *gute Wünsche für baldige Genesung.*

Bestimmte Fügungen dieser Art haben sich jedoch durchgesetzt und sind sprachüblich geworden. Es handelt sich hier um Fälle, in denen das Adjektiv inhaltlich zwar eigentlich zum ersten Bestandteil der Zusammensetzung gehört, dabei jedoch auch zum zusammengesetzten Wort passt, das nur noch als geschlossene Einheit empfunden wird. Diese Fügungen sind als korrekt anzusehen: *die deutsche Sprachwissenschaft, das Bürgerliche Gesetzbuch, das evangelische Pfarrhaus, das geheime Wahlrecht.* Zu Wörtern wie *Kleinkinderspielzeug,* die aus Fügungen dieser Art entstanden sind, vgl. Punkt 7.

7. **Kleinkinderspielzeug · Rote-Kreuz-Schwester:**
Die im vorigen Abschnitt (6) behandelten attributiven Fügungen von der Art *kleines Kindergeschrei* werden z. T. zusammengeschrieben oder durch Bindestriche miteinander gekoppelt: *Kleinkinderspielzeug, Rote-Kreuz-Schwester.* In dieser Form gelten diese Verbindungen als korrekt, weil die Beziehung des Adjektivs, z. B. *klein,* zu dem eigentlichen Bezugswort, z. B. *Kinder,* in einem Wort wie *Kleinkinderspielzeug* eindeutig ist.

Es gibt drei Gruppen solcher Wortverbindungen. Die erste Gruppe umfasst feste Zusammensetzungen, in denen das Adjektiv in jedem Fall (Kasus) ungebeugt bleibt, wo also der Stamm des Adjektivs in die Zusammensetzung eingegangen ist: *das Kleinkinderspielzeug, dem Altfrauengesicht, den Altweibersommer, der Liebfrauenmilch.* Zur zweiten Gruppe zählen alle die Fälle, in denen das Adjektiv in der erstarrten flektierten Form auf *-e* erscheint: *ein Armeleuteviertel, eines Armeleuteviertels.* In der dritten Gruppe finden sich durchgehend flektierte Formen des Adjektivs, und zwar in Übereinstimmung mit dem Grundwort: *der Roten-Kreuz-Schwester.* Diese Formen sind jedoch mehr alltagssprachlich. Daneben gibt es von diesen Wörtern auch die Formen mit erstarrtem *-e (die Loseblattausgabe, der Loseblattausgabe)* und z. T. auch die feste Form mit dem Stamm des Adjektivs: *die Rotkreuzschwester.*

8. **Meldepflicht der Berufskrankheiten / die Pflicht zur Meldung von Berufskrankheiten:**
Ist von einer Zusammensetzung ein Genitivattribut abhängig, bezieht sich dies inhaltlich auf den zweiten Bestandteil: *der Rentenanspruch der Angestellten* (= die Angestellten haben einen Anspruch auf Rente). Es ist aber nicht korrekt, zu einer Zusammensetzung ein Genitivattribut zu stellen, das inhaltlich nur zum ersten Bestandteil der Zusammensetzung gehört. Man darf also nicht schreiben: *Meldepflicht der Berufskrankheiten,* weil nicht die Berufskrankheiten die Pflicht zur Meldung haben; sie sollen

ja gemeldet werden. Es muss richtig heißen: *die Pflicht zur Meldung von Berufskrankheiten.* Ähnlich ist es bei den folgenden Beispielen. Nicht: *Geschäftsinhaberinnen modischer Artikel,* sondern: *Inhaberinnen von Geschäften für modische Artikel.* Nicht: *erwartungsvoll des Ausgangs,* sondern: *in [gespannter] Erwartung des Ausgangs.* Nicht: *Vertretungsrecht des Kindes,* sondern: *Recht auf Vertretung des Kindes.* Dies gilt auch für ein Präpositionalgefüge. Nicht: *Es bestehen Aufstiegsmöglichkeiten zum Werbe- und Verkaufsleiter.* Sondern: *Es bestehen Möglichkeiten, zum Werbe- und Verkaufsleiter aufzusteigen.* Aus demselben Grunde darf man auch nicht sagen: *Hühneraufzucht und ihr Verkauf,* denn das Pronomen würde sich dann nur auf den ersten Bestandteil des Kompositums beziehen (↑ Pronomen [2]).

Bestimmte Fügungen mit einem Genitivattribut haben sich jedoch durchgesetzt und sind sprachüblich geworden: *der Geschichtsschreiber Karls des Großen, die Lebensbeschreibungen großer Persönlichkeiten, der Finanzverwalter dieser Gesellschaft.* Diese Fälle gelten als korrekt, weil sich das Attribut hier auf das Kompositum als Ganzes beziehen lässt.

K

9. körperfreundliche Seife:

Zusammensetzungen mit Adjektiven wie *freundlich, freudig, tüchtig* u. a. als Grundwort werden in der Regel auf Personen oder Lebewesen bezogen, weil diese Adjektive eine menschliche Eigenschaft oder Fähigkeit, ein menschliches Verhalten bezeichnen: *der schaffensfreudige Schriftsteller, die gastfreundlichen Nachbarn, die geschäftstüchtige Unternehmerin* usw.

In der Werbesprache besteht heute jedoch die Neigung, Zusammensetzungen mit diesen Wörtern als zweitem Bestandteil auch auf Sachen, auf Dingliches anzuwenden: *rieselfreudiges Salz, hautfreundliche Unterkleidung, gebrauchstüchtige Anzüge, umweltfreundliches Auto* usw. Die genannten Grundwörter (*freundlich, tüchtig* usw.) sind in der heutigen Sprache als Adjektive sehr lebendig und haben als solche eine bestimmte Eigenbedeutung, im Unterschied zu ↑-fähig, das bereits die Rolle eines Suffixes einnimmt. Diese Eigenbedeutung wirkt bei Anwendung der genannten Zusammensetzungen auf Lebloses personifizierend und macht sie recht werbewirksam. Außerhalb der Werbesprache sollte man solche Wörter aber nicht gebrauchen.

10. Verweise:

Zu *fachliche Bildung / Fachbildung* ↑ Adjektiv (4.1). Zu *motivgleich, pflanzenwuchsfördernd, schaumgebremst, sonnengereift, eisgekühlt, gasver-*

giftet ↑ Adjektiv (2.1). Zu *Ichlaut / Ichsucht* ↑ Bindestrich (2.6). Zu *Werksanlage / Werkanlage* ↑ Werk- / Werks-, ↑ Fugenzeichen. Zu *Arztbesuch, Bauherrenmodell, Leserbrief* usw. ↑ Gleichstellung von Frauen und Männern in der Sprache (3).

Kompromiss: Das Wort *Kompromiss* wird gewöhnlich als Maskulinum *(der Kompromiss)* gebraucht. *Am Ende stand ein fairer Kompromiss.* Mit neutralem Genus *(das Kompromiss)* tritt es dagegen nur selten auf.

Konditionalsatz

Häufig gestellte Fragen zum Konditionalsatz	
Frage	**Antwort unter**
Wann verwendet man im Konditionalsatz den Indikativ, wann den Konjunktiv?	dieser Artikel, Punkte (1), (2)
In welchen Fällen umschreibt man den Konjunktiv durch eine *würde*-Form?	dieser Artikel, Punkt (4), Konjunktiv (2.3)

Der Konditionalsatz (Bedingungssatz) ist ein Nebensatz, der die Bedingung (Voraussetzung) nennt, unter der das im Hauptsatz genannte Geschehen oder Sein eintritt, sich vollzieht:

> Wenn das wahr ist, [dann / so] ist Schlimmes zu befürchten.
> Falls die Haustür geschlossen ist, gehe ich über den Hof.

Im Allgemeinen wird der Konditionalsatz durch eine Konjunktion eingeleitet (*wenn, wofern, sofern, falls;* vgl. auch ↑ dass [4]). Daneben finden sich aber auch Konditionalsätze ohne Konjunktion, bei denen das finite Verb am Anfang steht:

> Kannst du es schon nicht allen recht machen, dann mache es wenigstens so, dass...
> Für: Wenn du es schon nicht allen recht machen kannst, dann ... Versagen die Bremsen, dann ist alles verloren. Für: Wenn die Bremsen versagen, dann ist alles verloren.

Die Sätze ohne Konjunktion wirken im Allgemeinen nachdrücklicher, feierlicher, pathetischer als die mit Konjunktionen eingeleiteten Sätze: *Machte ich früher Lärm, so wurde die Pforte besetzt* (Immermann).

In allen genannten Sätzen, ob mit oder ohne Konjunktion, unterscheidet sich der Hauptsatz vom Nebensatz durch das im Hauptsatz auftretende ↑Korrelat *dann* oder *so,* das allerdings oft weggelassen wird. In selteneren Fällen, besonders bei älteren Schriftstellern, unterscheiden sich Haupt- und Nebensatz durch die Wortstellung: *Warf er das Schwert von sich, er war verloren* (Schiller). Für: *Wenn er das Schwert von sich warf, war er verloren.* Entsprechend: *Standen ihm damals nicht die Tröstungen der Religion zur Seite, er musste verzweifeln* (Heine).

Gelegentlich aber unterscheiden sich Hauptsatz und Nebensatz weder durch eine unterschiedliche Wortstellung noch durch ein Korrelat voneinander. In diesen Fällen empfiehlt es sich, den Hauptsatz durch ein entsprechendes Korrelat oder aber den Nebensatz durch eine entsprechende Konjunktion einzuleiten, damit der Sinnzusammenhang deutlich wird:

> Weniger deutlich: Will eine Gemeinde Grundstücke veräußern, hat sie den Beschluss der Rechtsaufsichtsbehörde vorzulegen. Deutlicher: *Wenn* eine Gemeinde Grundstücke veräußern will, hat sie … Oder: Will eine Gemeinde Grundstücke veräußern, *so / dann* hat sie …

> Weniger deutlich: Ist die Erfüllung des Stiftungszwecks unmöglich geworden, sind die Vorschriften anzuwenden. Deutlicher: *Wenn* die Erfüllung des Stiftungszwecks unmöglich geworden ist, sind … Oder: Ist die Erfüllung des Stiftungszwecks unmöglich geworden, *so / dann* sind …

Im Folgenden geht es um den Gebrauch von Konjunktiv II und Indikativ im Konditionalgefüge, wofür Einstellung und Absicht des Sprechers von Bedeutung sind:

1. Wenn sie kommt, bin ich froh:

Durch den Indikativ im Konditionalgefüge drückt der Sprecher aus, dass er das, was er aussagt, also Bedingung und Folge, als wirklich gesetzt, als real gegeben ansieht:

> Wenn sie krank ist, dann sind wir alle noch kränker. Hatte er Glück, kam er mit einem blauen Auge davon. Wenn sie kommt, bin ich froh.

2. Wenn sie käme, wäre ich froh:

Durch den Konjunktiv II im Konditionalgefüge drückt der Sprecher aus, dass er das, was er aussagt, also Bedingung und Folge, als nicht wirklich, als irreal ansieht; er stellt es sich nur vor. Man spricht in diesem Zusammenhang von irrealen Konditionalgefügen:

> Wenn er Zeit hätte, käme er. Wäre sie sofort gestartet, dann hätte sie möglicherweise gewonnen. Wenn er morgen früh losführe, wäre er am Abend in Wien.

3. Wenn sie kommt, wäre ich froh:

Gelegentlich – vor allem in der gesprochenen Sprache – findet man, dass nur ein Teilsatz eines Konditionalgefüges im Konjunktiv II steht, der andere hingegen im Indikativ:

Wenn du wirklich etwas in dieser Angelegenheit unternehmen *willst*, dann *müsstest* du es anders planen. *Sollte* das Hochwasser kommen, dann *wird* die Durchfahrt gesperrt.

In diesen Gefügen wird das, was im konjunktivischen Teilsatz ausgesagt wird, als gedacht, als möglich dargestellt, während das im indikativischen Teilsatz Ausgesagte als wirklich, als real gegeben gesetzt wird.

4. Wenn sie kommen würde, würde ich froh sein:

Der Konjunktiv II wird in bestimmten Fällen durch *würde* + Infinitiv ersetzt (↑ Konjunktiv [2.3]):

1. Es wird *würde* + Infinitiv gebraucht, wenn ein Missverständnis entstehen kann, weil der Konjunktiv II eines Verbs mit einer anderen Form übereinstimmt. So sind z. B. alle Formen des Konjunktivs II der regelmäßigen Verben mit den Formen des Indikativs Präteritum identisch und somit nicht eindeutig (*ich liebte, du liebtest* usw.). Auch viele Formen des Konjunktivs II bei bestimmten unregelmäßigen Verben stimmen lautlich fast mit den Formen des Indikativs Präsens und des Konjunktivs I überein (*sähe – sehe, läse – lese, träte – trete* u. a.) oder sie sind völlig mit denen des Präteritums identisch *(wir / sie riefen, wir / sie gingen)*. Deshalb ist in dem Gefüge *Wenn sie Peter riefen, eilte er sofort herbei* nicht klar, ob eine irreale Aussage vorliegen soll. Zur Kennzeichnung der Irrealität ist hier die *würde*-Umschreibung zulässig: *Wenn sie Peter rufen würden, eilte er sofort herbei.* (Oder:) *Wenn sie Peter riefen, würde er sofort herbeieilen.* Dabei genügt es im Allgemeinen, wenn die Form eines Teilsatzes eindeutig Konjunktiv II ist: Die andere, an sich nicht eindeutige Form wird dadurch ebenfalls als Konjunktiv II ausgewiesen.

2. Es wird *würde* + Infinitiv gebraucht, wenn die Formen des Konjunktivs II als altertümlich angesehen werden. Dies gilt besonders für bestimmte Verben mit ö *(flöhe)*, ä *(schwände)* und ü *(hülfe)* als Stammvokal:

Ich *hülfe / würde helfen*, wenn ich Gelegenheit dazu hätte.

3. Es wird *würde* + Infinitiv anstelle eines Konjunktivs II mit Zukunftsbezug gebraucht:

Wenn ich morgen *ginge / gehen würde*, wäre das noch früh genug.

Die Form *würde* + Infinitiv wird häufiger im übergeordneten Hauptsatz gebraucht *(ich würde fliegen, wenn ich so wenig Zeit hätte)*, seltener im

wenn-Satz, sofern der übergeordnete Satz keine *würde*-Umschreibung hat
(Wenn ich flüchten würde, könnte ich die Freiheit gewinnen).
Beide Verwendungsweisen sind keineswegs als falsch zu bezeichnen, doch
sollte man die einfachen Konjunktivformen überall dort verwenden, wo es
möglich ist.
Demgegenüber wirkt die *würde*-Umschreibung in beiden Teilsätzen meistens unbeholfen und weitschweifig und ist auch lautlich unschön. Man
sollte sie nach Möglichkeit durch andere Konstruktionen ersetzen:

Wir sind glücklich und zufrieden und würden ganz glücklich sein, wenn Sie sich
mit uns freuen würden (Fallada). Wenn ich fliehen würde, würde ich meine Freiheit
erlangen. (Besser:) Wenn ich davonliefe, würde ich meine Freiheit erlangen. (Oder:)
Wenn ich fliehen könnte, würde ich meine Freiheit erlangen. (Oder:) Durch eine
Flucht würde ich meine Freiheit erlangen.

Von diesen Fällen der *würde*-Umschreibung des Konjunktivs II sind jedoch
folgende Konstruktionen zu unterscheiden: *würde* als Form des Konjunktivs II beim Vollverb *werden (Aber was hätte das alles für einen Sinn ...,
wenn wir nicht Vertraute würden); würde* + 2. Partizip als Passiv im Konjunktiv II *(Wenn ich geschlagen würde, wüsste ich nicht, was ich täte).*

K

5. Ohne dich wäre ich nicht so weit · Wenn sie doch hier wäre!:
Der Konjunktiv II zur Kennzeichnung des nur Gedachten, der Irrealität,
findet sich nicht nur in ausgebauten Konditionalgefügen mit Haupt- und
Nebensatz; er kommt auch in unabhängigen Sätzen vor.
1. Der Konjunktiv II wird in irrealen Sätzen gebraucht, deren Bedingung
zwar nicht ausdrücklich in einem Nebensatz genannt ist, aber aus dem
Textzusammenhang in irgendeiner Form hervorgeht. In Sätzen dieser Art
ist der. Konjunktiv II sogar häufiger als in ausgebauten Konditionalgefügen:

Ohne deine Hilfe (= wenn du ihnen nicht geholfen hättest) hätten sie das nicht
geschafft. Das täte ich nicht (wenn ich an ihrer Stelle wäre). Sonst (= wenn wir uns
nicht so angestrengt hätten) wäre er nicht so weit gekommen. So (= wenn man es so
machte) wäre es besser. Ich würde / möchte Sie gern sprechen (wenn es ginge).
Ich hätte Sie gern einmal gesprochen. Er ist der Letzte, den ich um Rat fragen würde
(wenn ich in Verlegenheit kommen sollte). Ich wüsste, was zu tun wäre. Er ist zu
dumm, als dass er das verstünde. Sie übernahm die Arbeit, obwohl sie gerne Urlaub
gemacht hätte (wenn es nach ihr gegangen wäre).

2. Der Konjunktiv II wird auch in irrealen Sätzen gebraucht, in denen die
Folge nicht genannt ist. Häufig handelt es sich um irreale Wunschsätze:

Hätte ich doch dieses Buch! Wenn sie doch gekommen wäre!
Wäre sie nur gekommen! Wenn sie doch nur heute käme!

In der Regel steht in diesen Sätzen *doch* oder *nur*, was die innere Anteilnahme des Sprechers deutlich macht. Die Sätze der vorstehenden beiden Gruppen können auf ein irreales Konditionalgefüge zurückgeführt werden.

Zu irrealen Vergleichssätzen wie *Ihm war, als habe / hätte er die Prüfung nicht bestanden* ↑ als [ob] / als wenn / wie wenn.

6. Das wäre möglich!:

Der Konjunktiv II (bzw. seine Ersatzform mit *würde*) wird gelegentlich als Ausdruck der Höflichkeit oder Unverbindlichkeit gebraucht, wo der Indikativ zu direkt, zu hart oder gar schroff wirken würde:

Ich wünschte, dass Sie nachgäben. Ich würde Ihnen empfehlen, dieses Buch zu kaufen. Ich wüsste wohl, was zu tun wäre. Das wäre möglich! Wir würden uns sehr freuen / Es würde uns sehr freuen, wenn Sie das Geld bis zum 15. d. M. überwiesen (auch: überweisen).

Zu bereits formelhaft gewordenen Sätzen wie

Ich würde sagen / meinen, dass ... Ich würde / möchte Sie gern einmal sprechen. Ich hätte Sie gern einmal gesprochen.

vgl. auch 5.1.

7. Da wären wir endlich:

Der Konjunktiv II wird auch bei Feststellung eines (mühsam) erreichten Ergebnisses gebraucht, das dadurch – im Unterschied zum ebenfalls möglichen Indikativ – gewissermaßen untertreibend in seiner Wichtigkeit heruntergespielt wird:

Da sind / wären wir endlich. Das ist / wäre getan. Das haben / hätten wir endlich überstanden.

Konfessions-: Zusammensetzungen mit *Konfession* als Bestimmungswort stehen immer mit Fugen-s: *Konfessionsschule, Konfessionsstatistik, konfessionslos.* Formen ohne Fugen-s (z. B. *Konfessionschule*) sind nicht korrekt. ↑ Fugen-s (1.3).

Konfrontation / Konfrontierung: ↑ Verbalsubstantiv (1.5).

konfrontieren: Das Verb *konfrontieren* wird gewöhnlich mit der Präposition *mit* verbunden: *Ich ... konfrontiere den Kriminalinspektor mit dem Falsifikat Nummer zwei* (Kästner). Nach dem Vorbild von *gegenüberstellen* kommt aber auch der reine Dativ vor: *Man konfrontierte den Verbrecher seinem Opfer. Durch die veränderte Sachlage sah sie sich neuen Schwierigkeiten konfrontiert.* Beide Fügungsweisen sind korrekt.

Kongo: ↑ Staatennamen (1.4).

Kongresssaal: Wenn bei Zusammensetzungen drei gleiche Buchstaben zusammentreffen, darf nach den neuen Rechtschreibregeln keiner von ihnen wegfallen. Die Zusammensetzung aus *Kongress* und *Saal* wird also mit drei s geschrieben. Zur besseren Lesbarkeit kann ein Bindestrich gesetzt werden: *Kongresssaal,* auch: *Kongress-Saal.* ↑ Zusammentreffen dreier gleicher Buchstaben.

Kongressstadt: In neuer Rechtschreibung wird nach kurzem Vokal Doppel-s geschrieben. Die Zusammensetzung aus *Kongress* und *Stadt* wird demnach mit drei s geschrieben. Zur besseren Lesbarkeit kann nach den neuen Rechtschreibregeln auch ein Bindestrich gesetzt werden: *Kongressstadt,* auch: *Kongress-Stadt.* ↑ Zusammentreffen dreier gleicher Buchstaben.

Kongruenz

Unter grammatischer Kongruenz (Übereinstimmung) versteht man die grammatisch-formale Abstimmung von Satzgliedern oder zusammengehörenden Teilen von Satzgliedern. Sie ist ein Mittel, mit dem syntaktische Beziehungen gekennzeichnet werden. Schwankungen bei dieser formalen Abstimmung ergeben sich – auch in der Standardsprache – häufig dann, wenn nicht nach grammatischen Gesichtspunkten, sondern nach dem Sinn entschieden wird (sog. Synesis [nach griech. *katà sýnesin* »dem Sinne nach«] oder lat. *constructio ad sensum* [»Konstruktion nach dem Sinn«]). Die Kongruenz zeigt sich im Numerus, in der Person, im Genus und im Kasus. Daran orientiert sich auch die Gliederung dieses Kapitels:

1   Kongruenz im Numerus
1.1 Subjekt im Singular (Ein Kilogramm Linsen reicht / reichen aus · Eine Menge Äpfel lag / lagen unter dem Baum usw.)
1.2 Subjekt im Plural (2 Pfennig ist / sind zu viel · 20 % des Materials wurden / wurde beschlagnahmt usw.)
1.3 Mehrere Subjektteile (Links und rechts finden / findet doch nicht zusammen · Die Mitschüler und jedermann gab / gaben zu usw.)
1.4 Gleichsetzungssatz und verwandte Konstruktionen (»Häuser« ist / sind der Plural von »Haus« · Eine Reihe Studenten war / waren bereits Mitglied usw.)
1.5 Pronomen (ein Gewand, wie es üblich ist / wie sie üblich sind · Alexander und Tanja waren vergnügt, weil sie … · Das Buch oder die Schrift, die …)

1   Kongruenz im Numerus

Das Subjekt und das Verb (Finitum) eines Satzes stimmen im Numerus im Allgemeinen überein. Singular: *Die Rose blüht.* Plural: *Die Rosen blühen.* Schwierigkeiten entstehen dann, wenn mehrere Subjektteile etwa mit verschiedenem Numerus vorkommen, wenn das Subjekt formal im Singular steht, inhaltlich jedoch damit eine pluralische Vorstellung verbunden ist usw. Zu unterscheiden sind dabei Fälle mit einem Subjekt im Singular (1.1) oder im Plural (1.2) und Fälle mit mehreren Subjektteilen (1.3).

1.1 Subjekt im Singular

1.1.1 Ein Kilogramm Linsen reicht / reichen aus: Folgt einer singularischen Angabe wie etwa *1 Pfund / Gramm / Kilo[gramm]* die Stoffbezeichnung im Singular, dann steht das Verb ebenfalls im Singular:

> Ein Pfund Speck *wurde* gekocht. Ein Kilogramm Fleisch *wurde* abgewogen.
> Ein Gramm Pfeffer *reicht* für dieses Gericht aus.

Auch bei einer Stoffbezeichnung im Plural steht das Verb in der Regel im Singular; doch findet sich in diesen Fällen gelegentlich auch der Plural, und zwar besonders dann, wenn die Stoffbezeichnung als Apposition im gleichen Fall wie das Bezugswort steht:

> Ein Pfund Bohnen *wurde / wurden* gekocht. Ein Kilogramm Linsen *reicht / reichen* nicht aus. Ein Kilogramm dieser Linsen *kostet /* (selten:) *kosten* 2,50 DM.

Hier entscheidet der Sprecher mehr nach dem Sinn. Der Plural des Stoffnamens ruft die Vorstellung einer Mehrheit hervor, etwa so, als stünde dort: *Bohnen in der Menge von einem Kilogramm wurden gekocht.*

1.1.2 Ein Drittel der Mitglieder stimmte / stimmten ab: Wird eine singularische Prozent- oder Bruchzahl von einem Substantiv im Genitiv als Subjekt gefolgt, so steht das Verb im Singular, wenn auch das Subjekt im Singular steht:

> Ein Drittel der Mannschaft *war* krank. Nur ein Prozent der Belegschaft *war* anwesend.

Handelt es sich bei dem Subjekt dagegen um ein Substantiv im Genitiv Plural, so kann das Verb auch im Plural stehen:

> Ein Drittel der Mitglieder *stimmte / stimmten* ab. Weniger als ein Prozent der Angestellten *war / waren* anwesend.

1.1.3 Eine Menge faule Äpfel lag / lagen unter dem Baum: Wenn einem singularischen Mengenbegriff wie

> Anzahl, Bande, Dutzend, Gruppe, Hälfte, Hand voll, Haufen, Heer, Herde, Kreis, Masse, Mehrzahl, Menge, Paar, Reigen, Reihe, Schar, Schock, Teil, Trupp, Unmasse, Volk, Zahl

das Gezählte im Plural folgt *(Äpfel),* dann steht das Verb überwiegend im Singular:

> Eine Menge faule Äpfel / fauler Äpfel / von faulen Äpfeln *lag* unter dem Baum.
> Es *war* wie immer eine Menge Leute da. Eine Hand voll Fehler in einem Text von zwei Seiten *ist* auf keinen Fall akzeptabel. Über dem See *schwirrte* eine Unmasse von Mücken.

Daneben kommt aber auch der Plural des Verbs vor, besonders dann, wenn das Gezählte als Apposition im gleichen Kasus wie die Mengenangabe steht oder bei unbestimmter Mengenangabe. Der Sprecher entscheidet hier mehr nach dem Sinn:

> Eine Menge faule Äpfel *lagen* unter dem Baum. Es *waren* eine Menge Leute da.
> ... wo eine Menge sonderbare Sachen *herumliegen* (Th. Mann). ... *schreiten* eine Anzahl Pilger ... (Nigg). Die Hälfte meiner Gedanken *waren* immer bei ihr (Grass). Eine Reihe von edlen und nüchternen Geistern *haben* den Rauchtabak verabscheut (Th. Mann).

Bei Mengenangaben, mit denen eine genaue Zahl genannt wird, wie *Dutzend, Paar, Schock,* steht häufig der Singular:

Ein Dutzend Eier (= 12 Stück) *kostet* 3,70 Mark. Dieses Paar [Stiefel] *kostet* 150 DM.

Ähnlich wie die Mengenangaben kann auch das Substantiv *Art* in folgendem Satz behandelt werden:

Welche *Art* Übungen *wurde* im Unterricht absolviert? / Welche Art *Übungen wurden* im Unterricht absolviert?

Zu *Mehr als die Hälfte der Eltern hat / haben* ↑ 1.1.7.

1.1.4 Es wird / werden acht Stunden dazu benötigt: Wenn *es* am Anfang des Satzes steht, muss man unterscheiden, ob es Subjekt des Satzes ist oder nicht. Als Subjekt bleibt es auch dann erhalten, wenn ein anderes Satzglied an den Anfang gestellt wird. Das Verb steht dann entsprechend im Singular:

Es nagt wie tausend Skorpione an ihm (H. Kurz) / Wie tausend Skorpione nagt *es* an ihm.

Wenn das *es* bei dieser Umstellung wegfällt, dann ist es nicht Subjekt und übt keinen Einfluss auf den Numerus des Verbs aus:

Es werden acht Stunden dazu benötigt. (= Acht Stunden *werden* dazu benötigt.)
Es ist Brot zu kaufen und es sind Schuhe zu kaufen. (= Brot *ist* zu kaufen und Schuhe *sind* zu kaufen.)

Vgl. auch ↑ Es ist / sind zwei Jahre [her].

1.1.5 Niemand, weder sie noch er, hatte / hatten es gehört: Folgt einem Subjekt im Singular eine Apposition im Plural oder aus aneinander gereihten Teilen, dann kann das Verb in Übereinstimmung mit dem Subjekt im Singular stehen oder in Übereinstimmung mit der Apposition im Plural:

Die dritte Stufe, die Stilratschläge, *ist* besonders gut (Lebende Sprachen).
Die moderne Literatur, Erzählung wie Drama, *sind* durch eine seltsame Abwendung von der Figur des Helden gekennzeichnet (Lüthi). Niemand, weder die Mutter noch die Hausangestellte, *hatten* das Röcheln der Sterbenden gehört (Jens).

1.1.6 Frau Müller mit ihrer Tochter kam / kamen auch: Folgt einem singularischen Subjekt ein substantivisches Attribut, das mit einer Präposition, einem Partizip o. Ä. angeschlossen ist, dann steht das Verb im Singular; das präpositionale Attribut übt keinen Einfluss auf den Numerus aus:

Viele Grüße *sendet* (nicht: *senden*) dir Karl nebst Familie.

Trotz dieser Grundregel finden sich im Sprachgebrauch auch Beispiele für den grammatisch nicht korrekten Plural des Verbs:

> Frau Kater mit ihrer ... Tochter Susi *brachten* (richtig: *brachte*) beim Matzerath ihr Beileid an (Grass). Pflege der Pflanzenwelt, gepaart mit Schädlingsbekämpfung, *machen* (richtig: *macht*) ... (Quick).

1.1.7 Mehr als die Hälfte der Bewohner hat/haben gewählt: Bei der Verbindung von *anderes, mehr, nichts, weniger* + *als* und einem pluralischen Attribut kann das Verb im Singular oder im Plural stehen. Maßgebend ist, ob *mehr* usw. oder das Attribut betont ist:

> Anderes als leere Kartons *fand/fanden* sich nicht in dem Verschlag. Mehr als Lumpen *war/waren* da nicht zu finden. In der Mappe *war/waren* nichts als ein paar leere Bogen.

Im Allgemeinen wird jedoch das Verb in den Plural gesetzt:

> ... an dem Ort, wo 1928 nicht weniger als hundert Tageszeitungen ... gemacht *wurden* (Der Spiegel). Mehr als 50 Angestellte *arbeiten* im Kassenraum (Der Spiegel). ... wo ... aus noch anderen [Löchern] nichts als Leichenbeine *herausstarrten* (Plievier).

Der Singular scheint vor allem dann möglich zu sein, wenn mit dem attributiven Substantiv Sachen genannt werden wie in den ersten Beispielen; üblich scheint er zu sein, wenn *nichts* usw. von dem mit *als* angeschlossenen Substantiv getrennt ist:

> ... hinter denen nichts *steckt* als gute Absichten (Die Zeit). Es *war* nichts in ihr als ein paar Bogen und Umschläge (Fallada).

Wenn das Attribut im Singular steht, wird im Allgemeinen das Verb in den Singular gesetzt:

> ... in dem nichts als ein Tisch *stand* (Bloch). ... mehr als ein Jüngling *beschritt* die Priesterlaufbahn (Nigg).

Wenn das Attribut eine singularische Mengenangabe wie *Hälfte, Dutzend* ist, der im Allgemeinen das Gezählte im Plural folgt, sind Singular und Plural des Verbs in gleicher Weise möglich und üblich:

> Mehr als die Hälfte aller Frauen *hat* Haarprobleme (Petra). Mehr als die Hälfte aller betroffenen Eltern ... *haben* schon jetzt bis zu 10 000 DM ... aufwenden müssen (Der Spiegel). Mehr als ein Dutzend weiterer Eheschließungen ... *wurde* der Polizei allein in Hamburg bekannt (Der Spiegel). (Aber nur:) Mehr als die Hälfte der Bevölkerung (Gezähltes im Singular!) *ist* unter 30 Jahre alt.

1.1.8 Wenig war/waren dort versammelt: Ist *wenig* oder *genug* Subjekt, dann steht das Verb im Plural, wenn ein pluralisches Wort wie etwa *Menschen/Leute* ergänzt werden kann oder wenn ein pluralisches Genitivattribut hinzugefügt ist:

Wenig / Genug [Menschen] waren dort versammelt.
Der Worte sind genug gewechselt.

Kann kein Plural ergänzt werden, dann steht auch das Verb im Singular:

Genug ist nicht genug. Wenig gehört zum Glück.

1.1.9 Je ein Exemplar dieser Bücher wurde / wurden verschickt: Hier ist nur der Singular korrekt. ↑ je (3).

1.2 Subjekt im Plural

Von der unter 1 genannten Regel, dass dem Plural des Subjekts der Plural im Prädikat entspricht, gibt es zahlreiche Abweichungen.

1.2.1 2 Pfennig ist / sind zu viel: Bildet eine pluralische Angabe mit *Mark, Pfennig, Pfund* usw. das Subjekt des Satzes, dann besteht heute besonders in der Alltags- und Umgangssprache die Neigung, das Verb in die Singularform zu setzen, weil Zahl und Gezähltes als Einheit aufgefasst werden. Standardsprachlich zieht man jedoch den Plural vor:

Zwei Mark *ist* (statt: *sind*) doch ziemlich viel für ein solches Heftchen.
Achtzig Pfennig *reicht* (statt: *reichen*) aber nicht aus dafür.
Hundert Pfund *ist* (statt: *sind*) zu wenig für seine Größe.
Daher *werden* für greifbare Ware 155 DM verlangt (FAZ).
Als Preis *wurden* DM 58,– vereinbart.

Folgt der pluralischen Angabe ein singularisches Substantiv wie *Gewicht,* dann tritt gelegentlich die Konstruktion nach dem Sinn mit dem Verb im Singular ein *(20 Pfund Gewicht wurde gewogen).*

Zu *Es herrschte / herrschten 30 Grad [Wärme]* ↑ Grad.

1.2.2 2 kg Fleisch reichen / reicht nicht aus: Folgt einer pluralischen Angabe mit *Kilo[gramm], Gramm, Pfund, Meter, Liter* usw. die Stoffbezeichnung im Singular, dann steht im Allgemeinen das Verb im Plural:

2 kg Fleisch *reichen* / (selten:) *reicht* aus. 100 g Speck *werden* in feine Würfel geschnitten. 2 Pfund Kalbsleber *werden* gebraten. 3 m Seide *reichen* für dieses Kleid aus.
2 l Milch *sind* zu wenig für uns.

Folgt der pluralischen Angabe die Stoffbezeichnung im Plural, dann ist nur der Plural des Verbs zulässig:

300 g Bohnen *reichen* aus. 4 kg Wurzeln *werden* gekocht.

Folgt einer pluralischen Angabe mit Stunde, Tag, Monat, Jahr usw. eine Tätigkeitsbeschreibung im Singular, so kann das Verb sowohl im Singular als auch im Plural stehen:

> Drei Monate Schuften *hat / haben* sich gelohnt. Zwei Stunden Warten *war / waren* umsonst.

1.2.3 Zwei Drittel der Mannschaft wurden / wurde gerettet · 20 % des Materials wurden / wurde beschlagnahmt: Bei pluralischen Prozent-, Bruch- und Dezimalzahlen und einem Substantiv im Genitiv als Subjekt wird das Verb standardsprachlich in den Plural gesetzt, in der Alltags- und Umgangssprache dagegen oft in den Singular:

> 1,5 ml des Serums *wurden* (ugs.: *wurde*) vernichtet. 20 % des Materials *wurden* (ugs.: *wurde*) beschlagnahmt. Sechs Siebentel des Buches *werden* von einem Wörterverzeichnis eingenommen (Jellinek). Drei Viertel des Weges *sind* (ugs.: *ist*) zurückgelegt. 0,20 DM in Briefmarken *sind* beigefügt. 40 % der demokratischen Wähler *plädierten* ... für ... Kennedy (Der Spiegel).

Folgt aber der Mengenangabe das Substantiv im Nominativ Singular, dann ist auch bei pluralischer Bruch-, Prozent- und Dezimalzahl der Singular des Verbs standardsprachlich korrekt:

> 70 % Kohle *stammt* (neben: *stammen*) aus dem Ruhrgebiet. 1,5 ml Serum *wurde* (neben: *wurden*) vernichtet. Zwei Fünftel Kernenergie *deckt* (neben: *decken*) den Bedarf. Nicht nur Fachleute wissen, dass in der Welt etwa 20 % mehr Erdöl gefördert als laufend verbraucht *wird* (Die Zeit).

Zum Plural nach 0,1 *(0,1 Sekunden)* ↑ null (2).

1.2.4 Drei und drei ist / sind sechs: Bei Rechenaufgaben mit allein stehenden pluralischen Zahlen steht das Verb in der Regel im Singular; doch kommt bei *sein* als Prädikat auch der Plural vor:

> Drei und drei *ist / sind (macht / gibt)* sechs. Fünf weniger drei *macht* zwei. Zwei mal zwei *gibt* vier. Zehn geteilt durch fünf *ist / sind* zwei.

1.2.5 »Die Räuber« haben / hat mir gefallen: Ist der pluralische Titel eines Buches, einer Zeitung, eines Theaterstückes usw. Subjekt, dann steht im Allgemeinen das Verb ebenfalls im Plural, wenn der bestimmte Artikel o. Ä. mit zum Titel gehört:

> »Die Räuber« haben immer eine starke Wirkung auf die Jugend ausgeübt.
> *Die Berliner Nachrichten berichteten* über dieses Ereignis. (Aber ohne Artikel:)
> »Gespenster« *erregte* großes Interesse bei den Zuschauern.

Bei vorangestelltem Gattungsbegriff steht der Singular:

> Das Drama »Die Räuber« *hat* zu allen Zeiten eine starke Wirkung auf die Jugend ausgeübt.

Titel fremder Zeitungen *(Times)* usw., die von der Form her Plural sind, werden in der Regel mit dem Singular des Verbs verbunden:

> ... die *New York Times ermittelte* sechs Millionen Klampfe spielende Amerikaner (Der Spiegel). Die *Iswestija* (im Russischen Plural!) *bestätigt* in einem Leitartikel, dass ...

Vgl. auch 1.3.6 und 1.4.2.

1.2.6 Die Leute hier, die Landbevölkerung, sind / ist ...: Folgt einem Subjekt im Plural eine Apposition im Singular, dann kann das Verb in Übereinstimmung mit dem Subjekt im Plural oder in Übereinstimmung mit der Apposition im Singular stehen:

> *Die ausländischen Arbeiter, der Konjunkturpuffer, spielen* eine ganz wichtige Rolle. Die Leute hier, *vor allem die Landbevölkerung, ist* nie nationalsozialistisch gewesen (Der Spiegel). Sehr viele Menschen, *vor allem die intellektuelle Elite, hat* sich in den dunklen Jahren dem Regime verweigert.

1.2.7 Schmidt & Partner hat / haben den Auftrag erhalten: Bei Firmennamen wie »Müller & Meier« oder »Schmidt, Müller & Partner« als Subjekt kann das Verb sowohl im Plural als auch im Singular stehen:

> [Die Rechtsanwälte, die Makler] Müller & Meier *suchen* eine Sekretärin.
> [Die Werbeagentur, das Architekturbüro] Schmidt, Müller & Partner *hat* den Auftrag erhalten.

Vgl. auch ↑ Firmennamen (2).

1.2.8 Die Flottmann-Werke GmbH sucht / suchen Arbeiter: Folgt einem pluralischen Firmennamen eine Abkürzung wie *AG, GmbH* als Apposition, dann richtet sich das Verb im Numerus nach dem Firmennamen und steht im Plural:

> Die Flottmann-Werke GmbH *suchen* Arbeiter. Die Vereinigten Elektrizitäts-Werke AG *haben* ihren Jahresbericht vorgelegt.

Sind *Aktiengesellschaft* oder *Gesellschaft mbH* u. Ä. jedoch nicht Apposition, sondern Grundwort des Firmennamens, dann steht das Verb im Singular (↑ Abkürzungen [6.1], ↑ Firmennamen [2]):

> Die Süddeutsche Zucker-Aktiengesellschaft hat beschlossen, dass ...

1.2.9 Die Hunde wedelten mit dem Schwanz / mit den Schwänzen: Auch wenn es unlogisch erscheinen mag, steht die Bezeichnung für eine Sache, die sich auf eine Mehrzahl vor allem von Personen bezieht, gewöhnlich im (so genannten einteilenden oder distributiven) Singular:

> Alle hoben *die Hand.* Viele haben damals *ihr Leben* verloren. Dieser Kummer brach ihnen *das Herz.* Die Hunde wedelten mit *dem Schwanz.* Sie bekamen *einen roten Kopf.* Sie schüttelten sich *die Hand.* Mehrere Illustrierte brachten das Bild auf *der Titelseite.*

In manchen Fällen ist der Sinn des Satzes zu berücksichtigen: In dem Satz *Die Antragsteller werden gebeten, das ausgefüllte Formular rechtzeitig einzureichen* geht es um ein Formular, in *Die Antragsteller werden gebeten, die ausgefüllten Formulare rechtzeitig einzureichen* dagegen um mehrere. Zu *einen roten Kopf / rote Köpfe bekommen* ↑ Kopf.

1.2.10 Die USA hat / haben …: Nach pluralischen Initialwörtern als Subjekt steht das Verb im Plural:

> *Die USA* (= die Vereinigten Staaten von Amerika) *haben* einen Flugzeugträger ins Krisengebiet geschickt. *Die SBB* (= die Schweizerischen Bundesbahnen) *fördern* den Gütertransitverkehr.

1.3 Mehrere Subjektteile

1.3.1 Links und rechts finden / findet doch nicht zusammen: Wenn das Subjekt aus nebengeordneten Teilen besteht, die mit *und* verbunden sind oder ohne verbindende Teile stehen, dann wird im Allgemeinen das Verb in den Plural gesetzt. Dies gilt insbesondere dann, wenn beide Subjektteile oder ein Subjektteil im Plural steht:

> … mein Hals, meine Brust, mein Kopf *waren* entzündet (Weiss). Eine unfehlbare Sicherheit des Geschmacks, eine lächelnde, gleitende Überlegenheit *machen* uns vibrieren (Tucholsky). Links und rechts *finden* doch nicht zusammen (Der Spiegel). Sie und er *hätten* … hervorragende Freunde … Roms werden können (Wilder). Bund, Länder und Gemeinden *dürfen* ihre Anlagen … selbstständig gestalten (Der Spiegel).

Dies gilt sowohl für Fälle, in denen das Subjekt dem Verb vorausgeht, als auch für Fälle, in denen es ihm folgt. Nur bei singularischen Subjektteilen ist auch der Bezug auf einen Subjektteil und damit der Singular des Verbs möglich, wenn auch seltener als der Plural:

> (Üblich:) Zwanzig Minuten danach *kamen* er und der andere. Bei keinem anderen Teilproblem … *wirkten* sich Mangel an Sachkunde und technische Naivität der Bonner Plänemacher so katastrophal aus (Der Spiegel).

> (Seltener:) … *wetteiferte* Bürgerschaft und ein Teil irregeleiteter Sozialisten (Tucholsky). Zwischen die drei Deutschen *hatte* sich nur der Schwede Kjell Sjöberg und der Russe Iwannikow geschoben (Olympische Spiele 1964). Der Hass, die Gewalttätigkeit *nützte* nichts mehr (Weiss). Die Korruption und die Verkennung der Lage *fraß* nach unten weiter (Tucholsky). … da sich in ihrem Haushalt noch ihr 14-jähriger Sohn und ihre 10-jährige Tochter *befindet*.

Eine Bevorzugung des Singulars bei vorangestelltem Verb scheint vorzuliegen:
– bei Subjektteilen ohne Konjunktion:

> … denn ohne sie *wäre* die Frau, das Kind vielleicht verhungert (Der Spiegel).

– wenn die Subjektteile durch Teile des Verbs voneinander getrennt sind. Dies gilt auch, wenn die Subjektteile durch andere kopulative Konjunktionen als durch *und* verbunden sind:

Hermine Kleefeld *gehörte* dazu sowie Herr Albin ...; ferner der ... Jüngling ... (Th. Mann). Dort *kann* sowohl die Menge der Loden eines Baumstumpfes gemeint sein als auch die Gesamtheit aller Loden im Ausschlagswald (Kehr).

– wenn die Subjekte dem Verb in Form einer tabellarischen Übersicht folgen:

Als Härtematerial *wird* empfohlen:

Tapio

Holzzement

Duran

Vorausgesetzt, dass uns ein entsprechender Antrag der Versicherungsnehmerin eingereicht wird, *beträgt*

die prämienfreie Versicherungssumme	9 398,40 DM
der Rückkaufswert	4 119,80 DM
das Dividendenguthaben	7 210,35 DM

1.3.2 Die Mitschüler und jedermann gab / gaben zu: Es ist korrekt, das Verb auf einen singularischen Subjektteil *(jedermann)* zu beziehen und in den Singular zu setzen, wenn dieser einen anderen Subjektteil *(Mitschüler)* inhaltlich mit umfasst:

Er und alle Welt *redete* (nicht: *redeten*) darüber schon seit Wochen.
Die Mitschüler und jedermann *gab* (nicht: *gaben*) zu ... (Hesse).

Gelegentlich wird durch ein dem verbindenden *und* angefügtes *damit, somit, mithin* u. Ä. angedeutet, dass der zweite Subjektteil inhaltlich mit dem ersten eng gekoppelt ist. In diesen Fällen sind Singular und Plural des Verbs möglich:

Die Arbeit in der EWG und damit / somit auch die Vertretung der Interessen der deutschen Wirtschaft *stellen* (neben: *stellt*) hohe Ansprüche an die deutsche Delegation. Da sich zudem durch höhere Umdrehungszahl ... die Luft-Anströmungsgeschwindigkeit an den Rotor-Paddeln und mithin der Auftrieb noch beträchtlich steigern *lässt* (auch: *lassen*), dürften ... (Der Spiegel).

Der Singular im folgenden Beleg ist durch die Hervorhebung des zweiten Subjektteils zu erklären:

Das Blut an H.s Schuhen und vor allem die Freundschaft zwischen H. und D. *schien* dem Kriminalkommissar zu genügen (Quick).

1.3.3 Zeit und Geld fehlt / fehlen: Bei formelhaften Subjekten, die oft aus Teilen ohne Artikel u. Ä. bestehen, steht das Verb im Singular, wenn das Subjekt als Einheit aufgefasst wird. Der Plural ist zu setzen, wenn die Vorstellung einer Mehrheit ausgedrückt werden soll:

> Grund und Boden *darf* nicht zum Objekt wilder Spekulationen werden. Groß und Klein (= jedermann) *aß* davon. Zeit und Geld *fehlt* uns. Krankheit und Müdigkeit *macht* auch Bauern fein (Kafka). Barsänger und Sportsmann [gleichzeitig, das] *verträgt* sich nicht.
> ... die verdrehten Vorstellungen, die Freund und Feind sich von diesem Lande *machen* (Koeppen). Unaufhaltsam *wachsen* ... Missmut und Unbehagen (Der Spiegel).

1.3.4 Die technische und künstlerische Begabung des Kindes ist / sind hervorragend: In Sätzen mit gleich lautenden Subjektteilen, die durch ein Adjektiv näher bestimmt sind, kann eines der Subjektteile erspart werden (↑ Ellipse [6]); das Verb steht dabei im Plural:

> Das alte [Buch] und das neue Buch *liegen* auf dem Tisch.

In manchen Fällen, vor allem bei Abstrakta als Subjektteilen und zusätzlicher Einsparung des Artikels, besteht die Möglichkeit, die durch die Ersparung eng zusammengerückten Subjektteile als Einheit aufzufassen und das Verb in den Singular zu setzen. Der Plural ist in diesen Fällen ebenfalls möglich und korrekt, wenn die Vorstellung von der Mehrheit bestimmend ist:

> Die technische [Begabung] und künstlerische Begabung des Kindes *ist* (neben: *sind*) hervorragend. Das ist ein Beruf, für den berufliche [Qualifikation] und persönliche Qualifikation erforderlich *ist* (neben: *sind*). Das Alte [Testament] und Neue Testament *erscheint* (neben: *erscheinen*) hier in einer neuen, zeitgemäßen Übersetzung. Die erste und zweite Mannschaft *spielte* (neben: *spielten*) unentschieden. Der zweite und dritte Mann *ist* (neben: *sind*) ...

Dies gilt auch dann,

– wenn die Subjektteile Zusammensetzungen mit gleichem Grundwort sind und dies bei dem ersten Subjektteil ausgespart ist:

> Die Lohnsteuer- und Einkommensteuerveranlagung *wurde* (neben: *wurden*) korrigiert. Die Stahl- und Bauwirtschaft ... *gelten* ... nicht länger als Wachstums-Industrien (Der Spiegel).

– wenn die Zusammengehörigkeit verschiedener Subjektteile durch ein gemeinsames Attribut betont wird:

> Alle Zerstörungswut und Herrschsucht in uns *durfte* sich entfalten (Weiss). ... *war* die Spannung und Erregung ... abzulesen (Olympische Spiele 1964). ... oft *geriet* ihr Aussehen und Name schon in Vergessenheit (Kafka). ... dass Ihnen viel Glück, Freude und Gesundheit beschieden *sei* (neben: *seien*).

Von diesen Konstruktionen mit mehreren Subjektteilen sind zusammengefasste Sätze zu unterscheiden, in denen gleich lautende Verben oder Verbteile
ausgelassen sind (↑Ellipse [9]):

> Bei dem Unfall *wurde* der Fahrer getötet und *[wurde]* der Beifahrer verletzt.
> Links *lag* ein Stoß Papier, rechts *[lag]* ein Taschenmesser, dahinter *[lag]* ein Mäppchen.
> Von den Kosten des Rechtsstreits *trägt* der Kläger $^1/_3$, der Beklagte *[trägt]* $^2/_3$.
> Im Übrigen *wird* die Klage ab-, die Berufung *[wird]* zurückgewiesen.

1.3.5 Schmidt und Co., Buchdruckerei, drucken/druckt: Folgt den Subjektteilen
eine Apposition im Singular, dann steht das Verb im Plural, wenn es auf die
Subjektteile bezogen ist. Es steht im Singular, wenn es auf die zusammenfassende Apposition bezogen wird. Beide Konstruktionen sind korrekt:

> Schmidt u. Co., Buchdruckerei, *drucken* (neben: *druckt*) für Behörden und Private
> schnell und billig. Turm und Brücke – das Hoechster Firmenzeichen – *ist* (neben:
> *sind*) in allen Erdteilen zu Hause.

1.3.6 »Hermann und Dorothea« wird/werden gelesen: Ist das Subjekt der Titel
eines Theaterstückes u. Ä., dessen Teile durch *und* verbunden sind, dann
wird das Verb in den Singular gesetzt, weil das Subjekt als Einheit aufgefasst
wird:

> »Hermann und Dorothea« *wird* (nicht: *werden*) heute nur noch selten in den Schulen
> gelesen. »Romeo und Julia« *wurde* (nicht: *wurden*) in drei Theatern gleichzeitig
> aufgeführt. »Schneewittchen und die sieben Zwerge« *wird* (nicht: *werden*) auch heute
> noch oft gelesen.

Vgl. auch 1.2.5 und 1.4.2.

1.3.7 Schimpfen und Lachen drang/drangen: Sind die aneinander gereihten
Subjektteile Infinitive, dann wird das Verb im Allgemeinen in den Singular
gesetzt:

> Zu Hause sitzen und nichts tun können und auf die Bomben ... warten *ist* grauenvoll
> (Feuchtwanger). Schimpfen, Lachen und Schwatzen *drang* durch mehrere Türen ...
> (Th. Mann). Die Vereinigten Staaten zu verlassen und mit Bhakaroff nach Europa zu
> gehen, *brachte* immer den gleichen Aufruhr mit sich (V. Baum).

Wenn beide Infinitive einen Artikel haben oder wenn statt eines Infinitivs ein
Verbalsubstantiv steht, scheint der Plural häufiger zu sein:

> Das Wandern und das Schwimmen *hatten* seinen Körper gestärkt. Schlafen und
> Doping *waren* verboten (Die Zeit). Aber auch: Ein Murren des Unwillens, ein empör-
> tes Zischen *brandete* im Saal auf (V. Baum).

1.3.8 Jeder Kunde und jeder Mitarbeiter macht / machen sich klar: Wenn den singularischen Subjektteilen *kein, jeder* oder *mancher* vorangestellt ist, dann steht das Verb gewöhnlich im Singular, weil diese Wörter als stark vereinzelnd angesehen werden; der Plural ist jedoch auch möglich:

> Jeder Kunde und jeder Mitarbeiter *macht* sich klar, dass ... Jeder Ehemann und jede Ehefrau *dürften* selbst entscheiden, ob ... (Mannheimer Morgen). Keine Ärzteorganisation, kein Offizierskorps *hat* Kollegen und Kameraden öffentlich zur Verantwortung *gezogen* (Tucholsky). Es *sollte* kein Audi, kein Opel und kein Mercedes geliefert werden. Manche Dozentin und mancher Bibliothekar *steht* (auch: *stehen*) dem skeptisch gegenüber.

Wenn die genannten oder ähnliche Pronomen selbst als Subjektteile gebraucht werden, dann steht das Verb in der Regel im Singular:

> Jeder und jede *fühlte* sich untadelig tugendhaft (Wilder). Nichts und niemand *kann* den Sperrgürtel ... durchqueren (Der Spiegel).

1.3.9 Nicht nur der Vater, sondern auch die Mutter war / waren da: Wenn singularische Subjektteile mit *nicht nur – [sondern] auch* verbunden sind, dann wird das Verb im Allgemeinen in den Singular gesetzt, weil mit dieser Verbindung der einzelne Subjektteil besonders betont wird:

> Nicht nur der jüdische Tischler Emanuel Blatt, auch ein Widerstandskämpfer ... *hat* sich in das Kloster *geflüchtet* (Bild und Funk). Bisher *hat* nicht nur der US-Präsident, sondern auch Rotchina gewissenhaft jeden Schritt *vermieden*, der ... (Der Spiegel).

Das Gleiche gilt für die Verbindung *nicht – sondern:*

> ... dass nicht die Tochter, sondern der Sohn auf die Anklagebank *gehört*.

1.3.10 Weder Müller noch er wusste / wussten davon: Werden die Subjektteile mit *weder – noch* oder mit *[so]wie* verbunden, dann sind Singular und Plural des Verbs möglich. Der Plural ist häufiger, wenn das Subjekt dem Verb vorausgeht, der Singular dagegen, wenn es ihm folgt:

> Weder Pippig noch ein anderer *wusste* davon (Apitz). Weder er noch ein Mitarbeiter ... *hatten unterschrieben* (Der Spiegel). ... wobei seine würdige Erscheinung sowie die wache Präzision seiner Aussage allgemeine Anerkennung *erntete* (Habe). Die tatsächliche sowjetische Kräfteverteilung sowie die Präsenz der Atomwaffen in Ost und West *führen* uns zu einem Lagebild ... (Der Spiegel). ... *hat* sich weder die westliche Arbeitsgruppe noch die Außenministerkonferenz ... mit der Frage ... *befasst* (Der Spiegel). In seinem ... Gesicht *waren* weder Scheu noch Neugier (Strittmatter). Für jeden Etat *ist* ein Kundenberater ... sowie eine »kreative Gruppe« von Textern und Graphikern zuständig (Der Spiegel).

Wenn ein Subjektteil im Plural steht, dann wird das Verb in der Regel ebenfalls in den Plural gesetzt.

1.3.11 Sowohl Vater als auch Mutter hat / haben es gewusst: Wenn die Subjektteile mit *sowohl – als / wie [auch]* verbunden sind, dann wird das Verb häufig
auf beide Subjektteile bezogen und in den Plural gesetzt; der Singular ist jedoch auch möglich:

> ... muss ich darauf hinweisen, dass es sowohl Gewissenhaftigkeit wie Integrität des
> Forschers *gebieten* ... (Jens). Sowohl die Konzeption seines Werkes als auch der Film
> selbst *bestanden* zu diesem Zeitpunkt nur in Fragmenten (Bild und Funk). ... dass of-
> fenbar sowohl die Kommunistische Partei als auch die ... Gewerkschaft ... *überrollt
> wurde* (Die Zeit).

1.3.12 Der Vater oder die Mutter hat / haben es gewusst: Wenn singularische
Subjektteile mit der Konjunktion *oder* verbunden sind, dann ist zu unterscheiden, ob es sich um ein ausschließendes *oder* (nur eine von zwei Möglichkeiten kommt in Betracht) oder um ein einschließendes *oder* (von zwei Möglichkeiten kommt nicht nur die eine oder die andere in Betracht, sondern
auch beide zugleich können in Betracht kommen) handelt. Wenn die Subjektteile mit ausschließendem *oder* oder den Konjunktionen *entweder – oder,
beziehungsweise* verbunden sind, dann wird das Verb im Allgemeinen in den
Singular gesetzt:

> Ich weiß nicht, ob Karl oder Fritz es getan *hat*. Entweder mein Vater oder meine Mut-
> ter *hat* das gesagt. Die Firma Meier beziehungsweise die Firma Müller *wird* Stellung
> nehmen.

Sind die singularischen Subjektteile mit dem einschließenden *oder* verbunden, dann wird das Verb im Allgemeinen in den Plural gesetzt:

> Ich nehme an, dass dein Pfarrer oder dein Lehrer dir helfen *können*. Kopfschmerzen
> oder Bauchkrämpfe *sind* die Folge vom Genuss verdorbener Lebensmittel.

Bei Voranstellung des Subjekts steht das Verb daneben, auch bei ausschließendem *oder,* relativ häufig im Plural:

> Untätigkeit oder eine schwache Aktion *können* einen schweren Rückschlag ... zur
> Folge haben (Der Spiegel). ... dass entweder Darlan oder Roosevelt ein unehrliches
> Spiel *treiben*. Aber Sie oder ein Vertreter *müssen* bei der nächsten Sitzung ...

Wenn einer der Subjektteile im Plural steht, dann hat das Verb den Numerus,
den der bei ihm stehende Subjektteil hat:

> Der Vater oder alle *müssen* / Alle oder der Vater *muss* die Verantwortung dafür über-
> nehmen. Dann *würden* ... zwei Prozent ... oder knapp eine halbe Million arbeitslos
> sein (Der Spiegel). Ein [Teil] oder zwei Teile *können* fehlen.

1.4 Gleichsetzungssatz und verwandte Konstruktionen

Im Allgemeinen entspricht der Numerus des Gleichsetzungsglieds dem des Subjekts (vgl. aber 1.4.5 ff.). Stehen beide im Singular, dann steht auch das Verb im Singular; stehen beide oder nur eines von ihnen im Plural, dann steht auch das Verb im Plural:

> Die Lärche *ist* ein Nadelbaum. Beide Frauen *sind* Angestellte. Besonders Rechtschreibfehler *waren* ihm ein Gräuel. ... der Zorn und die Ungeduld *sind* schlechte Begleiter für einen Slalomfahrer (Olympische Spiele 1964).

Besteht das Subjekt aus aneinander gereihten singularischen Substantiven und steht es in Endstellung, dann ist nur das Prädikat im Plural korrekt:

> Untersuchungsgegenstand *sind* die Weiterbildung und Forschung.

Im Einzelnen sind jedoch folgende Fälle zu beachten:

1.4.1 »Häuser« ist / sind der Plural von »Haus«: Wird ein pluralisches Substantiv nur nach seiner Lautgestalt bewertet, dann steht das Verb im Singular:

> »Häuser« *ist / heißt* (nicht: *sind / heißen*) der Plural von »Haus«.

1.4.2 »Die Verdammten« ist / sind ein Roman: Der Singular des Verbs tritt auch dann ein, wenn bei einem pluralischen oder mehrteiligen Subjekt (Gleichsetzungsnominativ) die Vorstellung von der Einheit oder Ganzheit bestimmend ist. Dies gilt besonders dann, wenn sie durch ein singularisches Gleichsetzungsglied gestützt wird (↑1.2.5, ↑1.3.6):

> »Die Räuber« *heißt* ein Drama von Schiller. »Die Verdammten« *ist* ein Roman, der viel Aufsehen erregt hat. »Hermann und Dorothea« *ist* unsere nächste Lektüre.

Dasselbe gilt auch für angeführte Wendungen, Zitate u. Ä.:

> »Träume sind Schäume« *ist* ein altes Sprichwort.

1.4.3 Tausend Kilogramm ist / sind ein großes Gewicht: Ist eines der Gleichsetzungsglieder eine pluralische Maß- oder Mengenangabe, dann sind Singular und Plural des Verbs möglich, je nachdem, ob die Einheit von Zahl und Gezähltem oder die Vielheit betont werden soll:

> Tausend Kilogramm *ist* (neben: *sind*) ein großes Gewicht. Tausend Mark *ist* (neben: *sind*) viel Geld. Eine Mark *ist* (neben: *sind*) hundert Pfennig[e]. Fünfhundert Franken *sind* (neben: *ist*) eine Menge Geld.

1.4.4 Eine Reihe Studenten war / waren bereits Mitglied: Folgt einer Angabe wie *Reihe, Menge, Gruppe* ein Substantiv im Plural, dann stehen Verb und Gleichsetzungsglied in Übereinstimmung mit dem Subjekt (*Reihe* usw.) gewöhnlich im Singular. Daneben aber findet sich auch der Plural; der Sprecher entscheidet dann mehr nach dem Sinn:

> ... eine Reihe von Studenten *waren* (neben: *war*) bereits *Parteimitglieder* (Leonhard).
> ... eine ganze Gruppe von Lautungen *sind* (neben: *ist*) Träger eines Inhalts (Porzig).

1.4.5 Der Schrank und der Tisch bleiben mein Eigentum: Ein pluralisches oder mehrgliedriges Subjekt kann mit einem singularischen Kollektivum gleichgesetzt werden, aber nicht umgekehrt:

> Die Römer waren *das tapferste Volk* des Altertums. Dieser Schrank und dieser Tisch bleiben *mein Eigentum*. (Bei Endstellung des Subjekts:) *Das gebildetste Volk* des Altertums waren die Griechen. (Aber nicht: Meine Familie sind Frühaufsteher).

1.4.6 Meine beiden Töchter sind Lehrerinnen / Lehrerin · Alle drei sind Arzt / Ärzte geworden: Wenn das Gleichsetzungsglied eine Berufsbezeichnung nennt, kann es trotz eines pluralischen Subjekts gelegentlich im Singular stehen. Dadurch wird der Blick von den Einzelpersonen stärker auf den Berufsstand gerichtet:

> Meine beiden Töchter sind *Lehrerinnen* (seltener: *Lehrerin*). Alle drei wollten *Arzt* (seltener: *Ärzte*) werden. Die beiden Frauen, die dort stehen, sind *Rechtsanwältinnen* (nicht: *Rechtsanwältin*). Beide Männer sind Angestellte (nicht: *Angestellter*).

1.4.7 Wir waren alle Zeuge / Zeugen dieser Tat: Das Gleichsetzungsglied muss trotz eines pluralischen Subjekts in einigen festen Verbindungen oder Wendungen im Singular stehen, z. B. bei *Gast sein* oder *Herr der Lage sein:*

> Nur Wachsfiguren waren *Zeuge* (Romantitel). *Die beiden Kinder waren* Zeuge dieses Vorfalls. ... unter Umständen können wir alle *Modell* sein (Hauptmann). Es werden *Tausende zu Gast* kommen. Wir waren nicht mehr *Herr* der Lage.

1.4.8 Ich nenne ihn meinen Freund: Die bisher unter 1.4 dargestellten Regeln gelten auch für Sätze, die dem Gleichsetzungssatz ähnlich sind oder inhaltlich zu ihm gehören:

> Ich nenne ihn meinen Freund. Diesen Schrank und diesen Tisch nenne ich mein Eigentum. Wir wählen sie zur Vorsitzenden. Diesen Schrank und diesen Tisch mache ich zu meinem Eigentum. Sie machte ihn zum Zeugen ihrer Tat. Sie alle waren als Zeuge aufgerufen.

1.5 Pronomen

1.5.1 ein Gewand, wie es üblich ist / wie sie üblich sind: Ein Pronomen mit singularischem Bezugswort kann dann im Plural stehen, wenn eine Verallgemeinerung ausgedrückt werden soll oder wenn das Bezugswort kollektive (zusammenfassende) Bedeutung hat. Der Singular ist natürlich auch möglich:

> Der Fremde trug ein Gewand, wie *sie* (neben: *es*) bei Zirkusleuten üblich *sind* (neben: *ist*). ... einen blanken, niedrigen Hut, wie ich *solche* (neben: *einen solchen*) an unseren Droschkenkutschern zu sehen gewohnt war (R. Huch). *Die Polizei* war ... da, *die wollten* (neben: *die wollte*) den Laden schon schließen (Fichte). Seine Hand zerdrückte den Stängel *einer Minze, die* hier in Mengen *wucherten* (neben: *wucherte*).

1.5.2 Alexander und Tanja waren vergnügt, weil sie ...: Durch kopulative (anreihende) Konjunktionen (z. B. *und, sowohl – als auch*) verbundene singularische Substantive werden durch ein pluralisches Pronomen wieder aufgenommen:

> Alexander und Tanja waren vergnügt, weil *sie* nicht in die Schule zu gehen brauchten. Ein Heller und ein Batzen, *die* waren beide mein.

Der Singular des Pronomens ist nur dann möglich und korrekt, wenn die Wortgruppe Substantive des gleichen Genus enthält und als Einheit aufgefasst werden kann:

> Er zeigte sich loyal gegenüber seinem Präsidenten und von einer menschlichen Wärme und Herzlichkeit, *die* überraschend *wirkte* (Der Spiegel).

K

1.5.3 Das Buch oder die Schrift, die ...: Wenn zwei singularische Bezugswörter durch eine Konjunktion wie *oder, entweder – oder* verbunden sind, dann richtet sich das Pronomen nach dem zunächst stehenden Substantiv. Es steht im Singular und hat das entsprechende Genus:

> Das Buch oder die Schrift, *die* mein Interesse *erregte,* habe ich leider nicht erhalten. Entweder ein einzelnes Wort oder die ganze Wendung, *die* ihr zu Ohren *kam,* hatte sie verletzt.

Früher wurde häufig das dem ersten Substantiv der Wortgruppe entsprechende Pronomen in Klammern mit genannt: *Das Buch oder die Schrift, die (das) ...* Dies ist heute nicht mehr üblich.

2 Kongruenz in der Person

Subjekt und Verb eines Satzes stimmen in der grammatischen Person überein, ebenso das Reflexiv- und das Possessivpronomen, sofern sie sich auf das Subjekt beziehen bzw. es vertreten:

> 1. Pers. Sing.: *Ich habe mich* über *meine* Geschenke gefreut.
> 2. Pers. Sing.: *Du hast dich* über *deine* Geschenke gefreut.
> 3. Pers. Sing.: *Er / Sie / Es hat sich* über *seine / ihre / seine* Geschenke gefreut.

1. Pers. Plur.: *Wir haben uns* über *unsere* Geschenke gefreut.
2. Pers. Plur.: *Ihr habt euch* über *eure* Geschenke gefreut.
3. Pers. Plur.: *Sie haben sich* über *ihre* Geschenke gefreut.

Schwierigkeiten ergeben sich, wenn das Subjekt aus Teilen besteht, in denen – grammatisch gesehen – verschiedene Personen genannt werden.

2.1 Subjektteile mit kopulativen Konjunktionen

Das Subjekt kann aus mehreren, mit kopulativen (anreihenden) Konjunktionen (z. B. *und, weder – noch, sowohl – als auch, wie*) verbundenen Teilen bestehen, die – grammatisch gesehen – in der Person nicht übereinstimmen (z. B. *er* und *ich*). Hier gilt folgende Grundregel:

Wenn mit einem der Subjektteile eine 1. Person genannt wird *(ich* oder *wir),* dann ist das Gesamtsubjekt austauschbar mit *wir;* Verb und Pronomen werden entsprechend in die 1. Person Plural gesetzt:

1. Person + 3. Person
ich/wir + er/sie (Plural)   } 1. Person Plural
1. Person + 2. Person   (= wir) haben uns
ich/wir + du/ihr .   über unsere Geschenke gefreut

Bei der Verbindung von Subjektteilen in der 2. *(du / ihr)* und 3. Person *(er / sie)* ist das Gesamtsubjekt austauschbar mit *ihr;* Verb und Pronomen werden entsprechend in die 2. Person Plural gesetzt:

2. Person + 3. Person   } 2. Person Plural
du/ihr + er/sie (Plural)   (= ihr) habt euch über eure
                             Geschenke gefreut

Beispiele:

Mein Mann und ich trennten *uns* im Frühjahr 1947 (Der Spiegel). ... Clodia Pulcher, an die du und ich zu *unserer* Zeit Gedichte geschrieben haben (Wilder). ... als versichert zu sein, dass du und Porcia sie in *eure* Liebe einschließt (nicht: einschließen) (Wilder). ... über ihren Brief haben mein Vater und ich *uns* (nicht: sich) sehr gefreut. Darin haben du und ich immer *unsere* größten Fehler gemacht (Wilder).

Häufig wird zur Verdeutlichung der Person das pluralische Pronomen *wir* oder *ihr* eingefügt:

Meine Frau und ich, *wir* haben *uns* auseinander gelebt (Jaeger). Du und Lucretius allein, *ihr* habt Rom zu einem neuen Griechenland gemacht (Wilder).

Besonderheit beim Reflexivpronomen: Wenn das Reflexivpronomen dem Subjekt vorausgeht und im ersten Subjektteil eine 3. Person genannt wird, wird *sich* gebraucht:

> Fernab vom Verkehr sonnten *sich* meine Frau und ich. (Aber bei Nachstellung des Pronomens:) ... begaben meine Frau und ich *uns* im Flugzeug nach Gagra (Der Spiegel).

2.2 Subjektteile mit disjunktiven Konjunktionen

Besteht das Subjekt aus mehreren, mit den Konjunktionen *oder, entweder – oder* usw. verbundenen Teilen, die – grammatisch gesehen – in der Person nicht übereinstimmen, dann richtet sich das Verb nach der Person des zunächst stehenden Subjektteils:

> Er oder ich *habe* das getan. Glaub ja nicht, dass du oder die Richter die Aufgabe *hätten*, eine Untat zu sühnen (Tucholsky).

Häufig wirken diese Konstruktionen unschön. Man kann sie oft durch Einfügung eines unbestimmten Pronomens umgehen:

> *Einer* von uns beiden – wir oder die Reeder – *wird* kaputtgehen, wenn der Streik länger als zwölf Monate dauert (Der Spiegel). Er oder ich – *einer war* geliefert (Tucholsky). In jedem Falle *muss* doch *einer* Haare lassen, entweder die FDP oder wir (Der Spiegel).

Wenn ein Subjektteil verneint ist, dann richtet sich das Verb nach dem zunächst stehenden Subjektteil:

> Nicht ich, sondern *du hast* das gesagt.

2.3 Relativsatz

Wird ein Relativpronomen auf ein Bezugswort in der 1. *(ich / wir)* oder 2. Person *(du / ihr)* bezogen, dann wird das entsprechende Personalpronomen im Nominativ im Relativsatz zumeist wiederholt, wenn der Relativsatz als Zwischensatz unmittelbar dem Bezugswort angeschlossen ist. Das Verb und das Reflexiv- oder Possessivpronomen richten sich in der Person nach dem Personalpronomen:

> ... ich, *der ich* in jenem Jahr Consul war, ... (Wilder). ... dann wirkt er auf uns, *die wir* keinen Durst haben, eine ganze Kleinigkeit albern (Tucholsky). Wir, *die wir* uns so gefreut haben, ...

Die Auslassung des Personalpronomens ist in diesen Fällen zwar möglich, aber selten. Das Verb und das Reflexiv- oder Possessivpronomen stehen dann in der 3. Person:

> Du, die *du* das erlebt *hast* ... (Aber:) Du, die das erlebt *hat*. Ich, der *ich* das geschworen *habe* ... (Aber:) Ich, der das geschworen *hat* ...

Wenn der Relativsatz als Nachsatz nur mittelbar dem Bezugswort ange-schlossen ist, d. h., wenn der übergeordnete Satz vollständig dem Relativsatz vorangeht, dann kann das Personalpronomen wieder aufgenommen werden oder nicht:

> Was kann ich tun, der selber hilflos ist? (Schiller). Was kann ich tun, der ich selber hilflos bin?

Ist der übergeordnete Satz ein Gleichsetzungssatz, dann wird das Personal-pronomen nicht wieder aufgenommen:

> Wir sind diejenigen, die das getan haben. (Nicht: ..., die wir das getan haben.)

3 Kongruenz im Genus

3.1 Sie ist Besitzer / Besitzerin, Minister / Ministerin · Sie ist Herr / Herrin der Lage

K

Bei Bezeichnungen für eine Person oder ein als Person gedachtes Wesen ist die Übereinstimmung im Genus die Regel. Ausnahmen kommen jedoch vor:

> *Petra* ist *Besitzerin, Karl* ist *Besitzer* eines Hauses. *Auftraggeberin* ist *die Stadt* München. *Auftraggeber* ist *der hiesige Sportverband. Sie* gilt als beste *Kundin* dieses Ladens, *er* als bester *Kunde.* Karl nennt *Peter* seinen *Freund,* Petra seine *Freundin.* (Abweichend:) *Marika Kilius* ... gehörte in Innsbruck zu den sichersten *Anwärtern* auf olympisches Gold (Olympische Spiele 1964).

3.1.1 Sie ist Lehrer / Lehrerin: Bei ↑ Titel und Berufsbezeichnungen (3), die sich auf eine weibliche Person beziehen, kann auch eine maskuline Form stehen, meist dann, wenn eine Rolle oder Funktion hervorgehoben werden soll. Heute wird jedoch, auch aus Gründen der [sprachlichen] Gleichstellung, ein-deutig die Kongruenz im Genus bevorzugt:

> Sie ist *Lehrerin, Ärztin, Busfahrerin, Abteilungsleiterin.* Frau Meier arbeitet als *Laborantin, Typografin, Redakteurin.* Ulla Müller macht eine Ausbildung zur *Zeichnerin, Journalistin, Kauffrau.* Ich glaube, sie ist Rechtsanwältin, Ministerin. (Bei der Apposition:) Gudrun Weber, die *Lehrerin* meiner Söhne; Dr. Ulrike Schmidt, *Staatssekretärin* (seltener: *Staatssekretär*) im Familienministerium. Gabriele W., *Professorin* für Geschichte.

3.1.2 Sie ist eine Ärztin: Bezeichnet der kongruierende Satzteil die Zuordnung zu einer Gruppe oder eine Gleichsetzung im engeren Sinne, so muss der bestimmte oder der unbestimmte Artikel stehen:

> Gudrun Weber ist *eine Ärztin.* Frau Meier ist *die Typografin,* die dieses Buch gestaltet hat. Sie ist *eine hervorragende Rechtsanwältin, Chirurgin.*

3.1.3 Sie ist die erste Ärztin, die ... / Sie ist die erste unter den Ärzten und Ärztinnen, die ...: Um Missverständnisse zu vermeiden, ist es gelegentlich notwendig, Doppelformen oder andere Formulierungen zu wählen:

> (Missverständlich:) Gudrun Weber ist die erste *Ärztin,* die diese Operation gewagt hat. (Man könnte fälschlicherweise annehmen, dass männliche Kollegen diese Operation schon vor ihr gewagt hätten. Eindeutig:) Gudrun Weber ist die erste unter den *Ärzten und Ärztinnen,* die diese Operation gewagt hat.

Auch folgender Satz kann missverständlich sein:

> Maria Schneider ist *die bekannteste Bundestagsabgeordnete.* (Man könnte fälschlicherweise annehmen, sie sei die bekannteste aller *weiblichen* Bundestagsabgeordneten. Eindeutig:) Sie ist das bekannteste Mitglied des Bundestages.

3.1.4 Jede Teilnehmerin / jeder Teilnehmer verpflichtet sich mit ihrer / seiner Unterschrift: Das Bemühen um sprachliche Gleichstellung führt bei der Verwendung von Paarformen im Singular oft zu umständlichen und unschönen Formulierungen:

> *Jede Teilnehmerin / jeder Teilnehmer* verpflichtet sich mit *ihrer / seiner* Unterschrift zur regelmäßigen Teilnahme. *Sie / er* anerkennen außerdem ...

In solchen Fällen ist Plural vorzuziehen:

> *Die Teilnehmerinnen und Teilnehmer* verpflichten sich mit *ihrer* Unterschrift zur regelmäßigen Teilnahme. *Sie* anerkennen außerdem ...

↑ Gleichstellung von Frauen und Männern in der Sprache.

3.1.5 Sie ist Herr / Herrin der Lage: Ist ein Gleichsetzungsglied oder ein anderes inhaltlich hierher gehörendes Glied mit dem Prädikat eine feste Verbindung eingegangen, dann tritt im Allgemeinen keine Kongruenz im Genus ein. In einigen Fällen schwankt der Gebrauch:

> Die Betriebsleiterin ist *Herr* (nicht üblich: *Herrin*) der Lage. Frau Meier ist *ein Freund* (nicht üblich: *eine Freundin*) der Ordnung. (Bei der Apposition:) Frau Meier, stets *ein Freund* (nicht üblich: *eine Freundin*) der Ordnung. (Schwankend:) Frau Schmidt war *Zeuge* (neben: *Zeugin*) dieses Unfalls. Sie ist *die Erbin* (neben: *der Erbe*) eines großen Vermögens. Diese Frau war *meine Nachbarin* (neben: *mein Nachbar*).

K

3.2 Dieses Mädchen ist eine gute Rechnerin / ein guter Rechner · Das Fräulein, das / die ...

3.2.1 Das Kind ist ein Dieb: Bei neutralen Personenbezeichnungen (*das Kind, das Mädchen* usw.) wird im Allgemeinen als Gleichsetzungsglied oder als Apposition ein maskulines Substantiv gewählt.

> Das Kind ist *ein Dieb. Jedes Mitglied* ist *Besitzer* eines Vereinsausweises.

3.2.2 Dieses Mädchen ist eine gute Rechnerin / ein guter Rechner: Bezeichnet die neutrale Personenbezeichnung dagegen eine weibliche Person, steht heute vorzugsweise ein feminines Substantiv:

> Dieses Mädchen ist *eine gute Rechnerin* (selten: *ein guter Rechner*).
> Das Fräulein, *eine* erstaunlich *milde Richterin* (selten: *ein milder Richter*).

3.2.3 Was macht das Söhnchen? Ist es noch krank?: Bezieht sich dagegen ein Personal-, Demonstrativ-, Relativ- oder Possessivpronomen auf eine neutrale Personenbezeichnung, dann wird heute meist nach grammatischem Genus entschieden:

> Was macht Ihr *Söhnchen?* Ist *es* noch krank? *Das Mädchen, das* mir vor einiger Zeit aufgefallen war, lief gerade vorbei. Was hat *das Mädchen* eigentlich von *seinem* Leben?
> (Veraltet:) Bitte, grüßen Sie *das* gnädige *Fräulein, die* so gut ist ... (Fontane).
> Als mich *das Mädchen* erblickte, trat *sie* den Pferden näher (Goethe).

Nur wenn das Pronomen weiter von seinem Bezugswort entfernt steht, wird auch nach dem natürlichen Geschlecht entschieden:

> Ein ... *Mädchen* ... strich dicht an Hans Castorp vorbei, indem *es* ihn fast mit dem Arme berührte. Und dabei pfiff *sie* ... (Th. Mann). ... stürzten sich auf *das Mädchen* Helga, *das* in der Ecke stand, und drohten *ihr* mit Erschießen (Quick).

Tritt zu *Fräulein* ein Name, dann zeigt das nachfolgende Pronomen, abweichend von dem Gebrauch bei *Fräulein* ohne Namen, feminines Genus (↑ Fräulein [2]):

> *Fräulein Becker* wird sich durch *ihren* Personalausweis ausweisen. *Sie* ist berechtigt, ... *Fräulein Lieschen Wendriner* »übt« etwas, was *sie* nie lernen wird (Tucholsky). *Fräulein Krause, die* ...

Grammatische Kongruenz tritt immer dann ein, wenn ein feminines Substantiv einen Mann bezeichnet:

> *Eine Mannsperson, deren* Kleidung sich nicht deutlich erkennen ließ, ...

Ein als Gleichsetzungsglied fungierendes Adjektiv im Komparativ oder Superlativ, dem eine neutrale Bezeichnung für eine weibliche Person folgt, richtet sich im Genus im Allgemeinen nach diesem neutralen Substantiv:

> Gisela war *das* (seltener: *die*) *hübschere/das* (seltener: *die*) *hübscheste* dieser Mädchen. (Entsprechend:) Ich halte sie für *das* (seltener: *die*) *hübscheste* der Mädchen.

3.3 Lieber / Liebes Hansel!

Bei neutralen Verkleinerungsformen männlicher und weiblicher Vornamen auf *-el* richtet sich das Adjektiv oder das Pronomen nach dem natürlichen Geschlecht des Namensträgers; es ist also entweder maskulin oder feminin, je nachdem, ob das neutrale Substantiv ein männliches oder ein weibliches Wesen bezeichnet:

> Lieber, guter (nicht: Liebes, gutes) Hansel! (Entsprechend:) die hübsche Liesel. Liebe Bärbel! Meine liebe Bärbel! (Mundartlich:) das Bärbel.

3.4 Die Autoindustrie, der beste Abnehmer / die beste Abnehmerin …

Haben Sachbezeichnungen *(Motor)* und kollektive Personenbezeichnungen *(Fußballklub)* maskulines Genus, dann wird die Kongruenz im Gleichsetzungsglied oder in der Apposition durchgeführt:

> Der Motor ist *ein treuer Helfer* der Menschheit.

Haben sie jedoch feminines Genus *(Autoindustrie; Berufsgenossenschaft),* dann schwankt der Gebrauch. Sind feminine Wörter vorhanden, dann können diese gewählt werden. Eine feste Regel gibt es dafür nicht. Beide Möglichkeiten sind korrekt:

> Die Autoindustrie ist *der beste Abnehmer / die beste Abnehmerin* für Kunststoffe.
> Die Not ist *ein echter Lehrmeister / eine echte Lehrmeisterin.* Die Berufsgenossenschaft als *Träger / Trägerin* der gesetzlichen Unfallversicherung. … die Kirche war *eine der Hauptunterdrückerinnen* (auch: *einer der Hauptunterdrücker*) der Schwulen (Praunheim).

Haben die Bezeichnungen neutrales Genus *(Gesetz; Deutschland),* dann wird ein maskulines Substantiv gewählt:

> Dieses Gesetz ist *der Freund* der Schwachen. Deutschland – *größter Autoexporteur* der Welt.

Wenn keine entsprechenden Wörter vorhanden sind, dann ist keine Kongruenz möglich: *Ein gutes Buch ist ein großer Schatz. Die Liebe ist ein Antrieb zu großen Taten.*

3.5 Unser Kunde, die Firma Meier, die / der ...

Schwierigkeiten entstehen dann, wenn einem Substantiv eine Apposition folgt, die ein anderes Genus als das Bezugssubstantiv hat. Grundsätzlich kann sich in diesen Fällen das Relativpronomen nach dem Bezugssubstantiv oder nach der Apposition richten. Für die Wahl einer dieser Möglichkeiten ist häufig entscheidend, welchem der beiden Substantive das Hauptgewicht zukommt oder mit welchem der beiden Substantive sich der Inhalt des Relativsatzes am ehesten verbindet: *Unser Kunde, die Firma Meier, die uns diesen Auftrag vermittelt hat, ...* In diesem Fall ist es besser, das Genus der Apposition weiterzuführen, weil das Hauptgewicht des Satzes auf der Bezeichnung der Firma liegt. Der Bezug auf *Kunde (Unser Kunde, die Firma Meier, der uns diesen Auftrag vermittelte ...)* ist in diesem Fall grammatisch auch korrekt, aber weniger üblich.

Ähnlich ist auch folgender Satz zu beurteilen: *Es gab eine Art Brei, die ich nicht kannte.* Der Relativsatz bezieht sich inhaltlich stärker auf *Art* als auf *Brei;* dies bewirkt den Anschluss mit *die.* In dem Satz: *Es gab eine Art Brei, der mir sehr gut schmeckte* bezieht sich der Relativsatz inhaltlich stärker auf *Brei.* Dies bewirkt den Anschluss mit *der.*

3.6 der / die Deutsche Milchhof GmbH

Bei Firmennamen mit Abkürzungen wie *GmbH, AG* als Apposition ist für Pronomen, Adjektive usw. das Genus des Firmennamens ausschlaggebend, wenn die Abkürzung als Beifügung gilt:

die Bilanz *des* Deutschen Milchhofs GmbH. An *das* Euro-Kreditinstitut AG.

Bilden jedoch *Aktiengesellschaft* oder *Gesellschaft mbH* u. Ä. keine Apposition, sondern das Grundwort des Firmennamens, dann ist ihr Genus bestimmend *(Die Bilanz der Deutschen Milchhof-Gesellschaft mbH).* ↑ Abkürzungen (6.1).

4 Kongruenz im Kasus

4.1 Er behandelt ihn wie ein Schurke / wie einen Schurken

Wenn Substantive ohne Präposition im Satz auf das Subjekt oder ein Objekt bezogen sind, dann müssen sie mit diesem im Kasus übereinstimmen:

(Bezug auf das Subjekt:) Sie ist meine Freundin. Er lebt ... als poetisches Symbol (K. Mann). ... und Sie tippeln hinterdrein wie ein hässlicher kleiner Hiwi (Kolb). Er kehrt als Verlierer zurück.

(Bezug auf ein Objekt:) Lehrer Gerber behandelte ihn in der Schule wie einen Kranken (Strittmatter). Er begann, dieses Büchlein zu schätzen wie einen Freund (Strittmatter). ... er ... heißt ihn einen Schurken (Sieburg). Carl Stemmler ... der sich selbst einen internationalen Kaufmann nennt (Der Spiegel).

In manchen Sätzen ist mehr als ein Bezug möglich:

Der Kerl behandelt ihn wie *ein Schurke* (= Bezug auf *Kerl*) / wie *einen Schurken* (= Bezug auf *ihn*). Sie ließ den Freund bedienen wie *eine Fürstin* (= Bezug auf *Sie*) / wie *einen Fürsten* (= Bezug auf *den Freund*).

4.2 Er klagt sich als der / den Mörder an

Bestimmte Verben können bei gleich bleibender Bedeutung mit *sich* oder etwa einem Substantiv als Objekt verbunden werden (↑ reflexive Verben):

Er klagt sich an. – Er klagte seinen Nachbarn an.

Wenn bei diesen Verben im reflexiven Gebrauch ein mit *als* oder *wie* angeschlossenes Substantiv steht *(sich als Mörder anklagen),* dann kann dies im Nominativ *(Er klagt sich als der Mörder des Kindes an)* oder im Akkusativ stehen *(Er klagt sich als den Mörder des Kindes an).* Der Nominativ überwiegt heute, während der Akkusativ allmählich veraltet:

Ich betrachte mich als *euer Freund.* (Selten:) ... frage ich mich, warum ich mich nicht wirklich als *ihren Freund* empfinde (Frisch). Der Film lässt keinen Zweifel daran, dass sich Lawrence ... als *chaotischer Verlierer* empfand (Deutsche Zeitung). (Entsprechend:) Er lässt sich bedienen *wie ein Fürst* (und nicht: *wie einen Fürsten*). Er hörte sich reden wie *ein alter Mann.* Er sah sich die Straße entlanggehen wie *ein Greis.* Wir empfehlen uns als *Ihr* (seltener: *Ihren*) Partner.

Die entsprechenden reflexiven Verben werden einzeln behandelt (↑ anklagen, sich; ↑ ansehen, sich; ↑ aufführen, sich; ↑ aufspielen, sich usw.).

4.3 Sie lässt Gott ein guter / einen guten Mann sein

Findet sich in einer a.-c.-i.-Konstruktion (↑ Akkusativ mit Infinitiv) eine Gleichsetzung, wie sie etwa in dem Satz *Wir lassen sie Ärztin werden* in *Ärztin* vorliegt, dann treten Schwierigkeiten bei der Kasuswahl auf. In der älteren Literatur und in festen Redewendungen kommt der Akkusativ vor, doch tritt er mehr und mehr zugunsten des Nominativs zurück:

(Akkusativ:) Sie lässt den lieben Gott *einen guten Mann* sein. Lass ihn niemals *einen Hirten* werden (Bergengruen). Sie hieß ihn *einen anständigen Mann* sein. Er lehrte ihn *einen Freund* des Volkes sein. (Nominativ:) Sie lässt den lieben Gott *ein guter Mann* sein. Sie hieß ihn *ein anständiger Mann* sein. Er lehrte ihn *ein Freund* des Volkes sein.

4.4 bei einer Frau wie Sie / wie Ihnen

↑ Apposition (3.5).

König: 1. Zur Aussprache von *König* ↑ Aussprache (4). Zu den Fügungen *des Königs Ludwig des Heiligen / König Ludwigs des Heiligen* ↑ Titel und Berufsbezeichnungen (1.2 und 1.3).
2. Zusammensetzungen mit *König* als Bestimmungswort werden im Allgemeinen mit ↑ Fugen-s geschrieben: *königsblau, -treu; Königsberg, -haus, -kind, -paar, -schloss, -see, -sohn, -tochter, -thron, -weg, -würde.* Ohne Fugen-s: *Königstein* (Berg- und Städtename), *Königstuhl* (Berg bei Heidelberg).

Konjugation

K

Häufig gestellte Frage zur Konjugation	
Frage	**Antwort unter**
Was ist der Unterschied zwischen starken und schwachen Verben?	dieser Artikel, Punkt (2.1), (2.2)

Unter Konjugation oder Beugung (lat. *coniugatio* »Verbindung, Verknüpfung [des Verbstamms mit den Endungen]«) versteht man die Formveränderung, die Formabwandlung des Verbs im Zusammenhang des Satzes:

Ich *ziehe* den Wagen. Du *zogst* den Wagen. Wir *haben* den Wagen *gezogen.*

1 Die Leistung der Konjugation

In dem Satz *Du zogst den Wagen* drückt die Verbform *zogst* Verschiedenes aus. Einmal ist damit ausgesagt, dass das genannte Geschehen abgeschlossen ist, in der Vergangenheit liegt und nicht etwa in der Gegenwart verläuft, wie es die Form *ziehst* ausdrückt; weiter sagt *zogst* aus, dass das Subjekt *(du)* tätig ist (↑ ²Aktiv; im Unterschied zum ↑ Passiv: *Der Wagen wird gezogen*); zum Dritten kennzeichnet die Verbform das genannte Geschehen als wirklich, als tatsächlich, als real und nicht etwa als nur vorgestellt, als irreal wie die Form *zögest.* Schließlich gibt *zogst* an, wer die Tätigkeit ausgeführt hat, nämlich eine einzelne angesprochene Person (2. Person Singular) und nicht etwa mehrere Personen wie bei *zogen* (1. / 3. Person Plural). Hier noch einmal die Leistung der Konjugation auf einen Blick:

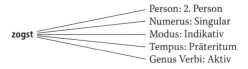

zogst
— Person: 2. Person
— Numerus: Singular
— Modus: Indikativ
— Tempus: Präteritum
— Genus Verbi: Aktiv

2 Die Konjugationsarten

Die Konjugation geschieht zunächst durch das Anfügen von Endungen an den Verbstamm: *ich ziehe – du ziehst* usw. Weiterhin gibt es Umschreibungen mit den Hilfsverben *haben, sein, werden* (↑ haben [1]), sodass man einteilige und mehrteilige (umschriebene) Konjugationsformen zu unterscheiden hat: *ich ziehe – ich habe gezogen, ich werde ziehen* usw. Zum Dritten wird der Verbstamm selbst verändert: *ich ziehe – du zogst* usw. Nach der Bildungsweise des Präteritums und des 2. Partizips wird zwischen regelmäßiger und unregelmäßiger Konjugation unterschieden.

K

2.1 Die regelmäßige Konjugation

Die regelmäßigen (»schwachen«) Verben bilden bei gleich bleibendem Stammvokal das Präteritum mit *t* und haben im 2. Partizip die Endung *-(e)t*:

> *zeigen:* zeige – zeigte – gezeigt; *enden:* ende – endete – geendet.

2.2 Die unregelmäßige Konjugation

2.2.1 Verben mit Ablaut: Die Verben mit ↑ Ablaut (»starke Verben«) stellen die Hauptgruppe der unregelmäßigen Verben. Neben dem Ablaut ist ihr zweites wichtiges Merkmal die Endung *-en* im 2. Partizip:

> *singen:* singe – sang – gesungen; *reiten:* reite – ritt – geritten; *bergen:* berge – barg – geborgen; *blasen:* blase – blies – geblasen.

Bei einigen ablautenden Verben verändert sich im Präteritum und im 2. Partizip auch der stammschließende Konsonant, z. B.

> schneiden – schnitt – geschnitten; gehen – ging – gegangen;
> stehen – stand – gestanden; ziehen – zog – gezogen; sitzen – saß – gesessen.

Bei *hauen* und *tun* hat nur das Präteritum einen stammschließenden Konsonanten:

hauen – hieb – gehauen; tun – tat – getan

2.2.2 Verben mit Vokal- (und Konsonanten-)Wechsel: Die Verben

brennen, kennen, nennen, rennen, senden, wenden

erhalten im Präteritum und im 2. Partizip den Stammvokal *a*, sonst werden sie regelmäßig konjugiert:

brennen – brannte – gebrannt; senden – sandte / sendete – gesandt / gesendet.

Die Verben *denken, bringen, dünken* haben neben dem Vokalwechsel noch eine Änderung des stammschließenden Konsonanten:

denken – dachte – gedacht; dächte;
bringen – brachte – gebracht; brächte;
dünken – deuchte / dünkte – gedeucht / gedünkt.

2.2.3 Modal- und Hilfsverben: Auch die ↑ Modalverben *dürfen, können, mögen, müssen, sollen, wollen* und die ↑ Hilfsverben *sein, haben, werden* werden zu den unregelmäßigen Verben gezählt.

2.2.4 Verben mit Mischformen; Schwankungsfälle: Hierher gehören Verben, die ihre Formen teilweise nach dem Muster der regelmäßigen und teilweise nach dem der unregelmäßigen Konjugation bilden *(mahlen – mahlte – gemahlen)*. Andere konjugieren sowohl regelmäßig als auch unregelmäßig (↑ gären; glimmen) oder weisen neben einer neueren regelmäßigen Form eine veraltete (veraltende) unregelmäßige auf (*bellen – bellte – gebellt* / [veraltet:] *boll – gebollen;* ↑ backen). Zu Fällen, bei denen sich mit den verschiedenen Konjugationsformen verschiedene Bedeutungen verbinden ↑ bewegen, ↑ erschrecken.

3 Bildung der Konjugationsformen

Zur Bildung einzelner Konjugationsformen ↑ Indikativ (1–6), ↑ Konjunktiv (1), ↑ Imperativ (1 und 2), ↑ e/i-Wechsel. Zur Bildung der Formen bei fest und unfest zusammengesetzten Verben *(du übersetzt / du setzt über)* ↑ Verb (2).

Konjugationsendung: Endung, die bei der ↑ Konjugation (Beugung) eines Verbs dem Verbstamm angefügt wird: *ich zieh-e, du zieh-st* usw.

konjugieren: Im Unterschied zu ↑ deklinieren heißt konjugieren (beugen) ein Verb in seiner Form abwandeln. ↑ Konjugation.

Konjunktion

Die Konjunktion, auch Bindewort genannt, gehört zu den Partikeln (↑ Partikel), d. h. zu den Wörtern, die weder dekliniert noch konjugiert werden. Der Konjunktion fällt die Aufgabe zu, Wörter, Wortgruppen oder Sätze miteinander zu verbinden. Sie ist – anders als das Adverb – kein Satzglied und kann auch nicht als Attribut (Beifügung) zu einem Satzglied treten. Auch hat sie – im Gegensatz zur Präposition – keinen Einfluss auf die Deklination des folgenden Substantivs.

Nach der Form unterscheidet man eingliedrige oder einfache *(und, auch)* und mehrgliedrige oder gepaarte Konjunktionen:

> sowohl – als auch, entweder – oder, nicht nur – sondern auch, zwar – aber, teils – teils, weder – noch usw.

An den mehrgliedrigen Konjunktionen sind auch Adverbien beteiligt (z. B. *zwar, teils;* vgl. Punkt 1).

Nach dem Verhältnis, das durch die Konjunktionen zwischen den verbundenen Wörtern oder Sätzen hergestellt wird, unterscheidet man kopulative (anreihende) Konjunktionen *(und, sowie* u. a.), disjunktive (ausschließende) Konjunktionen *(oder* u. a.), adversative (entgegensetzende) Konjunktionen *(aber, während* u. a.), temporale (zeitliche) Konjunktionen *(solange, nachdem* u. a.), modale (die Art und Weise bestimmende) Konjunktionen *(indem, ohne dass* u. a.), kausale (begründende) Konjunktionen *(da, weil* u. a.).

Nach der Funktion kann man vier verschiedene Gruppen von Konjunktionen unterscheiden:

– nebenordnende (koordinierende) Konjunktionen:

> Peter *und* Frauke gehen ins Kino *und* Inge soll zu Hause bleiben.
> (Ferner: [so]wie, aber, sondern, denn, sowohl – als / wie [auch] usw.)

– Satzteilkonjunktionen:

> Marion gilt *als* zuverlässig. Peter ist so groß *wie* Frank, aber größer *als* Klaus.
> Je mehr wir uns anstrengen, *desto / umso* schneller sind wir fertig.

– Infinitivkonjunktionen:

Er dachte nicht daran, sofort *zu* kommen. Sie arbeitet zu schnell, *um* genau *zu* sein. *[An]statt* zu arbeiten, geht er auf den Fußballplatz.

– unterordnende (subordinierende) Konjunktionen:

Wenn das wahr ist, müssen wir uns beeilen. Er trat zurück, *indem* er erblasste. Sie wird daran arbeiten, *[in]soweit / sofern* sie dafür Zeit hat. (Ferner: während, ehe, weil, obwohl, dass, ob usw.)

1. Nebenordnende Konjunktion oder Adverb?

Da die Konjunktion kein Satzglied ist, verändert sich die Wortstellung nicht, wenn sie an den Anfang des Satzes tritt:

Klaus liest ein Buch. Frank malt ein Bild.

Klaus liest ein Buch und Frank malt ein Bild.

Petra studiert Medizin. Sie will Ärztin werden.

Petra studiert Medizin, denn sie will Ärztin werden.

Die Verbindung nebengeordneter Sätze kann aber auch durch bestimmte Adverbien geschehen, die an die Spitze des zweiten Satzes treten. In diesem Fall ändert sich dessen Wortstellung, indem Subjekt und Finitum die Plätze tauschen (↑ Inversion):

Petra will Ärztin werden. Sie studiert *deshalb* Medizin.

Petra will Ärztin werden. *Deshalb* studiert sie Medizin.

Neben *deshalb* sind hier zu nennen:

außerdem, besonders, dagegen, daher, dann, darum, dennoch, deshalb, folglich, insofern, sonst, trotzdem.

Als Adverbien mit der Eigenschaft von Konjunktionen werden sie auch Konjunktionaladverbien genannt.

Als nebenordnende Konjunktionen lassen sich demnach nur solche Partikeln bezeichnen, die keine Inversion hervorrufen. Das trifft ohne Einschränkung für folgende Wörter zu: *und, oder, aber, allein, sondern, denn:*

Er grübelte und er grübelte. Die Milch läuft über oder die Suppe brennt an.

Franz hat gute Anlagen, aber er ist faul / er ist aber faul. Ich hoffte auf ihn, allein ich wurde bitter enttäuscht. Er hat nicht gearbeitet, sondern er ist schwimmen gegangen. Er hat nicht gearbeitet, denn er hatte keine Lust.

Zur Stellung von *aber* ↑ aber (2). Zur gelegentlichen Inversion nach *und* ↑ und (1). Zur Stellung des Verbs nach *weil* ↑ weil (2).

Eine besondere Gruppe bilden Wörter wie *doch, jedoch* (↑ doch / jedoch) und *entweder* (in *entweder – oder*). Wenn sie am Anfang des Satzes stehen,

kann die Wortstellung verändert werden (= adverbialer Gebrauch) oder
nicht (= konjunktionaler Gebrauch):

Sie fährt gern Auto, [je]doch fliegt sie nur ungern mit dem Flugzeug. Oder: ... [je]doch
sie fliegt nur ungern ... Entweder bist du jetzt lieb oder du gehst nach Hause.
Oder: Entweder du bist jetzt lieb ...

Diese Partikeln können also als Konjunktionen oder als Adverbien eingesetzt werden.

2. Die unterordnenden Konjunktionen:

Die unterordnenden Konjunktionen stehen immer am Anfang des Nebensatzes, den sie mit dem Hauptsatz verbinden. Das Verb (Finitum) steht in
der Regel am Ende des Nebensatzes:

Karl ging nach Hause, obwohl das Fest sehr schön war. Dass du pünktlich zur Schule
gehst, will ich doch hoffen.

3. Die Häufung von Konjunktionen:

Wenn ein Zwischensatz in einen Nebensatz mit Konjunktion eingeschaltet wird, dann sollte er nicht unmittelbar nach der Konjunktion stehen,
sondern nach dem Satzglied, das der Konjunktion des Nebensatzes folgt.
Also nicht:

Man sieht aber auch, *dass, wenn* die Menschheit einmal die Vernunft verlieren sollte,
die Atombombe die Welt zerstören wird.

Die Häufung von Konjunktionen ist stilistisch unschön und erschwert das
Verständnis. Deshalb besser:

Man sieht aber auch, dass die Atombombe, wenn die Menschheit einmal die Vernunft
verlieren sollte, die Welt zerstören wird.

4. Das Komma bei den Konjunktionen:

Wo Konjunktionen (und satzeinleitende Adverbien [vgl. Punkt 1]) auftreten, muss der betreffende Satz oder Satzteil häufig durch ein Komma
abgetrennt oder in Kommas eingeschlossen werden. Nähere Angaben
hierzu enthalten die Artikel der einzelnen Konjunktionen und Konjunktionaladverbien, z. B. ↑ aber (1), ↑ als (5), ↑besonders, ↑ dass (6), ↑ und (7),
↑ nicht nur – sondern auch (1), ↑ teils – teils (2) usw.

Trifft eine Konjunktion mit einem anderen einleitenden Wort (Adverb,
Partizip u. a.) zusammen, dann ist die Kommasetzung abhängig vom Sinn
der Aussage (↑ angenommen; ↑ zumal; ↑ je nachdem usw.). Haben beide
Teile der Verbindung ihre Eigenständigkeit bewahrt, dann steht ein
Komma zwischen ihnen, d. h. vor der eigentlichen Konjunktion. Das erste

der beiden Wörter gehört dann dem übergeordneten Satz an, die Konjunktion leitet den untergeordneten Satz ein. Der übergeordnete Satz ist in vielen Fällen ein Auslassungssatz:

Angenommen, dass morgen gutes Wetter ist, wohin wollen wir fahren? (= Wenn wir annehmen, dass ...) Ich mag ihn gern, *ausgenommen, wenn* er schlechter Laune ist.

Wird die Wortverbindung als Einheit empfunden, dann entsteht eine konjunktionale Fügung, die nicht [mehr] durch ein Komma geteilt wird. Das Komma steht nun vor der Fügung, die damit als Ganzes den untergeordneten Satz einleitet:

Der Plan ist viel zu umständlich, *als dass* wir ihn ausführen könnten. Die Oma freut sich über jede Nachricht, *auch wenn* es nur eine Postkarte ist.

Einige beiordnende Konjunktionen, z. B. *aber, denn, doch, oder, und,* können in Verbindung mit einer unterordnenden Konjunktion erscheinen. Sie leiten damit aber nicht einen untergeordneten Nebensatz ein, sondern sie schließen ein ganzes Satzgefüge an, das mit einem Nebensatz oder mit einer Infinitivgruppe beginnt und gewöhnlich einen nachgestellten Hauptsatz enthält:

Er ist noch klein, *aber weil* er gut schwimmen kann, haben wir ihn mitgenommen. Es waren schlechte Zeiten, *und um zu* überleben, verhielten sich manche so gegen ihre Mitmenschen, wie sie es unter normalen Verhältnissen kaum getan hätten.

Bei einigen Wortverbindungen schwankt der Gebrauch. Wird die Fügung als Einheit verstanden, dann steht das Komma nur vor der ganzen Fügung. Soll jedoch das voranstehende Adverb betont und hervorgehoben werden, dann kann man beide Teile durch ein Komma trennen:

Wir müssen jetzt verkaufen, *gleichviel ob* die Kurse noch weiter steigen oder nicht. – Wir müssen jetzt verkaufen, *gleichviel, ob* die Kurse noch weiter steigen oder nicht.

Hierher gehören besonders Fügungen mit *gleichviel, im Fall[e], je nachdem, kaum, umso eher.* Diese Adverbien werden oft als Rest eines nachgetragenen Satzes in Kommas eingeschlossen.

5. Kongruenz (Übereinstimmung):

Zu den Zweifelsfällen in der Kongruenz zwischen Subjekt und Prädikat, wenn das Subjekt aus mehreren durch Konjunktionen verbundenen Substantiven besteht, ↑ Kongruenz.

Vater und Mutter gehen (nicht: geht) spazieren: ↑ Kongruenz (1.3.1). Vater oder Mutter geht (nicht: gehen) spazieren: ↑ Kongruenz (1.3.12). Er und ich [,wir] haben uns gefreut. Nicht: Er und ich haben sich gefreut: ↑ Kongruenz (2.1). Er oder ich habe (nicht: hat) es getan: ↑ Kongruenz (2.2).

6. Verwechslung einzelner Konjunktionen [mit Adverbien]:
Zur Verwechslung von »dass« und »ob« ↑ dass (3); zur Verwechslung von
»wann« und »wenn« ↑ wann / wenn. Vgl. auch die einzelnen behandelten
Wörter.

Konjunktionaladverb: ↑ Konjunktion (1).
Konjunktionalsatz: Ein Konjunktionalsatz
ist ein durch eine unterordnende Konjunktion eingeleiteter Nebensatz: *Dass
du mir schreiben willst, freut mich besonders. Erst als es im Konzertsaal still geworden war, erhob der Dirigent den Takt-
stock. Sie verabschiedete sich, indem sie
mir freundlich zulächelte. Sie wagen sich*

nicht herein, weil sie sich fürchten. Aus
stilistischen Gründen sollten Nebensätze, die durch dieselbe Konjunktion
eingeleitet werden, nicht zu einer Kette
zusammengefügt werden. Nicht: *Wir
glauben, dass sie gesagt hat, dass sie
käme,* sondern besser mit einer anderen
Konstruktion: *Wir glauben, dass sie gesagt hat, sie käme.*

K

Konjunktiv

Häufig gestellte Fragen zum Konjunktiv	
Frage	**Antwort unter**
Wie wird der Konjunktiv gebildet?	dieser Artikel, Punkt (1), indirekte Rede (3)
Wann gebraucht man Konjunktiv I, wann Konjunktiv II?	dieser Artikel, Punkte (2.1), (2.2), indirekte Rede (2)
In welchen Fällen umschreibt man den Konjunktiv durch eine *würde*-Form?	dieser Artikel, Punkt (2.3), indirekte Rede (3.1)

Der Konjunktiv, die Möglichkeitsform, stellt als Form und Aussageweise
(Modus) des Verbs ein Geschehen oder Sein nicht wie der ↑ Indikativ als wirklich dar, sondern als nicht wirklich (erwünscht, vorgestellt, von anderen nur
behauptet o. Ä.). Während z. B. in dem indikativischen Satz *Ich bin krank* ausgedrückt wird, dass der oder die Sprechende die Aussage als wirklich und tatsächlich, als gegeben betrachtet, wird durch den Konjunktiv *Sie sagte, er sei
krank* deutlich, dass hier etwas, was ein anderer gesagt hat, nur mittelbar und
ohne Gewähr für die Richtigkeit wiedergegeben wird. Und gegenüber dem Indikativ *Wenn Petra Zeit hat, kommt sie zu uns* wird durch den Konjunktiv

Wenn Petra Zeit hätte, käme sie zu uns ausgedrückt, dass das Ausgesagte als nicht gegeben, als nur vorgestellt, als irreal angesehen wird. Zu Formenbildung und Gebrauch vgl. die folgenden Kapitel:

1 Die Formen des Konjunktivs

Die zum Präsensstamm des Verbs gebildeten einfachen Formen des Konjunktivs nennen wir Konjunktiv I (Präsens), die zum Stamm des Präteritums gebildeten Konjunktiv II (Präteritum):

	Konjunktiv I	Konjunktiv II
ich	lieb-e/trag-e	lieb-te/trüg-e
du	lieb-est/trag-est	lieb-t-est/trüg-[e]st
er sie es	lieb-e/trag-e	lieb-t-e/trüg-e
wir	lieb-en/trag-en	lieb-t-en/trüg-en
ihr	lieb-et/trag-et	lieb-t-et/trüg-[e]t
sie	lieb-en/trag-en	lieb-t-en/trüg-en

Die zusammengesetzten Formen ergeben sich aus den entsprechenden Formen von *haben, sein* und *werden* mit den infiniten Verbformen:

Erstens die Umschreibung mit dem Konjunktiv I von *haben* oder *sein* + 2. Partizip (Konjunktiv Perfekt):

ich habe getragen, du habest getragen usw.;
ich sei gefahren, du seist gefahren usw.

Zweitens die Umschreibung mit dem Konjunktiv II von *haben* oder *sein* + 2. Partizip (Konjunktiv Plusquamperfekt):

ich hätte geliebt, du hättest geliebt usw.;
ich wäre gefahren, du wärest gefahren usw.

Drittens die Umschreibung mit dem Konjunktiv I von *werden* + Infinitiv (Konjunktiv Futur I):

ich werde lieben / fahren, du werdest lieben / fahren usw.

Viertens die Umschreibung mit dem Konjunktiv II von *werden* + Infinitiv:

ich würde lieben / fahren, du würdest lieben / fahren usw.

Damit sind die wichtigsten Formen genannt. Die anderen zusammengesetzten Formen des Aktivs werden im Deutschen selten gebraucht, die des Passivs sind entsprechend aus den Formen des Aktivs abzuleiten. Im Folgenden werden einige Besonderheiten und Abweichungen behandelt.

1.1 ich grüße / grüß dich · ich grüßte / grüßt' dich

Die Weglassung des e in der 1. und 3. Person Singular des Konjunktivs I und II ist im Wesentlichen auf dichterischen Gebrauch oder – beim Konjunktiv I – auf Grußformeln beschränkt:

... es klingt, als *ström'* ein Regen (Wildenbruch).

Gesteh ichs nur! (Goethe). *Behüt* dich Gott!

Gott *grüß* dich! *Grüß* Gott!

Gern *liebt'* er sie noch immer, doch niemals kann er diese Tat verzehin. Ich *schnitt'* es gern in alle Rinden ein (W. Müller). Wenn ich ein Vöglein *wär* und auch zwei Flügel *hätt*, *flög* ich zu dir.

Im Allgemeinen ist es jedoch üblich, das e zu setzen:

Jeder *trage* sein Los mit Geduld;

liebte, schnitte, wäre, hätte, flöge.

Zum Apostroph ↑ Apostroph (2.1).

1.2 du tränkest / tränkst · ihr tränket / tränkt

Im Allgemeinen haben die Formen der 2. Person Singular und Plural des Konjunktivs II ein -e- zwischen Stamm und Personalendung: *du liebtest; ihr riefet.* Dieses -e- kann bei unregelmäßigen Verben wegfallen, wenn der Konjunktiv II durch *ä, ö* oder *ü* vom Indikativ Präteritum deutlich abgehoben ist:

du riefst – du riefest (nicht: riefst); du trugest – du trüg[e]st; ihr trugt – ihr trüg[e]t;
du trankst – du tränk[e]st; ihr trankt – ihr tränk[e]t.

Ein Apostroph darf hier nicht gesetzt werden (↑ Apostroph [3.4]).

Verben, deren Stamm auf Zischlaut, -d oder -t ausgeht, bilden nur die Form mit -e-: *du läsest, ihr bändet, du bötest* usw.

K

1.3 ich schwömme / schwämme

Die Formen des Konjunktivs II der unregelmäßigen Verben mit *a, o* oder *u* haben im Unterschied zu den Formen des Indikativs Präteritum einen ↑ Umlaut:

ich sang – ich sänge, ich flog – ich flöge, ich fuhr – ich führe.

Bei einigen Verben zeigt sich zusätzlich ein Unterschied, der so genannte ↑ Ablaut *(ich warb – ich würbe)*. Er ist darin begründet, dass im älteren Deutsch der Stammvokal des Indikativs Singular ein anderer war als der des Indikativs Plural. So hieß es *ich warf,* aber *wir wurfen, ich warb,* aber *wir wurben.* Der Stammvokal des Plurals hat sich jedoch im Indikativ dem des Singulars angeglichen *(ich warb, wir warben),* während im gesamten Konjunktiv II der umgelautete Vokal der alten pluralischen Indikativformen erhalten blieb. So heißt es heute:

ich verdarb – ich verdürbe; sie starb – stürbe; ich warf – ich würfe; er warb – er würbe.

Diese Formen wurden dadurch gestützt, dass sich die Formen mit -ä- *(wärbe)* von denen des Präsens *(werbe)* lautlich nicht unterscheiden.

Bei einigen Verben sind im Konjunktiv heute zwei Formen möglich, etwa *wir hülfen* (zu veraltet *hulfen)* und (seltener) *wir hälfen* (zu der neueren Form *halfen)*. Zwei Formen haben auch die Verben *befehlen, gelten, gewinnen* und *spinnen,* bei denen die Formen mit -ö- und mit -ä- gebraucht werden können, die Verben *beginnen, rinnen, stehlen* und *sinnen,* bei denen die Form mit -ä- üblicher, die Form mit -ö- seltener *(begönne, rönne, stöhle)* oder veraltet *(sönne)* ist, die Verben *schwören (ich schwüre,* selten: *ich schwöre), heben (höbe,* veraltet: *hübe), dreschen (drösche,* veraltet: *dräsche)* und *stehen (stünde,* auch: *stände)* und die Verben *schwimmen* und *empfehlen,* von denen die Form mit -ä- etwas seltener ist als die mit -ö-. Allgemein kann man sagen, dass viele dieser möglichen Formen nur selten gebraucht werden, weil sie als gehoben, geziert und altertümlich angesehen werden. Die Verben dieser Gruppe sind im Alphabet einzeln aufgeführt und behandelt worden.

1.4 Verweise

Zu *schrei[e]n, schrie[e]n* bzw. *samm[e]le, änd[e]re* ↑ Indikativ (3) bzw. (4); zu *brauchte / bräuchte* ↑ brauchen (5).

2 Der Gebrauch des Konjunktivs

Konjunktiv I und II stellen nicht verschiedene Zeitformen (Tempusformen) dar, die etwa wie Präsens und Präteritum zueinander in Opposition stehen, sondern sie unterscheiden sich vornehmlich in der Aussageweise (Modus), also im Hinblick auf den größeren oder geringeren Geltungsgrad des mit ihnen ausgedrückten Geschehens oder Seins.

Der Konjunktiv I wird vornehmlich zur Kennzeichnung der indirekten Rede gebraucht, der Konjunktiv II vor allem als Ausdruck des nur Vorgestellten, der Irrealität (auf Überschneidungen im Gebrauch wird weiter unten eingegangen). Dabei beträgt das Verhältnis von Konjunktiv II zu Konjunktiv I nach neueren Auszählungen etwa 3 : 2, d. h., der Konjunktiv II ist häufiger als der Konjunktiv I. Besonders in der gesprochenen Sprache wird der Konjunktiv II (und der Indikativ) gegenüber dem Konjunktiv I bevorzugt, der oft für zu vornehm oder auch für zu undeutlich gehalten wird. Dem entspricht das Fehlen des Konjunktivs I in den Mundarten (mit Ausnahme des Alemannischen und des benachbarten Teiles des Bayrisch-Österreichischen).

Aus den angesprochenen Gebrauchsüberlagerungen und der bevorzugten Verwendung von Konjunktiv-II-Formen in der Alltags- und Umgangssprache und in den Mundarten ergeben sich nicht selten Anwendungsschwierigkeiten für die Sprechenden. Dem möchte die folgenden Ausführungen begegnen.

2.1 Konjunktiv I

Der Konjunktiv I kann gebraucht werden

– als Ausdruck eines Wunsches, einer Aufforderung o. Ä., die indirekt und mittelbar geäußert werden (↑ Wunschsatz):

   Man *folge* mir bitte unauffällig. In der Zeichnung *sei* die Strecke a 3 cm. Das *sei* ferne von mir. Sie *lebe* hoch.

– als Kennzeichnung der ↑ indirekten Rede:

   Petra sagte, sie *komme* morgen und *bringe* das Buch mit. Er fragte, ob Klaus und Petra krank *seien*. Sie behaupteten, Thilo *habe* Zeit und *werde* morgen kommen.

– als Kennzeichnung von irrealen Vergleichssätzen (weniger häufig als der Konjunktiv II; ↑ als [ob] / als wenn / wie wenn):

   Sie benahm sich, als ob sie betrunken *sei* (häufiger: *wäre*). Er tat, als *sei* (häufiger: *wäre*) er krank.

Am weitaus häufigsten wird der Konjunktiv I in der indirekten Rede gebraucht. Der Anteil der Wunschsätze und der irrealen Vergleichssätze ist gering.

2.2 Konjunktiv II

Der Konjunktiv II kann gebraucht werden:

1. als Ausdruck des nur Vorgestellten, der Irrealität (wenn etwas nicht gegeben, sondern nur gedacht, nur vorgestellt ist), und zwar
   – im ↑ Konditionalsatz und in damit verwandten Sätzen:

   Wenn sie *käme*, wäre ich froh. Ohne dich *wären* sie nicht so weit. Wenn er doch hier *wäre!* Ich *hätte* Sie gern einmal gesprochen. Da *wären* wir endlich! Sie sagte:»Wenn ich Zeit *hätte*, *käme* ich!« Sie sagte, wenn sie Zeit *hätte*, *käme* sie (↑ indirekte Rede).

   – in irrealen Vergleichssätzen (↑ 2.1 und ↑ als [ob] / als wenn / wie wenn):

   Sie benahm sich, als ob sie betrunken *wäre*. Er tat, als *wäre* er krank.

2. als Ersatz für Formen, die nicht eindeutig Konjunktiv I und deshalb missverständlich sind (↑ indirekte Rede [2]):

   Petra sagte, ihre Eltern *seien* gestern im Kaufhaus gewesen. Sie *hätten* (für: *haben*) dort ein Fahrrad für sie gekauft. Sie sagten, sie *kämen* (für: *kommen*) morgen.

3. als Ausdruck des Zweifels, der Skepsis gegenüber einer berichteten Aussage (↑ indirekte Rede [2.2.3]):

   Karl erklärte [zwar], er *hätte* alles getan, was in seiner Macht gestanden *hätte*[, aber ich glaube es nicht].

Am häufigsten wird der Konjunktiv II zur Kennzeichnung des nur Vorgestellten, der Irrealität gebraucht. Die Kennzeichnung der indirekten Rede ist demgegenüber seltener.

2.3 Konjunktiv I – Konjunktiv II – *würde*-Form

An die Stelle einfacher Konjunktivformen wie *sie komme* oder *sie käme* kann auch das Gefüge aus *würde* + Infinitiv treten.

   Sie sagte, dass sie in Hamburg *wohnen würde* (statt: *wohne / wohnte*).

Allerdings gelten solche Formen in der indirekten Rede als typisches Kennzeichen der (gesprochenen) Umgangssprache. In der Standardsprache sollten die *würde*-Formen nur unter folgenden Bedingungen gewählt werden:
   – Zunächst einmal kann *würde* + Infinitiv zur ausdrücklichen Kennzeichnung des Futurischen, des Noch-nicht-Begonnenen gebraucht werden:

   Wenn ich morgen *gehen würde* (weniger betont: *ginge*), dann wäre es noch früh genug (↑ Konditionalsatz [4]). Sie sagten, sie *würden* (für: *werden*) morgen kommen (weniger betont: sie *kämen* [für: *kommen*] morgen; ↑ indirekte Rede [3.1]).

   – Darüber hinaus sollte der Konjunktiv II nur dann durch *würde* + Infinitiv ersetzt werden, wenn er mit der Form des Präteritums übereinstimmt und ein Missverständnis entstehen kann. So sind etwa alle Formen des Konjunktivs II der regelmäßigen Verben (*ich liebte, er liebte* usw.) sowie die mit *wir* und *sie* verbundenen Konjunktiv-II-Formen der unregelmäßigen Verben mit *i* oder *ie (wir riefen, sie gingen)* identisch mit den Formen des Präteritums.

- Deshalb ist in folgenden Sätzen die *würde*-Umschreibung sinnvoll, um die Irrealität der Aussage deutlich zu machen:

  Sonst *wohnten* wir dort nicht / (deutlicher:) *würden* wir dort nicht *wohnen*.
  Sonst *hielten* wir uns dort nicht auf / (deutlicher:) *würden* wir uns dort nicht *aufhalten*.
  Wenn sie mich *riefen* / (deutlicher:) *rufen würden, eilte* ich sofort *herbei*.
  (Oder:) Wenn sie mich *riefen, würde* ich sofort *herbeieilen*.

- Daneben kann die *würde*-Umschreibung auch anstelle altertümlich wirkender Konjunktiv-II-Formen gebraucht werden:

  Ich *würde helfen* (für: *hülfe*), wenn ich Gelegenheit dazu hätte. Wenn dies doch jetzt noch *gelten würde* (für: *gälte / gölte*)! Wenn sie das Buch *kennen würden* (für: *kennten*), könnten sie es beurteilen. Er tat so, als ob er mir *helfen würde* (für: *hülfe*).

Zu weiteren Einzelheiten ↑ Konditionalsatz (4), ↑ indirekte Rede (3.1–3.3).

K

Konkretum: Unter einem Konkretum versteht man ein Substantiv, das etwas Gegenständliches bezeichnet (z. B. *Mensch, Stein, Tisch*), und zwar im Unterschied zum ↑ Abstraktum. Der Plural lautet *die Konkreta*.

Konkurrent: Der Genitiv lautet *des Konkurrenten,* der Dativ und Akkusativ lauten *dem, den Konkurrenten* (nicht: *dem, den Konkurrent*). ↑ Unterlassung der Deklination (2.1.2).

konkurrenzieren: Das Verb *konkurrenzieren* ist nur in Österreich und in der Schweiz gebräuchlich und entspricht der Bedeutung von *konkurrieren* »jemandem Konkurrenz machen«.

können: 1. dafürkönnen / dafür können: Es heißt richtig: *Sie kann nichts dafür.* (Nicht korrekt: *Sie kann nichts dazu / davor.*)

2. Die Erlaubnis, etwas zu tun: Eine Formulierung wie *die Erlaubnis / Möglichkeit, etwas tun zu können* ist pleonastisch, denn die Bedeutung von *können* ist bereits in *Erlaubnis* bzw. *Möglichkeit* enthalten. Es muss daher korrekt heißen: *die Erlaubnis / Möglichkeit, etwas zu tun.* Auch *es kann möglich sein* ist ein ↑ Pleonasmus (↑ möglich [2]).

3. Das Partizip bei *können*: Steht *können* als Vollverb, dann heißt das 2. Partizip *gekonnt: Er hat seine Aufgaben nicht gekonnt.* Wird *können* jedoch als Modalverb verwendet, dann steht anstelle des 2. Partizips der Infinitiv, wenn ein reiner Infinitiv vorangeht: *Ich habe es nicht verhindern können* (und nicht: *... verhindern gekonnt*). ↑ Infinitiv (4).

können / dürfen: 1. Herr X könnte / dürfte der Täter gewesen sein: Der Konjunktiv II von *dürfen (er, sie, es dürfte)* wird gern verwendet, wenn eine Vermutung ausgesprochen werden soll. *Sie dürfte bald kommen* heißt so viel wie »Sie kommt wahrscheinlich bald«. Sagt man *Sie könnte bald kommen,* dann stellt man nur objektiv fest, dass das Kommen in Kürze möglich wäre. *X könnte der Täter* *sein* heißt: Den Umständen nach ist es möglich, dass X der Täter ist. Man muss damit rechnen, aber es ist noch nicht entschieden; denn es bestehen auch andere Möglichkeiten. – *X dürfte der Täter sein* heißt dagegen: Die Umstände sprechen dafür, dass X der Täter ist. Man hat sich für diese Ansicht entschieden. Man ist der Meinung, dass die Umstände den Schluss nicht nur möglich machen, sondern sozusagen zulassen, erlauben.

2. können / dürfen in Redewendungen:
Kann / Darf ich die Butter haben?
Kann / Darf ich das einmal ansehen? Solche Redewendungen sollen einen Wunsch verbindlicher erscheinen lassen. Dabei macht die Wendung mit *können* das Handeln von irgendwelchen Umständen abhängig, während die Wendung mit *dürfen* an die Erlaubnis oder Zustimmung des Angesprochenen appelliert.

3. ↑ dürfen / können / müssen.

Konsekutivsatz: Der Konsekutivsatz oder Folgesatz ist ein Nebensatz, der die Folge (die Wirkung) des im Hauptsatz genannten Sachverhaltes nennt. Er wird mit den Konjunktionen *dass, sodass, als dass*, verneint *ohne dass* eingeleitet; vor *dass* steht im Hauptsatz immer ein *so* als Korrelat (vgl. aber ↑ sodass): *Sie verletzte sich so, dass ihre Hand blutete. Sie verletzte sich, sodass ihre Hand blutete. Du bist noch zu jung, als dass ich dir alles erzählen könnte. Er arbeitet schon jahrelang an diesem Buch, ohne dass er fertig wird /* (auch:) *würde.*

Konsonant (Mitlaut): Zum Zusammentreffen dreier gleicher Konsonanten (*Schifffahrt, Pappplakat, stilllegen*) ↑ Zusammentreffen dreier gleicher Buchstaben.

Konstante: Das substantivierte Adjektiv wird meist wie ein echtes Substantiv gebeugt: *die Konstante, der Konstante,* Plural *die / zwei Konstanten.* In der Fachsprache wird jedoch die adjektivische Beugung vorgezogen: Genitiv Singular

der Konstanten, Plural *die Konstanten,* aber: *zwei Konstante.* ↑ Variable.

Konstrukteurin: Die feminine Form zu *der Konstrukteur* lautet *die Konstrukteurin.* ↑ Titel und Berufsbezeichnungen (3).

Konsul / Konsulin: Zur Anschrift ↑ Brief (7).

Konsum: In der Bedeutung »Verbrauch« betont man die zweite Silbe, spricht also *Konsum,* während das umgangssprachliche Kurzwort für die Verkaufsstelle eines Konsumvereins oder für den Konsumverein meist auf der ersten Silbe betont und mit kurzem *o,* also *Konsum,* gesprochen wird. Im Österreichischen gilt jedoch auch für diese Bedeutung nur die Aussprache *Konsum.*

Kontamination: Eine Kontamination (Wortkreuzung) ist eine Verschmelzung von (zwei) Wörtern oder Wendungen, die formal und inhaltlich verwandt sind, gleichzeitig in der Vorstellung des oder der Sprechenden erscheinen und dabei in ein Wort bzw. in eine Wendung zusammengezogen werden, z. B. *Gebäulichkeiten* aus *Gebäude* und *Baulichkeiten* oder *jemandes Anliegen weiterhelfen* aus *jemandes Anliegen entsprechen* und *jemandem weiterhelfen.* ↑ alters, ↑ antelefonieren, ↑ befindlich, ↑ Bildbruch, ↑ drängen / dringen, ↑ einplanieren, ↑ Erachten, ↑ Ermessen, ↑ gehören (1), ↑ insbesondere (1), ↑ zumindest / mindestens / zum Mindesten.

Konterfei: Der Plural von *das Konterfei* lautet sowohl *die Konterfeis* als auch *die Konterfeie.*

kontern: Das vor allem im Kampfsport gebräuchliche Verb *kontern* »den Angreifer mit gezielten Gegenstößen überraschen« wird mit dem Akkusativ verbunden: *einen Angriff kontern. Er ließ den Gegner kommen und konterte ihn geschickt mit einem linken Haken.* Auch absoluter Gebrauch kommt vor, besonders im übertragenen Sinn von »schlagfertig antworten«: *Sie konterte sofort und sagte …*

Konto: Zu dem Wort *das Konto* gibt es drei

Pluralformen: *die Konten* (schwache Beugung), *die Kontos* (starke Beugung), *die Konti* (italienischer Plural). Die Reihenfolge der Nennung entspricht der Häufigkeit des Gebrauchs.

kontrollieren: ↑ Amerikanismen /Anglizismen (1.2).

Kontrolllampe: Wenn bei Zusammensetzungen drei gleiche Buchstaben zusammentreffen, darf nach den neuen Rechtschreibregeln keiner von ihnen wegfallen. Die Zusammensetzung aus *Kontroll-* und *Lampe* wird also *Kontrolllampe* geschrieben. Zur besseren Lesbarkeit kann ein Bindestrich gesetzt werden: *Kontroll-Lampe.* ↑ Zusammentreffen dreier gleicher Buchstaben.

Konus: Der Plural von *der Konus* »kegelförmiger Körper« oder »konisches Teil« lautet *die Konusse,* in der Technik auch *die Konen.*

konvertieren: Da *konvertieren* auch transitiv gebraucht wird (*eine Währung konvertieren* »frei umtauschen«), wird es in der Bedeutung »die Konfession wechseln« gewöhnlich mit *haben* verbunden: *Sie hat vor drei Jahren konvertiert.* Wenn die Vorstellung einer Bewegung vorherrscht, kommt aber auch die Verbindung mit *sein* vor: *Sie ist vor 3 Jahren konvertiert.*

Konzentration / Konzentrierung: ↑ Verbalsubstantiv (1.5).

Konzessivsatz: Ein Konzessiv- oder Einräumungssatz ist ein Nebensatz, der eine Einräumung, einen Gegengrund zu dem im Hauptsatz genannten Geschehen oder Sachverhalt angibt, ohne ihn zu entkräften. Konjunktionen: *obgleich, wenngleich, obschon, wenn auch, wennschon, obwohl, obzwar* und (ugs.) *trotzdem: Wenn das Buch auch sehr gut ist, ist es doch für mich wenig hilfreich. Obwohl ich mich beeilt habe, bin ich zu spät gekommen.*

Konzil: Das Substantiv *das Konzil* hat zwei Plurale, den schwachen *die Konzilien* und den starken *die Konzile.*

Koordination / Koordinierung: ↑ Verbalsubstantiv (1.5).

koordinierend: ↑ Konjunktion.

Kopf: *Sie bekamen einen roten Kopf / rote Köpfe:* Der Singular drückt die Vorstellung »sich genieren, ein schlechtes Gewissen bekommen« aus: *Die beiden Jungen bekamen einen roten Kopf und schwiegen.* Der Plural bezieht sich mehr auf den realen Vorgang: *Die Kinder bekamen vor Aufregung rote Köpfe.* ↑ Kongruenz (1.2.9). Zu *Ich fasse mir / mich an den Kopf* ↑ fassen.

Kopf stehen: Nach den neuen Rechtschreibregeln wird die Fügung *Kopf stehen* nur noch getrennt geschrieben: *ich stehe / stand Kopf; ich habe Kopf gestanden; um Kopf zu stehen.* Diese Formulierungen werden fast ausschließlich übertragen gebraucht: *Alles stand Kopf, er stand vor Staunen Kopf.* Im eigentlichen Sinn zieht man die Fügung *auf dem Kopf stehen* vor: *Während der 6-Uhr-Nachrichten stehe ich immer 5 Minuten auf dem Kopf.* ↑ Getrennt- und Zusammenschreibung (2.1).

Kopplung: ↑ Bindestrich.

Kopula (Satzband): Unter *Kopula* wird weithin die konjugierte Form der Hilfsverben (z. B. *sein, werden, bleiben;* ↑ Hilfsverb) verstanden, die das Subjekt mit dem ↑ Prädikativ verbindet, z. B. *Klaus* ist *mein Freund. Anna* bleibt *unverheiratet. Ihr Sohn* wird *Arzt.*

kopulativ: ↑ Konjunktion.

Korb: Das Gemessene nach *Korb: ein Korb Holz* (nicht: *Holzes*); *ein Korb trockenen Holz* (gehoben: *trockenen Holzes*); *mit drei Körben trockenem Holz* (gehoben: *trockenen Holzes*); *mit einem Korb reifer Äpfel / reife Äpfel.* ↑ Apposition (2.2).

Kork / Korken: Zwischen *der Kork* und *der Korken* wird standardsprachlich weitgehend unterschieden: Das Wort *der Kork* (Genitiv: *des Kork[e]s,* Plural [fachsprachl.]: *die Korke*) bezeichnet das Material (die Rinde der Korkeiche), *der Korken* (Genitiv: *des Korkens,* Plural: *die*

Korken) meint den daraus gewonnenen Flaschenverschluss (daneben steht veraltend und auch noch landschaftlich in gleicher Bedeutung die Form *der Kork*).

Körperbehinderte: ↑ substantiviertes Adjektiv (2.1).

Körperschaft[s]steuer: ↑ Fugen-s (3.1).

Körperteil: Es heißt *der Körperteil,* nicht *das Körperteil.* ↑ Teil (1).

Korporal: Neben dem Plural *die Korporale* gibt es auch die umgelautete Form *die Korporäle.*

Korps / Chor: ↑ Chor / Korps.

Korpus: ↑ Corpus / Korpus.

Korrelat: Ein Korrelat ist ein Wort, das grammatikalisch oder bedeutungsmäßig auf ein anderes Wort bezogen ist. In diesem Sinne sind korrelative Paare: *vieles – was; alles – was; etwas – was; derselbe – welcher* u. a. Die Entsprechungen sind standardsprachlich fest, z. B. *alles, was ich habe.* (Nicht: *alles, das ich habe.*) Auch Korrelat und Konjunktion müssen einander entsprechen. Als Korrelate der Konjunktion *weil* können im Hauptsatz z. B. *darum, deswegen, deshalb* stehen: *Weil du artig warst, darum darfst du dir Schokolade kaufen.* Nicht korrekt: *... ich täte es am Ende nur darum, damit ich keinen neuen Burschen suchen muss* (Frisch). Als Korrelate können auch *so, ebenso, insofern* stehen: *Sie ist insofern unentbehrlich, als sie über Sprachkenntnisse verfügt. Kalypso, die Halbgöttin, insofern die selbstbewusste Frau, als sie sich den Mann ihrer Lust wählt* (Bodamer). Nicht korrekt ist der Gebrauch von *weil* statt *als* in Verbindung mit *insofern.* Also nicht: *Er ist insofern nützlich, weil er viel weiß,* sondern: *Er ist insofern nützlich, als er viel weiß.*

Koryphäe: Das Wort *Koryphäe* bedeutet »hervorragende Persönlichkeit auf einem bestimmten Gebiet«. Es wird nur noch als Femininum gebraucht: *die Koryphäe* (Genitiv *der Koryphäe,* Plural *die Koryphäen*). Das Maskulinum (*der Koryphäe*) ist veraltet.

K.-o.-Schlag: ↑ Bindestrich (3.1).

Kosten: Die Wendung *auf Kosten* wird mit dem Genitiv verbunden: *... dabei geht immer etwas an Empfindung auf Kosten des Könnens verloren* (Remarque). *... selbst auf Kosten der eigenen Kinder* (Bergengruen). Nicht korrekt ist – von Namen abgesehen – der Anschluss mit *von: Auf Kosten von den Arbeitern bereicherten sie sich.* Korrekt: *Auf Kosten der Arbeiter ...* Aber bei Namen: *Sie amüsierten sich auf Kosten von Peter.* Es ist auch nicht korrekt zu sagen: *Er strich die Tür auf Kosten der Verminderung seiner Freizeit.* Richtig heißt es: *Er strich die Tür auf Kosten seiner Freizeit;* denn der erste Satz enthält einen ↑ Pleonasmus. Zu *Kosten / Unkosten* ↑ Unkosten.

kosten: Das Verb *kosten* wurde im 12. / 13. Jh. aus altfranzösisch *coster* (= frz. *coûter,* aus lat. *constare*) entlehnt. Die Schwankungen zwischen dem Akkusativ und Dativ der Person *(Das kostet sie / ihr die Unabhängigkeit)* sind nicht neu, sondern lassen sich bis in die mittelhochdeutsche Zeit zurückverfolgen, sind also gleich bei der Übernahme des Wortes ins Deutsche aufgetreten. Im 18. Jahrhundert war der Gebrauch des Dativs der Person weit verbreitet. In der Folgezeit traten die Grammatiker und Sprachpfleger für den doppelten Akkusativ ein, der im heutigen Sprachgebrauch die häufigere Variante darstellt. Die beiden Verwendungsweisen von *kosten* werden im heutigen Sprachgebrauch weitgehend von den Bedeutungen bestimmt: **1. *kosten* mit doppeltem Akkusativ:** Der doppelte Akkusativ steht, wenn *kosten* im Sinne von »etwas verlangt von jmdm. einen bestimmten Preis« gebraucht wird: *Das kostet mich nichts, viel, mindestens 100 DM. ... das würde mich einen schönen Batzen Geld kosten* (A. Zweig). Auch im Sinne von »etwas verlangt von jmdm. etwas [als Preis]« steht der doppelte Akkusativ: *Das kostet mich nur ein Lächeln, keine fünf Minu-*

ten, nur einen Anruf. Es kostete ihn große körperliche Mühe (Apitz). *Es kostete sie schon fast Überwindung.*

2. kosten mit dem doppelten Akkusativ oder mit dem Dativ der Person und dem Akkusativ der Sache: Wenn *kosten* im Sinne von »etwas bringt jmdn. um etwas« verwendet wird, dann sind heute beide Konstruktionen möglich: **a)** Mit doppeltem Akkusativ: *Das kostete die Mannschaft den Sieg. Wissen Sie, was Sie das kostet? ... denn mehr als den Kopf kosten konnte es ihn nicht* (Thieß). *... es kostete ihn wohl den Hals* (Langgässer). **b)** Mit Dativ der Person u. Akkusativ der Sache: *Wissen Sie, was Ihnen das kostet? Aber dem Zilpzalp kostet es das Leben* (Hausmann). *Jährlich kosten diese Rennen in E. fast 200 Pferden das Leben* (Quick). *Und dieses Zögern kostet seinem Sohn das Kaiserreich und ihm selbst die Freiheit* (St. Zweig). In der Fügung *sich eine Sache etwas kosten lassen* kommt neben dem Akkusativ auch der Dativ des Reflexivpronomens vor: *Ich lasse mich* (auch: *mir*) *das Geschenk etwas kosten.*

kostet / kosten: ↑ Kongruenz (1.1.1).

Kotelett: Die Bezeichnung des Rippenstücks *das Kotelett* lautet im Plural *die Koteletts,* selten *die Kotelette.* Davon zu trennen ist der Plural *die Koteletten* als Bezeichnung des Backenbarts.

kraft: Die Präposition *kraft* wird mit dem Genitiv verbunden: *kraft meines Wortes; kraft Amtes konnte ich helfen.* Entstanden ist diese Präposition als Kürzung einer präpositionalen Verbindung, z. B. *durch Kraft, in Kraft.* ↑ Verblassen des Substantivs.

Kragen: Die Pluralform heißt *die Kragen.* Der umgelautete Plural *die Krägen* ist vor allem in Süddeutschland sowie in Österreich und in der Schweiz gebräuchlich.

Kran: Der standardsprachliche Plural lautet *die Kräne.* Die Pluralform *die Krane* ist fachsprachlich; landschaftlich ist auch der Plural *die Kranen* gebräuchlich.

krank: Nach den neuen Rechtschreibregeln schreibt man *krank* getrennt vom folgenden Verb, wenn das Adjektiv steigerbar oder erweiterbar ist: *[sehr] krank sein, werden; [völlig] krank liegen; gestern hat sie sich krank, am kränksten gefühlt; sich krank stellen; weil er sich kränker stellt, als er ist; obwohl die Belastungen uns kränker machen.* Man schreibt jedoch zusammen, wenn *krank* nicht gesteigert oder erweitert werden kann: *Ich habe krankgefeiert / krankgemacht* (bin der Arbeit ferngeblieben; ugs.); *sie hat sich krankgeärgert; er hat sich krankgemeldet; alle Betroffenen wurden krankgeschrieben; wir haben uns krankgelacht* (ugs.); *er hat das Reh krankgeschossen* (Jägersprache). ↑ Getrennt- und Zusammenschreibung (1.2).

Kranke, der und die: **1. oben genanntem Kranken / Krankem · mir als Kranken / Kranker:** Im Allgemeinen wird *Kranke* wie ein attributives ↑ Adjektiv dekliniert: *Zwei Kranke sind eingeliefert worden. Auf der Station liegt nur eine Kranke. Die Kranken mussten isoliert werden. Schon wieder ein Kranker!* **a)** Im Genitiv Plural des Maskulinums und Femininums wird heute nach einem stark deklinierten Adjektiv oder Zahlwort schwach, seltener stark gebeugt: *Die Verlegung zweier Kranken* (seltener: *Kranker*). **b)** Dies gilt auch für den Dativ Singular; im Maskulinum: *Oben genanntem Kranken* (seltener: *Krankem*) *konnte geholfen werden;* im Femininum: *Oben genannter Kranken* (seltener: *Kranker*) *konnte geholfen werden.* **c)** In der Apposition (im Beisatz) kommt im Dativ Singular neben der starken Deklination häufig die schwache vor: *Ihm als Kranken* (neben: *Ihm als Krankem*) bzw. *ihr als Kranken* (neben: *ihr als Kranker*) ... ↑ substantiviertes Adjektiv (2.1.3). **2. einige Kranke · alle Kranken · solche Kranke[n]:** Zur Deklination von *Kranke* nach *alle, beide, einige* usw. ↑ all- usw.

Kräppel: Neben der standardisierten

K

Schreibung *Kräppel* (landsch. für *Berliner [Pfannkuchen], Krapfen*) findet sich, vor allem in älteren Texten, auch die Schreibung mit *e: die Kreppel schmeckten fürtrefflich* (Goethe).

kraus: Der Superlativ lautet *krauseste.* ↑ Vergleichsformen (2.3).

Kredit: Das maskuline Substantiv *der Kredit* wird auf der zweiten Silbe betont (Genitiv: *des Kredit[e]s,* Plural: *die Kredite*); es bedeutet »Glaubwürdigkeit; Zahlungsfähigkeit; Darlehen«. Das im Bankwesen ebenfalls gebräuchliche Neutrum *das Kredit* wird dagegen auf der ersten Silbe betont (Genitiv: *des Kredits,* Plural: *die Kredits*) und bedeutet »Habenseite eines Kontos«.

kreischen: Standardsprachlich korrekt sind nur die regelmäßigen Formen *kreischte, gekreischt.* Die unregelmäßigen Formen *krisch, gekrischen* sind veraltet und nur noch landschaftlich gebräuchlich.

Krem: ↑ Creme / Krem.

Kreppel: ↑ Kräppel.

Kreuz: 1. kreuz / Kreuz: Klein schreibt man in der unveränderlichen Verbindung *kreuz und quer: Sie fuhren kreuz und quer durch Europa.* Groß schreibt man dagegen das Substantiv: *Er fuhr in die Kreuz und in die Quere.*

2. *Kreuz* **in Fügungen:** In namenähnlichen Fügungen wie *das Blaue, Rote, Weiße, Eiserne Kreuz* werden die Adjektive großgeschrieben.

kriegen: Zu *Sie kriegten ihren Wunsch erfüllt* (ugs. für *Ihr Wunsch wurde ihnen erfüllt*) ↑ Passiv (3.1).

Krieg führend: Nach den neuen Rechtschreibregeln wird *Krieg führend* wie die zugrunde liegende Fügung *Krieg führen* getrenntgeschrieben. Es heißt also: *die Krieg führenden Parteien; die nicht Krieg führenden Mächte.*

Krieg- / Kriegs-: Die substantivischen Zusammensetzungen mit *Krieg* als erstem Bestandteil haben alle Fugen-s, z. B. *Kriegsdienstverweigerer, Kriegserklärung,*

Kriegsversehrter. Nur *Kriegsführung* wird auch ohne Fugen-s gebildet: *Kriegführung.* ↑ Fugen-s (3.3).

Kriegsversehrte, Kriegsbeschädigte: ↑ substantiviertes Adjektiv (2.1).

Kristall: Das männliche Substantiv *der Kristall* (Plural: *die Kristalle*) bedeutet »mineralischer Körper, der fest und regelmäßig geformt und von ebenen Flächen begrenzt ist«. Das sächliche Substantiv *das Kristall* (ohne Plural) bedeutet »geschliffenes Glas einer bestimmten chemischen Zusammensetzung« *(eine Vase aus Kristall)* und bezeichnet kollektiv auch die Gegenstände aus solchem Glas: *die Vitrine, in der ich mein Kristall aufbewahre.*

Krokus: Der Genitiv lautet *des Krokus.* Von den beiden Pluralformen *die Krokusse* und *die Krokus* setzt sich die zuerst genannte Form mehr und mehr durch.

Krone: ↑ Maß-, Mengen- und Münzbezeichnungen (1).

krumm: 1. Vergleichsformen: Die Vergleichsformen von *krumm* lauten standardsprachlich *krummer, krummste.* Daneben kommen landschaftlich auch die umgelauteten Formen *krümmer, krümmste* vor. ↑ Vergleichsformen (2.1).

2. Rechtschreibung: Nach den neuen Rechtschreibregeln wird das Adjektiv *krumm* vom folgenden Verb getrenntgeschrieben, wenn es steigerbar oder erweiterbar ist. Man schreibt also getrennt:*Er hat den Draht [völlig] krumm gebogen. Wir mussten uns [sehr] krumm legen* (= einschränken; ugs.). *Diese Bemerkung hat sie dir [äußerst] krumm genommen* (= übel genommen; ugs.). Die Zusammenschreibung ist aber festgelegt bei *krummlachen: Wir haben uns krummgelacht* (= sehr gelacht; ugs.). ↑ Getrennt- und Zusammenschreibung (1.2).

Küken: Die standardsprachlich korrekte Schreibung *Küken* entspricht der Aussprache des Wortes mit langem *ü* in der Standardlautung. Die Schreibung *Kü-*

cken beruht auf einer landschaftlich-umgangssprachlichen Kürzung und gilt nur in Österreich als standardsprachlich.

Kumpel: Der Plural heißt *die Kumpel,* in Österreich auch: *die Kumpeln.* Die Form auf *-s (die Kumpels)* ist umgangssprachlich.

Kunde: Das Maskulinum *der Kunde* bedeutet »Käufer«, der Genitiv lautet *des Kunden,* der Plural *die Kunden.* Das Femininum *die Kunde* hat die Bedeutung »Nachricht«, der Genitiv lautet *der Kunde,* der Plural (ungebräuchlich) *die Kunden.* In Österreich ist noch *die Kunde* in der Bedeutung »Kundschaft« (eines Lebensmittelgeschäfts) gebräuchlich *(die Kunde bedienen).* Zu *Kunde / Kundin* ↑ Gleichstellung von Frauen und Männern in der Sprache.

kündigen: Das Verb *kündigen* kann mit dem Dativ der Person *(jemandem kündigen)* und / oder mit dem Akkusativ der Sache stehen *([jemandem] etwas kündigen).* Mit Dativ: *Ich muss Ihnen leider kündigen. Meine Vermieterin hat mir gekündigt.* Im Passiv: *Mir ist gekündigt worden.* Mit Akkusativ: *Wir haben die Verträge gekündigt. Hiermit kündigen wir Ihren Kredit.* Im Passiv: *Der Pachtacker ... war vor Wochen gekündigt worden* (Hauptmann). Mit Dativ und Akkusativ: *Außerdem wollte man ihm die Kredite kündigen. Ihr wurde die Wohnung gekündigt.* Diese Verwendung findet sich häufig in der übertragenen Bedeutung: *Sie kündigte ihm die Freundschaft. Er kündigte seinem Chef den Gehorsam.* In Österreich und gelegentlich in der Umgangssprache wird auch bei Personen der Akkusativ gebraucht: *Man hat mich gekündigt. Die Leute sind gekündigt worden.* Nur in Österreich standardsprachlich, sonst umgangssprachlich ist demnach auch *das gekündigte Mitglied* (für: *das Mitglied, dem gekündigt wurde*). In Bezug auf Sachen ist der Gebrauch des zweiten Partizips als Attribut jedoch standardsprachlich: *die gekündigten Verträge, die gekündigte Stellung.*

Kunststofffolie: Wenn bei Zusammensetzungen drei gleiche Buchstaben zusammentreffen, darf nach den neuen Rechtschreibregeln keiner von ihnen wegfallen. Die Zusammensetzung aus *Kunststoff* und *Folie* wird also *Kunststofffolie* geschrieben. Zur besseren Lesbarkeit kann ein Bindestrich gesetzt werden: *Kunststoff-Folie.* ↑ Zusammentreffen dreier gleicher Buchstaben.

küren: Dieses Wort wird heute vorwiegend in gehobener Sprache verwendet und bedeutet »wählen«. Statt der unregelmäßigen Formen *kor, gekoren* sind heute die regelmäßigen *kürte, gekürt* üblicher. ↑ kiesen / küren.

kurpfuschen: Das von *Kurpfuscher* abgeleitete Verb *kurpfuschen* bleibt in allen Formen ungetrennt: *ich kurpfusche, ich habe gekurpfuscht, um zu kurpfuschen.* ↑ Getrennt- und Zusammenschreibung (2.1).

Kurs / Kursus: *Kurs* hat neben den Bedeutungen »Rennstrecke für Autos und Motorräder; [Fahrt]richtung; Preis von Wertpapieren und Devisen an der Börse« auch – wie *Kursus* – die Bedeutung »Lehrgang«: *Der Kurs / Kursus beginnt morgen.* Im Österreichischen gibt es nur *Kurs.*

Kurve: Der Buchstabe *v* kann in diesem Wort als *w* oder als *f* gesprochen werden: [ˈkʊrvə, ˈkʊrfə]. Beide Aussprachen sind korrekt. ↑ Aussprache (12).

kurz: 1. Groß- oder Kleinschreibung: Das Adjektiv schreibt man klein: *ein kurzer Urlaub, eine kurze Unterbrechung. Dieses Stöckchen ist am kürzesten.* Kleingeschrieben wird nach den neuen Rechtschreibregeln auch in Fügungen, die aus einer bloßen Präposition (ohne Artikel) und dem Adjektiv bestehen: *über kurz oder lang; binnen, seit, vor kurzem.* In festen Wendungen mit Artikel wird dagegen nach den neuen Regeln großgeschrieben: *etwas des Kürzeren darlegen;*

K

den Kürzeren ziehen. Groß schreibt man auch die anderen Substantivierungen: *Etwas Kurzes spielen; das Lange und Kurze von der Sache ist ... Er trank einen Kurzen.* Auch in Namen schreibt man das Adjektiv groß: *Pippin der Kurze.* ↑ Groß- oder Kleinschreibung (1.2 und 1.2.1).
2. Getrennt- oder Zusammenschreibung: Getrennt schreibt man *kurz* vom folgenden Verb oder Partizip, wenn das Adjektiv gesteigert oder erweitert werden kann: *Sie hat den Rock zu kurz geschnitten. Er trägt ganz kurz geschnittene Haare. Wir sollten uns beim Vortrag kurz fassen. Bitte schicken Sie einen kurz gefassten Bericht. Ihre Gesundheit zwingt sie kurz zu treten* (= sich zu schonen). *Wegen der Sparmaßnahmen müssen wir finanziell kürzer treten* (= uns einschränken). *Bei unseren Nachbarn wird der Opa kurz gehalten* (= bekommt wenig Essen und Geld). Getrennt schreibt man auch die Partizipialfügungen *kurz angebunden, kurz entschlossen, kurz gesagt.* Zusammen schreibt man *kurzschließen: das Auto wurde kurzgeschlos-*

sen und *kurzarbeiten* (= aus Betriebsgründen eine kürzere Arbeitszeit einhalten): *die Arbeitnehmer entschlossen sich kurzzuarbeiten,* (aber:) *sie hat hier nur kurz gearbeitet* (für kurze Zeit). ↑ Getrennt- oder Zusammenschreibung (1.2).
kürzlich: ↑ Adverb (1).
kurz und bündig: Dieses Wortpaar kann nur als Artangabe verwendet werden: *Er wurde von ihr kurz und bündig als Ignorant bezeichnet.* Nicht korrekt: *eine kurz und bündige Antwort.* ↑ Adverb (1).
Kurzwort: ↑ Abkürzungen.
küssen: a) Nach den neuen Rechtschreibregeln werden alle Formen des Verbs *küssen* mit Doppel-s geschrieben, z. B.: *ich küsse, du küsst, sie küsst, er küsste, wir küssten.* **b)** Das Verb *küssen* wird, wenn der Körperteil im Akkusativ steht, mit dem Dativ der Person verbunden: *Er küsste ihr die Hand.* Steht aber der Körperteil als Umstandsangabe des Ortes (Raumangabe), dann wird *küssen* mit dem Akkusativ der Person verbunden: *Sie küsste ihn* (nicht: *ihm*) *auf die Nase. Er küsste sie* (nicht: *ihr*) *auf die Schulter.*

l: Zur Schreibung und Deklination ↑ Bindestrich (2.4) *(L-Stahl);* ↑ Einzelbuchstaben *(des L, zwei L);* ↑ Groß- oder Kleinschreibung (1.2.5) *(das l in Walnuss).*
lachen / Lachen: Klein schreibt man den Infinitiv: *Er hat gut lachen. Wir mussten Tränen lachen.* Groß schreibt man den substantivierten Infinitiv, der gewöhnlich durch den Artikel, ein Attribut oder durch eine Präposition gekennzeichnet

ist: *Sein dauerndes Lachen geht mir auf die Nerven. Diese Geschichte ist zum Lachen.* ↑ Groß- oder Kleinschreibung (1.2.3).
lacken / lackieren: Beide Bildungen sind gebräuchlich. Die Form *lacken* wird in der Fachsprache bevorzugt. ↑ -ieren (2).
Lade / Laden: 1. Bedeutung: Die beiden Wörter haben unterschiedliche Bedeutungen: *Die Lade* bedeutet »Schubkas-

ten in einem Möbelstück«, *der Laden* wird im Sinne von »Geschäftsraum« und »Fensterverschluss« gebraucht. Es heißt also auch *der Fensterladen.*
2. Plural: Zu *die Lade* lautet der Plural *die Laden.* *Der Laden* hat zwei Pluralformen: *die Läden,* seltener und dann in der Bedeutung »Fensterverschluss« meist in Zusammensetzungen auch *die Laden,* z. B. *die Rollladen, die Fensterladen.*

¹laden: Das Verb *laden* im Sinne von »aufladen« hat in der 2. u. 3. Person Singular Präsens Indikativ nur die umgelauteten Formen *du lädst; er, sie lädt.* Das Präteritum lautet heute *lud* (nicht: *ladete*), das 2. Partizip *geladen* (nicht: *geladet*). ↑ Verb (1).

²laden: Das Verb *laden* im Sinne von »zum Kommen auffordern« hat in der 2. u. 3. Person Singular Präsens Indikativ die gleichen Formen wie ↑ ¹laden *(du lädst; er, sie lädt),* daneben die nicht umgelauteten Formen *du ladest; er, sie ladet.* Standardsprachlich sind die Formen mit Umlaut; die nicht umgelauteten sind veraltet, aber landschaftlich noch gebräuchlich. Das Präteritum lautet heute *lud* (nicht: *ladete*), das 2. Partizip *geladen* (nicht: *geladet*). ↑ Verb (1).

Lady: Nach den neuen Rechtschreibregeln ist nur noch die Pluralform *die Ladys* korrekt. Die englische Pluralbildung wird nur bei Zitatworten wie *Grand Old Ladies* verwendet. ↑ -y.

Lager: a) Der Plural zu *Lager* lautet standardsprachlich *die Lager.* In der Kaufmannssprache wird in Bezug auf Warenvorräte die Pluralform *die Läger* gebraucht. **b)** Für »vorrätig« ist sowohl die Bezeichnung *am Lager* als auch *auf Lager* korrekt: *Wir haben das Ersatzteil nicht mehr am / auf Lager.*

Lakai: Das Substantiv wird schwach gebeugt. Der Genitiv lautet *des Lakaien,* der Dativ *dem Lakaien,* der Plural *die Lakaien.* ↑ Unterlassung der Deklination (2.1.2).

Lampe / Birne: ↑ Glühbirne / Glühlampe.

Lampion: Das Substantiv wird gewöhnlich als Maskulinum *(der Lampion)* gebraucht. Das Neutrum *das Lampion* ist selten.

Land: *aus aller Herren Länder / Ländern:* Heute wird im Allgemeinen die ungebeugte Form *aus aller Herren Länder* gebraucht. ↑ Unterlassung der Deklination (2.3).

Land- / Landes- / Lands-: Bei den Zusammensetzungen mit *Land* als Bestimmungswort treten drei verschiedene Bildungen nebeneinander auf: ohne Fugenzeichen, mit *-es-* oder mit *-s-*. Dieser unterschiedlichen Bildungsweise entsprechen z. T. Bedeutungsgruppen innerhalb der Zusammensetzungen, die in den verschiedenen Verwendungsweisen von *Land* begründet sind. **1.** Komposita mit *-s-*, in denen *Land* die Bedeutung »Heimat« hat: Zu dieser abgegrenzten Gruppe gehören: *Landsmann, Landsmännin, Landsfrau, landsmännisch, Landsmannschaft.*
2. Komposita ohne Fugenzeichen, in denen *Land* die Bedeutung »Feld, Ackerboden; offenes, freies Land; dörfliche Gegend« (Gegensatz: Stadt) hat: Während *Landsmann* einen Menschen bezeichnet, der aus derselben Gegend kommt, hat *Landmann* die Bedeutung »Bauer«. Hierzu gehören: *Landadel, Landarbeiter(in), Landaufenthalt, Landbau, Landbevölkerung, Landbrot, Landeigentümer, Landflucht, Landhaus, Landleben, landliebend, Landmesser, Landpartie, Landpfarrer, Landplage, Landpomeranze, Landregen, Landschulheim, Landsitz, Landstraße, Landstreicher(in), Landwirt[schaft].*
3. Komposita ohne Fugenzeichen, in denen *Land* die Bedeutung »Erdboden, fester Grund, Festland« (Gegensatz: Wasser) hat: *Landenge, landfein, Landmacht, Landratte, Landrücken, Landsee, Landstrich, Landzunge.*
4. Komposita ohne Fugenzeichen oder mit *-es-*, in denen *Land* ein (geogra-

phisch, politisch) abgegrenztes Gebiet [im Sinne von Staat] meint: In dieser Gruppe sind die Formen mit -es- im Allgemeinen neuere Bildungen. Ohne Fugenzeichen stehen: *Landammann, Landbote, landfremd, Landfriede[n], Landfriedensbruch, Landgericht[srat], Landgraf, Landgräfin, Landjäger, Landkarte, Landkreis, landläufig, Landnahme, Landpfleger, Landrat, Landrätin, Landrecht, Landschreiber, Landstände, Landsturm, Landtag, Landvogt, Landwehr.* Schwankend: *land[es]flüchtig, land[es]kundig.* Beide Formen sind gebräuchlich. Neben der Zusammensetzung *Landrecht* steht *Landesrecht: Landesrecht* bezeichnet das Recht der Länder im Gegensatz zum Reichs- oder Bundesrecht, *Landrecht* das Recht der landesherrlichen Gebiete im Mittelalter. – Mit festem -es- stehen: *Landesamt, Landesart, Landesbank, Landesbehörde, Landesbischof, Landesbischöfin, Landesfarben, Landesfürst, Landesgrenze, Landeshauptstadt, landesherrlich, Landeshoheit, Landeskind, Landeskirche, Landeskunde, landeskundlich, Landesmutter, Landesplanung, Landesregierung, Landessitte, Landessprache, Landestracht, Landestrauer, landesüblich, Landesvater, Landesverrat, Landesverweisung, landesverwiesen.* Zwei Zusammensetzungen mit Fugen-s gehören hierher: *Landsknecht* und schweizer. *Landsgemeinde.* ↑ Fugen-s (3).

landen: Das Verb *landen* kann transitiv und intransitiv gebraucht werden. Transitives *landen* bedeutet »an Land, auf den Boden bringen, anbringen« und wird im Perfekt mit *haben* umschrieben: *Er hat das Schiff gelandet. Die Pilotin hat die Maschine sicher gelandet.* Übertragen: *Er hat einen Schwinger gelandet.* Intransitives *landen* im Sinne von »auf den Erdboden aufsetzen, ankommen, anlegen« und »an eine Stelle geraten« wird im Perfekt mit *sein* umschrieben: *Sie ist in Berlin gelandet. Die Maschine ist so-*

eben gelandet. Die Truppen sind auf der Insel gelandet. Er ist mit seinem Wagen im Straßengraben gelandet. Übertragen: *Wir sind gut zu Hause gelandet.* ↑ haben (1).

Länder[n]: ↑ Land.

Ländernamen: ↑ geographische Namen, ↑ Staatennamen.

Landsmännin: ↑ -männin.

lang: 1. **Rechtschreibung: a) Groß- oder Kleinschreibung:** Das Adjektiv schreibt man klein: *lang, länger, am längsten; ein langer Marsch, eine lange Pause, ein langes Kleid.* Kleingeschrieben wird nach den neuen Rechtschreibregeln auch in Fügungen, die aus einer bloßen Präposition (ohne Artikel) und dem Adjektiv bestehen: *über kurz oder lang; seit langem, seit längerem.* In festen Wendungen mit Artikel wird dagegen nach den neuen Regeln großgeschrieben: *sich des Langen und Breiten* (= umständlich) / *des Länger[e]n und Breiter[e]n über etwas äußern.* Groß schreibt man auch die anderen Substantivierungen: *Das Lange und Kurze von der Sache ist* ... Auch in Namen schreibt man das Adjektiv groß: *der Lange Marsch* (= der Marsch der Kommunisten durch China 1934/35). ↑ Groß- oder Kleinschreibung (1.2.1). **b) Getrennt- oder Zusammenschreibung:** Getrennt schreibt man *lang* vom folgenden Verb oder Partizip, wenn das Adjektiv gesteigert oder erweitert werden kann: *ein Gummiband lang ziehen / länger ziehen; die Kurve war [sehr] lang gezogen; jemandem die Ohren / die Hammelbeine lang ziehen* (= jemanden heftig tadeln); *ein lang gestrecktes Gebäude.* Zusammen schreibt man *langgehen* (ugs. für: entlanggehen) und *sich langlegen* (= sich zum Ausruhen hinlegen): *Ich weiß, wo es langgeht. Opa hat sich langgelegt.* ↑ Getrennt- oder Zusammenschreibung (3.1.2). Zusammen schreibt man auch adjektivische Zusammensetzungen wie z. B. *meterlang, jahrelang, tagelang.* Getrennt schreibt man hier aber, wenn *lang* durch *Meter, Jahr, Tag* (mit vorangehendem Artikel, Zahlwort o. Ä.) näher bestimmt wird: *ein zehn Meter langer Mast; sie warteten viele Jahre lang.* Zusammen schreibt man auch: *langher, langhin* (z. B. *ein langhin rollendes Echo*), aber: *lange her, lange hin* (z. B. *es ist schon lange her*).

2. lang / lange: Die Adjektivform ist *lang: Der Schlauch ist lang. Die Tage waren sehr lang.* Die Form des Adverbs ist *lange: Die Sitzung dauerte lange. Ich habe lange gewartet.* In der Alltagssprache, bes. in Süd- und Südwestdeutschland, wird auch als Adverb die kürzere Form gebraucht: *Ich habe lang gewartet.*

3. längere / längre: ↑ Vergleichsformen (2.2).

Länge: Zu *etwas misst in der / die Länge* ↑ messen (2).

Langeweile / Langweile: Beide Formen sind gebräuchlich, allerdings wird *Langweile* selten verwendet. Die gebeugten Formen von *Langeweile* lauten entweder (mit erstarrtem *-e-*): *wegen Langeweile, aus Langeweile* usw. oder aber (mit durchgehend flektiertem erstem Bestandteil) *wegen der Langenweile, aus Langerweile.* Die Formen mit flektiertem ersten Bestandteil gehören dem gehobenen Sprachgebrauch an und sind sehr selten. ↑ Kompositum (5).

langjährig / vieljährig: Gegen das Wort *langjährig* haben Sprachkritiker und Sprachpfleger schon öfter Stellung genommen. Sie meinten, aus logischen Gründen müsse es *vieljährig* heißen, weil es ja keine langen oder kurzen Jahre gibt. Die Fügung *lange Jahre,* die aus *lange Zeit* und *viele Jahre* entstanden sein wird, kann heute jedoch ebenso wenig wie die von ihr abgeleitete Zusammenbildung *langjährig* verurteilt werden. Der Sprachgebrauch funktioniert hier nicht streng logisch. Vgl. auch ↑ Stundengeschwindigkeit / Stundenkilometer.

Langmut: Die Bildung *Langmut* hat im Gegensatz zu *der Mut* weibliches Geschlecht: *die Langmut.* ↑ -mut.

längs: Die Präposition *längs* regiert in der Regel den Genitiv: *längs der Mauer, längs der Gärten,* seltener den Dativ: *längs dem Doppelzaun* (Grass). Sowohl der Genitiv als auch der Dativ sind korrekt. Der Dativ wird vorgezogen, wenn einem einzahligen stark gebeugten Substantiv, das von der Präposition abhängt, ein einzahliges stark gebeugtes Substantiv im Genitiv vorausgeht oder folgt: *längs dem Simse des Palastes, längs Mannheims [schönem] Rheinufer.* ↑ Präposition (2).

längstens: Zu *längstens nach zwei Jahren / nach längstens zwei Jahren* ↑ Adverb (4).

Lapsus: Es heißt *der Lapsus,* Genitiv: *des Lapsus,* Plural: *die Lapsus* (Aussprache mit langem *u*).

lasch: ↑ Vergleichsformen (2.3).

läse / lese: *lese* ist die Form des Konjunktivs I. Der Konjunktiv I steht vor allem in der indirekten Rede (↑ indirekte Rede [2.1]): *Sie sagte, er lese die Anschläge nicht. Er fragte, welche Zeitung sie lese.* Demgegenüber ist *läse* die Form des Konjunktivs II. Der Konjunktiv II steht vor allem im Konditionalsatz (Bedingungssatz) u. Ä. (↑ Konditionalsatz [2–7]): *Wenn er eine Zeitung läse, wäre das nicht passiert.* Der Konjunktiv II *läse* tritt auch in der indirekten Rede auf, wenn in der direkten Rede schon *läse* steht oder etwas als zweifelhaft hingestellt wird. ↑ indirekte Rede (3.3).

lassen: 1. Beugung: Die Formen der 2. und 3. Person Singular Indikativ Präsens haben Umlaut: *du lässt; er, sie lässt;* sie unterscheiden sich nicht, denn aus der nicht mehr üblichen Form der 2. Person *du lässest* ist sowohl das *e* als auch das nach dem Zischlaut unaussprechbare *s* des *st* der Endung ausgeworfen worden. ↑ Indikativ (2).

2. Sie haben den Verunglückten liegen lassen / liegen gelassen: Das Verb *lassen* in den Bedeutungen »nicht hindern, zulassen, veranlassen« steht überwiegend im Infinitiv, wenn ihm der reine Infinitiv vorangeht: *Ich habe ihn laufen lassen. Sie hat ihn kommen lassen. Wir haben den Verunglückten liegen lassen. Und da hat man ... sich nach Stalingrad schicken lassen* (Plievier). Heute tritt – zumeist bei übertragener Bedeutung – auch das zweite Partizip an die Stelle des Infinitivs: *Sie hat das Buch liegen gelassen* (neben: *liegen lassen*). *Der Minister (hat) seine Frau fallen gelassen.* Dieser Gebrauch gilt als korrekt. Im abhängigen Satz steht der Infinitiv *lassen* immer am Ende: *... weil sie sich haben bestechen lassen* (nicht: *... weil sie sich bestechen lassen haben*). Tritt noch ein Modalverb hinzu, dann stehen drei Infinitive nebeneinander; das Modalverb steht immer am Ende: *Ich habe ihn laufen lassen müssen.* Das Partizip *gelassen* kann in diesem Fall nicht eingesetzt werden. Im Infinitiv des Perfekts, der sehr selten vorkommt, ist nur die Form *gelassen haben* möglich: *Ich erinnere mich, sie das Bild früher einmal sehen gelassen zu haben. Sie will ihn das Innere der Kirche nicht betreten gelassen haben.* Im Passiv kann auch nur das zweite Partizip stehen: *Das Buch wurde von ihr liegen gelassen.* ↑ Infinitiv (4).

3. Lass deinen Geburtstag ein schöner Tag / einen schönen Tag werden!: Das Verb *lassen* gehört zu den Verben, die mit dem ↑ Akkusativ mit Infinitiv (a.c.i) konstruiert werden können: *Ich lasse sie reden.* Findet sich eine solche Konstruktion mit einer Gleichsetzung, dann besteht oft Unsicherheit darüber, ob man die Gleichsetzung auch in den Akkusativ oder ob man sie in den Nominativ setzen soll. In der älteren Literatur und in festen Redewendungen ist der Akkusativ, also die Fallangleichung, üblich: *Sie lässt den lieben Gott einen guten Mann sein. Die Nacht ... umfasst mich sanft und lässt mich ihren Freund und ihren Bruder sein*

(Hesse). *Lass ihn niemals einen Hirten werden* (Bergengruen). Der Gebrauch des Akkusativs tritt heute jedoch mehr und mehr zugunsten des Nominativs zurück: *Lass deinen Geburtstag ein schöner Tag werden! Lass mich dein treuer Herold sein* (M. Hartmann). ↑ Kongruenz (4.3).

4. Lassen Sie mich mich erst anziehen / Lassen Sie mich erst anziehen: In dem Satz *Lass mich mich erst anziehen* muss der Akkusativ *mich* zweimal stehen, denn das erste *mich* gehört zu lassen *(lass mich [das und das tun])* und das zweite ist das Reflexivpronomen zu anziehen *(ich ziehe mich an).* Da aber ein Satz wie der obige stilistisch unschön ist, empfiehlt es sich, ihn umzuformen, z. B. anstatt: *Lassen Sie mich mich etwas freier ausdrücken ...* besser: *Gestatten Sie mir, dass ich mich etwas freier ausdrücke* oder: *Lassen Sie mich eine etwas freiere Ausdrucksweise wählen* o. Ä.

5. jemanden etwas fühlen, glauben, merken, sehen, spüren, wissen lassen: In diesen Fügungen wird heute der Akkusativ (und nicht der Dativ!) gebraucht: *Sie ließ mich ihre Abneigung merken. Ich lasse dich das Geschenk sehen. Wir werden ihn unsere Verärgerung spüren lassen.* Früher wurde das Nebeneinander der beiden Akkusative gern vermieden, indem man statt des von lassen abhängigen Akkusativs den Dativ wählte: *... wo man so nach und nach den Leuten sehen lässt* (Goethe). Dieser Dativ wurde auch dann gebraucht, wenn das zum Infinitiv gehörende Objekt durch einen Nebensatz ausgedrückt war: *... wenn Sie mir wissen lassen, wie weit sie damit gekommen sind* (Lessing).

6. Sie ließ ihn / ihm etwas sagen: Beide Konstruktionen – mit dem Akkusativ und mit dem Dativ – sind möglich, es handelt sich aber um verschiedene Aussagen: *Er ließ ihn allerlei Grobheiten sagen* heißt »Er ließ zu oder veranlasste, dass er allerlei Grobheiten sagte«. Der

Satz mit dem Dativ *Er ließ ihm allerlei Grobheiten sagen* besagt, dass er ihm durch einen anderen allerlei Grobheiten sagen ließ, also den Auftrag dazu gab. Der Dativ der Person ist von *sagen* abhängig: *ich sage ihr etwas, ich lasse ihr etwas sagen,* der Akkusativ von *lassen: ich lasse ihn gehen, schwimmen, ich lasse sie [etwas] sprechen, etwas sagen.*

7. Passiv: Passivkonstruktionen wie *Der Wagen wird waschen gelassen* oder *Der Drachen wird steigen gelassen* sind nicht korrekt, weil *lassen* bereits einen passivischen Sinn hat. Es muss deshalb umformuliert werden, z. B.: *Der Wagen wird [gerade] gewaschen. Man lässt den Drachen steigen.* Zu *Das Rätsel ließ sich leicht lösen / konnte leicht gelöst werden* ↑ Passiv (3.6).

8. Zu *Ich lasse ihn das Gedicht aufsagen* ↑ Akkusativ mit Infinitiv. Zu *Er ließ ihn bedienen wie einen Fürsten / wie ein Fürst* ↑ Kongruenz (4.2).

Lasso: Das Substantiv wird überwiegend als Neutrum *(das Lasso),* seltener als Maskulinum *(der Lasso)* gebraucht.

Lästerin: ↑ Substantiv (3).

laufen: 1. Perfekt: Das Verb *laufen* bildet im Allgemeinen das Perfekt mit *sein: Ich bin gelaufen. Wir sind schnell gelaufen.* Bezieht sich *laufen* aber auf die sportliche Betätigung und wird im Sinne von »einen Lauf [im Wettkampf] absolvieren« gebraucht, dann kann das Perfekt auch mit *haben* umschrieben werden: *Sie ist / hat gelaufen. Die Staffel ist / hat fantastisch gelaufen. Sie ist / hat Ski gelaufen.* ↑ haben (1).

2. laufen lassen: Nach den neuen Rechtschreibregeln wird *laufen lassen* immer getrennt geschrieben, unabhängig von der Bedeutung: *Er hat seinen Hund frei laufen lassen.* In neuer Rechtschreibung auch: *Sie haben den Dieb wieder laufen lassen* (= ihm die Freiheit gegeben). ↑ Getrennt- oder Zusammenschreibung (1.1).

3. Zu *gegen eine Bahn / in eine Bahn lau-* fen ↑ gegen / in. Zu *zu zu laufen / zulaufen* ↑ zu (11). Vgl. auch ↑ Verb (1).

laufend: 1. Gebrauch: Der adverbiale Gebrauch von *laufend* im Sinne von »dauernd, ständig« hat sich heute durchgesetzt: *Wir arbeiten laufend an der Verbesserung unserer Autos. Es riefen laufend neue Bewerber an. Die Verbündeten wurden laufend über den Stand der Verhandlungen unterrichtet.* Wer befürchtet, dass in Sätzen mit persönlichem Subjekt *laufend* scherzhaft als »im Laufen« aufgefasst wird, der verwende das – stilistisch bessere – *ständig: Er verkaufte seine Artikel ständig.*

2. Rechtschreibung: Nach den neuen Rechtschreibregeln wird *laufend* als substantiviertes Partizip auch in festen Wortgruppen großgeschrieben: *auf dem Laufenden sein / bleiben; jemanden auf dem Laufenden halten; mit etwas auf dem Laufenden sein.* ↑ Groß- oder Kleinschreibung (1.2.1).

launig / launisch: Diese Wörter sind nicht gleichbedeutend: *launig* bedeutet »witzig«, *launisch* bedeutet »launenhaft«. ↑ -ig / -isch / -lich (3).

¹laut: Zu *lautere / lautre* ↑ Vergleichsformen (2.3).

²laut: 1. Bedeutung und Gebrauch: Die Präposition *laut* (mittelhochdeutsch *nach lūt* »nach Laut des …, nach dem Inhalt«) kann nur bei einem Substantiv stehen, das eine mündliche oder schriftliche Äußerung bezeichnet oder den Vermittler einer solchen Äußerung benennt: *laut Gesetz, laut Vorschrift, laut Radio Athen, laut Innenministerium, laut Bundeskanzler.* Nicht: *laut Muster, laut Abbildung.*

2. laut unseres Schreibens / laut unserem Schreiben: Die Präposition *laut* regiert den Genitiv, häufig auch den Dativ: *laut des / eines amtlichen Nachweises* oder: *laut dem / einem amtlichen Nachweis; laut ärztlichen Gutachtens* oder: *laut ärztlichem Gutachten.* Folgt ein allein stehendes stark gebeugtes Substantiv im Singular, dann wird dieses nicht flek-

L

tiert: *laut Vertrag, laut Bericht, laut Übereinkommen, laut Befehl.* Steht ein allein stehendes stark gebeugtes Substantiv im Plural, dann wird der Dativ gewählt, weil der Genitiv wegen seiner Übereinstimmung mit dem Nominativ und Akkusativ den Kasus nicht deutlich erkennen lässt: *laut Briefen.* Der Dativ steht auch dann, wenn dem einzahligen stark gebeugten Substantiv, das von der Präposition abhängt, ein einzahliges stark gebeugtes Substantiv im Genitiv folgt oder vorausgeht: *laut des Berichtes des Ministers;* dafür besser: *laut dem Bericht des Ministers.* Entsprechend: *laut Meiers grundlegendem Werk.* ↑ Präposition (2).

Laut: Der Laut ist die kleinste klangliche Einheit der gesprochenen Sprache; er wird mit einem oder mit mehreren Buchstaben wiedergegeben *(a, au, p, pf, sch).*

lauten: Nach dem Verb *lauten* wird mit der Präposition *auf* + Akkusativ angeschlossen: *Der Vertrag lautet auf den Namen der Ehefrau. Das Urteil lautet auf 5 Jahre.*

lauter: Bei *lauter* bleibt, wenn es dekliniert oder gesteigert wird, das *e* der Endungssilbe gewöhnlich erhalten: *die lautere Wahrheit; ein lauterer Charakter.* ↑ Adjektiv (1.2.13), ↑ Vergleichsformen (2.2).

Lauterer: ↑ Einwohnerbezeichnungen auf -er (1 und 7).

Lavablock: Der Plural lautet *die Lavablöcke.* ↑ Block.

lax: ↑ Vergleichsformen (2.3).

Layout / Lay-out: Bei Substantivierungen aus dem Englischen, die auf eine Verbindung aus Verb *(lay)* und Partikel *(out)* zurückgehen, kann man in neuer Rechtschreibung einen Bindestrich setzen, wobei der erste Bestandteil groß-, der zweite kleingeschrieben wird: *Lay-out.* Die bisherige Schreibweise *Layout* ist jedoch auch weiterhin korrekt. ↑ Fremdwort (4).

Lebehoch: Zusammen schreibt man das Substantiv *das Lebehoch* (Plur.: *die Lebehochs*): *Ein lautes Lebehoch rufen.* Getrennt schreibt man aber die syntaktische Fügung: *Die Siegerin lebe hoch!*

Lebemann: Der Plural lautet *die Lebemänner.* ↑ Mann (2).

-leben: Zu den Ableitungen von Ortsnamen auf *-leben* ↑ Einwohnerbezeichnungen auf -er (1).

Lebensbeschreibung großer Persönlichkeiten: ↑ Kompositum (8).

lebenslang / lebenslänglich: Das Adjektiv *lebenslänglich* wird heute im Allgemeinen nur noch auf Freiheitsstrafen bezogen: *Er wurde zu lebenslänglich Zuchthaus verurteilt. Er erhielt »lebenslänglich«.* Ungewöhnlich: *eine lebenslängliche Rente* (= auf Lebenszeit); ... *die lebenslängliche* (= lebenslange) *Bereitschaft für das Lebendige* (Frisch). Das Adjektiv *lebenslang* »das ganze Leben dauernd« ist nicht sehr gebräuchlich: *ein lebenslanges Siechtum.*

Lebenslauf

Der Lebenslauf ist Teil der ↑ Bewerbung und kann in tabellarischer oder berichtender Form abgefasst werden (handschriftlich nur, wenn ausdrücklich verlangt). Persönliche Daten, schulische Ausbildung, beruflicher Werdegang und – soweit im Zusammenhang mit der angestrebten Position stehend – außerberufliche Weiterbildung und Tätigkeit[en], besondere Fähigkeiten und

Kenntnisse sollten möglichst vollständig und in übersichtlicher Reihenfolge angeführt werden. Dabei kann man sich durchaus lösen von Wendungen und immer gleichen Konstruktionen wie: *Am 15. 3. 1970 wurde ich, H. A., als Tochter des Maurermeisters A. A. und seiner Ehefrau P. geb. M. ...* (↑ich [1], ↑geboren [3]). Man vergleiche folgende Muster:

Lebenslauf

Name: Werner Schmitt

Geburtstag: 2. Februar 1965

Geburtsort: Karlsruhe

Eltern: August Schmitt, Kaufmann
                   Lina Schmitt geb. Ortmann, Lehrerin

Familienstand: verheiratet, 1 Kind

Schulbildung: 1971–1975
                   Grundschule in Karlsruhe
                   1975–1984
                   Gymnasium in Ludwigsburg, Abitur

Studium: 1984–1991
                   Studium der Romanistik und Germanistik in Mainz und
                   Hamburg

Berufsausbildung: 1991–1993
                   Ausbildung für das Lehramt an Gymnasien in Heidelberg
                   1993
                   2. Staatsexamen für Französisch und Deutsch

Sprachkenntnisse: Französisch, Italienisch
                   (mehrere Landesaufenthalte)

Heidelberg, 1. 6. 2001   Werner Schmitt

Lebenslauf

Persönliche Daten:

Susanne Ullmann
geboren am 20. Oktober 1964 in Hamm bei Worms
ledig

Ausbildung:

1970–1978	Grund- und Hauptschule in Hamm
1978–1980	Wirtschaftsschule in Worms, mittlere Reife
1981–1984	kaufmännische Lehre in der Firma Wanhauser in Ludwigshafen, Industriekauffrau
1984	Sekretärinnenschule, Diplomsekretärin

Tätigkeiten:

1985–1988	Stenokontoristin in der Maschinenfabrik Halbauer GmbH in Ludwigshafen
1988–1996	Sekretärin in der Elektrogroßhandlung Schneider AG in Mannheim
seit 1996	Sekretärin des Geschäftsführers der Netzmedia AG in Mannheim

Mannheim, 10.1. 2001   Susanne Ullmann

Lebtag: Es heißt heute *mein Lebtag* (nicht mehr [= Akkusativ] *meinen Lebtag*), *meine Lebtage* und *mein* (ungebeugt) *Lebtage,* landschaftlich auch noch *meiner Lebtage* (= Genitiv Plural): *Ich habe mich mein Lebtag nicht ... gefürchtet* (Grass). *Ich werde mich all meine Lebtage daran erinnern. Er hat seiner Lebtage geschuftet.*

Lebuser: Die Einwohner von Lebus heißen *die Lebuser.* ↑ Einwohnerbezeichnungen auf -er (5 und 7).

Lech: Der Genitiv lautet *des Lechs.* ↑ geographische Namen (1.2).

lediglich nur: ↑ Pleonasmus.

leer: Man schreibt *leer* nach den neuen Rechtschreibregeln immer getrennt vom folgenden Verb: *Sie lässt den Motor leer laufen. Du sollst deinen Teller leer essen.* In neuer Rechtschreibung auch: *Man lässt das Fass leer laufen* (= auslaufen). Getrennt schreibt man danach *leer* auch vom 1. Partizip *stehend: eine leer stehende Wohnung.* ↑ Getrennt- oder Zusammenschreibung (1.2 und 3.1.2). Zur Steigerung ↑ Vergleichsformen (3.1).

Legat: Das maskuline Substantiv *der Legat* »Gesandter« wird schwach gebeugt. Es heißt also: *des Legaten,* Plural: *die Legaten.* Das Neutrum *das Legat* »Vermächtnis« wird dagegen stark gebeugt. Es heißt also: *des Legat[e]s,* Plural: *die Legate.*

legen / verlegen: Man kann sagen: *eine Leitung legen* oder *verlegen.* Die Fachsprache bevorzugt *verlegen.*

legitimieren, sich: Nach *sich legitimieren als* steht das folgende Substantiv im Nominativ, d. h., es wird auf das Subjekt bezogen: *Ich legitimierte mich als der Besitzer.* ↑ Kongruenz (4.2).

Leguan: Der Name dieser Baumeidechse wird stark gebeugt. Genitiv: *des Leguans* (nicht:*des Leguan*), Plural: *die Leguane.*

Lehnbildungen: 1. Lehnwort: Ein Lehnwort ist ein aus einer fremden Sprache übernommenes Wort, das sich lautlich und formal der aufzunehmenden Sprache so weit angeglichen hat, dass es im Allgemeinen nicht mehr als fremdes Wort empfunden wird; z. B. *Kanzel* aus lat. *cancelli; Kirche* aus spätgriech. *kyrikón, Fenster* aus lat. *fenestra, Straße* aus spätlat. *strata, Abenteuer* aus altfrz. *aventure.*
2. Lehnschöpfung: Hierbei handelt es sich um eine formal unabhängige Bildung, die dazu dient, ein fremdes Wort abzulösen oder zu ersetzen; z. B. *Kraftwagen* für *Automobil, Fallbeil* für *Guillotine.*
3. Lehnbedeutung: Sie stellt die Entlehnung der Bedeutung eines laut- oder bedeutungsähnlichen Wortes einer anderen Sprache dar; z. B. die Bedeutung »klar erkennen, erfassen« von *realisieren* nach engl. *realize.*
4. Lehnübersetzung: So nennt man die genaue, d. h. Glied für Glied wiedergebende Übersetzung eines fremden Wortes; z. B. *schneller Brüter* nach engl. *fast breeder, Halbwelt* nach frz. *demi-monde.*
5. Lehnübertragung: Im Unterschied zur Lehnübersetzung freiere Übertragung eines fremden Wortes; z. B. *Halbinsel* zu

lat. *paeninsula* (= Fast-Insel) oder *Wolkenkratzer* zu engl. *skyscraper* (= Himmel-Kratzer).
6. Lehnwendung: Darunter versteht man eine Fügung, die eine fremde Wendung oder Redensart wiedergibt; z. B. *die Schau stehlen* nach engl. *steal the show.* Weiteres ↑ Amerikanismen / Anglizismen (1.2).

Lehnsmann: Das Wort hat zwei Pluralformen: *die Lehnsmänner* und die *Lehnsleute.* ↑ Mann (2).

lehren: 1. die Kinder / den Kindern das Zeichnen lehren: Im heutigen Sprachgebrauch steht nach *lehren* im Allgemeinen der doppelte Akkusativ, d. h. ein Akkusativ der Person und ein Akkusative der Sache: *Man lehrte sie die französische Sprache.* Der Dativ der Person (im Aktiv und im Passiv), seit dem 17. Jahrhundert nachweisbar, wurde im 18. Jahrhundert häufig gebraucht. Er nahm dann im 19. Jahrhundert unter dem Einfluss der Grammatiker wieder ab, tritt jedoch nach wie vor auf: *Lange hatte er scheinbar vergeblich sich bemüht, … ihm die Sprache zu lehren* (Hesse). Im ↑ Passiv (2) ist der Dativ häufiger: *Ihm wurde das Schweigen gelehrt.* Wird die Sache, die gelehrt wird, nichtgenannt, dann muss die Person jedoch immer im Akkusativ stehen: *Man lehrte auch die fremden Kinder.*
2. Man hat sie reiten gelehrt / lehren: Nach einem reinen ↑ Infinitiv (4) steht heute gewöhnlich das zweite Partizip, selten der Infinitiv: *Man hat sie reiten gelehrt /* (selten:)*reiten lehren.*
3. Sie lehrte ihn ein Freund / einen Freund des Volkes sein: Heute wird im Allgemeinen der Nominativ gewählt, d. h., es wird auf die Kasusangleichung in Gleichsetzungen nach *lehren* verzichtet: *Sie lehrte ihn ein Freund des Volkes sein.* Der Akkusativ *(Sie lehrte ihn einen Freund des Volkes sein)* ist veraltet. ↑ Kongruenz (4.3).
4. Ich lehrte sie die Maschine bedienen / zu bedienen: Nach *lehren* steht der Infinitiv

L

ohne *zu*, wenn das Verb allein folgt: *Ich lehrte ihn schreiben, lesen, schwimmen.* Der Gebrauch schwankt, wenn zu dem Verb eine Ergänzung oder eine Umstandsangabe tritt: *Man lehrte ihn[,] ein Pferd zu satteln.* Oder: *Man lehrte ihn ein Pferd satteln.* Treten mehrere Glieder zu dem Verb, sodass der Infinitiv satzwertig wird, dann steht im Allgemeinen der Infinitiv mit *zu: Man lehrte mich[,] die Haustür immer gut zu schließen.* ↑ zu (2). ↑ Komma (5.1).

5. lehren / lernen: Das Verb *lernen* darf nicht anstelle von *lehren* gebraucht werden. Es heißt also: *Er hat ihn sprechen gelehrt* (nicht: *gelernt*) oder *Sie hat ihn Tango gelehrt* (nicht: *gelernt*). In den Zusammensetzungen hat sich jedoch *-lernen* gegenüber *-lehren* durchgesetzt. So gibt es heute nur noch die Formen *anlernen, einlernen* sowohl in der Bedeutung »sich etwas einprägen, geistig aneignen« wie in der Bedeutung »jemanden in etwas unterweisen, einarbeiten«. Die Verben *anlehren, einlehren* sind veraltet.

Lehrer: Zu *des Lehrers Meyer / Lehrer Meyers* ↑ Titel und Berufsbezeichnungen (1.2 und 1.3).

Lehrer / Lehrerin: Zu *Meine beiden Töchter sind Lehrerinnen* (seltener: *Lehrerin*) ↑ Kongruenz (1.4.6), ↑ Substantiv (3).

Lehrer- / Lehrers-: Zusammensetzungen mit *Lehrer* haben im Allgemeinen kein Fugen-s: *Lehrerberuf, Lehrerkonferenz, Lehrerausbildung, Lehrerzimmer.* Das Fugen-s tritt jedoch ein, wenn das zugrunde liegende genitivische Attribut noch deutlich empfunden wird: *Lehrerswitwe* (= Witwe des Lehrers), *Lehrerskinder* (= Kinder des Lehrers). ↑ Fugen-s (2.3).

Lehrherr: Der Genitiv lautet *des Lehrherrn* (veraltet: *des Lehrherren*).

Lehrling: Die Bezeichnung *Lehrling* für eine in betrieblicher Ausbildung stehende Person entspricht nicht dem gesetzlichen Sprachgebrauch. Von ihr kann auch keine feminine Form gebildet werden. Die amtliche Bezeichnung lautet *der* oder *die Auszubildende*, umgangssprachlich gekürzt *Azubi*.

leicht: 1. Klein schreibt man das Adjektiv: *leichte Kleidung, leichte Musik, leichtes Heizöl, leichte Artillerie.* Groß schreibt man nach der neuen Rechtschreibung alle substantivierten Formen: *Es ist nichts Leichtes. Er isst gern etwas Leichtes.* In neuer Rechtschreibung auch: *Es ist ihm ein Leichtes* (= [sehr] leicht), *dies zu erreichen. Es wäre das Leichteste* (= am leichtesten), *darauf zu verzichten.* ↑ Groß- oder Kleinschreibung (1.2.1).

2. Man schreibt *leicht* nach den neuen Regeln von einem folgenden Adjektiv oder Partizip getrennt, wenn eine getrennt geschriebene Wortgruppe zugrunde liegt oder *leicht* gesteigert oder erweitert werden kann: *ein leicht bewaffneter Reiter, ein leicht entzündlicher Brennstoff, eine leicht verdauliche Speise, leicht beschwingte Musik, leicht verderbliche Ware, eine leicht verständliche Sprache, ein leicht verwundeter Soldat; das Mädchen war, ging leicht geschürzt.* ↑ Getrennt- oder Zusammenschreibung (3.1.2) und (3.2). Zusammengeschrieben werden dagegen Adjektive wie *leichtfertig, leichtfüßig, leichtgewichtig*, bei denen der erste Bestandteil nicht gesteigert werden kann. Diese Adjektive werden als Ganzes gesteigert: *leichtfüßiger, am leichtfüßigsten.* ↑ Vergleichsformen (2.5.2). Von einem folgenden Verb schreibt man *leicht* nach der neuen Rechtschreibung immer getrennt: *Sie soll nur leicht atmen. Er ist nur leicht gefallen. Sie wird es leicht verschmerzen.* In neuer Rechtschreibung auch: *Dies wird ihm nicht leicht fallen* (= wird Anstrengungen erfordern). *Ich darf dies nicht leicht nehmen* (= muss mehr Mühe darauf verwenden). *Sie hat es mir nicht leicht gemacht* (= hat mir Schwierigkeiten gemacht). *Er hat sich leicht getan dabei* (= hat es ohne Schwierigkeiten, Hemmungen bewältigt). ↑ Getrennt- oder Zusammenschreibung (1.2).

leichter: Zu *leichtere, leichtre* ↑ Adjektiv (1.2.13).

leicht tun, sich: Zu *Ich tue mir / mich leicht damit* ↑ schwer tun, sich.

leicht verdaulich / leicht verständlich: ↑ leicht (2).

leicht Verletzte / Leichtverletzte: Nach den neuen Rechtschreibregeln wird *der* oder *die leicht Verletzte* wie die zugrunde liegende Fügung *leicht verletzt* getrennt geschrieben. Die bisherige Zusammenschreibung *der* oder *die Leichtverletzte* ist jedoch auch weiterhin möglich und korrekt.

leid / Leid: Groß schreibt man das Substantiv *das Leid: jemandem ein Leid antun; sein Leid tapfer tragen; viel Leid erfahren.* In neuer Rechtschreibung auch: *Es tut mir Leid. Das wird dir noch einmal Leid tun. Wir können diesen Auftrag nicht annehmen, so Leid es mir tut.* Klein schreibt man, wenn es sich um das alte Adjektiv handelt, das heute nur noch in Verbindung mit den Verben *sein* und *werden* als Angabe der Art gebraucht wird: *Ich bin, werde es leid.* ↑ Groß- oder Kleinschreibung (1.1).

Leideform: ↑ Passiv.

leidend: ↑ erstes Partizip (3).

leider zu meinem Bedauern: ↑ Pleonasmus.

leidig / leidlich: Das Adjektiv *leidig* ist von *Leid* abgeleitet und bedeutet »lästig, unangenehm, unerfreulich«: *Das ist eine leidige Angelegenheit. Wenn nur das leidige Geld nicht wäre.* Dagegen ist *leidlich* eine Bildung zu *leiden* und bedeutet »einigermaßen den Erwartungen entsprechend«: *Er hat leidliche Kenntnisse in Englisch. Mir geht es so leidlich.*

leihen / borgen: ↑ borgen / leihen.

-lein / -chen: ↑ -chen / -lein.

Leipziger: Die Einwohnerbezeichnung *Leipziger* wird immer großgeschrieben, auch wenn das Wort wie ein flexionsloses Adjektiv vor einem Substantiv steht: *die Leipziger Messe; Leipziger Allerlei.* ↑ Einwohnerbezeichnungen auf -er (7).

leise: Nach den neuen Rechtschreibregeln wird das substantivierte Adjektiv *leise* in der festen Wortgruppe *nicht im Leisesten* (= durchaus nicht) großgeschrieben (und nicht wie bisher klein). Von den beiden Formen *leis / leise* ist heute *leise* die übliche. ↑ Adjektiv (1.2.14).

Leiste / Leisten: Das Femininum *die Leiste* bedeutet »Übergangsstelle zwischen Rumpf und Oberschenkel« oder »Randeinfassung« (z. B. bei einem Bilderrahmen). Das maskuline Substantiv *der Leisten* bezeichnet das vom Schuster benutzte Formstück und den Schuhspanner.

leitend: Zu *Herrn Leitenden Schulrat* ↑ Herr (4).

lenkbar / lenkfähig: ↑ -bar / -fähig.

Leonardo da Vinci: Zur Beugung ↑ Adelsnamen, ↑ Personennamen (2.2.1).

Leopard: Der Genitiv lautet *des Leoparden* (nicht: *des Leopards*), Dativ und Akkusativ lauten *dem, den Leoparden* (nicht: *dem, den Leopard*). ↑ Unterlassung der Deklination (2.1.2).

-ler / -er: ↑ -schafter / -schaftler.

lernen: 1. Rechtschreibung: Man schreibt *lernen* nach den neuen Rechtschreibregeln von einem vorangehenden Verb immer getrennt: *lesen lernen, schwimmen lernen, Klavier spielen lernen, Schlittschuh laufen lernen.* In neuer Rechtschreibung also auch: *kennen lernen, lieben lernen, schätzen lernen.* ↑ Getrennt- oder Zusammenschreibung (1.1). Zu *lesen / Lesen lernen* ↑ substantivierter Infinitiv (1).

2. Ich lernte die Maschine bedienen / zu bedienen: Nach *lernen* steht der Infinitiv im Allgemeinen ohne *zu*, wenn das Verb allein folgt: *Das Kind lernt sprechen. Seine Frau lernt reiten.* Der Gebrauch schwankt, wenn zu dem Verb eine Ergänzung oder eine Umstandsangabe tritt: *Ich lernte die Maschine bedienen.* Oder: *Ich lernte[,] die Maschine zu bedienen.* Entsprechend auch: *Ich habe die Maschine bedienen gelernt.* Oder: *Ich habe die Maschine zu bedienen gelernt.*

Treten mehrere Glieder zu dem Verb, sodass der Infinitiv satzwertig wird, dann steht im Allgemeinen der Infinitiv mit *zu: Ich lernte[,] die Maschine fachgerecht und effektiv zu bedienen.* ↑ zu (2). Zu *Ich habe reden gelernt* (nicht üblich:*lernen*) ↑ Infinitiv (4).

lernen / lehren: ↑ lehren / lernen.

lesen: Die 2. und 3. Person Singular Indikativ Präsens und der Imperativ Singular lauten: *du liest, er liest, lies!* ↑ e / i-Wechsel. Zu *du liest / liesest* ↑ Indikativ (2). Vgl. auch ↑ läse / lese.

letzte: 1. Steigerung: Zu *letzte,* das nicht mehr als Superlativ empfunden wird, gibt es die Komparativform *letzterer.* ↑ ersterer – letzterer.

2. Rechtschreibung: Kleinschreibt man in Fügungen wie: *der letzte Schrei, das letzte Stündlein, die letzte Ruhestätte, eine Ausgabe letzter Hand.* In neuer Rechtschreibung auch: *der letzte Wille* (= Testament), *die [vier] letzten Dinge* (nach katholischer Lehre). Weiterhin groß schreibt man in den Fügungen *das Letzte Gericht, die Letzte Ölung.* – Groß schreibt man die Substantivierung: *Ihr Geld bekommt sie am Letzten* (= Monatstag). *Es geht ums Letzte* (= ums Äußerste). *Ich gab mein Letztes* (= das, was ich noch hatte). *Ich habe ein Letztes* (= etwas Abschließendes) *zu sagen. Sie ist die Letzte ihres Geschlechts. Er ist Letzter / der Letzte* (= dem Range, der Leistung nach) *in der Klasse. Die Ersten werden die Letzten sein. Ich bin der Letzte der Mohikaner* (auch: *der letzte Mohikaner*). In neuer Rechtschreibung schreibt man jetzt auch groß: *der / die / das Letzte* (= der Reihe, der Zählung nach); *die beiden, die drei Letzten; der Letzte von rechts; der Erste – der Letzte* (= zurückweisend für: *jener – dieser*). *Sie war die Letzte, die das erwähnte. Den Letzten beißen die Hunde. Das ist das Letzte, was ich wählen würde. Er kam als Letzter an. Als Letztes dreht sie das Licht aus.* Großschreibt man nach

den neuen Regeln auch bei vorangehendem (mit einer Präposition verschmolzenem) Artikel: *Er ist bis ins Letzte* (= äußerst) *genau. Am Letzten* (= zuletzt) *dachte sie an sich selbst. Er verausgabte sich bis zum Letzten* (= ganz und gar). ↑ Groß- oder Kleinschreibung (1.2.4).

3. Wortstellung: *Letzte* kann sowohl vor als auch nach einem Zahlwort stehen: In *die drei letzten Läuferinnen* ist das Zahlwort betont, gemeint sind drei, nicht etwa zwei, vier oder fünf. In *die letzten drei Läuferinnen* ist *letzte* betont, gemeint sind die letzten, nicht die ersten Läuferinnen.

4. ↑ erstere – letztere; vgl. auch ↑ Als letzter Gruß / Als letzten Gruß. Zu *zu guter Letzt* ↑ zuletzt.

letzterer: Das auf *letztere* folgende Adjektiv wird in gleicher Weise (parallel) gebeugt: *letzteres modernes Hörspiel.* Vgl. auch ↑ erstere – letztere, ↑ welch letzterer. Die substantivierte Form wird in neuer Rechtschreibung großgeschrieben: *Ich möchte Letzteres / das Letztere näher erläutern.*

letztmalig / letztmals: *letztmalig* ist ein Adjektiv, das vorwiegend als Attribut (z. B. *letztmalige Aufforderung*) steht. Bei adverbialer Verbindung sollte man stattdessen *letztmals* vorziehen: *Das Stück wurde letztmals* (nicht:*letztmalig*) *Ende 1999 aufgeführt.*

leugnen: Zu *Er leugnete, dass [nicht] ...* ↑ Negation (1).

-leute / -männer: ↑ Mann (2).

Leutnant: Neben dem üblichen Plural *die Leutnants* wird vereinzelt die eingedeutschte Form *die Leutnante* gebraucht. Zu *die Degradierung des Leutnants Troger / Leutnant Trogers* ↑ Titel und Berufsbezeichnungen (1.2 und 1.3).

Leverkusener: Die Einwohner von Leverkusen heißen *die Leverkusener.* ↑ Einwohnerbezeichnungen auf -er (1 und 7).

Lexikon: Der Plural von *das Lexikon* lautet *die Lexika* (vereinzelt auch noch *die Le-*

xiken). Nicht korrekt ist die Pluralform *die Lexikons* oder gar *die Lexikas.*

lfd. J. / lfd. M.: Die Beugung wird bei diesen Abkürzungen nicht kenntlich gemacht: *im Juli lfd. J.* (nicht: *lfd. J.s* = laufenden Jahres); *am 15. lfd. M.* (= laufenden Monats). ↑ Abkürzungen (3.1).

Libanon: ↑ Staatennamen (1.4).

Libyen: Die korrekte Aussprache in der Standardlautung ist ['li:byən].

-lich / -bar: Auf ein gemeinsames (transitives) Verb zurückgehende *-lich-* und *-bar-* Adjektive können sich inhaltlich mehr oder weniger nahe stehen: Deutliche Bedeutungsunterschiede weisen etwa auf *ausführlich (ausführliche Stellungnahme)* – *ausführbar (ausführbarer Plan)*, *verantwortlich (verantwortliche Person)* – *verantwortbar (verantwortbare Entscheidung)*, *löslich (löslicher Kaffee)* – *lösbar (lösbares Problem).* Andere Bildungen dagegen, z. B. *unvermeidlich / unvermeidbar (unvermeidliche / unvermeidbare Übel)*, können als (nahezu) bedeutungsgleich angesehen werden; ähnlich: *erklärlich / erklärbar, unersetzlich / unersetzbar, unübertrefflich / unübertreffbar.* ↑ *unsagbar / unsäglich;* ↑ *unüberwindbar / unüberwindlich;* ↑ *-ig / -isch / -lich.*

Licht: Im Plural unterscheidet man zwischen *die Lichte*, einem dichterischen (veralteten) Ausdruck für »Wachskerzen«, und *die Lichter*, womit Lichtquellen jeder Art bezeichnet werden können (entsprechend *Himmelslichter, Irrlichter* usw.). In der Jägersprache wird der Plural *die Lichter* als Bezeichnung für die Augen des Haarwildes verwendet.

lieb: 1. Groß- oder Kleinschreibung: Klein schreibt man das Adjektiv: *ein liebes Kind, lieber Besuch, der liebe Gott.* Groß schreibt man die substantivierten Formen: *etwas, viel, nichts Liebes tun, mein Lieber, meine Liebe, mein Liebes, sich vom Liebsten trennen.* Nach neuer Rechtschreibung auch: *Es ist mir das Liebste* (= sehr lieb, am liebsten), *wenn* ...

↑ Groß- oder Kleinschreibung (1.2.1). Groß schreibt man das Adjektiv auch in Namen: *Zu Unserer Lieben Frau[en]* (= Kirche). ↑ Namen.

2. Getrennt- oder Zusammenschreibung: Von den Verben *liebäugeln* und *liebkosen* abgesehen schreibt man *lieb* nach den neuen Rechtschreibregeln von einem folgenden Verb immer getrennt: *Du sollst lieb sein. Ich will dich immer lieb haben, lieb behalten. Sie haben sich lieb gehabt. Er wird sie lieb gewinnen.* Immer getrennt schreibt man danach auch *lieb geworden: eine lieb gewordene Gewohnheit.* ↑ Getrennt- oder Zusammenschreibung (1.2).

3. Liebe Kranke: ↑ substantiviertes Adjektiv (2.1.5).

Lieb- / Liebe- / Liebes-: Zusammensetzungen mit *Liebe* als Bestimmungswort sind teils mit, teils ohne Fugenzeichen gebräuchlich. Mit dem Fugenzeichen *-es-* stehen immer *Liebesabenteuer, Liebesakt, Liebesbezeigung, Liebesbeziehung, Liebesbrief, Liebesdienst, Liebesentzug, Liebeserklärung, Liebeserlebnis, liebesfähig, Liebesgabe, Liebesgeschichte, Liebeskummer, Liebesleben, Liebeslied, Liebesnacht, Liebesnest, Liebespaar, Liebesspiel, Liebesszene, liebestoll, liebestrunken, Liebesverhältnis, Liebeszauber.* Mit *-e-* (Endung des Nominativs Singular) sind fest *liebebedürftig, liebeleer, liebevoll.* Ohne Fugenzeichen stehen *lieblos, liebreich, Liebreiz.* ↑ Fugen-s (1.1).

Liebe: Nach *Liebe* wird mit der Präposition *zu* (nicht: *für*) angeschlossen: *Liebe zu Frau und Kindern, zum Leben, zur Heimat. Zu Liebe des Kindes / zum Kind* ↑ Genitivattribut (1.5.1).

liebe[n] Freunde: ↑ Anredenominativ.

liebenswürdig: Nach *liebenswürdig* wird mit der Präposition *zu* (nicht: *gegen*) angeschlossen: *Sie war äußerst liebenswürdig zu uns.*

liebkosen: Das Verb *liebkosen* kann sowohl auf der ersten als auch auf der zweiten Silbe betont werden. Auch die Bildung des zweiten Partizips schwankt: Betont man *liebkosen* auf der ersten Silbe, dann heißt das 2. Partizip *geliebkost,* betont man dagegen auf der zweiten Silbe, dann heißt es *liebkost: Das Kind hat seine Mutter geliebkost / liebkost.*

lieferbar / lieferfähig: ↑ -bar / -fähig.

liefern: Anstelle eines Dativs der Person kann nach *liefern* auch ein Präpositionalobjekt mit der Präposition *an* stehen: *Wir liefern auch an Haushalte. Sie lieferten die Ware per Post an uns* (statt: *Sie lieferten uns die Ware per Post*).

liegen: 1. Ich bin / habe gelegen: Im deutschen Sprachgebiet südlich des Mains – mit Ausnahme Südhessens und Teilen der Pfalz – sowie in Österreich und in der Schweiz wird das Perfekt von *liegen* mit *sein* gebildet: *Um 10 Uhr bin ich bereits im Bett gelegen. Die Akten sind auf dem Boden gelegen.* Im übrigen deutschen Sprachgebiet ist die Perfektumschreibung mit *haben* üblich: Man sagt also: *Um 10 Uhr habe ich bereits im Bett gelegen. Die Akten haben auf dem Boden gelegen.*

2. Ich habe 20 Flaschen Wein im Keller liegen / zu liegen: Der Gebrauch der Infinitivkonjunktion *zu* bei *liegen,* das mit dem Hilfsverb *haben* verbunden wird, ist mundartlich (Berlin) und gilt standardsprachlich als nicht korrekt. Es muss also heißen: *Ich habe 20 Flaschen Wein im Keller liegen.* ↑ zu (1).

3. Zu *auf den* (nicht: *dem*) *Rücken zu liegen kommen* ↑ kommen (3).

liegen bleiben: Nach den neuen Rechtschreibregeln wird *liegen bleiben* immer getrennt geschrieben: *Du musst im Bett liegen bleiben.* Neu auch: *Die Brille ist liegen geblieben* (= vergessen worden). ↑ Getrennt- oder Zusammenschreibung (1.1).

liegen lassen: Nach den neuen Rechtschreibregeln wird *liegen lassen* immer getrennt geschrieben, unabhängig von der Bedeutung: *Du sollst das Buch an seinem Platz liegen lassen. Wir haben auf* unserer Fahrt den Ort rechts liegen lassen. In neuer Rechtschreibung also auch: *Er hat seinen Hut liegen lassen* (= vergessen). *Sie hat ihn links liegen lassen* (= hat ihm keine Beachtung geschenkt). ↑ Getrennt- oder Zusammenschreibung (1.1). Zu *liegen [ge]lassen* ↑ lassen (2).

lila: 1. Rechtschreibung: a) Klein schreibt man das Adjektiv *lila: ein lila Kleid. Die Farbe der Bluse ist* (wie?) *lila.* Groß schreibt man die substantivierte Farbbezeichnung *Lila: die Farbe Lila, ein schönes Lila, weiße Blüten auf Lila, Kostüme in Lila, weißer mit Lila abgesetzter Stoff. Sie trägt gern Lila. Ihre Lieblingsfarbe ist* (was?) *Lila.* **b)** In neuer Rechtschreibung schreibt man das Farbadjektiv von dem folgenden zweiten Partizip immer getrennt: *die lila gefärbten Kleider.*

2. Beugung und Steigerung: *lila* gehört zu den Farbadjektiven, die nicht gebeugt und nicht gesteigert werden dürfen: *ein lila Kleid, die lila Hüte* (nicht: *ein lila[n]es Kleid*). ↑ Farbbezeichnungen (2.2).

Limburger: Die Einwohnerbezeichnung *Limburger* wird immer großgeschrieben, auch wenn das Wort wie ein flexionsloses Adjektiv vor einem Substantiv steht: *Limburger Käse, die Limburger Stadtväter.* ↑ Einwohnerbezeichnungen auf -er (7).

lin[i]ieren: Beide Formen, sowohl *linieren* (österr. nur so) als auch *liniieren,* sind korrekt.

link / Linke: Klein schreibt man das Adjektiv: *die linke Hand, auf der linken Seite.* Groß schreibt man das Substantiv *die Linke: Er hat sich das Linke* (= die linke Hand) *verstaucht. Er geht zur Linken / hält das Glas in seiner Linken. Sie gehört zur Linken* (= Linkspartei). Das substantivierte Adjektiv *die Linke* »linke Hand« wird, wenn es einem stark gebeugten Adjektiv folgt – außer im Dativ Singular – in gleicher Weise (parallel) gebeugt: *Wegen verkrüppelter Linker wurde er vom Dienst zurückgestellt. Mehrere krachende Linke des Weltmeisters ließen* *den Herausforderer taumeln.* Im Dativ wird dagegen überwiegend schwach gebeugt: *mit ausgestreckter Linken* (G. Hauptmann), *mit spielender Linken* (Hesse).

links: 1. Das Adverb *links* wird immer kleingeschrieben: *von links her, nach links hin* (zusammen aber die veralteten Adverbien *linksher* und *linkshin*); *nach links drehend* (zusammen aber z. B. *linksdrehende Gewinde* und *linksdrehend* in der Physik); *links um!, linksum kehrt! Ich weiß nicht, was rechts und was links ist. An dieser Kreuzung gilt rechts vor links.* Getrennt schreibt man in neuer Rechtschreibung: links stehende Abgeordnete; links außen spielen, stürmen. Zu *Links-rechts-Kombination* u. Ä. ↑ Mitte-links-Bündnis.
2. Als Präposition regiert *links* den Genitiv: *links der Straße, links des Rheins.*

linksherum: Man unterscheide zwischen *Du musst die Schraube linksherum drehen* und *Er wollte sich eben nach links herumdrehen.*

Linksunterzeichneter: ↑ Unterzeichneter.

Lira: ↑ Maß-, Mengen- und Münzbezeichnungen (1).

Lissabonner: ↑ Einwohnerbezeichnungen auf -er (5 und 7).

Listen: ↑ Aufzählung.

Liter: 1. Genus: Die Maßbezeichnung ist sowohl mit männlichem Geschlecht *(der Liter)* als auch mit sächlichem Geschlecht *(das Liter)* gebräuchlich. In der Schweiz heißt es nur *der Liter.*
2. Das Gemessene nach *Liter:* *ein Liter spanischer Rotwein* (gehoben: *spanischen Rotweins*); *der Preis eines Liters Benzin / eines Liter Benzins; mit 5 Litern unverdünntem Alkohol* (gehoben: *unverdünnten Alkohols*). ↑ Apposition (2.2).
3. Drei Liter Sirup kostet / kosten nicht viel: Bei pluralischer Literangabe steht das Prädikat heute gewöhnlich im Plural: *Drei Liter Sirup kosten nicht viel.* ↑ Kongruenz (1.2.2).
4. mit fünf Liter / Litern: Steht *Liter* mit Artikel, dann wird im Dativ Plural die gebeugte Form gebraucht: *Mit den fünf Litern [Benzin] kommen wir nicht weit.* Ohne Artikel wird im Allgemeinen die gebeugte Form dann gebraucht, wenn das Gemessene nicht folgt: *Mit fünf Litern kommen wir nicht weit.* Folgt das Gemessene, wird meist die ungebeugte Form gebraucht: *Mit fünf Liter Benzin kommen wir nicht weit.* ↑ Maß-, Mengen- und Münzbezeichnungen (1).

L

Literaturangaben

Häufig gestellte Fragen zu Literaturangaben	
Frage	**Antwort unter**
Wo werden bei Literaturangaben im laufenden Text die Kommas gesetzt?	dieser Artikel, Punkt (1)
Wie führt man die Werke in einem Literaturverzeichnis an?	dieser Artikel, Punkt (2)

1. Angaben im laufenden Text:

Bei der Aufzählung von Stellenangaben in Büchern, Aufsätzen, Schriftstücken u. dgl. werden die einzelnen Angaben durch Kommas getrennt, wenn die Aufzählung Teil eines Satzes ist:

Über die Zusammensetzung von Substantiven schreibt Hermann Paul in seiner Deutschen Grammatik, Bd. V, 3. Auflage, Halle 1957, §§ 6–28.

Der Redner berief sich auf einen Artikel im »Spiegel«, 35. Jahrgang, 1981, Heft 8, S. 104.

Am Schluss der Aufzählung von Stellenangaben steht gewöhnlich kein Komma, wenn der Satz danach fortgesetzt wird. Das Komma kann jedoch gesetzt werden, wenn die Stellenangaben als nachgestellte genauere Bestimmung zum Namen des Autors aufgefasst werden:

Diese Regel ist im Duden, Rechtschreibung, 21. Auflage, 1996, S. 37, R 47[,] enthalten.

J. Erben, Deutsche Grammatik, ein Leitfaden (Fischer Bücherei 904), S. 23 ff.[,] behandelt diese Frage ausführlich.

Bei Hinweisen auf Gesetze, Verordnungen usw. pflegt man heute kein Komma mehr zu setzen:

Maßgebend ist § 6 Abs. 2 Satz 2 der Personalverordnung. Den Erfordernissen des Artikels 103 Absatz 1 des Grundgesetzes (auch: des Art. 103 Abs. 1 GG) muss Rechnung getragen werden.

2. Angaben außerhalb des Textzusammenhangs:

Stehen die Stellenangaben ohne Zusammenhang mit einem Satz des Textes, z. B. als *Fußnoten* oder in *Literaturverzeichnissen,* dann gibt es für die *Zeichensetzung keine allgemein verbindlichen Vorschriften.* Man verwendet je nach Art des zitierten Titels den Punkt, das Komma oder den Doppelpunkt und kann auch runde Klammern einsetzen.

Die Angabe eines Buchtitels sollte immer den Ort und das Jahr des Erscheinens enthalten, bei Büchern, die noch lieferbar sind, möglichst auch den Verlag. Bei Zeitschriften genügt im Allgemeinen die Angabe von Band, Jahrgang und Seite. Einige Beispiele sollen die für Literaturzitate üblichen Formen zeigen:

Dietrich Schwanitz: Der Campus. Roman. Frankfurt am Main, Eichborn[,] 1995

Hennig Brinkmann: Die deutsche Sprache. Gestalt und Leistung. Düsseldorf (L. Schwann) [2]1971.

H. Paul, Deutsches Wörterbuch. Bearbeitet von W. Betz. 7., durchgesehene Auflage. Tübingen (Niemeyer) 1976.

Bertolt Brecht, Geschichten (Gesammelte Prosa in 4 Bden., Bd. 1). Frankfurt am Main[,] 1980 (Edition Suhrkamp, Nr. 182).

Dieter Möhn: Fach- und Gemeinsprache. Zur Emanzipation und Isolation der
Sprache. In: Wortgeographie und Gesellschaft, Festschrift für L. E. Schmitt, hrsg. von
W. Mitzka, Berlin 1968, S. 315–348.

Otto Hahn, Uran: Schlüssel zum Nachweis des Kleinsten und zur Entfesselung
des Größten. [In:] Universitas, Zeitschrift für Wissenschaft, Kunst und Literatur,
22 (1967), 337–350.

Gerhard Venzmer, Herzerkrankungen und Herzersatz. [In:] Kosmos 62, 1966,
S. 319–322 (mit 1 Abb.).

K. Agthe, E. Schnaufer (Hrsg.): Unternehmensplanung. Baden-Baden u. Bad Homburg
v. d. H. (Gehlen) 1963.

Stellt man zur besseren alphabetischen Ordnung die Vornamen der Autoren nach, dann steht ein Komma nach dem Familiennamen:

Agthe, K., und Schnaufer, E., (Hrsg.): Unternehmensplanung ...

Schwanitz, Dietrich: Der Campus ...

Brecht, B., Geschichten ...

3. Muss man als Quelle eine Fundstelle im Internet angeben, dann sollte man
den Autorennamen (bzw. den Namen der Institution, Firma o. Ä., die die
entsprechende Homepage betreibt), den Sachtitel, den Erscheinungsort
(d. h. die Internetadresse der zitierten Seite) und das Datum, zu dem man
die Quelle im Internet eingesehen hat, nennen:

Bundesministerium für Bildung und Wissenschaft: Publikationsliste zum Thema
Klimaforschung. Internet http://www.dfn.de/bmbf/publikationen/klima.html,
30.05.2000

Institut für deutsche Spache: Textkorpora des IDS.
Internet http://www.ids-mannheim.de/kt/corpora.shtml, 07.02.2001

Die genauen Richtlinien enthält die ISO-Norm 690-2 (http://www.nlc-
bnc.ca/iso/tc46sc9/standard/690-2e.htm).

LKW / Lkw: Die Abkürzung für *Lastkraftwa-*
gen wird heute – vor allem im Plural –
bereits häufig gebeugt: *die beiden LKWs*
(neben: *die beiden LKW*), *der rechte*
Scheinwerfer des LKWs (neben: *der*
rechte Scheinwerfer des LKW). ↑ Abkürzungen (3.2).

Lobby: Das aus dem Englischen entlehnte
Substantiv hat feminines Genus: *die*
Lobby. Nach der neuen Rechtschreibung
ist nur noch die Pluralform *die Lobbys*
korrekt.

lobpreisen: Das Verb *lobpreisen*, das gewöhnlich nur im Infinitiv und im Imperativ gebraucht wird, kann regelmäßig
und unregelmäßig gebeugt werden: *du*
lobpreist (lobpreisest), du lobprei-
sest / lobpriesest, gelobpreist / lobgeprie-
sen.

locker: 1. Rechtschreibung: Getrennt
schreibt man das Adjektiv vom folgenden Verb, wenn *locker* gesteigert oder erweitert werden kann: *Auf diese Weise*
werden die Scharniere locker werden.

Man soll die Leine ganz locker lassen. Der Keil darf nicht lockerer sitzen. Zusammen schreibt man dagegen in folgenden Fällen: *Er hat das Geld lockergemacht* (= herausgegeben, zur Verfügung gestellt; ugs.). *Er hat keineswegs lockergelassen* (= nachgegeben; ugs.). ↑ Getrennt- oder Zusammenschreibung (1.2). **2. Auswerfung des *e:*** Bei *locker* bleibt, wenn es dekliniert oder gesteigert wird, das *e* der Endungssilbe gewöhnlich erhalten: *lockerer Boden; den Zügel noch lockerer halten.* Nur in der deklinierten Form des Komparativs wird das erste der drei Endungs-*e* manchmal ausgeworfen: *ein noch lock[e]reres Gewebe.* ↑ Adjektiv (1.2.13), ↑ Vergleichsformen (2.2).

logisch: Da im Neuhochdeutschen die offenen Silben mit Länge gesprochen werden, wird auch *logisch* mit langem *o* gesprochen, obwohl dem altgriechischen Wort ein kurzes *o* (Omikron) zugrunde liegt.

lohnen: Das Verb *lohnen* im Sinne von »rechtfertigen« wird heute im Allgemeinen mit dem Akkusativ verbunden: *Es lohnt die Mühe nicht.* Der Genitiv *(Es lohnt der Mühe nicht)* kommt noch in gehobener Sprache vor.

Lokalsatz: Der Lokal- oder Ortssatz ist ein Nebensatz in der Rolle einer Raumangabe: *Wo früher Wiesen waren, stehen jetzt Häuser. Die Kinder spielen, wo der Weg in den Wald führt.*

Londoner: Die Einwohnerbezeichnung *Londoner* wird immer großgeschrieben, auch wenn das Wort wie ein flexionsloses Adjektiv vor einem Substantiv steht: *Londoner Nebel, Londoner Bobbys.* ↑ Einwohnerbezeichnungen auf -er (7).

los: 1. los sein / los haben: Neben *los sein* (umgangssprachlich für: »von jmdm., von etwas befreit sein«) wird vereinzelt auch *los haben* gebraucht: *Ich bin /* (selten:) *habe endlich meinen Schnupfen los.* **2. Rechtschreibung:** Getrennt schreibt man *los* vom folgenden Verb nur bei *haben* und *sein: Auf dem Fest ist nichts los*

gewesen (= ist es langweilig gewesen; ugs.). *Er wird das Brett gleich los haben.* Aber: *Sie soll in ihrem Beruf viel loshaben* (= verstehen; ugs.). Zusammen schreibt man in allen anderen Fällen: *losbinden, losmachen, lossagen, losschlagen, losziehen* u. a. ↑ Getrennt- oder Zusammenschreibung (1.2). **3. -los:** ↑ Vergleichsformen (3.1).

lösbar / löslich: Das Adjektiv *löslich* hat die Bedeutung »so beschaffen, dass es sich in Flüssigkeit auflöst«: *in Alkohol lösliche Stoffe.* In dieser Bedeutung wird gelegentlich auch *lösbar* gebraucht, das sonst im Sinne von »so beschaffen, dass es gelöst, durchgeführt werden kann« verwendet wird: *kaum lösbare* (nicht: *lösliche) Probleme.* ↑ -lich / -bar.

löschen: Das transitive Verb wird regelmäßig konjugiert: *löschen, löschte, gelöscht.* Das intransitive unregelmäßige Verb kommt fast nur noch in Zusammensetzungen und Präfixbildungen wie *er- / verlöschen* vor; hier tritt ↑ e / i-Wechsel ein, z. B. *es erlischt, erlosch, ist erloschen; er lischt aus, er verlischt.*

Loseblattausgabe: Zu *Loseblattausgabe* lauten die gebeugten Formen (mit erstarrtem -*e*): *der Loseblattausgabe, die Loseblattausgaben* usw. Daneben gibt es auch die Möglichkeit, den ersten Bestandteil durchgehend zu flektieren. Nach den neuen Rechtschreibregeln muss dann durchgekoppelt werden: *der Losen-Blatt-Ausgabe, die Losen-Blatt-Ausgaben* usw. Diese Formen sind mehr alltagssprachlich. ↑ Kompositum (7).

Löß / Löss: Neben der Schreibung *Löß* (mit einem lang gesprochenen *ö*) ist nach der neuen Rechtschreibung auch die Form *Löss* (mit einem kurz gesprochenen *ö*) erlaubt. Dies gilt auch für das Adjektiv und alle Zusammensetzungen: *lößig,* auch: *lössig, Lößboden,* auch: *Lössboden, Lößlandschaft,* auch: *Lösslandschaft, Lößschicht,* auch: *Lössschicht* u. a.

Lösungsmittel / Lösemittel: Die im physikalischen und chemischen Bereich übliche Bezeichnung für eine Flüssigkeit, in der ein Stoff aufgelöst wird, ist *Lösungsmittel*. Daneben kommt gelegentlich auch *Lösemittel* vor.

loswerden: Die frühere Ausnahmeregelung, wonach das Verb nur im Infinitiv und Partizip zusammengeschrieben werden durfte, gilt nach der neuen Rechtschreibung nicht mehr: *Sie ist ihn glücklich losgeworden. Wie kann ich das nur wieder loswerden?* Jetzt auch: *..., damit du alle Sorgen loswirst; sie muss sehen, wie sie die Ware wieder loswird.*

Lot: Als Maßbezeichnung bleibt *Lot* meist ungebeugt: *drei Lot Kaffee.* ↑ Maß-, Mengen- und Münzbezeichnungen (1).

Lübecker: Die Einwohnerbezeichnung *Lübecker* wird immer großgeschrieben, auch wenn das Wort wie ein flexionsloses Adjektiv vor einem Substantiv steht: *Lübecker Marzipan, die Lübecker Stadtväter.* ↑ Einwohnerbezeichnungen auf -er (7).

Ludwigshafener: Die Einwohnerbezeichnung *Ludwigshafener* wird immer großgeschrieben, auch wenn das Wort wie ein flexionsloses Adjektiv vor einem Substantiv steht: *die Ludwigshafener Industrie.* ↑ Einwohnerbezeichnungen auf -er (7).

Luganer / Luganese: ↑ Einwohnerbezeichnungen auf -er (3 und 7).

Lump / Lumpen: Das Substantiv *der Lump* (Genitiv: *des Lumpen*) bedeutet »Mensch von niedriger Gesinnung«. Das Substantiv *der Lumpen* (Genitiv: *des Lumpens*) wird im Sinne von »Lappen, Kleiderfetzen« gebraucht. ↑ Substantiv (2.2).

Lüner: Die Einwohner von Lünen heißen *die Lüner.* ↑ Einwohnerbezeichnungen auf -er (1 und 7).

Lust: Im Sinne von »Freude, Vergnügen« wird nach *Lust* mit der Präposition *an* angeschlossen: *Lust an einer Sache haben, finden; Lust am Leben haben; die Lust an der Arbeit verlieren.* Wenn *Lust* in der Bedeutung »Wunsch, Verlangen« gebraucht wird, ist zu unterscheiden: Folgt ein substantivierter Infinitiv, kann er mit *auf* oder *zu* angeschlossen werden: *Lust auf Reisen?; keine Lust zum Aufstehen.* Folgt dagegen ein Substantiv, steht nur die Präposition *auf: Lust auf Entdeckungen verspüren; Lust auf Eis.*

lutherisch: Das Adjektiv *lutherisch* wird im kirchlichen Sprachgebrauch heute im Allgemeinen auf der ersten Silbe betont. Die auf der lateinischen Form *luthericus* beruhende Betonung *lutherisch* ist seltener; sie gilt als veraltet oder wird – auch ironisch – zur Kennzeichnung einer stark orthodoxen Auffassung verwendet.

M *m*

m: Zur Schreibung und Deklination ↑ Bindestrich (2.4) *(M-Faktor);* ↑ Einzelbuchstaben *(des M, zwei M);* ↑ Groß- oder Kleinschreibung (1.2.5) *(das m in Lama).*

-m / -n: Zur Deklination mehrerer attributiver Adjektive oder Partizipien *(nach langem schwerem Leiden / nach langem schweren Leiden)* ↑ Adjektiv (1.2.1).

M. A.: Die Abkürzung *M. A.* für *Magister Artium* oder auch *Master of Arts* steht gewöhnlich ohne Komma hinter dem Familiennamen: *Karin Schneider M.A.* Zur Anordnung in alphabtischen Listen ↑ Alphabetisierung (4).

-ma: Zum Plural der Fremdwörter auf *-ma (Komma, Drama, Thema)* ↑ Fremdwort (3.4).

machen: 1. Er hat mich lachen machen / gemacht: In dieser Fügung steht *machen* heute meist im zweiten Partizip: *Er hat mich lachen gemacht. Sie hat viel von sich reden gemacht.* Der Infinitiv von *machen* ist hier selten geworden: *Er hat mich lachen machen.* ↑ Infinitiv (4).
2. Zu *Du machst dir* (nicht: *dich*) *an einer Sache zu schaffen* ↑ schaffen (3).

Macht: Zu *alles in unserer Macht Stehende* ↑ stehen (6).

Machtblock: Als Pluralform wird gewöhnlich *die Machtblöcke,* seltener *die Machtblocks,* gebraucht. ↑ Block.

Machtwort: Der Plural lautet *die Machtworte.* ↑ Wort.

Mädchen: 1. Plural: Der Plural von *Mädchen* lautet standardsprachlich *die Mädchen.* Die Pluralbildung mit *-s (die Mädchens),* die wohl dem Bedürfnis nach besonderer Verdeutlichung entspringt, ist umgangssprachlich.
2. Genus: Wird heute ein Pronomen auf *Mädchen* bezogen, steht gewöhnlich die neutrale Form des Pronomens, d. h., das grammatische Genus ist ausschlaggebend: *Das Mädchen, das* (nicht: *die*) *ihm die Blumen überreichte, war völlig unbefangen. Was hatte das Mädchen von seinem* (nicht: *ihrem*) *Leben?* Nur wenn das Pronomen weiter entfernt steht, kommt dem natürlichen Geschlecht entsprechend auch die feminine Form des Pronomens vor: *Silke war ein aufgeschlossenes Mädchen, das* seinen *guten Kontakt zu* seinen *Kameradinnen fand. Besonders bemühte* sie *sich auch um* ihre *Schwester.*

Mädel: Der Plural von *Mädel* lautet standardsprachlich *die Mädel.* Die Pluralformen *die Mädels* und *die Mädeln* werden nur landschaftlich und in der Umgangssprache gebraucht.

Maestro: Neben dem Plural *die Maestros* ist auch die italienische Pluralform *die Maestri* gebräuchlich.

Magdeburger: Die Einwohnerbezeichnung *Magdeburger* wird immer großgeschrieben, auch wenn das Wort wie ein flexionsloses Adjektiv vor einem Substantiv steht: *der Magdeburger Dom.* ↑ Einwohnerbezeichnungen auf -er (7).

Magen: Der Plural von *Magen* lautet *die Mägen* oder *die Magen.* Die Form mit Umlaut ist heute gebräuchlicher.

mager: Bei *mager* bleibt, wenn es dekliniert oder gesteigert wird, das *e* der Endungssilbe gewöhnlich erhalten: *mageres Fleisch, dieser Schinken ist noch magerer.* Nur in den deklinierten Formen des Komparativs wird das erste der drei Endungs-e manchmal ausgeworfen: *noch mag[e]rere Ärmchen.* ↑ Adjektiv (1.2.13), ↑ Vergleichsformen (2.2).

Magnet: Das Wort *Magnet* kann sowohl stark als auch schwach gebeugt werden: *des Magnet[e]s, die Magnete* oder *des Magneten, die Magneten.* ↑ Fremdwort

(3.1). Neben [maˈɡneːt] gilt die Aussprache [maŋˈneːt] als umgangssprachlich.

Magnifizenz: Zur Anschrift ↑ Brief (7).

Mahl: Der Plural von *Mahl* und *Gastmahl* lautet *die Mähler* bzw. *Gastmähler* oder *die Mahle* bzw. *Gastmahle*.

mahlen / malen: *Mahlen* und *malen* sind Wörter mit verschiedener Bedeutung und Schreibweise, die lediglich die Lautung gemeinsam haben. Das Verb *mahlen* bedeutet »zerkleinern, fein zerreiben«; zu ihm gehört das unregelmäßige zweite Partizip *gemahlen (wir haben das Korn gemahlen; gemahlener Kaffee)*. Das Verb *malen* dagegen bedeutet »in Farben darstellen oder hervorbringen«; zu ihm gehört das regelmäßige zweite Partizip *gemalt (sie hat schon lange kein Bild mehr gemalt; eine in Öl gemalte Landschaft)*.

Mahl / Mal: Das Substantiv *das Mahl* bedeutet »festliche Mahlzeit, Essen« und darf nicht mit *das Mal* im Sinne von »Zeitpunkt« oder »Zeichen, Fleck o. Ä.« verwechselt werden. ↑ ¹Mal, ↑ ²Mal.

Mähre / Mär[e]: Beide Wörter sind heute wenig gebräuchlich; *die Mähre* bedeutet »altes, schlecht genährtes, abgearbeitetes Pferd«, *die Mär* (seltener: *die Märe*) ist ein veraltetes Wort mit der Bedeutung »Botschaft, Kunde, Erzählung«, das heute noch gelegentlich scherzhaft verwendet wird, auch im Sinne von »Lügengeschichte, Gerücht«.

Mai: ↑ Monatsnamen.

Mai / Maie / Maien: Die allgemein übliche Bezeichnung für den fünften Monat des Jahres ist *der Mai*. Das Wort wird stark gebeugt, Genitiv: *des Mai[e]s,* Plural: *die Maie;* die schwache Beugung *(des Maien, im Maien)* ist veraltet; sie kommt nur noch vereinzelt in der Dichtung vor. Das Substantiv *die Maie* – ursprünglich Maskulinum und identisch mit der Monatsbezeichnung – hat die Bedeutung »junge Birke, Birkengrün, Laubschmuck« bzw. »Maibaum«. Das Substantiv *der Maien* schließlich wird in der Schweiz im Sinne von »Blumenstrauß« und »Frühlings-

bergweide« verwendet. (Im 17. und 18. Jahrhundert kam das Wort auch als Monatsbezeichnung vor.)

Mai- / Maien-: Die Zusammensetzungen mit dem Monatsnamen haben heute im Allgemeinen *Mai-* als Bestimmungswort: *Maikäfer, Maifeier, Maibaum, Maibowle, Maiandacht* u. a. Nur einige in dichterischer Sprache gebrauchte Zusammensetzungen haben *Maien-* als Bestimmungswort: *Maiennacht, Maienkönigin.*

Main: Der Genitiv lautet *des Main[e]s.* ↑ geographische Namen (1.2).

Mainzer: Die Einwohnerbezeichnung *Mainzer* wird immer großgeschrieben, auch wenn das Wort wie ein flexionsloses Adjektiv vor einem Substantiv steht: *Mainzer Fastnacht, die Mainzer Stadtväter.* ↑ Einwohnerbezeichnungen auf -er (7).

Majestät: ↑ Anrede (2).

Majestätsplural: ↑ Plural (7).

Majonäse / Mayonnaise: Neben der eingedeutschten Schreibung *Majonäse* ist auch die Schreibung *Mayonnaise* korrekt.

Major: Zu *des Majors Tellheim / Major Tellheims* ↑ Titel und Berufsbezeichnungen (1.2 und 1.3).

mal: ↑ ²Mal, ↑ Apostroph (1.1).

¹Mal (= Zeichen, Fleck; Erkennungszeichen; Monument; Ablaufstelle beim Schlagballspiel): Das Wort, das hauptsächlich in Zusammensetzungen gebraucht wird, hat zwei Pluralformen: *die Male* und *die Mäler*. In der Bedeutung »kennzeichnender Fleck, Verfärbung in der Haut« wird – vom mundartlichen Gebrauch abgesehen – in der Regel die nicht umgelautete Form *die Male* gebraucht. Das gilt auch für Zusammensetzungen wie *die Brandmale, Muttermale, Wundmale* (selten: *die Brandmäler*). Auch in den Bedeutungen »Denk-, Merkzeichen; Monument; Markierung« ist, wenn das einfache Wort überhaupt gebraucht wird, die Pluralform *die Male* üblich. Bei den Zusammensetzungen da-

M

gegen kommen beide Pluralformen vor: *Denkmale, Ehrenmale, Grabmale* usw. und *Denkmäler, Ehrenmäler, Grabmäler.* Die Zusammensetzungen mit der Pluralform *-male* gehören dabei der gehobenen Sprache an.

²Mal (= Zeitpunkt): **1. Plural:** Der Plural lautet *die Male.*

2. Groß- oder Kleinschreibung: Groß schreibt man, wenn es sich um das Substantiv *das Mal* handelt: *dieses Mal, das erste, das zweite Mal, das andere, das nächste, das letzte Mal, das eine Mal, ein einziges Mal, das vorige Mal, beim ersten Mal, von Mal zu Mal, ein Mal über das and[e]re [Mal]; ein um das and[e]re Mal; manches liebe Mal, einige, mehrere, viele Male, ein paar Dutzend Male, drei Millionen Male, zu verschiedenen, wiederholten Malen, zum soundsovielten, zum x-ten Mal* usw. Klein schreibt man, wenn es sich um die Angabe beim Multiplizieren handelt: *zwei mal drei ist sechs.* Klein schreibt man auch, wenn es sich um die umgangssprachlich verkürzte Form von *einmal* handelt: *Wenn das mal gut geht. Das ist nun mal so. Komm mal her! Sag das noch mal!* ↑ Groß- oder Kleinschreibung (1.1).

3. Getrennt- oder Zusammenschreibung: Getrennt schreibt man, wenn *Mal* auf irgendeine Weise (besonders durch die Beugung der beistehenden Wörter) als Substantiv erkennbar ist: *das eine Mal, diese zwei Mal, ein erstes Mal, ein jedes Mal, kein einziges Mal, dieses Mal, manches Mal, nächstes Mal, voriges Mal, ein anderes Mal, ein letztes Mal, ein oder das andere Mal, ein ums andere Mal, von Mal zu Mal; beim ersten, zweiten, x-ten, soundsovielten, letzten Male; mit einem Male; zum ersten, dritten, letzten Male; einige, etliche, mehrere, unzählige, viele Male; ein paar Male, diese paar Mal[e], ein für alle Male, wie viele Male, viele tausend Male, drei Millionen Male, einige Dutzend Male, zu wiederholten Malen.* Zusammen schreibt man dann, wenn

Mal mit einem seiner beistehenden Wörter zu einem neuen Begriff, einem Adverb verschmolzen ist. Die ursprüngliche Wortart, die Wortform oder die Bedeutung der einzelnen Bestandteile ist dann nicht mehr erkennbar und das neue Wort wird kleingeschrieben: *ein andermal,* (aber: *ein and[e]res Mal*), *ein paarmal* (aber: *ein paar Male, diese paar Mal[e]*), *diesmal, dreimal, einmal, auf einmal, hundertmal, keinmal, manchmal, sovielmal, [wie]vielmal, vieltausendmal, x-mal, zweimal.* Sind jedoch beide Wörter betont, so kann auch hier getrennt geschrieben werden: *ein pa͜ar Ma͜l; er hat sie ein pa͜ar Ma͜l betrogen; zwei Ma͜l; sie hat ihn zwei Ma͜l versetzt; wir haben drei Ma͜l gewonnen; so vi͜el Ma͜l; darüber haben wir schon so vi͜el Ma͜l gesprochen.* Nach den neuen Rechtschreibregeln wird dagegen in den folgenden Fällen immer getrennt geschrieben: *beide Mal, drei Millionen Mal, ein Dutzend Mal, einige Mal, hunderte Mal, jedes Mal, mehrere Mal, unzählige Mal, verschiedene Mal; ein für alle Mal, ein einem Mal, ein paar Dutzend Mal, ein halbes hundert Mal.* Hierbei spielt es keine Rolle mehr, ob es im Singular *Mal* oder *Male* heißt: *beide Mal* oder *beide Male, einige Mal* oder *Male, ein Dutzend Mal* oder *Male* usw. ↑ Getrennt- oder Zusammenschreibung (2.3).

-mal so groß / -mal größer: Diese Fügungen, die beide einen Vergleich ausdrücken, dürfen nicht miteinander verwechselt werden, weil sie etwas Verschiedenes ausdrücken. In dem Satz *Der Rauminhalt der größeren Tonne ist anderthalbmal so groß wie der Rauminhalt der kleineren* ist ausgedrückt, dass die größere Tonne um die Hälfte mehr fasst als die kleinere, denn die Fügung *anderthalbmal so groß* sagt aus, dass eine bestimmte Größe (z. B. 100) mit $1\frac{1}{2}$ malzunehmen ist ($100 \times 1\frac{1}{2} = 150$; 150 Liter sind um die Hälfte mehr als 100 Liter). Lautet der Satz jedoch *Der Rauminhalt* *der größeren Tonne ist anderthalbmal größer als der Rauminhalt der kleineren,* dann ist ausgedrückt, dass die größere Tonne um das Anderthalbfache mehr fasst als die kleinere, denn die Fügung *anderthalbmal größer* weist darauf hin, dass zu einer bestimmten Größe (z. B. 100) eine weitere, die anderthalbmal so groß ist ($100 \times 1^1/_2 = 150$), hinzuzufügen ist (also $100 + 150 = 250$; 250 Liter sind um das Anderthalbfache mehr als 100 Liter). Oder: Eine Stange, die zweimal so groß ist wie eine andere von 3 m Länge, ist $3 \times 2 = 6$ m lang. Aber eine Stange, die zweimal größer ist als eine andere von 3 m Länge, ist $2 \times 3 + 3 = 9$ m lang. Oder: Eine Strecke von 12 cm ist dreimal so groß wie eine von 4 cm, aber dreimal größer als eine von 3 cm.

malen / mahlen: ↑ mahlen / malen.

malerisch: ↑ Vergleichsformen (2.3).

Malus: Das Substantiv kann in allen Kasus unverändert gebraucht werden: *des, dem, den Malus,* Plural: *die Malus.* Daneben kommen auch eingedeutschte Formen vor: Genitiv Singular: *des Malusses,* Plural: *die Malusse.*

man: 1. man: Dieses Indefinitpronomen der dritten Person (Nominativ Singular) kann nicht dekliniert werden. Der Dativ wird durch *einem,* der Akkusativ durch *einen* ersetzt: *Dort kann man kommen und gehen, wie es einem beliebt. Diese Musik lässt einen nicht mehr los.* In der Alltagssprache wird *man* oft auch durch den Nominativ des Indefinitpronomens *einer* ersetzt *(Das soll einer wissen).* Dieser Gebrauch ist standardsprachlich aber nicht korrekt.

2. man / frau: Vor dem Hintergrund der Diskussion um die ↑ Gleichstellung von Frauen und Männern in der Sprache wurde der Gebrauch des unbestimmten Pronomens *man* wegen seiner etymologischen Nähe zum Substantiv *Mann* als unangemessen kritisiert. Die neu gebildete Alternative *frau* hat jedoch keine geschlechtsneutrale Funktion gewon-

nen, sondern wird im Allgemeinen nur (und oft scherzhaft) im Sinne von »die Frauen« verwendet. Als Ersatz für beide Formen bieten sich Passiv und unpersönliche Konstruktionen oder das allumfassende *wir* an: *Wir sollten ...* für: *man sollte ...*

manch: 1. Deklination des folgenden Adjektivs und substantivierten Adjektivs: Nach unflektiertem *manch* wird das folgende [substantivierte] Adjektiv oder Partizip stets stark gebeugt: *manch schönes Geschenk, manch Kranker, der Duft manch schöner Blume, mit manch Abgeordnetem, manch bittere Erfahrungen.* Nach flektiertem *manch-* wird das folgende [substantivierte] Adjektiv oder Partizip im Singular schwach dekliniert: *mancher Beamte, manches schöne Kleid, die Ansicht manches bedeutenden Gelehrten, in manchem schwierigen Fall.* Im Plural wird sowohl stark als auch schwach gebeugt: *manche schöne / schönen Aussichten, die Ansicht mancher Gelehrter / Gelehrten, die Kleider mancher schöner / schönen Frauen, für manche ältere / älteren Leute.* ↑ Adjektiv (1.2.5).

2. mancher, der ...: Das Relativpronomen, das sich auf *mancher* bezieht, ist *der,* nicht *welcher: Es waren viele Menschen da, darunter manche, die* (nicht: *welche) ich noch nie gesehen hatte.* Bezieht sich jedoch das sächliche *manches* auf etwas Unbestimmtes (nicht auf eine Person oder auf einen Gegenstand), heißt das entsprechende Relativpronomen *was* (nicht: *das* oder *welches*); das Gleiche gilt für *mancherlei: Da war noch manches, was* (nicht: *das) ungeklärt blieb. Es wurde mancherlei besprochen, was* (nicht: *das) hier nicht wiederholt zu werden braucht.*

3. Zu *manche Dozentin* und *mancher Bibliothekar steht / stehen ...* ↑ Kongruenz (1.3.8).

manchenorts, mancherorten, mancherorts: Alle drei Formen können gebraucht werden; *mancherorten* ist heute allerdings wenig gebräuchlich.

mancherlei / manches, was: ↑ manch (2).

Mandel: ↑ Maß-, Mengen- und Münzbezeichnungen (1).

Mangel: In der Bedeutung »Fehlen von etwas« hat *Mangel* männliches Geschlecht: *Er soll keinen Mangel leiden.* In der Bedeutung »Gerät zum Glätten« hat *Mangel* weibliches Geschlecht: *Wäsche durch die Mangel drehen.* Die beiden Wörter sind nicht miteinander verwandt.

mangels: Die oft als steif empfundene Präposition *mangels* regiert im Allgemeinen den Genitiv. Es heißt also: *mangels [eines] Beweises* (nicht: *mangels einem Beweis*), *mangels der notwendigen Geldmittel* (nicht: *mangels den notwendigen Geldmitteln*), *mangels eines eigenen Büros* (nicht: *mangels einem eigenen Büro*). Folgt ein allein stehendes stark gebeugtes Substantiv im Singular, wird dieses häufig nicht flektiert: *mangels Geld.* Da sich bei allein stehenden stark deklinierten Substantiven der Genitiv Plural vom Nominativ und Akkusativ unterscheidet, weicht man in diesem Fall im Allgemeinen auf den Dativ Plural aus: *mangels Beweisen* (statt: *Beweise*); mit Attribut aber: *mangels eindeutiger Beweise,* weil der Genitiv erkennbar ist. – Wenn man die amtssprachliche Präposition *mangels* vermeiden will, kann man z. B. statt *mangels der notwendigen Geldmittel* oder *mangels eines eigenen Büros* sagen: ... *weil die notwendigen Geldmittel fehlen* oder *da ich kein eigenes Büro habe.*

Mann: 1. Plural: Das Substantiv *Mann* hat verschiedene Pluralformen. Der allgemein übliche Plural lautet heute *die Männer: Die beiden Männer von gestern sind wieder da. Alle Männer über vierzig müssen sich melden.* Der alte Plural *die Mannen* im Sinne von »Gefolgsleute, Vasallen, Lehnsleute« wird heute allenfalls noch scherzhaft oder ironisch, etwa in der Bedeutung »treue Gefolgsleute« oder »Vereinskameraden« gebraucht: *Endlich erschien der Vereinsvorstand mit seinen Mannen.* Die mit dem Singular gleich lautende (alte) Pluralform *Mann* schließlich steht in zusammenfassendem Sinn nach Zahlwörtern, wenn damit eine zu einer Einheit verbundene Anzahl oder Menge, eine Gesamtheit von Personen bezeichnet wird: *zehn Mann hoch. Alle Mann an Deck! Ich brauche noch zwei Mann. Es war ein Heer von 10 000 Mann.*

2. -leute / -männer: Bei Zusammensetzungen mit *Mann* als Grundwort wechseln im Plural *-männer* und *-leute.* Wenn von Berufen, Ständen oder von Menschengruppen die Rede ist, die man – ohne Geschlechtsbezug – im Hinblick auf die Gemeinsamkeit ihres Tuns oder ihrer Funktion betrachtet, lautet der Plural *-leute: Bergleute, Seeleute, Edelleute, Kaufleute.* Demgegenüber betont *-männer* (stärker) Individualität und Geschlecht der angesprochenen Personen: *Biedermänner, Ehrenmänner, Lebemänner, Hampelmänner, Strohmänner, Ehemänner* (der Plural *Eheleute* bezeichnet Ehemann und Ehefrau zusammen). Daneben gibt es eine Reihe von Zusammensetzungen mit *-mann,* die beide Pluralformen zulassen, je nachdem, ob die Gesamtheit *(-leute)* oder die Individualität und das Geschlecht *(-männer)* stärker betont werden soll: *Amtmänner* und *Amtleute, Dienstmänner* und *Dienstleute, Feuerwehrmänner* und *Feuerwehrleute, Geschäftsmänner* (selten) und *Geschäftsleute, Ersatzmänner* und *Ersatzleute, Fachmänner* (selten) und *Fachleute, Obmänner* und *Obleute.*

3. Mann[s] genug sein: In dieser Fügung ist heute die Schreibung mit dem Genitiv-s allgemein üblich: *Er ist Manns genug[,] sich dort durchzusetzen.*

Mann / Gatte / Gemahl: Spricht man von dem eigenen Ehemann, heißt es *mein Mann,* nicht *mein Gatte* oder gar *mein*

M

Gemahl. Das Wort *Gatte* gehört der gehobenen Stilschicht an und wird nur auf den Ehemann einer anderen Frau, nicht auf den eigenen angewandt, aber auch nur dann, wenn man sich höflich-distanziert ausdrücken will: *Sie erschien ohne ihren Gatten. Grüßen Sie Ihren Gatten.* Das Wort *Gemahl* hat nahezu feierlichen Klang und ist im Wesentlichen Schriftwort. Es bekundet förmliche Ehrerbietung und Hochschätzung und klingt – auch im höflichen Umgangston, häufig mit vorgestelltem *Herr* – meist gespreizt. Im Unterschied zu *Gatte* wird *[Herr] Gemahl* im Allgemeinen nur auf den Ehemann einer Gesprächspartnerin, nicht auf den Ehemann einer abwesenden Dritten angewandt: *Ist Ihr Herr Gemahl wieder wohlauf? Grüßen Sie bitte Ihren Herrn Gemahl.*

-mann / -frau: Zu Wortzusammensetzungen mit *-mann* können die femininen Entsprechungen in der Regel mit *-frau* gebildet werden: *Feuerwehrmann, Feuerwehrfrau; Vertrauensmann, Vertrauensfrau; Landsmann, Landsfrau; Kaufmann, Kauffrau* und umgekehrt: *Hausfrau, Hausmann; Putzfrau, Putzmann.* Der Plural zu beiden Formen wird mit *-leute* gebildet: *Feuerwehrleute, Kaufleute* usw. Mittlerweile gibt es bereits für viele Ämter und Verwaltungsbereiche die Empfehlung, Berufs-, Amts- und Funktionsbezeichnungen für Frauen mit den jeweils femininen Formen zu bilden. In bestimmten Zusammenhängen können geschlechtsindifferente Formen aber geeigneter sein: *Ersatzperson, Gewährsperson* usw. ↑ Gleichstellung von Frauen und Männern in der Sprache.

Mannequin: Das Wort wird gewöhnlich mit sächlichem Geschlecht gebraucht: *das gut bezahlte Mannequin.* Der Gebrauch des maskulinen Substantivs *(der Mannequin)* ist selten.

-männer / -leute: ↑ Mann (2).

Mannheimer: Die Einwohnerbezeichnung *Mannheimer* wird immer großgeschrieben, auch wenn das Wort wie ein flexionsloses Adjektiv vor einem Substantiv steht: *der Mannheimer Hafen.* ↑ Einwohnerbezeichnungen auf -er (7).

-männin: Die weiblichen Substantive zu männlichen Personenbezeichnungen auf *-mann* werden in einigen Fällen mit *-männin* gebildet: *Landsmännin, Amtmännin, Obmännin* usw. Diese Formen entsprechen heute nicht mehr dem aktuellen Sprachgebrauch und werden deshalb zunehmend durch die femininen Entsprechungen mit *-frau* ersetzt: *Landsfrau, Amtfrau, Obfrau* usw. ↑ Movierung.

männliches Substantiv: ↑ Maskulinum.

Mannschaft: Die Zusammensetzungen mit *Mannschaft* als Bestimmungswort werden immer mit Fugen-s gebildet: *Mannschaftskampf, Mannschaftsgeist, Mannschaftsraum, Mannschaftsführer, Mannschaftswertung, Mannschaftswettbewerb* usw. ↑ Fugen-s (1.3).

Manometer: *Manometer* hat wie *Thermometer* und *Barometer* neutrales Genus: *das Manometer* (im Gegensatz z. B. zu *der Gasometer*).

Märe / Mähre: ↑ Mähre / Mär[e].

Marienwerderer: ↑ Einwohnerbezeichnungen auf -er (1 und 7).

Mark: 1. **Bedeutung und Genus:** *Mark* als Bezeichnung für die deutsche Währungseinheit ist ein Femininum: *die Mark.* Auch *Mark* mit der Bedeutung »Grenzland, Grenzgebiet« hat feminines Genus: *die Mark.* Dagegen ist *Mark* im Sinne von »weiches Innengewebe, Knochenmark« ein Neutrum: *das Mark.* Die drei gleich lautenden Wörter sind etymologisch nicht miteinander verwandt. 2. **Plural:** Das Substantiv *das Mark* hat keinen Plural. Bei dem Substantiv *die Mark* »Grenzland« lautet der Plural *die Marken; die Mark* als Bezeichnung der Währungseinheit bleibt im Plural unverändert: *Das kostet 7 Mark.* Will man die einzelnen Münzen zählen, kann man allenfalls auf den Plural *Markstücke* aus-

M

weichen: *Auf dem Tisch lagen nebeneinander 7 einzelne Markstücke.* Die Pluralbildung *die Märker* ist scherzhaft und gehört der Umgangssprache an. ↑ Maß-, Mengen- und Münzbezeichnungen. Zu *Zwei Mark sind / ist ziemlich viel für ein solches Heftchen* ↑ Kongruenz (1.2.1). Vgl. auch ↑ DM.

Markenblock: Der Plural von *Markenblock* lautet *die Markenblocks.* ↑ Block.

Marmelade- / Marmeladen-: Die Zusammensetzungen mit *Marmelade* als Bestimmungswort sind teils mit dem Fugenzeichen *-en-*, teils mit *-e-* (Endung des Nominativs Singular) gebräuchlich: *Marmelade[n]glas, Marmelade[n]eimer, Marmelade[n]industrie.* Die Bildungen mit dem Fugenzeichen *-en-* werden heute bevorzugt. ↑ Fugenzeichen.

Marmorblock: Der Plural von *Marmorblock* lautet *die Marmorblöcke.* ↑ Block.

Marsch: Das Substantiv *die Marsch* (Plural: *die Marschen*) ist die Bezeichnung für das flache Land am Meer mit fruchtbarem, fettem Boden; *der Marsch* (Plural: *die Märsche*) bedeutet »Fortbewegung [einer geschlossenen Abteilung] zu Fuß« und ist außerdem die Bezeichnung für ein Musikstück im Marschtakt. Die beiden Wörter sind etymologisch nicht miteinander verwandt.

Marschblock: Der Plural von *Marschblock* lautet *die Marschblocks* (nicht: *die Marschblöcke).* ↑ Block.

Märtyrerin / Märtyrin: Beide Formen sind korrekt. ↑ Substantiv (3).

März: ↑ Monatsnamen.

Marzipan: Das Wort hat überwiegend neutrales Genus: *das Marzipan.* In Österreich ist *der Marzipan* gebräuchlich.

Maschine schreiben: Nach der neuen Rechtschreibung wird getrennt geschrieben: *Maschine schreiben; ich schreibe Maschine; weil er Maschine schreibt; ich habe Maschine geschrieben; Maschine zu schreiben.* Aber weiterhin: *ein maschinegeschriebener* (= mit der Maschine geschriebener) *Brief.* ↑ Getrennt- oder Zusammenschreibung (2.1).

Maschin-/Maschine-/Maschinen-: Die Zusammensetzungen mit *Maschine* als Bestimmungswort haben im Allgemeinen das Fugenzeichen *-en-: Maschinenbau, Maschinenfabrik, Maschinengewehr, Maschinenhaus, Maschinenmeister, Maschinenmodell, Maschinennäherin, Maschinenöl, Maschinenpistole, Maschinenraum, Maschinenrevision, Maschinenschlosser, Maschinensatz, Maschinenschrift, Maschinentelegraf, Maschinenwärter.* Doppelformen sind *Maschinenschreiben* neben *Maschineschreiben,* entsprechend: *Maschine[n]schreiber[in].* In Österreich werden die Zusammensetzungen mit *Maschine* häufig ohne Fugenzeichen gebraucht, so z. B. *Maschinarbeiter, Maschinnäherin, Maschinschreiben, Maschinschreibkurs* u. a. ↑ Fugenzeichen.

Maskulinum: Unter einem Maskulinum versteht man ein Substantiv mit dem Artikel *der: der Mann, der Tisch, der Mut.* ↑ Genus.

Maß / Mass: 1. In den allgemein üblichen Bedeutungen »Messgerät, Einheit zum Messen; richtige Größe, Menge; Angemessenes, Mäßigung« hat *Maß* neutrales Genus: *das Maß.* Daneben wird in Bayern und Österreich *die Maß / die Mass* mit der Bedeutung »Literkrug; ein Liter Bier« gebraucht. Da in diesen Mundarten das Wort auch mit kurzem a gesprochen wird, ist auch die Schreibung mit Doppel-s zulässig.

2. **Maß an / von:** Nach *Maß* im Sinne von »rechte Menge, Ausmaß« kann mit der Präposition *an* oder *von* angeschlossen werden: *über ein angemessenes Maß an / von Bildung verfügen; jemandem ein sehr hohes Maß an / von Vertrauen entgegenbringen.*

Maß-, Mengen- und Münzbezeichnungen

Häufig gestellte Fragen zu Maß-, Mengen- und Münzbezeichnungen	
Frage	Antwort unter
Was ist korrekt: *5 Kartons Seife* oder *5 Karton Seife*, *2 Blöcke Schreibpapier* oder *2 Block Schreibpapier?*	dieser Artikel, Punkt (1)
Heißt es *in fünf Metern Höhe* oder *in fünf Meter Höhe*, *nach zehn Kilometern Entfernung* oder *nach zehn Kilometer Entfernung?*	dieser Artikel, Punkt (1)
Welche Formulierungen sind richtig, *ein Sack feinstes Mehl* oder *ein Sack feinsten Mehles*, *aus einem Zentner lagerfähigen Äpfeln* oder *aus einem Zentner lagerfähiger Äpfel?*	dieser Artikel, Punkt (2), Apposition (2.2)

M

1   Zur Deklination der Maß-, Mengen- und Münzbezeichnungen

Wenn Maskulina und Neutra (z. B. *der Zoll, das Fass*) als Maß-, Mengen- und Münzbezeichnungen hinter Zahlen stehen, die größer als 1 sind, wird meist eine ungebeugte Form, die dem Nominativ Singular entspricht, gebraucht:

10 Fass, 2 Dutzend, 3 Zoll, 20 Fuß, 7 Paar, 10 Schilling, 4 englische Pfund, 30 Euro, 2 Block Schreibpapier, 3 Stück Torte, 5 Karton Seife, 3 Satz Schüsseln, 10 Grad Kälte, 30 Schuss Munition, Ich habe einige / ein paar Glas [Bier] getrunken. Das kostet fünfzig Pfennig. Bitte überweisen Sie 200 Euro. Sie wiegt 100 Pfund. Es meldeten sich sechs Mann.

Die Verwendung einer ungebeugten oder erstarrten Form des Substantivs ist wohl von solchen Fällen ausgegangen, wo eine echte Pluralform lautlich mit dem Singular zusammengefallen war, z. B. *Mann, Meter, Liter.* Andere Wörter wie *Mark, Klafter, Fuß, Zoll, Stück* usw. folgten in Analogie.

Treten Feminina auf -e (*die Flasche, die Tasse* usw.) als Maß- und Münzbezeichnungen auf, werden sie immer gebeugt:

> zwei Flaschen Wein, drei Tassen Kaffee, drei Tonnen, 5 Ellen, 2 Kannen Wasser, zwanzig norwegische Kronen.

Auch fremde Maß- und Münzbezeichnungen werden häufig gebeugt:

> 4 Peseten (Singular: Peseta), 100 Lei (Singular: Leu), 500 Lire (Singular: Lira), hundert Centesimi (Singular: Centesimo).

Bei manchen fremden pluralischen Maß- und Münzbezeichnungen schwankt der Gebrauch:

> 5 Yard[s], 10 Inch[es], 20 Bushel[s], mit guten englischen Pfunden (häufig auch: Pfund).

Bei einer Gruppe von Substantiven auf -er und -el, die im Nominativ Plural und im Nominativ Singular gleich lauten, schwankt der Sprachgebrauch nach Präpositionen mit Dativ. Geht der Maß-, Mengen- und Münzbezeichnung der Artikel voran, wird die gebeugte Form verwendet:

> Mit den 5 Litern Benzin kommen wir nicht weit. Von den 25 Zentnern muss noch das Gewicht der Kisten abgezogen werden.

Ohne vorangehenden Artikel wird im Allgemeinen die gebeugte Form gebraucht, wenn das Gemessene nicht folgt:

> Mit 5 Litern kommen wir nicht aus. Die Explosion war in einer Entfernung von 10 Kilometern zu hören. Er hat eine Länge von fünf bis sechs Metern und ein Gewicht von drei bis vier Zentnern. Mit 800 Rubeln ging sie auf die Reise. Ich habe die Arbeit zu zwei Dritteln geschafft. (Ohne Zahlwort:) Die Zuteilung erfolgt in Hektolitern. Man misst heute nach Metern.

Folgt das Gemessene, wird die ungebeugte, häufiger aber auch die gebeugte Form gebraucht:

> Die Seilschaft befand sich in hundert Meter / Metern Höhe. Ich baute einen Zaun von 2 Meter Höhe. Wir kommen mit vier Fünftel / Fünfteln des Gewichtes aus. In 10 Kilometer Entfernung konnte man die Explosion hören.

Substantive, die noch nicht ganz feste Maßangaben sind, werden dagegen gebeugt: *mit fünf Esslöffeln saurem Rahm.* Dasselbe gilt immer dann, wenn das betreffende Substantiv den vollen Begriff enthält, d. h. den konkreten, einzeln gezählten Gegenstand o. Ä. bezeichnet:

> Es fielen zwei Schüsse. Er zertrümmerte drei Gläser. Sie ging fünf Schritte nach links. Er kaufte zwei Kartons Seife.

Besonders dann, wenn ein attributives Adjektiv usw. bei der Maß-, Mengen-
und Münzbezeichnung steht, wird das Substantiv gebeugt, weil durch das
Attribut o. Ä. der Begriff noch deutlich hervorgehoben wird: *Im Hof lagen
zehn leere Fässer.* Eine Ausnahme ist *Mark,* wo sich Singular und Plural nicht
unterscheiden: *Ein Betrag von 300 Deutschen Mark.*

Manchmal ist es dem Schreiber gleichgültig, ob Maßangabe (= Singular)
oder voller Begriff steht:

> Er trank noch zwei Gläser Grog (Löns). Niemals hatte er bemerkt, dass Brüne mehr als
> drei Glas Wein auf einen Sitz trank (Löns). ... und aß dann ... zwei Stücke von einer
> Torte (Th. Mann). Brabanter Spitze für fünf Schillinge die Elle (Schaeffer). ... mithilfe
> von ein paar Schilling (Flake).

2   Zur Deklination des Substantivs nach Maß-, Mengen- und Münzbezeichnungen

2.1 Genitiv Singular

Folgt ein starkes männliches oder sächliches Substantiv einer stark gebeugten Maß- oder Mengenangabe, ohne dass durch ein Begleitwort der Kasus
deutlich wird, bleibt im Genitiv Singular entweder die Angabe oder das davon
abhängende Substantiv (das Gezählte) ungebeugt. Auf diese Weise wird ein
doppelter starker Genitiv umgangen. Es heißt also entweder

> eines Glas *Wassers,* eines Tropfen *Öls,* der Preis eines Pfund *Fleisches,* um eines
> Stück *Brotes* willen (Plievier), das typische Gelb eines oft benutzten Stück *Papieres*
> (Borchert)

oder:

> eines Glases Wasser, eines Tropfens Öl, der Preis eines Pfundes Fleisch, um eines
> Stückes Brot willen, eines oft benutzten Stückes Papier.

Ob die Maß- oder Mengenangabe oder ob das folgende Substantiv gebeugt
wird, hängt auch davon ab, was damit ausgedrückt werden soll. Soll die Maß-,
Mengen- oder Münzangabe hervorgehoben werden, beugt man diese:

> Der Preis eines *Zentners* Weizen beträgt ..., der eines *Doppelzentners* Weizen ...

Soll das der Angabe folgende Substantiv in den Vordergrund gestellt werden,
wird dieses gebeugt:

> Der Preis eines Zentner *Weizens* beträgt ..., der eines Zentner *Roggens* ...

Hier kommt es auf den Preis des jeweils Gemessenen an, das in Opposition zu
etwas anderem steht oder gedacht wird. Wo es auf eine derartige Unterscheidung nicht ankommt, stehen beide Möglichkeiten zur Verfügung.

Nicht korrekt ist die Beugung der Maß-, Mengen- und Münzangabe und des davon abhängenden Substantivs. Gleichfalls nicht korrekt ist die Unterlassung der Beugung bei beiden Gliedern. Also nicht:

der Preis eines Pfundes Fleisches / Pfund Fleisch; wegen eines Glases Wassers / Glas Wasser.

Geht dem Gezählten oder Gemessenen ein Adjektiv voran, werden in der Regel sowohl die Angabe als auch das Gezählte (Gemessene) in den Genitiv gesetzt:

der Preis eines Pfundes (selten: Pfund) gekochten Schinkens.

2.2 Nominativ, Dativ, Akkusativ:

In diesen Kasus – sowohl im Singular als auch im Plural – wird gewöhnlich das appositionelle Verhältnis gewählt; Maß-, Mengen- oder Münzbezeichnungen und das Gezählte oder Gemessene stimmen im Kasus überein:

von einigen Mark Taschengeld, nach 5 Glas heißem Rotwein, mit 30 Kisten lagerfähigen Äpfeln; mit einer Tonne Lebensmitteln; ein Zentner kanadischer Weizen; mit einem Dutzend Heften. Er konnte ein halbes Dutzend Gläser starken Punsch trinken (Jahnn).

In gewählter Sprache wird, wenn ein Adjektivattribut vorangeht, das Gezählte oder Gemessene vereinzelt in den Genitiv (Genitivus partitivus) gesetzt:

ein Sack feinsten Mehles, ein Fass diesjährigen Weines, aus einem Dutzend schöner Bücher. Sie hatte ... mehrere Gläser schweren Getränks hintereinander getrunken (Musil).

Steht die Maß-, Mengen- oder Münzangabe im Dativ und das Gemessene oder Gezählte im Plural, wird häufig der Genitiv gewählt oder auf den Nominativ ausgewichen: *der Erlös aus einem Zentner lagerfähige / lagerfähiger Äpfel* statt: *der Erlös aus einem Zentner lagerfähigen Äpfeln.* ↑ Apposition (2.2).

Substantivierte Adjektive und Partizipien stehen nach Mengenangaben nicht nur in gewählter Sprache, sondern heute im Allgemeinen im Genitiv, und zwar unabhängig davon, ob sie durch ein Adjektiv näher bestimmt sind oder nicht: *eine Gruppe [randalierender] Halbstarker.* Das gilt nicht nur, wenn die Mengenangabe im Nominativ steht, sondern auch dann, wenn sie in einem anderen Kasus vorkommt: *in einer Gruppe [randalierender] Halbstarker.* ↑ Apposition (2.2).

3   Das Weglassen der Maßangabe

In der Umgangssprache steht oft nur das Gemessene mit der Zahl davor, während die Maßangabe selbst weggelassen wird:

drei Kaffee[s], zwei Kognak[s], drei Eis, vier Bier.

Wohl in Analogie hierzu haben sich die fachsprachlichen Zählungen *zwei bis drei Eigelb, zwei Eiweiß* u.a. gebildet, die bereits fest geworden sind. Umgangssprachlich wird heute auch oft nur die Zahl genannt, weil die Maßangabe aus der Sprechsituation hervorgeht:

... hier kann man nicht schneller als 60 fahren (Quick). Meine Tochter ist fünfzehn.

4   Währungszeichen vor oder hinter dem Betrag

Die Währungseinheit ist im Allgemeinen nach dem Betrag zu schreiben, weil sie auch erst nach der Zahl gesprochen wird. Man schreibt also in fortlaufenden Texten, Geschäftsbriefen usw. *3,45 DM, 270,00 EUR* usw. In Aufstellungen und im Zahlungsverkehr kann das Währungszeichen aus Gründen der besseren Übersicht auch vorangestellt werden *(DM 3,45, EUR 0,05).*

5   Kongruenz

Zu Fällen wie *1 Pfund Bohnen kostet / kosten ...* und *Verdächtig ist / sind ein junges Paar* ↑ Kongruenz (1.1 und 1.2).

M

Masse: Zu *Eine Masse dicke[r] Felsbrocken stürzte / stürzten herab* ↑ Kongruenz (1.1.3).

Masseurin / Masseuse: Beide femininen Bildungen zu *Masseur* konnten früher in gleicher Weise gebraucht werden. Heute hat sich die Form *Masseurin* ganz allgemein als Berufsbezeichnung durchgesetzt. Die Form *Masseuse* hat darüber hinaus auch die Bedeutung »Prostituierte in einem Massagesalon«. ↑ Titel und Berufsbezeichnungen (3).

maßgebend / maßgeblich: Beide Adjektive bedeuten »das Handeln oder Urteilen bestimmend; entscheidend, wichtig« und lassen sich meistens gegeneinander austauschen. Ein gewisser Unterschied liegt allenfalls darin, dass *maßgebend* stärker den verbalen Charakter erkennen lässt (= das Maß gebend) und einen gewissen Bezug auf die Zukunft hat (= richtungweisend). Wer maßgebend an etwas beteiligt ist, bestimmt die weitere Entwicklung, wer maßgeblich beteiligt ist, ist in besonderer Weise, in starkem Maße, entscheidend beteiligt. Oder: Maßgebliche Personen sind zuständige Personen, sind Personen die für etwas wichtig sind. Demgegenüber sind maßgebende Personen solche, die entscheiden und die weitere Entwicklung bestimmen. Nur ganz selten ist ein Austausch überhaupt nicht möglich, z. B.: … *hängt in der Gegenwart der repräsentative Charakter des Parlaments maßgeblich davon ab, dass …* (Fraenkel). *Die maßgeblichen Köpfe in beiden Hälften der Welt …* (hier schließt der bildliche Gebrauch von *Kopf* das konkrete *maßgebend* aus).

Maß halten: Nach den neuen Regeln zur Rechtschreibung wird *Maß halten* immer und in allen Formen getrennt geschrieben: … *um Maß zu halten. Ich kann nicht Maß halten. Wir sollen Maß halten. Sie hält Maß, hat Maß gehalten.* Bisher ohnehin schon getrennt: *Er kann kein Maß halten. Wir sollten das rechte Maß halten.* ↑ Getrennt- oder Zusammenschreibung (2.1).

-mäßig: 1. Bildungen mit *-mäßig* (*raummäßig, übersetzungsmäßig, liefermäßig*): Bildungen mit *-mäßig* sind heute äußerst beliebt. Sie werden häufig aus Bequemlichkeit gewählt oder neu geprägt, weil man auf diese Weise das, was man meint, nicht präzis zu formulieren braucht, sondern darauf vertrauen kann, dass sich die jeweilige Bedeutung aus dem Zusammenhang der Rede oder aus dem Textzusammenhang ergibt. Das Suffix *-mäßig* wird im Sinne von »in der Art von, wie; entsprechend, gemäß; in Bezug auf, hinsichtlich« verwendet. Der erst in jüngster Zeit aufgekommene Gebrauch von *-mäßig* für »in Bezug auf; hinsichtlich« ist heute am weitesten verbreitet. Wenn durch Bildungen mit *-mäßig* nur gebräuchliche, knappe präpositionale Fügungen oder Zusammensetzungen ersetzt werden, sollte man *-mäßig* vermeiden: *Seine Darstellung hat jetzt an Ausdruck gewonnen* und nicht: *Seine Darstellung hat jetzt ausdrucksmäßig gewonnen. Er ist ihm an Intelligenz überlegen* und nicht: *Er ist ihm intelligenzmäßig überlegen. Der Acker entspricht im Umfang etwa Ihrem Park* und nicht: *Der Acker entspricht umfangsmäßig etwa Ihrem Park. Es gibt dort Stan-*desunterschiede und nicht: *Es gibt dort standesmäßige Unterschiede. Sie ist für die Farbzusammenstellung zuständig* und nicht: *Sie ist für die farbenmäßige Zusammenstellung zuständig.* Auch in vielen anderen Fällen ist der Gebrauch einer präpositionalen Fügung, der Genitiv oder eine entsprechende Umschreibung vorzuziehen: *Probleme der Übersetzung treten besonders in lyrischer Dichtung auf* und nicht: *Übersetzungsmäßige Probleme treten besonders in lyrischer Dichtung auf. Die Geräte im Schuppen waren noch nie so gut aufgeräumt wie heute* und nicht: *Gerätemäßig war der Schuppen noch nie so gut aufgeräumt wie heute.* Gelegentlich sind die Bildungen mit *-mäßig* überhaupt überflüssig, weil schon eine entsprechende Angabe vorhanden ist. Also nicht: *Ich weiß nicht, ob das raummäßig alles in einem Zimmer untergebracht werden kann.*

2. -mäßig / -gemäß: ↑ -gemäß / -mäßig.

maßregeln: Das Verb *maßregeln* ist als Ableitung von *Maßregel* untrennbar. Es muss also heißen: *ich maßregele, ich habe gemaßregelt; um zu maßregeln.* ↑ Getrennt- oder Zusammenschreibung (2.1).

Maßstab: 1. Von zwei verschiedenen Maßstäben ist derjenige als der kleinere zu bezeichnen, der stärker verkleinert. Also ist z. B. 1 : 10 der kleinere, 1 : 5 der größere Maßstab. **2.** Zur Ersatzschreibung *Massstab* ↑ s-Laute (1.2.1).

-maßstäblich / -maßstäbig: ↑ -ig / -isch / -lich.

Mast: 1. Geschlecht und Bedeutung: Das Femininum *die Mast* wird im Sinne von »Mästung« verwendet, das Maskulinum *der Mast* bedeutet »Stange, Ständer; Segelbaum«. **2. Plural:** Der Plural von *die Mast* lautet *die Masten.* Das maskuline Substantiv *der Mast* hat zwei Pluralformen: *die Masten* und (selten:) *die Maste.*

Matador: Das Wort kann sowohl stark *(des Matadors, die Matadore)* als auch schwach *(des Matadoren, die Matadoren)* gebeugt werden.

Match: Es heißt gewöhnlich *das Match* (in Österreich nur so), selten *der Match.* In der Schweiz ist allerdings *der Match* gebräuchlich.

Mathematikaufgaben: Zu *drei und drei ist / sind sechs* ↑ Kongruenz (1.2.4).

Matz: Die familiäre Bezeichnung für »niedlicher, kleiner Junge« hat die Pluralformen *die Matze* und *die Mätze.*

Mauer- / Maurer-: Entsprechende Zusammensetzungen können mit dem Stamm des Verbs *mauern* oder mit dem Substantiv *die Mauer* gebildet sein. Zu *mauern* gehören etwa *Mauerarbeit* (= Arbeit des Mauerns), *Mauermeister* (= Meister des Mauerns; s. u.), *Mauerkelle* (= Kelle zum Mauern). Zu *die Mauer* gehören *Maueranschlag* (= Anschlag an der Mauer), *Mauerblümchen* (= Blümchen an der Mauer), *Mauerhöhe* (= Höhe der Mauer); entsprechend: *Mauerdicke, Mauerfuß* u. a. Daneben stehen Zusammensetzungen mit dem Substantiv *der Maurer: Maurerkelle* (= Kelle des Maurers), *Maurerzunft* (= Zunft der Maurer), *Maurermeister* (= Meister der Maurer; s. o.). Oft sind (vgl. *Maurer- / Mauermeister)* zwei Bildungen gebräuchlich. ↑ Zimmer- / Zimmerer-.

Mause- / Mäuse-: Bei den Bildungen mit *Maus* als Bestimmungswort kommen neben *Mausefalle* und *Mauseloch* gelegentlich auch *Mäusefalle* und *Mäuseloch* vor. Sonst heißt es *Mäusebussard, Mäusejagd, Mäusenest, Mäuseplage* usw.

maximal: Zu nicht korrektem *maximalste* ↑ Vergleichsformen (3.1).

MdB / M. d. B.: Die Abkürzung für *Mitglied des Bundestages* wird dem Familiennamen in der Regel ohne Komma oder in Klammern nachgestellt: *Karl Müller MdB* oder *Karl Müller (MdB).* Die Abkürzung kann auch mit Punkten geschrieben werden.

Meer- / Meeres-: Es gibt Zusammensetzungen mit *Meer* als Bestimmungswort ohne Fugenzeichen und mit der Genitivendung *-es.* Zu den Zusammensetzungen ohne Fugenzeichen gehören *Meerbusen, Meerenge, Meerfrau, Meergott, meergrün, Meerkatze, Meerschaum, Meerschweinchen, meerumschlungen, Meerwasser.* Zusammensetzungen mit Fugenzeichen sind *Meeresalge, Meeresboden, Meeresfreiheit, Meeresgrund, Meereskunde, Meeresspiegel, Meeresstille, Meeresstraße.*

Meerkatze / -rettich / -schweinchen: Während Meerkatze und Meerschweinchen den Namen von ihrer Herkunft jenseits des Meeres haben, verhält es sich beim Meerrettich anders: Die neuhochdeutsche Form geht auf die althochdeutsche Form *mēr[i]rātich,* mittelhochdeutsch *merretich* zurück und bedeutet eigentlich »größerer Rettich«.

Megafon / Megaphon: In neuer Rechtschreibung kann das Substantiv in eingedeutschter Form mit *f* oder wie bisher mit *ph* geschrieben werden.

Mehltau / Meltau: *Mehltau* bezeichnet eine durch bestimmte Pilze hervorgerufene Pflanzenkrankheit, *Meltau* bedeutet »Blattlaushonig, Honigtau«.

mehr / noch: ↑ nur noch / nur mehr.

mehr als: Wird nach *mehr* ein pluralisches Attribut mit *als* angeschlossen, dann kann das folgende Verb in vielen Fällen im Singular oder im Plural stehen, der Plural wird im Allgemeinen bevorzugt: *Mehr als eine Million Einwohner hat /* (häufiger:) *haben gewählt. Mehr als Lumpen fand /* (häufiger:) *fanden sich nicht.* ↑ Kongruenz (1.1.7).

mehrere: 1. die Wahl mehrerer Abgeordneter / mehrerer Abgeordneten: *mehrere* wird heute als Adjektiv (nicht als Pronomen) angesehen. Das folgende [substantivierte] Adjektiv wird daher stark (parallel) gebeugt (↑ Adjektiv [1.2.5]): *mehrere dunkle Kleider, mehrere Anwesende, von mehreren Beamten.* Nur im Genitiv

M

Plural erscheint neben der starken auch noch die schwache Beugung: *Das Talent mehrerer Mitwirkenden war beachtlich. Im Inneren mehrerer von der Decke herabhängenden Totenschädel ... (Huch).* Stark: *Die Einwände mehrerer Abgeordneter blieben unberücksichtigt. ... in Begleitung mehrerer bewaffneter Helfershelfer* (H. Mann).
2. Bedeutung: *mehrere* gibt eine unbestimmte, relativ kleine (im Gegensatz zu *viel*) Anzahl oder Menge an: *Mehrere Tage waren sie schon unterwegs. Mehrere Personen verließen den Saal. Sie zeigte ihm mehrere Muster.* Man versteht unter *mehrere* mindestens drei, meistens aber mehr als drei. Um Unsicherheiten und Missverständnisse auszuschließen, sollte *mehrere* nicht gebraucht werden, wenn man zwei oder drei einschließen will: *Man darf an eine Person in einem Monat nicht mehrere Päckchen schicken.* Unmissverständlich: *... nicht mehr als ein / zwei Päckchen schicken.*

Mehrheit: Auch wenn nach *Mehrheit* das Gezählte im Plural folgt, steht in der Regel das Verb im Singular, weil ja das Subjekt *(Mehrheit)* formal ebenfalls ein Singular ist: *Die Mehrheit der Abgeordneten stimmte dem Vorschlag zu.* Es kann aber auch nach dem Sinn konstruiert werden: *Die Mehrheit der Abgeordneten stimmten dem Vorschlag zu.* ↑ Kongruenz (1.1.3).

mehrmalig / mehrmals: *mehrmalig* ist ein Adjektiv, das nur attributiv beim Substantiv stehen sollte *(trotz mehrmaliger Aufforderung)* und nicht mit dem Adverb *mehrmals* verwechselt werden darf: *Das Stück wurde mehrmals* (nicht: *mehrmalig*) *gespielt.*

mehrsprachig / mehrsprachlich: ↑ -sprachig / -sprachlich.

mehrsten: Der Superlativ zu *viel, viele* heißt nicht *am mehrsten, die mehrsten,* sondern *am meisten, die meisten.*

Mehrstufe: ↑ Komparativ.

Mehrwertsteuer: Abkürzungen: *MwSt. / Mw.-St.*

Mehrzahl: Auch wenn nach *Mehrzahl* das Gezählte im Plural folgt, steht in der Regel das Verb im Singular, weil ja das Subjekt *(Mehrzahl)* formal ein Singular ist: *Die Mehrzahl der Abgeordneten stimmte zu.* Oft wird aber nach dem Sinn konstruiert und das Verb in den Plural gesetzt: *Die Mehrzahl der Abgeordneten stimmten zu.* ↑ Kongruenz (1.1.3). Zu *Mehrzahl* als grammatischem Terminus ↑ Plural.

mein: ↑ Personalpronomen (2); zur Groß- oder Kleinschreibung ↑ dein; zu *Das Buch ist mein / mir / mein[e]s* ↑ mir.

meinem Vater sein Freund: Nicht korrekt für *meines Vaters Freund* ↑ Genitivattribut (1.3.2).

meiner Tante ihr Auto: Nicht korrekt für *das Auto meiner Tante* ↑ Genitivattribut (1.3.2).

meines Erachtens: Zu nicht korrektem *meines Erachtens nach* ↑ Erachten.

meinetwegen / wegen meiner / wegen mir: Die im heutigen Deutsch übliche und korrekte Form lautet *meinetwegen; wegen mir* ist umgangssprachlich, *wegen meiner* veraltet (↑ wegen).

meinige / Meinige: Zur Groß- oder Kleinschreibung ↑ dein.

Meiß[e]ner: Die Einwohner von Meißen heißen *die Meiß[e]ner.* Die Einwohnerbezeichnung wird immer großgeschrieben: *Meißener Porzellan.* ↑ Einwohnerbezeichnungen auf -er (1 und 7).

meist: Auch in Verbindung mit einem Artikel wird *meist* kleingeschrieben: *Die meisten glauben, dass ... Das meiste ist bekannt.* Zur Stellung ↑ Adverb (4).

meistgelesen: ↑ Vergleichsformen (2.5.1).

Meiststufe: ↑ Superlativ.

Meldepflicht der Berufskrankheiten: Nicht korrekt für *Pflicht zur Meldung von Berufskrankheiten* ↑ Kompositum (8).

melken: 1. Die regelmäßigen Konjugationsformen sind heute üblicher als die unregelmäßigen. Im Präsens und im Imperativ gebraucht man nur noch *du*

melkst, er melkt; melke! (nicht: du *milkst,*
er *milkt; milk!*). Im Präteritum wird
überwiegend *melkte* statt *molk* gebraucht. Als 2. Partizip wird gewöhnlich
noch *gemolken,* aber auch schon *gemelkt*
verwendet.
2. Das erste Partizip in dem umgangssprachlichen Ausdruck *melkende Kuh*
für »gute Einnahmequelle« ist korrekt,
weil es zu dem alten intransitiven *melken* im Sinne von »Milch geben« gehört.
Membran / Membrane: Im heutigen
Sprachgebrauch wird *die Membran* bevorzugt.
Menge: Wenn *Menge* im Sinne von »Anzahl, Menschenmenge« Subjekt ist,
muss das Verb in den Singular gesetzt
werden: *Die Menge stürmte* (nicht:
stürmten) *das Rathaus.* Das umgangssprachliche *eine Menge* im Sinne von
»viele« steht dagegen mit dem Plural:
Eine Menge haben sich bereits gemeldet.
Auch wenn nach *Menge* das Gezählte im
Plural folgt, steht in der Regel das Verb
im Singular, weil ja das Subjekt *(Menge)*
formal ein Singular ist: *Eine Menge Äpfel
war faul.* Oft wird aber auch nach dem
Sinn konstruiert und das Verb in den
Plural gesetzt: *Eine Menge Äpfel waren
faul.* ↑ Kongruenz (1.1.3). Zu *eine Menge
hübsche[r] Sachen* ↑ Apposition (2.2).
Mengenbezeichnung: 1. ↑ Maß-, Mengen-
und Münzbezeichnungen.
2. ↑ Kongruenz (1.1.1 und 1.1.3).
Mensch: Das maskuline Substantiv *der
Mensch* ist die allgemeine Bezeichnung
für ein menschliches Lebewesen, eine
Einzelperson. Seine Formen lauten *des,
dem, den Menschen,* Plural: *die Menschen.* Das Neutrum *das Mensch* wird
landschaftlich als verächtlicher Ausdruck für eine Frau gebraucht. Seine
Formen lauten *des Mensch[e]s,* Plural:
die Menscher. ↑ Unterlassung der Deklination (2.1.1).
Meredith' Dichtung: ↑ Apostroph (4.1).
merken: Zu *einen etwas merken lassen*
↑ lassen (5).

Mess- / Messe-: Die Zusammensetzungen
mit *Messe* in der Bedeutung »Handels-
ausstellung, Markt« als Bestimmungswort sind mit *-e-* (Endung des Nominativs Singular) gebräuchlich: *Messebesu-
cher, Messegelände, Messehalle, Messelei-
tung.* Zusammensetzungen mit dem
Verb *messen* zeigen dagegen den Verbstamm *Mess-: Messband, Messbrief,
Messgerät, Messschnur, Messtisch, Mess-
verfahren, Messtechnik, Messzylinder.*
Eine besondere Gruppe bilden die alten
Kirchenwörter mit *Messe* in der Bedeutung »Gottesdienst« als Bestimmungswort: *Messbuch, Messdiener, Messopfer,
Messgewand,* die ohne *-e-* gebraucht werden, obwohl das Bestimmungswort
nicht der Stamm des Verbs ist. ↑ Fugenzeichen.
messen: 1. e/i-Wechsel: Im Indikativ
Präsens heißt es: *ich messe, du misst,
er misst.* Der Imperativ lautet *miss!*
(nicht: *messe!*). Zu *du misst / missest*
↑ Indikativ (2).
2. etwas misst in der / die Höhe: Wird
messen »eine bestimmte Größe haben«
mit *in* verbunden, dann folgt das Substantiv im Dativ: *Das Zimmer misst
2,50 m in der Höhe.*
Metallblock: Der Plural lautet *die Metall-
blöcke.* ↑ Block.
metallic: Das Adjektiv *metallic* kann entweder mit einer Farbbezeichnung eine
Zusammensetzung bilden: *ein Auto in
Blaumetallic, ein Motorrad in Metallic-
blau,* oder es tritt attributiv zu der Farbbezeichnung; dann schreibt man es
klein: *ein Auto in Blau metallic, ein Motorrad in metallic Blau.* ↑ Farbbezeichnungen (3.2).
Metall verarbeitend: Nach den neuen
Rechtschreibregeln wird *Metall verarbeitend* wie die zugrunde liegende Fügung
Metall verarbeiten nur noch getrennt geschrieben: *die Metall verarbeitende Industrie.* ↑ Getrennt- oder Zusammenschreibung (3.1.1).
Metapher: Unter einer Metapher versteht

M

man den übertragenen Gebrauch eines Wortes oder eine bildliche Wendung: *der Frühling des Lebens, jemanden übers Ohr hauen.*

Meteor: Das Substantiv *Meteor* wird in der Allgemeinsprache als Maskulinum gebraucht: *der Meteor.* In der astronomischen Fachsprache ist dagegen das neutrale Genus üblich: *das Meteor.*

Meter: 1. Genus: Die Maßbezeichnung ist sowohl als Maskulinum *(der Meter)* als auch mit neutralem Genus *(das Meter)* gebräuchlich: *Sie ist ein[en] Meter siebzig groß.*
2. Das Gemessene nach *Meter:* *ein Meter englisches Tuch* (geh.: *englischen Tuches*); *der Preis eines Meters Tuch / eines Meter Tuchs; ein Umhang aus drei Metern bestem englischem Tuch* (geh.: *besten englischen Tuchs*). ↑ Apposition (2.2).
3. Drei Meter Stoff reicht / reichen für diesen Anzug: Bei einer pluralischen Meterangabe steht das Verb gewöhnlich im Plural: *Drei Meter Stoff reichen für diesen Anzug.* ↑ Kongruenz (1.2.2).
4. eine Länge von zehn Meter / Metern · in 800 Meter / Metern Höhe: Steht *Meter* mit vorangehendem Artikel, dann wird im Dativ Plural die gebeugte Form gebraucht: *Mit den drei Metern [Stoff] kommen wir nicht aus.* Ohne vorangehenden Artikel wird, wenn das Gemessene nicht folgt, im Allgemeinen auch die gebeugte Form gebraucht: *Mit drei Metern kommen wir nicht aus. Der Träger hat eine Länge von zehn Metern; in einer Entfernung, mit einem Abstand, bei einem Höhenunterschied von 20 Metern.* Folgt das Gemessene, dann wird die ungebeugte, häufiger auch die gebeugte Form verwendet: *Mit drei Meter / Metern Stoff kommen wir nicht aus. Der Ort liegt in 800 Meter / Metern Höhe.* ↑ Maß-, Mengen- und Münzbezeichnungen (1).

MG: ↑ Abkürzungen (3.2).

mich / mir: Zu *mir / mich schmerzen die Füße, der Hund hat mir / mich ins Bein gebissen, mir / mich ekelt vor dem An-*

blick, sie wird mir / mich anrufen usw. vgl. die einzelnen Verben.

Miene / Mine: *Miene* bedeutet »Gesichtsausdruck«, *Mine* »Bleistift- oder Kugelschreibereinlage; Sprengkörper; Stollen; Bergwerk«.

Miet- / Mieten- / Miets-: Viele der Zusammensetzungen mit *Miete* als Bestimmungswort stehen ohne Fugenzeichen, so *Mietauto, Mietbetrag, Mieterhöhung, Mietgesetz, Mietkauf, Mietpreispolitik, Mietrecht, Mietverlustversicherung, Mietvertrag, Mietwagen, Mietwohnung, Mietwucher, Mietzahlung, Mietzins.* Bei den Zusammensetzungen *Mietshaus* und *Mietskaserne* ist das Fugen-s fest. Schwankender Gebrauch des Fugen-s zeigt sich bei folgenden Zusammensetzungen: *Miet[s]mann, Miet[s]steigerung, Miet[s]streitigkeiten, Miet[s]verlust.* In diesen Fällen sind die Schreibungen mit und ohne Fugen-s üblich. Schwankungen treten ebenfalls bei der Zusammensetzung *Mietregelung* auf. Neben dieser Form ist auch *Mietenregelung* gebräuchlich. ↑ Fugenzeichen.

Mietblock: Der Plural lautet *die Mietblocks.* ↑ Block.

mieten / anmieten: ↑ Verb (3).

Milch: Das Substantiv kommt in der Allgemeinsprache nur im Singular vor. In der Fachsprache wird dagegen auch der Plural *die Milche* oder *die Milchen* gebraucht.

mild / milde: Beide Formen sind ohne Bedeutungsunterschied gebräuchlich. ↑ Adjektiv (1.2.14).

Milde: *Milde* wird mit der Präposition *gegen* (nicht mit *für* oder *zu*) verbunden: *Die allzu große Milde des alten Lehrers gegen seine Schüler war allgemein bekannt.*

Militär: Das Substantiv *das Militär* bezeichnet die Streitkräfte, die Gesamtheit der Soldaten eines Landes. Dagegen wird *der Militär* (Plural: *die Militärs*) im Sinne von »[hoher] Offizier« gebraucht.

Militärblock: Als Pluralform wird gewöhnlich *die Militärblöcke,* seltener *die Militärblocks* gebraucht. ↑ Block.

Milliarde: ↑ Million.

Million: 1. Schreibung: *Million* (Abk.: *Mill.* u. *Mio.*) ist ein Substantiv und muss großgeschrieben werden: *ein[und]dreiviertel Millionen, 0,1 Millionen, eine Million dreihundertfünfundzwanzigtausendvierhundertzwölf.* Zu drei Millionen Mal, drei Millionen Male ↑ ²Mal (3).

2. Eine Million Londoner war / waren auf den Beinen: Auch wenn nach *Million* das Gezählte im Plural folgt, steht in der Regel das Verb im Singular, weil das Subjekt *Million* formal ein Singular ist: *Eine Million Londoner war auf den Beinen.* Oft wird aber nach dem Sinn konstruiert und das Verb in den Plural gesetzt: *Eine Million Londoner waren auf den Beinen.* ↑ Kongruenz (1.1.3).

3. Anschluss des Gezählten nach *Million:* Nach *Million* kann das Gezählte im Genitiv (Genitivus partitivus) oder als Apposition stehen: *eine Million neu erbauter Häuser / eine Million neu erbaute Häuser; Millionen hungernder Menschen / Millionen hungernde Menschen.* Wenn *Million* im Plural steht, kann der Genitiv auch durch den Dativ mit *von* umschrieben werden: *Millionen von hungernden Menschen.*

Million[s]tel: Das Substantiv hat sächliches Geschlecht: *das Million[s]tel.* In der Schweiz ist auch *der Million[s]tel* gebräuchlich.

minder: Bei *minder* bleibt, wenn es dekliniert wird, das *e* der Endungssilbe gewöhnlich erhalten: *mindere Waren.* ↑ Adjektiv (1.2.13).

Minderjährige, der und die: Zu allen Zweifelsfragen ↑ Angeklagte, ↑ substantiviertes Adjektiv (2.1).

mindeste: In neuer Rechtschreibung wird *mindeste* bei vorangehendem [mit einer Präposition verschmolzenem] Artikel groß- oder wie bisher kleingeschrieben: *nicht das Mindeste /* (auch:) *mindeste* (= gar nichts), *nicht im Mindesten /*

(auch:) *mindesten* (= überhaupt nicht), *zum Mindesten /* (auch:) *mindesten* (= wenigstens).

mindestens: ↑ zumindest / mindestens / zum Mindesten.

Mineral: Das Wort hat zwei Pluralformen: *die Minerale* und *die Mineralien.*

Mineralwasser: Der Plural lautet *die Mineralwässer.*

Mini-: ↑ Amerikanismen / Anglizismen (2).

minimal: Zu nicht korrektem *minimalste* ↑ Vergleichsformen (3.1).

Minister: Zu *des Ministers Müller / Minister Müllers* ↑ Titel und Berufsbezeichnungen (1.2 und 1.3). Zu *des Herrn Ministers* (nicht: Minister) ↑ Herr (2 b).

Ministerin / Ministerpräsidentin: Für weibliche Personen werden heute die maskulinen Berufsbezeichnungen *Minister* und *Ministerpräsident* kaum noch gebraucht. An ihre Stelle sind fast ausschließlich die femininen Bildungen auf *-in* getreten: *Die Ministerin für Wissenschaft und Forschung, [Frau] Anita Kirch, führte aus ... Die Ministerpräsidentin, [Frau] Indira Gandhi, erklärte vor dem Parlament ...* ↑ Titel und Berufsbezeichungen (3), ↑ Brief (7), ↑ Movierung.

minus: 1. Rektion: In der Kaufmannssprache wird *minus* als Präposition im Sinne von »abzüglich« verwendet. Sie regiert im Allgemeinen den Genitiv: *der Betrag minus der üblichen Abzüge.* Ein allein stehendes, stark gebeugtes Substantiv im Singular bleibt im Allgemeinen ungebeugt: *der Betrag minus Rabatt.* Der Dativ Plural steht bei allein stehenden Substantiven, deren Genitiv mit Nominativ und Akkusativ übereinstimmt: *der Betrag minus Abzügen.*

2. Zu *Fünf minus drei ist, gibt, macht* (nicht: *sind, geben, machen*) *zwei* ↑ Kongruenz (1.2.4).

mir: 1. Der Gebrauch von *sein* mit dem Dativ des Personalpronomens *mir (Das Buch ist mir)* gilt standardsprachlich nicht als korrekt, die Verwendung des Possessivpronomens *mein (Das Buch ist*

M

mein) gehört der gehobenen Stilschicht an und veraltet allmählich. Landschaftlich ist diese Verwendungsweise allerdings noch üblich. Statt dessen: *Das ist mein Buch. Das Buch ist mein[e]s. Das Buch gehört mir.* **2.** Zu *mir als Abgeordnetem / Abgeordneten* ↑ Apposition (3.1); zu *mir als anerkanntem / anerkannten Fachmann* ↑ Apposition (4). Vgl. auch ↑ mich / mir.

miserabel: Bei *miserabel* fällt, wenn es dekliniert oder gesteigert wird, das *e* der Endungssilbe aus: *ein miserables Wetter; das ist noch miserabler.* ↑ Adjektiv (1.2.13).

miss-: Bei Verben mit dem Präfix *miss-* treten Schwankungen hinsichtlich der Betonung und der Bildung des zweiten Partizips (mit oder ohne *ge-*) und des Infinitivs auf. Da *miss-* nicht mehr als selbstständiges Wort gebraucht wird, steht es im Allgemeinen vor Verben unbetont. In diesem Fall werden das zweite Partizip und der Infinitiv mit *zu* wie bei den anderen Präfixverben und festen Zusammensetzungen (z. B. *durchbrechen*) gebildet: *missachten, missachtet, zu missachten; missdeuten, missdeutet, zu missdeuten; missleiten, missleitet, zu missleiten; missbilligen, missbilligt, zu missbilligen.* Wenn *miss-* aber unter dem Einfluss von Formen mit betonter Partikel wie bei den unfesten Zusammensetzungen (z. B. *anführen*) oder nach dem Muster von *maßregeln* den Hauptton trägt, dann werden das zweite Partizip und der Infinitiv mit *zu* wie folgt gebildet: *missgebildet, misszubilden; missgeleitet, misszuleiten; missverstanden, misszuverstehen.*

missen / vermissen: Bei der Verwendung von *missen* und *vermissen* ist Folgendes zu beachten: *missen* bedeutet »entbehren« und wird im Allgemeinen in Verbindung mit einem Modalverb gebraucht: *Ich habe mich so daran gewöhnt, dass ich es nicht mehr missen möchte. Diese langweiligen Zusammen-*

künfte kann ich gerne missen. Dagegen besagt *vermissen,* dass sich jemand des Verlustes oder des Fehlens einer Sache oder Person bewusst ist [und sich nach ihr sehnt]. Der Grad dieser bewussten Entbehrung wird oft durch Umstandsangaben gekennzeichnet: *Ich vermisse dich sehr. Sie vermisst die vertraute Umgebung. Die Einrichtung lässt jeden Geschmack vermissen.*

missgestalt / missgestaltet: Zu *ein missgestalter Baum, eine missgestaltete Form* ↑ -gestalt / -gestaltet.

Misstrauen: Nach *Misstrauen* wird mit der Präposition *gegen* (nicht *für*) angeschlossen: *Wir alle in der Abteilung waren ohne Misstrauen gegen die neue Kollegin.*

mit: 1. Rektion: Die Präposition *mit* regiert den Dativ. Substantive, die den Plural nicht mit *-s* bilden, müssen daher im Dativ Plural die Endung *-n* haben: *mit Deckeln* (nicht: *mit Deckel*), *mit Brettern* (nicht: *mit Bretter*) usw.

2. mit [ihr] und / oder ohne sie: Da *mit* den Dativ, *ohne* aber den Akkusativ regiert, ist es eigentlich nicht möglich, das zugehörige Substantiv oder das Pronomen nach *mit* zu ersparen. Es müsste streng genommen heißen: *mit ihr und ohne sie, mit Kindern oder ohne Kinder.* Diese doppelte Setzung wirkt jedoch so schwerfällig, dass sich die elliptische Form weitgehend durchgesetzt hat und auch standardsprachlich als korrekt gilt: *mit und ohne sie, mit oder ohne meine Kinder.* Man muss aber den Kasus verwenden, den die dem Substantiv oder Pronomen zunächst stehende Präposition verlangt (also nicht: *mit und ohne ihr, mit und ohne meinen Kindern*). ↑ Ellipse (11).

3. mit + Superlativ: Die Ausdrucksweise *mit der beste Schüler, mit das schönste Gebäude* ist umgangssprachlich gefärbt und lässt sich durch *einer* + Genitiv ersetzen: *einer der besten Schüler, eines der schönsten Gebäude.*

4. mit oder bis: Die Ausdrucksweise

15. Mai mit 15. Juni anstelle von *15. Mai bis 15. Juni* ist landschaftlicher Gebrauch, standardsprachlich ist sie nicht korrekt.

5. Frau K. **mit ihrer Tochter sprach / sprachen ihr Beileid aus:** Das Attribut *mit ihrer Tochter* übt keinen Einfluss auf den Numerus des Verbs aus: Da das Subjekt *Frau K.* ein Singular ist, muss es heißen: *Frau K. mit ihrer Tochter sprach ihr Beileid aus.* ↑ Kongruenz (1.1.6).

6. Zusammen- oder Getrenntschreibung: Getrennt schreibt man *mit* vom folgenden Verb, wenn es die vorübergehende Beteiligung ausdrückt (meist tragen beide Wörter Starkton): *Du kannst mịt aufladen helfen. Alle anderen Arbeiten werden wir mịt übernehmen. Die Kosten sind mịt berechnet. Das kann ich nicht mịt ansehen.* Zusammen schreibt man (*mit-* trägt meist Starkton), wenn *mit* eine dauernde Vereinigung oder Teilnahme ausdrückt *(mịtarbeiten, mịtfahren, mịtnehmen, mịtreden, mịtreisen, mịtspielen, mịttun, mịtwirken, mịtwollen).* Zusammen schreibt man ohnehin: *mịtbringen* (= schenken), *mịtreißen, mịtteilen* (= melden). – In manchen Fällen sind beide Schreibungen möglich: *mitberücksichtigen / mit berücksichtigen, mitunterzeichnen / mit unterzeichnen.*

mit / von / durch: Zur Verwechslung dieser Präpositionen bei der Bildung des Passivs ↑ Passiv (1).

mit an Sicherheit grenzender / grenzende Wahrscheinlichkeit ...: ↑ grenzend.

Mitarbeit: Zu *für 10 Jahre treue / treuer Mitarbeit* ↑ Apposition (2.2).

mit dem / damit: ↑ Pronominaladverb.

miteinander: Man schreibt *miteinander* immer vom folgenden Verb getrennt: *Wir wollen miteinander spielen. Sie werden nicht miteinander auskommen.* ↑ Getrennt- oder Zusammenschreibung (1.4).

mit einer Art ...: Zu *mit einer Art blauen / blauer Glasur* ↑ Art und ↑ Apposition (4).

mithaben: Man schreibt das umgangssprachliche Verb zusammen: *Wenn sie ihr Gepäck mithat, können wir gehen.*

mithilfe / mit Hilfe: In neuer Rechtschreibung kann man zusammen- oder wie bisher getrennt schreiben: *mithilfe* oder *mit Hilfe ihrer Freunde.*

Mitlaut: ↑ Konsonant.

Mitleid erregend / mitleiderregend: Nach den neuen Rechtschreibregeln kann *Mitleid erregend* oder *mitleiderregend* geschrieben werden: *in einem Mitleid erregenden / mitleiderregenden Zustand sein.* Die Fügung wird jedoch immer zusammengeschrieben, wenn sie durch ein Adverb näher bestimmt ist: *in einem äußerst mitleiderregenden Zustand sein.* Die Zusammenschreibung gilt auch dann, wenn die Fügung als Ganzes gesteigert wird: *Es trat ein mitleiderregenderer Zustand ein.* ↑ Getrennt- oder Zusammenschreibung (3.1.1).

Mitnahme: ↑ -nahme.

mit oder ohne: ↑ mit (2).

Mittag: Auch nach den neuen Rechtschreibregeln wird *Mittag* mit zwei *t* geschrieben, da das Wort kaum noch als Zusammensetzung erkannt wird. ↑ Zusammentreffen dreier gleicher Buchstaben.

Mittag / mittags: Groß schreibt man das (oft an Artikel oder Präpositionen kenntliche) Substantiv: *Es geht auf Mittag zu; gegen Mittag; vor Mittag ist sie nicht zu sprechen; über Mittag ist er nicht im Büro.* In neuer Rechtschreibung auch: *heute / morgen Mittag.* Klein schreibt man das Adverb *mittags* z. B. in *von morgens bis mittags, mittags um 12 Uhr, montags mittags.* Zum Unterschied von *dienstagmittags, dienstags mittags* und *Dienstagmittag* ↑ Adverb (3).

Mitte: Die Großschreibung für dieses Substantiv gilt auch in Lageangaben wie *Sie wohnt im 3. Stock Mitte.* Zu *Mitte Januar* ↑ Monatsnamen (1).

mittel: ↑ Vergleichsformen (2.2).

Mittel: Zu *ein Mittel für / gegen den Husten* ↑ für / gegen.

M

Mitte-links-Bündnis: Die Kleinschreibung für das Adverb *links* (entsprechend: *rechts*) gilt auch in durchgekoppelten Substantivzusammensetzungen wie *Mitte-links-Koalition, Links-rechts-Kombination, Rechts-links-Naht.*

mittels: 1. Form und Gebrauch: Neben der aus dem Genitiv von *das Mittel* entstandenen Präposition *mittels* ist auch die erweiterte Form *mittelst* gebräuchlich. Beide Formen sind papierdeutsch. Stilistisch besser sind *mit, mithilfe von, durch.* Nicht korrekt ist der Gebrauch von *mittels von* (*mittels von Worten*).
2. Rektion: Die Präposition regiert im Allgemeinen den Genitiv: *mittels elektrischer Energie, mittels eines Flaschenzuges, mittels Drahtes.* Ein stark zu beugendes Substantiv im Singular ohne Artikel und ohne Attribut steht allerdings häufig ohne Genitivendung: *mittels Draht* (statt: *mittels Drahtes*). Bei einem allein stehenden stark gebeugten Substantiv im Plural, bei dem sich der Genitiv in der Form nicht vom Nominativ und Akkusativ unterscheidet, tritt dieses Substantiv in den Dativ: *mittels Drähten.* Der Dativ steht auch dann, wenn ein weiteres starkes Substantiv im Genitiv Singular hinzutritt: *mittels Vaters neuem Rasierapparat.* ↑ Präposition (2).

mittelste: *mittelste* ist der Superlativ zu einem heute nicht mehr gebräuchlichen Positiv *mittel* und zu dem Komparativ *mittlere.* Es sollte nicht in einem Zusammenhang gebraucht werden, in dem der Komparativ *mittlere* ausreicht. Wohl: *der mittelste der 5 Pfeiler,* aber nicht: *der mittelste* (statt: *mittlere*) *von drei Pfeilern.*

Mittelwort: ↑ Partizip, ↑ erstes Partizip, ↑ zweites Partizip.

Mittelwortgruppe / -satz: ↑ satzwertiges Partizip.

mitten: Im Allgemeinen schreibt man *mitten* von einem folgenden Adverb oder von einer folgenden Präposition + Substantiv getrennt: *Der Stab brach mitten entzwei.* Entsprechend: *mitten darein / darin, mitten darunter / hindurch / hinein; mitten unter dem Baum, mitten durch die Menge, mitten in der Nacht.* Zusammen schreibt man, wenn es sich um enge Verbindungen von *mitten* mit umgangssprachlichen Verkürzungen (*drunter* für *darunter* usw.) handelt: *mittendrin, mittendrunter, mittendurch,* auch: *mitteninne, mittenmang.*

Mitternachtsstunde: ↑ Fugen-s (3.5).

mittlere: Klein schreibt man das Adjektiv auch in Fügungen wie *mittlere Beamtenlaufbahn, mittlere Reife* usw. Groß schreibt man das Adjektiv dagegen in Namen: *der Mittlere Osten.*

mittun: ↑ mit (6).

Mittwoch: Zu *Mittwochabend* ↑ Dienstag (2). Zu *Mittwochabend / mittwochabends / mittwochs abends* ↑ Adverb (3). Zu *am Mittwoch, dem / den 14. 1.* ↑ Datum. Zur Deklination *des Mittwoch[e]s / des Mittwoch* ↑ Wochentage.

mit und ohne: ↑ mit (2).

mit was / womit: Standardsprachlich ist in der Regel das Pronominaladverb *womit: Womit hast du das poliert? Ich weiß nicht, womit ich ihn gekränkt habe.* Die Verbindung *mit + was* (*Mit was hast du das poliert? Ich weiß nicht, mit was ich ihn gekränkt habe*) kommt in der Umgangssprache recht häufig vor, sie gilt jedoch als stilistisch unschön. ↑ Pronominaladverb (5).

mitwollen: ↑ mit (6).

möchte: ↑ mögen, ↑ ich darf / möchte / würde sagen.

Modalsatz: Der Modalsatz ist ein Nebensatz, der angibt, wie sich der im Hauptsatz genannte Sachverhalt, das dort genannte Geschehen oder Sein, vollzieht. Konjunktionen: *indem, dadurch – dass, so – dass, wobei, ohne dass, ohne zu* + Infinitiv, *[an]statt zu* + Infinitiv. **1. Arten des Modalsatzes: a)** Der Modalsatz nennt einen Umstand, der für die Dauer des Geschehens im Hauptsatz zutrifft: *Sie*

verabschiedete sich von mir, indem sie mir freundlich zulächelte. **b)** Der Modalsatz nennt einen fehlenden oder einen stellvertretenden Umstand: *Er verleumdete mich, ohne dass er einen Grund dafür hatte. Er redete, [an]statt zu handeln.* Von den Modalsätzen, die durch *ohne dass* eingeleitet werden, sind jene zu unterscheiden, die zwar ebenfalls durch *ohne dass* eingeleitet werden, aber eine nicht eingetretene Folge nennen (↑ Konsekutivsatz). **c)** Der Modalsatz nennt einen einschränkenden (restriktiven) Umstand: *Soviel ich mich erinnere, ist er in Hamburg geboren. Sie wird daran arbeiten, soweit sie dafür Zeit findet.* **d)** Zu den Modalsätzen rechnet man auch die Vergleichssätze, die den Sachverhalt, der im Hauptsatz genannt ist, mit einem anderen vergleichen: *Ilse ist so schön, wie ihre Mutter es im gleichen Alter war. Ilse ist schöner, als ihre Mutter es im gleichen Alter war.* Zum Unterschied des Anschlusses mit *als* und *wie* ↑ als / wie. **e)** Dem Vergleichssatz nahe steht der Proportionalsatz, mit dessen Hilfe angegeben wird, dass sich der Grad oder die Intensität des Geschehens im Hauptsatz gleichmäßig mit dem im Nebensatz ändert: *Je älter ich werde, desto anspruchsloser werde ich.*
2. Modus: Zum Modus bei der Koppelung eines Konditionalsatzes mit einem Vergleich *(Er legte sich ins Bett, wie wenn er schwach wäre)* ↑ als [ob] / als wenn / wie wenn.
Modalverb: *dürfen, können, mögen, müssen, sollen, wollen* bilden die Gruppe der Modalverben. Verbunden mit dem Infinitiv anderer Verben, dienen sie vorwiegend dazu, ein anderes Geschehen oder Sein zu modifizieren, und zwar im Sinne einer Notwendigkeit und eines Zwangs, einer Fähigkeit und Möglichkeit, einer Erlaubnis und eines Wunsches, einer Vermutung und eines Zweifels o. Ä.: *Er darf lesen* (↑ dürfen). *Das Fest könnte begonnen werden* (↑ können / dürfen). *Sie*

mag kommen (↑ mögen). *Vera sollte zu Hause bleiben* (↑ sollen). *Der Mann will Deutsch studiert haben* (↑ wollen). **1. Infinitiv / zweites Partizip:** Die Modalverben bilden, wenn ihnen ein reiner Infinitiv vorangeht, kein zweites Partizip, sondern stehen dann selbst im Infinitiv: *Er hat kommen müssen* (nicht:*gemusst*). ↑ Infinitiv (4). Werden sie als Vollverben gebraucht, lautet ihr 2. Partizip *gekonnt, gemocht* usw.: *Sie hat die Vokabeln nicht gekonnt. Ich habe den Speck nicht gemocht.*
2. Häufung modaler Ausdrücke: Gelegentlich findet sich in einem Satz neben dem Modalverb noch ein weiterer modaler Ausdruck, der wie dieses eine Notwendigkeit, eine Möglichkeit, eine Erlaubnis oder Ähnliches bezeichnet: *Ich bitte um die Erlaubnis, das tun zu dürfen.* Diese unnötige Häufung sollte man vermeiden. Besser: *Darf ich das tun?* Oder: *Ich bitte um die Erlaubnis, das zu tun.* ↑ dürfen, können usw., ↑ Pleonasmus.
3. Stellung: Gelegentlich bereitet die Stellung des Modalverbs in zusammengesetzten Zeiten Schwierigkeiten. Die Regel lautet, dass die Modalverben, wenn sie nicht selbst die Personalform des Prädikats bilden (↑ Finitum), am Ende des Satzes stehen: *Er hätte* (Personalform) *wirklich kommen sollen / müssen / dürfen. Wer hat die Schrift entziffern können?* Dies gilt auch für Nebensätze: *Er ist gekommen, obwohl er uns nicht mehr hat benachrichtigen können.* Landschaftlich und umgangssprachlich wird mitunter das Modalverb vorangestellt: *Er hätte uns sollen benachrichtigen.* Statt:*Er hätte uns benachrichtigen sollen. Wir sagten ihm, dass er uns einen Brief hätte können schreiben.* Statt:*Wir sagten ihm, dass er uns einen Brief hätte schreiben können.*
Mode- / Moden-: Die Zusammensetzungen mit *Mode* als Bestimmungswort werden überwiegend mit *-e-* (Endung des Nominativs Singular) gebildet, besonders

M

dann, wenn *Mode* die Bedeutung »Zeit-, Tagesgeschmack« hat (z. B. *Modeausdruck, Modedichter, Modewort*), aber auch dann, wenn es sich auf das Neueste, Zeitgemäße in Kleidung, Haartracht usw. bezieht (z. B. *Modeschaffen, Modewaren, Modewelt, Modemesse*). Einige Wörter der letztgenannten Gruppe kommen auch mit der Form *Moden-* vor, die dem Plural von *Mode* entspricht und sich mehr auf die konkreten Einzelformen und Gestaltungen der Mode (*Hutmoden, Pelzmoden, Haarmoden, Schuhmoden* usw.) bezieht: *Mode[n]haus, Mode[n]schau, Mode[n]zeitung.* ↑ Fugenzeichen.

Modewort: 1. Modewörter sind, wie ihr Name sagt, zumeist nur für eine begrenzte Zeitdauer besonders beliebte Wörter und Wendungen. Es handelt sich dabei um neu geprägte Wörter, um Wörter oder Wendungen, die aus einer fremden Sprache übernommen wurden (↑ Amerikanismen / Anglizismen), oder um Wörter, die in der Sprache bereits vorhanden waren, mit einem Mal aber – oft in neuer Bedeutung – häufig gebraucht werden. Wörter und Wendungen dieser Art werden plötzlich allgemein beliebt. Sie gehören oft der Sprache bestimmter Berufs-, Gesellschafts- oder Altersgruppen an (Sprache der Politiker, des Journalismus, der Behörden, der Jugendlichen u. a.). Die ursprüngliche Aussagekraft dieser Wörter ist meist verblasst. Viele Sprachkritiker sind der Meinung, Wörter dieser Art würden fast immer wahllos oder gedankenlos gebraucht, sie seien zu Schablonen geworden und aus diesem Grunde sei ihr Gebrauch nicht zu empfehlen (z. B. *echt* als Verstärkung: *echt toll, sich echt erholen*). **2.** Der Plural von *Modewort* lautet *die Modewörter* (nicht: *die Modeworte*).

Modus: Unter Modus (Plural: *die Modi*) als grammatischem Terminus versteht man die Aussageweise des Verbs, mit der die Stellungnahme des Sprechers zu dem, was er sagt, ausgedrückt wird: *Peter liest ein Buch.* ↑ Indikativ. *Das bleibe dahingestellt.* ↑ Konjunktiv. *Lies!* ↑ Imperativ.

mögen: 1. zweites Partizip oder Infinitiv: Das zweite Partizip des Vollverbs *mögen* heißt *gemocht: Er hat den Speck nicht gemocht.* Wird *mögen* als Modalverb gebraucht, dann steht nach einem reinen Infinitiv nicht das zweite Partizip, sondern ebenfalls der Infinitiv: *Er hat den Speck nicht essen mögen* (nicht: *gemocht*).
2. Das Modalverb *mögen* in Wunsch- und Begehrenssätzen: Der Konjunktiv I des Modalverbs *mögen (ich möge, du mögest)* wird zur Kennzeichnung eines Begehrens verwendet: *Möge sie glücklich werden!* Der Konjunktiv II von *mögen (ich möchte, du möchtest)* wird zur Kennzeichnung eines irrealen Wunsches verwendet: *Möchte er es doch endlich einsehen!* Die Formen des Konjunktivs II werden häufig auch indikativisch als höfliche Ausdrucksweise anstelle von *wollen* gebraucht: *Ich möchte noch ein Bier. Sie möchte, dass er es erfährt.* ↑ Wunschsatz; vgl. auch ↑ ich darf / möchte / würde sagen.

möglich: 1. Vergleichsformen: Ein Komparativ von *möglich* ist im Allgemeinen ungebräuchlich. An seiner Stelle steht die Grundstufe *möglich* mit dem vorangestellten Komparativ eines den Steigerungsgrad kennzeichnenden Adjektivs. Also: *Morgen wäre es besser / leichter möglich* (nicht: *Morgen wäre es möglicher*). Der Superlativ *möglichst* ist ein Adverb und sollte nicht als Attribut (Beifügung) eingesetzt werden: *Die Arbeiten sind möglichst zu beschleunigen* und nicht: *unter möglichster Beschleunigung* ... Vor steigerungsfähigen Adjektiven bringt *möglichst* den erwünschten, möglichst hohen Grad einer Eigenschaft (*so* ... *wie [nur] möglich*) zum Ausdruck: *Ich brauche einen möglichst großen Briefumschlag* (= so groß wie möglich). *Er soll möglichst schnell kommen* (= so schnell wie möglich). Daneben wird *möglichst* im Sinn von »nach Möglichkeit, wenn es möglich ist« gebraucht: *Ich wollte mich möglichst zurückhalten. Die Sendung soll möglichst noch heute zur Post. Verwenden Sie zum Abschmieren möglichst graphitarme Öle!* Können – vor steigerungsfähigen Adjektiven – Missverständnisse entstehen, dann ist *nach Möglichkeit / wenn es möglich ist* statt *möglichst* zu verwenden: *Wir suchen für diese Arbeit nach Möglichkeit / wenn möglich junge Leute* gegenüber *Wir suchen für diese Arbeit möglichst junge Leute* (= Leute, die so jung wie möglich sind). Der Superlativ *möglichst* darf nicht mit dem Superlativ eines Adjektivs verbunden werden. Es heißt also *größtmöglich* (nicht: *größtmöglichst*), *bestmöglich* (nicht: *bestmöglichst*), *schnellstmöglich* (nicht: *schnellstmöglichst*) usw. ↑ baldmöglichst, ↑ Vergleichsformen (2.5.1).

2. Es kann möglich sein: Die Aussage *Es kann möglich sein* ist pleonastisch. Es genügt zu sagen: *Es ist möglich* oder *Es kann sein.* ↑ Pleonasmus.

3. Rechtschreibung: Groß schreibt man das substantivierte Adjektiv: *Er muss alles Mögliche bedenken. Das liegt im Rahmen des Möglichen. Mögliches und Unmögliches zu unterscheiden wissen, diese Fähigkeit wird von einem Politiker verlangt. Das Mögliche und Notwendige erreichen wollen.* Nach den neuen Regeln auch: *Sie wird das Mögliche tun. Er hat alles Mögliche getan. Ich habe mein Möglichstes getan.* ↑ Groß- oder Kleinschreibung (1.2.1).

Möglichkeitsform: ↑ Konjunktiv.

-möglichst: ↑ baldmöglichst, ↑ möglich (1).

Mohr: Außer dem Nominativ *der Mohr* enden alle anderen Formen auf *-en: des, dem, den Mohren;* Plural: *die Mohren.* ↑ Unterlassung der Deklination (2.1.1).

Moll: ↑ Dur / Moll.

Moment: Im Sinn von »Augenblick, kurze Zeitspanne« ist *Moment* ein Maskulinum: *der Moment.* Im Sinn von »Umstand, Merkmal, Gesichtspunkt« ist *Moment* ein Neutrum: *das Moment.*

-monatig / -monatlich: Zusammensetzungen mit *-monatig* nennen eine nach Monaten bemessene Zeitdauer: *ein zweimonatiger Aufenthalt* (= der Aufenthalt dauert zwei Monate). Zusammensetzungen mit *monatlich* nennen einen nach Monaten bemessenen Turnus, in dem sich etwas [regelmäßig] wiederholt: *eine zweimonatliche Rate* (= eine jeden zweiten Monat fällige Rate). Findet eine Sitzung dreimonatlich statt, so bedeutet das, dass die Teilnehmer an dieser Sitzung alle drei Monate zusammenkommen. ↑ -ig / -isch / -lich (1).

Monatsnamen: 1. Deklination: Die Monatsnamen werden stark gebeugt. Besonderheiten: Das Dativ-e tritt nicht mehr auf: *im Januar* (nicht: *im Januare*). Auch der Genitiv ist im heutigen Sprachgebrauch häufig ohne Endung: *des Januar[s], des Juni[s]; des 6. Juni[s], des 12. Januar[s].* Die Monatsnamen auf *-er* bewahren häufiger die Genitivendung: *des Septembers, des Oktobers.* *März* bildet zuweilen den Genitiv auf *-es: des Märzes;* die schwache Genitivform *des Märzen* ist veraltet. *Mai* und *August* haben auch die Genitivendung *-[e]s* (die schwache Genitivform *des Maien* ist heute veraltet). Allgemein gilt: Die ungebeugte artikellose Form des Monatsnamens steht vor allem dann, wenn ein Substantiv vorangeht: *Anfang Januar, Mitte Juli, Ende Oktober.* Auch wenn die Monatsnamen als Apposition (Beisatz) bei *Monat* stehen, bleiben sie ungebeugt: *des Monats Januar.*

2. Plural: Die auf *-er* endenden Monatsnamen *(September, Oktober, November, Dezember)* sind im Plural endungslos *(die September* usw.), die auf *-ar (Januar, Februar)* enden mit *-e (die Januare, die Februare).* Ebenso: *die Märze, Aprile, Maie, Auguste.* *Juni* und *Juli* enden im Plural auf *-s (die Junis, Julis).*

3. Deutsche Monatsnamen (ohne Anspruch auf Vollständigkeit): Januar:Hartung, Eismond, Jänner (österr.); Februar: Hornung, Feber (österr.); März:Lenzing, Lenzmond; April:Ostermond; Mai: Wonnemond; Juni:Brachmond; Juli: Heumond, Heuet; August:Erntemond, Ernting; September:Herbstmond, Scheiding; Oktober:Weinmond, Gilbhart; November:Nebelmond, Neblung; Dezember:Heil[ig]mond, Christmond, Wintermond, Julmond. Anstelle von *-mond* findet sich auch *-monat* (*Eismonat* usw.).

4. Zu *Es ist / sind zwei Monate her* ↑ Es ist / sind zwei Jahre her.

Mond- / Mondes- / Monden-: Die Zusammensetzungen mit *Mond* als Bestimmungswort stehen fast ausschließlich ohne Fugenzeichen: *Mondbahn, Mondblindheit, Mondfähre, Mondfinsternis, Mondgestein, mondhell, Mondsichel, Mondstein, Mondsucht* u. a. Auch *Mondschein* hat im Allgemeinen kein Fugenzeichen. Die Bildungen *Mondenschein* und *Mondesglanz* finden sich in älteren (literarischen) Texten. ↑ Fugenzeichen.

Monitor: Der Plural von *Monitor* heißt *Monitoren* oder *Monitore*.

Montag: Zu *Montagabend* ↑ Dienstag (2). Zu *Montagabend / montagabends / montags abends* ↑ Adverb (3). Zu *Am Montag, dem/den 14. 1.* ↑ Datum. Zu *des Montag[e]s / des Montag* ↑ Wochentage.

montieren: In Verbindung mit der Präposition *auf* oder *an* kann nach *montieren* sowohl der Dativ als auch der Akkusativ stehen. Der Dativ steht, wenn die Vorstellung des Ortes, wo etwas montiert wird, bestimmend ist (Frage: wo?). Der Akkusativ steht, wenn die Vorstellung der Richtung herrscht (Frage: wohin?): *eine Lampe an der / an die Decke montieren; die Antenne auf dem Dach / auf das Dach montieren; das Schild an der / an die Vorderseite montieren.*

moorbaden: Das Verb ist nur im Infinitiv gebräuchlich: *Ich muss moorbaden.* ↑ Getrennt- oder Zusammenschreibung (2.1).

Mopp: In neuer Rechtschreibung wird *Mopp* mit zwei *p* geschrieben.

Mops: Der Plural von *Mops* hat Umlaut und lautet *die Möpse*.

Morast: Das Wort hat zwei Pluralformen: *die Moraste* und daneben mit Umlaut *die Moräste*.

Mord- / Mords-: Innerhalb der Zusammensetzungen mit *Mord* als Bestimmungswort lassen sich vom Inhalt und von der Bildung her zwei Gruppen unterscheiden. Die erste Gruppe steht immer mit Fugen-s; der erste Bestandteil dieser Zusammensetzungen dient der Verstärkung: *Mordshunger* (= sehr großer Hunger; ugs.), *Mordskerl* (= starker, pfiffiger, gewandter Bursche; ugs.), *Mordslärm* (= großer Lärm; ugs.), *Mordsspaß* (= großer Spaß; ugs.) u. a. Die zweite Gruppe hat kein Fugen-s, *Mord-* hat hier die Bedeutung »absichtliche Tötung«: *Mordanschlag, Mordinstrument, Mordkommission, Mordtat* u. a. *Mordsgeschichte* wäre also eine ungeheuerliche, tolle Geschichte, *Mordgeschichte* jedoch die Geschichte, in der ein Mord vorkommt. ↑ Fugen-s (3).

morgen: 1. Rechtschreibung: Großschreibt man das besonders an Artikel und Präpositionen erkennbare Substantiv: *an einem Morgen, bis gegen Morgen, vom Morgen bis zum Abend, eines Morgens.* In neuer Rechtschreibung auch: *heute Morgen, gestern Morgen.* Kleinschreibt man die Adverbien *morgen* und *morgens: morgen früh, sie hat ihn auf morgen vertröstet; bis morgen, Schulaufgaben für morgen; die Mode von morgen; von morgens bis abends, montags morgens.* Zum Unterschied von *dienstagmorgens / Dienstagmorgen* ↑ Adverb (3).

2. morgen / am folgenden Tag: Das Zeitadverb *morgen* wird bei der Erzählung oder Darstellung im Präteritum gelegentlich so gebraucht, dass ein inkorrekter Zeitbezug entsteht: *Ich teilte die Leute ein, die morgen (* statt:*am folgenden Tag) Schnee räumen sollten.*

¹Morgen: Der Plural von *Morgen* heißt *die Morgen* (nicht:*die Morgende*).

²Morgen: Zu *zwei Morgen Land:* ↑ Maß-, Mengen- und Münzbezeichnungen (1).

morgendlich: Die richtige Schreibweise ist *morgendlich* (nicht – wie früher einmal üblich – *morgentlich* oder *morgenlich*).

Mosel[l]aner: Beide Schreibungen sind korrekt (die Schreibung mit Doppel-l leitet sich von der lateinischen Form *Mosella* des Flussnamens Mosel her).

Motel: Das Substantiv *das Motel* (auch: *Motel*)»an Autobahnen o. Ä. gelegenes Hotel mit Garagen [u. Tankstellen]« kommt aus dem Englischen (↑ Amerikanismen / Anglizismen) und ist eine Zusammenfügung aus *motor* und *hotel*.

Motion: ↑ Movierung.

Motor: Das Substantiv hat eine schwache und eine starke Pluralform. Der schwache Plural *die Motoren* gehört zu dem Singular *Motor* (Gen.: *des Motors*) mit der Betonung auf der ersten Silbe; der starke Plural *die Motore* gehört zu dem Singular *Motor* (Gen.: *des Motors*) mit der Betonung auf der zweiten Silbe. Beide Betonungen und beide Pluralformen sind korrekt.

Motorblock: Der Plural von *Motorblock* lautet *die Motorblöcke*.

Motto: Der Plural von *Motto* heißt *die Mottos*.

Movierung: Unter Movierung (Motion) versteht man die Ableitung einer femininen Personen-, Berufs- oder Tierbezeichnung aus einer vorliegenden maskulinen (vorwiegend mithilfe des Suffixes -*in*): *Arzt* – *Ärztin*, *Pate* – *Patin*, *Zimmerer* – *Zimmerin* (mit Ausfall des zweiten -*er*), *Wolf* – *Wölfin*. Auch: *Kommandeur* – *Kommandeuse*. ↑ Titel und Berufsbezeichnungen (3), ↑ Gleichstellung von Frauen und Männern in der Sprache.

müde: Die syntaktische Verbindung *müde sein* im Sinne von »überdrüssig sein« wird gewöhnlich mit dem Genitiv, selten mit dem Akkusativ konstruiert: ... *sie waren des langen fruchtlosen Streites* ...

müde (Döblin). *Ich bin müde aller Masken* (K. Mann). Selten mit dem Akkusativ: *Ich bin diesen Streit müde.* Im Sinne von »ermüdet sein« steht sie mit der Präposition *von: Ich bin müde von der anstrengenden Arbeit, von dem langen Spaziergang.*

Muff / Muffe: Das Substantiv *der Muff* bedeutet »Handwärmer«, dagegen bezeichnet man mit *die Muffe* ein »Verbindungsstück zweier Rohre«.

Mühe: Zu *sich redlich / redliche Mühe geben* ↑ Adjektiv (1.2.12).

Mühlackerer: Die Einwohner von Mühlacker heißen *die Mühlackerer.* ↑ Einwohnerbezeichnungen auf -er (1 und 7).

Mühlhäuser: Die Einwohner von Mühlhausen heißen *die Mühlhäuser.* ↑ Einwohnerbezeichnungen auf -er (1, 4 und 7).

Mulatte / Mulattin: Die Ausdrücke *Mulatte / Mulattin* mit der Bedeutung (männlicher bzw. weiblicher) Nachkomme eines negriden und eines europiden Elternteils gelten mittlerweile im öffentlichen Sprachgebrauch als abwertend und werden deshalb im Sinne der ↑ Political Correctness weitgehend vermieden. Die Wörter gehen über spanisch *mulo* zurück auf lateinisch *mulus* = Maultier; die Bezeichnung wurde also nach dem (heute als anstößig empfundenen) Vergleich mit dem Bastard aus Pferd und Esel gewählt.

Münch[e]ner: Die Einwohner von München heißen *die Münch[e]ner*. Die Einwohnerbezeichnung *Münch[e]ner* wird immer großgeschrieben, auch wenn das Wort wie ein flexionsloses Adjektiv vor einem Substantiv steht: *das Münchener Oktoberfest.* ↑ Einwohnerbezeichnungen auf -er (1 und 7).

Mündel: Es heißt *der Mündel* und *das Mündel* (in Österreich und in der Schweiz nur so), seltener auch – in Anwendung auf ein Mädchen – *die Mündel.* Die Rechtssprache kennt für Kinder beiderlei Geschlechts nur *der Mündel.* Der Plural zu dem maskulinen und neutralen

M

Substantiv lautet *die Mündel,* zu dem femininen Substantiv *die Mündeln.*

münden: In seiner eigentlichen Bedeutung »in etwas fließen« hat *münden in* nur den Akkusativ nach sich: *Der Neckar mündet bei Mannheim in den Rhein. Dieser Bach mündet in den Bodensee.* Im Sinne von »enden, auslaufen« kann dagegen nach *münden in / auf* sowohl der Akkusativ als auch der Dativ stehen. Der Akkusativ steht, wenn die Vorstellung der Richtung herrscht (Frage: wohin?). Der Dativ steht, wenn die Vorstellung des Ortes, wo etwas mündet (Frage: wo?), bestimmend ist: *Die Straßen münden alle auf diesen / auf diesem Platz.*

Mund voll: Man schreibt: *den Mund voll Brot haben; den Mund voll nehmen* (= großsprecherisch sein; ugs.). Nach den neuen Regeln auch getrennt: *einen, zwei, einige, ein paar Mund voll [Fleisch] nehmen.* ↑ Getrennt- oder Zusammenschreibung (4.2).

Münster: Es heißt heute im Allgemeinen *das Münster* (selten auch: *der Münster*). Der Plural lautet in beiden Fällen *die Münster.*

Munsteraner: Die Einwohner von Munster in der Lüneburger Heide heißen *die Munsteraner.* ↑ Einwohnerbezeichnungen auf -er (2 und 7).

Münsteraner: Die Einwohner von Münster (Westfalen) heißen *die Münsteraner.* ↑ Einwohnerbezeichnungen auf -er (2 und 7).

Münzbezeichnungen: ↑ Maß-, Mengen- und Münzbezeichnungen.

Mus: Es heißt standardsprachlich *das Mus* (*der Mus* ist landschaftlich).

Musical: ↑ Amerikanismen / Anglizismen (1.1). Zur Rechtschreibung ↑ Fremdwort (4).

Musikus: Der Plural zu *Musikus* lautet *die Musizi* oder *die Musikusse.*

Muskel: *Muskel* hat standardsprachlich maskulines, nicht feminines Genus: *der Muskel* (nicht: *die Muskel*). Der Plural lautet *die Muskeln* (nicht: *die Muskel*).

müssen: Nach einem reinen Infinitiv steht auch der Infinitiv des Modalverbs *müssen* und nicht das zweite Partizip: *Er hat kommen müssen* (nicht: *gemusst*). ↑ Infinitiv (4).

müssen / dürfen / können: ↑ dürfen / können / müssen.

-mut: Die Bildungen mit *-mut* sind entweder Maskulina oder Feminina. Maskulina sind z. B.: *der Übermut, der Hochmut, der Kleinmut, der Wankelmut, der Gleichmut.* Feminina sind z. B.: *die Anmut, die Demut, die Großmut, die Schwermut.*

Mut: Zu *guten / gutes Mutes* ↑ Adjektiv (1.2.2).

Mutter: Der Plural zu *Mutter* in der Bedeutung »Frau, die ein oder mehrere Kinder hat« lautet *die Mütter. Mutter* in der Bedeutung »Schraubenteil« hat den umlautlosen Plural auf *-n: die Muttern.* Zum Artikelgebrauch ↑ Verwandtschaftsbezeichnungen.

Muttermal: Der Plural lautet *die Muttermale.* ↑ ¹Mal.

MwSt. / Mw.-St.: ↑ Mehrwertsteuer.

Myrrhe / Myrre: Nach den neuen Regeln ist auch die eingedeutschte Schreibung ohne *h* zulässig: *die Myrrhe* oder *die Myrre.*

N n

n: Zur richtigen Aussprache von *n* vor *f* (*fünf, Hanf*) und vor *k* oder *g* in Zusammensetzungen und Präfixbildungen (*Anklage, anketten, einkaufen; Angriff, Kongress, ungerecht*) ↑ Aussprache (5). Zur Schreibung und Deklination ↑ Bindestrich (2.4) *(N-Faktor);* ↑ Einzelbuchstaben *(des N, zwei N);* ↑ Groß- oder Kleinschreibung (1.2.5) *(das n in Einkauf).*

nach: Zu *nach langem, schwerem / schweren Leiden* ↑ Adjektiv (1.2.1). Zu *Reise nach den / in die USA* ↑ in / nach / zu / bei. Zu *nach frühestens zwanzig Minuten / frühestens nach zwanzig Minuten* ↑ Adverb (4).

nachäffen: ↑ nachahmen.

nachahmen: Heute wird *nachahmen* im Allgemeinen mit dem Akkusativ gebraucht, und zwar sowohl in der Bedeutung »kopieren, nachäffen« als auch in der Bedeutung »nacheifern, nachstreben«: *... die den Meister bis aufs Spucken nachzuahmen versuchen* (Langgässer). *... die Handschrift meines Vaters nachzuahmen* (Th. Mann). Der Dativ wird heute als gewählt oder ungewöhnlich betrachtet: *Sie ... betrachtete mich; nicht eigentlich mit den Augen ..., sondern geradezu mit dem Mund, der dem offenbar bösen Ausdruck meines Gesichtes ironisch nachahmte* (Rilke). Ganz selten kommt heute auch der Dativ der Person in Verbindung mit einem Akkusativ der Sache vor. *Er ahmte ihr ihre Gesten nach.* Die gelegentlich vertretene Meinung, dass *nachahmen* in der Bedeutung »kopieren, nachäffen« mit dem Akkusativ, in der Bedeutung »sich jmdn. zum Vorbild nehmen« mit dem Dativ verbunden werden müsste *(Sie versuchten alle ihm nachzuahmen),* wird vom heutigen Gebrauch her nicht bestätigt. Allerdings

wird *nachahmen* in der zweiten Bedeutung heute nur noch selten gebraucht.

Nachbar: Im Singular schwankt das Wort zwischen starker und schwacher Deklination. Starke Deklination: *des Nachbars, dem / den Nachbar;* schwache Deklination: *des Nachbarn, dem / den Nachbarn.* Heute wird im Allgemeinen die schwache Deklination bevorzugt.

nachdatieren: ↑ vordatieren.

nachdem: 1. Tempus: Die temporale Konjunktion *nachdem* wird unterordnend gebraucht und dient dazu, die Vorzeitigkeit auszudrücken. Meistens steht dann der Hauptsatz im Präteritum und der Nebensatz mit *nachdem* im Plusquamperfekt: *Nachdem ich mich etwas erfrischt ... hatte, machte ich mich auf den Weg* (Jens). *Wir begannen mit der Arbeit, einige Zeit nachdem wir uns geeinigt hatten.* Die Vorzeitigkeit kann jedoch auch im Verhältnis Perfekt / Präsens ausgedrückt werden: *Nachdem wir die Peripherie von Moskau passiert haben, sind wir in der Stille* (Koeppen). Zuweilen kommt auch das gleiche Tempus im Haupt- und Nebensatz vor, wenn ein Vorgang als fortdauernd gedacht wird: *Nachdem der Schulmeister wieder etwas Athem zu schöpfen anfieng, war die allgemeine Frage ...* (Nicolai; nach H. Paul, Deutsche Grammatik). Wenn eine Fortdauer nicht vorliegt, gilt der Gebrauch des gleichen Tempus in Haupt- und Nebensatz als nicht korrekt: *Nachdem ich dich kennen lernte, hatte ich eine ganz andere Meinung von dir.*

2. *nachdem* **als kausale Konjunktion:** Die Konjunktion *nachdem* wurde früher temporal und kausal verwendet. Der kausale Gebrauch gilt heute nicht mehr als standardsprachlich. Er findet sich

N

noch landschaftlich, vor allem im südlichen deutschen Sprachgebiet für *weil* und *da: Nachdem* (statt:*Da*) *sich die Arbeiten wegen unvorhergesehener Hindernisse verzögern werden, sind die Wohnungen erst am 1. Juni beziehbar. Nachdem* (statt:*Weil*) *sie erst später kommen kann, verschieben wir die Sitzung auf 16^{00} Uhr.*
3. nachdem / seitdem: Mit *seitdem* wird ein Zeitraum bezeichnet, der von einem in der Vergangenheit liegenden Punkt an bis in die Gegenwart fortdauert. Da *nachdem* diese Fortdauer bis in die Gegenwart nicht mitenthält, sollte man die Unterschiede beim Gebrauch beider Wörter beachten und nicht *seitdem* durch *nachdem* ersetzen: *Seitdem* (nicht:*Nachdem*) *er verheiratet ist, kommt er nicht mehr zu uns.*
4. Komma: Vor der Konjunktion *nachdem* steht ein Komma, wenn sie einen Nebensatz einleitet. Vgl. auch unten stehende Tabelle.

Kommasetzung bei *nachdem*

1. Die Konjunktion *nachdem* leitet einen untergeordneten Zeitsatz (Temporalsatz) ein, der durch Komma abgetrennt wird:	**1. Die Konjunktion *nachdem* ist Teil einer Fügung, die als Einheit empfunden und nicht durch ein Komma geteilt wird:**
Ich brach völlig zusammen, *nachdem* ich vom plötzlichen Tod unseres Freundes erfahren hatte.	Aber *nachdem* ich Einzelheiten erfahren hatte, rief ich die Sachbearbeiter zusammen.
2. Der Hauptsatz enthält die Angabe einer Zeitspanne, die zu dem im Nebensatz gemeinten Zeitpunkt beginnt:	**2. Der Nebensatz enthält die Angabe einer Zeitspanne, die den im Hauptsatz gemeinten Zeitpunkt bestimmt. Zeitangabe und Bindewort bilden eine Einheit:**
Ein ganzes Jahr, *nachdem* ich gekündigt hatte, arbeitete ich noch mit.	*Drei Wochen nachdem* der Sohn zurückgekehrt war, starb die Mutter.
	Die Mutter starb, *drei Wochen nachdem* der Sohn zurückgekehrt war.

nach dem / danach: ↑ Pronominaladverb (3 und 4).
Nachdruck: In der Bedeutung »Neudruck« lautet der Plural *die Nachdrucke.* In der Bedeutung »betonte Entschiedenheit« *(auf etwas mit Nachdruck hinweisen)* hat *Nachdruck* keinen Plural. ↑ Druck.
nachdunkeln: Das Wort *nachdunkeln* kann mit *sein* oder mit *haben* verbunden werden, je nachdem, ob man mehr auf den erreichten Zustand, auf das Ergebnis *(sein)* oder auf den Vorgang *(haben)* sieht.

nacheinander: Man schreibt immer vom folgenden Verb getrennt: *Sie wollen nacheinander schauen* (= gegenseitig nach sich schauen, aufeinander achten). *Die Wagen werden nacheinander* (= in Abständen) *starten. Sie sind nacheinander* (= in Abständen) *gekommen.* ↑ Getrennt- oder Zusammenschreibung (1.4).
Nachfolge: Zu *die Nachfolge Karajans als künstlerischer Leiter* (nicht:*als künstlerischen Leiters*) *der Philharmoniker antreten* ↑ Apposition (3.3).
nachfolgend: Die Groß- oder Kleinschrei-

bung entspricht der von ↑ folgend. Also z. B.: *Wir bitten Nachfolgendes (Folgendes) zu beachten. Einzelheiten werden im Nachfolgenden (im Folgenden, weiter unten) behandelt. Wir haben über das Nachfolgende bereits gesprochen.* ↑ Groß- oder Kleinschreibung (1.2.4).

Nachfolger: Zu *Franz Meyer Nachfolger* ↑ Apposition (2.1).

nachfragen: Zu nicht korrektem *die nachgefragte Ware* ↑ zweites Partizip (2.2).

nach frühestens zwanzig Minuten / frühestens nach zwanzig Minuten: ↑ Adverb (4).

nachgesucht: ↑ nachsuchen.

nachgiebig: ↑ ausgiebig (1).

nach Hause: ↑ Haus.

Nachhinein: In der besonders in Süddeutschland, Österreich und in der Schweiz gebräuchlichen Fügung *im Nachhinein* für *nachträglich, hinterher* wird *Nachhinein* nach den neuen Regeln großgeschrieben: *Er hat es mir erst im Nachhinein gesagt.*

nachimitieren: ↑ Verb (3).

Nachlass: Das Wort hat zwei Pluralformen: *die Nachlässe* und *die Nachlasse.*

nach'm: Statt *nach dem* wird umgangssprachlich und mundartlich auch *nach'm* gebraucht. ↑ Präposition (1.2.1), ↑ Apostroph (1.2).

nachmachen: *nachmachen* wird mit dem Akkusativ konstruiert: *Ich mache sie nach. ... die staatlichen Banknoten nachzumachen* (Bamm). Der Dativ der Person kann nur neben dem Akkusativ der Sache stehen: *Die andern machten ihm alles nach.*

Nachmittag / nachmittags: Großschreibt man das Substantiv: *am Nachmittag, bis zum Nachmittag, eines Nachmittags.* In neuer Rechtschreibung auch: *gestern / heute / morgen Nachmittag, von morgen Nachmittag an.* Kleinschreibt man das Adverb: *von morgens bis nachmittags; montags nachmittags.* ↑ Adverb (3).

Nachsatz: Ein Nachsatz ist ein Nebensatz,

der dem übergeordneten Satz folgt: *Ich freue mich sehr, wenn du morgen kommst.* ↑ Vordersatz, ↑ Zwischensatz.

nachsenden: Die Formen des Präteritums und zweiten Partizips lauten: *sandte / sendete nach* und *nachgesandt / nachgesendet.* Die Formen mit *-a-* sind geläufiger.

Nachsilbe: ↑ Suffix.

nächst: **1. Rechtschreibung:** Kleinschreibt man das Adjektiv: *Wir sehen uns nächste Woche in Hamburg!* Großschreibt man die Substantivierungen: *Das ist das Nächste und Beste, was sich mir bietet. Das Nächste ist oft unerreichbar fern. Ist jeder sich selbst der Nächste?* Nach den neuen Regeln auch: *Der Nächste, bitte!; das Nächste / Nächstbeste [zu tun] wäre, sofort hinzufahren. Wer kommt als Nächster [an die Reihe]? Das tun wir als Nächstes; fürs Nächste* (= für die nächste Zeit); *mit Nächstem* (= bald; veralt.). ↑ Groß- oder Kleinschreibung (1.2.1).

2. Gebrauch: *nächst* drückt gewöhnlich aus, dass etwas unmittelbar kommt oder folgt: *An der nächsten Station muss ich aussteigen. Das nächste Mal werde ich besser aufpassen. Nächste Woche (nächsten Monat, nächstes Jahr) muss ich verreisen.* Steht *nächst* mit einer Zeitangabe, die einen Wochentag, einen Monat oder eine Jahreszeit nennt, können Missverständnisse auftreten, weil viele Sprecher *nächst* dann auf den betreffenden Wochentag der nächsten Woche oder auf den betreffenden Monat bzw. die betreffende Jahreszeit des nächsten Jahres beziehen. Missverständlich ist, wenn jemand z. B. an einem Montag sagt: *»Nächsten Donnerstag / Am nächsten Donnerstag werde ich Sie besuchen.«* Viele verstehen darunter nicht den nächstfolgenden, sondern den übernächsten Donnerstag (im Gegensatz zu: *»Diesen Donnerstag / An diesem Donnerstag / Am Donnerstag / Donnerstag werde ich Sie besuchen.«*) Eindeutig *»Ich*

N

*werde Sie in der nächsten Woche am
Donnerstag / nächste Woche Donnerstag
besuchen.«* (Keine Missverständnisse
sind natürlich möglich, wenn jemand
am Freitag oder Samstag sagt, dass er jemanden nächsten Donnerstag besuchen
werde.) Entsprechend missverständlich
ist es, wenn jemand z. B. im Frühling
oder Sommer sagt:*»Im nächsten Herbst
fahre ich in die Alpen.«* Eindeutig, wenn
man den nächstfolgenden Herbst meint,
ist:*»Im Herbst / In diesem Herbst / Diesen
Herbst fahre ich in die Alpen.«* Eindeutig,
wenn man den übernächsten Herbst
meint, ist:*»Im nächsten Jahr im
Herbst / Im Herbst nächsten Jahres / Nächstes Jahr im Herbst fahre ich in
die Alpen.«*

nachstehend: Die Groß- oder Kleinschreibung entspricht der von ↑ folgend. Also:
Ich möchte Ihnen Nachstehendes (= Folgendes) *zur Kenntnis bringen. Einzelheiten werden im Nachstehenden* (= im Folgenden, weiter unten) *behandelt. Das
Nachstehende muss nachgeprüft werden.*
↑ Groß- oder Kleinschreibung (1.2.4).

nächstes Mal: ↑ ²Mal (2).

nächstliegend: ↑ Vergleichsformen (2.5.1).

nachsuchen: Das Verb *nachsuchen* wird
heute nur noch mit einem Präpositionalobjekt mit *um* konstruiert: *um Urlaub,
um eine Pension nachsuchen.* Die früher
übliche transitive Verwendung *(einen
Urlaub, eine Pension nachsuchen,* daher
auch: *der nachgesuchte Urlaub, die nachgesuchte Pension)* gilt nicht mehr als korrekt. ↑ zweites Partizip (2.2).

Nacht / nachts: Groß schreibt man das Substantiv: *es wird Nacht, eines Nachts, bei
Nacht, bis in die Nacht, über Nacht bleiben.* In neuer Rechtschreibung auch:
heute / gestern Nacht. Klein schreibt man
das Adverb *nachts: nachts um 3 Uhr, spät
nachts, montagnachts.* Zum Unterschied
von *Dienstagnacht / dienstagnachts* ↑ Adverb (3).

nachtragen: Nach *nachtragen in* kann sowohl der Dativ (Frage: wo?) als auch der

Akkusativ (Frage: wohin?) stehen: *Wir
bitten Sie, dies in der Liste auf Seite 2
nachzutragen* oder: *Wir bitten Sie, dies in
die Liste auf Seite 2 nachzutragen.* ↑ Rektion (1).

nachtschlafende Zeit: ↑ erstes Partizip (4).

Nachtstunde: ↑ Fugen-s (3.5).

nachtwandeln: Bei *nachtwandeln* handelt
es sich um ein fest zusammengesetztes
Verb. Es muss also heißen: *ich nacht-
wandle; ich habe* (auch: *bin;* ↑ haben [1])
genachtwandelt; um zu nachtwandeln.
↑ Getrennt- oder Zusammenschreibung
(2.1).

nachtwandlerische Sicherheit: ↑ Adjektiv
(4.2).

nach was / wonach: Standardsprachlich ist
in der Regel das Pronominaladverb *wonach: Wonach soll ich mich richten?* Die
Verbindung *nach + was (Nach was soll
ich mich richten?)* kommt in der Umgangssprache recht häufig vor; sie ist
stilistisch unschön. ↑ Pronominaladverb
(5).

nachwiegen: ↑ wägen (2).

Nagelbett: Der Plural lautet *die Nagelbet-
ten* oder *die Nagelbette.* ↑ Bett.

¹nah[e]: 1. Vergleichsformen: Die Vergleichsformen von *nahe* heißen *näher,
am nächsten.*

**2. Rechtschreibung: a) Groß- oder Klein-
schreibung:** Klein schreibt man das Adjektiv (Adverb): *ein naher Verwandter,
die nahe Umgebung; von nah und fern,
von nahem; er ist mir nahe bekannt.*
Groß schreibt man aber das Adjektiv in
Namen: *der Nahe Osten.* ↑ Groß- oder
Kleinschreibung (1.2.1), ↑ Namen. **b) Ge-
trennt- oder Zusammenschreibung:** Nach
den neuen Regeln wird *nahe* immer getrennt vom folgenden Verb oder Partizip
geschrieben, wenn es erweiterbar oder
steigerbar ist: *Du darfst nicht so nahe gehen* (= in die Nähe gehen). *Er muss ganz
nahe sein* (= in der Nähe sein). *Sie darf
nicht zu nahe kommen, so nahe treten.*
Neu also auch: *Das ist mir nahe gegangen* (= hat mich seelisch ergriffen). *Ich*

schwieg, obwohl es mir nahe ging. Entsprechend: *nahe bringen* (= Verständnis erwecken), *sich jmdm. nahe fühlen, nahe kommen* (= fast gleichen), *sich nahe kommen* (= vertraut werden), *nahe legen* (= empfehlen), *nahe liegen (die Lösung hat nahe gelegen* = war leicht fassbar), *nahe stehen* (= befreundet, vertraut sein). ↑ *nahe treten,* ↑ Getrennt- oder Zusammenschreibung (1.2).

3. nah/nahe: ↑ Adjektiv (1.2.14).

²nahe: Die Präposition *nahe* wird mit dem Dativ verbunden; sie gehört der gehobenen Stilschicht an: *Das Gehöft lag nahe dem Fluss. Dem Weinen nahe stürzte sie hinaus.*

nahe liegend: 1. Rechtschreibung: Nach den neuen Rechtschreibregeln wird *nahe* immer getrennt vom folgenden Verb oder Partizip geschrieben, wenn es erweiterbar oder steigerbar ist: *Natürlich ist das ein [sehr] nahe liegender Gedanke. Es waren [sehr] nahe liegende Gründe, die sie zu ihrer Entschuldigung anführte.* ↑ Getrennt- oder Zusammenschreibung (3.1.2).

2. Steigerung: Die Vergleichsformen lauten *näher liegend, nächstliegend* (nicht: *nächstliegendst*). ↑ Vergleichsformen (2.5.1).

näher: 1. Groß- oder Kleinschreibung: Klein schreibt man das Adjektiv: *nähere Auskünfte einholen; die näheren Umstände; bei näherem Hinsehen. Sie ist eine nähere Bekannte von mir. Sie wohnen in der näheren Umgebung der Stadt.* Groß schreibt man die Substantivierung: *Näheres folgt. Das Nähere findet sich, wenn wir uns das nächste Mal treffen. Ich kann mich des Näher[e]n* (= der besonderen Umstände) *nicht entsinnen. Alles Nähere können Sie der Gebrauchsanweisung entnehmen.* Nach den neuen Regeln auch: *Dies musst du mir des Näheren auseinander setzen.* ↑ Groß- oder Kleinschreibung (1.2.1).

2. Getrennt- oder Zusammenschreibung: Nach den neuen Regeln schreibt man

näher immer getrennt vom folgenden Verb oder Partizip: *Er soll langsam näher kommen. Mein Wagen hatte näher gestanden. Sie forderte ihn auf, einige Schritte näher zu treten. Ich muss den Messapparat näher bringen.* Neu also auch: *Ich bin ihr näher gekommen* (= habe sie besser verstehen gelernt). *Er hat ihr sehr viel näher gestanden* (= war viel vertrauter mit ihr) *als ich. Sie soll ihm die Probleme näher bringen* (= leichter verständlich, vertrauter machen). ↑ Getrennt- oder Zusammenschreibung (1.2).

nahe stehend: 1. Rechtschreibung: Nach den neuen Regeln wird *nahe* immer getrennt vom folgenden Verb oder Partizip geschrieben, wenn es erweiterbar oder steigerbar ist: *die [ganz] nahe bei mir stehenden Personen.* Neu also auch: *ein mir [sehr] nahe stehender Mensch; sich nahe stehende* (= benachbarte) *Tierformen. In den letzten Jahren verlor ich einige mir besonders nahe stehende Freunde.* ↑ Getrennt- oder Zusammenschreibung (3.1.2).

2. Steigerung: Die Vergleichsformen lauten *näher stehend, nächststehend* (nicht: *nächststehendst*). ↑ Vergleichsformen (2.5.1).

nahe treten: Nach den neuen Regeln wird *nahe* immer getrennt vom folgenden Verb oder Partizip geschrieben, wenn es erweiterbar oder steigerbar ist. *Sie ist mir in letzter Zeit [sehr] nahe getreten* (= vertraut geworden). *Wie wollten sie in der kurzen Zeit, in der sie sich nur selten sehen konnten, einander auch [ganz] nahe getreten sein? Er ist mir zu nahe getreten* (= hat mich beleidigt). ↑ Getrennt- oder Zusammenschreibung (1.2).

-nahme: Substantivische Zusammenbildungen auf *-nahme* kommen in der Gegenwartssprache nicht selten vor. Da, wo sie eine Handlung ausdrücken, stehen sie zu Recht: *Ihre Stellungnahme war sehr aufschlussreich.* Häufig schwellen sie jedoch eine Aussage nur unnötig auf

N

und sind stilistisch unschön, z. B.: *Hier lagen die Grenzen der politischen Einflussnahme auf die Massen* (statt:*des politischen Einflusses / der politischen Beeinflussung*). Wendungen wie *unter Mitnahme, unter Zuhilfenahme* sind oft ganz überflüssig: *Unter Mitnahme ihrer Instrumente* (statt:*Mit ihren Instrumenten*) *verließen die Musiker die Bühne.*

nähme / nehme: Die Form *nehme* ist die Form des Konjunktivs I, der vor allem in der ↑ indirekten Rede (2.1) steht: *Er sagte, er nehme dafür kein Geld. Die Chefin fragte, ob Herr M. bald Urlaub nehme.* *Nähme* ist die Form des Konjunktivs II, der vor allem im ↑ Konditionalsatz (2–7) steht: *Ich wäre sehr froh, wenn sie sich meine Worte zu Herzen nähme. Es wäre gut, wenn ich ein heißes Bad nähme.* – Der Konjunktiv II *nähme* tritt auch in der indirekten Rede auf, wenn in der direkten Rede schon *nähme* steht oder etwas als zweifelhaft hingestellt wird. ↑ indirekte Rede (3.3).

Namen

Häufig gestellte Fragen zu Namen	
Frage	**Antwort unter**
Was versteht man unter Eigennamen und welche Arten von Substantiven zählen dazu?	dieser Artikel, Punkt (1)
Wie schreibt man Verbindungen wie *innere Medizin, natürliches Heilen, technischer Direktor?*	dieser Artikel, Punkt (5)

N

1. **Der Unterschied zwischen Name und Gattungsbezeichung:**

   Im Gegensatz zur ↑ Gattungsbezeichnung (Appellativ) bezeichnet der Name ein Einzelwesen oder -ding ohne Rücksicht auf vergleichbare andere Wesen oder Dinge. Die Bezeichnung *Stuhl* kommt einem Möbelstück deshalb zu, weil es mit anderen Stühlen in gewissen allbekannten Merkmalen übereinstimmt. Das Wort bezeichnet ebenso das Einzelstück wie die ganze Gattung. Aber das Mädchen *Lisa* trägt seinen Namen nicht wegen einer Ähnlichkeit mit anderen gleichnamigen Mädchen oder Frauen. Es gibt keine eindeutig als *Lisas* zu bestimmende Menschengattung, wie es eine Möbelgattung Stühle gibt.

   Auch dann, wenn ein Name eine Gruppe von Menschen benennt, z. B. als Familienname, Einwohner- oder Volksname, werden damit nicht bestimmte Eigenschaften angesprochen, sondern es wird ein Kollektiv, z. B. *die Franzosen, die Berliner,* als Einzelwesen von anderen Kollektiven abgehoben. Der einzelne Namensträger erscheint in diesem Fall allerdings als

Mitglied einer Gruppe, er ist *ein Franzose, ein Bayer, ein Berliner.* Aber die Gruppe als solche ist einmalig, sie ist keine Gattung.

Auch bestimmte Typen geographischer Namen, wie *das Rote Meer, das Gelbe Meer, das Tote Meer* oder *der Atlantische Ozean, der Indische, der Pazifische Ozean,* wurden nicht in erster Linie deshalb geschaffen, weil man die Gattungen Meer und Ozean untergliedern wollte, sondern weil man ein bestimmtes Gewässer als einzelne Erscheinung zu benennen suchte.

2. Arten von Namen:

Namen werden einmal von Menschen getragen (↑ Personennamen: Ruf- oder Vornamen, Familiennamen, Namen der Bewohner von Siedlungen und Ländern, Völker- und Stammesnamen), dann aber auch von Örtlich- keiten, die dem Menschen wichtig genug sind, um individuell bezeichnet zu werden (↑ geographische Namen oder ↑ Ortsnamen; Siedlungsnamen, Ländernamen, Flurnamen, Berg- und Flussnamen, Straßennamen, Ge- bäudenamen usw.). Zu den Örtlichkeitsnamen gehören auch die Namen der Gestirne und Sternbilder (*Mars, Venus, Orion, Großer* und *Kleiner Bär* usw.).

Weiterhin gibt es Namen für bestimmte Verkehrsmittel (↑ Schiffsnamen, ↑ Flugzeugnamen), Namen für Institutionen und Organisationen (z. B. Vereine, Ämter, Firmen, Anstalten; ↑ Firmennamen), Namen für künstle- rische, literarische, publizistische Werke (Bilder, Skulpturen, Kompositio- nen, Bücher, Zeitungen u. a.; ↑ Buchtitel, ↑ Zeitungsnamen) und für be- stimmte historische Ereignisse *(die Französische Revolution).* Namen aus den letztgenannten Gruppen werden zum Teil auch als Titel bezeichnet. Etwas anderes ist der Titel als Bezeichnung einer Person nach ihrem Amt. ↑ Titel und Berufsbezeichnungen.

3. Form und Deklination der Namen:

Ein Name kann aus einem Wort oder aus einer Wortgruppe bestehen. Ein- wortnamen sind immer Substantive *(Helga, Peter, Meyer, München, Rhein, Zugspitze, Hessen).* Mehrwortnamen sind gewöhnlich attributive Fügun- gen mit einem Substantiv als Kern. Als Attribute erscheinen Adjektive und Partizipien *(das Rote Meer, Karl der Große, der Fliegende Holländer),* Zahl- wörter *(die Neunte Symphonie)* oder Substantive (als Apposition: *Inge Meier, Wilhelm der Eroberer;* als Präpositionalattribut: *Wolfram von Eschenbach, Rothenburg ob der Tauber, Johann ohne Land;* als Genitivattri- but: *das Blaue Band des Ozeans).* Straßen- und Gebäudenamen können auch als Ganzes die Form eines Präpositionalfalles haben *(Zur Alten Post,*

Im Treppchen; Unter den Linden). Zur Deklination der Namen vgl. die unter 2 genannten Einzelartikel.

4. Rechtschreibung:

Abgesehen von den Familiennamen, für die jeweils individuelle Schreibungen standesamtlich festliegen, folgt die Schreibung der Namen in der Regel den allgemeinen Richtlinien der Rechtschreibung. Abweichungen kommen jedoch vor, insbesondere werden alte Schreibweisen in Einzelfällen fortgeführt *(Carl, Clara* statt üblicherem *Karl, Klara; Cochem* neben *Koblenz, Frankenthal* neben *Freudental).* Auch Firmen- und Vereinsnamen bewahren oft Schreibformen aus der Zeit ihrer Entstehung *(AEG – Allgemeine Elektricitäts-Gesellschaft; Yacht-Club).*

Für die Groß- oder Kleinschreibung gilt, dass Adjektive, Partizipien und Zahlwörter als Teile von Namen großzuschreiben sind.

der Heilige Abend, das Schwarze Meer, Elisabeth die Zweite.

Präpositionen werden nur dann großgeschrieben, wenn sie am Anfang eines Straßen- oder Gebäudenamens stehen:

Am Erlenberg, In der Mittleren Holdergasse, Zur Linde, Zum Grünen Baum.

Die Präposition *von* bei deutschen Familiennamen wird kleingeschrieben, wenn sie nicht mit dem Namen verschmolzen ist:

von Grolmann, von der Au (auch: Vonderau), von den Steinen.

5. Namenähnliche Wörter und Fügungen, die keine Namen sind:

Keine Namen im eigentlichen Sinn sind die gewöhnlich so genannten Tier- und Pflanzennamen, die Krankheitsnamen, die Tages- und die ↑ Monatsnamen. Sie bezeichnen keine Einzelwesen. Auch die in allen Fach- und Berufssprachen vorkommenden namenähnlichen Fügungen, mit denen feste Begriffe bezeichnet werden, dürfen nicht als Namen angesehen werden. Sie werden deshalb kleingeschrieben: *die englische Krankheit* (Rachitis), *das große Latinum* und nach neuer Rechtschreibung auch: *das schwarze Brett, die hohe Schule* [in der Reitkunst], *der goldene Schnitt.* Als weitere Beispiele seien genannt:

die Speisenbezeichnungen italienischer Salat, russische Eier, holländische Soße, westfälischer Schinken; die mathematischen Fachwörter arithmetisches und geometrisches Mittel, theoretische und angewandte Mathematik; aus der Sportsprache die alpine und die nordische Kombination, der englische Sattel, deutsch und englisch Traben; aus der Technik die autogene Schweißung, hydraulische Bremse.

Schwierigkeiten ergeben sich einmal da, wo bestimmte Bezeichnungen auch als Namen von Instituten (Schulen, Kommissionen usw.) vorkommen. Begriffe wie *höhere Schule, höhere Handelsschule, technische Universität, medizinische Akademie, chirurgische Klinik* sind keine Namen. Sie können aber als Namen bestimmter Institute auftreten und werden dann großgeschrieben:

Höhere Handelsschule II, Mannheim; Technische Hochschule Darmstadt; Technische Universität Berlin; Chirurgische Universitätsklinik Heidelberg; Institut für Angewandte Physik usw.

Man schreibt aber immer klein:

Ich besuchte die höhere Handelsschule in Mannheim (weil dies nicht der offizielle Name der Schule ist). Die technischen Universitäten verleihen den Grad eines Doktoringenieurs (Dr.-Ing.).

Eine weitere Schwierigkeit liegt in den Fällen vor, wo eine ausgebaute Terminologie feste Bezeichnungen für typisierte, systematische Einheiten geprägt hat. So gibt es in der Botanik und Zoologie deutsche Bezeichnungen für Pflanzen und Tiere, die anstelle der feststehenden und international gebräuchlichen lateinischen Termini verwendet werden können *(Milvus milvus – Roter Milan; Sambucus nigra – Schwarzer Holunder).* Für sie ist im Fachschrifttum die Großschreibung üblich geworden, durch die sie von den gemeinsprachlichen Bezeichnungen abgehoben werden: *Ich habe im Zoo einen Roten Milan gesehen* will demnach sagen: einen Vertreter der Art Milvus milvus (= Roter Milan). *Ich habe im Zoo einen roten Milan gesehen* bedeutet demgegenüber: einen Vertreter der Gattung Milvus (= Milan), der (zufällig) rot gefiedert war.

Darüber hinaus besteht die Tendenz, auch die Rassen und Schläge der Haustiere mit großgeschriebenen Typenbezeichnungen zu belegen, obgleich diese Zuchtrassen in der wissenschaftlichen biologischen Terminologie nicht berücksichtigt werden. Die neue Rechtschreibung sieht auch in diesen Fällen Großschreibung des Adjektivs vor: *der Deutsche Schäferhund, die Dänische Dogge.*

6. Kongruenz:

Zu Fällen wie *»Die Räuber« hat / haben mir gefallen, die New York Times ermittelte / ermittelten …, die Flottmann-Werke GmbH sucht / suchen …* ↑ Kongruenz (1.2.5, 1.2.7, 1.3.5 f., 1.4.2, 3.6).

Name / Namen: Üblich ist der Nominativ *der Name: Der Name gefällt uns* (Nossack). *... der Kommissär, der sich zufällig des Zusammenhangs entsann, in dem Ulrichs Name wenige Stunden früher zum erstenmal in diesem Hause aufgetaucht war* (Musil). Die Nominativform *der Namen* kommt heute selten vor, sie veraltet: *In etwa dreißig Briefen an eine Geliebte, deren Namen nicht zu entziffern war* (Hauptmann). Zu beiden Nominativformen lautet der Genitiv *des Namens* und der Plural *die Namen.* ↑ Substantiv (2.1).

Namen- / Namens-: Zusammensetzungen, bei denen das Bestimmungswort angibt, dass es sich um einen Namen handelt, haben im Allgemeinen das ↑ Fugen-s: *Namensänderung, Namenstag, Namensvetter, Namenszug* usw. im Gegensatz zu: *Namenbuch, Namenforschung, Namenkunde, Namenverzeichnis* usw., bei denen es um mehrere Namen geht. Ohne Fugen-s stehen aber auch *Namengebung* und *namenlos.*

Namensverzeichnis / Namensliste ↑ Alphabetisierung.

namentlich: Vor *namentlich* steht ein Komma, wenn es Zusätze einleitet: *Sie singt gern Kunstlieder, namentlich die Lieder Schuberts. Wein, namentlich Rotwein, trinke ich gern.* Hat *namentlich* noch eine Konjunktion wie *wenn, weil, als* bei sich, steht zwischen diesen Wörtern im Allgemeinen kein Komma, weil beide als Einheit empfunden werden: *Er kommt, namentlich wenn auch Sabine kommt.* Nach der neuen Rechtschreibung kann jedoch auch hier ein Komma stehen, wenn man die Teile der Fügung nicht als Einheit ansieht: *Er kommt, namentlich, wenn auch Sabine kommt.*

nämlich: 1. Rechtschreibung: Klein schreibt man das Adjektiv: *Sie trägt wieder das nämliche Kleid.* In der neuen Rechtschreibung werden die substantivisch gebrauchten Adjektive großgeschrieben: *Sie ist doch die Nämliche* (= dieselbe). *Er sagt immer das Nämliche* (= dasselbe). ↑ Groß- oder Kleinschreibung (1.2.4).

2. Komma: Vor *nämlich* steht ein Komma, wenn es Zusätze einleitet: *Dass er nur einen anderen schützen wollte, nämlich die Frau des Angeklagten, ist offenkundig. Ich fahre später, nämlich erst nach Abschluss der Verhandlungen.* Hat *nämlich* noch eine Konjunktion wie *dass, wenn* bei sich, steht im Allgemeinen kein Komma zwischen diesen Wörtern, weil beide als Einheit empfunden werden: *Die Unfälle häufen sich in diesem Waldstück, nämlich wenn Nebel auftritt.* In der neuen Rechtschreibung kann jedoch auch hier ein Komma stehen, wenn man die Teile der Fügung nicht als Einheit ansieht: *Die Unfälle häufen sich in diesem Waldstück, nämlich, wenn Nebel auftritt.*

Narr: Der Genitiv lautet *des Narren* (nicht: *des Narrs*), der Dativ und Akkusativ lauten *dem, den Narren* (nicht: *dem, den Narr*). ↑ Unterlassung der Deklination (2.1.1).

Nasalvokal: ↑ Aussprache (2).

nasführen: Das Verb *nasführen* ist ein fest zusammengesetztes Verb. Es muss also heißen: *ich nasführe / habe genasführt; um zu nasführen.* ↑ Getrennt- oder Zusammenschreibung (2.1).

nass: Komparativ und Superlativ von *nass* können ohne und mit Umlaut gebildet werden: *nasser / nässer; nasseste / nässeste.* Standardsprachlich werden die nicht umgelauteten Formen bevorzugt. ↑ Vergleichsformen (2.1).

nasse Farbe: Der Hinweis *Nasse Farbe* statt *Frisch gestrichen* ist eine Lehnübersetzung von engl. *wet paint.* ↑ Amerikanismen / Anglizismen (1.2).

Natur: Zu *in Birke / Hell Natur; in Natur, hochglänzend* ↑ in Blau und ↑ in Birke Natur.

naturgemäß / natürlich: Das Adjektiv *naturgemäß* bedeutet »der Natur gemäß, angemessen« *(eine naturgemäße Lebens-*

weise) und »dem Wesen einer Sache entspringend; dementsprechend« *(Ich bin noch nie im Hochgebirge gewesen und habe naturgemäß keine klaren Vorstellungen von den Gefahren).* Das Wort ist überall da fehl am Platz, wo es für *natürlich* im Sinne von »selbstverständlich, keiner besonderen Erklärung oder Begründung bedürfend« steht. Es kann also nicht heißen *Dieser Preisanstieg muss sich naturgemäß auswirken,* wenn man ausdrücken will, dass sich die gestiegenen Preise selbstverständlich / natürlich auswirken müssen. Im Sinne von »der Natur gemäß, angemessen« sind dagegen *naturgemäß* und *natürlich* austauschbar: *eine naturgemäße / natürliche Lebensweise.*

natürliches Geschlecht: ↑ Genus.

neben: Die Präposition *neben* kann sowohl mit dem Dativ als auch mit dem Akkusativ verbunden werden, je nachdem, ob das durch das Verb ausgedrückte Verhalten lagebestimmt (Dativ) oder richtungsbestimmt (Akkusativ) ist: *Sie sitzt neben mir* (wo?). *Er setzt sich neben mich* (wohin?). ↑ Rektion.

neben dem, neben den / daneben: ↑ Pronominaladverb (3 und 4).

nebeneinander: Man schreibt *nebeneinander* immer getrennt vom folgenden Verb: *Sie mussten nebeneinander knien, nicht stehen. Sie wollten nebeneinander sitzen. Die beiden Familien werden auch in der neuen Heimat nebeneinander wohnen. Wir wollen nebeneinander herunterrutschen.* In neuer Rechtschreibung auch: *Wir wollen die Sachen nebeneinander legen, die Fahrräder nebeneinander stellen. Ich will die Schüler nebeneinander setzen.* ↑ Getrennt- oder Zusammenschreibung (1.4).

Nebenmann: Der Plural von *Nebenmann* lautet *die Nebenmänner.* ↑ Mann (2).

Nebensatz: Unter einem Nebensatz versteht man den untergeordneten Teilsatz in einem Satzgefüge entweder an der Stelle eines Satzglieds (= Gliedsatz: *Deine Zuverlässigkeit / Dass du zuverlässig bist, hat mich gefreut*) oder eines Attributs (= Attributsatz: *Alle fleißigen Kinder / Alle Kinder, die fleißig sind, erhalten ein Buch*).

nebenstehend: Groß- oder Kleinschreibung wie bei ↑ folgend (↑ nachstehend und ↑ nachfolgend). Also z. B.: *Er hat Nebenstehendes immer rot angestrichen. Es wird im Nebenstehenden darauf hingewiesen. Das Nebenstehende betrifft uns in diesem Fall nicht.* ↑ Groß- oder Kleinschreibung (1.2.4).

neben was / woneben: ↑ Pronominaladverb (5).

nebst: 1. Rektion: Die Präposition *nebst* regiert den Dativ, also: *Herr Alexander Kaltenbach nebst Angehörigen* (nicht: *nebst Angehörige*).
2. Zu *Viele Grüße sendet* (nicht: *senden*) *dir Klaus nebst Familie* ↑ Kongruenz (1.1.6).

nebulos / nebulös: Beide Formen unterscheiden sich nicht in der Bedeutung (»[in Bezug auf Vorstellungen, Ideen u. Ä.] unklar, verworren; verschwommen; geheimnisvoll«). Die Form ohne Umlaut ist jedoch etwas gebräuchlicher. ↑ -os / -ös.

Necessaire / Nessessär: Nach den neuen Regeln ist neben der Schreibung *Necessaire* auch die eingedeutschte Form *Nessessär* erlaubt und korrekt.

Neckar: Der Genitiv lautet *des Neckars: westlich des Neckars, oberhalb des Neckars.* ↑ geographische Namen (1.2).

N

Negation

Unter Negation versteht man die Verneinung einer Aussage durch Negationswörter wie ↑ nicht, ↑ kein usw.:

Ich komme. – Ich komme *nicht.* Ich habe Geld. – Ich habe *kein* Geld.

1. **Sie bewahrte ihn davor, einen falschen Schritt zu tun / keinen falschen Schritt zu tun · Er hinderte ihn daran, noch mehr zu trinken / nicht noch mehr zu trinken:**

   Bestimmte Verben wie

   abhalten, sich in Acht nehmen, ausbleiben, bewahren, sich enthalten, sich hüten, verhindern, verhüten, vermeiden, versagen u. Ä.

   drücken aus, dass etwas unterlassen oder verhindert wird, also nicht eintritt. Als Verben des Unterlassens, Verhinderns und Ausbleibens enthalten sie bereits eine negative Aussage. Wenn von diesen Verben ein Nebensatz oder eine Infinitivgruppe abhängt, darf der Nebensatz oder die Infinitivgruppe nicht auch noch verneint werden. Es muss also heißen: *Sie hinderte ihn daran, noch mehr zu trinken* (nicht: *Sie hinderte ihn daran, nicht noch mehr zu trinken*). *Er hielt ihn davon ab, Lärm zu machen* (nicht: *Er hielt ihn davon ab, keinen Lärm zu machen*). *Sie bewahrte ihn davor, einen falschen Schritt zu tun* (nicht: *Sie bewahrte ihn davor, keinen falschen Schritt zu tun*). *Er hütete sich davor, dass er zu schnell fuhr* (nicht: *Er hütete sich davor, dass er nicht zu schnell fuhr*). – Wird aber *sich hüten* ohne *davor* mit einem *dass*-Satz verbunden, ist die Verneinung korrekt: *Hüte dich, dass du keinen Fehler machst.*

   Verben wie *abraten, untersagen, verbieten, warnen, widerraten* u. a. drücken aus, dass etwas nicht eintreten soll oder darf. Sie enthalten als Verben des Abratens oder Verbietens gleichfalls eine negative Aussage. Auch bei diesen gilt die zusätzliche Verneinung als nicht korrekt. Es muss also heißen: *Ich riet ihm davon ab, zu erscheinen* (nicht: *Ich riet ihm davon ab, nicht zu erscheinen*). *Er untersagte seinem Sohn dieses Buch zu lesen* (nicht: *Er untersagte seinem Sohn dieses Buch nicht zu lesen*). *Der Arzt hat ihr verboten Alkohol zu trinken* (nicht: *Der Arzt hat ihr verboten keinen Alkohol zu trinken*). *Er warnte sie davor, auf dieser Straße zu schnell zu fahren* (nicht: *Er warnte sie davor, auf dieser Straße nicht zu schnell zu fahren*).

   Auch die Verben des Leugnens und Bezweifelns wie *bestreiten, bezweifeln, leugnen, zweifeln* u. a. enthalten bereits eine negative Aussage. Die zusätzliche Verneinung ist daher nicht korrekt. Es muss also heißen: *Er bestritt heftig, dass er dies Wort gesagt habe* (nicht: *Er bestritt heftig, dass er dies*

Wort nicht gesagt habe). Sie leugnete dies getan zu haben (nicht: *Sie leugnete dies nicht getan zu haben*).

**2. Die Mutter geht nicht schlafen, bevor die Kinder zu Hause sind / bevor die Kin-
der nicht zu Hause sind · Ich werde nichts unternehmen, ehe ich die Erlaubnis
habe / ehe ich nicht die Erlaubnis habe:**
Bestimmte temporale Konjunktionen wie *nämlich, bevor, bis, ehe* enthalten bereits eine negative Aussage, denn sie drücken aus, dass das im Nebensatz genannte Geschehen oder Sein zu der Zeit des Geschehens im
Hauptsatz noch nicht eingetreten ist: *Ich kam nach Hause, bevor Vater da
war*. D. h.: Der Vater war noch nicht da, als ich nach Hause kam. Ist ein solcher Hauptsatz verneint, darf der mit *bevor, bis, ehe* eingeleitete Nebensatz
normalerweise nicht auch noch verneint werden. Es muss also heißen: *Die
Mutter geht nicht schlafen, bevor die Kinder zu Hause sind* (nicht: *Die Mutter geht nicht schlafen, bevor die Kinder nicht zu Hause sind*). *Ich werde
nichts unternehmen, ehe ich die Erlaubnis habe* (nicht: *Ich werde nichts unternehmen, ehe ich nicht die Erlaubnis habe*).
Geht der Nebensatz allerdings dem Hauptsatz voraus, ist aus Gründen der
Verständlichkeit gegen die Nebensatzverneinung nichts einzuwenden.
Das gilt besonders dann, wenn konditionale Nebenbedeutung vorliegt:
*Bevor die Kinder nicht zu Hause sind, geht die Mutter nicht schlafen. Ehe ihr
das Sprechen nicht einstellt, werde ich die Sonate nicht vorspielen.*

N

Neger: Der Ausdruck *Neger* für *Farbiger*
oder *Schwarzer* gilt mittlerweile im öffentlichen Sprachgebrauch als abwertend und wird deshalb im Sinne der ↑ Political Correctness weitgehend vermieden. Daneben wird der Ausdruck jedoch
von vielen meist unreflektiert oder un-
bewusst ohne eine diffamierende Absicht weiterhin verwendet. Als alternative Bezeichnungen fungieren *Farbiger*
sowie *Schwarzer*, wobei gerade die Bezeichnung *Schwarzer* z. B. in Berichten
über Südafrika vermehrt anzutreffen ist,
wohl um eindeutiger auf die schwarze
Bevölkerung (im Gegensatz zu den In-
dern etc.) Bezug nehmen zu können.

Negligé / Negligee: In neuer Rechtschreibung ist neben der bisherigen Schrei-

bung *Negligé* auch die eingedeutschte
Schreibung *Negligee* korrekt.

nehmen: 1. e / i-Wechsel: Die Formen im
Singular Indikativ Präsens lauten: *ich
nehme, du nimmst, er nimmt*. Der Imperativ lautet: *nimm!* (nicht: *nehme!*).
2. Konjunktiv: ↑ nähme / nehme.

Neigung: Nach *Neigung* wird mit der Präposition *zu* angeschlossen: *Sie hat Neigung zur* (nicht: *für die*) *Mathematik. Er
fasste Neigung zu diesem* (nicht: *für dieses*) *Mädchen.*

nein sagen / Nein sagen: Wenn Wörter wie
ja, nein bei einem Verb wie *sagen, rufen*
stehen, können sie als adverbial oder in
neuer Schreibung auch als substantiviert
betrachtet werden. Man kann sie deshalb klein- oder in neuer Schreibung

auch großschreiben: *zu etwas nein sagen, zu etwas Nein sagen.*

Neiße / Neisse: Bei der Schreibung dieser beiden geographischen Namen darf keine Verwechslung unterlaufen. *Neiße* ist der Flussname *(Glatzer Neiße, Lausitzer Neiße), Neisse* ist der Name einer Stadt an der Glatzer Neiße.

-nen: Verben auf *-nen:* Verben wie *rechnen, zeichnen* lauteten mhd. *zeichenen, rechenen.* Sie hatten also die Verbstämme *rechen-, zeichen-,* die auch heute noch in substantivischen Zusammensetzungen als Bestimmungswörter auftreten: *Rechenstunde* (nicht: *Rechnenstunde), Rechenbuch, Rechenschieber; Zeichenblock* (nicht: *Zeichnenblock), Zeichenstunde, Zeichenlehrer.* Entsprechend: *Schnellöffenventil, öffenbar, rechenbar.*

nennen: 1. Beugung: Bei dem Verb *nennen* ändert sich der Stammvokal trotz regelmäßiger Beugung: *nennen – nannte – genannt.* Der Konjunktiv II lautet *ich nennte* (nicht: *nännte) usw.: Nennte er uns den Namen, könnten wir ihm das Geld zurückbringen.*

2. Sie nannte ihn einen dummen Jungen / ein dummer Junge: Nach *nennen* steht der Gleichsetzungsakkusativ, d. h., Akkusativobjekt und Gleichsetzungsglied stehen im gleichen Kasus: *Sie nannte ihn einen dummen Jungen* (nicht: *ein dummer Junge).* ↑ Kongruenz (1.4.8).

Nennform / Nennformsatz: ↑ Infinitiv, ↑ satzwertiger Infinitiv.

Nerv: Die Formen im Singular lauten *des Nervs, dem, den Nerv.* Auch im Plural *(Nerven)* wird *v* als [f] ausgesprochen (↑ Aussprache [12]).

neu: 1. Groß- oder Kleinschreibung: Klein schreibt man das Adjektiv: *neue Mode, neueste Nachrichten, neue Sprachen studieren; die neuen Medien, die neuen Bundesländer.* Auch in der Verbindung mit *Jahr* schreibt man *neu* klein, weil es sich nicht um einen ↑ Namen handelt: *Wir wünschen Ihnen ein glückliches neues Jahr.* Groß schreibt man das substantivierte Adjektiv: *Altes und Neues, das Alte und das Neue. Ich habe nichts, etwas, allerlei Neues erfahren. Das ist ja das Neueste, was ich höre. In unserer Klasse haben wir zwei Neue. Er ist aufs Neue* (= auf Neuerungen) *erpicht.* Nach der neuen Rechtschreibung jetzt auch: *Sie hat es aufs Neue* (= wieder, erneut) *versucht. Auf ein Neues* (= abermals, nochmals). Groß schreibt man *neu* auch in ↑ Namen: *der Neue Bund, die Neue Welt* (= Amerika), *das Neue Testament.* Klein schreibt man *neu* dagegen weiterhin in festen Fügungen ohne Artikel: *seit neuestem, von neuem, neu für alt, aus alt wird neu, etwas auf neu herrichten / trimmen.* ↑ Groß- oder Kleinschreibung (1.2.1).

2. Getrennt- oder Zusammenschreibung: In Verbindung mit Verben wird in der Regel nur getrennt geschrieben: *Wir werden das Buch neu bearbeiten. Siedlungen werden neu entstehen. Die Wand soll neu gestrichen werden. Wir wollen das Werk neu einrichten.* Dies gilt nach der neuen Schreibung auch für die Verbindung mit Partizipien: *das neu eröffnete Zweiggeschäft; der [völlig] neu bearbeitete Band; die neu geschaffenen Arbeitsplätze* usw. Dagegen schreibt man weiterhin zusammen: *die neugeborenen Kinder; sich wie neugeboren fühlen.* Gelegentlich ist Getrennt- oder Zusammenschreibung möglich: *das neuvermählte* (gerade erst vermählte) *Ehepaar,* (aber:) *er hat sich neu vermählt* (wieder vermählt). ↑ Getrennt- oder Zusammenschreibung (3.1.2).

3. neueste / neuste: Heute wird meist die Form ohne *e* gebraucht. ↑ Vergleichsformen (2.3).

Neubau: Der Plural von *Neubau* lautet *die Neubauten.* ↑ Bau.

Neudruck: Der Plural von *Neudruck* lautet *die Neudrucke* (nicht: *Neudrücke).* ↑ Druck.

neulich: Das Adverb *neulich* darf nicht wie ein Adjektiv attributiv beim Substantiv stehen. Man kann also nicht sagen: *in ihrer neulichen Erklärung,* sondern allenfalls: *in ihrer neulich verlesenen Erklärung.* ↑ Adverb (1).

Neumünsteraner: Die Einwohner von Neumünster heißen *die Neumünsteraner.* ↑ Einwohnerbezeichnungen auf -er (2).

neun: Klein schreibt man das Zahlwort: *die neun Musen. Wir waren neun Personen / zu neunen / zu neunt / unser neun. Das Mädchen ist neun [Jahre]. Es schlägt neun [Uhr]. Alle neun/neune werfen.* Groß schreibt man das Substantiv: *die Neun* (= Karte) *ausspielen; eine Neun* (= auf der Scheibe) *schießen; mit der Neun* (= Straßenbahn) *fahren; ach du grüne Neune!* ↑ acht / Acht.

Neunkircher: Die Einwohner von Neunkirchen heißen *die Neunkircher.* Die Einwohnerbezeichnung wird immer großgeschrieben, auch wenn das Wort wie ein flexionsloses Adjektiv vor einem Substantiv steht: *Neunkircher Bürgerinitiative.* ↑ Einwohnerbezeichnungen auf -er (1 und 7).

neunte: ↑ achte / Achte.

neu renoviert: In dem Fremdwort renovieren (= erneuern) steckt bereits der Sinn von *neu.* Es ist also überflüssig, *neu* noch davor zu setzen. Also nicht: *Das Hotel ist neu renoviert.* Sondern: *Das Hotel ist renoviert.* ↑ Tautologie.

neusprachlich oder neusprachig: ↑ -sprachig / -sprachlich.

Neustadter: Die Einwohner von Neustadt (Weinstraße) heißen *die Neustadter.* Die Einwohnerbezeichnung wird immer großgeschrieben, auch wenn das Wort wie ein flexionsloses Adjektiv vor einem Substantiv steht: *das Neustadter Museum.* ↑ Einwohnerbezeichnungen auf -er (4 und 7).

Neutrum: Unter einem Neutrum versteht man ein sächliches Substantiv, z. B. *das Kind, das Haus, das Denken.*

Nevigeser: Die Einwohner von Neviges im Bergischen Land heißen *die Nevi-*

geser. ↑ Einwohnerbezeichnungen auf -er (5).

-nf: Für die klassische Beantwortung der beliebten Rätselfrage nach deutschen Wörtern auf *-nf* lassen sich *fünf, Genf, Hanf* und *Senf* anführen, ohne dass hierbei die Komposita wie z. B. *Bogenhanf* oder *Feuersenf* berücksichtigt würden. Spezialisten haben darüber hinaus den – allerdings weniger bekannten – Flussnamen *Sernf* im Schweizer Kanton Glarus sowie das Wort *Ganf* als Nebenform zu *Ganeff* (= Ganove) aus dem Rotwelsch ausfindig gemacht.

n-fach: Zur Schreibung ↑ Bindestrich (2.4).

nicht: 1. Stellung: Die Stellung von *nicht* bestimmt häufig die Satzbedeutung, Umstellungen können den Sinn völlig verändern: *Nicht alle Mitglieder sind verheiratet* bedeutet, dass nur ein Teil der Mitglieder verheiratet ist. *Alle Mitglieder sind nicht verheiratet* könnte dagegen bedeuten, dass alle Mitglieder ledig sind. – Schwierigkeiten treten auch dann auf, wenn das Verb mit anderen Satzgliedern eng verbunden ist. Die Negationspartikel *nicht* darf diese Verbindung nicht stören. Es muss z. B. heißen: *Ich war nicht ins Zimmer getreten* (nicht: *Ich war ins Zimmer nicht getreten*). Oder: *Er hatte sie nicht in sein Herz geschlossen* (nicht: *Er hatte sie in sein Herz nicht geschlossen*). Im folgenden Beispiel wird der unterschiedliche Bezug von *nicht* lediglich durch das Komma deutlich: *Ich glaube nicht, falsch zu handeln* (= Ich bin nicht der Ansicht, falsch zu handeln). – *Ich glaube, nicht falsch zu handeln* (= Ich bin der Ansicht, richtig zu handeln).

2. *nicht* als Partikel der Bekräftigung: Die Partikel *nicht* dient nicht nur der Verneinung, sondern auch der Bekräftigung und Bestätigung, und zwar besonders in Fragen und Ausrufen, die die gefühlsmäßige Beteiligung des Sprechers mit einbeziehen. Man vergleiche z. B.: *Waren Sie bei der Tagung zugegen?* und: *Waren Sie* *[denn] nicht bei der Tagung zugegen?* In der zweiten Frage ist *nicht* keine Verneinung, sondern eine um Bestätigung heischende Partikel. Den Unterschied zwischen beiden Formulierungen kann man auch an den jeweiligen Antworten erkennen: *Waren Sie bei der Tagung zugegen? – Nein! Waren Sie nicht bei der Tagung zugegen? Nein!/Ja!/Doch!* Dieses *nicht* kann häufig mit *doch* ausgetauscht werden: *Was man nicht/doch alles so hört!*

3. Nicht korrektes *nicht* nach Verben mit negativer Aussage: Im Nebensatz darf kein *nicht* stehen, wenn im Hauptsatz Verben wie *abraten, leugnen, warnen* u. a. stehen, die bereits eine negative Aussage enthalten. Also nicht: *Sie warnte ihn, nicht aufs Eis zu gehen.* Sondern: *Sie warnte ihn, aufs Eis zu gehen.* ↑ Negation (1).

4. Nicht korrektes *nicht* nach bestimmten Bindewörtern (Konjunktionen): Nach verneintem Hauptsatz darf im Nebensatz nicht die Verneinungspartikel *nicht* stehen, wenn der Nebensatz durch Konjunktionen, die eine negative Aussage enthalten, eingeleitet wird. Also nicht: *Du gehst nicht weg, ehe du nicht deine Arbeit erledigt hast,* sondern: *Du gehst nicht weg, ehe du deine Arbeit erledigt hast.* ↑ Negation (2).

5. Rechtschreibung: a) Immer getrennt geschrieben werden *nicht wahr?* und *gar nicht*. **b)** Nach der neuen Rechtschreibung können die Verbindungen von *nicht* mit einem Adjektiv getrennt oder zusammengeschrieben werden: *die nicht berufstätigen* (oder: *nichtberufstätigen*) *Frauen; dieses Kind ist nicht ehelich* (oder: *nichtehelich*); *die nicht kommunistischen* (oder: *nichtkommunistischen*) *Staaten*. Dagegen werden Verbindungen von *nicht* mit einem Partizip nach der neuen Schreibung nur noch getrennt geschrieben: *nicht rostende Stähle; nicht leitende Stoffe; nicht umgelautete Formen; die nicht Krieg führenden Parteien*.

Ausnahme ist *nicht zielend* (= intransitiv), das auch zusammengeschrieben werden kann: *ein nichtzielendes Verb*. Zur Schreibung in Fällen wie *das Nichteinschätzen-Können* ↑ substantivierter Infinitiv (1).

Nichtbeugung: ↑ Unterlassung der Deklination.

nicht[,] dass/weil/wenn u. a.: In Verbindung mit unterordnenden Konjunktionen bildet *nicht* Fügungen, die gewöhnlich als Einheit empfunden und nicht durch ein Komma geteilt werden: *Nicht dass ich wüsste. Nicht um dich zu ärgern, sage ich das.* Beide Wörter können aber auch eigenständig sein; dann steht das Komma vor der Konjunktion: *Nicht, dass ich keine Lust hätte, aber ich möchte noch warten* usw.

nicht eher, bis: Gegen die Verwendung von *nicht eher, bis* ... anstelle von *nicht eher, als bis* ... ist nichts einzuwenden. Das dem *eher* entsprechende *als* wird schon im 18. Jahrhundert häufig weggelassen und heute kaum mehr gesetzt.

nicht nur – sondern auch: 1. Komma: Auch bei der gepaarten Konjunktion *nicht nur – sondern auch* steht vor *sondern* immer ein Komma: *Sie spielte nicht nur Tennis, sondern auch Handball. Er war nicht nur in der Schule Primus, sondern auch auf dem Sportplatz der Beste.*

2. Singular/Plural: Werden singularische Subjekte durch *nicht nur – sondern auch* verbunden, wird das Verb heute im Allgemeinen in den Singular gesetzt: *Nicht nur das Haus, sondern auch die Scheune stand in Flammen.* ↑ Kongruenz (1.3.9).

nichts: 1. nichts ... als: Die Vergleichspartikel nach *nichts* heißt in der Standardsprache *als*. Das in der Umgangssprache häufig gebrauchte *wie* ist also nicht korrekt: *Mit ihm hat man nichts als* (nicht: *wie*) *Ärger*. ↑ als/wie (1).

2. Singular oder Plural nach *nichts als*: Bei der Verbindung von *nichts als* und einem pluralischen Attribut kann das Verb im Singular oder im Plural stehen;

meist wird jedoch die Pluralform bevorzugt: *Ein Raum, in dem nichts als alte Akten gestapelt waren.* ↑ Kongruenz (1.1.7).

3. nichts so … wie: Da die Vergleichspartikel beim Positiv (Grundstufe) *wie* und nicht *als* ist, muss nach *nichts so* ebenfalls *wie* stehen: *Es ist nichts so schön wie* (nicht: *als*) *ein frischer Blütenzweig.*

4. nichts weniger als: Diese Fügung dient gewöhnlich der verstärkenden Verneinung. *Er ist nichts weniger als höflich* bedeutet also so viel wie *Er ist alles andere, nur nicht höflich.* Da *nichts weniger als* aber auch im Sinne von »nichts Geringeres als« gebraucht werden kann, sollten missverständliche Formulierungen wie die folgende vermieden werden: *Dieses Auto ist nichts weniger als ein Rennwagen* (= durchaus kein / wirklich ein Rennwagen?).

5. Groß- oder Kleinschreibung: Klein schreibt man, wenn es sich um das Indefinitpronomen im Sinne von »nicht etwas, kein Ding« handelt: *für nichts, zu nichts, um nichts in der Welt; mir nichts, dir nichts; das tut nichts!; sich nichts daraus machen, sich durch nichts abhalten lassen; nichts Neues, nichts Genaues; aus nichts wird nichts, von nichts kommt nichts; sich in nichts auflösen, es zu nichts bringen, sich in nichts unterscheiden.* Groß schreibt man die Substantivierung *das Nichts: vor dem Nichts stehen, aus dem Nichts auftauchen, das absolute Nichts, die Welt aus dem Nichts schaffen, jemand ist ein Nichts, dieses Nichts von einem Menschen.* ↑ Groß- oder Kleinschreibung (1.2.4).

6. Getrennt- oder Zusammenschreibung: Wenn eine getrennt geschriebene Wortgruppe zugrunde liegt, schreibt man in neuer Rechtschreibung immer getrennt, folglich auch: *eine nichts sagende Erklärung* (= eine Erklärung, die uns nichts sagt); *ein nichts ahnender Besucher*

(= ein Besucher, der nichts ahnt). ↑ Getrennt- oder Zusammenschreibung (3.1.2).

7. Schreibung des folgenden Wortes: Pronomen werden nach *nichts* kleingeschrieben: *nichts anderes, [nichts mehr und] nichts weniger als.* Adjektive und Partizipien werden großgeschrieben; sie stehen hier für ein Substantiv: *nichts Gutes, nichts Genaues, nichts Neues, nichts Rechtes, nichts klein Geschriebenes, nichts Gegenteiliges.* ↑ Groß- oder Kleinschreibung (1.2.4).

nichtzielend: ↑ intransitiv.

Nickel: Als Metallbezeichnung hat *Nickel* sächliches Geschlecht: *das Nickel.* Dagegen ist *der Nickel* eine veraltete Bezeichnung für »Groschen, Münze, Zehnpfennigstück«.

niederhauen: ↑ hauen.

niederknien: Das Perfekt von *niederknien* wird mit *sein* gebildet: *Sie ist vor dem Altar niedergekniet.* ↑ haben (1); zur Schreibweise ↑ knien (1).

niederlassen: 1. Dativ oder Akkusativ: Nach *sich niederlassen auf* kann sowohl der Dativ als auch der Akkusativ stehen. Der Dativ steht, wenn man den Ort angeben will, wo man sich niederlässt (Frage: wo?), der Akkusativ, wenn man die Richtung des Niederlassens bezeichnen will (Frage: wohin?): *Sie hat sich neben uns auf dem Sofa niedergelassen* (K. Mann). *Er ließ sich auf den Klavierschemel nieder* (Ott).

2. Gebrauch des zweiten Partizips: Das attributiv verwendete und damit nicht korrekt gebildete zweite Partizip des reflexiven Verbs *sich niederlassen* hat sich in der Fügung *die niedergelassenen Ärzte* im Sprachgebrauch mittlerweile durchgesetzt.

niedrigster Preis / Niedrigstpreis: ↑ Kompositum (4).

niemand: 1. niemand … als: Die Vergleichspartikel nach *niemand* ist in der Standardsprache *als.* Das in der Umgangssprache häufig gebrauchte *wie* ist also nicht korrekt: *Niemand kann es besser wissen als* (nicht: *wie*) *sie.* ↑ als / wie (1).

2. niemand, der: Das Relativpronomen, das sich auf *niemand* bezieht, ist *der* und nicht *welcher* oder *wer.* Es heißt also: *Es gab niemand, der mir Auskunft geben konnte.*

3. Deklination: Der Genitiv von *niemand* lautet *niemandes* oder *niemands.* Dativ und Akkusativ können undekliniert, aber auch dekliniert sein: *niemand[em]* und *niemand[en].* Nicht korrekt ist die schwache Beugung im Dativ. Man kann also nur sagen: *Ich habe mit niemand* oder *mit niemandem* (nicht: *mit niemanden*) *gesprochen.* Im Akkusativ wird die endungslose Form oft vorgezogen: *Ich habe niemand* (seltener: *niemanden*) *gesehen.*

4. niemand anders: Vor *anders* und vor einem flektierten substantivierten Adjektiv ist heute die endungslose Form *niemand* üblicher als die deklinierte Form: *Er wollte niemand anders um sich haben* oder: *Er wollte niemand anderen um sich haben.* Seltener gebeugt: *Er wollte niemanden anders um sich haben.* Entsprechend: *Sie schenkte niemand Fremdes ihr Vertrauen* oder: *Sie schenkte niemand Fremdem ihr Vertrauen.* Seltener gebeugt: *Sie schenkte niemandem Fremdes ihr Vertrauen.*

5. niemand außer mir / niemand außer ich: ↑ außer.

niesen: Das Verb *niesen* wird regelmäßig gebeugt; das zweite Partizip lautet deshalb *geniest* und nicht *genossen*, wie man es – allerdings meist scherzhaft – in der Umgangssprache hört.

Nietenhose: ↑ Amerikanismen / Anglizismen (1.2).

Niet / Niete: *Niet* und *Niete* werden gleichbedeutend im Sinne von »Metallbolzen« gebraucht. Das Maskulinum *der Niet* (Genitiv: *des Niet[e]s*, Plural: *die Niete*) ist der fachsprachliche Ausdruck, das Femininum *die Niete* (Genitiv: *der Niete*,

Plural: *die Nieten*) ist dagegen das allgemeinsprachliche Wort.

Nikolaus: *Nikolaus* in der Bedeutung »Figur aus Schokolade, Marzipan u. Ä.« oder in der Bedeutung »den heiligen Nikolaus darstellende Person« hat im Gegensatz zum Namen *Nikolaus* einen Plural: *die Nikolause.* Die Pluralform mit Umlaut *(die Nikoläuse)* ist landschaftlich und wird oft auch scherzhaft gebraucht.

-nis: Substantive auf *-nis* sind entweder Feminina *(die Finsternis, die Kenntnis, die Erlaubnis, die Besorgnis* usw.) oder Neutra *(das Bildnis, das Ergebnis, das Zeugnis, das Verzeichnis* usw.). Einige Substantive auf *-nis* werden sowohl mit femininem als auch neutralem Genus gebraucht und haben sich teilweise in der Bedeutung differenziert: *die Erkenntnis* »Einsicht« / *das Erkenntnis* »richterliches Urteil«; *die Ersparnis* »Ersparung, Einsparung, erspartes Geld« / *das Ersparnis* (österr.) »erspartes Geld«; *das /* (seltener:) *die Besäufnis; das /* (veraltet:) *die Versäumnis.*

nobel: Bei *nobel* fällt, wenn es dekliniert oder gesteigert wird, das *e* der Endungssilbe aus: *ein nobler Mensch. Diese Geste war noch nobler.* ↑ Adjektiv (1.2.13), ↑ Vergleichsformen (2.2).

Nobel[preis]: Der schwedische Familienname *Nobel* wird auf der zweiten Silbe betont: *Nobẹl* (daher auch: *Nobẹlpreis*). Der Name hat nichts mit dem Adjektiv *nobel* (frz. *noble*) zu tun, sondern mit dem Ortsnamen Nöbbelöv (Schonen).

nochmalig / nochmals: *nochmalig* ist ein Adjektiv, das nur attributiv beim Substantiv stehen sollte *(nochmalige Verwarnung)* und nicht mit dem Adverb *nochmals* verwechselt werden darf: *Er wurde nochmals verwarnt* (nicht: *Er wurde nochmalig verwarnt*).

noch mal / nochmal: Richtig ist sowohl die Getrennt- als auch die Zusammenschreibung: *Ich komme noch mal / nochmal wieder.*

noch/mehr: ↑ nur noch / nur mehr.
Nomen: *Nomen* ist ein anderer Ausdruck für ↑ Substantiv. Gelegentlich wird dieser Terminus auch als zusammenfassende Bezeichnung für Substantiv und Adjektiv verwendet. Neben *die Nomina* ist auch der Plural *die Nomen* gebräuchlich.
Nomen Acti: Ein Nomen Acti ist ein Substantiv, das den Abschluss oder das Ergebnis eines Geschehens o. Ä. bezeichnet: *Bruch, Erzeugnis, Lähmung.*
Nomen Actionis: Ein Nomen Actionis ist ein Substantiv, das ein Geschehen, einen Vorgang, eine Handlung bezeichnet: *Übertritt, Wartung, Konzentration.*
Nomen Agentis: Ein Nomen Agentis ist ein Substantiv, das den Träger eines Geschehens bezeichnet: *Fahrer, Träger, Bäcker.*
Nominalform: Unter der Nominalform eines Verbs versteht man eine substantivierte infinite Verbform, z. B.: *das Erwachen* (substantivierter Infinitiv), *der Erwachende* (substantiviertes erstes Partizip), *der Erwachte* (substantiviertes zweites Partizip).

Nominalstil

Unter *Nominalstil* versteht man eine Ausdrucksweise, die durch Häufung von Substantiven gekennzeichnet ist. Diese Ausdrucksweise, die besonders häufig im Amtsdeutsch und im wissenschaftlichen Schrifttum vorkommt, kann stilistisch ausgesprochen unschön wirken. Der Satz *Zur Wiederholung der Aufführung dieses Stückes ist von unserer Seite keine Veranlassung gegeben* kann in gutem Deutsch einfacher und lebendiger etwa so lauten: *Wir sehen uns nicht veranlasst das Stück noch einmal aufzuführen.*

Stilistisch unschön ist auch der übermäßige Gebrauch schwerfälliger Bildungen wie *Inanspruchnahme, Hintansetzung, Nichtbefolgung, Nichtbesteigbarkeit.* Der Satz *Wegen Außerachtlassung aller Sicherheitsmaßnahmen und Nichtbefolgung der Betriebsvorschriften wurden bei der Tieferlegung der Rohre drei Arbeiter verletzt* kann besser etwa so lauten: *Drei Arbeiter wurden bei der Tieferlegung der Rohre verletzt, weil die Sicherheitsmaßnahmen außer Acht gelassen und die Betriebsvorschriften nicht befolgt wurden.*

Grundsätzlich lässt sich sagen, dass die verbale Ausdrucksweise im Allgemeinen anschaulicher, lebendiger und auch leichter verständlich ist, während die nominale Ausdrucksweise gewöhnlich eine klarere begriffliche Gliederung mit sich bringt. Erst die übermäßige Häufung von Substantiven (gleicher Bildungsart) im Satz macht den Stil schwerfällig und den Inhalt des Satzes abstrakt und schwer verständlich.

Zu den Erscheinungen des Nominalstils gehören auch die so genannten Funktionsverbgefüge oder Streckformen wie *in Erfahrung bringen* für *erfah-*

ren, unter Beweis stellen für *beweisen* (↑ Beweis), *in Erwägung ziehen* für *erwägen.* Hier wird ein Verbalsubstantiv (z. B. *Abschluss* in *zum Abschluss bringen*) anstelle des einfachen Verbs (»abschließen«) Sinnträger der Aussage. Dafür steht im Prädikat nur noch ein sinnentleertes Verb (in diesem Falle *bringen*) mit grammatischer Funktion (Angabe der Person, Zahl, Zeit u. a.). Diese Verben (*bringen, kommen, gelangen, stellen, ziehen, nehmen* u. a.) werden deshalb »Funktionsverben« genannt.

Bei nominalen Fügungen dieser Art ist zu beachten, dass sie in manchen Fällen mehr aussagen als die entsprechenden einfachen Verben, unsere Ausdrucksmöglichkeiten also bereichern. So entspricht etwa die Fügung *zum Abschluss bringen* gegenüber dem Verb *abschließen* dem Wunsch des Sprechers nach größerer zeitlicher Abstufung des Geschehens oder nach größerem Nachdruck in der Aussage. Im Gegensatz zu *erwägen* (= eine bestimmte Angelegenheit auf alle möglichen Konsequenzen hin prüfen) hebt *in Erwägung ziehen* stärker den Ablauf des Geschehens hervor und betont die sorgfältige oder bedächtige Art des Prüfens. Andere Funktionsverbgefüge bieten die Möglichkeit, passivische Sehweise auszudrücken, z. B. *zur Verteilung gelangen* »verteilt werden«. Handelt es sich dagegen lediglich um substantivische Aufschwellungen, sollte man sie in gutem Deutsch – auch in der Amts- und Kaufmannssprache – vermeiden, also nicht: *in Wegfall kommen* für *wegfallen* oder *zur Aufstellung bringen* für *aufstellen* verwenden.

N

Nominativ (Werfall, erster Fall): **1. Endungen:** Der Nominativ Singular steht immer ohne Deklinationsendung *(der Tisch, das Land, der Mensch, der Hase, die Frau).* Der Nominativ Plural kann auf *-e (die Tische, die Bärte),* auf *-er (die Leiber, die Länder),* auf *-s (die Uhus),* auf *-[e]n (die Menschen, die Hasen)* ausgehen oder endungslos sein *(die Lehrer, die Radieschen).*
2. absoluter Nominativ: Der absolute Nominativ steht für eine Aussage, die sonst nur mit einem vollständigen Satz wiedergegeben werden könnte. Dieser Nominativ steht außerhalb des eigentlichen Satzverbandes, z. B.: *Er will nun doch auswandern, ein schwerer Entschluss. Sie trug einen grasgrünen Mantel und einen roten Hut, ein Aufzug, der ihm missfiel.*

Mitunter steht ein absoluter Nominativ in Affektstellung vor abhängigen Sätzen, die eigentlich einen anderen Fall als den Nominativ erwarten ließen, z. B.: *Dieser Kerl, dem werde ich es noch zeigen!* (Statt: *Diesem Kerl, dem ...*) *Dieser kostbare Schmuck, wer kann sich den schon leisten!* Der Nominativ gilt in diesen Fällen als korrekt.
3. Nominativ oder Genitiv: Zu *ein Strauß rote Rosen / roter Rosen, die Verhaftung des Mannes als eigentlicher Drahtzieher / als eigentlichen Drahtziehers* ↑ Apposition (2.2. und 3.3).
Nonne: Zur Anschrift ↑ Brief (7).
Nord / Norden: Allgemein gebräuchlich ist heute die Form *Norden* (Genitiv: *des Nordens;* ohne Plural): *Das Gewitter kommt von Norden. Die alten Romreisen-*

den aus dem Norden kamen über diese Brücke (Koeppen). Die Kurzform *Nord* steht heute fast nur noch in festen Wendungen wie *Nord und Süd* oder in fachsprachlichen Aussagen wie *Der Wind kommt aus Nord. Nord* im Sinne von »Nordwind« (Genitiv: *des Nord[e]s;* Plural selten: *die Norde*) ist seemannssprachlich oder literarisch: *Der eisige Nord heulte um das Haus.* Schließlich dient *Nord* zur näheren Bestimmung eines Stadtteiles: *Mannheim Nord.* Entsprechendes gilt für *Osten, Süden, Westen.*

Nordhäuser: Die Einwohner von Nordhausen heißen *die Nordhäuser.* Die Einwohnerbezeichnung wird immer großgeschrieben, auch wenn das Wort wie ein flexionsloses Adjektiv vor einem Substantiv steht: *die Nordhäuser Schnapsbrennereien.* ↑ Einwohnerbezeichnungen auf -er (4 und 7).

nördlich: 1. Anschluss: An *nördlich* kann heute ein Substantiv im Genitiv oder mit *von* angeschlossen werden. Die Verwendung von *nördlich* als Präposition mit dem Genitiv ist bereits dort häufiger oder gar fest geworden, wo dem Substantiv oder dem geographischen Namen ein Artikel oder ein Pronomen vorangeht: *nördlich dieser Stadt, nördlich jener Grenze, nördlich des Flusses, nördlich des Peloponneses, nördlich der Donau, nördlich der Ostsee, nördlich des Harzes.* Der Anschluss mit *von* nach *nördlich* wird dort noch bevorzugt, wo ein artikelloser (geographischer) Name steht: *nördlich von München* (selten: *nördlich Münchens*), *nördlich von Schleswig-Holstein* (selten: *nördlich Schleswig-Holsteins*). Die Nichtbeugung des Substantivs oder Namens nach diesem als Präposition gebrauchten *nördlich* ist nicht korrekt. Also nicht: *nördlich München, nördlich des Main,* sondern: *nördlich Münchens; nördlich des Mains.*
↑ geographische Namen (1.1.1), ↑ Ortsnamen (2).

2. nördlich / nordwärts: Mit *nördlich* wird die Lage angegeben, *nordwärts* drückt dagegen die Richtung aus: *Das Haus liegt nördlich der Stadt* (Frage: wo?). *Sie zogen nordwärts* (Frage: wohin?).

normen / normieren: Beide Formen werden ohne Bedeutungsunterschied gebraucht.

Not: Das Substantiv schreibt man immer groß: *in Not geraten, sein. Es ist Not am Mann. Ich habe meine liebe Not. Er leidet Not.* In neuer Rechtschreibung auch: *Dies wird Not sein. Hilfe ist / wird hier Not. Eile tut Not.* Klein wird weiterhin geschrieben: *Das ist vonnöten.* ↑ Verblassen des Substantivs.

Notarin: ↑ Titel und Berufsbezeichnungen (3).

Noten: ↑ Zensuren.

notieren: Nach *notieren in* und *notieren auf* kann sowohl der Dativ als auch der Akkusativ stehen. Der Dativ steht, wenn man die Sache angeben will, wo etwas notiert wird (Frage: wo?), der Akkusativ, wenn die Richtungsvorstellung vorherrscht (Frage: wohin?): *Sie notierte sich die Telefonnummer in ihrem / ihr Notizbuch. Der Polizist notierte den Namen auf einem / einen Zettel.* Im Börsenwesen hat *notieren* nicht nur die Bedeutung »[den Kurs, Preis] festsetzen« *(die Börse notiert die Aktie mit 50 Mark),* sondern auch »einen bestimmten Kurswert, Preis haben«: *Der Dollar notierte zum Vortageskurs. Die meisten Rohstoffe notieren unverändert. Das Papier notiert mit 60 % unter pari.*

nötig / notwendig: Von diesen beiden sinnverwandten Adjektiven verbindet sich nur *nötig* mit *haben* zu der verbalen Fügung *etwas nötig haben* (»brauchen, bedürfen, benötigen«): *Sie hat einen Erholungsurlaub dringend nötig* (nicht: *notwendig). Er hat es nötig* (nicht: *notwendig) mit seinem Können zu prahlen.* In Verbindung mit *sein* sind *nötig* und *notwendig* häufig austauschbar, allerdings ist *notwendig* nachdrücklicher: *Ist es nötig* (= muss es denn sein), *dass wir so*

N

früh aufbrechen? Ist es notwendig (= ist es gar nicht anders möglich, unbedingt erforderlich), *dass wir so früh aufbrechen?* Oder: *Es ist nicht nötig, dass Sie mich begleiten* (= Sie brauchen mich nicht zu begleiten). *Es ist nicht notwendig* (= ist nicht unbedingt erforderlich), *dass Sie mich [auf dieser Reise] begleiten.* Aber nur: *Es wäre nicht nötig gewesen, dass ... Alles, was zum Leben nötig ist, haben wir.* Auch in Verbindung mit anderen Verben ist ein Austausch häufig möglich: *Man hielt es nicht für nötig / notwendig, die Sperrstunde einzuführen. Änderungen haben sich nicht als notwendig / nötig erwiesen.* Im Sinne von »zwangsläufig« kann *nötig* nicht anstelle von *notwendig* gebraucht werden: *Das ist die notwendige* (nicht: *nötige*) *Folge.*

Notizblock: Der Plural von *Notizblock* lautet *die Notizblocks.* ↑ Block.

notlanden: Das Verb *notlanden* wird teils wie ein fest zusammengesetztes, teils wie ein unfest zusammengesetztes Verb gebraucht: *ich notlande, bin notgelandet; um notzulanden* (nicht: *um zu notlanden*). ↑ Getrennt- oder Zusammenschreibung (2.1).

notschlachten: Das Verb *notschlachten* wird teils wie ein fest zusammengesetztes, teils wie ein unfest zusammengesetztes Verb gebraucht: *ich notschlachte, habe notgeschlachtet* (nicht: *genotschlachtet*). ↑ Getrennt- oder Zusammenschreibung (2.1).

Nougat / Nugat: 1. Man kann das Wort sowohl mit *ou* als auch mit *u* schreiben. **2.** Das Substantiv kann sowohl Maskulinum *(der Nougat / Nugat)* als auch Neutrum *(das Nougat / Nugat)* sein. (Genitiv: *des Nougats / Nugats,* Plural [Sorten]: *die Nougats / Nugats*).

November: ↑ Monatsnamen.

-ns: Zu Genitivformen von Namen wie *Iphigeniens* ↑ Personennamen (2.1.1).

null: 1. Rechtschreibung: Man schreibt das Zahlwort klein: *null Grad; sie verloren drei zu null; das ist null und nichtig; er hat null Fehler; man darf nicht durch null teilen; acht minus acht ist [gleich] null; die Geschwindigkeit ist [gleich] null [m/sec]; es ist null Uhr; Werte von null bis zehn; null Komma neun* (= 0,9); *Nummer null* (= Toilette; ugs.). In neuer Rechtschreibung auch: *Das Thermometer steht auf null; Temperaturen über, unter null; die Stunde null; der Erfolg war gleich null.* Groß schreibt man das Substantiv, das für die Ziffer oder für »Versager« steht: *die Zahl / Ziffer Null; du bist eine reine Null; schreibe die Ziffern Null bis Zehn an die Tafel; Peter hat eine schöne Null gemalt; es handelte sich um eine Zahl mit fünf Nullen.*
2. Kongruenz: Nach *0,1 (null Komma eins)* steht die Maßangabe im Plural: *0,1 Milliliter müssen hinzugefügt werden. Erst 0,1 Sekunden sind seit dem Start vergangen.* ↑ Kongruenz (1.2.3).
3. *in null Komma nichts:* Nach den neuen Rechtschreibregeln wird *null* in dieser Fügung kleingeschrieben: *In null Komma nichts war er da.*
4. Zu *Null-Komma-sieben-Liter-Flasche* ↑ Bindestrich (3.3).

Nulllösung: Wenn bei Zusammensetzungen drei gleiche Buchstaben zusammentreffen, darf nach den neuen Regeln keiner von ihnen wegfallen. Die Zusammensetzung aus *Null* und *Lösung* wird also mit drei *l* geschrieben. Zur besseren Lesbarkeit kann ein Bindestrich gesetzt werden: *Nulllösung,* auch: *Null-Lösung.* ↑ Zusammentreffen dreier gleicher Buchstaben.

Null ouvert: Es heißt *der* oder *das Null ouvert* (frz. *ouvert* »offen«).

Numerale

Häufig gestellte Frage zu Numeralen	
Frage	Antwort unter
In welchen Fällen schreibt man Zahlen groß?	dieser Artikel, Punkt (1)

Beim Numerale (Zahlwort) unterscheidet man grundsätzlich zwei Gruppen, die ↑ Kardinalzahlen und die ↑ Ordinalzahlen. Daneben gibt es die aus den Ordinalzahlen gebildeten ↑ Bruchzahlen und die zu den Kardinalzahlen gebildeten ↑ Verteilungs-, ↑ Vervielfältigungs- und ↑ Wiederholungszahlwörter.

1. Groß- oder Kleinschreibung:

Zahlwörter (Zahladjektive) werden kleingeschrieben:

in der ersten Dezemberwoche, die letzten drei Tage, ein achtel Liter.

Zahlwörter werden auch kleingeschrieben, wenn ihnen ein Pronomen oder ein unbestimmtes Pronomen oder Zahlwort vorangeht:

ihr drei, diese fünf, die ersten fünf, alle sieben, einige tausend [Flaschen].

Groß schreibt man Zahlwörter als Bezeichnung einer Ziffer und die substantivierten Ordnungszahlwörter:

eine Eins (= Zensur, Note), eine Sechs malen, eine Vier würfeln, eine Zwölf schießen, die Fünfte [Sinfonie] spielen, in der Klasse die Erste sein (= der Leistung nach), einem Dritten (= Unbeteiligten) gegenüber, das Hundert (= Maßangabe für hundert Einheiten), die Ersten unter Gleichen.

In neuer Rechtschreibung auch groß: *Sie war die Erste* (= der Zählung, der Reihe nach), *die heute kam. Jeder Zweite* (= der Zählung, der Reihe nach) *hat einen Fehler gemacht.*

Groß schreibt man auch das Zahlwort in Namen wie *die Zehn Gebote, Elisabeth die Zweite.* ↑ Bruchzahlen, ↑ acht / Acht, ↑ achte / Achte, ↑ achtel / Achtel usw.

2. Deklination:

Von den Kardinalzahlen wird *ein* vollständig dekliniert (↑²ein), die Zahlwörter von *zwei* bis *zwölf* dagegen nur teilweise (↑3; 4: ↑ zwei). Die Ordinalzahlen werden wie attributive Adjektive dekliniert und zur Deklination der Zahlsubstantive vergleiche man ↑ hundert / Hundert (3).

3. zweie, dreie usw.:

Bei den Zahlwörtern von *zwei* bis *zwölf* waren früher bei substantivischem Gebrauch die Formen auf -*e* durchaus gebräuchlich, heute beschränken sie sich auf volkstümliche Redewendungen wie *alle viere von sich strecken, alle neune werfen* (= beim Kegeln) und den mundartlichen Bereich. Standardsprachlich nur:

Von der Turmuhr schlug es *zwölf* (nicht: *zwölfe*). Nur *zwei* (nicht: *zweie*) kehrten zurück.

4. zu zweien / zu zweit · zu dreien / zu dritt usw.:

Im Dativ, in dem bei substantivischem Gebrauch alle Zahlwörter von *zwei* bis *zwölf* gebeugt werden können, werden neben den regelmäßigen Formen auf -*en zu zweien, zu dreien* usw. (häufiger) auch die indeklinablen Formen auf -*t zu dritt, zu viert, zu fünft* usw. gebraucht. Die Bedeutungen beider Formen haben sich bereits vielfach, aber nicht durchgehend differenziert: Die Formen auf -*t* geben immer eine ganze Anzahl an *(Wir waren zu sechst. Sie saßen zu zehnt in einem engen Raum),* während die auf -*en* oft – besonders dann, wenn es sich um niedrige Zahlenangaben handelt – die Art der Gruppierung betonen:

Die Schüler gingen *zu zweien* (= je zwei und zwei) über die Straße. Sie fassten sich an den Händen und gingen immer *zu dreien* (= je drei und drei) die Treppe hinauf.

N

5. Der fünfzigjährige Geburtstag:

Die Verbindung einer Kardinalzahl mit -*jährig* ist in einigen Fällen inkorrekt: Man kann zwar von einem *fünfzigjährigen Geburtstagskind,* nicht aber von einem *fünfzigjährigen* (statt: *fünfzigsten*) *Geburtstag* oder einer *achtzigjährigen Geburtstagsfeier* (statt: *Feier zum achtzigsten Geburtstag*) sprechen (vergleiche aber ↑Jubiläum).

6. Verweise:

↑³ein, ↑zwei, ↑drei; ↑siebente / siebte; siebenzehn / siebzehn; siebenzig / siebzig; ↑hundert / Hundert; ↑hundert[und]einte / -erste; ↑wievielte / wievielste.

---

numerisch / nummerisch: Beide Formen werden in der Bedeutung »zahlenmäßig, der Zahl nach« gebraucht. Das Adjektiv *nummerisch* (Betonung auf der ersten Silbe) ist die jüngere, eingedeutschte Form von *numerisch* (Betonung auf der zweiten Silbe), das im 18. Jahrhundert aus neulat. *numericus* entlehnt wurde: *die nummerische / numerische Überlegenheit der Nichtraucher.*

Numerus: 1. Der Numerus (Zahl) gibt an, ob etwas einmal (= Singular: *der Stuhl*) oder mehrmals (= Plural: *die Stühle*) vorhanden ist. **2.** Zu *Numerus-clausus-Fach* ↑ Bindestrich (3.1).

Nummer: ↑ nummerieren / Nummer.

nummerieren / Nummer: In neuer Rechtschreibung wird das Verb *nummerieren* ebenso wie das bereits früher eingedeutschte *Nummer* mit zwei *m* geschrieben.

nun [da]: Das gewöhnlich als Zeitadverb gebrauchte *nun (Bist du nun zufrieden?)* wird in gehobener Ausdrucksweise auch als kausale Konjunktion verwendet: *Nun das Buch abgeschlossen ist, soll mein ausdrücklicher Dank ... an seinem Schluss stehen* (Frisch). *Nun da wir alle zusammen sind, möchte ich das Glas erheben und ...* Vgl. hierzu auch ↑ zumal.

Nuntius: Der Genitiv lautet *des Nuntius*, der Plural *die Nuntien*.

nur: Bezieht sich *nur* auf ein einzelnes Wort, dann steht es normalerweise unmittelbar vor diesem: *Er betrat einen nur mäßig beleuchteten Raum*. Das nachgestellte *nur* klingt – sofern es sich nicht um dichterische Rede handelt – gekünstelt: *Er betrat einen mäßig nur beleuchteten Raum*. Bezieht sich die durch *nur* ausgedrückte Einschränkung auf eine Wortgruppe, dann ist, um Unklarheiten zu vermeiden, darauf zu achten, dass dieses *nur* am Anfang der Gruppe und nicht erst an deren Ende steht. Also nicht: *Es ist ein Bild, das einen oberflächlichen Eindruck der eigentümlichen Schönheit dieser Landschaft nur vermittelt*, sondern: *Es ist ein Bild, das nur einen oberflächlichen Eindruck ...* ↑ Adverb (4).

Nürnberger: Die Einwohnerbezeichnung *Nürnberger* wird immer großgeschrieben, auch wenn das Wort wie ein flexionsloses Adjektiv vor einem Substantiv steht: *Nürnberger Lebkuchen, die Nürnberger Stadtväter*. ↑ Einwohnerbezeichnungen auf -er (7).

nur noch / nur mehr: Anstelle von *nur noch* wird in Süddeutschland und in Österreich häufig *nur mehr* gebraucht, z. B.: *Sie hatte nur mehr den einen Gedanken. Man konnte die Häuser in der Dämmerung nur mehr ahnen.* Entsprechendes gilt für *kaum noch / kaum mehr*.

Nussschokolade: Wenn bei Zusammensetzungen drei gleiche Buchstaben zusammentreffen, darf nach den neuen Rechtschreibregeln keiner von ihnen wegfallen. Die Zusammensetzung aus *Nuss* und *Schokolade* wird also mit drei *s* geschrieben. Zur besseren Lesbarkeit kann ein Bindestrich gesetzt werden: *Nussschokolade*, auch *Nuss-Schokolade*. ↑ Zusammentreffen dreier gleicher Buchstaben.

Nut / Nute: Beide Formen sind gebräuchlich. In der Fachsprache wird *die Nut* verwendet.

Nutella: Das Genus für den Markennamen ist nicht festgelegt. Häufig wird die weibliche Form *die Nutella* verwendet, wohl abgeleitet von der aus dem Italienischen stammenden femininen Endung *-ella*. Es tritt aber auch die neutrale Form *das Nutella* auf. Auf diese wird häufig auch bei Fremdwörtern ausgewichen, wenn eine exakte Festlegung nicht möglich ist. Seltener kommt *der Nutella* vor. ↑ Fremdwort (2).

nutz / nütze: Die beiden Wörter unterscheiden sich nicht in der Bedeutung. Sie werden heute nur noch in der Verbindung mit *sein* gebraucht. Die Form *nutz* ist süddeutsch; standardsprachlich ist die Form *nütze: Auf diese Weise ist er doch noch zu etwas nütze. Er ist aber auch zu nichts mehr nütze.*

Nutz / Nutzen: Von den beiden Wortformen ist nur noch *der Nutzen* (Genitiv: *des Nutzens*) gebräuchlich. Die alte Form *der Nutz* hat sich lediglich in Wendungen wie *zu Nutz und Frommen* und in Zusammensetzungen wie *Eigennutz, nutzlos* erhalten. ↑ Substantiv (2.2).

N

nutzen / nützen: 1. Bedeutung und Gebrauch: In der Bedeutung der beiden Wortformen besteht kein Unterschied. Beide können intransitiv im Sinne von »Gewinn, Vorteil bringen, von Nutzen sein« oder transitiv mit der Bedeutung »etwas benutzen, aus etwas Nutzen ziehen« gebraucht werden. Intransitiv: *Was nutzt / nützt das alles. Dieses Werk soll der Allgemeinheit nutzen / nützen.* Transitiv: *Nutze / nütze diese günstige Gelegenheit. Sie hat die Gunst des Augenblicks genutzt / genützt.* Die Versuche verschiedener Sprachpfleger, eine der Formen *(nützen)* auf intransitiven, die andere *(nutzen)* auf transitiven Gebrauch festzulegen, hatten keinen Erfolg. Während man beim einfachen Verb heute im Allgemeinen die umgelautete Form *nützen* gebraucht, werden bei Zusammensetzungen und Präfixverben (↑ abnutzen / abnützen, ↑ ausnutzen / ausnützen, ↑ benutzen / benützen) die umgelauteten Formen bes. in Süddeutschland und in Österreich gebraucht.

2. Rektion (Dativ / Akkusativ): Es heißt richtig: *Das nutzt / nützt mir nichts.* Der Akkusativ *(Das nutzt / nützt mich nichts)* kommt noch in süddeutschen Mundarten vor.

nutznießen: Das Verb ist fast nur im Infinitiv und 1. Partizip *(nutznießend)* gebräuchlich; selten: *Wir nutznießten von dieser Situation, haben davon genutznießt.*

O *O*

o: Zur Schreibung und Deklination ↑ Bindestrich (2.4) *(o-Aussprache);* ↑ Einzelbuchstaben *(des O, zwei O);* ↑ Groß- oder Kleinschreibung (1.2.5) *(das o in Lot).*

¹ob: Die unterordnende Konjunktion *ob* leitet einen indirekten Fragesatz ein, der durch Komma abgetrennt wird: *Ich weiß nicht, ob sie kommt. Ob sich das lohnt, konnte er nicht sagen. Auf meine Frage, ob er müde sei, antwortete er nicht. Ob ich jetzt gehe oder später, [das] ist egal.* Ist *ob* Teil einer Fügung, dann wird kein Komma innerhalb der Fügung gesetzt: *Denn ob sie kommen würde, wusste ich nicht.* Über Indikativ oder Konjunktiv im *ob*-Satz ↑ indirekte Rede (2.2).

²ob (Präposition): **1.** Die Präposition *ob* mit der Bedeutung »wegen« kommt heute nur noch in gehobener Sprache vor oder wird ironisch gebraucht. Sie steht meist mit dem Genitiv, seltener mit dem Dativ: *ob des Glückes, ob gutem Fang erfreut sein. ... er begann ob des steilen Pfades zu keuchen* (Nigg). **2.** Die Präposition *ob* mit der Bedeutung »oberhalb, über« ist außerhalb des Schweizerischen veraltet bzw. auf Namen beschränkt: *ob dem Walde; Rothenburg ob der Tauber.*

ob / dass: ↑ dass (3).

ob – ob: Das Komma steht zwischen Satzteilen und Sätzen, die durch die anreihende Konjunktion *ob – ob* verbunden werden: *Vor Gott sind wir alle gleich, ob arm, ob reich. Er ist immer fröhlich, ob er satt ist, ob er Hunger hat.* Aber: *Ob ich jetzt oder ob ich erst später gehe, ist gleichgültig.*

O-Beine, o-beinig: Zusammensetzungen mit einem einzelnen Buchstaben werden mit Bindestrich geschrieben: *O-Beine, o-beinig.* ↑ Bindestrich (2.4).

Obelisk: Das Substantiv hat bis auf den Nominativ Singular immer die Endung *-en: des Obelisken, dem Obelisken, den Obelisken,* Plural: *die Obelisken.* ↑ Unterlassung der Deklination (2.1.2).

oben: Man schreibt: *nach oben, von oben, bis oben; oben links, nach oben hin, nach oben zu, von oben her; oben ohne, das oben Gesagte, Erwähnte* (↑ oben erwähnt); *die oben gegebene Erklärung; alles Gute kommt von oben; man wusste kaum noch, was oben und was unten war.* Man schreibt das Adverb *oben* immer vom folgenden Verb getrennt: *[weit] oben bleiben, oben erwähnen, oben liegen, oben nennen, oben stehen, oben zitieren* usw. ↑ Getrennt- oder Zusammenschreibung (1.3).

oben erwähnt: Nach den neuen Regeln wird *oben erwähnt* getrennt geschrieben, weil auch die zugrunde liegende Fügung *oben erwähnen* (z. B. *ich habe das bereits oben erwähnt*) getrennt geschrieben wird: *die oben erwähnte Stadt.* Entsprechend schreibt man *oben genannt.* ↑ Getrennt- oder Zusammenschreibung (3.1.3). Die Substantivierung kann nach den neuen Regeln getrennt oder zusammengeschrieben werden: *der, das oben Erwähnte* oder *der, das Obenerwähnte.*

oben genannt: ↑ oben erwähnt.

oben stehend: Nach den neuen Regeln wird *oben stehend* getrennt geschrieben, weil auch die zugrunde liegende Fügung *oben stehen* (z. B. *das Zitat, das oben steht*) getrennt geschrieben wird: *die oben stehende Regel, das oben stehende Zitat.* ↑ Getrennt- oder Zusammenschreibung (3.1.3). Die Substantivierung kann nach den neuen Regeln getrennt oder zusammengeschrieben werden: *Ich habe oben Stehendes / Obenstehendes noch nicht gelesen. Wir haben das im oben Stehenden / Obenstehenden erwähnt. Das oben Stehende / Obenstehende habe ich geschrieben.*

Ober: Als Anrede für eine Kellnerin kann man z. B. *Frau Ober* verwenden. (Nicht empfehlenswert ist die Verwendung von *Frau Oberin,* da *Oberin* »Oberschwester, Leiterin eines Frauenklosters« bedeutet.)

oberhalb: Die Präposition *oberhalb* wird mit dem Genitiv verbunden: *oberhalb des Dorfes, oberhalb Heidelbergs.* Nach *oberhalb* als Adverb wird mit *von* angeschlossen: *oberhalb von Heidelberg.* ↑ geographische Namen (1.1.1), ↑ Ortsnamen (2).

Oberhausener: Die Einwohner von Oberhausen heißen *die Oberhausener.* Die Einwohnerbezeichnung wird immer großgeschrieben, auch wenn das Wort wie ein flexionsloses Adjektiv vor einem Substantiv steht: *die Oberhausener Stadtväter.* ↑ Einwohnerbezeichnungen auf -er (1 und 7).

Oberin: Zur Anschrift ↑ Brief (7).

oberst: Klein schreibt man das Adjektiv: *das oberste Stockwerk. Dort das Buch, das oberste, hätte ich gern.* Groß schreibt man die Substantivierung: *das Oberste zuunterst, das Unterste zuoberst kehren.* Groß schreibt man *oberst* auch in Namen: *der Oberste Gerichtshof.* ↑ Groß- oder Kleinschreibung (1.2.1), ↑ Namen.

Oberst: *Oberst* kann sowohl stark als auch schwach gebeugt werden. Die schwache Deklination ist die ältere (Genitiv: *des Obersten,* Dativ und Akkusativ: *dem, den Obersten,* Plural: *die Obersten*); die starke (Genitiv: *des Obersts;* Dativ und Akkusativ: *dem, den Oberst;* Plural: *die Oberste*) ist jünger: *Erstens präsentierte er sich dem Oberst doch noch als tadelloser Soldat* (Kuby). ... *der auf den Generalobersten wartete* (Der Spiegel). ↑ substantiviertes Adjektiv (2.2.2). Zu *des Obersts Meier / des Obersten Meier* ↑ Titel und Berufsbezeichnungen (1.3).

oberste / öberste: Standardsprachlich ist die Form *oberste.* Der Superlativ *öberste* wird nur mundartlich oder scherzhaft gebraucht.

Oberteil: *Oberteil* kann ein Neutrum oder ein Maskulinum sein. Es heißt *das Oberteil* und *der Oberteil*. Das Neutrum ist üblicher. ↑ Teil.

Obfrau / Obmännin: Die feminine Bildung zu *Obmann* ist *Obfrau*. Gelegentlich tritt auch noch *die Obmännin* auf. ↑ Obleute, ↑ Movierung.

obgleich: ↑ obwohl.

obig: 1. Deklination: Das auf *obig* folgende [substantivierte] Adjektiv (Partizip) wird heute in der Regel in gleicher Weise (parallel) gebeugt: *obiger gründlicher Bericht, obige respektlose Bemerkungen, von obigem kleinem* (veraltet: *kleinen*) *Ort aus.*
2. Rechtschreibung: Groß- oder Kleinschreibung wie bei ↑ folgend (vgl. *oben stehend* und *nachstehend*). In neuer Rechtschreibung wird also geschrieben: *Wir haben Obiges noch nicht gelesen. Das ist bereits im Obigen* (= weiter oben) *dargelegt worden.* Schon früher wurde großgeschrieben: *der Obige* (Abkürzung: *d. O.*). *Das Obige ist uns bekannt.* ↑ Groß- oder Kleinschreibung (1.2.1).

Objekt (Sinnergänzung, [Satz]ergänzung): Man unterscheidet vier Arten von Objekten: ↑ Genitivobjekt: *Ich erinnere mich dieser Angelegenheit* (Frage: wessen?). ↑ Dativobjekt: *Der Sohn dankt dem Vater* (Frage: wem?). ↑ Akkusativobjekt: *Der Gärtner füttert den Hund* (Frage: wen?). ↑ Präpositionalobjekt: *Inge achtet auf ihre Schwester* (Frage: auf wen?). Der Fall wird beim Präpositionalobjekt nicht wie bei den anderen Objekten direkt vom Prädikat, sondern von der Präposition bestimmt.

Objektsatz: Ein Objekt- oder Ergänzungssatz ist ein Nebensatz an der Stelle eines Objekts: *Sie lernt eine notwendige Lektion / Sie lernt, dass sie auf eigenen Füßen stehen muss.*

Objektsprädikativ[um]: ↑ Prädikativ, Prädikatsnomen.

Obleute: *Die Obleute* kann Pluralform zu *die Obmänner* oder zu *die Obfrauen* oder zu *die Obfrauen und Obmänner* sein. ↑ Obmann.

obliegen: 1. es liegt mir ob / es obliegt mir: Das Verb *obliegen* wird überwiegend wie ein fest zusammengesetztes Verb verwendet: *Sind ihre Gäste gegangen, so obliegen ihr zumeist noch allerlei gesellschaftliche Pflichten* (A. Kolb). *Während der nächsten Tage oblag er ruhig seinen Arbeiten in der Schule* (Musil). Die Verwendung wie ein unfest zusammengesetztes Verb ist seltener und veraltet: *Die Beweislast lag vielmehr der Anklagebehörde ob* (Rothfels). Im zweiten Partizip und im Infinitiv mit *zu* lauten die Formen für die feste Bildung *oblegen* und *zu obliegen,* für die unfeste Bildung *obgelegen* und *obzuliegen.* ↑ Verb (2.4).
2. Sie ist / hat der Musik obgelegen: Im Perfekt kann *obliegen* sowohl mit *sein* als auch mit *haben* umschrieben werden: *Sie war / hatte der Musik obgelegen.* Die Umschreibung mit *haben* überwiegt heute. ↑ haben (1).

oblique Kasus: ↑ Kasus.

Obmann: Das Wort hat zwei Pluralformen: *die Obmänner* und *die Obleute.* Wenn Männer und Frauen gleichzeitig gemeint sind, heißt der Plural *die Obleute.* ↑ Obleute.

Obmännin: ↑ Obfrau / Obmännin.

obschon: ↑ obwohl.

obsiegen: Das Verb *obsiegen* wird überwiegend wie ein fest zusammengesetztes, seltener und veraltend wie ein unfest zusammengesetztes Verb verwendet: *Die Kräfte des Guten obsiegten,* auch: *Die Kräfte des Guten siegten ob. Indes die Damen obsiegten* (Mannheimer Morgen). Im zweiten Partizip und im Infinitiv mit *zu* lauten die Formen für die feste Bildung *obsiegt* und *zu obsiegen,* für die unfeste Bildung *obgesiegt* und *obzusiegen.* ↑ Verb (2.4).

Obus: Der Genitiv lautet *des Obusses,* der Plural *die Obusse.*

obwalten: Das Verb *obwalten* wird teils wie ein fest zusammengesetztes, teils (aber seltener) wie ein unfest zusammengesetztes Verb verwendet: *Dabei obwalteten Bedingungen, die von denen in anderen Ländern stark abwichen,* auch: *Dabei walteten Bedingungen ob, … Nicht selten obwalteten subjektive Gesichtspunkte und Spontaneität* (Sprachpflege). Im zweiten Partizip und im Infinitiv mit *zu* lauten die Formen für die feste Bildung *obwaltet* und *zu obwalten,* für die unfeste Bildung *obgewaltet* und *obzuwalten.* ↑ Verb (2.4).

obwohl: Die Konjunktion *obwohl* leitet wie *obgleich, obschon* und *obzwar* einen konzessiven Nebensatz ein, der durch Komma abgetrennt wird: *Sie kam sofort, obwohl sie nicht viel Zeit hatte. Er wollte, obwohl er betrunken war, den Wagen fahren. Der Schüler, obwohl gesund, erschien nicht zum Unterricht.* Ist *obwohl* Teil einer Fügung, die als Einheit empfunden wird, dann wird kein Komma innerhalb der Fügung gesetzt: *Aber obwohl das Stück komisch war, blieb sie traurig.*

obzwar: ↑ obwohl.

Ochs / Ochse: Neben der standardsprachlichen Nominativform *Ochse* kommt mundartlich und umgangssprachlich auch die Form *Ochs* vor. (In Österreich stehen beide Formen gleichberechtigt nebeneinander.) Der Genitiv lautet *des Ochsen,* der Dativ und Akkusativ lauten *dem, den Ochsen.* Die Unterlassung der Deklination *(dem, den Ochs)* ist nicht korrekt. ↑ Unterlassung der Deklination (2.1.1).

ocker: ↑ Farbbezeichnungen (2.2).

öd / öde: Beide Formen sind ohne Bedeutungsunterschied gebräuchlich. ↑ Adjektiv (1.2.14).

oder: Es steht kein Komma in Aufzählungen gleichrangiger Wörter: *Wir müssen heute noch Milch, Butter, Salat und Brot oder Brötchen einkaufen.* Es steht auch kein Komma, wenn *oder* gleichrangige Wortgruppen verbindet: *Ich gehe morgen ins Theater oder besuche ein Konzert.* Es steht im Allgemeinen kein Komma, wenn *oder* selbstständige gleichrangige Sätze verbindet: *Wir fahren am Wochenende ins Elsass oder wir gehen zu Freunden zum Gartenfest.* Das Komma kann in diesen Fällen aber gesetzt werden, um die Gliederung des Satzgefüges deutlich zu machen. Das ist neu auch bei gleichrangigen Nebensätzen möglich: *Es ist nicht abzusehen, ob sie schon morgen kommen kann[,] oder ob sie die Reise verschieben muss.* Nach den neuen Regeln zur Zeichensetzung kann ein Komma gesetzt werden, wenn *oder* ein Satzgefüge anschließt, das mit einem Nebensatz oder einem erweiterten Infinitiv beginnt: *Wir spielten Tischtennis[,] oder wenn die Sonne schien, gingen wir schwimmen.* Ein Komma wird vor *oder* gesetzt, wenn ein Zwischensatz oder ein Beisatz (eine Apposition) vorausgeht: *Karl, ihr Bruder, oder sie selbst soll kommen* (= 2 Personen). Zur Zeichensetzung ↑ Komma (2.1, 2.3 und 3.1). Zu *der Vater oder die Mutter hat / haben …* ↑ Kongruenz (1.3.12); zu *das Wort oder die Wendung, die …* ↑ Kongruenz (1.5.3); zu *sie oder ich habe / hat …* ↑ Kongruenz (2.2).

-oe: Zur Bildung von Ableitungen bei Ortsnamen auf *-oe (Laboer)* ↑ Einwohnerbezeichnungen auf *-er* (3).

offen: 1. Groß- oder Kleinschreibung: Klein schreibt man das Adjektiv: *offener Wein, offene Tuberkulose, Tag / Haus der offenen Tür, offene Handelsgesellschaften* usw. Groß schreibt man das Adjektiv in Namen: *Offene Handelsgesellschaft / OHG* (als Teil von Firmennamen). ↑ Namen.

2. Getrennt- oder Zusammenschreibung: In Verbindung mit Verben schreibt man immer getrennt, wenn *offen* erweiterbar oder steigerbar ist: *[weit] offen* (= geöffnet) *sein, [sehr] offen* (= freimütig) *sein, [sehr] offen* (= ehrlich) *gestehen, [sehr] offen* (= frei, allen sichtbar) *halten, ste-*

hen; *zu etwas [ganz] offen* (= aufrichtig, frei) *stehen;* neu auch: *Das Fenster muss offen bleiben. Die Entscheidung ist offen geblieben. Sie hat sich offen gehalten* (= vorbehalten), *dorthin zu gehen. Er hat das Tor offen gehalten. Er hat das Fenster offen gelassen. Sie will die Frage offen lassen. Das Fenster hat offen gestanden. Dieser Entschluss hat auch uns offen gestanden* (= freigestanden). *Das Konto hat offen gestanden. ... weil dieser Betrag noch offen stand.* ↑ Getrennt- oder Zusammenschreibung (1.2).
3. offen / auf: ↑ auf / offen.

Offenbacher: Die Einwohnerbezeichnung *Offenbacher* wird immer großgeschrieben, auch wenn das Wort wie ein flexionsloses Adjektiv vor einem Substantiv steht: *die Offenbacher Messe, Offenbacher Lederwaren.* ↑ Einwohnerbezeichnungen auf *-er* (7).

öffenbar: ↑ -nen.

offenbaren: 1. offenbart / geoffenbart: Heute wird das Verb *offenbaren* auf der dritten Silbe betont: *offenbaren.* Das zweite Partizip lautet dazu *offenbart: Er hat [mir] offenbart, dass ...* Von der früher auch üblichen Betonung auf der ersten Silbe *offenbaren* leitet sich die heute noch gelegentlich, vor allem im religiösen Bereich, verwendete Form des zweiten Partizips mit *ge-* her: *Gott hat [sich uns] geoffenbart.*
2. Er offenbarte sich als treuer Freund / als treuen Freund: Bei *sich offenbaren als* steht das dem *als* folgende Substantiv gewöhnlich im Nominativ, d. h., es wird auf das Subjekt bezogen: *Er offenbarte sich als treuer Freund.* Der Akkusativ, d. h. der Bezug auf das Reflexivpronomen, ist seltener: *Er offenbarte sich als treuen Freund.* ↑ Kongruenz (4.2).

Offerte: Standardsprachlich ist *die Offerte.* In Österreich ist *das Offert* gebräuchlich.

offiziell / offizinell: Die beiden Wörter dürfen nicht miteinander verwechselt werden: *offiziell* bedeutet »amtlich; beglaubigt, verbürgt; feierlich, förmlich« (vgl.

dazu *offiziös* »halbamtlich«); *offizinell* (auch: *offizinal*) heißt dagegen »arzneilich; als Heilmittel durch Aufnahme in das amtliche Arzneibuch anerkannt«. Bei *offizinellen Pflanzen* handelt es sich also um Heilpflanzen oder -kräuter.

Offizier- / Offiziers-: Die Zusammensetzungen mit *Offizier* als erstem Bestandteil werden heute in der Regel mit Fugen-s gebraucht: *Offizierskasino, Offizierslaufbahn, Offiziersmesse, Offiziersrang, Offiziersschule* usw.

Offlinebetrieb: In neuer Rechtschreibung wird *Offlinebetrieb* zusammengeschrieben. ↑ Onlinebetrieb.

öffnen: Zu Bildungen wie *Schnellöffenventil, öffenbar* ↑ -nen; vgl. auch ↑ eröffnen / öffnen.

Offshorebohrung: In neuer Rechtschreibung wird *Offshorebohrung* zusammengeschrieben. Die alte Schreibung mit Bindestrichen gilt weiterhin als korrekt: *Off-shore-Bohrung.* ↑ Bindestrich (3.1).

oft: 1. Vergleichsformen: Der Komparativ lautet *öfter: Sie war öfter im Theater als ich.* Der Superlativ *am öftesten* wird im Allgemeinen nur wenig gebraucht: *... in dieser ... Stimmung befand sich Ulrich jetzt am öftesten* (Musil). Nicht korrekt sind die Bildungen *öftrer* und *öfterst.* ↑ Vergleichsformen (5).
2. Gebrauch: Das Adverb *oft* darf nicht als attributives Adjektiv gebraucht werden. Man kann also z. B. nicht sagen: *Das ofte Auftreten dieser Schädlinge schadet den Bäumen.* ↑ Adverb (1).

öfter / öfters: Von den beiden Adverbformen wird heute *öfter* bevorzugt. Die Form *öfters* kommt häufig in der Umgangssprache vor; in Österreich ist sie allgemein üblich. ↑ Adverb (2).

oh: ↑ o/oh.

OHG: ↑ offen.

Ohm: Das Substantiv *der Ohm* ist ein veraltetes, aber noch mundartlich gebrauchtes Wort für »Oheim, Onkel«. Das Substantiv *das Ohm* ist eine nach dem deutschen Physiker G. S. Ohm benannte

O

Maßeinheit für den elektrischen Widerstand.

ohmsch: Klein schreibt man *ohmscher Widerstand.* In neuer Rechtschreibung auch klein: *ohmsches Gesetz.* ↑ Groß- oder Kleinschreibung (1.2.2).

ohne: 1. Rektion: Die Präposition *ohne* wird heute nur mit dem Akkusativ verbunden: *ohne mich; ohne jedes Schamgefühl; mit [meinem Freund] oder ohne meinen Freund* (↑ mit [2]). Früher wurde *ohne* neben dem Akkusativ auch mit dem Dativ verbunden, vgl. z. B. *Ich bin ohne Gleichem* (Lessing). Ein Rest ist das noch heute übliche *ohnedem* für *ohnedies.* Auch mit dem Genitiv konnte *ohne* früher verbunden werden: *... dass man sich ohne eines Winterpelzes nicht wohl behelfen mögen* (Schweinichen). Vor allem stand der Genitiv bei Nachstellung von *ohne.* Dann hatte *ohne* adverbialen Charakter (vgl. *zweifelsohne* aus mhd. *zwîvels âne*).
2. Groß- oder Kleinschreibung nach *ohne:* *Ich kaufte den Teppich ohne Zögern.* Hier wird *Zögern* großgeschrieben, weil es sich um einen substantivierten Infinitiv handelt. *Ich kaufte den Teppich ohne zu zögern.* Hier wird *zögern* kleingeschrieben, weil es sich um eine Verbform (Infinitivgruppe) handelt.

ohne dass: Zwischen *ohne dass* steht kein Komma, weil es als Einheit empfunden wird: *Sie hat mir geholfen, ohne dass sie es weiß.*

ohneeinander: Man schreibt *ohneeinander* immer vom folgenden Verb getrennt: *Sie können nicht ohneeinander auskommen.* ↑ Getrennt- oder Zusammenschreibung (1.4).

ohne zu: Vor *ohne zu* kann ein Komma gesetzt werden, um die Gliederung des Satzes deutlich zu machen oder um Missverständnisse zu vermeiden: *Er ging[,] ohne sich umzusehen.*

Oktober: ↑ Monatsnamen.

oktroyieren: ↑ aufoktroyieren, ↑ Verb (3).

Oldenburger: Die Einwohnerbezeichnung

Oldenburger wird immer großgeschrieben, auch wenn das Wort wie ein flexionsloses Adjektiv vor einem Substantiv steht: *die Oldenburger Stadtväter.* ↑ Einwohnerbezeichnungen auf -er (7).

Oldesloer: ↑ Einwohnerbezeichnungen auf -er (3 und 7).

oliv: 1. Rechtschreibung: Das Adjektiv schreibt man klein: *Die Handschuhe sind oliv.* Groß schreibt man die substantivierte Farbbezeichnung (in Verbindung mit dem Artikel oder einer Präposition): *Das Oliv gefällt mir nicht. Ein Kleid in Oliv.*
2. Beugung: Es ist standardsprachlich nicht korrekt, das Farbadjektiv *oliv* zu beugen: *ein oliv* (nicht: *olive[ne]s) Kleid.* Will man beim attributiven Gebrauch die unflektierte Form umgehen, kann man auf Zusammensetzungen mit *-farben* oder *-farbig* ausweichen: *ein olivfarbenes/olivfarbiges Kleid.* Vgl. auch Farbbezeichnungen (2.2).

Olper: ↑ Einwohnerbezeichnungen auf -er (3 und 7) .

Olympiade: Im Altertum wurde mit *Olympiade* der Zeitraum von vier Jahren zwischen zwei Olympischen Spielen bezeichnet, heute wird *Olympiade* für die Olympischen Spiele selbst gebraucht. Dieser Gebrauch lässt sich vereinzelt auch schon für das Altertum nachweisen. Der französische Baron Pierre de Coubertin, der Begründer der Olympischen Spiele der Neuzeit (1896), hat diese Spiele wieder *Olympiaden* genannt.

olympisch: Groß schreibt man das Adjektiv nur in ↑ Namen wie *die Olympischen Spiele, die Deutsche Olympische Gesellschaft, das Nationale / Internationale Olympische Komitee (NOK / IOK);* sonst schreibt man klein: *das olympische Dorf, das olympische Feuer, die olympische Flagge, der olympische Eid, die olympischen Ringe, olympisches Gold.*

Oma / Omi: Zu *Omas / Omis Geburtstag* u. Ä. ↑ Verwandtschaftsbezeichnungen.

Omelett / Omelette: Neben *das Omelett*

(Trennung: *O-me-lett*, Genitiv: *des Omelett[e]s*, Plural: *die Omeletts* oder *die Omelette*) ist – vor allem in Österreich und in der Schweiz – *die Omelette* (Trennung: *Ome-lette*, Plural: *die Omeletten*) gebräuchlich.

Omnibus: Der Genitiv des Substantivs *Omnibus* lautet *des Omnibusses*, der Plural lautet *die Omnibusse*. Die Unterlassung der Deklination *(des Omnibus, die Omnibus)* ist nicht korrekt.

Onkel: Die standardsprachliche Pluralform ist *die Onkel*. Die Form mit *-s (die Onkels)* ist umgangssprachlich, besonders norddeutsch. Zu *die Einladung ihres Herrn Onkels* ↑ Herr (2 b); zum Artikelgebrauch ↑ Verwandtschaftsbezeichnungen.

Onlinebetrieb: Nach den neuen Regeln werden auch Zusammensetzungen mit Wörtern, die aus dem Englischen stammen, in der Regel zusammengeschrieben. Zusammensetzungen mit *online* (»in direkter Verbindung mit der Datenverarbeitungsanlage arbeitend«) bzw. *offline* (»getrennt von der Datenverarbeitungsanlage arbeitend«) schreibt man also *Onlinebetrieb, Offlinebetrieb*.

o / oh: Wenn die Interjektion allein steht und Nachdruck trägt, wird sie meist mit *h* geschrieben: *Oh, wie schön ist das! Oh! Das war eine Freude!* Sonst vorwiegend ohne *h*: *o nein!, o ja!; o weh!, o wie schön!, o dass …*

Opel Astra usw.: ↑ Autotypenbezeichnungen.

opponieren: Nach *opponieren* wird im heutigen Sprachgebrauch gewöhnlich mit der Präposition *gegen* angeschlossen: *gegen die Regierungschefin, einen Beschluss opponieren*. Daneben kommt aber auch noch gelegentlich der Dativ vor: *… noch während er ihr* (= der diktatorialen Einrichtung der Gesellschaft) *zu opponieren gedenkt* (Adorno); *so wagten sie dem Frauenberger in diesem Punkt zäh zu opponieren* (Feuchtwanger).

Oppositionswort: ↑ Antonym.

optimal: ↑ Vergleichsformen (3.1).

Option: Nach *Option* wird mit der Präposition *auf* angeschlossen: *Ich besitze die Option auf das Grundstück. Der Verein hat eine Option auf den Star.*

Opus: Das Substantiv *das Opus* »künstlerisches, wissenschaftliches Werk« hat den Genitiv *des Opus* und den Plural *die Opera* (Abk. *op.*).

orange: 1. Rechtschreibung: Klein schreibt man das Adjektiv: *Die Pflanzen haben winzige orange Blüten. Die Bluse ist orange.* Groß schreibt man die substantivierte Farbbezeichnung (mit Artikel oder einer Präposition): *Das Orange ist sehr grell. Sie kaufte alle Gartenmöbel in leuchtendem Orange.*

2. Beugung: Es ist standardsprachlich nicht korrekt, das Farbadjektiv *orange* zu beugen. Will man beim attributiven Gebrauch die unflektierte Form umgehen, kann man auf Zusammensetzungen mit *-farben* oder *-farbig* ausweichen: *ein orange / orangefarbenes / orangefarbiges* (nicht: *orangenes*) *Kleid*. ↑ Farbbezeichnungen (2.2).

Orchester: Das *ch* in *Orchester* wird wie [k] gesprochen, die Aussprache mit dem Ichlaut ist besonders österreichisch.

Order: Das Wort hat zwei Pluralformen: *die Ordern* und *die Orders*. Als veralteter Ausdruck für »Befehl, Anweisung« ist *die Ordern* üblich, im Sinne von »Auftrag, Bestellung« wird nur *die Orders* verwendet.

Ordinalzahl: Ordinal- oder Ordnungszahlen sind z. B. *erste, zweite, dritte, vierte* (im Unterschied zu den ↑ Kardinalzahlen *eins, zwei* usw.). In Ziffern schreibt man *1., 12., 75.* usw. (nicht üblich: *12te, 75ste*).

ordnungsgemäß / ordnungsmäßig: ↑ -gemäß / -mäßig.

Ordonnanz / Ordonanz: Nach den neuen Regeln kann das Wort auch mit einfachem *n* geschrieben werden.

Organigramm / Organogramm: Die beiden Wörter haben gleiche Herkunft. Während *Organigramm* sich über *Organisation* aus *Organ* herleitet, ist *Organogramm* wie andere Ableitungen von *Organ* mit *-o-* (*Organologie, Organographie* usw.) gebildet. In der Fachsprache der Wirtschaft haben beide Wörter auch die gleiche Bedeutung: »grafische Darstellung der verschiedenen Aufgabenverteilung der einzelnen Stellen sowie deren hierarchische Verknüpfung«.

Orgelbauer: Das Substantiv wird stark dekliniert, Genitiv: *des Orgelbauers,* Plural: *die Orgelbauer.* ↑ Bauer (2).

original: In Verbindung mit einem Substantiv wird *original* in der Regel mit dem Substantiv zusammengeschrieben: *Originalaufnahme, Originalausgabe, Originaldruck, Originalfassung, Originaltitel, Originalton;* mit einem Namen wird es im Allgemeinen mit Bindestrich gekoppelt: *ein Original-Dürer.* In Verbindung mit einem Adjektiv wird *original* heute meist attributiv (als Beifügung zum Adjektiv) gebraucht, und zwar endungslos: *original französischer Sekt, original Schweizer Uhren, original Brüsseler Spitze, ein original Wiener Hammerklavier, original afrikanische Lederarbeiten.*

Ornat: Das Substantiv hat maskulines, nicht neutrales Genus; es heißt also: *der Ornat.* ↑ -at.

Ort: Das Substantiv *Ort* bedeutet »Punkt, Stelle« und »Örtlichkeit, Ortschaft«. Der Plural lautet *die Orte,* in der Seemannssprache und in der Mathematik *die Örter.* Das Substantiv *das Ort* bezeichnet in der Bergmannssprache das Ende der Strecke, den Arbeitsort. Der Plural lautet *die Örter.* In der veralteten Bedeutung »[Schuster]ahle, Pfriem« kann *Ort* sowohl Maskulinum *(der Ort)* als auch Neutrum *(das Ort)* sein. Der Plural lautet *die Orte.* In erdkundlichen Namen lebt *Ort* in der Bedeutung »Spitze« noch fort, z. B. *Darßer Ort* (= Nordspitze der Halbinsel Darß).

Orthographie / Orthografie: Rechtschreibung, Lehre von der richtigen Schreibung der Wörter. Nach den neuen Regeln darf *ph* in dem Wortstamm *graph* durch *f* ersetzt werden: *Orthografie.* Die bisherige Schreibweise ist weiterhin korrekt.

Ortsangabe: 1. Das ↑ Datum wird von der Ortsangabe durch ein Komma getrennt: *Berlin-Charlottenburg, den 2. Januar 1918. Die Feier findet in Berlin, Sonnabend, den 24. April 1997, 16 Uhr[,] im Rathaus statt.*
2. Eine dem Namen unmittelbar folgende Orts(- und Wohnungs)angabe kann nach den neuen Regeln als Apposition oder als Aufzählung aufgefasst werden. Damit ist es nach den neuen Regeln freigestellt, das schließende Komma nach dem letzten Bestandteil (bei weitergeführtem Text) zu setzen: *Frau Gerda Meier, Ulm, Burgstraße 25, 1. Stock[,] hat den Antrag ... Herr Franz Müller, Calw[,] und Frau Ilse Schmidt, Basel[,] wurden ... Die Spedition »Intertrans«, 43 Essen-Steele, Bottroper Straße 14[,] wird ... Aber mit Präposition: Frau Gerda Meier lebt in Ulm in der Burgstraße 25.*

O

Ortsnamen

Häufig gestellte Frage zu Ortsnamen	
Frage	Antwort unter
Heißt es *südlich Kölns* oder *südlich Köln?*	dieser Artikel, Punkt (2)

1. **Genus:**

Ortsnamen sind im Allgemeinen Neutra, selbst wenn in Zusammensetzungen das Grundwort ein anderes Genus hat *(das ewige Rom, das schöne
Salzburg)*. Nur in altertümlich-dichterischem Gebrauch treten die Städtenamen auch als Feminina auf: *die hohe Rom* (Klopstock); ... *weil Carthago
alle ihre Kräfte zusammennehmen wird* (Wieland).

2. **Deklination:**

Artikellose Ortsnamen dürfen im Genitiv nicht ohne *-s* stehen:
oberhalb Dinkelsbühls (nicht: Dinkelsbühl), unterhalb Gießens, nördlich Berlins.

Bei Ortsnamen auf einen Zischlaut *(-s, -ß, -z, -tz, -x)* wird der Genitiv durch
einen ↑ Apostroph (4.1) gekennzeichnet:
auf Korinthus' Landesenge, Florenz' Geschichte, Bordeaux' Hafen.

Möglich ist auch Umschreibung mit *von:*
die Geschichte von Florenz, die Theater von Paris, die Industrie von Pegnitz.

Ebenfalls möglich ist die Einfügung des Gattungsbegriffs vor dem Ortsnamen:
die Industrie der Stadt Pegnitz, die Theater der Metropole Paris.

Die Bildungsweise mit der Genitivendung *-ens* ist heute weitgehend veraltet *(Pegnitzens Industrie, Grazens Umgebung, Florenzens Krone)*.
Stehen Ortsnamen mit Artikel und Adjektivattribut, sodass der Genitiv
daran deutlich wird, kann das Genitiv-s weggelassen werden:
der Wiederaufbau des zerstörten Berlins / des zerstörten Berlin.

Bei einer Verbindung aus artikellosem Substantiv + Ortsname wird nur
der Ortsname gebeugt: *die Geschichte Kloster Ettals; die Quellen Bad Orbs.*
(Der Genitiv kann auch mit *von* umschrieben werden: *die Quellen von Bad
Orb.*)

Bei Fügungen aus Substantiv + Ortsname mit vorangehendem Artikel (und attributivem Adjektiv) wird das bestimmende Substantiv dekliniert, während der Name ungebeugt bleibt:

die Einwohner des [kleinen] Städtchens Hirschhorn, die Größe des Badeortes Cuxhaven.

3. Ableitungen auf *-isch/-sch* und *-er/-erisch:*

Eine feste Regel, wann man *-isch* und wann man *-sch* zur Ableitung eines Adjektivs von einem Ortsnamen verwendet, gibt es nicht. Früher ist wohl eher *-isch* als *-sch* verwendet worden. Im Übrigen sind Silbenzahl, Auslaut und Endsilbe, also die flüssige Sprechbarkeit, nicht ohne Einfluss auf die Art der Ableitung:

hallische / hallesche Festwochen, friedenauische / friedenausche Spezialitäten.

Stehen diese Ortsadjektive als Artangabe, dann werden aus Gründen des Wohlklangs die Formen auf *-isch* denen auf *-sch* vorgezogen: *Das ist echt friedenauisch.*

Die Adjektivbildungen auf *-isch/-sch* weichen allerdings immer mehr den Ableitungen auf *-er* (↑ Einwohnerbezeichnungen auf -er). Man sagt also heute meist *Pariser Mode, Berliner Mundart, Göttinger Bahnhof* und nicht mehr *parisische Mode, berlinische Mundart, göttingischer Bahnhof.* Gelegentlich kommen auch Mischformen aus *-er + -isch* vor: *mannheimerisch, wienerisch, berlinerisch* (vgl. den Artikel Berliner / berlinerisch / berlinisch).

4. Ortsnamen mit vorangestellter Apposition:

Sie stehen vielfach ohne Artikel:

Schloss Wilhelmshöhe, Burg Stolzenfels, Kloster Banz, Kap Skagen.

5. Ortsnamen mit nachgestelltem Bestimmungswort:

In Ortsnamen wie

Berlin-Baumschulenweg, Hamburg-Fuhlsbüttel, Mannheim-Neckarau

ist das Bestimmungswort nachgestellt, eine Konstruktionsweise, die die deutsche Sprache nur bei Namen kennt. Im Allgemeinen wird das Bestimmungswort dem Grundwort vorangestellt (↑ Kompositum).

Vgl. auch den Artikel ↑ geographische Namen.

Ortssatz: ↑ Lokalsatz.

-os / -ös: Bei manchen Adjektiven kommen gleichberechtigte Doppelformen auf *-os* und *-ös* vor: *dubios / dubiös; nebulos / nebulös; viskos / viskös* u. a. Die Verschiedenheit beruht auf der unterschiedlichen Herkunft der Endungen: *-os* geht auf das lateinische *-osus* zurück (z. B. *viscosus*), *-ös* auf das französische *-eux / -euse* (z. B. *visqueux / visqueuse*).

Ostern: 1. Genus und Numerus: Heute wird *Ostern* im Allgemeinen als ein Neutrum Singular aufgefasst: *Hast du ein schönes Ostern gehabt?* Es wird jedoch vorwiegend ohne Artikel gebraucht: *Ostern ist längst vorbei. Ostern fällt in diesem Jahr auf den 21. April.* Im landschaftlichen Sprachgebrauch wird *Ostern* noch verschiedentlich, in Österreich und in der Schweiz zumeist, als Plural aufgefasst und dann gewöhnlich mit bestimmtem Artikel oder mit einem Pronomen gebraucht: *Wir verreisen erst nach den Ostern. Diese Ostern werden wohl verregnen. Ich werde diese Ostern in Berlin verleben. Nächste Ostern werde ich nicht zu Hause bleiben* (dafür üblicher: *nächstes Jahr Ostern* oder *nächstes Jahr zu / an Ostern* ...). In bestimmten formelhaften Wendungen ist der Plural allgemeinsprachlich und nicht landschaftlich begrenzt: *Fröhliche Ostern! Weiße Ostern sind zu erwarten. Ostern* wird heute im Allgemeinen nicht als Subjekt oder Objekt mit Artikel oder Pronomen gebraucht, dafür treten dann Zusammensetzungen ein: *Die Oster[feier]tage waren sehr anstrengend. Das Osterfest wird in diesem Jahr sicher schön werden. Die herrlichsten Ostertage habe ich dort verlebt.* (Nicht üblich: *Die Ostern waren sehr anstrengend.* Oder: *Das Ostern war sehr anstrengend.*) Als feminines Substantiv ist heute *Ostern* kaum noch gebräuchlich: *Letzte Ostern war verregnet.* In Norddeutschland wird *Ostern,* besonders in adverbialen Verbindungen, gelegentlich auch noch als maskulines Substantiv gebraucht: *letzten Ostern.* – All diese Schwankungen lassen sich sprachhistorisch erklären: *Ostern* ist ein erstarrter Dativ Plural, der sich im Mittelhochdeutschen aus einer pluralischen präpositionalen Fügung (*ze den öster[e]n* o. Ä.) losgelöst hat und jetzt weitgehend als ein selbstständiger Nominativ Singular behandelt wird. Die mittelhochdeutsche adverbiale Verbindung stand im Plural, weil sich das Osterfest über mehr als einen Tag erstreckte.

2. zu Ostern / an Ostern: Neben *zu Ostern,* das bes. norddeutsch gebräuchlich ist, sagt man vor allem süddeutsch auch *an Ostern.*

östlich: 1. Anschluss: An *östlich* kann heute ein Substantiv im Genitiv oder mit *von* angeschlossen werden. Die Verwendung von *östlich* in der Rolle einer Präposition mit dem Genitiv ist bereits dort häufiger oder gar fest geworden, wo dem Substantiv oder dem geographischen Namen ein Artikel oder ein Pronomen vorangeht: *östlich dieser Linie, östlich des Flusses, östlich des Harzes.* Der Anschluss mit *von* nach *östlich* wird dort noch bevorzugt, wo ein artikelloser (geographischer) Name steht: *östlich von Berlin* (selten: *östlich Berlins*), *östlich von Nigeria* (selten: *östlich Nigerias*). – Die Nichtbeugung des Substantivs oder Namens nach *östlich* ist nicht korrekt. Es muss also heißen: *östlich Münchens* (nicht: *östlich München*). ↑ geographische Namen (1.1.1).

2. östlich / ostwärts: Mit *östlich* wird die Lage angegeben, *ostwärts* drückt dagegen die Richtung aus: *Das Haus liegt östlich der Stadt* (Frage: wo?). *Sie zogen ostwärts* (Frage: wohin?). Allerdings hat sich *ostwärts* seit langem in der militärischen Sprache auch für Lagebezeichnungen eingebürgert. Man will dadurch vermeiden, dass die Wörter *östlich* und *westlich* wegen ihres ähnlichen Klangs falsch gehört und deshalb verwechselt werden.

Ost / Osten: ↑ Nord / Norden.

Otter: Das Maskulinum *der Otter* (z. B. *der Fischotter*), Genitiv: *des Otters*, Plural: *die Otter*, bezeichnet eine Marderart, das Femininum *die Otter* (z. B. *die Kreuzotter*), Genitiv: *der Otter*, Plural: *die Ottern*, eine Schlange. Beide Wörter sind etymologisch nicht miteinander verwandt.

Ottonen: ↑ Personennamen (3.1).

outsourcen: Das Verb *outsourcen* »ausgliedern, nach außen verlegen« wird wie ein unfest zusammengesetztes Verb gebraucht: *ich source out; du, er, ihr sourct out; der Vertrieb wird outgesourct; es wird versucht, noch andere Dienstleistungen outzusourcen.*

-ow: Bei der Endung *-ow* in deutschen Personen- und Ortsnamen wird das *w* nicht gesprochen, z. B. in den Namen *Gutzkow,* *Flotow, Pankow, Teltow.* Zur Worttrennung ↑ Einwohnerbezeichnungen (6).

-ower: Zur Worttrennung von *-ower* bei Ortsnamen auf *-ow* ↑ Einwohnerbezeichnungen auf *-er* (6).

Oxid / Oxyd: Neben der fachsprachlichen Schreibung mit *i* (*Oxid, Oxidation, [Kohlen]dioxid* usw.) gibt es noch die gemeinsprachliche Schreibung mit *y* (*Oxyd, Oxydation, Oxydierung, oxydieren, oxydisch, [Kohlen]dioxyd* usw.). Mit der Endung *-id* wird nach den Richtsätzen für die Nomenklatur der anorganischen Chemie eine Klasse von Verbindungen charakterisiert (*-sulfid, -chlorid, -oxid*).

oxidieren / oxydieren: Das Perfekt von *oxidieren / oxydieren* wird meist mit *haben*, seltener mit *sein* umschrieben: *Das Eisen hat /* (seltener:) *ist oxidiert / oxydiert.*

P p

p: Zur Schreibung und Deklination ↑ Bindestrich (2.4) *(p-Laut);* ↑ Einzelbuchstaben *(des P, zwei P);* ↑ Groß- oder Kleinschreibung (1.2.5) *(das p in Skalpell).*

paar / Paar: 1. Rechtschreibung: Das kleingeschriebene *paar* hat in Verbindung mit dem Artikel oder einem Pronomen die Bedeutung »einige wenige«: *ein paar Blumen, mit ein paar Pfennigen in der Tasche.* Während der unbestimmte Artikel ungebeugt bleibt, wird der bestimmte Artikel oder ein Pronomen in Verbindung mit *paar* gebeugt: *in den paar Tagen, mit diesen paar Pfennigen, von deinen paar Äpfeln.* Das großgeschriebene *Paar* ist dagegen ein deklinierbares Substantiv und bezeichnet eine Zweiheit, zwei gleiche oder entsprechende, einander ergänzende oder zwei zusammengehörige Wesen oder Dinge. Der Artikel oder das Pronomen davor wird immer gebeugt: *der Preis eines Paars Schuhe; mit einem Paar Schuhe[n]; von diesen Schuhen habe ich noch zwei Paar* (nicht: *Paare*) *im Schrank; mit einem Paar wollnen Strümpfen.*

2. ein Paar neue Schuhe / neuer Schuhe: Nach *Paar* kann die folgende Angabe im Genitiv oder als Apposition stehen. Heute wird gewöhnlich das appositionelle Verhältnis gewählt: *ein Paar neue Schuhe/* (selten:) *neuer Schuhe; mit zwei Paar seidenen Strümpfen /* (selten:) *seidener Strümpfe.* ↑ Maß-, Mengen- und Münzbezeichnungen (2), ↑ Apposition (2.2).

3. Ein Paar Schuhe kostet / kosten 80 Mark: Weil das Subjekt *(Paar)* formal ein Singular ist, steht das Prädikat in der Regel im Singular: *Ein Paar Schuhe kostet 80 Mark.* Oft wird aber nach dem Sinn konstruiert und das Prädikat in den Plural gesetzt: *Ein Paar Schuhe kosten 80 Mark.* Beides ist korrekt. ↑ Kongruenz (1.1.3).

4. ein Paar neue Schuhe / ein neues Paar Schuhe: Wenn *Paar* mit einer Stoffbezeichnung eine Einheit bildet, dann kann das eigentlich zur Stoffbezeichnung gehörende Adjektiv auch vor der Einheit stehen, sofern es sich auf beide Wörter beziehen kann. Man kann also nicht nur *ein Paar neue Schuhe,* sondern auch *ein neues Paar Schuhe* sagen. ↑ Adjektiv (3.2), ↑ Kongruenz (1.1.3).

Pack: Das maskuline Substantiv *der Pack* wird im Sinne von »Packen, Bündel« gebraucht. Der Plural lautet *die Packe* und *die Päcke.* Das neutrale Substantiv *das Pack* bedeutet »Gesindel«. Es hat keinen Plural.

Pädagoge: Nach den neuen Regeln kann *Pädagoge* nicht nur wie bisher nach seinen Bestandteilen getrennt werden *(Päd-ago-ge),* sondern auch nach Sprechsilben: *Pä-da-go-ge.* ↑ Worttrennung (2.2).

paddeln: Das Perfekt des Bewegungsverbs *paddeln* kann mit *haben* und mit *sein* umschrieben werden. Das Hilfsverb *haben* wird gebraucht, wenn der Vorgang, die Bewegung in der Dauer gesehen wird: *Wir haben gestern lange gepaddelt.* Das Hilfsverb *sein* steht dann, wenn die Ortsveränderung hervorgehoben werden soll: *Wir sind über den See gepaddelt.* Der Gebrauch mit *sein* nimmt, wie bei den anderen Bewegungsverben auch, immer mehr zu, weil die Veränderung in der Bewegung stärker als die Dauer in der Bewegung empfunden wird. Daher auch schon: *Wir sind ein bisschen gepaddelt.* ↑ haben (1).

Pamphlet: Das *ph* in *Pamphlet* wird als [f] gesprochen, die Betonung liegt auf dem langen *e.*

Panther / Panter: Nach den neuen Rechtschreibregeln kann das Substantiv in der eingedeutschten Form mit *t* oder wie bisher mit *th* geschrieben werden.

Pantoffel: Standardsprachlich ist die schwache Pluralform *die Pantoffeln;* der starke Plural *die Pantoffel* ist dagegen mundartlich oder umgangssprachlich.

Pantomime: Es gibt sowohl *die Pantomime* als auch *der Pantomime.* Während das feminine Substantiv »Darstellung einer Szene nur durch Gebärden« bedeutet, bezeichnet das maskuline Substantiv den »Darsteller einer Pantomime«.

Papagei: *Papagei* kann im Singular und im Plural stark und schwach gebeugt werden. Die starken Beugungsformen lauten: *des Papagei[e]s, die Papageie.* Die schwachen Beugungsformen lauten: *des Papageien, die Papageien.* Der schwache Plural ist üblicher. ↑ Fremdwort (3.1).

Papierblock: Der Plural von *Papierblock* lautet *die Papierblocks.* ↑ Block.

Papierdeutsch

Papierdeutsch (Amts-, Kanzleideutsch) ist eine von Sprachpflegern gebrauchte tadelnde Bezeichnung für einen unlebendigen, gespreizten, umständlichen [Schreib]stil, für den sich etwa folgende Merkmale anführen lassen:

1. **Der übertriebene Gebrauch substantivischer Fügungen anstelle von einfachen Verben:**
   Viele dieser Fügungen (so genannte Funktionsverbgefüge oder Streckformen) machen den Stil schwerfällig und langatmig. Zu ihnen gehören vor allem in der Behördensprache übliche Verbindungen wie *in Wegfall kommen* für *wegfallen, in Abzug bringen* für *abziehen* usw., durch die nichts Zusätzliches gegenüber dem einfachen Verb ausgesagt wird.

2. **Der übertriebene Gebrauch von schwerfälligen (Zusammen)bildungen:**
   Bildungen dieser Art sind: *Außerachtlassung, Indienststellung, Inbetriebsetzung, Zurverfügungstellung, Inangriffnahme, Zuhilfenahme, Nichtbefolgung* u. a. Man sollte also z. B. nicht schreiben: *Wegen Außerachtlassung aller Sicherheitsmaßnahmen und Nichtbefolgung der Betriebsvorschriften wurden bei der Tieferlegung der Rohre drei Arbeiter verletzt.*
   Zu weiteren Informationen ↑ Nominalstil, ↑ Verbalsubstantiv (1.1), ↑ -nahme, ↑ -ung.

3. **Der Gebrauch bestimmter Präpositionen:**
   Einige besonders in der Behörden- und Geschäftssprache vorkommende Präpositionen wie *betreffs, mittels, zwecks* sind umständlich und stilistisch unschön. Sie können meist durch einfachere Präpositionen ersetzt werden (↑ betreffs usw.).

4. **Bevorzugung des Passivs:**
   Papierdeutsch ist im Allgemeinen auch durch die unpersönliche Ausdrucksweise des Passivs gekennzeichnet: *Der Plan wird durchgeführt* statt: *Wir führen den Plan durch. Es wird darauf hingewiesen* statt: *Wir weisen darauf hin.*

Pappmaschee / Pappmaché: Nach den neuen Regeln kann der zweite Bestandteil eindeutschend *-maschee* geschrieben werden. Daneben besteht weiterhin die bisherige Schreibweise *Pappmaché*.

Pappplakat: Man schreibt diese Zusammensetzung mit drei *p*. Zur besseren Lesbarkeit kann ein Bindestrich gesetzt werden: *Pappplakat,* auch: *Papp-Plakat*. ↑ Zusammentreffen dreier gleicher Buchstaben.

Papst: Zu *des Papstes Paul VI. / Papst Pauls VI.* ↑ Titel und Berufsbezeichnungen (1.2 und 1.3).

Parabel: Nach *Parabel* wird gewöhnlich mit der Präposition *von* angeschlossen: *Das ist eine Parabel vom einfachen Leben.*

Paragraph / Paragraf: 1. Schreibung: In neuer Rechtschreibung kann das Substantiv in eingedeutschter Form mit *f* oder wie bisher mit *ph* geschrieben werden.

2. Beugung: Korrekt ist die schwache Beugung des Substantivs, d. h., es muss im Genitiv, Dativ und Akkusativ Singular die Endung *-en* haben: *Ich bin für die Abschaffung dieses Paragraphen. Nach dem Paragraphen ist er schuldig. Sie hat gegen den Paragraphen 117 verstoßen.* Wenn eine Zahl folgt, kann die Kasusendung weggelassen werden: *Das ist der Wortlaut des Paragraph 1 der Straßenverkehrsordnung. Sie hat gegen Paragraph 4 verstoßen. Unter Paragraph 117 ist zu lesen ...*

3. Paragraph 3–7 / die Paragraphen 3–7: Bei Hinweisen auf Stellen in Gesetzestexten und bei Zitaten bleibt das Substantiv *Paragraph* ungebeugt, wenn es ohne Artikel unmittelbar vor den Zahlen steht: *Das geht aus Paragraph 3–7 hervor.* Aber mit Artikel: *Das geht aus den Paragraphen 3–7 hervor.*

4. Paragraphenzeichen: Das Paragraphenzeichen § darf nur in Verbindung mit einer Zahl angewendet werden; werden mehrere Zahlen genannt, schreibt man *§§: [der] § 9, § 17 ff., [die] §§ 10 bis 15* oder *[die] §§ 10–15.*

parallel: Nach *parallel* wird heute gewöhnlich mit *zu* angeschlossen: *Die Straße verläuft parallel zum Fluss. Parallel zu ihrer Ausbildung nahm sie Schauspielunterricht.* Daneben kommt (im übertragenen Gebrauch) auch noch der Dativ vor: *Die Wünsche der Japaner liefen unseren Interessen parallel* (= deckten sich mit ihnen).

Parallele: Das substantivierte Adjektiv wird überwiegend wie ein echtes Substantiv gebeugt, im Singular endungslos, im Plural schwach auf *-n: die Parallelen.* Ohne Artikel (in Verbindung mit einer Kardinalzahl z. B.) kommt im Plural auch starke Beugung vor: *zwei Parallele.* ↑ substantiviertes Adjektiv (2.2.1).

parallele Beugung: Unter paralleler Beugung versteht man die übereinstimmende Beugung gleichgeordneter ↑ Adjektive (1.2.1): *die vielen schönen Blumen* (schwache Beugung), *viele schöne Blumen* (starke Beugung).

Parataxe: Unter Parataxe versteht man die Nebenordnung von Satzgliedern oder Sätzen im Gegensatz zur Unterordnung oder ↑ Hypotaxe: *Die Kinder spielen auf der Wiese, die Mütter sitzen auf den Bänken.*

Pardon: Das Substantiv *der* oder *das Pardon (des Pardons)* kommt – abgesehen von der Höflichkeitsformel *Pardon!* – nur noch in Verbindung mit bestimmten Verben vor, z. B. *kein / keinen Pardon kennen, kein / keinen Pardon geben, gewähren, um Pardon bitten.*

Parenthese: So nennt man einen Redeteil, der (als Interjektion, als Anredenominativ, als absoluter Nominativ, als Schaltsatz) außerhalb des eigentlichen Satzverbandes steht.

Parfum / Parfüm: Das Wort hat zwei Schreibungen: die auf die französische Schreibweise zurückgehende Form »Parfum« [parˈfœ̃ː] (mit dem Genitiv *des Parfums* und dem Plural *die Parfums*) und die eingedeutschte Form »Parfüm« (mit dem Genitiv *des Parfüms* und den Pluralformen *die Parfüme* und – weniger gebräuchlich – *die Parfüms*).

Park: Das Substantiv hat zwei Pluralformen: *die Parks* und (seltener) *die Parke.* ↑ Fremdwort (3.4).

parterre / Parterre: Klein schreibt man das Adverb (im Sinne von »zu ebener Erde«): *Er wohnt parterre.* Groß schreibt man das Substantiv (in der Bedeutung »Erdgeschoss«): *Im Parterre ist es kalt.* ↑ Groß- oder Kleinschreibung (1.2.1).

Partikel: **1. Genus:** Als grammatischer Terminus »unflektierbares Wort« hat das Substantiv nur feminines Genus: *die Partikel;* sein Plural lautet *die Partikeln.* Als physikalischer Fachterminus für »Elementarteilchen« kann es sowohl Neutrum *(das Partikel;* Plural: *die Partikel)* als auch Femininum *(die Partikel;* Plural: *die Partikeln)* sein.

2. *Partikel* als grammatischer Terminus:

Partikel ist die zusammenfassende Bezeichnung für die Gruppe von Wörtern, die im Unterschied zum Substantiv, Verb, Adjektiv usw. in der Regel nicht flektierbar (beugbar) sind. Zu den Partikeln rechnet man die Adverbien, z. B. *hier, da, dort, gestern, bald, trotzdem, stets* usw. (↑ Adverb), die Präpositionen, z. B. *aus, nach, in, an, auf* (↑ Präposition), und die Konjunktionen, z. B. *und, auch, oder, entweder – oder, nicht nur – sondern auch, teils – teils* usw. (↑ Konjunktion).

Partisan / Partisane: Die Form *der Partisan* »Widerstandskämpfer« (feminine Form: *die Partisanin*) kann im Singular stark oder schwach gebeugt werden: *des Partisans* oder *des Partisanen.* Der Plural ist schwach und lautet *die Partisanen.* Davon ist *die Partisane* als Bezeichnung für eine früher gebräuchliche lanzenähnliche Stoßwaffe zu unterscheiden. Deren Genitivform lautet *der Partisane,* die Pluralform *die Partisanen.*

partitiver Genitiv: ↑ Genitivattribut (1.2).

Partizip (Mittelwort): **1.** ↑ erstes Partizip.

2. ↑ zweites Partizip.

3. Zur Steigerung der Partizipien ↑ Vergleichsformen (3.1).

Partizipialsatz: ↑ satzwertiges Partizip.

Partizip Perfekt: ↑ zweites Partizip.

Partizip Präsens: ↑ erstes Partizip.

Party: Nach den neuen Regeln wird der Plural nur noch mit -*s* gebildet: *die Partys.* ↑ -y.

Paspel: Das Substantiv hat meist feminines, seltener auch maskulines Genus. Das feminine Substantiv *die Paspel* hat den Genitiv *der Paspel* und den Plural *die Paspeln.* Das maskuline Wort *der Paspel* dagegen hat den Genitiv *des Paspels* und den Plural *die Paspel.*

passabel: Bei *passabel* fällt, wenn es dekliniert oder gesteigert wird, das *e* der Endungssilbe aus: *eine ganz passable Lösung. Einen passableren Vorschlag kann ich auch nicht machen.* ↑ Adjektiv (1.2.13), ↑ Vergleichsformen (2.2).

passee / passé: Nach den neuen Regeln kann das aus dem Französischen stammende Wort auch ohne Akzent, dafür mit zwei *e* geschrieben werden: *passee.*

Passiv

P

Häufig gestellte Frage zum Passiv	
Frage	**Antwort unter**
In welchen Fällen wird beim Passiv der Urheber des Geschehens mit der Präposition *durch* angeschlossen, wann wird *von* verwendet?	dieser Artikel, Punkt (1)

Das Passiv, auch Leideform genannt, ist eine bestimmte Sehweise für die sprachliche Wiedergabe des Geschehens oder Seins. Im Unterschied zum ↑²Aktiv ist der eigentliche Träger des Geschehens, der Täter, zugunsten des Geschehens verdrängt. Aktiv: *Der Junge schlägt den Hund.* Passiv: *Der Hund wird von dem Jungen geschlagen.* Häufig wird der Täter überhaupt nicht mehr genannt: *Der Hund wird geschlagen.* Man spricht von einem »täterabgewandten« Geschehen.

Man unterscheidet zwischen dem *werden*-Passiv (Vorgangs- oder Handlungspassiv) und dem *sein*-Passiv (Zustandspassiv). Das *werden*-Passiv wird mit *werden* und dem zweiten Partizip des betreffenden Verbs gebildet. Zum persönlichen Passiv bei intransitiven Verben ↑ zweites Partizip (2.2).

Indem das Passiv die Möglichkeit bietet, eine Kette von Aktivsätzen abwechslungsreicher zu gestalten, dient es in stilistischer Hinsicht ganz allgemein der Ausdrucksvariation. Darüber hinaus wird es besonders in wissenschaftlichen Abhandlungen, Gesetzestexten, Anordnungen und Gebrauchsanweisungen verwendet, weil es Formulierungen gestattet, die den Handelnden unbezeichnet lassen. Im Einzelnen vgl. die folgenden Kapitel:

1 Die Brücke wurde von Pionieren / durch Pioniere gesprengt · Er wurde von einer johlenden Menschenmenge / durch eine johlende Menschenmenge aufgehalten · Das Schiff wurde von einem Torpedo / durch einen Torpedo / mit einem Torpedo versenkt (Präposition bei der Passivkonstruktion)

2 Mir wurde das Fürchten gelehrt / Ich wurde das Fürchten gelehrt · Den Schülern wurden die Vokabeln abgehört / Die Schüler wurden die Vokabeln abgehört (Passiv in Sätzen mit doppeltem Akkusativobjekt)

3 Andere Möglichkeiten, passivische Sehweise auszudrücken

3.1 *bekommen, erhalten, kriegen* + 2. Partizip

3.2 *gehören* + 2. Partizip

3.3 *bringen* + 2. Partizip

3.4 *sein, bleiben, stehen, geben, gehen* + Infinitiv mit *zu*

3.5 reflexive Verben in Verbindung mit einem Sachsubjekt

3.6 *lassen* in Verbindung mit *sich* und einem Infinitiv

3.7 Verben in Verbindung mit einem Substantiv, das als Ableitung von einem Verb ein Geschehen nennt

4 Das Passiv bei reflexiven Verben

1 Die Brücke wurde von Pionieren / durch Pioniere gesprengt · Er wurde von einer johlenden Menschenmenge / durch eine johlende Menschenmenge aufgehalten · Das Schiff wurde von einem Torpedo / durch einen Torpedo / mit einem Torpedo versenkt
(Präposition bei der Passivkonstruktion)

Die Wahl der Präposition bei der Bildung des Passivs bereitet gelegentlich Schwierigkeiten, weil neben *von*, der eigentlichen Präposition im Passiv, in einigen Fällen auch *durch* möglich ist und in bestimmten Fällen sogar nur *durch* gebraucht werden kann.

Mit der Präposition *von* wird im Allgemeinen im passivischen Satz der Urheber oder eigentliche Träger eines Geschehens, der Täter, angeschlossen, der im aktivischen Satz als Subjekt auftritt:

Aktiv: *Die Nachbarin* pflegte das kranke Kind. Passiv: Das kranke Kind wurde *von der Nachbarin* gepflegt. Aktiv: *Er* hat das Unglück vorausgesagt. Passiv: Das Unglück ist *von ihm* vorausgesagt worden.

Der Täter ist wie in diesem Beispiel häufig eine Person, er kann aber auch eine Sache oder etwas Abstraktes sein:

Aktiv: *Der Blitz* hat den Baum getroffen. Passiv: Der Baum ist *vom Blitz* getroffen worden. Aktiv: *Das Erdbeben* überraschte uns im Schlaf. Passiv: Wir wurden *von dem Erdbeben* im Schlaf überrascht.

Bei der Umsetzung eines aktivischen Satzes in einen passivischen ist es daher im Allgemeinen falsch, mit der Präposition *durch* das Substantiv anzuschließen, das den Urheber oder eigentlichen Träger des Geschehens nennt. Man kann nicht sagen:

Das kranke Kind wurde *durch die Nachbarin* gepflegt. Der Baum ist *durch den Blitz* getroffen worden. Wir wurden *durch das Erdbeben* im Schlaf überrascht usw.

Die Präposition *durch* gibt – sowohl im aktivischen als auch im passivischen Satz – das Mittel an, wobei natürlich auch Personen als Mittel fungieren können (als vermittelnde, ausführende Person o. Ä.):

Aktiv: *Er* (= Urheber des Geschehens, Täter) benachrichtigte mich *durch einen Boten* (= Mittel). Passiv: Ich wurde *von ihm* (= Urheber des Geschehens, Täter) *durch einen Boten* (= Mittel) benachrichtigt.

In dem Satz *Ich wurde durch einen Boten benachrichtigt* können Urheber des Geschehens und vermittelnde Person identisch sein. Neben *Die Brücke wurde von Pionieren gesprengt* kann man auch sagen: *Die Brücke wurde durch Pioniere gesprengt,* denn die Pioniere handelten ja sicherlich nicht eigenmächtig, sondern auf Befehl. Neben *Der Alarm war versehentlich vom Kassierer ausgelöst worden* kann man auch sagen: *Der Alarm war versehentlich durch den Kassierer ausgelöst worden.* Neben *Sie wurde von einer johlenden Menge aufgehalten* (= die Menge hielt sie fest, ließ sie nicht vorankommen) kann man auch sagen: *Sie wurde durch eine johlende Menge aufgehalten* (= die johlende Menge ließ sie, ohne es zu beabsichtigen, nur langsam vorankommen). In manchen Aussagen verschiebt also der Austausch von *durch* und *von* die Sichtweise.

In bestimmten Fällen (gebunden an bestimmte Verben) ist nur die Präposition *durch* möglich:

Aktiv: *Der Torwart* bewahrte die Mannschaft vor einer Niederlage. Passiv: Die Mannschaft wurde *durch den Torwart* vor einer Niederlage bewahrt.

Die Präposition *mit* gibt das Mittel, das Werkzeug, das Instrument an, und zwar wie *durch* gleichermaßen im aktivischen und im passivischen Satz. Die Präposition *mit* ist mit *durch* in den Fällen austauschbar, in denen *durch* ein sachliches Mittel und keinen persönlichen Vermittler anschließt. Nicht korrekt ist es, durch *mit* den Täter anzuschließen:

Aktiv: *Das U-Boot* (= Täter) versenkte das Schiff *mit einem Torpedo* (= Mittel). Passiv: Das Schiff wurde *von dem U-Boot* (= Täter) *mit einem Torpedo* (= Mittel) versenkt. Mit Aussparung des Täters: Das Schiff wurde *mit einem Torpedo* (= Mittel) versenkt. In diesem Zusammenhang nicht korrekt: Das Schiff wurde *von einem Torpedo* versenkt (die Präposition *von* schließt den Täter an, hier aber ist das Mittel gemeint).

2 Mir wurde das Fürchten gelehrt / Ich wurde das Fürchten gelehrt · Den Schülern wurden die Vokabeln abgehört / Die Schüler wurden die Vokabeln abgehört
(Passiv in Sätzen mit doppeltem Akkusativobjekt)

Einige Verben der deutschen Sprache stehen mit einem doppelten Akkusativobjekt: *Sie lehrte mich die französische Sprache. Ich höre sie das Gedicht ab. Ich frage ihn die Vokabeln ab.* Bei diesen Verben besteht die Tendenz, das Akkusativobjekt, das die Person nennt, durch ein Dativobjekt zu ersetzen: *Sie lehrte mir die französische Sprache. Ich höre ihr das Gedicht ab. Ich frage ihm die Vokabeln ab.*

Im Passiv ist der Dativ schon ziemlich fest geworden:

Mir wurde die französische Sprache gelehrt. Statt: Ich wurde die französische Sprache gelehrt. Ihr wurde das Gedicht abgehört. Statt: Sie wurde das Gedicht abgehört. Ihm wurden die Vokabeln abgefragt. Statt: Er wurde die Vokabeln abgefragt.

Beide Passivbildungen sind korrekt. Steht anstelle des zweiten Akkusativobjektes ein Nebensatz oder Infinitiv, dann wird das persönliche Passiv gebildet:

Ich bin gelehrt worden, dass dies meine Aufgabe ist. Wir sind gelehrt worden, dankbar zu sein.

3 Andere Möglichkeiten, passivische Sehweise auszudrücken

Nicht selten werden andere Konstruktionen gewählt, um die passivische Sehweise auszudrücken. Diese sind zum Teil jedoch nicht standardsprachlich.

3.1 *bekommen, erhalten, kriegen* + 2. Partizip

Die Verben *bekommen, erhalten, kriegen* werden in Verbindung mit dem zweiten Partizip bestimmter Verben häufig anstelle der eigentlichen Passivkonstruktion gebraucht. Der aktive Satz *Seine Mutter schenkte ihm Bücher* lautet im Passiv *Ihm wurden [von seiner Mutter] Bücher geschenkt.* Anstelle dieser Passivkonstruktion heißt es *Er bekam die Bücher [von seiner Mutter] geschenkt.*

Die Person, die sonst im Dativ genannt wird *(ihm),* wird hier als Subjekt in den Nominativ gesetzt. Diese Konstruktion findet sich in der Regel nur bei solchen Verben, die mit einem Dativ- und einem Akkusativobjekt verbunden werden, wobei das Dativobjekt eine Person, das Akkusativobjekt eine Sache nennt. Diese Konstruktion kommt vor allem in der Alltagssprache vor:

> Er hat sie geschenkt bekommen (Ott). Für: Sie ist ihm geschenkt worden. ... so würde Emilie ihr Geld vielleicht in einem Jahr zugesprochen bekommen (Remarque). Für: Das Geld würde ihr dann zugesprochen werden. Der Volvo 122 S ... erhielt nur von 53,8 % der befragten Besitzer eine ausgezeichnete Straßenlage bescheinigt (Der Spiegel). Für: Dem Volvo 122 S wurde nur von 53,8 % der befragten Besitzer eine ausgezeichnete Straßenlage bescheinigt.

Das Verb *kriegen* gilt im Allgemeinen und auch hier als umgangssprachlich.

> Umgangssprachlich: ... damit Sie Ihren Wunsch erfüllt kriegen. Für standardsprachlich: ... damit Ihnen Ihr Wunsch erfüllt wird.

3.2 *gehören* + 2. Partizip

Anstelle des Passivs wird gelegentlich auch die Konstruktion mit *gehören* und dem zweiten Partizip gewählt: *Der gehört das Handwerk gelegt.* Sie drückt eine unbedingte Notwendigkeit, ein Gebot aus und entspricht einem Passiv, das mit dem Verb *müssen* umschrieben ist: *Der muss das Handwerk gelegt werden.*

Diese Konstruktion ist nicht standardsprachlich, sondern umgangssprachlich und findet sich vornehmlich im Süden des deutschen Sprachgebietes. Landschaftlich umgangssprachlich: *Wer über dreißig ist, gehört aufgehängt* (K. Mann). Für standardsprachlich: ... *der muss aufgehängt werden.*

3.3 *bringen* + 2. Partizip

Anstelle des Passivs wird gelegentlich in der Umgangssprache auch die Konstruktion mit *bringen* und dem zweiten Partizip gewählt. Sie drückt aus, dass das Geschehen in Richtung auf eine Person hin verläuft. Sie entspricht dem Passiv eines Verbs, das durch ein Richtungsadverb (*heran, herein* u. a.) näher

bestimmt ist. Umgangssprachlich: *Sie brachten ihn getragen.* Für standardsprachlich: *Er wurde [von ihnen] herangetragen.*

3.4 *sein, bleiben, stehen, geben, gehen* + Infinitiv mit *zu*

Die Verbindung dieser Verben mit einem Infinitiv mit *zu* hat häufig passivische Bedeutung (auch ↑ Gerundiv). Die Konstruktion entspricht im Allgemeinen einem Passiv, das mit einem Modalverb umschrieben ist.

Häufig ist hier der Gebrauch von *sein:*

> Der Schmerz ist kaum zu ertragen. Für: Der Schmerz kann kaum ertragen werden.
> Diese Arbeit ist zu leisten. Für: Diese Arbeit muss geleistet werden.

Seltener ist der Gebrauch von *bleiben, stehen* und *geben:*

> Das Ergebnis bleibt abzuwarten. Für: Das Ergebnis muss abgewartet werden. Es gibt
> viel zu tun. Für: Vieles muss getan werden. ... am Dienstag standen nun aber gleich
> beide Publikumsmagneten zu erwarten (Süddeutsche Zeitung). Für: ... wurden erwar-
> tet. Das steht zu erwarten. Für: Das wird erwartet.

Umgangssprachlich ist der Gebrauch von *gehen.* Umgangssprachlich heißt es:
Das Bild geht nicht zu befestigen. Für standardsprachlich: *Das Bild kann nicht
befestigt werden.*

3.5 reflexive Verben in Verbindung mit einem Sachsubjekt

Auch reflexive Verben in Verbindung mit einem Sachsubjekt können passivische Sehweise ausdrücken. Bei diesen Konstruktionen kann im Unterschied
zu den anderen Fällen der Täter aber nicht genannt werden:

> Remarques Anti-Kriegsbuch »Im Westen nichts Neues« verkaufte sich in Rekordauf-
> lagen (Quick). Für: Remarques Anti-Kriegsbuch wurde in Rekordauflagen verkauft.
> Kürzlich lenkte sich die Aufmerksamkeit auf einen Briefwechsel zwischen ... (Wiesba-
> dener Kurier). Für: Kürzlich wurde die Aufmerksamkeit auf einen Briefwechsel zwi-
> schen ... gelenkt. Der Schlüssel hat sich gefunden. Für: Der Schlüssel ist gefunden wor-
> den. Das Buch liest sich leicht. Für: Das Buch kann ohne Mühe gelesen werden.

3.6 *lassen* in Verbindung mit *sich* und einem Infinitiv

Auch die Konstruktion von *lassen* in Verbindung mit dem Reflexivpronomen
und einem Infinitiv hat passivischen Sinn. Sie ist modal gefärbt und entspricht in der Regel einem Passiv, das mit dem Verb *können* umschrieben ist.
Diese Konstruktion ist sehr häufig und nicht nur auf Sachsubjekte beschränkt:

> Es ließ sich leicht lösen (Ott). Für: Es konnte leicht gelöst werden. ... und nachdem
> auch diese neuen Unternehmungen sich nicht realisieren lassen (Plievier). Für: ... und

nachdem auch diese neuen Unternehmungen nicht realisiert werden können ... Da ließ es sich nicht vermeiden, dass sie ... sich begegneten (Hausmann). Für: Da konnte es nicht vermieden werden, dass sie sich begegneten.

3.7 Verben in Verbindung mit einem Substantiv, das als Ableitung von einem Verb ein Geschehen nennt

Häufig wird auch anstelle des Passivs die Verbindung eines Verbs wie *kommen, gelangen, finden, erfahren* mit einem Nomen Actionis gebraucht, d. h. mit einem von einem Verb abgeleiteten Substantiv, das ein Geschehen nennt (z. B. *Aufführung*). Diese Konstruktion findet sich zumeist im Amts-, Geschäfts- und Zeitungsdeutsch (↑ Nominalstil):

> Es kam kaum noch Bargeld zur Zahlung (Grass). Für: Es wurde kaum noch mit Bargeld gezahlt. ... von den ... zur Verteilung gelangten Portionen ... hatte man auch nicht eine Erbse ... abnehmen können (Plievier). Für: Von den verteilten Portionen hatte man nicht eine Erbse abnehmen können. ... dass Dinge, von welchen sie nichts begriff, in ihrem Beisein nie zur Erörterung gelangten (Kolb). Für: ... in ihrem Beisein nie erörtert wurden. Der Schreck, dass alle vier Reifen auf einmal geplatzt seien, findet keine Bestätigung (Bamm). Für: Der Schreck, dass alle vier Reifen auf einmal geplatzt seien, wird nicht bestätigt. Das sittliche Leben des Menschen erfährt dadurch eine wesentliche Beeinträchtigung (Sieburg). Für: Das sittliche Leben des Menschen wird dadurch wesentlich beeinträchtigt. ... das alles erfuhr zum ersten Mal eine Milderung, als ... (Thorwald). Für: Das alles wurde zum ersten Mal gemildert ...

4   Das Passiv bei reflexiven Verben

Von reflexiven Verben kann in der Regel kein Passiv gebildet werden, weil das Reflexivpronomen und das Subjekt dasselbe Wesen oder Ding nennen. Von dem Satz *Ich wasche mich* ist das Passiv *Ich werde von mir gewaschen* sinnlos.

Die Passivkonstruktion ist nur dann möglich, wenn das Subjekt nicht genannt wird oder eine energische Aufforderung ausgesprochen werden soll:

> Da wurde ... in zitternder Angst sich verkrochen (C. Viebig). Jetzt wird sich hingelegt! Jetzt wird sich gewaschen!

Zum Gebrauch des zweiten Partizips reflexiver Verben (z. B. *der ausgeruhte Wanderer*, aber nicht: *das geschämte Kind*) ↑ zweites Partizip (2.3).

Passstraße: In neuer Rechtschreibung wird nach kurzem Vokal Doppel-*s* geschrieben: *Pass*. Die Zusammensetzung | *Passstraße* schreibt man dementsprechend mit drei *s* (↑ Zusammentreffen dreier gleicher Buchstaben). Zur besseren Lesbarkeit kann ein Bindestrich gesetzt werden: *Passstraße,* auch: *Pass-Straße.*

Pastor: 1. Aussprache: Das Substantiv kann im Singular entweder auf der ersten oder auf der zweiten Silbe betont werden. Die Betonung ist landschaftlich verschieden: *Pạstor / Pastọr.*
2. Deklination: Der Genitiv lautet *des Pastors,* der Plural *die Pastoren,* landschaftlich auch *die Pastore* oder *die Pastöre.*

Pate: In den Bedeutungen »Taufzeuge« und »Patenkind« ist das Wort ein Maskulinum: *der Pate;* der Genitiv lautet *des Paten,* der Plural *die Paten.* In der Bedeutung »Taufzeugin, Patin« ist das Wort ein Femininum: *die Pate;* der Genitiv lautet *der Pate,* der Plural *die Paten.*

Pater: Zur Anschrift ↑ Brief (7).

Patient: Das Substantiv wird schwach gebeugt, d. h., es muss im Genitiv, Dativ und Akkusativ Singular die Endung *-en* haben: *Der Arzt hat dem Patienten* (nicht: *Patient*) *Ruhe verordnet.* ↑ Unterlassung der Deklination (2.1.2).

Patriarchat: Allgemein gebräuchlich ist *das Patriarchat.* Im kirchlichen Sprachgebrauch gilt für die Bedeutung »Würde oder Amtsbereich eines Patriarchen« auch *der Patriarchat.* ↑ -at.

Pauschale: Das Substantiv *Pauschale* kann entweder als Femininum oder als Neutrum gebraucht werden. Es heißt meist *die Pauschale* (Genitiv: *der Pauschale,* Plural: *die Pauschalen*); seltener ist *das Pauschale* (Genitiv: *des Pauschales,* Plural: *die Pauschalien*).

PC: ↑ Political Correctness.

PC: Die Abkürzung für *Personalcomputer* wird – besonders im Plural – häufig gebeugt: *die beiden PCs* (neben: *die beiden PC*), *die Funktionen des PCs* (neben: *die Funktionen des PC*). ↑ Abkürzungen (3.2).

Pedal / Pedale: Die standardsprachliche Form lautet *das Pedal,* Genitiv: *des Pedals,* Plural: *die Pedale.* Daneben gibt es die landschaftliche Form *die Pedale,* Ge-

nitiv: *der Pedale,* Plural: *die Pedalen.* In der Wendung *in die Pedale treten* handelt es sich also um den Plural der standardsprachlichen Form.

Peloponnes: Der Name für die südgriechische Halbinsel wird meist als Maskulinum gebraucht: *der Peloponnes.* Seltener ist das Femininum *(die Peloponnes),* das durch die Silbe *-nes* zu erklären ist, die auf das weibliche griechische Substantiv ἡ νῆσος *(nēsos* »Insel«) zurückgeht. Der Genitiv kann *des Peloponnes* und *des Peloponneses* lauten.

penibel: Bei *penibel* fällt, wenn es dekliniert oder gesteigert wird, das *e* der Endungssilbe aus: *ein sehr penibler Mensch.* ↑ Adjektiv (1.2.13).

Penny: In neuer Rechtschreibung lautet die Pluralform (für die Geldstücke) nur noch *die Pennys.* ↑ -y.

per: Nach *per* steht der Akkusativ: *per ersten Januar, per eingeschriebenen Brief, per Boten* (nicht: *per Bote*). Die aus dem Lateinischen stammende Präposition wird – von der umgangssprachlichen Wendung *mit jmdm. per du sein* abgesehen – vor allem in der Behörden- und Kaufmannssprache gebraucht. Sie lässt sich, wenn man sie als stilistisch unschön empfindet, durch deutsche Präpositionen ersetzen, z. B.: *per / mit dem Schiff, per / durch Eilboten, per / ab sofort, per / für / zum 1. Januar.*

Perfekt: Das Perfekt (vollendete Gegenwart, Vorgegenwart, 2. Vergangenheit), eine Zeitform des Verbs, wird mit *haben* oder *sein* + 2. Partizip gebildet: *Ich habe die Blumen gebunden. Die Rose ist verblüht.* Diese Formen drücken aus, dass ein Geschehen vom Standpunkt des Sprechers aus gesehen zwar vergangen, aber doch auf seinen Standpunkt bezogen ist. Das Geschehen geht den Sprecher also noch unmittelbar an: »*Es hat geschneit!*«, ruft ein Kind, das den in der Nacht gefallenen Schnee erblickt. Zum Verhältnis Perfekt – Präteritum ↑ Präteritum; zu den Zweifelsfällen bei der Perfektumschreibung mit *haben* oder *sein (Ich bin / habe gefahren)* ↑ haben (1); zum Gebrauch des Infinitivs statt des 2. Partizips (*weil sie ihn hat kommen sehen* usw.) ↑ Infinitiv (4).

Periode: Als Periode bezeichnet man einen mehrfach zusammengesetzten, kunstvoll gegliederten Satz, der aus Haupt- und Nebensätzen oder aus einer Reihe von Hauptsätzen bestehen kann.

Perlmutt, Perlmutter: Die Formen *das Perlmutt* und *die Perlmutter* können sowohl auf der zweiten als auch auf der ersten Silbe betont werden. Die Anfangsbetonung ist seltener.

Perpendikel: Es heißt sowohl *der Perpendikel* als auch *das Perpendikel.*

Personalform: ↑ Finitum.

Personalpronomen: Das Personalpronomen (persönliches Fürwort) steht stellvertretend für eine Person oder Sache. Zu den persönlichen Pronomen gehören das eigentliche Personalpronomen, das ↑ Reflexivpronomen und das reziproke Pronomen: *Ich wäre am liebsten verreist. Hilfst du mir? Er* (= der Junge) *sah, wie sie* (= die alte Frau) *zu Boden stürzte. Er ließ es* (= das Buch) *unaufgeschlagen neben sich liegen. Sie sahen sich öfter im Theater. Sie standen einander bei.*

1. Unklare Bezüge: Das Personalpronomen darf nicht gebraucht werden, wenn dadurch unklare oder falsche Bezüge entstehen, z. B.: *Die Lage der Partei ist bedrückend. Sie ist innerlich zerrissen.* (Wer? Die Lage oder die Partei?) *Mit ihrer Freundin betrat sie den Ballsaal. Die gute Erziehung Marias kam ihr nun zustatten.* (Wem? Ihr selbst oder ihrer Freundin Maria?) In diesen Fällen muss man anders formulieren.

2. Genitiv: Der Genitiv Singular des Personalpronomens lautet: *meiner, deiner, seiner, (ihrer, seiner);* die Formen *mein, dein, sein* sind veraltet: *Sie spotteten meiner. Ich erinnere mich seiner kaum noch.* Veraltet: *Erbarmt euch mein!* Der Genitiv Plural lautet: *unser, euer, ihrer* (nicht:

uns[e]rer, eu[e]rer; das sind die Formen des ↑ Possessivpronomens). Es muss also heißen: *Wir waren unser* (nicht: *uns[e]rer*) *fünf. Erbarme dich unser! Wir haben euer* (nicht: *eu[e]rer*) *gedacht. Es waren ihrer sechs.* Die Kurzform *ihr* ist veraltet: *ihr beider Gefühl* (Binding), *ihr beider Ungestüm* (W. Schäfer).

3. Stellung: Im Gegensatz zu der Normalfolge (Subjekt) – Dativobjekt – Akkusativobjekt ist die Folge der Satzglieder, wenn beide Objekte Pronomen sind, (Subjekt) – Akkusativobjekt – Dativobjekt: *Der Vater schenkt seiner Tochter* (= Dativobjekt) *ein Buch* (= Akkusativobjekt). Aber: *Der Vater schenkt es* (= Akkusativobjekt) *ihr* (= Dativobjekt). Wenn nur ein Objekt ein Pronomen ist, tritt folgende Wortstellung ein: Dativobjekt ein Pronomen: (Subjekt) – Dativobjekt – Akkusativobjekt: *Der Vater schenkt ihr ein Buch.* Akkusativobjekt ein Pronomen: (Subjekt) – Akkusativobjekt – Dativobjekt: *Der Vater schenkt es seiner Tochter.* In der Gegenwartssprache besteht eine starke Neigung, Personalpronomen, die in der Rolle eines Objekts stehen, aus ihrer zukommenden Stellung zu verdrängen. Ihre übliche Stellung ist bei Sätzen mit Zweitstellung des Finitums (der Personalform des Verbs) unmittelbar hinter diesem. Bei Nebensätzen stehen die Pronomen im Allgemeinen unmittelbar hinter dem Einleitewort. Nur wenn das Subjekt des Nebensatzes ebenfalls ein Pronomen ist, geht dieses voraus. Bei Infinitivgruppen stehen die Pronomen an der Spitze. Die Veränderung dieser üblichen Stellungen beruht auf dem Bestreben des Sprechers, das Pronomen näher zu dem Verb zu stellen, von dem es regiert wird. Üblich: *Als er Rom zum ersten Mal sah, war ihm die Stadt bereits aus Büchern bekannt.* Veränderte Stellung: *... war die Stadt ihm bereits aus Büchern bekannt.* Üblich: *Da er verletzt war, musste ihn der Arzt krank schreiben.* Veränderte Stellung: *Da er*

P

verletzt war, musste der Arzt ihn krank schreiben. Üblich: *Wir widersprechen diesem Vorschlag auf das Entschiedenste, weil uns die Ansichten von Frau Dr. Müller missfallen.* Veränderte Stellung: *Wir widersprechen diesem Vorschlag, weil die Ansichten von Frau Dr. Müller uns missfallen.*

4. Zu *solcher* anstelle des Personalpronomens ↑ solch[e] (3).

5. Zur überflüssigen Wiederaufnahme oder falschen Ersetzung eines Relativpronomens durch ein Personalpronomen ↑ Relativpronomen (5). Zur Deklination des Adjektivs oder des substantivierten Adjektivs (Partizips) nach Personalpronomen ↑ Adjektiv (1.2.4). Zum Demonstrativpronomen anstelle des Personalpronomens ↑ Demonstrativpronomen (5).

Personennamen

Häufig gestellte Fragen zu Personennamen	
Frage	**Antwort unter**
Ist der Gebrauch des Artikels in Verbindung mit Personen, wie z. B. *die Inge, der Klaus,* zulässig?	dieser Artikel, Punkt (1)
Wie wird der Genitiv von Personennamen wie *Fritz, Klaus, Moritz* gebildet?	dieser Artikel, Punkt (2.1.3), Apostroph (4.1)
Heißt es *des jungen Dürer* oder *des jungen Dürers, des heiligen Gregor* oder *des heiligen Gregors*?	dieser Artikel, Punkt (2.1.2)
Welche Beugung ist korrekt: *die Gedichte Joseph von Eichendorffs* oder *die Gedichte Josephs von Eichendorff, die Bilder Anton van Dycks* oder *die Bilder Antons van Dyck*?	dieser Artikel, Punkt (2.2.1)
Heißt es *die Reformen des mächtigen Kaisers Karl* oder *die Reformen des mächtigen Kaiser Karls*?	dieser Artikel, Punkt (2.2.3)
Wie schreibt man *goethisch/Goethe'sch*?	Groß- oder Kleinschreibung (1.2.2.), Apostroph (3.2)
Setzt man bei Verbindungen aus einem Namen und einem anderen Substantiv, z. B. *Opel-Vertretung, Schiller-Museum*, einen Bindestrich?	dieser Artikel, Punkt (5.1.1.), Bindestrich (5.1), (5.2)

1   Zum Gebrauch des Artikels

Personennamen ohne Beifügung werden im Allgemeinen ohne Artikel gebraucht:

> Hans ist ein braver Junge. Der Geburtsort Johann Wolfgang von Goethes ist Frankfurt am Main. (Entsprechend auch für Gott und Christus:) Gott ist mein Zeuge. Christus trägt der Welt Sünde.

1. Der bestimmte Artikel steht aber, um den Kasus zu verdeutlichen (↑ 2.1.3):

> die Dramen des Sophokles, eine Ausgabe des Horaz (die Dramen Sophokles', eine Ausgabe Horaz' wären undeutlich).

2. Der bestimmte Artikel steht weiterhin bei Personennamen, die mit einem Adjektiv verbunden sind:

> der kleine Karl, die reiche Schulz, der alberne Schmidt; der liebe Gott. (Aber bei Adjektiven als festen Bestandteilen von Namen oder in der Anrede:) Jung Siegfried; Klein Erna. Liebe Petra! Lieber Franz!

Bei vorangestellter Apposition erhält diese den Artikel:

> der Dichter Hölderlin; der Geschichtsschreiber Meinecke; die Schauspielerin Karoline Neuber.

Ist die vorangestellte Apposition jedoch ein Titel oder eine Verwandtschaftsbezeichnung, dann fehlt der Artikel:

> Königin Elisabeth, Doktor Schmidt, Herr Wahl, Frau Eck, Vater Schulze, Mutter Spohr.

Umgangssprachlich (und verwaltungssprachlich) steht der Artikel auch bei Personennamen ohne Adjektiv oder bei vorangestellter Apposition:

> Die Inge hat mich verlassen. Der Peter träumt schon wieder. Die Frau Schmidt, der Herr Müller, die Akte des Anton Meier.

3. Der bestimmte Artikel steht identifizierend bei Werken der Kunst, Literatur, bei Schauspielrollen usw., die mit Eigennamen bezeichnet werden:

> Kennst du den Laokoon und die Emilia Galotti von Lessing? Hat Minetti nicht auch schon den Faust gespielt?

Bei Titeln von Kunstwerken kann der Artikel auch fehlen:

> ein Zitat aus »Oberon«; ich höre heute Abend »Rienzi«; die Ouvertüre zu »Lukrezia«. (Vor allem bei mehrgliedrigen Namen:) die bekannte Stelle aus »Romeo und Julia«.

Wenn der Titel mit näheren Bestimmungen verbunden ist und als Gattungsbezeichnung klassifizierend gebraucht wird, wenn etwas als ein Vertreter einer Gattung gekennzeichnet wird, dann wird der unbestimmte Artikel gesetzt:

> Diese Aufführung ist ein neuer Wallenstein. Dort wird ein Faust aufgeführt, wie man ihn noch nie gesehen hat.

4. Wenn aus einem Personennamen eine Gattungsbezeichnung wird, dann steht bei Identifizierung der bestimmte, bei Klassifizierung der unbestimmte Artikel:

> Napoleon ist der Cäsar der Neuzeit. Er war der Cicero unserer Zeit. Das ist der Rembrandt, den ich gekauft habe. Der Duden (= Wörterbuch der Rechtschreibung von K. Duden) ist neu bearbeitet worden. Sie ist eine zweite Lucrezia Borgia. Sie ist eine neue Sappho. Der Wagen ist ein Diesel. Dieses Werk ist ein echter Rembrandt. Er dichtet wie ein Goethe. Er ist ein richtiger Goethe. (Unbestimmter Artikel vergleichend in der Bedeutung »ein Mann wie«:) von den poetischen Klängen eines Körner begleitet (= eines Mannes wie Körner).

5. Der Artikel steht auch beim Plural von Personennamen (↑3):

> die Lauras, die Werner; die [beiden] Grimm (Jacob und Wilhelm Grimm). ... wenn die Idi Amins dieser Erde über Atomwaffen verfügen (Alt).

Er steht besonders dann, wenn mit dem Plural Herrschergeschlechter oder bekannte Familien bezeichnet werden:

> die Ottonen, die Scipionen; die Bismarcks.

Die Bezeichnung für die Mitglieder einer Familie steht meist ohne Artikel (↑3.2):

> Meyers sind eine schreckliche Familie (doch auch: *die Meyers* im Sinne von *diese Meyers*).

6. Familiennamen von Frauen, die ohne einen das Genus bezeichnenden Zusatz stehen, brauchen den bestimmten Artikel (oder einen anderen entsprechenden Zusatz), um als Feminina erkannt zu werden; das gilt auch gelegentlich für fremdsprachige feminine Vornamen:

> Die Werke der Droste-Hülshoff. War das die Hujus? ... das Zimmer der Wurmbrand (Th. Mann). Auf die Galeone mit der Myga! (Raabe). (Aber:) die Gedichte von Ricarda Huch (da durch den Vornamen das feminine Genus bereits deutlich wird).

Es ist heute in Fällen, bei denen kein Zweifel besteht, jedoch üblich geworden, von einer Frau zu sprechen, indem man, wie es bei Männern üblich ist, ihren bloßen Familiennamen ohne den bestimmten Artikel (oder einen das Geschlecht bestimmenden Zusatz) gebraucht:

> Huchs letzte Gedichte; Süssmuths Rede im Bundestag; Sabatini und Graf standen sich im Finale erneut gegenüber.

2   Singulardeklination

2.1 Namen ohne Bestimmungswort

2.1.1 Familien-, Personen- und Vornamen ohne Artikel oder Pronomen erhalten nur im Genitiv die Endung *-s* (altertümlich: *-ns*), sonst sind sie endungslos:

> Goethes Gedichte, der Geburtsort Schillers, Cäsars Ermordung, die Niederlage Hannibals, Peters Heft, Navratilovas letztes Spiel, Sophias / Sophies / (veralt.:) Sophiens Kleid, Iphigenies / (veralt.:) Iphigeniens Klage.
> Man ehrte Goethe wie einen Fürsten. Ich besuchte Karl. Die Bürger Karthagos dankten Hannibal für seinen Sieg. Ich widersprach Fritz.

Die Endung *-(e)n* ist veraltet:

> Mit Gellerten stand er nicht im besten Vernehmen (Goethe). Börnes Zorn loderte am grimmigsten gegen Menzeln (Heine). Mit des alten Fritzen eigenhändigem Krückstock (Fontane). So ging es Stankon mit mir (Th. Mann).

Zu *Mutters Erfolg freut Vatern* ↑ Verwandtschaftsbezeichnungen.

2.1.2 Familien-, Personen- und Vornamen mit vorangehendem Artikel oder Pronomen bleiben heute meist ungebeugt, weil der Kasus durch diese Begleitwörter deutlich wird:

> die Partie des Lohengrin, der Pass des Anton Meyer, das Leben des heiligen Gregor des Großen, der Eifer unseres Michael, die Werke eines Schiller, die Bilder des jungen Dürer, ein Gemälde des älteren Holbein.

Bei Voranstellung des Genitivs in gewählter Sprache ist dagegen die gebeugte Form noch üblich: *des armen Joachims Augen* (Th. Mann).

2.1.3 Namen auf *s, ß, x, z, tz* bilden den Genitiv:
- durch ↑ Apostroph (4.1):

  Moritz' Auto, Demosthenes' Reden; (entsprechend:) A. France' Werke, J. Joyce' Einfluss.

- durch *von* + Name:

  das Auto von Moritz, die Operetten von Strauß.

- durch Voranstellung des Artikels oder des Pronomens mit oder ohne Gattungsbezeichnung (dies gilt jedoch nicht für Familien- und Vornamen, die ohne Artikel stehen):

  der Tod des Perikles, des [Arztes] Paracelsus Schriften.

- seltener durch die altertümliche Endung *-ens,* die aus schwacher und starker Genitivform gemischt ist:

  Fritzens Streiche, Marxens Werke, Horazens Satiren.

- bei antiken Personennamen durch Weglassen der Endung und mit normaler Beugung:

  Achill[es] / (Genitiv:) Achills, Priam[us] / (Genitiv:) Priams.

2.1.4 Zu Gattungsbezeichnungen gewordene männliche Personennamen müssen wie ein gewöhnliches Substantiv die Genitivendung *-s* erhalten:

  des Zeppelins, des Dobermanns, des Nimrod[e]s.

P Bei einigen Wörtern gebraucht man die unflektierte Form, wenn man noch den Namen, die Form mit Genitiv-*s,* wenn man bereits die Sachbezeichnung empfindet:

  des Ampere[s], des Diesel[s].

2.2 Namen mit Bestimmungswort

2.2.1 Hat eine Person mehrere Namen, dann wird nur der letzte (Vorname oder Familienname) dekliniert:

  Anna Marias Erfolge, Klaus Peters Geburtstag, Gotthold Ephraim Lessings Werke, die Werke Rainer Maria Rilkes, in der Dichtung Ricarda Huchs.

Einen Sonderfall stellt der Typ gezählter Vorname + Vorname / Familienname dar, wo auch der gezählte Vorname gebeugt werden muss *(die Feldzüge Gustavs II. Adolfs).*

Wenn vor dem Familiennamen eine Präposition *(von, zu, van, de, ten)* steht, dann wird heute gewöhnlich der Familienname gebeugt:

ein Gedicht Joseph von Eichendorffs, Adolph von Menzels Zeichnungen, Heinrich von Kleists Werke, die Bilder Anton van Dycks, der Sieg Hein ten Hoffs.

Ist der Familienname jedoch noch deutlich als Ortsname zu erkennen, dann wird der Vorname gebeugt:

die Lieder Walthers von der Vogelweide, der »Parzival« Wolframs von Eschenbach, die Geschichte Gottfriedens von Berlichingen (Goethe), die Erfindungen Leonardos da Vinci, die Predigten Abrahams a San[c]ta Clara, die Regierung Katharinas I. von Russland.

Wo Zweifel bestehen, neigt man zur Beugung des Ortsnamens:

die Erfindungen Leonardo da Vincis usw.

Steht jedoch der Ortsname unmittelbar vor dem dazugehörenden Substantiv, dann wird immer häufiger der Ortsname gebeugt:

Wolfram von Eschenbachs »Parzival« (auch noch: Wolframs von Eschenbach Gedichte); Roswitha von Gandersheims Dichtung (auch noch: Roswithas von Gandersheim Dichtung).

Vergleiche auch ↑ Adelsnamen (1).

2.2.2 Bei der Verbindung artikelloses Substantiv + Name wird nur der Name dekliniert, weil die ganze Fügung als Einheit aufgefasst wird:

Tante Inges Kollegin, die Günstlinge Königin Christines von Schweden, der Sieg Kaiser Karls, Onkel Pauls Hut, Vetter Fritz' (Fritzens) Frau, die Mätresse König Ludwigs [des Vierzehnten], Professor Lehmanns Sprechstunde, Architekt Müllers Einwand; Wiederwahl Bundespräsident Lübkes (Die Zeit); er sprach mit Graf Holstein (Dativ); das Vertrauen in Präsidentin Holler (Akkusativ).

Ausnahmen sind ↑ Herr (1 und 2) und substantivierte Partizipien:

Herrn Müllers Einladung. Rufen Sie Herrn Müller! Abgeordneten Mayers Zwischenrufe.

Zu den Ausnahmen gehören ferner die auf -*e* endenden schwachen Substantive, bei denen die Nichtbeugung schon stark im Vordringen ist *(Kollegen* [auch: *Kollege] Schulzes Eintritt in die Gewerkschaft).* Steht eine Apposition nach dem Namen, dann steht sie im gleichen Kasus:

am Hofe Kaiser Karls des Großen, ein Dekret Papst Innozenz' III. (des Dritten).

2.2.3 Bei der Fügung Artikel (Pronomen) [+ Adjektiv] + Substantiv + Name wird das bestimmende Substantiv (der Titel, Rang usw.) dekliniert, während der Name ungebeugt bleibt:

die Reformen des [mächtigen] Kaisers Karl oder des [mächtigen] Kaisers Karl Reformen, des Königs Ludwig, des Vetters Fritz, unseres [lustigen] Onkels Paul, der Fleiß meines Sohnes Peter, jenes [berühmten] Geologen Schardt, des Architekten Müller Einwand. Des Herrn Meyer, des Herrn Müller. (Aber in Verbindung mit Verwandtschaftsbezeichnungen:) Zum Tode Ihres Herrn Vaters ... Über den Besuch Ihres Herrn Sohnes haben wir uns sehr gefreut.

Eine Apposition steht im gleichen Kasus wie das bestimmende Substantiv:

... im Dienst *des Königs* Philipp *des Zweiten.*

Der Titel *Doktor (Dr.)* bleibt immer ungebeugt, weil Titel und Name als Einheit angesehen werden. Auch (das heute nicht mehr gebräuchliche) *Fräulein* wird nicht gebeugt:

die Ausführungen unseres Doktor (nicht: Doktors) Meyer, der Platz Ihres Fräulein Meyer.

2.2.4 Bei zwei oder mehr artikellosen Substantiven vor einem Namen wird nur der Name gebeugt:

Regierungsrat Professor Pfeifers Rede, Oberärztin Dr. Hahns Visite, Privatdozent Dr. Schmidts Abhandlung.

Herr wird jedoch immer gebeugt (↑ 2.2.2):

Herrn Regierungsrat Professor Pfeifers Rede, Herrn Professor Dr. Lehmanns Sprechstunde, Herrn Architekt Müllers Einwand.

In Anschriften (die den Dativ oder Akkusativ erfordern) wird außer *Herr* auch der folgende Titel gebeugt, aber er kann gelegentlich auch ungebeugt bleiben:

Herrn Regierungspräsidenten Weltin (auch: Herrn Regierungspräsident Weltin).

Bei substantivierten Partizipien und Appositionen wird gebeugt:

Herrn Abgeordneten Meyer. Die Rede des Rektors, Herrn Professor Meyers ...
Die Einführung des neuen Leiters, Herrn Regierungsrat Müllers ...

2.2.5 In der Verbindung Artikel (Pronomen) [+ Adjektiv] + zwei oder mehr Substantive + Name erhält meist nur das erste Substantiv (der Titel, Rang usw.) die Genitivendung, während das zweite und die folgenden als enger zum Namen gehörend meist ungebeugt bleiben:

die Rede der [Ersten] Vorsitzenden Studienrätin Dr. Sander, die Aussage des [verhafteten] Stadtrats Bankier Dr. Schulze.

Ist *Herr* das erste Substantiv, dann wird der folgende Titel in der Regel gebeugt. Bei substantivierten Partizipien muss immer gebeugt werden:

> die Bemerkungen des Herrn Generaldirektors Meyer, die Ausführungen des Herrn Studienrats Schönberg, die Abhandlung des Herrn Privatdozenten Dr. Schmidt (auch: des Herrn Privatdozent Dr. Schmidt), die Rede des Herrn Ministers [Dr.] Müller (auch: des Herrn Minister [Dr.] Müller). Aber nur: die Rede des Herrn Abgeordneten Müller.

In Anschriften (die den Dativ oder Akkusativ erfordern):

> An den Herrn Regierungspräsidenten Weltin; dem Herrn Regierungspräsidenten Weltin (aber auch: An den Herrn Regierungspräsident Weltin; dem Herrn Regierungspräsident Weltin). Aber nur: An den Herrn Abgeordneten E. Müller.

Doktor (Dr.) wird auch hier nicht gebeugt (↑ 2.2.3):

> der Vortrag des Herrn Dr. (= Doktor) Meyer.

2.2.6 In der Verbindung Name + Apposition werden beide Bestandteile dekliniert:

> das Leben Katharinas der Großen, ein Enkel Ludwigs des Deutschen, die Regierung Karls des Großen, Elisabeths I. (= der Ersten).

Es gilt als nicht korrekt, in diesen Fällen nicht den Namen, sondern nur die Apposition zu beugen:

> die einzige Tochter Karl des Kühnen, das fuchsrote Haar Wilhelm des Eroberers (Bruckner), seit Widukinds und Karl des Großen Zeiten (W. Schäfer).

3   Pluraldeklination

Familien-, Personen- und Vornamen bilden nur dann einen Plural, wenn sie zu Gattungsbezeichnungen geworden sind. Sie bezeichnen dann entweder die reine Gattung (*Krösusse; Krösus* = ein reicher Mann) oder Personen, die mit dem ursprünglichen Träger des Namens verglichen werden (*Das sind schon beinahe Napoleons* = Männer wie Napoleon), oder sämtliche Mitglieder einer Familie, eines Geschlechtes bzw. verschiedene Träger des gleichen Namens *(die Meyers).*

3.1 Personen- und Vornamen

Maskuline Personen- und Vornamen, die auf einen Konsonanten enden, haben die Endung *-e (die Heinriche, die Rudolfe, die Krösusse).* Verkleinerungsformen auf *-chen* und *-el* sowie Namen auf *-er* und *-en* stehen ohne Endung *(die Hänschen, die Hänsel, die Peter, die Jürgen).* Daneben gibt es – vor allem in der Umgangssprache – den Plural auf *-s (die Heinrichs, die Rudolfs).* Er steht auch meist bei Personen- und Vornamen, die auf Vokal enden *(die Saschas, die Domenicos)*. Die Endung *-nen* erhalten maskuline Personen- und Vornamen auf *-o*, wenn Herrschergeschlechter oder verschiedene berühmte Träger des gleichen Namens bezeichnet werden sollen *(die Ottonen, die Scipionen)*.

Feminine Personen- und Vornamen auf *-e* bilden den Plural gewöhnlich mit *-n (die Mariannen, die Isolden, die Arianen)*. Enden sie auf einen Konsonanten (außer s-Lauten), dann bilden sie den Plural mit *-en* oder *-s (die Brunhilden, die Adelheiden, die Brunhilds, die Adelheids, die Isabels, die beiden Sigrids)*. Endet der Name auf einen s-Laut, dann bleibt er im Plural unverändert *(die beiden Agnes)*. Verkleinerungsformen auf *-chen* und *-el* stehen ohne Endung *(die deutschen Gretchen, die beiden Gretel)*, *-s* ist hier umgangssprachlich. Nach den Endungen *-a, -o* und *-i / -y* steht der Plural auf *-s (die Annas, die Lilos, die Jennis, die Cindys)*. Wo für *-a* ein *-e* eintreten kann, steht auch die Endung *-n (die Annen, die Sophien)*.

3.2 Familiennamen

Die Familiennamen bilden den Plural heute meist auf *-s (die Meyers, Buddenbrooks; das sind Holbeins* [= Bilder von Holbein]). Gelegentlich stehen sie auch ganz ohne Endung, besonders die auf *-en, -er, -el* endenden Namen *(die beiden Schlegel. Die Münchhausen sterben nicht aus)*. Geht der Familienname auf Zischlaut aus, dann steht die Endung *-ens (Schulzens)*.

P 4 Ableitungen von Personennamen auf *-[i]sch*

Eine feste Regel, wann man *-isch* und wann man *-sch* zur Ableitung eines Adjektivs von einem Personennamen verwendet, gibt es nicht. Endet ein Personennamen auf *e*, dann kann das *e* weggelassen und mit *-isch* abgeleitet werden oder das *e* kann erhalten bleiben und mit *-sch* abgeleitet werden. Die Adjektive mit *-isch* werden heute bevorzugt:

die heineschen / heinischen »Reisebilder«, goethische / goethesche Gedichte.

Bei attributivem Gebrauch des betreffenden Adjektivs ist heute die Ableitung auf *-sch* üblich, wenn das Wort sich unmittelbar auf die Person bezieht:

eine mahlersche Sinfonie, die böllschen Erzählungen, die einsteinsche Relativitätstheorie, das bartschsche Haus.

Daneben sind natürlich heute auch noch herkömmliche Ableitungen auf *-isch* gebräuchlich:

die platonischen Schriften, die kantische Philosophie, die Vossische Zeitung.

Bei subjekt- und prädikatbezogenem Gebrauch adjektivischer Ableitungen von Personennamen ist aus lautlichen Gründen nur die Ableitung auf *-isch* üblich:

> Manche ihrer Kompositionen wirken ganz mozartisch. Das ist nicht schopenhaue-risch, sondern kierkegaardisch gedacht.

Zu *goethisch / Goethe'sch* ↑ Groß- oder Kleinschreibung (1.2.2).

5   Rechtschreibung

5.1 Zusammen- oder Getrenntschreibung oder Bindestrich

5.1.1 Familien- und Personennamen: Man kann einen Bindestrich setzen, wenn in einer Zusammensetzung aus einem Familiennamen als Bestimmungswort und einem Grundwort der Name hervorgehoben werden soll: *Schiller-Museum, Opel-Vertretung, Hürlimann-Traktoren.* Bei geläufig gewordenen Bezeichnungen schreibt man dagegen zusammen: *Röntgenstrahlen, Dieselmotor.* Der Bindestrich kann auch gesetzt werden, wenn dem Familiennamen als Bestimmungswort ein zusammengesetztes Grundwort folgt: *Beethoven-Festhalle.*

Der Bindestrich wird immer gesetzt, wenn die Bestimmung zu dem Grundwort aus mehreren Namen besteht: *Max-Planck-Gesellschaft, St.-Marien-Kirche, Escher-Wyss-Turbinen,* wenn Vor- und Familienname umgestellt sind und der Artikel vorangeht: *der Huber-Franz,* wenn der Name als Grundwort steht: *Möbel-Schulze, Brillen-Frey,* wenn es sich um Doppelnamen handelt: *Müller-Frankenfeld,* oder um Adjektive, die aus einem mehrteiligen Namen, aus einem Titel und Namen oder aus mehreren Namen bestehen: *die Dr.-Müller'sche Apotheke, die Thurn-und-Taxis'sche Post.*

Zusammensetzungen von einteiligen Namen mit einem Adjektiv werden im Allgemeinen zusammengeschrieben, weil sie nur einen bestimmten Begriff bezeichnen: *goethefreundlich, lutherfeindlich.* Nach den neuen Rechtschreibregeln können jedoch solche Zusammensetzungen auch mit Bindestrich geschrieben werden, wenn der Name hervorgehoben werden soll: *Goethe-freundlich, Luther-feindlich.* In Zusammensetzungen mit mehrteiligen Namen koppelt man durch Bindestriche: *Fidel-Castro-freundlich, de-Gaulle-treu.*

5.1.2 Vornamen: Doppelnamen, die nur einen Hauptton tragen, werden im Allgemeinen zusammengeschrieben: *Annemarie, Hannelore, Wolfdieter, Hansjürgen,* aber: *Heike Barbara, Thomas Martin, Johann Wolfgang.* Manchmal kommen alle drei Schreibweisen nebeneinander vor: *Karl Heinz, Karl-Heinz, Karlheinz.*

Den Bindestrich setzt man bei Zusammensetzungen aus einer Berufsbezeichnung und einem Vornamen: *Bäcker-Anna.* Alle anderen Zusammensetzungen aus einem Substantiv und einem Vornamen werden zusammengeschrieben: *Wurzelsepp, Suppenkaspar.*

5.2 Worttrennung

Die Trennung von Personennamen sollte nach Möglichkeit vermieden werden. In Notfällen trennt man nach den allgemeinen Richtlinien (↑ Worttrennung).

---

persönlich anwesend: ↑ Pleonasmus.
persönliches Fürwort: ↑ Personalpronomen.
Petkusser / Petkuser: ↑ Einwohnerbezeichnungen auf -er (5).
Pfarrer: Zu *des Pfarrers Schlosser / Pfarrer Schlossers* ↑ Titel und Berufsbezeichnungen (1.2 und 1.3); zur Anschrift ↑ Brief (7).
Pfau: Der Genitiv lautet *des Pfau[e]s* (österr. auch: *des Pfauen*), der Plural *die Pfauen* (österr. auch: *die Pfaue*).
Pfennig: 1. Unterlassung der Deklination: Entsprechend anderen Maß-, Mengen- und Münzbezeichnungen steht *Pfennig* (Abk.: *Pf.;* Zeichen: ₰ = nach dem Anfangsbuchstaben von lat. *denarius*) hinter Zahlen, die größer als 1 sind, häufig ungebeugt: *Das kostet zwanzig Pfennig.* Der Plural tritt aber dann ein, wenn die einzelnen Münzen gezählt werden: *Es sind dreißig Pfennige in der Büchse.* ↑ Maß-, Mengen- und Münzbezeichnungen (1).
2. Kongruenz: Bei einer pluralischen Pfennigangabe steht das Finitum (die Personalform des Verbs) in der Standardsprache im Plural. Es heißt also richtig: *Achtzig Pfennig reichen nicht aus*

dafür. In der Alltags- und Umgangssprache besteht jedoch die Neigung das Verb in die Singularform zu setzen *(Achtzig Pfennig reicht nicht aus dafür),* weil Zahl und Gezähltes als Einheit aufgefasst werden. Standardsprachlich ist jedoch der Plural vorzuziehen. ↑ Kongruenz (1.2.1).
Pfingsten: Der Gebrauch des Wortes *Pfingsten* entspricht dem des Wortes ↑ Ostern.
pflegen: 1. Konjugation: Bei dem früher allgemein unregelmäßig gebeugten Verb sind heute standardsprachlich nur die regelmäßigen Formen gebräuchlich: *Man pflegte den Kranken, hat ihn gepflegt. Sie pflegte früh aufzustehen.* Die veralteten unregelmäßigen Formen kommen nur noch in Verwendungen wie *der Ruhe pflegen* vor: *Sie pflogen nach dem Essen der Ruhe. Die Bürger hatten Rats gepflogen.*
2. Komma: In Verbindung mit einem Infinitiv mit *zu* wird das Verb *pflegen* nur hilfszeitwörtlich gebraucht. Es sollte deshalb nicht durch Komma von der Infinitivgruppe abgetrennt werden: *Sie pflegte vor dem Einschlafen noch in einem Kriminalroman zu lesen.* ↑ Komma (5.1.4).

3. Zu *Ich pflegte gewöhnlich ...* ↑ Pleonasmus.

pflichtgemäß / pflichtmäßig: ↑ -gemäß / -mäßig.

Pflichtteil: Man kann sowohl *der Pflichtteil* als auch *das Pflichtteil* sagen.

Pflugschar: Es heißt *die Pflugschar* (Genitiv: *der Pflugschar,* Plural: *die Pflugscharen*), landsch. auch *das Pflugschar (des Pflugschar[e]s, die Pflugschare)*.

pf-, Pf-: ↑ Aussprache (9).

Pfropf / Pfropfen: Die Form *der Pfropf* bedeutet »zusammengeballte Masse, die den Durchfluss hindert«, *der Pfropfen* hat die Bedeutung »Korken, Stöpsel«. ↑ Substantiv (2.2).

Pfund: 1. Beugung: In Verbindung mit Zahlwörtern bleibt *Pfund* (das Zeichen ℔ geht auf die Abkürzung *lb* für das römische Pfund *[libra]* zurück) im Plural ungebeugt: *Zwei Pfund Butter genügen. Er hat dreißig Pfund Übergewicht.*
Aber: *Sie hat einige überflüssige Pfunde verloren.* ↑ Maß-, Mengen- u. Münzbezeichnungen (1).

2. fünf Pfund neue Kartoffeln / neuer Kartoffeln: Es heißt *ein Pfund schieres Fleisch* (gehoben: *schieren Fleisches*); *der Preis eines Pfundes [gekochter] Schinken* oder *eines Pfund [gekochten] Schinkens;* *mit einem Pfund schierem Rindfleisch* (gehoben: *schieren Rindfleisches*); *aus einem Pfund frischer Krabben* oder *frische Krabben.* ↑ Apposition (2.2).

3. Zwei Pfund Kalbsleber werden / wird gebraten: Bei einer pluralischen Pfundangabe steht das Finitum (die Personalform des Verbs) heute gewöhnlich im Plural. Es heißt also: *Zwei Pfund Kalbsleber werden gebraten. Zwei Pfund Mehl müssen reichen. Hundert Pfund sind zu wenig.* ↑ Kongruenz (1.2.2). Steht *Pfund* im Singular und die Stoffbezeichnung im Plural, dann steht in der Regel das Finitum (die Personalform des Verbs) im Singular, weil das Subjekt *(Pfund)* formal ein Singular ist: *Ein Pfund Erdbeeren kostet 8 Mark. Ein Pfund Bohnen wird ge-

kocht.* Oft wird aber nach dem Sinn konstruiert und das Finitum (die Personalform des Verbs) in den Plural gesetzt: *Ein Pfund Erdbeeren kosten 8 Mark.* ↑ Kongruenz (1.2.1).

4. Münzbezeichnung: In Verbindung mit Zahlwörtern bleibt *Pfund* (Zeichen: £) im Plural gewöhnlich ungebeugt: *Das Bild hat 80 Pfund gekostet.* Gelegentlich wird auch dekliniert: *Sie zahlte mit guten englischen Pfunden* (auch: *Pfund*). Zur Stellung des Pfundzeichens vor oder hinter dem Betrag ↑ Maß-, Mengen- und Münzbezeichnungen (4).

ph / f: ↑ f / ph.

Phantasie / Fantasie: ↑ Fantasie / Phantasie.

Phonem: Bezeichnung für einen bedeutungsunterscheidenden ↑ Laut wie *i* und *e* in *fit / fett.*

Phonetik: Die Phonetik ist der Teil der Sprachwissenschaft, der die Tätigkeit der Sprechorgane und die durch sie hervorgebrachten Laute untersucht.

pH-Wert: Das chemisch-fachsprachliche Wort für eine Zahl, die angibt, wie stark eine Lösung basisch oder sauer ist, geht auf neulateinisch *potentia Hydrogenii* (= Konzentration des Wasserstoffs) zurück.

physisch / physiologisch: Das Adjektiv *physisch* bedeutet »in der Natur begründet; körperlich«, das Adjektiv *physiologisch* dagegen »auf die Physiologie bezüglich, in das Gebiet der Physiologie fallend; die Lebensvorgänge im Organismus betreffend«. Man kann daher z. B. nur von *physischen* (= körperlichen), aber nicht von *physiologischen Qualen* sprechen. *Physische Veränderungen* sind körperliche, den Körper betreffende Veränderungen, *physiologische Veränderungen* dagegen Veränderungen der Lebensvorgänge im Organismus.

Piano: Der Plural von *Piano* »Pianoforte, Klavier« lautet *die Pianos.* Im Sinne von »Stelle eines Musikstücks, die leise gespielt oder gesungen wird« hat *Piano* zwei Pluralformen: *die Pianos* und *die Piani*.

Piazza: Zu (ital.) *die Piazza* »[Markt]platz« lautet der Plural *die Piazze*.

Pier: Gemeinsprachlich heißt es *der Pier,* Genitiv: *des Piers.* Seemännisch sagt man *die Pier,* Genitiv: *der Pier.* Der Plural lautet *die Piers* oder *die Piere.*

Pils[e]ner: ↑ Einwohnerbezeichnungen auf -er (1 und 7).

Pirnaer: ↑ Einwohnerbezeichnungen auf -er (3 und 7).

Pizza: Zu (ital.) *die Pizza* gibt es zwei Pluralformen: *die Pizzas* und *die Pizzen.*

Pkw / PKW: Die Abkürzung für *Personenkraftwagen* wird – vor allem im Plural – häufig gebeugt: *Die beiden PKWs wurden stark beschädigt.* ↑ Abkürzungen (3.2), ↑ Plural (3).

Place: Zu *der / die Place de la Concorde* ↑ Fremdwort (2).

placieren: Alte Schreibung für ↑ platzieren.

Plaid: Es heißt sowohl *das Plaid* als auch *der Plaid.*

Planet: Das Substantiv wird schwach gebeugt, d. h., es hat im Genitiv, Dativ und Akkusativ Singular die Endung *-en: auf dem Planeten Mars.* ↑ Unterlassung der Deklination (2.1.2).

Plast / Plaste / Plastik: Das Femininum *die Plastik* bedeutet »Bildwerk; Ersatz von Gewebeteilen«. Die Bezeichnung für »Kunststoff« hat dagegen neutrales Genus: *das Plastik* (Genitiv: *des Plastiks,* Plural: *die Plastiks*). In der früheren DDR lautete die Bezeichnung für »Kunststoff« *der Plast* (Genitiv: *des Plast[e]s,* Plural: *die Plaste*), der Singular *die Plaste* war umgangssprachlich.

Plattitüde: Die bisherige Schreibweise *Platitüde* gilt nach den neuen Rechtschreibregeln nicht mehr. Korrekt ist jetzt *Plattitüde* (oder die französische Form *Platitude*).

Platz greifen: Das 2. Partizip kann nicht attributiv gebraucht werden, weil die Fü-

gung intransitiv ist und mit *haben* konjugiert wird: *die Angst, die Platz gegriffen hat* (nicht: *die Platz gegriffene Angst*). ↑ zweites Partizip (2.2).

platzieren: 1. Die bisherige Schreibweise *plazieren* (oder selten: *placieren*) ist nach den neuen Rechtschreibregeln nicht mehr gültig. **2.** Nach *platzieren in, platzieren auf, platzieren unter* o. Ä. kann sowohl der Akkusativ als auch der Dativ stehen. Der Akkusativ steht, wenn die Richtungsvorstellung vorherrscht (Frage: wohin?): *Deinen Korb kannst du erst mal unter die Bank platzieren. Die Tennisspielerin platzierte die Bälle genau in die Ecken. Don Alfonso platzierte mich in einen alten Plüschsessel* (Koeppen). Der Dativ steht, wenn der Ort, wo etwas platziert wird, angegeben wird (Frage: wo?): *An allen Ausgängen wurden Helfer platziert. Er versuchte schließlich, sein überschüssiges Geld im Grundstückswesen zu platzieren.*

Plaudrerin / Plauderin: Zum Maskulinum *der Plaud[e]rer* gibt es zwei feminine Formen: *die Plaudrerin* und *die Plauderin* (aber nicht: *die Plaudererin*). ↑ Substantiv (3).

plausibel: Bei *plausibel* fällt, wenn es dekliniert oder gesteigert wird, das *e* der Endungssilbe aus: *eine plausible Erklärung.* ↑ Adjektiv (1.2.13), ↑ Vergleichsformen (2.2).

plazieren: Alte Schreibweise für ↑ platzieren.

pleite / Pleite: Klein schreibt man das Adjektiv: *Er ist pleite.* Groß schreibt man das Substantiv: *Das war eine fürchterliche Pleite. Das gibt eine völlige Pleite. Die Firma macht Pleite.* Nach neuer Regelung wird auch *Pleite gehen* großgeschrieben: *Das Unternehmen ist nach diesem Verlust Pleite gegangen.*

Plenum: Der Plural lautet *die Plenen,* bildungssprachlich auch *die Plena.*

Pleonasmus

1. Unter einem Pleonasmus versteht man den inhaltlich überflüssigen Zusatz zu einem Wort oder einer Wendung:

weißer Schimmel, *alter* Greis, *kleiner* Zwerg; *Gesichts*mimik, *Einzel*individuum, *zusammen*addieren, *neu* renovieren, *nutzlos* vergeuden, *weiter* fortfahren, *nochmals* überprüfen.

Ein *weißer Schimmel* ist ein Pleonasmus, weil *Schimmel* (= weißes Pferd) das Merkmal »weiß« bereits enthält. Entsprechendes gilt für *Gesichtsmimik, Einzelindividuum, zusammenaddieren, neu renovieren, nutzlos vergeuden* usw., im Vergleich zu denen *Mimik, Individuum, addieren, renovieren* und *vergeuden* nicht bedeutungsärmer sind. Solche Fügungen sollte man vermeiden.

Etwas anders verhält es sich mit Bildungen wie *Rückantwort* oder *zusammenmixen,* wo die Zusammensetzung gegenüber dem einfachen Wort eine andere Bedeutung hat (*Rückantwort* = »Antwort auf eine schriftliche oder telefonische Anfrage«) oder ein zusätzliches Merkmal hat (*zusammenmixen* = abwertend), weshalb von überflüssigem Zusatz eigentlich nicht mehr gesprochen werden kann.

Ähnliches lässt sich von

lautlose Stille, *nochmals* wiederholen, *persönlich* anwesend, mit *meinen* eigenen Augen, vor *vollendete* Tatsachen stellen, Vorspiegelung *falscher* Tatsachen

sagen, wo die Zusätze streng genommen inhaltlich überflüssig sein mögen; in stilistischer Hinsicht stellen sie jedoch – zumindest im entsprechenden Zusammenhang – eine besondere Betonung und Verstärkung des Ausdrucks dar.

Pleonasmen entstehen häufig dadurch, dass die modale Bedeutung (Möglichkeit, Notwendigkeit, Mutmaßung o. Ä.) der Modalverben in einem zusätzlichen Redeteil noch einmal zum Ausdruck gebracht wird:

Es kann sein, dass sie kommt (nicht: Es kann *möglich* sein, dass sie kommt). Ich sah mich genötigt abzureisen (nicht: Ich sah mich genötigt, abreisen zu *müssen*). Sie soll in Paris gesehen worden sein (nicht: Sie soll *angeblich* in Paris gesehen worden sein). Er dürfte es erfahren haben (nicht: Er dürfte es *vermutlich* erfahren haben).

Pleonasmen entstehen auch durch die Verbindung von Verben mit dem Präfix *ent-* »aus, heraus« und der Präposition *aus:*

Heilquellen *entspringen* dem erloschenen Vulkan (nicht: Heilquellen entspringen *aus* dem erloschenen Vulkan). Der Physiker *entstammt* einer Familie berühmter Naturwissenschaftler (nicht: Der Physiker entstammt *aus* einer Familie berühmter Naturwissenschaftler).

2. Als Pleonasmen gelten auch die überflüssigen Häufungen sinngleicher oder sinnverwandter Wörter (↑ Tautologie):

bereits schon, leider zu meinem Bedauern, höchstens nur, ebenso auch, einander gegenseitig, lediglich nur.

Plural

Häufig gestellte Frage zum Plural	
Frage	Antwort
In welchen Fällen wird im Deutschen der Plural auf -s gebildet?	dieser Artikel, Punkte (2), (3), (4)

Als Plural bezeichnet man die Wortformen, durch die das mehrmalige Vorhandensein eines Wesens oder Dinges ausgedrückt wird (↑ Numerus). Pluralformen haben Substantive, Pronomen, Adjektive und Verben.

1. **Schwanken zwischen Umlaut und Nichtumlaut im Plural (Bogen / Bögen · Generale / Generäle · Lager / Läger usw.):**
Eine Reihe von Substantiven hat neben einer umlautlosen eine umgelautete Pluralform. Manchmal gehören beide Formen der Standardsprache an, z. B. *Admirale / Admiräle, Nachlässe / Nachlasse, Zwiebäcke / Zwiebacke*. Häufiger ist nur eine Pluralform allgemein gebräuchlich, während die andere regional begrenzt ist oder der Umgangssprache angehört, selten ist oder allmählich veraltet:

die Böden – (älter, selten:) die Boden; die Bogen – (südd., österr., schweiz.:) die Bögen; die Erlasse – (österr., schweiz.:) die Erlässe; die Kästen – (älter, seltener:) die Kasten; die Kragen – (südd., österr., schweiz.:) die Krägen; die Kräne – (fachspr.:) die Krane; die Mägen – (seltener:) die Magen; die Schlote – (selten:) die Schlöte; die Schlucke – (selten:) die Schlücke; die Wagen – (südd., österr.:) die Wägen.

Eine Reihe von gleich lautenden Substantiven mit verschiedener Bedeutung bildet den Plural in der einen Bedeutung ohne, in der anderen mit Umlaut:

das Bund – die Bunde, der Bund – die Bünde; der Druck – die Drucke, der Druck – die Drücke; der Spund – die Spunde, der Spund – die Spünde; das Wasser – die Wasser, das Wasser – die Wässer.

Bei einigen im Singular gleich lautenden Substantiven mit abweichender Bedeutung steht der umgelauteten starken Pluralform eine nicht umgelautete schwache auf -n oder starke auf -s gegenüber, z. B. *die Sau – die Säue / die Sauen, der Block – die Blöcke / die Blocks.*

2. **Übliche Plurale auf -s (die Uhus · die Schupos · die Decks / Decke · die Lebewohls / Lebewohle):**
Auf -s gebildete Plurale von deutschen Wörtern werden vielfach getadelt. In folgenden Fällen ist gegen ihren Gebrauch jedoch nichts einzuwenden:
– bei Substantiven, die auf klingenden Vokal oder Diphthong ausgehen:
die Hurras, die Muttis, die Nackedeis, die Uhus, die Wauwaus.

– bei Kurzformen und Kurzwörtern, die auf Vokal enden:
die Akkus, die Unis, die Schupos.

– bei Substantiven aus dem Niederdeutschen:
die Decks (selten: die Decke), die Haffs (selten: die Haffe), die Wracks (selten: die Wracke).

– bei einigen Wörtern, die aus verbalen Fügungen entstanden sind:
die Lebehochs, die Lebewohls (neben: Lebewohle), die Stelldicheins (neben: Stelldichein).

3. **Mögliche Plurale auf -s:**
– bei Abkürzungen (↑ Abkürzungen [3.2]): Das Plural-s steht häufig bei Abkürzungen, die nicht auf -s enden. Es ist hier aber nicht unbedingt erforderlich:
die PKWs (neben: PKW), die MGs (neben: MG).

– bei Konjunktionen und Interjektionen: Im Allgemeinen ohne Plural-s bleiben substantivierte Konjunktionen und Interjektionen, die nicht auf einen Vokal (mit Dehnungs-h) enden:
die vielen Wenn und Aber; die Entweder-oder. Aber: die Ahs und Ohs der Zuschauer; einige Pfuis und Buhs; mit vielen Achs (oder: Ach).

4. **Umgangssprachliche Plurale auf -s (Jungen / Jungens · Mädel / Mädels · Bestecke / Bestecks):**
– Umgangssprachlich sind einige Plurale auf -s von Substantiven, die in der Standardsprache im Plural unverändert sind:
die Bengels (standardsprachlich: die Bengel), die Fräuleins (standardsprachlich: die Fräulein), die Kumpels (standardsprachlich: die Kumpel), die Mädchens (standardsprachlich: die Mädchen), die Mädels (standardsprachlich: die Mädel), die Schlingels (standardsprachlich: die Schlingel).

– Umgangssprachlich sind Plurale auf -s von Substantiven, die in der Standardsprache eine anders lautende Pluralform haben:

die Jungens (standardsprachlich: die Jungen), die Kerls (standardsprachlich: die Kerle), die Bestecks (standardsprachlich: die Bestecke).

– Umgangssprachlich sind auch Plurale auf -s von Titeln und Berufsbezeichnungen als Familienbezeichnungen, die analog zu Eigennamen (↑Personennamen [3]) gebildet sind:

Apothekers, Bürgermeisters, Professors.

– Umgangssprachlich ist das Plural-s bei Einzelbuchstaben:

die verschiedenen Bs (standardsprachlich: … B). Saal schreibt sich mit zwei as (standardsprachlich: … mit zwei a).

5. Ungewöhnliche Plurale in Fachsprachen (Betone · Blute · Verbräuche):
Viele von den Substantiven, die in der Allgemeinsprache nur im Singular oder im Plural auftreten, werden in den Fachsprachen sowohl im Singular als auch im Plural gebraucht. (Zu einem ↑Singularetantum wird also ein Plural, zu einem ↑Pluraletantum ein Singular gebildet.)
Die Technisierung und Differenzierung in allen Lebensbereichen fördert diesen Prozess. Es entstehen Plurale, die sich aus dem Bestreben herleiten, bestimmte Sachverhalte kurz und ohne umständliche Umschreibungen auszudrücken, Plurale, die vor allem Kaufleuten und Technikern zur Unterscheidung von Arten und Sorten dienen:

Betone/Betons, Blute, Elektrizitäten, Gersten, Hirsen, Milche[n], Verbräuche, Bedarfe, Zuwächse u. a.

Wie es Fachplurale gibt, so gibt es, allerdings nur in geringem Maße, daneben Fachsingulare, z. B. *der* oder *das Elter* (= ein Elternteil), *das Geschwister.*

6. Ungewöhnliche Plurale in der Dichtung:
In der Dichtung werden gelegentlich Plurale als Stilmittel gebraucht, um besondere Gegebenheiten oder Empfindungen zu kennzeichnen:

Dürste, Schilfe, Zukünfte.

Solche Pluralbildungen gehören zu den Möglichkeiten individueller Sprachgestaltung; man sollte aber bei der Pluralisierung Zurückhaltung üben, denn sie kann sehr leicht in Manier ausarten.

7. Majestäts- und Autorenplural:

Nimmt jemand auf sich selbst mit den Formen von *wir* Bezug, spricht man von einem Plural der Majestät (Pluralis Majestatis) bzw. der Bescheidenheit (Pluralis Modestiae, Autorenplural):

Wir, Wilhelm, von Gottes Gnaden deutscher Kaiser ... Wir (= ich und Sie, die Zuhörer) kommen damit zu einer Frage, die uns etwas ausführlicher beschäftigen soll.

Gelegentlich wird mit *wir* auch in vertraulicher, mitunter herablassender Weise jemand angesprochen, der in einem Abhängigkeitsverhältnis zum Sprechenden steht (»Krankenschwester-Wir«):

Wir tun das nicht wieder, nicht wahr, Fritz? Jetzt nehmen wir schön das Fieberthermometer und messen die Temperatur.

8. Verweise:

Besonderheiten der Pluralbildung finden sich auch unter ↑ geographische Namen, ↑ Maß-, Mengen- und Münzbezeichnungen, ↑ Personennamen (3), ↑ Fremdwort (3.4), ↑ Stoffbezeichnungen, ↑ -ia, ↑ -y.

Pluraletantum: Ein Pluraletantum (Plural: *die Pluraletantums/Pluraliatantum*) ist ein nur im Plural vorkommendes Substantiv: *Ferien, Leute, Treber, Unkosten.* ↑ Singularetantum.

plus: 1. Man kann *plus* als Präposition oder als Konjunktion auffassen. Die Präposition gehört vor allem der Kaufmannssprache an und bedeutet »zuzüglich«. Nach dieser Präposition steht im Allgemeinen der Genitiv: *der Betrag plus der üblichen Sondervergütungen.* Ein allein stehendes, stark gebeugtes Substantiv im Singular bleibt dagegen gewöhnlich ungebeugt: *der Betrag plus Porto.* Der Dativ Plural steht bei allein stehenden Substantiven, deren Genitiv mit dem Nominativ und Akkusativ übereinstimmt: *der Betrag plus Einkünften aus Grundbesitz.* Sieht man *plus* jedoch als Konjunktion an, dann steht danach der-

jenige Kasus, den das Bezugswort hat: *Ihre Nahrung bestand aus Pflanzen plus Tieren. Auf der Party trat ein Zauberer plus seine Assistentin auf.* **2.** Es muss heißen *Drei plus zwei ist* (nicht: *sind*) *fünf.* ↑ Kongruenz (1.2.4).

Plusquamperfekt: Das Plusquamperfekt (vollendete Vergangenheit, 3. Vergangenheit oder Vorvergangenheit), eine Zeitform des Verbs, wird mit *hatte* oder *war* + 2. Partizip gebildet: *Ich hatte das Buch bereits durchgesehen, als sie kam. Bevor er in das Haus trat, war er bereits gesehen worden.* Diese Formen drücken aus, dass ein Geschehen, vom Standpunkt des Sprechers aus gesehen, vor einem anderen Geschehen, das in der Vergangenheit stattgefunden hat, abgelaufen ist oder sich vollendet hat.

Podest: Es heißt *das Podest* und (seltener:) *der Podest.*

P

Political Correctness

Political Correctness (abgekürzt: PC) ist eine Anfang der 90er-Jahre an Universitäten der USA geprägte, umstrittene Bezeichnung für eine »richtige« Einstellung, die alle Handlungen und Ausdrucksweisen ablehnt, die Personen aufgrund ihrer Rasse, ihres Geschlechts, ihrer Zugehörigkeit zu einer bestimmten sozialen Schicht, ihrer körperlichen sowie geistigen Behinderung oder sexuellen Neigung diskriminieren. Der Ausdruck wird wegen seiner Unschärfe kritisiert und häufig ironisiert; inhaltliche Kritik entzündet sich vor allem an der Frage, ob ohne Überzeugung angewandte Sprachgebrauchsregelungen die geforderte Verbesserung der sozialen Wirklichkeit herbeiführen können. Obwohl das Konzept der PC in Europa weitgehend auf Unverständnis und Ablehnung stößt, zeitigt es deutliche Auswirkungen auf den öffentlichen Sprachgebrauch. Dabei kann – anders als in den USA – zumeist keine politisch korrekte, verbindlich »richtige« Bezeichnung genannt werden, sondern es kann nur aufgelistet werden, welche Wörter nicht mehr unreflektiert verwendet werden sollen. Es handelt sich dabei nicht um Bezeichnungen, die offensichtlich diskriminierend gemeint sind, sondern vielmehr um solche Bezeichnungen, die lange Zeit neutral verstanden wurden und dementsprechend etwa auch in Wörterbüchern nicht mit Markierungen wie z. B. *abwertend* gekennzeichnet wurden. Das Phänomen Political Correctness geht weit über eine normale Sprachbeschreibung hinaus und ist deshalb auch eher Thema politischer Streitkultur als sprachwissenschaftlicher Auseinandersetzungen. Die folgende Auflistung kann aus allen diesen Gründen weder Anspruch auf Vollständigkeit noch auf uneingeschränkte Gültigkeit erheben.

1. **Verwendung der gewünschten Eigenbezeichnungen:**
   Wichtigstes Prinzip der PC ist die Übernahme der von den Betroffenen gewünschten Eigenbezeichnungen. So wird bereits seit Jahren vom Zentralrat Deutscher Sinti und Roma sowie von einigen anderen Gruppen die Bezeichnung *Zigeuner* als diskriminierend abgelehnt. Sie soll durch ↑ *Sinti und Roma* ersetzt werden. Andere Gruppen wählen jedoch weiterhin die Eigenbezeichnung *Zigeuner,* sodass gerade in diesem Bereich keine verbindliche Sprachregelung getroffen werden kann. Ähnlich umstritten ist die Verwendung des Wortes *Eskimo,* das »Rohfleischesser« bedeutet und deshalb in der Sprache dieses Volkes nicht verwendet wird. Die Selbstbezeichnung ist *Inuit.* In deutschsprachigen Ländern bezeichnen sich homosexuelle Männer selbst als *Schwule,* homosexuelle Frauen als *Lesben.* Die Verwendung der Bezeichnung *homosexuell* beziehe sich zu Unrecht allein

auf das Geschlechtsleben, *Schwulsein* bzw. *Lesbischsein* seien dagegen Ausdruck einer anderen Lebensart. In diesem Fall ist also eine ursprünglich eher abwertend gemeinte Bezeichnung zur politisch korrekten geworden. Das bekannteste Beispiel für Political Correctness ist die Ablehnung des Wortes *Neger* in der Sprache der Öffentlichkeit. Die mit diesem Wort verbundenen Vorstellungen seien insgesamt so negativ, dass das Argument, das Wort sei neutral gemeint, nicht mehr akzeptiert wird. Es müssen also andere Bezeichnungen wie *Afrikaner, Schwarze, Afroamerikaner* gewählt werden. Von den Betroffenen selbst wird auch die Bezeichnung *Mulatte / Mulattin* abgelehnt, weil hiermit über die Herkunft des Wortes aus lateinisch *mulus* = Maultier ein als anstößig empfundener Vergleich mit dem Bastard aus Pferd und Esel gezogen wird; die gewünschten Eigenbezeichnungen sind *schwarze(r) Deutsche(r)* oder *Afrodeutsche(r)*. Die Bezeichnung *Mohammedaner* für *Moslem* sollte vermieden werden, weil im Islam der Religionsstifter Mohammed nicht wie Jesus Christus im Christentum als Gott verehrt wird. Die Sprachbezeichnung *Serbokroatisch* ist inzwischen historisch belastet, da sie nur noch von den Serben verwendet wird; in den anderen Teilen des ehemaligen Jugoslawiens heißt dieselbe Sprache *Bosnisch* bzw. *Kroatisch*. Ein wichtiger Bereich, mit dem sich Political Correctness beschäftigt, ist die Verwendung nationaler Stereotypen in sprichwortähnlichen Zusammenhängen. Zu dieser Form der PC gehört im weiteren Sinne auch die Vereinbarung der Grünen im Bundestag, auf die Ausdrücke *türken* (fingieren, fälschen) bzw. *getürkt* und *einen Türken bauen* (etwas mit betrügerischer Absicht als echt hinstellen) zu verzichten.

P

2. **Orientierung an fachsprachlichen Bezeichnungen:**
   Als ein zweites wichtiges PC-Prinzip kann die Verwendung fachsprachlicher Bezeichnungen bzw. die Vermeidung umgangssprachlicher Ausdrücke genannt werden. Dieses Prinzip kommt besonders bei der Benennung von Behinderungen und Verhaltensauffälligkeiten zum Tragen. In der Psychologie als abweichend gekennzeichnetes Verhalten wird nicht mehr als *abartig* bezeichnet; ehemals medizinische, jetzt nur noch umgangssprachliche Ausdrücke wie *Irresein, Irrsinn* für verschiedene Formen endogener psychischer Krankheiten oder *Schwachsinn* für *Oligophrenie* unterschiedlicher Schwere gelten als diffamierend. Zur Bezeichnung körperlicher Auffälligkeiten wird das neutralere fachsprachliche *Fehlbildung* dem Wort *Missbildung* vorgezogen. Krankheiten mit entsprechendem Gesamtbild werden als *Fehlbildungssyndrom* bezeichnet. Das bekannteste Beispiel ist die Ablösung des umgangssprachlichen *Mongolismus* durch

die fachsprachliche Bezeichnung *Downsyndrom. Kleinwüchsige* Menschen werden nicht mehr als *zwergwüchsig* bezeichnet und werden allenfalls in artistischem Zusammenhang *Liliputaner / Liliputanerinnen* genannt. Varianten des Sexuallebens sollen neutral benannt und keinesfalls unter den Ausdruck *Perversion* subsumiert werden, da es keinen verbindlichen Maßstab für Normalität und Abweichung gebe.

---

politisch korrekt: ↑ Political Correctness.

Polizist: Das Substantiv wird schwach gebeugt. Der Genitiv, Dativ, Akkusativ Singular hat also die Endung -*en: Er sprach mit dem Polizisten.* ↑ Unterlassung der Deklination (2.1.2).

Pommer: Der zu dem Gebietsnamen *Pommern* gehörende Einwohnername lautet *der Pommer* (nicht: *der Pommeraner*), der Genitiv *des Pommern* (nicht: *des Pommers*).

Pontifikat: Es heißt sowohl *das Pontifikat* als auch mit maskulinem Genus *der Pontifikat.* ↑ -at.

Pony: Das Neutrum *das Pony* bedeutet »kleinwüchsiges Pferd«, das Maskulinum *der Pony* bezeichnet in die Stirn gekämmtes, meist gleichmäßig kurz geschnittenes, glattes Haar. Der Plural zu beiden Wörtern lautet *die Ponys.* ↑ -y.

Portmonee / Portemonnaie: In neuer Rechtschreibung kann man *Portmonee* schreiben. Die bisherige Schreibweise *Portemonnaie* ist aber auch richtig.

Porto: Der Plural lautet: *die Portos* oder (seltener:) *die Porti.*

Porträt: Der Plural lautet bei französischer Aussprache des Singulars *die Porträts* (mit stummem *t*), bei deutscher Aussprache *die Porträte.* Die Schreibung *Portrait* ist veraltet.

Positiv: Unter »Positiv« versteht man die ungesteigerte Form des Adjektivs, die Grundstufe (↑ Vergleichsformen).

Posse / Possen: Die Form *die Posse* bedeutet »Possenspiel, lustiges Theaterstück«, *der Possen* dagegen »lustiger Streich, Unsinn, Spielerei«.

Possessivpronomen
(besitzanzeigendes Fürwort)

Häufig gestellte Frage zu Possessivpronomen	
Frage	**Antwort unter**
Heißt es *eure* oder *euere, unsre* oder *unsere*?	dieser Artikel, Punkt (1)

Das Possessivpronomen *(mein, dein, sein, unser, euer, ihr)*, und zwar jeweils
für die sprechende Person *(mein, unser Haus)*, für die angesprochene Person
(dein, euer Haus) oder für die besprochene Person *(sein, ihr Haus)*, gibt ein Besitzverhältnis oder ganz allgemein eine Zugehörigkeit, Zuordnung oder Verbundenheit an.

1. **Ausfall des *e* bei *unser, euer* (unserem/unserm/unsrem Haus · eueren/eu-
   ern/euren Brief):**
   In bestimmten Formen von *unser* und *euer* kann ein unbetontes *e* ausfal-
   len:
   – Das zum Stamm gehörende *e* fällt aus im Nominativ, Akkusativ Singular
   Femininum *(unsere/unsre Trübsal)*, im Genitiv Singular aller drei Genera
   (unseres/unsres Vaters, eueres/eures Hauses; unserer/unsrer Trübsal), im
   Dativ Singular Femininum *(unserer/unsrer Trübsal)* und im Nominativ,
   Genitiv, Akkusativ Plural aller drei Genera *(unsere/unsre Väter, unse-
   re/unsre Häuser, euere/eure Töchter)*.
   – Das zum Stamm oder zur Endung gehörende *e* fällt aus im Dativ Singular
   Maskulinum, Neutrum *(unserem/unserm/unsrem Schrank; euerem/eu-
   erm/eurem Haus)*, im Akkusativ Singular Maskulinum *(unseren/un-
   sern/unsren Schrank)* und im Dativ Plural aller drei Genera *(unseren/un-
   sern/unsren Schränken; eueren/euern/euren Häusern; unseren/un-
   sern/unsren Trübsalen)*.

2. **Kongruenz des Possessivpronomens (Die Sache hat schon seine/ihre Richtig-
   keit · Sie waren seinerzeit sehr beliebt):**
   Das Possessivpronomen stimmt mit dem Substantiv, bei dem es steht, in
   Kasus, Numerus und Genus überein: *mein Haus, meines Hauses, meine
   Häuser, unser Freund, unsere Freunde, mit unseren Freunden.*
   Das Possessivpronomen stimmt außerdem mit dem Bezugswort, das es
   vertritt, im Numerus überein: *Ich* (= 1. Pers. Sing.) *baue mein* (1. Pers.
   Sing.) *Haus. Wir* (= 1. Pers. Plur.) *bauen unser* (1. Pers. Plur.) *Haus.* In der 3.
   Person Singular richtet es sich zudem im Genus nach dem Genus des Be-
   zugswortes, das es vertritt: *Er* (maskulin) *kennt seinen* (maskulin) *Vater
   genau. Sie* (feminin) *kennt ihren* (feminin) *Vater genau. Das Kind* (neutral)
   kennt seinen (neutral) *Vater genau.*
   Gegen diese Regel wird häufig verstoßen, d. h., es wird ein Genus gewählt,
   das nicht dem Genus des Bezugswortes entspricht:

   Holland hat ... Indonesien nicht als ihren (falsch statt: seinen, bezogen auf *Holland*
   = neutral) jüngsten Verbündeten betrachtet (Die Zeit). Der Streit zwischen Kollbach
   und der koreanischen Botschaft erlebte genau zu dem Zeitpunkt des Bonner Staats-

besuchs des koreanischen Staatspräsidenten ihren (falsch statt: seinen, bezogen auf *Streit* = maskulin) Höhepunkt.

Die Genusübereinstimmung gilt auch bei noch nicht ganz formelhaften Redewendungen mit Possessivpronomen *(seine Reize haben, seine Richtigkeit haben):*

Das hat seine Richtigkeit. Aber: Die Sache hat ihre Richtigkeit. Das Baden im Meer hat seine Reize. Aber: Eine Reise in die Schweiz hat ihre (nicht: seine) Reize.

Das zusammengeschriebene *seinerzeit* (= damals, dann) ist jedoch völlig zur Formel erstarrt und wird daher in unveränderlicher Form gewöhnlich unabhängig vom Genus des Bezugswortes verwendet:

Sie waren seinerzeit (nicht: ihrerzeit) beim Publikum sehr beliebt.

3. Verweise:

Zu *das Auto meiner Tante / meiner Tante ihr Auto* ↑ Genitivattribut (1.3.2); zu *das Haus meiner Eltern / von meinen Eltern* ↑ Genitivattribut (1.3.3); zu *seine Höhe / die Höhe desselben* ↑ derselbe, dieselbe, dasselbe; zur Deklination des Adjektivs (Partizips) nach unser / euer ↑ Adjektiv (1.2.3).

Posten: Man kann nicht sagen: *Er erhielt den Posten als Oberkassierer,* wenn mit dem Posten die Tätigkeit des Oberkassierers gemeint ist. Es kann dann nur heißen: *Er erhielt den Posten des Oberkassierers.*

Poster: Es heißt *das Poster* oder *der Poster,* im Plural *die Poster* oder – bei englischer Aussprache – *die Posters.*

postum / posthum: Der Ausdruck für »nach jemandes Tod erfolgend; nachgelassen« wurde im 18. Jh. aus lateinisch *postumus* (= »letzter …, nachgeboren; nach dem Tod eintretend«) entlehnt. Die Nebenform *posthumus* ist volksetymologisch an lateinisch *humus* (= »Erde«) bzw. an das davon abgeleitete Verb *humare* (= »beerdigen«) angeschlossen. ↑ Volksetymologie.

potemkinsche / Potemkin'sche Dörfer: Die bisherige Schreibweise *Potemkinsche Dörfer* ist nach den neuen Regeln zur Rechtschreibung nicht mehr richtig. Man schreibt jetzt klein *potemkinsche* oder groß und mit Apostroph *Potemkin'sche Dörfer.*

Potenzial / Potential, potenziell / potentiell: Nach den neuen Rechtschreibregeln wird wegen der Nähe zum Substantiv *Potenz Potenzial* bzw. *potenziell* geschrieben. Die bisherigen Schreibungen *Potential* bzw. *potentiell* bleiben aber auch korrekt.

Potsdamer: Die Einwohnerbezeichnung *Potsdamer* schreibt man mit einem *m.* Das Wort wird immer großgeschrieben, auch wenn es wie ein flexionsloses Adjektiv vor einem Substantiv steht: *das Potsdamer Rathaus, die Potsdamer Sehenswürdigkeiten.* ↑ Einwohnerbezeichnungen auf -er (5 und 7).

ppa.: Zu *ppa.* bzw. *pp.* (= *per procura* »in Vollmacht«) ↑ Abkürzungen (1.1), ↑ Brief (5).

Prädikat
(Satzaussage)

Das Prädikat ist der grammatische Kern einer Aussage. Es ist fest mit der Wortart Verb verbunden und besteht entweder nur aus dem ↑Finitum (= einteiliges Prädikat) oder aus Finitum und infiniten Formen bzw. Verbzusatz (= mehrteiliges Prädikat):

> Gaby *arbeitet* angestrengt. In Zukunft *kann* er das Tempo etwas *drosseln*. Sie *führt* ein großes Projekt *durch*.

1. **Stellung des Prädikats bei der direkten Rede:**
   Geht bei der direkten Rede die Einführung (Ankündigung) voran, dann folgt das Prädikat nach dem Subjekt, d. h. in »gerader« Wortstellung:

   > Er sagte: »Das Wetter ist schön.«

   Wird die Einführung aber nachgestellt, dann steht das Prädikat vor dem Subjekt, d. h. in »ungerader« Wortstellung (Inversion):

   > »Das Wetter ist schön«, sagte er.

2. **Das Ersparen einer finiten oder infiniten Verbform (Sie hat Talent und sehr schön gespielt / Sie hat Talent und hat sehr schön gespielt · Es ist und darf auch nicht geschehen / Es ist nicht geschehen und es darf auch nicht geschehen):**
   Bezieht sich ein Subjekt auf mehrere Prädikate, dann braucht, wenn das Prädikat mehrteilig ist, die finite Form nur einmal zu stehen: *Sie hat gegessen und [hat] getrunken. Er hat gearbeitet und [hat] sich große Mühe gegeben.*
   Die finite Form darf jedoch nicht erspart werden, wenn sie in einem Falle Vollverb und im anderen Falle Hilfsverb ist, z. B. bei *haben, sein, werden.* Falsch: *Sie hat Talent und sehr schön gespielt.* Richtig muss es heißen: *Sie hat Talent und hat sehr schön gespielt.* Falsch: *Sie sind gut angekommen und erfreut über das schöne Wetter.* Richtig muss es heißen: *Sie sind gut angekommen und sind erfreut über das schöne Wetter.*
   Die finite Form darf auch nicht erspart werden, wenn sich in einem zusammengesetzten Satz die Subjekte im Numerus unterscheiden. Also nicht: *Die Kinder haben gespielt und die Mutter gearbeitet.* Sondern: *Die Kinder haben gespielt und die Mutter hat gearbeitet.*
   Bei Verben, deren Infinitiv und zweites Partizip gleich lauten, darf keine der beiden infiniten Formen erspart werden (↑Ellipse [9]). Es darf also nicht heißen: *Es ist und darf auch nicht geschehen.* Sondern: *Es ist nicht geschehen und es darf auch nicht geschehen.*

P

3. Verweise:

Zu *Ich kann nicht verreisen dieses Jahr / dieses Jahr nicht verreisen* ↑ Ausklammerung; zur Übereinstimmung des Prädikats mit dem Subjekt ↑ Kongruenz; zur Stellung vgl. auch ↑ Zwischensatz.

Prädikativ, Prädikatsnomen: Als Prädikativ (bzw. Prädikativum) oder Prädikatsnomen bezeichnet man ein unflektiertes Adjektiv, ein Substantiv im Nominativ u. Ä., das bestimmten Verben wie *sein, werden, bleiben, heißen* folgt: *Er ist Schuster. Die Blätter werden gelb. Sie bleibt skeptisch. Ich heiße Andrea.* Von diesem so genannten Subjektsprädikativ (bzw. Subjektsprädikativum) ist das Objektsprädikativ (bzw. Objektsprädikativum) zu unterscheiden, das sich auf ein Objekt bezieht: *Man muss dich glücklich preisen. Wer nannte mich einen Aufschneider?*

Prädikativsatz: ↑ Gleichsetzungssatz.

Präfix: Präfixe (allgemeinsprachlich auch Vorsilben genannt) sind kleinste bedeutungstragende Bestandteile wie z. B. *be-, er-, ent-, ver-, un-*, die bei der Bildung von Wörtern vorn angefügt werden: *Ursache, belächeln, erblühen, entfalten, verbrauchen, zerstören, gebieten, misslingen, atonal, Disharmonie, demontieren, transportieren* (↑ Ableitung, ↑ Kompositum). Früher verstand man darunter auch Wörter wie *an* in *anbinden, fest* in *festbinden, los* in *loslassen* usw. (↑ Verbzusatz [1]).

Prager: Die Einwohnerbezeichnung *Prager* wird immer großgeschrieben, auch wenn das Wort wie ein flexionsloses Adjektiv vor einem Substantiv steht: *die Prager Zeitungen, der Prager Fenstersturz.* ↑ Einwohnerbezeichnungen auf -er (7).

praktikabel: Bei *praktikabel* fällt, wenn es dekliniert oder gesteigert wird, das *e* der Endungssilbe aus: *ein praktikabler Vorschlag, eine praktikable Lösung.* ↑ Adjektiv (1.2.13), ↑ Vergleichsformen (2.2).

Praktikum: Der Plural von *das Praktikum* lautet *die Praktika.* Nicht korrekt ist die Pluralform *die Praktikums* oder gar *die Praktikas.*

prämiensparen: Von *prämiensparen* wird im Allgemeinen nur der Infinitiv gebraucht: *Wir wollen jetzt auch prämiensparen.* In der Sprache der Werbung kommen vereinzelt auch andere Formen vor: *Wer prämienspart, spart spielend! Hier erfahren Sie, wie man prämienspart.* ↑ Getrennt- oder Zusammenschreibung (2.1).

prämieren / prämiieren: Die Form *prämieren* ist die jüngere, vereinfachte Form von *prämiieren,* einer Ableitung von *Prämie.* Beide Formen sind korrekt. Das gilt auch für die Verbalsubstantive *Prämiierung* und *Prämierung.*

Präposition
(Verhältniswort)

Häufig gestellte Fragen zu Präpositionen	
Frage	Antwort unter
Sind Verschmelzungen von Präposition und Artikel, wie z. B. *ans, aufs, ums, beim,* umgangssprachlich?	dieser Artikel, Punkt (1.2)
Heißt es *in schlechtem Zustand* oder *im schlechten Zustand?*	dieser Artikel, Punkt (1.2.5)
Welche Formen sind korrekt: *wegen Umbau* oder *wegen Umbaus, einschließlich Porto* oder *einschließlich Portos?*	dieser Artikel, Punkt (2)

Präpositionen sind ↑ Partikeln wie *über [der Stadt], in [dem Schrank], nach [Mannheim], hinter [dem Haus].* Sie haben die Aufgabe, das von ihnen abhängende Wort an ein anderes anzuknüpfen und die Art des Verhältnisses zwischen dem in beiden Wörtern Genannten auszudrücken:

> Ihre Freude *über* das Ereignis war groß. Er war stolz *auf* seinen Sohn. Wir gehen *nach* oben. Ich halte das *für* gut.

Die meisten Präpositionen regieren einen bestimmten Kasus (Fall), d. h., die von ihnen abhängenden Substantive stehen immer im gleichen Kasus:

> (Genitiv:) *außerhalb* der Stadt, des Bereichs, der Landesgrenzen, Berlins.
> (Dativ:) *bei* mir, dem Chef, den Eltern.

Einige Präpositionen können jedoch mit zwei Kasus verbunden werden (↑ Rektion):

> Ich legte das Buch *auf den Tisch* (= Akkusativ). Das Buch liegt *auf dem Tisch* (= Dativ).

Beim Gebrauch der Präpositionen treten immer wieder Unsicherheiten auf. Häufig, selbst in der Literatur, wird die falsche Präposition gewählt, z. B. *Abneigung vor* (statt richtig: *gegen*) *jmdn. haben, durch* (statt richtig: *vom*) *Blitz erschlagen werden, Hilfe an* (statt richtig: *für*) *die Entwicklungsländer, mit der Bitte zur* (statt richtig: *um*) *Stellungnahme* (↑ die einzelnen Präpositionen an ihrer alphabetischen Stelle in diesem Band). Vgl. im Einzelnen die folgenden Kapitel:

P

1 Präposition und Artikel

1.1 Präpositionalgefüge mit / ohne Artikel

Ein Artikel wird im Allgemeinen nicht gesetzt
– bei häufig gebrauchten und oft formelhaften Verbindungen aus Präposition und nicht näher bestimmtem Substantiv:

bei Strafe verboten, bei Regen, bei Tage, bei Wasser und Brot; an Bord; auf Erden, auf
Deck, auf Borg leben; aus Liebe, aus Hass, aus Kindermund; bei Tische, bei Hofe;
gegen Morgen; in Not geraten, in Zorn versetzen, in See stechen; mit Güte, mit
Absicht, mit Mühe; nach Wunsch, nach Tisch; ohne Aufmerksamkeit; über Land, über
Bord; unter Dach und Fach bringen; von Herzen, von Kopf bis Fuß; vor Augen bringen,
vor Anker liegen, vor Freude, vor Sonnenaufgang; zu Lande, zu Abend essen, zu Tode
hetzen; auf Jagd, auf Fahrt gehen.

Das gilt auch für Präpositionalgefüge, in denen das Substantiv durch eine
Zahl bestimmt ist:

in Paragraph 4, auf Seite 44, in Halle 6, auf Bahnsteig 8, auf Gleis 5, zu Kapitel 13, für
Zimmer 119.

- bei Gefügen aus Präposition + Verbalsubstantiv + näherer Bestimmung:

  auf *Anordnung* der Lehrerin; bei *Ausübung* der richterlichen Tätigkeit; nach *Abschluss* der Verhandlungen; seit *Beendigung* des Krieges; auf *Befehl* des Unteroffiziers; unter *Angabe* des Preises; in *Anerkennung* seiner Verdienste;

- bei Gefügen aus Präposition + partizipialem Attribut + (nicht näher bestimmtem oder übertragen gebrauchtem) Substantiv (vgl. auch 1.2.5):

  nach getaner Arbeit, bei eintretender Dunkelheit, hinter verschlossenen Türen (= unter Ausschluss der Öffentlichkeit; aber: Hinter *den* verschlossenen Türen randalierten die Gefangenen), zu gegebener Zeit (= im rechten Augenblick; aber: *zur* gegebenen Zeit = zu einem ganz bestimmten Zeitpunkt).

Näher bestimmte Sachbezeichnungen können im Singular ebenfalls ohne Artikel stehen, wenn Allgemeinheit des Ausdrucks erzielt werden soll:

  ein Haus mit *flachem* Dach; auf *schneebedeckten* Höhen.

Allgemeinheit des Ausdrucks, die Paarigkeit von Präpositionalgefügen und Vermeidung von Wiederholungen können ebenfalls in folgenden Beispielen als Motiv für die Nichtsetzung des Artikels angeführt werden:

  Ich bin für [den] Frieden und gegen [die] Nachrüstung. Vor [dem] Verlassen des Raumes sind die Fenster zu schließen. Man drohte mir auch mit [einer] Konventionalstrafe. Sie zogen mit [dem] Beiwagen oder mit [dem] Zelt und mit [dem] Wohnmobil gen Süden.

Die Ersparung des Artikels nur aus Platzgründen mag in den Überschriften von Zeitungsartikeln o. Ä. eine gewisse Berechtigung haben, sonst ist sie nicht zu empfehlen:

  Sperrsignal übersehen: Lok wirft Intercity aus Gleis. Flammenmeer auf Autobahn. Hotelschiffe: Abwasser nicht mehr in Rhein.

Vergleiche auch ↑ in / im.

P

1.2 Verschmelzung von Präposition und Artikel

Die Verschmelzung bestimmter Präpositionen mit dem bestimmten Artikel *(an dem Tage / am Tage)* findet sich dann, wenn der Artikel nur schwach betont ist. Sie hat ihren Ursprung in der gesprochenen Sprache.

1.2.1 Standardsprachliche und nicht standardsprachliche Verschmelzungen: Die Umgangssprache und die Mundarten zeigen eine Fülle von Verschmelzungen, die nicht als standardsprachlich gelten, weil sie zu Konsonantenverbindungen führen, die im Deutschen nicht allgemein üblich sind und als unschön gelten. Viele von ihnen können mit Apostroph geschrieben werden, da sie ohne Apostroph schwer lesbar oder missverständlich wären (standard-sprachliche Formen in Klammern):

> an'n (an den), an'r (an der), auf'm (auf dem), auf'n (auf den), aus'm (aus dem), durch'n (durch den), fürn (für den), gegens (gegen das), in'n (in den), nach'm (nach dem).

> »Walter«, hab ich gesagt, »nimm dir was *um'n* Hals mit!« (Sebastian). ... und da hat sie *von'n* ollen Wiedow, dem Schulderekter, gesagt: Wann ick den Kierl *inn* Mars hat, ick scheet em *inne* Ostsee (Tucholsky).

Daneben gibt es Verschmelzungen, die in der Regel als umgangssprachlich gelten. Sie kommen jedoch auch in der Standardsprache vor, und zwar aus rhythmischen Gründen oder in festen Verbindungen:

> außerm (außer dem), hinterm (hinter dem), hintern (hinter den), hinters (hinter das), überm (über dem), übern (über den), übers (über das), unterm (unter dem), untern (unter den), unters (unter das), vorm (vor dem), vors (vor das).

Im Allgemeinen standardsprachlich sind die folgenden Verschmelzungen:

> ans, aufs, durchs, fürs, ins, ums, am, beim, im, vom, zur.

1.2.2 Verschmelzung in festen Verbindungen und Redewendungen: Am häufig-sten steht die Verschmelzung in festen Verbindungen und (übertragenen) Re-dewendungen; sie ist hier meist nicht auflösbar:

> Ihm griff dieses Lächeln *ans* Herz (= es rührte ihn). *Fürs* Erste (= zunächst) wäre dies genug. Sie war *am* Ende ihrer Kraft (= völlig erschöpft); sich *aufs* hohe Ross setzen (= eingebildet sein); die Gelegenheit *beim* Schopf ergreifen.

Stehen Verschmelzungen, die an sich umgangssprachlich sind, in einer stan-dardsprachlichen Redewendung, dann sind sie in diesen Fällen selbstver-ständlich auch standardsprachlich: *Sie konnte es nicht übers Herz bringen.*

1.2.3 Verschmelzung oder selbstständiger Artikel? (am / an dem Tage · aufs / auf das Bett · durchs / durch das Ziel): In zahlreichen Fällen steht neben der Ver-schmelzung die Präposition mit dem selbstständigen Artikel, der dann nicht selten eine stark demonstrative Kraft hat. Dieses Nebeneinander wird bei Raum- und Zeitangaben besonders deutlich. Bei Raumangaben steht häufig die Verschmelzung:

> Beim Podium stand ein hoher Kerzenleuchter. Wer die leeren Stahlrohrtribünen im Wintersportdorf Cortina gesehen hat ... (Olympische Spiele 1964). Sie ... legt sich aufs Bett (Remarque). Nachdem sie die Segel geborgen hatten, stieg Peter ins Beiboot (Hausmann).

Es kann aber auch der bestimmte Artikel selbstständig stehen:

> Bei dem Hauptausgang wartete eine Taxe. Er ... hieß ihn, die Koffer auf das Zimmer zu bringen (Sebastian). Der Angestellte Lauterbach ist am frühesten auf das Büro gekom-men (Fallada). Sie stieg in das Auto.

Der bestimmte Artikel steht vor allem dann getrennt, wenn das Folgende durch einen Nebensatz oder durch den Rede- oder Textzusammenhang näher bestimmt wird. Er hat dann demonstrative Kraft:

> Ich ging vor das Tor, das sie als Treffpunkt vereinbart hatten. In das (= dieses) Haus sollen wir gehen? Der Ring saß noch an dem (= demselben) Finger, an dem er gestern gesteckt hatte. Dort? In dem Haus ist niemand.

In bestimmten Fällen tritt dann die Verschmelzung ein, wenn ganz allgemein ein Bereich angegeben werden soll, etwa der Bereich der Zugehörigkeit der Herkunft, des Beschäftigtseins u. Ä.:

> Sie geht aufs Gymnasium (und nicht in die Hauptschule). Er zieht aufs Dorf (und nicht in die Stadt). Wir kaufen das Fleisch beim Fleischer, selten im Kaufhaus. Sie waren beim Film (Koeppen). Ich gehe ins Kino (und nicht ins Theater); vom Lande sein (nicht aus der Stadt). Kann es nicht jemand sein, der nicht vom Zirkus ist? (Remarque). Sie will zum Theater / zum Film gehen.

Der Artikel wird dann selbstständig gebraucht, wenn nicht allgemein ein Bereich, sondern etwas Einzelnes, näher Bestimmtes, Bekanntes angesprochen wird:

> Sie geht auf das Schillergymnasium. Wir kaufen das Fleisch immer bei dem Fleischer, der sein Geschäft im vorigen Jahr eröffnet hat. Ich gehe in das Kino, das neben dem Bahnhof liegt. Er ist aus dem Dorf, das an der Grenze liegt.

Auch bei Zeitangaben findet sich die Verschmelzung häufig. Fest ist sie bei Datumsangaben:

> Es begab sich aber, dass Oskar am zwölften Juni dreiundvierzig nicht in Danzig-Langfuhr weilte (Grass). Bugenhagen wurde in der Nacht vom 4. auf den 5. September ... in die Klinik eingeliefert (Jens).

Bei anderen Zeitangaben ist gelegentlich der selbstständige Artikel neben der Verschmelzung möglich. Während *am Tage, am Morgen, am Mittwoch* allgemein eine Tageszeit oder einen Zeitpunkt angeben, weist der selbstständige Artikel mit demonstrativer Kraft auf einen ganz bestimmten Tag, Morgen oder Mittwoch hin, der durch einen Nebensatz oder den Rede- oder Textzusammenhang näher erläutert wird:

> An dem (= diesem) Tage, an dem das geschah, war sie nicht zu Hause. An dem (= diesem) Mittwoch war er verreist. Von dem (= diesem) Herbst an gab es keine Meinungsverschiedenheiten mehr.

1.2.4 Verschmelzung vor mehreren abhängigen Substantiven (vom Erfolg und den Plänen / vom Erfolg und von den Plänen): Von einer Verschmelzung können korrekterweise nur dann mehrere Substantive abhängen, wenn diese die gleiche gebeugte Artikelform haben:

> Man sprach *vom* (= von dem) Leben und [*vom* (= von dem)] Erfolg des Ministers.

P

Mehrere Substantive, deren gebeugte Artikelformen unterschiedlich sind, können nicht von einer Verschmelzung abhängen. In diesen Fällen muss man die Präposition wiederholen.

Nicht korrekt: Man sprach vom Erfolg des Ministers und den weiteren Plänen. Richtig: Man sprach vom Erfolg des Ministers und von den weiteren Plänen. Nicht korrekt: Sie war vom Glanz und der Pracht des Festes wie betäubt. Richtig: Sie war vom Glanz und von der Pracht des Festes wie betäubt. Nicht korrekt: Geradeaus kommen Sie zum Markt und der Stadthalle. Richtig: Geradeaus kommen Sie zum Markt und zur Stadthalle.

1.2.5 Verschmelzung vor einem attribuierten Substantiv (im schlechten Zustand / in schlechtem Zustand): Bei einem Substantiv, das ein Adjektiv als Attribut (Beifügung) bei sich hat, kann die Verschmelzung in Verbindung mit dem schwach gebeugten Adjektiv stehen: *im schlechten Zustand,* oder es steht die einfache Präposition in Verbindung mit dem stark gebeugten Adjektiv: *in schlechtem Zustand.* Diese doppelte Möglichkeit bereitet gelegentlich Schwierigkeiten. Die Verschmelzung, z. B. *im,* entspricht der Präposition mit dem bestimmten Artikel, in diesem Falle = *in dem: im schlechten Zustand* = in dem schlechten Zustand. Die Fügung *in schlechtem Zustand* entspricht hingegen einer Konstruktion mit dem unbestimmten Artikel: *in einem schlechten Zustand.*

Man sollte nur dann die Verschmelzung in Verbindung mit dem schwach gebeugten Adjektiv wählen, wenn wirklich der bestimmte Artikel zugrunde gelegt werden kann, d. h., wenn etwas Bestimmtes, etwas bereits im Rede- oder Textzusammenhang Genanntes oder etwas, was als bekannt vorausgesetzt ist, angesprochen wird. Dagegen sollte man die Präposition in Verbindung mit dem stark gebeugten Adjektiv wählen, wenn etwas Unbestimmtes, zumeist etwas Allgemeines, ausgedrückt werden soll.

So kennzeichnet der Satz *Das Haus befand sich in schlechtem Zustand* die Verfassung des Hauses in ganz allgemeiner Weise (= Das Haus befand sich in einem schlechten Zustand). Der Satz *Wir haben das Haus bereits im schlechten Zustand übernommen* kennzeichnet hingegen den Zustand als etwas Bestimmtes und Bekanntes (= Wir haben das Haus bereits in dem schlechten Zustand übernommen, in dem es heute noch ist). So heißt es *Weil ich mich vor vorzeitigem Zynismus ... bewahren möchte* (Remarque), weil die Haltung des Zynismus in ganz allgemeiner Weise gemeint ist; man könnte jedoch auch schreiben *Weil ich mich vorm vorzeitigen Zynismus dieser Generation bewahren möchte,* weil hier die Haltung des Zynismus durch das Genitivattribut *dieser Generation* näher bestimmt und festgelegt ist.

2   Präposition + Genitiv / Dativ
(innerhalb dreier Monate / innerhalb drei Monaten · wegen Umbaus
geschlossen / wegen Umbau geschlossen)

Eine Anzahl von Präpositionen, wie z. B. *abzüglich, einschließlich, innerhalb,
längs, laut, mittels[t], statt, trotz, während, wegen,* stehen standardsprachlich
im Allgemeinen mit dem Genitiv: *innerhalb dreier Monate, mittels eines
Drahtes, statt des Planes.* Folgt jedoch ein allein stehendes singularisches
Substantiv, dessen Genitiv mit *-[e]s* gebildet wird, bleibt es oft ohne Flexionsendung: *einschließlich Porto, wegen Umbau.* Der Genitiv wird auch vermieden
unter den nachstehenden Voraussetzungen (der Dativ wird hier dem Genitiv
vorgezogen):

2.1 stark gebeugtes Substantiv im Plural

Bei einem stark gebeugten Substantiv (z. B. *Monat*), das im Plural steht *(die
Monate),* stimmt der Genitiv mit dem Nominativ und Akkusativ überein.
Wird der Genitiv Plural als Kasus durch Begleitwörter, wie etwa den Artikel,
deutlich, dann wird gewöhnlich der Genitiv gewählt: *innerhalb dreier Monate, mittels dünner Drähte, statt unserer Pläne.* Ist der Genitiv formal nicht
zu erkennen, dann wird das Substantiv in den Dativ Plural gesetzt, um eine
Verwechslung mit dem Nominativ oder Akkusativ zu vermeiden: *innerhalb
fünf Monaten, laut Briefen, mittels[t] Drähten, statt Worten, trotz Beweisen,
während zehn Jahren, wegen Geschäften.*

2.2 Präpositionalgefüge in Verbindung mit einem Genitivattribut

Schwankungen zwischen Genitiv und Dativ treten auch dann auf, wenn einem stark gebeugten Substantiv im Genitiv Singular *(während des Vortrags)*
ein weiteres stark gebeugtes Substantiv im Singular als Genitivattribut folgt
(während des Vortrags meines Freundes). Das Nebeneinander zweier starker
Genitive wird durch das Ausweichen auf den Dativ vermieden. Dabei ist die
Stellung des Attributs von Bedeutung:
     Wenn das Genitivattribut zwischen der Präposition und dem von der Prä-
position abhängenden Substantiv steht, dann wird dieses in der Regel in den
Dativ gesetzt:

längs Mannheims [schönem] Rheinufer (für: längs Mannheims schönen Rheinufers);
laut Meiers grundlegendem Werk (für: laut Meiers grundlegenden Werkes); trotz Hansens zeitweiligem Widerstreben (Kafka; für: trotz Hansens zeitweiligen Widerstre-
bens); während meines Freundes aufschlussreichem Vortrag (für: während meines
Freundes aufschlussreichen Vortrags); wegen meines Onkels plötzlichem Tod (für:
wegen meines Onkels plötzlichen Todes).

Wenn dagegen das Genitivattribut seinem Bezugssubstantiv im Genitiv folgt, ist der Gebrauch des Dativs anstelle des Genitivs ebenfalls häufig, aber weniger fest. Der Dativ tritt nach den Präpositionen *längs, laut, statt* und *trotz* auf, die auch sonst noch zuweilen in der Standard- oder Umgangssprache neben dem Genitiv den Dativ regieren:

> längs dem Sims des Palastes (für: längs des Simses des Palastes); laut dem Bericht des Bürgermeisters (für: laut des Berichtes des Bürgermeisters); trotz dem Rauschen des Meeres (für: trotz des Rauschens des Meeres).

Bei *innerhalb, mittels[t], während* und *wegen* steht im Allgemeinen der Genitiv:

> innerhalb des Hauses des Bürgermeisters, mittels[t] des Rasierapparates des Vaters, während des Vortrags des Lehrers, wegen des Planes des Vorstehers.

3 Häufung von Präpositionen
(in unter der Erde liegenden Räumen · für im vergangenen Jahr geleistete Arbeit)

Stehen zwei Präpositionen, von denen jede ein anderes Substantiv regiert, unmittelbar nebeneinander, dann sind die ineinander geschachtelten Fügungen oft schwer verständlich. Man sollte nach Möglichkeit eine stilistisch bessere Konstruktion, etwa einen Relativsatz, wählen. Häufig kann auch schon der Artikel nach der ersten Präposition das Verständnis erleichtern:

> mit vor Zorn funkelnden Augen, besser: mit Augen, die vor Zorn funkelten; für im vergangenen Jahr geleistete Arbeit, besser: für die im vergangenen Jahr geleistete Arbeit oder: für die Arbeit, die im vergangenen Jahr geleistet wurde; von unter der Erde befindlichen Anlagen, besser: von den unter der Erde befindlichen Anlagen oder: von Anlagen, die unter der Erde liegen; in mit allem Luxus ausgestatteten Wohnräumen, besser: in Wohnräumen, die mit allem Luxus ausgestattet waren.

Sind neben den aufeinander folgenden Präpositionen z. B. noch Funktionsverbgefüge o. Ä. in den Satz mit einbezogen, so wird die Konstruktion oftmals völlig undurchsichtig. Zu den inhaltlichen Schwierigkeiten kommen dann die grammatikalischen hinzu:

> Der Aufwand enthält Zinsen für nach Fälligkeit zur Auszahlung gelangte (nicht: gelangter) Leistungen. Besser: Der Aufwand enthält Zinsen für Leistungen, die nach der Fälligkeit zur Auszahlung gelangt sind.

Drei Präpositionen nebeneinander sind in jedem Falle zu vermeiden.

> Nicht: infolge von durch das Finanzamt erlassenen Verordnungen, sondern: infolge der durch das Finanzamt erlassenen Verordnungen oder: infolge der Verordnungen, die das Finanzamt erlassen hat.

Nicht hierher gehört das Nebeneinander von einer Präposition und einem als Adverb oder als Konjunktion verwendeten Wort: *mit* (= Präposition) *gegen* (= Adverb im Sinne von »ungefähr«) *hundert Arbeitern, außer* (= Konjunktion) *am* (= Präposition) *Sonntag.* Diese Fügungsweise ist durchaus korrekt. Gelegentlich wird selbst ein Präpositionalgefüge von einer Präposition abhängig gemacht. Dies ist jedoch umgangssprachlich oder mundartlich:

> Haste noch Beton für untern Sockel? (Grass). ... die Zeitung stammte noch von vor dem Krieg (Kolb). Standardsprachlich müsste es heißen: Die Zeitung stammte noch aus der Zeit vor dem Kriege.

4 Rektionsschwierigkeiten bei mehreren Präpositionen vor einem Substantiv
(mit und ohne Kinder / mit und ohne Kindern)

Mehrere Präpositionen, die den gleichen Kasus, etwa den Dativ, regieren, können ohne weiteres vor einem Substantiv stehen: *Die Kinder spielten vor, neben und hinter dem Haus.*

Regieren die Präpositionen verschiedene Kasus, etwa den Dativ und den Akkusativ, dann genügt es, das Substantiv (Pronomen) nur einmal zu setzen, wenn dieses im Dativ und Akkusativ dieselbe Form hat: *mit und ohne Gott, mit und ohne Aufbegehren, in und um sich.*

Wird jedoch das Substantiv im Dativ und Akkusativ unterschiedlich gebeugt, dann kann das Substantiv wiederholt oder einmal durch ein entsprechendes Pronomen ersetzt werden: *mit Büchern oder ohne Bücher, mit Büchern oder ohne sie.* Da dies jedoch ziemlich schwerfällig ist, wird in der Standardsprache das Substantiv gewöhnlich in den Kasus gesetzt, den diejenige Präposition verlangt, die dem Substantiv zunächst steht: *mit und ohne Kinder, Übersetzungen aus der und in die englische Sprache.* Nicht korrekt ist es, den Kasus zu wählen, den die entfernter stehende Präposition verlangt: *mit und ohne Kindern* (richtig: *ohne und mit Kindern*). Nicht korrekt: *Literatur aus und über anderen Ländern* (richtig: *Literatur aus und über andere Länder*). ↑ Ellipse (5).

P

Präpositionalattribut: Unter einem Präpositionalattribut versteht man ein ↑ Attribut, d. h. eine Beifügung als nähere Bestimmung, die aus einer Präposition und zumeist einem Substantiv, Adjektiv oder Adverb besteht: *Seine Freude über den*

Sieg war groß. Dies ist der Weg nach Frankfurt. Ihre Rede auf Deutsch wurde gut verstanden. Der Weg nach oben ist schwierig. Das Präpositionalattribut tritt häufig in Konkurrenz zu einem ↑ Genitivattribut (1.3.3): *die Hälfte von meinem*

Vermögen / meines Vermögens, das Haus von meinen Eltern / meiner Eltern. Gelegentlich treten dann Schwierigkeiten auf, wenn zwei Substantive von demselben Wort abhängen, z. B. *die Niederlage von Drusus und [von] seinen Soldaten* oder *die Oberfläche von Aluminium und von seinen Legierungen.* In verkürzter Redeweise kann man hier die zweite Präposition auslassen (↑ Ellipse [3]): *die Niederlage von Drusus und seinen Soldaten; die Oberfläche von Aluminium und seinen Legierungen.* In diesen Fällen wird der Kasus auch des zweiten Substantivs *(Soldaten, Legierungen)* durch die Präposition *von* bestimmt. Daneben wird jedoch mitunter auch das zweite Substantiv in den Genitiv gesetzt: *die Niederlage von Drusus und seiner Soldaten, die Oberfläche von Aluminium und seiner Legierungen.* Hier hängt das zweite Substantiv *(Soldaten, Legierungen)* nicht von der Präposition *von* ab, sondern direkt von *Niederlage* bzw. *Oberfläche* als dem Bezugswort dieser Fügungen. Beide Konstruktionen sind korrekt. – Zum falschen Bezug des Präpositionalattributs auf das Bestimmungswort einer Zusammensetzung (z. B. *Vertretungsrecht des Kindes*) ↑ Kompositum (8).

Präpositionalgefüge: Unter einem Präpositionalgefüge versteht man eine Verbindung aus einer Präposition und einem anderen Wort, zumeist einem Substantiv, Adjektiv oder Adverb: *Auf der Brücke stand eine Dame. Er hält das für gut. Das reicht bis morgen. Er tat es aus Neid.* Zur Stellung eines Adverbs beim Präpositionalgefüge *(spätestens in einer Stunde / in spätestens einer Stunde)* ↑ Adverb (4).

Präpositionalkasus: Unter dem Präpositionalkasus (Präpositionalfall) versteht man den ↑ Kasus (Fall) eines Substantivs, der von einer Präposition bestimmt wird: *Das Buch lag auf dem Tisch* (= Dativ). *Angesichts dieser Tatsache wird er verurteilt* (= Genitiv). *Sie lacht über den Witz* (= Akkusativ).

Präpositionalobjekt: Das Präpositionalobjekt ist ein Objekt mit einer bestimmten, vom Verb geforderten Präposition. So ist z. B. das Präpositionalobjekt *auf die Schwester* in *Sie achtet auf die Schwester* durch *achten* gefordert. Die Präposition kann hier im Allgemeinen nicht ersetzt werden, das Objekt wird mit der Präposition erfragt: *Auf wen achtet sie?* Demgegenüber ist die Präposition in einer Umstandsbestimmung mit Präposition nicht so eng an das Verb gebunden und prinzipiell austauschbar: *Die Mannschaft wartet in / neben / an / vor der Kabine.* Präpositionale Umstandsbestimmungen erfragt man auch nicht mit der Präposition: *Wo wartet die Mannschaft?*

Präsens: Das Präsens (Gegenwart), eine Zeitform des Verbs, drückt aus, dass ein Geschehen vom Standpunkt des Sprechers aus gesehen schon oder noch abläuft: *Die Rose blüht. Das Glas zerbricht.* Es steht aber auch in Aussagen mit allgemein gültigem Inhalten: *Du glaubst zu schieben und du wirst geschoben.* Bezogen auf Zukünftiges, konkurriert es mit dem ↑ Futur I: *Morgen fahre ich nach Paris. / Morgen werde ich nach Paris fahren.* Das so genannte historische Präsens (Praesens historicum) schließlich steht anstelle des Präteritums; es dient der besonderen Verlebendigung eines Geschehens: *Da liege ich doch gestern auf der Couch, kommt Inge leise ins Zimmer und gibt mir einen Kuss* (für: *Ich lag ..., als Inge hereinkam und ... gab*).

präsentieren, sich: Bei *sich präsentieren als* steht heute das folgende Substantiv gewöhnlich im Nominativ, d. h., es wird auf das Subjekt bezogen: *Eingebettet in den weitläufigen Park des Palais Schaumburg ... präsentiert sich der neue Kanzler-Bungalow als ein nur von wenigen Außenmauern gestützter Glaspavillon* (Die Welt). *... da präsentiert sich der ehemalige Priesterlehrer als Kandidat* (St. Zweig). Der Akkusativ, d. h. die Beziehung auf das Reflexivpronomen, ist veraltet. ↑ Kongruenz (4.2).

Präsident: Das Substantiv wird schwach gebeugt, Genitiv, Dativ und Akkusativ Singular haben also die Endung -en: *der Besuch des Präsidenten, im Gespräch mit dem Präsidenten Müller, durch Herrn Präsidenten Müller. Ich wende mich an Sie als Präsidenten.* Die ↑ Unterlassung der Deklination (2.1.2) ist nur in zwei Fällen korrekt: In Anschriften in Verbindung mit ↑ *Herr* + Name *(Herrn Präsidenten / Herrn Präsident Karl Müller)* und in Verbindung mit einer Präposition und einem Namen, wenn kein Artikel vorangeht: *Ich sprach mit Präsident Müller / wandte mich an Präsident Müller.* Zu *des Präsidenten Müller / Präsident Müllers* ↑ Titel und Berufsbezeichnungen (1.2 und 1.3); zur Anschrift ↑ Brief (7).

präsidieren: Das Verb *präsidieren* wird mit dem Dativ verbunden: ... *dem Ministerium präsidiert ein ebensolcher Fuchs wie er selbst* (St. Zweig). *Herr Lederer präsidierte in seinem Stadtteil dem Bezirksausschuss der Wahrhaft Deutschen* (Feuchtwanger). In der Schweiz wird *präsidieren* mit dem Akkusativ verbunden *(einen Ausschuss präsidieren).*

Präteritum: Das Präteritum ([erste] Vergangenheit, Imperfekt), eine Zeitform des Verbs, drückt aus, dass ein Geschehen vom Standpunkt des Sprechers aus vergangen und abgeschlossen ist und in diesem Sinn der Vergangenheit angehört. Das Präteritum ist daher das Haupttempus in allen Erzählungen und Berichten, die von einem erdachten oder wirklichen Geschehen der Vergangenheit handeln: *Jan Bronski und Kobyella lagen hinter den Sandsäcken ..., Jan gehörte das linke Fenster. Kobyella hatte rechts einen Platz. Sofort begriff ich ...* (Grass). Hiervon machen nur die Mundarten südlich der Linie Trier – Frankfurt – Plauen eine Ausnahme: Da hier Präteritum und Plusquamperfekt seit dem 16./17. Jh. geschwunden sind, ist

der Sprecher in diesen Gebieten gezwungen, vergangenes Geschehen allein mithilfe des Perfekts darzustellen. Im Übrigen ist darauf zu achten, Perfekt mit und Präteritum ohne Gegenwartsbezug nicht zu verwechseln. Man sollte also nicht schreiben: *Den Umschlag zeichnete K. Gundermann,* wenn das Geschehen deutlich auf den Standpunkt des Sprechers bezogen und für ihn wichtig ist, sondern: *Den Umschlag hat K. Gundermann gezeichnet.* Auch kann man in einer Anzeige nicht schreiben *Ich eröffnete gestern mein neues Geschäft in der Schillerstraße,* weil ja nicht ein völlig in der Vergangenheit liegendes, abgeschlossenes und von der Gegenwart losgelöstes Geschehen mitgeteilt werden soll, sondern ein Ereignis, das weiterhin von Wichtigkeit ist; daher: *Ich habe gestern mein neues Geschäft in der Schillerstraße eröffnet.*

Preis: Eine mit der Wendung *um den Preis* verbundene Aussage wird manchmal logisch nicht richtig konstruiert. Nicht: *Er sagte ihr die Wahrheit um den Preis des Verlustes ihrer Freundschaft.* Sondern: *Er sagte ihr die Wahrheit um den Preis ihrer Freundschaft.*

Preisangaben: ↑ Maß-, Mengen- und Münzbezeichnungen.

Preiselbeere: Der Name der Preiselbeere ist in frühneuhochdeutscher Zeit aus alttschechisch *bruslina* entlehnt und seitdem in vielen Schreibvarianten überliefert worden. In der Standardsprache hat sich aber schließlich die Schreibung mit einfachem *s* durchgesetzt. Die Schreibweise *Preißelbeere* mit *ß* ist deshalb heute nicht korrekt.

preisen, sich: Bei *sich preisen als* steht heute das folgende Substantiv gewöhnlich im Nominativ, d. h., es wird auf das Subjekt bezogen: *Er pries sich als ein guter Architekt.* Der Akkusativ, d. h. die Beziehung auf das Reflexivpronomen, ist seltener: *Er pries sich als einen guten Architekten.* ↑ Kongruenz (4.2).

preisgünstig: ↑ Adjektiv (2.1).

Preis-Leistungs-Verhältnis: ↑ Bindestrich (3.1).

Press- / Presse-: Zusammensetzungen mit *Press-* sind mit dem Verbalstamm von *pressen* gebildet: *Pressform, Pressglas, Pressholz, Pressluft[hammer], Pressspan* u. a. Zusammensetzungen mit *Presse-* beziehen sich dagegen auf das Zeitungswesen: *Presseberichterstatter, Pressefreiheit, Pressekonferenz* u. a. Bildungen dieser Gruppe ohne *-e-* wie *Pressfreiheit* sind veraltet. ↑ Fugenzeichen.

Pressspan: Wenn bei Zusammensetzungen drei gleiche Buchstaben zusammentreffen, darf nach den neuen Rechtschreibregeln keiner von ihnen wegfallen. Die Zusammensetzung aus *press(en)* und *Span* wird also mit drei s geschrieben. Zur besseren Lesbarkeit kann ein Bindestrich gesetzt werden: *Pressspan,* auch: *Press-Span.*

Primat: *Primat* in der Bedeutung »Vorrang; oberste Kirchengewalt des Papstes usw.« kann – ohne Bedeutungsunterschied – entweder als Maskulinum oder als Neutrum gebraucht werden. Sowohl *der Primat* als auch *das Primat* sind korrekt (↑ -at).

Prinz: Das Substantiv wird schwach gebeugt, Genitiv: *des Prinzen,* Dativ und Akkusativ: *dem, den Prinzen;* Plural: *die Prinzen.* ↑ Unterlassung der Deklination (2.1.1). Als Bestandteil des Familiennamens steht *Prinz* hinter dem Vornamen: *Heinrich Prinz von Preußen.* Im Genitiv heißt es entweder *der Besitz Prinz Heinrichs* oder *der Besitz des Prinzen Heinrich.* Die Frau eines Prinzen wird *Prinzessin* genannt. Diese Bezeichnung wird im Familiennamen wie die maskuline Form eingesetzt: *Amalie Prinzessin von Preußen.* – Über die richtige Anschrift und Anrede eines Prinzen *(Durchlaucht, Hoheit* oder *Königliche Hoheit)* muss man sich im Einzelfall erkundigen. ↑ Brief (7).

Prinzip: *Prinzip* hat zwei Plurale, den schwachen *die Prinzipien* und den starken *die Prinzipe.* Üblich ist heute die schwach gebildete Form.

Prinzipal: In der heute veralteten Bedeutung »Lehrherr« ist *Prinzipal* ein Maskulinum: *der Prinzipal.* Der Plural lautet *die Prinzipale.* Als Bezeichnung eines Orgelregisters ist das Wort ein Neutrum: *das Prinzipal.* Dazu lautet der Plural ebenfalls *die Prinzipale.*

Prinzipat: *Prinzipat* kann – ohne Bedeutungsunterschied – als Maskulinum oder als Neutrum gebraucht werden. Sowohl *das Prinzipat* als auch *der Prinzipat* sind korrekt. ↑ -at.

privat: Klein schreibt man das Adjektiv: *Das ist meine private Meinung. Ich habe mich nur privat geäußert. Das sind meine privaten Aufzeichnungen, die ich Ihnen bei Bedarf gerne zur Verfügung stellen werde.* In neuer Rechtschreibung auch: *etwas an privat verkaufen, von privat an privat.* Groß schreibt man das substantivierte Adjektiv: *alles / das Private respektieren, etwas / nichts Privates.* Vgl. auch ↑ Vergleichsformen (3.1).

Privat- und öffentliche Mittel: Man schreibt mit Bindestrich: *Privat- und öffentliche Mittel.* Aber ohne Bindestrich: *öffentliche und Privatmittel.* ↑ Bindestrich (1.1).

pro: Die Präposition *pro* wird in Analogie zu *für* im Allgemeinen mit dem Akkusativ verbunden. Dies wird deutlich, wenn ein Begleitwort (z. B. ein Adjektiv) vor dem Substantiv steht: *pro berufstätige Frau, pro männlichen Angestellten, pro antiquarischen Band, pro verbrauchten Kubikmeter, pro eingereichtes Kostenrückerstattungsformular.* Ohne Begleitwort stehende starke Substantive nach *pro* lassen keinen Fall erkennen: *pro Stück, pro Band.* Während die ohne Begleitwort stehenden substantivierten Adjektive oder Partizipien immer gebeugt werden *(pro Kranken, pro Angestellten),* besteht bei den sonstigen schwach gebeugten Substantiven ohne

Begleitwort die Tendenz, sie ohne Beugungsendung zu setzen: *pro Kollege, pro Genosse, pro Demonstrant, pro Christ* (umgangssprachlich), *pro Doktorand* usw. Korrekt muss es heißen: *pro Kollegen, pro Genossen, pro Demonstranten, pro Christen, pro Doktoranden* usw. In Verbindung mit Zeitangaben wird *pro* – hauptsächlich in der Kaufmanns- und Umgangssprache – distributiv im Sinne von »je, jeweils« verwendet: *Ich muss pro Tag* (stilistisch besser: *jeden Tag*) *einmal den aktuellen Wasserstand und die erreichte Temperatur kontrollieren. Die Besprechung der Abteilungsleiter findet meines Wissens zweimal pro Woche* (stilistisch besser: *zweimal in der Woche, jeweils zweimal die Woche, jede Woche zweimal*) *statt.*

Probe fahren, Probe laufen, Probe schreiben, Probe singen, Probe turnen: Von diesen in neuer Rechtschreibung getrennt geschriebenen verbalen Fügungen werden im Allgemeinen nur der Infintiv und das 2. Partizip gebraucht: *Wir wollen heute Probe fahren. Ich bin gestern mit diesem Wagen Probe gefahren. Wir lassen den Motor Probe laufen. Ich habe gestern Probe geschrieben. Sie hat gerade Probe gesungen. Wir müssen noch einmal Probe turnen.* Vereinzelt werden auch schon andere Formen gebraucht: *Ich fahre noch einmal Probe. Ohne Probe zu fahren sollte man keinen Wagen kaufen! Der Motor läuft gerade Probe.* ↑ Getrennt- oder Zusammenschreibung (2.1).

probeweise: ↑ -weise.

Produkt: Der Plural lautet *die Produkte* (nicht: *die Produkten*).

Produzent: Das Substantiv wird schwach gebeugt. Genitiv, Dativ und Akkusativ Singular werden also durch Anhängen der Endung -*en* gebildet: *die Klage des Produzenten, im Gespräch mit dem Produzenten, wir treffen den Produzenten.*

Professor / Professorin: Ein Professor wird mündlich und schriftlich als *Herr Professor* angeredet, eine Professorin als *Frau*

Professorin oder *Frau Professor* (↑ Titel und Berufsbezeichnungen [3]); den Namen fügt man im Allgemeinen nur hinzu, wenn es zur Unterscheidung mehrerer Personen nötig ist. Der Titel *Professor* bzw. *Professorin* wird in der Briefanrede und in der Anschrift immer ausgeschrieben; also nicht: *Herrn / Frau Prof. Meier* ... ↑ Brief (1 und 4). Zu *des Professors Müller / Professor Müllers* ↑ Titel und Berufsbezeichnungen (1, 2 und 3). Zur Anordnung in alphabetischen Listen ↑ Alphabetisierung (4).

Pro-Kopf-Verbrauch: ↑ Bindestrich (3.1).

Prokurist / Prokuristin: Der Genitiv der maskulinen Form lautet *des Prokuristen,* der Dativ und Akkusativ *dem, den Prokuristen* (nicht: *dem, den Prokurist*). Auch in Verbindung mit *Herrn* und dem Namen ist es besser, den Titel zu beugen: *Herrn Prokuristen Müller.* ↑ Unterlassung der Deklination (2.1.2). Die feminine Form lautet *Prokuristin,* in der Anrede bzw. der Anschrift also *Frau Prokuristin Schneider* (↑ Titel und Berufsbezeichnungen [3]). Zu *des Prokuristen Müller / Prokurist Müllers* ↑ Titel und Berufsbezeichnungen (1.3). Zur Anschrift ↑ Brief (7).

promovieren: Das Verb wird einerseits transitiv im Sinn von »jemandem die Doktorwürde verleihen« verwendet: *Er wurde letztes Jahr [zum Doktor der Medizin] promoviert.* Andererseits wird es auch intransitiv gebraucht, und zwar in der Bedeutung »die Doktorwürde erlangen, den Doktorgrad erwerben«: *Ich habe bei Herrn Professor Bauernfeind in Saarbrücken promoviert. Er hat im Fach Geschichte promoviert. Sie promovierte zum Dr. phil.* ↑ habilitieren.

Pronomen: Das Pronomen (Fürwort) vertritt oder begleitet das Substantiv (vgl. im Einzelnen ↑ Personal-, ↑ Possessiv-, ↑ Demonstrativ-, ↑ Reflexiv-, ↑ Relativ-, ↑ Interrogativpronomen). Der Plural lautet *die Pronomen* oder *die Pronomina.*

1. Gebrauch: Wird im Zusammenhang der Rede ein Pronomen gebraucht, dann

P

setzt dies voraus, dass das Substantiv, das es vertritt, bereits genannt ist oder als bekannt vorausgesetzt werden kann. Das Pronomen steht also häufig anstelle eines schon eingeführten Substantivs: *Sonst war die Mutter an ihrem Geburtstag immer fröhlich. Warum sie heute ein trauriges Gesicht machte, wusste niemand.* Seltener steht das Substantiv, auf das sich das Pronomen bezieht, erst später im Satz, z. B.: *Da ging er, der verlorene Sohn der Familie. Nach seiner Rückkehr besuchte Karl zuerst seinen Bruder.*

2. Hühneraufzucht und ihr Verkauf: Das Pronomen darf nicht auf das Bestimmungswort einer Zusammensetzung bezogen werden. Also nicht: *Hühneraufzucht und ihr Verkauf,* sondern: *Aufzucht und Verkauf der Hühner.* Nicht: *die Speisenzubereitung und deren Genuss,* sondern: *Zubereitung und Genuss der Speisen* (↑ Kompositum [8]). Zur Stellung des Pronomens *(Die Menge wich zurück, als*

der Zug sich näherte / als sich der Zug näherte. Am nächsten Tag konnte mir mein Freund helfen / konnte mein Freund mir helfen) ↑ Reflexivpronomen (1), ↑ Personalpronomen. Vgl. auch ↑ Groß- oder Kleinschreibung (1.2.4).

Pronominaladjektiv: Als Pronominaladjektive bezeichnet man eine Gruppe bestimmter Wörter, nach denen das folgende [substantivierte] Adjektiv wie nach einem Pronomen, also schwach, oder wie nach einem Adjektiv, also parallel, gebeugt werden kann. Schwache Beugung des Adjektivs wie nach einem Pronomen: *einiges milde Nachsehen* (Th. Mann). Parallele Beugung wie nach einem Adjektiv: *einiges slawisches Blut* (Th. Mann). Bei den einzelnen Pronominaladjektiven schwankt der Gebrauch: ↑ all-, andere, beide, einige, etliche, etwelche, folgend, irgendwelcher, manch, mehrere, sämtlich, solch[e], viel, welcher (1 und 2), wenig.

Pronominaladverb

(Umstandsfürwort)

Das Pronominaladverb ist ein Adverb, das für eine Fügung aus Präposition und Pronomen steht:

> Das Buch liegt *auf dem Tisch / Das Buch liegt darauf* (für: *auf ihm*). Ich schiebe die Schuhe *unter das Bett / Ich schiebe die Schuhe darunter* (für: *unter es*).

Im heutigen Sprachgebrauch kann sich ein Pronominaladverb sowohl auf einen Satz oder einen [satzwertigen] Infinitiv als auch auf ein einzelnes Substantiv beziehen:

– Bezug auf einen Satz oder einen [satzwertigen] Infinitiv:

> Sie hat dieses Verbrechen begangen. Dafür wird sie büßen. Ich bleibe dabei, dass alles falsch ist. Er wehrte sich vehement dagegen, als Kollaborateur verdächtigt zu werden.

Ein Pronominaladverb darf nicht stehen, wenn ein relativischer ↑ Attributsatz folgt:

> Du darfst darüber (richtig: über das), was ich dir anvertraut habe, nicht sprechen.

– Bezug auf ein einzelnes Substantiv (als Satzglied oder Gliedteil):

Er besorgte sich einen Wagen und fuhr damit in die Stadt. Ich besaß drei Häuser und
habe eins davon verkauft. Sie rückte den Schrank zur Seite. Die Geheimtür dahinter
war verschlossen.

1. Bildungsweise:

Gebildet werden die Pronominaladverbien aus den Adverbien *da, hier* und
wo und den Präpositionen *an, auf* usw. Beginnt eine dieser Präpositionen
mit einem Vokal, wird *dar-* statt *da-* und *wor-* statt *wo-* gebraucht (Worttrennung: *dar-an, hier-an, wor-an* usw. oder nach den neuen Rechtschreibregeln auch: *da-ran, hie-ran, wo-ran* usw.); neben *danach* und *daneben* sind auch die (älteren) Formen *darnach* und *darneben* möglich und
korrekt:

$$
\left.\begin{matrix} \text{da[r]-} \\ \text{hier-} \\ \text{wo[r]-} \end{matrix}\right\} + \left\{\begin{matrix} \text{-an} \\ \text{-auf} \\ \text{-aus} \\ \text{-bei} \\ \text{-durch} \\ \text{-für} \\ \text{-gegen} \\ \text{-hinter} \\ \text{usw.} \end{matrix}\right\} \rightarrow
$$

daran, darauf, daraus, dabei, dadurch, dafür,
dagegen, dahinter, darin, damit, da[r]nach,
da[r]neben, darüber, darum, darunter, davon, davor,
dazu, dazwischen;
hieran, hierauf, hieraus, hierbei, hierdurch, hierfür,
hiergegen, hierin, hiermit, hiernach, hierunter,
hierüber, hiervon, hierzu;
woran, worauf, woraus, wobei, wodurch, wofür,
wogegen, wohinter, worin, womit, wonach,
woneben, worüber, worum, worunter, wovon,
wovor, wozu, wozwischen.

Die Kurzformen der mit *da-* gebildeten Pronominaladverbien (*dran, drauf,
drein, drin, drum, drunter* usw.) gelten im Allgemeinen als umgangssprachlich, ebenso die mit ihnen gebildeten Verben wie *draufgehen, dreinschlagen*. Statt der Pronominaladverbien mit *hier-* werden häufig die mit
da[r]- gebraucht:

Ich habe *hierdurch / dadurch* viel gelernt. Ich werde *hierüber / darüber* nicht sprechen.

2. Trennung des Pronominaladverbs:

Die Verbindung der Glieder der Pronominaladverbien war früher nicht so
fest wie heute. Zwischen die Glieder konnten andere Wörter treten. Heute
gilt die Trennung der Pronominaladverbien nicht mehr als standardsprachlich; sie ist umgangssprachlich, besonders norddeutsch:

Da sei Gott vor / (statt:) Davor sei Gott! Da kann ich nichts für / (statt:) Dafür kann ich
nichts. Da habe ich nichts von gehört / (statt:) Davon habe ich nichts gehört. Wo bist
du gegen gestoßen? / (statt:) Wogegen bist du gestoßen?

Zu korrektem *Wo kommst du her, wo gehst du hin?* neben: *Woher kommst
du, wohin gehst du?* ↑ wo (5), ↑ Tmesis (1).

3. Pronominaladverb oder Präposition + Personal- oder Demonstrativpronomen? (damit / mit ihm bzw. mit dem):

Das Pronominaladverb wird im Allgemeinen gebraucht, wenn das Bezugswort eine Sache oder einen Begriff nennt. Wird dagegen mit dem Bezugswort eine Person bezeichnet, dann steht die Fügung Präposition + Pronomen:

Sachbezug: Ich fahre mit meinem *neuen Boot / Ich fahre damit* (nicht: *mit ihm*) nach Schweden. Hat sie sich über *den Verlust* geärgert? Ja, sie hat sich *darüber* (nicht: *über ihn*) geärgert. Denk an deinen *Auftrag!* Ja, ich werde *daran* (nicht: *an ihn*) denken.

Personenbezug: Fährst du mit *deiner Schwester* nach Schweden? Ja, ich fahre *mit ihr* (nicht: *damit*) nach Schweden. Ich kann mich auf meinen *Freund* verlassen. Kannst du dich wirklich *auf ihn* (nicht: *darauf*) verlassen? Wir gingen zu den *Flüchtlingen* und sprachen *mit ihnen* (nicht: *damit*).

Nur *darunter* und *davon* machen eine Ausnahme; diese Pronominaladverbien können auch bei Personenbezug stehen:

Ich musterte die *Ankommenden* und entdeckte *unter ihnen / darunter* endlich die Erwartete. Sie hatten *vier Söhne,* aber nur einer *von ihnen / davon* konnte das elterliche Geschäft übernehmen.

Darüber hinaus ist bei Personenbezug der Gebrauch des Pronominaladverbs auch dann möglich, wenn der Sprecher mehr eine ganze Szene als eine Person im Auge hat:

Sie bahrten die Toten auf. Schweigend standen sie *darum* herum. Ich sehe mich um. Hinter mir steht Georg in seinem purpurnen Pyjama, *dahinter* die alte Frau Kroll ohne Zähne, in einem blauen Schlafrock mit Lockenwicklern im Haar, *dahinter* Heinrich (Remarque).

Die besonders in der älteren Literatursprache und der Umgangssprache des Öfteren gebrauchte personenbezogene Fügung Präposition + Pronomen sollte bei einem Sach- oder Begriffsverweis vermieden werden:

Ist das der *Baum?* Ja, *unter ihm / unter dem* (statt: *darunter*) habe ich gestanden, als der Blitz einschlug. Hier ist mein Wagen. *Mit ihm / mit dem* (statt: *damit*) kannst du nach Hause fahren. Der Schuppen und was *in ihm* (statt: *darin*) war, ging in Flammen auf. Sie besaß drei Häuser und hat eins *von ihnen* (statt: *davon*) verkauft.

Nur in den Fällen, wo das Pronominaladverb keinen eindeutigen Bezug auf eines von mehreren Substantiven zulässt, sollte man zur leichteren Verständlichkeit das Pronomen verwenden:

Das Vorhandensein der Magnetfelder können wir nicht wahrnehmen. Man kann sie nicht fühlen, sehen, hören, schmecken oder riechen. Es ist uns nur möglich, etwas *über sie* (nicht: *darüber*) zu erfahren, wenn wir beobachten, was *durch sie* (nicht: *dadurch*) bewirkt wird. (Hier könnten sich *darüber* und *dadurch* auch auf *Vorhandensein* beziehen.)

Zu der Fügung Präposition + *es (auf / über / durch / neben es* usw.) ↑ es (1).

4. Pronominaladverb oder Präposition + Relativpronomen? (die Welt, in der / darin / worin wir leben):
Der relativische Gebrauch der mit *da[r]*- gebildeten Pronominaladverbien ist heute veraltet:

Das ist die Welt, *in der* (nicht mehr: *darin*) wir leben.

Der relativische Gebrauch der mit *wo[r]*- gebildeten Pronominaladverbien geht in der Gegenwartssprache mehr und mehr zurück. Dagegen werden die mit *wo[r]*- gebildeten Pronominaladverbien noch häufiger in interrogativer Funktion gebraucht:

Ich frage mich: Womit hat er das verdient? Und worüber freut sie sich?

Wenn das Bezugswort eine Person nennt, wird heute in der Regel nur noch die Verbindung Präposition + Relativpronomen gebraucht:

Die Leute, *von denen* (nicht: *wovon*) ich euch erzählte, sind eingezogen. Das ist eine Vorgesetzte, *auf die* (nicht: *worauf*) man zählen kann.

Auch wenn das Bezugswort eine Sache oder einen Begriff nennt, wird heute überwiegend das Relativpronomen in Verbindung mit einer Präposition gebraucht:

Das ist die Welt, *in der* (selten: *worin*) wir leben. Dies ist der Wagen, *mit dem* (selten: *womit*) sie flüchteten. Die große Sorgfalt, *mit der* (selten: *womit*) hier gearbeitet wird.

Ist jedoch kein bestimmtes Bezugswort vorhanden, dann zieht man das Pronominaladverb vor:

Das ist alles, *worum* (selten: *um was*) ich Sie bitte. Es gibt manches, *wozu* (selten: *zu dem*) ich mehr Lust hätte.

Fest im relativischen Gebrauch sind dagegen die Pronominaladverbien bei Relativsätzen in der Rolle eines Satzgliedes, weil hier ebenfalls kein bestimmtes Bezugswort vorhanden ist. Der Ersatz durch die Verbindung Präposition + *was* gilt hier im Allgemeinen als umgangssprachlich (↑ 5):

Ich erkläre ihm, *womit* (ugs.: *mit was*) er zu rechnen habe. Ich weiß nicht, *worüber* (ugs.: *über was*) sie sich freut.

5. Pronominaladverb mit *wo*- oder Präposition + *was*? (wozu / zu was):
Die Verbindung Präposition + *was* ist umgangssprachlich. In der Standardsprache wird im Allgemeinen das Pronominaladverb gebraucht:

Zu was (standardspr.: *Wozu*) machst du das? *In was* (standardspr.: *Worin*) besteht der Unterschied? *Mit was* (standardspr.: *Womit*) soll das Brett befestigt werden? *Nach was* (standardspr.: *Wonach*) hat er sich erkundigt?

Wird mit dem Bezugssubstantiv eine Person genannt, dann steht die Fügung Präposition + Pronomen:
Zu wem gehst du? An wen denkst du?

---

propagieren: Als Verb zu *Propaganda* wird im Sinne von »Propaganda für etwas machen, für etwas werben« *propagieren* (nicht: *propagandieren*) gebraucht: *eine Idee, ein vereinigtes Europa, den Sozialismus propagieren.*

Proportionalsatz: ↑ Modalsatz.

Propst: Zu *des Propstes Müller / Propst Müllers* ↑ Titel und Berufsbezeichnungen (1.2 und 1.3).

Prospekt: Das Substantiv ist ein Maskulinum: *der Prospekt.* Landschaftlich und in Österreich ist auch *das Prospekt* gebräuchlich.

Protokoll: Protokolle sind entweder im Präsens (so im Allgemeinen) oder im Präteritum abgefasst. Das Perfekt sollte nicht als Berichtstempus verwendet werden. Abgesehen vom wörtlichen Protokoll (vgl. Parlamentsprotokolle), das die Teilnehmeräußerungen in ↑ direkter Rede festhält, beschränken sich alle anderen Protokollformen auf eine mehr oder weniger stark verkürzte neutrale Wiedergabe der Gesprächsbeiträge in ↑ indirekter Rede und unter Verwendung von Formen des ↑ Konjunktivs I und II. Dabei versucht das Verlaufsprotokoll die einzelnen Wortmeldungen und Argumente so ausführlich wie möglich wiederzugeben, während das Kurzprotokoll neben den Beschlüssen den Gesprächsverlauf nur in seinen wichtigsten Phasen erfasst. Das Beschluss- oder Ergebnisprotokoll schließlich beschränkt sich auf das Festhalten von Tagesordnungspunkten und entsprechenden Beschlüssen. Allen Protokollformen gemeinsam ist der Rahmen: Der Protokollkopf nennt Tagesordnung, Sitzungsda-

tum, -ort, -teilnehmer und -dauer, der Protokollschluss weist rechts die Unterschrift des Protokollführers und links die des Vorsitzenden auf.

Prototyp: Der Plural lautet *die Prototypen.*

Protz: Das Substantiv kann stark oder schwach gebeugt werden. Starke Beugung: Genitiv: *des Protzes,* Plural: *die Protze;* schwache Beugung: Genitiv: *des Protzen,* Plural: *die Protzen.*

Prozent: Bei Prozentangaben mit Zahlen, die größer als 1 sind (*2 Prozent, 10 Prozent* usw.), steht das Verb korrekt im Plural: *10 Prozent haben zugestimmt.* Wenn das Subjekt des Satzes aus einer Prozentangabe und einem Substantiv im Genitiv besteht, dann richtet sich das Verb in seinem Numerus gewöhnlich nach der Prozentangabe (der Numerus des Substantivs im Genitiv spielt keine Rolle). Es heißt also standardsprachlich: *Ein Prozent der Mitglieder stimmte nicht ab. Neunzig Prozent der Bevölkerung leben in Armut.* Folgt dagegen das Substantiv im Nominativ Singular, dann kann auch bei pluralischer Prozentangabe das Verb im Singular stehen: *Zehn Prozent Energie gehen / geht verloren.* ↑ Kongruenz (1.2.3). Zu *5 %-Klausel* ↑ Bindestrich (3.3).

Prozentpunkt: Das Substantiv (wohl eine Lehnbildung zu englisch *percentage point*) bedeutet »Prozent als Differenz zwischen zwei Prozentzahlen«: *Die Rentner werden bei jeder Erhöhung zwei bis drei Prozentpunkte mehr bekommen.*

prüfen / überprüfen: Das Verb *überprüfen* »nochmals prüfen, nachprüfen, kontrollieren« kann in vielen Fällen durch *prü-*

fen ersetzt werden: *eine Rechnung überprüfen / prüfen, die Richtigkeit einer Angabe überprüfen / prüfen.* Bei einem persönlichen Objekt lässt sich jedoch *prüfen* in diesem Sinn oft nicht einsetzen, weil *jemanden prüfen* meist die Bedeutung »jemandes Wissen, Fähigkeiten feststellen« hat, sodass Verwechslungen möglich sind. Man sagt also: *Die Reisenden wurden an der Grenze überprüft* (nicht: *geprüft*).

psychisch / psychologisch: Das Adjektiv *psychisch* bedeutet »den seelischen Bereich oder Zustand des Menschen betreffend; seelisch«, das Adjektiv *psychologisch* dagegen »die Psychologie, d. h. die Lehre von den Erscheinungen und Zuständen des bewussten und unbewussten Seelenlebens, betreffend; seelenkundlich«. Man kann daher z. B. nur von einer *psychischen Reaktion* oder von *psychischem Druck,* aber nicht von einer *psychologischen Reaktion* oder von *psychologischem Druck* sprechen.

Puder: Das Substantiv *Puder* ist ein Maskulinum, kein Neutrum. Es heißt also standardsprachlich *der Puder* (nicht: *das Puder*).

Puff: Das Substantiv *der Puff* »Stoß« hat die Pluralformen *Püffe* und (seltener) *Puffe, der (Wäsche)puff* die Pluralformen *Puffe* und *Puffs* und das saloppe *der / das Puff* »Bordell« den Plural *die Puffs.*

puffen: Zu *jemandem / jemanden in die Seite puffen* ↑ boxen.

Pulk: Der Plural lautet im Allgemeinen *die Pulks: ... wie viele solcher Pulks hatte die in Agonie liegende Armee schon ausgestoßen* (Plievier). *Es war fast unmöglich, ... die einzelnen Pulks zu verfolgen* (Gaiser). Der Plural *die Pulke* ist weniger gebräuchlich.

Pult: Das Wort *Pult* hat sächliches Geschlecht. Es heißt also *das Pult.*

¹Punkt

Häufig gestellte Fragen zum Punkt	
Frage	**Antwort unter**
Setzt man bei Überschriften einen Punkt?	dieser Artikel, Punkt (2)
Wie gestaltet man Aufzählungen mit Spiegelstrichen und Inhaltsverzeichnisse?	dieser Artikel, Punkt (2)

Der Punkt ist vor allem ein Schlusszeichen und steht in dieser Funktion am Ende von Sätzen (vgl. aber ↑ Zahlen und Ziffern [2]).

1. Der Punkt steht bei fortlaufendem Text:

Der Punkt kennzeichnet das Ende eines Satzes oder eines Satzgefüges. Er drückt eine längere Pause aus und deutet gewöhnlich eine Senkung der Stimme an. Das gilt insbesondere für den Aussagesatz, aber ebenso für

Satzgefüge, die mit einem indirekten Fragesatz oder mit einem abhängigen Ausrufesatz, Aufforderungs- oder Wunschsatz enden:

Es wird Frühling. Wir freuen uns. Er fragte ihn, wann er kommen wolle. Sie rief laut, die Post sei da. Ich wünschte, alles wäre vorbei. Man befahl mir, sofort zu gehen. Der Betrag beläuft sich auf 200,00 DM.

Nach Auslassungssätzen und Satzstücken steht der Punkt wie nach vollständigen Sätzen:

Kommst du morgen? – Vielleicht.
Wir essen pünktlich um acht. Auf jeden Fall. Auch ohne dich.
Englisch: gut. Mathematik: mangelhaft.

Auch ein unabhängiger Aufforderungs- oder Wunschsatz, der ohne Nachdruck gesprochen wird, erhält (statt des Ausrufezeichens) einen Punkt:

Bitte geben Sie mir das Buch. Vgl. die Fußnote auf S. 413.

Das Fragezeichen nach dem direkten Fragesatz wird im Allgemeinen nicht durch den Punkt ersetzt, auch nicht bei so genannten rhetorischen Fragen:

Wer wäre damit nicht zufrieden?

Ist ein angeführter Satz als Satzglied oder Gliedteil in einen anderen eingefügt, erhält er keinen Punkt:

Sie einigten sich, »Tue recht und scheue niemand« zu ihrem Wahlspruch zu machen.
Das Sprichwort *Aller Anfang ist schwer* hört man oft.

2. Der Punkt steht nicht nach frei stehenden Zeilen:

Der Punkt steht nicht nach Sätzen, Satzstücken und einzelnen Wörtern, die im Druck- oder Schriftbild in besonderen Zeilen deutlich herausgehoben werden und inhaltlich selbstständig sind. Absätze in Erzählungen und anderen Texten, die nur eine Zeile umfassen, sowie Gedichtzeilen erhalten natürlich die nötigen Schlusszeichen, ebenso die auslaufende letzte Zeile eines Absatzes. Im Einzelnen fehlt der Schlusspunkt bei

- Datumsangaben am Anfang oder Ende von Schriftstücken (↑ Brief [2], ↑ Datum);
- Anschriften, Schlussformeln und Unterschriften (↑ Brief [1 und 5]);
- Überschriften, Schlagzeilen, Buch- und Zeitungstiteln, Bildunterschriften:

Mein schönster Ferientag
Ich reinige mein Fahrrad
Die Schulsenatorin weiht die neue Stadtbücherei ein
Der Friede ist gesichert

Bildunterschriften, die aus mehreren Sätzen bestehen, erhalten jedoch die
üblichen Schlusspunkte. Bei Überschriften o. Ä. spielt es für die Nichtsetzung des Schlusspunkts keine Rolle, ob sie aus einzelnen Wörtern oder aus
einem ganzen Satz bestehen. Ausrufezeichen und Fragezeichen müssen
allerdings am Ende der Überschrift ebenso gesetzt werden wie etwaige
Satzzeichen innerhalb der Überschrift:

Ist die EU tot?

Ein Wort, das besser ungesagt geblieben wäre!

– Tabellen, zeilenweise abgesetzten Aufzählungen, Gliederungen, Inhaltsverzeichnissen u. dgl.:

Unser Geschäft führt in großer Auswahl:
    Papier- und Schreibwaren
    Büroartikel
    Mal- und Zeichengerät
    Künstlerpostkarten
    Zeitschriften

Man kann eine solche Aufzählung allerdings auch wie einen zusammenhängenden Satz behandeln. Dann steht nach jedem Aufzählungsglied ein
Komma und nach dem letzten Wort ein Punkt. Auch der so genannte Spiegelstrich und das ↑ Semikolon können verwendet werden. Allerdings empfiehlt sich diese Schreibweise im Allgemeinen nur, wenn die einzelnen
Glieder umfänglicher sind oder aus Nebensätzen bestehen:

Ein Zuschuss zu den Kosten kann gewährt werden:
– wenn der Lehrgangsteilnehmer einen Verdienstausfall nachweist;
– wenn der Teilnehmer seine Mahlzeiten nicht zu Hause einnehmen kann;
– bei Teilnehmern, die noch in der Berufsausbildung stehen.

Selbst bei Gliederungsabschnitten in Form längerer Sätze sind Schlusspunkte nicht nötig, wie es das folgende Beispiel eines Planes für einen
Schulaufsatz zeigt:

Das Fernsehen – seine Vorzüge und Gefahren
    A. Einleitung: Fast jede Familie besitzt heutzutage einen Fernseher
    B. Hauptteil: Folgende Gefahren und Vorzüge des Fernsehens sind zu beachten:
        1. Die Gefahren
            a) Das Fernsehen nimmt viel Zeit in Anspruch und hindert uns an anderen Be-
               schäftigungen
            b) Das vielseitige Programm verleitet zu wahllosem Sehen
            c) Man verdirbt sich leicht die Augen durch zu vieles Fernsehen
        2. Die Vorzüge
            a) Das Fernsehprogramm ist sehr reichhaltig (Spielfilm und Theater, Lehrfilm,
               Sport, Nachrichten usw.)

P

b) Viele Sendungen regen zu eigenem Nachdenken an (Diskussionen, Kommentare)

c) Kranke und alte Leute können durch das Fernsehen am allgemeinen Leben teilnehmen

C. Schluss: Wenn man beim Fernsehen vernünftig auswählt, sind die Vorzüge größer als die Nachteile

Dasselbe gilt für die heute sehr häufig verwendete Abschnittsgliederung mithilfe arabischer Zahlen, wobei hinter der letzten Teilnummer kein Punkt steht:

1 Der Punkt
2 Das Komma
2.1 Das Komma zwischen Satzteilen
2.1.1 Das Komma bei Aufzählungen
2.1.2 Das Komma bei herausgehobenen Satzteilen
2.2 Das Komma bei Partizipial- und Infinitivgruppen

3. Der Punkt bei Auslassungen (↑ Auslassungspunkte):
Endet ein Satz mit Auslassungspunkten, dann wird kein besonderer Satzschlusspunkt gesetzt:

Ehen werden im Himmel geschlossen ...

4. Der Punkt bei Abkürzungen (↑ Abkürzungen [1]):
Steht eine Abkürzung am Satzende, dann wird neben den letzten Abkürzungspunkt kein besonderer Satzschlusspunkt gesetzt:

Der Vater meines Freundes ist Regierungsrat a. D.

Umgekehrt muss in diesem Fall hinter einer Abkürzung ohne Punkt der Satzschlusspunkt stehen:

Das Kraftfahrzeugkennzeichen von Mannheim ist MA.

5. Verweise:
Zum Punkt in Verbindung mit und anstelle von anderen Satzzeichen ↑ Anführungszeichen (3), ↑ Klammern (1.4.2), ↑ Gedankenstrich (3.3).

---

²**Punkt:** In neuer Rechtschreibung schreibt man *Punkt* auch in Österreich und der Schweiz in Wendungen wie *Es ist Punkt acht Uhr* groß (↑ Schlag).

punkto: Die (veraltete) Präposition *punkto* wird im Gegensatz zur lateinischen Fügung *in puncto* mit *k* geschrieben. Beide Ausdrücke werden im Sinn von »bezüglich / wegen« gebraucht und mit dem Genitiv verbunden. Das wird deutlich, wenn ein Begleitwort (z. B. ein Adjektiv) vor dem Substantiv steht: *punkto* *gottloser Reden* (C. F. Meyer). Ohne Begleitwort stehende starke Substantive nach *punkto* bleiben jedoch ungebeugt: *punkto Geld, punkto Filzschreiber.*

Punsch: Der Plural zu *Punsch* lautet *die Punsche.*

Purismus: Unter Purismus versteht man ein übertriebenes Streben nach Sprachreinheit, einen übertriebenen Kampf gegen Fremdwörter.

purpurn / Purpur: Das Adjektiv *purpurn* wird immer kleingeschrieben: *purpurne Gewänder.* Als substantivische Farbbezeichnung, auch in Verbindung mit einer Präposition, dient das Substantiv *der Purpur: Die vorherrschende Farbe war Purpur. Der Maler verwendete ein feierliches Purpur. Stoffe in Purpur und Grün.* Vgl. auch ↑ blau, ↑ Farbbezeichnungen.

Putbusser / Putbuser: Die Einwohner von Putbus heißen *die Putbusser* (auch: *die Putbuser*). Die Einwohnerbezeichnung wird immer großgeschrieben, auch wenn sie wie ein unflektiertes Adjektiv vor einem Substantiv steht: *der Putbus[s]er Hafen.* ↑ Einwohnerbezeichnungen auf -er (5 und 7).

pythagoreisch (Pythagoreer): 1. Das Adjektiv zu *Pythagoras* lautet griechisch *pythagóreios.* Die Endung *-eios* wird im Deutschen mit *-eisch* wiedergegeben. Die Form mit *e* ist daher die eigentlich korrekte, nicht die in Österreich verbreitete *ä (pythagoräisch, Pythagoräer).* **2.** Das Adjektiv schreibt man in neuer Rechtschreibung immer klein: *pythagoreischer Lehrsatz, pythagoreische Philosophie.* ↑ Groß- oder Kleinschreibung (1.2.2).

q: Zur Schreibung und Deklination ↑ Bindestrich (2.4) *(Q-Fieber);* ↑ Einzelbuchstaben *(des Q, zwei Q);* ↑ Groß- oder Kleinschreibung (1.2.5) *(das q in Vaquero).*

Quader: Das Substantiv kann als Maskulinum, aber auch als Femininum gebraucht werden. Es heißt also *der Quader* (Genitiv: *des Quaders,* Plural: *die Quader*), seltener auch *die Quader* (Genitiv: *der Quader,* Plural: *die Quadern*). Im Österreichischen heißt es *der Quader* (Genitiv: *des Quaders*) und der Plural lautet *die Quadern.*

Quadratmeter: Es heißt *der* oder *das Quadratmeter, -dezimeter, -zentimeter,* aber nur *der Quadratkilometer* (↑ Kilometer, ↑ Meter, ↑ Zentimeter).

Quäntchen: Das Substantiv *Quäntchen* »kleine Menge, bisschen« *(Es fehlte nur ein Quäntchen Glück)* ist eine Verkleinerungsform zu *Quent,* dem Namen eines früheren deutschen Handelsgewichts. *Quent* geht zurück auf mlat. *quentinus* (= vierter Teil eines Lots). Trotzdem wird es nach den neuen Regeln nicht mit *e,* sondern mit *ä* geschrieben, da der sprachhistorische Hintergrund nicht allgemein bekannt ist und das Wort deshalb mit *Quantum* in Verbindung gebracht wird.

Quarz: Im Deutschen wird der Mineralname mit einfachem *z* geschrieben (im Englischen dagegen mit *tz*). Man schreibt daher auch *Quarzuhr.*

Quast / Quaste: Das Substantiv *der Quast* (Plural: *die Quaste*) ist norddeutsch und hat die Bedeutung »breiter Pinsel, [Borsten]büschel«; *die Quaste* (Plural: *die Quasten*) bedeutet dagegen »Troddel«.

Quell / Quelle: Neben dem femininen Substantiv *die Quelle* (Plural: *die Quellen*) wird in gehobener, vor allem dichterischer Sprache eine maskuline Nebenform *der Quell* (Plural: *die Quelle*) gebraucht. Unter *Quelle* versteht man ein hervorsprudelndes Wasser, den Beginn eines Wasserlaufs, den Ausgangspunkt von etwas, die Herkunftsstelle, und zwar sowohl konkret als auch übertragen: *eine klare Quelle; heiße, schwefelhaltige Quellen; die Quelle aller Leiden; sie ist eine stete Quelle der Heiterkeit; neue Quellen erschließen; geschichtliche Quellen benutzen.* Das Maskulinum *der Quell* wird entweder dichterisch für die Wasserquelle gebraucht *(ein sprudelnder, frischer Quell)* oder bezeichnet den Ursprung einer positiven Gemütsbewegung: *Das ist ein unversiegbarer Quell der Freude.*

quellen: Das intransitive Verb *quellen* (nicht: *quillen*) in der Bedeutung »in die Höhe, vorwärts drängen, sprudeln« wird unregelmäßig konjugiert. Präsens: *du quillst, er, sie, es quillt;* Imperativ (kaum gebräuchlich): *quill!;* Präteritum: *er, sie, es quoll* (Konjunktiv: *quölle*); 2. Partizip: *gequollen: Die Tränen quellen aus den Augen. Dort quillt doch das Wasser kochend aus der Erde* (Hausmann). *Die Tür ..., durch deren Ritzen Licht quoll* (Gaiser). *Die Linsen sind gequollen.* ↑ e/i-Wechsel. Das transitive Verb *quellen* in der Bedeutung »etwas im Wasser weich werden lassen« wird regelmäßig konjugiert. Präsens: *du quellst, er, sie, es quellt die Bohnen; gequellt,* Imperativ: *quell[e] die Bohnen!;* Präteritum: *er, sie, es quellte;* 2. Partizip: *gequellt: Ich quellte Bohnen. Die Linsen werden gequellt, bis sie weich sind.*

Quentchen: Alte Schreibung für ↑ Quäntchen.

quer: Nach den neuen Rechtschreibregeln schreibt man *quer* immer getrennt vom folgenden Verb oder Partizip: *etwas quer legen; die Bretter dürfen nicht quer liegen. Auf der glatten Fahrbahn hat sich das Auto quer gestellt. Dieser Stoff ist ebenfalls quer gestreift.* Jetzt ebenso: *Dieser Versuch ist völlig quer gegangen* (= missglückt; ugs.). *Er hat quer geschossen* (= hintertrieben; ugs.). *Ein quer gestreifter Stoff.* ↑ Getrennt- oder Zusammenschreibung (3.1.3).

Quiz: Das Substantiv hat neutrales Genus. Es heißt also *das Quiz* (Genitiv: *des Quiz,* Plural: *die Quiz*).

Quotient: Das Substantiv wird schwach gebeugt, d. h., es muss im Genitiv, Dativ und Akkusativ Singular jeweils die Endung *-en* haben: *der Quotient, des Quotienten* (nicht: *des Quotient[e]s*), *dem Quotienten* (nicht: *dem Quotient*), *den Quotienten* (nicht: *den Quotient*), Plural: *die Quotienten.*

R r

r: Zur Schreibung und Deklination ↑ Bindestrich (2.4) *(Zäpfchen-R);* ↑ Einzelbuchstaben *(des R, zwei R);* ↑ Groß- oder Kleinschreibung (1.2.5) *(das r in Kar).* ↑ Aussprache (11).

rächen: Das 2. Partizip heißt *gerächt.* Die Form *gerochen – rächen* war ursprünglich ein unregelmäßiges Verb – wird heute nur noch gelegentlich in scherzhafter Ausdrucksweise verwendet.

Radar: Es heißt *der* oder *das Radar* (Kurzwort aus engl. *radio detecting and ranging* = Funkermittlung und Entfernungsmessung). Das Wort kann auf der zweiten, aber auch (österr. nur) auf der ersten Silbe betont werden. Im Sinn von »Radargerät« ist ein Plural *die Radare* möglich: *Radare tasteten den Luftraum ab.*

radebrechen: Das fest zusammengesetzte Verb wird regelmäßig gebeugt: *du radebrechst* (nicht: *radebrichst*)*, sie radebrecht; sie radebrechte* (nicht: *radebrach*)*; sie hat geradebrecht* (nicht: *geradebrochen*).

Rad fahren: In neuer Rechtschreibung wird getrennt geschrieben: *Rad fahren; ich fahre, fuhr Rad; weil ich gern Rad fahre; ich bin Rad gefahren; um Rad zu fahren.* ↑ Getrennt- oder Zusammenschreibung (2.1).

Radiergummi: Es heißt *der* (nicht: *das*) *Radiergummi.* ↑ Gummi.

Radio: In der Bedeutung »Rundfunkempfänger« ist umgangssprachlich und süddeutsch, österreichisch und schweizerisch auch *der Radio* gebräuchlich, während es sonst allgemein nur *das Radio* heißt.

Rad schlagen: In neuer Rechtschreibung wird getrennt geschrieben: *Rad schlagen; ich schlage, schlug Rad; ich habe Rad geschlagen; um Rad zu schlagen.* ↑ Getrennt- oder Zusammenschreibung (2.1).

Rallye: Im heutigen Sprachgebrauch wird im Allgemeinen nur noch *die Rallye* gesagt; *das Rallye* ist veraltet bzw. schweizerisch. Der Plural heißt *die Rallyes* (nicht: *Rallies*). Neben der eingedeutschten Aussprache [ˈrali] ist auch die englische Aussprache [ˈrɛli] gebräuchlich.

Rammbär: Die Bezeichnung des Maschinenhammers zum Einrammen von Pfählen o. Ä. wird gewöhnlich stark gebeugt: *des Rammbärs, dem/den Rammbär.* Der Plural lautet *die Rammbären,* fachsprachlich auch *die Rammbäre* (vgl. aber ↑ Bär). ↑ Unterlassung der Deklination (2.1).

ran: ↑ Apostroph (1.1).

Rapallovertrag: ↑ Bindestrich (6.1).

rasant: Das Adjektiv bedeutet eigentlich »sehr flach, gestreckt« (speziell von der Flugbahn eines Geschosses). Es ist aus franz. *rasant* »bestreichend, den Erdboden streifend« entlehnt, dem 1. Partizip von franz. *raser* »bestreichen; dem Erdboden gleichmachen; rasieren, scheren«. In der Umgangssprache – wahrscheinlich durch volksetymologische Anlehnung an *rasend* – entwickelte sich der Wortgebrauch im Sinn von »sehr schnell« *(rasant fahren)* und weiter im Sinn von »schnittig, rassig; attraktiv« *(ein rasanter Sportwagen; eine rasante Person).*

rasch: Die Vergleichsformen von *rasch* lauten *rascher, rascheste.* Das *-e-* im Superlativ sollte besser nicht ausgelassen werden (also nicht: *am raschsten*). ↑ Vergleichsformen (2.3).

Rasse-/Rassen-: Zusammensetzungen mit *Rasse-* bringen die Reinrassigkeit von

Tieren (und Pflanzen) zum Ausdruck: *Rassehund, -pferd*. Sonst sind Bildungen mit *Rassen-* üblich: *Rassenforscher, Rassengemisch, Rassenhass, Rassenkampf, Rassenmerkmal* u. a. Die Wörter *rasserein, Rassereinheit* und *rasseveredelnd* lassen sich jedoch in diese beiden Gruppen nicht einordnen. ↑ Fugenzeichen.

Raster: Das Substantiv *Raster* hat allgemeinsprachlich maskulines Genus: *der Raster*. In der Fachsprache der Fernsehtechnik ist das Wort auch mit neutralem Genus *(das Raster)* gebräuchlich.

Rat: Zu *Rat des Freundes / Rat zum Ausgleich* ↑ Genitivattribut (1.5.1).

raten: Die 2. und 3. Person Singular Indikativ Präsens haben Umlaut: *du rätst* (nicht: *ratest*), *er, sie, es rät* (nicht: *ratet*). ↑ Verb (1).

Ratifikation / Ratifizierung: ↑ Verbalsubstantiv (1.5).

rational / rationell: Das Adjektiv *rational* bedeutet »von der Vernunft ausgehend; vernunftgemäß«: *rationale* (nicht: *rationelle*) *Überlegungen; etwas rational erfassen, begreifen*. Dagegen bedeutet *rationell* »wirtschaftlich, zweckmäßig«: *rationelle Methoden, rationell arbeiten*. ↑ -al/-ell.

Rat- / Rats-: Entsprechende Zusammensetzungen stehen mit Fugen-s, wenn *Rat* die Bedeutung »Versammlung, leitende Körperschaft« hat: *Ratsbeschluss, Ratsdiener, Ratsgeschlecht, Ratsherr, Ratskeller, Ratssitzung, Ratsstube*. Ohne ↑ Fugen-s steht *Rathaus*.

Rat suchend: Nach den neuen Rechtschreibregeln wird *Rat suchend* wie die zugrunde liegende Fügung *Rat suchen* getrennt geschrieben: *ein Rat suchender Vater*.

rau: Analog zu allen anderen auf *-au* endenden Adjektiven (*blau, genau* usw.) wird *rau* in neuer Rechtschreibung ohne *h* am Wortende geschrieben. Die Vergleichsformen von *rau* lauten *rauer, am rausten* oder *am rauesten*. ↑ Vergleichsformen (2.3).

Raubvogel: Diese zusammenfassende Bezeichnung ist in der wissenschaftlichen Terminologie nicht mehr erwünscht. Man spricht heute differenzierend von Greifvögeln und Eulen.

Rauchwaren: Im heutigen Sprachgebrauch wird *Rauchwaren* im Sinn von »Tabakwaren« gebraucht. Der erste Bestandteil dieser Zusammensetzung gehört zu *rauchen*. Damit nicht identisch ist *Rauchware[n]*, das in der Sprache der Kürschner im Sinn von »Pelzware[n]« gebraucht wird (auch: *Rauchwarenmesse, Rauchwarenhandel*). Der erste Bestandteil dieser Zusammensetzung ist *rauch* (= haarig, behaart, zottig), eine nicht mehr gebräuchliche Nebenform von *rau*.

rauf: ↑ Apostroph (1.1).

rauh: Alte Schreibung für ↑ rau.

Raumfahrt-: Entsprechende Zusammensetzungen werden ohne Fugen-s gebildet: *Raumfahrtbehörde, Raumfahrtmedizin*.

raus: ↑ Apostroph (1.1).

Razzia: Das Wort hat zwei Pluralformen: *die Razzien* und seltener: *die Razzias*.

Reagens / Reagenz: Beide Schreibweisen sind heute üblich (in Zusammensetzungen hat sich die Schreibung mit *z* durchgesetzt: *Reagenzglas, Reagenzpapier* usw.). Die Schreibung *Reagenz* erklärt sich daraus, dass das *z* aus dem eingedeutschten Plural *Reagenzien* in den Singular übernommen wurde.

real / reell: Das Adjektiv *real* bedeutet »gegenständlich, stofflich; auf die Wirklichkeit bezogen« *(reale Werte; real denken)*. Dagegen bedeutet *reell* »ehrlich, zuverlässig« *(ein reelles Geschäft)* und »wirklich, echt« *(eine reelle Chance haben)*. ↑ -al/-ell.

realisieren: ↑ Amerikanismen / Anglizismen (1.2).

Reb- / Reben-: Die Zusammensetzungen sind teils ohne Fugenzeichen *(Rebbau, Rebberg, Reblaus, Rebschwefel, Rebstock)*, teils mit Fugenzeichen gebräuchlich (literarische Bildungen haben alle das Fugen-n): *Rebenblüte, Rebensaft, rebenumkränzt, rebenumsponnen, Rebenveredlung, Rebenzüchtung.* Bei *Reb[en]messer* schwankt der Gebrauch des ↑ Fugenzeichens.

Rechenaufgabe: Zu *drei und drei ist / sind sechs* ↑ Kongruenz (1.2.4).

rechenbar: ↑ -nen.

Rechnungsblock: Der Plural lautet *die Rechnungsblocks.* ↑ Block.

recht / Recht: Klein schreibt man das Adjektiv bzw. Adverb z. B. in *rechter Hand; ein rechter Winkel; jemandes rechte Hand sein; jetzt erst recht; das ist mir durchaus recht; es geschieht ihm recht; es ist recht und billig.* Groß schreibt man dagegen die Substantivierung *der, die, das Rechte* z. B. in *Du bist mir der Rechte. Sie ist an die Rechte gekommen. Sie ist die Rechte. Ich habe das Rechte getroffen. Du musst nach dem Rechten sehen. Er kann / weiß nichts Rechtes* (↑ Rechte). Groß schreibt man auch das Substantiv *das Recht* z. B. in *mit / ohne Recht, von Rechts wegen, nach Recht und Gewissen, zu Recht bestehen, erkennen* (vgl. aber ↑ zurecht / zu Recht), *Recht finden, sprechen, suchen, ein Recht verleihen, geben, im Recht[e] sein, ein Recht haben.* In neuer Rechtschreibung ebenso: *Sie wird Recht bekommen, Recht behalten, Recht erhalten; ich muss ihm Recht geben; sie könnten eventuell Recht haben* usw. ↑ Groß- oder Kleinschreibung (1.1), ↑ rechtens.

Rechte: Das substantivierte Adjektiv *die Rechte* »rechte Hand« wird, wenn es einem stark gebeugten Adjektiv folgt, außer im Dativ Singular in gleicher Weise (parallel) gebeugt: *Wegen verletzter Rechter brauchte sie nicht mitzuschreiben. Blitzschnelle, harte Rechte sind die besondere Stärke dieses Boxers.* Im Dativ wird dagegen überwiegend schwach gebeugt: *Er drohte mit geballter Rechten* (seltener: *Rechter*). ↑ substantiviertes Adjektiv (2.1.5).

rechtens: Nach den neuen Rechtschreibregeln wird *rechtens* (= erstarrter Genitiv zu *das Rechte*) immer kleingeschrieben: *jemand ist rechtens verurteilt worden; sie hat rechtens gehandelt* usw.; jetzt ebenso: *es ist rechtens, dass...; die Mieterhöhung war rechtens; er hielt das Vorgehen nicht für rechtens* (↑ recht / Recht).

rechts: 1. Das Adverb *rechts* wird immer kleingeschrieben. Man schreibt: *von rechts her, nach rechts hin* (zusammen aber die veralteten Adverbien: *rechtsher* und *rechtshin*); *sie spielt rechts außen; nach rechts drehend* (zusammen aber z. B. *rechtsdrehendes Gewinde* und *rechtsdrehend* in der Physik), *politisch rechts stehende Parteien, rechtsum!, rechtsum kehrt! Ich weiß nicht, was rechts und was links ist. An dieser Kreuzung gilt rechts vor links.* Zu *Links-rechts-Kombination* ↑ Mitte-links-Bündnis.
2. Als Präposition regiert *rechts* den Genitiv: *rechts der Straße, rechts des Rheins.*

Rechtsanwalt- / Rechtsanwalts-: Entsprechende Zusammensetzungen können mit oder (seltener:) ohne ↑ Fugen-s gebildet werden: *Rechtsanwalt[s]büro, -kanzlei, Rechtsanwalt[s]robe.* Zu *meine beiden Töchter sind Rechtsanwältinnen* (seltener: *Rechtsanwalt*) und *alle drei sind Rechtsanwalt / Rechtsanwälte* ↑ Kongruenz (1.4.6); zur Anschrift ↑ Brief (7).

Rechtschreib[e]buch: Man kann *Rechtschreibbuch* oder *Rechtschreibebuch* schreiben. Beide Formen sind korrekt. ↑ Fugenzeichen.

Rechtschreibreform: Am 1.7.1996 haben Deutschland, Österreich, die Schweiz und Liechtenstein sowie einige Länder, in denen Deutsch Minderheitensprache ist, eine gemeinsame Absichtserklärung zur Neuregelung der deutschen Rechtschreibung unterzeichnet. Das neue amtliche Regelwerk trat am 1.8.1998 in Kraft und ist verbindlich für die Institutionen, für die der Staat in dieser Hinsicht Regelungskompetenz besitzt (Schulen und Behörden). Das Regelwerk

R

deckt den allgemeinen Wortschatz ab. Nicht zum Gegenstandsbereich gehört die Schreibung von Personen-, Orts- und Flurnamen sowie die Schreibung von Produktnamen. Während der Übergangsfrist für die Umstellung bis zum 31.7.2005 darf auch noch nach den alten Regeln geschrieben werden. Mit der Neuregelung wird das amtliche Regelwerk von 1902 abgelöst, das zum ersten Mal eine einheitliche Rechtschreibung für das ganze deutsche Sprachgebiet sicherstellte. Mehr Systematik und Vereinfachungen in diese durch Kompromisse zustande gekommene Einheitlichkeit zu bringen, stand seither im Vordergrund der Bemühungen um eine weitere Reformierung der deutschen Rechtschreibung. Die der neuen amtlichen Regelung zugrunde liegenden Vorschläge wurden in jahrelanger wissenschaftlicher Zusammenarbeit von Fachleuten und Vertretern der zuständigen staatlichen Stellen aller deutschsprachigen Länder erarbeitet; sie bringen im Wesentlichen folgende Neuerungen: Der Buchstabe *ß* steht nur noch nach langem Vokal oder Doppelvokal, nach einem kurzen Vokal wird er durch Doppel-s ersetzt (z. B. »Fuß«, »heißen«, aber: »Fluss«). Bei der Schreibung von Fremdwörtern wird in vielen Fällen eine zweite (eingedeutschte) Form neben der bisherigen zugelassen. So kann beispielsweise das *ph* in *phon, phot* und *graph* durch *f* ersetzt werden (*Megaphon / Megafon, Geographie / Geografie* usw.). Zahlreiche der im Verlauf der Reformdiskussion eingebrachten Eindeutschungsvorschläge wie beispielsweise *Packet, Restorant, Apoteke* u. Ä. wurden jedoch abgelehnt. Die Liste der Einzelfestlegungen für weitere Schreibvarianten ist sehr begrenzt und beschränkt sich auf wenige Fälle wie etwa *Delphin / Delfin, Myrrhe / Myrre, Panther / Panter, Facette / Fassette* und einige mehr. Bei der Worttrennung am Zeilenende darf verstärkt auch nach

Sprechsilben getrennt werden (»Pä-dagoge«, »Chi-rurg«), *st* wird getrennt, *ck* wird nicht mehr getrennt (»Lis-te«, »Jacke«). Die Zeichensetzung wurde teilweise liberalisiert, Neuregelungen gibt es außerdem in den Bereichen Getrennt- und Zusammenschreibung und Groß- und Kleinschreibung. Zu den Änderungen im Einzelnen vgl. die Kapitel ↑ Apostroph, ↑ Bindestrich, ↑ Doppelpunkt, ↑ f / ph, ↑ Fremdwort, ↑Getrennt- oder Zusammenschreibung, ↑ Groß- oder Kleinschreibung, ↑ Komma, ↑ s-Laute, ↑ Worttrennung.

Rechtsunterzeichneter: ↑ Unterzeichneter.

Recorder / Rekorder: ↑ Rekorder / Recorder.

reden / Reden: Klein schreibt man den Infinitiv: *Sie hat gut reden. Sie macht von sich reden.* Groß schreibt man den substantivierten Infinitiv z. B. in *Sein dauerndes Reden geht mir auf die Nerven. Die Gangster wollten ihn zum Reden bringen. Es lag ihr nicht, viel Redens von einer Sache zu machen.* ↑ Groß- oder Kleinschreibung (1.2.3).

Referatenblatt: Als Bestimmungswort von Zusammensetzungen erhält *Referat* das Fugenzeichen -en-: *Referatenblatt.* ↑ Fugenzeichen.

Referendar: Der Genitiv lautet *des Referendars,* der Dativ und Akkusativ lauten *dem, den Referendar* (nicht: *dem, den Referendaren*).

reflexive Verben: Bei einem reflexiven (rückbezüglichen) Verb wird mithilfe des ↑ Reflexivpronomens das vom Subjekt ausgehende Geschehen auf das Subjekt zurückbezogen: *Ich ärgere mich. Ich fürchtet sich. Sie beeilt sich.* Es gibt echte und unechte reflexive Verben. Echte reflexive Verben sind Verben, die mit dem Reflexivpronomen eine feste Verbindung eingegangen sind: *Ich schäme mich. Sie wundert sich. Er eignet sich das Buch an. Was hat sich dort ereignet?* Unechte reflexive Verben sind Verben, bei denen statt anderer Ergänzungen oder neben ihnen auch ein Reflexivpronomen stehen kann: *Ich wasche mich* (neben: *ihn*). *Ich hole mir* (neben: *ihr*) *die Zeitung. Er trägt sich und seinen Bruder in die Liste ein.* Häufig ändern sich durch die Verbindung mit dem Reflexivpronomen die Bedeutung und Verwendungsart eines Verbs: *Die Ärztin verschreibt* (= verordnet) *ihm deshalb mehrere Medikamente. Ich verschreibe mich* (= schreibe aus Versehen falsch). *Ich verschluckte* (= schluckte hinunter) *ei-nen Kirschkern. Ich verschluckte mich* (= bekam etwas in die Luftröhre). Zur Rechtschreibung *(das Sichverlieben, das Sichausweinen)* ↑ substantivierter Infinitiv (1); zum Passiv(ersatz) bei reflexiven Verben *(es verkauft sich gut; jetzt wird sich hingelegt)* ↑ Passiv (3.5); zu *lass mich mich waschen* ↑ lassen (4); zu *er klagt sich als der / den Mörder an* ↑ Kongruenz (4.2).

Reflexivpronomen
(rückbezügliches Fürwort)

Häufig gestellte Fragen zu Reflexivpronomen	
Frage	Antwort unter
An welcher Stelle im Satz steht das Reflexivpronomen?	dieser Artikel, Punkt (1)
Heißt es *Sie begegneten sich vor Gericht* oder *Sie begegneten einander vor Gericht?*	dieser Artikel, Punkt (3)

Das Reflexivpronomen dient dazu, das im Verb ausgedrückte Geschehen auf das Subjektiv zu beziehen. In einigen Fällen kann sich das Reflexivpronomen auf das Akkusativobjekt beziehen:

Ich wasche *mich. Er* hat *sich* nur geschadet. Sie überließen *die beiden* sich selbst. *Ich* spotte *meiner* doch nicht selbst! Der Vorfall brachte *sie außer sich.* Sie warnte *ihn, sich* zu entfernen.

Die Formen des Reflexivpronomens stimmen in der 1. und 2. Person Singular und Plural mit den Formen des Personalpronomens überein. Nur die 3. Person hat als eigene Form *sich,* sowohl für den Dativ als auch für den Akkusativ des Singulars und des Plurals. Dieses *sich* wird immer kleingeschrieben, auch wenn sich auf die Höflichkeitsanrede *Sie* bezieht:

Setzen *Sie sich* bitte! *Sie* brauchen *sich* nicht zu wundern.

1. Als sich der Zug näherte / Als der Zug sich näherte

(Stellung des Reflexivpronomens): Im heutigen Sprachgebrauch wird das Reflexivpronomen noch überwiegend möglichst weit nach vorn gezogen, d. h., es steht im Nebensatz hinter dem Einleitewort und im Hauptsatz hinter der Personalform des Verbs:

Die Menge wich zurück, als *sich* der Zug näherte. Die Gruppe *verabschiedete sich* am nächsten Tag sehr herzlich. Selten *hat sich* ein Politiker so gehen lassen.

Häufig wird aber heute auch eine andere Wortstellung gewählt. In Nebensätzen wird das Reflexivpronomen in die Nähe des Verbs gerückt:

Die Menge wich zurück, als der Zug *sich näherte.*

Bei Voranstellung der Personalform (↑ Inversion) wird das Reflexivpronomen hinter das Subjekt gesetzt, sodass die Wortstellung der in den Sätzen entspricht, in denen das Subjekt ein Pronomen ist:

Am nächsten Tag verabschiedete *die Gruppe / sie sich* sehr herzlich. Selten hat *ein Politiker / er sich* so gehen lassen.

Diese Wortstellung ist allerdings weniger in der gesprochenen, sondern hauptsächlich in der geschriebenen Sprache üblich. Sie erklärt sich im Wesentlichen aus dem Bestreben, den Satzrhythmus zu variieren und die Aussage übersichtlicher und verständlicher zu gestalten:

... weil der Mann von heute sich davon faszinieren lässt (Bodamer). Als Mahlke sich Knie nach Knie wieder erhob ... (Grass). ... auch wenn ich unseres Glückes mich freue (Frisch). Seitwärts gedreht ... schob der Arbeiter sich durch die Tür (Frank).

2. Er sah die Frau auf sich / auf ihn zustürzen · Schicken Sie bitte ein Foto von sich / von Ihnen

(Reflexivpronomen oder Personalpronomen?): Gelegentlich treten Zweifel auf, ob das Reflexivpronomen oder das Personalpronomen zu setzen ist. Dies ist vor allem bei der Konstruktion ↑ Akkusativ mit Infinitiv und bei nachgestelltem Attribut mit Präposition der Fall. Wird beim a. c. i. das Pronomen auf das Akkusativobjekt bezogen, dann steht das Reflexivpronomen:

Ich sah den Zug sich nähern (= Ich sah den Zug. Er näherte sich. Ich sah, wie sich der Zug näherte). Sie hörte den Mann sich erschießen (= Sie hörte den Mann. Er erschoss sich. Sie hörte, wie der Mann sich erschoss).

Wird dagegen beim a. c. i. das Pronomen auf das Subjekt bezogen, dann schwankt der Gebrauch. Obwohl bei Beziehung auf das Subjekt das Personalpronomen stehen müsste, wird häufig das Reflexivpronomen gesetzt, vor allem dann, wenn vor dem Pronomen eine Präposition steht:

Er sah die Frau auf sich (eigentlich: auf ihn) zustürzen (= Er sah die Frau. Sie stürzte auf ihn zu. Er sah, wie die Frau auf ihn zustürzte). Er hörte den Fremden die Treppe zu sich (eigentlich: zu ihm) heraufkommen (= Er hörte den Fremden. Er kam die Treppe zu ihm herauf. Er hörte, wie der Fremde die Treppe zu ihm heraufkam).

Steht das Pronomen im Dativ ohne Präposition, dann wird das Personalpronomen gebraucht:

Er sah das Mädchen *ihm* zulächeln (= Er sah das Mädchen. Es lächelte ihm zu.
Er sah, wie das Mädchen ihm zulächelte). Sie hörte den Schaffner *ihr* etwas zurufen (= Sie hörte den Schaffner. Er rief ihr etwas zu. Sie hörte, wie der Schaffner ihr etwas zurief).

Im heutigen Deutsch gibt es keine Möglichkeit, in diesen Fällen unmissverständliche Bezüge herzustellen. In dem Satz *Er sah seine Frau ihm zuwinken* kann man *ihm* auf das Subjekt *er* oder auf eine dritte Person beziehen (= Er sah seine Frau einem anderen zuwinken). In dem Satz *Er ließ den Bauern für sich arbeiten* kann man *sich* auf das Subjekt *er* oder auf das Akkusativobjekt beziehen (= Er ließ den Bauern für sich selbst arbeiten).
Bei nachgestellten Attributen mit Präposition steht das Personalpronomen, wenn beim Reflexivpronomen die Beziehung unklar wäre:

Der Intendant traf die Schauspieler im Gespräch über *ihn* (= Der Intendant traf die Schauspieler, die über ihn sprachen).

Überwiegt aber die Vorstellung der Subjektbeziehung, dann zieht man das Reflexivpronomen vor:

Er scheint die Menschen um *sich* (statt: um *ihn*) her vergessen zu haben (= Er schien die Menschen, die um ihn her waren, vergessen zu haben). Schicken Sie bitte ein Foto von *sich* (weniger gut: von *Ihnen*). Und nur: Er schickte ein Foto von *sich* (nicht: von *ihm*).

3. sich / einander:

Die wechselseitige Beziehung zwischen zwei oder mehreren Subjekten kann durch die Formen des Reflexivpronomens *(sich, uns, euch)* oder durch *einander* ausgedrückt werden. Im heutigen Sprachgebrauch sind im Allgemeinen die Formen des Reflexivpronomens zu wählen, weil *einander* fast immer gehoben, bei einigen Verben sogar gespreizt wirkt:

Sie begegneten *sich* vor dem Gericht. Gehoben: Sie begegneten *einander* vor dem Gericht. Sie küssten *sich*. Gespreizt: Sie küssten *einander*. Wir treffen *uns* morgen. Gespreizt: Wir treffen *einander* morgen. Ihr habt *euch* lange nicht gesehen. Gespreizt: Ihr habt *einander* lange nicht gesehen.

Außerhalb des gehobenen Stils ist der Gebrauch von *einander* anstelle der Formen des Reflexivpronomens nur gutzuheißen, wenn Missverständnisse entstehen können oder wenn Präpositionen gebraucht werden. Missverständnisse sind z. B. in folgenden Sätzen möglich:

Sie rauften *sich* die Haare aus (jeder seine eigenen oder gegenseitig?). Eindeutig: Sie rauften *einander* die Haare aus. Sie trösteten *sich* (jeder sich selbst oder gegenseitig?). Eindeutig: Sie trösteten *einander.*

Auch in diesen Fällen werden heute gewöhnlich die Formen des Reflexivpronomens mit verdeutlichendem *gegenseitig* vorgezogen: *Sie rauften sich gegenseitig die Haare aus. Sie trösteten sich gegenseitig.* Als ↑ Pleonasmen gelten *sich einander* und *einander gegenseitig.* Nicht: *Es tanzten drei sich einander ablösende Laiengruppen.* Sondern: *Es tanzten drei sich ablösende Laiengruppen.* Nicht: *Wir müssen uns einander helfen.* Sondern: *Wir müssen uns* (oder: *einander*) *helfen.* Nicht: *Sie schadeten einander gegenseitig.* Sondern: *Sie schadeten sich gegenseitig* (oder: *einander*).

In Verbindung mit Präpositionen wird fast ausschließlich *einander* gebraucht, obwohl in diesen Fällen nur selten eine Wechselbezüglichkeit vorliegt: *Sie gingen hintereinander* (nicht: *hinter sich*). *Sie standen nebeneinander* (nicht: *neben sich*). *Sie lagen aufeinander* (nicht: *auf sich*). Aber nach *unter* im Sinn von »zwischen« steht *sich: Sie teilten die Beute unter sich.*

Die Verwendung von *einer dem* (oder: *den*) *andern* anstelle von *einander* veraltet allmählich: *Wir kennen einer den andern nicht. Sie beglückwünschten einer den andern.*

---

regelmäßig: 1. regelmäßig / regelgemäß: Das Adjektiv *regelmäßig* bedeutet »gleichmäßig« (*regelmäßige Gesichtszüge*) oder »in bestimmten Abständen wiederkehrend, einer bestimmten Ordnung folgend«: *Der Hund braucht sein regelmäßiges Futter. Er kommt regelmäßig um 12 Uhr hier vorbei.* Demgegenüber bedeutet das selten gebrauchte Adjektiv *regelgemäß* »der Vorschrift, Regel entsprechend«: *Die parallele Beugung ist hier regelgemäß.* In diesem Sinn kann *regelmäßig* nicht eingesetzt werden (↑ -gemäß / -mäßig).
2. regelmäßig / in der Regel: Während *regelmäßig* im Sinn von »in bestimmten Abständen wiederkehrend, einer bestimmten Ordnung folgend« gebraucht

wird, kann man *in der Regel* mit »[erfahrungsgemäß] so häufig, dass Ausnahmen selten sind; fast regelmäßig« umschreiben.
regelmäßige Verben: ↑ Konjugation (2.1).
Regierender Bürgermeister: ↑ Titel und Berufsbezeichnungen (2), ↑ Herr (4).
Regierung: Zu *Die Regierung des Königs / die Regierung des Landes* ↑ Genitivattribut (1.5.1).
Regierungsrat: Zu *des Regierungsrats Müller / Regierungsrat Müllers* ↑ Titel und Berufsbezeichnungen (1.2 und 1.3); zu *Reg.-Rat* ↑ Bindestrich (2.8).
Regime: Die früher allein übliche Pluralform *die Regimes* ist heute im Vergleich zu *die Regime* selten: *... aber der Mensch ist sich unter wechselnden Regimen*

gleich geblieben (Augstein). ... *der Gleich-artigkeit der Gewaltregime* (Kantoro-wicz). ... *im Gegensatz zu der Verschie-denheit der politischen und sozialen Re-gime* (Mannheimer Morgen).

Rehabilitand: Als *Rehabilitanden* (Singu-lar: *der Rehabilitand*) werden Personen bezeichnet, denen nach einem schweren Unfall o. Ä. durch geeignete Maßnahmen die Wiedereingliederung in das berufli-che und gesellschaftliche Leben ermög-licht werden soll (↑ -and / -ant).

Rehabilitation / Rehabilitierung: Für die Wiedereingliederung von Versehrten in das berufliche und gesellschaftliche Le-ben wird überwiegend das Wort *Rehabi-litation* gebraucht. Der Ausdruck *Reha-bilitierung* ist dafür weniger üblich, er bezeichnet mehr die Wiedereinsetzung eines Menschen in seine früheren [Eh-ren]rechte *(die Rehabilitierung eines Be-amten)*. ↑ Verbalsubstantiv (1.5).

reich geschmückt / verziert: Nach den neuen Regeln wird getrennt geschrie-ben, weil eine Wortgruppe zugrunde liegt, deren erster Bestandteil als steiger-bar bzw. erweiterbar anzusehen ist. ↑ Ge-trennt- oder Zusammenschreibung (3.1.2).

Reif / Reifen: Die Substantive *der Reif* und *der Reifen* haben sich heute in der Be-deutung differenziert: *der Reif* (Genitiv: *des Reif[e]s*, Plural: *die Reife*) wird ge-wöhnlich in gehobener Ausdrucksweise im Sinn von »Ring« (= Schmuckstück), landschaftlich auch als Bezeichnung für das ringförmige Kinderspielzeug ge-braucht. Demgegenüber wird *der Reifen* (Genitiv: *des Reifens*, Plural: *die Reifen*) als Bezeichnung für größere ringförmige Gegenstände gebraucht, z. B. auch für das ringförmige Kinderspielzeug, für das Fassband und für die Gummibereifung von Fahrzeugen. ↑ Substantiv (2.2).

Reihe: 1. eine Reihe Einheimischer / Einhei-mische · von einer Reihe erregter Abge-ordneter / erregten Abgeordneten: Nach *Reihe* kann die Angabe, woraus die Reihe

besteht, im Genitiv oder als Apposition stehen: *eine Reihe Einheimischer /* (sel-ten:) *Einheimische; eine Reihe randalie-render Schlachtenbummler /* (selten:) *randalierende Schlachtenbummler; eine Reihe anstehender Fragen /* (selten:) *an-stehende Fragen. Sie wurde von einer Reihe erregter Abgeordneter /* (selten:) *er-regten Abgeordneten unterbrochen.* ↑ Ap-position (2.2).

2. Eine Reihe Abgeordneter verließ / verlie-ßen den Saal: Auch wenn nach *Reihe* die Angabe, woraus die Reihe besteht, im Plural folgt, steht in der Regel das Verb im Singular, weil ja das Subjekt *(Reihe)* formal ein Singular ist: *Eine Reihe Abge-ordneter verließ den Saal.* Oft wird aber nach dem Sinn konstruiert und das Verb in den Plural gesetzt: *Eine Reihe Abge-ordneter verließen den Saal.* Der Plural findet sich vor allem dann, wenn das ap-positionelle Verhältnis gewählt wird: *Eine Reihe erregte Abgeordnete* (statt des üblichen Genitivs: *erregter Abgeordne-ter) meldeten sich zu Wort.*

¹rein: 1. Klein schreibt man das Adjektiv z. B. in *reiner Wein, reine Luft, reine und angewandte Mathematik; die Wohnung rein halten.* Aber: *Jetzt beginnt das große Rein[e]machen.* Groß schreibt man die Substantivierung: *Reines und Unreines; etwas Reines anziehen.* In neuer Recht-schreibung ebenso: *etwas ins Reine brin-gen; das wird schon ins Reine kommen; er hat seinen Aufsatz ins Reine geschrieben; sie ist mit ihm im Reinen.* ↑ Groß- oder Kleinschreibung (1.2.1).

2. Folgt *rein* ein Stoffadjektiv, kann man getrennt oder zusammenschreiben: *ein reinseidener / rein seidener Stoff; ein rein-wollener / rein wollener Stoff.* Getrennt schreibt man das kaufmannssprachliche *[aus] rein Leder* und in Verbindung mit Farbadjektiven *(das rein weiße Fell des Hermelins;* zu *reinblau* usw. ↑ echt). ↑ Ge-trennt- oder Zusammenschreibung (3.2). Steht *rein* vor einem Verb, schreibt man ebenfalls getrennt: *Wir wollen jetzt rein* *machen* (aber substantiviert: *das Rein[e]machen*). *Ich bitte euch die Wohnung rein zu halten, die Wäsche rein zu waschen*. Aber zusammen: *Er hat vergeblich versucht, sich reinzuwaschen* (= seine Unschuld zu beweisen).

²rein: ↑ Apostroph (1.1).

reinen / reines Herzens: ↑ Adjektiv (1.2.2).

Reis: Das Substantiv *das Reis* (Genitiv: *des Reises,* Plural: *die Reiser*) bedeutet »junger Trieb, dünner Zweig« (z. B. *das Tannenreis*); dagegen bezeichnet man mit *der Reis* (Genitiv: *des Reises,* Plural [Sorten]: *die Reise*) die Nutzpflanze und ihre Frucht (z. B. *der Milchreis*). Die beiden Wörter sind etymologisch nicht miteinander verwandt.

reisen: Im heutigen Sprachgebrauch wird das Perfekt von *reisen* nur noch mit *sein* umschrieben, auch wenn der Vorgang oder die Dauer des Reisens ausgedrückt werden soll: *Ich bin* (nicht: *habe*) *früher viel gereist. Wir sind* (nicht: *haben*) *mehrere Tage gereist* (↑ haben [1]). Zu *nach Frankreich, in die Schweiz reisen* ↑ in / nach / zu / bei.

Reisende, der und die: **1. genanntem Reisenden / Reisendem · ihr als Reisenden / Reisender:** Im Allgemeinen wird *Reisende* wie ein attributives ↑ Adjektiv dekliniert: *zwei Reisende, diese Reisenden.* Im Genitiv Plural ist heute nach einem stark deklinierten Adjektiv die starke (parallele) Beugung üblich: *die Betreuung älterer Reisender* (veraltend: *Reisenden*). Ausnahmen und Schwankungen treten beim Dativ Singular auf:

a) Nach einem stark deklinierten Adjektiv wird heute schwach gebeugt: *Biete versiertem Reisenden* (veraltet: *Reisendem*) *gute Verdienstmöglichkeiten.* **b)** In der Apposition (im Beisatz) kommt neben der starken Deklination häufig die schwache vor: *ihm als Reisenden der Firma* neben: *ihm als Reisendem der Firma; ihr als Reisenden* neben: *ihr als Reisender.* ↑ substantiviertes Adjektiv (2.1.3).

2. einige Reisende · alle Reisenden · solche Reisende[n]: Zur Deklination von *Reisende* nach *alle, beide, einige* usw. ↑ all- usw.

reißerisch: Der Superlativ lautet *reißerischste.* ↑ Vergleichsformen (2.3).

Reißschiene: Zu der Ersatzschreibung *Reissschiene* ↑ s-Laute (1.2).

reiten: Das Perfekt von *reiten* kann mit *sein* oder *haben* umschrieben werden, je nachdem, ob der Sprecher stärker die durch das Reiten entstehende Ortsveränderung *(Wir sind durch den Wald geritten)* oder den Vorgang des Reitens *(Er hat ganz fantastisch geritten)* sieht. Der Gebrauch mit *sein* nimmt jedoch wie bei anderen Bewegungsverben immer mehr zu, weil die Veränderung in der Bewegung stärker empfunden wird als die Dauer in der Bewegung. Daher sagt man auch: *Ich bin früher gern geritten.* ↑ haben (1).

reizend: Zum prädikativen Gebrauch von *reizend* ↑ erstes Partizip (3).

Rekorder / Recorder: Sowohl die eingedeutschte Schreibung mit *k* als auch die Schreibung mit *c* sind korrekt.

Rektion

Als Rektion bezeichnet man die Fähigkeit bestimmter Wortarten, den Kasus eines abhängigen Wortes zu bestimmen, oder – anders ausgedrückt – die Einwirkung bestimmter Wortarten auf die Deklinationsform eines abhängigen Wortes. Die Rektion tritt bei den Präpositionen, bei bestimmten Verben und bei bestimmten Adjektiven und Partizipien auf.

1. auf dem Sofa / auf das Sofa · diesseits Frankfurts / diesseits von Frankfurt
(die Rektion der Präpositionen): Jede Präposition regiert einen oder mehrere Kasus:

Sie steht *auf dem Stuhl.* Sie geht *durch die Stadt.* Ich verstecke das Buch *hinter dem Schrank.* Der Wagen blieb *wegen eines Motorschadens* liegen.

Dabei können Schwankungen auftreten. Zum Beispiel regieren einige Präpositionen den Dativ oder den Akkusativ, je nachdem, ob ein Geschehen lagebezogen (= Dativ) oder richtungsbezogen (= Akkusativ) ausgedrückt wird:

Ich liege *auf dem Sofa.* Ich lege mich *auf das Sofa.* Sie montiert den Ring *an der Wand* an. Sie montiert den Ring *an die Wand* an. Sie pflanzte die Blume *in den Topf* ein. Sie pflanzte die Blumen *im Garten* ein.

Bei einigen lageangebenden Präpositionen kann der Genitiv durch *von* + Dativ ersetzt werden; die Präposition wird dabei zum Adverb und verliert ihre Rektion:

die Autobahn *diesseits* Frankfurts / diesseits von Frankfurt, der Rhein *unterhalb* Kölns / unterhalb von Köln.

Zu weiteren Einzelheiten vgl. die Artikel über die einzelnen Präpositionen bzw. Verben in Verbindung mit Präpositionen. Zum (umgangssprachlichen) Ersatz des Genitivs durch den Dativ bei bestimmten Präpositionen *(wegen des Regens / dem Regen)* ↑ wegen usw.

2. Der Hund beißt mir / mich in das Bein
(die Rektion der Verben): Bestimmte Verben können mit dem Akkusativ, andere mit dem Dativ oder mit dem Genitiv verbunden werden:

Sie *sucht dich.* Ich *helfe dir.* Er *entledigte sich seiner Kleider.*

Bei einigen Verben sind verschiedene Kasus möglich. So können z. B. die Verben, die eine körperliche Berührung kennzeichnen, mit dem Dativ oder Akkusativ der Person stehen. Der Dativ ist dabei üblicher:

Der Hund beißt dem Fremden ins Bein. Ich habe mir in den Finger geschnitten.

Im Gegensatz zum Dativ (der Beteiligung) drückt der Akkusativ stärker aus, dass die Person unmittelbar betroffen ist:

Der Hund hat ihn gebissen – Der Hund hat ihn ins Bein gebissen.
Ich habe mich geschnitten – Ich habe mich in den Finger geschnitten.

Zwischen Dativ und Akkusativ besteht bei diesen Verben nur ein formaler, kein grundsätzlicher Unterschied. Der Hauptton liegt immer auf der Angabe des Körperteils.

Bei nichtpersönlichem (bildlichem oder übertragenem) Gebrauch wird überwiegend oder ausschließlich der Dativ verwendet:

Der Rauch biss *mir* / (selten:) *mich* in die Augen. Die goldene Uhr stach *dem* (nicht: *den*) *Dieb* in die Augen.

3. Sie ist mir behilflich · Ich bin diese Arbeit nicht gewohnt · das ihm vertrauende Kind

(die Rektion der Adjektive und Partizipien): Bestimmte Adjektive haben, vor allem in Verbindung mit *sein,* den Dativ, Akkusativ oder Genitiv bei sich. Das gilt auch für isolierte (nicht [mehr] an ein Verb angeschlossene) Partizipien:

Sie ist *mir* behilflich. Ich bin *diese Arbeit* nicht gewohnt. Sie ist *seiner* überdrüssig. Dieser *ihm* angeborene Fehler ...

Partizipien, die zu einem Verb gehören, behalten die Rektion des Verbs bei:

Das *ihm* vertrauende Kind; die *mir* anvertrauten Gelder. Sie wartete, *den Bogen* gespannt, auf das Zeichen.

4. Sie harrt seiner / auf ihn · Er ist keines Verbrechens / zu keinem Verbrechen fähig

(Ersatz des Genitivs durch einen Präpositionalfall): Verben und Adjektive, die den Genitiv regieren, werden heute häufig mit einem Präpositionalfall verbunden:

Sie harrt seiner – Sie harrt auf ihn. Er ist keines Verbrechens fähig – Er ist zu keinem Verbrechen fähig.

Der Genitiv bei Präpositionen wird oft – besonders umgangssprachlich – durch den Dativ ersetzt: *wegen des Regens* / (ugs.:) *wegen dem Regen* (↑ wegen, ↑ längs, ↑ ²während u. a. Präpositionen).

Rektor: Zu *des Rektors Müller / Rektor Müllers* ↑ Titel und Berufsbezeichnungen (1.2 und 1.3); zur Anschrift ↑ Brief (7).

Relativadverb: Unter einem Relativadverb versteht man ein Adverb, das den Nebensatz, den es einleitet, mit dem übergeordneten Satz verbindet: *Dort, wo die Lichtung ist, wollen wir Rast machen. Taucher suchten an der Stelle, wo der Fluss am tiefsten ist. In den Tagen, da die beiden noch glücklich waren, hatte sie ihm den Ring geschenkt.* ↑ wo.

Relativpronomen

Häufig gestellte Fragen zum Relativpronomen	
Frage	Antwort unter
Wann verwendet man die Relativpronomen *welcher, welche, welches?*	dieser Artikel, Punkt (1)
Heißt es *die Person, deren er sich annahm* oder *die Person, derer er sich annahm?*	dieser Artikel, Punkt (2)
Wann wird der Relativsatz mit *das,* wann mit *was* angeschlossen? Heißt es also *das Beschwingte, was in dieser Musik liegt* oder *das Beschwingte, das in dieser Musik liegt?*	dieser Artikel, Punkt (4)
Was ist korrekt: *einer der schönsten Filme, die ich gesehen habe* oder *einer der schönsten Filme, den ich gesehen habe?*	dieser Artikel, Punkt (7)
Wird nach *dessen* und *deren* stark oder schwach gebeugt? Heißt es also *der Mann, auf dessen erschöpftem Gesicht* oder *der Mann, auf dessen erschöpften Gesicht?*	dieser Artikel, Punkt (8)

Das Relativpronomen (bezügliches Fürwort) ist ein Pronomen, das einen Nebensatz einleitet und ihn auf ein oder mehrere Substantive (Pronomen) des übergeordneten Satzes bezieht:

> Er las *das Buch, das* ich ihm geschenkt hatte. Das ist *die Frau, deren* Handtasche ich gefunden habe. Hier ist *die Münze, von der* ich gesprochen habe. Man fand *das Buch* und *den Schirm, die* er vergessen hatte.

1. der, die, das / welcher, welche, welches:

Das Relativpronomen, das im heutigen Deutsch gewöhnlich gebraucht wird, ist *der, die, das,* Plural *die* (die Formen decken sich mit denen des Demonstrativpronomens, abgesehen vom Genitiv Plural, der nur *deren* heißt; vgl. Punkt 2). Die kurzen Genitivformen *der* für *deren, des* für *dessen* und *wes* für *wessen* sind heute im Allgemeinen nicht mehr gebräuchlich:

> Wo bist du, Faust, *des* Stimme mir erklang? (Goethe). Wes das Herz voll ist, *des* gehet der Mund über (Luther). *Wes* Brot ich ess, des Lied ich sing (Sprichwort). Er machte häufig Pausen, während *deren* (ugs.: *der*) er sich den Schweiß von der Stirn wischte.

Das Relativpronomen *welcher, welche, welches,* Plural *welche* wird in der gesprochenen Sprache kaum gebraucht. In der geschriebenen Sprache wird es noch öfter verwendet, hauptsächlich um bei einer Häufung von

Relativsätzen zu variieren oder um das Zusammentreffen des Relativpronomens *der, die, das* mit dem Artikel zu vermeiden:

Das ist der Mann, *welcher* (statt: *der*) der Frau noch Geld schuldet. Ich hob das Blatt auf, *welches* (statt: *das*) das Kind verloren hatte. Die, *welche* (statt: *die*) die Freiheit liebten, beugten sich nicht.

Da aber *welcher, welche, welches* immer etwas schwerfällig wirken, werden auch in diesen Fällen häufig *der, die, das* vorgezogen. Die alten Genitivformen *welches, welcher, welches,* Plural *welcher* werden heute nicht mehr gebraucht; dafür treten *dessen* und *deren* ein:

Die Person, *deren* (nicht: *welcher*) wir heute gedenken, ... Der Mann, *dessen* (nicht: *welches*) sie sich annahm, ... Das Geld, *dessen* (nicht: *welches*) sie sich bemächtigten, ... Die Taten, *deren* (nicht: *welcher*) sie sich rühmen, ...

Die attributive Verwendung von *welcher* im Relativsatz findet sich nur vereinzelt in gehobener Sprache, und zwar bei Abstrakta, die den Inhalt oder einen Teilinhalt des übergeordneten Satzes wieder aufnehmen:

Man gestattete mir die Entfernung des Plakates, mit *welcher* Möglichkeit ich nicht gerechnet hatte. Er sagte »Guten Abend«, *welchen* Gruß sie mit einem Nicken erwiderte.

Neben *der, die, das* und *welcher, welche, welches* werden als verallgemeinernde Relativpronomen *wer* und *was* gebraucht (↑4 und 5). Die Formen decken sich mit denen des Interrogativpronomens:

Verloren ist, *wer* sich selbst aufgibt. *Wer* sich den Anordnungen widersetzt, wird streng bestraft. Es ist das Schlimmste, *was* ich je erlebt habe.

2. deren / derer:

Die Formen des Relativpronomens *der, die, das* lauten im Genitiv *dessen, deren, dessen,* Plural *deren:*

Die Person, *deren* (nicht: *derer*) er sich annahm, ... Die Taten, *deren* (nicht: *derer*) sie sich rühmen, ... Die Beweise, aufgrund *deren* (nicht: *derer*) sie verurteilt wurde, ...

Die Form *derer* ist die Form des ↑Demonstrativpronomens (2) im Genitiv Plural und darf nicht relativisch gebraucht werden.

3. deren / derem; dessen / dessem:

Da *deren* und *dessen* Genitivformen sind, dürfen sie nicht gebeugt werden. Es ist nicht korrekt, zu diesen Genitivformen die Dative *derem* und *dessem* zu bilden. Die Beugung erklärt sich aus der Neigung, *deren* und *dessen* als selbstständige Pronomen aufzufassen und wie *dieser* oder *meiner* zu verwenden (↑Demonstrativpronomen [6]):

Falsch: Es besteht aus lang dienenden Berufssoldaten ..., in *derem* (richtig: *deren*) Drill gewiss keine Menschlichkeit herrscht (Die Zeit, 26). Falsch: ... in Bezug auf die Wirtschaft, in *derem* (richtig: *deren*) Rahmen ... (Börsenblatt).

4. das / was:

Das Relativpronomen *das* wird gebraucht, wenn das Bezugswort ein Neutrum ist:

Das Boot, das (nicht: *was*) gekentert ist, ... *Das Gerücht, das* (nicht: *was*) sich schnell ausbreitete, ... *Das Werkzeug, das* (nicht: *was*) man an der Ausgabe bekommt, ...

Das gilt auch dann, wenn das Bezugswort ein substantiviertes Adjektiv (Partizip) ist, das etwas Bestimmtes oder etwas Einzelnes bezeichnet:

Das Kleine, das (nicht: *was*) ich im Arm hielt, ... *Das Beschwingte, das* (nicht: *was*) in dieser Musik liegt, ... *Das Hoheitsvolle, das* (nicht: *was*) von ihrer Erscheinung ausging, ...

Dagegen wird das Relativpronomen *was* gebraucht, wenn das Bezugswort ein substantiviertes Adjektiv (Partizip) ist, das etwas Allgemeines, etwas Unbestimmtes oder etwas rein Begriffliches ausdrückt:

All *das Schöne, was* wir in diesen Tagen erlebten ... *Das Einzige, was* zu tun war ... Es war *etwas Beruhigendes, was* von ihm ausging.

Im Allgemeinen wird *was* auch dann gesetzt, wenn das Bezugswort ein substantivierter Superlativ ist. In diesen Fällen bezieht *was* den Relativsatz auf die Gesamtheit der verglichenen Dinge und nicht nur auf das, was aus dieser Gesamtheit durch den Superlativ herausgehoben wird:

Es ist *das Tollste, was* (nicht: *das*) ich je erlebt habe (= Es ist das Tollste von allem, was ich je erlebt habe). Das ist *das Beste, was* (nicht: *das*) er bisher komponiert hat (= Das ist das Beste von dem, was er bisher komponiert hat). Es war *das Schönste, was* (nicht: *das*) sie je gesehen hatte (= Es war das Schönste von allem, was sie je gesehen hatte).

Schließlich wird *was* fast ausnahmslos dann gebraucht, wenn das Bezugswort ein unbestimmtes Pronomen oder Zahlwort ist (↑ etwas, was):

Das ist *dasselbe / das Gleiche, was* ich auch schon gesagt habe. Es gibt *nichts, was* dich aus der Ruhe bringen könnte. In dem Laden entdeckte ich *vieles / vielerlei / allerlei / manches, was* mich interessierte. Er hatte *alles, was* er sich früher einmal gewünscht hatte.

Tritt aber eine Präposition hinzu, dann steht *das,* soweit man nicht, wie meist, ein ↑ Pronominaladverb (4) gebraucht:

Es gibt vieles, *für das* (nicht: *für was*) ich mich interessiere (besser: *wofür* ich mich interessiere). Ich kenne nichts, *durch das* (nicht: *durch was*) man dich aus der Ruhe bringen könnte (besser: *wodurch* man dich aus der Ruhe bringen könnte).

Das Relativpronomen *was* muss immer gesetzt werden, wenn es sich nicht auf ein einzelnes Bezugswort im übergeordneten Satz, sondern auf dessen Inhalt insgesamt bezieht:

Die Autofahrerin zeigte ihm einen Vogel, *was* ihn maßlos ärgerte. Er schenkte ihr einen Ring, *was* sie sehr freute.

5. Überflüssige Wiederaufnahme oder falsche Ersetzung eines Relativpronomens durch ein Personalpronomen:

Nicht korrekt ist die Wiederaufnahme eines Relativpronomens durch ein Personalpronomen:

Nicht richtig: Es waren internationale Filmstars, *die* er auf die Bühne kommen ließ und *sie* dann einzeln vorstellte. Richtig: ..., *die* er auf die Bühne kommen ließ und dann einzeln vorstellte (oder, wenn man das Relativpronomen nicht ersparen will: ..., *die* er auf die Bühne kommen ließ und *die* er dann einzeln vorstellte). Nicht richtig: Es war ein ehemaliger Klassenkamerad, *dem* er die Hand drückte und *ihm* vor Freude auf die Schulter klopfte. Richtig: ..., *dem* er die Hand drückte und vor Freude auf die Schulter klopfte. Oder: ..., *dem* er die Hand drückte und *dem* er vor Freude auf die Schulter klopfte.

Nicht korrekt ist es auch, ein Relativpronomen, das nicht erspart werden darf, durch ein Personalpronomen zu ersetzen:

Es waren arme und kranke Menschen, *deren* er sich annahm und *ihnen* Hilfe brachte. Richtig: Es waren arme und kranke Menschen, *deren* er sich annahm und *denen* er Hilfe brachte.

6. Ersparung eines Relativpronomens:

Gleich lautende Relativpronomen dürfen nur dann erspart werden, wenn sie im Kasus übereinstimmen (↑ Ellipse [11]):

Sie suchten die Ostereier, *die* (= Akkusativ) ich bemalt und [*die* (= Akkusativ) ich] versteckt hatte. Aber: Ich suchte die Geschenke, *die* (= Akkusativ) ich versteckt hatte, *die* (= Nominativ) aber von meinen Kindern bereits entdeckt worden waren.

7. einer der schönsten Filme, die / der ...:

Wird eine einzelne Person oder Sache aus einer Vielzahl herausgehoben und schließt ein Relativsatz an das Wort an, das die Vielzahl bezeichnet, dann steht das Relativpronomen im Allgemeinen nicht im Singular, sondern im Plural:

Es ist einer der schönsten *Filme, die* ich gesehen habe (nicht: ..., *den* ich gesehen habe).

Dieser Satz sagt aus: Von all den Filmen, die ich gesehen habe, ist dieser einer der schönsten. (Im Gegensatz dazu: Es ist der schönste *Film, den* ich gesehen habe.) Weitere Beispiele:

Er ist einer der ersten *Menschen, die* im Weltraum waren (nicht: ..., *der* im Weltraum war). Frankfurt ist eine der wenigen *Großstädte, in denen* es eine solche Einrichtung gibt (nicht: ..., *in der* es eine solche Einrichtung gibt).

8. der Mann, auf dessen erschöpftem / erschöpften Gesicht:
  Da *deren* und *dessen* attributive Genitive sind, haben sie keinen Einfluss
  auf die Deklination nachfolgender Wortgruppen. Ein nachfolgendes Adjektiv oder Partizip muss deshalb stark gebeugt werden (↑ Adjektiv [1.2.6]):

  Der Mann, auf dessen *erschöpftem* (nicht: *erschöpften*) Gesicht der Schweiß glänzte, ...
  Die Lampen, von deren *grellem* (nicht: *grellen*) Licht er geblendet wurde, gingen
  plötzlich aus.

9. Verweise:
  Zu *wie* als Relativpronomen *(in dem Maße, wie ...; in der Weise, wie ...)*
  ↑ wie (2).

Relativsatz

Häufig gestellte Fragen zum Relativsatz	
Frage	Antwort unter
Müssen Relativsätze immer direkt auf den Satzteil folgen, auf den sie sich beziehen?	dieser Artikel, Punkt (1)
In welchen Fällen sollte man Relativsätze vermeiden und lieber Hauptsätze formulieren?	dieser Artikel, Punkt (2)

Unter einem Relativsatz versteht man einen Nebensatz, der durch ein Relativpronomen oder -adverb eingeleitet wird und in der Rolle eines Attributes
oder eines selbstständigen Satzgliedes steht. In der Rolle eines Attributes:
Das Junge, das aus dem Nest fiel, war sofort tot (= Das aus dem Nest gefallene
Junge war sofort tot). In der Rolle eines Satzgliedes (Subjekt): *Wer nicht hören
will, muss fühlen* (= Der nicht hören Wollende muss fühlen).

1. Stellung des Relativsatzes:
  Jeder Relativsatz in der Rolle eines Attributes bezieht sich auf ein Substantiv oder auf ein Pronomen:

  Du, der du dies sagst, lügst. Das Kind, das über die Straße lief, war ihr Bruder.

  Das Relativpronomen, das den Relativsatz einleitet, sollte sich immer eindeutig auf das Bezugswort beziehen. Die Eindeutigkeit des Bezuges wird

dann gestört, wenn zwischen dem Bezugswort und dem Relativpronomen
ein anderes Substantiv oder andere Substantive stehen, die im Genus und
im Numerus mit dem Bezugswort übereinstimmen. Das Relativpronomen
passt dann seiner Form nach zu allen vorangehenden Substantiven:

Er legte *das Geschenk* auf *das Bett, das* er aus der Stadt mitgebracht hatte.

In diesem Beispiel wird nicht deutlich, ob das Geschenk oder das Bett aus
der Stadt mitgebracht worden ist, weil sich der Relativsatz sowohl auf *das
Geschenk* als auch auf *das Bett* beziehen kann. Diese Mehrdeutigkeit lässt
sich vermeiden, wenn man den Relativsatz unmittelbar dem Bezugswort
folgen lässt:

Er legte *das Geschenk, das* er aus der Stadt mitgebracht hatte, auf das Bett. Nicht: Wir
bieten eine Wohnung für *eine größere Familie, die* frisch instand gesetzt ist. Sondern:
Wir bieten *eine Wohnung, die* frisch instand gesetzt ist, für eine größere Familie.
Nicht: Er schrieb *einen Brief an seinen Vater, der* schon seit langem fällig war. Sondern:
Er schrieb *einen Brief, der* schon seit langem fällig war, an seinen Vater.

Auch in Satzgefügen, in denen solche Missverständnisse nicht möglich
sind, wird der Relativsatz nicht selten dem Bezugswort unmittelbar angeschlossen. Dies ist vor allem dann der Fall, wenn der Nebensatz eine Aussage enthält, die für das weitere Verständnis des Hauptsatzes notwendig
ist:

Ein Klavierspieler, *der* nicht ständig übt, wird es niemals zur Meisterschaft bringen.

Der Relativsatz *der nicht ständig übt* als Attribut zu *Klavierspieler* muss
bekannt sein, damit die Aussage des Hauptsatzes überhaupt verständlich
ist. Das wird deutlich, wenn man den Relativsatz erst an das Ende des
Hauptsatzes anschließt:

Ein Klavierspieler wird es niemals zur Meisterschaft bringen, *der* nicht ständig übt.

Eine Trennung des Relativsatzes von seinem Bezugswort ist aber dann
möglich und stilistisch sogar zu empfehlen, wenn der Relativsatz eng zu-
sammengehörende Satzteile trennt, wie z. B. das Bezugswort und ein Attribut. Man vermeidet dann eine unschöne Verschachtelung:

Nicht: Bei mir stellte sich eine starke Abneigung, deren ich nicht Herr werden konnte,
gegen Karls Freund ein. Sondern: Bei mir stellte sich eine starke Abneigung gegen
Karls Freund ein, deren ich nicht Herr werden konnte.

2. weiterführende Relativsätze:

Die eigentliche Aufgabe des Relativsatzes ist es, ein im übergeordneten
Satz genanntes Wesen oder Ding näher zu bestimmen, d. h., er soll den im
übergeordneten Satz ausgedrückten Gedanken ergänzen. Sachverhalte,

die nicht in dieser Weise zusammenhängen, werden dagegen in der Regel durch getrennte Hauptsätze oder durch eine Satzverbindung ausgedrückt:

Ich traf sie auf dem Marktplatz. Sie kaufte gerade ein. Er fuhr nach Frankfurt; er kaufte dort einen Anzug.

In stilistisch schlechtem Deutsch wird jedoch häufig auch ein weiterführender Gedanke mit einem Relativsatz angeschlossen und dadurch auf den vorangehenden Satz bezogen, sodass eine formale Unterordnung des zweiten Sachverhalts unter den ersten entsteht, während in Wirklichkeit beide Sachverhalte gleichwertig sind. Eine solche Weiterführung sollte man vermeiden:

Nicht: Machen Sie eine Probefahrt mit dem neuen Wagen, der Ihnen gefallen wird.
Sondern: Machen Sie eine Probefahrt mit dem neuen Wagen. Er wird Ihnen gefallen.

Diese Art der Weiterführung führt besonders dann zu merkwürdigen Sätzen, wenn der Nebensatz ein später eintretendes Ereignis nennt, dabei jedoch in den übergeordneten Satz eingefügt ist:

Nicht: Er sah eine riesige Welle, von der er verschlungen wurde, auf sich zukommen.
Sondern: Er sah eine riesige Welle auf sich zukommen. Er wurde von ihr verschlungen.

In besonderen Fällen ist der relativische Anschluss eines weiterführenden Satzes jedoch möglich, und zwar dann, wenn der Relativsatz durch Einschaltung eines *aber, indes, jedoch, dann, denn, auch, darauf* von dem übergeordneten Satz genügend distanziert ist. Diese Wörter betonen deutlich den Gegensatz oder die zeitliche (gedankliche) Folge:

Nicht: Sie machte einen Versuch, der restlos scheiterte. Sondern: Sie machte einen Versuch, der aber restlos scheiterte. (Oder mit zwei Hauptsätzen: Sie machte einen Versuch. Dieser scheiterte restlos.) Nicht: Ich suchte meinen Freund, den ich fand.
Sondern: Ich suchte meinen Freund, den ich auch endlich fand. Entsprechend: Er setzte mir einen guten Wein vor, der mir jedoch übel bekam.

Korrekt ist auch der Anschluss eines neuen Sachverhaltes in einem Relativsatz, der mit *was* eingeleitet wird, wenn dieses *was* sich auf den Inhalt des ganzen Satzes bezieht:

Sie eröffnete die Sitzung, was kräftig beklatscht wurde. Mutter musste immer wieder Märchen erzählen, was sie auch gerne tat.

Auch der weiterführende Anschluss mit dem lokalen Relativadverb *wo* gilt hochsprachlich als korrekt, wenn es sich um einen räumlichen (oder auch um einen zeitlichen) Bezug handelt:

Ich komme eben aus der Stadt, wo ich Zeuge eines Unfalls war. ↑wo (2).

Relief: Das Wort hat zwei Pluralformen: *die Reliefs* und *die Reliefe*.

Reling: Das Substantiv *die Reling* hat zwei Pluralformen: *die Relings* und seltener *die Relinge*.

remis / Remis: Klein schreibt man das Adjektiv: *Sie spielten remis. Das Spiel endete remis.* Groß schreibt man das Substantiv: *Die Mannschaft spielte auf Remis. Das ist das dritte Remis.*

renovieren: ↑ neu renoviert, ↑ Pleonasmus.

rentabel: Bei *rentabel* fällt, wenn es dekliniert oder gesteigert wird, das e der Endungssilbe aus: *ein rentables Unternehmen. Der Betrieb muss rentabler arbeiten.* ↑ Adjektiv (1.2.13), ↑ Vergleichsformen (2.2).

Rentier: Die Schreibung mit *nn* ist falsch. Sie beruht auf volksetymologischer Verknüpfung mit *rennen*. Das Wort *Rentier* ist eine verdeutlichende Zusammensetzung zu *das Ren* (= Hirschart der Polargegend; Genitiv: *des Rens,* Plural: *die Rens* oder *die Rene*), das im 16. Jh. aus dem Nordischen entlehnt wurde (vgl. schwedisch *ren* »Rentier«). Es wird heute meist mit kurzem Vokal gesprochen, doch kommt auch die dem Schwedischen entsprechende Aussprache mit langem *e* vor.

Repräsentant: Das Substantiv wird schwach gebeugt, Genitiv, Dativ und Akkusativ haben also die Endung -en: *die Einführung des Repräsentanten; im Gespräch mit dem Repräsentanten; Wir suchen einen Repräsentanten* (nicht: *Repräsentant*). ↑ Unterlassung der Deklination (2.1.2).

Reptil: Das Substantiv hat zwei Pluralformen: *die Reptilien* und selten *die Reptile*. In der Zoologie wird die Pluralform *Reptilien* gebraucht.

respektabel: Bei *respektabel* fällt, wenn es dekliniert oder gesteigert wird, das e der Endungssilbe aus: *ein respektabler Erfolg. Sie hat respektablere Gründe.* ↑ Adjektiv (1.2.13), ↑ Vergleichsformen (2.2).

Rest: Bei allen Bedeutungen des Wortes *Rest* lautet der Plural in der Standardsprache nur *die Reste*. Bei der speziellen Bedeutung »letztes Stück von einer Meterware« treten daneben zwei weitere Pluralformen auf: *die Rester* und *die Resten*. Die Pluralform *die Rester* ist allerdings nur in der Kaufmannssprache und in der Umgangssprache gebräuchlich. In der Schweiz wird dagegen der Plural *die Resten* gebraucht.

Restaurierung / Restauration: Beide Wörter bedeuten »Wiederherstellung von Kunstwerken o. Ä.« und »Wiederherstellung früherer politischer Verhältnisse« (zu geringfügigen Bedeutungsunterschieden ↑ Verbalsubstantiv [1.5]). Darüber hinaus bedeutet *Restauration* (bes. österr.) »Restaurant«.

retten: Es heißt *jemanden, etwas vor* (nicht: *von*) *etwas retten: Ich konnte ihn gerade noch vor dem Absturz retten.* Die Verbindung mit *von* ist veraltet. ↑ aufgrund / durch / infolge / von / vor / wegen / zufolge.

Revers: Das Wort für den Aufschlag an Kleidungsstücken wird entweder als Neutrum oder als Maskulinum gebraucht: *das Revers* oder (österr. nur so) *der Revers* (Aussprache: [reˈveːr oder rəˈveːr]). Das veraltende Wort für die Rückseite einer Münze hat maskulines Genus: *der Revers* (Aussprache: [reˈvɛrs oder reˈveːr, rəˈveːr]). Auch das Wort für eine schriftliche Erklärung, einen Verpflichtungsschein wird nur als Maskulinum gebraucht: *der Revers* (Aussprache: [reˈvɛrs]). Es muss also *einen Revers unterschreiben* heißen.

Rezeptblock: Der Plural lautet *die Rezeptblocks*. ↑ Block.

reziprok: Ein reziprokes oder wechselbezügliches Verhältnis kann durch die Formen des ↑ Reflexivpronomens (3) oder durch das gehobene *einander* ausgedrückt werden: *Sie umarmen sich / einander. Sie begrüßen sich / einander. Sie begegneten sich / einander.*

Rhein: Der Genitiv des Flussnamens lautet

des Rheins oder *des Rheines: Der Zug fährt rechts des Rhein[e]s. Die Ruine liegt oberhalb des Rhein[e]s.* ↑ geographische Namen (1.2).

Rhinozeros: Neben der ungebeugten Genitivform *des Rhinozeros* wird heute auch die gebeugte Form *des Rhinozerosses* gebraucht. Der Plural lautet *die Rhinozerosse.*

Rhythmus: Der Genitiv zu *der Rhythmus* lautet *des Rhythmus,* der Plural *die Rhythmen.*

Richtblock: Der Plural lautet *die Richtblöcke.* ↑ Block.

richtig: 1. Klein schreibt man das Adjektiv: *der richtige Weg, die richtige Lösung, die richtige Frau am richtigen Platz.* Groß schreibt man nach der neuen Rechtschreibung alle substantivierten Formen. Wie bisher: *Tue das Richtige. Sie hat das Richtige getroffen. Du bist mir die Richtige! Da geriet er an die Richtige. Daran ist nichts, wenig Richtiges. Er hat im Lotto sechs Richtige.* Neu auch: *Es ist das Richtige* (= richtig), *jetzt zu gehen. Es wäre das Richtigste* (= am richtigsten), *wenn du dich da heraushalten könntest. Dieser Hut ist genau das Richtige* (= richtig) *für mich!* ↑ Groß- oder Kleinschreibung (1.2.1).
2. Man schreibt *richtig* nach den neuen Regeln von einem folgenden Verb immer getrennt. Wie bisher: *Du sollst richtig schreiben, lesen, antworten, singen. Das Besteck hat richtig gelegen.* Neu jetzt auch: *Er hat immer richtig gelegen* (= die richtige Meinung vertreten; ugs.). *Du musst das richtig stellen* (= berichtigen). *Heute wird sie endlich die Rechnung richtig machen* (= begleichen; ugs.).

Richtung: Der Akkusativ wird meist dann gebraucht, wenn jemandem ein Weg gezeigt werden soll: *Sie müssen in diese Richtung gehen.* Befindet sich aber jemand bereits auf einem bestimmten Weg, dann steht gewöhnlich der Dativ: *Sie ging in der gleichen Richtung wie wir.* ↑ in (1).

richtunggebend / richtungweisend: 1. Man schreibt *richtunggebend* zusammen, weil dem Wort keine gebräuchliche verbale Fügung zugrunde liegt; man schreibt *richtungweisend* zusammen, weil bei der zwar dem Wort zugrunde liegenden verbalen Fügung *(die / eine Richtung weisen)* der Artikel eingespart wird: *ein richtunggebender, richtungweisender Gedanke.* Getrennt schreibt man, wenn *Richtung* durch eine nähere Bestimmung (Attribut) erweitert ist: *in nördliche Richtung weisend.* ↑ Getrennt- oder Zusammenschreibung (3.1.1).
2. Die Zusammensetzungen *richtunggebend* und *richtungweisend* sind wie die meisten Komposita mit einem 1. Partizip als Grundwort ohne Fugen-s gebildet. Bei *richtungweisend* hat sich allerdings daneben eine zweite Form mit Fugen-s durchgesetzt: *richtungsweisend.* ↑ Fugen-s (3.4).

Rind- / Rinder- / Rinds-: Bei Zusammensetzungen mit *Rind* als Bestimmungswort gibt es eine Gruppe ohne Fugenzeichen: *Rindfleisch, Rindstück* (für *Beefsteak*), *Rindsuppe* (österr. für *Fleischbrühe*), *Rindvieh.* Die Wörter *Rind[s]leder, rind[s]ledern* sind teils mit Fugen-s, teils ohne Fugen-s gebräuchlich. Daneben gibt es Zusammensetzungen, die teils mit Fugen-s, teils mit *-er-* gebraucht werden. Dabei sind die *-er-*Bildungen mehr in Norddeutschland, die *-s-*Bildungen mehr in Süddeutschland, Österreich und der Schweiz gebräuchlich: *Rinderbraten / Rindsbraten, Rindertalg / Rindstalg, Rinderzunge / Rindszunge.* ↑ Fugenzeichen, ↑ Kompositum (2).

ringsum / rings um: Man schreibt zusammen, wenn es sich um das Adverb handelt, das im Sinne von »überall, rundherum« gebraucht wird: *Ringsum läuft ein Geländer. Ringsum stehen blühende Sträucher.* Man schreibt getrennt, wenn beide Wörter selbstständig gebraucht werden, *rings* als Adverb, *um* als Präposition: *Die Kinder standen rings um ihre*

Lehrerin. Rings um den See standen Bäume. ↑ Getrennt- oder Zusammenschreibung (4.4).

rinnen: Der Konjunktiv II – sofern er überhaupt gebraucht wird – lautet *ränne* oder (seltener) *rönne.* ↑ Konjunktiv (1.3).

Risiko: Das Wort hat zwei Pluralformen: *die Risikos* und *die Risiken.* Die eingedeutschte Form *Risiken* ist etwas häufiger.

Ritz / Ritze: Standardsprachlich wird heute im Allgemeinen *die Ritze* (Genitiv: *der Ritze,* Plural: *die Ritzen*) gebraucht. Das feminine Substantiv hat die Bedeutung »schmale Spalte«. Das maskuline Substantiv *der Ritz* (Genitiv: *des Ritzes,* Plural: *die Ritze*) wird landschaftlich für »Schramme, Kratzer«, z. T. auch noch wie *die Ritze* im Sinne von »schmale Spalte« gebraucht.

robben: Das Perfekt von *robben* kann mit *haben* oder *sein* umschrieben werden: *Wir haben / sind gerobbt.* Wenn die Ortsveränderung angegeben wird, kann nur mit *sein* umschrieben werden: *Wir sind über die Wiese, in den Graben gerobbt.* ↑ haben (1).

rodeln: Das Perfekt von *rodeln* kann mit *haben* oder *sein* umschrieben werden, je nachdem, ob der Sprecher stärker die durch das Rodeln entstehende Ortsveränderung oder den Vorgang des Rodelns sieht. Veränderung in der Bewegung, Ortsveränderung mit *sein: Wir sind ins Tal gerodelt. Ich bin durch die Waldschneise gerodelt.* Dauer in der Bewegung, Vorgang mit *haben: Ich habe noch nie in meinem Leben gerodelt. Wir haben den ganzen Tag gerodelt.* Der Gebrauch mit *sein* nimmt jedoch wie bei den anderen Bewegungsverben immer mehr zu, weil die Veränderung in der Bewegung stärker empfunden wird als die Dauer in der Bewegung. Daher sagt man auch: *Ich bin in meinem Leben noch nie gerodelt. Wir sind den ganzen Tag gerodelt.* ↑ haben (1).

roh: 1. Klein schreibt man das Adjektiv: *ro-*

hes Fleisch, rohe Klöße, rohe Seide, ein roher Mensch. Groß schreibt man nach der neuen Rechtschreibung alle substantivierten Formen. Wie bisher: *Sie wollte nichts Rohes essen. Die Arbeit ist im Rohen fertig.* Neu auch: *aus dem Rohen arbeiten; etwas ist im Rohen fertig.* ↑ Groß- oder Kleinschreibung (1.2.1). Getrennt schreibt man *roh* immer vom folgenden Partizip: *ein roh behauener, bearbeiteter Stein.* Zugrunde liegen hier die verbalen Fügungen *etwas roh behauen, bearbeiten.* ↑ Getrennt- oder Zusammenschreibung (3.1.2).

2. Der Superlativ von *roh* lautet *roheste* oder *rohste.* ↑ Vergleichsformen (2.3).

Rohheit: Bei dem aus dem Adjektiv *roh* und der Ableitungssilbe *-heit* gebildeten Substantiv bleiben in neuer Rechtschreibung beide *h* erhalten. Man schreibt also: *Rohheit.*

Rohr / Röhre: Die Anwendungsbereiche von *Rohr* und *Röhre* sind im heutigen Sprachgebrauch nicht streng geschieden, wenngleich auch viele Sprecher mit *Rohr* die Vorstellung verbinden, dass es sich dabei – im Gegensatz zu *Röhre* – um einen längeren zylindrischen Hohlkörper von größerem Durchmesser und mit stabiler Wandung handelt, der dazu dient, Gase, Flüssigkeit, Licht, Schall u. a. durchzulassen. Ursprünglich bezeichnete das Substantiv *das Rohr* (Plural: *die Rohre*) den Stängel hohlschäftiger Pflanzen, besonders das Schilfrohr, und wurde dann auch kollektiv im Sinne von »Schilf« verwendet: *Bambusrohr, Zuckerrohr, Schilfrohr, Rohrdommel* (= nach dem Nistplatz im Schilf) usw. Dann diente es auch zur Bezeichnung von Gegenständen aus hohlschäftigen Pflanzen: *Rohrstock, Blasrohr, Rohrgeflecht, Rohrstuhl* usw. Schließlich wurde das Wort auf rohrförmige, hohle Dinge aus Ton, Metall u. dgl. übertragen: *Wasserrohr, Leitungsrohr, Ofenrohr, Kanonenrohr, Saugrohr, Hörrohr, Sprachrohr, Sehrohr, Fernrohr; Rohrleger, Rohrpost* usw.

R

Das Substantiv *die Röhre* (Plural: *die Röhren*) war ursprünglich mit *Rohr* gleichbedeutend, wurde dann aber nur noch übertragen für rohrförmige, hohle Dinge oder für Hohlräume in einem größeren festen Körper gebraucht: *Glasröhre, Tablettenröhre, Stahlröhre, Zementröhre, Brunnenröhre; Röhrenembargo* usw. Alle anatomischen Bezeichnungen haben als Grundwort *-röhre: Luftröhre, Speiseröhre, Harnröhre* usw. – In einigen Fällen bezeichnet *Röhre* auch Dinge, die heute nicht mehr rohrförmig hohl sind: *Bratröhre, Radioröhre, Fernsehröhre* usw.

Rohstofffrage: Diese Zusammensetzung wird mit drei *f* geschrieben. Zur besseren Lesbarkeit kann ein Bindestrich gesetzt werden: *Rohstofffrage*, auch: *Rohstoff-Frage*. ↑ Zusammentreffen dreier gleicher Buchstaben.

Rolle: Das Gemessene nach *Rolle: eine Rolle Draht* (nicht: *Drahts*), *eine Rolle verzinkter Draht* (geh.: *verzinkten Drahtes*); *mit zehn Rollen verzinktem Draht* (geh.: *verzinkten Drahtes*). Im Allgemeinen steht das Gemessene im Singular, doch kommt auch der Plural vor, wenn die gerollten Gegenstände Einzelstücke sind oder als solche angesehen werden: *mit zwei Rollen Folien* (= mehrere Folienstücke). *Wir brauchen noch sieben Rollen Tapete / Tapeten*. ↑ Apposition (2.2).

Rollladen: 1. Das aus *Roll-* und *Laden* zusammengesetzte Wort wird in neuer Rechtschreibung mit drei *l* geschrieben, weil beim Zusammentreffen von drei gleichen Konsonanten keiner von ihnen wegfallen darf. Zur besseren Lesbarkeit kann ein Bindestrich gesetzt werden: *Rollladen*, auch: *Roll-Laden*. ↑ Zusammentreffen dreier gleicher Buchstaben. **2.** Der Plural lautet *die Rollläden* und (seltener:) *die Rolllanden*. ↑ Lade / Laden (2).

Romeo und Julia: Es heißt: ›*Romeo und Julia*‹ *wurde* (nicht: *wurden*) *in drei Theatern gleichzeitig aufgeführt*. ↑ Kongruenz (1.3.6). ›*Romeo und Julia*‹ *ist* (nicht: *sind*) *unsere nächste Lektüre*. ↑ Kongruenz (1.4.2).

römisch: Klein schreibt man das Adjektiv z. B. in *das römische Heer, die römischen Kaiser, das römische Recht, römische Zahlen; das römisch-irische Bad, die römisch-katholische Kirche*. Groß schreibt man in ↑ Namen wie *das Römische Reich, das Heilige Römische Reich Deutscher Nation, die Römischen Verträge, die Römische Campagna*.

R

römische Zahlzeichen

Die römischen Zahlzeichen werden heute vor allem zur Angabe von Jahreszahlen in Inschriften und von Seitenzahlen in größeren Einleitungen benutzt, gelegentlich auch zur Kennzeichnung der Monate im Datum *(1. XII. 99)*. Sie werden aus sieben Grundzeichen zusammengesetzt:

I	V	X	L	C	D	M
1	5	10	50	100	500	1 000

Kombinationen:

I	II	III	IV	V	VI	VII	VIII	IX	
1	2	3	4	5	6	7	8	9	

X	XX	XXX	XL	L	LX	LXX	LXXX	XC	
10	20	30	40	50	60	70	80	90	

C	CC	CCC	CD	D	DC	DCC	DCCC	CM	M
100	200	300	400	500	600	700	800	900	1 000

Kaum noch gebräuchlich sind Schreibungen wie *ICC* für *5 000*, *CCIↃↃ* für 10 000 oder die Vertausendfachung einer Zahl durch einen übergesetzten Strich $(\overline{X} = 10\,000, \overline{XV} = 15\,000)$.

1. Zusammensetzung gleicher Zeichen:

Stehen gleiche Zeichen nebeneinander, dann wird ihr Zahlenwert zusammengezählt:

II = 1 + 1 = 2, XX = 10 + 10 = 20, CCC = 100 + 100 + 100 = 300,
MM = 1 000 + 1 000 = 2 000.

Im Einzelnen gilt Folgendes:

– Die Zeichen *I, X, C* dürfen heute nicht mehr als dreimal nebeneinander gesetzt werden:

III = 1 + 1 + 1 = 3, XXX = 10 + 10 + 10 = 30, CCC = 100 + 100 + 100 = 300.

– Die Zeichen *V, L, D* dürfen in einer Zahl nur einmal vorkommen:

MCX = 1 110 (nicht: MCVV), CIII = 103 (nicht: LLIII) , MII = 1 002 (nicht: DDII).

– Das Zeichen *M* darf in einer Zahl beliebig oft vorkommen:

MM = 2 000, MMMM = 4 000.

2. Zusammensetzung ungleicher Zeichen:

Stehen ungleiche Zeichen nebeneinander, so wird nach folgenden Regeln verfahren:

– Steht ein Zeichen für eine kleinere Einheit rechts neben dem Zeichen einer größeren Einheit, dann wird zusammengezählt:

VI = 5 + 1 = 6, XII = 10 + 1 + 1 = 12, XXXVII = 10 + 10 + 10 + 5 + 1 + 1 = 37,
LIX = 50 + 9 = 59.

– Steht ein Zeichen für eine kleinere Einheit links neben dem Zeichen einer größeren Einheit, dann wird abgezogen:

IV = 5 – 1 = 4, IX = 10 – 1 = 9, XXIX = 10 + 10 + 10 – 1 = 29.

Es darf immer nur ein Zeichen abgezogen werden (nicht: *IIV* für *3*, sondern: *III*; nicht: *XXD* für *480*, sondern: *CDLXXX* usw.). Weiter sollte auch nur von einer Zahl abgezogen werden, die aus einem Zeichen besteht (nicht: *IXX* für *19*, sondern: *XIX*; nicht: *IXXX* für *29*, sondern: *XXIX* usw.). Von zwei möglichen Schreibungen wählt man heute im Allgemeinen die kürzere:

IL (statt: XLIX) = 49, VD (statt: XDV) = 495,
MCMIC / MIM (statt: MCMXCIX) = 1 999, MDCCVL (statt: MDCCXLV) = 1 745.

Rooming-in: Bei *Rooming-in* (= Unterbringung von Mutter und Kind in einem Zimmer im Krankenhaus) wird die Schreibung mit Bindestrich bevorzugt.

rosa: 1. Rechtschreibung: Klein schreibt man das Adjektiv: *ein rosa Band; etwas durch eine rosa Brille sehen. Die Farbe des Kleides ist* (wie?) *rosa.* Groß schreibt man die substantivierte Farbbezeichnung: *die Farbe Rosa, ein sehr helles Rosa, Stoffe in Rosa, mit Rosa abgesetzt. Ihre Lieblingsfarbe ist* (was?) *Rosa. Sie trägt gern Rosa.*
2. In neuer Rechtschreibung schreibt man das Farbadjektiv von dem folgenden zweiten Partizip immer getrennt: *der rosa gefärbte Abendhimmel.*
3. Beugung und Steigerung: Es ist standardsprachlich nicht korrekt, das Farbadjektiv *rosa* zu beugen (nicht: *ein rosaes Kleid*). Will man beim attributiven Gebrauch die unflektierte Form umgehen, kann man auf Zusammensetzungen mit *-farben* oder *-farbig* ausweichen: *ein rosafarbenes Kleid, rosafarbige Bänder.* ↑ Farbbezeichnungen (2.2).

Ross: Das Substantiv *das Ross* mit dem Plural *die Rosse* ist eine gehobene Bezeichnung für ein [edles] Pferd. Das Wort kommt aber auch in landschaftlicher Umgangssprache besonders in Bayern und Österreich vor und hat dann den Plural *Rösser.* Dieser Plural gilt auch, wenn *Ross* als Schimpfwort gebraucht wird: *Was habt ihr da wieder angestellt, ihr Rösser!*

Rostocker: Die Einwohnerbezeichnung *Rostocker* wird immer großgeschrieben, auch wenn das Wort wie ein flexionsloses Adjektiv vor einem Substantiv steht: *die Rostocker Ostseewoche, ein Rostocker Fischkutter.* ↑ Einwohnerbezeichnungen auf -er (7).

rot: 1. Groß- oder Kleinschreibung: Klein schreibt man das Adjektiv: *die rote Fahne, wie ein roter Faden, rote Johannisbeeren, rote Korallen, der rote Mann* (Indianer), *das rote Tuch* (beim Stierkampf), *in die roten Zahlen kommen. Ich sehe rot* (↑ rotsehen). *Das Kleid / Seine Farbe ist rot* (wie ist seine Farbe?). Groß schreibt man aber das Adjektiv in Namen: *der Rote Adlerorden, die Rote Armee, die Rote Erde / das Land der Roten Erde* (= Westfalen), *das Rote Kreuz.* In neuer Rechtschreibung auch: *Rote Be[e]te, der Rote Planet* (= Mars). Groß schreibt man auch das Substantiv (substantivierte Adjektiv): *Meine Lieblingsfarbe ist Rot* (was ist meine Lieblingsfarbe?); *die Farbe Rot, in Rot, mit Rot abgesetzt, bei Rot muss man warten, die Ampel steht auf Rot / zeigt Rot.* ↑ Namen.
2. rotbraunes / rot-braunes Haar: Zusammensetzungen von *rot* mit einer anderen Farbbezeichnung können in neuer Rechtschreibung unabhängig von der Bedeutung ohne oder – vor allem bei unübersichtlichen Zusammensetzungen – mit Bindestrich geschrieben werden: *rotbraunes* oder *rot-braunes Haar; eine rotweißblaue* oder *rot-weiß-blaue Fahne.*

R

Allerdings setzt man eher dann den Bindestrich, wenn es sich um verschiedene Farben handelt. ↑ Farbbezeichnungen (3.1).

3. des Rots / die beiden Rot: Das Substantiv *das Rot* erhält nur im Genitiv Singular ein *-s;* alle anderen Kasus sind standardsprachlich endungslos: *die Leuchtkraft des Rots. Die beiden Rot beißen sich.* Die Pluralform mit *-s (die beiden Rots)* ist umgangssprachlich.

4. Zur Steigerung von *rot* ↑ Farbbezeichnungen (1). Als Steigerungsformen werden heute überwiegend *röter* und *röteste* gebraucht, seltener die nicht umgelauteten Formen *roter* und *roteste.* Bei übertragenem Gebrauch des Wortes im Sinne von »sozialistisch, kommunistisch« ist *roter* häufiger: *Sein Bruder ist noch röter / roter als er.* ↑ Vergleichsformen (2.1).

Rote-Kreuz-Schwester / Rotkreuzschwester: Zusammensetzungen mit der Fügung *[das] Rote Kreuz* behalten im Allgemeinen das *-e-* des Adjektivs in erstarrter Form bei: *die Rote-Kreuz-Schwester, der Rote-Kreuz-Schwester,* Plural: *die Rote-Kreuz-Schwestern* (entsprechend: *Rote-Kreuz-Krankenhaus, eine Rote-Kreuz-Lotterie* u. a.). In der Alltagssprache wird jedoch das Adjektiv oft gebeugt, und zwar in Übereinstimmung mit dem Grundwort: *der Roten-Kreuz-Schwester,* Plural: *die Roten-Kreuz-Schwestern. Sie liegt wohl im Roten-Kreuz-Krankenhaus. Ein Los aus der Roten-Kreuz-Lotterie.* – Daneben gibt es Formen, in denen das Adjektiv endungslos (in der Stammform) erscheint: *Rotkreuzschwester, Rotkreuzkrankenhaus.* Das Adjektiv bleibt auch in den gebeugten Formen unverändert: *des Rotkreuzkrankenhauses; zwei Rotkreuzschwestern.* Alle hier behandelten Formen der Zusammensetzung gelten als korrekt. ↑ Kompositum (7).

rötlich: ↑ bläulich.

rotsehen: Für dieses umgangssprachliche Verb mit der Bedeutung »wütend werden« gilt Zusammenschreibung, da der erste Bestandteil hier kaum steiger- oder erweiterbar ist: *Da habe ich rotgesehen!* Aber: *Da sah sie rot.*

Rotterdamer: Die Einwohnerbezeichnung *Rotterdamer* schreibt man mit einem *m.* Das Wort wird immer großgeschrieben, auch wenn es wie ein flexionsloses Adjektiv vor einem Substantiv steht: *der Rotterdamer Hafen, ein Rotterdamer Auto.* ↑ Einwohnerbezeichnungen auf -er (5 und 7).

Rottweiler: Die Einwohner von Rottweil heißen *die Rottweiler.* ↑ Einwohnerbezeichnungen auf -er (1).

Rowdy: Der Plural von *Rowdy* lautet *die Rowdys.* Die englische Schreibung *die Rowdies* ist in neuer Rechtschreibung nicht mehr zulässig. ↑ -y.

rüber: ↑ Apostroph (1.1).

rück- / zurück-: In der Zusammensetzung wird – außer bei Verben (und einigen dazugehörigen Verbalsubstantiven) – gewöhnlich statt *zurück* die verkürzte Form *rück-* verwendet: *Rückbleibsel, Rückblick, Rückfahrt, Rückfall, Rückfrage, rückfragen, Rückgang, Rückkauf, Rückkehr, Rückporto, Rückreise, Rückschau, Rückschlag, Rückschritt, Rücksiedler, Rückstau, Rückstoß, Rücktritt, Rückvergütung, Rückversicherer, Rückversicherung, Rückwanderer, Rückweg, Rückwirkung, Rückzahlung, Rückzug.* (Es heißt also nicht: *Zurückbleibsel, Zurückblick* usw.). Nur vereinzelt stehen Bildungen mit *rück-* und (weniger angemessen) *zurück-* nebeneinander: *Rückerstattung / Zurückerstattung; Rückgabe / Zurückgabe; Rückübersetzung (rückübersetzen) / Zurückübersetzung (zurückübersetzen), Rückzieher / Zurückzieher.* Verschiedene Bedeutungen haben *Rückführung* (= das Zurückbringen in die Heimat, Rücksiedelung, Eingliederung) und *Zurückführung,* das sich an *zurückführen* anschließt.

Rückantwort: Im Unterschied zu *Antwort* wird *Rückantwort* gewöhnlich im Sinne von »Antwort auf eine telefonische oder schriftliche Anfrage« gebraucht. ↑ Pleonasmus.

rückbezügliches Fürwort: ↑ Reflexivpronomen.

rückbezügliches Zeitwort: ↑ reflexive Verben.

rückenschwimmen: Von *rückenschwimmen* wird im Allgemeinen nur der Infinitiv gebraucht: *Sie kann nicht rückenschwimmen.* ↑ Getrennt- oder Zusammenschreibung (2.1).

Rückenteil: Das Substantiv *Rückenteil* kann Neutrum *(das Rückenteil)* oder Maskulinum *(der Rückenteil)* sein. Man sagt aber häufiger *das Rückenteil,* besonders in der Schneiderei.

Rückerstattung: Das Substantiv *Rückerstattung* ist eine verdeutlichende Zusammensetzung. In *Erstattung* ist der Begriff »zurück« bereits enthalten. ↑ Pleonasmus, ↑ rück- / zurück-.

Rückgabe: ↑ rück- / zurück-.

Rücksicht: Es muss heißen: *Rücksicht auf* (nicht: *in*) *jemanden oder etwas.* Nach *auf* steht hier nur der Akkusativ.

rücksichtsvoll: Es heißt: *Er ist ihr gegenüber immer rücksichtsvoll gewesen* oder *Er ist gegen sie immer rücksichtsvoll gewesen.* Nicht: *Er ist zu ihr immer rücksichtsvoll gewesen.*

rückübersetzen, Rückübersetzung: ↑ rück- / zurück-.

rückvergüten, Rückvergütung: Das Substantiv *Rückvergütung* ist eine verdeutlichende Zusammensetzung. In *Vergütung* ist der Begriff »zurück« bereits enthalten. ↑ Pleonasmus, ↑ rück- / zurück-.

rückwärts: 1. Bedeutung und Gebrauch: Das Adverb *rückwärts* bedeutet »nach hinten« *(rückwärts fahren, rückwärts einparken)* oder »mit dem Rücken voran« *(rückwärts die Leiter hinuntersteigen).* Es darf aber nicht im Sinne von »zurück, auf dem Rückweg« gebraucht werden. Nicht richtig sind z. B. die Sätze: *Hin werden wir über Frankfurt, rückwärts* (statt: *zurück*) *über Mainz fahren. Rückwärts komme ich noch zu dir* (statt: *Auf*

dem Rückweg ...). – Landschaftlich und besonders in Österreich steht *rückwärts* auch für »hinten«. *Rückwärts einsteigen* bedeutet dann »hinten (in die Straßenbahn) einsteigen«. *Eingang von rückwärts* bedeutet »Eingang von hinten«. In der Standardsprache sollte man diese missverständliche Ausdrucksweise vermeiden (↑ -wärts). **2.** Nach den neuen Regeln schreibt man *rückwärts* immer getrennt vom folgenden Verb oder Partizip: *rückwärts blicken, rückwärts gehen.* In neuer Rechtschreibung auch: *Es ist mit dem Umsatz immer mehr rückwärts gegangen. Mit schwarzem, rückwärts gekämmtem Haar.* ↑ Getrennt- oder Zusammenschreibung (1.4 und 3.1.3).

Rückzieher: ↑ rück- / zurück-.

Ruderin: Die feminine Form von *Ruderer* lautet *die Ruderin* (nicht: *die Rudererin*). ↑ Substantiv (3).

rudern: Das Perfekt von *rudern* kann mit *haben* oder *sein* umschrieben werden, je nachdem, ob der Sprecher stärker die durch das Rudern entstehende Ortsveränderung oder den Vorgang des Ruderns sieht. Veränderung in der Bewegung, Ortsveränderung mit *sein: Wir sind über den See gerudert. Ich bin bis zur Boje gerudert.* Dauer in der Bewegung, Vorgang mit *haben: Ich habe in meinem Leben noch nie gerudert. Wir haben den ganzen Tag gerudert.* Jedoch nimmt der Gebrauch mit *sein* wie bei den anderen Bewegungsverben immer mehr zu, weil die Veränderung in der Bewegung stärker empfunden wird als die Dauer in der Bewegung. Daher sagt man auch: *Ich bin in meinem Leben noch nie gerudert. Wir sind den ganzen Tag gerudert.* ↑ haben (1).

Rudolstädter: Die Einwohner von Rudolstadt heißen *Rudolstädter* (nicht: *Rudolstadter*). Die Einwohnerbezeichnung wird immer großgeschrieben, auch wenn das Wort wie ein flexionsloses Adjektiv vor einem Substantiv steht: *die*

R

Rudolstädter Sportvereine. ↑ Einwohnerbezeichnungen auf -er (4 und 7).

Ruf: Zu *der Ruf dieses Mannes als Forscher, als eines Forschers, als bedeutender Forscher / als bedeutenden Forschers* ↑ Apposition (3.2 und 3.3).

rufen: 1. Rektion: Standardsprachlich wird *rufen* mit dem Akkusativ verbunden. Es heißt also: *Sie hat mich gerufen. Wir riefen die Polizei. Soll ich ein Taxi rufen?* Nur landschaftlich, besonders südwestdeutsch, und schweizerisch wird *rufen* auch mit dem Dativ verbunden: *Die Mutter rief ihrem Kind* (statt standardsprachlich: *Die Mutter rief ihr Kind*). Es wird besonders häufig dann mit dem Dativ verbunden, wenn es nicht im Sinne von »herbeirufen«, sondern im Sinne von »rufend nach jemandem oder etwas verlangen« gebraucht wird: *Der Gast rief dem Kellner. Die Patientin rief der Schwester.* Standardsprachlich ist hier *rufen* in Verbindung mit der Präposition *nach: Der Gast rief nach dem Kellner. Die Patientin rief nach der Schwester.* **2. Konjunktiv:** Der Konjunktiv II lautet *riefe* (nicht: *rüfe*).

Ruhm: Zu *der Ruhm Belisars als Feldherrn, als eines Feldherrn, als siegreicher Feldherr / als siegreichen Feldherrn* ↑ Apposition (3.2 und 3.3).

rühmen, sich: Nach *sich rühmen als* steht heute das folgende Substantiv gewöhnlich im Nominativ, d. h., es wird auf das Subjekt bezogen: *Er rühmt sich als großer Schauspieler.* Der Akkusativ, d. h. der Bezug auf *sich,* veraltet allmählich: *Er rühmt sich als großen Schauspieler.* ↑ Kongruenz (4.2).

rühren: Wird *an etwas rühren* in übertragenem Sinn von »etwas im Gespräch berühren, erwähnen« gebraucht, dann kann sowohl der Dativ als auch der Akkusativ stehen: *Wir wollen nicht mehr an diese Sache / an dieser Sache rühren.* Da aber im eigentlichen Gebrauch des Verbs nur der Akkusativ üblich ist *(Bitte nicht an die Gläser rühren!),* wird dieser Kasus meist auch beim übertragenen Sinn vorgezogen: *Es ist nicht schön von dir, Freund, dass du an diese schmerzlichen Dinge rührst ...* (Th. Mann). *Auch von den »Abschiedsbriefen« aus dem Gefängnis ... rühren nicht wenige an die letzten Fragen menschlicher Existenz* (Rothfels).

Rum: Die Bezeichnung für den aus Rohrzucker hergestellten Branntwein *der Rum (des Rums, die Rums)* wird mit kurzem *u* gesprochen; *der Rum (des Rums, die Rume)* – mit langem *u* – ist süddeutsch, österreichisch und schweizerisch.

Rumba: Neben *die Rumba* (Genitiv: *der Rumba,* Plural: *die Rumbas*) ist – vor allem in Österreich – auch die maskuline Form *der Rumba (des, die Rumbas)* gebräuchlich.

Rumpsteak: Die Aussprache von *das Rumpsteak (des, die Rumpsteaks)* ist ['rʊmp-steːk].

rund: Die Vergleichsformen von *rund* lauten *runder, rundeste* (nicht: *ründer, ründeste*). ↑ Vergleichsformen (2.1).

runter: ↑ Apostroph (1.1).

russisch / Russisch: Klein schreibt man das Adjektiv z. B. in *das russische Alphabet, das russische Ballett, russische Eier, die russische / russisch-orthodoxe Kirche.* Groß schreibt man aber das Adjektiv in ↑ Namen wie *Russisch Brot, der Russisch-Japanische Krieg* (1904/05), *die Russische Sozialistische Föderative Sowjetrepublik* (RSFSR). Zu *sich russisch unterhalten; kein Russisch sprechen. Der Redner spricht russisch. Würden Sie das bitte auf Russisch wiederholen? Der Prospekt erscheint in Russisch* usw. ↑ deutsch. Zu *das Russisch / Russische* ↑ Sprachbezeichnungen.

S s

s: Zur Schreibung und Deklination ↑ Bindestrich (2.4) *(s-Laut, Schluss-s);* ↑ Einzelbuchstaben *(des S, zwei S);* ↑ Groß- oder Kleinschreibung (1.2.5) *(das s in rasen).* ↑ Aussprache (6).

-s: **1.** Zur Adverbendung *-s* bei *öfters, durchwegs, weiters* und bei *abends, nachmittags, dienstags* ↑ Adverb (2 und 3). **2.** Zum *s*-Plural beim Substantiv ↑ Plural (2–4); zum Genitiv-*s* oder *-es* ↑ Genitiv-s.

-s-: Zu *Bahnhof[s]straße* usw. ↑ Fugen-s (3.2).

Saal-, Saale-: Zusammensetzungen mit dem Flussnamen *Saale* wurden ursprünglich ohne das auslautende *-e* gebildet: *Saalburg, Saalfeld.* In neueren Zusammensetzungen bleibt das *-e* meist erhalten: *Saaletalsperre.* ↑ Flussnamen (2).

Saarbrücker: **1.** Die Einwohner von Saarbrücken heißen *Saarbrücker* (nicht: *Saarbrückener).* Die Einwohnerbezeichnung wird immer großgeschrieben, auch wenn das Wort wie ein flexionsloses Adjektiv vor einem Substantiv steht: *die Saarbrücker Innenstadt.* ↑ Einwohnerbezeichnungen auf -er (1 und 7).

Saccharin / Sacharin: Beide Schreibungen sind zulässig. In der chemischen und technischen Fachsprache wird die Schreibung mit *-cch-* gegenüber der eingedeutschten Schreibung bevorzugt. Die Aussprache ist für beide Formen gleich: [zaxa'ri:n].

sächliches Substantiv: ↑ Neutrum.

Sachsen-Anhalter / Sachsen-Anhaltiner: Beide Einwohnerbezeichnungen sind gebräuchlich. ↑ Einwohnerbezeichnungen auf -er (8).

Sachverständige: **1.** besagtem Sachverständigen / Sachverständigem · ihr als Sachverständigen / Sachverständiger: Im Allgemeinen wird *Sachverständige* wie ein attributives ↑ Adjektiv dekliniert: *ein Sachverständiger, zwei Sachverständige, der / dieser Sachverständige.* Im Genitiv Plural ist heute nach einem stark deklinierten Adjektiv die starke (parallele) Beugung üblich: *Sie verlangte die Hinzuziehung vereidigter Sachverständiger* (veraltend: *Sachverständigen).* Ausnahmen und Schwankungen treten beim Dativ Singular auf: **a)** Nach einem stark deklinierten Adjektiv wird heute schwach gebeugt: *Besagtem Sachverständigen* (veraltet: *Sachverständigem) wird Befangenheit vorgeworfen.* **b)** In der Apposition (im Beisatz) kommt neben der starken Deklination häufig die schwache vor: *Ihm als Sachverständigen ... neben: Ihm als Sachverständigem ... Ihr als Sachverständigen ... neben: Ihr als Sachverständiger ...* **2. einige Sachverständige · alle Sachverständigen · solche Sachverständige[n]:** Zur Deklination von *Sachverständige* nach *alle, beide, einige* usw. ↑ all- usw.

Sack: **1.** Als Maßbezeichnung bleibt *Sack* häufig ungebeugt: *3 Säcke Kaffee* oder *3 Sack Kaffee.* ↑ Maß-, Mengen- und Münzbezeichnungen (1). **2.** Das Gemessene nach *Sack: ein Sack Weizen* (nicht: *Weizens); ein Sack kanadischer Weizen* (geh.: *kanadischen Weizens); der Preis eines Sackes Weizen* oder *eines Sack Weizens; mit 30 Säcken brasilianischem Kaffee* (geh.: *brasilianischen Kaffees); mit einem Sack neuer* (auch: *neue) Kartoffeln.* ↑ Apposition (2.2).

Säckel: *Säckel* im Sinne von »Geldbeutel, Kasse« hat maskulines Genus: *der Säckel.* Es ist keine Verkleinerungsbildung zu *Sack,* sondern es ist aus lateinisch sacellus »Geldsäckel« entlehnt. Das Wort kommt heute fast nur noch in festen Redewendungen wie *tief in den Säckel greifen, sich den Säckel füllen* vor.

Safe: Das Fremdwort *Safe* kann Maskulinum oder Neutrum sein: Es heißt *der Safe* oder (seltener:) *das Safe.*

sagen: Das Verb *sagen* steht gewöhnlich mit dem Dativ der Person neben dem Akkusativ der Sache: *Er hat ihm seine Meinung gesagt. Sie hat ihm nicht gesagt, dass sie kommt. Ich werde ihm nichts davon sagen. Er hat ihr die volle Wahrheit gesagt.* Die im Dativ genannte Person kann aber auch mit *zu* angeschlossen werden. Dies ist vor allem dort der Fall, wo das Ausgesagte als direkte Rede in Anführungszeichen oder gleichsam in Anführungszeichen steht: *Ich sage du zu ihr. Nachdem sie »Vielen Dank!« zu der Dame gesagt hatte, ging sie. Sie sagte zu mir:»Ich muss jetzt gehen.«* Landschaftlich kommt jedoch auch in diesen Fällen der reine Dativ der Person vor: *Er sagt ihr du. Nachdem sie der Dame »Vielen Dank!« gesagt hatte ...* Dieser Gebrauch gilt aber standardsprachlich nicht als korrekt. Zu *jemanden / jemandem etwas sagen lassen* ↑ lassen (6); zu *Er sagte, er ist / sei / wäre krank* ↑ indirekte Rede (2). Vgl. auch ↑ ich darf / möchte / würde sagen.

Sahara: Neben der Betonung auf dem zweiten *a* ist auch die auf dem ersten möglich.

sähe / sehe: Die Form *sehe* ist die Form des Konjunktivs I von *sehen;* sie steht vor allem in der ↑ indirekten Rede (2.1): *Sie sagte, dass sie keinen anderen Ausweg sehe. Ich fragte sie, was sie sehe.* Dagegen ist *sähe* die Form des Konjunktivs II, der vor allem im ↑ Konditionalsatz (2–7) steht: *Sähe ich ihn heute, dann könnte ich ihn warnen. Ich käme sofort, wenn ich eine Möglichkeit sähe, dir zu helfen.* Der Konjunktiv II *sähe* tritt auch in der indirekten Rede auf, wenn in der direkten Rede schon *sähe* oder *sehen würde* steht oder etwas als zweifelhaft hingestellt wird. ↑ indirekte Rede (3.3).

Sahne-: Die Zusammensetzungen mit *Sahne* als Bestimmungswort stehen heute gewöhnlich ohne ↑ Fugenzeichen: *Sahnebonbon, Sahneeis, Sahnekännchen, Sahnekäse, Sahnekuchen, Sahnepudding.* Die Bildungen mit dem Fugenzeichen *-n-* (z. B. *Sahnenkännchen, Sahnenkäse*) sind dagegen veraltet.

Saite / Seite: Die beiden Wörter werden besonders beim übertragenen Gebrauch von *Saite* miteinander verwechselt: *gleich gestimmte Saiten verwandter Seelen; andere Saiten aufziehen; eine Saite seines Wesens zum Erklingen bringen.* Bei diesen Beispielen lässt der jeweilige Zusammenhang (mit Wörtern wie *gleich gestimmt, aufziehen, erklingen*) erkennen, dass nicht *Seite,* sondern nur *Saite* gemeint sein kann. Dagegen heißt es aber: *Sie zeigte sich von ihrer besten Seite. Rauchen ist seine schwache Seite. Wir lernten sie von einer ganz anderen Seite kennen. Dem ist nichts an die Seite zu stellen.*

Sakko: Es heißt *der Sakko,* seltener auch *das Sakko.* In Österreich, wo man zudem *Sakko̱* betont, ist nur *das Sakko* gebräuchlich.

Salbei: Der Pflanzenname Salbei kann als Maskulinum oder als Femininum gebraucht werden. Sowohl *der Salbei* (Genitiv: *des Salbeis*) als *die Salbei* (Genitiv: *der Salbei*) ist korrekt.

Saldo: Das Wort *Saldo* (= Unterschiedsbetrag zwischen der Soll- und der Habenseite eines Kontos) hat drei Pluralformen: *die Salden, die Saldos* und *die Saldi.* Das kaufmannssprachliche *Saldo* ist ein maskulines Substantiv, es heißt also *der Saldo* (nicht: *das Saldo*).

Salmiak: Es heißt *der Salmiak* oder (seltener:) *das Salmiak.*

Salto: Der aus dem Italienischen entlehnte Ausdruck für »Luftrolle« hat zwei Pluralformen: *die Saltos* oder *die Salti.*

Salzburger: Die Einwohnerbezeichnung

Salzburger wird immer großgeschrieben, auch wenn das Wort wie ein flexionsloses Adjektiv vor einem Substantiv steht: *die Salzburger Festspiele.* ↑ Einwohnerbezeichnungen auf -er (7).

salzen: Bei dem Verb *salzen* und seinen Zusammensetzungen gibt es zwei Formen des 2. Partizips, die aber verschieden gebraucht werden. Vgl. dazu ↑ gesalzen / gesalzt, ↑ einsalzen, ↑ entsalzen, ↑ versalzen.

Salzgitter: Die Einwohner von Salzgitter heißen *Salzgitterer* oder *Salzgitteraner.* Ortsüblich ist die Form *die Salzgitterschen,* sodass also das substantivierte Adjektiv *salzgittersch* hier als Personenbezeichnung erscheint. ↑ Einwohnerbezeichnungen auf -er (2).

Samba: Neben *die Samba* (Genitiv: *der Samba,* Plural: *die Sambas*) kommt – vor allem in Österreich – auch *der Samba* (Genitiv: *des Sambas,* Plural: *die Sambas*) vor.

Same / Samen: Von den beiden Nominativformen ist die auf *-n* die üblichere: *Der Samen liegt nun in der Erde.* Die Nominativform *der Same* wird insgesamt seltener als *der Samen* gebraucht, kommt aber häufiger in gehobener Stilschicht vor. Zu beiden Formen lautet der Genitiv *des Samens,* der Plural *die Samen.* ↑ Substantiv (2.1).

Sammelbezeichnung, Sammelname: ↑ Kollektivum.

Samstag: Zu *Samstagabend* ↑ Dienstag (2); zu *Samstagabend / samstagabends / samstags abends* ↑ Adverb (3); zu *am Samstag, dem / den 14. 1.* ↑ Datum; zur Deklination ↑ Wochentage.

Samstag / Sonnabend: *Samstag* und *Sonnabend* halten sich räumlich etwa die Waage: *Samstag* gehört in den Süden, *Sonnabend* in den Norden des deutschen Sprachgebiets. Auch im Westen und Norden setzt sich *Samstag* allmählich durch, unterstützt vor allem durch den Sprachgebrauch bei Bahn und Post, wo *Samstag* statt *Sonnabend* der besseren

Unterscheidbarkeit von *Sonntag* wegen eingeführt wurde (vgl. auch die Abkürzungen *Sa.* und *So.*). Im Osten ist noch überwiegend *Sonnabend* üblich.

samt: Die Präposition steht mit dem Dativ: *eine Blume samt Wurzeln; das Haus wurde samt allem Inventar versteigert.*

sämtlich: 1. **sämtliche anwesenden / anwesende Bürger:** Das auf *sämtlich* folgende [substantivierte] Adjektiv (Partizip) wird im Singular immer schwach gebeugt: *sämtliches Schöne, sämtlicher aufgehäufte Sand, der Verlust sämtlicher vorhandenen Energie, mit sämtlichem gesammelten Material, sämtliches vorhandene Eigentum beschlagnahmen.* Auch im Plural herrscht im Allgemeinen die schwache Form vor: *sämtliche griechischen Bücher, sämtliche Beamten, sämtliche Gefangenen, für sämtliche anwesenden Bürger. ... [die] Mitglieder sämtlicher westdeutschen Parteien* (Der Spiegel). Im Nominativ und Akkusativ Plural tritt gelegentlich auch die starke Deklination auf: *sämtliche französische Offiziere, sämtliche Gefangene / Beamte.* *... dass Großbritannien nahezu sämtliche internationale Verträge kündigen müsste* (F. A. Z.). Im Genitiv Plural ist die starke Deklination häufiger: *angesichts sämtlicher deutscher Offiziere, die Kleidung sämtlicher Gefangener.* ↑ Adjektiv (1.2.5). **2. sämtlich / sämtliche:** Die ungebeugte Form *sämtlich* wird als Umstandsangabe im Sinne von »allesamt, vollzählig« gebraucht: *Die Mitglieder waren sämtlich erschienen.* Man beachte den Unterschied im Gebrauch: *sämtliche erschienenen Mitglieder* (= alle, die erschienen waren), aber: *die sämtlich erschienenen Mitglieder* (= die vollzählig, ohne Ausnahme erschienenen Mitglieder).

sandstrahlen: Von *sandstrahlen* werden im Allgemeinen nur der Infinitiv und das 2. Partizip gebraucht: *Wir lassen das Werkstück sandstrahlen. Die Front dieses Gebäudes ist gesandstrahlt worden.* In der technischen Fachsprache kommt das

S

2. Partizip auch in der Form *sandge-strahlt* vor. ↑ Getrennt- oder Zusammen-schreibung (2.1).

Sandwich: Es heißt *der Sandwich* oder *das Sandwich.* Der Genitiv lautet *des Sand-wich* oder *des Sandwich[e]s,* der Plural *die Sandwich[e]s* oder *die Sandwiche.*

sanft: Die Vergleichsformen von *sanft* lau-ten *sanfter, sanfteste* (nicht: *sanftste*). ↑ Vergleichsformen (2.3).

Sanftmut: Das Substantiv *Sanftmut* ist ein Femininum. Es heißt also *die Sanftmut* (↑ -mut).

Sankt: *Sankt* (Abk.: St.; aus lateinisch *sanctus* »heilig«) tritt nur als Bestandteil von Namen auf und wird deshalb immer großgeschrieben: *Sankt / St. Petrus, Sankt / St. Anna, Sankt / St. Blasien, Sankt Goar, Sankt Goarshausen.* Die Einwoh-nerbezeichnungen zu solchen Ortsna-men werden nach den neuen Recht-schreibregeln mit Bindestrich geschrie-ben, die bisherige Schreibung ohne Bin-destrich ist aber auch weiterhin zulässig: *die Sankt-Blasier / Sankt Blasier, ein St.-Galler / St. Galler;* ebenso: *die St.-Goa-rer / St. Goarer Stiftskirche.* Bindestriche müssen aber stehen, wenn ein Heiligen-name oder ein Ortsname mit *Sankt* Be-standteil einer Aneinanderreihung wird: *Sankt-Blasien-Straße; die Sankt-Marien-Kirche* (abgekürzt: *St.-Marien-Kirche*), aber: *die Türme von Sankt (St.) Marien.* Zum Unterschied der Schreibungen *Sankt-Blasien-Straße* und *Sankt-Blasier Straße* ↑ Straßennamen (1.3 und 1.4).

Sankt-Galler: Die Einwohner von Sankt Gallen heißen *Sankt-Galler* (in Deutsch-land auch *Sankt-Gallener*). Zur Verwen-dung von Bindestrichen ↑ Sankt, ↑ Ein-wohnerbezeichnungen auf -er (1). Die Einwohnerbezeichnung wird immer großgeschrieben, auch wenn das Wort wie ein flexionsloses Adjektiv vor einem Substantiv steht: *die Sankt-Galler Hand-schrift, eine Sankt-Galler Familie.* ↑ Ein-wohnerbezeichnungen auf -er (7).

Sant' Agata: ↑ Apostroph (2.3).

Sappho: Die Konsonantenverbindung *-pph-* in dem Namen *Sappho* kann wie *pf* oder wie einfaches *f* gesprochen werden.

Satellit: Der Genitiv lautet *des Satelliten* (nicht: *des Satellits*), der Dativ und Ak-kusativ lauten *dem, den Satelliten* (nicht: *dem, den Satellit*). ↑ Unterlassung der De-klination (2.1.2).

satirisch: Das Adjektiv *satirisch* »spöt-tisch-tadelnd, beißend« ist eine Ablei-tung von *Satire* und wird deshalb mit *i* geschrieben. Die entsprechende Ablei-tung von *Satyr* »derb-lüsterner, bocksge-staltiger Waldgeist« ist nicht *satyrisch,* sondern *satyrhaft.*

satt: 1. etwas satt haben / sein: In der über-tragenen Bedeutung »überdrüssig« kann *satt* sowohl mit *sein* als auch mit *haben* verbunden werden. In beiden Fällen steht heute das Sachobjekt im Akkusa-tiv: *Ich bin / habe deine Launen satt.* Das Genitivobjekt, das früher besonders bei *satt + sein* gebräuchlich war *(Ich bin dei-ner Launen satt)* ist veraltet.
2. Rechtschreibung: Man schreibt vom folgenden Verb immer getrennt: *sich satt essen, etwas satt* (= überdrüssig; ugs.) *sein; sich an einer Sache satt sehen* (ugs.); *etwas satt bekommen, haben* (ugs.). ↑ Ge-trennt- oder Zusammenschreibung (1.2 und 1.5).
3. Die Vergleichsformen von *satt* werden ohne Umlaut gebildet: *satter, am sattes-ten.* ↑ Vergleichsformen (2.1).

Satyr: Die Deklination von *Satyr* schwankt. Der Genitiv lautet *des Satyrs,* seltener auch *des Satyrn.* Der Plural lau-tet *die Satyre* oder *die Satyrn.*

Satz: 1. Als Maß- oder Mengenbezeich-nung bleibt *Satz* im Plural oft unge-beugt: *3 Satz Schüsseln;* aber auch: *3 Sätze Briefmarken.* ↑ Maß-, Mengen- und Münzbezeichnungen (1).
2. Das Gemessene oder Gezählte steht nach *Satz* immer im Plural: *ein Satz fla-cher Schüsseln* oder *flache Schüsseln; mit einem Satz eiserner Gewichte* oder *ei-serne Gewichte.* ↑ Apposition (2.2).

S

Satzarten: Man unterscheidet ↑ Aussage-, ↑ Ausrufe-, ↑ Aufforderungs-, ↑ Wunsch- und ↑ Fragesatz.

Satzbruch: ↑ Anakoluth.

Satzformen: Vom einfachen Satz mit einem zugrunde liegenden Verb *(Meine Familie ist verreist. Vor den Ferien haben wir noch eine Arbeit geschrieben)* sind folgende Formen des zusammengesetzten Satzes zu unterscheiden: In der Satzverbindung sind mehrere selbstständige (Haupt)sätze einander nebengeordnet (↑ Parataxe): *Ich kam, ich sah, ich siegte. Es ist Abend; die Herden kehren heim. Er saß mit erloschenen Augen da und sein Rücken war gekrümmt* (↑ Komma [2.1]). Im Satzgefüge ist mindestens ein Nebensatz einem Hauptsatz untergeordnet (↑ Hypotaxe): *Sie ging nach Hause, weil es schon spät war und weil sie noch zu tun*

hatte (= Nebensatzreihe). Die Teile eines zusammengesetzten Satzes können mithilfe von Konjunktionen (so genannte syndetische Verbindung) oder konjunktionslos (asyndetisch) miteinander verbunden werden.

Satzfrage: Eine Form des Fragesatzes mit dem Finitum an erster Stelle. ↑ Entscheidungsfrage.

Satzglied: Man unterscheidet zwischen Satzgliedern und Attributen. Als Satzglieder gelten das Subjekt, die Objekte und die Umstandsangaben, in einigen Grammatiken auch das Prädikat. Demgegenüber sind die Attribute Teile, die nicht selbstständig, sondern einem Satzglied beigefügt sind (Gliedteile) und es näher bestimmen: Die *blasse* Wintersonne strich über die Häuser *der Großstadt*.

Satzklammer: ↑ verbale Klammer.

satzwertiger Infinitiv

Häufig gestellte Fragen zum satzwertigen Infinitiv	
Frage	Antwort unter
Auf welche Satzteile kann sich der erweiterte Infinitiv beziehen?	dieser Artikel, Punkt (1)
In welchen Fällen muss die Infinitivgruppe durch ein Komma abgetrennt werden?	Komma (5)

Der satzwertige Infinitiv – er wird auch Infinitiv- oder Nennformsatz, Infinitiv- oder Grundformgruppe genannt – ist eine Wortgruppe aus einem Infinitiv mit *zu* und meist einem oder mehreren davon abhängenden Gliedern. Im Unterschied zum reinen ↑ Infinitiv ist der satzwertige Infinitiv aus dem übergeordneten Satz herausgelöst, d. h., er stellt neben dem Verb dieses Satzes einen eigenen Verbalbereich dar. (Zur Frage der Kommasetzung ↑ Komma [5].) In dem folgenden Beispiel, das die Herauslösung der Infinitivgruppe aus dem Satz veranschaulicht, ist *zu gehen* eine Satzergänzung (ein Objekt) im Akkusativ; der um ein oder mehrere Glieder erweiterte Infinitiv hat zwar die gleiche Funktion, erfüllt sie aber mit größerer Selbstständigkeit:

Ich nahm mir vor[,] zu gehen.

Ich nahm mir vor[,] sofort zu gehen.

Ich nahm mir vor[,] sofort nach Hause zu gehen.

Ich nahm mir vor[,] sofort mit meinen Freunden nach Hause zu gehen.

Das Beispiel zeigt, dass gegenüber dem nicht durch Glieder erweiterten Infinitiv *zu gehen* die nach und nach erweiterte Infinitivgruppe fast den Charakter eines Nebensatzes gewinnt. (Allerdings hat sie kein eigenes Subjekt und bleibt deshalb enger mit dem Hauptsatz verbunden als ein Nebensatz; vgl. auch ↑ Infinitiv.)

1. Der Bezug des satzwertigen Infinitivs:

Der satzwertige Infinitiv muss sich immer eindeutig auf ein Glied des zugehörigen Satzes beziehen, damit Missverständnisse und unfreiwillige Komik vermieden werden:

– Bezug auf das Subjekt des zugehörigen Satzes:

... während Dr. Krokowski fortfuhr, seine These zu entwickeln (Th. Mann).

– Bezug auf das Akkusativobjekt des zugehörigen Satzes:

...dass er Leute geschickt habe, um die Zisternen von Venedig zu vergiften (Burckhardt).

– Bezug auf das Dativobjekt des zugehörigen Satzes:

Gott gibt jedem Menschen hinlänglich Gnade, um selig zu werden (Andres).

Gelegentlich jedoch finden sich Sätze, in denen Missverständnisse entstehen: *Karl beabsichtigte[,] seinen Bruder bei sich übernachten zu lassen[,] um an den Festspielen teilzunehmen.* In diesem Satz ist nicht klar, ob Karl oder dessen Bruder an den Festspielen teilnehmen will. Entweder sollte man schreiben: *Karl beabsichtigte[,] um selbst an den Festspielen teilzunehmen[,] seinen Bruder bei sich übernachten zu lassen.* Oder: *Karl beabsichtigte[,] seinen Bruder bei sich übernachten zu lassen, damit dieser an den Festspielen teilnehmen könne.*

In den meisten Fällen bezieht sich der satzwertige Infinitiv auf das Subjekt des zugehörigen Satzes. Ein Bezug auf das Akkusativobjekt (s. o.) ist im Allgemeinen nur nach den Verben *schicken* und *senden* möglich, wenn damit ein Auftrag ausgedrückt werden soll: *Die Mutter schickt das Kind zum Bäcker[,] um Brot zu holen.* Ein Bezug auf das Dativobjekt (s. o.) ist noch seltener möglich.

Für einen *wenn*-Satz kann der erweiterte Infinitiv nur beim Bezug auf das Subjekt eintreten:

Ich wäre froh[,] sie einmal wiederzusehen.

(Aber:) Ich wäre Ihnen dankbar, wenn Sie mir bald antworteten (nicht: ... Ihnen dankbar[,] mir bald zu antworten).

2. Weiterführender Infinitiv mit *um zu:*

Zwei voneinander unabhängige Sachverhalte werden im Allgemeinen durch zwei Hauptsätze ausgedrückt:

Karl ging in die Stadt. Er wurde dort von einem Auto überfahren.

Gelegentlich wird jedoch der weiterführende Gedanke durch einen Infinitiv mit *um zu* angeschlossen:

Karl ging in die Stadt[,] um dort von einem Auto überfahren zu werden.

Im Allgemeinen sollte man diesen Anschluss vermeiden, weil der Infinitiv mit *um zu* gewöhnlich eine Absicht oder Folge ausdrückt, wodurch Missverständnisse möglich sind, und weil die formale Unterordnung des Infinitivs der inhaltlichen Gleichordnung beider Gedanken widerspricht:

Nicht: Sie ging am Morgen auf die Straße[,] um dort zu stolpern und sich ein Bein zu brechen. Sondern: Sie ging am Morgen auf die Straße. Dort stolperte sie und brach sich ein Bein.

Soweit die Sätze nicht als Finalsätze verstanden und missdeutet werden können wie oben, ist dagegen nichts einzuwenden. Dies gilt vor allem für Sätze mit einem Sachsubjekt:

Der Rhein war bis zur Mitte des Monats stark gestiegen[,] um dann wieder rasch zu fallen. Statt: Der Rhein war bis zur Mitte des Monats stark gestiegen. Er fiel dann rasch wieder.

---

satzwertiges Partizip

Häufig gestellte Fragen zum satzwertigen Partizip	
Frage	**Antwort unter**
An welcher Stelle im Satz muss die Partizipialgruppe stehen, damit keine Missverständnisse entstehen?	dieser Artikel, Punkt (1)
In welchen Fällen muss die Partizipialgruppe durch Komma abgetrennt werden?	Komma (4)

Das satzwertige Partizip – auch Mittelwort- oder Partizipialsatz, Partizipial-
oder Mittelwortgruppe genannt – ist ein Partizip, das mit einer näheren Bestimmung größeren Umfangs verbunden ist. Im Unterschied zum einfachen
Partizip, das fast immer einfaches Satzglied oder Attribut ist, ist das satzwertige Partizip aus dem übergeordneten Satz herausgelöst, d. h., es stellt neben
dem Verb dieses Satzes einen eigenen Verbalbereich dar. (Zur Frage der Kommasetzung ↑ Komma [4].) Das folgende Beispiel soll die Herauslösung der
Partizipialgruppe aus dem Satz veranschaulichen:

> Lachend kam sie auf mich zu.
>
> Herzlich lachend[,] kam sie auf mich zu.
>
> Aus vollem Halse lachend[,] kam sie auf mich zu.
>
> Sie kam[,] aus vollem Halse lachend[,] auf mich zu.

Solche Partizipialgruppen können ebenso mit dem ↑ ersten Partizip wie mit
dem ↑ zweiten Partizip gebildet werden.

1. Der Bezug des satzwertigen Partizips:

Der Bezug des satzwertigen Partizips auf das entsprechende Glied im zugehörigen Satz muss eindeutig sein um Missverständnisse oder unfreiwillige Komik zu vermeiden:

– Bezug auf das Subjekt des zugehörigen Satzes:

> In einem Winkel saß *Dr. Krokowski, begriffen in frischem und herzlichem Gespräch mit*
> *einem Halbkreise von Damen* (Th. Mann).

– Bezug auf das Objekt des zugehörigen Satzes:

> Im Lager sahen wir *Flüchtlinge, ihrer ganzen Habe beraubt.*

Unklar ist der Bezug in dem Satz: *Lange Jahre an der Spitze unseres Betrie-*
bes stehend[,] verehren wir in Herrn Meier einen guten Vorgesetzten. Hier
müsste sich das Partizip formal auf *wir* beziehen, gemeint ist aber *Herr*
Meier. Ein solcher Satz ist daher nicht richtig, man muss eine andere Konstruktion, etwa einen Relativsatz, wählen: *Wir verehren in Herrn Meier, der*
schon lange Zeit an der Spitze unseres Betriebes steht, einen guten Vorge-
setzten.

Ebenfalls unklar ist der Satz: *Vom Markt kommend[,] begrüßte sie auf der*
Kreuzung ein Mann. Die Partizipialgruppe kann hier sowohl auf das Subjekt (= *ein Mann*) als auch auf das Objekt (= *sie*) bezogen werden. Deswegen sollte man eindeutig formulieren, also entweder *Ein Mann, der vom*
Markt kam, begrüßte sie auf der Kreuzung oder *Ein Mann begrüßte sie, die*
vom Markt kam, auf der Kreuzung.

Gleichfalls nicht möglich: *Mit Wein angefüllt[,] überreiche ich dem Jubilar diesen goldenen Becher.* Sondern: *Ich überreiche dem Jubilar diesen goldenen, mit Wein gefüllten Becher.*

Hierher gehören streng genommen auch besonders im geschäftlichen Briefwechsel angewandte Formeln wie *Beiliegend übersende ich Ihnen diesen Brief. Anliegend übersende ich Ihnen das Manuskript. Beigefügt erhalten Sie ein Exemplar des Buches.*

Die Möglichkeit eines Missverständnisses ist hier jedoch gering, weil vom Inhaltlichen her nur der Bezug auf die Sache, d. h. auf den Brief, das Manuskript oder das Buch, sinnvoll ist (↑ anliegend, ↑ beiliegend, ↑ beigefügt).

Nicht selten bezieht sich das satzwertige Partizip auf ein im zugehörigen Satz nur ungenügend vertretenes Bezugselement: *Die Straße überquerend[,] erhellte ein Lächeln ihr Gesicht.* Die Person, die die Straße überquert, wird hier lediglich durch das Pronomen *ihr* eingeführt. Richtig heißt es: *Als sie die Straße überquerte, erhellte ein Lächeln ihr Gesicht.*

Unzulässig ist es auch, das Bezugselement eines satzwertigen Partizips völlig unerwähnt zu lassen. Nicht: *Vor dem Bahnhof angekommen[,] explodierte eine Bombe.* Sondern: *Als sie vor dem Bahnhof angekommen waren, explodierte eine Bombe.* Nicht: *Nach langer Reise heimgekehrt[,] war in der Wohnung eingebrochen worden.* Sondern: *Als sie nach langer Reise heimkehrten, war in der Wohnung eingebrochen worden.*

Von diesem falschen Gebrauch sind durchaus korrekte formelhafte Partizipialkonstruktionen ohne eindeutiges Bezugselement im zugehörigen Satz zu unterscheiden:

Die Sache so angesehen, scheint also Kants Annahme ... ganz wohl befugt (Schopenhauer). Zugegeben, dass für diese Teilnahme kein recht zureichender Grund vorhanden war ..., so machte Hans Castorp sich doch wenig Sorge um die geistige Rechtfertigung seiner Empfindungen (Th. Mann).

2. Die Stellung des satzwertigen Partizips:

Die satzwertigen Partizipien stehen zumeist am Anfang oder am Ende des Satzes:

Aber aus dem Gehölz hervortretend, stand er überrascht vor einer prächtigen Szenerie (Th. Mann). In der Boudoirecke sitzt die Gelähmte, eine weiße Pelzdecke voll und schwer über den Schoß gebreitet (St. Zweig).

Ist das satzwertige Partizip Attribut, dann setzt man es unmittelbar zum zugehörigen Substantiv, schon um Missverständnisse zu vermeiden: *Im Lager sahen wir Flüchtlinge, der ganzen Habe beraubt* (Attribut zu *Flüchtlinge*). *Wir, der ganzen Habe beraubt, sahen im Lager Flüchtlinge* (Attribut zu *wir*).

Es kommt vor, dass der zum Partizip gehörende Satz durch einen weiteren Satz davon getrennt ist, sodass das Bezugswort weit von dem Partizip entfernt steht: *Verschiedene Fragen überlegend[,] wurde es Abend, als er nach Hause ging.* Bei einer solchen Stellung wird der Bezug unklar. Korrekt lautet der Satz: *Es wurde Abend, als er, verschiedene Fragen überlegend, nach Hause ging.* Oder: *Es wurde Abend, als er nach Hause ging, verschiedene Fragen überlegend.*

3. Die Rektion des satzwertigen Partizips:
Wenn von einem Partizip ein Substantiv abhängt, dann wird dieses in der Regel in den Kasus gesetzt, den das zugrunde liegende Verb fordert:
Dies *alles* (= Akkusativ) vorangesandt und fortgesetzter Prüfung (= Dativ) anempfohlen, legen wir die Bedeutungen des nhd. »fest« dar (Deutsches Wörterbuch). Allein diesen klaren Gedanken (= Akkusativ) in Sicherheit gebracht, gehe ich noch einen Schritt weiter (Th. Mann).

Bestimmte Partizipien sind zu Präpositionen geworden, die meist dieselbe Rektion zeigen wie das zugrunde liegende Verb. So entspricht der Genitiv bei *ungeachtet* dem Genitiv, den das Verb *achten* früher regierte (↑ungeachtet). *Entsprechend* und *betreffend* werden heute schon häufig wie eine Präposition gebraucht. Der Kasus entspricht dem von *entsprechen* und *betreffen* geforderten Kasus: *entsprechend seinem Wunsch* (Es entsprach seinem Wunsch); *betreffend den Bruch des Vertrages* (Es betraf den Bruch des Vertrages). ↑ entsprechend, ↑ betreffend.

Andere Partizipien treten gelegentlich in der Rolle einer Konjunktion auf und zeigen dann keine Rektion. So heißt es: *Ich muss dem ganzen Buch widersprechen, den Schluss ausgenommen* (Partizip mit Akkusativ). Aber: *Ich muss dem ganzen Buch widersprechen, ausgenommen dem Schluss* (Konjunktion ohne Rektion). ↑ ausgenommen, ↑ einbegriffen.

Sau: Das Substantiv *die Sau* hat zwei Pluralformen: *die Säue* ist der allgemein übliche Plural von *Sau* in der Bedeutung »Hausschwein« und als Schimpfwort; *die Sauen* ist die in der Weidmannssprache gebräuchliche Pluralform für *Sau* in der Bedeutung »Wildschwein«. Doch nennt auch der Landwirt die weiblichen Zuchtschweine *Sauen*.

sauber: Das Adjektiv *sauber* wird in Verbindung mit Verben in neuer Rechtschreibung immer getrennt geschrieben, da es in diesen Fällen erweiterbar oder steigerbar ist: *Ich habe das Zimmer sauber gehalten. Du sollst den Tisch ganz sauber halten. Wir müssen den Käfig noch sauber machen. Man kann das Fenster noch sauberer machen!* ↑ Getrennt- oder Zusammenschreibung (1.2).

sauer: Bei *sauer* fällt, wenn es dekliniert oder gesteigert wird, das *e* der Endungssilbe aus: *saurer Regen; der Wein ist noch* *saurer als voriges Jahr.* ↑ Adjektiv (1.2.13), ↑ Vergleichsformen (2.2).

Sauerstoffflasche: Die Zusammensetzung wird mit drei *f* geschrieben. Zur besseren Lesbarkeit kann auch ein Bindestrich gesetzt werden: *Sauerstoffflasche,* auch: *Sauerstoff-Flasche.* ↑ Zusammentreffen dreier gleicher Buchstaben.

saufen: Im Indikativ des Präsens heißt es: *ich saufe, du säufst, er, sie, es säuft* (nicht: *du saufst, er sauft*); es tritt also Umlaut ein (↑ Verb [1]). Imperfekt und Perfekt lauten *ich soff, ich habe gesoffen* usw., der Konjunktiv II *ich söffe* usw.

saugen / säugen: Die beiden Verben werden verschieden gebeugt: *säugen* (= saugen lassen) folgt der regelmäßigen Konjugation (*hat gesäugt*), *saugen* der unregelmäßigen, jedoch tritt im Indikativ Präsens kein Umlaut ein (↑ Verb [1]): *ich sauge, du saugst, er, sie, es saugt; ich sog, ich habe gesogen.* Allerdings sind neben *sog* und *gesogen* heute auch schon *saugte* und *gesaugt* üblich: *Ich saugte den Staub im Zimmer / habe den Staub gesaugt.*

Sauna: Das Substantiv *die Sauna* hat die beiden Pluralformen *die Saunas* und *die Saunen.*

Sauregurkenzeit / Saure-Gurken-Zeit: Bei Schreibung ohne Bindestriche wird folgendermaßen gebeugt: *wegen / in der Sauregurkenzeit, für die Sauregurkenzeit; die Sauregurkenzeiten.* Nach der neuen Rechtschreibung muss bei Beugung des ersten Bestandteiles mit Bindestrichen durchgekoppelt werden: *wegen / in der Saure[n]-Gurken-Zeit, für die Saure-Gurken-Zeit; die Saure[n]-Gurken-Zeiten.* Die Formen *der Sauren-Gurken-Zeit, die Sauren-Gurken-Zeiten* sind alltagssprachlich. ↑ Kompositum (7).

Saxophon / Saxofon: Neben der herkömmlichen Schreibung *Saxophon* ist in neuer Rechtschreibung auch die eingedeutschte Form *Saxofon* erlaubt und korrekt.

Scene: Die Schreibung mit *c* gilt nur für den [si:n] auszusprechenden Jargonausdruck mit der Bedeutung »Milieu (meist junger Menschen), in dem bestimmte Vorlieben o. Ä. ausgelebt, bestimmte Lebensformen o. Ä. gepflegt werden«: *die Scene* (Genitiv: *der Scene,* Plural [selten]: *die Scenes) der Drogenabhängigen, Punks* usw. Sonst ist nur die Schreibung mit *z* korrekt: *Die Szene* ([ˈstseːnə]; Genitiv: *der Szene,* Plural: *die Szenen) spielt im Mittelalter. Mach bloß keine Szene!* ↑ Szene.

-sch: Nach den neuen Rechtschreibregeln werden von Personen abgeleitete Adjektive mit der Endung *-sch (-sche, -scher, -sches)* im Allgemeinen kleingeschrieben: *die bismarcksche Politik, die gabelsbergersche Stenografie.* Diese Formen werden großgeschrieben, wenn die Grundform des Personennamens durch einen Apostroph verdeutlicht wird: *die Bismarck'sche Politik, die Goethe'schen Dramen.* ↑ Apostroph (3.2).

Schacht: Der Plural von *Schacht* lautet *die Schächte* (nicht: *die Schachte*).

Schachtelsatz: Man spricht von einem Schachtelsatz, wenn in einen Nebensatz ein weiterer oder mehrere weitere Nebensätze eingefügt werden. Aus Gründen der Übersichtlichkeit sollte man derartige Sätze vermeiden: *Er hätte ihr, da die Kleiderstoffe am Donnerstag, obwohl dieser Tag als Termin festlag, noch nicht eingefärbt waren, wenigstens Nachricht geben müssen.* Besser: *Da die Kleiderstoffe am Donnerstag noch nicht eingefärbt waren, obwohl dieser Tag als Termin festlag, hätte er ihr wenigstens Nachricht geben müssen.*

schade: ↑ Schaden (1).

Schaden: 1. **Schade / Schaden:** Der Nominativ Singular lautet heute *der Schaden* (Plural: *die Schäden*). Die veraltete Form *der Schade* ist nur noch in Wendungen wie *es ist schade, für etwas zu schade sein* fest, in denen das Substantiv zum Adjektiv geworden ist. Daneben kommt sie in der Redensart *Es soll dein Scha-*

de / Schaden nicht sein vor. Der Genitiv zu beiden Formen lautet des Schadens. ↑ Substantiv (2.1).

2. ernstlich Schaden nehmen: Die Fügung Schaden nehmen kann nur als Ganzes näher bestimmt werden. Man kann also nur sagen: Er hat ernstlich (nicht: ernstlichen) Schaden genommen. ↑ Adjektiv (1.2.12).

Schadenersatz / Schadensersatz: Im BGB steht diese Zusammensetzung nur mit Fugen-s: Schadensersatz. Im allgemeinen Sprachgebrauch ist neben dieser Form jedoch häufiger die Form ohne Fugen-s üblich: Schadensersatz neben vermehrt Schadenersatz.

schaffen: 1. Im Gegensatz zu den übrigen unregelmäßigen Verben mit dem Stammvokal a haben die 2. und 3. Person Singular Präsens des starken Verbs schaffen keinen Umlaut (↑ Verb [1]): du schaffst, er, sie, es schafft. **2.** In den Bedeutungen »vollbringen, erzielen; arbeiten; an einen Ort bringen« wird schaffen regelmäßig gebeugt (schaffte, geschafft), in der Bedeutung »schöpferisch, gestaltend hervorbringen; entstehen lassen« dagegen unregelmäßig (schuf, geschaffen). Es heißt also: Er hat die Prüfung nicht geschafft. Sie haben eine Einigung, einen Vertragsabschluss nicht geschafft. Die Mannschaft schaffte den Ausgleich. Sie hat den ganzen Tag eifrig geschafft. Wir schafften die Kisten in den Keller. Aber: Die Künstlerin hat zumeist abstrakte Plastiken geschaffen. Gott schuf den Menschen. Der Staat hat neue Arbeitsplätze, soziale Einrichtungen geschaffen. In einigen Verbindungen sind beide Formen möglich: Sie schuf / schaffte dafür die Voraussetzungen. Die Ereignisse schafften / schufen neue Unruhe. Sie hat Klarheit, Ordnung, Ausgleich, Erleichterung, Ersatz, Abhilfe geschafft / geschaffen. Wir haben uns mehr Raum geschaffen / geschafft. **3.** Bei sich zu schaffen machen steht das Reflexivpronomen im Dativ: Ich machte

mir (nicht: mich) in dem Zimmer zu schaffen.

-schafter / -schaftler: Bei Ableitungen von Verben wird immer -schafter gebraucht: kundschaften – Kundschafter, wirtschaften – Wirtschafter (»Verwalter«). Bei Ableitungen von Substantiven können -schafter und -schaftler auftreten. Die Form -schafter ist üblich bei Gesellschafter, Botschafter, die Form -schaftler bei Wissenschaftler, Wirtschaftler (»Wirtschaftskundler; leitende Persönlichkeit in Handel und Industrie«). Bei anderen Substantiven treten auch beide Formen auf: Genossenschafter / Genossenschaftler. Dabei ist zu bemerken, dass die Bildungen mit dem Suffix -ler keine Abwertung enthalten. Aus einer solchen Befürchtung ist wohl eine Bildung wie Gewerkschafter neben der üblichen Form Gewerkschaftler zu erklären. Auch bei den studentischen Korporationen wird die Form -schafter bevorzugt: Burschenschafter, Turnerschafter, Landsmannschafter.

Schal: Das Wort Schal hat zwei Pluralformen: die Schals und (seltener:) die Schale.

schallen: Die 2. und 3. Person Singular Präsens haben keinen Umlaut, weil schallen ein regelmäßiges Verb ist. Sie lauten also: du schallst, er, sie, es schallt. Die unregelmäßige Präteritumform scholl ist erst im 17. Jh. neben älteres schallte getreten, das auch heute noch häufiger gebraucht wird: Gelächter schallte / (seltener:) scholl aus dem Nebenraum. Die Glocken schallten / (selten:) schollen vom Turm. Diese Form scholl und der gleichfalls seltene Konjunktiv II schölle stammen von dem untergegangenen unregelmäßigen Verb schellen »tönen«. (Unser heutiges regelmäßiges Verb schellen ist demgegenüber eine Neubildung zu Schelle »Glöckchen«.) ↑ erschallen.

Schaltsatz: Darunter versteht man einen Satz, der als unabhängiger Einschub in einem anderen Satz steht. Man trennt ihn gewöhnlich durch Kommas ab: *Eines Tages, es war mitten im Winter, stand ein Reh in unserem Garten.* Soll der Nachdruck des Gesagten besonders erhöht werden, setzt man Gedankenstriche: *Wir traten aus dem Walde und ein wunderbares Bild – die Sonne kam eben durch die Wolken – breitete sich vor uns aus.* Bei Schaltsätzen, die ohne Nachdruck gesprochen werden, können an die Stelle von Kommas oder Gedankenstrichen runde Klammern treten: *Er verachtete (es sei zu seiner Ehre gesagt) jede Ausrede.*

schämen, sich: Das Verb wird in gehobener Ausdrucksweise noch weithin mit dem Genitiv verbunden: *Und wenn sich einer seiner Vergangenheit schämt, ist es, als schäme er sich seiner Eltern* (Kirst). Sonst wird häufig der Anschluss mit *wegen* gewählt. *Sie schämten sich wegen ihres Versagens.* Daneben kommt auch der Anschluss mit *für* vor: *Ich schäme mich für meinen Freund. Er schämte sich für seine Löcher im Hemd* (Strittmatter).

Schänke / Schenke: Nach der neuen Rechtschreibung kann man das Substantiv *Schenke* auch mit *ä*, also *Schänke* schreiben, je nachdem, ob man es eher dem Verb *[aus]schenken* (mit der ursprünglichen Bedeutung »zu trinken geben«) oder den Substantiven *Schank[wirtschaft]* und *[Aus]schank* zuordnet. ↑ ä / e (1).

Schar: 1. Das Substantiv *die Schar* »größere Anzahl« hat den Genitiv *der Schar* und den Plural *die Scharen.* Im Sinne von »Pflugschar« kann *Schar* Femininum oder Neutrum sein: *die Schar* (Genitiv: *der Schar,* Plural: *die Scharen*) oder (landwirtsch.) *das Schar* (Genitiv: *des Schar[e]s,* Plural: *die Schare*).

2. eine Schar Mitwirkender / Mitwirkende · mit einer Schar fröhlicher Kinder / fröhlichen Kindern: Nach *Schar* kann die Angabe, woraus die Schar besteht, im Genitiv oder als Apposition stehen: *eine Schar Mitwirkender /* (selten:) *Mitwirkende; eine Schar junger Leute /* (selten:)

junge Leute. Sie kam mit einer Schar fröhlicher Kinder / (selten:) *fröhlichen Kindern. Wir trafen auf eine Schar johlender Jugendlicher /* (selten:) *johlende Jugendliche.* ↑ Apposition (2.2).

3. Eine Schar Kinder stand / standen um sie herum: Wenn nach *Schar* die Angabe, woraus die Schar besteht, im Plural folgt, steht das Verb meist im Singular, weil das Subjekt *(Schar)* formal ein Singular ist: *Eine Schar Kinder stand um sie herum.* Oft wird aber nach dem Sinn konstruiert und das Verb in den Plural gesetzt: *Eine Schar Kinder standen um sie herum.* Der Plural steht vor allem dann, wenn das appositionelle Verhältnis gewählt wird: *Eine Schar neugierige Kinder* (statt des üblichen Genitivs: *neugieriger Kinder*) *standen um sie herum.* ↑ Kongruenz (1.1.3).

scharf: 1. Verbindungen dieses Adjektivs mit Verben werden getrennt geschrieben, weil sie erweiterbar oder steigerbar ist: *scharf umreißen, scharf würzen; ein Messer [sehr] scharf machen; einen Hund scharf machen* (= aufhetzen); *auf eine Sache [besonders] scharf sein* (= versessen sein; ugs.). ↑ Getrennt- oder Zusammenschreibung (1.2 und 1.5).
2. Zum »scharfen S« (= ß; Eszett) ↑ s-Laute.

schätzen lernen: Die verbale Fügung *schätzen lernen* wird in neuer Rechtschreibung immer getrennt geschrieben: *Ich habe sie damals kennen und schätzen gelernt.* ↑ Getrennt- oder Zusammenschreibung (1.1).

Schau: Zu *jemandem die Schau stehlen* ↑ Amerikanismen / Anglizismen (1.2).

schaudern: Das Verb *schaudern* kann ebenso mit dem Dativ wie mit dem Akkusativ der Person verbunden werden: Es heißt deshalb sowohl *mir schaudert vor jemandem oder etwas* als auch *mich schaudert vor jemandem oder etwas.*

schauen / sehen: Das Verb *schauen* wird landschaftlich, besonders süddeutsch, und österreichisch anstelle von *sehen* ge-

S

braucht; es drückt aber dann immer das bewusste Hinsehen auf etwas aus: *Ich schaute* (statt: *sah*) *auf die Uhr. Schau* (statt: *Sieh*) *einmal! Du musst schauen* (statt: *sehen*), *dass du bald fertig wirst.* Im Sinn von »mit den Augen wahrnehmen« wird jedoch nur *sehen* verwendet: *Ich habe deine Schwester gesehen* (nicht: *geschaut*). Entsprechendes gilt für die Zusammensetzungen *anschauen, nachschauen, herüberschauen, zuschauen* usw., während *ausschauen* süddeutsch und österreichisch allgemein für *aussehen* steht: *Du schaust heute schlecht aus.*

schauern: Das Verb *schauern* kann ebenso mit dem Dativ wie mit dem Akkusativ der Person verbunden werden. Man kann sowohl sagen *Es schauert mich, wenn ich daran denke* als auch *Es schauert mir, wenn ich daran denke.*

-sche: Zu *die bismarcksche / Bismarck'sche Politik* ↑ -sch.

Scheck / Schecke: Das Substantiv *der Scheck* (Plural: *die Schecks*) ist ein Bankausdruck; *der / die Schecke* (Plural: *die Schecken*) bezeichnet ein scheckiges Tier. Neben *der / die Schecke* kommt auch *der Scheck* vor. ↑ Substantiv (2.4), ↑ Betrag, ↑ checken (nicht: *schecken*).

scheiden: Im Sinne von »trennen« bildet *scheiden* das Perfekt mit *haben: Wer hat die Böcke von den Schafen geschieden?* Ebenso bei reflexivem Gebrauch: *In dieser Frage haben sich die Meinungen geschieden.* In der Bedeutung »fortgehen, Abschied nehmen« bildet *scheiden* das Perfekt mit *sein: Sie ist 1999 aus dem Dienst geschieden. Wir sind als Freunde voneinander geschieden.*

scheinbar / anscheinend: ↑ anscheinend / scheinbar.

scheinen: 1. Das Verb *scheinen* wird standardsprachlich unregelmäßig konjugiert: *scheinen, schien, geschienen* (nicht, wie im älteren Neuhochdeutsch und noch landschaftlich: *scheinte, gescheint*). Es muss also heißen: *Die Sonne schien, hat geschienen.*

2. In Verbindung mit einem Infinitiv mit *zu* wird das Verb *scheinen* nur hilfszeitwörtlich gebraucht. In diesem Fall ist ein Komma nicht sinnvoll: *Du scheinst heute schlecht gelaunt zu sein. Das schien ihnen nicht zu genügen.* ↑ Komma (5.1.4).

3. ↑ erscheinen / scheinen.

Scheit: Der Plural des Substantivs lautet *die Scheite.* Landschaftlich und besonders in Österreich und in der Schweiz ist auch die Pluralform *die Scheiter* gebräuchlich.

Schellen: Die deutsche Bezeichnung für die Spielkartenfarbe Karo lautet – meist ohne Artikel – *das Schellen: Spiel Schellen! Schellen sticht.*

schelten: 1. schelten / schilt!: Im Indikativ des Präsens heißt es: *ich schelte, du schilst, er, sie, es schilt.* Der Imperativ lautet: *schilt!* (nicht: *schelte!*). ↑ e / i-Wechsel.

2. Konjunktiv: Der Konjunktiv II von *schelten* lautet *ich schölte.*

Schema: Der Plural zu *das Schema* lautet *die Schemas* oder *die Schemata* (nicht korrekt ist die Mischform *die Schematas*). ↑ Fremdwort (3.4).

Schenke / Schänke: ↑ Schänke / Schenke.

Scherbe / Scherben: Das Substantiv *die Scherbe* bedeutet »Bruchstück eines Ton-, Glas-, Porzellangefäßes«. In Süddeutschland und Österreich ist dafür *der Scherben* gebräuchlich (auch in dem speziellen Sinne von »Blumentopf«). In der Fachsprache der Keramik steht dieses Wort für die gebrannte, aber noch nicht glasierte Tonmasse.

scheren: Es gibt zwei, streng genommen drei verschiedene Verben mit dem Infinitiv *scheren:* ein unregelmäßiges *scheren* »abschneiden, stutzen«, ein regelmäßiges *sich scheren* »weggehen, sich entfernen« und ein regelmäßiges *sich (um jemanden, um etwas) scheren* »sich kümmern«. Das zweite *scheren* ist mit dem ersten nicht verwandt; es hat aber wahrscheinlich das dritte *scheren* in seinen Formen beeinflusst. Dieses hat sich mit der ursprünglichen Bedeutung »quälen, ausbeuten« von dem ersten *scheren* abgespalten (vgl. *jemanden ungeschoren lassen* »nicht belästigen«). Man unterscheidet also folgende Formen und Anwendungen: 1. *Sie haben die Schafe geschoren. Er schor ihm den Bart. Man hat ihm den Schädel kahl geschoren.* (Regelmäßige Formen wie *scherte, geschert* kommen hier ganz selten vor.) 2. *Sie hat sich zum Teufel geschert.* Hierher gehört wohl auch die Zusammensetzung *ausscheren* »aus dem Kurs laufen, sich aus einer Reihe seitwärts bewegen«: *Das Schiff ist ausgeschert. Der LKW vor mir scherte plötzlich aus.* 3. *Sie scherte* (= kümmerte) *sich nicht um meine Einwände. Das hat sie nicht im Geringsten geschert* (veraltend für »gestört«).

Scheusal: Der Plural lautet standardsprachlich *die Scheusale.* Die Form mit Umlaut *die Scheusäler* ist umgangssprachlich.

Schi: ↑ Ski.

schick, Schick / chic, Chic: Das deutsche Substantiv *der Schick* ist eine Bildung zu *sich schicken* und wurde früher im Sinne von »Lebensart, ordnungsgemäßes Verhalten« gebraucht. Erst in der zweiten Hälfte des 19. Jh.s hat *Schick* unter dem Einfluss von französisch *chic* die Bedeutung »modische Feinheit; Eleganz« angenommen. Im Bereich der Modesprache findet man deshalb oft die französische Schreibung *Chic* neben der deutschen *(Der Mantel hat Schick / Chic)* bzw. *chic* neben *schick* »modisch; geschmackvoll« *(Der Mantel ist schick / chic).* In den gebeugten Formen *(ein schicker Mantel, die Farbe eines schicken Kleides)* ist jedoch die Schreibung *chic* nicht zu empfehlen.

Schieblehre / Schublehre: Von den beiden Bezeichnungen für das Messwerkzeug hat sich in der Fachsprache der Technik *die Schieblehre* durchgesetzt.

schief: Klein schreibt man das Adjektiv: *die schiefe Ebene, schiefe Winkel, ein schiefer Blick.* Groß schreibt man aber das Adjektiv in ↑ Namen wie *der Schiefe Turm von Pisa.* Getrennt vom folgenden Verb oder Partizip wird das Adjektiv *schief* nach den neuen Regeln geschrieben, wenn es als erweiterbar oder steigerbar angesehen wird. Man schreibt wie bisher: *schief sein, werden, schief stehen, etwas schief halten; der Baum ist schief gewachsen; jemanden schief ansehen, schief beurteilen; er soll nicht so schief gehen; sie hat das Garn schief gewickelt; die Decke hat schief gelegen.* Neu also auch: *Die Sache ist [total] schief gegangen* (= misslungen). *Das Unternehmen ist [ziemlich] schief gelaufen* (= missglückt). *In diesem Fall habe ich [völlig] schief gelegen* (= einen falschen Standpunkt vertreten). *Du hast die Absätze [schon sehr] schief getreten* (= stark abgelaufen). Zusammen schreibt man dagegen *schieflachen: Wir haben uns schiefgelacht. Sie hat sich krumm- und schiefgelacht.* ↑ Getrennt- oder Zusammenschreibung (1.2).

schief / schräg: Bei der Verwendung dieser Adjektive ist Folgendes zu beachten: *schräg* bedeutet »von einer [gedachten] senkrechten oder waagerechten Bezugslinie in gerader Richtung abweichend, ohne einen rechten Winkel zu bilden«. Es wird im Allgemeinen sachlich feststellend gebraucht, wenn man Lage oder Stellung irgendwelcher Dinge in Bezug auf eine als Richtschnur dienende Umgebung näher bezeichnen will: *Der Schreibtisch stand schräg im Raum. Die Pfähle wurden schräg eingerammt. Ich fuhr auf den schrägen Parkplatz und stellte Motor und Lampen ab* (Nossack). Demgegenüber bringt *schief* meist negativ wertend zum Ausdruck, dass sich etwas nicht in der vorgesehenen geraden Lage oder Stellung befindet, in der es eigentlich sein sollte: *Hast du die Kirche mit dem schiefen Turm gesehen? Die Mauer ist ja ganz schief. Das Bild hängt schief.*

schießen: 1. *Er hat mir / mich ins Bein ge-*

S

schossen · **Ein Gedanke schoss ihm durch den Kopf:** Wird *schießen* in der eigentlichen Bedeutung »einen Schuss abgeben« auf einen Körperteil bezogen, kann die betroffene Person im Dativ oder im Akkusativ stehen. Der Dativ ist jedoch üblicher: *Der Polizist schoss dem Fliehenden ins Bein.* Im Gegensatz zum Dativ (Dativ der Beteiligung) drückt der Akkusativ stärker aus, dass die Person unmittelbar betroffen ist. Jedoch liegt auch bei diesen Sätzen der Hauptton immer auf der Angabe des Körperteils: *Er hat den Fliehenden ins Bein geschossen.* Wird *schießen* dagegen in der Bedeutung »sich schnell fortbewegen« auf einen Körperteil bezogen, ist nur der Dativ der Person möglich: *Die Tränen schossen ihm aus den Augen. Ein Gedanke schoss ihr durch den Kopf.* (Vgl. auch ↑ beißen, ↑ schlagen, ↑ treten.)
2. Im Sinne von »einen Schuss abgeben« wird *schießen* mit *haben* umschrieben: *Wer hat geschossen?* Dagegen wird *schießen* »sich schnell fortbewegen« mit *sein* umschrieben: *Der Gedanke ist ihr im richtigen Augenblick durch den Kopf geschossen. Er ist damit weit übers Ziel [hinaus]geschossen.*
Schiff- / Schiffs-: Die meisten der Zusammensetzungen mit *Schiff* als Bestimmungswort stehen mit dem Fugen-s: *Schiffsarzt, Schiffsbesatzung, Schiffshebewerk, Schiffsjunge, Schiffskatastrophe, Schiffskoch, Schiffsladung, Schiffsmakler, Schiffsmannschaft, Schiffsname, Schiffsraum, Schiffsrumpf, Schiffsschnabel, Schiffsschraube, Schiffstau, Schiffstaufe, Schiffsvolk, Schiffswerft, Schiffszimmermann, Schiffszoll, Schiffszwieback.* Ohne Fugen-s werden *Schiffbord, Schiffbruch, Schiffbrücke* und meist auch *Schiffschaukel* (neben *Schiffsschaukel*) gebraucht. Auch *Schiff[s]bau* kann mit und (fachspr.) ohne Fugen-s stehen. ↑ Kompositum (2), ↑ Fugen-s.
Schifferstadter: ↑ Einwohnerbezeichnungen auf -er (4 und 7).

Schifffahrt: Wenn bei Zusammensetzungen drei gleiche Buchstaben zusammentreffen, darf nach den neuen Rechtschreibregeln keiner von ihnen wegfallen. Die Zusammensetzung aus *Schiff* und *Fahrt* wird also mit drei *f* geschrieben. Zur besseren Lesbarkeit kann ein Bindestrich gesetzt werden: *Schifffahrt,* auch: *Schiff-Fahrt.* ↑ Zusammentreffen dreier gleicher Buchstaben.
Schiffsnamen: 1. Genus: Namen von Schiffen sind im Allgemeinen Feminina, vor allem bei Schiffen, die nach Städten und Ländern benannt sind: *die Bremen, die Deutschland, die Europa.* Das gilt heute (nach englischem Vorbild) meist auch dann, wenn ein maskuliner Personenname zugrunde liegt: *die Graf Spee, die Bismarck* (aber nicht, wenn der Name eine Beifügung enthält: *der »Fliegende Holländer«, der »General San Martin«, der »Kaiser Wilhelm der Große«*). Bei Sachnamen schwankt das Genus zwischen dem des Namens und der femininen Form: *die Seetüchtigkeit des »Pfeils« / der »Pfeil«.* Bei Tiernamen tritt meist das diesen entsprechende Genus ein: *das »Krokodil«, der »Kormoran«, das »Windspiel«;* aber auch: *die »Condor«.*
2. Deklination: Schiffsnamen sollten auch dann gebeugt werden, wenn sie in Anführungszeichen stehen: *die Seetüchtigkeit des »Pfeils«, eine Fahrt mit der »Blauen Ferne«.*
3. Gebrauch des Artikels bei Abkürzungen: Der Artikel wird in diesen Fällen möglichst vermieden: *SMS Gneisenau, Kreuzfahrt mit TSS Elektra, U 8 ist gesunken, Transfer von TSS Athinai auf MS Mykonos.* Will man aber, z. B. im Genitiv, den Artikel setzen, gebraucht man die feminine Form: *die Ankunft der TSS Elektra, der Untergang der SMS Gneisenau.*
Schild: Das maskuline Substantiv *der Schild* bedeutet »Schutzschild, Schutzwaffe«, das neutrale Substantiv *das Schild* dagegen »Erkennungszeichen, Aushängeschild«. Der Plural von *der*

Schild lautet *die Schilde,* von *das Schild* dagegen *die Schilder.*

Schilling: Entsprechend anderen ↑ Maß-, Mengen- und Münzbezeichnungen (1) steht *Schilling* hinter Zahlen, die größer als 1 sind, ungebeugt: *Das Heft kostet zwanzig Schilling.* Der Plural steht nur dann, wenn die einzelnen Münzen gezählt werden: *Ich habe gerade noch 14 Schillinge.*

schimpfen: Das Verb *schimpfen* kann mit den Präpositionen *mit, auf* oder *über* verbunden werden. Man gebraucht *schimpfen mit jemandem,* wenn sich der Schimpfende direkt an die betreffende Person wendet: *Man schimpfte mit ihr. Bronski warf ... sein Bierglas um. Meine Großmutter wollte deswegen mit ihm schimpfen* (Grass). In Bezug auf eine Person, an die sich der Schimpfende nicht direkt wendet, gebraucht man *schimpfen auf* oder *über jemanden.* Dabei drückt *schimpfen über* aus, dass man sich über die betreffende (meist nicht anwesende) Person beklagt, während *schimpfen auf* die Erregung des Schimpfenden hervorhebt: *... über einen Vorgesetzten wird immer geschimpft* (Sebastian). *Sonst würden die anderen nicht so wild auf ihn schimpfen* (Feuchtwanger). In Bezug auf eine Sache verwendet man meist *schimpfen über, schimpfen auf* nur dann, wenn sich das Schimpfen im Grunde gegen die Person richtet, die hinter der Sache steht: *... Stiller schimpfte über diese ganze Ausstellerei* (Frisch). *... [obwohl er] genauso maßlos auf den Sanatoriumsbetrieb schimpfte* (Nossack). Der transitive Gebrauch von *schimpfen* ist landschaftlich: *Ich habe das Kind nicht geschimpft.* Aber korrekt mit dem Gleichsetzungsakkusativ im Sinne von »heißen, nennen«: *Man schimpfte mich einen Taugenichts.*

schinden: Das Präteritum des ursprünglich regelmäßig, seit dem Mittelhochdeutschen auch unregelmäßig flektierten Verbs *schinden* wird meist gemieden. Wenn es jedoch gebraucht wird, ist die Form heute im Allgemeinen regelmäßig: *Der Aufseher schindete* (selten: *schund*) *die Gefangenen.* Das 2. Partizip ist dagegen noch häufig und lautet nur *geschunden: Ich habe mich mein Leben lang geschunden.* Übertragen: *Er hat das Fahrgeld wie schon so oft geschunden* (= nicht bezahlt; ugs.).

schlafen: In der 2. und 3. Person Singular Präsens Aktiv tritt wie bei den anderen Verben mit dem Stammvokal *a* Umlaut ein: *du schläfst, er, sie, es schläft.* ↑ Verb (1).

schlaff: Die Vergleichsformen von *schlaff* lauten *schlaffer, am schlaffsten / schlaffesten.* ↑ Vergleichsformen (2.1).

Schlag: Man schreibt das Wort auch in Wendungen wie *Schlag 8 Uhr* (= pünktlich um 8 Uhr) *kommen* groß. Dies gilt nach den neuen Rechtschreibregeln auch für Österreich und die Schweiz (↑ ²Punkt).

Schlägel / Schlegel: Im Sinne von »[Holz]hammer, [Bergmanns]hammer« wird das Substantiv mit Umlaut, also *Schlägel* geschrieben. Dies gilt nach der neuen Rechtschreibung auch für den *Trommelschlägel.* Die süddeutsche bzw. österreichische Bezeichnung für »[Kalbs-, Reh]keule« wird dagegen ohne Umlaut, also *Schlegel,* geschrieben.

schlagen: 1. Umlaut im Präsens: In der 2. und 3. Person Singular Präsens Aktiv tritt wie bei den anderen Verben mit dem Stammvokal *a* Umlaut ein: *du schlägst, er, sie, es schlägt.*

2. Er schlug mir / mich auf die Schulter · Die Zweige schlugen mir ins Gesicht: Wird *schlagen* auf einen Körperteil bezogen, kann die betroffene Person im Dativ oder (seltener) im Akkusativ stehen: *Mein Freund schlug mir auf die Schulter. Ich schlug mir an die Stirn.* Im Gegensatz zum Dativ (Dativ der Beteiligung) drückt der Akkusativ stärker aus, dass die Person unmittelbar betroffen ist. Jedoch liegt auch bei diesen Sätzen der Hauptton immer auf der Angabe des Körperteils: *Der Mann hat mich auf die Schulter geschlagen.* Seltener auch: *Ich schlug mich an die Stirn.* Bei einem nichtpersönlichen Subjekt wird fast ausschließlich der Dativ verwendet: *Die Zweige schlugen mir* (nicht: *mich*) *ins Gesicht.*

schlagend: Man schreibt das adjektivische Partizip als Beifügung klein: *ein schlagender Beweis; eine schlagende Verbindung* (= studentische Korporation), *schlagende Wetter* (explosives Gasgemisch).

Schlagwort: Das Substantiv *Schlagwort* hat zwei Pluralformen: *die Schlagwörter* und *die Schlagworte.* Nur der Plural *Schlagwörter* wird verwendet, wenn einzelne Wörter, z. B. Stichwörter in einem Lexikon oder einem Schlagwortkatalog, gemeint sind: *Die Schlagwörter sind halbfett gedruckt.* Im Sinne von »Ausspruch, Parole, Propagandamittel« wird meist die Pluralform *Schlagworte,* selten auch *Schlagwörter* verwendet: ... *dass es oft nur Schlagworte waren, die uns trennten* (Koeppen). ..., *dass sie von unvernünftigen, in sie hineingetragenen Schlagworten abstehn und die natürliche Weltordnung einsehn werde* (Musil). ↑ Wort.

schlank: Die Vergleichsformen von *schlank* lauten *schlanker, am schlanksten.* ↑ Vergleichsformen (2.1).

schlankwegs: Zur Adverbialendung *-s* ↑ Adverb (2).

schlecht: 1. Klein schreibt man das Adjektiv: *eine schlechte Ware; schlechte Zeiten; schlecht und recht.* Dies ist die schlechteste der Arbeiten. Groß schreibt man dagegen Substantivierungen wie *im Schlechten und im Guten, etwas Schlechtes, sich zum Schlechten wenden, der Schlechteste in der Klasse sein.* Nach der neuen Rechtschreibung jetzt auch: *Es wäre das Schlechteste* (= sehr schlecht) *gleich wegzugehen.* ↑ Groß- oder Kleinschreibung (1.2.1).

2. Getrennt vom folgenden Verb und dem 2. Partizip schreibt man das Adjek-

tiv nach den neuen Regeln, wenn es gesteigert oder erweitert werden kann: *schlecht sein, werden, singen, reden. Sie kann in diesen Schuhen nur schlecht gehen. Er hat seine Aufgaben schlecht gemacht.* Jetzt also auch: *Es ist ihr nach dem Unfall schlecht gegangen* (= schlecht ergangen). *Sie hat diesen Mann überall schlecht gemacht* (= herabgesetzt). *Durch den Ortswechsel habe ich mich sozial leider schlechter gestellt. Mit der Lösung waren wir schlecht beraten. Sie ist eine [ausgesprochen] schlecht gelaunte Person, eine [äußerst] schlecht beratene Kundin.* ↑ Getrennt- oder Zusammenschreibung (1.2 und 3.2).

Schlegel: ↑ Schlägel / Schlegel.

schleifen: In der Bedeutung »schärfen; eine Oberfläche bearbeiten, glätten« wird *schleifen* unregelmäßig gebeugt *(Ich schliff mein Messer / habe es geschliffen; auf der geschliffenen Oberfläche),* in der Bedeutung »über den Boden ziehen, sich am Boden [hin] bewegen« und in der Wendung *eine Festung schleifen* (= dem Erdboden gleichmachen) dagegen regelmäßig: *Sie schleiften ihn in den Gang. Sie war über die Straße geschleift worden. Das Kleid schleifte auf dem Boden. Die Festung wurde geschleift.*

schleißen: Das veraltete intransitive *schleißen* »zerreißen, sich in Fetzen auflösen« (dafür heute üblicher: ↑ verschleißen) ist ein unregelmäßiges Verb: *Das Kleid schliss ziemlich schnell. Der Stoff ist geschlissen.* Das heute seltene transitive *schleißen* im Sinne von »bei Vogelfedern die Fahne vom Kiel lösen« bzw. »Holz in feine Späne spalten« kann dagegen regelmäßig und unregelmäßig konjugiert werden: *Sie schlissen / schleißten Federn. Er hat Kienholz geschlissen / geschleißt.* ↑ verschleißen.

Schlierseer: Die Einwohner von *Schliersee* heißen *Schlierseer.* Die Einwohnerbezeichnung wird nur mit zwei *e* geschrieben. ↑ Einwohnerbezeichnungen auf *-er* (3).

schließen / beschließen: ↑ beschließen / schließen.

schlimm: Klein schreibt man das Adjektiv in folgenden Fällen: *schlimme Zeiten; eine schlimme Lage; im schlimmsten Fall[e]; sie ist am schlimmsten d[a]ran.* Groß schreibt man dagegen Substantivierungen wie *Das war das Schlimmste, was passieren konnte. Das ist noch lange nicht das Schlimmste. Ich bin auf das Schlimmste gefasst. Das wird sich hoffentlich nicht zum Schlimmsten wenden. Es ist nichts Schlimmes.* Nach den neuen Rechtschreibregeln jetzt auch: *Es ist das Schlimmste* (= sehr schlimm), *dass* ... Groß oder klein können feste adverbiale Wendungen aus *aufs* oder *auf das* und Superlativ geschrieben werden, nach denen man mit »wie?« fragen kann: *Sie wurde auf das, aufs Schlimmste,* auch: *schlimmste getäuscht.* ↑ Groß- oder Kleinschreibung (1.2.1).

Schlingel: Der Plural lautet korrekt *die Schlingel.* In der Umgangssprache wird wie bei anderen Wörtern, deren Singular mit dem Plural gleich lautet, gern ein *s* angehängt, um den Plural zu verdeutlichen. ↑ Plural (4).

Schlossstraße: Wortformen mit kurzem Stammvokal werden nach den neuen Rechtschreibregeln einheitlich mit Doppel-*s* geschrieben. Die Zusammensetzung *Schlossstraße* muss daher mit drei *s* geschrieben werden. Zur besseren Lesbarkeit kann ein Bindestrich gesetzt werden: *Schlossstraße,* auch: *Schloss-Straße.* ↑ Zusammentreffen dreier gleicher Buchstaben.

Schlot: Üblich ist der Plural *die Schlote;* die Form mit Umlaut *(die Schlöte)* wird dagegen nur selten gebraucht.

Schlüchterner: ↑ Einwohnerbezeichnungen auf -er (1).

Schluck: Üblich ist der Plural *die Schlucke;* die Form mit Umlaut *(die Schlücke)* wird dagegen nur selten gebraucht. Zu *ein Schluck Kaffee / Kaffees* ↑ Apposition (2.2).

schluckweise: ↑ -weise.

Schlüsselbund: Es heißt *der* (österr. nur so) und *das Schlüsselbund.* Der Plural lautet *die Schlüsselbunde.* ↑ Bund (2).

schlussendlich: Hierbei handelt es sich um ein besonders im Schweizerischen übliches Adverb mit der Bedeutung »schließlich, endlich, am Ende, zum Schluss«.

schlussfolgern: Das Verb *schlussfolgern* ist eine feste Zusammensetzung: *ich schlussfolgere, ich habe geschlussfolgert; um zu schlussfolgern.* ↑ Getrennt- oder Zusammenschreibung (2.1).

Schluss-s: Zum Schluss-s im Frakatursatz ↑ s-Laute (2).

Schlussstrich: Wortformen mit kurzem Stammvokal werden nach der neuen Rechtschreibung einheitlich mit Doppel-*s* geschrieben. Die Zusammensetzung *Schlussstrich* muss daher mit drei *s* geschrieben werden. Zur besseren Lesbarkeit kann ein Bindestrich gesetzt werden: *Schlussstrich,* auch: *Schluss-Strich.* ↑ Zusammentreffen dreier gleicher Buchstaben.

schmal: Komparativ und Superlativ von *schmal* können ohne oder mit Umlaut gebildet werden. Meist *schmaler* steht auch die Form *schmäler.* Im Superlativ wird allerdings die nicht umgelautete Form *schmalste* gegenüber der umgelauteten *schmälste* bevorzugt. ↑ Vergleichsformen (2.1).

Schmalz: Die Bezeichnung für das tierische Fett hat neutrales Genus. Es heißt also *das Schmalz* (fachspr. Plural: *die Schmalze*). Das maskuline Substantiv *der Schmalz* ist ein umgangssprachlicher Ausdruck für »Gefühliges, Sentimentales«: *Mein Gott, singt der einen Schmalz!*

schmalzen / schmälzen: Beide Wörter können gleichermaßen mit der Bedeutung »Speisen mit Schmalz zubereiten« gebraucht werden. Während aber *schmalzen* im 2. Partizip sowohl die Formen *geschmalzt* als auch *geschmalzen* (in übertragener Bedeutung [*ein geschmalzener*

S

Preis] nur so) hat, gibt es zu *schmälzen* (nicht: *schmelzen*) nur *geschmälzt.*

schmecken: Die Ausdrucksweise *etwas schmeckt schön* (statt: *etwas schmeckt gut*) ist landschaftlich umgangssprachlich. ↑ gut / schön.

schmeicheln: 1. Rektion: Das Verb *schmeicheln* wird heute mit dem Dativ verbunden: *Es schmeichelt mir* (nicht: *mich*). *Er schmeichelt allen Leuten. Ich schmeichle mir das gut gemacht zu haben. Der Hut schmeichelt deinem Gesicht* (= passt sehr gut dazu).

2. ein geschmeicheltes Bild · sich geschmeichelt fühlen: Die Verwendung des zweiten Partizips erinnert daran, dass *schmeicheln* früher mit dem Akkusativ verbunden, also transitiv gebraucht wurde: *Ich fühlte mich sehr geschmeichelt* (= geehrt). *Das Bild ist entschieden geschmeichelt* (= zu vorteilhaft), *ein sehr geschmeicheltes Bild.* ↑ zweites Partizip (2.2).

schmelzen: 1. regelmäßige und unregelmäßige Konjugation: Intransitives *schmelzen* in der Bedeutung »flüssig, weich werden« wird unregelmäßig konjugiert: *du schmilzt (schmilzest), er, sie, es schmilzt, schmolz, ist geschmolzen: ... desto mehr schmilzt das Ehrgefühl am königlichen Hofe* (St. Zweig). *Doch vor dem schwelenden Trümmerhaufen begannen plötzlich alte Begriffe zu schmelzen* (Remarque). *Mein Stolz und mein Trotz schmolzen* (Hartung). Transitives *schmelzen* in der Bedeutung »flüssig machen« wurde früher regelmäßig gebeugt: *du schmelzt (schmelzest), er, sie, es schmelzt, schmelzte das Eisen, hat das Eisen geschmelzt.* Heute herrschen jedoch in der Standardsprache auch hier die unregelmäßigen Formen: *du schmilzt (schmilzest), er, sie, es schmilzt, schmolz das Eisen, hat das Eisen geschmolzen. An alles, was mich wegnimmt von dieser Angst, die die Knochen zu Gelatine schmilzt* (Remarque). *... wo die europäische Zivilisation wie eine Stichflamme die alten Bindungen schmilzt* (Bamm).

2. du schmilzest / schmilzt: Die Form *du schmilzest* ist veraltet; üblich ist heute *du schmilzt.* ↑ Indikativ (2), ↑ e / i-Wechsel.

3. schmelzendst: Beim Superlativ des 1. Partizips fällt das *d* nicht aus: *der schmelzendste Gesang.* Vgl. auch ↑ schmalzen / schmälzen.

Schmer: Das (nur landschaftliche) Substantiv *Schmer* kann männlich oder sächlich sein. Sowohl *der Schmer* als auch *das Schmer* ist korrekt.

schmerzen: Ist das Subjekt zu *schmerzen* ein Körperteil, kann das Verb sowohl mit dem Dativ als auch mit dem Akkusativ verbunden werden: *Mir / Mich schmerzte die Schulter. Die Füße schmerzen ihm vom langen Stehen* (Fallada). *... der Kopf dürfte ihn geschmerzt haben von den vielen Eindrücken* (Thieß). Bei einem anderen Subjekt kann *schmerzen* nur mit dem Akkusativ verbunden werden: *Aber der Gedanke schmerzt mich nicht* (Rinser). *... dass mich der Verlust geschmerzt habe* (E. Jünger).

schnauben: 1. Umlaut: Im Gegensatz zu anderen unregelmäßigen Verben mit *au* haben die 2. und 3. Person Singular Indikativ Präsens Aktiv von *schnauben* keinen Umlaut: *du schnaubst, er / sie / es schnaubt.* ↑ Verb (1).

2. Konjugation: Statt der alten unregelmäßigen Formen *schnob* und *geschnoben* sind heute die regelmäßigen Formen *schnaubte* und *geschnaubt* vorherrschend: *... er schnaubte durch die Nase* (Ott). *Und der Wald hat geschnaubt wie eine Kuh* (Broch). Die unregelmäßigen Formen werden nur noch selten und dann in gehobener Sprache gebraucht, und zwar meist in Zusammenhang mit starken Gemütsbewegungen (aber nicht für »die Nase putzen«): »*Ein Missverständnis? Wieso?«, schnob er* (Jahnn).

schnäuzen: Man schreibt *schnäuzen* nach den neuen Rechtschreibregeln mit *ä,* weil es heute meist auf *Schnauze* oder *Schnauzbart* zurückgeführt wird.

Schneemann: Der Plural lautet *die Schnee-männer.*

Schneewechte: Nach den neuen Recht-schreibregeln wird das Wort *Wechte* mit *e* geschrieben, weil es zum Verb *wehen* gehört.

Schneid: Neben (ugs.) *der Schneid* »Mut, Tatkraft« (Genitiv: *des Schneid[e]s*) steht süddeutsch, österreichisch *die Schneid* (Genitiv: *der Schneid*).

schneiden: Wird *schneiden* durch eine Präposition auf einen Körperteil be-zogen, kann die betroffene Person im Dativ oder im Akkusativ stehen. Der Dativ ist üblicher: *Der Friseur hat dem Kunden versehentlich ins Ohr geschnit-ten. Ich habe mir in den Finger geschnit-ten.* Im Gegensatz zum Dativ (Dativ der Beteiligung) drückt der Akkusativ stärker aus, dass die Person unmittelbar betroffen ist. Jedoch liegt auch bei diesen Sätzen der Hauptton immer auf der Angabe des Körperteils: *Er hat ihn versehentlich ins Ohr geschnit-ten. Ich habe mich [in den Finger] geschnit-ten.* Bei einem nichtpersönlichen Subjekt wird überwiegend der Dativ verwendet: *Das Seil schnitt mir /* (sel-ten:) *mich in die Hand. Die Kälte schnitt mir* (nicht: *mich*) *ins Gesicht.* Ähnlich wie *schneiden* werden auch andere Verben der körperlichen Berührung behandelt, vgl. z. B. ↑ schlagen, ↑ beißen, ↑ treten.

schnellstmöglich: Da *schnellstmöglich* be-reits eine höchste Vergleichsstufe (einen Superlativ) enthält, darf es nicht noch-mals gesteigert werden: *Ich bitte um schnellstmögliche* (nicht: *schnellstmög-lichste*) *Nachricht.* ↑ möglich, ↑ Ver-gleichsformen (2.5.1).

schneuzen: Alte Schreibung für ↑ schnäu-zen.

Schnipsel: Es heißt *der Schnipsel* oder *das Schnipsel.* Der umgangssprachliche Aus-druck wird meist im Plural gebraucht.

Schnur: Neben dem Plural *die Schnüre* kommt fachsprachlich, selten auch land-schaftlich die Pluralform *die Schnuren* vor.

¹Schock: Der Plural zu *der Schock* »Nerven-erschütterung« lautet gewöhnlich *die Schocks,* selten *die Schocke.*

²Schock: 1. Plural: Als alte Bezeichnung der Mengeneinheit von 60 Stück bleibt *das Schock* im Plural ungebeugt: *5 Schock* (nicht: *Schocke*) *Eier.* ↑ Maß-, Mengen- und Münzbezeichnungen (1).

2. Ein Schock Eier kostet / kosten 18 DM: Bei *Schock* als Mengenangabe steht das Verb meist im Singular, weil man vor al-lem die Einheit sieht: *Ein Schock Eier kostet 18 DM.* Doch ist mit dem Blick auf das Gezählte auch der Plural möglich: *Ein Schock Eier kosten 18 DM.* ↑ Kongru-enz (1.1.3).

3. Zu *von 5 Schock holländischen Eiern / holländischer Eier* ↑ Apposition (2.2).

Schokolade[n]-: Die Zusammensetzungen mit *Schokolade* als Bestimmungswort werden entweder mit *-e-* (= Endung des Nominativs Singular) oder mit *-en-* gebil-det: *Schokoladefabrik* neben *Schokola-denfabrik* u. a. Die Bildungen mit *-en-* werden heute jedoch bevorzugt. ↑ Fugen-zeichen.

schön: 1. Groß- oder Kleinschreibung: Klein schreibt man das Adjektiv z. B. in *die schöne Literatur, die schönen Künste, die schöne Helena. Gib der Tante die schöne* (= rechte) *Hand!* Groß schreibt man das substantivierte Adjektiv: *Das ist das Schönste, was ich je gesehen habe; die Schönste unter ihnen; auf das Schönste bedacht sein. Das ist wirklich etwas, nichts Schönes. Das ist das Schöne an der Sache.* Groß schreibt man das Adjektiv auch in ↑ Namen: *Schön Rotraud, Philipp der Schöne.* Groß oder klein können nach den neuen Rechtschreibregeln feste adverbiale Wendungen aus *aufs* oder *auf das* und Superlativ geschrieben werden, nach denen man mit »wie?« fra-gen kann: *auf das, aufs Schönste,* auch: *schönste übereinstimmen.* ↑ Groß- oder Kleinschreibung (1.2.1).

S

2. Getrennt- oder Zusammenschreibung:
Getrennt schreibt man das Adjektiv
schön vom folgenden Verb, wenn es gesteigert oder erweitert werden kann:
*sich [besonders] schön anziehen, es
[ziemlich] schön haben, die Eier schön
färben; sie hat sich für das Fest [beson-
ders] schön gemacht; er kann ausneh-
mend schön reden, schreiben* usw. Zusammen schreibt man *schön* mit dem
folgenden Verb dagegen in folgenden
Fällen: *schönfärben* (= beschönigen),
schönmachen (= Männchen machen),
schönreden (= schmeicheln), *schön-
schreiben* (= Schönschrift schreiben),
schöntun (= schmeicheln). ↑ Getrennt-
oder Zusammenschreibung (1.2).
3. schön / gut: ↑ gut / schön.

schon bereits: Die Verwendung von *schon
bereits* ist ein ↑ Pleonasmus, da beide
Wörter das Gleiche ausdrücken. Es kann
also nur heißen: *Ich habe den Brief schon
geschrieben* oder *Ich habe den Brief bereits geschrieben,* aber nicht: *Ich habe
den Brief schon bereits geschrieben.*

schöngestalt: ↑ -gestalt/-gestaltet.

Schönheits-: Zusammensetzungen mit
Schönheit als Bestimmungswort stehen
immer mit ↑ Fugen-s: *Schönheitsfehler,
Schönheitsfleck, Schönheitskönigin,
Schönheitsmittel, Schönheitspfläster-
chen, Schönheitspflege, Schönheitspreis,
Schönheitsreparatur, Schönheitssinn,
schönheitstrunken, Schönheitswettbe-
werb.*

Schorlemorle: Die Bezeichnung für das
Getränk aus Wein und Mineralwasser
heißt *die Schorlemorle* (Genitiv: *der
Schorlemorle,* Plural: *die Schorlemorlen*),
seltener *das Schorlemorle* (Genitiv: *des
Schorlemorles,* Plural: *die Schorlemorles*).

schräg / schief: ↑ schief / schräg.

Schrägstrich

1. Der Schrägstrich dient zur Angabe

– von Größen- oder Zahlenverhältnissen im Sinne von »je« und (vorwiegend
in nichtfachlichen Texten) als Bruchstrich:

durchschnittlich 60 km/h, 100 Ew/km^2 (= 100 Einwohner je Quadratkilometer)

– mehrerer gleichberechtigter Möglichkeiten:

Ich / Wir überweise[n] von meinem / unserem Konto ...; für Männer und / oder
Frauen; so bald wie / als möglich. An Herrn / Frau / Firma ... (Vgl. ↑ Gleichstellung von
Frauen und Männern in der Sprache [2.1]).

– von Namen verschiedener Personen o. Ä., wenn ein Bindestrich missverständlich oder nicht üblich ist:

Das Doppel Dickmann / Weill erreichte durch einen 3:1-Erfolg das Endspiel. Es siegte
die Renngemeinschaft Ratzeburg / Kiel.

Die Pressekonferenz der CDU / CSU musste verschoben werden.

Ein Buch von Schulze / Delitsch (= 2 Autoren); aber: der Beitrag von Frau Inge
Schulze-Delitsch.

- von zwei aufeinander folgenden Jahreszahlen, Monatsnamen o. Ä.:

  Die Koalitionsverhandlungen der Jahreswende 1996 / 97; im Wintersemester 1995 / 96; der Beitrag für März / April.

- von Akten- oder Diktatzeichen o. Ä.:

  M / III / 47, Dr. Dr / Ko, Rechn.-Nr. 195 / 75.

Schranze: Die verächtliche Bezeichnung für einen kriecherischen Höfling kann als Maskulinum oder als Femininum gebraucht werden. Die Formen lauten: *der Schranze,* Genitiv: *des Schranzen,* Plural: *die Schranzen* oder *die Schranze,* Genitiv: *der Schranze,* Plural: *die Schranzen.*

schrauben: Das Verb *schrauben* gehört von jeher zu den regelmäßigen Verben. Die Formen lauten also: *schraubte, geschraubt.* Die unregelmäßigen Formen *schrob, geschroben,* die vorübergehend neben die regelmäßigen getreten waren, gelten heute nicht mehr als standardsprachlich. Nur im Adjektiv *verschroben* hat sich die unregelmäßige Form erhalten: *Er hat verschrobene* (= absonderliche, schrullige) *Ansichten.*

Schreck / Schrecken: Zwei Formen des Substantivs stehen nebeneinander: *der Schreck, des Schreck[e]s,* Plural (selten): *die Schrecke* und *der Schrecken, des Schreckens,* Plural: *die Schrecken.* Die beiden Wörter sind nicht völlig gleichbedeutend: *der Schreck* bedeutet »kurze, plötzliche seelische Erschütterung [mit körperlichen Auswirkungen], die durch etwas Unerwartetes, meist Unangenehmes oder Angst Einflößendes, hervorgerufen wird«: *... und wie ein ungeheurer Schreck durchzuckte ihn der Gedanke* (Ott). *Man hat von Leuten gehört, die am Schreck gestorben sind* (Andres). *... der Schreck ging mir aus den Gliedern* (Schnabel). Der Gebrauch des Substantivs *der Schrecken* in dieser Bedeutung ist – abgesehen von der Wendung *mit dem Schrecken davonkommen* – vor al-

lem landschaftlich: *... diese Tatsache allein verdrängte meinen ersten Schrecken* (Roth, Beichte 31). *Eben hatte ich einen ganz tollen Schrecken* (Normann). Das Substantiv *der Schrecken* bedeutet »lähmende, Entsetzen und Furcht verbreitende Wirkung von etwas [und der daraus folgende länger andauernde Zustand seelischer Qual und Not]«: *Die europäischen Völker haben den Schrecken, den Deutschland verbreitet hat, noch in den Knochen* (Augstein). *Ihr Untergang erzeugt einen panischen Schrecken bei den Goten* (Thieß). *... selbst das Erlebnis ... hatte keine Schrecken mehr für sie* (Musil). *... Ruhe, mit der ich ... die Schrecken des Alters ertrage* (Kafka). ↑ Substantiv (2.2).

schrecken: Das Verb *schrecken* kann regelmäßig und unregelmäßig konjugiert werden. Das intransitive (unregelmäßige) *schrecken* kommt heute nur noch in Präfixbildungen *(erschrecken)* und Zusammensetzungen *(auf-, hoch-, zurück-, zusammenschrecken)* vor. Die Formen lauten: Präsens: *du [er]schrickst, er, sie, es [er]schrickt;* Imperativ: *[er]schrick!;* Präteritum: *er, sie, es [er]schrak* (Konjunktiv II: *[er]schräke*); 2. Partizip: *erschrocken: Der Konvent schrickt auf bei der Nachricht* (St. Zweig). *Dann schraken sie erneut zusammen* (Ott). *Der Pfarrer schrak aus seinen Gedanken hoch* (Andersch). Neben die unregelmäßigen Formen treten jedoch nicht selten auch regelmäßige: *McDowell schreckte aus seinen Gedanken auf* (Thorwald). Das transitive Verb *schrecken* wird regelmäßig konjugiert.

S

Die Formen lauten: Präsens: *du schreckst ihn; er, sie, es schreckt ihn;* Imperativ: *schreck[e] ihn!;* Präteritum: *er, sie, es schreckte ihn;* 2. Partizip: *er, sie, es hat ihn geschreckt.* Diese Formen gelten auch für die dazugehörigen Präfixbildungen *(erschrecken,* selten: *verschrecken)* und Zusammensetzungen *(ab-, auf-, zurückschrecken): Der Pastor, aus mildem Traum geschreckt* (Lenz). *Aus seiner Gleichgültigkeit aufgeschreckt* (Musil). *Du hast mich erschreckt. Er verschreckte die Katze, die sich ihm gerade wieder genähert hatte* (Rechy). *Ich schreckte die Eier ab.* Auch *zurückschrecken* wird bei transitivem Gebrauch regelmäßig gebeugt. Beim intransitiven Gebrauch zeichnen sich jedoch gewisse Unterschiede zwischen konkretem und übertragenem Gebrauch ab. Das konkret gebrauchte intransitive *zurückschrecken* wird noch weitgehend unregelmäßig gebeugt: *Ich schrak [vor der Schlange] zurück.* Das dazugehörige 2. Partizip *zurückgeschrocken* wird jedoch nur selten verwendet; man zieht die regelmäßige Form *zurückgeschreckt* vor: *Ich bin plötzlich zurückgeschreckt.* Beim übertragenen intransitiven Gebrauch, verbunden mit der Präposition *vor (vor etwas zurückschrecken* »etwas nicht wagen«), dominieren die schwachen Formen: *... ein kämpfendes Christentum ..., das ... nicht vor dem schärfsten Bruch mit dem Leben zurückschreckt* (Nigg). *Einstweilen schreckte ich noch davor zurück, die säuberlich gebündelten Umschläge zu öffnen* (Jens). *... der selbst vor dem Verbrechen nicht zurückgeschreckt war* (Sieburg). ↑ e / i-Wechsel, ↑ erschrecken.

Schredder: In neuer Rechtschreibung gilt für das Substantiv *Schredder* (= Zerkleinerungsmaschine für Gartenabfälle bzw.

für Autowracks) nur noch die Schreibung mit *sch.*

Schreibblock: Der Plural lautet *die Schreibblocks* (↑ Block).

schreiben: 1. **schreiben auf:** Soll die Stelle, auf der etwas geschrieben wird, hervorgehoben werden, dann steht der Dativ (Frage: wo?): *Ich schreibe auf den Knien* (= benutze die Knie als Unterlage). *Er schreibt auf blauem Papier* (= benutzt blaues Papier zum Schreiben). Soll die Richtung angegeben werden, dann steht der Akkusativ (Frage: wohin?): *Er hat auf blaues Papier geschrieben.* Die Möglichkeit, zwischen Dativ und Akkusativ zu wählen, besteht nur, solange man nicht angibt, was geschrieben wird. Enthält der Satz eine solche Angabe, dann kann das Substantiv im Präpositionalgefüge nur im Akkusativ stehen: *Ich schreibe meine Adresse auf den Zettel. Auf den Deckel des Manuskriptes hatte Anni Lechner säuberlich geschrieben: »Das Buch Bayern«* (Feuchtwanger). 2. **jemandem / an jemanden schreiben:** Man kann sowohl sagen *jmdm. schreiben* als auch *an jmdn. schreiben: Ich habe ihr / an sie [einen Brief] geschrieben.* Die Konstruktion mit *an* betont mehr, dass man sich in einer bestimmten Angelegenheit an jemanden (z. B. an eine Behörde oder öffentliche Stelle) wendet. 3. **sich mit jemandem schreiben:** In dieser Wendung steht das Reflexiv im Akkusativ, nicht im Dativ: *Ich schreibe mich* (nicht: *mir) seit Jahren mit ihm* (= Wir stehen seit langem in brieflichem Verkehr).

schreien: Nach den neuen Regeln ist als 2. Partizip nur noch die Form *geschrien* (nicht mehr: *geschrieen)* korrekt, da ein *e* weggelassen wird, wenn die Flexionsendung *en* auf *ie* folgt.

Schrift

1. Die wichtigsten Schriftarten im Deutschen sind:
  – lateinische Schrift:

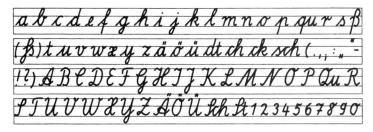

  – Kurrentschrift:

  – Fraktur:

Kurrentschrift und Fraktur sind die handschriftliche bzw. gedruckte Form der so genannten deutschen Schrift. Die Kurrentschrift wurde 1935 als »deutsche Schreibschrift« an den Schulen eingeführt, aber bereits 1941 durch die lateinische Schrift (»deutsche Normalschrift«) abgelöst. Deren gedruckte Form heißt Antiqua.

Auf der lateinischen Schrift beruht die so genannte vereinfachte Ausgangsschrift, die an den Schulen zum Schreibenlernen verwendet wird:
  – Vereinfachte Ausgangsschrift:

S

schriftlich: Klein schreibt man das Adjektiv: *eine schriftliche Mitteilung, ich möchte es schriftlich haben.* Groß schreibt man die Substantivierung: *Ich gab ihr etwas Schriftliches. Im Schriftlichen ist sie eine Note besser.* ↑ Groß- oder Kleinschreibung (1.2.1).

Schritt: Als Maßbezeichnung bleibt *Schritt* häufig ungebeugt: *drei Schritt /* (seltener:) *Schritte breit.* Bei der Angabe größerer Entfernungen wird der Plural vorgezogen: *Der Baum war 50 Schritte /* (seltener:) *Schritt entfernt.* ↑ Maß-, Mengen- und Münzbezeichnungen (1).

Schritttempo: Wenn bei Zusammensetzungen drei gleiche Buchstaben zusammentreffen, darf in neuer Rechtschreibung keiner von ihnen wegfallen. Die Zusammensetzung wird also mit drei *t* geschrieben. Zur besseren Lesbarkeit kann ein Bindestrich gesetzt werden: *Schritttempo,* auch *Schritt-Tempo.* ↑ Zusammentreffen dreier gleicher Buchstaben.

schroff: Die Vergleichsformen von *schroff* lauten *schroffer, am schroffsten.* ↑ Vergleichsformen (2.1).

Schrot: Es heißt *der Schrot* oder *das Schrot.*

Schublehre / Schieblehre: ↑ Schieblehre / Schublehre.

Schuld: Groß schreibt man das Substantiv z. B. in *Wer trägt alle Schuld? Das ist meine Schuld. Sie hat keine Schuld. Ich gebe ihm nur geringe Schuld.* In neuer Rechtschreibung auch groß: *Er hat Schuld [daran]. Ich möchte ihr nicht Schuld geben.* Aber weiterhin klein: *Sie ist nicht schuld.* Zusammen oder getrennt und groß kann nach den neuen Regeln geschrieben werden: *Er hat sich nichts zuschulden / zu Schulden kommen lassen.* ↑ Groß- oder Kleinschreibung (1.1).

Schurz / Schürze: Das übliche Wort ist heute *die Schürze (Küchen-, Cocktail-, Gummi-, Gärtnerschürze* u. a.). Als *Schurz* bezeichnet man besonders die vorgebundene Schutzkleidung bestimmter Handwerke, z. B. *den Lederschurz* des Schmiedes (auch *Schurzfell* genannt), und – mit anderer Bedeutung – ein kurzes, tuchartiges Kleidungsstück *(der Lendenschurz).*

Schuss: 1. Als Maß- bzw. Mengenbezeichnung bleibt *Schuss* gewöhnlich ungebeugt: *drei Schuss Rum; mit 50 Schuss Pistolenmunition.* Zu *Ich habe 2 Schuss / 2 Schüsse abgegeben* ↑ Maß-, Mengen- und Münzbezeichnungen (1). **2.** Das Gemessene nach *Schuss: ein Schuss Rotwein* (nicht: *Rotweins*); *mit einem Schuss schottischem Whisky* (geh.: *schottischen Whiskys*); *unter Beigabe eines Schusses Rum / Schuss Rums* ↑ Apposition (2.2).

schütter: Bei *schütter* bleibt, wenn es dekliniert oder gesteigert wird, das *e* der Endungssilbe gewöhnlich erhalten: *mit schütterem Haar; sein Haar war noch schütterer geworden.* ↑ Adjektiv (1.2.13), ↑ Vergleichsformen (2.2).

schützen: Das Verb *schützen* kann mit den Präpositionen *vor* und *gegen* verbunden werden: *schützen vor* bedeutet so viel wie »bewahren vor«; *schützen gegen* so viel wie »in Schutz nehmen«. In Verbindung mit *vor* wird mehr auf die Wirkung, die vom Präpositionalobjekt ausgeht, hingedeutet: *So schützt man seine Glieder am besten vor dem Erfrieren, wenn man sie dicht am Leib hat* (Plievier). *... vor dem Strom schützte ein flacher Damm* (Schneider). *... und was ihn unerschütterlich vor Arnheim schützte, war eigentlich nur Diotima* (Musil). In Verbindung mit *gegen* wird das Geschehen, der Vorgang mehr als das Tun des Subjekts aufgefasst: *Jetzt griff Justinian unter den Vorwande, das Haus seines Reichsvasallen Theoderich gegen den Mörder schützen zu müssen, ein* (Thieß). *... wie man sich am besten gegen sündige Anwandlungen schützen könne* (Sebastian).

schutzimpfen: Das Verb *schutzimpfen* wird teils wie eine feste, teils wie eine unfeste

Zusammensetzung gebraucht: *ich schutzimpfe, ich habe schutzgeimpft* (nicht: *geschutzimpft*); *um schutzzuimpfen* (nicht: *um zu schutzimpfen*). ↑ Getrennt- oder Zusammenschreibung (2.1).

Schutzmann: Der Plural lautet *die Schutzmänner* und *die Schutzleute.* ↑ Mann (2).

schwach: 1. Rechtschreibung: Klein schreibt man das Adjektiv: *eine schwache Stunde, der schwächste der Schüler.* Groß schreibt man Substantivierungen wie *alles Schwache, das Schwache und Kränkliche, die Schwachen.* Nach den neuen Regeln schreibt man *schwach* getrennt vom folgenden 2. Partizip, wenn es in dieser Fügung erweiterbar oder steigerbar ist: *die [ganz] schwach bevölkerte Gegend; die [nur] schwach bewegte See.* ↑ Getrennt- oder Zusammenschreibung (3.1.2). **2. schwächere / schwächre:** Bei den deklinierten Formen des Komparativs *schwächer* wird das zweite *e* gewöhnlich nicht ausgestoßen: *der schwächere Baum.* ↑ Adjektiv (1.2.13).

schwache Deklination / Konjugation: Zur schwachen Deklination ↑ Adjektiv (1.1.2); ↑ Substantiv (1.2). Zur schwachen Konjugation und den schwachen oder regelmäßigen Verben ↑ Konjugation (2.1).

Schwade / Schwaden: Die Bezeichnung für eine Reihe abgemähten Grases oder Getreides kann entweder als Femininum oder als Maskulinum gebraucht werden. Die Formen lauten *die Schwade,* Genitiv: *der Schwade,* Plural: *die Schwaden* oder *der Schwaden,* Genitiv: *des Schwadens,* Plural: *die Schwaden.*

Schwager: Die Formen lauten: Genitiv: *des Schwagers,* Plural: *die Schwäger.*

Schwan: Das Substantiv *Schwan* wird heute stark dekliniert: *der Schwan, des Schwan[e]s, dem Schwan[e], den Schwan, die Schwäne* usw. Früher hatten Genitiv, Dativ und Akkusativ im Singular und auch der Plural die schwache Endung *-en.* Aus dieser Zeit stammt die heute unübliche Form mit *-en* in dem Namen »Gasthaus zum Schwanen«. Entspre-

chend lässt sich auch die schwache Deklinationsendung in »Gasthaus zum Hirschen« erklären. In landschaftlicher Umgangssprache wird das »zum« zuweilen weggelassen, daher liest man auch Aufschriften wie »Gasthaus Schwanen«, »Hotel Hirschen«.

Schwär / Schwäre / Schwären: In gehobener Ausdrucksweise wird gelegentlich noch *die Schwäre* für »Geschwür« gebraucht: *... wäre es nicht möglich, dass es alte Schwären unseres Blutes sind* (Benn). *Mit einer viehischen Attitude der Unterwelt platzte das Fieber ... zu eiternden Schwären* (Jahnn). Die gleichbedeutenden Formen *der Schwär* und *der Schwären* sind heute veraltet.

schwären: Das Verb *schwären* (= »Schwären, Geschwüre bekommen, eitern«) wird heute regelmäßig gebeugt: *es schwärt, schwärte, hat geschwärt: ... an ihren dreckigen Hälsen ... schwärten Eiterpusteln* (Ott). *... die schwärende Wunde von New York* (Koeppen). Die unregelmäßigen Formen *(schwiert, schwor, hat geschworen)* sind veraltet.

Schwarm: 1. ein Schwarm junger Mädchen / junge Mädchen · von einem Schwarm wilder Tauben / wilden Tauben: Nach *Schwarm* kann die Angabe, woraus der Schwarm besteht, im Genitiv oder als Apposition stehen: *ein Schwarm Halbwüchsiger /* (selten:) *Halbwüchsige; ein Schwarm junger Heringe /* (seltener:) *junge Heringe. Er erzählte von einem Schwarm wilder Tauben /* (selten:) *wilden Tauben. Der Wärter verwies einen Schwarm lärmender Jugendlicher /* (selten:) *lärmende Jugendliche aus dem Park.* ↑ Apposition (2.2).

2. Ein Schwarm Kinder folgte / folgten dem Wagen: Wenn nach *Schwarm* die Angabe, woraus der Schwarm besteht, im Plural folgt, steht in der Regel das Verb im Singular, weil das Subjekt *(Schwarm)* formal ja ein Singular ist: *Ein Schwarm Kinder folgte dem Wagen.* Oft wird aber nach dem Sinn konstruiert und das Verb in den Plural gesetzt: *Ein Schwarm Kinder folgten dem Wagen.* Der Plural findet sich vor allem dann, wenn das appositionelle Verhältnis gewählt wird: *Ein Schwarm lärmende Kinder* (statt des üblichen Genitivs: *lärmender Kinder*) *liefen über den Hof.*

schwarz: 1. Rechtschreibung: Klein schreibt man das Adjektiv: *schwarzer Tee, das schwarze Schaf in der Familie, die schwarzen Pocken, die schwarze Rasse, die schwarze Liste, ein schwarzer Tag, ein schwarzer Freitag* (s. aber unten), *schwarzer Markt, der schwarze Mann* (= Schreckgestalt, Schornsteinfeger), *die schwarze Gefahr, da steht es schwarz auf weiß.* In neuer Rechtschreibung auch klein: *das schwarze Brett* (= Anschlagbrett), *die schwarze Kunst* (= Buchdruckerkunst), *schwarzer Peter* (= Kartenspiel), *jemandem den schwarzen Peter zuspielen.* Groß schreibt man aber das Adjektiv in ↑ Namen wie *das Schwarze Meer, der Schwarze Freitag* (= in Amerika; 24. Oktober 1929), *die Schwarze Johannisbeere, der Schwarze Erdteil* (= Afrika). Groß schreibt man auch das Substantiv (substantivierte Adjektiv): *die Farbe Schwarz, in Schwarz, mit Schwarz abgesetzt, in Schwarz* (= Trauerkleidung) *gehen, Rot und Schwarz* (= beim Glücksspiel), *Frankfurter Schwarz, ein Schwarzer, die Verständigung zwischen Schwarz und Weiß, das kleine Schwarze* (= Nachmittagskleid), *ins Schwarze treffen. Meine Lieblingsfarbe ist* (was?) *Schwarz.* (Aber: *Das Kleid ist* [wie?] *schwarz.*) *Die Farbe der Trauer ist* (was?) *Schwarz.* Neu auch groß: *aus Schwarz Weiß machen* (= Tatsachen verdrehen). ↑ Groß- oder Kleinschreibung (1.2). Getrennt schreibt man *schwarz* vom folgenden Verb, wenn *schwarz* in dieser Verbindung erweiterbar oder steigerbar ist: *schwarz sein, werden;* [ganz] *schwarz färben, machen;* [sehr] *schwarz sehen* (= pessimistisch beurteilen). Entsprechend: *schwarz ge-*

färbtes Haar. Zusammen hingegen schreibt man, wenn nicht gesteigert oder erweitert werden kann: *schwarzarbeiten* (= unerlaubte Lohnarbeit verrichten), *schwarzfahren* (= ohne Berechtigung ein Kraftfahrzeug benutzen), *schwarzgehen* (= unerlaubt über die Grenze gehen), *schwarzhören* (= ohne Gebühren zu zahlen Radio hören), *schwarzschlachten* (= heimlich schlachten), *schwarzsehen* (= ohne Gebühren zu zahlen fernsehen). ↑ Getrennt- oder Zusammenschreibung (1.2 und 3.1.2). Zur Beugung, Steigerung und zur Zusammenschreibung oder zum Bindestrich bei Zusammensetzungen mit *schwarz* ↑ Farbbezeichnungen. **2. Vergleichsformen:** Wie die meisten Farbadjektive kann auch *schwarz* gesteigert werden. Die Vergleichsformen werden mit Umlaut gebildet: *Dieses Tuch ist schwärzer als jenes. Sie hatte das schwärzeste Haar.* ↑ Vergleichsformen (2.3).

schwarzrotgolden / Schwarzrotgold: Man schreibt zusammen: *eine schwarzrotgoldene Fahne.* Zur Verdeutlichung können Bindestriche gesetzt werden: *eine schwarz-rot-goldene Fahne.* In neuer Rechtschreibung wird auch die Substantivierung zusammengeschrieben: *die Fahne Schwarzrotgold.* Auch hier sind Bindestriche möglich: *die Fahne Schwarz-Rot-Gold.* ↑ Farbbezeichnungen (3.1).

schwarz-weiß malen: In neuer Rechtschreibung wird die Fügung getrennt geschrieben: *schwarz-weiß malen.* Zur Verdeutlichung kann beim ersten Teil der Fügung der Bindestrich gesetzt werden, er muss aber auch nicht stehen: *schwarzweiß malen.* Die Formen (»einseitig positiv oder negativ beurteilen«) lauten: *Er hat schwarz-weiß gemalt. Sie malt schwarz-weiß. Er pflegte schwarz-weiß zu malen.*

Schwarz-Weiß-Malerei: ↑ Farbbezeichnungen (3.1).

Schweine- / Schweins-: Die Zusammenset-

zungen mit *Schwein* als Bestimmungswort sind teils mit dem Fugenzeichen
-e-, teils mit dem Fugenzeichen -s- gebildet. Zur ersten Gruppe gehören *Schwei-
nebauch, Schweinebestand, Schweinebraten, Schweinefleisch, Schweinehund,
Schweinekoben, Schweinemast, Schwei-
nemästerei, Schweinestall, Schweinetrei-
ber, Schweinezucht.* Zur zweiten Gruppe
(mit Fugen-s) zählen *Schweinsborste,
Schweinskeule, Schweinsknochen,
Schweinskopf, Schweinsleder, Schweins-
ohr, Schweinsrücken, Schweinsrüssel.*
Doppelformen wie z. B. *Schweinsbraten / Schweinebraten, Schweins-
ohr / Schweineohr* (= auch als Bezeichnung eines Gebäcks) sind teilweise darauf zurückzuführen, dass im Süddeutschen die Formen *-s- (Schweinsbraten),*
im Norddeutschen die mit *-e- (Schweinebraten)* vorgezogen werden. ↑ Fugenzeichen.

Schweizer / schweizerisch: Die Einwohnerbezeichnung *Schweizer* wird immer
großgeschrieben, auch wenn das Wort
wie ein unflektiertes Adjektiv vor einem
Substantiv steht: *die Schweizer Seen,
eine Schweizer Uhrenfirma. Sie haben
Konten bei deutschen und Schweizer
Banken.* Klein schreibt man dagegen das
Adjektiv *schweizerisch* (außer in Namen
wie *die Schweizerische Eidgenossen-
schaft; Schweizerische Bundesbahnen*):
*die schweizerische Literatur, Uhrenindus-
trie.*

schwellen: Das intransitive Verb *schwellen*
»größer werden« wird unregelmäßig
konjugiert. Präsens: *du schwillst, er, sie,
es schwillt;* Imperativ: *schwill!;* Präteritum: *er, sie, es schwoll* (Konjunktiv:
schwölle); 2. Partizip: *geschwollen: Bo-
chow schwollen die Adern an den Schlä-
fen* (Apitz) ... *während der Donner in der
Tiefe verhallte, schwoll der Wind zum
Sturm* (Reinhold Schneider). Das transitive Veranlassungsverb *schwellen* »zum
Schwellen bringen, weiten, größer machen« wird dagegen regelmäßig konju-

giert. Präsens: *du schwellst es, er, sie, es
schwellt es;* Imperativ: *schwell[e] es!;* Präteritum: *er, sie, es schwellte es;* 2. Partizip: *er, sie, es hat es geschwellt: Der Wind
schwellte die Segel. Der Stolz hat seine
Brust geschwellt.* ↑ e / i-Wechsel.

schwer: **1. Groß- oder Kleinschreibung:**
Klein schreibt man das Adjektiv: *ein
schwerer Stein, schweres Wasser* (= Sau-
erstoff-Deuterium-Verbindung), *schwere
Artillerie, ein schwerer Kreuzer, schwere
Wetter* (Bergmannsspr.), *ein schwerer
Junge* (= Gewaltverbrecher; ugs.). Groß
schreibt man Substantivierungen: *Du
hast das Schwerste* (= den schwersten
Teil) *bereits hinter dir. Er hat [viel]
Schweres durchgemacht.* In neuer Rechtschreibung auch: *Das Schwerste* (= am
schwersten, sehr schwer) *wäre es, dich
jetzt zu verlieren.* ↑ Groß- oder Kleinschreibung (1.2.1).

2. Getrennt- oder Zusammenschreibung:
In neuer Rechtschreibung schreibt man
schwer getrennt vom folgenden 2. Partizi-
zip oder Adjektiv, wenn es in dieser Fügung erweiterbar oder steigerbar ist. Die
Bedeutung spielt dabei keine Rolle: *ein
[ganz] schwer beladener Wagen; ein
schwer bewaffneter, schwer verwundeter
Soldat; ein [äußerst] schwer erziehbares,
schwer verletztes Kind; ein schwer kranker Mann; eine [äußerst] schwer verdauliche Speise; eine [sehr] schwer verständliche Sprache. Du hast den Koffer aber
schwer gemacht! Ich bin sehr schwer gefallen. Er hörte ihn schwer atmen. Das ist
ihr nicht schwer gefallen* (= hat sie nicht
viel Mühe gekostet). *Es hat schwer gehalten* (= war schwierig), *ihn davon zu
überzeugen. Sie hat es [zu] schwer genommen* (= ernst genommen). *Du hast
uns das Leben schwer gemacht* (= erschwert). Aber zusammen: *Er ist schwer-
behindert, schwerbeschädigt* (= durch
gesundheitliche Schädigung nur beschränkt erwerbsfähig). *Sie ist schwer-
reich* (= sehr reich). ↑ Getrennt- oder Zusammenschreibung (1.2; 3.1.2; 3.2).

S

schwerbeschädigt / schwer beschädigt: In der Bedeutung »durch gesundheitliche Schädigung nur beschränkt erwerbsfähig« schreibt man zusammen; *schwer* ist hier nicht steigerbar oder erweiterbar: *eine schwerbeschädigte Person.* Getrennt schreibt man aber in der allgemeinen Bedeutung: *ein [sehr] schwer beschädigter Wagen; dieser Wagen ist schwerer beschädigt als jener,* weil *schwer* hier steigerbar und erweiterbar ist. ↑ Getrennt- oder Zusammenschreibung (3.1.2).

schwer fallen: ↑ schwer (2).

Schwer[kriegs]beschädigte: ↑ substantiviertes Adjektiv (2.1).

Schwermut: Es heißt *die* (nicht: *der*) *Schwermut.* ↑ -mut.

schwer nehmen: ↑ schwer (2).

schwer tun, sich: In neuer Rechtschreibung wird *sich schwer tun* »Schwierigkeiten mit etwas haben« getrennt geschrieben, weil *schwer* hier erweiterbar oder steigerbar ist: *Wenn Sie beeilt sind, werden Sie sich schwer tun* (Brecht). *Er, während die andern sich schwer taten, das verworrene ... Zeug ... zu kapieren, begriff* (Feuchtwanger). *Sie hat sich [sehr] schwer getan.* Bei *sich* handelt es sich meist um einen Akkusativ, selten um einen Dativ: *Ich habe mich / mir in der Schule nicht sonderlich schwer getan.*

schwer verständlich: Die Fügung *schwer verständlich* wird in neuer Rechtschreibung getrennt geschrieben, da *schwer* hier erweiterbar oder steigerbar ist: *ein [sehr] schwer verständlicher Text.* Nur der erste Bestandteil wird in die Vergleichsform gesetzt: *ein noch schwerer verständlicher Text; die am schwersten verständlichen Wörter.* ↑ Getrennt- oder Zusammenschreibung (3.1.2), ↑ Vergleichsformen (2.5.1).

schwer wiegend / schwerwiegend: Die Fügung *schwer wiegend* wird in der Regel getrennt geschrieben, da auch die zugrunde liegende Fügung *schwer wiegen* getrennt geschrieben wird und weil *schwer* in dieser Fügung erweiterbar oder steigerbar ist. Die Vergleichsformen lauten dann: *schwerer wiegend, am schwersten wiegend.* Da die Fügung aber auch als Ganzes gesteigert werden kann, ist auch die Zusammenschreibung möglich: *Es waren schwerwiegendere Gründe. Die schwerwiegendsten Gründe hatte der Verdächtige.* ↑ Getrennt- oder Zusammenschreibung (3.1.2), ↑ Vergleichsformen (2.5.3).

Schwester: Zu *Ihr Fräulein Schwester* usw. ↑ Fräulein (3). Zur Anschrift ↑ Brief (7).

Schwester- / Schwestern-: Die Zusammensetzungen mit *Schwester-* drücken im Allgemeinen aus, dass das Bezeichnete mit etwas anderem von gleicher Art und Herkunft ist: *Schwesteranstalt, Schwesterschiff, Schwesterfirma.* Anders ist es bei *Schwesterkind* »Kind der Schwester (= Neffe oder Nichte)« und *Schwesterliebe* »Liebe, die von der Schwester ausgeht«. Die Zusammensetzungen mit der Pluralform *Schwestern-* beziehen sich auf eine Gesamtheit von Ordens-, Krankenschwestern u. Ä.: *Schwesterntracht, Schwesternhäubchen, Schwesternwohnheim,* ebenso die Ableitung *Schwesternschaft.* Anders ist es bei *Schwesternliebe* »Liebe zwischen Schwestern«.

Schwiebusser / Schwiebuser: Die Einwohner von *Schwiebus* werden *Schwiebusser* oder *Schwiebuser* geschrieben. Beides wird mit scharfem s gesprochen. ↑ Einwohnerbezeichnungen auf -er (5 und 7).

schwimmen: 1. Konjunktiv: Im Konjunktiv II wird heute überwiegend die Form *schwömme,* seltener *schwämme* gebraucht (↑ Konjunktiv [1.3]).

2. Perfekt mit *haben* oder *sein*: Das Perfekt von *schwimmen* kann mit *haben* oder *sein* umschrieben werden. Wenn es um den Vorgang des Schwimmens geht, sind beide Umschreibungen möglich: *Sie hat / ist den ganzen Vormittag geschwommen. Er hat / ist früher viel geschwommen. Wir haben / sind um die Wette geschwommen.* Wenn es um die Ortsveränderung durch das Schwimmen geht, kann nur mit *sein* umschrieben werden: *Sie ist über den Fluss geschwommen. Wir sind gegen die Strömung geschwommen.* Beim transitiven Gebrauch von *schwimmen,* wie er in der Sportsprache üblich ist, sind beide Umschreibungen möglich: *Den fälligen Rekord hat / ist die Darmstädterin geschwommen. Im Gegensatz zu Samstag haben / sind die deutschen Schwimmer in fast allen Rennen bessere Zeiten geschwommen als im vergangenen Jahr.* ↑ haben (1).

schwimmendes Fett: Die in Kochbüchern usw. anzutreffende Formulierung *etwas in schwimmendem Fett braten, backen* usw. mit ungewöhnlicher Verwendung des ↑ ersten Partizips (4) bedeutet »etwas in reichlich flüssigem Fett, das in einer Pfanne o. Ä. schwimmt, braten usw.«.

Schwimmmeister: Wenn bei Zusammensetzungen drei gleiche Buchstaben zusammentreffen, darf nach den neuen Rechtschreibregeln keiner von ihnen wegfallen. Die Zusammensetzung aus *Schwimm-* und *Meister* wird also mit drei *m* geschrieben. Zur besseren Lesbarkeit kann auch ein Bindestrich gesetzt werden: *Schwimmmeister,* auch: *Schwimm-Meister.* ↑ Zusammentreffen dreier gleicher Buchstaben.

schwindeln: Es heißt *mir* (selten: *mich*) *schwindelt,* aber nur: *mir schwindelt der Kopf.*

schwören: 1. Die Vergangenheitsformen von *schwören* lauten *schwor* und *geschworen* (ebenso bei den dazugehörigen Präfixbildungen und Zusammensetzungen): *... wo sie Meineide schworen* (Wiechert). *Wer vorwärts kommen wollte, ... schwor reumütig seiner Vergangenheit ab* (Thieß). *... worin sie mich ... nochmals beschwor nichts davon zu sagen* (Frisch). Die Form *schwur* ist veraltet: *Dann schwur der Bariton jemandem Tod und Verderben* (Thieß). Nicht korrekt sind die landschaftlich gelegentlich vorkommenden schwachen Formen *schwörte* und *geschwört* (↑ geschworen).

2. Der Konjunktiv von *schwören* wird nur selten gebraucht. Der Konjunktiv II lautet *schwüre* oder *schwöre.* Die letztgenannte Form wird jedoch wegen der Lautgleichheit mit dem Konjunktiv I weitgehend gemieden. Beim Konjunktiv II ist *schwüre* häufiger als *schwöre.* ↑ Konjunktiv (1.3).

schwul, Schwuler: Die Ausdrücke *schwul, Schwuler* waren lange lediglich abwertende Bezeichnungen für (männliche) Homosexuelle. Seit den Siebziger- und Achtzigerjahren wurden sie aber von Homosexuellen zunehmend als positive Eigenbezeichnungen verwendet. Sie setzen sich jetzt immer stärker auch im öffentlichen Sprachgebrauch durch. ↑ Political Correctness

Schwulst: ↑ Aufschwellung, ↑ Nominalstil, ↑ Papierdeutsch.

Science-Fiction / Sciencefiction: In neuer Rechtschreibung kann man mit Bindestrich oder ohne Bindestrich schreiben. Dies gilt entsprechend auch für Zusammensetzungen mit *Science-Fiction / Sciencefiction: Science-Fiction-Literatur,* (auch:) *Sciencefiction-Literatur.* ↑ Fremdwort (4).

sechs: Klein schreibt man das Zahlwort: *sechs und sechs macht zwölf, es schlägt sechs, Punkt sechs, die letzten sechs, wir sind zu sechsen/sechst, wir essen um sechs [Uhr].* Groß schreibt man das Substantiv: *die Zahl Sechs, eine Sechs malen, würfeln. Er hat in Latein eine Sechs geschrieben, die Note »Sechs« bekommen.* ↑ Zensuren, ↑ Groß- oder Kleinschreibung (1.2.4).

sechste: Klein schreibt man das Zahlwort (Worttrennung neu: *sechs-te*) in adjektivischer Verwendung: *der sechste Kontinent; sie hat den sechsten Sinn.* Groß schreibt man das substantivierte Zahlwort (= bestimmter substantivischer Begriff). *Sie ist die Sechste* (= der Leistung nach) *in der Wertung. Heute ist der*

Sechste (= Monatstag). Dies gilt in neuer Rechtschreibung auch für die Fälle, in denen eine Reihenfolge angegeben wird: *Er ist der Sechste* (= der Zählung, der Reihe nach); *nur jeder Sechste erhielt eine Karte.* Groß schreibt man das Zahlwort auch in Namen: *Friedrich der Sechste.* ↑ Namen (4), ↑ achte/Achte, ↑ Groß- oder Kleinschreibung (1.2.4).

sechzehn, sechzig: Das Schluss-s von *sechs* ist (aus Gründen der Sprechbarkeit) in *sechzehn* und *sechzig* schon sehr früh ausgestoßen worden. Beide Schreibungen (mit und ohne *s*) liefen einige Zeit nebeneinander her. Heute sind nur die Formen ohne *s* korrekt. In Mundarten und älterer Literatur ist das *s* zum Teil noch vorhanden.

See: Zwischen dem maskulinen Substantiv *der See* und dem Femininum *die See* bestehen Bedeutungsunterschiede: Das Maskulinum *der See* bedeutet »größeres, stehendes Binnengewässer«: *Der See wurde von der Cure durchflossen* (Kuby). Der Plural lautet *die Seen* (gesprochen ['ze:ən]; die Form darf nicht mit drei *e* geschrieben werden). Das Femininum *die See* bedeutet erstens »Meer«: *Sieben Jahre ist er alt und blickt grau über die See, als gehöre sie ihm* (Grass). *... dann löste sich ein winziger Punkt von der Bordwand ... und begann auf der leeren See umherzuirren* (Schnabel). In dieser Bedeutung hat das Wort keinen Plural, dafür tritt dann *die Meere* ein. Zweitens bedeutet *die See* »[Sturz]welle«: *Nun kamen neue Seen, warfen es* (das Schiff) *halb auf die Seite ... Die See schnappte nach seinem Bein ... das Schiff sank und die neuen Seen deckten es zu* (Schnabel).

seelsorgerisch / seelsorgerlich / seelsorglich: Die drei Wörter bedeuten etwa das Gleiche, sind aber in der Sehweise unterschieden. Das Adjektiv *seelsorgerisch* ist von *Seelsorger* abgeleitet und hat den Sinn »wie ein Seelsorger, entsprechend der Aufgabe eines Seelsorgers«. Es bezieht sich also auf das Verhalten des

Geistlichen oder eines in ähnlicher Funktion tätigen Menschen. Das Adjektiv *seelsorglich* ist dagegen von *Seelsorge* abgeleitet und hat den Sinn »von der Seelsorge ausgehend, hinsichtlich der Seelsorge«, bezieht sich also mehr auf den Vorgang selbst. Statt *seelsorgerisch* wird in der theologischen Fachsprache oft auch *seelsorgerlich* gebraucht (vielleicht aus der – unbegründeten – Befürchtung, die Endung *-isch* bringe eine Herabsetzung zum Ausdruck). ↑ -ig/-isch/-lich (2).

Seemann: Der Plural lautet *die Seeleute.* ↑ Mann (2).

segelfliegen: Von *segelfliegen* ist nur der Infinitiv gebräuchlich: *Ich lerne segelfliegen.* ↑ Getrennt- oder Zusammenschreibung (2.1).

segeln: Das Perfekt von *segeln* kann mit *haben* oder *sein* umschrieben werden. Wenn es um den Vorgang des Segelns geht, sind beide Umschreibungen möglich: *Wir haben / sind um die Wette gesegelt. Ich habe / bin als junger Mensch viel gesegelt.* Wenn es um die Ortsveränderung durch das Segeln geht, kann nur mit *sein* umschrieben werden: *Wir sind um die Boje gesegelt. Ich bin über den See gesegelt.* Beim transitiven Gebrauch sind meist beide Umschreibungen möglich: *Wir haben / sind eine Regatta gesegelt. Ich habe / bin diesen Kurs noch nicht gesegelt.* ↑ haben (1).

sehen: 1. Konjugation: Im Indikativ des Präsens heißt es: *ich sehe, du siehst, er sieht.* Der Imperativ lautet: *sieh!,* bei Verweisen und als Ausrufewort *sieh[e]!* ↑ e / i-Wechsel, ↑ Imperativ (1.2). Zum Konjunktiv ↑ sähe / sehe.

2. sich sehen als: Nach *sich sehen als* steht das folgende Substantiv heute gewöhnlich im Nominativ, d. h., es wird auf das Subjekt bezogen: *Er sieht sich schon als großer Künstler. Er sieht sich als der religiöse Erzieher.* Der Akkusativ, d. h. die Beziehung auf *sich,* veraltet allmählich: *Er sieht sich schon als großen Künstler.* ↑ Kongruenz (4.2).

3. Ich habe ihn kommen sehen / gesehen (Infinitiv statt 2. Partizip): Nach einem Infinitv ohne *zu* steht *sehen* überwiegend ebenfalls im Infinitiv: *Ich habe das Unglück kommen sehen.* Selten: *Er hat ihn kommen gesehen. Sie hat das Unglück kommen gesehen.* ↑ Infinitiv (4).

4. Ich lasse dich / dir das Buch sehen: In dieser Wendung gilt heute nur der Akkusativ als korrekt: *Ich lasse dich das Buch sehen.* ↑ lassen (5).

sehen / schauen: ↑ schauen / sehen.

sehr: Als Vergleichsformen für das Adverb *sehr* werden *noch mehr* und *am meisten* gebraucht: *Ich habe mich sehr / noch mehr / am meisten über ihren Brief gefreut.* ↑ Vergleichsformen (5).

Sehr geehrte(r) / verehrte(r) / Werte(r) ...: ↑ Brief (4).

sei / wäre: *sei* ist die Form des Konjunktivs I, der vor allem in der ↑ indirekten Rede (2.1) steht: *Sie haben geäußert, Petra sei angekommen. Sie fragten, was denn los sei.* Dagegen ist *wäre* die Form des Konjunktivs II, der vor allem im ↑ Konditionalsatz (2–7) steht: *Wäre er krank, dann hätte er sich gemeldet. Wenn sie Zeit hätte, wäre sie gekommen.* Der Konjunktiv II *wäre* tritt allerdings auch in der indirekten Rede auf, wenn in der direkten Rede schon *wäre* steht oder etwas als zweifelhaft hingestellt wird. ↑ indirekte Rede (3.3).

seid / seit: Die Verbform *seid* (2. Person Plural Indikativ Präsens und Imperativ Plural von *sein*) wird mit *d*, die Präposition und Konjunktion *seit* mit *t* geschrieben: *Ihr seid wohl neu hier? Seid pünktlich!* Aber: *Er ist seit gestern krank. Seit sie die Abteilung leitet, sind alle zufrieden.*

Seidel: Das Gemessene nach *Seidel: drei Seidel Bier* (nicht: *Biers*); *drei Seidel dunkles Bier* (geh.: *dunklen Bier[e]s*); *mit fünf Seideln bayrischem Bier* (geh.: *bayrischen Bier[e]s*). ↑ Apposition (2.2).

seiden: Bei *seiden* bleibt, wenn es dekliniert wird, das *e* der Endungssilbe gewöhnlich erhalten: *seidene Schuhe.* ↑ Adjektiv (1.2.13).

Seien Sie so gut ...: Es heißt richtig: *Seien Sie so gut ...* (nicht: *Sind Sie so gut ...*). ↑ Imperativ (3).

sei es – sei es: Wird *sei es – sei es* durch *oder* verbunden, dann kann das zweite *sei es* erspart werden: *sei es heute, sei es morgen* oder *sei es heute oder sei es morgen* oder *sei es heute oder morgen.* ↑ Konjunktion (3).

¹sein: Klein schreibt man das Possessivpronomen: *seine Eltern; alles, was sein ist, es ist sein[s].* Klein schreibt man *sein* auch bei vorangehendem Artikel, wenn ein vorher oder nachher genanntes Substantiv zu ergänzen ist: *Ich hatte mein Werkzeug vergessen und benutzte das seine / seinige.* Die Substantivierung kann nach den neuen Rechtschreibregeln klein- oder wie bisher großgeschrieben werden: *Er vernachlässigte die seinen / Seinen, jedem das seine / Seine, er muss das seine / Seine / (seinige / Seinige) dazu tun.* Groß schreibt man in historischen Titeln: *Seine* (Abk.: *S[e].*) *Exzellenz, Seiner* (Abk.: *Sr.*) *Exzellenz; ein Brief für Seine Majestät den König.* ↑ Anrede (2). Zu *meinem Vater sein Haus* o. Ä. ↑ Genitivattribut (1.3.2).

²sein: 1. Nach den neuen Rechtschreibregeln werden Verbindungen mit dem Verb *sein* immer getrennt geschrieben: *ab sein; da sein; drauf sein; heraus sein; hier sein; zusammen sein.*

2. Zu *sein lassen* ↑ lassen (3).

3. Zu *Der Schmerz ist kaum zu ertragen* (für: *Der Schmerz kann kaum ertragen werden*) ↑ Passiv (3.4).

sein / gehören: Zu *das gehört / ist mir* ↑ gehören (1).

sein / haben: Zu *jemand ist / hat geschwommen, geritten, getanzt* ↑ haben (1).

sein / ihr: ↑ ihr / sein.

sein / werden: Es heißt richtig: *Die Mitglieder werden* (nicht: *sind*) *gebeten, pünktlich zu erscheinen.* ↑ Zustandspassiv (3).

seine / Seine: ↑ ¹sein.

S

sein / dessen: ↑ Demonstrativpronomen (3).

seinerzeit: Das Adverb *seinerzeit* (abgekürzt: ↑ s. Z.), aus der Fügung »zu seiner Zeit« entstanden, nimmt fast immer Bezug auf einen vergangenen Zeitpunkt oder Zeitabschnitt; es hat hier die Bedeutung »zu jener Zeit, damals«: *Er war seinerzeit sehr berühmt.* Daneben wird *seinerzeit* gelegentlich aber auch mit Bezug auf einen in der Zukunft liegenden Zeitpunkt verwendet: *Wir werden seinerzeit darauf zurückkommen.* Besser, weil eindeutiger, ist es jedoch zu sagen: *Wir werden zu gegebener Zeit darauf zurückkommen.* Das Adverb *seinerzeit* wird gewöhnlich auch in Bezug auf Frauen verwendet: *Sie war seinerzeit* (gelegentlich: *ihrerzeit*) *eine gefeierte Sängerin.* ↑ Possessivpronomen (2).

seinetwegen: ↑ wegen (2).

seinige / Seinige: ↑ ¹sein.

seit: 1. Rektion: Die Präposition *seit* regiert den Dativ: *seit meiner Rückkehr, seit Jahren, seit Bestehen der Firma, seit langem.* **2. Gebrauch:** Die Präposition *seit* gibt (ebenso wie die gleich lautende Konjunktion) den Zeitpunkt an, zu dem ein Zustand eingetreten ist oder ein anhaltender Vorgang begonnen hat. Sie darf deshalb nur in Verbindung mit Verben stehen, die ein andauerndes Geschehen bezeichnen (so genannte imperfektive Verben, z. B. *arbeiten, sein*), nicht aber in Verbindung mit Verben, die ein einmaliges, in sich abgeschlossenes Geschehen ausdrücken (so genannte perfektive Verben, z. B. *beginnen, sterben*): *Er arbeitet seit dem 1. August bei uns. Sie ist seit drei Jahren Geschäftsführerin.* Aber: *Er begann seine Arbeit am* (nicht: *seit*) *1. August. Sie ist vor* (nicht: *seit*) *drei Jahren gestorben. Unser vor* (nicht: *seit*) *3 Tagen eröffnetes Schuhgeschäft.* **3. Komma:** Wenn *seit* als Konjunktion einen Nebensatz einleitet, wird dieser immer durch Komma vom Hauptsatz abgetrennt: *Ich fühle mich viel besser, seit ich die Kur gemacht habe.*

4. Zu *seit / seid* ↑ seid / seit; zu *seit alters [her]* ↑ alters.

seitdem: Ein mit der Konjunktion *seitdem* eingeleiteter Nebensatz wird immer durch Komma vom Hauptsatz abgetrennt: *Seitdem sie ihn kannte, gefiel ihr kein anderer.* Zu *seitdem / nachdem* ↑ nachdem (3).

seitdem, seither / bisher: ↑ bisher (1).

Seite: 1. Rechtschreibung: Getrennt von der vorangehenden Präposition und groß schreibt man, wenn es sich um das Substantiv *Seite* handelt: *Er tritt / steht mir zur Seite. Wir hörten das von verschiedenen Seiten. Sie ist auf der Seite der Schwächeren.* In neuer Rechtschreibung auch: *auf Seiten der Schwächeren stehen, von Seiten der Behörden.* Bei den Formen auf *-en* ist nach den neuen Rechtschreibregeln ebenso Zusammenschreibung möglich: *aufseiten, vonseiten, zuseiten.* Nur zusammen und klein schreibt man die Adverbien *meinerseits, ihrerseits* usw.; *all[er]seits, beiseite [legen, stehen].* ↑ Getrennt- oder Zusammenschreibung (2.2). **2. Seite 3–7 / die Seiten 3–7:** Bei Hinweisen auf Stellen in Büchern und bei Zitaten bleibt das Wort *Seite* (Abk. *S.*) ungebeugt, wenn es ohne Artikel unmittelbar vor den Seitenzahlen steht: *H. Paul, Deutsche Grammatik V, Seite 5–12. Die Tabellen folgen auf Seite 3–7.* Aber mit Artikel: *... auf den Seiten 3–7.* Ebenso: *Ich zitiere S. 3–7/die Seiten 3–7.* ↑ Zitat. **3. mit 120 Seiten bunt bebilderter Angebote / bunt bebilderten Angeboten:** Üblich ist hier das appositionelle Verhältnis: *30 Seiten mehrfarbige Satellitenaufnahmen; mit 120 Seiten bunt bebilderten Angeboten.* Der Genitiv (*30 Seiten mehrfarbiger Aufnahmen, bunt bebilderter Angebote*) ist zwar korrekt, aber kaum gebräuchlich. ↑ Apposition (2.2).

Seite / Saite: ↑ Saite / Seite.

seitenlang / Seiten lang: Zusammen schreibt man, wenn es sich um die adjektivische Zusammensetzung handelt:

ein seitenlanger Bericht; er las seitenlang vor. Getrennt schreibt man, wenn *lang* durch *Seite* (mit vorangehendem Artikel, Zahlwort o. Ä.) näher bestimmt wird: *ein vier Seiten langer Bericht; sie las mehrere Seiten lang vor; der Aufsatz ist kaum eine Seite lang.* ↑ Getrennt- oder Zusammenschreibung (4.2).

seitens: Die Präposition *seitens* regiert den Genitiv: *seitens des Betriebes, seitens seiner Familie.* Die vor allem in der Amtssprache (↑ Papierdeutsch) gebräuchliche Präposition lässt sich in den meisten Fällen durch *von* ersetzen: *Von dem Betrieb, von seiner Familie wurden ihm Schwierigkeiten gemacht.* In Verbindung mit *Herr / Frau* + Name bleibt der Name in der Regel ungebeugt: *Seitens Herrn / Frau Meyer wurden keine Einwände erhoben.*

Seitenteil: Das Wort kann als Maskulinum oder als Neutrum gebraucht werden: *der* oder *das Seitenteil.* Letzteres ist üblicher.

seither, seitherig: ↑ bisher (1).

seitwärts: ↑ -wärts.

selb: ↑ derselbe (3).

selbander, selbdritt: Beide Wörter sind veraltet: *selbander* bedeutet »zu zweit«, *selbdritt* »zu dritt«.

selber / selbst: ↑ selbst (1).

selbig: Das auf das weitgehend veraltete *selbig* folgende Adjektiv wird stark (parallel) gebeugt: *selbige alte Bücher, selbiger junger Mann.* Nur im Dativ Singular Maskulinum und Neutrum und im Genitiv Plural tritt noch gelegentlich schwache Beugung des folgenden Adjektivs auf: *mit selbigem jungem / jungen Mann, in selbigem altem / alten Haus; selbiger neuer / neuen Schuhe, wegen selbiger junger / jungen Frauen.*

selbst: 1. selbst / selber: Die Form *selbst* gehört im Allgemeinen mehr der Standardsprache, die Form *selber* dagegen mehr der Alltagssprache an. Die Pronomen *selbst* und *selber* sind undeklinierbar und werden wie eine Apposition gebraucht. Sie treten zu einem Substantiv oder ei-

nem anderen Pronomen (Personal- oder Reflexivpronomen) und drücken aus, dass kein anderes Wesen oder Ding gemeint ist als das mit dem Bezugswort genannte. Sie schließen also ein anderes nachdrücklich aus, stehen immer nach ihrem Bezugswort (wenn auch nicht immer unmittelbar) und sind betont (vgl. aber ↑ 3): *Fritz selbst / selber hat es gesagt. Fritz hat es selbst / selber gesagt.* Das Bezugswort kann fehlen, wenn kein bestimmtes Wesen oder Ding gemeint ist: *Selber essen macht fett* (Sprichwort).

2. von selbst: In dieser Fügung ist *sich* ausgefallen (eigentlich heißt es also *von sich selbst*): *Das versteht sich von selbst. Der Dackel kommt schon von selbst.*

3. selbst »sogar«: Von dem hinweisenden Pronomen *selbst* (↑ 1) ist das Adverb *selbst* mit der Bedeutung »sogar« zu unterscheiden, bei dem das folgende (seltener vorangehende) Bezugswort den Hauptton trägt: *Selbst Bitten rührten ihn nicht. Selbst hier schien die Sonne. Das schlechte Wetter selbst vermochte sie nicht abzuhalten.*

4. Rechtschreibung: Zusammen schreibt man die Adjektivzusammensetzungen: *selbsttätig, selbstbewusst, selbstgefällig, selbstlos, selbstherrlich, selbstkritisch, selbstsicher, selbstverständlich* u. a. In der Regel werden Verbindungen aus *selbst* und einem Partizip nach den neuen Rechtschreibregeln wie die zugrunde liegende verbale Fügung getrennt geschrieben: *...weil ich das Brot selbst backe – selbst gebackenes Brot; der Pullover ist selbst gestrickt; selbst gemachte Marmelade; die Marmelade schmeckt wie selbst gemacht; die Kinder haben das selbst gebastelt; ein selbst geschriebener Brief.* Zusammen schreibt man, wenn keine verbale Fügung zugrunde liegt: *selbstredend, selbstvergessen* und Fälle wie *selbstklebend* (= von selbst klebend), *selbstentzündlich* (= von selbst entzündlich). ↑ Getrennt- oder Zusammenschreibung (3.1.3 und 3.2).

S

Selbstlaut: ↑ Vokal.

selbstständig / selbständig: In neuer Rechtschreibung ist neben der bisherigen Schreibung *selbständig* neu auch die Schreibung *selbstständig* möglich. Beide Varianten sind korrekt und gleichwertig.

selbst wenn: Das Komma vor *selbst wenn* steht wie vor dem einfachen *wenn,* weil beide Partikeln wie eine einfache Konjunktion eingesetzt sind: *Ich tue dies nicht, selbst wenn ich dafür bestraft werde.* Ist aber das *selbst* betont, dann gehört es zum Hauptsatz, und das Komma steht vor *wenn: Ich tue dies nicht selbst, wenn ich dafür bestraft werde.*

selig: Das Adjektiv *selig* wird mit einem *e* geschrieben. Es gehört nicht zu *Seele,* sondern geht auf althochdeutsch *sälig* »gut, glücklich; gesegnet; heilsam« zurück.

Sellerie: Das Substantiv *Sellerie* kann als Maskulinum oder als Femininum gebraucht werden. Es heißt also *der Sellerie* oder *die Sellerie.* Die Betonung ist: *Sellerie.* Der Genitiv lautet: *des Selleries.* Der Plural lautet: *die Sellerie* und *die Selleries.* In Österreich ist der Name der Pflanze nur als Femininum gebräuchlich; er wird auf der letzten Silbe betont *(die Sellerie,* Genitiv: *der Sellerie,* Plural: *die Sellerien).*

selten: In dem Satz *Das Wetter war selten schön* ist die Aussage doppeldeutig, weil unflektiertes *selten* vor einem Adjektiv sowohl »nicht häufig« wie auch (umgangssprachlich) »besonders, ungewöhnlich« bedeuten kann. Der Satz könnte also aussagen:»Das Wetter war nur an wenigen Tagen schön.« Oder: »Das Wetter war ungewöhnlich schön.« Diese Doppeldeutigkeit kann durch andere Wortstellung oder durch Umformulierung vermieden werden. Für die erste Bedeutung »nicht häufig« kann der Satz lauten: *Selten war das Wetter schön.* Für die zweite (umgangssprachliche) Bedeutung »besonders, ungewöhnlich« könnte man sagen: *Das Wetter war so schön wie selten zuvor.* Etwas besser lässt sich diese Bedeutung in Form einer Beifügung (attributiv) ausdrücken: *Es herrschte ein selten schönes Wetter* (beide Wörter müssen dann Starkton tragen).

Semikolon

Das Semikolon – auch Strichpunkt genannt – nimmt eine Mittelstellung zwischen Komma und Punkt ein. Es steht anstelle eines Kommas, wenn dieses in seiner trennenden Funktion innerhalb eines Satzes zu schwach ist; es steht anstelle eines Punktes, wenn dieser zu stark trennt. Da das Urteil darüber, ob einer dieser Fälle vorliegt, verschieden sein kann, lassen sich für die Anwendung des Semikolons nicht so strenge Richtlinien aufstellen wie für die anderen Satzzeichen.

1. Das Semikolon anstelle eines Kommas:

Ein Semikolon kann anstelle eines Kommas stehen, wenn dieses zur Kennzeichnung der selbstständigen Teile eines größeren Satzgefüges nicht ausreicht:

Soziologisch verkörpern sie [die Genossenschaften] eine Gruppe relativ gleichartiger Wirtschaftssubjekte, etwa kleiner oder mittelständischer Kaufleute, Handwerker und Landwirte; ökonomisch sind sie Hilfs- und Ergänzungswirtschaften der selbstständig bleibenden Mitgliederwirtschaften, die ... (Meyers Handbuch über die Wirtschaft).

Ein Semikolon steht besonders dann anstelle eines Kommas zwischen den nebengeordneten Sätzen einer Satzverbindung, wenn der Anschluss mit Konjunktionen wie *denn, doch, darum, daher, allein, aber, deswegen, deshalb* hergestellt wird:

Du kannst mitgehen; doch besser wäre es, du bliebest zu Hause. Die Angelegenheit ist erledigt; darum wollen wir nicht länger streiten.

2. Das Semikolon anstelle eines Punktes:

Das Semikolon kann dann anstelle eines Punktes stehen, wenn Hauptsätze ihrem Inhalt nach eng zusammengehören. Dies gilt auch dann, wenn die Sätze verschiedene Subjekte haben:

Die Stellung der Werbeabteilung im Organisationsplan ist in den einzelnen Unternehmen verschieden; sie richtet sich nach den Anforderungen, die an die Werbung gestellt werden (Meyers Handbuch über die Wirtschaft).

3. Das Semikolon im mehrfach zusammengesetzten Satz:

Das Semikolon steht im Allgemeinen in einem mehrfach zusammengesetzten Satz (Periode) zur besseren Gliederung der größeren Abschnitte des Satzgebildes:

Im Verlaufe von zehn Jahren war er zweimal krank gewesen; das eine Mal infolge eines vom Tender einer Maschine während des Vorbeifahrens herabgefallenen Stückes Kohle, welches ihn getroffen und mit zerschmettertem Bein in den Bahngraben geschleudert hatte; das andere Mal einer Weinflasche wegen, die aus dem vorüberrasenden Schnellzuge mitten auf seine Brust geflogen war (Hauptmann).

4. Das Semikolon bei Aufzählungen:

Das Semikolon steht im Allgemeinen bei längeren Aufzählungen zur Gliederung und Kennzeichnung der einzelnen Gruppen des Aufgezählten:

In dieser fruchtbaren Gegend wachsen Roggen, Gerste, Weizen; Kirschen, Pflaumen, Äpfel; Tabak und Hopfen; ferner die verschiedensten Arten von Nutzhölzern.

Das gilt besonders für längere, zeilenweise abgesetzte Aufzählungsglieder (↑ ¹Punkt [2]):

Ein Zuschuss kann gewährt werden:
– wenn ein Verdienstausfall nachgewiesen wird;
– bei Teilnehmer(inne)n in der Berufsausbildung.

Vgl. auch ↑ Groß- oder Kleinschreibung (2.5).

Semmel: Das Substantiv *Semmel* hat femininines Genus. Es heißt also *die Semmel*. Der Plural lautet standardsprachlich korrekt *die Semmeln* (nicht: *die Semmel*). Zusammensetzungen mit *Semmel-* als erstem Bestandteil stehen ohne Fugenzeichen: *Semmelbrösel, Semmelklöße, Semmelknödel, Semmelmehl.*

senden: Das Verb *senden* hat die Formen *sendete, gesendet* und *sandte, gesandt*. Im Bereich der Technik werden nur die Formen mit *e* gebraucht: ... *die Funker sendeten Peilzeichen* (Ott). *Seine Hörspiele sind alle gesendet worden* (Grass). In der Bedeutung »schicken« sind beide Formen gebräuchlich, die Formen mit *a* sind häufiger: *Ich sandte (sendete) ihr einen Brief, habe ihr einen Brief gesandt (gesendet)*. Der Konjunktiv II von *senden* heißt *sendete* (nicht: *sändte*): *Wenn ich könnte, sendete ich ihr ein Fax.* Zu ... *sendet / senden Ihnen Peter und Eva* ↑ Brief (5).

Senegal: ↑ Staatennamen (1.4).

senior / Senior(in): In Verbindung mit einem Ruf- oder Familiennamen wird *senior* (Abk.: *sr.* oder *sen.*) immer kleingeschrieben: *Sie war mit Herrn Meier senior verheiratet.* In Bezug auf Frauen ist diese Bezeichnung nicht gebräuchlich. Vor *senior* darf kein Komma stehen (↑ Komma [3.3.2]). Groß schreibt man das substantivierte Adjektiv *der Senior* »älterer Teilhaber, Sportler; alter Mensch; Ältester«. Der Genitiv von *Senior* lautet: *des Seniors*, der Nominativ Plural lautet: *die Senioren*. Die entsprechenden femininen Formen lauten: *die Seniorin, der Seniorin, die Seniorinnen.*

Senkrechte: Der Genitiv Singular von *Senkrechte* lautet *der Senkrechten*. Der Plural lautet *die Senkrechten*. Ohne vorangehenden Artikel kann *Senkrechte* im Plural sowohl stark als auch schwach gebeugt werden: *zwei Senkrechte* und *zwei Senkrechten*. ↑ substantiviertes Adjektiv (2.2.1).

Sensations-: Zusammensetzungen mit »Sensation« als Bestimmungswort stehen immer mit Fugen-*s*: *Sensationsbedürfnis, sensationslüstern, Sensationshunger, Sensationsgier, Sensationsfilm.* ↑ Fugen-*s* (1.3).

sensibel: Bei *sensibel* fällt, wenn es dekliniert oder gesteigert wird, das *e* der Endungssilbe aus: *ein sensibles, ein sensibleres Kind*. ↑ Adjektiv (1.2.13).

Séparée / Separee: Nach den neuen Rechtschreibregeln kann die Kurzbezeichnung *Séparée* (für *Chambre séparée*) auch eindeutschend, d. h. ohne Akzente, geschrieben werden: *Separee*. Das Adjektiv in der unabgekürzten Form wird wie bisher mit Akzenten geschrieben.

September: ↑ Monatsnamen.

Serie: Zu *Herstellung einer Serie Prägestempel/-stempeln* ↑ Reihe.

Service: Es gibt zwei Wörter mit der Schreibung *Service:* Das erste ist aus dem Französischen entlehnt worden und bezeichnet einen Satz Tafelgeschirr: *ein altes Meißner Service*. Es hat neutrales Genus *(das Service)* und wird [zɛrˈviːs] (nicht: [zɛrˈviː]) gesprochen. Der Genitiv lautet *des Services* [zɛrˈviːsəs] oder *des Service* [zɛrˈviːs], der Plural *die Service* [zɛrˈviːs, zɛrˈviːsə]. Das zweite Wort *Service* ist aus dem Englischen entlehnt worden, es bezeichnet den Kundendienst (z. B. im technischen Bereich und Hotelwesen) sowie den Aufschlag beim Tennis und hat maskulines oder (selten) neutrales Geschlecht: *der / das Service* [ˈzøːrvɪs, ˈzœrvɪs], Genitiv: *des Service*, Plural (selten): *die Services* [ˈzøːrvɪs, ˈzœrvɪs, ... vɪsɪs].

Servicedienst: ↑ Tautologie.

setzen, sich: In Verbindung mit den Präpositionen *in, an, auf* steht nach *sich setzen* der Akkusativ (nicht der Dativ): *Er setzt sich auf die* (nicht: *der*) *Bank. Sie setzt sich in das Auto.*

sexy: Die Vergleichsformen lauten: *sexy – sexyer – am sexysten.*

s-förmig / S-förmig: Das Adjektiv kann in neuer Rechtschreibung mit *s* oder wie

bisher mit *S* geschrieben werden. ↑ Groß-
oder Kleinschreibung (1.2.5).
Show-down / Showdown: Das Substantiv
Show-down (dramatische, entscheidende
Kraftprobe) wird nach den neuen Rechtschreibregeln mit Bindestrich geschrieben. Die Zusammenschreibung ist jedoch auch richtig. ↑ Fremdwort (4).
Shredder: Bei der Schreibung mit *Sh* handelt es sich um die englische Form, die in
neuer Rechtschreibung nicht mehr gebraucht werden soll. ↑ Schredder.
sich: 1. Schreibung: Das Reflexivpronomen
sich darf in Verbindung mit der Höflichkeitsanrede *Sie* auch im Brief niemals
großgeschrieben werden: *Wir hoffen, Sie
haben sich* (nicht: *Sich*) *gut erholt!*
2. sich / einander: Im heutigen Sprachgebrauch wird die wechselseitige Beziehung meist durch *sich* ausgedrückt, weil
einander fast immer gehoben oder sogar
gespreizt wirkt. ↑ Reflexivpronomen (3).
3. sich / uns: Wenn im Subjekt eines Satzes die 1. Person zusammen mit der 2.
oder 3. Person steht, darf das allen gemeinsame Reflexivpronomen nur *uns*
lauten (nicht: *sich*): *Mein Mann und ich
würden uns* (nicht: *sich*) *sehr freuen,
wenn ...* ↑ Kongruenz (2.1).
4. doppeltes *sich*: Folgen in einem Satz
zwei *sich* aufeinander, dann darf keines
von ihnen ausfallen: *Er bemühte sich,
sich zu verstecken. Das Gebirge erstreckt
sich, sich von NW nach NO verbreiternd,
bis nach Ungarn.*
5. Zur Stellung von *sich* im Satz ↑ Reflexivpronomen (1). Zur Schreibung *das
Sichverlieben, das Sich-auseinander-Le-
ben* ↑ substantivierter Infinitiv (1). Zu *Er
sah die Frau auf sich / ihn zustürzen* ↑ Reflexivpronomen (2). Zu *Bitte sich beeilen!* ↑ Infinitiv (6).
sicher: 1. Groß- oder Kleinschreibung: Klein
schreibt man das Adjektiv: *sicher, sicherer, am sichersten.* Groß schreibt man die
Substantivierung: *Es ist das Sicherste,
was du tun kannst. Das Sicherste sind
Gürtelreifen. Wir suchen etwas Sicheres.*

In neuer Rechtschreibung auch: *Es ist
das Sicherste sofort zu verschwinden. Ich
fühle mich im Sichern* (= geborgen).
Klein- oder wie bisher großgeschrieben
werden darf in den Fügungen *auf Nummer Sicher / sicher sein / gehen.* ↑ Groß-
oder Kleinschreibung (1.2.1).
2. Getrennt- oder Zusammenschreibung:
Nach den neuen Rechtschreibregeln
schreibt man *sicher* vom folgenden Verb
oder Partizip getrennt, wenn das Adjektiv gesteigert oder erweitert werden
kann: *In diesen Schuhen können Sie
[sehr] sicher gehen. Ein Arzneimittel, das
[hundertprozentig] sicher wirkt.* In neuer
Rechtschreibung auch: *ein sicher wirken-
des Arzneimittel.* Weiterhin zusammen
schreibt man aber: *Die Polizei hat das
Motorrad sichergestellt* (= in Verwah-
rung genommen). *Ich will auf alle Fälle
sichergehen* (= nichts dem Zufall überlassen). ↑ Getrennt- oder Zusammenschreibung (1.2).
3. Bei *sicher* bleibt, wenn es dekliniert
oder gesteigert wird, das *e* der Endungssilbe gewöhnlich erhalten: *eine sichere
Autofahrerin. Er lief heute viel sicherer
als sonst.* ↑ Adjektiv (1.2.13), ↑ Vergleichsformen (2.2).
sicher / sicherlich: Im heutigen Sprachgebrauch wird *sicher* häufig anstelle von *sicherlich* »vermutlich, wahrscheinlich«
verwendet: *Es ist sicher / sicherlich schon
zu spät. Sicher / sicherlich hat er sich
geirrt.* Da *sicher* aber auch »ohne Zweifel, mit Bestimmtheit« bedeuten kann,
können in Sätzen wie *Sie hat es sicher*
(= ohne Zweifel? / vermutlich?) *gewusst*
Verständnisschwierigkeiten auftreten.
Hier sollte, wenn eine Vermutung zum
Ausdruck gebracht wird, der Eindeutigkeit wegen nur *sicherlich* stehen.
Sie: 1. Groß schreibt man immer die Höflichkeitsanrede (= jede Anrede an eine
Person, die man nicht duzt) *Sie* und das
entsprechende Possessivpronomen *Ihr,*
gleichgültig, ob die Anrede einer oder
mehreren Personen gilt: *Bleiben Sie alle*

gesund! Kann ich Ihnen behilflich sein? Wie geht es Ihren beiden Kindern? Groß schreibt man auch das substantivierte Pronomen: *das steife Sie.* ↑ Groß- oder Kleinschreibung (1.2.4), ↑ Anrede (2). **2. Bitte kommen Sie und helfen Sie mir:** Bei der Reihung von Aufforderungssätzen darf das *Sie* nicht erspart werden, also nicht: *Bitte kommen Sie und helfen mir,* sondern nur: *... und helfen Sie mir.* ↑ Ellipse (11).

sieben: Klein schreibt man das Zahlwort z. B. in *wir sind zu sieben / siebt, sieben auf einen Streich, sieben und drei macht* (nicht: *machen;* ↑ Kongruenz [1.2.4]) *zehn, es ist sieben [Uhr], Punkt sieben; die sieben Bitten des Vaterunsers.* Klein schreibt man auch in substantivischen Wortgruppen, die zu festen Verbindungen geworden sind: *die sieben Weltwunder, die sieben Raben* (im Märchen), *die sieben Todsünden.* ↑ Namen. Groß schreibt man die Substantivierung: *die Zahl Sieben, eine Sieben schreiben, die finnische Sieben* (Wasserballmannschaft) *liegt in Führung.* Ebenfalls großgeschrieben wird das Wort in Namen: *die Sieben Berge* (Landschaft in Niedersachsen). ↑ Groß- oder Kleinschreibung (1.2.4).

siebenjährig: Klein schreibt man das Adjektiv: *meine siebenjährige Tochter, der siebenjährige Aufenthalt.* Groß schreibt man *siebenjährig* dagegen in Namen: *der Siebenjährige Krieg* (↑ Namen [4]). Groß schreibt man auch die Substantivierung: *Unser Siebenjähriger sagte zu unserer großen Erheiterung...*

siebenköpfiger Familienvater: Zum falschen Bezug des Attributes bei einer Zusammensetzung ↑ Kompositum (6).

siebente / siebte, siebenzehn / siebzehn, siebenzig / siebzig: 1. Die mit *sieben* zusammengesetzten Zahlwörter *siebenzehn* und *siebenzig* sind heute veraltet. Üblich sind die Kurzformen *siebzehn, siebzig.* Bei der Ordnungszahl dagegen wird die Form *siebente* etwa ebenso häu-

fig wie die verkürzte Form *siebte* gebraucht: *der siebente / siebte Teil.*
2. siebente / Siebente: Klein schreibt man das Zahlwort in adjektivischer Verwendung: *die sieb[en]te Bitte; im sieb[en]ten Himmel schweben, der sieb[en]te Sinn.* Groß schreibt man das substantivierte Zahlwort: *Wo sechs essen, wird auch der Sieb[en]te satt. Beim Endlauf wurde sie Sieb[en]te.* Auch in ↑ Namen (4) wird großgeschrieben: *der Siebente Himmel* (in der Lehre des Islams), *die Siebente* (7. Symphonie) *von Beethoven.* ↑ achte / Achte.

sieden: Das intransitive bzw. transitive Verb *sieden* kann regelmäßig und unregelmäßig gebeugt werden: *Die Eier sotten / siedeten. ... mit ebenso murmelnder Unablässigkeit sott ... das Wasser des elektrischen Topfes* (Broch). *Man siedete das Badewasser* (Strittmatter). Das zweite Partizip lautet *gesotten / gesiedet.*

siehe: Das bei Verweisen auf Textstellen u. dgl. verwendete Wort (Imperativ von ↑ sehen) kann nur den Akkusativ nach sich haben: *siehe beiliegenden* (nicht: *beiliegender*) *Prospekt.* Ein Ausrufezeichen wird nach solchen Verweisen nicht gesetzt.

sie (Plural) und du: *Sie und du[, ihr] habt euch gefreut.* Nicht: *Sie und du haben sich gefreut.* ↑ Kongruenz (2.1).

sie (Plural) und ich: *Sie und ich[, wir] haben uns sehr gefreut.* Nicht: *Sie und ich haben sich sehr gefreut.* ↑ Kongruenz (2.1).

sie (Plural) und ihr: *Sie und ihr[, ihr] habt euch gefreut.* Nicht: *Sie und ihr haben sich gefreut.* ↑ Kongruenz (2.1).

sie (Singular) oder du: *Sie oder du wirst* (nicht: *wird*) *daran teilnehmen.* ↑ Kongruenz (2.2). Nicht: *Sie oder du werden daran teilnehmen.* ↑ Kongruenz (1.3.12).

Silbe: Als *Silben* bezeichnet man normalerweise die Sprechsilben eines Wortes. Sie sind diejenigen Wortbestandteile, die sich – unabhängig von der Bedeutung – beim langsamen Sprechen ergeben (*Al-*

ter, Mor-gen, da-ran, er-ken-nen, Ta-ge). Gelegentlich werden auch die bedeutungstragenden Bestandteile eines Wortes als [Sprach]silbe bezeichnet *(dar-an, er-kenn-en, Tag-e).* Die Sprechsilben eines Wortes entsprechen nicht in allen Fällen seinen bedeutungstragenden Bestandteilen. Zur Trennung nach Sprechsilben ↑ Worttrennung.

Silbentrennung: ↑ Worttrennung.

silbern: Klein schreibt man das Adjektiv: *silbernes Haar, eine silberne Münze, silbernes Geschirr, der Becher ist silbern.* Klein schreibt man auch in der Fügung *silberne Hochzeit,* weil hier weder Name noch Titel vorliegt. Groß schreibt man das Adjektiv dagegen in ↑ Namen (4): *der Silberne Sonntag, das Silberne Lorbeerblatt* (Auszeichnung für besondere Sportleistungen).

Silvester: Diese Bezeichnung für den 31. Dezember nach Papst Silvester I. (314–335 n. Chr.) wird mit *i* und nicht mit *y* geschrieben.

Simmerer: Die Einwohner von Simmern heißen *Simmerer* (nicht: *Simmerner*). ↑ Einwohnerbezeichnungen auf -er (1 und 7).

simpel: Bei *simpel* fällt, wenn es dekliniert oder gesteigert wird, das *e* der Endungssilbe gewöhnlich aus: *eine simple Geschichte; simpler geht es nicht.* ↑ Adjektiv (1.2.13).

Simplex: Simplex ist die grammatische Bezeichnung für das einfache, nicht zusammengesetzte Wort: *Haus, gehen, rot.*

Sims: Es heißt *der Sims* oder *das Sims.* Der Plural lautet *die Simse.*

sind / ist: Zu *2 Pfund ist / sind zu viel* und *drei und drei ist / sind sechs* u. Ä. ↑ Kongruenz (1.2.1; 1.2.4).

Sind / Seien Sie so gut: ↑ Seien / Sind Sie so gut.

singen: Die Form *sungen* ist die alte, heute ungebräuchliche Form des Plurals Präteritum von *singen,* die sich nur noch in manchen Reimen erhalten hat: *Wie die Alten sungen, so zwitschern die Jungen.*

Singular: Singularformen (beim Substantiv, Pronomen, Adjektiv, Verb) drücken das einmalige Vorhandensein eines Wesens oder Dinges aus (↑ Numerus). Zur Wahl von Singular oder Plural ↑ Kongruenz (1); zu Fachsingularen wie *das Geschwister* ↑ Plural (5).

Singularetantum: Ein *Singularetantum* (Plural: *die Singularetantums* oder *die Singulariatantum*) ist ein nur im Singular vorkommendes Substantiv: *Armut, Durst, Hunger, Ruhe, Schutz, Überfluss, Wehmut.* ↑ Pluraletantum.

Sinn: Zu *frohen / frohes Sinnes* ↑ Adjektiv (1.2.2).

sinnen: Der Konjunktiv II von *sinnen* heißt *sänne.* Die Form *sönne* ist veraltet. Zu *gesinnt / gesonnen* ↑ gesinnt (2).

Sinti und Roma: Im Singular lauten die maskulinen Formen *Sinto* und *Rom,* die femininen *Sintiza* und *Romni. Sinti* ist die Selbstbezeichnung der in Deutschland lebenden Zigeuner mit deutscher Staatsbürgerschaft. Die ursprünglich osteuropäischen Zigeunergruppen bezeichnen sich vorwiegend als *Roma,* wobei diese Bezeichnung gelegentlich auch, von den Sinti allerdings abgelehnt, für alle Zigeunergruppen gebraucht wird. ↑ Political Correctness.

Siphon: Es heißt *der Siphon* ['zi:fõ, österr.: zi'fo:n], Genitiv: *des Siphons,* Plural: *die Siphons.* Nicht korrekt ist die Schreibung mit *y.*

Sit-in: ↑ Fremdwort (4).

sitzen: 1. Perfekt mit *haben* oder *sein:* Im deutschen Sprachgebiet südlich des Mains – mit Ausnahme von Südhessen und der Pfalz – sowie in Österreich und in der Schweiz wird das Perfekt von *sitzen* mit *sein* gebildet: *Wir sind zusammen auf der Bank gesessen. Der Hut ist ihm schief auf dem Kopf gesessen. Du bist immer in der letzten Reihe gesessen.* Im übrigen deutschen Sprachgebiet ist die Perfektumschreibung mit *haben* üblich: *Wir haben zusammen auf der Bank gesessen. Der Hut hat ihm schief auf dem*

S

Kopf gesessen. Du hast immer in der letzten Reihe gesessen.

2. sitzen über: Nach *sitzen über* kann nur der Dativ, nicht der Akkusativ stehen. Es heißt also: *Sie sitzt über ihrer* (nicht: *ihre*) *Arbeit.*

3. zu sitzen kommen: Bei der Wendung *zu sitzen kommen* steht die Bezeichnung der Sitzgelegenheit im Akkusativ: *Er kam auf einen* (nicht: *einem*) *harten Stuhl zu sitzen.* ↑ kommen (3).

4. Rechtschreibung: Nach den neuen Regeln schreibt man *sitzen* von *bleiben* und *lassen* unabhängig von der Bedeutung immer getrennt: *Du sollst auf diesem Stuhl sitzen bleiben – das habe ich dir doch schon hundert Mal gesagt! Man wird dich gern sitzen lassen.* Jetzt also auch: *Wenn er nicht fleißiger ist, wird er sicher sitzen bleiben* (= nicht versetzt werden). *Sie hat dich sitzen lassen* (= im Stich gelassen; ugs.), *weil du dich ihr gegenüber immer unmöglich verhalten hast. Man hat ihn wieder sitzen lassen* (= nicht versetzt; ugs.). Getrennt schreibt man auch in der umgangssprachlichen Wendung *einen sitzen haben* (= betrunken sein; ugs.). ↑ Getrennt- oder Zusammenschreibung (1.1).

sitzende Lebensweise: ↑ erstes Partizip (4).

Sk-: Zur Aussprache des anlautenden *Sk-* in *Skat, Skandal* usw. ↑ Aussprache (13).

Skala / Skale: Das Substantiv *die Skala* (Genitiv: *der Skala,* Plural: *die Skalen / Skalas*) ist die allgemein übliche Bezeichnung für Maßeinteilungen an Messgeräten, die Tonleiter oder für Farbabstufungen. Das Substantiv *die Skale* (Genitiv: *der Skale,* Plural: *die Skalen*) »Maßeinteilung« ist eine in der technischen Fachsprache gebrauchte Form.

Skelett / Skelet: *Skelet* ist eine im medizinischen Fachschrifttum noch gebrauchte Nebenform von *Skelett.*

Ski: Neben der eindeutschenden Schreibung *Schi* ist die norwegische Schreibung *Ski* [ʃiː] üblich. Die Formen lauten im Genitiv: *des Skis (Schis),* im Plural: *die Skier (Schier) /* (selten:) *die Ski (Schi).* Man schreibt von einem folgenden Verb getrennt: *Ski laufen, Ski fahren.* ↑ Getrennt- und Zusammenschreibung (2.1).

Skizzenblock: Der Plural lautet *die Skizzenblocks* (↑ Block).

Skonto: Es heißt *der Skonto* oder *das Skonto.* Der Genitiv lautet: *des Skontos,* der Plural: *die Skontos /* (selten auch:) *die Skonti.*

Skriptum: Das Fremdwort *Skriptum* gehört zu den Substantiven, die gemischt dekliniert werden: *des Skriptums* (starke Form), *die Skripten* (schwache Form). Daneben wird gelegentlich noch der lateinische Plural *die Skripta* gebraucht.

s-Laute

Häufig gestellte Fragen zu den s-Lauten	
Frage	**Antwort unter**
Wann schreibt man nach neuer Rechtschreibung mit *ss,* wann mit *ß?*	dieser Artikel, Punkt (1.1)
In welchen Fällen darf *ß* durch *ss* ersetzt werden?	dieser Artikel, Punkt (1.2.1 – 1.2.4)

1   Die s-Laute im Antiquasatz (Lateinschrift)

1.1 Grundregeln

Die Wiedergabe des stimmhaften bzw. stimmlosen s-Lauts (↑ Aussprache [6])
im Deutschen durch *s, ss* und *ß* (= scharfes s, Eszett; in der Frakturschrift bereits im 16. Jh. vorhanden, in der Latein- oder Antiquaschrift erst Ende des
19. Jh.s) ist sehr kompliziert. Hier die wichtigsten Richtlinien:

1. Stimmhaftes *s* wird immer *s* geschrieben:

   sausen, Amsel, Hirse, Gänse, Mühsal, Gerinnsel.

2. Stimmloses *s* wird als alleiniger Konsonant nach langem Vokal und nach
   Diphthong *ß* geschrieben:

   Maß, Gruß, Spaß, fließen, außer, reißen, Blöße, Schöße.

3. Stimmloses *s* wird in Verbindung mit anderen Konsonanten nach kurzem
   Vokal *s* geschrieben:

   Hast, Haspel, Wurst, Grips.

4. Stimmloses *s* wird als alleiniger Konsonant nach kurzem Vokal verdoppelt
   zu *ss:*

   Masse, Missetat, Flüsse, hassen, Gleichnisse, Dissertation.

5. Nach den neuen Rechtschreibregeln steht Doppel-s nach kurzem Vokal
   auch:
   – am Wortende:

   Fass / Fässer, Hass / Hasses, blass / blasse, fass! / fassen.

   – vor der Zusammensetzungsfuge:

   Flussbett, Fassbier, hasserfüllt.

Treffen in diesem Fall drei *s* zusammen (↑ Zusammentreffen dreier gleicher
Buchstaben), so kann zur besseren Lesbarkeit ein Bindestrich gesetzt werden:

   Bassstimme, auch: Bass-Stimme; Flussschiffer, auch: Fluss-Schiffer; Verschlusssache,
   auch: Verschluss-Sache.

Ausnahmen sind die Substantive auf *-nis* (Zeugnisse / Zeugnis [nicht: *Zeug-
niß*]).
   – vor Endungen, die mit Konsonant beginnen:

   fassen / fasst, wissen / wusste, vermissen / vermisst, vergessen / vergessne,
   hassen / hässlich, besser / bessre, wässerig / wässrig.

1.2 Der Ersatz von *ß* durch *ss* bzw. *SS*

1.2.1 *ss* für *ß*: Im Allgemeinen ist es nicht korrekt, *ß* durch *ss* zu ersetzen. Nur wenn in einer Latein- oder Antiquaschrift kein ß-Zeichen vorhanden ist (z. B. auf der Tastatur einer Schreibmaschine oder eines Computers), darf als Notbehelf *ss* gesetzt werden. (In der Schweiz kann das *ß* jedoch ganz generell durch *ss* ersetzt werden.)

> Fussball (für: Fußball), aussen (für: außen), Strasse (für: Straße), Reissbrett (für: Reißbrett), grosse (für: große).

Stoßen drei s-Buchstaben aufeinander, darf keiner ausgelassen werden (↑ Zusammentreffen dreier gleicher Buchstaben). Zur besseren Lesbarkeit kann man jedoch einen Bindestrich setzen:

> Reissschiene (für: Reißschiene), auch: Reiss-Schiene; Massschneider (für: Maßschneider), auch: Mass-Schneider.

Bei der Worttrennung wird dieses behelfsmäßige Doppel-s nach der neuen Rechtschreibregelung in *s-s* aufgelöst:

> Bu-ße / Bus-se, Grü-ße / Grüs-se.

1.2.2 *ss* oder *ß* in Namen: Auch wenn ein deutscher Name mit *ß* latinisiert wird, tritt keine Ersatzschreibung mit *ss* ein; das ß-Zeichen bleibt erhalten *(Weißenburg – Codex Weißenburgensis)*. Das gilt auch für die Wiedergabe deutscher Eigennamen mit *ß* in fremdsprachigen Texten *(Madame Aßmann est allée à Paris)*.

1.2.3 *SS* für *ß*: Regelgemäß steht *SS* bei der Verwendung von Großbuchstaben. Treffen auf diese Weise mehrere *S* zusammen, kann man aus Gründen der Übersichtlichkeit einen Bindestrich setzen:

> Straße / STRASSE, Maßstab / MASSSTAB, auch: MASS-STAB,
> Fußspuren / FUSSSPUREN, auch: FUSS-SPUREN.

Die frühere Regelung, nach der *ß* auch durch *SZ* wiedergegeben werden konnte, um Missverständnisse zu vermeiden, gilt nach den neuen Regeln nicht mehr. Bei der Wiedergabe von Familiennamen in Großbuchstaben ist diese Schreibung mit *SZ* auch nie eindeutig gewesen, da es Familiennamen gibt, die bereits bei üblicher Schreibung *sz* enthalten (z. B. *Keszler*). Bei Namen in Großbuchstaben wird der Eindeutigkeit halber oft der Buchstabe *ß* verwendet, obwohl er kein Großbuchstabe ist (z. B. *AßMANN*).

1.2.4 *ſ₂* für *ß* oder *ss*: Im 19. Jahrhundert wurde es üblich, *ß* in lateinischer Handschrift nach kurzem Vokal im Auslaut *(muß, Haß, daß)* als *ſ₂* zu schreiben. Das Zeichen *ſ* ist dabei nichts anderes als das verzogen geschriebene lange *ſ* der deutschen Schreibschrift (Kurrentschrift; ↑ Schrift). Es ist also kein *h*! Obwohl dieser Gebrauch 1876 von der Berliner orthographischen Konferenz empfohlen wurde, hat sich ß in der amtlichen Rechtschreibung nicht durchsetzen können. Ein besonderes Problem entstand dadurch, dass ß – entgegen der ursprünglichen Absicht und ohne Rücksicht auf die Vokallänge – nicht nur im Auslaut, sondern auch im Inlaut verwendet wurde (für lassen, für ließen). Daraus ergeben sich heute noch Schwierigkeiten, wenn bei Familiennamen die veraltete Schreibung mit ß der heute gültigen Schreibung angepasst werden soll. Es bleibt dabei unklar, ob sich hinter dem ß ein ursprüngliches *ß* oder ein *ss* verbirgt. Der Familienname Kaßel z. B. kann sowohl auf Kaßel als auch auf Kassel zurückgehen. Hier muss in jedem einzelnen Falle (etwa anhand der Kirchenbücher) festgestellt werden, wie der Name vor dem Aufkommen der Schreibung mit ß (also mindestens vor 1876) geschrieben wurde.

2   Die s-Laute im Fraktursatz

Für die s-Laute im Fraktursatz (↑ Schrift) ist zu beachten, dass ſ nur im Auslaut einer Silbe steht:

> dies, Muskel, bösartig, Häschen; Arabeske, Schleswig

Sonst steht das so genannte lange ſ:

> sagen, Höhensonne, Rätsel, wachsen, kleckfen; Basis, Mikroskop, Abszeß

Das gilt auch für sch, sp, st und -st in bestimmten Fremdwörtern:

> schaden, Fisch, Vesper; gestern, Herbst, er liest, brüsk, grotesk, Obelisk

Schließlich steht auch ſſ für Doppel-s:

> Masse, Missetat, Flüsse, Dissertation, Assessor, Gleichnisse

Für -ss im Auslaut wird ſs empfohlen:

> daſs, laſs

---

so: Zu *so schön wie / als* ↑ als / wie (1).

so als [ob] / als [wenn]: Die Fügung wird gewöhnlich als Einheit empfunden. Vor *als* steht kein Komma: *Er sah schnell auf, so als ob er ein schlechtes Gewissen hätte.* Das Komma kann gesetzt werden, wenn *so* als Auslassungssatz (für *es ist / war so*) angesehen und besonders betont werden soll: *Er sah schnell auf, so, als hätte er ein schlechtes Gewissen.* Steht *so* als Umstandsangabe in einem Hauptsatz, dann muss ein Komma vor *als* stehen: *Es klang so, als wenn ein Käuzchen riefe.*

sobald / so bald: 1. Rechtschreibung: Zusammen schreibt man, wenn es sich um die Konjunktion handelt: *Ich rufe an, sobald ich zu Hause bin.* Getrennt schreibt

man, wenn es sich um eine adverbiale Fügung handelt: *Ich komme so bald wie möglich. Der kommt so bald nicht wieder.*
2. Komma: Ein mit der Konjunktion *sobald* eingeleiteter Nebensatz wird immer durch Komma vom Hauptsatz abgetrennt: *Sobald sie nach Hause kommt, wollen wir essen.*

so bald wie / als: Nach *so bald* kann mit *wie* oder *als* angeschlossen werden. Beides ist korrekt; der Anschluss mit *wie* ist häufiger: *Schreibe so bald wie /* (seltener:) *als möglich.* ↑ sobald.

Socke / Socken: Standardsprachlich wird nur *die Socke* gebraucht, *der Socken* ist eine landschaftliche und umgangssprachliche Nebenform.

Soda: Es heißt *die Soda* (österr. nur so) und *das Soda.*

sodass / so dass: 1. Rechtschreibung: Die Konjunktion wird nach den neuen Rechtschreibregeln entweder zusammen- oder getrennt geschrieben: *Sie war erkrankt, sodass / so dass sie den Vortrag absagen musste.*
2. Komma: Das Komma steht wie vor dem einfachen *dass*: *Sie hat mich verwirrt, sodass / so dass ich keine Antwort finde.* Ein Komma steht zwischen *so* und *dass*, wenn *so* als Korrelat im Hauptsatz steht: *Sie verwirrt mich so, dass ich nicht mehr ein noch aus weiß.*

Soest: Der Name der Stadt in Nordrhein-Westfalen wird mit *o*, nicht mit *ö* ausgesprochen; *e* zeigt nur die Länge des vorangehenden *o* an.

sofern: Zusammen schreibt man, wenn es sich um die Konjunktion handelt: *Es sei dir erlaubt, sofern du deine Pflicht getan hast.* Getrennt schreibt man, wenn es sich um eine adverbiale Fügung handelt: *Diese Sache liegt mir so fern, dass ...*

so genannt: In neuer Rechtschreibung wird *so genannt* (wie *so nennen*) nur getrennt geschrieben. Das folgende Adjektiv (Partizip) wird gewöhnlich parallel gebeugt: *ein so genannter freischaffender*

Künstler. Nur im Dativ Singular Maskulinum und Neutrum kommt gelegentlich noch schwache Beugung des folgenden Adjektivs (Partizips) vor: *mit so genanntem freiwilligem /* (selten:) *freiwilligen Hilfskorps.*

so gesehen / so betrachtet: Zur Kommasetzung ↑ zweites Partizip (2.5).

sogleich: 1. Rechtschreibung: Zusammen schreibt man das Adverb: *Du sollst sogleich kommen.* Getrennt schreibt man das Gradverb *so* vom folgenden Adjektiv: *Sie sind sich alle so gleich, dass ich sie nicht unterscheiden kann.* ↑ Getrennt- oder Zusammenschreibung (4.3).
2. *sogleich* als Attribut: Das Adverb *sogleich* darf nicht wie ein Adjektiv attributiv (als Beifügung) gebraucht werden. Nicht korrekt ist also: *die sogleiche Erledigung.* ↑ Adverb (1).

Sohn: Da *Sohn* eine Verwandtschaftsbezeichnung ist und kein Name, muss es nach *Herrn* (= Genitiv) gebeugt werden: *Die Verlobung Ihres Herrn Sohnes* (nicht: *Sohn*). Zu *Franz Meyer Sohn* ↑ Apposition (2.1).

solang[e] / so lang[e]: 1. Rechtschreibung: Zusammen schreibt man, wenn es sich um die Konjunktion handelt: *Solang[e] ich krank war, bist du bei mir geblieben.* Getrennt schreibt man, wenn es sich um eine adverbiale Fügung handelt: *Es dauert heute dreimal so lang[e] wie neulich. Du hast uns so lang[e] warten lassen, dass wir den Zug versäumen.* Die Konjunktion *solange* kann keinen Hauptsatz einleiten. In folgendem Satz muss daher zuerst zusammen und dann getrennt geschrieben werden: *Solange ich krank war, so lange bist du bei mir geblieben.* ↑ Getrennt- oder Zusammenschreibung (4.3).
2. Komma: Ein mit der Konjunktion *solang[e]* eingeleiteter Nebensatz wird durch Komma vom Hauptsatz abgetrennt: *Du kannst bleiben, solang[e] du magst.*

solch[e]: 1. a) solches herrliche Wetter · bei solchem herrlichen / herrlichem Wetter (Deklination des folgenden Adjektivs oder Partizips): Im Singular wird *solcher, solche, solches* gewöhnlich wie ein Pronomen behandelt, das folgende Adjektiv wird daher schwach gebeugt: *solcher weiche Stoff* (selten stark: *solcher junger Mensch* [Schädlich]), *solches wunderbare Essen, bei solchem grauen Wetter, aus solcher üblen Gesinnung heraus.* Im Genitiv, Dativ Femininum und im Dativ Maskulinum und Neutrum tritt gelegentlich parallele Beugung auf: *in solcher grammatischer Forschung, bei solchem natürlichem Wachstum.* Im Plural überwiegt ebenfalls die schwache Beugung: *solche vorsichtigen Versuche, wegen solcher ausgewählten Speisen.* Daneben tritt jedoch auch die starke Beugung auf: *solche vereinzelte Ergebnisse; die Folge solcher komplizierter Untersuchungen.* Nach der endungslosen Form *solch,* die nur im Singular erscheinen kann, steht regelmäßig die starke Flexion: *solch altes Zeug, solch guter Mensch; bei solch ausgezeichnetem Arzt* (Wassermann). **b) solche Angestellten / Angestellte:** (Deklination des folgenden substantivierten Adjektivs oder Partizips): Das substantivierte Adjektiv (Partizip) wird nach *solcher, solche, solches* gewöhnlich schwach gebeugt: *solches Schöne, mit solchem Schönen.* Nur im Nominativ und im Akkusativ Plural treten starke Formen auf: *solche Angestellte/* (neben:) *solche Angestellten; solche Verstorbene* (G. Hauptmann). Aber auch: *solche Alten* (Mechow). ↑ Adjektiv (1.2.5).
2. zwei solche Fehler / solcher Fehler: Nach einem bestimmten oder unbestimmten Zahlwort (*zwei, viele, wenige* u. Ä.) wird *solcher, solche, solches* gewöhnlich wie ein Adjektiv behandelt: *mit zwei solchen Messern* (wie: *mit zwei derartigen Messern*); *viele solche Fehler.* Man kann es aber auch als Pronomen behandeln und

in den partitiven Genitiv setzen: *noch zwei solcher Fehler* (wie: *noch zwei dieser Fehler*). Dieser Gebrauch ist allerdings selten.
3. *solch* anstelle eines Personalpronomens: Oft wird *solcher, solche, solches,* das »jemand, etwas dieser Art« bedeutet, irrtümlich anstelle des Personalpronomens oder des unbestimmten Pronomens gebraucht: Es muss richtig heißen: *Da Sie inzwischen im Besitze dieses Buches sind, möchte ich Sie bitten, es* (nicht: *solches*) *mir einmal auszuleihen. Ein Herr mit Zylinder und einer* (nicht: *ein solcher*) *mit Homburg.*
Soldatin: Feminine Entsprechung zu *Soldat.* ↑ Titel und Berufsbezeichnungen (3).
sollen: 1. Pleonasmus: In dem Satz *Die Aufforderung, sich in Marsch setzen zu sollen* ist das Modalverb *sollen* überflüssig, weil es sinngemäß bereits in *Aufforderung* enthalten ist. ↑ Pleonasmus (1).
2. sollen / gesollt: Wenn *sollen* einem Infinitiv folgt, dann steht es selbst in der Form des Infinitivs und nicht des 2. Partizips. Es heißt also: *Er hat kommen sollen* (nicht: *gesollt*). ↑ Infinitiv (4).
Solo: Das Wort hat zwei Pluralformen: *die Soli* und *die Solos.* ↑ Fremdwort (3.4).
sondern: 1. Komma: Vor der entgegensetzenden Konjunktion *sondern* steht immer ein Komma. Es spielt dabei keine Rolle, ob *sondern* zwischen Sätzen oder nur zwischen einzelnen Satzteilen steht. Dies gilt auch für die gepaarte Konjunktion *nicht nur ..., sondern auch: Gib das Geld nicht ihm, sondern ihr. Das ist nicht gut, sondern schlecht. Sie erhalten die Marken nicht, wenn sie ankommen, sondern erst, wenn sie registriert sind. Sie wollen nicht nur heute, sondern auch morgen hier essen.*
2. Negation: Die Konjunktion *sondern* muss immer ein ausdrücklich verneintes Vorderglied haben: *nicht du, sondern sie;*

nicht nur du, sondern auch er. Das ist kein Bett, sondern eine Couch. Es genügt nicht, wenn die Verneinung nur dem Sinne nach vorhanden ist: *Ich denke weniger an meinen Kummer als* (nicht: *sondern*) *vielmehr an deine kranke Mutter.*

Sonnabend: ↑ Samstag / Sonnabend.

Sonntag: Zu *Sonntagabend* ↑ Dienstag (2). Zu *Sonntagabend* und *sonntagabends, sonntags abends* ↑ Adverb (3). Zu *Am Sonntag, dem / den 14. 1.* ↑ Datum (2). Zu *des Sonntag[e]s / Sonntag* ↑ Wochentage.

sonstig: Nach *sonstig* wird das folgende Adjektiv (Partizip) gewöhnlich parallel gebeugt: *sonstiges überflüssiges Gepäck, sonstiger angenehmer Zeitvertreib.* Nur im Dativ Singular Maskulinum und Neutrum und im Genitiv Plural tritt gelegentlich schwache Beugung auf: *mit sonstigem unveröffentlichtem /* (auch:) *unveröffentlichten Material, bei Ausnutzung sonstiger arbeitsfreier /* (auch:) *arbeitsfreien Tage.*

Sonthofer: Die Einwohner von Sonthofen heißen *Sonthofer,* nicht: *Sonthofener.* ↑ Einwohnerbezeichnungen auf -er (1 und 7).

sooft / so oft: 1. Rechtschreibung: Zusammen schreibt man die Konjunktion: *Sie können, sooft Sie wollen, die Bibliothek benutzen.* Getrennt schreibt man, wenn es sich um eine adverbiale Fügung handelt: *Ich sagte es dir so oft, dass ...* ↑ Getrennt- oder Zusammenschreibung (4.3). **2. Komma:** Ein mit der Konjunktion *sooft* eingeleiteter Nebensatz wird immer durch Komma vom Hauptsatz abgetrennt: *Ich freute mich, sooft ich sie sah.*

Sorge: 1. Sorge tragen: Das Substantiv *Sorge* wird von dem Verb *tragen* getrennt geschrieben, weil *Sorge* hier noch deutlich als Substantiv empfunden wird und beide Wörter eigenen Satzgliedwert haben: *Du musst dafür Sorge tragen, dass der Auftrag ausgeführt wird.* ↑ Getrennt- oder Zusammenschreibung (2.1). **2. Negation:** In der Fügung *[keine] Sorge*

haben bezieht sich *Sorge* auf etwas Unerwünschtes, Negatives: *Ich habe Sorge* (= fürchte), *dass du dich erkältest. Ich habe keine Sorge* (= glaube nicht), *dass du dich erkältest.* Steht im *dass*-Satz ein positives Wort, dann muss es verneint werden. *Ich habe Sorge, dass er das Examen nicht besteht* (= er wird vielleicht durchfallen). *Ich habe keine Sorge, dass er das Examen nicht besteht* (= er wird es bestehen). Lässt man das *nicht* in diesem Satz weg, dann wird der Sinn verdreht. Also nicht: *Ich habe keine Sorge, dass er das Examen besteht.* Dagegen kann man sagen: *Ich habe Sorge, ob er das Examen besteht.* Dann hat *Sorge haben* eine ähnliche Bedeutung wie *zweifeln.* ↑ bezweifeln / zweifeln.

Sorte: Zu *7 Sorten feinsten Käses / feinster Käse* ↑ Apposition (2.2). Zu *eine Sorte Fisch, die / der mir gut schmeckt* ↑ Kongruenz (3.5).

sosehr / so sehr: 1. Rechtschreibung: Zusammen schreibt man die Konjunktion: *Sosehr ich das auch billige ...* Getrennt schreibt man, wenn es sich um eine adverbiale Fügung handelt: *Er lachte so sehr, dass ihm die Tränen kamen. Sie war nicht so sehr Vorgesetzte als vielmehr Kollegin.* ↑ Getrennt- oder Zusammenschreibung (4.3). **2. Komma:** Ein mit der Konjunktion *sosehr* eingeleiteter Nebensatz wird immer durch Komma vom Hauptsatz abgetrennt: *Ich schaffte es nicht, sosehr ich mich bemühte.*

Souffleuse: Die weibliche Form zu *Souffleur* lautet *Souffleuse.* ↑ Titel und Berufsbezeichnungen (3).

soviel / so viel: 1. Rechtschreibung: Zusammen schreibt man nur noch die Konjunktion: *Soviel ich weiß, ist es »normalerweise« umgekehrt.* Alle anderen Verbindungen werden nach den neuen Rechtschreibregeln getrennt geschrieben: *Wer weiß schon so viel, dass er ganz ohne Nachschlagewerke auskommt? Nehmen Sie nur so viel Zement wie unbedingt* *nötig. Er schimpfte, weil das Ventil so viel Dampf durchließ. Sein Wort bedeutet so viel wie ein Eid. Sie verdient doppelt so viel wie ich. So viele Leute, so vieles Schöne. Sie hat doppelt so viele Patienten wie damals.* ↑ Getrennt- oder Zusammenschreibung (4.3).

2. Ein mit der Konjunktion *soviel* eingeleiteter Nebensatz wird immer durch Komma vom Hauptsatz abgetrennt: *Sie wollen bauen, soviel ich weiß.*

so viel wie / als: Nach *so viel* kann mit *wie* oder *als* angeschlossen werden. Beides ist korrekt. Der Anschluss mit *wie* ist im heutigen Sprachgebrauch häufiger: *Ich nehme so viel wie /* (seltener:) *als möglich mit.*

soweit / so weit: 1. Rechtschreibung: Zusammen schreibt man nach den neuen Rechtschreibregeln nur noch die Konjunktion: *Soweit ich es beurteilen kann, wird sie gehen.* Alle anderen Verbindungen von *so* und *weit* werden jetzt getrennt geschrieben: *Es geht ihm so weit gut. Es ist bald wieder so weit. Sie soll warten, bis ich so weit bin. Ich möchte so weit wie / als möglich vorbereitet sein. Spring so weit, wie du kannst. Spring, so weit du kannst. Sie ist so weit gereist, dass ... Er förderte die Sache so weit, dass ... So weit – so gut.* ↑ Getrennt- oder Zusammenschreibung (4.3).

2. Komma: Ein mit der Konjunktion *soweit* eingeleiteter Nebensatz wird immer durch Komma vom Hauptsatz abgetrennt: *Sie wird Recht haben, soweit ich das beurteilen kann.*

sowenig / so wenig: Zusammen schreibt man nach den neuen Rechtschreibregeln nur noch die Konjunktion: *sowenig ich einsehen kann, dass ...* Alle anderen Zusammensetzungen von *so* und *wenig* werden jetzt getrennt geschrieben: *Ich bin so wenig dazu bereit wie du. Ich kann es so wenig wie du. Er soll so wenig wie möglich davon merken. Ich habe so wenig geübt, dass ich es nicht kann.* ↑ Getrennt- oder Zusammenschreibung (4.3).

so wenig wie / als: Nach *so wenig* kann mit *wie* oder *als* angeschlossen werden. Beides ist korrekt. Der Anschluss mit *wie* ist aber im heutigen Sprachgebrauch häufiger: *Sprich so wenig wie /* (seltener:) *als möglich mit dem Kranken!*

sowie / so wie: 1. Rechtschreibung: Zusammen schreibt man die Konjunktion: *Sowie er kommt, soll er nachsehen.* Getrennt schreibt man das Korrelat *so ... wie* (beim Vergleich): *Er kam so, wie ich ihn zuletzt gesehen hatte. So, wie ich sie kenne, kommt sie nicht.*

2. Komma: Vor der Konjunktion *sowie* in der Bedeutung »sobald« steht ein Komma, wenn sie einen Nebensatz einleitet: *Dies tat sie auch, sowie sie wieder nach Hause kam.* Für *sowie* in der Bedeutung »und« *(wissenschaftliche und technische Werke sowie schöne Literatur)* gelten dieselben Kommaregeln wie bei ↑ und (7).

3. Der Direktor sowie sein Stellvertreter war / waren anwesend: In diesem Satz kann das Verb im Singular oder im Plural stehen. *Der Direktor sowie sein Stellvertreter war / waren anwesend.* ↑ Kongruenz (1.3.1 – 1.3.8).

sowohl – als [auch]: 1. Sowohl – als [auch] / sowohl – wie [auch]: Einem *sowohl* entspricht gewöhnlich *als auch: Er beherrscht sowohl Englisch als auch Französisch. Sie bereiste sowohl Südamerika als auch Australien.* Anstelle von *sowohl – als auch* kann auch *sowohl – wie auch* gebraucht werden: *Er beherrscht sowohl Englisch wie auch Französisch. Sie bereiste sowohl Südamerika wie auch Australien.* Auch bloßes *als* und bloßes *wie* können als Entsprechungen gebraucht werden: *Sowohl der Vater wie die Mutter waren überrascht. Das mussten sowohl seine Freunde wie seine Feinde anerkennen:* Nicht korrekt ist es jedoch, *sowohl* mit *sowie* oder *und* zu verbinden: *Sowohl der Bürgermeister sowie* (richtig: *als [auch]* oder *wie [auch]*) *der Stadtpräsident waren erschienen. Er hatte sowohl*

S

die Koffer gepackt und (richtig: *als auch / wie auch*) *eine Taxe bestellt.*

2. Komma: Bei der mehrgliedrigen Konjunktion *sowohl – als [auch] / wie [auch]* steht vor *als / wie* kein Komma: *Sowohl die Eltern als auch die Kinder waren krank. Beide, er sowohl als seine Mutter, bäten inständig um eine nochmalige ... wohltuende Gunst* (R. Walser). Das gilt auch, wenn *als / wie [auch]* sich wiederholt: *Diese Rede überzeugte sowohl ihre Freunde als auch ihre Gegner als auch alle anderen Anwesenden. Die Familie fühlte sich sowohl der Firma wie auch dem Verein wie auch den vielen Freunden gegenüber verpflichtet.* Wenn *sowohl* vor einer Infinitivgruppe steht, kann man nach den neuen Rechtschreibregeln vor *sowohl* ein Komma setzen: *Er behauptet[,] sowohl ein guter Stürmer zu sein als auch das Tor hüten zu können.* Ist *sowohl – als auch* mit Nebensätzen verbunden, werden immer Kommas gesetzt: *Er behauptet sowohl, dass er ein guter Stürmer sei, als auch, dass er das Tor hüten könne.*

3. Sowohl sein Freund als / wie [auch] seine Frau hatte / hatten ihn verlassen: Verbindet *sowohl – als auch* zwei Subjektteile, dann steht das Verb gewöhnlich im Plural, jedoch ist auch der Singular zulässig: *Sowohl sein Freund als / wie [auch] seine Frau hatten / (seltener:) hatte ihn verlassen.* ↑ Kongruenz (1.3.11).

sozial / soziologisch: Das Adjektiv *sozial* bedeutet »die Gesellschaft, die Gemeinschaft betreffend, gesellschaftlich, gemeinnützig; menschlich, fürsorglich«: *die soziale Entwicklung, Ordnung; soziale Unterschiede, Einrichtungen; sozial denken, handeln;* dagegen bedeutet *soziologisch* »die Soziologie (= Gesellschaftslehre, Gesellschaftswissenschaft) betreffend«: *eine soziologische Betrachtungsweise.*

sozusagen: Zusammen schreibt man das Adverb: *Das Problem hat sich sozusagen selbst gelöst.* Getrennt schreibt man

aber, wenn *so* Korrelat zu der Konjunktion *dass* in einem folgenden Nebensatz ist: *Sie versucht es so zu sagen, dass es jedermann versteht.*

sp-: Zur Aussprache ↑ Aussprache (13).

Spachtel: Es heißt *der Spachtel* (Genitiv: *des Spachtels,* Plural: *die Spachtel*) oder (österr. nur so:) *die Spachtel* (Genitiv: *der Spachtel,* Plural: *die Spachteln*).

Spaghetti / Spagetti: 1. Nach den neuen Rechtschreibregeln kann das Substantiv in eingedeutschter Form auch ohne *h* geschrieben werden. Die bisherige Schreibweise mit *gh* ist jedoch weiterhin korrekt.

2. Da die Form *die Spaghetti / Spagetti* schon die Pluralform ist, ist die Form *die Spaghettis / Spagettis* nicht korrekt.

Spalt / Spalte: Das maskuline Substantiv *der Spalt* und das feminine Substantiv *die Spalte* bedeuten beide »schmale und längliche Öffnung, Riss«: *In der Mauer ist ein tiefer Spalt / eine tiefe Spalte. Sie stürzte in einen Spalt / in eine Spalte im Eise.* Die Anwendungsbereiche der beiden Wörter sind jedoch z. T. verschieden. In Verbindung mit *offen stehen* wird nur *Spalt* gebraucht: *Das Fenster / Die Tür steht einen Spalt offen.* Als Bezeichnung für »Druckspalte (auf einer Zeitungs-, Buchseite), Kolumne« ist nur *die Spalte* gebräuchlich: *Der Artikel ist eine Spalte, zwei Spalten lang.*

spalten: Zu *spalten* (das gilt auch für *abspalten, aufspalten* und *zerspalten*) lautet das 2. Partizip entweder *gespalten* oder *gespältet.* Beide Formen sind korrekt: *Die Gesellschaft ... hatte sich ... in zwei Parteien gespalten* (Lenz) *... nicht gezählt die Masse der Sekten, die sich wieder von den Monophysiten abgespaltet hatten* (Thieß). Die Form *gespalten* steht besonders bei adjektivischem Gebrauch: *... ein bemühter junger Mann ... mit ... leicht gespaltenem Kinn* (Maass). *... als wäre er in das Leben ... bis zu den Knien eingeklemmt wie in einen gespaltenen Holzblock* (Musil).

spanisch: Klein schreibt man das Adjektiv: *spanischer Pfeffer, spanische Reiter* (= militärisches Hindernis), *spanisches Rohr; das kam mir spanisch vor.* Groß schreibt man das Adjektiv in Namen: *der Spanische Erbfolgekrieg, die Spanische Reitschule (in Wien).* Zur Schreibung von *sich spanisch unterhalten, [kein] Spanisch sprechen; etwas auf Spanisch sagen, in Spanisch drucken* usw. ↑ deutsch.
Spanisch, das / Spanische, das: ↑ Sprachbezeichnungen.
Spann / Spanne: Das maskuline Substantiv *der Spann* bedeutet »obere Wölbung des Fußes, Rist«. Das feminine Substantiv *die Spanne,* das früher als Bezeichnung für das Maß der ausgespannten Hand gebraucht wurde, wird heute gewöhnlich nur noch im Sinne von »Abstand, Unterschied« verwendet: *eine kleine Spanne, die Spanne zwischen Einkaufs- und Verkaufspreis ist nicht groß.* Dazu gehören auch die Zusammensetzungen *Flügelspanne, Verdienstspanne, Zwischenhandelsspanne, Gewinnspanne.*
spannend: Zu *ein spannendes Buch, das Buch ist spannend* ↑ erstes Partizip (3).
Spargel: Es heißt standardsprachlich *der Spargel,* Genitiv: *des Spargels,* Plural: *die Spargel.* (In der Schweiz ist auch *die Spargel,* Genitiv: *der Spargel,* Plural: *die Spargeln* gebräuchlich. Letzteres sagt man z. T. auch im Pfälzischen und Badischen.) ↑ -el (1).
Sparre / Sparren: Neben dem maskulinen Substantiv *der Sparren* kommt vereinzelt auch noch die feminine Nebenform *die Sparre* vor; sie veraltet aber, weil in der handwerklichen Fachsprache meist nur *der Sparren* gebraucht wird.
Sparschreibung: ↑ Gleichstellung von Frauen und Männern in der Sprache (2).
spät: Man schreibt das Adjektiv *spät* mit den Adverbien *abends, nachmittags* zusammen, weil sie als adverbiale Einheit empfunden werden: *spätabends, spätnachmittags.*
Spatel: Das Substantiv *Spatel* kann entwe-

der als Maskulinum oder als Femininum gebraucht werden. Es heißt also (österr. nur so:) *der Spatel* (Genitiv: *des Spatels,* Plural: *die Spatel*) oder *die Spatel* (Genitiv: *der Spatel,* Plural: *die Spateln*).
später: Bei den deklinierten Formen von *später* wird das *e* der zweiten Silbe gewöhnlich nicht ausgestoßen: *spätere Aufführungen; alles Spätere.* ↑ Adjektiv (1.2.13).
spätestens: Zu *spätestens in einer Stunde / in spätestens einer Stunde* ↑ Adverb (4).
Spatz: Der Vogelname *Spatz* kann im Singular schwach oder stark gebeugt werden. Es heißt also: *des Spatzen, dem, den Spatzen* oder *des Spatzes, dem, den Spatz.* Der Plural ist immer schwach: *die Spatzen.*
spazieren gehen / fahren / reiten: Nach den neuen Rechtschreibregeln werden die Verbindungen aus dem Verb *spazieren* und einem anderen Verb immer getrennt geschrieben: *wir wollen spazieren gehen; wir sind spazieren geritten; … wenn er spazieren fährt.* ↑ Getrennt- oder Zusammenschreibung (1.1).
speien: 1. Zu *speien* lautet das 2. Partizip *gespien.*
2. Wird *speien* auf einen Körperteil bezogen, dann steht die betroffene Person gewöhnlich im Dativ: *Ich könnte ihm ins Gesicht speien. Natürlich hatte das Baby ihr den Spinat wieder auf die frische Bluse gespien.* Der Akkusativ ist hier ganz unüblich. (Vgl. aber ↑ beißen.)
Speisekarte / Speisenkarte: Beide Formen des Wortes, *Speisekarte* und *Speisenkarte,* sind korrekt; die Form *Speisekarte* ist aber gebräuchlicher. Andere Zusammensetzungen stehen teils ohne ↑ Fugenzeichen: *Speiseeis, Speisefett, Speisefisch, Speisegaststätte, Speisekammer, Speisekartoffel, Speiseröhre, Speisewagen, Speisezimmer,* teils mit Fugenzeichen: *Speisenaufzug, Speisenfolge.*
speisen: Das Verb *speisen* wird standardsprachlich nur regelmäßig gebeugt:

S

speiste, gespeist (nicht – wie gelegentlich in scherzhafter Redeweise –: *gespiesen*).

spendabel: Bei *spendabel* »freigebig« fällt, wenn es dekliniert oder gesteigert wird, das *e* der Endung gewöhnlich aus: *eine spendable Person; du warst früher viel spendabler; das ist ein spendables Angebot.* ↑ Adjektiv (1.2.13).

Sperma: Das Substantiv hat zwei Pluralformen: *die Spermen* und *die Spermata.*

Sperrrad: Wenn bei Zusammensetzungen drei gleiche Buchstaben zusammentreffen, darf nach den neuen Rechtschreibregeln keiner von ihnen wegfallen. Das aus *Sperr-* und *Rad* zusammengesetzte Wort wird also mit drei *r* geschrieben. Zur besseren Lesbarkeit kann ein Bindestrich gesetzt werden: *Sperrrad,* auch: *Sperr-Rad.* ↑ Zusammentreffen dreier gleicher Buchstaben.

Sphinx: Es heißt sowohl *die Sphinx* als auch *der Sphinx.* In der archäologischen Fachsprache wird jedoch meist das Maskulinum gebraucht. Der Plural lautet *die Sphinxe,* in der Fachsprache auch *die Sphingen.*

Spiegelstrich: ↑ ¹Punkt (2), ↑ Semikolon (4).

spielend: Zu *mit spielender Leichtigkeit* ↑ erstes Partizip (4).

Spind: Das Wort *Spind* kann entweder als Neutrum oder als Maskulinum gebraucht werden. Es heißt sowohl *das Spind* als auch *der Spind.*

spinnen: Im Konjunktiv II wird heute die Form *spönne,* aber auch die Form *spänne* gebraucht. ↑ Konjunktiv (1.3).

spitze / Spitze: ↑ klasse / Klasse.

spitzkriegen: Das umgangssprachliche Verb mit der Bedeutung »ergründen, erfahren« wird zusammengeschrieben: *Hast du das auch spitzgekriegt? Ich kriege das schon noch spitz!* ↑ Getrennt- oder Zusammenschreibung (1.2).

Splitting: ↑ Gleichstellung von Frauen und Männern in der Sprache.

s-Plural: ↑ Plural (2–4).

Sporn: Das Substantiv *der Sporn* (Genitiv: *des Sporn[e]s,* Plural: *die Sporen*) bedeu-

tet »Reitstiefeldorn, -rädchen«. Für bestimmte Vogelkrallen, Insektenborsten und knöcherne Fersenauswüchse werden die Pluralformen *die Sporen* und (bes. fachspr.) *die Sporne* verwendet. Nur *Sporne* dient zur Bezeichnung bestimmter Blattausstülpungen, Bergvorsprünge, Rammvorrichtungen alter Kriegsschiffe und Metallbügel bzw. -kufen am Heck leichter Flugzeuge. Auch in Zusammensetzungen wie *Heiß-, Rittersporne* wird das Plural-e verwendet.

sport[s]- / Sport[s]-: Die Zusammensetzungen mit *Sport* als Bestimmungswort stehen im Allgemeinen ohne ↑ Fugen-s: *Sportabzeichen, Sportarzt, Sportfeld, Sportgeist, Sporthemd, Sportkamerad, Sportlehrer, Sportnachrichten, Sportverband, Sportverein.* Schwankenden Gebrauch zeigen *Sport[s]freund, Sport[s]kanone, sport[s]mäßig.* Nur mit Fugen-s (nach engl. *sportsman*): *Sportsmann* (Plural: *-leute* / [selten:] *-männer;* ↑ Mann [2]).

spotten: Das Verb *spotten* wird heute meist mit der Präposition *über* verbunden: *Sie spotteten über ihn, über sein Missgeschick.* Der Gebrauch des Objektsgenitivs kommt nur in gehobener Sprache vor und veraltet allmählich: *Sie spotteten seiner, seines Missgeschicks.*

Sprach- / Sprech-: Bei den Zusammensetzungen dürfen die bedeutungsverschiedenen Bestimmungswörter nicht verwechselt werden: *Sprachunterricht* bedeutet »Unterricht in einer bestimmten Sprache«, *Sprechunterricht* dagegen »Sprecherziehung, Unterricht im Sprechen«. Mit *Sprachfehler* bezeichnet man gelegentlich einen grammatischen Fehler, im Allgemeinen aber eine angeborene fehlerhafte Artikulation: *Er hat einen Sprachfehler.* Dagegen bedeutet *Sprechfehler* »Fehler, der beim Sprechen unterläuft«: *Beim Gedichtaufsagen machte der Schüler sehr viele Sprechfehler.*

Sprachbezeichnungen: 1. das Deutsch / das Deutsche: Bei substantivierten Adjektiven, die eine Sprache bezeichnen, besteht zwischen der endungslosen Form und der Form auf -e folgender Unterschied: Die Form auf -e (*das Deutsche, Chinesische, Französische* usw.) bezeichnet die betreffende Sprache ganz allgemein: *Das Deutsche gehört zu den indogermanischen Sprachen. Die Erzählungen wurden aus dem Japanischen ins Englische übersetzt.* Die Form ohne -e (*das Deutsch, Chinesisch, Französisch* usw.) bezeichnet dagegen eine besondere Art der betreffenden Sprache, die etwa einer bestimmten Epoche, eines Einzelnen oder einer bestimmten Gruppe: *Mein Englisch ist nicht besonders gut. Das Plattdeutsche* (= die plattdeutsche Sprache allgemein) *tritt immer mehr hinter einem nur noch durch den Tonfall gefärbten Hochdeutsch* (= einer bestimmten Form des Hochdeutschen) *zurück. Ich kann noch kein Italienisch, hoffe es aber in Italien zu lernen. Er sprach über Entwicklungstendenzen im heutigen Deutsch.*

2. Deklination: Die endungslosen Formen der Sprachbezeichnungen bilden den Genitiv auf / -s oder bleiben ohne Beugungsendung: *des Russischs – des Russisch, des Deutschs – des Deutsch,* wobei im Allgemeinen der Genitiv ohne Beugungsendung vorgezogen wird.

spräche / spreche: Die Form des Konjunktivs I *spreche* steht vor allem in der ↑ indirekten Rede (2.1). Es muss also heißen: *Er sagte, sie spreche kein Deutsch. Sie fragte mich, warum er so laut spreche.* Die Form des Konjunktivs II *spräche* steht vor allem im ↑ Konditionalsatz (2–7): *Wenn er deutlicher spräche, könnte ich ihn verstehen. Ich wäre gern bereit, spräche nicht so viel dagegen.* Der Konjunktiv II *spräche* tritt allerdings auch in der ↑ indirekten Rede (3.3) auf, wenn in der direkten Rede schon *spräche* oder *sprechen würde* steht oder etwas als zweifelhaft hingestellt wird.

-sprachig / -sprachlich: Diese beiden Ablei-

tungen von *Sprache,* die als Grundwörter verschiedener zusammengesetzter Adjektive auftreten, haben unterschiedliche Bedeutung. Das für sich allein nicht vorkommende -*sprachig* weist auf Besitz oder Gebrauch von Sprachen hin, hat also den Sinn von »eine oder mehrere Sprachen sprechend, in einer oder mehreren Sprachen«. Entsprechende Zusammensetzungen sind: *einsprachig, zweisprachig, mehrsprachig, gemischtsprachig, deutschsprachig, fremdsprachig.* Beispiele: *zweisprachiger Unterricht* (= Unterricht in zwei Unterrichtssprachen); *die mehrsprachige Schweiz; in deutschsprachiger* (= Deutsch sprechender) *Umgebung.* Dagegen drückt die Ableitung -*sprachlich* den Bezug auf die Sprache aus, bedeutet also »über die Sprache, die Sprache betreffend, auf die Sprache bezogen«, z. B.: *altsprachlich, neusprachlich, fremdsprachlich, umgangssprachlich, schriftsprachlich.* Beispiele: *altsprachlicher Unterricht* (= Unterricht über Latein und Griechisch); *ein umgangssprachliches* (= zur Umgangssprache gehörendes) *Wort.* Dazu auch ↑ fremdsprachig / fremdsprachlich, ↑ -ig / -isch / -lich (1).

sprachliche Gleichstellung: ↑ Gleichstellung von Frauen und Männern in der Sprache.

Sprachsilbe: ↑ Silbe.

Spray: Es heißt *der Spray* oder *das Spray* [ʃpreː / spreː; engl.: spreɪ]. Die Formen lauten: Genitiv: *des Sprays,* Plural: *die Sprays.*

sprechen: Im Indikativ des Präsens heißt es: *ich spreche, du sprichst, er spricht.* Der Imperativ lautet: *sprich!* (nicht: *spreche!*). ↑ e / i-Wechsel; ↑ spräche / spreche.

Sprechsilbe: ↑ Silbe.

Sprichwort: Der Plural von *Sprichwort* lautet *die Sprichwörter* (vgl. auch ↑ Wort).

sprießen / sprossen: Das im Allgemeinen nur in gehobener Sprache gebrauchte Verb *sprießen* »hervorwachsen, empor-

S

wachsen, keimen« wird unregelmäßig gebeugt *(sprießen – spross – gesprossen): Überall sprossen* (nicht: *sprießten*) *und leuchteten die Blumen.* Das von *der Spross* abgeleitete Verb *sprossen* »Sprosse treiben« wird dagegen regelmäßig gebeugt *(sprossen – sprosste – gesprosst): Im letzten Jahr sprossten die Bäume früher. Es ist April geworden, mit sprossenden* (= Sprosse treibenden) *Büschen und wachsenden Blumen* (Fallada). Daneben wird es aber auch in der Bedeutung von *sprießen* gebraucht: *Auf den Feldern und Wiesen sprosste* (= wuchs) *das erste Grün.*

springen: Das Perfekt des Bewegungsverbs *springen* wird im Allgemeinen mit *sein* umschrieben, auch wenn keine Veränderung in der Bewegung, keine Ortsveränderung ausgedrückt wird: *Sie ist sehr elegant, ziemlich weit gesprungen. Endlich ist er mit dieser Entscheidung über seinen Schatten gesprungen. Das Kind ist über die Straße gesprungen. Er ist von der Mauer gesprungen. Ich bin schnell mal zum Bäcker gesprungen* (ugs.). Wird *springen* auf eine bestimmte Sportart (Weitsprung, Hochsprung) bezogen, dann kann das Perfekt auch mit *haben* gebildet werden: *Du bist jetzt an der Reihe, ich bin / habe bereits gesprungen. Er ist /* (seltener:) *hat die 5,20 m zweimal gesprungen.* ↑ haben (1). Zu *zu springen / zuspringen* ↑ zu (11).

Springinsfeld: Der Plural von *der Springinsfeld* lautet *die Springinsfelde.*

Spross / Sprosse: Das maskuline Substantiv *der Spross* (Genitiv: *des Sprosses,* Plural: *die Sprosse* und *die Sprossen*) bedeu-

tet »Pflanzentrieb, Schössling« und »Nachkomme«. Das feminine Substantiv *die Sprosse* (Genitiv: *der Sprosse,* Plural: *die Sprossen*) hat die Bedeutungen »Leiter-, Fensterquerholz« und veraltet »Sommersprosse, kleiner Leberfleck«. In der Jägersprache ist als Bezeichnung für die Geweihspitze sowohl *der Spross* als auch *die Sprosse,* aber nur die Pluralform *die Sprossen* gebräuchlich.

sprossen: ↑ sprießen / sprossen.

Spund: Der Plural von *Spund* in der Bedeutung »Fassverschluss« lautet *die Spünde* (nicht: *die Spunde*). In der übertragenen umgangssprachlichen Bedeutung »junger Kerl« lautet dagegen der Plural *die Spunde.*

spüren: Zu *Er ließ mich* (nicht: *mir*) *seine Verärgerung deutlich spüren* ↑ lassen (5).

ss / ß: ↑ s-Laute (1), ↑ Zusammentreffen dreier gleicher Buchstaben.

St.: ↑ Sankt.

st-, St-: ↑ Aussprache (13).

-st-: Zur Trennung von Wörtern mit der Konsonantenverbindung *-st-* ↑ Worttrennung (1.1.1 und 1.2).

Staatenblock: Der Plural des maskulinen Substantivs *Staatenblock* kann sowohl *die Staatenblocks* als auch *die Staatenblöcke* lauten (↑ Block).

staatenlos: Entgegen der gelegentlich vertretenen Ansicht, dass diese Zusammensetzung sinngemäß *staatlos* lauten müsse, ist die Form mit *-en-* durchaus korrekt, denn *-en-* ist hier nicht Pluralendung, sondern ↑ Fugenzeichen.

Staatenlose: Zu allen Zweifelsfragen der richtigen Deklination ↑ Angeklagte und ↑ substantiviertes Adjektiv (2.1).

S

Staatennamen

Unter Staatennamen werden hier die Kurzformen der offiziellen Namen selbstständiger Staaten verstanden. Für weitere Informationen vgl. auch ↑ geographische Namen.

1 Genus der Staatennamen

1.1 Staatennamen mit neutralem Genus

Die meisten Staatennamen sind Neutra und werden (sofern sie kein Attribut bei sich haben) ohne Artikel gebraucht:

> *Afghanistan, Costa Rica, Dänemark, Deutschland, Frankreich, Portugal, Spanien, Zypern* usw.

Sie erhalten im Genitiv die Endung *-s* und sind in den übrigen Kasus endungslos:

> *die Hauptstadt Afghanistans, von Dänemark nach Deutschland reisen, Hilfe für Zypern.*

Zu dieser Gruppe gehören auch einige mehrgliedrige Staatennamen, deren Glieder durch *und* miteinander verbunden sind:

> *Antigua und Barbuda, St. Kitts und Nevis, São Tomé und Príncipe, Trinidad und Tobago, St. Vincent und die Grenadinen.*

Bei diesen mit *und* gebildeten Staatennamen empfiehlt es sich, den Genitiv zu vermeiden:

> *die Hauptstadt von Antigua und Barbuda* (statt: *die Hauptstadt Antiguas und Barbudas*), *die Regierung von St. Vincent und die Grenadinen* (statt: *die Regierung St. Vincents und der Grenadinen*).

1.2 Staatennamen mit femininem Genus

Einige Staatennamen sind Feminina. Diese Namen werden stets mit dem bestimmten Artikel gebraucht:

> *die Elfenbeinküste, die Mongolei, die Schweiz, die Slowakei, die Türkei, die Ukraine, die Vatikanstadt.*

Diese Namen sind in allen Kasus endungslos:

> *die Schweiz, die Hauptstadt der Schweiz, sie stammt aus der Schweiz, in die Schweiz fahren.*

In diese Gruppe gehört auch der Name *Dominikanische Republik*, bei dem der adjektivische erste Bestandteil jedoch im Genitiv und Dativ die Endung *-n* erhält *(der Dominikanischen Republik)*.

1.3 Pluralische Staatennamen

Eine andere Gruppe bilden die pluralischen Staatennamen, die ebenfalls stets mit dem bestimmten Artikel gebraucht werden:

die Bahamas, die Niederlande, die Philippinen, die USA, die Vereinigten Staaten usw.

Diese Namen erhalten – sofern sie im Nominativ nicht auf *-s* oder *-n* ausgehen oder eine Abkürzung darstellen – im Dativ die Endung *-n* und bleiben in den übrigen Kasus endungslos:

die Niederlande, die Hauptstadt der Niederlande, aus den Niederlanden, für die Niederlande.

Die im Nominativ auf *-n* oder *-s* ausgehenden oder die Form einer Abkürzung aufweisenden pluralischen Staatennamen lauten dagegen in allen Kasus gleich:

die Bahamas, die Hauptstadt der Bahamas, von den Bahamas, für die Bahamas.

1.4 Staatennamen mit schwankendem Genus

Zu einer weiteren Gruppe können diejenigen Staatennamen zusammengefasst werden, bei denen Genus, Artikelgebrauch und Deklination schwanken. Diese Namen können einerseits so gebraucht (und dekliniert) werden wie die Neutra der ersten Gruppe:

Irak ist eine Republik, die Hauptstadt Irans, sich in Libanon aufhalten, Hilfe für Sudan.

Diese Art der Verwendung entspricht dem offiziellen, auch vom Deutschen Auswärtigen Amt empfohlenen Sprachgebrauch. Andererseits werden die Namen dieser Gruppe auch mit dem bestimmten Artikel gebraucht und sind dann Maskulina. Sie haben im Genitiv gewöhnlich die Endung *-s*, die jedoch auch entfallen kann:

der Irak ist eine Republik, die Hauptstadt des Irans, sich im Libanon aufhalten, Hilfe für den Sudan.

Die Verwendung dieser Staatennamen mit dem Artikel wird im allgemeinen Sprachgebrauch bevorzugt.

2 Zu Staatennamen gebildete Adjektive und Bezeichnungen der Staatsangehörigen

Die folgende Tabelle beschränkt sich auf Fälle, in denen die Bildung der zu den Staatennamen gehörenden Adjektive und der Bezeichnungen der Staatsangehörigen Schwierigkeiten bereiten könnte.

Staatenname	Adjektiv	Bezeichnung des/ der Staatsangehörigen
Afghanistan	afghanisch	Afghane, Afghanin
Andorra	andorranisch	Andorraner(in)
Antigua und Barbuda	antiguanisch	Antiguaner(in)
Bahamas	bahamaisch	Bahamaer(in)
Barbados	barbadisch	Barbadier(in)
Belize	belizisch	Belizer(in)
Birma s. Myanmar		
Botsuana	botsuanisch	Botsuaner(in)
Brunei	bruneiisch	Bruneier(in)
Burkina Faso	burkinisch	Burkiner(in)
Costa Rica	costa-ricanisch	Costa-Ricaner(in)
Côte d'Ivoire	ivorisch	Ivorer(in)
Dschibuti	dschibutisch	Dschibutier(in)
Elfenbeinküste s. Côte d'Ivoire		
El Salvador	salvadorianisch	Salvadorianer(in)
Eritrea	eritreisch	Eritreer(in)
Fidschi	fidschianisch	Fidschianer(in)
Ghana	ghanaisch	Ghanaer(in)
Guatemala	guatemaltekisch	Guatemalteke, Guatemaltekin
Guinea	guineisch	Guineer(in)
Guinea-Bissau	guinea-bissauisch	Guinea-Bissauer(in)
Haiti	haitianisch	Haitianer(in)
Honduras	honduranisch	Honduraner(in)
Jamaika	jamaikanisch	Jamaikaner(in)
Jemen	jemenitisch	Jemenit(in)
Kap Verde	kap-verdisch	Kap-Verdier(in)
Kasachstan	kasachisch	Kasache, Kasachin
Kongo	kongolesisch	Kongolese, Kongolesin
Laos	laotisch	Laote, Laotin
Lesotho	lesothisch	Lesother(in)
Madagaskar	madegassisch	Madegasse, Madegassin
Monaco	monegassisch	Monegasse, Monegassin
Myanmar	myanmarisch	Myanmare, Myanmarin
Nepal	nepalesisch	Nepalese, Nepalesin

S

Staatenname	Adjektiv	Bezeichnung des/ der Staatsangehörigen
Niger	nigrisch	Nigrer(in)
Papua-Neuguinea	papua-neuguineisch	Papua-Neuguineer(in)
Ruanda	ruandisch	Ruander(in)
San Marino	san-marinesisch	San-Marinese, San-Marinesin
São Tomé und Príncipe	santomeisch	Santomeer(in)
Senegal	senegalesisch	Senegalese, Senegalesin
Sierra Leone	sierra-leonisch	Sierra-Leoner(in)
Sri Lanka	sri-lankisch	Sri-Lanker(in)
St. Vincent und die Grenadinen	vincentisch	Vincenter(in)
Sudan	sudanesisch	Sudanese, Sudanesin
Swasiland	swasiländisch	Swasi, Swasi
Togo	togoisch	Togoer(in)
Venezuela	venezolanisch	Venezolaner(in)
Zaire	zairisch	Zairer(in)
Zypern	zyprisch	Zyprer(in)

staatserhaltend: Das Wort *staatserhaltend* wird mit Fugen-s geschrieben, obwohl es aus einem Substantiv als Bestimmungswort und einem Partizip als Grundwort besteht. ↑ Fugen-s (3.4).

Staatsmann: Der Plural von *Staatsmann* lautet *die Staatsmänner* (nicht: *die Staatsleute*). ↑ Mann (2).

Staatssäckel: Es heißt *der Staatssäckel* (nicht: *das Staatssäckel*). ↑ Säckel.

Stachel: Entgegen der Regel, dass maskuline Substantive auf *-el* im Nominativ Plural endungslos sind (z. B. *die Deckel, die Würfel, die Gipfel*), lautet der Plural *die Stacheln* (nicht: *die Stachel*).

Stadt- / Städte-: Üblicherweise lautet das Bestimmungswort der Zusammensetzungen in diesem Zusammenhang *Stadt-: Stadtarchiv, Stadtbahn, Stadtbaurat, stadtbekannt, Stadtbezirk, Stadtbild, Stadtflucht, Stadtgespräch, Stadtkern, Stadtklatsch, Stadtkreis, Stadtmauer, Stadtmitte, Stadtplan, Stadtplanung, Stadtrand, Stadtrat, Stadtrecht, Stadttheater, Stadttor, Stadtväter, Stadtverordneter, Stadtverwaltung, Stadtviertel.* Das pluralische Bestimmungswort *Städte-* steht nur dann, wenn es sich tatsächlich um mehr als eine Stadt handelt: *Städtebau, städtebaulich, Städtebilder* (= bildliche Darstellung von Städten; Pluraletantum), *Städtebund, Städtepartnerschaft, Städtetag, Städtetourismus.*

Städtenamen: ↑ Ortsnamen.

Stadthäger: Die Einwohner von Stadthagen heißen *Stadthäger* (nicht: *Stadthagener*). ↑ Einwohnerbezeichnungen auf *-er* (4 und 7).

Stadtrat: Zur Anschrift ↑ Brief (7).

Stahl: Der Plural von *Stahl* kann sowohl *die Stähle* als auch (jedoch seltener:) *die Stahle* lauten.

Stahlblock: Der Plural von *Stahlblock* lautet *die Stahlblöcke* (↑ Block).

stähle / stehle: Die Form *stehle* ist die Form des Konjunktivs I, die vor allem in der ↑ indirekten Rede (2.1) steht: *Sie sagte, er stehle ihr nur die Zeit. Ich fragte, ob man ihm oft Bücher stehle.* Dagegen steht *stähle* (selten: *stöhle*), die Form des Konjunktivs II, vor allem im ↑ Konditionalsatz (2–7): *Stähle er Geld, dann müsste* *man ihn entlassen.* Der Konjunktiv II *stähle* tritt allerdings auch in der ↑ indirekten Rede (3.3) auf, wenn in der direkten Rede schon *stähle* oder *stehlen würde* steht oder etwas als zweifelhaft hingestellt wird.

Stammesnamen: ↑ Völker- und Stammesnamen.

Stammform: Bei den Verben werden drei Stammformen unterschieden: 1. Stammform = 1. Person Singular Indikativ Präsens *(ich lebe; ich fliege);* 2. Stammform = 1. Person Singular Indikativ Präteritum *(ich lebte; ich flog);* 3. Stammform = zweites Partizip *(gelebt; geflogen).* Daraus lassen sich alle übrigen Konjugationsformen eines Verbs ableiten.

Stammsilbe: Die Stammsilbe (der Stamm) ist der bedeutungstragende Bestandteil eines Wortes nach Ablösung von Präfix, Suffix, Deklinations- oder Konjugationsendung, z. B. *-leb-* in *Erlebnisse, -schön-* in *verschönen, sing-* in *singst.* Bestimmte einsilbige Wörter bestehen nur aus der Stammsilbe, z. B. *Held, Wort, kalt, schön.*

Stand: Zu *in den Stand setzen / in Stand setzen / instand setzen:* ↑ instand / in Stand (2).

ständig / ständisch: Diese beiden Ableitungen von *Stand* dürfen nicht miteinander verwechselt werden: *ständig* hat die Bedeutung »ununterbrochen, fortdauernd, stets wiederkehrend«: *Nie kauft er Zigaretten, raucht aber ständig* (Grass). *Ich habe Arbeit, ständige Arbeit an mir selbst* (Nigg). Dagegen bedeutet *ständisch* »nach [Berufs]ständen gegliedert, einen [Berufs]stand betreffend«: *Das Land hatte früher eine ständische Verfassung, eine ständische Gliederung des Gemeinwesens.*

Stängel: In neuer Rechtschreibung wird das Substantiv *Stängel* mit *ä* geschrieben, weil es sprachgeschichtlich zur Wortfamilie von *Stange* gehört. ↑ ä / e.

Stapfe / Stapfen: Die Formen *Stapfe* und *Stapfen* werden gleichbedeutend gebraucht. Das feminine Substantiv *die*

Stapfe (Genitiv: *der Stapfe,* Plural: *die Stapfen*) ist gebräuchlicher als *der Stapfen* (Genitiv: *des Stapfens,* Plural: *die Stapfen*). ↑ Substantiv (2.4).

stark: Klein schreibt man das Adjektiv: *das starke Geschlecht; er ist am stärksten.* Groß schreibt man die substantivierten Formen: *ein Starker; die Starken gering achten; er ist der Stärkste. Das ist das Stärkste* (= Beeindruckendste; ugs.), *was ich bisher gesehen habe!* Getrennt schreibt man das Adjektiv *stark* vom folgenden Verb und in neuer Rechtschreibung auch immer vom folgenden Partizip: *stark sein, werden, machen; stark gehopftes Bier, stark verdünnter Alkohol.*

starke Deklination / starke Konjugation: Zur starken Deklination ↑ Adjektiv (1.1.1), ↑ Substantiv (1.1). Zur starken Konjugation der Verben ↑ Konjugation (2.2).

¹statt: 1. Rektion: Die Partikel *statt* kann sowohl Präposition (= anstelle) als auch Konjunktion (= und nicht) sein. Als Präposition hat sie im Allgemeinen den Genitiv (nicht: den Dativ) nach sich: *Sie trug statt eines Kopftuchs* (nicht: *statt einem Kopftuch*) *einen Hut. Er wies die Schwester statt des Stationsarztes* (nicht: *statt dem Stationsarzt*) *zurecht. Aber warum wollte ich plötzlich den anderen statt seiner?* (Jahnn). *»Welches Anliegen haben Sie?«, fragte sie mich erneut statt eines Bescheides* (Jahnn). Der Dativ ist nur dann zulässig, wenn der Genitiv Plural nicht eindeutig ist (*statt Hüten, statt Eiern,* da die Formen *Hüte, Eier* auch Nominativ oder Akkusativ Plural sein könnten) oder wenn ein weiteres starkes Substantiv im Genitiv Singular dem starken Substantiv im Genitiv Singular, das von der Präposition abhängt, folgt oder vorausgeht *(statt dem Hut des Mannes* für *statt des Hutes des Mannes; statt Vaters klugem Plan* für *statt Vaters klugen Planes).* ↑ Präposition (2). – Wird aber *statt* nicht als Präposition, sondern als Konjunktion gebraucht, dann regiert es keinen Kasus, d. h., der folgende Kasus hängt nicht von *statt*, sondern vom Verb ab: *Er gab das Geld ihr statt ihm* (= Er gab das Geld ihr, statt es ihm zu geben). *Er zeichnete seinen Vorgesetzten statt ihn aus.*

2. Komma: Das Komma vor *statt dass* steht wie vor dem einfachen *dass*, weil beide Wörter wie eine einfache Konjunktion eingesetzt sind: *Sie lobte ihn, statt dass sie ihn tadelte. Statt dass der Minister kam, erschien nur sein Staatssekretär.* Nach den neuen Regeln zur Zeichensetzung muss die Fügung *statt zu* + Infinitiv nicht mehr zwingend durch Komma abgetrennt werden: *Er spielte[,] statt zu arbeiten. Statt sich zu beeilen[,] bummelte sie. Er lief[,] statt endlich wieder nach Hause zu gehen[,] in die nächste Kneipe.*

²statt: In neuer Rechtschreibung wird *statt* in Fügungen wie *an Kindes statt, an Eides statt, an Zahlungs statt, an seiner statt* wie die mit dem Genitiv verbundene Präposition *statt* kleingeschrieben.

statt dass: Zum Komma ↑ ¹statt (2).

stattdessen / statt dessen: In neuer Rechtschreibung schreibt man zusammen, wenn sich im selben Kontext »dafür« einsetzen lässt: *Der Kanzler konnte nicht kommen, stattdessen schickte er einen Minister.* Getrenntschreibung wie bisher gilt, wenn »für den / das« einsetzbar ist: *Der Kanzler, statt dessen ein Minister erschienen war, ließ grüßen.*

stattfinden, statthaben: Die 2. Partizipien dieser beiden intransitiven, mit *haben* verbundenen Verben dürfen nicht attributiv verwendet werden. Also nicht: *die stattgehabte Veranstaltung, unsere stattgefundene Vermählung.* ↑ zweites Partizip (2.2).

Status: Es heißt *der Status* [ʃt.../st...], Genitiv: *des Status,* Plural: *die Status* (Aussprache mit langem *u*); ebenso: *Status quo* und *Status Nascendi.*

Staub: Der nur in den Fachsprachen übliche Plural von *Staub* lautet *die Stäube*

oder *die Staube.* Die umgelautete Form ist gebräuchlicher.

Staub saugen / staubsaugen: Beide Schreibweisen sind möglich. Im ersten Fall handelt es sich um eine syntaktische Fügung, im zweiten Fall um eine feste Zusammensetzung (↑ Getrennt- oder Zusammenschreibung [2.1]), also: *ich sauge / saugte Staub, ich habe Staub gesaugt* und *ich staubsauge / ich staubsaugte, ich habe gestaubsaugt.*

Staunen erregend / staunenerregend: Nach den neuen Rechtschreibregeln kann *Staunen erregend* oder *staunenerregend* geschrieben werden: *ein Staunen erregendes / staunenerregendes Ereignis.* Die Fügung wird jedoch immer zusammengeschrieben, wenn sie durch ein Adverb näher bestimmt ist: *ein äußerst staunenerregendes Ereignis.* Die Zusammenschreibung gilt auch dann, wenn die Fügung als Ganzes gesteigert wird: *Dieses Ereignis war noch staunenerregender als jenes.* ↑ Getrennt- oder Zusammenschreibung (3.1.1).

stechen: 1. stechen / stich: Im Indikativ des Präsens heißt es: *ich steche, du stichst, er, sie, es sticht.* Der Imperativ lautet: *stich!* (nicht: *steche!*). ↑ e / i-Wechsel.

2. Die Wespe hat ihm / ihn in den Arm gestochen · Die Uhr stach ihm in die Augen: Wird *stechen* auf einen Körperteil bezogen, dann kann die betroffene Person im Dativ oder im Akkusativ stehen. Der Dativ ist üblicher: *Die Wespe stach dem Kind in den Arm. Ich habe mir in den Finger gestochen.* Im Gegensatz zum Dativ (Dativ der Beteiligung) drückt der Akkusativ stärker aus, dass die Person unmittelbar betroffen ist. Jedoch liegt auch bei diesen Sätzen der Hauptton immer auf der Angabe des Körperteils: *Die Wespe hat ihn in den Arm gestochen. Ich habe mich in den Finger gestochen.* Bei einem nicht persönlichen Subjekt (bildlicher oder übertragener Gebrauch) kann nur der Dativ stehen: *Die Uhr stach dem jungen Mann in die Augen.* – Ähnlich wie *stechen* werden auch andere Verben der körperlichen Berührung behandelt, vgl. z. B. ↑ schlagen (2), ↑ beißen, ↑ schneiden.

stechen / stecken: Die beiden Wörter dürfen nicht miteinander verwechselt werden, wie es zuweilen in der Umgangssprache, besonders in Norddeutschland, geschieht. Für das intransitive *stecken* (= sich irgendwo, in etwas befinden, dort festsitzen, eingefügt sein) wird dabei fälschlicherweise *stechen* gebraucht, z. B.: *Der Schlüssel sticht* (statt richtig: *steckt) im Schloss. Der Nagel sticht* (statt richtig: *steckt) fest im Holz.* Oder auch im übertragenen Bereich: *Wo stichst* (statt richtig: *steckst) du denn schon wieder?*

stecken: 1. Beugung: Das transitive Verb *stecken* »etwas in etwas einfügen, hineinbringen, etwas festheften« wird stets regelmäßig gebeugt *(stecken – steckte – gesteckt): Er steckte die Rose an den Hut. Dann hat ihr Peter seinen Finger in den Hals gesteckt* (Hausmann). Das intransitive Verb *stecken* »sich irgendwo, in etwas befinden, dort festsitzen, befestigt sein« kann im Präteritum sowohl unregelmäßig (*stak – gesteckt* [nicht: *gestocken*]) als auch regelmäßig *(steckte – gesteckt)* gebeugt werden. Die regelmäßigen Formen sind in der Alltagssprache üblicher, die unregelmäßigen gehören mehr der geschriebenen Sprache an. Regelmäßig: *Die Mundharmonika steckte in der aufgenähten Tasche. Die Kabinentür war von Köpfen, von Armen, die in Verbandpackungen steckten ... blockiert* (Plievier). Unregelmäßig: *Der Arm unter dem übergehängten Mantel und die eine Brustseite staken in einem Verband* (Plievier). *... der hier aus einem weißen sehr feinen Schlamm bestand, in dem Muscheln staken* (Gaiser).

2. die Hände in den Taschen stecken haben: Zu dem intransitiven *stecken (die Hände staken / steckten in den Taschen)* gibt es die persönliche Konstruktion mit *haben* + Infinitiv: *Er hat die Hände [im-*

mer] in den Taschen stecken, die einen Zustand bezeichnet, nicht aber den Vorgang des Hineinsteckens. Diese Ausdrucksweise ist korrekt. Vgl. aber ↑ einstecken.

stecken bleiben: Nach den neuen Rechtschreibregeln wird *stecken bleiben* immer getrennt geschrieben: *Da ist mir eine Gräte im Hals stecken geblieben! Der Schlüssel kann stecken bleiben. Er ist bei seinem Vortrag stecken geblieben* (= ins Stocken geraten). ↑ Getrennt- oder Zusammenschreibung (1.1).

stecken lassen: Nach den neuen Rechtschreibregeln wird *stecken lassen* immer getrennt geschrieben: *Er hat den Schlüssel stecken lassen* (= nicht abgezogen); *jemanden in der Not stecken lassen* (= im Stich lassen). *Du kannst dein Geld stecken lassen* (= musst nicht zahlen; ugs.). ↑ Getrennt- oder Zusammenschreibung (1.1).

stehen: 1. Konjunktiv II. Der Konjunktiv II von *stehen* kann *ich stünde* oder *ich stände* lauten. Die ältere Form mit *ü* ist gebräuchlicher als die jüngere mit *ä*.

2. Perfekt mit *haben* oder mit *sein:* Im deutschen Sprachgebiet südlich des Mains – mit Ausnahme von Südhessen und der Pfalz – sowie in Österreich und in der Schweiz wird das Perfekt von *stehen* mit *sein* gebildet: *Wir sind unter einem Baum gestanden.* Im übrigen deutschen Sprachgebiet ist die Perfektumschreibung mit *haben* üblich: *Wir haben unter einem Baum gestanden. Der Wagen hat in der Garage gestanden.*

3. etwas zu stehen haben: Der Gebrauch der Infinitivkonjunktion *zu* bei *stehen* in diesen mit *haben* gebildeten Fügungen ist landschaftlich (Berlin) und gilt standardsprachlich als falsch: *Sie hat einen schönen alten Schrank in ihrem Zimmer stehen* (nicht: *zu stehen*). ↑ zu (1).

4. auf jemanden, auf etwas stehen: In dieser umgangssprachlichen Wendung mit der Bedeutung »für jemanden, für etwas eine besondere Vorliebe haben« regiert

S

auf den Akkusativ, nicht den Dativ: *Sie steht besonders auf blonde Männer. Er steht immer noch auf schnelle Tänze.*

5. Das kommt mich / mir teuer zu stehen. Diese Fügung wird mit dem Akkusativ, seltener auch mit dem Dativ der Person verbunden: *Das Haus, das sie sich baute, kam sie / ihr teurer zu stehen, als sie angenommen hatte. Das wird dich / dir noch teuer zu stehen kommen.*

6. alles in unserer Macht Stehende: In dieser Fügung ist das 1. Partizip von *stehen* substantiviert und daher großzuschreiben.

7. Zu *das steht zu erwarten* ↑ Passiv (3.4); zu *auf die Füße zu stehen kommen* ↑ kommen (3).

stehen bleiben: Nach den neuen Rechtschreibregeln wird *stehen bleiben* immer getrennt geschrieben. Wie bisher: *Der Bote durfte sich nicht setzen, er musste stehen bleiben.* Neu auch: *Du sollst stehen bleiben* (= anhalten)! *Die Uhr ist stehen geblieben. Der Fehler ist stehen geblieben* (= nicht verbessert worden). ↑ Getrennt- oder Zusammenschreibung (1.1).

stehen lassen: Nach den neuen Rechtschreibregeln wird *stehen lassen* immer getrennt geschrieben. Wie bisher: *Man hat ihn die ganze Zeit stehen* (= nicht sitzen) *lassen.* Neu auch: *Man hat ihn einfach stehen lassen* (= sich nicht um ihn gekümmert). *Wer hat die Suppe stehen lassen* (= nicht gegessen)? *Du hast deinen Schirm stehen lassen* (= vergessen). ↑ Getrennt- oder Zusammenschreibung (1.1).

stehlen: 1. stehle / stiehl: Im Indikativ des Präsens heißt es: *ich stehle, du stiehlst, er stiehlt.* Der Imperativ lautet: *stiehl!* (nicht: *stehle!*) ↑ e / i-Wechsel.

2. Konjunktiv II. Der Konjunktiv von *stehlen* lautet *ich stähle.* Der ältere Konjunktiv *ich stöhle,* der von Luther bis zum 19. Jahrhundert daneben auch üblich war, ist heute nicht mehr gebräuchlich. ↑ stähle / stehle.

steif: In neuer Rechtschreibung wird *steif* vom folgenden Verb immer getrennt geschrieben: *steif sein, werden* usw.; *du sollst das Bein steif halten.* In neuer Rechtschreibung auch: *Er hat die Ohren steif gehalten* (= sich nicht unterkriegen lassen; ugs.). *Sie hat den Nacken steif gehalten* (= sich behauptet; ugs.). ↑ Getrennt- oder Zusammenschreibung (1.2).

Steigerung: ↑ Vergleichsformen.

Steinblock: Der Plural von *Steinblock* lautet *die Steinblöcke* (nicht: *die Steinblocks*). ↑ Block.

Steinhäger: ↑ Einwohnerbezeichnungen auf -er (1, 4 und 7).

Stelldichein: *Stelldichein* bleibt entweder ungebeugt (Genitiv: *des Stelldichein,* Plural: *die Stelldichein*), oder es wird stark gebeugt (Genitiv: *des Stelldicheins,* Plural: *die Stelldicheins*).

stellen, sich: Zu *sich außerhalb der Gesellschaft stellen* ↑ außerhalb.

Stellenangabe: ↑ Literaturangaben.

Stellung: **1.** Zu *die Stellung Wilsons als Politiker / als eines Politikers* und *als großer Politiker / als großen Politikers* usw. ↑ Apposition (3.2; 3.3).

2. Vgl. auch ↑ Wortstellung.

Stellungnahme: ↑ -nahme.

stempeln: Im übertragenen Gebrauch wird *stempeln* mit der Präposition *zu,* nicht mit der Vergleichspartikel *als* verbunden: *Ich lasse mich nicht zum* (nicht: *als*) *Lügner / Verbrecher stempeln.* Anders ist es bei *abstempeln: eine Bewegung als reaktionär abstempeln; jemanden als Geisteskranken abstempeln. Die Fraktion ist ... zu Ja-Sagern abgestempelt worden* (Dönhoff).

Steno[gramm]block: Der Plural lautet *die Steno[gramm]blocks* (↑ Block).

Stepp: In neuer Rechtschreibung wird das Wort in eingedeutschter Form (wie *steppen*) mit zwei *p* geschrieben. Entsprechend auch: *Steppschritt, Stepptanz, Stepptänzerin.*

Steppke: Es heißt *der Steppke,* Genitiv: *des Steppke[s],* Plural: *die Steppkes.*

sterben: 1. sterben / stirb: Im Indikativ des Präsens heißt es: *ich sterbe, du stirbst, er stirbt.* Der Imperativ lautet: *stirb!* (nicht: *sterbe!*). ↑ e / i-Wechsel.
2. Konjunktiv: Der Konjunktiv II von *sterben* lautet *ich stürbe.*

sterben / versterben: Anstelle des neutralen *sterben* wird im Perfekt und im Präteritum gelegentlich das gehobene, feierliche *versterben* verwendet. Dieses Verb kann aber nicht mit der Angabe der Todesursache gebraucht werden: *Sie starb* (nicht: *verstarb*) *an Blinddarmentzündung.* Aber: *Er verstarb im hohen Alter von 90 Jahren; ... (der) nach einem Leben enthaltsamster Zurückgezogenheit unauffällig verstorben ist* (Hildesheimer). Als Attribut und als substantiviertes Partizip sind nur die Formen *verstorben, der Verstorbene* üblich (nicht: *der Gestorbene*): *Selbst S. Freud, der den verstorbenen* (nicht: *gestorbenen*) *Weininger einen hoch begabten Jüngling genannt hatte* (Grass). *Ich erzählte von ... dem Gespräch, das ich vor einem Jahr ... mit dem Verstorbenen* (nicht: *Gestorbenen*) *geführt hatte* (Jens).

Stereofonie / -phonie: ↑ f / ph.

Stern- / Sternen-: Die Zusammensetzungen mit *Stern* als Bestimmungswort stehen mit oder ohne das Fugenzeichen *-en-*. Ohne Fugenzeichen sind alle Wörter aus den Bereichen der Astronomie und der Astrologie gebildet, z. B. *Sternatlas, Sternbild, Sterndeuter, Sternforscher, Sterngruppe, Sternkunde, Sternort, Sternschnuppe, Sternsystem, Sternwarte, Sternzeit.* Ohne *-en-* stehen auch bildliche und übertragene Anwendungen wie *Sternblume, Sternfahrt, sternförmig, sternhagelvoll, Sternsingen, Sternstunde.* Mit Fugenzeichen erscheinen dagegen *Sternenbanner* und eher literarische Ausdrücke wie *Sternenlicht, sternenwärts, Sternenzelt,* auch *Sternenhimmel* (Astronomie: *Sternhimmel*). Neben *stern[en]hell* steht *sternklar* ohne *-en-*.

Stern[bild]namen: 1. Genus: Sterne und Sternbilder haben ihr Genus von dem betreffenden Wesen oder Ding, nach dem sie benannt sind: *der Jupiter, der Saturn, der Drache; die Kassiopeia, die Waage, die Venus; das Chamäleon, das Dreieck.* Wo das Genus aus der Bedeutung nicht abzuleiten ist, steht meist das maskuline: *der Algol, der Arktur, der Fomalhaut, der Beteigeuze.* Die auf *-a* endenden sind jedoch feminin: *die Wega, die Kapella, die Gemma.*
2. Schreibung: Zu Stern[bild]namen gehörende Adjektive werden großgeschrieben: *der Große Bär, der Kleine Bär, der Kleine Löwe, der Fliegende Fisch, der Sobieskische Schild.* ↑ Namen (2).

Steuer: 1. das Steuer / die Steuer: Das sächliche Substantiv *das Steuer* bezeichnet eine Lenkvorrichtung, das weibliche Substantiv *die Steuer* bedeutet »öffentliche Geldabgabe«.
2. die Steuer / die Steuern (Geldabgaben): Man gebraucht den Plural *die Steuern,* wenn die einzelnen Abgaben oder verschiedene Steuern gemeint sind: *Steuern zahlen, hinterziehen, erheben. Die Generale siegen; die Steuern erdrücken das Land* (Jahnn). *Nun sollten die rückständigen Steuern nicht mehr gestundet werden ...* (Schaper). Sonst steht die Sammelbezeichnung *die Steuer: ... es fiel mir ein, dass ich die Flasche Kognak von der Steuer abschreiben konnte* (Böll).

-steuer: Über Zusammensetzungen mit *-steuer* (z. B. *Einkommen[s]steuer*) ↑ Fugen-s (3.1).

Steuermann: Das Wort hat zwei Pluralformen: *die Steuermänner* und *die Steuerleute.*

Stichwort: Das Substantiv *Stichwort* hat zwei Pluralformen: *die Stichwörter* und *die Stichworte.* Die verschiedenen Pluralformen unterscheiden sich jedoch in der Bedeutung. *Stichwort* im Sinne von »[an der Spitze eines Artikels stehendes] erläutertes Wort oder erläuterter Begriff in Nachschlagewerken« hat den Plural *die Stichwörter.* Demgegenüber wird der Plu-

S

ral *die Stichworte* gebraucht, wenn es sich um das Einsatzwort eines Schauspielers oder um kurze Aufzeichnungen aus einzelnen wichtigen Wörtern handelt: *Er baute an Dialogen, in denen Zeugen und Verteidiger ihm genau jene Stichworte brachten, die er notwendig hatte* (Baum). *Chruschtschows Darlegungen ... waren von einem Teilnehmer an dem Empfang in Stichworten aufgezeichnet worden* (F. A. Z.). ↑ Wort.

stieben: 1. Formen: Üblich sind die unregelmäßigen Formen *stob, gestoben: Und Funken stoben gen Himmel* (Plievier). *Das Boot stob jetzt durchs Wasser* (Ott). Daneben gibt es heute auch schon die regelmäßigen Formen *stiebte, gestiebt*. **2. Perfektumschreibung:** Das Perfekt von *stieben* kann sowohl mit *sein* als auch mit *haben* gebildet werden. Sieht man das Geschehen in seiner Dauer, dann wird mit *haben* umschrieben: *Die Funken haben nur so gestoben.* Man gebraucht dagegen *sein*, wenn die Veränderung in der Bewegung, die Ortsveränderung ausgedrückt werden soll: *Die Funken sind zum Himmel gestoben. Auf das Klingelzeichen sind die Schüler sofort nach Hause gestoben. Das Boot ist über den See gestoben. Der Schnee ist bis zum Kutschbock gestoben (gestiebt).* Jedoch nimmt der Gebrauch mit *sein* wie bei anderen Bewegungsverben immer mehr zu. Daher auch schon: *Die Funken sind nur so gestoben.* ↑ haben (1).

Stiefel: Der Plural lautet in der Standardsprache *die Stiefel.* Die schwache Pluralform *die Stiefeln* ist landschaftlich oder umgangssprachlich und gilt nicht als korrekt.

Stiel / Stil: 1. Schreibung: Das Substantiv *der Stiel* mit *ie* bedeutet »Handhabe, Griff, Schaft, Stängel«. Dagegen bezeichnet *der Stil* mit *i* die Einheit der Ausdrucksformen eines Kunstwerks, eines Menschen oder einer Zeit, die Darstellungsweise, Art, Bauart, Schreibart, Kunstrichtung.

2. Aussprache: Das deutsche Wort *Stiel* wird in der Hochlautung mit [ʃt] gesprochen. Das Fremdwort *Stil* wird meist ebenfalls [ʃtiːl] gesprochen, doch kommt auch die Aussprache [stiːl] vor. Das Gleiche gilt für seine Ableitungen und Zusammensetzungen: *Baustil, Stilkunde, stilisieren, Stilistik.*

Stift: Das maskuline Substantiv *der Stift* (Genitiv: *des Stift[e]s,* Plural: *die Stifte*) bedeutet »Bleistift, kurzes Stäbchen« und (ugs.) »Lehrjunge, Halbwüchsiger«. Dagegen bezeichnet man mit dem Neutrum *das Stift* (Genitiv: *des Stift[e]s,* Plural: *die Stifte* / [selten:] *die Stifter*) ein Kloster oder eine Stiftung in Gestalt eines Altersheims, einer Schule o. Ä.

still: 1. Rechtschreibung: Man schreibt das Adjektiv klein: *ein stilles Glück, stille Reserven, ein stiller Teilhaber, eine stille Messe.* Groß schreibt man alle substantivierten Formen: *Er liebte das Stille ihres Wesens.* In neuer Rechtschreibung auch: *Ich habe im Stillen* (= unbemerkt) *schon vorgesorgt.* Groß schreibt man das Adjektiv in Namen: *der Stille Ozean, der Stille Freitag* (= Karfreitag), *die Stille Woche* (= Karwoche), *die Stille Nacht* (= Heilige Nacht). ↑ Groß- oder Kleinschreibung (1.2.1). Getrennt schreibt man *still* vom folgenden Verb in Wortgruppen wie: *still sein, still werden, still sitzen, still stehen, still halten.* Zusammen schreibt man *still* in verbalen Zusammensetzungen wie in den folgenden Beispielen: *In dem Haus ist es stillgeblieben* (= hat sich nichts geregt). *Die Fabrik wurde stillgelegt* (= außer Betrieb gesetzt). *Er hat beim Zahnarzt stillgehalten* (= sich ruhig verhalten). *Diese Fabrik wird bald stillliegen* (= außer Betrieb sein). *Sie hat stillgeschwiegen* (= aus Gründen der Diskretion nicht mit einem Dritten über eine anvertraute Nachricht gesprochen). *Sein Herz hat plötzlich stillgestanden* (= aufgehört zu schlagen). ↑ Getrennt- oder Zusammenschreibung (1.2).

2. Zu *stiller, stillste* ↑ Vergleichsformen (2.3 und 3.1).

Stillleben: Wenn bei Zusammensetzungen drei gleiche Buchstaben zusammentreffen, darf nach den neuen Rechtschreibregeln keiner von ihnen wegfallen. Das aus *Still-* (im Sinne von »unbelebt, unbewegt«) und *Leben* zusammengesetzte Wort wird also mit drei *l* geschrieben. Zur besseren Lesbarkeit kann ein Bindestrich gesetzt werden: *Stillleben,* auch: *Still-Leben.* ↑ Zusammentreffen dreier gleicher Buchstaben.

stilllegen, stillliegen: Wenn bei Zusammensetzungen drei gleiche Buchstaben zusammentreffen, darf nach den neuen Rechtschreibregeln keiner von ihnen wegfallen. Die aus *still* und *legen* bzw. *liegen* zusammengesetzten Verben (↑ still [1]) werden also mit drei *l* geschrieben.

Stil / Stiel: ↑ Stiel / Stil.

Stirn / Stirne: Die heute übliche Form ist *Stirn.* Die Form *Stirne* mit *e* ist weitgehend veraltet.

Stock: Der 1. Stock ist üblicherweise das Geschoss über dem Erdgeschoss. In manchen Landschaften, besonders in Süddeutschland, beginnt dagegen die Zählung der Stockwerke im Erdgeschoss, sodass dort der erste Stock dem Erdgeschoss bzw. Parterre und der zweite dem ersten Stock entspricht. Dieselbe Uneindeutigkeit besteht bei *einstöckig, zweistöckig, fünfstöckig* usw. Unmissverständlich sind dagegen Bildungen mit *-geschossig* (*eingeschossig, dreigeschossig* usw.), weil *Geschoss* allgemein auch das Parterre und den Keller bezeichnet (*Erd-, Kellergeschoss*). Zu *ein fünf Stock hohes Haus* ↑ Maß-, Mengen- und Münzbezeichnungen (1).

-stöckig: ↑ Stock.

Stoffbezeichnungen: Stoffbezeichnungen stehen im Singular, wenn damit ganz allgemein der Stoff, die Masse, das Material bezeichnet wird: *Milch, Gold, Fleisch, Leder, Butter.* Werden sie zur Unterscheidung von Arten und Sorten im Plural gebraucht (einteilender Plural, Sortenplural), sind sie Gattungsbezeichnungen: *die verschiedenen Milche[n], edle Hölzer, rheinische Weine, feste Garne.* Diese vor allem aus dem Unterscheidungsbedürfnis der Kaufleute und Techniker gebildeten Pluralformen sind heute sehr zahlreich: *die Bleie, die Eisen, die Salze, die Stähle, die Zemente.* Wo solche Pluralformen nicht üblich sind, kann die gewünschte Unterscheidung nur mithilfe von Zusammensetzungen erreicht werden: *Fleischsorten, Butterarten.* Es kommen auch beide Möglichkeiten der Pluralbildung nebeneinander vor: *Wollarten / Wollen, Mehlsorten / Mehle, Tonsorten / Tone.* In vielen Fällen steht neben dem Sortenplural noch ein gleich lautender gewöhnlicher Plural, der dann die aus dem betreffenden Stoff gefertigten oder bestehenden Einzelstücke bezeichnet: *die Gläser, die Hölzer, die Papiere, die Körner.* Manchmal werden zur Unterscheidung verschiedene Pluralformen gebraucht: *die Wasser* (= gewöhnlicher Plural) / *die Wässer* (= Sortenplural); entsprechend: *die Tücher / die Tuche.* Die Namen der Edelsteine (*Diamant, Rubin, Topas, Smaragd* u. a.) sind Gattungsbezeichnungen und keine Stoffbezeichnungen. Ihre Plurale bezeichnen, wie die Singulare, Einzelstücke und keine Arten. ↑ Plural (5).

Stofffarbe: Wenn bei Zusammensetzungen drei gleiche Buchstaben zusammentreffen, darf nach den neuen Rechtschreibregeln keiner von ihnen wegfallen. Das aus *Stoff* und *Farbe* zusammengesetzte Wort wird also mit drei *f* geschrieben. Zur besseren Lesbarkeit kann ein Bindestrich gesetzt werden: *Stofffarbe,* auch: *Stoff-Farbe.* ↑ Zusammentreffen dreier gleicher Buchstaben.

Stofffetzen: Wenn bei Zusammensetzungen drei gleiche Buchstaben zusammentreffen, darf nach den neuen Rechtschreibregeln keiner von ihnen wegfallen. Die Zusammensetzung aus *Stoff* und *Fetzen* wird also mit drei *f* geschrieben. Zur besseren Lesbarkeit kann ein Bindestrich gesetzt werden: *Stofffetzen,* auch: *Stoff-Fetzen.* ↑ Zusammentreffen dreier gleicher Buchstaben.

Stolle / Stollen: Als Bezeichnung eines bestimmten Weihnachtsgebäcks ist sowohl *der Stollen* wie *die Stolle* gebräuchlich. Die maskuline und die feminine Form kommen allerdings in verschiedenen Landschaften vor. In den Bedeutungen »Zapfen am Hufeisen oder an der Sohle von Fußballschuhen« und »unterirdischer Gang« wird dagegen nur *der Stollen* gebraucht.

stolz: Das Adjektiv *stolz* kann nur mit der Präposition *auf,* nicht mit *über* verbunden werden: *Ich war richtig stolz auf ihn* (Nossack). *... aber die kleinen Eigentümerinnen waren doch sehr stolz auf ihren Besitz* (Bergengruen). Die Vergleichsformen von *stolz* werden ohne Umlaut gebildet: *stolzer, am stolzesten.* ↑ Vergleichsformen (2.1).

stop/Stop, stopp/Stopp: Die vom Englischen beeinflusste Schreibung mit einem *p* wird zum Beispiel im Telegrafenverkehr (*stop* = Punkt) und als Aufschrift für das internationale Verkehrsschild (*STOP*) verwendet. Sonst ist die korrekte Schreibweise die Schreibung mit *pp* (zu *stoppen*): *»Stopp!«, rief der Posten. Stopp mal!; ein Stopp an der Box; der Stopp für den Butterimport;* in neuer Rechtschreibung auch *Stopp* beim Badminton- und [Tisch]tennissport im Sinne von »Stoppball«. In Zusammensetzungen schreibt man entsprechend mit Doppel-p: *Stopplicht, Stopppreis, Stoppschild, Stoppsignal, Stoppstraße, Stoppuhr.*

stören, sich: *sich stören an* wird mit dem Dativ und nicht mit dem Akkusativ verbunden: *Sie störte sich an seinem* (nicht: *sein*) *Benehmen. Ich hoffe, ihr werdet euch nicht an seiner manchmal derben Sprache stören.*

Story: Der Plural von *Story* lautet *die Storys.* ↑ y.

stoßen: 1. sich stoßen an: Das reflexive *sich stoßen an* wird mit dem Dativ und nicht mit dem Akkusativ verbunden: *Sie stießen sich an seinem Benehmen* (nicht: *an sein Benehmen*). *Sie hat sich an einem Balken gestoßen.*

2. Sie stieß mir / mich in die Seite · Er hat sie vor den Kopf gestoßen: Wird *stoßen* auf einen Körperteil bezogen, dann kann die betroffene Person im Dativ oder im Akkusativ stehen. Der Dativ ist hier weniger üblich. Er steht vor allem dann, wenn ein nicht beabsichtigter Stoß gemeint ist: *Er stieß mir gegen die verletzte Hüfte.* Der Akkusativ wird meist gewählt, um einen absichtlichen Stoß zu kennzeichnen: *Er stieß seinen Freund mehrmals in die Seite. Sie stießen mich in den Rücken und in den Bauch.* Vgl. den transitiven Gebrauch: *Er hat mich gestoßen.* Zwischen Dativ und Akkusativ besteht nur ein formaler, kein grundsätzlicher Unterschied. Der Hauptton liegt immer auf der Angabe des Körperteils. Bei unpersönlichem Gebrauch wird überwiegend der Dativ verwendet: *Die Deichsel stieß ihm immer wieder gegen die Brust.* Fest ist dagegen der Akkusativ in der Wendung *jemanden vor den Kopf stoßen* (= jemanden kränken): *Sie hat alle anwesenden Kollegen mit dieser überraschenden Mitteilung vor den Kopf gestoßen.* Vgl. auch andere Verben der körperlichen Berührung, z. B. ↑ schlagen, ↑ treten.

3. Zu *du stöß[e]st* ↑ Indikativ (2), ↑ Verb (1).

stramm: Das Adjektiv *stramm* wird mit dem Verb *stehen* zusammengeschrieben, weil hier nicht gesteigert oder erweitert werden kann: *Er hat vor dem Major strammgestanden* (= militärische Haltung eingenommen). Nach den neuen Rechtschreibregeln wird *stramm* in Verbindung mit *ziehen* getrennt geschrieben, wenn man steigern oder erweitern

kann: *das Seil [noch] stramm[er] ziehen,* aber zusammen: *jmdm. die Hosen strammziehen.* ↑ Getrennt- oder Zusammenschreibung (1.2).
Strand: Der Plural lautet *die Strände.*
strapazierfähig: ↑ -fähig.

-straße: Über Straßennamen mit *-straße* als Grundwort (z. B. *Bahnhofstraße*) ↑ Fugen-s (3.2).
Straßenblock: Der Plural lautet *die Straßenblocks* (↑ Block).

Straßennamen

Häufig gestellte Fragen zu Straßennamen	
Frage	**Antwort unter**
Schreibt man *Mainzer Straße* getrennt oder in einem Wort?	dieser Artikel, Punkt (1.3)
Müssen bei mehrteiligen Straßennamen, wie z. B. *Johann-Wolfgang-von-Goethe-Platz* zwischen allen Bestandteilen Bindestriche gesetzt werden?	dieser Artikel, Punkt (1.4)
Muss bei Straßennamen, die aus einem Adjektiv und einem Substantiv bestehen, das Adjektiv gebeugt werden; heißt es also: *in der Langen Gasse* oder *in der Lange Gasse?*	dieser Artikel, Punkt (2)

1 Schreibung

Die Rechtschreibung der Straßennamen folgt den allgemeinen orthographischen Richtlinien. Die Schreibung auf den Straßenschildern weicht oft von den Regeln ab, sie ist aber nicht maßgebend.

1.1 Großschreibung

Das erste Wort eines Straßennamens wird großgeschrieben. Ebenso werden Adjektive und Zahlwörter als Teil eines Straßennamens großgeschrieben, Artikel und Präpositionen jedoch nur, wenn sie am Anfang stehen:

Breite Straße, Französische Allee, In der Mittleren Holdergasse, Am Warmen Damm, An den Drei Pfählen, Weg beim Jäger.

1.2 Zusammenschreibung

1.2.1 Substantiv als Bestimmungswort: Zusammen schreibt man Straßennamen aus einem einfachen oder zusammengesetzten Substantiv (auch Namen) und einem für Straßennamen typischen Grundwort. Solche Grundwörter sind: *Straße, Gasse, Weg, Platz, Allee, Ring, Chaussee, Damm, Promenade, Ufer, Graben, Steg, Tor, Brücke, Markt* u. a.:

> Brunnenweg, Schlossstraße, Rathausgasse, Bismarckring, Beethovenplatz, Augustaanlage, Becksweg.

(Mit ausländischen Städtenamen:) Béthunestraße, Toulonplatz, Haveringallee (↑1.3).

Auch Straßennamen mit einem Orts-, Völker- oder Familiennamen auf *-er*, sofern die Endung fester Bestandteil des Namens ist, schreibt man zusammen:

> Marienwerderstraße (zu: Marienwerder), Drusweilerweg (zu: Drusweiler), Römerstraße, Am Römertor (zu: Römer), Schlesierweg (zu: Schlesier), Wittelsbacherring (zu: Wittelsbacher), Herderplatz (zu: Herder), Baumgärtnerstraße (zu: Baumgärtner).

Familiennamen stehen in Straßennamen im Allgemeinen ungebeugt: *Herderstraße, Stresemannplatz.* Soll aber ein [altes] Besitzverhältnis ausgedrückt werden, dann tritt oft das Genitiv-s auf: *Becksweg, Brandtstwiete, Oswaldsgarten.* In solchen Fällen kommt gelegentlich auch Getrenntschreibung vor: *Graffelsmanns Kamp, Löbers Hof.*

Zum Fugen-s in Straßennamen *(Bahnhofsplatz, -weg,* aber: *Bahnhofstraße)* ↑ Fugen-s (3.2).

1.2.2 Adjektiv als Bestimmungswort: Zusammen schreibt man Straßennamen aus einem ungebeugten Adjektiv und einem der genannten Grundwörter:

> Altmarkt, Neumarkt, Hochstraße.

S

1.3 Getrenntschreibung

Getrennt schreibt man Straßennamen, die eine Präposition, einen Artikel oder ein gebeugtes Adjektiv enthalten. Dies gilt auch für die Ableitungen auf *-er* von Orts- und Ländernamen (vgl. aber 1.5):

> Am Erlenberg, An den Drei Pfählen, Weg beim Forsthaus, In den Alten Wiesen, Kleine Budengasse, Große Bleiche, Langer Graben, Hoher Heckenweg, Münchener Straße, Saarbrücker Straße, Kalk-Mülheimer Straße (von Kalk nach Mülheim führend), Schlesischer Ring, St.-Blasier / St. Blasier Straße, Bad-Nauheimer / Bad Nauheimer Weg, New-Yorker / New Yorker Ring (↑1.4), Epernayer Straße, Béthuner Straße (↑1.2.1).

1.4 Bindestrich

Den Bindestrich setzt man, wenn die Bestimmung zum Grundwort aus mehreren Wörtern besteht (vgl. aber 1.5):

Albrecht-Dürer-Allee, Käthe-Kollwitz-Platz, Ernst-Ludwig-Kirchner-Straße, John-F.-Kennedy-Platz, Von-Repkow-Platz, De-Gaulle-Allee, Van-Dyck-Straße, Annette-v.-Droste-Hülshoff-Allee, La-Palma-Chaussee, Professor-Sauerbruch-Straße, Doktor-Eisenbart-Straße, Dr.-Kissinger-Straße, Bgm.-Fuchs-Ring, Berliner-Tor-Platz, Bad-Wörishofen-Straße, Sankt- / St.-Blasien-Straße (↑ 1.3).

Fröhliche-Landmann-Straße, Blaue-Lilien-Gasse (nach den alten Hausnamen: »Zum fröhlichen Landmann«, »Zur blauen Lilie«).

1.5 Historische Schreibungen

Auf altüberlieferte Straßennamen lassen sich die vorstehenden Regeln nicht ohne weiteres anwenden; manchmal liegen auch nicht mehr verstandene Flurnamen zugrunde:

Neuenweg (statt: Am Neuen Weg); Braune Hirschgasse (statt: Braune-Hirsch-Gasse); Lange Rötterstraße (statt: Lange-Rötter-Straße, nach der Flur »An den langen Röttern«).

1.6 Zusammenfassung von Straßennamen

Bei der Zusammenfassung von Straßennamen schreibt man nach den vorstehenden Richtlinien wie folgt:

Ecke [der] Ansbacher und Motzstraße, Ecke [der] Motz- und Ansbacher Straße, Ecke [der] Schiersteiner und Wolfram-von-Eschenbach-Straße, Ecke [der] Wolfram-von-Eschenbach- und Schiersteiner Straße.

2 Deklination

Straßennamen müssen im Zusammenhang eines Satzes gebeugt werden:

Ich wohne schon seit 1980 in der Langen Gasse. (Nicht: ... in der Lange Gasse.)
Das Haus liegt an der Oberen Riedstraße. (Nicht: ... an der Obere Riedstraße.)

Strauß: 1. Der Vogelname *der Strauß* hat den Genitiv *des Straußes* und den Plural *die Strauße;* dagegen haben *der Strauß* »Blumenstrauß« und (veralt.) *der Strauß* »Kampf« die umgelautete Pluralform *die Sträuße.*

2. Das Gemessene nach *Strauß* »Blumenstrauß«: *ein Strauß Flieder* (nicht: *Flieders*); *ein Strauß weißer Flieder* (geh.: *weißen Flieders*); *mit drei Sträußen weißem Flieder* (geh.: *weißen Flieders*); *mit*

einem Strauß roter Rosen / rote Rosen.
↑ Apposition (2.2).

streichen: Beim transitiven Gebrauch bildet *streichen* das Perfekt mit *haben*, beim intransitiven Gebrauch dagegen mit *sein: Sie hat Butter auf das Brot gestrichen.* Aber: *Die Schnepfen sind über den Acker gestrichen. Er ist ums Haus gestrichen.*

streichfähig: ↑ -fähig.

Streife / Streifen: Das feminine Substantiv *die Streife* bedeutet »Erkundungsgang, [Polizei]patrouille« (dazu: *Streifendienst, Streifenwagen*). Das maskuline Substantiv *der Streifen* wird im Sinne von »bandförmiges Stück Papier, Stoff o. Ä., Fetzen« verwendet (dazu: *Streifenmuster, streifenweise*).

Streik: Neben dem üblichen Plural *die Streiks* wird selten auch die eingedeutschte Form *die Streike* gebraucht. Beide Pluralformen sind korrekt.

streitig / strittig: Das Adjektiv *streitig* wird außer in der Wendung *jemandem etwas streitig machen* und in der Verneinung *unstreitig* nur noch im juristischen Bereich im Sinne von »anhängig« gebraucht. Sonst ist heute *strittig* üblich: *Das bleibt eine strittige Sache. Dieser Punkt ist strittig.*

streng: In neuer Rechtschreibung kann man die Steigerungsform *auf das Strengste* groß- oder wie bisher kleinschreiben: *Das ist auf das / aufs Strengste /* (auch:) *strengste verboten.* ↑ Groß- oder Kleinschreibung (1.2). *Streng* schreibt man vom folgenden Verb getrennt, da man es steigern oder erweitern kann: *[noch] streng[er] bestrafen, urteilen.* Das gilt in neuer Rechtschreibung auch für *streng nehmen: Du hast deine Aufgabe sehr streng genommen* (= genau genommen). ↑ Getrennt- oder Zusammenschreibung (1.2).

streng genommen: *Sie dürfen streng genommen gar nicht aufstehen. Streng genommen ist die Spitzmaus gar keine Maus.* In Sätzen dieser Art kann nach

den neuen Regeln zur Zeichensetzung durch Komma abgetrennt werden, um die Gliederung des Satzes deutlich zu machen: *Sie dürfen, streng genommen, ... Streng genommen, ist die Spitzmaus ...* ↑ Komma (4.2).

Stress: Es heißt *der Stress* [ʃt..., auch: st...], Genitiv: *des Stresses,* Plural (selten): *die Stresse.*

Strichpunkt: ↑ Semikolon.

Strieme / Striemen: Die feminine Form *die Strieme* ist eine Nebenform zu *der Striemen.* Der Plural zu beiden Formen lautet *die Striemen.*

Strom / Strömung: Unter *Strom* versteht man im Allgemeinen einen großen Fluss (nur in Wörtern wie *Golfstrom* wird das Grundwort im Sinne von »Strömung« verwendet). Im wörtlichen Sinne kann man sowohl *gegen den Strom* als auch *gegen die Strömung schwimmen* sagen, bei übertragenem Gebrauch für »sich nicht anpassen« heißt es aber nur: *gegen den Strom schwimmen.*

Strophe: Bei Hinweisen auf Gedichte o. Ä. bleibt das Wort *Strophe* ungebeugt, wenn es ohne Artikel unmittelbar vor den Strophennummern steht: *Nibelungenlied, Strophe 326–328.* Aber mit Artikel: *... in den Strophen 10–12 des Gedichtes.* Ebenso: *Ich zitiere Strophe 3–5,* aber: *die Strophen 3–5.*

Stuck / Stuckateur: In neuer Rechtschreibung schreibt man beide Wörter mit *ck.* Die früher unterschiedliche Schreibweise *Stuck* (dazu das Verb *stuckieren* »mit Stuck ausstatten«), aber *Stukkateur* (dazu das Substantiv *Stukkatur* »Stuckarbeit«) erklärte sich aus der Art ihrer Eindeutschung. *Stuck* ist im 16. Jh. aus italienisch *stucco* entlehnt worden; die Form *Stucco* wurde noch im 19. Jh. gebraucht. Bei der Eindeutschung wurde inlautendes -cc- korrekt zu auslautendem -ck: *Stuck.* Die Bezeichnung des Handwerkers dagegen erschien seit dem 16. Jh. als *Stuccator* (italien. *stuccatore*) und hat erst im 19. Jh. die französische

Endung *-eur* bekommen (frz. *stucateur* hat nur *ein c!*). Die Form *Stukkator* (Ton auf der 2. Silbe) wurde aber noch in der Kunstwissenschaft gebraucht. In diesem Wort ist *-cc-* zu *-kk-* eingedeutscht worden, weil man es als Fremdwort empfand und weil Fremdwörter aus romanischen Sprachen nicht mit *ck* geschrieben wurden. Dasselbe galt für die *Stukkatur* (älter: *Stuccatur*), während *stuckieren* eine junge Ableitung von *Stuck* ist.

Stück: 1. Plural: Der standardsprachliche Plural lautet *die Stücke*. Die Form *die Stücker* ist landschaftlich und umgangssprachlich; dasselbe gilt für *[ein] Stücker zehn* für »ungefähr zehn«: ... *das ist schon viel, wenn droben am Hang Panzer kleben, Stücker sieben, acht, neun* (Kolb). **2. fünf Stück / fünf Stücke:** Als Mengenbezeichnung bleibt *Stück* meist ungebeugt: *5 Stück Seife*, seltener: *5 Stücke Seife*. ↑ Maß-, Mengen- und Münzbezeichnungen (1). **3. Das Gezählte nach *Stück:** ein Stück Speck* (nicht: *Specks*); *ein Stück guter Kuchen* (geh.: *guten Kuchens*); *der Preis eines Stücks Kuchen* oder *eines Stück Kuchens; mit 20 Stück echtem Bernstein* (geh.: *echten Bernsteins*); *mit 25 Stück Kreissägen* (nicht: *Kreissäge*). ↑ Apposition (2.2).

Studiendirektor / Studiendirektorin, Studienrat / Studienrätin: Zur Anschrift ↑ Brief (7).

studiert: Die adjektivische Verwendung des 2. Partizips von *studieren (eine studierte Frau;* substantiviert: *Er ist ein Studierter*) ist umgangssprachlich. Das Partizip hat hier die Bedeutung »gelehrt, [wissenschaftlich] gebildet«, ist also von seinem Verb in der Bedeutung isoliert. ↑ zweites Partizip (2.2).

Stummel: Der Plural von *Stummel* »übrig gebliebenes kurzes Stück« lautet in der Standardsprache *die Stummel*. Die schwache Pluralform *die Stummeln* ist landschaftlich oder umgangssprachlich.

stumpf: Die Vergleichsformen von *stumpf* werden ohne Umlaut gebildet: *stumpfer, das stumpf[e]ste Messer*. ↑ Vergleichsformen (2.1).

Stundengeschwindigkeit, Stundenkilometer: Gegen die beiden Zusammensetzungen ist häufig der Vorwurf erhoben worden, dass sie unsinnige und unlogische Bildungen seien, die abgelehnt werden müssten. Die Sprache ist aber nicht immer »logisch«. Als Verständigungsmittel ist sie allem Prägnanten, Treffenden und Knappen gegenüber geöffnet. Daher spielt auch die Sprachökonomie eine große Rolle in der Syntax und in der Wortbildung. Gerade in einer Zusammensetzung kann oft ein ganzer Satz oder eine längere syntaktische Konstruktion zusammengefasst sein. Deshalb ist es ein Irrtum zu glauben, dass Zusammensetzungen alle auf die gleiche Weise gebildet seien oder dass sie alle auflösbar sein müssten (vgl. *Gottesliebe, Bücherstütze, Türschloss, Bilderrahmen, Kartoffelsuppe, Fußboden, Berlin-Krise, Wintergarten, Sekundenschnelle, Meterpreis, Ladenpreis, Botenfrau, Lichtjahr, Atombombe*). Auch *Stundengeschwindigkeit* und *Stundenkilometer* können nicht einfach in *Geschwindigkeit einer Stunde* und *Kilometer einer Stunde* aufgelöst werden. Ihre tatsächliche Bedeutung bleibt davon aber unberührt. *Stundengeschwindigkeit* bedeutet »Durchschnittsgeschwindigkeit in einer Stunde«, *Stundenkilometer* bedeutet »Anzahl der Kilometer, die in einer Stunde bei gleich bleibender Geschwindigkeit zurückgelegt werden können« (Abk.: *km/h*). ↑ Kompositum.

Stunde null: In der Fügung *die Stunde null* (= Zeitpunkt, an dem etwas völlig neu beginnt) wird das Zahlwort in neuer Rechtschreibung kleingeschrieben. ↑ null (1).

-stündig / -stündlich: Zeitangaben, die als Suffix sowohl *ig* als auch *-lich* haben, unterscheiden sich in der Bedeutung; z. B. bezeichnet *-ig* die Dauer (*dreistün-*

S

dig = drei Stunden lang) und *-lich* die Wiederholung (*dreistündlich* = alle drei Stunden). ↑ *-ig* / *-isch* / *-lich*.

Sturm und Drang: Dieses Wortpaar wird gewöhnlich als Ganzes flektiert: *die Dichter des Sturm und Drangs.* ↑ Wortpaar.

stürzen: Zum Unterschied von *auf jemanden zustürzen* und *auf jemanden / etwas zu stürzen* ↑ zu (11).

stützen, sich: In Verbindung mit *auf* steht heute nach *sich stützen* der Akkusativ: *Sie stützte sich auf einen Stock. Er stützte sich mit gekreuzten Armen auf das Rad* (Hausmann). *Die Anklage gegen Herrn Macheath stützte sich auf seine Weigerung* (Brecht).

Subjekt: Das Subjekt des Satzes (der Satzgegenstand) nennt das Wesen oder Ding, über dessen zeitliche Verhaltensweise etwas ausgesagt wird. Das Subjekt steht im Nominativ und antwortet auf die Frage: wer oder was? Zwischen dem Subjekt und dem ↑ Finitum des Satzes besteht grammatische ↑ Kongruenz: *Das Kind geht / Die Kinder gehen schon zur Schule.* Als Subjekt kann auch ein Nebensatz oder eine Infinitivgruppe auftreten: *Wer wagt, gewinnt. Bachs Fugen zu spielen[,] ist wirklich nicht leicht.* ↑ Subjektsatz. Zur Stellung des Subjekts ↑ Inversion. Zur Inversion nach »und« ↑ und (1). Zur Ersparung des Subjekts in der 1. Person Singular oder Plural ↑ ich (1).

Subjektsatz: Ein Subjektsatz ist ein Nebensatz an der Stelle eines Subjekts: *Dass du uns besuchen kommst, freut mich. Wer nicht hören will, muss fühlen.*

Subjektsprädikativ: ↑ Prädikativ, Prädikatsnomen.

subordinierend: ↑ Konjunktion.

subskribieren: Man kann sowohl sagen *ein Werk subskribieren* als auch *auf ein Werk subskribieren.*

Substantiv

Die mit großem Anfangsbuchstaben zu schreibenden Substantive – auch Nomen, Nenn-, Ding- oder Hauptwörter genannt – bezeichnen sowohl die stofflich vorhandenen, für den Menschen wahrnehmbaren Dinge und Lebewesen (↑ Konkretum) als auch nicht gegenständliche, bloß gedachte Erscheinungen, Eigenschaften, Gefühle, Empfindungen, Handlungen, Zustände, Vorgänge und Beziehungen, Zeitangaben, Wissenschaften, Künste usw. (↑ Abstraktum).

2   Doppelformen
2.1 der Name – der Namen
2.2 der Fleck – der Flecken · der Lump – der Lumpen
2.3 der Bursch – der Bursche · das Geschrei – das Geschreie
2.4 die Backe – der Backen · das Etikett – die Etikette
3   Abgeleitete feminine Personenbezeichnungen

1   Die Deklinationsarten

Nach der Bildungsweise von Genitiv Singular und Nominativ Plural lassen
sich drei Deklinationsarten unterscheiden, eine starke, eine schwache und
eine gemischte Deklination (die Terminologie geht auf J. Grimm zurück).

Feminina ohne Plural *(Geduld, Sanftmut, Vernunft)* werden in dieser (an
der heutigen Sprache ausgerichteten) Einteilung allerdings nicht berücksichtigt.

1.1 Starke Deklination

Diese Deklinationsart, der Maskulina, Feminina und Neutra angehören, ver-
dankt ihren Namen der Tatsache, dass sie ohne konsonantische Stütze bei
der Kasusbildung auskommt, d. h., dass außer im Dativ Plural keine *-[e]n*-En-
dung auftritt.

Der Genitiv Singular der Maskulina und Neutra endet auf *-[e]s (des Papiers, des Fisch[e]s)*, der Nominativ Plural auf *-e, -er* oder *-s (die Schafe, Bretter,
Uhus)*; er kann auch endungslos sein *(die Lehrer)* oder Umlaut haben *(die Gärten)*.

Die starken Feminina dieser Deklinationsart sind im Singular endungslos;
der Nominativ Plural endet auf *-e, -s* oder hat Umlaut *(die Trübsale, Muttis,
Kräfte)*.

		Maskulinum	Femininum	Neutrum
Singular	Nom.	der Tag	die Kraft	das Bild
	Gen.	des Tag-[e]s	der Kraft	des Bild-[e]s
	Dat.	dem Tag[-e]	der Kraft	dem Bild[-e]
	Akk.	den Tag	die Kraft	das Bild
Plural	Nom.	die Tag-e	die Kräft-e	die Bild-er
	Gen.	der Tag-e	der Kräft-e	der Bild-er
	Dat.	den Tag-en	den Kräft-en	den Bild-ern
	Akk.	die Tag-e	die Kräft-e	die Bild-er

1.2 Schwache Deklination

Diese Deklinationsart, der Maskulina und Feminina angehören, wird schwach genannt, weil sie zur Kasusbildung der konsonantischen Stütze *-n* bedarf: Mit Ausnahme des Nominativs Singular der Maskulina und des endungslosen Singulars der Feminina enden alle Formen auf *-en* oder *-n* (*des Menschen, Hasen* usw.):

		Maskulinum	**Femininum**
Singular	Nom.	der Mensch	die Frau
	Gen.	des Mensch-en	der Frau
	Dat.	dem Mensch-en	der Frau
	Akk.	den Mensch-en	die Frau
Plural	Nom.	die Mensch-en	die Frau-en
	Gen.	der Mensch-en	der Frau-en
	Dat.	den Mensch-en	den Frau-en
	Akk.	die Mensch-en	die Frau-en

1.3 Gemischte Deklination

Diese Deklinationsart, der Maskulina und Neutra angehören, weist im Genitiv Singular das *-[e]s* der starken und im (Nominativ) Plural das *-[e]n* der schwachen Deklination auf:

		Maskulinum	**Neutrum**
Singular	Nom.	der Staat	das Auge
	Gen.	des Staat-[e]s	des Auge-s
	Dat.	dem Staat[-e]	dem Auge
	Akk.	den Staat	das Auge
Plural	Nom.	die Staat-en	die Auge-n
	Gen.	der Staat-en	der Auge-n
	Dat.	den Staat-en	den Auge-n
	Akk.	die Staat-en	die Auge-n

1.4 Besonderheiten

Zu Substantiven wie *Bauer, Lump* usw., die zwischen starker und schwacher Deklination schwanken, und Fällen anerkannter bzw. nicht anerkannter Unterlassung der Deklination ↑ Unterlassung der Deklination (bes. 2.1). Zur Bildung des Genitivs Singular der starken Maskulina und Neutra mit *-s* oder *-es*

↑Genitiv-s. Zur Bildung des starken Dativs Singular mit oder ohne *-e* ↑Dativ-e. Über die Formen und Schwankungen der Pluralbildung ↑Plural, ↑Umlaut. Folgende Artikel enthalten besondere Ausführungen zur Deklination: ↑Abkürzungen (3), ↑Fremdwort (3), ↑geographische Namen (1), ↑Ortsnamen (2), ↑Personennamen (2 und 3), ↑Völker- und Stammesnamen (3).

2   Doppelformen

Eine ganze Reihe von Substantiven weist mehr oder weniger stark voneinander abweichende Doppelformen auf, von denen in den meisten Fällen nur eine standardsprachlich ist, während die andere als mundartlich, regional, umgangssprachlich, weniger gebräuchlich veraltend o. Ä. zu gelten hat.

2.1 der Name – der Namen

Substantive mit gleichem Genus, aber verschiedener Nominativ-Singular-Endung *(-e/-en)* wie *Name – Namen, Wille – Willen* sind von der schwachen zur starken Deklination übergegangen: Erst drang das *-n* der früheren schwachen Deklination von den übrigen Kasus in den Nominativ ein, weil es als zum Wort gehörend empfunden wurde, und dann erfolgte starke Deklination nach dem Muster stark deklinierender Wörter wie *der Wagen – des Wagens.*

Daneben gibt es Wörter, wie z. B. *Friede,* die ursprünglich stark *(des Friedes),* dann aber schwach gebeugt wurden. Auch bei ihnen drang das *-n* der schwachen Deklination von den übrigen Kasus in den Nominativ ein, worauf dann stark gebeugt wurde *(des Friedens).* Die Formen stehen zum Teil gleichberechtigt nebeneinander, z. T. veralten sie, z. T. treten die Formen ohne *-n* seltener auf, z. T. die Formen mit *-en:*

> Friede – Frieden, Funke – Funken (seltener), Gedanke – Gedanken (veraltet), Gefallen – Gefalle (veraltet), Glaube – Glauben (selten, veraltend), Haufen – Haufe (selten, veraltend), Name – Namen (veraltend), Samen – Same (selten), Schaden – Schade (veraltet), Wille – Willen (veraltend).

Bei den meisten dieser Beispiele besteht kein Bedeutungsunterschied zwischen den Doppelformen (anders ist es z. B. bei ↑ *Friede / Frieden* und ↑ *Funke / Funken,* ähnlich wie bei ↑ *Drache / Drachen*).

S

2.2 der Fleck – der Flecken · der Lump – der Lumpen

Auch Doppelformen dieser Art (endungslos oder auf *-en*) können gleichbedeutend oder in der Bedeutung differenziert sein. Gleichbedeutend sind z. B.:

Fleck – Flecken, Gelüst (auch:Gelüste) – Gelüsten, Nutz (veraltet) – Nutzen, Propf – Propfen, Zapf – Zapfen.

In der Bedeutung differenziert sind z. B.:

Lump »schlechter Mensch« – Lumpen »Lappen, Kleidungsstück«, Nord, Ost, Süd, West (Wind) – Norden, Osten, Süden, Westen (geographische Bezeichnung), Reif »Ring, ringförmiges Schmuckstück« – Reifen »größerer Ring (als Spiel- und Sportgerät), Fassband, Teil des Fahrzeugrades«, Schreck »kurze, plötzliche seelische Erschütterung« – Schrecken (landsch. für: Schreck) »Angst hervorrufende Wirkung von etwas«.

2.3 der Bursch – der Bursche · das Geschrei – das Geschreie

Bei diesen Doppelformen (endungslos oder auf -e) sind viele der e-losen Formen umgangssprachlich oder mundartlich. Manche sind in der Bedeutung differenziert:

Bursch (landsch., Verbindungswesen) – Bursche, Bub (oberd. für: Junge) – Bube (= Schurke; Spielkarte), Gesell (z. B. fahrender Gesell) – Geselle »Bursche, Kerl; Handwerksgeselle«, Gemüt – Gemüte (veraltet).

Groß ist die Zahl der Doppelformen bei den mit *Ge-* gebildeten Substantiven:

Gebälk – Gebälke (veraltet), Geläut – Geläute, Geleise (österr.) – Gleis.

Oft bezeichnet die Form mit -e im Gegensatz zur neutralen e-losen Form ein fortgesetztes, für andere unangenehmes Tun, das getadelt wird:

das Geschreie – das Geschrei, das Geheule – das Geheul, das Gerausche – das Geräusch.

Dagegen sind bei *Tür[e], Bett[e], Herz[e]* und *Hemd[e]* die e-losen Formen standardsprachlich üblich.

Zu *das Deutsch / das Deutsche* ↑ Sprachbezeichnungen (1).

2.4 die Backe – der Backen · das Etikett – die Etikette

Doppelformen, die sich nicht nur in der Endung, sondern auch im Genus unterscheiden, können wie die vorangegangenen Substantive bedeutungsgleich oder bedeutungsverschieden sein. Das Streben nach Bedeutungsdifferenzierung ist hier jedoch größer. Es handelt sich dabei hauptsächlich um Substantive, die in der Umgangssprache, in der Mundart, in Fachsprachen oder in feststehenden Redewendungen ihr früheres maskulines oder neutrales Genus mit abweichender Endung gegenüber der standardsprachlichen femininen Form behauptet haben.

Bei den folgenden Doppelformen besteht zwar kein Bedeutungsunterschied, aber die maskulinen oder neutralen Formen werden seltener oder nur landschaftlich gebraucht (vgl. auch die einzelnen Stichwörter an ihrer alphabetischen Stelle):

die Backe – der Backen (südd.), die Drohne – der Drohn (fachspr.), die Ecke – das Eck (südd., österr.; Sport), der Gurt – die Gurte (landsch., fachspr.), die Hacke »Ferse« – der Hacken, die Knolle – der Knollen (seltener), die Lüge – der Lug (fast nur noch in der Formel *Lug und Trug*), die Niete »Metallbolzen« – der Niet (fachspr.), die Quelle – der Quell (geh., jüngere Nebenform), die Ritze – der Ritz (ugs.), die Schürze – der Schurz (meist nur noch handwerksspr.), die Socke – der Socken (oberd., ugs.), die Spalte – der Spalt, der Sparren – die Sparre, die Stapfe – der Stapfen (seltener), der Striemen – die Strieme, die Tapfe – der Tapfen, die Zacke – der Zacken (seltener), die Zehe – der Zeh.

Nachstehende Substantive sind in der Bedeutung differenziert (vgl. im Einzelnen ↑ Akt / Akte usw.):

die Akte – der Akt, die Etikette – das Etikett, das Idyll – die Idylle, die Importe – der Import, die Karre – der Karren, die Maie – der Maien – der Mai, der Muff – die Muffe, die Posse – der Possen, die Quaste – der Quast, die Röhre – das Rohr, die Ruine – der Ruin, die Scherbe – der Scherben, die Spanne – der Spann, die Spitze – der Spitz, die Sprosse – der Spross, die Streife – der Streifen, der Trupp – die Truppe, der Typ – die Type, die Zinke – der Zinken.

3 Abgeleitete feminine Personenbezeichnungen

Bei femininen Personenbezeichnungen aus entsprechenden maskulinen Ableitungen auf *-erer* oder *-rer* werden folgende Gruppen unterschieden (zu den Ausnahmen *Abenteu[r]erin* und *Märtyr[er]in* ↑ Abenteurerin / Abenteuerin usw.).

1. Bei maskulinen Personenbezeichnungen auf *-erer* wird an die Stelle des zweiten *-er* die feminine Endung *-in* gesetzt:

   Erob*erer* – Erob*erin* (nicht: Erob*ererin*), Förd*erer* – Förd*erin*, Läst*erer* – Läst*erin*.

2. Bei maskulinen Personenbezeichnungen auf *-rer* wird die feminine Endung *-in* immer an die volle maskuline Form angehängt:

   Bewah*rer* – Bewah*rerin*, Betör*er* – Betör*erin*, Füh*rer* – Füh*rerin*, Lehr*er* – Lehr*erin*, Vereh*rer* – Vereh*rerin*, Verfüh*rer* – Verfüh*rerin*, Zerstör*er* – Zerstör*erin*.

Das gilt auch dann, wenn maskuline Wörter auf *-erer* um ihr erstes *e* verkürzt werden.

   Bewund*erer* – Bewund*erin*, aber:Bewund*rer* – Bewund*rerin;* Ruder*er* – Ruder*in*, aber: Rud*rer* – Rud*rerin*.

Zu femininen Berufsbezeichnungen *(Friseur – Friseuse / Friseurin)* ↑ Titel und
Berufsbezeichnungen (3).

---

substantivierter Infinitiv

Häufig gestellte Fragen zum substantivierten Infinitiv	
Frage	**Antwort unter**
Woran erkennt man, dass ein Infinitiv substantiviert ist und großgeschrieben werden muss?	dieser Artikel, Punkt (1)
In welchen Fällen müssen bei einem mehrteiligen substantivierten Infinitiv Bindestriche gesetzt werden; welche Schreibung ist also korrekt: *das Zuspätkommen* oder *das Zu-spät-Kommen?*	dieser Artikel, Punkt (1)

1. Großschreibung:
Substantivierte Infinitive werden großgeschrieben:
das Spielen, das Lesen, das Geigen, das Zustandekommen, plötzliches Versagen.

Auch Infinitive, die nach einer Präposition stehen, gelten als Substantive:
auf Biegen oder Brechen, mit Heulen und Zähneklappern, im (= in dem) Fahren, zum
(= zu dem) Davonlaufen, am Kochen sein (ugs.).

Auch Infinitive, von denen eine Beifügung (ein Attribut) im Genitiv oder
mit *von* abhängt, sind dadurch als Substantive gekennzeichnet und müssen großgeschrieben werden:
Anwärmen und Schmieden einer Spitze, Verlegen von Rohren, Instandsetzen von 5 m
Scheuerleiste.

Man muss unterscheiden zwischen dem Infinitiv mit *zu* und dem substantivierten Infinitiv mit *zum* (= zu dem):
Sie hat viel *zu trinken* eingepackt. (Aber:) Sie ist vor lauter Arbeit kaum *zum Trinken*
gekommen.

Stehen die Infinitive ohne Artikel oder nähere Bestimmung, dann ist oft
nicht klar, ob es sich um einen einfachen Infinitiv (mit Kleinschreibung)
oder um einen substantivierten Infinitiv (mit Großschreibung) handelt. In
solchen Fällen sind Groß- und Kleinschreibung gerechtfertigt:

Ich übte mit den Kindern *rechnen / [das] Rechnen.* Gisela lernt *schwimmen / [das] Schwimmen.* ... weil *Geben / geben* seliger denn *Nehmen / nehmen* ist. (Aber nur groß:) Hausarbeiten wie *Putzen, Kochen* und *Waschen* (substantivierte Infinitive als illustrierende Beispiele zu einem substantivischen Bezugswort).

Substantivierte Infinitive mit vorangehender Bestimmung werden groß- und zusammengeschrieben:

das Sichverlieben, das allmähliche Sichzusammenballen der Gruppenaggression, beim (= bei dem) Billardspielen, am (= an dem) Zustandekommen (zu: zustande kommen), ein Rezept zum Reichwerden, zum Schlankwerden.

Besteht der substantivisch gebrauchte Infinitiv jedoch aus mehr als zwei Bestandteilen, wird mit Bindestrichen geschrieben. Dabei werden dann immer das erste Wort der Gruppe und der am Schluss stehende substantivierte Infinitiv großgeschrieben, außerdem natürlich auch alle in der Fügung vorkommenden Substantive (↑ Bindestrich [3.2]):

das Auf-die-lange-Bank-Schieben, das Für-sich-haben-Wollen, zum Aus-der-Haut-Fahren, das Nicht-loslassen-Können; Neu: das Außer-Acht-Lassen, das Außer-sich-Sein, das In-Kraft-Treten, das In-Gang-Setzen, das Zu-spät-Kommen, das Zu-Stande-Kommen (zu: zu Stande kommen).

Unübersichtliche Zusammensetzungen mit substantiviertem Infinitiv sind jedoch häufig stilistisch unschön; sie können durch eine Infinitivgruppe oder durch einen Nebensatz ersetzt werden:

Nicht: das Gefühl des Noch-nicht-über-die-Lippen-Bringens, sondern: das Gefühl, es noch nicht über die Lippen zu bringen.

2. Zum Gebrauch des substantivierten Infinitivs:

Die Möglichkeit der deutschen Sprache, die verschiedenen nicht substantivischen Wortarten in die Wortart Substantiv überzuführen, hat neben Vorteilen auch Nachteile. Sie zeigen sich dann, wenn durch die Substantivierung der Stil unlebendig und unanschaulich wird. Daher sollte auch bei der Verwendung substantivierter Infinitive darauf geachtet werden, dass sie den Stil nicht beeinträchtigen. Besser als

Das Sprengen der Felswand erforderte sehr viel Vorbereitungen. Das Ankommen des Zuges wollte sie noch abwarten. Das Aufsätzeschreiben ist nicht seine starke Seite. Das Mit-der-Faust-auf-den-Tisch-Schlagen ist ein Zeichen von Unerzogenheit.

ist vielleicht:

Es erforderte sehr viel Vorbereitungen, die Felswand zu sprengen. Sie wollte noch warten, bis der Zug angekommen war. / Die Ankunft des Zuges wollte sie noch abwarten. Es ist nicht seine starke Seite, Aufsätze zu schreiben. Es ist ein Zeichen von Ungezogenheit, mit der Faust auf den Tisch zu schlagen.

S

substantiviertes Adjektiv

Unter einem substantivierten Adjektiv versteht man jedes im Satzzusammenhang substantivisch gebrauchte Adjektiv. Viele dieser Wörter sind zu festen Bestandteilen des Wortschatzes geworden:

der Große, die Schlanke, das Interessante; der Fremde, die Jugendliche, das Böse, das Deutsche.

Zu den substantivierten Adjektiven gehören in weiterem Sinne auch die ↑ substantivierten Partizipien:

der Reisende, die Verwandte, das Entscheidende.

Vgl. im Einzelnen die folgenden Kapitel:

1 Rechtschreibung
2 Deklination
2.1 Adjektivische Deklination
2.1.1 einige Glückliche · sämtliche Angestellten · solche Reisende[n]
2.1.2 zweier Liebenden / Liebender
2.1.3 ihm als Ältesten / Ältestem · ihr als Vorsitzenden / Vorsitzender
2.1.4 du Armer · dir Armen · wir Angestellten
2.1.5 ein tüchtiger Beamter · dein angenehmes Äußere / Äußeres ·
     besagtem Angehörigen / Angehörigem
2.2 Übergang zu substantivischer Deklination
2.2.1 Schwanken zwischen adjektivischer und substantivischer Deklination
2.2.2 Substantivische Deklination

1 Rechtschreibung

Das substantivierte Adjektiv (Partizip) wird in der Regel großgeschrieben, auch wenn es sich nur um eine gelegentliche Substantivierung handelt:

das Schöne genießen; mit den Fröhlichen froh sein; die Hereintretenden begrüßen. Als nunmehr im 56. Lebensjahr Stehender möchte ich …

Nach den neuen Regeln zur Rechtschreibung werden auch Adjektive in festen Fügungen, denen ein Artikel vorangeht, als Substantive angesehen und dementsprechend großgeschrieben:

den Kürzeren ziehen, auf dem Laufenden bleiben, im Reinen sein, im Dunkeln tappen, im Trüben fischen usw. ↑ Groß- oder Kleinschreibung (1.2.1).

2 Deklination

Das substantivierte Adjektiv (Partizip) wird im Allgemeinen wie ein attributives Adjektiv dekliniert (↑ 2.1). Schwierigkeiten in der Deklination nach einem Pronominaladjektiv, in der Apposition und bei der Loslösung von der Wortart Adjektiv werden im Folgenden behandelt.

2.1 Adjektivische Deklination

Die Grundregel lautet: Substantivierte Adjektive (Partizipien) werden in der Regel wie attributive ↑ Adjektive dekliniert:

> Stark: ein Glücklicher (wie: ein glücklicher Mensch), zwei Blonde (wie: zwei blonde Mädchen). Guten Morgen, Lieber! (wie: lieber Mann!). Die Wiederholung von Bekanntem … (wie: von bekanntem Material). Schwach: der Glückliche (wie: der glückliche Mensch), dieser Blinde (wie: dieser blinde Mann), einem Liebenden (wie: einem liebenden Vater), der Angestellte (wie: der angestellte Mann), des Guten (wie: des guten Vaters).

Von dieser Regel gibt es mehrere Ausnahmen:

2.1.1 einige Glückliche · sämtliche Angestellten · solche Reisende[n] (substantiviertes Adjektiv oder Partizip nach Pronominaladjektiven): Substantivierte Adjektive (Partizipien) werden schwach dekliniert, wenn das vorangehende Pronominaladjektiv als Pronomen aufgefasst wird: *alles Wichtige, alles Ausgewählte.* Wenn das Pronominaladjektiv aber als Adjektiv aufgefasst wird, dann werden Pronominaladjektiv und substantiviertes Adjektiv (Partizip) parallel gebeugt: *unzähliges Gutes, weniges Auserwähltes, das wenige Brauchbare.* Vgl. die einzelnen Pronominaladjektive an der jeweiligen alphabetischen Stelle. ↑ Adjektiv (1.2.5).

2.1.2 zweier Liebenden / Liebender (substantiviertes Adjektiv oder Partizip nach *zweier, dreier*): Nach Zahlwörtern, die im Genitiv mit Beugungsendungen versehen werden können, wird das substantivierte Adjektiv (Partizip) häufig schwach, seltener stark gebeugt. Beide Beugungen sind korrekt. Schwach: *zweier Liebenden* (P. Ernst), *zweier Obern.* Stark: *dreier Enthaltsamer* (Th. Mann). ↑ zwei, ↑ drei.

2.1.3 ihm als Ältesten / Ältestem · ihr als Vorsitzenden / Vorsitzender (substantiviertes Adjektiv oder Partizip als Apposition): Die Grundregel lautet: Wenn das artikellose substantivierte Adjektiv (Partizip) als ↑ Apposition (3.1) steht, dann wird es stark gebeugt:

> unser Mitglied, Verlagsangestellter Ludwig Schmitt; er als Ältester, als Geistlicher; ich als … Vierzehnjähriger (K. Mann); wir als Älteste; ihr (Plural) als Erblindete.

Im Dativ Singular jedoch wird das substantivierte Adjektiv (Partizip) häufig so sehr auf den Artikel (das Pronomen) des Bezugswortes oder auf das Pronomen (als Bezugswort) bezogen, dass es schwach gebeugt wird:

> mit unserem Mitglied, Verlagsangestellten (selten auch: Verlagsangestelltem) Ludwig Schmitt; beim zuständigen Referenten, Abgeordneten (selten auch: Abgeordnetem) Meier; ihm als Verliebten (Raabe); ihm als Dreißigjährigen (Werfel); seltener: mir als Ältestem; ihm als Verliebtem (Hesse).

Vor allem im Dativ Singular Femininum wird die starke Deklination im Allgemeinen vermieden, weil dieser Kasus mit dem Nominativ Maskulinum übereinstimmt:

> mit ihrer Freundin, Vorsitzenden (statt: Vorsitzender) des Vereins für allein erziehende Mütter; (entsprechend:) bei Frau Arndt, Vorsitzenden des Vereins ...; ihr als Ältesten (statt: Ältester).

Auch die substantivierten Partizipien, die auf dem Wege sind, die substantivische Deklination anzunehmen (↑2.2), neigen sehr zur schwachen Deklination *(ihm als Beamten, dir als Gesandten).* ↑Apposition (3.1).

2.1.4 du Armer · dir Armen · wir Angestellten (das substantivierte Adjektiv oder Partizip nach Personalpronomen): Das einem Personalpronomen folgende substantivierte Adjektiv (Partizip) wird im Allgemeinen stark gebeugt, weil dieses Pronomen selbst keine starke Endung aufweist: *du Lieber, ich Unglücklicher.* Zu den Schwankungen im Dativ Singular und Nominativ Plural ↑Adjektiv (1.2.4).

2.1.5 ein tüchtiger Beamter · dein angenehmes Äußere / Äußeres · besagtem Angehörigen / Angehörigem (substantiviertes Adjektiv oder Partizip nach stark gebeugtem attributivem Adjektiv): Wenn ein substantiviertes Adjektiv (Partizip) einem stark gebeugten attributiven Adjektiv folgt, dann tritt heute überwiegend parallele Beugung auf. Nur der Dativ Singular aller drei Genera bildet eine Ausnahme.

– Nominativ Singular Maskulinum (nur parallele Beugung):

> Er war ein integrer Beamter (Der Spiegel). Ein witziger ... schwedischer Gelehrter hat das ausgerechnet (Bamm); (nicht üblich:) Welch ein glücklicher Sterbliche! (Heine).

– Nominativ und Akkusativ Singular Neutrum (parallele Beugung üblich):

> ... einen Notersatz für fehlendes Sinnliches (Hesse).

– Dativ Singular Neutrum (schwankende Beugung):

> Du ... hast deiner Magd noch von fernem Zukünftigem geredet (Th. Mann). (Aber auch:) ein volles Maß von eigenem Menschlichen (Morgenstern).

– Dativ Singular Maskulinum (fast ausschließlich schwache Beugung):

   Besagtem Angehörigen (veraltet: Angehörigem) der Firma wurde gekündigt.
   Ich bin ... zu ... Michaels notwendigem Vertrauten geworden (Benrath). ... das ihn zu
   jedermanns beliebtem Bekannten machte (H. E. Busse).

– Dativ Singular Femininum (überwiegend schwache Beugung):

   mit ausgestreckter Linken (G. Hauptmann); mit spielender Linken ... mit spielender
   Rechten (H. Hesse). Dänische Bahn muss deutscher Reisenden Schadenersatz zahlen
   (Wiesbadener Kurier). (Gelegentlich:) Erfolgreiche Herzoperation an junger
   Deutscher in den USA (Wiesbadener Kurier).

– Nominativ und Akkusativ Plural (parallele Beugung üblich):

   drei männliche Angestellte (Th. Mann); ausscheidende Bundestagsabgeordnete
   (Augstein). Wir haben alte und gelähmte Kranke (nicht üblich: Kranken).
   Als Anredenominativ: Liebe Kranke, liebe Verwandte!

– Genitiv Plural (parallele Beugung üblich):

   an den Betten naher Angehöriger (veraltend: Angehörigen); die Beschäftigung älterer
   Angestellter (veraltend: Angestellten).

Die schwache Beugung tritt noch bei bestimmten substantivierten Adjektiven auf, besonders bei *Äußere, Innere, Ganze*. Sie gilt hier als korrekt, doch ist
die starke Beugung auch hier häufiger:

   ein anmutiges Äußere (Kluge). ... in mein eigenes Innere hinabzusteigen (Th. Mann).
   (Aber parallel:) mein ganzes Inneres (Th. Mann). Man meint, es wäre dann leichter
   verständlich, dass sie ein einheitliches Ganzes bilden ... (Musil).

2.2 Übergang zu substantivischer Deklination

Bestimmte substantivierte Adjektive (Partizipien) haben sich so weit von ihrer ursprünglichen Wortart gelöst, dass sie nicht mehr wie ein attributives
↑ Adjektiv (1), sondern teilweise oder ausschließlich wie ein Substantiv dekliniert werden.

2.2.1 Schwanken zwischen adjektivischer und substantivischer Deklination: Einige substantivierte Adjektive schwanken zwischen adjektivischer und substantivischer Beugung. Das substantivierte Adjektiv ↑ *Parallele* wird überwiegend wie ein echtes Substantiv gebeugt:

   (im Singular endungslos:) die Parallele, der Parallele; (im Plural schwach auf -n:) die
   Parallelen. Ohne Artikel, z. B. mit einer Kardinalzahl, heißt es im Plural jedoch drei
   Parallele (entsprechend zu: drei parallele Linien, also wie ein Adjektiv) oder drei
   Parallelen (also wie ein Substantiv).

Entsprechendes gilt für ↑ *Horizontale,* ↑ *Vertikale.*

Das substantivierte Adjektiv *Elektrische* wird mit vorgesetztem Artikel wie ein Adjektiv gebeugt:

> die Elektrische (entsprechend zu: die elektrische Bahn), der Elektrischen (entsprechend zu: der elektrischen Bahn), die Elektrischen (entsprechend zu: die elektrischen Bahnen). Ohne Artikel, z. B. mit einer Kardinalzahl, schwankt im Plural die Beugung. Es heißt vier Elektrische (entsprechend zu: vier elektrische Bahnen, also wie ein Adjektiv) oder vier Elektrischen (also wie ein Substantiv).

Ebenso werden die substantivierten Adjektive ↑ *Gerade,* ↑ *Senkrechte,* ↑ *Waagerechte, Waagrechte* gebeugt:

> die Gerade, der Geraden (entsprechend zu: der geraden Linie), die Geraden (entsprechend zu: die geraden Linien); aber: zwei Gerade (entsprechend zu: zwei gerade Linien) oder zwei Geraden.

Substantivierte Partizipien wie *Angestellte[r], Vorsitzende[r], Gelehrte[r], Bekannte[r]* werden standardsprachlich wie Adjektive gebeugt (↑ Abgeordnete; ↑ Beamte):

> drei Angestellte (entsprechend zu: drei angestellte Frauen), zwei Vorsitzende (entsprechend zu: zwei vorsitzende Richterinnen), lauter Gelehrte (entsprechend zu: lauter gelehrte Männer), Bekannte dieser Familie (entsprechend zu: bekannte Mitglieder dieser Familie).

Die schwache Beugung wie bei einem echten Substantiv *(drei Angestellten, zwei Vorsitzenden, lauter Gelehrten, Bekannten dieser Familie)* kommt zwar schon vor, gilt aber nicht als korrekt. Eine Ausnahme ist ↑ *Illustrierte,* das im Plural auch substantivisch gebeugt wird: *Wir kauften Illustrierte /* (auch:) *Illustrierten.*

2.2.2 Substantivische Deklination: Nur noch wie ein Substantiv werden folgende substantivierte Adjektive gebeugt.
Stark gebeugt wird:

> der Gläubiger, des Gläubigers, die Gläubiger, zwei Gläubiger (↑ Gläubige / Gläubiger).

Im Singular endungslos, im Plural schwach gebeugt sind:

> die Brünette, der Brünette, zwei (die) Brünetten (↑ Brünette); die Kokette, der Kokette, zwei (die) Koketten.

Schwach gebeugt werden:

> der Invalide, des Invaliden, zwei (die) Invaliden (↑ Invalide); der Junge, des Jungen, zwei (die) Jungen (↑ Junge).

Stark und schwach gebeugt wird:

> der Oberst, des Obersten oder des Obersts, zwei (die) Obersten, seltener zwei (die) Oberste (↑ Oberst).

substantiviertes Partizip

Unter einem substantivierten Partizip versteht man ein substantivisch gebrauchtes Partizip (Mittelwort):

der Liebende, die Gelehrte, das Geplante, die Zurückbleibenden.

1. Rechtschreibung:

Das substantivierte Partizip wird ebenso wie das substantivierte Adjektiv in der Regel großgeschrieben: *die Liebende* usw. ↑ Groß- oder Kleinschreibung (1.2.1).

2. Deklination:

Die Deklination des substantivierten Partizips entspricht weitgehend der Deklination des substantivierten Adjektivs. Sie wird deshalb dort mitbehandelt. ↑ substantiviertes Adjektiv (2).

3. die im Hause Angestellten / die Angestellten des Hauses:

Ein substantiviertes Partizip kann nur dann mit einem attributiven Genitiv verbunden werden, wenn es eine eigene substantivische Bedeutung hat, sich also in der Verwendung vom entsprechenden Verb gelöst hat:

die Angestellten der Firma; die Abgeordnete der Oppositionspartei; der Vorsitzende des Vereins.

Hat aber das substantivierte Partizip noch eine engere Bindung zum zugrunde liegenden Verb, dann wird die Konstruktion des Verbs auch in der Substantivierung beibehalten:

die an / bei dem Unfall Beteiligten (nicht: die Beteiligten des Unfalls); die bei der Untersuchung Anwesenden (nicht: die Anwesenden der Untersuchung); (aber auch in verbalem Sinn:) die im Hause Angestellten.

---

substanziell / substantiell: Nach den neuen Rechtschreibregeln wird wegen der Nähe zum Substantiv *Substanz* das Adjektiv jetzt auch *substanziell* geschrieben. Die bisherige Schreibung *substantiell* bleibt jedoch weiterhin korrekt.

suchen: Wenn *suchen* mit einer Infinitivgruppe verbunden ist, kann nach den neuen Rechtschreibregeln ein Komma gesetzt werden: *Sie suchten meine Bemühungen zu untergraben / Sie suchten,*

meine Bemühungen zu untergraben. ↑ Komma (5.1.4).

Süchtelner: Die Einwohner von Süchteln heißen *Süchtelner.* ↑ Einwohnerbezeichnungen auf -er (1 und 7).

Süd / Süden: ↑ Nord / Norden.

Sudan: ↑ Staatennamen (1.4).

südlich: 1. Anschluss: An *südlich* kann ein Substantiv im Genitiv oder mit *von* angeschlossen werden. Die Verwendung von *südlich* als Präposition mit dem Genitiv ist dort häufiger, wo dem Substantiv oder dem geographischen Namen ein Artikel oder ein Pronomen vorangeht: *südlich dieser Linie, südlich des Odenwaldes, südlich der Alpen.* Der Anschluss mit *von* wird dagegen bei artikellosen geographischen Namen bevorzugt: *südlich von Heidelberg* (selten: *südlich Heidelbergs*), *südlich von Tunesien* (selten: *südlich Tunesiens*). Die Nichtbeugung des Substantivs oder Namens nach *südlich* ist nicht korrekt: *südlich Münchens* (nicht: *südlich München*). ↑ geographische Namen (1.1.1).

2. südlich / südwärts: Mit *südlich* wird die Lage angegeben, *südwärts* drückt dagegen die Richtung aus: *Die neue Rehabilitationsklinik liegt südlich der Stadt* (Frage: wo?). *Die Vögel ziehen südwärts* (Frage: wohin?).

Suffix: Suffixe (allgemeinsprachlich auch Nachsilben genannt) sind kleinste bedeutungtragende Bestandteile wie z. B. *-er, -chen, -keit, -lich,* die bei der ↑ Ableitung von Wörtern hinten angefügt werden: *lehren – Lehrer, Hut – Hütchen, lieblich – Lieblichkeit, Feind – feindlich.*

Super-: ↑ Amerikanismen / Anglizismen (2).

Superintendent, Superintendentin: 1. Der Genitiv der maskulinen Form lautet *des Superintendenten,* der Dativ und Akkusativ lauten *dem, den Superintendenten* (nicht: *Superintendent*). Auch in Verbindung mit *Herrn* und dem Namen ist es besser, den Titel zu beugen: *Herrn Superintendenten Grimm.* ↑ Unterlassung der Deklination (2.1.2); ↑ Brief (7).

2. Zu *des Superintendenten Meyer / Superintendent Meyers* bzw. *der Superintendentin Schulze / Superintendentin Schulzes* ↑ Titel und Berufsbezeichnungen (1.2 und 1.3) .

Superlativ: Als Superlativ bezeichnet man die zweite Steigerungsstufe des Adjektivs und des Adverbs, soweit Adverbien Vergleichsformen bilden können (↑ Vergleichsformen [5]): *Sie ist die klügste Frau, die ich kenne. Am ehesten könnte*

ich noch auf Kuchen verzichten. Ich muss schnellstens die Unterlagen für die am Montag beginnende Konferenz zusammenstellen. Da der Superlativ im Unterschied zum ↑ Elativ den höchsten Grad der in der Grundstufe ausgedrückten Eigenschaft bezeichnet, spricht man auch von der Höchststufe oder Meiststufe. ↑ Vergleichsformen (3.4).

süß: Der Superlativ von *süß* lautet *süßeste;* das erste *e* darf nicht ausfallen. ↑ Vergleichsformen (2.3).

Sütterlinschrift: ↑ Schrift.

Synkope: ↑ Elision.

Synonym: 1. Was ist ein Synonym? Synonyme sind Wörter mit ähnlicher oder [fast] gleicher Bedeutung. Wirklich bedeutungsgleiche Wörter sind selten (z. B. *bereits / schon*). Meist enthalten Synonyme (ausgehend von der Gemeinsprache) fachsprachlich, regional, sondersprachlich oder stilistisch bedingte Bedeutungsmerkmale *(geringfügig / minimal, Sprachwissenschaft / Linguistik, Sonnabend / Samstag, Semmel / Brötchen / Schrippe / Wecken, Fleischer / Metzger / Schlächter / Fleischhauer, Ohren / Lauscher, Raum / Bude, sterben / entschlafen).* Sie entstehen z. B. durch Übernahme von Fremdwörtern *(Stockwerk / Etage, Gehsteig / Trottoir)* oder durch Bildung von Euphemismen *(Putzfrau / Raumpflegerin).* Beispiele für Gruppen von Synonymen mit jeweils unterschiedlichen Bedeutungsmerkmalen sind: *Gesicht / Antlitz / Visage / Fratze / Fresse, schauen / glotzen / starren / stieren / linsen, lächeln / schmunzeln / grinsen / grienen / feixen, Frühling / Frühjahr / Lenz.* Es wird deutlich, dass ein Austausch synonymer Wörter innerhalb eines Textes meist stilistische oder inhaltliche Veränderungen der Aussage zur Folge hat. Der Gegensatz zum Synonym ist das ↑ Antonym.

2. Deklination: Das Wort *Synonym* wird stark gebeugt. Genitiv: *des Synonyms,* Plural: *die Synonyme.* Der schwache Plural *die Synonymen* ist veraltet, ebenso der lateinisch-griechische Plural *die Synonyma.* ↑Fremdwort (3.1).

s. Z.: Die heute zusammengeschriebene Wendung *seinerzeit* wird nach der früher üblichen getrennten Schreibung *seiner Zeit* weiterhin mit *s. Z.* abgekürzt (↑seinerzeit).

Szene: Das Substantiv *Szene* wird mit *Sz* (Szene) geschrieben. In der umgangssprachlichen Bedeutung »Milieu (meist junger Menschen)« kommt – vor allem bei englischer Aussprache [si:n] – auch die Schreibung mit *Sc* vor. ↑Scene.

Szepter: In Österreich noch übliche, sonst veraltende Schreibung von: ↑Zepter.

t: Zur Schreibung und Deklination ↑Bindestrich (2.4) *(T-förmig, T-Träger);* ↑Einzelbuchstaben *(des T, zwei T);* ↑Groß- oder Kleinschreibung (1.2.5) *(das t in heute).*

t / d: ↑-and / -ant, ↑ent- / end-, ↑Entgelt, ↑seid / seit, ↑tod- / tot-, Tod- / Tot-.

Tabak- / Tabaks-: Die Zusammensetzungen mit *Tabak* als Bestimmungswort sind teils mit, teils ohne Fugen-s stehen: *Tabakbau, Tabakbrühe, Tabakmonopol, Tabakpflanzer, Tabakpflanzung, Tabaksteuer.* Mit Fugen-s werden geschrieben: *Tabaksbeutel, Tabaksdose, Tabakskollegium, Tabakspfeife.* ↑Fugen-s (3).

Tabellen: Zur Zeichensetzung in Tabellen ↑¹Punkt (2), ↑Doppelpunkt (2), ↑Semikolon (4).

Tabernakel: Das Fremdwort *Tabernakel* (Plural: *die Tabernakel*) kann als Neutrum oder als Maskulinum gebraucht werden. Sowohl *das Tabernakel* wie *der Tabernakel* sind üblich. Die maskuline Form ist besonders in der katholischen Kirche gebräuchlich.

Tablett: Der Plural von *das Tablett* lautet gewöhnlich *die Tabletts,* seltener *die Tablette.*

Tabula rasa: Nach den neuen Recht-

schreibregeln wird der erste Bestandteil dieser Fügung mit großem Anfangsbuchstaben geschrieben, weil sie als Ganzes substantivisch gebraucht wird: *Tabula rasa machen.*

tadel- / tadelns- / tadels-: Ohne ↑Fugenzeichen sind *tadelhaft, -süchtig, -los, Tadelsucht.* Ein Fugenzeichen haben *tadelnswert, -würdig, Tadelsantrag, -votum.* Schwankenden Fugen-*s*-Gebrauch zeigt *tadel[s]frei.*

tadeln: Das Verb *tadeln* wird mit *wegen* + Genitiv oder *für* + Akkusativ, selten auch mit *um … willen* verbunden: *Man tadelt ihn für seine Faulheit / wegen seiner Faulheit / um seiner Faulheit willen.*

Tag: 1. Plural: Der Plural von *Tag* heißt *die Tage.* Die umgelautete Form *die Täge* ist landschaftlich und gehört nicht der Standardsprache an.

2. Rechtschreibung: Groß schreibt man das Substantiv: *am, bei Tage; heute in acht Tagen; von Tag zu Tag; Tag für Tag; des Tags, des Tags zuvor; eines Tag[e]s;* (bergmännisch:) *über Tag, unter Tag;* nach den neuen Rechtschreibregeln auch: *zu Tage* [neben *zutage*] *treten; unter Tags* (= den Tag über); *vor Tag[e], vor Tags; Guten Tag sagen, bieten.* Klein schreibt man das Adverb: *tags, tags da-rauf, tags zuvor, tagsüber; tagaus, tagein; tagtäglich;* auch: *ander[e]ntags.*

3. Tag der Deutschen Einheit: Der bis 1990 in Westdeutschland am 17. Juni begangene Feiertag wurde mit kleinem *d* geschrieben. Nach den neuen Regeln wird er ebenso wie der seit 1990 in Gesamtdeutschland am 3. Oktober begangene Feiertag mit großem *D* geschrieben: *Tag der Deutschen Einheit.*

4. Zu *Es ist / sind X Tage her ...* ↑ Es ist / sind zwei Jahre her.

Tag- / Tage- / Tages-: In Zusammensetzungen erscheint das Bestimmungswort *Tag* als *Tag-, Tage-* oder *Tages-*. Dabei treten z. T. Doppelformen mit gleicher oder mit verschiedener Bedeutung auf. Im süddeutschen Sprachraum werden die Formen ohne *-e-* oder *-es-* bevorzugt. **1. Zusammensetzungen mit Tag-:** *Tagblindheit, Tagdienst, Tagfalter, Tagfahrt* (= Auffahrt aus dem Bergwerk), *Taggebäude* (bergmänn. für: Schachtgebäude), *Taglilie, Tagpfauenauge, Tagsatzung* (österr. für: behördlich bestimmter Termin; früher schweiz. für: Tagung der Ständevertreter), *Tagschicht, Tagtraum, Tagwache* (schweiz.), *Tagwacht* (schweiz.), *Tagzeit* (= Breviergebet).

2. Zusammensetzungen mit Tage-: *Tagebuch, Tagegeld, tagelang, Tagelicht* (südd. für: kleines Fenster), *Tagelied, Tagereise.*

3. Zusammensetzungen mit Tage- oder Tag-: *Tagebau* / (südd., österr.:) *Tagbau, Tageblatt* / (südd., österr.:) *Tagblatt, Tagelohn* / (südd., österr., schweiz.:) *Taglohn, Tagelöhner* / (südd., österr., schweiz.:) *Taglöhner, tag[e]weise, Tag[e]werk.*

4. Zusammensetzungen mit Tages-: *Tagesablauf, Tagesanbruch, Tagesanzug, Tagesarbeit, Tagesbedarf, Tagesbefehl, Tagesereignis, Tagesfahrt, Tagesform, Tagesgespräch, Tageskarte, Tageskurs, Tageslauf, Tagesleistung, Tageslicht, Tageslosung, Tagesmädchen, Tagesmeinung, Tagesordnung, Tagespresse, Tagessatz, Tagesstrecke, Tageszeit, Tageszeitung.*

5. Zusammensetzungen mit Tages-, Tag- oder Tage-: *tag[es]hell, Tagesraum* / (österr.:) *Tagraum, Tage[s]marsch.*

tagelang / Tage lang: Klein schreibt man, wenn es sich um die adjektivische Zusammensetzung handelt: *Das tagelange Warten hatte mich nervös gemacht. Er lief tagelang im Wald umher.* Groß und getrennt schreibt man, wenn *lang* durch *Tag* (mit vorangehendem Adjektiv, Zahlwort o. Ä.) näher bestimmt wird: *Sie irrte zwei Tage lang, ganze Tage lang durch die Stadt.*

tagen: ↑ getagt.

Tagesangabe: Zu *Am Montag, dem / den 10. Juni ...* ↑ Datum.

Tageszeiten: ↑ Adverb (3), ↑ Dienstag (2), ↑ Komma (3.1).

-tägig / -täglich: Zusammensetzungen mit *-tägig* bedeuten »eine entsprechende Reihe von Tagen dauernd« *(ein vierzehntägiger Urlaub).* Zusammensetzungen mit *-täglich* bedeuten dagegen »sich nach einer entsprechenden Reihe von Tagen wiederholend« *(vierzehntäglich* [= alle 14 Tage] *stattfindende Vorlesungen).* ↑ -ig / -isch / -lich (1).

Take-off: ↑ Fremdwort (4).

Tal: Der Plural von *Tal* heißt *die Täler;* der dichterische Plural *die Tale* ist heute nicht mehr üblich.

Taler: ↑ Maß-, Mengen- und Münzbezeichnungen (1).

Tante: Zu *Tantes Kleid* u. Ä. ↑ Verwandtschaftsbezeichnungen, zu *meiner Tante ihr Auto* ↑ Genitivattribut (1.3.2).

tanzen: Das Perfekt von *tanzen* wird mit *haben* umschrieben, wenn es sich um den Vorgang des Tanzens, um die Dauer in der Bewegung handelt: *Sie hat den ganzen Abend getanzt. Er hat wie immer wunderbar getanzt.* Das Perfekt wird mit *sein* umschrieben, wenn es sich um eine durch das Tanzen entstehende Ortsveränderung handelt: *Sie ist fröhlich singend durch das Wohnzimmer getanzt. Er war wie ein Wirbelwind über die Bühne getanzt.* ↑ haben (1).

T

Tapete: Bei Mengenangaben kann *Tapete* im Singular oder im Plural stehen, je nachdem, ob man das Wort kollektiv als Stoffbezeichnung oder als Bezeichnung der einzelnen Stücke ansieht: *Wir brauchen noch mindestens vierzehn Rollen Tapete / Tapeten.* ↑ Apposition (2.2).

Tapezier[er] / Tapeziererin: *Tapezierer* ist die allgemein gebräuchliche Form. Die Kurzform *Tapezier* ist süddeutsch. Die feminine Form lautet nur *Tapeziererin.*

tapfer: Bei *tapfer* bleibt, wenn es dekliniert oder gesteigert wird, das *e* der Endungssilbe gewöhnlich erhalten: *ein tapferes Kind; sie war tapferer als ihr Bruder.* Nur in den deklinierten Formen des Komparativs fällt das erste der drei Endungs-e manchmal weg: *ein noch tapf[e]reres Verhalten.* ↑ Adjektiv (1.2.13), ↑ Vergleichsformen (2.2).

Tasse: Es heißt richtig: *eine Tasse Kaffee* (nicht: *Kaffees*); *eine Tasse starker Kaffee* (geh.: *starken Kaffees*); *mit 3 Tassen starkem Kaffee* (geh.: *starken Kaffees*). ↑ Apposition (2.2). Zu *eine Tasse heißer Kaffee / eine heiße Tasse Kaffee* ↑ Adjektiv (3.2).

Tatform, Tätigkeitsform: ↑ ²Aktiv.

Tätigkeitswort: ↑ Verb.

tatverdächtig: Zu *der* oder *die tatverdächtige / Tatverdächtige Meier* ↑ Angeklagte (1).

Tau: In der Bedeutung »Seil« ist *Tau* ein Neutrum *(das Tau).* In der Bedeutung »Feuchtigkeitsniederschlag« ist es ein Maskulinum *(der Tau).*

tauchen: Das Perfekt von *tauchen* kann mit *haben* oder *sein* umschrieben werden, je nachdem, ob stärker der Vorgang des Tauchens oder die durch das Tauchen entstehende Ortsveränderung gesehen wird. Dauer in der Bewegung, Vorgang mit *haben: Klaus hat [den ganzen Vormittag] getaucht. Das U-Boot hatte getaucht.* Das Perfekt mit *haben* wird vor allem gebraucht, wenn vom Tauchen als Sport oder von Tauchmanövern (des U-Bootes) gesprochen wird. Veränderung in der Bewegung, Ortsveränderung mit *sein: Karen und Margot sind [bis auf den Grund] getaucht.* Wie bei den anderen Bewegungsverben nimmt der Gebrauch mit *sein* immer mehr zu, weil die Veränderung in der Bewegung stärker empfunden wird als die Dauer in der Bewegung: *Er ist einige Minuten getaucht. Das U-Boot ist getaucht.* ↑ haben (1).

Taugenichts: Der Genitiv des maskulinen Substantivs *Taugenichts* lautet *des Taugenichts* oder seltener *des Taugenichtses.* Der Plural lautet *die Taugenichtse.*

tausend / Tausend: ↑ hundert / Hundert.

tausendjährig: Groß schreibt man das Adjektiv in Namen: *das Tausendjährige Reich* (nach dem biblischen Buch der Offenbarung 20, 1 – 6); aber klein, weil kein Name: *das tausendjährige Reich* (ironisch für die Zeit der nationalsozialistischen Herrschaft).

tausendste / Tausendste: Klein schreibt man das Zahlwort in adjektivischer Verwendung: *der tausendste Museumsbesucher.* Groß schreibt man das substantivierte Zahlwort: *Das weiß auch der Tausendste nicht* (= kaum ein Mensch). *Vom Hundertsten ins Tausendste kommen* (= abschweifen). Dies gilt in neuer Rechtschreibung auch für die Fälle, in denen eine Reihenfolge angegeben wird: *der, die, das Tausendste; wer wird der Tausendste sein?* ↑ Groß- oder Kleinschreibung (1.2.4).

tausend[und]ein[s]: 1. Schreibung: Das Zahlwort *(tausend[und]ein Weizenkorn)* wird nur in ↑ Namen großgeschrieben: *ein Märchen aus Tausendundeiner Nacht.*

2. Kongruenz: Nach der ungebeugten Form *tausend[und]ein* steht das Substantiv im Plural: *mit tausend[und]ein Fragen.* Verwendet man aber die gebeugte Form, dann folgt der Singular: *mit tausendundeiner Frage.* Das *und* darf in diesem Falle nicht weglassen werden (eigentlich: *mit 1 000 Fragen und einer Frage*). ↑ ³ein (1).

Tautologie: Der Terminus *Tautologie* bedeutet so viel wie »Dasselbe-Sagen«. Bei der Tautologie handelt es sich entweder um eine Ausdrucksverstärkung mithilfe bedeutungsähnlicher (sinnverwandter) Wörter *(voll und ganz, einzig und allein, immer und ewig, Hilfe und Beistand. Wir werden das erwägen und bedenken.)* oder um einen Stilfehler im Sinne des ↑ Pleonasmus.

Teach-in: ↑ Fremdwort (4).

technisch: Klein schreibt man das Adjektiv: *das technische Zeitalter; ein technischer Ausdruck; technische Fächer; sie ist technische Zeichnerin; die technischen Hochschulen, Fachschulen.* Groß schreibt man aber *technisch* in Namen wie *die Technische Hochschule Darmstadt, die Technische Universität [in] Berlin, die Technische Nothilfe.* Zu *technischer / Technischer Zeichner* ↑ Titel und Berufsbezeichnungen (2); zu *Herrn Technischen / Technischer Direktor* ↑ Herr (4).

Teddy: Der Plural wird mit *y* geschrieben: *die Teddys.* ↑ -y.

Teddybär: Das Substantiv wird schwach gebeugt: *des, dem, den Teddybären,* Plural: *die Teddybären.* Zu gelegentlich vorkommenden starken Beugungsformen im Singular ↑ Unterlassung der Deklination (2.1).

Tee: Es heißt *der Tee,* Genitiv: *des Tees,* Plural: *die Tees.*

Teeei, Teeernte: Zur Schreibung ↑ Zusammentreffen dreier gleicher Buchstaben.

Teen, Teenie, Teenager: Es heißt *der Teen,* Genitiv: *des Teens,* Plural: *die Teens; der Teenie,* Genitiv: *des Teenies,* Plural: *die Teenies* sowie *der Teenager,* Genitiv: *des Teenagers,* Plural: *die Teenager.* Damit werden Jugendliche beiderlei Geschlechts zwischen etwa 13 und 19 Jahren bezeichnet (wobei *Teenie* einen jüngeren Teen bzw. Teenager meint). ↑ Amerikanismen / Anglizismen (1.1).

Tegernseer: Die Einwohner von Tegernsee heißen *Tegernseer.* Die Einwohnerbezeichnung wird nur mit zwei e geschrie-

ben. ↑ Einwohnerbezeichnungen auf -er (3 und 7).

Teil: 1. Genus: *Teil* wird heute vorwiegend als maskulines Substantiv gebraucht: *ein großer Teil des Tages; der fünfte Teil von etwas; der größte Teil.* In der Bedeutung »einzelnes Stück« wird *Teil* aber als Neutrum gebraucht *(das Teil): ein defektes Teil auswechseln; jedes einzelne Teil genau prüfen. Du hast dein Teil getan.* Auch Zusammensetzungen wie *Einzelteil, Oberteil, Seitenteil, Rückenteil, Ersatzteil* haben neutrales Genus. In einigen Wendungen ist sowohl *der* als auch *das Teil* gebräuchlich: *Sie trug ihr / ihren Teil dazu bei. Ich für mein Teil kann selbstverständlich nur Richtlinien ziehen* (Th. Mann). *Ich für meinen Teil kenne viel feinere, köstlichere, verflüchtigtere Arten der Genugtuung* (Th. Mann). In Verbindung mit dem Attribut *besser* ist *Teil* zumeist Neutrum: *Denen, die unterliegen, ist das bessere Teil beschieden* (Musil). *Wer ohne diesen schönen Schein leben kann, hat das bessere Teil erwählt* (Benrath).

2. Ein Teil Äpfel lag / lagen auf der Erde: Wenn nach *Teil* die Angabe, wozu der Teil gehört, im Plural folgt, steht in der Regel das Verb im Singular, weil das Subjekt *Teil* formal ein Singular ist: *Ein Teil Bücher ist schon verkauft. Ein Teil Äpfel lag auf der Erde.* Oft wird aber nach dem Sinn konstruiert und das Verb in den Plural gesetzt: *Ein Teil Bücher sind schon verkauft. Ein Teil der Äpfel lagen auf dem Boden.* Im zweiten Beispiel (beim Genitiv) ist der Plural seltener. ↑ Kongruenz (1.1.3).

3. Rechtschreibung: Groß schreibt man das Substantiv: *zum Teil; er hat sein Teil; ein gut Teil; ich für mein Teil.* Klein schreibt man das Adverb und natürlich den Verbzusatz: *Es ging ihr teils gut und teils schlecht. Sie nahm an dem Kursus teil* (zu: *teilnehmen). Ich habe nicht teil an ihrem Glück* (zu: *teilhaben). Vgl. auch ↑ zuteil.

teilnehmen: Die Konstruktion *das an der Versammlung teilgenommene Mitglied* ist nicht korrekt (↑ zweites Partizip [2.2]).

teils – teils: 1. Kongruenz: Werden Subjekte durch *teils – teils* verbunden, dann wird das Prädikat gewöhnlich in den Singular gesetzt: *Teils sein Einfluss, teils seine Herkunft hatte ihm seine Stellung verschafft.* ↑ Kongruenz (1.3.8).
2. Komma: Vor dem zweiten *teils* steht immer ein Komma, weil es sich um eine Aufzählung von Satzteilen oder Sätzen handelt: *Sie verbrachte ihre Ferien teils in Frankreich, teils in Italien, teils in der Schweiz. Teils achtete man mich, teils ignorierte man mich.*

teilweise: ↑ -weise.

Teilzeit / Vollzeit arbeiten: Die Fügungen werden getrennt geschrieben: *ich arbeite Teilzeit; weil er Teilzeit arbeitet; hast du schon einmal Teilzeit gearbeitet?; es gibt mehr Vollzeit arbeitende als Teilzeit arbeitende Frauen; Teilzeit zu arbeiten bedeutet einen finanziellen Verlust; in Teilzeit / Vollzeit arbeiten.*

T-Eisen: ↑ Groß- oder Kleinschreibung (1.2.5).

Telefon, telefonieren: Die Wörter *Telefon* und *telefonieren* sowie die entsprechenden Zusammensetzungen und Ableitungen dürfen nach den neuen Rechtschreibregeln nur noch mit *f* geschrieben werden.

Teltower: Die Einwohner von Teltow heißen *Teltower.* Das Wort wird immer großgeschrieben, auch wenn es wie ein flexionsloses Adjektiv vor einem Substantiv steht: *die Teltower Rübchen, ein Teltower Betrieb.* ↑ Einwohnerbezeichnungen auf -er (6 und 7).

Tempo: Der Plural von *Tempo* in der Bedeutung »Geschwindigkeit« ist ungebräuchlich. In der Bedeutung »musikalisches Zeitmaß« lautet der Plural *die Tempi* oder *die Tempos,* in der Fachsprache der Musik aber nur *die Tempi.*

Temporalsatz: Der Temporalsatz ist ein Nebensatz, der die Aussage des übergeordneten Satzes zeitlich situiert. Dabei werden drei Grundverhältnisse unterschieden: Gleichzeitigkeit, Vorzeitigkeit und Nachzeitigkeit. Gleichzeitigkeit bezeichnende Konjunktionen sind: *während, indem, indes, indessen, solange, sobald, sowie, sooft, als, wie, wenn.* Vorzeitigkeit bezeichnende Konjunktionen: *nachdem, als, seit[dem], sobald, sowie, wenn.* Nachzeitigkeit bezeichnende Konjunktionen: *bis, bevor, ehe.*

Tempus: Unter Tempus »Zeit[form]« *(das Tempus,* Genitiv: *des Tempus,* Plural: *die Tempora)* versteht man eine Kategorie des Verbs (↑ Konjugation), die ein Geschehen oder Sein als vergangen, gegenwärtig oder zukünftig bestimmt. Vgl. im Einzelnen ↑ Präsens, ↑ Präteritum, ↑ Perfekt, ↑ Plusquamperfekt, ↑ Futur I, ↑ Futur II.

Tenor: Das endbetonte Wort *Tenor* »hohe Männersingstimme« hat den Plural *die Tenöre,* (österr. auch ohne Umlaut *die Tenore*). Davon zu unterscheiden ist das anfangsbetonte Wort *der Tenor* mit den Bedeutungen »Haltung, Sinn, Inhalt« und »entscheidender Teil« *(der Tenor des Urteils lautet...; der Tenor ihrer Rede war...).* Zu diesem Wort gibt es keinen Plural.

Terminal: In den Bedeutungen »Abfertigungshalle auf einem Flughafen« und »Be- oder Entladungshalle auf Bahnhöfen oder in Häfen« heißt es neben *der Terminal* auch *das Terminal.* In der Bedeutung »Vorrichtung an einer Datenverarbeitungsanlage« ist jedoch nur das neutrale Genus gebräuchlich: *das Terminal.*

Test: Der Plural des Substantivs *Test* lautet: *die Tests.* Die Pluralform *die Teste* ist unüblich geworden.

teuer: Bei *teuer* fällt, wenn es dekliniert oder gesteigert wird, das *e* der Endungssilbe aus: *ein teures Zimmer; das Leben wird immer teurer.* ↑ Adjektiv (1.2.13), ↑ Vergleichsformen (2.2). Zu *Das kommt mir / mich teuer zu stehen* ↑ stehen (5).

Textsorte: Als Textsorten bezeichnet man in der Sprachwissenschaft Klassen von gesprochenen und geschriebenen Texten, die sich durch textinterne und pragmatische Merkmale unterscheiden (z. B. Gespräch, Interview, Predigt, Kochrezept, Brief, Satzung, Werbetext).

T-förmig: ↑ Groß- oder Kleinschreibung (1.2.5).

Thaler: Die Einwohner von Thale heißen *Thaler.* ↑ Einwohnerbezeichnungen auf -er (3 und 7).

Theater: Zur Trennung *The-a-ter* ↑ Worttrennung (2.1).

Thema: Der Genitiv von *Thema* lautet *des Themas.* Der Plural hat die Formen *die Themen* und *die Themata* (falsch: *die Themata*). ↑ Fremdwort (3.4).

Thermometer: Es heißt *das,* österr. und schweiz. auch *der Thermometer.*

Thermostat: Das Wort *der Thermostat* kann stark oder schwach gebeugt werden: *des, dem, den Thermostaten,* Plural: *die Thermostaten* oder: *des Thermostat[e]s, dem, den Thermostat,* Plural: *die Thermostate.*

Thorax: Der Genitiv von *Thorax* lautet *des Thorax* oder *des Thoraxes.* Der Plural lautet *die Thoraxe* oder fachsprachlich *die Thoraces.*

Thunfisch / Tunfisch: Nach den neuen Rechtschreibregeln darf das Substantiv *Thunfisch* auch eindeutschend ohne *h* geschrieben werden: *Tunfisch.*

tief: 1. Groß- oder Kleinschreibung: In festen adverbialen Wendungen aus *aufs* oder *auf das* und Superlativ, nach denen man mit *wie?* fragen kann, kann das Adjektiv nach den neuen Rechtschreibregeln groß- oder wie bisher kleingeschrieben werden: *Ich habe das auf das, aufs Tiefste / tiefste bedauert.*

2. Getrennt- oder Zusammenschreibung: Nach den neuen Rechtschreibregeln schreibt man *tief* in Verbindung mit Verben getrennt, wenn das Adjektiv erweiterbar oder steigerbar ist: *tief sein, werden; tief / tiefer graben, bohren* usw. Wei-

terhin zusammen schreibt man aber: *tiefbohren* (= [nach Erdöl] bis in große Tiefe bohren), *tiefstapeln* (als Gegensatz zu *hochstapeln*), *tiefgestapelt, tiefzustapeln; tiefgefrieren* (= bei tiefer Temperatur schnell einfrieren). In Verbindung mit einem Adjektiv oder Partizip schreibt man *tief* nach den neuen Rechtschreibregeln getrennt, wenn man es steigern oder erweitern kann: *ein [äußerst] tief bewegter alter Mann; mit tief bewegter Stimme; eine sehr tief erschütterte Frau; eine tief gehende Untersuchung; eine tief schürfende Abhandlung; ein moralisch tief stehender Mensch.* Zusammen schreibt man dagegen immer die Superlativform mit *tiefst-: tiefstempfunden, tiefstgehend, tiefstschürfend* usw. ↑ Getrennt- oder Zusammenschreibung (3.1.2), ↑ Vergleichsformen (2.5.1).

Tief: Der Plural von *das Tief* lautet *die Tiefs.*

tief blickend: Ist *tief* in der Verbindung mit einem Partizip erweiterbar oder steigerbar, darf nach den neuen Rechtschreibregeln nur noch getrennt geschrieben werden: *tief blickend.* Die Vergleichsformen lauten: *tiefer blickend, am tiefsten blickend* und *tiefstblickend.* ↑ tief (2), ↑ Vergleichsformen (2.5.1).

Tiefe: Zu *etwas misst in der / in die Tiefe* ↑ messen (2).

tiefernst: Das Adjektiv *tiefernst* wird immer zusammengeschrieben, weil *tief-* den Inhalt des Adjektivs *ernst* nur verstärkt: *Sie sagte dies mit tiefernstem Gesicht.* Dieses Adjektiv kann nicht gesteigert werden.

tief gefühlt: Ist *tief* in der Verbindung mit einem Partizip erweiterbar oder steigerbar, darf nach den neuen Rechtschreibregeln nur noch getrennt geschrieben werden: *ein tief gefühlter Schmerz.* Die Vergleichsformen lauten: *tiefer gefühlt, am tiefsten gefühlt* und *tiefstgefühlt.* ↑ tief (2), ↑ Vergleichsformen (2.5.1).

tief gehend: Ist *tief* in der Verbindung mit einem Partizip erweiterbar oder steigerbar, darf nach den neuen Rechtschreibregeln nur noch getrennt geschrieben werden: *eine tief gehende Untersuchung.* Die Vergleichsformen lauten: *tiefer gehend, am tiefsten gehend* und *tiefstgehend.* ↑ tief (2), ↑ Vergleichsformen (2.5.1).

tiefgekühlt: Das Adjektiv tiefgekühlt wird in Verbindung mit Substantiven wie *Obst, Gemüse, Fisch* immer zusammengeschrieben, weil das Adjektiv in dieser Fügung weder steigerbar noch erweiterbar ist: *tiefgekühltes Obst, Gemüse. Das Obst, der Spinat ist tiefgekühlt.*

tief liegend: Ist *tief* in der Verbindung mit einem Partizip erweiterbar oder steigerbar, darf nach den neuen Rechtschreibregeln nur noch getrennt geschrieben werden: *[sehr] tief liegende Augen.* Die Vergleichsformen lauten: *tiefer liegend, am tiefsten liegend* und *tiefstliegend: Es handelt sich um Metalle mit tief liegendem, mit tiefer liegendem, mit am tiefsten liegendem / tiefstliegendem Schmelzpunkt.* ↑ tief (2), ↑ Vergleichsformen (2.5.1).

tiefstapeln: Das Verb *tiefstapeln* ist unfest zusammengesetzt. Es muss also heißen: *ich staple tief, ich habe tiefgestapelt; um tiefzustapeln.* ↑ Getrennt- oder Zusammenschreibung (1.2).

Tilde: Die Tilde ist ein ↑ diakritisches Zeichen in Form einer kleinen liegenden Schlangenlinie. Im Spanischen bewirkt sie über *n (ñ)* die Aussprache [nj] (z. B. *Señor*), im Portugiesischen und in der internationalen Lautschrift zeigt sie einen durch die Nase gesprochenen Laut an: *São Paulo;* [bõˈbõ] (= *Bonbon*). In Lexika, Wörterbüchern u. dgl. dient die Tilde auch als Wiederholungszeichen: *Streik: ...~aufruf, ...~welle.*

Tilgung: Zur Tilgung von Lauten ↑ Elision.

Timesharing: Nach den neuen Rechtschreibregeln werden Verbindungen aus einem Substantiv und einer Substantivierung aus dem Englischen immer zusammengeschrieben. ↑ Fremdwort (4).

Tingeltangel: Das Substantiv *Tingeltangel* kann sowohl maskulines als auch (österreichisch nur) neutrales Genus haben: *der Tingeltangel* oder *das Tingeltangel.* Die Formen lauten im Genitiv: *des Tingeltangels,* im Plural: *die Tingeltangel.*

Tinnef: Das Substantiv *Tinnef* ist ein Maskulinum: *der Tinnef,* Genitiv: *des Tinnefs.*

Tipp: Nach den neuen Rechtschreibregeln wird das Substantiv in Anlehnung an das Verb *tippen* mit Doppel-p geschrieben: *Von ihr kann man immer einen guten Tipp bekommen. Er gibt für jedes Rennen einen Tipp ab. Sie hatten einen sicheren Tipp für die Börse.*

Titel und Berufsbezeichnungen

T

Häufig gestellte Frage zu Titel- und Berufsbezeichnungen	
Frage	Antwort unter
Wie schreibt man Berufsbezeichnungen mit Adjektiven, z. B. *kaufmännischer Direktor?*	dieser Artikel, Punkt (2)

1 Deklination

1.1 Titel ohne Namen

Ein Titel oder eine Berufsbezeichnung ohne Namen wird immer gebeugt; bei maskulinen Formen darf also die Endung nicht wegfallen:

> Die Rede des Herrn Ministers war kläglich. Die Beisetzung des Herrn Direktors findet um 14.00 Uhr statt. Wer hat dem Präsidenten diesen Rat gegeben?

1.2 Titel + Name

Steht ein Titel oder eine Berufsbezeichnung ohne Artikel oder Pronomen vor einem Namen, dann wird nur der Name gebeugt (↑ Personennamen [2.2.2]):

> Staatsanwältin Schneiders Sondervotum, die Ansprache Papst Johannes Pauls II., der Weggang Rektor Meyers, die Günstlinge Königin Christines von Schweden, der Sieg Kaiser Karls des Großen, eine Einladung bei Präsident Dr. Schmidt, ein Brief an Generaloberst Freiherr von F., Oberärztin Dr. Hahns Visite.

1.3 Artikel / Pronomen + Titel + Name

Steht ein Titel oder eine Berufsbezeichnung mit Artikel oder Pronomen vor einem Namen, dann wird nur der Titel oder die Berufsbezeichnung gebeugt (bei mehreren Titeln o. Ä. nur der erste; ↑ Personennamen [2.2.3; 2.2.5]). Der Name bleibt ungebeugt:

> das Haus des Direktors Meyer (selten; s. u.), die Rede unseres Bürgermeisters Schneider, die Erkrankung unseres Prokuristen Schmidt, der Vorschlag der Abgeordneten Müller, die Politik des Fürsten Metternich, die Krönung des Königs Ludwig des Frommen, des Architekten Müller Einwand;

> die Rede der [Ersten] Vorsitzenden Studienrätin Dr. Sander, die Stellungnahme des Präsidenten Minister a. D. Hambacher, der Brief unseres Abgeordneten Landrat Schulze, die Einführung der neuen Vorsitzenden Professorin Dr. Finger; meine Verlobung mit Marion Schulte, Tochter des verstorbenen Professors Dr. Karl Schulte.

T Zur Deklination in Verbindung mit *Herr* und *Doktor / Dr.* ↑ Herr (2), ↑ Personennamen (2.2.2; 2.2.3), ↑ Doktor.

2 Rechtschreibung, Reihenfolge, Zeichensetzung

1. Man schreibt Adjektive, Partizipien, Pronomen und Zahlwörter als Teile eines Titels groß:

> Erster Staatsanwalt, Regierende Bürgermeisterin, Erste / Zweite Vorsitzende, Seine Magnifizenz.

Berufsbezeichnungen, die ein Adjektiv enthalten, sind keine Titel. Das Adjektiv wird daher in solchen Fügungen kleingeschrieben:

Er will technischer Zeichner werden. Sie ist medizinisch-technische Assistentin. Sie hat sich als freie Architektin niedergelassen. Der kaufmännische Angestellte Karl Meier ist erkrankt. Dies ist Sache der kaufmännischen Direktorin.

Allerdings können mehrgliedrige Berufsbezeichnungen dieser Art, wenn sie nicht im fortlaufenden Text, sondern – z. B. im Briefkopf oder auf der Visitenkarte – allein beim Namen stehen, auch großgeschrieben werden (↑ Namen):

| Hans G. Mayer | Dr. med. Andrea Zenser | Lexikographisches Institut AG |
| Technischer Zeichner | Leitende Ärztin | Der Kaufmännische Direktor |

2. Mehrere vor dem Namen stehende Titel und Berufsbezeichnungen werden ohne Komma aneinander gereiht:

Herr Bäckermeister Hans Albert Schulze; Geheimer Regierungsrat Professor Dr. phil. Dr. jur. h. c. Max Schmitz; Dipl.-Hdl. Dipl.-Phys. Inge Meier; Dr.-Ing. Clemens Philipp Graf von Wartberg; Marie Sibylle Baronin von Strantz-Neumann; Ihre Majestät Königin Elisabeth II.

In Namenlisten, Literaturverzeichnissen u. dgl. nachgestellte Titel und Berufsbezeichnungen werden vom Namen und untereinander durch Komma getrennt (nur zwischen Wörtern, deren normale Reihenfolge erhalten bleibt, steht kein Komma; ↑ Alphabetisierung [4]):

Schulze, Hans Albert, Bäckermeister
Zedel, Ines, Professor Dr.
Schmitz, Max, Geh. Regierungsrat Dr. phil. Dr. jur. h. c., Generalintendant
Wartberg, Clemens Philipp Graf von, Dr.-Ing.
Meier, Inge, Dr., Dipl.-Ing.

Zu Titeln und Berufsbezeichnungen in der Briefanschrift und Anrede ↑ Brief. Vgl. auch ↑ Adelsnamen.

3 Feminine Titel und Berufsbezeichnungen

Zu nahezu allen Titeln und Berufsbezeichnungen existieren inzwischen die femininen Entsprechungen, die sich auch weitestgehend durchgesetzt haben:

Sie ist Professorin an der Musikhochschule, Staatssekretärin im Familienministerium. Die Bundesministerin für das Gesundheitswesen, [Frau] X, eröffnete die Ausstellung. Ministerpräsidentin N. N. sprach vor dem Kongress. Sie ist Amtfrau, Referentin für Jugendfragen, Redakteurin, Prokuristin, Direktorin, Rechtsanwältin, Richterin. Ihr wurde der Titel Diplomkauffrau, Diplompädagogin, Magistra Artium verliehen. Berlinerin wurde erste Prorektorin in Speyer (Mannheimer Morgen).

Die feminine Form des Titels wird auch in der Anrede verwendet (↑ Kongruenz [3.1.1]):

Sehr geehrte Frau Staatssekretärin / Ministerialrätin / Staatsanwältin / Oberschulrätin!

Die femininen Titel *Doktorin* und *Professorin* haben sich in der Anrede allerdings kaum durchgesetzt; in gesprochener Sprache ist die gebräuchliche Form also *Frau Professor* und *Frau Doktor*. Titel oder Berufsbezeichnung des Mannes [in der Anrede] auf die Ehefrau zu übertragen ist allerdings heute nicht mehr üblich. Man sagt in diesen Fällen also nicht *Frau Professor* oder *Frau Doktor*.

Zuweilen wird zur Geschlechtskennzeichnung einem maskulinen Titel oder einer maskulinen Berufsbezeichnung auch das Attribut *weiblich* vorangestellt *(Sie war der erste weibliche Minister)*. Solche Formulierungen sollten möglichst vermieden werden.

Zu den maskulinen Berufsbezeichnungen auf *-eur* können entsprechende weibliche sowohl auf *-euse* als auch auf *-eurin* gebildet werden. Da die Formen auf *-euse* häufig abwertend gebraucht werden (↑ *Masseurin / Masseuse*), bildet man heute die Ableitungen meist mit *-eurin*:

Amateurin, Dekorateurin, Dompteurin (neben veraltend Dompteuse), Graveurin, Ingenieurin, Konstrukteurin, Redakteurin, Regisseurin, Friseurin (neben veraltend Friseuse), Masseurin.

Nur auf *-euse* sind z. B. üblich:

Souffleuse, Diseuse.

Vgl. auch ↑ Gleichstellung von Frauen und Männern in der Sprache, ↑ Movierung.

---

titulieren: Das mit diesem Verb unmittelbar oder durch *als / mit* verbundene Substantiv bleibt (wegen seines Zitatcharakters) ungebeugt: *Die Schüler mussten ihn [mit] Herr Doktor titulieren. Sie hat mich [als / mit] »Schurke« tituliert.*

Tmesis: Unter Tmesis versteht man die Trennung zusammengehöriger Wortteile [durch dazwischentretende andere Wörter]. Eine solche Trennung kann in folgenden Fällen eintreten: **1. dahin gehe ich / da gehe ich hin:** Bestimmte zusammengesetzte Adverbien wie *dahin, da-*

her, wohin, woher werden auch getrennt verwendet: *Dahin gehe ich nicht. – Da gehe ich nicht hin. Woher kommst du? – Wo kommst du her?* Nur umgangssprachlich, besonders in Norddeutschland, ist die Trennung bei *dafür, dagegen, dahinter, davon, davor, dazu: Dazu hast du kein Recht. – Da hast du kein Recht zu. Davon habe ich nichts gehört. – Da habe ich nichts von gehört.*
2. Obgleich ich arm bin / Ob ich gleich arm bin …: Bestimmte zusammengesetzte Konjunktionen wie *obgleich, obschon,*

obzwar wurden in älterem Deutsch auch getrennt eingesetzt: *Und ob ich schon wanderte im finstern Tal* (Ps. 23, 4). *Ob ich mich gleich bey verschiedenen erkundiget habe* (C. Stolberg an Klopstock, 27. Jan. 1773). Diese Fügungsweise ist heute veraltet.

3. sie erkennt an / sie anerkennt: Bei bestimmten Verben, die aus diesem Grund als unfest zusammengesetzte Verben bezeichnet werden, ist der ↑ Verbzusatz nur in den infiniten Formen (Infinitiv, 1. und 2. Partizip) und im Nebensatz mit Einleitewort fest mit dem Verb verbunden, z. B. *einnehmen, einnehmend, eingenommen; wenn sie einnimmt, als sie einnahm.* In den übrigen Formen wird der Verbzusatz abgetrennt und nachgestellt: *Sie nimmt / nahm den Platz ein. Nimm deinen Platz ein!* Getrennt vom Verb steht der Verbzusatz auch dann, wenn er in Ausdrucksstellung am Anfang des Satzes steht: *Fest steht, dass er Unrecht hat. Hinzu kam, dass ich krank wurde.* ↑ Getrennt- oder Zusammenschreibung (1.6). Bei einer Reihe von Verben wird die Tmesis häufiger unterlassen, d. h., die unfest zusammengesetzten Verben werden im Hauptsatz wie feste Zusammensetzungen behandelt, z. B.: *sie anberaumt, anempfiehlt, anerkennt, anvertraut.* Beim Infinitiv ist das nicht möglich: *Wir bitten Sie, diese Abmachung anzuerkennen* (nicht: *zu anerkennen*). ↑ anberaumen, ↑ anempfehlen/empfehlen, ↑ anerkennen, ↑ anvertrauen, ↑ widerhallen, ↑ widerspiegeln. ↑ Verb (2.4).

tod- / tot-, Tod- / Tot-: 1. Zusammensetzungen mit Tod-: Mit *d* schreibt man Zusammensetzungen, die das Substantiv *Tod* als Bestimmungswort haben: *todbereit* (= zum Tode bereit), *todgeweiht; Todfeind, Todsünde, Todkranker.* In vielen Fällen dient das Wort nur als Verstärkung des Ausdrucks mit der Bedeutung »sehr, äußerst«: *todblass, todbleich, todelend, todernst, todkrank, todmüde, tod-*

schick, todsicher, todstill, todtraurig, todunglücklich.

2. Zusammensetzungen mit tot-: Mit *t* schreibt man Zusammensetzungen, die das Adjektiv *tot* als Bestimmungswort haben: *sich totarbeiten, sich totfallen, totfahren, sich totlachen, sich totlaufen, totmachen, totsagen, totschießen, totschlagen, totschweigen, totstürzen, tottreten; Totgeburt, Totgeglaubter, Totgesagter, Totpunkt, Totschlag.*

Todesanzeigen: ↑ Anzeigen (6).

Toilette- / Toiletten-: Im Allgemeinen zeigen die Zusammensetzungen mit dem Bestimmungswort *Toilette* ein *-en-: Toilettenartikel, Toilettenpapier, Toilettenseife, Toilettentür* u. a. Die Bildungen mit *Toilette-* sind vor allem österreichisch: *Toiletteartikel* usw. ↑ Fugenzeichen.

Tollpatsch: Das Substantiv *Tollpatsch* »sehr ungeschickter Mensch« hat eigentlich nichts mit dem Adjektiv *toll* zu tun, sondern war ursprünglich Neckname für den ungarischen Infanteristen. In diesem Sinne wurde es aus ungarisch *talpas* »breitfüßig; breiter Fuß« (zu ungarisch *talp* »Sohle, Fuß«) entlehnt. Man schreibt es in neuer Rechtschreibung mit Doppel-l, da der sprachhistorische Hintergrund nicht allgemein bekannt ist und das Wort deshalb mit *toll* in Verbindung gebracht wird.

Tombola: Der Plural von *Tombola* lautet *die Tombolas*, selten auch *die Tombolen.*

Tonne: Das Gemessene nach *Tonne: eine Tonne Teer* (nicht: *Teers*); *mit einer Tonne gesalzener Heringe* oder *gesalzene Heringe.* Bei *Tonne* als Gewichtseinheit: *ein Schiff mit 10 000 Tonnen kanadischem Weizen* (geh.: *kanadischen Weizens*). ↑ Apposition (2.2).

Tor: Das neutrale Substantiv *das Tor* »große Tür« wird stark gebeugt. Der Genitiv Singular lautet *des Tor[e]s*, der Plural *die Tore.* Das veraltende maskuline Substantiv *der Tor* »törichter Mensch« wird schwach gebeugt. Der Genitiv Singular lautet *des Toren,* der Plural *die To-ren.*

tot: **1. Groß- oder Kleinschreibung:** Klein schreibt man das Adjektiv: *totes Kapital, tote Hose* (umgangssprachlich), *der tote Punkt; toter Mann* (bergmännisch für: abgebaute Teile der Grube). Groß schreibt man die Substantivierung: *etwas Starres und Totes; der, die Tote wurde aus den Trümmern geborgen.* Groß schreibt man auch das Adjektiv in ↑ Namen oder bestimmten namenähnlichen Fügungen: *das Tote Meer; die Tote Weichsel* (Mündungsarm der Weichsel); *das Tote Gebirge* (Gebirgsstock in den Alpen). **2. Getrennt- oder Zusammenschreibung:** Immer getrennt schreibt man in neuer Rechtschreibung *tot* und das 2. Partizip *geboren: Das Kind ist / wurde tot geboren.* Jetzt ebenso: *ein tot geborenes Kind.* Ebenfalls getrennt schreibt man *tot* von den Verben *sein* und *scheinen: Sie wird doch nicht wirklich tot sein! Weil er uns allen tot schien, begruben wir ihn.* Neu auch getrennt: *sich tot stellen.* In anderen Fällen schreibt man *tot* aber auch mit den folgenden Verb zusammen, z. B. bei: *totfahren, sich totlachen, totschweigen.* ↑ Getrennt- oder Zusammenschreibung (1.2).

tot- / tod-, Tot- / Tod-: ↑ tod- / tot-, Tod- / Tot-.

total: Das Wort *total* gehört zu den Adjektiven, die schon einen höchsten Grad ausdrücken und daher nicht mehr gesteigert werden können (also nicht: *die totalste Vernichtung*). ↑ Vergleichsformen (3.1).

Totale: Dieses Fachwort der Film- und Fototechnik wird wie ein echtes Substantiv dekliniert: *die Totale,* Genitiv: *der Totale,* Plural: *die Totalen.* ↑ substantiviertes Adjektiv (2.2.2).

traben: Das Perfekt von *traben* kann mit *sein* oder *haben* umschrieben werden, je nachdem, ob stärker die durch das Traben entstehende Ortsveränderung oder

der Vorgang des Trabens gesehen wird. Veränderung in der Bewegung, Ortsveränderung mit *sein: Er ist über die Wiese getrabt. Das Pferd ist auf den Hof getrabt.* Dauer in der Bewegung, Vorgang mit *haben: Das Pferd hat gleichmäßig getrabt. Die Reiterin hat englisch, hat deutsch getrabt.* Jedoch nimmt der Gebrauch mit *sein* wie bei den anderen Bewegungsverben immer mehr zu, weil die Veränderung in der Bewegung stärker empfunden wird als die Dauer in der Bewegung. Daher sagt man auch: *Das Pferd ist vorzüglich getrabt.*

tragbar / tragfähig: Das Adjektiv *tragbar* (= so beschaffen, dass man es tragen kann) darf nur in passivischem Sinn verwendet werden: *ein tragbares Fernsehgerät. Dieser Mitarbeiter ist für uns nicht tragbar.* In aktivischem Sinn wird *tragfähig* (= so beschaffen, dass es trägt) gebraucht: *eine tragfähige Decke. Das Eis ist noch nicht tragfähig.* ↑ -bar / -fähig.

tragen: **1.** Im Indikativ des Präsens heißt es: *ich trage, du trägst, er, sie, es trägt.* Der Stammvokal *a* wird also bei diesem Verb umgelautet (↑ Verb [1]). **2. zum Tragen kommen:** In der Wendung *etwas kommt zum Tragen* (= etwas wirkt sich aus) wird *Tragen* großgeschrieben, weil es ein substantivierter Infinitiv ist.

Traktat: Das Substantiv *Traktat* kann als Maskulinum oder als Neutrum gebraucht werden: *der / das Traktat.* Der Genitiv heißt *des Traktat[e]s,* der Plural *die Traktate.*

transchieren / tranchieren: Sowohl die eingedeutschte Schreibung *transchieren* als auch die Schreibung *tranchieren* sind korrekt.

transitiv: Als transitiv (zielend) bezeichnet man diejenigen Verben, von denen ein persönliches Passiv gebildet werden kann, wobei das Subjekt des Passivsatzes dem Akkusativobjekt des Aktivsatzes entspricht: *Die Mutter liebt ihr Kind – Das Kind wird von seiner Mutter geliebt. Die Tante bindet die Blumen –*

Die Blumen werden von der Tante gebunden. Die transitiven Verben heißen auch zielende Zeitwörter, weil ihr Geschehen auf ein Objekt gerichtet ist. Ggs. ↑ intransitiv. Zum transitiven Gebrauch intransitiver Verben ↑ Amerikanismen / Anglizismen (3).

transportabel: Bei *transportabel* fällt, wenn es dekliniert wird, das *e* der Endung aus: *ein transportables Gerät.* ↑ Adjektiv (1.2.13).

träte / trete: Die Form des Konjunktivs I ist *trete,* sie steht vor allem in der ↑ indirekten Rede (2.1): *Er sagte, sie trete gerade aus der Tür.* Demgegenüber ist *träte* die Form des Konjunktivs II, der vor allem in ↑ Konditionalsatz (2–7) auftritt: *Wenn sie ans Fenster träte, könnte sie ihn sehen.* Der Konjunktiv II *träte* erscheint auch in der indirekten Rede, wenn in der direkten Rede schon *träte* oder *treten würde* steht oder etwas als zweifelhaft hingestellt wird (↑ indirekte Rede [3.3]).

trauen: Es heißt *Ich traue mich nicht, das zu tun.* Die Verbindung von *sich trauen* mit dem Dativ *Ich traue mir nicht, das zu tun* ist selten. Landschaftlich sagt man auch: *Du traust dir das nicht* (wobei *das* anstelle eines Infinitivs steht). Die Verbindung mit einem Genitivobjekt gilt als veraltet: *Ich traue mich dessen nicht.* Nur der Akkusativ ist korrekt in der Fügung *sich an eine Stelle trauen: Ich traute mich* (nicht: *mir*) *nicht ins Wasser.*

träumen: Das Verb *träumen* kann persönlich oder unpersönlich konstruiert werden: *Er stand am Rande der See ... und träumte ins Blaue* (Th. Mann). *Ihr träumte, sie könne fliegen.* Die unpersönliche Konstruktion gehört der gehobenen Sprache an (↑ unpersönliche Verben).

Treber: *Treber* (= bei der Bierherstellung anfallende Malzrückstände) ist ein pluralisches Substantiv. Es heißt *die Treber,* nicht: *die Trebern.*

treffen: Im Indikativ des Präsens heißt es: *ich treffe, du triffst, er, sie, es trifft.* Der Imperativ lautet: *triff!* (nicht: *treffe!*). ↑ e / i-Wechsel.

treffen / begegnen: ↑ begegnen/treffen.

treiben: Als transitives Verb wird *treiben* im Perfekt mit *haben* umschrieben: *Der Wind hat den Ballon südwärts getrieben.* Als intransitives Verb wird es im Perfekt mit *sein* umschrieben: *Der Ballon ist südwärts getrieben.*

Treibstoff: Zu Bildungen wie *Treibstoffstand, Treibstoffstandschauzeichen, Treibstoffzufuhrregulierung* ↑ Kompositum (1).

Trema: Das Trema ist ein Trennungszeichen, das über den zweiten von zwei aufeinander folgenden Vokalen gesetzt wird, damit dieser getrennt ausgesprochen wird, z. B. frz. *naïf* »naiv«. In der deutschen Rechtschreibung gibt es kein Trema, außer bei bestimmten Namen wie *de Haën, Praël.* Schreibungen wie *naïv, Aëroplan* sind also nicht korrekt. ↑ diakritische Zeichen.

trendy: Die Vergleichsformen lauten: *trendy − trendyer − am trendysten.*

Trennung: ↑ Worttrennung.

Treppensatz: Man spricht von einem Treppensatz, wenn einem Hauptsatz mehrere Nebensätze folgen, die jeweils von dem vorausgehenden Satz abhängen. Der Treppensatz wirkt häufig stilistisch unschön und sollte vermieden werden. Nicht: *Der Zug hatte sich schon in Bewegung gesetzt, als noch eine junge Frau aufsprang, die zu spät kam, weil sie ihre Tasche vergessen hatte, wie sie den Mitreisenden erzählte.* Der Treppensatz lässt sich ohne weiteres durch mehrere Satzgefüge ersetzen: *Der Zug hatte sich schon in Bewegung gesetzt, als noch eine junge Frau aufsprang. Wie sie den Mitreisenden erzählte, kam sie zu spät, weil sie ihre Aktentasche vergessen hatte.*

treten: 1. treten / tritt!: Im Indikativ des Präsens heißt es: *ich trete, du trittst, er, sie, es tritt.* Der Imperativ lautet: *tritt!* (nicht: *trete!*). ↑ e / i-Wechsel.
2. Konjunktiv: ↑ träte / trete.

3. Umschreibung mit _haben_ oder _sein:_ Als transitives Verb wird _treten_ mit _haben_ umschrieben: _Er hat ihn getreten. Sie folgten den Spuren, die andere vor ihnen schon in den Schnee getreten hatten_ (Plievier). Das intransitive Verb _treten_ wird mit _sein_ umschrieben: ... _wo nun beide Sänger ... an die Rampe getreten sind_ (Thieß).

4. Er trat mir / mich auf den Fuß · Der Schweiß trat ihr auf die Stirn: Wird _treten_ im Sinn von »mit dem Fuß treffen« auf einen Körperteil bezogen, dann kann die betroffene Person im Dativ oder im Akkusativ stehen. Der Dativ ist üblicher: _Er ist / hat mir auf den Fuß getreten._ Im Gegensatz zum Dativ (Dativ der Beteiligung) drückt der Akkusativ stärker aus, dass die Person unmittelbar betroffen ist. Jedoch liegt auch bei diesen Sätzen der Hauptton immer auf der Angabe des Körperteils: _Er hat ihn in die Flanke getreten._ Wird _treten_ im Sinn von »an eine Stelle gehen oder gelangen« gebraucht, dann kann die betroffene Person nur im Dativ stehen: _Die Tränen traten mir in die Augen. Der Schweiß ist ihr auf die Stirn getreten._ Ähnlich wie _treten_ werden auch andere Verben der körperlichen Berührung behandelt (vgl. z. B. ↑ schlagen, ↑ stoßen, ↑ beißen).

treu: Nach den neuen Rechtschreibregeln schreibt man _treu_ vom folgenden Verb oder Partizip immer getrennt: _Du kannst nicht treu sein / bleiben. Ein mir treu ergebener, treu gesinnter Freund. Mein Freund ist mir treu ergeben, treu gesinnt._ ↑ Getrennt- oder Zusammenschreibung (3.1). Zu der Wendung _für 10 Jahre treue / treuer Mitarbeit_ ↑ Apposition (2.2).

Tribun: Das Substantiv _Tribun_ kann im Singular wie im Plural stark und schwach gebeugt werden. Die starken Beugungsformen lauten: _des Tribuns, dem, den Tribun,_ Plural: _die Tribune._ Die schwachen Beugungsformen lauten: _des Tribunen, dem, den Tribunen,_ Plural: _die Tribunen._ ↑ Fremdwort (3.1).

triefen: Das ursprünglich unregelmäßige Verb _triefen_ wird heute meist regelmäßig konjugiert: ... _ein Stück von dem Aal, der von Fett triefte_ (Wiechert). _Corinna konnte sich wieder in den Korb, der wie ein Sieb triefte, hinablassen_ (Hausmann). _Ihre Kleider haben vor Nässe getrieft._ In gewählter Sprache sind jedoch die unregelmäßigen Formen des Präteritums gebräuchlich: _Seine Kleidung troff vor Nässe_ (Müthel). _Aus seiner Brust und seinem Hals troff das Blut_ (Hesse). Das unregelmäßige 2. Partizip _(Ihre Kleider haben vor Nässe getroffen)_ ist heute selten.

Trikot: Als Bezeichnung für eine bestimmte Gewebeart wird _Trikot_ als Maskulinum, seltener auch als Neutrum gebraucht _(der / das Trikot)._ Als Bezeichnung für ein bestimmtes Kleidungsstück hat _Trikot_ nur neutrales Genus _(das Trikot)._

Triumvir: Das Fremdwort _Triumvir_ (= Mitglied eines Triumvirats) kann im Singular stark oder schwach dekliniert werden. Starke Genitivform: _des Triumvirs,_ schwache: _des Triumvirn._ Der Plural ist schwach: _die Triumvirn._

Triumvirat: Das Fremdwort _Triumvirat_ (= Dreimännerherrschaft) hat heute neutrales Genus _(das Triumvirat);_ das dem lateinischen _triumviratus_ nachgebildete maskuline Genus _(der Triumvirat)_ ist nicht mehr gebräuchlich.

trocken: 1. Groß- oder Kleinschreibung: Das Adjektiv wird kleingeschrieben: _trockene Wäsche; trockener Humor. Dieser Wein ist am trockensten._ Die Substantivierung wird nach den neuen Rechtschreibregeln immer großgeschrieben: _auf dem Trockenen_ (= auf trockenem Boden) _stehen; im Trockenen_ (= auf trockenem Boden) _sein._ Jetzt ebenso: _auf dem Trockenen sein_ (ugs. für: nicht mehr weiterkommen; erledigt sein); _im Trockenen_ (= geborgen) _sein_ (ugs.); _auf dem Trockenen sitzen_ (ugs. für: in Verlegenheit sein); _seine Schäfchen im Trockenen haben / ins Trockene bringen_ (ugs. für: wirtschaftlich gesichert sein, sich wirtschaftlich sichern). ↑ Groß- oder Kleinschreibung (1.2.1).

2. Getrennt- oder Zusammenschreibung: Getrennt schreibt man *trocken* vom folgenden Verb in Wortgruppen wie: *trocken sein / werden. Die Kartoffeln sollen trocken liegen / trocken gelegt werden* (= an einem trockenen Ort gelagert werden). In neuer Rechtschreibung auch: *Die Kuh hat mehrere Wochen trocken gestanden* (= keine Milch gegeben). *Sie ließen uns bei dieser Einladung trocken sitzen* (ugs. für: ohne Getränk sitzen). Zusammen schreibt man *trocken* in verbalen Zusammensetzungen wie: *Er hat das Kind trockengelegt* (= mit frischen Windeln versehen). *Der Sumpf wurde trockengelegt. Die Fläche soll trockengerieben werden* (= durch Reiben getrocknet werden). ↑ Getrennt- oder Zusammenschreibung (1.2).

3. trockener / trockner: Bei *trocken* bleibt, wenn es dekliniert oder gesteigert wird, das *e* der Endungssilbe gewöhnlich erhalten: *trockenes Wetter; dieses Handtuch ist trockener.* Nur in den deklinierten Formen des Komparativs wird das erste der drei Endungs-*e* manchmal ausgeworfen *(ein trock[e]neres Handtuch).* ↑ Adjektiv (1.2.13); ↑ Vergleichsformen (2.2).

trocknen: Das intransitive Verb *trocknen* (z. B. *etwas trocknet*) gehört zu den Verben, die eine allmähliche Veränderung bezeichnen. Diese Verben (wie ↑ altern, ↑ gären) können ihr Perfekt sowohl mit *sein* als auch mit *haben* bilden: *Die Wäsche ist / hat gut getrocknet.* Verschiedene Bedeutungen liegen dabei nicht vor. Die Umschreibung mit *sein* ist bei *trocknen* die häufigere (↑ haben [1]).

Tropf / Tropfen: *Tropf* (Genitiv: *des Tropf[e]s,* Plural: *die Tröpfe*) ist eine abwertende Bezeichnung für »einfältiger und deshalb bedauernswerter Mensch«: *Er ist ein ganz armseliger Tropf!* Das gleich lautende Wort *Tropf* (Genitiv: *des*

Tropf[e]s, Plural: *die Tropfe*) bezeichnet eine Vorrichtung, bei der Flüssigkeit in die Vene des Patienten tropft: *Die Schwester legt einen Tropf an. Die Patientin hängt schon 3 Tage am Tropf.* Das Substantiv *Tropfen* (Genitiv: *des Tropfens,* Plural: *die Tropfen*) hat die Bedeutung »kleine Flüssigkeitsmenge«: *Sie träufelte fünf Tropfen der Medizin ins Glas. Es regnete in großen Tropfen.* ↑ Substantiv (2.2).

Tropfen: Das Gemessene nach *Tropfen: ein Tropfen Honig* (nicht: *Honigs*); *5 Tropfen bittere Medizin* (geh.: *bitterer Medizin*); *mit dreißig Tropfen reinem Alkohol* (geh.: *reinen Alkohols*). ↑ Apposition (2.2).

trotz: Die Präposition *trotz* steht heute gewöhnlich mit dem Genitiv: *Sie gingen trotz des Regens viel spazieren. Trotz aller gegenteiligen Behauptungen ...* Der Dativ nach *trotz* ist seltener, abgesehen von Süddeutschland, Österreich und der Schweiz, wo *trotz* grundsätzlich gern mit dem Dativ verbunden wird: *Sie gingen trotz dem Regen viel spazieren.* Dass der Dativ die ältere Rektion darstellt, zeigen noch die festen Fügungen *trotz allem* und *trotz alledem* und das Adverb ↑ trotzdem. Häufiger kommt der Dativ noch vor, wenn Artikel oder Pronomen fehlen: *trotz nassem Asphalt* neben: *trotz nassen Asphalts.* Er erscheint vor allem dann, wenn *trotz* vor einem allein stehenden starken Substantiv im Plural steht *(trotz Beweisen, trotz Büchern, trotz Atomkraftwerken)* oder wenn ein stark gebeugtes einzahliges Substantiv im Genitiv dem stark gebeugten einzahligen und von der Präposition *trotz* abhängenden Substantiv vorausgeht: *trotz des Bootes starkem Schwanken* (statt: *trotz des Bootes starken Schwankens*). Der Dativ ist weniger üblich, wenn das Substantiv dem von der Präposition abhängenden Substantiv folgt: *trotz dem Rauschen des Meeres;* häufiger: *trotz des Zuspruchs des Offizialverteidigers* (Jens). ↑ Präposition (2).

trotzdem: Im heutigen Sprachgebrauch

wird *trotzdem* sowohl als [satzeinleitendes] Adverb wie auch als unterordnende Konjunktion verwendet. Der Gebrauch als Adverb ist der ältere und heute auch noch üblichere; das vorangestellte *trotzdem* leitet einen Hauptsatz ein: *Er beeilte sich sehr; trotzdem kam er zu spät. Beweisen kann er nichts. Trotzdem kann er mit mir spielen, wie er will* (Remarque). Die Verwendung von *trotzdem* als unterordnende Konjunktion ist bereits im 19. Jh. aufgekommen. Das Adverb wird dabei, wie manche anderen Partikeln, vom regierenden in den abhängigen Satz verschoben. Die eigentliche Konjunktion *dass* ist weggefallen. Die folgenden Beispiele sollen die Entwicklung aufzeigen: Zunächst: ... *und trotz dem, dass ich gehen wollte, horchte ich doch wieder auf seine Worte hin* (Stifter). Dann: *Der Papa, trotzdem dass es nicht so scheint, glaubt auch gleich alles* (Raabe). *Trotzdem dass man nicht weiß, ob man sich mehr ärgern, lachen oder weinen soll* (Raabe). Schließlich: *Hatte der Ökonomierat Recht, so hielt die Baronin, trotzdem er auch in Hof, Feld und Wald gesehen wurde, doch unmerklich die Zügel* (Hauptmann). *Und trotzdem diese Situation mir selber lästig war, trotzdem ich mich auf alle mögliche Weise anstrengte, ernst zu sein, kam das Lachen stoßweise immer wieder* (Rilke). – Obwohl also *trotzdem* auch in guter Literatur häufig als unterordnende Konjunktion verwendet wird, gilt dieser Gebrauch doch noch weithin als umgangssprachlich.

trüb[e]: Das substantivierte Adjektiv wird in neuer Rechtschreibung auch in der festen Verbindung großgeschrieben: *im Trüben fischen*. ↑ Groß- oder Kleinschreibung (1.2.1).

Trüffel: Das Substantiv *Trüffel* hat feminines Genus: *die Trüffel*. Der Genitiv lautet *der Trüffel*, der Plural *die Trüffeln*. Umgangssprachlich wird *Trüffel* jedoch häufig als Maskulinum *(der Trüffel)* ge-braucht. Dazu lautet dann der Genitiv *des Trüffels*, der Plural *die Trüffel*.

trügen: Das Verb *trügen* wird unregelmäßig gebeugt (Präteritum: *[der Schein] trog*. Perfekt: *er hat getrogen;* Konjunktiv II: *er tröge*). Die gelegentlich vorkommende regelmäßige Beugung *(er trügte / hat getrügt)* ist nicht korrekt.

Trümmer: Das Substantiv *Trümmer* (= Überreste, [Bruch]stücke) ist die Pluralform zu dem heute nur noch umgangssprachlich und mundartlich gebrauchten Singular *das Trumm* (= Ende, Stück, Fetzen): *Am Rande der Trümmer wuchs Gras; die Trümmer eines Flugzeugs; in Trümmer legen, schlagen, sinken*. Die Form *Trümmern* gilt nur im Dativ Plural: *Die ganze Stadt lag in Trümmern*.

Trupp: 1. ein Trupp Maskierter / Maskierte · mit einem Trupp junger Leute / jungen Leuten: Nach *Trupp* kann die Angabe, woraus der Trupp besteht, im Genitiv oder als Apposition stehen: *ein Trupp Maskierter /*(selten:) *Maskierte; ein Trupp singender Kinder /*(selten:) *singende Kinder. Sie kam mit einem Trupp junger Leute /*(selten:) *jungen Leuten an*. ↑ Apposition (2.2).
2. Ein Trupp Soldaten zog / zogen durch die Stadt: Wenn nach *Trupp* die Angabe, woraus der Trupp besteht, im Plural folgt, steht in der Regel das Verb (Finitum) im Singular, weil ja das Subjekt *(Trupp)* formal ein Singular ist: *Ein Trupp Soldaten zog durch die Stadt*. Oft wird aber nach dem Sinn konstruiert und das Verb (Finitum) in den Plural gesetzt: *Ein Trupp Soldaten zogen durch die Stadt*. Der Plural findet sich vor allem dann, wenn das appositionelle Verhältnis gewählt wird: *Ein Trupp singende Kinder* (statt des üblichen Genitivs: *singender Kinder) standen vor der Tür*.

Trupp / Truppe: Das maskuline Substantiv *der Trupp* (Genitiv: *des Trupps,* Plural: *die Trupps*) hat die Bedeutung »Schar, Gruppe, Haufen«: *Ein Trupp Studenten* *oder anderer junger Leute ... war dort zu der großen Menge gestoßen* (Musil). *Ein Trupp Offiziere erscheint und schließt das Tor auf* (Die Welt). Das Femininum *die Truppe* (Genitiv: *der Truppe*, Plural: *die Truppen*) hat die Bedeutungen »Heeresabteilung, [größerer] militärischer Verband, Landheer [im Kampfeinsatz]«: *Die Überraschung, die ihr fronterfahrenen Truppe gelang, war vollkommen* (Hartung). *Die meuternden Truppen warfen die Gewehre weg* (Schaper). Gelegentlich wird *Truppe* für »Gruppe von Künstlern, die zusammen auftreten« gebraucht: *eine Truppe von Schauspielern, Artisten.*

Trust: Der Plural von *Trust* (= Zusammenschluss von wirtschaftlichen Unternehmungen zum Zwecke der Monopolisierung) lautet *die Truste* oder *die Trusts.*

Tschad: ↑ Staatennamen (1.4).

Tschechien: Die offizielle, vom tschechischen Außenministerium empfohlene deutsche Kurzbezeichnung für die Tschechische Republik ist *Tschechien.* Die historisch belastete Bezeichnung *Tschechei* wird abgelehnt und sollte deshalb nicht mehr gebraucht werden. ↑ Political Correctness.

tschüs / tschüss: In neuer Rechtschreibung darf dieser umgangssprachliche Abschiedsgruß auch mit Doppel-s geschrieben werden. Er ist vor allem unter Verwandten und guten Bekannten üblich und als Nebenform zu niederd. *adjüs* über span. *adiós* auf lat. *ad deum* (= zu Gott, Gott befohlen) zurückzuführen. Das *ü* wird lang oder auch kurz gesprochen: [tʃyːs, tʃʏs].

T-Shirt: ↑ Fremdwort (4).

Tübinger: Die Einwohner von Tübingen heißen *Tübinger.* Die Einwohnerbezeichnung *Tübinger* wird immer großgeschrieben, auch wenn das Wort wie ein flexionsloses Adjektiv vor einem Substantiv steht: *eine Tübinger Studentin; das Tübinger Stift* (↑ Einwohnerbezeichnungen auf -er [1 und 7]).

Tuch: Das Substantiv hat zwei Bedeutungen. *Tuch* mit dem Plural *die Tuche* bezeichnet eine [zur Weiterverarbeitung bestimmte] Stoffart, meist glattes, feines Wollgewebe: *Zur Herstellung dieser Anzüge werden nur erstklassige Tuche verwendet. Sie trug zu dieser Zeit einen Mantel aus feinem, englischem Tuch. Tuch* mit dem Plural *die Tücher* hat die Bedeutung »in bestimmter, meist rechteckiger oder quadratischer Form zu bestimmtem Zweck gefertigtes Stück Stoff«: *Auf der Leine hingen bunte Tücher. Sie kam mit einem leinenen Tuch* (Hesse). In dieser zweiten Bedeutung ist *Tuch* häufig Grundwort in Zusammensetzungen, z. B. *Halstuch, Kopftuch, Taschentuch, Handtuch, Tischtuch, Putztuch, Dreieckstuch.*

-tüchtig: Über *-tüchtig* als Grundwort in Zusammensetzungen ↑ Kompositum (9).

Tumor: Die medizinische Bezeichnung einer [gutartigen oder bösartigen] Geschwulst wird auf der ersten Silbe betont *(Tumor)* und hat den Plural *die Tumoren.* Daneben kommt (in der Umgangssprache) Endbetonung im Singular *(Tumor)* mit starkem Plural *die Tumore* vor. Vgl. auch ↑ Motor.

tun: 1. Konjugation: Beim Infinitiv und bei bestimmten Personalformen des Indikativs Präsens von *tun* wurde früher in Analogie zu anderen Verben ein *e* eingeschoben: *tuen; ich tue, wir tuen, ihr tuet, sie tuen.* Bis auf die 1. Person *(ich tue)* sind diese Formen mit -*e* heute nicht mehr üblich. Es heißt also richtig: *tun; ich tue* oder *ich tu, wir tun, ihr tut, sie tun.* Auch der Imperativ wird heute meist ohne -*e* gebraucht: *tu!*
2. tun + Infinitiv: Die Verbindung von *tun* mit einem reinen Infinitiv in Sätzen wie *Sie tut gerade schreiben* oder *Er tut das schon erledigen* ist eine umgangssprachliche überflüssige Erweiterung des Prädikats. Sie gilt in der Standardsprache nicht als korrekt. Nur bei vorangestelltem Infinitiv, also wenn das Verb beson-

ders nachdrücklich hervorgehoben werden soll, ist die Erweiterung mit *tun* zulässig, weil dann das *tun* die syntaktische Funktion des Verbs übernehmen muss: *Singen tut sie gern. Gesehen habe ich sie schon, aber kennen tue ich sie nicht. Zu sich schwer tun, sich leicht tun* ↑ schwer tun, sich.

Tunfisch: ↑ Thunfisch / Tunfisch.

Tunichtgut: Der Genitiv von *Tunichtgut* kann sowohl *des Tunichtgut* als auch *des Tunichtgut[e]s* lauten. Der Plural heißt *die Tunichtgute.*

tunlichst: Das Adverb *tunlichst* »nach Möglichkeit« sollte nicht als Attribut (Beifügung) eingesetzt werden: *Öffentliches Aufsehen ist tunlichst zu vermeiden.* Nicht: *unter tunlichster Vermeidung …*

Tunnel: Das Wort *Tunnel* wird in der Standardsprache als Maskulinum gebraucht und im Allgemeinen auf der ersten Silbe betont: *der Tunnel* (Genitiv: *des Tunnels,* Plural: *die Tunnel,* auch: *die Tunnels*). Landschaftlich, vor allem süddeutsch, tritt auch die neutrale Nebenform *das Tunell* mit der Betonung auf der zweiten Silbe auf (Genitiv: *des Tunells,* Plural: *die Tunelle*).

Tüpfel: Das Substantiv *Tüpfel* kann Maskulinum oder Neutrum sein. Sowohl *der Tüpfel* als auch *das Tüpfel* sind korrekt.

türken, einen Türken bauen: Die Herkunft der umgangssprachlichen Wendungen *etwas türken* »etwas fingieren, fälschen« und *einen Türken bauen* »etwas vorspiegeln« ist trotz aller Deutungsversuche nicht geklärt. Vielleicht stammt *einen Türken bauen* aus der Soldatensprache, in der früher mit *Türke* eine eingedrillte Gefechtsübung gegen einen angenommenen Feind bezeichnet wurde. Zum Gebrauch dieser Wendung ↑ Political Correctness (1).

Tür / Türe: In der Standardsprache ist heute die Form *Tür* üblich. Die Form mit *-e* (*Türe*) ist eine Nebenform, die vor allem im mitteldeutschen Sprachgebiet vor-

kommt. Sie ist auch in der Literatur gelegentlich noch zu finden, wohl deshalb, weil man die Form ohne *-e* fälschlich für umgangssprachlich hält: … *die einzige Türe war von innen verriegelt* (Frisch). *Er fand die Türe angelehnt und trat … zaghaft ein* (Menzel). ↑ Substantiv (2.3).

Tuwort: ↑ Verb.

Twen: ↑ Amerikanismen / Anglizismen (1.1).

Twinset: Das Fremdwort *Twinset* (= Pullover und Jacke aus gleichem Material) kann als Maskulinum oder als Neutrum gebraucht werden. Sowohl *der Twinset* als auch *das Twinset* sind korrekt.

Typ / Type: Das maskuline Substantiv *der Typ* (Genitiv: *des Typs,* Plural: *die Typen*) hat die Bedeutungen »Urbild, Grundform, Vorbild; durch bestimmte gemeinsame Merkmale, die einer Gruppe von Individuen eigentümlich sind, ausgeprägtes Persönlichkeits- oder Erscheinungsbild; Gattung, Bauart, Modell«. In der Umgangssprache hat *Typ* (auch mit schwacher Beugung: *des, dem, den Typen*) auch die Bedeutung »[junge] männliche Person«. Das feminine Substantiv *die Type* (Genitiv: *der Type,* Plural: *die Typen*) ist heute nur noch in den Bedeutungen »gegossener Druckbuchstabe, Letter« und umgangssprachlich in der Bedeutung »Mensch von ausgeprägt absonderlicher, schrulliger Eigenart; komische Figur« gebräuchlich. Die Verwendung von *Type* in der Bedeutung »Modell, Bauart«, die früher üblich war (und österr. noch gilt), wird heute immer seltener. Wenn es sich um ein Modell, um die Bauart eines bestimmten Erzeugnisses, Fabrikats uw. handelt, sollte man das Wort *Typ* (nicht: *Type*) gebrauchen. ↑ Substantiv (2.4).

Typus: Das meist fachsprachlich verwendete Substantiv *der Typus* mit der Bedeutung »Urbild, Beispiel; Mensch bestimmter psychischer Ausprägung« hat den Genitiv *des Typus* und den Plural *die Typen.*

T

U u

u: Zur Schreibung und Deklination ↑ Bindestrich (2.4) *(u-Laut);* ↑ Einzelbuchstaben *(des U, zwei U);* ↑ Groß- oder Kleinschreibung (1.2.5) *(das u in Rute).*

u. a., usf., usw., etc., wie, z. B.: 1. Wenn Beispiele aufgezählt werden, dann genügt es, wenn man entweder am Anfang durch *z. B., wie* oder am Ende der Aufzählung durch *u. a., usf., usw., etc.* andeutet, dass nur eine Auswahl gegeben wird. Überflüssig ist es, am Anfang und am Ende darauf hinzuweisen. Nicht: *Sie hat viele Länder besucht, z. B. Österreich, Holland u. a.* Sondern: *Sie hat viele Länder besucht, z. B. Österreich, Holland.* Oder: *Sie hat viele Länder besucht: Österreich, Holland u. a.*

2. Vor den Abkürzungen *u. a., usf., usw., etc.* am Ende einer Aufzählung steht kein Komma: *Er hat viel im Drogeriemarkt eingekauft: Waschmittel, Toilettenpapier, Taschentücher usw.*

übel: 1. Rechtschreibung: Klein schreibt man das Adjektiv: *übler Geruch, üble Laune. Die Verhältnisse sind hier am übelsten.* Die Substantivierung wird immer großgeschrieben: *Er hat nichts, viel Übles getan.* In neuer Rechtschreibung auch: *Es wäre das Übelste, wenn ...* ↑ Groß- oder Kleinschreibung (1.2.1). Immer getrennt schreibt man *übel* vom folgenden Verb oder Partizip: *übel sein, riechen; ihr wird übel werden; die übel beratene Königin; ein [ganz] übel gesinnter Mensch. Die Chefin ist übel gelaunt.* In neuer Rechtschreibung auch: *übel riechende Abfälle; in übel wollender Neugier. Du darfst mir das nicht übel nehmen* (= verargen). *Er hat mir übel gewollt* (= nicht wohl gewollt, schaden wollen). *Man hat ihr übel getan* (= geschadet)

usw. ↑ Getrennt- oder Zusammenschreibung (1.2 und 3.1.2).

2. Ausfall des *e:* Bei *übel* fällt, wenn es dekliniert oder gesteigert wird, das *e* der Endung gewöhnlich aus: *ein übler Bursche; das riecht noch übler.* ↑ Adjektiv (1.2.13); ↑ Vergleichsformen (2.2).

über: 1. Präposition mit Dativ und Akkusativ: Die Präposition *über* kann sowohl mit dem Dativ als auch mit dem Akkusativ verbunden werden, je nachdem, ob das durch das Verb ausgedrückte Verhalten lagemäßig (Dativ) oder richtungsmäßig (Akkusativ) bestimmt ist: *Das Jackett hing über dem Stuhl. Er hängte das Jackett über den Stuhl.* Wo die Raumvorstellung jedoch völlig geschwunden ist, regiert *über* den Akkusativ: *Kinder über zehn Jahre, über alle Maßen, in Gemeinden über 10 000 Einwohner. Er war noch nicht Herr über die Schwierigkeiten.* Ein Unterschied besteht z. B. in folgenden Sätzen: *Er schlief über seiner* (nicht: *über seine) Arbeit ein* (eigtl.: als er über seiner Arbeit saß) und: *Sie saß über ihre Arbeit* (nicht: *über ihrer Arbeit) gebeugt* (*beugen* mit Richtungsangabe). Zu dem ersten Satz gehört der übertragene Gebrauch von *über* in dem Satz: *Über meiner Arbeit habe ich ganz deinen Geburtstag vergessen* (eigtl.: während ich über meiner Arbeit saß); hier darf also ebenfalls nicht der Akkusativ stehen.

2. *über* als Adverb: Als Adverb kann *über* eingesetzt werden, um bestimmten Zahlen Unbestimmtheit zu verleihen. Dass *über* in diesen Fällen ein Adverb und keine Präposition ist, kann man daran erkennen, dass es keinen Einfluss auf die Deklinationsform des folgenden Substantivs ausübt: *Es waren über 100 Gäste.* Lässt man *über* fort, so bleibt die

Konstruktion des Satzes erhalten: *Wir mussten über* (= mehr als) *zwei Stunden warten. Wir mussten zwei Stunden warten.* Das Weglassen von *über* ist dagegen nicht möglich, wenn *über* als Präposition gebraucht wird, z. B. in dem Satz: *Kinder über zwölf Jahre haben Zutritt.* Als Adverb übt *über* auch dann keine Rektion aus, wenn es in einem Präpositionalattribut oder in einer präpositionalen Umstandsangabe steht: *Gemeinden von über 10 000 Einwohnern.* (Der Dativ *Einwohnern* ist von der Präposition *von* abhängig.) *Wir wissen aus über einem Jahrhundert Erfahrung, wie man ...* (nicht: *aus über ein ...;* der Dativ *einem* ist von der Präposition *aus* abhängig).
3. die über Siebzigjährigen: Diese Fügung wird weder zusammengeschrieben noch mit Bindestrich versehen, also nicht: *die Übersiebzigjährigen* oder *die Über-Siebzigjährigen,* sondern: *die über Siebzigjährigen* (auch: *70-Jährigen*), *Krankheiten der über Siebzigjährigen* (auch: *70-Jährigen*). Hier wird *über* als Adverb, wie z. B. *fast, bereits,* gebraucht: *die fast Siebzigjährigen. Die bereits Siebzigjährigen wurden zu einer Feier eingeladen.*
überall: Das Adverb *überall* wird gewöhnlich auf der letzten Silbe betont: *So etwas findet man nicht überạll.* Bei besonderem Nachdruck tritt aber auch Anfangsbetonung ein: *Ich habe dich ụ̈berall gesucht. So etwas findet man nicht ụ̈berall.*
über das / darüber / worüber: ↑ Pronominaladverb (4).
Überdruck: In der Bedeutung »nochmaliges Druckverfahren« hat *Überdruck* den Plural *die Überdrucke,* im Sinn von »zu starker Druck« lautet der Plural *die Überdrücke* (↑ Druck).
überdrüssig: Das Adjektiv *überdrüssig* wird im Allgemeinen mit dem Genitiv verbunden: *Denn als Heinrich VIII. seiner Gemahlin ... überdrüssig wurde ...* (Quick). Um sich etwas weniger gewählt auszudrücken, gebraucht man gelegentlich auch den Akkusativ statt des Geni-

tivs: *Ich bin des Lebens /* (seltener:) *das Leben überdrüssig. Ich bin seiner /* (seltener:) *ihn überdrüssig.* In diesem Fall gilt der Akkusativ heute als korrekt.
übereinander: Man schreibt *übereinander* immer getrennt vom folgenden Verb: *Sie müssen auch immer übereinander sprechen, reden. Die Turner haben bei der Pyramide übereinander gestanden.* In neuer Rechtschreibung auch: *Die Pfefferkuchen waren übereinander geschichtet. Er wollte die Beine übereinander schlagen. Sie haben alles übereinander geworfen* usw. ↑ Getrennt- oder Zusammenschreibung (1.4).
Übereinstimmung: ↑ Kongruenz.
über es, sie / darüber: ↑ Pronominaladverb (3).
überessen / überẹssen: Das Verb *überessen* kann den Ton auf der ersten Silbe *(überessen)* oder auf der dritten Silbe *(überẹssen)* tragen, wobei es sich jeweils um eine andere Bedeutung handelt. Die unfeste Zusammensetzung *sich* (Dativ) *etwas überessen* bedeutet »etwas so oft essen, dass man Widerwillen oder Abneigung dagegen verspürt«: *Er aß sich dieses Gemüse bald über.* Das 2. Partizip dazu lautet *übergegessen: Gebratene Leber habe ich mir übergegessen.* Die feste Zusammensetzung *sich überẹssen* bedeutet »zu viel, mehr als einem zuträglich oder angenehm ist, essen«: *Überiss dich nicht!* Das 2. Partizip dazu lautet *übergẹssen: Er hat sich übergessen.* Die früher auch gebräuchliche Partizipform *überessen* hat sich nicht durchgesetzt. ↑ Verb (2.3).
Überfahrt[s]-: Zusammensetzungen mit *Überfahrt* als Bestimmungswort haben im Allgemeinen ein ↑ Fugen-s: *Überfahrtsbrücke, -dauer, -gebühr, -geld, -kosten, -preis, -schiff, -vertrag, -zeit.*
überführen / überführen: In der Bedeutung »an einen anderen Ort bringen« kann das Verb *überführen* sowohl als unfeste wie als feste Zusammensetzung behandelt werden. Im ersten Falle lauten die

Formen *überführen, führte über, hat übergeführt: Er ist in ein Krankenhaus übergeführt worden. Man führte ihn über; um ihn in ein Krankenhaus überzuführen.* Im zweiten Falle, der auch schon recht häufig ist, lauten die Formen *überführen, überführte, überführt: Er ist in ein Krankenhaus überführt worden; man überführte ihn in ein Krankenhaus; um ihn in ein Krankenhaus zu überführen.* In der Bedeutung »den Beweis der Schuld erbringen« ist *überführen* immer eine feste Zusammensetzung, wird also auf der dritten Silbe betont. Es heißt: *Er wurde des Mordes überführt; man überführte ihn; um ihn zu überführen.* ↑ Verb (2.3); ↑ zweites Partizip (1).

überlaufen / überlaufen: Die beiden Formen der Zusammensetzung haben deutlich getrennte Bedeutungen. Die unfeste Zusammensetzung *überlaufen* bedeutet entweder »zum Gegner übergehen« oder »über den Rand fließen; so voll werden, dass der Inhalt über den Rand fließt«: *Viele Soldaten sind [zu den Rebellen] übergelaufen. Die Milch läuft über. Der Eimer beginnt überzulaufen.* Die feste Zusammensetzung *überlaufen* bedeutet entweder »als unangenehme Empfindung über jemanden kommen« oder »sehr oft aufsuchen, in Anspruch nehmen« oder »im Laufen überwinden«: *Ein Schauer überlief ihn. Wir werden hier von Vertretern überlaufen. Es gelang ihm, die Abwehr zu überlaufen.* ↑ Verb (2.3).

überlegen / überlegen: 1. Die beiden Formen der Zusammensetzung haben deutlich getrennte Bedeutungen. Die unfeste Zusammensetzung *überlegen* bedeutet »über etwas legen« oder (reflexiv) »sich stark neigen«: *Sie legte [sich] eine Decke über, weil es so kalt war. Der Vater hat den Jungen übergelegt* (umgangssprachlich: *übers Knie gelegt und geschlagen). Sie warnte ihn, sich zu weit überzulegen.* Die feste Zusammensetzung *überlegen* wird im Sinne von »bedenken, durchdenken« gebraucht: *Ich überlege [mir],*

was ich tun soll. Sie hat es sich anders überlegt. Wir waren dabei, eine bessere Lösung zu überlegen. ↑ Verb (2.3). – **2.** Das Adjektiv *überlegen* »erheblich übertreffend; überheblich« gehört nicht hierher, sondern hat sich aus dem 2. Partizip von mittelhochdeutsch *überligen* »darüber liegen« entwickelt: *Sie ist ihrem Freund an Intelligenz überlegen; ein überlegenes Lächeln.*

überm: Als die umgangssprachliche Verschmelzung von *über* und *dem* wird *überm* ohne Apostroph geschrieben. ↑ Apostroph (1.2); ↑ Präposition (1.2.1).

übern: Als umgangssprachliche Verschmelzung von *über* und *den* wird *übern* ohne Apostroph geschrieben. ↑ Apostroph (1.2); ↑ Präposition (1.2.1).

übernächtig / übernächtigt: Neben dem Adjektiv *übernächtig* ist seit dem Ende des 19. Jahrhunderts *übernächtigt* belegt. Im heutigen Sprachgebrauch wird überwiegend *übernächtigt* verwendet: ... *ich sagte nicht, ... dass es Ihnen schlecht stehe, übernächtig auszusehen* (H. Mann). ... *er ... bettete sein spitzes und übernächtigtes Gesicht parallel zur geweißten Betondecke* (Grass).

übernehmen: 1. übernehmen / übernehmen: Die beiden Formen der Zusammensetzung haben getrennte Bedeutungen. Die unfeste Zusammensetzung *übernehmen* bedeutet »über die Schulter hängen«: *Er nahm das Gewehr über. Sie hat die Stola übergenommen.* Die feste Zusammensetzung *übernehmen* bedeutet vor allem »jemandem etwas abnehmen, etwas in Besitz, in eigene Verantwortung nehmen«: *Ich habe den Wagen billig übernommen. Er übernahm es, den Brief zu schreiben. Ich bat sie die Führung zu übernehmen.* Reflexives *sich übernehmen* bedeutet »sich zu viel zumuten«: *Er hat sich bei / mit dieser Arbeit übernommen.* ↑ Verb (2.3).

2. in eigene / in eigener Bewirtschaftung übernehmen: Da *übernehmen* eine gezielte Bewegung ausdrückt, ist nur der

U

Akkusativ richtig (Frage: wohin?): *Ich übernahm den Hof in eigene* (nicht: *in eigener*) *Bewirtschaftung.*

übers: Als umgangssprachliche Verschmelzung von *über* und *das* wird *übers* ohne Apostroph geschrieben. ↑ Apostroph (1.2); ↑ Präposition (1.2.1).

überschlägig / überschläglich: Das früher übliche Adjektiv *überschläglich* wird heute häufig – wohl in Analogie zu *abschlägig, einschlägig* – durch *überschlägig* ersetzt: *Die überschlägigen Kosten belaufen sich auf 3 500 Mark. Könnten Sie die Kosten einmal überschlägig berechnen?*

Überschrift: Beim Zitieren von Überschriften (Gedicht-, Aufsatz-, Kapitelüberschriften usw.) werden Groß- und Kleinschreibung, Anführungszeichen, Deklination und Zeichensetzung genauso angewendet wie beim Zitieren von ↑ Buchtiteln. Nach einer Überschrift steht kein Punkt; ↑ ¹Punkt (2).

überschwänglich: Nach den neuen Rechtschreibregeln wird das Wort *überschwänglich* mit *ä* geschrieben, weil es zu *Überschwang* gehört. ↑ ä / e (1).

übersenden: Die Formen des Präteritums und zweiten Partizips lauten: *übersandte / übersendete* und *übersandt / übersendet.* Die Formen mit *a* sind häufiger (↑ senden).

übersetzen / übersetzen: Die beiden Formen der Zusammensetzung haben getrennte Bedeutungen. Die unfeste Zusammensetzung *übersetzen* bedeutet »ans andere Ufer befördern; hinüberfahren«: *Der Fährmann setzte uns über. Die Truppen sind / haben übergesetzt.* Die feste Zusammensetzung *übersetzen* bedeutet »in eine andere Sprache übertragen«: *Er übersetzt aus dem Englischen. Sie versuchte den Text zu übersetzen.* ↑ Verb (2.3).

übersiedeln: Bei *übersiedeln* kommt neben der Betonung auf der ersten Silbe *(übersiedeln)* auch die auf der dritten *(übersiedeln)* vor, sodass die verschiedenen Formen sowohl nach der Art der unfesten als auch der festen Zusammensetzung gebildet werden. Es heißt sowohl: *Wir sind übergesiedelt; wir siedelten über; um überzusiedeln* als auch: *Wir sind übersiedelt; wir übersiedelten; um zu übersiedeln.* ↑ Verb (2.4).

Übertreibung: Adjektive, die etwas Negatives oder Unangenehmes ausdrücken, werden häufig, vor allem in der Umgangssprache, zur Verstärkung von Adjektiven mit positiver Bedeutung verwendet, oder sie dienen bei Verben mit positivem Inhalt als Artangabe. Standardsprachlich sollte man diese Ausdrucksweise vermeiden. Also nicht: *eine wahnsinnig spannende Geschichte, ein furchtbar netter Mensch. Er war irre lustig. Wir lieben uns schrecklich. Ich habe mich unheimlich gefreut.* ↑ Vergleichsformen (4.2.1).

übertreten / übertreten: Die beiden Formen der Zusammensetzung haben getrennte Bedeutungen: Die unfeste Zusammensetzung *übertreten* bedeutet entweder »über eine Markierung treten« (Sport), »das Ufer überfluten« (von Gewässern) oder »sich einer anderen Gemeinschaft anschließen«: *Beim zweiten Sprung trat sie über. Der Fluss beginnt überzutreten. Er ist zum Katholizismus übergetreten.* Das Perfekt wird in allen drei Bedeutungen mit *sein* gebildet. Nur in der Sportsprache ist daneben auch *haben* gebräuchlich: *Der Wurf ist ungültig, weil er übergetreten ist / hat.* ↑ haben (1). Die feste Zusammensetzung *übertreten* bedeutet »gegen etwas verstoßen«: *Er übertrat das Schweigegebot. Sie hat eine Vorschrift übertreten.* ↑ Verb (2.3).

über was / worüber: Standardsprachlich ist in der Regel das Pronominaladverb *worüber*: *Worüber will sie sprechen?* Die Verbindung *über + was* (*Über was habt ihr gesprochen?*) kommt in der Umgangssprache recht häufig vor; sie ist stilistisch unschön. ↑ Pronominaladverb (5).

überwiegend: Fügungen wie *die überwiegende Mehrheit* und *die überwiegende Mehrzahl* sind vom logischen Standpunkt aus Pleonasmen, denn eine Mehrheit überwiegt immer. Es soll hier mit *überwiegend* aber ausgedrückt werden, dass es sich um deutlich mehr als die einfache Mehrheit und deutlich weniger als das Ganze handelt: *... längst gehörte die überwiegende Mehrheit der Offiziere der Kommunistischen Partei an* (Mehnert). *... dass seine Angehörigen ihrer überwiegenden Mehrzahl nach gewöhnliche Hohlköpfe sind* (Th. Mann). ↑ vorwiegend / überwiegend.

übrig: 1. Klein schreibt man das Adjektiv: *übriges Verlorenes; übrige kostbare Gegenstände.* Groß schreibt man in neuer Rechtschreibung die Substantivierungen: *im Übrigen* (= sonst, ferner); *das, alles Übrige* (= Weitere); *die, alle Übrigen* (= Folgenden); *ein Übriges tun* (= mehr tun, als nötig ist). ↑ Groß- oder Kleinschreibung (1.2.1).
2. Man schreibt *übrig* immer getrennt vom folgenden Verb: *Es wird noch etwas übrig sein. Wir werden noch etwas übrig haben.* In neuer Rechtschreibung auch: *Ich habe wenig übrig behalten. Er soll mir etwas übrig lassen. Es ist viel übrig geblieben. Übrig bleibt nur noch ...* ↑ Getrennt- oder Zusammenschreibung (1.2).
Uelz[en]er: Die Einwohner von Uelzen heißen *Uelzer* oder auch *Uelzener.* Die Einwohnerbezeichnung *Uelz[en]er* wird immer großgeschrieben, auch wenn das Wort wie ein flexionsloses Adjektiv vor einem Substantiv steht: *die Uelzener Fachschulen.* ↑ Einwohnerbezeichnungen auf -er (1 und 7).
uferlos: Klein schreibt man das Adjektiv: *die uferlose Korruption der Mächtigen.* Groß schreibt man die Substantivierung: *das Uferlose, sie verliert sich ins Uferlose* (= ins Endlose). In neuer Rechtschreibung auch: *ins Uferlose* (= allzu weit) gehen: *Seine Pläne gingen ins Uferlose.* ↑ Groß- oder Kleinschreibung (1.2.1).

u-förmig / U-förmig: ↑ Groß- oder Kleinschreibung (1.2.5).
Uhrzeit: Zur Angabe der Uhrzeit dienen die unflektierten Kardinalzahlen *ein[s]* bis *zwölf* mit oder ohne *Uhr.* Die Formen auf -e sind veraltet oder volkstümlich und stehen immer ohne *Uhr: Es ist eins;* aber: *Es ist ein Uhr.* Um *fünf [Uhr] aufstehen* (volkstümlich: *um fünfe aufstehen;* veraltet: *Er geht vor zwölfe schlafen* [Platen]). Das Wort *Uhr* wird auch sonst meist weggelassen: *Es ist fünf Minuten vor drei viertel acht* (landschaftlich für: *Es ist fünf Minuten vor Viertel vor acht.*). *Es ist viertel neun / ein Viertel auf neun* (landschaftlich für: *Viertel nach acht*). *Es ist zwanzig [Minuten] vor acht, nach acht. Sie kommt um halb acht.* Für die zweite Hälfte der Tageszeit gebraucht man adverbiale Angaben, wenn Verwechslungen mit der ersten möglich sind und umgekehrt: *Der Zug fährt um halb acht [Uhr] abends. Ich wartete bis zwei Uhr nachmittags. Um fünf Uhr morgens.* Die Zahlen *0* bis *24* (nach dem Ersten Weltkrieg eingeführt) werden amtlich viel gebraucht, sind aber in der Alltagssprache kaum geläufig. Sie stehen meist mit *Uhr: Der Zug fährt 17.15 Uhr von Köln ab* (gesprochen: siebzehn Uhr fünfzehn [Minuten]). *Ich komme um 20 Uhr zu dir* (nicht: *um 20*). *Minute* und *Sekunde* werden auch nach Zahlen gebeugt: *fünf Minuten vor zwölf, zehn Sekunden vor halb fünf.* ↑ Datum; ↑ Zahlen und Ziffern (2).
ultimo / Ultimo: Klein schreibt man das Adverb mit der Bedeutung »am Letzten [des Monats]«: *ultimo Mai.* Groß schreibt man das (kaufmannssprachliche) Substantiv »letzter Tag [des Monats]«: *Zahlungsfrist bis [zum] Ultimo.*
um: Die Präposition *um* wird mit dem Akkusativ verbunden: *Sie wohnt um die Ecke. Sie trug eine Kette um den Hals. Sie saßen um den Tisch. Die Häuser rings um den* (nicht: *um dem*) *Hauptbahnhof.*

Er hat schwarze Ringe um die Augen
(nicht: *um den Augen*). ↑ Rektion.
um / auf: ↑ auf / um.
um [die]: Als Adverb wird *um [die]* gebraucht, wenn man bestimmten Zahlen
Unbestimmtheit verleihen will. Es übt
also keinen Einfluss auf die Rektion des
folgenden Substantivs aus, wie es die
Präposition *um* tut: *Sie kam mit um [die]
zwanzig kleinen Mädchen* (der Dativ *kleinen Mädchen* ist von *mit* abhängig).
umeinander: Man schreibt *umeinander*
immer getrennt vom folgenden Verb: *Sie
sollen sich umeinander kümmern. Sie
waren umeinander besorgt.* In neuer
Rechtschreibung auch: *Er hat die beiden
Schnüre umeinander gedreht.* ↑ Getrennt-
oder Zusammenschreibung (1.4).
um es / darum: ↑ Pronominaladverb (3).
umgehen / umgehen: Die beiden Formen
der Zusammensetzung haben verschiedene Bedeutungen. Die unfeste Zusammensetzung *umgehen* bedeutet entweder »in Umlauf sein« oder »als Erschei-

nung auftreten«: *Die Liste ist in der
Firma umgegangen. In der Ruine ging ein
Gespenst um.* Oder sie bedeutet »in bestimmter Weise behandeln«: *Er geht sehr
nachlässig mit dem guten Buch um. Du
verstehst mit Kindern umzugehen.* Die
feste Zusammensetzung *umgehen* bedeutet »um jemanden, um etwas herum-
gehen« oder »etwas nicht beachten«: *Die
Straße umgeht den Ort. Er hat diese Vorschrift verbotenerweise umgangen. Wir
versuchten die Schwierigkeiten zu umgehen.* ↑ Verb (2.3).
umgekehrt als: Nach *umgekehrt* steht in
der Standardsprache *als: Die Sache verhält sich gerade umgekehrt, als du
denkst.* Die Verwendung von *wie* ist umgangssprachlich.
umher / herum: ↑ herum / umher.
Umlauf: Es heißt: *Die neuen Fünfmarkstü-
cke sind seit dem 1. Oktober in* oder *im
Umlauf.* Aber nur: *Die neuen Münzen
wurden in Umlauf gesetzt.* ↑ in / im (1). Zu
Umlauf- / Umlaufs- ↑ Fugen-s (3.3).

Umlaut

Vom historischen Standpunkt aus bezeichnet man in der deutschen Sprache
mit »Umlaut« die Veränderung (Aufhellung) eines Vokals unter dem Einfluss
eines *i* oder *j* der Folgesilbe. Umlaute sind *ä, ö, ü:*

ahd. *turi,* mhd. *tür,* nhd. *Tür;* ahd. *scōni,* mhd. *schœne,* nhd. *schön;* ahd. *mahtig,*
mhd. *mehtic,* nhd. *mächtig;* ahd. Singular *gast* »Gast, Fremder«, Plural *gesti* »Gäste«;
ahd. Singular *lamb* »Lamm«, Plural *lembir* »Lämmer«; ahd. *lam* »lahm«, *lemjan*
»lähmen«; ahd. *faru* »ich fahre«, *ferist* »du fährst« usw.

Dieser Umlaut hat durch Analogie vielfach weitergewirkt. In der deutschen
Gegenwartssprache lässt sich der Umlaut in kein festes Regelsystem bringen.

1 Umlaut beim Verb

1.1 Umlaut im Konjugationssystem unregelmäßiger Verben

Bei den Verben mit dem Stammvokal *a, au, o* tritt in der 2. und 3. Person Singular Indikativ Präsens Umlaut ein:

fallen, du fällst, er fällt; laufen, du läufst, er läuft; stoßen, du stößt, er stößt.

Ausnahmen sind *schaffen, hauen, saugen, schnauben, kommen.*

Im Konjunktiv II haben die unregelmäßigen Verben mit umlautfähigem Stammvokal *(a, o, u)* ebenfalls Umlaut:

Indikativ Präteritum: ich sang, flog, fuhr; Konjunktiv II: ich sänge, flöge, führe.

Der Konjunktiv II der unregelmäßigen Verben mit nicht umlautfähigem Stammvokal *(i, ie)* hat den gleichen Vokal wie der Indikativ:

Indikativ Präteritum: ich ging, rief, griff; Konjunktiv II: ich ginge, riefe, griffe.

1.2 Umlaut bei abgeleiteten regelmäßigen Verben

Hier sind folgende Arten der Ableitung zu unterscheiden:
- Ableitungen von einfachen Substantiven: Der Umlaut tritt teilweise, aber ohne Regel auf, wobei Doppelbildungen in der Bedeutung unterschieden sind:

  pflügen (von: Pflug), trösten (von: Trost), dämpfen – dampfen (von: Dampf), münden – munden (von: Mund).

- Ableitungen von Adjektiven: Die von Adjektiven abgeleiteten Verben, besonders die Gruppe der Faktitive (Verben des Bewirkens), haben meist Umlaut. Es gibt einige Doppelbildungen mit und ohne Umlaut, die sich in der Bedeutung unterscheiden:

  töten, bräunen; lähmen – lahmen.

- Ableitungen von Verben: Die zu manchen [intransitiven] unregelmäßigen Verben gebildeten transitiven Kausative (Verben des Veranlassens) enthalten gewöhnlich den umgelauteten Vokal der zweiten Stammform des Grundverbs (*ä* wird oft *e* geschrieben):

  tränken (zu: trank, von trinken), setzen (zu: saß, von sitzen), legen (zu: lag, von liegen), führen (zu: fuhr, von fahren); zur ersten Stammform wurden gebildet: fällen, hängen (das *hangen* verdrängt hat).

- Ableitungen mit dem Suffix *-eln:* Bei Verben mit dem Suffix *-eln,* das die kurzfristige Wiederholung, aber auch die Abschwächung oder Intensivie-

U

rung eines Vorgangs oder einer Tätigkeit ausdrückt, ist trotz Umlautfähigkeit nicht immer Umlaut eingetreten:

lächeln (zu: lachen), grübeln (zu: grub, von graben), frömmeln (zu: fromm); (aber:) brummeln, trappeln, wursteln.

2 Umlaut beim Adjektiv

2.1 Umlaut in den Vergleichsformen des Adjektivs

Im Komparativ und Superlativ kann bei den umlautfähigen Wörtern Umlaut eintreten:

alt – älter – älteste; groß – größer – größte; jung – jünger – jüngste.

Umlaut haben zwanzig Adjektive:

alt, arg, arm, hart, kalt, krank, lang, nah, scharf, schwach, schwarz, stark, warm; grob, groß, hoch; dumm, jung, klug, kurz.

Die meisten anderen einsilbigen Adjektive (*blank, froh, bunt* usw.) und alle mehrsilbigen (*mager, lose, dunkel* usw.) mit Ausnahme von *gesund* haben keinen Umlaut.

Manche Adjektive schwanken zwischen Umlaut und Nichtumlaut, besonders im Komparativ:

banger / bänger (bangste / bängste); blasser, auch: blässer (blasseste, auch: blässeste); frommer / frömmer (frommste / frömmste); gesünder, auch: gesunder (gesündeste, auch: gesundeste); glatter, auch: glätter (glatteste, auch: glätteste); karger, auch: kärger (kargste, auch: kärgste); krummer, auch: krümmer (krummste, auch: krümmste); nasser / nässer (nasseste / nässeste); röter, röteste (seltener, vor allem übertragen: roter, roteste); schmaler, auch: schmäler (schmalste, auch: schmälste).

Die Standardsprache bevorzugt hier allerdings immer mehr die nicht umgelauteten Formen (abgesehen von *gesund,* bei dem die umgelauteten Formen vorherrschen). Im Zweifelsfall wählt man daher die nicht umgelautete Form. In den Vergleichsformen umlautende Adjektive verlieren in Zusammensetzungen gelegentlich den Umlaut:

Er ist vielleicht *altkluger,* aber nicht *klüger* als sie.

2.2 Umlaut bei abgeleiteten Adjektiven

Hier sind folgende Arten der Ableitung zu unterscheiden:
– Ableitungen auf *-en* und *-ern:* In Bildungen mit dem Suffix *-en* ist der alte Umlaut meist beseitigt:

golden (veraltet noch: gülden); mit Umlaut: hänfen (neben: hanfen).

Bildungen mit dem Suffix -*ern* haben den Umlaut dagegen behalten: hölzern, gläsern, stählern, tönern, wächsern.

– Ableitungen und Zusammenbildungen mit -*ig:* Bei Ableitungen und Zusammenbildungen mit dem Suffix -*ig* tritt nicht immer Umlaut ein: faltig, langarmig, flachdachig; (aber:) vielfältig, blauäugig, dreitägig, kurzdärmig.

– Ableitungen auf -*isch:* Das Suffix -*isch* bewirkt gewöhnlich bei Wörtern, seltener auch bei Namen Umlaut: närrisch, städtisch, bäurisch, dörfisch, französisch, römisch (zu: Rom); (aber:) kantisch (zu: Kant), hallisch (zu: Halle).

– Ableitungen auf -*lich:* Der Umlaut in den Bildungen mit -*lich* ist meist jung und folgt keiner Regel: wöchentlich, tödlich, ängstlich, öffentlich, häuslich, bräunlich, kläglich, bezüglich; (aber:) staatlich, stattlich, baulich, sorglich, rundlich.

Gelegentlich treten Doppelformen auf: osterlich / österlich, sachlich / sächlich.

3   Umlaut beim Substantiv

Hier ist nur auf den Umlaut bei der Bildung weiblicher Formen zu männlichen Personenbezeichnungen, Tiernamen u. Ä. hinzuweisen (zum Umlaut im Plural ↑ Plural [1]). Diese Bildungen haben teils Umlaut, teils keinen Umlaut: Ärztin, Bäuerin, Göttin, Sächsin; Hündin, Störchin, Häsin. (Aber:) Botin, Gattin, Polin, Sklavin, Genossin.

Zu Fragen der Einsortierung von Umlautschreibungen in Namenslisten und -verzeichnissen ↑ Alphabetisierung.

---

ums: Als umgangssprachliche Verschmelzung von *um* und *das* wird *ums* ohne Apostroph geschrieben. ↑ Apostroph (1.2); ↑ Präposition (1.2.1).
Umsatz: Das Wort *Umsatz* kann mit *von, an* oder *in* verbunden werden. Im kaufmännischen Bereich ist *an* das Übliche: *Der Umsatz an* (seltener: *in, von*) *Messgeräten ist gestiegen.*
umschlagen: Als intransitives Verb, das eine Zustands- oder Richtungsveränderung, einen neuen erreichten Stand

kennzeichnet, bildet *umschlagen* das Perfekt heute mit *sein*. Die früher gelegentlich gebrauchte Umschreibung mit *haben* tritt heute nur noch selten auf: *Heute war der Wind ganz nach Westen hin umgeschlagen* (Th. Mann). *Die Stimmung war völlig umgeschlagen* (Mehnert). ↑ haben (1).
umso: Die bisher schon in Österreich gültige Zusammenschreibung der Konjunktion *(umso besser, umso größer. Sie freute sich umso mehr[,] als niemand ihr den*

Erfolg gegönnt hatte.) ist nach den neuen Rechtschreibregeln künftig allgemein verbindlich. ↑ je (2).

umso mehr, als / umso mehr als: Vor *als* steht in dieser Fügung kein Komma, wenn die Umstandsangabe *umso mehr* mit der Konjunktion *als* als Einheit empfunden wird: *Du musst heute früh ins Bett gehen, umso mehr als du morgen einen schweren Tag hast.* Ein Komma steht aber dann vor *als,* wenn man die Teile nicht als Einheit ansieht: *Du musst heute früh ins Bett gehen, umso mehr, als du morgen einen schweren Tag hast. Er ist es* (= Dichter) *umso mehr, als er gerade nicht noch nach dem Ruhm des Schriftstellers lechzte* (Nigg).

umsonst / vergebens: Obwohl die Verwendung von *umsonst* im Sinn von *vergebens* gelegentlich getadelt wird, ist gegen den schon im Mittelhochdeutschen gebräuchlichen Austausch beider Wörter nichts einzuwenden. Man sollte jedoch auf die verschiedenen Bedeutungen von *umsonst* achten: 1. »unentgeltlich«, 2. »vergebens«, 3. »ohne Grund« (in der Negation: *nicht umsonst* »nicht ohne Grund«): *... er kann nicht widerstehen, wenn er etwas umsonst bekommt* (Remarque). *All ihr Bemühen ist umsonst* (Jens). *Ich bin nicht umsonst Mitglied des Dichterklubs Werdenbrück; wir sind große Fragen gewöhnt* (Remarque). Man kann *umsonst* also nur in seiner zweiten Bedeutung durch *vergebens* ersetzen: *All ihr Bemühen ist vergebens.*

umso weniger, als / umso weniger als: Zum Komma vor *als:* ↑ umso mehr[,] als.

Umstand: Groß schreibt man das Substantiv: *unter Umständen; keine Umstände machen; gewisser Umstände halber.* Klein und zusammen mit *halber* schreibt man die Adverbien *umständehalber, umstandshalber.* Richtig schreibt man also: *Neuwertiges Klavier umständehalber preiswert zu verkaufen.* Aber (wenn eine Beifügung dazukommt): *Neuwertiges Klavier besonderer Um-*

stände halber preiswert zu verkaufen. ↑ Getrennt- oder Zusammenschreibung (2.3).

Umstandsangabe: ↑ Umstandsbestimmung.

Umstandsbestimmung: Unter einer Umstandsbestimmung (adverbialen Bestimmung) ist sowohl eine Umstandsergänzung als auch eine freie Umstandsangabe zu verstehen. Um eine Umstandsergänzung handelt es sich dann, wenn die adverbiale Bestimmung eine notwendige Ergänzung in einem Satz ist. Es gibt Umstandsergänzungen des Raumes, der Zeit, der Art und Weise und des Grundes. Raumergänzung: *München liegt an der Isar* (Frage: wo?). Zeitergänzung: *Die Beratung dauerte zwei Stunden* (Frage: wie lange?). Artergänzung: *Wilhelm benimmt sich schlecht* (Frage: wie?). Begründungsergänzung: *Das Verbrechen geschah aus Eifersucht* (Frage: warum?). Demgegenüber sind Umstandsangaben einem Satz nur frei hinzugefügt, sind also keine notwendigen Ergänzungen. Wie bei der Umstandsergänzung unterscheidet man: Freie Raumangabe: *Man hörte dröhnendes Gelächter aus dem Nebenraum.* Freie Zeitangabe: *Ich besuchte meine Mutter für drei Tage.* Freie Artangabe: *Er lobte seinen Schüler über alle Maßen.* Freie Begründungsangabe: *Sie zog das Gespräch aus taktischen Gründen in die Länge.* Zum Wechsel von einer Artangabe zu einem attributiven Adjektiv *(bitter Klage führen / bittere Klage führen)* ↑ Adjektiv (1.2.12).

Umstandsergänzung: ↑ Umstandsbestimmung.

Umstandsfürwort: ↑ Pronominaladverb.

Umstandssatz: ↑ Adverbialsatz.

Umstandswort: ↑ Adverb.

umstehend: Klein schreibt man das Adjektiv: *die umstehenden Leute.* Groß schreibt man die Substantivierung: *Das Umstehende* (= das auf der anderen Seite Gesagte) *war deutlich genug. Die Umstehenden waren über diesen Vorfall* *entsetzt.* In neuer Rechtschreibung auch: *Im Umstehenden finden sich die näheren Angaben. Er sollte Umstehendes* (= jenes auf der anderen Seite) *beachten.* ↑ folgend; ↑ Groß- oder Kleinschreibung (1.2.1).

um was / worum: Standardsprachlich ist in der Regel das Pronominaladverb *worum: Worum hat er dich gebeten? Ich weiß, worum es geht.* Die Verbindung *um + was (Um was handelt es sich?)* kommt in der Umgangssprache recht häufig vor; sie ist stilistisch unschön. ↑ Pronominaladverb (5).

umwenden: ↑ wenden.

um zu: Das Komma vor *um zu* kann nach den neuen Regeln weggelassen werden: *Er kam um zu helfen / Er kam, um zu helfen.* ↑ Komma (5.1 und 5.2.4).

um zu / zu: Der Gebrauch von *um zu* und *zu* vor einem Infinitiv bereitet gelegentlich Schwierigkeiten (vgl. auch die Artikel ↑ satzwertiger Infinitiv; ↑ Infinitiv; ↑ zu, wo Sätze wie *Die Mutter schickt das Kind zum Bäcker, um Brötchen zu holen* und *Er ging in die Stadt, um dort überfahren zu werden* behandelt sind). **1. um zu:** Der Infinitiv mit *um zu* steht in zwei Arten von Gefügen. Einmal drückt er die Folge einer im Hauptsatz genannten Voraussetzung aus: *Sie ist viel zu aufmerksam, um dies zu übersehen. Er ist gebildet genug, um diese Sätze zu verstehen.* Zum andern drückt der Infinitiv mit *um zu* die Absicht einer im Hauptsatz genannten Person oder den Zweck des im Hauptsatz genannten Geschehens aus: *Ich ging in die Stadt, um für den Sonntag einzukaufen. Sie wählte diese Methode, um die Frage zu lösen.* In beiden Verwendungsweisen sind Sätze wie *Der Wasserfall war zu weit weg, um ihn zu besichtigen* standardsprachlich nicht korrekt, da in der Infinitivgruppe mit *um zu* der Bezug auf das Subjekt im übergeordneten Satz fehlt. Vor allem in der geschriebenen Sprache wird in beiden Verwendungsweisen nicht selten das *um* auch

ausgelassen: *Er ist alt genug, [um] dies zu verstehen. Sie wählte eine neue Methode, [um] die Frage zu lösen.* Dabei ändert sich der Sinn des Satzes nicht; *um zu* und *zu* sind hier miteinander austauschbar, wenngleich *um zu* im Allgemeinen vorgezogen wird.

2. zu: Der Infinitiv steht immer dann mit *zu,* wenn er in der Rolle eines Attributes (einer näheren Bestimmung) steht: *Der Weg, diese Frage zu lösen, ist schwer.* Der Infinitiv *diese Frage zu lösen,* ist eine Beifügung zu *Weg* und antwortet auf die Frage: welcher Weg? Entsprechend: *Deine Fähigkeit, die Menschen zu begeistern, ist groß.* Auch hier lässt sich fragen: welche Fähigkeit? – In diesen Fällen können *zu* und *um zu* nicht miteinander ausgetauscht werden. Der Gebrauch von *um zu* ist hier also falsch. Kein Attribut ist der Infinitiv dagegen in den folgenden Sätzen: *Sie ging diesen Weg / musste diesen Weg gehen, um das Problem zu lösen. Er setzte all seine Fähigkeiten ein, um die Menschen zu begeistern.* Hier steht das *um zu* korrekt (↑ 1). Die beiden Arten von Sätzen sind also streng zu unterscheiden.

3. Infinitiv mit *zu* als Objekt: Der Infinitiv steht immer dann mit *zu,* wenn er in der Rolle eines Objektes steht. In dem Satz *Er ist bereit zur Hilfeleistung* ist *zur Hilfeleistung* ein ↑ Präpositionalobjekt, das auch durch einen Infinitiv ausgedrückt werden kann: *Er ist bereit, ihm zu helfen.* In dem Satz *Sie erinnerte sich seiner* ist *seiner* Genitivobjekt, das auch durch einen Infinitiv ausgedrückt werden kann: *Sie erinnerte sich, ihn gesehen zu haben.* In dem Satz *Ich glaube dies fest* ist *dies* ein Akkusativobjekt, das auch durch einen Infinitiv ausgedrückt werden kann: *Ich glaube fest, ihn mit dieser List zu überwinden.* – In all diesen Fällen ist der Gebrauch von *um zu* nicht korrekt. Hier sind *um zu* und *zu* nicht miteinander austauschbar.

un-: Zweite Partizipien, die als Adjektive

verwendet werden und mit dem Präfix *un-* versehen sind, und von Verben abgeleitete Adjektive mit dem Präfix *un-* können nicht verbal gebraucht werden. Also nicht:*das von mir ungelesene Buch, der von den Abgeordneten unabsetzbare Präsident.* Vgl. dazu auch ↑ Adjektiv (3.1).

unabsetzbar: ↑ un-.

unbekannt: Klein schreibt man das Adjektiv: *eine unbekannte Person; er ist mir unbekannt.* Klein schreibt man auch in der Fügung *sie ist [nach] unbekannt verzogen.* In neuer Rechtschreibung auch: *ein Verfahren gegen unbekannt* (= eine unbekannte Person) *einleiten.* Groß schreibt man die Substantivierung: *du bist der große Unbekannte; eine Gleichung mit mehreren Unbekannten.* ↑ Groß- oder Kleinschreibung (1.2.1).

unbeschadet: Die Präposition *unbeschadet* wird mit dem Genitiv verbunden und kann vor- oder nachgestellt werden. Man verwendet *unbeschadet* sowohl in der Bedeutung »ohne Schaden, Nachteil für« als auch im Sinn von »trotz«: *... deiner verwandtschaftlichen Gefühle unbeschadet ... Er fragte sich, ob er unbeschadet seines Gewissens so handeln könne. ... dass ich so gut wie jeder andere ernsthaft Strebende auf die Ernte hoffen darf, unbeschadet aller Niederlagen ...* (Broch).

unbestimmtes Fürwort: ↑ Indefinitpronomen.

Unbill/Unbilden: Die beiden Wörter, von denen *Unbill* nur im Singular, *Unbilden* nur im Plural steht, haben verschiedene Bedeutung. Der Singular *die Unbill* ist eine alte Substantivierung des mittelhochdeutschen Adjektivs *unbil* »ungemäß«. Dieses Wort wird noch in gehobener Ausdrucksweise im Sinne von »Unrecht, Kränkung« gebraucht: *Er rächte sich für die Unbill, die ihm widerfahren war.* Der Plural *Unbilden* (aus mittelhochdeutsch *unbilde* »Unrecht« zu *unbil* »ungemäß«) wird heute ausschließlich im Sinne von »Unannehmlichkeiten« gebraucht und vor allem auf das Wetter

bezogen: *Ich litt sehr unter den Unbilden des Novemberwetters.* In diesem Sinn kann man den Singular *Unbill* nicht verwenden.

unbrennbar: Obwohl die Adjektive auf *-bar* eigentlich passivischen Sinn haben, gibt es einige Ausnahmen: *Unbrennbare Filme* sind z. B. »Filme, die nicht brennen können«. ↑ -bar.

und: 1. Inversion: Die früher besonders in der Amts- und Kaufmannssprache gebräuchliche ↑ Inversion nach *und* wird heute abgelehnt. Also nicht:*Die Abhaltung der Prüfung wird auf den 10. Juni festgesetzt, und sind die Gesuche um Zulassung bis zum 20. Mai einzureichen.* Sondern:*Die Abhaltung der Prüfung wird ... festgesetzt, [und] die Gesuche um Zulassung sind bis zum 20. Mai einzureichen.* Nicht: *Wir haben Ihre Bestellung notiert, und werden wir ihnen das Buch nach Erscheinen der zweiten Auflage zusenden.* Richtig: *Wir haben ... notiert und wir werden Ihnen das Buch ... zusenden.* Stilistisch noch besser ist hier das Weglassen des zweiten *wir: Wir haben ... notiert und werden ... zusenden.* Inversion nach *und* ist nur dann möglich, wenn eine gemeinsame Umstandsangabe an der Spitze steht, die sich in gleicher Weise auf beide durch *und* verbundene Sätze bezieht; dabei müssen jedoch beide Aussagen parallel stehen, und die zweite darf inhaltlich nicht von der ersten abhängen: *Zu Ostern blühten dieses Jahr die Veilchen und duftete schon der Waldmeister.* Aber nicht:*Glücklicherweise war sie diesmal zu Hause geblieben und traf ich sie an.* (Richtig: *... und ich traf sie an.* Besser:*..., sodass ich sie antraf*). Nicht:*Schon in der Frühe standen wir auf und war das Wetter schön.* (Richtig:*..., denn das Wetter war schön.*) Zur Kommasetzung in diesen Fällen ↑ Komma (2.3).

2. Ersatz von *und* durch *sowie* und *wie*: Es ist unnötig, *sowie* und *wie* im Sinn von *und* zu verwenden, wenn nur zwei Glieder zu verbinden sind. Also nicht:*Die Mädchen sowie die Jungen begannen zu singen.* Sondern: *Die Mädchen und die Jungen begannen zu singen.* Nicht:*Er hatte plötzlich starke Schmerzen im Rücken wie in den Beinen.* Sondern:*Er hatte plötzlich starke Schmerzen im Rücken und in den Beinen.* Gerechtfertigt sind *sowie* und *wie* jedoch, wenn man mit ihnen etwas nachtragen oder ergänzen will, wenn sie also für *und auch, übrigens auch* oder *und außerdem* gesetzt werden: *Die Eltern und auch / sowie die Kinder sind eingeladen.* Gegen die Konjunktionen *sowie* und *wie* ist auch dann nichts einzuwenden, wenn man dadurch mehrere aufeinander folgende *und* vermeidet: *Joseph musste ins Dorf laufen, um für den morgigen Tag allerhand Lampen, Lampions, kleine Fahnen und Flaggen sowie Kerzen und Brennmaterial zu Feuerwerkszwecken einzukaufen* (R. Walser).

3. Hauptsatz mit *und* statt Nebensatz: In älterer Sprache wurde ein Nebensatz zuweilen durch einen Hauptsatz mit *und* ersetzt: *Ich dächte, Herr, und ihr begnügt euch* (Goethe). Mit einem Nebensatz konstruiert, lautet der Satz: *Ich dächte, Herr, dass ihr euch begnügt.* Ein Hauptsatz hat in diesem Beispiel mehr Eigengewicht als ein abhängiger Satz. Konstruktionen dieser Art kommen heute sehr selten vor.

4. Vater und Mutter gingen spazieren: Werden zwei oder mehrere Einzelsubjekte durch *und* verbunden, dann muss das gemeinsame Verb (Finitum) im Plural stehen: *Vater und Mutter gingen* (nicht:*ging*) *spazieren. In dem Haus leben Mutter und Sohn.* ↑ Kongruenz (1.3).

5. hundertzehn / hundertundzehn: Zusammengesetzte Zahlwörter wie dieses können mit oder ohne *und* gebildet werden.

6. Und-Zeichen: Zum Und-Zeichen *&* ↑ Et-Zeichen.

7. Zeichensetzung: Es steht vor *und* kein Komma in Aufzählungen gleichrangiger

Wörter: *Er sollte Käse, Brötchen und Wein mitbringen.* Es steht auch kein Komma, wenn *und* gleichrangige Wortgruppen verbindet: *Sie öffnete die Tür und ging in den Garten.* Dies gilt auch, wenn ein Nebensatz Teil der Aufzählung ist: *Die Mutter kaufte ihr einen Koffer, einen Mantel, ein Kleid und was sie sonst noch für die Reise brauchte.* Es steht nach den neuen Regeln zur Zeichensetzung im Allgemeinen kein Komma, wenn *und* selbstständige gleichrangige Sätze verbindet: *Es wurde immer kälter und der Südwind türmte Wolken um die Gipfel.* Das Komma kann in diesen Fällen aber gesetzt werden, um die Gliederung des Satzgefüges deutlich zu machen. Das ist ebenfalls neu auch bei gleichrangigen Nebensätzen möglich: *Ich weiß, wie sehr du ihn liebst[,] und dass du auch dieses Opfer bringen wirst.* Nach den neuen Regeln zur Zeichensetzung kann das Komma auch weggelassen werden, wenn *und* ein Satzgefüge anschließt, das mit einem Nebensatz oder einer Infinitivgruppe beginnt: *Ich habe ihn oft besucht[,] und wenn er in guter Stimmung war, saßen wir bis spät in die Nacht zusammen. Es waren schlechte Zeiten[,] und um zu überleben, nahm man es mit vielen Dingen nicht so genau.* Das Komma kann zur Gliederung des Satzes auch stehen, wenn dem *und* eine eingeschobene Infinitivgruppe als Zwischensatz vorausgeht: *Wir hoffen[,] Ihre Bedenken zerstreut zu haben[,] und grüßen Sie* ... Ein Komma muss stehen, wenn ein Zwischensatz oder ein Beisatz (eine Apposition) vorausgeht: *Mein Onkel, ein großer Katzenfreund, und seine vierzehn Katzen leben jetzt in einer alten Mühle; Karl, mein Bruder, und ich gingen spazieren* (= 2 Personen); aber ohne Komma: *Karl, mein Bruder und ich gingen spazieren* (= 3 Personen). Man muss auch ein Komma setzen, wenn ein untergeordneter Zwischensatz vorausgeht: *Wir glauben, dass wir richtig gehandelt*

U

haben, und werden diesen Weg weitergehen. Dies gilt ebenso, wenn *und zwar* oder *und das* eine nachgestellte genauere Bestimmung anschließen: *Ich werde kommen, und zwar bald. Sie gab nicht nach, und das mit Recht.* Zur Zeichensetzung ↑ Komma (2.3 und 3.1).

undenkbar / undenklich: Das Adjektiv *undenkbar* bedeutet, dass etwas von jemandem nicht gedacht, nicht vorgestellt werden kann: *Es war [für ihn] undenkbar, dass dies geschah.* Das Adjektiv *undenklich* wird nur noch in Verbindung mit *Zeit* gebraucht: *vor / seit undenklichen Zeiten* »vor / seit weit in der Vergangenheit liegenden Zeiten«.
↑ -lich / -bar.

unendlich: Klein schreibt man das Adjektiv: *das unendliche Meer.* Groß schreibt man die Substantivierung: *Der Weg scheint bis ins Unendliche zu führen.* In neuer Rechtschreibung auch groß: *Sie spielten bis ins Unendliche.* Klein schreibt man *unendlich* als mathematischen Begriff (Zeichen: ∞): *Die Werte von null bis unendlich; das Zeichen für* »*unendlich*«. ↑ Groß- oder Kleinschreibung (1.2.1).

unentgeltlich: Gelegentlich wird *unentgeltlich* fälschlicherweise *unentgeldlich* geschrieben. Das Adjektiv gehört aber nicht zu *Geld,* sondern zu *Entgelt.* ↑ Entgelt.

unentrinnbar: ↑ -bar.

unerachtet: Die veraltende Präposition *unerachtet* wird mit dem Genitiv verbunden: *Unerachtet der Bitten seiner Mutter unternahm er nichts.*

unersetzbar / unersetzlich: Der Bedeutungsunterschied der beiden Adjektive ist nur gering: *ein unersetzbarer / unersetzlicher Verlust. Sie ist als Mitarbeiterin unersetzbar / unersetzlich.* Doch sagt man meist *unersetzlich,* wenn man ausdrücken will, dass jemand oder etwas einzig in seiner Art ist: *Unersetzliche Werte gingen verloren.* ↑ -lich / -bar.

Unfallbeteiligte: ↑ Beteiligte.

unfassbar: **1. Unfassbar für uns alle …:** Die in Todesanzeigen häufig gebrauchte Formulierung *Unfassbar für uns alle ist unser lieber Freund und Mitarbeiter … von uns gegangen* enthält einen unklaren Bezug: Nicht der Freund ist *unfassbar,* sondern die Tatsache, dass er *von uns gegangen* ist. Besser schreibt man deshalb: *Wir betrauern den unfassbaren Verlust unseres lieben Freundes …*
2. unfassbar / unfasslich: Zwischen den beiden Adjektiven besteht kaum ein Bedeutungsunterschied, jedoch wird *unfasslich* seltener gebraucht: *ein unfassbares /* (seltener:) *unfassliches Ereignis. Es war mir unfassbar, wie so etwas geschehen konnte.* ↑ -lich / -bar.

unfern: Die Präposition *unfern* wird mit dem Genitiv verbunden: *Unfern des Doms befinden sich die Ägidienkirche und das St.-Annen-Museum.* Die Verbindung mit dem Dativ ist veraltet und heute nur noch umgangssprachlich: *Unfern dem Bahnübergang kam es zu einem schweren Verkehrsunfall.* Auch der Anschluss mit *von* ist möglich. Dann ist aber *unfern* keine Präposition, sondern ein Adverb: *unfern vom dem Hause. Sie hatte sich eine Weile lang unfern von Meingast in die Wiesen gestellt* (Musil).

unförmig / unförmlich: Das Adverb *unförmig* bedeutet »plump, ohne Proportionen«: *ein unförmiger Körper.* Das Adjektiv *unförmlich* dagegen bedeutet »nicht an konventionelle oder angemessene Verhaltensweisen gebunden«: *eine unförmliche Ausdrucksweise.*
↑ -ig / -isch / -lich.

unfreundlich: Das von *unfreundlich* abhängende Substantiv (Pronomen) wird heute allgemein mit der Präposition *zu* angeschlossen. Der Anschluss mit *gegen* ist nicht mehr sehr gebräuchlich: *Warum warst du heute morgen so unfreundlich zu ihm* (seltener: *gegen ihn*)? *Er war sehr unfreundlich zu Ihnen* (seltener: *gegen Sie*).

-ung: **1. schwerfällige Substantivbildungen**

auf *-ung:* Zusammengebildete Substantive auf *-ung*, d. h. substantivische Ableitungen aus syntaktischen Fügungen mithilfe des Suffixes *-ung*, sind oft sehr schwerfällig und sollten deshalb am besten vermieden werden. Es handelt sich dabei vor allem um jüngere Bildungen, die [aus dem Bedürfnis nach Kürze des Ausdrucks] vorwiegend in der Geschäfts- und Amtssprache entstanden sind: *Zurverfügungstellung, Inverkehrsetzung, Verantwortlichmachung, Außerdienststellung, Außerachtlassung, Inbetriebsetzung* u. Ä. Solche Zusammenbildungen lassen sich fast immer ohne Mühe durch die entsprechenden verbalen Wendungen ersetzen: *Die Inbetriebsetzung der Maschine erfolgt erst morgen.* Besser: *Die Maschine wird erst morgen in Betrieb gesetzt. Bei Außerachtlassung dieser Vorschriften erfolgt Strafe.* Besser: *Wer diese Vorschriften nicht beachtet, wird bestraft.* Dazu auch ↑ Nominalstil; ↑ Papierdeutsch.
2. Zu den Verbalsubstantiven auf *-ung* und den entsprechenden suffixlosen Bildungen *(Einwand – Einwendung; Entschluss – Entschließung)* ↑ Verbalsubstantiv; zum Fugenzeichen bei Zusammensetzungen mit Bestimmungswörtern auf *-ung* ↑ Fugen-s (1.3).

ungarisch: Groß schreibt man *ungarisch* in ↑ Namen: *die Ungarische Rhapsodie* (von Liszt), *das Ungarische Tiefland.*

ungeachtet: Die Präposition *ungeachtet* regiert den Genitiv, der Dativ ist veraltet. Sie kann vor oder seltener nach dem Substantiv stehen: *ungeachtet ihres handwerklichen Könnens ...* Nachgestellt: *... dass das System, aller gegenteiligen Erfahrungen ungeachtet, dergleichen aus Grundsatz für möglich halten musste* (Bergengruen).

ungeachtet dass: Vor *dass* steht kein Komma, weil *ungeachtet dass* als Einheit empfunden wird: *Er rettete ihn, ungeachtet dass er selbst nicht schwimmen konnte.* Ein Komma steht aber vor *dass,* wenn das Demonstrativpronomen *dessen* hinzutritt: *Er rettete ihn, ungeachtet dessen, dass er selbst nicht schwimmen konnte.*

ungefähr: Das Adverb *ungefähr* kann heute auch als Adjektiv in attributiver Stellung gebraucht werden: *Er konnte sich nur eine ungefähre Vorstellung machen. Es gelang meinem regelmäßig betonten Atem, seinem Puls eine ungefähre Regelmäßigkeit zu empfehlen* (Grass). *... um eine ungefähre Marschordnung in die Menschen hineinzuprügeln* (Apitz). Zur Stellung des Adverbs *ungefähr* bei Präpositionalgefügen *(in ungefähr acht Tagen / ungefähr in acht Tagen)* ↑ Adverb (4).

ungefrühstückt: Das Partizip *ungefrühstückt* wird seit langem im Sinne von »ohne gefrühstückt zu haben« (also mit aktivischer Bedeutung) gebraucht: *Ungefrühstückt mussten wir aufbrechen.* Das ist im Grunde nicht korrekt, es wird heute meist nur scherzhaft gesagt. ↑ zweites Partizip (2.2).

ungeheuer: Bei *ungeheuer* fällt, wenn es dekliniert wird, das *e* der Endungssilbe aus: *eine ungeheure Verschwendung.* ↑ Adjektiv (1.2.13).

ungelesen: ↑ un-.

ungenutzt / ungenützt: Beide Formen des Wortes sind gebräuchlich, jedoch wird in der Standardsprache *ungenutzt* vorgezogen: *eine gute Gelegenheit ungenutzt [verstreichen] lassen.* Die Form mit Umlaut *(ungenützt)* ist landschaftlich. ↑ nutzen / nützen (1).

ungerechnet: Als Präposition wird *ungerechnet* mit dem Genitiv verbunden *(ungerechnet der Nebenkosten).*

ungestalt / ungestaltet: ↑ -gestalt / -gestaltet.

ungewiss: Klein schreibt man das Adjektiv: *Sie ist für eine ungewisse Zeit weggefahren.* Groß schreibt man die Substantivierung: *Er nahm das Gewisse fürs Ungewisse. Sie unternahmen eine Fahrt ins Ungewisse. Sie steigerten dies ins Unge-*

wisse. In neuer Rechtschreibung auch: *ins Ungewisse leben; im Ungewissen bleiben, lassen, sein.* ↑ Groß- oder Kleinschreibung (1.2.1).

ungezählt: Das auf *ungezählt* folgende Adjektiv oder substantivierte Adjektiv wird parallel gebeugt: *ungezählte schwere Verstöße, die Gehälter ungezählter kleiner Beamter, gegen ungezählte unsichtbare Feinde kämpfen.*

ungleich: Der Gebrauch von *ungleich* vor einem Komparativ wird bisweilen kritisiert mit der Begründung, dass durch den Komparativ bereits eine Ungleichheit ausgedrückt sei: *Diese Straße ist ungleich besser als jene. Die neue Lampe verbreitet ein ungleich angenehmeres Licht als die alte. ... da doch eine Einigung in der Abrüstungsfrage noch ungleich komplizierter erscheint* (Augstein). Gegen diese Verwendungsweise von *ungleich* ist jedoch heute nichts mehr einzuwenden, weil das Wort in diesem Fall im Sinne von »viel, weitaus, wesentlich, erheblich« gebraucht wird, also verstärkenden Sinn hat.

uni: Das für Textilien, Tapeten u. a. gebrauchte Adjektiv *uni* »einfarbig, nicht gemustert« (gesprochen [ˈʏni / yˈniː]) kann nicht gebeugt werden: *ein uni Chiffonkleid.* Als Attribut (Beifügung) wird es meistens durch eine Zusammensetzung ersetzt: *ein unifarbener Stoff.* Die Groß- und Kleinschreibung wird wie bei Farbbezeichnungen gehandhabt: *Das Kleid ist uni, uni blau, Stoffe in uni Blau,* aber:*Stoffe in Uni.* ↑ blau (1); ↑ Farbbezeichnungen (2.2).

universal: Das Adjektiv *universal* »umfassend, weltweit« lässt eigentlich keine Steigerung zu, es wird aber manchmal zur Verstärkung des Ausdrucks im Superlativ gebraucht. In gutem Deutsch sollte man dies nicht tun, also: *ein Mann von universaler (* nicht:*universalster) Bildung.* ↑ Vergleichsformen (3.1).

unklar: Klein schreibt man das Adjektiv: *Sie lebt in unklaren Verhältnissen.* Groß

schreibt man die Substantivierung: *Das Unklare daran ist, dass ...* In neuer Rechtschreibung auch: *im Unklaren sein, bleiben; jmdn. im Unklaren lassen.* ↑ Groß- oder Kleinschreibung (1.2.1).

Unkosten: Bei dem Substantiv *Unkosten* hat das Präfix *Un-* nicht, wie gelegentlich fälschlicherweise angenommen wird, verneinenden Sinn (wie etwa bei den Wörtern *Undank, Unvermögen, Untreue, Ungehorsam*), das Präfix *Un-* wird hier vielmehr verstärkend gebraucht (ähnlich wie bei den Wörtern *Ungewitter, Unmenge, Unzahl* u. Ä.). Früher bedeutete *Unkosten* so viel wie »schlimme, unangenehme Kosten«. Heute ist der Bedeutungsunterschied zu *Kosten* nicht mehr sehr groß. Man gebraucht das Wort *Unkosten* jedoch vorwiegend dann, wenn es sich um [unvorhergesehene] Geldausgaben handelt, die neben den normalen Lebenshaltungskosten entstehen: *Durch ihren Unfall sind ihr erhebliche Unkosten entstanden. Sie hat sich diesen Monat in Unkosten gestürzt. Ein edler Spender ... hat bereits einen namhaften Betrag zur Verfügung gestellt, der einen erheblichen Teil der Unkosten decken wird* (Kirst). *... wer wollte ... sich für einen Menschen, einen missliebigen Menschen, in geistige Unkosten stürzen* (Maass). In der Geschäftspraxis werden oft die Aufwendungen, die zu den Betriebskosten im engeren Sinn hinzukommen, als *Unkosten* bezeichnet: *Die Reparatur der Büromöbel hat größere Unkosten verursacht. Die Unkosten, die durch den Arbeitsausfall entstanden sind, übernehmen wir.* In der Fachsprache der Betriebswirtschaftslehre ist der Ausdruck *Unkosten* jedoch nicht zulässig, dort wird nur von *Kosten* (Gemeinkosten) gesprochen.

Unmasse: Wenn nach dem umgangssprachlichen *eine Unmasse* (= sehr viel) die Angabe, woraus die Unmasse besteht, im Plural folgt, steht in der Regel das Verb (Finitum) im Singular, weil ja das Subjekt *(Unmasse)* formal ein Singular ist: *Eine Unmasse Menschen war vor dem Rathaus versammelt.* Oft wird aber nach dem Sinn konstruiert und das Verb (Finitum) in den Plural gesetzt: *Eine Unmasse Menschen waren vor dem Rathaus versammelt.* ↑ Kongruenz (1.1.3).

unpersönliche Verben: Unter den unpersönlichen Verben oder Impersonalia versteht man solche Verben, die üblicherweise kein persönliches Subjekt haben, sondern nur mit dem unpersönlichen *es* als Subjekt verbunden werden: *Es regnet. Es schneit,* gegenüber: *Ich springe, du springst, er, sie, es* (= das Kind) *springt.* Eine Reihe von Verben kann sowohl persönlich als auch unpersönlich gebraucht werden. Hierzu gehören Wachstumsverben *(Es blüht. Es grünt. – Die Blume blüht. Die Wiese grünt),* Geräuschverben *(Es klopft, knistert, pocht, poltert, raschelt u. a. – Der Specht klopft. Das Feuer knistert. Das Stroh raschelt)* und Verben körperlicher und seelischer Empfindung. Bei den Verben körperlicher und seelischer Empfindung tritt bei unpersönlichem Gebrauch die Person in den Akkusativ: *Es friert, hungert, dürstet mich.* Tritt der Akkusativ vor das Verb, dann fällt das unpersönliche Subjekt *es* weg und es heißt: *Mich friert, hungert, dürstet* u. a.

unrecht / Unrecht: Klein schreibt man *unrecht* in festen Verbindungen, wenn das Adjektiv *unrecht* zugrunde liegt: *Er hat ihm unrecht getan. Es ist unrecht.* Groß schreibt man, wenn das Substantiv *Unrecht* zugrunde liegt: *jmdm. ein Unrecht tun; zu Unrecht. Besser Unrecht leiden als Unrecht tun. Es geschieht ihr Unrecht. Er ist im Unrecht. Sie begeht kein Unrecht.* In neuer Rechtschreibung auch: *Er wird Unrecht bekommen. Sie wird Unrecht haben.* ↑ recht / Recht; ↑ Groß- oder Kleinschreibung (1.2.1).

unregelmäßige Verben: ↑ Konjugation (2.2).

unrentabel: Bei *unrentabel* fällt, wenn es dekliniert oder gesteigert wird, das *e* der

Endungssilbe aus: *ein unrentables Unternehmen. Unrentabler kann man gar nicht wirtschaften.* ↑ Adjektiv (1.2.13).

unrettbar: Das Adjektiv *unrettbar* kann nicht gesteigert werden. ↑ Vergleichsformen (3.1).

uns / sich: ↑ Kongruenz (2.1).

unsagbar / unsäglich: Beide Adjektive werden in gleicher Weise mit der Bedeutung »unbeschreiblich, überaus groß« gebraucht: *unsagbares / unsägliches Leid. Sie war unsagbar / unsäglich glücklich.* ↑ -lich / -bar.

unser: Groß schreibt man das Pronomen *unser* in ↑ Namen: *Unsere Liebe Frau* (= Maria); *Unserer Lieben Frau[en] Kirche.* Klein schreibt man das besitzanzeigende Fürwort: *Das ist unsere neue Wohnung.* Klein schreibt man *unser* auch dann, wenn es mit dem Artikel steht, sich aber auf ein vorausgegangenes Substantiv bezieht: *Wessen Bücher sind das? Es sind die unser[e]n / unsrigen.* Groß schreibt man das substantivierte Pronomen: *Das Unsere ist es, …* Klein oder wie bisher groß schreibt man in neuer Rechtschreibung das besitzanzeigende Fürwort in Verbindung mit dem bestimmten Artikel o. Ä.: *Wir wollen das Unsere / das Unsrige oder das unsere / das unsrige tun. Dort kommen die Unser[e]n / Unsren / Unsrigen* oder *die unser[e]n / unsren / unsrigen* (= unsere Leute). ↑ Groß- oder Kleinschreibung (1.2). Zum *e*-Ausfall ↑ Possessivpronomen (1).

unser / uns[e]rer: Der Genitiv Plural des Personalpronomens der 1. Person *(ich, wir)* lautet *unser: Wir waren unser fünf. Erbarme dich unser.* Nicht korrekt ist die Form *unserer,* die zum Possessivpronomen gehört. ↑ Personalpronomen (2).

unsere / unsre: Zum Ausfall eines unbetonten *e* im Possessivpronomen *unser* ↑ Possessivpronomen (1).

unserer Tante ihr Haus: ↑ Genitivattribut (1.3.2).

unser[e]twegen / wegen uns: ↑ wegen (2).

unser von mir selbst abgeschickter / abgeschickte Brief: Bei *unser* gehört die zweite Silbe zum Wortstamm, sie ist keine Deklinationsendung wie bei *dieser*. Das nachfolgende Adjektiv wird deshalb stark gebeugt: *unser von mir selbst abgeschickter* (nicht: *abgeschickte*) Brief. (Aber: *dieser ... abgeschickte Brief.*)

unsinkbar: Wegen seines aktivischen Sinnes »nicht sinken könnend« entspricht das in der Fach- und Werbesprache gebräuchliche Adjektiv *unsinkbar* (z. B. *unsinkbares Kunststoffboot*) nicht dem üblichen Muster der *-bar*-Bildungen in der deutschen Gegenwartssprache. ↑ -bar.

unsrige / Unsrige: ↑ unser.

unsühnbar: Das Adjektiv *unsühnbar* kann nicht gesteigert werden. ↑ Vergleichsformen (3.1).

unten erwähnt / stehend: In neuer Rechtschreibung werden *unten erwähnt / stehend* getrennt geschrieben, weil auch die zugrunde liegende Verbindung aus Adverb und Verb *unten erwähnen / stehen* getrennt geschrieben wird.

unter: 1. *unter* **als Präposition mit Dativ oder Akkusativ:** Die Präposition *unter* kann mit dem Dativ oder mit dem Akkusativ stehen, je nachdem, ob das durch das Verb ausgedrückte Verhalten lagebezogen (Dativ) oder richtungsbezogen (Akkusativ) bestimmt ist. Dativ (wo?): *Der Hund liegt unter dem Tisch.* Akkusativ (wohin?): *Der Hund legt sich unter den Tisch.* Wo die Raumvorstellung jedoch völlig geschwunden ist, regiert *unter* den Dativ: *Kinder unter sechs Jahren, unter aller Würde, unter allen Umständen.*

2. *unter* **als Adverb:** Das Wort *unter* kann auch als Adverb eingesetzt werden, um bestimmten Zahlen Unbestimmtheit zu verleihen. Dass *unter* in diesen Fällen ein Adverb und keine Präposition ist, kann man daran erkennen, dass es keinen Einfluss auf die Deklinationsform des folgenden Substantivs ausübt: *Unter drei Gläser Wein trinkt er nicht. Für Kinder,* die unter zwölf Jahre alt sind, ist der Film nicht geeignet. Lässt man *unter* fort, dann bleibt die Satzkonstruktion erhalten: *Die Wassertemperaturen waren dieses Jahr meist unter* (= weniger als) *20 °C. Die Wassertemperaturen waren dieses Jahr meist 20 °C.* Das Weglassen von *unter* ist dagegen nicht möglich, wenn es als Präposition gebraucht wird, z. B. in dem Satz: *Kinder unter zwölf Jahren haben keinen Zutritt.* Als Adverb übt *unter* auch dann keine Rektion aus, wenn es in einem Präpositionalattribut steht: *Es betrifft alle Städte von unter 10 000 Einwohnern.* Der Dativ *Einwohnern* ist in diesem Falle nicht von *unter,* sondern von der Präposition *von* abhängig.

3. die unter Siebzigjährigen: ↑ über (3).

unterbringen: Das Verb *unterbringen* wird gewöhnlich mit dem Dativ (Frage: wo?) verbunden: *Kannst du den Anzug noch im Koffer unterbringen?*

Unterbringung: Anders als bei dem Verb ↑ unterbringen ist bei dem davon abgeleiteten Substantiv auch der Akkusativ üblich. Es kann heißen *die Unterbringung in einem Krankenhaus* oder *die Unterbringung in ein Krankenhaus,* je nachdem, ob die Lage- (Dativ, Frage: wo?) oder die Richtungsvorstellung (Akkusativ, Frage: wohin?) vorherrschend ist.

unter der Bedingung, dass: Das Komma steht wie bei einfachem *dass.* Die Verbindung *unter der Bedingung* gehört also zum Hauptsatz: *Ich übernehme den Auftrag unter der Bedingung, dass du mir hilfst.*

unter der Hand: In neuer Rechtschreibung wird getrennt geschrieben: *Er tat es unter der Hand* (= im Stillen, heimlich). *Sie hat es unter der Hand verkauft.*

Unterdruck: Der Plural von *Unterdruck* (= zu geringer Druck) lautet *die Unterdrücke* (nicht: *die Unterdrucke*). ↑ Druck.

untereinander: Man schreibt *untereinander* immer getrennt vom folgenden Verb: *Sie haben untereinander getauscht.*

In neuer Rechtschreibung auch: *Die Bücher haben untereinander gestanden. Sie haben alles untereinander gestellt.* ↑ Getrennt- oder Zusammenschreibung (1.4).
unter es / darunter: ↑ Pronominaladverb (3).
unter »ferner liefen«: ↑ ferner.
Unterführung: Als Unterführung bezeichnet man beim Schreiben oder im Druck das Ersetzen gleicher untereinander stehender Wörter (in listenartigen Aufführungen) durch das so genannte Unterführungszeichen:

> *steuerfreie Beträge des Ehemannes*
> „   „   *der Ehefrau*

Das Unterführungszeichen wird auch dann unter jedes einzelne Wort gesetzt, wenn die Wörter nebeneinander stehend ein Ganzes bilden, z. B.:

> *Frankfurt am Main*
> „   „

Zahlen werden nicht unterführt, z. B.:

> *12 Pfund Mehl*
> *12* „   *Zucker*
> *12* „   *Butter*

Steht hinter einem Wort, das unterführt wird, ein Satzzeichen, so entfällt es bei der Unterführung, z. B.:

> *6 Pfund Zucker, lose*
> *6* „   „   *abgepackt*

Wird bei einer Zusammensetzung mit Bindestrich der erste Bestandteil unterführt, so gilt die Unterführung auch für den Bindestrich, z. B.:

> *Mainz-Gonsenheim*
> „   *Bretzenheim*

Wird jedoch bei einer Zusammensetzung mit Bindestrich der zweite Bestandteil unterführt, so muss der Bindestrich wiederholt werden, z. B.:

> *e-Laut*
> *ä-* „
> *20-Pfennig-Briefmarke*
> *50-* „   „
> *80-* „   „

untergraben / untergraben: Die beiden Formen der Zusammensetzung haben verschiedene Bedeutungen. Die unfeste Zusammensetzung *untergraben* bedeutet »durch Graben darunter bringen«: *Er hat den Dünger untergegraben, er gräbt ihn unter.* Die feste Zusammensetzung *untergraben* wird nur übertragen im Sinne von »langsam zerstören, schwächen« gebraucht: *Sie untergraben die staatliche Ordnung, haben sie untergraben.* ↑ Verb (2.3).
unterhalb: Als Präposition wird *unterhalb* mit dem Genitiv verbunden: *unterhalb des Hauses; der Neckar unterhalb Heidelbergs.* Es ist hierbei nicht korrekt, einen Ortsnamen ungebeugt zu lassen. Man kann aber ein *von* einschalten: *der Neckar unterhalb von Heidelberg.* In diesem Falle ist *unterhalb* nicht Präposition, sondern Adverb. ↑ geographische Namen (1.1.1); ↑ Ortsnamen (2).
Unterhalt / Unterhaltung: Das Substantiv *der Unterhalt* »Kosten für die Lebenshaltung« wird meist auf Personen angewandt: *den Unterhalt der Familie bestreiten. Sie will zu meinem Unterhalt beitragen.* Das Substantiv *die Unterhaltung* wird im Sinne von »Pflege, Erhaltung« meist auf Sachen angewandt: *Die Unterhaltung der Gebäude übernimmt die Stadt. Das Auto ist in der Unterhaltung sehr teuer.* Entsprechend heißt es *Unterhaltungskosten* (nicht: *Unterhaltskosten*) *eines Gebäudes.*

U

Unterlassung der Deklination

Häufig gestellte Fragen zur Unterlassung der Deklination	
Frage	Antwort unter
Ist die Unterlassung der Deklination in Fällen wie *die Dichter des Sturm und Drang, die Beziehung zwischen Arzt und Patient* zulässig?	dieser Artikel, Punkt (1.1)
Ist die Unterlassung der Deklination in Fällen wie *ein Forstmeister mit Assistent, eine Seele von Mensch* zulässig?	dieser Artikel, Punkt (1.2), (1.3)
Müssen Substantivierungen wie *des modernen Deutsch, eines gewissen Jemand* gebeugt werden?	dieser Artikel, Punkt (1.5)
Heißt es *des Automats* oder *des Automaten, dem Kometen* oder *dem Komet, den Patienten* oder *den Patient?*	dieser Artikel, Punkt (2.1.2)

Es ist zu unterscheiden zwischen standardsprachlich anerkannter und nicht anerkannter Unterlassung der Deklination. Die nicht gebeugte Form entspricht stets dem Nominativ. Zu diesem Kapitel vgl. man auch die Stichwörter ↑ Abkürzungen (3); ↑ Brief (1); ↑ geographische Namen (1); ↑ Maß-, Mengen- und Münzbezeichnungen (1, 2 und 3); ↑ Monatsnamen (1); ↑ nördlich (1); ↑ Personennamen (2 und 3); ↑ Substantiv (1.4); ↑ Titel und Berufsbezeichnungen (1); ↑ Völker- und Stammesnamen (3); ↑ Wortpaar; ↑ Wochentage; ↑ wegen (1).

1   Anerkannte Unterlassung der Deklination
1.1   Bei Wortpaaren
1.1.1 Nichtbeugung des ersten Gliedes
1.1.2 Nichtbeugung beider Glieder
1.2   Bei artikellosen schwach gebeugten Substantiven
1.3   Bei Substantiven nach der Präposition *von*
1.4   Bei nur angeführten Substantiven
1.5   Bei Substantivierungen
2   Nicht anerkannte Unterlassung der Deklination
2.1   Bei schwach gebeugten Wörtern
2.1.1 Deutsche Wörter und Lehnwörter
2.1.2 Fremdwörter

1   Anerkannte Unterlassung der Deklination

1.1 Bei Wortpaaren

Bei Wortpaaren im Singular, die mit *und* verbunden sind, gibt es zwei Arten der Nichtbeugung. Im ersten Fall wird nur das erste Glied nicht gebeugt, im zweiten Fall werden beide Glieder nicht gebeugt.

1.1.1 Nichtbeugung des ersten Gliedes: Das Wortpaar wird als formelhafte Einheit empfunden:

> trotz Sturm und Regens; die Dichter des Sturm und Drangs; ein Stück Grund und Bodens (Weinheber); Verwendung seines Fleisch und Blutes (Ina Seidel).

Seltener und auffallender ist in poetischer Sprache die Nichtbeugung bei nicht formelhaft empfundenen Verbindungen. Hier wird die Pluralendung des ersten Gliedes aus rhythmischen Gründen erspart:

> an Tier und Vögeln fehlt es nicht (Goethe). Seid vergessen tag und nächte! (George).

1.1.2 Nichtbeugung beider Glieder: Die Nichtbeugung beider Glieder tritt besonders im Dativ und Akkusativ Singular auf, wenn weder ein Artikel noch ein Adjektiv die Substantive konkreter bestimmen und wenn zudem bei schwacher Beugung Verwechslung mit dem Plural eintreten kann:

> Ich sag es Fürst und Edelmann (Münchhausen); das Verhältnis zwischen Patient und Arzt; die Grenze zwischen Affe und Mensch.

Bei der Beugung eines schwachen Substantivs wird nicht deutlich, ob der Dativ, Akkusativ Singular oder der Plural gemeint ist:

> die Kluft zwischen Fürsten und Volk (Ist nur ein Fürst oder sind mehrere Fürsten gemeint?). Der Krieg trennt wohl noch viel grausamer Herz von Herzen (Raabe).

Die Beugung eines schwachen Substantivs bezeichnet also formal immer Plural und Singular zugleich:

> die Beziehungen zwischen Produzenten und Konsumenten; der Unterschied zwischen Affen und Menschen.

Wenn keine Verwechslung möglich ist, empfindet man auch bei schwach gebeugten Substantiven die Nichtbeugung als auffallend:

Nun setze dich dahin zwischen Herr und Frau Dörr (Fontane). (Üblich: zwischen
Herrn und Frau Dörr.)

1.2 Bei artikellosen schwach gebeugten Substantiven

Die unter 1.1.2 besprochene Unterlassung der Deklination tritt auch ein,
wenn ein schwach gebeugtes Substantiv allein oder innerhalb einer Aufzählung ohne Artikel oder Attribut steht, wie das in sachbezogenen Texten oft
vorkommt. Die Beugungsendung -en würde auch hier zur Verwechslung mit
dem Plural führen:

Besetzung: ein Forstmeister mit Assistent. Am Wortende nach Konsonant (nicht:
Konsonanten) spricht man … Das Gesuch muss Name (nicht: Namen), Beruf und
Anschrift des Antragstellers enthalten.

1.3 Bei Substantiven nach der Präposition *von*

Ein der Präposition *von* folgendes allein stehendes, singularisches Substantiv
in appositioneller Stellung steht in der Nominativform, wenn das vor der Präposition stehende Substantiv im Nominativ steht:

eine Seele von Mensch, ein armer Teufel von Philologe (Schücking). … da wurde er so
eine Art von Sachverständiger (Fallada).

Tritt dagegen vor das Substantiv nach der Präposition *von* ein unbestimmter
Artikel oder ein attributives Adjektiv, dann steht das Substantiv im Dativ:

Steh stramm, du pflichtvergessener Lump von einem Feldwebel! (Remarque). … und
links hinten noch eine Art von zweistöckigem, hölzernem Schuppen (Remarque).

Steht das vor der Präposition *von* stehende Substantiv im Genitiv, im Dativ
oder im Akkusativ, dann wird das folgende Substantiv überwiegend gebeugt:

Zuhörer, welche eine Art (Akk.) von Propheten in ihm vermutet hatten (Hesse); diesen
Hohlkopf (Akk.) von Prinzen (Th. Mann); deinem dummen Teufel (Dat.) von Neffen
(I. Kurz).

Im Plural steht standardsprachlich im Allgemeinen der Dativ:

ein Kleeblatt von Schmarotzern (Remarque). Nun gibt es aber eine so verteufelte
neuere Art von Hosenträgern (Bamm). … eines von jener bestimmten Art von
Träumen allerdings, die wir kennen (Schnabel).

Daneben kommen aber auch Beispiele ohne Endung vor:

die Teufel von Indianer; die Teufelskerls von Amerikaner (Hausmann).

Diese Nichtbeugung geht von Fällen aus, in denen zwischen Dativ Plural und Nominativ Plural kein Unterschied besteht:

diese armen Hühner von Studentinnen (V. Baum); wenn sich Männer in die Affen von Mädchen verlieben (R. Huch).

1.4 Bei nur angeführten Substantiven

Nur angeführte Substantive stehen stets im Nominativ und vielfach in Anführungszeichen:

die Beugung von »Dirigent«; »Baum« ist der Singular zu »Bäume«; was man so *Idealist* nennt. Der Wirt nannte mich Graf und dann Exzellenz (Immermann). Ich habe Drogist gelernt (Kreuder).

1.5 Bei Substantivierungen

Viele Substantivierungen (Ausnahme: substantivierte Infinitive) können ungebeugt stehen, weil sie keine ursprünglichen Substantive sind. Die Beugung wird jedoch schon oft angewendet:

meines geliebten Deutsch[s], des modernen Deutsch (Porzig), das Gesicht meines Gegenüber (Hesse), eines gewissen Jemand[s], diese Niemand (Kafka), des Schwarz[es], des Weiß[es]; (aber:) des Blaus, des Rots († Farbbezeichnungen); die Maßlosigkeit … seines anderen Ich (Th. Mann); der Schein des Ists (FAZ); diese »Irgendjemands« (Quick).

Standardsprachlich ohne Beugung stehen die als Substantive gebrauchten Buchstaben:

das A, des A, die A usw.; Verwandlung des A … in O (Flake); anstatt des o (H. Mann)

und Substantivierungen wie:

viele Wenn und Aber, die Unbedingtheit dieses Entweder-oder, die Philosophie des Als-ob.

2   Nicht anerkannte Unterlassung der Deklination

2.1 Bei schwach gebeugten Wörtern

Es besteht eine starke Neigung, bei schwach gebeugten maskulinen Substantiven im Dativ und Akkusativ Singular die Deklinationsendung abzuwerfen und die Substantive dadurch zu starken zu machen:

den Gendarm (Fallada; statt: den Gendarmen), den Kurfürst (W. Schäfer; statt: den Kurfürsten), einen ausgezeichneten Geck (Hofmannsthal; statt: Gecken). Die Mütze gehört diesem Bub (statt: diesem Buben). Ich nenne ihn einen Held (statt: einen Helden).

Die starken Formen werden dann auch auf den Genitiv übertragen:

die Mütze des Bubs (statt: des Buben); das Auftreten dieses Gecks (statt: dieses Gecken); mit des Markgrafs (statt: des Markgrafen) Weib (G. Hauptmann).

Hier handelt es sich also nicht nur um Unterlassung der Beugung, sondern um einen Wechsel der Deklinationsklasse, der aber fast ausschließlich den Singular betrifft. Im Plural bleiben diese Substantive – mit wenigen fachsprachlichen Ausnahmen (↑Rammbär) – schwach. Zusammengesetzte Substantive werden leichter von diesem Deklinationswechsel erfasst als eingliedrige:

des Buchfinks (statt: des Buchfinken), des Dompfaffs (statt: des Dompfaffen), des Schmutzfinks (statt: des Schmutzfinken), des Teddybärs (statt: des Teddybären).

Bei einigen Substantiven, die früher nur schwach gebeugt wurden, hat sich allerdings die starke Beugung im Singular neben der schwachen durchgesetzt:

der Ahn, Genitiv: des Ahns oder des Ahnen; der Untertan, Genitiv: des Untertans, auch: des Untertanen; der Bauer, Genitiv: des Bauern, selten: des Bauers; der Spatz, Genitiv: des Spatzen, auch: des Spatzes; der Oberst, Genitiv: des Obersten oder des Obersts, Plural: die Obersten, seltener: die Oberste.

2.1.1 Deutsche Wörter und Lehnwörter: Bei den folgenden deutschen oder entlehnten Substantiven ist die Unterlassung der Deklination nicht korrekt:

des Bärs, dem, den Bär statt: des Bären, dem, den Bären; dem, den Bub statt: dem, den Buben; dem, den Bursch statt: dem, den Burschen; des Finks, dem, den Fink statt: des Finken, dem, den Finken; des Gecks, dem, den Geck statt: des Gecken, dem, den Gecken; dem, den Held statt: dem, den Helden; dem, den Hirt statt: dem, den Hirten; dem, den Mensch statt: dem, den Menschen; des Mohrs, dem, den Mohr statt: des Mohren, dem, den Mohren; des Narrs, dem, den Narr statt: des Narren, dem, den Narren; dem, den Ochs statt: dem, den Ochsen; des Schenks, dem, den Schenk statt: des Schenken, dem, den Schenken; dem, den Steinmetz statt: dem, den Steinmetzen; des Vorfahrs, dem, den Vorfahr statt: des Vorfahren, dem, den Vorfahren.

Zur Beugung von Adelstiteln wie *Prinz, Graf, Kurfürst*, besonders in Verbindung mit Namen, ↑Titel und Berufsbezeichnungen.

2.1.2 Fremdwörter: Bei den folgenden fremden Substantiven ist die Unterlassung der Deklination nicht korrekt:

des Automats, dem, den Automat statt: des Automaten, dem, den Automaten; des Barbars, dem, den Barbar statt: des Barbaren, dem, den Barbaren; dem, den Brillant statt: dem, den Brillanten; dem, den Diplomat statt: dem, den Diplomaten; des

Elefants, dem, den Elefant statt: des Elefanten, dem, den Elefanten; dem, den
Exponent statt: dem, den Exponenten; dem, den Fotograf statt: dem, den Fotografen;
dem, den Gendarm statt: dem, den Gendarmen; dem, den Gnom statt: dem, den
Gnomen; dem, den Kamerad statt: dem, den Kameraden; des Komets, dem, den
Komet statt: des Kometen, dem, den Kometen; dem, den Konkurrent statt: dem, den
Konkurrenten; des Lakais, dem, den Lakai statt: des Lakaien, dem, den Lakaien; des
Leopards, dem, den Leopard statt: des Leoparden, dem, den Leoparden; dem, den
Militarist statt: dem, den Militaristen; dem, den Obelisk statt: dem, den Obelisken;
dem, den Patient statt: dem, den Patienten; des Planets, dem, den Planet statt: des
Planeten, dem, den Planeten; dem, den Polizist statt: dem, den Polizisten; des Soldats,
dem, den Soldat statt: des Soldaten, dem, den Soldaten; des Vagabunds, dem, den
Vagabund statt: des Vagabunden, dem, den Vagabunden.

Bei einer Reihe von Fremdwörtern wird die Deklination häufig unterlassen,
wenn sie als Rangbezeichnung, Titel oder Berufsbezeichnung, und in diesen
Fällen oft in Verbindung mit dem Namen, gebraucht werden:

dem, den Architekt statt: dem, den Architekten; dem, den Dirigent statt: dem, den
Dirigenten; dem, den Dozent statt: dem, den Dozenten; dem, den Dramaturg statt:
dem, den Dramaturgen; dem, den Drogist statt: dem, den Drogisten; dem, den
Fabrikant statt: dem, den Fabrikanten; dem, den Fotograf statt: dem, den Fotografen;
dem, den Intendant statt: dem, den Intendanten; dem, den Jurist statt: dem, den
Juristen; dem, den Kommandant statt: dem, den Kommandanten; dem, den
Komponist statt: dem, den Komponisten; dem, den Patriarch statt: dem, den
Patriarchen; dem, den Präsident statt: dem, den Präsidenten; dem, den
Superintendent statt: dem, den Superintendenten; dem, den Zar statt: dem, den
Zaren.

In Verbindung mit dem Artikel und dem Namen:

dem Fabrikant Meier statt: dem Fabrikanten Meier; für den Präsident Müller statt: für
den Präsidenten Müller.

Diese Unterlassung der Deklination ist nicht korrekt. Nur wenn kein Artikel
vor dem Titel oder der Berufsbezeichnung steht, unterbleibt die Beugung
heute mit Recht:

Einstimmig haben ... der Theater-, Kultur- und Personalausschuss einer Verlängerung
der Verträge von Intendant Ernst Dietz und Operndirektor Horst Stein ... zugestimmt
(Mannheimer Morgen). ... die Einschaltung von Bundestagspräsident Gerstenmaier
gefordert (Mannheimer Morgen).

Dagegen heißt es, wenn *Herrn* vorausgeht:

des, dem Herrn Fabrikanten [Meier]; des, dem Herrn Prokuristen Schmidt

und ohne Namen nur:

Der Plan ist vom Architekten geändert worden. Eine Anfrage beim Intendanten ergab,
dass ...

U

Vgl. auch ↑ Apposition (3.4); ↑ Titel und Berufsbezeichnungen (1); ↑ Herr (2); ↑ Brief (1). Zur gegenläufigen Bewegung, der Neigung, statt der starken Deklination die schwache einzusetzen, ↑ Autor; ↑ Bibliothekar; ↑ Detektiv.

2.2 Nicht anerkannte Unterlassung der Deklination bei stark gebeugten Wörtern

Bei mehreren deutschen Wörtern und Fremdwörtern wird das Genitiv-s fälschlich weggelassen, obwohl es standardsprachlich stehen muss:

2.2.1 Deutsche Wörter:

des Abkommen statt: des Abkommens; des Öhmd statt: des Öhmds; des Stau statt: des Staus; des Tran statt: des Trans; des Vergnügen statt: des Vergnügens.

Verschiedene Wörter stehen oft dann ungebeugt, wenn sie als Namen, Fachwörter oder Gattungsnamen gebraucht werden:

des Barsch statt: des Barschs; des Biedermeier statt: des Biedermeiers; des Gründonnerstag statt: des Gründonnerstags; des Hanswurst statt: des Hanswursts; des Heiligen Abend statt: des Heiligen Abends; des Holunder statt: des Holunders; des Karfreitag statt: des Karfreitags; des Löwenzahn statt: des Löwenzahns; des Neckar statt: des Neckars; des Ostersonntag statt: des Ostersonntags; hergestellt im Auftrag des Zweiten Deutschen Fernsehen statt: des Zweiten Deutschen Fernsehens; die Redaktion des »Spiegel« statt: des »Spiegels«.

Alle diese ungebeugten Formen sind nicht korrekt.

2.2.2 Fremdwörter: Häufig wird bei Fremdwörtern, die als Namen, Gattungsnamen oder Fachwörter gebraucht werden, die Deklination unterlassen:

des Barock, des Dativ, des Dynamo, des Enzian, des Festival, des Film, des Indiz, des Islam, des Jasmin, des Kaffee, des Komitee, des Parterre, des Radar, des Smaragd, des Vitamin u. v. a.

Besonders die auf Zischlaut endenden Fremdwörter stehen oft ohne Genitivendung, obwohl diese standardsprachlich stehen muss:

eines kleinen Strauß (= Vogel); des Gulasch; des Proporz.

2.3 Nicht anerkannte Unterlassung der Deklination bei pluralischen Substantiven auf *-er*

Die Unterlassung der Deklination kommt auch bei pluralischen Substantiven auf *-er* vor, wenn sie von dem regierenden Wort (Präposition) durch einen Einschub (Genitivattribut) getrennt stehen:

wenn sie so in der Leute Mäuler wäre (Fallada); sie war so in der Leute Mäuler (Storm).

In der folgenden festen Wendung hat sich die ungebeugte Form bereits durchgesetzt:

aus aller Herren Länder / (veraltend:) Ländern.

unterlaufen: Das zusammengesetzte Verb *unterlaufen (Fehler, Versehen, Irrtümer können unterlaufen)* wird heute meist auf dem zweiten, dem verbalen Glied betont *(unterl<u>au</u>fen)*, seltener auf dem ersten *(<u>u</u>nterlaufen)*. Das 2. Partizip lautet dementsprechend *unterl<u>au</u>fen*, seltener *<u>u</u>ntergelaufen: Nur leider, ein kleiner Denkfehler ist Joseph Fouché bei dieser muntern Mystifikation unterlaufen* (St. Zweig). *... weil ihr ein fürchterliches Versehen unterlaufen ist* (Werfel). Aber noch: *... dass an einem unbestimmbaren Punkte der Geschichte meines Geschlechtes geheime Unregelmäßigkeiten untergelaufen seien* (Th. Mann). ↑ Verb (2.3).

unterm: Als Verschmelzung von *unter* und *dem* wird *unterm* ohne Apostroph geschrieben. ↑ Apostroph (1.2); ↑ Präposition (1.2.1).

untern: Als Verschmelzung von *unter* und *den* wird *untern* ohne Apostroph geschrieben. ↑ Apostroph (1.2); ↑ Präposition (1.2.1).

Unternehmen / Unternehmung: Die beiden Wörter entsprechen sich als Bezeichnung einer Tat, eines Vorhabens: *Das war ein äußerst gewagtes Unternehmen / eine äußerst gewagte Unternehmung.* Als Bezeichnung eines Wirtschaftsbetriebes (Firma) ist im Allgemeinen nur *Unternehmen* gebräuchlich. ↑ Verbalsubstantiv.

unterordnen: Das Verb *unterordnen* ist eine unfeste Zusammensetzung (↑ Verb [2.2]): *Er ordnete seine Ansprüche den Wünschen seines Bruders unter. ... lammfromm ordnen sie sich dem neuen Präsidenten unter* (St. Zweig). *... er ordnete sich beflissen und dennoch mit Anstand unter* (Roehler). Die Nichttrennung *(Sie unterordnen sich dem neuen Machthaber)* kommt im Unterschied zu ↑ anerkennen u. a. nur gelegentlich vor.

Unterricht / Unterrichtung: Die beiden Substantive haben verschiedene Bedeutung. Das Wort *der Unterricht* wird im Sinne von »planmäßiges Lehren, Schulstunde« gebraucht: *Unterricht in Englisch.* Das Wort *die Unterrichtung* hat die Bedeutung »Mitteilung von Informationen«, es wird verhältnismäßig selten gebraucht: *Das Rundschreiben dient zur Unterrichtung der Außenmitarbeiter über die Marktlage.* ↑ Verbalsubstantiv.

unters: Als Verschmelzung von *unter* und *das* wird *unters* ohne Apostroph geschrieben. ↑ Apostroph (1.2); ↑ Präposition (1.2.1).

untersagen: Es heißt richtig: *Der Arzt untersagte ihm Zigaretten und Zigarren zu rauchen.* Nicht korrekt ist es, den Infinitiv zu verneinen. Also nicht: *Er untersagte ihm, keine Zigaretten zu rauchen.* ↑ Negation (1).

unterschieben: Das zusammengesetzte Verb *unterschieben* kann als unfeste Zusammensetzung mit der Betonung auf dem ersten Glied *(<u>u</u>nterschieben; ich schiebe unter, ich schob unter, ich habe untergeschoben, schiebe unter!)* oder als feste Zusammensetzung mit der Betonung auf dem zweiten, dem verbalen Glied *(unterschieben; ich unterschiebe / ich unterschob, ich habe unterschoben, unterschiebe!)* auftreten. In der konkreten Bedeutung ist die Zusammensetzung stets unfest: *Er schiebt ihr ein Kissen unter. Man hat der Truthenne Gänseeier untergeschoben. Köln schob den Arm unter und führte Krämer den Becher an den Mund* (Apitz). In der übertrage-

U

nen Bedeutung kann das Verb als unfeste oder als feste Zusammensetzung aufgefasst werden, und zwar wird es umso eher als unfeste Zusammensetzung gebraucht, je mehr die konkrete Bedeutung in der Vorstellung mitschwingt: *Es handelt sich um ein untergeschobenes* (seltener: *unterschobenes*) *Testament.... man hat sogar behauptet, Konstantin sei ein untergeschobenes Kind* (Benrath). *... schob man alles Unheil... dem Zorn der Götter unter* (Thieß). Dagegen vorwiegend als feste Zusammensetzung: *Sie unterschob seiner Handlungsweise einen falschen Beweggrund. ... aber er unterschob dem einen neuen Sinn* (Musil). *Die Frau unterschiebt nämlich dem Mann ihre Art zu denken und zu schließen* (Andres).

Unterschied: Von den beiden Fügungen *zum Unterschied von* und *im Unterschied zu* ist die erste die ältere. Die zweite ist wohl durch den Einfluss von Fügungen wie *im Gegensatz zu, im Vergleich zu* entstanden. Heute können beide Fügungen ohne Einschränkung gebraucht werden. Als nicht korrekt gelten dagegen vermischte Formen wie *im Unterschied von* oder *zum Unterschied zu.*

unterschreiben: In Verbindung mit *als* steht bei dem heute nicht mehr sehr gebräuchlichen reflexiven *sich unterschreiben* das dem *als* folgende Substantiv im Nominativ, d. h., es wird auf das Subjekt bezogen: *Er unterschrieb sich als Erster Vorsitzender.* Der Akkusativ, d. h. die Beziehung auf *sich*, ist veraltet. Also nicht: *Er unterschrieb sich als Ersten Vorsitzenden.* ↑ Kongruenz (4.2).

Unterschrift: 1. Zeichensetzung: Nach Unterschriften in ↑ Briefen (5) oder anderen Schriftstücken steht kein Punkt:

Mit freundlichen Grüßen
Ihre Emma Meier

2. Groß- oder Kleinschreibung: Der Artikel vor Unterschriften in Anzeigen wird nur dann mit großem Anfangsbuchstaben geschrieben, wenn die Unterschrift nach einem abgeschlossenen Text steht. Handelt es sich jedoch um einen fortlaufenden Text, so muss der Artikel kleingeschrieben werden:

Wir bitten um rege Beteiligung.
Der Vorstand
Um rege Beteiligung bittet
der Vorstand

↑ Anzeigen (7); ↑ i. A. / I. A.; ↑ i. V. / I. V.

3. Reihenfolge: Der Ranghöhere unterzeichnet gewöhnlich links.

unterschwellig: Das Adjektiv *unterschwellig* ist aus der Fachsprache der Psychologie in die Allgemeinsprache übernommen worden, es wird auf Vorgänge und Zustände bezogen, die im Unbewussten, d. h. »unter der Schwelle des Bewusstseins«, liegen: *unterschwellige Angstgefühle, unterschwellige Reize.* Falsch ist die Schreibung *unterschwelig,* mit der das Wort zuweilen volksetymologisch an *schwelen* (= ohne Flamme brennen) angelehnt wird, so als ginge es um Dinge, die im Verborgenen »schwelen«.

unterste: Klein schreibt man das Adjektiv: *das unterste der Regale.* Groß schreibt man die Substantivierung: *Das Unterste zuoberst kehren.* ↑ Groß- oder Kleinschreibung (1.2.1).

unterstehen: Es heißt: *Untersteh dich nicht, das zu tun!* Der Gebrauch mit dem Dativ *(Untersteh dir nicht, das zu tun!)* ist heute veraltet und gilt nicht mehr als korrekt.

Untertan: Das Substantiv *der Untertan* schwankt im Singular zwischen schwacher und starker Deklination. Die schwache Deklination *(des Untertanen)* ist älter als die starke *(des Untertans),* die heute etwas gebräuchlicher ist. Im Plural wird nur schwach gebeugt *(die Untertanen).* ↑ Unterlassung der Deklination (2.1).

Unterteil: Das Substantiv *Unterteil* kann als Maskulinum oder Neutrum gebraucht werden. Sowohl *der* wie *das Unterteil* ist korrekt. Das neutrale Genus ist jedoch üblicher.

unterteilen: Nach *unterteilen in* steht der Akkusativ (nicht der Dativ): *Das Bild wird in gleich große Quadrate unterteilt.*

Untertreibung: ↑ Amerikanismen / Anglizismen (1.2).

unterwandern: Das Verb *unterwandern* ist eine feste Zusammensetzung: *Man versuchte die Partei zu unterwandern, man hat sie unterwandert.* ↑ Verb (2.3).

unter was / worunter: Standardsprachlich ist in der Regel das Pronominaladverb *worunter: Worunter sie besonders litt, war der Lärm.* Die Verbindung *unter + was (Unter was soll ich das suchen?)* kommt in der Umgangssprache recht häufig vor; sie gilt als stilistisch unschön. ↑ Pronominaladverb (5).

unterwerfen: Das Verb *unterwerfen* ist eine feste Zusammensetzung: *Die Römer unterwarfen ganz Gallien. Alle Reisenden wurden strengen Kontrollen unterworfen.* ↑ Verb (2.3).

unterzeichnen: In Verbindung mit *als* steht bei dem heute nicht mehr sehr gebräuchlichen reflexiven *sich unterzeichnen* das dem *als* folgende Substantiv im Nominativ, d. h., es wird auf das Subjekt bezogen: *Er unterzeichnete sich als Regierender Bürgermeister.* Der Akkusativ, d. h. die Beziehung auf *sich,* ist veraltet. Also nicht: *Er unterzeichnete sich als Regierenden Bürgermeister.* ↑ Kongruenz (4.2).

Unterzeichneter: Das scheinbar passivische Wort hat aktivischen Sinn, denn es gehört zu dem alten reflexiven *sich unterzeichnen* »unterschreiben« (vgl. *der Verliebte* zu *sich verlieben*). Somit ist *der Unterzeichnete* derjenige, der sich unterzeichnet hat. Da ein Brief weder während des Schreibens noch während des Lesens unterzeichnet wird, kann man das 1. Partizip *der Unterzeichnende* nicht verwenden. Wohl aber kann man um alle Schwierigkeiten zu vermeiden das Substantiv *der Unterzeichner* wählen. In Verbindung mit *rechts* und *links* sind sowohl *der rechts / links Unterzeich-*

nete (nicht: *Unterzeichner*) als auch *der Rechts- / Linksunterzeichnete* korrekt.

unterziehen: In der Fügung *sich einer Sache unterziehen* steht heute nur noch der Dativ. Der Genitiv ist veraltet. Es heißt also: *sich einem Verhör* (nicht: *eines Verhörs*) *unterziehen. Er hat sich dem* (nicht: *des[sen]*) *unterzogen, weil es nötig war. Ich unterzog mich ... dem Fasten freiwillig* (Kafka).

Untiefe: Das Substantiv *Untiefe* hat zwei Bedeutungen: Als Ableitung von *untief* »nicht tief« (*un-* ist Verneinungspräfix wie in *unhöflich, unecht, Unruhe*) hat es fachsprachlich die Bedeutung »flache Stelle im Wasser«. Als Zusammensetzung mit *Tiefe* (*Un-* ist Verstärkungspräfix wie in *Unmenge, Unmasse, Unkosten*) bezeichnet es allgemeinsprachlich dagegen eine sehr große Tiefe.

unüberwindbar / unüberwindlich: Diese beiden Adjektive gehören zu den Ableitungen auf *-bar* und *-lich,* die meist austauschbar sind: *unüberwindbare / unüberwindliche Schwierigkeiten, ein unüberwindbarer / unüberwindlicher Gegner, unüberwindbare / unüberwindliche Scheu.* Zwischen beiden Adjektiven besteht jedoch inhaltlich ein feiner Unterschied. Die Ableitung auf *-bar* drückt aus, dass etwas von jemandem nicht überwunden werden kann: *Er stieß auf unüberwindbare Schwierigkeiten. Sein Misstrauen erschien ihr unüberwindbar.* Die Ableitung auf *-lich* besagt dagegen, dass es zum Wesen einer Person oder Sache selbst gehört, nicht überwunden werden zu können: *Sie hatte eine unüberwindliche Scheu vor der Öffentlichkeit.* ↑ -lich / -bar.

unvergessen / unvergesslich: Das Adjektiv *unvergessen* hat heute passivischen Sinn. Es ist also nicht als Gegensatz zu *vergesslich* aufzufassen, sondern hat die Bedeutung »was nicht vergessen wird, nicht vergessen werden kann«: *Er bleibt uns immer unvergesslich; ein unvergesslicher Mensch, unvergessliche Stunden, ein*

unvergessliches Erlebnis, unvergessliche Eindrücke. Demgegenüber hat *unvergessen* die Bedeutung »was nicht vergessen worden ist«, drückt also von sich aus nicht wie *unvergesslich* aus, dass etwas auch in Zukunft nicht vergessen werden kann. Man kann also wohl sagen: *Diese Einrichtung hat noch unser unvergessener Mitarbeiter XY geschaffen.* Oder (in einer Grabinschrift): *unser liebes, unvergessenes Kind.* Jedoch drückt *unvergesslich* viel stärker die Beziehung auf die Zukunft aus. In Todesanzeigen sollte man *unvergesslich* oder *unvergessen* nicht verwenden, weil bei einem eben Gestorbenen von Vergessen wohl nicht gesprochen werden kann. Austauschbar sind die beiden Wörter auch bei den Wendungen *unvergessen / unvergesslich sein* bzw. *bleiben* in Sätzen wie: *Er wird allen stets unvergessen / unvergesslich sein. Diese Schauspielerin blieb unvergessen / unvergesslich [bei] allen, die sie kannten.*

unvergleichbar / unvergleichlich: Nach dem heutigen Sprachgebrauch unterscheiden sich diese beiden Adjektive in ihrer Bedeutung. Mit *unvergleichbar* wird ausgedrückt, dass etwas mit etwas anderem nicht verglichen werden kann; es ist das weniger gebräuchliche der beiden Wörter: *Ihre eigenartige Schönheit, unvergleichbar jeder anderen, machte großen Eindruck auf alle Anwesenden.* Mit *unvergleichlich* wird ausgedrückt, dass etwas seinem Wesen nach jeden Vergleich ausschließt, es hat die Bedeutungen »einzigartig, vollkommen, hervorragend, außerordentlich« und ist vielfältiger verwendbar: *ein unvergleichliches Pferd, eine unvergleichliche Tat, sein unvergleichlicher Mut. Sie ist unvergleichlich schön. ... die unvergleichliche Süßigkeit der Mädchengestalten in Shakespeares Lustspielen* (Geissler). *Der Kaviar war unvergleichlich* (Koeppen). ↑ -lich / -bar.

unvergleichlich: Der Gebrauch von *unvergleichlich* vor einem Komparativ wird gelegentlich kritisiert, weil durch den Komparativ bereits ausgedrückt sei, dass eine Ungleichheit besteht: *Er fühlt sich heute unvergleichlich wohler als gestern.* Gegen diese Verwendung von *unvergleichlich* ist jedoch nichts einzuwenden, weil das Wort in diesem Falle die Bedeutung von »[sehr] viel, weitaus, wesentlich, erheblich« angenommen hat, also verstärkend gebraucht wird. Zu Weiterem ↑ unvergleichbar / unvergleichlich.

unverletzbar / unverletzlich: Die beiden Adjektive haben etwa die gleiche Bedeutung, jedoch drückt *unverletzlich* stärker als *unverletzbar* aus, dass etwas seinem Wesen nach nicht verletzt werden kann: *die unverletzliche Heiligkeit des Ortes.* ↑ -lich / -bar.

unverlierbar: Das Adjektiv *unverlierbar* kann nicht gesteigert werden. ↑ Vergleichsformen (3.1).

unvermeidbar / unvermeidlich: Die beiden Adjektive unterscheiden sich nicht in der Bedeutung, die Form auf -lich wird aber im Allgemeinen häufiger gebraucht. Ein auf *unvermeidlich / unvermeidbar* folgender Nebensatz oder eine Infinitivgruppe darf nicht verneint werden, weil sonst doppelte Verneinung, d. h. Bejahung, eintritt. Also nicht: *Es war unvermeidbar / unvermeidlich, die Pflanzen nicht zu beschädigen,* sondern: *Es war unvermeidbar / unvermeidlich, die Pflanzen zu beschädigen.* Besser sind folgende Formulierungen: *Eine Beschädigung der Pflanzen war unvermeidbar / unvermeidlich* oder: *Es ließ sich nicht vermeiden, dass die Pflanzen beschädigt wurden.*

unverrichteter Dinge: In neuer Rechtschreibung gilt nur noch die Getrenntschreibung als korrekt: *unverrichteter Dinge* (dasselbe gilt für *unverrichteter Sache*).

unversinkbar: Das Adjektiv *unversinkbar* ist nicht korrekt gebildet. ↑ -bar. Vgl. auch ↑ unsinkbar.

unverständig / unverständlich: Das Adjektiv *unverständig* bedeutet »[noch] keinen Verstand habend, dumm«: *ein unverständiges Kind. Sei doch nicht so unverständig!* Das Adjektiv *unverständlich* bedeutet dagegen entweder »nicht deutlich zu hören« *(unverständliche Worte)* oder »nicht zu begreifen«: *Es ist mir unverständlich, warum er mir nicht schreibt.* ↑ -ig / -isch / -lich.

unverzichtbar: ↑ -bar.

unvollendete Zukunft: ↑ Futur I.

unweit: Die Präposition *unweit* regiert heute nur noch den Genitiv, der Dativ ist veraltet: *Unweit des Dorfausgangs holt mich Suck ein* (Broch). *Benhard hatte bereits gebadet und sich unweit des Ufers auf einer der steinernen Bänke niedergelassen* (Kuby). Bei Ortsnamen darf das Genitiv-s nicht wegfallen: *unweit Berlins.* Nach *unweit* kann auch mit *von* angeschlossen werden. Dann ist aber *unweit* nicht Präposition, sondern Adverb: *unweit von dem Flusse, unweit von Berlin.* ↑ geographische Namen (1.1.1).

unwidersprochen: Da die 2. Partizipien derjenigen Verben, die mit *haben* verbunden werden, nicht adjektivisch gebraucht werden können, das 2. Partizip *widersprochen* also nicht attributiv verwendet werden kann, wird gelegentlich der adjektivische Gebrauch der verneinten Form *unwidersprochen* als nicht korrekt gekennzeichnet, z. B.: *eine bisher unwidersprochene Meldung. Seine Äußerungen kann ich nicht unwidersprochen lassen. Ihre Meinung blieb unwidersprochen.* Das Wort wird jedoch seit langem so gebraucht, es wird deshalb nicht mehr als falsch empfunden.

Unwort des Jahres: Das »Unwort des Jahres« wird seit 1991 jährlich bestimmt. Eine Jury an der Universität Frankfurt am Main stützt sich bei der Auswahl des »Unwortes« auf Zuschriften von Bürgerinnen und Bürgern. Die bisherigen »Unwörter« waren: 1991 *ausländerfrei;* 1992 *ethnische Säuberung;* 1993 *Überfremdung;* 1994 *Peanuts;* 1995 *Diätenanpas-*

sung; 1996 *Rentnerschwemme;* 1997 *Wohlstandsmüll;* 1998 *sozialverträgliches Frühableben;* 1999 *Kollateralschaden;* 2000 *national befreite Zone.* ↑ Wort des Jahres.

unzählig: 1. Ein auf *unzählig* folgendes [substantiviertes] Adjektiv wird in gleicher Weise (parallel) gebeugt: *unzählige kleine Fehler; unzählige Angestellte; die Äste und Zweige unzähliger kleiner Bäume und Sträucher.*
2. Das Adjektiv *unzählig* kann nicht gesteigert werden. Die Fügung *zum unzähligsten Male* ist also nicht korrekt gebildet. Man kann nur sagen: *Ich habe ihn unzählige Male gewarnt.* ↑ Vergleichsformen (3.1).

unzurechnungsfähig / zurechnungsunfähig: In der juristischen Fachsprache kommen beide Formen des Wortes vor, während die Allgemeinsprache nur *unzurechnungsfähig* kennt. Da das Substantiv *Zurechnung* im Sinne von »Verantwortlichkeit« nicht mehr gebräuchlich ist, hat *zurechnungsunfähig* (= unfähig zur Zurechnung) keinen Rückhalt im Sprachgebrauch. Bei *unzurechnungsfähig* wird dagegen die geläufige Zusammensetzung *zurechnungsfähig* als Ganzes verneint.

unzweideutig / eindeutig: ↑ eindeutig / unzweideutig.

updaten: Das Verb *updaten* »aktualisieren« wird teils wie ein fest zusammengesetztes, teils wie ein unfest zusammengesetztes Verb gebraucht: *ich update; du updatest; ihr updatet; sie hat das Programm upgedatet; ich will versuchen, auch die andere Software noch upzudaten.*

Urbanisation / Urbanisierung: ↑ Verbalsubstantiv (1.5).

Urlaub: Man sagt *in* oder *im Urlaub sein* (Frage: wo?), aber nur *in Urlaub fahren* (Frage: wohin?). Besonders im militärischen Bereich ist die Formulierung *auf Urlaub* üblich: *Ich fahre, gehe morgen auf Urlaub. Er ist auf Urlaub.* ↑ in / im.

-us: Die Fremdwörter auf *-us* behalten im Allgemeinen in allen Fällen des Singulars diese Endung: *der Typus, des Typus, dem Typus, den Typus; der Rhythmus, des Rhythmus, dem Rhythmus, den Rhythmus.* Je gebräuchlicher ein Fremdwort auf *-us* ist, desto eher stellt sich neben die ungebeugten Formen des Plurals (seltener auch des Genitivs Singular) die starke Deklination: *die Krokus* oder *die Krokusse,* Genitiv Singular noch: *des Krokus; die Fidibus* oder die *Fidibusse,* Genitiv Singular: *des Fidibus* oder *des Fidibusses.* Nur noch mit Beugungsendungen erscheint z. B. *die Omnibusse, des Omnibusses.* Manche Fremdwörter auf *-us* haben, wenn sie weniger eingebürgert sind, nur den fremden Plural: *das Tempus – die Tempora.* Bei anderen stehen deutsche und fremde Pluralformen nebeneinander: *der Famulus – die Fa-muli* oder *die Famulusse.* Einige haben die schwache Pluralform auf *-en: die Typen, die Rhythmen.* Bei manchen stehen starke und schwache Pluralformen nebeneinander: *die Globusse* oder *die Globen, die Diskusse* oder *die Disken, die Fetusse* oder *die Feten.* Dazu auch ↑ -ismus; ↑ Fremdwort (3).

USA: *USA* ist ein pluralischer Ländername, der mit dem bestimmten Artikel gebraucht wird. Es heißt also richtig: *Nachrichten aus den USA* (nicht: *aus USA* oder *aus der USA*). Ist das pluralische *USA* in einem Satz Subjekt, steht auch das Verb im Plural: *Wobei die USA bestrebt sind* (nicht: *ist*), *den Export zu steigern.* ↑ geographische Namen (2.1).

usf., usw.: Zum Gebrauch dieser ↑ Abkürzungen (für: *und so fort, und so weiter*) bei Aufzählungen und zur Kommasetzung ↑ u. a., usf., usw., etc., wie, z. B.

V

v: Zur Schreibung und Deklination ↑ Bindestrich (2.4) (*v-förmig, V-förmig, V-Mann);* ↑ Einzelbuchstaben *(des V, zwei V);* ↑ Groß- oder Kleinschreibung (1.2.5) *(das v in Luv).* ↑ Aussprache (12).

Vabanque / va banque spielen: In neuer Rechtschreibung kann man groß- und zusammenschreiben: *Vabanque.* Aber auch die Klein- und Getrenntschreibung *va banque* (= »es gilt die Bank«) bleibt korrekt: *Spiel doch bitte nicht Vabanque /* (auch:) *va banque!*

van: Wird ein mit niederländisch *van* (»von, aus«; kein Adelsprädikat!) gebildeter Name Bestandteil einer Aneinanderreihung, muss er durchgekoppelt werden. Wenn die Aneinanderreihung ein Substantiv ist, wird *van* als erstes Wort großgeschrieben: *Van-Gogh-Ausstellung* (zu: *Vincent van Gogh*); *Van-Allen-Gürtel* (zu *James Alfred Van Allen*); *Van-Dyck-Straße* (zu: *Anthonis van Dyck*). Das gilt auch für den Satzanfang: *Van Gogh war Autodidakt.*

Vandale: ↑ Wandale / Vandale.

variabel: Das *e* der Endung entfällt, wenn *variabel* dekliniert oder gesteigert wird: *variable Größen.* ↑ Adjektiv (1.2.13).

Variable: Das mathematische Fachwort *Variable* wird (anders als ↑ Konstante) wie ein substantiviertes Adjektiv dekliniert. Genitiv Singular: *der Variablen,* Plural: *die Variablen,* aber: *zwei Variable.*

Varieté / Varietee: In neuer Rechtschreibung ist sowohl die Schreibung *Varieté* wie auch die eindeutschende Schreibung *Varietee* korrekt.

Vater: In Verbindung mit *Herr* muss *Vater* im Genitiv gebeugt werden: *der Tod Ihres Herrn Vaters* (nicht: *Vater*). ↑ Herr (2 b). Zum Artikelgebrauch ↑ Verwandtschaftsbezeichnungen.

väterlich: Zu *väterliche Worte / Worte des Vaters* ↑ Adjektiv (4.1).

Ventilgummi: Das Wort *Ventilgummi* kann sowohl als Maskulinum *(der Ventilgummi)* wie auch als Neutrum *(das Ventilgummi)* gebraucht werden. Häufiger ist *das Ventilgummi.*

verantwortlich: Nach *verantwortlich* wird mit *für* angeschlossen, nicht mit *an: Nicht der einzelne Mensch ist für diese prinzipielle Weichenstellung verantwortlich zu machen* (Nigg). *Ihr seid in keiner Weise für die Ereignisse verantwortlich ...* (Thieß).

verausgaben: Das Verb *verausgaben* hat verschiedene Bedeutungen und Anwendungsbereiche. Im Sinne von »(Geld) ausgeben« gilt es als papierdeutsch: *Für welche Zwecke oder Bedürfnisse dürfen öffentliche Einnahmen derart verausgabt werden?* Das reflexive *sich verausgaben* hat die allgemeinsprachliche Bedeutung »sich bis zur Erschöpfung anstrengen«: *Sie hat sich zweifellos mit der Arbeit völlig verausgabt.*

Verb

1   Umlaut
2   Feste und unfeste Verbzusammensetzungen
2.1   Feste Zusammensetzungen
2.2   Unfeste Zusammensetzungen
2.3   Die Betonungen bei den festen und unfesten Zusammensetzungen
2.4   er, sie, es erkennt an / er, sie, es anerkennt
3   Verdeutlichende Verbzusätze

Das Verb (Plural: die Verben; auch Zeitwort, Tätigkeits- oder Tuwort genannt) ist konjugierbar (↑ Konjugation) und innerhalb des Satzes fest mit dem ↑ Prädikat als dem grammatischen Kern der Aussage verbunden. Nach der Aufgabe, einen Zustand oder Vorgang, eine Tätigkeit oder Handlung zu bezeichnen, unterscheidet man Zustandsverben *(sein, bleiben, wohnen),* Vorgangsverben *(fallen, wachsen, erfrieren, verbluten, einschlafen)* und Tätigkeitsverben *(kämpfen, pflügen).*

Nach ihrer Verwendung im Satz kann man zunächst einmal absolute und relative Verben unterscheiden. Verben ohne Ergänzung nennt man absolut:

Peter schläft. Nina arbeitet. Der Hahn kräht. Es regnet.

V

Verben mit einer oder mehreren Ergänzungen nennt man relativ:

Stephan lobt seinen Bruder. Susanne kümmert sich um ihr berufliches Fortkommen.
Die Äpfel liegen im Kühlschrank. Vera schenkt ihrem Freund einen Schal.

Weiter schälen sich aus der Bedeutungsgruppe der Tätigkeitsverben jene Verben heraus, die im Satz ein Akkusativobjekt nach sich haben. Da das von diesen Verben bezeichnete Geschehen auf das Objekt gerichtet ist und sich an ihm vollzieht, nennt man Verben dieser Art ↑ transitive (zielende) Verben. Transitive Verben bilden ein persönliches Passiv (↑ Passiv). Alle Verben, die kein Akkusativobjekt nach sich haben können, heißen demgegenüber ↑ intransitive Verben. Intransitiv sind sinngemäß auch Tätigkeitsverben, wenn sie ohne ihr sonst mögliches Akkusativobjekt stehen:

(transitiv:) Der Bauer pflügt den Acker. – Der Acker wird [vom Bauern] gepflügt.
(intransitiv:) Der Bauer pflügt.

1 Umlaut

Bei den unregelmäßigen Verben mit dem Stammvokal *a, au* oder *o* tritt in der 2. und 3. Person Singular Indikativ Präsens Aktiv der Umlaut ein:

fallen, du fällst, er fällt; laufen, du läufst, er läuft; stoßen, du stößt, er stößt.

Ausnahmen sind die Verben *schaffen, hauen, saugen, schnauben, kommen.*
Regelmäßige Verben haben diesen Umlaut im Präsens nicht. Daher sind landschaftlich verbreitete Umlaute, wie z. B. *du verkäufst, er verkäuft* für: *du verkaufst, er verkauft,* in der Standardsprache nicht korrekt. Vgl. auch ↑ laden, ↑ fragen.

2 Feste und unfeste Verbzusammensetzungen

2.1 Feste Zusammensetzungen

Fest zusammengesetzte Verben mit einer Partikel im ersten Glied werden auf dem zweiten, dem verbalen Glied betont (zur Bildung des Partizips ↑ zweites Partizip [1], zur Stellung des *zu* beim Infinitiv ↑ zu [4]):

ich durchbreche, durchbrach, habe durchbrochen; durchbrich! Sie versuchte die Absperrung zu durchbrechen.

Als erste Glieder erscheinen vor allem die Raumadverbien *über-, unter-, durch-, um-, hinter-;* mit *wider-* gibt es etwa zehn Bildungen, mit dem ursprünglich sinngleichen *wieder-* nur *wiederholen.* Als einziges Adjektiv hat sich *voll-* diesen Partikeln angeschlossen. Die meisten dieser Vorderglieder können jedoch auch unfeste Zusammensetzungen bilden.

2.2 Unfeste Zusammensetzungen

Bei unfesten Zusammensetzungen ist das Verb mit seinem nicht verbalen Teil nur in den infiniten Formen, also im Infinitiv und im 1. und 2. Partizip, und im Nebensatz mit Einleitewort fest verbunden:

> anführen, anführend, angeführt; wenn ich anführe, anführte. Ich bat sie uns anzuführen.

In den finiten Formen (Indikativ, Konjunktiv I und II, Imperativ) steht der nicht verbale Teil der Zusammensetzung stets getrennt hinter dem Verb, und zwar in der Regel am Ende des Satzes:

> Er führt, führte die Truppe an. Er sagt, er führe die Truppe an. Führe die Truppe an!

Im Unterschied zu den festen Zusammensetzungen trägt der nicht verbale Teil immer den Hauptton. Zur Bildung des Partizips ↑ zweites Partizip (1), zur Stellung des *zu* beim Infinitiv ↑ zu (4).

2.3 Die Betonung bei den festen und unfesten Zusammensetzungen

Die Betonung unterscheidet feste und unfeste Zusammensetzungen mit Partikeln im ersten Glied nicht zufällig. Je nachdem liegt das größere Gewicht auf dem verbalen Geschehen und seiner Vollendung oder auf der Partikel. Es gibt Verben, die, je nachdem ob sie den Ton auf dem ersten Glied oder auf dem zweiten Glied tragen, verschiedene Bedeutung haben:

> *übersetzen:* Der Fährmann setzt die Wanderer über. – *übersetzen:* Sie übersetzt ein Buch.
> *durchziehen:* Sie zieht den Faden durch. – *durchziehen:* Sie durchziehen das Land.
> *untergraben:* Er gräbt den Dünger unter. – *untergraben:* Das untergräbt die Autorität.
> *überlegen:* Er legte ihn über. – *überlegen:* Ich überlege es mir.

(Vgl. auch überführen / überführen). Der Bedeutungsunterschied ist bei manchen Verben so gering, dass die Betonung und damit die Zuweisung zu fester oder unfester Bildungsweise offen bleibt:

> ein Brett durchbohren (betont den Umstand), ein Brett durchbohren (betont die Handlung; entsprechend:) durchdenken / durchdenken, durchlüften / durchlüften; durchscheinen / durchscheinen; durchschwimmen / durchschwimmen; durchdringen / durchdringen.

Bei der Betonung der Partikel wird der Erfolg hervorgehoben, bei Betonung des Verbs wird der verbale Inhalt in den Vordergrund gerückt. Manche mit einer Partikel zusammengesetzte Verben haben nur eine einzige Betonungsmöglichkeit.

Nur auf dem zweiten Glied:

unterwạndern, unterwẹrfen, widerlẹgen, widersprẹchen, widerstrẹben, widerstrẹiten.

Nur auf der Partikel:

dụrchsprechen, dụrchsehen, ụmbuchen, ụmdrehen, ụnterkommen.

Gelegentlich bleibt die unfeste Zusammensetzung wie das einfache Verb intransitiv, während die feste Zusammensetzung transitiv ist:

gehen: Ein Gerücht geht um. – Sie umgeht das Hindernis.

laufen: Der Eimer läuft über. – Es überläuft mich heiß.

2.4 er, sie, es erkennt an / er, sie, es anerkennt

Bei manchen unfesten Zusammensetzungen besteht die Neigung, auch die sonst getrennten finiten Formen wie die der festen Zusammensetzungen zu behandeln:

Ich anbete in ihr das Licht (Goethe). ... diesen vorenthielt sie (G. Keller). Welcher Ausdruck widerspiegelt am schärfsten und sparsamsten die konkrete Sachlage? (Riesel). Er verstand den Freund und der fordernde Ton widerhallte ihm im Herzen (Apitz). Ivy musste nun wirklich gehen, unsere Sirenen widerhallten ringsum (Frisch). ... das anerkannte Tuzzi voll und ganz (Musil).

Die Neigung, die unfesten Zusammensetzungen wie feste zu behandeln, ist vor allem im Süden des deutschen Sprachraums, besonders in Österreich und in der Schweiz, festzustellen. Eigenartigerweise werden nur bestimmte – meist transitive und in übertragener Bedeutung gebrauchte – Verben davon erfasst, zum Teil solche, die die Präfixe *er-* (*aberkennen*) und *ent-* (*vorenthalten*) enthalten, aber z. B. nicht die Verben *anbinden, abschreiben, zurücklaufen.* Im Übrigen findet sich diese landschaftliche Eigenart mehr im geschriebenen als im gesprochenen Deutsch.

Zu den zusammengesetzten Verben, die sowohl unfest als auch fest gebraucht werden, gehören u. a. auch †obliegen, †obsiegen, †obwalten und †übersiedeln. Sie können bei gleicher Bedeutung verschieden betont werden *(ọbliegen / oblịegen; ọbsiegen / obsịegen; ọbwalten / obwạlten; übersiedeln / übersịedeln)* und haben dementsprechend auch die Möglichkeit, die finiten Formen auf zweierlei Weise zu bilden *(es liegt mir ob / es obliegt mir):*

Die Beweislast lag vielmehr der Anklagebehörde ob (Rothfels). Sind ihre Gäste gegangen, so obliegen ihr zumeist noch allerlei gesellschaftliche Pflichten (Kolb).

Mannheim obsiegt im Städtevergleich (Mannheimer Morgen). – Die Kräfte des Guten siegten schließlich ob.

Während zu *obliegen, obsiegen* und *obwalten* die infiniten Formen nur nach den unfesten gebildet werden (*obgelegen, obzuliegen* usw.), bestehen bei *übersiedeln* nebeneinander: *übergesiedelt / übersiedelt; überzusiedeln / zu übersiedeln*. Zur Bildung des 2. Partizips (übergesiedelt / übersiedelt) ↑ zweites Partizip (1), ↑ Verbzusatz (3).

3 Verdeutlichende Verbzusätze

Vorangesetzte Partikeln geben dem einfachen Verb eine bestimmte differenzierte Bedeutung, z. B.:

laufen – auslaufen, ablaufen, zulaufen, weglaufen, auflaufen, nachlaufen, überlaufen, durchlaufen.

Nicht immer scheinen die Partikeln nötig; sie treten oft vor ein Verb, ohne dass sie den Verbinhalt wesentlich verändern. Ganz ohne Grund werden sie jedoch auch nicht hinzugesetzt. Meistens dienen sie zur Verdeutlichung. Das ist vor allem bei Fremdwörtern zu beobachten, deren Inhalt durch deutsche Partikeln verständlicher gemacht werden soll:

abfrottieren, abpatrouillieren, abkonterfeien, anvisieren, aufoktroyieren, durchdiskutieren, einsuggerieren, herausdestillieren, herausmutieren, herumflanieren, vorbeidefilieren, vordeterminieren, zusammenmixen.

Während manche dieser Wörter im Deutschen gar nicht mehr anders als mit der Partikel gebraucht werden können, betrachtet man bei anderen die Partikel als überflüssig und bezeichnet diese Verben dann als Kontaminationen oder pleonastische Zusammensetzungen. Allerdings weisen auch diese so genannten Kontaminationen oder pleonastischen Zusammensetzungen meistens besondere inhaltliche oder stilistische Nuancen auf. Sehr oft drücken sie die emotionale Beteiligung des Sprechers / Schreibers aus, haben also eine semantisch-expressive Funktion. Überflüssig und abzulehnen sind jedoch zusammengesetzte Verben wie

zusammenaddieren, zurückreduzieren, herauseliminieren, nachimitieren, durchfiltrieren.

Auch deutsche Verben erhalten verschiedentlich Partikeln, die den Verbinhalt verstärken oder nuancieren sollen, z. B.:

abschildern, abvermieten, anliefern, anmahnen, anmieten, absieben, absieden, absichern, abstauen, abtauen, davonfliehen, herabmindern, zusammenbrauen.

Einige Belege zeigen den Gebrauch:

> *anempfehlen:* ... als er mir den Humor anempfahl (Gaiser). Ich sollte der Sache ... auf den Grund gehen, das könne er mir anempfehlen (Kempowski).

> *ablöschen:* Das Licht war wieder abgelöscht worden (Musil). Nach den bisherigen Ermittlungen ist das Feuer, das erst am Montagmorgen abgelöscht werden konnte, durch ... entstanden (Mannheimer Morgen).

Manche mit Partikel versehene Verben sind, abgesehen von der Bedeutungsabschattung, auch in grammatischer Hinsicht vielfältiger oder anders einzusetzen, z. B.:

> *mahnen / anmahnen:* Ich habe ihn gemahnt den Betrag zu bezahlen. Ich habe den Betrag angemahnt; der angemahnte (nicht: gemahnte) Betrag.

> *schreiben / anschreiben:* Ich habe ihm / an ihn geschrieben. Ich habe den Vorstand angeschrieben.

> *fliegen / anfliegen:* Ich fliege nach Berlin. Wir fliegen Berlin, den Flugplatz an. Berlin wird angeflogen.

Passivbildung *(das Buch wurde angemahnt, Berlin wird angeflogen),* Umklammerung *(ich mahne das Buch an)* und damit auch Endstellung im Satz werden auf diese Weise möglich. Diese größere Beweglichkeit und Verwendungsfähigkeit ist sicher kein unwesentlicher Grund für solche Wortbildungen. Gleiche Gründe gelten sicher auch für die Beurteilung des so genannten ↑ Nominalstils *(in Erinnerung bringen;* ↑ Funktionsverben) und für die Präfixverben mit *be- (beliefern).* Über die Getrennt- oder Zusammenschreibung von Verben in neuer Rechtschreibung ↑ Getrennt- oder Zusammenschreibung (1). Zur Großschreibung der substantivisch gebrauchten Infinitive *(Einsetzen von Stiften, im Fahren)* ↑ substantivierter Infinitiv (1). Zum Bindestrich bei mehrteiligem substantivisch gebrauchten Infinitiv *(das In-den-April-Schicken)* ↑ Bindestrich (3.2). Zur Auslassung des *e* in Verben auf *-eln* und *-ern (ich wechsele / wechsle)* ↑ Indikativ (3). Darüber hinaus ↑ Imperativ; ↑ ² Aktiv; ↑ Passiv; ↑ Zeitenfolge; ↑ haben (1); ↑ sein / werden; ↑ reflexive Verben; ↑ Vollverb; ↑ Hilfsverb; ↑ Modalverb; ↑ Verbzusatz; ↑ Tmesis; ↑ Aufschwellung; ↑ Papierdeutsch.

V

verbale Klammer: In Sätzen wie *Ich habe gestern in dem Roman von Frisch gelesen. Hast du gestern in dem Roman von Frisch gelesen?* werden die Satzglieder durch eine verbale Klammer (Satzklammer) aus Finitum *(habe)* und nicht finitem Prädikatsteil *(gelesen)* eingeschlossen (vgl. aber ↑ Ausklammerung). Bei Sätzen mit dem Finitum an letzter Stelle *(... da sie gestern in dem Roman von Frisch gelesen hat)* besteht die Klammer aus Einleitewort *(da)* und Finitum *(hat).*

verballhornen: Das Verb *verballhornen* »ein Wort, eine Wendung o. Ä. entstellen, verschlimmbessern« wird heute entsprechend der Aussprache mit zwei *l* geschrieben. Der Name des Buchdruckers J. Bal[l]horn, von dem das Verb abgeleitet wurde, ist in der Schreibung sowohl mit einem als auch mit zwei *l* belegt.

Verbalsubstantiv

Häufig gestellte Frage zu den Verbalsubstantiven	
Frage	**Antwort unter**
Heißt es *Renovierung* oder *Renovation, Isolierung* oder *Isolation?*	dieser Artikel, Punkt (1.5)

Unter einem Verbalsubstantiv versteht man ein Substantiv, das von einem Verb abgeleitet ist und zunächst das im Verb ausgedrückte Geschehen bezeichnet (Nomen Actionis):

schlafen – Schlaf, werfen – Wurf, ablegen – Ablage, ernennen – Ernennung, schreiben – Schreiben.

Ein Verbalsubstantiv kann auch den Abschluss oder das Ergebnis eines Geschehens bezeichnen, sowohl abstrakt wie konkret (Nomen Acti):

der beste [Speer]wurf, ein Wurf junger Hunde; Ihr Schreiben vom 5. März.

Oder es kann zur Raum- oder [kollektiven] Personenbezeichnung werden:

eine Wohnung (zu: wohnen) mieten, in der Räucherei (zu: räuchern) arbeiten, eine Abordnung (zu: abordnen) von Schülern, die Bedienung (zu: bedienen) rufen.

1   Verbalsubstantive auf *-ung*

Unter den Verbalsubstantiven nehmen die Substantive auf *-ung* eine besondere Stellung ein. Da man mit dem Suffix *-ung* zu zahlreichen Verben, vor al-

lem zu Präfixverben und zusammengesetzten Verben, Geschehensbezeichnungen bilden kann, werden diese Bildungen so häufig gebraucht, dass die
Stilisten von einem die deutsche Sprache verunstaltenden »*ung*-Stil« sprechen. In der Tat ist die Zahl der Verbalsubstantive auf -*ung* überaus groß.
Diese Bildungen haben seit Jahrhunderten einen festen Platz in der deutschen Sprache und gehören heute allen oben genannten Bedeutungsgruppen
(Wortständen) an, d. h., sie sind nicht nur Geschehensbezeichnungen, sondern bezeichnen auch den Abschluss oder das Ergebnis eines Geschehens
oder sind zu Sach-, Raum- oder Personenbezeichnungen geworden:

> Erforschung, Läuterung, Zermürbung, Beschaffung, Wertung; Lähmung, Ordnung,
> Behauptung, Verlobung; Radierung, Zeichnung, Pflanzung, Kleidung; Wohnung,
> Siedlung; Bedienung, Abordnung, Innung.

1.1 Gehäufte Anwendung

Gegenstand der Kritik der Stilisten sind nur die Geschehensbezeichnungen
auf -*ung*, nicht die Sach-, Raum- oder Personenbezeichnungen. Grundsätzlich
ist auch gegen die Geschehensbezeichnungen nichts einzuwenden. Man
sollte es aber aus stilistischen Gründen vermeiden, Verbalsubstantive auf
-*ung* in einem Satz zu häufen. Also nicht:

> Die Beobachtung und Erforschung der wirtschaftlichen Entwicklung sind die
> Voraussetzung für die Schaffung eines Hilfsprogramms.

Stilistisch unschön ist im Allgemeinen auch der Gebrauch eines Verbalsubstantivs auf -*ung* in Verbindung mit einem Funktionsverb anstelle eines einfachen Verbs:

> Die Verhaftung des Mannes erfolgte im Gerichtssaal. (Besser:) Der Mann wurde im
> Gerichtssaal verhaftet. Das Vorhaben wird bald zur Durchführung gelangen.
> (Besser:) Das Vorhaben wird bald durchgeführt werden. Die Waren können erst
> morgen zur Verteilung gelangen. (Besser:) Die Waren können erst morgen verteilt
> werden.

Ausgesprochen unschön und schwerfällig sind die Ableitungen auf -*ung* aus
syntaktischen Fügungen:

> Zurverfügungstellung, Inbetriebsetzung, Verantwortlichmachung, Nichtbeachtung
> usw. (Nicht:) Bei Nichtbefolgung der Anweisungen ... (Sondern:) Wenn die
> Anweisungen nicht befolgt werden ... (Nicht:) Unter Außerachtlassung aller
> Vorsichtsmaßregeln ... (Sondern:) Ohne die Vorsichtsmaßregeln zu beachten ...

↑ Nominalstil, ↑ Papierdeutsch.

1.2 Stilistisch vertretbare Anwendung

Sieht man von den in 1.1 genannten Fällen ab, so gibt es keinen zwingenden Grund, den Gebrauch der Verbalsubstantive auf *-ung* zu tadeln und diese Bildungen durch substantivierte Infinitive oder durch andere Verbalsubstantive zu ersetzen. Häufig wirkt gerade der substantivierte Infinitiv anstelle eines Verbalsubstantivs ungewöhnlich oder – wie bei den reflexiven Verben – umständlich:

> die mechanische Bearbeitung / das mechanische Bearbeiten des Holzes; die chemische Behandlung / das chemische Behandeln der Faser; bei der Bestrahlung / beim Bestrahlen des Patienten; die Verständigung / das Sichverständigen; die Erholung / das Sicherholen.

Außerdem haben die Verbalsubstantive auf *-ung* gegenüber den substantivierten Infinitiven den Vorteil, dass sie einen Plural bilden können:

> drei Peilungen, viele Ortungen, mehrere Behandlungen.

1.3 Einsatz des substantivierten Infinitivs

Der substantivierte Infinitiv, der dem Verb näher steht und gewöhnlich nur das Geschehen bezeichnet, ist jedoch dann vorzuziehen, wenn der Sprecher ein Geschehen (Vorgang, Tätigkeit, Handlung) ausdrücken möchte, das entsprechende Verbalsubstantiv auf *-ung* aber nicht nur das Geschehen, sondern auch den Abschluss oder das Ergebnis des Geschehens ausdrückt oder gleichzeitig Sachbezeichnung ist:

> Bei der Isolierung des Drahtes darf der Strom nicht eingeschaltet sein. (Besser:) Beim Isolieren des Drahtes darf der Strom nicht eingeschaltet sein. Die Abstellung der Fahrräder an der Vorderfront ist verboten. (Besser:) Das Abstellen der Fahrräder an der Vorderfront ist verboten.

1.4 Einsatz anderer Substantivformen

Außer durch den substantivierten Infinitiv können die Verbalsubstantive auf *-ung* gelegentlich auch durch andere Verbalsubstantive ersetzt werden. Das ist aber nur in einem sehr beschränkten Maße möglich, weil die Bildungen auf *-ung* häufig eine andere Bedeutung oder andere Anwendungsbereiche haben. So kann man heute nur sagen:

> Das ist mein fester Entschluss (nicht: meine feste Entschließung). Die Versammlung brachte eine Entschließung (nicht: einen Entschluss) ein. Er warnte ihn vor der Ablegung (nicht: vor der Ablage) eines Gelübdes. Ich half ihr bei der Ablage (nicht: bei der Ablegung) der Akten. Der Bezug (nicht: Die Beziehung) der Zeitung durch die Post.

(Entsprechend:) Verstoßung (eines Menschen) – Verstoß (gegen ein Gesetz);
Übergang (über einen Fluss) – Übergehung (eines Menschen bei der Beförderung);
Übertritt (z. B. zu einer anderen Partei) – Übertretung (eines Gesetzes); Einzug (z. B.
der Teilnehmer) – Einziehung (z. B. der Steuern); Eingabe (z. B. technischer Daten in
eine Maschine) – Eingebung (plötzlich auftauchender Gedanke); Beilage (einer
Zeitung, zu einem Fleischgericht) – Beilegung (eines Streites).

In einigen Fällen werden die Bildungen ohne [wesentlichen] Bedeutungsunterschied gebraucht:

Will hier jemand einen Einwand / eine Einwendung machen? Dieser Roman hat
keinen Bezug / keine Beziehung zur Wirklichkeit.

Um den übermäßigen Gebrauch der Verbalsubstantive auf -ung einzuschränken werden gelegentlich kürzere Formen verwendet. Aber auch diese Wörter können nur in sehr beschränktem Maße anstelle der Verbalsubstantive auf -ung gebraucht werden, weil sie eine andere Bedeutung oder einen anderen Anwendungsbereich haben. So kann man beispielsweise nur sagen:

Nach Erhalt (nicht: Erhaltung) des Briefes ... Die Erhaltung (nicht: Der Erhalt) des
Friedens ... Ich erhielt einen negativen Entscheid (= Mitteilung einer Entscheidung;
nicht: eine negative Entscheidung) auf mein Gesuch. Die Stunde der Entscheidung
(nicht: des Entscheides; aber: Volksentscheid).

Einige dieser Bildungen werden nur sondersprachlich (Kaufmannssprache) oder landschaftlich (bes. in Süddeutschland und in der Schweiz) gebraucht und gelten nicht als standardsprachlich:

Auslad (statt: Ausladung), Ausscheid (statt: Ausscheidung), Untersuch (statt:
Untersuchung), Verlad (statt: Verladung).

1.5 -ierung / -ation

Bei den Verben auf -ieren stehen häufig Bildungen auf -ierung und -ation nebeneinander, teils gleichbedeutend, teils in der Bedeutung differenziert. Im Allgemeinen bringen die Bildungen auf -ierung stärker das Geschehen zum Ausdruck als die Bildungen auf -ation:

Konzentrierung – Konzentration, Konfrontierung – Konfrontation, Koordinierung –
Koordination, Isolierung – Isolation, Kanalisierung – Kanalisation, Restaurierung –
Restauration, Assoziierung – Assoziation.

In manchen Fällen kann das Ergebnis, die Sache oder Personengruppe nur mit der Endung -ation bezeichnet werden, das Geschehen aber mit beiden Endungen:

Delegation – Delegierung, Proklamation – Proklamierung.

Vgl. auch den Artikel ↑ Automation / Automatisierung.

2 Das Verbalsubstantiv im Satz

Wird ein transitives Verb in ein Verbalsubstantiv verwandelt, dann wird das Akkusativobjekt zur Beifügung im Genitiv (Genitivattribut):

Er erzieht seine Kinder – die Erziehung der Kinder. Sie schreibt einen Brief – das Schreiben des Briefes.

Steht aber die Ergänzung zu einem Verb nicht im Akkusativ (Akkusativobjekt), sondern im Dativ (Dativobjekt) oder in einem Präpositionalfall (Präpositionalobjekt), dann darf die Beifügung des Verbalsubstantivs ebenfalls nur mit einer Präposition angeschlossen werden. Der Genitiv ist in diesem Fall nicht korrekt (↑ Genitivattribut [1.5]):

einer entzündlichen Erkrankung vorbeugen – Vorbeugung gegen entzündliche Erkrankungen (nicht: Vorbeugung entzündlicher Erkrankungen); nach etwas forschen – die Forschung nach der Wahrheit (nicht: die Forschung der Wahrheit).

Verband- / Verbands-: Entsprechende Zusammensetzungen kommen mit und ohne Fugen-s vor. Während im Sinne von »Vereinigung, Organisation« nur *Verbands-* verwendet wird *(Verbandskasse, Verbandsleitung),* kann bei der Bedeutung »schützende Bedeckung einer Wunde« das Fugen-s stehen oder wegbleiben: *Verband[s]kasten, Verband[s]platz, Verband[s]päckchen.*

verbergen: 1. verbergen / verbirg!: Im Indikativ des Präsens heißt es: *ich verberge, du verbirgst, er, sie, es verbirgt.* Der Imperativ lautet: *verbirg!* (nicht: *verberge!*). ↑ e / i-Wechsel.

2. verbärge / verberge: Im Konjunktiv II wird heute ausschließlich die Form *verbärge* gebraucht. Die Formen *verbörge* und *verbürge* sind veraltet. ↑ Konjunktiv (1.3). Der Konjunktiv II steht vor allem im ↑ Konditionalsatz (2–7): *Wenn er mir etwas verbärge, wäre er nicht mein Freund.* Der Konjunktiv II *verbärge* tritt auch in der indirekten Rede auf, wenn in der direkten Rede schon *verbärge* oder *verbergen würde* steht oder etwas als zweifelhaft hingestellt wird (↑ indirekte Rede [3.3]). Die Form des Konjunktivs I ist *verberge.* Der Konjunktiv I steht vor

allem in der ↑ indirekten Rede (2.1): *Sie behauptet, er verberge einen Ausbrecher.*

verbescheiden / bescheiden: ↑ Aufschwellung.

verbieten: Wenn von *verbieten* ein Nebensatz oder eine Infinitivgruppe abhängt, dürfen diese nicht verneint werden. Man sagt korrekt: *Wir verboten den Kindern, auf der Straße zu spielen* (nicht aber: ... *nicht auf der Straße zu spielen*). ↑ Negation (1).

verbieten / verbitten: Zwischen beiden Verben ist klar zu unterscheiden: Das Verb *verbieten (verbot, verboten)* wird dann gebraucht, wenn eine bestimmte Tätigkeit oder Verhaltensweise nicht erlaubt wird: *Jugendlichen unter 18 Jahren ist der Eintritt verboten. Ihr Gefühl verbot ihnen die billige Erleichterung, mit der sie sonst jede Erhebung in Geräusch umsetzten* (A. Zweig). Das Verb *verbitten (verbat, verbeten)* dagegen kann nur reflexiv gebraucht werden und drückt aus, dass jemand einen anderen nachdrücklich ersucht, eine bestimmte Tätigkeit oder Verhaltensweise zu unterlassen: *Ich verbitte mir diesen Ton. Ich verbitte mir deine fortwährenden Schnoddrigkeiten* (Seidel).

V

Verbindung: An das Substantiv *Verbindung* wird gewöhnlich mit der Präposition *mit* angeschlossen: *in Verbindung mit jemandem stehen, sich mit jemandem in Verbindung setzen. Die Eintrittskarte gilt nur in Verbindung mit dem Personalausweis. Aber die Greisin hielt überhaupt nur eine sehr lose Verbindung mit ihm aufrecht* (Brecht). An *Verbindung* wird auch mit *zu* angeschlossen, vermutlich in Analogie zu dem Substantiv *Beziehung: in Verbindung zu / mit jemandem treten. Du sollst ihm rasch eine Verbindung zu sozialen Kreisen verschaffen* (Musil). Gelegentlich tritt auch der Anschluss mit *von, zwischen* oder *aus* auf: *die Verbindung von Metallteilen durch Schweißen; durch Löten eine Verbindung zwischen zwei Drähten herstellen; Wasser ist eine Verbindung aus Wasserstoff und Sauerstoff.* Alle diese Formen des Anschlusses sind korrekt.

Verblassen des Substantivs: Manche Substantive sind in bestimmten festen Verbindungen oder Wendungen im Laufe der Zeit inhaltlich verblasst. Sie werden dann kaum noch als eigenständige Substantive empfunden und werden häufig zu Teilen nicht substantivischer Zusammensetzungen. Dies gilt z. B. für *Teil* in *teilhaben, Dank* in *danksagen* (auch: *Dank sagen*), *Mal* in *zumal, Statt* in *vonstatten gehen, Not* in *vonnöten sein.* ↑ Ge-

trennt- oder Zusammenschreibung (2.1 und 2.2).

verbläuen: Nach den neuen Rechtschreibregeln wird das umgangssprachliche Wort mit der Bedeutung »verprügeln« wegen der Assoziation zu *[jemanden grün und] blau schlagen* mit *äu* geschrieben.

verbleichen: ↑ bleichen.

verborgen: Klein schreibt man das Adjektiv: *eine verborgene Gefahr.* Groß schreibt man die Substantivierung: *Gott, der ins Verborgene sieht.* Neu auch: *Ein Veilchen, das im Verborgenen* (= unbemerkt) *blüht.* ↑ Groß- oder Kleinschreibung (1.2.1).

Verbrauch: Das Substantiv *Verbrauch* wird in der Gemeinsprache nur im Singular gebraucht. In der Fachsprache wird jedoch gelegentlich auch die Pluralform *die Verbräuche* gebildet: *... das Mittel aus den zwei letzten in Rechnung gestellten Verbräuchen berechnet wird* (Stadtwerke Mannheim). *Um wie viel mehr das ist, beweisen uns die erhöhten Kurzstreckenverbräuche, zumal wenn es kälter wird* (Auto, Motor und Sport). ↑ Plural (5).

verbuchen / buchen: ↑ buchen / verbuchen / abbuchen.

Verbundenheit: An das Substantiv *Verbundenheit* wird nur mit der Präposition *mit*, nicht mit *zu* angeschlossen: *Er betonte seine Verbundenheit mit den Menschen dieser Stadt.* ↑ Verbindung.

Verbzusatz

1. Definition:

Unter einem Verbzusatz versteht man den nicht verbalen Teil einer unfesten Zusammensetzung mit einem Verb als Grundwort. Als Verbzusätze erscheinen vor allem Partikeln (z. B. *an* in *anführen, bei* in *beitreiben, durch* in *durchführen*), dann auch Adjektive (z. B. *los* in *loslassen, fest* in *festbinden*) oder Substantive (z. B. *Teil* in *teilhaben, Stand* in *standhalten*). Im Gegensatz zu den ↑ Präfixen, die als selbstständige Wörter nicht mehr vorkommen (z. B. *be-, ent-, ver-*), gehen die Verbzusätze mit dem Verb nur eine lose Verbindung ein, d. h., sie sind nur in den infiniten Formen (Infinitiv, 1. und 2. Partizip) und im Nebensatz mit Einleitewort mit dem Verb fest verbunden:

anführen, anzuführen, anführend, angeführt; wenn ich anführe, anführte.

In den finiten Formen (Indikativ und Konjunktiv des Präsens und des Präteritums, Imperativ) im Hauptsatz und im Nebensatz ohne Einleitewort steht der Verbzusatz stets getrennt hinter dem Verb, und zwar in der Regel am Ende des Satzes:

Er *führt / führte* immer den Zug *an.* Er erzählte, er *führe* morgen den Zug *an. Führe* den Zug *an!*

Vgl. dazu auch ↑ Verb (2); ↑ Ausklammerung.

2. Verbzusatz oder Satzglied?:
Verbzusätze sind aus einer Umstandsangabe oder aus einem Objekt hervorgegangen. Sie sind jedoch nicht mehr als Satzglieder anzusehen, sondern verändern nur den Ablauf des vom Verb bezeichneten Geschehens. Verbzusatz und Verb sind also auch bei räumlicher Trennung eine inhaltliche Einheit.

Zu der Frage, ob der nicht verbale Teil einer Verbindung mit einem Verb als Verbzusatz oder als selbstständiges Satzglied aufzufassen ist *(gutschreiben / gut schreiben; zusammenbauen / zusammen bauen; dahinfliegen / dahin fliegen)* ↑ Getrennt- oder Zusammenschreibung (1.2–1.4).

3. ich erkenne an / ich anerkenne:
Bei einer Reihe von meist transitiven und in übertragener Bedeutung gebrauchten Verben mit Partikel wird der Verbzusatz in allen, also auch in den finiten Formen, als fest behandelt. Häufig findet man diese Formen bei Zusammensetzungen mit Verben, die ihrerseits durch *-ent-* und *-er-* präfigiert sind:

Diese Absicht vorenthielt sie ihm. Sie anerkannten nur die Taufe des erwachsenen Menschen (Nigg).

Diese Bildungen sind vor allem süddeutsch und schweizerisch. ↑ Verb (2.4), ↑ Tmesis; ↑ anberaumen, ↑ anempfehlen / empfehlen, ↑ anerkennen, ↑ anvertrauen, ↑ obliegen, ↑ obsiegen, ↑ obwalten, ↑ übersiedeln, ↑ widerhallen, ↑ widerspiegeln.

V

4. Fest steht, dass ...

(Der Verbzusatz als Satzglied in der Ausdrucksstellung): Da der Verbzusatz aus selbstständigen Satzgliedern hervorgegangen ist, kann er gelegentlich wieder als Satzglied verwendet werden. Dies geschieht dann, wenn er in die Ausdrucksstellung am Anfang des Satzes gebracht wird. Verbzusatz und Verb werden in diesem Falle getrennt geschrieben. Diese Wortstellung ist besonders in dichterischer Sprache zu finden: *Und entgegen kommt ihm Philostratus* (Schiller). Sie kommt aber auch in der Alltagssprache vor: *Fest steht, dass er seine Meinung nie ändern wird. Durch kommen wir schon* (Fallada). ↑ Getrennt- oder Zusammenschreibung (1.6); ↑ Tmesis.

Verdächtige / Verdächtigte, der und die: Als *Verdächtige(n)* bezeichnet man eine Person, die im Verdacht steht, etwas Verbotenes getan zu haben oder zu planen. Eine *Verdächtige* bzw. ein *Verdächtigter* ist dagegen jemand, gegen den ein Verdacht ausgesprochen worden ist. Zu allen Zweifelsfragen bei der Beugung ↑ Angeklagte, ↑ substantiviertes Adjektiv (2.1).

verdaulich: Nach den neuen Rechtschreibregeln wird *verdaulich* von den Adjektiven *leicht* oder *schwer* immer getrennt geschrieben, weil diese in der Fügung steigerbar und erweiterbar sind: *eine [sehr] schwer verdauliche Speise. Warme Getränke sind leicht[er] verdaulich.* ↑ Getrennt- oder Zusammenschreibung (3.2).

verderben: 1. Konjugation: Das Verb *verderben* wird heute nur noch unregelmäßig gebeugt: *verderben, verdarb, verdorben.* In der 2. und 3. Person Singular des Indikativs Präsens sowie beim Imperativ Singular wechselt der Stammvokal von *e* zu *i: du verdirbst, er, sie, es verdirbt; verdirb!* (↑ e / i-Wechsel). Der Konjunktiv II lautet *verdürbe.* Früher wurde das transitive Verb *verderben* regelmäßig gebeugt, was noch an dem Adjektiv ↑ verderbt erkennbar wird, das aus dem 2. Partizip gebildet ist.

2. Perfekt mit *haben* oder *sein:* Das Perfekt wird mit *haben* gebildet, wenn *verderben* als transitives Verb im Sinne von »vernichten; zunichte machen, zugrunde richten« gebraucht wird: *Darum hat er mir heute und morgen den schulfreien Tag durch Zimmerarrest verdorben* (Musil). *Die Dichter haben die Welt verdorben* (Wiechert). Das intransitive Verb *verderben* in der Bedeutung »zugrunde gehen, schlecht werden« wird mit *sein* verbunden: *Das Fleisch ist verdorben.*

verderbt: Das selten gebrauchte Adjektiv hat zwei Bedeutungen: In gehobener und veraltender Verwendung bedeutet es »(in sittlich-moralischer Hinsicht) verdorben, verkommen«, in der Literaturwissenschaft bezeichnet es Textstellen, vor allem in Handschriften, die »schwer oder gar nicht mehr zu entziffern« sind.

verdienen: Wenn *verdienen* mit einer Infinitivgruppe verbunden ist, kann man ein Komma setzen: *Das verdient an dieser Stelle erwähnt zu werden / Das verdient, an dieser Stelle erwähnt zu werden.* ↑ Komma (5.1.4).

Verdienst: Das Wort *Verdienst* kann entweder als maskulines oder als neutrales Substantiv gebraucht werden, jedoch besteht dabei ein Bedeutungsunterschied. Es heißt *der Verdienst* in der Bedeutung »Einkommen« oder »materieller Er-

V

werb«: *guter, ausreichender, zusätzlicher Verdienst.* Dagegen bedeutet *das Verdienst* »anerkennenswertes Verhalten, Tun oder außergewöhnliche Leistung«: *ein überragendes, unbestreitbares, historisches Verdienst.* Zu Fügungen wie *seine Verdienste als Naturforscher* ↑ Apposition (3.3).

verdient: ↑ zweites Partizip (2.2).

verdingen: 1. Konjugation: Das veraltende Verb *[sich] verdingen* kann regelmäßig oder unregelmäßig konjugiert werden. Im Präteritum ist die regelmäßige Form *verdingte* üblicher: *Er verdingte sich als Packer.* Im 2. Partizip ist dagegen die unregelmäßige Form geläufiger: *Sie hat sich in dieser Zeit als Magd verdungen* / (auch:) *verdingt* (↑ dingen). **2. sich als Gehilfe / Gehilfen verdingen:** Bei *sich verdingen als* steht das dem *als* folgende Substantiv heute gewöhnlich im Nominativ, d. h., es wird auf das Subjekt bezogen. Der Akkusativ, d. h. die Beziehung auf *sich,* ist seltener: *Er verdingte sich damals als Gehilfe* / (seltener: *als Gehilfen) bei einem Händler.*

vereidigen / beeidigen / beeiden: ↑ beeiden, beeidigen / vereidigen.

vereinzelt: Nach *vereinzelt* wird das folgende [substantivierte] Adjektiv oder Partizip im Allgemeinen parallel gebeugt: *Der Aufruf vereinzelter Gelehrter fand keinen Widerhall. Die Untersuchung vereinzelter Frauenbeauftragter brachte kein positives Ergebnis.* Gelegentlich treten jedoch im Genitiv Plural Abweichungen (noch als Rest der früheren schwachen Beugung des folgenden Wortes) auf: *Die Zuverlässigkeit vereinzelter Beamten wurde angezweifelt. Mit Unterstützung vereinzelter Frauenbeauftragten konnte sie Klage erheben.*

verfahren: Das Verb *verfahren* wird heute nur noch mit *sein* verbunden, wenn es intransitiv in der Bedeutung »nach einer bestimmten Methode vorgehen« oder »etwas in einer bestimmten Weise behandeln« gebraucht wird: *Bei diesem*

Versuch ist die Ingenieurin anders verfahren. Das Verb *verfahren* wird aber mit *haben* verbunden, wenn es transitiv in der Bedeutung »Geld für Fahrten mit öffentlichen Verkehrsmitteln ausgeben« gebraucht wird: *Das Kind hat heute ein paar Mark verfahren.* Das reflexive *sich verfahren* in der Bedeutung »einen falschen Weg fahren« oder »sich verirren« wird nur mit *haben* verbunden: *Er kam mit erheblicher Verspätung an, weil er sich im Gebirge verfahren hatte.*

verfassunggebend: Die Zusammensetzung *verfassunggebend* wird ohne ↑ Fugen-s (3.4) gebraucht.

verfügbar: ↑ -bar.

Vergangenheit: ↑ Präteritum, ↑ Perfekt, ↑ Plusquamperfekt.

vergäße / vergesse: Die Form *vergesse* ist der Konjunktiv I, der vor allem in der ↑ indirekten Rede (2.1) steht: *Sie sagte, er vergesse zu schnell. Er fragte sie, warum sie das Buch immer mitzubringen vergesse.* Demgegenüber ist *vergäße* die Form des Konjunktivs II, der vor allem im ↑ Konditionalsatz (2–7) steht: *Vergäße sie mich, dann wäre ich sehr traurig. Es wäre schlimm, wenn er das vergäße.* Der Konjunktiv II *vergäße* tritt aber auch in der indirekten Rede auf, wenn in der direkten Rede schon *vergäße* oder *vergessen würde* steht oder etwas als zweifelhaft hingestellt wird. ↑ indirekte Rede (3.3).

vergebens / umsonst: ↑ umsonst / vergebens.

vergebens / vergeblich: Zwischen *vergebens* und *vergeblich* besteht ein grammatischer Unterschied: Das Wort *vergebens* ist ein Adverb und kann deshalb nicht gebeugt werden: *... er versuchte vergebens, sich zu bewegen, er war festgeschnallt* (Böll). *Die Mühe war vergebens.* Demgegenüber ist *vergeblich* ein Adjektiv und kann gebeugt werden: *Er fuhr ein vergebliches Rennen, eine Verfolgungsjagd auf Distanz* (Die Welt). Es wird aber auch häufig ungebeugt – in der Satzaus-

V

sage – gebraucht: *All ihre Bemühungen waren vergeblich. Vergeblich suchte sie nach Zusammenhängen.*

vergehen: Nach *es vergeht / verging kein Tag …* muss der Relativsatz verneint sein, weil es sich hier um den Sinn »es geschah an jedem Tag« handelt. Deshalb ist die doppelte Verneinung hier nicht nur korrekt, sondern notwendig: *Es verging kein Tag, an dem sie nicht zu mir kamen.* ↑ Negation.

vergessen: 1. Beugung: Die Stammformen lauten: *vergessen, vergaß, vergessen;* der Konjunktiv II heißt: *vergäße.* In der 2. und 3. Person Singular des Indikativs Präsens und im Imperativ Sing. wechselt der Stammvokal von *e* zu *i: du vergisst, er, sie, es vergisst; vergiss!* (↑ e / i-Wechsel, ↑ vergäße / vergesse). Zur Form der 2. Person Singular (*du vergisst* [nicht: *vergissest*]) ↑ Indikativ (2).

2. Rektion: Das Verb *vergessen* regiert den Akkusativ: *Claudia vergaß ihren Vorsatz und ging lebhaft auf das Thema ein* (A. Zweig). *Sie hatte ihn fast vergessen.* Der Anschluss mit dem Genitiv ist veraltet: *… weil ihr Bruder seiner Pflicht vergaß* (Musil). *Übrigens hatte Zenaide ihrer vergessen* (Kolb). Landschaftlich – vor allem süddeutsch und österreichisch – und nicht standardsprachlich ist der Anschluss mit *auf* oder *an: Es war sein Bub, auf welchen er völlig vergessen … hatte* (Doderer). *Und doch ist man bei jedem solchen allgemeinen Urteil in Gefahr, an die Buntheit der Menschenwelt und ihres seelischen Lebens zu vergessen* (Freud).

3. vergessen über: Es heißt richtig *etwas über einer Sache vergessen,* nach *über* muss hier also der Dativ stehen: *Sie hatten über dem Erzählen* (nicht: *über das Erzählen*) *die Arbeit vergessen.*

vergewissern, sich: 1. Rektion: An das Verb *sich vergewissern* »sich Gewissheit, Sicherheit verschaffen über, sich etwas sichern« wird das davon abhängige Substantiv (Pronomen) mit dem Genitiv an-

geschlossen: *… es war gut, … sich seines Daseins zu vergewissern* (Böll). *… das ist wie ein Spiegel, in den er schaut, um sich seiner selbst zu vergewissern* (Broch). Der Anschluss des abhängigen Substantivs (Pronomens) mit der Präposition *über* ist selten: *Ich werde mich über diesen Mann vergewissern.* Der Anschluss mit *von* gilt nicht als korrekt: *Ich nehme mir die Zeit, mich von seinen Eigenschaften und Leistungen zu vergewissern* (richtig: *zu überzeugen*).

2. sich vergewissern, ob / dass: Wenn *sich vergewissern* nur die Bestätigung eines Zustandes ausdrückt, den man bereits als wirklich annimmt, wird mit *dass* angeschlossen: *Ich vergewisserte mich, dass die Tür abgeschlossen war.* Besteht aber eine Ungewissheit oder muss mit etwas Unerwartetem gerechnet werden, dann schließt man mit *ob* an: *Ich vergewisserte mich, ob die Tür [auch] abgeschlossen war. Vergewissere dich, ob nicht doch jemand im Nebenzimmer ist!* ↑ dass (3).

Vergissmeinnicht: Der Plural lautet *die Vergissmeinnicht* oder *die Vergissmeinnichte.*

Vergleich: Beim Vergleich werden Beziehungen und Verhältnisse bestimmter Art zwischen zwei oder mehr Wesen oder Dingen festgestellt. Dies geschieht mithilfe der ↑ Vergleichsformen des Adjektivs. Man unterscheidet zwei Arten von Vergleichen. **1. Vergleich, der die Gleichheit feststellt:** Er wird mithilfe des Positivs und der Vergleichspartikeln *so* und *wie* (nicht: *als;* ↑ als / wie [2]) gebildet. Er stellt entweder die Gleichheit von Eigenschaften verschiedener Wesen oder Dinge fest *(Er ist so groß wie sein Bruder)* oder die Gleichheit des Grades verschiedener Eigenschaften eines Wesens oder Dinges *(Sie ist so klug wie schön).* Bei formelhaft gebrauchten Vergleichen kann *so* wegbleiben *(Ihre Hand war [so] kalt wie Eis).*

2. Vergleich, der die Ungleichheit feststellt: a) Vergleich mithilfe des Kompara-

tivs oder der komparativischen Gradadverbien *mehr (eher)* und *weniger:* Dieser Vergleich wird mit der Vergleichspartikel *als* gebildet: *größer als; mehr als.* (Umgangssprachlich wird oft *wie* gebraucht; ↑ *als / wie* [1].) Er stellt entweder die Ungleichheit zweier (oder mehrerer) Wesen oder Dinge fest *(Er ist größer als du. Sie ist älter als ihre Mitschülerinnen)* oder den ungleichen Grad zweier (oder mehrerer) Eigenschaften eines Wesens oder Dinges *(Er war mehr tot als lebendig. Sie ist eher schüchtern und bescheiden als dumm).* b) **Vergleich mithilfe des Superla-** tivs: Bei dieser Form des Vergleichs wird der höchste Grad einer Eigenschaft bei einer getroffenen Auswahl von mehreren Wesen oder Dingen festgestellt *(Er ist der älteste unter / von seinen Mitschülern. Sie ist die klügste der drei Bewerberinnen).* Der Vergleich mithilfe des Superlativs ist nur dort sinnvoll, wo ein Wesen oder Ding mit mehr als einem anderen verglichen werden soll; also nicht: *Er ist der kleinste von den beiden.* ↑ Vergleichsformen (3.4). Vgl. auch ↑ doppelt so ... wie / doppelt so ... als und ↑ -mal so groß / -mal größer.

Vergleichsformen

Häufig gestellte Fragen zu den Vergleichsformen	
Frage	Antwort unter
Wie bildet man die Steigerungsform von Adjektiven?	dieser Artikel, Punkt (2)
Sind Steigerungen wie *am tiefstliegendsten, das bestverkaufteste Buch* überhaupt richtig?	dieser Artikel, Punkt (2.5.1), (2.5.4)
Heißt es *schwerer wiegend* oder *schwerwiegender?*	dieser Artikel, Punkt (2.5.3), (2.5.4)
Sind Steigerungsformen wie *optimaler* oder *am erstklassigsten* korrekt?	dieser Artikel, Punkt (3.1)
Welche Adjektive können gesteigert werden, welche nicht?	dieser Artikel, Punkt (3.1)
Sind Farbbezeichnungen steigerbar?	dieser Artikel, Punkt (3.1)
Heißt es *größer als Klaus* oder *größer wie Klaus?*	dieser Artikel, Punkt (3.2)

1   Allgemeines
2   Bildung und Deklination der Vergleichsformen
2.1   Umlaut
2.2   Wegfall des *e* beim Komparativ
2.3   Wegfall des *e* beim Superlativ

V

1 Allgemeines

Die Möglichkeit, verschiedene Grade zu unterscheiden, gehört zu den Grundfunktionen der Adjektive. Die Gradunterscheidung geschieht mithilfe der Vergleichsformen. (Die Bildung der Vergleichsformen wird auch Komparation genannt; zu dem Ausdruck Steigerung s. u.) Durch die Vergleichsformen werden Beziehungen und Verhältnisse bestimmter Art zwischen zwei oder mehr Wesen oder Dingen sprachlich gekennzeichnet. Man unterscheidet drei Stufen:

> Positiv (Grundstufe, gleicher Grad): alt, groß, schnell usw.;
>
> Komparativ (Mehr- oder Höherstufe, ungleicher Grad): älter, größer, schneller usw.;
>
> Superlativ (Meist- oder Höchststufe, höchster Grad): älteste, größte, schnellste usw.

Der Komparativ wird durch Anhängen von *-er,* der Superlativ durch Anhängen von *-st* oder *-est* an die Grundstufe gebildet, wobei bei den umlautfähigen Wörtern ein Umlaut eintreten kann (↑2.1).

Beim Komparativ wird die Ungleichheit zweier oder mehrerer Wesen oder Dinge festgestellt. Der Superlativ kennzeichnet den höchsten oder tiefsten Grad, der überhaupt oder innerhalb einer getroffenen Auswahl von mindestens drei Wesen oder Dingen zu erreichen ist. Ist der Superlativ nicht Attribut zu einem Substantiv *(der schönste Tag; die längste Kette)* oder Gleichsetzungsglied *(dieser Tag war der schönste [Tag]; diese Kette war die längste [Kette];* ↑ Adjektiv [1.2.9]), dann wird dem Superlativ das Wort *am* vorangestellt:

> Dieser Schüler ist am klügsten. Dieses Mädchen tanzt am besten. Dieses Buch ist am wenigsten schön. Von allen Sprintern lief er mit Abstand am schnellsten.

Die Bezeichnung »Steigerung«, die früher allgemein üblich war, ist weitgehend durch »Bildung der Vergleichsformen« ersetzt, weil nicht immer eine Steigerung vorliegt. Nur wenn sich der Vergleich (z. B. *älter, älteste)* auf die Grundstufe des betreffenden Wortes *(alt)* bezieht, wäre die Bezeichnung »Steigerung« zutreffend; nicht aber, wenn sich die Vergleichsform (z. B. *älter)* auf die Grundstufe des Gegenworts (z. B. *jung,* mit der Reihenfolge *jung, älter, alt)* bezieht, was öfter der Fall ist. Man kann also sagen: *Es kam ein älterer Herr,* wenn man einen Herrn meint, der noch nicht alt, aber auch nicht mehr jung ist. In diesem Falle geht die Blickrichtung von *jung* aus. Erfolgt die Blickrichtung jedoch vom Gegenpol *alt,* dann ergibt sich die Folge *alt, jünger, jung.* Dann kann man sagen: *Es ist ein jüngerer Herr hier gewesen,* wenn man einen Herrn meint, der nicht mehr jung, aber auch noch nicht alt ist.

Die Groß- oder Kleinschreibung der Vergleichsformen entspricht der der Adjektive. ↑ Groß- oder Kleinschreibung (1.2).

2 Bildung und Deklination der Vergleichsformen

2.1 Umlaut

Bei bestimmten einsilbigen Adjektiven, die umlautfähige Stammvokale *(a, o, u)* haben, wird der Komparativ und der Superlativ mit Umlaut gebildet. Es handelt sich um folgende zwanzig Adjektive:

> (Stammvokal *a:)* alt, älter, älteste; (entsprechend:) arg, arm, hart, kalt, krank, lang, nah, scharf, schwach, schwarz, stark, warm.
>
> (Stammvokal *o:)* grob, gröber, gröbste; (entsprechend:) groß, hoch.
>
> (Stammvokal *u:)* dumm, dümmer, dümmste; (entsprechend:) jung, klug, kurz.

Manche Adjektive haben Formen mit und ohne Umlaut:

> bang, banger / bänger, bangste / bängste; (entsprechend:) blass, fromm, glatt, karg, krumm, nass, rot, schmal.

V

In der Standardsprache werden bei diesen Adjektiven allerdings immer mehr die nicht umgelauteten Formen bevorzugt. Im Zweifelsfall sollte man deshalb die nicht umgelautete Form wählen.

Alle anderen einsilbigen und alle mehrsilbigen Adjektive haben keinen Umlaut. Eine Ausnahme bildet *gesund: gesünder, gesündeste /* (seltener:) *gesunder, gesundeste.*

In den Vergleichsformen umlautende Adjektive stehen in Zusammensetzungen gelegentlich ohne Umlaut:

> Er ist keineswegs *klüger,* allenfalls *altkluger* als sie.

2.2 Wegfall des *e* beim Komparativ

Bei Adjektiven, die auf *-el* ausgehen, fällt im Komparativ das *e* dieser Silbe weg:

> ein dunklerer (nicht: dunkelerer) Wald; eines edleren Menschen.

Adjektive auf *-er* und *-en* werden im Komparativ mit oder ohne *e* gebildet:

> ein heit[e]reres Wetter; finst[e]rere Gesichter; ein trock[e]neres Handtuch, eine noch bitt[e]rere Not.

Bei nicht deklinierter Verwendung wird meist die volle Form gebraucht:

> Er ist noch heiterer als sie. Dieses Handtuch ist trockener.

Adjektive mit Diphthong vor der Silbe *-er (teuer, sauer)* werden jedoch immer ohne *e* gebildet:

> Das Brot ist teurer geworden. Diese Gurken sind saurer als jene. Die Anstrengungen sind noch ungeheurer, als ich annahm.

Das Endungs-*e* wird nur in besonderen Fällen, z. B. in der Dichtung, gelegentlich weggelassen *(dem bessern Rat, den kürzern Weg).* Man vermeide aber, das *e* der Komparativendung *-er* wegzulassen (nicht: *bessre, größre, längre*).

2.3 Wegfall des *e* beim Superlativ

Ob *-st* oder *-est* gebraucht wird, ist abhängig vom Auslaut und von der Silbenzahl des Adjektivs (Partizips): Die einsilbigen oder endbetonten mehrsilbigen Adjektive auf *-d, -s, -sch, -sk, -ß, -st, -t, -tz, -x, -z* erhalten *-est,* ebenso die Adjektive auf *-los* und *-haft:*

> hold – holdeste, kraus – krauseste, rasch – rascheste, forsch – forscheste, lasch – lascheste, hübsch – hübscheste, brüsk – brüskeste, süß – süßeste, dreist – dreisteste, bunt – bunteste, sanft – sanfteste, spitz – spitzeste, lax – laxeste, schwarz – schwärzeste, berühmt – berühmteste, gesucht - gesuchteste, gespreizt – gespreizteste, verstört – verstörteste, behänd – behändeste, lieblos – liebloseste, grauenhaft – grauenhafteste.

Die Adjektive auf *-d, -t* und *-sch* dieser Gruppe stehen gelegentlich auch ohne *e (forschste);* diese Formen sollten aber vermieden werden. Eine Ausnahme bildet die Superlativform von *groß: größte* (für: *größeste*).

Bei Adjektiven, die auf Diphthong oder auf Vokal + *h* enden, fällt das *e* zumeist weg; es steht aber bei besonderer Betonung des Superlativs:

> frei[e]ste, froh[e]ste, neu[e]ste, rau[e]ste.

Die meisten anderen Adjektive und Partizipien – vor allem auch mehrsilbige, nicht auf der letzten Silbe betonte – haben *-st:*

> kleinste, längste, edelste, verworrenste, gefürchtetste, passendste, fleißigste, komischste, erhabenste, bitterste, gebildetste, gehobenste.

Bei Zusammensetzungen und Präfixbildungen bleibt die Form des Grundwortes erhalten:

> humanste / inhumanste; sanfteste / unsanfteste.

Das gilt auch für Fälle, in denen das Grundwort allein im Allgemeinen nicht gesteigert wird:

> abgemagertste; abgeschabteste.

2.4 Beugung des Superlativs

Die Superlative werden wie die Positive stark und schwach gebeugt, bilden aber im Allgemeinen keine flexionslosen Formen (Ausnahme: *allerliebst*) und müssen, auch wenn sie aussagend verwendet werden, ebenfalls gebeugt werden:

> Dieser Tag ist der kürzeste. Dieses Bild ist das schönste. (Aber:) Das Kind ist allerliebst.

2.5 Adjektivische Fügungen und zusammengesetzte Adjektive (Partizipien)

Als Grundregel gilt, dass bei zusammengesetzten Adjektiven (Partizipien) und adjektivischen Fügungen immer nur ein Bestandteil gesteigert werden darf. Ist der erste Bestandteil steigerbar, so handelt es sich um eine Fügung, die getrennt geschrieben wird. Bei Steigerbarkeit des zweiten Bestandteils liegt dagegen eine Zusammensetzung vor; es wird also zusammengeschrieben. ↑ Getrennt- oder Zusammenschreibung (3.1.2).

2.5.1 tief liegend, tiefer liegend, am tiefsten liegend / tiefstliegend (Vergleich des ersten Bestandteils):

> ein schwer verständlicher Text – ein noch schwerer verständlicher Text – der am schwersten verständliche Text; eine hoch gestellte Persönlichkeit – eine

höchstgestellte Persönlichkeit; in fein verteilter Form – in feinstverteilter Form; das dicht bevölkerte Land – das am dichtesten bevölkerte Land; tief blickend – tiefer blickend – am tiefsten blickend / tiefstblickend; tief gefühlt, tiefstgefühlter / am tiefsten gefühlter Dank; tief gehend – tiefer gehend – am tiefsten gehend / tiefstgehend; tief liegend – tiefer liegend – am tiefsten liegend / tiefstliegend.

Wenn die Fügungen statt des mit *am* gebildeten Superlativs *(der am schwersten verständliche Text)* eine Form auf *-st* beinhalten, die nicht selbstständig gebraucht werden kann, müssen sie zusammengeschrieben werden: *in feinstverteilter Form.*

2.5.2 dichtmaschiger, altmodischste (Vergleich des zweiten Bestandteils): Zusammensetzungen, bei denen nur der zweite Bestandteil gesteigert werden kann, sind selten:

Diese Strumpfhose ist dichtmaschiger. Wir sehen ihn immer in altmodischster Kleidung.

2.5.3 schwerer wiegend / schwerwiegender (doppelte Möglichkeit): In den meisten Fällen kann entweder der erste oder der zweite Bestandteil gesteigert werden:

schwerer wiegende / schwerwiegendere Gründe; weiter gehend / weitgehender; weiter tragend / weittragender; weiter reichend / weitreichender; weiter blickend / weitblickender; weitestgehende / weitgehendste Einschränkungen; zarter besaitet / zartbesaiteter.

Gelegentlich ist die Bildungsweise bedeutungsunterscheidend:

höher fliegende Flugzeuge, (aber:) hochfliegendere (= ehrgeizigere) Pläne.

2.5.4 das Nächstliegendste? (unzulässige Steigerung beider Bestandteile): Vergleichsformen bei beiden Bestandteilen sind unzulässig:

der nächstliegende (nicht: nächstliegendste) Gedanke, das meistgelesene (nicht: meistgelesenste) Buch, in größtmöglicher (nicht: größtmöglichster) Eile, schnellstmöglich (nicht: schnellstmöglichst), die höchstgelegene (nicht: höchstgelegenste) Wohnung, die bestbewährte (nicht: bestbewährteste) Waschmaschine; das meistgekaufte (nicht: meistgekaufteste) Buch.

3 Der Gebrauch der Vergleichsformen

3.1 Wann sind Vergleichsformen möglich und wann nicht?

Nicht von allen Adjektiven können Vergleichsformen gebildet werden. Nur diejenigen Adjektive sind dazu geeignet, die ein Wesen oder Ding nach der Art zu charakterisieren vermögen. Ausgenommen sind allerdings solche Adjektive, die zwar nach der Art charakterisieren, deren Bedeutung aber einen Gradunterschied nicht zulässt. Sie drücken entweder bestimmte Verfahrens- oder Zustandsweisen aus:

> einzig, endgültig, schriftlich, mündlich, viereckig, leblos, rund, sterblich,

oder sie bezeichnen bereits einen höchsten oder geringsten Grad:

> erstklassig, entgegengesetzt, hauptsächlich, voll, vollendet, privat, individuell, extrem, maximal, minimal, total, universal, optimal.

Die zuletzt genannten Adjektive werden trotzdem gelegentlich gesteigert, weil aus bestimmten Gründen der höchste oder geringste Grad noch verstärkt werden soll:

> privateste Angelegenheit, extremste Richtung, minimalster Verschleiß, vollste Diskretion; zu meiner vollsten Zufriedenheit.

Die letztgenannte, in Arbeitszeugnissen übliche Formulierung ist besonders – auch juristisch – umstritten. Alle genannten Beispiele sollten nicht unreflektiert verwendet werden.

Anders zu beurteilen sind jedoch die Vergleichsformen der Adjektive, die an sich einen höchsten oder geringsten Grad ausdrücken (z.B. *leer, still*), aber in relativer Bedeutung verwendet werden können:

> Das Kino ist heute leerer als gestern. In den stillsten Stunden der Nacht.

Ausgenommen von den Vergleichsformen sind ferner die zusammengesetzten Adjektive, deren Bestimmungswort bereits eine Verstärkung bezeichnet (z.B. *schneeweiß, blutjung, steinreich* [↑4.2.2 und 4.2.3]), außerdem Adjektive, die ein mögliches Geschehen verneinen (z.B. *unrettbar, unverlierbar, ungelöst*), Zahladjektive (z.B. *letzt,* ↑ einzig) und indeklinable Farbadjektive (*rosa, lila* u.a.; ↑Farbbezeichnungen [1]). Auch zusammengesetzte Farbadjektive, die einen bestimmten Farbton bezeichnen, werden gewöhnlich nicht gesteigert:

> dunkelrot, hellblau, nilgrün, kaffeebraun.

Auch solche Adjektive, die nur attributiv *(das hiesige Theater)* oder nur als Artangabe *(wir sind quitt)* verwendet werden, können nicht gesteigert werden. Wohl aber kann man Adjektive steigern, die als Beifügung bei einer Täterbezeichnung (Nomen Agentis) stehen und aus einer Artangabe hervorgegangen sind (↑Adjektiv [3.6]):

> eine gute / eine bessere Rednerin (aus: sie redet gut / besser); die stärksten Raucher (aus: sie rauchen sehr stark).

Wenn die oben genannten, von der Bildung der Vergleichsformen ausgenommenen Adjektive jedoch in übertragener Bedeutung verwendet werden oder eine Eigenschaft (und keine Zugehörigkeit) ausdrücken, können sie Vergleichsformen bilden. Ohne Vergleichsform:

Er lag leblos da; das väterliche Fahrradgeschäft, der hölzerne Schaft.

Übertragene, eine Eigenschaft ausdrückende Bedeutung mit Vergleichsform:

Die Straße ist lebloser als gestern. Väterlicher als er konnte keiner sein. Er ist noch hölzerner als sein Bruder. Das ist schwärzester Undank! Erfolge sind nur mit eisernstem Fleiß zu erzielen.

Auch die Adjektive mit dem Präfix *un-* und die mit dem Suffix *-los* können, obgleich sie eigentlich eine nicht mehr zu steigernde Verneinung enthalten oder das Fehlen des im Stammwort Ausgedrückten bezeichnen, verschiedentlich Vergleichsformen bilden:

Er ist noch unordentlicher als du. Selbst die unempfindlichsten Menschen werden das nicht ohne Anteilnahme sehen. Die fruchtloseste Diskussion. Noch zwangloser kann es gar nicht zugehen. Lieblosere Briefe kann wohl keiner schreiben.

In dichterischer Ausdrucksweise werden gelegentlich auch die mit *un-* und *-los* gebildeten Adjektive gesteigert, z. B.: *Muttermord ist weit unsühnbarer als Gattenmord* (Benn). Diese Vergleichsform zeigt, dass es auch bei diesen Adjektiven verschiedene Grade geben kann. Die Vergleichsformen können die Wirkung noch erhöhen. Unmöglich sind jedoch Steigerungen von Adjektiven auf *-los,* die noch ganz konkrete Inhalte haben (also nicht: *kinderloser, bargeldloser, obdachloser, fleischloser*). Gelegentlich werden auch Vergleichsformen gewagt, wenn Adjektive, die an sich nur die Herkunft charakterisieren, als Artadjektive gebraucht werden:

Er ist der schwäbischste unter diesen Dichtern. Gleich sah sie französischer aus (Baum). Das ist die deutscheste Familie, die mir je begegnet ist.

Partizipien, die wie Adjektive verwendet werden *(das gebadete Kind, die tanzenden Paare),* können in den meisten Fällen nicht gesteigert werden. Eine Steigerung ist dann möglich, wenn das Partizip schon eine Eigenbedeutung gewonnen hat:

reißendere Flüsse; der blühendste Garten; ein leuchtenderes Rot.

Ohne weiteres lassen sich Partizipien steigern, die sich vom Verb gelöst haben:

das schreiendste Unrecht, das reizendste Baby, die gelehrteste Frau, das entzückendste Paar, das begabtere von beiden Kindern.

Bei den anderen Partizipien werden die Gradunterschiede meistens durch Umschreibungen ausgedrückt, wenn die Bedeutung des Verbs dies zulässt:

der mich am meisten verdrießende Umstand; der noch mehr bietende Käufer; das meistgelesene Blatt.

3.2 *als* oder *wie* beim Komparativ?

Die Vergleichspartikel beim Komparativ ist heute in der Standardsprache *als: Peter ist größer als Klaus.* In der Alltagssprache wird nicht selten auch *wie* verwendet: ↑ als als / denn als; ↑ als / denn; ↑ als / wie (1).

3.3 mehr tot als lebendig · bedeutend länger als breit

Im Allgemeinen stellt der Komparativ die Ungleichheit zweier Wesen oder Dinge fest. Soll jedoch der ungleiche Grad zweier Eigenschaften eines Wesens oder Dinges gekennzeichnet werden, dann bedient man sich der komparativischen Gradadverbien *mehr (eher)* und *weniger* vor der Grundstufe der Adjektive:

> Labre empfand das Betteln als eine Demutsübung, die er mehr stumm als redend betätigte (Nigg). Er ist eher faul als dumm. ... eine eher mütterliche als girlhafte Gestalt (Koeppen).

Doch ist auch die reine Komparativform möglich:

> Das zweifenstrige Gemach war bedeutend länger als breit (Raabe).

3.4 Zum Gebrauch des Superlativs

Der Superlativ ist nur dort sinnvoll, wo ein Wesen oder Ding mit mehreren anderen verglichen wird, denn beim Vergleich von nur zwei Wesen oder Dingen wird das Mehr oder Weniger des einen bereits durch den Komparativ deutlich. Früher war man darin unbedenklicher:

> Wir wollen sehen, welcher Genius der stärkste ist, dein schwarzer oder mein weißer (Goethe). Ein Vater hatte zwei Söhne, davon war der älteste klug und gescheit... (Grimm).

Heute wird in solchen Fällen der Komparativ gewählt. Der Gebrauch des Superlativs anstatt des Komparativs kommt in der Umgangssprache immer noch vor, gilt standardsprachlich jedoch nicht als korrekt. Man sagt also:

> der kleinere (nicht: der kleinste) der beiden Brüder.

3.5 Absoluter Superlativ oder Elativ

In dem Satz *Der Betrieb arbeitet mit modernsten Maschinen* ist *modernste* ein absoluter Superlativ (auch: Elativ genannt), der einen sehr hohen Grad ausdrückt: Die Maschinen, mit denen der Betrieb arbeitet, sind nicht die modernsten von allen Maschinen überhaupt, sondern nur sehr modern. Um absolute Superlative (Elative) handelt es sich auch in folgenden Beispielen:

Liebste Freundin! Ihr ergebenster ...; unter heftigstem Widerstreben; mit äußerster Konsequenz; beste Weine.

Der Elativ steht besonders nach *ein, jeder* und nach Pronominaladjektiven:

Es ist ein tiefster Zug der Unternehmungswirtschaft ... (Lamprecht). Jede winzigste Andeutung erregte ihn. Viele erste Autoritäten.

Absolute Bedeutung haben auch flektierte und unflektierte Superlativformen des Adjektivs, die als Umstandsangabe stehen:

Sie wurde aufs Wärmste von ihm empfohlen. Er war aufs Höchste erstaunt. Sie kümmerte sich nicht im Geringsten um mich.

Dasselbe gilt für Ableitungen auf *-ig* und *-lich,* besonders in Ergebenheits- und Höflichkeitsfloskeln:

gütigst, gefälligst, baldigst, höflichst, herzlichst, tunlichst.

Solche Superlative werden häufig als übertrieben formelhaft empfunden und meist auch als unaufrichtig angesehen.

4 Unregelmäßige Vergleichsformen; Verwendung von Gradadverbien

4.1 Unregelmäßige Vergleichsformen

Bestimmte, in der Zahl sehr beschränkte Adjektive und Pronominaladjektive zeigen unregelmäßige Vergleichsformen, d. h., Komparativ und Superlativ werden von anderen Wortstämmen oder durch Veränderung eines Konsonanten gebildet. Es handelt sich um die Adjektive *gut, hoch, nahe* und um die Pronominaladjektive *viel* und *wenig:*

Mit anderen Wortstämmen:

gut – besser – beste; viel – mehr – meiste; wenig – minder – mindeste (daneben: weniger – wenigste).

Mit Veränderung der Konsonanten:

hoch – höher – höchste; nahe – näher – nächste.

Die Formen

äußere, innere, obere, untere, vordere, hintere, mittlere, niedere,

die eigentlich Komparative darstellen, wurden schon in althochdeutscher Zeit als Positive aufgefasst. Sie bilden die Superlative *äußerste, innerste* usw., aber keinen Komparativ.

4.2 Weitere sprachliche Mittel zum Ausdruck des sehr hohen Grades

Der sehr hohe Grad kann auch auf folgende Weise ausgedrückt werden:

4.2.1 Durch bestimmte Gradadjektive und -adverbien, wie z. B. *sehr, höchst, äußerst, überaus, ungemein* + Positiv:

> ... die kleinen, sehr menschlichen, sehr sympathischen ... Landsitze (Koeppen). Eine höchst ungesunde Luft; ... eine äußerst glückliche Ehe (Frisch). ... ein überaus schweres Dasein (Nigg).

4.2.2 Durch Zusammensetzung von verstärkenden Bestimmungswörtern mit dem Positiv:

> mordsschwer, goldrichtig, todschick, saublöd, blitzsauber, steinreich.

Diese Ausdrucksweise ist zum großen Teil stark umgangssprachlich.

4.2.3 Durch Zusammensetzung von vergleichenden Bestimmungswörtern mit dem Positiv:

> steinhart, knochenhart, federleicht, zentnerschwer, bettelarm, schneeweiß, schnurgerade, turmhoch.

4.2.4 Durch zwei nebeneinander stehende gleiche Positive:

> eine lange, lange Reihe. Aber warm, warm musste er es haben in seinem Stübchen (Th. Mann).

4.2.5 Durch entsprechende Wortwahl:

> eine vollendete Haltung, eine perfekte Stenotypistin, die vollkommene Ehe, ein winziges Teilchen, ein gewaltiger Aufschwung.

4.3 zu dumm – mehr als dumm · möglichst lang – lang und länger – ziemlich lang

Weitere Gradabschattungen müssen durch Zusatz bestimmter Wörter ausgedrückt werden.

4.3.1 Der zu hohe Grad wird durch das Gradadverb *zu* oder *allzu* + Positiv ausgedrückt:

> Er ist zu dumm; ... es darf den Wundern ... kein allzu großes Gewicht beigelegt werden (Nigg). Es war zu schön, um wahr zu sein ...

oder durch den Komparativ eines Adjektivs, dessen Grundstufe oder Eigenschaftsträger als Vergleichsgegenstand genannt wird:

> Der ist dümmer als dumm. Er ist päpstlicher als der Papst ...

V

oder durch Zusammensetzung von *über, hyper, super* o. Ä. mit dem Positiv:

überreif, übereifrig, übervoll, überwach; hyperkorrekt, hypernervös, hypermodern; superklug, supernervös, supersanft.

4.3.2 Der gesteigerte Grad einer Eigenschaft wird auch durch *mehr als* + Positiv bezeichnet. Eine Erläuterung braucht nicht zu folgen:

... es hätte mehr als sonderbar zugehen müssen (Nigg). Das ist mehr als genug.

Die Eigenschaft kann auch durch ein Substantiv ausgedrückt werden:

Er ist mehr als ein Lump. (Er ist ein Verbrecher.)

4.3.3 Der möglichst hohe Grad wird ausgedrückt durch *so* + Positiv + *wie/ als möglich,* durch *möglichst* + Positiv oder durch eine Zusammensetzung (↑ baldmöglichst; möglich [1]):

so groß wie möglich, möglichst groß, größtmöglich.

4.3.4 Der beständig zunehmende Grad einer Eigenschaft wird außer durch *immer* + Komparativ auch durch die Verbindung von Positiv + Komparativ oder noch häufiger durch Komparativ + Komparativ desselben Adjektivs ausgedrückt:

... die immer unumschränkteren Beherrscher (Die Zeit). Und ihr Hals wird lang und länger. Ihr Gesang wird bang und bänger (Busch).

Daneben ist auch zweimaliges durch *und* verbundenes *mehr* + Positiv üblich:

Die Sache wird mehr und mehr bedenklich.

4.3.5 Der eingeschränkte Grad wird durch Gradadjektive wie *mäßig* oder *ziemlich* + Positiv ausgedrückt:

Er ist mäßig groß. Sie ist ziemlich reich. Der Riss ist ziemlich lang (= verhältnismäßig lang).

Auch die doppelte Verneinung kann den eingeschränkten Grad ausdrücken:

Das ist nicht ungewöhnlich. Das ist nicht unmöglich (= wohl möglich).

5 Die Vergleichsformen des Adverbs

Zu den meisten Adverbien lassen sich keine Vergleichsformen bilden. Zu den wenigen Ausnahmen gehört *oft,* das die Häufigkeit in ganz unbestimmter Weise ausdrückt. Die Vergleichsformen sind die gleichen wie beim Adjektiv:

oft – öfter – (selten:) am öftesten. Heute gehen Kirche und Gewerkschaft immer öfter Arm in Arm (Der Spiegel). Aber sein Name war es, der am öftesten erklang (Th. Mann).

Unregelmäßige Vergleichsformen haben die Adverbien *wohl, sehr, gern, bald.*
Sie bilden sie von anderen Stämmen:

> wohl – wohler / besser – am wohlsten / am besten († wohl); sehr – mehr – am meisten;
> gern[e] – lieber – am liebsten; bald – eher – am ehesten.

Bei *bald* und *[un]gern[e]* treten die regelgemäßen Vergleichsformen mitunter
in der älteren Literatur sowie in der heutigen Umgangssprache auf:

> Das ist bald gesagt und bälder noch getan (Goethe); je bälder, je lieber; aufs baldeste
> (Musäus). ... die Verwandte hatten, schieden am ungernsten (A. Schaeffer). Nudeln
> mit Ketschup esse ich am gernsten (ugs.).

Im Komparativ können in bestimmten Fällen adverbiale Genitive die Nor-
malform auf *-er* ersetzen:

> Wir werden dich in Zukunft des Öfteren (= öfter) besuchen. Wir wollen diese Frage
> heute nicht des Näheren (= näher) erörtern.

Zu den Formen *öfters, weiters* † Adverb (2).
Manchmal tritt im Superlativ ein adverbialer Genitiv auf *-ens* auf. Dies ist
vorzugsweise bei einsilbigen Positiven zu beobachten:

> Wir danken Ihnen bestens für Ihren Hinweis. Ich komme spätestens um 20 Uhr.
> (Ebenso:) frühestens, wenigstens, höchstens.

Adverbien, die ihrer Bedeutung nach Vergleichsformen bilden könnten, dies
aber nicht tun, müssen den Komparativ mit *mehr, weiter*, den Superlativ mit
am meisten, am weitesten umschreiben:

> Das Verantwortungsgefühl der Menschen geht mehr zurück, als man gemeinhin
> glaubt. Der Anorak liegt weiter unten im Koffer. Er marschiert am weitesten vorn.

Eine zusätzliche Möglichkeit, die Steigerung eines Adverbs auszudrücken, ist
seine Verdoppelung *(Ich habe mich sehr, sehr gefreut).*

Vergleichssatz: † Modalsatz.
vergraben: In Verbindung mit der Präposition *in* kann nach *vergraben* sowohl der Dativ als auch der Akkusativ stehen. Der Akkusativ steht, wenn die Vorstellung der Richtung herrscht (Frage: wohin?): *Er hatte einen Ring ... vom Finger gezogen und in die geballte Faust vergraben* (Jahnn). *Ihre Fäuste, groß wie Boote, haben sie in die Taschen vergraben* (Bamm). Soll der Ort angegeben werden, wo etwas vergraben wird, dann wird der Dativ gewählt (Frage: wo?): *Sie vergrub*

den Schmuck hinten im Garten. Er fiel schwer auf die Bank zurück, vergrub seine Hände im dichten Haar (Thieß). *Während Herr Kesselmeyer, die Hände in seinen senkrechten Hosentaschen vergraben, konfus, abwesend und nachdenklich stehen blieb* (Th. Mann).
Verhältniswort: † Präposition.
verhandeln: An das Verb *verhandeln* in der Bedeutung »eingehend besprechen« wird das Substantiv, das den Gegenstand des Verhandelns bezeichnet, standardsprachlich mit der Präposition *über*

angeschlossen: *... und ließ es mich nicht verdrießen, mit dem Hauswirt ... über die in der Wohnung notwendig vorzunehmenden Ausbesserungen zu verhandeln* (Th. Mann). Gelegentlich wird auch die Präposition *um* gesetzt, wobei im Unterschied zu *über* das mit *um* Angeschlossene stärker als der Mittelpunkt oder das Ziel der Verhandlung hervorgehoben wird: *Soviel ich weiß, wird aber doch mit dieser Macht jetzt offiziell um ein neues Handelsabkommen verhandelt* (Dürrenmatt).

verhangen / verhängt: Das 2. Partizip des transitiven Verbs *verhängen* heißt standardsprachlich *verhängt* (nicht: *verhangen*): *Er hat die Fenster mit Decken verhängt. Der Belagerungszustand wurde verhängt.* Es gibt aber ein isoliertes 2. Partizip *verhangen*, das adjektivisch im Sinne von »mit etwas Hängendem verdeckt« gebraucht wird. Man kann z. B. sagen: *Die Fenster waren dicht verhangen* oder *dicht verhängt*, je nachdem, was man ausdrücken will. Es kann aber z. B. nur heißen: *Der Himmel war mit Wolken verhangen* (nicht: *verhängt*, was ja bedeuten würde, dass die Wolken davor gehängt worden wären wie Decken). ↑ hängen.

Verhau: Das Substantiv *Verhau* kann als Maskulinum oder als Neutrum gebraucht werden. Sowohl *der Verhau* wie *das Verhau* sind korrekt.

verhauen: Das umgangssprachliche Präfixverb *verhauen* wird im Präteritum regelmäßig konjugiert: *Er verhaute seinen Mitschüler.* Das 2. Partizip wird dagegen nur in der unregelmäßigen Form gebraucht: *Wir haben sie tüchtig verhauen. Er hat seine Arbeit verhauen* (= zu viele Fehler darin gemacht). ↑ hauen (1 und 2).

verhehlen: Das Verb wird heute nur noch regelmäßig gebeugt: *verhehlte, verhehlt: Sie hatte von Daphne durch Gustl Kummerfeld gehört und verhehlte nun ihre Freude über die Bekanntschaft hinter einer eisigen Zurückhaltung* (Kolb). Von der alten unregelmäßigen Beugung ist noch das 2. Partizip *verhohlen* erhalten, das als Adjektiv gebraucht wird: *Er sah ihn verächtlich und mit schlecht verhohlener Langeweile aus den tiefen, funkelnden Augen an* (Langgässer).

verheiratet: Zur Kommasetzung in Namensangaben ↑ geboren (3).

verhindern: Wenn von *verhindern* ein Nebensatz abhängt, darf dieser nicht verneint werden. Man sagt korrekt: *Sie verhinderte, dass er noch mehr trank* (nicht: *..., dass er nicht noch mehr trank*). ↑ Negation (1).

verhindern / hindern / behindern: ↑ behindern / hindern / verhindern.

verhohlen: ↑ verhehlen.

verhüten: Wenn von *verhüten* ein Nebensatz abhängt, darf dieser nicht verneint werden. Man sagt korrekt: *Er verhütete gerade noch, dass ein Unglück geschah* (nicht: *..., dass kein Unglück geschah*). ↑ Negation (1).

verirrt: ↑ zweites Partizip (2.2).

veritabel: Bei *veritabel* fällt, wenn es dekliniert wird, das *e* der Endungssilbe aus: *ein veritabler Katenschinken.* ↑ Adjektiv (1.2.13).

Verkauf: Nach *Verkauf* wird normalerweise mit der Präposition *von* angeschlossen: *der Verkauf von Südfrüchten; der Verkauf von Textilien ist erlaubt.* In der Kaufmannssprache wird gelegentlich auch die Präposition *in* verwendet: *Der Verkauf in Textilien hat sich gut entwickelt.* Zur Frage Genitivattribut oder Präpositionalgefüge *(Verkauf des Hauses, Verkauf durch den Besitzer)* ↑ Genitivattribut (1.5).

verkaufen: Das Verb *verkaufen* wird regelmäßig gebeugt und ohne Umlaut gebraucht: *du verkaufst; er, sie, es verkauft, verkaufte, hat verkauft.* Nicht korrekt ist der landschaftliche Gebrauch der umgelauteten Formen *du verkäufst, er verkäuft.* ↑ Verb (1).

Verkehr: Das Substantiv *Verkehr* wird in der Allgemeinsprache nur im Singular gebraucht. Gelegentlich wird in der Fachsprache jedoch ein Plural gebildet: *... nur auf besondere Anordnung in den Festverkehren* (Kursbuch). ↑ Plural (5).

Verkleinerungsform: ↑ Diminutiv.

verkrallen, sich: Nach *sich verkrallen in* steht das Substantiv gewöhnlich im Dativ: *Die Zehen des Falken verkrallten sich in seinem* (nicht: *in seinen*) *Ärmel. Das Eichhörnchen verkrallte sich in der* (nicht: *in die*) *Rinde.* Das Substantiv kann im Akkusativ angeschlossen werden, wenn *sich verkrallen in* in Bezug auf Personen in der Bedeutung »sich in eine Sache verbeißen oder hineinsteigern« gebraucht wird: *Er hat sich ganz in diese Aufgabe verkrallt.*

verkünden / verkündigen: Beide Verben haben im Grunde die gleiche Bedeutung. Gewisse inhaltliche Nuancen lassen sich jedoch erkennen. Das Verb *verkünden* wird im Allgemeinen in der Bedeutung »etwas [amtlich] bekannt machen« gebraucht: *ein Gesetz, eine Verordnung, ein Urteil verkünden. ... um ... das Nahen des guten Mathias durch einen Pfiff zu verkünden* (Langgässer). *... aber ich blieb stehen ... und blickte auf die Uhr, die seit einhundertfünfzig Jahren der Familie Beisem die Zeit verkündet* (Böll). Dagegen wird *verkündigen* im Allgemeinen in gehobener Sprache, besonders im theologischen Bereich gebraucht, und zwar in der Bedeutung »etwas in feierlicher Form bekannt machen«: *Gerade deshalb verkündigen wir das Evangelium* (Schaper). *Das verkündigte Fräulein Spollenhauer wie ein unabänderliches Schicksal* (Grass). In vielen Fällen wird jedoch zwischen *verkünden* und *verkündigen* nicht unterschieden: *... und die Himmel, die die Ehre Gottes verkünden* (Goes). *Er sieht sie verkündigt und angepriesen auf den Plakaten der Litfaßsäulen* (Th. Mann).

Verlag: Der standardsprachliche Plural lautet *die Verlage.* Die landschaftlich sowie in Österreich vorkommende umge-

lautete Pluralform *die Verläge* ist veraltet.

verlangen: Wenn das Verb *verlangen* mit einer Infinitivgruppe verbunden ist, kann man nach den neuen Regeln zur Zeichensetzung unabhängig von der Bedeutung des Verbs ein Komma setzen oder es weglassen: *Sie verlangte[,] ihren Bruder zu sprechen. Sie verlangte danach[,] ihren Bruder zu sprechen.* ↑ Komma (5.1.4).

Verlaufsform: Zu *am / beim / im Weggehen sein* ↑ am / beim / im + Infinitiv + sein.

verlautbaren / verlauten: Das Verb *verlautbaren* kommt aus der Amtssprache und hat die Bedeutung »amtlich bekannt machen«. Hierbei braucht die Mitteilung nicht nur mündlich, sondern kann auch schriftlich gegeben werden: *... und ich erzählte, dass der Lax durch seine Freunde hatte verlautbaren lassen, dass er nicht mehr für den Gemeinderat kandidieren werde* (Broch). Dagegen bedeutet *verlauten* »mündlich [und auf Umwegen] bekannt werden, ohne dass das Gesagte offiziell bestätigt wird«: *Über Lori verlautete gar nichts* (Kolb). *Immer bestimmter verlautete, die Patrioten würden bald losschlagen* (Feuchtwanger). *Er hat sich stets für einen besseren Strategen gehalten, doch darüber nichts verlauten lassen* (Thieß).

verlegen / legen: ↑ legen / verlegen.

verletzbar / verletzlich: Die beiden Adjektive (*verletzbar* ist gebräuchlicher als *verletzlich*) haben etwa die gleiche Bedeutung, jedoch drückt *verletzlich* stärker als *verletzbar* aus, dass jemand oder etwas seinem Wesen nach gegen Angriffe empfindlich ist: *ein [leicht] verletzbarer / ein verletzlicher Charakter* (↑ -bar / -lich).

verliebt: ↑ zweites Partizip (2.2).

Verliebte, der und die: Zu allen Zweifelsfragen ↑ Angeklagte, ↑ substantiviertes Adjektiv (2.1).

verlieren, sich: An *sich verlieren in* kann ein Substantiv sowohl mit dem Dativ als

V

auch mit dem Akkusativ angeschlossen werden. Der Dativ steht, wenn die Lage ausgedrückt wird (Frage: wo?): *Im Südosten, wo sie sich im Dunst verlor* (Hausmann). *... aber was half das, da der Weg sich sogleich wieder im Nebel verlor?* (Geissler). *Gibt es denn einen seligeren Zustand, als sich in einem solchen Bilde zu verlieren?* (Th. Mann). Dagegen mit Akkusativ bei der Angabe der Richtung (Frage: wohin?): *... als die Passhöhe des Brenners beklemmend nah zu ihnen heraufstieg, sich wieder in die Tiefe verlor* (Geissler). *Er fand, hinauslugend, die Straße leer, sie verlief sich auch und verlor sich ins Leere* (Maass). *Nur mitunter verloren sich seine Gedanken in ein Dämmern von wohliger Melancholie* (Musil).

Verlobte, der und die: Zur Anschrift in Briefen ↑ Brief (1.1), zur Deklination ↑ substantiviertes Adjektiv (2.1).

Verlobung: Zu Sätzen wie *Die Verlobung ihrer Tochter mit Herrn Meier beehren sich anzuzeigen ...* oder *Die Verlobung unserer Tochter mit Herrn Meier beehren wir uns anzuzeigen* (nicht: *Die Verlobung unserer Tochter mit Herrn Meier beehren sich anzuzeigen ...*) ↑ Anzeigen (2).

verlohnen: Das Verb *verlohnen* wurde früher als Verstärkung von *lohnen* verwendet. Heute ist es nur noch in der selten gebrauchten unpersönlichen Wendung *es verlohnt sich [nicht]* erhalten.

verloren gehen: Nach den neuen Rechtschreibregeln schreibt man das Partizip *verloren* von dem Verb *gehen* nur noch getrennt: *Das Buch darf nicht verloren gehen. Es ist viel Zeit verloren gegangen. ... damit er nicht verloren geht.* Und wie bisher schon: *Das Vertrauen in ihn ging verloren.* ↑ Getrennt- oder Zusammenschreibung (1.2).

verlöschen: ↑ löschen.

verlustig: Getrennt schreibt man *verlustig* von dem Verb *gehen: einer Sache verlustig gehen.*

Vermählung: ↑ Verlobung.

vermissen / missen: ↑ missen / vermissen.

vermittels[t]: Die Präposition *vermittels* oder *vermittelst* regiert den Genitiv: *vermittels[t] eines Rundschreibens.* Sie wird häufig, vor allem in der Amtssprache, anstelle von *mit* oder *durch* gebraucht. In gutem Deutsch ist der Gebrauch von *vermittels[t]* zu vermeiden. Zu Weiterem ↑ mittels, ↑ Papierdeutsch.

vermögen: Wenn *vermögen* mit einer Infinitivgruppe verbunden ist, kann man nach den neuen Regeln zur Zeichensetzung ein Komma setzen oder es weglassen: *Sie vermag[,] den Arm zu heben.* Durch das Komma kann jedoch der Sinn eines Satzes verändert werden: *Er vermochte kaum* (= fast nicht)*, ein Wort zu sagen. Er vermochte kaum ein Wort* (= fast kein Wort) *zu sagen.* ↑ Komma (5.1.4).

Vermögen[s]steuer: Neben der amtlichen Form der Finanzbehörden *(Vermögensteuer)* ist auch die Form mit Fugen-s *(Vermögenssteuer)* üblich und korrekt. ↑ Fugen-s (3.1).

Verneinung: ↑ Negation.

Vernunft / Verstand: Zwischen den beiden Substantiven besteht ein inhaltlicher Unterschied. *Verstand* bezeichnet die Fähigkeit des Menschen, das Wahrgenommene sinngemäß aufzufassen und es zu begreifen, die Fähigkeit, mit Begriffen umzugehen, Schlüsse zu ziehen, zu urteilen, zu denken: *Der Verstand reicht nicht aus, dies zu begreifen. Er durchdringt alles mit messerscharfem Verstande* (Thieß). *Vernunft* bezeichnet das Vermögen des Menschen, Einsichten zu gewinnen, Zusammenhänge zu erkennen, etwas zu überschauen und sinnvoll einzuordnen, das Vermögen, die Rangordnung der gegebenen Werte zu erkennen und sein Handeln danach zu richten: *Es ist nicht gut, wenn die Menschheit den Verstand überanstrengt und Dinge mithilfe der Vernunft zu ordnen sucht, die der Vernunft noch gar nicht zugänglich sind* (Hesse).

verpacken: Nach *verpacken in* kann sowohl der Dativ als auch der Akkusativ stehen. Der Akkusativ steht, wenn die Vorstellung der Richtung herrscht (Frage: wohin?): *Am nächsten Tag wurde alles, was die Männer besaßen, in Koffer verpackt* (Ott). *... dass er seine Ideale nicht nur in hübsche Bücher verpackte* (Sebastian). Soll der Ort angegeben werden, wo etwas verpackt wird, dann wird der Dativ gewählt (Frage: wo?): *Der Anzug ist in einer Plastikhülle verpackt. Die Schuhe wurden in einem besonderen Koffer verpackt.*

verplanen: Das Verb *verplanen* gehört der Amtssprache an und hat zwei Bedeutungen. Erstens bedeutet es »eine größere zur Verfügung stehende Geldsumme bei der Planung verschiedener Projekte einsetzen«: *Die im neuen Haushaltsplan bewilligten Mittel für Hochbauten sind bereits verplant.* In dieser Bedeutung wird das Verb am meisten gebraucht. Daneben kann es aber auch die negative Bedeutung »etwas schlecht planen« haben: *Den Sieg hatten nicht nur sie verplant, auch der Stratege Schumacher hatte die Schlacht falsch berechnet* (Augstein).

verraten, sich: 1. Bei *sich verraten als* steht das nachfolgende Substantiv im Nominativ, d. h., es wird auf das Subjekt bezogen: *Mit seinem auffälligen Benehmen verriet sich der junge Mann als der Täter.* Der Akkusativ, d. h. die Beziehung auf *sich,* ist veraltet: *Er verriet sich als einen intriganten Menschen.* ↑ Kongruenz (4.2). **2.** Das zweite Partizip des reflexiven Verbs *sich verraten* kann nicht attributiv (als Beifügung) verwendet werden. Also nicht: *der sich als der Täter verratene junge Mann.* Richtig: *der junge Mann, der sich als Täter verraten hat.* ↑ Passiv (4), ↑ zweites Partizip (2.3).

Vers: Bei Hinweisen auf Gedichtzeilen oder Bibelstellen bleibt das Wort *Vers* ungebeugt, wenn es ohne Artikel unmittelbar vor den Verszahlen steht: *vierter Gesang, Vers 3–6; die Reime von Vers 3* und *4.* Aber mit Artikel: *in den Versen 3–6; die Verse 3 und 4 reimen sich.* Ebenso: *Ich zitiere Vers 3–6, die Verse 3–6.* ↑ Zitat.

versagen, sich: Wenn von *sich versagen* ein Nebensatz oder eine Infinitivgruppe abhängt, dürfen diese nicht verneint werden. Es heißt richtig: *Sie versagte [es] sich, die Aufgabe zu übernehmen* (nicht: *Sie versagte [es] sich, die Aufgabe nicht zu übernehmen*). ↑ Negation (1).

versalzen: Das Verb *versalzen* wird im Präteritum regelmäßig gebeugt: *versalzte.* Im Perfekt wird dagegen die unregelmäßige Form *versalzen* in der Grundbedeutung (= mit zu viel Salz versehen) und im übertragenen Sinne (= jmdm. die Freude am Erreichten, den Genuss an etwas verderben) gebraucht. Die regelmäßige Form *versalzt* wird in der Grundbedeutung nur noch selten und in der übertragenen Bedeutung gar nicht gebraucht. Es heißt also: *Du hast das Gemüse gründlich versalzen* (selten: *versalzt*). Aber nur: *Er hat mir die ganze Freude versalzen. Das Vergnügen war ihm ziemlich versalzen.*

Versand: Zu der Fügung *nach erfolgtem Versand* ↑ zweites Partizip (2.4).

Versanfang: In Verszeilen wird der Anfang heute im Allgemeinen nur dann großgeschrieben, wenn ein neuer Satz beginnt oder wenn dort ein Wort steht, das ohnehin großgeschrieben werden muss. Abweichungen können auftreten, wenn die Schreibenden andere Formen der Schreibung wünschen.

Versäumnis: Das Substantiv *Versäumnis* wird heute im Allgemeinen nur noch als Neutrum gebraucht: *das Versäumnis.* Der Gebrauch als feminines Substantiv (*die Versäumnis*) veraltet. ↑ -nis.

Verschachtelung: ↑ Schachtelsatz; ↑ Ausklammerung.

verschieden: 1. verschiedene neue Bücher · verschiedener Angestellter / Angestellten: Wenn *verschieden* im Sinne von »mehrere, manche, manches« gebraucht wird,

dann wird das folgende [substantivierte] Adjektiv im Allgemeinen parallel gebeugt: *verschiedene neue Bücher, verschiedene umfängliche Sendungen, verschiedene zwischen den Parteien bestehende Streitpunkte, als Vorsitzender verschiedener einflussreicher Organisationen. Nach der Umorganisation kündigten verschiedene Angestellte.* Im Genitiv Plural tritt jedoch gelegentlich schwache Beugung eines substantivierten Adjektivs (Partizips) ein: *aufgrund der Empfehlung verschiedener Beamten, durch den Einspruch verschiedener Delegierten.* Nicht korrekt ist die schwache Beugung des letzten Adjektivs im Genitiv Plural, wenn auf *verschieden* mehrere Adjektive folgen: *als Folge verschiedener übereilter privater* (nicht: *privaten*) *Vorstöße.* Veraltet und heute nur noch selten ist die schwache Beugung nach *verschieden* im Nominativ Plural: *... verschiedene zu grellen Züge* (Seume).
2. Steigerung: In der Bedeutung »von anderer Art« kann *verschieden* nicht gesteigert werden: *Sie haben verschiedene* (= nicht die gleichen) *Interessen. Die Gläser sind nach Form und Farbe verschieden.* Nicht: *Sie sind verschiedener, als ich dachte.* Hat *verschieden* aber die Bedeutung »unterschiedlich, mannigfaltig«, dann ist der Superlativ möglich: *Sie hatten die verschiedensten* (= mannigfaltigsten) *Interessen.* ↑ Vergleichsformen (3.1).
3. Rechtschreibung: Klein schreibt man das Adjektiv: *zwei ganz verschiedene Farben, verschiedener Ansicht sein. Er hat sich verschiedene Mal[e] nach dir erkundigt.* Groß schreibt man alle substantivierten Formen: *Ähnliches und Verschiedenes, etwas Verschiedenes. Das behandeln wir unter dem Tagesordnungspunkt Verschiedenes. Diese Vorschriften lassen Verschiedenes zu.* In neuer Rechtschreibung ebenso: *Auch wenn Verschiedene* (= einige) *dies sagen, ... Mir war Verschiedenes* (= manches)

unklar. ↑ Groß- oder Kleinschreibung (1.2.1).
verschiedentlich: Das Wort *verschiedentlich* ist ein Adverb mit der Bedeutung »mehrmals, schon öfter«: *Er ist verschiedentlich dort gesehen worden. Man hat ihn verschiedentlich gewarnt.* Das Wort *verschiedentlich* kann nicht adjektivisch gebraucht und deshalb nicht gebeugt werden. Nicht korrekt ist seine Verwendung anstelle des Adjektivs *verschieden: Verschiedene* (nicht: *Verschiedentliche*) *günstige Möglichkeiten ergaben sich. Die Niederlassungen verschiedener* (nicht: *verschiedentlicher*) *ausländischer Großfirmen belebten das Geschäft.* ↑ Adverb (1).
verschleißen: Das Verb *verschleißen* wird allgemein in den Bedeutungen »stark abnutzen, [vorzeitig] verbrauchen« und »sich stark abnutzen« gebraucht und wird dann unregelmäßig gebeugt: *Durch die lange Fahrt waren die Reifen verschlissen worden. Er verschliss seine Kräfte im Beruf. Die Wäsche ist ganz verschlissen.* In Österreich bedeutet *verschleißen* auch »[als Kleinhändler] verkaufen«, es wird in dieser Bedeutung auch regelmäßig gebeugt: *Er verschleißte / verschliss Zeitungen. Er hat Zigaretten verschleißt / verschlissen.*
verschließen: Nach *verschließen in* kann sowohl der Dativ als auch der Akkusativ stehen. Der Akkusativ steht, wenn die Vorstellung der Richtung herrscht (Frage: wohin?): *Er verschloss die Münzen in die Kassette.* Im heutigen Sprachgebrauch überwiegt der Anschluss mit dem Dativ: *Er verschloss Schmieds Mappe sorgfältig in seinem Schreibtisch, ohne sie noch einmal durchzublättern* (Dürrenmatt). ↑ Rektion.
verschonen: An das Verb *verschonen* wird gewöhnlich mit der Präposition *mit* angeschlossen: *Vielleicht wird er mich diesmal mit seinem Besuch verschonen* (Langgässer). *Er unterließ es, ... weil er die Ansicht vertrat, arme Leute solle man*

mit solchen schlechten Scherzen verschonen (Thieß). *... verschonte man ihn mit Fragen* (Schaper). Im Passiv wird die Präposition *von* verwendet: *Die Stadt blieb von der Seuche verschont.* Dieses *von* schließt Substantive an, die in einem entsprechenden Aktivsatz Subjekt wären: *Das Dorf wurde/blieb von dem Unwetter verschont* (für: *Das Unwetter verschonte das Dorf*). *Höfel blieb darum von neugierigen Fragen verschont* (Apitz; für: *Man verschonte Höfel darum mit neugierigen Fragen*). Ebenso: *Das Fragment stand noch immer, wie es schon vom Erdbeben verschont worden war* (Schneider). Es ist aber nicht korrekt, *von* auch im aktiven Satz zu verwenden. Also nicht: *Sie wollen ihren Freund von allen Folgen verschonen.*

verschönen/verschönern: Beide Verben bedeuten »schöner, ansprechender, angenehmer machen«: *Sie verschönten sein Haus mit Wandgemälden. Die Musik verschönte sein Leben. Das Zimmer wurde durch eine neue Tapete verschönert. Der Schulchor verschönerte diese Feier.*

verschrauben: Zu *verschraubt/verschroben* ↑schrauben.

verschrecken: ↑schrecken.

verschrie[e]n: ↑zweites Partizip (1).

verschroben: ↑schrauben.

verschwiegen: ↑zweites Partizip (2.2).

verschwinden: Nach *verschwinden in* kann sowohl der Dativ als auch der Akkusativ stehen. Der Akkusativ steht, wenn die Vorstellung der Richtung herrscht (Frage: wohin?): *Aber die Krähe wartet nicht, sondern verschwindet ins Unbekannte* (Lederer). *Und als er das Haus betreten hatte, war alles das ins Nichts verschwunden* (Musil). Soll der Ort angegeben werden, wo etwas oder jemand verschwindet, dann wird der Dativ gewählt (Frage: wo?): *Er verschwindet mit seinem Regenschirm in der Sakristei* (Remarque). *Die Prinzessin verschwand später im Wehrministerium* (Koeppen). *... dann stieg er in die Plicht hinab und ver-*

schwand in der Kajüte (Hausmann). Der Gebrauch des Dativs überwiegt. ↑Rektion.

versenden: Die Formen des Präteritums und des zweiten Partizips lauten: *versandte/versendete* und *versandt/versendet.* Die Formen mit *-a-* sind üblicher (↑senden).

versichern: Das Verb *versichern* wird in mehreren Bedeutungen gebraucht. Je nach den verschiedenen Bedeutungen regiert das Verb verschiedene Kasus:
1. jemandem etwas versichern: Wird *versichern* in der Bedeutung »versprechen, fest zusagen, erklären, zusichern« verwendet, dann steht die Person, der etwas versichert wird, im Dativ: *Jedes Mal wurde ihr versichert, es würde etwas getan, aber es wurde nichts getan* (Böll). *Aber Nanda versicherte ihm bei seiner Freundschaft, dass diese Befürchtung vollkommen hinfällig sei* (Th. Mann). Veraltet und heute selten ist in diesen Fällen der Gebrauch des Akkusativs: *Ich versichere Sie aus reicher Erfahrung: was sie sich einmal in den Kopf gesetzt hat, geschieht* (Maass).
2. jemanden einer Sache versichern: Bei *versichern* in der Bedeutung »jmdm. Gewissheit über etwas geben« steht die Person (oder personifizierte Sache) im Akkusativ und die Sache selbst im Genitiv. Diese Konstruktion mit dem Genitiv klingt gewählt: *jemanden seines Schutzes, seiner Freundschaft versichern. Seien Sie unserer herzlichen Teilnahme versichert! ... obgleich doch der begeisterte Beifall des Publikums ihn seines Triumphes hätte müssen versichert haben* (Th. Mann). Gelegentlich wird auch die Person in den Dativ und die Sache in den Akkusativ gesetzt: *Ich versichere Ihnen mein Vertrauen.*
3. sich jemandes, einer Sache versichern: Das reflexive *sich versichern* hat die Bedeutung »sich [einer Sache] vergewissern, sich Gewissheit oder Sicherheit verschaffen«. In dieser Bedeutung steht

V

die Person oder die Sache, über die sich jemand Gewissheit verschaffen will, im Genitiv: *Wieder galt es, ... sich der Haltung der Alliierten für den Fall des Aufstandes ... zu versichern* (Rothfels). *... als wollte er sich seiner Sympathie und Beihilfe in diesem Handel versichern* (Thieß). *Schon lange spielte Hortense mit dem Gedanken, sich des forschen Hauptsturmführers zu versichern* (Apitz).

4. jemanden, sich, etwas [gegen etwas] versichern: In der Bedeutung »eine Versicherung abschließen« steht die Person oder Sache, die versichert werden soll, im Akkusativ, und der Grund oder Zweck des Vertrages wird mit der Präposition *gegen* angeschlossen: *Mein Vater versicherte seinen Wagen gegen Feuer und gegen Diebstahl. Ich habe mich gegen Unfälle versichert.* Der Schaden kann auch ungenannt bleiben: *Er hat sich, seine Bibliothek hoch versichert. Du musst dich versichern.*

Versicherte: Zu *unser oben genannter Versicherte / Versicherter* ↑ substantiviertes Adjektiv (2.2).

Versicherung[s]steuer: Neben der amtlichen Form der Finanzbehörden *(Versicherungsteuer)* ist auch die Form mit Fugen-s *(Versicherungssteuer)* üblich und korrekt. In der Allgemeinsprache überwiegt sie, weil die Wörter auf *-ung* gewöhnlich das Fugen-s haben. ↑ Fugen-s (3.1).

versinken: An das Verb *versinken* kann sowohl mit dem Dativ als auch mit dem Akkusativ angeschlossen werden. Beim Gebrauch des Dativs wird mehr der Ort hervorgehoben, wo etwas versinkt (Frage: wo?): *Die Sonne versank im Meer. Und aller Überfluss an jungen Söhnen ... verschwand in den westlichen Städten des Reiches, versank in den Bergwerken unter der Erde* (Wiechert). *Eine dünne ... melodische Klage, die langsam anstieg, um aufs Neue in einem Meer von Entzücken und Wohllaut zu versinken* (Langgässer). Der Akkusativ hebt stärker die

Richtung hervor (Frage: wohin?). Er erscheint vor allem bei übertragener Bedeutung: *Er zeichnet mit der Hand einen unbestimmten Halbkreis über die in einen ewigen Halbschlaf versunkene Stadt* (Schaper). *Je mehr und mehr versank er in eine stille Wehmut* (Th. Mann). *Mönche wandeln vorüber, in fromme Gespräche versunken* (Koeppen). Aber auch konkret: *Die Sonne versank schon in den braunen Abenddunst* (Frisch).

versprechen: Wenn das Verb *versprechen* mit einer Infinitivgruppe verbunden ist, kann nach den neuen Regeln zur Zeichensetzung unabhängig von der Bedeutung des Verbs ein Komma gesetzt werden oder nicht: *Der Arzt versprach[,] zu kommen. Sie hat versprochen[,] ganz pünktlich zu sein.* Da das Komma gesetzt werden kann, um Missverständnisse auszuschließen, wäre in den folgenden Sätzen das Komma z. B. weniger sinnvoll: *Das Unternehmen verspricht zu gedeihen. Sein Sohn verspricht etwas Großes zu werden.* ↑ Komma (5.1.4).

verständig / verständlich: Die beiden Adjektive haben verschiedene Bedeutungen. Das erste bedeutet »mit Verstand begabt, einsichtig«: *Er ist ein verständiger Mensch. Das Kind ist schon sehr verständig.* Das Wort *verständlich* bedeutet dagegen entweder »gut hörbar«: *mit leiser, aber verständlicher Stimme sprechen.* Oder »leicht zu begreifen, leicht einzusehen«: *ein leicht verständliches Buch. Sein Wunsch ist durchaus verständlich.* ↑ -ig / -isch / -lich.

Verständnis: An das Substantiv *Verständnis* kann in folgendem Beispiel nur mit *vonseiten* angeschlossen werden: *Mit Verständnis vonseiten des ständig wechselnden Zugpersonals sollte nicht gerechnet werden* (Hildesheimer). Nicht korrekt wäre der Anschluss mit *durch.*

verstärkt: Das adjektivisch verwendete zweite Partizip *verstärkt* kann nicht gesteigert werden, denn das Verb *verstärken* drückt bereits eine Steigerung des

Verbs *stärken* aus. Es muss also richtig heißen: *in verstärktem* (nicht: *in verstärkterem*) *Maße*. ↑ Vergleichsformen (3.1).

verstauen: In Verbindung mit Präpositionen kann nach *verstauen* sowohl der Dativ als auch der Akkusativ stehen. Der Akkusativ steht, wenn die Vorstellung der Richtung herrscht (Frage: wohin?): *Du musst diese Bücher noch in den Schrank verstauen. Wir müssen viel Gepäck in den Wagen verstauen.* Soll der Ort genannt werden, wo etwas verstaut wird, dann wird der Dativ gewählt (Frage: wo?): *Ich verstaue meine Packen in einer Tüte ...* (Remarque). *... und versuchte das Päckchen des Professors in seiner Tasche zu verstauen* (Ott). Der Gebrauch des Dativs überwiegt.

verstecken: In Verbindung mit Präpositionen kann nach *verstecken* sowohl der Dativ als auch der Akkusativ stehen. Der Dativ steht dann, wenn der Ort, wo etwas versteckt wird, hervorgehoben werden soll (Frage: wo?), während der Akkusativ gewählt wird, wenn die Richtung betont werden soll (Frage: wohin?). In der Regel wird heute der Dativ gebraucht: *Ein Taschenkrebs ... versteckte sich in einer Höhle* (Hausmann). *... ehe er sich entschließt, ... die Uniform unter einem Holzstapel an der Rückwand des Schuppens zu verstecken* (Jens). *Er trat schnell einen Schritt zurück, versteckte die Hände auf dem Rücken* (Sebastian). Mit Akkusativ: *Und zählten aufs Neue die blanken Kälbertaler, dass der Mond sich hinters Haus versteckte, um nicht laut aufzulachen* (Winckler). Bildlich: *Er hatte das mit einem Lächeln geantwortet, hatte aber dabei gefühlt, dass es etwas feige sei, sich hinter die Worte eines anderen zu verstecken* (Musil).

verstehen: 1. Konjunktiv: Der Konjunktiv II von *verstehen* kann *verstünde* oder *verstände* lauten. Die ältere Form mit *ü* ist auch heute noch die gebräuchlichere. ↑ stehen (1).

2. Kommasetzung: Wenn das Verb *verstehen* in Verbindung mit einer Infinitivgruppe verbunden ist, kann nach den neuen Regeln zur Zeichensetzung unabhängig von der Bedeutung des Verbs ein Komma gesetzt werden oder nicht: *Er versteht[,] sich nach vorn zu spielen. Sie verstand es ausgezeichnet[,] uns das Lernen schmackhaft zu machen.* Das Komma dient der deutlicheren Gliederung oder dazu, Missverständnisse zu vermeiden. ↑ Komma (5.1.4).

versterben / sterben: ↑ sterben / versterben.

verstört: Der Superlativ lautet *verstörteste*. ↑ Vergleichsformen (2.3).

versuchen: Wenn das Verb *versuchen* mit einer Infinitivgruppe verbunden ist, kann nach den neuen Regeln zur Zeichensetzung unabhängig von der Bedeutung des Verbs ein Komma gesetzt werden oder nicht. *Er versuchte[,] mir zu helfen. Er versuchte mehrfach[,] mir zu helfen.* Das Komma dient der deutlicheren Gliederung des Satzes oder dazu, Missverständnisse zu vermeiden. ↑ Komma (5.1.4).

versuchsweise: ↑ -weise.

verteilen: Nach *verteilen auf* kann sowohl der Dativ als auch der Akkusativ stehen. Der Dativ steht dann, wenn der Ort hervorgehoben werden soll, wo etwas verteilt wird (Frage: wo?), während der Akkusativ gewählt wird, wenn stärker die Richtung betont werden soll (Frage: wohin?). In vielen Fällen ändert sich die Bedeutung nicht, wenn statt des Dativs der Akkusativ steht: *... wie er ... einen dicken Haufen rot gefärbten Jams auf seiner* (möglich auch: *auf seine*) *Stulle verteilte* (Ott). Manchmal besteht aber doch ein Unterschied. Ein Satz mit Akkusativanschluss wie *Die Assistenten verteilten sich nach der Vorlesung auf ihre Stationen* (Sebastian) bedeutet, dass die Assistenten vom Hörsaal in die verschiedenen Abteilungen gingen (Richtungsangabe). Würde dagegen in dem gleichen Satz der Dativanschluss stehen *(Die Assistenten*

*verteilten sich nach der Vorlesung auf ih-
ren Stationen),* so würde das bedeuten,
dass die Assistenten innerhalb der gleichen Station (Ortsangabe) geblieben
sind und sich nur in die verschiedenen
Zimmer verteilt haben. Ebenso bedeutet
ein Satz wie *Der Wirt hatte die Wurst auf
die einzelnen voll besetzten Tische verteilt,* dass der Wirt die Wurst entsprechend der Anzahl der besetzten Tische
in seinem Gasthaus aufgeteilt hat. Dagegen würde ein Anschluss mit Dativ im
gleichen Satz *Der Wirt hatte die Wurst
auf den einzelnen voll besetzten Tischen
verteilt* bedeuten, dass der Wirt jeweils
auf jedem einzelnen Tisch die Wurst
entsprechend der Anzahl der an diesem
Tisch sitzenden Personen aufgeschnitten und verteilt hat. In anderen Zusammenhängen kann nur mit dem Akkusativ angeschlossen werden: *Sie kommen
leise und verteilen sich auf die Bänke* (Remarque). *... auf eine Art Helm, den man
über den Kopf stülpen kann und der die
Last gleichmäßig auf das Genick und auf
beide Schultern verteilt* (Waggerl).

Verteilungszahlwort: Die Verteilungszahl-
wörter werden durch Voranstellen von *je*
vor die Zahl gebildet. Sie drücken eine
zahlenmäßig gleiche Verteilung aus: *je
dreimal. Je zwei von den Gefangenen
wurden hereingeführt. Wir bekamen je
zwanzig Mark.* Anstelle von *je* + bestimmtem Artikel + Ordnungszahl *(je
der dritte Mann)* steht heute im Allgemeinen *jeder* + Ordnungszahl *(jeder
dritte Mann).* ↑ Numerale.

Vertikale: Das substantivierte Adjektiv
Vertikale wird überwiegend wie ein echtes Substantiv gebeugt, d. h. im Singular
endungslos (Genitiv und Dativ: *der Vertikale,* Akkusativ: *die Vertikale*), im Plural schwach auf *-n: die Vertikalen.* Ohne
Artikel (in Verbindung mit einer Kardinalzahl z. B.) kommt im Plural auch
starke Beugung vor: *zwei Vertikale* oder
zwei Vertikalen. ↑ substantiviertes Adjektiv (2.2.1).

Vertragschließender: Es heißt *Vertragschließender,* nicht *Vertragsschließender.*
↑ Fugen-s (3.4).

**vertrauen: 1. jmdm. vertrauen / auf jmdn.
vertrauen:** Das Verb *vertrauen* kann sowohl mit einem Dativobjekt als auch mit
einem Präpositionalobjekt mit *auf* verbunden werden. Dativobjekt: *Ich kann
ihr in jeder Weise vertrauen* (Jens). *Hier
stand er ..., sich plötzlich nicht mehr
recht klar darüber, warum er dieser Ver-
abredung mit einem Unbekannten ... so
fest vertraut hatte* (Seidel). Präpositionalobjekt: *Er vertraute auf sein diplomatisches Geschick* (Apitz). *Die Bolschewiki
entlasteten das deutsche Militärregime
im Osten, auf die baldige Weltrevolution
vertrauend* (Bloch).

Vertrauen: An das Substantiv *Vertrauen*
wird mit den Präpositionen *auf, in* oder
zu, seltener mit *gegen* angeschlossen.
Wird *Vertrauen* in der verbalen Verbindung *Vertrauen setzen* gebraucht, dann
wird meistens mit *auf,* daneben auch mit
in angeschlossen, wobei jeweils die Sehweise ein wenig verschieden ist: Bei *auf*
wird der Begriff *Vertrauen* auf eine bestimmte Grundlage gestellt, bei *in* wird
der Begriff in einen Bereich hineinver-
legt. In der verbalen Verbindung *Vertrauen haben* wird fast nur mit *zu* angeschlossen. Die Verbindung mit *gegen* ist
nicht üblich. Belege: *Mein Vertrauen auf
Ihre Begabung und Ihre Treue ist uner-
schüttert* (St. Zweig). *... an dem er unbe-
helligt leben mochte in seinem treuherzi-
gen Vertrauen auf die Verabredungen*
(Johnson). *Rachel setzte blindes Vertrauen in dieses Schicksal* (Musil). *Stiller
meldete, voll bangen Vertrauens in die
Aussage des Arztes, einen recht befriedi-
genden Verlauf der Operation* (Frisch).
*Man verlor umso mehr sein Vertrauen
zur eigenen Kraft, je heftiger dieses Vertrauen betont wurde* (Thieß). *Ich habe
das feste Vertrauen zu Ihnen* (Fallada).
Ihr Vertrauen gegen mich ist beschämend
(Fontane).

V

vertrauen[s]bildend: ↑ Fugen-s (3.4).

vertretbar: Nicht: *dieser vom Anwalt nicht vertretbare Anspruch,* sondern: *dieser Anspruch, den der Anwalt nicht vertreten kann.* ↑ Adjektiv (3.1).

Vertretungsrecht des Kindes: Die Fügung *Vertretungsrecht des Kindes* ist nicht korrekt. Richtig ist nur der Ausdruck *Recht auf Vertretung des Kindes.* ↑ Kompositum (8).

Vervielfältigungszahlwort: Das Vervielfältigungszahlwort gibt an, wie oft, in welcher Anzahl etwas vorhanden ist. **1.** Die bestimmten Vervielfältigungszahlwörter werden mit der Kardinalzahl und *-fach* (selten, im Allgemeinen nur in dichterischer Sprache bei hohen Zahlen auch noch *-fältig*) gebildet: *einfach, zweifach* (veraltend: *zwiefach*)*, dreifach, hundertfach (hundertfältig)* usw. Zum Bedeutungsunterschied von *doppelt* und *zweifach* ↑ doppelt / zweifach. **2.** Die unbestimmten Vervielfältigungszahlwörter werden ebenfalls mit *-fach,* daneben auch mit *-fältig* und *-faltig* gebildet. Als ersten Bestandteil haben sie ein unbestimmtes Für- oder Zahlwort u. Ä.: *mehrfach, vielfach, vielfältig, mannigfach, mannigfaltig.* ↑ Numerale.

verwandt / verwendet: ↑ verwenden, ↑ wenden.

Verwandte, der und die: **1. besagtem Verwandten / Verwandtem · ihr als Verwandten / Verwandter:** Im Allgemeinen wird *Verwandte* wie ein attributives ↑ Adjektiv dekliniert: *ein Verwandter, zwei Verwandte, die Verwandten meiner Freundin* usw. *Er hatte dort Verwandte* (nicht: *Verwandten*)*. Liebe Verwandte!* Im Genitiv Plural ist heute nach einem stark deklinierten Adjektiv die starke Beugung üblich: *die Namen entfernter Verwandter* (veraltend: *Verwandten*)*.* Ausnahmen und Schwankungen treten den Dativ Singular auf: **a)** Nach einem stark deklinierten Adjektiv wird heute schwach gebeugt: *Besagtem Verwandten* (veraltet: *Verwandtem*) *habe ich geschrieben.* **b)** In der Apposition (im Beisatz) kommt neben der starken Deklination häufig die schwache vor: *Dir als Verwandten* (neben: *Verwandtem*) *des Ministers. ... Ihr als Verwandten* (neben: *Verwandter*) *...* ↑ substantiviertes Adjektiv (2.1.3). **2. einige Verwandte · alle Verwandten · solche Verwandte[n]:** Zur Deklination von *Verwandte* nach *alle, beide, einige* usw. ↑ all- usw.

Verwandtschaftsbezeichnungen: Landschaftlich, vor allem in der norddeutschen Umgangs- und Kindersprache, werden die Verwandtenbezeichnungen *Vater, Mutter, Tante, Onkel* u. a. häufig als Eigennamen aufgefasst und deshalb ohne Artikel gebraucht: *Vater ist nicht zu Hause. Das werde ich Onkel erzählen.* Diese als Eigennamen gebrauchten Verwandtschaftsbezeichnungen werden dekliniert und bilden den Genitiv auf *-s: Tantes Kleid gefiel uns allen. Morgen ist Mutters Geburtstag. Bleib von Muttis Handtasche weg.* Stark umgangssprachlich gefärbt sind Dativ- und Akkusativformen auf *-n,* z. B.: *bei Muttern. Er hat Vatern Bescheid gesagt.* ↑ Personennamen (2.1.1).

verweben: Das Verb *verweben* wird sowohl unregelmäßig *(verwob, verwoben)* als auch regelmäßig *(verwebte, verwebt)* gebeugt. Zwischen beiden Formen wird bei der Verwendung unterschieden. Die regelmäßige Form wird im Allgemeinen dann gebraucht, wenn es sich um die handwerkliche Tätigkeit handelt: *Bei der großen Matte wurde Garn unterschiedlicher Qualität und Stärke verwebt.* Dagegen wird das unregelmäßige Verb *verweben* meistens in der poetischen Sprache im übertragenen Sinne und dabei häufig reflexiv gebraucht: *... und alles verwob sich zu einem Eindruck von Anmut und Pracht* (Jens)*. Was ist die Bedeutung all der Farcen und Tragödien, in die wir uns verwoben finden?* (K. Mann).

verwehren: Wenn von *verwehren* ein Nebensatz oder eine Infinitivgruppe abhängt, dürfen diese nicht verneint werden. Man sagt korrekt: *Er verwehrte [es] ihr, in das Zimmer einzutreten* (nicht: ..., *nicht in das Zimmer einzutreten*). ↑ Negation (1). Gewöhnlich wird *verwehren* mit einem Substantiv im Akkusativ verbunden: *Er verwehrte ihr den Eintritt.*

verweigern: Wenn von *verweigern* ein Nebensatz oder eine Infinitivgruppe abhängt, dürfen diese nicht verneint werden. Man sagt korrekt: *Sie verweigerte mir, an der Sitzung teilzunehmen* (nicht: ..., *nicht an der Sitzung teilzunehmen*). ↑ Negation (1). Gewöhnlich wird *verweigern* mit einem Substantiv im Akkusativ verbunden: *Sie verweigerte mir die Teilnahme.*

verwenden: Die Formen des Präteritums und 2. Partizips lauten sowohl *verwendete, verwendet* als auch *verwandte, verwandt.* In der Bedeutung »benutzen, anwenden« sind beide Bildungsweisen gebräuchlich: *Er verwendete / verwandte ausschließlich Acrylfarben.* In den Bedeutungen »seinen Einfluss geltend machen« (reflexiv) und »weg-, abwenden« (veraltend) sind die Formen mit -*a*- üblicher: *Er hat sich beim Minister für seinen Freund verwandt / auch: verwendet. Sie verwandte / selten: verwendete keinen Blick von dem Bild.* ↑ wenden.

verwenden / benutzen / gebrauchen: ↑ benutzen (2).

verwickeln: Nach *verwickeln in* wird mit dem Dativ, seltener mit dem Akkusativ angeschlossen, wenn das Verb reflexiv im Sinne von »sich verfangen« gebraucht wird: *Ihr Mantel verwickelte sich in den Speichen / in die Speichen.* Bei übertragenem Gebrauch gilt dagegen nur der Akkusativ: *Sie verwickelte sich in Widersprüche* (nicht: *in Widersprüchen*). *Er war seit einiger Zeit in ein Geschäft verwickelt* (Brecht). *Er ... verwickelte mich in ein ernstes Gespräch* (Kästner).

verwirrt / verworren: Zwischen den beiden adjektivisch gebrauchten Partizipien wird inhaltlich unterschieden: Das Wort

verwirrt wird in Bezug auf Personen in der Bedeutung »keines klaren Gedankens fähig« gebraucht: ... *welcher, erregt durch die Größe des Augenblicks und verwirrt durch die Pracht meines Schlafzimmers, an die offene Tür pochte* (Th. Mann). Dagegen wird *verworren* nur in Bezug auf eine Sache in der Bedeutung »durcheinander, unverständlich, undurchsichtig« gebraucht: *Die Weltlage ist so verworren* (Benrath). ... *man hört das Geräusch der großen Stadt nur verworren herüberschallen* (Sieburg).

verwitwet: Zur Kommasetzung in Namensangaben ↑ geboren (2).

verwundern: Die Verbindung *es ist [nicht] zu verwundern* kommt neben der Verbindung mit dem Adjektiv *es ist [nicht] verwunderlich* vor: *Es ist angesichts dieser völlig neuen Tatsachen nicht zu verwundern, dass er seinen Standpunkt geändert hat.* Auch: *»Wir haben uns immer gut verstanden«, sagte die Stimme, »das ist nicht verwunderlich ...«* (Jens).

verzeihen: Das Verb *verzeihen* wird unregelmäßig gebeugt: *Sie verzieh mir, sie hat mir verziehen.*

verzichten: Nach *verzichten auf* kann nur der Akkusativ stehen, nicht der Dativ: *Sie verzichtete auf ihren Anteil* (nicht: *auf ihrem Anteil*) *an dem Gewinn.*

Verzug / Anzug: ↑ Anzug / Verzug.

Vetter: Das Substantiv wird im Singular stark gebeugt (Genitiv: *des Vetters*), im Plural dagegen schwach: *die Vettern.*

v-förmig / V-förmig: Nach den neuen Rechtschreibregeln kann das Adjektiv sowohl mit einem kleinen *v* als auch wie bisher mit einem großen *V* geschrieben werden. ↑ Groß- oder Kleinschreibung (1.2.5).

via: Die Präposition *via* (aus lat. *viā* »auf dem Wege [über]«) steht gewöhnlich nur in Verbindung mit Namen oder allein stehenden Substantiven im Singular und wird im Sinne von »(auf dem Wege) über« verwendet: *nach Berlin via Frankfurt fahren, fliegen.* Darüber hinaus sind

V

heute auch folgende Formulierungen allgemein gebräuchlich: *via Telefon, via EDV. Sie wurde via Verwaltungsgericht zur sofortigen Zahlung der Entschädigung aufgefordert.*

Videorekorder / Videorecorder: Neben der Schreibung mit *k* ist auch die *c*-Schreibung korrekt: *Videorekorder,* auch: *Videorecorder.*

viel: 1. Deklination des folgenden [substantivierten] Adjektivs (Partizips): Nach gebeugtem *viel* wird das folgende Adjektiv im Singular überwiegend parallel gebeugt: *Vieler schöner Putz wurde entfernt.* Im Nominativ und Akkusativ Neutrum Singular und im Dativ Maskulinum und Neutrum Singular wird jedoch meistens schwach gebeugt: *vieles überflüssige Verhandeln, mit vielem unnötigen Fleiß, Zögern* (aber feminin: *mit vieler natürlicher* [nicht: *natürlichen*] *Anmut*). Im Plural wird das folgende Adjektiv gewöhnlich stark gebeugt: *viele hohe Häuser; viele kleine Kümmernisse* (L. Rinser). Nur gelegentlich tritt im Genitiv Plural noch schwache Beugung auf: *Das Ergebnis vieler genauen* (häufiger: *genauer*) *Anfragen; nach dem Überprüfen vieler freundlichen* (häufiger: *freundlicher*) *Zuschriften.* Die schwache Beugung im Nominativ Plural ist veraltet: *viele verdeckten Tränen* (Jean Paul). Steht nach *viel* ein substantiviertes Adjektiv, wird im Singular durchweg die schwache Beugung gebraucht: *vieles Unbekannte, das Verschweigen vieles Gegensätzlichen, trotz vielem Angenehmen.* Im Plural dagegen kommen oft starke Formen vor: *viele Angehörige* (selten: *Angehörigen*), *viele Kranke, für viele Beteiligte* (selten: *Beteiligten*), *an viele Reisende gewandt.* Daneben sind aber auch schwache Formen möglich: *viele Kranken, für viele Beamten.* ↑ Adjektiv (1.2.5). Nach der endungslosen Form *viel* steht regelmäßig die starke Beugung: *Viel gutes Reden nutzte nichts. Viel schöner Schmuck wurde getragen. Mit*

viel gutem Rat begann er die schwere Aufgabe. **2. viel / viele Worte · mit viel / vielen Fehlern:** Das Indefinitpronomen *viel* bleibt vor Substantiven ohne beigefügtes Adjektiv im Singular meist, im Plural recht häufig ungebeugt. (Im Genitiv Plural muss immer die gebeugte Form stehen.) Man sagt also: *Mit viel Geld kommt man weit. Er trug eine gedämpfte Krawatte mit viel Schwarz. Ohne viel Worte zu verlieren, ging sie ihnen zur Hand* (Sebastian). *Ein Aufsatz mit viel / mit vielen Fehlern.* Aber nur: *der Lohn vieler Mühen.* **3. Steigerung von *viel:*** Die Vergleichsformen von *viel* heißen *mehr – meist.* ↑ Vergleichsformen (4.1). **4. Kongruenz:** Zu Sätzen wie *Viel [Menschen] waren* (nicht: *war*) *dort versammelt* ↑ Kongruenz (1.1.8). **5. Rechtschreibung:** Das Indefinitpronomen und unbestimmte Zahlwort *viel* schreibt man in allen seinen Formen klein: *in vielem, mit vielem, um vieles; wer vieles bringt ...; ich habe viel[es] erlebt.* Es ist nach den neuen Rechtschreibregeln jedoch auch Großschreibung zulässig, wenn hervorgehoben werden soll, dass kein unbestimmtes Zahlwort gemeint ist: *das Lob der vielen,* auch: *der Vielen* (= der breiten Masse). ↑ Groß- oder Kleinschreibung (1.2.4). In Verbindung mit Partizipien wird *viel* nach der neuen Schreibung getrennt geschrieben: *ein [sehr] viel besprochener Fall; das Ereignis wurde viel erörtert, viel besprochen; der Mann wurde seinerzeit viel genannt, viel geschmäht; diese Frau war viel umworben.* Jetzt auch: *ein viel besprochener Fall; ein viel erörtertes Ereignis; ein viel gebrauchtes Fahrrad; ein viel geschmähter Mann; ein viel umworbenes Mädchen.* Auch zusammen schreibt man *vielsagend* und *vielversprechend: ein vielsagender,* (auch:) *viel sagender Blick,* aber nur: *ein noch vielsagenderes Beispiel; ein vielversprechendes,* (auch:)

viel versprechendes Projekt, aber nur: *ein noch vielversprechenderes Projekt.* ↑ Getrennt- oder Zusammenschreibung (3.1.2). ↑ zu viel.

viel / vieles: Der Satz *Ich weiß viel* besagt, dass ich gründliches und umfassendes Wissen habe, während der Satz *Ich weiß vieles* ausdrückt, dass ich von vielerlei Dingen Kenntnis habe, von ihnen gehört, über sie etwas erfahren habe.

vielenorts / vielerorten / vielerorts: Alle drei Formen sind möglich, jedoch ist *vielerorten* heute veraltet.

vielerlei, was: Das Relativpronomen, das sich auf *vielerlei* bezieht, ist *was: Ich habe vielerlei erfahren, was* (nicht: *das* oder *welches) mich überraschte.* ↑ Relativpronomen (4).

vieles, was: Das Relativpronomen, das sich auf *vieles* bezieht, ist *was: Es gab noch vieles, was* (nicht: *das* oder *welches) besprochen werden sollte. Vieles wurde besprochen, was* (nicht: *das* oder *welches) nicht nötig gewesen wäre.* ↑ Relativpronomen (4).

Vielfältigkeit: ↑ Aufschwellung.

vieljährig / langjährig: ↑ langjährig / vieljährig.

vielleicht: *vielleicht in einer Stunde / in vielleicht einer Stunde:* Das Adverb *vielleicht* bezieht sich gewöhnlich auf das ganze Präpositionalgefüge und steht dann vor der Präposition: *Ich bin vielleicht in einer Stunde fertig.* Es kann sich aber auch auf die Maß- oder Mengenangabe beziehen und steht dann hinter der Präposition: *Er kommt in vielleicht einer Stunde zurück; ein Mann von vielleicht fünfzig Jahren.* ↑ Adverb (4).

vielmehr: 1. Komma: Vor *vielmehr* steht ein Komma, wenn es einen beigeordneten Satz oder Satzteil anschließt: *ch kann dir nicht zustimmen, vielmehr bin ich der Meinung, dass ... Ihr Vater, vielmehr ihr Stiefvater, hat die Firma gegründet.* Es steht jedoch kein Komma, wenn *vielmehr* als Adverb im fortlaufenden Satz steht: *Sie will vielmehr*

eine Politik der friedlichen Koexistenz betreiben. **2. Rechtschreibung:** Zusammen schreibt man das Adverb *vielmehr: Er ist nicht dumm, vielmehr weiß er sich oft zu helfen.* Getrennt schreibt man, wenn das Gradadverb *viel* vor dem Komparativ *mehr* steht: *Sie weiß viel mehr als ich.*

vier: 1. Rechtschreibung: Klein schreibt man das Zahlwort: *die vier Fakultäten; wir sind zu vieren / zu viert; der Junge ist, wird bald vier [Jahre]; die letzten vier; vier und drei macht sieben; es ist um vier [Uhr], Punkt vier, es schlägt eben vier; auf allen vieren; alle viere von sich strecken.* Klein schreibt man auch in substantivischen Wortgruppen, die zu festen Verbindungen geworden sind: *die vier Elemente, die vier Evangelisten, sich auf seine vier Buchstaben setzen, die vier Mächte* (= die Alliierten im 2. Weltkrieg). Groß schreibt man das Substantiv: *die Zahl Vier; er hat in Latein eine Vier, die Note »Vier« bekommen.* ↑ Groß- oder Kleinschreibung (1.2.4); ↑ acht / Acht.

2. Kongruenz: Es heißt: *Vier weniger eins ist* (nicht: *sind) drei.* ↑ Kongruenz (1.2.4).

vierstöckiger Hausbesitzer: Die Fügung *vierstöckiger Hausbesitzer* ist nicht korrekt gebildet. Es kann nur heißen: *Besitzer eines vierstöckigen Hauses.* ↑ Kompositum (6).

vierte: Klein schreibt man das Zahlwort in adjektivischer Verwendung: *das vierte Kapitel, die vierte Dimension, der vierte Stand.* Groß schreibt man das substantivierte Zahlwort. Dies gilt in neuer Rechtschreibung auch für die Fälle, in denen eine Reihenfolge angegeben wird: *Sie ist die Vierte von links. Er wurde Vierter im Gewichtheben* (der Leistung nach). *Am Vierten [des Monats] kommt er zurück.* Groß schreibt man das Zahlwort auch in Namen: *Karl der Vierte; die Vierte Republik* (in Frankreich). ↑ Namen (3), ↑ achte / Achte; ↑ Groß- oder Kleinschreibung (1.2.4).

viertel / Viertel: ↑ achtel / Achtel, ↑ drei viertel, ↑ Uhrzeit. Zu Sätzen wie *Ein Viertel aller Bundesbürger stimmte / stimmten dagegen* ↑ Kongruenz (1.1.3 und 1.2.3).

vierteljährig / vierteljährlich: Das Adjektiv *vierteljährig* drückt eine Zeitdauer aus: *eine vierteljährige* (= drei Monate dauernde) *Reise.* Das Adjektiv *vierteljährlich* drückt dagegen eine regelmäßige Wiederholung aus: *seine vierteljährlichen* (= alle drei Monate stattfindenden) *Besuche; vierteljährlich zu entrichtende Beiträge.* ↑ -ig / -isch / -lich.

vierter Fall: ↑ Akkusativ.

vierzehntägig / vierzehntäglich: Das Adjektiv *vierzehntägig* drückt eine Zeitdauer aus: *ein vierzehntägiger* (= 14 Tage dauernder) *Kuraufenthalt.* Das Adjektiv *vierzehntäglich* drückt dagegen eine regelmäßige Wiederholung aus: *unsere vierzehntäglichen* (= alle 14 Tage stattfindenden) *Zusammenkünfte.* Statt *vierzehntäglich* sagt man auch *zweiwöchentlich.* ↑ -ig / -isch / -lich.

Vikar: Zur Anschrift ↑ Brief (7).

Violoncello: Der Plural des Substantivs lautet *die Violoncellos* und *die Violoncelli* (↑ Cello).

Virus: Das Substantiv *Virus* ist in der Fachsprache Neutrum: *das Virus.* Gemeinsprachlich ist allerdings *der Virus* üblich.

Der Genitiv lautet *des Virus,* der Plural *die Viren.*

viskos / viskös: Beide Formen des Adjektivs, das »zähflüssig, leimartig« bedeutet, sind korrekt. Die Form auf *-ös* wird aber seltener gebraucht. ↑ -os / -ös.

Visum: Das Substantiv *Visum* hat zwei Pluralformen: *die Visa* oder *die Visen.*

Visumantrag: Die Zusammensetzung aus *Visum* und *Antrag* lautet *Visumantrag* (nicht: *Visumsantrag* oder *Visaantrag*). Der Plural lautet *die Visumanträge.*

V-Mann: ↑ Bindestrich (2.4).

Vogelbauer: Das Wort *Vogelbauer* wird meist als Neutrum gebraucht *(das Vogelbauer).* Das maskuline Genus *(der Vogelbauer)* kommt dagegen seltener vor. ↑ Bauer.

Vokal: Die Vokale (Selbstlaute) werden im Deutschen mit den Buchstaben *a, e, i, o, u, ä, ö, ü, y* bezeichnet. Sie werden kurz oder lang, geschlossen oder offen gesprochen. Treffen bei Wortbildungen drei gleiche Vokale zusammen, bleiben nach den neuen Rechtschreibregeln immer alle drei erhalten: *Kaffeeersatz, Teeernte, Seeelefant.* Zur besseren Lesbarkeit kann jedoch wie bisher ein Bindestrich gesetzt werden: *Kaffeeersatz / Kaffee-Ersatz, Teeernte / Tee-Ernte, Seeelefant / See-Elefant.* ↑ Zusammentreffen dreier gleicher Buchstaben; ↑ Diphthong.

Vokativ: ↑ Anredenominativ.

V

Völker- und Stammesnamen

1. Gebrauch des Artikels:

Völker- und Stammesnamen als Bezeichnung eines Volkes oder Stammes werden im Allgemeinen wie Gattungsbezeichnungen (Appellative) behandelt und haben wie diese den bestimmten oder unbestimmten Artikel bei sich:

der Deutsche, ein Franzose, die Engländer, die Schwaben, ein Westfale, ein Türke.

Im Plural fällt der Artikel weg, wenn die Namensträger nicht näher bestimmt sind:

In den USA wohnen große Gruppen von Polen, Japanern und Chinesen.

Durch *und* zusammengefasste pluralische Völker- und Stammesnamen o. Ä. haben gewöhnlich keinen Artikel:

Griechen und Römer, Engländer und Amerikaner, Bremer und Hamburger.

2. Numerus:

Völker- und Stammesnamen werden im Singular und im Plural gebraucht. Der Singular bezeichnet einen einzelnen Menschen als Angehörigen eines Volkes oder Stammes:

Sie ist Amerikanerin. Er ist mit einer Griechin verheiratet. Dort geht der Japaner, von dem ich dir erzählt habe.

Der Plural kann das ganze Volk bezeichnen, oder er kann eine Gruppe einzelner Angehöriger eines Volkes bezeichnen:

Volk: Die Amerikaner sprechen Englisch. Gruppe: In unserem Hotel wohnten viele Amerikanerinnen.

3. Deklination:

Die meisten Völker- und Stammesnamen werden schwach gebeugt:

des Deutschen, die Deutschen; des Franzosen, die Franzosen; des Sachsen, die Sachsen.

Die meisten auf *-er* ausgehenden Völker- und Stammesnamen sowie die von Ortsnamen gebildeten Einwohnernamen auf *-er* werden jedoch stark gebeugt:

des Engländers, die Engländer; des Italieners, die Italiener; des Spaniers, die Spanier; des Mecklenburgers, die Mecklenburger; des Berliners, die Berliner.

Völker- und Stammesnamen, bei denen das *-er* zum Wortstamm gehört, werden dagegen schwach gebeugt:

des Bayern, die Bayern; des Pommern, die Pommern.

Zur gemischten Deklination gehört *Zimber* bzw. *Kimber: des Zimbers, die Zimbern; des Kimbers, die Kimbern.*
Völker- und Stammesnamen, die auf Vokal enden, können den Genitiv Singular und den Plural auf -*s* bilden; sie können aber auch in diesen Fällen endungslos stehen:

des Eskimo[s], die Eskimo[s]; des Papua[s], die Papua[s]; des Ovambo[s], die Ovambo[s]; des Zulu[s], die Zulu[s]; des Maori[s], die Maori[s]; des Israeli[s], die Israeli[s].

Vgl. auch ↑ Einwohnerbezeichnungen auf -er.

4. **Zusammenschreibung oder Bindestrich:**
Werden Völkernamen von einem geographischen Namen abgeleitet, der mit Bindestrich geschrieben wird, bleibt der Bindestrich erhalten:

die Schleswig-Holsteiner, schleswig-holsteinisch; die Baden-Württemberger.

Bei geographischen Bezeichnungen, die aus Verbindungen gleichrangiger Adjektive bestehen, darf der Bindestrich nach den neuen Rechtschreibregeln auch weggelassen werden:

deutschamerikanische / deutsch-amerikanische Beziehungen, deutschschweizerische / deutsch-schweizerische Wirtschaftsverhandlungen.

Kein Bindestrich darf dagegen stehen, wenn ein Fugenzeichen wie -*o*- erscheint oder der zweite Bestandteil durch den ersten näher bestimmt wird:

Angloamerikaner (aus England stammender Amerikaner; in neuer Rechtschreibung jetzt auch: Sammelname für Engländer und Amerikaner); afroamerikanisch (Afrika und Amerika betreffend; in neuer Rechtschreibung jetzt auch: die Amerikaner afrikanischer Abstammung betreffend); finnougrisch; galloromanisch, baltoslawisch; indogermanisch; frankokanadisch; das deutschamerikanische Schrifttum (das Schrifttum der Deutschamerikaner); die schweizerdeutsche Mundart.

Vgl. auch ↑ Bindestrich (6.4).

5. **Vergleichsformen:**
Zu Formen wie *deutscheste* ↑ Vergleichsformen (3.1).

Volksentscheid: Es heißt *Volksentscheid* und nicht *Volksentscheidung.* ↑ Verbalsubstantiv (1.4).

Volksetymologie: Unter einer Volksetymologie (Fehl-, Pseudoetymologie) versteht man die meist naive, sprachgeschichtlich falsche Verdeutlichung eines nicht [mehr] verstandenen Wortes durch Anlehnung an ein klangähnliches Wort. So wurde aus ahd. *mūwerf* (= Haufenwerfer) nhd. *Maulwurf* (= Tier, das die Erde mit dem Maul wirft) und aus niederrhein. *rasen[d]montag* (= rasender, wilder, toller Montag) nhd. *Rosenmontag.*

voll: 1. *voll* mit oder ohne Präposition?: Nach *voll* wird ein von dem Adjektiv abhängendes Substantiv (Pronomen) entweder in den Genitiv gesetzt oder mit der Präposition *von* angeschlossen. Das Substantiv kann auch unmittelbar und unverändert an *voll* angeschlossen werden. Am häufigsten ist jedoch der Anschluss mit *von* (siehe aber unten!): *Der kleine Gefechtsraum stand ganz gedrängt voll von Menschen* (Gaiser). Der Anschluss im Genitiv gilt heute als gehobene Ausdrucksweise: *... und das lange Band des Stromes war der Schiffe voll* (Koeppen). Gelegentlich wird an *voll* auch ohne Präposition mit dem Dativ angeschlossen: *Der Markt von Soho ist nicht so schön wie der auf Roms Campo de'Fiori, aber er bemüht sich doch, bunt und laut und voll Gerüchen zu sein* (Koeppen). Im Singular ist der Dativ nicht erkennbar, wenn kein beigefügtes Adjektiv ihn anzeigt: *Helldunkel wurden nun Farben, voll Glut, voll Bürgerstolz, Dramatik und männlicher Leidenschaft* (Koeppen; hier hat erst *Leidenschaft* eine Beifügung). *Da mach was drum, sonst wird alles voll Harz, sagte Hebenstreit* (Kuby). Auch im Plural kann das Substantiv unverändert angeschlossen werden: *ein Beutel voll Geldscheine* (aber: *voll neuer Geldscheine,* auch: *voll [neuen] Geldscheinen*). Gelegentlich wird auch noch die erstarrte gebeugte Form *voller* gebraucht, wobei das folgende Substantiv ungebeugt bleibt: *Er war voller Misstrauen gegen das Projekt. Die Ministerin konnte voller Stolz von ihren großen Erfolgen berichten.* Tritt hier eine Beifügung hinzu, dann ist der Genitiv vorzuziehen: *voller tiefen Misstrauens. Ein Baum voller reifer Äpfel.* – Grundsätzlich ist zu sagen, dass bei einem nachgestellten Attribut *voll* mit dem Genitiv oder Dativ verbunden wird, aber nicht mit *von: ein Fass voll guten Weines / voll gutem Wein.* Will man hier mit *von* anschließen, ist ein Komma zu setzen: *ein Fass, voll von gutem Wein* (= ein Fass, das von gutem Wein voll ist).

2. voll – voller – vollste: ↑ Vergleichsformen (2.1 und 3.1).

3. Rechtschreibung: a) Klein schreibt man *voll* im adjektivischen Gebrauch: *voll Wein[es], der Saal war voll[er] Menschen.* Klein schreibt man auch die umgangssprachliche Zeitangabe *voll: Es ist drei Minuten nach voll. Um voll schließen wir.* Dagegen schreibt man das Adjektiv nach den neuen Rechtschreibregeln groß, wenn es substantiviert ist: *aus dem Vollen schöpfen; im Vollen leben; in die Vollen gehen; ins Volle greifen.* **b)** Getrennt vom folgenden Verb schreibt man *voll,* wenn das Adjektiv steigerbar oder erweiterbar ist: *Der Eimer wird voll sein, voll werden.* Jetzt auch: *du musst den Eimer [ganz] voll füllen, das Auto [richtig] voll laden, packen; voll schreiben; [ziemlich] voll tanken; sich [zu] voll essen, fressen, saufen; sie hat sich den Bauch voll geschlagen; das Fass ist voll gelaufen.* Getrennt vom folgenden Verb schreibt man darüber hinaus auch: *Sie hat es voll* (= ganz) *begriffen. Er hat sie voll* (= ganz) *angesehen. Ich muss das voll* (= ganz) *anerkennen. Sie hat ihn nicht für voll genommen* (= ernst genommen; ugs.). *Er hat den Mund recht voll genommen* (= geprahlt; ugs.). Zusammen schreibt man dagegen die Adjektive *vollgültig* und *vollinhaltlich* sowie folgende Verben: *vollführen: ich vollführe, habe vollführt; vollbringen: er, sie, es hat vollbracht; vollenden: sie hat das Werk vollendet; vollstrecken: sie vollstreckten das Urteil; vollziehen: in ihr vollzog sich ein

Wandel. ↑ Getrennt- oder Zusammenschreibung (1.2).

vollendet: Das Wort *vollendet* (»vollkommen«) sollte in gutem Deutsch nicht gesteigert werden: *Klänge von vollendeter* (nicht: *vollendetster*) *Schönheit.* ↑ Vergleichsformen (3.1).

vollendete Gegenwart, Vergangenheit, Zukunft: ↑ Perfekt, ↑ Plusquamperfekt, ↑ Futur II.

voller / voll: ↑ voll (1).

vollkaskoversichert: Das adjektivische Partizip *vollkaskoversichert* wird in einem Wort geschrieben: *Der Wagen ist vollkaskoversichert* (↑ kaskoversichert).

vollkommen: Bei dem Adjektiv *vollkommen* ist eine Steigerung eher möglich als bei ↑ vollendet: *Sein Stil wird immer vollkommener* (= er vervollkommnet sich). Den Superlativ *vollkommenste* sollte man aber möglichst vermeiden. ↑ Vergleichsformen (3.1).

vollste: ↑ Vergleichsformen (3.1).

Vollverb: Unter einem Vollverb versteht man ein Verb, das in einem Satz das Prädikat allein bildet *(Er läuft über die Straße)* oder doch allein bilden könnte, wenn man eine zusammengesetzte Zeitform wie etwa in dem Satz *Er ist über die Straße gelaufen* durch eine nicht zusammengesetzte Zeitform ersetzt: *Er lief über die Straße.* Dies ist für das bei der Umschreibung der Zeitform *ist ... gelaufen* gebrauchte Verb *sein* nicht möglich; *sein* kann in diesem Satz in keiner Zeitstufe das Prädikat allein bilden. Es ist hier ↑ Hilfsverb. In dem Satz *Er möge kommen* kann *kommen* allein das Prädikat bilden: *Er komme.* Es ist hier also ein Vollverb. Das Verb *mögen* kann hier nicht allein das Prädikat bilden. Es ist ↑ Modalverb.

Vollwaise: Das Substantiv *die Vollwaise* wird heute anstelle von *die Waise* für ein Kind gebraucht, das den Vater und die Mutter verloren hat. Das Substantiv *Waise* ist in seiner ursprünglichen Bedeutung »elternloses Kind« verblasst und wurde häufig auch dann verwendet, wenn ein Kind nur den Vater oder die Mutter verloren hatte. Um Missverständnisse auszuschließen, sind in der Amtssprache die Wörter *Halbwaise* und *Vollwaise* entstanden, die mittlerweile allgemein gebräuchlich sind.

Vollzeit arbeiten: ↑ Teilzeit / Vollzeit arbeiten.

vom: Die Verschmelzung aus *von* und *dem* wird ohne Apostroph geschrieben. ↑ Apostroph (1.2); ↑ bis (1 b); ↑ Präposition (1.2.1).

von: 1. **Namenzusatz:** Der Namenzusatz (Adelsprädikat) *von* wird am Satzanfang *(Von Gruber erschien zuerst)* und in substantivischen Aneinanderreihungen wie *Von-der-Recke-Straße* großgeschrieben.

2. **Rektion:** Die Präposition *von* regiert den Dativ: *von meinem Vater; im Verlauf von drei Jahren; das ist eine Schulfreundin von mir.* Substantive, die von *von* abhängig sind, müssen daher im Plural auf *-n* ausgehen (ausgenommen bei *s*-Plural: *von den Autos, von den Steaks*). Auch bei Substantiven auf *-el* muss der Dativ Plural mit *-n* erscheinen: *Verkauf von Möbeln* (nicht: *von Möbel*); *Einsatz von Landesmitteln* (nicht: *von Landesmittel*). Ebenso heißt es richtig: *Verzinken von Drähten* (nicht: *von Drähte*). Vgl. aber ↑ Unterlassung der Deklination (1.3); ↑ Maß-, Mengen- und Münzbezeichnungen (1).

3. **von Amts wegen:** Die Präposition *von* – *wegen* steht mit dem Genitiv: *von Amts, von Rechts wegen.*

4. **Genitiv oder *von* + Dativ?:** Der Genitiv wird in vielen Fällen, und zwar nicht nur in der Umgangssprache, durch *von* + Dativ ersetzt: *die Hälfte meines Vermögens / von meinem Vermögen* (↑ Genitivattribut [1.2]); *eine Schar fröhlicher Kinder / von fröhlichen Kindern* (↑ Genitivattribut [1.2]); *das Haus meines Vaters / von meinem Vater* (↑ Genitivattribut [1.3.3]); *eine Frau stolzen Betra-*

gens / von stolzem Betragen (↑ Genitivattribut [1.4]).

5. der Lärm von mit Eisen beladenen Lastkraftwagen: Das Nebeneinanderstellen mehrerer Präpositionen sollte aus stilistischen Gründen nach Möglichkeit vermieden werden, da die verschiedenen ineinander geschachtelten Bezüge das Verständnis erschweren können: *der Lärm von mit Eisenstangen beladenen Lastkraftwagen; das Auftreten von durch den Frost verursachten Rissen.* Während die Fügungsweise mit zwei Präpositionen noch durchaus vertretbar ist, klingt das Nebeneinander von drei Präpositionen stilistisch nicht mehr schön: *Die Straße wird viel von mit über zehn Tonnen Baumaterial beladenen Lastkraftwagen befahren.* In diesen Fällen sollte deshalb besser umschrieben werden: *Die Straße wird viel von Lastkraftwagen befahren, die mit Baumaterial von mehr als zehn Tonnen beladen sind.* In der recht häufig auftretenden Verbindung *von über* ist *über* allerdings meist Adverb und kann deshalb als solches stehen bleiben: *Es war ein Weg von über zwei Stunden. Städte von über 10 000 Einwohnern. Eine Schneedecke von über 10 Zentimeter[n].* Das Substantiv wird hier von der Präposition *von* regiert. ↑ über (2); ↑ Maß-, Mengen- und Münzbezeichnungen (1).

6. von – an / ab: Der Gebrauch von *von – ab* anstelle von *von – an* sollte man in gutem Deutsch besser meiden: *von da an* (nicht: *ab*), *von Montag an* (nicht: *ab*), *von frühester Jugend an* (nicht: *ab*). Die Verbindung *von – ab* beruht wahrscheinlich auf einer ↑ Kontamination aus *von – an* und *ab.* Zu *ab Hamburg* oder *von Hamburg [an]* ↑ ab (2).

7. Zu *unter Angabe von Geburtsdatum, Name* (nicht: *Namen*), *Dienstgrad* ↑ Unterlassung der Deklination (1.2). Zu *von* im Vergleich mit *aufgrund, durch, infolge* usw. ↑ aufgrund / durch / infolge / von / vor / wegen / zufolge.

von / vor: Manche Verben können mit *von*

oder mit *vor* verbunden werden: *Das Zimmer strahlte von / vor Sauberkeit. Seine Kleider strotzen von / vor Schmutz.* Im Allgemeinen zieht man es heute vor, in diesen Fällen die Präposition *vor* zu gebrauchen. Das gilt besonders für die Verben des Schützens und Schirmens: *Mademoiselle grollte mir, weil ich ... sie nicht vor den Widrigkeiten ... beschützt hatte* (Maass). *Wir müssen sie* (= die Menschen) *bewahren vor üblen Elementen* (Kirst). *Ich habe ihn nicht vergiftet, ich habe ihn nur vor dem Galgen gerettet* (Rinser). Bei *erretten* hat sich allerdings *von* bis heute erhalten: *... damit sie Diederich von seinen Feinden erretteten* (H. Mann). *Siebenmal vom Tode errettet* (Jahnn). Sonst ist *von* veraltet: *Wer rettete vom Tode mich, von Sklaverei?* (Goethe). Auch bei *sich drücken* steht heute gewöhnlich *vor: ... mit dem Zweck, sich vor der Feindfahrt zu drücken* (Ott; aber derselbe Autor: *... wie der es wohl angestellt hatte, sich vom Kommiss zu drücken*).

von / durch / mit: Zur Verwechslung dieser Präpositionen bei der Bildung des Passivs ↑ Passiv (1).

von dem, von der / davon, wovon: ↑ Pronominaladverb (4).

voneinander: Man schreibt *voneinander* immer getrennt vom folgenden Verb: *Wir werden nichts voneinander haben. Wir müssen voneinander scheiden. Wir haben nichts voneinander gewusst.* In neuer Rechtschreibung auch: *Wir wollen voneinander gehen* (= uns trennen). ↑ Getrennt- oder Zusammenschreibung (1.4).

von ihm, von ihr, von ihnen / davon: ↑ Pronominaladverb (4).

vonnöten: ↑ Verblassen des Substantivs.

vonseiten / von Seiten: Die bisherige Schreibung *von seiten* gilt nach den neuen Rechtschreibregeln nicht mehr. Korrekt sind jetzt die Schreibungen *vonseiten* und *von Seiten.* ↑ Verblassen des Substantivs.

vonstatten: ↑ Verblassen des Substantivs.

von ... und ihren / ihrer · von ... und seinen / seiner: ↑ Präpositionalattribut.

von was / wovon: Standardsprachlich ist in der Regel das Pronominaladverb *wovon: Wovon habt ihr gesprochen?* Die Verbindung *von + was (Von was habt ihr gesprochen?)* kommt in der Umgangssprache recht häufig vor; sie gilt als stilistisch unschön. ↑ Pronominaladverb (4 und 5).

vor: Die Präposition *vor* kann mit dem Dativ oder mit dem Akkusativ verbunden werden, je nachdem ob das durch das Verb ausgedrückte Verhalten lagemäßig (Dativ) oder richtungsmäßig (Akkusativ) bestimmt ist: *Vor dem Haus ist ein kleiner Garten. Sie fuhr das Auto vor die Garage.* Bei temporalen Angaben regiert *vor* immer nur den Dativ: *Das passierte schon vor meinem Geburtstag. Sie bekam den Brief eine Woche vor ihrem Urlaub.* Ebenfalls mit dem Dativ (aber ohne Artikel) kann *vor* den Beweggrund für Zustände und Gemütslagen kennzeichnen: *Das sollte uns vor Gefahren schützen. Ich konnte vor Sorge lange Zeit nicht einschlafen. Er war außer sich vor Wut.* ↑ aufgrund / durch / infolge / von / vor / wegen / zufolge.

vor / von: ↑ von / vor.

vor allem: Zu Sätzen wie *Dieser Brief und vor allem ihre Freundschaft schien / schienen ihr zu genügen* ↑ Kongruenz (1.3.2).

vor allem, wenn (weil usw.) / vor allem wenn (weil usw.): Ein Komma steht, wenn *vor allem* als Umstandsbestimmung besonders betont wird: *Ich freue mich vor allem, wenn du mich recht bald besuchst.* Das Komma kann aber fehlen, wenn *vor allem wenn* als Einheit empfunden wird: *Ich freue mich auf deinen Besuch, vor allem wenn du die Kinder mitbringst.*

vorangehend: Klein schreibt man *vorangehend* nur bei adjektivischem Gebrauch: *die vorangehenden Ausführungen.* Groß schreibt man *vorangehend* nach den neuen Rechtschreibregeln jedoch immer dann, wenn es substantiviert wird: *Die Vorangehenden verfehlten den Weg.* Jetzt auch: *das Vorangehende* (= Obiges; das oben Gesagte); *im Vorangehenden* (= weiter oben); *Wer Vorangehendes liest, erkennt ... Aus Vorangehendem ergibt sich ...* ↑ Groß- oder Kleinschreibung (1.2.4); ↑ folgend (2).

voraus: Das Adverb *voraus* wird in substantivischer Verwendung nach den neuen Rechtschreibregeln großgeschrieben: *Wir danken Ihnen im Voraus für Ihre Bemühungen.*

vorausdatieren: ↑ vordatieren / vorausdatieren; nachdatieren / zurückdatieren.

vorausgesetzt: 1. An *vorausgesetzt* kann ein Nebensatz nur mit *dass*, nicht mit *wenn* angeschlossen werden. Der Nebensatz nach *vorausgesetzt* gibt nämlich den Inhalt der Voraussetzung an (Inhaltssatz mit *dass*), nicht aber ihre Bedingung (Konditionalsatz mit *wenn*): *Vorausgesetzt, dass das Geld innerhalb der nächsten drei Wochen bewilligt wird ... Nach den Berechnungen können täglich drei Kilometer Straßendecke betoniert werden, vorausgesetzt, dass keine Störungen auftreten.*

2. Vor und nach *vorausgesetzt* steht im Allgemeinen ein Komma: *Sie kommt, vorausgesetzt, der Zug ist pünktlich, um 9 Uhr an.* Nach den neuen Rechtschreibregeln braucht in der Fügung *vorausgesetzt dass* kein Komma gesetzt zu werden (man setzt es vorzugsweise dann, wenn die Fügung nicht als Einheit empfunden wird): *Wir wollen baden gehen, vorausgesetzt[,] dass die Sonne scheint.*

voraussetzend: Zu *Ihr Einverständnis voraussetzend ...* ↑ erstes Partizip (2).

vorbehaltlich: Die Präposition *vorbehaltlich* »unter dem Vorbehalt« steht mit dem Genitiv: *vorbehaltlich behördlicher Genehmigung.* In der Fügung *eine vorbehaltliche* (= mit Vorbehalt gegebene) *Genehmigung* ist *vorbehaltlich* Adjektiv.

V

vorbeidefilieren: ↑ Verb (3).

vorbeischießen: Das Verb *vorbeischießen* (= das Ziel verfehlen) ist intransitiv: *Alle haben am Ziel vorbeigeschossen.* Der transitive Gebrauch des Verbs ist heute ganz ungewöhnlich: *Ich fürchte für die Schwäne, die wegen ihrer Größe und Vertrautheit kaum vorbeizuschießen sind* (Lehndorff).

Vorbeugung: An *Vorbeugung* kann das von diesem Wort abhängende Substantiv nur mit der Präposition *gegen* angeschlossen werden: *zur Vorbeugung gegen ein Unglück. Es mag ja sein, dass die sicherste Vorbeugung gegen den Krieg die immer schrankenlosere Rüstung mit immer fürchterlicheren Waffen ist* (Augstein). Nicht korrekt ist der Anschluss eines Genitivs *(zur Vorbeugung eines Unglücks).*

vordatieren / vorausdatieren; nachdatieren / zurückdatieren: Das Verb *vordatieren* hat heute zwei Bedeutungen. Im ursprünglichen Sinne bedeutet es »etwas mit einem früheren Datum versehen«. Heute wird das Wort aber auch mit der entgegengesetzten Bedeutung »etwas mit einem späteren Datum versehen« gebraucht. Um Missverständnisse zu vermeiden, sollte das bereits gebräuchliche Verb *vorausdatieren* (= im Voraus datieren) anstelle des weniger deutlichen Verbs *vordatieren* verwendet werden, wenn die Bedeutung »mit einem späteren Datum versehen« gemeint ist. Anderseits sollte man das ebenfalls schon gebräuchliche Verb *zurückdatieren* anstelle von *vordatieren* verwenden, wenn die Bedeutung »mit einem früheren Datum versehen« gemeint ist. Das Verb *nachdatieren* sollte ebenfalls vermieden werden, da es missverständlich ist: Es kann ebenso wie *vordatieren* sowohl die Bedeutung »mit einem früheren Datum versehen« als auch die Bedeutung »mit einem späteren Datum versehen« haben. (Als »früheres Datum« ist hier ein Datum gemeint, das vor dem Tag der Ausfertigung liegt, als »späteres Datum« eines, das nach dem Tag der Ausfertigung liegt.)

vor dem, vor den, vor die, vor das / davor, wovor: ↑ Pronominaladverb (4).

vorderhand: ↑ Verblassen des Substantivs.

Vordermann: Der Plural zu *Vordermann* (= jmd., der unmittelbar vor einem anderen steht, sitzt usw.) lautet *die Vordermänner.*

Vordersatz: Ein Vordersatz ist ein Nebensatz, der dem übergeordneten Satz vorangeht: *Da ich krank war, konnte ich euch leider nicht besuchen.* ↑ Nachsatz; ↑ Zwischensatz.

Vorderteil: Das Substantiv *Vorderteil* wird meist als Neutrum gebraucht: *das Vorderteil.* Es kommt aber auch maskulines Genus vor: *der Vorderteil.*

vordringlich / dringlich: ↑ dringlich / vordringlich.

Vordruck: Der Plural heißt *die Vordrucke* (↑ Druck).

voreinander: Das Adverb *voreinander* schreibt man immer vom folgenden Verb getrennt: *Sie haben sich voreinander gefürchtet, geschämt. Sie müssen sich voreinander hüten. Wie sie voreinander stehen!* ↑ Getrennt- oder Zusammenschreibung (1.4).

vorenthalten: Das Verb *vorenthalten* ist eine unfeste Zusammensetzung: *Die Regierung enthält die Information der Presse noch vor.* Daneben aber auch: *Die Regierung vorenthält die Information der Presse noch.* ↑ Verb (2.4).

Vorfahrt[s]-: Entsprechende Zusammensetzungen stehen mit und ohne ↑ Fugen-s: *Vorfahrt[s]recht, -regel, -schild, -straße.* ↑ -fahrt[s]-.

Vorgegenwart: ↑ Perfekt.

Vorhalte / Vorhaltungen: Im Sinne von »ernste Ermahnungen« ist im Allgemeinen nur das Wort *Vorhaltungen* bekannt. Daneben ist in der Schweiz *Vorhalte* üblich: *jemandem Vorhaltungen / Vorhalte machen.* Sonst kommt die Form *Vorhalt* nur in bestimmten Fachsprachen vor

V

(Musik, Schießlehre). ↑ Verbalsubstantiv (1.4).

vorher: Das Adverb *vorher* schreibt man vom folgenden Verb getrennt, wenn es im Sinne von »früher« gebraucht wird: *Wir wollen vorher* (= vor den andern) *gehen. Er hat den Zeitpunkt vorher bestimmt. Er hätte das vorher sagen sollen.* Zusammen schreibt man, wenn *vorher* im Sinne von »voraus« verwendet wird: *Das war alles vorherbestimmt* (= vorausbestimmt). *Er ist vorhergegangen* (= vorausgegangen). *Er hat das vorhergesagt* (= vorausgesagt).

vorhergehend: Klein schreibt man *vorhergehend* bei adjektivischem Gebrauch: *die vorhergehenden Ausführungen.* Immer groß schreibt man nach den neuen Rechtschreibregeln die Substantivierung: *das Vorhergehende* (= das oben Gesagte). Jetzt also auch: *Das Vorhergehende* (= Obiges) *war schon geschrieben, als ... Wer Vorhergehendes beachtet ... Aus Vorhergehendem ergibt sich ...* ↑ folgend (2); ↑ Groß- oder Kleinschreibung (1.2.4).

vorherrschend: ↑ vorwiegend / überwiegend.

Vorhinein: Nach den neuen Rechtschreibregeln wird *Vorhinein* in der besonders in Österreich üblichen Fügung *im Vorhinein* für »vorher, im Voraus« großgeschrieben. ↑ Nachhinein.

vorig: 1. Rektion: In Verbindung mit *seit* steht der Dativ: *seit vorigem* (nicht: *vorigen*) *Sonntag.*
2. Rechtschreibung: Nach den neuen Rechtschreibregeln wird das substantivierte Adjektiv immer großgeschrieben: *die Vorigen; das Vorige* (= die vorigen Aufführungen). Jetzt also auch: *Voriges; der, die, das Vorige; im Vorigen.* ↑ Groß- oder Kleinschreibung (1.2.4).

Vorkommen / Vorkommnis: Die beiden Wörter haben verschiedene Bedeutung: Der substantivierte Infinitiv *das Vor-* *kommen* bezeichnet das Vorhandensein und die gebietsweise Verbreitung von Rohstoffen: *An der Nordseeküste sind ergiebige Erdgasvorkommen entdeckt worden.* Das Substantiv *Vorkommnis* bezeichnet ein Geschehen, ein Ereignis oder einen ärgerlichen Vorfall: *Der Lift wurde gerade repariert, ein häufiges Vorkommnis im Hotel de Bourgogne* (Baum).

Vorlage / Vorlegung: ↑ Verbalsubstantiv (1.4).

vorlieb nehmen: Nach den neuen Rechtschreibregeln werden mit Präpositionen zusammengesetzte Adverbien von einer folgenden Verbform getrennt geschrieben: *Sie muss mit diesem Betrag vorlieb nehmen. Er hat mit dieser Regelung vorlieb genommen.*

vorliegend: Klein schreibt man das Adjektiv: *vorliegender Fall.* Immer groß schreibt man nach den neuen Rechtschreibregeln die Substantivierung: *das Vorliegende.* Jetzt auch: *Vorliegendes; im Vorliegenden.* ↑ Groß- oder Kleinschreibung (1.2.4).

vorm: Die Verschmelzung von *vor* und *dem* wird ohne Apostroph geschrieben. ↑ Apostroph (1.2); ↑ Präposition (1.2.1).

Vormittag / vormittags: Groß schreibt man das Substantiv: *am Vormittag; eines Vormittags.* In neuer Rechtschreibung jetzt auch: *morgen Vormittag, heute Vormittag, gestern Vormittag.* Klein schreibt man das Adverb: *vormittags; montags vormittags.* ↑ Adverb (3).

Vormund / Vormundin: Das Substantiv *Vormund* hat zwei Pluralformen: *die Vormunde* und *die Vormünder.* Die feminine Entsprechung zu *Vormund* wird ohne Umlaut gebildet: *die Vormundin* (nicht: *die Vormündin*).

vorn: Die Verschmelzung von *vor* und *den* wird ohne Apostroph geschrieben. Dieses *vorn* wird gewöhnlich in der Umgangssprache verwendet. ↑ Präposition (1.2.1); ↑ Apostroph (1.2).

Vornamen

1 Rechtschreibung

1.1 Schreibung von Vornamen

Für die Schreibung der Vornamen gelten im Allgemeinen die heutigen Rechtschreibregeln. Gewisse Abweichungen sind jedoch zulässig:

Carina neben Karina, Kornelia neben Cornelia, Claus neben üblichem Klaus, Carl neben üblichem Karl, Mathias neben üblicherem Matthias, Reiner neben Rainer, Stephan neben Stefan, Günther neben Günter, Eckhart neben Eckart, Thilo neben Tilo.

Fremde Vornamen werden in der fremden Schreibweise geschrieben: *Jennifer, Nicole, Vanessa; Dennis, Jordi, Kevin, Steven.*

1.2 Schreibung von Doppelnamen, Vornamen und Berufsbezeichnung u. Ä.

Doppelnamen, die nur einen Hauptton tragen, werden im Allgemeinen zusammengeschrieben:

Annemarie, Annalena, Hannelore; Hansjoachim, Karlheinz, Hansjürgen.

Mit Bindestrich schreibt man, wenn die Namen zwar als Einheit gesehen werden, aber eine gewisse Selbstständigkeit behalten sollen:

Anne-Sophie, Marie-Louise; Susanne-Annette, Hans-Joachim, Karl-Heinz, Karl-Josef, Klaus-Rainer.

Getrennt schreibt man, wenn beide Namen ihre Selbstständigkeit bewahren sollen. Das ist in der Regel der Fall, wenn beide Namen mehrere Silben haben:

Birgit Sabine, Hans Jürgen, Karl Henning.

Der Bindestrich steht immer bei einer Zusammensetzung aus einer Berufsbezeichnung und einem Vornamen, weil die den Namen bestimmende Bezeichnung besonders hervorgehoben werden soll:

Bäcker-Anna, Schuster-Franz, Förster-Otto.

Den Bindestrich setzt man auch, wenn Vor- und Familienname umgestellt sind und der Artikel vorangeht. Der Familienname ist hier Bestimmungswort zum Vornamen:

der Huber-Franz, die Hofer-Marie.

Zusammen schreibt man alle anderen Zusammensetzungen aus einem Substantiv und einem Vornamen:

Wurzelsepp, Schützenliesel, Suppenkaspar.

1.3 Komma bei Vornamen?

Zwei oder mehrere Vornamen vor einem Familiennamen stehen immer ohne Komma:

Hans Dieter Kai Schulz (nicht: Hans, Dieter, Kai Schulz).

1.4 Schreibung der von Vornamen abgeleiteten Adjektive

Die von Vornamen abgeleiteten Adjektive werden nach den neuen Rechtschreibregeln im Allgemeinen kleingeschrieben:

die ottonische Kunst, die karolingische Minuskel.

Ausnahmen bilden jedoch bestimmte historische Ereignisse und Epochen:

das Wilhelminische Zeitalter (des Kaisers Wilhelm II.), das Viktorianische Zeitalter (der Königin Viktoria).

Vergleiche auch ↑ Personennamen (5), ↑ Groß- oder Kleinschreibung (1.2.2).

2 Genus

Das Genus der Vornamen stimmt meist mit dem natürlichen Geschlecht überein:

der kleine Ralf, der reiche Mayer, die fleißige Kathrin, die engagierte Christine, die hilfsbereite Annette, die kluge Schmidt; Maria Theresia und ihre Zeit

Ausnahmen bilden die Neutra der Verkleinerungsformen auf *-chen, -lein* und *-le:*

das niedliche Karlchen, das altkluge Lottchen, das vierjährige Ingelein, das arme Hannele.

Bei der Verkleinerungsform auf *-(e)l* richtet sich jedoch das Genus im Allgemeinen nach dem natürlichen Geschlecht:

die fleißige Gretel, die (aber auch: das) schöne Liesel, der (aber auch: das) dumme Hansel.

V

3 Verweise

Zum Artikel bei Vornamen ↑ Personennamen (1); zur Deklination ↑ Personennamen (2 und 3).

Vorort- / Vororts-: Die Zusammensetzungen mit *Vorort* sind mit und ohne Fugen-s gebräuchlich: *Vorortsverkehr / Vorortverkehr; Vorortszug / Vorortzug* usw. ↑ Fugen-s (3).

vors: Die Verschmelzung von *vor* und *das* wird ohne Apostroph geschrieben. ↑ Präposition (1.2.1); ↑ Apostroph (1.2).

Vorsilbe: ↑ Präfix, ↑ Verbzusatz.

Vorsitzer / Vorsitzender: Das Wort *Vorsitzer,* die ältere Form, ist heute weitgehend durch *Vorsitzender* verdrängt. Dabei werden die beiden Substantive ohne Bedeutungsunterschied gebraucht. Im deutschen Aktienrecht gilt seit 1965 nur noch die Form *Vorsitzender (des Aufsichtsrats, des Vorstands).* Im Vereinswesen hat sich dagegen die Form *Vorsitzer* z. T. erhalten. ↑ Gleichstellung von Frauen und Männern in der Sprache. Zur Anschrift ↑ Brief (1 und 7).

Vorspiegelung falscher Tatsachen: Diese Wendung ist eigentlich unsinnig, denn das Substantiv *Vorspiegelung* hat schon die Bedeutung »Täuschung«, schließt also die Bedeutung von *falsch* ein. Auch schließt das Wort *Tatsache* die Bedeutung von *wahr* ein und schließt damit das Attribut *falsch* aus, weil es keine falschen Tatsachen geben kann. Trotzdem ist die Wendung *Vorspiegelung falscher Tatsachen* sprachüblich geworden.

vorstehend: Groß schreibt man die Substantivierung *das Vorstehende* (= das vorher Gesagte). In neuer Rechtschreibung schreibt man auch die pronominal gebrauchte Form *Vorstehendes* groß:

Wir bitten Vorstehendes zu beachten. Das Gleiche gilt für im Vorstehenden. ↑ Groß- oder Kleinschreibung (1.2.4).

Vorvergangenheit: ↑ Plusquamperfekt.

vorwärts: Groß schreibt man *vorwärts* in Namen: *Marschall Vorwärts* (Beiname Blüchers). Vom folgenden Verb schreibt man *vorwärts* nach den neuen Regeln immer getrennt: *Sie hat den im Schlamm steckenden Wagen nur mühsam vorwärts gebracht. Er ist immer vorwärts gegangen.* Neu: *Sie hat das Unternehmen vorwärts gebracht* (= gefördert). *Nach der schlimmen Zeit ist es endlich wieder vorwärts gegangen* (= vorangegangen). *Sie ist in letzter Zeit schnell vorwärts gekommen* (= im Beruf u. a. vorangekommen). ↑ Getrennt- oder Zusammenschreibung (1.4), ↑ -wärts.

vor was / wovor: Standardsprachlich ist in der Regel das Pronominaladverb *wovor: Wovor fürchtest du dich?* Die Verbindung *vor + was* (*Vor was fürchtest du dich?*) kommt in der Umgangssprache recht häufig vor; sie ist stilistisch unschön. ↑ Pronominaladverb (4 und 5).

vorwiegend / überwiegend: Das Wort *vorwiegend* wird im Allgemeinen nur adverbial (nicht adjektivisch) gebraucht: *Was die Schüler betraf, ... so waren sie vorwiegend bürgerlich-intellektueller Herkunft* (K. Mann). Von den Sprachpflegern ist der Gebrauch des Wortes *vorwiegend* getadelt worden, weil sie in ihm eine ↑ Kontamination aus *vorherrschend* und *überwiegend* gesehen haben.

VW: ↑ Autotypenbezeichnungen.

W w

w: Zur Schreibung und Deklination ↑ Bindestrich (2.4) *(w-Laut);* ↑ Einzelbuchstaben *(des W, zwei W);* ↑ Groß- oder Kleinschreibung (1.2.5) *(das w in Squaw).*

Waagerechte, Waagrechte: Das substantivierte Adjektiv schwankt zwischen schwacher und starker Beugung. Mit Artikel wird es nur schwach (wie ein Adjektiv) gebeugt: Genitiv: *der Waag[e]rechten,* Plural: *die Waag[e]rechten.* Ohne Artikel (in Verbindung mit einer Kardinalzahl z. B.) kommt im Plural auch starke Beugung vor: *zwei Waag[e]rechten* und *zwei Waag[e]rechte.* ↑ substantiviertes Adjektiv (2.2.1).

wach: Getrennt schreibt man das Adjektiv vom folgenden Verb, wenn es gesteigert oder erweitert werden kann: *wach sein, bleiben, werden; das Schlaflied hat mich erst richtig wach gemacht.* Zusammen schreibt man, wenn *wach* als nicht steigerbar oder erweiterbar angesehen wird: *Die Kritik an ihren Plänen hat ihren Ehrgeiz wachgerufen* (= hervorgerufen). *Die Nachricht vom Unfall ihres Sohnes hat sie wachgerüttelt* (= aufgerüttelt). In Getrennt- oder Zusammenschreibung kann *wach* in Verbindung mit dem Verb *halten* erscheinen: *sich wach halten* (auch:) *wachhalten; die Erinnerung an etwas wach halten* (auch:) *wachhalten.* ↑ Getrennt- oder Zusammenschreibung (1.2).

wachsen: Bei dem unregelmäßigen Verb *wachsen* »größer werden« tritt in der 2. und 3. Person Präsens Indikativ Aktiv Umlaut ein: *du wächst, er wächst.* Das Präteritum hat Ablaut: *wuchs.* Das zweite Partizip lautet *gewachsen.* ↑ Verb (1). Bei dem regelmäßigen Verb *wachsen* »mit Wachs einreiben« dagegen tritt bei der 2. und 3. Person Präsens Indikativ Aktiv kein Umlaut ein: *du wachst, er*

wachst. Das Präteritum lautet *wachste,* das zweite Partizip *gewachst.*

wagen: Wenn *wagen* mit einer Infinitivgruppe verbunden ist, kann man nach neuer Regelung ein Komma setzen: *Sie wagte nicht ihn anzusprechen/Sie wagte nicht, ihn anzusprechen.* ↑ Komma (5.1.4).

wägen: 1. Konjugation: Das Verb *wägen* wird gewöhnlich unregelmäßig gebeugt: *wog, gewogen: Lattens goldgelbe Augen ruhten prüfend auf seiner Tochter, er wog jedes Wort, das er sprach, in ihrer Miene* (Andres). Die regelmäßige Beugung *wägte, gewägt* ist selten: *Sie wägte jedes ihrer Worte.* Der Konjunktiv II zu *wägen* lautet *wöge.*

2. wägen / wiegen: Zwischen den ursprünglich sinngleichen unregelmäßigen Verben *wiegen* und *wägen* wird heute in der Allgemeinsprache klar unterschieden: Das Verb *wiegen* wird gebraucht, wenn das Gewicht eines Gegenstandes festgestellt werden soll. Es kann transitiv und intransitiv verwendet werden: *Er musste den ganzen Lastzug vor Antritt der Fahrt wiegen. Teichmann schien es, als wiege er jetzt mehrere Zentner* (Ott). Bildlich: *Diese Worte wiegen schwer.* Übertragen im Sinne von »das Gewicht in der Hand abschätzen«: *Der Verleger wiegt das Buch kurz in der Hand und reicht es dann weiter. Gedankenverloren wog sie die Waffe in der Hand.* Das Verb *wägen* wird dagegen im Sinne von »genau prüfend bedenken« gebraucht: *Erst wägen, dann wagen! Sie wog / wägte jedes ihrer Worte.* In seiner alten konkreten Bedeutung »wiegen, das Gewicht von etwas bestimmen« wird *wägen* heute gelegentlich in den Fachsprachen verwendet; im Sinne von »das Gewicht in der

W

Hand abschätzen« ist es dagegen veraltet.

Wagen: Der Plural lautet standardsprachlich *die Wagen.* Die umgelautete Pluralform *die Wägen* wird landschaftlich, vor allem in Süddeutschland, gebraucht. ↑ Plural (1).

Waggon/Wagon: In neuer Rechtschreibung ist neben der bisherigen Schreibweise *Waggon* auch die Form *Wagon* (in Anlehnung an *Wagen* und wie im Französischen) korrekt.

Wahlmann: Der Plural lautet *die Wahlmänner.* ↑ Mann (2).

wahr: 1. Klein schreibt man das Adjektiv: *eine wahre Geschichte, der wahre Standort* usw. Klein schreibt man auch in der Fügung *der wahre Jakob* (= der rechte Mann, das Richtige; ugs.). Groß schreibt man die Substantivierung: *Daran ist schon etwas Wahres. Ein kühles Bad ist jetzt das einzig Wahre.* **2.** Getrennt schreibt man das Adjektiv vom folgenden Verb, wenn *wahr* als steigerbar oder erweiterbar angesehen wird: *Sie hat die Erzählung für [absolut] wahr gehalten. Er hat seine Drohungen [uneingeschränkt] wahr gemacht.* Zusammen schreibt man, wenn nicht gesteigert oder erweitert werden kann: *Sie hat das nicht wahrhaben wollen* (= nicht gelten lassen wollen). *Sie hat aus den Karten wahrgesagt* (= prophezeit). ↑ Getrennt- oder Zusammenschreibung (1.2).

¹während (Konjunktion): Mit der unterordnenden temporalen Konjunktion *während* werden Nebensätze eingeleitet, die eine Gleichzeitigkeit mit dem im Hauptsatz beschriebenen Vorgang bezeichnen: *»Wer war das?«, fragt Riesenfeld mich, während ich nach Kaffee suche* (Remarque). In vielen Fällen kann die Aussage im Nebensatz, der mit der temporalen Konjunktion *während* eingeleitet wird, aber auch als Gegensatz zum Inhalt des Hauptsatzes aufgefasst werden. Dadurch erhält *während* den Charakter einer adversativen (entgegensetzenden) Konjunktion, wobei der temporale Bezug aber oft noch deutlich ist: *Da schwenkt ihr die Hüte, ballt die Fäuste und schreit, während die Nachwelt schon mit lichthungrigen Augen zu den hohen Fenstern hereinschaut, während der Atem der Zukunft leise die zerfetzten Fahnen bewegt, die über dem Sitz des Präsidenten Thuriot aufgehängt sind* (Sieburg). Nur noch entgegensetzend im Sinne von »wohingegen«: *Ich möchte annehmen, dass die Rede der Tochter unmittelbar nach dem Angriff auf F ... geschrieben wurde, während die Rede des Sohnes erst ein halbes Jahr später ... entstanden sein dürfte* (Jens). Ob *während* temporal oder adversativ aufzufassen ist, kann oft nur aus Zusammenhängen erkannt werden. Beide Verwendungsweisen sind korrekt.

²während (Präposition): **1. Gebrauch:** Die Präposition *während* bezeichnet einen Zeitraum, in dem etwas geschieht oder nicht geschieht (von wann bis wann?): *während der Vorstellung, während des Krieges. Es hat während des ganzen Urlaubs geregnet.* Eine Zeitdauer kann durch *während* nicht ausgedrückt werden: *Das Schneetreiben dauerte fünf Tage* (nicht: *während fünf Tagen*). *Drei Jahrhunderte* (nicht: *Während dreier Jahrhunderte*) *dauerte dieser Zustand.* **2. Rektion:** Die Präposition *während* wird im Allgemeinen mit dem Genitiv verbunden: *Während des Experiments darf nicht geraucht werden. Während der nächsten fünf Jahre arbeitete sie verbissen an dem Projekt. Der Flug dauerte zwei Stunden, während deren sie eine Zeitung las. Es handelt sich um eine Zeitspanne von drei Stunden, während deren das Ereignis stattgefunden haben muss.* (↑ Relativpronomen [2]). Ausnahmen: Bei einem stark gebeugten Substantiv im Plural wird *während* mit dem Dativ verbunden, wenn der Genitiv formal nicht zu erkennen ist (↑ Präposition [2]): *während Deutschkursen.* Der Dativ steht auch, wenn ein stark gebeugtes Substantiv (Genitivattribut) zwischen *während* und das von dieser Präposition abhängende stark gebeugte Substantiv tritt: *Während meines Freundes aufschlussreichem Vortrag gingen bereits einige Zuhörer.* Sonst aber: *Während des aufschlussreichen Vortrages meines Freundes ...*

Währungsblock: Der Plural lautet *die Währungsblöcke,* seltener *die Währungsblocks.* ↑ Block.

Währungseinheit: Zur Stellung der Währungseinheit bei Preisangaben (DM 17,– / 17,– DM) ↑ Maß-, Mengen- und Münzbezeichnungen (4).

Waidmann: ↑ Weidmann.

Waise: Das Substantiv wird heute nur noch als Femininum gebraucht. Es heißt also *die Waise,* nicht mehr *der Waise.*

Wald -/ Waldes-: Entsprechende Zusammensetzungen haben im Allgemeinen kein Fugenzeichen: *Waldameise, Waldbestand, Waldeinsamkeit, Walderdbeere, Waldfarn, Waldfrevel, Waldgeist, Waldgrenze, Waldhonig, Waldhorn, Waldlichtung, Waldschrat, Waldtaube, Waldwirtschaft.* Mit der Endung des Genitivs Singular: *Waldesdunkel, Waldeslust* und *Waldesrauschen.* Neben der Bildung *Waldrand* ist auch *Waldesrand* gebräuchlich. Die Formen mit *-es-* werden gewöhnlich nur in gehobener Ausdrucksweise gebraucht. ↑ Fugenzeichen.

Walther von der Vogelweide: ↑ Personennamen (2.2.1).

Wandale / Vandale: Die Bezeichnung für den Angehörigen eines germanischen Volksstammes und (übertragen) für einen zerstörungswütigen Menschen kann mit *w* oder mit *v* geschrieben werden; entsprechend: *Wandalismus / Vandalismus, wandalisch / vandalisch.* Die Aussprache ist bei beiden Schreibungen gleich.

Wanderin / Wandrerin: Die feminine Form zu *Wanderer* lautet *die Wanderin* (nicht: *die Wandererin*), zu *Wandrer* dagegen *die Wandrerin.* ↑ Substantiv (3).

wandern: Das Bewegungsverb *wandern* wird im Perfekt mit *sein* umschrieben: *Ich bin früher viel gewandert. Sie sind von Lech nach Zug gewandert.* Zu *ich wandere/wandre* ↑ -e (9); ↑ Indikativ (3).

Wanderung / Wandrung: Zum Ausfall des -e- ↑ -e (9).

wann / wenn: Die Partikeln *wann* und *wenn* dürfen nicht verwechselt werden. Das Adverb *wann* wird bei der Frage nach einem Zeitpunkt oder einer Bedingung gebraucht: *Wann trifft die Delegation ein? Wann ist ein Wagen vorschriftsmäßig geparkt?* Früher wurde *wann* häufig auch anstelle von *wenn* verwendet: *In schönen Sommertagen, wann* (= an denen) *lau die Lüfte wehn* (Uhland). *Wann Menschenblut in neuen Adern kreist, erneuert sich der träge Menschengeist* (C. F. Meyer). Dieser Gebrauch von *wann* ist veraltet und gilt nicht mehr als korrekt. Demgegenüber ist *wenn* eine unterordnende Konjunktion: *Wenn die Ferien kommen, verreisen wir. Immer wenn er sich einsam fühlte, griff er zur Flasche. Wenn das stimmt, werde ich etwas unternehmen.*

war ... gewesen: Zu nicht korrekten Konstruktionen wie *Ich war beim Bäcker gewesen* (statt: *Ich bin beim B. gewesen*) ↑ gewesen.

ward / wart: Die Form *ward* ist die ursprüngliche, heute seltene Form der 1. und 3. Person Singular Indikativ Präteritum von *werden: ich ward; er, sie, es ward;* dafür heute üblich: *ich wurde; er, sie, es wurde* (↑ werden [1]). Davon zu unterscheiden ist *wart,* die 2. Person Plural Indikativ Präteritum von *sein: Wart ihr gestern auch im Kino?*

wäre / ist / sei: ↑ sei / wäre.

warm: Getrennt schreibt man das Adjektiv vom folgenden Verb, wenn *warm* gesteigert oder erweitert werden kann. Wie bisher: *sich / den Tee warm machen; das Essen warm / wärmer halten, stellen; mit den neuen Nachbarn warm werden* (= vertraut werden). In folgenden Fällen

W

kann man sowohl getrennt als auch zusammenschreiben: *sich / den Motor warm laufen* (auch:) *warmlaufen lassen; wir müssen uns diesen Geschäftsfreund [besonders] warm halten* (auch:) *warmhalten* (= uns seine Gunst erhalten). ↑ Getrennt- oder Zusammenschreibung (1.2).

warnen: Wenn von *warnen* ein Nebensatz oder eine Infinitivgruppe abhängt, dürfen diese nicht verneint werden: Nicht korrekt: *Sie warnte ihn nicht zu schnell zu fahren.* Korrekt: *Sie warnte ihn zu schnell zu fahren.* ↑ Negation (1).

-wärts: Die mit der Endung *-wärts* gebildeten Adverbien (*abwärts, aufwärts, auswärts, heimwärts, ostwärts, rückwärts, seitwärts, vorwärts* usw.) bezeichnen in der Regel die Richtung, nicht den Ort oder die Lage: *Vorwärts mit euch!* (Brecht). *Die Weiber waren bereits im Begriffe, heimwärts zu eilen* (Broch). Die richtungsangebende Funktion von *-wärts* ist jedoch bereits eingeschränkt und gelegentlich werden die mit *-wärts* gebildeten Adverbien auch schon als Ortsangaben gebraucht, wobei jedoch die Richtungsangabe oft noch deutlich ist: *das weiter rückwärts im Schatten des Zentralhauses liegende Schwesternheim. ... die Hände rückwärts verschränkt* (Broch). Das Adverb *auswärts* wird nur noch als allgemeine Ortsbestimmung verwendet: *Diehn brachte viel Zeit auswärts, in der Kreisstadt und in der Gauhauptstadt zu* (Strittmatter). *Sie ist von auswärts gekommen.* ↑ rückwärts. Zur Schreibung der mit *-wärts* gebildeten Adverbien in Verbindung mit dem folgenden Verb ↑ Getrennt- oder Zusammenschreibung (1.4).

warum / worum: Zwischen den beiden Wörtern besteht heute (im Unterschied zu früher) ein Bedeutungsunterschied: Mit *warum* (Worttrennung nach den neuen Rechtschreibregeln *wa-rum* oder wie bisher *war-um*) wird nach dem Grund gefragt; *worum* (Worttrennung

wo-rum oder *wor-um*) dagegen steht in der Frage nach dem Gegenstand: *Ich wollte wissen, warum* (nicht: *worum*) *sie ihn geschlagen hatte.* Aber: *Worum* (nicht: *warum*) *handelt es sich?* Für *worum* steht umgangssprachlich auch oft *um was: Ich weiß nicht mehr, worum* (ugs.: *um was*) *es sich bei dem Gespräch drehte.* ↑ Pronominaladverb (4 und 5).

was: 1. Der Apostroph steht nicht bei *was*, der umgangssprachlichen Verkürzung von *etwas: Du kannst gleich was erleben!* ↑ Apostroph (1.1).
2. Zu *an was / woran, mit was / womit, von was / wovon* usw. ↑ Pronominaladverb (5). Zu *Was meinst/glaubst du, dass ... und Was du nicht willst, dass man dir tu', das füg auch ...* ↑ das/dass. Zu *etwas, was/das* ↑ etwas, was.

was – das: *Was ist es, das* (nicht: *dass*) *ich tun soll?:* In diesem Satz ist *das* Pronomen und nicht Konjunktion. Dies lässt sich feststellen, wenn man die Antwort auf die Frage formuliert: *Das, was du tun sollst ...* ↑ das / dass, ↑ Relativpronomen (4).

waschen: Bei *waschen* tritt in der 2. und 3. Person Singular Indikativ Präsens Umlaut ein: *du wäschst, er wäscht.* Das Präteritum lautet *wusch*, der Konjunktiv II *wüsche.* ↑ Verb (1).

was für ein / welcher / was für welche: Mit *was für ein?* wird nach der Beschaffenheit, nach der Art oder dem Merkmal eines Wesens oder Dings gefragt: *Was für eine Schule besuchst du? Eine höhere. – Mit was für einem Auto fährt er die Ware auf den Markt? Mit einem kleinen Lieferwagen. – Was für einen Wein trinken Sie am liebsten? Einen milden Weißwein. – Was für ein Mann ist das? Ein großer, blonder. –* Gelegentlich wird in der Umgangssprache *was für ein* fälschlich im aussondernden Sinne anstelle von *welcher* gebraucht. Nicht: *Was für ein Kleid ziehst du an?* Sondern: *Welches Kleid* (= welches von den Kleidern) *ziehst du an?* Umgekehrt wird *welcher* gelegent-

W

lich fälschlich anstelle von *was für einer* gebraucht. Nicht: *Welche Katze ist das?* Sondern: *Was für eine Katze ist das?* Bei *was für ein?* fällt, wenn ein Substantiv im Plural folgt, das *ein* weg: *Was für Autos parken denn dort? Was für Möglichkeiten ergeben sich hier?* Meist auch bei Stoffbezeichnungen: *Was für Papier willst du? Was für Wein trinkt sie am liebsten?* – Die Trennung des *für* von *was* geht auf die ursprüngliche mittelhochdeutsche Wortfolge zurück und ist heute noch sehr volkstümlich: *Was bracht' es dem Kaiser für Gewinn?* (Schiller). *Was er für Vokabeln gebraucht!* (Th. Mann). – Steht *was für ein* vor einem Substantiv, wird nur *ein* dekliniert, und zwar wie der unbestimmte Artikel: *Was für eine Marke? Mit was für einem Auto?* Steht *was für ein* allein, dann wird *ein* wie das starke Zahlwort dekliniert: *Was für eines?* Diese allein stehenden Formen von *ein* werden besonders in der norddeutschen Umgangssprache häufig durch *welcher* ersetzt: *Wir haben ausgezeichneten Wein getrunken. Was für welchen?* (statt: *Was für einen?*). Im Plural lautet die Frage *was für* + Substantiv: *Es werden Bäume gepflanzt. Was für Bäume?* In Norddeutschland ist für *was für* + Substantiv im Plural *was für welche* gebräuchlich: *Im Park stehen viele schöne Bäume. Was für welche?* Ebenso: *Was sind denn das für welche* (statt: *Leute*)? ↑ welcher (6).

Wasser: 1. Plural: Im Sinne von »Wassermassen; Fluten; Gewässer« heißt die Pluralform *die Wasser: Du sollst die Pilgerzüge in Indien nach den heiligen Wassern des Ganges sehen* (Langgässer). *... gurgelnd verderben Mann und Ross in verschlingenden Wassern* (Th. Mann). Im übertragenen Sinn: *... mit allen Wassern gewaschen sein* (= durch viele Erfahrungen gewitzt sein, sich nicht überrumpeln lassen; ugs.). Die umgelautete Pluralform *die Wässer* wird dagegen verwendet, wenn es sich um präparierte, für

den Menschen bestimmte Flüssigkeiten handelt: *wohlriechende, duftende Wässer; ... um das Rheuma mit linden Wässern zu behandeln* (Bamm). Vergleiche dazu auch die Zusammensetzungen *Mineralwässer, Sauerwässer,* ebenso: *Abwässer.* **2. Zusammensetzungen:** Nach den neuen Rechtschreibregeln können die Verbindungen *Wasser abweisend, Wasser abstoßend* auch zusammengeschrieben werden: *wasserabweisend, wasserabstoßend: eine Wasser abweisende, abstoßende,* (auch:) *wasserabweisende, wasserabstoßende Imprägnierung.* Die Verbindungen werden jedoch immer zusammengeschrieben, wenn sie durch ein Adverb näher bestimmt sind: *Dieses Gewebe ist besonders wasserabweisend, wasserabstoßend.* Die Zusammenschreibung gilt auch dann, wenn die Fügungen als Ganzes gesteigert werden: *Dieser Stoff ist noch wasserabweisender, wasserabstoßender als jener.* ↑ Getrennt- oder Zusammenschreibung (3.1.1).

Wassernot / Wassersnot: Dem unterschiedlichen Gebrauch des Fugen-s bei diesen Zusammensetzungen entspricht ein Bedeutungsunterschied: *Wassernot* bezeichnet den Mangel an Wasser, *Wassersnot* eine Überschwemmung. ↑ Fugen-s (3).

weben: Das Verb *weben* wird sowohl unregelmäßig *(wob, gewoben;* Konjunktiv II: *wöbe)* als auch regelmäßig *(webte, gewebt)* gebeugt. Zwischen beiden Formen wird bei der Verwendung unterschieden: Die unregelmäßigen Formen *wob, gewoben* werden meistens in der gehobenen Sprache verwendet, und zwar im übertragenen Gebrauch: *Die Sonne wob goldene Fäden. Um ihn wob sich ganz ohne äußeren Anlass eine Art von Legendenbildungen* (Langgässer). *... sie erlebten eine Art Ekstase, gewoben aus Musik und Liebe* (Rinser). Die regelmäßige Beugung wird dagegen meist dann verwendet, wenn es sich um die Herstellung von

W

Textilien handelt: *Dieser Teppich wurde maschinell gewebt. Die Frau webte die Matte selbst. Er trug eine handgewebte Krawatte.*

Wechselbalg: ↑ Balg.

wechselbezügliches Fürwort: ↑ reziprok.

weder – noch: 1. Komma: Vor *noch* steht kein Komma, wenn *weder – noch* Satzteile oder – nach den neuen Regeln zur Zeichensetzung – Sätze verbindet: *Weder er noch sie konnten schwimmen. Er hat ihr weder beruflich geholfen noch hat er ihre künstlerischen Anlagen gefördert.* Man kann in diesem letzten Fall jedoch ein Komma setzen, um die Gliederung zu verdeutlichen. Werden bei der Konjunktion *weder – noch* mit *noch* mehrere Satzglieder aneinander gereiht, dann werden diese Satzglieder nach den neuen Regeln nicht mehr durch ein Komma getrennt.

2. Kongruenz: Zu *Weder er selbst noch der andere wusste / wussten davon* ↑ Kongruenz (1.3.10).

3. weder – weder / noch – noch: Der Gebrauch von *weder – weder* oder *noch – noch* anstatt *weder – noch* war früher recht häufig: *Bin weder Fräulein, weder schön* (Goethe). *Noch Krankheit kannten sie, noch Furcht, noch Klage* (A. W. Schlegel). Heute gilt dieser Gebrauch nicht mehr als korrekt.

weg / fort: ↑ fort / weg.

Weg- / Wege- / Weges-: Entsprechende Zusammensetzungen haben im Allgemeinen kein Fugenzeichen: *Wegbereiter, Weggabelung, Wegrand, Wegscheid[e], Wegübergang, Wegunterführung, Wegweiser, Wegzehrung; wegkundig.* Mit Fugen-e: *Wegebau, Wegelagerer, Wegerecht.* Schwankend: *Weg[e]beschaffenheit* und *Weg[e]geld.* Zusammensetzungen mit der Endung des Genitivs Singular (*Wegesrand* usw.) werden nur in gehobener Sprache gebraucht. ↑ Fugenzeichen.

wegen: 1. Rektion: Nach der Präposition *wegen* steht standardsprachlich der Genitiv: *wegen des schlechten Wetters, wegen der besonderen Umstände. Aber des Kindes wegen, auf das ich wartete, begann alles sich für mich zu verändern* (Bachmann). *Karins wegen sind wir zu Hause geblieben.* Umgangssprachlich und landschaftlich wird *wegen* häufig mit dem Dativ verbunden: *Wegen dem Hund fuhr sie nicht in Urlaub.* Dieser Gebrauch gilt standardsprachlich als nicht korrekt. Dagegen wird *wegen* bei stark gebeugten Substantiven im Plural auch standardsprachlich mit dem Dativ verbunden, wenn der Genitiv formal nicht zu erkennen ist (↑ Präposition [2]): *wegen Geschäften verreist sein.* (Sonst aber: *wegen dringender Geschäfte …*). *Der Jungbusch ist verrufen wegen mancherlei Vorfällen* (Mannheimer Morgen). Der Dativ steht auch, wenn ein stark gebeugtes Substantiv (Genitivattribut) zwischen *wegen* und das von ihm abhängende Substantiv tritt: *Wegen unseres Freundes Kind musste der Hund zu Hause bleiben.* (Sonst aber: *Wegen des Kindes unseres Freundes …*) *Sie stritten sich wegen meines Bruders neuem Ball.* (Sonst aber: *… wegen des neuen Balls meines Bruders.*) – Steht nach *wegen* ein stark zu beugendes Substantiv im Singular ohne Artikel und ohne Attribut, dann wird im Allgemeinen die Genitivendung weggelassen: *Wegen Karin sind wir zu Hause geblieben. Wegen Umbau* (statt: *wegen Umbaus*) *gesperrt. Sie mussten wegen Motorschaden* (statt: *wegen Motorschadens*) *aufgeben. Ohne unsere Verspätung wegen Schneesturm … wären wir jetzt in Mexico-City gelandet* (Frisch).

2. wegen mir / meinetwegen: Tritt die Präposition *wegen* zu einem Personalpronomen, dann werden die Zusammensetzungen *meinetwegen, deinetwegen, seinetwegen, unsretwegen* (auch: *unsertwegen*), *euretwegen* (auch: *euertwegen*), *ihretwegen* gebraucht. Die Fügungen *wegen mir, wegen uns* usw. gelten als umgangssprachlich, *wegen meiner* ist veraltet und kommt nur noch landschaftlich

W

vor (Bayern, Schwaben, Westmittel-
deutschland, Niederrhein).
3. wegen was / weswegen: Standardsprachlich ist in der Regel das Pronominaladverb *weswegen: Weswegen regst du
dich so auf?* Die Verbindung *wegen +
was (Wegen was regst du dich so auf?)*
kommt in der Umgangssprache recht
häufig vor; sie gilt als stilistisch unschön.
4. Stellung: Im Allgemeinen steht die
Präposition *wegen* vor dem abhängigen
Substantiv. Nachstellung findet sich vor
allem in der gehobenen Sprache, wobei
das abhängige Substantiv immer im Genitiv steht (die unter 1 genannten Besonderheiten gelten hier nicht): *... als sie
Julika ihres schönen Haares wegen immer
musterten* (Frisch).
5. ↑ aufgrund / durch / infolge / von / vor /
wegen / zufolge.
Wehmut: Im Gegensatz zu *der Mut* heißt es
die Wehmut. ↑ -mut.
Wehr: Das feminine Substantiv *die Wehr*
(Plural: *die Wehren*) bedeutet »Rüstung,
Befestigung, Verteidigung, Abwehr«:
*Menschen, die gewohnt sind, eine Wehr
zu tragen* (Musil). Das Neutrum *das
Wehr* (Plural: *die Wehre*) bezeichnet ein
Stauwerk: *Das Wasser rauscht über das
Wehr.*
wehtun: Das Verb *wehtun* (bisherige
Schreibweise: *weh tun*) steht mit dem
Dativ: *... ohne ihm wehzutun. Hast du dir
wehgetan? Ich habe mir an der Kante
wehgetan.*
weibisch: ↑ Vergleichsformen (2.3).
weibliche Berufsbezeichnungen: ↑ Titel
und Berufsbezeichnungen (3).
weibliche Formen: ↑ Gleichstellung von
Frauen und Männern in der Sprache,
↑ Substantiv (3).
weibliches Substantiv: ↑ Femininum.
weich: Man schreibt *weich* von dem folgenden Verb getrennt, da *weich* gesteigert oder erweitert werden kann: *Ihr
sollt die Nudeln weich, noch weicher kochen, das Fleisch weich, noch weicher*

klopfen. In neuer Rechtschreibung auch
getrennt: *Du hast mich mit deinen Fragen [richtig] weich gemacht* (= zer-
mürbt). Ebenso bei *weich* in Verbindung
mit einem 2. Partizip: *weich gedünstetes
Gemüse, weich geklopftes Fleisch, weich
gekochte Eier.* ↑ Getrennt- oder Zusammenschreibung (1.2).
Weidmann / Waidmann: 1. Schreibung: Das
Substantiv wird ebenso wie die Zusammensetzungen (*Weidmannsheil, Weid-
werk, Weidsack, Weidspruch* usw.) im
Allgemeinen mit *ei* geschrieben. Die
Form mit *ai* ist in neuer Rechtschreibung jedoch auch korrekt. Die *ai*-Schrei-
bung wird fachsprachlich, also in der
Sondersprache der Jäger, sogar bevorzugt, obwohl sie sprachgeschichtlich
nicht begründet ist. Sie erklärt sich vermutlich daraus, dass die Schreibweise
mit *ai* in einigen alten bayerischen und
österreichischen Quellen vorkommt.
2. Plural: Der Plural lautet *die Weid-
männer* (nicht: *die Weidleute*). ↑ Mann
(2).
weihen: Das Verb *weihen* wird regelmäßig
gebeugt *(weihte, geweiht).* Das vereinzelt
vorkommende unregelmäßige Partizip
gewiehen ist landschaftlich (Moselge-
gend und Südwestdeutschland), es ist
standardsprachlich nicht korrekt. ↑ einweihen.
**Weihnachten: 1. die Weihnacht / das Weih-
nachten / die Weihnachten:** Das endungslose Substantiv *die Weihnacht* (Femininum Singular) wird gelegentlich neben
der üblichen Form *Weihnachten* gebraucht: *Ich wünsche dir eine frohe
Weihnacht / frohe Weihnachten.* Es ist
vor allem in der religiösen Sprache zu
finden, ebenso in der Wendung *zu Weihnacht.* Die Form *Weihnachten* wird aber
standardsprachlich im Allgemeinen als
ein Neutrum Singular aufgefasst: *Es war
ein schönes Weihnachten.* Es wird jedoch
vorwiegend ohne Artikel gebraucht:
*Weihnachten ist längst vorbei. Weihnach-
ten steht vor der Tür.* Im landschaftlichen

W

Sprachgebrauch wird *Weihnachten* aber häufig als Plural aufgefasst (so auch meist in Österreich und der Schweiz) und dann überwiegend mit bestimmtem Artikel oder mit einem Pronomen gebraucht: *nach den Weihnachten. Ich werde diese Weihnachten in Berlin verleben. Nächste Weihnachten werde ich nicht zu Hause bleiben* (dafür üblicher: *Nächstes Jahr Weihnachten* oder *zu Weihnachten ...*). In bestimmten formelhaften Wendungen, vor allem als Wunschformel zum Weihnachtsfest, ist der Plural allgemeinsprachlich und nicht landschaftlich begrenzt: *Fröhliche Weihnachten! Weiße Weihnachten sind zu erwarten.* Standardsprachlich wird *Weihnachten* heute meist nicht als Subjekt oder Objekt mit Artikel oder Pronomen gebraucht; dafür treten dann Zusammensetzungen ein: *Die Weihnachts[feier]tage waren sehr anstrengend. Das Weihnachtsfest wird in diesem Jahr sicher schön werden. Die herrlichsten Weihnachtstage habe ich dort verlebt.* Es ist also standardsprachlich nicht üblich zu sagen: *Die Weihnachten waren / Das Weihnachten war sehr anstrengend.* Alle diese Schwankungen im Gebrauch des Artikels, des Numerus und des Genus bei der Festbezeichnung *Weihnachten* lassen sich sprachhistorisch erklären. *Weihnachten* ist ein erstarrter Dativ Plural, der sich im Mittelhochdeutschen aus der pluralischen Fügung *ze wîhen nahten* (= in den heiligen Nächten) losgelöst hat und jetzt weitgehend als ein selbstständiger Nominativ Singular behandelt wird.

2. zu / an Weihnachten: Besonders norddeutsch und österreichisch heißt es als Zeitangabe *zu Weihnachten;* die Fügung *an Weihnachten* ist vor allem süddeutsch. Nicht zu verwechseln mit der Zeitangabe ist die Präposition *zu* in der allgemeinsprachlichen Wendung *jemandem etwas zu Weihnachten* (= zum Weihnachtsfest) *schenken.* Die Präposi-

tion drückt hier einen Zweck, einen Grund, ein Ziel aus.

weil: 1. Komma: Vor der Konjunktion *weil* steht ein Komma, wenn sie einen nachgestellten oder eingeschobenen Nebensatz einleitet: *Ich helfe ihr, weil sie mich braucht.* Ist *weil* Teil einer Fügung, die als Einheit empfunden wird, so steht das Komma vor der Fügung: *Ich werde ihn nicht einladen, besonders weil er sich nicht entschuldigt hat. Ich hätte gerne daran teilgenommen, aber weil ich krank war, ging es nicht.*

2. Stellung des Verbs nach *weil:* Mit der Konjunktion *weil* werden Nebensätze eingeleitet, das Verb (Finitum) steht also standardsprachlich wie bei allen mit einer Konjunktion eingeleiteten Nebensätzen am Ende: *Sie kann nicht mitkommen, weil sie keine Zeit hat.* In der gesprochenen Sprache nimmt jedoch der Gebrauch von *weil* mit Voranstellung des finiten Verbs (..., *weil sie hat keine Zeit*) zu: *Ich habe die Gesellenprüfung, aber die hab ich nicht da gemacht, weil in Bayern ist die Gesellenprüfung schwieriger als bei uns in Baden-Württemberg* (Fichte). *Weil* nimmt hierbei die Rolle der Konjunktion *denn* ein, die Hauptsätze einleitet und der deshalb die Voranstellung des Verbs korrekt ist. Bei *weil* jedoch gilt dieser Gebrauch standardsprachlich als nicht korrekt. Die Konjunktion *weil* befindet sich also, betrachtet man die gesprochene und die geschriebene Sprache, in einem Übergang von einer unterordnenden, das heißt nebensatzeinleitenden Konjunktion zu einer beiordnenden, das heißt Hauptsätze verbindenden Konjunktion. Dieser Übergang erfolgt über Fügungen, bei denen nach dem *weil* eine deutliche Pause wahrzunehmen ist – es liegt eine Art Ellipse vor: *Es gibt eine Umleitung, weil – es wird eine Baustelle eingerichtet.* (Vervollständigt könnte man formulieren: *Es gibt eine Umleitung, weil Folgendes* *der Fall ist: Es wird eine Baustelle einge-richtet).*

3. Zu *weil / da* ↑ da / weil, zu *weil / dass* ↑ dass (4).

Weimarer / Weimaraner: Die Einwohner von Weimar heißen *die Weimarer;* die erweiterte Form *die Weimaraner* ist ver-altet. Beide Einwohnerbezeichnungen werden immer großgeschrieben: *das Weimarer Schloss; in seiner Weimaraner Zeit.* ↑ Einwohnerbezeichnungen auf -er (2 und 7).

Weinbrand: Der Plural lautet in der Regel: *die Weinbrände.* Die Form *die Wein-brande* ist selten.

-weise: 1. Gebrauch der Bildungen mit *-weise:* Die Adverbien, die aus einem Substantiv und *-weise* gebildet sind, wer-den oft wie Adjektive attributiv (als Bei-fügung) vor Substantiven gebraucht. Als korrekt wird dieser Gebrauch jedoch nur dann angesehen, wenn sich diese Wörter auf Substantive beziehen, die ein Ge-schehen ausdrücken (Nomina Actionis): *eine ruckweise Bewegung* (zu: sich ruck-weise bewegen), *nach teilweiser Erneue-rung* (zu: teilweise erneuern), *eine probe-weise Einstellung* (zu: probeweise ein-stellen), *das schrittweise Vorgehen* (zu: schrittweise vorgehen). Nicht korrekt sind daher: *auszugsweise Urkunde, stückweiser Preis.* Die aus einem Adjek-tiv und *-weise* gebildeten Adverbien kön-nen auch vor Nomina Actionis nicht at-tributiv (als Beifügung) vor Substantiven verwendet werden; also nicht: *das glei-cherweise Vorgehen, das klugerweise Ver-halten.* Aber: *Klugerweise verhielt sie sich abwartend.*

2. -weise/Weise: *Weise* wird großge-schrieben in Verbindungen wie *in kluger Weise, in frecher Weise.* Die Präposition *in* weist nämlich darauf hin, dass *Weise* ein Substantiv ist *(in dieser/solcher Weise).* Bei *klugerweise, frecherweise* u. Ä. ist das Wort *Weise* jedoch nicht selbst-ständig, sondern nur zweiter Bestandteil eines Adverbs. Man hat also zwischen

präpositionaler Verbindung und Adverb zu unterscheiden. In dem Satz *Er hat sich ihr in frecher Weise genähert* wird die Art, wie sich jemand genähert hat, gekennzeichnet, während in dem Satz *Er hat sich ihr frecherweise genähert* das Adverb *frecherweise* ausdrückt, wie das ganze Geschehen vom übergeordneten Standpunkt aus beurteilt wird (= es war eine Frechheit, dass er sich ihr über-haupt genähert hat).

weiß: 1. Groß- oder Kleinschreibung: Klein schreibt man das Adjektiv: *die weißen Jahrgänge, die weiße Kohle* (= Wasser-kraft), *der weiße Kreis* (= Gebiet ohne Wohnungszwangswirtschaft; früher), *eine weiße Maus* (auch umgangssprach-lich für: Verkehrspolizist), *ein weißer Rabe* (= Seltenheit), *der weiße Sport* (= Tennis), *eine weiße Weste haben* usw. Neu: *der weiße Tod* (= Erfrieren). Klein schreibt man *weiß* auch in bestimmten festen Verbindungen mit Verben: *etwas schwarz auf weiß haben, besitzen, nach Hause tragen.* Groß schreibt man dage-gen die Substantivierung: *ein schönes Weiß, in Weiß, Weiß zieht* (= im Schach-spiel), *ein Weißer* (= weißer Mensch), *eine Weiße* (= Berliner Bier), *das Weiße in den Augen des Gegners.* Neu: *aus Schwarz Weiß, aus Weiß Schwarz ma-chen* usw. Groß schreibt man *weiß* auch in ↑ Namen: *das Weiße Meer, der Weiße Nil, der Weiße Berg* (bei Prag), *die Weiße Frau* (= Unglück kündende Spukgestalt in Schlössern), *das Weiße Haus* (in Wa-shington), *im Weißen Saal des königli-chen Schlosses, der Weiße Sonntag* (= Sonntag nach Ostern) usw.

2. Getrennt- oder Zusammenschreibung: Getrennt schreibt man *weiß* von dem folgenden Verb, wenn das Adjektiv ge-steigert oder erweitert werden kann: *et-was weiß, noch weißer färben, machen, kalken; die Wäsche weiß waschen.* Dem-entsprechend schreibt man *weiß* auch von einem folgenden zweiten Partizip getrennt: *ein [auffallend] weiß gekleide-*

tes Mädchen, das Mädchen ist weiß gekleidet. Zusammen schreibt man, wenn *weiß* nicht gesteigert oder erweitert werden kann: *weißnähen* (= Wäsche nähen), *jmdn. weißwaschen* (= jmdn. von einem Verdacht befreien; ugs.).

3. des Weiß / des Weißes: Das Substantiv *das Weiß* kann im Genitiv Singular die Endung *-es* erhalten oder endungslos bleiben: *Die Leuchtkraft dieses Weiß / dieses Weißes ist stärker.* Alle anderen Kasus sind endungslos: *zwei verschiedene Weiß* usw.

4. eine weißgelbe Tapete / eine weiß-gelbe Tapete: ↑ Farbbezeichnungen (3.1).

5. weiß – weißer – weißeste: Das Adjektiv *weiß* kann wie andere Farbadjektive gesteigert werden; also z. B.: *Mit dem neuen Waschmittel wird Ihre Wäsche noch weißer.* ↑ Farbbezeichnungen (1).

Weiße: Die volkstümliche Bezeichnung *die Weiße* »[ein Glas] Weißbier« wird wie ein attributives ↑ Adjektiv gebraucht: *eine Berliner Weiße, zwei Weiße mit Schuss, die erfrischenden Weißen* usw.

Weißwasseraner: Die Einwohner von Weißwasser heißen *die Weißwasseraner.* ↑ Einwohnerbezeichnungen auf *-er* (2).

weit: 1. Groß- oder Kleinschreibung: Klein schreibt man das Adjektiv: *ein weiter Rock; weite Sicht.* Klein schreibt man *weit* auch in unveränderlichen Verbindungen sowie mit vorangehender, nicht mit einem Artikel verschmolzener Präposition: *weit und breit, bei / von weitem, ohne weiteres* (österr. auch: *ohneweiters*); *bis auf weiteres.* Groß schreibt man die Substantivierung: *das Weite suchen; sich ins Weite verlieren; das Weitere hierüber folgt alsbald; Weiteres* (= das Genauere, Ausführlichere) *findet sich bei ihm; als Weiteres* (= weitere Sendung) *erhalten Sie ...; des Weiteren enthoben sein; alles / einiges Weitere demnächst.* In neuer Rechtschreibung jetzt auch groß: *im Weiteren; des Weiter[e]n darlegen, berichten.* ↑ Groß- oder Kleinschreibung (1.2.1).

2. Getrennt- oder Zusammenschreibung: Von einem folgenden Verb oder Partizip schreibt man das Adjektiv *weit* getrennt, wenn es gesteigert oder erweitert werden kann: *Sie muss weit, noch weiter fahren, springen* usw. *Diese Leute sind [sehr] weit gereist.* Dementsprechend in neuer Rechtschreibung: *[sehr] weit gereiste Leute.* Ist jedoch nicht zu entscheiden, ob der erste Bestandteil *weit* oder der zweite Bestandteil, das Partizip, steigerbar oder erweiterbar ist, kann sowohl zusammen- als auch getrennt geschrieben werden: *weit[er] greifende / weitgreifende[re] Pläne; weit[er] reichende / weitreichende[re] Vollmachten; eine weit[er] verbreitete / weitverbreitete[re] Zeitschrift; eine weit[er] verzweigte / weitverzweigte[re] Familie.* ↑ Getrennt- oder Zusammenschreibung (1.2 und 3.1.2).

3. bei weitem das Beste / das bei weitem Beste: Die Umstandsangabe *bei weitem* (ähnlich: *weitaus, mit Abstand*) sollte nach Möglichkeit nicht zum Attribut von *das Beste* gemacht, d. h. zwischen *das* und *Beste* gestellt werden. Also: *Das war bei weitem das Beste, was ich gesehen habe.* Nicht: *Das war das bei weitem Beste ...*

-weit: ↑ Amerikanismen / Anglizismen (2).

weitaus: ↑ weit (3).

weit blickend / weitblickend: Als Komparativformen sind sowohl *weiter blickend* als auch *weitblickender* gebräuchlich. Deshalb ist sowohl die Getrenntschreibung *weit blickend* als auch die Zusammenschreibung *weitblickend* gerechtfertigt. ↑ Getrennt- oder Zusammenschreibung (3.1.2), ↑ Vergleichsformen (2.5.3).

weiter: Getrennt schreibt man *weiter* vom folgenden Verb, wenn eine räumliche Ausdehnung als Umstand des Grades (= weiter als) ausgedrückt wird: *Sie kann weiter gehen als ich.* Zusammen schreibt man, wenn *weiter* in der Bedeutung von »vorwärts«, »voran« (auch im übertragenen Sinne) gebraucht wird: *Der Spediteur hat die Kiste nach Berlin wei-*

terbefördert. Wir wollen dir weiterhelfen. Der Streit wird uns nicht weiterbringen. Wird die Fortdauer eines Geschehens ausgedrückt, schreibt man im Allgemeinen zusammen, wenn *weiter* die Hauptbetonung trägt, und getrennt, wenn das Verb gleich stark betont wird. Zusammen: *Es ist noch früh, wir können weiterspielen. Ich könnte immer so weitermachen!* Getrennt: *Sie hat dir weiter* (weiterhin) *geholfen.* In manchen Fällen ist sowohl die Getrennt- als auch die Zusammenschreibung gerechtfertigt: *Die Probleme werden weiter bestehen / weiterbestehen.* Zur Groß- oder Kleinschreibung von *weiter* ↑ weit (1).

weiter/weiters: Von den beiden Adverbformen wird heute standardsprachlich *weiter* bevorzugt. In Österreich ist die Form *weiters* allgemein üblich. ↑ Adverb (2).

weitere: Nach *weitere* wird das folgende [substantivierte] Adjektiv oder Partizip in gleicher Weise (parallel) gebeugt: *Weitere intensive Versuche sollen angestellt werden. Die Ernennung weiterer hoher Beamter steht bevor.*

weiterführender Relativsatz: ↑ Relativsatz (2).

weitgehend / weit gehend: Als Vergleichsformen, die attributiv (als Beifügung) vor einem Substantiv stehen, sind sowohl *weiter gehend* als auch *weitgehender* gebräuchlich. Deshalb kann hier sowohl zusammen- als auch getrennt geschrieben werden: *weitgehende / weit gehende Forderungen; der Fall ist weitgehend / weit gehend gelöst.* Bei der Superlativform *weitestgehend* ist nur die Zusammenschreibung möglich. ↑ Vergleichsformen (2.5.3), ↑ weit (2).

weit gereist: Die ↑ Vergleichsformen (2.5.1) lauten: *weiter gereist, am weitesten gereist.* ↑ weit (2).

weit reichend / weitreichend: Als ↑ Vergleichsformen (2.5.3) sind sowohl *weiter reichend, am weitesten reichend* als auch *weitreichender, weitreichendst* gebräuchlich. ↑ weit (2).

weit tragend / weittragend: Als ↑ Vergleichsformen (2.5.3) sind sowohl *weiter tragend, am weitesten tragend* als auch *weittragender, weittragendst* gebräuchlich. ↑ weit (2).

weit verbreitet / weitverbreitet: Als ↑ Vergleichsformen (2.5.3) sind sowohl *weiter verbreitet, am weitesten verbreitet, seltener auch weitverbreiteter, weitverbreitetst* gebräuchlich. ↑ weit (2).

weit verzweigt / weitverzweigt: Als ↑ Vergleichsformen (2.5.3) sind sowohl *weiter verzweigt, am weitesten verzweigt, seltener auch weitverzweigter, weitverzweigtest* gebräuchlich. ↑ weit (2).

welcher: 1. welches / welchen: Beim Pronomen *welcher* schwankt die Deklination im Genitiv Maskulinum und Neutrum Singular. Vor starken Substantiven kann *welcher* stark oder schwach gebeugt werden: *Die politischen Verhältnisse welches / welchen Staates? Welches / Welchen Kindes Spielzeug ist dies?* Vor schwachen Substantiven wird *welcher* stark gebeugt, um den Genitiv deutlich zu machen: *Die Aussagen welches Zeugen? Die Unterschrift welches Fürsten?* **2. welch starker Mann / welcher starke Mann:** Die nach *welch-* stehenden [substantivierten] Adjektive werden schwach gebeugt: *welcher starke Mann, welches jungen Mannes* (auch: *welchen jungen Mannes*), *welchem großen Menschen, welcher Abgeordnete / Beamte, welche Beamten, die Stellungnahme welcher Beamten ...* Nach der endungslosen Form *welch* wird das folgende Adjektiv stark gebeugt: *Welch guter Mensch sie ist! Mit welch gutem Menschen wir zusammentrafen!* ↑ Adjektiv (1.2.5). **3. welcher, welche, welches / der, die, das:** Das Relativpronomen *welcher, welche, welches* wirkt im Allgemeinen schwerfällig und sollte gemieden werden: *Der Mann, mit dem* (statt: *welchem*) *er sprach ...* ↑ Relativpronomen (1). **4. Welches / Welche sind die schönsten [Bilder]?:** Mit der neutralen Form *welches*

W

wird nach allen drei Genera gefragt, gleichgültig, ob im Singular oder im Plural: *Welches sind die beliebtesten Ferienziele? Welches ist der Hauptgrund? Welches sind die schönsten Rosen? Welches sind die schönsten Filme?* Vereinzelt (wenn das Substantiv nicht genannt wird) wird auch die Form *welche* gebraucht: *Welche sind die schönsten [Filme]?*

5. welcher / was für ein / was für welche: ↑ was für ein / welcher / was für welche.

6. Ich habe welche: Als ↑ Indefinitpronomen steht *welcher* stellvertretend für ein vorher genanntes Substantiv: *Ich habe keine Eier mehr, hast du noch welche?* Der Bezug auf Personen aber *(Da sind welche über die Gartenbeete gelaufen)* ist hierbei nur umgangssprachlich; in der Standardsprache heißt es: *Da sind [einige] Leute über die Gartenbeete gelaufen.*

welcherart / welcher Art: Zusammen schreibt man, wenn *welcherart* unmittelbar vor dem Bezugswort im Sinne von »was für ein, was für welche« steht: *Wir wissen nicht, welcherart Interesse sie veranlasst …* Getrennt schreibt man das Substantiv: *Wir wissen nicht, welcher Art* (= Sorte, Gattung) *die erhobenen Beschuldigungen sind.*

welches / welchen: ↑ welcher (1).

welch letzterer: Der Anschluss eines Relativsatzes an das letzte von mehreren Substantiven mit *welch letzterer* ist stilistisch unschön: *Aus dem Ausland werden Birnen und Pfirsiche eingeführt, welch letztere einen besonders guten Geschmack haben.* In gutem Deutsch wird man diesen Anschluss vermeiden, indem man entweder das letzte Substantiv von dem vorausgehenden distanziert oder mit einem neuen Satz beginnt: *Aus dem Ausland werden Birnen und außerdem Pfirsiche eingeführt, die einen besonders guten Geschmack haben.* Oder: *Aus dem Ausland werden Birnen und Pfirsiche eingeführt. Die Pfirsiche haben einen be-*

sonders guten Geschmack. Nicht korrekt ist der Gebrauch von *welch letzterer* in Sätzen ohne Aufzählung: *Der Lehrplan ist dem der Fachschule nachgebildet, welch letztere ihn schon vor längerer Zeit eingeführt hat.*

Wemfall: ↑ Dativ; ↑ Dativ-e.

wenden: Die Formen des Präteritums und zweiten Partizips lauten sowohl *wandte, gewandt* als auch *wendete, gewendet: Sie wandte / wendete kein Auge von dem Kind. Er hatte sich an die zuständige Stelle gewandt / gewendet. Ich habe mich gegen diese Vorwürfe gewandt / gewendet* usw. In einigen Fällen entscheidet die Bedeutung von *wenden* über den Gebrauch der Formen. Wenn die Änderung der Richtung in der Fortbewegung ausgedrückt wird, dann werden die Formen *wendete* und *gewendet* gebraucht: *Ich wendete meinen Wagen. Der Bauer wendete den Pflug. Der Omnibus hat in einer Seitenstraße gewendet. Das Schiff wendete.* Diese Formen stehen auch dann, wenn *wenden* die Bedeutung »umkehren, umdrehen [und die andere Seite zeigen]« hat: *Der Schneider hat das Kleid und den Anzug gewendet. Das Blatt hat sich gewendet. Jetzt hielt der eine an und wendete mit dem Fuß etwas um, jetzt der andere* (Hausmann). Bei den zusammengesetzten Verben *anwenden, [sich] abwenden, aufwenden, einwenden, [sich] umwenden, [sich] zuwenden* werden beide Formen unabhängig von der Bedeutung nebeneinander gebraucht; die Verwendung der Formen -*wandte* und -*gewandt* überwiegt aber: *Die gleiche Technik der Camouflage wurde von der »Deutschen Rundschau« erfolgreich in Artikeln angewandt, die für ein breiteres Publikum bestimmt waren* (Rothfels). *Der Polizeihauptwachtmeister Pulver … wendete sich jäh ab und verließ den Raum* (Kirst). *Darauf habe sich Rabbi Jehuda Löb schweigend abgewandt und sei aus der Stube gegangen* (Buber). *Im Klaren aber ist sie sich über das hohe Maß*

W

von Selbstüberwindung, das jedes Mal von der Dame aufgewendet wird (Werfel). *Der Eifer, die Hingebung, die Sorge, die sie dafür aufwandte ...* (Thieß). *Überrascht wandte sich der Schneider um* (H. Mann). *Sokrates ... wandte sich schwerfällig um und begann zu laufen* (Brecht). Bei dem Präfixverb *entwenden* haben sich die Formen *entwendete, entwendet* durchgesetzt; die Formen *entwandte, entwandt* sind veraltet. Bei dem Präfixverb *verwenden* sind beide Formen gebräuchlich: *Von den drei Namen wurde nie einer verwendet* (Bachmann). *Leo verwandte viel Zeit auf die Pflege seiner Fingernägel* (Böll).

Wenfall: ↑ Akkusativ.

wenig: 1. Deklination des folgenden [substantivierten] Adjektivs: Nach *wenig* wird das folgende [substantivierte] Adjektiv oder Partizip mit Ausnahme des Dativs Singular Maskulinum und Neutrum stets parallel (in gleicher Weise) gebeugt: *Mit weniger, konzentrierter Kraft konnte das Hindernis beseitigt werden. Aus der Anwesenheit nur weniger hoher Minister ging das geringe Interesse hervor. Nur wenige Beamte wurden zu der Sonderarbeit herangezogen. Wenige Verwandte besuchten uns im neuen Haus.* Im Dativ Singular Maskulinum und Neutrum tritt stets schwache Deklination auf: *Schon nach wenigem kurzen Beraten kam die Einigung zustande. Mit wenigem, unauffälligen Augenzwinkern verständigte er sich mit seiner Begleiterin.* Nach der endungslosen Form *wenig* steht regelmäßig die starke Flexion: *wenig gutes Essen, wenig schöner Schmuck, mit wenig gutem Benehmen, wenig treue Freunde.* Zwischen den endungslosen Formen und den Formen mit Endung besteht häufig ein Unterschied: In dem Satz *Er verkehrt mit wenig gebildeten Leuten* ist *wenig* ein Attribut (Beifügung) zu *gebildet*. Es wird also der Bildungsstand der Leute näher beschrieben. Heißt es *Er verkehrt mit wenigen ge-*

bildeten Leuten, dann ist *wenig* ein Attribut zu *Leute*. Es wird in diesem Fall etwas über die Anzahl der Leute ausgesagt. ↑ Adjektiv (1.2.10).

2. wenig / wenige Ausnahmen · mit wenig / wenigen Fahrstunden: Das Indefinitpronomen *wenig* bleibt vor Substantiven ohne beigefügtes Adjektiv im Singular meist, im Plural recht häufig ungebeugt (im Genitiv Plural muss immer die gebeugte Form stehen): *Dazu gehört wenig Mut. Ich habe wenig Hoffnung. Es gibt wenig Augenblicke, in denen ich die Nerven verliere. Er begann mit wenig Aussichten auf Erfolg.* (Aber Genitiv Plural: *Es war das Werk weniger Augenblicke.*)

3. Rechtschreibung: Das Indefinitpronomen und unbestimmte Zahlwort *wenig* wird auch in Verbindung mit einem Artikel kleingeschrieben: *ein wenig* (= etwas, ein bisschen); *ein weniges; mit ein wenig Geduld; ein klein wenig; einige wenige; das, dies, dieses wenige; weniges genügt; die wenigen; wenige glauben; mit wenig[em] auskommen; in dem wenigen, was erhalten ist; umso weniger; du weißt, wie wenig ich habe; wie wenig gehört dazu!* Nach den neuen Regeln kann großgeschrieben werden, wenn hervorgehoben werden soll, dass nicht das unbestimmte Zahlwort gemeint ist, z. B.: *Sie freute sich über das wenige,* (auch:) *das Wenige* (= die wenigen Geschenke). *Das Wenige,* (auch:) *wenige* (= Geringfügige) *genügt mir.* ↑ Groß- oder Kleinschreibung (1.2.4). Klein schreibt man auch den Superlativ: *es ist das wenigste; das wenigste, was du tun kannst, ist ...; am/zum wenigsten; er beschränkte sich auf das wenigste; die wenigsten.* ↑ Groß- oder Kleinschreibung (1.2.1). Groß schreibt man die Substantivierung *das Wenig: viele Wenig machen ein Viel.*

4. Zu *mit ein wenig Geduld* ↑ ein wenig; zu *Wenig waren / war dort versammelt* ↑ Kongruenz (1.1.8); ↑ zu wenig.

weniger: Im Sinne von »minus« wird *weniger* als Konjunktion verwendet: *Drei we-*

W

niger zwei ist (nicht: *sind;* ↑ Kongruenz [1.2.4]) *eins. Sieben neue Schillinge sind dreizehn [Pfennige] weniger ein halber Pfennig.*

weniger als: Wird nach *weniger* ein pluralisches Attribut mit *als* angeschlossen, dann kann das folgende Verb im Plural oder im Singular stehen; der Plural wird im Allgemeinen bevorzugt. *Damals wurde weniger als 300 Autos / wurden weniger als 300 Autos produziert.* ↑ Kongruenz (1.1.7).

weniger – als [vielmehr] / sondern mehr: In einem Vergleichssatz mit *weniger* wird der Vergleich mit *als* angeschlossen: *Ihr Interesse galt weniger der Tat als dem Täter.* Soll das verstärkende *mehr* verwendet werden, so muss anstelle von *als* die Konjunktion *sondern* stehen: *Er legte weniger Wert auf Quantität, sondern mehr auf gute Qualität.* Der Inhalt des Satzes wird in diesem Fall nicht mehr allein als Vergleich, sondern auch als Gegensatz aufgefasst. *Ihr Interesse galt weniger der Tat, sondern mehr dem Täter.* Es wird hier also jedes Mal der Gegensatz hervorgehoben. Wird dagegen statt *mehr* das verstärkende *vielmehr* gebraucht, dann wird das zweite Glied immer mit *als* angeschlossen: *Ihr Interesse galt weniger der Tat als vielmehr dem Täter.* Es ging ihr weniger um das Geld als vielmehr um das Prinzip.*

weniges, was: In Wechselbeziehung zu *weniges* steht *was* (nicht: *das*): *Auf der Ausstellung gab es nur weniges zu sehen, was bei den Besuchern größeres Interesse fand.* ↑ Relativpronomen (4).

wenn: 1. Komma: Die Konjunktion *wenn* leitet einen Nebensatz ein, der durch Komma abgetrennt wird: *Ich komme, wenn du mich brauchst. Wenn sie geht, gehe ich auch.* Ist *wenn* Teil einer Fügung, die als Einheit empfunden wird, dann steht kein Komma zwischen der Fügung: *Aber wenn du willst, komme ich gern zu deinen Eltern mit.* Nach den neuen Regeln zur Zeichensetzung kann

aber auch hier ein Komma stehen: *Nachts fährt sie ungern Auto, besonders[,] wenn es regnet.* In der Verbindung mit *ausgenommen* dagegen, wo früher ein Komma stehen musste, kann man das Komma nach den neuen Regeln auch weglassen: *Ich werde an der Wanderung teilnehmen, ausgenommen[,] wenn es regnet.* Unvollständige Nebensätze, die mit *wenn* eingeleitet werden, sind häufig formelhaft geworden und wirken wie eine einfache Umstandsangabe. Das Komma braucht daher nicht gesetzt zu werden: *Ich werde wenn nötig eingreifen* oder: *Ich werde, wenn nötig, eingreifen.*
2. Zu *wenn / als* ↑ als / wenn; zu *wenn / dass* ↑ dass (4); zu *wenn / wann* ↑ wann / wenn.

Wenn und Aber: Es heißt: *Seine Zustimmung machte er von vielen Wenn und Aber* (nicht: *Wenns und Abers*) *abhängig. Wegen seines ständigen Wenn und Aber* (nicht: *Wenns und Abers*) *verstimmte er die Mitglieder.*

wenn ... würde: Zu *Wenn ich fliehen würde, würde ich die Freiheit erlangen* neben *Wenn ich flöhe, gewönne ich die Freiheit* ↑ Konjunktiv (2.2 und 2.3), ↑ Konditionalsatz (2–4).

wer / jemand: Der Gebrauch von *wer* als Indefinitpronomen *(Da ist wer im Garten. Hast du wen gesehen?)* ist umgangssprachlich. In der Standardsprache ist dies nicht korrekt; es muss heißen: *Da ist jemand* (auch: *einer*) *im Garten. Hast du jemand[en] gesehen?*

wer anders: ↑ andere (2 a).

werben: 1. werben / wirb: Im Indikativ des Präsens heißt es: *ich werbe, du wirbst, er, sie, es wirbt.* Der Imperativ lautet *wirb!*
2. Konjunktiv: Der Konjunktiv II von *werben* lautet *ich würbe.* ↑ Konjunktiv (1.3).

werde / würde: 1. Die Form *werde* usw. ist der Konjunktiv I, der vor allem in der ↑ indirekten Rede (2.1) steht: *Er sagt, er werde Bäcker. Sie fragten, ob sie morgen kommen werde. Sie sagt, sie werde immer* *beschimpft.* Demgegenüber ist *würde* usw. die Form des Konjunktivs II, der vor allem im ↑ Konditionalsatz (2–7) steht: *Er würde Bäcker, wenn er dürfte. Wenn er morgen kommen würde, wäre es noch früh genug. Wenn ich geschlagen würde, wüsste ich nicht, was ich täte.* Der Konjunktiv II *würde* usw. tritt auch in der ↑ indirekten Rede (3.3) auf, wenn keine eindeutigen Formen des Konjunktivs I vorliegen, wenn in der direkten Rede schon *würde* steht oder etwas als zweifelhaft hingestellt wird.

2. Zu *würde* + Infinitiv für einfache Formen des Konjunktivs *(Wenn sie Peter rufen würden* [für: *riefen*], *eilte er sofort hierher)* ↑ Konjunktiv (2.3).

werden: 1. Die Stammformen lauten: *werden, wurde* (älter: *ward*), *geworden / worden;* Imperativ: *werde!* (nicht: *wird!,* ↑ Imperativ [1.2]). Die 2. und 3. Person Singular Präsens Indikativ wechselt von *e* zu *i: du wirst, er / sie / es wird.* Im Singular Präteritum ist heute die Form *wurde* üblich; die alte Form *ward* wird vereinzelt noch aus stilistischen Gründen gebraucht: *Der kleine, sorgfältig gezeichnete Wäscheschatz … ward von Schalleen aufs Beste betreut* (Th. Mann). Das zweite Partizip lautet *geworden* und *worden.* Ohne die Vorsilbe *ge-* steht das Partizip, wenn es als Form des Hilfsverbs gebraucht wird: *Eine neue Brücke ist gebaut worden. Der Vertrag ist unterschrieben worden.* Dagegen steht das zweite Partizip mit der Vorsilbe *ge-,* wenn es als Form des Vollverbs gebraucht wird: *Der junge Mann ist Techniker geworden. Durch die Reinigung ist der Anzug wie neu geworden.*

2. Zu *Ein Pfund Bohnen wird / werden gekocht* ↑ Kongruenz (1.1.1); zu *werden lassen* ↑ lassen (3).

werden / sein: Zu Sätzen wie *Die Mitglieder werden* (nicht: *sind) gebeten, pünktlich zu erscheinen* ↑ Zustandspassiv.

Werderer: ↑ Einwohnerbezeichnungen auf -er (1).

Werfall: ↑ Nominativ.

werfen: Der Konjunktiv II lautet *würfe.* ↑ Konjunktiv (1.3).

Werk- / Werks-: Zusammensetzungen mit *Werk-* im Sinne von »Betrieb, Fabrik« sind mit oder ohne Fugen-s gebräuchlich: *Werkangehöriger* oder *Werksangehöriger, Werkanlage* oder *Werksanlage, Werkausstellung* oder *Werksausstellung, Werkbücherei* oder *Werksbücherei* u. a. Die Zusammensetzungen mit *Werk-* im Sinne von »Arbeit[sergebnis], Kunstwerk« stehen ohne Fugen-s, wohl um sie von den Komposita mit *Werk-* »Fabrik« zu unterscheiden: *Werkanalyse, Werkvertrag, Werkmeister, werkgetreu.* Es darf auch kein Fugen-s stehen, wenn bei *Werk* der Verbalstamm von *werken* vorliegt: *Werkbank* (= Bank zum Werken), *Werkzeug* (= Gerät zum Werken), *Werkunterricht* u. a.

Wernenser: ↑ Einwohnerbezeichnungen auf -er (2).

Werner: ↑ Einwohnerbezeichnungen auf -er (3).

Wernigeröder: ↑ Einwohnerbezeichnungen auf -er (4).

wert: 1. Genitiv oder Akkusativ: Nach *wert sein* kann das abhängige Substantiv im Genitiv oder im Akkusativ stehen. Der Akkusativ steht, wenn ausgedrückt werden soll, dass sich etwas lohnt oder dass etwas einen bestimmten [Geld]wert hat: *Das Auto ist diesen hohen Preis wert. Die Veranstaltung ist mir diesen großen Aufwand nicht wert.* Umgangssprachlich sind die Wendungen: *Du bist keinen Schuss Pulver wert. Das ist keinen Heller wert.* Der Genitiv steht dann, wenn *wert* in der Bedeutung »würdig« gebraucht wird: *Sie sprach selten zu uns, als seien wir ihr keiner Anrede wert* (Bergengruen). *Alles dies wäre nicht der Erwähnung wert …* (Kolb). *Dennoch, wie er kämpft, das ist höchster Bewunderung wert* (Thieß).

2. Rechtschreibung: Man schreibt *wert* vom folgenden Verb im Allgemeinen getrennt: *Das wird sicher nichts wert sein. Wenn wir ihn des Vertrauens [für] wert halten, [für] wert achten, soll er den Orden bekommen.* Ausnahmen sind das veraltende *wertschätzen* (= hoch achten): *Man wertschätzte den Künstler sehr* und das veraltete *werthalten* (= in Ehren halten): *jmds. Andenken werthalten.* **3. geehrt / verehrt / wert:** ↑ Brief (4).

Werther: Während der ursprüngliche Titel von Goethes Briefroman aus dem Jahre 1774 »*Die Leiden des jungen Werthers*« lautete, wurde in späteren Ausgaben (z. B. der von 1824) auf das Genitiv-s verzichtet: »*Die Leiden des jungen Werther*«. Das entspricht der heute gültigen Regel zur Beugung von Personennamen mit Artikel oder Pronomen. ↑ Personennamen (2.1.2).

Wesen: Neben *[nicht] viel Wesens machen* ist auch *kein Wesen machen* gebräuchlich.

wesentlich: Nach den neuen Regeln schreibt man *wesentlich* jetzt auch in der festen Verbindung *im Wesentlichen* (= in der Hauptsache) groß: *Er hatte im Wesentlichen alles gesagt. Die Ursache dafür ist im Wesentlichen darin zu sehen, dass ...* Die Großschreibung der Substantivierung gilt unverändert weiter: *das Wesentliche; etwas, nichts Wesentliches.* ↑ Groß- oder Kleinschreibung (1.2.1).

Wesfall: ↑ Genitiv, ↑ Genitiv-s.

westlich: 1. Anschluss: An *westlich* kann heute ein Substantiv im Genitiv oder mit *von* angeschlossen werden. Die Verwendung von *westlich* als Präposition mit dem Genitiv ist bereits dort häufiger oder gar fest geworden, wo dem Substantiv ein Artikel oder ein Pronomen vorangeht: *westlich dieser Linie, westlich des Flusses, westlich des Harzes.* Der Anschluss mit *von* nach *westlich* wird dort noch bevorzugt, wo ein artikelloser geographischer Name steht: *westlich von Berlin* (selten: *westlich Berlins*), *westlich von Nigeria* (selten: *westlich Nigerias*).

Die Nichtbeugung des Substantivs oder Namens nach *westlich* ist nicht korrekt. Es muss also heißen: *westlich Münchens* (nicht: *westlich München*). ↑ geographische Namen (1.1.1).

2. westlich / westwärts: Mit *westlich* wird die Lage angegeben, *westwärts* drückt dagegen die Richtung aus: *Das Haus liegt westlich der Stadt* (Frage: wo?). *Sie zogen westwärts* (Frage: wohin?).

West / Westen: ↑ Nord / Norden.

weswegen: Zu *weswegen / wegen was* ↑ wegen (3).

wetteifern: Als Ableitung von *Wetteifer* ist das Verb *wetteifern* untrennbar: *ich wetteifere, ich habe gewetteifert, um zu wetteifern.* ↑ Getrennt- oder Zusammenschreibung (2.1).

Wetteraner: ↑ Einwohnerbezeichnungen auf -er (2).

wetterleuchten: Als Ableitung von *Wetterleuchten* ist das Verb *wetterleuchten* untrennbar: *es wetterleuchtet, es hat gewetterleuchtet.* ↑ Getrennt- oder Zusammenschreibung (2.1).

wettlaufen, wettrennen, wettstreiten: Von den Verben mit *wett-* als erstem Bestandteil ist nur der Infinitiv gebräuchlich: *Wir wollen wettlaufen. Morgen werden wir wettrennen. Lasst uns wettstreiten.* Für die anderen Formen wird die Fügung *um die Wette* eingesetzt: *Sie laufen um die Wette, sind um die Wette gelaufen* oder *gerannt.* ↑ Getrennt- oder Zusammenschreibung (2.1).

wettturnen: Das Verb wird nach den neuen Rechtschreibregeln mit drei *t* geschrieben: *wettturnen.* ↑ Zusammentreffen dreier gleicher Buchstaben.

Whiskey / Whisky: Mit *der Whiskey (des Whiskeys, die Whiskeys)* wird der amerikanische oder irische Whisky bezeichnet (aus Roggen oder Mais hergestellt), mit *der Whisky (des Whiskys, die Whiskys)* der schottische (aus Gerste oder Malz). Zum Plural ↑ -y.

Wichs: Das Substantiv *Wichs* (= Festkleidung der Korpsstudenten) wird als Mas-

W

kulinum gebraucht: *der Wichs*. In Süddeutschland jedoch heißt es auch, in Österreich nur: *die Wichs*.

Wicht: Der Plural lautet *die Wichte* (vgl. aber ↑ Bösewicht).

wichtig: Zu *das wichtigste / Wichtigste* ↑ beste (1).

wider / wieder: Die Wörter *wider* und *wieder* dürfen nicht miteinander verwechselt werden. Die Präposition *wider* (mit dem Akkusativ) bedeutet »gegen« und wird im Allgemeinen nur in gehobener oder dichterischer Sprache verwendet: ... *ja, sollen sie sich besaufen, die Selbstherrlichen in ihrer Sünde wider die Hoffnung* (Frisch). Demgegenüber ist *wieder* ein Adverb und bedeutet »nochmals, erneut; [zur früheren Tätigkeit, zum früheren Zustand] zurück«: *Heute ist es wieder still um die Villa* (Koeppen).

widerhallen: Das Verb *widerhallen* kann im Präsens und Präteritum sowohl als ein fest wie auch als ein unfest zusammengesetztes Verb gebraucht werden. Gewöhnlich werden die unfesten Formen verwendet: *Frankreich hallte vom Siegesjubel der Volksfront wider* (Sieburg). *Laut hallten ihre Schritte auf dem Steinboden wider* (Sebastian). Daneben stehen die festen Formen: ... *unsere Sirenen widerhallten ringsum* (Frisch). *Er verstand den Freund und der fordernde Ton widerhallte ihm im Herzen* (Apitz). Das zweite Partizip lautet jedoch nur *widergehallt*, der Infinitiv mit *zu* nur *widerzuhallen*. ↑ Tmesis (3); ↑ Verb (2.4).

widerlegen: ↑ Verb (2.3).

widerspiegeln: Das Verb *widerspiegeln* wird gewöhnlich als unfeste Zusammensetzung gebraucht: *Sie spiegelten auf das deutlichste die Erscheinung wider* (Werfel). *Das Wasser spiegelt die Lichter wider*. Gelegentlich, vor allem landschaftlich werden im Präsens statt der getrennten Formen auch nicht getrennte gebraucht: *Das Gott suchende Pilgertum widerspiegelt sich in der Literatur Russlands* (Nigg). *Welcher Ausdruck wider-* *spiegelt am schärfsten und sparsamsten die konkrete Sachlage?* (Riesel). Das zweite Partizip lautet nur *widergespiegelt*, der Infinitiv mit *zu* nur *widerzuspiegeln*. ↑ Tmesis (3); ↑ Verb (2.4).

widersprechen, sich: Das Reflexivpronomen nach *widersprechen* steht im Dativ und nicht im Akkusativ entsprechend der Rektion des intransitiven Verbs *widersprechen*: *Natürlich widerspreche ich mir hin und wieder* (Der Spiegel). ↑ Verb (2.3).

widerstreben, widerstreiten: ↑ Verb (2.3).

wie: 1. wie / und [auch]: Anstelle von *und [auch]* wird vielfach *wie [auch]* gebraucht: *im Krieg wie im Frieden. Der Oberbürgermeister wie auch mehrere seiner engsten Mitarbeiter nahmen an dem Festakt teil.* ↑ und (2).

2. *wie* als Relativpronomen: In bestimmtem Zusammenhang wird *wie* als Relativpronomen gebraucht, zum Beispiel als Anschluss bei folgenden Wendungen: *in der Art, wie ...; nach der Form, wie ...; in dem Maße, wie ...; in dem Stil, wie ...; in der Weise, wie ...* Beispiele: *In dem Maße, wie* (statt: *in dem*) *der Markt sich entwickelt, kann die Produktion ausgebaut werden. In dem Stil, wie er* (statt: *der*) *jetzt angewandt wird, kann es nicht weitergehen.*

3. Komma: Vor der Vergleichspartikel *wie* steht kein Komma, wenn sie nur Satzteile verbindet: *Karl ist so stark wie Ludwig. Ich bin nicht so begeistert wie er.* Ein Komma steht aber dann, wenn *wie* Sätze verbindet: *Es kam alles so, wie ich es vorausgesagt hatte. Peter ist jetzt fast so groß, wie es sein Vater damals war. Das klingt, wie eine Harfe klingt. So, wie sie war, lief sie mit.* Bei mit *wie* angeschlossenen näheren Erläuterungen muss es den Schreibenden gelegentlich überlassen bleiben, ob sie die betreffende Fügung als eng zum Bezugswort gehörig oder als nachgetragen ansehen wollen, d. h., die Kommasetzung ist freigestellt: *In anderen Ländern[,] wie z. B. Chile, Bo-*

livien und Venezuela[,] ist von dieser Entwicklung nichts zu merken. Die Auslagen[,] wie Post- und Fernsprechgebühren, Eintrittsgelder u. dgl.[,] ersetzen wir ihm. Unvollständige Nebensätze, die mit *wie* eingeleitet werden, sind häufig formelhaft geworden und wirken wie eine einfache Umstandsangabe. Ein Komma braucht nicht gesetzt zu werden: *Seine Darlegungen endeten wie folgt* (= folgendermaßen). *Er ging wie gewöhnlich* (= gewohntermaßen) *um 9.00 Uhr ins Bett. Ich habe wie gesagt keine Zeit* oder: *Ich habe, wie gesagt, keine Zeit* (= wie ich schon gesagt habe).

4. Zu *wie / als wie* ↑ als / wie (1). Zu *wie* in der Apposition ↑ Apposition (3.5). Zu *Er behandelt ihn wie einen Idioten / wie ein Idiot* ↑ Kongruenz (4.1).

wie / als: ↑ als / wie.

wie / als / für: ↑ als / für / wie.

wie / dass: ↑ dass (5).

wieder: Zusammen mit einem folgenden Verb schreibt man *wieder* meist dann, wenn es im Sinne von »zurück« verstanden wird: *jemandem geborgtes Geld wiedergeben. Er hat alles wiedergebracht. Willst du den Ball wiederhaben?* Zusammen schreibt man auch in folgenden Fällen: *etwas wiederkäuen; einen Text [wörtlich] wiedergeben. Kannst du den letzten Satz wiederholen? Sie muss die Klasse wiederholen.* Getrennt vom folgenden Verb schreibt man nach den neuen Regeln meist dann, wenn *wieder* im Sinne von »erneut, nochmals« verstanden wird: *Sie hat ihre Arbeit wieder aufgenommen. Er hat die gleiche Geschichte wieder erzählt. Es ist mir wieder eingefallen. Sie wurde in ihr früheres Amt wieder eingesetzt. Ich werde das nicht wieder tun.* In vielen Fällen ist Getrennt- oder Zusammenschreibung möglich, vor allem dann, wenn die Betonung entweder nur auf *wieder* oder sowohl auf *wieder* als auch auf dem Verb liegen kann: *Sie hat ihren Einsatz im letzten Spiel wiedergewonnen – Sie hat auch im letzten Spiel wieder gewonnen. Wir haben uns auf dem Kongress wiedergesehen* (haben ein Wiedersehen gefeiert) *– Wir haben uns auf dem Kongress wieder gesehen* (sind uns erneut begegnet). Man vergleiche auch folgende inhaltlich bedingte Getrennt- oder Zusammenschreibungen: *Die Sendung musste wiederholt werden – Er hat sich seine Bücher wiedergeholt* (= zurückgeholt) *– Die Polizei musste wieder* (= nochmals) *geholt werden. Seine Gesundheit ist wiederhergestellt – Solche Produkte werden neuerdings auch bei uns wieder hergestellt. Es dauerte lange, bis er sein Geld wiederbekam* (= zurückbekam) *– Sie wusste, dass sie die Grippe nicht wieder* (= kein zweites Mal) *bekommen würde.* ↑ Getrennt- oder Zusammenschreibung (1.3).

wieder / wider: ↑ wider / wieder.

Wiederholung

1. Die rasch aufeinander folgende Wiederholung desselben Ausdrucks, wenn sie nicht aus rhythmischen Gründen oder als stilistisches Mittel zur Hervorhebung oder zu lebendiger Darstellung beabsichtigt ist, wirkt stilistisch unschön und sollte in gutem Deutsch vermieden werden:

(Statt:) Neben *einem* schon mit *einem einen* Vortrag ankündigenden Plakat beklebten Brett wurde noch eine Reklametafel aufgehängt. (Besser:) Neben einem Brett, auf das schon ein Plakat mit der Ankündigung eines Vortrags geklebt war, wurde noch eine Reklametafel aufgehängt.

Um Wortwiederholungen zu vermeiden verwendet man neben Umschreibungen auch inhaltsgleiche oder bedeutungsähnliche Wörter, so genannte Synonyme:

Eine Kaiserin ... hatte ... den Auftrag erteilt, ein *Grabmal* für sie zu entwerfen ... Tag für Tag ließ sie sich vor die Tore der Stadt zu der großen Wiese hinausfahren, auf der das *Denkmal* errichtet werden sollte ... die Kaiserin ruhte nicht eher, bis das *Monument* vollendet war (Jens).

Ich zeige dir eine kleine *Wirtschaft,* wo du warten kannst ... er ... ging auf das kleine *Gasthaus* zu ... die kleine *Kneipe* ... um fünf nach neun kam die Streife durch das *Lokal* (Böll).

Nach Möglichkeit sollte man die Wiederholung desselben Wortes innerhalb eines Satzes vermeiden, wenn es in verschiedener Bedeutung gebraucht wird:

(Statt:) Er verreiste einige Zeit um Zeit zu gewinnen. (Besser:) Er verreiste einige Tage / eine Woche um Zeit zu gewinnen.

Schon auf dem Wege merkten wir, dass er sich schon wieder nicht vorbereitet hatte. (Besser:) Bereits auf dem Wege merkten wir, dass er sich schon wieder nicht vorbereitet hatte.

2. Kein stilistischer Fehler ist die Wiederholung in fachsprachlichen Texten, soweit es sich um Fachausdrücke und Termini handelt. Hier kommt es vor allem auf genauen Ausdruck an, sodass in vielen Fällen die Wiederholung sogar unumgänglich ist:

Beim *Schwenk* dreht sich die Kamera um eine feste Achse. Man unterscheidet zwischen dem horizontalen *Schwenk,* bei dem die Kamera von links nach rechts beziehungsweise von rechts nach links bewegt wird, und dem vertikalen *Schwenk,* bei dem sie von unten nach oben oder umgekehrt bewegt wird, vergleichbar dem menschlichen Blick, der sich hebt und senkt (H. C. Blumenberg).

In der poetischen Sprache dagegen wird die Wiederholung bewusst als rhetorisches Mittel eingesetzt, um den Rhythmus, den Klang oder das Bild der Darstellung zu beeinflussen oder zu bestimmen:

Ich sah weiterhin den Moses auf den Sinai steigen, einen düstern Helden in düstrer Felsenwildnis (Hesse). Straßen am Himmel, gleißende Straßen, Straßen von Metall, von Kondens und Geräuschen, das Röhren der Bomberströme (Gaiser). Unter bunten Sonnenschirmen schreibt er seine Grüße aus Madrid, während alle möglichen Leute ihm alles Mögliche zum Kauf anbieten (Koeppen). Erst wenn man hinter der Tür, erst wenn man in England ist, begreift man dies wieder (Koeppen). Am Ende eines Jahrhunderts ... tritt dieser Mensch, der ganz Charakter, ganz moralische Anspannung, ganz Klarheit ist, ... vor das französische Volk (Sieburg).

Wiederholungszahlwort: Das Wiederholungszahlwort gibt an, wie oft etwas wiederkehrt. Man unterscheidet bestimmte Wiederholungszahlwörter (z. B. *einmal, zehnmal, hundertmal, tausendmal*) und unbestimmte Wiederholungszahlwörter (z. B. *manchmal, einige Mal, mehrere Mal*).

wiegen: Von dem unregelmäßigen Verb *wiegen, wog, gewogen* »das Gewicht einer Sache bestimmen, ein bestimmtes Gewicht haben« ist das regelmäßige Verb *wiegen, wiegte, gewiegt* »etwas in schaukelnde Bewegung setzen; Fleisch, Petersilie o. Ä. mit einem Wiegemesser zerkleinern« zu unterscheiden: *Jumbo ... wiegte schon die Trosse wie ein Lasso in der Hand* (Hausmann). *Er wiegte den Kopf hin und her* (Langgässer). Reflexiv: *Ein zweiter, ebenso großer Dampfer wiegte sich in dem Kielwasser* (Gaiser). *Sie wiegte sich leise in den Hüften* (Seidel). Im übertragenen Sinne: *Aber ich habe mich gerade wegen meines langen Fernseins von Sizilien niemals auch nur einen Augenblick in Sicherheit gewiegt* (Benrath).

wiegen / wägen: ↑ wägen (2).

Wiener: Die Einwohnerbezeichnung *Wiener* wird immer großgeschrieben, auch wenn das Wort wie ein flexionsloses Adjektiv vor einem Substantiv steht: *Wiener Melodien, Wiener Würstchen*. ↑ Einwohnerbezeichnungen auf -er (7).

wievielte / wievielste: Die in der Standardsprache übliche Form ist heute *der wievielte [Teil], die wievielte [Version], das wievielte [Mal]*.

wie viel / wie viele: 1. Rechtschreibung: Nach den neuen Regeln schreibt man *wie* von dem folgenden *viel* nur noch getrennt: *Wie viel Personen? Wie viel kostet das? Wie viel schöner wäre es, wenn ... Wenn du wüsstest, wie viel ich durchgemacht habe. Wie viele Teilnehmer? Wie vieles Suchen ist doch damit verbunden!* **2. Gebrauch:** Eine Frage mit *wie viel* soll die Nennung einer [An]zahl bewirken. Die Form *wie viele* betont stärker das

Wort *viel*, das in unausgesprochener Opposition zu *wenig* steht: *Wie viel Kinder kommen zu deinem Geburtstag?* Mögliche Antworten: *zwei* oder *drei* oder *zehn*. *Wie viel Exemplare wünschen Sie?* Mögliche Antworten: *zwei* oder *drei* oder *vier* oder *hundert* usw. Bei *wie viele* würde man *zwei* oder *drei* dagegen kaum erwarten, sondern im Allgemeinen eine größere Anzahl. Allerdings wird in der Alltagssprache eine genaue Trennung beider Formen oft nicht vorgenommen.

wie wenn / als ob / als wenn: ↑ als [ob] / als wenn / wie wenn.

wild: 1. Klein schreibt man das Adjektiv: *wilder Wein, wilde Ehe, wilder Streik.* Groß schreibt man aber in ↑ Namen: *der Wilde Westen; die Wilde Jagd* (= Geisterheer). Getrennt schreibt man *wild* vom folgenden Verb: *wild sein, wild wachsen.* Dementsprechend schreibt man *wild* nach den neuen Regeln auch getrennt vom ersten Partizip: *wild wachsende Pflanzen, wild lebende Tiere.* **2.** Das Adjektiv *wild* wird im Allgemeinen mit der Präposition *auf* verbunden: *wild aufs Skilaufen, auf einen Popstar sein.*

Wildbret: Das Substantiv *Wildbret* wird mit *b* geschrieben (nicht: *Wildpret*).

wilder Schweinskopf: Zum falschen Bezug eines Attributes bei einer Zusammensetzung ↑ Kompositum (6).

willen / Willen: Klein schreibt man die Präposition *willen: um Gottes, um meines Kindes, um meiner selbst willen.* Groß schreibt man das Substantiv (Genitiv: *des Willens*): *Das ist beim besten Willen nicht möglich. Er muss ihm zu Willen sein. Sie musste wider Willen lachen.*

Wille / Willen: Von den beiden Nominativformen wird heute gewöhnlich *der Wille* gebraucht; die Form *der Willen* veraltet allmählich. ↑ Substantiv (2.1).

willfahren: 1. zweites Partizip: Das zweite Partizip von *willfahren* kann sowohl mit als auch ohne *ge-* gebildet werden. Die unterschiedliche Bildung hängt von der verschiedenen Betonung der Infinitivform ab. Liegt die Betonung auf der ersten Silbe *(wi̯llfahren)*, so lautet das zweite Partizip *gewi̯llfahrt;* liegt die Betonung aber auf der zweiten Silbe *(willfahren)*, so lautet das zweite Partizip *willfa̯hrt.*

2. Rektion: Das Verb *willfahren* regiert den Dativ: *Er blieb an diesem Tage zu Hause, um dem Wunsche der Eltern zu willfahren.*

willkommen: Das Adjektiv wird vom folgenden Verb getrennt geschrieben: *jemandem willkommen sein; jemanden herzlich willkommen heißen.* In Begrüßungsformeln schreibt man *willkommen* klein, da es sich um das Adjektiv handelt: *Herzlich willkommen in Deutschland! Seien Sie willkommen bei uns!* Das Substantiv *Willkommen* wird gewöhnlich mit neutralem, selten mit maskulinem Genus gebraucht: *Er rief ihnen ein herzliches Willkommen* (selten: *einen herzlichen Willkommen) zu.*

winken: 1. Rektion: Das Verb *winken* regiert den Dativ: *Das Kind winkte den Eltern mit beiden Armen. Er winkte dem Kellner* (aber: *Er winkte den Kellner zu sich).*

2. zweites Partizip: Das zweite Partizip von *winken* heißt *gewinkt.* Die Form *gewunken* ist landschaftlich und gilt standardsprachlich als nicht korrekt.

wir: Zum so genannten Majestäts- und Autorenplural ↑ Plural (7).

wir Deutsche / wir Deutschen: Nach einem Personalpronomen wird das substantivierte Adjektiv im Nominativ Plural heute im Allgemeinen schwach gebeugt: *wir Deutschen* (seltener stark: *wir Deutsche).* ↑ Adjektiv (1.2.4).

Wir hoffen[,] Ihnen damit gedient zu haben[,] und verbleiben ...: Nach den neuen Regeln können die Kommas in diesem Satz entfallen. ↑ und (7).

wir oder du: *Wir oder du hast das getan.* Nicht: *Wir oder du haben das getan.* ↑ Kongruenz (2.2).

wir und du: *Wir und du [,wir] haben uns sehr gefreut.* Nicht: *Wir und du haben sich sehr gefreut.* ↑ Kongruenz (2.1).

wir und er: *Wir und er [,wir] haben uns sehr gefreut.* Nicht: *Wir und er haben sich sehr gefreut.* ↑ Kongruenz (2.1).

wir und ihr: *Wir und ihr [,wir] haben uns sehr gefreut.* Nicht: *Wir und ihr haben sich sehr gefreut* oder *Wir und ihr habt euch sehr gefreut.* ↑ Kongruenz (2.1).

wir und sie (Plural): *Wir und sie [,wir] haben uns sehr gefreut.* Nicht: *Wir und sie haben sich sehr gefreut.* ↑ Kongruenz (2.1).

wird / werden: Zu *Ein Pfund Bohnen wird / werden gekocht* ↑ Kongruenz (1.1.1).

wird oder ist: *Jeder Teilnehmer wird* (nicht: *ist) gebeten pünktlich zu erscheinen.* ↑ Zustandspassiv.

wirken als / wie: ↑ als / für / wie.

Wirklichkeitsform: ↑ Indikativ.

Wirtschafter / Wirtschaftler: ↑ -schafter / -schaftler.

Wirtschaftsblock: Der Plural lautet *die Wirtschaftsblöcke* oder (selten) *die Wirtschaftsblocks.* ↑ Block.

wissen: 1. Komma: In Verbindung mit einer Infinitivgruppe wird *wissen* wie ein Hilfsverb gebraucht; ein Komma ist hier nicht sinnvoll: *Sie weiß sich zu beherrschen. Er wusste ihm zu helfen.* Auch wenn zu *wissen* eine Umstandsangabe tritt, braucht nach den neuen Regeln kein Komma mehr zu stehen: *Er wusste wohl[,] das Leben zu genießen.*

2. meines Wissens: Der Genitiv *meines Wissens* »soviel ich weiß« darf nicht mit der Präposition *nach* verbunden werden: *Der Fall verhält sich meines Wissens* (nicht: *meines Wissens nach) ganz anders.*

3. wissen von / wissen um: Nach *wissen* kann sowohl mit der Präposition *von* als auch mit der Präposition *um* angeschlossen werden, jedoch wirkt der Anschluss mit *um* etwas gespreizt: *Ich weiß von den / um die Schwierigkeiten des Werkes.*

W

4. einem / einen etwas wissen lassen: ↑ lassen (5).

Wissenschaft[l]er: Zu *Wissenschaftler* (österr., schweiz.: *Wissenschafter*) ↑ -schafter / -schaftler.

wo: 1. Komma: Unvollständige Nebensätze, die mit *wo* eingeleitet werden, sind häufig formelhaft geworden und wirken wie eine einfache Umstandsangabe. Das Komma braucht daher nicht gesetzt zu werden: *Bitte setzen Sie wo möglich Bindestriche.*

2. *wo* als relativischer Anschluss: Die Partikel *wo* kann anstelle einer Präposition + Relativpronomen als relativischer Anschluss verwendet werden, wenn es sich um einen räumlichen Bezug handelt: *Die Krankenschwester führte den Schlosser ... in einen kleinen Raum, wo* (statt: *in dem*) *Kranke in ihren Betten lagen* (Sebastian). Sie kann aber auch als relativischer Anschluss gebraucht werden, wenn es sich nicht um einen räumlichen, sondern um einen zeitlichen Bezug handelt: *in dem Augenblick, wo ...* (statt: *als* oder *in dem ...*) oder *zu dem Zeitpunkt, wo ...* (statt: *als* oder *zu dem ...*). Nicht korrekt ist aber die Verwendung von *wo* als relativischer Anschluss im Zusammenhang mit Personen oder Sachsubstantiven: *Das Geld, das* (nicht: *wo*) *auf der Bank liegt ... Der Mann, der* (nicht: *wo*) *vorhin vorbeiging, war ...* ↑ da / wo.

3. wodurch / durch den usw. · womit / mit dem usw.: Anstelle eines Relativpronomens in Verbindung mit einer Präposition kann ein aus *wo* und einer Präposition gebildetes ↑ Pronominaladverb gebraucht werden, z. B. *wobei* (statt: *bei dem, der*) oder *wodurch* (statt: *durch den, die, das*). Diese Pronominaladverbien können relativisch gebraucht werden, wenn das Bezugswort eine Sache oder einen Begriff nennt: *... dabei handelt es sich um einen amerikanischen Pass, womit* (= *mit dem*) *ich um die halbe Welt gereist bin* (Frisch). *Diese erhellenden Worte widerlegen offensicht-*

lich *die Meinung, wonach* (= *nach der*) *die »Furcht die Grundlage der wahren Religion sei«* (Nigg). Nennt das Bezugswort dagegen eine Person, dann wird heute in der Regel das Relativpronomen in Verbindung mit einer Präposition gebraucht: *Das ist ein Kerl, auf den* (nicht: *worauf*) *man sich verlassen kann. Hier ist die Frau, mit der* (nicht: *womit*) *ich gesprochen habe.* Ungewöhnlich: *Jenny im schwarzen Schleier und ihre beiden Kinder, wovon* (statt: *von denen*) *das größere ein Bub ist* (Frisch). In der Gegenwartssprache geht der relativische Gebrauch der Pronominaladverbien immer mehr zurück. Er ist im Wesentlichen auf die gehobene Sprache beschränkt: *Dies ist der Dolch, mit dem* (seltener: *womit*) *er sich erstach. Wenn du die Stellung, auf die* (kaum noch: *worauf*) *du hoffst, erhältst, kannst du froh sein.* Fest im relativischen Gebrauch sind dagegen die Pronominaladverbien bei Relativsätzen in der Rolle eines Satzgliedes. Der Ersatz durch *was* in Verbindung mit einer Präposition gilt in diesen Fällen als umgangssprachlich: *Ich frage mich, womit* (ugs.: *mit was*) *er das verdient hat.* ↑ Pronominaladverb (4). – Durch das Pronominaladverb kann der Relativsatz nicht nur auf ein einzelnes Wort, sondern auch auf den Gesamtinhalt des übergeordneten Satzes bezogen werden: *Der Pope bringt Wein und Brot, wobei das Kind ihn begleitet* (Frisch).

4. woran / an was · womit / mit was · wovon / von was usw.: Die mit *wo* gebildeten Pronominaladverbien werden auch interrogativ gebraucht; der Gebrauch von *was* + Präposition gilt hier als umgangssprachlich: *Woran* (ugs.: *An was*) *hast du das erkannt? Womit* (ugs.: *Mit was*) *hat er dich überrascht? Worauf* (ugs.: *Auf was*) *willst du dich setzen?* ↑ Pronominaladverb (5).

5. Woher kommst du / Wo kommst du her? · Wohin gehst du? / Wo gehst du hin?: Statt der Richtungsadverbien *woher*

und *wohin* in Verbindung mit einem Bewegungsverb wird heute häufig das Lageadverb *wo* in Verbindung mit einem [Bewegungs]verb, das mit *her* oder *hin* zusammengesetzt ist, gebraucht. Diese Ausdrucksweise ist oft umgangssprachlich gefärbt: *Ich weiß nicht, wo er hingefahren ist* statt (stilistisch besser): *Ich weiß nicht, wohin er gefahren ist. Wo kommst du her?* statt: *Woher kommst du? Wo gehst du hin?* statt: *Wohin gehst du?*
  6. wobei / wo ... bei · wovon / wo ... von: Die mit *wo* zusammengesetzten Pronominaladverbien *wobei, wofür* usw. dürfen standardsprachlich nicht in getrennter Stellung verwendet werden. Die Trennung kommt vor allem in der norddeutschen Umgangssprache vor. Es muss also heißen: *Das Geld, wovon / von dem ich gelebt habe ...* (nicht: *Das Geld, wo ich von gelebt habe ...*). *Das ist etwas, wobei ich immer lachen muss* (nicht: *..., wo ich immer bei lachen muss*). ↑ Pronominaladverb (2).
wobei / bei was / wo ... bei: ↑ bei (2; 3); wo (4; 6).
Wochentage: Die Namen der Wochentage werden stark gebeugt, Genitiv Singular auf -*s* (selten auf -*es*), Nominativ Plural auf -*e: des Mittwochs* (nicht: *des Mittwoch*), *mit Ausnahme des Montags* (nicht: *des Montag*); *viele Montage, diese langweiligen Mittwoche.* ↑ Dienstag (2).
-wöchentlich / -wöchig: ↑ -ig / -isch / -lich.
wodurch / durch was: ↑ durch was / wodurch, ↑ wo (4).
wofür / für was / wo ... für: ↑ für was / wofür, ↑ wo (4; 6).
wogegen / gegen was / wo ... gegen: ↑ gegen (6), ↑ wo (4; 6).
woher, wohin: ↑ wo (5).
wohinter / hinter was: ↑ durch was / wodurch; ↑ wo (4).
wohl: 1. Vergleichsformen: Die Vergleichsformen von *wohl* »gesund; behaglich« lauten *wohler, am wohlsten: In deiner Gesellschaft fühle ich mich wohl / wohler / am wohlsten.* Die Komparativform

wöhler ist nur eine scherzhafte Bildung. Dagegen hat *wohl* im Sinn von »gut« die Vergleichsformen *besser, beste: jemandem wohl, besser, am besten gefallen.* ↑ Vergleichsformen (5).
2. Getrennt- oder Zusammenschreibung in Verbindung mit Verben: Nach den neuen Rechtschreibregeln schreibt man *wohl* getrennt vom folgenden Verb: *sich wohl fühlen; lass es dir wohl sein! Es ist mir immer wohl ergangen. Sie wird es wohl tun, wohl wollen;* jetzt ebenso: *Die Reise durch die Toskana wird dir wohl tun* (= wird dir gut tun). *Sie wollte allen wohl tun* (= Wohlwollen erweisen).
3. Getrennt- oder Zusammenschreibung in Verbindung mit dem 1. / 2. Partizip: Nach den neuen Rechtschreibregeln schreibt man *wohl* vom folgenden Partizip getrennt, wenn der erste Teil der Fügung als steigerbar angesehen wird: *Der Plan ist wohl, besser überlegt. Aus wohl unterrichteten, besser unterrichteten Kreisen wissen wir ... Eine wohl situierte, besser situierte Bürgerin. Sie ist mir wohl bekannt, besser bekannt als er.* Zusammenschreibung ist möglich, wenn die Fügung als Ganzes gesteigert werden kann: *Das sind wirklich wohl erzogene / wohlerzogene, noch wohlerzogenere Kinder. Er kocht wohl schmeckende / wohlschmeckende, wohlschmeckendere, die wohlschmeckendsten Gerichte.* Nur Zusammenschreibung gilt, wenn das Partizip in der entsprechenden Bedeutung nicht selbstständig vorkommt: *wohlbehalten, wohlgemut.* In Zusammen- oder Getrenntschreibung sind die folgenden vier Fälle zulässig: *wohlgeformt / wohl geformt, wohlgelitten / wohl gelitten, wohlgenährt / wohl genährt, wohltemperiert / wohl temperiert.*
wohlgesinnt: Die Vergleichsformen lauten *wohlgesinnter, wohlgesinnteste.* ↑ Vergleichsformen (2.5.2).
wohlgestalt: ↑ -gestalt / -gestaltet.
wohltuend: Die Vergleichsformen lauten *wohltuender, wohltuendste.* ↑ Vergleichsformen (2.5.2).

W

Wohnblock: Der Plural lautet *die Wohn-blocks.* ↑ Block.

wohnen: Zum nicht korrekten Gebrauch des Infinitivs mit *zu (Ich habe meine Mutter bei mir zu wohnen)* ↑ zu (1). Zu den Präpositionen, die mit *wohnen* verbunden werden (*am Markt, in der Hebel-straße wohnen* usw.) ↑ an / auf / in.

Wohnung- / Wohnungs-: Entsprechende Zusammensetzungen haben in der Regel das Fugen-s: *Wohnungsamt, Wohnungs-bau, Wohnungsgeld, Wohnungsmarkt, Wohnungsnot; wohnungslos.* Neben *woh-nungssuchend* ist auch *wohnungsuchend* gebräuchlich.

Wohnungsangaben: Mehrteilige Woh-nungsangaben werden durch Komma ge-gliedert: *Rainer Stark, Frankfurt, Zeil 102, 1. Stock, links.* Da die mehrteilige Woh-nungsangabe als Aufzählung oder als Fü-gung mit Beisatz (Apposition) aufgefasst werden kann, ist in neuer Rechtschrei-bung das Komma nach dem letzten Be-standteil (bei weitergeführtem Text) frei-gestellt: *Cordula Wolf, Nürnberg, Haupt-straße 50[,] hat sich um die Stelle bewor-ben. Frau Elisabeth Güll ist von Erlangen, Königstraße 5[,] nach München, Luisen-straße 7[,] umgezogen.* ↑ Komma (3.1).

Wolfhager: ↑ Einwohnerbezeichnungen auf -er (4).

Wolfsburger: Die Einwohnerbezeichnung *Wolfsburger* wird immer großgeschrie-ben, auch wenn das Wort wie ein flexi-onsloses Adjektiv vor einem Substantiv steht: *die Wolfsburger Stadtväter, das Wolfsburger VW-Werk.* ↑ Einwohnerbe-zeichnungen auf -er (7).

wollen: 1. In Verbindung mit Substantiven, die einen Wunsch, eine Absicht o. Ä. ausdrücken, darf das Verb *wollen* nicht gebraucht werden, weil dadurch ein ↑ Pleonasmus entstünde. *Sie hatte den Wunsch, als freie Journalistin durch Afrika zu reisen.* (nicht: *reisen zu wollen*). *Die Vorsitzende ließ ihre Absicht erken-nen das Thema gegen alle Widerstände zu besprechen* (nicht: *besprechen zu wol-*

len). Andererseits darf *wollen* in be-stimmten Fällen auch nicht weggelassen werden: *Wir erklärten dableiben zu wol-len* (nicht: *dazubleiben;* das Wort *erklä-ren* schließt nicht die Vorstellung einer Absicht ein. Aber: *Wir hatten die Absicht dazubleiben*).
2. Geht dem Modalverb *wollen* ein reiner Infinitiv voran, so steht *wollen* im Infini-tiv, nicht im zweiten Partizip: *Sie hat gestern kommen wollen* (nicht: *kommen gewollt*). ↑ Infinitiv (4).

womit / mit was / wo ... mit: ↑ mit was / wo-mit; ↑ wo (4; 6).

womöglich / wo möglich: Das Wort *wo-möglich* ist ein Adverb und steht häufig anstelle von *vielleicht: Der Misserfolg mit dem Kloster war womöglich noch klägli-cher und schimpflicher als derjenige der Priesterlaufbahn* (Nigg). *... und ich könnte, wie ich bin, in eine beliebige Kon-ditorei gehen, womöglich auf den großen Boulevards* (Rilke). Getrennt geschriebe-nes *wo möglich* ist dagegen eine Satzver-kürzung für *dort, wo es möglich ist: Wo möglich sollen im Betrieb die modernsten elektronischen Apparate verwendet wer-den. Alle Produktionszweige sollen, wo möglich, zum gleichen Zeitpunkt verla-gert werden.* Zur Zeichensetzung bei *wo möglich* ↑ wo (1).

wonach / nach was / wo ... nach: ↑ nach was / wonach, ↑ wo (4; 6).

woran / an was: Zum Gebrauch von *woran* (Worttrennung nach den neuen Recht-schreibregeln: *wo-ran* oder wie bisher *wor-an*) / *an was* ↑ an was / woran, ↑ wo (4).

worauf / auf was: Zum Gebrauch von *wo-rauf* (Worttrennung nach den neuen Rechtschreibregeln: *wo-rauf* oder wie bisher *wor-auf*) / *auf was* ↑ auf was / wo-rauf, ↑ wo (4).

woraus / aus was: Zum Gebrauch von *wo-raus* (Worttrennung nach den neuen Rechtschreibregeln: *wo-raus* oder wie bisher *wor-aus*) / *aus was* ↑ aus was / wo-raus, ↑ wo (4).

W

Worbiser: ↑ Einwohnerbezeichnungen auf -er (5).

worden / geworden: ↑ werden (1).

worein / worin: ↑ darein / darin, worein / worin.

worin / in was: Zum Gebrauch von *worin* (Worttrennung nach den neuen Rechtschreibregeln: *wo-rin* oder wie bisher *wor-in*) / *in was* ↑ Pronominaladverb (4), ↑ wo (4).

Wörishofer: ↑ Einwohnerbezeichnungen auf -er (4).

Wort: Das Substantiv *Wort* hat zwei Pluralformen. Im Sinn von »Lautgebilde bestimmter Bedeutung, Einzelwort« hat es den Plural *die Wörter: Einzelwörter, Hauptwörter, Zeitwörter, Eigenschaftswörter, Fremdwörter. Du musst dir die Wörter merken. Wie viel Wörter hat diese Zeile? Diese Wörter kenne ich nicht.* In den Bedeutungen »Äußerung, zusammenhängende Rede; Ausspruch; Beteuerung; Erklärung, Begriff« dagegen hat *Wort* den Plural *die Worte: ... setzte seine ganze Hoffnung auf den einfachen, redlichen Mann, der seine Worte abwog* (Feuchtwanger). *Der riesige Saal, aufgepeitscht von den Worten des Führers* (Feuchtwanger). *Seine Worte beseligten Clarisse* (Musil). *... verabschiedete er sich mit bewegten Worten.* Es gibt Fälle, in denen durchaus beide Pluralformen möglich sind: *Von mir sollte es* (= das Kind) *die Namen hören: Tisch und Bett, Nase und Fuß. Auch Worte wie: Geist und Gott und Seele, meinem Dafürhalten nach unbrauchbare Worte, aber verheimlichen konnte man sie nicht, und später Wörter, so komplizierte wie: Resonanz, Diapositiv, Chiliasmus und Astronautik* (Bachmann). Die dargelegte Unterscheidung des Pluralgebrauchs ist allerdings den wenigsten Menschen geläufig und wird im Sprachalltag immer seltener eingehalten. Vgl. auch ↑ Wort des Jahres, ↑ Unwort des Jahres; zur Anzahl der Wörter ↑ Wortschatz.

Wortart: Jedes Wort unseres Sprachschatzes gehört einer bestimmten Gruppe von Wörtern gleicher Art an, die man als Wortart bezeichnet. Die Einteilung der Wörter in Wortarten ist nicht einheitlich. In älteren Grammatiken unterscheidet man (in Anlehnung an die lateinische Grammatik) neun bis dreizehn Wortarten, je nachdem, ob der Artikel als eigene Gruppe oder zum Pronomen gezählt wird, ob die Konjunktionen nach ihrer Funktion unterteilt werden, ob die Fragewörter selbstständig oder als eine Gruppe des Pronomens gesehen werden und ob die Numeralia als eigene Wortart behandelt oder beim Adjektiv eingestuft werden. In der modernen Sprachwissenschaft setzt man für das Deutsche gewöhnlich neun oder zehn Wortarten an. Die drei Hauptwortarten Verb, Substantiv und Adjektiv umfassen als Zeichen der außersprachlichen Wirklichkeit den größten Teil des Wortschatzes, sie werden konjugiert bzw. dekliniert. Artikel und Pronomen stehen vor oder anstelle von Substantiven und werden dekliniert. Die nur zum Teil deklinierbaren Numeralia (Zahlwörter) drücken Anzahl, Reihenfolge oder Vervielfachung aus, sie werden meist zu den Adjektiven gerechnet. Unveränderlich sind die Adverbien, Präpositionen, Konjunktionen und Partikeln. Sie geben besondere Umstände und syntaktische Beziehungen an oder dienen der Hervorhebung. Die gleichfalls unveränderlichen Interjektionen schließlich werden meist als syntaktisch isolierte Gesprächswörter eingesetzt. Fasst man einige dieser Wortarten nach ihrer Funktion zu Gruppen zusammen, dann kommt man, wie in der Dudengrammatik dargestellt, zu neun Wortarten: 1. Verben. 2. Substantive. 3. Adjektive (einschließlich der Numeralia). 4. Artikel. 5. Pronomen. 6. Adverbien. 7. Partikeln (einschließlich der Interjektionen). 8. Präpositionen. 9. Konjunktionen.

W

Wortbetonung

1. Allgemeine Betonungsregeln:

In einem mehrsilbigen Wort trägt eine Silbe den Haupton, in längeren Wörtern kann eine weitere Silbe einen Nebenton tragen. In einfachen Wörtern ist gewöhnlich die erste Silbe betont:

Acker, Ekel, Erde.

Ebenso ist in abgeleiteten Wörtern gewöhnlich die erste Silbe betont:

langsam, lesbar, möglich, Mannschaft, Haushalt.

Bei Wörtern mit Präfixen wie *be-, er-, ent-, ge-, ver-, zer-* sind die Präfixe unbetont:

beachten, Begriff, entfernen, Verfall.

In zweiteiligen zusammengesetzten Wörtern ist im Allgemeinen der erste Teil stärker betont als der zweite:

Scheinwerfer, Studienrat, Lampenschirm.

In dreiteiligen Zusammensetzungen ist der erste Teil am stärksten, der zweite am zweitstärksten, der dritte am drittstärksten betont, wenn die Zusammensetzung aus dem ersten Teil einerseits und dem zweiten plus dritten Teil andererseits besteht:

Dampfschifffahrt [ˈdampf.ʃɪfffaːrt] (Schifffahrt mit Dampf = *Dampf* + *Schifffahrt*).

Dagegen ist der erste Teil am stärksten betont, der zweite am drittstärksten, der dritte am zweitstärksten, wenn die Zusammensetzung aus dem ersten plus zweiten Teil einerseits und dem dritten Teil andererseits besteht:

Dampfschifffahrt [ˈdampfʃɪff.faːrt] (Fahrt mit einem Dampfschiff = *Dampfschiff* + *Fahrt*).

Die Partikeln

ab-, an-, aus-, bei-, ein-, nach-, wieder-

sind meistens betont:

Abweg, ausfahren, beistehen, Eingriff.

Die Partikeln

da-, dar-, durch-, her-, hier-, hin-, hinter-, in-, miss-, ob-, über-, um-, un-, voll-, vor-, wider-, zukommen betont und unbetont vor. Teilweise ist mit der Betonung auch ein Bedeutungsunterschied verbunden:

übersetzen – übersetzen, umfahren – umfahren.

2. Abweichende Betonungen:
Die Ableitungssilben *-ei* und *-ieren* sind betont:

Partei, parteiisch, Kartei, polieren, halbieren, marschieren.

Bei gefühlsmäßiger (emphatischer) Betonung können Zusammensetzungen auf beiden Teilen betont sein:

haarscharf, Erzhalunke, neunhundert.

In zweiteiligen und dreiteiligen Zusammensetzungen kommt teilweise auch Betonung auf dem zweiten Teil vor:

Hohepriester; Fünfmarkstück, Dreikäsehoch.

Aneinanderreihungen (mit und ohne *und*) sind auf allen Teilen oder auf dem letzten Teil betont:

rotweißrot/rotweißrot, Maul- und Klauenseuche/Maul- und Klauenseuche.

Abkürzungen, die buchstabiert werden, sind auf dem letzten Teil betont, häufig vorkommende auch auf dem ersten:

ADAC, BGB, LKW (auch LKW).

Für Fremdwörter und fremde Namen lassen sich keine allgemeinen Betonungsregeln aufstellen. Auch deutsche Namen haben oft abweichende Betonung:

Roswitha, Heilbronn, Berlin.

3. Verschiebung des Akzents bei Hervorhebung des Gegensatzes:
Abweichungen von den allgemeinen Betonungsregeln entstehen bei der Gegensatzbetonung: Um den Gegensatz in einer Aussage zu verstärken, wird in verschiedenenen Wendungen die Betonung vom Stamm auf das normalerweise unbetonte Präfix verlagert:

An- und Verkauf (sonst: Verkauf), be- und entladen (sonst: beladen und entladen).
(Auch:)Aktivsaldo – Passivsaldo (sonst: Aktivsaldo).

Ebenso verlagert sich die Betonung auf die Präfixe bei Aufzählungen, wenn der gemeinsame Bestandteil der Präfixbildungen nur einmal gesetzt wird:

Wir tragen vor, was uns auf-, miss- oder gefällt.

Wenngleich diese Betonungen der Regel nach nicht korrekt sind, werden sie im Sprachgebrauch aus den oben erwähnten Gründen vorgenommen. Korrekt ist dagegen die Betonung der ersten Silbe bei Fügungen aus zusammengesetzten Wörtern:

Zu- und Abgang, zu- und abfahren, auf- und absteigen, Vor- und Nachteil.

4. Betonung von Präpositionen:
Im Allgemeinen stehen die Präpositionen unbetont vor dem von ihnen abhängenden Substantiv:

Wegen des Regens kam sie nicht. Über der Stadt lag eine Nebeldecke. Das Auto stand vor dem Haus.

Die Präpositionen können jedoch betont werden, wenn sie in ein oppositionelles Verhältnis gebracht werden:

Das Auto steht nicht vor, sondern hinter dem Haus. Auf der Tribüne war kein Platz mehr frei, aber vor der Tribüne waren noch einige Plätze unbesetzt.

Steht nach der Präposition ein nicht hervorzuhebendes Personalpronomen, so liegt die Betonung im Allgemeinen auf der Präposition:

Mein Freund war heute bei mir. Er war außer sich vor Aufregung.

5. Schwankungsfälle:
↑ Büro, ↑ Konsum, ↑ lutherisch, ↑ Zeremonie, auch: ↑ zweites Partizip (1).

Wortbildung: 1. ↑ Ableitung.
2. ↑ Adjektiv.
3. ↑ Adverb.
4. ↑ -al / -ell.
5. ↑ Aufschwellung.
6. ↑ -bar.
7. ↑ Einwohnerbezeichnungen auf -er.
8. ↑ ent- / end-.
9. ↑ -fähig.
10. ↑ Fugen-s.
11. ↑ Fugenzeichen.
12. ↑ gemäß / -mäßig.
13. ↑ -ig / -isch / -lich.
14. ↑ -ist.
15. ↑ Kompositum (Zusammensetzung).
16. ↑ -lich / -bar.
17. ↑ -nen.
18. ↑ Ortsnamen (3).
19. ↑ Personennamen (4).

20. ↑ Präfix.
21. ↑ -s.
22. ↑ Substantiv.
23. ↑ Suffix.
24. ↑ Verb.
25. ↑ Verbzusatz.
26. ↑ zweites Partizip.
Wort des Jahres: Das Wort des Jahres wird seit 1977 von der Gesellschaft für deutsche Sprache in Wiesbaden bestimmt. Die Jury stützt sich bei der Auswahl des nach ihrem Befund für das jeweilige Jahr charakteristischsten Wortes vor allem auf Belege aus den Medien. Die bisherigen Wörter des Jahres waren: 1977 *Szene;* 1978 *konspirative Wohnung;* 1979 *Holocaust;* 1980 *Rasterfahndung;* 1981 *Nulllösung;* 1982 *Ellenbogengesellschaft;* 1983 *heißer Herbst;* 1984 *Umweltauto;*

1985 *Glykol;* 1986 *Tschernobyl;* 1987 *Aids, Kondom;* 1988 *Gesundheitsreform;* 1989 *Reisefreiheit;* 1990 *die neuen Bundesländer;* 1991 *Besserwessi;* 1992 *Politikverdrossenheit;* 1993 *Sozialabbau;* 1994 *Superwahljahr;* 1995 *Multimedia;* 1996 *Sparpaket;* 1997 *Reformstau;* 1998 *Rot-Grün;* 1999 *Millennium;* 2000 *Schwarzgeldaffäre.* ↑ Unwort des Jahres.

Wortfamilie: Unter einer Wortfamilie versteht man eine Gruppe von Wörtern, die sich aus ein und derselben sprachlichen Wurzel entwickelt haben oder von ein und demselben Kennwort herzuleiten sind. Man vergleiche etwa die Wortfamilie *fahren: ab-, drein-, tot-, umfahren; be-, verfahren; Fahrausweis, -bahn, -schule; fahrbar, fahrig, willfährig; Fähre, Fahrer, Fahrt, Fuhre* usw.

Wortfeld: Unter einem Wortfeld versteht man eine Gruppe inhaltlich eng benachbarter, sinnverwandter Wörter; z. B. das Wortfeld der Gewässerbezeichnungen: *Tümpel, Teich, Weiher, See, Meer, Ozean; Rinnsal, Bach, Kanal, Fluss, Strom* usw.; oder das Wortfeld der Bewegungsverben: *gehen, laufen, springen, schreiten, marschieren, pesen, wetzen* usw.

Wortfrage: ↑ Ergänzungsfrage.

wörtliche Rede: ↑ direkte Rede.

Wortmischung: ↑ Kontamination.

Wortpaar: Bei Wortpaaren im Singular, die mit *und* verbunden sind, besteht Unsicherheit darüber, wie sie dekliniert werden müssen. Das erste Glied bleibt ungebeugt, wenn das Wortpaar als formelhafte Einheit empfunden wird: *Der Wert meines Grund und Bodens ist gestiegen. Die Dichter des Sturm und Drangs. Verwendung seines Fleisch und Blutes* (Ina Seidel). Wenn aber weder ein Artikel noch ein Adjektiv die Substantive näher bestimmt, bleiben beide Glieder, vor allem in Wortpaaren mit schwachen Substantiven, ungebeugt. Dies geschieht besonders im Dativ und Akkusativ Singular, weil bei schwacher Beugung eine Verwechslung mit dem Plural möglich

ist. *Die Kluft zwischen Fürst und Volk. Ganz von Geist und Wille geformt* (Hesse). *Das Verhältnis zwischen Patient und Arzt. Die Beziehungen zwischen Produzent und Konsument. Der Unterschied zwischen Affe und Mensch.* Ist keine Verwechslung möglich, wird die Nichtbeugung als ungewöhnlich empfunden: *Zwischen Herr* (korrekt: *Herrn*) *und Frau Meier.* In der poetischen Sprache wird manchmal die Pluralendung beim ersten Glied aus rhythmischen Gründen weggelassen: *An Tier und Vögeln fehlt es nicht* (Goethe). ↑ Unterlassung der Deklination (1.1).

Wortschatz: Exakte Angaben über den Umfang des deutschen Wortschatzes sind nicht nur deshalb unmöglich, weil ständig Wörter neu gebildet und aus anderen Sprachen entlehnt werden. Eine genaue Feststellung wird auch dadurch erschwert, dass die Abgrenzung der festen Bestandteile unseres (Allgemein)wortschatzes von den Situations- oder Gelegenheitsbildungen (etwa *Autohimmel* in dem Satz *Der neue Sportwagen ist ein Stern am Autohimmel*) und den fach- und sondersprachlichen Wörtern schwer fällt. Im Allgemeinen setzt man aber den Wortschatz der deutschen Sprache zwischen 300 000 und 500 000 Wörtern an. Die Verben machen davon schätzungsweise knapp ein Viertel, die Substantive etwa zwei Viertel und die Adjektive und Adverbien gut ein Viertel aus; die Zahl der Präpositionen und Konjunktionen beläuft sich auf etwa 200, die der Pronomen nicht einmal auf 100 Wörter. – Der aktive Wortschatz eines deutschen Durchschnittssprechers wird heute auf 12 000 bis 16 000 Wörter (davon etwa 3 500 Fremdwörter) geschätzt. Ohne Schwierigkeiten verstanden werden mindestens 50 000 Wörter. Zum Vergleich: Den Wortschatz der französischen Sprache gibt man mit ca. 100 000, den der englischen Sprache mit ca. 600 000 bis 800 000 Wörtern an.

Wortstamm: ↑ Stammsilbe.

Wortstellung: 1. Zur Stellung des Adjektivs *(ein kaltes Glas Bier / ein Glas kaltes Bier · buschige schwarze Augenbrauen / schwarze buschige Augenbrauen)* ↑ Adjektiv (3.2 und 3.4).

2. Zur Stellung des Adverbs *(in spätestens einer Stunde / spätestens in einer Stunde)* ↑ Adverb (4).

3. Zur Vorwegnahme des Prädikats oder eines Prädikatsteils *(Sie ist geboren fürs Theater / Sie ist fürs Theater geboren)* ↑ Ausklammerung.

4. Zur Stellung des Modalverbs *(... dass er hätte schreiben können / ... dass er hätte können schreiben)* ↑ Modalverb (3), ↑ Infinitiv (4).

5. Zur Stellung der a.-c.-i.-Verben *(... weil sie ihn haben kommen lassen / ... weil sie ihn kommen lassen haben)* ↑ lassen (2).

6. Zur Wortfolge nach nebenordnenden und unterordnenden Konjunktionen ↑ Konjunktion (1 und 2), ↑ und (1), ↑ aber (2).

7. Zur Stellung des Personalpronomens *(... musste der Arzt ihn krankschreiben / musste ihn der Arzt krankschreiben)* ↑ Personalpronomen.

8. Zur Stellung des Reflexivpronomens *(als der Zug sich näherte / als sich der Zug näherte)* ↑ Reflexivpronomen (1).

9. Zum Umspringen der Nebensatz- in die Hauptsatzstellung *(Wenn ich nach Hause komme, und der Vater ist noch da / und [wenn] der Vater noch da ist ...)* ↑ Anakoluth.

10. Zur Stellung der Währungseinheit bei Preisangaben *(500,– DM / DM 500,–)* ↑ Maß-, Mengen- und Münzbezeichnungen (4).

Worttrennung

Häufig gestellte Frage zur Worttrennung	
Frage	Antwort unter
Wie trennt man den Superlativ, z. B. *lustigsten?*	dieser Artikel, Punkt (1.1.1)

Die Worttrennung dient dazu, ein über den Zeilenschluss hinausgehendes Wort in lesbarer Form abzutrennen. Als Trennungszeichen dient heute in der Regel der einfache Bindestrich.

Bei den Trennungsregeln muss zwischen einfachen und abgeleiteten Wörtern einerseits und zusammengesetzten Wörtern andererseits unterschieden werden. Zur Worttrennung bei Namen ↑ Personennamen (5.2), ↑ geographische Namen (3.3).

W

1 Deutsche Wörter

1.1 Einfache und abgeleitete Wörter

Mehrsilbige einfache und abgeleitete Wörter trennt man nach Sprechsilben
(↑ Silbe), die sich beim langsamen Sprechen von selbst ergeben:

> Ken-ner, for-dern, wei-ter, Re-gel, kal-kig, bes-ser, haf-ten.

1.1.1 Die Trennung von Konsonanten: Ein einzelner Konsonant wird immer abgetrennt und auf die folgende Zeile gesetzt; von mehreren Konsonanten
kommt nur der letzte auf die folgende Zeile. Dies gilt nach den neuen Regeln
zur Worttrennung auch für *st*. Nachsilben, die mit einem Vokal beginnen,
nehmen bei der Trennung den vorangehenden Konsonanten zu sich:

> tre-ten, ge-hen, bo-xen.
>
> An-ker, Was-ser, Städ-ter, gest-rig, steck-ten, Drechs-ler, Bast-ler, Kas-ten, Pis-te,
> sechs-te, reichs-te, am lus-tigs-ten.
>
> Leh-re-rin, Lüf-tung, Freun-din, Schaff-ne-rin, ta-gen.

Zu beachten ist: *ch, sch* und nach den neuen Rechtschreibregeln auch *ck* gelten als einLaut und bleiben daher ungetrennt:

> Be-cher, Ka-chel, Hä-scher, Bö-schung, Zu-cker, Lü-cke, Ho-ckenheim, Weizsä-cker.

Steht *ss* als Ersatz für *ß* (z. B. in einer Antiquaschrift, die das Schriftzeichen *ß*
nicht hat), trennt man nach den neuen Rechtschreibregeln zwischen den beiden *s*:

> grüs-sen (für: grü-ßen), Bus-se (für: Bu-ße), heis-sen (für: hei-ßen).

(Vgl. ↑ s-Laute.)

1.1.2 Die Trennung von Vokalen: Auch ein einzelner Vokal kann nach den
neuen Rechtschreibregeln abgetrennt werden; nicht sinnvoll ist dies jedoch
am Wortende:

> U-fer, E-ber, U-hu, po-e-tisch, Brau-e-rei (nicht:Tau-e).

Zwei gleiche Vokale, die eine Klangeinheit darstellen, und die Diphthonge
(*au, ei, eu* usw.) dürfen nur zusammen abgetrennt werden:

> Waa-ge, Aa-le, Ei-er, Mau-er, Ei-fel, Eu-le.

Zusammentreffende Vokale, die keine Klangeinheit darstellen, können getrennt werden:

> Befrei-ung, Trau-ung, be-erben, bö-ig, einei-ig.

Folgt nach zwei solchen Vokalen + Konsonant ein dritter Vokal, dann kann der zweite Vokal zum ersten oder zum Konsonanten gezogen werden (↑ 2.1):

> ein böi-ger/bö-iger Wind; aber: beim Zusammentreffen von *i* und *i* besser nur einei-ige Zwillinge, der Unpartei-ische.

1.2 Zusammengesetzte und präfigierte Wörter

Zusammengesetzte Wörter und Wörter mit einem ↑ Präfix werden nach ihren sprachlichen Bestandteilen getrennt:

> Diens-tag, Sams-tag, Empfangs-tag, Ballett-truppe, Schiff-fahrt, Papp-plakat; ge-schweift, be-treten, Be-treuung, Ver-gnügen.

Die einzelnen Wortbestandteile werden gemäß Abschnitt 1 nach Sprechsilben getrennt:

> Emp-fangs-tag, Be-schäf-ti-gun-gen, Don-ners-tag, Bal-lett-trup-pe, be-tre-ten, Be-treu-ung, Ver-gnü-gen.

Wird ein Wort nicht mehr als Zusammensetzung erkannt oder empfunden, darf nach den neuen Rechtschreibregeln auch nach Sprechsilben getrennt werden:

> war-um / wa-rum, dar-unter / da-runter, ein-ander / ei-nander, hin-auf / hi-nauf, her-über / he-rüber.

Vermeiden sollte man Trennungen, die sinnentstellend oder stark lesehemmend wirken:

> Spargel-der (= Spargelder), beste-hende (= bestehende), Hinge-bung (= Hingebung), bein-halten (= beinhalten), Feiera-bend, Backo-fen, Seeu-fer.

Bei mit Bindestrichen geschriebenen Zusammensetzungen wird am Zeilenende der Bindestrich zum Trennstrich, sodass auf der neuen Zeile nur das Wort, das ursprünglich nach dem Bindestrich folgte, steht:

> Er kam endlich in die Lotto-
> Annahmestelle.

2 Fremdwörter und fremdsprachige Wörter

2.1 Einfache und abgeleitete Fremdwörter

Die grundsätzliche Trennung nach Sprechsilben gilt auch für Fremdwörter:

> Bal-kon, Fis-kus, Ho-tel, Gu-a-te-ma-la, po-e-tisch, A-kus-tik, Fas-zi-kel, In-di-vi-du-a-list, Na-ti-o-nen.

Nach den neuen Regeln zur Worttrennung dürfen auch die folgenden Konsonantenverbindungen nach Sprechsilben getrennt werden; sie können aber auch ungetrennt bleiben:

bl, pl, fl, gl, cl, kl, phl; br, pr, dr, tr, fr, vr, gr, cr, kr, phr, thr; gn, kn; chth

Pub-likum / Pu-blikum, Dip-lom / Di-plom, Persif-lage / Persi-flage, Reg-lement / Re-glement; Lep-ra / Le-pra, Chiff-re / Chif-fre, Liv-ree / Li-vree, Integ-ral / Inte-gral, Sak-rament / Sa-krament, Arth-ritis / Ar-thritis; Mag-net / Ma-gnet, pyk-nisch / py-knisch.

Die Buchstabenverbindungen *ch, ck, ph, rh, sch, sh, th* bleiben dagegen auch in Fremdwörtern weiterhin immer ungetrennt:

Ma-chete, Mac-chia, Pro-phet, fa-shionabel, ka-tholisch.

Vokalverbindungen, die eine Klangeinheit darstellen, sollten nicht getrennt werden:

Moi-ré [moaˈre:], Soi-ree [zoaˈre:], Beef-steak [ˈbi:fste:k].

2.2 Zusammengesetzte Fremdwörter

Fremdwörter, die nicht mehr als Zusammensetzung erkannt oder empfunden werden, kann man nach den neuen Regeln zur Worttrennung nach Sprechsilben oder wie bisher nach den Bestandteilen trennen:

Inte-resse / Inter-esse, Pä-dagoge / Päd-agoge, Helikop-ter / Heliko-pter.

Die einzelnen Wortbestandteile werden gemäß Abschnitt 2.1 nach Sprechsilben getrennt:

In-teres-se, Päda-go-ge, He-li-kopter.

2.3 Fremdsprachige Wörter

Treten in einem deutschen Text einzelne fremdsprachige Wörter oder Wortgruppen oder einzelne kurze Sätze in fremder Sprache auf, so wird meist nach den deutschen Regeln getrennt:

per as-pe-ra ad astra; Co-ming man; De-fi-cit-spen-ding; Swin-ging Lon-don.

Die Trennungsregeln fremder Sprachen (z. B. *com-ing, swing-ing*) werden im Allgemeinen nur bei längeren Zitaten, d. h. bei fortlaufendem fremdsprachigem Text, angewandt.

W

Wortzusammensetzung: ↑ Adjektiv (2.1). ↑ Kompositum.

worüber / über was: Zum Gebrauch von *worüber* (Worttrennung nach den neuen Rechtschreibregeln: *wo-rüber* oder wie bisher *wor-über*) / *über was* ↑ über was / worüber, ↑ wo (4).

worum / um was: Zum Gebrauch von *worum* (Worttrennung nach den neuen Rechtschreibregeln: *wo-rum* oder wie bisher *wor-um*) / *um was* ↑ um was / worum, ↑ wo (4).

worum / warum: ↑ warum / worum.

worunter / unter was: Zum Gebrauch von *worunter* (Worttrennung nach den neuen Rechtschreibregeln: *wo-runter* oder wie bisher *wor-unter*) / *unter was* ↑ unter was / worunter, ↑ wo (4).

wovon / von was / wo … von: ↑ von was / wovon, ↑ wo (4; 6).

wozu / zu was / wo … zu: ↑ zu was / wozu, ↑ wo (4; 6).

wozwischen / zwischen was: ↑ zwischen was / wozwischen, ↑ wo (4; 6).

Wrack: Das Wort hat zwei Pluralformen: *die Wracks* und (selten:) *die Wracke*.

Wulst: Es heißt *der Wulst, des Wulstes, die Wülste* / (bes. fachspr.:) *Wulste* und auch *die Wulst, der Wulst, die Wülste*.

Wunder / wunders: In neuer Rechtschreibung wird *Wunder* immer großgeschrieben: *Der Mensch kann keine Wunder tun. Er wird sein blaues Wunder erleben.* Jetzt ebenso: *Es kam ihr Wunder wie schön* (= sehr schön) *vor. Sie bildet sich Wunder was ein* (= sehr viel ein). *Er glaubt Wunder was getan zu haben. Sie meint Wunder wie geschickt zu sein.* Aber weiterhin klein: *Sie meint wunders wie geschickt zu sein.*

Wundmal: Der Plural lautet *die Wundmale* (↑ ¹Mal).

wünschen: 1. Wenn *wünschen* mit einer Infinitivgruppe verbunden ist, kann in neuer Rechtschreibung ein Komma gesetzt werden, um die Gliederung des Satzes deutlich zu machen oder um Missverständnisse auszuschließen: *Sie wünscht an der Sitzung teilzunehmen / Sie wünscht, an der Sitzung teilzunehmen.* ↑ Komma (5.1.4).

2. Zu *…wünschen / wünscht Ihnen Fritz Müller mit Frau und Tochter* ↑ Brief (5).

Wunschsatz: Der Wunschsatz bringt etwas [noch] nicht Verwirklichtes, vom Sprecher / Schreiber jedoch Gewünschtes zum Ausdruck. Im Unterschied zum ↑ Aufforderungssatz ist er nicht direkt und im ↑ Imperativ, sondern nur indirekt und im Konjunktiv I an einen oder mehrere Partner gerichtet. Entsprechend werden vorwiegend die einfachen Formen der 3. Person Singular *(er, sie, es, man)*, selten die der 1. und 3. Person Plural *(wir, sie)* gebraucht: Dieser Konjunktiv I findet sich relativ häufig in mathematischen Fachtexten *(In der Zeichnung sei die Strecke a 3 cm)*, in Anweisungen und Anleitungen in [älteren] Rezepten *(Man nehme fünf Esslöffel Mehl)* und in festen Redewendungen und Formeln *(Der Herr segne dich und behüte dich! Er lebe hoch! Das sei ferne von mir! Gott sei Dank! Edel sei der Mensch, hilfreich und gut!)*. Dieser Konjunktiv I findet sich im Allgemeinen nur in Hauptsätzen, während in abhängigen Wunschsätzen in der Regel der Indikativ steht: *Sie wünscht, dass du kommst.* Der Konjunktiv II in Wunschsätzen schließlich *(Hätte ich doch dieses Buch! Wenn sie doch gekommen wäre!)* kennzeichnet etwas als nicht gegeben, nur vorgestellt, irreal und ist wie der Konjunktiv II im ↑ Konditionalsatz zu erklären.

würde: 1. Zum Gebrauch von *würde* + Infinitiv *(Sie sagten, sie würden morgen kommen)* ↑ Konjunktiv (2.3).

2. Zu *würde / werde* ↑ werde / würde.

3. Zu *Ich würde sagen …* ↑ ich darf / möchte / würde sagen…

Wurm: Das Wort wird entweder als Maskulinum *(der Wurm)* oder als Neutrum *(das Wurm)* gebraucht. Es heißt *der Wurm*, wenn es sich um das Tier oder um einen Vergleich mit dem Tier handelt: *Der*

W

Wurm krümmte sich am Angelhaken. Ich schraubte die Messinghülle auf, sah den dunkelroten Stift sich wie einen starren Wurm herauswinden (Böll). Das neutrale Substantiv *das Wurm* ist umgangssprachlich und bedeutet »kleines Kind«: *Soll sich das elende Wurm die Plauze ausschreien vor Hunger?* (Hauptmann). *So ein liebes Wurm! ... Es atmet wirklich* (Frisch).

wurmen: Das Verb wird heute mit dem Akkusativ (nicht mit dem Dativ) verbunden: *Es wurmt ihn sehr, dass man ihn bei der Beförderung übergangen hat. Mich wurmt diese Ungerechtigkeit über alle Maßen.*

Würzburger: Die Einwohnerbezeichnung *Würzburger* wird immer großgeschrieben, auch wenn das Wort wie ein flexionsloses Adjektiv vor einem Substantiv steht: *die Würzburger Studierenden.* ↑ Einwohnerbezeichnungen auf -er (7).

Wut: Das von *Wut* abhängende Substantiv (Pronomen) wird mit der Präposition *gegen* oder auch mit *auf* angeschlossen. Während *gegen* das feindliche Verhältnis stark betont, nennt *auf* nur die Grundlage und die Ursache der Wut: *Eine dumpfe Wut erfüllt ihn gegen alle und alles* (Kuby). *Er empfand eine rasende Wut auf den Schmerz* (Ott). *Eine ausgewachsene Wut auf den Büchermenschen erfüllte ihn* (Kuby). In der Wendung *eine Wut haben / bekommen* wird nur mit *auf* angeschlossen: *Ich habe eine fürchterliche Wut auf ihn.*

x: Zur Schreibung und Deklination *(die Aussprache des X, Frau X, Unternehmen X, jemandem ein X für ein U vormachen, die Größe x* [in der Mathematik], *eine Gleichung nach x auflösen, das Stück hat x Aufführungen erlebt, es ist x Tage her, X-Strahlen, x-Achse, das x-te Mal, x-beliebig)* ↑ Bindestrich (2.4), ↑ Einzelbuchstaben, ↑ Groß- oder Kleinschreibung (1.2.5).

Y y

y: Zur Schreibung und Deklination *(die Aussprache des Y, die mathematischen Unbekannten x und y, Herr Y, y-Achse, das y in Zylinder)* ↑ Bindestrich (2.4), ↑ Einzelbuchstaben, ↑ Groß- oder Kleinschreibung (1.2.5).

-y: Bei im Deutschen geläufigen Fremdwörtern aus dem Englischen, die auf *-y* enden, gilt in neuer Rechtschreibung nur noch die Pluralbildung mit *-s: Babys, Citys, Handys, Hobbys, Ponys, Rowdys, Storys, Teddys, Whiskys u. a.* Eine Ausnahme bilden Zitatwörter wie z. B. *Grand Old Ladies.* Sie werden in der englischen Schreibung übernommen.

Yacht: ↑ Jacht / Yacht.

Yard: Zu *fünf Yard / Yards* ↑ Maß-, Mengen- und Münzbezeichnungen (1).

Z z

z: Zur Schreibung und Deklination ↑ Bindestrich (2.4) *(Z-Aussprache);* ↑ Einzelbuchstaben *(des Z, zwei Z);* ↑ Groß- oder Kleinschreibung (1.2.5) *(das z in Graz).*

z, c oder k: ↑ c, k oder z.

Zacke / Zacken: Neben dem femininen Substantiv *die Zacke* gibt es landschaftlich, besonders süddeutsch und österreichisch, auch das Maskulinum *der Zacken.* In umgangssprachlichen Wendungen wie *einen Zacken haben / weghaben* (= betrunken sein) und *sich keinen Zacken aus der Krone brechen* (= sich [bei etwas] nichts vergeben) ist die maskuline Form allgemein üblich. Der Plural beider Wörter heißt *die Zacken.*

zäh: Der Superlativ von *zäh* lautet *zäheste* oder *zähste.* ↑ Vergleichsformen (2.3).

Zähheit: 1. **Rechtschreibung:** Die bisherige Schreibweise *Zäheit* gilt nach den neuen Rechtschreibregeln nicht mehr. Korrekt ist jetzt *Zähheit.*

2. Zähheit / Zähigkeit: Die beiden Wörter haben verschiedene Bedeutung: *Zähheit* beschreibt einen Zustand (z. B. *die Zähheit des Fleisches),* während *Zähigkeit* eine Willenshaltung ausdrückt *(mit großer Zähigkeit ein Ziel verfolgen).* ↑ Aufschwellung.

Zahl: 1. **Eine große Zahl Delegierte stand / standen vor dem Haupteingang:** Wenn nach *Zahl* das Gezählte im Plural folgt, steht in der Regel das Verb im Singular, weil ja das Subjekt *(Zahl)* formal ein Singular ist: *Eine große Zahl Delegierte stand vor dem Haupteingang. Eine beträchtliche Zahl kostbarer Gegenstände wurde gestohlen.* Oft wird aber nach dem Sinn konstruiert und das Verb in den Plural gesetzt: *Eine große Zahl Delgierte standen vor dem Haupteingang. Eine beträchtliche Zahl kostbarer Gegenstände wurden gestohlen.* Der Plural findet sich vor allem dann häufig, wenn das

Gezählte als Apposition im gleichen Kasus wie *Zahl* steht: *Es liegen eine ausreichende Zahl Bauaufträge vor.* ↑ Kongruenz (1.1.3).

2. eine große Zahl interessanter Veröffentlichungen · eine verschwindende Zahl Industrieller / Industrielle: Nach *Zahl* kann das Gezählte im Genitiv oder als Apposition stehen: *mit einer größeren Zahl Schafe. Sie hat mit einer kleinen Zahl Abgeordneter / Abgeordneten bereits gesprochen. Eine verschwindende Zahl [steinreicher] Industrieller /* (seltener:) *[steinreiche] Industrielle hat sich dagegen ausgesprochen. Sie hat eine große Zahl interessanter Veröffentlichungen vorgelegt.* ↑ Apposition (2.2).

3. Zahl / Ziffer: Im allgemeinen Sprachgebrauch werden *Zahl* und *Ziffer* häufig unterschiedlos gebraucht, obwohl die Wörter verschiedene Bedeutung haben. Die Ziffern sind die grafischen Zeichen zur schriftlichen Fixierung der Zahleninhalte, d. h. der durch die Zahlen *1, 2, … 9* und *0* ausgedrückten Werte. Dabei werden die Ziffern *1, 2, … 9* im Textzusammenhang gleichzeitig zu den Zahlen

1, 2, … 9. Höhere Zahlen werden schriftlich durch Aneinanderreihen mehrerer Ziffern wiedergegeben. Die Jahreszahl *1987* etwa ist eine Zahl aus den Ziffern *1, 9, 8* und *7.* Bei einer Adresse bedeutet die Hausnummer *386* eine Zahl aus den Ziffern *3, 6* und *8.* Es gibt jedoch Bildungen wie *Kennziffer, Zifferblatt, sich beziffern auf,* denen *Ziffer* in der Bedeutung »Zahl« zugrunde liegt.

4. Zahl / Anzahl: ↑ Anzahl (3).

5. Zu *Zahl* im grammatischen Sinn ↑ Numerus (1).

zahlbar: Im Gegensatz zu der üblichen Verwendung von ↑ -bar, bei der das Suffix als Mittel passivischer Ableitung eine Möglichkeit ausdrückt (*dehnbar* = kann gedehnt werden, *lieferbar* = kann geliefert werden), wird *zahlbar* im Sinne von »ist zu zahlen« als indirekte Aufforderung gebraucht. Dieser Gebrauch gilt heute als korrekt. Nicht üblich in diesem Zusammenhang ist dagegen die Form *bezahlbar,* die nur im Sinne von »kann bezahlt werden« gebräuchlich ist.

zahlen / bezahlen: ↑ bezahlen / zahlen.

Zahlen und Ziffern

Häufig gestellte Fragen zu Zahlen und Ziffern	
Frage	Antwort unter
Bis zu welcher Zahl schreibt man in Ziffer, ab welcher Zahl schreibt man als Wort?	dieser Artikel, Punkt (1)
Wie gliedert man Telefonnummern, Kontonummern, Bankleitzahlen und Postleitzahlen?	dieser Artikel, Punkt (2)
Wie gibt man die Uhrzeit an?	dieser Artikel, Punkt (2)
Wie schreibt man Zahlen wie *1965, 1003419* als Wörter?	dieser Artikel, Punkt (3)

Z

Frage	Antwort unter
Müssen bei Verbindungen von Ziffern und Wörtern Bindestriche gesetzt werden?	dieser Artikel, Punkt (3)
Müssen bei Aneinanderreihungen mit Zahlen wie *3-m-Brett, 2-kg-Dose* Bindestriche gesetzt werden?	dieser Artikel, Punkt (3), Bindestrich (3.3)

1. Schreibung in Ziffern oder Buchstaben?

Grundsätzlich kann man Zahlen sowohl in Ziffern als auch in Buchstaben schreiben. Die alte Buchdruckerregel, nach der die Zahlen von 1 bis 12 in Buchstaben und die Zahlen von 13 an in Ziffern zu setzen sind, gilt heute nicht mehr. Auch die Zahlen von 1 bis 12 werden in Ziffern gesetzt, wenn z. B. in Statistiken, in technischen oder wissenschaftlichen Texten o. Ä. die Zahl und das die Sache bezeichnende Substantiv die Aufmerksamkeit auf sich lenken sollen:

Kurbel mit 2 Wellen, Zahnrad mit 2 Spindeln.

Auch vor Zeichen und Abkürzungen von Maßen, Gewichten, Geldsorten usw. ist die Zahl in Ziffern zu setzen:

3 km; 7,4 kg; 6 DM.

Wählt man statt der Abkürzungen die entsprechenden Vollformen, dann kann die Zahl in Ziffern wie in Buchstaben gesetzt werden:

11 / elf Kilometer, 2 / zwei Mark.

Andererseits können die Zahlen von 13 an, sofern sie übersichtlich sind, auch ausgeschrieben werden, wie es z. B. in erzählenden Texten (Roman, Brief o. Ä.) geschieht:

Sie war dreiundneunzig Jahre alt geworden. Zu Ihrem fünfzigsten Geburtstag gratuliere ich Ihnen herzlich. Achtzehn Studenten bei Unruhen verhaftet.

2. Schreibung in Ziffern:

Ganze Zahlen, die aus mehr als drei Ziffern bestehen, werden von der Endziffer aus in dreistellige Gruppen zerlegt, die durch einen Zwischenraum (nicht durch ein Komma) voneinander abgesetzt werden:

3 560 783 DM, 10 000, 4 150.

Eine Gliederung durch Punkt ist insbesondere bei Geldbeträgen möglich:

846.912,12 EUR.

Bei Zahlen, die eine Nummer darstellen, teilt man jedoch meistens keine Gruppen ab:

Nr. 33590.

Z

Abweichend hiervon werden Telefonnummern und Telefaxnummern häufig von der letzten Ziffer ausgehend in Zweiergruppen durch einen kleinen Zwischenraum gegliedert:

1 42 83, 14 28 37.

Die Ortsnetzkennzahl wird häufig ebenso gegliedert und in runde Klammern gesetzt:

(0 62 81) 4 91.

Nach einem neuen DIN-Vorschlag sollen Telefonnummern und Telefaxnummern nur noch durch Leerzeichen zur Trennung von Ortsnetzkennzahl und Anschlussnummer gegliedert werden:

143, 1782, 860431, 0177 5648023, 040 5473-102.

In der Schweiz werden bei siebenstelligen Telefonnummern die ersten drei Ziffern zusammengefasst; hier wird die Ortsnetzkennzahl nicht gegliedert:

922 71 31, (064) 247 939.

Postfachnummern gliedert man von rechts beginnend in Zweiergruppen, die durch einen kleinen Zwischenraum getrennt sind:

1 23, 42 31 86.

Kontonummern können von der Endziffer aus in Dreiergruppen gegliedert werden:

8 582 623 oder 8582623.

Bankleitzahlen gliedert man dagegen von links nach rechts in zwei Dreier- und eine Zweiergruppe:

770 960 05.

Postleitzahlen werden nicht gegliedert:

90411 Nürnberg.

Dezimalstellen werden von den ganzen Zahlen durch ein Komma getrennt und meist vom Komma ausgehend durch einen Zwischenraum in Dreiergruppen getrennt:

52,36 m; 8,654 32 m.

Bei Rechnungen wird die Zahl der Pfennige nur durch ein Komma, nicht durch einen Punkt abgetrennt (*3,45 DM;* in der Schweiz dagegen steht zwischen Franken- und Rappenzahl immer ein Punkt: *sFr. 4.20*).

Bei der Zeitangabe sind verschiedene Schreibungen mit Ziffern üblich:

6.30 Uhr; 06:30 Uhr oder *6^{30} Uhr.*

Z

3. Getrennt- oder Zusammenschreibung oder Bindestrich:

In Wörtern angegebene Zahlen, die unter einer Million liegen, werden zusammengeschrieben; Angaben über einer Million schreibt man dagegen getrennt:

neunzehnhundertfünfundsechzig,

(aber:) zwei Millionen dreitausendvierhundertneunzehn.

Ableitungen, die eine Zahl enthalten, schreibt man zusammen. Dabei spielt es keine Rolle, ob die entsprechende Zahl in Buchstaben oder in Ziffern geschrieben ist:

achtfach / 8fach, die 68er, ver307fachen.

Zusammensetzungen, die eine Ziffer enthalten, schreibt man in neuer Rechtschreibung mit Bindestrich:

8-Tonner *(aber weiterhin:* Achttonner), 4-Kanteisen, 14-karätig.

Zusammensetzungen mit Ziffer und Nachsilbe als erstem Bestandteil schreibt man ebenfalls mit Bindstrich:

die 3fach-Belegung der Turnhalle, ein 59er-Wein, die 68er-Generation.

Aneinanderreihungen von Wörtern mit Zahlen (in Ziffern) werden durch ↑Bindestriche (3.3) verbunden:

$^3/_4$-Liter-Flasche, 2-kg-Dose, 70-PS-Motor, 5 000-m-Lauf, 80-Pfennig-Briefmarke, 3-Meter-Brett, 4×100-m-Staffel.

Dagegen schreibt man zusammen, wenn die Zahlen in Buchstaben geschrieben werden:

Dreikaiserbündnis, Zehnpfennigmarke.

4. Verweise:

Zur Groß- oder Kleinschreibung von Zahlwörtern ↑Numerale (1). Zum Punkt bei Gliederungszahlen ↑¹Punkt (2). Vgl. auch ↑Bruchzahlen, ↑Kardinalzahlen, ↑Ordinalzahlen, ↑römische Zahlzeichen, ↑Maß-, Mengen- und Münzbezeichnungen.

---

zahllos: Nach *zahllos* wird das folgende [substantivierte] Adjektiv in gleicher Weise (parallel) gebeugt: *zahllose Angestellte, in zahllosen kartographischen Darstellungen, die Äste zahlloser kleiner Bäume und Sträucher.* Nur im Genitiv Plural kommt noch vereinzelt schwache Beugung des folgenden [substantivierten] Adjektivs vor: *die Reaktion zahlloser Beteiligten* (statt: *Beteiligter*).

zahlreich: 1. Bedeutung: Das Adjektiv *zahlreich* hat einmal die Bedeutung »eine große Zahl ausmachend, aus vielen Einheiten bestehend«: In diesem Sinn steht

es bei Sammelnamen oder dergleichen
*(eine zahlreiche Familie, Gruppe, Herde;
zahlreicher Besuch. Die Gesellschaft war
sehr zahlreich);* zum andern bedeutet es
»viele« und steht dann in Verbindung
mit pluralisch gebrauchten Substantiven
*(zahlreiche Brände, mit zahlreichen Feh-
lern, zahlreiche Mitglieder. Die Kinder
waren zahlreich erschienen).*
**2. Beugung des folgenden [substantivier-
ten] Adjektivs:** Nach *zahlreich* wird das
folgende [substantivierte] Adjektiv in
gleicher Weise (parallel) gebeugt: *zahlreiche Beamte, mit zahlreicher, alter
Kundschaft.* Nur im Genitiv Plural
kommt vereinzelt noch schwache Beugung des folgenden [substantivierten]
Adjektivs vor: *die Entlassung zahlreicher
Beamten* (statt: *Beamter*).
Zahlwort: ↑ Numerale; ↑ Zahlen und Ziffern.
Zapf / Zapfen: Üblich ist *der Zapfen; der
Zapf* ist eine seltene, in Süddeutschland
vorkommende Nebenform. ↑ Substantiv
(2.2).
zart: Die ↑ Vergleichsformen (2.1) haben
keinen Umlaut: *zarter, zarteste.*
zart besaitet / zartbesaitet: In neuer
Rechtschreibung wird *zart besaitet* getrennt geschrieben, wenn der erste Bestandteil als steigerbar angesehen wird.
Die Steigerungsformen lauten in diesem
Fall: *ein noch zarter besaiteter Mensch;
die am zartesten besaitete Frau.* Die Zusammenschreibung ist ebenso möglich,
da es die folgenden Steigerungsformen
gibt: *ein zartbesaiteterer Mensch, der
zartbesaitetste Mensch.* Zusammenschreibung gilt auch bei *zartestbesaitet,*
da *zartest* allein nicht gebräuchlich ist.
↑ Getrennt- oder Zusammenschreibung
(3.1.2), ↑ Vergleichsformen (2.5.3).
zart fühlend / zartfühlend: In neuer Rechtschreibung wird *zart fühlend* getrennt
geschrieben, wenn der erste Bestandteil
als steigerbar angesehen wird. Die Steigerungsformen lauten in diesem Fall: *ein
noch zarter fühlendes Kind; das am zar-*

testen fühlende Kind. Die Zusammenschreibung ist ebenso möglich, da es die
folgenden Steigerungsformen gibt: *ein
zartfühlenderes Kind, das zartfühlendste
Kind.* Zusammenschreibung gilt auch
bei *zartestfühlend,* da *zartest* allein nicht
gebräuchlich ist. ↑ Getrennt- oder Zusammenschreibung (3.1.2), ↑ Vergleichsformen (2.5.3).
Zauberin / Zaubrerin: Beide femininen Formen zu *Zaub[e]rer* sind korrekt. ↑ Substantiv (3).
z. B.: ↑ u. a., usf., usw., z. B.
Zeh / Zehe: Sowohl das maskuline Substantiv *der Zeh, des Zehs, die Zehen* als auch
das feminine Substantiv *die Zehe, der
Zehe, die Zehen* sind heute gebräuchlich.
In einigen Gebieten wird das Maskulinum, in anderen das Femininum bevorzugt. Gebietsweise ist auch *der Zehe[n]*
verbreitet.
zehn: Klein schreibt man das Zahlwort:
wir sind zu zehnen / zu zehnt. Groß
schreibt man das Zahlwort in ↑ Namen
(die Zehn Gebote) und Substantivierungen: *die Zahl Zehn, eine Zehn schießen,
eine Zehn schreiben. Die Zehn* (= Straßenbahnlinie 10) *fährt zum Hauptbahnhof.* ↑ Groß- oder Kleinschreibung (1.2.4);
↑ acht / Acht.
**Zehnpfennigbriefmarke / 10-Pfennig-Brief-
marke:** ↑ Bindestrich (3.3).
zehnte: Klein schreibt man das Zahlwort:
die zehnte Muse; das zehnte Gebot. Groß
schreibt man das Zahlwort in ↑ Namen
(Papst Johannes der Zehnte) und Substantivierungen: *Wir wollen uns am
Zehnten* (= zehnter Monatstag) *treffen.
Sie wurde leider nur Zehnte.* In neuer
Rechtschreibung auch: *Ich komme zum
Glück erst als Zehnter an die Reihe.
Das weiß der Zehnte nicht.* ↑ achte /
Achte.
zehntel / Zehntel: ↑ Bruchzahlen; ↑ achtel / Achtel.
zeichenbar: ↑ -nen.
Zeichenblock: Der Plural zu *Zeichenblock*
(nicht: *Zeichenblock;* ↑ -nen) lautet die

Z

Zeichenblocks und (seltener) *die Zeichenblöcke* (↑ Block).

Zeichensetzung: ↑ Interpunktion.

zeigen, sich: 1. Nach *sich zeigen als* steht heute das folgende Substantiv im Nominativ, d. h., es wird auf das Subjekt bezogen: *... Schiller hingegen zeigt sich in seinen Bühnenanweisungen als genialer Regisseur* (Friedell). Der Akkusativ, d. h. die Beziehung auf das Reflexivpronomen, ist veraltet: *Er hat ... sich als einen braven Mann gezeigt* (Lessing). ↑ Kongruenz (4.2).
2. Das zweite Partizip des reflexiven Verbs *sich zeigen* kann nicht attributiv verwendet werden. Also nicht: *die sich als falsch gezeigte Maßnahme.* ↑ zweites Partizip (2.3).

zeihen: Das Verb *zeihen* wird unregelmäßig gebeugt: *zeihen, zieh, geziehen: ... einmütig ziehen alle den geflohenen Agenten des Mordes* (Schaper). Die regelmäßigen Formen *(zeihte, gezeiht)* sind veraltet.

Zeit: Groß und von einer vorausgehenden Präposition getrennt schreibt man das Substantiv: *zu meiner, deiner, unserer Zeit, zu aller Zeit* (aber: *all[e]zeit* = immer), *auf Zeit, es ist an der Zeit, von Zeit zu Zeit, Zeit haben, zu der Zeit, zur Zeit Goethes, zu Zeiten Karls des Großen, zu jeder Zeit, alles zu seiner Zeit.* Klein schreibt man die Präposition *zeit: zeit seines Lebens* (aber zusammen und klein mit ausgefallenem Pronomen: *zeitlebens*). Zusammen und klein schreibt man, wenn die einzelnen Bestandteile des Adverbs nicht mehr deutlich erkennbar sind: *beizeiten, vorzeiten, zuzeiten* (= bisweilen), *alle(e)zeit, derzeit, jederzeit, seinerzeit* und in neuer Rechtschreibung auch: *zurzeit* (= jetzt, derzeit). ↑ Getrennt- oder Zusammenschreibung (2.2). Zu *Zeit* im grammatischen Sinn ↑ Tempus.

Zeitangabe: ↑ Datum, ↑ Uhrzeit.

Zeitenfolge: Unter der Zeitenfolge (Consecutio Temporum) versteht man das Verhältnis der Zeiten in einem Satz. Die Zeitenfolge gilt nur für die Formen des Indikativs; im Bereich des Konjunktivs ist das System weitgehend gestört. ↑ Konjunktiv (2).

zeitig / zeitlich: ↑ -ig / -isch / -lich (1).

Zeitlauf: Als Pluralform wird überwiegend *die Zeitläufte*, seltener *die Zeitläufe* verwendet. Bei *-läufte* handelt es sich um den Plural der heute nicht mehr gebräuchlichen Substantivbildung *der Lauft* (= Lauf).

Zeit raubend / zeitraubend: Nach den neuen Rechtschreibregeln wird *Zeit raubend* oder *zeitraubend* geschrieben: *ein Zeit raubendes / zeitraubendes Verfahren.* Die Fügung wird jedoch immer zusammengeschrieben, wenn sie durch ein Adverb näher bestimmt wird: *ein überaus zeitraubendes Verfahren.* Die Zusammenschreibung gilt auch dann, wenn die Fügung als Ganzes gesteigert wird: *Er verzichtete auf dieses zeitraubendere Verfahren.* ↑ Getrennt- oder Zusammenschreibung (3.1.1).

Zeitungsnamen: Man sollte den Zeitungsnamen immer beugen, auch dann, wenn er in Anführungszeichen steht: *das Titelbild der »Frankfurter Neuen Illustrierten«* (nicht: *der »Frankfurter Neue Illustrierte«*). Gehört zum Namen ein Artikel, wird er in die Anführungszeichen einbezogen, wenn der Name im Nominativ steht. Der Artikel kann einbezogen oder ausgeschlossen werden, wenn der Akkusativ wie der Nominativ lautet. Der Artikel steht außerhalb der Anführungszeichen, wenn er sich durch Beugung vom Nominativ unterscheidet: *»Der Kurier«* berichtete darüber. Aber: *Sie liest das »Kurier«. Nach Meldungen des »Kuriers«.* Muss der Zeitungsname unverändert wiedergegeben werden (z. B. bei ausländischen Zeitungsnamen, die im Deutschen nicht gebeugt werden können), ist der Name mit einem entsprechenden Substantiv zu umschreiben, zu dem der ungebeugte Name in ein appositionelles Verhältnis tritt: *Er liest die Wochenzeit-*

schrift »Der Bürger«. Sie hat es in der französischen Tageszeitung »Le Monde« gelesen.

Zeitwort: ↑ Verb.

Zensuren: Zensurenwörter schreibt man klein: *Deutsch: gut. Englisch: befriedigend. Biologie: ausreichend. Er hat die Prüfung mit »genügend« bestanden. Sie hat die Note »ausreichend« erhalten.* Groß schreibt man aber die Substantivierungen der Zahlwörter: *die Note »Eins«; die Note »Eins-Komma-fünf«. Er hat eine Zwei geschrieben. Sie hat eine »Drei« bekommen. Ich habe in Mathematik eine Vier.*

Zentimeter: 1. Genus: *Zentimeter* kann entweder als Maskulinum oder als Neutrum gebraucht werden. Im heutigen Sprachgebrauch wird allgemein *der Zentimeter* bevorzugt (in der Schweiz auch amtlich nur so).

2. Das Gemessene nach *Zentimeter:* ein *Zentimeter dünner Golddraht* (geh.: *dünnen Golddrahts*); *der Preis eines Zentimeters Draht* oder *eines Zentimeter Drahts; mit fünfzig Zentimetern gut isoliertem Draht* (geh.: *gut isolierten Drahts*). ↑ Apposition (2.2).

3. Fünf Zentimeter Golddraht reicht / reichen für diesen Zweck: Bei einer pluralischen Zentimeterangabe steht das Verb (Finitum) gewöhnlich im Plural: *Fünf Zentimeter Golddraht reichen für diesen Zweck.* ↑ Kongruenz (1.2.2).

4. eine Länge von zehn Zentimeter / Zentimetern: Steht *Zentimeter* mit vorangehendem Artikel, dann wird im Dativ Plural die gebeugte Form gebraucht: *Mit den drei Zentimetern [Golddraht] kommen wir nicht aus.* Ohne vorangehenden Artikel wird, wenn das Gemessene nicht folgt, im Allgemeinen die gebeugte Form gebraucht: *auf einer Länge von 70 Zentimetern.* Folgt das Gemessene, wird überwiegend die ungebeugte Form verwendet: *in dreißig Zentimeter Entfernung.* ↑ Maß-, Mengen- und Münzbezeichnungen (1).

Zentner: 1. Das Gemessene nach *Zentner:* ein *Zentner kanadischer Weizen* (geh.: *kanadischen Weizens*); *der Preis eines Zentners Weizen* oder *der Preis eines Zentner Weizens* (aber mit einem beigefügten Eigenschaftswort nur: *der Preis eines Zentners kanadischen Weizens*); *aus einem Zentner kanadischem Weizen* (geh.: *kanadischen Weizens*); *mit einem Zentner neuer Kartoffeln* oder *neue Kartoffeln.* ↑ Apposition (2.2).

2. Zwanzig Zentner [Weizen] wird / werden benötigt · Ein Zentner Kartoffeln kostet / kosten 40 Mark: Bei einer pluralischen Zentnerangabe steht das Verb (Finitum) heute gewöhnlich im Plural: *Zwanzig Zentner [Weizen] werden benötigt.* ↑ Kongruenz (1.2.2). Steht *Zentner* im Singular, die Stoffbezeichnung dagegen im Plural, dann steht in der Regel das Verb im Singular, weil ja das Subjekt *(Zentner)* formal ein Singular ist: *Ein Zentner Kartoffeln kostet 40 Mark.* Oft wird aber nach dem Sinn konstruiert und das Verb in den Plural gesetzt: *Ein Zentner Kartoffeln kosten 40 Mark.* Beides ist korrekt. ↑ Kongruenz (1.1.1).

Zepter: Das Substantiv *Zepter* kann entweder Neutrum *(das Zepter)* oder Maskulinum *(der Zepter)* sein. Im heutigen Sprachgebrauch überwiegt das Neutrum *(das Zepter).*

Zeremonie: Bei der Aussprache kann die Betonung sowohl auf der letzten Silbe *(Zeremonie* [tseremoˈniː], nach der französischen Aussprache) als auch auf der vorletzten Silbe *(Zeremonie* [tsereˈmoːniə], nach lateinisch *ceremonia*]) liegen. Die Endsilbenbetonung wird gewöhnlich vorgezogen; in Österreich gilt jedoch nur [...ˈmoːniə]. Bei Zusammensetzungen wird dagegen allgemein die vorletzte Silbe betont, z. B. *Zeremonienmeister, Zeremoniengewänder* [tsereˈmoːniən...].

zerhauen: ↑ hauen.

zerspalten: Das zweite Partizip lautet *zerspalten* oder *zerspaltet.*

Zeuge: Zu *Wir waren Zeuge / Zeugen dieses*

Unfalls ↑ Kongruenz (1.4.7); zu *Sie war Zeuge / Zeugin dieses Unfalls* ↑ Kongruenz (3.4).

z. H., z. Hd.: Zum Gebrauch dieser Abkürzungen ↑ zu Händen, ↑ Brief (1.2).

Ziegel: *Ziegel* ist ein maskulines Substantiv. Es heißt also: *der Ziegel.* Der Plural lautet *die Ziegel* (nicht: *die Ziegeln*).

zielend: ↑ transitiv.

Zierrat: Die bisherige Schreibweise *Zierat* gilt nach den neuen Rechtschreibregeln nicht mehr. Korrekt ist jetzt *Zierrat.*

Ziffern: ↑ Zahlen und Ziffern. Zu *Ziffer / Zahl* ↑ Zahl (3).

zig: Die Endung der Zehnerzahlen (von zwanzig bis neunzig) *-zig* wird umgangssprachlich ohne Bindestrich als selbstständiges unbestimmtes Zahlwort gebraucht: *zig Mark, mit zig Sachen in die Kurve gehen.* Bei Zusammensetzungen steht ebenfalls kein Bindestrich: *zigfach, zigmal, zighundert, zigtausend; ein Zigfaches; Zigtausende* oder *zigtausende von Paketen, zigtausend* oder *Zigtausend Menschen.*

Zigarillo: Es heißt *der* oder *das* (ugs. auch: *die*) *Zigarillo;* der Plural lautet: *die Zigarillos.*

Zigeuner: Die Bezeichnung *Zigeuner* wird vom Zentralrat Deutscher Sinti und Roma sowie von einigen anderen Gruppen als diskriminierend abgelehnt. Die vom Zentralrat gewünschte Eigenbezeichnung, der man aus Gründen der ↑ Political Correctness entsprechen kann, ist ↑ *Sinti und Roma.*

Zimmerflucht: Der Plural lautet die *Zimmerfluchten.* ↑ Flucht.

Zimmer-/Zimmerer-: Dem Bestimmungswort *Zimmer-* liegt entweder das Substantiv *das Zimmer* zugrunde (*Zimmermädchen, Zimmerpflanze*) oder der Stamm des Verbs *zimmern: Zimmermann* (= Mann, der zimmert), *Zimmergesell(in), Zimmermeister(in).* Daneben haben sich auch Zusammensetzungen mit *Zimmerer* (= Zimmermann) eingebürgert: *Zimmererarbeit, Zimmererge-*

selle, Zimmererhandwerk, Zimmerermeister(in) usw.

Zink / Zinke / Zinken: Das Neutrum *das Zink* ist die Bezeichnung für ein Metall, das Maskulinum *der Zink (des Zinks, die Zinken)* bezeichnet ein altes Blasinstrument. Dagegen bedeutet das Femininum *die Zinke (der Zinke, die Zinken)* so viel wie »Zacke« und das Maskulinum *der Zinken (des Zinkens, die Zinken)* wird in der Gaunersprache für ein geheimes [Schrift]zeichen und umgangssprachlich für eine [auffallend große] Nase verwendet.

Zitat: 1. Zitate werden im Satzgefüge bezüglich der Kommasetzung genauso behandelt wie die ↑ direkte Rede: »*Einen fröhlichen Geber hat Gott lieb*«*, schreibt Paulus im zweiten Korintherbrief.* »*Der Mensch*«*, so lesen wir hier,* »*ist ein Gemeinschaftswesen.*« »*Eile mit Weile!*«*, lautet ein bekanntes Sprichwort.* »*Das Lieben bringt groß Freud*« *ist der Anfang eines Volksliedes. Das Sprichwort* »*Geteiltes Leid ist halbes Leid*« *tröstet nicht immer.* Zu den Anführungszeichen beim Zitieren ↑ Anführungszeichen (2.2). **2.** Werden Zitate in Texte in neuer Rechtschreibung integriert, dann ist es zulässig, sie in die neue Rechtschreibung umzusetzen, da ja auch sonst (z. B. in Schulbüchern) Texte älterer Autoren der heute herrschenden Orthographie angepasst werden. Vgl. auch ↑ Literaturangaben, ↑ Fußnoten.

Zölibat: *Zölibat* wird überwiegend als Neutrum *(das Zölibat),* seltener als Maskulinum *(der Zölibat)* gebraucht. In der Theologie ist allerdings nur *der Zölibat* gebräuchlich. ↑ -at.

Zoll: ↑ Maß-, Mengen- und Münzbezeichnungen (1).

zollbreit / einen Zoll breit / einen Zollbreit: Zur Schreibung ↑ fingerbreit / einen Fingerbreit / einen Finger breit.

Zooorchester / Zoo-Orchester: Wenn bei Zusammensetzungen drei gleiche Buchstaben zusammentreffen, darf nach den neuen Rechtschreibregeln keiner von ihnen wegfallen. Die Zusammensetzung aus *Zoo* und *Orchester* wird also mit drei *o* geschrieben. Zur besseren Lesbarkeit kann ein Bindestrich gesetzt werden: *Zooorchester,* auch: *Zoo-Orchester.* ↑ Zusammentreffen dreier gleicher Buchstaben.

Zorn: Das von *Zorn* abhängende Substantiv (Pronomen) wird mit der Präposition *gegen* oder *auf* angeschlossen (nicht mit *für* oder *zu*): *Sein Zorn gegen ihn / auf ihn war verraucht. ... aber plötzlich fasste er einen Zorn gegen ihn* (Bergengruen).

zornig: Nach dem Adjektiv *zornig* wird das davon abhängende Substantiv (Pronomen) mit der Präpositionen *auf* oder *über* angeschlossen. Die Präposition *auf* verwendet man meistens dann, wenn es um eine Person als Ziel des Zornes geht: *Der Vater war auf seine Tochter zornig.* Dagegen benutzt man nur *über,* wenn vom allgemeinen Grund des Zorns gesprochen wird: *Der Vater war über das Zeugnis seiner Tochter zornig.*

zu: 1. Die Infinitivkonjunktion *zu* bei den Verben *liegen, stehen, wohnen* usw. *(etwas im Keller zu liegen, zu stehen haben):* Der Gebrauch von *zu* bei den Verben *liegen, stehen, wohnen* usw., wenn sie mit *haben* das Prädikat bilden, ist landschaftlich und gilt standardsprachlich als nicht korrekt. Er kommt vor allem in Berlin und in Niedersachsen vor. Es muss also heißen: *Er hatte dreitausend Mark auf der Bank liegen* (nicht: *zu liegen*). *Wir haben unsere Mutter bei uns wohnen* (nicht: *zu wohnen*). Korrekt ist natürlich die Verwendung von *zu* zusammen mit *haben* dann, wenn eine Aufgabe oder Notwendigkeit ausgedrückt wird: *Sie hatte viel zu tragen* (= musste viel tragen). *Du hast zu schweigen* (= musst schweigen).

2. *zu* nach *lehren, lernen, helfen, heißen:* Folgt diesen Verben ein Infinitiv allein, steht er ohne *zu: Ich lerne schwimmen. Er lehrte mich sprechen. Der Freund half

ihr abladen. Die Direktorin hieß ihn aufpassen.* Der Gebrauch schwankt, wenn zu dem folgenden Infinitiv eine Ergänzung oder eine Umstandsangabe tritt: *Helfen Sie mir bitte das Auto putzen* oder *Helfen Sie mir bitte[,] das Auto zu putzen.* Treten mehrere Glieder hinzu, dann steht im Allgemeinen der Infinitiv mit *zu: Er hieß ihn[,] das Zimmer auf der Stelle zu verlassen.* Steht der Infinitiv jedoch vor *lernen, heißen* usw., dann fehlt *zu: Kannst du mir den Wagen putzen helfen? Nun, da er so mühsam und kummervoll lieben lernte* (Rilke). ↑ Infinitiv (1.2), ↑ heißen usw.

3. *zu* nach *als:* In einem mehrgliedrigen Satz kann der Infinitiv nach dem *als*-Anschluss sowohl ohne als auch mit *zu* stehen: *Er wollte lieber sterben[,] als die Heimat [zu] verlassen. Lieber der Diskussion ganz aus dem Wege gehen[,] als einen Streit herauf[zu]beschwören.* Im heutigen Sprachgebrauch wird die Konstruktion mit *zu* bevorzugt. Sie ist vermutlich in Analogie zum Gebrauch von *zu* bei satzwertigen Infinitiven aufgekommen.

4. Stellung von *zu* bei zusammengesetzten Verben *(zu durchbrechen / durchzubrechen · zu übersetzende Bücher / überzusetzende Personen):* Bei einfachen oder fest zusammengesetzten Verben steht *zu* immer unmittelbar vor dem Infinitiv oder ersten Partizip: *Er hoffte zu kommen. Sie beschloss das Buch zu übersetzen. Sie bat mich ihr den Koffer tragen zu helfen* (nicht: *... zu tragen helfen*). *Das sind nicht zu unterschätzende Schwierigkeiten.* Bei unfesten Zusammensetzungen schiebt sich *zu* zwischen den mit dem Verb zusammengeschriebenen Teil und den Infinitiv oder das erste Partizip: *Er hoffte pünktlich anzukommen. Die Zahl der aufzunehmenden Flüchtlinge stieg noch immer an.* Nicht korrekt: *Sie kamen zusammen, um alles zu durchsprechen* (statt: *durchzusprechen*). *Das zu* wird hier also immer in die Zusammenschreibung einbezogen: *zurückzu-senden* (nicht: *zurück zu senden*), ebenso: *zuzusehen, zuzumuten.* Bei einigen Verben, die als feste oder unfeste Zusammensetzung in gleicher oder fast gleicher Bedeutung gebraucht werden (z. B. *durchdenken*), kann *zu* vor dem Infinitiv (1. Partizip) oder zwischen dem mit dem Verb zusammengeschriebenen Teil und dem Infinitiv (1. Partizip) stehen: *um die Sache noch einmal zu durchdenken* (und sie nicht etwa zu diskutieren) oder *um die Sache noch einmal durchzudenken* (in allen Einzelheiten). Haben Verben als feste und unfeste Zusammensetzung jedoch verschiedene Bedeutung, dann sind die oben genannten Regeln zu beachten. Feste Zusammensetzung: *zu übersetzende Bücher. Ein Stoßtrupp wurde ausgeschickt, um die feindlichen Linien zu durchbrechen. Die Organisation tat alles, um das Volk mit aufrührerischen Ideen zu durchsetzen.* Unfeste Zusammensetzung: *Wie viel überzusetzende Personen standen am Ufer? Sie versuchte vergeblich, den Stock durchzubrechen. Er musste sich anstrengen, um sich in der neuen Umgebung durchzusetzen.* ↑ Verb (2.3), ↑ Getrennt- oder Zusammenschreibung (1.3).

5. Schreibung von *zu* in Verbindung mit dem ersten Partizip: Wird das erste Partizip mit *zu* (das so genannte ↑ Gerundiv) substantivisch gebraucht, dann bleibt bei den einfachen und fest zusammengesetzten Verben das *zu* vom Partizip getrennt und nur die Verbform wird großgeschrieben: *der zu Versichernde, die zu Unterrichtende, die zu Prüfende, die nicht zu Überwachenden.* Bei unfest zusammengesetzten Verben wird die substantivierte Gerundivform groß- und zusammengeschrieben: *der Aufzunehmende.*

6. *zu* oder *um zu?:* Oft bestehen Zweifel, wann *um zu* und wann das einfache *zu* zu verwenden ist, z. B.: *Er ist gebildet genug um dieses zu verstehen. Er ist gebildet genug, dieses zu verstehen.* Zur richtigen Verwendungsweise ↑ um zu / zu.

7. *zu* beim Infinitiv in Fällen wie *zu bedenken geben, sich zu erkennen geben:* Steht der Infinitiv von *geben* bei einem andern Infinitiv, so müssen beide ein *zu* erhalten: *Zahlreiche prominente Personen besuchten die Ausstellung ohne sich zu erkennen zu geben* (nicht: *ohne sich erkennen zu geben* oder *ohne sich zu erkennen geben*). *Die Vertreter trugen diese Forderungen vor mit der Bitte, den Verantwortlichen die Folgen zu bedenken zu geben. Ich hoffe mich zu erkennen geben zu können.*

8. Es begann zu stürmen und [zu] schneien: Die Infinitivkonjunktion *zu* darf hier nicht erspart werden. Es muss also richtig heißen: *Es begann zu stürmen und zu schneien.*

9. Bitte Tür offen lassen / offen zu lassen: ↑ bitte (2).

10. Passivvariante mit *zu* (Der Schmerz ist nicht zu ertragen): ↑ Passiv (3.4).

11. *zu* als Adverb oder Verbzusatz (auf etwas zugehen / auf etwas zu gehen): Es ist zu unterscheiden zwischen *zu* als Adverb und *zu* als Verbzusatz bei den Verben der Bewegung (z. B. *gehen, laufen, marschieren, stürzen, rennen, kommen, springen*). Ist im Zusammenhang mit diesen Verben der angegebene Ort, Punkt o. Ä. nur Richtungsangabe und nicht erstrebter Zielpunkt, dann ist *zu* Adverb und steht getrennt vom Verb. In diesen Fällen wird stets [auch] das Verb betont: *Der Schornstein könnte bei der Sprengung auf das Haus zu fallen. Er ist auf den Wald zu gelaufen, nicht langsam gegangen. Sie sind der Stadt zu* (= stadtwärts) *marschiert.* Soll die Angabe des Ortes oder Person o. Ä. nicht nur die Richtung, sondern das angestrebte oder erreichte Ziel angeben, dann ist *zu* Verbzusatz, ist also Bestandteil des Verbs. In diesem Fall trägt *zu* den Hauptton und nicht das Verb: *Ich bin auf ihn zugegangen und habe ihm die Hand geschüttelt. Sie kam auf mich zugelaufen. Das Flugzeug schien genau auf den Leuchtturm zuzufliegen. Das Schiff wird* *jetzt auf die Küste zusteuern.* In den Fällen jedoch, in denen eine genaue Unterscheidung nicht möglich ist, sind beide Schreibweisen als korrekt anzusehen. Immer zusammen schreibt man aber, wenn die Bedeutung sich ändert: *Der Hund ist mir zugelaufen. Der Vogel ist ihm zugeflogen* (= ist bei ihm).

12. das zu[n]e Fenster · die zu[n]e Flasche: Das Adverb *zu* wird in der Umgangssprache gelegentlich wie ein attributives Adjektiv gebraucht: *das zu[n]e Fenster, die zu[n]e Flasche.* Dieser Gebrauch ist nicht korrekt. ↑ Adverb (1), ↑ auf / offen.

zu + Zahlwort *(zu zweien / zu zweit):* Man kann sowohl *zu zweien, zu dreien, zu vieren* usw. als auch *zu zweit, zu dritt, zu viert* usw. sagen. Das *-en* von *zweien* usw. ist die Endung des Dativs Plural der Zahlwörter (von *zwei* bis *zwölf*), bei *zweit* usw. handelt es sich um indeklinable Starrformen der Ordinalzahlen. Allerdings werden beide Formen schon häufig in der Bedeutung unterschieden. Man sagt gewöhnlich *zu zweien,* wenn von einer Einteilung einer größeren Anzahl in Gruppen zu je zwei die Rede ist: *Zu zweien saßen wir in dem Saal. Ihr sollt euch zu zweien aufstellen.* Soll dagegen nur die Gesamtzahl genannt werden, gebraucht man gewöhnlich *zu zweit: Zu zweit, aber nicht zu fünft unternahmen wir eine Wanderung.*

zu / in / nach / bei: ↑ in / nach / zu / bei.

zu / um zu: ↑ um zu / zu.

zu / zum / zur: In einigen Verbindungen ist die artikellose Form *zu* fest, in anderen werden die Verschmelzungen *zum* und *zur* gebraucht. Regeln lassen sich dafür nicht aufstellen. So heißt es z. B. *zu Bewusstsein kommen, zu Hilfe rufen, eilen,* aber: *zur Vernunft kommen, zum Vorschein kommen.* ↑ Präposition (1.2).

Zubehör: Sowohl *das Zubehör* wie auch (seltener) *der Zubehör* sind korrekt. Der Plural lautet *die Zubehöre,* schweizerisch auch *die Zubehörden.*

Zucchini: Der Singular von *die Zucchini* lautet *der Zucchino.* Da die Form *die Zucchini* schon die Pluralform ist, ist die Form *die Zucchinis* nicht korrekt.

zu dem / dazu / wozu: ↑ Pronominaladverb (4).

zueinander: Man schreibt *zueinander* immer getrennt vom folgenden Verb: *Verlobte sollten zueinander passen. Sie werden zueinander sprechen.* In neuer Rechtschreibung auch: *Sie werden schon zueinander finden. Sie haben sich zueinander gesellt.* ↑ Getrennt- oder Zusammenschreibung (1.4).

zuerkennen: Das Verb *zuerkennen* gehört zu den Verben, bei denen der Verbzusatz *zu* in den finiten Formen im Allgemeinen vom Verb getrennt und nachgestellt wird (↑ Verb [2]): *Damals erkannte man dem Traum eine unsagbar tiefe Weisheit zu* (Nigg). Im Gegensatz zu den Verben mit dem Verbzusatz *an-* (*anerkennen, anvertrauen* usw.) besteht bei *zuerkennen* nicht die Neigung, den Verbzusatz als fest zu betrachten.

Zufahrt[s]-: Die Zusammensetzungen mit *Zufahrt* als Bestimmungswort sind mit ↑ Fugen-s gebräuchlich: *Zufahrtsgebühr, Zufahrtsrampe, Zufahrtsstraße, Zufahrtsweg* usw.

Zuflucht: Der Plural *die Zufluchten* wird im Allgemeinen gemieden. Stattdessen wird *die Zufluchtsorte* gebraucht. ↑ Flucht.

zufolge: Die Präposition steht fast immer nach dem Substantiv, sehr selten kann sie auch vor dem Substantiv stehen. Wenn *zufolge* vor dem Substantiv steht, regiert es den Genitiv: *Zufolge des späten Termins war er* ... Steht die Präposition dagegen nach dem Substantiv, dann regiert sie den Dativ: *seinem Wunsch zufolge.* Vgl. auch ↑ aufgrund / durch / infolge / von / vor / wegen / zufolge.

zufrieden: 1. Präposition: Das von *zufrieden* abhängende Substantiv wird mit der Präposition *mit* (nicht: *über*) angeschlossen: *Sie ist mit dem Ergebnis zufrieden. Ich bin mit meiner Waschmaschine sehr zufrieden.*

Z

2. Rechtschreibung: Man schreibt *zufrieden* immer getrennt vom folgenden Verb: *zufrieden sein, werden; jmdn. zufrieden machen.* In neuer Rechtschreibung auch: *Er will sich nicht zufrieden geben* (= sich nicht begnügen). *Du sollst ihn zufrieden lassen* (= in Ruhe lassen). *Ich habe ihn zufrieden gestellt* (= befriedigt).↑Getrennt- oder Zusammenschreibung (1.2).

zugängig / zugänglich: Neben *zugänglich* (im Sinn von »einen Zugang habend, erreichbar«) ist – im Wesentlichen fachsprachlich – auch *zugängig* gebräuchlich: *Die Heizkörper sind frei zugängig. Das Haus ist von drei Seiten zugängig.*

zugegen: Das Adjektiv *zugegen* kann nur prädikativ verwendet werden *(zugegen sein, bleiben)*, nicht aber attributiv. Nicht korrekt: *die zugegenen Mitglieder.*

zugleich / gleichzeitig: ↑gleichzeitig/zugleich.

zugrunde / zu Grunde: In neuer Rechtschreibung kann man wie bisher zusammen- oder neu auch getrennt schreiben: *Es scheint etwas anderes zugrunde* oder *zu Grunde zu liegen.* Man schreibt *zugrunde / zu Grunde* immer getrennt vom folgenden Verb: *zugrunde / zu Grunde gehen, legen, liegen, richten.* Vom folgenden Partizip schreibt man *zugrunde / zu Grunde* in neuer Rechtschreibung ebenfalls immer getrennt: *die zugrunde / zu Grunde liegenden Texte, die zugrunde / zu Grunde gerichteten Familien, bei der zugrunde / zu Grunde zu legenden Wohnfläche.* ↑Getrennt- oder Zusammenschreibung (2.2.2, 2.2.3).

zugunsten / zu Gunsten: 1. Stellung und Rektion: Die Präposition kann entweder vor oder nach dem Substantiv stehen. Wenn sie vor dem Substantiv steht, regiert sie den Genitiv oder hat (als Adverb) die Präposition *vom* + Dativ bei sich: *zugunsten / zu Gunsten bedürftiger Kinder, zugunsten / zu Gunsten der Angeklagten, zugunsten / zu Gunsten von Gerhards Tochter.* Steht *zugunsten / zu Guns-*

ten nach dem Substantiv, dann regiert es den Dativ. Die Nachstellung ist jedoch selten: *dem Freund zugunsten / zu Gunsten.* Das Gleiche gilt für *zuungunsten / zu Ungunsten.*

2. Rechtschreibung: In neuer Rechtschreibung kann man wie bisher zusammen- oder neu auch getrennt schreiben: *zugunsten* oder *zu Gunsten der Armen;* das Gleiche gilt für *zuungunsten / zu Ungunsten.* Immer groß schreibt man das Substantiv: *zu meinen, zu meines Freundes Gunsten / Ungunsten.*

zu guter Letzt: ↑zuletzt.

zu Händen: Die Fügung *zu Händen* (Abkürzung: *z. H., z. Hd.*) kann mit dem Genitiv verbunden werden *(zu Händen des Herrn Müller)* oder mit *von* + Dativ *(zu Händen von Herrn Müller).* Daneben ist auch die reine Dativverbindung üblich *(zu Händen Herrn Müller).*

zu Hause: ↑Haus.

Zuhilfenahme: ↑-nahme.

Zukunft: ↑Futur I, ↑Futur II.

zu Lande: In neuer Rechtschreibung wird *zu Lande* immer getrennt geschrieben: *bei uns zu Lande, zu Wasser und zu Lande.* Wie bisher zusammen- oder neu auch getrennt kann man *hierzulande / hier zu Lande* schreiben.

zulasten / zu Lasten: In neuer Rechtschreibung kann man zusammen- oder wie bisher getrennt schreiben: *zulasten* oder *zu Lasten des Angeklagten.*

zuleide / zu Leide: In neuer Rechtschreibung kann man wie bisher zusammen- oder neu auch getrennt schreiben: *Er hatte ihr etwas zuleide* oder *zu Leide getan.*

zuletzt: Klein und zusammen schreibt man das Adverb: *Er hat zuletzt in Frankfurt gewohnt.* Groß schreibt man das nur noch in der Wendung *zu guter Letzt* bewahrte Substantiv *Letzt* (zu mhd. *letze* »Abschiedsmahl, -gruß«).

zum: Zur Verschmelzung aus *zu* und *dem* ↑Präposition (1.2.1), ↑Apostroph (1.2).

zumal: Vor *zumal* kann man ein Komma

setzen, wenn man das auf *zumal* folgende Satzglied als Zusatz kennzeichnen will: *Unsere Mannschaft hat sehr schwach gespielt, zumal in der zweiten Halbzeit. Die Straße ist, zumal in der Zeit des Berufsverkehrs, sehr laut.* Das Komma kann fehlen, wenn man das auf *zumal* folgende Satzglied nicht als Zusatz ansieht: *Die Straße ist zumal in der Zeit des Berufsverkehrs sehr laut.* Mit den Konjunktionen *da* und *wenn* bildet *zumal* eine Fügung, d. h., zwischen *zumal* und den Konjunktionen steht kein Komma. Nach den neuen Rechtschreibregeln kann man zwischen *da* bzw. *wenn* und *zumal* ein [zusätzliches] Komma setzen, wenn man die Teile der Fügung nicht als Einheit ansieht: *Sie kann ihn nicht ausstehen, zumal[,] wenn er betrunken ist. Ich kann es ihm nicht abschlagen, zumal[,] da er immer so gefällig ist.* Im heutigen Sprachgebrauch kann die Konjunktion *da* auch weggelassen werden und *zumal* als kausale Konjunktion verwendet werden: *Mehr verriet sie nicht, zumal es Stiller gar nicht wunderte, warum sie dieses Bedürfnis hatte* (Frisch). *Klaus Heinrich und Ditlind kamen nicht oft mit ihrer Mutter in Berührung, zumal sie nicht ... an der elterlichen Tafel teilnahmen* (Th. Mann).

zum Beispiel: Die Fügung *zum Beispiel (z. B.)* kann wie ein Adverb in den Ablauf eines Satzes einbezogen sein oder auch an dessen Spitze stehen: *Er hat z. B. noch nie ein Fußballspiel gesehen. Zum Beispiel hat er noch nie ein Fußballspiel gesehen.* Bei nachgestellten genaueren Bestimmungen steht vor *zum Beispiel* immer ein Komma: *Ich habe den Sänger schon oft gehört, z. B. als Figaro. Die klassischen Abenteuerbücher, z. B. Lederstrumpf oder Robinson Crusoe, sind oft nachgeahmt worden. Er muss noch vieles lernen, z. B. hat er schlechte Manieren. Ich sehe sie oft, z. B. am Fenster oder wenn sie einkaufen geht.* In Verbindung mit einer Konjunktion wird auch nach

zum Beispiel gewöhnlich ein Komma gesetzt: *Ich habe den Sänger schon gehört, z. B., als er den Figaro sang* (als einheitliche Fügung ohne Komma: *..., z. B. als er den Figaro sang*). *Manches stört mich an ihm, z. B.[,] dass er schlechte Manieren hat und seine laute Stimme.*

zum ersten Mal: ↑ ²Mal.

zumindest / mindestens / zum Mindesten: Im Sinn von »wenigstens, auf jeden Fall« kann man sowohl *zumindest* als auch *mindestens* gebrauchen; seltener verwendet wird *zum Mindesten: Du hättest die Sache mindestens / zumindest / zum Mindesten vorher mit mir besprechen müssen.* Nicht korrekt ist dagegen *zumindestens,* das eine unzulässige Vermischung von *zumindest* und *mindestens* ist. ↑ Kontamination.

zumute / zu Mute: In neuer Rechtschreibung kann man wie bisher zusammen- oder neu auch getrennt schreiben: *Mir ist schlecht zumute* oder *zu Mute.*

zum Voraus: Neben der adverbialen Fügung *im Voraus* ist vereinzelt (besonders in der Schweiz) auch die Fügung *zum Voraus* gebräuchlich: *Und andere gibt es, bei denen jede ähnliche Forderung zum Voraus sinnlos wäre* (Musil). *... der alle eintretenden Möglichkeiten zum Voraus versichert* (Nigg).

zunächst: Die Präposition *zunächst* regiert den Dativ und kann sowohl vor als auch nach dem Substantiv stehen: *die zunächst dem Hause / dem Hause zunächst stehen.*

zunutze / zu Nutze: In neuer Rechtschreibung kann man wie bisher zusammen- oder neu auch getrennt schreiben: *Er macht sich ihr Wissen zunutze* oder *zu Nutze.*

zur: Zur Verschmelzung aus *zu* und *der* ↑ Präposition (1.2.1).

zurande / zu Rande: In neuer Rechtschreibung kann man zusammen- oder wie bisher getrennt schreiben: *Sie kam mit der Doppelbelastung nicht mehr zurande* oder *zu Rande.*

Z

zurate / zu Rate: In neuer Rechtschreibung kann man zusammen- oder wie bisher getrennt schreiben: *Sie wurde bei wichtigen Beschlüssen oft zurate* oder *zu Rate gezogen.*

zurecht / zu Recht: Das Adverb *zurecht* tritt heute nur noch als Verbzusatz auf: *sich zurechtfinden, zurechtflicken, zurechtkommen, zurechtlegen, zurechtmachen, zurechtrücken, zurechtsetzen, zurechtstellen, zurechtweisen, zurechtzimmern.* Aber (in eigentlicher Bedeutung): *zu Recht bestehen.* ↑ recht / Recht.

zur Gänze: Diese als stilistisch unschön geltende Fügung lässt sich in den meisten Fällen durch einfaches *ganz* oder *gänzlich* ersetzen. ↑ Aufschwellung.

Zürich: Die Einwohner von Zürich heißen *Züricher* oder (in der Schweiz nur so:) *Zürcher.* Dieses Wort wird immer großgeschrieben, auch wenn es wie ein flexionsloses Adjektiv vor einem Substantiv steht: *die Zür[i]cher Bevölkerung.* ↑ Einwohnerbezeichnungen auf *-er* (7). Klein schreibt man dagegen das Adjektiv *zür[i]cherisch: Es ist eine zür[i]cherische Eigenheit ...*

zurück: Getrennt schreibt man *zurück* von dem Verb *sein: Er wird bald zurück sein.* In allen anderen Fällen schreibt man zusammen: *zurückbehalten, zurückbleiben, zurückhaben* (= zurückbekommen), *zurücklassen, zurücktun, zurückwerfen* u. a.; auch mit den Modalverben *können, müssen* usw.: *... falls wir zurückmüssen* (= zurückgehen müssen; ugs.). *Er wird nicht mehr zurückkönnen* (= zurücktreten können; ugs.). ↑ Getrennt- oder Zusammenschreibung (1.5).

zurückdatieren: ↑ vordatieren / vorausdatieren; nachdatieren / zurückdatieren.

zurückerstatten, Zurückerstattung: ↑ rück- / zurück-.

Zurückführung: ↑ rück- / zurück-.

Zurückgabe: ↑ rück- / zurück-.

zurücklaufen: ↑ Verb (2.2).

zurück- / rück-: ↑ rück- / zurück-.

zurückrufen: Im Sinn von »wieder anrufen« wird *zurückrufen* standardsprachlich nur absolut (ohne Ergänzung) gebraucht: *Sobald ich etwas erfahren habe, rufe ich zurück.* (Im Bürojargon ist auch *Ich rufe Sie zurück* gebräuchlich.)

zurückschrecken: ↑ schrecken.

Zurückübersetzung: ↑ rück- / zurück-.

zurückvergüten: ↑ Pleonasmus.

Zurückzieher: ↑ rück- / zurück-.

Zurverfügungstellung: Verbalsubstantive wie *die Zurverfügungstellung* sind stilistisch unschön. Meistens kann man sie in Sätzen durch andere Konstruktionen ersetzen: Nicht: *Die Zurverfügungstellung der Halle erfolgt unter der Bedingung, dass sie um 22 Uhr geräumt wird.* Sondern: *Die Halle wird unter der Bedingung zur Verfügung gestellt, dass ...* ↑ Papierdeutsch (2), ↑ Verbalsubstantiv (1.1).

zurzeit / zur Zeit: In neuer Rechtschreibung gilt für die Fügung mit der Bedeutung »im Augenblick, jetzt, gegenwärtig« nur noch die Zusammenschreibung als korrekt: *Sie ist zurzeit im Ausland.* Die Getrenntschreibung ist allerdings in anderen Zusammenhängen möglich, z. B. in Sätzen wie: *Sie lebte zur Zeit* (= in der Epoche) *Karls des Großen. Es geschah zur Zeit der Ernte* (= in der Erntezeit).

zusammen: Getrennt schreibt man *zusammen* vom folgenden Verb, wenn es in der Bedeutung von »gemeinsam, gleichzeitig« gebraucht wird: *Wir wollen heute die Blumen zusammen* (= gemeinsam, gleichzeitig) *binden. Das Spielzeug soll euch zusammen* (= gemeinsam) *gehören. Ich kann nicht mit ihm zusammen* (= wenn er dabei ist) *arbeiten. Wenn möglich, wollen wir zusammen* (= gemeinsam) *kommen.* Immer getrennt schreibt man in neuer Rechtschreibung *zusammen sein: Er möchte mit uns zusammen sein.* Zusammen schreibt man, wenn *zusammen* eine Vereinigung ausdrückt: *Die Wolken haben sich zusammengeballt. Er hat die Zähne zusammengebissen. Soll ich mir die Haare zusammenbinden? Die Mitglieder sind zur Vor-*

standssitzung zusammengekommen
(= haben sich versammelt). *Ich möchte
mit ihm zusammenarbeiten* (= gemeinsam an der Verwirklichung von etwas arbeiten) usw. ↑ Getrennt- oder Zusammenschreibung (1.4).
zusammenaddieren: ↑ Pleonasmus,
↑ Verb (3).
Zusammenbildung: Zusammenbildungen
sind Ableitungen aus Wortgruppen oder
eine besondere Art von Zusammensetzungen, die als ersten Bestandteil eine
Wortgruppe enthalten. Beispiele für abgeleitete Zusammenbildungen sind: *Ge-
setzgeber* aus *Gesetze geben*, *übernachten*
aus *über Nacht*. Beispiele für Zusammenbildungen des anderen Typs: *Einfa-
milienhaus* aus *eine Familie + Haus*,
Fünfganggetriebe aus *fünf Gänge + Getriebe*.
zusammenbrauen: ↑ Verb (3).
zusammenfassen: Nach *zusammenfassen
in* kann sowohl der Dativ als auch der
Akkusativ stehen. Im heutigen Sprachgebrauch wird der Dativ bevorzugt: *In
Stichworten fasste er seine ersten Eindrücke ... zusammen* (Plievier). *... welche
diese Erscheinung in einem klassischen
Satz zusammenfasst* (Thieß). Mit dem
Akkusativ: *... der neue Polizeimeister
fasst den niederschmetternden Eindruck
... in die charakteristischen Worte zusammen* (St. Zweig). *... fasste seine Eindrücke
... zusammen in den anerkennenden
Seufzer ...* (Seidel).
Zusammenfassung gleichwertiger Sätze:
↑ Ellipse (9).
zusammengesetzter Satz: ↑ Satzformen.
Zusammenhang: Man kann sowohl *in Zusammenhang stehen* als auch *im Zusammenhang stehen* sagen: *Der Überfall steht
nicht in Zusammenhang / im Zusammenhang mit diesen Ereignissen.*
↑ in / im.
zusammenmixen: ↑ Pleonasmus, ↑ Verb (3).
Zusammen- oder Getrenntschreibung:
↑ Getrennt- oder Zusammenschreibung.
zusammenschrecken: ↑ schrecken.

Zusammensetzung: ↑ Kompositum.
**Zusammentreffen dreier gleicher Buchsta-
ben:** Wenn bei Zusammensetzungen
drei gleiche Buchstaben zusammentreffen, darf keiner von ihnen wegfallen.
Nach den Regeln der neuen Rechtschreibung gilt dies in allen Fällen. Die frühere
Regel, nach der beim Zusammentreffen
von drei Konsonanten nur zwei geschrieben werden, wenn ein Vokal folgt,
gilt danach nicht mehr. Man schreibt
also: *Brennnessel, Rollladen, Schifffahrt,
Nussschale, Kongressstadt, Balletttruppe.*
Ebenso: *Kaffeeersatz, Teeernte, schneeerhellt, seeerfahren, stilllegen.* (Eine Ausnahme bilden die Wörter *dennoch, Drittel* und *Mittag*, weil diese Wörter nicht
mehr als Zusammensetzungen betrachtet werden.) Zur besseren Lesbarkeit
kann in allen Fällen ein Bindestrich gesetzt werden, also auch bei Adjektiven
und Verben: *Schwimm-Meisterschaften,
Kongress-Stadt, Auspuff-Flamme,
Fett-triefend, Kaffee-Ersatz, Tee-Ernte,
Schnee-erhellt, See-erfahren.* Die Substantive in den nicht substantivischen
Zusammensetzungen müssen bei der
Bindestrichschreibung immer großgeschrieben werden. Auf den Bindestrich
sollte man verzichten, wenn die sich ergebende Auflösung der Verbindung
nicht sinnvoll ist, also nicht: *Mess-Stel-
lenabtaster*, sondern: *Messstellen-Abtas-
ter.* ↑ Bindestrich (2.3).
zusammenziehen, sich: Nach *sich zusammenziehen über* steht heute der Dativ,
nicht der Akkusativ: *Ein Gewitter zieht
sich über mir zusammen.*
zuschulden / zu Schulden: In neuer Rechtschreibung kann man getrennt oder wie
bisher zusammenschreiben. Vom folgenden Verb wird immer getrennt geschrieben: *sich etwas zuschulden / zu Schulden
kommen lassen.* ↑ Getrennt- oder Zusammenschreibung (2.2.2, 2.2.3).
zu sein: In neuer Rechtschreibung wird
immer getrennt geschrieben, also auch
im Infinitiv und 2. Partizip: *Der Laden*

Z

wird zu sein. Der Aktenschrank muss zu gewesen sein. ↑ Getrennt- oder Zusammenschreibung (1.5).

zusenden: Die Formen des Präteritums und zweiten Partizips lauten *sandte / sendete zu* und *zugesandt / zugesendet.* Die Formen mit *a* sind häufiger.

zustande / zu Stande: In neuer Rechtschreibung kann man getrennt oder wie bisher zusammenschreiben. Vom folgenden Verb wird immer getrenntgeschrieben: *zustande / zu Stande bringen, kommen.* ↑ Getrennt- oder Zusammenschreibung (2.2.2, 2.2.3).

Zustandspassiv: 1. Bestimmung: Das Zustandspassiv wird durch das Hilfszeitwort *sein* und das zweite Partizip gebildet: *Das Fenster ist geöffnet.* Es bezeichnet nicht wie das Handlungs- oder Vorgangspassiv (*werden*-Passiv, ↑ Passiv) eine Handlung in ihrem Verlauf, sondern das Ergebnis einer Handlung, d. h., es gibt an, in welchen Zustand das Subjekt geraten ist, das vorher Objekt einer Handlung war. Aktiv: *Wir öffnen das Fenster.* Handlungspassiv: *Das Fenster wird geöffnet.* Zustandspassiv: *Das Fenster ist geöffnet.*

2. Scheinbares Zustandspassiv durch Auslassung von *worden:* Die Form des Zustandspassivs wird häufig dadurch hervorgerufen, dass man bei der Beschreibung eines Geschehens im Vorgangspassiv von der Form *ist ... worden* das *worden* auslässt. Dies gilt standardsprachlich nichtals korrekt:*Die Sperre ist heute wieder aufgehoben.* Richtig:*Die Sperre ist heute wieder aufgehoben worden.*

3. Zustands- statt Vorgangspassiv: Besonders in Norddeutschland wird häufig das Zustandspassiv gebraucht, wenn gar kein Ergebnis, sondern die Handlung in ihrem Verlauf dargestellt werden soll. Dies gilt standardsprachlich nichtals korrekt:*Die Herren sind gebeten, pünktlich zu sein.* Richtig:*Die Herren werden gebeten, pünktlich zu sein.*

4. Schwankungen in der Auffassung: Gelegentlich entscheidet die Auffassung darüber, ob das Ausgesagte als Ergebnis oder als Vorgang zu verstehen ist. Soll das Ergebnis genannt werden, so heißt es richtig:*Sie ist in Berlin geboren.* Soll der Vorgang berichtet werden, so heißt es richtig:*Sie wurde in Berlin geboren, ist in Berlin geboren worden.* Ergebnis: *Damit soll nicht gesagt sein, dass ...* Handlung: *Damit soll nicht gesagt werden, dass ...*

zutage / zu Tage: In neuer Rechtschreibung kann man getrennt oder wie bisher zusammenschreiben. Vom folgenden Verb wird immer getrenntgeschrieben: *etwas zutage / zu Tage bringen, fördern; zutage / zu Tage treten.* ↑ Getrennt- oder Zusammenschreibung (2.2.2, 2.2.3).

zuteil: Man schreibt von den Verb *werden* immer getrennt:*Dir wird eine gute Behandlung zuteil werden.* ↑ Getrennt- oder Zusammenschreibung (2.2.3).

zutiefst: Das Adverb *zutiefst* darf nicht wie ein attributives Adjektiv gebraucht werden. Also nicht:*Das ist meine zutiefste Überzeugung.* ↑ Adverb (1).

zuungunsten / zu Ungunsten: ↑ zugunsten / zu Gunsten.

Zuversicht: Nach *Zuversicht* wird mit der Präposition *auf,* nicht mit *in* angeschlossen: *Voller Zuversicht auf neue Erfolge gingen wir in die Wettkämpfe.*

zu viel: In neuer Rechtschreibung wird unabhängig von Betonung oder Beugung immer getrenntgeschrieben: *Er weiß viel, meiner Meinung nach zu viel über die Sache. Es waren zu viele Menschen auf dem Ball.* Nach den neuen Regeln auch: *Er weiß viel zu viel. Du hast viel zu viel gesagt. Besser zu viel als zu wenig. Es ist zu viel Milch im Kaffee. Was zu viel ist, ist zu viel. Das ist zu viel des Guten.* ↑ Getrennt- oder Zusammenschreibung (4.4).

zuvor: Getrenntschreibt man *zuvor* vom folgenden Verb, wenn es in der Bedeutung »vorher« verwendet wird: *Du sollst* *zuvor* (= vorher) *essen. Du sollst das zuvor* (= vorher) *tun.* Zusammenschreibt man die Verben *jmdm. zuvorkommen* und *es jmdm. zuvortun: Wir werden ihm zuvorkommen* (= werden schneller sein und ihn so an seinem Vorhaben hindern). *Ich werde es ihm zuvortun* (= werde ihn übertreffen, besser, schneller sein als er). ↑ Getrennt- oder Zusammenschreibung (1.4).

zuvorderst / zuvörderst: Zwischen der umgelauteten und der nicht umgelauteten Form besteht ein Bedeutungsunterschied: Die Form *zuvorderst* wird örtlich gebraucht und bedeutet »[ganz] vorn«: *Zuvorderst (im Auto) saß mein Bruder.* Dagegen wird *zuvörderst* bei einem zeitlichen Ablauf verwendet und bedeutet »zuerst«: *Wenn ich Geist sage, versteht er zuvörderst Angeregtheit, lebhaftes Denken, Aufnehmen und Wollen* (Musil).

Zuwachs: Fachsprachlich kommt der Plural *die Zuwächse* vor: *Zuwächse von jeweils nur 4 Prozent.* Das Substantiv steht mit der Präposition *an (Zuwachs an Vermögenswerten).*

zu was / wozu: Standardsprachlich ist in der Regel das Pronominaladverb *wozu: Wozu brauchst du das Geld?* Die Verbindung *zu + was (Zu was brauchst du das Geld?)* kommt in der Umgangssprache recht häufig vor; sie ist stilistisch unschön. ↑ Pronominaladverb (5), ↑ wo (4).

zuwege: Das aus dem verblassten Substantiv *Weg* und der Präposition *zu* entstandene *zuwege* schreibt man vom folgenden Verb getrennt: *etwas zuwege bringen; gut zuwege sein.* ↑ Getrennt- oder Zusammenschreibung (2.2.3).

zu wenig: In neuer Rechtschreibung wird unabhängig von Betonung oder Beugung immer getrennt geschrieben: *Das ist zu wenig, eigentlich zu wenig. Das sind zu wenige Jastimmen.* Nach den neuen Regeln auch: *Er weiß zu wenig. Der Kaufmann hat mir zu wenig herausgegeben. Es ist zu wenig Milch im Kaffee.* ↑ Getrennt- oder Zusammenschreibung (4.4).

zuwider: 1. Stellung und Rektion: Die Präposition *zuwider* wird dem Substantiv (Pronomen) nachgestellt und regiert den Dativ: *Deinem Verbot zuwider griff sie doch ein. Er ist mir zuwider.* Die Verwendung von *zuwider* als attributives Adjektiv ist nicht korrekt: *Ein zuwiderer Kerl, dieser Klenk, ein verwöhnter Mensch* (Feuchtwanger). ↑ Adverb (1). **2. Rechtschreibung:** Getrennt schreibt man *zuwider* vom folgenden Verb, wenn es im Sinne von »widerwärtig, sehr unsympathisch« gebraucht wird: *Das wird dir zuwider sein.* Zusammenschreibt man, wenn *zuwider* im Sinne von »entgegen, dagegen« gebraucht wird: *Du darfst dem Gesetz nicht zuwiderhandeln* (= dagegen verstoßen), *Dein Verhalten kann meinen Absichten zuwiderlaufen* (= entgegenstehen). ↑ Getrennt- oder Zusammenschreibung (1.4).

zuzeiten: Zusammen und klein schreibt man das aus dem verblassten Substantiv *Zeit* und der Präposition *zu* entstandene Adverb *zuzeiten* »bisweilen«: *Sein Auge hatte zuzeiten etwas Starres.* Getrennt schreibt man aber das Substantiv: *Das geschah zu Zeiten Karls des Großen. Zu meinen Zeiten war das anders.* ↑ Getrennt- oder Zusammenschreibung (2.2.3).

zuziehen: Das zweite Partizip des reflexiven Verbs *sich etwas zuziehen* kann nicht attributiv gebraucht werden. Man kann also nicht sagen: *Er starb an einem sich im Krieg zugezogenen Leiden.* Richtig: *Er starb an einem Leiden, das er sich im Krieg zugezogen hatte.* ↑ zweites Partizip (2.3).

zuzüglich: Nach der Präposition *zuzüglich* steht der Genitiv: *Das bestellte Gerät kostet 200 Mark[,] zuzüglich der Versandkosten.* Ein allein stehendes, stark dekliniertes Substantiv bleibt im Singular gewöhnlich ungebeugt: *die Kosten zuzüglich Porto.* Im Plural wird *zuzüglich* mit dem Dativ verbunden, wenn der Genitiv nicht erkennbar ist: *zuzüglich Be-*

Z

trägen für Verpackung und Versand.
Zu *zuzüglich / einschließlich* ↑ einschließlich (3).

zwangläufig / zwangsläufig: Die Gemeinsprache kennt nur die Form *zwangsläufig* mit der Bedeutung »notwendig«. Demgegenüber wird *zwangläufig* (ebenso: *Zwanglauf, Zwangläufigkeit*) in der Technik verwendet. Getriebe und Mechanismen sind zwangläufig, wenn sie nur einen Antrieb besitzen, der alle nicht gewünschten Bewegungen ausschließt.

zwangsumsiedeln: Von *zwangsumsiedeln* werden im Allgemeinen nur der Infinitiv und das zweite Partizip gebraucht: *Sie wollen uns zwangsumsiedeln. Tausende wurden zwangsumgesiedelt.* ↑ Getrennt- oder Zusammenschreibung (2.1).

zwangsweise: ↑ -weise.

zwar: 1. zwar ... aber ...: Das Adverb *zwar* korrespondiert meistens mit *aber, doch* oder *jedoch: Zuerst ging ich zwar neugierig, aber nicht eigentlich interessiert durch die Räume* (Jens). Die durch *zwar* eingeleitete Einräumung und die meistens durch *aber* eingeleitete Aufhebung müssen dem Sinne nach aufeinander bezogen sein. Man kann also nicht sagen: *Sie ist zwar intelligent, aber groß.* Denn *intelligent* und *groß* sind keine Gegensätze. Die mit *aber* eingeleitete Aufhebung kann gelegentlich unausgesprochen bleiben, dann steht *zwar* bekräftigend im Sinne von »allerdings, freilich«: *Ein solcher war nun zwar der Pfarrer meines Heimatdorfes nicht* (G. Keller). Innerhalb eines Gesprächs- oder Textzusammenhangs kann die mit *zwar* eingeleitete Ausnahme unausgesprochen bleiben, wenn der Bezug aus dem Ganzen deutlich wird: *Aber er ist doch ein Lump* (= Er hat zwar eine gute Tat vollbracht, aber er ist trotzdem ein Lump).

2. und zwar: In der Verbindung *und zwar* wirkt *zwar* erläuternd und steht ohne korrespondierendes Glied: *Knopf trinkt nur Schnaps, und zwar Korn, nichts an-*

deres (Remarque). Vor dem erläuternden *und zwar* muss immer ein Komma stehen: *Sie war verletzt, und zwar schwer. Ich werde kommen, und zwar am Dienstag.*

zwecks: Die Präposition *zwecks* ist ein Wort der Amtssprache und sollte außerhalb dieses Bereiches nicht verwendet werden. Sie steht im Allgemeinen anstelle von *zu* oder *für* und wird mit dem Genitiv verbunden: *zwecks eines Handels. Zwecks Feststellung seiner Personalien musste er mit zur Wache gehen.* Dafür besser: *Zur Feststellung seiner Personalien ...*

Zwecksatz: ↑ Finalsatz.

zwei: 1. Deklination: Das Zahlwort *zwei* muss im Genitiv gebeugt werden, wenn der Kasus nicht bereits durch den Artikel oder ein Demonstrativpronomen kenntlich gemacht ist: *Nach den Beobachtungen zweier Passanten fuhr sie zu schnell. Wegen zweier Einbrüche stand er vor Gericht.* Auch wenn ein nachfolgendes attributives Adjektiv den Genitiv deutlich werden lässt, wird das Zahlwort gebeugt: *Mit den Aufsätzen zweier zuverlässiger Mitarbeiterinnen gewann der Band an Niveau.* Dagegen heißt es: *Nach der Prüfung dieser zwei Fahrzeuge wurde die endgültige Entscheidung getroffen.*

2. Deklination des Adjektivs nach *zweier*: Das Adjektiv nach dem Genitiv Plural *zweier* wird heute gewöhnlich nicht mehr schwach, sondern stark gebeugt, weil das Zahlwort eigenschaftswörtlich aufgefasst wird: *der Bund zweier mächtiger Kaiser.* Die schwache Beugung des Adjektivs kommt nur noch vereinzelt vor: *der Bund zweier mächtigen Kaiser.* Folgt dagegen auf *zweier* ein substantiviertes Adjektiv oder Partizip, dann wird dieses meist schwach, seltener stark gebeugt: *Das waren die Träume zweier Liebenden* (seltener: *Liebender*). ↑ substantiviertes Adjektiv (2.1.2).

3. zwo / zwote: Neben *zwei* wird heute, vor allem im Fernsprechverkehr, auch

die alte feminine Form *zwo* gebraucht, damit eine Verwechslung zwischen *zwei* und *drei* vermieden wird. Im 17. und 18. Jahrhundert ist zu *zwo* die Ordinalzahl *zwote* vor femininen Substantiven gebildet worden, die dann aber von der neutralen Form *zweite* verdrängt worden ist. Obwohl die Gefahr, sich bei den Ordinalzahlen *zweite* und *dritte* zu verhören, nicht besteht, wird *zwote* heute in der Umgangssprache wieder öfter gebraucht. **4. Zwei mal zwei ist vier:** Es heißt: *Zwei mal zwei ist* (nicht: *sind*) *vier.* ↑ Kongruenz (1.2.4).
5. Rechtschreibung: Klein schreibt man das Zahlwort: *die ersten zwei, wir zwei, alle zwei. Wir sind zu zweien / zu zweit. Zwei und zwei macht vier. Es ist zwei [Uhr], Punkt zwei. Eben schlägt es zwei. Er ist auf Platz zwei gekommen.* Groß schreibt man die Substantivierung: *die Zahl (Ziffer) Zwei; eine Zwei würfeln. Sie hat die Prüfung mit »Zwei« bestanden; in Englisch eine Zwei geschrieben. Ich bin mit der Zwei* (= Straßenbahnlinie 2) *gefahren.* ↑ Groß- oder Kleinschreibung (1.2.4), ↑ acht / Acht.
6. Zu *zweie* ↑ Numerale (3). Zu *zu zweien / zu zweit* ↑ Numerale (4), ↑ zu + Zahlwort. Zu *zwei / beide* ↑ beide (2).
Zweibrücker: Die Einwohner von Zweibrücken heißen *Zweibrücker.* ↑ Einwohnerbezeichnungen auf -er (1 und 7).
zweieinhalb: ↑ [3]ein, ↑ halb (2).
zweifach / doppelt: ↑ doppelt / zweifach.
zweifeln / bezweifeln: ↑ bezweifeln / zweifeln.
zweimal so groß / zweimal größer: ↑ -mal so groß / -mal größer.

zweistöckig: ↑ Stock.
zweite: Klein schreibt man das Zahlwort in adjektivischer Verwendung: *der zweite Rang, der zweite Bildungsweg, der zweite Stock eines Hauses, die zweite Stimme singen, die zweite Geige spielen, etwas aus zweiter Hand kaufen. Das kommt erst in zweiter Linie. Er ist zweiter Geiger. Das ist ihr zur zweiten Natur geworden. Er ist sein zweites Ich* (= sein bester Freund). In neuer Rechtschreibung auch klein: *das zweite Gesicht* (= die Fähigkeit, Zukünftiges vorauszusehen) *haben.* Groß schreibt man das substantivierte Zahlwort (= bestimmter substantivischer Begriff): *Heute ist der Zweite [des Monats]. Ein Zweites ist noch zu erwähnen.* Dies gilt in neuer Rechtschreibung auch für die Fälle, in denen eine Reihenfolge angegeben wird: *Er ist der Zweite, der an dieser Kreuzung in einen Unfall verwickelt wurde. Nur jeder Zweite* (= in der Reihe) *durfte teilnehmen. Sie ist die Zweite* (= der Leistung nach) *in der Klasse.* Ebenso: *Sie hat wie keine Zweite* (= wie keine andere) *gearbeitet.* Groß schreibt man nach den neuen Regeln auch bei vorangehendem (mit einer Präposition verschmolzenen) Artikel: *zum Ersten, zum Zweiten, zum Dritten.* Groß schreibt man schließlich *zweite* als Teil von Namen: *Wilhelm der Zweite; Zweites Deutsches Fernsehen, das Zweite Programm* (ZDF); *die Zweite Bundesliga; die Zweite Republik* (Staatsform Österreichs nach 1945); *der Zweite Weltkrieg.* ↑ achte / Achte.
zweiter Fall: ↑ Genitiv.
zweites Futur: ↑ Futur II.

zweites Partizip

Häufig gestellte Frage zum zweiten Partizip	
Frage	**Antwort unter**
Welche Partizipien können auch als Adjektive verwendet werden?	dieser Artikel, Punkt (2.1), (2.2), (2.3)

1 Bildungsweise

Die unregelmäßigen Verben bilden das zweite Partizip mit *-en,* die regelmäßigen mit *-t* oder *-et;* dazu tritt meistens das Präfix *ge-:*

> binde, band, gebunden; lobe, lobte, gelobt; rede, redete, geredet.

Das *e* der Endung *-en* bei unregelmäßigen Verben fällt gelegentlich, besonders in der gesprochenen Sprache, weg, wenn es Versmaß oder Satzrhythmus erfordern, aber nur nach Vokal oder *h: gehaun, gesehn.* In neuer Rechtschreibung ist das zweite Partizip *geschrien* (ohne das *e* der Endung *-en*) sogar die einzig korrekte Form.

Einfache Verben und Verben mit einer Vorsilbe, die nicht auf der ersten Silbe betont sind, haben kein *ge-,* gleichfalls zusammengesetzte Verben, die nicht auf dem ersten Glied betont sind, weil bei diesen Verben sonst zwei oder mehr tonlose Silben vorangingen. Also:*studieren, studiert* (nicht:*gestudiert*); *hintertreiben, hintertrieben* (nicht:*hintergetrieben*); *posaunen, posaunt* (nicht:*geposaunt*).

Bilden Verben, die nicht anfangsbetont sind, eine Zusammensetzung, die den Ton auf dem ersten Glied trägt, dann stehen auch diese Zusammensetzungen ohne *ge-:*

> studieren – einstudieren, einstudiert; berufen – einberufen, einberufen; kristallisieren – herauskristallisieren, herauskristallisiert; posaunen – ausposaunen, ausposaunt.

Unfest zusammengesetzte Verben nehmen *ge-* zwischen ihre beiden Bestandteile:

> abhören, abgehört; einsehen, eingesehen; herausgehen, herausgegangen; hinfallen, hingefallen; outsourcen, outgesourct.

Dazu gehören auch Verben, die ursprünglich aus einer syntaktischen Wortfolge bestanden haben. Sie bilden das zweite Partizip so, als stünden sie getrennt:

> teilnehmen, teilgenommen; stattfinden, stattgefunden; wettlaufen, wettgelaufen.

Z

Bei anfangsbetonten Verben, die von zusammengesetzten Substantiven abgeleitet sind, steht *ge-* voran:

wetteifern, gewetteifert; schlussfolgern, geschlussfolgert.

Bei schwankender Betonung ursprünglich unfest zusammengesetzter Verben schwankt auch die Bildung des zweiten Partizips: (↑ Verb [2.3]):

überführen, übergeführt, (aber auch:) überführen (= an einen anderen Ort bringen), überführt; übersiedeln, übergesiedelt, (aber auch:) übersiedeln, übersiedelt; liebkosen, geliebkost, (aber auch:) liebkosen, liebkost.

Zu *worden / geworden* ↑ werden. Zu *Sie hat ihn reiten gelehrt / reiten lehren* ↑ Infinitiv (4). Vgl. allgemein auch ↑ Konjugation.

2 Gebrauch

Da nicht alle zweiten Partizipien als attributive Adjektive gebraucht werden können, sind folgende Besonderheiten (von 2.1 – 2.4) zu beachten:

2.1 das ihn betroffene Unglück

Die zweiten Partizipien transitiver Verben können attributiv gebraucht werden:

der geprüfte Schüler, die erledigte Arbeit, das von drei Familien bewohnte Haus.

Gelegentlich wird jedoch ein zweites Partizip transitiver Verben syntaktisch falsch bezogen, nämlich auf das Subjekt einer vorausgegangenen Handlung und nicht auf das betreffende Objekt. Dieser Gebrauch ist nicht korrekt. Also nicht: *das ihn betroffene Unglück* oder *das mich befallene Fieber,* denn es sind ja nicht Unglück oder Fieber, die betroffen bzw. befallen sind, sondern die durch *ihn* und *mich* angeführten Personen.

2.2 die stattgefundene Versammlung · die überhand genommene Kriminalität · das in den Wald gelaufene Kind

Die zweiten Partizipien derjenigen intransitiven Verben, die mit *haben* verbunden werden, können nicht als attributive Adjektive gebraucht werden:

Das Kind hat geschlafen / gespielt. (Nicht:) das geschlafene / gespielte Kind.
Ebenso nicht: die stark zugenommene Kälte, der aufgehörte Regen, die stattgefundene Versammlung, die bisher gegoltene Bestimmung, der fünfzehn Jahre bestandene Verein, die Platz gegriffene Angst, die überhand genommene Kriminalität, die geklagten Beschwerden.

Z

Zu *eine studierte Frau* ↑ studiert.

Auch die zweiten Partizipien der intransitiven Verben, die mit *sein* verbunden werden, können nicht attributiv gebraucht werden, wenn sie imperfektiv (= in zeitlicher Hinsicht unbegrenzt) sind:

Das Kind ist gelaufen / geschwommen. (Nicht:)das gelaufene / geschwommene Kind.

Sie können jedoch als attributive Adjektive gebraucht werden, wenn sie perfektiv (= in zeitlicher Hinsicht begrenzt) sind bzw. durch eine nähere Bestimmung perfektiv werden:

die verblühte Rose, das untergegangene Schiff; das in den Wald gelaufene Kind, der über den See geschwommene Junge.

Der attributive Gebrauch einiger Partizipien erklärt sich daraus, dass die betreffenden Verben früher einmal auch transitiv gebraucht wurden, z. B. *jemanden abdanken* (= aus dem Dienst entlassen), daher *der abgedankte Offizier; jemanden lernen* (= in etwas unterweisen, ausbilden), daher *der gelernte Kaufmann; jemanden, etwas schmeicheln,* daher *ein geschmeicheltes Bild; sich geschmeichelt fühlen.*

Zu einer Gruppe von Partizipien, die durch den Wandel der Bedeutung oder durch das Absterben der Konjugationsformen isoliert sind und deshalb attributiv und meistens auch als Artangabe verwendet werden können, gehören:

der betrunkene Arbeiter, das verliebte Mädchen, der verirrte Spaziergänger, das erkältete Kind, der besorgte Vater, die erfahrene Ärztin, die geeigneten Mitarbeiter, die ausgeruhten Urlauber.

2.3 die sich ereigneten Unfälle · ein sich im Kriege zugezogenes Leiden

Zweite Partizipien von reflexiven Verben können nicht attributiv verwendet werden: Also nicht:

das [sich] geschämte Kind, die sich dargebotene Gelegenheit, die sich ereigneten Unfälle. Er starb an einem sich im Kriege zugezogenen Leiden.

2.4 die gemachten Ausführungen · die getroffene Auswahl

Zweite Partizipien von Verben, die mit bestimmten Substantiven mehr oder weniger feste Verbindungen eingehen (z. B. *Ausführungen machen*), werden gelegentlich überflüssig attributiv gebraucht:

die gemachten Ausführungen, die gewonnenen Eindrücke, die getroffene Auswahl, die erteilten Aufträge, nach erfolgtem Versand.

Z

Korrekt ist dagegen dieser Gebrauch, wenn etwas Neues ausgesagt wird, z. B.:

die eben gemachten Ausführungen, die auf der zweiten Italienreise gewonnenen Eindrücke usw.

2.5 genau genommen · so gesehen · wie gesagt

Von einer Reihe von Verben wird das zweite Partizip absolut gebraucht, d. h., die in dem zweiten Partizip angedeutete Handlung wird nicht von dem in einem übergeordneten Satz enthaltenen Subjekt ausgeführt, sondern von einem eigenen Subjekt, das sich in einer unpersönlichen Wendung verbirgt oder aus dem Zusammenhang hervorgeht, aber nicht genannt wird:

streng genommen, genau genommen (= wenn man es gewissenhaft, genau nimmt); im Grunde genommen (= wenn man es im eigentlichen Sinne nimmt); so gesehen (= wenn man es so sieht); wie gesagt (= wie ich schon sagte); abgesehen [da]von (= wenn man davon absieht), vorausgesetzt (= wenn man voraussetzt) usw.

Die Partizipialgruppe kann man durch Komma abtrennen, um dadurch die Gliederung des Satzes deutlicher zu machen oder um Missverständnisse auszuschließen. Nach den neuen Regeln zur Zeichensetzung ist die Entscheidung darüber, ob man ein Komma setzen will oder nicht, unabhängig vom Umfang der Partizipialgruppe (↑Komma [4.1 und 2]):

Grob gerechnet[,] sind das 20% der Einnahmen. Aus vollem Halse lachend[,] kam er auf mich zu. Er sank[,] zu Tode getroffen[,] zu Boden.

2.6 die gefeierteste / gefeiertste Sängerin · der berüchtigteste / berüchtigtste Verbrecher

Bei den auf -t endenden zweiten Partizipien der regelmäßigen Verben wird im Allgemeinen der Superlativ durch Anhängen der Silbe -este gebildet; das e kann jedoch auch wegfallen: gefeiert[e]ste, berüchtigt[e]ste. Nicht wegfallen kann das e jedoch, wenn das Partizip auf -st, -ßt, -sst, -scht, -zt, -tzt ausgeht (gehassteste, gespreizteste).

Bei den auf -en endenden zweiten Partizipien der unregelmäßigen Verben wird die Superlativendung -ste (nicht:-dste) angehängt: angesehenste (nicht: angesehendste). Vgl. auch Vergleichsformen (3.1).

---

zweite Steigerungsstufe: ↑Vergleichsformen.

zweite Vergangenheit: ↑Perfekt.

zwicken: Wird zwicken auf einen Körper-

teil bezogen, dann kann die betroffene Person im Dativ oder im Akkusativ stehen. Der Dativ ist üblicher: Er zwickte dem Kind in den Arm. Im Gegensatz zum Dativ (Dativ der Beteiligung) drückt der Akkusativ stärker aus, dass die Person unmittelbar betroffen ist. Jedoch liegt auch bei diesen Sätzen der Hauptton immer auf der Angabe des Körperteils: *Er hat das Kind in den Arm gezwickt.* Ähnlich wie »zwicken« werden auch andere Verben der körperlichen Berührung behandelt. ↑ beißen, ↑ schneiden, ↑ treten.

Zwieback: Das Wort hat zwei Pluralformen, *die Zwiebäcke* und *die Zwiebacke.*

Zwielaut: ↑ Diphthong.

Zwillingsformel: ↑ Wortpaar.

zwischen: 1. zwischen – und (nicht: zwischen – bis): Die Raum- oder Zeitangabe *zwischen – und* darf nicht mit der Streckenangabe *von – bis* vermengt werden. Richtig ist nur: *Zwischen Bregenz und Konstanz* (nicht: *bis Konstanz*) *liegt der Bodensee. Die deutsche Geschichte zwischen 1914 und 1945* (nicht: *zwischen 1914 bis 1945*) *hat die politischen Verhältnisse in Europa verändert.*
2. *zwischen* als Adverb: Bei Alters- und Mengenangaben kann *zwischen* in Verbindung mit *und* eine unbestimmte Zahl innerhalb bestimmter Grenzen angeben: *Die Bewerber waren zwischen 25 und 30 Jahre alt. Er hat zwischen 90 und 100 Exemplare verkauft. ... dass der ganze Zustand zwischen zwei und drei Jahre dauerte* (F. Zorn). In diesen Fällen übt *zwischen* keine Rektion aus, die Akkusative *Jahre* und *Exemplare* in den angeführten Beispielen sind nicht von *zwischen* abhängig, sondern von *alt sein, verkaufen* und *dauern.* Somit ist *zwischen* hier, ähnlich wie ↑ unter (2), ein Adverb. Dagegen ist es Präposition (mit dem Dativ) in einem Satz wie: *Das Buch ist besonders für Kinder zwischen 10 und 12 Jahren geeignet.*
3. Wiederholtes *zwischen:* Die Wiederholung von *zwischen* nach dem mit *zwischen* korrespondierenden *und* verändert den Sinn und kann zu Missverständnissen führen: *Die Gegensätze zwi-*

schen den Arbeitgebern und zwischen den Arbeitnehmern sollen abgebaut werden. Diese Formulierung ist nur dann korrekt, wenn Gegensätze sowohl innerhalb des Arbeitgeber- als auch innerhalb des Arbeitnehmerlagers bestehen. Sonst muss es heißen: *Die Gegensätze zwischen den Arbeitgebern und Arbeitnehmern sollen abgebaut werden.*
4. Zu *zwischen / innerhalb* ↑ innerhalb / zwischen. Zu *zwischen ihnen / dazwischen* ↑ Pronominaladverb (3).

Zwischensatz: Ein Zwischensatz ist ein Nebensatz, der in den übergeordneten Satz eingeschaltet ist: *Hunde, die viel bellen, beißen nicht. ... weil wir, wie Herr Meier mitgeteilt hat, erst morgen an der Reihe sind.* ↑ Nachsatz, ↑ Vordersatz. **1. Stellung im übergeordneten Hauptsatz:** Abgesehen von den Zwischensätzen, die in der Rolle eines Attributs stehen und als solche häufig an das Bezugswort angeschlossen werden (↑ Relativsatz [1]), sollte ein Zwischensatz im Allgemeinen erst dann in einen Hauptsatz eingeschaltet werden, wenn dessen Verb genannt ist: *Wir bleiben heute, weil wir arbeiten wollen, zu Hause.* Gelegentlich wird der Zwischensatz unmittelbar nach dem Subjekt eingeschoben: *Mützell, wenn er den jungen Freibel in das Lokal eintreten sah, salutierte* (Fontane). *Der Kurfürst, indem er errötend ihre Hand ergriff, sagte ...* (Kleist). Diese Stellung sollte nur dann gewählt werden, wenn das Subjekt in besonderer Weise herausgehoben werden soll.
2. Stellung im übergeordneten Nebensatz: Es sollte nicht geschrieben werden: *... weil, wie Herr Meier mitgeteilt hat, wir erst morgen an der Reihe sind,* sondern: *... weil wir, wie Herr Meier mitgeteilt hat, erst morgen an der Reihe sind.* ↑ Konjunktion (3).

zwischen was / wozwischen: Standardsprachlich ist in der Regel das Pronominaladverb *wozwischen: Wozwischen soll ich den Ordner stellen?* Die Verbindung *zwischen* + *was (Zwischen was soll ich den Ordner stellen?)* kommt in der gesprochenen Sprache zwar häufig vor, ist aber stark umgangssprachlich gefärbt. ↑ wo (4), ↑ Pronominaladverb (5).

zwischen zwei Männern wie dir und mir / wie du und ich: ↑ Apposition (3.5).

zwölf: Klein schreibt man das Zahlwort: *die zwölf Apostel, die zwölf Monate des Jahres. Wir sind zu zwölfen / zu zwölft. Sechs und sechs ist zwölf. Es ist fünf Minuten vor zwölf. Nun hat es aber zwölf geschlagen. Das Mädchen ist,* *wird bald zwölf [Jahre].* Groß schreibt man das Zahlwort in ↑ Namen: *die Zwölf Nächte* (= vom 25. Dezember bis zum 6. Januar). Groß schreibt man auch das substantivierte Zahlwort: *die Zahl (Ziffer) Zwölf. Sie hat auf das Blatt eine Zwölf geschrieben. Sie sind mit der Zwölf* (Straßenbahn) *gefahren. Er hat eine Zwölf geschossen.* ↑ Groß- oder Kleinschreibung (1.2.4), ↑ acht / Acht.

zwölfte: ↑ achte / Achte.

zwo, zwote: ↑ zwei (3).